Texte détérioré — reliure défectueuse

NF Z 43-120-11

Contraste insuffisant

NF Z 43-120-14

LE DICTIONAIRE UNIVERSEL DES ARTS ET DES SCIENCES,

TOME PREMIER.

A—L

LE
DICTIONAIRE
UNIVERSEL
DES ARTS
ET DES SCIENCES,

De M. D. C. de l'Académie Françoise.

Nouvelle Edition revûë, corrigée & augmentée par M. * * *
de l'Académie Royale des Sciences.

TOME PREMIER.

A—L

A PARIS,
Chez P. G. LE MERCIER Fils, Imprimeur-Libraire, ruë Saint Jacques,
à Saint Hilaire.

MDCCXXXII.
AVEC PRIVILEGE DE SA MAJESTÉ.

PREFACE.

LE Dictionaire qui fut imprimé en Hollande en 1688. ayant fait voir le goût du Public pour la connoiſſance des termes des Arts, quelques Particuliers de l'Académie Françoiſe n'ont pû ſouffrir ce que publioient les partiſans de l'Auteur, qu'avec quelque exactitude qu'elle fît le ſien, il ſeroit toûjours moins recherché, parce qu'il ne contient que les mots de l'uſage ordinaire de la langue, au lieu que l'autre eſt univerſel, & qu'outre ces mêmes mots, il explique fort au long les termes des Arts. Ainſi on commença à examiner ce Dictionaire, & en cherchant le mot *Barometre*, on eut de la peine à le trouver, parce qu'on le cherchoit dans ſon ordre naturel après *Barlong*, & avant *Baron*, qui eſt l'endroit où il devoit être. Cependant l'Auteur l'a placé après *Barriere*, & a écrit *Barrometre*, ſans faire réflexion qu'il vient du Grec βάρος, Poids, qui n'a point un double ρ.

Cela ne donneroit pas ſujet de conclure que la langue Grecque lui fût inconnue, ſi lorſqu'il explique *Eſtiomene*, terme de Medecine, il n'avoit dit que c'eſt un mot que l'on a pris de l'Arabe. Jamais terminaiſon ne fut moins Arabe. *Eſtiomene* eſt un mot Grec, ἐσθιόμενος, participe paſſif d'ἐσθίειν, Manger, dévorer.

Il a confondu de même la langue Eſpagnole & l'Italienne, en diſant que *Media noche* eſt un terme venu depuis peu d'Italie. C'eſt un mot entierement Eſpagnol, & on dit *Mezza notte* en Italien. En parlant de *Vare*, ſorte de meſure d'Eſpagne, il écrit *Varre*, & place ce mot après *Varlope*, ſans ſonger qu'il vient du mot Eſpagnol *Vara*, Verge, baguette, qui s'écrit ſeulement avec une *r*.

On veut bien paſſer par deſſus ces fautes; mais il y en a quantité d'autres qui embarraſſent beaucoup davantage. Voici par exemple ce qu'il dit ſur le mot *Thonnine. Chair de Thon coupée & ſalée. La Thonnine la plus maigre eſt la meilleure. Dans les Jours caniculaires il fait dangereux d'en manger, à cauſe que les Thons ſont alors picqués d'un certain aiguillon, comme une mouche, qui les rend ſi furieux, qu'il les fait quelquefois ſauter dans les Vaiſſeaux.* Perſonne n'a pû comprendre comment la Thonnine, qui eſt de la chair de Thon qu'on aura coupée & ſalée fort long-tems avant les Jours Caniculaires, peut devenir dangereuſe à ceux qui en mangent pendant ces jours-là. Il a confondu ce que Matthiole a dit des Thons, & non pas de la Thonnine, que durant les Jours Caniculaires les Thons ont un certain aiguillon qui les agite, comme celui des Taons tourmente les bœufs, ce qui les oblige quelquefois à ſe lancer hors de l'eau & à ſe jetter dans les Vaiſſeaux; qu'alors ils ſont venimeux, & qu'il ſeroit fort dangereux d'en manger. Cela n'a rien de commun avec la Thonnine, qu'on peut manger en tout tems ſans aucun péril.

Quelle mépriſe n'a-t-il point faite quand il a parlé du Tamarin, qui eſt un petit fruit aigrelet, ou une ſorte de datte ſauvage qui vient des Indes, & dont on ſe ſert à divers uſages dans la Medecine? Voici ce qu'il en a dit, en citant Dioſcoride. *Fruit à noyau que porte un arbre des Indes, ſemblable aux dattes. Il croît dans les eaux mortes. Il porte ſon fruit comme une fleur cotonnée. Il y en a de domeſtique & de ſauvage. Le domeſtique porte ſon fruit comme une noix de galle.* Dioſcoride a dit tout cela, à l'exception de *Fruit à noyau que porte un arbre des Indes, ſemblable aux dattes;* mais il l'a dit du Tamariſc qu'il dit être un arbre vulgaire, & connu de tous, & non pas du Tamarin, dont il n'a parlé en aucune ſorte. *Tamarin* & *Tamariſc* ſont deux choſes differentes, & l'Académie Françoiſe les a très-bien distinguées dans son Dictionaire, en disant que le Tamarin est une sorte de datte sauvage qui vient des Indes Orientales, & le Tamarisc une sorte de plante, ou de petit arbre, dont le fruit, le bois & l'écorce servent à divers usages dans la Medecine. Ainsi le Tamarin n'est ni comme une fleur cotonnée ni comme une noix de galle, ce qui ne convient qu'au fruit du Tamarisc, comme l'a marqué Dioscoride. Les Tamarins, que l'on appelle aussi *Tamarindes*, sont des fruits qui viennent sur de grands arbres branchus dans des gousses brunes & tannées, & puisque Dioscoride n'en a rien dit non plus que de la Casse & des Girofles, il y a grande apparence que de son tems, qui étoit celui d'Antoine & de Cleopatre, dont on tient qu'il fut le Medecin, le commerce dans les Indes n'étoit pas commun.

On feroit trop long si on rapportoit les autres fautes qu'on a remarquées dans cet Ouvrage, comme de dire que la Zedoaire est une graine, quoique ce soit une racine, ainsi que tous les Auteurs en conviennent. Tant de personnes s'en sont apperçûes, qu'on en parleroit inutilement. Les plaintes qui en ont été faites, & quantité de matieres traitées imparfaitement, ayant fait connoître l'avantage que le Public pourroit recevoir d'un Dictionaire des Arts & des Sciences qui fût & plus ample & plus correct, on resolut de s'appliquer sans aucun relâche à ramasser tout ce qui en a été écrit jusqu'ici de plus curieux, afin que ceux qui souhaiteroient cette sorte de supplément à l'Ouvrage de l'Académie, eussent sujet d'être satisfaits. C'est dans cette vûe qu'on a travaillé, & l'on peut dire qu'il n'y a point de matiere que l'on n'ait pris soin d'étendre, en y ajoûtant une infinité d'articles nouveaux qu'on ne trouve point dans le Dictionaire, prétendu Universel.

On n'a rien cité d'aucun Auteur, qu'on n'ait consulté l'original, & c'est dans la source que l'on a puisé tout ce qu'on a dit des Plantes dont Dioscoride & Matthiole ont écrit. On ne s'est pas contenté d'en faire la description, on a crû devoir marquer quel en est l'usage, afin que l'utilité se trouve jointe au plaisir de la lecture, ce qui ne se trouve pas dans l'autre Dictionaire. Le même motif a fait qu'on s'est étendu sur la Medecine, & le Sçavant Ettmuller en a fourni de longues remarques.

On s'est aussi attaché à donner comme un abregé de l'histoire naturelle des animaux, des oiseaux & des poissons, non seulement de ceux qui nous sont connus, mais encore de quantité d'autres que les Voyageurs ont vûs dans les pays les plus éloignés.

Tous les Ordres, tant Religieux que Militaires, sont ici décrits avec le tems de leur institution, & ce qui leur est ordonné par leurs Statuts. On a suivi la même methode pour tous les Heresiarques, afin de contenter ceux qui veulent sçavoir l'origine & le progrès des diverses heresies qui ont affligé l'Eglise. On n'a pas oublié les Dignités & les Charges tant anciennes que modernes, & on en a fait connoître les diverses dépendances.

Comme la lecture des livres du vieux langage, est une lecture qui plaît à beaucoup de gens, on a expliqué un fort grand nombre de vieux mots, à quoi on a ajoûté des exemples, ou du Roman de la Rose, ou des plus anciens Poëtes.

Quand on a parlé de mots qui appartiennent à l'Anatomie, comme *Cœur*, *Cerveau*, & autres semblables, ou qu'il a été question de quelques termes qui ont leur principale signification dans l'usage commun de la Langue, comme *Buisson*, *Noyau*, *Ouye*, on s'est servi des définitions de l'Académie sans y ajoûter aucun exemple, pour en donner une premiere notion; & afin de faire connoître qu'elles sont tirées du Dictionaire de l'Académie, aux sentimens de laquelle on s'attache entierement, on les a fait imprimer en caractere Italique avec ces lettres Capitales, ACAD. FR.

Outre quantité de livres qu'on a lûs exprès avec grande attention sur les diverses matieres dont ce Dictionaire est composé, on s'est servi des lumieres de pluſieurs Académiciens, & des plus habiles dans chaque Art. On a ſuivi pour les termes de Chymie un petit Dictionaire manuſcrit de feu Monſieur Perault, Docteur en Medecine de la Faculté de Paris, & l'un des plus grands ornemens de l'Académie des Sciences. L'excellent ouvrage de Monſieur Felibien ſur l'Architecture, la Sculpture & la Peinture, a été auſſi d'un fort grand ſecours, quand il a fallu parler des termes qui dépendent de ces Arts. Enfin on n'a épargné ni ſoins ni peines pour ne laiſſer rien à ſouhaiter au Lecteur de ce qu'il pourroit apprendre dans tous les autres Dictionaires, & même dans les plus anciens, dont on a conſervé les termes, parce que le langage que l'on parloit du tems de Nicot n'eſt pas encore aujourd'hui ſans grace.

On ne peut ſe défendre d'avouer que quelque application que l'on ait eue dans ce grand travail, il eſt impoſſible qu'on ne ſoit tombé dans quelques fautes, ſoit pour n'avoir pas aſſés bien compris les termes de certains Arts, ſoit pour n'en avoir pas donné des idées aſſés nettes, & qui puiſſent empêcher qu'on ne tombe dans l'erreur, ſoit même parce que les Auteurs qu'on a ſuivis ont pû ſe tromper eux-mêmes. Comme il n'y a que le Public qui ſçache décider de tout parfaitement, c'eſt à lui ſeul à donner les corrections & les augmentations qu'il jugera à propos qu'on faſſe.

La difficulté de perfectionner cet Ouvrage a empêché Libraires de donner plûtôt cette ſeconde Edition. Elle eſt augmentée de beaucoup de Termes qui manquoient dans la premiere. On n'a pas oublié de conſulter, pour rendre cet Ouvrage plus complet, les plus habiles dans chaque Art, qui ont contribué de leurs lumieres à l'enrichir, en donnant les noms & l'uſage de tous les inſtrumens les plus neceſſaires aux Arts. Un Académicien celebre & reſpectable à tous les Sçavans de nos jours par ſa profonde érudition, a bien voulu faire part de ſes continuelles meditations ſur toutes les matieres que renferment les Mathematiques, en donnant une plus ample explication de tous les Termes qui conviennent à cette ſcience & dont le nombre eſt tellement augmenté dans cette preſente Edition, qu'il ne laiſſe rien à deſirer ſur cette matiere.

DICTIONAIRE

DICTIONAIRE UNIVERSEL DES TERMES DES ARTS ET DES SCIENCES.

BADA. f. m. Animal farouche du païs de Benguela, dans la basse Ethiopie. Il est gros comme un poulain de deux ans. Sa queue est semblable à celle d'un bœuf, quoiqu'elle ne soit pas si longue, & il a du crin comme un cheval, auquel il ressemble par la tête, l'ayant toutefois plus plate & plus courte. Son poil est plus épais & plus rude; ses piés sont fendus comme ceux du cerf, mais beaucoup plus gros. Il a deux cornes, l'une sur le front, l'autre sur la nuque. Celle du front est unie, longue de trois, ou quatre piés, épaisse vers la racine comme la jambe d'un homme, pointue par le bout, & droite quand l'Abada est encore fort jeune; mais à mesure qu'il croît, elle se recourbe en devant comme les défenses d'un Elephant. On dit que cet Animal la plonge dans l'eau de tems en tems pour en chasser le venin qui pourroit y être. La corne qu'il a sur la nuque est plus courte & plus plate que celle du front. La couleur en est noire ou d'un brun enfoncé, & la limure blanche. Quoique l'Abada coure fort legerement, il ne sçauroit toûjours éviter les traits des Negres qui le poursuivent pour avoir sa corne, qu'on estime un très-bon preservatif. Il y a de ces cornes qui agissent avec plus d'efficace les unes que les autres, selon l'âge qu'ont ces animaux quand on les tue. On fait un cataplasme de leurs os, réduits en poudre & mêlez avec de l'eau, & on l'applique sur les parties où l'on sent quelque douleur. Ce remede attire au dehors les impuretés qui causoient le mal, & quand le corps en est tout-à-fait purgé, ce même onguent referme les ouvertures qu'il a faites.

ABADIR. Nom que les Mythologistes donnent à une pierre qu'on presenta à Saturne enveloppée dans des linges, & qu'il avala croyant manger un fils dont sa femme Ops venoit d'accoucher. Il ne vouloit point élever d'enfans, à cause qu'il avoit sçû du Destin que l'un d'entr'eux le détrôneroit. Lactance Firmien dit que la pierre Abadir étoit le Dieu *Terminus*. Hesichius est du même sentiment, & Pausanias rapporte qu'on la gardoit à Delphes dans le Temple d'Apollon. Selon Papias le mot Abadir a autrefois signifié Dieu.

ABAISER. v. a. Vieux mot. Appaiser.

Pallas qui la noise abaisa.

ABAISSE. f. f. Terme de Patissier. Pâte dont on a fait le dessous d'une piece de patisserie.

ABANDONNER. v. a. On dit en termes de Fauconnerie, *Abandonner un oiseau*, pour dire, Le mettre libre en campagne.

On le dit aussi d'un oiseau qu'on laisse aller quand on veut s'en défaire entierement.

ABAQUE. f. m. Terme d'Architecture. On appelle ainsi la table quarrée, qui fait le couronnement du chapiteau des colomnes, & qui dans celles de l'ordre Corinthien, represente cette espece de toile quarrée, qui couvre la corbeille ou le panier qu'on feint environné de feuilles. Il signifie aussi un bufet sur lequel on arrange les vases dans un festin, Ce mot vient du Grec ἄβαξ ou ἀβάκιον.

ABASSI. f. m. Sorte de monnoye qui a cours en Orient, & qui vaut environ deux réales d'Espagne.

ABATEIS. f. m. Vieux mot. Forêt.

ABAT-JOUR. f. m. Sorte de fenêtre embrasée de

haut en bas, par laquelle on reçoit un jour d'en-haut, qui éclaire les lieux bas, tels que sont les offices sous terre, & d'autres endroits où l'on ne peut recevoir le jour par des croisées faites à l'ordinaire.

On appelle aussi *Abat-jours*, certaines fenêtres de Marchands, qui par un faux jour qu'ils font venir dans leurs magasins, font paroître sur leurs étoffes un lustre qu'elles n'ont pas.

ABALOURDIR. v. a. Vieux mot. Abrutir, étourdir, rendre stupide.

ABAZE'E. s. f. Certaine fête des Païens qu'on prétend que Denys, fils de Caprio Roi d'Asie, ait instituée. Ce nom, qui veut dire *Taciturne*, lui fut donné à cause que pour satisfaire à la Religion, il falloit la celebrer dans le silence, & y paroître mélancolique. On appelle aussi cette fête *Sabazie*.

ABB

ABBAISSER. v. a. Terme de Fauconnerie. On dit *Abbaisser l'oiseau*, pour dire, Retrancher à un oiseau qui devient trop gras, quelque chose du past qu'on a accoûtumé de lui donner, afin de le mettre en état de bien voler.

On dit en termes de Jardinage, *Abbaisser une branche*, pour dire, La couper proche du tronc.

ABBAISSE', E'E. adj. On dit en termes de Blason, *Vol Abbaissé*, en parlant du vol des Aigles, & en general du vol des oiseaux, lorsque le bout de leurs aîles, au lieu de tendre vers les angles ou le chef de l'écu, descend vers la pointe, ou que les aîles sont pliées.

On dit aussi, *Pal abbaissé, Chevron abbaissé, Bande abbaissée*, lorsque la pointe finit au cœur ou au-dessous de l'écu sans monter plus haut.

On dit encore dans le Blason, qu'*Une piece est abbaissée*, lorsquelle est au dessous de la situation où elle doit être, comme le chef ou la fasce. Le chef qui a accoûtumé d'occuper le tiers de l'écu le plus haut, peut être abbaissé sous un autre chef de Concession, de Patronage, de Religion, &c. & la fasce peut être abbaissée de même quand on la place plus bas que le tiers du milieu de l'écu, qui est sa situation ordinaire.

ABBAISSEUR. adj. Les Medecins appellent *Muscle abbaisseur*, le second muscle des yeux qui les fait mouvoir en bas.

ABBATANT. s. m. Terme de Marchand de drap. Maniere de dessus de table qu'on éleve au bord d'une boutique & à chaque bout des magasins, & qui s'éleve, ou s'abbat selon le jour que l'on veut donner au lieu où l'on vend la marchandise.

ABBATE'ES. s. f. Terme de Marine. On s'en sert en parlant du mouvement d'un Vaisseau en pane, qui arrive de lui-même jusqu'à un certain point, après quoi il revient au vent.

ABBAT-FAIM. s. m. Grosse piece de viande, ou piece de resistance qu'on sert au commencement du repas.

ABBATIS. s. m. Il signifie generalement plusieurs choses abbatues ou démolies, & on dit en ce sens. *Abbatis d'arbres, abbatis de maisons*.

Les Experts, en cas de malversation, jugent de la quantité du bois par les abbatis. C'est aussi le bois qu'on employe sans être scié, mais seulement équarré, on l'appelle autrement, *Bois de briz*.

Abbatis signifie en termes de chasse les petits chemins que les jeunes loups ont accoûtumé de faire, lorsqu'en allant souvent aux lieux, où ils sont nourris, ils abbatent l'herbe. Salnove dans sa Venerie Royale dit que quand la louve & le loup chassent ensemble, ils font un plus grand abbatis de bestiaux; ainsi il entend par *Abbatis*, les bêtes tuées par les vieux loups. On dit aussi qu'*Un Chasseur a fait un grand abbatis de gibier*, pour dire, qu'il en a tué beaucoup.

Les Bouchers appellent *Abbatis* les cuirs, graisses, tripes & autres menues choses des bêtes qu'ils ont tuées. C'est environ dans le même sens qu'on dit, *Faire des potages d'abbatis d'agneau, de poules d'Inde*, &c. pour dire, Les faire avec des issues, des bouts d'aîles, des foyes, &c.

Abbatis signifie encore les pierres que ceux qui travaillent aux carrieres détachent & font tomber.

ABBATRE. v. a. On dit *Abbatre un cheval*, pour le couper. *Abbattre un cochon*, pour le languyer, ou pour le saigner.

Les Bouchers disent, *Abbatre le cuir d'un bœuf ou d'une autre bête*, pour dire, Lui ôter, lui enlever le cuir avec un couteau.

Abbatre. Terme de Marine. Dériver. On dit qu'*Un Vaisseau abbat*, quand la force des courans & des marées l'écarte de sa vraie route.

On dit aussi d'un Pilote, qu'*Il abbat son Vaisseau d'un quart de rumb*, lorsque pour changer sa course, il gouverne sur un autre rumb que celui de sa route.

On dit, *Faire abbatre un Vaisseau*, pour dire, Le faire obéïr au vent lorsqu'il est sur les voiles, ou qu'il presente trop le devant au lieu d'où vient le vent. *Le Vaisseau abbat*, c'est-à-dire, Le Vaisseau obéït au vent pour arriver.

On dit aussi, *Le Vaisseau abbat*, pour dire que L'ancre a quitté le fond, & que le vaisseau arrive au vent.

On dit encore *Abbatre un Vaisseau*, pour dire, Le mettre sur le côté, lorsqu'il y a quelque chose à faire à la carene ou à quelque autre endroit qu'il faut mettre hors de l'eau pour y travailler.

ABBAT-VENT. s. m. Charpente que l'on couvre ordinairement d'ardoise, & que l'on met dans les ouvertures des clochers, afin d'empêcher la pluie d'entrer, d'abbatre le vent, & de renvoyer le son des cloches en bas, qui sans cela se dissiperoit en l'air.

ABBATURES. s. f. p. Terme de Venerie qu'on employe pour signifier les foulures d'un cerf; c'est-à-dire, le menu bois, la fougere & les broussailles que le cerf qui passe abbat du bas de son ventre. *On connoît par où le cerf a passé en voyant ses abbatures*.

ABBEC. s. m. Viande, ou autre apprêt que les Pecheurs attachent à l'hameçon pour attirer les poissons. Il est vieux.

ABBECHER. v. a. Donner la bechée à un oiseau qui ne peut encore manger de lui-même.

On dit aussi en termes de Fauconnerie, *Abbecher l'oiseau*, pour dire, Le mettre en appetit en lui donnant une partie du past ordinaire, afin de le faire voler un peu après.

ABBE'E. s. f. Ce mot n'est en usage que dans quelques Provinces, & signifie l'Ouverture par où l'on fait couler l'eau d'un ruisseau ou d'une riviere, pour faire moudre un moulin, & que l'on ferme pour la détourner quand il n'est plus necessaire que la roue tourne.

ABD

ABDOMEN. s. m. Ce mot est Latin, & les Medecins s'en servent pour signifier la partie interieure du bas ventre, qui est depuis les cuisses jusqu'au diaphragme.

ABDUCTEUR. adj. Les Medecins appellent *Muscle abducteur* le quatriéme muscle des yeux qui les fait mouvoir en dehors, en sorte qu'on regarde de côté comme par mépris. On donne aussi l'épithete d'*Abducteur* aux muscles du pouce, & d'autres parties du corps qu'on peut mouvoir en dehors. Ce mot vient du Latin *Abducere*, Emmener.

A B E

ABEILLE. s. f. Grosse mouche qui vole, & qui a un aiguillon fort piquant. Elle ne se forme point de corruption, comme dit Furetiere. C'est elle qui fait la cire & le miel. Le Roi des Abeilles est femelle, & on tient qu'il jette environ six mille œufs par an. Il a les jambes courtes, les aîles droites, & est deux fois plus gros que les autres. Le gouvernement des Abeilles, aussi-bien que leur œconomie, passe pour une des merveilles de la nature. Elles ne piquent jamais, qu'elles ne laissent leur aiguillon dans la playe, ce qui est cause de leur mort, parce que l'effort qu'elles font, rompt leurs intestins. Il y en a de sauvages, & ce que rapporte le Pere du Tertre, Missionnaire Dominicain, dans son Histoire des Antilles, en est une preuve. Il dit qu'il a fait ce qu'il a pû pour en apprivoiser en ce Païs-là, sans qu'il ait pû en venir à bout. Il fit scier le tronc d'un arbre où il y avoit une ruche; il la mit sur une souche qu'il environna de cendres pour la garantir des Fourmis; mais tout cela ne servit de rien. Elles ne demeurerent dans la ruche qu'autant de tems qu'il leur en fallut pour enlever tout ce qui étoit dedans, & quand elles l'eurent vuidée, elles l'abandonnerent entierement. Il ajoûte que ces Abeilles sont la moitié plus petites que celles de France, & qu'elles n'ont point du tout d'aiguillon. Elles font leur petit ménage dans des arbres creux, & leur miel se trouve dans de petites bouteilles de cire, grosses comme des œufs de pigeon. Chacune de ces bouteilles tient un peu plus qu'une demi-once de miel fort clair & bien épuré. Sa couleur est d'ambre, & il a un goût fort aromatique. Les plus abondantes ruches ne rendent que cinq ou six livres de miel, & environ trois livres de cire noire, plus molle que celle de l'Europe, & qui ne sçauroit être blanchie, quelque industrie que l'on y puisse apporter. Ceux qui ont écrit de l'Ethiopie, rapportent qu'il s'y trouve un très-grand nombre d'Abeilles, sur-tout de petites Abeilles noires, qui font d'excellent miel, & dont la cire est d'une blancheur extraordinaire. Elles n'ont point d'aiguillon, ce qui fait que manquant d'armes pour se défendre, elles se cachent dans des creux de la terre, où elles entrent par de petits trous qu'elles ont l'adresse de boucher si-tôt que quelqu'un paroît. Pour cela elles se mettent quatre ou cinq au trou, & ajustent leurs têtes en sorte qu'étant à niveau l'une de l'autre, & avec la terre, on ne les découvre point. Nicod fait venir *Abeille* du Latin *Apes* ou *Apicula*, & les Latins ont donné le nom d'*Apes* aux Abeilles, parce qu'elles naissent sans pieds.

ABELIENS. s. m. Heretiques d'Afrique dans le Diocese d'Hippone. Ils furent ainsi nommés, parce qu'ils suivoient la doctrine d'un certain Abel, qui disoit que la solide vertu consistoit à se marier, & à demeurer ensuite dans la continence. Ils tenoient aussi pour illegitimes tous les enfans qu'on n'adoptoit pas. On leur fit connoître l'erreur & la superstition de leur creance, & ils rentrerent dans le sein de l'Eglise. On leur donna aussi le nom d'*Abelonites*.

ABELISER. v. a. Vieux mot. Charmer, ravir.

Si m'abelisoit & séoit.

ABERHAVRE. s. m. Vieux mot. Embouchure de riviere. C'est delà qu'est venu le mot de *Havre*.

A B I

AB-INTESTAT. Terme de Jurisprudence. On appelle *Heritier ab-intestat*, Celui qui herite d'un homme qui est mort sans avoir fait de testament.

A B L

ABLAB. s. m. Arbrisseau de la hauteur d'un sep de vigne, dont les rameaux s'étendent de même. Il croît en Egypte & subsiste un siecle, également vert en hiver & en été. Ses feuilles ressemblent à celles de nos Féves de Turquie, & ses fleurs, qu'il porte deux fois l'année, au Printems & en Automne, n'en different pas beaucoup. Cette plante a pour fruit des féves noires, rougeâtres, marquetées de brun, qui sont bonnes contre la toux, & contre la rétention d'urine. Elles sont renfermées dans des gousses longues & larges, & servent de nourriture aux Egyptiens.

ABLAIS. s. m. On appelle ainsi dans quelques Coûtumes la dépouille des bleds; & dans les lieux qui y sont assujettis, il faut donner caution au Seigneur des droits qu'il a sur les fruits & ablais saisis avant qu'il soit permis de les enlever. On fait venir ce mot du Latin *Ablata*, Choses emportées.

ABLE. s. m. Petit poisson de riviere, environ de la grandeur d'un doigt. Il a le dos vert, & le ventre blanc. Son écaille sert à faire du vernis blanc dont on contrefait les perles. On l'appelle aussi *Ablette*, & en Latin *Alburnus*. Quelques-uns font venir ce mot d'*Albus*, Blanc, en transposant les deux lettres b. & l.

ABLERET. s. m. Terme de pêche. Sorte de filet quarré que l'on attache au bout d'une perche, & avec quoi on pêche des Ables, & d'autres petits poissons de cette nature.

ABLUTION. s. f. Ce terme est particulier aux Religieux qui portent des habits blancs, & il se dit de l'action de les nettoyer & de les blanchir.

On appelle aussi *Ablution*, en termes de Medecine, La préparation qui se fait d'un medicament, afin de le purger des mauvaises qualités qu'il pourroit avoir.

A B O

ABOILAGE. s. m. Vieux mot qui se trouve encore dans quelques Coûtumes, & qui signifie Un Droit de Seigneur sur les Abeilles. On a dit aussi *Aboile*, pour dire, Abeille.

ABONDANCE. s. f. Vin fort trempé qu'on donne aux Ecoliers Pensionnaires.

ABONNER. v. a. Vieux mot. On a dit *Abonner un heritage*, pour dire, Y mettre des bornes. Cela est venu de ce qu'on disoit autrefois *Bonnes* pour Bornes.

ABONNIR. v. a. Terme de Potier. On dit *Abonnir le carreau*, pour dire, Le secher à demi, le mettre en état de rebattre.

ABORDAGE. s. m. Terme de Marine dont on se

sert en parlant d'un Vaisseau qui en heurte un autre, ou par accident, ou exprès, pour tâcher de l'enlever.

ABORDER. v. a. Terme de Marine. On dit *Aborder un Vaisseau de bout au corps*, pour dire, Mettre l'éperon dans le flanc d'un Vaisseau, & on dit de deux Vaisseaux qui s'approchant en droiture s'enferrent par leurs éperons, qu'*Ils s'abordent de franc étable.*

On dit en termes de Fauconnerie, *Aborder la remise sous le vent*, Lorsque la perdrix poussée par l'oiseau a gagné quelque buisson, & cela se fait afin que les chiens puissent mieux sentir la perdrix qui s'est cachée dans la haye.

ABORENER. v. a. Vieux mot. Dédaigner, haïr.

ABORIGENES. s. m. Nom qui fut donné à d'anciens peuples d'Italie, comme étant sans origine. Il y a diverses opinions là-dessus. Selon Genebrard, c'étoient de ces peuples infideles chassés par Josué de la terre de Chanaan. D'autres prétendent qu'ils sont venus d'Arcadie, & qu'on les nomma Aborigenes, comme ayant été les Auteurs de leur race. Quelques-uns leur donnent Saturne pour leur premier Roi, & il y en a qui disent que Janus avant Saturne, ayant gardé ceux de ses sujets qui avoient de la vertu, renvoya les autres qu'il appella *Aborigenes*, comme gens qu'il abhorroit. Ceux-ci vinrent au-delà du Tibre, & furent nommés Latins, du nom de leur Roi Latinus. Ils prirent le parti d'Enée, lorsqu'il vint en Italie, & qu'il combattit Turnus, & l'on prétend que Rome a été bâtie dans le païs même qu'ils habitoient.

ABOUEMENT. s. m. Terme de Menuiserie. On appelle *Assemblage d'Abouement*, Celui où la plus grande partie de la piece est quarrée, & la moindre partie à onglet.

ABOUGRI. adj. On appelle *Bois abougri*, Certains bois qui sont de mauvaise venue, & dont le tronc est court, raboteux & plein de nœuds. Le bois abougri n'est pas propre à être employé dans les ouvrages. On dit aussi *rabougri.*

Ce terme a fait le sujet d'un procès criminel entre le P. Quarremaire Benedictin, & Gabriel Naudé, qui avoit appellé le premier *Moine Abougri.*

ABOUQUEMENT. s. m. Ce mot n'est en usage qu'en fait de salines. On fait un abouquement lorsque dans le tems qu'il reste encore du sel dans la masse, on met sur ce vieux sel le nouveau sel qu'on délivre.

ABOUQUER. v. a. Faire une addition de nouveau sel sur le vieux.

ABOUT. s. m. Terme de Charpenterie. Le bout & l'extrêmité de toutes les pieces que les Charpentiers ont mises en œuvre. On appelle *About des liens*, *Tournices*, *Guettes & Eperons*, Le bout du tenon qui est tant soit peu coupé à l'équerre, suivant la pente du joint ou l'épaulement du tenon.

ABOUTÉ, ÉE. adj. Terme de Blason. Il se dit de quatre hermines, lorsque les bouts se répondent & qu'ils se joignent en croix. *D'argent à quatre queues d'hermines en croix, & aboutées en cœur.*

ABOUTIR. v. a. On dit en termes de Plombier *Aboutir une corniche ou quelqu'autre saillie d'Architecture & de Sculpture de bois*, pour dire, La revêtir de tables minces de plomb blanchi. Il y en a qui disent *Amboutir.* On se sert pour cela de coins & autres outils, mais de telle sorte que l'épaisseur du métal n'empêche pas que le profil ne se conserve.

ABOUTISSANT. s. m. On dit en termes de Palais, *Donner une déclaration d'heritages par tenans & aboutissans*, pour dire, En désigner les bornes & les limites de tous côtés. En plusieurs Coûtumes on dit *Tenans & Aboutans.*

ABOUTISSEMENT. s. m. Terme de Coûture. On dit, *Mettre un aboutissement à une piece d'étofe*, pour dire, Coudre un morceau d'étofe avec un autre, qui n'étoit pas assés long pour aller jusqu'où l'on vouloit.

ABOYEUR. adj. Terme de Chasseur. On appelle *Chiens aboyeurs*, Une sorte de Chiens qui aboyent devant le Sanglier, sans qu'ils l'approchent.

ABR

ABRAXAS. Nom que quelques Heretiques donnoient à Dieu. Ils tiroient des erreurs fort ridicules des sept lettres de ce mot, lesquelles forment dans le Grec le nombre de trois cens soixante & cinq. Ils se vantoient d'avoir reçû leur doctrine des Apôtres & disoient que J. C. n'avoit pas fait le monde; mais qu'il étoit venu sur la terre comme un fantôme, y ayant été envoyé par cet Abraxas. Saint Augustin en refutant leurs abominables opinions a fait voir tout le mystere des sept lettres dont ce nom est composé. C'est delà sans doute qu'est venu le mot barbare *Abracadabra.* On prétend que c'étoit une inscription qui servoit de caractere pour guerir differentes maladies, & pour chasser les demons. L'Auteur de ce Caractere vivoit du tems de l'Empereur Adrien. C'étoit un Heretique qui reconnoissoit un Dieu souverain qu'il appelloit *Abracax*, & dont il faisoit dépendre plusieurs autres Dieux & sept Anges qui présidoient aux sept Cieux. Il leur attribuoit autant de vertus qu'il y a de jours dans l'an, & débitoit d'autres rêveries de même nature.

ABREGÉ. s. m. Terme d'Organiste. Il se dit d'une certaine réduction des touches du clavier de l'Orgue, afin que chaque touche qui n'a que deux pieds de long, se rapporte à chaque soupape des sommiers, qui ont depuis quatre pieds jusqu'à six pieds de longueur. Cela se fait par plusieurs barreaux, pointes & chevilles, & par là une marche du clavier fait souvent parler un tuyau fort éloigné. Quand le clavier est tardif à donner le vent aux tuyaux, & qu'il faut enfoncer beaucoup les touches, c'est une marque que les Abregés ne sont pas bien faits.

ABREVIATEUR. s. m. Terme de Banque. On appelle ainsi un Officier du second banc de la Chancellerie de Rome, qui dresse la minute des Bulles & des Signatures qui s'écrivent avec des mots abregés.

ABREUVER. v. a. Terme de Vernisseur. Faire boire. On dit dans ce sens que *La premiere couche de vernis ne se met que pour abreuver le bois.*

On dit, *Abreuver un tonneau*, afin de l'étancher.

ABREUVOIR. s. m. Terme de Maçons. Ils donnent ce nom à certaines ouvertures qu'ils laissent entre les joints des grosses pierres de taille, pour y faire entrer du mortier.

ABRI. s. m. Terme de Marine. Mouillage à couvert du vent.

Sole sub ardenti resonant arbusta cicadis.
Virg. Ecl. II. 13.

ABRICONER. v. a. Vieux mot. Charlataner, proprement Faire donner quelqu'un dans le panneau comme un sot. En Italien *Bricone* veut dire

Un sot. Il est dit dans un vieux Poëte en parlant d'Ulisse qui obligea Clytemnestre à consentir que sa fille fût sacrifiée,

Bien sot la mere abriconer.

ABRICOT. s. m. Sorte de fruit moins rond qu'ovale, & d'un goût fort agreable. Il y en a de plusieurs sortes, qui different toutefois plûtôt en grosseur qu'en espece, ce qui arrive quelquefois par la bonté du terroir ou par artifice : car plus un abricot est enté, plus il devient gros. Tous abricots jaunissent en mûrissant, ce qui, au rapport de Mathiole, les fait appeller à Rome *Chrysomele*, comme qui diroit, Pommes d'or. Ils mûrissent au mois de Juin, & pour cela les Latins les appellent *Mala præcocia*, Fruits hâtifs. Galien dit qu'ils ne different guere des Pêches ni en espece ni en proprieté, & qu'ils ne se corrompent pas si-tôt dans l'estomac, quoique l'experience ait montré le contraire aux modernes Medecins. L'arbre qui les porte, & que l'on appelle *Abricotier*, devient rarement bien grand. Ses feuilles sont semblables à celles du Tremble, cependant plus grandes & plus vertes, pointues quelque peu au bout, & dentelées en leur circonference. Elles sortent quatre à quatre, ou cinq à cinq. L'Abricotier jette des fleurs blanches, ainsi que le Cerizier. C'est delà que sort le fruit qui a un peu de rouge d'un côté quand il commence à mûrir. Au-dedans il a un os dans lequel est un noyau, qui en quelques-uns se trouve amer comme aux pêches, & en d'autres doux comme aux amandes. L'huile qu'on en tire est bonne aux ardeurs & aux inflammations des hemorroides. Elle guerit aussi les enflures des ulceres & appaise les douleurs des oreilles. Quelques-uns font venir *Abricot* du Grec ἁβρὸς, Mol, délicat.

ABRIER. v. a. Vieux mot. Proteger, défendre.

ABRIEVER. v. n. Vieux mot. Arriver.

ABROTONE. s. f. Herbe ou plante qui rend de l'odeur & qui est fibreuse. Elle vient mieux dans une terre maigre & seche que dans une autre. Il y a de deux sortes d'Abrotone, le mâle & la femelle. Selon Theophraste, c'est une herbe qui est toûjours verdoyante. M. Callard de la Duquerie fait venir le mot d'*Abrotone* du Grec ἀβρώτον, formé de la particule privative α, & de βρώσκειν Manger, pour signifier, Qui ne se mange point, à cause qu'on ne se sert point de cette herbe dans les mets.

ABS

ABSCISSE. adj. f. On sousentend *Signe*. Terme de Géometrie. C'est la partie du diametre d'une *Courbe*, comprise entre l'extrêmité où ce diametre coupe la courbe, & une *Ordonnée* à ce même diametre. Voyez ORDONNE'E. Comme un diametre peut avoir une infinité d'Ordonnées, chaque Ordonnée a son Abscisse correspondante, qui se prend depuis elle jusqu'à l'extrêmité du diametre. Ordonnée & Abscisse sont deux termes necessairement relatifs. Abscisse vient d'*Abscissa*, coupée.

ABSCONSER. v. a. Vieux mot. Cacher, du Latin *Abscondere*, d'où les Italiens ont fait *Nascondere*, pour signifier la même chose.

ABSIDES. Voyez APSIDES.

ABSINTHE. s. m. Plante medecinale. Il y a de quatre sortes d'Absinthe, le Santonique, le Marin, autrement *Seriphium*, le vulgaire qui est le grand Pontique, & le petit, qui est le petit Pontique. Quelques-uns croient que le vulgaire est le Pontique des anciens, & par consequent le Romain. Celui-là a sa tige fort branchue. Ses feuilles sont blanches & découpées, & ses fleurs dorées & petites. Sa graine est ronde, & disposée comme une grape de raisin. L'absinthe, qu'on appelle Santonique, est semblable à l'Aluine, mais il a bien moins de graine. Comme il a beaucoup d'astriction, on s'en sert pour fortifier les visceres affoiblis. Outre son amertume, la nitrosité dont il participe est cause qu'il purge la matiere bilieuse contenue au ventricule & au foye. Il tue les vers, même en l'appliquant exterieurement. On fait du vin d'Absinthe & de l'eau d'absinthe. Tout absinthe incise & attenue, déterge, resiste aux venins, est aperitif, provoque les mois, les urines & les sueurs, & tout cela avec quelque astriction. C'est pourquoi il est fort bon pour le foye, pour la rate & pour l'estomac. On ne se sert que des feuilles & des sommités de cette plante. On fait venir le mot Absinthe de la particule privative α, & de ψίνθος Délectation, comme qui diroit *sans délectation*, à cause que cette plante est extrêmement amere.

ABSOLUTION. s. f. Terme de Breviaire. Courte priere que dit celui qui officie, à chaque Nocturne des Matines, avant les Benedictions & les Leçons.

On nomme ainsi les Prieres qu'on dit en Carême aux Féries II. IV. & VI. Ces Prieres sont les sept Pseaumes de la Penitence, les Litanies des Saints & quelques Oraisons.

Le Pape ou le Grand-Penitencier en fait une le Jeudi-Saint où l'on lit la Bulle *in Cœna Domini*.

On appelle aussi *Absolutions*, Les encensemens & les aspersions d'eau-benite qu'on fait sur les corps des Princes, & autres personnes d'une dignité éminente, qu'on enterre avec de grandes cérémonies.

ABSTERGER. v. a. Les Medecins & les Chirurgiens se servent de ce mot, lorsqu'ils parlent d'une playe, pour dire, Nettoyer.

ABSTERSIF, *Abstersive*. adj. On appelle en Medecine, *Medicament abstersif, purgation abstersive*, Un medicament, une purgation qui nettoye. Du Latin *Abstergere*, Nettoyer.

ABSTINENS. s. m. p. Heretiques qui s'éleverent dans les Gaules & en Espagne, tandis que les Empereurs Maximien & Diocletien faisoient de si grandes persecutions à l'Eglise. On les appelloit ainsi à cause de l'abstinence qu'ils faisoient du mariage & de l'usage des viandes qu'ils prétendoient venir du demon. Ils nioient que le Saint-Esprit fût Dieu, & ils le mettoient au rang des creatures. Cette secte d'Abstinens que le Cardinal Baronius semble croire être les mêmes que les Hieracites, étoit sortie de l'abominable assemblée des Gnostiques & des Manichéens.

ABSTRACT. s. m. Terme de Philosophie opposé à Concret. C'est une qualité, un accident, une mode que l'on détache par la pensée d'un sujet auquel ils sont réellement attachés. Ainsi la rondeur est un Abstract quand elle est considérée en elle-même sans être attachée à aucun corps. *Rond* est un Concret, parce qu'il exprime en même-tems & la rondeur & un sujet, auquel elle est attachée. Voyez CONCRET. Ce mot vient du Latin, *Abstrahere*, Retirer.

ABSUS. s. m. Herbe qui croît en Egypte à la hauteur d'une paume ou de quatre doigts. Ses feuilles ressemblent à celles du triolet, & ses fleurs blanches, & d'un jaune pâle, produisent une semence noire, renfermée dans de petites cellules.

ABU

ABUTER. v. n. Vieux mot. Viser, comme

qui diroit, Tirer au but.

ABY

ABYSME. s. m. Terme de Blason. Le Pere Menestrier dit qu'*Abysme* est le milieu & le centre de l'écu, quand on suppose que l'écu est rempli de trois, quatre ou plusieurs figures, qui étant élevées en relief, font de ce milieu une espece d'Abysme, & qu'autant de fois que l'on commence à blasonner par d'autres figures que par celles du milieu, celle qui est au milieu est dite, *Etre en abysme*. On voit par là que le milieu de l'écu n'est appellé *Abysme*, que quand il y a d'autres pieces, au milieu desquelles une plus petite est abysmée, comme le bâton alezé de Bourbon.

Abysme, a une signification particuliere chés les Chandeliers, qui donnent ce nom à un Vaisseau fait en prisme triangulaire renversé. Ils fondent leur suif dedans, & font leur chandelle en y trempant plusieurs fois leur méche.

ACA

ACACALIS. s. m. Fruit d'un Arbrisseau qui croît en Egypte, & qui est semblable à la graine de Tamarisc. Dioscore dit que son infusion entre dans les medicamens qu'on ordonne pour éclaircir la vûe, mais Mathiole ne connoît point cette graine.

ACACIA. s. m. Arbre fort haut, qui a des épines, la feuille menue & un peu longue : ses fleurs sont blanches, & jettent une odeur fort agreable. Il n'y en a point qui pousse plus de bois & en moins de tems. Depuis environ quarante années qu'on l'a mis en vogue en France, on en fait de belles allées dans la plûpart des Jardins. Il y a un autre Acacia, de la semence duquel on tire le suc, & c'est ce que les Apothicaires nomment *Suc d'Acacia*. Il en est de deux sortes, Le vrai Acacia & l'Acacia Germanique. *Le vrai Acacia* est un suc tiré par expression d'un arbrisseau épineux qui croît en Egypte, & qui porte le nom d'Acacia. Lorsqu'on a seché ce suc à l'ombre, il est noirâtre si on l'a tiré d'une semence qui fût mûre, & rougeâtre ou bien jaunâtre, si elle n'étoit pas mûre. Quelques-uns tirent ce suc des feuilles & du fruit ensemble. L'*Acacia Germanique* est un suc tiré par expression des prunelles sauvages, & réduit, soit au feu ou au soleil, en consistance d'électuaire solide. On garde ce suc mis en tablettes, pour le substituer dans le besoin au vrai Acacia, qui est celui qui doit entrer dans la composition de la Theriaque, toutes les fois qu'on ordonne simplement l'Acacia. Ce vrai Acacia pour être bon, ne doit pas être tout-à-fait noir, mais d'un rouge assés beau, quoiqu'un peu haut en couleur, d'une substance facile, compacte & pesante. Il faut cependant qu'on puisse la rompre facilement en frappant dessus avec un marteau, & que ce qui se rompt paroisse au-dedans luisant, net & beau. Quelques-uns tirent le mot d'*Acacia* du Grec ἀκάζειν. Estre aigu en forme de pointe, ou de ἀκὴ, pointe d'une chose aigue, à cause que l'Acacia qui croît en Egypte est fort épineux.

ACADE'MIE. s. f. Lieu où s'assemblent des gens de lettres ou d'autres personnes qui font profession de quelqu'un des Arts Liberaux, comme la Peinture, la Sculpture, &c. On donna ce nom d'Académie à une Maison où Platon enseignoit la Philosophie dans un des Fauxbourgs d'Athénes, à cause qu'elle étoit l'heritage d'un Athénien appellé *Academus*, qui vivoit du tems de Thesée. Plutarque le nomme *Echédémus*, & dit que l'Ecole de Platon fut nommée *Echedemie*, & que Cimon l'embellit par des fontaines qu'il y fit venir, & par des bocages & des allées d'arbres qu'on y dressa pour la commodité des Philosophes, qui furent nommés Académiciens. Speusippus, neveu de Platon, enseigna sa doctrine après sa mort dans la même Ecole, & Xenocrate, Polemon, Cratès & Crantor ses successeurs, n'y changerent rien, mais Arcesilas qui les suivit y reforma quelque chose, & fonda par sa reforme ce qu'on appella *La seconde Académie*. Son Disciple Lacidès en fut le chef, & Carneades qui vint après lui, prit une partie de ses sentimens. Depuis Platon tous les lieux où se sont assemblés des gens de Lettres ont été nommés Académies, & ce fut ainsi que l'on nomma une Maison de campagne qu'avoit Ciceron près de Puteole. Il y écrivit les Questions qu'il appelle Académiques. Le Fauxbourg d'Athénes où étoit la celebre école de Platon, fut appellé indifféremment le Ceramique, & le Fauxbourg de l'Académie. Comme dans ce siecle chaque Etat travaille à faire refleurir les beaux arts & les Sciences, il s'est établi quantité d'Académies en Europe, & sur-tout en Italie, où il y en a dans un grand nombre de Villes sous differens noms.

ACAJOU. s. m. Arbre de l'Amerique qui croît jusqu'à une telle grandeur, qu'on tire communement de son tronc des canots ou petites barques toutes d'une piece, larges de cinq à six pieds, & longues de plus de quarante. Son bois est rouge, sans aubier, leger, plus tendre que le sapin, & ne coule pas au fonds de l'eau comme la plûpart des bois de ce païs-là. Il ne laisse pas de durer aussi long-tems; le ver ne s'y attache jamais, & comme il ne se pourrit pas aisément dans l'eau, on en fait de l'essente dont on couvre les maisons. Son écorce ressemble à celle du Chêne, & quand on l'incise en tems sec, il en sort de la gomme semblable à la gomme Arabique. Il porte de grands bouquets de fleurs ligneuses au milieu desquelles est une espece de gland canelé, dont les Perroquets font leur nourriture. Quand ils ont mangé de cette graine, leur chair a le goût de l'ail. Ses feuilles sont faites comme celles du Frêne. Cet arbre s'appelle *Acajou rouge*. Il y en a un autre qu'on appelle *Acajou blanc*, à cause que son bois est blanc. Il est fort tendre quand on le coupe, mais dès qu'il est sec, il devient si dur que le marteau a peine à y faire entrer un clou. Il est sujet au ver, & dure moins que l'Acajou rouge. Il ne croît que dans des lieux humides, & il y en a de plus gros que le corps d'un homme. Ces arbres ne portent point de fruit.

Il y a aussi un Acajou qui en porte. Ce fruit qui est jaune & rouge par les endroits où le soleil a donné, est fait en façon de petite poire, & a la grosseur d'un œuf. Tout le dedans n'est qu'une filasse spongieuse, & remplie d'un suc si acre, & si astringent qu'il prend à la gorge quand il est vert, mais lorsqu'il a atteint sa maturité, il est très-délicieux. Il n'y a aucune graine dedans; mais au bout du fruit on voit une maniere de noix, faite comme un rognon de liévre, & de la même grosseur. Sa couleur est de gris cendré, & elle est couverte d'une double écorce, dont l'entre-deux est une matiere poreuse, pleine d'une huile caustique. On s'en sert pour guerir les dartres, & elle est encore bonne à faire tomber les cors des pieds. Le noyau de cette noix est gros comme une amande, & fortifie l'estomac lorsqu'il est mangé à jeun. Le vin qu'on fait de ce fruit est délicieux, & soulage les maux de rate. Il est blanc comme du lait étant fait nouvellement, & lorsqu'il a bouilli de soi-même quelque-tems dans le vaisseau, il devient très-agréable. Le suc qui sort de ce fruit quand il est vert, a cela de particulier, que les taches qu'il fait sur le linge, ne peuvent s'ôter que quand l'arbre pousse de nouvelles fleurs. Alors ces taches se dissipent d'elles-mêmes. Cette sorte d'Acajou n'est qu'un petit arbre dont les branches panchent un peu vers la terre. Elles ont de grandes feuilles qui approchent de celles du Noyer, mais qui sont plus larges, plus rondes, plus fortes & plus luisantes, & rendent une odeur plus agréable. Celle de ses fleurs est tavissante quand elles s'ouvrent le matin. Elles sont petites, d'une couleur purpurine, & ramassées en bouquets.

ACANTHE. s. f. Plante que l'on appelle autrement *Branche Ursine*, ou *Branque Ursine*, & dont la tige qui est lissée & de la grosseur d'un doigt, a deux coudées de hauteur. Ses feuilles qui sont grasses, lissées & noirâtres, sont plus larges & plus longues que les feuilles des Laitues. Elle en a par intervalles auprès de sa cime de petites qui sont en façon de coquille, longuettes & piquantes. Sa tête est comme une louppe ou un bouquet. Il y a de deux sortes d'Acanthe, la Domestique qui est cultivée & sans épines, & la Sauvage, qui est épineuse. Sa qualité qui est chaude & seche, la fait mettre au rang des herbes émollientes. On ne se sert que de ses feuilles dans la Medecine, & l'usage en est plus externe qu'interne. Le mot d'*Acanthe* est venu du Grec ἀκὶς, pointe, épine.

Acanthe est aussi un terme d'Architecture, & l'on nomme ainsi un ornement qui a la figure de l'Acanthe qu'on met dans le chapiteau de la colonne Corinthienne. Ainsi on dit qu'*Un chapiteau est taillé à feuilles d'Acanthe*, pour dire, qu'On y a representé les feuilles de cette plante. Cela est venu de ce qu'un Architecte en ayant vû une autour d'un panier ou d'une corbeille, s'avisa d'en faire l'ornement d'un chapiteau. On tient que les Sculpteurs Grecs se sont servis de l'Acanthe domestique pour faire les ornemens de leurs Ouvrages, & que les Sculpteurs Gothiques ont imité l'Acanthe sauvage dans les Chapiteaux de leurs colonnes.

ACAPATLI. s. m. Plante de la nouvelle Espagne qui porte le poivre long. Elle a son tronc contourné à la façon des sarments, & ce tronc a des feuilles qui ressemblent à celles du poivre blanc, mais plus longues & aigues. Elles sont odorantes, d'un goût piquant & acre, chaudes & seches au troisiéme degré. Son fruit est rond & long & sa graine ne mûrit jamais assés sur la plante, ni ne vient à la perfection qu'il faudroit pour être propre à être semée. Cela est cause qu'on la cueille si-tôt qu'on voit qu'elle commence à rougir. On la met au Soleil, où elle mûrit, & on la garde de cette maniere. On la mange seche & verte, & elle donne un bon goût aux viandes, pourvû qu'on ne les approche pas du feu après qu'on l'y a mêlée, car si on les en approche, elle perd son goût & sa vertu.

ACC

ACCASTILLAGE. s. m. Terme usité dans la Marine, quand on parle des châteaux qui sont sur l'avant ou sur l'arriere du Vaisseau.

ACCASTILLE', E'E. adj. On appelle *Un vaisseau accastillé*, Celui qui a un château sur son avant & un autre sur son arriere.

ACCELERATION. s. f. Terme de Physique, qui se dit des mouvemens dont la vitesse s'augmente à chaque moment. Par exemple. Les corps pesans qui tombent acquierent toûjours une nouvelle vitesse, & Galilée tient que l'acceleration de leur mouvement se fait selon la suite naturelle des nombres impairs 1. 3. 5. 7. &c. en sorte que si un corps pesant parcourt un certain espace dans un certain tems comme dans une minute, dans la seconde minute il parcourera un espace triple du premier, dans la troisiéme minute un espace cinq fois plus grand, &c. Or les nombres quarrés dans leur suite naturelle 1. 4. 9. 15. 25. &c. se forment de l'addition continuelle des nombres impairs, de sorte que 1. premier nombre impair est aussi premier nombre quarré, 1. & 3. font 4. second nombre quarré, 1. & 3. & 5. font 9. troisiéme nombre quarré, &c. il s'ensuit que les espaces parcourus par le corps pesant depuis l'instant de sa chute, sont des nombres quarrés dans toutes les divisions qu'on en peut faire par des tems égaux, & que ces tems égaux sont les racines de ces quarrés. Par exemple. Si le corps pesant a fait l'espace d'un pié dans la premiere minute, il en a fait quatre au bout de la seconde 9. au bout de la troisiéme, 16. au bout de la quatriéme, &c.

Au mouvement acceleré s'oppose le mouvement *retardé* ou *diminué*, qui peut toûjours l'être suivant les mêmes proportions, que l'autre est acceleré, & à tous deux s'oppose le mouvement *uniforme* par lequel un corps parcourt en tems égaux des espaces égaux. Voyez MOUVEMENT.

On dit aussi, Accelerer la saison des métaux, la végetation des plantes par des sels.

ACCEPTILATION. s. f. On ne se sert de ce mot qu'en expliquant la Jurisprudence des Romains. Il signifioit parmi eux une déclaration par laquelle un creancier renonçoit à demander jamais rien de ce que lui devoit son débiteur.

ACCIDENT. s. m. Ce mot dans l'usage commun, veut dire, Malheur, ce qui arrive de fâcheux; mais en termes de Medecine il veut dire Symptome, c'est-à-dire, ce qui arrive de nouveau à un malade, tant en bien qu'en mal.

Accident est aussi un terme de Philosophie, & signifie ce qui n'est pas essentiel à la substance, ce qui peut être ou n'être pas dans un sujet, sans qu'il cesse d'être ce qu'il est. Ainsi la blancheur & la couleur sont des accidens d'une substance, parce qu'elle peut être ce qu'elle est sans être blanche ni ronde.

ACCLAMPER. v. a. Terme de Marine. Fortifier un mât en y attachant des pieces de bois, afin qu'il résiste davantage au vent.

ACCOINTER. v. a. Vieux mot, qui a été dit pour Hanter quelqu'un, faire societé avec lui. C'est de là qu'a été fait *Accointance*. M. Ménage fait venir ce mot d'*Adcomitare*.

ACCOLADE. s. f. Ceremonie qui a donné le nom à la plus ancienne de toutes les Chevaleries, & qui consiste à embrasser les Chevaliers quand on les reçoit. Pour en connoître l'ancienneté, il ne faut que lire Gregoire de Tours, qui rapporte que lorsque les Rois de France de la premiere race donnoient le baudrier & la ceinture dorée aux Chevaliers, ils les baisoient à la joue gauche, en proferant ces paroles: *Au nom du Pere & du Fils & du S. Esprit.* Après l'Accolade le Prince donnoit un petit coup du plat d'une épée sur l'épaule du Chevalier, qui entroit par là dans la profession de la guerre, & étoit appellé Chevalier d'armes. Les éperons qu'il portoit étoient dorés, à la difference de l'Ecuyer, qui ne les avoit qu'argentés.

ACCOLE', E'E. adj. Terme de Blason. Il a un fort grand usage dans le Blason; & le Pere Menestrier remarque qu'on le prend en quatre sens differens. Le premier est, quand on parle de deux choses qui sont attenantes & jointes ensemble, comme les écus de France & de Navarre, qui sont *accolés* sous une même couronne pour les armoiries de nos Rois. Les fusées, les losanges & les macles sont aussi censées être accolées, quand elles se touchent de leurs flancs ou de leurs pointes, quoiqu'elles ne remplissent pas tout l'écu. Le second sens d'*accolé*, est quand on dit des chiens, des vaches ou autres animaux qui ont des colliers, ou des cygnes & des aigles qui ont des couronnes passées dans le col. La troisiéme est quand on parle d'une chose qui est entortillée à une autre, comme d'un sep de vigne à un échalas, d'un serpent à une colomne ou à un arbre; & le quatriéme sens où *accolé* peut être employé, c'est quand on parle des clefs, bâtons, masses, épées, bannieres, & choses pareilles qui sont passées en sautoir derriere l'écu.

ACCOLER. v. a. Terme de Pratique. Marquer par un trait de plume en marge d'un compte, d'une déclaration de dépens, qu'on doit comprendre divers articles sous un même jugement, dans une même supputation.

On dit aussi *Accoler*, en parlant des seps de vigne qu'on lie autour des échalas ou des branches d'arbre que l'on attache à des espaliers.

On dit encore *Accoler une piece de bois*, pour la guinder. *Accoler deux pieces de charpente.*

ACCOMPAGNE', E'E adj. Terme de Blason. Il se dit de quelques pieces honorables comme la croix, le chevron, la fasce, le pairle, lorsqu'elles ont d'autres pieces en séantes partitions. On dit que *La croix est accompagnée de quatre étoiles, de seize alerions, de vingt billettes*, quand les quatre cantons qu'elle laisse vuides dans l'écu sont également remplis de ces choses. Le chevron peut être accompagné de trois croissans ou de trois roses, deux en chef, & une en pointe; la fasce de deux losanges, l'une en chef, & l'autre en pointe, ou de quatre aiglettes, deux en chef & deux en pointe, le pairle de trois pieces semblables, une en chef & deux aux flancs; & le sautoir de quatre, la premiere en chef, la seconde en pointe, & les deux autres aux flancs.

ACCOMPAGNEMENT. s. m. Ornement qu'on met autour de l'écu, comme les supports, le cimier, le pavillon.

ACCON. s. m. Petit bateau à fond plat, fort connu dans le païs d'Aunis, où l'on s'en sert pour aller sur les vases après que la mer s'est retirée.

ACCORDER. v. n. On dit en termes de Marine, *Accorde*, & c'est un commandement qu'on fait quand on veut obliger l'équipage de la chaloupe à nager ensemble.

ACCORDOIR. s. m. Petit instrument dont on se sert pour accorder une orgue ou un clavessin. Lorsqu'on veut faire descendre les tuyaux d'une orgue à de certains tons, on les affuble en les pressant avec l'accordoir, qui est fait en forme de petit cone, jusqu'à ce qu'on les ait rendus assés étroits pour cela; & l'on pousse la pointe du cone dans le tuyau, quand on le veut élargir & le faire monter.

L'accordoir du clavessin est une maniere de petit marteau.

ACCORDS. s. m. p. On appelle ainsi en termes de Marine deux grandes pieces de bois qui servent à soûtenir un navire, tant qu'il demeure dans le chantier où on le construit.

ACCORER. v. a. Terme de Marine. Soûtenir quelque chose qu'il est necessaire d'appuyer.

ACCORNE', E'E. adj. Terme de Blason. Il se dit de tout animal qui est marqué dans l'écu, quand ses cornes sont d'autres couleurs que l'animal. *Testes de vache de sable accornées d'argent.*

ACCOSTE', E'E. adj. Terme de Blason, dont on se sert en parlant de toutes les pieces de longueur mises en pal, c'est-à-dire, occupant le tiers de l'écu de haut en bas par le milieu, ou mises en bande, ce qui veut dire, occupant diagonalement le tiers de l'écu de droite à gauche, quand elles ont d'autres pieces à leurs côtés. Le pal est dit *accosté de six annelets*, quand il y en a trois d'un côté, & autant de l'autre, & la bande est dite *accostée*, quand les pieces qui sont à ses côtés sont couchées du même sens, & qu'il y en a le même nombre de chaque côté. Lorsqu'on employe des besans, des tourteaux, des roses, des annelets, qui sont des pieces rondes, on peut dire *accompagné*, au lieu d'*accosté*.

ACCOSTER. v. a. Terme de Mer. Approcher une chose d'une autre. *Accoster une manœuvre.* On dit, *Accoster les huniers*, *accoster les perroquets*, pour dire, Faire toucher les coins ou les pointes des huniers, des perroquets, à la poulie qui est mise pour cela au haut des vergues. On dit, *Accoste à bord*, quand on veut obliger un petit vaisseau à s'approcher d'un plus grand.

ACCOTAR. s. m. Terme de Marine. Piece de bordage que l'on endente sur le haut du Vaisseau entre les membres, afin d'empêcher que l'eau n'y tombe.

ACCOTOIR. s. m. Morceau de bois plat attaché dans les Confessionnaux, pour servir d'appui au Confesseur. Il y en a aussi dans les chaises des Porteurs, pour appuyer ceux qui se font porter en chaise.

ACCOUDOIR. s. m. Les Architectes employent ce mot pour signifier, Appui. On fait ordinairement des Accoudoirs entre les Piedestaux.

On met sur les terrasses dans les jardins des murs en Accoudoir, de petites hayes taillées en Accoudoir.

Accoudoir se dit aussi de l'endroit inferieur de l'ouverture d'une fenêtre sur lequel on peut s'appuyer, & qui ne passe guere la hauteur de la ceinture.

ACCOUPLE', E'E. adj. On appelle en termes d'Architecture, *Colomnes accouplées*, Les colomnes qui sont deux à deux, & qui se touchent presque par leurs chapiteaux & par leurs bases. Il y a aussi des *Pilastres accouplez.*

ACCOUVER. v. n. Les poules & les cannes s'accouvent, quand elles commencent à couver leurs œufs.

ACCROCHER. v. a. Terme de Marine. Arrêter un Vaisseau, en y jettant le grapin pour y venir à l'abordage.

ACCROUPI, IE. adj. Terme de Blason. On s'en sert en parlant du lion & des autres animaux sauvages, quand ils sont assis. Il se dit aussi des lievres & des lapins qui ne courent pas & qui semblent avoir le corps ramassé. *D'azur au dragon accroupi d'argent.*

ACCULE', E'E. adj. Terme de Blason. On dit *Cheval acculé*, quand il est cabré en arriere & sur le cul.

On dit aussi que *Deux canons sont aculez*, quand leurs culasses sont opposées l'une à l'autre.

ACCULER. v. n. Terme de Manege. M. Guillet dans ses Arts de l'homme d'épée, fait voir qu'en disant

disant qu'*Un cheval aceule, s'accule*, on n'entend pas dans les Académies un cheval, qui s'arrêtant, lorsqu'on le tire en arriere, se jette & s'abandonne sur la croupe avec désordre; mais un cheval qui maniant sur les voltes, ne va pas assés en avant à chacun de ses mouvemens; ce qui fait que ses épaules n'embrassent pas assés de terrein & que sa croupe s'approche trop du centre de la volte.

En termes de chasse, on dit, *Acculer des renards*.

ACCULS. s. m. p. On appelle *Acculs*, en termes de chasse, les bouts des forêts & des grands bois.

ACE

ACEPHALES. s. m. Heretiques, qui s'éleverent vers l'an 482. On tient qu'ils suivirent les erreurs de Pierre Mogus, Evêque d'Alexandrie, & que lorsqu'il eut feint de souscrire au Concile de Chalcedoine, qui avoit condamné ceux qui nioient comme eux qu'il y eût deux natures en Jesus-Christ, ils l'abandonnerent. Ce mot est Grec ἀκέφαλοι, & vient de la particule privative α, & de κεφαλὴ, Tête, comme qui diroit *sans tête*. Ils eurent ce nom, à cause qu'ils s'éleverent sans avoir de Chef.

ACERBE. adj. Terme de Physique. Il se dit de certains corps *savoureux*, qui outre qu'ils ont des parties longues, roides & pointues, ce qui les rend *acides*, ont encore ces parties engagées dans un souffre grossier, qui rend leurs surfaces hérissées de petits poils recourbés, & propres à s'attacher fortement à la langue. Ainsi la saveur acerbe est une espece de l'acide. Voyez SAVEUR. Les coins & les fruits qui ne sont pas mûrs, sont acerbes. Ce mot est tout Latin, *acerbus*, que l'on prétend venir du Grec ἀκὶς, pointe aussi bien que *acidus*.

ACERER. v. a. Terme de Taillandier. Mettre de l'acier avec du fer. *Acerer un burin*, c'est mettre de l'acier à la pointe. *Acerer un couteau*, c'est y en mettre au tranchant; & *Acerer une enclume* c'est couvrir d'acier toute une enclume.

ACESINE', e'e adj. Vieux mot. Qui est bien en embonpoint. *Belle gente & acesinée*.

ACESMEMENT. Vieux mot. Ornement. Il vient d'*Acesmer*, Orner, autre vieux mot.

La pucelle au corps acesmé,
Quand m'eust l'huys defermé.

On a dit aussi *Acesmez, aschenes, aschesmes & achemes*, pour dire, des atours de femme. *Quand la Déesse eut mis bas ses habits & achemes, qu'elle eut dessenblé coiffe, guimple, atour, & autre acoustrement de feste.*

ACETABULE. s. m. Terme de Medecine Cavité d'un os, ou embouchure, dans laquelle est reçûe la tête d'un autre os.

ACETABULUM. s. m. Sorte de plante, appellée autrement *Umbilicus Veneris*. Il y en a de deux sortes, l'une dont les feuilles sont creuses, & tournées comme un acetabule ou une coupe. Sa graine est dans de petites tiges qui sortent du milieu de ces feuilles, & sa racine est ronde comme une olive. L'autre jette une tige menue, & produit des fleurs semblables à celles de Mille-pertuis. Cette plante a les feuilles larges, grasses, fort épaisses, entassées vers la racine, & faites en forme de cueiller. Sa graine, qui est un peu grasse, a les mêmes proprietés que la Joubarbe.

ACH

ACHE. s. f. Espece de persil, dont les fleurs sont blanches. C'est la même chose que le Celeri. Il y en a de quatre sortes. L'Ache de Macedoine, l'Ache de jardin, qui est le persil ordinaire, l'Ache de montagne, & l'Ache qu'on appelle de marais, parce qu'elle y croît parmi la Berle. Cette derniere est celle des Apoticaires, & que l'on doit employer, lorsqu'on ordonne simplement l'Ache. On se sert moins ordinairement des feuilles, que de la racine & de la semence. La racine est mise au rang des cinq racines aperitives majeures, & sa semence est l'une des quatre semences chaudes mineures. Leur usage est plus pour l'interieur que pour l'exterieur; & comme les feuilles ont moins de vertu que la racine, la racine en a moins que la semence. On fait venir le mot d'Ache du Latin *Apium*, & on veut qu'*Apium* vienne d'*Apex*, sommet, à cause que les anciens mettoient des couronnes d'Ache sur le sommet de la tête, ou d'*Apes*, Abeille, parce qu'on croit que les Abeilles se plaisent à succer cette herbe.

Ache Royale. Plante qui fleurit tous les ans, & qui pousse une fleur blanche ou jaune au bout de sa tige.

ACHEMENS. s. m. p. Terme de Blason. Lambrequins ou chaperons d'étoffe découpez, qui enveloppent le casque & l'écu. Ils sont d'ordinaire des mêmes émaux que les armoiries.

ACHEMINE', e'e. adj. Terme de manege. On dit qu'*Un cheval est acheminé*, quand on lui voit des dispositions à être dressé, & qu'il a déja été monté, dégourdi & rompu.

ACHETIFVER. Vieux mot. Captiver.

ACHEVE', e'e, adj. On dit en termes de manege, qu'*Un cheval est achevé*, pour dire, qu'il est dressé & confirmé dans un air particulier, en sorte qu'il ne manque point à faire un certain manege.

ACHEVOIR. s. m. En certains lieux, en parlant d'une toile ou d'une étoffe, on dit qu'elle est à l'Achevoir, quand il n'en reste que peu d'aunes à faire.

ACHIOTL. s. m. Arbre de la nouvelle Espagne que quelques-uns nomment *Changuarica*, & d'autres *Pamagna*. Cet arbre, selon François Ximenes, ressemble en grandeur, en tronc & en forme, à l'oranger. Ses feuilles ont la couleur & l'âpreté de celles de l'orme, & il a son écorce, son tronc & ses branches d'un roux tirant sur le vert. Ses fleurs sont grandes d'une couleur blanche pourprine, & distinguée en cinq feuilles en façon d'étoile. Son fruit est de la grandeur d'une petite amande verte, quadrangulaire, & s'ouvre étant mûr. Les grains qu'il contient sont comme ceux des raisins, mais beaucoup plus ronds. Les Sauvages font grand cas de cet arbre, & le plantent autour de leurs habitations. Il demeure verd toute l'année, & porte son fruit au Printems. C'est en ce tems qu'on a de coûtume de le tailler, à cause du feu qu'on tire de son bois, comme d'un caillou. Son écorce est bonne à faire des cordes qui sont plus fortes que celles que l'on fait avec du chanvre. Sa semence est propre à faire de la teinture cramoisi-rouge, dont non seulement les Peintres se servent, mais aussi les Medecins, parce qu'elle est de qualité froide. Bûe avec quelque eau de la même qualité, ou appliquée au dehors, elle tempere l'ardeur de la fievre, & arrête la dyssenterie. On la mêle fort utilement dans toutes les potions refrigerantes.

ACHITH. s. m. Plante qui croît dans l'Isle de Madagascar, & qui traîne par terre, comme le sep de la vigne, dont elle est une espece. Ses feuilles toûjours vertes, & qui ne tombent jamais, sont rondes, aigues au bout & dentelées comme celles du lierre. Elle porte un fruit que ceux du pays appellent *Voachits*. Il mûrit au mois de Decembre, de Janvier & de Fevrier, & est gros comme un raisin qui n'a pas encore atteint sa maturité.

ACHOISON. s. f. Vieux mot. Occasion, loisir. On a dit aussi *Achaison*. Ainsi on trouve dans Patelin,

Vous ne voudriez jamais trouver d'autre Achaison,
De venir boire en ma maison.

Il a signifié aussi, Vexation, tribut injustement imposé.

ACI

ACIDE. s. m. Terme de Physique & de Chimie. Ce mot n'a été pris d'abord que pour signifier une espece de *Saveur*, telle qu'est celle des Citrons, des Oranges, des Tamarins, &c. Il vient du Latin *Acidus*, formé du Grec ἀκὶς *Pointe*, parce que cette saveur est celle de toutes qui picque le plus la langue, & conformement à cette sensation, les Physiciens ont imaginé avec beaucoup de vraisemblance que la saveur acide est causée par de petits corps, qui ont des figures longues, roides, pointues & tranchantes, à peu près comme de petites lances. De-là les Chimistes ont transporté le mot d'*Acide*, à tous les *Esprits* ou *Sels* qu'ils ont conçûs devoir être de cette figure, & comme ils ont imaginé d'autres sels poreux & spongieux, qu'ils ont nommés *Alkali*, (Voyez ALKALI) dont les figures disposent les Acides à s'unir avec eux, & que de là on peut tirer le principe de toutes les *fermentations*, (Voyez FERMENTATION) il y a presentement plusieurs Philosophes qui mettent dans tous les mixtes des Acides ou des Alkali, & qui par leur moyen expliquent une infinité d'effets. Dès que les Acides mis en liqueur rencontrent un corps qui contient des Alkali, ils fermentent avec ces Alkali, & par consequent *dissolvent* le corps. On regarde les Acides comme le principe *actif*, & les Alkali comme le principe *passif* de la fermentation. C'est pourquoi les Chimistes appellent l'Acide *Suc potentiel & dissolvant*. Il y a une infinité d'acides differens & de differens alkali; car ces deux mots n'ont qu'une idée très-generale, & ne signifient que deux sels qui ont par leurs figures un tel rapport, que l'un agit facilement sur l'autre & s'y unit, ainsi un acide n'est pas l'acide de tout Alkali, ni un Alkali n'est pas l'Alkali de tout acide, & on pretend même que quelquefois l'Acide d'un Alkali est l'Alkali d'un autre Acide. A *Acide* pris pour une saveur s'oppose *acre* ou *amer*, (Voyez SAVEUR) & à *Acide* pris pour un principe chimerique s'oppose toûjours *Alkali*. Il est vrai que ces deux oppositions n'en font quasi qu'une; car on pretend que la plûpart des sels acres ou amers sont Alkali.

ACIER s. m. Fer affiné, & celui de tous les metaux qui est susceptible d'une plus grande dureté. M. Felibien en fait connoître de cinq sortes; le Soret ou Clameci, l'acier de Piémont, l'acier d'Allemagne, l'acier de Carme & l'acier de grain.

Le petit *Acier* commun, appellé *Soret*, le *Clameci* ou *Limosin*, se vend par carreaux ou billes de quatre pouces de long, ou environ; & pour être bon, les carreaux en doivent être nets, sans pailles ni surchauffures, en sorte que dans la casse que l'on en fait par enhaut, il paroisse net, & ait un grain blanc & delié.

L'*Acier* qui vient du Piémont est un peu plus gros que le Clameci. Il doit être clair & net, & sans veines noires, avoir le grain menu & blanc, & se casser aisément par le bout qui est trempé, lorsqu'on frappe contre quelque piece de fer, ou contre un autre carreau d'acier. Quand il a ces marques de bonté, il est propre à faire des outils pour couper du pain, de la chair, de la corne, du bois, du papier, & autres choses semblables. Il vient aussi de Piémont un Acier artificiel fait avec de menues pieces de fer. On les met lit sur lit dans un grand creuset, ou pot de terre, avec un couvercle par dessus, si bien luté, qu'aucune fumée n'en puisse sortir. On met ce pot dans un fourneau qui n'est fait que pour cela, & on se sert d'un charbon de bois pilé & fraîchement fait. Il faut afiner deux fois cet acier pour le rendre bon, & alors il est propre à travailler à la terre, & à acerer des marteaux & autres outils dont on travaille avec violence.

L'*Acier* qui vient d'Allemagne est par petites barres quarrées de sept à huit pieds de long. Quand il est sans pailles, surchauffures, veines noires, fourures de fer, on peut se tenir sûr qu'il est bon. On en fait des ressorts de serrures, d'arquebuses, & autres ressorts, des arcs d'arbalêtres & des épées.

L'*Acier* de Carme, ou à la rose, vient encore d'Allemagne. On en apporte aussi de Hongrie. On peut s'assurer aussi sur sa bonté lorsqu'il est souple à la main tout le long des barres, sans pailles ni surchauffures, & qu'en le cassant on y découvre une tache presque noire tirant sur le violet, qui traverse presque la barre de tous côtés. Il doit encore avoir le grain fort délié & sans pailles ni apparence de fer. Cet acier, qui est le meilleur qu'on employe en France, est propre pour faire des ciseaux à couper le fer à froid, des burins, des ciselets, des faux, des outils à couper la pierre, la corne, le papier, le bois, &c.

L'*Acier* de grain, autrement Acier de Motte ou de Moudragon, est un Acier par grosses masses en forme de grands pains plats que l'on apporte d'Espagne. Ces masses ont quelquefois plus de dix-huit pouces de diametre, & depuis deux jusqu'à cinq pouces d'épaisseur. Cet Acier est bon, lorsqu'en le cassant on voit qu'il est sans veines noires ni apparence de fer, & qu'il a le grain délié & de couleur presque jaune. Etant bien affiné, il est bon à faire des ciseaux pour couper le fer à froid. On en peut aussi acerer des marteaux & autres outils avec lesquels on travaille à des ouvrages penibles, comme à couper le marbre & la pierre.

Outre ces cinq sortes d'Acier, dont parle M. Felibien, il y a encore celui que l'on appelle *Acier de Damas*, parce qu'il vient de Damas, ville de Syrie. Son grain est si fin, qu'il coupe le fer sans être trempé.

ACOE

ACOEMETES. s. m. Religieux dont la Congregation fut instituée à Constantinople en 499. sous l'Episcopat de Gennade. Ce mot est Grec; ἀκοίμητος, & veut dire, Qui ne dort point; de la lettre α, particule privative, & de κοιμέω, Je dors, ou je fais dormir. Le nom d'Acœmetes leur fut donné, à cause qu'ils avoient établi une priere perpetuelle pendant la nuit, qu'ils passoient entiere à chanter les louanges de Dieu, en se succedant les uns aux autres dans cette pieuse fonction. Ils s'opposerent avec beaucoup de courage à Acacius de Constantinople, qui par un motif d'ambition s'étoit revolté contre l'Eglise. Dans le sixiéme siécle ils embrasserent les sentimens des Nestoriens, & l'Empereur Justinien les fit condamner à Constantinople. Cela fut cause qu'ils envoyerent deux de leurs Moines à Rome, où ils crurent devoir être mieux traités; mais le Concile que le Pape Jean II. fit assembler en 532. définit tout le contraire de l'opinion qu'ils soûtenoient.

ACOLALAN. s. m. Petit insecte qui se trouve dans l'Isle de Madagascar, moins puant qu'une punaise, mais qui lui ressemble. Il se multiplie en peu de tems, & devient enfin de la grosseur du pouce. Quand il est en cet état il prend des aîles. Les petits se tiennent en grand nombre dans les maisons & dans les cabannes, & se glissent dans les armoires, où ils rongent tout ce qu'ils rencontrent, & principalement les habits.

ACOMAS. s. m. Sorte d'arbre des plus gros & des plus hauts qu'il y ait dans les Antilles, & le meilleur pour les bâtimens. Il ne croît guere que dans les terres sablonneuses; & des Voyageurs rapportent qu'ils en ont vû des poutres de dix-huit pouces en quarré & de soixante piés de longueur. L'écorce de cet arbre est grise & tachée de blanc en plusieurs endroits, & ressemble en épaisseur à celle du chêne. Son bois, qui ne coule point à fond, quoiqu'il soit dur & pesant, est beau & jaune comme le buis nouvellement travaillé; mais le tems le fait souvent ternir & le rend blanchâtre. Ses feuilles sont longues & larges, & separées d'une petite côte blanche par le milieu. Le fruit qu'il porte est jaune comme de l'or & ressemble à une olive, mais le noyau en est plus gros. Quoique ce fruit soit amer au goût & desagreable, les ramiers ne laissent pas d'en être friands. Il y a deux autres sortes d'Acomas; l'un qu'on appelle *Acomas bâtard*, & qui croît à la capsterre de la Guadeloupe. Il n'est ni si beau ni si haut que le premier, & on s'en sert moins dans les bâtimens; & le second, qui se trouve aux environs de la grande ance, ne differe du plus haut, qu'en ce qu'il a le cœur rouge comme du bois de Bresil.

ACOMMICHER. v. a. Vieux mot. Communier. On lit dans Froissard, *Et fit le Roi dire grand planté de Messes, pour accommicher ceux qui devotion en avoient.* Ce mot veut dire proprement, Manger ensemble de la même miche, ou du même pain.

ACOMPARAGER. Vieux mot. Comparer.

ACONIT. s. m. Herbe venimeuse, dont la tige est longue d'un empan, & la racine semblable à la queue du scorpion. Sa semence est un poison; elle est enfermée dans son sommet, qui a la forme d'un heaume. Il y a deux sortes d'Aconit venimeux. On appelle l'un *Pardalianches*, c'est-à-dire, qui fait mourir les Pantheres & les Leopards. L'autre est appellé *Cynoctonum* & *Lycoctonum*, c'est-à-dire, qui tue les chiens, les loups & les renards. Cet Aconit étant chaud & sec au delà du quatriéme degré, il ne se peut qu'il ne cause de très-dangereux effets, quand il est pris interieurement. Aussi s'il arrive quelquefois qu'on s'en serve en Medecine, c'est comme septique & toûjours exterieurement.

Il y a aussi un Aconit salutifere, qu'on nomme *Anthora*, comme si c'étoit le contrepoison d'une plante venimeuse appellée *Thora*. Ses qualités sont d'être chaud & sec, mais moins que l'autre Aconit. Il est cordial & amer au goût, & sa principale vertu est de resister aux maladies malignes, à la peste même, & aux piquûres & morsures des bêtes venimeuses. Quelques-uns font venir *Aconit* du nom d'une Ville de Bithinie appellée Acone, aux environs de laquelle l'Aconit se trouve en abondance.

ACONTIAS. s. m. Espece de serpent, long de trois piés, & qui a un peu plus d'un pouce de grosseur. Il y en a quantité en Calabre & en Sicile. Sa tête est fort grosse & d'une couleur cendrée. Celle du reste de son corps est assés obscure à l'exception du ventre qui ne l'est pas tant. Il s'entortille sur un arbre, & s'élance de-là sur un homme avec tant de violence, qu'il semble égaler la vîtesse d'une fleche. C'est de-là qu'il a pris le nom d'Acontias du Grec ἀκόντιον, qui veut dire, Javelot.

ACORUS. s. m. Il y a deux sortes d'*Acorus*, le vrai & le faux. Le vrai *Acorus* est une racine qu'on nous apporte de Lithuanie ou de Tartarie. Les feuilles en sont longues, & ressemblent à celles de l'Iris. Cette racine, qui est fort nouée, & de la grosseur du petit doigt, rampe presque à fleur de terre, & cherche sa nourriture par des filamens qu'elle a au-dessous. Sa couleur est blanche, tirant sur le rouge. Elle est d'une substance fort rare & legere, d'un goût un peu acre, & rend une odeur assés agréable, quoiqu'elle soit forte. Les Apothicaires l'appellent *Calamus aromaticus*, qui est un roseau, parce que le vrai *Acorus* est mis souvent en sa place. Le faux *Acorus* n'est autre chose que le Glayeul aquatique dont les fleurs sont jaunes, & qu'on appelle par cette raison *Gladiolus luteus*. La difference est fort grande entre les deux. Le faux desseche sans échauffer, & il est astringent. C'est pourquoi il faut bien prendre garde à ne s'en pas servir au lieu du vrai, qui étant aperitif, fortifie l'estomac, le foie & la rate, rompt la pierre, & corrobore les nerfs & les jointures.

ACOUTI. s. m. Petit animal des Isles de l'Amerique, dont le poil est roux & rude comme celui d'un cochon de trois mois, & qui a le corps, l'agilité & les dents d'un lievre, mais la queue pelée & plus courte. Sa tête approche de celle d'un rat, & ses oreilles sont courtes & arrondies. Il a six orteils onglés aux jambes de derriere, qui n'ont aucun poil, & à celles de devant il n'en a que quatre. Il se retire dans des arbres creux, & se nourrit de racines d'arbres. La femelle porte deux ou trois fois l'année, & n'a jamais que deux petits à la fois. Elle leur fait sucer son lait deux ou trois jours dans un petit lit d'herbes ou de mousse, qu'elle a soin de dresser sous un buisson, quand elle sent qu'elle est prête à mettre bas. Ensuite elle les transporte dans ces creux d'arbres où les Acoutis vont passer la nuit, & leur apporte dequoi s'y nourrir, jusqu'à ce qu'ils soient en état d'en aller chercher eux-mêmes. Ces animaux sentent fort la venaison, & ont la chair extrémement dure. Les Habitans des Isles où ils se trouvent, ont presque tous de petits chiens qu'ils dressent à les chasser. Ces chiens les poursuivent jusques dans le creux des arbres, où les chasseurs les enfument. Ce petit animal s'apprivoise. On lui apprend à marcher sur les pattes de derriere, & à prendre, avec celles de devant la viande ou le fruit qu'on lui presente, & il mange ce qu'on lui donne à la maniere des Singes.

ACQ

ACQUERAUX. s. m. p. Instrument de guerre dont on se servoit autrefois pour jetter des pierres.

ACQUIT. s. m. Terme des Joueurs de Billard. C'est le premier coup des Joueurs en commençant la partie, ou après une bille faite. On dit, *Donnez votre Acquit. Voilà un bon Acquit*, quand il est en passe ou à couvert.

ACR

ACRIDOPHAGES. s. m. p. On a appellé ainsi certains peuples d'Ethiopie, du Grec ἀκρὶς, Sauterelle, & de φαγεῖν, Manger, à cause qu'ils ne vivoient que de ces insectes. Diodore de Sicile dit que rien n'égaloit la legereté qu'ils avoient dans la course, mais qu'ils ne vivoient jamais au-delà de leur quatriéme année.

ACRONIQUE. adj. Terme d'Astronomie. Il signifie, Qui se fait, qui arrive au moment que la nuit commence, que le Soleil se couche. Ainsi on dit que le lever ou le coucher d'un astre est acronyque, lorsqu'il se leve ou se couche précisément au coucher du Soleil. Ce mot vient de ἀκρόνυχος, *vespertinus*, qui est à l'entrée de la nuit. ἀκρόνυχος vient de ἄκρος, *extremus*, & νὺξ *nox*.

A *Acronyque* on oppose *Cosmique*, qui se fait au lever du Soleil, de κόσμος *monde*, parce qu'il semble que le lever du Soleil est le renouvellement du *monde*. Il est necessaire qu'un astre qui a un lever acronyque, ait un coucher cosmique, & que celui qui a un lever cosmique ait un coucher acronyque.

Ces deux sortes de lever ou de coucher joints avec le lever ou le coucher *heliaque*, dont il est parlé à son ordre, sont trois especes de lever ou de coucher qu'on appelle *Poëtiques*, parce que les Poëtes s'en sont plus souvent servis que les Astronomes pour marquer les tems & les saisons. Voyez COSMIQUE & HELIAQUE.

ACROTERE. s. m. Terme d'Architecture. Petits piedestaux posés sur le milieu & aux deux extrémités d'un fronton, & sur lesquels des figures sont posées. M. Felibien dit que ceux des côtés doivent avoir de hauteur la moitié de celle d'un fronton, & celui du milieu une huitiéme partie de plus. Il ajoûte que le mot Grec ἀκρωτήριον, signifiant generalement toute extrémité, veut dire dans les bâtimens les amortissemens des toits, de même que dans les Navires les éperons, qu'on appelloit *Rostres*.

Acroteres signifie aussi les Promontoires ou lieux élevés qu'on voit de loin quand on est sur mer.

ACT

ACTION. s. f. On donne en termes de Manege l'action de bouche à un cheval; & cette action de bouche n'est autre chose que l'agitation de sa langue & de sa machoire, lorsqu'en mâchant le mords il se tient la bouche fraîche.

ACU

ACUDIA. s. m. Petit animal des Indes Occidentales, dont il est fait mention dans l'Histoire d'Herrera. Il est un peu plus petit qu'un moineau, & fait comme un escargot. Il rend une fort grande clarté par le moyen de quatre étoiles qu'il a; deux proche des yeux, & deux autres sous les aîles. Il y a de l'humidité dans ces étoiles; & si quelqu'un s'en frotte la main ou le visage, il paroît brillant tant qu'elle dure. Les Indiens qui avant l'arrivée des Espagnols n'avoient point l'usage des chandelles de suif, ni de cire, se servoient de cette humidité pour s'éclairer la nuit dans ce qu'ils avoient à faire.

ACUITZEHUARIRA. s. m. Plante fort considerable des Indes Occidentales dans la Province de Mechoacan. Ses feuilles sont semblables à la Parelle, & viennent de la racine même. Ses jettons sont hauts d'une paume & demie & fort tendres, & il y naît au sommet de petites fleurs d'un blanc rougissant, assemblées en rond. Sa racine, qui est ronde, ressemble à une petite pomme de coing, & est blanche au dedans, & d'un jaune doré au dehors. On s'en sert principalement en Medecine. Elle est d'une faculté temperée, tirant un peu au froid & à l'humide, & d'un goût doux & agreable. L'eau qu'on en extrait, bûe en telle quantité qu'on veut amortit l'ardeur des fievres, fortifie le cœur, & est un excellent antidote contre les venins, & contre la morsure des animaux dangereux, comme scorpions & autres. Elle appaise la douleur des reins & de la poitrine, dissout les tumeurs du gosier, & tempere l'acrimonie de l'urine. Quelques-uns appellent cette plante, *Chipahuatzil* & *Zozotaquan*, & les Espagnols l'appellent l'*Ennemi del venins*, à cause de sa vertu singuliere.

ACUT. adj. Ce mot n'a d'usage que dans l'Imprimerie, où l'on dit un *é acut*, pour dire, un é marqué d'un accent aigu, comme dans *aimé*, pour le distinguer de l'*e* final d'*aime*, où il ne faut point d'accent sur l'*e*, qui n'est point ouvert.

ADA

ADAMITES, ou ADAMIENS. s. m. p. Heretiques qui ont pris leur nom d'Adam, dont ils voulurent imiter la nudité avant le peché, prétendant qu'ayant été reparé par la mort de JESUS-CHRIST, les hommes devoient être rétablis dans l'état de l'innocence originelle. Ils suivoient en cela les erreurs de Prodicus, qui les portoit à commettre les actions les plus détestables. Ils étoient tous nuds dans leurs Temples, où ils se permettoient les plus honteuses prostitutions. Ils rejettoient la priere, & avoient beaucoup d'opinions de la Secte des Gnostiques. Un nommé Tandeme ayant renouvellé l'heresie des Adamites à Anvers, il y fut suivi d'un grand nombre de Soldats, qui donnant le nom de choses spirituelles à des actions brutales, faisoient toutes sortes de violences aux filles & aux femmes. Elle fut portée en Bohéme par un appellé Pikard, qui quitta la Flandre, & qui se faisant nommer le second Adam, fit embrasser ses opinions à quantité de personnes de l'un & de l'autre sexe. On tient qu'il y a encore de ces malheureux en Pologne, aussi-bien qu'en Angleterre, où ils ne s'assemblent que de nuit, & n'apprennent que ces mots, *Jure, parjure, & ne découvre point le secret*.

ADARCA. s. f. Ecume salée qui s'amasse dans les marais au tems de secheresse, & qui s'attache aux herbes & aux roseaux. Cette drogue est seche & tellement chaude, qu'elle a une vertu caustique. Comme elle a les mêmes proprietés que la moutarde, elle produit les mêmes effets.

ADD

ADDEXTRE', E'E. adj. Terme de Blason. On le dit des pieces qui en ont une autre à leur droite. *Pal addextré d'un lion*, c'est-à-dire, qui n'a qu'un lion sur le flanc droit.

ADDITION. s. f. La premiere regle de l'Arithmetique, par laquelle on apprend à trouver la somme totale de plusieurs nombres assemblés. Il y a une *Addition simple* & une *Addition composée*. La simple est la maniere d'ajoûter ensemble plusieurs choses d'une même espece, comme des livres avec des livres, & des sols avec des sols; & la composée est la maniere de trouver la somme de plusieurs choses qui ne sont pas de la même espece, comme lorsqu'on ajoûte des livres, des sols & des deniers à des livres. Ce mot vient du Latin, *Addere*, Ajoûter.

ADDITIONNER. v. a. Ne faire qu'une somme de plusieurs sommes. Ainsi en additionnant on trouve que ces quatre nombres 2. 5. 8. & 9. étant mis ensemble, font une somme totale de 24.

ADDONNER. v. n. Terme de Marine. On dit que *Le vent addonne*, lorsqu'ayant été contraire, il commence à devenir favorable.

ADDOSSE', E'E. adj. Terme de Blason. Il se dit de deux animaux rampans, qui ont le dos addossé l'un contre l'autre. *Lions addossés.* On le dit generalement de tout ce qui est de longueur, & qui a deux faces differentes. *Clefs addossées*, c'est-à-dire, qui ont leurs pannetons tournés en dehors, l'un d'un côté, & l'autre de l'autre. *Haches addossées*, *marteaux addossés.*

On appelle en termes d'Architecture, *Colomne addossée*, une colonne qui tient au mur par le tiers ou par le quart de son diametre.

ADDUCTEUR. adj. Les Medecins appellent *Muscle adducteur* le troisiéme muscle des yeux, qui les fait mouvoir du côté du nés, comme les amenant de ce côté-là. Ce mot vient du Latin *Adducere*, Amener.

ADE

ADENT. s. m. Mot dont les Menuisiers & les Charpentiers se servent, & qui signifie certaines entailles ou emboëtures, faites en forme de dents, pour mieux lier & assembler des pieces de bois.

En Province on dit d'un homme tout courbé, *qu'il est tout Adent.*

ADE'S. adv. Vieux mot. Aussi-tôt, incontinent.

Et tout adès le regardant. Il vient de l'Italien, *adesso*, qui a été formé du Latin, *ad ipsum*. On a sousentendu *tempus.*

ADESSENAIRES. s. m. p. Heretiques qui s'éleverent au siecle passé. Leurs erreurs étoient sur le Sacrement de l'Eucharistie, mais ils ne s'accordoient pas entr'eux dans ce qu'ils pensoient. Les uns tenoient que le corps de JESUS-CHRIST étoit au pain; les autres qu'il étoit avec le pain; quelques-uns qu'il étoit à l'entour du pain, & d'autres qu'il étoit sous le pain.

ADI

ADIANTUM. s. m. Sorte de plante: il y en a de deux sortes. Le blanc qui est le commun, & le noir qui est le meilleur. C'est un des cinq Capillaires, & on doit entendre le noir quand on met simplement le nom d'*Adiantum*. Il ne differe du blanc qu'en ce qu'il a ses petites branches plus noirâtres & ses feuilles plus vertes. Ses qualités sont d'être chaud & sec, mais moderément. Les Arabes lui attribuent une petite faculté purgative, qui consiste en son humidité aqueuse, subtile & superficielle, participante d'un peu de chaleur, ce que l'*Adiantum* blanc n'a pas. Ce dernier est encore appellé *Salvia vita*, ou *ruta muraria*, & le noir, *Capillus Veneris officinarum*. En Grec ἀδίαντον de la particule privative α, & de διαίνειν, Humecter, à cause que ses fleurs paroissent toûjours seches, quoiqu'on ait versé de l'eau dessus.

ADIAPHORISTES. s. m. Nom qui fut donné vers l'an 1525. à ceux qui suivoient les opinions de Melanction, & en 1548. à certains Lutheriens relâchés, qui en soûtenant la creance de Luther, ne laissoient pas de s'attacher aux decisions de l'Eglise & aux constitutions des Conciles & des Papes. Ce mot vient du Grec ἀδιαφορεῖν, Etre indifferent.

ADIEU-VA. Terme de Marine. On s'en sert lorsque voulant faire virer le Vaisseau pour changer de route, on en donne avis à l'équipage.

ADIM-MAIN. s. m. Sorte d'Animal privé qu'on trouve en Afrique. Il est de la grandeur d'un moyen veau, & ressemble à un mouton.

ADIPEUX, EUSE. adj. Les Medecins se servent quelquefois de ce mot pour dire, Gras, & ils disent dans ce sens, *Membrane adipeuse.*

ADIRER. v. a. Vieux mot. Egarer. *Les rames de la barque étoient adirées.* Il s'est dit aussi pour Rayer. *Son nom est adiré de l'état des Officiers.*

La Coûtume de Berri, *tit. 9. art. 28.* employe ce mot pour signifier *Déchirer*. Le Code Marchand, *tit. 5. art. 18. & 19.* pour dire des lettres de change perdues, dit *des lettres de change adirées.*

ADITION. s. f. Terme de Jurisprudence. Acceptation d'une heredité. L'adition d'heredité est necessaire pour la validité de certains Actes. Ce mot vient du Latin *Adire*, Aborder, aller trouver.

ADIVE. s. f. Animal qui naît en Afrique. M. d'Ablancourt qui en parle dans son Marmol, dit qu'il est un peu plus grand qu'un Renard & de même poil, & qu'il en a les finesses. Il hurle comme un chien, & le lion ne le peut souffrir.

ADO

ADOUBER. v. a. Terme usité parmi les Joueurs de Tric-trac & des Esches. Il ne se dit gueres qu'en cette phrase, *J'adoube*, pour faire entendre qu'on touche une piece sans avoir dessein de la jouer.

ADOUCIR. v. a. On employe ce mot en Peinture, pour dire, Mêler les couleurs avec un pinceau fait de poil de porc, de chien, ou de blereau, & qui est sans pointe. On dit, *Adoucir un dessein lavé & fait à la plume*, pour dire, *En affoiblir la teinte.* On dit encore, *Adoucir*, lorsqu'on change quelque trait trop rude, pour donner plus de douceur à l'air d'un visage.

On adoucit le fer à force de le chauffer ou de le limer; l'ardoise avec la brique & le tuf; le cuivre avec le charbon, l'argent avec la pierre de ponce; le bois avec l'aprêle, la peau de chien de mer; le blanc à dorer avec la brosse & le linge mouillé.

ADOUCISSEMENT. s. m. Terme de Peinture. On dit, qu'il y a de l'adoucissement dans un visage, lorsque les couleurs sont bien noyées les unes avec les autres, qu'il n'y a point de rudesse dans les traits, & qu'ils ne sont pas tranchés.

ADOUE'ES. adj. Terme de Fauconnerie. On dit que *Les Perdrix sont adouées*, quand elles sont pariées & accouplées.

ADOULE', E'E. adj. Vieux mot. Dolent, triste.

ADR

ADRIANISTES. s. m. p. Nom qui fut donné à des Heretiques qu'infecterent les erreurs de Simon le Magicien, ou de ses Disciples. On donna ce même nom dans le dernier siecle aux sectateurs d'Adrien Hamstedius, qui enseigna en Zelande & ensuite en Angleterre, que le Sauveur n'avoit fondé la Religion Chrétienne que dans de certaines circonstances, & qu'on pouvoit garder les enfans quelques années sans les baptiser. Il recevoit toutes les erreurs des Anabaptistes. Ceux qui ont donné dans les sentimens d'Adrien de Bourg, Ministre Calviniste en Hollande, ont aussi eu le nom d'*Adrianistes.*

ADV

ADVENTIF. adj. Terme de Jurisprudence. On appelle particulierement *Biens adventifs*, Les biens qui arrivent à une femme pendant son mariage; c'est-à dire, qui sont au-delà de ses deniers dotaux.

ADVERTANCE. s. f. Vieux mot. Avertissement.

ADVERTIN. s. m. Vieux mot. Fantaisie, boutade.

ADVEST. s. m. Vieux mot. Fruits pendans par les racines. Ce mot se trouve dans la Chronique de Flandre. On a dit aussi, *Advesture.*

ADVISEMENT. s. m. Vieux mot. Avis.

Je suis de cet advisement,
Que loyauté leur soit gardée.

AEG

ÆGIPTIAC. f. m. Drogue excellente pour nettoyer les vieux ulceres, en ôter la pourriture, & ronger la chair morte. On l'appelle ainsi à cause de sa couleur noire.

AEO

ÆOLIPYLE. f. m. On le fait aussi feminin. Boule d'airain qui est creuse, & qui n'a qu'un petit trou par lequel on fait entrer autant d'eau qu'elle en peut contenir, après qu'on l'a chauffée pour rarefier l'air qui est dedans. On la remet ensuite devant le feu, où si-tôt qu'elle est échauffée, elle envoye un vent impetueux qui sert à le souffler & à chasser la fumée. Delà vient son nom, qui signifie à la lettre *Porte d'Eole*, qui est le Dieu des Vents, Αἰόλου πύλη. On écrit aussi *Eolipyle*. Voyez ce mot.

AER

ÆRE. f. f. Quelques-uns écrivent *Ere*. Terme de Chronologie. Il a été introduit par les Auteurs Espagnols pour marquer le tems où est arrivé quelque chose d'extraordinaire ou de remarquable. On tient que ce qui donna occasion à l'Ære que l'on appelle d'Espagne, fut un tribut que l'Empereur Auguste imposa aux Espagnols, & que le mot *Ære*, fut formé du mot Latin *æra*. L'Edit de ce tribut fut publié à Tarragone en Espagne trente-huit ans avant la naissance du Sauveur; ce qui est cause que l'Ære d'Espagne précede de ce même nombre d'années l'Ære Chrétienne. On s'en est servi generalement en ce Royaume, jusqu'à l'an 1351. que l'on commença à y compter par les années de Jesus-Christ. Les autres Æres dont les Chronologues font le plus de mention, sont celle de Nabonassar, premier Roi des Chaldéens ou des Babyloniens, depuis le démembrement de l'Assyrie, & celle des Grecs Seleucides. La plûpart mettent la premiere le 26. Février de l'an 3306. du monde, & l'autre est fixée en l'an 442. de Rome.

AES

AESIER. v. a. Vieux mot. Réjouir. Il vient d'*Aise*, & *aise* vient d'*agio* Italien, qui a été formé d'*otium*. *Otio*, *atio*, *agio*.

AESMER. v. a. Vieux mot. Comparer, Estimer.

Ains le pooit on aësmer,
A chant de Serene de mer.

Il a été aussi employé comme neutre dans le sens de présumer, conjecturer, & on trouve dans Villehardouin. *Qui dit & aësmerement qu'il y avoit quatre cens Chevaliers.* Il vient du mot *Esme*, qui a voulu dire, *Essai*, *épreuve*. Esme vient d'*Examen*. On pourroit dire aussi avec vrai-semblance, qu'*aësmer* vient d'*existimare*, *estimare*, *adestimare*.

ÆS-USTUM. f. m. Cuivre brûlé. On en fait entrer dans la composition de la couleur verte, & il sert à plusieurs usages dans la Medecine. Le cuivre se brûle en le calcinant, ce qui se fait de deux sortes. Ou bien on le calcine en *crocus* comme le fer, en le reduisant en limaille & le mettant sur une tuile bordée, où il faut le tenir sept ou huit jours au feu de reverbere, ou bien on le calcine en le reduisant en lamines & le stratifiant avec du souffre en poudre dans un pot qu'on ne craigne point que le feu casse. Ce pot doit avoir un trou au milieu de son couvercle, afin que le souffre puisse s'exhaler.

AET

AETHIOPIS. f. f. Plante dont les feuilles sont semblables au Bouillon, velues, fort épaisses, & disposées en rond vers la racine. Sa tige est quarrée & âpre, & ressemble à celle de la Melisse, étant toute garnie de concavités & d'ailes. Sa graine est grosse comme celle d'Orobus, & croît toûjours double dans une même bourse. L'Æthiopis jette plusieurs racines, qui viennent toutes d'un même tronc. Elles sont longues, massives, visqueuses, pâteuses au goût. Dioscoride dit que cette plante croît abondamment au mont Ida près de Troye, & qu'elle est bonne à ceux qui crachent le sang, aux sciatiques & aux pleuresies.

AETITE. f. f. Pierre qui se trouve souvent dans les nids d'Aigle, & que par cette raison on appelle *Pierre d'Aigle*, du Grec ἀετός Aigle. Selon Pline il y en a de quatre sortes. La premiere qui naît en Afrique, & qui est plus molle & plus petite que les autres, renferme dans sa cavité une terre blanche & argilleuse. Il appelle celle-là femelle. Celle qu'il appelle mâle, & qui est plus dure & plus grosse que la premiere, est rougeâtre & se trouve en Arabie. Elle renferme une autre pierre fort dure, & ressemble presque à une noix de galle. La troisiéme est fort tendre, & se trouve en Chypre. Elle est semblable à l'Aëtite femelle; mais un peu plus grosse. La derniere qui a pris le nom de *Taphycata* du lieu d'où elle vient, est ronde, blanche & fort molle, & resonne fort quand on la remue, à cause d'une autre pierre qu'elle contient, & qu'on nomme *Calinus*. La proprieté de cette sorte de pierre, c'est d'avancer l'accouchement si on l'attache à la cuisse d'une femme, & de le retarder en la lui mettant dans le sein.

AETIENS. f. m. Heretiques qui suivoient les sentimens d'Arius & d'Aëce, surnommé l'Athée, & qui furent appellés *Purs Ariens*. Ils eurent le nom d'*Eunoméens*, à cause qu'ils embrasserent l'impieté d'Eunome, le plus insigne disciple d'Aëce. Celui de *Dissemblables* qui leur fut aussi donné, vint de ce qu'ils croyoient que le Fils étoit dissemblable à son Pere en essence & en tout le reste. Ils tenoient leurs assemblées dans des lieux secrets, & leur Secte n'ayant trouvé aucun appui à la Cour, elle s'éteignit en peu de tems.

AFE

AFEULER. v. a. D'autres disent *affuler*. Se mettre sur la tête quelque espece de coifure.

Il prend son chapeau, & l'afeule.

Il vient du Latin *Infula*, sorte de coifure. *Infulare*.

AFEURER. v. a. Vieux mot. Mettre à certain prix, taxer, estimer. On a dit aussi *Aforer*, du Latin *Forum*, Marché.

AFICHIER. v. n. p. *S'afichier* ou *s'aficher*. S'assûrer, se confier.

Celui qui en tresors s'affiche.

AFEUBER. v. a. Vieux mot. Couvrir, revêtir d'habits. On dit aussi *Afeubler* & *Afibler*, du Latin *Affibulare*, Mettre quelque sorte d'habit qui s'attache avec une boucle, *fibula*, comme sont les chapes d'Eglise.

AFF

AFFAITAGE. f. m. Terme de Fauconnerie. Soin qu'on se donne pour bien dresser un oiseau de proie.

AFFAITER. v. a. Apprivoiser un oiseau sauvage, le rendre familier, & faire en sorte qu'il revienne sur le poing ou au leurre quand on l'a laissé voler.

On dit aussi *Affaiter un Oiseau*, pour dire, L'introduire au vol, le curer, & en avoir tous les soins qu'il faut pour le tenir en santé.

AFFAITIER. v. a. Vieux mot. Raccommoder. *Et lui demandez de ce cuir qu'il emporte, & vous dira qu'il en veut ses soliers affaitier quand il seroit depeciés.* On a dit aussi *s'affaitier*, pour dire, S'instruire, se rendre sçavant; *car de plusieurs langues s'étoit fait affaitier*, d'où vient qu'on a dit *Affaitié*, pour bien appris, bien élevé.

Jean li Nivelois fut moult bien affaitiés.

AFFALER. v. a. Terme de Marine. On dit *Affaler une manœuvre*, pour dire, La faire baisser. Ainsi *Affale* est un commandement qu'on fait quand on veut qu'on abaisse quelque chose. On dit qu'*Un Vaisseau est affalé à une côte, sur la côte*, pour dire, que La force du vent le contraint de se tenir près de terre, ou que faute de vent il ne sçauroit s'élever au large.

AFFEBLOYER. v. a. Vieux mot. Affoiblir.

AFFERENTE. adj. f. Terme de Palais. On appelle *Part afferente*, La part qui appartient à un Heritier dans une succession qu'on partage en plusieurs lots. Ce mot vient du Latin *Afferre*, Apporter.

AFFERIR. v. n. Vieux mot. Appartenir. On a dit, *Ce qui lui affiert*, pour dire, Ce qui lui convient.

AFFICHER. v. a. Terme de Cordonnier. Couper les extrêmités du cuir quand il est sur la forme. On dit dans ce sens, *Afficher une paire de semelles.*

AFFIER. v. a. Terme d'Agriculture. Planter, provigner des arbres en sion ou en bouture; c'est-à-dire, en bouts de plantes ou d'arbres mis dans la terre pour prendre racine.

AFFILIATION. s. f. Terme usité chès les Religieux. C'est un Brevet qu'on donne à des Seculiers pour avoir part aux prieres d'une Communauté Reguliere. On dit, *Ce Religieux est de l'affiliation de l'Abbaye de .... Ce Dominicain est affilié à la Maison de ....* quoiqu'il n'y demeure pas, mais il est en droit d'y aller quand il voudra.

AFFINER. v. a. Tuer. Vieux mot. On trouve dans un ancien Poëte en parlant d'Achille.

Il ne pooit être affinés,
Fors par la plante seulement.

On dit parmi les Cordiers, *Affiner le chanvre*, pour dire, Passer le chanvre par l'affinoir, afin de le faire devenir plus fin. Ce même mot est en usage parmi les Relieurs, & ils disent, *Affiner le carton*, pour dire, Le renforcer.

On dit sur la mer, que *Le tems affine*, pour dire, qu'Il n'est plus si sombre, & que l'air commence à s'éclaircir. En ce sens il est neutre.

AFFINOIR. s. m. Terme de Cordier. Seran dont les bouches sont petites, & près à près. On fait passer le chanvre au travers pour l'affiner.

AFFIQUET. s. m. Petit bois proprement tourné, qui sert à tenir les aiguilles à faire l'estame. Les femmes le mettent à la ceinture.

AFFOLE, E'E. adj. On appelle en termes de mer, *Boussole affolée, aiguille affolée*, Une aiguille défectueuse, & qui a été touchée d'un aiman qui ne l'anime pas. Comme cet aiman ne lui donne point sa veritable direction, elle indique mal le Nord, quoique dans le parage où est le Vaisseau, il n'y ait point de variation.

AFFONDER, S'AFFONDER. v. n. p. Vieux mot. S'enfoncer.

S'il peut se plonge & affonde,
Souventesfois en mer profonde.

AFFORAGE. s. m. Ce mot peut venir de *Foras*, marchandise étrangere, ou de *Forum*. Prix d'une chose venale mis par autorité de Justice. Ce mot se trouve dans une Ordonnance de la Ville de Paris, où il est dit que le prix des vins étrangers doit être fixé par les Echevins avant qu'on le puisse vendre, & qu'il faut qu'on en fasse mention dans l'acte d'*Afforage*.

Il signifie aussi le Droit Seigneurial qu'on paye au Seigneur, afin de pouvoir vendre du vin ou quelque autre liqueur dans son fief, en quoi on est obligé de se regler sur la taxe que ses Officiers en font.

AFFOUAGEMENT. s. m. L'état ou département qui se fait dans les Païs où les Tailles sont réelles, afin de faciliter la levée des impositions, en reglant le nombre des feux de chaque Paroisse. *Une telle Viguerie est comptée pour tant de feux dans cet affouagement.*

AFFOURCHER. v. a. Jetter une ancre à la mer dans une telle distance, que son cable fasse une maniere de fourche avec le cable d'une premiere ancre qu'on y a déja jettée. Ainsi on appelle *Ancre d'affourche* celle qui est jettée de cette sorte après la premiere.

C'est aussi un terme de menuiserie, pour signifier un double assemblage de deux pieces de bois, avec une languette & une rainure de l'un dans l'autre.

AFFOURRAGER. v. a. Donner de la paille aux moutons, aux bestiaux pour vivre, leur donner du fourage. On dit aussi *Affourrer.*

AFFRETEMENT. s. m. Terme de Marine qui est en usage sur l'Océan, pour signifier le prix que l'on paye pour le louage de quelque Vaisseau. Ainsi *Affreter*, signifie donner une certaine somme au Proprietaire du Vaisseau pour s'en servir pendant un voyage, & on dit *Affreteur*, pour dire, Celui qui affrete.

AFFRIANDER. v. a. Terme de Fauconnerie. On dit, *Affriander un oiseau*, pour dire, Le faire revenir sur le leurre à force de lui donner de bons pasts.

AFFRONTE', E'E. adj. Terme de Blason. On dit, *Lions affrontés*, pour dire, Deux lions qui sont opposés de front. Il se dit aussi d'autres Animaux. *De gueules à deux levrettes affrontées d'argent.*

AFFUST. s. m. Sorte de chariot étroit & renforcé, dont on se sert à pointer le canon quand on le tire, ou à conduire les pieces d'Artillerie quand on les transporte. M. Guillet qui explique les choses avec une entiere précision, dit que l'*Affust* n'est monté que sur deux roues quand il est logé sur une batterie; mais que quand on le fait marcher en campagne on y ajoûte deux autres roues sur le devant plus basses que les deux roues de derriere. Ces sortes d'affusts consistent en deux fortes & longues pieces de charpente qui en font les côtés, & qui sont entretenues l'une avec l'autre par d'autres pieces de bois mises de travers & assemblées par des mortaises. Vers l'extrêmité où l'on place le canon, sont deux ouvertures où l'on emboîte les deux especes de bras de canon, qui sont vers la moitié de sa longueur. Les quatre roues sur lesquelles on monte l'Affust des mortiers, sont chacune d'une seule piece, & n'ont point de rais.

On appelle *Affust de bord*, L'affust d'un canon qui sert sur les Vaisseaux.

Affust se dit encore en termes de Chasse, d'Un lieu caché, où l'on se met pour attendre le gibier, avec un fusil tout prêt à tirer.

AFFUSTAGE. s. m. Soin qu'on prend de tout ce qui regarde le canon pour le braquer, & pour le disposer à tirer. Il se dit aussi des pieces que l'on applique aux fontaines jallissantes lorsqu'on en veut diversifier le jet.

Affuſtage, ſignifie auſſi chès les Ouvriers, La fourniture de toutes ſortes d'outils neceſſaires, & en ce ſens on dit qu'*Un affuſtage eſt complet*, pour dire, qu'Il n'y manque rien.

AFFUSTER. v. a. On dit, *Affuſter un canon*, pour dire, Le mettre en état de tirer. Les Ouvriers diſent, *Affuſter leurs outils*, pour dire, Les aiguiſer. On dit qu'*Un Ouvrier eſt bien affuſté*, pour dire, qu'Il a tout ſon affuſtage, tous ſes outils près de lui. Quelques Peintres ſe ſervent de ce même mot dans le même ſens, & diſent, *Affuſter un crayon*, pour dire, L'aiguiſer.

AGA

AGACE. ſ. f. Nom qu'on donne à une eſpece de Pie dont les plumes ſont plus noires que celles des autres.

AGACEMENT. ſ. m. Alteration des gencives, qui ſe relâchent. Ce qui cauſe cette alteration peut paſſer même juſques dans les nerfs, dans les alveales; c'eſt une humeur acre, qui au lieu d'être aſtringente produit un effet tout contraire.

AGALLOCHUM. ſ. m. Sorte de bois qu'on nous apporte des Indes, ſeulement par petites pieces, car il eſt rare qu'il en vienne en France de gros morceaux. Il eſt marqueté de pluſieurs couleurs, odorant, & a quelque acrimonie pour le goût. La ſolidité de ſa ſubſtance fait qu'il eſt malaiſé à brûler, & quand on le brûle il en ſort beaucoup de ſuc. Ce qui le couvre ſe peut plûtôt appeller une peau qu'une écorce. Il eſt très-bon pour les maladies de cœur. On l'appelle communément *Bois d'Aloës*.

AGAPES. ſ. f. p. Nom qui a été donné aux feſtins que les Chrétiens faiſoient dans la primitive Egliſe, en memoire de la derniere Cene que le Fils de Dieu avoit faite avec ſes Diſciples. Il vient du Grec ἀγάπη, qui ſignifie Amitié, dilection, parce que ces Feſtins étoient comme des feſtins d'amour & de charité. On les faiſoit dans les Egliſes après qu'on avoit reçû la ſainte Communion. La dépenſe en étoit faite par les riches, qui y convioient les pauvres. Les abus qui s'y commirent, obligerent les Prélats à les défendre dans les Egliſes, & enſuite ailleurs. Tertullien, & d'autres des anciens Peres parlent fort ſouvent de ces Agapes, qui s'obſervoient principalement dans les naiſſances, dans les mariages & dans les funerailles.

AGAPETES. ſ. f. p. Nom de Vierges qui vivoient enſemble dans la primitive Egliſe, comme étant unies par la charité. On les appelloit Religieuſes, quoiqu'elles ne fiſſent point de vœux; & comme elles tenoient des Maiſons où elles recevoient les paſſans ſous un faux prétexte d'hoſpitalité, les abus que l'on reconnut qui ſe gliſſoient dans cette aſſociation, furent cauſe que le Concile General de Latran, abolit cette aſſemblée de Vierges ſous Innocent II.

On donna ce même nom d'*Agapetes* à une Secte d'Heretiques, ſortie d'une femme d'Eſpagne nommée Agape, qui vivoit avec un certain Elpidius dans toutes ſortes de deſordres, ſous couleur d'une aſſociation ſpirituelle. Les crimes où pluſieurs autres perſonnes entroient ſous ce même prétexte, ayant été découverts, firent bientôt abolir cette malheureuſe Secte.

AGARIC. ſ. m. Maniere de Champignon ou de Potiron qui naît ſur le tronc de l'arbre que l'on appelle en françois, Meleſe. C'eſt le ſeul qui ſoit propre à être pris interieurement, car cette même excroiſſance ſe trouve ſur les Sapins, ſur la Torche, & ſur la Peſſe ſauvage. L'Agaric vient dans la Province de Sarmatie, nommée Agarie, qui lui a donné ſon nom. Il y en a de deux ſortes, le mâle, qui eſt ordinairement jaunâtre, maſſif, peſant, compacte & tenace, & la femelle qui eſt beaucoup meilleure que le mâle, pourvû qu'elle ne reſſemble point à du bois, & qu'elle ne ſoit ni longue, ni dure, ni peſante. Pour être bonne, il faut qu'elle ſoit bien blanche, legere, friable, douce au goût d'abord, & un peu après amere. Outre l'Agaric de Sarmatie, on en trouve de fort bon ſur les Montagnes de Trente, & ſur celles du haut Dauphiné. C'eſt un des plus excellens purgatifs de la Medecine, quoiqu'il n'ait pas grande force, & qu'on ne le donne jamais ſeul.

AGATE. ſ. f. Pierre précieuſe ordinairement de couleur rouge, ſur laquelle la nature ſemble avoir pris ſoin de graver pluſieurs choſes differentes qui y paroiſſent. On voit des forêts dans quelques-unes, des hommes ou des chevaux dans les autres, & pluſieurs choſes ſemblables. On tient qu'on lui a donné le nom d'Agate, ſur ce qu'on a trouvé la premiere auprès du fleuve Achates dans la Sicile. Elle eſt un fort bon remede contre les piquûres des ſcorpions & des araignées; & on dit que par un inſtinct naturel les aigles en mettent dans leurs nids, afin que par là leurs aiglons ſoient garantis de toutes ſortes de poiſons. On prétend auſſi que cette pierre fortifie la vûe.

Agate eſt encore un inſtrument de tireur d'or. On l'appelle ainſi, à cauſe que dans le milieu de cet inſtrument il y a une Agate qui ſert à rebrunir l'or.

AGE

AGE. ſ. m. La durée ordinaire de la vie. Acad. Fr.

Age ſe dit auſſi du cheval dont on connoît le progrès de ſes premieres années, ſoit par le nombre de ſes dents, ſelon le changement que l'on y remarque, ſoit par des marques noires qui viennent deſſus, ou par les nœuds de ſa queue, ſur leſquels pourtant on ne peut juger avec une entiere certitude. Un cheval qui pouſſe les pinces doit avoir deux ans & demi. Celui qui met les dents mitoyennes, fait connoître qu'il approche de quatre ans. Quand il pouſſe les crochets, c'eſt une marque aſſurée qu'il en a quatre; & dès qu'on lui voit les coins trop longs & décharnés, on peut s'aſſurer qu'il paſſe ſept ans. Quand il ceſſe de marquer, on dit qu'il n'a plus d'âge.

Age ſe dit encore des cerfs; & M. de Selincourt dit dans ſon Parfait Chaſſeur, qu'on juge du nombre de leurs années, non ſeulement par l'ouverture de la tête, par la groſſeur du marrein, par les rayeures plus creuſes, par les perlures plus groſſes, par les andouilliers, quand ils ſont plus près des meules, par la largeur du talon du pied de devant, & par la petiteſſe du pied de derriere, mais encore par le méjuger, c'eſt-à-dire, quand le pied de derriere n'entre point juſte dans celui de devant.

AGH

AGHAIS. ſ. m. Vieux mot. Acquêt. On a dit auſſi *Aghaiſter*, pour dire, Faire acquêt. On trouve dans quelques Coûtumes, *Profiter d'un marché à aghais*, c'eſt-à-dire, que Ce marché ſe faiſoit de telle maniere, que le vendeur devoit livrer ſa denrée dans un certain tems, & l'acheteur les deniers de ſon achat dans le même tems. Ainſi le vendeur & l'acheteur devoient *aghaiſter*, c'eſt-à-dire, obſerver le jour du terme, afin de ne le pas laiſſer écouler ſans que le vendeur eût livré, ſi c'étoit lui qui vouloit profiter du marché à aghais, ou que l'acheteur eût payé,

payé, s'il trouvoit le marché avantageux ; & au refus de la partie, on consignoit en justice, & on faisoit signifier cette consignation.

A G N

AGNATION. s. f. Terme de Jurisprudence purement Latin, qui signifie, selon le Droit Romain, Le lien de parenté en ligne masculine.

AGNOITES. s. m. p. Heretiques, dont il y a eu de deux sortes en deux divers tems. Les uns s'éleverent vers l'an 370. sous le Pontificat de Damase, & suivoient les erreurs de Theophrone de Cappadoce. Elles consistoient particulierement à dire que Dieu n'avoit rien de fixe dans sa science, ne pouvant connoître le passé que par memoire, & n'ayant que la préscience pour le futur ; ce qu'ils appelloient une connoissance vague. Les autres à qui l'on donna ce même nom d'*Agnoïtes*, à cause qu'ils croyoient que le Fils de Dieu ignoroit le jour du jugement, s'éleverent dans le sixiéme siecle. Themiste, Diacre d'Alexandrie, dont ils suivoient les erreurs, & qui les fit aussi appeller *Themistiens*, se fondoit, pour les soûtenir, sur ce que Notre-Seigneur dit dans saint Marc, que *Personne ne sçait ces choses là, hormis le Pere.* L'explication que S. Ambroise & S. Augustin donnent à ce passage, c'est que le Fils de Dieu ne les vouloit pas apprendre aux Apôtres. Le mot d'*Agnoïtes* vient du Grec ἀγνοεῖν, Ignorer.

AGNUS-CASTUS. s. m. Arbrisseau qui devient arbre quand il est cultivé, & qui produit de petits scions pliables, aussi malaisés à rompre que le saule. Ses feuilles sont semblables à celles du franc osier, mais elles rendent une odeur plus agreable. Il y en a de deux sortes ; le grand, qui devient arbre comme le saule, & qui jette une fleur blanche mêlée d'un peu de couleur de pourpre ; l'autre, qu'on appelle le petit, a ses feuilles plus blanches & plus velues ; & pour la fleur, elle est entierement de couleur de pourpre. Sa semence, qui est toute ronde, ressemble au petit Cardamome. Elle est d'usage dans la Medecine, aussi-bien que les fleurs & la feuille ; & l'on tient que ceux qui s'en servent interieurement ou exterieurement, conservent leur chasteté avec moins de peine ; ce qui lui a fait donner le surnom de *Chaste.*

A G O

AGONALES. s. f. p. Fêtes qui se celebroient chès les Romains à l'honneur de Janus dans le mois de Janvier, appellées ainsi du mot Grec ἀγὼν, qui veut dire Combat ou joûte. Il y en a qui croient qu'elles se faisoient pour les Dieux *Agoniens*, que les Païens avoient accoûtumé d'invoquer dans les entreprises importantes. D'autres prétendent qu'on les celebroit au mont *Agon*, nommé depuis Quirinal, d'où elles ont eu le nom d'*Agonales.*

AGONYCLITES. s. m. p. Heretiques que Sanderus dit s'être élevés dans le huitiéme siecle. Ils prétendoient qu'il ne falloit point se mettre à genoux pour prier Dieu ; & c'est delà qu'ils ont pris leur nom, de la particule privative α, de γονὺ, Genou, & de κλίνειν, Plier, fléchir.

AGORANOME. s. m. Magistrat qui chès les Atheniens donnoit ses ordres, afin que tout ce qui se débitoit dans les marchés, y fût vendu avec poids & mesure. Ce mot est Grec, ἀγορανόμος, & est fait de ἀγορὰ, Marché, & de νέμειν, Distribuer.

A G R

AGRAIRE. adj. f. Nom qui fut donné à une Loi des Romains, que Spurius Cassius publia, touchant le partage des terres qui étoient prises sur les ennemis. *La Loi Agraire.* Jule César & Nerva en publierent deux autres, qu'on nomma aussi *Loix Agraires*, & qui furent faites seulement pour les limites des champs. Ce mot vient du Latin *Ager*, Champ.

AGRAFE. s. f. C'est un mot dont se servent les vaniers, & qui signifie l'osier tortillé qui tient le bord d'une hotte.

AGRE'ER. v. a. Terme de Marine. *Agréer un Vaisseau*, c'est le mettre en état de faire voyage, en y plaçant toutes les manœuvres, poulies, & autres choses dont il doit être garni. Les Marchands disent aussi entr'eux, *Agréer un Navire*, pour dire L'accepter.

AGREEUR. s. m. Celui qui fournit à un Vaisseau tout ce qu'il lui faut pour le mettre en mer. C'est aussi celui qui a soin de mettre tout en ordre, tant pour les cordages, que pour les voiles, poulies, &c.

AGRESTE. adj. Il se dit du sel de certains fruits verts & acres, qui ont un goût sauvage, c'est-à-dire désagreable & fâcheux. Ce mot vient du Grec ἄγριον, dans le sens que τὰ ἄγρια, c'est-à-dire, les choses vertes & acres sont opposées, τοῖς ἡμέροις, aux choses douces. C'est par cette raison que les Latins appellent Le verjus, *Agresta.*

AGREZ. s. m. p. Tous les cordages, toutes les voiles, & autres choses qui sont necessaires pour garnir un Vaisseau. On dit aussi *Agreils.*

AGRIER, ou *Agriere.* s. m. Droit que les Seigneurs prennent sur les terres labourables. *Droit d'Agriere.* On l'appelle ainsi en de certaines Coûtumes, & Droit de Champart en d'autres.

AGRIOTE. s. f. Sorte de cerises qui ne sont pas si douces que les cerises communes, & qui sont plus grosses.

AGRIPAUME. s. f. Plante presque semblable à l'ortie, excepté qu'elle a ses feuilles plus chiquetées tout à l'entour, & celles d'en bas plus rondes. Sa tige, qui est quarrée, les produit deux à deux par certains intervalles. Ses fleurs sont rouges tirant sur le blanc, & ressemblent à celles de l'ortie puante. Elles sont neanmoins plus petites, & sortant du pié des feuilles, elles environnent la tige, ainsi qu'on voit au Marrube. Sa racine, dont il en sort plusieurs autres, est rouge & blafarde. Cette herbe croît par tout le long des chemins & des hayes, & autour des murailles des Villes. Matthiole dit qu'elle est si amere au goût, qu'on la peut juger chaude au second degré & seche au troisiéme. Quelques Modernes la tiennent singuliere pour les maladies du cœur, d'où elle a pris le nom de *Cardiaque*, ou *Cardiobotanum* ; mais sa puanteur fait que plusieurs doutent qu'elle soit cordiale. Elle est bonne aux spasmes, aux paralysies, & aux opilations qui viennent de causes froides. Elle évacue les flegmes qui sont dans la poitrine, fait mourir les vers & provoque l'urine & les mois. Réduite en poudre, & bûe avec du vin, elle facilite l'accouchement. On l'appelle *Agripaume*, comme si on disoit *Acripalma.*

A G U

AGUAPA. s. m. Sorte d'arbre des Indes Occidentales, dont l'ombre est si dangereuse, que s'il arrive qu'un Espagnol s'endorme dessous, il enfle d'une maniere extraordinaire ; & si c'est un Negre nud, il creve. C'est ce que Laët en dit.

AGUILLANNEUF. s. m. Mot composé de plusieurs, & qui est venu d'une cerémonie prise apparemment des anciens Druides, qui après avoir cueilli le Gui du Chêne avec beaucoup de superstitions le consacroient & le distribuoient au peuple le premier jour de l'année. A leur imitation on crioit autrefois, *Au gui l'an neuf*; ce qui étoit annoncer la nouvelle année, où l'on se réjouissoit d'être heureusement entré. On a dit delà *Aguillanneuf*.

AGYNNIENS. s. m. p. Sorte d'Heretiques qui prétendoient que Dieu n'avoit pas permis l'usage des viandes & du mariage. Ils s'éleverent dans le septiéme siecle, tandis que le Pape Servius tenoit le S. Siege. Ce mot vient de la particule privative α, & du Grec γυνὴ, Femme, comme qui diroit, *Sans femme*.

A H A

AHAN. s. m. Respiration précipitée, comme si l'on repetoit plusieurs fois Ahan, ce qui se remarque mieux dans les chiens qui ont couru qui haletent.

Ahan. Peine du corps, grand effort, tel que celui que font ceux qui fendent du bois, ou qui levent quelque pesant fardeau. Ce mot est un de ceux, qui se forment du son de la chose qu'ils signifient. *Suer d'ahan*.

AHANABLE. adj. Vieux mot. On disoit autrefois *Terre ahanable*, pour dire, Terre labourable, & *Ahaner la terre*, pour dire, La labourer.

A H E

AHERDRE, *s'aherdre*. v. n. p. Vieux mot. S'attache :

Ceux qui ne s'y voudront aherdre,
La vie leur conviendra perdre.

On a dit aussi *Aherder*, du Latin *Adhærere*. On écrivoit aussi *Aërder* & *aërdre*, sans h.

AHEURTÉ, ÉE. adj. Vieux mot. Obstiné, opiniâtre.

A H O

AHONTER. v. a. Vieux mot. Faire affront. On a dit aussi, *Ahonté*, pour dire, Qui est sans honte.

Car lecherie est tant montée,
Que trop pourroit être ahontée.

AHOUAI. s. m. Arbre du Bresil qui sent si mauvais quand on le coupe, qu'à peine en peut-on supporter l'odeur. Il est de la grandeur d'un poirier, à les feuilles toûjours vertes, semblables à celles de nos pommiers, & porte un fruit gros comme une châtaigne, qui en figure approche fort du Δ des Grecs. Le noyau de ce fruit est fort venimeux, la coque en est fort dure & sonnante. Les Sauvages s'en servent au lieu de sonnettes, & s'en environnent les bras & les jambes pour ornement. Ils attachent ces mêmes fruits à leurs haches, massues & autres instrumens.

A H U

AHURIR. v. a. Vieux mot. Mettre quelqu'un en peine, le rendre interdit en l'étonnant.

A I A

AIABUTIPITA. s. m. Arbrisseau du Bresil, de la hauteur de cinq ou six palmes. Il porte un fruit noir, semblable aux amandes, dont on tire une huile de même couleur. Les Sauvages se servent d'ordinaire de cette huile pour frotter les membres de ceux à qui quelque mal a ôté les forces.

A I D

AIDANCE. s. f. Vieux mot. Aide, secours.

Et vous li serez en aidance.

AIDE. s. m. Il se dit de celui qui soulage quelqu'un dans son emploi; & on le dit en diverses fonctions. Dans l'Art Militaire on appelle *Aide de Camp*, Celui qui reçoit & porte les ordres des Officiers Generaux, selon les diverses occasions où il est necessaire de se servir de lui dans le Camp. On appelle *Aide-Major*, Celui qui soulage le Major dans ses fonctions, ou qui les remplit en son absence. Il n'y a qu'un seul Major pour les quatre Compagnies des Gardes du Corps, & il a sous lui deux Aides-Majors. Il en est de même de chaque Place de guerre, qui n'a qu'un Major, à qui plus ou moins d'Aides-Majors répondent, selon qu'elle est plus ou moins importante. Les Regimens de Cavalerie n'ont qu'un seul Aide-Major, & ceux d'Infanterie en ont deux, c'est-à-dire, un Aide-Major pour chaque Regiment de Cavalerie, & deux pour chacun de ceux d'Infanterie. Le Regiment des Gardes en a quatre.

Aides. s. f. p. Terme de manege. Les secours & les soûtiens que le cavalier tire des effets doux & moderés de la bride, de l'éperon, du caveçon, du poinçon, de la gaule, de l'action des jambes, du mouvement des cuisses, & du son de la langue. Ce sont les termes dont M. Guillet se sert pour expliquer ce que c'est que les *Aides*. Ainsi on dit d'un cheval, qu'*Il connoit*, qu'*il prend finement les Aides*, qu'*il obéit*, qu'*il répond aux Aides*.

On dit aussi qu'*Un cheval a les Aides fines*, pour dire, qu'Il prend les Aides avec beaucoup de facilité & une grande vigueur.

On dit encore qu'*Un Cavalier donne les Aides extrêmement fines*, pour dire, qu'Il anime le cheval à propos, & qu'il le soûtient à point nommé, pour lui faire marquer ses tems & ses mouvemens avec justesse.

AIDEAU. s. m. Morceau de bois d'environ trois piés de long, qu'on passe dans les bouts des barres d'une charette pour charroyer du bois, & pour soûtenir des charges élevées.

AIDER. v. a. C'est encore un terme de Manege, qui signifie, Soûtenir ou secourir un cheval, pour contribuer à le faire travailler à propos, en sorte qu'il marque ses tems avec justesse. On dit dans ce sens, *Aider un cheval du talon droit, de la rêne droite, de la jambe droite*.

A I E

AIE. s. f. Vieux mot. Aide.

Que ja ne vous faudroit d'aie.

A I G

AIGLE. s. f. Oiseau de rapine, grand & fort, & qui vole avec beaucoup de rapidité. Les Aigles ont les jambes jaunes, courtes & couvertes d'écailles. Leur bec est long, noir par le bout, bleuâtre par le milieu, & crochu comme leurs ongles qui sont fort grands. Elles ont ordinairement leur plumage châtain, brun, roux & blanc, & regardent fixement le Soleil; ce qui est cause qu'on appelle de bons yeux, *des yeux d'Aigle*.

AIGLE-BLANC. Ordre de Chevalerie de Pologne. Uladislaüs V. surnommé Lokter, l'institua en 1325. lorsqu'il maria son fils Casimir le Grand avec Anne fille du Duc de Lithuanie. Ceux qui étoient de cet Ordre, portoient une chaîne d'or à un Aigle couronné d'argent, & pendant sur l'estomac. Ce qui obligea de prendre l'Aigle pour enseigne de cet Ordre, fut un nid d'Aiglons que trouverent les premiers Rois de Pologne, en faisant creuser les fondemens de la Ville de Gnesne.

AIGLETTES. s. f. p. Terme dont on se sert dans le Blason, quand il y plusieurs Aigles dans un écu. Elles y paroissent avec bec & jambes, & sont fort souvent becquées & membrées d'une autre couleur, ou d'un autre métal que le gros du corps.

AIGLURE. s. f. Terme de Fauconnerie. Taches rousses semées sur le dessus du corps de l'oiseau, & dont son plumage est tout bigarré.

AIGRE *de cetre*. s. m. Breuvage aigret qu'on fait avec du citron & du sucre.

AIGREFIN. s. m. Espece de gros merlan, qui est un poisson de mer. On l'appelle en Latin *Jecorarius*.

AIGREMOINE. s. m. Plante fort connue, qu'on nomme dans les Boutiques *Agrimonia* ou *Eupatoria*, à cause de son Inventeur, qu'on appelloit Eupator. Elle a d'excellentes qualités, qui font qu'on s'en sert dans les tisanes. Elle est abstersive, ouvre les obstructions du foye, & remedie à toutes sortes de flux de ventre, & aux ardeurs d'urine.

AIGRETTE. s. f. Espece de petit Heron blanc dont la voix est aigre, & qui frequente le bord des rivieres. Belon qui a fait la description de cet oiseau, dit qu'il a le bec long, droit & pointu, que son col est long & courbé, que ses jambes, qu'il a longues, sont de couleur cendrée & ses piés noirs & grands, & que sur le dos & à côté des ailes, il a des plumes blanches, fines & déliées. Ces plumes-là sont fort cheres.

AIGREUR. s. f. Indisposition, qui fait sentir dans l'estomac des poinçillemens par une indigestion, qui cause des nausées à cause d'une bile irritée & abondante, c'est très-souvent la suite d'une débauche.

AIGU. adj. Il se joint à Angle en termes de Géometrie; & quand on dit *Angle aigu*, on entend un angle qui a moins de quatre-vingt-dix degrés. On appelle aussi *Triangle aigu*, le triangle dont les trois angles sont aigus.

AIGUADE. s. f. Vieux terme de Marine, qui a été en usage, pour signifier le renouvellement de provision d'eau douce, quand dans un voyage de long cours on pouvoit descendre en quelque lieu propre pour le faire. Ce n'est plus qu'au Levant qu'on dit encore, *Faire aiguade*, pour dire, Faire de l'eau.

Aiguade se dit aussi du lieu où les Vaisseaux envoient l'équipage faire de l'eau.

AIGUAIL. s. m. Parmi les Chasseurs, c'est la rosée qui tombe le matin dans les bois, dans les prés & dans les campagnes sur la verdure. Ainsi l'on dit que *les chiens d'Aiguail ne valent rien dans le haut du jour, & que les chiens du haut jour ne sont pas bons dans l'Aiguail.*

AIGUE. s. f. Vieux mot. Eau.

AIGUE-MARINE. s. f. Pierre précieuse qui naît le long des Côtes, & à laquelle le flux & reflux donne sa couleur, qui est d'un vert de mer. Cette pierre est aussi dure que l'Ametyste Orientale.

AIGUILLE. s. f. Terme de Marine. Partie de l'éperon d'un Vaisseau, qui est comprise entre la Gorgere & les Porte-vergues. C'est aussi la partie qui fait une grande saillie en mer.

On appelle *Aiguilles de Tré* ou *de Trévier*, les aiguilles dont on se sert pour coudre les voiles. Il y en a de trois sortes. *Aiguilles de coûture*, c'est-à-dire, de ce qu'on a calfaté dans la distance qui se trouve entre deux bordages; *Aiguilles d'œillets*, c'est-à-dire des boucles qu'on fait au bout de certaines cordes, & *Aiguilles de ralingues*, qui sont les cordes que l'on emploie pour ourler aux voiles.

On appelle *Aiguille aimantée*, la verge déliée de fer posée sur une pointe de cuivre au milieu de la Boussole, & qui marque sur le Cercle gradué l'arc ou le degré compris entre le Cercle Meridien & la route que fait le Vaisseau; parce que cette aiguille se tourne toûjours au Midi & au Nord, & par ce moyen sert de sûre guide aux Pilotes dans les voyages de long cours.

Aiguille est aussi une longue piece de bois en arcboutant, avec laquelle les Charpentiers appuyent le mât d'un Vaisseau, quand on lui donne carene.

On donne le nom d'*Aiguilles* à des pieces de bois, qui servent à caller le fust d'un pressoir dans les jumelles de derriere.

On appelle encore *Aiguilles* diverses pieces de bois posées à plomb, qui servent à fermer les pertuis des rivieres, pour arrêter l'eau. On les leve quand on veut faire passer des bateaux.

Aiguille. Terme de Fauconnerie. Sorte de maladie de Faucon, causée par de petits vers qui s'engendrant dans sa chair, sont fort dangereux pour cet oiseau.

Il y a de petits bateaux de Pêcheurs en Guienne, qu'on appelle *Aiguilles*.

Aiguille. Petit poisson de mer, appellé ainsi, à cause qu'étant long & menu par sa partie de devant, il a quelque sorte de ressemblance avec une aiguille.

AIGUILLETTE. s. f. Terme de Manége. Il n'a d'usage que dans cette phrase, *Noüer l'aiguillette*. Cela se dit d'un cheval sauteur, lorsqu'il s'épare, & qu'il rue entierement du train de derriere, en sorte qu'il allonge les deux jambes également, & de toute leur étendue.

On disoit autrefois, *Courir l'Aiguillette*, en parlant d'une prostituée, parce que, selon Pasquier, anciennement les femmes débauchées portoient une aiguillette sur l'épaule.

AIGUISE', E'E adj. Terme de Blason. Il se dit de toutes les pieces dont les bouts peuvent être aigus, comme le pal, la croix, le sautoir. *Porter d'or à trois pals aiguisés de gueules.*

AIL

AIL. s. m. Plante de la nature de l'oignon, & dont l'odeur est très-forte. Il y a l'ail domestique, qui est celui des jardins. Dioscoride dit que celui d'Egypte n'a qu'une tête comme le porreau, que cette tête est douce, petite, & tirant sur le pourpre; que ceux qui croissent ailleurs sont gros & blancs, & ont plusieurs côtes. Theophraste dit qu'on plante les Aux par côtes vers la mi-Mars & après; que les uns sont bientôt mûrs, quelquefois en moins de deux mois, & que d'autres sont plus long-tems à mûrir. Il ajoûte qu'on peut aussi semer l'ail, mais qu'il est fort tardif; que dans la premiere année qu'il sort, il se tête comme le porreau, que l'année suivante il commence à prendre côtes, & que la troisiéme année il est parfaitement mûr. L'Ail sauvage, qu'on appelle Serpentin, croît par tout, principalement aux collines & dans les hautes montagnes. Il n'a qu'une tête sans côte; & quoiqu'il soit semblable à l'ail des jardins en goût & en odeur, il est beaucoup moindre. Il a sa tige plus grêle & ses feuilles plus étroites. Il jette à la tête de sa cime une fleur incarnate, de laquelle sort une graine noire. Celui qu'on appelle ἐλαφόσκορδον, c'est-à-dire, Ail de Cerf, est semblable à ce dernier.

AILE. s. f. Terme d'Anatomie, dont on se sert en parlant de plusieurs parties du corps. Les deux cartilages qui sont aux côtés du nés, & qui forment les narines, s'appellent *Ailes*, ou *ailerons*, & on donne le même nom d'*ailerons* ou d'*ailes*, au haut des oreilles.

Ailes, en termes de Manege, se dit des pieces de bois mises aux côtés de la lance, pour la charger vers la poignée.

On se sert du même mot d'*Ailes* en parlant des branches ou des feuilles qui poussent à côté l'une de l'autre sur les tiges des arbres ou des plantes.

Aile. Terme de fortification. Il se dit des longs côtés des ouvrages à corne ou couronnés, des tenailles & de semblables dehors, c'est-à-dire, des remparts & des parapets, dont ils sont bornés sur la droite & sur la gauche, depuis leur gorge jusqu'à leur tête. Ces côtés ou ailes peuvent être flanqués, ou du corps de la Place, s'ils en sont peu éloignés, ou de quelques redans, ou d'une traverse, que l'on fait dans leur fossé.

On dit parmi les ouvriers, ***Les Ailes d'une fiche ou d'un couplet***. Ce sont deux petits morceaux de fer, rendus mobiles par le moyen de leurs charnieres. Ils servent à soûtenir & à faire mouvoir une porte, une fenêtre ou un volet brisé.

Ce que l'on appelle *Ailes de lucarne*, sont les deux côtés qui posent sur des chevrons.

Aile. Terme de Vitrier. Petite bande de plomb fort déliée, qui sert à engager les losanges du verre dans les paneaux des vitres, & qui fait qu'elles y demeurent fermes.

AILE', E'E. adj. Terme de Blason. Il se dit de toutes les pieces ausquelles on donne des ailes contre leur nature, comme d'un lion, d'un leopard. Il se dit encore de tous les animaux volatils qui ont des ailes d'un autre émail ou couleur que le reste de leur corps. *D'azur au Taureau ailé & élancé d'or. De gueules au Grifon d'or ailé d'argent.*

AILERON. s. m. Planches de bois sur lesquelles l'eau d'un ruisseau ou d'une riviere tombe, & en tombant fait tourner la roue d'un moulin à eau.

On appelle en Architecture *Aileron de lucarne*, des especes de Consoles en amortissement, qui sont aux côtés d'une Lucarne, & *Ailerons de portail*, des Consoles avec enroulemens de plusieurs manieres, qui servent pour raccorder le second ordre d'un portail avec le premier.

AILEURES. s. m. Nicod dit que ce sont deux gros solivaux dans les Navires; qu'ils ont vingt piés de longueur, & sont portés le long du pont sur les traversins, faisant un quarré avec ces traversins. Ce quarré est la fenêtre ou le trou par lequel on reçoit le bateau dans le Navire.

AILLER. s. m. C'est selon Nicod un grand filet qu'on étend sur le blé dans les campagnes, pour prendre des cailles. Il est vert ou blanc, selon la couleur du blé. Il croit qu'on a dit *Ailler*, au lieu de *Cailler*.

AILLIER. s. m. Vieux mot. Sorte d'oiseau de rapine.

Si comme aigles, ailliers & écoufles.

Borel présume que le mot *Alerion*, dont on se sert dans les armoiries, est venu d'*Aillier*.

AIM

AIMANT. s. m. Pierre qu'on appelle Heraclienne ou Herculienne, à cause de sa grande force qui lui fait attirer le fer. Cette vertu lui fait aussi donner le nom de *Syderitis*, qui vient de celui qu'a le fer en Grec. Outre cette admirable vertu qui se trouve en cette pierre, elle a encore cela de particulier, qu'elle tourne toûjours du côté du Nord; ce qui la rend necessaire pour la navigation, & la fait appeller *Lapis nauticus*. Il y a un Aimant mâle & un Aimant femelle. Le mâle est massif, peu pesant, bleuâtre en couleur, & attire le fer plus fortement que l'autre. On nous l'apporte des Indes & d'Ethiopie. L'Aimant femelle est roux tirant sur le noir, & vient d'Allemagne, où il se trouve proche les mines de fer. Il en naît aussi en quelques endroits d'Italie. Pour bien conserver l'Aimant, il faut le tenir dans la limaille de fer. Il a aussi des vertus particulieres pour la Medecine; & quand il est dans la préparation requise, il entre dans l'Emplâtre Divin, & en d'autres medicamens. M. Menage dérive *Aimant* de *Adamante*, ablatif de *Adamas*, dont on s'est servi en cette signification. D'autres veulent qu'on ait appellé cette pierre *Aimant*, à cause de l'amour qu'elle a pour le fer & pour le Pole.

AIN

AIN. s. m. Vieux mot. Hameçon. On l'a dit au lieu de *Haim*, venant de *Hamus*.

Li un prend le poisson à l'ain.

AINC. adv. Vieux mot. Jamais.

Après Lot Quitekins qui ainc n'ama François.

Ce mot a pû venir du Latin *Unquam*, Jamais.

AINE. s. f. La partie du corps où la cuisse est jointe au ventre. Il y a dans l'Aine une glande où se forment les bubons qui marquent la peste, & ceux qui sont causés par le mal Venerien.

AINS. Vieux mot. Avant. On le joignoit à la particule *Que*, pour dire, Avant que.

Ains qu'en puisses à chef venir.

Il a été dit aussi pour *Au contraire*, & l'on a dit encore *Qui ains ains*, pour dire, A qui mieux mieux. On le trouve encore dans la signification de *Plûtôt que*, ou simplement *Plûtôt*, aussi-bien que *Ainçois*, autre vieux mot, dont Marot s'est servi pour dire, Plûtôt.

Ainçois seront semblables aux festus.

On prétend que le mot *Ainé* vient de là, parce qu'on a dit autrefois *Ainsné*, ne faisant qu'un mot de ces deux mots, *Ains né*, qui vouloient dire, *Plûtôt né*, *né avant les autres.*

Ains, vient de l'Italien *Antis*, qui a été fait d'*Ante*.

AJO

AJOURE', E'E. adj. Terme de Blason. Il se prend pour une ouverture du Chef, lorsqu'elle touche le bout de l'écu; il n'importe qu'elle soit ronde ou quarrée, ou faite en croissant. On l'emploie aussi en parlant des jours d'une maison ou d'une tour, lorsqu'ils sont d'un autre émail. *De sable à la croix anchrée d'argent, ajourée en cœur en quarré*; ce qui veut dire, Ouverte au milieu. *De gueules à la tour d'argent, donjonnée de sable, ouverte & ajourée de gueules.*

AIR

AIR. s. m. Terme de manege. Cadence, liberté de mouvement qui répond à la disposition naturelle d'un cheval, & qui le fait manier avec mesure & justesse. Ainsi on dit, qu'*Un cheval prend l'air des courbettes*, qu'*il se presente à l'air des Caprioles*, pour dire, qu'il a de la disposition à ces sortes d'airs.

On dit aussi qu'*Un Cavalier a bien rencontré l'air d'un cheval*, quand le cheval manie bien terre à terre. M. Guillet dit qu'en general on ne compte ni le pas, ni le trot, ni le galop au nombre des airs.

On dit aussi qu'*Un cheval n'a point d'air naturel* pour dire, qu'il plie fort peu les jambes de devant quand il galoppe.

On appelle *Airs relevés*, Les mouvemens d'un cheval qui s'éleve plus haut qu'au terre à terre, & qui manie à courbettes, à croupades, à balotades & à caprioles.

Air. Terme de Peinture. On dit qu'*Un Peintre donne de beaux airs de têtê à ses figures*, pour dire que les visages qu'il fait ont un bel air. On dit aussi qu'*Il y a de l'air dans un Tableau*, pour dire, que la couleur de tous les corps est diminuée selon les differens degrés d'éloignement.

Air, ou plûtôt *air*, a été dit aussi autrefois pour Colere, impetuosité :

Si va le Chevalier ferir
Sur son écu de grand air.

Ce mot venoit du Latin, *Ira*, Colere, d'où vient qu'on a dit s'*Airer*, pour, Se mettre en colere.

AIRE. s. m. Nid où les Faucons font leurs petits fauconneaux. C'est d'ordinaire un rocher ou un precipice qu'ils choisissent pour cela. On appelle aussi *Aire*, le nid des Autours, quoiqu'ils le fassent sur des arbres.

Aire. Terme de Geometrie. Superficie, ou espace enfermé entre plusieurs lignes, ou en quelque figure que ce soit. Ce qui fait l'égalité des figures, c'est l'égalité de leurs *Aires*. Deux parallelogrammes dont l'un a cinq piés de longueur, & six de largeur, & l'autre trois piés de longueur, & dix de largeur, sont égaux, parce que l'aire de l'un & de l'autre est de trente piés. Du reste leurs *Circuits*, ou *Perimetres* ne sont pas égaux. Voyez ces mots.

On dit, *Aire de plancher*, non seulement pour signifier la charge qu'on met sur les solives d'un plancher, mais aussi une couche de plâtre que l'on met sur un plancher que l'on ne veut point couvrir de carreau. *Aire de moilon*, se dit d'une petite fondation au rès de chaussée sur laquelle on pose les dales de pierre, ou le carreau. Ce qu'on appelle *Aire de chaux & de ciment*, est un massif de certaine épaisseur, en forme de chape, qui sert à conserver le dessus des voutes à l'air. Il y a aussi une *Aire de recoupes*, qui sert à affermir les allées des Jardins. C'est une épaisseur de recoupes de pierre, qui est de huit ou neuf pouces.

Aire de vent. On dit aussi, *Aire de vent*. Terme de Marine. On appelle ainsi celui des trente-deux Vents marqués sur le compas de mer, qui souffle sur une ligne, pointe ou division du même compas. Comme le cercle de la boussole, où l'horison n'est divisé par les Vents qu'en 32, chaque division ou aire de vent, vaut 11. degrés $\frac{1}{4}$. *Rumbes* est la même chose qu'Aire de Vent.

Aire, au feminin, se dit du lieu où l'on bat le blé.

AIRE'E. s. f. Terme usité à la campagne, pour signifier la quantité de gerbes qu'on met à la fois dans l'Aire ; ou le nombre des gens qu'on y emploie. C'est de-là qu'en Anjou, Poitou, & Diocese de Nantes, la plûpart des noms des maisons de campagne finissent en *iere*.

AIRER. v. n. Ce verbe n'a d'usage qu'en parlant des Faucons ou des Autours qui font leurs nids. *Les Faucons airent dans les rochers.*

AIS

AISSADE s. f. Terme de mer. On appelle *Aissade de pouppe*, l'endroit où la pouppe commence à se retrecir.

AISSELIER. s. m. Terme de Menuiserie. C'est une piece de bois qu'on assemble dans un chevron & dans la rainure, pour cintrer ou former des quartiers dans une charpente à lambrisser.

AISSELLE. s. f. *Le creux, le pli d'entre le bras & le corps.* ACAD. FR. Il n'y a point de plus dangereuses apostumes que celles qui se forment sous les Aisseles, à cause de la proximité du cœur. M. Ménage fait venir ce mot d'*Ascella*, qu'on a dit pour *Axilla*, & qui signifie la même chose.

On appelle *Aisselle*, en termes de Botanique, l'endroit d'une plante où une feuille se joint à sa branche, ou une petite branche à une plus grosse ; ce qui fait une fourche representant une aisselle renversée.

On dit *Aisselle d'un four*, pour designer le tour de la voute jusqu'environ les deux tiers ; le dessus se nomme *Chapelle*.

AISSIL. s. m. Vieux mot. Vinaigre.

AISSIN. s. m. Vieux mot. Certaine mesure de froment, du Latin *Assinus*, selon du Cange.

AIT

AITIOLOGIE. s. f. Partie de la Medecine qui traite des diverses causes des maladies. Ce mot est Grec, αἰτιολογία, & est formé de αἰτία, Cause, & de λόγος, Discours.

AIU

AIURATIBIRA. s. m. Arbrisseau du Bresil, qui porte un fruit rouge. Les Sauvages en tirent une huile de même couleur, dont ils ont accoûtumé de s'oindre le corps.

AJUSTER. v. a. Les Chasseurs disent, *Il ajuste le gibier*, pour signifier qu'il se prepare à le tirer juste, à ne point manquer son coup.

En termes de Manége on dit, *Ajuster un cheval sur les voltes à toutes sortes d'aires de Manége.*

AJUSTOIR. s. m. Petite balance dont on se sert pour peser & ajuster les monnoyes avant que de leur donner la marque. Les Flancs qui ont été coupés le long d'une lame, soit d'or, d'argent, ou de cuivre, & qui sont des ronds de la grandeur & épaisseur que doit être l'espece, sont mis dans cet Ajustoir, où l'on connoît ceux qui sont forts ou foibles.

AJUTAGES. s. m. p. Pieces de fer blanc ou de cuivre, que le Fontainier ajoûte au bout d'un tuyau de Fontaine, pour en faire sortir de l'eau selon la figure dont est la piece ajoûtée. Il y a des ajutages qui forment des fleurs de lys, & d'autres font paroître des vases de differentes façons. Il y en a aussi qui sont à vis, & d'autres sans vis.

ALA

ALAIS. s. m. Oiseau de proye propre pour voler les Perdrix. Il vient d'Orient. Il y en a aussi de fort bons qu'on apporte du Perou.

ALAISE. s. f. On appelle ainsi dans un panneau d'assemblage la planche la plus étroite qu'on y met pour le remplir.

ALAMATOU. s. m. Espece de prune noire de l'Isle de Madagascar, qui en a le goût quand elle est mûre. Au lieu de noyau elle a dix ou douze pepins fort petits en forme de pierre plate. Ces prunes croissent sur un petit arbrisseau qui a ses feuilles semblables à celles de nos Pruniers. On en trouve en abondance aux environs d'un Port auquel les François par cette raison ont donné le nom de *Port aux Prunes*. Il y a encore une autre sorte d'*Alamatou*, qui est gros comme une prune sauvage, & qui a le goût des figues. Les Habitans l'appellent *Alamatou-Issaye*. Si on mange trop de ce fruit, qui a aussi de petits pepins au lieu de noyau, on a de grandes douleurs d'estomac.

ALAN. s. m. Terme de Venerie. Espece de Dogue

dont il y a de trois sortes. Celui qu'on appelle *Alan gentil*, est de la taille d'un Levrier. Il y en a un autre appellé *Alan Vautre*, qui tire sur la mâtin : on s'en sert pour la chasse des Sangliers & des Ours. Le troisiéme est l'*Alan de Boucherie*. Celui-là n'est propre qu'à garder les maisons, & à conduire les bœufs quand les Bouchers en amenent.

ALARGUER. v. n. Terme de Marine. Il se dit d'un Vaisseau qui se met au large, & s'éloigne de la côte.

ALATERNE. s. m. Sorte de Fileria toûjours verd, & qui a les feuilles fort lissées. On en fait les palissades & les bosquets dans les Jardins.

ALB

ALBANOIS. s. m. p. Heretiques qui s'étant élevés dans le huitiéme siecle, renouvellérent la plûpart des erreurs des Manichéens. Ils établissoient deux Principes, l'un bon, Auteur du bien & du nouveau Testament, & l'autre mauvais, Auteur de l'ancien Testament, ce qui les obligeoit à traiter de faux tout ce qu'ont dit Abraham & Moïse. Ils prétendoient que le monde fût de toute éternité, que le Fils de Dieu avoit apporté un corps du Ciel, & que l'homme ayant la puissance de donner le Saint-Esprit, les Sacremens n'étoient autre chose que des superstitions.

ALBASTRE. s. m. Pierre que plusieurs rapportent au marbre blanc. Elle est pourtant bien-moins dure que le marbre, & si aisée à tailler qu'on peut la couper avec un couteau. Elle s'endurcit à l'air comme tous les autres marbres, parce qu'alors elle se dépouille peu à peu de l'humidité qu'elle avoit retenue de la terre. Il y a de plusieurs sortes d'Albâtre selon leurs differentes couleurs. Le blanc qui est le plus beau est aussi le plus commun. On en fait des statues & de petits vases. Dioscoride dit que l'Albâtre étant brûlé & mêlé avec de la poix ou de la resine, dissout toutes sortes de duretés, & que si on le mêle avec du Cerat, il adoucit les maux d'estomac, comprime & resserre les gencives.

ALBERGE. s. f. Espece de Pesche jaune, dont la chair est ferme, & qui est bonne à manger avant que les autres Pesches soient dans leur maturité. On appelle *Albergier*, l'Arbre qui les porte.

ALBERGER. v. a. Terme de pratique. Aliener un heritage pour des droits d'entrée.

ALBICORE. s. m. Sorte de poisson plus grand que le Maquereau, mais qui en approche assés pour le goût, & la couleur. Il se trouve dans la mer Oceane, où il fait la chasse aux poissons volants.

ALBIGEOIS. s. m. p. Heretiques qui renouvellerent la Doctrine des Manichéens, & qui des Montagnes de Dauphiné & de Savoye où ils s'étoient refugiés, s'étant répandus dans le Diocese d'Albi en Languedoc, s'y cantonnerent, & prirent de là le nom d'*Albigeois*. Selon eux il y avoit deux principes de toutes choses, Dieu qui avoit créé les ames, & le Diable qui avoit créé les corps. Comme le ridicule entêtement où ils étoient touchant la metempsicose, leur faisoit nier la resurrection, ils rejettoient la priere pour les morts; l'Enfer & le Purgatoire. Ils prétendoient que le Redempteur des hommes n'avoit été au monde que spirituellement en la personne de Saint Paul, & nioient qu'il fût né en Bethléem & qu'il eût souffert sur le Calvaire. Cette Secte qui répandit d'abord ses erreurs dans tout le Languedoc, fut découverte en 1176. mais les foudres de l'Eglise que lança le Concile de Latran n'ayant pû les étouffer, il y fallut employer le fer & le feu. On courut aux armes, & la Croisade fut publiée, en 1210. On fit divers Sieges, on donna divers Combats, & la guerre que Louis VIII. Roi de France fit aux Albigeois, ne finit qu'en 1228. lorsque Raimond le Jeune X. du nom, Comte de Toulouse, se reconcilia à l'Eglise. La paix qu'il fit avec Saint Louis, fut cause que tous ceux qui étoient de son parti renoncerent à cette abominable doctrine.

ALBIQUE. s. f. Espece de craye, ou terre blanchâtre, grasse & visqueuse. Elle ressemble en quelque façon à la terre Sigillée. Il y en a à Vendôme dans un endroit des fossés, & on la nomme *B..bine*. Ce mot vient du Latin *Albus* Blanc.

ALBRENE', E'E. adj. Il se dit de tous les Oiseaux qui n'ont point le pennage entier à leurs ailes, ou qui sont rompus dans leur pennage.

ALBRENT. s. m. Jeune Canard sauvage, qui dans le mois de Novembre devient Canardeau, & sur la fin de l'année Canard. Quelques-uns écrivent, *Alebran*. On dit de là *Albrener*, pour dire, Chasser aux Canards. Nicod fait venir le mot d'*Albrent* du Grec, βρένθος qui signifie. Un Canard.

ALC

ALCANNA. s. f. Quelques-uns donnent ce nom au Troêne appellé *Ligustrum* par les Latins; & selon les Arabes *Alcanna* est la colle de poisson nommée autrement l'*Icthyocolla*.

ALCANTARA. Ordre Militaire d'Espagne, appellé ainsi d'une Ville de ce nom, qui est sur le Tage dans l'Estramadure, & qui fut prise sur les Maures en 1212. par Alfonse IX. Roi de Castille. Ce Prince la donna d'abord en garde aux Chevaliers de Calatrava, & deux ans après elle fut remise aux Chevaliers qu'on appelloit du Poirier. C'étoit un Ordre que Gomés Farnand avoit institué l'an 1170. & qui avoit été approuvé sept ans après sous la Regle de saint Benoît par le Pape Alexandre III. Les Chevaliers du Poirier ne posséderent pas plûtôt la Ville d'Alcantara, qu'ils s'appellerent *Chevaliers d'Alcantara*, & prirent la croix verte ou de sinople fleurdelisée. Après la défaite des Maures & la prise de Grenade, la Maîtrise de cet Ordre & celle de Calatrava furent unies à la Couronne de Castille sous le Regne de Ferdinand & d'Isabelle, & les Chevaliers d'Alcantara ayant demandé permission de se marier, elle leur fut accordée en 1540.

ALCHIMILLE. s. f. Plante que l'on appelle autrement *Pied de Lion*. Elle ressemble à la Mauve par ses feuilles, qui sont toutefois plus dures, plus retirées, & comparties en angles dentelés tout à l'entour; de sorte que quand on étend une de ces feuilles, on lui voit la figure d'une étoile, ce qui lui a fait donner le nom de *Stella* & de *Stellaria*. Sa tige est menue & haute de demi-coudée. Il en sort de petites branches qui ont à leur cime de petites fleurs pâles. Ces fleurs sont faites en forme d'étoiles, ainsi que ses feuilles. Cette plante qui croît dans les Prés & dans les Montagnes, a la proprieté de restraindre & de consolider, & est bonne pour arrêter le sang lorsqu'il coule en abondance.

ALCORAN. s. m. Livre de la Loi Mahometane, écrit en parchemin fait de peau de mouton, divisé en quatre parties, & composé en vers Arabes. On peut dire que c'est un galimatias continuel, & sans aucun ordre. Il y a des titres fort extravagans dans la plûpart des Chapitres, comme *des Mouches*, *des Araignées*, & autres semblables. Les

Mahometans ont une si grande veneration pour ce Livre, que si un Chrétien ou un Juif l'avoit touché, il seroit puni de mort, à moins qu'il ne voulût changer de Religion. Ils sont persuadés que tous les Anges ensemble n'en pourroient faire un pareil, & prétendent que l'Ange Gabriel l'a apporté à leur Prophete Mahomet, écrit sur du parchemin fait de la peau du Mouton qu'Abraham sacrifia en la place de son fils Isaac. Cet Imposteur y parle tantôt en sa personne, & tantôt en celle de Dieu. On y marque sept Paradis que Mahomet a vûs tous, le premier de fin argent, le second d'or, le troisiéme de pierres précieuses, le quatriéme d'émeraudes, le cinquiéme de cristal, le sixiéme de couleur de feu, & le septiéme, un Jardin délicieux, arrosé de fontaines & de rivieres de lait, de miel & de vin. Ce Jardin est rempli d'arbres toûjours verts & chargés de pommes dont les pepins se changent en des filles d'une beauté ravissante, & qui sont si douces, que si l'une d'elles avoit craché dans la mer, ses eaux n'auroient plus aucune amertume. Le mot d'*Alcoran* est Arabe, & signifie, *Le recueil des préceptes.*

ALCYON. s. m. Oiseau qui hante la mer & les marécages. Il est gros comme une caille, & fait son nid parmi les roseaux. Son plumage est bleu, vert & rouge, & il a les jambes & les piés carrés & le bec tranchant. Quand il est mort, on le prend par le bec avec un filet, & il a toujours le ventre tourné du côté du vent. Voyez MARTINET *Pêcheur.* Quelques-uns lui donnent ce nom.

ALCYONIUM. s. m. Ecume de mer. Dioscoride en établit de cinq sortes. La premiere est verte, de fâcheuse odeur, âpre au goût, pesante, & sent le poisson. Elle ressemble à une éponge, aussi bien que la seconde, qui est trouée, caverneuse, legere, & dont l'odeur approche de celle de la mousse de mer, que l'on appelle *Algue.* La troisiéme qui a la forme de petits vers, est plus rouge que les autres. C'est l'*Alcyonium Milesianum.* La quatriéme est sans nulle odeur, & faite en façon de Champignon; & la cinquiéme qui est fort legere, a plusieurs concavités & ressemble à la laine grasse. Pline veut que cette écume soit faite du nid des Alcyons; mais le sentiment de Matthiole est qu'on l'a appellée ainsi, à cause que ces Oiseaux ont accoûtumé de faire leur nid sur l'amas de cette écume lorsqu'elle flotte sur l'eau. Les deux premieres especes sont bonnes aux dartes & aux feux volans. La troisiéme, qui est la plus subtile de toutes, s'emploie pour les maux des reins, pour l'hydropisie, pour le mal de rate, & sert à ceux qui ont de la peine à uriner. La quatriéme ayant plus de chaleur que les autres, est propre à brûler le poil & à blanchir les dents: & la cinquiéme, quoique plus foible en ses operations, a la même qualité que la troisiéme. Selon Galien toutes écumes de mer sont abstersives & resolutives; ayant une qualité acre & une vertu chaude, les unes plus que les autres, selon qu'elles sont plus ou moins subtiles en leurs parties.

ALD

ALDERMAN. s. m. Terme de dignité, qui s'applique présentement en Angleterre aux Magistrats & aux Gouverneurs des Villes & des Provinces. Il s'est dit auparavant des Sénateurs, Comtes ou Barons.

ALE

ALECTORIENNE. s. f. Sorte de pierre qu'on trouve dans le gosier des vieux Coqs, & qu'on a nommée ainsi du mot Grec ἀλεκτρυών, qui veut dire, Coq. Elle a la vertu de résister aux venins.

ALEINS. Vieux mot. Si-tôt.

Vers li s'en vet aleins qu'il puet.

ALEMBIC. s. m. Ce mot, lorsqu'il est pris largement, se dit de plusieurs choses, comme des Cucurbites, des Retortes, des Pots de verre, & d'un instrument de cuivre à trois piés, qu'on nomme ordinairement *Chapelle.* Quand on le prend dans sa signification étroite, il veut dire un Vase à bec propre à distiller, joint à un autre Vase qui s'applique au haut du Fourneau. Les Alembics communs, faits de plomb ou de cuivre étamé, sont de ce genre, aussi-bien que ceux de terre ou de verre, qui ont une pointe par le haut, & qui par le bas ont la forme d'un clocher. On en voit pourtant qui sont faits en rond & qui sont pointus. Ils sont entourés d'un autre vaisseau que l'on appelle *le Refrigerant*, & on les nomme *Capitella* ou *Pilei*; c'est-à-dire, *Chapiteaux.* On appelle *Conceptaculum*, le Vase où est la matiere qu'on veut distiller, & sur lequel on met l'Alembic. Les Conceptacles sont fort differents, soit pour la grandeur, soit pour la figure. Il y en a qui sont fort ventrus, d'autres mediocres, & d'autres aussi petits qu'une noix. Quant à la figure, quelques-uns sont droits comme les Phioles & les Vessies, dites en Latin *Ampullæ* & *Vesicæ*, & d'autres courbés comme les Retortes & les Cornemuses. L'*Alembic à bec* est un Vaisseau qui a l'embouchure étroite, & proportionnée au matras qui le porte, & l'*Alembic aveugle* ou *sans bec*, est celui qui a le bec tortueux en forme de serpent, ce qui le fait appeller *Retorte* ou *Serpentin.* On se sert des vases droits pour distiller les racines, les semences, les feuilles, les fleurs & les choses aromatiques qui s'élevent aisément en haut, & on emploie les Vases courbés pour distiller les gommes, les resines, les graisses, & les autres choses qui ne s'élevent en haut qu'avec peine. On fait venir Alembic de l'article *Al* des Arabes, & du Grec ἄμβιξ, Sorte de Vase.

ALERION. s. m. Terme de Blason. Aiglette qui n'a ni bec ni ongles.

ALESE', E'E. adj. Terme de Blason. Il se dit de toutes les pieces honorables, comme d'un chef, d'une fasce, d'une bande, qui ne touchent pas les deux bords, ou les deux flancs de l'écu. De même la Croix ou le Sautoir qui ne touchent pas les bords de leurs quatre extrêmités, sont dits, *Pieces alesées. Il porte d'argent à la fasce alesée de gueules.*

ALERTE. adv. Terme de guerre. Pour appeller les Soldats du corps-de-garde, la sentinelle crie: *Alerte.*

ALETHE. s. m. Sorte d'Oiseau de proye qui vient des Indes, & qui est propre à voler les Perdrix. Quelques-uns le confondent avec l'Alais. Il porte un nom Grec qui signifie, Veritable, ἀληθὴς, comme qui diroit, Que ces oiseaux ne manquent jamais à ce qu'on attend d'eux.

ALETTE. s. f. On appelle *Alettes* les côtés d'un Trumeau qui est entre deux arcades, & dans le milieu duquel est un pilastre ou une colomne, de sorte qu'*Alette* est proprement ce qui reste & qui paroît du trumeau entre le vuide de l'arc & la colomne.

ALEVIN. s. m. Menu poisson dont on peuple les Etangs, les Marais & les Rivieres.

ALEVINAGE. s. m. On appelle ainsi le menu poisson qui ne seroit pas bon à vendre, & que les Pêcheurs rejettent dans l'eau pour peupler quand ils en ont pris dans leurs filets. On dit, *Aleviner un Etang*, pour dire, Y jetter de l'Alevin afin de le peupler de poisson.

ALEXANDRIN. adj. Epithete qu'on donne aux vers dont les masculins sont de douze syllabes & les feminins de treize. On les a nommés *Alexandrins*, d'un vieux Poëte François, appellé Alexandre de Paris, qui s'est servi de cette mesure de Vers.

ALEXIPHARMAQUE. s. m. Médicament qui a une vertu particuliere pour résister aux venins. Il y en a d'internes qui remedient à la peste, aux fiévres malignes, & aux poisons pris au-dedans, & d'autres externes que l'on applique pour la morsure & la piquûre des bêtes venimeuses. Ce mot est Grec, ἀλεξιφάρμακον, & vient de ἀλέξειν, Donner secours, & de φάρμακον, Remede, médicament.

ALEXITERE. s. m. C'est la même chose qu'Alexipharmaque, si ce n'est que les médicamens externes qui remedient aux venins sont dits proprement *Alexiteres*, & les internes *Alexipharmaques*. Le mot Grec ἀλεξητήριον veut dire, Qui défend, qui donne remede.

ALEZAN, ANE. adj. Il se dit du poil d'un Cheval qui a une couleur roussâtre. Les Chevaux qui ont le poil alezan, ont le crin blanc ou roux, à la difference des Chevaux bais dont le crin est noir. Il y a un Alezan brûlé & un alezan clair, selon que la couleur de ce poil est plus ou moins obscure. L'*Alezan brûlé* est la marque d'un bon Cheval. L'*Alezan clair* avec les extrêmités lavées, c'est-à-dire, qui a le poil des extrêmités plus déchargé que le reste, est moins estimé, parce que c'est une marque de foiblesse. On dit *Alzan* quand on le prend substantivement, pour dire, Un Cheval de poil alezan. *Il étoit monté sur un Alzan.* M. Ménage veut que ce mot vienne d'*Alazan*, que les Espagnols ont pris de l'Arabe *Alhesan*, qui veut dire, Cheval courageux & de bonne race. Il y en a qui le font venir de *Aza*, qui signifie, Couleur enfumée, & de l'article *al*. D'autres le dérivent par corruption d'*Aleran*, prétendant que la vitesse de ces Chevaux fait dire qu'ils ont des ailes.

A L F

ALFIERE. s. m. Nom Espagnol qui est devenu François. On le donne aux Officiers Espagnols ou Flamands qui servent en qualité de Porte-Enseigne.

A L G

ALGALIE. s. f. Mot qui est tiré de l'Arabe, & qui signifie, Une sonde creuse, dont les Chirurgiens se servent pour faire pisser ceux qui sont travaillés d'une rétention d'urine; & pour les hydropisies.

ALGAROT. s. m. Poudre qui se fait avec le beurre d'antimoine. C'est un puissant émetique, que quelques-uns appellent, *Esprit de Vitriol Philosophique.*

ALGEBRE. s. f. Mathematique universelle qui considere la grandeur ou la quantité en general, sans la déterminer, ni aux nombres comme l'Arithmetique, ni aux lignes, comme la Géometrie. C'est pour cela que l'Algebre se sert de lettres dans l'expression des grandeurs, & ces lettres representent également & selon qu'on le veut des nombres ou des lignes, A. peut être un nombre ou une ligne, si c'est un nombre AA. est ce nombre multiplié par lui-même, si c'est une ligne, AA. en est le quarré. Si A. valoit 2. ou 3. ou 4. &c. AA. vaudra 4. ou 9. ou 16. &c. Si A. étoit un pouce ou 12. lignes, ce qui est la même chose, AA est un pouce quarré, ou 144. lignes. Cette maniere de representer les grandeurs par ces images, ou *especes* a fait nommer l'Algebre *specieuse*, & comme la methode en est très-simple & très-generale, elle a de grands avantages. Ce qui ne se pourroit démontrer que par de longs circuits en Arithmetique ou en Géometrie, se démontre en Algebre avec peu de lettres. Les operations d'Algebre s'appellent *Equations*, parce que dans les questions qui y sont proposées, il s'agit de trouver l'égalité ou le rapport d'une ou de plusieurs grandeurs inconnues avec quelques-unes qui sont connues. On les represente toutes par des lettres, & après les avoir comparées de diverses manieres, on parvient enfin à l'égalité des inconnues avec les connues, ce qui est la solution du Problême proposé. Le plus ancien Auteur que nous ayons de l'Algebre, est Diophante, que M. Stevin de Bruges, & après lui, plusieurs autres celebres Géometres ont commenté. M. Ménage fait venir ce mot de l'Arabe *Algebra*, qui signifie le rétablissement d'un os rompu. D'autres le font venir d'un Arabe nommé *Geber*, que l'on prétend en avoir été l'inventeur ou du moins le restaurateur chès les modernes.

ALGORITHME. s. m. Opérations sur les nombres, qui sont appellées autrement *Regles d'Arithmetique.* Les principales sont l'Addition, la Soustraction, la Multiplication, & la Division. C'est celles-là que les autres Operations ou Regles d'Arithmetique sont composées, comme les Regles de Proportion, d'Alliage, & l'Extraction des racines.

ALGUASIL. s. m. Sergent. Les Espagnols ont pris ce mot des Arabes, pour signifier, Un Officier de Justice qui met en execution les ordres qu'il reçoit du Magistrat. On s'en sert depuis quelque tems en France.

ALGUE. s. f. Sorte d'herbe qui ne croît qu'au bord de la mer. Il y en a de large, & d'autre un peu longue.

A L H

ALHIDADE. s. f. Regle mobile sur le centre d'un Astrolabe, d'un demi-cercle, ou d'un quart de cercle gradué. La ligne de cette regle, qui passe toûjours par le centre de la graduation, est appellée *Ligne fiducielle.* Aux extrêmités de la même regle sont élevées deux pinnules, ayant chacune perpendiculairement sur la ligne fiducielle un petit trou que l'on appelle *Dioptre.* C'est à travers ces deux trous qu'on observe un astre, une pointe de clocher, ou tout autre objet éloigné, dont on veut connoître la distance par l'angle de son élevation sur l'horison, la ligne fiducielle marquant les degrés & les minutes de cet angle sur le limbe ou bord de l'instrument. Depuis quelques années les Alhidades sont garnies d'une lunette, ayant au-dedans deux brins de soye plate, posés en croix au foyer du verre objectif, c'est-à-dire, à l'endroit où l'image de l'objet se forme. Les Astronomes modernes y trouvent de grands avantages par dessus l'usage des Dioptres, à cause que par la lunette ils découvrent plus loin & plus précisement le point de l'objet qui tombe sur l'entrecroisement des deux brins de soye, qui est dans l'arc de la lunette.

A L I

ALICA. s. f. Selon Galien, c'est une espece de blé fort nourrissant, & qui engendre des humeurs visqueuses & gluantes. Dioscoride dit que l'Alica se fait d'espeautre double, qu'il est de meilleure nourriture que le ris & plus utile à l'estomac; mais que toutefois il resserre plus le ventre. Pline rapporte que les anciens faisoient l'Alica d'espeautre, de craye & de plâtre, ce que Matthiole a peine à comprendre, à cause que le plâtre étant dans le corps, serre tellement tous les conduits, qu'enfin il étouffe la la personne. Cela lui fait croire que les Anciens, après avoir donné la couleur à l'Alica avec la craye & le plâtre, le lavoient avant que de le mettre cuire. Galien qui en fait grand cas, dit qu'il ne se faisoit pas seulement d'espeautre double, mais aussi de toutes sortes de blés.

ALICHON. f. m. Planche de bois sur laquelle il faut que l'eau tombe pour faire tourner une roue de moulin à eau. C'est la même chose qu'*Alleron*.

ALICONDE. f. m. Arbre fort commun dans la Province d'Ilamba de la Basse Ethiopie. Il y en a qui ont leur tronc épais de dix, douze & quinze brasses; mais comme les racines de cet arbre s'étendant en long de côté & d'autre, ont à peine un pié de profondeur, il ne faut qu'un vent un peu impetueux pour le renverser. Le fruit qu'il porte est semblable aux noix de Coco, à la reserve qu'il est un peu plus ovale. Le cerneau n'en vaut rien, & les Negres ne le font moudre pour le manger que dans une grande extrêmité. Le bois n'est pas même bon à brûler; mais on bat l'écorce, après quoi on la file comme du chanvre, & on en fait de la toile.

ALIGNER. v. a. On dit en termes de Venerie, qu'*Un loup aligne une louve*, pour dire, qu'il la couvre.

ALIQUANTE. adj. f. Terme de Mathematique. Partie d'un tout qui étant prise quelque nombre de fois que ce soit, ne se mesure point exactement, & demeure au-dessous, ou va au-dessus. Trois est une partie aliquante de treize, car étant pris quatre fois il est au-dessous de treize, & étant pris cinq fois il est au-dessus. Sept est partie aliquante de vingt, &c. A *Aliquante* s'oppose *Aliquote*. Voyez ALIQUOTE.

ALIQUOTE. adj. f. On ne s'en sert qu'en Géometrie & en Arithmetique, où l'on appelle *Parties aliquotes* celles qui sont comprises plusieurs fois exactement dans un nombre ou dans quelque quantité. Quatre est une partie aliquote de huit, parce qu'il est compris deux fois dans ce nombre, & seize a pour parties aliquotes 1. 2. 4. & 8. Un est une partie aliquote de tous les nombres, parce que tout nombre est l'unité repetée un certain nombre de fois précisément.

ALISÉS. adj. p. On appelle sur mer, *Vents Alisés*, certains vents fixes & reglés, qui soufflent constamment d'un certain endroit de l'horison. Tel est le vent d'Est qui souffle continuellement entre les deux Tropiques, & que l'on croit être causé par le mouvement circulaire de la Terre, & par la rarefaction perpetuelle & violente de l'Air sous la Zone Torride. Les Physiciens prouvent que ces deux causes doivent donner à l'Air un cours d'Orient en Occident. Ils prouvent aussi que le Vent général d'Est doit recevoir des variations qui causeront un Nord-Est, & un Sud-Est reglés sous la Zone Torride, & ce sont ces Vents qu'on appelle proprement *Alisés*. On y pourroit mettre aussi le Vent d'Ouest qui souffle régulierement hors des Tropiques de part & d'autre jusqu'au 40e. degré de latitude. On le croit causé principalement par le reflux d'air qui doit s'ensuivre de ce vent d'Est qui regne entre les Tropiques. Le vent d'Est qu'on est sûr de trouver entre les Tropiques, fait qu'on y tombe le plûtôt que l'on peut, quand on va d'ici en Amerique, qui est à notre Occident, & au contraire pour revenir d'Amerique en Europe, on se dégage des Tropiques, afin de rencontrer le vent d'Ouest.

Ces vents ne soufflent régulierement que sur les grandes mers, parce que sur la terre ou sur des mers trop proche des terres, ils reçoivent une infinité de variations par les fermentations de la terre, par la situation des côtes, & plusieurs autres causes particulieres.

Quelques-uns prétendent que le mot d'*Alisés* vient de *Lisiere*, parce que ces vents regnent dans un certain espace qui fait sur le globle une espece de bande ou de lisiere.

ALIS, ALISE. adj. Vieux mot. Uni.

Visage eut bel, doulx & alis.

ALISIER. f. m. Arbre fort grand, qui produit un fruit plus gros que le poivre, doux, bon à manger, propre à l'estomac, & qui resserre le ventre. C'est ainsi que Dioscoride en parle. Le vrai Alisier, dit Theophraste, est de la grandeur d'un poirier ou un peu moindre. Sa feuille est dentelée tout alentour, presque comme celle de l'yeuse. Son bois est de la couleur du cerisier, fort dur & pesant, & il y en a plusieurs sortes qui se connoissent par la diversité de leurs fruits. Ce fruit est gros comme une Féve, & mûrit comme le raisin. Il est de la couleur de la Corme & en a le goût. L'Alisier qui le produit sans noyau au-dedans, est préferé à tous autres, non seulement par le bon goût de son fruit, mais à cause qu'il est vineux & fort plein de jus. On en tire du vin semblable à du vin miellé. Cornelius Nepos dit qu'il ne dure que dix jours. Il n'y a point d'arbre qui soit plus branchu, ni qui ait les branches plus longues & plus massives, de sorte qu'on les croiroit être des arbres entiers. L'Alisier s'appelle autrement *Lotus*. Pline pour en marquer la durée, dit que de son tems on voyoit encore un Lotus à Rome en la Place de Diane Lucina, & qu'il y avoit été planté l'an que la Ville étoit demeurée sans Magistrat; c'est-à-dire, l'an 369. de sa fondation; de sorte qu'il pouvoit avoir quatre cens cinquante ans. Il y en avoit un autre beaucoup plus vieux, qu'on appelloit *Lotus Capillata*, à cause qu'anciennement on y attachoit les cheveux des Vierges qu'on faisoit Vestales. Le même Pline dit que le fruit de ces arbres tient à une longue queue comme les Cerises; qu'il est vert au commencement, puis blanc jaunâtre, & se charge ensuite d'une couleur rouge, & qu'enfin étant mûr, il devient noir, & est d'assés bon goût à manger.

ALISMA. f. m. Plante qui a ses feuilles semblables au Plantain, excepté qu'elles sont plus étroites, & recourbées contre terre. Sa tige est simple, menue, & de la hauteur d'une coudée, ayant ses Chapiteaux en façon des Thyrses des Anciens. Ses racines sont menues comme celles de l'Ellebore noir, acres, odorantes, & quelque peu grasses. L'Alisma se plaît aux lieux aquatiques. Sa racine prise en breuvage guerit les dyssenteries, resserre le ventre, provoque le flux menstrual, & étant enduite, elle appaise toutes tumeurs & enflûres. Galien assure avoir éprouvé que l'écume de sa décoction prise en breuvage rompt & diminue la gravelle, ainsi que les pierres qui sont aux reins. Pline dit qu'il y a une autre espece d'Alisma qui croît parmi les Forêts. Il est plus noir, & a ses feuilles plus grandes.

ALK

ALKALI. f. m. Sel vuide & poreux, tiré de la décoction d'une plante que les Arabes appellent *Kali*. Voyez KALI. Ils ont ajoûté à son nom leur article *Al*. Comme ce Sel par la figure que nous lui avons attribuée est propre à recevoir ceux qui ont des figures longues & pointues que l'on appelle *Acides*, (Voyez ACIDE) & qu'en les recevant il embarrasse necessairement leurs pointes, & émousse leur action, ce qui s'appelle les *absorber* & les *mortifier*, on a fait de ce mot d'*Alkali*, qui ne signifioit que le Sel d'une certaine plante, un mot generique qui signifie tous les sels que l'on conçoit comme poreux & spongieux, & qui sont propres à absorber des *Acides* de quelque espece qu'ils soient, car le mot d'*Acide* est devenu aussi très-general. *Acide* & *Alkali* sont deux termes qui se répondent toûjours, chaque espece d'acide a ses alkali sur lesquels il agit, & chaque espece d'alkali a ses acides qu'il reçoit, & dont il s'empreigne. De l'action des acides sur les alkali resulte la *fermentation*. Voyez FERMENTATION.

ALKALISER. v. a. Tirer le sel de tous les végétaux & mineraux après qu'ils ont été calcinés par le moyen de la lessive. Ce qui se fait en versant de l'eau plusieurs fois dessus, en sorte qu'elle s'empreigne de leur sel.

ALKEKENGI. s. m. Sorte de Solanum, que les Arabes & après eux les Apothicaires appellent ainsi, dont les feuilles ressemblent à celles de la Morelle, excepté qu'elles sont plus larges, plus fermes, moins noirâtres & un peu âpres. Ses tiges sont souples & se recourbent lorsqu'elles sont grandes. Il en sort des fleurs blanches comme du Solanum des Jardins. Ces fleurs laissent quelques vessies, grosses comme une noix, & quelquefois plus, larges au pié, pointues à la cime, & comparties par huit côtes distantes également, lesquelles sont vertes d'abord, & à leur maturité deviennent roussâtres, contenant au-dedans & au bas de la vessie, des perles rousses & vineuses, lissées, polies, & de la grosseur d'un grain de raisin. Leur goût est amer, & ces perles sont toutes remplies d'une petite graine blanche, & fort singuliere à la difficulté d'urine & pour en appaiser l'inflammation. On les foule aussi parmi les raisins mûrs, & après les avoir laissé bouillir quelques jours, on en tire du vin, qui étant pris au poids de quatre onces, purge les reins, & fait sortir la gravelle. Les Latins appellent cette sorte de Solanum *Vesicaria*, & les Grecs ἀλικάκαβον.

ALKERMES. s. m. Terme de Medecine dont on se sert en parlant d'une confection qui est plus chaude que la Theriaque. Elle est faite du fruit ou de la graine d'un Arbrisseau que l'on appelle *Kermes*. On y mêle des feuilles d'or, ce qui la rend rouge & brillante.

ALKOOL. s. m. Mot Arabe, connu dans la Pharmacie, pour signifier un Esprit de vin bien rectifié, & séparé de son phlegme.

ALKOOLISER. v. a. Réduire les matieres solides en une poudre très-subtile & impalpable, & purifier les esprits & les essences des impuretés & du phlegme qu'ils pourroient avoir.

A L L

ALLANTOIDE. adj. On appelle en termes de Medecine, *Membrane allantoïde*, certaine Membrane qui enveloppe une partie du fœtus, comme une ceinture depuis le cartilage xiphoïde jusqu'au dessous des flancs seulement. Cette membrane ne se trouve point au fœtus humain, & il y en a qui assûrent qu'elle n'est que dans les animaux qui ruminent. On l'appelle *Allantoïde*, à cause de la ressemblance qu'elle a avec une andouille, du Grec ἀλλᾶς, Andouille, & de εἶδος, Forme, figure.

ALLASCHIR, S'ALLASCHIR. v. n. p. Vieux mot. Perdre cœur, devenir lâche.

ALLEGE. s. f. Bateau vuide qu'on attache à la queue d'un autre plus grand, afin d'y mettre une partie de sa charge, s'il arrivoit que son trop grand poids le mît en quelque danger. *Les grands bateaux qui sont bien chargés, ont toûjours une Allege à leur suite, pour les soulager, s'il en est besoin.*

Allege est aussi un terme de Maçonnerie, & se dit dans les croisées de ce qui est entre les piedroits, jusqu'à l'appui, & dont l'épaisseur n'est pas si grande que le reste du mur.

ALLEGER. v. a. Terme de Marine. Il se dit d'un cable le long duquel on attache plusieurs morceaux de bois qui le font flotter, & qui empêchent qu'il ne touche sur des roches, s'il y en a au fond de l'eau.

On dit aussi, *Alleger les Cargue-fonds*, ou *les Cargueboulines*; ce qui se fait par ceux qui sont sur les vergues, en allegeant, ou mettant ces sortes de manœuvres en l'état où elles doivent être lorsque l'on s'en veut servir.

ALLEGERIR. v. a. On dit en termes de Manége, *Allegerir un cheval*, pour dire, Faire qu'il devienne plus libre & plus leger du devant que du derriere. Quelques-uns disent aussi, *Allegir*.

ALLELUYA. s. m. Sorte de Trefle que les Grecs appellent ὀξυτρίφυλλον. Il a un goût sûr & brusc, & ses feuilles sont pâles, menues & faites en cœur. Il vient aux lieux ombrageux, jettant d'une seule racine plusieurs petites tiges rondes & minces. Au bout de chacune de ces tiges, il y a trois feuilles, qui sont molles, d'une figure semblable à celle du cœur, recourbées vers leur queue, à la maniere des champignons, & aigres au goût. Ses fleurs sont blanchâtres, & ont cinq pointes disposées en forme d'étoile. Chaque fleur a sa queue à part. Sa racine est roussâtre & écaillée. Toute la plante est refrigerative comme l'oseille; & si l'on en mange, elle éteint la soif & appaise les ardeurs de l'estomac. L'eau qu'on en distille, prise en breuvage, est singuliere aux fiévres aigues, à quoi son jus pris en sucre est encore plus efficace. Il est bon tout seul, si on l'enduit sur les érésipeles & autres inflammations. On tient qu'on a nommé cette plante *Alleluya*, à cause qu'elle fleurit vers le tems de Pâques, qui est celui où l'on chante *Alleluia*. Ce mot, selon l'Hebreu, veut dire, *Louez le Seigneur*.

ALLEMANDE. s. f. Piece de Musique qu'on joue à quatre tems lents, sur le lut, sur le clavessin & sur de semblables instrumens. Elle commence toûjours par une crochue hors de mesure.

ALLER. v. n. *Se mouvoir d'un lieu à un autre, marcher*. ACAD. FR. On dit en termes de Marine, *Aller au plus près du vent*, pour dire, Cingler à six quarts de vent près de l'aire d'où il vient. C'est la même chose qu'*Aller au lof*, *aller à la bouline*, ce qui veut dire, Chercher l'avantage du vent. On dit aussi, *Aller à grasse bouline*, pour dire, Courir sans que la bouline du vent soit entierement halée; *Aller proche du Vent*, pour dire, Se servir d'un vent qui semble contraire à la route, & le prendre de biais, en mettant les voltes de côté par le moyen des boulines; *Aller de bout au vent*, pour dire, A vent contraire; & *Aller vent largue*, pour dire, Ayant le vent par le travers & cinglant où l'on a dessein d'aller, sans que les boulines soient halées. On dit encore *Aller entre deux écoutes*, pour dire, Aller vent en pouppe; *Aller à trait & à rame*, pour dire, Avec les voiles & les rames. *Aller à mât & à cordes*, pour dire, Aller ayant toutes les voiles & les vergues baissées à cause de la fureur du vent, & *Aller terre à terre*, pour dire, Naviger en côtoyant le rivage.

Aller, est aussi un terme de Venerie, & entre dans cette phrase, *Aller sur soi*, pour dire, Revenir sur ses erres, sur ses pas.

Ce verbe est quelquefois substantif masculin. *L'Aller pour le venir*. Termes en grand usage parmi les Meuniers. C'est quand on paye la marchandise & qu'on en reprend d'autre à credit, & qu'en la payant on en reprend encore.

ALLEURE. s. f. Terme de Manége. On dit qu'*Un cheval a de belles alleures*, pour dire, qu'il a la marche belle. On dit aussi qu'*Un cheval a l'alleure froide*, pour dire, qu'il ne plie pas assés le genouil, & qu'il rase le tapis, faute de lever assés les jambes.

ALLIAIRE. s. f. Herbe qui croît auprès des hayes & le long des champs, & dont les feuilles, quand elles commencent à venir, sont rondes comme celles de la violette de Mars. Venant à croître, elles ont une maniere de dentelure tout à l'entour; ce qui les fait ressembler un peu à celles de Melisse, quoiqu'elles soient plus lissées & plus larges du côté de la tige. Quand on les frotte entre deux doigts, ou qu'on les met à la bouche, elles ont l'odeur & le goût des aulx; ce qui a fait donner le nom d'Alliaire à cette plante, du Latin *Allium*, ail. Elle a sa tige ronde & haute de deux coudées, & ses fleurs blanches. Sa graine est petite & noire, & renfermée dans de petites gousses semblables à celles d'Erysimon. Sa racine est longuette, & a la même odeur que ses feuilles. Sa graine réduite & appliquée par dessous en façon de cataplasme, est propre à faire revenir les femmes qui sont travaillées des maux de mere.

ALLIANCE. s. f. On appelle ainsi chés les Orfévres une sorte de bague où il y a un fil d'or & un fil d'argent.

ALLOCATION. s. f. Terme qui n'a d'usage qu'en parlant de compte. *Poursuivre, obtenir l'allocation de certains articles dans un compte*, c'est-à-dire, Demander, faire qu'ils soient alloués & passés en compte.

ALLONGE. s. f. Terme de Marine. Piece de bois ou membre d'un Vaisseau, dont on se sert pour en allonger un autre. Il y a une premiere & seconde allonge, l'une qui s'empatte avec la varangue & avec le genouil de fond, & l'autre qui est placée sur cette premiere, & que l'on empatte avec le bout du haut du genouil de fond.

On appelle, *Allonge de revers*, L'allonge qui acheve la hauteur du côté du Vaisseau.

On appelle *Allonges d'escubiers*, des pieces de bois plattes, dans lesquelles on fait les trous où les cables du Vaisseau doivent passer.

Allonge de Porque, est une piece de bois qui allonge une autre grosse piece de bois, qu'on appelle *Porque*, & qui a la même rondeur que celles qui servent de membres au Vaisseau.

On dit aussi *Allonges de treport*. Ce sont deux allonges qu'on met au-dessus des estains. L'*Allonge de pouppe* est la derniere piece de bois au plus haut. Celle-là étant assemblée avec le bout superieur de l'étan bord, forme le haut de la pouppe.

Allonge se dit encore d'un nerf de bœuf tortillé, garni au bout d'un crochet de fer, où les Bouchers attachent la viande.

ALLONGER. v. a. Terme de Marine. On dit, *Allonger un cable*, pour dire, l'Etendre sur le pont jusqu'à un certain endroit, ou pour le bitter, ou pour mouiller l'ancre.

On dit aussi *Allonger une manœuvre*, pour dire, l'Etendre en quelque endroit, afin qu'on s'en serve, s'il en est besoin.

On dit encore, *Allonger la terre*, pour dire, Aller le long de la terre.

ALLONGE', E'E. adj. On dit d'un chien de chasse, qu'*Il est allongé*, Lorsqu'il a les doigts du pié étendus par quelque blessure qui a été aux nerfs.

On dit aussi, qu'*Un oiseau est allongé*, pour dire, que Ses pennes sont entieres, & aussi longues qu'elles doivent être.

ALLOUE'. s. m. En Bretagne c'est le Lieutenant d'un Siege Royal.

Alloué. Terme en usage chés les Artisans. Il se dit d'un Compagnon, qui après que le tems de son apprentissage est expiré, s'engage pour un certain tems à servir le Maîtres.

ALLUCHON. s. m. Espece de dent ou de pointe qui entre dans les fuseaux ou dans la lanterne des moulins, & autres machines qu'on fait mouvoir par des roues.

ALLUME', E'E. adj. Terme de Blason. Il se dit des yeux d'un animal, quand ils sont d'un autre émail que son corps. On le dit aussi d'un bucher ardent & d'un flambeau dont la flamme n'est point de même couleur. *D'azur à trois flambeaux d'or, allumés de gueules.*

ALM

ALMADIE. s. f. Petite barque, dont les Sauvages de la côte d'Afrique se servent. Elle est longue de quatre brasses, faite ordinairement d'écorce de bois. On appelle aussi *Almadie*, un Vaisseau des Indes, qui a de longueur quatre-vingts piés, & six ou sept de largeur. Le derriere de ce Vaisseau est quarré.

ALMANDINE. s. f. Espece de rubis qui est plus tendre & plus leger que le rubis d'Orient, & dont la couleur tire plus sur celle du Grenat que sur la couleur du vrai rubis.

ALMUCANTARA. s. m. Terme d'Astronomie. Cercles paralleles à l'horison, qu'on s'imagine passer par tous les degrés du Meridien, & aller toûjours en diminuant de part & d'autre de l'horison jusqu'aux deux Poles de ce grand cercle, qui sont aussi les leurs, c'est-à-dire, au *Zenith* & au *Nadir*. Ces cercles sont appellés *cercles de hauteur*, parce qu'ils marquent la hauteur des astres sur l'horison. Un astre qui est dans le dixiéme, dans le vingtiéme Almucantara, à dix, vingt degrés d'élevation. Ce mot *Almucantara* est Arabe. Il y en a qui disent *Almicantaraths*.

ALO

ALOE', E'E. adj. Vieux mot. Loué.

Et desloënt les aloés.

Pour dire, Ils ôtent la louange à ceux qui sont estimés. On a dit aussi *Aloser* & *Alouser*, pour dire Louer.

ALOES. s. m. Plante dont, selon Dioscoride, les feuilles sont semblables à la Squille. Elles sont courtes, épaisses, grasses, un peu larges, rondes, s'ouvrant en arriere, dentelées deçà & delà par intervalles & de biais, en forme de pointes & de petites épines courtes. Sa tige est presque semblable à celle de l'asphrodille. Sa fleur est blanche, & a la graine comme celle d'Asphodelus. Toute cette plante est puante & fort amere. Elle est attachée à une seule racine, comme à un pal. L'Aloës croît en grande abondance aux Indes, où il est fort gras. Aussi en apporte-t-on le jus épaissi. Pour être bon, il faut qu'il soit roux, gras, pur, luisant, fort amer, facile à se dissoudre, friable & de bonne odeur. Il y en a de trois sortes, le Succotrin, l'Hepatique & le Caballin. Ce dernier est fort impur, & ne peut servir que pour les chevaux. Plusieurs confondent les deux autres, & croient que l'Aloës Hepatique & le Succotrin ne different que de nom. Dioscoride dit qu'on trouve deux sucs d'Aloës, l'un sablonneux qui semble être la fondriere du pur Aloës, c'est-à-dire, le Caballin, & l'autre fait comme le foye, dont il a la couleur aussi-bien que la figure; ce qui l'a fait nommer *Hepatique*. On l'appelle aussi *Succotrin*, ou à cause de sa couleur qui tire sur le citrin, comme si on vouloit dire *Suc citrin*, ou à cause que le plus excellent Aloës nous est apporté de l'Isle de Soccotra ou Succotra. Les proprietés de l'Aloës sont de purger doucement les humeurs, tant bilieuses, que pituiteuses de l'estomac, en le fortifiant, de tuer & chasser les vers, & de resister à la corruption, quand on en prend au-dedans. Etant appliqué, il condense, restraint, desseche & consolide les playes. Vossius fait venir le mot *Aloës* de l'Hebreu *Ahalot*, que les Grecs ont traduit ἀλόη. D'autres le font venir de ἅλς, La mer, à cause qu'il croît aussi beaucoup d'Aloës aux côtes de la mer d'Asie & d'Arabie.

ALOGIENS. s. m. p. Heretiques, qui nioient que Jesus-Christ fût le Verbe ou la Parole, & par consequent qu'il fût Dieu. Ils rejettoient l'Evangile de S. Jean & son Apocalypse, comme étant de Cerinthus; ce qui étoit ridicule, puisque Cerinthus nioit la divinité de Jesus-Christ, établie par saint Jean, qui écrit, que la Parole étoit Dieu. Le nom d'*Alogiens*, qui leur fut donné, vient de la particule privative α, & de λόγος, Verbe ou Parole.

ALOIGNE. s. f. Nom que l'on donne en termes de Marine à ce qu'on appelle autrement *Bouée*. C'est un morceau de bois ou de liege qu'on attache à quelque rocher, ou autre lieu, & qui en flottant sur l'eau marque l'endroit où l'on a laissé tomber l'ancre.

On disoit autrefois *Aloigne*, pour dire, Délai, retardement.

Donc le dirai-je sans aloigne.

On a dit aussi *Aloigner*, pour Allonger.

Ce fu el mois de May que le tems s'aloigna.

ALOPECIE. s. f. Sorte de maladie qui fait tomber les cheveux, & quelquefois les sourcils & la barbe; ce qui la fait appeller *Pelade*, en notre langue. Le nom d'*Alopecie* vient du mot Grec ἀλώπηξ, Renard; & les Medecins ont nommé ainsi cette maladie, à cause que cet animal est sujet dans sa vieillesse à une certaine galle qui lui fait tomber le poil.

ALOSE. s. f. Sorte de poisson de mer qui ressemble à la Sardine, mais qui est beaucoup plus gros. Elle a ordinairement un pié & demi de longueur ou vingt pouces. Les Aloses entrent au Printems & en Eté dans les rivieres d'eau douce, où elles s'engraissent. Celles de mer sont seches & sans aucun suc. En Latin *Alausa*, d'où a été fait *Alose*. Quelques-uns le font venir du Grec ἅλς, qui veut dire, Sel, à cause que l'Alose aime tant le sel, qu'elle suit plus de trois cens lieues en terre les bateaux qui en sont chargés.

ALOUETTE. s. m. Petit oiseau qui est gris & bon à manger, & dont le chant est fort agreable. Il couve trois fois l'année, en Mai, Juillet & Août, & éleve ses petits en quatorze ou quinze jours. Il vit environ dix ans. Il y a de deux sortes d'Alouettes, l'une huppée qui a sur sa tête une crête de plume comme le Paon, & qui se nourrit en terre. L'autre sorte vit en troupe, & est de même pennage. Cette derniere est peut-être l'oiseau appellé *Alouette de mer*. Cet oiseau ressemble à l'Alouette de terre, excepté qu'il est un peu plus gros, plus brun par dessus le corps, & plus blanc par dessous le ventre. Parmi les Alouettes, le mâle chante le mieux. C'est lui qui le premier annonce l'Eté. M. Ménage fait venir ce mot d'*Alaudetta*, diminutif d'*Alauda*, mot que prirent les Romains de l'ancien Gaulois, quand Jules César leva des Soldats en France, qu'on appella *Alouettes*, à cause de la figure de leurs casques, qui au rapport de Suetone, ressembloient à des Alouettes huppées. On disoit autrefois *Aloue*, pour Allouette.

Plutôt passons que le vol d'une Aloue.

ALOURDIR. v. a. Vieux mot. Etourdir, rendre la tête lourde à force de faire du bruit.

Qu'ils alourdent de vers, d'allegresse vous privent.

ALP

ALPHABET. Terme de Doreur sur cuir. Petits fers qui servent à écrire en lettres d'or sur le dos d'un livre, le titre de ce même livre.

ALPHANET. s. m. Oiseau de proye qui sert au vol de la Perdrix. Il est très-doux & fort agreable. On tient qu'il a eu ce nom parmi les Grecs, de la premiere lettre de leur Alphabet. Comme il vient de Tunis en Barbarie, les François l'appellent *Tunissien*.

ALPISTE. s. f. Sorte de graine, dont la figure est ovale. Elle est pâle & tire sur la couleur Isabelle.

ALT

ALTERES. s. f. p. Vieux mot. Inquietudes d'esprit, passions vehementes.

ALTERNE', ÉE. adj. On dit dans le Blason, que *Deux quartiers sont alternés*, quand leur situation est telle, qu'ils se répondent en alternative, comme dans l'écartelé, où le premier quartier & le quatriéme sont d'ordinaire de même nature.

ALTERNES. adj. m. p. Terme de Géometrie. On appelle *Angles alternes* les deux angles faits des deux côtés differens, & l'un au haut l'autre au bas d'une ligne droite comprise entre deux paralleles. Les angles alternes sont égaux.

ALTIMETRIE. s. f. On appelle ainsi la partie de la Géometrie pratique qui donne des regles pour la mesure des lignes, soit en profondeur, soit en hauteur. Ce mot est composé du Latin *Altus*, Haut, & du Grec μετρεῖν, Mesurer.

ALU

ALUCHER. v. a. Vieux mot. Allumer.

Luxure est un peché que gloutonnie alluche,
Et si le fait flamber plus sec que seche buche.

ALUDEL. s. m. Terme de Chimie, dont on se sert pour faire entendre plusieurs pots ou tuyaux de terre, qu'on met les uns sur les autres. On en a besoin pour les operations Chimiques qui se font avec le feu. Ces pots ou tuyaux sont faits de maniere qu'ils vont en étrecissant par le haut.

ALVEOLE. s. m. Trou dans les gencives, où les dents sont enfoncées. On donne ce même nom aux rayons ou gâteaux que les mouches à miel font dans les ruches.

Alveole se dit aussi des petits creux où les bouts des tuyaux du gland, des noisettes & de quelques fleurs sont comme attachés.

ALUN. s. m. Suc concret mineral. Il est moins astringent & plus piquant que le vitriol, & de couleur blanche. Il y a un Alun naturel, & un Alun qui se fait par artifice. Le naturel est celui qu'on laisse tel qu'il se trouve dans les mines, & on en voit de trois sortes, le rond, le liquide & le frêle. Ce dernier est nommé autrement le *Scissile*, ou *de Grenaille*, & quelques-uns l'appellent encore, *Alun de plume*. L'artificiel est l'*Alun de roche*, & l'*Alun succrin* ou *saccharin*. Les curieux qui voudront sçavoir comment l'Alun de roche se fait, pourront consulter Matthiole sur Dioscoride, qui le décrit fort au long. On l'appelle *de roche*, à cause qu'on le tire d'une mine aussi dure que la pierre. C'est celui-là qu'on entend, lorsque l'on parle simplement d'Alun dans les boutiques. Le Succrin ou Saccharin a tiré son nom de la ressemblance qu'il a avec le sucre blanc. Il se fait de l'Alun de roche en mine, qu'on mêle avec des blancs d'œufs & de l'eau rose. Il y a un autre Alun qui se fait de l'herbe *Soda* ou *Kali*, & que l'on appelle *Catinum*, mais il doit plûtôt passer pour un sel, que pour une espece d'Alun. Outre l'Alun de lie de vin dessechée & brûlée, & l'Alun écaillé qui se fait de la pierre speculaire écaillée, il y a l'*Alun de plume*, qui est acre, mordicant & incombustible. Plusieurs le prennent pour la pierre *Amiantus*, qui ne se consume jamais au feu, & qui a, comme le bois, plusieurs veines qui vont les unes sur les autres. L'alun est bon pour consumer les excroissances de chair, & les autres superfluités des ulceres & des playes. Il sert aussi aux Teinturiers, en disposant les étofes à recevoir la couleur, & à leur donner la vivacité; d'où vient qu'on fait venir *Alun* de *Lumen*, Lumiere, à cause que c'est l'Alun qui donne l'éclat aux couleurs.

ALUNER. v. a. Faire tremper dans l'alun ou dans un bain d'Alun. On ne sçauroit guere teindre d'étofes sans les aluner.

ALUYNE. s. f. Dioscoride établit trois especes d'Aluyne, l'Aluyne commune, la petite Aluyne, qu'il appelle *Seriphium*, & la Santolique, dont les montagnes de Savoye & du Dauphiné sont pleines. L'Aluyne commune a sa tige fort branchue, ses feuilles blanches & découpées, comme l'Artemisia, ses fleurs dorées & petites, une graine ronde & entassée en maniere de grappe de raisin, & sa racine fort éparpillée. Cette racine est pourtant forte comme du bois. L'Aluyne & l'Absinthe sont la même chose. Voyez ABSINTHE.

ALY

ALYPUM. s. m. Herbe rougeâtre fort abondante en menus jettons, lesquels sont garnis de menues feuilles. Elle a plusieurs fleurs qui sont tendres & legeres. Sa racine, semblable à celle de la bete, est grêle, & pleine d'un jus mordant & picquant. Sa graine sert à évacuer la mélancolie, si en la prenant on y joint autant de celle d'Epithymum, à laquelle elle ressemble, & un peu de sel & de vinaigre; mais elle écorche & blesse quelque peu les intestins. C'est de cette qualité qu'elle a pris le nom de ἄλυπον, comme qui diroit, Sans chagrin, sans fâcherie, de la particule privative α, & de λύπη Fâcherie, douleur. Selon Actuarius l'Alypum n'est autre chose que le Turbit blanc des Apothicaires, qui s'apporte du Levant. Dioscoride dit qu'il croît en grande abondance le long de la mer Lybique & ailleurs.

ALYSSUM. s. m. Petite herbe qui produit une seule tige un peu âpre, ayant ses feuilles rondes & son fruit fait en maniere d'un double écusson, au-dedans duquel est une graine un peu large. Il croît aux montagnes & dans les lieux âpres. Galien dit que cette herbe a été appellée ἄλυσσον, parce qu'elle est singuliere à ceux qui sont mordus des chiens enragés. Suivant quoi ce mot doit avoir été fait de λύσσα, qui signifie Rage. M. Callard de la Duquerie le fait venir de ἀλύειν, qu'il explique par, Avoir l'esprit troublé, ou être saisi de rage.

AMA

AMACOZTIC. s. m. Grand arbre de la Nouvelle Espagne, dont les feuilles, semblables au lierre, sont larges, épaisses, purpurées, & presque faites en cœur. Le fruit qu'il porte ressemble à une petite figue. Il est de couleur pourprée, & plein de semences petites & rouges. Il y en a qui nomment cet arbre *Texcalamalt*, & d'autres *Tepeamalt*.

AMADES. s. m. On appelle ainsi dans le Blason trois listes plates paralleles, dont chacune est large comme le tiers de la fasce. Elles traversent l'écu dans la même situation, sans toucher aux bords d'un côté ni d'autre.

AMADOTE. s. f. Sorte de poire plus ronde que longue, seche à manger, & sans aucun musc. Sa couleur est jaune. L'Arbre qui porte ce fruit est aussi appellé *Amadote*. Monsieur Ménage rapporte avoir sçû d'un Président de la Chambre des Comptes de Dijon, qu'une femme appellée Dame Oudet, ayant eu la premiere de ces poires, les Bourguignons les appellerent *Damoudot*, d'où a été fait *Amadote*.

AMAIGRIR. v. a. On dit en termes de Charpenterie, *Amaigrir l'arrête d'une piece de bois*, pour dire, La rendre aigue. On dit dans le même sens, *Amaigrir une pierre*.

En parlant d'une figure de terre nouvellement faite qui vient à secher, on dit parmi les Sculpteurs qu'*Elle s'amaigrit*. Cela veut dire que les parties se resserrent en sechant, & deviennent moins nourries.

AMALGATION. s. f. Correction du métal incorporé avec le Mercure. C'est une operation chimique qui sert à réduire les métaux parfaits en de très-menues parties. Lorsque les métaux sont incorporés ensemble, on fait exhaler à petit feu le Mercure, qui les laissant réduits en poudre au fond du creuset, les rend plus propres à être dissous en liqueur par les menstrues. C'est par ce moyen que les Orfévres & les Doreurs font que l'or devient fluide, & qu'il peut s'étendre sur les ouvrages qu'ils veulent dorer. On dit aussi *Amalgame*. Quelques-uns font venir ce mot de *Gama* mot Arabe, qui signifie Pâte.

AMALGAMER. v. a. Calciner quelque métal, par le moyen du vif-argent ou du mercure vulgaire, à l'exception du fer & du cuivre, qui étant trop impurs & trop terrestres, n'ont point assés de rapport avec le vif-argent, dont la substance est pure & subtile.

AMANDE. s. f. Semence de tous les arbres à noyau, enfermée dans une écorce fort dure. C'est aussi un fruit particulier enfermé dans un gros noyau, & ce noyau est sous une pélûre qui s'entre-ouvre, & se détache du fruit vers le mois d'Août. Il y a de deux sortes d'Amande : les douces, qui sont temperées en chaleur & ont la vertu d'attenuer & de soulager les incommodités qui surviennent aux reins & aux poumons; & les ameres, dont la qualité est de mondifier les parties internes, & d'évacuer les humeurs contenues aux poumons & dans la poitrine. Elles purgent aussi le foye des grosses & visqueuses humeurs qui oppilent les extrêmités de ses veines. On tire de l'huile des unes & des autres. Celle qui se tire des Amandes douces sans feu, est fort estimée, & on la peut prendre par la bouche. Après avoir choisi les Amandes, parmi lesquelles il faut prendre garde qu'il n'y en ait ni de rancies ni de vieilles, on les dépouille de leur peau avec de l'eau tiede, & on les seche dans un linge; après quoi on les réduit en pâte en les pilant dans un mortier avec un pilon de bois. On met cette pâte dans quelque sachet d'étamine claire, & on exprime l'huile tout doucement à la presse. Il y a d'autres manieres de peler les Amandes qu'avec l'eau tiede, soit en les faisant tremper six heures dans l'eau froide, afin d'en pouvoir ôter aisément la peau avec la main, & les mettant ensuite secher trois ou quatre heures entre deux linges, soit en les tenant avec du son dans une poësle sur un petit feu, & les remuant avec la main jusqu'à ce que l'écorce se soit mise en pieces par la chaleur, après quoi on les crible pour en séparer le son, ce qui étant fait, on ôte toute leur écorce, en les frottant rudement dans un sac de toile neuve. Selon Mesué, on tire l'huile d'Amandes douces avec le feu de deux manieres, l'une en tenant dans un lieu chaud les Amandes pelées, & cela, cinq heures ou environ; l'autre en les faisant cuire une heure au bain-marie ou sur de la cendre chaude. On tire l'huile des Amandes ameres en les pilant dans un mortier de marbre avec un pilon de bois. Il faut les avoir bien mondées auparavant, & n'en prendre que de seches. Lorsqu'on les a réduites en pâte à force de les piler, on les chauffe au bain-marie, ce qui se fait en les mettant dans un vase de verre, mis dans un autre vase plein d'eau bouillante sur le feu, & ensuite, on se sert d'un sac d'étamine ou de toile, pour en tirer l'huile chaudement à la presse. Celle d'Amandes douces adoucit l'âpreté du gosier, des reins, du poumon & des parties externes, & celle d'Amandes ameres est bonne pour les obstructions du foye & des autres visceres, & pour amollir toutes duretés particulieres, & sur-tout celles des nerfs.

AMANDE est aussi un petit morceau de cristal taillé en figure d'Amande, dont sont composés la plûpart des lustres.

AMANDÉ. s. m. Composition qui se fait avec deux onces d'Amandes sans écorce. Après qu'on les a pilées, on les dissout dans huit ou dix onces de décoction d'orge mondé, ou dans l'eau de veau ou de poulet que l'on passe dans un linge. On y mêle un peu de sucre avec de l'eau rose. Les Dames s'en servent pour entretenir leur embonpoint.

AMANDIER. s. m. Arbre assés grand, dont l'écorce est raboteuse, & le tronc gros, court & droit. Il approche fort du Pêcher, & lui ressemble surtout par les feuilles. Il n'a fort souvent qu'une racine qui ne s'étend point par d'autres, & qui est seulement profonde en terre. L'Amande qui est son fruit, est faite en forme de cœur. Elle est couverte d'une double écorce, dont la derniere est un noyau âpre & dur.

AMARANTE. s. f. Fleur d'un rouge très-vif, & qui vient en forme d'épi. Elle garde toûjours sa couleur, même quand elle est fort seche, & si on la met à l'eau, elle reverdit. Sa tige est grosse & roussâtre, & ses feuilles sont plus grandes que celles du Basilic. On appelle aussi cette Fleur *Passe-velours* ou *Fleur d'amour*, & elle a été nommée *Amarante* de la particule privative α, & de μαραίνειν, Flêtrir, d'où a été fait ἀμαράντος, Qui ne flêtrit point.

Le nom d'*Amarante* est encore donné à une plante qu'on appelle *Amarante tricolor*. C'est une plante qui ne fleurit point, mais ses feuilles sont fort belles, & c'est en cela que consiste sa beauté.

AMARANTINE. s. f. Sorte d'Anemones à grandes feuilles. Leur couleur est d'un rouge blafard, & la pluche d'un Amarante brun.

AMARQUE. s. f. Marque d'un tonneau flotant ou d'un mât qu'on éleve sur un banc, afin que les Vaisseaux qui font route s'éloignent du parage où ils la voient. C'est ce qu'on appelle autrement *Balise* & *Bouée*.

AMARRAGE. s. f. Ancrage ou mouillage des Vaisseaux. Il signifie aussi l'endroit où une corde mise en double est liée par une petite, ce qui s'étend à deux grosses cordes séparées, qu'une plus petite lie l'une avec l'autre.

AMARRE. s. f. Terme de Marine. Grosse ou menue corde qui sert à tenir ou à lier quelque chose. On dit d'un Vaisseau qu'*Il a ses trois Amarres dehors*, pour dire, qu'il a mouillé ses trois ancres. On dit aussi, *Larguer une Amarre*, pour dire, Détacher une corde.

Amarre est aussi un terme de Charpenterie, & se dit de deux morceaux de bois appliqués quarrément, contre une plus grande piece. Ils sont taillés en bossage par dessus, c'est-à-dire, que leurs extrêmités sont moins relevées, & dans le milieu ils ont une ouverture, où l'on fait passer le bout d'un treuil ou moulinet. Ces Amarres sont appellées à Paris, *Jovieres*, par les Charpentiers.

AMARRER. v. a. Terme de Marine. Attacher, lier quelque chose avec des cordages. On dit, *Amarre Tribord*, ou *Amarre bas bord*, Lorsqu'on veut donner ordre d'attacher quelque Manœuvre à droite ou à gauche.

AMASEMENTS. s. m. p. Terme de quelques Coûtumes, Edifices, Bâtimens, Maison.

AMASSETTE. s. f. Morceau de cuir, de corne, de bois, avec lequel on amasse les couleurs quand on les broye.

AMATELOTER. v. a. Terme de mer, qui signifie, Associer les Matelots deux à deux, afin que chacun serve à son tour, & qu'ils se puissent soulager l'un l'autre.

AMATIR. v. a. Oter le poli à l'or ou à l'argent, rendre de l'or ou de l'argent mat. On dit presque toûjours *Blanchir* pour l'argent.

AMAUROSE. s. f. Maladie des yeux. Elle consiste en ce que l'œil est entierement privé de sa fonction, quoiqu'il n'y paroisse aucun mal, & que la prunelle demeure entiere, sans être chargée en façon quelconque. Ce mot est Grec ἀμαύρωσις, Hebetation, obscurcissement.

AMB

AMBAITINGA. s. m. Arbre sauvage du Bresil qui se trouve dans les Forêts de Pins, & qu'on ne sçauroit dire ni Pin ni Cyprès. Il est droit comme le dernier, & haut comme l'autre. Au haut de cet Arbre croissent certaines vessies, qui étant rompues laissent couler goute à goute une liqueur admirable, que les Indiens recueillent avec grand soin dans des coquilles, & qui a toutes les vertus du baume. Ils appellent cette liqueur *Abicqua*, & font plusieurs pendant quelques jours à n'en rassembler que fort peu. Elle consolide très-bien les playes & appaise les douleurs engendrées d'une matiere froide & venteuse.

AMBAYBA. s. m. Arbre des Indes Occidentales semblable au Figuier, mais qui ne croît pas si haut. Il vient presque toûjours parmi les haliers & dans les champs qui ont été cultivés, & jamais dans les forêts. La superficie interieure de cet Arbre étant raclée & mise sur les playes fraîches, avec l'écorce liée par dessus, les guerit fort promptement. Ses feuilles sont si rudes que l'on s'en sert à polir le bois.

AMBLE. s. m. Train d'un cheval ou alleure, dont le mouvement se fait par les deux jambes d'un même côté, qui s'étant levées & posées en un même tems, sont suivies des deux jambes de l'autre côté, ce qui continue alternativement. Monsieur Guillet, qui définit ainsi l'Amble, ajoûte que c'est la premiere alleure des petits Poulains, & qu'ils la quittent dès qu'ils ont assés de force pour pouvoir trotter. Il dit encore que les Ecuyers qui ne veulent que le pas, le trot & le galop dans les manéges, en bannissent l'Amble parce qu'on peut mettre un Cheval du trot au galop sans l'arrêter, au lieu qu'il faut necessairement qu'on l'arrête quand on le veut mettre de l'Amble au galop, ce qu'on ne peut faire sans perdre un tems, & sans interrompre la justesse du manége. Monsieur Ménage dérive le mot d'Amble du Latin *Ambulare*, Marcher. Aucuns, dit Nicod, le veulent tirer du verbe Grec ἀμβλύνειν, parce que les Ambliers ou Maîtres d'Amble, avec des cordes attachées en contre-croix aux piés du cheval, lui rompent & retardent ses alleures naturelles, mais ils se trompent en disant cela.

On dit qu'*Un Cheval est franc d'Amble*, Lorsqu'étant mené en main avec le licou, il va bien l'Amble.

AMBLYGONE. s.m. On appelle ainsi en Geometrie un Angle obtus, ou qui a plus de quatre-vingt-dix degrés. On dit aussi *Triangle Amblygone*, pour dire, Qui a un angle plus grand que le droit. Ce mot vient du Grec ἀμβλὺς Obtus & de γωνία, Angle.

AMBLYOPIE. s. f. Hebetation, ou éblouissement continuel de la vûe, sans qu'il paroisse qu'il y ait rien d'offensé dans l'œil. Ce mot est Grec ἀμβλυωπία, & est formé de ἀμβλὺς Obtus, & de ὄπτομαι, Je vois.

AMBOUTIR. v. a. On dit, *Amboutir une piece de métal*, pour dire, La rendre convexe d'un côté, & concave de l'autre. Ainsi *Plaque d'or ou d'argent Amboutie*, veut dire Une plaque, qui est relevée d'un côté, & concave de l'autre. L'outil s'appelle *Boute-rolle*.

Amboutir, signifie aussi mettre du coton, de la laine ou de la soye entre deux toiles piquées.

AMBOUTISSOIR. s. m. Morceau de fer creux & quarré, dont les Serruriers se servent pour former la tête des gros cloux qui sont faits en champignon.

AMBRE. s. m. Espece de bitume, dont il y a de deux sortes, l'un appellé *Ambre jaune*, & l'autre *Ambre* simplement, ou *Ambre gris*. L'ambre jaune, qui est appellé par les Latins *succinum*, par les Grecs, ἤλεκτρον, & par les Arabes *Karabé*, est au sentiment de Pline, un suc d'Arbre, comme de Pin, Bedre, ou Peuplier; mais ceux qui en jugent le mieux, tiennent que c'est un veritable mineral, ou bitume formé comme les autres d'une exhalaison aërienne, grasse, pure, & qui lui donne la couleur qu'il a. Ils disent que comme cette sorte de bitume surnage aux eaux de la mer & de quelques rivieres, où celles qui s'y rendent de divers lieux soûterrains la charient, la matiere dont elle est formée, & que la chaleur qui la digere & la cuit a rendue lente & gluante, venant à être condensée par le froid, enferme avec soi des mouches, des fourmis, & autres corps étrangers. Il y a du Succin de deux couleurs, l'un blanc qui est odorant & leger, & qu'on estime le plus, comme étant d'une matiere plus pure. L'autre est jaune, & plusieurs l'appellent *Succinum falernum*, à cause qu'il tire sur la couleur de cette sorte de vin. On l'estime lorsqu'il est transparent, d'une couleur extrêmement claire, qu'il a une odeur de Romarin, & qu'il attire la paille. Les Chimistes ne se servent que du blanc pour faire l'huile d'Ambre, & ils le regardent comme engendré du plus pur bitume de la mer. Il se trouve particulierement au bord de la mer Baltique & des autres mers Septentrionales. Il a deux facultés differentes; l'une astringente qui est dans son huile, & l'autre aperitive, qui est dans son sel volatil, & dans sa partie spiritueuse. La Chimie trouve le moyen de séparer facilement ces deux substances l'une de l'autre. Ceux qui voudront sçavoir comment on prépare l'huile d'Ambre n'ont qu'à consulter Glaser. Elle est bonne aux maladies du cerveau, comme au vertige, à l'epilepsie idiopathique, à la paralysie, aux suffocations de matrice, & à la suppression d'urine. Le même Glaser apprend comment il s'en faut servir dans ces divers maux.

L'*Ambre gris*, selon Avicenne, est un bitume qui découle de quelques fontaines dans la mer, où surnageant, & se condensant peu à peu, il est poussé au bord par le vent. C'est-là qu'il se mêle à de petites coquilles & à quelques autres corps étrangers semblables. La digestion parfaite de sa matiere & du mélange exact des quatre qualités, se connoît par son agréable odeur. Il se trouve fort abondamment en Orient, où la chaleur du soleil étant plus vaporeuse, digere plus parfaitement la matiere élementaire des choses qui y sont produites. On fait trois differences principales de l'Ambre gris. La premiere sorte qui est rousse & grasse, vient de l'Isle de Ceylan, & celle-là est la meilleure de toutes. La seconde nous est apportée de Sechra, qui est un lieu maritime de l'Arabie Heureuse. Sa couleur est blanchâtre, marquetée de noir. La troisiéme, qui est la pire de toutes, est appellée *Ambre renardé*. Sa couleur est noire. Elle se trouve dans le ventre des poissons qui la revomissent après qu'ils l'ont engloutie. Le bon Ambre gris, doit être cendré ou tirant sur le blanc, leger, & sans nulle ordure. Si on le pique avec une aiguille il rend une liqueur oleagineuse, d'une odeur très-agreable. Il se trouve en quantité sur le rivage des Isles Maldives, & ses bonnes qualités le font entrer en plusieurs compositions considerables, telles que celles de la Confection d'Alchermés & d'Hyacinte. Comme la qualité qu'il tient du bitume l'empêche de se mêler aisément avec les liqueurs aqueuses, on en vient à bout en le réduisant en essence, qui est un confortatif excellent. Voyez Glaser sur la maniere dont cette essence se fait. Selon M. Ménage, *Ambre* vient de l'Italien *Ambra*, derivé de l'Arabe *Ambar*.

AMBRETTE. s. f. Plante fibreuse, nommée autrement Fleur du Grand Seigneur. Elle fleurit en Juillet & en Août, & a eu le nom d'*Ambrette*, parce qu'elle sert à parfumer.

AMBROISIENS. s. m. p. Heretiques nommés ainsi d'un certain Ambroise, qui méprisant les Livres sacrés de l'Ecriture, prétendoit avoir des Revelations divines qu'il debitoit à ses Sectateurs.

AMBROSIE. s. f. Herbe fort branchue, qui a l'odeur du Vin, & dont les feuilles sont faites comme celles de la rue. Elle porte de petits boutons en forme de grappes de raisin qui ne fleurissent point. Sa racine est longue d'un pié & demi, & assés menue. Il y a de l'Ambrosie mâle & de l'Ambrosie femelle.

On appelle aussi *Ambrosie* certaine préparation de médicamens fort agreables au goût, & qui operent sans incommoder. Il y en a de diverses sortes, de confortatifs, d'aperitifs, de laxatifs, & autres. Plusieurs croyent que les Anciens ont donné le nom d'*Ambrosia* à cette plante, à cause qu'elle conserve long-tems les hommes en leur verdeur. Ils le font venir de la particule privative α, & de βροτὸς, Homme, mortel, d'où vient que les

Poëtes ont feint que l'Ambrosie étoit le manger des Dieux.

AME

AME. s. f. *Principe de la vie dans le corps organisé.* Acad. Fr. On appelle *Ame* dans les figures de stuc, la premiere forme qu'on donne en les ébauchant, avant qu'on les couvre de stuc pour les finir. On donne aussi le nom d'*Ame* aux figures de plâtre ou de terre qui servent à former celles qu'on jette en quelque métal.

Ame dans quelques Instrumens de Musique à cordes, est une petite pieces de bois droite qu'on met dans le corps de l'Instrument environ sous le chevalet, afin d'en fortifier le son.

Ame se dit aussi du creux du canon où l'on met la poudre, & par où l'on tire.

AMENCE. s. f. Vieux mot. Folie, du Latin *Amens*, Fou.

AMENER. v. a. Terme de Marine. Abaisser, mettre bas. On dit dans ce sens, *Amener les voiles*, *les huniers*, *amener le Pavillon*. On dit aussi *Amener un Vaisseau*, *une terre*, pour dire S'en approcher, se trouver vis-à-vis.

AMETHYSTE. s. f. Pierre precieuse qui paroît d'abord de couleur de vin, & ensuite violette. Les plus dures viennent des Regions Orientales, sçavoir des Indes, d'Arabie, d'Armenie, d'Ethiopie, &c. Il y en a aussi d'Occidentales qui sont plus molles, & qui tiennent moins de la couleur pourprée. Elles ne sont pas si estimées que les autres. Quelques-uns prétendent que cette pierre portée empêche qu'on ne s'enyvre, & que c'est de là qu'elle a pris son nom, de la particule privative α, & de μεθύειν, Etre yvre.

AMI

AMIANTE. s. m. M. de Meuve dans son Apparat Medico-Pharmaco-Chimique, dit que c'est une drogue qui n'est connue que de nom, & dont la vertu est entierement inconnue. Il ajoûte que les plus habiles n'ont encore pû décider, si c'est cette même pierre que les Latins appellent *Amiantus*, qui est blanchâtre tirant sur le verd, & que quelques-uns nomment *Alun scissile*, quoiqu'elle en soit bien differente, puisque cet Alun jetté dans le feu s'y consume, au lieu que la Pierre Amiante est incombustible. *Amiantus*, selon Thophraste, est un certain arbre; selon Silvaticus, ce n'est que du verre cuit, & si l'on en croit Manlius, c'est du plâtre brûlé. Il y en a d'autres qui tiennent que c'est le Talk ou la pierre speculaire, qui entre dans la composition de l'onguent citrin, aussi-bien que l'Alun de plume, dont on se sert ordinairement dans cet onguent au lieu de la pierre *Amiantus*. Ce mot est Grec ἀμίαντος, & veut dire, Pur, qui n'est point souillé, à cause que cette pierre n'est point gâtée dans le feu.

AMIDON. s. m. Pâte qu'on peut faire de plusieurs sortes de grains. Le meilleur Amidon est celui qu'on fait de froment. Quand on l'a mollifié en l'arrosant d'eau cinq ou six fois, on fait écouler cette eau peu à peu sans la presser, de peur que ce qui est comme la creme du blé ne sorte. Après cela on le pétrit avec les piés, & on le broye en mettant toûjours de l'eau dessus, puis avec un cribre on ôte le son qui nage sur l'eau. Ce qui reste au fond est l'Amidon, qu'on fait bien secher dans des paniers ou corbeilles, & on le met ensuite au soleil sur des toiles neuves. L'Amidon est astringent, pectoral & emplastique. Ses qualités sont d'être humide & froid. En Grec ἄμυλον, à cause qu'il se fait sans meule.

AMIRAL. s. m. Chef qui commande les forces Maritimes d'un Etat. L'Amiral de France pour marque de sa dignité, porte à ses armes deux Ancres d'or passées en sautoir derriere l'écu. Le Vaisseau qu'il monte arbore le Pavillon quarré blanc au grand Mât, & porte quatre fanaux. Ce Chef de la Marine a de grands avantages, entre lesquels est celui d'avoir le dixiéme de toutes les prises faites en mer, & sur les Greves sous Pavillon & Commission de France. Il a aussi le dixiéme des rançons, & une Jurisdiction établie sous son autorité aux Tables de Marbre, & en plusieurs autres Sieges particuliers pour la police Navale. Le premier Amiral de France dont on ait connoissance par l'Histoire, est Florent de Varennes en 1270. Il y a eu depuis ce tems-là quarante-huit Amiraux jusqu'à Henri de Montmorenci II. du nom, qui se démit de cette Charge en 1626. entre les mains du Roi Louis XIII. qui la supprima, établissant Armand-Jean du Plessis Cardinal, Duc de Richelieu, Grand Maître, Chef & Sur-Intendant General de la Navigation & du Commerce de France. Louis XIV. rétablit la Charge d'Amiral en 1669. en faveur de Louis de Bourbon, Comte de Vermandois, legitimé de France. La plus commune opinion est que le nom d'*Amiral* vient d'*Amir* ou *Emir*, mot Arabe qui veut dire, Seigneur, Prince. Nicod dit que dans les anciens Romans & dans les Histoires des guerres d'Outremer, on trouve *Amiraux* au pluriel, pour signifier Chefs & Colonels dans une armée.

AMM

AMMI. s. m. Graine presque ronde, menue, & un peu longuette, qui ressemble à des grains de sable, d'où elle a tiré son nom. Les Apoticaires l'appellent *Ammioselinum* ou *Cuminum Æthiopicum*. La plante qui la porte est assés haute & pousse plusieurs rameaux, au haut desquels viennent de petites fleurs blanches. Elle a ses feuilles petites & étroites, & semblables à celle de l'Anet. Le meilleur Ammi vient du Levant. Il n'y a que la semence de cette plante qui soit en usage dans la Medecine. On la fait entrer dans la Theriaque après l'avoir bien préparée. Elle incise, elle est aperitive, & a une vertu singuliere contre la morsure des serpens. On la met au rang des quatre semences chaudes mineures.

AMMODYTE. s. m. Serpent long d'une coudée, qui est de couleur de sable, & tout moucheté de taches noires. Il est tout semblable à une Vipere, excepté qu'il a la tête & les mandibules plus larges. Sa queue est fort dure & fendue par dessus. Ceux qui sont mordus de ce Serpent meurent en fort peu de tems, sur-tout quand ils sont mordus des Ammodytes femelles. On peut l'avoir appellé ainsi de ἄμμος, Sable, à cause de sa couleur.

AMMONIAC. s. m. Gomme d'un arbre de ce même nom, & duquel on coupe les extrémités dans la saison de l'Eté. La liqueur qu'on en recueille s'endurcit & se convertit en gomme. Dioscoride n'est pas du sentiment de Pline, qui appelle l'Arbre d'où elle vient *Metopium*. Il veut que l'Ammoniac ne vienne pas d'un arbre, mais d'une plante ferulacée qui porte le nom d'*Agasylis*. Pour être bon il faut qu'il soit sans mélange d'aucunes ordures, grommeleux comme l'encens, & que son odeur approche de celle du Castor. Il faut encore qu'il soit amer au goût, qu'il s'amolisse quand on le le manie entre les doigts, & qu'il soit de couleur jaune au dehors & blanche au dedans. Quand il est fait de cette façon, Dioscoride l'appelle *Thrausma*, & il nomme *Phyrama* celui qui a du mélange. Selon Glaser, l'esprit & l'huile qu'on en peut tirer ont des effets merveilleux. Comme les vertus que possede cet esprit ne procedent que du sel volatil qu'il contient, & qu'il est mêlé d'un acide qui empêche son activité, il enseigne dans son Traité de Chymie comment il faut séparer ces deux esprits qui peuvent produire des effets tout differens. Pline veut que l'*Ammoniac* ait pris son nom du Temple de Jupiter Ammon, autour duquel étoit l'arbre, d'où il distilloit en forme de gomme. D'autres font venir ce mot du Grec ἄμμος, Sable, à cause que, selon le même Pline, l'Ammoniac croît & distille dans les sablonnieres de cette partie d'Afrique, qui est au dessous de l'Ethiopie.

AMN

AMNIOS. f. m. Terme de Medecine. Seconde taye ou membrane qui enveloppe immédiatement le fœtus, & dont la substance est plus déliée que celle du Chorion. Ce mot est Grec ἄμνιος, & on a nommé ainsi cette membrane, de ἀμνός, qui veut dire, *Agneau*, apparemment parce qu'elle ressemble à une membrane d'agneau.

AMO

AMOISE. f. f. On appelle *Amoise* en termes de Charpenterie, les pieces de bois qui embrassent les sousfaîtes, liens & les poinçons à l'endroit des assemblages, & qui servent à les affermir. On les joint l'un à l'autre par des chevilles de bois qui traversent de part en part.

AMOISTIR. v. a. Vieux mot. Mouiller. C'est de là qu'est venu, Moiteur.

AMOLETTES. f. f. p. Terme de Marine, qui signifie les trous où l'on passe les barres du Cabestan & du Vireveau.

AMOLIER. v. a. Vieux mot. Adoucir.

Quand vit que pour beau supplier
Ne le pouvoit amolier.

AMOME. f. m. Arbre qui croit dans les Indes & dans les Pays Orientaux, & dont le bois est rougeâtre & fort odorant. Sa feüille ressemble à celle de la Coulevrée, & il a une petite fleur comme le Violier blanc. Il porte des gousses rondes, lissées, extrêmement entassées, & de la grosseur des grains de raisin. Elles sont de couleur blanche cendrée, & remplies de grains purpurins presque quarrés, joints ensemble, & faisant une forme ronde. Ils ne laissent pas d'être séparés par de petites membranes très-déliées. L'*Amome* a un goût acre, mordicant, & est d'une odeur très-penetrante. Il entre dans la composition de la Theriaque. Pour s'en servir on en ouvre les gousses & on les frotte legerement dans les mains, afin d'en séparer les petites pellicules, qu'on fait envoler fort aisément en vanant le tout sur du papier. Des grains qui demeurent il faut choisir ceux qui sont pesans, bien nourris, vifs en couleur, & fort aromatiques. Les noirs & ceux que l'on voit ridés & mal nourris, sont à rejetter. L'*Amome* est aperitif, & chasse la pierre. Dioscoride le tient astringent, & fort bon pour les gouteux. Ses qualitez sont d'être chaud & sec. Quelques-uns font venir *Amome*, du Grec ἄμωμος, Excellent, irreprehensible.

AMONCELER. v. a. Terme dont on se sert encore quelquefois dans le Manege. Ainsi l'on dit d'un Cheval, qu'*Il s'amoncele*, pour dire, qu'il est bien ensemble, qu'il est bien sous lui, en sorte qu'en marchant, il approche ses pieds de derriere de ceux de devant, & que ses hanches soutiennent en quelque façon ses épaules.

AMONT. f. m. Terme usité parmi les Bateliers de la Loire, pour marquer le Couchant. Le Dictionnaire de Trevoux dit l'*Orient*.

AMORCE. f. f. L'amorce pour les armes à feu, n'est autre chose qu'un peu de poudre qu'on met dans le bassinet d'une arme à feu, ou à la lumiere d'une piece d'Artillerie. Pour ce qui regarde les Bombes, Carcasses, Grenades, Petards, Boulets creux, & autres machines à feu, l'Amorce est une composition de poudre fine, de salpêtre & de souffre que l'on pile à part, & qu'on mêle ensuite ensemble, après quoi on les détrempe avec de l'huile de Petrol, & l'on en fait une pâte que l'on seche à l'ombre, & dont on se sert à charger les fusées pour l'amorce de ces machines.

On appelle aussi *Amorce*, les méches souffrées que l'on attache aux Grenades, ou à des Saucisses, avec lesquelles le feu prend aux Mines.

AMORCER. v. a. Terme de Serrurier. On dit *Amorcer le fer*, pour dire, Oter quelque chose du fer, avant que de le percer entierement.

AMORÇOIR. f. m. Certain outil de Charon, Charpentier & Menuisier, dont ils se servent en commençant les trous qu'ils veulent faire dans le bois. On appelle aussi en general *Amorçoirs*, toutes les petites Tarieres avec lesquelles on commence à percer le bois. C'est le plus souvent un Cizeau.

AMORTISSEMENT. f. m. Terme d'Architecture. Ce qui finit & termine un ouvrage d'Architecture ou de Menuiserie. Si une base, un zocle, un rouleau, ou quelque autre membre d'Architecture, au lieu de tomber perpendiculairement & à plomb, vient à s'élargir par en bas en cavet & en forme de demi-scotie, on dit qu'*Il descend & qu'il s'élargit en forme d'amortissement.*

On garnit un sautereau de Clavessin pour amortir le tremblement qui en fait le son.

AMP

AMPELITE. adj. Qui n'a d'usage qu'en cette phrase, *Terre Ampelite*. Dioscoride dit que la meilleure est celle qui est noire, & faite en façon de longs charbons de pesse. Etant pilée, elle se fond aussitôt dans l'huile. La moindre est blanche & cendrée, & ne se résout point. Elle est refrigerative & résolutive. On s'en sert pour donner de la couleur aux sourcils, & pour noircir les cheveux. On en enduit les vignes quand elles veulent bourgeonner, afin de faire mourir les Chenilles. C'est pour cela qu'on l'a nommée *Ampelite*, du Grec ἄμπελος, Vigne. On l'appelle aussi *Pharmacite*, à cause qu'elle est fort medicinale. Elle est tellement chargée de bitume, que Pline dit qu'elle est entierement semblable au bitume.

AMPHIDROMIE. f. f. Sorte de fête que les anciens Payens célébroient dans leurs maisons le cinquiéme jour après la naissance d'un enfant. Les femmes qui avoient été présentes à l'accouchement, prenoient l'enfant des mains de la Sage-Femme, & couroient en rond autour de la chambre, le tenant entre leurs bras; après quoi elles se lavoient les mains, & la nourrice qu'on avoit choisie en prenoit le soin. La fête finissoit par un grand Festin qui étoit suivi de petits présens que les parens & les amis de l'enfant faisoient à ces femmes. Ce mot est Grec ἀμφιδρομία, & vient d'ἀμφὶ, Autour, & de δρόμος, Course.

AMPHIPOLES. s. m. Magistrats qui furent établis à Syracuse par Timoleon, après qu'il en eût chassé Denys le Tyran, vers l'an 411. de Rome. Le Gouvernement & la Police de cette grande Ville les regardoit, & ils y ont maintenu leur autorité plus de trois cens ans.

AMPHIPROSTYLE. s. m. Sorte de Temple des Anciens, appellé ainsi, parce qu'il avoit des colomnes devant & derriere, du Grec ἀμφὶ, qui signifie, Des deux côtés, & de πρόστυλος, Rang, façade de colomnes.

AMPHISBENE. s. m. Serpent qui va en avant, & en arriere, sans être plus menu par la queue, que par la tête. Il mord par l'une & par l'autre, ce qui le fait appeller Serpent à deux têtes. Ses piqueures sont venimeuses, mais elles ne sont point mortelles. On dit qu'il se trouve des Amphisbenes dans les deserts de Lybie. Ce Serpent a pris ce nom du Grec ἀμφὶς, De côté & d'autre, & de βαίνειν, Aller.

AMPHISCIENS. s. m. Terme de Geographie. Nom qu'on donne aux Habitans de la Zone torride, à cause que le Soleil dans le Meridien étant tantôt Meridional, tantôt Septentrional à leur égard, leurs ombres méridiennes vont tantôt au Midi, tantôt au Septentrion. Voyez HETEROSCIENS & PERISCIENS. Ce mot vient du Grec ἀμφὶ, Autour, & de σκία, Ombre.

AMPHISIERE. s. m. Serpent ou Dragon qui a deux aîles. On le représente souvent dans les Armoiries. Du Grec ἀμφὶς, De chaque côté, & de πτερὸν, Aile.

AMPLIER. v. a. Vieux mot. Amplifier.

AMPLITUDE. s. f. Terme d'Astronomie. Distance prise sur l'horison du point où un astre se leve ou se couche, au point du lever ou du coucher Equinoctial. Ainsi il y a amplitude *Ortive* ou *Orientale*, & *Amplitude occative*, ou *Occase*, ou *Occidentale*, selon que l'on considere le lever ou le coucher d'un astre. De plus l'amplitude, soit ortive, soit occase, est ou Meridionale, ou Septentrionale, selon que l'Astre s'est levé ou couché de l'un ou de l'autre côté de l'Equateur. L'amplitude orientale du Soleil s'appelle quelquefois simplement *Orient du Soleil*, & l'occidentale, *Occident du Soleil*.

AMPOULLE. s. f. Petites enflures pleines de vent qui se font sur l'eau lorsqu'elle est battue de la pluye. Ce mot vient d'*Ampulla*, qui signifie en Latin *Bouteille*, & c'est de-là qu'on a appellé *la sainte Ampoulle*, certaine petite phiole venuë du Ciel, où il y a de l'huile dont on se sert pour sacrer nos Rois. Il y a eu un Ordre de Chevalerie appellé l'*Ordre de la sainte Ampoulle*. Il fut institué par Clovis Premier, ou par l'un des Rois de France de la premiere Race, en memoire de cette phiole pleine d'un baume sacré, apportée du Ciel à saint Remi par une Colombe au baptême du même Clovis qui en fut sacré, la grande foule ayant fait que le Diacre qui portoit celui de l'Eglise ne put passer. La marque qui faisoit connoître les Chevaliers de cet Ordre étoit une croix d'or anglée & émaillée d'argent qu'ils portoient au bas d'un ruban noir. Elle étoit chargée d'une Colombe tenant en son bec une phiole que recevoit une main mouvante de carnation. L'image de saint Remi étoit dans le revers de cette médaille. Ces Chevaliers sont quatre Barons, Feudataires de l'Eglise de Reims, qui dans la ceremonie du Sacre de nos Rois portent le dais sous lequel la sainte Ampoulle est portée en procession. Ce mot vient du Latin *Ampulla*, vaisseau qui a le col long & étroit.

AMU

AMULETE. s. m. Sorte de médicament, qui par une faculté occulte, a le pouvoir de guérir plusieurs maladies quand on le porte sur soi ou pendu au col. Il y a de deux sortes d'Amulettes, dont l'un ne consiste qu'en caracteres, en figures & en paroles, & il est rejetté par les Medecins comme ridicule. L'autre qui se fait avec les simples qu'on attache au col ou à quelque autre partie du corps, est reçû parmi eux comme merveilleux & infaillible, & non seulement il guerit divers maux, mais préserve de plusieurs maladies, dont l'effet est empêché par la vertu des médicamens qui le composent.

AMURCA. s. f. On se sert de ce mot dans la Pharmacie, pour signifier la lie des olives pressurées. L'Amurca cuite dans un vaisseau de cuivre jusqu'à ce qu'elle soit épaissie, comme le miel, est astringente. On fait venir ce mot du Grec ἀμόργη, Lie d'huile.

AMURE. s. f. Terme de Marine. Trou que l'on pratique dans le plat bord d'un Vaisseau, & dans la gorgere de l'éperon, & où l'on arrête les cordages dont on se sert pour bander les voiles.

On appelle *Amure d'une voile*, La manœuvre qui sert à l'amurer, & *Dogue d'Amure*, un trou fait dans le côté du Vaisseau. *Les Amures des voiles d'Etai* sont de simples cordes, & l'*Amure d'Artimont* est un Palanquin, & quelquefois une corde simple.

AMURER. v. a. Bander & roidir les cordages qui tiennent au point d'enbas de la grande voile & de la voile de Misaine, qu'on appelle *Basses voiles*. On dit *Amurer la grande voile*, pour dire, Mettre vers le vent le point de la voile à toucher le trou appellé Dogue d'Amure; *Amurer tout bas*, pour dire, Mettre le plus bas qu'on peut les voiles que l'on amure, Lorsque l'on dit simplement, *Amure*, c'est un ordre que l'on donne, par lequel on fait entendre qu'on veut faire route au plus près du vent, ou aller vent largue.

ANA

ANABAPTISTES. s. m. Heretiques qui ne conferent le Sacrement du Baptême qu'à ceux qui ont atteint l'âge de raison, & qui rebaptisent les enfans, ce qui leur a fait donner le nom de *Rebaptisans*. On n'est pas d'accord sur l'Auteur de cette secte. Quelques-uns disent que cette Heresie vient de Luther, & les autres l'imputent à Carlostade, à Zuingle ou à Melancton. Outre l'erreur qui regarde le Baptême, les Anabaptistes rejettent le Mystere de l'Incarnation, aussi bien que la doctrine de la Realité & de la Messe. Thomas Muntzer qui enseignoit ces erreurs, & qui se vantoit vers l'an 1524. d'une Revelation par laquelle le Saint Esprit lui ordonnoit d'établir un nouveau Royaume à Jesus-Christ avec le glaive de Gedeon, qu'il assuroit que Dieu même lui avoit remis entre les mains, fit révolter les Paysans d'Allemagne contre leurs Princes, & cette guerre, qu'on appella des Rusteaux, coûta la vie à plus de cent mille de ces malheureux. Ceux qui resterent reprirent les armes dix ans après dans la Westphalie, se saisirent de Munster, & élurent pour leur Roi un jeune homme de vingt-quatre ans, Tailleur de profession, qui portoit le nom de Jean de Leiden, parce qu'il étoit de Leiden en Hollande. Il enseignoit la doctrine des Anabaptistes qu'il prétendoit lui avoir été revelée du Ciel, & dont les principaux points étoient la communauté des biens, & la pluralité des femmes qui devoient aussi être communes. Cet Imposteur fut pris en 1535. & reçût la peine qui lui étoit dûe. Quelques Heretiques de la primitive Eglise avoient donné dans la même erreur touchant le Baptême, & les Cataphryges, les Novatiens & les Donatistes, rebaptisoient ceux qu'ils venoient à bout de pervertir. Le mot d'Anabaptiste vient de la particule reduplicative ἀνὰ & de βαπτίζειν. Plonger dans l'eau

ANACALIFE. f. m. Sorte de Bête qui rampe & qui croît entre l'écorce des arbres pourris & vermoulus. Elle se trouve dans l'Isle de Madagascar, & est aussi longue que la paume de la main, pleine de jambes comme une chenille, plate, & grêle, & ayant la peau fort dure. Les piqueures qu'elle fait sont fort venimeuses, & causent les mêmes accidens que celles du scorpion, de sorte qu'on en meurt bientôt après si on neglige à y apporter les mêmes remedes.

ANACALYPTERIE. f. f. Fête que les anciens Payens celebroient après les nôces, le premier jour qu'il étoit permis à l'épouse de se laisser voir à tout le monde, en ôtant son voile. Alors les Parens & les amis lui faisoient les presens accoûtumez. Ce mot est Grec ἀνακαλυπτήρια, & vient du verbe ἀνακαλύπτειν, Découvrir.

ANACANDEF. f. m. Espece de petit serpent de l'Isle de Madagascar, qui n'est pas plus gros que le tuyau d'une plume. Il se glisse dans le fondement de ceux qui vont à la selle, & il s'y fourre de telle maniere qu'on a grande peine à l'en tirer. Il ronge les intestins de la personne, à laquelle il cause des douleurs insupportables, qui sont bientôt suivies de la mort.

ANACARDE. f. m. Fruit d'un certain arbre qui croît dans les Indes Orientales, & qui represente le cœur par sa couleur & par sa figure, principalement quand il est sec. Aussi a-t'il pris son nom du Grec καρδία, Cœur. Les Anacardes sont cephaliques & servent à fortifier les nerfs; mais comme ils brulent le sang, & qu'à force d'échauffer le corps ils causent la fiévre, il faut user d'une grande circonspection pour s'en servir. Quelques-uns les comptent parmi les poisons.

ANACONTS. f. m. Arbre qui croît dans l'Isle de Madagascar, & qui porte un fruit un peu plus long que le doigt. Ce fruit, qui est de couleur cendrée, contient un suc blanc & doux, qui est propre à faire cailler le lait. Les feuilles de l'arbre ressemblent à celles du poirier.

ANAGALLIS. f. f. Petite herbe fort branchue qui rampe par terre, & jette sa tige quarrée & ses feuilles petites & rondes, semblables à celles de la Parietaire. Il y en a de deux sortes. L'Anagallis terrestre & l'Anagallis aquatique. L'Anagallis terrestre est encore divisée en mâle & en femelle. Le mâle que quelques-uns appellent *Morsus gallinæ*, les autres *Corallina Æginetæ*, & d'autres, *Molachia Serapionis*, ou *Corcorus Plinii*, porte une fleur rouge. Celle de la femelle est bleue. Il s'en trouve encore une autre dont la fleur est jaune, mais elle n'est d'aucun usage en Medecine. L'Anagallis terrestre est chaude, seche, amere, un peu astringente & attractive. On la tient un remede propre pour la morsure d'un chien enragé. Le suc de l'Anagallis femelle, tiré par les narines, purge le cerveau, & comme il est detersif & mordicant, il est propre pour ôter la cataracte des yeux. L'Anagallis aquatique est ce qu'on nomme Berle. Voyez BERLE.

ANAGOGIQUE. adj. Qui éleve l'esprit aux choses divines. *Il y a des sens mystiques, Anagogiques & autres dans l'Ecriture.* Ce mot est Grec ἀναγωγικὸς, qui éléve. Mystique.

ANAGYRIS. f. f. Plante fort puante qui est haute comme un arbre, & qui a ses branches & ses feuilles semblables à l'*Agnus castus*. Ses fleurs ressemblent à celles du chou, & elle porte sa graine dans des gousses assés grandes. Cette graine est ronde, dure, de differentes couleurs, faite en maniere de roignons, & s'endurcit & mûrit avec le raisin. Ses feuilles broyées & appliquées lorsqu'elles sont tendres repercutent toutes sortes de tumeurs. Il les faut prendre en breuvage au poids d'une dragme avec du vin cuit, pour faire sortir l'enfant, & pour attirer l'arriere-faix. On les pend au col des femmes qui sont en travail, mais incontinent après qu'elles sont délivrées, il les faut ôter. Matthiole dit que quoique les anciens n'ayent fait mention que d'une espece d'Anagyris, qui est celle de Dioscoride, il y en a une autre dans les environs de Trente que l'on appelle *Eghelo*. Sa fleur est jaune, & semblable à celle de la grande Anagyris. Cette plante étant défleurie produit de certaines gousses dans lesquelles est enfermée une graine noirâtre, longuette, & faite en façon de phaseole. Ceux qui en mangent quelquefois sans y prendre garde, vomissent jusques au sang. Le bois de la plante est fort dur, & on en fait de bons échalas pour mettre aux vignes meilleurs que tous ceux d'un autre bois. Celui-là est jaune au dehors, & noir au dedans.

ANALEMME. f. m. Terme de Mathematique. Espece de representation ou projection de tous les cercles de la Sphère sur une surface plate que l'on suppose être le plan d'un grand Cercle. L'Astrolabe est fondé sur l'Analemme. On peut croire que ce mot vient d'ἀναλαμβάνω dans le sens de *prendre entre ses mains*, parce que la Sphére représentée en plat est beaucoup plus aisée à croire entre ses mains & plus commode que si elle étoit de relief, comme elle doit être naturellement. Voyez PROJECTION.

ANALEPTIQUE. f. m. Medicament propre à rétablir l'habitude du corps, que le défaut de nourriture ou la longueur d'une maladie a attenuée. C'est une espece de restauratif, avec cette difference, que les Analeptiques regardent le rétablissement de l'habitude du corps, au lieu que les Restauratifs servent à rétablir les forces qu'un extréme abattement a réduites en langueur. Ce mot est Grec ἀναληπτικὸς & vient de ἀναλαμβάνειν, Refaire, conforter.

ANALYSE. f. f. Methode dont on se sert en Mathematique & principalement dans l'Algebre, pour découvrir la possibilité ou l'impossibilité, la verité ou la fausseté d'une proposition. A *Analyse*, qui veut dire Résolution, on oppose la *Synthese* ou composition, methode toute contraire. Leur difference consiste en ce que l'Analyse examine la question proposée, sans supposer aucunes connoissances que celles qui sont accordées par les suppositions même de la question, & en profitant de ce peu de connoissances, autant qu'il est possible, elle en acquiert de nouvelles, & découvre même des principes généraux, qui produisent enfin la résolution de la question, & de toutes les questions semblables que l'on peut proposer. Au lieu que la Synthése ne résout les questions qu'en se servant de connoissances qu'elle prend ailleurs, & en établissant d'abord ces principes généraux que l'Analyse ne découvre qu'à la fin. Si cette question étoit proposée; *Trouver deux grandeurs dont la somme & la difference sont données.* En operant par la voie Analytique, on parviendroit bientôt à ce principe général, *Que la moitié de la somme de deux grandeurs, plus la moitié de leur difference est égale à la plus grande, & que cette même moitié de leur somme, moins la moitié de leur difference est égale à la plus petite*, après quoi la question seroit bien aisée à résoudre. Mais si la question étant proposée, on sçavoit d'ailleurs *que la moitié de la somme, &c.* & que l'on se servît de ce principe général pour trouver les deux grandeurs demandées, cela s'appelleroit operer par la voie Synthetique. Ainsi l'on voit que l'ordre de la Synthése est contraire à celui de l'Analyse, & que l'une commence par où l'autre finit. On ne peut pas employer également ces deux methodes en toutes sortes d'occasions. L'Analyse est plus propre pour découvrir les verités, & la Synthése l'est ordinairement davantage pour les mettre dans leur jour, & en faire un corps de sciences ἀνάλυσις, veut dire résolution.

Analyse se dit aussi en Chimie, de la résolution qui se fait des corps mixtes en leurs principes chimiques, en leurs sels, leur huile, leur terre, &c.

ANANAS. s. m. Fruit le plus délicieux de toutes les Indes. Il croît sur une tige ronde, grosse de deux pouces, haute d'un pié & demi, & revêtue de quinze ou seize feuilles, qui sont de la longueur de celles des Cardes, de la largeur de la paume de la main, & de la figure des feuilles de l'Aloës. Elles sont pointues par le bout comme celles du Glayeul, un peu cavées par le milieu, & armées des deux côtés de petites épines qui sont fort pointues. Ce fruit au commencement n'est pas si gros que le poing, & il parvient quelquefois à la grosseur d'un Melon. Sa forme est à peu près semblable à une Pomme de pin. Son écorce relevée de petits compartimens en maniere d'écailles, d'un vert pâle, bordé d'incarnat, est chargée en dehors de plusieurs petites fleurs, qui selon les differens aspects du soleil, prennent autant de couleurs qu'on en voit dans l'Arc-en-Ciel. Ces fleurs tombent en partie, à mesure que le fruit mûrit; mais ce qui le fait sur-tout admirer, c'est qu'il est couronné d'unn gros bouquet tissu de fleurs & de plusieurs feuilles solides & dentelées, d'un rouge vif & luisant. La chair ou la poulpe de ce fruit est un peu fibreuse, mais elle se resout toute en suc dans la bouche, & a un goût si élevé qu'on peut dire qu'elle a tout ensemble celui de la Pomme, de la Pêche, du Coing & du Muscadet. Le germe par lequel le fruit peut être perpetué, ne consiste pas en sa racine, ou en une petite graine rousse qui se rencontre souvent en sa poulpe, mais en la guirlande dont il est couvert. Si-tôt qu'elle est mise en terre elle prend racine, & pousse des feuilles, produisant un fruit nouveau au bout de l'année. Souvent ces fruits sont chargés de trois bouquets, qui ont chacun la vertu de conserver leur espece; mais chaque tige ne porte du fruit qu'une seule fois. Les habitans des Antilles distinguent trois especes d'Ananas. Le premier qui est le gros Ananas blanc, a quelquefois quinze ou seize pouces de hauteur, & huit ou dix pouces de diametre. Sa chair est blanche & fibreuse: & son écorce devient jaune comme de l'or quand il est mûr. L'odeur qu'il exhale est ravissante & approche fort de celle du Coing; mais elle est beaucoup plus douce. Quoique plus beau & plus gros que les deux autres, il n'a pas le goût si élevé, & fait plûtôt saigner les gencives. Le second, qui est semblable à un Pain de sucre en porte le nom. Il a les feuilles un peu plus étroites & plus longues que le premier, & le goût meilleur; mais il fait aussi saigner les gencives quand on en mange beaucoup. Le troisiéme est appellé Pomme de Reinette. C'est le plus petit comme le plus excellent. Il n'agace presque point les dents, & ne fait jamais saigner la bouche, à moins qu'on n'en mange excessivement. On fait un vin de son suc, qui vaut presque de la Malvoisie, & qui a la force d'enyvrer. Il se tourne quand on le conserve plus de trois semaines, & semble être tout-à-fait gâté. Si on a patience autant de tems, il revient en son entier, & même plus fort. Lorsqu'on en use modérément, il recrée le cœur, arrête les nausées de l'estomac, & est bon aux suppressions d'urine.

ANASTOMOTIQUE. s. m. Médicament qui dilate & ouvre les orifices des vaisseaux, & qui fait sortir le sang des veines par sa chaleur & par son acrimonie. La sauge, le cyclame, l'ail & le porreau sont de ce genre. Ce mot est Grec ἀναστομωτικοὶ, Qui ouvre un conduit, un canal.

ANATRON. s. m. Suc nitreux condensé contre les murailles des lieux soûterrains, c'est-à-dire, le sel & le suc des pierres dont ces voutes sont composées, lavé par l'eau qui les pénétre & congelé par le froid. Il différe extrêmement de l'écume du Nitre appellé Aphronitrum, avec lequel il y a quelques-uns qui le confondent, puisque l'Aphronitrum doit être friable, très-leger, écumeux, mordicant & de couleur purpurée; ce qui ne convient en aucune sorte à l'Anatron. C'est le sentiment de Dioscoride.

ANAZE. s. m. Arbre de l'Isle de Madagascar qui est gros au pié, & qui va en s'aiguisant vers le bout en forme de pyramide. Son fruit est plein d'une moëlle blanche, remplie au-dedans de pepins durs qui ressemblent aux pignons. Cette moëlle a le goût du Tartre.

ANB

ANBOUTOU. s. m. Petite plante semblable au lin qui se trouve dans l'Isle de Madagascar. Elle est d'un goût un peu stiptique joint avec quelque amertume. On en mange en tems de famine pour se conserver les forces à cause qu'elle est corroborative. Cette herbe machée noircit les dents, les lévres & les gencives, & fait avoir une haleine douce.

ANC

ANCELLE. s. f. Vieux mot. Servante, du Latin *Ancilla*.

Si prient Dieu, & sa très-douce Ancelle.

ANCESSORS. s. m. p. Vieux mot. Ancêtres, par syncope du Latin *Antecessores*.

Pour remembrer des Ancessors,
Les faits & les dits & les morts.

On a dit aussi *Ancessorie*, pour dire, Ancienneté.

ANCETTE. s. f. L'on appelle en termes de mer *Ancettes de bouline*, Les bouts de cordes qu'on joint à la ralingue de la voile. On s'en sert pour y passer d'autres cordes que l'on nomme *Pattes de bouline*, & le plus long de ces bouts de corde, n'excede pas un pié & demi. On dit autrement *Cobes de Bouline*.

ANCHE. s. f. Petite languette qui sert à donner le vent aux Musettes, aux Hautbois, aux Cornemuses, & à quelques tuyaux d'Orgue. Elle est faite ordinairement de deux pieces de canne, qui sont jointes de si près, qu'il n'y a entre les deux qu'une fort petite fente pour laisser passer le vent.

Anche est un terme de Meunier, & se dit d'un conduit de bois par où la farine tombe dans la huche.

Anche, se dit aussi en terme de Vigneron du conduit de bois par où coule le vin du pressoir.

Vendre le vin à l'anche, c'est le vendre en moût, en entonnant.

ANCHE', ÉE. adj. Terme de Blason. Courbé. *De gueules, à la bande anchée d'argent.*

ANCHIE. prep. Vieux mot. Avant. Il a signifié la même chose qu'*Ainçois*.

ANCHOLIE. s. m. Plante que Matthiole dit venir aux montagnes, ayant ses feuilles chiquetées à l'entour, presque de la même sorte que le Coriandre, & semblable à la grande Chelidoine, pour laquelle quelques-uns la prennent. Elle se jette en tige vers le mois de Juin, & elle en produit beaucoup. Ces tiges sont grêles & minces, & il en sort des fleurs, aux unes purpurines, aux autres blanches, & aux autres dorées. Elles sont faites en façon d'étoiles, & de ces fleurs pendent quatre petits cornets recourbés en haut, d'où proviennent de nouveau certains petits chapiteaux longuets, comme ceux du Melanthium, qui portent une graine tanée. Cette graine, au rapport de quelques Simplistes, prise en breuvage au poids d'une dragme dans du vin de Candie, en y ajoûtant un peu de safran, guérit la jaunisse. Il faut aussi-tôt faire suer celui qui l'a prise. Les Païsans l'appellent *Gans de Notre-Dame*.

ANCON. s. m. Arme ancienne qu'on appelloit autrement *Francisque*. Borel dit que ce mot peut être venu du Latin *uncus*, Croc.

ANCRE. s. f. Grosse piece de fer, courbée par un bout, & dont les deux pointes ou pattes aboutissent en arc de chaque côté. Elle est composée de plusieurs parties, qui sont la verge, les pattes, la croisée & l'arganeau, & on s'en sert pour arrêter un vaisseau ou sur la mer, ou sur les rivieres. On appelle *Maîtresse* Ancre, la plus grande & la plus grosse de toutes les Ancres du vaisseau. L'*Ancre à touër* est la plus petite; on ne s'en sert guere que dans les rades, lorsque l'on veut changer un navire d'un endroit à l'autre. Il y a aussi une Ancre moyenne, qu'on appelle *Ancre d'affourche*. C'est celle que l'on mouille opposée à une autre Ancre. On appelle encore, *Ancre à la veille*, celle qui est prête à être mouillée. Lorsqu'il y a deux Ancres mouillées l'une vers la terre, & l'autre vers la mer, on appelle la premiere, *Ancre du large*, & l'autre, *Ancre de terre*. On dit aussi *Ancre de flot* & *Ancre de Jussant*, lorsqu'on parle de deux Ancres mouillées de telle sorte, que l'une étant opposée à l'autre, elles tiennent le vaisseau contre la force du flux & du reflux de la mer.

On dit *Brider l'Ancre*, pour dire, Faire en sorte par le moyen des planches qu'on met à ses pattes, que le fer ne puisse creuser ni élargir le sable; *Gouverner sur l'Ancre*, pour dire, Virer le vaisseau pour désancrer avec moins de peine, & *Faire venir l'Ancre à pic*, pour dire, Remettre le cable dans un vaisseau qui se prépare à partir, en sorte qu'il n'en reste que ce qu'il en faut pour aller à plomb du navire jusqu'à l'Ancre.

On dit aussi que l'*Ancre a chassé*, quand par de grands coups de vent, ou par la force de quelque courant, l'Ancre laboure le fond où elle a été jettée. Quand on dit que l'*Ancre a quitté, qu'elle est derapée*, on entend que l'Ancre, qui étoit au fond de l'eau pour arrêter le navire, ne tient plus au sable, & lorsqu'on dit que l'*Ancre est au bossoir*, on fait entendre que son grand anneau de fer a truché le Bossoir. Ce mot vient du Latin *Anchora*.

Ancre est aussi un terme d'Architecture, & signifie dans les bâtimens les pieces de fer, qui ont enhaut la forme d'une Ancre, & qui servent à tenir les encoignûres des gros murs. On s'en sert aussi à tenir plus fermes les murailles aux endroits où les poutres portent dessus en dehors. C'est encore avec quoi l'on entretient des cheminées qui sont sur les croupes des maisons; on les met au bout des tirans.

ANCRE', ÉE. adj. Il se dit dans le Blason des Croix & des sautoirs qui se divisent en deux. Cela vient de ce qu'ils ressemblent à une ancre par la maniere dont ils sont tournés. *Il porte d'or au sautoir ancré d'azur.*

ANCRER. v. n. Terme de Marine. Jetter l'Ancre. Ce verbe est actif parmi les Imprimeurs en tailledouce, & ils disent, *Ancrer une planche*, pour dire, Mettre de l'ancre dessus.

ANCRIER. s. m. Terme d'Imprimeur. Morceau de bois ou de pierre, mediocrement large, qui est sur le derriere de la presse, & qui sert à mettre l'ancre pour toucher les formes.

AND

ANDA. s. m. Grand arbre qui croît dans le Bresil, & dont le bois est utile à plusieurs choses. Le fruit qu'il porte rend une huile dont les Sauvages ont accoûtumé de s'oindre le corps. Ils se servent de son écorce quand ils veulent prendre du poisson. Sa vertu est telle, que l'eau dans laquelle elle a trempé, endort toutes sortes d'animaux.

ANDAILLOTS. s. m. Terme de Marine. Anneaux qu'on met de beau tems sur le grand Etai, & dont on se sert pour amarrer la voile.

ANDAIN. s. m. Etendue en longueur d'un pré qu'on fauche sur la largeur de ce qui peut être coupé d'herbe par un faucheur à chaque pas qu'il avance. Les uns font venir ce mot de l'Italien *Andare*, parce que l'Andain se fait en marchant; les autres du Latin, *Antes Antium*, qui signifie les sillons & rangs de vignes, qui sont semblables aux andains de pré. Selon du Cange il vient d'*Andena*, mot de la basse latinité, pour signifier l'espace compris entre les jambes équarquillées d'un homme.

ANDOUILLERS. s. m. p. Petites cornes appellées *Chevilles* qui sortent du marrain d'un cerf. Les premiers sont les plus proches du bas de la tête, que l'on appelle *La meule*, & les autres sont ensuite.

ANDRE'. Saint André du Chardon. Ordre de Chevalerie, qui a été autrefois institué en Ecosse. Ceux qui en étoient, portoient un collier d'or, formé de fleurs de chardon & de feuilles de rue, avec ces mots latins pour Devise, *Nemo me impune lacesset*. On y voyoit pendre un sautoir ou croix de S. André. On tient que quand Achaïus eut fait alliance avec Charlemagne, il prit pour Devise le chardon & la rue, avec des mots qui signifioient en langage du païs, *Il défend ma défense*, & qu'ensuite il institua cet Ordre. Quelques-uns en attribuent l'établissement à Jacques IV. & disent que sur l'exemple de Jean Duc de Bourgogne, qui avoit pris saint André pour protecteur de l'Ordre de la Toison d'or, il avoit voulu mettre le sien sous la protection de ce même Apôtre. D'autres prétendent qu'il l'a seulement renouvellé.

ANDROSACES. s. f. Herbe amere qui croît aux lieux maritimes, selon ce qu'en dit Dioscoride. Elle jette certains joncs menus & sans feuilles, & à leur cime elle produit de petites gousses, où sa graine est enfermée. L'herbe prise avec du vin au poids de deux dragmes, évacue abondamment l'eau qui cause l'hydropisie.

ANDROSÆMUM. s. m. Plante que Dioscoride dit differer de l'Hypericum & d'Ascyrum, en ce que les jettons qu'elle produit, sont menus & branchus.

Leur couleur est rouge : & pour ses feuilles, elles sont comme celles de la rue, mais trois fois plus grandes. Ces feuilles froissées entre les doigts rendent un jus semblable au sang humain ; ce qui a fait prendre à cette plante le nom de ἀνδρόσαιμον, comme qui diroit ἀνδρὸς αἷμα, le sang d'un homme. A sa cime sont plusieurs concavités d'ailes, disposées deçà & delà, autour desquelles il y a de petites fleurs jaunes. Sa graine, que contiennent certains petits vases, ressemble à celle du pavot noir, & est toute rayée. Pilée & prise en breuvage au poids de deux dragmes, elle purge le ventre de tous excremens bilieux, & est singuliere aux Sciatiques. L'herbe enduite étanche le sang, & on s'en sert utilement aux brûlures.

ANDUI. adv. Vieux mot. Ensemble.

Si sommes andui envoyés.

ANE

ANECDOTES. s. f. Memoires qui n'ont point paru au jour, & où sont dévelopées les plus secrettes actions des Princes. Procope a donné ce nom à son Histoire secrette. Ce mot est Grec, ἀνέκδοτα, & veut dire, Qui n'a point été rendu public.

ANEMONE. s. f. Fleur Printaniere que l'on appelle en Latin *Herba venti*, à cause qu'elle ne s'épanouit que quand le vent soufle ; ou *Flos Adonis*, parce que les Poëtes disent que cette fleur a été produite du sang d'Adonis. Il y a des Anemones de jardin, & des Anemones sauvages ; & l'on en voit quantité de l'une & de l'autre sorte, qu'on ne sçauroit distinguer que par la couleur & par la multiplicité de leurs feuilles. Il en est de rouges, de blanches, de bleues, quelques-unes violettes, & d'autres qui tirent sur le rouge. Les Anemones sauvages sont plus souvent employées dans la Medecine, & particulierement celle qui porte le nom d'*Herba venti*. Lorsque Galien en parle, il dit qu'il n'y a aucune sorte d'Anemone qui n'ait une vertu acre, abstersive, attractive & désoppilative, & que leur racine mâchée purge le phlegme du cerveau, ainsi que leur suc tiré par le nés. Ce mot vient du Grec ἄνεμος, Vent.

ANEMOSCOPE. s. m. Machine qui montre le vent qui souffle. Une girouette donne le mouvement audedans de la machine à un pié non canelé & à un rouet qui s'y engraine, & ces deux pieces suivant le mouvement de la girouette font tourner au-dehors une aiguille sur un cadran où les noms des vents sont marqués. Anemoscope vient d'ἄνεμος, *vent* & de σκοπέω, *je regarde, je considere.*

ANETE. s. f. Vieux mot. Canard. Il vient du Latin *Anas*, qui veut dire la même chose.

Tâte se l'Anete pond.

ANETH. s. m. Plante qui a ses tiges branchues & hautes d'une coudée & demie, & dont la semence est plate & odorante. Elle porte des fleurs jaunes en bouquet. Il y a l'Aneth de jardin & l'Aneth sauvage, & dans l'un & l'autre on distingue le grand & le petit. On se sert de sa graine en Medecine, plus que de ses fleurs & de ses feuilles. L'Aneth attenue & incise ; & lorsqu'il est pris interieurement, il provoque les urines, & appaise les douleurs de ventre. Les feuilles sont bonnes pour concilier le sommeil. Ces mêmes feuilles, ainsi que les fleurs, servent à exciter le vomissement, & la graine fait mourir les vers & rompt la pierre. On dérive le mot d'Aneth de ἄνω, En haut, & de θεῖν, Courir, à cause que l'Aneth croît fort promptement. Il y a encore l'Aneth tortueux, appellé *Meü*. Voyez MEON.

ANEURISME. s. m. Terme de Medecine. Tumeur molle qui obéit au toucher, & qui s'engendre de sang & d'esprits épandus sous la chair par la relaxation ou la dilatation d'une artere. Selon Galien il se fait un Aneurisme quand l'artere est ouverte par anastomose. L'Aneurisme se fait aussi quand celui qui saigne ouvre une artere au lieu d'une veine. Ce mot est Grec ἀνεύρισμα, & se trouve écrit ainsi par abus, au lieu de ἀνεύρυσμα, puisqu'il vient du verbe ἀνευρύνειν, Dilater.

ANF

ANFORGES. s. f. p. Vieux mot, dont on s'est servi pour signifier ces deux grandes gibecieres que les Marchands portent à cheval, de l'Espagnol *Alforja*, qui a la même signification.

ANG

ANGE. s. m. *Creature purement spirituelle.* ACAD. FR. Ce mot vient du Grec ἄγγελος, Messager, Député.

Ange se dit encore d'une sorte de poisson de mer qui approche fort de la Raye pour la figure, mais qui est plus gros, & qui a la chair plus dure.

On appelle aussi *Anges*, certains petits moucherons qui naissent du vin & du vinaigre.

Il y a dans l'Artillerie une espece de boulet de canon que l'on appelle *Ange*. Il est fendu en deux, & chaque moitié est attachée par une chaîne de fer. Ces boulets sont d'un grand usage sur la mer, où l'on s'en sert pour rompre les mâts, les cordages & les manœuvres des Vaisseaux des Ennemis.

ANGELIQUE. s. f. Sorte d'hypocras fait de vins exquis.

Angelique est aussi une Plante, que l'on appelle autrement *Radix Spiritus sancti*. Sa tige est haute environ de trois coudées, & sa racine, qu'elle a ronde & longue d'un pié, est de la grosseur du pouce. Ses feuilles sont larges & dentelées, & ses fleurs jaunes. On ne se sert que de sa racine, & quelquefois de sa graine qui est ronde, plate & odoriferante. On lui a donné le nom d'*Angelique*, à cause des excellentes proprietés qu'elle a contre les poisons & contre la peste. Il y en a de jardin, & une autre sauvage, qu'on divise en grande & en petite. La derniere est dite *Erratique*. Outre les proprietés que l'on vient de dire, elle a celles d'être pectorale & sudorifique, de recréer les esprits, de servir en gargarisme à purger le cerveau, & d'aider à faire sortir un enfant du ventre de la mere.

Il y a une autre *Angelique* d'Acadie, dont la fleur est jaune, & la racine noire & touffue. Elle a plusieurs tiges creuses, anguleuses, & de la hauteur d'un pié & demi, avec des branches qui naissent des aisselles des feuilles. A l'extrêmité de chaque branche est une petite ombelle, composée de plusieurs bouquets de fleurs jaunes très-petites. Ces fleurs ont cinq feuilles qui naissent d'un pericarpe vert, de la grosseur de la tête d'une épingle. Cette Plante est acre, amere & aromatique, & l'odeur en est fort differente de celle de l'Angelique ordinaire. Elle a sa graine brune, cannelée, & à peu près comme celle du Carvi.

Angelique, se dit aussi d'une sorte d'anemone blanche, à pluche gris de lin.

Il y a encore une autre *Angelique* qu'on appelle *Imperiale*, (*Imperatoria*.) Elle a la feuille comme le Fraisier & ne croît pas davantage.

ANGELIQUES. s. m. Heretiques du troisiéme siecle, ainsi nommés, selon S. Epiphane, ou parce qu'ils croyoient que les Anges avoient fait le monde, ou parce qu'ils se vantoient de mener une vie assés pure pour pouvoir être nommée Angelique. Saint Augustin croit qu'ils eurent ce nom, à cause qu'ils adoroient les Esprits bien-heureux.

ANGELITES. s. m. Autres Heretiques qui suivoient les erreurs de Sabellius. On les appella ainsi à cause qu'ils tenoient leurs Assemblées dans un certain lieu d'Alexandrie, nommé Agelius, ou Angelius.

ANGELOT. s. m. Sorte de petit fromage en cœur, fort gras & fort bon, qu'on fait au Païs de Brai en Normandie.

On a aussi nommé *Angelot*, une sorte de Monnoye qui avoit cours sous le regne de S. Louis, & qui valoit un écu d'or fin. Il y en a eu de moindre prix. On y voyoit l'image de S. Michel, tenant une épée à la main droite, & à la gauche un écu chargé de trois Fleurs de lis, & un serpent à ses piés. On en a fait d'autres avec la figure d'un Ange portant les écus de France & d'Angleterre. Ceux-là valoient quinze sols, & furent battus du tems de Henri VI. Roi d'Angleterre.

ANGEMME. s. m. Terme de Blason. Fleur imaginaire qui a six feuilles semblables à celles de la Quinte-feuille, si ce n'est qu'elles sont arrondies, & non pas pointues. Plusieurs croient que ce sont des roses d'ornement, faites de rubans, de broderies ou de perles. Ce mot vient de l'Italien *Ingemmare*, qui veut dire, Orner de pierreries. On dit aussi *Angene* & *Angenin*.

ANGHIVE. s. m. Arbre qui croît dans l'Isle de Madagascar. Il y en a de deux sortes. Le grand Anghive produit son fruit de la grosseur à peu près d'un œuf de poule. Ce fruit est d'un excellent goût, & d'un rouge écarlate. Celui du petit Anghive n'est pas plus gros que sont les groseilles. La décoction des racines de cet arbre guérit de l'ardeur d'urine & de la gravelle.

ANGLE. s. m. Concours de deux lignes qui se rencontrent à un point, non directement. La grandeur de l'Angle ne dépend point de la longueur des lignes qui le forment, mais de la quantité d'un arc de cercle qui passe entre elles, ce cercle ayant le point de l'Angle pour centre, & il n'importe qu'on le fasse plus grand ou plus petit. Tout cercle étant également divisé en 390. degrés, quand l'arc qui passe entre les deux lignes qui font l'Angle, a 90. degrés, l'Angle est *droit*, quand il en a plus de 90. il est *obtus*, quand il en a moins, il est *aigu*. Tout Angle est *plan* ou *solide* : le *plan* est formé par la rencontre des deux lignes, ou de deux superficies planes, ce qui est la même chose. Le *solide* est fait de trois superficies planes. L'Angle plan est ou *Rectiligne*, ou *Curviligne*, ou *Mixte*. Le Rectiligne est formé de deux lignes droites, le Curviligne de deux courbes, par exemple de deux arcs de cercle qui se coupent, tel est l'Angle *Spherique*; le *Mixte* est fait d'une ligne droite & d'une courbe.

Il y a encore plusieurs sortes d'Angles en matiere de Fortification, sçavoir l'angle du cercle, l'angle de la figure interieure, l'angle du polygone, l'angle flanqué ou pointe du Bastion, l'angle flanquant, ou angle de tenaille, l'angle de l'épaule, l'angle diminué, l'angle saillant ou sortant, ou angle vif, & l'angle rentrant ou angle mort. M. Felibien a parlé de tous ces Angles dans son excellent Ouvrage des Principes de l'Architecture ; & voici ce qu'il en dit.

L'Angle du centre est celui qui se fait au centre de la Place par le concours de deux prochains rayons, tirés des angles de la figure. *L'Angle de la figure interieure*, est celui qui se fait au centre du Bastion, par la rencontre des côtés interieurs de la figure. *L'Angle du Polygone* ou *de la figure exterieure*, celui qui se fait à la pointe du Bastion, par la rencontre des deux côtés extérieurs, ou Bases du Polygone. *L'Angle flanqué* est la pointe du Bastion entre les deux faces; on peut dire aussi l'Angle flanqué d'une Demi-lune. *L'Angle flanquant*, est celui qui se fait par la rencontre des deux lignes de défense razantes, c'est-à-dire, des deux faces du Bastion prolongé. *L'Angle de l'épaule*, celui que font les lignes de la face & du flanc. *L'Angle diminué*, celui qui se fait par la rencontre du côté exterieur du Polygone & de la face du Bastion. *L'Angle saillant*, celui qui présente la pointe vers la campagne, & l'*Angle rentrant*, celui qui la présente vers la Place.

Le même M. Felibien fait remarquer que tous les Angles sont visibles ou invisibles; que les visibles sont les angles flanqués, ceux de l'épaule ou du Bastion, aussi-bien que ceux des Demi-lunes & autres dehors, & que les invisibles, & qui ne servent que pour la construction, sont les Angles de la figure du centre, les Angles flanquans & les Angles diminués.

Dans la disposition d'une Armée, on appelle *Angles d'un Bataillon*, les hommes des ailes qui terminent les rangs & les files. Les chefs de files, qui sont aux extrêmitez du front, sont les angles de la tête; & les serrefiles, par qui les deux ailes du côté de la queue sont bornées, forment les angles de la queue.

On dit en termes de guerre, *Emousser les Angles d'un Bataillon*, quand on en retranche les quatre encoignûres, & qu'on fait en sorte que les chefs de files & les serrefiles des angles se trouvent disposés de telle maniere, qu'ils forment un angle obtus & émoussé, qui approche d'une seule ligne droite. Cette disposition fait un Bataillon octogone d'un Bataillon qui étoit quarré auparavant, & donne moyen de presenter les armes par tout, & de faire feu de tous côtés. M. Guillet, qui nous apprend que cette maniere de former un Bataillon, est aujourd'hui negligée, nous en donne les raisons, & fait voir en même tems les avantages qu'on en recevoit, lorsqu'elle étoit en usage. On peut lire là-dessus son excellent livre des Arts de l'homme d'épée.

Les Architectes appellent *Angles de défense*, Les éperons qui sont aux piles des ponts de pierre ; ce qui s'appelle aussi *Avant-bec*.

ANGLE', E'E. adj. Terme de Blason. Il se dit de la croix & du sautoir, quand il y a des figures longues à pointes, qui sont mouvantes de ces Angles. *D'argent au pal d'azur, chargé d'une croix d'or, anglée de rayons à trois pointes de même.*

ANGLET. s. m. Petite cavité que l'on a fouillée en angle droit. Les cavités qui séparent les bossages ou les pierres de refend, & celles que forment dans la pierre & dans le marbre les caracteres gravés de la plûpart des Inscriptions, peuvent être appellés *Anglets*.

ANGLEUX, EUSE, adj. On appelle *Noix Angleuses*, celles qu'on ne peut arracher de leur coque que par morceaux, & avec beaucoup de peine.

ANGLOIS. s. m. Vieux mot. Creancier.

Et aujourd'hui je fai solliciter
Tous mes Anglois pour mes dettes parfaire.

Borel sur ce mot, dit qu'il faut qu'il soit demeuré en France, depuis qu'elle fut prise par les Anglois, lesquels étoient les seuls qui pouvoient prêter aux François subjugués, leur prêtant de leurs propres biens.

ANGUILLE. s. f. Poisson d'eau douce, long & menu, glissant hors des mains de ceux qui le prennent. Il est couvert d'une peau, & n'a point d'écailles. Il a la bouche assés grande & garnie de petites dents avec deux nageoires auprès des ouies. Sa chair est gluante, visqueuse, difficile à digerer, & par consequent peu saine. On ne trouve ni lait ni œuf dans les Anguilles. Au mois de Mai dans le tems du frai on les trouve toutes formées & bien vives dans le ventre des Goujons. Il n'y a que la graisse de l'Anguille qui soit bonne pour l'usage de la Medecine. On s'en sert dans toutes les douleurs qui proviennent d'humeurs chaudes. En Latin *Anguilla*, d'*Anguis*, Serpent, à cause de la ressemblance.

ANGUILLE'E. s. f. Terme de Marine. Entailles faites dans toutes les pieces de bois dont le fond de calle d'un Vaisseau est composé. Ces entailles servent à faire couler l'eau de la poupe & de la proue jusques aux pompes. Quelques-uns les appellent *Anguilliers*.

ANGUILLOMEUX. adj. Vieux mot. Fin, rusé, du Latin *Anguis*, Serpent, à cause que le serpent trompa Eve.

ANGULAIRE. adj. Qui a des angles. On appelle *Colomne Angulaire*, celle qui est isolée à l'encoignûre d'un Porche, ou engagée au coin d'un bâtiment en retour d'équerre. Une colomne qui flanque un angle aigu ou obtus d'une figure à plusieurs côtés, est aussi nommée *Angulaire*.

On dit aussi *Pilastre Angulaire*, pour dire, Un Pilastre qui cantonne l'encoignûre ou l'angle d'un bâtiment.

A N I

ANILLES. s. f. p. Vieux mot. Potences dont se servent les personnes impotentes ou décrepites, pour se soutenir quand elles marchent. Ce mot vient du Latin *Anus*, Vieille.

C'est aussi un fer de cette figure (☰) où passe la barre qui fait tourner la meule d'un moulin.

On nomme aussi la manivelle d'un rouet à filer, la poignée, qui est de bois & mobile s'appelle *Canette*.

ANIMATION. s. f. Terme de Medecine. On dit que l'Animation du Fœtus, c'est-à-dire, le tems où l'ame est infuse dans le corps de l'homme, n'arrive que quarante jours après qu'il est formé.

ANIME. s. f. Espece d'armûre ancienne, ayant les lames de travers, longues & larges, qui font obéïr les harnois au mouvement & pliement du corps. Nicod dit qu'il est croyable qu'on lui a donné ce nom, à cause que le harnois conserve l'ame, c'est-à-dire la vie, que les Italiens appellent *Anima*.

On appelle dans la Pharmacie *Gomme anime*, Certaine gomme jaunâtre & transparente, qui distille par l'incision qu'on fait à quelques arbres que la Nouvelle Espagne produit. Elle ressemble à l'encens, mais ses larmes sont beaucoup plus grosses. Pour être bonne, il faut qu'elle soit blanchâtre ou jaunâtre, citrine au-dedans, lorsqu'on la rompt, d'un goût & d'une odeur agréable, & qu'elle soit aisée à fondre sur les charbons. Elle se dissout dans l'esprit de vin bien rectifié, ou dans l'huile, comme les autres résines ; & après qu'on l'a mêlée avec d'autres médicamens dans des coifes odorantes, on s'en sert pour couvrir & fortifier la tête. Il y a deux autres sortes de Gomme-Anime, mais qui étant de moindre vertu, sont peu en usage. L'une ressemble en quelque sorte à la myrrhe. Quelques-uns croient qu'elle est le *Minea* de Galien, & l'*Anymea* de Dioscoride. L'autre Gomme-Anime qui est en petites larmes, est moins jaunâtre & moins transparente que celle qui vient de la Nouvelle Espagne. On nous l'apporte des Indes. L'Arbre d'où distille l'Anime, est un arbre moyen, dont les feuilles ressemblent au Prunelier, & qui a ses fruits semblables aux glands. Ils contiennent un noyau blanc dedans & couvert d'une certaine salive coulante & resineuse. Les Espagnols l'appellent en Amerique *Incienso de las Indias*, à cause que cette resine est fort semblable à l'encens des Anciens, & les autres le nomment *Anime*.

ANIME', E'E. adj. On se sert de ce terme dans le Blason, lorsqu'on parle d'un cheval qui paroît être dans quelque sorte d'action. On le dit aussi de sa tête seule. *D'azur à une tête de cheval d'or animée, & bridée de sable.*

ANIS. s. m. Plante dont les feuilles ressemblent à celles de l'Ache, excepté qu'elles sont moins entaillées ; c'est-à-dire, celles qui sont contre terre, les feuilles de la cime l'étant beaucoup plus. Sa tige qui est ronde, haute d'une coudée & fort branchue, porte un bouquet blanc, qui a une odeur de miel, & d'où sort une graine longuette, dont le goût a quelque chose d'amer & de piquant, & tout ensemble de doux. Pour bien choisir l'Anis, il faut qu'il soit bien nourri, mediocrement vert & d'un goût doux, agréable & un peu piquant. On ne se sert que de sa semence dans la Medecine, les autres parties n'étant point d'usage. On fait de l'huile d'Anis par expression. Elle est claire & verdâtre, & garde l'odeur avec le goût de l'Anis.

A N N

ANNA. s. m. Petite bête du Perou que les Espagnols nomment *Zorriva*. Ces Animaux sentent si mauvais, que quand ils entrent de nuit dans les Villages, la puanteur qu'ils exhalent se fait sentir dans les maisons, quoique les fenêtres soient fermées. Il est impossible de supporter cette odeur de cent pas loin. Heureusement ces bêtes sont rares.

ANNATE. s. f. Droit que prend le Pape sur tous les grands Benefices Consistoriaux, & de valeur de vingt-quatre Ducats de revenu. Il se paye ordinairement selon la taxe qui en a été faite à Rome dans les Livres de la Chambre Apostolique, & qui est le plus souvent une année du revenu du Benefice. Les uns mettent l'institution des Annates en 1260. & les autres sous le Pontificat de Jean XXII. vers l'an 1316. La plus commune opinion est que ce fut Boniface IX. qui les établit. Le Concile de Bâle tenu en 1431. défendit les Annates, & ordonna qu'on accorderoit au Pape de quoi subvenir aux affaires de l'Eglise, & à l'entretien des Cardinaux ; que cependant les Prélats payeroient la moitié de la taxe qu'on avoit accoûtumé de faire, & seulement par provision : lequel payement se feroit, non pas avant que les Bulles eussent été accordées, mais après qu'on auroit joüi du Benefice pendant une année. Le Concile de Bourges où se trouva Charles VII. en 1438. reçut le Decret de celui de Bâle contre les Annates, & ce Prince accorda au Pape une taxe médiocre pendant sa vie sur les Benefices qui seroient vacans, & cela en considération des besoins pressans de la Cour de Rome. Le mot *Annate* vient du Latin *Annata*.

ANNEAU. s. m. Cercle fait d'une maniere solide, dont on se sert pour attacher quelque chose. Il y a dans tous les Ports & dans tous les Quais des Anneaux de fer pour attacher des bateaux. L'*Anneau d'une clef* est le bout qu'on tient d'une clef quand on s'en sert pour ouvrir une porte. *Anneau de corde*, est ce qui sert à faire un nœud coulant.

On appelle en termes de mer, *Anneaux de Vergues*, deux petits anneaux de fer mis ensemble dans de petites crampes qu'on enfonce de distance en distance dans les deux grandes Vergues. L'un de ces anneaux est employé à tenir les garcettes qui servent

servent à plier les voiles ; & pour arrêter les mêmes garcettes, on en passe le bout dans l'autre anneau.

On appelle aussi *Anneaux de Sabords*, certaines boucles de fer mediocrement grosses, dont on se sert pour fermer & amarrer les mantelets des Sabords.

L'*Anneau Astronomique*, est un petit anneau de métal, gradué, qui a une alhidade avec quoi l'on prend les hauteurs des astres, & l'on fait des operations d'Altimetrie. En Astronomie on appelle *Anneau de Saturne* une apparence reglée de Saturne, qui après avoir paru à peu près rond paroît ovale, & comme ayant de part & d'autre deux petites anses, ensuite la figure ovale, & les anses augmentent toûjours jusqu'à un certain point. Pour expliquer ce Phénoméne, on a supposé que Saturne, outre ses cinq *Satellites* qui se meuvent autour de lui, étoit environné d'un anneau, à peu près comme un Globe artificiel l'est d'un horison large de deux ou trois doigts. Si l'on regarde ce Globe de loin, & de façon que le plan de l'horison étant continué passe par l'œil du spectateur, le Globe paroîtra rond, si ce n'est qu'il sera un peu plus long dans le sens du diametre parallele aux deux yeux du spectateur. Si cette situation change, & que l'œil soit élevé sur le plan de cet horison, le Globe paroîtra encore plus long dans le sens que nous venons de dire, & plus l'œil sera élevé sur ce plan, plus le Globle sera ovale. Il en va de même de Saturne, & c'est ce qui a fait imaginer l'Anneau. Il est difficile de conjecturer ce que ce peut être. Quelques-uns disent que c'est un cercle continu de Satellites.

ANNE'E. s. f. Espace de tems pendant lequel le Soleil ou une autre planete parcourt par son mouvement propre le Zodiaque entier. Quand on dit simplement année, on entend d'ordinaire celle du Soleil. L'*année Astronomique* est de 365. jours 5. heures 49. minutes, mais comme ces fractions ne peuvent entrer dans l'*Année civile* ou *politique*, où il ne faut que des nombres entiers de jours ; delà vient une des difficultés de faire un bon Calendrier. Voyez CALENDRIER. L'Année Astronomique s'appelle aussi *Tropique*, de τρέπειν, *retourner*, parce que le Soleil revient précisément au même point du Zodiaque d'où il étoit parti. L'*Année Solaire* est une année civile reglée par rapport au mouvement du Soleil, & l'*Année Lunaire* est aussi une année civile reglée par rapport au mouvement de la Lune, & composée de douze mois Synodiques. Voyez MOIS. L'année Lunaire prise sans fractions est de 354. jours, & par consequent elle est de 11. jours moindre que l'année Solaire qui prise aussi sans fractions est de 365. jours, ces 11. jours de difference font l'Epacte. Voyez EPACTE. Il y a *Année commune & Bissextile ou Embolismique ou Intercalaire*, Voyez CALENDRIER. EMBOLISMIQUE. INTERCALAIRE. Il y a aussi *Année cave & pleine*. Voyez CAVE. On dit encore *Année Julienne*. Voyez CALENDRIER. Ce mot vient du Latin *Annus*, qui anciennement a signifié *cercle*, d'oùest venu le diminutif *Annulus*, (Anneau). On a donné à l'année le nom d'*Annus*, parce qu'elle revient en cercle. *Annus* a été fait du vieux mot Latin *am*, alentour, formé du Grec ἀμφὶ

ANNELET. s. m. Terme de Blason. Petit anneau tout rond.

ANNELETS, en termes d'Architecture sont de petits membres quarrés, nommés autrement *Listeaux* ou *Filets*, que l'on met au Chapiteau Dorique, audessous du quart de rond. On appelle aussi *Anneaux* les petites Astragales.

ANNICHILER. v. a. Vieux mot. Réduire au neant, du Latin, *Nihil*, Rien.

ANNILLE. s. f. C'est proprement un fer de Moulin, & on l'a nommé ainsi à cause qu'il se met comme un anneau autour des moyeux, afin de les fortifier. Ces Annilles étant souvent faites en forme de croix ancrée, on a nommé ces sortes de croix *Annilles* dans le Blason.

ANNONA. s. m. Grand arbre de la nouvelle Espagne, nommé ainsi par les Espagnols. Ceux du Païs l'appellent *Quauhtzapolt*. Ses feuilles ressemblent à celles de l'Oranger, quoique plus étroites. Ses fleurs sont blanches, d'une odeur douce, & divisées en trois angles. Le fruit de cet arbre est bigarré de marques rouges & vertes, de la grosseur d'un Melon de l'Amerique. Au-dedans il est rempli de petits noyaux noirs. Sa chair approche du mets délicat appellé *Manjar blanc*, mais elle nourrit moins, & engendre de mauvaises humeurs. Les graines du fruit arrêtent le flux de ventre.

ANNONCHALIR, S'ANNONCHALIR. v. n. p. Vieux mot. Perdre courage, tomber dans une maniere d'indolence, de langueur.

ANNONCIADE. s. f. Ordre de Servantes ou Serviteurs de la Vierge. Il commença vers l'an 1232. & saint Philippe Benizi ou Beniti en est reconnu le Fondateur. Il se joignit à sept Marchands de Florence, dont le principal étoit Bonfils de Monaldis, qu'une vocation particuliere avoit obligés de se retirer au Mont Senere près la même Ville. De semblables Congregations furent ensuite établies à Venise & à Marseille. Jeanne, Reine de France, fille de Louis XI. établit à Bourges sous ce même nom la Regle d'un second Ordre, sous douze articles qui regardent douze Vertus de la Vierge. Ce second Ordre d'Annonciade fut approuvé par les Papes Jule II. & Leon X. La Reine Jeanne étoit femme de Louis XII. par qui elle consentit d'être répudiée avec la dispense d'Alexandre XI. Marie-Victoire Fornari, morte en 1617. a fondé un troisiéme Ordre d'Annonciade, appellé autrement *des Celestes*, qui a été approuvé par le saint Siege, & dont il y a plusieurs Monasteres en France. C'étoit une Veuve de Genes, qui s'étoit rendue recommandable par la sainteté de sa vie. Elles sont vêtues de bleu avec un Scapulaire rouge fort large. Il y a eu aussi une Societé de l'Annonciade fondée à Rome par le Cardinal Jean de Turrecremata, pour marier les pauvres filles.

L'Ordre de Chevalerie, appellé *de l'Annonciade*, est un Ordre de Savoye. Amé V. dit le Comte Verd, institua celui du Lac d'Amour en 1355. Ceux qui en étoient portoient un Collier formé de roses blanches & rouges, que joignoient des lacs d'amour entrelassés de ces quatre lettres F. E. R. T. Depuis, Charles dit le Bon, consacra cet Ordre à l'Amour Divin, qui dans le Mystere de l'Incarnation a uni le Verbe à notre chair, & il en fit l'Ordre de l'Annonciade, dont l'Image pend pour médaille au bas du Collier, que quatre lacs d'amour environnent.

ANNULAIRE. adj. Il n'a guere d'usage que joint avec *doigt*, & on appelle *Doigt annulaire*, le quatriéme doigt de la main, à cause que c'est celui où l'on met le plus souvent des anneaux, du Latin *Annulus*, Anneau.

ANNUS. s. m. Racine du Perou, longue & grosse comme le pouce. Elle est d'un goût amer, & les Indiens la mangent cuite. Ils tiennent qu'elle ôte la puissance d'engendrer.

ANO

ANODYNS. s. m. Remedes qui par leur chaleur

moderée adoucissent & appaisent les douleurs. On les appelle aussi *Paregoriques*, d'un mot Grec qui signifie Consolée, & quelquefois *Lysiponia*, d'un autre mot Grec, qui veut dire, Qui délivre de tout travail. Il y en a d'Hypnotiques qui provoquent le sommeil, & de Narcotiques, qui ôtant le sentiment, empêchent que l'esprit animal ne vienne jusqu'à la partie affligée. Les autres que l'on appelle proprement *Anodyns*, sont ceux qui par une humidité temperée, & par une substance subtile s'insinuent dans la partie, & appaisent la douleur en y fomentant la chaleur naturelle. Il y en a de deux sortes; les uns temperés, qui n'excedent en aucune qualité, & que l'on applique exterieurement sur la partie qui souffre, comme l'oignon de Lis, la racine de Guimauve, les feuilles de Mauve, Violettes & Sureau, l'huile des fleurs du Bouillon blanc, les semences du Lin & de Senegré bouillies dans du lait, les jaunes d'œufs, &c. Les autres qui approchent fort des temperés, sont chauds, & humides au premier dégré, comme l'Aneth, les fleurs de Camomille & de Melilot. Ce mot est Grec τὰ ἀνώδυνα, de la particule privative, α & de ὀδύνη, Douleur.

ANOLI. s. m. Sorte de Lezard qui se rencontre dans le grand cul de sac de l'Isle de la Guadeloupe, aussi-bien que dans toutes les autres Isles. Il a un pié ou un pié & demi de longueur, & les plus gros n'atteignent jamais la grosseur du bras. Ces Lezards ont le ventre de couleur de gris cendré, le dos tanné tirant sur le roux, le tout rayé de bleu, la tête toute marquetée de bleu, de vert & de gris, & le bec un peu afilé. Ils se retirent dans les trous de la terre, d'où la grande chaleur du jour les fait sortir, & pendant la nuit ils font un bruit plus pénétrant que n'est celui des Cigales. Ils vivent des os & des aretes qu'on jette devant la porte des cases, & paissent quelquefois l'herbe, principalement les potageres. Si on en tue quelques-uns, les autres les mettent en pieces, & les mangent.

ANOMALIE. s. f. Terme d'Astronomie. Arc du Zodiaque compris entre l'Apogée de l'Excentrique d'une Planete, & le lieu de cette Planete. Comme ce lieu peut être double, *le vrai & le moyen*, (Voyez LIEU, & MOYEN,) l'Anomalie d'une Planete qui est la distance de l'Apogée à l'un ou à l'autre lieu, est double aussi; *la vraye* & *la moyenne*. Les Anomalies servent à trouver les *Prostaphereses*, puisque la Prostapherese n'est autre chose que la difference de l'Anomalie vraye & de la moyenne, & peut-être est-ce delà que l'Anomalie est aussi appellée *Argument*, parce qu'elle est le *sujet* ou la *marque* de ce qu'il y a à faire pour égaler le moyen mouvement au vrai, ce qui se fait par la Prostapherese. Voyez PROSTAPHERESE, & MOYEN.

On appelle aussi *Anomalie* la distance de la Planete à l'Apogée de son Epicycle. Voyez EPICYCLE. Le mot d'Anomalie vient de ἀνωμαλία, *irrégularité*, de ἀ privatif, & de νόμος, *Loi*, parce qu'elle est fondée sur l'inégalité apparente du mouvement de la Planete dans son Excentrique. Voyez EXCENTRIQUE.

ANOME'ENS. s. m. Nom que l'on donna aux purs Ariens dans le quatriéme siecle. Comme ils tenoient que le Fils de Dieu étoit dissemblable à son Pere en essence, & en tout le reste, on les nomma aussi *Dissemblables*, ce que signifie le mot Grec ἀνόμοιοι.

ANORDIE. s. f. On appelle ainsi des tempêtes de vent de Nord, qui s'élevent en certains tems dans les Isles du Mexique, & aux côtes de la Nouvelle Espagne.

ANORME', E'E. adj. Vieux mot. Extraordinaire, contre la regle commune, du Latin *Norma*, Regle. On a dit aussi, Anormal.

Tu dois sçavoir que les fiers animaux,
Qui en leur vie ont fait cas anormaux.

ANR

ANRAMATICO. s. m. Plante qui croît dans l'Isle de Madagascar, jusqu'à la hauteur de deux coudées, & qui au bout de ses feuilles longues d'une paume, pousse une fleur creuse, & un fruit en forme d'un petit vase, avec un couvercle par dessus, ce qui est assés particulier. Ces fleurs sont pleines d'eau après la pluye, & chacune en peut contenir environ un demi sextier. Cette plante est de deux sortes; les unes fleurissent rouges, & les autres jaunes.

ANS

ANSE. s. f. Terme de Marine. Espece de Baye qui n'est pas profonde. Enfoncement de mer entre deux pointes de terre.

On appelle en termes d'Architecture, *Anses de panier* les arcs ou voutes surbaissées.

ANSEATIQUE. adj. On appelle *Villes Anseatiques* certaines Villes de la Hanse Teutonique, c'est-à-dire, Villes d'Allemagne maritimes situées sur des Rivieres navigables, qui se sont communiqué leurs privileges avec leur droit de Bourgeoisie. Lubeck est la principale. Ces Villes s'associerent pour le Commerce en 1254. & firent entr'elles une Ligue offensive & défensive. Les uns font venir ce mot de l'Allemand, *An zée*, qui veut dire, Proche de la mer. Les autres le dérivent de *Hanse*, qui signifie Alliance, & ils écrivent *Hanseatiques*.

ANSPECT. s. m. Les Matelots usent de ce mot pour dire, *Un Levier*.

ANSPESADE. s. m. Bas Officier d'Infanterie destiné à soulager le Caporal qu'il reconnoît au-dessus de lui. Il est au nombre des hautes payes, & on l'exempte ordinairement de faction, si ce n'est des rondes & des sentinelles perdues. Il y a cinq Anspesades dans chaque Compagnie.

ANT

ANTAMBA. s. m. Sorte de bête de la grandeur d'un gros chien, qui se trouve dans l'Isle de Madagascar. On la voit fort rarement, à cause qu'elle se tient sur des Montagnes où il ne va jamais personne. Les Negres disent qu'elle ressemble à un Leopard, & qu'elle a la tête ronde. Elle dévore les hommes & les animaux.

ANTAN. s. m. Vieux mot. L'année précedente.

Mais où sont les neiges d'antan.

Il vient du Latin *Ante annum*.

ANTANAIRE. adj. On appelle en termes de Fauconnerie, *Oiseau Antanaire*, celui qui a son pennage de l'année précedente, sans avoir mué.

ANTALIUM. s. m. Drogue qui entre dans la composition de l'onguent Citrin, & qui n'a guere d'autre usage dans la Medecine. Ce n'est qu'un petit tuyau marin, dur comme une coquille, & dont le dedans qui est poli & creux enferme un petit poisson. Ce tuyau est cannelé en-dehors, & Pline l'appelle *Dactylus* ou *Digitus*, à cause qu'il est long comme le petit doigt. D'autres croyent que ce nom lui est donné par la ressemblance de couleur qu'il a avec un ongle du doigt.

ANTARCTIQUE. adj. m. C'est le nom du Pole opposé au Pole Arctique. Voyez ARCTIQUE & POLE. Nous ne voyons jamais le Pole Antarctique dans la position de la sphére où nous sommes.

ANTE. s. f. Vieux mot. Tante, du Latin *Antiqua* ou *Amita*.

Qui fut fiere de sa belle Ante.

ANTE. s. f. Piece de bois qui est attachée avec des liens de fer aux volants des moulins à vent.

Antes sont des Pilastres que les anciens mettoient aux coins des murs de leurs Temples. On appelle aussi generalement *Antes* les jambes de force qui sortent peu à peu hors du mur.

ANTE-EVANGELIUM. s. m. Terme particulier au Diocese d'Angers. C'est une Antienne que le Diacre entonne à l'Autel avant de partir pour aller chanter l'Evangile. C'est ordinairement l'Antienne de *Benedictus.*

ANTENNE. s. f. Longue piece de bois suspendue de travers à une poulie au haut du mât d'un Vaisseau, & à laquelle la voile est attachée.

ANTESTATURE. s. f. Terme de Fortification. Traverse ou petit retranchement que l'on fait avec des palissades ou avec des sacs à terre, & dont on se couvre à la hâte, pour disputer aux ennemis ce qui reste d'un terrain dont ils ont gagné quelque partie. Ce mot vient de *Ante stare*, Etre devant.

ANTHERA. s. f. On appelle ainsi en termes de Medecine le jaune qui est dedans & au milieu de la rose. L'Anthera est plus astringente que la rose même. Dioscoride, Galien & quelques autres ont donné ce nom à une composition dont on se sert pour les ulceres de la bouche & des gencives. Elle n'est plus en usage.

ANTHOS. s. m. Ce mot est Grec, & veut dire, Fleur en general. Cependant tous les Apothicaires entendent par là la Fleur de Rosmarin, comme étant la plus considerable de toutes les fleurs, & meritant d'être appellée Fleur par excellence.

ANTHROPOMORPHITES. s. m. Heretiques qui ont soûtenu que Dieu avoit une forme humaine, sur laquelle il avoit créé l'homme à son image. Ils celebroient la Pâque à la maniere des Juifs. On les a aussi appellés *Andiens*, à cause qu'ils suivoient les opinions d'un certain Andée. Ce mot *Anthropomorphites* vient du Grec ἄνθρωπος, Homme, & de μορφὴ, Forme.

ANTHYLLIS. s. m. Plante dont Dioscoride dit qu'il y a de deux especes. L'une, fort semblable à la Lentille, a ses feuilles molles, ses branches dressées & de la hauteur d'un palme. Elle croît aux terroirs salés & bien exposés au soleil, & est d'un goût qui tient quelque peu du sel. Sa racine est petite & menue. L'autre espece d'Anthyllis ressemble à l'Ive muscate, en son feuillage & en ses branches, qui neanmoins sont plus âpres, plus velues & plus petites. Sa fleur est rouge & puante, & sa racine comme celle de Chicorée. Galien dit que les deux especes d'Anthyllis sont moyennement dessiccatives & fort propres à consolider des ulceres & des playes; mais que celle qui ressemble à l'Ive muscate est un peu plus subtile que l'autre, & fort bonne à ceux qui ont le haut mal.

ANTIADIAPHORISTES. s. m. On a appellé ainsi certains rigides Lutheriens qui rejettoient les cérémonies de l'Eglise, & ne vouloient point qu'on reconnût la jurisdiction des Evêques.

ANTIDICOMARIENS. s. m. Heretiques de la secte d'Helvidius, qui vivoit sous Theodose le Grand 355. ans après JESUS-CHRIST. Ils soûtenoient ses erreurs contre la pureté de la Mere de Dieu, & prétendoient qu'après la naissance du Sauveur du monde, elle avoit eu d'autres enfans de saint Joseph. Ce mot vient du Grec ἀντίδικος, Accusateur, partie adverse dans un procès. On les a nommés aussi *Antimarites.*

ANTIDOTE. s. m. Remede qu'on donne ordinairement contre les poisons, contre la peste, ou contre les morsures des bêtes venimeuses. Quand ces remedes sont pris au-dedans on les appelle *Alexipharmaques*, & appliqués au-dehors on les nomme *Alexiteres.* Ils sont composés de poudres corroboratives, ou d'autres poudres magistrales, qui sont cardiaques, ou qui resistent aux venins. On les démêle dans quelque liqueur propre pour cela, & l'on en fait certaines confections molles, appellées tantôt *Antidotes humides*, tantôt *Opiates*, & tantôt *Confections cordiales*, dont les unes servent à recréer les esprits & les parties vitales, les autres sont alteratives & somniferes, & les autres theriacales. On les nomme aussi *Electuaires mols*, à la distinction des solides. On ne laisse pas d'appeller improprement *Antidotes* tous les remedes composés qu'on donne indifferemment contre toutes sortes de maladies. Ce mot vient du Grec ἀντὶ, Contre, & de δίδωμι, Je donne, parce qu'il se donne contre les poisons.

ANTIE. adj. Vieux mot. Ancienne.

En une grand forêt antie.

ANTIMOINE. s. m. Mineral de couleur noire, qui est rempli de veines luisantes comme un fer poli, & qui tient de la nature du métal & de la pierre. Il se fond au feu & se pulverise. Le meilleur vient de Hongrie, & a un soufre plus pur & imbu de la terre dont se fait l'or. Il y en a de deux sortes, le mâle, qui est plus grossier, sablonneux & plein d'écailles, & qui pese moins, à cause qu'il ne participe pas tant du métal que la femelle, qui est fort luisante, rayée, friable, & qui par des conditions toutes contraires à celles du mâle, merite de lui être préferée. On peut connoître si l'Antimoine est bon, en le frottant contre un papier teint de couleur jaune, après qu'on l'a bien uni avec une dent de Sanglier. Si ce qui a été frotté devient rouge, c'est une marque assûrée de sa bonté. On peut encore en être certain par une autre experience, qui est d'imbiber quelques dragmes d'Antimoine bien pulverisées dans le plus fort esprit de vinaigre qu'on puisse trouver. On le laisse ensuite évaporer sur une lame de fer ou de terre sur un feu lent; & l'évaporation étant faite, si la poudre d'Antimoine demeure rouge, on ne doit point douter qu'elle ne soit bonne. La préparation la plus ordinaire de l'Antimoine se fait en prenant, par exemple, une livre de nitre purifié, & une autre livre de bon antimoine. On les pulverise grossierement chacun à part, après quoi on les mêle, & on les verse cueillerée à cueillerée dans un pot de terre, ou dans un mortier de fonte, entre les charbons ardens. La premiere cueillerée étant versée, on prend un charbon allumé, avec lequel on embrase cette matiere. Comme elle est incontinent toute en feu, on se sert d'une verge de fer pour la remuer; & lorsque la flamme est appaisée, on verse une seconde cueillerée de matiere qui s'enflamme d'elle-même. On la remue comme l'autre, jusqu'à ce qu'elle s'embrase entierement, & qu'elle se convertisse en une poudre rougeâtre, qui à cause de cette couleur est nommée *Crocus.* Alors on retire le mortier du feu. On pulverise la matiere, & on l'édulcore deux ou trois fois avec de l'eau tiede, en la filtrant par le papier gris. Cela étant fait, on met secher la poudre, pour s'en servir quand la necessité le demande. Les Chymistes appellent l'Antimoine préparé *Crocus Metallorum*, Safran des métaux, à cause que sa couleur rougeâtre, tirant sur le jaune, est la couleur du safran, & que l'Antimoine est mis au rang des métaux. On l'appelle aussi vulgairement *Foye d'Antimoine*, parce qu'avant qu'on le mette en poudre, il a une couleur qui approche de celle du foye. On se sert de l'Antimoine préparé pour faire le vin que l'on appelle Emetique. L'Antimoine préparé est un excellent remede contre les Epilepsies, les Apoplexies, les douleurs de tête, & sur-tout contre celles qui sont causées par les vapeurs qu'envoient les parties basses. Il emporte les fiévres intermittentes les plus opiniâtres, & même les continues, quand elles sont longues; & on s'en peut servir dans toutes les occasions où le vomissement paroît necessaire. Il est dangereux d'en prendre dans les maladies de la poitrine, si ce n'est à l'asthme inveteré, lorsqu'il provient d'une matiere pituiteuse épaissie. Il y a encore l'*Antimoine Diaphoretique*, qui se fait d'Antimoine préparé. Sa proprieté est de provoquer les sueurs, & c'est delà qu'il a été surnommé *Diaphoretique*. Le mot *Antimoine* vient du Latin *Antimonium*; & il n'y a nulle apparence de verité au conte qu'on fait d'un Moine Allemand qui cherchant la pierre Philosophale, jetta aux pourceaux de l'antimoine, dont il se servoit pour avancer la fonte des métaux. Ayant reconnu que ces animaux après en avoir mangé, en furent purgés très-violemment, & en devinrent ensuite bien plus gras, il crut que ses Confreres se porteroient beaucoup mieux, s'il les purgeoit de la même sorte. L'essai qu'il en fit fut malheureux, puisqu'ils en moururent tous. On veut que ce mineral ait été delà nommé Antimoine, du Grec ἀντὶ, Contre, comme qui diroit, *Contraire aux Moines*.

ANTIMONIENS. s. m. Heretiques, qui selon Pontanus, eurent pour Auteur un certain *Joannes Agricola* en 1535. Ils furent ainsi nommés, parce qu'ils rejettoient la Loi, de ἀντὶ, Contre, & de νόμος, Loi, laquelle Loi ils disoient n'être necessaire en aucune sorte sous l'Evangile, ni pour la conduite, ni au regard de l'amendement. Ils prétendoient que les bonnes œuvres n'avancent point la beatitude, & que les méchantes n'empêchent point que l'on n'y parvienne; que Dieu ne punit jamais ses enfans pour leurs pechés, & que ce n'est pas aussi à cause de leurs pechés qu'il châtie quelquefois une nation; que le meurtre, l'adultere & l'yvrognerie sont des pechés dans les impies, mais non pas dans les enfans de grace, & que personne ne doit s'inquieter en sa conscience pour quelque peché. Ils débitoient plusieurs autres rêveries de cette nature.

ANTIPATHES. s. m. Espece de Corail, dont parle Dioscoride. Il dit qu'il est noir & fait en maniere d'arbre, mais plus branchu, & ayant les mêmes proprietés que le Corail.

ANTIPODES. s. m. p. Ceux qui sont à deux endroits du Globe terrestre diametralement opposés. Ils sont sous les deux demi-cercles differens du même Meridien, & sous des paralleles également éloignés de l'Equateur des deux côtés. Delà vient que les uns ont le jour quand les autres ont la nuit, & qu'ils ont les saisons contraires les uns aux autres. Ce mot est Grec, ἀντίποδες, *qui ont les piés opposés les uns aux autres*. Voyez ANTOECIENS & PERIOECIENS.

ANTIQUE, *à l'Antique*. On emploie ce mot dans le Blason, en parlant des choses qui ne sont pas de l'usage moderne, comme des Couronnes à pointes de rayons, des Coëffures anciennes, Grecques & Romaines, des vêtemens, des bâtimens, des niches Gotiques, &c. *D'argent au buste de More de sable, couronné d'or à l'antique. D'azur à trois fers de l'ance à l'antique.*

ANTIRRHINUM. s. m. Plante qui a ses tiges & ses feuilles semblables à celles de l'Anagallis. Sa fleur est rouge, & ressemble à celle du Violier, quoiqu'elle soit moindre. Sa graine est comme un musle de veau. Dioscoride qui en fait ainsi la description, ajoûte qu'on tient que si on se frotte d'Antirrhinum avec de l'huile de lis, il embellit la personne, & qu'en le portant pendu sur soi, on ne peut être ni ensorcelé ni empoisonné. Theophraste veut que cette plante ressemble à l'Aparine; ce qui fait croire à Matthiole que les Exemplaires de Dioscoride & de Theophraste ont été corrompus en cet endroit, parce qu'il a vû quatre sortes d'Antirrhinum, dont aucun n'avoit les feuilles semblables ni à l'Anagallis, ni à l'Aparine. Même la diversité des fleurs suit celle des plantes, puisqu'elles sont purpurines en l'un, qu'elles approchent de cette couleur en l'autre, & qu'il y en a où elles sont blanches. Toutes ces sortes d'Antirrhinum portent cependant une graine assés semblables au musle de veau. Il dit que la plante est si ennemie des scorpions, qu'en la voyant seulement, ils demeurent aussi-tôt comme endormis & sans force.

ANTISPODE. s. m. Faux Spode que les Medecins mettent en la place du vrai Spodium, qui est difficile à recouvrer. Dioscoride dit que pour faire les médicamens suppletifs, que l'on appelle *Antispodes*, on met des feuilles de Myrthe avec leurs fleurs, & des Myrtiles qui ne soient pas encore mûrs, dans un pot de terre crue, ayant un couvercle pertuisé. On laisse ce pot dans la fournaise, jusqu'à ce qu'il soit parfaitement cuit; après quoi on remet ces cendres de Myrthe en un autre pot cru, couvert comme l'autre, & on le fait cuire comme auparavant. Le tout étant bien brûlé, on prend les cendres, on les lave bien, & on les garde pour s'en servir dans l'occasion. On peut faire la même chose avec une branche d'olivier sauvage qui aura son fruit, ou d'olivier domestique étant en fleur, ou avec des pommes de coing mises en pieces & émondées de leur graine. Les Antispodes se font aussi de noix de galle, ou de drapeaux déchirés, ou de mûres blanches & vertes qui ayent été sechées au Soleil, ou de terebenthine, ou de lentisque, ou de feuilles tendres de ronce, ou de branches de bouis, ou de cyprès bâtard qui sera en fleur. Quelques-uns se servent de feuilles de figuier seches, & préparées comme celles de myrthe, & d'autres de colle de taureau.

ANTITACTES. s. m. Heretiques ainsi nommés du mot Grec ἀντιτάττομαι, Je repugne, je m'oppose. En effet, ils suivoient des opinions si particulieres & si opposées à celles de tous les autres, qu'ils croyoient, non seulement que le peché n'étoit pas mauvais, mais qu'en commettant toutes sortes d'abominations on meritoit des récompenses. Ces Heretiques étoient sortis de la détestable secte des Gnostiques.

ANTOECIENS. s. m. p. Ceux qui habitent sous le même demi-cercle de Meridien, & sous des paralleles également éloignés de l'Equateur des deux côtés. Ils ont le jour en même-tems, mais ils ont les saisons contraires les uns aux autres. Ce mot vient de ἀντὶ, *vis-à-vis*, & de οἶκος, *maison*, comme si on disoit, *qui habitent vis-à-vis*. Voyez ANTIPODES & PERIOECIENS.

ANTOIT. s. m. Instrument courbé de fer, dont on se sert en construisant un Navire, pour faire approcher les bordages près des membres, & les uns près des autres.

ANTORA. f. f. Plante qui est un merveilleux préservatif contre les venins, & dont la tige est haute d'un palme & demi, quelquefois d'une coudée. Cette tige est ronde & ferme, & il en sort deçà & delà par intervalles, des feuilles minces & fort découpées. Sa cime est très-chargée de fleurs, qui sont purpurines, & ressemblent à celles de Napellus, excepté qu'elles sont moindres. L'Antora, ou plûtôt *Antitora*, produit deux racines, longuettes comme deux olives, & plus grandes quelquefois, noires dehors & blanches dedans, comme le nard des montagnes. Cette Plante croît avec le Napellus aux montagnes de Gennes & de Piémont; ce qui fait que Matthiole ne s'éloigne pas de croire que c'est la Zedoaria d'Avicennes, parce qu'Avicennes écrit que la Zedoaria vient avec le Napellus, & a ses racines comme l'Aristoloche ronde.

AOR

AORER. v. a. Vieux mot. Prier. On a appellé le Vendredi saint, *Le Vendredi aoré*, & M. Ménage croit que ce mot venoit de *Adoratus*, Adoré, à cause qu'on va ce jour-là adorer la Croix. On a dit aussi *Aourer*, pour Adorer.

Et la belle que j'aour
Qui sur toutes a beauté & valour.

On a dit encore *Aourner*.
Et le Vendredi saint & aourné.

AORTE. f. f. Terme de Medecine. On appelle ainsi la grande artere qui sort du ventricule gauche du cœur, pour porter le sang dans tout le corps. Ce mot est Grec, ἀορτή, & il se trouve dans Aristote où il s'explique par *Vena dextra spina*. Xenophon s'est servi du mot ἀορταί, pour dire, De petits coffres où l'on enferme des hardes.

AOUSTERELLE. f. f. Vieux mot. Sauterelle. Borel dit qu'on l'a peut-être appellée ainsi du mois d'Août:

Je te raemplirai d'hommes comme d'aousterelles.

APA

APARAGER. Vieux mot. Comparer.

Donc Ajax à moi s'aparage.

APARISSABLEMENT. adv. Vieux mot. Manifestement.

APATICHER. v. n. Vieux mot. Imposer un tribut pour le pastis. On a dit aussi *Apatisser*. Borel croit que ce mot a signifié Aller manger; & il en apporte cet exemple, *Et délibera de soi apaticher à la garnison plus prochaine.*

APATURIES. f. f. On a appellé ainsi certaines Fêtes que les Athéniens celebroient à l'honneur de Bacchus. D'autres prétendent que ces Fêtes se faisoient à l'honneur de Jupiter & de Pallas.

APE

APERITIF. adj. On fait de ce mot un nom substantif pluriel en termes de Medecine, & on appelle *Aperitifs*, Les médicamens qui ouvrent les orifices des vaisseaux & tous les conduits des parties interieures, & qui dilatent & débouchent les arteres, comme les racines de chiendent, de chicorée, de capres, la fumeterre, l'absynthe, les capillaires, les noyaux de pêche, l'ammoniac, la canelle. Les Aperitifs doivent non seulement être chauds, mais avoir une substance grossiere. Ce mot vient du Latin *Aperire*, Ouvrir.

APERTISE. f. f. Vieux mot. On trouve *Apertise d'armes* dans Froissard, pour dire, Dexterité, capacité.

APH

APHELIE. f. m. Terme qui se dit d'une Planete lorsqu'elle est dans sa plus grande distance du Soleil, du Grec ἀπὸ, & de ἥλιος, Soleil. Cela suppose que le cercle qu'elle décrit autour du Soleil, n'a pas cet astre pour centre, & alors l'Aphelie est dans le mouvement des Planetes rapporté au Soleil, ce qu'est *Apogée* dans le mouvement rapporté à la terre. Voyez APOGE'E. A *Aphelie*, s'oppose *Perihelie*. Voyez PERIHELIE.

APHRODILLE. f. f. Plante qui jette beaucoup de feuilles dès sa racine, & qui les a un peu plus longues & plus étroites que le porreau. Leur enfonçûre est si éminente, qu'on remarque qu'elle est triangulaire. Sa tige est lissée, de la hauteur d'une coudée, & quelquefois davantage, & porte à la cime une fleur qu'on appelle *Anthericon*. Ses racines sont longuettes, rondes, semblables au gland, & d'un goût piquant & amer. Elles échauffent, & prises en breuvage, provoquent l'urine & le flux menstrual. Pline dit que l'Aphrodille jette plus de racines qu'aucune autre plante, & que l'on trouve quelquefois plus de quatre-vingts bulbes attachés ensemble.

APHRONITRE. f. m. Fleur ou écume du Nitre, c'est-à-dire, ce que le Nitre a de plus subtil & de plus leger, de ἀφρὸς, Ecume, & de νίτρον, Nitre. Il y avoit anciennement l'*Aphronitre naturel*, qui se faisoit dans les Nitrieres, lorsque la rosée venoit à tomber dessus, dans le tems qu'elles étoient prêtes à produire, & l'*Aphronitre artificiel*. Ce dernier se faisoit en mettant quelques couvertures sur les Nitrieres, pour les fomenter quand elles étoient prêtes à produire. Les Nitrieres s'étant perdues par succession de tems, on ne trouve plus aujourd'hui ni l'un ni l'autre; mais quand l'Aphronitre est demandé dans quelque recette, on peut lui substituer le Salpêtre, qui n'est autre chose qu'un Nitre artificiel. Il y a aussi une espece de Nitre que Mesvé appelle *Fleur de muraille*, & qui est un Salpêtre naturel. On en voit de si blanc, de si leger, & de si subtil en de certaines maisons aux murailles qui sont sur le haut, qu'il a toutes les marques de l'Aphronitre, de sorte que ne lui étant inferieur en aucune qualité, il peut bien être mis en sa place.

API

APIOS. f. m. Plante dont les tiges jettent du lait, & sont rougeâtres & menues comme jones, sortant fort peu hors de terre. Elle croît en l'Isle de Candie. Ses fleurs sont petites & semblables à celles de la rue, mais plus longues & plus étroites. Elles paroissent lorsque le Printems commence, & ont une certaine ligne blanche qui passe par le milieu, le long de la feuille. Sa racine est noire en dehors, blanche au-dedans, & faite en façon de poire, d'où la plante a pris son nom, du Grec ἄπιος, qui veut dire Poire. La partie superieure de cette racine purge par dessus, & celle d'en bas purge par dessous. Il y a un *Apios bâtard*, que Matthiole dit être haut d'une coudée, jettant force tiges qui traînent à terre comme celles de la vesse. Ses feuilles sont longuettes & un peu âpres. Ses fleurs sont purpurines & odorantes; & quand elles viennent à tomber, elles laissent de petites gousses, dans lesquelles est la graine. Il a trois ou quatre racines attachées comme à un fil. Elles sont noires dehors, blanches dedans, & semblables à de petites poires ou figues, que les Allemans nomment *Noix de terre*, & qui ne sont aucunement laxatives. Cette plante vient par tout en Bohéme, & principalement dans les vignes.

APL

APLANER. v. a. Terme qui est en usage parmi ceux qui travaillent aux couvertures, pour dire, Faire venir avec des chardons la laine à la couverture. L'ouvrier qui est employé à ce travail s'appelle *Aplaneur*.

APLESTER. v. a. On se sert de ce mot en termes de mer, pour dire, Déplier, étendre les voiles, les mettre en état de recevoir le vent quand on est prêt de partir. Quelques-uns disent *Aplaistrer*.

APLOMB. Ce mot qui signifie perpendiculairement quand il est adverbe, c'est-à-dire, quand la particule *a* est séparée de *Plomb*, est un nom substantif que les Ouvriers ont mis en usage. Ainsi ils disent, qu'*Une muraille conserve bien son aplomb*, pour dire qu'Elle est bien droite.

APO

APOCRISIAIRE. s. m. Mot Grec ἀποκρισιάριος, qui a d'abord signifié un Envoyé, un Agent. Celui qui portoit les demandes ou les réponses de quelque Prince. Ensuite on n'appella *Apocrisiaires*, que ceux que députoit ou envoyoit une Eglise. Les Monasteres avoient des Apocrisiaires, qui faisoient les mêmes fonctions que font aujourd'hui les Thresoriers. Quelques-uns ont dit *Apocrisaire*.

APOCROUSTIQUES. s. m. Médicamens qui empêchent que l'humeur n'influe sur une partie, ou qui rejettent celle qui vient d'y influer, & qui n'y est pas encore arrêtée. La lentille de marais, l'endive, la morelle, le plantin, les feuilles de chêne, de myrthe, l'écorce de grenade, les racines de quintefeuille, la terre sigillée, le sang de dragon, l'acacia & plusieurs autres sont de cette nature. Ce mot est Grec, ἀποκρουστικὰ, & vient de ἀποκρούειν, Repousser.

APOCYNUM. s. m. Arbrisseau qui jette de grands sarmens, puants, pliables comme l'osier, & fort difficiles à rompre. Sa feuille est semblable à celle du lierre, mais plus molle, plus pointue au bout, & ayant une odeur fâcheuse & pesante. Il sort un jus jaune de cette feuille. L'Apocynum, que quelques-uns appellent *Cynocrambé*, ou *Chou de chien*, produit des gousses comme la féve, longues d'un doigt, & faites en maniere de vessie. Ces gousses enferment une graine dure, petite & noire. Les feuilles de cet arbrisseau incorporées en graisse, & données aux chiens, loups, renards & pantheres, les font mourir. A peine en ont-ils mangé, que leurs anches tombent en paralysie. Ce mot vient de ἀπὸ, & de κύων, Chien.

APODICTIQUE. adj. Terme de Logique. On appelle *Argument Apodictique*, un argument convainquant & démonstratif. Ce mot est Grec, ἀποδεικτικὸς, & vient du verbe ἀποδείκνυμι, Je montre, je fais connoître.

APOGE'E. s. m. Terme d'Astronomie. Point de l'Excentrique d'une Planete. Voyez (EXCENTRIQUE,) le plus éloigné de la terre. Il vient de ἀπὸ, loin, & de γαῖα terre. Ce Point est l'une des extrêmités de la *Ligne des Apsides* (Voyez APSIDES) dans la Theorie des Planettes, ausquelles on donne un *Epicycle*. Voyez EPICYCLE. On considere l'Apogée de l'Epicycle aussi bien que celui de l'Excentrique. L'Apogée s'oppose au *Perigée*. Voyez PERIGE'E.

L'Apogée des Planetes n'est pas toûjours au même point du Zodiaque, ni par consequent le Perigée. Ces deux points diametralement opposés se meuvent dans le Zodiaque, ou selon la suite des Signes, ou contre la suite des Signes, ou plus vîte, ou plus lentement, selon les differentes Planettes. L'Apogée du Soleil se meut selon la suite des Signes d'environ une minute en un an. Il est presentement dans le commencement du Cancer, & par consequent le Perigée dans le commencement du Capricorne. L'Apogée de la Lune se meut contre la suite des Signes de plus de 11. degrés par jour. Cela s'appelle *Mouvement de l'Apogée*.

APOLTRONNIR. v. a. Il se dit d'un oiseau en termes de Fauconnerie, lorsqu'on lui coupe les ongles des pouces, qui sont les doigts de derriere & les clefs de sa main; ce qui lui ravale le courage, & fait qu'il n'est plus propre pour le grand gibier.

APONEUROSE. s. f. Terme de Medecine. C'est proprement une extention de nerf ou de tendon en maniere de membrane. Ce mot est Grec, ἀπονεύρωσις, de ἀπὸ & de νεῦρον, Nerf.

APOPHLEGMATISMES. s. m. Medicamens qui étant long-tems mâchés attirent la pituite du cerveau. Leur usage, qui est fort bon quand on se sent la tête pesante, ou qu'on est atteint de quelque maladie froide des oreilles & des yeux, est fort contraire dans les fluxions qui tombent sur la gorge & sur les poumons. Ce mot est formé du Grec ἀπὸ, & de φλέγμα, Pituite. C'est la même chose que *Masticatoire*.

APOPHYGE. s. f. Terme dont on se sert en Architecture, pour dire, L'endroit où la colomne sort de sa base, & où elle commence à monter & à échapper en haut; ce qui fait que le Ouvriers nomment cet endroit *Escape*, *congé*. Ce mot est Grec, ἀποφυγὴ, & veut dire, Fuite.

APOPHYSE. s. f. Terme de Medecine. Partie d'un os qui sort de l'os même, & qui avance sur la surface unie. Ce mot est Grec, ἀπόφυσις, & veut dire ce qui est né sur quelque autre chose de ἀπὸ, & de φύω, Je produis, j'engendre. Il y a des *Apophises mammillaires*. Ce sont certaines petites bossetes qui ressemblent à des bouts de mammelle, ou au pis d'une vache. Ces petites bossettes naissent des ventricules anterieurs du cerveau, & vont aux os cribleux des narines, qu'on croit être les organes de l'odorat.

APOPLEXIE. s. f. Obstruction du principe des nerfs, qui tout à coup prive de mouvement & de sentiment toutes les parties du corps. Ce mot est Grec, ἀποπληξία, & vient de ἀπὸ, & de πλήττειν, Frapper. La cause de l'Apoplexie est une pituite épaisse & froide, qui remplissant tout à coup les ventricules du cerveau, bouche ou étressit les arteres du rets admirable, par lequel l'esprit y monte du cœur; & cet esprit venant à manquer, il ne peut plus y avoir dequoi fournir de sentiment ni de mouvement aux nerfs.

APORE. s. m. Terme de Mathematique. Probléme qui, quoique possible, est si difficile à résoudre, qu'il n'a pas encore été résolu. Ainsi on peut dire que la Quadrature du Cercle est un Apore. Quelques-uns font venir ce mot du Grec ἄπορος, qui veut dire, Où il n'y a point de chemin.

APOSIOPESE. s. f. Terme de Rhetorique, Figure qui se fait lorsqu'en feignant de ne vouloir rien dire d'une chose, on ne laisse pas d'en parler en peu de mots. Ce mot est Grec, ἀποσιώπησις, Reticence, & vient de ἀποσιωπάω, Je me tais.

APOSTOLIQUES. s. m. Heretiques qui s'éleverent

contre l'Eglise vers le milieu du troisiéme siecle. C'étoit une secte sortie des Cathares & des Encratites. Ils faisoient profession de ne se point marier,& de renoncer aux richesses,comme les Apôtres. On les appelloit aussi *Apotactiques*. Il y a eu encore une autre secte d'Heretiques dans le douziéme siecle, appellés *Faux Apostoliques*. Ils prétendoient composer le vrai & le seul corps de l'Eglise, & défendoient l'usage de plusieurs sortes de viandes, à la façon des Manichéens. Ils disoient qu'il n'y avoit point de Purgatoire, & qu'il étoit inutile de baptiser les enfans, d'invoquer les Saints, & de prier pour les morts. Ils improuvoient aussi le mariage, & menoient avec eux des femmes addonnées à la débauche.

APOSTIS. f. m. p. Terme de Marine. On appelle ainsi deux longues pieces de bois de huit pouces en quarré, un peu abaissées, l'une le long de la bande droite, & l'autre le long de la bande gauche d'une galere depuis l'espale jusqu'à la conille. L'une & l'autre de ces pieces de bois porte toutes les rames de la Chioutme par le moyen d'une grosse corde.

APOTOME. f. m. & f. Terme d'Algebre. Difference de deux grandeurs incommensurables, dont l'une est retranchée de l'autre. Voyez INCOMMENSURABLE. Ainsi 4. moins la racine de 5. est un Apotome. Voyez RACINE. On opposoit anciennement Binome à Apotome, parce que le Binome étoit formé de l'Addition, & l'Apotome du retranchement de deux grandeurs incommensurables. Voyez BINOME. Mais présentement on ne se sert presque plus du mot d'Apotome, & Binome signifie tous les deux, parce que ce sont toûjours dex grandeurs incommensurables, soit que l'une soit ajoûtée ou retranchée de l'autre. Apotome vient de ἀποτομὴ, retranchement de ἀποτέμνειν, couper, separer.

APOYOMATLI. f. m. Herbe de la Floride dont les feuilles sont semblables à celles des porreaux, mais plus longues & plus déliées. Elle a son tuyau comme le jonc, plein de poulpe, noueux & haut d'une coudée & demie, sa fleur petite & étroite, & sa racine déliée, fort longue, pleine par intervalles de nœuds ou bossettes rondes & velues, qui étant coupées & exposées au Soleil, s'endurcissent de telle sorte, qu'on les perce fort facilement. Aussi en fait-on des chapelets, qui ne sont pas moins estimés en ce pays-là, qu'en Espagne où on les porte. Cette racine a une saveur aromatique presque comme le Galanga, & vient aux bords des rivieres & des lieux humides. Les Sauvages broyent l'herbe entre deux pierres, & se frottent tout le corps avec son suc, quand ils se veulent laver; ce qu'ils font souvent, persuadés qu'en fortifiant la chair, elle lui communique son odeur. Les Espagnols, ainsi qu'eux, en font une poudre qu'ils prennent avec du vin fort utilement contre la pierre des reins. Elle émeut puissamment l'urine & évacue tous les excremens, qui ordinairement bouchent les conduits. Cette herbe broyée & prise en bouillon, appaise les douleurs de la poitrine; & appliquée en emplâtre, elle fortifie l'estomac, & guerit les affections de matrice.

APOZEME. f. m. Decoction faite avec racines, bois, écorces, feuilles, fleurs, semences, & autres parties des plantes, afin de preparer les humeurs à la purgation. On s'en sert aussi quelquefois pour évacuer ces mêmes humeurs. L'Apozeme est different du Julep, en ce que le Julep se fait avec des eaux distillées. Ce mot est Grec ἀπόζεμα, & vient de ἀποζεῖν, Je cesse de bouillir.

APP

APPARAUX. f. m. p. Terme de Marine dont on se sert en parlant des Agrés d'un Vaisseau, & de toutes les choses qui sont necessaires pour mettre à la voile. L'Artillerie y est comprise, mais non pas les vivres & l'équipage.

APPAREIL. f. m. Terme de Maçonnerie. Hauteur d'une pierre, ou son épaisseur entre deux lits. On dit qu'*Une pierre est de grand appareil*, pour dire, qu'Elle est bien épaisse. On dit aussi *Mettre des pierres de même appareil*, pour dire, Les mettre de même hauteur.

On appelle en termes de mer, *Appareil de Pompe*, le piston de la Pompe.

On appelle en Chirurgie *le grand Appareil* tout ce qu'on prepare pour faire l'operation de la taille, & extraire la pierre de la vessie.

Appareil est aussi un petit ais attaché à de longues perches, dont on se sert pour retenir l'eau à la porte d'un Moulin, & le coulant dans les feuillures de l'aiguille.

APPAREILLER. v. n. Disposer toutes choses dans un Vaisseau pour partir bientôt, mettre à la voile. On dit qu'*Une voile est appareillée*, pour dire, qu'Elle est déployée & mise en état de recevoir le vent.

On dit aussi qu'*Une pierre est appareillée*, pour dire, qu'Elle est tracée selon les mesures qui en ont été données afin de la joindre avec d'autres, suivant le dessein qu'on a arrêté.

APPAREILLEUR. f. m. Celui qui trace les pierres & qui les marque avant que les Tailleurs commencent à y travailler.

APPARENCE. f. f. *L'exterieur, ce qui paroît au dehors*, ACAD. FR.

On appelle *Apparence*, en termes de Perspective, un point du tableau, par où passe une ligne droite, qui est menée du point proposé de l'objet à l'œil. Voyez PERSPECTIVE. Et en termes d'Optique, l'*Apparence simple & directe d'un objet*, veut dire, Celle qui se fait en ligne droite, n'étant sujette ni à la reflexion, ni à la refraction. En termes d'Astronomie, *Apparences* se dit de tout ce qu'on a découvert par les observations anciennes & nouvelles des mouvemens du Ciel & des Astres. On les appelle autrement *Phenomenes*.

APPARITEUR. f. m. Mot que l'on a fait du Latin *Apparitor*, & qui n'a d'usage qu'en parlant des Sergens des Officialités.

APPAUMÉ', ÉE. adj. Terme de Blason. Il se dit de la main ouverte dont on voit le dedans que l'on appelle la paume. *De sable à trois mains droites levées & appaumées d'argent.*

APPENDICE. f. m. Terme de Medecine. Il se dit de ce qui est en quelque façon détaché d'une autre partie, comme le bout de l'oreille, à l'égard de la joue. Il se trouve des Appendices membraneux de differente figure dans la plûpart des parties interieures du corps. Ce mot vient du Latin *Appendix*, qui signifie, Ce qui est de l'appartenance, de la dépendance de quelque chose, & comme accessoire.

APPLANIR. v. a. Rendre de niveau. Ainsi on dit, *Applanir une piece de bois*, pour dire, Faire que la superficie d'une piece de bois soit unie.

APPLIQUE. f. f. Ouvrage par lequel on enchasse une chose sur une autre. Les ouvrages de rapport, & ceux de marqueterie sont de cette espece. En Orfévrerie, tout ce qui s'assemble par charnieres, goupilles, coulisses, vis ou autrement, s'appelle

Piece d'applique.

APPLIQUE'E. s. f. Terme de Géometrie. On sousentend *ligne*. Quelques Géometres appellent *appliquées*, ce que l'on appelle plus communément *ordonnées*. Voyez ORDONNE'ES. Ce sont des lignes paralleles entre elles tirées à tous les points du diametre d'une courbe, & terminées de part & d'autre par la courbe, ou, comme on le prend plus ordinairement terminées d'un côté par la courbe, & de l'autre par le diametre auquel elles sont appliquées.

APPOINTE'. s. m. M. Guillet dit sur ce mot qu'un Appointé est un Soldat d'Infanterie, qui ayant servi long-tems & fait des actions de bravoure, a merité une paye au-dessus de celle des simples Soldats, & qui attend son tour pour avoir la solde de haute paye. Il ajoûte que les Appointés ayant été supprimés de tous les Regimens, depuis que chaque Compagnie a été réduite à cinquante hommes, le seul Regiment des Gardes a conservé quarante Appointés par Compagnie, sur les cent cinquante Soldats dont chacune de ces Compagnies est composée. Il fait encore remarquer que les Capitaines & les Lieutenans appointés étoient des Officiers des six vieux Regimens & des six petits Vieux, qui sans resider dans le Regiment, ne laissoient pas d'être entretenus. Les appointemens qu'on leur a payés jusqu'en 1670. auquel tems leurs places furent supprimées, ont été donnés au Lieutenant Colonel, & aux trois premiers Capitaines du Regiment.

APPOINTE', E'E. adj. Terme de Blason dont on se sert en parlant des choses qui se touchent par les pointes comme deux chevrons opposés, trois épées, ou trois fléches mises en pairle. *De gueules à deux épées d'argent, appointées en pile vers la pointe de l'écu.*

APPREST. s. m. Ce mot est en usage parmi beaucoup d'Artisans, mais il se dit particulierement des Gommes & autres drogues que les Chapeliers mettent dans leurs Chapeaux. On dit en ce sens, *Chapeau sans apprêt.*

Apprêt, est un terme de Tonnelier. C'est un petit morceau de bois taillé en coin, qu'on chasse entre le cercle & la douve pour serrer le joint ou le fond.

Apprêt. Se dit aussi de la couleur que les Vitriers mettent sur le verre. Ainsi on dit, *Sçavoir l'apprêt des couleurs*, pour dire, Sçavoir peindre sur le verre.

APPRE'TEUR. s. m. Ouvrier qui sçait colorer le verre.

APPROCHER. v. n. On dit en termes de Sculpture, *Approcher à la pointe*, *à la double pointe*, *approcher au ciseau*, lorsqu'après que le bloc de marbre est dégrossi, on emploie des outils plus déliés pour achever la figure.

On dit aussi *Approcher*, en termes de Monnoye, lorsqu'on ajuste les flans ou carreaux pour les rendre du poids qu'ils doivent avoir.

APPROCHES. s. f. p. On appelle ainsi en termes de Fortification, des chemins qu'on creuse dans terre, & dont on éleve les deux bords; on leur a donné ce nom à cause que par le moyen de ces chemins on peut approcher d'une Forteresse sans crainte d'être vû de l'Ennemi. Les chemins que les Assiegés creusent dans terre pour interrompre ceux des Assiegeans sont appellés *Contre-approches.*

On appelle aussi *Ligne d'approche*, le travail fait pour gagner à couvert le fossé ou le corps d'une Place qu'on assiege.

APPROXIMATION. s. f. Terme d'Algebre. Les racines *sourdes*, par exemple la racine quarrée de douze, ou la racine cubique de dix-huit, ne pouvant être exprimées par nombres, (Voyez INCOMMENSURABLE.) QUARRE', & SOURD, on trouve cependant des nombres qui en approchent toûjours de plus en plus à l'infini, sans y pouvoir jamais arriver, de sorte que la difference qu'il y aura entre ces nombres & les racines sourdes sera moindre que toute grandeur donnée. L'operation par laquelle on trouve ces nombres qui approchent toûjours de plus en plus, s'appelle *Approximation de racines*. L'approximation se peut faire ou *en-dessous ou en-dessus*, c'est-à-dire qu'on peut approcher de la racine sourde ou par un nombre qui sera toûjours plus petit qu'elle, quoiqu'il croisse toûjours, ou par un nombre qui sera toûjours plus grand, quoiqu'il diminue toûjours.

APPUI. s. m. Pierre ou éclat de bois en forme de coin, que les Ouvriers mettent sous leurs pinces ou leviers pour remuer un fardeau. Ils l'appellent aussi *Cale*.

Appui, se dit aussi des pieces de bois, du fer ou des pierres qui sont à hauteur d'appui, le long des rampes des escaliers, & qui couvrent les balustres.

On appelle *Appui de fenêtre*, ce qui en est l'accoudoir.

On appelle en termes de Manége, *Appui de main*, le sentiment reciproque qui se fait par le moyen de la bride entre la bouche du Cheval & la main du Cavalier.

On dit qu'*Un Cheval a l'appui fin*, pour dire, qu'il a la bouche fine & délicate, & bien capable d'obéir à la bride. On dit au contraire qu'*Un Cheval a l'appui sourd*, pour dire, qu'Encore qu'il ait la bouche bonne, il a la langue si grosse, qu'à cause de son épaisseur le mords ne va pas jusqu'au vif des barres. On dit encore qu'*Un Cheval n'a point d'appui, qu'il est sans appui*, pour dire, qu'Il craint l'embouchûre, & qu'il ne sçauroit souffrir que le mords appuye sur les parties de la bouche. On dit aussi qu'*Un Cheval a trop d'appui*, pour dire, qu'Il s'abandonne trop sur le mords. On dit encore d'un Cheval, qu'*Il a l'appui à pleine main*, pour dire, qu'Il a l'appui ferme, sans que pourtant il pese à la main. Et quand on dit qu'*Il a l'appui au-delà de pleine main*, ou *plus qu'à pleine main*, on veut dire, Que quoiqu'il faille un peu de force pour l'arrêter, c'est toutefois de telle maniere qu'il ne force pas la main.

APPUYE-MAIN. s. m. Bâton, ou baguette de trois à quatre piés de longueur, avec laquelle les Peintres soûtiennent leur main lorsqu'ils travaillent.

APR

APRETADOR. s. m. Ornement de femmes où l'on fait entrer des pierreries mises en œuvre. Ce mot est purement Espagnol, & vient d'*apretar*, qui en cette Langue signifie, Presser, serrer.

APRISE. s. f. On dit en termes de Palais, *Une sommaire Aprise*, pour dire, Un verbal, une description, une estimation d'un fond, pour en connoître l'état present & la valeur. Ce mot vient du Latin *Apretiare*. On en a tiré *Aprisia*, qui se trouve dans les anciens Arrêts, & de *Aprisia*, on a fait *Aprise*.

APS

APSIDES. s. f. p. Quelques-uns écrivent *Absides*, Termes d'Astronomie. Ce sont les deux points de l'Excentrique d'une Planete appellée *Apogée* & *Perigée*. Ce diametre qui joint l'un à l'autre, & qui passe par le centre du monde & par celui de l'Excentrique,

centrique, s'appelle *la ligne des Apsides*. Ce mot vient du Grec ἀψὶς, voûte, courbure de roue ou d'arc, parce que les deux extrémités du cercle Excentrique representent cette courbure. Voyez EXCENTRIQUE. LONGITUDES. APOGE'E, & PERIGE'E.

AQU

AQUACATE. f. m. Arbre qui croît dans la nouvelle Espagne, & que les Espagnols appellent ainsi. Ses feüilles ressemblent à celles de l'Oranger, mais elles sont plus vertes, plus grandes & plus rudes. Sa fleur est petite, & d'un blanc tirant sur le jaune. Son fruit a la figure d'un œuf, mais il est un peu plus long, noir par dehors, & quelquefois d'un vert brun. Le goût en est agreable. Il a un noyau leger, rude & solide, gros & plus long qu'un œuf de ramier, & d'un goût semblable à celui des amandes ameres.

AQUARIENS. f. m. Heretiques ainsi appellés du mot Latin *Aqua*, Eau, à cause qu'ils n'offroient que de l'eau dans le sacrifice de l'Autel. Ils avoient donné dans cette erreur, sur ce que pendant la persecution, les Fideles qui ne s'assembloient que de nuit pour celebrer les sacrés Mysteres, se contentoient d'user d'eau dans l'oblation Eucharistique, contre l'Institution divine, de crainte que le matin l'odeur du vin ne les découvrît. Cela arriva au troisiéme siecle vers l'an 247.

AQUILICES. f. m. Sacrifice que les Romains avoient accoûtumé de faire à Jupiter lorsqu'ils vouloient avoir de la pluye, ce qui faisoit donner le nom d'*Aquiliens* ou d'*Aquiliciens* aux Prêtres par qui se faisoient ces sacrifices.

AQUIQUI. f. m. Espece de Singe qu'on trouve dans le Bresil, & qui est beaucoup plus grand que les autres. Il est d'un poil noir, & a une barbe fort longue au menton. Parmi ceux de cette espece il en naît quelquefois un mâle, de couleur roussâtre, que les Sauvages appellent *Le Roi des Singes*. Il a la face assés blanche & la barbe si bien agencée qu'on la croiroit faite avec des ciseaux. On dit qu'il monte souvent sur un arbre, comme s'il vouloit haranguer, & qu'il crie si haut d'une voix enrouée, qu'il se fait entendre de fort loin, ayant pour cela au-dessous du palais une organe faite d'une membrane, petite, mais forte, grosse comme un œuf, & qui s'étend fort facilement. En criant il jette une grosse écume, qu'un petit Singe, assis auprès de lui, a soin d'essuyer.

ARA

ARABIQUES. f. m. Heretiques qui enseignoient que les ames des hommes mourant avec leurs corps, ressuscitoient aussi avec eux. Ils parurent en Arabie au commencement du troisiéme siecle, & le second Concile d'Arabie ayant été assemblé contre eux, ils renoncerent à leurs erreurs, & firent profession de la Foi Catholique.

ARACA. f. f. Sorte de petite Poire du Bresil. Il y en a de couleur jaunâtre, de rouges, & quelquefois de vertes. Ce fruit est fort agreable au goût à cause qu'il est aigre, & l'arbre qui le produit le porte tous les mois.

ARACADEP. f. m. Sorte de poisson qui se pêche dans les mers du Bresil. Il est plat, & rend en cuisant une certaine graisse jaunâtre qui lui sert de sausse. Sa chair est fort bonne.

ARÆOMETRE. f. m. Ampoule de verre lestée de vif-argent, dont on se sert pour sçavoir ce que pesent les liqueurs. Elle a un col fort étroit, qui est divisé en parties égales, selon toute sa longueur. Quand on a des liqueurs à comparer, on plonge cet Instrument dedans, & celle dans laquelle il enfonce plus avant est toûjours la plus legere. L'Aræometre est décrit dans les Essais de l'Académie de Florence, de la maniere qu'on le vient de marquer. On le fait d'une autre sorte à Paris. Il a un col fort court, & divisé en-dedans par un grand rouleau de papier blanc avec quelques lignes transversales qui sont éloignées également l'une de l'autre. Ce col est évasé par le haut en forme de bassin plat, qu'on charge de quelque poids afin qu'il puisse enfoncer plûtôt, & on fait l'observation de la même sorte qu'il a été dit. Le mot d'Aræometre vient du Grec ἀραιὸς, Tenve, mince, & de μετρεῖν, Mesurer.

ARÆOSTYLE. f. m. Edifice dont les colomnes sont loin à loin.

ARAIGNE'E. f. f. Petit Insecte venimeux, auquel ceux qui en font la description donnent des cornes, situées de telle sorte au-dessous de la poitrine, qu'on a de la peine à les distinguer de ses piés, qui sont au nombre de dix selon les uns, & de huit ou six, selon les autres. On lui donne aussi des pinces, des ongles & des dents qui sont plûtôt des aiguillons que des dents. C'est par le moyen de ces aiguillons que les Araignées insinuent leur venin. Quelques-uns veulent qu'elles ayent six yeux, & les autres jusqu'à huit. Le Pere du Tertre dit qu'il en a vû de toutes sortes dans les Antilles, & qu'elles ont presque toutes de petites bourses d'une étoffe qui semble être un cuir extrêmement délicat. Elles y pondent leurs œufs, & se tiennent dessus pour les couver, ou pour les garantir des autres petits insectes qui les mangeroient. Il ajoûte qu'il en a trouvé dans les bois, qui étoient toutes plates, larges d'un pouce, & longues d'un pouce & demi, & qui n'avoient que l'épaisseur d'un teston; la partie anterieure étoit faite comme un écusson divisé par petits carreaux, & le ventre étoit un ovale rayé par dessus. Elles étoient entierement grises, & avoient les jambes fort longues, dures & herissées comme les grifes d'un Cerf volant. Il fait ensuite la description d'une Araignée monstrueuse qui se trouve dans l'Isle de la Martinique. Sa partie posterieure qui paroît être le ventre, est de la grosseur d'un œuf de poule, toute velue, d'un poil noir, herissé & assés long. La partie anterieure est un peu plus courte, & moins épaisse. Au milieu du dos est une petite ouverture ronde où l'on pourroit mettre un poix, toute environnée d'un poil un peu plus long que celui du corps. De chaque côté de cette partie anterieure sortent cinq piés velus, plus longs que les doigts. Chaque pié a quatre jointures sans celle qui le joint au corps, & il a de plus une petite pince de corne rousse & fort dure. Ces Araignées ont deux petits yeux noirs, luisans, & dans la gueule deux dents de la longueur de la moitié d'une épingle, courbées & affilées comme des aiguilles. Elles filent de même que toutes les autres Araignées, & font une petite bourse grande comme la coque d'un œuf. La premiere peau est une maniere de cuir fort délicat, & le dedans est rempli d'une filasse douce comme de la soye, & sur laquelle elles laissent reposer leurs œufs. Elles tiennent cette bourse sous leur ventre, & la portent par tout avec elles. On apprehende cette Araignée, & les habitans assûrent qu'elle est plus à craindre que les Viperes de cette même Isle. Si on l'irrite, elle jette un venin subtil qui rendroit un homme aveugle s'il en tomboit dans ses yeux. Son poil est tel, que si on le touche lorsqu'elle est vivante, il pique & brûle presque comme des orties. Si on la prend, & qu'elle se sente serrée, elle pousse un aiguillon plus petit que celui d'une Abeille, mais dont la piqûre est si dangereuse, qu'il n'y a que le petit Cancre de mer appliqué qui puisse empêcher que l'on n'en meurt. On derive *Araignée* du Grec ἀράχνη, qu'on pretend venir de ἀραιὸς, Mince, délié, à cause que la toile d'Araignée est très-déliée.

Il y a aussi une *Araignée de mer*. C'est une espece d'Ecrevisse couverte de deux fort dures écailles, dont celle du devant est bossée à la maniere d'un plat, un peu épaisse, ronde autour du front, & taillée en demi-lune où elle se joint à l'autre. Le dehors est élevé par bossettes ou pointes obtuses disposées par rang. L'écaille de derriere plus déliée que n'est celle de devant, est en forme de losange, dentelée des deux côtés, & picotée par de petits trous. Sa queue surpasse en longueur le reste du corps, & est dentelée de pointes fort dures depuis le milieu jusqu'au bout. Elle a plusieurs jambes comme les Cancres. Les huit premieres sont plus courtes que les autres, les deux qui suivent sont plus longues, & les deux d'après plus courtes. Cette sorte d'Ecrevisse n'a point de nageoires, mais elle a de chaque côté un petit os qui est comme une rame avec laquelle on croit qu'elle nage. Il y a auprès de sa gueule deux petites pattes dont elle se sert pour mâcher. Sous le test de dessous elle a quelques petites vessies qui s'enflent comme font les gorges des Grenouilles. On en voit de differente grosseur, & il en est dont la queue est longue de plus d'un pié. Elles se plaisent aux rivages, & aux lieux qui ne sont gueres profonds. On les prend particulierement à l'embouchure des Rivieres.

Araignée, en terme d'Art Militaire est un travail par branches, détours ou rameaux que fait le Mineur sous terre, lorsque le roc ou quelque autre obstacle qu'il rencontre, l'empêchent de faire la chambre de la mine à l'endroit qu'il s'étoit proposé, il se voit contraint de s'écarter par plusieurs branches, dont chacune est terminée par de petits fourneaux. Afin qu'ils puissent jouer tous à la fois on y fait aller le feu par des traînées de poudre plus ou moins lentes, selon que chaque fourneau est plus ou moins proche de la traînée ou saucisse principale qui commence à l'ouverture du travail.

Araignée, est aussi un terme de Marine, & signifie certaines poulies particulieres par où viennent passer des cordages à plusieurs branches qui representent une toile d'Araignée.

On appelle *Araignée* en termes d'Astronomie, la derniere platine de l'Astrolabe qui est percée à jour, où sont marquées plusieurs étoiles fixes, & qu'on pose sur toutes les autres quand on a quelque operation à faire. On l'appelle *Araignée* ou *Aranée*, parce qu'étant découpée & partagée en plusieurs petites portions de cercle, elle represente quoique fort imparfaitement une toile d'Araignée.

Araignée, se dit encore d'un crochet de fer à plusieurs branches qu'on attache à une corde pour tirer d'un puis des seaux, qui se sont détachés de la chaîne. On ne dit plus en Anjou comme du tems de Ménage *Irentaigne*, mais *Iraigne*.

ARAMBER. v. a. Terme de Marine. Accrocher un Bâtiment pour venir à l'abordage, soit qu'on employe le grapin, soit d'une autre sorte.

ARANATA s. m. Animal qui se trouve aux Indes, & qui est de la grandeur d'un Chien de chasse. Il a une longue barbe de bouc, & se fait entendre de loin par un cri horrible. Il monte au haut des arbres avec beaucoup de legereté, & se nourrit des fruits qu'il y trouve.

ARANTELES. s. f. p. Terme de Venerie. Il se dit des filandres qui se trouvent au pié du cerf, & on leur donne ce nom à cause qu'elles ressemblent à une toile d'Araignée.

ARASÉ. ÉE. adj. On appelle *Platebande arasée*, une Platebande dont les claveaux sont à têtes égales en hauteur, sans faire liaison avec les assises de dessus. On dit aussi *Porte arasée*, pour dire, Une porte de Menuiserie, dont l'assemblage est tout uni sans saillie.

ARASEMENT. s. m. Derniere assise d'un mur qui est arrivé à hauteur de couronnement, ou que des raisons particulieres ont fait cesser à une certaine hauteur de niveau.

ARASER. v. a. Mettre les pierres d'une muraille d'une égale hauteur. On arase de niveau lorsque les assises de maçonnerie sont conduites horisontalement.

ARASES. s. f. p. Pierres plus hautes ou plus basses que les autres cours d'assise, pour parvenir à une certaine hauteur. Telle est celle d'un cours de plinthe, ou celles des cimaises d'un entablement.

ARATICUPANA. s. m. Arbre du Bresil, à peu près grand comme un Oranger. Ses feuilles ressemblent à celles du Citronnier, & le fruit qu'il porte est gros comme une Pomme de pin, odorante & d'un goût fort agreable. Il y en a de plusieurs especes, & une entre autres qu'on appelle *Araticupanania*. Son fruit est très-froid & aussi nuisible que le poison, si on en mange souvent. Le bois de cet Arbre est aussi leger que du liege, de sorte qu'on peut l'employer aux mêmes usages.

ARB

ARBALESTE. s. f. Ce mot est en usage sur la mer, & signifie un Instrument gradué qui sert à faire trouver la hauteur du Soleil & des autres Astres sur l'horison. On l'appelle aussi *Arc-balestrille*.

ARBALESTER. v. a. Appuyer un édifice avec des Arbalestiers ou forces.

ARBALESTIERS. s. m. p. Pieces de bois qui servent à la charpente d'un bâtiment, & à soûtenir la couverture. On les appelle aussi *Petites forces*. Il y en a qui disent *Arbalestriers*.

ARBALESTRIERE. s. f. Terme de Marine. On dit *Arbalestriere d'une Galere*, pour dire, Le poste où combattent les Soldats, le long des courroirs & des apostis. C'est d'ordinaire derriere une pavesade.

ARBORER. v. a. On dit en termes de Marine, *Arborer le Pavillon*, pour dire, Déployer & montrer le Pavillon. On dit *Arborer*, pour dire, élever un Mât, & *Desarborer*, pour dire, Couper, abbattre un Mât.

ARBOUSIER. s. m. Arbre grand comme un Coignier, & qui jette beaucoup d'ombre. Il est vert toute l'année, fleurit en Juillet, & a une écorce aussi deliée que celle du Tamarin. Ses fleurs qui n'ont qu'une seule queue, tiennent ensemble comme les raisins. Ses feuilles servent à la preparation des cuirs, & sont moyennes entre celles du Laurier & de l'Yeuse. On appelle son fruit *Arbouse*. Il n'a point de noyau, & est de la grosseur d'une prune. Matthiole dit que les Arbousiers de Toscane ont leurs feuilles semblables à celles du Laurier, ou de l'Yeuse, mais plus courtes & plus massives, dentelées tout à l'entour, tirant plus sur le blanc que sur le vert, avec une côte rouge en leur milieu ; que l'écorce du tronc est faite à écailles, rougeâtre & âpre à manier ; que les fleurs de cet arbre qui sont blanches & petites, & semblables au Muguet, tiennent l'une à l'autre ; que le fruit qu'il porte est rond & grand comme une Corme, vert d'abord, ensuite jaune & enfin rouge lorsqu'il a atteint sa maturité ; qu'il est sans noyau, & fait environ comme une fraise ; qu'il a un goût âpre & fade, & pique la langue & le palais, d'une certaine substance dont il est couvert qui semble être des arêtes. Quelques-uns font de l'eau de feuilles d'Arbousier, & la donnent à ceux qui sont frappés de la peste, comme un remede très-singulier, en y mêlant l'os du cœur d'un Cerf. En Latin *Arbucus*.

ARBRE s. m. Le premier & le plus grand des Vegetaux, qui pousse de grosses racines, une grosse tige & de grosses branches. On en voit un nombre presque infini de differentes especes, fruitiers ou autres. Chacun a son nom particulier, & il est parlé de la plûpart dans leur ordre alphabetique. Il y en a pourtant quelques-uns qu'on n'y sçauroit mettre, à cause qu'ils n'ont point d'autre nom que celui que leur fait donner quelque qualité extraordinaire qu'on découvre dans ces Arbres, comme un certain Arbrisseau qui croît dans les Isles de l'Amerique, & qui est nommé par les Habitans, *Arbre de Baume*. Ses feuilles ne different de celles de la Sauge, qu'en ce qu'elles sont un peu plus jaunes, plus épaisses, plus farineuses, & qu'elles n'ont point d'odeur. Lorsqu'on en arrache quelqu'une, il sort de l'arbre & de la queue de cette feuille une goute d'une liqueur visqueuse, quoique transparente, jaune comme de l'ambre, un peu amere, astringente au goût & sans nulle odeur. Cette liqueur guerit en moins de vingt-quatre heures toutes les playes nouvellement faites sans qu'elles viennent à suppuration. Elle nettoie aussi & guerit en peu de tems les vieux ulceres. On prend soin de l'amasser, & on ne l'estime pas moins que le Baume du Perou. On la conserve dans de petites phioles.

Il y a dans la Guadeloupe un autre Arbrisseau, qui croît gros & haut comme un Coignassier, & qu'on a nommé *Bois de Chandelle* à cause qu'il est tout rempli d'une gomme grasse, qui brûle comme de l'huile. L'odeur qu'elle exhale est fort agréable ; & plus le bois de cet arbre est vieux, plus il sent bon. Son écorce est noire & rude, & il a ses feuilles deux fois aussi larges que celles du Laurier, plus épaisses & plus grasses, & arrondies par le haut. Ses branches sont tortues, noueuses & mal disposées, & quoiqu'il en ait souvent quelques-unes de pourries, & que même la moitié de l'arbre le soit quelquefois, le reste demeure vert, & garde une bonne odeur, en sorte que le cœur est toûjours incorruptible. Il fleurit & pousse sa graine comme le bois de Sandal, & ne se trouve que le long de la mer. Les Sauvages expriment le suc de la seconde écorce, & le retenant dans du coton, ils le distilent dans les yeux enflâmés & chassieux, & ne manquent point à les guerir.

On trouve dans la même Isle un autre Arbre, qui croît gros & haut comme un grand poirier, & dont la racine produit un effet des plus surprenans. Le bois de cet arbre qui est assés dur & jaune, est extrêmement tortu, ce qui est cause qu'on ne sçauroit l'employer dans les bâtimens. Il est fort chargé de feuilles, qui sont presque semblables à celles des pois communs. Elles sont aussi larges & trois à trois sur chaque queue ; mais elles sont plus épaisses, veloutées, & d'un vert de mer. Quant à la racine, lorsqu'on l'a tirée de la terre, on la dépouille de son écorce qui est fort épaisse, & après qu'on l'a bien pilée jusqu'à ce qu'elle devienne comme du tan moulu, on la met dans des sacs, qu'on lave dans une riviere, en sorte que l'eau prenne la couleur du tan. Dès que les poissons ont goûté de l'eau roussie de ce suc, ils montrent leur tête, & comme s'ils se sentoient tout brûlés, ils viennent gagner le rivage & sauter à terre où ils expirent, après avoir quelque tems nagé sur le dos, sur le ventre, de côté & de travers, avant que de se résoudre à sortir de l'eau.

L'Arbre appellé *Crocs de Chien*, à cause qu'il accroche & arrête les Chiens tout court quand ils vont chasser, pousse des branches qui se traînent jusques sur les plus hauts Arbres de cette même Isle. Il est armé de petites épines faites en forme de crochets. Ses feuilles sont assés semblables à celles du Prunier, mais il en a peu. Il porte des fruits jaunes, gros comme de petites prunelles, jette une gomme rouge & assés dure. Les Habitans font des cerceaux de son bois.

Il croît aussi en plusieurs endroits des Isles de l'Amerique, mais particulierement sur les roches & dans les lieux secs & pierreux, un Arbre si tendre, qu'il suffit de le branler pour faire casser ses branches. Sa hauteur est de deux piques. Il est gros comme jambe depuis le bas jusqu en haut, & l'extrêmité de ses branches qui sont fort courtes, est plus grosse que le milieu. Au bout de chacune, il porte une vingtaine de fleurs blanches, d'assés bonne odeur, & qui sont semblables à celles du Jasmin, quoiqu'elles soient bien plus grandes. A la chûte de ces fleurs, & au même endroit où elles tombent, il croît quinze ou vingt feuilles longues de deux piés & larges de quatre doigts qui finissent en pointe. En incisant cet Arbre en plusieurs endroits, on en fait sortir une grande quantité de lait, & c'est de là que les Habitans l'ont appellé *Arbre Laiteux*, mais comme ce lait est fort caustique, on néglige d'en avoir, parce qu'il est dangereux.

Tous les voyageurs parlent encore d'un arbre qui croît dans les Antilles en grande abondance, le long de la mer, aux lieux les plus secs & les plus arides, & que les habitans nomment *Arbre aux savonnettes*, à cause qu'ils se servent de son fruit au lieu de savon. Ce fruit est jaune, gros & rond comme une cerise, & vient par grappes. Il a une substance claire & gluante comme de la gomme Arabique qui n'est pas encore figée. Son noyau est noir & rond, de la grosseur d'une moyenne balle de pistolet, & d'un goût meilleur que celui des avelines. On en fait des chapelets plus beaux que l'on n'en pourroit faire d'ébene. Cet Arbre pousse un gros tronc, ordinairement de deux ou trois piés, & se fourche dès sa racine, en sorte qu'il se sépare en plusieurs branches, chacune desquelles fait un assés bel arbre, haut d'une pique ou d'une pique & demie. Il a une écorce grise & rude, & son bois est blanc & aussi dur que du fer. Ses feuilles ressemblent à celles du Pécher, & pour son fruit il est si amer, que pas un oiseau n'en mange. Il fait brouer & écumer l'eau, comme fait le savon, & a la vertu de dégraisser & de blanchir le linge : mais il ne faut pas s'en servir souvent, parce qu'il le brûle en le dégraissant.

Il croît un autre Arbre aux Indes dans les montagnes de la Province de Nicaragua, que l'on appelle *Arbre des soudures*. Ses feuilles pilées & appliquées en forme d'emplâtre, consolident en peu de tems les os cassés ; & cela vient de leur qualité glutineuse, froide & astringente.

L'*Arbre triste de jour*, ainsi nommé dans les Indes, parce qu'il ne fleurit que de nuit, est de la grandeur d'un prunier, & a des branches d'une aune de long. Il en jette une infinité qui sont fort menues, & distinguées en plusieurs nœuds. Chaque nœud pousse deux feuilles semblables à celles de nos pruniers, excepté qu'elles sont aussi douces que celles de la sauge, & couvertes d'un fort beau blanc. Chaque feuille a son bouton qui s'ouvre pour pousser quatre petites têtes qui ont chacune quatre feuilles rondes, & de chaque tête sortent cinq fleurs qui font comme un bouquet, en sorte que la cinquiéme se trouve placée au milieu des quatre autres. Ces fleurs sont blanches comme la neige, un peu plus grosses que la fleur d'orange, & naissent dès que le Soleil est couché, avec tant de promptitude, que leur production se fait à vûe d'œil. Cette fécondité dure jusqu'à ce que le retour du Soleil fasse tomber les fleurs & les feuilles, dont l'arbre est alors si bien dépouillé, qu'on n'y voit plus d'apparence de verdure. Quand on l'a coupé à la racine, il ne lui faut qu'un mois pour repousser. Comme ses fleurs jettent une odeur très-agreable, les Indiens ont soin de les ramasser, & c'est pour cela qu'ils plantent ordinairement cette sorte d'arbre proche les maisons. Il s'en trouve dans l'Isle de Sumatra, & il est appellé *Arbol triste de dia* par les Portugais.

On appelle *Arbres de Liziere*, en termes d'eaux & forêts, ceux qu'on laisse dans les ventes entre deux piés corniers, pour servir de bornes à la coupe qui est permise.

Arbre fusté, est en termes de Blason, l'arbre dont le tronc est d'un autre émail que les branches ; & *Arbre englanté*, celui dont le fruit est aussi d'un autre émail.

En termes de Charpenterie & d'Architecture, on appelle *Arbre*, une grosse piece de bois ou de fer qui tourne sur un pivot, comme dans les machines des monnoyes, où celle qui demeurant ferme en soutient d'autres, comme dans les Grues, où le rancher tourne sur un poinçon qui est au bout de l'arbre.

On appelle *Arbre de meule*, Le fer qui passe au travers de quelque meule ou de quelque machine, & qui sert à la faire tourner.

ARC

ARC. f. m. Ce mot se dit de toutes les choses qui se font en ligne courbe. Ainsi on appelle *Arcs* ou *Arceaux*, Les voutes des portes & des fenêtres qui sont cintrées, & non pas quarrées.

On dit aussi *L'arc* ou *l'Arceau d'une voute*, pour marquer sa courbure, & le cintre qu'elle fait.

On appelle *Arc de carrosse*, La piece de fer courbée en arc, par laquelle la fleche est jointe au train de devant ; ce qui est cause qu'un carrosse peut tourner facilement en un fort petit espace.

Arc Terme de Geometrie. Partie de la circonference ou peripherie d'un cercle qui est divisé en 360. degrés. Si l'Arc en contient 180. c'est un demi cercle ; & la ligne, qui joint les extrêmités de l'Arc, est un diametre, parce qu'il passe par le centre. Si l'arc contient 90. degrés, on l'appelle *Quart de Cercle*, parce que les deux lignes tirant du centre à ces deux extrêmités, comprennent la quatriéme partie du cercle, & forment un angle droit au centre. Si l'Arc ne contient que soixante degrés, on l'appelle *Sextant*, parce qu'il contient la sixiéme partie du cercle, & de sa circonference. Enfin toute partie de la circonference du cercle est appellée *Arc*, & on ajoûte le nombre de degrés qu'il en comprend. La ligne, qui joint les extrêmités d'un Arc, s'appelle *Corde*, prenant le nom de la ressemblance qu'elle a avec un arc débandé. C'est pourquoi la ligne droite élevée perpendiculairement du milieu de la corde jusques au milieu de l'Arc, est appellée quelquefois *Fleche*.

Arc Diurne, en termes de Sphere, est la partie de la circonference de tout cercle parallele à l'Equateur, & qui est au dessus de l'horison. On appelle aussi *Arc Diurne*, La durée du tems qu'emploie le Soleil, ou un Astre, depuis son lever jusqu'à son coucher ; & cette durée ou longueur du jour artificiel se compte par le nombre des degrés de l'Equateur qui passent sur l'horison. On appelle aussi *Arc Semidiurne*, un arc dont la durée est le tems qu'emploie le Soleil, ou tout Astre, depuis l'horison jusqu'au cercle meridien, ou depuis le cercle meridien jusqu'à l'horison du côté de l'Occident.

Arc Nocturne & *Seminocturne* sont les parties des cercles paralleles à l'Equateur, qui sont plongées sous l'horison.

On appelle *Arc de l'élevation du Pole*, Les degrés comptés sur le cercle Meridien depuis l'horison jusqu'au pole. Ainsi on dit qu'à Paris l'élevation du pole est de 48. degrés & 52. minutes.

Arc des Signes, en Horographie, ou Gnomonique, est une ligne courbe hyperbolique tracée sur le plan d'un cadran ou horloge solaire, décrit & peint sur le plan d'un horloge horisontal ou vertical contre les murailles. On y marque six arcs de signes ou lignes courbes hyperboliques, dont trois ont leurs cornes tournées d'un côté, & les autres du côté opposé. Ainsi dans l'horloge horisontal les arcs des trois signes méridionaux sont tournés vers le Septentrion, & les trois arcs des signes Septentrionaux sont tournés du côté du Midi ; & au contraire dans les horloges verticaux peints sur les murailles, les arcs Septentrionaux tournent en bas vers la terre, & les Meridionaux tournent en haut vers le Ciel. Entre ces six lignes ou arcs de signes, est une ligne droite, qui est la section que feroit le plan du cercle équinoctial sur le plan du cadran. C'est pourquoi cette ligne droite est appellée équinoctiale, & sert pour l'arc des premiers points des signes du Belier & de la Balance. Ainsi l'ombre de la pointe du style de l'horloge parcourt cette ligne droite les jours des Equinoxes du Printems & de l'Automne. Cette même ombre parcourt les arcs des autres signes le jour que le Soleil entre dans le premier degré de ces signes. Les deux arcs extrêmes sont les arcs de l'Ecrevisse & du Capricorne, ou des deux Tropiques ; de sorte que l'ombre de la pointe du style parcourt ces deux lignes courbes le jour que le Soleil entre dans le premier degré de ces deux signes ; ce qui arrive au plus petit jour de l'Hiver, lorsque le Soleil commence à retourner vers nous ; & au plus grand jour de l'Eté, lorsque le Soleil commence à descendre vers le Midi, en s'éloignant de nous.

On dit en termes d'Astronomie, *Arc de Direction, de Retrogradation, d'Ascension*, &c. Voyez ces mots. Enfin dans toutes les parties des Mathematiques le mot d'*arc* se joint à une infinité de mots differens, qui marquent les effets ou les usages que l'on considere dans differens cercles.

ARC-EN-CIEL. Méteore. Voyez IRIS.

ARCADE. f. f. Voute courbée en arc. On dit *Les Arcades d'un pont*, en parlant des grandes ouvertures cintrées qui sont entre les piles.

Arcade, en parlant d'un soulier de femme, se dit

du dessous d'un talon de bois coupé en arc.

ARCANNE. s. f. Mineral, ou espece de craye rouge, dont les Charpentiers se servent pour teindre les cordeaux avec lesquels ils marquent leur bois.

ARCASSE. s. f. Terme de Marine. Ce qui est contenu entre les deux estains, c'est-à-dire, entre les deux pieces de bois qui forment le rond de l'arriere d'un Vaisseau.

Arcasse se dit aussi de la piece de bois qui enferme le rouet d'une poulie.

ARCBOUTANT. s. m. Ce qui soûtient, ce qui appuye. Les arcs ou demi arcs qui appuyent & soûtiennent une muraille, tels que ceux qu'on voit aux côtés des grandes Eglises, sont des *Arcs-boutans.*

On appelle *Arcs-boutans de carrosse*, Les huit pieces de fer qui sont des deux côtés des moutons pour les soûtenir.

Arc-boutant signifie aussi la barre d'une porte qui pend de la muraille, & qui va appuyer contre le milieu de la porte.

ARCHECAPELAIN. s. m. Vieux mot. Chancelier, selon Ragueau.

ARCHE'E. s. m. Les Chimistes appellent ainsi le feu qu'ils prétendent être au centre de la terre, pour servir de principe à la vie des végétaux, & par le moyen duquel ils s'imaginent que les métaux & les mineraux se cuisent.

On appelle *Archée*, la jambe d'un cheval un peu courbée pour avoir travaillé trop jeune.

ARCHEGAYE. s. m. Ancienne machine de guerre que l'on jettoit sur les ennemis. Ce mot est employé par Froissard.

ARCHET. s. m. Morceau de fer ou d'acier qui plie en faisant ressort, dont les Serruriers & autres ouvriers se servent pour tourner ou pour percer leur besogne. Il y a une corde attachée à chaque bout, par le moyen de laquelle on fait mouvoir ce morceau de fer en rond.

On appelle aussi *Archet*, Une petite scie faite seulement de fil de laiton, avec laquelle on coupe les pierres dures & précieuses, en jettant de l'eau & de l'émeril dessus.

ARCHIDIACRE. s. m. C'étoit autrefois le premier des Diacres. Aujourd'hui, c'est un Officier Ecclesiastique, qui répond à l'Archevêque, ou à l'Evêque de la capacité des Ordinans qu'il lui présente dans les Ordinations. Il lui presente aussi les Ecclesiastiques que choisissent ceux qui ont droit de presenter pour de certains Benefices, & met presque par tout en possession les Titulaires des Eglises Paroissiales. Lorsqu'il fait les visites dans les Paroisses du Diocese, il a jurisdiction sur les matieres provisionnelles, & qui se jugent sur le champ. Il y a de certains lieux où les Archidiacres sont Curés de toutes les Eglises vacantes & litigieuses. Ils partagent avec l'Evêque le droit de Déport, c'est-à-dire le droit de faire desservir les Cures, & d'en retirer les fruits.

ARCHIE. s. f. Vieux mot. Voute, ou trait d'arc.

A deux Archies ou à mains.

ARCHIERE. s. f. Vieux mot. Bandouliere, carquois.

La nel besasse pour l'Archiere,
Ne pour l'arc, ne pour le brandon.

Ce mot a aussi signifié le trou des murailles par où l'on jettoit des fleches.

ARCHIPEL. s. m. Les Géographes appellent ainsi une certaine étendue de mer que quantité d'Isles entrecoupent. On l'appelle aussi *Archipelague.* La mer qui baigne les Isles Philippines est appellée *Grand Archipel*, ou *Archipelague de S. Lazare*; & celle qui embrasse les Isles Maldives, *Archipelague des Maldives.* Ce mot vient du Latin *Pelagus*, qui signifie proprement Haute mer.

ARCHIPOMPE. s. f. Terme de Marine. Retranchement quarré qui est fait de planches à fond de calle pour y conserver les pompes. Les boulets de canon se mettent d'ordinaire dans le même lieu.

ARCHIPRESTRE. s. m. C'étoit autrefois le plus ancien des Prêtres, & on le chargeoit du soin des veuves, des orphelins & des passans. C'est aujourd'hui un Ecclesiastique, ou une maniere de Doyen, au-dessus des simples Prêtres. Il y a les Archiprêtres de Ville, qui sont Doyens des Curés qui demeurent dans les Villes, & les Archiprêtres Ruraux, qui sont Doyens des Curés de la campagne. Les Mandemens des Archevêques & des Evêques leur sont adressés, pour les faire tenir à toutes les Eglises qui sont renfermées dans l'étendue de leur Archiprêtré.

ARCHIPRESTRE', s. m. Dignité & Charge de l'Archiprêtre. Il se dit aussi de l'étendue de Païs où l'Archiprêtre exerce sa Charge.

ARCHITRAVE. s. f. C'est ce que les Grecs nomment *Epistyle*, & qu'on appelle ordinairement *Poitrail*, c'est-à-dire la partie de la colonne qui est au-dessus du chapiteau, & au-dessous de la frise. Les Architectes font ce mot masculin, & ils appellent *Architrave mutilé*, Celui dont la saillie est retranchée, & qui est arasé avec la frise, pour recevoir une inscription. Ils disent aussi *Architrave coupé*, pour dire, Celui qui est interrompu dans une décoration, pour faciliter l'exhaussement des croisées d'entablement, étant d'une grande hauteur. Ce mot vient du Grec ἀρχὸς, Principal, & du Latin *Trabs*, Poutre, comme qui diroit *La maîtresse poutre.*

ARCHITRICLIN. s. m. Vieux mot. Maître d'hôtel, du Grec ἀρχιτρίκλινος, qui veut dire, Celui qui prend soin de préparer un festin.

ARCHIVIOLE. s. f. Espece de clavessin sur lequel est appliqué un jeu de violes, par le moyen d'une roue tournante avec sa manivelle parallele à celle des vielles.

ARCHIVOLTE. s. m. Terme d'Architecture. On appelle ainsi le Bandeau orné de moulures, qui portant sur les impostes, regne à la tête des voussoirs d'une Arcade. Il est different selon les ordres, n'ayant au Toscan qu'une simple fasce, deux fasces couronnées au Dorique & à l'Ionique, & les mêmes moulures que l'architrave dans l'ordre Corinthien & le Composite. On appelle *Archivolte retourné*, celui dont le bandeau au lieu de finir retourne sur l'imposte où il se joint à un autre bandeau, & *Archivolte rustique*, celui qui a ses moulures interrompues par une clef, & par des bossages simples ou rustiques, ce qui est cause que de deux Voussoirs, l'un est en bossage. On fait venir ce mot d'*Archivolte* du Latin, *Arcus volutus*, Arc contourné.

ARCHONTE. s. m. Magistrat d'Athénes, à qui étoit déferé le gouvernement de la Ville. On établit les Archontes après la mort de Codrus, & on les fit perpetuels au commencement. Ils finirent par Alcmeon en la sixiéme Olympiade, & Charops, qui posseda après lui cette même dignité, l'eut seulement pour dix ans. Il y en eut depuis vers la vingt-deuxiéme Olympiade, qui ne gouvernerent la Ville que pendant un an. Ce mot vient du Grec ἄρχων, Prince, Chef.

ARCHONTIQUES. s. m. Heretiques qui s'éleverent vers l'an 175. & qui entre beaucoup d'erreurs soûtenoient que le monde avoit été créé par les Archanges. C'est delà que quelques-uns croyent qu'ils ont pris leur nom. Outre tous les Sacremens qu'ils supprimoient, ils nioient la résurrection des morts, & mettoient la redemption parfaite en une connoissance chimerique. Une de leurs principales rêveries étoit que le Dieu Sabaoth avoit engendré le diable, dont Abel & Caïn étoient nés par Eve, & qu'il exerçoit une tyrannie cruelle dans le septiéme Ciel. Ils se servoient de certains livres de leur façon, pour défendre leurs impostures, & ils appelloient ces livres *Revelations des Prophétes*.

ARCHURE. s. f. Pieces de menuiserie qui sont au-devant des meules d'un moulin, & qui se démontent quand on a besoin de les rebatre.

ARÇON. s. m. On appelle *Arçons* dans une selle, Les deux morceaux de bois tournés en cintre, qui lui donnent la forme, & la tiennent en état.

Arçon est aussi un instrument de quatre ou cinq piés, fait en archet de violon, dont les Chapeliers se servent pour arçonner la laine.

ARÇONNER. v. a. Mot en usage parmi les Chapeliers, pour dire, Faire voler la laine avec l'arçon.

ARCOT. s. m. Cuivre rouge mêlé avec la Calamine, qu'on allie avec le plomb, pour en faire ce qu'on appelle *Potin*.

ARCTIQUE. adj. m. C'est le nom de celui des deux Poles du Monde où est la constellation de l'Ourse, appellé en Grec ἄρκτος. Le Pole Arctique est toûjours élevé sur notre horison. Le Pole opposé s'appelle *Antarctique*. Voyez POLE.

ARCTIUM. s. m. Plante dont les feuilles sont semblables au Bouillon, si ce n'est qu'elles sont plus rondes & plus velues. Elle a sa tige longue & molle, sa graine petite & faite comme celle du Cumin, & sa racine tendre, blanche & douce. La décoction de sa racine & de sa graine cuites dans du vin, est fort bonne au mal de dents, si on la tient dans la bouche; & sa fomentation est singuliere pour les brûlures & les mules aux talons. Elle est propre aussi aux sciatiques & à ceux qui ne peuvent uriner que goute à goute, étant prise en breuvage avec du vin. C'est le sentiment de Dioscoride & de Galien.

ARD

ARDENT. s. m. Méteore, ou Feu follet, formé de quelques exhalaisons grasses, qui s'élévent & s'enflamment dans les lieux marécageux. Pline dit que quand on en voyoit deux, les anciens les nommoient Castor & Pollux, & les tenoient d'un heureux augure; au lieu que l'augure étoit funeste quand il n'en paroissoit qu'un. Celui-là étoit appellé Helene.

ARDENT, ENTE. adj. Terme de Blason, qui se dit d'un charbon allumé. *D'azur à quatre bandes d'argent chargées de charbons de sable, ardents de gueules.*

On appelle en termes de mer *Vaisseau ardent*, Celui qui a son inclination à s'approcher du vent.

ARDOISE. s. f. Sorte de pierre tendre & d'un bleu fort brun, que l'on coupe en feuilles déliées, & dont on se sert au lieu de tuile pour la couverture des maisons. La plus belle & la meilleure ardoise, dont on se serve à Paris, est celle qui vient d'Angers. Il y en a de trois sortes, la fine, la forte & la quarrée forte. La noire, la rousse, sont de plus de durée. Les Ardoisieres d'Angers sont belles à voir, mais elles sont d'un grand coût. En 1723. Verri Receveur donna l'avis à M. le Contrôleur General d'y établir un impôt. Le Sieur Pocquet de Livonniere, Conseiller au Présidial, & son fils, Professeur du Droit François, dresserent des Memoires qui détournerent cet orage, qui eût fait abandonner les Ardoisieres.

ARDURE. s. f. Vieux mot. Colere.

Tant est Juno plene d'ardure,

Il a aussi signifié Amour.

Ne la doigna Narcissus regarder,
Dont secha toute d'ardure.

ARE

ARECA. s. m. Fruit fameux des Indes, qui vient à un grand arbre droit, délié & rond. Le brou qui l'envelope est uni par dehors, & raboteux & velu par dedans, comme celui du cocos; & le fruit n'est pas plus gros qu'une noix, mais son noyau est de la grosseur d'une muscade, à laquelle il ressemble non seulement par dehors, mais aussi par les veines qu'on y voit quand on le coupe. Quand ce fruit est encore tendre, il a au centre ou au cœur, selon ce qu'en dit M. de la Loubere dans son livre du Royaume de Siam, une substance grisâtre qui est aussi molle que de la bouillie. A mesure qu'il seche, il devient plus jaune & plus dur, & la substance molle qu'il a au cœur, se durcit aussi. Il est toûjours fort amer, & point dégoûtant. Les Siamois, après l'avoir ouvert en quatre parties avec un couteau, en prennent un quartier à chaque fois, & ils le mâchent avec une feuille de Betel. On la roule, pour la mettre plus aisément dans la bouche; & on met sur chacune tant soit peu de chaux, faite avec des coquillages, & rougie par artifice. C'est pourquoi les Indiens portent toûjours de cette sorte de chaux dans une fort petite tasse de porcelaine, & en mettent si peu sur chaque feuille, qu'ils n'en consument pas beaucoup en un jour, quoiqu'ils usent sans cesse de l'Areca, qui lorsqu'il est encore tendre, se consume entierement à mesure qu'on le mâche. Le sec laisse toûjours quelque marc. L'effet sensible de cette sorte de noix & de la feuille de Betel, est de faire beaucoup cracher, si on n'aime mieux en avaler le suc. On ne doute point aux Indes que l'Areca n'emporte tout ce que les gensives peuvent avoir de mal sain, & ne fortifie l'estomac, soit à cause du suc qu'on avale quand on veut, & qui peut avoir cette vertu, soit à cause des humidités superflues que l'on crache. Comme l'Areca & le Betel font cracher rouge, même indépendamment de la chaux rouge qu'on y mêle, ils laissent une teinture vermeille sur les lévres & sur les dents. Elle se passe sur les lévres, mais peu à peu elle s'épaissit sur les dents jusqu'à la noirceur; ce qui oblige les gens qui se piquent de propreté à noircir leurs dents, parce qu'autrement la crasse de l'Areca & du Betel, mêlée avec la blancheur naturelle des dents, fait un effet désagreable, qui est remarqué dans le menu peuple. Les Indiens, qui font leurs délices de cette drogue, s'en abstiennent ordinairement lorsqu'ils sont dans l'affliction, & même lorsque les Mahometans font leur jeûne. Les Siamois l'appellent *Plou* en leur langue.

AREGER, s'AREGER. v. n. p. Vieux mot. S'arranger.

Et s'aregerent li couroi,
Moult bellement l'un de lés l'autre.

ARENER. v. n. On se sert de ce mot en parlant d'une poutre ou d'un plancher qui s'affaisse à cause du trop de charge qu'il a.

AREOPAGE. s. m. Sénat d'Athénes, que l'on établit près de cette Ville, sur le haut d'une colline vers l'an 2545. du monde. On tient qu'il fut appellé ainsi du mot ἄρης, qui est le nom que les Grecs donnoient à Mars, & de πάγος, Colline, à cause que ce Dieu y fut accusé le premier par Neptune, dont il avoit tué le fils appellé Halicrohotius. Ceux dont ce Sénat étoit composé, étoient perpetuels & les premiers de la Ville. Ils ne jugeoient que de nuit, soit pour être moins distraits en examinant les affaires sur lesquelles ils avoient à prononcer, soit pour se mettre à couvert de la haine ou de la pitié que les differens objets étoient capables de leur faire prendre.

AREOPAGITE. f. m. Sénateur de l'Aréopage. Les Auteurs ne sont pas d'accord du nombre de ces Magistrats. Les uns disent qu'il n'étoit que de trente-un. Les autres y en ajoûtent encore vingt,& il y en a qui le font monter jusques à cinq cens. Cela fait voir qu'il n'a pas toûjours été le même.

AREOTECTONIQUE. f. f. La partie de l'Architecture militaire, qui regarde l'attaque & le combat. Ce mot vient de ἄρης, Guerre, & de τεκτονική, Art de bâtir.

AREOTIQUE. f. m. Médicament qui ouvre les porosités du cuir & les rend plus larges; ce qui fait que les vapeurs qui y sont contenues, sont plus aisées à se dissiper. Ces sortes de médicamens, qui sont l'Althæa, la Mercuriale, les fleurs de Camomille, de Melilot, de Sureau, la semence de lin, les figues seches, & autres de même nature, se mettent au rang des Anodyns, & il y en a qui les appellent *Resolutifs débiles*.

ARER. v. a. Terme de mer. Entraîner l'ancre qui étant mouillée dans un mauvais fonds, est contrainte par la force du flot de lâcher prise, & de se traîner en labourant le sable. Ce mot vient du Latin *Arare*, Labourer.

ARESCUEL. f. m. Vieux mot. Manche.

Une lance rude à merveille
Lui ont eus en poing d'être mise,
Et il l'a par l'arescuel prise.

ARESGNER. v. a. Vieux mot. Arrêter un cheval par les rênes.

Si on a cheval aresgné.

ARESTE. f. f. Angle de quelque corps. On dit qu'*Une poutre* ou *une autre piece de bois est à vive Arête*, pour dire qu'Elle est bien équarrie,& que les angles en sont bien marqués. Le bord d'une enclume est aussi nommé *Arête*. On appelle encore *Arête* l'élevation qui regne le long de la lame d'une épée. Les Orfévres se servent de ce même mot, pour dire la partie de la cueiller qui est élevée sur le cueilleron. On dit de même *Arête de plat*, *arête d'assiette*, pour dire, L'extrêmité du bord du plat ou de l'assiette qui est du côté du fond. Les queues des chevaux s'appellent aussi *Arêtes*, quand elles sont dégarnies de poil.

ARESTIERE. f. f. Enduit de plâtre ou de mortier, par lequel les Couvreurs suppléent au défaut de la tuile dans les endroits de la couverture d'un pavillon où sont les Arestiers de bois.

ARESTIERS. f. m. p. Pieces de bois un peu plus grosses que les chevrons de ferme, qui prennent des angles d'un bâtiment, pour faire la couverture en pavillon ou en croupe.

ARG

ARGANEAU. f. m. Gros anneau de fer qui se trouve aux platbords, aux batteries & aux ancres d'un Vaisseau, & où l'on attache des cordages.

ARGEMONE. f. f. Herbe dont les feuilles ressemblent à celles de l'Anemone, & sont chiquetées de même. Elle jette une fleur rouge, & produit à la cime de ses tiges des têtes semblables à celles du pavot sauvage, excepté qu'elles sont plus longues & plus larges au-dessus. Sa racine est ronde, & on en tire un jus jaune comme safran, qui est acre & mordant au goût. Cette herbe est abstersive & resolutive, & a la proprieté d'ôter de petites taches blanches qui viennent aux yeux. Ses feuilles enduites appaisent toutes sortes d'inflammations. Le mot d'*Argemone* vient du Grec ἀργέμων, Blancheur dans l'œil, à cause de la vertu qu'elle a d'y remedier.

ARGENT. f. m. Le plus noble de tous les métaux après l'or, avec lequel il y a cette différence pour la matiere, que l'argent se forme d'une exhalaison plus grossiere que celle de l'or; & comme sa matiere est moins digerée, elle a une humidité qui s'exhale plus facilement. Il arrive delà qu'il diminue quelque peu, & se brûle avec le soufre, si on y en mêle lorsqu'il est fondu. Il est plus poreux que l'or, & par consequent moins pesant, quoiqu'il le soit plus que tous les autres métaux, à l'exception du plomb, dont la matiere grossiere étant très-humide, est fort peu poreuse, à cause que cette grande humidité occupe la place de l'air, qui rend les autres métaux plus legers, en remplissant leurs porosités. Il y a des mines d'argent en plusieurs lieux; & selon Pline, la veine d'argent est comme une terre, tantôt rousse, & tantôt cendrée. D'autres tiennent qu'elle a comme de petits cheveux d'argent attachés. Les Chimistes donnent le nom de *Lune* à l'argent, non seulement à cause du rapport de sa couleur, qui est fort blanche, mais aussi parce qu'on en tire d'excellens remedes pour les maladies du cerveau, qui par sympathie reçoit aisément les impressions de la Lune. Ils en font diverses préparations, comme la teinture d'argent ou de Lune, le sel ou vitriol de Lune, & la Lune caustique, ou pierre infernale; les deux premieres pour des remedes à prendre interieurement, & la derniere pour être appliquée exterieurement. L'argent de coupelle, c'est-à-dire, qui a été purifié par la coupelle, est le plus fin; & cette purification se fait ainsi. On prend une bonne coupelle, faite d'osselets de mouton calcinés, ou de cendre commune lavée, & qui n'a plus son sel alkali. Après qu'on l'a mise dans un petit fourneau, & couverte d'une tuile, on fait dessus & autour un feu moderé au commencement, afin que la coupelle s'échauffe peu à peu sans se fendre; & quand on voit qu'elle est rouge, on y met du plomb qu'on laisse bien fondre & bouillir, jusqu'à ce que la coupelle s'en imbibe. Ensuite on y met l'argent, mais quatre fois moins qu'il n'y a de plomb, avec lequel il se fond facilement. On continue le feu jusqu'à ce que le plomb soit exhalé; & qu'il ait entraîné avec soi les métaux imparfaits qui étoient mêlés avec l'argent, ou par l'artifice des hommes, ou parce que naturellement l'argent se trouve dans les mines avec des matieres impures. Cela étant fait, l'argent se congele, & demeure seul & très-pur sur la coupelle. De quelque maniere qu'il soit préparé, il fortifie specifiquement le cerveau, & sert de remede aux maladies qui y ont leur siege, comme l'apoplexie, l'épilepsie, la manie, &c. Il soulage aussi le cœur dans les palpitations, & Dioscoride lui donne une vertu contre le venin de l'Aconit.

On appelle *Argent trait*, l'argent passé par la filiere & dont on fait des cordons d'argent, & on appelle *Argent mat*, celui qui n'est pas poli. L'argent qui n'est pas au titre requis est appellé *Argent bas*. La litarge d'argent est une des matieres necessaires pour peindre le verre en couleur.

Argent, Dans le Blason veut dire le Blanc, & on le represente par un écu tout uni sans nulle hachûre.

ARGENTINE. f. f. Sorte de plante qui croît dans les lieux humides, & qui est assés semblable à l'Agrimoine sauvage, mais qui a ses feuilles plus velues. Elles sont vertes au-dessus & blanches au-dessous, comme sa racine est verte en-dedans & rouge en-dehors. Elle jette de petites branches qui traînent à terre, & produit des fleurs jaunes qui ressemblent aux Bassinets des Jardins, & qui tiennent à une simple queue. Toute la plante étant astrigente & dessicative, est bonne à souder les playes fraîches, à arrêter le flux de ventre, & à guerir les ulceres de la bouche. Elle raffermit les dents qui branlent, en appaise la douleur, & resserre les gencives. On l'appelle en Latin *Potentilla*, *argentina*, ou *anserina*. Ce dernier nom lui est donné à cause que les Oyes appellées en Latin *Anseres*, mangent beaucoup de cette herbe.

ARGOT. s. m. Les Jardiniers appellent ainsi le bois qui est au-dessus de l'œil, & qui faute d'être recouvert par sa pousse, demeure inutile & meurt.

ARGOUSIN. s. m. Officier de Galere qui veille sur les Forçats, & qui, selon l'occasion, a soin de leur ôter & de leur remettre leurs chaînes. Il veille aussi pour empêcher leur évasion. Il y a un *Sous-Argousin*, qui est l'aide de cet Officier.

ARGUE. s. f. Machine composée d'un gros pivot & de barres de bois, dont les Tireurs d'or se servent. Ils étendent une corde tout autour, & ils l'attachent avec des tenailles grosses & courtes, à une autre machine, appellée *La tête de l'argue*. Ils y mettent une filiere, au travers de laquelle ils tirent les bouts d'or & d'argent pour les dégrosser.

ARGUER. v. n. Vieux mot. Argumenter.

Objete & solt, & puis argue.

ARGUMENT. s. m. Terme d'Astronomie. C'est la même chose qu'Anomalie. Voyez ANOMALIE.

ARI

ARIANISME. s. m. Ce qui concerne les erreurs que soûtenoit Arius. Il assûroit que le Fils de Dieu avoit été tiré du neant; que son Pere l'ayant créé avant tous les tems & tous les siecles, lui avoit communiqué toute sa splendeur & toute sa gloire par cette création, & qu'ainsi n'ayant pas été de toute éternité, il ne pouvoit être égal à son Pere. Cette abominable doctrine ayant trouvé de puissans Protecteurs, le Concile de Nicée, qui est le premier Concile General qui ait été tenu dans l'Eglise, fut assemblé en 325. & Arius eut l'effronterie d'y paroître en presence de l'Empereur Constantin, & de trois cens dix-huit Evêques qui y vinrent de tous les endroits du monde. Il y soûtint que Dieu n'avoit pas toûjours été Pere, puisqu'il y avoit eu un tems où son Fils n'avoit pas été, & que ce Fils étant creature muable par sa nature, il devoit être mis au rang des autres ouvrages de Dieu. Après de longues disputes, on publia une Profession de Foi, dans laquelle on définit que JESUS-CHRIST notre Seigneur est Fils de Dieu, né Fils unique de son Pere; c'est-à-dire, de la substance de son Pere, Dieu de Dieu, Lumiere de Lumiere, Vrai Dieu du Vrai Dieu, qui n'a pas été fait, mais engendré, & qui est consubstantiel au Pere, ayant la même substance que lui. Après cela on prononça anathême contre Arius qui fut envoyé en exil, d'où ayant été rappellé cinq ans après par les intrigues des Eusebiens, il presenta à Constantin une Profession de Foi, dressée d'une maniere si artificieuse, qu'il y cachoit le venin de l'heresie sous la simplicité des paroles de l'Ecriture. Enfin sur le point d'être reçû dans l'Eglise, contre le sentiment de saint Alexandre, Evêque de Constantinople, en passant dans cette Ville, en un endroit où il y avoit une colomne de porphyre, il se sentit pressé tout d'un coup d'une necessité naturelle, & s'étant mis à l'écart pour se soulager, il y vuida les boiaux, le foye, la rate & le sang. Une mort si malheureuse qui arriva l'an 336. ne put obliger ses Sectateurs de renoncer à sa détestable doctrine.

ARIENS. s. m. Quelques-uns écrivent aussi *Arriens*, Heretiques, Sectateurs des impietés d'Arius, après la mort duquel & celle de l'Empereur Constantin, ils surprirent l'esprit de Constance qui se déclara pour eux. Ils attaquerent tous les Prélats Orthodoxes, & pour autoriser leur doctrine, ils célébrerent les Conciles d'Antioche, de Constantinople, de Tyr, d'Arles, de Césarée, de Milan, & plusieurs autres. Ce fut avec tant de succès qu'ils cesserent de se déguiser, sans plus chercher de détour à prêcher leur heresie. Ce grand succès fit leur perte par la division qui se mit entr'eux, ce qui forma d'abord deux partis, l'un d'*Ariens purs*, qui suivoient aveuglement la doctrine d'Arius, & l'autre de *Semi-Ariens*, qui pour adoucir la malignité de ses sentimens, reconnoissoient que le Fils étoit semblable à son Pere, au moins par grace. Les Gots d'Italie & ceux d'Espagne, les Vandales, les Bourguignons & les Lombards reçûrent l'Arianisme, contre lequel le grand Theodose & d'autres Empereurs publierent de severes loix. Cette heresie dont quelques-uns mettent le commencement en 316. & d'autres en 321. se renouvella au XVI. siecle dans les blasphêmes abominables des Sociniens.

ARINDRATO. s. m. Arbre de l'Isle de Madagascar. Son bois pourri rend une odeur merveilleuse quand on le fait brûler, ce qui le rend fort propre pour les parfums.

ARISARUM. s. m. Petite herbe qui a la racine grosse comme une olive, & qui est plus forte & plus aiguë que celle d'Arum. Etant enduite, elle reprime les ulceres corrosifs. On en fait des collyres fort bons aux fistules. Pline dit que l'Arisarum croît en Egypte, & qu'il est semblable à l'Arum, mais moindre en racines & en feuilles, quoique sa racine soit grosse comme une olive.

ARISTOLOCHE. s. f. Plante d'un grand usage dans la Medecine, & dont il y a de quatre sortes, la longue, la ronde, la Clematite, & la Pistoloche. Les plus considerables sont la longue & la ronde. L'*Aristoloche longue* a une fleur rouge, & de mauvaise odeur, qui venant à se flétrir prend la forme d'une poire. Ses feuilles sont longues, & elle jette des branches déliées qui sont de la grandeur d'un palme. L'*Aristoloche ronde* a des feuilles molles semblables au lierre, & qui ont une acrimonie odorante. Les fleurs de la *Clematite* ressemblent à celles de la Rue, & elle a des branches déliées, toutes garnies de feuilles rondes comme celles de la Joubarbe. Ses racines sont longues & minces, & leur écorce qui est épaisse & odorante, est propre à dônner du corps & de l'odeur aux parfums que l'on prépare. *La Pistoloche* qui a encore plus de vertus que les trois autres, étoit inconnue aux anciens. Elle est préferée à la Clematite dans la composition de la Theriaque, non seulement à cause que sa racine est plus tenue que celle de toutes les autres Aristoloches (& c'est la tenue qu'Andromachus demande pour cette composition,) mais parce qu'elle a le même goût, la même couleur, & la même odeur que la longue & la ronde qui sont les plus estimées. Leur racine est la seule partie de cette plante dont on se serve dans la Medecine. La ronde dissout le sang caillé, & déterge, étant employée au-dehors, & même au-dedans. Elle est plus vulneraire que la longue, qui étant prise interieurement attenue, ouvre & déterge,

terge, & appliquée exterieurement autre & fait mourir les vers. L'une & l'autre est bonne à évacuer les lochies & les arriere-faix des femmes nouvellement accouchées, & à provoquer les mois supprimés. Ce mot vient de ἄριστος, Très-bon, & de λόχια, L'arriere-faix.

ARM

ARMAND. s. m. Terme de Manége. Espece de bouillie préparée pour un Cheval malade, & composée de diverses drogues, pour lui redonner de l'appetit & des forces. On met cette bouillie sur le bout d'un nerf de bœuf qu'on fourre ensuite dans le gosier du cheval.

ARMADILLE. s. f. On appelle ainsi certain nombre de Vaisseaux qui font comme une petite Flote, & que Sa Majesté Catholique entretient armés dans la Nouvelle Espagne pour garder la Côte.

ARMATEUR. s. m. Nom que l'on donne au Commandant d'un Vaisseau armé en guerre pour courir sur ceux du parti contraire.

ARMATURE. s. f. On se sert de ce mot dans l'Architecture, pour signifier les barres, clefs, boulons, étriers, & autres liens de fer, dont on se sert pour fortifier une poutre éclatée, & pour retenir un grand assemblage de Charpente.

ARMÉ, ÉE. part. Terme de Blason. Il se dit des ongles des lions, des grifons, des aigles & autres, comme aussi des fléches qui ont leurs pointes d'autre couleur que le fust. Il se dit encore d'un Soldat & d'un Cavalier. *D'or au lion de sable, armé & lampassé de gueules.*

Poisson armé. Il y a le long de toutes les Côtes des Indes Occidentales diverses sortes de poissons, qui n'ont point d'autre nom que celui de *Poissons armés*, à cause qu'ils sont tout couverts de petites pointes grosses & longues comme des fers d'aiguillettes, & pointues comme des aiguilles. Ils les dressent, baissent & portent de biais comme bon leur semble selon leurs besoins. Ce poisson dans l'ordinaire est presque tout rond, de la grosseur d'un balon, n'ayant qu'un moignon de queue qui le rende different d'une boule. Il n'a point de tête, mais il a les yeux attachés au ventre, & deux petites pierres blanches fort dures & larges d'un pouce au lieu de dents. Ce sont comme deux petites meules, avec lesquelles il moud, casse & écrase les cancres de mer, & les petits coquillages dont il fait sa nourriture. Quoique ce poisson soit quelquefois de la grosseur d'un boisseau, il n'y a pas plus à manger dans tout son corps qu'à un petit maquereau. On lui trouve dans le ventre une bourse remplie de vent, de laquelle on fait une colle la plus forte & la plus tenace qui se puisse faire. Il y a encore d'autres poissons de même nature qui ne different guere de celui-ci, qu'en la situation ou en la longueur de leurs pointes. Quelques-uns les ont en forme de grandes étoiles, d'autres plus menues, & d'autres plus courtes. La pêche de ce poisson est fort agreable. On attache à un petit hameçon d'acier, comme d'un morceau de cancre de mer au bout de la ligne qu'on lui jette. Il s'en approche aussi-tôt, mais il entre en défiance en voyant la ligne, & fait mille caracoles autour de l'hameçon qu'il goûte quelquefois sans le serrer, puis le lâche tout à coup, en se frottant contre, & le frappant de sa queue. Enfin s'il voit que la ligne ne branle point, il se jette brusquement dessus, avalant l'appât avec l'hameçon, & tâchant de fuir ensuite; mais le Pêcheur qui tire la ligne lui faisant sentir qu'il ne sçauroit s'échapper, il dresse & herisse toutes les pointes dont il est armé, & s'enfle de vent. Il s'élance en avant, à droit & à gauche, comme pour se venger de ses ennemis avec ses armes, qu'il baisse tout-à-fait ensuite, devenant flasque comme un gand mouillé. Lorsqu'on l'a tiré à terre, il les herisse tout de nouveau, en sorte que ne pouvant le prendre par aucune partie de son corps, on est obligé de le porter avec le bout de la ligne à quelques pas du rivage, où il expire peu de tems après.

ARMEMENT. s. m. Il signifie en termes de Marine un certain nombre de Vaisseaux qu'on veut armer. *On prépare un grand armement.* Il se dit aussi de l'équipement des Vaisseaux de guerre & de la distribution ou embarquement des Troupes qui doivent monter chaque Vaisseau. On donne aussi quelquefois le nom d'*Armement* à l'équipage. *Tout l'Armement murmura de ce projet.*

On appelle *Etat d'Armement*, la Liste que la Cour envoie, dans laquelle sont marqués tous les Vaisseaux, Officiers Majors & Officiers Mariniers qu'on destine pour armer. On dit encore *Etat d'Armement*, pour signifier le nombre, la qualité & les proportions des agrés, apparaux & munitions qui doivent être employés aux Vaisseaux que l'on a dessein d'armer.

ARMENIENNE. s. f. Sorte de pierre précieuse, qui approche du lapis, mais qui est plus tendre & qui n'a aucune veine d'or. On l'emploie dans les ouvrages, & on s'en sert dans la Medecine. On lui donne aussi le nom de *Vert d'azur*, à cause que cette pierre a du vert mêlé avec du bleu.

ARMER. v. a. On dit en terme de mer *Armer un Vaisseau*, pour dire, L'équiper de vivres, munitions, soldats, matelots, & autres choses necessaires, pour faire voyage & pour combattre.

On dit *Armer les avirons*, pour dire, Mettre les avirons sur le bord de la chaloupe tout prêts à servir.

On dit, *Armer un canon*, pour dire, Mettre le boulet dans un canon.

On dit d'un cheval qu'*Il s'arme*, pour dire, qu'Il baisse la tête, & courbe son encolure jusqu'à appuyer les branches de la bride contre son poitrail, pour se défendre d'obéir à l'embouchure. On dit aussi qu'*Un Cheval arme ses lévres*, pour dire, qu'en couvrant ses barres avec ses lévres, il rend l'appui du mords sourd & trop ferme. Quand on dit d'un Cheval, que *La lévre arme la barre*, cela veut dire, que La lévre couvre la barre.

On dit en matiere de bâtimens, *Armer une poutre de bandes de fer*, pour dire, Garnir & fortifier une poutre avec du fer. On dit aussi qu'*Une cloison est armée de lattes*, pour dire, qu'Elle est couverte de lattes, ou contre-lattée.

On dit encore *Armer une pierre d'aimant*, pour dire, l'Enchasser dans du fer, ou la mettre dans de la limaille, & la suspendre selon ses poles afin qu'elle conserve sa vertu.

ARMES. s. f. p. Tout ce qui sert à se défendre de son ennemi ou à le combattre. Voici dans quels termes en parle Nicod. *Armes, tantôt signifie les bâtons de guerre offensifs que nous appellons* Armes offensives, *comme épées, dagues, poignards, masses, haches, becs de faucon, lances, halebardes, javelines, arbalêtes, hacquebutes & semblables bâtons de guerre. Et vient ce mot de* Armus, *Latin, qui signifie ce que contiennent les épaules & les bras, étant appellés* Arma *les bâtons que l'homme de guerre portoit pendant* ab armis, *c'est-à-dire, des épaules par un baudrier porté en écharpe ou autrement. Nous usons de ce mot, Si ont fait les Latins aussi, un peu plus largement pour toute sorte d'armes offensives, ores qu'elles ne soient portées pendant de l'épaule. Le mot est aussi prins pour* Armes défensives, *qu'on dit habillemens de guerre, comme corselets, heaumes, hauberts, mailles, plastrons, & autres pieces de couverture de l'homme d'armes. On prend aussi ce mot pour le Blason, Enseigne, Connoissance, Devise, ou Emprinse d'un Gentilhomme, & la raison du mot en cette signification est, de ce que telles Emprinses, Devises, Connoissances, & Blasons étoient peintes au milieu des Ecus de guerre (comme elles le sont toutes parts où les armes des Gentilshommes sont representées) lesquels* pendebant ab armis, *ainsi que tous Chevaliers les portent pendants de l'épaule par une courroye. On les appelle aussi en cette façon* Armoiries. *Sicile Heraut du Roi d'Arragon en son Traité d'Armoiries.* Alexandre le Grand, pour exhausser le nom & la vaillance de ses Capitaines, & avoir vaillans & victorieux combattans, à ce qu'ils eussent plus grand & noble vouloir, hardement & courage sur ses ennemis, leur donna Enseignes, Bannieres, Pennons & Tuniques, selon le hardement, prouësse & vaillance d'un chacun. Et sont maintenant icelles Enseignes & Devises nommées *Armes*, que portent és batailles & faits d'armes les Empereurs, Rois, Princes, Chevaliers, Ecuyers, & tous nobles Combattans issus de noble consanguinité. *Haginm au Traité des Herauts.* Et comme se fait à present aux Seigneurs des Devises nommées *Armes*, que de present portent és batailles & en fait d'armes les Rois, Empereurs, Princes, & Gentilshommes qui sont de plusieurs couleurs & métaux. Les Agatyrses de Nation Scythiens au recit de Pomponius Mela, liv. 2. chap. 1. peignoient certaines Enseignes en leurs visages & personnes, non pas par devises, ains par aucunes marques qui ne se pouvoient effacer, usitées en ces Marches-là, & tant plus aucun étoit d'ancienne race, de tant plus de celles marques il chargeoit son corps, ce qui lui étoit signe de noblesse.

Tout ce qui est rapporté ici par Nicod nous fait connoître l'ancienneté des Armoiries. On en fait presentement un ornement de Sculpture qu'on met aux endroits les plus apparens d'un bâtiment pour faire connoître celui qui l'a fait bâtir, & cet ornement s'appelle *Armes*, ou *Armoiries*.

ARMILLAIRE. adj. Les Astronomes appellent *Sphere Armillaire*, un Instrument de Mathematique, qui est composé de plusieurs cercles de carton ou de cuivre, entre-lassés les uns dans les autres avec un petit globle au milieu. Ces lignes & ces cercles servent à representer sensiblement à nos yeux, & à expliquer la constitution du Ciel & les mouvemens des Astres. Ce mot vient du Latin *Armilla*, Bracelet, parce que tous ces cercles sont comme des bracelets mis les uns dans les autres.

ARMILLE. s. f. On appelle *Armilles* en termes d'Architecture les Astragales qui sont au haut & au bas des colômnes, & qui representent des cercles & des anneaux. On leur a donné ce nom à cause de la ressemblance qu'elles ont aux bracelets que l'on mettoit autrefois autour du bras.

ARMINIENS. s. m. Heretiques, Sectateurs des opinions d'Arminius, autrement *Remonstrans*. Sa doctrine est contenue en cinq Chapitres, dont le principal regarde la prédestination. Il la publia & se fit chef de parti, étant Professeur de Theologie en l'Université de Leyden. Elle fut désapprouvée par les Protestans, mais cela n'empêcha pas que ceux qu'il en avoit infectés ne continuassent à la soûtenir après sa mort qui arriva en 1609. On la condamna dans le Synode de Dordrech sans qu'on pût les retenir. On fut contraint d'en venir aux armes, & les supplices, l'exil & les défenses les plus rigoureuses n'ayant pû les dissiper, ils ont continué de s'assembler en Hollande, où ils ont enfin obtenu le libre exercice de leur Religion, excepté à Leyden & Harlem.

ARMOGAN. s. m. Les Pilotes se servent de ce mot, pour dire, Le beau tems qui est propre pour naviger.

ARMOISE. s. f. Plante dont il y a de deux sortes, la grande & la petite. La grande Armoise a sa tige & sa fleur d'un rouge tirant sur le pourpre, & la petite l'a d'un vert tirant sur le vert ou sur le pâle. La rouge est préferée à la blanche. Il n'y a guere que ses feuilles dont on se serve dans la Medecine, & sur-tout des sommités accompagnées de sa graine. Les proprietés de cette plante sont d'être aperitive & resolutive, de provoquer les mois & de dissoudre le sang caillé. On l'appelle en Latin *Artemisia*, & quelques-uns croyent qu'elle tire ce nom d'Artemisia, femme de Mausolus, Roi de Carie.

ARMON. s. m. On appelle *Armons* dans le train d'un Carosse, deux pieces de bois un peu courbes, qui d'un côté prennent sur l'essieu de devant, & qui de l'autre aboutissent au timon. Ces pieces de bois soutiennent une cheville sur laquelle le timon est mobile, afin de le lever quand on veut.

ARMONIAC. s. m. Sel volatil & artificiel que les Chimistes appellent *Aquila volans*. Il se fait avec de la suye de cheminée & du sang d'homme ou de bête. Il y a des lieux où on le fait avec une livre de sang humain, deux livres de sel commun, & de l'eau commune. Quelques Voyageurs rapportent qu'il s'en trouve de naturel dans certains Pays Orientaux. Ils disent que c'est une espece d'écume qui sort de la terre en des endroits où il y a de vieilles cavernes ou des creux de roche, & qu'après qu'on en a tiré cette écume, on la cuit à la maniere du Salpêtre. Les Anciens ont connu un autre Armoniac naturel. Il se trouvoit dans les sables d'Arabie ou de Lybie, & ce n'étoit que l'urine congelée des Chameaux qui alloient au Temple de Jupiter Ammon, appellé ainsi du Grec ἄμμιος, Sable, à cause des sables qu'il falloit passer pour arriver à ce Temple. C'est pour cela que quelques-uns ont nommé ce sel *Ammoniac* au lieu d'*Armoniac*, quoiqu'Ammoniac ait sa signification particuliere.

ARMOSIE. s. f. Vieux mot. Harmonie.

ARMOYE', E'E. adj. Vieux mot. Blasonné, qu'on porte pour armoiries. On lit dans Froissard, *Et delez lui estoit Messire Jean le Barrois, à pennon armoyé de ses armes.*

ARMURE. s. f. Se dit d'un Carelet à pêcher composé de la perche & de gaules qu'on appelle *en larmes*, & qui le tiennent tendu.

ARMURIER. s. m. Artisan qui forge & fait les armes propres à couvrir le corps.

Il se dit aussi de ceux qui font des Pistolets, Arquebuses, Fusils & autres armes à feu portatives: Enfin de ceux qui les vendent. Ceux d'Angers sont en réputation. Fauchet, *L. II. de la Discipline Militaire*, rapporte un trait tiré d'un Journal d'un Curé de cette Ville, qui porte qu'en 1475. Louis XI. fit faire à Angers & autres bonnes Villes des ferremens de guerre appellés *Scalebardes*, des Piques, des dagues, & autres Ferremens, qui furent portés à Orleans.

ARN

ARNABO. s. m. Grand Arbre qui croît aux parties

Orientales, ayant les feuilles longues, vertes & jaunâtres comme celles des saux, & l'écorce de ses branches de même couleur. Serapio qui en parle ainsi, dit qu'il sent le Citron & ne porte point de fruit. Egineta dit qu'il entre dans la composition des onguens aromatiques, à cause de sa bonne odeur.

ARNODE. s. m. Les Grecs appelloient *Arnodes*, ceux d'entr'eux que la necessité obligeoit d'aller dans les Assemblées & dans les Festins reciter des vers d'Homere, ce qu'ils faisoient en tenant une branche de laurier à la main, & pour recompense on leur donnoit un Agneau, qui dans leur langue est nommé ἀρνὸς. C'est de ce mot & de celui de ᾠδὴ, Chant, qu'ils prenoient le nom d'*Arnodes*.

ARO

AROMATE. s. m. On appelle *Aromates*, toutes les plantes ou épiceries. On les divise en simples & en composés. Les simples sont le musc, l'ambre gris, la Canelle, le Macis, la *Cassia lignea*, le Safran, le Camphre, le Gingembre, &c. Et les composés la Gallia Moschata, le Diamargaritum & autres.

AROMATICUM. s. m. Poudre toute composée de drogues aromatiques. Il y en a de deux sortes, l'*Aromaticum caryophyllatum*, & l'*Aromaticum rosatum*. Il entre dans le premier dix-huit ingrediens tous aromatiques, & on l'appelle *Caryophyllatum*, à cause des girofles qui en font la base, & que l'on y met en plus grande quantité qu'aucune autre drogue. Cette poudre a la vertu de fortifier le cœur & tous les visceres du bas ventre. Elle dissipe les vents, arrête les nausées, & empêche la putrefaction des humeurs dans le ventricule. L'*Aromaticum* appellé *Rosatum*, à cause des roses qui y dominent par leur quantité, & que l'on y met au commencement, est composé de quinze ingrediens, qui sont aussi tous aromatiques; sçavoir les Roses rouges, la Canelle, le Macis, les Girofles, la Reglisse, la Gomme Arabique & la Gomme Tragacanthe, le Santal Citrin, le Bois d'Aloës, la Muscade, l'Ambre, le Musc, le petit Galanga, le Nard Indique, & le grand Cardamomum. Cette derniere poudre est bonne à fortifier l'estomac; elle aide à la digestion, & consume les humeurs superflues.

AROMATISATION. s. f. Action de mêler des Aromates dans les Medicaments dont on augmente la vertu en les rendant agreables à l'odorat & au goût.

AROMATISER. v. a. Mettre des Aromates dans quelque composition, ce qui fait qu'elle rejouit & renforce les esprits vitaux & animaux, & le cœur même. Cela se fait en enfermant dans un nouet l'Aromate dont on a dessein de se servir; on le coule après qu'on lui a donné un leger bouillon.

ARONDE. s. f. Vieux mot. Hirondelle. Il s'est conservé dans cette façon de parler des Charpentiers, *Queue d'Aronde*, qui est une certaine entaillûre dans le bois, faite comme la queue d'une Hirondelle, étroite par un bout qui est en dedans, & large par l'autre qui est en dehors.

On dit en termes de fortification, qu'*Un ouvrage à corne est fait à queue d'Aronde*, lorsqu'il est étroit par la gorge, & plus couvert par les faces, & tout au contraire qu'*Il est fait à contre-queue d'Aronde*, lorsqu'il est plus étroit par les faces, & que la gorge est plus ouverte pour couvrir une grande courtine.

ARONDELLE. s. f. On appelle en termes de mer les Brigantins, les Pinaces & autres Vaisseaux mediocres & legers, *des Arondelles de mer*.

AROTES. s. m. Les Syracusains nommoient ainsi ceux qui étant de libre condition, ne laissoient pas de servir, parce qu'ils n'avoient pas assés de bien pour subsister par eux-mêmes.

AROUGHCUN. s. m. Animal que les Sauvages de la Virginie appellent ainsi, & qui ne differe du Castor, qu'en ce qu'il se nourrit entre les arbres à la maniere de l'Ecureuil.

ARP

ARPAILLEUR. s. m. Nom qu'on donne à ceux qui tâchent à découvrir les mines, & qui cherchent l'or parmi les mottes de terre, & sur les bords des rivieres.

ARQ

ARQUER. v. n. Se courber en arc. Il n'a guere d'usage que dans le participe. Ainsi en termes de Charpenterie, une poutre ou une autre piece de bois qui est courbée naturellement ou par le trop grand poids qu'elle soûtient, s'appelle *Poutre arquée*. On dit aussi que *La quille d'un Vaisseau est arquée*, quand quelque violent effort lui fait perdre sa figure accoutumée. Cet effort se fait, ou lorsqu'on met le Vaisseau à l'eau, ou lorsqu'il échoue.

On dit encore d'un Cheval, qu'*Il a les jambes arquées*, quand ses genoux sont courbés en arc, ce qui ne se dit que quand le travail lui a ruiné les jambes.

ARQUERAGE. s. m. Vieux mot. Droit ancien par lequel on étoit tenu de faire un soldat au Seigneur, comme qui diroit Archerage. On a dit aussi *Archarage* & *Archairage*.

ARQUOY. s. m. Vieux mot. Parure, ajustement.

Quand ils voyent ces pucelettes
En admenez & en arquoy.

ARR

ARRACHÉ, ÉE. adj. Terme de Blason. Il se dit des arbres & autres plantes dont les racines paroissent. On s'en sert aussi en parlant des têtes & membres d'animaux, qui n'étant pas coupés net, ont divers lambeaux, encore sanglans ou non sanglans; ce qui fait connoître qu'on a arraché ces membres par force. *D'argent à un arbre de sinople arraché; d'azur à trois têtes de lion arrachées de gueules.*

ARRACHEMENT. s. m. Terme de Maçonnerie. Pierre qu'on ôte d'un mur pour y en mettre d'autres qui servent de liaison avec un autre mur que l'on veut bâtir.

ARRAMER. v. a. On se sert de ce mot parmi les Drappiers, Façonniers & Foulons, quoique la chose leur soit défendue par les Statuts, pour dire, Tirer & allonger une piece de drap ou de serge mise exprès pour cela sur le rouleau; ce qui est cause qu'elle accourcit & étressit dans la suite.

ARRAMIR. v. a. vieux mot. Promettre.

Molt les oyssiez arramir
Serement faire, & foy plevir.

ARRAS. s. m. Sorte de Perroquet qui se trouve dans la Guadeloupe & dans quelques Isles voisines, & qui est d'un tiers plus grand que les autres. Il a la tête, le col, le ventre & le dessus du dos de couleur de feu, & les aîles mêlées de plumes jaunes, de couleur d'azur & de rouge cramoisi. Sa queue est longue d'un pié & demi & toute rouge, de sorte qu'il n'y a rien de plus beau que de voir dix ou douze Arras sur un arbre vert. Les sauvages prennent plaisir à se parer des plumes de la queue de cet oiseau, & non seulement ils en mettent dans leurs cheveux, mais ils s'en passent dans le gras des oreilles & dans l'entredeux des narines. L'Arras vit de graines & de quelques fruits qui croissent sur les arbres. Il a le ton de la voix fort & perçant, & ne vole jamais qu'il ne criaille. Il n'est pas aisé à s'effrayer; au contraire on en tue quelquefois plusieurs dans un même arbre, sans que le bruit des coups de fusil oblige les autres qui y sont perchés à s'envoler. Leur chair est fort dure, & on l'estime mal saine, si elle n'est pas veneneuse. Le mâle & la femelle se quittent très-rarement, & font leurs petits une ou deux fois l'année. Pour cela ils font un trou avec leur bec dans la souche d'un grand arbre, & leur nid ne consiste qu'en quelques plumes qui tombent de leur corps. Ils pondent deux œufs de la grosseur de ceux de pigeon, & marquetés comme les œufs de perdrix. Les autres Perroquets font leurs nids de la même sorte, mais il y en a dont les œufs sont verts. Lorsqu'on tire leurs petits du nid, ils ont deux petits vers tout vivans dans les narines, & un autre dans une petite bube qui leur vient sur la tête. Ces vers meurent d'eux-mêmes, lorsque ces oiseaux commencent à être couverts de plumes. Les Arras vivent plus que les hommes, & il en est peu qui ne soient sujets au mal caduc. On les voit serrer les bâtons sur lesquels ils sont perchés, tomber la tête en bas, se debattre & écumer. Quand les Sauvages veulent en prendre de vivans, ils s'en approchent doucement à la faveur des arbres, dans le tems qu'ils mangent à terre les fruits qu'ils ont fait tomber; puis tout à coup ils se mettent à courir, en frappant des mains, & remplissant l'air de hurlemens. Ces oiseaux surpris, au lieu de se servir de leurs aîles pour se tirer du peril, se mettent sur la défensive en se couchant sur le dos; en sorte que les Sauvages craignant leur bec & leurs ongles, n'osent faire autre chose que de se tenir tout à l'entour en continuant leurs cris, jusqu'à ce que l'un d'eux ait pû mettre un gros bâton sur le ventre de l'oiseau, qui s'en saisit aussi-tôt avec son bec & ses grifes. Pendant ce tems ils le lient sur le bâton, & en font ensuite tout ce qu'ils veulent. Ils les apprivoisent quelquefois, & ils leur apprennent à parler.

ARRAYER. v. a. Vieux mot. Rencontrer.

Se danger pourray arrayer.

ARREST. s. m. Petit morceau de fer, qui dans les armes à feu empêche qu'elles ne se lâchent. On appelle aussi *Arrest*, Les pieces qui dans les choses qui vont par ressort, font cause que les mouvemens ne se font qu'en certains tems & en certaine quantité.

Arrest est aussi un terme de Manege, & signifie la pause que fait le cheval en discontinuant de cheminer. On dit *Former l'arrest d'un cheval*, pour dire, L'arrêter sur les hanches. Il y a aussi le *demi-arrest*, qui n'est autre chose qu'un arrest qui n'est pas achevé; ce qui arrive lorsque le cheval reprend & continue son galop sans faire ni pesades ni courbettes.

Arrest se dit encore de l'action du chien qui s'arrête lorsqu'il sent la perdrix ou le gibier.

On appelle encore *Arrest* en termes de Couture le fil redoublé que les Tailleurs mettent aux fentes ou extrêmités des habits pour les arrêter, en sorte qu'elles ne se puissent rompre ni descendre; & les nœuds qu'ils font.

ARRESTE-BOEUF. s. f. Plante qui produit des branches qui sont de la hauteur d'un palme, & pleines de nœuds. Selon Matthiole elle croît dans les lieux cultivés & non cultivés, & sur-tout dans les lieux secs. Ses feuilles sont petites & menues comme celles des lentilles & ressemblent aux feuilles de la rue ou du melilot. Ses fleurs sont quelquefois rouges tirant sur le blanc, & quelquefois jaunes. Il y en a dont les branches sont toutes armées d'épines piquantes & d'autres qui n'ont point d'épines. Ce n'est que de sa racine qu'on se sert dans la Medecine. On la met au rang des cinq racines aperitives mineures, & Galien dit que son écorce est très-utile, étant abstersive & incisive, & ne faisant pas seulement uriner, mais aussi rongeant la pierre. Sa decoction faite avec de l'eau & du vinaigre, sert à appaiser les doûleurs de dents, lorsqu'on s'en lave la bouche. On appelle cette plante *Arreste-bœuf*, *Restaboüis*, ou *Remora aratri*, à cause que ses racines sont si fortes, qu'elles arrêtent les bœufs qui tirent la charrue. On l'appelle aussi *Bugrane*, *Ononis* ou *Anonis*, & *Acutella*.

ARRESTÉ, ÉE. adj. Terme de Blason. Il se dit des animaux qui sont sur leurs quatre piés, sans que l'un avance devant l'autre. On les appelle *Passans*, lorsqu'ils sont dans cette posture. *D'azur un lion leopardé d'or, arrêté & appuyé de la pate droite de devant sur un tronc de même.*

On appelle dans la Peinture *Desseins arrêtés*, Ceux dont les contours des figures sont achevés, en sorte que toutes leurs parties étant bien dessinées & recherchées, il n'y a plus rien à retoucher.

ARRESTER. v. a. Il se dit en termes de Venerie, & de Couture dans la même signification que le mot d'*Arrest*. Les Maçons disent aussi *Arrêter une pierre*, lorsqu'après qu'elle a été bien mise à plomb ou à niveau, on met du mortier, afin qu'elle y demeure toûjours.

ARRESTES. s. f. p. Gales & tumeurs qui viennent sur les nerfs des jambes de derriere d'un cheval, entre le jaret & le paturon.

ARRIERE. s. m. Pouppe ou derriere d'un Vaisseau, On dit, *Passer à l'arriere d'un Vaisseau*, pour dire, Laisser passer devant un autre Vaisseau, & se mettre à sa suite. On dit aussi *Avoir vent arriere*, pour dire, Prendre le vent par pouppe. C'est ce qui fait dire par maniere de proverbe, *Vent arriere fait trouver la mer unie*, pour dire, que Lorsqu'on a le vent en pouppe, on ne s'apperçoit point que la mer soit agitée.

Arriere, s'est dit anciennement pour, Derechef.

Souvent boit & renfante arriere,
Tant que plus clair est que cristal.

On a dit aussi *Arriers* dans un même sens.

ARRIERE-CORPS. s. m. Parties d'un bâtiment qui font le contraire de l'Avant-corps, c'est-à-dire, qui ont le moins de saillie sur la face.

ARRIERE-MAIN. s. m. Se dit au Jeu de la Paûme d'un coup poussé du revers de la raquette ou du batoir. *Voila un bel arriere-main.*

Quelquefois il se dit d'un soufflet donné du revers de la main.

ARRIERE-PANAGE, s. m. On se sert de ce mot en matiere des eaux & forêts pour signifier le tems où il est permis de laisser les bestiaux dans la forêt, après que celui du panage est expiré.

ARRIERER. v. n. Vieux mot. Retourner en arriere. *Li Duc qui ne pensoit nul mal, retourna arriere; & quand il fut arrieré chils qui estoient armez sous leurs cappes, saillirent & occhisrent.*

ARRIERE-VOUSSURE. s. f. Espece de voute mise au derriere d'un tableau, d'une porte, d'une fenêtre, ou de quelque autre ouverture, & qui sert de couronnement à l'embrasure.

ARRIMAGE. s. m. On appelle en termes de Marine, *l'Arrimage d'un Vaisseau*, l'Arrangement des futailles que l'on met à fond de calle, ou pour l'eau, ou pour le vin.

ARRIMER. v. a. Mettre quelque chose en ordre dans un Vaisseau, l'arranger.

ARRISSER. v. a. Terme de mer. Amener, abaisser les vergues pour les attacher sur les bords du Navire. On dit qu'*Un Vaisseau a arrissé ses huniers, ses perroquets*, pour dire, qu'il a abaissé ces sortes de voiles.

ARRIVER. v. n. Terme de Marine. Obéir au vent. On dit *Arriver sur un Vaisseau*, pour dire, Aller à un Vaisseau en obéissant au vent, ou en poussant la barre du gouvernail sous le vent, afin de le prendre en pouppe. On dit aussi, *Arrive, n'arrive pas, arrive tout*, qui sont trois divers commandemens que l'on fait au Timonnier; le premier pour lui faire pousser le gouvernail à obéir au vent, ou à mettre vent en pouppe; le second, pour l'obliger à gouverner plus vers le vent, ou à tenir plus le vent; & le troisiéme, afin qu'il pousse la barre du gouvernail tout à bord, pour mieux arriver.

ARROBE. s. f. Mot purement Espagnol, que l'on a rendu François, & qui se dit en terme de mer, du poids de trente-une livres.

ARROCHE. s. f. Herbe qui fleurit jaune, & pousse en fort peu de tems. Ses feuilles, qui sont larges vers la tige, vont toûjours en diminuant vers la pointe. Elles sont pleines de jus, grasses & d'un vert tirant sur le jaune. Les tiges de cette plante sont rouges, & montent quelquefois jusqu'à la hauteur de quatre coudées. Il en sort diverses branches, chargées d'une graine que renferment de petites bourses. Il y a de deux sortes d'Arroches, l'une qu'on cultive & qui croît dans les jardins, & l'autre qui vient d'elle-même dans les champs. Il n'y a que les feuilles & la graine de l'Arroche qui soient d'usage dans la Medecine. Elle est mise au rang des herbes émollientes, & a une qualité qui la rend propre à lâcher le ventre. Quelques-uns se servent de sa racine & de sa graine pour provoquer le vomissement. La graine est fort bonne pour deterger & faire mourir les vers. Cette plante nommée en Latin *Attriplex*, nuit aux herbes qui sont auprès.

ARRONDI, IE. adj. Terme de Blason. Il se dit des boules & autres choses qui sont rondes naturellement, & qui paroissent de relief par le moyen de certains traits en armoiries, qui en font voir l'arrondissement. *De gueules au miroir arrondi d'argent*,

ARRONDIR. v. a. On emploie ce mot pour toute sorte de Manege qui se fait en rond. Ainsi on dit *Arrondir un cheval*, pour dire, Dresser un cheval à manier rondement au trot, au galop, ou autrement; ce qui se fait en l'accoûtumant à porter les épaules & les hanches uniment & rondement dans un grand ou petit rond, sans qu'il se traverse ou se jette de côté.

On dit aussi *Arrondir une figure*, pour dire, Lui donner du relief, en sorte que tous les membres soient bien arrondis. Quand c'est une figure faite en peinture ou avec du crayon, on l'arrondit par le moyen des jours & des ombres.

ARROUTER. v. a. Vieux mot. Assembler.

Autres Garin furent tuit arrouté.

Il a été dit aussi pour, Mettre en train.

ARRUMER. v. a. Terme de Marine. Placer & arranger avec soin la cargaison d'un Vaisseau. On appelle *Vaisseau mal arrumé*, Un Vaisseau qui n'est pas à son plomb qui le fait tenir droit sur bout, ce qui est cause que les poinçons se déplacent, & roulant vers la pente, s'enfoncent du heurt les uns les autres. On dit aussi *Arrimer*.

ARRUMEUR. s. m. Petit Officier établi sur un Port, que le Marchand Chargeur paye. Sa fonction est de ranger les marchandises dans un Vaisseau, & sur-tout celles qui sont en tonneaux & en danger de coulage. Les Arrumeurs sont particulierement employés en Guienne.

ARS

ARS. s. m. Veines où l'on saigne les chevaux, dont il y en a une au bas de chaque épaule, & une autre au plat des cuisses dans les membres de derriere. Ainsi on dit, qu'*On a saigné un cheval des quatre ars*, pour dire, qu'Un cheval a été saigné des quatre membres.

ARS, ARSE. adj. Vieux mot. Brûlé. On a dit aussi *Arsure*, pour Brûlure, du Latin *Ardere*, Brûler.

ARSENAL. s. m. On appelle *Arsenal de Marine*, Un Port où le Roi tient de ses Officiers de Marine, avec des Vaisseaux, & toutes les choses dont on peut avoir besoin pour les armer.

ARSENIC. s. m. Mineral fort caustique, que les Grecs appellent ἀρσενικὸ, & les Latins *Auripigmentum*. Par le mot d'Arsenic on entend vulgairement l'Orpiment sublimé plusieurs fois avec le sel, qui par ce moyen degenere en une masse très-pure & cristalline. Il y a de trois sortes d'arsenic, & tous les trois sont septiques; le jaune qui est l'Orpiment, le rouge qui est le Sandaraque, & le blanc qui est le Reagal. Ils sont tous tirés des mêmes mines, & ont une extrême acrimonie de chaleur qui détruit les principes de la vie. Il y a aussi de deux sortes d'Orpiment. La meilleure a des écailles qui paroissent entassées les unes sur les autres, & qui se separent facilement sans aucun mélange d'une autre matiere. L'autre est en petits morceaux en forme de gland, & moins pure. Sa couleur, qui est plus rouge, a du rapport à la Sandaraque, & on ne leve pas cette seconde espece par écailles si facilement que l'autre. C'est celle dont se servent les Orfevres, & on l'appelle proprement *Risagallum*. La Sandaraque est une espece d'arsenic naturel qui se trouve dans les mêmes mines d'argent ou d'or que l'Orpiment, & n'est autre chose qu'un Orpiment plus cuit & plus digeré par la chaleur; ce qui lui fait prendre la couleur rouge. On n'en peut douter, puisque l'Orpiment brûlé devient tout-à-fait semblable à la Sandaraque. Aussi quand il est ainsi brûlé, on l'appelle *Sandaraque artificielle*, & on le substitue à la naturelle, parce qu'il est mal-aisé d'en trouver de pure, sans être mêlée de quelque portion d'Orpiment; ce qui fait qu'elle est plus rouge en un endroit qu'en l'autre, & même écailleuse en quelqu'une de ses parties. Tous ces mineraux sont chauds & secs au-delà du quatriéme degré, & ont une qualité corrosive & ennemie de l'humide radical & de la chaleur naturelle, de sorte que si quelqu'un en avoit pris par mégarde, il ne pourroit éviter de mourir, si on n'y remedioit promptement. Ce qu'on peut faire pour cela, c'est d'avoir recours aux choses grasses & huileuses, & aux medicamens épicerastiques, comme les bouillons gras, le lait & le beurre, qu'il faut prendre par haut & par bas, tant pour provoquer le vomissement, qu'afin de tenir le ventre libre. Quoique l'Arsenic soit un poison fort subtil & fort present, il ne laisse pas d'avoir des facultés dont on peut tirer quelque utilité dans la Medecine. Il peut servir à la gueriſon de la peſte & d'autres maladies malignes, comme la mauvaiſe galle & le cancer, pourvû qu'il ſoit très-bien préparé, & qu'on ait en l'employant toute la précaution qui peut être neceſſaire. On le mêle auſſi quelquefois parmi des médicamens externes, & ſur-tout lorſqu'on veut ronger une chair ſuperflue; mais la quantité en doit être fort petite. On s'en ſert encore exterieurement, lorſqu'on eſt incommodé du poil de quelque partie, qu'on ſeroit bien-aiſe de faire tomber. Les préparations principales de ce Mineral ſont, ſelon Glaſer, le regule, l'huile cauſtique, la liqueur & la poudre fixe. Il dit que le ſuccès en peut être heureux pour le dehors; mais il ne conſeille pas de s'en ſervir interieurement, la nature nous fourniſſant d'autres remedes moins dangereux. L'Arſenic blanc, qu'on appelle ſimplement Arſenic, eſt celui qu'on met le plus en uſage dans la Medecine. Le jaune eſt employé rarement, & le rouge preſque jamais.

ARSIN. adjectif, qui n'eſt en uſage que joint avec Bois. On appelle *Bois arſins*, des bois où le feu a été mis, ou par malice, ou par accident. Ce mot vient d'*Ardere*, Brûler.

ARSIS. ſ. m. Nom que les Vignerons donnent au vin, qui a été nourri de trop de chaleur, qui lui donne du feu & un goût de rôti.

ART

ARTEMON. ſ. m. Troiſiéme mouſle qui eſt au bas de la machine appellée *Polyſpaſte*, laquelle machine ſert à élever des fardeaux en peu de tems par le moyen de trois mouſles qui contiennent pluſieurs poulies. Les Grecs appellent cette troiſiéme mouſle ἐπάγων.

ARTEMONIENS. ſ. m. Nom que l'on donna aux diſciples de l'hereſiarque Artemon, qui s'éleva ſur la fin du troiſiéme ſiecle, & qui, en niant la divinité de JESUS-CHRIST, ſoûtenoit qu'il n'avoit eu que de legèrs avantages ſur les Prophétes. Les Artemoniens s'étant joints aux Theodotiens, diſoient que leur doctrine avoit toûjours été la croyance de l'Egliſe juſques au tems du Pape Victor: mais que Zephirin ſon ſucceſſeur, qui combattit leurs erreurs, avoit commencé à s'en éloigner.

ARTER. v. n. Vieux mot. Arrêter.

Quand en un lieu étoient artés.

ARTERE. ſ. f. Terme d'Anatomie. Vaiſſeau rond, long & creux comme un tuyau, composé d'une double tunique qui eſt deſtinée par la nature à porter le ſang ſpiritueux élabouré dans le ventricule gauche du cœur, afin de temperer & d'entretenir la chaleur de chacune des parties du corps. Il y a trois principales Arteres, ſçavoir la *trachée Artere*, qui eſt âpre, raboteuſe & cartilagineuſe, & qu'on a nommée ainſi, du Grec τραχεῖα, à cauſe de ſon inégalité. C'eſt le conduit par où paſſe l'air dans le poumon quand on reſpire. Cette artere eſt compoſée de deux differentes ſubſtances, l'une molle & l'autre dure. La ſeconde artere, qui a ſa tunique fort mince, comme ont les veines, eſt appellée *Artere veineuſe*. Elle ſort du ventricule gauche du cœur, dont les rameaux s'étendent dans la chair des poumons, & c'eſt un ſurgeon de la veine-cave. La troiſiéme s'appelle *Aorte*, ou *la grande artere*. Elle ſort du ventricule gauche du cœur, & ſe diviſe en *Aſcendante* & en *Deſcendante*, comme les veines, prenant preſque par tout les mêmes noms que les veines qu'elle accompagne. Ainſi il y a divers rameaux, tant de l'artere aſcendante, que de la deſcendante. Après la mort des animaux, on trouve toûjours leurs arteres vuides de ſang, encore que les veines en ſoient remplies. En Grec ἀρτηρία, que quelques-uns font venir de παρὰ τὸ ἀέρα τηρεῖν, à cauſe que l'artere garde l'air qu'elle reçoit, & puis le rejette.

ARTHRITIQUE. ſ. f. Plante fort commune & fort connue, appellée ainſi, à cauſe qu'elle eſt bonne pour la goute, que les Grecs nomment ἀρθρῖτις. C'eſt la même plante que *Primula veris*. On appelle *Arthritiques*, les médicamens qui ſont propres à remedier aux incommodités des jointures, tels que la Marjolaine, la Betoine, le Chamæpithys, le Primula veris, le Roſmarin, la Lavande, le Stæchas, la Sauge, le Caſtoreum, les Lombrics, &c.

ARTHRODIE. ſ. f. Terme de Medecine. Il ſe dit d'une jointure des os, qui encore qu'ils ayent la tête plate, ne laiſſent pas d'être mobiles ſur leurs ſurfaces. La jointure de la mâchoire avec l'os des temples eſt de cette nature. Ce mot vient du Grec ἄρθρον, Jointure.

ARTICHAUT. ſ. m. Plante dont la tige eſt droite, & au bout de laquelle tige ſe forme une eſpece de pomme, compoſée de quantité de feuilles dont la pointe eſt piquante. Ce qu'elle renferme dans le bas eſt bon à manger, & s'appelle *Cul d'Artichaut*. Il y a de deux ſortes d'artichaut; le ſauvage, qui n'eſt autre choſe que le Bedegar ou l'Epine blanche de Dioſcoride; & l'artichaut de jardin, dont il y a auſſi de deux ſortes, ſçavoir celui dont la pomme ſeule eſt bonne à manger, & celui d'Eſpagne, dont on ne mange que les tiges, qu'on blanchit par artifice. C'eſt ce qu'on appelle *Cardons d'Eſpagne*. L'artichaut eſt ſec & humide, & engendre un ſuc bilieux & mélancolique, ſur-tout lorſqu'il devient dur. On tient que quand on a bû ſa racine cuite dans le vin, elle entraîne avec les urines la mauvaiſe odeur des aiſſelles & de tout le corps.

ARTICULAIRE. adj. Les Medecins appellent *Maladie Articulaire*, Une maladie qui afflige & altere particulierement la ſubſtance des articles. Elle eſt cauſée par une matiere virulente, & c'eſt ce qu'on appelle communément *Goute*. Ce mot vient du Latin *Articulus*, Jointure, diminutif de *artus*, membre, ou jointure, quoiqu'il ait plus rarement cette derniere ſignification.

ARTICULATION. ſ. f. On appelle en termes d'Anatomie, *Articulation d'os*, La compoſition naturelle de deux os dont les bouts s'entretouchent. On ſe ſert auſſi du même mot en parlant de la conjonction de deux choſes, qui étant attachées l'une à l'autre fort étroitement, ne laiſſent pas de pouvoir être pliées. Ainſi l'*articulation d'un raſoir*, *d'une lancette*, eſt l'endroit qui ſert à plier ces inſtrumens.

ARTICULER. v. a. On dit en termes de Palais, *Articuler ſa demande*, pour dire, Mettre ſa demande par articles. Il ſe dit auſſi en Medecine, lorſqu'on parle de la jonction des membres, *Cet os s'articule avec cet autre*. On dit d'une figure de relief ou de peinture, que *Les parties en ſont bien articulées*, pour dire qu'Elles ſont bien marquées.

ARTILLER. v. a. Vieux mot. Fortifier, rendre fort.

Que moult étoit bien batillés,
Si fort & ſi bien artillés,
Qu'il ne creinoit ne Roi ne Comte.

ARTILLEUX, EUSE. adj. Vieux mot. Fin, ruſé, artificieux.

Elle eſt hardie & artilleuſe,

Et trop en ire studieuse.

ARTIMON. s. m. Le mât d'un Navire, qui est placé le plus près de la pouppe. Ce mât n'a qu'une brisûre, & ne porte point de perroquets. La voile d'Artimon est faite en tiers point, au lieu que les autres sont à trait quarré. La vergue d'Artimon est toûjours couchée de biais sur le mât, sans se traverser quarrément, qui est la situation des autres vergues sur les autres mâts.

ARTISIEN. s. m. Vieux mot. Artisan.

ARTISON. s. m. Petit ver qui s'engendre dans le bois, sur-tout dans une douve de tonneau par où le vin se perd. Il est dangereux, quand il se trouve sous un cercle.

ARTOTHYRITES. s. m. Heretiques du deuxiéme siecle, sortis de la secte de Montanus. Ils se servoient de pain & de fromage dans l'Eucharistie, à cause que nos premiers Peres offrirent des fruits de la terre & des brebis, & que Dieu accepta l'offrande d'Abel, qui étoit le fruit de ses brebis d'où vient le fromage, qu'ils tenoient bien plus agreable que le vin. Ils corrompoient l'Ecriture, & admettoient les femmes à la Prêtrise. Ce nom d'*Artothyrites* leur fut donné du Grec, ἄρτος, Pain, & de τυρὸς, Fromage.

A R U

ARUM. s. m. Plante dont les feuilles ressemblent à la Serpentine, quoiqu'elles soient plus longues & moins tachées. Sa tige est haute d'une paume, rougeâtre & faite en maniere d'un pilon, d'où sort une graine jaune comme le safran. Sa racine est blanche & semblable à celle de la Serpentine, mais moins forte & moins mordante, étant mangée cuite. Cette racine, ainsi que la graine & les feuilles de la plante, a les mêmes proprietés que la Serpentine. Matthiole dit que l'Arum croît ordinairement en Toscane, en Goritie & par toute la France aux bords des fossés & le long des hayes. Il ajoûte que sa tige jette à sa cime un couvercle long de douze doigts, pointu par le bout, dans lequel se nourrit le fruit. Ce couvercle venant à tomber, on voit la figure d'un pilon, jaune comme l'or, avec les encoignûres & la graine de couleur de safran, laquelle environne le bas en maniere de couronne. Elle devient verte en peu de tems, & rousse lorsqu'elle est mûre, ayant presque la grosseur de quelques perles, & un goût de vin. Elle s'amoncelle autour de la tige, ainsi que le froment d'Inde. Sa racine est blanche, bulbeuse, longuette, & a beaucoup de capillamens, comme l'Ellebore, d'un goût piquant. L'Arum, qui croît en Bohéme, est beaucoup moindre, & a ses feuilles & sa racine plus minces que celui d'Italie.

A R Y

ARYTÆNOIDE. adj. Les Medecins appellent *Cartilage Arytænoïde*, Un des cartilages du Larinx qui forme une espece d'anche comme celle des flutes & des orgues. Elle sert à rendre la voix, ou plus grave, ou plus aigue. Ce mot vient de ἀρύταινα. Sorte de Vase qu'Eustatius met au nombre de ceux dont les Anciens se servoient au bain, & de εἶδος, Forme, à cause que ce cartilage represente la figure de son bec.

A R Z

ARZEL. adj. On appelle *Cheval Arzel*, celui qui a une marque blanche au pié de derriere du côté droit. Il y a des gens superstitieux qui ne voudroient pas monter un Cheval arzel dans un jour de combat, parce qu'ils sont persuadés que cette marque présage quelque malheur.

A S A

ASARINE. s. f. Plante que Matthiole dit venir aux montagnes de Bohéme, & être appellée *Asarina*, à cause qu'elle ressemble beaucoup à l'Asarum. Elle se traîne par terre, & jette une feuille plus ronde & plus âpre que celle de l'Asarum, étant un peu dentelée. Sa tige est velue, & ses fleurs sont jaunes comme celles de la Camomille, moindres toutefois & odorantes. Ses racines sont minces, longues, & à fleur de terre, ayant un goût aigu avec une petite amertume qui les rend d'un temperament chaud & sec. Cette Plante est quelque peu absterfive, mais fort dessiccative, incisive & aperitive. Prise en breuvage au poids d'une dragme avec de l'eau miellée, elle lâche le ventre, & fait sortir les flegmes noirs & pourris. Elle est singuliere à ceux qui ne peuvent uriner que goute à goute, & fait mourir les vers qui s'engendrent dans le ventre.

ASARUM. s. m. Petite plante qui a ses tiges fort courtes, anguleuses & tendres. Ses fleurs sont en forme de clochettes & odorantes, & sortent près de la racine parmi les feuilles qui sont vertes, rondes & pointues par le bout, à peu près comme celles du lierre, mais plus petites, plus rondes, & faites en forme d'oreille. L'Asarum demeure toûjours verdoyant, & ne laisse pas de jetter de nouvelles feuilles au Printems avec ses petites fleurs. Il croît dans les lieux montagneux & couverts de bois, auprès des noisettiers. Sa racine, qui est déliée, tendre, anguleuse, nouée, recourbée & blancheâtre, est la seule partie de cette Plante dont on se serve en Medecine. Elle a une odeur forte & un goût acre & un peu amer. Il faut choisir la plus blanche, la plus saine & la mieux nourrie, & la cueillir dans un beau tems, vers la pleine Lune, dès qu'elle commence à pousser ses nouvelles feuilles. Après qu'on l'a bien lavée, on la nettoye doucement avec un couteau, & on en retranche ses fileamens & toutes ses autres superfluités ; après quoi on la fait secher en un lieu aëré, loin des rayons du Soleil, sur un tamis renversé. Elle n'est bonne que pendant un an ; & pour connoître si elle est recente, on doit voir si elle a un goût piquant, & quelque peu astringent. Il faut aussi qu'elle ait une odeur fort pénétrante. Ses qualités sont d'attenuer, de resoudre, de désopiler, & de guerir la dureté du foye & de la rate, & les maladies qui en proviennent. On la pulverise grossierement quand il ne faut que purger, mais elle doit être pulverisée fort subtilement, lorsqu'il s'agit de provoquer les urines. On appelle communément cette plante *Cabaret*.

A S C

ASCARIDES. s. f. Petite vermine qui s'attache au fondement, & dont ceux qu'elle attaque sont fort tourmentés.

ASCENDANT. s. m. Terme d'Astrologie. On appelle *Ascendant d'une Nativité*, Le Signe du Zodiaque qui monte sur l'horison au point de la naissance de quelqu'un. Les Astrologues disent aussi *Signes ascendans*. Ce sont ceux qui montent sur l'horison depuis la partie la plus basse du Ciel jusqu'à celle où ils sont dans leur plus haute élevation.

ASCENDRE. v. n. Vieux mot. Monter, du Latin, *Ascendere*.

ASCENSION. f. f. Terme d'Astronomie. On compare ordinairement le mouvement des astres au Zodiaque sous lequel ils se meuvent, mais quand on veut le comparer à l'Equateur, on prend l'arc de ce cercle depuis la section Vernale selon l'ordre des signes, jusqu'au point qui se leve ou se couche avec un astre, & cet arc de l'Equateur s'appelle l'*Ascension* ou la *Descension* de l'astre en general. Mais comme le vrai point par lequel un astre répond à l'Equateur, est celui où le cercle de Déclinaison de cet astre coupe l'Equateur, (Voyez DECLINAISON,) il arrive que ce point là n'est pas celui qui se leve ou qui se couche avec l'astre, horsmis dans la sphére droite ou quand l'astre se leve ou se couche son cercle de Déclinaison, le confond necessairement avec l'horison, & par consequent l'astre, & le point de l'Equateur par où ce cercle passe sont à l'horison en même-tems. Alors l'arc de l'Equateur compris entre *Aries* & le point de l'Equateur qui se leve ou se couche avec l'astre, est son *Ascension* ou *Descension* droite. Mais dans la sphére oblique où le cercle de Déclinaison ne se confond jamais avec l'horison, le point qu'il marque dans l'Equateur se leve plûtôt ou plus tard que l'astre, & l'arc de l'Equateur compris entre ce point & celui qui se leve ou se couche effectivement avec l'astre, s'appelle *Difference Ascensionnelle* ou *Descensionnelle*. Cette *Ascension* ou *Descension*, dans laquelle le point de l'Equateur qui se leve ou se couche avec l'astre n'est pas celui que marque le cercle de Déclinaison, s'appelle *Oblique*, parce qu'elle arrive dans la sphére oblique, & elle est plus ou moins oblique, selon que la sphére l'est plus ou moins.

On appelle *mouvement d'un astre en Ascension droite* l'arc de l'Equateur compris entre en *Aries*, & le point où l'Equateur est coupé par le cercle de Déclinaison de cet astre.

ASCETIQUE. f. m. On donne ce nom à plusieurs livres de dévotion, & il vient du mot Grec ἀσκεῖν, qui signifie *Exercer*, parce que par le moyen de ces sortes de Traités l'ame s'exerce dans la méditation des grandeurs de Dieu.

ASCIENS. f. m. On appelle ainsi ceux qui n'ont point d'ombre à Midi, parce que le Soleil est à leur Zenith. Ce mot vient de la particule privative α, & de σκιὰ, Ombre, comme qui diroit, *Sans ombre*. Ce sont les Peuples qui habitent la Zone Torride. Cela leur arrive deux fois l'année.

ASCLEPIAS. f. m. Plante qui croît dans les montagnes, & qui produit de longues branches & plusieurs racines menues & odorantes. Elle a ses feuilles longues & semblables à celles du lierre. Sa fleur est puante, & sa graine ressemble à celle de *Securidaca*. C'est le sentiment de Dioscoride; ce qui oblige Matthiole à dire que ceux qui prennent *l'Hedera terrestris*, & *le Vincetoxicum*, pour l'Asclepias, se trompent, puisque *l'Hedera terrestris* se trouve presque dans tous les grands chemins, se traînant toûjours par terre, & ayant ses feuilles rondes, âpres & un peu dentelées à l'entour; ce qui ne convient point à l'Asclepias, & que le *Vincetoxicum* n'a ni les feuilles ni les racines odorantes, & que sa graine n'a point de méchante odeur. L'Asclepias est bon contre les poisons, & pour les rompures, quand on est tombé d'en haut, en prenant la poudre de ses racines avec du vin.

ASCODROGILES. f. m. Heretiques du huitiéme siecle. Ils se prétendoient remplis du Paraclet de Montanus, & introduisant les Bacchanales dans les Eglises, ils y avoient une peau de bouc remplie de vin, autour de laquelle ils faisoient la procession en disant qu'ils élevoient les vaisseaux sans corruption, dont le Fils de Dieu a parlé dans l'Evangile. C'est la même chose que ceux qu'on appelle *Ascites*, qui se vantoient d'être les nouvelles bouteilles de l'Evangile, qui étoient remplies de vin nouveau. Ils tenoient qu'il étoit necessaire que ces bouteilles fussent portées par tous les vrais Chrétiens; en quoi ils faisoient consister le principal de leur Religion. Le nom des uns & des autres vient du Grec ἀσκὸς, qui signifie une Bouteille de cuir à porter du vin dedans.

ASCYRUM. f. m. Espece de Millepertuis, qui n'en differe que par la grandeur, parce qu'il produit plus de rejettons. Ces rejettons sont de couleur rouge, & plus grands & plus branchus que ceux d'Hypericum. Il a ses feuilles menues & ses fleurs jaunes. Sa graine est semblable à celle de Millepertuis, & a un goût de resine. Si on la froisse entre les mains, elle jette un jus aussi rouge que du sang. Prise en breuvage en un sextier d'eau mêlée, elle est bonne pour les Sciatiques, à cause qu'elle évacue abondamment les superfluïtés bilieuses; mais il faut toûjours continuer d'en boire, jusqu'à ce qu'on soit tout-à-fait gueri.

ASN

ASNE. f. m. Animal lent, paresseux, mélancolique & patient, qui vit environ trente ans. La femelle porte douze mois. La graisse & la moëlle qu'on tire de cet animal, sont d'usage dans la Medecine. Elles sont chaudes & humides, & l'on s'en sert pour effacer les cicatrices. Il y a un *Asne sauvage* qui se trouve dans les deserts de l'Afrique. Il est gris ou marqueté de noir & de blanc, & se nourrit d'herbes & de choux. Il court d'une vîtesse extraordinaire. On tient que sa moëlle est un remede admirable pour la goute.

Asne, est aussi une espece d'Estau, dont plusieurs artisans se servent pour tenir leurs bois ou leurs pierres, quand ils les fendent. Cette machine, qui est comme une petite boutique pour travailler, est particulierement en usage parmi les Ouvriers de Marqueterie. Elle consiste en une maniere de selle à trois piés, dont la table de dessus est bordée tout autour. Deux morceaux de bois qui sont debout, forment l'estau au milieu de cette table. L'une des machoires de l'estau est attachée assés fortement sur la selle, pour être immobile, & l'autre se meut comme on veut par le moyen d'une corde qui passe au travers d'une charniere, où elle est seulement arrêtée. Un des bouts de la corde est attaché à un morceau de bois, qui s'appuye & fait ressort contre cette machoire, quand on met le pié sur une marche qui est sous la selle, où l'autre bout de la corde est attaché. Cet étau sert à tenir les feuilles de bois, lorsqu'on les lie & contourne avec les petites scies de marqueterie. Les Tonneliers s'en servent pour tenir les pieces du fond, quand ils les dressent sur leur tour en biseau pour les faire entrer dans le Jable.

Asne, se dit encore d'une espece de coffre que les Relieurs appellent *Porte-presse*, & dans lequel tombe tout ce qu'ils rognent des Livres.

ASNE'E. f. f. Terme dont on se sert en quelques Provinces, pour signifier un arpent de terre, c'est-à-dire, la valeur de cent mesures quarrées de celles qui sont en usage dans le Pays.

ASP

ASPALATH. f. m. Bois d'un petit arbre épineux, pesant, massif, oleagineux, acre & amer. Il est odorant,

odorant, & d'une couleur purpurine & marquetée. C'est en cela seulement qu'il differe du bois d'Aloës, qui est d'une couleur plus obscure, car il en approche pour l'odeur, la pesanteur, & la forme, & il a presque les mêmes vertus. Les Modernes en nomment de quatre sortes, l'un dont l'écorce est de couleur de cendre, & le bois de couleur de pourpre, un autre qui est de couleur de bouis, un troisiéme, blanchâtre, qui a un petit lit de couleur citrine, & un quatriéme qui est rouge, & que l'on appelle *Lignum Rhodium*, Bois de Rose. Il n'y a que le second & le troisiéme qui se trouvent dans les Boutiques, & comme ils sont rares, quelques-uns leur substituent la semence d'*Agnus Castus*, d'autres les Santaux, & d'autres le Zedoaire, mais le bois d'Aloës est le substitut qui lui convient le mieux. L'Aspalath est chaud & sec avec astriction. Sa décoction prise interieurement arrête le ventre & appaise le flux de sang. Quand on l'a fait bouillir dans le vin, il est admirable pour les ulceres malins qui viennent dans la bouche.

ASPARAGE. s. f. Vieux mot, du Latin *Asparagus*. *La coûtume fait jadis en Boëcie, que les bonnes & honnêtes Matrones approchantes pour devoir coucher la nouvelle Mariée, lui faisoient un chapelet sur la tête de branches de Asparages âpres & mal gracieux, voulans dire qu'il falloit endurer les rudesses du mari.* Ceci est tiré d'un ancien Manuscrit. On a dit aussi *Asperague*.

ASPERGE. s. f. Plante dont il y a de trois sortes, l'une qu'on cultive & qui croît dans les Jardins. L'extrémité de celle-là est bonne à manger quand elle est verte & avant qu'elle soit montée en graine. Il y en a une autre sauvage appellée *Corruda*, qui croît dans les champs, & une autre qu'on trouve dans les marais. Celle qui croît dans les Jardins produit des tiges tendres, lisses, rondes, sans feuilles, & grosses comme le doigt. L'asperge sauvage lui ressemble entierement, si ce n'est qu'étant amere, elle est bien moins agreable au goût. La racine & la graine de cette plante sont particulierement en usage dans la Medecine, aussi bien que les sommités appellées *Turiones* en Latin, & qui servent à provoquer les urines. On s'en sert aussi en gargarisme pour affermir les gencives, & pour adoucir les douleurs de dents. Leur racine qui est hepatique & nephretique, attenue la bile crasse, & est tellement aperitive, qu'on la met au rang des racines aperitives majeures.

ASPERSOIR. s. m. Maniere de bâton de métal ou de bois leger, proprement tourné, de la longueur d'un pié & demi, au bout duquel sont attachés plusieurs brins de poil pour prendre de l'eau benite, & pour en répandre sur le peuple.

ASPHODELE. s. f. Plante nommée autrement *Aphrodille*, dont les feuilles ressemblent à celles du grand Porreau. Ses racines sont rondes, longuetes, semblables au gland, & d'un goût piquant & mordicant. On l'appelle en Latin *Hastularegia*, à cause de la ressemblance qu'elle a avec un Sceptre Royal dans le tems qu'elle fleurit. Sa racine a quelquefois jusqu'à quatre-vingts bulbes, & on s'en sert dans la Medecine tant interieurement qu'exterieurement. Elle est chaude & seche, & abstersive, & resolutive selon Galien, qui dit que lorsqu'on a brûlé cette plante, sa cendre est encore plus chaude, plus seche & plus subtile, & même plus digestive, ce qui rend cette cendre fort propre pour faire renaître le poil tombé par l'alopecie. Ce mot vient du Grec ἀσφόδελος. On a fait en Anjou du pain de sa racine en 1710. Il y en a de jaune dont la fleur est violette & blanche, on la nomme, *Asphodelus piramidalis*.

ASPIC. s. m. Petit Serpent de couleur cendrée, dont il se trouve une grande quantité en Afrique, & aux Païs chauds. Il a trois ou quatre coudées de longueur, quatre dents, la peau rude, & les yeux étincelans. La piquûre de l'Aspic n'est pas plus grosse que celle que fait la pointe d'une aiguille. Le mâle en fait deux, la femelle quatre, & le venin de ce Serpent fait congeler le sang aux veines & aux arteres. Matthiole tient qu'il y a trois sortes d'Aspics. Le premier s'appelle *Ptyas*, du mot Grec πτύειν, Cracher, à cause qu'il jette son venin au loin comme s'il crachoit. On nomme le second *Chelidonien*, de χελιδὼν, Hirondelle, parce qu'il a le dos noir, & le ventre blanc comme cet oiseau. Ceux qui sont piqués de cette sorte d'Aspic, meurent aussitôt. Le troisiéme est appellé *Chersëen*, & on lui donne ce nom de χέρσος, Terre, à cause qu'il se nourrit loin de la mer. Il y a une quatriéme sorte d'Aspic, que l'on appelle *Aspic sourd*. Il a quatre piés comme un lesard, des taches jaunes sur une peau grise, & c'est le plus à craindre de tous.

Aspic. Ancienne piece d'Artillerie. C'est une demi-coulevrine bâtarde, qui tire douze livres de boulet.

Aspic, est aussi une plante dont il y a plusieurs especes. M. Felibien dit que celle qu'on nomme *Nardus Celtica*, est notre Lavande. Elle s'éleve en forme d'épis, au bout desquels elle jette des fleurs, dont on fait une huile propre pour les Peintres, que nous appellons par corruption *Huile d'Aspic*, au lieu de dire, Huile de Spic, *Oleum de Spica*.

ASPRE. s. m. Petite monnoye de Turquie dont il faut cinquante pour faire un écu de la nôtre. On s'en sert pour les Spahis & les Janissaires.

APRESLE. s. f. Herbe qui a ses feuilles fort rudes, & de la tige de laquelle les Ouvriers se servent pour polir le bois, & pour écurer l'airain & la vaisselle. Elle croît dans les lieux aquatiques, & fort en hauteur, quand elle trouve à s'attacher à des arbres. Les tiges qu'elle jette sont creuses, nouées, rougeâtres & fort rudes à toucher, & il y a tout à l'entour grand nombre de feuilles aussi minces que le jonc.

ASPRESSE. s. f. Vieux mot. Apreté.

ASS

ASSA. s. f. Sorte de gomme dont il y a de deux sortes, l'*Assa dulcis*, qui est le Benjoin, & l'*Assa fœtida*, appellée par quelques-uns *Laser Medicum fœtidum*, qui est le suc ou la larme du Laser ou du *Silphium*, qui croît dans la Medie, dans la Lybie ou dans la Syrie, & non du *Laserpitium* de Dioscoride, dont les Medecins ne connoissent point le suc. On tire la larme de l'*Assa fœtida*, par incision de sa racine ou du tronc de l'arbre. Pour la bien choisir dans les boutiques, il faut prendre celle qui est pure, nette, transparente & qui a presque l'odeur de l'ail. Celle qui est trouble & impure, est sophistiquée par du son ou de la farine qu'on y a mêlés, & il la faut rejetter. Quelques merveilles que l'on publie de l'*Assa fœtida*, on ne s'en sert guere qu'en de certaines maladies de femmes. Elle est chaude au troisiéme degré.

ASSAPANICK. s. m. Petit animal de la Virginie, qui en élargissant les jambes, & en étendant sa peau comme si c'étoit des ailes, vole quelquefois un quart de lieue loin. Les Anglois l'appellent *Ecureuil volant*.

ASSASSINIENS. s. m. Nom qu'on a donné à de certains Peuples qui habitoient dix ou douze Villes près de Tyr dans la Phenicie. Leur coûtume étoit de se choisir parmi eux un Roi qu'ils appelloient l'*Ancien* ou *le Vieil de la Montagne*. Ils embrasserent les erreurs de Mahomet, & ils nourrissoient des jeunes gens, dont ils faisoient mourir ceux qu'il leur plaisoit. Il y a beaucoup d'apparence que c'est delà qu'ils ont pris leur nom. Les Templiers à qui ils payoient tribut, refuserent de les en décharger, quoiqu'ils offrissent de suivre la Religion Chrétienne, si les Templiers vouloient renoncer à ce tribut. Ce refus causa la perte du Royaume de Jerusalem. Les Assassiniens formoient comme un Ordre de Chevalerie Mahometane, & vivoient dans toutes sortes de plaisirs & de délices, ce qui leur faisoit appeller *Paradis* le lieu où ils demeuroient. La croyance où ils étoient que dans l'autre vie ils goûteroient encore des plaisirs bien plus solides, faisoit qu'ils s'exposoient aux plus grands dangers sans aucune repugnance, si-tôt qu'ils avoient reçû les ordres de leur Ancien. Ils assassinerent en 1231. Louis de Baviere, à qui l'Empereur Frideric II. avoit donné le Palatinat en 1215. Le premier Concile de Lyon tenu en 1245. excommunia tous ceux qui osoient se ranger de leur parti, & douze ans après les Tartares qui les défirent sous leur Roi Allan, se rendirent maîtres de leurs Villes, & firent mourir le Vieil de la Montagne.

ASSARDRE. v. a. Vieux mot. Assaillir. On trouve *Assarroient*, pour Assailliroient, & *Assals*, pour Assauts.

ASSATION. s. f. Terme de Pharmacie. Espece de coction ou préparation des médicamens qui se fait dans leur propre humidité, sur une huile échauffée ou ardente, ou sur un verre & autre chose semblable. Il y a differens degrés d'assation selon la qualité de la substance & l'assiette de la vertu des médicamens. Si la substance du médicament qu'on veut rôtir est rare, & qu'il ait sa vertu à la superficie, l'assation doit être legere, mais il faut la faire forte si la substance est dense & que la vertu soit dans le profond. Si tout y est mediocre, l'assation le sera de même. On fait cette assation par plusieurs raisons, pour reprimer la violence du médicament, pour augmenter les qualités trop foibles, pour en dissiper l'humidité superflue, pour le dessecher afin de le mettre mieux en poudre, & quand un médicament a deux vertus principales, on fait l'assation pour en prendre l'une & laisser l'autre. Ce mot vient du Latin *Assare*, Rôtir.

ASSAZOE'. s. f. Herbe qui croît dans l'Abyssinie, & qui a tant de vertu contre le venin des Serpents, qu'elle les rend comme morts aussi-tôt qu'on les en touche, de sorte qu'il ne faut que manger de sa racine pour ne rien craindre des plus dangereux. Aussi a-t'on vû des Ethiopiens, qui s'étant munis de cette racine, manioient sans crainte, & faisoient mourir les plus venimeux de ces animaux quand il leur plaisoit. Peut-être que les Psylles, Nation d'Afrique, qu'on dit qui manioient toutes sortes de Serpents sans en recevoir aucun dommage, avoient connoissance de cette herbe, & s'en servoient comme d'un secret particulier, parce qu'ils gagnoient leur vie à montrer pour de l'argent des animaux venimeux qui les mordoient, sans que la morsure eût aucune suite qui les pût incommoder. On tient que les Viperes même tombent dans un si grand assoupissement lorsqu'elles passent sous l'ombre de l'herbe *Assazoé*, qu'on peut les manier sans aucun danger.

ASSECUTION. s. f. Obtention. Ce mot n'a d'usage qu'en parlant d'un Benefice qu'on obtient. Ainsi quand il se trouve de l'incompatibilité entre deux Benefices, on dit que *L'un vaque par l'assecution de l'autre.* Ce mot vient du Latin *Assequi*, Obtenir.

ASSECHER. v. n. On dit qu'*Une terre*, qu'*une roche asseche*, lorsqu'on la peut voir après que la mer s'est retirée.

ASSEEUR. s. m. Habitant d'un Bourg ou d'un Village, élû par la Communauté pour faire des Roles dans lesquels il cottise chaque particulier selon ses facultés, pour faire ensuite la collecte de la taille, & des autres Impositions, conjointement avec les autres Asséeurs & Collecteurs que l'assemblée des Habitans a nommés.

ASSEIER. v. a. Vieux mot. Assieger. On trouve *Assist* & *Assisrent*, pour, Il assiegea, ils assiegerent. *Sennacherib assist à la parfin Jerusalem.* On a dit aussi *assis*, pour Assiegés.

ASSEMBLAGE. s. m. Il se dit des Ouvrages que les Charpentiers & les Menuisiers font de plusieurs pieces. Il y a trois sortes d'assemblages; *le quarré*, qui est le plus simple; *l'Assemblage à onglet*, quand les pieces, au lieu d'être coupées quarrément, le sont diagonalement ou en triangle; & l'*Assemblage d'abouement.* C'est celui dont la plus grande partie de la piece est quarrée, & la moindre à onglet. On fait encore des *Assemblages à queue d'aronde*, *à queue percée*, & *à queue perdue.* Cette derniere est la meilleure, parce qu'elle est à onglet. Les assemblages pour les grandes portes cocheres se font avec des panneaux que l'on applique en-dehors, & qui sont attachés par des clouds retenus par derriere, & des croix de S. André.

ASSENTATEUR. s. m. Vieux mot. Flateur, complaisant, du Latin *Assentari*, Flater.

ASSEOIR. v. n. On dit en termes de Manége, *Asseoir un cheval sur ses hanches*, pour dire, Lui faire plier les hanches en le galopant ou en l'arrêtant.

ASSERTEUR. s. m. Ce mot n'est guere en usage que dans ces deux phrases, *Asserteur de la verité*, *asserteur de la liberté publique*, pour dire, Un homme qui soûtient la verité, qui défend la liberté publique en toutes rencontres. Ce mot vient du Latin *Asserere*, Soûtenir, assûrer.

ASSERTION. s. f. Terme dont l'usage est renfermé dans le Dogmatique, & qui signifie une Proposition que l'on établit pour vraie, & qu'on s'offre de défendre en public.

ASSESSEUR. s. m. Officier de Justice gradué, qui sert ordinairement de conseil à un Juge d'épée de la Maréchaussée, & qui assiste aux jugemens des Procès. Il y a deux Assesseurs en plusieurs Sieges, l'un Criminel, & l'autre Civil.

ASSETTE. s. f. Outil de Couvreur, dont il se sert pour dresser les lattes. On l'appelle autrement *Hachette.* C'est un marteau qui a une tête plate d'un côté, & un large tranchant de l'autre.

ASSEURANCE, ou *Police d'assûrance.* s. f. Contrat maritime, par lequel un Particulier s'engage à prendre sur lui & à réparer toutes les pertes & tous les dommages qui arriveront à un Vaisseau, ou à son chargement pendant un voyage, en stipulant une somme que le Proprietaire lui paye d'avance, & qui pour cela est appellée *Prime.*

ASSEURE'. s. m. Celui qui a fait assûrer le Vaisseau, ou la partie de la marchandise qui lui appartient dans le Vaisseau.

ASSEURER. v. a. Prendre sur soi le péril de la navigation d'un Vaisseau, moyennant certaine somme; répondre des marchandises que les autres exposent sur la mer à la grosse avanture.

On dit sur mer, *Assûrer la hauteur*, & c'est un terme dont se servent quelques Pilotes, qui donnent beaucoup d'horison à l'Arbalestrille, afin d'attendre que le soleil monte, pour le mieux observer lorsqu'il abaisse.

ASSIETTE. s. f. Ce mot s'emploie en differentes manieres de parler. On dit qu'*Un piedestal n'a pas assés d'assiette pour quelque figure*, pour dire, qu'Il n'a pas assés de largeur pour la figure. On dit aussi qu'*Un rempart a assés d'assiette*, pour dire, qu'Il a assés de talus pour empêcher qu'il ne s'éboule. On dit encore qu'*Une Place est forte d'assiette*, pour dire, qu'Elle a été bâtie dans un terrain qui la rend forte par sa situation. *Faire l'assiette des Tailles*, c'est regler ce que chaque Communauté, ou chaque habitant en doit payer.

Assiette, est aussi une composition qui se couche sur le bois pour le dorer. Elle se fait de bol d'Armenie, de Sanguine, de mine de plomb broyés ensemble avec d'autres drogues, sur lesquelles on verse de la colle de parchemin, qu'on passe au travers d'un linge, en le remuant bien avec les drogues jusqu'à ce qu'elles soient bien détrempées.

Les Paveurs disent, qu'*Une assiette de pavé est mise en plein sable*, pour dire que, Le pavé est mis du sens où il doit être sur le sable.

On dit en termes des Eaux & Forêts, qu'*On fait l'assiette des ventes*, pour dire, que Les Officiers vont marquer aux Marchands les bois dont on leur a vendu la coupe.

On dit aussi quelquefois en termes de Jurisprudence, *Assiette de rente*, quand la jouissance d'un heritage est donnée au Creancier avec la Seigneurie entiere & absolue.

On dit en termes de Manége, *Donner l'assiette, faire prendre une bonne assiette à un Cavalier*, pour dire, Le mettre en une situation convenable sur la selle. On dit aussi qu'*Un Cavalier ne perd jamais l'assiette*, pour dire, qu'Il demeure toûjours dans le milieu de la selle, sans pancher son corps plus d'un côté que de l'autre.

On dit en termes de mer, qu'*Un Vaisseau est dans son assiette*, pour dire, qu'Il est dans la situation où il peut le mieux filler.

ASSIGNAT. s. m. Il se dit lorsqu'une rente est assignée nommément sur un heritage qui demeure en la possession du débiteur, & c'est proprement la destination particuliere de cet heritage au payement annuel de la rente. *L'assignat d'un douaire, d'une dot.*

ASSIGNATION. s. f. Terme de Finance. Ordonnance ou Mandement pour faire payer une dette sur un certain fond. On dit aussi que l'*Assignation d'un douaire a été faite sur telle maison*, pour dire, que Cette maison demeure particulierement affectée & hypotequée au payement de ce douaire.

ASSIMILATION. s. f. On dit en termes de Physique, que *Le changement de l'aliment en la substance de l'animal par assimilation des parties, est ce qui fait la nourriture*, ce qui veut dire, que Les Parties sont rendues semblables par ce changement.

ASSIS. adj. Terme de Blason. Il se dit de tous les animaux domestiques qui sont peints sur leur cûl, comme les chiens, les chats & autres. *De gueules au chien braque assis d'argent.*

ASSISE. s. f. On appelle ainsi les rangs de pierres de taille, dont les murs sont composés. La premiere assise est celle que l'on appelle en Latin *Muri fundamentum.*

Assises, au pluriel est un terme de Palais, qui signifie la séance extraordinaire d'un Juge superieur dans les Sieges inferieurs qui dépendent de sa Jurisdiction. Il la fait en de certains tems pour voir si les Officiers subalternes s'acquittent de leur devoir, & pour recevoir les plaintes qu'on pourroit faire contre eux, & cela s'appelle *Tenir les Assises.*

ASSOMMÉ, ÉE. adj. Vieux mot. Endormi, de *Somme*, qui veut dire, Sommeil.

Il est un petit applommé,
Helas ! il est si assommé.

ASSOMMOIR. s. m. Petit ais chargé d'une pierre, qu'on tend avec un appas & une languette pour prendre des rats, &c.

ASSOMPTION. s. f. On appelle ainsi en termes de Logique la Mineure ou la seconde Proposition d'un syllogisme. C'est même quelquefois la Consequence qu'on tire des propositions dont un argument est composé, & en ce sens on dit, que *Quoique les premisses soient vraies, l'assomption ne laisse pas d'être captieuse.*

ASSONDRER. v. a. Vieux mot. Borel dit qu'il semble dénoter, *Assûrer* ou *Absoudre.*

Mais passer ne pouvons se cil ne nous assondre.

ASSOUPLIR. v. a. Terme de Manége. Rendre toutes les parties du corps d'un Cheval plus souples, lui faire plier le col, les épaules, les côtes en le montant, & en le faisant trotter & galopper.

ASSOUVAGER. v. a. Vieux mot. Soulager, appaiser.

Mais moult m'assouvagea l'ointure.

On a dit aussi *Assoager.*

ASSUJETTIR. v. a. On dit en termes de Marine, *Assujettir un mât ou quelque autre piece de bois*, pour dire, l'Arrêter de telle sorte que ce mât ou cette piece de bois n'ait plus aucun mouvement.

AST

ASTATHYIENS. s. m. Heretiques, attachés aux erreurs d'un certain Sergius, qui suivoit les impostures des Manichéens, au commencement du neuviéme siecle. L'Empereur Michel Curopalate fit des Ordonnances très-severes contre leurs desseins, qui avoient été favorisés par Nicephore son prédécesseur.

ASTELLE. s. f. Les Chirurgiens appellent ainsi ce qui leur sert avec les bandages à lier les fractures des os. Ils se servent de diverses matieres pour faire les astelles. Les uns les font de papiers collés ensemble, ou de bois fort mince; les autres de cuir de semelles de souliers, ou d'écorces d'arbres & surtout de l'écorce de Ferule, & les autres de barres de fer blanc ou de plomb, ou d'autre matiere semblable pourvû qu'elle soit dure & fléxible. Ces Astelles s'appliquent sur les os luxés ou fracturés, pour les tenir fermes après qu'on les a remis, jusqu'à ce qu'ils soient tout-à-fait consolidés.

ASTERISME. s. m. Assemblage de plusieurs Etoiles dans le Firmament, ausquelles les Astrologues ont donné une certaine figure dans leur imagination. Ce mot vient du Grec ἀστὴρ, Etoile.

ASTERISQUE. s. m. Petite marque en forme d'étoile, qu'on met dans les Livres imprimés ou manuscrits, pour servir de renvoi à ce qui est contenu dans la marge.

ASTHMÉ. adj. On appelle *Asthmé*, en termes de Fauconnerie un Oiseau pantois qui a le poumon enflé, & qui ne peut avoir son haleine.

ASTINE. s. f. Vieux mot. Querelle.

Agamemnon vit la astine,
Qui peut monter à grande haine.

ASTIO. s. m. Os ou corne où les Cordonniers & les Saveriers mettent de la graisse pour leurs alênes.

ASTRAGALE. s. m. Terme d'Architecture. Petits membres ronds qui se mettent aux corniches, aux architraves, & aux chambranles, appellés ainsi du Grec ἀστράγαλος, Talon, à cause de la ressemblance qu'ils ont à la rondeur du talon. On leur donne aussi le nom de *Chapellet*, & cela vient de ce que les Ouvriers ont accoûtumé de les tailler en forme de petites boules, ou grains de chapellet enfilés.

Astragale, est aussi un terme d'Artillerie, & signifie un petit membre rond, qui est éloigné de demi-pié de la bouche du canon, & qui regne autour de la piece proche le collet.

Les Medecins appellent *Astragale*, le premier os dont le tarse ou la premiere partie du petit pié est composée.

Les anciens Botaniques ont appellé *Astragale*, une plante qui est une espece de poix sauvage, dont la fleur est rouge, & la racine ronde & grande comme un raifort. Il s'en trouve une autre de ce même nom en Canada. Elle a ses branches noueuses, de la sommité desquelles sortent en forme d'épi, des fleurs vertes tirant sur le jaune.

ASTRINGENS. s. m. Médicamens qui arrêtent toutes les évacuations excessives. Il y en a de simples & de composés, que l'on mêle selon l'art, pour en faire des apozemes, non seulement astringens & incrassans, mais rafraîchissans & fortifians. Les simples sont les racines du grand *Symphytum* & du *Sigillum Salomonis*, la Sanicle, l'écorce moyenne du chêne, l'Osmonde royale, la bourse de Pasteur, le centinode, la queue de cheval, les deux consodes, l'ortie non piquante, les semences de pourpier, de plantain, de pavot, de myrtilles, de coings & de sumach, les fleurs de Nenuphar, les roses, les Balanstres & l'ecorce de grenade. Les composés sont les sirops de coings, de grenades, de roses seches, le julep Alexandrin, avec les Trochisques de spodio & ceux de terre sigillée. Les Astringens sont aussi appellés *Styptiques*. Les Teinturiers appellent *Materiaux astringens*, L'écorce d'aulne, de grenade, de chêne en seve, de pommier sauvage, la scieure de chêne, les coques de noix, la racine de noyer, les gales & le sumac. Ce mot vient du Latin *Astringere*, Resserrer.

ASTROLABE. s. m. Instrument Astronomique, autrement nommé *Planisphére*, où tous les cercles de la sphére sont representés selon leur projection sur le plan d'un seul. Voyez PROJECTION. Dans la construction des Astrolabes on prend pour plan de *projection* le plan de l'horison d'un lieu, ou celui d'un Meridien. Cela fait deux especes d'Astrolabes. Les premiers sont appellés *Horisontaux*, les seconds *Universels*, parce que leur usage n'est pas borné à un certain lieu comme celui des Astrolabes horisontaux. Tout Astrolabe a une alhidade avec deux pinnules pour prendre les hauteurs des astres, & delà vient le mot d'Astrolabe, de ἄστρον astre, & λαμβάνειν prendre, si ce n'est qu'on aime mieux tirer cette étymologie de ce que l'Astrolabe contient plusieurs astres representés sur son *Aranée* ou *Araignée*, qui est une espece de roue mobile où sont les signes du Zodiaque, & plusieurs autres *fixes* placées selon leurs *longitudes* & *latitudes*, ce qui sert pour trouver astronomiquement les heures, & determiner l'état du Ciel à chaque moment. Au lieu des Azimuths & des autres cercles de la sphére, qui sont décrits sur les Astrolabes des Mathematiciens, M. Guillet dit que ceux des Pilotes n'ont que trois ou quatre cercles concentriques, dont l'un est divisé en quatre quarts de nonante, pour prendre hauteur; l'autre en 365. parties, pour marquer les jours de l'année; & l'autre en douze fois trente degrés, pour marquer les signes du Zodiaque. Il ajoûte que l'instrument est de cuivre, afin que par sa pesanteur il soit sur son plomb, & que la ligne horisontale se trouve mieux de niveau.

ASY

ASYMPTOTE. adj. Terme de Géometrie. On appelle *Lignes asymptotes*, Deux lignes, qui étant prolongées, s'approchent de plus en plus: mais quand elles seroient prolongées à l'infini, elles ne se toucheroient jamais, ne pouvant faire angle ni concourir à un même point. *L'Hyperbole*, (Voyez HYPERBOLE,) a deux diametres, l'un d'un côté, l'autre de l'autre, que l'on nomme ses *Asymptotes*, parce que l'Hyperbole prolongée s'ouvrant toûjours de plus en plus, & s'approchant toûjours de ces deux diametres, elle ne peut jamais les rencontrer, ce qui paroît un paradoxe. Ainsi quelque petite que soit une ligne que l'on puisse donner, on en trouvera encore une plus petite & plus petite à l'infini entre une Hyperbole, & son Asymptote. Les deux Hyperboles opposées ont les mêmes Asymptotes. Entre les sections coniques il n'y a que l'Hyperbole qui ait des Asymptotes, mais on peut trouver une infinité d'autres courbes, qui en auront aussi. On appelle *Paraboles*, ou *Hyperboles Asymptotes*, ou *Asymptotiques*, celles qui sont tellement disposées l'une au-dedans de l'autre, & sur un même plan, qu'elles ne se peuvent jamais joindre quoiqu'elles s'approchent toûjours. Ce mot est Grec, ἀσύμπτωτος, Qui ne tombe point avec, & est formé de la particule privative α, de σὺν, Avec, & de πίπτειν, Tomber.

ATA

ATABALE. s. m. Espece de tambour, qui est en usage parmi les Maures.

ATABULE. s. f. On appelle ainsi un certain vent qui regne dans la Poüille, & dont le soufle trop violent apporte souvent du dommage aux arbres & aux plantes.

ATAINE. s. f. Vieux mot. Querelle, dispute.

Pour leur joye tristesse, pour leur paix ataine.

On a dit aussi *Ataineux*, pour dire, Querelleux.

ATAMADAULET. s. m. Nom que l'on donne à celui qui fait les fonctions de premier Ministre en Perse. C'est la même chose que Grand Visir en Turquie.

ATANT. adv. Vieux mot. Alors.

ATARGIER. v. n. Vieux mot. Tarder.

ATE

ATERRAGE. s. m. Mot que les gens de Marine ont mis en usage, pour signifier l'endroit où l'on vient reconnoître la terre en revenant de quelque voyage.

ATERRIR. v. n. Quelques Pilotes se servent de ce mot, pour dire, Prendre terre en quelque lieu.

ATTERRISSEMENT. s. m. Terme de Jurisprudence. Accroissement de terre qui se fait lorsqu'une riviere prenant son cours d'un autre côté, donne de nouvelles terres à celui dont elle bornoit les heritages. C'est ce qu'on appelle en Latin *Alluvium*.

ATH

ATHANOR. s. m. Grand fourneau immobile, de brique ou de terre, dont se servent les Chimistes. On met le charbon dans une tour qu'il a au milieu, & ce charbon communique sa chaleur par des canaux ou des ouvertures qui sont aux côtés du foyer à plusieurs vaisseaux voisins, où l'on fait differentes operations en même-tems. Ce fourneau ne peut donner assés de chaleur pour celles qui demandent un feu violent : mais il est fort commode pour les operations qui ne peuvent être faites que par un feu moderé. Le mot *Athanor* est venu des Arabes, qui entendent par *Tanarron*, Un four ou fourneau. Celui-ci n'oblige pas à autant de soins que font les autres fourneaux, à cause que quand on a rempli la tour de charbon, il est assés longtems à se consumer. C'est pourquoi on l'appelle *Piger Henricus*. Borel veut qu'il vienne de *Atta*, qui signifie Fournaise.

ATI

ATINCTER. v. a. Vieux mot. Ajuster, orner.

Besoin sera que je l'atincte,
Comme si ce fut pour un Comte.

ATL

ATLANTE. Nom que les Grecs donnoient aux figures ausquelles ils faisoient porter des fardeaux dans l'Architecture. Ce mot vient d'*Atlas*, que les Poëtes ont feint soûtenir le Ciel de ses épaules.

ATLAS. s. m. Quelques-uns font de ce nom un terme de Medecine, & appellent ainsi la premiere vertebre du col qui supporte la tête.

Atlas est aussi un livre de Géographie universelle en plusieurs volumes, où sont contenues toutes les cartes du monde.

ATLE. s. m. Arbre qui ressemble au tamarin & à la bruyere, & qui croît en divers lieux de l'Europe. C'est une plante aussi haute que les Oliviers, & qui dans le Sahid vient de la hauteur d'un chêne. Elle a ses feuilles beaucoup plus longues & plus étroites que celles de la bruyere, & porte fort peu de fruits. Ces fruits sont de la grosseur d'une noix verte, durs sans cerneau, & à peu près semblables aux gales de chêne. On fait du charbon du bois de cet arbre, & on s'en sert dans toute l'Egypte & dans l'Arabie. L'Atle est d'un grand usage dans la Medecine pour plusieurs remedes. Ses feuilles font épanouir la rate, & le suc est bon pour les maux veneriens.

ATMOSPHERE. s. f. Terme de Physique. La sphére des vapeurs, de ἀτμὶς, Vapeur, fait de ἄω, Je souffle, & σφαῖρα, Globe. C'est l'amas de toutes les vapeurs & exhalaisons du globe terrestre, qui ne s'élevent que jusqu'à une certaine hauteur, & qui l'enveloppent de tous côtés. Tout cela forme autour de la terre une sphére qui lui est exactement concentrique, & dont la superficie exterieure doit dans son état naturel être parfaitement de niveau. Il s'y doit faire des refractions, des rayons qui la pénétrent. Voyez REFRACTION. Les rayons du Soleil tombant sur cette superficie convexe se réfléchissent sur les parties solides, d'autant plus facilement, qu'ils tombent plus obliquement, & comme en hiver leur incidence est beaucoup plus oblique qu'en été, il s'en réfléchit beaucoup davantage, & par consequent il en vient moins à nous, ce qui est la principale cause de la difference de l'hiver & de l'été, car ce ne peut être le different éloignement du Soleil, puisqu'il est en hiver plus proche de la terre, étant dans son perigée, & comme la terre n'est qu'un point à son égard, la distance qu'il y a de plus de notre Zenith à lui, ne peut être comptée pour rien.

ATO

ATOLE. s. m. Mays moulu, pêtri, & détrempé dans de l'eau, & bouilli à la façon d'une bouillie fort claire, ou plûtôt de l'amydon. Il est fort en usage chés les Indiens, qui le donnent sans crainte tant aux malades qu'aux sains, & à toutes sortes de personnes, de quelque complexion qu'elles soient. Il provoque l'urine en nettoyant les conduits.

ATOME. s. m. Terme de Physique. Nom qui a été donné par Epicure & ses Sectateurs, aux premières & plus petites parties de la matiere, qu'ils supposent *indivisibles*, & essentiellement *dures*, & dont ils prétendent que le different assemblage combiné avec le plus ou le moins de *vuide* forme tous les differens corps de l'univers. Atome a été fait de l'ἀ privatif & de τέμνειν, couper. Les autres Philosophes, entre lesquels sont les Cartésiens, prétendent que les atomes sont une chimere, & que la matiere est divisible à l'infini, ce qui paroît être prouvé par la Géometrie.

Atome est aussi le nom qu'on a donné à un animal qui est si petit, que le plus excellent microscope ne le fait pas paroître plus gros qu'un grain de sable extrêmement délié. On peut juger par là de sa petitesse, puisqu'avec un microscope un grain de sable nous paroît de la grosseur d'une noix ordinaire. On a découvert plusieurs piés dans ce petit animal, qui a le dos blanc & plein d'écailles.

ATOURNER. v. a. Vieux mot. Orner. Ragueau appelle *Atournés* des Solliciteurs de procès.

ATR

ATRE. s. m. Le devant de la cheminée ou le contre-cœur.

ATROBAMENT. s. m. Vieux mot. Invention.

ATROPHIE. s. f. Sorte de maladie, qui fait que le corps, ou l'une de ses parties, ne prend point de nourriture, Ce mot est Grec, ἀτροφία, & fait de la particule privative ἀ, & de τρέφειν, Nourrir.

ATT

ATTACHE. s. f. Terme de Charpenterie. Grosse piece de bois qui est plantée au milieu d'un moulin à vent pour le soûtenir, & autour de laquelle le moulin tourne.

On appelle aussi *Attaches*, De petits morceaux de plomb avec lesquels l'on attache les verges de fer aux panneaux des vitres.

ATTAQUE. s. f. Terme de siege. Travail que font les Assiegeans par des tranchées, des sappes, des galeries & des bréches, afin d'emporter une Place par quelques-uns de ses côtés.

On appelle *Fausse attaque*, Celle dont on ne pousse pas le travail avec vigueur, mais seulement pour obliger les ennemis à faire diversion & à partager leurs forces ; ce qui favorise les veritables attaques.

On dit *Emporter une Place par de droites attaques*, pour dire, l'Emporter dans les formes & par des travaux reglés, sans l'insulter brusquement.

ATTEINTE. s. f. On dit en parlant de quelque course de bague, qu'*Un de ceux qui ont couru a une atteinte*, pour dire, qu'il a seulement touché la bague avec sa lance, & qu'il n'a point mis dedans.

Atteinte est aussi une blessure qu'un cheval, qui en suit un autre de trop près, lui fait aux piés de derriere. On dit qu'*Un cheval s'est donné une atteinte*, quand il s'est donné lui-même un coup par un des piés de devant ou de derriere qui donne sur le pié de côté, ou bien par un des piés de derriere qui entame la couronne du pié de devant.

ATTELAGE. s. m. Chevaux ou autres animaux destinés à tirer. *Voilà un bel attelage de six chevaux.*

On dit encore en un autre sens: *Ce cheval est bon*

pour l'attelage, pour marquer qu'il est propre à tirer.

ATTELLE. f. f. Petit ais fort délié dont se servent les Chirurgiens, en le liant autour d'un membre où il y a quelque fracture, afin de le tenir en état, jusqu'à une entiere guerison.

On appelle aussi *Attelles*, Les morceaux de bois qu'on met au-devant du collier des chevaux qui servent à la charrue ou à tirer les charrettes.

On appelle encore *Attelle*, en termes de Potier, Le morceau de bois qu'on se met au doigt, pour lever la poterie qu'on fait sur la roue.

ATTELOIRE. f. f. Cheville qu'on met dans les limons pour y arrêter les traits des chevaux de charroi.

ATTENE', E'E. Vieux mot. Appaisé.

Si sont courcés ou attenés.

ATTENERIR. v. a. Vieux mot. Attenuer.

ATTENIR. v. n. Vieux mot. Etre parent.

ATTENTATOIRE. adj. On dit en termes de Palais, qu'*Une Sentence est attentatoire*; pour dire, qu'Elle a été rendue au préjudice d'un renvoi ou des défenses des Juges Superieurs.

ATTENUATIF. f. m. On dit en termes de Medecine, *Attenuatifs & Incisifs*, pour dire, des Médicamens qui divisent, dissolvent, extenuent & mettent en pieces, les uns les humeurs crasses, & les autres les humeurs viscides & glutineuses, afin qu'elles se dissipent ensuite par elles-mêmes, ou qu'elles soient jettées au-dehors par la force des attractifs. Les médicamens de ce genre sont l'hyssope, la marjolaine, l'origan, le romarin, le laurier & les bayes de laurier, le marrube, la rue, le poulliot, le *Centarium minus*, l'arum, le vinaigre, la canelle, le suc de limons, les cappres, &c.

ATTENUATION. f. f. Terme de Palais. On appelle *Défenses par attenuation*, Celles que donne l'accusé, pour amoindrir & pour excuser son crime. On donnoit autrefois cette sorte de défense, mais c'est une forme de proceder que l'Ordonnance de 1670. a abrogée.

ATTOLLON. f. m. Amas de plusieurs petites Isles qui sont presque jointes ensemble. Les Isles Maldives, qui sont au nombre de plus de douze mille, selon quelques-uns, sont séparées en treize parties principales, appellées *Attollons* par les Insulaires. Ces Isles sont situées vers la pointe de la presqu'Isle de l'Inde, au-deçà du Golfe de Bengala. Il y a douze grands Détroits qui détachent un Attollon d'avec l'autre, & de fort petits canaux, où la mer est basse, séparent les Isles.

ATTOMBISSEUR. f. m. Ce mot n'a d'usage que dans la Fauconnerie, en parlant de celui des oiseaux qui donne la premiere attaque à un heron dans son vol.

ATTRACTIFS. f. m. Médicamens qu'on applique pour attirer les humeurs & les esprits du dedans du corps à la superficie. Il y en a qui attirent si fort les humeurs & les esprits, qu'ils enflent le cuir, & le rendent rouge comme l'écarlatte. Ces Attractifs sont le pyrethre, la racine d'arum, celle de canne, l'anemone, l'aristoloche longue & ronde, la moutarde, les oignons, l'ail, le *lepidium*, le renoncule, le *sagapenum*, le levain, les cantharides, l'ammoniac, la fiente de pigeon & celle d'oye. Ce mot vient du Latin *Attrahere*, Attirer.

ATTRACTYLIS. f. m. Carthame sauvage, dont il y a de deux sortes; l'un qui ne differe du Carthame privé qu'en ce qu'il a la tige plus droite, & qu'il produit une graine noire, assés grosse & amere; & l'autre qu'on appelle *Attractylis hirsutior*, & qui n'est autre chose que le chardon benit.

ATTRAPE. f. m. Ce terme est usitée sur la mer, & il se dit d'une corde qui empêche que le Vaisseau ne se couche quand on le carene.

ATTREMPE'. adj. On dit en termes de Fauconnerie *Oiseau attrempé*, pour dire, Qui n'est ni maigre ni gras. C'est la qualité d'un bon Oiseau.

ATTREMPER. v. a. Terme d'Artisan. Donner la trempe au fer.

AVA

AVACHIR. v. n. Vieux mot. Devenir poltron.

AVAGE. f. m. On appelle *Droit d'avage*, Un droit que le Bourreau leve sur diverses sortes de marchandises les jours de marché.

AVAL. f. m. On dit entre Marchands, *Donner, mettre son aval à une lettre*, pour dire, Souscrire une lettre ou billet de change, en sorte qu'on est obligé d'en payer le contenu, en cas que ceux sur qui la lettre est tirée ne l'acquittent point. Ce mot a formé le verbe *Avaler*, qui signifie dans le même sens, Mettre sa souscription à un billet de change, & s'en faire caution.

AVALIES. f. f. On appelle ainsi les laines dont on fait les trames de beaucoup d'étofes. Ces laines proviennent des peaux de mouton, de l'abatis des Bouchers, lorsqu'ils les vendent aux Megissiers. Les laines de toison ne s'emploient qu'à faire les chaînes.

AVALOIRE. f. f. La partie du harnois d'un cheval de trait qui pose sur sa croupe & sur ses cuisses.

AVALURE. f. f. On appelle ainsi en termes de Manége, La defectuosité d'une nouvelle corne molle & raboteuse qui croît aux piés d'un cheval quand il fait quartier neuf.

AVANCEMENT D'HOIRIE. f. m. Terme de pratique pour signifier ce qu'on donne par avance à un fils ou à un heritier.

AVANT. f. m. On dit *L'avant d'un Vaisseau*, pour dire, Le devant d'un Vaisseau, la proue.

On dit que *Le vent vient de l'avant*, pour dire, qu'Il souffle du lieu où l'on veut aller.

On dit aussi qu'*Un Vaisseau est trop sur l'avant*, pour dire, qu'Il a l'avant trop plongé dans l'eau.

On dit en termes de Manége, qu'*Un cheval est beau de la main en avant*, pour dire, qu'Il a la tête ou l'encolure plus belle que la croupe.

AVANTAGE. f. m. C'est en termes de mer ce qu'on appelle autrement *Poulaine* ou *Eperon*, c'est-à-dire, la partie de l'avant d'un Vaisseau qui est en saillie sur l'étrave.

Avantage est aussi un terme du jeu de la paume, où quand les joueurs ont chacun trente de quelqu'un des jeux de la partie, celui qui gagne ensuite le premier coup, a l'avantage, qui est la même chose que quarante-cinq. On dit aussi de celui qui gagne le premier jeu, après que les joueurs ont chacun deux jeux, ou quatre jeux d'une partie de quatre ou de six, qu'*Il a l'avantage de jeux*, pour dire qu'Il a trois jeux de quatre, ou cinq jeux de six.

AVANTBEC. f. m. On donne ce nom aux angles ou éperons qui sont aux piles des ponts de pierre. Outre le corps quarré de Maçonnerie, chaque pile a deux Avantbecs, l'un appellé *Avantbec d'amont l'eau*, & l'autre, *Avantbec d'aval l'eau*. Le premier est celui qui est opposé au fil de l'eau, & l'autre celui d'au-dessous. La partie qui excede au-delà du corps quarré de la pile, s'appelle *Saillie de l'Avantbec*.

AVANTBRAS. f. m. On appelle ainsi en termes de Medecine, La partie du bras qui est depuis le coude jusqu'au poignet.

AVANTCOEUR. f. m. Maladie de cheval. C'eft une tumeur contre nature, de figure ronde, & groffe à peu près comme la moitié du poing. Elle eft caufée par une humeur fanguine & bilieufe, & fe forme à la poitrine du cheval vis-à-vis du cœur. On l'appelle auffi *Anticœur*.

AVANTCORPS. f. m. Terme d'Architecture. Ce font les parties d'un bâtiment qui ont plus de faillie fur la face.

AVANTFOSSE'. f. m. Profondeur pleine d'eau, dont la contrefcarpe eft environnée du côté de la campagne, & qui regne le long du pié du glacis.

AVANTGARDE. f. f. Premiere ligne d'une armée rangée en bataille.

AVANTMAIN. f. m. Se dit au jeu de la Paûme d'un coup pouffé du devant de la raquette ou du batoir.

AVANT-PESCHE. f. f. Pêche précoce.

AVANT-PIEU. f. m. Bout de poutrelle qu'on met fur la couronne d'un pieu, afin que lorfqu'on le bat à la fonnette, il puiffe être tenu à plomb. On donne ce même nom d'*Avant-pieu* à une efpece de pinfe pointue, dont on fe fert pour faire des trous quand on veut planter des jalons, des piquets & des échalas de treillage, fur-tout dans une terre trop ferme, ou qui eft couverte d'une aire de recoupes.

AVANT-TRAIN. f. m. On appelle ainfi les deux roues qu'on ajoûte aux deux de derriere de l'affût d'un canon, quand on le fait marcher en campagne.

AVANTURINE. f. f. Pierre prétieufe, dont la couleur eft jaunâtre, & qui eft remplie de plufieurs points d'or qui la font briller. On appelle auffi *Avanturine*, Une forte de verre mêlé avec de la limaille de cuivre, qui le fait briller comme s'il y avoit de petits grains d'or. La Provence produit une efpece d'Aventurine, qui étant caffée fait un fable doré qui brille au Soleil. On s'en fert en ce Païs-là pour fabler les allées des jardins.

AVARIE. f. f. Dommage qui arrive à un Vaiffeau, ou aux marchandifes dont il eft chargé, coût, dépenfe imprévûe qu'on eft obligé de faire pendant un voyage. On dit *Avarie fimple*, quand le dommage arrive aux marchandifes par leur propre vice, comme fi quelque dégât y arrive par pourriture, par mouillure d'eau, ou autrement. *L'Avarie ordinaire* eft ce qu'il coûte pour emballer, enfoncer, charrier les marchandifes & les affurer. Il y a des *Avaries communes*; & c'eft tout ce qui arrive par la tempête, ou par la faute du maître du Navire pour pilotage, touage, ancrage, &c. & ce qu'il en coûte eft reparti au fol la livre entre les proprietaires du Vaiffeau & ceux à qui appartiennent les marchandifes. On appelle *Groffe Avarie*, Le dommage qu'on eft obligé de fouffrir quand la tempête contraint de jetter les marchandifes à la mer, de couper des cables, voiles ou mâts, &c. *Avarie* eft auffi un droit que chaque Vaiffeau paye pour l'entretien du Port où il mouille.

AVASTE. Mot ufité fur la mer, pour dire, C'eft affés, arrêtés-vous.

AUB

AUBE. f. f. Terme de mer. Intervalle du tems qu'il y a depuis le foupé de l'équipage jufqu'à ce que l'on prenne le premier quart.

Aube eft dans un moulin une petite planche attachée aux coyaux fur la jante de la roue, qui le fait tourner en refiftant à l'eau qui la pouffe. On la nomme autrement *Auvage*.

AUBERE. adj. Terme de Manége. On appelle *Cheval aubere*, Un cheval qui a le poil blanc varié par tout le corps de poil alezan & de poil bai. Ces fortes de chevaux font fujets à perdre la vûe, & ont peu de fenfibilité aux flancs & à la bouche. Un cheval aubere s'appelle autrement *Cheval poil de fleur de pêcher*, ou *Cheval poil de mille fleurs*.

AUBERGES. f. f. Efpece de pêche. En Latin *Auberica*.

AUBERON. f. m. Petit morceau de fer rivé au moraillon qui entre dans une ferrure, & au travers duquel paffe le pêne.

AUBERONNIERE. f. f. Bande de fer, fur laquelle l'auberon eft rivé. Il y a quelquefois plufieurs auberons fur une même auberonniere, comme aux coffres forts.

AUBESPIN. f. m. On dit auffi *Aubefpine*. Petit arbre dont les branches font pleines d'épines, & qui fe rencontre fouvent parmi les buiffons & les hayes. Il a l'écorce âpre & écailleufe, & porte un fruit rouge & fans aucun fuc. Ce fruit enferme un noyau, & quelquefois il s'y en trouve plufieurs. On tient que quand il eft mûr, il fert à lâcher le ventre. Les Merles s'en nourriffent l'hiver. Ses fleurs font blanches, chiquetées & entretaillées comme celles de l'ache, mais plus grandes. Il pouffe en terre des racines fort profondes. Il y a une autre Aubefpine, dont parle Diofcoride. Voyez ESPINE BLANCHE.

AUBIER. f. m. Partie blanche & molle qui eft entre le vif de l'arbre & l'écorce. On l'appelle auffi *Aubour*, du mot *Alburnum* de Pline, qui dit que dans les écorces des arbres il fe rencontre une humeur qui leur tient lieu de fang, les corps des arbres étant compofés, comme ceux des animaux, de peau, de fang, de chair, de nerfs, de veines, d'os & de moëlle. Ainfi l'Aubier eft comme la graiffe fous l'écorce, laquelle écorce reprefente la peau des animaux. Le bois où il s'en trouve beaucoup n'eft point propre pour les bâtimens, à caufe qu'il s'y engendre des vers qui le pourriffent, & qui gâtent non feulement la partie où ils s'attachent, mais auffi l'autre bois qui touche celui où il y a de l'aubier.

On appelle auffi *Aubier*, Une efpece d'arbre qui reffemble au cornouiller, & dont le bois eft fort dur. Il porte fon fruit en grappe.

AUBIFOIN. f. m. Petite plante, dont les feuilles font longues, velues & blafardes. Quelques-uns mettent l'Aubifoin au rang des chicorées. Il n'a qu'une feule racine fort chevelue, & jette plufieurs tiges cotonneufes, hautes environ de deux coudées, à la cime defquelles fortent des fleurs bleues, qui le font nommer *Bleuet*. Ces fleurs font crenelées à l'entour. On l'appelle auffi *Blavelle*, à caufe qu'il croît dans les blés. La graine de cette plante eft écailleufe. Il fe trouve un autre *Aubifoin* dans le Levant. Il a une fleur jaune à cornets qui approche de l'œillet, & croît en abondance parmi les blés de Syrie.

AUBIN. f. m. On appelle ainfi le blanc de l'œuf. *Aubin* eft auffi un terme de Manége. On dit qu'*Un cheval va l'aubin*, pour dire qu'Il a un train rompu qui tient de l'amble & du galop.

AUBINET, *faint Aubinet*. Terme de Marine. Pont de cordes qui eft fupporté par des bouts de mâts pofés en travers fur le platbord à l'avant des Vaiffeaux marchands. Le Saint-Aubinet couvre leurs cuifines, leurs marchandifes & leurs perfonnes. On l'ôte d'ordinaire quand il fait des coups de vent, à caufe qu'il empêche de manœuvrer.

AUBRIER. f. m. Oifeau de proye qui vole fort haut, & que l'on confond avec le Hobereau. Les uns tiennent qu'on lui a donné ce nom à caufe qu'il marche fur les arbres, & les autres à caufe de la couleur de son pennage qui est aubere, c'est-à-dire, semblable à celle d'un cheval aubere.

AUD

AUDEENS, ou AUDIENS. s. m. Heretiques qui suivirent les erreurs d'Audée, qu'ils eurent pour Chef. Il étoit de Mesopotamie, & vivoit sous l'Empereur Valentinien, 338. ans après JESUS-CHRIST. Le zele qu'il avoit pour la gloire de Dieu le fit crier fortement contre la mauvaise vie de quelques Ecclesiastiques; & la haine qu'ils conçûrent contre lui leur ayant fait trouver les moyens de le chasser, il chercha à se venger de cet affront, & forma un schisme. Lorsqu'il se fut séparé de l'Eglise, il se fit créer Evêque par ses Sectateurs, & fut exilé par l'Empereur Constance jusques dans la Scythie. Il imitoit les Juifs dans la celebration de la Pâque, & enseignoit que Dieu avoit une figure humaine, sur laquelle il avoit créé l'homme à son image. Ces Audéens croyoient que les tenebres, l'eau & le feu n'avoient point eu de commencement, & ils les faisoient la source de toutes choses. Ils permettoient à toutes sortes de Chrétiens de venir à la Cene, & même aux impies & impenitens.

AUDIENCIER. adj. On appelle *Huissier Audiencier*, Celui qui sert à l'Audience à ouvrir & fermer les portes, à rapporter les causes appellées, & à faire faire silence. Le *Grand Audiencier* est un grand Officier de Chancellerie. Il y en a quatre qui rapportent les Lettres d'importance à M. le Chancelier, comme celles de Noblesse & autres. Ce sont les Audienciers de la petite Chancellerie qui mettent la taxe au haut des Lettres.

AUDITEUR. s. m. Nom de plusieurs Officiers qui sont commis pour ouir des comptes ou des plaidoiries. Les *Auditeurs des Comptes* sont des Officiers de la Chambre des Comptes, créés pour examiner & arrêter les comptes des Finances du Roi, & pour faire rapport à la Chambre des difficultés qui s'y rencontrent. Il y a des *Juges Auditeurs* du Châtelet. Ce sont des Juges Subalternes, qui jugent à l'Audience toutes les Causes au-dessous de vingt-cinq livres.

On appelle *Auditeur de Rote*, Un Officier nommé par le Roi, pour être un des Juges du Tribunal de la Rote à Rome. Il y a un *Auditeur de la Chambre* à Rome. C'est le Juge de la Cour Romaine, dont l'autorité s'étend au spirituel sur toutes sortes de personnes, Citoyens, Etrangers, Prélats & Princes. Il connoît de toutes les appellations de l'Etat Ecclesiastique, & même de tous les contrats où l'on s'est soûmis aux censures Ecclesiastiques, & il a droit de les fulminer en cas de désobéïssance.

AUDITIF. adj. Qui appartient à l'ouïe. On appelle en termes d'Anatomie, *Nerf auditif*, Le nerf qui vient dans l'oreille. Il est de la cinquiéme conjugaison. Ce mot vient du Latin *Audire*, Ouir, que quelques-uns font venir du Grec αὐδὴ, Voix.

AVE

AVELINE. s. f. Fruit rond, enfermé dans une coque assés dure, & qui est une espece de noisette. Comme les avelines ont des qualités qui approchent de celles des amandes douces, on les substitue en leur place dans la Medecine. Elles adoucissent les douleurs de la poitrine & des reins, & sont alexipharmaques: mais leur substance solide & terrestre les rend difficiles à digerer, & elles font mal à la tête, à cause qu'elles sont chaudes & seches. On les appelle en Latin *Avellanæ*, comme si on disoit *Abellinæ*, d'un Village de la Campanie nommé *Abella*, où elles viennent en abondance.

AVENAGE. s. m. Droit qu'un Seigneur censier perçoit en avoine.

AVENANT. adj. Terme de Coûtume. On appelle en Normandie, *Mariage avenant*, ce qui appartient à une fille des biens de la succession de son pere, pour la marier selon la qualité dont elle est, les filles ne pouvant avoir le tiers des biens, selon la Coûtume, que quand les freres refusent de les marier à des personnes convenables. Ce mot vient du Latin *Advenire*, Avenir, arriver.

AVENTICE. adj. On dit en Pays de Droit Ecrit, *Biens aventices*, pour dire, Les biens qui viennent d'ailleurs que des successions de pere ou de mere, d'ayeul ou d'ayeule.

AVER. adj. Vieux mot. Avare.

Fols sont les avers & les chiches.

On a dit aussi au feminin, *Avere.*

De leur avere hipocrisie.

AVERNE. s. m. Nom que les Poëtes donnent à l'Enfer. Il vient d'un lac autrefois de la Campanie en Italie, nommé *Avernus*, maintenant dans la terre de Labour proche de Bayes. On l'a nommé *Avernus* du Grec, ἄορνος, comme qui diroit *Sans oiseau*, à cause qu'il exhaloit des vapeurs si corrompues, qu'elles faisoient mourir les oiseaux qui voloient dessus; ce qui a donné lieu de dire que c'étoit une des descentes de l'Enfer: outre que l'on assûroit qu'on n'avoit jamais pû trouver le fond de ce lac.

AVERTI. part. On dit qu'*Un cheval marche un pas averti, un pas écouté*, pour dire qu'Il marche un pas d'école, un pas reglé & soûtenu.

AVERTISSEMENT. s. m. Terme de Palais. Ecritures que font les Avocats en premiere Instance, pour instruire les Juges, en leur expliquant le fait, & en déduisant les moyens qui servent à soûtenir le droit.

AVERTISSEUR. s. m. Officier qui avertit quand le Roi vient dîner.

AVESPREMENT. s. m. Vieux mot. Le soir.

AVEUER. v. a. Terme de Fauconnerie. Bien voir & discerner la perdrix au partir qu'elle fait. Ce mot a été fait de *Vûe*.

AVEUGLETE'. s. f. Vieux mot. Aveuglement.

AUG

AUGE. s. f. Ustensile dont se servent les Maçons pour gacher leur plâtre.

On appelle aussi *Auges*, certaines rigoles de bois ou de pierre qui servent ordinairement à faire tomber l'eau d'un reservoir sur la roue d'un moulin, pour la faire tourner.

AUGE'E. s. f. C'est autant que peut contenir une auge de Maçon. *Il ne faut qu'une augée de plâtre pour boucher ce trou-là.*

AUGET. s. m. Bassin des goutieres de plomb aux grands bâtimens.

AUGMENT. s. m. *Augment coûtumier* ou *de droit*, Celui qui est accordé à la femme, outre sa dot, en Pays de Droit Ecrit, en cas que le mari meurt avant elle.

AUGURE. s. m. On appelloit *Augures* parmi les Romains ceux qui par autorité publique observoient le vol, le chant & le manger des oiseaux, pour en tirer des présages. Cet art leur étoit venu des Toscans, qui l'avoient eu des Grecs, & ceux-ci des Chaldéens. Quand ils vouloient prendre les augures, ils choisissoient un lieu découvert & d'où la vûe fût libre de toutes parts. Là, l'Augure après avoir fait les divisions du Ciel avec la vûe, se les marquoit avec un bâton courbé par le bout, qu'on appelloit

pelloit *Lituus*, & cela fait, il se couvroit la tête, & prenoit garde à tout ce qu'il voyoit dans les espaces qu'il s'étoit marqués. Sur cela il décidoit les questions qui lui avoient été proposées. Il y eut premierement trois Augures, puis on en fit quatre, tous Patriciens, & en 454. de la fondation de Rome, on en créa cinq Plebeïens; ce qui faisoit le nombre de neuf.

AUGUSTIN. s. m. Religieux qui suit la Regle de S. Augustin. Ce saint Docteur, qui nâquit à Tagaste, Ville de Numidie en Afrique en 354. & qui mourut en 430. vivoit en commun avec les Clercs, selon les regles que les Apôtres avoient établies. C'est ce qui a été la source féconde de tant de Chanoines Reguliers qu'on a toûjours vûs dans l'Eglise. Ils sont vêtus de blanc avec un rochet de toile, & n'ont que la chape noire. Il y a aussi des Religieux que l'on appelle *Augustins*, ou *Hermites de S. Augustin*. Ils sont vêtus de noir, & font un des quatre Ordres des Mendians. Ils ont commencé sous le Pontificat d'Alexandre IV. qui par ses Constitutions de l'an 1256. assembla diverses Congregations d'Hermites qui vivoient à la campagne, & leur donna les Regles de S. Augustin, & Lanfranc Septala de Milan pour leur premier General. Cet Ordre s'est divisé en plusieurs branches, les Hermites de S. Paul, les Jeronimitains, les Religieux de S. Ambroise, les Religieux de sainte Brigitte, & les Freres de la Charité, suivant tous cette même Regle. Il a fait aussi la Reforme des Augustins Déchaussés, dont le Pere Thomas de Jesus, de la Maison d'Andrada, jetta les premiers fondemens en Portugal en 1574. Elle fut approuvée quatorze ans après par un Chapitre tenu à Tolede, où présida le General de l'Ordre. Louis de Leon l'établit en Espagne, & le Pere André Diés en Italie. Le Pere François Amet l'apporta en France. Les Augustins Déchaussés, appellés à Paris communément *Petits Peres*, ont une grosse robe noire, ceinte d'une ceinture de cuir, & un manteau court de même étoffe par dessus, avec un capuce. On compte jusqu'à soixante Ordres Religieux ou Congregations qui suivent la Regle de S. Augustin. Il y a aussi des Religieuses Augustines.

On appelle *Saint Augustin*, en termes d'Imprimerie, Le caractere qui est moins gros que celui que l'on nomme Gros Romain, & qui l'est plus que celui qu'on appelle Cicero.

AUGUSTINIENS. s. m. Heretiques du dernier siecle, disciples d'un Sacramentaire nommé Augustin, qui enseignoient en Bohéme, que personne n'alloit en Paradis ou en Enfer avant le dernier Jugement, & que la nature humaine de JESUS-CHRIST n'étoit pas encore montée au Ciel.

AVI

AVIAUX. s. m. Vieux mot. Borel croit qu'il a signifié les Ornieres des chemins, & en donne pour exemple ce vers du Roman de la Rose.

Et faillir hors de vos aviaux.

Il apporte un autre exemple, dans lequel il croit que l'Auteur par *Faire les aviaux*, a entendu, Se réjouir, faire la vie.

Et en autres dons ensement,
Dont tu peux faire tes aviaux,
Et te déduire si tu viaux.

AVILER. v. n. Vieux mot. Devenir à un prix plus bas.

Il me semble que tout avile.

AVILLONS. s. m. Terme de Fauconnerie, dont on se sert en parlant des serres du pouce de l'oiseau de proye, ou du derriere des mains. On dit aussi *Avillonner*, quand l'oiseau donne des serres de derriere.

AVIS. s. m. Ordre Militaire de Portugal, établi par Alfonse I. qui reconnoissant qu'il n'avoit conquis la Ville d'Evora sur les Maures en 1147. que par un secours particulier de la Vierge, la donna en garde à des Chevaliers qui se signalerent sous le nom de *Confreres de sainte Marie d'Evora*. Ils eurent quelque tems après Ferdinand Montereiro pour Grand-Maître, & reçûrent les regles de Cîteaux. Jean Civita, Abbé de cet Ordre, leur dressa en 1162. des Constitutions particulieres, & en 1204. le Pape Innocent IV. approuva cet Ordre, qui fut appellé *Avis*, du nom d'un Château que Sanche I. leur donna avec d'autres Places, en reconnoissance des services importans que ces Chevaliers lui rendoient en toutes sortes d'occasions. Ils avoient l'habit blanc de Cîteaux, & portoient d'or à la Croix fleurdelisée de sinople, accompagnée en pointe de deux oiseaux affrontés de sable; ce qui étoit une allusion au mot Latin *Avis*, qui veut dire, Oiseau. Rodrigués Garcias de Aça, Grand-Maître de l'Ordre de Calatrava en Espagne, du consentement de ses Chevaliers, donna à ceux de l'Ordre d'Avis plusieurs Places qu'ils avoient en Portugal, & cela obligea les derniers qui voulurent répondre à une si grande honnêteté, de s'unir à eux plus particulierement, en se soûmettant à l'Ordre de Calatrava. Mais enfin ils refuserent absolument de le reconnoître sous leur Grand-Maître Jean de Portugal, fils naturel de Pierre dit le Justicier, qui après la mort de son frere Ferdinand, arrivée en 1383. fut mis sur le Trône, au préjudice de Beatrix, fille unique de ce Roi, mariée à Jean I. Roi de Castille, & merita le beau nom de pere de la Patrie. Le Pape Urbain VI. le dispensa de son vœu de Religion en 1387. & il eut entre autres enfans de Philippe, fille de Jean surnommé le Grand, Duc de Lancastre, Ferdinand, qui fut fait Grand Maître de l'Ordre d'Avis, & qui mourut en ôtage parmi les Sarasins en 1443.

AVISER. v. a. Terme que les Chasseurs ont adopté pour signifier, *Appercevoir*. Ils disent. *J'avise le gibier. J'avise un liévre au gîte.*

AVIVER. v. a. Donner de la vivacité, rendre la matiere plus fraîche & plus nette, & en ce sens on se sert de ce mot en differentes rencontres, quand on parle de joindre les métaux & de les souder ensemble.

On dit, *Aviver une figure de bronze*, quand on a dessein de la dorer, pour dire, La nettoyer, la gratter legerement avec un burin, ou la frotter avec de la pierre de ponce, afin qu'elle soit plus propre à recevoir la feuille d'or, que l'on applique dessus, après avoir chauffé la figure, ce qu'on réitere jusqu'à quatre fois.

On dit aussi *Aviver des poutres* ou *des solives*, pour dire, Les rendre à vive arête.

AVIVES. s. f. p. Glands qui s'enflent quelquefois à côté du gosier du Cheval, & qui l'empêchant de respirer, le mettent en danger de mourir si on n'y remedie promptement. Comme un Cheval qui boit étant échauffé gagne les avives; on fait dériver ce mot *Ab aquis vivis*, c'est-à-dire, Des eaux vives.

AUL

AULIQUE. s. f. Acte que soûtient un jeune Theologien, quand quelqu'un doit prendre le bonnet de Docteur, & qui n'ayant point de matiere déterminée, est composé du Traité que le Soûtenant possede le mieux. On l'appelle *Aulique*, du mot Latin *aula*, qui veut dire, Salle, à cause qu'il se soûtient dans la grande salle de l'Archevêché de Paris. Cet Acte commence par une harangue du Chancelier de Notre-Dame à celui qu'on doit recevoir Docteur, & en finissant cette harangue, il lui donne le Bonnet. Le jeune Docteur lui fait ensuite son compliment, & préside à l'Acte.

Aulique, est aussi adjectif, & il s'employe en parlant de quelques Officiers de l'Empire, qu'on appelle *Conseillers Auliques de l'Empereur*.

AULNE. s. m. Arbre fort droit & fort haut qui a plusieurs branches qu'on rompt quand on les veut plier, & qui vient dans les lieux humides & marécageux. Il a ses feuilles rondes, & semblables à celles du poirier, mais plus garnies de nerfs & plus larges. Son bois est rouge lorsqu'il est dépouillé de son écorce, qui est rouge brune, & sert aux Tanneurs & aux Teinturiers. Il porte un petit fruit rond, qui en peu de tems devient noir dans les eaux où il tombe.

AULNE'E. s. f. Plante dont les fleurs sont jaunes, & qui a les feuilles comme le Bouillon mâle, mais plus longues & plus âpres. Les Medecins l'appellent *Enula Campana* ou *Helenium*. Elle croît dans les endroits secs & dans les montagnes, & il y a des lieux où elle ne jette point de tige. Sa racine est blanchâtre & quelquefois tire sur le roux. Elle est odorante & un peu piquante au goût. Selon Galien, la racine de l'Aulnée est très-utile, & n'échauffe point d'abord, de sorte qu'on ne peut pas dire qu'elle est entierement chaude & seche, comme le poivre noir & blanc. Elle a une certaine humidité superflue, ce qui la fait employer avec raison dans les électuaires qu'on ordonne pour tirer de l'estomac & du poumon les grosses humeurs épaisses & gluantes qui y sont.

AULRE. Pronom relatif, Vieux mot. Autre.

Si je n'eusse joué du croc,
Et vécu d'aulre que du mien.

AUM

AUMAILLE. Vieux mot. Brebis. Il s'est pris aussi pour toute sorte de bétail à cornes.

AUMAIRE. s. f. Vieux mot. Armoire.

AUMOSNE. s. f. *Ce que l'on donne aux Pauvres pour l'amour de Dieu.* ACAD. FR. On appelle *Aumônes fieffées*, les Fondations faites aux Eglises par les Rois.

AUMOSNIERE. s. f. Vieux mot. Petite bourse ou sorte de gibeciere propre à tenir des aumônes.

Et peint au ceint une aumôniere,
Qui moult est prétieuse & chiere.

AVO

AVOCASSIE. s. f. Vieux mot. Art de plaider.

AVOCAT. s. m. Celui qui est préposé pour la défense des Parties qui plaident. On n'est reçû Avocat qu'après qu'on a fait trois années d'étude, dont la premiere commence à dix-huit ans, & qu'on a pris les degrés de Licence dans une Faculté de Droit. Il faut aussi avoir subi deux fois l'examen. Ceux qui ont 27. ans, & qu'on reconnoît capables, sont dispensés des trois ans d'étude. L'Ordonnance de Charles V. en 1364. oblige les Avocats à se charger de la cause du pauvre comme de celle du riche. Par l'Ordonnance de 1539. lorsqu'ils se presentent pour plaider devant les Juges, il leur est enjoint d'avoir en main les pieces qui établissent leur droit, & que s'ils lisent, ce soit sans déguisement. Celle de François I. de 1536. leur défend de donner conseil aux deux Parties. Celle de 1560. aux Etats d'Orleans, leur ordonne de se départir des mauvaises Causes, & par un Arrêt du Conseil donné en 1546. ils sont obligés avant qu'ils plaident de se communiquer leurs sacs afin de pouvoir convenir des faits.

On appelle *Avocats Generaux*, ceux à qui les Causes où le Roi & le Public ont interêt sont communiquées par les Avocats des Parties. Ils en rendent compte à la Cour, & même donnent leurs conclusions à l'Audience après que les Avocats ont plaidé. *Les Avocats du Roi*, sont des Substituts des Avocats Generaux dans les Jurisdictions inferieures. L'*Avocat Fiscal*, est un Officier qui fut établi par l'Empereur Adrien, pour défendre la cause du fisc en toutes sortes de Tribunaux, & l'*Avocat Consistorial*, est un Officier de la Cour de Rome que l'on a institué pour y plaider sur les oppositions qu'on forme aux Provisions des Benefices. Ils sont au nombre de dix.

AVOIER. v. a. Vieux mot. Mettre en chemin.

AVOINE. s. f. Espece de menu grain qu'on fait manger aux Chevaux. On appelle aussi *Avoine*, un grain qu'on recueille en Juin vers le Canada dans les petites rivieres, dont le fond est de base. Il croît au bout de la tige d'une herbe qui s'éleve de deux piés au-dessus de l'eau, & est gros comme l'avoine de France, mais une fois aussi long. La farine qu'il rend plus abondamment n'est pas moins estimée que le ris.

AVOLE'. adj. Vieux mot. Etourdi, qui ne prend conseil que de lui-même, du Grec ἀβουλὴς, Qui est sans conseil.

AVOUE'. s. m. Nom qu'on donnoit autrefois au Défenseur des droits d'une Eglise. Il y avoit des *Avoués* pour les Eglises Cathedrales & pour les Abbayes. Les Causes des Eglises n'étoient d'abord défendues que par des Ecoliers ou par des Avocats, mais l'obligation où les Nobles se virent d'employer la force des armes pour les défendre, leur fit prendre la qualité d'*Avoués*. On donnoit ce même nom aux Tuteurs, & generalement à tous ceux qui entreprenoient la défense de quelqu'un, même par la voie du combat singulier. Ce mot vient d'*Advocatus*, comme qui diroit, Appellé au secours.

AVOUTRE. s. m. Vieux mot. Bâtard, du Latin *Adulter*. On a dit aussi *Avoître* & *Avoultre*, pour dire, Illegitime.

Luxure confont tout là où elle s'avoultre,
Car maint droit heritier desherite tout outre,
Et herite à grand tort maint bâtard, maint avoultre.

AVOUTRIE. s. f. Vieux mot. Adultere.

La vilenie le diffame,
Et l'avoutrie de sa femme.

On a dit aussi *Avoutire*.

AUR

AURA. s. m. Oiseau appellé ainsi par les Mexiquains, & que ceux de la Nouvelle Espagne nomment *Cozquauhth*. Il est grand comme une poule d'Egypte, & ses plumes sont noires par tout le corps, excepté au col & autour de la poitrine, où ce noir est rougissant. Ses ailes ont avec le noir un mélange de couleur cendrée, purpurine & fauve. Il a les ongles recourbés, le bec semblable aux Perroquets, rouge au bout; les trous des narines ouverts, les yeux noirs, les prunelles fauves, les paupieres de couleur rouge, & le front avec un peu de poil crespé, comme celui des Negres, & rempli de rides qu'il fronce & ouvre ainsi que font les Coqs d'Inde. Sa queue est semblable à celle d'un Aigle, noire dessus & cendrée dessous. Il vole presque toûjours, & c'est une chose qu'on a peine à croire qu'il puisse voler contre le vent, quelque violent qu'il soit. Il vit de rats, de lezards & de serpents,

& sent fort mauvais. Aussi ne peut-on manger sa chair.

AUREA ALEXANDRINA. s. f. Sorte d'Opiat qui est un veritable antidote. Il a pris son nom de l'or qui y entre, & son surnom d'un excellent Medecin nommé Alexandre qui l'a inventé. Cet Opiat est composé d'un fort grand nombre d'ingrediens, qui ont des qualités admirables, sur lesquelles on peut voir Myrepsius. Sa base est l'opium dont la vertu refrigerante & narcotique est augmentée par le Jusquiaume blanc & par l'écorce de la Mandragore. On ne doit s'en servir non plus que des autres Opiats qui reçoivent l'Opium, que six mois après qu'il est composé. Un an après il commence à entrer dans sa force jusqu'à quatre, & s'y maintient jusques à huit ou dix, ensuite il diminue peu à peu. Bauderon qui estime fort cet Opiat, dit qu'il est propre à toutes les maladies froides du cerveau, des poumons, de l'estomac, des intestins, du foye, de la rate, des reins, de la vessie, de la matrice & des jointures, & que ceux qui ont pris l'habitude d'en user, ne sont jamais sujets à l'apoplexie ni à la colique.

AURILLAS. Terme de Manége dont on se sert en parlant des Chevaux qui ont de grandes oreilles & qui les secouent souvent. Ce mot vient du Latin *Auris*, Oreille.

AURISLAGE. s. m. Droit qui se perçoit sur les ruches des mouches à miel.

AURONNE. s. f. Plante qui est toûjours verte, & dont les fleurs sont blanches ou jaunes. Il y en a de deux sortes, le mâle qui a ses branches menues & sarmenteuses comme l'Aluyne, & qu'on appelle en Latin *Abrotanum*, ou *Herba Camphorata*. L'Auronne femelle jette ses branches comme un arbre, & a ses feuilles chiquetées fort menu, comme celles de l'Absynthe Marin. Elle est appellée *Cupressus* ou *Cyparissus hortensis* ou *Chamæparissus*. Quelques-uns l'appellent aussi *Santolina*. Les Medecins ne se servent que des feuilles & des sommités de cette plante, qui étant chaude & seche au troisiéme degré, est incisive & attenuative. Ainsi elle provoque les mois & les urines, fait mourir les vers, & rompt la pierre, quoiqu'elle soit legerement astringente. Elle résiste à la peste & aux venins, & étant appliquée elle est propre à guerir l'alopecie, & à dessecher & fortifier les os. Dioscoride dit que la graine prise en breuvage avec de l'eau, est bonne pour la guerison de la sciatique.

AUS

AUSSIERE. s. f. Terme de Marine. Grosse corde à trois tourons.

AUSTERE. adj. Terme de Physique. Il se dit de certains corps qui ont une saveur âpre & rude, comme des fruits encore verds. L'Austere n'est que l'*Acerbe* un peu moins fort, (Voyez ACERBE.) Il vient d'*Austerus* fait du Grec αὐστηρὸς, qui signifie proprement cette espece de saveur, car elle desseche la langue, & αὐστηρὸς vient de αὔω, Je seche.

AUT

AUTEL, ELLE. adj. Vieux mot. Pareil, semblable.

Trestout en autelle maniere.

AUTHENTIQUER. v. a. On dit en termes de Palais, *Authentiquer une femme*, pour dire, La déclarer convaincue d'adultere, & selon la disposition de l'authentique, *Sed hodiè*, la condamner à être rasée & mise dans un Couvent. Ce mot vient du Grec αὐθεντία, Pouvoir, autorité.

AUTIER. s. m. Vieux mot. Autel.

AUTOGRAPHE. s. m. Terme purement Grec, qui veut dire, L'original de quelque composition qu'on a écrite soi-même. Il vient de αὐτὸς, Lui-même, & de γράφειν, Ecrire.

AUTORISATION. s. f. Terme de Palais. Pouvoir que donne le mari à sa femme pour l'autoriser à passer quelque acte. *Le défaut d'autorisation par le mari rend nulle l'obligation que fait une femme.*

AUTOUR. Oiseau de poing, le plus grand de tous après le Gerfaut. Il a la tête petite, le bec long, les ailes courtes, la queue longue & large, les serres noires & les jambes hautes. Ses yeux sont profonds, ayant une rondeur noire, & il est tout semé de taches jaunes sur une couleur fauve. On appelle *Aires*, les nids des Autours. Ils les font dans les forêts & dans les montagnes. L'Autour est femelle & le Tiercelet en est le mâle. Il y a divers Autours; le *bel Autour*, qui est court, bien curé, bas assis, & a les mahutes larges; *Autour Fourcheret*, qui est de moyenne taille entre formé & tiercelet; l'*Autour passager*, celui qu'on prend au passage avec le filet ou autrement, & l'*Autour niais*, celui qui se laisse prendre sur les branches, lorsqu'il ne fait encore que voleter.

AUTOURSERIE. s. f. Art de dresser & de faire voler les Autours.

AUTOURSIER. s. m. Celui qui dresse & fait voler les Autours.

AUTRESI. Conjonction. Vieux mot. Aussi, pareillement. On a dit *Auxi* & *Axiex*, dans le même sens.

Godefrois de Ligny,
Des yex & du cuer la convoye,
Mais axiex fu corte la joye.

AUTRETANT. adj. Vieux mot. Autant.

AUTRETEL. Vieux mot. De même.

A tous disoit que ses fil ere,
Autretel disoit la Bregiere.

AUTRUCHE. s. f. Grand Oiseau qui tient quelque chose de l'Oye, & qui vit dans les campagnes d'Afrique. Il a le bec court & pointu, la langue petite & adherente comme les poissons, les cuisses grosses, charnues & sans plumes, couvertes d'une peau blanche un peu rougeâtre, les jambes armées par devant de grandes écailles en table, les piés fendus & composés seulement de deux doigts fort grands & écaillés avec des ongles. L'Autruche a l'œil en ovale avec de grands cils, & la paupiere d'enhaut mobile, ce que n'ont pas les autres Oiseaux. Elle a aussi une paupiere au-dedans comme la plûpart des brutes. La peau de son col est de chair livide couverte d'un fin duvet, clair semé & luisant, qui ressemble plus à du poil qu'à de la plume. Toutes ses plumes sont molles & effilées comme le duvet, aussi ne lui servent-elles ni à voler, ni à la vêtir. Celles dont elle a le corps couvert sont noires, blanches & grises. Les grandes qui sortent des ailes & de la queue, sont ordinairement blanches, & on s'en sert pour l'ornement des chapeaux, des lits & des dais. Celles du rang d'après sont noires, & les plumes qui lui garnissent le dos & le ventre sont noires ou blanches. Elle n'en a point aux flancs, non plus qu'aux cuisses & au-dessous des ailes, dont chacune a au bout deux especes d'ergots, longs d'un pouce, creux, & qui semblent être de la corne. Ce sont comme des aiguillons de Porc-épic. Elle se sert de ses ailes, non pas pour voler, mais pour aider à sa course quand les Chasseurs la poursuivent. Il n'y a que les Africains qui puissent entreprendre cette chasse, parce qu'il n'y a qu'eux qui puissent pousser un cheval de la vitesse qu'ils font. Ils ont entr'autres de grands Barbes harpés comme levriers, sur lesquels ils se tiennent en selle, comme s'ils y étoient collés. Les Autruches qu'ils trouvent par troupes dans les plaines, tâchent aussi-tôt de regagner les montagnes, & à la faveur de leurs ailes, font des détours brusques, qui obligent les Chasseurs à tourner si court & à faire des contre-tems si violens, qu'il seroit impossible à tout autre qu'eux de les souffrir sans être porté par terre. Ce qui fait prendre les Autruches, c'est qu'ils lâchent après elles des levriers qui les arrêtent un peu, & leur donnent par là le tems de les joindre. Ils amenent vives celles qui demeurent prises avec des fourches faites exprès. Ils vendent ces plumes fort cherement à ceux qui se mêlent d'en faire trafic. Il y en a de grises, de blanches & de noires, & de mêlées. Les mâles sont blancs ou noirs, & comme leurs plumes sont plus larges & mieux fournies, que les bouts en sont plus touffus & les soyes plus fines, elles sont bien plus estimées que les plumes des femelles, qui sont presque toutes mêlées de gris, de blanc & de noir. On ne fait cette chasse qu'après que ces Oiseaux ont mué, & que leur plumage est sec, parce que s'il étoit encore en sang, la plume ne vaudroit rien. Dans le tems que les Autruches sont en état d'être poussées, tous les Seigneurs du Pays font des parties pour venir dans les plaines où elles se trouvent. Elles sont fort communes au Perou, & les Sauvages en mangent la chair. Leurs œufs sont bons, mais difficiles à digerer. Vers le Cap de Bonne-Esperance on en a vû de si grosses, qu'une seule auroit suffi pour sept hommes. Il y a des Relations qui portent que quand l'Autruche connoît que ses œufs sont prêts à éclorre, elle en casse quatre, & que les vers qui s'y engendrent lorsqu'ils se corrompent, servent de nourriture à leurs petits. Elles avalent le fer, non pas pour le digerer & pour s'en nourrir, comme ont cru les Anciens, mais pour aider à broyer leur nourriture. On tient même qu'elles meurent quand elles en ont beaucoup avalé. Quelques-uns écrivent *Austruche*, comme venant d'*Avis struthio*.

AUV

AUVER. v. a. Vieux mot. Avoir.

AUVERNAS. s. m. Vin fort rouge & fumeux qui vient d'Orleans, & qui est fait des raisins noirs de ce même nom, à cause que le plant est venu d'Auvergne. Il n'est bon à boire que dans l'arriere saison. Les Cabaretiers en mettent dans leurs vins blancs quand ils veulent leur donner de la couleur.

AVUSTE. s. m. On appelle ainsi en termes de mer, le nœud de deux cordes, dont on attache l'une au bout de l'autre. On dit aussi *Ajuste*.

AVUSTER. v. a. Attacher deux cordes l'une au bout de l'autre. Quelques-uns disent *Ajuster*.

AUZ

AUZUBA. Arbre spacieux & d'une matiere ferme & utile, qui croît dans l'Isle appellée Hispaniole. Il porte un fruit fort doux, semblable aux poires Apianes ou Muscadelle, mais d'un suc de lait, comme celui des Figues non mûres, ce qui le rend fort désagreable au goût, à moins qu'on ne l'ait trempé dans l'eau pour lui faire perdre ce suc.

AXE

AXE. s. m. Ligne qui passe par le centre d'un globe & qui est immobile pendant que le globe tourne, ou est supposé tourner sur elle. Les deux extrémités de l'Axe sont les *Poles*, (Voyez POLE.) Plus généralement encore, toute ligne qui seroit immobile dans quelque corps que ce soit qui tourneroit en rond, est son *Axe*. Ainsi un *Cone*, un *Cylindre* ont un Axe. (Voyez CONE, & CYLINDRE.) Il y a diverses sortes d'Axes, que l'on appelle en Géometrie, *Déterminés*, *Indéterminés*, *Conjugués*. (Voyez HYPERBOLE, & ELLIPSE.) On se sert de ce même terme en Optique, & on dit *Axe optique*, pour faire entendre celui de tous les rayons envoyés d'un objet à l'œil qui y tombe perpendiculairement, & qui par consequent passe par le centre de l'œil, dont la figure est presque spherique, & qui ne souffre aucune réfraction. Chacun des deux yeux a son Axe optique qui vient du même point de l'objet, & delà vient que l'objet paroît simple, quoiqu'il forme deux images, une dans chaque œil, c'est que l'ame rapporte au même endroit précisément deux sensations toutes semblables qu'elle a par les deux axes optiques. Nous jugeons aussi de la distance d'un objet par la grandeur de l'angle que font entre eux les deux axes optiques partis d'un même point de cet objet. Plus il est proche, plus cet angle est grand.

On appelle aussi *Axe* en optique le rayon qui est au milieu de chaque *Pinceau optique*, soit qu'il tombe perpendiculairement sur l'œil, ou qu'il n'y tombe pas. Voyez PINCEAU.

On appelle *Axe de Cadran*, une ligne droite tirée du centre du Cadran par le bout du style.

Axe, en termes d'Architecture est, selon Vitruve, dans la volute Jonique le bord ou filet qui en termine la partie laterale. Dans la colomne torse on appelle *Axe spiral*, l'Axe tourné en vis, pour en tracer les circonvolutions au-dehors. Ce mot vient du Latin *Axis*, Aissieu, & *Axis* vient du Grec, ἄξων, qui signifie la même chose.

AXI

AXILLAIRE. adj. Terme d'Anatomie. On appelle *Rameau axillaire*, un fameux rameau d'une des veines sousclavieres qui va aux aisselles. Il se divise en trois veines, qui sont la Thoracique, la Basilique & la Cephalique. Ce mot vient du Latin *Axilla*, Aisselle.

AXO

AXOLOTL. s. m. Poisson sans écaille, qui se nourrit dans le lac au milieu duquel la ville de Merique est située. Il a quatre piés comme les Lezards, & est gros d'un pouce, long d'un palme, & bigarré de petites marques sous le ventre. Du milieu du corps jusqu'à la queue, qu'il a longue & déliée, il va insensiblement en diminuant. Ses piés qui lui servent pour nager, sont divisés en quatre doigts ainsi que ceux des Grenouilles. Il a la tête fort grosse à proportion du reste du corps, la gueule noire & toûjours ouverte, & ce qu'il y a de plus étonnant, c'est qu'il a une matrice semblable à celle des femmes, qui le rend sujet au flux menstrual. Ce poisson est bon à manger, & du même goût que les Anguilles. Les Espagnols l'appellent *Jugnete de aqua*.

AXONGE. s. f. Graisse d'homme qui se prépare avec toutes sortes d'herbes fines, & qui a une grande vertu pour les humeurs froides.

On dit aussi *Axuange*, qui est la graisse la plus molle & la plus humide du corps des animaux. C'est ce qu'on appelle de l'oing, & l'on s'en sert pour graisser l'aissieu des roues. Elle differe du lard & du suif, en ce que le lard est une graisse ferme, & le suif une graisse molle. Ce mot vient du Grec ἀξύγγιον, Graisse.

AYR

AYRI. f. m. Arbre du Bresil, semblable à la Palme par ses feuilles, mais dont le tronc est armé tout autour d'épines aigues en forme d'aiguilles. Il porte un fruit d'une moyenne grosseur, au milieu duquel est un noyau blanc comme neige, mais qui n'a que la beauté, n'étant pas bon à manger. Quelques-uns prennent cet Arbre pour une espece d'ébene. Son bois est fort noir, dur & si pesant qu'il va aussi-tôt au fond de l'eau. Les Sauvages en munissent le bout de leurs fléches, & en accommodent aussi leurs massues.

AZA

AZAZIMIT. s. m. Pierre qui a la même vertu que la terre sigillée. On la tire d'une mine qui se trouve au Royaume de Cananor, & les habitans s'en servent contre la fiévre, le flux de sang, l'indigestion, & même contre les morsures envenimées.

AZE

AZEBRO. s. m. Espece de Cheval sauvage qui a de l'air d'un Mulet, & qui se trouve dans la basse Ethiopie. Sa peau est mouchetée de blanc, de noir, & d'une couleur qui tient du rouge & du bleu. Ces animaux sont fort legers à la course, & outre qu'il est malaisé de les prendre vifs, on ne les sçauroit apprivoiser qu'avec de grands soins. Un Portugais a été pourtant assés heureux pour en prendre quatre. Il les mena en Portugal & en fit present au Roi qui les fit atteler à son Carrosse.

AZEROLE. s. f. Fruit aigre & sec que porte l'Azerolier. Il est rouge & gros comme une Cerise, & assés agreable au goût quand il est mûr.

AZEROLIER. s. m. Arbre sauvage & épineux, dont les feuilles sont fort larges. On le greffe sur l'Epine blanche, sur le Cognacier & sur le Sauvageon de Poirier. Il y en a un qui vient de Canada qui a de très-grandes feuilles & de très-longues épines, & un autre blanc qui vient de Florence, & dont la couleur du fruit qu'il porte le fait seulement differer de l'autre.

AZI

AZIMUTH. s. m. Terme tiré de l'Arabe, dont on se sert en Astronomie. On appelle *Azimuths*, des cercles tirés par tous les points de l'horison, & se coupans tous au Zenith & au Nadir qui sont les Poles de l'horison. Par consequent les Azimuths coupent l'horison à angles droits, (Voyez POLE.) & chaque Azimuth a ses Poles dans l'horison à 90. degrés des deux points où il le coupe. Le Meridien est un Azimuth, & il est coupé à angles droits par l'Azimuth qui passe par les points du lever & du coucher equinoctial, & qui est appellé *premier Azimuth* ou *premier vertical*, car tous les Azimuths sont appellés *cercles verticaux*, parce qu'ils passent par le Zenith. Comme chacun passe par deux points opposés de l'horison, il doit y en avoir 180. & de plus chaque horison different a ses Azimuths, & il y a une infinité d'horisons. (Voyez HORISON.) L'élevation des astres sur l'horison, & leur distance du Zenith, se prennent sur des Azimuths. Les Azimuths coupent les Almucantaraths à angles droits, & quand on sçait dans quel Almucantarath & dans quel Azimuth est un astre, l'intersection de ces deux cercles est son lieu. (Voyez ALMUCANTARA.) Les 180. Azimuths de chaque horison, se comptent depuis le premier, en tournant d'abord de l'Orient au Midi.

AZIMUTHAL. adj. On appelle *Cercle Azimuthal*, un Azimuth, & *Cadran Azimuthal*, celui dont le style est à angle droit sur le plan de l'horison.

AZO

AZONVALALA. s. m. Petit fruit rouge de l'Isle de Madagascar, gros comme une groseille rouge, & d'un goût fort agreable. Il est sans suc, & croît sur un petit Arbrisseau entre des buissons.

AZOUFA. s. f. Sorte de bête que Vincent le Blanc rapporte qu'on trouve au Royaume de Casubi. Ces Bêtes se tiennent ordinairement dans les Cimetieres, où elles déseneterrent les morts, de la chair desquels elles se repaissent. Il dit qu'il en a vû beaucoup à Fez, à Maroc & en d'autres lieux d'Afrique, où ces Animaux sont appellés *Chicali*.

AZOT. s. m. Les Chimistes donnent ce nom à la matiere premiere des métaux.

AZU

AZUR. s. m. Couleur bleue, dont les Peintres se servent, & que les Arabes appellent *Lazul*, à cause qu'elle se fait d'une pierre, nommée *Lapis lazuli*. Ils confondent cette pierre avec la pierre Armenienne, parce qu'elles ont les mêmes proprietés, étant toutes deux purgatives & vomitives. D'ailleurs leur couleur est presque semblable, & on les trouve ensemble dans les mines d'argent d'où elles se tirent. Il y a pourtant cette difference, que la pierre Armenienne est marquetée de verd & de noir, & que l'autre est toute parsemée d'or. Aussi la pierre d'azur qui vient du Levant, prise dans la mine d'or de ce Pays-là, où elle contracte quelque louable vertu de ce précieux métal, est à préferer à l'Armenienne qu'on apporte presentement d'Allemagne, comme autrefois d'Armenie. Il faut que cette derniere, pour être bonne, soit polie, friable, & d'un verd bleu; ce qui fait que les Peintres lui donnent le nom de *Verd d'azur*, & l'autre doit être pesante & polie, reluisante de petites pailletes d'or, & d'une couleur azurée, qui devient plus bleue en la brûlant. Cette couleur étant mieux empreinte resiste davantage au feu. On tient qu'elle est bonne pour la vûe, & rend l'esprit gai quand on la porte sur soi, & qu'étant préparée & prise au-dedans, elle purge fortement les humeurs mélancoliques. L'Azur des Peintres s'appelle aussi *Outre-mer*, & on lui donne ce nom, ou à cause qu'il est d'un bleu plus fort que celui de la mer, ou parce qu'il vient des lieux situés au-delà de la mer. Il y a un *Azur factice*, dont M. Felibien nous apprend la composition. Il se fait avec une once de saphre, quatre onces de sable blanc, & une once de mine de plomb. Le tout ayant été broyé ensemble dans un mortier de bronze, on le met au feu de charbon vif dans un creuset couvert environ une heure, après quoi on le retire, & lorsqu'il est refroidi on le broye à sec dans le même mortier, puis on y ajoûte une quatriéme partie de salpêtre, & on le remet au feu de la même sorte pendant deux heures. On le retire de nouveau & on le broye comme auparavant, & après qu'on y a encore ajoûté une sixiéme partie de salpêtre, on le remet au feu pour la troisiéme fois, & on l'y laisse deux heures & demie ou environ. Cela étant fait, on tire la couleur toute chaude avec un outil de fer, à cauſe qu'elle eſt fort gluante & difficile à avoir. On doit luter les creuſets dans cette ſorte de calcination, y en ayant peu qui ayent la force de reſiſter au grand feu qu'il faut pour la faire.

On appelle auſſi *Azur*, le Bleu du Blaſon, qui eſt une de ſes quatre couleurs; on le repreſente par des traits tirés horiſontalement.

AZY

AZYGOS. ſ. f. Terme de Medecine. Veine qui ſe trouve ſeulement du côté droit, & qui eſt le troiſiéme rameau du tronc aſcendant de la veine-cave qui a huit rejettons, qui vont également vers le côté gauche, & vers le côté droit, nourriſſant les huit côtes d'enbas, & ne laiſſant pas de diſtribuer un fort grand nombre de petits rameaux à l'œſophage. Les Grecs l'appellent ἄζυγος φλέψ, de la particule privative α, & de ζεύγνυμι, Je joins; en François, *Veine ſans pair*.

B

BAA

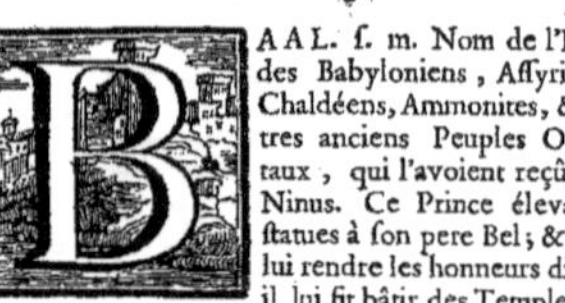

BAAL. f. m. Nom de l'Idole des Babyloniens, Affyriens, Chaldéens, Ammonites, & autres anciens Peuples Orientaux, qui l'avoient reçûe de Ninus. Ce Prince éleva des ftatues à fon pere Bel; & pour lui rendre les honneurs divins, il lui fit bâtir des Temples, où il ordonna des Prêtres & des facrifices, en lui donnant le nom de *Baal.* Ce mot veut dire Seigneur & Défenfeur. On l'appella auffi *Beelphegor*, *Beelzebut* & *Baalim*, à caufe des lieux particuliers où il étoit adoré, comme fur le mont Phegor. L'Ecriture parle fouvent de cette Idole, que les Juifs adorerent plufieurs fois malgré le commandement que Dieu leur avoit fait de la détruire, quand ils feroient arrivés dans la Terre de Promiffion. Achab, Roi d'Ifraël, lui avoit dreffé des Temples, & il fut fuivi en cela de plufieurs Souverains Hebreux; ce qui leur attira fort fouvent la colere du Seigneur.

BAANITES. f. m. Heretiques, Sectateurs de Baanes qui femoit les erreurs des Manichéens au commencement du neuviéme fiecle. Il fe difoit Difciple d'Epaphrodite.

BAARAS. f. m. Racine merveilleufe qui, felon Jofephe Liv. 7. de la Guerre des Juifs, croît dans la vallée qui environne la Ville de Macheron, du côté du Septentrion, dans un lieu nommé auffi Baaras. Sa couleur reffemble à celle du feu, & elle étincelle le foir, jettant des rayons comme une étoile. Il n'eft pas facile de la cueillir à la main, puifqu'elle recule & fuit fous terre quand on veut la prendre, & qu'on ne peut l'arrêter qu'en jettant deffus, ou de l'urine de femme, ou de fon flux menftrual. On tient pour certain, ajoûte Jofephe, que perfonne ne la fçauroit toucher fans mourir, à moins qu'on ne porte de cette même racine pendante en fa main. Toutefois on la peut prendre d'une autre façon fans aucun danger. Il faut la déchauffer tout autour, en forte qu'il refte fort peu de cette racine dans la terre; après quoi on y attache un chien, qui voulant fuivre fon maître, l'arrache fans peine. Ce chien meurt prefque auffi-tôt, & alors il n'y a plus aucun danger à la manier. Ce qui fait qu'on fouhaite avoir cette racine, c'eft que fi on l'applique aux malades qui font poffedés des mauvais Efprits, elle a la proprieté de les guerir. Voilà ce qu'en dit Jofephe. Il y a des Naturaliftes qui prétendent que cette racine fe nourrit d'une terre & d'une humeur bitumineufe, qui eft caufe que lorfqu'on fe hazarde à la tirer de terre, fa racine envoye une forte odeur de bitume qui fuffoque la perfonne qui l'arrache. Ils veulent que ce foit par cette même raifon qu'elle étincelle de nuit, la matiere bitumineufe dont elle eft nourrie participant de la nature du foufre, & s'enflamant par la qualité contraire de l'air froid du mont Liban, où, ils difent qu'elle fe trouve; de forte qu'elle rend de la clarté, jufqu'à ce que la flâme qu'elle produit ceffe quand les rayons du Soleil ont un peu échauffé l'air. On tient qu'on ne commence à voir cette racine qu'au mois de Mai, lorfque la neige eft fondue. Le jour venu, l'herbe devient invifible, & les feuilles qu'on a envelopées dans un linge, ne s'y trouvent plus.

BAB

BABILLARD. adj. On appelle en termes de chaffe *Chien babillard*, Celui qui crie hors des voies, & le plus fouvent d'ardeur. On dit plûtôt leger de gueule.

BAC

BACALAS. f. m. Terme de Marine. On appelle ainfi des pieces de bois qui ont environ quatre piés & demi de longueur. On les cloue fur la couverture de la pouppe d'un Vaiffeau, & elles fe continuent jufqu'aux cordelettes.

BACCALAUREAT. f. m. Degré de Bachelier. C'eft le premier de ceux que l'on donne dans les Univerfitez, pour la Théologie, pour la Medecine, & pour le Droit Civil & Canon.

BACCHANALES. f. f. p. Fêtes qui étoient celebrées par les Payens en l'honneur du Dieu Bacchus. Il s'y commettoit de fi grandes infamies, que les Romains en ayant reconnu les abus, les fupprimerent, 568. ans après que leur Ville eut été bâtie. C'étoient des femmes qui en faifoient les cérémonies, & elles s'emportoient fans honte aux plus condamnables égaremens, qui étoient autorifés par une efpece de fureur dont il paroiffoit qu'elles fuffent poffedées. On les appelloit *Bacchantes.* Lorfqu'elles celebroient cette Fête, elles couroient la nuit, accompagnées de joueurs de cymbales, de clairons & de tambours, & vêtues de peaux de tygres & de pantheres; les unes toutes échevelées tenant des torches à la main, & faifant des cris horribles, & les autres couronnées de pampres & de lierre, avec un thyrfe à la main. Les hommes ordinairement étoient vêtus en Satyres.

BACCHARIS. f. m. Sorte d'herbe qui produit beaucoup de feuilles, & dont on fe fert à faire des bouquets & des chapeaux. On l'appelle *Gands de Notre-Dame.* Sa fleur eft odorante, & d'un rouge tirant fur le blanc. Diofcoride dit que fes feuilles font âpres & de moyenne grandeur, entre la violette de Mars & le bouillon. Sa tige, dont il fort plufieurs rejettons, eft anguleufe, & de la hauteur d'une coudée. Cette herbe croît dans les lieux fangeux & âpres; auffi eft-elle aigue & mordante. Ses racines font femblables à celles de l'Ellebore noir, & ont une odeur qui approche de celle de la canelle. Leur décoction défopile les conduits, & on tient que fes feuilles étant aftringentes, font bonnes aux fluxions & aux caterres.

BACHA. f. m. Quelques-uns difent *Baffa.* La plûpart de ceux qui ont demeuré à Conftantinople, affûrent qu'il faut prononcer *Pacha*, qui eft un titre d'honneur, au lieu que *Bacha* n'eft pas plus que fi nous difions *Maître François*, *Maître Pierre*; mais l'ufage n'a point encore établi *Pacha* en France. C'eft un Officier de Turquie qui commande dans une Province. On appelle *Bacha de la mer*, Celui qui commande les troupes maritimes du Grand Seigneur.

BACHELIER. s. m. On donnoit ce nom dans le vieux langage à celui qui avoit vaincu un homme dans un tournoi la premiere fois qu'il s'étoit battu en sa vie ; & on l'appelloit ainsi de *Bacillus*, qui signifie un Bâton, parce que le prix qu'il remportoit étoit une branche de laurier ; ce qui a fait dire à quelques autres, avec beaucoup de raison, que ce mot vient de *Baccha lauri*, à cause de cette même branche de laurier que l'on donnoit à tous ceux qui étoient passés maîtres en toutes sortes de professions, & qu'on appelloit aussi *Bacheliers*. Aujourd'hui on ne les appelle plus que Maîtres, & le nom de *Bachelier* ne se donne qu'à celui qui après avoir employé cinq ans à étudier, tant en Philosophie qu'en Theologie, a fait un Acte de Tentative en Sorbonne. On appelle aussi *Bachelier en Droit Canon*, Celui qui après trois ans d'étude en Droit Canon, suivant l'Edit du Roi de 1679. a soûtenu un Acte dans les formes prescrites par la Faculté. On donne encore le nom de *Bachelier* à celui qui ayant étudié deux ans en Medecine, & étant depuis quatre ans Maître-és-Arts de l'Université de Paris, subit l'examen general ; après quoi il est revêtu de la fourrure, pour entrer ensuite en Licence. Les fils des Docteurs de l'Ecole de Paris, qui ont étudié deux ans en Medecine, se presentent quand ils veulent à l'examen de Bachelier ; mais les Medecins qui ne sont pas de cette Faculté, ne s'y peuvent faire recevoir qu'après avoir été huit ans Docteurs dans une autre.

Bachelier, parmi les anciens Nobles François, étoit un jeune Gentilhomme, qui n'ayant pas moyen de lever baniere, tenoit rang entre le Chevalier & l'Ecuyer, parce qu'il marchoit sous celle d'autrui. Ce nom lui fut donné de ce qu'on appelloit en ce tems-là *Bacele* ou *Bachele*, Une Châtelenie ou Seigneurie tenue par celui qui n'avoit pas encore droit de Chevalier ni de Baniere.

Bachelier étoit aussi autrefois celui qui recherchoit une jeune fille, qui dans le vieux langage étoit appellée *Bachette* ou *Bachelotte*, comme qui diroit *Bacheliere*, c'est-à-dire, celle qui fait son apprentissage dans le monde.

BACHEVALEUREUX. adj. Vieux mot. Guerrier.

BACICOTER. Vieux mot. Tromper.

BACINET. s. m. Sorte d'arme ancienne. On trouve dans Monstrelet, *Y avoit six banieres & deux cens bacinets, six cens bibaux ou petaux.* Selon Fauchet, ces bacinets étoient des chapeaux de fer assés legers, que portoient les soldats qu'on appelloit *Bacinets*, du nom de cette sorte de chapeaux. Ainsi on disoit *six cens Bacinets*, comme on dit quelquefois, *Il y avoit cent Cuirasses*, pour dire, Cent hommes armés de cuirasses.

BACON. s. m. Vieux mot qui est encore en usage dans quelques Provinces, & qui signifie Poisson salé. M. Ménage veut que ce soit du lard. Quelques-uns croyent que l'on appelle *Bacon*, tout ce qui est seché à la fumée, & que c'est delà qu'on dit *Boucané*.

BACULAMETRIE. s. f. Science par laquelle on apprend à mesurer les lignes accessibles & inaccessibles sur la terre avec un ou plusieurs bâtons. Ce mot vient du Latin *Baculus*, Bâton, & du Grec μετρεῖν, Mesurer.

B A D

BADELAIRE. s. m. Vieux mot qui s'est conservé dans le Blason, & qui signifie une Epée faite en sabre, c'est-à-dire, courte, large & recourbée. On croit que ce mot vient de *Baltearis*, à cause qu'un baudrier étoit autrefois appellé *Baudel* ; d'où vient que quelques-uns disent *Baudelaire*.

BADIGEON. s. m. Plâtre mêlé avec de la même pierre dont les Sculpteurs en pierre ont fait quelque figure, & qu'ils ont fait mettre en poudre. Ils le détrempent dans une sebille ou jatte de bois, & s'en servent à remplir les petits trous & à réparer les défauts qui se trouvent dans la pierre. *Badigeon* est aussi un terme de Maçonnerie, & signifie un mortier fait de recoupes de pierres de taille. On en enduit le plâtre, afin de le faire ressembler à de la pierre de taille, par la couleur qu'il en prend.

B A E

BAER. v. n. Vieux mot. Ouvrir la bouche. Dans Gilles de Viez-maisons,

Je ne voi pas comment on peut baer,
Ne attendre à plus haut musardie.

B A G

BAGNOLOIS. s. m. Heretiques du huitiéme siecle, qui rejettoient l'ancien Testament & une partie du nouveau, & qui soûtenoient que le monde avoit été de toute éternité ; que Dieu ne prévoit rien de soi, & qu'il ne crée point de nouvelles ames. On les appelle aussi *Bajolois*.

BAGUE. s. f. Terme de Marine. Petite corde mise en rond, & dont on se sert à faire la bordure d'un œil de pie ou œillet de voile.

BAGUENAUDIER. s. m. Arbre qui vit long-tems, & qui jette d'abord des gousses rouges. Ces gousses qui en sont le fruit, & que l'on appelle *Baguenaudes*, deviennent ensuite blanchâtres, & se remplissent de vent : de sorte qu'étant pressées, elles font assés grand bruit en crevant. Durant les trois premieres années cet arbre ne produit qu'un seul rejetton : mais il commence ensuite à jetter ses branches, & il est arbre parfait à sa quatriéme année. Sa feuille est semblable à celle du Senegré. Quelques Modernes prétendent qu'il a les mêmes qualités que le Sené, mais le croyant bien plus foible, ils veulent qu'on double la doze. Cet arbre s'appelle en Latin *Colutea* ; & Fuchsius, aussi-bien que Matthiole, dit qu'il ne faut pas le confondre avec le *Colytea*, qui est un autre arbre tout different.

BAGUENAUDE. s. m. Vieux mot qui signifioit autrefois une sorte de Poësie fort mal rimée, & qui étoit toute masculine. Il y a grande apparence que l'on a tiré delà le mot de *Baguenauder*, pour dire, S'amuser à faire des choses vaines & frivoles.

BAGUER. v. a. Terme dont les Couturieres se servent, & qui signifie, Faire tenir les plis d'un habit avec de grands fils.

BAGUETTE. s. f. On appelle *Baguettes de tambour*, Deux petits bâtons bien tournés, & qui ont environ un pié & demi de longueur, avec quoi on bat la caisse.

Baguette est aussi ce que les Peintres appellent *Appui-main*, c'est-à-dire, Un petit bâton qu'ils appuyent sur leur toile, pour soûtenir leur main, tandis qu'avec le pinceau ils appliquent les couleurs.

Baguette est encore dans l'Architecture, Une petite moulure ronde, & faite comme une verge qu'on appelle *Chapelet*, lorsqu'elle est taillée par petits grains ronds.

On appelle *Baguette de fusée*. Une petite piece de bois qu'on attache à la fusée. Elle lui sert de contrepoids ; & pour cela il faut qu'elle soit d'un poids égal à la fusée, sans quoi elle ne monteroit pas en l'air.

On appelle encore *Baguette de fusil*, ou d'une autre arme à feu, La longue verge de bois que l'on fourre dans le fust, & qui sert à les charger.

BAH

BAHUT. s. m. Coffre dont le couvercle est arrondi. C'est delà qu'on dit, en termes de Maçonnerie, qu'*Une pierre est taillée en bahut*, pour dire, qu'Elle est un peu arrondie par dessus. Celles qu'on voit au-dessus des parapets des quais & des ponts, sont de cette sorte.

BAI

BAI, BAIE. adj. Il ne se dit que de la couleur du poil d'un cheval. *Poil bai, couleur baie*, C'est celle qu'on appelle vulgairement rouge, & qui tient de la couleur de châtaigne. Il y a le poil bai brun & le poil bai clair; & cela dépend de ce qu'il est plus ou moins chargé. Bai à miroir, Voyez MIROUETTE. La difference qu'il y a entre un cheval bai & un cheval alezan, c'est que le premier a le crin noir, & l'autre roux ou blanc. Selon M. Ménage, ce mot vient de *Baius* Latin, fait du Grec βαΐον, signifiant un rameau de palme, qui est bai en sa couleur.

BAIGU, UE. adj. Terme de Manége. Quelques-uns écrivent *Bégu*. On dit qu'*Un cheval est baigu*, lorsqu'il marque naturellement & sans aucun artifice à toutes les dents de devant jusqu'à sa vieillesse, c'est-à-dire, quand il y conserve un petit enfoncement avec la marque noire qui s'y forme sur les cinq ans & demi, appellée *Germe de féve*, & qui s'efface dans les autres chevaux à sept ou huit ans; de sorte qu'un cheval baigue, qui en a douze ou quinze, a les marques d'un cheval qui n'en a pas encore six. Pour l'ordinaire le creux est rempli aux pinces, c'est-à-dire, aux quatre dents de devant de la bouche d'un cheval, deux à la machoire superieure, & deux à l'inferieure, & la marque est effacée sur les six ans, à cause que la dent est usée. Vers ce même âge, elle s'efface à demi aux dents mitoyennes; & quand le cheval a huit ans, elle est effacée aux coins: mais lorsque le cheval baigu a commencé à marquer, il marque toûjours également à toutes les dents, à cause qu'étant plus dures que celles des autres chevaux, elles ne sont point sujettes à s'user. Ce qui empêche qu'on ne se trompe aux chevaux baigus, c'est qu'encore qu'ils marquent à toutes les dents de devant, ils les ont longues, jaunes, crasseuses & décharnées: au lieu que s'ils n'étoient point baigus, ils les auroient courtes, nettes & blanches.

BAIL. s. m. Vieux mot qui signifie *Don*; ce qui fait qu'on appelle encore *Bailleur*, Celui qui dans un contrat donne à loyer ou à rente. Il y a diverses sortes de baux. *Bail à loyer*, est quand on donne une maison, ou une portion de maison, pour en jouir par le preneur pendant neuf années au plus, moyennant une somme payable par chaque année. *Le Bail à ferme* est la même chose. On appelle *Bail d'heritages*, Le traité ou la vente que l'on fait de quelques terres, dont on abandonne le fond à la charge d'une rente ou redevance. *Bail emphiteotique* est un Traité par lequel un proprietaire donne pour un tems, à titre d'emphiteose, son heritage inculte, & sans rapport, à la charge que le preneur le fera valoir & lui en payera une rente annuelle. On dit aussi *Bail Judiciaire*; & c'est celui dont un Conseiller Commissaire fait l'adjudication au Parquet de la Cour, & qui se fait par le Juge à l'Audience dans les autres Jurisdictions.

Bail signifie Gardien en quelques Coûtumes; & c'est ce qui avoit fait *Baillie*, qui signifioit autrefois, Tutelle, garde, regence, gouvernement. *Etre en la baillie de quelqu'un*. Ce mot a aussi formé celui de *Baillistre*, qui vouloit dire autrefois Tuteur.

BAILE. s. m. Nom que l'on donne aux Ambassadeurs de Venise qui resident à Constantinople. Ce mot vient du Latin *Bajulus*, qu'on a dit d'abord d'un Pere nourricier qui porte son nourrisson; & comme il a été ensuite étendu aux Pedagogues, & sur-tout à ceux des Princes, on a dit *Baile* en ce sens, comme pour dire, Qui porte les ordres de la République. Ce qui donne lieu de le croire, c'est que du Cange dit que *Bajulare* dans la basse Latinité signifioit *Officium gerere*.

BAILLE. s. f. Espece de petite cuve dont on se sert sur la mer à divers usages, & particulierement à mettre le breuvage que l'on donne aux Matelots.

BAILLES, dans le vieux langage a signifié *Barricades*; d'où vient qu'on lit dans Froissard, *Il fit charpenter des bailles, & les asseoir au travers de la rue*. Villehardouin a dit *Bailles des murs*, pour dire, Les courtines.

BAILLIF, ou BAILLI. s. m. On appelloit anciennement *Bailli du Palais*, Le Gouverneur ou Concierge de la maison des Rois, & il avoit une Jurisdiction Civile & Criminelle, dont on a depuis limité le territoire dans l'enclos du Palais. Les Baillis sont aujourd'hui des Juges Royaux qui ont des Lieutenans de robe longue; & ces Lieutenans connoissent des appellations des Prévôts Royaux & des Seigneurs Haut-Justiciers de leur ressort.

BAILLON. s. m. Mot en usage parmi les Religieux de certains Ordres. On entend par là un petit bâton qu'on leur fait porter à la bouche, pour les punir d'avoir rompu le silence.

BAILLONNÉ, ÉE. part. Terme de Blason. Il se dit d'un chien, d'un lion, ou autre animal qu'on peint avec un bâton entre les dents. *D'argent au lion de sable baillonné de gueules.*

BAIN. s. m. On appelle *Bains* par excellence les eaux chaudes & minerales qui sont ordonnées pour la santé, comme *les bains de Bourbon, les bains de Vichi*, &c. Les Anciens appelloient leurs bains *Therma*, & ils étoient composés de divers appartemens qu'on destinoit à plusieurs usages. Ils nommoient *Caldarium*, Ceux où ils prenoient soin d'échauffer l'air. C'est ce que nous appellons *Etuves*.

Bains se dit aussi des médicamens externes preparés avec de l'eau, où l'on fait bouillir des médicamens simples. On y ajoûte quelquefois du vin, du lait, ou d'autres liqueurs, pour prendre le bain.

Lorsqu'on dit simplement *Bain*, on entend celui qu'on appelle en Latin *Balneum* & *Lavacrum*. Il y en a de trois sortes. Le premier est nommé *Caldarium*, le second *Frigidarium*, & le troisiéme *Tepidarium*. Le premier desseche, discute & resserre le cuir. Il augmente la chaleur & enflâme les esprits; & après qu'il a épuisé toute l'humidité, il rend à la fin le corps froid & sec. Le second constipe les pores, empêche la trop grande dissipation de la triple substance, & fait retirer la chaleur, & même les humeurs au-dedans. On ne doit se servir d'aucun des deux qu'en certaines maladies, & par l'avis d'un habile Medecin. Le dernier est le meilleur. Il échauffe actuellement, aide à la coction en fomentant la chaleur naturelle, & hâte la distribution des alimens cuits comme il faut.

Il y a aussi diverses sortes de Bains parmi les Chimistes, selon les differentes coctions, distillations, ou autres operations qu'ils font sur des matieres propres à entretenir une chaleur douce. On appelle *Bain de cendres*, quand la cucurbite où sont les matieres qu'on veut distiller, est sur les cendres, & qu'on met du feu dessous; *Bain de sable* ou *de limailles*, quand on y met du sable ou des limailles de fer; & *Bain-Marie*, lorsqu'on met la cucurbite sur de l'eau chaude.

On dit en termes de Monnoye, que l'*Or, l'argent est en bain*, pour dire, que l'Or & l'argent est entierement fondu.

Les Teinturiers se servent du mot de *Bain*, en parlant d'une cuve pleine d'eau & de drogues qui servent à la teinture, & dans laquelle ils trempent ou font bouillir les étoffes qu'ils veulent teindre.

On dit en termes de Maçonnerie, qu'*Une court est pavée à bain de mortier*, pour dire, qu'On y a mis du mortier en abondance.

On appelle *Bain, Chevaliers du Bain*, Un Ordre Militaire qui a été établi en Angleterre, & ce nom leur fut donné, à cause que leur coûtume étoit de se baigner avant qu'ils reçussent les éperons d'or. Richard II. en fit quatre en la conquête d'Irlande, & Henri IV. quarante-six. Ils portoient un écu de soye bleue celeste en broderie, chargé de trois couronnes avec ces mots *Trois en un*, pour marquer les trois Vertus Theologales.

BAJOIRE. s. f. Medaille ou monnoye qui a une empreinte de deux têtes en profil, dont l'une avance sur l'autre. On en voit de Louis & de Carloman, & de plusieurs autres. Il y en a qui tiennent qu'on a dit *Bajoire* au lieu de *Baisoire*, en ôtant l'*S*, à cause que les joues de ces deux têtes étant jointes l'une à l'autre, semblent se baiser.

BAJONIERS. s. m. Vieux mot. Arbalestriers. Borel croit qu'on les appelloit ainsi, à cause qu'on faisoit de meilleures arbalêtes à Baïonne, que l'on n'en faisoit ailleurs.

BAIOQUE. s. f. Petite monnoye d'Italie. Il en faut dix pour un Jule.

BAJOU. s. m. On appelle ainsi la plus haute des planches ou des barres du gouvernail d'un bateau foncet. Elle est posée immediatement sous la casse de la masse du gouvernail.

BAJOUE. s. f. Ce qui tient lieu des joues dans la tête d'un cochon. *Servir une bajoue en ragoût.*

On appelle *Bajoues* ou *Coussinets*, les éminences ou Bossages qui tiennent aux jumelles d'une machine nommée *Tireplomb*, dont les Vitriers se servent à fendre le plomb qu'il employent pour les vitres.

BAISEURE. s. f. L'endroit d'un pain qui ayant touché à un autre dans le four, n'est pas si cuit que le reste. C'est ce qu'on appelle à Paris *Biseau*.

BAL

BALAI. s. m. Les Serruriers appellent *Balai*, & autrement *escouvette*, Ce qui leur sert pour arroser le fer, & pour ramasser le charbon.

On appelle en termes de Fauconnerie la queue des oiseaux *Balai*; celle des chiens a le même nom en terme de Venerie.

Ceux qui navigent sur l'Ocean, appellent le Vent de Nordoüest *le Balai du Ciel*, à cause qu'il nettoye le ciel de nuages. M. Ménage dit que le mot de *Balai* vient de *Valletus*, diminutif de *Vallus*, parce qu'un Balai est emmanché au bout d'un bâton. D'autres le dérivent de *Betula*, qui veut dire Bouleau; & du Cange le fait venir de *Baleis*, qui a signifié la même chose dans la basse Latinité, ajoûtant qu'on a dit aussi *Balaïum*.

BALAIS. Mot qui ne se dit qu'étant joint avec *Rubis*. On appelle *Rubis balais*, Un rubis dont la couleur est d'un rouge naturel mêlé avec un peu de cerulé.

BALANCE. s. f. On se sert de deux sortes de balances pour connoître l'égalité ou la difference de la pesanteur des corps graves; l'une que les Latins appellent *Statera*, n'a qu'un bassin, & c'est celle que nous appellons *Peson*. Elle est composée d'un levier ou fleau mobile sur un centre suspendu vers l'une de ses extrémités. Les corps graves ayant été attachés du côté gauche, on mesure leur pesanteur par les points qui sont marqués sur le fleau, à l'endroit où s'arrête en équilibre un poids mobile, qu'on fait courir vers la droite le long du plus grand côté. L'autre balance, que les Latins appellent *Libra*, est composée de l'anse par où on la tient, du traversin, ou fleau, au bout duquel il y a deux plats ou bassins attachés & suspendus, & de la languette.

On appelle *Balances fines*, De petites Balances avec lesquelles les Affineurs pesent l'or, & *Balances sourdes*, les Balances dont on se sert dans les monnoyes. Elles ont les deux bouts de leur fleau plus bas que leur clou, & leur chapse ou chape soûtenue en l'air par une guindole, que les Ouvriers nomment *Guignole*. Le mot de *Balance* vient de *Bislancia*, au lieu de *Bislanx*.

On appelle, en termes de Monnoye, *Balances d'essai*. Les balances dont les Essayeurs se servent pour faire la matiere dont ils doivent faire l'essai. Elles sont suspendues dans une grande lanterne, afin que l'air ne les agitant pas, les pesées puissent être plus justes. Il y a de ces sortes de balances qui sont si fines, que la milliéme partie d'un grain les fait trebucher.

BALANCER. v. n. Terme de chasse. Il se dit de la Bête qui est courue, & qui se jette tantôt d'un côté & tantôt d'un autre. Il se dit aussi du Limier qui poursuit la Bête, & qui ne tient pas une voie juste.

BALANCIER. s. m. Roue ou verge de fer d'une horloge ou d'une montre, qui en se mouvant sur un pivot, modere ou arrête le mouvement du ressort, & l'empêche de se lâcher tout d'un coup. On appelle aussi *Balancier*, Une maniere de petite verge de fer qui est au haut d'un Tourne-broche, & par le moyen de laquelle on le gouverne.

On appelle *Balancier à monnoyer*, Celui auquel les quarrés à monnoyer, qu'on appelle Coins, sont attachés. Celui de l'effigie est en dessous du Balancier dans une boëte quarrée, garnie de vis & d'écroues, pour le serrer & le tenir en état; & l'autre est en dessus dans une semblable boëte, garnie de même vis & d'écroues, pour retenir le quarré à monnoyer. Le flan étant posé sur le quarré d'effigie, on tourne à l'instant la barre du balancier, qui fait tourner la vis qui y est enclavée. La vis entre dans l'écroue qui est au corps du balancier, & la barre fait ainsi tourner la vis avec tant de force, que poussant l'autre quarré sur celui de l'effigie, le flan violemment pressé par les deux quarrés, en reçoit les empreintes d'un seul coup en un moment. M. Boisard, qui en parle en ces termes, a donné la figure de ce balancier dans son Traité des Monnoyes.

On appelle en termes de mer *Balancier de compas*, Un double cercle de laiton, par lequel l'affût du dedans de la boussole est tenu en équilibre. On dit aussi *Balancier de lampe*, & on entend par là Un cercle de fer qui est mobile, & qui tient la lampe de l'habitacle en équilibre.

BALANCINE. s. f. Manœuvre frappée par un bout à la tête du mât, & qui passe dans une poulie au bout de la vergue. On s'en sert pour tenir la vergue en balance, lorsqu'elle est dans sa situation naturelle, ou pour la tenir haute & basse, selon qu'il est à propos. On appelle *Balancine de chaloupe*, La manœuvre qui soutient le gui.

BALANT. f. m. Terme de Marine. On appelle *Le balant d'une manœuvre*, La partie qui n'est point halée. Il se dit aussi de la manœuvre même, lorsqu'elle n'est point employée. On dit *Tenir le balant d'une manœuvre*, pour dire, L'amarrer d'une telle sorte, qu'elle ne balance point.

BALAOU. f. m. Petit poisson long comme une sardine, & fort commun dans la Martinique. Il a le bec d'un cartilage assez fort à la machoire inferieure. Ce bec est menu & pointu comme une aiguille, & de la longueur du doigt. On prend les Balaous à la faveur d'un flambeau, & on a pour cela de petites foines faites avec des hameçons redressés. Ils n'ont pas plûtôt apperçu cette lueur, qu'ils environnent le canot à milliers, & l'on en darde autant que l'on veut avec ses foines. Il y en a qui se servent d'un rets autour d'un cercle, pour en prendre un plus grand nombre. Ce poisson a la chair ferme, delicate & de bon goût.

BALAST. f. m. Terme de Marine. Amas de cailloux & de sable que l'on met à fond de cale, afin que le Vaisseau entrant dans l'eau par ce poids, demeure en assiette. c'est ce qu'on appelle autrement *Lest* ou *Quintillage*.

BALAUSTES. f. f. p. Fleurs du Grenadier sauvage, qui ne sont suivies d'aucun fruit. Elles sont stomachiques & hepatiques, & leur qualité astringente fait qu'elles arrêtent le flux de sang & toutes sortes de flux de ventre.

BALCONS. f. m. p. Terme de mer. Galeries couvertes ou découvertes qu'on fait au derriere & aux côtés de certains Vaisseaux, pour l'ornement ou pour la commodité. On les appelle autrement *Sardins*. Le mot de *Balcon* vient de l'Italien *Balcone*, qui veut dire, Une avance hors le logis pour mieux voir sur une place. M. Menage dit qu'il a été fait du Latin *Balcus*, ou de l'Allemand *Balck*, qui veut dire, Poutre. Covarruvias le dérive du Grec βάλλειν, qui signifie, Jetter, & prétend que les Balcons sont proprement des avances ou petites tours sur les portes des Citadelles, & qu'autrefois on jettoit de là toutes sortes de traits sur les ennemis.

BALDACHIN. f. m. Mot qui vient de l'Italien *Baldachino*, & qui signifie le Dais qu'on porte sur le Saint Sacrement, ou sur la tête du Pape dans les grandes Ceremonies. Il se dit aussi d'un ouvrage d'Architecture élevé en forme de Dais sur plusieurs colomnes, pour servir de couverture à un Autel.

BALE'. f. m. Vieux mot. Galerie. Roman de la Rose.

Elle est dehors aravonnée,
D'un balé qui vet tout autour,
S'il qu'entre li balé & la tour, &c.

BALEINE. f. f. Poisson d'une grosseur extraordinaire. La nourriture des Baleines est une eau ou écume qu'elles sçavent extraire de la mer. On tient qu'elles vivent aussi d'un petit insecte appellé *Gueld* par les Basques. C'est le *Psillus Marinus*, ou la Puce de mer, que l'on trouve abondamment dans le Nord, & dont se nourrit le gros poisson. Elles ont cela de particulier qu'elles engendrent comme les Animaux terrestres. Leurs petits s'appellent *Baleinons*, & elles n'en portent que deux à la fois, qu'elles ont grand soin de nourrir à la mamelle. On assure que la plûpart des Baleines ont dans la gueule des fanons ou barbes au lieu de dents. Ces barbes sont larges d'un empan, & longues de quinze piés plus ou moins, & finissent en franges, faites par le bout comme des soyes de pourceau. Elles sont enchassées par enhaut dans le palais, & rangées en ordre selon leur differente grandeur. C'est ce qui leur sert à dilater & à restraindre leurs joues qui sont d'une capacité si étendue qu'elles peuvent contenir le Baleinon nouvellement né, quand l'orage les oblige à le vouloir garantir de sa violence. On a écrit qu'il se trouve des Baleines dont le corps pourroit couvrir quatre arpens de terre; mais le Pere du Tertre dit qu'en plus de douze mille lieues de mer qu'il a faites, il n'en a point vû qui parût avoir plus de cinquante ou soixante piés de longueur. Elles paroissent fort frequemment le long des Isles de l'Amerique, depuis Mars jusqu'à la fin de Mai, & sont en chaleur pendant ce tems-là. On les voit nager, sur-tout le matin, le long de la Côte, deux, trois, & quatre ensemble, soufflant, & comme seringuant par les naseaux deux petits fleuves d'eau, qu'elles poussent en l'air haut de deux piques. L'effort qu'elles font, est accompagné d'une espece de meuglement qu'on entend d'un quart de lieue. Quand deux mâles se rencontrent auprès d'une femelle, ils se joignent, & dans le combat qu'ils se livrent, ils se frappent si rudement des ailes & de la queue contre la mer, & avec un si grand bruit, qu'on diroit de deux Navires qui sont aux prises à coups de canon. Voici ce qu'écrit Garcie, touchant la pêche ou capture des Baleines par les Sauvages de l'Amerique. Le Sauvage voyant venir la Baleine vers la Côte, prépare deux tampons de bois, se fournit d'une massue, & comme il nage avec toute l'adresse possible, il va au-devant de l'animal, & se jettant sur son cou, lui laisse pousser son premier jet d'eau. Il prévient le second, & à grands coups de massue, il fourre un de ces tampons dans un des naseaux de la Baleine, qui se plonge aussi-tôt au plus profond de la mer, entraînant avec elle le Sauvage qui la tient fortement embrassée. La Baleine qui a besoin de respirer remonte sur l'eau, & donne le tems au Sauvage de lui enfoncer son autre tampon dans l'autre naseau; ce qui l'oblige à se replonger au fond de la mer, où elle s'étouffe faute de pouvoir faire évacuation de ses eaux pour respirer. Les Baleines grasses rendent une fort grande quantité d'huile, qui sert à divers usages, & qui a une qualité merveilleuse. C'est que lorsqu'elle est toute bouillante, on y peut tremper la main sans qu'on se brûle. Il y a une espece de Baleines qui n'ont point de fanons dans la gueule, mais seulement de petites dents. Les Basques en tirent la drogue, appellée *Semence de Baleine*; elle n'est rien autre chose que le cerveau de cet animal. Ils le puisent dans le crane, & en remplissent des tonneaux. Il y en a qui croyent que le *Sperma ceti* ou *la semence de Baleine* des Apotiquaires, ne vient point de cet animal, & ce qui les oblige à le croire, c'est qu'il se trouve de cette drogue en des lieux où jamais il n'a paru de Baleine. Ainsi ils prétendent que c'est une espece de bitume fort gras, formé de l'exhalaison d'une terre sulfurée, qui se communique à la mer, ou de quelques parcelles de soufre, mélangées avec du sel marin; & que ces parcelles s'amassant ensemble quand la mer est agitée, s'unissent comme un peloton de graisse. On se sert de la semence de Baleine pour humecter, resoudre & adoucir, de sorte qu'on l'emploie avec succès dans toutes les coliques communes des intestins, & dans les douleurs dont sont attaquées les femmes nouvellement accouchées. On l'applique aussi anterieurement, & on en oint les cicatrices de la petite verole pour les remplir de chair.

On fait venir le mot de Baleine de φάλαινα, qui est le nom que les Grecs lui donnent. Quelques-uns le dérivent de βάλλειν, Jetter, à cause de l'eau qu'elles jettent fort haut en soufflant.

On appelle *Baleine* ou *Monstre marin*, en termes de Cosmographie, une des quinze constellations Meridionales ou Australes.

BALERIE. f. f. Vieux mot. Danse.

Et baleries & Keroles,
Et vit Violes & Citoles.

BALEVRE. f. f. Terme d'Architecture. Ce qui passe d'une pierre plus que d'une autre, près d'un joint dans le parement d'un mur, & que l'on retaille en ragreant. On appelle aussi *Balevre*, un éclat près d'un joint, crevé à cause qu'il étoit trop serré. Ce mot vient du Latin *Bislabra*, Qui a deux lévres. Borel croit qu'on s'est autrefois servi de ce mot pour signifier les joues ou les machoires, & en rapporte ce vers pour exemple,

Perçoivent bras, têtes & balévres.

BALISE. f. f. Marque qui fait connoître les lieux dangereux dans la mer, comme rochers, terres ou sables cachés sous l'eau, afin que les Vaisseaux les évitent. Ce sont quelquefois de petits mâts qu'on plante à terre ou dans l'eau, vis-à-vis de ces rochers ou sables, & quelquefois des tonneaux qui nagent sur l'eau, & qui sont attachés par une chaîne de fer à de grosses pierres que l'on jette au fond.

Balise, se dit aussi de l'espace qu'on est obligé de laisser le long des rivages des rivieres pour la hallée des bateaux.

BALISIER. f. m. Sorte de plante des Indes, dont il y a de quatre sortes, deux petits, qui portent tous deux des fleurs jaunes & rouges, & dont la graine sert à faire de petits chapellets qui sont assés beaux. Les Auteurs en ont écrit sous le nom de Canne d'Inde, & de *Flos cancri*. Les deux autres ne different de ceux-ci qu'en grandeur & en la façon de leurs fleurs. La hauteur de ces Balisiers est d'une demi-pique. Ils jettent des tiges aussi grosses que le bras, & ont leurs feuilles larges de deux piés, & longues de sept à huit, polies, mais toutes marquées de rayes traversantes comme si on les avoit plissées exprès. Du milieu de leur tige sort une fleur, large quelquefois comme les deux mains, & longue comme le bras, avec un double rang de petits bassins qui s'emboitent l'un dans l'autre jusqu'au bout. La fleur de l'un est rouge, & celle de l'autre est jaune; & les feuilles de ces deux especes de Balisier servent aux Sauvages, non seulement à empaqueter leur farine, leur pain, & tout leur petit bagage, quand ils vont à la campagne: mais encore à couvrir les petits auvents dont ils se servent pour se mettre à l'abri du vent & de la pluye, quand ils sont arrivés en quelque lieu où il n'y a point de logement.

BALISTE. f. f. Machine de guerre dont se servoient les Anciens pour jetter des pierres. Elle se bandoit de la même maniere que les Catapultes, qui differoient des Balistes en ce qu'elles servoient à lancer des javelots. Pour la Baliste, c'étoit une grande piece de bois, balancée en sorte que le plus gros bout tiroit à bas par un contrepoids, qui faisoit lancer par l'autre bout de très-grosses pierres.

BALIVAGE. f. m. Terme dont les Officiers des Eaux & Forêts se servent. Ainsi on dit qu'*Avant que de faire l'adjudication des bois, ils en font le Balivage*, pour dire, qu'Ils marquent les Baliveaux qu'on doit laisser sur chaque arpent de bois qui est à couper, pour les laisser croître en haute fustaye.

BALIVEAU. f. m. Chêne, Châtaigner ou Hêtre au-dessous de quarante ans. On est obligé par les Ordonnances d'en laisser seize de l'âge du bois dans chaque arpent de taillis qu'on coupe, outre tous les anciens & les modernes. Ceux qu'on appelle modernes sont les Baliveaux qui ont été reservés des dernieres coupes jusqu'à soixante ou quatre-vingts ans. On donne le nom d'*Etalons* & de *Lais*, à ceux qui sont de l'âge d'une ou de deux coupes; c'est-à-dire, qui ont été laissés depuis deux coupes d'un taillis. Le mot de Baliveau vient de *Bacillus*, petit bâton ou verge. On dit *Baliveau sur souche*, ou *sur brin*, pour dire, Le maître brin d'une souche qui est de belle venue, & que l'on a reservée dans une coupe.

BALLE. f. f. Corps sphérique de fer ou de plomb pour la charge des armes à feu. On se sert dans l'Artillerie de balles ramées & de balles à feu. *La balle ramée* est composée de deux balles qu'un fil d'archal en forme de vis joint l'une avec l'autre. Ce qui en rend l'effet extrêmement dangereux, c'est qu'en sortant du canon ces deux balles se séparent, & occupent un plus grand espace. On appelle aussi sur mer *Balles* ou *boulets à deux têtes*, deux boulets de canon qui tiennent aux deux bouts d'une barre de fer, longue depuis huit jusqu'à quatorze pouces. On s'en sert pour couper les manœuvres d'un Vaisseau ennemi. *La balle à feu* est composée d'une livre de salpêtre, & d'une pareille quantité de soufre pulverisé, d'une demi livre de poudre fine, de deux onces de borax & d'une once de camfre. On mêle le tout ensemble, & on le détrempe avec de l'huile de Petrol jusqu'à ce qu'il soit en consistance de pâte. On en fait ensuite une boule, grosse environ comme une grenade, & on l'enveloppe d'étoupes goudronnées. Ensuite on y fait un trou où l'on met de l'étoupin ou de l'amorce lente qu'on allume lorsqu'on veut jetter la balle à feu, ou sur les fascines, ou sur les ennemis pour empêcher leurs travaux. Cette balle met le feu par tout où elle s'arrête. Ce mot, selon M. Ménage, vient de *Palla*, d'où l'on a fait aussi *Ballon* & *Balloter*. Nicod le fait venir du Grec βάλλω, Je jette, & du Cange de l'Anglois, *Ball*.

Balles, en termes d'Imprimerie, sont deux tampons de cuir avec lesquels on prend l'encre. On les frotte l'une contre l'autre après qu'on y en a mis ce qu'il en faut, & ensuite on les fait toucher sur les formes ou sur les planches, où elles en laissent autant qu'il est necessaire qu'il y en ait pour marquer la feuille qu'on veut imprimer.

On appelle aussi *Balle*, une petite paille fort déliée qui sert d'enveloppe au grain de blé étant encore dans l'épi, & qui s'en sépare quand on le bat ou qu'on le vanne.

BALOIRE. f. f. On appelle ainsi de longues pieces de bois, qui lorsque l'on construit un Vaisseau, lui donnent la forme qu'il doit avoir.

BALON. f. m. Espece de Brigantin qu'on mene à la nage avec des rames, & qui est fort en usage dans le Royaume de Siam. Ce sont de petits bâtimens faits d'un seul arbre, d'une longueur extraordinaire, & qui ont le devant & le derriere de Sculpture fort élevés. Il y en a de dorés, où l'on met jusqu'à cent cinquante Rameurs de chaque côté.

BALOTADE. f. f. Terme de Manége. Saut qu'on fait faire à un Cheval entre deux piliers, & qui consiste en ce qu'ayant les quatre piés en l'air, il ne montre que les fers des piés de derriere, sans qu'il s'épare ni détache la ruade. Ce Manége differe de celui des caprioles, où le Cheval s'épare de toute sa force, & noue l'aiguillette. Il differe aussi des croupades où le Cheval retire ses piés de derriere sous lui.

BALOTE. s. f. Petit bulletin, dont on se sert pour donner sa voix dans les élections que l'on remet au hazard.

BALSAMINE. s. f. Nom que les Herboristes donnent au *Geranium* ou *Rostrum Gruis*, & dont Dioscoride met seulement deux especes, quoique Fuchsius en compte six, & Dodoneus huit. La premiere a les feuilles semblables à la Passefleur, mais plus profondément chiquetées, & l'autre a ses branches hautes d'un pié & demi, fort menues & fort velues. Les feuilles de cette derniere espece ressemblent à celles de la Mauve, jettant de petits boutons faits en forme de tête de Grue avec le bec, ce qui lui a fait donner le nom de *Geranium*, à cause que le mot Grec γεράνιον, veut dire, Une Grue. On l'appelle encore *Rostrum Ciconiæ* ou *Herba Roberti*. Le même Dioscoride dit que la racine de *Geranium* de la premiere espece est ronde en quelque façon, & douce à manger, qu'elle resout les enflûres de la matrice, quand on la prend en breuvage au poids d'une dragme avec du vin, & que l'autre espece n'est d'aucun usage en Medecine. Matthiole dit que plusieurs Herboristes en font grand cas, & qu'ils la donnent à boire pour souder les playes interieures du corps, & aussi pour guerir les fistules interieures. Quelques-uns d'entre eux la nomment *Momordica*.

BALUSTRE. s. m. Espece de petite colomne qu'on a coûtume de mettre sous des appuis ou pour faire des clôtures. M. Felibien fait venir ce mot de *Balaustrum*, que d'autres appellent *Balaustium*, & qui signifie le Calice de la fleur de Grenade, à cause que le balustre lui ressemble.

On appelle *Balustres du Chapiteau de la colomne Ionique*, la partie laterale du rouleau qui fait la Volute. Vitruve la nomme *Pulvinata*, par la ressemblance qu'elle a à un oreiller.

On appelle *Balustres de serrures*, de petites pieces de fer en forme de balustres, qui tombent sur l'entrée de la clef, & servent à la couvrir. Elles servent encore à attacher les serrures.

On appelle aussi *Balustres*, parmi les Orfévres, Les parties de leurs ouvrages qu'ils façonnent en balustres, comme le pilier d'un gueridon, la tige d'un chandelier.

Balustre est encore une petite colomne de bois au dossier d'une chaise tournée.

BALZANE. s. f. Marque de poil blanc qui vient aux piés de plusieurs chevaux noirs ou bais, depuis le boulet jusqu'au sabort, devant & derriere. Quelques-uns prétendent que *Balzane* veut dire, La marque blanche, & qu'on appelle *Balzan*, Le cheval qui a cette marque. On distingue ces chevaux en *Balzan travat* (c'est celui qui a le poil blanc aux deux piés d'un même côté, l'un devant, l'autre derriere) en *Balzan trastravat* (c'est celui qui a ce même poil blanc aux deux piés qui se regardent en croix de S. André) & en *Balzan des quatre piés*. Ces mots ne sont plus guere d'usage.

BAM

BAMBIAYA. s. m. Sorte d'oiseau qu'on voit fort communément dans l'Isle de Cuba. Il effleure la terre plûtôt qu'il ne vole; ce qui fait que les Indiens chassent ces oiseaux comme les bêtes sauvages. Leur chair ternit le brouet, quand on les cuit, ainsi que fait le safran. Elle est d'un goût agreable, & qui approche de celui des Faisans.

BAMBOCHE. s. f. Petite canne pleine de nœuds qui vient des Indes.

BAMBOUC. s. m. Bois dont on fait les cannes appellées *Bamboches*. Les cannes dont ce bois est composé sont quelquefois fort grosses & fort touffues.

BAN

BAN. s. m. On appelle *Ban à vin*, Le droit dont quelques Seigneurs jouissent, de pouvoir vendre leur vin à l'exclusion des habitans qui sont dans leur territoire. Ils n'ont ce droit que quarante jours, pendant lesquels ils doivent se hâter de vendre celui de leur crû. Ce droit n'a pas été abrogé mais seulement limité par l'Ordonnance de 1680. On appelle *Moulin à ban*, *Four à ban*, *Pressoir à ban*, le moulin, le four & le pressoir où les Seigneurs des grands Fiefs obligent les habitans de leurs Seigneuries d'aller moudre & cuire & d'apporter leur vendange. Ce droit se nomme *Droit de bannée*, & ceux qui y sont obligés s'appellent *Sujets Banniers*.

BANANIER. s. m. Arbre des Indes qui croît sur les montagnes où il y a des sources. Le Pere du Tertre, qui en a vû dans les Isles de l'Amerique, prétend que c'est une plante, & se fonde sur ce qu'il ne s'y trouve aucun arbre qui n'ait du bois & des branches, & il n'y en a point dans le Bananier. Sa racine est une grosse bulbe ronde, massive & blanche, tirant à la couleur de chair; & il en sort un tronc vert, poli & lissé, haut de seize à dix-huit paumes, droit comme une fléche, gros comme la cuisse, & sans aucune feuille jusqu'à sa racine. Ce tronc est composé d'une seule écorce poreuse, fibreuse, & presque de même substance que l'oignon, roulée jusqu'à sa parfaite grosseur. Il a quinze ou vingt feuilles à sa cime, longues de sept à huit piés, & large d'un pié & demi. Au milieu de chaque feuille est une grosse côte ou nervûre, qui va d'un bout jusqu'à l'autre. Ces feuilles sont rayées par le travers, comme celles du Balisier; mais si frêles, que le vent les découpe toutes jusqu'à la nervûre. De la cime de ce tronc & du milieu de toutes ces feuilles sort une façon de tige, grosse comme le bras, & longue de cinq ou six piés; toute en compartimens par divers endroits. Cette tige est plus dure & plus forte que le reste de la plante. Sur les huit ou dix plus gros nœuds il y a quelquefois jusqu'à deux cens figues. Sur la tige qui se termine à un pié & demi du fruit, est une grosse masse de petites fleurs blanches arrangées fort près à près & à double rang, & chaque rangée de fleurs est couverte d'une grande feuille violette faite comme une coquille un peu pointue. Ces fleurs ne venant jamais en fruit, ne sont bonnes qu'à confire en vinaigre comme des capres. Les Habitans appellent cette tige chargée de son fruit, *Un regime de figues*. Ces figues sont grosses comme un œuf, à six quarrés, & longues environ de quatre ou cinq pouces. Elles sont vertes avant que d'être mûres, & jaunes comme de l'or dans leur parfaite maturité. La chair de ce fruit est fort délicate, & plus molle que celle des abricots mûrs. Quand on le coupe, on voit une croix imprimée sur chaque tronçon. Le tronc ne porte qu'un regime de figues ou de bananes, & seche sur le pié quand on a cueilli le fruit: mais pour un tronc que l'on coupe, la racine en pousse six autres; ainsi l'on en peut avoir abondamment toute l'année. On en fait des confitures sans sucre, qui ne cedent en rien à nos figues de Provence. Il ne faut pour cela que les fendre en quatre, & les faire secher au four, ou au Soleil sur une claye. L'eau, dont le tronc spongieux de cette plante est rempli, est extrêmement froide, & l'on s'en sert avec succès contre toutes sortes d'inflammations. Quelques-uns ont trouvé ce fruit si beau & si délicat, qu'ils se sont imaginé que c'étoit celui du Paradis terrestre, dont Dieu avoit défendu à Adam & à Eve de manger ; de sorte qu'ils le nomment *Figuier d'Adam*, ou *Pommier de Paradis*. Sa feuille du moins se trouve assés large pour avoir pû couvrir leur nudité. La grappe est d'ordinaire la charge d'un homme, & quelquefois il faut la mettre sur un levier, & la porter à deux sur ses épaules.

BANARBAN. s. m. Vieux mot. Charrois que les Vassaux sont obligés de faire pour leur Seigneur.

BANARDS. s. m. p. Vieux mot, Gardes des fruits. Borel dit qu'en Languedoc on les appelle *Bandiers*.

BANC. s. m. Terme de Marine. Siege dans une Galere, où quatre ou cinq rameurs sont de rang, & tirent une même rame. Il y a trente-deux bancs dans les Galeres, & ce nombre de bancs en fait la difference avec les autres Vaisseaux à rames.

On appelle *Bancs de Chaloupes*, Les bancs qui sont joints autour de l'arriere de la chaloupe en-dedans, pour la commodité de ceux qui y sont.

On appelle aussi *Banc*, Un lit de pierre, ou un étage dans les carrieres. Celui d'en-haut, qui est soûtenu par des piliers que l'on y laisse d'espace en espace, se nomme *Le Banc du Ciel*.

BANCHE. s. f. On appelle ainsi un fonds de roches tendres & unies qui sont dans la mer en de certains lieux.

BANCLOCHE. s. f. Vieux mot. Alarme sonnée par la cloche.

BANDAGE. s. m. Terme de Maréchal. On appelle *Bandages*, Les bandes de fer que l'on attache avec de gros clouds aux jantes des roues de carrosse ou de charrette. On le dit aussi des ferremens qui lient ou fortifient les pieces d'une machine. On appelle encore *Bandage*, Les pieces qui servent à bander une arbalête, ou autres choses qui font ressort.

BANDE. s. f. Morceau de fer battu en long qui sert à lier ou à renforcer quelque chose.

En parlant de la selle d'un cheva, on dit *Bandes de selle*, & ce sont deux pieces de fer plattes & de la largeur de trois doigts. On en cloue une aux arçons de chaque côté, pour les tenir dans la situation qui forme la selle. L'arçon de devant a une autre petite bande qu'on appelle *Bande de garot*. On dit, *Mettre un arçon sur bande*, pour dire, Clouer les deux bouts de chaque bande à chaque côté de l'arçon.

On appelle *Bandes*, en termes d'Imprimerie, Les pieces de bois sur lesquelles roule le train de la presse.

Bandes se dit en Architecture, de plusieurs membres unis qui representent des bandes ou des lisieres, comme les frises, les architraves, & autres pieces moindres.

Bandes de Tremie, Sont des barres de fer, qui étant attachées sur les deux solives d'enchevestrure, servent aux cheminées à porter l'atre entre la muraille & le chevestre. D'autres servent à porter les languettes qui séparent les tuyaux.

Bandes, Sont aussi des barres de fer plattes & percées tout du long, qu'on attache contre une porte avec des clouds rivés en-dedans, ou avec un crampon qui passe par dessus le collet de la bande, & qui traversant la porte est rivé sur le bois par l'autre côté. On appelle *Bandes Flamandes*, Deux barres de fer soudées l'une contre l'autre, & repliées en rond, pour faire passer le gond. Après qu'elles sont soudées, on les ouvre & on les sépare l'une de l'autre, autant que la porte a d'épaisseur, puis on les courbe quarrément pour les faire joindre des deux côtés contre la porte. On met quelquefois des feuillages sur ces sortes de bandes.

On appelle *Bande de carreaux*, Plusieurs carreaux de suite, & en forme de bande.

Bande, en termes de Blason, est une piece honorable qui occupe diagonalement le tiers de l'écu par le milieu de droite à gauche.

On dit en termes de mer, *De la bande d'un tel aire de vent*, pour dire, D'un tel côté. On dit aussi, *Mettre un Vaisseau à la bande*, pour dire, Le faire pancher sur un côté, afin qu'on le puisse radouber de l'autre.

Bandes étoient autrefois des Soldats qui portoient des bandes. C'est delà qu'on dit encore quelquefois, *De vieilles Bandes*, pour dire, De vieilles troupes de Soldats. On appelle *Prévôt des Bandes*, Le Juge des Soldats du Regiment des Gardes.

Bande est aussi un Ordre Militaire d'Espagne, dont la memoire n'est conservée aujourd'hui que sur les portraits des Grands du Pays, ou par ce qu'en dit l'Histoire. Alfonse XI. Roi de Castille, qui l'établit en 1332. en fut le Chef & le Grand Maître, & ses Successeurs prirent cette même qualité. Les Chevaliers de la Bande portoient sur l'épaule droite une écharpe rouge qui étoit nouée sur le bras gauche ; & c'est delà qu'ils prenoient leur nom. Les jeunes hommes qui avoient porté les armes dix ans, ou qui avoient servi à la Cour, étoient les seuls qui pussent prétendre à être reçûs dans cet Ordre. On croit que les Chevaliers de S. Jacques, qui portent une croix rouge, ont succedé à ceux-ci.

BANDE', E'E. adj. Terme de Blason qui se dit de tout l'écu, lorsqu'il est couvert de bandes, ou d'une piece bandée, comme le chef, le pal, la fasce. *Bandé d'or & de gueules ; d'argent à la fasce bandée d'or & de gueules.*

BANDEAU. s. m. On appelle ainsi en termes d'Architecture, L'Architrave qui part d'une imposte à l'autre, autour d'une porte, d'une fenêtre, ou de quelque autre ouverture faite en arc. Les Ouvriers se servent aussi quelquefois du terme de *Bandeau*, en parlant des chambranles des portes ou fenêtres quarrées.

BANDELETTE. s. f. Ornement d'Architecture, que l'on appelle aussi *Regle*. La Bandelette est plus grande que le Listeau, & plus petite que la Plattebande.

BANDER. v. a. Terme de Marine. On dit *Bander une voile*, pour dire, Coudre des morceaux de toile de travers, ou diagonalement, afin qu'elle dure plus long-tems.

C'est aussi un terme de Fauconnerie ; & l'on dit d'un oiseau, qu'*Il bande au vent*, pour dire, qu'Il se tient sur les chiens en faisant la cresserelle.

BANDEREAU. s. m. On appelle *Bandereau*, Le cordon qui sert à pendre la trompette au col de celui qui en sonne.

BANDINS. s. m. Terme de Marine. Endroits où l'on s'appuye quand on est debout dans la pouppe. Ils sortent dehors d'une toise, ou environ, & soûtiennent les grandes consoles, formées d'ordinaire en Amazones, en Hercules, ou d'une autre sorte, en forme de banc fermé par dehors de petits balustres.

BANDON. s. m. Vieux mot. Enseigne à laquelle on se doit ranger.

Et de mener à son bandon,
Si comme bêtes en langon.

BANDOULIERS. s. m. p. Borel dit que ce sont des voleurs du Pays de Foix & des Monts Pyrenées, appellés ainsi, à cause qu'ils vont en bande, ou selon quelques-uns, comme qui diroit, *Jan de voliers*. C'est delà, ajoûte-t'il, qu'est venu le nom de la Bandouliere, que nos Mousquetaires portent.

BANJANS. ſ. m. Sorte de Gentils des Indes, qui croyent la transmigration des ames comme le premier article de leur foi, & qui ont une veneration particuliere pour les vaches, sur ce qu'ils sont persuadés que les ames des hommes de la plus grande probité & des plus honnêtes femmes passent dans le corps de ces animaux, qu'ils estiment les meilleurs de toutes les creatures. Ils prétendent au contraire que les ames des méchans passent dans le corps des autres bêtes, comme celles des yvrognes dans le corps des pourceaux, & ainsi du reste. Ils croyent aussi que ces ames logées de la sorte se perpetuent en passant tous les jours du corps d'une bête en celui d'une autre de la même espece, & cela jusqu'à l'infini; ce qui fait qu'ils s'imaginent que le monde sera éternel. S'ils voyent une mouche, ils disent qu'elle a peut-être été l'ame de quelque femme coquette; & l'entêtement où ils sont de la metempsycose les empêche de tuer les bêtes même qui leur font le plus de mal. La peur qu'ils ont de la moindre communication avec les Etrangers, les oblige à casser leurs pots, si quelqu'un d'une autre Religion y a bû, ou les a touchés, & à faire écouler toute l'eau d'un étang, si un étranger s'y est lavé. Ils portent même si loin leurs scrupules, que s'il arrive qu'ils se soient touchés entre eux, ils se lavent & se purifient avant que de boire ou de manger. Il y a aussi des Banjans dans le Royaume de Narsingue. On les y appelle *Baneanes*, & ils ont soin des ceremonies de la Religion de ce peuple. Ils observent si étroitement la défense de manger d'aucun animal qui ait eu vie, qu'ils rachetent les oiseaux que l'on a pris, afin de les remettre en liberté. Ils leur donnent même à boire de l'eau sucrée, ainsi qu'aux fourmis, par principe de charité. Ils ne mangent ni navets ni aulx, ne boivent ni vin ni autre sorte de breuvage des Indes, & se mortifient par de grands jeûnes, prenant seulement le soir un peu de sucre avec du lait, & passant quelquefois deux ou trois jours sans manger.

BANIER, ERE. adj. Vieux mot. Commun.

Mort est à tous commune,
Mort est à tous baniere.

BANILLES. ſ. f. Petite gousse longue, étroite, & remplie d'un suc mielleux & de bonne odeur. Ces gousses viennent d'une plante assés haute qui a de petites feuilles, & elles sont pleines d'une petite semence presque imperceptible, qu'on fait entrer dans la composition du chocolat, & qui est la principale chose qui sert à lui donner du goût & de la force.

BANLEURE. ſ. f. Vieux mot. Levre.

Les yex crues, en par son glicez,
Vis pasle, banlevres farchies.

BANNE. ſ. f. Espece de grande manne faite de branchages, dans laquelle on met le charbon qu'on amene à Paris par charroi. On appelle aussi *Bannes*, De grands sacs de toile, où les particuliers font mettre le blé ou l'avoine qu'ils font venir à Paris par bateau pour leur provision.

BANNERET. ſ. m. On appelloit autrefois ainsi tout Seigneur qui avoit droit de faire lever banniere, c'est-à-dire, qui pouvoit faire assembler ses Vassaux quand l'Arriere-ban étoit convoqué, pour en composer une Compagnie de gens de cheval. Ceux de la haute Noblesse pouvoient seuls avoir le titre de Banneret. Leur banniere étoit quarrée, & dans l'origine ce titre étoit personnel, en sorte qu'il falloit l'obtenir par sa valeur. Depuis il devint hereditaire, & passa à ceux qui avoient un fief de Banneret, quoiqu'il ne fût pas encore en âge de lever banniere. Du Tillet veut que le Banneret ait été celui qui avoit un nombre suffisant de Gentils-hommes pour en faire une Compagnie de Gendarmes, qu'il entretenoit à ses dépens; & selon Ragueau, le Chevalier Banneret devoit avoir du moins dix Vassaux, & assés de bien pour entretenir une Compagnie de gens à cheval; ce qui lui donnoit droit de lever banniere, quoiqu'il n'eût qu'un fief sans dignité, & qu'il ne fût ni Vicomte, ni Baron, ni Châtelain. Il y a eu aussi des *Ecuyers bannerets*. Ceux-là differoient des *Chevaliers bannerets*, en ce que leurs éperons étoient blancs, au lieu que les Chevaliers les portoient dorés. Ces Ecuyers bannerets ne laissoient pas d'avoir droit de lever banniere à cause des fiefs qu'ils possedoient.

BANNETON. ſ. m. Espece de coffre fermant à clef que construisent les Pêcheurs sur les rivieres, pour y pouvoir garder leur poisson. Il est percé dans l'eau, & leur sert de reservoir. On dit aussi *Bateau, Bascule*.

BANNIE. ſ. f. On appelle *Temps de Bannie*, Celui où il est défendu de mener le bêtail dans les prairies. Ce mot vient de *Bannir*, qui signifie Publier. On dit aussi *Bannie*, pour Banage & banalité, c'est-à-dire, droit de ban. De-là est venu *Four banal*, où l'on se rend au son du cor ou autre cri. Aussi appelloit-on autrefois *Bannier*, Un Trompette ou Avertisseur public, & l'on disoit *Ost banni*, pour dire, Une Armée de Vassaux qui avoit ordre de se trouver à certain lieu assigné.

BANNIERE. ſ. f. Etendard d'un Vaisseau qui sert à marquer la nation dont il est. On appelle *Banniere de partance*, Le pavillon que l'on met à la pouppe d'un Vaisseau, pour faire connoître à l'équipage qui est à terre, qu'il est tems de venir s'embarquer. *La Banniere de combat*, est le Pavillon rouge, & la banniere blanche que l'Amiral fait arborer en pouppe quand il veut prendre avis sur quelque chose, s'appelle *Banniere de conseil*. La Banniere blanche est aussi la banniere de paix. La Banniere de France étoit autrefois toute parsemée de fleurs de lys. Il y avoit aussi la *Banniere de S. Denys*, qu'on appelloit *Oriflame*. On ne la portoit dans les armées que lorsqu'il y avoit une grande necessité de le faire. Pâquier fait venir ce mot de *Ban*, vieux mot qui signifioit la publication qui étoit faite pour obliger les Vassaux d'aller à la guerre. Nicod veut qu'il vienne de *Ban* Allemand, qui signifie heritage ou champ, à cause que les seuls Seigneurs de fiefs portoient banniere. Selon Borel, il vient de *Ban*, cri public, quoiqu'il dise que quelques-uns le derivent de *Panniere*, qu'on a dit par corruption au lieu de Banniere, Panniere, venant de *Pannus*, qui veut dire Drap, parce que c'étoit de drap que l'on faisoit les Bannieres au commencement; ce qui faisoit appeller *Pans, pennons*, ou *pannonceaux*, les Bannieres des Barons & des Capitaines particuliers, comme qui eût dit *Morceaux d'étoffe*. M. Menage dit que ce mot vient de *Bandum*, Latin & croit qu'on a dit Banniere pour Bandiere.

BANQUE. ſ. f. Ce mot, outre l'usage general pour le trafic d'argent qu'on fait remettre d'une Ville à une autre par des lettres de change, & pour le lieu où s'exerce ce trafic, se dit en differens jeux, comme à l'hoca & à la bassette, du fond de celui qui étant maître du jeu, se charge de payer ceux qui gagneront. Banque vient de l'Italien *Banca*, fait de *Banco*, qui étoit un siege où ceux qui faisoient la fonction de Banquier, s'asseoient dans les Places de commerce.

BANQUÉ. ſ. m. Terme de Mer. Ce mot ſe dit ſubſtantivement en parlant d'un Navire qui va pêcher de la morue ſur le grand Banc ; & on l'appelle *Un banqué*. On dit auſſi qu'*On eſt banqué* ou *débanqué*, pour dire, Que l'on eſt ſur le grand banc, ou hors du grand banc.

BANQUEROUTE. ſ. f. Déroute des affaires d'un négociant qui ceſſe de payer. Il ſe dit de l'Italien *Banca rotta*, comme qui diroit *Banque rompue* ; & c'eſt par cette raiſon qu'on donne le nom de Banqueroutier à tous ceux qui font faillite. Les Loix prononcent la peine de mort contre les banqueroutiers frauduleux, lorſqu'on juſtifie la fraude, comme d'avoir ſuppoſé des creanciers , déclaré plus qu'il n'eſt dû aux vrais creanciers, ou diverti leurs effets, pour ne point payer leurs dettes. A l'égard de ceux qui manquent par un malheur , ou par le naufrage d'un Vaiſſeau, ou parce qu'on leur a fait banqueroute à eux-mêmes, les creanciers les peuvent retenir en priſon , à moins qu'ils ne ſoient reçûs au benefice de ceſſion, ou qu'ils paſſent des contrats d'atermoyement ou d'abandonnement, qui s'homologuent en Juſtice.

BANQUET. ſ. m. Petite partie de la bride d'un cheval, qui eſt au deſſous de l'œil. Elle eſt arrondie comme une petite verge, & aſſemble les extrêmités de l'embouchure avec la branche, en ſorte que le chaperon ou le fonceau cache le banquet.

BANQUETTE. ſ. f. Petite élevation de terre en forme de degrés, qui étant au pié du parapet du côté de la Place, donne moyen aux Mouſquetaires qui montent deſſus, de découvrir la contreſcarpe & de tirer ſur les ennemis. La banquette eſt haute d'un pié & demi, & large à peu près de trois.

On appelle auſſi *Banquette*, Le chemin relevé, comme ſont les côtés du Pont neuf de Paris, & d'autres ponts pour la commodité de ceux qui vont à pié.

BANQUIER. ſ. m. Négociant, qui par le moyen des lettres de change qu'il donne, fait tenir de l'argent d'une Ville en l'autre. Les Banquiers étoient appellés chés les Romains, *Argentarii*, à cauſe qu'ils n'avoient point d'autre ſoin que celui de faire profiter l'argent des particuliers qu'ils négocioient. Comme on permettoit alors l'uſure, ils avoient des comptoirs dans toutes les Places publiques, & ils y recevoient l'argent des uns pour le prêter aux autres avec interêt. Preſentement il n'y a point de Banquiers prépoſés pour faire profiter l'argent de perſonne : mais comme ils ont des correſpondances ſûres d'une Ville à l'autre, ou aux Pays étrangers, on s'adreſſe à eux pour faire tenir les ſommes dont on a beſoin en quelque endroit ; ce qui ſe fait par des lettres de change qui ſe tirent de Place en Place, moyennant une legere remiſe appellée *Le Change*, pour les indemniſer des ſommes qu'ils ſont obligés d'avoir dans leurs caiſſes.

On appelle *Banquiers en Cour de Rome*, Ceux qui à l'excluſion des autres ont pouvoir de faire ſolliciter & obtenir par leurs correſpondans à Rome toutes les Bulles, Diſpenſes & autres Actes qui s'expedient à la Daterie du Pape. Ils ſont creés en titre d'Office formé & hereditaire par un Edit du mois de Mars 1673. Ces Banquiers doivent leur origine aux Guelphes, qui ſe refugierent à Avignon & dans les terres d'obédience du tems des guerres civiles. La faveur où ils étoient auprès des Papes, pour avoir pris leur parti, fit qu'ils ſe mêlerent de de faire obtenir les Expeditions de Cour de Rome, & les groſſes uſures les ayant enfin rendus odieux, on les appella *Carſins* ou *Caorſins* , à cauſe que Jean XXII. qui occupoit le ſaint Siege dans le tems que ces uſuriers avoient le plus de pouvoir, étoit de Cahors , Ville de Querci. Ce nom de *Caorſin* a été auſſi donné à tous les Banquiers & Uſuriers, & on les appelle *Coarcini* , *Caturcini*, *Caurſini*, *Corſini* en pluſieurs titres Latins. Quelques-uns tiennent que c'eſt de là qu'on a dit par une maniere de proverbe , *Il l'a enlevé comme un corps ſaint*, au lieu de dire, *comme un Caorſin*, à cauſe que ces Uſuriers traitoient ceux qui leur devoient avec tant de cruauté, qu'ils les enlevoient & les faiſoient mettre en priſon.

On appelle auſſi *Banquier*, au jeu de Hoca & de la Baſſette, Celui qui a le fond devant lui, & qui doit payer ceux qui gagnent.

BAP

BAPTESME. ſ. m. On donne ce nom ſur mer à une ceremonie ancienne que pratique l'Equipage d'un Vaiſſeau envers ceux qui paſſent la premiere fois ſous le Tropique ou la Ligne. La ceremonie conſiſte à jetter des ſeaux d'eau ſur eux, lorſqu'ils traverſent leurs rangs pour aller d'un bout du Vaiſſeau à l'autre. On s'en exempte en donnant quelque argent aux Matelots : mais ceux qui n'en peuvent ou n'en veulent pas donner, ne manquent point à être mouillés , & c'eſt ce qu'ils appellent *Baptême*.

BAPTISER. v. a. On dit *Baptiſer un Vaiſſeau*, pour dire, Le benir avant qu'on le mette à l'eau.

BAPTOYER. v. a. Vieux mot. Baptiſer.

BAR

BAR. ſ. m. Civiere extrêmement forte, dont on ſe ſert à porter des pierres & autres materiaux neceſſaires aux Ouvriers. On dit qu'*Un bar eſt armé de ſes torches de nattes*, quand on met de la natte ſur le bar, pour poſer les pierres, afin d'empêcher qu'elles ne s'écornent. Pluſieurs diſent *Bard* ; & c'eſt de là que vient *Débarder* & *Débardeur*.

Bar, en termes de Blaſon, eſt un barbeau. Quand il y en a deux dans des armoiries, on les repreſente couchés & addoſſés.

BARATERIE. ſ. f. Malverſation, tromperie ou déguiſement de marchandiſes fait par le Patron d'un Navire. Il y en a qui diſent auſſi *Barat*, vieux mot qui a été employé pour ſignifier toute ſorte de tromperie. On a dit auſſi *Barater* & *Bareter* pour Tromper.

Et loix apprennent tricherie.
Baratent le ſiecle & enguignent.

On a dit auſſi *Barateur* & *Baratreſſe*, pour Trompeur &, trompeuſe.

C'eſt celle qui les tricheurs ,
Fait & cauſe les barateurs.

BARATTE. ſ. f. Vaiſſeau de bois, en forme de long baril, plus large en bas que par en haut, où l'on bat la crême pour faire le beurre.

BARBACANE. ſ. f. On appelle ainſi en termes de guerre, La fente ou petite ouverture qu'on fait dans les murs des Châteaux & Fortereſſes, afin de pouvoir être à couvert des armes à feu, lorſqu'on tire ſur les ennemis. Quelques-uns prennent ce mot pour toute ſorte de couverture contre les ennemis, & non pas ſeulement, comme d'autres font, pour un parapet de bois crenelé. *Barbacane* eſt auſſi un terme d'Architecture, & ſe dit des ouvertures faites dans les murs d'eſpace en eſpace, pour laiſſer entrer & ſortir les eaux, principalement quand les murailles ſoûtiennent les terraſſes. On les appelle autrement *Ventouſes*.

BARBE. f. m. Cheval amené de Barbarie, qui est d'une taille fort menue, & qui a les jambes déchargées. Ces chevaux conservent leur vigueur jusqu'à la fin. C'est ce qui fait dire qu'ils meurent, mais qu'ils ne vieillissent jamais. Aussi on en fait des étalons, & les poulains qui en naissent sont appellés *Echapez de Barbe*. Les Africains, qui peuvent seuls chasser aux Autruches, ont de grands Barbes harpés comme levriers, qui courent d'une si grande vîtesse, qu'ils vont requerir les mâles des Autruches, qui se détachent devant les autres pour gagner le fort; & ils les tournent si bien, qu'ils les arrêtent & en viennent à bout. Les chevaux qui ont cette vîtesse extraordinaire, se vendent parmi eux jusqu'à la somme de dix mille livres. Ils les nourissent à part, ne leur donnant que de certains grains & de la pâtée, mais en fort petite quantité. Aussi sont-ils seulement en chair, sans être gras. Ce qui contribue à la grande vîtesse de ces Barbes, c'est que les Africains étant petits & legers, ne pesent presque rien sur leurs chevaux, qu'ils ne chargent ni de grosses selles, ni de brides, comme les autres Nations. Ils n'ont que de petites couvertures avec des sangles qui y sont cousues, & de petits étriers attachés à un petit pommeau fait exprès, qui les soûtient, & de très-petites brides, avec un petit poitrail pour empêcher que la couverture ne coule; le tout fait en martingale pour tenir les sangles: car ces sortes de chevaux n'ont point de ventre. Lorsque le Barbe est sanglé, non pas par excès, il court sous l'homme comme s'il étoit en liberté, & qu'il ne portât personne. Ces chevaux ne sont point ferrés, & n'y ayant rien qui les charge, ils s'étendent de toutes leurs forces.

BARBE. f. f. Petites arêtes ou cartillages qui servent de nageoires aux poissons plats comme aux Turbots, aux Barbues, aux Solles. On appelle *Barbe de baleine*, ce qui lui tombe sur les machoires. Ce sont des bandes plattes & pliantes, que les femmes font mettre dans leurs corps de jupes pour les rendre fermes.

On appelle communément *Barbe de Coq* la hair rouge qu'on lui voit au dessous du bec.

Barbe, dans un cheval est la partie de dessous & du dehors de sa machoire inferieure, qui est au dessus du menton, & qui porte la gourmette de la bride. On l'appelle aussi *Sousbarbe*. On dit aussi *Barbes*, en parlant de certaines excroissances de chair, qui viennent dans le canal de la bouche & sous la langue d'un cheval; ce qui l'empêche de boire. Il y en a qui les nomment *Barbillons*.

Barbes, dans un Vaisseau, sont les parties du bordage de l'avant à l'endroit, où l'estrave est assemblée avec la quille.

On appelle *Sainte Barbe*, la chambre des Canonniers, à cause qu'ils ont choisi sainte Barbe pour Patrone. C'est un retranchement de l'arriere du Vaisseau, qui est au-dessous de la chambre du Capitaine, & au dessus de la soute. Les Vaisseaux de guerre y ont d'ordinaire deux sabords. On l'appelle autrement *Gardiennerie*, à cause que le Maître Canonnier y met une partie de ce qui regarde les ustenciles de son artillerie.

On dit en termes de Guerre *Tirer en barbe*, pour dire, Tirer le canon au dessus de la hauteur du parapet, qui en ce cas ne doit être haut que de trois piés & demi. Quand on veut tirer de cette sorte, on ne pointe point le canon par l'ouverture des embrasures.

On appelle *Barbe* dans une Comete, les rayons qu'elle darde vers l'endroit du Ciel où elle paroît portée par son propre mouvement.

Barbe, se dit aussi des hauteurs ou pieces enlevées sur le pêne d'une serrure qui avancent, & que prend la clef pour les faire aller. *Barbes perduës*, se dit encore d'un secret mis à une serrure, par le moyen duquel elle s'ouvre en poussant ou tirant la clef.

On appelle *Barbes* dans les Monnoyes, les petites pointes ou filets qui y paroissent, avant qu'on les ait frottées ou polies.

BARBE', E'E. adj. Ce mot s'emploie dans le Blason en parlant des Coqs & des Dauphins, lorsque leur barbe est d'un autre émail. *D'azur au coq d'or, creté & barbé de gueules.*

BARBEAU. f. m. Poisson de riviere qui n'a point de dents, & dont la chair est blanche & mollasse. Il a le dos vert & jaune, le ventre blanc, le museau pointu, aux côtés duquel il y a deux barbillons qui pendent; ce qui lui a fait donner le nom de Barbeau. On l'a appellé autrefois *Bar*, & ce nom lui est encore demeuré dans le blason. Le Barbeau n'est bon que quand il est vieux. Matthiole dit qu'il se faut garder des œufs de Barbeau, parce qu'ils sont venimeux; & que c'est se mettre en danger de mort que d'en trop manger. On appelle ce poisson en Latin *Mugil fluviatilis*.

On appelle aussi *Barbeau*, une petite fleur bleue qui croît dans les blés. Les enfans en entrelassent les queues pour en faire des couronnes.

BARBEBOUC. f. f. Plante nommée en Latin, *Barbula hirci*, qu'on mange en salade pendant l'hyver. Sa fleur qui est jaune & qui approche fort de celle du Pissenlis, sort d'un bouton qui s'épanouit dans le beau tems, & de la cime de ce bouton pend une barbe follete, blanche & assés grande, d'où cette plante a tiré son nom. Sa feuille ressemble à la feuille du safran, mais elle est plus longue & plus large.

BARBELE', E'E, adj. On appelle *Fleches barbelées*, celles qui ont des dents ou des pointes dans leur ferrure.

BARBELOTE. f. f. Vieux mot. Insecte qui se tient dans les fontaines. Ce mot se trouve dans le Roman de la Rose.

BARBETTE. f. f. Sorte de guimpe de Religieuse.

BARBEYER. v. n. Terme de Marine, dont on se sert pour faire entendre que le vent passe à côté de la voile, & ne fait que la raser, sans donner dedans & la remplir.

BARBILLON. f. m. Superfluité de chair qui vient dans le canal à la bouche d'un Cheval, dans l'intervalle qui separe les barres, & qui est sous la langue. C'est la même chose que *Barbe*.

On appelle aussi *Barbillon* en termes de Fauconnerie, une maladie de la langue de l'oiseau. Elle est causée par un rhume chaud qui tombe sur les glandes, & les fait enfler.

BARBOTE. f. f. Poisson de lac & de riviere. Il a le bec & la queue pointus, & de la machoire basse il lui pend un barbillon.

BARBOTINE. f. f. Sorte de poudre qu'on donne aux enfans pour faire mourir les vers qu'ils ont dans le corps, on la fait ordinairement de graine d'Absynthe fort amere. Les Apoticaires & les Medecins l'appellent *Semen contra vermes*; & ceux qui ont écrit l'histoire des Plantes la nomment *Semen sanctum* ou *santolinum*. Quelques-uns prétendent que la veritable Barbotine est la graine d'une plante que l'on appelle en Latin *Tanassetum*. Elle fleurit jaune, a une tige assés haute & les feuilles un peu crêpées.

BARBU, UE. adj. On appelle *Une Comete barbue*, lorsque la lueur blanche qui a de coûtume d'en faire la queue, paroît en sa partie interieure, entre son corps & celui du Soleil, comme si c'étoit une barbe.

BARBUE. s. f. Poisson large & plat, fort bon à manger, & qui est du genre des Turbots, ausquels il ressemble, excepté qu'il n'a point d'aiguillon, & qu'il a la chair plus molle.

BARBUTE. s. m. Vieux mot. Homme armé, que l'on appelloit ainsi à cause que son habillement de tête avoit une mentonniere.

BARCALON. s. m. Nom que l'on donne à celui qui fait les fonctions de premier Ministre dans la Cour du Roi de Siam.

BARCES. s. f. Sorte de canons qui sont aujourd'hui de peu d'usage, & qui autrefois étoient fort communs sur mer. Ils ressemblent aux faucons & fauconneaux, mais ils sont plus courts, plus renforcés de metal, & ont un plus grand calibre.

BARDANE. s. f. Plante qui croît sur le bord des prés & des terres labourées. Elle est fort connue sous le nom de *Glouteron*. Elle a ses feuilles larges, & porte une graine, qui verte ou seche s'attache si fort aux habits de ceux qui passent, qu'on a de la peine à l'arracher. Il y en a de deux sortes, la grande & la petite. La grande appellée *Lappa major*, par quelques-uns, & par d'autres *Personata, personaria* & *Arcium*, est detersive & astringente, ce qui la rend vulneraire. On s'en sert dans l'asthme, dans le crachement de sang, & dans la tumeur de la rate & d'autres parties. On tient que sa graine est très-bonne pour la pierre; & quelquefois on emploie ses feuilles avec succès sur les vieilles playes & sur les jointures disloquées. La petite Bardane croît volontiers dans les prés humides & pleins d'eau. On l'appelle autrement *Lappa minor, Xanthium* & *Strumaria*. Elle échauffe & est amere au goût & un peu âcre. Ses feuilles exterieurement appliquées ôtent le feu d'un cancer enflamé, & sa racine sert à discuter les hemorroïdes & toutes sortes de tumeurs; ce qui lui a donné le nom de *Strumaria*, du Latin *Struma*, Ecrouelle, apostume qui vient sous la gorge.

BARDÉ, ée. part. Terme de Blason. Il se dit d'un Cheval qui est caparaçonné. *De sable au Cavalier d'or, le cheval bardé d'argent.*

BARDE. s. f. Vieux mot. Armure d'un Cheval de gens armés de toutes pieces.

Barde, se dit aussi d'une longue selle, qu'on appelle en quelques endroits *Panneau*. Elle n'a ni fer ni bois, ni arçons, & elle est faite de grosse toile piquée avec de la bourre.

BARDEAU. s. m. Petit ais mince & court, dont on se sert à couvrir des maisons en la Beauce & ailleurs, au lieu d'ardoises & de tuiles. *Un millier de Bardeau. Une maison couverte de Bardeau.*

BARDELLE. s. f. Sorte de selle en forme de selle à piquer. On s'en sert fort peu en France; mais en Italie on trotte les Poulains en bardelle. Il n'entre ni cuir, ni bois, ni fer dans cette selle, qui est faite seulement d'une toile garnie de paille. C'est presque la même chose que *Barde*.

BARDES. s. m. Nom que les anciens Gaulois donnoient aux Poëtes qui faisoient des vers à la louange des grands Personnages. Bochart veut que ce mot vienne de *Parat*, qui signifie en Hebreu, Chanter. Les autres pretendent que ce nom leur fut donné de Bardus I. cinquiéme Roi des Gaules, qui vivoit vers l'an du monde 2140. & qui aimoit les vers avec passion, jusqu'à se divertir à en faire. Selon Diodore de Sicile, les Bardes étoient dans une si grande veneration parmi les Peuples, qu'ils arrêtoient par leur chant la fureur des gens de guerre. On croit que ce qu'on appelle encore aujourd'hui *Montbard* ou *Montbarri*, est le lieu qu'ils habitoient. C'est une montagne du pays Auxois en Bourgogne.

BARDESANISTES. s. m. Heretiques qui tenoient que toutes choses, & Dieu même, étoient sujettes à une necessité qui étoit indispensable, & que la malice ou la bonté dépendoient entierement des étoiles. Ils ôtoient par là toute sorte de liberté tant à Dieu qu'aux hommes. Ils furent nommés *Bardesanistes*, d'un Bardesanes Syrien qui vivoit sous l'Empereur Verus, cent quarante-quatre ans après Jesus-Christ.

BARDEURS. s. Nom qu'on donne à ceux qui traînent les pierres sur les petits chariots, dans les grands Atteliers des Maçons.

BARDOT. s. m. Petit mulet qu'on emploie à porter le bagage.

BARET. s. m. Le cri d'un Rhinocerot ou d'un Elephant.

BARDIS. s. m. Bâtardeau fait de planches sur le haut du bord d'un Vaisseau, pour empêcher l'eau d'entrer sur le pont, lorsqu'on couche ce Vaisseau sur le côté pour le radouber.

BARGE. s. f. Poisson semblable aux Carlets, mais qui a le bec moins long. On a dit autrefois *Barge*, pour dire, Une barque, un esquif.

BARGNAGE. s. m. Vieux mot. Corps de la Noblesse.

Li Rois si mande à son Bargnage,
Pour conseil guerre qu'il feroit.

Ce mot vient de *Baronage*, autre vieux mot, qui veut dire la même chose. On a dit aussi *Bernage* & *Barnage*.

BARICACE. s. f. Vieux mot. Fondriere, précipice au pié des montagnes.

BARIL. s. m. On dit en termes de mer, *Baril de Galere*, pour dire, Un baril qu'un homme peut porter plein d'eau, & dont il se sert pour en remplir les bariques que l'on ne peut transporter ou à la fontaine ou à la riviere. On appelle *Baril de quart*, le baril de Galere qu'on donne plein d'eau le soir à ceux qui doivent faire le quart de la nuit. *Baril de poudre*, est sur mer cent livres de poudre pesant mises dans un baril, & on appelle *Baril à bourse*, un baril couvert de cuir, où le Canonnier met de la poudre fine. On l'appelle ainsi à cause qu'il se ferme comme une bourse.

Baril à feu, en termes de guerre, est une barique remplie de grenades, d'étoupes, roche à feu, futailles, toiles goudronnées, & de tout ce qui est le plus propre à prendre feu. On y fait deux trous ausquels on pose de l'étoupin, pour communiquer le feu en-dedans, & on fait rouler cette barique sur de longues planches bordées, afin de brûler les travaux des Assiegeans, quand leurs approches sont dans le fossé. On appelle aussi les barils à feu des *Bariques foudroyantes*.

BARILLAGE. s. m. Quand on dit, *Les Ordonnances des Aides deffendent le Barillage*, on veut faire entendre qu'il n'est point permis de faire arriver du vin en petits barils ou vaisseaux moindres que d'un huitiéme de muid, à la reserve des vins de liqueur qui viennent en quaisse.

BARITONISER. v. a. Vieux mot. Chanter.

Pan oncques mieux ne baritonisa,
Diapason au son de ses musettes.

BARILLARD. s. m. Officier de Galere qui a le soin du vin & de l'eau.

BARILLET. s. m. Piece dans laquelle est le grand ressort d'une Montre, & qui sert à la faire marcher lorsqu'on remonte la fusée, ou à faire aller le grand ressort, quand la Montre est sans fusée. Le tambour qui sert à faire jouer une Orgue, ou un Clavessin tout seul, s'appelle aussi *Barillet*. Cela se fait par le moyen de plusieurs pointes ou crochets arrangés sur sa surface, en telle sorte que ces pointes se remuant par le moyen d'un ressort ou d'une manivelle accrochent les touches. On appelle encore *Barillet* dans une pompe, le tuyau dans lequel le piston va & vient.

BARLANC. s. m. Vieux mot. Jeu du berlan.

BARNABITES. s. m. Religieux de la Congregation des Clercs Reguliers de saint Paul. Ils ont divers Colleges en Italie, & quelques-uns en France & en Savoye. Cette Congregation commença à s'établir par les soins de Jacques-Antoine Morigias & de Barthelemi Ferrera de Milan, ausquels se joignit François Maria Zacharie de Cremone. Ils avoient été instruits par un celebre Prédicateur qu'on appelloit Zeraphin, qui les exhorta à lire avec assiduité les Epîtres de saint Paul, ce qui leur fit prendre le nom de *Clercs de saint Paul*. Cette Congregation fut approuvée par les Papes Clement VII. & Paul III. & on les appella Barnabites, à cause de la devotion particuliere qu'ils avoient à un saint Barnabé, Fondateur de l'Eglise de Milan. Quelques autres croyent que ce fut à cause qu'ils firent leurs premiers exercices dans une Eglise qui étoit dédiée à ce Saint.

BARNEZ. s. m. Vieux mot. Corps de la Noblesse.

Je vous donrai un fief voyant tout mon Barnez.

BAROMETRE. s. m. Instrument dont on se sert pour connoître la legereté ou la pesanteur de l'air, d'où on lui a fait le nom de *Barometre*, de βάρος, Poids, & μετρεῖν, Mesurer. L'experience du vuide, faite d'abord par Torricelli, a donné naissance à cet Instrument. Torricelli prenoit un tuyau de verre long de plus de 30. pouces, & le remplissoit entierement de vif-argent. Ensuite fermant avec le doigt le bout du tuyau par où il avoit versé le mercure, il le tournoit du côté d'en-bas, & plongeoit ce bout du tuyau dans un vaisseau où étoit d'autre vif-argent. Il retiroit le doigt, & aussi-tôt on voyoit descendre le mercure du tuyau, & comme il devoit faire naturellement par sa pesanteur; mais, ce qui surprit beaucoup d'abord, il ne descendoit que jusqu'à la hauteur de 27. ou 28. pouces, & s'arrêtoit toujours là, laissant tout le haut du tuyau vuide. Pour expliquer ce Phénomene, on imagina que l'air devoit être pesant, que comme il pesoit de tous côtés sur la surface du mercure qui étoit dans le vaisseau, il s'opposoit à la chûte de celui du tuyau, qui ne pouvoit tomber sans élever celui du vaisseau, qu'il n'y avoit aucun air au haut du tuyau qui pût agir sur le mercure, & le faire tomber, qu'ainsi le mercure du tuyau, n'étoit soûtenu que par la resistance que l'air exterieur faisoit à sa chûte, & que par consequent le mercure du tuyau & l'air exterieur étoient en équilibre, & qu'une colomne de mercure de 28. pouces, pesoit autant qu'une colonne d'air dans toute sa hauteur, quelle que fût cette hauteur qui n'étoit pas encore connue. Comme on tourna de bien des façons une experience si importante, on laissa un tuyau avec son mercure suspendu à 28. pouces, & plongé par un bout dans un vaisseau plein de vif-argent; on l'observa long-tems en cet état sans y toucher, & l'on vit que dans les tems de pluye, ou quelque tems avant qu'il plût, le mercure du tuyau baissoit un peu, qu'au contraire il haussoit dans le beau tems, ou avant que le beau tems vînt. On jugea delà que l'air étoit plus pesant lorsqu'il étoit serain, & plus leger lorsqu'il étoit nubileux & pluvieux, ce que les Physiciens expliquent differemment. On remarqua aussi que les grands vents quoique sans pluye, faisoient à peu près le même effet que la pluye sur le mercure. On laissa donc ce tuyau en experience continuelle, & on le mit sur une platine de bois, où l'on marqua les degrés de ses differentes élevations, & ce que signifioient ces degrés par rapport à la constitution de l'air. C'est là ce qu'on appelle *Barometre*. Mais comme la difference d'élevation du mercure n'est guere que de deux pouces, & que dans une si petite étendue les petits changemens sont difficiles à appercevoir, M. Huygens imagina de faire un tuyau double, recourbé par le bas, dont une branche contînt le mercure suspendu, avec l'espace vuide d'air au haut, & l'autre ouverte par le bout d'en-haut fût d'un diametre beaucoup plus petit, par exemple 14. fois, afin que quand le mercure descendroit d'une ligne dans la grosse branche, il montât de 14. dans l'autre, & ainsi de tous les autres, changemens qui seroient 14. fois plus sensibles dans ce *Barometre double*, que dans le premier qu'on appella *simple*. Afin d'épargner la quantité de mercure qu'il eût fallu pour remplir une branche de 30. pouces de hauteur, & de 14. lignes de diametre, on ne l'a fait de cette grosseur qu'à ses deux extrêmités; au-dessous du vuide, & à l'endroit où finit le mercure. Là, on verse un peu d'eau seconde & colorée qui au moindre changement du mercure, s'éleve ou descend très-sensiblement dans un petit tuyau d'environ une ligne de diametre. Il faut regarder le Barometre double comme une balance, où d'un côté est une colonne de mercure, & de l'autre une colonne d'air. Quelque peu qu'on ajoûte ou qu'on ôte à l'un de ces poids qui sont en équilibre, l'autre monte ou descend.

BARON. s. m. Qualité ancienne & honorable parmi la Noblesse. M. Richelet dit qu'il a premierement signifié un homme fort & vaillant qui étoit auprès de la personne du Roi; & qu'ensuite on a entendu par ce mot un homme noble de qui la terre releve du Prince; & enfin un Seigneur qui est au-dessus des Seigneurs Châtelains. Borel l'explique par Haut-Seigneur, venant du vieux mot *Ber* ou *Bers*, qui veut dire la même chose, & d'où est venu *Bernage, Barnage*, & *Fief de Haut-Ber*. D'autres font venir ce mot de *Barrus*, Elephant, à cause que les Barons sont ceux qui ont du pouvoir, & d'autres croyent que sa veritable origine est le mot Espagnol *Varon*, Homme vigoureux, vaillant & noble. Il y en a qui veulent qu'il vienne du Grec βάρος, Poids, autorité, grandeur & puissance. Nicod sans s'arrêter à ces differentes étymologies, dit que ce mot *Baron* se trouve employé en quelques anciens Auteurs pour tout homme noble & Seigneur de titre, & par consequent *Baronnie*, pour toute la Noblesse & Assemblée des Vassaux & Gendarmerie d'un Prince; de sorte que quand le Roi leur parloit dans un combat, il concluoit par ces termes: *Attant, mes Barons, qui me rendra mon Ennemi mort ou prins, je lui croitrai son honneur d'une bonne Ville.* Dans les Etats généraux & Assemblées où étoient plusieurs Ducs, Marquis, Comtes & autres Seigneurs & Gentilshommes, il les appelloit, *Seigneurs Barons*. On lit ces mots dans plusieurs Auteurs fort anciens, *Avec le Roi étoient maints hauts Barons, & maints Chevaliers & Gentilshommes*; de sorte qu'il semble que par *Barons*, on a entendu des Seigneurs de titre sans aucune difference; sçavoir, Ducs, Marquis & Comtes. Ce mot a été depuis restraint au Seigneurs superieurs aux Châtelains, & inferieurs aux Vicomtes, ou immediatement superieurs aux Bannerets. Nicod ajoûte à ceci: *La marque la plus commune du Baron est avoir trois Châtellenies ou deux avec Ville close, Abbaye, Prieuré Conventuel ou College, avec Forêts enclavées dedans sa Baronnie, combien qu'aucuns ont laissé par écrit que pour être créé à Baron, il faut que le Chevalier ou Ecuyer, qui après avoir longuement servi & suivi les guerres, demande d'être fait Baron, ait la terre de quatre baceles, c'est-à-dire, de quatre Châtellenies terriennes, en toute Justice; & partant ait terre assés pour tenir cinquante hommes d'armes, & les Archers & Arbalestriers qui y appartiennent pour accompagner sa banniere, & que le Roi à la premiere bataille où ledit Chevalier ou Ecuyer se trouve, ou bien le Connétable ou les Maréchaux, lui coupent les queues du pennon à ses Armes qu'il aura apporté, & qu'il se trouve à une deuxiéme, & acquiere le nom de Banneret; & à la troisiéme bataille après, il prend le nom & titre de Baron.* Le même Nicod rapporte que d'autres écrivent autrement, disant: *Que le Chevalier ou Ecuyer noble de toutes ces quatre lignées, ayant la terre de deux Chevaliers ou Ecuyers Bacheliers, & son patrimoine ou acquis, tant qu'il suffise pour aller accompagné de quatre ou cinq nobles hommes à douze ou à seize chevaux, peut licitement demander à son Roi ou Prince à la premiere bataille où il se trouvera, ou en un jour solemnel de fête après le service divin, étant sondit Roi ou Prince séant en chaire, & lui à genoux, que la queue de son pennon soit coupée & fait banniere, ce qui lui étant octroyé, il devient Banneret, & que s'il augmente par après sa Seigneurie, tant qu'il ait sous lui un Banneret ou six Chevaliers Bacheliers chacun de six cens francs de rente, alors il peut par le congé de sondit Roi ou Prince, se nommer & intituler Baron.* Les Moscovites après les *Knés*, qui veut dire autant que Ducs, n'ont point d'autre degré de Noblesse que les *Boiarons*, qu'ils prennent pour tous Chevaliers & Gentilshommes, & ce mot se rapporte assés à notre ancien Baron. Dans les premiers tems de la Monarchie Françoise, on appelloit *Hauts Barons* ceux qui tenoient une des quatre principales Baronnies de France; sçavoir, Couci, Craon, Sulli & Beaujeu. Les Barons en Angleterre sont Lords ou Seigneurs de la Maison haute, soit que leur naissance leur donne ce droit, soit que le Roi les éleve à ce haut rang pour récompense de quelque service. Les Espagnols nomment *Varones*, les hommes illustres, mâles ou vigoureux, & ce nom comme remarque Nicod, ne l'emporte pas moins sur *Hombre*, que *Vir* sur *Homo* parmi les Latins, & ἀνὴρ sur ἄνθρωπος parmi les Grecs.

Dans la basse Latinité on a appellé *Barons*, des gens de Journée & de travail, parce qu'ils doivent être plus robustes que les autres. *Baron* a aussi signifié Mari, à cause que les femmes appellent leurs maris leurs hommes.

Si me recevés à Baron.

Il y a dans l'Histoire des Albigeois, *Una ceascuna moller age le seo Baron.*

BARQUE. s. f. Bâtiment dont les plus grands ne passent guere deux cens tonneaux. Ceux-là ont sur le pont un suzain qui vient jusques au grand mât. Outre le grand mât les Barques en ont deux autres, un de misaine & un d'artimon. Toutes celles de la Mediterranée sont appareillées à voiles latines ou à tiers points.

Barque, se dit aussi d'un Vaisseau moyen sans hune, qui sert à porter des munitions, à charger ou à décharger un grand Navire s'il est trop chargé. On appelle *Barques d'avis*, celle qu'on envoie porter des nouvelles, soit dans un lieu éloigné, soit d'un Vaisseau en un autre.

Barque longue, est un bâtiment qui n'a point de pont, & qui étant plus long & plus bas de bord que les Barques ordinaires, est aigu par son avant, & va à voiles & à rames. Il a le gabarit d'une Chaloupe, & est appellé *Double Chaloupe* en beaucoup d'endroits.

On dit sur mer *Barque droite*, pour avertir ceux qui sont dans une Chaloupe, de se mettre également, afin qu'elle soit droite sur l'eau.

On appelle *Barque en fagot*, tout le bois qu'il faut pour faire une Barque, qu'on porte taillé dans un Vaisseau, & qu'on assemble quand on est au lieu où l'on en a besoin.

BARQUEROLE. s. f. Vaisseau mediocre de voiture sans aucun mât, qui ne va qu'à la rade de beau tems, sans aller jamais en haute mer. On dit aussi *Baranette*.

BARQUETTE. s. f. Petite armoire portative & legere; il y a plusieurs étages. Elle sert à porter les mets chés des Officiers de la Maison du Roi dont la cuisine est éloignée du Château.

C'est aussi une espece de Patisserie en forme de Barque.

BARRAGE. s. m. Droit établi pour la refection des ponts & passages, sur-tout du pavé. On l'appelle ainsi à cause de la barre qui traversant le chemin, empêche que les charrettes, chariots, mulets & autres bêtes chargées qui doivent ce droit, ne passent sans avoir payé. On appelle aussi *Barrager*, celui qui reçoit ce droit.

BARRAUDE. s. f. Terme d'Architecture en Anjou. On appelle ainsi Une pierre de Tuf double. Olivier Barraut, Trésorier de Bretagne est le premier, qui en ait employé dans le bel Hôtel qu'il fit bâtir en Anjou en 1497. aujourd'hui occupé par le Seminaire de cette Ville.

BARRE. s. f. Terme de mer qui se joint avec plusieurs autres mots. On appelle *Barre d'arcasse*, ou autrement *Lisse de Hourdi*, une piece de bois placée de travers sur le haut de l'estambot, & aussi longue que l'arriere du Vaisseau est large. *Barre de pont*, est une autre barre d'arcasse sur laquelle on pose le bout du pont du Vaisseau. Elle est parallele, & presque semblable à la Lisse de Hourdi. *La Barre d'Arcasse du couronnement*, est une longue piece de bois qui lie le haut du Vaisseau par son couronnement. On appelle *Barres de cabestan*, certaines pieces de bois quarrées qui servent à faire virer le cabestan, & *Barres d'escoutilles*, des bandes de fer dont on se sert pour fermer les escoutilles des Vaisseaux. On appelle *Barre de gouvernail*, autrement *Gousset*, une longue piece de bois qui entrant d'un bout dans le gouvernail, sert à le faire mouvoir, & qu'une cheville de fer qui lui est attachée, fait entrer de l'autre dans une boucle aussi de fer. *Les barres de hune*, sont des pieces de bois qui servent à porter les hunes. Il y en a quatre, & on les pose à la dixiéme partie de la hauteur du mât sur deux autres pieces de bois que l'on nomme *Jautereaux*. Il y a encore dans un Vaisseau la barre de pompe & les barres de cuisine. *La barre de pompe*, est une longue barre de fer trouée en quarré par le bout, pour emboîter la cueiller de pompe. Cette barre est emmanchée comme une tariere. *Les barres de cuisine*, sont aussi des barres de fer, qui servent à soûtenir les chaudieres qu'on met sur le feu. Elles sont posées de long & de travers des cuisines d'un Vaisseau. On appelle *Demi-barres*, des barres de cabestan à l'Angloise, qui n'entrent que jusqu'à la moitié du cabestan.

On dit qu'*On a la barre du gouvernail tout à bord*, quand elle est poussée jusque contre le côté du Vaisseau, ou aussi loin qu'elle peut aller.

On dit, *Pousse la barre à arriver*, ou *à venir au*

vent, lorsqu'on veut ordonner au Timonnier de pousser la barre du gouvernail au vent, en sorte que le vent donne à plein dans les voiles pour arriver, ou de la pousser sous le vent, afin de faire venir le Vaisseau au lof.

On dit d'un Vaisseau, qu'*Il a toûjours la barre à arriver*, pour dire, qu'Il est trop ardent à chercher le vent; & on dit au contraire, qu'*Un Vaisseau a toûjours la barre à venir au vent*, pour dire, qu'Il n'arrive point, & qu'il faut toûjours tenir la barre à venir du lof.

On appelle *Port de barre*, un Port dont les bancs ou les rochers empêchent l'entrée, de sorte que les Vaisseaux n'y peuvent entrer que lorsque la mer est haute.

La *barre* est aussi un certain flot particulier à la riviere de Seine. Ce flot est haut environ de deux piés, & vient fort impetueusement avec le flux de la mer, ce qui le rend dangereux pour les bateaux.

On appelle *Barre*, en termes de Ceinturier, la bande de cuir qui sert aux sangles & aux ceinturons.

Le bâton ou cerceau qui est sous le fond d'un panier, s'appelle *Barre de panier*.

On nomme *Barre*, en termes de Tonnelier, une Douve, qui se pose sur le fonds d'un Tonneau à l'équerre de la foncaille, & est serrée par les deux bouts avec des chevilles chassées dans le jable ou peigne de Tonneau, pour maintenir le fonds: De-là vient qu'on dit, *Le vin est à la barre*, pour dire, que le Tonneau est à moitié vuide.

Barre. Vieux mot. Exception.

On appelle *Barre d'un Tour*, une barre de bois, qui est au-dessus des deux jumelles dont le Tour ordinaire est composé. Cette barre, selon ce que M. Felibien en a écrit, est d'environ dix-huit lignes ou deux pouces d'épaisseur, & de quatre pouces de large, & va tout du long, étant soûtenue par les bras des poupées, qui s'approchent & s'éloignent comme on veut. Elle est posée de champ, & un peu moins élevée que les pointes des poupées, & sert d'appui pour les outils lorsqu'on travaille, & que l'on coupe le bois. Elle est aussi percée en quelques endroits, pour y pouvoir mettre des supports & des clavettes qui soûtiennent les pieces qu'on tourne, qui ont trop de portée.

Barre, en termes de Blason, est une piece honorable qui occupe diagonalement le tiers de l'Ecu par le milieu, de gauche à droite. On dit *Barre* dans le même sens que *bande*, & il se dit des pieces couvertes de barres qui vont aussi diagonalement de gauche à droite. *Barré d'or & de gueules*.

Barre de la Cour, se dit d'un lieu fort proche de l'Auditoire, où autrefois il y avoit une barre pour séparer les Conseillers, commis pour faire les adjudications & regler les appointemens, d'avec les Procureurs. Les exceptions & fins de non-recevoir s'appelloient aussi autrefois *Barre*. Elles étoient proposées par les Défendeurs dès le commencement de l'Instance, & on leur donnoit ce nom, à cause qu'elles étoient comme des barres pour retenir les Plaideurs, & les empêcher d'aller plus avant. Il y a quelques Jurisdictions Subalternes où l'on se sert encore de ce nom de *Barre*, & on appelle la Jurisdiction temporelle du Chapitre de Paris, *La Barre du Chapitre Notre-Dame*. M. Ménage fait venir le mot de *Barre*, du Latin *Vara*, qui signifie, Un pieu, & Nicod le dérive de l'Hebreu *Beriah*, qui veut dire, Un levier.

On appelle *Barres de la bouche d'un cheval*, les parties exterieures de la bouche du cheval qui font une espece de gensive sans aucunes dents. C'est l'endroit de la bouche où se doit faire l'appui du mords, & il est entre les dents machelieres & les crochets de part & d'autre de la bouche, en sorte que la partie de la gensive qui est au-dessous & à côté des barres, garde le nom de gensive.

On dit que *La levre d'un cheval arme la barre*, pour dire, qu'Elle la couvre.

On dit en termes de Chasse, *Armes de la Barre*, pour dire, Les défenses d'un Sanglier; & on appelle certaines bandes noires, dont la queue de l'éprevier est traversée, *Barres de la queue de l'éprevier*.

BARRÉ, ÉE. adj. On appelle en termes de Medecine *Os barré*, L'os qui s'ouvre, selon quelques-uns, lorsque les femmes accouchent.

On appelle *Freres barrés*, des Carmes, ou plutôt des Religieux de S. Jean, à cause qu'ils portoient des habits barrés de differentes couleurs, & faits en bande. Il y en avoit un Couvent auprès de Castres, au lieu appellé *La Barradiere*, qui apparemment a pris ce nom de celui que l'on donnoit à ces sortes de Religieux. Comme ils étoient reclus, il y en a qui veulent qu'ils ayent été appellés *Barrés*, à cause des barreaux de leurs grilles: & cela est vrai-semblable, puisqu'on les appelloit *Fratres barrati* ou *Clathrati*, & que *Clathrum* signifie Une grille ou un chassis.

BARREAU. s. m. Terme d'Imprimerie. Morceau de fer qui tient à l'arbre de la presse, ayant un manche de bois. Il sert à faire tourner la vis, afin de serrer les formes avec la platine qui y est attachée.

BARRER. v. a. Terme de Manége. On dit *Barrer la veine d'un cheval*, pour dire, Faire sur les deux jambes, & autres parties, une operation qui puisse arrêter le cours des humeurs malignes qui s'y jettent. Pour cela on ouvre le cuir qui est au-dessus de la veine; & après l'avoir dégagée & liée dessus & dessous, on la coupe entre les deux ligatures.

Barrer est aussi un terme de Lutier, & on dit *Barrer un lut*, pour dire, Y mettre les barres qui lui sont necessaires.

BARRETTE. s. f. Bonnet qui est en usage en Italie, & qu'on y appelle *Barreta*. On donne la Barrette aux Cardinaux. Quelques-uns tiennent que c'étoit autrefois une coiffure fort serrée sur la tête, faite de toile très-fine, qui n'a été portée d'abord que par les Papes. Depuis on a donné ce nom au Bonnet des Docteurs, & à quelques autres coiffures dont on s'est servi en Italie. Borel l'explique d'un bonnet d'enfant, qu'on a aussi appellé *Birete* ou *Birrete*; & il ajoûte que l'on dit aussi *Barret* en Languedoc, à cause que ce bonnet est barré de passemens. M. Ménage fait venir ces mots de *Biretta*, diminutif de *Birrus*, qui a été employé par les Latins pour une espece de chapeau.

BARRIERE. s. f. On appelle *Barrieres*, en termes de Fortification, De gros pieux hauts environ de quatre piés, & plantés à huit ou dix piés l'un de l'autre. Ils sont percés par les bouts; ce qui donne lieu de faire courir par ces trous une grosse traverse qui sert à arrêter ceux qui voudroient entrer avec promptitude. On met ces Barrieres aux premieres avenues d'une Place, aux Esplanades, aux Demi-Lunes, &c. On en met aussi aux passages des hommes de pié & de cheval. Il y en a qui tournent sur un pivot.

BARRIT. s. m. Cri de l'Elephant. M. de Selincourt dans son Parfait Chasseur l'appelle *Baret*, & dit que c'est aussi le cri du Rhinocerot. Ce mot vient peut-être de ce qu'il y a des Auteurs Latins qui ont appellé l'Elephant *Barrus*.

BARROIEMENT. s. m. Terme de Pratique, qui

veut dire, Un délai de procedures.

BARROST. ſ. m. Terme de Marine. Pieces de bois qui ſervent à ſoûtenir les ponts d'un Vaiſſeau, & qui le traverſent d'un flanc à l'autre.

On appelle *Barrots* ou *Barrotins de Caillebotis*, De petites pieces de bois qui ſervent à faire les Caillebotis, & auſquelles on donne la tonture de la largeur du pont du Vaiſſeau.

On dit qu'*Un Vaiſſeau eſt barroté*, quand le fond de calle eſt tout rempli, ou rempli juſqu'aux barrots.

BARROYER. v. n. Vieux mot, qui dans l'ancienne Pratique ſignifioit, Faire des Procedures & inſtruire des Procès dans certains délais. Il ne ſe dit plus preſentement que par raillerie, en parlant de quelques jeunes Avocats qui hantent le Barreau, & plaident fort mal & rarement.

BAS

BAS, BASSE. adj. Il ſe joint à divers ſubſtantifs en termes de mer. Ainſi on dit *Bas fond*, pour dire, Un fond où il y a peu d'eau, & où la crainte qu'on a d'échouer, oblige à prendre des Pilotes du Pays, pour être guidé.

On appelle *Bas-bord*, Le côté gauche du Navire, c'eſt-à-dire, celui qu'on a à ſa gauche lorſqu'on eſt à la pouppe, & qu'on regarde la proue. Il eſt oppoſé à Stribord, qui en eſt le côté droit.

On dit *Bas-bord tout*, Quand on veut ordonner au Timonnier de pouſſer toute la barre du gouvernail à gauche.

Vaiſſeau de bas-bord, eſt une Galere, ou tout autre bâtiment qui n'a qu'un pont, qui va à voiles & à rames, & dont le bordage eſt bas.

On appelle *Baſſes voiles*, La grande voile & la voile de miſaine.

En termes de mer, les parties du Vaiſſeau qui ſont au-deſſous, s'appellent *Les bas*.

On dit *Mettre bas le pavillon*, pour dire, Abaiſſer le pavillon pour ſaluer un Vaiſſeau plus puiſſant, ou pour ſe rendre.

On dit encore ſur mer, *Donner un bas de ſoye*, pour dire, Mettre quelqu'un dans des menotes qui ſont attachées à une barre de fer, pour le punir de quelque faute commiſe.

On appelle en termes de Medecine, *Le bas ventre*, Ce qui eſt au-deſſous de la poitrine juſqu'aux cuiſſes.

En termes de Fauconnerie, *Un oiſeau bas* eſt un oiſeau maigre & décharné; & on dit en termes de Chaſſe, qu'*Un cerf a mis bas*, pour dire, que Son bois eſt tombé. On dit *Bas voler* ou *bavoler à tire d'aile*, En parlant de la perdrix ou d'autres oiſeaux qui n'ont pas le vol hautain.

En termes de Guerre, on appelle *Place baſſe*, La caſemate ou le flanc retiré qui ſert à défendre le foſſé. On appelle *Baſſe enceinte*, Une largeur de deux à trois toiſes de terrain, priſes ſur le rés de chauſſée, autour du pié du rempart, du côté de la campagne. C'eſt ce qu'on appelle autrement *Fauſſe-braye*, dont l'uſage eſt de défendre le foſſé. Elle eſt ſéparée de la berme & du bord du foſſé par un parapet dont elle eſt couverte.

BASSE-COUR. ſ. f. Cour, qui ſert au ménage d'une maiſon de campagne. On y éleve des volailles de toute ſorte. *Baſſe-cour bien vive, bien garnie.*

On appelle *Nouvelles de la Baſſe-cour*, des Nouvelles fauſſes, mal fondées, ridicules.

BASANE. ſ. f. Peau de mouton préparée, dont on ſe ſert ordinairement à couvrir des Livres. Il faut s'y bien connoître pour diſtinguer les relieures de veau & de baſane, quand elle eſt bien apprêtée.

BASBORDES. ſ. m. Terme de Marine. On appelle ainſi la partie de l'Equipage qui doit faire le quart de Bas-bord.

BASCULE. ſ. f. Machine qui ſert à divers uſages. Il y en a par le moyen deſquelles on tire de l'eau. Ce ſont des pieces de bois ſoûtenues par le milieu, ou autrement, ſur un aiſſieu qui demeure ferme. En peſant ſur l'un des bouts on fait hauſſer l'autre; ce qui fait élever l'eau. On appelle auſſi *Baſcules*, Une eſpece de ſerrure à ſecret, à cauſe qu'elles ſe baiſſent & ſe hauſſent.

On appelle *Baſcule de moulin à vent*, La piece de bois qui abat le frein d'un moulin, & qui ſert à l'arrêter. On appelle encore *Baſcule de comptoir*, La petite plaque de fer qui hauſſe & baiſſe ſur les comptoirs des Marchands, & par où ils y font tomber l'argent qu'ils reçoivent.

BASE. ſ. f. Ce qui ſert comme de premier fondement hors le rès de chauſſée, pour ſoutenir toute ſorte de corps ou d'édifice.

En termes d'Architecture on appelle *La baſe de la colomne*, La partie qui eſt au deſſous du fuſt, & qui poſe ſur le Piedeſtal ou Zocle, quand il y en a.

Les Geometres donnent le nom de *Baſe* au côté du triangle oppoſé à un angle déterminé. L'hypotenuſe eſt la baſe de l'angle droit. Quand un triangle a un côté horiſontal, on l'appelle ſimplement *Baſe*, & alors on dit *la baſe d'un triangle* par oppoſition à ſa hauteur, que l'on imagine comme une ligne verticale. On dit auſſi dans le même ſens *la baſe d'un parallelogramme*, pour dire, *ſa ligne horiſontale.*

Dans les ſolides, *la baſe d'un Cone, d'un Cylindre, d'un Priſme, d'une Pyramide, &c.* eſt le plan le plus bas qui termine ces Corps. Voyez ces mots.

Quelques-uns appellent *Baſe*, en termes de Fortification, Le côté exterieur du Polygone, c'eſt-à-dire, ſa ligne imaginaire, qui part de l'angle flanqué d'un Baſtion à celui qui lui eſt oppoſé. Ce mot vient de βάσις, Pas, lieu où l'on marche; ce qui appuye, qui ſoutient. βάσις, vient de βαίνω, Je marche.

BASILAIRE. adj. Les Medecins appellent *Glandule baſilaire*, La glandule qui ſert à faire couler dans les narines la pituite dont le cerveau ſe décharge.

BASILE. ſ. m. L'Ordre Religieux appellé *de ſaint Baſile*, eſt le plus ancien de tous. Il a tiré ſon nom de ſaint Baſile ſurnommé le Grand, qui après avoir fait ſes études à Athenes vers l'an 345. alla viſiter les Moines d'Egypte, de Syrie & de Paleſtine, & ſe retira enſuite dans les deſerts de Pont, où il écrivit ſes admirables Regles de la Vie Monaſtique, qui furent ſuivies par ces fameux ſolitaires, avec leſquels il avoit vêcu depuis l'an 357. juſqu'en 362. Depuis, la mort d'Euſebe étant arrivée, il fut choiſi malgré lui pour ſon ſucceſſeur dans le gouvernement de l'Egliſe de Céſarée en Cappadoce. L'Ordre de ſaint Baſile a été très-floriſſant dans l'Orient, & encore aujourd'hui preſque tous les Religieux qui y ſont en ſuivent la Regle. Il paſſa en Occident vers l'an 1057. & fut reformé en 1569. par le Pape Gregoire XIII. qui mit les Religieux d'Italie, d'Eſpagne & de Sicile ſous une même Congregation.

BASILIC. ſ. m. Serpent que l'on dit qui tue par ſes regards. Les Anciens ſont partagés là-deſſus. Les uns ont écrit qu'il faiſoit mourir tous les animaux par ſon ſifflement; & d'autres, que c'étoit par ſon haleine ou par ſa morſure. Il y en a qui pretendent qu'il ſoit engendré de l'œuf d'un vieux coq. Cette diverſité d'opinions fait dire à Matthiole, qu'il croit que tout ce que les Auteurs en ont publié eſt fabuleux. Il rapporte le sentiment de Galien, selon lequel le Basilic est jaunâtre, & a sur la tête trois petites éminences marquées de taches blanchâtres en forme de couronne; ce qui l'a fait appeller le Roi des Serpens. Pline, après avoir dit qu'auprès de la fontaine Nigris en Ethiopie, il y a un serpent appellé *Catoblepas*, assés petit, ayant la tête pesante, en sorte qu'il est obligé de la porter toûjours contre terre, ajoûte qu'il fait mourir tous ceux qui le regardent, en quoi, dit-il, il a la proprieté du Basilic. Si on l'en veut croire, ce serpent naît en Cyrene, long seulement de douze doigts, & ayant sur la tête une tache blanche en forme de diadême. Il met en fuite les autres serpens par son sifflement, & ne rampe point comme eux, en faisant des plis, mais il s'éleve de la moitié du corps & marche droit. Il fait mourir toutes les plantes par où il passe, non seulement en les touchant, mais par la vapeur de son haleine qui brûle les herbes & rompt les pierres. Les Belettes sont les ennemies du Basilic, & elles l'étouffent par leur odeur, lorsqu'elles peuvent entrer dans sa taniere. Matthiole raconte plusieurs autres choses du Basilic, qu'il témoigne ne pas croire; & quand Dioscoride traite de ce serpent, il en parle sur le rapport d'Erasistratus, dont il ne veut pas se faire garand. Selon cet Erasistratus, les morsures du Basilic font une playe jaune comme de l'or fin; & pour y remedier, il faut prendre une dragme de *Castorium*, avec du vin ou du jus de pavot.

Basilic. Sorte de plante odoriferante qui est fort connue, & qu'on appelle *Ocymum*, du Grec ὠκὺς, Qui est prompt, vîte, leger, à cause que dès le troisiéme jour qu'elle a été semée, & même quelquefois plûtôt, elle commence à sortir de terre, Son agreable odeur lui a fait donner le nom de *Basilicum*, du mot Grec βασιλεὺς, Roi, comme qui diroit, Digne de la maison des Rois. Cette odeur, qui approche de celle du citron, la fait aussi appeller *Ocymum citratum*, quoiqu'il y en ait qui prétendent qu'on l'appelle ainsi, de ce qu'elle tient de l'odeur de la Melisse, que les Latins nomment *Citrago*. Il y a quatre sortes de Basilic, trois domestiques, & un sauvage, dit *Acinus*, qui, selon Dioscoride, a ses branches menues, dures & seches. Pline prétend que cette derniere plante differe du Basilic, en ce que ses branches & ses feuilles sont velues; ce qui n'est point dans les autres. Des trois qui sont domestiques, il y en a un qui a les feuilles plus petites que les deux autres, & qu'on appelle par cette raison *Basilicum minus*. Ceux qui ont des feuilles larges, montent jusqu'à la hauteur d'une coudée. Ils ont beaucoup de branches fort déliées, & leurs feuilles ressemblent à celles de la Mercuriale quoique plus petites. Leurs fleurs sont blanches, tirant quelquefois sur le violet. La graine en est noire & fort petite. L'usage de cette plante est de dissiper les vents, de provoquer les urines, & d'adoucir la tristesse des atrabilaires. Quelques-uns tiennent qu'il est dangereux d'en prendre interieurement, prétendent qu'abondant en humidité excrementeuse, elle est nuisible à l'estomac & aux yeux, & peut rendre fous ceux qui en usent.

On appelloit autrefois *Basilic*, en termes de Guerre, Une espece de canon beaucoup plus gros que les autres, que quelques-uns ont nommé *Doubles coulevrines*. Ce canon portoit jusqu'à cent soixante livres de balle.

BASILICUM. f. m. Onguent Royal qui sert dans la Pharmacie à consolider les playes. On l'appelle aussi *Tetrapharmacum*; c'est-à-dire, onguent composé de quatre medicamens, qui sont la poix, la resine, l'huile, & la cire. Ce mot vient de βασιλεὺς, Roi, à cause de sa vertu.

BASILIQUE. f. f. C'étoit autrefois une Maison Royale, ou simplement une grande Salle. Depuis, on a appellé ainsi non seulement les Salles où la justice étoit rendue par les Souverains, mais les Temples & les Eglises. Ces Salles, qui avoient été faites d'abord pour la magnificence des Palais, & dans lesquelles on a depuis rendu la justice, avoient deux rangs de colonnes, qui faisoient comme une grande nef au milieu, & deux ailes à côté. Il y avoit des galeries sur ces ailes.

Les Medecins nomment *Basilique*, Une veine qui naissant du rameau axillaire va au milieu du pli du coude. Elle a deux rameaux, dont les surgeons s'étendent jusques aux doigts de la main. Ces rameaux descendent, l'un le long du grand focile, & l'autre le long du petit focile.

BASME. f. m. Vieux mot. Baume.

Dont le tombeau ne sent que basme.

BASOCHE. f. f. Communauté des Clercs du Parlement de Paris, qui a pour armes trois écritoires d'or en champ d'azur. Cet établissement est fort ancien, & a plusieurs privileges. L'un des principaux est de tenir une jurisdiction pour vuider les differends qui arrivent entre les Clercs, & regler leur discipline. Les Jugemens qu'ils rendent ne laissent pas d'être Souverains, & on les appelle Arrêts. Il y a un Tresorier, un Chancelier, des Avocats, & d'autres Officiers. M. Ménage dit que Basoche vient de *Basilica*, & que les Basochiens s'appellent *Basilicani*. D'autres prétendent qu'il vient du verbe Grec βαζοχεῖν, qui signifie Parler d'une maniere goguenarde, & qui est formé de βάζειν, qui veut dire simplement Parler. Il est certain que quoiqu'on ait accordé beaucoup de privileges aux Clercs de la Basoche, ce n'a été que pour leur donner de l'émulation, & que ce qui se passe entr'eux est un jeu d'esprit, qui en les exerçant agreablement, contribue à les rendre capables d'une profession plus serieuse. Les Officiers de cette Jurisdiction ont soin de faire planter le Mai du Palais.

BASQUE. f. f. Terme d'Architecture. Piece de plomb qui est au droit des arrestieres & sous les épics ou amortissemens, appellée ainsi, à cause qu'elle est coupée en forme d'une basque de pourpoint.

BASQUINE. f. f. Vieux mot. Sorte de robe fort ample, qui par le moyen d'un cercle se tenoit ouverte & étendue.

BASQUINER. v. a. Vieux mot. Ensorceler; du Grec βασκαίνειν, qui veut dire la même chose.

BAS-RELIEF. f. m. Terme de Sculpture. Ouvrage où les figures ne paroissent pas entieres; étant attachées à un fond d'où elles ne sortent qu'en partie. C'est ce qu'on appelle aussi *Basse-tailles*. Ces sortes d'ouvrages furent inventés par les Anciens pour representer des histoires, & faire comme des tableaux, dont ils pussent orner les theatres, les arcs de triomphe & leurs autres édifices. M. Felibien dit qu'il y a des bas-reliefs, dans lesquels les figures qui sont sur le devant, paroissent presque de relief, que dans les autres elles ne sont qu'en demi-bosse, & d'un relief beaucoup moindre, & que dans la troisiéme espece elles sont encore bien moins élevées, & ont peu de relief, à la maniere des Vases, des Camaïeux, des Médailles & des pieces de monnoye.

BASSE. f. f. Pente douce d'une petite éminence par où

l'on fait descendre plusieurs fois un cheval, en le mettant au petit galop, afin de lui apprendre à plier les hanches, & à former son arrêt avec les aides du gras des jambes, du soutien de la bride & du caveçon. On l'appelle autrement *Calade*.

BASSETTE. s. f. Sorte de jeu de cartes qui a été fort commun en France depuis quelque tems, & qui nous est venu de Venise. On le joue avec un jeu entier de cartes que tient celui qui a le fond de l'argent, pour payer tous ceux qui gagnent, & qu'on appelle *Banquier*. Chaque joueur prend une carte, sur laquelle il couche ce qu'il veut. Le Banquier en tire deux à la fois. Quand ces deux cartes se trouvent pareilles à l'une de celles des autres joueurs, la premiere le fait gagner, la seconde le fait perdre.

BASSIER. s. m. Vieux mot. Pupille.

L'âge isnel court, va volant maintes pats,
De bassier qu'il étoit il est devenu gars.

BASSILLE. s. f. Herbe branchue & feuillue de tous côtés, haute d'une coudée, & qui croît dans les lieux pierreux & maritimes. Dioscoride qui en parle ainsi, ajoûte que ses feuilles sont blanchâtres comme celles du pourpier, quoique plus longues & plus larges, & que leur goût est salé. Elle jette trois ou quatre racines qui ont bonne odeur, & qui sont grosses comme le doigt. Sa fleur est blanche, & sa graine ressemble à celle du rosmarin, étant molle, ronde & odorante. Quand elle est seche elle se rompt, & a au-dedans un noyau semblable au grain de froment. Galien dit que la Bassille a un goût un peu salé & amer, & une vertu dessicative & abstersive. On l'appelle autrement *Crête marine*, ou *Fenouil marin*, & en Latin *Crithmum* ou *Crithamum*.

BASSIN. s. m. *Espece de grand plat rond en ovale.* ACAD. FR. Les Chapeliers appellent *Bassin*, Une plaque de cuivre ou de fer dont ils se servent pour fabriquer un chapeau; ce qui leur fait dire, *Mettre un chapeau sur le Bassin*, quand ils le fabriquent, ou qu'ils le remettent en forme.

On appelle *Bassin de balance*, Un cuivre façonné en forme de plat creux & sans bord, attaché avec des cordes, dont on se sert pour peser.

On appelle *Bassin* dans les Atteliers, un lieu qu'on prépare pour y éteindre la chaux, pour y faire du mortier.

Bassin se dit aussi des lieux qu'on prepare dans les jardins pour y recevoir les eaux des sources & des fontaines jaillissantes. Il se dit de même d'un grand Reservoir d'eaux que l'on amasse pour nourrir des canaux & des écluses.

On appelle encore *Bassin*, Le lieu où sont les Vaisseaux dans les Ports de mer; & il se dit même d'un petit Port particulier pratiqué dans un plus grand, où l'on radoube les Vaisseaux.

Bassin se dit aussi de plusieurs choses en termes d'Anatomie; sçavoir de la capacité que forment l'os anonyme & l'os sacré, & qui contient la vessie, la matrice & les intestins; de la Glande pituitaire qui se trouve dans le cerveau sous le troisiéme ventricule, & qui recevant les superfluités du cerveau, les fait distiller dans le palais; & enfin d'une seconde cavité qui est dans l'oreille, derriere la membrane qu'on appelle le Tambour.

BASSINE. s. f. Bassin large & profond dont les Chimistes & les Apoticaires se servent, & qu'ils mettent sur des fourneaux pour faire des infusions, des decoctions, & autres operations qui les regardent.

BASSINET. s. m. Petite fleur jaune qui croît dans les prés en abondance. On cultive aussi cette fleur & on l'appelle *Bassinet double*.

On appelloit autrefois *Bassinet*, Une maniere de chapeau de fer, ou habillement de tête, que portoient les gens de guerre; ce qui faisoit dire qu'il y avoit un tel nombre de *Bassinets* dans une armée pour dire qu'il y avoit un tel nombre de gens d'armes.

On donne aussi le nom de *Bassinet* à la partie superieure d'un chandelier d'Eglise, sur laquelle tombe la cire.

Bassinet, en termes de Medecine, est une petite cavité qui se trouve au milieu du rein.

BASSON. s. m. Instrument de Musique à vent & à anches, qui se brise en deux parties pour être porté plus commodément. Sa patte a presque neuf pouces de diametre, & on bouche ses trous qui sont au nombre d'onze, avec des boëtes & des clefs, comme aux autres grandes flutes. Il est appellé *Basson*, à cause qu'il sert de basse aux concerts de musique & de haut-bois.

BASTAGE. s. m. Droit que perçoivent quelques Seigneurs sur les chevaux de bât.

BASTARD. s. m. Terme de Marine. Corde qui sert à tenir & à lier un assemblage de bigots & de ragues, & qui les amarre sur le mât proche la vergue.

Bastard, est encore un terme de Fauconnerie, & il se dit d'un Oiseau, qui tient de deux especes, comme de Sacre & de Lanier.

BASTARDE. s. f. La plus grande des voiles d'une Galere. Comme de vent frais les voiles ordinaires suffisent, on ne porte la Bâtarde que quand il y a peu de vent.

Bâtarde, se dit aussi d'une espece de canon de moyenne grandeur, & que l'on traine plus aisément que les autres. C'est pour cela qu'on la place sur les avenues, pour incommoder l'ennemi dans son passage. Elle est encore propre pour être chargée à cartouche, & tirée en plate campagne dans le combat. On s'en peut aussi servir pour démonter les batteries des assiegés, en lui dressant une plate-forme proche de la Contrescarpe.

BASTARDIERE. s. f. Terme de Jardinier. Plant d'arbres tout greffés, qu'on éleve dans des Pepinieres, d'où on les déplante pour les mettre en espalier.

BASTE. s. m. Terme du jeu de l'Hombre. C'est l'as de trefle, qui est l'une des trois cartes qu'on appelle Matadors, & la plus haute des triomphes après l'Espadille & la Manille, en quelque couleur qu'on joue.

BASTE. s. m. Espece de bas, qui n'est que de bourre entre deux toiles piquées, en usage chés les Meuniers de Bretagne & d'Anjou.

BASTIDE. s. f. Ce mot a signifié autrefois *Maison*, & il n'est plus en usage qu'en Provence & dans les Pays voisins, où on s'en sert pour dire, *Une maison de plaisance*. Tout est plein de bastides auprès de Marseille.

BASTILLÉ, ÉE. Terme de Blason. Il se dit des pieces qui ont des creneaux renversés qui regardent la pointe de l'écu. *D'argent, à trois losanges d'azur, au chef cousu d'or, bastillé de trois pieces*. On disoit autrefois *Basionné* & *Batillé*.

Qui moult étoit bien batillés.

BASTINGUE. s. f. Terme de Marine. L'*S* se prononce. Bande d'étofe ou de toile qu'on tend le long du plat bord des Vaisseaux de guerre, & qui est soûtenue par des pieces de bois mises debout, que l'on appelle *Pontilles*, afin de cacher ce qui se passe sur le pont pendant le combat. On dit aussi *bastinguere*. C'est la même chose que *Pavois*.

BASTION. s. m. L'*S* se prononce. Grosse masse de terre,

terre, revêtue quelquefois de pierre, & qui étant ordinairement élevée sur un angle de la figure, y forme une gorge, deux flancs & deux faces. On appelle *Bastions pleins* ou *solides*, Ceux qui ont leur terrain égal à la hauteur du rempart, sans aucun espace vuide vers le centre, & *bastions vuides*, Ceux qui ont un rempart & un parapet qui reghe seulement autour de leurs flancs & de leurs faces; laissant un espace vuide vers le centre, & un terrain si bas, que s'il arrive qu'on emporte le rempart, on ne sçauroit faire de retranchement vers ce centre, qui ne soit sous le feu des assiegeans. Il y a aussi un bastion plat & un bastion coupé. *Le bastion plat* est celui qu'on a construit sur une ligne droite, & *le bastion coupé* est celui qui vers la pointe fait un angle rentrant. Ce dernier est aussi nommé *Bastion à tenaille*. On appelle *Demi-bastion*, Une piece de fortification qui n'a qu'une face & un flanc.

BASTON. s. m. Terme d'Architecture. Membre rond que l'on appelle aussi *Tore*. Il se dit d'un gros anneau ou d'une moulure en saillie, qui est un ornement de la base des colonnes.

Bâton. Terme de Blason. Tiers d'une bande mis dans le même sens que se met la bande. On ne l'appelle *bâton* que quand il est brisure.

Bâton de Pavillon ou *d'Enseigne*, *bâton de girouette*, *bâton de flame*. Termes de mer. *Bâton de pavillon* est un petit mâtereau qui sert à arborer le Pavillon. *Bâton de girouette* est un autre mâtereau très-petit, où est plantée la verge de fer qui tient la girouette; & *le bâton de flame* est un bâton qui n'est long qu'autant que la flame est large par le haut. C'est ce bâton qui la tient au haut du mât. On appelle *Bâtons à Vadel*, Certains bâtons où l'on attache les pans, c'est-à-dire, les bouchons d'étoupe, dont se sert le calfateur à goudronner le Vaisseau.

Bâton de Jacob. Terme de Géometrie. Instrument composé de deux regles divisées en deux parties égales qui se coupent à angles droits, & qui sont mobiles dans une charniere qui les tient fermes. On s'en sert à prendre les hauteurs ou les distances par les angles, & il y a des pinnules aux extrêmités, pour faire les observations justes. On donne ce même nom à l'Arbaleste ou Arbalestrille dont on se sert sur mer pour trouver la hauteur du Soleil & des autres Astres sur l'horison.

On appelle *Bâton à gands*, Une maniere de grand fuseau dont se servent les Gantiers pour enformer les gands quand ils sont faits.

On appelle *Bâtons rompus*, Certaines pieces de compartimens dans des vitres & autres ouvrages, comme aussi, Une maniere de tapisserie, où l'on represente plusieurs bâtons qui sont rompus & entremêlés les uns dans les autres.

BASTONNÉE. s. f. On appelle *Bâtonnée d'eau*, La quantité d'eau qu'on puise à la pompe chaque fois qu'on fait jouer sa brimballe.

BASTONNER. v. a. Terme de Palais. Marquer quelques lignes d'un acte ou d'une piece, en tirant des lignes au-dessous, pour avertir que ces endroits doivent être lûs, & qu'ils contiennent quelque clause essentielle.

BASTONNIER. s. m. Celui qui a en garde pendant quelque tems le bâton d'une Confrairie, & qui le porte ou le suit aux Processions.

Bâtonnier est aussi, en termes de Palais, un ancien Avocat que l'on choisit tous les ans, selon l'ordre du tableau, pour être le Chef de la Communauté des Avocats & des Procureurs. Il est le maître de leur Chapelle & de leur Confrairie. Il préside au siege qu'ils tiennent pour l'entretenement de la discipline du Palais & des Reglemens, & c'est à lui qu'appartient la commission des Charges des Juges inferieurs qui sont interdits, tant que leur interdiction dure.

BASTUDE. s. f. L'S se prononce. Espece de filet dont on se sert pour pêcher dans les étangs salés. Il en est fait mention dans l'Ordonnance.

BAT

BAT. s. m. Ce mot n'est plus en usage que dans la cuisine du Roi, où en parlant d'un poisson qui merite qu'on l'estime, on dit *qu'Il a tant de pouces entre œil & bat*, pour dire, entre la queue & la tête.

BATAIL. s. m. Longue piece de fer suspendue au milieu d'une cloche, contre laquelle elle frappe, & la fait sonner, quand on tire la corde où la cloche est attachée. On dit autrement *Battant*, & selon du Cange ce mot vient de *Batallum*, qui a été dit dans la basse Latinité pour signifier cette même piece de fer que nous appellons *Batail*.

BATAILLÉ, ÉE. adj. Il se dit dans le Blason en parlant d'une cloche dont le batail est d'un autre émail que la cloche n'est. *D'azur à une cloche d'argent bataillé de sable*.

BATAILLIERES. Adj. Vieux mot. Vaillant, bon soldat. On a dit aussi *Bataulleureux* & *bataillereusement*, pour dire Vaillamment.

On nomme *Batailleres*, Une petite corde, qui fait jouer le traquet d'un Moulin.

BATAYOLES. s. f. p. Terme de Marine. Pieces quarrées de bois, hautes de trois piés, & qui ont environ quatre pouces d'épaisseur. On les attache à plomb par le dedans aux bacalas que l'on cloue sur la couverture de la pouppe du Vaisseau.

BATEAU. s. m. Terme de Menuiserie. Bois assemblé pour faire le corps d'un carrosse, qu'on garnit ensuite par dedans & par dehors de cuir & d'étofes.

BATELÉ, ÉE. adj. C'est la même chose que *Bataillé* en termes de Blason.

BATEUL. s. m. Partie du harnois des bêtes à somme, qui leur bat sur la croupe.

BATISTE. s. f. Toile très-déliée & très-claire. On en fait des rabats, & des surplis.

BATRACHITE. s. f. Pierre qui se trouve dans les grenouilles, appellée ainsi de βάτραχος, mot Grec qui veut dire une grenouille. Les Medecins disent qu'elle a la force de resister au venin.

BATTANT. s. m. C'est la même chose que *Batail* dans une cloche, c'est-à-dire, un morceau de fer gros & rond par le bout qui bat contre la cloche pour la faire sonner, & plus délié par celui d'en-haut, qui est attaché à un anneau qu'on appelle *La beliere*, & qui le tient suspendu.

Battant, se dit aussi d'un morceau de fer plat, qui s'éleve ou qui s'abaisse, selon que l'on veut ouvrir ou fermer une porte. On l'appelle *Battant de loquet*.

Battant, signifie encore le volet d'un comptoir de Marchand ou de Banquier, qui se leve & qui s'abaisse.

Battant est la partie d'un métier de Rubanier, où il y a des dents d'acier, avec quoi on travaille & on bat le velouré.

On appelle *Battans* dans les portes ou fenêtres de menuiserie, Les maîtresses pieces d'assemblage des côtés où sont les serrures.

Battant, en termes de mer, veut dire, La longueur du Pavillon qui voltige en l'air.

BATTE. s. f. Sorte de grosse masse quarrée, avec laquelle les Maçons battent les gravois. C'est aussi un morceau de bois en façon de forme de chapeau, entouré d'un lien de fer avec un manche, dont les Cimentiers ſe ſervent pour battre les tuilots & les grès, & en faire du ciment.

Batte eſt auſſi un terme de Potier, & ſignifie Une maniere de battoir de ſept pouces en quarré, pour battre le quarreau.

Les Tapiſſiers appellent *Batte*, Des bâtons au bout deſquels il y a des cordes, & dont on ſe ſert pour battre la bourre. Le morceau de fer plat dont ſe ſervent les Vaniers pour frapper ſur les mannequins & ſur les hottes, eſt auſſi appellé *Batte*.

Dans le battoir avec lequel on joue à la paume, la partie qui frappe & reçoit la balle, a encore le nom de *Batte*.

Les Bouchers appellent *Batte-à-bœuf*, Un bâton gros & court avec quoi ils battent les bœufs & les veaux qu'ils ont tués.

On appelle *Batte-à-beurre*, Un bâton rond, & long environ de deux piés & demi, dont le bout eſt enchaſſé à une maniere de tranchoir, avec quoi on bat la crême juſqu'à ce qu'elle ſe forme en beurre.

Batte, parmi les Blanchiſſeuſes de Paris, ſe dit d'un petit banc à quatre piés au bord de la riviere de Seine, ſur quoi elles ſavonnent & battent leur linge.

Battes ſe dit des parties d'une ſelle à piquer, élevées ſur les arçons de devant & de derriere, pour faire que le cavalier ſe tienne ferme, & que les ſecouſſes du cheval ne l'ébranlent point. On dit dans ce ſens, *Chauſſer la batte*, pour dire, Mettre le liege de la ſelle dans la batte, afin de la tenir en état. On ſe ſert encore du mot de liege, à cauſe que cette partie de la ſelle qui eſt aujourd'hui de bois, étoit autrefois de liege.

BATTE'E. ſ. f. Ce que les Relieurs & Marchands Papetiers battent à la fois de papier, ou d'un livre en blanc, ſur la pierre à battre.

BATTELEMENT. ſ. m. Extrêmité d'une couverture de maiſon qui tombe dans la goutiere.

BATTEMENT. ſ. m. Ce mot ſe dit du tambour en termes de guerre, & il y a pluſieurs ſortes de battement. On appelle *Battement du bâton rond*, Celui qui ſe fait quand les deux bâtons frappent l'un après l'autre; *Battement du bâton rompu*, quand chaque main frappe deux coups tout de ſuite; *Battement du bâton mêlé*, lorſque chaque main bat tantôt une fois & tantôt deux; & *Battement de retraite*, quand les deux bâtons battent enſemble.

On nomme *Battement*, Un marteau & une enclume faits exprès pour affuter des faux. On dit, *Une paire de Battements*.

BATTERIE. ſ. f. Terme de guerre. Lieu où l'on place les canons pour tirer ſur l'ennemi. La platte-forme ſur laquelle on les met eſt faite de planches qui ſoûtiennent le rouage des affûts, & qui empêchent que la peſanteur du canon ne le faſſe enfoncer dans les terres. Elle panche un peu vers le parapet, afin de diminuer le recul des pieces. Il faut que les batteries d'un camp ſoient bordées d'un foſſé par le pié avec des paliſſades, d'un parapet par en haut, percé d'autant d'embraſures qu'il y a de canons, & de deux redoutes ſur les ailes, ou de quelques places d'armes qui puiſſent couvrir les troupes qu'on deſtine à les défendre.

Il y a pluſieurs ſortes de batteries. *Batterie enterrée* ou *ruinante*, eſt celle dont la platte-forme eſt enfoncée dans le rets de chauſſée; ce qui oblige à faire des taillades ou coupures dans les terres, vis-à-vis la bouche du canon, pour lui ſervir d'embraſures. Ces batteries enterrées ſe font ordinairement lorſque l'on commence les approches pour ruiner les parapets de la Place. On appelle *Batterie croiſée*, Celle qui ſe fait de deux batteries aſſés éloignées l'une de l'autre, & qui tirent ſur le même endroit, en ſorte que le boulet de la ſeconde de ces batteries acheve d'abbatre ce qu'a ébranlé le boulet de la premiere.

On dit encore *Batterie en écharpe*, *batterie d'enfilade*, & *batterie de revers*. La premiere de ces batteries eſt celle qui bat un corps obliquement par bricoles, de travers ou de côté; la ſeconde, celle dont les coups raſent toute la longueur d'une ligne droite; & la derniere, qu'on appelle encore *Batterie meurtriere*, eſt celle qui prend à dos & bat par derriere.

Batterie ſe dit auſſi, en termes de mer, d'une quantité de canons mis de l'avant à l'arriere des deux côtés du Vaiſſeau. Les plus grands Vaiſſeaux ont trois batteries. La premiere eſt celle qui eſt la plus baſſe ou la moins élevée ſur l'eau. La ſeconde eſt au-deſſus de la premiere, c'eſt-à-dire, au ſecond pont; & la troiſiéme eſt ſur le dernier pont.

On dit *Batterie & demie*, lorſqu'on parle d'un Vaiſſeau qui n'a du canon que le long d'un pont & à la moitié de l'autre.

Batterie trop baſſe, Se dit d'un Vaiſſeau qui a ſon premier pont & ſes ſabords trop près de l'eau.

On dit, *Mettre la batterie dehors*, pour dire, Mettre les canons aux ſabords; & *Mettre la batterie dedans*, pour dire, Oter les canons des ſabords, pour les remettre dans le Vaiſſeau.

Batterie, dans les Atteliers, ſe dit d'une hie ou autre machine avec laquelle on enfonce les pilotis lorſqu'on fait les ponts.

BATTOLOGIE. ſ. f. Vice du diſcours, quand on repete pluſieurs fois la même choſe, ou qu'on dit pluſieurs choſes vaines & frivoles, qui ne conviennent point au ſujet qu'on traite. Ce mot eſt Grec βαττολογία, & vient du nom de Battus, méchant Poëte, qui dans ſes hymnes ou chants repetoit preſque toûjours la même choſe.

BATTRE. v. a. Terme d'Artiſan. Forger ou frapper avec le marteau. Ainſi on dit, *Battre le fer à la forge*. On dit auſſi *Battre de l'or ou de l'argent*, pour dire, Paſſer les filets d'or ou d'argent ſur les moulins pour les applatir.

On dit qu'*Un cheval bat à la main*, pour dire, qu'Il n'a pas la tête ferme, qu'il leve le nés, & le ſecoue tout à coup pour ne ſe pas ſoûmettre à la bride.

On dit dans les mêmes termes de Manége, qu'*Un cheval bat la poudre*, *bat la pouſſiere*, pour dire, Qu'à chaque tems, à chaque mouvement il ne fait pas aſſés de chemin avec ſes jambes de devant. *Battre la poudre au terre à terre*; c'eſt quand le cheval n'embraſſe pas aſſés de terrain avec les épaules, & qu'il fait tous ſes tems trop courts. *Battre la poudre aux courbettes*, ſe dit quand un cheval hâte trop ſes courbettes & les fait trop baſſes, & *battre la poudre au pas*; c'eſt quand il avance peu, & qu'il va un pas trop court. On dit encore qu'*Un cheval bat du flanc*, pour dire, qu'Il devient pouſſif.

Battre, eſt auſſi un terme de chaſſe, & on dit; *Battre le bois*, *battre la plaine*, pour dire, étendre les Veneurs par le bois, par la campagne, pour faire lever & ſortir le gibier. *Battre à route*, c'eſt battre les buiſſons avec la houſſine pour lancer la bête. On dit, *Battre le ruiſſeau*, pour dire, Nager quand la bête qui eſt pourſuivie ſe jette dans l'eau pour ſe ſauver. On dit auſſi d'un oiſeau qu'*Il bat de l'aile*, lorſqu'il agite fortement ſes ailes pour ſe soûtenir en battant l'air.

Battre par camarades. Terme de guerre, dont on se sert quand plusieurs pieces de canon tirent sur un même corps tout à la fois; soit qu'elles soient de diverses batteries, soit qu'elles soient de la même. Il y a pour les Tambours diverses manieres de battre la caisse. *Battre aux champs, battre le premier*, c'est avertir un corps particulier d'Infanterie qu'il y a ordre de marcher, & *Battre la Generale*, se dit quand l'ordre s'étend sur toute l'Infanterie d'une armée. *Battre le second, battre l'assemblée*, c'est avertir les soldats d'aller au drapeau. On dit, *Battre la marche*, pour dire, Faire la batterie ordonnée quand les Troupes commencent à marcher, & *Battre le dernier*, pour dire, Faire celle qui avertit d'aller à la levée du drapeau. *Battre la charge, battre la guerre*; c'est faire la batterie ordonnée pour aller à l'ennemi. *Battre la retraite*, se dit de la batterie ordonnée après le combat; ou de celle qui se fait le soir dans les lieux de garnison pour avertir les soldats de se retirer dans leurs casernes. *Battre la Diane*, c'est battre la caisse d'une certaine maniere pour réveiller les soldats au point du jour. On dit encore, *Battre la fricassée*, pour dire, Battre avec précipitation & en tumulte, afin d'appeller promptement les soldats, lorsqu'une personne d'un haut rang passe sans qu'on l'ait prévû devant le corps de garde, & qu'on se trouve obligé de faire la parade.

Battre, en termes de Maître à Danser, c'est faire un mouvement figuré avec le pié.

BATTU. s. m. Les Tireurs d'or appellent *Battu*, un trait d'or ou d'argent doré qui est écaché.

BATTUE. s. f. Terme de Chasse. On dit, *Faire la battue*, pour dire, Battre les buissons avec la houssine pour en faire sortir le gibier.

BATTURE. s. f. Fond mêlé de sable, de roche ou de pierre qui s'éleve vers la surface de l'eau. On l'appelle autrement *Basse*.

On appelle aussi *Batture*, une maniere de dorer qui n'est ni à détrempe ni à huile, & qui n'est bonne que pour donner des rehauts ou hachures sur des tableaux à détrempe & à fresque, & pour faire des filets sur du stuc. L'or qu'on y emploie ne se peut brunir comme à détrempe, ni être de durée comme à huile. On détrempe du miel avec de l'eau de colle & un peu de vinaigre, qui sert à faire couler le miel. On en fait une couche qui demeure grasse & glutineuse, à cause du miel qui aspire l'or, & qui étant mis sur quelque corps, s'y attache fortement.

BATTUS. s. m. p. Nom que l'on donne à certains Pénitens d'Italie & de Provence, qui par devotion se donnent une rude discipline en public en de certains tems.

B A U

BAU. s. m. Piéce de bois, qui avec plusieurs autres semblables mises par le travers d'un Vaisseau, d'un flanc à l'autre, en affermit le bordage & soûtient les ponts, comme une poutre soûtient le plancher d'une maison. Le bout de chaque Bau porte sur des pieces de charpenterie d'une figure triangulaire, qui en fait la liaison avec les planches qui font le lambris du dedans du Vaisseau. On appelle *Bau de lof*, celui qui est le dernier vers l'avant sur l'extrémité; *Bau de dalle*, celui qui est le dernier vers l'arriere; & *Maître bau*, celui qui étant le plus long des Baux, donne par sa longueur la plus grande largeur du Vaisseau. On appelle *Faux baux*, de pareilles pieces de bois qui sont mises de six piés en six piés sous le premier tillac des grands Vaisseaux, pour fortifier le fond du bâtiment.

BAUBE. adj. Vieux mot. Begue. On trouve dans les vieilles Chroniques, *Louis le Baube*, pour Louis le Begue. On a dit aussi *Bauboyer*, pour Begayer.

BAUBIS. s. m. Espece de chiens Anglois qui aiment naturellement à chasser les bêtes puantes, comme les Renards & les Sangliers. Ils sont la plûpart comme des Barbets à demi-poil, plus longs & plus bas de terre que les autres chiens; fort épais, d'une gorge effroyable, qui heurlent sur la voie, & qu'on n'en sçauroit faire sortir qu'avec peine, parce qu'ils ont le nés dur, & qu'ils reprennent difficilement la voie quand ils l'ont quittée.

BAUCALE. s. m. Vieux mot. Vase à rafraîchir, du Grec βαύκαλις. C'est delà qu'est venu *Bocal*.

BAUCENT. Vieux mot. Sorte de cheval. *Le cheval sus quoi il seoit, étoit un baucent de Quastele*, pour dire, Un cheval de Castille.

BAUD. s. m. Espece de chien courant, à qui ce nom a été donné, à cause que sa race vient d'une chienne de Barbarie, appellée *Baude*. La plûpart de ces chiens sont blancs, & tout d'une couleur. Comme ils courent ordinairement le cerf, on les appelle *Chiens cerfs*, & quelques-uns les appellent aussi *Chiens muets*, parce que le cerf venant au change, ils ne disent mot jusqu'à ce qu'il en soit hors. Ces sortes de chiens sont bons chasseurs, requerans, forcenans, & de haut nés.

BAUDE. adj. Joyeux.

Leurs filles se trouverent baudes;
Le masculin étoit *Bault*, *Bals* & *Baux*.
Fu liés, baux & joyaux.

On a dit aussi *Bauderie*, pour, Joie.

BAUDES. s. f. Terme de Marine. Ce sont des pierres que l'on attache aux filets des Madragues.

BAUDET. s. m. Les Scieurs de long appellent *Baudets*, les treteaux sur lesquels ils posent leurs bois quand ils les veulent scier.

Baudet, est aussi un lit de sangles.

BAUDIR. v. a. Terme de Chasse. Exciter les chiens à la course en leur parlant. *Baudir les chiens à propos*. On dit aussi *Rebaudir*. Les Chasseurs disent encore, *Baudir un faucon après un heron*, pour dire, L'encourager au combat.

BAVE. s. f. Vieux mot. Moquerie.

Qui sçavez si bien les manieres,
En disant mainte bonne bave.

On a dit aussi *Baverres*, & *baver* a été dit pour, Se moquer, tenir des discours de raillerie.

BAVER. v. n. Les Plombiers se servent de ce mot, en parlant des tuyaux qui ne jettent pas l'eau droite. *Tuyau qui bave.*

BAVETTE. s. f. Terme d'Architecture. Bande de plomb dont les bords & les devants des chenaux sont couverts. On la met aussi sur les grandes couvertures d'ardoise, au-dessous des bourseaux.

BAVEURE. s. f. Petites traces des joints de pieces de moule qu'on ôte à la lime & au rifloir sur le métal, & avec le ciseau sur le plâtre.

BAVEUSE. s. f. Poisson de mer qu'on a appellé ainsi à cause qu'il se couvre de la bave qu'il jette. Il est brun sur le dos & moucheté.

BAUME. s. m. Arbrisseau qui ne croît jamais plus haut de deux coudées. Ses feuilles qui approchent fort de celles de la rue, tombent tous les ans au mois de Decembre, & reviennent vers le milieu du Printems. Ils portent des fleurs semblables à celles du petit jasmin, après lesquelles vient une petite graine aromatique que l'on appelle *Carpo balsamum*, c'est-à-dire, fruit du Baume. Cette graine en sent mediocrement le suc, tire sur le jaune, & est mordicante & âcre au goût. Quelques-uns disent que cet arbrisseau ne croît qu'en Egypte, & dans une certaine vallée de Judée. Le suc qu'on en tire s'appelle *Balsamæleon*, comme qui diroit *Balsami oleum*, ou *opobalsamum*. Il y a differentes opinions touchant la maniere dont on le tire. Theophraste & Dioscoride disent que ce suc se recueille dans les jours caniculaires, en égratignant l'arbre avec des grifes de fer; qu'il sort goute à goute, & en si petite quantité, que chaque année on n'en peut remplir que six ou sept conges, dont chacune pese environ neuf livres, & qu'il s'achete au lieu où il naît, le double poids de l'argent. Pline dit au contraire qu'il faut inciser l'écorce avec un instrument tranchant de verre, de pierre ou d'os, parce que l'arbre mourroit si on l'entamoit avec le fer. Pour éprouver le bon Baume, il faut qu'il soit frais, aisé à dissoudre, uni, astringent, un peu piquant au goût & de couleur jaune ou rousse. Il faut encore qu'il ait l'odeur forte & pénétrante; qu'il ne tache point le drap sur lequel il aura été versé; qu'il caille le lait si on en jette dedans; qu'il se fonde incontinent qu'on l'aura mis dans de l'eau, & qu'il lui fasse prendre la couleur de lait; ce que ne fait point le Baume sophistiqué, qui laisse une tache sur le drap, & qui nage comme l'huile au-dessus de l'eau. Il y a de deux sortes de Baume, le naturel & l'artificiel. Le naturel se divise en quatre especes, qui sont le Baume simplement appellé Baume, le Baume du Perou, le Baume de Tolut, & le Baume qu'on nomme Baume nouveau. Le *Baume simple*, autrement le vrai Opobalsame, est une resine liquide, jaunâtre, transparente & d'une odeur qui approche de la Terebenthine, mais beaucoup plus agreable. Elle est d'un goût un peu amer & piquant & distille de l'arbrisseau décrit ci-dessus, quand on en a entamé l'écorce; comme aussi de ses petites branches taillées. Lorsqu'on la prend en breuvage, elle provoque l'urine, & est bonne à ceux qui ne peuvent avoir leur haleine. Elle sert de contrepoison prise avec du lait, quand on a été mordu d'un serpent, ou qu'on a bû ou mangé de l'aconit. On la fait entrer dans les onguents faits pour les lassitudes, & dans les emplâtres & préservatifs. Le *Baume du Perou*, est un suc tiré d'un arbre grand comme un grenadier, & dont les feuilles ressemblent à celles de l'ortie. Monard qui en rend ce témoignage, en distingue de deux sortes; l'un découle des incisions qu'on fait à cet arbre. Cette liqueur est blanchâtre, tenace & visqueuse; mais sa rareté & la difficulté qui se trouve à la tirer, empêche qu'il ne nous en vienne. Les Indiens pour composer l'autre Baume, font bouillir dans une chaudiere les branches & le tronc de l'arbre, hachés fort menu, avec beaucoup d'eau. Lorsque le tout a suffisamment bouilli, ils le laissent refroidir & ramassent l'huile qui nage au-dessus. Cette huile est de couleur noire, rougeâtre, fort odiferante, & c'est le Baume dont nous nous servons ordinairement. Etant appliqué, il adoucit les douleurs qui proviennent d'humeurs froides: il dissipe les humeurs aqueuses, fortifie les nerfs & le cerveau, guerit les goutes crampes, amollit la rate endurcie, & aide fort aux gouteux. Dans la Chirurgie, il est bon aux playes récentes, non seulement en consolidant, mais encore en échauffant & en dissipant ce qui est nuisible. On s'en sert aussi pour les contusions inveterées, & même pour celles des nerfs. Le *Baume de Tolut*, est un suc qu'on tire en incisant l'écorce d'un arbre, fait à peu près comme un petit pin, & qui croît dans une Province de l'Amerique. Sa couleur est rouge tirant sur le doré. Il est de consistance moyenne, fort gluant & adherent, d'une saveur douce & agreable, & jette une odeur qui approche de celle du limon. Il a les mêmes proprietés que le vrai Baume. Outre qu'on s'en sert dans l'astme, dans la phtisie & dans la crudité d'estomac; il est bon pour consolider les playes, pour les coupûres de nerfs, contusions & piquûres. S'il y a des os rompus, il jette hors les esquilles. Le *Baume nouveau*, que plusieurs prennent pour le Baume du Perou, est une espece de Baume naturel, tiré des sommités & des fruits semblables à des raisins, que porte un arbre qui croît dans les Indes. Cet arbre qui est environ de la hauteur de deux hommes, a de larges feuilles, plus vertes au-dessus qu'au-dessous. Elles sont attachées par des queues rouges, & une grosse côte en divise le milieu. Ce Baume est presque semblable tant en sa couleur qu'en ses autres qualités, au Baume de Tolut, & d'une consistance de miel épais.

Il est certain que le vrai arbre du Baume est originaire d'Arabie, où il en croît une infinité auprès de la Meque & de Medine, sur les montagnes, dans la plaine & sur le sable. De ces lieux steriles on les transplante en des terres fertiles. Les Pelerins qui vont visiter le Tombeau de Mahomet apportent de ces arbres au travers de la mer Rouge; & quand ces arbres viennent à mourir, ils en apportent d'autres par la même voie. La Reine de Saba en ayant apporté un en Judée, quand elle eut envie de voir Salomon, lui en fit present; & c'est delà que sont venus tous ceux qu'on y voit. Depuis quelque tems les Arabes ayant reconnu le grand profit qu'on peut tirer des Baumiers, ont pris grand soin de les conserver & de les multiplier: de sorte qu'il y en a maintenant un grand nombre de vergers, & qu'on en fait toûjours de nouveaux, avec la permission du Souverain: car il n'y a personne qui ose sans son ordre, semer ou planter cet arbre, prendre les fleurs, couper les branches ni cueillir les fruits. Le Baumier est de la figure de l'*Agnus castus*, & haut comme le Troëne. Ses feuilles qui sont en fort petit nombre, ressemblent à celles de la rue, & ont leur couleur d'un vert tirant sur le blanc. Elles ne tombent point en hiver. Les branches sont longues, droites, menues, & chargées de peu de feuilles. Elles pendent trois cinq ou sept ensemble comme celles du mastic. Les rameaux sont odoriferans, gommeux & s'attachent aux doigts quand on les touche. Les fleurs qui sont petites & semblables à celles de l'Acacia, pendent, chacune à sa tige en maniere de couronne, & ont une odeur très-agreable, mais qui dure peu. On y trouve une graine enfermée entre de petites feuilles, d'un noir tirant un peu sur le rouge, & qui sent fort bon. Elle est de la forme & de la grosseur du fruit de Terebinthe, épaisse au milieu, & se termine en pointe. Au-dedans de cette graine est une liqueur jaune comme le miel, un peu plus forte & amere au goût. Le bois du Baumier est leger, gommeux, & paroît rouge au-dehors. Le Baume qui est la gomme de cet Arbre, distille des fentes du tronc. Si-tôt qu'il sent l'air il devient jaunâtre, ensuite vert, après d'un jaune doré, & enfin d'un jaune brun, ou de couleur de miel. L'odeur en est si forte & si pénétrante au sortir de l'écorce, que non seulement elle fait mal à la tête, mais cause souvent des saignemens de nés. Elle se change insensiblement en une autre odeur plus douce. Le Baume nouvellement distillé est clair; peu de tems après il devient trouble, & fort épais étant vieux. Alors il n'est presque plus d'aucun usage. Les Egyptiens s'en servent pour toutes sortes de maladies causées par des humeurs froides ou par quelque venin. Si on en prend par jour le poids d'une dragme, il est souverain contre la peste. Il est fort aperitif, & distillé bien chaud goute à goute dans les yeux & dans les oreilles, il rétablit la vûe & l'ouïe. Les femmes d'Egypte s'en servent contre la sterilité, & le prennent par la bouche, ou en reçoivent la fumée dans la matrice. Il tient le teint frais, & garantit des rides celles qui s'en frottent. Il y a des femmes qui en font un si bon usage, qu'elles paroissent toûjours belles & jeunes. Pour cela elles se mettent dans un bain chaud, & quand la chaleur a pénétré tout leur corps, elles mettent plusieurs fois du Baume sur leur sein & sur leur visage, & demeurent dans le bain encore une heure ainsi embaumées, afin que le baume ait le tems d'agir. Elles réïterent cette onction, & quand elle est achevée, elles se frottent avec de l'huile d'amande amere, & se lavent plusieurs jours de suite avec de l'eau extraite des fleurs de féve. Les Egyptiens employent la graine & les rameaux du Baumier dans les mêmes maladies, où le Baume est bon, en prenant deux dragmes de la poudre dans la décoction de Nard. La même vertu du Baume est attribuée au bois & à la semence. Le Baume opere pourtant plus fortement que la graine, & la graine a un peu plus de vertu que le bois.

Le *Baume artificiel*, est un Baume qui par la tenuité de sa substance, par sa chaleur, par sa faculté dessechante, & par plusieurs autres bonnes qualités, est presque aussi bon que le Baume naturel; en sorte qu'on ne fait point difficulté de s'en servir lorsque l'autre manque. On le compose de divers médicamens, tous balsamiques, partie par distillation, & partie par décoction.

On appelle *Baume du Samaritain*, de l'huile commune mêlée & cuite avec du vin, à cause qu'on croit que c'est d'un pareil remede que se servit le Samaritain de l'Evangile.

Il y a des Chimistes qui prétendent que le Baume ne soit autre chose que l'ame du sel commun extraite par l'art. Lorsqu'ils l'ont fait dissoudre à l'humide, & que sa résolution bien clarifiée a été mise dans du fumier de cheval, pour la purifier pendant quelques mois, ils la font distiller fortement avec le feu de sable. Il en monte une précieuse onctuosité, dans laquelle les choses les plus corruptibles étant trempées, ne sont plus sujetes à corruption, & demeureront éternellement entieres.

Baume, est aussi une petite herbe odoriferante que l'on met à la salade.

BAVOCHE'. s. m. Terme de Peinture. Contour qui n'est pas couché nettement.

BAVOIS. s. m. Terme de Monnoyes. On appelle ainsi le tableau ou la feuille de compte, où est contenu le fondement de l'évaluation des droits de Seigneuriage, Foiblage, Echarceté & Brassage, selon le prix courant que l'Ordonnance du Roi attribue à l'or, argent & billon, en œuvre & hors œuvre.

B A Y

BAYE. s. f. Terme de Maçonnerie. Ouverture qu'on laisse dans les murs que l'on éleve pour mettre une porte ou une croisée. C'est aussi un terme de mer; & l'on dit, *Les bayes d'un Vaisseau*, pour dire, Les ouvertures qui sont en sa charpente, comme celles des écoutilles, les trous par où les mâts passent.

Baye, se dit aussi de la graine ou du fruit de certains Arbres, comme de l'If, du Laurier, du Houx, du Lierre.

BAYETTE. s. f. Sorte d'étoffe qui est une revêche de Flandre ou d'Angleterre.

B A Z

BAZAR. s. m. Terme usité parmi les Orientaux, sur-tout dans la Perse, pour signifier, Une sorte de rue longue, large & voutée, à la hauteur de quarante ou cinquante piés, & qui est destinée pour le commerce.

B D E

BDELLIUM. s. m. Gomme d'un arbre épineux qui croît dans l'Arabie, dans les Indes & dans la Médie. Il y a de trois differentes sortes de Bdellium. Le premier appellé *Saracenic*, & qu'on nous apporte d'Arabie, est meilleur que les deux autres. Il est pur, sans aucun mêlange de corps étranger, même de bois, & d'écorce, mol & gras quand on le frotte entre les doigts. Il se fond fort aisément, & a beaucoup d'amertume au goût. Le second appellé *Scythique* est resineux & noirâtre; & le troisiéme, que l'on nomme *Indique*, est acre, plein d'ordures & formé en gros pains & masses. Il n'y a guere que le premier dont on se serve dans les compositions, & sur-tout en celle du Mithridat. Il n'a besoin pour cela d'aucune préparation. Il suffit qu'il soit en larmes & bien choisi. Selon Galien, le *Bdellium* Scythique, qui est le plus noir & le plus gommeux, a une grande vertu pour amollir. Celui d'Arabie pris en breuvage rompt & diminue la pierre des reins. Exterieurement, il discute les hergnes, amollit les duretés & les nœuds des nerfs; ce qui fait qu'il est fort en usage dans les emplâtres styptiques.

B E A

BEANCE. s. f. Vieux mot. Felicité, du Latin *Beatus*, Heureux. On a dit aussi Beer, de *Beare*, Rendre heureux.

BEAUPRE'. s. m. Mât couché sur l'éperon à la proue d'un Vaisseau, celui qui étant le plus avancé sur la proue est incliné sur la poulaine.

On dit qu'*Un Vaisseau en suit un autre, beaupré sur pouppe*, pour dire, qu'il est le plus près qu'il se peut de l'arriere d'un autre Vaisseau.

On appelle *Petit beaupré*, Le perroquet du beaupré, c'est-à-dire, le mât qui est arboré sur les hunes du beaupré. On l'appelle aussi *Tourmentin*.

BEAUREVOIR. s. m. Terme de chasse dont on se sert quand le Limier bande fort sur la botte & sur le trait étant dans les voies.

B E C

BEC. s. m. On donne ce nom dans l'Architecture aux masses de pierre de taille disposées en angles saillans qui couvrent les piles d'un pont de pierre. Ceux qui sont opposés au fil de l'eau s'appellent *Avant-becs*, & on nomme *Arriere-becs*, Les autres qui sont de l'autre côté.

On appelle *Becs*, en termes de Blason, Les pendants du Lambel. Autrefois ils étoient faits en pointes ou en rateaux, & presentement ils ont la figure des goutes qui sont au dessous des Triglyphes en Architecture.

Bec d'âne, Est un outil dont les Menuisiers se servent. Les Serruriers appellent *Bec d'âne croche*, Certain instrument dont ils se servent pour serrer les fiches dans le bois.

Bec de canne. Autre outil servant aux Menuisiers Il y a aussi de petites serrures à ressort, qu'on appelle *Bec de canne.* Les Chirurgiens nomment encore *Bec de canne*, Une sorte de pincettes, qui a son extrémité large, ronde & dentelée, pour mieux prendre une balle qu'ils veulent tirer du corps de quelqu'un.

Bec de corbin. Instrument de Chirurgie fait en forme de tenailles ou pincettes, qui a un bec long recourbé & arondi en pointes semblables à celle du bec des corbeaux. Il est plus ou moins large, selon l'ouverture des playes d'où l'on veut tirer des corps étrangers & nuisibles.

C'est aussi l'outil d'un Serrurier qui lui sert à poser ses ouvrages.

On appelle aussi *Bec de corbin*, Une petite piece de fer, soudée à la pince d'un fer de cheval Elle est large d'un pouce, & longue de trois ou quatre, & fait une saillie en avant; ce qui empêche qu'un cheval boiteux n'appuye ou ne marche sur la pince.

Bec de grue coudé, Autre instrument de Chirurgie fait en forme de pincettes courbées & dentelées par le bout. On s'en sert pour tirer des esquilles d'os fracturés, des balles, dragées, &c.

Bec de cigne, Instrument qui s'ouvre à vis pour faire la dilatation d'une playe, tandis qu'avec le Bec de grue on en tire des corps étrangers.

Bec de lezard. On appelle ainsi des pincettes applaties, qui sont une espece de tire balles.

Bec de Perroquet. Tenaille incisive qui sert à guérir les playes du crane.

Bec de Grue ou *de Cigogne.* Plante qui rend une bonne odeur, & qui est semblable aux mauves. Ses fleurs sont rougeâtres, & elle jette au bout de ses tiges plusieurs boutons qui ont du rapport à un bec de Grue. Voyez BALSAMINE.

BECCAFIGUE. s. f. Petit oiseau qui est une espece d'ortolan, & que l'on appelle ainsi à cause qu'il se nourrit de figues dans le tems qu'elles sont mûres. Il siffle agréablement, a quelque chose du chant de la Fauvette & du Rossignol, & vit jusques à dix ans. La plûpart disent *Becfigue.*

BECCARD. s. m. Sorte de Saumon. Selon quelques-uns, c'est la femelle du Saumon, & elle a le bec plus crochu que le mâle. Selon d'autres, c'est un Saumon du Printems qui devient Beccard sur la fin de l'Eté, dans lequel tems les Saumons sont bien moins bons, que quand ils commencent à être de saison.

BECCASSE. s. f. Oiseau de passage qui est très-bon à manger. Il est marqueté de gris, a le bec fort long, & on le voit en hiver.

Il y a une sorte d'oiseau plus gros qu'un canard, ayant le bec long de quatre doigts, que l'on appelle *Beccasse de mer.* Sa tête est noire, ainsi que le cou, le dessus de l'estomac & le bout de la queue. Le dessus du corps & des ailes est de couleur de fumée. Les côtés avec le milieu des ailes & de la queue sont blancs, & il a les jambes grosses & rougeâtres, & trois doigts à chaque pié.

Beccasse, Se dit aussi d'un poisson de mer qui a le bec pointu & fait en aiguille. Il n'a point de dents, mais ses machoires coupent comme feroit une scie.

Les Vaniers appellent *Beccasse*, Un outil de fer en forme de cou & de bec à Beccasse, dont ils se servent pour enverger les vans & les hottes.

BECCASSINE. s. f. Oiseau passager qui est plus petit que la Beccasse, & qui a le bec long & noir au bout. Il est fort bon à manger. Cet oiseau est comme roux & marqueté de petites taches, & a les doigts noirs & longs.

BECQUÉ, ÉE. adj. Terme de Blason. Il se dit des oiseaux dont le bec est d'un autre émail que le corps. *D'azur au Grifon d'or becqué d'argent.*

BECQUERELLE. s. f. Vieux mot. Brocard.

Puis il parle des maquerelles.
Des barats & des becquerelles.

BECQUILLON. s. m. On se sert de ce mot en termes de Fauconnerie, lorsqu'on parle du bec des menus oiseaux.

BECUNE. s. f. Poisson fort semblable à un brochet, qui a quelquefois plus de huit piés de longueur, & qui est gros à proportion. Il est gourmand & hardi, & se lance de furie contre les hommes s'il en apperçoit dans l'eau. Sa chair a le même goût que celle du brochet; mais il est fort dangereux d'en manger, si auparavant on n'a regardé ses dents & goûté de son foye. S'il a les dents blanches & le foye doux, on en peut manger en assurance; mais s'il les a tant soit peu noircies, & le foye amer ou acre, on n'en doit non plus goûter que si c'étoit du poison. Les Habitans des Isles de l'Amerique, où se trouve ce poisson, attribuent cela à la Mancenille qui tombe dans la mer, & dont la Becune se repaît.

Il y a une autre sorte de *Becune* si grosse & si longue, qu'on peut mesurer quatre bons piés entre la queue & la tête, & douze pouces dans la largeur de chaque côté qui répond aux ouyes. Sa tête est presque comme celle d'un pourceau, avec deux gros yeux qui sont fort luisans. Elle a la queue divisée en deux, des nageoires aux côtés & au dessous du ventre, & une empennure haute & relevée par degrés comme une crête, qui commençant au sommet de la tête, s'étend tout le long du dos jusques auprès de la queue. Les François qui sont aux Isles appellent cette sorte de Becune *Beccasse de mer*, à cause de la figure de son bec, qui est presque pareille à celui d'une beccasse, excepté que la partie d'en haut est plus longue de beaucoup que celle d'en bas, & que ce poisson remue l'une & l'autre machoire avec une égale facilité. Outre ce bec long & solide qui le distingue entre les autres poissons, il a encore deux especes de cornes dures, noires & longues d'un pié & demi, qui pendent au dessous de son gosier. Il les peut cacher dans une enfonçure qui est sous son ventre, & leur sert de gaine. Il n'a point d'écailles, mais il est couvert d'une peau rude, noirâtre sur le dos, blanche sur le ventre, & grise aux côtés. Sa chair est moins délicate que celle de la vraie Becune, mais on en peut manger sans peril.

BED

BEDAINE. s. f. Vieux mot. Boulet, d'où vient que l'on disoit autrefois, *Jetter bedaines.* C'étoient certains instrumens gros & courts qu'on appelloit aussi *Bedondaines.*

BEDEGAR. s. m. Nom que les Arabes & les Apoticaires donnent à une plante qui croît dans les forêts & dans les montagnes, & qui a ses feuilles semblables au Chamæleon blanc, mais plus blanches, plus étroites & un peu piquantes & rudes. Sa tige est haute de deux coudées & davantage, & a plus d'un pouce de grosseur. Elle est blanche & creuse au-dedans, & produit à sa cime une tête semblable à un herisson marin, quoique plus petite & longuette. Ses fleurs sont purpurines ou incarnates, & sa graine ressemble au safran bâtard. On l'appelle en langue vulgaire *Epine blanche*, & même *Artichaut sauvage*, à cause de la ressemblanc qu'elle a en quelque façon à un artichaut de jardin. Dioscoride qui en parle ainsi, dit que sa racine prise en breuvage est bonne à ceux qui crachent le sang, ou qui sont travaillés de douleurs de ventre & d'estomac ; ce qui est aussi l'opinion de Galien. Il ajoûte que sa graine prise de même en breuvage remedie aux convulsions des petits enfans, & à ceux que des serpens ont mordus. Borel dit que selon les Modernes, le Bedegar est une éponge qui se trouve sur l Eglantier ou rosier sauvage, qui est fort propre aux dyssenteries, qu'on l'appelle *Rose de Bedegar*, & en Languedoc *un Garrabié*, ce qui a donné lieu à une maniere de proverbe, dans cette Province, où l'on dit de ceux qui n'aiment personne, *Amoureux comme un Garrabié*, à cause que c'est un arbrisseau fort épineux, qui ne s'attache aux habits que pour les arracher.

BEDON s. m Vieux mot. Sorte de cloche ou tambour.

Leurs choches, bedons, menestriers.

BEDOUAN. s. m. Vieux mot. Blereau.

BEF

BEFROI. s. m. Terme de Blason. Nom donné par les Rois d'armes & par les Herauts à un écu vairé ou composé de trois tires de vair à cause qu'il a la forme des cloches qui servent à sonner à l'effroi. Quand on dit simplement *Befroi*, on doit entendre qu'il est composé d'argent & d'azur.

Befroi autrefois signifioit proprement la Charpente qui porte une cloche dans un clocher. Il a été pris aussi pour Clocher, suivant ces deux vers de Perceval.

Lors a une cloche vûë,
En un petit befroy la ved.

On disoit aussi *Berfroi*, *beffroit* & *beffrai*. On lit dans Froissard, *Firent des befrois de merroin à trois étages assis sur quatre roues.* Ces beffrois étoient des Tours de bois qu'on faisoit pour découvrir ce qui se passoit dans les Villes assiegées, ou pour asseoir des machines qui pussent agir de haut en bas. Ce même mot a signifié Prison, parce qu'ordinairement on mettoit les prisonniers dans des Tours; ce qui se pratique encore aujourd'hui en divers lieux.

Si lui dit, Mon ami, le tien corps mourir doit.
Mais si faire voulois ce que l'on te diroit,
Tu serois délivré, & mis hors de befroit.

M. Ménage croit que quand on dit *Sonner le befroi*, cela veut dire l'Effroi, & il fait venir ce mot de *Bée* & *Effroi*, comme qui crieroit à haute voix sur une Tour qu'il faut promptement courir aux armes; ce qui a pû être pratiqué avant qu'on eût inventé les cloches. On en use encore aujourd'hui de cette sorte en Turquie, pour avertir le peuple de l'heure qu'il est. On ne peut pourtant douter qu'on n'ait pris *Beffroi* pour Cloche, puisque Villon a dit dans son Testament,

Le gros Beffroi qui est de voirre.
Quand de sonner est à son erre.

BEG

BEGAYER. v. n. Terme de Manege. On dit qu'*Un cheval begaye*, pour dire qu'il bat à la main, c'est-à-dire, qu'il branle la tête & secoue la bride.

BEGUINS, ou *Beguards*. s. m. Secte d'Heretiques qui ont eu beaucoup de partisans en Allemagne, où ils s'éleverent dans le treiziéme siecle. Quoiqu'ils portassent l'habit de Moines, & qu'ils menassent une vie solitaire, ils ne gardoient point le celibat, & soûtenoient des erreurs très-pernicieuses, comme de dire, que l'homme peut acquerir en cette vie la beatitude finale; avec tous les degrés de perfection dont il doit jouir dans le Ciel; que toute nature intellectuelle est de soi heureuse sans le secours de la grace, & que celui qui est dans cette perfection, non seulement doit se dispenser de rendre obéissance à son Souverain, de jeûner, de prier, & de faire de bonnes œuvres; mais qu'il ne doit pas communier ni porter honneur au Saint Sacrement, parce qu'ils disoient que cela donnoit sujet de reconnoître en soi quelque imperfection.

BEGUINES. s. f. Societés de Filles dont il y avoit de deux sortes. Les premieres ne faisoient point de vœux, & suivoient les erreurs des Beguards & de Marguerite Porreta, condamnées par plusieurs Conciles. Les autres vivoient sous les Constitutions qu'elles avoient reçûes de sainte Begga, sœur de sainte Gertrude, ou selon d'autres, d'un saint Prêtre appellé Laurent Begha. On voit encore aujourd'hui dans les Pays-Bas de ces Religieuses qui vivent fort saintement, & il y a même à Rouen un Couvent de Filles qu'on nomme *Beguines*.

BEH

BEHEN, ou *Ben*. s. m. Quelques-uns disent qu'il y a de la difference entre ces deux mots; d'autres n'y en mettent point, & établissent de trois sortes de Ben ou Behen. La premiere n'est autre chose que ces noisettes dont les Parfumeurs tirent une huile qui ne devenant jamais rance, est très-legere & subtile, & n'a aucune odeur d'elle-même; ce qui la rend propre à en recevoir de toutes sortes. La seconde est le Ben des Arabes. Serapion dit que c'est une racine odorante de la grosseur de la petite carotte, que ce Ben vient d'Armenie, & qu'il y en a de blanc & de rouge. La troisiéme est le Ben bâtard, & c'est celui des Apothicaires. L'arbre qui porte les noisettes, qui font la premiere espece du Ben, est semblable au Tamarisc, & croît en Egypte, en Ethiopie & en Arabie. Son fruit est gros comme une aveline, & son noyau broyé comme on fait les amandes ameres, rend une liqueur dont on se sert au lieu d'huile dans les onguents précieux. Cette liqueur, quand le Ben est bien pilé, est fort bonne dans les medicamens absterfifs, & qui sont faits pour l'âpreté de la peau. Les meilleures noix de Ben sont celles qui sont pleines, fraîches, blanches & fort aisées à peler. Le Ben pris au poids d'une dragme consume la rate. C'est ce qu'en rapporte Dioscoride. Le Ben des Arabes fortifie, engraisse & remedie aux tremblemens.

BEHISTRE. s. f. Vieux mot. Tempête.

BEHORDER. v. n. Vieux mot. Caqueter, parler trop. On le trouve aussi employé dans la signification de *Passer le tems à se réjouir*.

BEHOURDE. Vieux mot. Joûte. On a dit aussi *Behourdier*, pour signifier un choc de lances; & *Behourdi* d'un Joûteur, qui dans un Tournois a reçû un coup qui l'a étourdi.

BEHOURT. s. m. Vieux. mot. Espece de Balcon.

BEI

BEJAUNNE. s. m. Terme de Fauconnerie. On donne ce nom aux Oiseaux niais & tous jeunes, qui ne sçavent encore rien faire, & aux jeunes Ecoliers qui arrivent dans les Universités, & qui payoient *Jus Bejauni*. Vide *Hist. Univers. Paris.*

BEID *el ossar* ou *essar*. s. m. Plante qui croît en Egypte, dans un lieu marécageux à cause du Nil, près du Village de Martarea. On en transporte en Europe, où elle germe & fleurit dans les jardins ; mais elle n'y porte point de fruit. Cette plante pousse beaucoup de racines, d'où sortent plusieurs branches & rejettons, de la hauteur à peu près d'un homme, Ses feuilles sont deux à deux, larges, fort épaisses, & finissent en ellipse ou œuf. Une maniere de lait distille des feuilles tendres de la tige & des rameaux, quand on les rompt. Ce lait se caille dans les pays chauds. Les fleurs sont de couleur de safran, tirant un peu sur le rouge, & servent de pâtures aux abeilles. Elles croissent par faisseaux au haut des branches, & pendent à de longues queues en forme de couronne tournée vers la terre. Une espece de coton aussi doux que la soye, couvre la semence. On en fait une meche qui prend feu à la moindre étincelle. Le fruit est entouré du même coton, qui sert à faire des matelas & des coussins. Le lait que rend cette Plante n'est pas inutile, & l'on s'en sert quelquefois pour corroyer les peaux, & en faire tomber le poil. Ce même lait est un excellent remede contre la teigne, la galle & autres petites tumeurs qui se forment sur la peau. Les feuilles cuites dans l'eau, ou crues, étant appliquées sur les tumeurs froides, ont une vertu qui les guerit.

BEL

BELANDRE. f. m. Quelques-uns disent *Belande*. Terme de Marine. Petit bâtiment fort plat de varangue, & qui a son appareil de mâts & de voiles semblable à celui d'un Heu. La couverte ou le tillac de ce petit bâtiment s'éleve de proue en pouppe d'un demi-pié plus que le plat-bord. Ainsi entre le plat-bord & le Tillac il y a un espace d'environ un pié & demi qui regne en bas, tant à Stribord qu'à Basbord. Les Belandres servent au transport des marchandises ; & les plus grandes, qui sont de quatre-vingts tonneaux, se peuvent conduire par trois ou quatre personnes. Elles vont à la bouline comme le Heu, & ont des semelles pour cela.

BELETTE. f. f. Petit animal fin & prévoyant, qui a le gosier blanc, le dos rouge & le museau étroit. Quoiqu'il soit petit de corps, il est hardi & cruel, & fait la guerre aux pigeons. Pline en met de deux especes, l'une qui vit dans les buissons & dans les hayes, & qu'il appelle *Mustelle sauvage* ; & l'autre qui hante les maisons, & qu'il nomme *Fouïne*. Selon le même Pline, la Belette combat le serpent, ayant auparavant mangé de la rue. Elle fait mourir le Basilic, & si elle a un œil crevé par quelque accident, elle recouvre la vûe, ainsi que fait le Lezard. Aristote dit que la Belette aime si fort ses petits, qu'elle les tient souvent en sa bouche pour les transporter d'un lieu en un autre ; ce qui a fait dire que cet animal faisoit ses petits par la bouche. La cendre de la Belette incorporée dans de l'eau, appliquée sur le front, ôte les douleurs de tête ; & si on la jette dans les yeux, elle guerit les cataractes.

BELIC. Terme de Blason, que l'on emploie quelquefois au lieu de gueules, pour signifier couleur rouge. On dit aussi *belif*.

BELIER. f. m. Machine de guerre fort en usage chés les Anciens. C'étoit une grande poutre de bois, ferrée par le bout gros & massif & suspendu par deux chaînes. Ils s'en servoient pour battre les tours & les murailles des Villes. Ce ne fut d'abord qu'une piece de bois que plusieurs hommes tenoient entre leurs bras, & dont ils donnoient de grands coups contre la muraille. Vitruve attribue l'invention du Belier aux Carthaginois, lorsqu'ils assiegéoient Cadis. M. Felibien dit qu'il y avoit trois sortes de beliers, les uns qu'on suspendoit à des cordes, les autres qui couloient sur des rouleaux, & les autres que soûtenoient sur leurs bras ceux qui les faisoient agir.

On appelle aussi *Belier*, une piece de bois qu'on couche sur les quarreaux d'un pressoir sur laquelle porte le fust.

BELIERE. f. f. Anneau par lequel le battant d'une cloche est suspendu. On appelle aussi *Beliere*, L'anneau qui est au-dedans du dessus d'une lampe d'Eglise.

BELIN, adj. Vieux mot. Sot.

Avoir qu'à point tant soit bengle ou belin.

Il a été pris aussi pour Mouton.

Qui de la toison de belin
En lieu de manteau sobelin, &c.

BELLE. f. f. Terme de Marine. La partie du pont d'en haut qui regne entre les haubans de Misaine & ceux d'Artimon. Comme elle a son bordage & son platbord moins élevé que le reste de l'avant & de l'arriere, elle laisse cet endroit du pont presque à découvert par les flancs ; ce qui est cause que c'est par la belle qu'on vient ordinairement à l'abordage.

BELLE DE NUIT. f. f. Plante qui porte des fleurs rouges ou jaunes. On l'appelle ainsi à cause qu'elle se ferme de jour, & qu'elle fleurit & s'ouvre la nuit.

BELVEDER. f. m. Matthiole dit que c'est une Plante qui a ses feuilles semblables à celles du lin, & que ses branches servent à faire des balais. Les Apothicaires en font souvent l'ornement de leurs boutiques.

BELOCE. f. f. Vieux mot. Chose très-peu considerable. Dans Mehun au Codicille.

Qui pour l'amour sa femme ne donne une beloce.

BELUDE, *Belue*. f. f. Vieux mot. Bête feroce, du Latin *Bellua*.

Degeneré de bien peu de value,
Et converti en forme de belue.

BEN

BENARDE. f. f. Espece de serrure qui s'ouvre des deux côtés, & qui est garnie d'une, deux ou trois planches fendues qui passent dans la clef. Afin que la clef fasse arrêt sans passer outre, on fait dans la tige une entaille plus grosse au milieu & au derriere du paneton, que par le devant. Cet arrêt porte sur l'une des planches : ce qui fait que la serrure s'ouvre librement des deux côtés.

BENEDICTE. f. m. Terme de Pharmacie Electuaire mol purgatif, composé de vingt-quatre ingrediens, sans y comprendre le miel. Nicolas de Salerne en est l'Auteur. On l'appelle *Benedicte*, à cause qu'il purge benignement la pituite de toutes parts, même des jointures.

BENEDICTINS. f. m. Religieux vêtus d'un ample froc noir à grandes & larges manches, avec un capuchon qui leur couvre la tête, & qui finissant en pointe, pend sur le derriere du froc. Cet Ordre, l'un des plus illustres qui soient dans l'Eglise, & celui qui a eu le plus de grands Hommes, de Saints & d'Ecrivains celebres, a été fondé par saint Benoît & établi sur le Mont-Cassin, d'où vers l'an 529. il chassa le diable, qu'on y adoroit dans un vieux Temple d'Apollon. Selon sa Chronique, on compte quarante Papes de cet Ordre, deux cens Cardinaux, cinquante Patriarches, seize cens Archevêques, quatre mille six cens Evêques, quatre Empereurs, douze Imperatrices, quarante-six

six Rois, quarante & une Reines, & trois mille six cens Saints canonisés. De saints Personnages ont souvent renouvellé la ferveur de l'observance reguliere en reformant l'Ordre, & cette reforme fut commencée vers l'an 940. par saint Odon Abbé de Cluni, d'où est venu la Congregation de Cluni. Celle de sainte Justine de Padoue & du Mont-Cassin s'est établie en Italie en 1408. & on l'a renouvellée en 1504. Celle de S. Maur en France a commencé en 1621.

BENEDICTINES. s. f. Religieuses habillées de noir, qui suivent les Regles établies dans l'Ordre de saint Benoît.

BENEFICE. s. m. Charge spirituelle avec certain revenu que l'Eglise donne à celui qui est tonsuré ou dans les Ordres, afin de le faire subsister en servant Dieu. Il y a des Benefices simples, & des Benefices à charge d'ames. *Le Benefice simple* est celui qui peut être possedé par un Clerc tonsuré, quoiqu'il n'ait encore que sept ans. On l'obtient sur une simple signature de Rome, & il n'oblige qu'à reciter le Breviaire. *Le Benefice à charge d'ames* est un Benefice qui oblige à être Prêtre, comme un Evêché, une Cure, & à prendre soin des ames de ceux qui sont soumis à cet Evêché, à cette Cure. On appelle *Benefice en titre* ou *en regle*, Celui qu'un Religieux possede; & *Benefice seculier*, Celui qui se doit donner à un seculier. Toutes les Cures sont presque de ce nombre. *Un Benefice secularisé* est celui qui n'ayant été autrefois possedé que par des Reguliers, commence à être possedé par des Seculiers, sur ce que le Pape a trouvé à propos d'en changer l'état. *Benefice en Commande*, étoit autrefois le déport d'un Benefice entre les mains de celui qui ne pouvoit canoniquement le tenir en titre. Lorsqu'il en vaquoit quelqu'un qui ne pouvoit être aisément rempli, on commettoit un Oeconome seculier qui en percevoit les fruits, & en rendoit compte au successeur de celui qui avoit laissé le Benefice vacant. Dans la suite des tems, comme ces Oeconomes, qui étoient Ecclesiastiques, rendoient des services considerables aux Eglises dont l'administration leur étoit commise, on trouva juste de leur donner les fruits, mais seulement pour un tems, comme de six mois, ou d'une année, jusqu'à ce qu'on eût fait choix d'un sujet capable. Enfin par les Concordats qui ont été faits entre les Papes & les Princes temporels, on a dispensé les seculiers de la regle, & en appellant *Commande* ce qui est un vrai Titre, on leur confere à perpetuité des Benefices Reguliers, & ils sont presentement Titulaires, & jouissent de tous les privileges du Clergé, au lieu qu'ils étoient autrefois chargés d'un dépôt avec le seul titre d'Oeconomes. On appelle *Benefice consistorial*, Celui qui est à la nomination du Roi, & se préconise à Rome en plein Consistoire. Ce sont les Archevêchés, les Evêchés & les Abbayes dont il faut avoir des Bulles. Il y a encore une sorte de *Benefice* qu'on appelle *Manuel*. C'est celui qui dépend d'une Abbaye, & qu'on envoie desservir par un Religieux. Ce Religieux est amovible, & le Superieur le change quand il lui plaît.

Benefice, est aussi un terme de Jurisprudence, qui se joint avec divers mots. *Benefice d'inventaire*, est un remede que la Loi a introduit en faveur des heritiers, en sorte que l'heritier par Benefice d'inventaire n'est tenu des dettes du défunt qu'à proportion de l'avantage que la succession lui apporte. C'est pour cela que l'on en fait inventaire, pour en rendre compte s'il en est besoin. On appelle *Benefice de cession*, quand on reçoit un débiteur à abandonner tous ses biens à ses creanciers sans nulle reserve, après quoi on lui donne la liberté, s'il n'est arrêté pour les cas reservés par les Ordonnances. *Benefice d'âge*, c'est lorsqu'un Mineur obtient des Lettres du Prince, par lesquelles il est declaré émancipé, en sorte qu'il a le pouvoir de gouverner son revenu depuis dix-huit ans jusqu'à sa pleine majorité.

BENEFIQUE. adj. Bienfaisant. Ce mot ne s'emploie qu'en parlant des Astres ausquels on attribue des influences favorables. *Une Plante benefique.*

BENEISON, ou *Beneiçon*. s. f. Vieux mot. Benediction. On a dit aussi *Benoyer*, pour Benir.

BENEURETE'. s. f. Vieux mot. Bonheur. On a dit aussi *Beneuré* & *Beneurté*, pour Bienheureux.

BENJOIN. s. m. Gomme de couleur jaune mise en pain, d'une odeur fort agreable, facile à rompre & à fondre. Elle découle d'un arbre étranger extrêmement haut, & Matthiole prouve que ce ne peut être le *Lazer*, comme il l'avoit crû lui-même avant que d'y avoir fait assés de réfléxion. On l'appelle en Latin *Benjoinum, Benzoinum*, *Belzoinum*, *Benzoum*, ou *Ben-Judaum*, & quelques-uns l'appellent *Assa dulcis*. Il y a de trois sortes de Benjoin. Le premier est tacheté de marques blanchâtres, & a comme des coups d'ongles, qui font qu'il ressemble à des amandes rompues; ce qui l'a fait appeller *Amygdaloides*. Les deux autres sortes de Benjoin sont noires. L'un a moins d'odeur que l'autre, qui est très-odoriferant, & qui se recueille sur les jeunes arbres qui portent le Benjoin. Cette troisiéme sorte vient de Sumatra, & les Habitans l'appellent *Benjoin de boninas*. L'*Amygdaloides* est le meilleur. Pour être bon, il doit être rougeâtre, pur & clair, recent, de bonne odeur; & la fumée qui en sort quand on le brûle, doit sentir le bois d'Aloës. Le Benjoin incise, attenue, resiste aux venins & fortifie le cerveau, le cœur & la matrice. Etant mis en poudre, il entre dans tous les Medicamens Cephaliques, tant internes qu'externes.

BENNE. s. f. Petit vaisseau qui sert à charger les bêtes de somme, pour transporter des grains ou autres choses. Sa capacité est de deux minots de Paris, ou environ, & il sert de mesure en plusieurs Provinces. Ce mot peut venir de *Benna*, qui au rapport de Borel étoit une sorte de chariot des anciens Gaulois. Il parle selon Festus, & dit que c'est delà qu'est venu le mot de *Combennones*, pour dire, Compagnons de chariot, & *Benneau* ou *Bennel*, que Monstrelet emploie pour un Tombereau.

BENOISTE. s. f. Ce mot n'a été d'abord qu'un Adjectif, servant d'épithete à la pierre Philosophale; mais presentement la plûpart des Chimistes en font un Substantif, en appellant la pierre Philosophale absolument *La Benoîte.*

BEO

BEORI. s. m. Animal à quatre piés des Indes Occidentales, qui se trouve dans la Province de Verapaz. Il est semblable à un veau, mais il a les jambes plus courtes, & les piés articulés comme l'Elephant. Ceux de devant ont cinq orteils, & ceux de derriere quatre. Il a la tête longue, le front étroit, les yeux petits pour sa grandeur, le museau long d'un palme, qui lui pend comme une trompe, les oreilles aigues, le cou retiré, la queue courte, couverte d'un peu de poil, & la peau fort épaisse, en sorte qu'il est difficile de l'empoigner de la main, ou de la percer avec un fer. Cet animal vit d'herbes sauvages, & quand il s'est fâché, il se dresse, & ouvrant la gueule il montre ses dents qui sont comme celles d'un pourceau. S'il arrive qu'il se sente trop rempli de sang il s'ouvre les veines en se frottant contre des pierres. Les Espagnols l'appellent *Danta*.

BER

BER. s. m. Vieux mot. Seigneur.

Li Ber se sent à mort playé.

On a dit aussi *Haltber*, pour dire, Grand Seigneur. C'est delà que nous est venu Fief de *Hautber*. On a dit aussi *Bernage*, pour dire, Suite, équipage, train d'un grand Seigneur.

BERBERIS. s. m. Arbrisseau, Epine-vinette, qui porte un petit fruit rouge d'un goût très-aigu.

BERCEAU. s. m. Terme d'Architecture. Voute qui forme un demi-cercle entier. On l'appelle autrement, *Hemicycle* ou *voute en berceau*. Si la voute est plus basse qu'un demi-cercle, on l'appelle *Berceau surbaissé*: & quand sa concavité passe en hauteur, & excede la longueur, ou le diametre du demi-cercle, cela s'appelle *Berceau surhaussé*.

On appelle *Berceaux rampans*, Ceux qui ne sont pas paralleles à l'horison, comme les voutes & les descentes des caves; & *Berceaux à lunettes*, ceux où l'on pratique des jours, en y faisant sur les côtés ou dans les flancs des ouvertures en arc, ou d'autres ouvertures qui ne vont pas jusques au haut de la voute. *Berceaux biaisans* sont ceux qui tombent sur un plan biais, & qui font des angles obliques & inégaux, & *Berceaux biais & rampans*, ceux qui biaisent & rampent tout ensemble.

On appelle dans les Jardins, *Berceau de verdure*, une Allée où les branches des arbres entrelassées les unes dans les autres donnent du couvert; *Berceau de treillage*, une Allée couverte en cintre, faite de barreaux de fer & d'échalas maillés, & garnis de chevrefeuille, de jasmin commun ou de vigne vierge; & *Berceau d'eau*, une Allée où plusieurs rangs de jets d'eau, en s'inclinant les uns vers les autres, representent un berceau.

Berceau. Terme d'Imprimerie. Partie de la Presse qui roule sur les bandes, où le marbre est enclavé.

BERCELLES. s. f. Petit instrument fait de laiton, & qui aboutit d'un côté en de petites pincettes, & de l'autre en une petite pelle. Les Orfévres s'en servent à travailler en diamans, & autres menus ouvrages.

BERCHE. s. f. Terme de Marine. On appelle ainsi de petites pieces de canon de fonte verte. Il y en a aussi de fer fondu qu'on appelle *Barces*. Ces sortes de canons ne sont plus guere en usage. Borel dit que *Berche*, est une sorte d'Artillerie ancienne, & que l'on s'en sert encore dans les Navires.

BERGAMOTTE. s. f. Poire verte & ronde. Quelques-uns prétendent qu'elle a pris son nom de Bergame, Ville d'Italie. M. Ménage dérive ce mot, du Turc *Bergamot*, & dit qu'il signifie Poire du Seigneur, *Ber*, signifiant Seigneur, & *Armout*, Poire.

BERGE. s. f. Bord escarpé d'une riviere, bord assés élevé pour garantir la campagne d'être inondée. On appelle aussi en termes de mer *Berges*, les grands rochers relevés à pic & droitement. Quelques-uns les nomment *Barges*.

BERGERONNETTE. s. f. Petit oiseau blanc & noir, qui frequente les rivieres. On l'appelle autrement *Hochequeue*.

BERIL. s. m. Pierre précieuse, semblable au cristal, & dont il se trouve de grosses pieces qui servent à faire de fort beaux vases. M. Felibien dit qu'il y en a beaucoup à Cambaya, à Martaban, au Pegu & dans l'Isle de Zeilan.

BERLE. s. f. Plante dont la tige est droite, & qui croît auprès des ruisseaux. Ses fleurs qui sont blanches, portent une graine qu'on trouve enfermée en de petites gousses cornues. Il y a de deux sortes de Berle, l'une grande qui a les feuilles larges & rondes, & l'autre petite, qui les a longues & étroites. Ces plantes échauffent & humectent moderement, & sont diuretiques, hysteriques, & lithotriptiques. On leur donne plusieurs noms en Latin sçavoir, *Bevula*, *Laver*, *Sium*, *Beccabunga*, & *Anagallis aquatica*.

BERME. s. f. Terme de Fortification. Espace de trois, quatre ou cinq piés, selon la hauteur qu'on laisse en dehors entre le pié du rempart, & l'escarpe du fossé pour recevoir la terre qui s'éboule. On l'appelle autrement *Relais*, *Retraite*, *Lisiere*, ou *Pas de souris*. On a de coûtume pour plus de précaution de palissader les Bermes.

BERNARDINS. s. m. Ordre de Religieux qui suivent la Regle de saint Benoît, & qui ayant été d'abord reformés par Robert, Abbé de Molême, l'ont été ensuite par saint Bernard, Abbé de Clairvaux; ce qui les a fait nommer *Bernardins*. Ils ont une robe blanche, avec un scapulaire noir, & en officiant, ils sont vêtus d'une coule ample & large qui est toute blanche. Cette coule a de grandes manches avec un chaperon blanc.

Le Dictionnaire Universel dit qu'il y a cinq Abbayes Chefs-d'Ordre de saint Bernard. Il avance faux. 1. On ne dit point *Ordre de saint Bernard*, mais, *Ordre de Citeaux*. 2. Clairvaux, Pontigni, La Ferté, Morimond ne sont point Chefs-d'Ordre, mais Chefs des Filiations de l'Ordre de Cîteaux. Les Abbés de ces Monasteres visitent le premier, mais il faut qu'ils soient tous quatre ensemble: l'Abbé de Cîteaux les visite seul.

BERNARDINES. s. f. Religieuses qui sont habillées comme les Bernardins, & suivent la même Regle.

BERNE. Terme de Marine. On dit, *Mettre le Pavillon en Berne*, pour dire, Le faire courir le long de son bâton par le moyen de son issas, & le tenir ferlé. Quoiqu'on mette le Pavillon en berne pour appeller en chaloupe, c'est en general un signal que donnent les Vaisseaux Pavillons aux Vaisseaux inferieurs, pour les faire venir à bord de leur Pavillon.

BERSAULT. s. m. Vieux mot. But.

A mon cœur dont il fit bersault,
Bailla nouvel & fier assault.

BERTOUDER. v. a. Vieux mot. Tondre irrégulierement.

BERTRESCHE', E'E. Vieux mot. Fortifié. On lit dans Froissard, *Un Château bien bertresché*.

BES

BESAIGUE. s. m. Barre de fer acerée par les deux bouts, dont l'un est bec d'âne, & l'autre planché à biseau. Elle a une poignée de fer au milieu, & les Charpentiers s'en servent particulierement pour faire des tenons & des mortoises. Nicod dérive ce mot de *Bis acuta*, deux fois aigue, à cause de ses deux taillans. Borel remarque que le mot *Bés* qui vient de *bis*, signifiant deux, n'a pas fait seulement *Besaigue*, deux fois aigue, ou à deux taillans; mais encore *Besson*, c'est-à-dire, Deux hommes, de *bes home*, *Besicles* de *bis oculi*, comme qui diroit, Deux yeux, *Besace*, deux sacs, & *balance* de *bis*, & de *lanx*.

Besaigue, est aussi une espece de marteau servant aux Vitriers, & dont la paune est pointue.

BESAS. ſ. m. Terme de Trictrac, qui ſe dit de deux as, ou deux points ſeuls que l'on amene en deux dés. C'eſt encore un mot venu de *bes*, pour *bis.* On dit indifferemment *beſas* & *ambeſas.* Ce dernier vient d'*Ambo*, qui ſignifie, Tous deux, l'un & l'autre.

BESANT. ſ. m. Monnoye ancienne d'or, valant cinquante livres, ſelon Ragueau. La rançon du Roi ſaint Louis en fut payée; & le Sire de Joinville rapporte qu'on en demanda deux cens mille, qui devoient valoir cinquante ſols chacun, puiſque ces deux cens mille beſans faiſoient la ſomme de cinq cens mille livres. Le Beſant n'eſt pourtant apprecié qu'à vingt ſols dans pluſieurs titres d'abonnemens de fief. On prétend que ce mot vient d'une eſpece de monnoye que les Empereurs firent battre du tems que Conſtantinople s'appelloit Biſance. Elle étoit d'or pur ou de vingt-quatre Karats. Dans le ſacre des Rois, on en preſente treize à la Meſſe, & Henri II. en fit battre exprès un pareil nombre pour cette cérémonie. On les appella *Biſantins*, & ils valoient un double ducat la piece.

Beſant, eſt en termes de Blaſon, une piece d'or ou d'argent ſans marque. Elle eſt ronde & plate, & les Paladins François en mirent ſur leur Ecu, pour faire connoître qu'ils avoient fait le voyage de la Terre-Sainte. *D'azur à trois beſants d'or.*

BESANTÉ, ée. adj. Il ſe dit dans le Blaſon d'une piece chargée de Beſans. *De gueules à la bordure beſantée d'or.*

BESCU. adj. Vieux mot. Borel croit qu'il ſignifie, Qui a deux pointes aigues. *Bâtons beſcus comme biſtardes.*

BESIE-DHERI. ſ. m. Sorte de poires appellées ainſi à cauſe qu'elles ont été trouvées dans la forêt de Heri, qui eſt en Bretagne, entre Rennes & Nantes. La poire de Beſied-heri eſt plus ronde que longue, elle a la peau fine & colorée. Voyez BEZIER.

BESTE. ſ. f. Terme de Chaſſe qui ſe dit abſolument du gros gibier. *Lancer la bête.* On appelle les Sangliers *Bêtes noires*, & les Cerfs *Bêtes fauves.* On les diſtingue encore par d'autres noms, & on donne aux cerfs, aux chevreuils & autres celui de *Bêtes de brout*, & on appelle le ſanglier, le blereau, le renard, l'ours, le loup, le loutre, &c. des *Bêtes mordantes.*

Bête, eſt auſſi un jeu de cartes, où trois, quatre & cinq perſonnes jouent enſemble, après qu'on a ôté les petites cartes, & preſque toûjours les ſix & les ſept. On en donne cinq à chacun de ceux qui jouent, & quand celui qui a fait jouer ne gagne pas, il paye autant d'argent qu'il en auroit pû gagner, & on dit alors, qu'*Il a fait la bête.* Il y a ſouvent pluſieurs bêtes ſur le jeu. Si celui qui en a fait une la regagne, on dit, qu'*Il remonte ſur ſa bête.*

BESTION. ſ. m. Terme de Marine. Bec ou pointe de l'éperon à l'avant des porteverguës. On l'a appellé ainſi à cauſe qu'il porte ordinairement la figure d'une bête; & comme on y emploie ſouvent celle d'un lion, quelques-uns l'appellent *Le lion*, au lieu de dire, *Le Beſtion.*

BESTORS, Bestorte. adj. Vieux mot. Traverſé de chemins obliques.

Et tant fit les chemins beſtors.

BESTOURNER. v. a. Vieux mot. Renverſer.

Mes or vendent les Jugemens,
Et beſtournent les erremens.

Il a été pris auſſi pour, Tourmenter l'eſprit, le mettre hors de ſon aſſiette. On lit dans Alain Chartier: *Par leurs paroles épouventables & très-perceans le cœur & la penſée, m'avoit ja ces trois derroyées & ſéditieuſes de careſſes beſtourné le ſens & aveuglé la raiſon.*

BET

BETE. ſ. f. Plante fort commune dont il y a de deux ſortes, la blanche & la rouge. La blanche n'eſt autre choſe que la poirée, & on ſe ſert ordinairement de ſes feuilles pour mettre dans la décoction des lavemens émollients, & aſſés ſouvent dans le potage; ce qui la fait mettre au rang des herbes émollientes & potageres. On ſe ſert auſſi des côtes de cette ſorte de Bete, qui, quoique bien aſſaiſonnées, ſont toûjours très-indigeſtes, & font un ſang groſſier & mélancolique. La rouge eſt ce qu'on appelle *Beterave.* On en mange les racines fricaſſées ou en ſalade; & elles ne ſont pas moins indigeſtes que les cardes. Selon Galien, la Bete tient du nitre en ſes qualités, & cela fait qu'elle eſt reſolutive & abſterſive, & purge par le nés. Il ajoûte qu'étant cuite, elle perd toute ſa nitroſité, & prend une vertu contraire aux apoſtumes chaudes. Pline dit qu'on trouve des Betes ſauvages, & qu'on les appelle *Limonium.*

BETEL. ſ. m. Plante fort eſtimée dans les Indes, & ſemblable à l'arbre qui porte le poivre; mais ſi foible qu'elle a toûjours beſoin d'être appuyée. Son fruit conſiſte en ſa feuille qui ſe peut garder longtems. Selon Matthiole c'eſt la même choſe que le Thembul ou Tember des Arabes & des Perſes, qui en mangent continuellement, même dans leurs plus grandes occupations, parce qu'ils ſont perſuadés qu'il contribue fort à la ſanté. Il dit que quand on en mange trop, il fait perdre le ſens, ce qui eſt cauſe que les femmes qui ſont obligées de ſe brûler après la mort de leurs maris, en mangent en fort grande quantité; afin de ſe mettre hors d'elles-mêmes & en état de ne rien ſentir. Le Betel échauffe l'eſtomac, donne une couleur rouge au viſage & aux lévres, fortifie les dents & les rend noires comme du jayet. Ses feuilles ſont ſemblables à celles du lierre, mais beaucoup plus tendres. On les broye avec une noix aſſés dure, qui approche de la noix muſcade; & quand on en a ſucé le ſuc, qui eſt de couleur de ſang, on les crache. Les Indiens ſont fort ſoigneux de s'en nettoyer les dents. Ils en mâchent à toute heure, & s'en donnent reciproquement les uns aux autres en ſe rencontrant ſur les chemins; de ſorte qu'il ſeroit honteux à un Indien de n'en porter pas ſur ſoi.

BETHLEMITES. ſ. m. Sorte de Moines qui ſe ſont d'abord établis à Cambridge, Ville d'Angleterre en 1257. Ils étoient vêtus comme les Dominicains, & portoient une Etoile rouge ſur leur poitrine, de la figure d'une Comete, en memoire de l'Etoile qui parut à la naiſſance de Jesus-Christ.

BETOINE. ſ. f. Plante qui jette une tige menue & quarrée, de la hauteur d'un peu plus d'une coudée. A la cime de cette tige elle produit ſa graine en façon d'épi, comme fait la Sarriette. Ses feuilles approchent de celles du chêne. Elles ſont longues, molles, odorantes & chiquetées tout autour. Celles qui ſont le plus près de ſa racine, qui eſt menue comme la racine de l'Ellebore, ſont plus grandes que les autres. Matthiole a remarqué qu'en Italie, quand on veut bien eſtimer une perſonne, on dit, *Il eſt vertueux comme la Betoine.* Le mot de *Virtuoſo* chés les Italiens, eſt pris pour, Habile en quelque art, en quelque ſcience; ce qui fait connoître que la Betoine a de grandes proprietés. Cette Plante que les Grecs appellent ψυχότροφον, parce qu'elle croît dans les lieux humides, est amere & un peu acre. Elle attenue, discute, fortifie le cerveau, le foye, la rate & la matrice. Elle est bonne aux morsures de toutes sortes de bêtes, & étant appliquée sur les jointures, elle dissipe le reste des humeurs & des douleurs que la goutte ou quelque autre fluxion y a attirées. Quelques-uns se servent de sa racine pour provoquer le vomissement.

BETUSE. s. m. Tonneau ouvert sur le côté avec une fermeture à charniere où les Palfreniers conservent l'avoine. On en a pour charrier du poisson d'un étang à l'autre, quand on leve le peuple.

BEV

BEVEAU. s. m. Instrument qui est une espece de sauterelle, dont les deux regles, ou seulement une, sont courbes en dehors ou en dedans. On s'en sert pour transporter un angle mixtiligne d'un lieu dans un autre.

BEY

BEYUPURA. s. m. Poisson de la mer du Bresil, qui est fort gras, d'un bon goût & sain, & long de six ou sept paumes. Il a le dos noir & le ventre blanc, & approche fort de l'estourgeon de Portugal. On le prend avec l'hameçon dans la pleine mer.

BEZ

BEZET. s. m. Coup de dés où l'on amene deux as. C'est la même chose au jeu du trictac que Bezas, & Ambsas.

BEZIER. s. m. Poirier sauvage, qui porte beaucoup de fruit fort menu, & fort âpre. Les Poires s'appellent *Besies*, *Bezialles*. On en peut faire un bon fruit en les entant telles que sont les Besies-dheri & de l'Echassiere.

BEZOARD. s. m. Pierre medecinale servant d'un excellent contrepoison, & qui se trouve dans l'estomac & autres cavités internes d'une maniere de bouc des Indes Orientales, qui ressemble en partie à un cerf, & en partie à une chévre. Matthiole nomme cette pierre *Besahar*, & dit qu'elle a une vertu speciale contre toutes sortes de poisons, en sorte qu'elle les surmonte, non seulement quand on la prend en breuvage, mais aussi quand on la porte sur soi de telle maniere, qu'elle puisse toucher la chair nue du côté gauche; qu'il y en a de plusieurs sortes; la rousse, qui est la plus singuliere, & une autre poudreuse qui est blanche tirant sur le verd. Il ajoûte que Rasis, qui avoit experimenté la vertu de cette pierre en une personne qui avoit bû du Napellus, rapporte qu'il l'a trouvée rousse, blanchâtre, legere, & qui reluisoit comme du feu. Il dit encore qu'Abdalanarach qui en parle, avoit vû la même pierre *Besahar* entre les mains des enfans d'Almirama, grand observateur de la Loi de Dieu, pour laquelle il avoit donné en échange une fort belle maison qu'il avoit à Cordoue; que cette pierre avoit une si grande vertu, que non seulement en la prenant en breuvage au poids de douze grains, mais en l'appliquant sur les playes & sur les morsures des bêtes les plus venimeuses, elle guérissoit sur l'heure, & faisoit sortir le poison par la sueur; qu'elle faisoit les mêmes effets, en la tenant en sa bouche & la suçant quelque tems. Matthiole finit ce qu'il raconte de cette pierre, en disant qu'il y en a qui veulent que dans les coins des yeux des Cerfs il s'engendre une certaine pierre qui a presque les mêmes proprietés que le Besahar; que dans le Levant les Cerfs pressés de vieillesse mangent des serpens pour se rajeunir; que pour surmonter la malignité de leur venin, ils se vont jetter dans l'eau après qu'ils les ont mangés, & tiennent seulement la tête dehors; que tandis qu'ils sont en cet état, il leur dégoute des yeux une humeur visqueuse, qui s'endurcissant ensuite au Soleil, forme une pierre en façon de gland, & que ceux qui connoissent la nature de ces Cerfs, prennent garde à cette pierre, pour la ramasser quand elle leur tombe après qu'ils sont hors de l'eau. Il ne donne pas cela pour une chose si vraie, qu'il ne soit permis de ne la pas croire. Quelques-uns font venir le mot de Bezahar, de l'Hebreu *Bel*, qui signifie Maître, & de *Zaard*, qui veut dire Venin, comme qui diroit *Maitre du venin*. D'autres prétendent qu'il vient du mot Indien *Bezaard*, qui est le nom que l'on donne à l'animal qui produit la pierre. Elle est de differentes couleurs, tantôt plus obscure & plus noirâtre, souvent plus pâle & tannée; ce qui est causé non seulement par la difference du temperament des Animaux qui la produisent, mais encore par les diverses qualités des alimens dont ils se nourrissent. Il y a de deux sortes de Bezoard, l'Oriental & l'Occidental. Le premier vient des contrées qui sont au Levant; & pour être bon, il doit être de couleur noire, verdâtre, tout formé en écailles fort déliées & polies, que l'on enleve les unes après les autres en les rompant. Ces écailles doivent être toutes semblables, & avoir audedans quelques pailles, quelque terre, ou autre corps étranger. On éprouve sa bonté de trois manieres; l'une si on frotte la pierre de bezoard avec de l'eau où il y a de la chaux vive, & que par ce moyen elle devienne jaunâtre; l'autre, si après qu'on a frotté du papier avec de la craye blanche ou de la ceruse, la pierre de bezoard, qu'on passe sur ce papier, y marque des lignes vertes; & la troisiéme, qui est le signe le plus assûré de tous, si elle garantit de la mort ceux qui en prennent par la bouche quand ils ont été empoisonnés. Le Bezoard Occidental, qui vient de l'Amerique & du Perou, est beaucoup inferieur à l'Oriental, qui est formé dans le corps d'un animal, qui en paissant diverses herbes aromatiques, fait contracter à la pierre de plus excellentes qualités. Il se trouve en differens animaux particuliers à ce pays-là, comme dans les Guanacos, les Jachos, les Vicunnas, les Taraguas, & dans les uns il est gros comme une noisette, dans les autres comme une noix, & dans quelques-uns comme un œuf de poule. Il y en a de figure ovale, de ronds, & d'autres qui sont presque plats. La couleur en est cendrée dans les uns, & extrêmement obscure dans les autres. Il se trouve quelquefois trois ou quatre de ces pierres dans le même animal. Cette sorte de bezoard est moins luisant que l'autre, fort peu odorant, & il a des écailles plus épaisses & plus plâtreuses. On falsifie le bezoard. Les uns le font avec de la craye, des cendres, des coquilles, du sang desseché, & de petites pierres de bezoard pulverisées, en incorporant le tout ensemble; & les autres, en se servant de cinabre, d'antimoine, & de vif-argent mêlés ensemble à l'aide du feu; mais cette falsification, bien loin d'avoir quelque utilité, ne peut apporter qu'un notable préjudice à ceux qui s'y laisseroient tromper. Quelques-uns prétendent qu'en Perse il se trouve un Bezoard dans le corps des Singes, & qu'il est si fort, que deux de ses grains font autant d'effet que le Bezoard ordinaire qui est produit dans le corps des chévres. Laët rapporte que dans la Nouvelle Espagne il y a une sorte de chevreaux appelés *Theotlatlmazames*, dans lesquels se trouve le bezoard. Ils sont de la grandeur d'une moyenne chévre, ou un peu plus grands, d'un poil de couleur leonine, & blancs aux côtés. Ils ont les cornes longues auprès de la tête, divisées en quelques branches petites, rondes & fort pointues. Il se trouve dans cette même Province des pierres fossiles, que les Arabes nomment aussi *Bezoard*, principalement dans la riviere de Detzhuatlan. Ils leur ont donné ce nom, à cause que ces pierres ont la même vertu que le Bezoard. On en voit de differentes especes & formes, que les eaux emportent du haut des montagnes.

Il y a un *Bezoard Mineral*, appellé ainsi à cause de ses qualités bezoardiques. C'est, selon les Chimistes, une poudre émetique corrigée avec l'esprit de nitre, & parfaitement adoucie par plusieurs lotions, qui en ôtant la vertu purgative de l'antimoine, la convertissent en diaphoretique. Les mêmes Chimistes appellent *Bezoard Jovial*, La chaux d'estaim, & l'esprit de nitre distillé & évaporé. On prétend qu'il n'y ait point de meilleur remede pour les maux de matrice.

BIA

BIAIS. s. m. Les Maçons disent *Biais gras*, & *Biais maigre*, pour exprimer deux angles qui sont inégaux entre eux. C'est ce qu'en Géometrie on appelle Angle obtus & Angle aigu. Ils se servent aussi de *Biais par tête*, *Biais par dérobement*, *Biais par équarrissement*, pour marquer la coupe de quelques pierres. On dit *Biais passé*, lorsque dans les bâtimens certaines sujettions obligent à faire des portes ou des fenêtres en biais; & cela s'appelle ainsi, à cause du trait géometrique dont le trait se fait ou par équarrissement, ou par panneaux. On dit, *Corne de bœuf*, ou *Corne de vache*, quand les ouvertures ou les passages que l'on fait de cette sorte, sont seulement de biais d'un côté.

BIALTE'. s. f. Vieux mot. Beauté. On a dit aussi *Bieux*, *biau* & *biax*, pour dire Beau.

BIAN. Corvée dans les Coûtumes d'Anjou, de Poitou, d'Angoumois, & de S. Jean d'Angeli.

BIC

BICHE. s. f. La femelle d'un Cerf. Elle est d'une couleur tirant sur le bai-rouge, court d'une très-grande vîtesse, a la vûe fort bonne, & ne porte point de bois sur sa tête. Les biches sont en rut aux mois d'Août & de Septembre, portent huit mois, & ne font d'ordinaire qu'un seul fan.

BICHET. s. m. Mesure de grains qui est particulierement en usage dans le Lyonnois & en Bourgogne. Elle contient à peu près un minot de Paris, & se dit tant de la mesure, que du blé qui y est mesuré. Les anciens Titres font connoître qu'il falloit deux Bichets pour faire une hemine ou deux quartaux. Il y en a d'autres par lesquels on trouve que le Bichet contenoit deux quartes, que chaque quarte contenoit deux boisseaux, & le boisseau vingt écuelles. On dit aussi un *Bichet de terre*, pour dire Autant de terre qu'un Bichet de blé en peut semer.

BICHON. s. m. Sorte de petit Chien, qui a le poil long & le nés court.

C'est aussi un terme de Toilette, quand les Femmes ont les cheveux coupés & frisés.

BICOQ. s. m. Terme de Mechanique. Troisiéme piece qu'on ajoûte aux deux pieces de bois dont est composée la machine appellée *Chévre*. Quand il n'y a point de mur contre lequel ces deux pieces de bois puissent être dressées, on emploie le Bicoq pour les soûtenir. On l'appelle aussi *Pié de Chévre*.

BICOQUE. s. f. On traite ainsi, Une petite Ville aisée à attaquer; Une mauvaise Hôtellerie; Une Maison de campagne negligée. C'est aussi le nom d'une Ville de Lombardie que prit François I. en 1522.

BICOQUETS. s. m. Vieux mot. Sorte de parure de femme.

BID

BIDEAUX. s. m. Vieux mot. Soldats à pié selon Ragueau & Froissard. Ils sont appellés *Bibaux* par Monstrelet.

BIDET. s. m. Petit cheval.

On nomme *Bidet*, Un petit établi de Menuisier, qui est portatif.

BIDON. s. m. Balle de plomb ou de fer, allongée en cilindre pour tirer en forêt. Il porte plus loin & plus droit que la balle.

On appelle *Bidon* Une espece de Vaisseau de bois en forme de seau renversé, contenant quatre ou cinq pintes. On s'en sert sur mer à mettre la boisson de chaque plat de l'Equipage.

BIE

BIERE. s. f. Boisson faite d'orge, de froment, d'avoine ou autre blé; à quoi on ajoûte du houblon, pour lui faire prendre le goût du vin. On les brasse long-tems, & on les fait cuire dans des chaudieres. Matthiole croit que le *Zythum* & le *Curmi* des Anciens n'étoient autre chose que la Biere dont on use en Allemagne, en Flandre, en France, & en plusieurs autres regions de l'Europe, & qu'il n'y avoit de difference entre le *Zythum* & le *Curmi*, qu'en la diversité de la faire, qui augmentoit ou diminuoit la proprieté de ces breuvages. En effet, ajoûte-t'il, quoique toutes les Bieres se fassent d'orge, elles ont differens goûts, selon qu'elles sont brassées. Les unes sont douces & agreables à boire, & il y en a d'autres ameres & âpres. Les unes sont troubles, & les autres claires. Il dit encore qu'en Baviere les Brasseurs avant que de brasser leurs Bieres, trempent l'orge & le froment en décoction de houblon, qu'ils gardent avec tant de soin, qu'il y a une grande peine établie contre ceux qui le coupent. On le seme & le cultive, comme on fait ici les vignes, & dans la saison on en cueille la fleur & le fruit, pour mettre tremper dans leur décoction le blé dont ils font la Biere. Non seulement cela fait enfler & lever leur grain, mais il prend le goût du vin; ce qui le rend bien plus doux à boire. Les Anglois, pour rendre leur Biere plus agreable, lorsqu'elle est brassée, jettent du sucre, des clouds de girofle & de la canelle dans les tonneaux. Les Flamans y jettent du miel & des épices. La Biere enyvre ainsi que le vin, & cette yvresse dure même plus long-tems, à cause que la Biere étant plus materielle, est plus difficile à digerer que le vin. Il est défendu par Arrêt du Grand-Conseil aux Boulangers de mettre dans leur pain de levûre de Biere autre que fraîche & non corrompue.

BIEVRE. s. m. Espece de Loutre ou de Castor qui vit sur terre & dans l'eau. Sa tête ressemble à celle d'un rat, & sa peau est pleine de poils mous & drus. Il a les yeux, les dents & la langue comme les a un cochon, & on diroit d'un barbet à voir son museau. Cet animal a les piés de devant semblables à ceux d'un Singe, & ses piés de derriere sont faits comme ceux d'une Oye. Il a au-deçà & au-delà de ses parties naturelles deux tumeurs dont il sortune liqueur qui est utile dans la Medecine.

Bievre est aussi une espece d'Oiseau de riviere, qui a le bec long, menu, dentelé & crochu par le bout, & qui est de la grosseur d'une moyenne Oye sauvage. Sa tête est grosse & de couleur fauve, avec une crête sur le cou, & il a le dessus du dos cendré tirant sur la couleur plombée, le ventre presque blanc, & les piés rougeâtres.

BIEZ. s. m. Canal qui renferme & conduit des eaux dans quelque élevation, d'où elles tombent sur la roue d'un moulin. On appelle *Arrierebiez*, Les Biez qui sont au-delà en remontant.

BIG

BIGARRADE. s. f. Sorte d'Orange sur la peau de laquelle on voit plusieurs pointes & excrescences.

BIGARRE', E'E. adj. Terme de Blason. Il se dit du Papillon, & de tout ce qui a diverses couleurs. *De gueules à un papillon d'argent miraillé & bigarré de sable.*

BIGARREAU. s. m. Grosse cerise qu'on a appellée ainsi à cause qu'elle est bigarrée de noir, de rouge & de blanc. L'arbre qui la porte est nommé *Bigarreautier*. Le Bigarreau a la chair plus ferme que la cerise, & la figure moins ronde. Elle ressemble à celle des guignes.

BIGLE. s. m. Espece de Chien de chasse qui vient d'Angleterre, & dont on se sert pour les lapins & les liévres.

BIGORNE. s. f. Bout d'une enclume qui finit en pointe, & qui sert à tourner les grosses pieces en rond.

BIGORNEAU. s. m. Petite bigorne. Le Bigorneau a un bout quarré & l'autre rond, pour tourner les rouets & autres petites pieces.

BIGORNER. v. a. Arrondir un morceau de fer, ou les anneaux des clefs, sur la partie de l'enclume appellée *Bigorne*.

BIGOT. s. m. Terme de Marine. Petite piece de bois percée de deux ou trois trous, par où l'on passe le bâtard pour la composition du racage. Il y en a de differentes longueurs.

BIGOTERE. s. f. Brosse de poche que l'on enferme dans un petit étui, & dont on se sert pour retrousser la moustache de la barbe. Elle est presentement fort peu en usage, à cause que peu de personnes laissent aujourd'hui croître leur barbe. Il y a trente ou quarante ans qu'on faisoit aussi des Bigoteres d'un morceau de cuir. Ceux qui portoient une barbe retroussée, l'attachoient la nuit pour la tenir en état. Ce mot vient de l'Espagnol *Bigote* ou *Vigote*, qui signifie Moustache de la barbe. Quelques-uns disent *Bigotelle*.

BIGUE. s. f. Grosse & longue piece de bois que l'on passe dans les sabords aux côtés des Vaisseaux, lorsqu'il y a quelque chose à faire pour les soulever, ou pour les coucher. On appelle aussi *Bigues*, Les Mâts qui soûtiennent celui d'une machine à mâter.

BIJ

BIJON. s. m. Resine que la Meleze produit, & que les Apothicaires substituent au lieu de la Terebenthine.

BIL

BILAN. s. m. Petit livre de Marchand ou de Banquier dans lequel ils écrivent d'un côté leurs dettes actives, & de l'autre leurs dettes passives. Ce mot est dérivé du Latin *Bilanx*, qui veut dire *Balance*, à cause que ce livre leur sert à balancer leurs gains & leurs pertes, c'est-à-dire, à voir au juste & en peu de tems s'ils ont plus gagné que perdu. *Bilan* ou *balance* est aussi l'arrêté ou la clôture de l'Inventaire d'un Marchand, où l'on a écrit vis-à-vis tout ce qu'il doit & tout ce qui lui est dû.

BILBOQUET. s. m. Terme de Doreur. Morceau d'étofe fine attachée à un petit morceau de bois quarré, pour prendre l'or & le mettre dans les endroits les plus difficiles, comme dans les filets quarrés, dans les gorges, & dans les autres lieux creux.

BILLE. s. f. Gros bâton de bouis, dont les Emballeurs se servent pour serrer les cordes de leurs ballots. On s'en sert aussi à serrer les charges des mulets.

Bille, est aussi une piece d'étofe qui lie les deux bouts d'une chappe d'Eglise sur le devant. On appelle *Bille d'acier*, Un morceau quarré & marqué d'un fer doux & écumé, qu'on prépare en sorte qu'il lui reste un grain menu.

On appelle *Bille*, Un gros tronçon de bois, propre à débiter, soit de fente, soit de sciage. On les coupe tous de même hauteur.

Bille. Terme de mer. Il se dit d'un bout de menu cordage où il y a une boucle & un nœud. Son usage est de tenir le grand écouet aux premiers des grands haubans, lorsqu'il ne sert pas.

BILLER. v. a. Terme de Voiturier par eau. Atteler des chevaux deux à deux pour tirer quelque bateau. Les mots de *Bille* & de *Biller* viennent de *Billus*, qui dans la basse Latinité a signifié un gros bâton; de sorte que *Biller*, c'est attacher la corde du bateau aux billes ou bâtons qui sont au derriere des chevaux qui tirent. Borel veut que *Bille* signifiant un bâton, vienne de *Vilis*, c'est-à-dire, Chose vile.

BILLETTE. s. f. Petite Enseigne en forme de barillet, que l'on met aux lieux où l'on doit peage, afin que les Voituriers soient avertis qu'il leur est défendu de passer sans avoir payé les droits, soit au Roi, soit aux Seigneurs qui sont obligés d'entretenir les chemins.

Billette. Terme de Blason. Piece solide faite en forme de quarré long, dont on charge l'écu. Quand le plus long côté des Billettes est couché par terre sur l'écu, & que le plus petit est à plomb, on les appelle *Billettes couchées* ou *renversées*. C'étoient autrefois des pieces d'étofe d'or, d'argent ou de couleur. On les cousoit par intervalles sur les habits, pour leur servir d'ornement, & on les a depuis transportées sur les écus. *D'azur à quatre billettes.*

BILLETE', E'E. adj. Il se dit du champ semé de billettes. *D'azur au lion d'or, l'écu billeté de même.*

On appelle *Marchandises billetées*, Celles sur lesquelles on a mis des billets ou des étiquettes qui contiennent un numero relatif à ceux des livres ou de l'Inventaire d'un Marchand.

BILLON. s. m. Terme de Monnoye. Alliage ou mêlange fait de telle sorte, qu'il y a avec l'or & l'argent plus de cuivre que les Ordonnances pour le titre des monnoyes ne le portent. Ainsi les louis d'or étant au titre de vingt-deux Karats, & ceux d'argent à onze deniers, on appelle *Billon d'or* celui qui est à vingt-un Karats & au-dessous, & *Billon d'argent*, celui qui est à dix deniers & au-dessous. Il y a deux sortes de *Billon d'argent*. L'un est nommé *Haut billon*, & c'est celui qui est à dix deniers de fin, & au-dessous, jusqu'à cinq deniers. On appelle l'autre *Bas billon*, & c'est celui qui se trouve au-dessous de cinq deniers de fin, comme nos douzains & autres especes de pareil titre.

Billon signifie aussi Toutes sortes de monnoyes

décriées, de quelque titre qu'elles puissent être; & en ce sens on dit, *Envoyer la monnoye au billon, ordonner que la monnoye sera mise au feu pour billon*, pour dire que la monnoye étant décriée, & n'ayant plus aucun cours, elle sera fondue, & la matiere remise sous les coins, pour en fabriquer de nouvelles especes.

Billon se dit encore du bas argent qu'on affine avec la casse d'Orfévre, comme l'autre argent, mais sans eau forte. Covarruvias dérive ce mot du Latin *Vellus*, Toison, à cause que les Romains marquoient sur leurs monnoyes de cuivre la figure d'une brebis. M. Ménage le fait venir de *Binio*, qui signifie Un denier; & du Cange croit qu'on a dit *Billon*, à cause que c'est de l'or ou de l'argent mis en masse ou en bille, sans avoir encore été forgé. Bouteroue veut qu'il vienne du Latin *Bulla*, qui a signifié autrefois les Sceaux & les matrices qui servoient à former les coins des monnoyes.

BILLONNER. v. n. *Substituer des especes défectueuses en la place des bonnes*. ACAD. FR. M. Boisard rapporte neuf differentes manieres de billonner. I. Quand on achete ou qu'on change la monnoye pour moins qu'elle n'a cours, afin de la remettre à un plus haut prix. II. Quand les Receveurs & Collecteurs n'envoient au Tresor Royal que des especes de billon & de cuivre, au lieu des bonnes especes d'or & d'argent que les contribuables leur ont apportées, ou lorsqu'ils retiennent les pesantes, & ne font leurs payemens qu'en especes legeres. III. Quand les changeurs qui ont changé des especes défectueuses & décriées, les remettent dans le commerce. IV. Quand n'ayant voulu recevoir les especes qu'au prix de l'Ordonnance, on ne les veut exposer qu'au prix qu'elles ont par le surhaussement du peuple. V. Quand on trafique des monnoyes étrangeres & décriées, & qu'on leur donne cours dans le Royaume. VI. Quand les Marchands se transportent sur les ports de mer pour y acheter les especes à deniers comptans plus qu'elles ne valent, ou qu'ils stipulent que leurs marchandises leur seront payées en ces especes, pour les passer ensuite de ville en ville, jusques aux Places frontieres, à la faveur du commerce, & les transporter de cette sorte dans les Pays étrangers, ou que ces mêmes Marchands les vendent aux Orfévres du Royaume, qui les achetent à tel prix qu'on veut, à cause qu'ils se sauvent sur les façons, en les employant dans leurs ouvrages. VII. Quand on choisit les especes les plus pesantes pour les fondre. VIII. Quand on change les especes qu'on a reçûes, & qu'on fait les payemens avec d'autres qu'on a achetées. IX. Quand on recherche des especes d'or ou d'argent dans une Province, & qu'on en donne quelque benefice, afin de les remettre à plus haut prix dans une autre. Par les Ordonnances de 1559. & de 1577. la peine de mort est établie contre les Billonneurs, & par celles de 1574. 1578. & 1629. Confiscation de corps & de biens.

BILLOT. s. m. Morceau de bois gros & court, sur quoi les Tourneurs travaillent. Il se dit aussi du morceau de bois sur quoi on pose une enclume. On appelle encore *Billot*, Ce que l'on met sous les pinces ou leviers pour mouvoir quelque fardeau. Ce qui sert aux Serruriers pour tourner les rouleaux, a pareillement le nom de *Billot*.

Billots, en termes de mer, sont des pieces de bois courtes, qu'on met entre les fourcats des Vaisseaux, pour les garnir en les construisant.

Billot, Terme de Courtier de chevaux. Bâton que l'on met le long des flancs des chevaux neufs que l'on amene de quelque Pays étranger, & qui sert à les conduire à la file les uns des autres.

On appelle aussi *Billots*, Certains droits qui se levent sur le vin. Ce mot est particulierement en usage en Bretagne, où ces droits se levent ou par le Roi, ou par quelques Seigneurs ou Villes.

BIM

BIMAUVE. s. f. Espece de mauve sauvage, dont les feuilles chiquetées approchent de celles de la Verveine. Elle produit trois ou quatre tiges qui ont l'écorce comme le chanvre, & jette six ou sept racines blanches & larges, longues fort souvent d'une coudée. Sa fleur est petite & semblable à la rose. Elle a les mêmes proprietés de la mauve, qui sont d'échauffer avec modération, d'amollir, de resoudre, & de conduire les tumeurs & apostumes à maturité. On l'appelle en Latin *Bis-malva* ou *Alcea*.

BIMBELOT, ou *Bimblot*. s. m. Tout ce qui peut servir de jouet aux enfans, petites machines de carte ou de bois, moulinet, carrosse, &c.

BIMBELOTIER. s. m. Ouvrier qui fait des bimbelots. Quelques-uns disent *Bimbloquier*.

BIN

BINAIRE. adj. de tout genre. On appelle *Nombre binaire*, Celui qui est composé de deux unités; & en Musique *Mesure binaire*, Celle que l'on bat également dans le lever & dans le baisser de la main.

BINARD. s. m. Espece de chariot ayant quatre roues égales dans leur hauteur, & un plancher fait de grosses pieces de bois plus haut que les roues, & plus large que l'essieu n'est long: on pose dessus les colonnes & grosses pierres qu'on veut transporter.

BINDELLE. s. f. Vieux mot, qui s'est dit d'une sorte de manches anciennes.

Cousant mes manches à bindelle.

On a dit aussi *Bidelle*.

BINET. s. m. Petit morceau de laiton plat, délié, & large comme un écu, avec une queue qu'on met dans le creux du chandelier. Ce morceau de laiton a au milieu une pointe de fer où l'on fiche le bout de chandelle qui reste encore à brûler.

BINOCLE. s. m. Terme de Dioptrique. Communément les lunettes de longue vûe ou Telescopes n'ont qu'un tuyau, & on ne voit les objets que d'un œil. Mais quelques Philosophes ont cru que la vision seroit plus parfaite avec une lunette composée de deux tuyaux parfaitement semblables en tout, & qui feroient ensemble le même angle que les deux axes optiques, au moyen de quoi on verroit avec les deux yeux en même tems. C'est cette nouvelle sorte de lunette qu'ils ont appellée *Binocle* à la difference de la lunette ordinaire qu'ils nomment *Monocle*.

BINOME. s. m. Terme d'Algebre. Grandeur formée de l'addition de deux grandeurs incommensurables entr'elles. Ainsi 3. plus la racine de 5. est un Binome, quoique 3. ne soit pas en lui-même un nombre incommensurable, Voyez INCOMMENSURABLE & RACINE. Quand il y a trois ou quatre, ou une plus grande quantité de grandeurs incommensurables entre elles, le tout s'appelle *Trinome*, *quatrinome*, *Multinome*, ou *Polynome*, & lorsqu'on ajoûte au Binome ou Trinome, &c. de nouvelles grandeurs, si elles sont incommensurables à quelques-unes de celles qui y sont déja, on ne change point le nom de Binome, ou de Trinome, &c. Enfin on ne compte dans les Polynomes pour grandeurs differentes que celles qui sont incommensurables à toutes les autres.

BIR

BIRETTE. f. f. Bonnet en forme de calle de Laquais, que l'on fait porter aux Novices Jesuites pendant leur Noviciat.

BIS

BISCACHO. f. m. Sorte d'animal du Perou. Sa chair est semblable à celle de nos lapins, & il a la queue longue comme un Ecureuil.

BISCUIT. f. m. Pain fort desseché que l'on fait cuire deux fois pour les petites traversées de mer. Quand on le prépare pour quelque voyage de long cours, on le fait cuire quatre fois; & cela se fait six mois avant qu'on s'embarque. Le biscuit qu'on charge sur les Vaisseaux du Roi, est de farine de froment épurée de son & de pâte bien levée, & l'on dit, *Aller faire du biscuit*, pour dire, En aller faire provision.

Biscuit est aussi un terme de Teinture. Il est défendu aux Teinturiers de faire aucun biscuit ni faux noir, c'est-à-dire, entre deux galles, vieille & neuve.

BISE. f. f. Vent sec & froid, qui dans le cœur de l'hiver regne & souffle entre l'Est & le Septentrion. La Bise est un vent très-dangereux sur la Mediterranée. On donne le nom de *Bise* à un poisson qui approche fort du Ton.

Bise se dit aussi d'un petit pain qu'on donne le matin aux Pensionnaires dans plusieurs Colleges de Paris.

BISEAU. f. m. Terme de Coutelier. Ce qui est coupé en talus sur le dos du rasoir, & au bas de la partie du rasoir qui est immediatement après le talon. On appelle aussi *Biseau* ce qui tient & arrête la pierre d'une bague dans le chaton.

Biseau. Outil qui sert aux Tourneurs & à d'autres Ouvriers. On dit qu'*Un fermoir est à deux biseaux*, pour dire que les côtés sont affutés également pour couper.

Les Organistes appellent *Biseau*, un petit morceau d'étain ou de plomb, dont est couvert le pié du tuyau, & qui aide à faire résonner l'orgue.

Biseaux, en termes d'imprimerie sont certains morceaux de bois en glacis qui servent à entourer les pages.

BISER. v. n. Terme d'Agriculture. Devenir bis. Les Laboureurs disent, que *Les blés bisent toûjours*, pour dire, qu'on ne recueille jamais du froment si pur que l'on en seme.

BISET. f. m. Pain bis-blanc qu'on donne aux écoliers pour leur déjeuner. C'est la même chose que *Bise*.

BISETTE. f. f. Petite dentelle de peu de valeur que les Païsanes font pour leur usage.

BISLINGUA. f. f. Plante qui pousse force rejettons, & qui produit à sa cime des manieres de langues qu'on voit sortir de ses feuilles. Ces feuilles sont picquantes & semblables au Bruscus, La *Bislingua* croît ordinairement dans les Alpes de la Ligurie, & dans les montagnes remplies de forêts, Elle est hysterique, & on l'emploie particulierement pour remedier aux incommodités de la matrice. On lui a donné le nom de *Bislingua*, à cause des langues qui sortent d'entre ses feuilles. On l'appelle encore, *Lingua equina, Hippoglossum*, & *Bonifacia*.

BISMUTH. f. m. Mineral sulphureux & terrestre, composé de la premiere matiere de l'étain qui est encore imparfait. On le trouve dans les mines ou auprès des mines de ce métal. Il est d'une substance fort dure, aigre, pesante, & cassante. Lorsqu'il se casse, il fait voir plusieurs petites substances polies comme glace, ce qui le fait appeller *Etain de glace*. Il a un grain gros, poli, blanc & éclatant; & comme il surpasse tous les autres Marcassites en blancheur & en beauté, quelques-uns l'appellent *Marcassite* par excellence. On ne s'en sert guere que pour l'exterieur, à cause d'un sel arsenical qu'il contient, & qui le rend dangereux si on le prend interieurement. Ses préparations principales sont le Magistere & les Fleurs. Son précipité est un magistere fort blanc, qui mêlé avec des pommades & des auls, fait une sorte de fard propre à embellir le teint des femmes, & à rendre la peau plus douce. Les fleurs qu'on en tire sont bonnes à effacer les taches du visage, & c'est une maniere de blanc de perle. Il y a aussi un *Bismuth artificiel* Pour le faire on reduit l'étain en petites lames & petits morceaux qu'on cimente par une mixtion de tartre blanc, de salpêtre & d'arsenic stratifié dans un creuset à feu nud.

BISON. f. m. Terme de Blason. C'est la même chose que *Buste*. *Tête de bison couronné*.

BISSE. f. f. Terme de Blason. Espece particuliere de serpent, qu'on appelle *Biscia* en Italie. Quelques-uns veulent que ce soit de son sifflement qu'on lui ait donné ce nom. D'autres disent qu'il vient du mot François *bis*, qui signifie, Gris-cendré, à cause que les serpens de cette sorte sont presque tous de cette couleur.

BISTORTE. f. f. Plante qui croît dans les hautes montagnes, & dont les feuilles, qui sont pointues & roussâtres lorsqu'elles commencent à sortir, prennent ensuite la forme de celles de la Parelle, si ce n'est qu'elles sont plus lissées, un peu rouges pardessus, & comme bleues au dessous, & en ondes tout autour. Sa tige est ronde, mince, haute d'une coudée, & produit des feuilles plus petites que les autres. Elle a une fleur à sa cime faite en maniere d'épi, de couleur rouge tirant sur le purpurin, & il en sort une graine semblable à celle de l'oseille. Sa racine est tendre, pleine de jus, couverte d'une écorce noirâtre, & entortillée comme un serpent couché sur son ventre; ce qui lui a fait donner le nom de *Bistorta*. On l'appelle encore *Columbina serpentaria* & *Dracunculus major*. Matthiole fait voir qu'on n'a pas raison de la confondre avec la plante appellée *Britannica*, qui a ses feuilles noires & velues, & sa racine menue & courte. La Bistorte est astringente, vulneraire, tue les vers, & fortifie la matrice, sur-tout la racine. Elle resiste à la pourriture, aux venins, & aux maladies pestilentielles.

BISTORD. f. m. Terme de Marine. Menue corde à deux fils, dont on se sert pour faire des enflechures.

BISTOURNE'. adj. On appelle *Cheval bistourné*, un cheval qui sans être coupé a été rendu impuissant, comme les hongres, à force de lui tordre & tourner les testicules avec violence, ce qui les desseche & prive de nourriture.

BISTRE. f. f. Suye bien détrempée dont les Peintres se servent lorsqu'ils veulent faire ce qu'on appelle *Dessein* dans la Peinture; c'est-à-dire, exprimer quelque sujet, tel qu'ils l'ont formé dans leur imagination. Il y en a qui au lieu de Bistre, emploient pour cela avec les traits de la plume un peu de lavis fait avec de l'encre de la Chine; d'autres de la sanguine, & d'autres de la pierre noire.

BIT

BITTER. v. a. Il n'a d'usage que dans cette phrase, *Bitter le cable*, pour dire, Rouler le cable autour des bittes, & l'y arrêter.

BITTES. s. f. On appelle ainsi en termes de mer, deux fortes pieces de bois, longues & quarrées. Elles sont posées debout sur les varangues, l'une à stribord, & l'autre à bas bord, & une autre piece de bois qui regne entre les deux, & que l'on appelle Traversin, les affermit & les entretient l'une avec l'autre. L'usage des Bittes est de tenir les cables lorsqu'on mouille les ancres, ou qu'on amarre le Vaisseau dans le Port. Il y en a de grandes & de petites. Les grandes sont à l'arriere du mât de misaine, & ne s'élevent que jusqu'entre deux ponts, où elles servent à amarrer le cable, qu'on roule autour de chacune. Les petites, qui sont; les unes vers la misaine, & les autres vers le grand mât, s'élevent jusque sur le dernier pont, & elles y servent à amarrer les écoutes des deux huniers. On dit, *Filer le cable sur les bittes*, pour dire Lâcher le cable qui étoit roulé autour des bittes.

BITTON. s. m. Piece de bois ronde & haute de deux piés & demi, par où l'on attache une Galere en terre. On appelle aussi *Bittons*, de petites bittes qu'on met proche les mâts d'un Vaisseau, pour lancer ou amarrer quelque manœuvre.

BITTONNIERES. s. f. Canaux ou égoûts qui regnent à fond de cale de proue à pouppe, à côté de la carlingue, pour conduire les eaux à la pompe. On les appelle aussi *Vitonnieres*.

BITUME. s. m. Espece de graisse de la terre qui s'enflâme fort aisément lorsqu'on la presente au feu, & qui est formée d'une exhalaison aërienne & grasse, condensée premierement en liqueur oleagineuse, & qui après une plus grande digestion faite par la chaleur, acquiert par le froid une plus solide consistance. Il y en a de liquide & de solide. Le Bitume liquide est de deux sortes, l'un blanc, & tellement inflammable, qu'il attire à soi le feu, encore qu'il en soit assés éloigné. On lui donne le nom de *Naphta*, & on tient que c'est la partie la plus subtile du Bitume de Babylone. L'autre qui est noir & plus grossier ne s'allume pas aisément, & on l'appelle *Petreolum*, à cause qu'il distille des pierres en quelques lieux d'Italie. Il s'en trouve aussi en Sicile qui surnage aux eaux de quelques fontaines. Le solide acquiert la consistance que l'on y remarque par la partie terrestre dont il est formé. Il y en a de fossiles, comme le jayet, le charbon de pierre, & la terre Ampelite, qui, quoiqu'ils participent beaucoup du Bitume, comme on le connoît par leur odeur, tiennent beaucoup plus de la pierre & de la terre. Il y en a aussi de non fossiles; sçavoir l'ambre gris, l'ambre jaune, & le Bitume de Judée, qu'on appelle aussi Bitume de Babylone ou de Sodome. Dioscoride dit que ce dernier est le plus excellent de tous; que pour être bon il faut qu'il soit luisant, de couleur de pourpre, fort pesant, & d'une odeur forte, & qu'il ne vaut rien quand il est noir, & mêlé d'ordures. Ce qui le rend si pesant, quoiqu'il soit aërien, c'est l'union trés-étroite de ses parties, qui empêche l'air d'y penetrer, comme nous voyons que toutes les choses deviennent pesantes par la condensation. Toutes les especes de Bitume sont remollitives, discussives, remedient aux relaxations & suffocations de matrice, soit par suffumigation, soit en l'appliquant ou en le flairant.

BIV

BIVIAIRE. Adj. de tout genre. Il se dit d'une place où deux chemins aboutissent. *Place croisée biviaire*.

BIVOYE. s. f. chemin fourchu qui tend à deux lieux differends. Ces deux derniers mots viennent de *Bivium*, Latin. Borel dit qu'on appelloit autrefois *Bivoye*, la Garde extraordinaire d'un camp.

BLA

BLAIREAU. s. m. Petit animal fort puant, qui se terre, & qui vit de fruits & de charognes, Il augmente chaque année d'un trou sous la queue, & on connoît son âge par là. On l'appelle autrement *Taisson*.

BLAIRIE. s. f. Droit que perçoivent les Seigneurs hauts Justiciers à cause de la permission qu'ils donnent aux Habitans de faire pâturer leurs Bestiaux sur les terres & prairies dépouillées, ou dans les bois & heritages qui ne sont point clos.

BLAISE. Saint Blaise. s. m. Ordre Militaire que les Rois d'Armenie établirent à l'honneur de ce Saint, comme étant le Patron de leur Royaume. L'habit des Chevaliers étoit bleu, & ils portoient une Croix d'or qui servoit de brisure au lion d'Armenie.

BLANC. s. m. Couleur dont on se sert pour peindre à fraisque, & qui se fait avec de la chaux éteinte depuis long tems & de la poudre de marbre blanc, presque autant de l'un que de l'autre. On n'y met quelquefois, qu'une quatriéme partie de poudre de marbre, le blanc noircissant quand il y en a trop; cela dépend de la qualité de la chaux.

On appelle *Blanc en bour*, un Enduit fait de terre, & qu'on recouvre de chaux.

On appelle *Blanc de craye*, du Plâtre broyé avec de la colle de gands. On en imprime la toile sur laquelle on veut peindre.

On appelle *Blanc de plomb*, un blanc qui se tire du plomb que l'on enterre. Au bout de plusieurs années de ce plomb même il se forme des écailles qui changent & deviennent un fort beau blanc. Ce blanc qui subsiste en peinture, a toujours une mauvaise qualité, que l'huile corrige en le broyant sur la pierre.

Il y a dans la peinture une maniere de peindre qui s'appelle *Peindre de blanc & de noir*, Elle se conserve à l'air, & ne se fait qu'à fraisque. Pour cela, on détrempe du mortier de chaux & de sable à l'ordinaire, auquel on mêle de la paille brulée pour lui faire prendre une couleur noirâtre. De ce mortier on fait un enduit bien uni que l'on couvre d'une couche de blanc de chaux, ou d'un enduit bien blanc & bien poli: après quoi on ponce les cartons dessus pour dessiner ce qu'on veut, & le graver ensuite avec un fer pointu. Ce fer découvrant l'enduit ou blanc de chaux qui cache le premier enduit composé de noir, fait que l'ouvrage paroît comme dessiné à la plume & avec du noir. Lorsqu'il est achevé, on passe une teinte d'eau un peu obscure, sur tout le blanc qui sert de fond; & cela se fait afin de détacher davantage les figures, ensorte qu'elles paroissent comme celles qu'on lave sur du papier. Si on ne represente que quelques grotesques ou feuillages, on ne fait qu'ombrer un peu le fond avec cette eau auprès des contours qui doivent porter ombre. M. Felibien dit que les Italiens appellent cette maniere de peindre *Sgraffio*, qui signifie *Egratigné*, à cause que ce n'est proprement qu'un dessein égratigné.

On appelle *Blanc pour dorer*, un Blanc qui se fait avec du plâtre bien battu qu'on sasse dans des étamis bien fins. On le noye d'eau pour l'affiner le plus que l'on peut, & l'on en forme des pains qu'on fait bien secher. On dit dans ce sens *Infuser du blanc*, quand le bois ayant été preparé avec de la colle seulement, on prend de cette même colle toute chaude, que l'on passe dans un linge, & qu'on y met du blanc écrasé en telle quantité qu'il paroisse rempli de toute la colle.

Blanc de ceruse de Venise, est une Couleur dont on se sert pour peindre en miniature.

Blanc-rhasis. Espece de pommade dont la base est de ceruse. On l'appelle ainsi à cause qu'elle vient d'un Medecin, nommé Rhasis. Le vulgaire dit *Blanc-raisin*.

Blanc, se dit aussi d'une ancienne monnoye qui a valu cinq deniers, d'où vient que l'on dit encore *Six-blancs*, pour dire, Deux sols six deniers. Il y a eu des *Grands blancs au Soleil* de Louis XI. & de Charles VIII. C'étoient des sous qui valoient treize deniers; ce qui les a fait appeller aussi *Treizains*. On a vû depuis des *Pieces de six blancs*, que l'on nommoit *Nesles*, à cause qu'on les faisoit en la Tour de Nesle à Paris. Cette monnoye avoit le nom de *Sous blancs*, parce qu'elle étoit blanche, à la difference d'une autre monnoye de moindre valeur, qu'on appelloit *Sous nerets*, à cause qu'elle étoit noire.

BLANCHE. s. f. Note de Musique qui a un peu de blanc à la tête avec une queue.

Blanches. Terme de piquet & de hoc. Douze cartes sans Rois, Dames ni Valets.

BLANC-MANTEAUX. s. m. Nom que l'on donna aux Religieux de la Congregation des Serfs de sainte Marie Mere de Jesus-Christ. Elle fut instituée à Marseille dans le Monastere de sainte Marie des Arenes, & le Pape Alexandre IV. la confirma en 1225. Ce même nom de Blanc-Manteaux fut donné aux Religieux Guillemites, & il a été conservé par ceux de la Congregation de saint Maur, qui possedent aujourd'hui le Couvent qu'on leur donna à Paris en 1268.

BLANCHET. s. m. Morceau de drap blanc que les Imprimeurs mettent entre le petit & le grand Timpan, & qui sert à faire imprimer les lettres.

BLANCHIMENT. s. m. Les Orfevres appellent ainsi un Baquet où il y a de l'eau forte pour blanchir de la vaisselle.

Blanchiment est aussi en termes de Monnoye une façon que l'on donne aux flancs avant que de les marquer. Pour cela on les fait bouillir dans de l'eau commune avec le sel, le tartre ou gravelée, & après qu'on les a lavés & séchés on les essuye.

BLANCHIR. v. a. Terme de Monnoye. Faire bouillir les flancs dans de l'eau forte, mêlée avec de l'eau commune, & les jetter ensuite dans de l'eau fraîche, après quoi on les sablonne, & on les jette dans un crible de fer pour en ôter les barbes.

Blanchir, est aussi un terme de Serrurier. On dit *Blanchir des targettes*, pour dire, les bien nettoyer avec la lime, ensorte qu'il n'y demeure aucune tache noire, & les rendre blanches avec de l'estamure.

Les Menuisiers appellent *Blanchir*, Raboter des ais de leur longueur, comme pour faire des cloisons ou autres ouvrages.

BLANDIR. v. n. Vieux mot. Amadouer, flatter, du Latin *Blandiri*. On a dit aussi *Blandices*, pour Flatterie, & *Blandissant*, pour dire, Qui flatte, ce qui fait qu'on lit dans Marot.

Vueilles, Seigneur, ces levres blandissantes,
Tout au travers pour jamais inciser.

BLANQUETTE. s. f. Sorte de vin blanc qui vient de Gascogne, & qui a un goût délicat. *Blanquette*, se dit aussi d'une espece de biere blanche.

Blanquette. Espece de petite poire d'été, de taille un peu longue.

BLASON. s. m. *Armoirie, assemblage de tout ce qui composé l'écu armorial.* Acad. Fr. Ce mot a été pris autrefois pour l'écu même: ce qui a fait dire à Perceval.

Et se couvrent de lors Blasons.

Il a signifié aussi Louange, & on a dit *Le Blason de la Rose*, pour dire, Un Poëme fait à la louange de la rose. Ainsi Borel le fait venir de *Laus*, Louange, & de *Sonare*, Resonner en mettant un B devant. M. Ménage derive *Blason* de *Latio*, comme qui diroit Portement, à cause que les Chevaliers portoient le Blason sur leurs écus. La plus commune opinion est qu'il vient de l'Allemand *Blasen*, Sonner du cor, à cause que dans les anciens Tournois ceux qui se presentoient à la lice, sonnoient du cor pour avertir de leur arrivée. Les Herauts ensuite sonnoient de leurs trompes, après quoi ils blasonnoient les armes des Chevaliers qui vouloient combattre, & les décrivoient à haute voix, en y ajoûtant quelques louanges sur leurs exploits & sur leurs faits d'armes; ce qui est cause que *Blasonner*, a signifié quelquefois louer.

Je l'ai armé & blasonné.

Il a signifié plus souvent médire, & *Blason* même a été pris pour Médisance ou trait satirique; d'où vient qu'anciennement en donnant l'Ordre de l'Ecu aux Chevaliers, on leur ordonnoit de ne pas souffrir que l'on blasonnât des Dames.

BLASTENGE. s. f. Vieux mot. Ressentiment.

Indignation de blastenge.

BLE

BLE'. s. m. Plante qui dans son épi produit la graine dont on fait le pain. On appelle *Blé* par excellence, ou *Blé froment*, celui qui est de pur froment; & *Blé meteil*, celui où il y a du segle mêlé. *Le Blé de Turquie*, est une plante qui porte son fruit en gros bouton, & qui ne vient qu'en des lieux où la terre ne sçauroit produire de froment. *Le blé noir*, qu'on appelle aussi *Blé Sarrasin*, vient en graine noire, a des fleurs rouges, & sa plante qui croît dans les plus mauvaises terres, & à travers les cailloux les plus épais, ne monte pas en épi. On en fait du pain fort noir. On appelle *Petits blés*, l'orge, l'avoine, les poix, les vesses, & autres grains que l'on seme au mois de Mars, & qu'on appelle autrement *Les Mars* ou *les Tremois*. Quelques-uns dérivent ce mot de *Bladus* ou *Bladum*, qui veut dire, Fruit ou semence; & d'autres du Saxon *Blad*, qui signifie la même chose. Il y en a qui le font venir du Grec βλάω, qui signifie germe.

BLEIME. s. f. Sorte de maladie de cheval qui consiste en une inflammation qu'un sang meurtri cause dans la partie anterieure du sabot vers le talon entre le petit pié & la sole.

BLETTE. s. f. Espece de plante, qui se mange comme les autres herbes potageres, & qui selon Dioscoride, n'a aucune vertu medicinale. Il y en a de deux sortes, l'une blanche & l'autre rouge; & toutes les deux croissent ordinairement dans les jardins. Les Blettes rouges sont d'un rouge si vif, qu'on les croiroit teintes en écarlatte, quoiqu'avec le tems elles prennent une couleur purpurine. Leur racine jette un jus rouge, & elles ont leurs feuilles & leurs tiges semblables à celles du passevelours. Il y a une autre sorte de Blette rouge que Matthiole nomme *Grande Blette*. Outre qu'elle est presque de la grandeur d'un Arbrisseau, elle a ses feuilles beaucoup plus grandes que l'autre, & jette une grande fleur qui a force épis rouges comme le passevelours, & dont la cime regarde en bas. Sa tige est ferme & rude, & grosse comme le bras. Les feuilles des Blettes blanches sont semblables à celles des rouges; mais plus larges & de couleur blafarde. Leurs graines & leurs fleurs sont en maniere de grappes qui sortent entre les feuilles & les branches. On l'appelle *Blitum* en Latin, du Grec βλῖτον.

BLEU. s. m. Couleur d'azur. On se sert en peinture d'un bleu artificiel, fait de sable, de sel, de nitre & de limaille de cuivre. La belle couleur bleue qui est naturelle, se fait de *Lapis azuli*. Les Peintres emploient une autre couleur bleue que l'on fait en Flandre; mais comme elle verdit aisément, ils ne s'en servent que dans les paysages. On l'appelle *Cendre verte*.

Il y a un *Bleu de forge* dont on se sert dans les grottes, c'est-à-dire pour la fabrique du dedans des grottes; à quoi M. Felibien dit qu'on emploie l'écume de fer, les émaux qui sortent des Verreries, & celui qu'on prend aux forges, appellé *Bleu de forge*.

On dit *servir une carpe*, ou *un brochet au bleu*; quand on les a mis au court-bouillon, & qu'avec le vinaigre chaud, on leur donne une couleur sur l'écaille pour les servir sur une serviette & les manger à l'huile.

BLEUIR. v. n. *Faire bleuir le fer*, c'est lui donner un certain degré de feu. Quand on veut dorer en feuille quelque figure de bronze, on la fait chauffer pour y appliquer les feuilles d'or; & comme alors la figure prend une couleur de gris bleuâtre, les Ouvriers appellent cela *La faire bleuir*.

BLI

BLIAUX. s. m. Sorte de juste-au-corps ancien.

Ses mantiaux fu & ses bliaux,
D'une porpre d'or estelée.

BLIN s. m Terme de Marine. Piece de bois quarrée, où diverses barres sont clouées de travers à angle droit, en sorte que plusieurs hommes en la maniant ensemble, peuvent agir de concert pour faire entrer des coins de bois sur la quille d'un Vaisseau, lorsqu'on veut le mettre à l'eau. On se sert aussi du *Blin* pour assembler des mâts de plusieurs pieces. Il y a des blins qui ont des cordes passées au lieu de barres, afin d'enfoncer les coins dans l'enfoncement du dessous du Vaisseau, à quoi le Blin à barres ne seroit pas propre.

BLINDE. s. f. Terme de fortification. On appelle *Blindes*, des Pieces de bois mises de travers, d'un des côtés de la tranchée à l'autre, ou des Défenses faites de branches d'arbres entrelassées, qui servent à soûtenir des fascines ou des clayes chargées de terre, afin de couvrir les Travailleurs par enhaut. On s'en sert ordinairement quand le travail est vers le glacis, & que la tranchée se pousse de front vers la place. Ce mot est Flamand, & signifie *Chandelier*. Les *Chandeliers* qui se font avec deux pieux debout pour soûtenir des planches traversées de l'un à l'autre, ou des fascines par le moyen de quelques chevilles passées dans des pieux, sont differens des Blindes en ce qu'ils servent pour se couvrir par le devant, au lieu qu'on emploie les Blindes pour se couvrir par le dessus. D'autres veulent que *Blinde*, vienne du Hollandois *Blind*, qui veut dire, Aveugle, ou de l'Anglois *Blid*, sorte de machine de guerre.

BLINDER. v. a. On dit, *Blinder une tranchée*, pour dire, La couvrir avec des blindes.

BLO

BLOC. s. m. Terme de Marine. Maniere de billot, taillé à peu près en quarré, & percé en mortoise pour embrasser le tenon des mâts ou le bâton du pavillon. Quelques-uns disent *Blot*. On l'appelle autrement *Chouquet* ou *tête de More*.

Bloc ou *Roc d'Issas*. Terme de Marine. Grosse piece de bois, mise debout sur la carlingue. Elle s'éleve de là sur le pont, & elle a dans le bout d'enhaut trois ou quatre rouets de poulie sur un même aissieu, sur quoi passent les grandes drisses, ce qui la fait appeller aussi *Sep de drisse*.

Bloc de marbre. Piece de marbre telle qu'elle sort de la carriere, & à laquelle l'Ouvrier n'a encore donné aucune forme.

Bloc de plomb. Espece de billot tout rond, haut de trois pouces, & qui en a près de six de diametre. Ceux qui gravent en creux posent leurs ouvrages sur ce Bloc de plomb, lorsqu'ils travaillent avec les ciselets & le marteau.

Bloc, est aussi un terme de Fauconnerie, & il se dit de la perche sur laquelle on met l'oiseau de proye. On la garnit ordinairement de drap.

C'est aussi un grand quarreau de six pouces pour les fours, les cheminées & les cuisines. Le Bloc doit peser deux livres.

BLOCAGE. s. m. Vieux mot. Muraille. On a dit aussi *Blocaille*.

BLOCAL. s. m. Vieux mot. Barricade. On a dit aussi *Bloquil*. Ces mots ont fait *Blocus* & *Bloquer*.

BLOCHET. s. m. Piece de bois qui sert à entretenir les chevrons de croupe, & les jambettes des couvertures, & que les Charpentiers posent sur les sablieres des croupes & des longs pans. On appelle *Blochet d'Arestier*, celui qui étant posé à l'encognûre d'une croupe, reçoit le tenon du pié de l'Arestier dans sa mortoise. On dit, *Etablir & traîner les Blochets*, pour dire, Etablir les entraits dessus. On dit encore, que *Les Blochets sont través à mordans ou mors d'âne & queue d'aronde*, pour dire qu'ils sont assemblés de ces diverses manieres.

Blochet, se dit aussi d'une piece de bois qu'on met sous la panne au dessus du gousset qui tient à tenons & à mortoises.

BLOQUER. v. a. Terme de Marine. Mettre de la bourre sur du goudron entre deux bordages, quand on souffle, ou que l'on double un Vaisseau.

Bloquer. Terme de Maçonnerie. Lever les murs de moilon d'une grande épaisseur le long des tranchées, sans qu'on les aligne au cordeau comme on fait les murs de pierres seches. On dit encore *Bloquer*, pour dire, Remplir les vuides de moilon & de mortier sans ordre. C'est ce qu'on pratique pour les ouvrages fondés dans l'eau.

Bloquer, se dit aussi en termes d'Imprimerie, quand le Compositeur n'ayant point assés de lettres, en met une renversée en la place de celle qui lui manque, en attendant que quelque forme ait été distribuée pour lui en fournir.

On dit encore *Bloquer*, en termes de Fauconnerie, quand l'oiseau a remis la perdrix, & qu'il la tient à son avantage, ce qui arrive lorsqu'il a gagné le haut ou quelque arbre prochain. On dit aussi que *l'Oiseau se bloque*, lorsqu'il pend en l'air, &

qu'il s'y tient sans battre de l'aile.

BLOT. f. m. Terme de Fauconnerie. Petit chevalet de bois où se repose l'oiseau.

C'est aussi un instrument dont on se sert dans la Navigation, pour estimer le chemin du Vaisseau. Le Blot est une piece de bois longue d'un demi pié, large de deux pouces, & coupée par les bouts en forme de nacelle. On y met du plomb pour jetter le Blot, & faire qu'il se tienne plus immobile sur la mer. On le jette derriere la pouppe attaché à une corde, & à mesure que le Vaisseau avance, on file cette corde, & l'on voit combien il en faut filer de toises pendant un certain nombre de minutes ou de secondes. C'est-là la mesure de la vitesse avec laquelle le Vaisseau s'éloigne du Blot & du chemin qu'il fait. Cinquante toises en une minute donnent pour une heure 3000. toises ou une lieue.

BLU

BLUET. f. m. Sorte de Plante & de fleur bleue qui croît dans les blés. Les Latins l'appellent *Cyanus*, du mot Grec κύανος, Qui est de couleur bleue. Pline parle de cette fleur sous le nom de *Cyanus*.

BOB

BOBAN. f. m. Vieux mot. Somptuosité, vanités du monde, selon ces deux vers de l'Epitaphe d'Armoise de Lautrec, qui se trouve dans le livre de Borel, des Antiquités de Castres.

Veuillant li paradis acquerre,
A tots bobans fit aspre guerre.

On a dit aussi *Bobancier*, pour dire, Vain.

Tant la treuve orgueilleuse & fiere.
Et surcuidée & bobanciere.

Ces mots ont fait *Bobander*, qui a été dit pour Piaffer.

Li chaperons partis, longue robe vergie,
Sont li aornement dont bobande clergie.

BOBECHE. f. f. Partie superieure d'un flambeau ou d'un chandelier qui est creuse, & où l'on met la chandelle ou la bougie. Les Taillandiers en fer blanc appellent aussi *Bobeche*, une petite Machine de fer blanc, ronde & avec un bord, qui se met dans les flambeaux pour empêcher, lorsque la chandelle est trop menue, qu'elle ne chancelle dans leur embouchure.

BOBINE. f. f. Instrument long d'un demi-pié tout au plus, tourné en rond, cylindrique, percé & mobile sur deux pivots, avec des rebords à chaque bout, autour duquel s'arrange le fil, la soye, ou le trait d'or ou d'argent. M. Ménage fait venir ce mot du Latin *Bombina*, fait du Grec βόμβυξ, Ver à soye.

BOBINER. v. m. Terme de Tisserand. Devider du fil sur la Bobine.

BOC

BOCAL. m. *Vase de terre ou d'autre chose.* ACAD. FR. Ce mot vient du Grec βαύκαλις, sorte de Vase sans anse, dont on a fait le vieux mot François *Baucale*, qui signifioit, Vase à rafraîchir.

On appelle *Instrument à bocal* ceux que l'on embouche pour exciter quelque son. Ils n'ont que deux trous, celui par où l'on pousse le vent, & celui par où il sort, comme les trompes & cors de chasse, les trompettes & saquebutes. Les cors des vachers & des postillons qui sont faits de cornes de belier ou de bœuf, sont aussi des instrumens à *Bocal*. On appelle aussi *Bocal*, la petite partie de l'instrument qui sert à l'emboucher. Elle est faite d'argent, de cuivre, d'yvoire ou de bois.

BOCHU. adj. Vieux mot. Bossu.

BOD

BODON. f. m. Vieux mot. Bouton.

BODRUCHE. f. f. Parchemin fort délié, qui sert principalement à battre l'or qu'on réduit en feuille. Il se fait de la premiere peau qu'on leve sur les boyaux d'un bœuf.

BOE

BOEL. f. m. Vieux mot. Boyau. On a dit *Boële*, pour dire, Tous les intestins, du mot *Voies*, selon Borel, parce que les boyaux servent de voie aux viandes & aux excrements.

Par les flancs l'a si porfendu,
Que la boele li chei.

BOEUF. f. f. Taureau que l'on a châtré pour l'engraisser ou le rendre propre au labourage. On appelle *Bœuf marin*, un autre animal qui ressemble au bœuf, & qui se nourrit dans l'eau. On en trouve dans le Nil & dans le Niger, selon ce que rapporte M. d'Ablancourt dans son Marmol. Cet animal est de la grandeur d'une genisse de six mois, & a la peau extrêmement dure, mais la chair fort bonne. Il y a aux Indes un *Bœuf sauvage*, qui est très-grand. Ceux qui en parlent, disent qu'il craint tellement de perdre quelqu'un de ses poils, que quand il se trouve la queue embarassée autour de quelque arbre, il y demeure plûtôt que de faire effort pour s'en tirer.

BOF

BOFFUMER. v. n. p. Vieux mot. Se mettre si fort en colere qu'on en paroisse bouffi.

Se maitre Olivier se boffume,
Ou s'il veut faire le vereux.

BOFU. f. m. Vieux mot. Sorte d'étoffe. Perceval a dit en parlant des Tisserans,

Ains tissent pailes & bofus,

BOG

BOGUE. f. f. Sorte de drogue ou d'arbre.

Le feu puisse brûler la bogue,
Le châtaignier & la châtaigne.

BOI

BOIASSE. f. f. Vieux mot. Femme peu considerable, Artisane.

Soit Clercs, soit lais, soit homme ou femme,
Sires, Sergens, Boiasse ou Dame.

BOIS. f. m. Ce mot s'emploie par les Charpentiers en plusieurs manieres de parler. Ils appellent *Bois d'émail*, Celui qui est fendu & scié du centre à la circonference: & *Bois roulé*, Celui qu'ont battu les vents pendant qu'il étoit en seve, en sorte que les crues de chaque année n'ayant point fait corps ensemble, sont demeurées de leur épaisseur, sans aucune liaison. Ces sortes de bois ne sont bons à mettre en œuvre que pour de petits ouvrages.

Bois refait & mis à l'équerre, est du Bois bien équarri, c'est-à-dire, qui de flache qu'il étoit est dressé au cordeau sur ses faces. Ainsi *des pieces de bois refaites & dressées sur toutes les faces*, sont celles qui sont bien équarries. On dit, *Mettre une piece de bois sur son fort*, quand elle bombe un peu, &

qu'on met le bombement en haut. On dit *Enligner le bois avec une regle*, pour dire, Mettre les pieces sur une même ligne. On dit, *Mettre les pieces de bois en leur raison*, quand en mettant en chantier les pieces de bois qui doivent servir à un bâtiment, on met chaque morceau en sa place. On dit aussi, *Piquer les bois suivant le devers qui s'y trouve*; ce qui se fait avec le plomb percé en triangle.

Bois rustiques, sont les bois de racines, comme d'olivier, de noyer, & autres qui ont des nœuds. Les Menuisiers qui travaillent de placage, les emploient dans les ouvrages de rapport.

Les Charpentiers appellent *Bois affoiblis*, Ceux qu'on a taillés en cintre, & qui sont toisés exprès de la grandeur de leur bossage; & ils appellent *Bois courbes*, Les bois qu'on a rendus courbes, & qui sont toisés de la grandeur de leur plein cintre.

On dit *Bois en grume*, pour dire, Du bois qui est avec son écorce, & dont on a seulement ôté les branches, sans en avoir équarri la tige. Les pilotis & plusieurs bois de charronnages & d'ouvrages, sont des bois en grume.

On appelle *Bois de brin* ou *de tige*, Celui dont les quatre dosses flaches ont été ôtées pour l'équarrir. *Bois méplat*, Celui qui est beaucoup plus large qu'épais, comme les membranes pour la Menuiserie; *Bois lavé*, Celui dont avec la besaigue on ôte tous les traits de la scie; *Bois deversé*, ou *gauche*, Celui qui n'est pas droit par rapport à ses angles & à ses côtés; *Bois gelif*, Celui qui a des fentes qui lui sont venues par la gelée; & *Bois de refend*, Celui dont on fait du merrain, des lates, des échalas. Il est appellé ainsi à cause qu'il se refend par éclats.

On appelle *Bois d'échantillon*, Des pieces de bois de certaines longueurs & grosseurs ordinaires, telles qu'on les trouve dans les chantiers des Marchands; & *Bois apparent*, Celui qu'on ne recouvre point de plâtre après qu'on l'a mis en œuvre dans les planchers, cloisons, &c.

On appelle parmi le bois à brûler *Bois de corde*, Le bois qui est au-dessous de dix-sept pouces de grosseur. Il est fait ordinairement de branchage ou de taillis, & doit être de six pouces tout au moins. Il se vend à la membrure, qui a quatre piés de haut sur quatre de large. Il doit avoir trois piés & demi de long, en y comprenant la taille. On l'appelle *Bois de corde*, à cause qu'il n'y a pas encore long-tems que l'on se servoit de cordes à Paris pour le mesurer. *Le bois de compte*, Est celui qui a plus de dix-sept pouces de grosseur. Pour faire une voye de bois de compte, il faut qu'il y ait soixante-deux buches, & ces buches doivent être droites, & d'une telle grosseur, qu'elles remplissent les trois anneaux qui composent la voye de bois par les Ordonnances de la Ville. On appelle *Bois en chantier*, Le bois qui est en pile & en magasin.

Il y a plusieurs autres especes de bois propres à brûler. *Le bois flotté*, est celui qu'on lie avec des rouettes & des perches, & que l'on amene en train sur des rivieres. *Le bois perdu*, est le bois qu'on jette dans les petites rivieres qui n'ont pas assés d'eau pour porter ni trains ni bateaux, & qu'on va recueillir & mettre en trains aux lieux où ces rivieres commencent à porter. On appelle *Bois canars*, Ceux qui demeurent au fond de l'eau, ou qui s'arrêtent au bord des ruisseaux où l'on a jetté un flot de bois à bois perdu, c'est-à-dire, où l'on a jetté une certaine quantité de bois bûche à bûche pour le laisser aller au courant de l'eau. Après que ces bûches sont arrivées au lieu où le ruisseau est devenu une riviere propre à porter bateau, les Marchands peuvent faire pêcher leurs bois canars pendant quarante jours, sans rien payer. Les bois que le flot amene droit au Port où l'on a soin de les recueillir, sont appellés *Bois volans*, & ceux que les inondations portent dans les prés & dans les terres, s'appellent *Bois échapés*. *Le bois neuf*, est celui qu'on apporte dans des bateaux, sans qu'il ait trempé dans l'eau; & *le bois pelard* est du bois menu & rond, dont on a ôté l'écorce pour faire du tan. On appelle *Bois de moule*, ou *de quartier*, Du bois qui est mesuré, & qui doit avoir dix-huit pouces d'épaisseur; & *Bois de gravier*, Un bois qui croît dans des endroits pierreux, & qui vient demi-flotté du Nivernois & de Bourgogne.

Le Bois en étant, appellé ainsi en termes d'eaux & forêts, est celui qui étant debout & sur pié, prend son accroissement sur la terre, c'est-à-dire, celui qui vit & s'accroît dans son état naturel. On appelle *Bois d'entrée*, Le bois qui est entre vert & sec, dont les arbres ont les têtes, ou quelques branches seches, & d'autres vertes. *Le bois vif* est celui qui porte du fruit & pousse des branches & des feuilles; & *Le bois gisant*, Le bois qui est abbatu & couché par terre.

On dit *Bois-mort*, & *Mort-bois*. Le premier est celui qui est séché sur pié & n'a plus de seve. Quant au Mort-bois, il y en a neuf especes désignées dans la Charte Normande que Louis X. accorda en 1315. sçavoir saux, marsaux, épines, puisnes, aulnes, sureau, genêt, geniévre & ronces. Le Mort-bois, que quelques-uns prétendent avoir été appellé ainsi au lieu de *Maubois* ou de *mauvais bois*, n'est point sujet au tiers & danger. *Le bois blanc* est le bois leger & peu solide, qui tenant de la nature de l'Aubier, se corrompt facilement, comme le Tremble, le Bouleau, le Peuplier, &c. *Le bois rouge*, est celui qui s'échauffe & qui est sujet à se pourrir.

On appelle *Bois qui se tourmente*, Le bois qui n'étant pas sec quand on l'emploie, ne manque jamais de se déjetter; & on appelle *Bois sain & net*, Celui qui n'a ni gales, ni fistules, ni nœuds vicieux.

Les Charpentiers appellent *Un cent de bois*, Cent fois soixante-douze pouces de bois en longueur, ou une piece qui a douze piés de long sur six pouces de largeur & d'épaisseur. Ainsi on compte quelquefois une seule poutre pour quinze ou vingt pieces de bois.

On trouve dans les Antilles de certains arbres appellés *Bois épineux*. Il y en a de quatre sortes, deux blancs & deux jaunes. Le premier, qui est le plus grand de tous, croît & grossit si promptement, que si on fiche un bâton gros comme le bras dans une bonne terre, il ne lui faut que trois ou quatre ans pour surpasser en hauteur nos plus grands chênes; & la grosseur en est telle, que de six hommes ne le sçauroient embrasser. Il est fort branchu & fait grande ombre, à cause de la quantité de ses feuilles, qui sont fort semblables à celles du Manioc. Il s'en dépouille tous les ans, & avant que d'en pousser aucune, il porte pour fruit une sorte de petite calebasse grosse comme un œuf & longue comme le doigt, toute remplie d'un coton gris-brun, & doux comme de la soye. L'écorce de cet arbre est verte & épaisse, & elle est armée de certaines excrescences larges environ d'un pouce, & hautes de même, qui se terminent en de petites pointes aigues comme des aiguilles; & c'est pour cela que ces arbres ont le nom de *Bois épineux*. Celui-ci est appellé par les Habitans *Fromage de Hol-*

lande, à cauſe que ſon bois eſt le plus tendre de tous les bois qui ſoient dans les Iſles. Le ſecond Bois épineux blanc croît fort haut & fort droit, & n'eſt jamais plus gros que le corps d'un homme. Il eſt moins épineux que le premier, & a ſon écorce griſe, mince & ſeche. Son bois, qui eſt auſſi blanc que celui du Pin, ſert à faire des rames pour les chaloupes & pour les canots. Comme il eſt fort ſujet aux vers, on s'en ſert peu à bâtir. Ses feuilles, qui reſſemblent à celles du Pêcher, ſont un peu plus larges & plus courtes. Des deux Bois épineux jaunes, l'un croît de la hauteur & de la groſſeur d'un chêne, & a ſous chacune de ſes feuilles deux ou trois petites épines. Son écorce eſt biſe & aſſés rude, & moins épineuſe que les autres. Son bois eſt jaune & preſque auſſi dur que le bouis. Il n'y a point dans tout le pays d'arbre plus propre à bâtir, quoiqu'il s'en trouve fort peu qui ayent le cœur ſain. L'autre Bois épineux jaune ne croît guere plus haut & plus gros qu'un Prunier. Son écorce eſt amere comme fiel. Elle eſt noirâtre au-dehors & jaune au-dedans comme de l'or, & teint en jaune comme du ſafran ou de la rhubarbe. Cet arbre eſt plus épineux que tous les autres, mais ſi ſes épines ſont plus aigues, elles ſont auſſi plus petites.

On appelle *Bois de roſe* dans la Guadeloupe, ce qui eſt appellé Bois de Cypre dans la Martinique. C'eſt un arbre qui croît fort haut & fort droit, & qui a ſes feuilles longues comme celles du Châtaigner, mais plus ſouples, velues & blanchâtres. Il porte de gros bouquets de petites fleurs blanches, & enſuite de petites graines noires & liſſées. Son écorce eſt blanchâtre & preſque ſemblable à celle des jeunes chênes. Après qu'on a mis ce bois en œuvre, on le prendroit pour du noyer, tant le rapport en eſt grand. Il eſt fort bon à bâtir. Lorſqu'on le travaille, il exhale une odeur fort agreable, & qui paſſe de beaucoup celle des roſes. Elle ſe diſſipe avec le tems, mais pour la renouveller il ne faut que couper ou frotter bien fort le bois.

Il y a auſſi un bois dans les mêmes Iſles, que l'on appelle *Bois vert*. Il croît en buiſſon comme les épines blanches, & eſt fort chargé de petites feuilles vertes & liſſées qui approchent fort de celles du bouis, quoiqu'un peu plus grandes. On n'en voit guere de plus gros que la cuiſſe. Il a toûjours un pouce ou deux d'aubier blanc, & ſon écorce eſt groſſe & polie. Tout le cœur de ce bois eſt vert, fort brun, & même plus noir que vert, mêlé de quelques veines jaunes. Les Teinturiers s'en ſervent pour teindre en vert naiſſant. Il ſe polit comme de l'ébene, & noircit ſi bien avec le tems, que les Ebeniſtes le font paſſer pour de vraie ébene.

Le bois à petites feuilles, Eſt un arbre qui ſe trouve dans les lieux humides & dans toutes les terres graſſes de ces mêmes Iſles. On l'appelle ainſi à cauſe qu'il eſt tout chargé de petites feuilles aſſés ſemblables à celles du bouis. Toutes ces feuilles, qui ſont attachées à de petites queues fort menues, tremblent dès le moindre vent qu'il fait. L'écorce de cet arbre eſt jaſpée comme celle du bois d'Inde, qui eſt une eſpece de laurier qui croît exceſſivement gros, mais de tems en tems la petite écorce ſe leve & ſe roule comme de la canelle. Tous les arbres de cette eſpece ſont gros, hauts, droits, pleins & maſſifs, & les bâtimens que l'on en fait ſont de fort longue durée.

Il y a encore dans les mêmes Iſles *des bois rouges* de toutes ſortes, dont la plûpart égalent en beauté celui du Breſil. Tous ces bois ſont pleins, maſſifs, peſans, & coulent à fond, & comme il y en a pluſieurs que l'on tient incorruptibles, on en pourroit faire de très-beaux ouvrages de Menuiſerie.

On trouve un autre arbre, qu'on appelle *Bois de fer*, à cauſe de ſa grande dureté. Il eſt auſſi gros que le corps d'un homme, & croît juſqu'à une pique & demie de hauteur. Il a quantité de petites feuilles, & porte un grand nombre de bouquets de fleurs ſemblables à celles du Lilac, & même plus belles. Ces bouquets ſont en telle abondance, qu'il ſemble que l'arbre ne ſoit chargé que de fleurs. Son écorce eſt preſque ſemblable à celle de l'Erable, mais plus dure & un peu plus griſe. Tout l'aubier eſt jaune & fort dur juſques vers le cœur, qu'il a fort petit, & de couleur de fer rouillé. Quoique cet arbre ſoit tellement dur, que les haches de la meilleure trempe rebrouſſent deſſus en le frappant, il ne vaut rien à bâtir, à cauſe qu'il eſt trop ſujet aux vers.

Le bois de couleuvre eſt une plante qui croît dans les lieux humides, & qui par de petites chevelures de racines, s'attache aux arbres qu'elle rencontre, & s'éleve juſqu'au haut en ſerpentant. Son bois n'a pour l'ordinaire qu'un pouce ou deux de groſſeur. Il eſt vert en quelques endroits, & en d'autres gris mêlé de noir, tortu, & ſi ſemblable à une couleuvre, qu'on prend ſes tronçons pour des ſerpens quand on les voit dans un lieu obſcur. Ses feuilles, qui ſont auſſi grandes que celles de la Serpentine, n'ont aucune découpure lorſqu'elles commencent à pouſſer, mais il s'y fait de petites cicatrices, comme ſi on les avoit percées avec un couteau, & ces cicatrices diviſent les bords de la feuille, à meſure qu'elles s'augmentent. On aſſûre qu'elle eſt ſouveraine contre les morſures des ſerpens, & qu'ils meurent par ſon ſeul attouchement. Le Pere du Tertre rapporte que ſur le bord de la riviere du Fort S. Pierre dans la Martinique, il en a vû ſept ou huit, dont quelques-uns étoient comme le bras, morts ſur les tiges de cette Plante.

On trouve encore dans la plûpart de ces Iſles un arbriſſeau appellé *Bois de Corail*, à cauſe qu'il porte une graine rouge comme du corail. Elle croît par bouquets à l'extrémité de ſes branches, qui en reçoivent un fort grand éclat. Ces petits grains ont une petite marque noire à l'un des bouts, & on s'en ſert pour faire des braſſelets.

Bois Nephritique. Nom que les Eſpagnols donnent à un arbriſſeau de la Nouvelle Eſpagne, qui croît quelquefois auſſi haut qu'un arbre. Ils l'ont appellé ainſi à cauſe de la vertu de ſon bois qui teint l'eau en bleu, & cette eau étant bûe rafraîchit, nettoye les reins & la veſſie, & tempere l'acrimonie de l'urine. Ceux du pays appellent cet arbriſſeau *Coatl*, & quelques autres *Tlapalés patli*. Son tronc eſt gros & ſans nœuds, ſemblable au Poirier. Ses feuilles ſont à peu près comme celles des chiches, mais non pas ſi grandes. Ses fleurs ſont petites, longues, jaunes, & diſpoſées en forme d'épis. La plante eſt froide & humide, encore qu'elle approche un peu d'un moyen temperament.

Bois, eſt auſſi un terme collectif dont on ſe ſert pour ſignifier un lieu planté d'arbres non fruitiers. Il y en a de pluſieurs ſortes. *Le bois de haute fuſtaye* eſt celui qui eſt parvenu à ſa plus grande hauteur. Il eſt reputé immeuble, & les Uſufruitiers ne peuvent l'abbatre. *Le bois de haut revenu*, eſt celui qui eſt de demi-fuſtaye, c'eſt-à-dire, qui a quarante ou ſoixante ans. On appelle *Bois ſur le retour*, Un Bois trop vieux qui commence à ſe corrompre, & qui a plus de deux cens ans à l'égard des chênes. *Le bois taillis*, eſt le bois qui eſt au-deſſous de quarante ans, & qu'on met en coupes ordinaires. Quand il va au-delà, c'eſt une fuſtaye ſur taillis. On appelle un petit Taillis que l'on peut couper avec un petit ferrement, *Bois à faucillon*; & le bois qu'on a défendu de couper, à cause qu'ayant été reconnu de belle venue dans quelque triage, on a trouvé à propos de le conserver & de le laisser croître jusqu'à ce qu'on en ait besoin, s'appelle *Bois en défends*. On dit qu'*Un bois est jugé défendable*, quand le Juge a donné permission d'y faire entrer les bestiaux en panage.

Bois en pueil, est un terme de coûtume. Il veut dire un Bois nouvellement coupé, & qui n'a pas encore trois ans.

On appelle *Bois Marmenteaux*, les Bois qui sont autour d'un Parterre ou d'une maison pour leur servir d'ornement, & ausquels on ne touche point. On les appelle aussi *Bois de touche*.

Les Jardiniers appellent *Bois*, Les petites branches ou rejettons que les arbres poussent.

On emploie quelquefois le mot de *Bois tortu*, pour dire La vigne.

On appelle *Bois de lit*, Les pans, les colomnes, le dossier, les tringles & les petits ais sur lesquels on met la paillasse. *Bois de raquette*, Est tout le bois qui compose la raquette.

On dit en termes de mer, *Faire du bois*, pour dire, Faire sa provision de bois pour le tems que l'on doit être à la mer.

On dit qu'*Un Vaisseau a reçû des coups en bois dans un combat*, pour dire qu'Il a reçû ces coups dans ses bas, & non dans les hauts.

On dit *Bois de scie*, en parlant d'une piece de bois dont on a coupé le fil pour lui donner une figure angulaire ou quarrée.

Bois de tête. Terme d'Imprimerie. Ce sont les petites pieces de bois que les Imprimeurs mettent dans les chassis au-dessus des pages, pour tenir les formes serrées. Ils appellent *Bois de fond*, Les bois qui se mettent entre les pages.

Bois de Cerf, en termes de Venerie, est ce qu'on appelle autrement *Corne de Cerf*. On dit qu'*Un Cerf a touché au bois*, pour dire qu'En se frottant contre un arbre, il a dépouillé la peau de sa tête.

Bois de Briz. Voyez ABBATIS.

BOISDEUX. adj. Vieux mot. Traître, dissimulé. On a dit aussi *Boiseor* dans le même sens.

Le cuer ot boiseor & faux.

BOISDIE. Vieux mot. Tromperie raillerie.

Il li convient sa folie
Guerpir, puisque sans boisdie
Se met en votre baillie.

Il a signifié aussi Méchanceté, perfidie, & il est dit dans la Bible Historiaux MS. de Caïn qui tua Abel.

Et l'occit par boisdie & trahison.

BOISSEAU. s. m. On appelle *Boisseau de Poterie*, Un corps rond & creux de terre cuite, & fait en forme de boisseau qui n'a point de fond. On forme la chausse d'une aisance en emboitant plusieurs de ces boisseaux les uns dans les autres. Les Boutonniers appellent *Boisseau*, Un gros coussin sur lequel ils font des tresses, du cordon rond, &c.

BOISSELE'E. s. f. La quantité de grain ou d'autre chose qu'on a de coûtume de mesurer dans un boisseau, & qui peut y être mesurée. *Boisselée* est aussi une certaine mesure de terres dont on se sert en plusieurs Provinces. Cette mesure consiste en autant de terre qu'il en faut pour contenir la semence du grain dont un boisseau est rempli. Huit boisselées font un arpent de Paris, ou environ.

BOISSELIER. s. m. Celui qui fait ou vend des boisseaux, des seaux, des pelles & autres ouvrages.

BOISTE. s. f. Vase fait d'un bois extrêmement mince, qui se ferme avec un couvercle. M. Ménage dérive ce mot de *Buxuleta*, diminutif de *Buxula*, qui a été fait de *Buxus*, & il en apporte pour raison que la plûpart des Boîtes sont faites de bouis. Selon du Cange, ce mot vient de *Buxis*, *buxida*, *bossida*, & *bustula*, qu'on a employés au même sens dans la basse Latinité. Plusieurs écrivent *Boëte*.

Boite est aussi un terme de Monnoye, & se dit des petits coffres où l'on met les monnoyes qu'on a essayées, afin de les envoyer à la Cour des Monnoyes, où l'on en fait un nouvel essai. Ce sont les Gardes des Monnoyes qui font ces boîtes. De vingt pieces d'or ils doivent y en mettre une sans choix; & de dix-huit marcs de pieces d'argent une autre, qui servent d'échantillon pour les faire juger. L'endroit où l'on met le quarré des médailles, quand on les marque, s'appelle aussi *Boite* à la Monnoye. Cette Boîte est d'acier, & l'on y fait tenir fermes les quarrés qu'on met dedans, par le moyen des vis qui les serrent.

On appelle *Boîtes d'un villebrequin*, Le morceau de bois dans lequel on met la méche.

On nomme aussi *Boîtes*, Les ais ou planches qui servent pour couvrir & revêtir des pieces de bois, poutres, solives ou autres.

Les Vitriers ont aussi une *Boite* parmi leurs outils. Ils y mettent la poix resine en poudre, pour faire tenir la soudure.

On appelle *Boite de montre*, Une petite boîte de métal, où l'on met une montre de poche.

Boite de roue, en termes de Charron, est le trou du moyeu où l'on met l'aissieu.

Boite de navette, en termes de Tisserand, est la partie de la navette où l'on met la trême.

Boite à foret. C'est où les Serruriers & les Couteliers mettent le foret quand ils veulent percer.

Les Imprimeurs en Taille-douce appellent *Boite*, Un morceau de bois fait en forme d'arc, qui par dedans est garni de fer blanc pour faire tourner le rouleau.

On appelle *Boite à poivre*, Une maniere de vase de fer blanc, qui est partagé en petits quarrés, dans lesquels on met le poivre, les cloux de girofle & la muscade.

Boite est aussi un terme d'Anatomie. C'est l'endroit où les os sont emboîtés l'un dans l'autre.

On appelle dans un Navire *Boite du gouvernail*, La piece de bois percée, au travers de laquelle passe le timon ou la barre.

On appelle *Boite*, en termes d'Artillerie, Un petit Mortier de fer qui a sept ou huit pouces de hauteur. Après qu'on l'a chargé de poudre jusqu'au haut, on le bouche avec un fort tampon de bois, pour tirer dans des occasions de réjouissances publiques, afin qu'on en puisse ouir le bruit de plus loin. Le bouton qui est au bout de la hampe des escouvillons qui servent à nettoyer & à rafraîchir le canon, s'appelle aussi *Boite*.

Boite à pierrier. Corps cylindrique & concave, ou espece d'estui de bronze ou de fer rempli de poudre, avec une anse & une lumiere qui répond à cette poudre. On met cette Boite ainsi chargée dans le pierrier par la culasse, derriere le reste de la charge, qu'elle chasse aussi-tôt qu'elle a pris feu.

BOISTIER. s. m. Maniere de petite boîte qui est divisée en plusieurs quarrés, & où les Chirurgiens mettent plusieurs sortes d'onguents qu'ils portent sur eux.

BOITE. s. f. Petit vin qu'on donne à boire aux valets en quelques Provinces. On le fait en jettant plusieurs seaux d'eau sur le marc du raisin, avant qu'on l'ait entierement pressuré. On l'appelle ordinairement de la *Piquette*. *Boite*, est Ce qu'un Pêcheur à la ligne met à l'hameçon.

BOITEUX. adj. Terme de Manége. On dit d'un cheval, qu'*Il est boiteux de l'oreille*, *boiteux de la bride*, lorsqu'en boitant au pas ou au trot, les mouvemens qu'il fait de la tête marquent tous les tems qu'il boite.

BOITURE. f. f. Vieux mot. Débauche qu'on fait à boire.

Qui boivent pourpoint & chere,
Puisque boiture y est si chere.

BOL

BOL. f. m. Sorte de médicament purgatif qui s'avale par morceaux. Il est de consistance de miel en forme d'opiat, & ces morceaux sont enfermés dans du pain à chanter. On les donne à ceux qui ayant besoin d être purgés, ne peuvent prendre de medecine sans vomir incontinent, ou à qui les pilulles sont nuisibles à cause de la secheresse du tems, ou parce que le temperament de la personne est trop chaud. Ce *Bol* ou *Bolus* se fait de toutes sortes de purgatifs; & quelquefois pour en corriger la violence, ou pour les rendre plus agreables au goût, & même pour fortifier certaines parties, on y mêle des alteratifs & des aromatiques.

Bol d'Armenie. Espece de terre dont la couleur est pâle tirant sur le jaune. Elle a pris son nom de l'Armenie, où elle se trouve. Galien dit que le Bol d'Armenie, pour être bon, doit être pâle & aromatique, & fondre sur la langue comme du beurre, quand on l'a mâché. S'il est sablonneux, c'est un défaut. Il est fort dessiccatif. Il incrasse, repercute, restreint, fait mourir les vers, & a la vertu d'arrêter le sang. Le Bol d'Armenie s'emploie aussi par les Doreurs, quand ils veulent faire l'assiette de l'or.

BOM

BOMBARDE. f. f. Piece d'Artillerie ancienne, que quelques-uns ont appellée *Basilic.* Elle étoit grosse & courte, & avoit une ouverture fort large. On s'en servoit pour tirer de gros boulets de pierre. Il y en a eu qui ont porté jusqu'à trois cens livres de balle, & on ne les pouvoit tirer qu'en les balançant sur des cordages que soûtenoient des grues de charpente, dont nous ne connoissons non plus aujourd'hui l'usage, que celui de cette sorte d'Artillerie.

BOMBASIN. f. m. Double Basin qu'on apporte de Lyon. C'est une futaine à deux envers croisée doublement.

BOMBE. f. f. Gros boulet de fer, creux en dedans, & qui a deux anses à côté de sa lumiere, sur laquelle on met une fusée après qu'on l'a rempli de feux d'artifice & de poudre. Les bombes se tirent dans un mortier qui est monté sur un affût, & qu'on place sur sa platte-forme couverte de Madriers. On y met ensuite la quantité de poudre que l'on juge necessaire, & la bombe par dessus. On se sert d'étoupes & de terre grasse pour fermer le vuide ou l'entredeux qui peut rester entre la bombe, le mortier & la poudre, & on met un tampon par dessus la bombe. Après cela le Canonnier donne l'élevation qu'il faut au mortier, pour la chasser à l'endroit où il veut qu'elle tombe; ce qui étant fait, il commence à mettre le feu à la fusée de la Bombe avec une méche allumée qu'il tient d'une main; & aussitôt qu'elle a pris, il porte une autre méche sur l'amorce du mortier, qui mettant le feu à la poudre du dedans, chasse la Bombe en l'air, & la fait aller au lieu où il veut qu'elle cause du desordre. On dit *Bombe foudroyante* & *Bombe flamboyante.* La premiere est celle qui tue, qui brise & fracasse tout; & l'autre, une Bombe qui n'étant remplie que de feux d'artifice, sert seulement à éclairer. M. Blondel a remarqué que l'usage des Bombes n'est pas ancien, & que les premieres qu'on ait vûes, furent jettées dans la Ville de Vuactendonch en Gueldres. Cependant on tient que quelque tems auparavant, c'est-à-dire, en 1588. un Habitant de Venlo s'en étoit servi aux feux d'artifice, & qu'en s'exerçant à ces sortes de feux, il en étoit tombé une sur Venlo, qui avoit causé un si grand embrasement, qu'une partie de la Ville avoit été brûlée.

BOMBE', E'E. adj. Il se dit d'un trait de portion circulaire fort platte, comme celui qui se fait sur la base d'un triangle équilateral, dont l'angle au sommet est le centre.

On appelle *Bois bombé*, Celui qui est fait en arc, & un peu courbe naturellement.

L'*Arriere voussure Bombée* de porte ou de fenêtre, autrement *de S. Antoine*, est quarrée au linçoir & s'élargit toûjours dans la hauteur sur un trait très-difficile.

BOMBEMENT. f. m. Terme d'Architecture. Curvité, renflement, convexité.

BOMBER. v. a. Faire un trait plus ou moins renflé.

BOMERIE. f. f. Interêt des deniers prêtés entre Marchands sur la quille d'un Vaisseau, ou sur les marchandises qui y sont chargées, moyennant quoi le creancier se soûmet aux risques de la mer ou de la guerre. Cela s'appelle autrement *Prêt à la grosse avanture.* Comme l'argent que l'on prête, & qui rapporte quelquefois vingt-cinq pour cent, n'est prêté pour l'ordinaire que sur la quille du Vaisseau, qui en Flamand s'appelle *Bomé*, on a appellé ce prêt *Bomerie.*

BON

BONAVOGLIE. f. m. Terme de mer. Celui qui s'engage volontairement à tirer la rame, sous de certaines conditions de récompense.

BONBANC. f. m. Sorte de pierre fort blanche qui se tire des carrieres qui sont aux environs de Paris. Le Bonbanc se mouline, & ne resiste pas beaucoup au fardeau, mais il subsiste lorsqu'il n'est ni à l'humidité ni au-dehors. Celui qui a un lit coquilleux, & quelques molieres, est le meilleur. Il a depuis quinze pouces jusqu'à vingt-quatre de hauteur, & on s'en sert aux façades de dedans des bâtimens, & pour faire des rampes & des appuis. On en tire aussi des colomnes.

BONCHRESTIEN. f. m. Poire fort grosse, que l'on appelle en Latin, *Pyrum Panchrestum.* Il y a du Bonchrêtien d'été qu'il faut manger presque aussi-tôt qu'il est mûr. Le Bonchrêtien d'hiver est fort estimé à cause qu'il est de garde.

BONS-HOMMES. f. m. Religieux que le Prince Edmond établit en Angleterre en 1259. Ils portoient un habit bleu, & professoient la Regle de saint Augustin. Quelques-uns croyent que leur Institut étoit celui du bienheureux Jean le Bon, qui vivoit en ce tems-là; ce qui les faisoit appeller *Bons-hommes.* On donne ce même nom à un Couvent de Minimes, aux environs de Paris, & on l'a nommé ainsi à cause que Louis XI. appelloit *Bon-homme*, saint François de Paule, Fondateur de cet Ordre. On appelle aussi *Bons-hommes*, certains Religieux de l'Ordre de Grammont, qui avoient une Maison dans le bois de Vincennes, où les Minimes ont été premierement

ment introduits. Les Heretiques Albigeois ont été aussi appellés *Bons-hommes*.

BONCON. s. m. Vieux mot. Bale qu'on jettoit avec les Arcs. Il y a dans le Roman de la Rose en parlant d'une montagne.

Si haute que nulle arbalête,
Tant fut fort, ne de traire prête,
Ne treroit ne boncon ne vire.

BONDE. s. m. Arbre d'une grandeur prodigieuse, qui se trouve au Royaume de Quoja, & qui surpasse en hauteur tous les autres arbres des forêts. Il a plus de six ou sept brasses d'épaisseur, & son écorce toute herissée d'épines épaisses. Son bois est huileux, & l'on en fait des canots, des cueillers, des plats & des chaises. On fait d'excellent savon avec ses cendres qu'on passe en lessive, & que l'on mêle avec de vieille huile de dattes. Les planches qu'on tire des racines de cet arbre, qui paroissent cinq ou six piés au-dessus de terre, servent à faire des portes & autres choses semblables. On en coupe des rameaux qu'on plante dans les confins des Villages pour les séparer. Ces racines prennent fort facilement, & en peu de tems elles deviennent de grands arbres.

BONDON. s. m. Morceau de bois, dont on bouche le trou d'un tonneau. *Mettre un bondon. Oter le bondon.*

BONDRE'E. s. f. Oiseau de rapine, qui a le ventre blanc, marqueté de plusieurs taches longues, & de couleur brune, & la queue fort large. Son dos est d'une couleur assés obscure, & sa tête est grosse & plate. Il a le col fort garni de plumes, mais court ainsi que le bec. Aldrovandus qui parle de cet oiseau, lui donne trois testicules, ce qui le fait nommer en Latin *Buteo triorchis*.

BONGOMILES. s. m. Heretiques du douziéme siecle, qui s'attachant aux erreurs de Basile Medecin, ne vouloient point reconnoître le mystere de la Trinité. Ils n'admettoient que sept livres de l'Ecriture, & rejettoient ceux de Moyse. Ils regardoient la Messe comme un sacrifice des démons, & prétendoient que l'Ange Gabriel s'étoit incarné, & que Dieu avoit la forme humaine. Ils ajoûtoient que le monde avoit été créé par les mauvais Anges; & méprisant la Liturgie de l'Eglise, ils enseignoient qu'il n'y avoit pas d'autre resurrection que par la conversion du peché, & que les hommes pouvoient bien feindre dans la Religion. Ils ajoûtoient à cela beaucoup d'autres impostures, croyant concevoir le Verbe & l'enfanter de même que la Sainte Vierge. Ils méprisoient la Croix à cause que JESUS-CHRIST y étoit mort.

BONIFIER. v. a. Terme de Marine. On dit, *Bonifier une Baleine*, pour dire, Despecer une Baleine, en fondre le lard sur la gréve, & en tirer tout ce qu'il y a de bon.

BONITE. s. f. Poisson qui se pêche plus souvent en haute mer que le long des côtes. Il est gros, rond, & a environ deux piés de long en ovale, en y comprenant la tête, auprès de laquelle on voit deux grands ailerons pointus, pareils à ceux du Marsouin. Depuis ces ailerons est une ligne d'écaille tirée jusques à la queue qui est fourchue. Il y en a deux autres au-dessous, une au bas du ventre, & une inégalement grande, depuis le milieu du dos jusqu'à la queue. La Bonite est demi chair & demi poisson. Ce qui est proche de la grosse arrête, qui est la seule qu'elle ait, est une chair comme celle du Marsouin, mais beaucoup plus tendre & de meilleur goût. Elle est seche & ferme, & d'une fort bonne nourriture. La mer est quelquefois toute couverte de ces sortes de poissons, qu'on voit sauter dix ou douze piés de haut. On se sert alors de harpons & de tridens pour les prendre. On la prend aussi avec des hameçons qui ne sont que de la grosseur du petit doigt. On y met deux plumes de pigeon blanc que l'on enveloppe de petits linges, & l'on attache laligne à une vergue; en sorte que l'hameçon qui a la forme d'un petit poisson volant sautille dans l'eau. La Bonite qui n'est pas moins ennemie des poissons volans que la Dorade jette aussi-tôt dessus, & se prend à l'hameçon.

BONNEAU. s. m. Terme de Marine. Morceau de bois ou de linge, qui flottant sur l'eau, marque les ancres mouillées dans les ports, ou laissées dans les rades. C'est quelquefois un baril relié de fer. On l'appelle autrement *Gaviteau* & *Hoirin*.

BONNET. s. m. On appelle ainsi le second ventricule du bœuf & des autres animaux qui ruminent. Après qu'ils ont ruminé, les alimens tombent dans ce second ventricule, où ils font une nouvelle digestion, & delà ils tombent dans la caillette où se fait le chile.

On appelle en termes de guerre *Bonnet à Prêtre*, un dehors ou une piece détachée, qui forme à la tête deux angles rentrans, & trois saillans. Ce qui la fait differer de la double tenaille, c'est que ses côtés sont en queue d'aronde, au lieu d'être paralleles, & ont moins de terrain en-dedans, c'est-à-dire, vers la gorge, qu'ils n'en occupent du côté de la campagne.

BONNETTE. s. f. Terme de Fortification. Ouvrage que l'on construit au-delà de la contrescarpe, en maniere de petit corps de garde avancé. Il a deux faces qui forment un angle saillant, fait comme un petit ravelin sans aucun fossé. Sa hauteur est de trois piés, & il est bordé d'une palissade qui en a encore une autre, à la distance de dix ou douze pas. On l'appelle autrement *Fléche*.

Bonnette, est aussi un terme de mer. On appelle ainsi de petites voiles dont on se sert lorsqu'il y a peu de vent, ou pour agrandir celles du Vaisseau, ou pour y en mettre un plus grand nombre. Il y en a que l'on appelle *Bonnettes maillées*. Elles ont deux ou trois piés de hauteur, & servent à allonger les basses voiles, pour aller plus vîte quand il fait beau tems. On les attache à des mailles; c'est-à-dire, à des œillets qui sont près de la ralingue, après quoi on amarre les écoutes au point des Bonnettes. Il y en a d'autres que l'on appelle *Bonnettes en étui*, à cause qu'elles ont la figure d'un étui. On les met par le bout le plus étroit à chaque extrémité de la grande vergue, sur des pieces de bois qu'on nomme Boutedehors. Ainsi elles regnent le long des côtés de la grande voile. On appelle *Bonnette lardée*, celle que l'on a piquée avec du fil de voile, & lardée d'étoupe, dans la vûe de s'en servir pour boucher une voie d'eau, lorsqu'elle se trouve en un endroit du Vaisseau qu'on ne sçauroit découvrir.

BONZES. s. m. Prêtres & Docteurs des Japonois. Ils sont divisés en plusieurs sectes, qui, quoique contraires en opinions, s'accordent toutes à nier la Providence de Dieu, & l'immortalité des ames. Ils ne débitent ces impiétés qu'aux principaux du Pays, & entretiennent le Peuple des peines de l'autre vie. Ils vivent presque tous en commun dans des maisons magnifiques, sans se pouvoir marier; non plus que les Bonzes Religieuses, qui sont habillées differemment. Ils ont diverses Universités, dont la plus célebre est celle de Frenojama, à neuf milles de Meaco, principale Ville de ce Royaume-là. Un Roi du Japon choisit cet endroit il y a huit cens ans ou environ, pour y bâtir trois mille huit cens Temples, avec leurs Couvens de Bonzes qu'il fit disperser en differentes valées : & afin que rien ne pût les détourner de l'étude, il fit aussi bâtir deux Villages au pié de la montagne de Frenojama, d'où ils tiroient toutes leurs commodités. La direction de cette Université qui étoit fort riche, n'étoit donnée qu'aux fils ou aux parens fort proches du Roi. Les Bonzes qui y faisoient leur séjour, jouissoient presque d'un tiers du Royaume de Vome, & étoient comme les maîtres dans celui de Meaco. Le tems qui change & qui détruit tout, fit enfin réduire ces Temples à huit cens; & les Bonzes abandonnerent l'étude pour prendre les armes. Ils entrerent dans Meaco en 1535. & brûlerent presque entierement la Ville. Leurs violences qu'ils continuerent jusqu'en 1551. obligerent un Roi du Japon à chercher à s'en venger. Il attaqua leur Montagne, fit mourir tous ceux qu'il prit, & renversa plus de la moitié des Temples qui leur étoient demeurés. Quelques autres Prêtres des Indes & de la Chine sont aussi appellés *Bonzes*.

BOO

BOOPE. s. m. Poisson de mer du Bresil. Il a la figure & la grandeur des Tons d'Espagne. On le coupe comme les Turbots, & on le sale. Sa graisse ressemble au lard, & on en fait une certaine huile. On a appellé ces poissons *Boopes*, à cause que leurs yeux sont des yeux de bœuf, du Grec βοῦς, Bœuf, & de ὤψ, Face, aspect.

BOR

BORAX. s. m. Suc mineral concret, ou humeur qui découle des mines, & qui se congele de lui-même. Le Borax prend sa couleur de la mine d'où il sort, le jaune dans la mine d'or, le blanc dans celle d'argent, le noir dans la mine de plomb, & le vert dans la mine de bronze. Ce dernier est le meilleur pour les Apothicaires, & le jaune pour les Orfévres. Ils l'appellent *Chrysocolla*, comme qui diroit *Colle d'or*, à cause de l'usage qu'ils en font pour souder l'or. On s'en sert aussi pour souder l'argent & le cuivre. M. Felibien dit qu'on le tire d'une Montagne qui est à cent lieues de Cambayette, qu'il croît aussi aux environs de Guzarate, entre Bengala & Cambaya, & que les Habitans l'appellent *Tincal* ou *Tincar*. Dioscoride défend de se servir du Borax, qu'après qu'on l'a broyé, & lavé en sorte qu'il n'y reste aucune ordure. On le fait secher ensuite, & on le garde ainsi jusqu'au besoin. Il échauffe & desseche moderement, empêche les excrescences des chairs, & les consume en les rongeant peu à peu. Il est dangereux de s'en servir interieurement à cause de son acrimonie. Le Borax se fait aussi par artifice, & il y en a de trois sortes. L'un se fait en répandant de l'eau sur la mine pendant tout l'hiver, jusqu'au mois de Juin, qu'on détourne l'eau pour laisser secher la mine. Ainsi ce Borax n'est proprement qu'une mine petrifiée. L'autre est fait d'alun de roche, de nitre, & autres ingrediens, & c'est celui que l'on fait passer pour le Borax de Venise. Le troisiéme se fait avec de l'urine de petits enfans, remuée longtems au Soleil d'été dans un mortier de bronze avec un pilon de même matiere qu'à consistance d'onguent.

On appelle aussi *Borax*, certaine pierre qui est dans la tête des crapauts. On veut que ce soit effectivement un os de leur tête, qui se petrifie avec le tems; mais beaucoup en doutent.

BORBORITES. s. m. Secte des Gnostiques dans le second siecle. Ceux qui en étoient, outre qu'ils admettoient toutes les ordures de ces Heretiques, nioient encore le Jugement dernier. On appelle *Mennonites* en Hollande, ceux que l'on appelle ailleurs *Anabaptistes*, & ces Mennonites sont divisés en diverses sectes, dont l'une est celle des Mennonites de Frise, nommés *Borboritæ* ou *Stercorarii*, à cause qu'ils admettent dans leur communion ceux qui ont été rejettés par les autres Mennonites, & sont si relâchés dans leur discipline, que les personnes les plus impures ne leur semblent pas indignes d'être de leur societé.

BORD. s. m. Ce mot, qui en termes de Marine signifie *Vaisseau*, *Navire*, s'emploie en differentes manieres de parler. On dit *Etre à bord*, pour dire, Etre au Vaisseau; *Renverser*, *tourner le bord*, pour dire, Revirer, naviger sur un autre air de vent: *Venir à bord*, pour dire, Se joindre dans un Vaisseau, ou joindre un Vaisseau: *Rendre le bord*, pour dire, Venir mouiller dans une Rade, dans un Port: *Courir bord sur bord*, pour dire, Courir sur diverses routes pour ne s'éloigner que le moins qu'on peut; c'est-à-dire, Louvier & gouverner tantôt à striborд, tantôt à bas bord: *Faire un bord*, *une bordée*, pour dire, Faire une route, courre à la mer jusqu'à un certain lieu: *Courir même bord que l'ennemi*, pour dire, Gouverner à stribord ou à bas bord, selon qu'il y gouverne lui-même: *Mettre à l'autre bord*, pour dire, Virer: *Tenir bord sur bord*, pour dire, Courir d'un côté & d'autre au plus près du vent, en attendant quelque chose: *De bord à bord*, pour dire, Autant sur un côté du Vaisseau, que sur l'autre, ou bien, de part & d'autre de la droite route.

On dit de deux Vaisseaux, qu'*Ils sont bord à bord*, pour dire, qu'Ils sont près l'un de l'autre de l'avant en arriere. On dit aussi, *Un bord qui allonge*, pour dire, que La bordée que l'on court lorsque le vent est contraire, sert à la route. On dit encore que *l'on a fait un bon bord*, pour dire, que L'on a gagné ou avancé à sa route étant au plus près du vent.

Bord à la terre, bord au large. Termes qu'on emploie lorsqu'on parle d'un Vaisseau qui court à la mer, & recourt à terre.

On appelle *Bord de bassin*, la tablette de marbre ou de pierre, ou le cordon de gazon ou de rocaille, qui pose sur le petit mur circulaire, quarré, ou à pans d'un bassin d'eau.

BORDAGE. s. m. Revêtement de planches de chêne, qui couvrent les membres d'un Vaisseau, ou qui servent à en faire le dessus. On dit, *Bordage de tant de pouces*, pour dire, qu'Il a tant de pouces d'épaisseur.

Bordage. Terme de Coûtume. Droit Seigneurial dû sur une loge ou maison baillée pour faire les vils services du Seigneur, sans qu'elle puisse être vendue, donnée ni engagée par ceux qui doivent ce droit. Ce mot vient de *Borde*, qui vouloit dire autrefois, Une petite maison de campagne, comme on appelloit *Bordier*, celui qui la tenoit à ferme.

BORDAYER. v. n. Terme de Marine. Gouverner tantôt d'un côté, tantôt d'un autre, lorsque le vent ne permet pas de porter à route. Il signifie aussi Faire des bordées. Quelques-uns disent *Bordeger*.

BORDE. s. f. Vieux mot. Métairie. Grange.

N'es-tu plus or recors de la borde araignense,
Dont jadis te mis hors?

On a dit aussi *Bourde*, & ce mot signifioit Une logette, une maisonnette.

Ne trouverés meshui ne bourde ne maison.

Borel croit que c'est delà qu'est venu le mot de

Bordel, comme voulant dire, Un lieu miserable. On s'est encore servi du mot de Bourdette dans le même sens.

Et tout fut mis à dampnement,
Fors la bourdette seulement.

BORDÉ, ÉE. adj. Terme de Blason. Il se dit des pieces, comme croix, bandes, gonfanons & autres, autour desquelles il y a quelque filet d'une couleur differente. *D'or, à la bande dor bordée de gueules.*

BORDÉE. s. f. Cours d'un Navire depuis un revirement jusqu'à l'autre. *Faire diverses bordées.* On dit *Courir plusieurs bordées*, pour dire, Revirer souvent, & *Courir à la même bordée*, pour dire, Courir un même air de vent qu'un autre Vaisseau, ou courir du même côté que l'on a déja couru. On dit aussi *Venir à sa bordée*, pour dire, Mener le Vaisseau jusqu'au lieu où l'on a dessein d'aller, sans que le vent oblige à changer de route; & *Courir à petites bordées*, pour dire, Ne pas courir loin d'un côté ou d'autre. On dit, *Faire la grande bordée*, lorsqu'étant dans une rade on y veut faire le quart comme à la mer; & *Faire la petite bordée*, lorsque dans une Rade on partage les quarts en deux parties pour faire le service ou le quart. On dit encore *Envoyer une bordée, donner la bordée*, pour dire, Tirer sur un autre Navire tous les canons que l'on a dans son Vaisseau.

BORDELAGE. s. m. Vieux mot, par lequel on entend un domaine ou une métairie de campagne, chargé de quelque redevance que des gens de condition servile avoient accoûtumé de tenir, & qui rapportoit quelque revenu.

BORDEMENT. s. m. Terme de Peinture en émail. M. Felibien s'en est servi en disant; *Pour employer les émaux clairs on les broye seulement avec de l'eau; car ils ne peuvent pas souffrir l'huile comme les émaux épais, on les couche à plat, bordés du métal sur lequel on les met. On fait quelquefois des ouvrages qui sont tout en champ d'émail & sans Bordement; ce qui est assés difficile, à cause que les émaux clairs en se parfondant se mêlent ensemble, & que les couleurs se confondent, principalement quand les pieces sont petites.*

BORDER. v. a. Terme de Marine. On dit, *Border un Vaisseau*, pour dire, Couvrir ses membres de bordages, *Border en carvelle*, pour dire, Faire que les bordages se touchent à côté l'un de l'autre; & *Border à quin*, pour dire, Border en sorte que l'extrémité d'un bordage passe sur l'autre.

On dit, *Border une voile*, pour dire, L'étendre par en bas en tirant les cordages qu'on appelle Ecoutes, en sorte qu'elle puisse retenir le vent. On dit aussi, *Border une écoute*, pour dire, La tirer jusqu'à ce qu'on fasse toucher le coin de la voile à un certain point; & *Border les écoutes arriere*, pour dire, Haler les deux écoutes de chaque voile afin d'aller vent en pouppe. On dit encore *Border l'artimon*, pour dire, Haler l'écoute d'artimon, à toucher une poulie qui est mise sur le haut de l'arriere du Vaisseau.

Il y a divers commandemens qui se font sur mer, comme *Borde plat*, pour faire border les écoutes autant qu'il se peut; *Borde & brasse*, pour faire, border les écoutes & brasser les vergues; *Borde la grande écoute, borde la misaine, borde la civadiere, borde le grand perroquet, le petit perroquet de misaine ou d'avant, &c.* ce qui se dit pour faire border les écoutes chacunes en particulier. Quelques-uns disent, *Borde l'écoute d'une telle voile.*

Border, veut dire aussi, Suivre un Vaisseau de côté pour l'observer & le reconnoître. Il y en a qui disent encore *Border un Vaisseau*, pour dire, Venir à l'abordage d'un Vaisseau; mais cette maniere de parler est impropre.

Les Bateliers disent, *Border les avirons*, pour dire, Mettre les avirons dans les tourets du bachot afin de nager.

On dit encore, *Border un lit*, pour dire, Faire que les bords de la couverture entrent dans le bois du lit, lorsqu'on fait le lit.

Border la haye. Terme de guerre. Il se dit d'une certaine maniere de tirer, quand les Mousquetaires ayant à soûtenir de la Cavalerie qui les attaque, n'ont point de piquiers avec eux, pour se fraiser, & arrêter le choc des chevaux. Alors des trois rangs qui sont commandés pour faire feu, sur cette Cavalerie, ceux du premier se mettent un genouil en terre, ceux du second se courbent pour tirer par dessus l'épaule des premiers, & les troisiémes se tiennent tout droit; de sorte qu'en tirant tous à la fois dans cette situation, ils ne courent aucun risque de se blesser les uns les autres. On dit aussi, *Border la haye*, pour dire, Ranger la haye; mais on parle improprement.

On dit en termes de Jardinage, *Border une allée*, pour dire, Planter une bordure de bouis ou de fines herbes dans un parterre, pour séparer la planche ou la platebande des carreaux d'avec l'allée.

BORDIER. adj. On appelle *Vaisseau bordier*, celui qui a un côté plus fort que l'autre.

BORDIGUE. s. f. Espace retranché par des roseaux ou des cannes sur le bord de la mer, pour y prendre du poisson.

BORDOYER. v. a. Terme de Peinture en émail. M. Felibien s'en est servi dans le chapitre qui en traite, où il dit, *Les émaux clairs mis sur un bas or plombent & deviennent louches; c'est-à-dire, qu'il y a un certain noir comme une fumée, qui obscurcit la couleur de l'émail, ôte de sa vivacité, & la bordoye, se rangeant tout autour comme si c'étoit du plomb noir.*

BORDURE. s. f. Terme d'Architecture. Profil en relief, rond ou ovale, qui sert à renfermer quelque tableau, bas relief ou panneau de compartiment. Il est fort souvent taillé de sculpture. Les bordures quarrées ont le nom de Quadres.

Bordure, parmi les Doreurs sur cuir, Se dit des ornemens qui sont au haut & au bas du livre, immediatement après les filets du premier & du dernier bouquet.

On appelle aussi *Bordure*, en termes de Boissellier, Un cerceau de la largeur de trois doigts, qu'on met au haut & au bas d'un seau pour le tenir ferme.

Bordure de pavé. Terme de Paveur. On appelle ainsi les deux rangs de pierre dure & rustique, qui retiennent les dernieres morces, & qui font les bords du pavé d'une chaussée.

Bordure. Terme de Blason. Sorte de brisure faite comme un passement, qui environne l'écu, au bord duquel cette brisure est mise de plat. La largeur de la bordure doit être de la sixiéme partie de l'écu. *De gueules à la bordure d'hermines.*

BOREAL, ALE. adj. Qui est du côté du Septentrion. *Vent boreal.*

BORGNE. adj. Terme de Medecine, qui se dit du premier des trois gros boyaux. C'est où se ramasse le chile le plus subtil. Il y demeure long-tems, afin que les veines du mesentere le sucent plus aisément.

BORGUE. s. f. Sorte de panier, avec lequel les Pêcheurs bouchent l'ouverture qui est au fond d'un bouchot du côté de la mer.

BORNE. f. f. Pierre qui sert de limite à un heritage. Les Arpenteurs qui plantent les bornes aux encoignures des terres, sont obligés de mettre des témoins dessous, ou à certaine distance. Ces témoins sont des tuileaux ou autres marques, & ces bornes & témoins des heritages qui leur sont contigus, empêchent que par succession de tems les particuliers n'anticipent sur les voies publiques.

On appelle *Borne de bâtiment*, Une maniere de cone tronqué de pierre dure à hauteur d'appui à l'encoignure ou au-devant d'un mur de face, pour empêcher que les carrosses & les charrois ne l'endommagent. Quand une place qui est au-devant d'un bâtiment sur une voie publique, est renfermée par ces bornes, elles font connoître que cette place appartient au particulier par qui elles ont été plantées.

Borne de cirque, Etoit chés les Anciens une pierre en maniere de cone. Elle servoit de but chés les Grecs, pour terminer la longueur de la stade; & chés les Romains elle regloit la course des chevaux dans les hippodromes & dans les cirques.

Bornes de vitres, chés les Vitriers, Sont des pieces de verre hexagones barlongues, qu'ils font entrer dans les compartimens de vitres. Il y en a de couchées, d'autres accouplées & d'autres qui sont debout.

BORNOYER. v. a. Juger d'un coup d'œil si une ligne est droite, pour ériger un mur droit, ou planter des arbres d'alignement. On dit d'un Tailleur de pierre, qu'*Il bornoye un pavement de pierre*, pour dire, qu'il juge à l'œil s'il est droit & bien dégauchi.

BORRELISTES. f. m. Heretiques de Hollande, qui ont pris leur nom de Borreel, Chef de leur Secte, homme très-sçavant, sur-tout dans les langues Hebraïque, Grecque & Latine. Il étoit frere de M. Borreel, Ambassadeur des Etats auprès du Roi. Leur maniere de vivre est très-severe; & comme leur plus grand soin est de s'acquitter de tous les devoirs des vrais Chrétiens, ils emploient la meilleure partie de leurs biens à faire l'aumône. Ils n'admettent ni l'usage des Sacremens, ni les prieres publiques, ni aucune des autres fonctions exterieures du Service divin, & prétendent que de toutes les Eglises qui sont ou qui ont été établies dans le monde depuis la mort des Apôtres, ou de leurs premiers Successeurs, il n'y en a point qui ayent gardé la pure doctrine qu'ils ont prêchée. La raison qu'ils en donnent, c'est qu'ils ont souffert que des Docteurs, qui ne sont pas infaillibles, & qui veulent faire passer leurs confessions, leurs catechismes, leurs liturgies & leurs sermons pour la pure parole de Dieu, quoique ce ne soient que des ouvrages des hommes, ayent expliqué, & par consequent corrompu cette Parole de Dieu infaillible, qui est contenue dans l'Ancien & le Nouveau Testament. Ainsi ils disent qu'en la lisant, il n'y faut ajoûter aucune explication des hommes; & sur ce principe, s'il se trouvoit quelque assemblée qui admit la seule lecture de la parole de Dieu, ils soûtiennent qu'on devroit recevoir dans sa communion tous ceux qui reconnoîtroient la Sainte Ecriture pour être cette parole, quels qu'ils pussent être d'ailleurs.

BORROUW. f. m. Arbre d'une grosseur ordinaire, & qui n'est épais que d'une brasse. Il croît au Royaume de Quoja. Les épines dont son écorce est couverte, sont crochues comme les griffes d'un oiseau, & quand on y fait quelque incision, il en sort un suc blanc qui fait aller extrêmement à la selle, & dont on se sert quand les autres remedes sont sans force. Ses feuilles sont fort épaisses, & étant pressées, elles rendent le même suc. Le bois de cet arbre est si frêle, qu'il ne vaut rien à brûler.

BOS

BOS. f. m. Vieux mot. Bois, forêt.

N'y a nul qui de faim ne muire,
De ceux qui ont en bos été.

On a dit aussi *Bosches*.

BOSEL. f. m. Grosse moulûre ronde qui est à la base des colomnes, en forme d'anneau ou de bourrelet.

BOSPHORE. f. m. Terme de Geographie. Longueur de mer entre deux terres, par laquelle deux continents sont séparés, & par où un golphe & une mer, ou bien deux mers, peuvent avoir communication, comme le Bosphore de Thrace, qui est appellé aujourd'hui *Détroit de Constantinople*, ou *Canal de la mer Noire*; ce qui fait voir que *Détroit* & *Bosphore* sont la même chose, quoiqu'on se serve plus ordinairement du mot de *Détroit* ou de *Canal*.

BOSQUILINE. f. f. Vieux mot. Terre pleine de bois & d'eaux.

BOSSAGE. f. m. Terme d'Architecture. Pierre qui a quelque saillie, & qu'on pose en place sans la tailler en élevant quelque édifice, pour y tailler ensuite quelque ouvrage. On appelle aussi *Bossages*, certaines pierres avancées qu'on laisse au-dessous des coussinets d'un arc ou d'une voute, afin qu'elles tiennent lieu de corbeaux pour porter les cintres; ce qui exempte de faire des trous de boulin. *Bossage* est encore le nom que l'on donne à certaines bosses qu'on laisse aux tambours des colomnes de plusieurs pieces. On conserve par là les arêtes de leurs joints de lit, qui sans cela pourroient être émoussées par les brayers & autres cordages. On appelle *Bossages*, ou autrement *Pierres de refend*, Les pierres qui paroissent exceder le nud du mur, à cause qu'il y a des enfoncemens ou canaux quarrés qui en marquent les joints de lit. Il y a differentes sortes de Bossages. Le *Rustique vermiculé*, est celui qui est pointillé en tortillis, & le *Bossage rustique* celui qui est arrondi, & dont les paremens paroissent bruts, ou sont pointillés également.

Le *Bossage* dont les arêtes sont arondies, s'appelle *Bossage arrondi*, & celui qui lorsqu'il est chamfrainé & joint à un autre de même maniere, forme un angle droit, s'appelle *Bossage à anglet*.

Le Bossage à chamfrain, est celui dont l'arête est rabatue, & qui au lieu de se joindre avec un autre, laisse un petit canal d'une certaine longueur: & on appelle *Bossage quarderonné avec listel*, celui qui est fait comme un panneau en saillie, bordé d'un quart de rond, & renfermé dans un listel.

On appelle *Bossage ravalé*, Celui qu'un autre bossage sépare par un canal quarré, & qui a une table bordée d'un listel, & fouillée en dedans de certaine profondeur; *Bossage continu*, Celui qui est continué dans l'étendue d'un mur de face, sans être interrompu par autre chose que par des chambranles, ou corps où il va terminer; *Bossage à cavet*, Celui dont un cavet entre deux filets termine la saillie; *Bossage en pointe de diamant*, Celui qui a quatre glacis dans son parement, & ces glacis terminent à un point quand il est quarré, & à une arête quand il est barlong; *Bossage à doucine*, Celui qui a son arête rabatue & moulée d'une doucine; *Bossage en liaison*, Celui que séparent des joints montans, aussi larges & aussi renfoncés que ceux de lit, & qui represente les carreaux & les boutisses. *Les Bossages mêlés*, sont ceux qui étant de deux hauteurs differentes, sont mêlés alternativement,

& qui representent les assises de haut & de bas appareil.

Les Charpentiers appellent *Bossage*, La rondeur de bosse que font les bois courbes & cintrés. Les petites bosses quarrées qu'ils laissent aux poinçons, arbres de grues & autres pieces de bois pour arrêter les moises, ont aussi parmi eux le nom de *Bossage*.

BOSSE. s. f. Petit bossage laissé dans le parement d'une pierre par l'ouvrier, pour faire connoître que l'on n'en a pas toisé la taille.

On appelle *Bosse de pavé*, Une petite éminence sur le pavement d'un revers ou d'une chaussée de pavé. Cela vient, ou de ce qu'on n'en a pas affermi la forme également, ou de ce que la pesanteur des charrois a fait quelque flache.

On dit en Sculpture, *Ouvrage relevé en bosse*, *Ouvrage à ronde-bosse*, pour dire, Un ouvrage de relief, dont toutes les parties sont isolées, & ont leur veritable rondeur, comme les figures. *Demi-bosse*, est un bas relief, qui a ses parties saillantes & détachées. On dit en Peinture, *Travailler d'après la bosse*, pour dire, Dessiner une figure de relief.

On appelle *Vaisselle en bosse*, La vaisselle qui n'est pas unie & toute plate, comme des pots, des pintes, des flacons, &c. qui ont plus de largeur par le bas, qu'ils n'en ont par l'ouverture. *Des bassins relevés en bosse*, sont ceux qui sont isolés, & où il y a des figures de bas relief.

On appelle *Serrure à bosse*, ou *Bosselle*, Une serrure qu'on attache par dehors avec des cloux, & qui se ferme avec un moraillon.

La premiere poussée du bois d'un Cerf qui a mis bas, est aussi appellée *Bosse*.

Bosse. Terme de tripot. L'endroit du tripot où la muraille fait un angle obtus, en sorte que le joueur a peine à juger la balle, quand elle y donne.

Bosse. Terme d'Artillerie. Bouteille de verre fort mince, remplie de quatre ou cinq livres de poudre, au col de laquelle, après qu'on l'a bien bouchée, on met quatre ou cinq méches qui pendent en bas. On lui attache ensuite une corde longue de deux à trois piés, qui sert pour la jetter; & quand la bouteille vient à se briser, elle met le feu à tout ce qu'elle rencontre.

Bosse. Terme de Marine. Bout de corde d'une mediocre longueur, ayant un cul de porc double à chaque bout. Son usage est de rejoindre une manœuvre qu'un coup de canon aura coupée, ou qui aura été rompue par quelque accident.

On appelle *Bosses à aiguillettes* ou *à raban*, Les bosses qui sont pour le cable, c'est-à-dire, qui ont au bout une petite corde qui sert à saisir le cable. *Les Bosses à fouet*, sont celles qui étant tressées par le bout, vont jusqu'à la pointe en diminuant, & la *Bosse du Bossoir*, est la manœuvre qui sert à tirer l'ancre hors de l'eau, pour l'amener au bossoir, lorsqu'elle paroît.

On appelle *Bosses de chaloupe*, Les cordes dont on se sert pour amarrer les chaloupes.

On dit, *Prendre une bosse*, pour dire, Amarrer une bosse à quelque manœuvre.

BOSSEMAN. s. m. Officier de Marine, dont le soin est de bosser les cables, & de mouiller & de relever les ancres.

BOSSER. v. a. Terme de Marine. On dit *Bosser l'ancre*, pour dire, Amarrer la bosse qui saisit le cable lorsque l'ancre est à la mer, tirer l'ancre pour la mettre sur le bossoir.

BOSSETTE. s. f. Petit rond élevé en bosse, mis aux deux côtés d'un mords de cheval.

BOSSOIR. s. m. Terme de Marine. Poutre ou piece de bois avec une ou deux poulies, qui est en saillie à l'avant du Vaisseau, au-dessous de l'éperon. Son usage est de soûtenir l'ancre & de la tenir prête à mouiller, ou bien à l'y poser, quand on l'a tirée de l'eau. Comme les bossoirs, qu'on appelle aussi *Bosseurs*, sont en saillie, c'est-à-dire, de six à neuf piés hors le Vaisseau; cela est cause que lorsqu'on a dessein de mouiller, l'ancre tombe à l'eau, sans qu'on ait à craindre que le franc bordage en soit offensé.

BOT

BOT. s. m. Petit Vaisseau dont on se sert aux Indes Orientales. Il est mâté en heu, & n'est point ponté. On nomme aussi *Bot*, Certain gros bateau Flamand. C'est delà que vient *Paquet-bot*; qu'on dit en parlant des Lettres d'Angleterre qu'on reçoit en France par le moyen d'un bateau qui les apporte de Douvre à Calais. Borel, après avoir dit que *Bot* signifioit autrefois un trou en terre, ou une fossette à jouer aux noix, du Latin *Buttum*, d'où sont venus *Pot* & *Sabot*, à cause de leur cavité, ajoûte que *Bot* vouloit dire aussi Difforme; ce qui a fait dire *Piébot*; pour Contrefait, & d'où est venu le nom de *Botte*, à cause que la botte rend le pié gros & mal fait. Il dit encore que *Bot* & *Botte* signifioient autrefois Crapaut, à cause que le crapaut s'enfle & se rend difforme.

BOTANIQUE. s. f. Art qui dépend de l'agriculture, & qui enseigne à connoître & à cultiver les plantes. C'est encore la partie de la Medecine qui s'attache à examiner la vertu & les differentes qualités des plantes, pour s'en servir à guerir les maladies. Ce mot est aussi adjectif, *Medecin botanique*, *experience botanique*. Il vient du Grec βοτάνη, qui signifie Herbe.

BOTANISTE. s. m. Celui qui sçait la Botanique.

BOTEREL. s. m. Vieux mot. Crapaut.

> *Lezards & botereaux*,
> *Qui se trayent de leurs piés.*

Il a signifié aussi un Vautour, comme si on disoit *Volterel*, venant du Latin *Vultur*.

> *Comment le gesier Titius*
> *Se hâtent boterel manger.*

BOTRUSSES. s. f. p. Vieux mot. Sorte de viande épissée.

> *Boudins, andouilles & botrusses.*

BOTTE. s. f. Terme de Mercier. Quinze onces de soye font une botte de soye. On dit aussi *Marchand de soye en bottes*; ce qui s'entend seulement des soyes qui ne sont point ouvrées. On appelle aussi *Bottes*, de petits rouleaux de la longueur environ d'un pié; que les Merciers & autres Marchands font pendre à leurs Boutiques, pour leur servir d'étalage.

On dit aussi *Botte* dans les Provinces de France qui tirent vers le Midi & vers l'Italie, pour signifier certain Vaisseau à tenir du vin, grand environ comme un muid.

Botte. Terme de Chasse. Longe avec laquelle on mene le Limier au bois.

Botte. Terme d'escrime. Estocade, coup que l'on porte avec un fleuret.

Botte, Se dit aussi dans le tems de neige, de celle qui s'attache aux talons des souliers de ceux qui marchent. Il se dit pareillement de la terre grasse qui s'y attache de la même sorte.

BOV

BOVARD. s. m. Terme de Monnoye. Gros marteau,

pesant seize livres, qui servoit à bouer les monnoyes quand on les travailloit au marteau. Il ne differoit du Flattoir qu'en ce qu'il étoit plus gros & plus racourci.

On appelle *Bouard*, Un jeune bœuf coupé à la difference du Taureau.

BOUCAN. f. m. Loge couverte de manieres de clayes, que les Caraibes, Peuples des Antilles, nomment en leur langue *Barbacoa*, & qui ferment cette loge tout autour. Il y a vingt ou trente bâtons gros comme le poignet, & longs de sept à huit piés, rangés sur des travers à demi pié l'un de l'autre. Les Boucaniers y mettent la viande de Sanglier, qu'ils ont préparée le jour precedent après être revenus de la chasse, en la coupant par aiguillettes longues d'une brasse ou plus, & la saupoudrant ensuite de sel battu fort menu. Ils font force fumée dessous, & pour cela ils brûlent toutes les peaux des Sangliers qu'ils tuent, ainsi que leurs ossemens tirés de la chair, afin que la fumée soit plus épaisse; ce qui vaut mieux que le bois seul, le sel volatil de ces peaux & de ces os ayant beaucoup plus de sympatie avec la viande à laquelle il vient s'attacher, que n'en a le sel volatil du bois, qui monte avec la fumée. Le plus mal habile des Boucaniers demeure dans le Boucan, pour faire fumer la viande & apprêter à manger aux autres.

BOUCANER. v. a. faire fumer de la viande, ou la faire cuire à la maniere des Sauvages. Les Boucaniers qui font boucaner la viande, font à l'égard des animaux ce que les Caraibes ont accoûtumé de faire à l'égard des hommes, qu'ils coupent par pieces, lorsqu'ils ont fait quelques prisonniers de guerre, & dont ils mettent ensuite les morceaux sur des clayes, sous lesquelles ils font du feu.

BOUCANIER. f. m. Celui qui fait boucaner la viande. Les premiers qui ont commencé à se faire Boucaniers étoient habitans des Antilles, & avoient conversé avec les Sauvages. Il y en a de deux sortes. Les uns chassent seulement aux bœufs, & ce sont ceux-là qui passent pour vrais Boucaniers. Ils ont une meute de vingt-cinq à trente chiens, & parmi ces chiens un ou deux Venteurs qui découvrent l'animal. Leurs armes sont des fusils longs de quatre piés, c'est-à-dire, le canon, dont la monture est faite autrement que celle de nos fusils ordinaires de chasse. Ils sont tous d'un calibre, & tirent une bale de seize à la livre. Tout l'habillement des Boucaniers consiste seulement en deux chemises, un haut-de-chausse, une casaque, le tout, de grosse toile, & un bonnet d'un cul de chapeau, ou de drap, où il y a un bord devant le visage. Ils ont avec cela une petite tente de toile fine, qu'ils portent avec eux en forme de bandouliere. Ils couchent dans les bois où ils se trouvent, & dressent leur tente pour dormir dessous, afin d'empêcher que les moucherons ne les tourmentent. Ils s'associent dix ou douze ensemble, chacun avec ses valets, pour aller chasser en un quartier, & y étant arrivés ils se disent les uns aux autres où ils vont; & s'il leur paroît qu'il y ait trop de peril, ils ne se séparent point. Le maître va devant, suivi des valets & de tous les chiens, à l'exception du Venteur ou Brac, qui va chercher le Taureau. Il n'en a pas plûtôt trouvé un, qu'il aboye trois ou quatre fois, & les autres chiens courent en même tems où ils l'entendent. Le maître & les valets courent de même, & étant venus où est le Taureau, chacun s'approche d'un arbre pour se garantir de sa furie, s'il arrivoit que le maître ne le tuât pas du premier coup. Si-tôt qu'il est bas, celui qui en est le plus près lui va couper le jaret, pour empêcher qu'il ne se releve. Cela étant fait le maître en tire les quatre gros os qu'il casse, pour en sucer la moëlle toute chaude, & ayant donné un morceau de viande à son Venteur, il laisse là un de ses valets pour achever d'écorcher la bête, & en porter le cuir au Boucan. Il empêche les autres chiens de manger, à cause qu'ils n'auroient plus de courage pour la chasse, & il la poursuit jusqu'à ce qu'il ait chargé tous ses valets de chacun un cuir, & que lui-même en ait un. Etant revenus au lieu d'où ils sont partis, ils étendent chacun un de ces cuirs sur la terre, & l'y attachent avec un grand nombre de chevilles, qui le tiennent étendu, le dedans de la peau en haut; après quoi ils frottent le cuir de cendres battues avec du sel, afin qu'il seche plûtôt; ce qui arrive en fort peu de jours. Les autres Boucaniers ne chassent qu'aux sangliers, dont ils salent & fument la viande dans le Boucan, pour la vendre aux Habitans. Cette viande étant fumée, a un si bon goût, qu'on la peut manger en sortant de ce Boucan, sans la faire cuire. Elle est vermeille comme la rose, & a une odeur admirable: mais elle demeure peu de tems en cet état. Six mois après qu'elle a été boucanée, il ne lui reste plus aucun autre goût que celui du sel. Quand ils ont amassé de cette maniere un certain nombre de viande, ils la mettent en paquets ou en balots, & vendent chaque paquet six pieces de huit.

BOUCAUT. f. m. Vieux mot. Sorte de vaisseau ou de tonneau. On dit aussi *Bouchel*, pour dire, Un Baril de vin.

Il y a des rivieres qui s'embouchent à la mer, ou dans les Lacs qui prennent en leurs embouchûres le nom de *Boucaut*, comme les embouchures des rivieres des Basques & des Landes.

BOUCHARDE. f. f. Outil de fer de bon acier par le bas & fait en plusieurs pointes de diamans, fortes & pointues de court. Il sert aux Sculpteurs en marbre, lorsqu'ils veulent faire un trou d'égale largeur, à quoi les outils tranchans ne seroient pas propres. On frappe sur la Boucharde avec la masse, & ses pointes mettent le marbre en poudre, en le meurtrissant. Cette poudre sort par le moyen de l'eau qu'on verse de tems en tems par le trou à mesure qu'on le creuse; ce qui empêche le fer de s'échauffer, & l'outil de perdre sa trempe. Ceux qui travaillent avec la Boucharde, la passent dans un morceau de cuir percé qui bouche le trou, & qui est cause qu'en frappant sur cet outil, l'eau ne sçauroit leur rejallir au visage.

BOUCHE. f. f. Ce mot ne se dit pas seulement de l'homme, il se dit aussi du cheval, & signifie la partie du corps par laquelle il prend sa nourriture. *Bouche fine, tendre, legere & loyale, bouche fraîche & écumante, bouche forte, desesperée, ruinée.*

On dit qu'*Un cheval a la bouche chatouilleuse*, pour dire qu'il craint trop le mords. On dit qu'*il a la bouche égarée*, pour dire qu'Il n'est plus sensible aux barres, qu'il bat à la main, & qu'il ne veut point se soumettre au mords.

On dit *Bouche à pleine main*, en parlant de la bouche d'un cheval, qui sans avoir le sentiment fin & délicat des bouches excellentes, a pourtant l'appui assûré, & souffre qu'on tourne la main un peu ferme, sans que le cheval pése sur le mords, & qu'il y resiste. On dit aussi *Bouche au delà de pleine main, plus qu'à pleine main*, en parlant de la bouche d'un cheval qui a de la peine à obéir.

Bouche, Terme d'Organiste. Ouverture d'un tuyau qui donne libre entrée au vent. On l'appelle ainsi à cause qu'on dit que les tuyaux parlent. Elle est large de la quatriéme ou cinquiéme partie de sa grosseur.

Bouche, se dit encore des ouvertures par lesquelles les rivieres déchargent leurs eaux dans la mer. *Les sept bouches du Nil.*

On dit d'un vassal, en termes du Palais, qu'il *doit la bouche & les mains à son Seigneur*, pour dire, qu'il lui doit un hommage, aveu & soumission, & cette soumission consiste à lui baiser les mains.

BOUCHER. v. a. On dit en termes de Dorure, *Boucher d'or moulu*, pour dire, Ramender avec de l'or moulu les petits défauts que l'on trouve encore à l'or après qu'on l'a bruni. Cet or moulu se met dans une petite coquille avec un peu de gomme arabique, & il n'y a point de meilleur moyen pour faire quelque chose de propre, pourvû que l'endroit gâté ne soit pas grand.

BOUCHET. s. m. Breuvage composé d'eau & de sucre avec un peu de canelle. On fait bouillir l'eau quelque tems avant que d'y ajoûter le sucre, dont on ne doit mettre que la huitiéme ou la dixiéme partie; après quoi on fait cuire le tout ensemble, en l'aromatisant d'un peu de canelle. Cette boisson que l'on appelle autrement *Hippocras d'eau*, est fort salutaire, & on en peut user même dans la fiévre. Elle ne refroidit point l'estomac, comme fait l'eau crue, & elle échauffe moins que le vin.

BOUCHETURE. s. f. Tout ce qui sert à fermer & à boucher un heritage, comme pré, vigne, jardin; en sorte que les bêtes ne puissent trouver d'ouverture pour y entrer.

BOUCHIN. s. m. Terme de Marine. Partie la plus large du Vaisseau, à prendre cette largeur de dehors en dehors. Ainsi cela se trouve toûjours à stribord & à basbord du grand mât, à cause que le maître ban & la maitresse côte sont en cet endroit. On dit qu'*Un bâtiment est plus court de varangue, & plus petit de bouchin qu'un autre*, pour dire, qu'il est plus rond par la quille, & plus étroit de bordage.

BOUCHON. s. m. Terme de Jardinage. Lieu où se forment les chenilles, & où elles se conservent pendant l'hiver.

BOUCHOT. s. m. On appelle ainsi une maniere de parc que l'on fait avec des clayes, pour pêcher, sur les côtes de la mer.

BOUCIQUAUT. adj. Vieux mot Mercenaire qui fait tout pour de l'argent.

BOUCLE. s. f. Gros anneau de fer ou de bronze, attaché à une porte cochere pour y servir de heurtoir. On appelle aussi *Boucles*, de petits ornemens qui ont la forme d'anneaux, & qui sont lassés sur une moulûre ronde.

Boucle, en termes de Marine, signifie clef ou prison. Ainsi on dit, *Mettre un matelot sous boucle, le tenir sous boucle*, pour dire, Le mettre sous clef, le tenir en prison.

On appelle aussi *Boucle*, Un petit os avec une pointe que porte la Raye, poisson de mer.

BOUCLE, E'E. adj. Terme de Blason. Il se dit en parlant du collier d'un Levrier ou d'un autre chien qui a des boucles. *D'azur au Levrier rampant d'argent, accolé de gueules & bouclé d'or.*

BOUCLER. v. a. Parmi les Chasseurs, on dit, *Faire boucler un Renard*, pour dire, le faire sortir de son terrier avec des chiens ou un Blereau; *un Lapin* avec des Furets.

BOUCLIER. s. m. Arme défensive qui se porte sur le bras, & dont on se couvre une partie du corps. Borel dit que *Targe, Ecu, Pavois, Rondelle* sont presque la même chose que Bouclier, dont le nom est venu de *Bucularium*, à cause des boucles & bosses de fer dont les Boucliers étoient garnis, & qu'on appelloit *Bubulæ, bullæ*, & *umbones*. On joignoit les Boucliers les uns aux autres par dessus la tête, quand on vouloit s'approcher d'un mur pour le sapper. Cela s'appelloit *Faire la tortuë*, & c'est ce qui a fait dire au Poëte, *Junctaque umbone phalanges*. Ces boucliers étoient quelquefois si grands, qu'on les faisoit porter devant soi, à cause qu'un homme armé n'en auroit pû soûtenir le poids. Ils pouvoient couvrir le corps entier, & c'est pour cela qu'Homere, dans la description qu'il fait de celui d'Ajax, dit qu'il étoit comme une Tour.

Bouclier, dans l'Architecture est un ornement qui sert pour les frises, les trophées, &c. On appelle *Bouclier naval*, un ovale qui est couché avec deux enroulemens.

BOUDELLE. s. f. Espece de plume qui se tire du bout de l'aile des oyes. On a dit *Budellus* au même sens dans la basse Latinité, & c'est de là que du Cange dérive *Boudelle*.

BOUDIN. s. m. Quelques-uns appellent ainsi dans l'Architecture le tore de la base d'une colomne.

On appelle *Ressort à Boudin*, en termes de Serrurerie, certain Ressort delicat qui sert dans une serrure à repousser le demi tour du pêne. Ce ressort est plus souple que ceux qui se font avec la jumelle. On donne aussi le nom de *Ressort à boudin*, à un Fil d'archal tourné en helice dans quelque tuyau, qui se lâche avec effort quand il a été pressé.

Les Verriers appellent *Boudin*, le nœud ou l'éminence qui se rencontre au milieu d'un rond de verre dont les Vitriers se servent.

On appelle encore *Boudin*, une espece de Fusée dont se servent les Mineurs, & dans laquelle ils font entrer des étoupes, & autres matieres susceptibles de feu.

BOUDINEURE. s. f. Terme de Marine. Enveloppe dont on garnit l'arganeau de l'ancre, & qui se fait avec de vieux cordages qu'on met tout autour pour empêcher le cable de se pourrir.

BOUE'E. s. f. Terme de Marine. Enseigne ou marque qu'on attache à un cordage appellé *Orin*. Ce cordage tient à l'ancre par un de ses bouts, & par l'autre à la Boüée, qui flottant sur l'eau, indique l'endroit où l'ancre est mouillée.

On appelle *Bouée de bout de mât*, Celle qui est faite du bout d'un mât ou d'une seule piece de bois. *Bouée de baril* est celle qui est faite avec des douves, & qui est foncée & reliée comme un baril; & *Bouée de liege*, est une troisiéme espece de ces sortes de marques, faite de plusieurs pieces de liege que des cordes tiennent liées ensemble.

BOUEMENT. Ce mot se joint avec celui d'assemblage, & on appelle *Assemblage à bouement*, celui qui ne differe du quarré, qui se fait quarrément, ou par entailles de la demi-épaisseur du bois, ou à tenon & mortoise, qu'en ce que la moulure qu'il porte à son parement est coupée en anglet.

BOUER. v. a. Terme de Monnoye. Il se dit de la huitiéme façon que l'on donnoit aux monnoyes qu'on fabriquoit au marteau. On frappoit sur un bloc de flans entassé, & ce bloc s'affaissant tout à coup, faisoit joindre, couper & toucher d'affiette les deniers de monnoyage, afin de les faire couler plus facilement au compte & à la main. Par l'Ordonnance il est enjoint de repeter deux fois cette façon, & de recuire & de rechauffer les flans à chacune de ces façons, & de bouer une troisiéme fois sans recuire. Cela étant fait, l'Ouvrier met les flans entre les mains du Maître pour les blanchir.

BOUFAGE. adj. Vieux mot. Qui mange trop, du

Grec βόφαρς. On a dit aussi *Bouffard*.

BOUFETTE. s. f. Houpe de laine qui pend sur le nez, & à côté de la bride d'un cheval de harnois.

BOUFFER. v. a. Vieux mot. Chasser. Villon en parlant de gens morts, a dit,

De cette vie sont bouffez.

BOUGE. s. m. Terme de Charpenterie. Place de bois, qui courbe en quelque endroit, & qui a du bombement.

Les Tonneliers appellent *Bouge*, le milieu de leur futaille; c'est-à-dire, la partie qui en est la plus élevée & la plus grosse; & selon les Potiers d'étain, *Bouge*, est le demi-cercle qui est autour du fond de l'assiete. Villon s'est servi du mot de *Bouges*, pour dire quelque partie de l'habillement.

Je donne l'envers de mes bouges,
Pour tous les matins les torcher.

BOUGEOIR. s. m. Petit chandelier qui a un manche pour le porter à la main, & dans lequel on met une bougie. Quand un Prélat officie, le plus ancien de ses Aumôniers porte le Bougeoir.

BOUGEON. s. m. Vieux mot. Fleche qui a une tête.

BOUGRAN. s. m. Toile forte & gommée, qui étant mise dans des doublures du corps des habillements, fait qu'ils se soûtiennent & conservent mieux leur forme. Du Cange prétend que l'on ait dit autrefois Bouqueran, & fait venir ce mot de *Boquerannus*, *Bucaranum*, & *Buchiranum*, qui ont été dits dans la basse Latinité, pour signifier la même chose.

BOUILLARD. s. m. Quelques-uns nomment ainsi sur la mer, certain nuage qui donne du vent & de la pluye.

BOUILLE. s. f. Terme de Pesche. Longue perche qui est grosse par le bout en forme de rabot, & avec laquelle on remue la vase. Cela est cause que l'eau étant remuée, le poisson entre plus facilement dans les filets.

BOUILLER. v. m. Terme qui se trouve dans les Ordonnances des Eaux & Forêts, & qui signifie, Se servir de bouilles pour pêcher.

BOUILLITOIRE. s. m. Terme de Monnoye. On dit *Donner le bouillitoire*, pour dire, Jetter les flans dans le Bouillitoire; & les y faire bouillir pour les nettoyer jusqu'à ce qu'ils soient devenus tout à fait blancs.

BOUILLOIR. s. m. Terme de Monnoye. Vaisseau de cuivre, dans lequel il y a de l'eau bouillante avec un sel commun, & du tartre de Montpellier ou gravelée, & où l'on jette les flans qu'on a laissé refroidir dans un crible de cuivre rouge, après qu'ils ont été assés recuits. On les fait bouillir dans ce Bouilloir pour les décrasser, après quoi on les jette dans un autre Bouilloir, rempli de même que le premier, où on les fait encore bouillir pour achever de les nettoyer.

BOUILLON. s. m. Jet d'eau assés gros, mais qui s'éléve de peu de hauteur en forme de source vive, & qui retombe presque aussi-tôt qu'il est sorti du tuyau. On se sert de ces jets d'eau pour garnir les cascades, rigoles, gargouilles, &c.

Bouillon. Terme de Manége. Excrescence de chair qui vient sur la fourchette du pié d'un cheval ou à côté. Les chevaux de Manége qui ne se mouillent point le pié, sont sujets à cette excrescence, qui est de la grosseur d'une cerise, & les fait boiter fort bas.

Bouillon. Sorte de plante, appellée en Latin, *Verbascum*, & que les Apoticaires nomment *Tapsus Barbatus*. Il y en a de deux sortes, le blanc & le noir. Dioscoride divise encore le blanc en deux especes; sçavoir le mâle & la femelle, & dit que les feuilles du *Bouillon femelle* ressemblent aux feuilles du chou, quoiqu'elles soient plus blanches, plus larges & plus velues. Sa tige qui est haute d'une coudée, est aussi un peu velue & blanche. Ses fleurs sont blanches & blaffardes, & il a sa graine noire. Sa racine est longue, piquante au goût, & de la grosseur du doigt. Le *Bouillon mâle* est plus haut, & a sa tige & ses feuilles blanches, mais plus menuës. Le *Bouillon noir* ne differe du blanc qu'en ce que ses feuilles sont plus larges & plus noires. Il y a aussi un *Bouillon sauvage*, dont les feuilles sont semblables à la sauge. Ses rejettons sont hauts, & aussi durs que le bois, & produisent des branches comme le Marrube. Le plus fin or n'est pas plus jaune que le sont ses fleurs. Dioscoride prétend qu'il y ait encore deux especes de *Verbascum*, qui sont petits & velus, & dont les feuilles sont rondes. Il en est une troisiéme espece appellée *Lychnitis*, qui jettent trois ou quatre feuilles velues, épaisses & si grasses, que l'on s'en peut servir dans les lampes au lieu de lumignon. Matthiole dit que tous les Bouillons sont astringents & dessicatifs & singuliers pour les maladies du fondement, & que les feuilles du Bouillon blanc femelle, concassées entre deux pierres, si on les applique sur l'encloueure d'un cheval qu'on aura nettoyé auparavant, l'en guerissent promptement & l'empêchent de boiter. Il dit aussi que le suc de la racine de Bouillon qui n'a pas encore porté tige, pris en malvoisie au poids de deux dragmes, guerit les fiévres quartes, selon ce que rapporte Arnaldus, si on s'en sert dans le moment de l'accès, & si on continue ce breuvage trois ou quatre soirs.

BOUIS s. m. Arbre dont le bois est de substance solide & compacte, & de couleur blanche tirant sur le jaune. Sa feuille ressemble à celle du Mirte, mais elle est plus grasse, plus verte & plus ronde, & ne tombe point en hiver comme celle des autres arbres. Sa fleur même est verte, & son fruit roux. Il y a des palissades, des allées & des labyrintes faits de Bouis. Les bordures des parterres sont d'un bouis nain qu'il faut tondre tous les ans. Comme son bois est fort dur, & qu'il n'est jamais pourri ni vermoulu, on en fait des boules de mail, des piques & plusieurs autres ouvrages. Ce bois est si lourd qu'il va au fond de l'eau, & ne nage point dessus. Il a pour la Medecine les proprietés du Gayat, & l'experience fait voir qu'il est sudorifique, les Chimistes tirant de son bois un esprit acide, qui par la voie des sueurs ou de l'insensible transpiration, chasse toutes les humeurs putrides. Ils en tirent aussi une huile fort aromatique. Outre que cette huile produit les mêmes effets, elle resiste à la corruption des parties. Elle appaise aussi le mal des dents, si avec un cure-dent qui en est trempé, on met de cette huile dans la racine de la dent. Quelques-uns lui donnent une vertu narcotique, & veulent que ce soit par cette raison qu'elle appaise les douleurs. Plusieurs disent *Buis*.

Les Cordonniers appellent *Bouis*, un petit Instrument fait du bois de cet arbre, avec quoi ils lissent les talons de leurs souliers.

BOULE. s. f. Bois tourné en forme ronde, & qui sert à soutenir quelque ouvrage de Menuiserie ou de Tourneur. *Boule d'armoire de cabinet*, *Boule de gueridon de table.*

On appelle en termes d'Architecture, *Boule d'amortissement*, tout corps spherique qui se met à la pointe d'un clocher, ou sur la lanterne d'un dôme, auquel cette Boule est proportionnée. On en met aussi au bas des rampes, & sur des

des piedestaux dans des jardins.

BOULEAU. s. m. Arbre qui croît aux lieux froids, & où la neige demeure long-tems. C'est pour cela qu'il y en a une grande quantité dans la Bohéme. Sa feuille ressemble à celle du Tremble; mais elle est plus âpre par-dessus, plus verte & crenelée tout autour. Il ne porte point de fruit, & jette seulement de petits floquets comme le coudre. Si on perce son tronc, il en sort une eau qui a la proprieté de rompre la pierre tant aux reins qu'à la vessie. Cette eau ôte les taches du visage, & rend la peau belle. Elle guerit aussi les ulceres de la bouche. Le Bouleau est mis au rang des bois blancs; & a son écorce de differentes couleurs. Il a plusieurs branches d'où sortent des verges qui pendent contre terre, & dont l'on fait des balais. Son bois est leger, & propre à faire des cercles des paniers, & des corbeilles. Matthiole dit que les Ananiens, non seulement font de bon charbon de leurs bouleaux, pour s'en servir dans les forges à cuire les mines; mais que leur écorce entortillée & liée ensemble leur sert de flambeau; que cette écorce étant grasse & gluante, brûle comme une torche, & jette une resine & graisse noire comme poix, & que peut-être on n'appelle le Bouleau *Betula*, qu'à cause du bitume & de la graisse dont il est plein. Les Italiens l'appellent *Bedollo*.

BOULER. v. a. Vieux mot. Bouillir.

Ceux fustent, battent, lient, pendent,
Noyent, ardent, grillent & boulent.

BOULET. s. m. Balle de fer dont on charge le canon. Parmi les canons de batterie, il y en a qui portent depuis vingt-quatre jusqu'à trente-six livres de boulet. On appelle *Boulet rouge*, Celui que l'on fait rougir dans une forge, & qu'on met dans le canon, afin que s'il y a des matieres combustibles aux lieux où il tombe, il puisse y mettre le feu. Le *Boulet long & creux* est celui dont le diametre est proportionné au calibre du canon qui le doit chasser. Sa figure est longue & creuse, & il a une lumiere à une de ses extrêmités. L'usage de cette lumiere est d'y mettre le feu; ce que l'on fait en y passant une méche souffrée, qui s'allume lorsque le boulet sort du canon, ensorte que ce boulet creve lorsqu'il est dans la terre, & produit le même effet qu'un petit fourneau.

On appelle *Boulet à chaine*, deux Boulets joints ensemble par une chaîne qui a trois à quatre piés de longueur. On en charge un canon, & quand on le tire, l'effet de ces deux boulets est d'autant plus grand, sur-tout dans un combat, que la chaine embrasse, & sépare tout ce qu'elle rencontre. Les *Boulets à branche*, sont aussi deux boulets joints ensemble, mais par une barre de fer, longue de cinq à six pouces. Ce qu'on appelle *Boulet à deux têtes*, ou autrement *Ange*, n'est autre chose qu'un Boulet separé en deux moitiés, qu'une chaîne ou une barre de fer joint ensemble. Ces deux moitiés se séparent si-tôt qu'elles sont hors du canon, & font presque le même effet que les Boulets à chaine. On s'en sert sur la mer pour couper les cables, les mâts & les voiles.

Boulet. Terme de manége. Jointure dans la jambe du cheval au dessus du paturon. Elle lui sert comme de second genouil aux jambes de devant, & à celles de derriere elle lui tient lieu d'un second jaret. C'est au Boulet que les entorses se font, & il vient des crevasses au dessous des Boulets de derriere.

BOULETE', E'E adj. On appelle *Cheval bouleté*, Celui dont par un excès de travail le boulet s'étant jetté en avant, s'est mis hors de sa situation naturelle. Cela arrive beaucoup plus qu'aux autres à ceux qui sont trop court jointés.

BOULI. s. m. sorte de pot où les Siamois préparent leur Thé. Ils ont des Boulis faits d'un cuivre rouge, étamés en dedans. L'eau y bout en un instant, à cause que ce cuivre est extrêmement mince. Il vient du Japon, & est fort aisé à mettre en œuvre. Ils ont aussi des Boulis de terre rouge, qui est sans goût, quoique sans vernis.

BOULIER. s. m. Filet qui sert aux Pêcheurs sur les Côtes de la Méditerranée, & qu'ils tendent aux embouchures des Etangs salés. Il est fait comme une Seine.

BOULIMIE. s. f. Grande, excessive faim. Mot purement Grec, qui signifie, *Une faim de bœuf.* C'est aussi une maladie de chevaux.

BOULIN. s. m. Piece de bois que les Maçons scellent dans les murs pour échaffauder. Ils appellent *Trous de Boulin*, les trous qui restent des échaffaudages, à cause de la ressemblance qu'ils ont avec les boulins où les pigeons nichent dans les colombiers. C'est pour cela que Vitruve les appelle *Columbaria*.

BOULINE. s. f. Terme de Marine. On appelle *Boulines*, de longues cordes simples, qui tiennent chacune à deux autres plus courtes. Celles-ci qu'on nomme *Pattes de bouline*, tiennent encore à de plus courtes, qui sont épissées à la ralingue de la voile. L'usage de la Bouline est de porter la voile de biais, afin qu'elle puisse prendre l'avantage d'un vent de côté, quand le vent arriere, & le vent largue manquent pour faire le cours qu'on se propose. On appelle *Bouline de revers*, Celle des deux Boulines qui est sous le vent, & qui est larguée.

On dit, *Haler sur les boulines*, pour dire, Bander les boulines, afin que le vent donnant mieux dans la voile, le Vaisseau coure près du port; & l'on dit *Avoir les boulines halées*, pour dire, Les avoir roidies afin de bien tenir le vent.

On appelle *Vent de bouline*, un Vent qui est éloigné du lieu de la route de cinq aires de vent, & qui par son biaisement fait que le Vaisseau panche sur le flanc.

On dit, *Aller à la bouline*, pour dire, Se servir d'un vent qui semble contraire à la route, & le prendre de biais en mettant les voiles de côté; ce que l'on fait par le moyen des Boulines. On dit aussi *Aller à grasse Bouline*, *ou à bouline grasse*, pour dire, Se servir d'un vent compris entre le vent de bouline, & le vent largue; & cet air de vent doit être éloigné du lieu de la route, par un intervalle de six à sept pointes.

BOULINER. v. n. Prendre le vent de côté.

BOULINGRIN. s. m. Espece de parterre fait de pieces de gazon en compartimens de differentes figures, avec une bordure en glaçis, & des arbres verts à ses encognûres & autres endroits. Les Anglois nous ont donné l'invention de ces Boulingrins, & en ont fourni le nom, *Boule*, voulant dire, Rond en leur langue; & *Grain*, Pré ou gazon. Afin que le gazon des Boulingrins soit plus velouté, on le tond quatre fois l'année.

BOULINIER. s. m. C'est une piece de bois mise dans les Boulines, pour faire un échafaut aux Maçons.

BOULINIER. adj. On dit d'un Vaisseau qu'*Il est bon boulinier*, *méchant boulinier*, selon qu'il va bien ou mal, lorsque les boulines sont halées.

BOULON. s. m. Grosse cheville de fer, ayant une tête ronde à un bout, & à l'autre une ouverture dans laquelle on passe un morceau de fer qu'on nomme *Clavette*. Les Boulons servent à soutenir des poutres ou des tirans de bois, & à les attacher au poinçon. On s'en sert aussi pour tenir les grandes barres de fer ou de bois qu'on met aux portes cocheres.

Boulon, est une Piece ronde de fer ou de cuivre qui sert de noyau pour faire les tuyaux de plomb sans soudure. Elle est un peu plus longue que le moule, & de la grosseur que doit être le diametre du dedans du tuyau. On appelle aussi *Boulon*, la masse, le poids, ou peson de la balance Romaine.

Boulons, en termes d'Artillerie, sont des Branches de fer, dont l'usage est de joindre & d'assurer les flasques; c'est-à-dire les deux plus longues & plus grosses pieces qui forment les côtés de l'affût, & au dessus desquelles on pose le canon.

BOULONNER. v. n. Arrêter avec des Boulons.

BOUNE. s. f. Vieux mot. Borne, du Grec βουνὸς, Colline, eminence. On a dit aussi *Bourne*.

BOUQUERAN. s. m. Vieux mot. Etoffe qu'on croit avoir été faite de poil de chevre, comme le camelot du Chameau. On lit Bible historiaux en l'Apocalypse: *La grande putain a pouvoir de soi vestir de Bouqueran blanc.*

BOUQUET. s. m. Terme de Doreur sur cuir. Fer dont on se sert pour poser le bouquet dont on fait un ornement sur le dos des livres qu'on relie en veau. Les Maquignons appellent aussi *Bouquet*, la paille qu'ils mettent à la queue & aux crins des chevaux qu'ils veulent vendre.

Bouquet. Terme de Venerie. Le mâle parmi les lievres. On s'en sert aussi parlant d'un chevreau, comme étant un diminutif de Bouc.

BOUQUETIER. s. m. Vase de fayence en ovale, où l'on met des fleurs en maniere de bouquet.

BOUQUETIN. s. m. Bouc sauvage, qui se trouve dans les Alpes du Dauphiné & de la Savoye, & dans le Pays des Grisons. Cet animal est fort chaud, & se tient presque toûjours sur la glace. Il est fait comme le Chamois; mais ses cornes sont plus larges & plus longues. Son sang est tellement chaud, qu'on tient que si on en boit, il a la vertu de dissoudre le sang caillé. Il est souverain pour la pleuresie, & se garde tant qu'on veut en maniere de gomme seche. Les Cornes du Bouquetin sont grandes & par petits nœuds.

BOUQUINER. v. n. Chercher de vieux livres, qu'on trouve fripés chés des Libraires, qui font cette sorte de négoce. *Bouquiner* se dit aussi du lievre qui tient la haze dans le tems qu'il est en amour.

BOURBE. s. f. On appelle *Bourbes*, Certaines eaux minerales qu'on dit qui guerissent quelques maladies de gouteux ou d'impotens. On dit dans ce sens *Les Bourbes de Barrege.*

BOURBELIER. s. m. La partie du Sanglier qu'on nomme Poitrine dans les autres animaux. Ce mot vient apparemment de ce qu'ils se veautrent dans la bourbe.

BOURCER. v. a. Terme de Marine. On dit *Bourcer une voile*, pour dire, Ne mettre dehors qu'une partie de la voile, & la trousser à mi mât ou au tiers du mât, par le moyen des cordes destinées à cet usage. Cela se fait quand on veut prendre moins de vent, afin de retarder le cours du Vaisseau.

BOURCET. s. m. Terme de la Manche, qui signifie, la Voile de misaine. *Mât de misaine* & *mât de bourcet* sont la même chose.

BOURDAINE. s. m. Arbrisseau commun dans les forêts. Il a l'écorce brune & ne sert gueres qu'à faire des paniers & des alumettes.

BOURDE. s. f. Vieux mot. Bâton qui est gros au bout, potence dont se servent les infirmes.

Tant de bourdes de ces boiteux,
Qu'en dites-vous? Ce sont des bourdes.

Bourdo. Terme de Marine. Voile que l'on met quand le tems est temperé.

BOURDELAGE. s. m. Terme de Coûtume. Selon la Coûtume de Nivernois, c'est une redevance dûe au Seigneur en argent, blé, plume ou volaille, ou de deux de ces trois choses. En Bourbonnois le droit de Bourdelage est de même qualité que celui de taille réelle. Le détenteur est appellé *Bourdelier*, & on donne ce même nom à l'heritage, à la redevance & au contrat.

Bourdelage, est aussi un vieux mot, qui a signifié Paillardise.

BOURDER. v. n. Vieux mot. Se moquer, dire des sornettes, des bourdes, des mensonges.

Car certes sans bourder,
N'y vosse nul, s'il ne pense lâcher.

BOURDON. s. m. Baton fait au tour, que portent les Pelerins, & qui a un fer pointu par en bas, & une pomme au haut & au milieu. M. Ménage le fait venir du Latin *Burdo*, Ane, ou mulet, à cause qu'il aide à marcher. *Bourdon* a signifié aussi autrefois certaines lances grosses & creuses, qu'on appelloit autrement *Bourdonasses*.

Bourdon, veut dire en parlant d'Orgues, le jeu qui a les plus gros tuyaux, & qui fait la basse. Il est de bois & bouché, & est accordé à l'unisson avec la montre. Il y a dans l'Orgue un second Bourdon fait en forme de flute, qui est à l'octave de la montre ou du premier bourdon, & qui peut être d'étain ou de bois. Il est de quatre piés quand il est bouché, & de huit étant ouvert. On appelle aussi *Bourdon*, les Basses de quelques autres instrumens, comme des flutes ou chalumeaux, des cornemuses & des musettes, dont le vent ne sort que par la patte.

Bourdon, se dit aussi d'une grosse Mouche guespe qui fait beaucoup de bruit en volant, & dont Svvammerdan décrit huit especes. Elle est ennemie des Abeilles.

Bourdon, Terme d'Imprimerie. Il se dit de la faute que commet celui qui compose, lorsqu'il omet quelques mots de sa copie.

Quelques-uns appellent les trois étoiles de la constellation d'Orion, *Les trois bourdons*. Les Paysans les appelient *Les trois Rois*, & supposent que chacun d'eux a eu un bourdon, lorsqu'il a fait son pelerinage en Bethléem.

BOURDONNÉ, ÉE adj. Terme de Blason. Il se dit d'une Croix dont les branches sont arondies comme des bâtons de pelerins. *D'or à la croix bourdonnée de gueules.*

BOURGEOIS. s. m. On appelle ainsi, en termes de mer, le Proprietaire d'un Navire, soit qu'il l'ait eu par achat, soit que le Vaisseau ait été construit à ses dépens. Ce mot est venu du stile de la hanse Teutonique, à cause qu'en Allemagne il n'y a que les Bourgeois des Villes Anseatiques qui puissent avoir ou faire construire des Vaisseaux. En ce pays-là on appelle *Bourgeois*, tous les seigneurs & proprietaires de Navire.

On appelle à Paris *Garde Bourgeoise*, Un droit qu'on y a établi à l'imitation de la Garde Noble. Suivant ce droit, le pere & la mere, l'ayeul ou l'ayeule perçoivent à leur profit le revenu des biens de leurs enfans pendant leur minorité, sans qu'on les puisse obliger de leur en rendre aucun compte. Ils sont seulement tenus de les entretenir selon leur état. On appelle aussi *Garde bourgeoise*, La garde qui se fait par les Bourgeois dans quelque endroit de leur Ville.

BOURNAL. s. m. Vieux mot qui est encore en usage en quelques endroits de la campagne. Il signifie un rayon de miel.

BOURON. s. m. Vieux mot qui signifie Cabane.

BOURRACHE. s. f. Plante fort connue, dont la tige est haute d'une coudée, creuse, pleine d'épines, & fort branchue. Ses feuilles sont larges, longuettes & âpres. On y voit dessus de petites vessies garnies d'épines minces qui rendent toute la plante piquante & veluë. Ses fleurs sont disposées en étoiles, de couleur bleue, quelquefois blanches. Du milieu de ses fleurs il sort une pointe noire qui est sans épines. La graine de la Bourrache est noire & cannelée, & sa racine qui est blanche, tendre & de la grosseur d'un pouce, a un goût visqueux & douçâtre. Plusieurs confondent cette plante avec la Buglose. Elle vient d'elle-même dans les jardins en telle abondance, qu'on a de la peine à l'en déraciner tout-à-fait. On l'appelle communément *Bourroche*, mais les Medecins l'appellent *Bourrache*, & même *Borrache*; en Latin *Borrago*. On se sert de toute la plante en Medecine, à l'exception de sa graine. Elle est aperitive & cardiaque, & l'on met sa fleur au rang des quatre fleurs cordiales. On s'en sert aussi bien que de ses feuilles, dans toutes les maladies qui sont causées par l'atrabile.

BOURRAS. s. m. Vieux mot. Sorte de gros drap de méchante étoffe, comme qui diroit de bourre.

Son habit fut en surquanie,
Honnête & sans villenie,
Mais elle ne fut de bourras.

BOURRE. s. f. Terme de Teinturier. Il se dit d'une certaine nuance, qui est la même que celle du rouge cramoisi.

On appelle *Bourre-lanice*, La laine qu'on tire des draps quand on les prépare avec le chardon de Bonnetier, & *Bourre-Tontisse*, celle que l'on tire des draps qui passent par les mains des Tondeurs. Cette derniere est la moindre. On appelle *Bourre de soye*, La soye de rebut ou imparfaite qui se tire avec le peigne, lorsque le cotton est devidé.

BOURRÉE. s. f. Fagot composé de menues branches fort susceptibles du feu. Il a aussi signifié autrefois Une poignée de verges, de saules, &c. ce qui a fait croire à Borel, que le mot *Bourreau* est venu delà, à cause qu'il fustige avec ces verges.

Bourrée est aussi un Air de Musique à deux tems qui a deux parties égales, chacune de huit mesures. La premiere n'en peut avoir que quatre, pourvû qu'on la joue deux fois. On ne la recommence point quand elle en a huit, mais la seconde se joue toûjours deux fois. La Bourrée commence par une croche, ou par une noire hors de mesure.

BOURRELET. s. m. Terme d'Artillerie. On appelle ainsi dans le canon la partie du métal arrondie qui regne autour de la piece près de la bouche.

Bourrelet, ou *Bourlet*, signifie aussi, en termes de Marine, de grosses cordes que l'on entrelasse autour du mât de misaine, du mât d'artimon & du grand mât, pour tenir la vergue dans un combat quand on craint que les manœuvres qui la tiennent ne soient coupées.

Bourrelet est aussi un terme de Jardinage, & il se dit quand la greffe se joint mal avec le sauvageon, & qu'elle devient plus grosse qu'il n'est. Cela arrive souvent sur le coignassier; ce qui vient de ce que le sujet a moins de séve que l'arbre posé dessus.

On se sert encore du terme de *Bourrelet* dans le Blason, & il signifie un Tour de livrée rempli de bourre & tourné en maniere de corde. Ce Tour de livrée que les anciens Chevaliers portoient dans les tournois, étoit, ou de la couleur des émaux de l'écu, ou de celles que l'on voyoit ordinairement aux Chevaliers. Les Dames-mêmes leur attachoient ces livrées sur leurs casques, & à cause de cela on les appelloit *Les faveurs des Dames*. On les fait entrer encore aujourd'hui dans les ornemens de l'écu.

Bourrelet, étoit autrefois une partie de l'habillement de tête qui servoit à la coiffure des hommes & des femmes, ou une espece de cordon qui servoit d'arrêt au chaperon, & qui le serroit sur la tête.

BOURRIQUE. s. f. Petite machine faite d'ais, dont se servent les Couvreurs en travaillant sur les couvertures. Ils l'accrochent aux lates, & mettent l'ardoise dessus, pour l'employer à mesure qu'ils en ont besoin.

BOURRIQUET. s. m. Sorte de civiere qui sert aux Maçons à élever des moilons ou autres materiaux dans des baquets avec des grues, quand le bâtiment a beaucoup de hauteur.

BOURRIR. v. n. Terme de Chasse. On use de ce mot en parlant du bruit que font les perdrix avec leurs ailes, & sur-tout, les perdrix rouges, quand elles partent d'un lieu.

BOURRU, ue. adj. Les Medecins appellent *Plantes bourrues*, Celles dont la graine, par trop de maturité, est emportée par le moindre vent, tant les parties en sont menues & petites. Plusieurs chardons croissent dans les blés, dont la graine est de cette nature.

BOURSAUT. s. m. Espece de Saule que l'on appelle en Latin *Salix fatua*.

BOURSE. s. f. Lieu où les Marchands & les Banquiers s'assemblent dans plusieurs Villes pour y conferer de leurs affaires. La premiere Place des Négocians qu'on ait appellée ainsi, a été à Bruges. Elle prit ce nom d'un grand Hôtel bâti par un Seigneur de la noble famille de la Bourse, dont on voit encore les armoiries gravées sur le couronnement du portail, qui sont trois Bourses. Comme le lieu où s'assembloient les gens de commerce, étoit devant cet Hôtel, il fut appellé *La Bourse*; & de cette Ville, celebre autrefois par le trafic, on a transporté ce nom aux Places d'Amsterdam, d'Anvers, de Rouen, de Londres, &c.

On appelle *Bourses de Corporaux* dans les Sacristies, Le carton ou la boîte dans laquelle on met les Corporaux qui servent à la Messe.

On parle par *Bourses* dans le Levant, & on dit, *Il fut obligé de payer tant de bourses*, pour dire, Une telle quantité d'argent. Chaque bourse est de cinq cens écus.

Bourse, Se dit dans les Colleges de l'Université de Paris, d'une maniere de Benefice ou Fondation faite pour entretenir de pauvres Ecoliers dans les études pendant cinq ou six années. Elles sont à la nomination des Fondateurs, & il y en a qui valent jusqu'à cent écus. Ceux qui en jouissent s'appellent Boursiers.

Bourse, en termes d'Anatomie, veut dire Petite vessie. *La bourse du fiel.*

Bourse, en termes de Chasse, est l'extrêmité d'un filet qui est faite en façon de poche, & dans laquelle le poisson ou le gibier s'embarrasse, en sorte qu'il n'en sçauroit plus sortir.

On dit aussi *Bourse*, en termes de Jardinage, & on nomme ainsi le Bouton qui fleurit sur l'arbre pour faire du fruit.

Bourse de Pasteur. Petite herbe, appellée ainsi à cause de la ressemblance que ses feuilles ont avec la figure d'une bourse. Elles sont de quelque usage dans la Medecine, & on ne se sert ordinairement d'aucune autre partie de cette plante, qui est astringente, & qui repercute & arrête le sang, ce qui la fait nommer *Sanguinaria*. On l'appelle aussi *Bursa* ou *Pera Pastoris*, *Capsula* ou *Cripsula*.

BOURSEAU. s. m. Quelques-uns disent *Boursaut*. Gros membre rond fait de plomb, qui regne dans les grands bâtimens, au haut des toits couverts d'ardoise. On appelle *Bourseau rond*, Certain outil dont les Plombiers se servent pour battre.

BOUSE. s. f. Terme de Blason. Il se dit d'une maniere de chantepleûre avec laquelle on puise de l'eau en Angleterre. C'est une piece dont quelques Seigneurs ont chargé l'écu de leurs armes.

BOUSIN. s. m. Terme de Maçonnerie. Le dessus des pierres qui sortent des carrieres. C'est une espece de croûte de terre qui n'est pas encore petrifiée. Ce dessus tient du souchet, & n'étant bon qu'à abattre, les Maçons l'ôtent, lorsqu'ils équarrissent les pierres. On dit aussi *Boursin*.

BOUSSOLE. s. f. Instrument fait en façon de boîte, servant à renfermer une aiguille frottée d'aimant, qui se tourne toûjours vers les Poles, à la reserve de quelque déclinaison qu'elle fait en divers endroits. Voyez DECLINAISON. Le bord de la boussole porte d'ordinaire deux differentes divisions. L'une est de trois cens soixante parties égales, qui est la division ordinaire du cercle; & l'autre qui est au-dessous, est de trente-deux parties qui marquent les trente-deux Rumbs ou airs de vent, nommés *Traits de vent*, & *Pointes de compas* par quelques-uns. Il y en a qui prétendent que les Chinois ont inventé la boussole, & que l'invention en fut apportée de la Chine par un Venitien appellé Marc Paul vers l'an 1260. Ce qui donne lieu à la conjecture, c'est qu'on s'en servoit au commencement à la maniere de ces peuples, qui la font encore flotter sur un petit morceau de liege. Ceux d'Amalphi, Bourg du Royaume de Naples, s'attribuent ce secret, & assûrent qu'un certain Jean Gira trouva la Boussole vers l'an 1300. La fleur-de-lis que toutes les Nations mettent sur la rose au point du Nord favorise leur prétention, car les François possedoient alors le Royaume de Naples, & les fleurs-de-lis en sont encore les armes. Il faut que l'aiguille soit faite d'une platine fort mince de bon acier en maniere de losange, & vuidée de telle maniere qu'il n'y ait que les extrêmités qui en restent, avec un diametre au milieu, sur lequel la chapelle doit être appuyée. Il faut que cette aiguille, pour être animée, soit touchée par une pierre d'aimant fort genereuse, & que la partie qu'on veut faire tourner au Nord, le soit par le Pole du Sud de la pierre. M. Ménage veut que *Boussole* vienne de *Buxula*, à cause de la ressemblance qu'elle a avec une boîte. On appelle *Boussole affolée*, Celle dont l'aiguille est défectueuse, à cause qu'elle a été frottée d'un aimant qui ne lui a point donné sa veritable direction.

On appelle encore la Boussole, *Compas de mer*. Voyez COMPAS.

On appelle *Boussole de Cadran*, Une boîte avec une aiguille au centre du Cadran, pour montrer l'heure, & les parties du monde.

BOUT. s. m. Terme de Ceinturier. Petite plaque d'argent que l'on met au bout des boucles d'un baudrier, afin de leur donner plus de grace.

Les Tireurs d'or appellent *Bout d'or*, Un bâton d'argent doré, & *Bout d'argent*, Un gros bâton d'argent fin. Ils les passent par la filiere, pour faire des filets d'or & d'argent.

On appelle, en termes de Marine, *Bout de vergue*, La partie de la vergue qui excede la largeur de la voile, & qui sert quand on prend les ris. On appelle aussi *Bout de lof*, ou *Bout-lof*, Une piece de bois ronde ou à pans, qu'on met au-devant des Vaisseaux de charge qui n'ont point d'éperon. Elle sert à tenir les armures de misaine.

On dit, en termes de mer, *Avoir le vent de bout*, pour dire, Avoir le vent contraire; & *Aller de bout au vent*, pour dire, Aller contre le vent. On dit encore, *Donner de bout en terre*, pour dire, Courre droit en terre; & *Aborder un Vaisseau de bout au corps*, pour dire, Mettre l'éperon dans le flanc d'un Vaisseau.

BOUTANS. s. m. p. Pieces de bois qui poussent & arcboutent. Ce sont aussi des piliers de pierre qui arcboutent contre une muraille. On appelle cette sorte de chaine de pierre qui appuye une muraille, une terrasse, *Pilier boutant*; & ce mot *Boutant*, vient du vieux mot *Bouter*, qui vouloit dire *Pousser*.

BOUTARGUE. s. f. Sorte de mets qui excite à boire, & qui se fait avec des œufs de poissons salés. M. Ménage fait venir ce mot de ὠὰ ταριχά, Oeufs assaisonnés de sel.

BOUT-DEHORS. s. m. p. Pieces de bois longues & rondes, qu'on met au bout des vergues du grand mât & du mât de misaine, pour porter des bonnettes en étui, ou coutelas, quand le vent est foible, & qu'on veut chasser sur l'ennemi. On appelle aussi *Bout-dehors*, Un petit mât qui sert à la machine à mâter, pour mettre les chouquets & les hunes en place. On donne encore le nom de *Bout-dehors* à de longues perches ou pieces de bois dont on se sert pour repousser un brûlot dans un combat, lorsqu'il vent venir à l'abordage, ou pour empêcher dans un mouillage que deux Vaisseaux, que le vent fait dériver l'un sur l'autre, ne puissent s'endommager.

Bout de Quiévre. Voyez BOUTEUX.

BOUTE. s. f. Terme de Marine. Moitié de tonneau en maniere de baquet. On y met le breuvage qui est distribué chaque jour à l'Equipage. On l'appelle aussi *Baille*. On appelle encore *Boutes*, De grandes futailles où l'on met l'eau douce que l'on embarque en faisant voyage.

BOUTÉ. adj. Terme de Manége. On appelle *Cheval bouté*, Celui qui a les jambes droites depuis le genouil jusqu'à la couronne.

BOUTE-DEHORS. s. m. Terme de Marine. Longue piece de bois que l'on garnit d'un crampon de fer par le bout, & dont on se sert pour tenir l'ancre éloignée du navire quand on la leve, afin que l'avant du bordage n'en puisse être endommagé. On l'appelle aussi *Minot* & *Défense*.

BOUTÉE. s. f. Terme d'Architecture. Sorte d'ouvrage qui soûtient la poussée d'une muraille, d'une voute, d'une terrasse. On dit qu'*Un édifice a besoin de grande boutée*, pour dire qu'il a besoin d'arcsboutans pour le pousser, afin de tenir l'œuvre serrée. C'est à cause de cela que les grandes Eglises ont des arcsboutans & des piliers boutans.

BOUTE-FEU. s. m. Bâton, à l'extrêmité duquel est une fourchette garnie d'une méche allumée par les deux bouts, pour mettre le feu à la lumiere du canon. On appelle aussi *Boute-feu*, l'Officier d'Artillerie qui est chargé de mettre le feu au canon.

BOUTEILLE. s. f. Terme de Marine. Saillie de charpente que l'on met pour ornement sur les côtés de l'arriere d'un Vaisseau. Sa largeur n'est que de deux piés jusqu'à deux piés & demi, & elle a la figure d'une moitié de fanal coupé de haut en bas.

BOUTER. v. n. On dit en termes de mer, *Bouter de lof*, pour dire, Prendre l'avantage du vent, bouliner, serrer au vent.

Bouter, dans le vieux langage, a signifié *Pousser*.

BOUTERIL. f. m. Vieux mot. Nombril.

BOUTEROLLE. f. f. Terme de Serrurier. Maniere d'ouverture & de fente dans une clef. C'est où passent les rouets & les gardes des serrures.

On appelle aussi *Bouterolle*, ou simplement *Bout*, Certain outil de fer ou de cuivre, qui a une petite tête ronde comme un bouton, & dont se servent ceux qui gravent sur les pierres dures.

BOUTEUX. f. m. Petit filet attaché à un bâton fourchu, dont on se sert sur les côtes de l'Ocean, & que les Pêcheurs poussent devant eux sur les sables. On l'appelle autrement *Bout de Quiévre*, & on s'en sert sur les côtes de l'Ocean pour prendre une espece d'écrevisse, appellée *Crevete* & *Salicot*.

BOUTIS. f. m. Terrain où les bêtes noires ont fouillé avec le bout de leur nés. Lieux où les Sangliers font des creux pour chercher des racines.

BOUTISSE. f. f. Terme de Maçonnerie. On dit qu'*Une pierre est mise en boutisse*, pour dire, que sa plus grande longueur traverse le mur. La difference qu'il y a entre le carreau & la pierre mise en boutisse, c'est qu'elle presente moins de parement, & a plus de queue.

BOUTOIR. f. m. Instrument d'acier garni d'un manche de bois, dont les Maréchaux se servent pour parer le pié d'un cheval, ou pour en couper la corne. Il est recourbé vers le manche, & large de quatre doigts.

Boutoir signifie aussi, en termes de Chasse, le bout du groüin d'un Sanglier, le bout du nés des bêtes noires. Il y en a qui disent *Boutoi*.

BOUTON. f. m. Terme de Chirurgie. Instrument de fer rond par le bout, & qu'on applique tout rouge sur certaines playes pour les guerir. Les Maréchaux se servent aussi de Boutons de feu pour le farcin.

Bouton. Terme de guerre. Petit corps rond qu'on met au bout d'une arme à feu, pour servir de mire, & tirer plus droit.

On appelle *Bouton*, en termes de Manége, La boucle de cuir qui coule le long des rênes, & où elles sont enfilées. On dit *Mettre un cheval sous le bouton*, pour dire, Abaisser cette boucle de cuir sur le col du cheval, lorsqu'on est descendu, jusqu'à ce que la bride ramene sa tête en bon état.

Les Lutiers appellent *Bouton*, Un morceau de bois tourné en forme de gros bouton, où la queue du violon est attachée.

Les Serruriers appellent *Bouton*, Un morceau de fer qui tient aux serrures dans les chambres à faire mouvoir le pêne. On appelle aussi *Bouton*, Ce qui a une tête ronde dans les verrouils, & empêche qu'ils ne sortent des targettes. On nomme encore *Bouton* une poignée de fer qui est attachée au milieu d'une porte, & qui sert à la tirer & à la fermer. Il y en a de simples & de ciselés, les uns & les autres avec rosettes.

Ceux qui essayent l'or appellent *Boutons*, Les petites parties d'or ou d'argent qu'on leur fournit, pour essayer à quel titre sont ces métaux. Ces petites parties sont grosses comme un bouton, & pesent dix-huit grains pour l'ordinaire.

Les faux dés, les dés chargés s'appellent aussi *Boutons* dans les Académies de jeu.

On appelle en termes de Marine *Bouton d'escouvillon*, Une piece de bois tournée, sur laquelle on cloue quelque morceau de la peau d'un mouton, en mettant la laine en-dehors. Elle sert à nettoyer l'ame d'un canon après qu'il a tiré. *Bouton de cueiller de canon*, est aussi un bout de bois tourné, sur lequel une cueiller de cuivre est clouée. On l'emploie à retirer les gargousses de l'ame du canon.

BOUTONNÉ, ÉE. adj. Terme de Blason. Il se dit du milieu des roses & des autres fleurs, qui est d'un autre émail que la fleur. *D'argent à trois roses de gueules boutonnées d'or*. Il se dit aussi d'un rosier qui a des boutons, & des fleurs de lis épanouies.

BOUTONNIER. f. m. Vieux mot. Ronce.

BOUTURE. f. f. Bout de plante ou d'arbre qui prend racine après qu'on l'a planté dans la terre, & qui pousse en haut des branches avec des feuilles. Il y a des arbres qui viennent de Bouture, comme le figuier, le coignassier, le peuplier & le saule.

Bouture. Terme d'Orféyre. Eau préparée, lescive faite avec du sel de tartre pour blanchir l'argent. La coûtume qu'on a prise de blanchir l'argent au feu, a mis cette eau presque hors d'usage.

Bouture, dans les monnoyes, est une drogue composée de lie de vin seche esmiée de sel, &c. On s'en sert à blanchir les especes.

BOUVEMENT. f. m. Outil de Menuiserie qui sert à pousser une doucine.

BOUVET. f. m. Sorte de rabot dont les Menuisiers se servent. Il y en a à rainures & à languettes, pour pousser des rainures & faire des languettes, lorsque l'on veut emboîter & assembler des ais. Il y en a d'autres qu'on appelle *Bouvets à fourchement*; & on se sert de ceux-là pour faire en même-tems les deux joües & la languette qui entrent dans la rainure.

BOY

BOYAU. f. m. Terme de guerre. Fossé particulier séparé de la tranchée, qui en serpentant va envelopper differens terrains, & qui est tiré parallele aux ouvrages, & aux défenses du corps de la Place, afin d'en éviter l'enfilade. Quand on fait deux attaques qui sont proches, les boyaux communiquent quelquefois d'une tranchée à l'autre. Ils servent de ligne de contrevallation, non seulement pour empêcher les sorties, mais encore pour assûrer les Travailleurs.

On dit en termes de Manége, qu'*Un cheval a beaucoup de boyau*, pour dire qu'Il a beaucoup de flanc, & les côtes amples, longues, bien tournées, sans qu'elles soient ni serrées, ni plattes. On dit aussi qu'*Un cheval est étroit de boyau*, pour dire qu'Il n'a point de corps. Borel dit que *Boyau* vient de Voyeau, qui signifioit autrefois Une voie étroite & longue; d'où la plaine de Long-Boyau a tiré son nom. Il ajoûte qu'on a appellé *Boyaux*, Les intestins des animaux, à cause qu'ils servent de voie aux alimens & aux excremens.

BOYAUTIER. f. m. Artisan qui prépare les cordes faites de boyau, soit pour les instrumens, soit pour les raquettes.

BOYCININGA. f. m. Sorte de serpent du Bresil, appellé ainsi d'une sonnette que la nature a attachée à sa queue, & qu'il apporte en naissant. Il a quelquefois dix ou douze palmes de longueur, & se glisse d'une si grande vîtesse, qu'il semble voler. Quoiqu'il soit fort venimeux, il nuit rarement aux hommes, à cause du bruit que fait sa sonnette, qui les avertit de se détourner. Il y en a une plus petite espece, qui est noire & d'un venin fort pernicieux. Les Sauvages l'appellent *Boyciningpeba*. On trouve plusieurs autres serpens dans le Bresil, sçavoir le *Boycupecanga*, qui est une couleuvre fort grosse &

tachetée sur le dos de certaines marques ; le *Boytimapua*, comme qui diroit Serpent au long museau. Il est long & rond, & ne vit que de grenouilles. Les Sauvages croient que si on frotte avec ce serpent les reins des femmes steriles, elles deviennent fécondes. Le *Boyuna* est une couleuvre noire, déliée & longue, qui rend une fort méchante odeur, comme les renards. C'est ce que Laët rapporte.

BOYE. s. f. Plusieurs se servent de ce mot sur la mer, au lieu de *Bouée* ou *Balise*.

BOYER. s. m. Chaloupe Flamande. Elle est mâtée en fourche, & a deux semelles, qui font qu'elle va mieux à la bouline, & qu'elle ne dérive point.

BOYE'S. s. m. Prêtres de l'Amerique, dont les Sauvages se servent pour évoquer les Divinités qu'ils reconnoissent ; ce qu'ils font ou pour demander à être vengés de ceux qui leur ont fait quelque outrage, ou pour être gueris d'une maladie qui les tourmente, ou enfin pour faire chasser quelque Esprit malin. Ils les consultent aussi quelquefois sur l'évenement de leurs guerres. Chaque Boyé a son Dieu particulier, qu'il évoque par le chant de quelques paroles accompagnées de la fumée du tabac qu'ils font brûler comme un parfum qui lui plaît, & dont l'odeur sert à l'attirer. C'est toûjours durant la nuit & dans les tenebres. Quand ces Sauvages ont recours à leur Boyé, sur un mal qu'ils souffrent, ce Boyé leur dit que c'est le Dieu d'un tel ou d'un tel qui les fait souffrir ainsi, & delà viennent les haines & les cruelles vengeances qu'ils exercent contre ceux dont on leur a dit que le Dieu leur est contraire.

BOZ

BOZINE. s. f. Vieux mot. Trompette.

BRA

BRACHET. s. m. Sorte de chien de chasse. Borel dit qu'on l'a appellé ainsi à cause qu'il a les piés courts.

Si vit venir une biche & son brachet après,
Qui la suivoit molt isnellement.

On a dit aussi autrefois *Brachet*, pour dire, Bracelet.

BRACHIAL. adj. Terme de Medecine. On appelle *Muscle brachial*, Un muscle qui fait mouvoir le bras, du Latin, *Brachium*, Bras.

BRACHITES. s. m. Sorte d'Heretiques qui s'éleverent dans le troisiéme siecle. Ils donnerent dans les erreurs de Manés & des Gnostiques.

BRACHMANES. s. m. Secte de Philosophes des Indiens, qui vivoient en partie dans les bois, où ils s'adonnoient à la connoissance des Astres & de la Nature ; & en partie dans les Villes, où ils étoient appellés pour donner des conseils aux Princes, & pour enseigner la Morale aux Peuples. Ils montroient un fort grand mépris pour les richesses, aussi-bien que pour la mort, & étoient persuadés que les ames des hommes passoient dans les corps des brutes, & sur-tout des bœufs. Les anciens Philosophes alloient souvent dans les Indes pour les consulter, & il y en a qui tiennent que Pythagore avoit reçû d'eux l'opinion de la metempsycose.

BRACON. s. m. Vieux mot. Appui, console, potence ; ce qui vient de Branche d'arbre.

BRACONIER. s. m. Borel rapporte cet exemple de Froissard, *Que chacun troussât derriere soi un Braconier*. Il dit qu'il croit que ce mot signifioit Coupeur de bois, à cause de *Bracon* qui a été dit pour Branche d'arbre.

BRAGUE. s. f. Terme de Marine. Corde qu'on fait passer au travers des affûts du canon, & qu'on amarre par les bouts à deux boucles de fer qui sont de chaque côté des sabords. Les Bragues servent à retenir les affûts du canon, & empêchent qu'en reculant ils n'aillent frapper jusqu'à l'autre bord du Vaisseau.

BRAHIN. adj. Vieux mot. Sterile. R. de la Rose :

Camoyers qui brahin être doëvent,
Y florissent, & fruit rechoevent.

BRAMER. v. n. On dit que *Les Cerfs bramment*, pour dire qu'ils crient. Borel dit que *Bram*, qui signifioit *Grand cri* en langue Gothique, vient du Grec βρέμω, d'où est venu le mot de Languedoc *Brama*, qui veut dire *Crier fort*, ce qui a donné lieu à dire *Bramer*, en parlant du cri des cerfs & des ânes.

BRAMINS. s. m. Prêtres de la Religion des Indiens Idolâtres, successeurs des anciens Brachmanes, & qui font la premiere race des Banjans. La connoissance qu'ils ont de l'Astrologie est telle, qu'ils ne manquent pas d'une minute à prédire les éclipses. Quelques-uns d'entre eux reconnoissent un Dieu qui fait connoître sa toutepuissance, en ce qu'il a mille yeux, mille bras, & autant de piés. Ils disent que leur Prophéte leur a donné quatre livres de la part de Dieu, il y a six mille ans ; que deux de ces livres qui sont cachetés, ne seront jamais ouverts, & qu'il n'y a que ceux qui professent leur doctrine à qui il soit permis de lire les deux autres ; qu'il y a sept cieux, & que Dieu est assis sur le septiéme. Ils lui donnent une place, d'où on le peut voir comme de loin à travers un nuage, & veulent que les actions particulieres des hommes lui soient indifferentes, parce qu'elles ne meritent point qu'il en prenne connoissance. Ils ne doutent pas qu'il n'y ait des demons, mais ils les croient si bien enchaînés, qu'ils ne sçauroient leur faire de mal. Ils appellent un homme *Adam* parmi eux, en memoire du premier homme, & disent que lorsqu'il alloit manger du fruit défendu, après que sa femme en eut mangé, la main de Dieu le prit au gosier, & empêcha le morceau de passer plus bas ; que la bosse que les hommes ont en cet endroit, & qu'ils appellent *Pomme d'Adam*, vient delà, & que les femmes en sont exemptes.

Il y a aussi des Prêtres appellés *Bramins* au Royaume de Narsingue. Ceux-ci sont divisés en deux Sectes. Ceux de la premiere se marient, & demeurent dans les Villes. Les autres s'appellent Ioques, & ne se marient jamais. Ils vivent d'aumônes, & exercent de grandes austerités, voyageant dans les Indes en façon de Pelerins, & s'abstenant de toutes sortes de plaisirs charnels. Ils font quelquefois des Processions de quatre cens lieues. & ils y menent des Villes & des Villages entiers. Lorsque le débordement de quelque riviere les arrête, ils nourrissent les peuples d'une maniere qui passe pour miraculeuse, en leur donnant tout ce qu'ils demandent, sans qu'ils ayent fait aucune provision. Après un certain tems d'une vie austere, on les croit incapables de peché ; & comme ils sont alors exempts de toutes les Loix, ils s'abandonnent à toutes les saletés imaginables. Ces Bramins adórent un certain Parabramme & trois de ses fils, en l'honneur desquels ils portent trois chardons au col. Ils adorent aussi les Singes & les Elephans, & sur-tout les bœufs & les vaches, dans les corps desquels ils croient que les ames des morts passent, plûtôt que dans ceux des autres. C'est pour cela qu'ils s'estiment bienheureux lorsqu'en mourant ils peuvent tenir la queue d'une vache. Ils disent que Dieu est noir, & à cause de cela ils estiment cette couleur plus qu'une autre. C'est ce qui fait que toutes leurs Idoles sont si noires. Ils font croire que leurs Dieux sont grands mangeurs, & par ce moyen ils font bonne chere, en profitant des offrandes que ce Peuple credule fait tous les jours deux fois aux Idoles. Quelques Voyageurs appellent ces Prêtres *Bramines* & *Bramens*.

BRAN de scie. C'est la poudre du bois qu'on scie. *Farine de Diable s'en va en bran.*

BRANCARD. s. m. Machine qui se fait par assemblage de plusieurs fortes pieces de charpente. Elle sert à transporter des fardeaux d'une pesanteur extraordinaire, & sur-tout des pierres, que l'on empêche par là de se casser ou de s'écorner.

On appelle aussi *Brancards* deux pieces de bois pliant, qui joignent le train de derriere d'une chaise roulante au train de devant, & qui aboutissant à un arc, font l'office de la fléche d'un carrosse. On pose quelquefois la chaise dessus, & on la suspend quelquefois sur des consoles.

BRANCE. s. f. Vieux mot, que Borel dit signifier une sorte de froment très-pur, que Pline a appellé *Sandalum*. Il ajoûte que c'est aussi une sorte d'épée, & qu'en cette signification on a dit encore *Branc* & *Brans*.

Mon branc je met jus du fourreau.

BRANCHE. s. f. On appelle en Architecture *Branches d'Ogives*, les Arcs d'une voute, qui traversant diagonalement d'un angle à un autre, forment une croix entre les autres arcs qui sont sur les côtés du quarré, dont les arcs font les diagonales. Quelques-unes de ces branches détachées des pendentifs de la douelle, en rachetent d'autres suspendus, d'où pend quelque cul de lampe.

Branche de tranchée. C'est ce qu'on appelle autrement *Boyau de tranchée*. Voyez BOYAU.

On appelle en termes de Manége *Branches de la bride*, deux pieces de fer courbées, qui dans l'intervalle de l'une à l'autre, portent l'embouchure, les chainetes & la gourmette. Ces pieces de fer répondent d'un côté à la têtiere, & de l'autre aux rênes, & servent à tenir la tête du cheval sujette. On dit, *Branche hardie*, en parlant de celle qui ramene. On forgeoit autrefois une branche pour relever, qu'on appelloit *Branche flaque*. Elle n'est plus en usage.

Les Potiers d'étain appellent *Branche de flambeau*, toute la partie du flambeau, qui s'éleve audessus du pié, jusqu'à l'endroit où l'on met la chandelle.

Les deux grands bâtons de devant les crochets d'un Crocheteur, & qui posent sur son dos, sont appellés *Branches de crochet*.

On appelle *Branche*, dans une trompette, une sorte de tuyau qui est le long du pavillon, & qui y porte le vent.

On donne encore le nom de *Branche* à la verge ou piece de bois ou de fer, qui sert de fleau dans la balance Romaine, le long de laquelle le contrepoids est mobile.

Le mot de *Branches* a été dit autrefois pour Hanches.

Petits tetins, branches charnues.

BRANCHE-URSINE. s. f. Quelques-uns disent *Branque ursine*. Plante dont il y a de deux sortes, la domestique qui croît aux jardins, & la sauvage qui se trouve dans les lieux pierreux, & auprès des eaux courantes. Ses feuilles sont plus larges & plus longues que celles de la laitue, noirâtres, grasses, lissées & chiquetées comme les feuilles de la Roquette. Sa tige est lissée, haute de deux condées, grosse d'un doigt, & a par intervalles auprès de la cime, certaines petites feuilles longuettes & piquantes, faites en maniere de longues coquilles, d'où sort une fleur blanche. Sa graine est longue & jaune, & sa racine est longue, rouge, gluante & baveuse. Voilà ce qu'en dit Dioscoride. Les Latins appellent cette plante *Pederota* & *Marmoraria*. Quoique les Herboristes conviennent tous que c'est le vrai *Acanthus*, Mathiole a peine à être de ce sentiment. On la met au rang des herbes émollientes, & son usage est plus externe qu'interne. On ne se sert que de ses feuilles.

BRANCHER. v. n. Terme de Chasse. On s'en sert lorsqu'on parle d'un jeune oiseau de proye qui se pose sur la branche d'un arbre. On dit aussi qu'*Un oiseau branche & prend le bouton de l'arbre*, pour dire, qu'Il se perche sur la cime.

BRANCHIER. adj. m. On appelle *Oiseau branchier*, un jeune Oiseau de proie qui commence à sortir du nid, & qui n'ayant pas encore assés de force, vole seulement de branche en branche.

BRANCHIES. s. f. p. Les Medecins Grecs ont appellé ainsi les ouies des poissons. Ce sont des parties composées de cartilages & de membranes, en forme de feuillets, qui leur servent comme de poumons.

BRANDEBOURG. s. f. Sorte de grosse Casaque, dont on s'est servi en France dans ces dernieres années. Elle a des manches bien plus longues que les bras, & va environ jusqu'à mi-jambe.

BRANDES. s. f. p. Terme de Chasseur. Rameaux d'arbres. *Une forêt couverte de brandes.*

BRANDIR. v. a. Terme de Charpenterie. On dit *Brandir un chevron sur la panne*, pour dire, Mettre le chevron sur la panne, le percer ainsi que la panne, & passer une cheville de bois quarrée, au travers de tous les deux. Il ne faut pas que cette cheville soit ronde. *Chevron brandi sur la panne*, veut dire, Chevillé sur la panne.

Brandir, est aussi un vieux mot qui autrefois vouloit dire, Sécouer. Cela venoit d'une grosse épée que les anciens Chevaliers portoient, & qu'ils manioient à deux mains. Cette épée s'appelloit *Brand*.

BRANDON. s. m. Vieux mot, qui a signifié Torche & branche d'arbre, à cause que les branches de certains arbres, comme le sapin, dont le bois brûle sans être couvert de cire, servoient de torches aux Paysans, d'où vient qu'ils nomment encore *Brandons*, des flambeaux de paille, dont ils se servent la nuit pour s'éclairer.

On dit en termes de Palais, *Brandons & pannonceaux*. Ce sont des morceaux de paille que l'on attache à la porte des Saisis avec les armes du Seigneur, pour faire connoître que les choses sont à vendre en Justice. On appelle aussi *Brandons*, des piques ou bâtons que l'on plante dans un champ, afin d'avertir que l'on a saisi les fruits qui pendent par les racines. On a dit *Brandonner* dans l'ancienne Pratique, pour dire, *Saisir*.

BRANSLE. s. m. Terme de Marine. Morceau de toile, long de six piés & large de trois, que l'on suspend par les quatre coins entre les ponts d'un Vaisseau, & où l'on fait coucher un soldat ou un matelot. On appelle *Bransle matelassé*, une espece de matelas qui est fait en bransle. Quand on veut faire détendre tous les Bransles d'entre les ponts, afin de se préparer au combat, ou pour quelque autre chose, on dit *Bransle-bas* ou *For-bransle*.

BRANSLER. v. n. Terme de Fauconnerie. Il se dit du Faucon qui se tient en haut au premier degré sur la tête du Fauconnier; en sorte qu'il tourne & remue ses ailes en branslant. On dit delà qu'*Un oiseau est à la bransloire*, pour dire, qu'il est haut, & tourne en branslant.

BRANSLOIRE. s. f. Petite chaine dont les Taillandiers, & Maréchaux se servent pour faire aller les soufflets de leurs forges.

BRAQUE. s. m. Sorte de chien de Chasse qui est bon quêteur, & qui excelle par l'odorat. On a dit aussi *Brac*; & autrefois on a dit *Braquet*.

BRAQUES. s. m. p. Les pinces d'une écrevisse.

BRAQUEMART. s. m. Vieux mot. Epée ou couteau court; de βραχὺς, Court, bref; & de μάχαιρα, Epée, selon Fauchet.

BRAQUEMENT. s. m. C'est le devant du train d'un carosse, sous le siege du cocher, & sur le premier essieu, assemblé avec la cheville ouvriere.

BRAS. s. m. Terme de Manége. Partie de la jambe de devant d'un cheval, depuis le bas de l'épaule jusqu'au genouil. On dit d'un cheval qui a un beau mouvement, qu'*Il plie bien le bras*, pour dire, qu'il plie bien l'épaule.

On appelle en Architecture, *Bras d'un bâtiment*, les Corps de logis qui sont à côté du grand.

Les Charpentiers appellent *Bras de chevres*, deux Pieces de bois qui sont à côté du poinçon d'une chévre, & qui lui servent de bras pour appuyer contre les murailles. On dit *Bras de civiere, de bar, ou autres engins à porter des materiaux*. Il y a aussi dans les tours des Tourneurs *des bras de poupées*, qui s'approchent & s'éloignent comme on veut. Les deux côtés du fleau d'une balance ont aussi le nom de *bras*.

Bras. Terme de mer. Cordages qui sont amarrés au bout de la vergue, pour la gouverner selon le vent. On dit *Tenir un bras*, pour dire, Haler & amarrer un des cordages. On appelle *Bras d'ancre*, la moitié de la croisée de l'ancre. On appelle *Bon bras*, quand on brasse au vent, en sorte que le vent ne soit pas au plus près.

On appelle les nageoires de la Baleine, *Bras d'une Baleine*.

BRASER. v. a. Joindre deux pieces de fer l'une contre l'autre, de telle maniere qu'elles ne remuent en aucune sorte, & ensuite les faire tenir ensemble avec de la soudure; ce qui se fait en prenant du laiton le plus jaune & le plus mince qui se peut trouver. On le coupe par petits morceaux, qu'on met dedans & autour des pieces qu'on veut braser. On couvre ces pieces, ou de papier ou de linge attaché avec un fil, après quoi on prend de la terre franche. Si elle est trop grasse, on y ajoûte un peu de sable & d'écaille de fer, avec un peu de fiente de cheval & de bourre qu'on bat avec un bâton. Le petit gravois qui est dans la terre en étant ôté, on détrempe le tout ensemble avec de l'eau claire, en consistance de pâte, dont on couvre l'ouvrage de l'épaisseur de deux jusques à six lignes, selon sa grosseur. On le mouille lorsqu'il est couvert, & l'on met de l'écaille de fer par dessus, afin de secher un peu l'eau, & empêcher que la terre ne se fende au feu; puis l'ayant chauffée pendant quelque tems, on tourne l'ouvrage plusieurs fois pour ne le laisser pas trop chauffer d'un côté: ce que l'on fait jusques à ce qu'une flâme ou fumée bleue & violette qui sort de la terre, fasse connoître que le laiton est fondu, & qu'il coule également par tous les endroits où l'on veut qu'il aille. Alors on l'ôte du feu & on le tourne doucement de tous les côtés jusqu'à ce qu'il soit un peu refroidi, & que le laiton ne coule plus. Si ce sont quelques pieces délicates que l'on veut braser, on les peut lier ensemble avec un petit fil de fer, puis on prend du laiton qu'on met sur la piece sans la couvrir de terre; & quand on l'a mouillée avec de l'eau claire, on y met du borax en poudre qu'on fait secher doucement devant le feu. Lorsque le borax est sec, on le met sur le feu, & en approchant le charbon de tous côtés, on en met un par dessus. Ce charbon ne doit point toucher la piece, mais seulement la chauffer, jusqu'à ce que l'on voye fondre & couler le laiton; ce qui arrive en fort peu de tems par le moyen du Borax. On se sert encore pour braser, d'une soudure dont un tiers est de laiton, & les deux autres d'argent fin.

BRASSAGE. s. m. Terme de Monnoye. Legere somme d'argent que le Roi permet de prendre au fermier des Monnoyes, sur chaque marc d'or, d'argent, de billon, ou de cuivre mis en œuvre, pour les frais de leur fabrication. Le Maître en a la moitié pour le déchet de la fonte, le charbon, &c. & l'autre moitié s'emploie au payement des ouvriers.

BRASSE. s. f. *Mesure de la longueur de deux bras étendus*. ACAD. FR. Cette mesure fait à peu près la longueur de six piés de Roi. On se sert de la Brasse à Florence, à Luques & en plusieurs autres lieux, pour mesurer des étoffes. C'est un mot qui est de peu d'usage sur terre, si ce n'est pour dire, *Une brasse de corde*. On mesure par brasses la profondeur des rivieres & des mers, & quelquefois des mines & des puits qu'on creuse dans les montagnes, & alors la Brasse est la longueur de deux aunes de Paris.

BRASSER. v. a. Terme de Marine. Se servir des bras; c'est-à-dire, des manœuvres avec lesquelles on gouverne les vergues. On dit *Brasser les vergues*, pour dire, Mettre les vergues horisontalement de l'avant à l'arriere, en maniant les manœuvres; & *Brasser les voiles sur le mât*, pour dire, Manœuvrer les voiles de telle maniere que le vent se mette dessus, au lieu d'être dedans, *Brasser au vent*, c'est Manœuvrer les vergues du côté d'où vient le vent; & *Brasser sous le vent*, c'est les manœuvrer du côté qui est opposé à celui du vent. On dit encore *Brasser à faire porter, à faire servir*, pour dire, Brasser les vergues en sorte que le vent donne dans les voiles; *Brasser à contre*, pour dire, Brasser le bras du vent, & faire que le vent donne sur les voiles. Cela se pratique ordinairement lorsqu'on veut le mettre sur la voile de misaine. On dit aussi *Bracher* & *Brasseyer*.

Brasser est aussi un terme de gens qui travaillent en métal, & signifie, Mêler des choses liquides en les remuant en rond; ce qui se fait pour allier l'or, l'argent & le cuivre quand ils sont fondus dans un creuset, afin qu'il y ait un mélange égal dans chaque partie.

On dit encore, *Brasser* en matiere de pêche. C'est agiter, troubler l'eau avec des bouloirs, afin que le poisson donne dans les filets que le Pêcheur a tendus.

BRASSICOURT. s. m. Terme de Manége. On s'en sert lorsque l'on veut parler d'un cheval, dont les jambes de devant sont courbées en arc naturellement. On dit aussi *Brachicourt*. Les chevaux qui les ont courbées à force de travailler, s'appellent *Chevaux argués*.

BRASSIN. s. m. Vaisseau où les Brasseurs font leurs bieres. Ce mot signifioit autrefois Affaire.

Soit Philosophe ou Medecin,
Il n'entend rien en tel brassin.

BRASSOIR. s. m. Terme de Monnoye. Maniere de canne de terre cuite, avec laquelle on brasse l'or en bain. On la fait bien chauffer, sans quoi l'or petilleroit

leroit & s'écarteroit. A l'egard de l'argent on se sert d'un Brassoir de fer, à cause qu'il n'y a pas le même inconvenient qu'à l'or, qui s'aigriroit si le Brassoir étoit de fer, & non pas de terre.

BRAY. s. m. Composition de gomme ou de resine, & d'autres matieres gluantes, avec lesquelles on fait un corps dur, sec & noirâtre. On appelle *Brai gras*, certaine composition dans laquelle on fait entrer de l'humeur propre à nourrir le bois, & à retenir l'étoupe dont on garnit les coûtures des Vaisseaux qui vont à la mer. Il y a moins d'humeur dans le *Brai sec*. Borel dit que le mot de *Brai*, signifioit autrefois de la poix, & qu'il a été dit de *Bretia* ou *Brutia*, Region fertile en poix.

BRAYE. s. f. Linge dont on enveloppe le derriere des enfans nouvellement vêtus. On appelloit autrefois *Braye*, une espece de haut-de-chausses, ou de sayes courts. On a dit aussi *Brayel*, & on entendoit par là des Calçons. *Et mit sang de bataille en son brayel & en ses chausses.* Selon du Cange c'étoit la partie de l'habit qui couvroit les cuisses, du Latin *Bracæ*, ou *Braccæ*, parce qu'elle étoit courte. Quelques-uns font venir ce mot de l'Hebreu *Berec*, qu'ils expliquent par Genouil, à cause que cet habit va jusqu'aux genoux. Saumaise le dérive du Grec βραχὺς, Court.

Braye, Morceau de grosse toile poissée ou de cuir goudronné, dont on se sert à fermer quelque ouverture, soit celle par où passe la barre du gouvernail, soit celles qui sont entre les mâts & les ponts d'un Vaisseau. L'usage des Brayes est d'empêcher que la pluie & les vagues en coulant au pié du mât ne tombent à fond de cale.

On a appellé autrefois *Braye*, une espece de bastion, comme on le voit par une ancienne inscription du Château de Vincennes.

Qui parfit en briéves saisons,
Tours, ponts, brayes, fossés, maisons.

C'est delà que vient une *Fausse braye*, qui en termes de Fortification signifie une largeur de deux à trois toises de terrain, prise sur les rés de chaussée, autour du pié du rempart du côté de la campagne. On l'appelle autrement *Basse enceinte*, Un parapet qui la couvre, la sépare de la berme & du bord du fossé.

On dit aussi *Braye*, en termes d'Imprimerie, en parlant d'un morceau de parchemin qu'on cole au grand Timpan, quand il est usé.

Brayes. Termes de Charpenterie. Pieces de bois que l'on met sur le paillet d'un moulin à vent pour soulager les meules.

Braye. Etançon, piece de bois à contre-bouter une muraille panchée.

C'est aussi un Instrument de bois de quatre piés de long pour broyer les lins & les chanvres, composé de la selle, de quatre coûteaux où s'engrainent les rainures du brayon.

BRAYER. v. a. Terme de mer. On dit *Brayer un Vaisseau, brayer les coûtures d'un Vaisseau*, pour dire, Appliquer du brai bouilli, du goudron, &c. pour remedier aux voies d'eau, en remplissant & en resserrant les jointures de son bordage.

BRAYER. s. m. Cordages qui se joignent à un crochet de fer, & qui servent à élever le bourriquet avec lequel on porte le moilon & le mortier au haut des grands édifices.

Brayer, est aussi un terme de Balancier, & il se dit du petit morceau de fer qui passe dans les trous qui sont au bas de la chasse du trebuchet & des balances, & qui sert à la tenir en état.

On se sert encore du mot de *Brayer*, en Fauconnerie, & il signifie le cul d'un oiseau de proye. Lorsque le Brayer lui tombe bien bas le long de la queue, & qu'il est bien émaillé à l'entour de taches noires ou rousses, c'est une marque de la bonté de l'oiseau.

BRAYON. s. m. Terme dont se servent les Chasseurs en parlant de ce qui sert à prendre les bêtes puantes qui ruinent les garennes.

Les Imprimeurs appellent aussi *Brayon*, Ce qui sert à broyer l'ancre avec le noir.

BRE

BREANT. s. m. Petit oiseau qui a le bec court & gros. Il est d'un vert brun & comme gris, avec quelques marques jaunes sur l'extrêmité des gros tuyaux de ses ailes.

BREBIS. s. f. Animal à quatre piés, couvert de laine, & qui est la femelle du belier. On tient que la brebis haït les ours, le corbeau, l'aigle, le serpent, les chenilles & les abeilles. Elle vit neuf ou dix ans. Il y a dans le Perou une sorte de Brebis, tant sauvages que domestiques, qui approchent de la forme d'un chameau, à la reserve qu'elles sont sans bosse. Elles sont plus grandes que les Brebis de l'Europe, & hautes le plus souvent d'une aune d'Espagne. Elles ont le col long & rond, & la levre d'en-haut fendue. Quand quelqu'un les a fâchées, elles s'en vengent en jettant de l'écume contre lui par cette fente. Les privées sont d'ordinaire blanches ou noires, & quelquefois de couleur cendrée. Les sauvages sont rougeâtres ou fauves, & couvertes d'une laine, longue, legere, luisante, & qui est beaucoup plus chere que celle des autres. On en fait un certain drap dont le lustre approche fort de celui du camelot. Leur chair est plus seche que celle de nos Brebis. Ceux du Pays leur passent des cordes dans les oreilles qu'ils leur percent pour les conduire sans peine : car quand on les laisse libres, elles courent d'une fort grande vitesse, sur-tout les sauvages, qui sont aussi legeres que les chevaux. M. Ménage fait venir ce mot de *Vervex*, Mouton, les Latins ayant tiré de là *Berbix*, dont ils se sont servis dans cette même signification.

BRECHE. s. f. Terme de guerre. Debris de quelqu'une des parties d'une enceinte. On dit *Voir en breche*, pour dire, Découvrir la bréche de telle maniere que l'on puisse faire feu dessus pour la défendre.

Breche. Sorte de marbre fort dur qu'on tire des Pyrenées. Le fond en est noir avec des taches & des veines blanches. Il est aussi mêlé de veines jaunes, & ressemble à differens cailloux congelés & joints ensemble. Ce marbre, dont on a tiré des pieces de plus de vingt piés de long, prend un poli merveilleux.

BREDINDIN. s. f. Terme de Marine. Manœuvre qui passe dans une poulie simple, amarrée au grand étai & par le moyen de laquelle on enleve de mediocres fardeaux pour les mettre dans le navire.

BREF. s. m. Lettre que le Pape écrit à un Roi, à un Prince, ou à quelques Magistrats sur des affaires publiques. Il y a des Officiers à Rome qu'on appelle *Secretaires des Brefs*. Ceux qui s'expedient par la Daterie & Secretairerie, sont écrits sur du parchemin, & on les scelle de cire rouge du Sceau du Pêcheur. C'est un cachet sur une bague où l'on voit saint Pierre dans une barque en état de Pêcheur. Il faut que le Pape soit present quand on l'applique.

Bref, Se dit en Bretagne d'un congé qu'on est obligé de prendre pour se mettre en mer. Il y en a de trois sortes. *Le bref de sauveté*, qui exempte du droit de bris *Le bref de conduite*, qu'on prend pour être conduit hors des dangers de la Côte, & *le Bref de Victuailles*, qui donne la liberté d'acheter des vivres.

BREGIN. s. m. Espece de filet dont les mailles sont fort étroites, & qui est en usage sur la Méditerranée. Il est attaché à un petit batteau, & traîné sur les sables.

BREHAGNE. adj. Vieux mot. Sterile. On a dit aussi *Brehenne* & *Braheigne*, comme dans le Roman de la Rose, en parlant de deux forêts.

L'une est braheigne qui rien ne porte,
L'autre en fruit porter se déporte.

Ragueau dérive ce mot de l'Anglois *Barraine*, qui veut dire la même chose, & du Cange de *Brana*, qui veut dire Jument stérile.

On disoit autrefois *Brehaineté*, pour sterilité

BREHIS. s. f. Bête qui n'a qu'une corne sur le front, & qui se trouve dans l'Isle de Madagascar. Elle est fort sauvage, aussi grosse qu'une chevre, & se tient particulierement dans la Province d'Ansianacte.

BREME. s. f. Poisson de lac ou de riviere, qui ressemble à une carpe, mais dont les écailles sont plus grandes. Il a le corps plat, la tête petite, avec deux nageoires auprès des ouies, & deux autres au milieu du ventre. Sa chair est molle, grasse & excrémenteuse. Il y a aussi un poisson de mer long d'une coudée, qu'on appelle *Breme*. Il a le corps large & de couleurs differentes. On l'appelle *Aurata* en Latin, à cause qu'il a tout le tour des yeux doré. Son dos est d'un bleu tirant sur le noir. Ses côtés sont argentés, & son ventre est de couleur de lait.

BREQUIN. s. m. Outil d'Artisan pour percer le bois ou la pierre tendre. C'est la même chose que *Villebrequin*.

BRESIL. s. m. Bois rouge & pesant, appellé ainsi de la Province du Bresil en Amerique, d'où il nous a été apporté. Il est fort sec, & petille beaucoup dans le feu, sa secheresse est cause qu'il fait fort peu de fumée. Quelques Teinturiers s'en servent pour les teintures, & on l'appelle *Une fausse couleur*, à cause que son rouge est très facile à s'évaporer.

BRESILLER. v. a Teindre avec du bresil.

BRESSIN. s. m. Terme de Marine. Cordage qui sert à jetter & à amener une vergue ou une voile. On appelle aussi sur mer des crocs de fer *Bressins*.

BRESTE. Chasse aux petits oiseaux qu'on prend à la glu avec un appas.

BRESTER. v. n. Vieux mot. Crier, clabauder.

Ne pour crier, ne pour brester.

BRETAUDER. v. a. On s'est servi de ce mot pour dire, Tondre inegalement. Aujourd'hui il n'est plus en usage que dans le burlesque, pour dire, Couper à quelqu'un les cheveux plus courts qu'il n'a de coûtume de les porter. Quelques-uns veulent qu'il signifie aussi, Couper les oreilles à un cheval,

BRETELLE. s. f. Espece de hotte, dont Borel fait venir le nom du mot Grec βρίθειν, qui veut dire *Charger*. On appelle aussi *Bretelles*, les Sangles de corde ou de cuir qui sont aux hottes & aux crochets des Crocheteurs, & qu'ils se passent aux bras lorsqu'ils portent des fardeaux. On donne le même nom à celles qui servent pour traîner les brouettes, & pour porter les civieres.

On appelle aussi *Bretelle*, en termes de Rubanier, Le tissu, qui soûtient le corps du Rubanier qui travaille, pour empêcher qu'il ne tombe en dedans.

On nomme aussi *Bretelles*, des Galons de fil pour attacher le haut de chausses aux enfans & des vieillards, qui ont les hanches basses, ou aux hommes trop gras.

BRETELLER. v. a. Dresser le parement d'une pierre, ou gratter un mur avec un rifflard, ou avec un autre outil qui a des dents.

BRETESCHE. s. f. Vieux mot. Marche-pié. Corridor.

Mainte pucelle ilnec avoit
Dessus la bretesche montée.

Il a signifié aussi un lieu élevé dans les forteresses, comme le parapet, les crenaux.

Quand en haut en croix seriez,
Pour prêcher dessus la bretesche.

BRETESSES. Terme de Blason. Il se dit d'une rangée de creneaux sur une fasce, bande ou pal, ou sur les côtés d'un blason de platte figure. On dit encore *Bretessé*, en parlant des pieces crenelées haut & bas en alternative. *d'Azur à la bande bretessée d'or.*

BRETON. s. m. Coquille blanche & inégale, qui s'emploie aux ouvrages de rocailles.

BRETTE', E'E. adj. Les Maçons appellent *Truelles brettées*, celles qui ont des dents, & dont ils se servent pour dresser les enduits de plâtre. Les Tailleurs de pierre ont aussi des *marteaux brettés*, c'est-à-dire, qui ont plusieurs dents ou petites pointes. Ces marteaux leur servent à dresser les paremens des pierres.

BRETTER. v. a. Maniere de travailler, soit de cire, soit de terre, parmi les Sculpteurs. Degrossir un modelle avec un ébauchoir de bois qui a des dents par un bout, en ôtant seulement la terre ou la cire, & laissant les traits sur l'ouvrage. On dit aussi, *Breteler*, dans le même sens.

BRETTURE. s. f. Dentelure qui est aux extrémités de plusieurs outils d'Artisans, comme truelles, marteaux, &c. On appelle aussi *Brettures*, Les traits que le Sculpteur laisse sur un ouvrage qu'il dégrossit avec l'ébauchoir bretté.

BREVE. s. f. Terme de Musique. Note blanche qui vaut deux mesures, & qui est figurée comme un quarré sans queue.

Breve, est aussi un mot en usage dans les monnoyes, pour marquer le poids des flans que le Maître donne au Prévôt des Ouvriers pour ajuster, ou aux Monnoyeurs pour monnoyer; & parce que le Prévôt & le Maître sont obligés d'en faire un bref état sur leurs Regiftres, c'est de là que l'on prétend qu'est venu le mot de *Breve*. Les flans étant ajustés, le Prévôt les remet entre les mains du Maître, avec ceux qui ont été rebutés comme foibles, & les limailles, le tout poids pour poids, comme il s'en étoit chargé; & cela s'appelle *Rendre la breve*. Dans la suite on paye au Prévôt deux sols pour marc d'or, & un sol pour marc d'argent, sur le pié de ce qui est passé de net en délivrance, pour être distribués à ceux qui ont ajusté la Breve à proportion de leur travail.

BREVET. s. m. Terme de Marine. Ecrit sous seing privé, par lequel le Maître d'un Vaisseau reconnoît avoir chargé telles marchandises dans son bord, lesquelles il s'oblige de porter au lieu dont on est convenu. C'est ce qu'on appelle *Connoissement* sur l'Ocean, & *Police de chargement* sur la Méditerranée.

BREUIL. s. m. Terme de Marine. Corde qui sert à trousser les voiles. On l'appelle autrement *Carguefond*.

Breuil, se dit, en termes d'Eaux & Forêts, d'un bois taillis, ou d'un buisson qui est fermé de murs ou de hayes, & où les bêtes ont accoûtumé de se retirer. On trouve aussi *Breil*, dans le même sens.

BREUILLER. v. a. On dit en termes de mer, *Breuiller* ou *Brouiller les voiles*, pour dire, Carguer, trousser les voiles.

BREUVAGE. s. m. On appelle ainsi le mélange égal de vin & d'eau que l'on fait sur mer pour la boisson de l'Equipage.

B R I

BRICOLE. s. f. Sorte de fronde ancienne. Elle étoit faite de cuir, & on s'en servoit pour jetter des bales de plomb & des pierres.

BRICON. s. m. Vieux mot. Coquin, miserable, malotru.

BRIDE. s. f. *Frein, ce qui sert à gouverner un cheval.* ACAD. FR. On appelle en termes de Manége. *Main de la bride*, La main gauche du Cavalier; & *Coup de bride*, L'espece de châtiment que le Cavalier donne à un cheval en secouant une rêne lorsque le cheval ne veut point tourner. On dit d'un cheval, qu'*Il boit la bride*, lorsque son mords remontant trop haut, lui fait froncer les levres, & se déplace de dessus les barres où se fait l'appui.

BRIDER. v. a. *Mettre la bride à un cheval, à un mulet.* ACAD. FR. On dit en termes de mer, *Brider l'ancre*, pour dire, Envelopper les pattes de l'ancre avec deux planches, afin d'empêcher que le fer de la patte ne creuse & n'élargisse le sable, lorsqu'on se trouve obligé de mouiller dans un mauvais fonds.

On dit en Fauconnerie. *Brider les serres d'un Oiseau*, pour dire, Lier une serre de chaque main de l'oiseau, afin qu'il ne puisse emporter sa proye.

BRIDON. s. m. Espece de bride legere pour les jeunes chevaux, & ordinairement pour les chevaux Anglois. *On meneroit ce cheval avec un bridon.* On s'en sert aussi pour mener les chevaux à l'abreuvoir, ou les mettre au pilier en les pansant, ou les mettre au filet.

BRIGADE. s. f. Partie ou division d'un corps de gens de guerre, Cavalerie ou Infanterie. Il y a deux sortes de Brigades. La Brigade de l'Armée est indifferemment un corps de Cavalerie composé de dix à douze Escadrons, ou un corps d'Infanterie de cinq à six Bataillons. Il y a quatre Brigades de l'une, & quatre de l'autre, & ordinairement on divise une Armée en huit brigades. La Brigade d'une Compagnie de Cavalerie est la troisiéme partie de la Compagnie, quand elle est seulement de cinquante Maîtres; & c'en est la sixiéme partie, quand elle est de cent. Du Cange fait venir ce mot de *Brigands*, que Borel dit avoir été une sorte de Soldats anciens à pié, appellés ainsi de *Bragantes*, dont parle Lipse, *Duo millia Bragantum*.

BRIGADIER. s. m. Celui qui commande une Brigade de gens de guerre. On appelle *Brigadier d'Armée*, Un Officier qui commande la quatriéme partie de la Cavalerie ou de l'Infanterie d'une Armée, & qui marche immediatement après le Maréchal de Camp, & le *Brigadier d'une Compagnie de Cavalerie*, est celui qui commande une des Brigades de la Compagnie.

BRIGANDINE. s. f. Armure ancienne faite de lames de fer jointes, & qui servoit de cuirasse. Ou l'appelloit autrement *Brugne*. Le mot de *Brigand* est venu de là. Les Brigands furent originairement des Soldats que la Ville de Paris soudoya en 1356. pendant que le Roi Jean étoit prisonnier en Angleterre. Ils étoient armés de Brigandines, & comme ils firent quantité de voleries, on a appellé Brigands tous les voleurs qui détroussent les Voyageurs sur les grands chemins.

BRIGANTIN. s. m. Petit bâtiment leger que l'on arme en course, qui va à la voile & à la rame, qui ne porte point couverte, & qui est moins grand que la Galiote. Il est de douze ou de quinze bancs, & d'autant de rames, un seul homme à chacune. Tous les Matelots y sont soldats, & couchent leurs mousquets chacun sous sa rame.

BRIGNOLE. s. f. Sorte de fort bonne prune que l'on fait secher, & qui est appellée ainsi à cause de la Ville de Brignole en Provence, d'où on nous l'envoie.

BRILLANT. adj. Terme de Manége. On appelle *Cheval brillant*, Un cheval qui a l'encolure relevée, un beau mouvement, les hanches excellentes, & qui mâche son mords de bonne grace.

BRILLER. v. n. Terme de Chasse. On dit que *des Chiens brillent*, lorsqu'ils quêtent dans une plaine; *Briller* est aussi Chasser de nuit aux oiseaux à la lumiere.

BRIMBALE. s. f. Levier qui a sept à huit piés de longueur, & qui sert à tirer l'eau de la Pompe. Quelques-uns disent *Brinqueballe*.

BRIN. s. m. Jet de bois. On dit qu'*Un plancher est fait de bois de brin*, pour dire, qu'il est fait de troncs d'arbres qui ne sont point sciés, mais seulement équarris; & c'est dans ce sens qu'on dit qu'*Une pique est faite d'un brin de bois.*

On appelle, en termes de Charpenterie, *Pan de bois à brin de fougere*, Une disposition de petits Potelets assemblés diagonalement à tenons & à mortoises dans les intervalles de plusieurs pôteaux à plomb; & ce nom lui est donné à cause de la ressemblance qu'elle a avec des branches de fougere, dont le brin fait cet effet.

Brin, en termes de Chasse, est le plus haut du buisson où se tient l'Oiseau.

On appelle *Brin de plume*, en termes de Plumacier, la petite pointe de la plume.

BRIOINE. s. f. Plante fort connue, dont il y a de deux sortes. L'une porte des bayes noires, & l'autre en porte de rouges. Cette derniere est preferable à l'autre, & on la doit cueillir au Printems, lorsque les feuilles commencent à pousser. On ne se sert dans la Medecine que des racines de cette plante, qui est émolliente, aperitive, bonne pour la rate & pour provoquer les mois. Elle purge les serosités & les humeurs pituiteuses, tire per haut & par bas les eaux des hydropiques, & empêche la suffocation de la matrice.

BRION. s. m. Terme de Marine. Allonge de l'étrave qui la termine par le haut, & qui vient jusqu'à la hauteur de l'éperon. On dit aussi *Brion*. On a dit *Brion* dans le vieux langage, pour signifier la Mousse de chêne.

BRIQUE. s. f. Terre grasse & rougeâtre qu'on fait cuire au four après qu'elle a été paîtrie & moulée de certaine grandeur & épaisseur, & qu'on l'a sechée au Soleil pendant quelque tems. Elle sert audedans des murs qui doivent être revêtus de pierre ou de marbre, & au-dehors de ceux dont elle fait le parement des panneaux. La *demi-brique*, que l'on appelle autrement *Brique de Chantignole*, ou *Brique d'échantillon*, n'a qu'un pouce d'épaisseur, sur la même grandeur que la Brique entiere, qui a huit pouces de long sur quatre de large. Elle sert à paver entre les bordures de pierre, & à faire des atres & des contre-cœurs de cheminées. La *Brique crue* est celle qui se fait de terre blanchâtre comme la craye, & qu'on laisse secher cinq années avant que de s'en servir.

On appelle *Briques en liaison*, Celles qui sont posées sur le plat enliées de leur moitié les unes avec les autres, & maçonnées avec du mortier ou du plâtre; *Briques de champ*, Celles qui sont posées sur le côté pour servir de pavé, & *Briques en épi*, Celles qui sont posées diagonalement sur le côté, en maniere de point de Hongrie.

Il y a une *Huile de brique* fort dessiccative & fort estimée, que font les Chimistes avec des Briques toutes rouges & enflâmées. Ils les broyent & les éteignent dans de l'huile commune, & mettant le tout dans une cucurbite, ils en tirent cette huile si recommandable, appellée par eux *Oleum Philosophorum*, & par les Apothicaires, *Oleum de lateribus*.

BRIQUET. s. m. Espece de couplet où la charniere ne paroît pas comme elle fait aux autres couplets, où elle forme un demi-cylindre des deux côtés.

BRIQUETER. v. a. Contrefaire la brique, en faisant un enduit de plâtre mêlé avec de l'ocre rouge; & pendant qu'il est tout frais employé, tracer les joints profondément, & ensuite les remplir avec du plâtre au sas.

On dit *Briqueté*, pour dire, Qui est fait de brique, qui est disposé en façon de brique.

BRIQUETERIE. s. f. Lieu où l'on fait la brique.

BRIQUETIER. s. m. Celui qui fait ou qui vend de la brique.

BRIS. s. m. Mot qui se dit des Vaisseaux qui échouent, ou qui viennent se rompre sur les bancs & les rochers qui sont sur les Côtes, d'où l'on dit *Droit de Bris*. C'est un droit qui appartient au Seigneur du lieu où s'est fait le Bris. Les anciens Gaulois l'avoient établi, parce qu'ils traitoient d'ennemis tous les Etrangers. Les Romains en abrogerent l'usage, qui fut rétabli sur le declin de l'Empire, à cause de l'incursion des Nations qui ravageoient les rivages de la Gaule. Enfin les Ducs de Bretagne, sollicités par S. Louis, changerent cette rigueur, & moyennant quelque taxe, ils accorderent des Brefs ou Congés, que prenoient ceux qui avoient à naviger sur leurs Côtes. Le Bris n'a plus de lieu en France, non plus qu'en Italie, en Espagne, en Angleterre & en Allemagne, si ce n'est contre les Pyrates & contre les Ennemis de la Foi & de l'Etat. L'Empereur Andronic fut le premier qui par un Edit qu'on executa, fit défense de piller les Vaisseaux brisés ou échoués; ce que l'on faisoit auparavant avec beaucoup de rigueur sur toutes les Côtes de l'Empire.

Bris. Terme de Blason. Il se dit d'une de ces happes de fer à queue pattée, dont l'usage est de soûtenir les portes sur leurs pivots, & de les faire rouler sur leurs gonds; & comme la plûpart des fenêtres & des portes sont brisées en deux par le moyen de deux de ces happes, dont les bouts entrent en pivot l'un dans l'autre, on les nomme *Bris*. Les vieux Blasonneurs appellent *Bris d'huis*, les pivots sur lesquels se meuvent les portes ou fenêtres brisées, quand ils sont representés sur l'écu.

BRISANT. s. m. Pointe de rocher qui s'éleve jusqu'à la surface de l'eau, & où les Vaisseaux se brisent. On appelle aussi *Brisant*, le rejallissement de la mer, que son propre poids & la force du vent fait élever contre des rochers & contre les Côtes.

BRISE. s. f. Terme de Marine. Nom que les Americains donnent à un vent qui vient de la mer sur les dix heures du matin. Ils appellent *Brise carabinée*, Une Brise forcée, ou un vent qui souffle avec grande violence.

On appelle aussi *Brises*, De petits vents frais qui viennent de terre sur le soir, & qui finissent lorsque le Soleil se leve. Ils ne sont guere sensibles qu'aux Bâtimens qui rangent la Côte.

BRISE', ÉE. adj. Il se dit des portes & des volets, qui étant coupés se replient pour tenir moins de place. *Porte brisée, volet brisé*. On dit aussi, *Une table brisée, un bois de lit brisé*. *Equerre brisée*, *Regle brisée*, est une équerre, une regle qu'on plie par le moyen d'une charniere. Il y a aussi *des armes brisées*. On appelle *Canon brisé*, Le canon d'un fusil qui est coupé en deux, & que l'on assemble dans le besoin par le moyen d'une vis.

Brisé, dans le Blason, se dit des chevrons dont la pointe est déjointe. *D'or à trois chevrons brisés de sable*.

BRISECOU. s. m. Défaut dans un escalier, comme une marche plus ou moins haute que les autres, un giron plus ou moins large, un palier tournant trop étroit, &c. On lui a donné ce nom à cause que toutes ces choses donnent occasion de tomber, & qu'en tombant dans un escalier on peut se rompre le cou.

BRISE'ES. s. f. p. Chemins dans les bois que les Veneurs marquent avec des branches rompues, qu'ils y jettent, afin de pouvoir reconnoître leur enceinte. On dit *Frapper aux brisées*, quand le Veneur, qui a fait son rapport, va laisser courre.

BRISE-GLACE. s. m. Rang de pieux en maniere d'avantbec devant une palée de pont de bois. Ces pieux étant d'une grandeur inegale, en sorte que le plus petit sert d'éperon, sont recouverts d'un chapeau posé en rampant, pour briser les glaces & conserver la palée.

BRISER. v. n. Terme de mer. On dit que *La mer brise*, quand les houles viennent battre, viennent se rompre avec violence sur les Côtes, sur quelque rocher, sur quelque banc. On a dit *Brinser* dans le vieux langage.

Briser, est aussi un terme de Chasse, & il signifie Rompre des branches, & les laisser pour marques dans le lieu qu'on veut retrouver.

On dit aussi *Briser*, dans le Blason, & il signifie, Charger un écu de brisures, comme lambel, bordure, &c. C'est ce que font les cadets, pour être distingués des aînés qui portent les armes pleines.

BRISEUR. s. m. Celui qui brise. On apppelle *Briseur de sel*, Certain Officier sur le Port de Paris, qui découvre le sel dans les bateaux, le brise & le met en tas, pour faire un chemin à ceux qui doivent le mesurer & le porter. On appelle aussi *Briseur de sel*, Celui qui avec un pic brise le sel dans les greniers quand il est trop sec, pour le rendre plus propre à mettre dans les minots.

BRISEURE. s. f. Terme de Blason. Pieces ou figures qu'on ajoûte aux armoiries, comme le lambel, la cotice, le bâton, &c. pour distinguer les cadets & les bâtards d'avec les aînés & les fils legitimes.

BRIS-IMAGES. s. m. p. Heretiques qui s'éleverent au commencement du huitiéme siecle contre les saintes Images de JESUS-CHRIST, de la Vierge & des Saints. On les nomme autrement *Iconomaques* & *Iconoclastes*.

BRISIS. s. m. Terme d'Architecture. La partie superieure dans les combles coupés, & qui va jusques au faîte. On appelle aussi *Brisis*, dans un comble coupé, l'endroit où le vrai comble se joint au faux.

BRISOIR. s. m. Instrument de bois quarré, & avec des dents, qui sert à briser le chanvre.

BRIX. s. m. Vieux mot. Rupture.

BRO

BROC. f. m. Sorte de vaisseau qui a le ventre assés gros, & qui est propre à contenir du vin & de l'eau, &c. Il est fort en usage chés les Cabaretiers.

C'est aussi une broche de fer long emmanchée, & de grand usage à la campagne.

BROCARD. f. m. On appelle *Brocard de droit*, un lieu commun qui souffre plusieurs contradictions.

BROCATELLE. f. f. Sorte de marbre, facile à travailler, & qui prend un beau poli. On l'appelle communément *Brocatelle d'Espagne*, à cause qu'il vient de Tortose en Andalousie, où on le tire d'une carriere antique. Ce marbre est mêlé par petites nuances de couleurs, isabelle, jaune, rouge, pâle & gris. Il y a aussi de la Brocatelle antique, qu'on tiroit de Grece près d'Andrinople.

BROCCOLI. f. m. Sorte de petits choux verts qu'on mange en salade.

BROCEREUX. adj. Vieux mot. On a dit, *Lieux brocereux*, pour dire, Un lieu plein de bois & de brossailles. Et, Bois *brocereux*, pour dire, Un bois plein de nœuds.

BROCHANT. adj. Terme de Blason. Il se dit des pieces qui passent sur d'autres. *Burelé d'azur à trois chevrons de gueules, brochant sur le tout.*

BROCHE. f. f. C'est chés les Brodeurs un outil sur lequel ils mettent les étoffes & les soyes retorses, & propres à broder. Les Rubaniers, les Fileuses au rouet appellent *Broche*, un fer délié passé au travers du roquetin, de la bobine, & de l'épinglier, lorsqu'on file au rouet. *Broche*, chés les Cordonniers, est l'outil avec lequel ils brochent les talons. En termes de Balancier, on appelle *Broche*, les petits morceaux de fer ronds qui passent au travers de la virole du peson. *Broche*, est aussi un petit bâton où les Chandeliers font pendre leurs méches & leurs chandelles. La baguette où l'on suspend des harengs pour les faire égoutter est encore appellée *Broche*.

Broche, se dit aussi d'un petit morceau de bois arrondi que l'on met au fond d'une futaille pour en tirer du vin. Ainsi l'on dit, *Mettre une futaille en broche*, pour dire, Y mettre une broche, une fontaine.

Broche, est aussi la pointe de fer qui est au milieu d'une feuille de carton où l'on vise, en tirant de l'arc ou de l'arquebuse. En ce sens on dit *Faire un coup de broche*, pour dire, Enfoncer la broche.

On appelle *Broches*, certaines aiguilles longues de fil de fer, avec quoi on tricote des bas. On s'en sert aussi pour faire des rubans, d'où est venu *le ruban à double broche*.

On appelle *Broche d'une serrure*, la Pointe de fer qui est dans la serrure, & qui entre dans la fourure de la clef.

On appelle *Broches rondes*, des morceaux de fer ronds, dont les Serruriers se servent pour faire des couplets, des fiches, & pour tourner plusieurs pieces à chaud & à froid. Il y a aussi des *Broches quarrées*, sur lesquelles on tourne des pieces.

Broche, en termes d'Imprimerie, est une barre de fer à laquelle est attachée la manivelle, qui sert à faire rouler le train de la presse sur les bandes.

Broches. Terme de Chasse. On donne ce nom aux défenses d'un sanglier.

BROCHE'E. f. f. Terme de Rotisseur. La quantité de viande qui peut cuire à la fois à une broche. Les Chandeliers appellent aussi *Brochée*, la quantité de méches qui peuvent tenir au petit bâton qu'ils appellent *Broche*.

BROCHER. v. a. Terme de Maréchal. Passer un clou au travers de la corne & du fer du cheval pour le ferrer.

Les Cordonniers disent *Brocher un talon*, pour dire, L'attacher avec des cloux. On dit en termes de Cordier, *Brocher le tourret*, pour dire, Mettre le Boulon au travers du tourret. *Brocher un bas*, veut dire, Travailler à des bas avec des aiguilles à tricoter. *Brocher*, signifie aussi parmi les Couvreurs, Mettre de la tuile en pile entre les chevrons.

Brocher, est aussi un terme de Blason, & on dit que des *Chevrons brochent sur des burelles*, pour dire, qu'ils passent dans l'écu sur des burelles.

Brocher, est encore un terme des Relieurs. C'est coudre un Livre sans le faire relier. Lorsque le Livre est couvert de papier bleu, ou marbré, on le nomme *Brochure*.

BROCHET f. f. Poisson blanc & long, qui est de lac, d'étang & de riviere. Il est fort goulu, & mange les autres. Sa chair est ferme & dure, lorsqu'on l'a pris dans quelque grand lac ou dans un fleuve; mais elle est d'un fort mauvais suc, & visqueuse lorsqu'il a été nourri dans un étang. Sa machoire réduite en poudre, a une faculté lithontriptique. *Brochet carreau*, est un gros brochet, qui a plus de dix-huit pouces entre œil & bat.

Brochet de terre. Sorte de lezard qui se trouve en plusieurs des Isles des Antilles de l'Amerique, & qui a la figure, la hure & la peau de nos Brochets de riviere; ce qui lui a fait donner le nom de *Brochet de terre*. Au lieu de nageoires, il a quatre piés; mais qui sont si foibles, qu'il se traîne sur la terre en serpentant comme une couleuvre. Les plus grands de ces lezards n'ont que quinze pouces de longueur, & ils sont gros à proportion. Leur peau est couverte de petites écailles fort luisantes, & de couleur de gris argenté. Ils ne se montrent presque jamais qu'à l'entrée de la nuit, pendant laquelle ils font un bruit effroyable de dessous les rochers & du fond des cavernes, où ils se tiennent. Le son qu'ils rendent, est un son beaucoup plus fort & désagreable que celui des grenouilles, & des crapauts, & ce son varie selon la diversité des lieux où ils sont cachés.

BROCHETTE. f. f. Petit morceau de bois pointu par un bout afin de percer la viande, & la faire tenir ferme à la broche.

Brochette, est aussi une maniere de petit cylindre de bois ou de laiton, sur lequel les Fondeurs marquent les differentes épaisseurs des cloches.

Les Imprimeurs appellent *Brochettes*, ce qui sert à tenir la frisquette sur le grand Timpan.

BROCHEUR. f. m. Ouvrier qui fait des bas avec des aiguilles à tricoter.

BROCHOIR. f. m. Marteau dont se sert le Maréchal pour cogner les cloux dans le pié du cheval qu'il ferre.

BRODEQUIN. f. m. *Espece de chaussure qui couvre le pié, & une partie de la jambe.* ACAD. FR. Cette chaussure est à l'antique, & il n'y a plus aujourd'hui que les Comediens qui s'en servent.

On appelle aussi *Brodequin*, une sorte de Torture que l'on fait souffrir aux criminels dont on veut sçavoir quelque chose avant de les juger. Elle consiste en trois ais forts & épais que l'on serre avec des vis. On en met un entre les jambes de celui que l'on veut faire parler, & l'on met les deux autres ais, l'un d'un côté d'une jambe & l'autre du côté de l'autre. On serre ensuite les vis, qui pressant les jambes du criminel, fait craquer ses os, & lui fait souffrir une douleur très-sensible.

BRODERIE. f. f. On appelle ainsi dans un parterre composé de branches de feuillages avec fleurons, fleurs, tigettes, culots, &c. le tout tracé à la maniere des Brodeurs, & formé par des traits de bouis nain, qui renferment de la terre noire, afin de détacher du fond qui est sablé. Il y a des pieces de Broderie que l'on interrompt diversement. On se sert pour cela, ou d'une platebande en enroulement de fleurs & d'arbrisseaux, ou d'un massif tournant fait de bouis ou de gazon.

BROILLOT. s. m. Vieux mot. Petit bois ou brossaille appellé ainsi, parce qu'on avoit accoûtumé de les brûler, afin de les défricher. Dans Merlin.

Et demanda embuchement en un broillot.

On a dit aussi *Bruillot* & *bruillet*.

BRONCHES. s. m. Mot Grec dont les Medecins se servent pour signifier les tuyaux de la trachée artere. Ces tuyaux sont répandus dans tout le poumon, & c'est par là que l'air entre pour la respiration. Ils disent aussi *Bronchies*.

BRONCHIQUE. adj. Terme de Medecine. Il se dit des muscles qui font mouvoir le larinx, & on les appelle ainsi à cause qu'ils s'étendent par les côtés de la trachée artere, nommée par les Grecs βρόγχος.

BRONZE. s. m. Ceux qui travaillent en bronze le font feminin. Sorte de métal, composé moitié de cuivre, & l'autre moitié de laiton ou cuivre jaune, dont on fond en cire perdue, des figures, des bas reliefs & des ornemens. Les Egyptiens que l'on croit avoir été les Inventeurs de cet art, ne mettoient qu'un tiers de cuivre rouge; les deux autres tiers étoient de laiton. Il y a de la *Fleur de bronze* qui se fait, selon Dioscoride, quand le Bronze fondu s'écoule par les canaux où l'on veut qu'il aille. Ceux qui sont employés à ce travail voulant repurger le Bronze, jettent dessus la plus claire eau qu'ils peuvent trouver afin de le refroidir. De ce congelement ainsi fait, il arrive que le Bronze jette cette fleur qui est astringente, & propre à reprimer toute excrescence de chair, & même à ôter l'éblouissement qui vient aux yeux; quoiqu'elle soit fort mordante. Matthiole dit qu'il a souvent cueilli de la Fleur de Bronze auprès de Trente aux fourneaux de Bronze, ce qu'il faisoit de cette maniere. Quand il voyoit le Bronze entierement fondu & prêt à tirer, il attendoit qu'il fût écoulé & à demi pris, & alors il jettoit dessus de l'eau claire & froide qui causoit une fort grande fumée, au-dessous de laquelle il tenoit une platine de fer, qu'il n'ôtoit point de dessous cette vapeur, qu'elle ne fût tout-à-fait passée. Cela fait, il trouvoit sur sa platine la Fleur de Bronze, que la vapeur avoit fait tomber. Elle étoit semblable aux graines de millet, & ses grains avoient une couleur luisante & rougeâtre: car ce qu'il y avoit de plus subtil dans l'airain, étoit porté en haut par la vapeur, & ayant senti la froideur de l'air, il se convertissoit aisément en ces petits grains. Il ajoûte que les Apothicaires ne s'en servent point, & qu'en sa place ils emploient le Verd de gris. Quant à l'*Ecaille de bronze*, Dioscoride dit que celle qui sort des cloux de cuivre dont on use aux forges, étant grosse, rousse & massive, est fort bonne. Elle est astringente, attenuante, repercussive & corrosive; elle reprime les ulceres corrosifs, & fait cicatriser les autres ulceres, principalement quand elle s'enrouille après qu'on l'a arrosée de vinaigre; mais celle qui est faite de vieille ferraille de bronze ou de cuivre blanc, ne vaut rien. *Le marc* ou *la lie de bronze*, n'est autre chose que ce qui se trouve au fond de la fournaise, après qu'on a jetté de l'eau froide sur le Bronze fondu, pour en cueillir la fleur, & qu'on a jetté le Bronze hors du fourneau. Les Medecins l'appellent *Diphryges*, du mot Grec διφρυγὴς, qui veut dire, Deux fois cuit. Galien dit que le *Diphryges* est composé de qualités & proprietés mêlées, ayant une astriction moyenne, & une moyenne acrimonie, & qu'ainsi il est fort propre à guerir les ulceres malins & difficiles à cicatriser.

BRONZER. v. a. Imiter le bronze; ce que l'on fait avec la purpurine du cuivre broyé, ou des feuilles de cuivre qu'on applique comme des feuilles d'or.

BROQUART. s. m. Terme de Venerie. Il se dit du chevreuil ou d'un cerf d un an.

BROSSE. s. f. Espece de pinceau pour les Peintres. Il est fait de poil de cochon. Les Doreurs ont aussi leurs *Brosses*. Elles sont de poil de sanglier, & leur servent à coucher la colle sur le bois sur lequel ils veulent dorer. Il y a encore d'autres Brosses dont se servent les Vitriers à nettoyer leurs vitres, & les Ouvriers qui travaillent de stuc. Ceux-ci en ont de grandes & de petites. Les Imprimeurs se servent aussi de grandes Brosses, faites de poil de sanglier, pour laver les formes avec de la lessive, quand elles sont tirées.

On appelle *Brosses* au pluriel, les Bruyeres ou brossailles des terres incultes, où il vient des plantes sauvages. Il se dit aussi du menu bois ou des arbustes peu élevés, ou méchantes tailles qui sont au bord de la forêt.

BROU. s. m. Ecorce qui est sur le coco, comme il y en a une sur nos noix. Celle du Coco a trois doigts d'épaisseur, & on peut mettre ses fibres en corde. Cela est cause que les Siamois n'ayant point de chanvre, font leurs cordages de Brou de coco.

BROUAILLES. s. f. p. Intestins de poissons ou de volailles que vuident les Cuisiniers, lorsqu'ils les apprêtent pour manger.

BROUHAHA. s. m. Bruit qui s'éleve dans une Assemblée qui assiste à quelque spectacle, ou qui écoute un discours public, pour témoigner l'admiration qu'on a de quelque endroit dont on est frappé.

BROUILLAMINI. s. m. Terre rouge & visqueuse, naturellement seche, & qui a peu d'odeur & de saveur. Quelques-uns assûrent qu'elle fait un meilleur effet contre le venin que la terre sigillée. Il y en a qui la confondent avec le Bol d'Armenie, prétendant que ce mot s'est fait par corruption de *Boli Armenici*. Elle est d'un assés grand usage dans la Medecine, & propre aussi pour les Peintres & pour les Potiers. Les uns s'en servent pour attacher l'or aux ornemens de leurs peintures, & les autres pour teindre leurs pots en couleur rouge.

Brouillamini est aussi un mot burlesque pour signifier quelque chose d'obscur & d'embarassé. *Il y a là du brouillamini.*

BROUILLER. v. a. *Mettre pêle mêle, mêler.* Acad. Fr. *Brouiller un cheval*, en termes de Manége, c'est en montant un cheval, le mettre hors d'état de se bien manier, faute d'être bien uni dessus, ou de n'être pas le maître de ses jambes. On dit aussi qu'*Un cheval se brouille*, lorsqu'étant recherché pour quelque manége, il se précipite, se traverse, se désunit par inquiétude, ou parce qu'il a les aides trop fines.

Brouiller, est aussi un terme de Plumacier, & signifie, Mêler ensemble le poil de plusieurs plumes, dont chacune a une couleur differente.

BROUNISTES. s. m. Heretiques qui ont plusieurs grandes Assemblées en Hollande, & qui se sont séparés de toutes les autres Eglises Reformées, les estimant corrompues, non pas pour les dogmes de la Foi, mais pour la forme du gouvernement. Ils ne condamnent pas moins celui qu'on appelle Episcopal, que celui des Presbyteriens, par des

Consistoires, par des Classes & par des Synodes. Ce qui les empêche de se joindre à l'Eglise Catholique, c'est qu'ils disent que l'on y tolere des pecheurs, avec qui il ne faudroit point communier, & que dans la participation des Sacremens, les bons contractent de l'impureté par la communion des méchans. Ils condamnent la benediction des mariages que font les Ministres dans les Eglises, & soûtiennent qu'étant un contrat politique, c'est au Magistrat Civil à le confirmer. Ils ne veulent point qu'on baptise les enfans de ceux qui ne sont point membres de l'Eglise, ou qui negligent de prendre le soin que l'on doit avoir des enfans baptisés, & rejettent tous les formulaires des prieres. Quant à l'Oraison Dominicale, ils prétendent qu'elle ne doit point être recitée comme une priere, nous ayant été donnée seulement pour nous servir de modele dans toutes celles que nous presentons à Dieu.

BROUIR. v. n. Terme d'Agriculture. Il se dit de la bruine & de la gelée qui gâte les boutons des arbres, des blés & des vignes. Il vient d'un vieux mot François qui signifioit Brûler.

BROUT. s. m. C'est la même chose que *Brou*. Ecorces vertes des noix qu'on laisse pourrir dans un muid, & que l'on prépare ensuite en les faisant bouillir avec de l'eau, pour mettre le bois en couleur de noyer.

BROUTE', E'E. adj. On appelle *Bois broutés* ou *avortés*, Les bois tortus & mal faits, qui n'étant pas de belle venue, doivent être recepés. On les nomme aussi *Bois rabougris* & *abougris*.

BROUTILLES. s. f. p. Menues branches qui restent dans une forêt après qu'on a retranché le bois de corde. On fait des fagots de ces broutilles.

BROYE. s. f. Instrument dont on se sert à la campagne pour rompre le chanvre, afin de le tailler plus facilement. C'est aussi un terme de Blason, & il se dit de certains festons qu'on trouve dans quelques Armoiries, posés en situations differentes. Le Pere Menêtrier dit que les Anglois le nomment *Barnacles*; que la Maison de Broye les a portés par allusion à son nom, & que celle de Joinville y ajoûta un chef avec un lion naissant.

BROYER. v. a. Terme de Peinture. On dit *Broyer les couleurs*, pour dire, les Mettre sur la pierre, & les réduire en poudre avec la molette. On y met ensuite de l'huile de noix ou de lin pour les détremper, ou bien de l'eau quand c'est à détrempe. Lorsqu'on les mêle avec le couteau sur la palette, cela ne s'appelle pas *Broyer*, mais *Détremper* les couleurs, & en faire le mélange.

BRU

BRUG. s. m. Vieux mot. Pont. Il a aussi signifié un Donjon, une Tour. On trouve *Brig* dans le même sens.

BRUGNE. s. m. Vieux mot. Baudrier.

BRUGNON. s. m. Fruit qui ne quitte point le noyau & dont la peau est rouge & fort déliée. Il tient un peu de la Pêche, & a la chair pleine d'eau. Le goût en est fort exquis. Ce fruit mûrit au mois de Septembre. Quelques-uns disent *Brignon*.

BRUINE. s. f. Petite pluye composée de goutes très-petites. M. Rohaut dit dans sa Physique, que ces goutes sont causées par l'air, qui étant mediocrement échauffé, s'applique au-dessous d'une nue fort rare.

BRULOT. s. m. Vaisseau construit du bois des vieux navires, & que l'on fait fort leger, afin qu'il aille bien à la voile. On le remplit de feux d'artifice & des matieres les plus combustibles; & on s'en sert pour brûler quelque Vaisseau ennemi. On l'appelle aussi *Navire forcier*.

Brulot. Sorte de machine dont se servoient les Anciens pour lancer des dards. Ils y attachoient une matiere combustible qu'on allumoit quand on les vouloit darder.

BRUMAL, ALE. adj. On appelle en Astronomie, *Solstice brumal*, le Solstice d'hiver qui arrive dans le Capricorne. Il y a aussi des Plantes que les Jardiniers appellent *Brumales*, à cause qu'elles viennent dans l'hiver.

BRUME. s. f. Brouillard de mer. On dit sur la mer, que *Dans la brume tout le monde est matelot*, parce que dans le tems d'un brouillard épais, chacun dit son sentiment pour la route.

BRUNETE. s. f. Vieux mot. Drap noir ou obscur.

Me faut trois quartiers de brunete.

BRUNIR. v. a. Polir l'or & l'argent. On se sert pour cela d'une dent de loup ou de chien, ou bien d'un caillou que l'on appelle *Pierre de sanguine*. On mouille cette pierre dans du vinaigre lorsqu'on brunit l'or sur les autres métaux; mais il faut bien se garder de la mouiller, non plus que la dent de loup, quand on brunit l'or en feuilles sur les couches à détrempe. On dit aussi *Brunir*, en termes de Relieur, pour dire, Polir la tête, la queue & la tranche d'un livre, à force de frotter dessus avec la dent de chien.

Brunir, est aussi un terme de Chasse, & se dit des Cerfs, qui après qu'ils ont fait tomber aux frayoirs la peau qui couvre le Revenu, vont aux charbonnieres, ou aux terres rougeâtres, où leurs bois prennent de la couleur & se teignent.

BRUNISSOIR. s. m. Outil qui sert pour brunir & pour polir. Il est composé d'une dent de loup ou de chien, ou d'une pierre sanguine mise au bout d'un manche de fer ou de bois. Il y a aussi des Brunissoirs d'acier dont plusieurs Ouvriers se servent. Les Brunissoirs des Graveurs en cuivre sont longs de six pouces ou environ. L'un des bouts est fait en triangle, & tranche des trois côtés, pour ratisser sur le cuivre, s'il en est besoin. On appelle ce bout *Grattoir*; l'autre bout, que l'on nomme *Brunissoir*, a la figure d'un cœur, dont la pointe est allongée, ronde & un peu plate. Il sert à polir le cuivre, à réparer les fautes, & à adoucir les traits. Les Serruriers ont aussi des Brunissoirs. Les uns sont droits pour brunir le fer; les autres sont croches, & ils s'en servent pour polir les anneaux des clefs. Il y en a d'autres qui sont demi ronds, pour étamer avec de l'étain.

BRUNISSURE. s. f. Terme de Chasse. On s'en sert pour dire, La polissure des têtes des Cerfs.

BRUSC. s. m. Pointe de Houblon ou d'Aiglantier. Petit arbrisseau, que les Grecs ont appellé Myrracantha, ou Oxymyrsine, qui veut dire, Myrte piquante. Il a les feuilles semblables à celles du myrthe, mais plus rudes, plus dures & plus pointues, & sans nulle odeur. Il porte des bayes rouges, qui étant mûres sont rondes, & sortent d'entre les feuilles, ayant au-dedans un noyau fort dur. Il jette de sa racine des branches hautes d'une coudée & fort feuillues. Ces branches sont souples, mais fort malaisées à rompre. Sa racine est un peu amere, & ressemble à celle du chiendent. Elle est l'une des cinq racines aperitives majeures, & c'est la seule partie de cette plante dont on se serve en Medecine. Le Brusc croît dans les lieux incultes & raboteux. Il est hepatique, & rompt la pierre, qu'il fait jetter dehors. Les Latins l'appellent *Ruscus*, & quelques-uns lui donnent le nom de *Petit houx*. On l'appelle aussi *Murina spina*, à cause que ses feuilles étant attachées à de la viande, ou à quelque autre mangeaille, pique les souris, & les empêche de s'en approcher.

BRUTIER. s. m. Oiseau de proye, qu'on ne peut dresser ni au poing ni au leurre, & qui vit aux champs de toutes sortes de vermines. Quelques-uns le confondent avec le Butor & la Buse.

BRUYERE. s. f. Arbre semblable au Tamarisc : selon Dioscoride, mais beaucoup moindre, qui jette force branches, & dont la fleur & la feuille appliquée est un remede contre les piquûres des serpens. Il dit que le miel que les mouches font de sa fleur n'est pas en estime. Pline en parle de la même sorte, & ajoûte seulement, qu'elle est de même couleur & de même feuillage que le Romarin, & que le miel que les mouches font de ses fleurs, est appellé Ericien, comme étant fait de bruyere, du mot Grec ἐρίκη, qui veut dire Bruyere : car cet arbrisseau fleurit deux fois l'année, au commencement du Printems & en Automne ; & c'est dans cette derniere saison que les abeilles cueillent leur miel sur ses fleurs, à cause qu'elles durent pendant tout l'Automne jusqu'à l'Hiver, & que la Bruyere est alors la seul plante parmi les forêts, qui en produise. Matthiole dit que la Bruyere en Toscane est plus grande que la Bruyere ordinaire, & que ceux du pays l'appellent *Scopa*, à cause qu'ils en font des balais. Il fait ensuite la description d'une plante qu'on trouve dans les montagnes qui bornent le Royaume de Bohême du côté de la Silesie, ayant ses feuilles fort semblables à la Bruyere. Il dit qu'elle produit des grains purpurins de la grosseur de ceux du genevre, tendres, mols, visqueux par dedans, ayant une chair semblable à la prune, que ses branches sont dures comme bois, d'un noir tirant sur le roux, souples & pliables ; que l'ayant cueillie au mois d'Août, lorsqu'elle n'avoit que ses grains, il ne peut dire comment sont faites ces fleurs ; & que n'ayant point d'autre nom à donner à cette Plante, il l'appella *Bruyere Baccifere*. Le même Matthiole assure qu'il a connu plusieurs personnes qui ont été gueries de la pierre, & l'ont jettée par petites pieces, en prenant soir & matin pendant trente jours, trois heures avant le repos, l'eau dans laquelle avoit cuit la Bruyere. Il faut prendre cette eau tiéde au poids de cinq onces, & après cela se baigner souvent en la décoction de Bruyere, & pendant le bain être assis sur la Bruyere cuite. Galien dit que l'Erica, qui est la Bruyere, a la vertu de résoudre par la transpiration des pores, & qu'on se sert principalement de ses fleurs & de ses feuilles.

Bruyere, est aussi un nom general qu'on donne, non seulement à plusieurs petites plantes sauvages qui croissent sans culture dans les terres abandonnées, mais encore à ces mêmes terres incultes où viennent ces méchans arbres. Il y a grande apparence que ce mot vient du vieux mot Bruyer, derivé du Latin *Urere*, pour dire, Brûler, à cause qu'on brûle les Bruyeres quand on les veut défricher pour en faire des terres à blé.

BUA

BUANDERIE. s. f. Espece de salle au rès de chaussée, où il y a un fourneau & des cuviers pour faire la lessive. Il s'en trouve dans toutes les Communautés & dans la plûpart des maisons de campagne. En beaucoup de Provinces les Blanchisseuses s'appellent *Buandieres*.

BUB

BUBERON. s. m. Petit vase avec un petit goulot, dont on se sert pour donner à boire aux enfans qui sont à la mammelle. Il y en a de grés & de fayence, d'autres de métal. Les Orfévres & Potiers d'étain appellent aussi *Buberon*, Une maniere de tuyau qui est dans le vaisseau qu'ils appellent Vinaigrier. C'est par où le vinaigre coule quand on en verse.

BUC

BUCCINATEUR. adj. Les Medecins appellent *Muscle Buccinateur*, Un des neuf muscles des levres du mot Latin *Buccina*, Trompette, à cause que ce muscle sert à emboucher la trompette.

BUCENTAURE. s. m. Nom d'une maniere de Galion dont se sert la Seigneurie de Venise, lorsqu'elle fait la ceremonie d'épouser la mer ; ce qu'elle fait tous les ans le jour de l'Ascension.

BUCHE. s. m. Espece de Flibot dont les Hollandois se servent pour la pêche du hareng.

BUCHER. s. m. C'est l'endroit de la cuisine où l'on met le bois.

BOUCHERON. s. m. Celui qui travaille à abattre du bois dans les forêts.

On appelloit ainsi autrefois les Marchands de bois. On voit dans les Registres de l'Hôtel de Ville d'Angers qu'on affermoit les amendes des Bouchers, Boulangers, Bucherons & Poissonniers.

BUCOLIQUE. adj. de tout g. Pastoral, qui appartient aux Pasteurs, dont les principaux sont ceux qui ont soin des Bœufs. Les Grecs les appellent βυκόλοι, de βῦς, qui veut dire Bœuf. On appelle *Bucoliques*, les Eglogues de Virgile, où il fait parler les Bergers.

BUE

BUE'E. s. f. Mot qui est encore en usage dans les Provinces pour signifier *Lessive*. Selon M. Ménage, ce mot vient de *Bucata*, diminutif de *Buca*, qui veut dire, Trou, à cause que la lessive se fait par le trou d'une cuve. D'autres le font venir du Latin *Buere*, d'où l'on a fait le vieux mot *Buer*, dont on se servoit pour signifier, faire la lessive, suivant ces deux vers.

Car quoi, elles filent & buent.
Et de tout l'Hôtel ont la cure.

BUEF. s. m. Vieux mot. Bœuf. On a dit aussi Buës.

BUENS. adj. Vieux mot. Qui est accommodé à son aise.

Qui lors étoient riches & buens.

BUF

BUFFET. s. m. Grande table dans un Vestibule ou une salle à manger, avec des gradins en maniere de credence. On y dresse les vases, les bassins & les cristaux, tant pour le service de la table, que pour faire paroître la magnificence de ceux qui ont ces Buffets. Il y en a qui sont renfermés par une balustrade d'appui. Les Buffets des Cardinaux & des Princes sont sous un dais d'étoffe. On appelle *Buffet d'eau*, dans un jardin, Une table de marbre où plusieurs gradins sont élevés en pyramides, avec des garnitures de vases de cuivre doré. Chacun de ces vases est formé par l'eau ; ce qui les fait paroître de cristal garni de vermeil.

On appelle aussi *Buffet*. La menuiserie d'un jeu d'orgue sur laquelle les tuyaux sont posés. Il y a le *grand Buffet*, qui est celui du grand jeu, & le *petit Buffet*, que l'on appelle autrement *Positif*. C'est celui du petit jeu qui est au devant du grand.

BUFFETER. v. a. Terme de Fauconnerie. Donner en passant contre la tête d'un plus fort, comme contre le Duc, contre l'Aigle, ou contre la tête du lievre, quand on le fait battre aux Oiseaux. Il se dit aussi des Voituriers, qui percent les tonneaux avec un foret, & appliquent la bouche contre le tonneau, afin d'y boire. Ainsi dans ce sens *Buffeter* signifie, Boire au tonneau. Ce mot, selon du Cange, vient de *Buffetagium*. On appelloit ainsi un Impôt mis sur le vin qui se buvoit dans les tavernes, par corruption de *Beuvetage*. Borel dit qu'en vieux langage, *Buffeter quelqu'un*, c'étoit le tourmenter & l'exciter, & qu'on trouve dans une traduction du Nouveau Testament, *J'avois un Ange de Satan qui me buffetoit*. Ce mot a pû venir de ce que Buffe signifioit autrefois Un soufflet, dont il donne pour exemple, *Leur baillant une buffe grande*.

BUFFETEUR. s. m. Voiturier qui boit aux tonneaux, en les perçant sur les grands chemins.

BUFFOY. s. m. Vieux mot. Vanité, orgueil.

La cointerie & les buffois,
L'envoiserie & les noblois.

On a dit aussi, *Sans buffoi*, pour dire, sans mocquerie.

Et qui simplement sans buffoi,
Sans fallace & sans fiction.

BUFLE. s. m. Animal sauvage qui ressemble au bœuf, quoiqu'il soit plus long & plus haut. On vient à bout de l'apprivoiser, & on le fait travailler en divers pays. Il est fort maigre, & a le poil court, & très-noir. Il en a peu à la queue, mais beaucoup sur le devant de la tête, qu'il a petite, en comparaison du corps, qui est fort gros aussi-bien que ses cuisses, qu'il a courtes, & le col gros & long à proportion. Ses cornes sont noires & larges. Sa peau est fort dure, & son mugissement beaucoup plus horrible que celui du bœuf. Il ne sçauroit voir de l'écarlate qu'il ne se mette en fureur. Il se trouve force Bufles au Royaume de Congo. Ils ont la peau rouge, & les cornes noires comme de la poix. C'est une méchante bête, fort dangereuse quand une blessure l'a mise en furie. Ainsi quand on chasse au Bufle, on a besoin de choisir un lieu de sureté, d'où l'on puisse tirer sur cet animal. On dit que son haleine est si venimeuse, que si un bœuf mange de l'herbe dans l'endroit où le Bufle vient de paître il meurt sur le champ. Sa chair est rude & grossiere. Les Portugais la coupent par tranches, & la font secher pour en nourrir leurs esclaves.

Les Bufles sont appellés *Boucles* en termes de Blason, à cause qu'on les represente avec une boucle.

BUG

BUGLE. s. m. Vieux mot. Bœuf.

Ainsi qu'on fait au Bugle ou au Pourcel.

C'est de là que vient *Bugler* ou *beugler*, pour dire, Mugir.

BUGLOSE. s. f. Herbe qui se mange, & qui est connue de tout le monde. Elle devient haute & fleurit bleu en forme de violette. On l'appelle ainsi des mots Grecs βῦς, Bœuf, & γλῶσσα, Langue, à cause que ses feuilles sont semblables à une langue de bœuf, tant en leur figure qu'en leur âpreté. Tous les Simplistes disent que la Bourroche des jardins, & qui croît d'elle-même par les champs, est le vrai *Buglossum* de Dioscoride, & non la Buglose commune, dont les Apoticaires ont accoûtumé de se servir. Matthiole tient que la Bourroche & la Buglose sont differentes en figure & en espece, quoiqu'il demeure d'accord qu'il ne s'en faut guere qu'elles n'ayent les mêmes proprietés. Il ajoûte que la feuille de la Buglose commune est plus grande que celle de la bourroche, qu'elle est velue, âpre & chargée de petites épines; que sa tige est haute d'une coudée & demie, ronde & pareillement épineuse, d'où sortent plusieurs branches qui tendent vers la cime, que ses fleurs sont purpurines, & moindres que celles de la bourroche, & qu'elles contiennent une graine noire; que sa racine est en tout & par tout semblable à celle de la bourroche, si ce n'est que son écorce est plus grosse & plus grasse; qu'on trouve trois especes de Buglose, une qui croît aux jardins, & deux sauvages; que celle des jardins à ses feuilles plus longues & plus larges que celles de la bourroche; que des sauvages l'une a les feuilles grandes & porte des fleurs purpurines, & que l'autre a ses feuilles plus étroites, & ses fleurs noirâtres. Dioscoride décrit une *Buglose sauvage*, qui a ses feuilles fort longues & âpres, un peu menuës, & semblables à celles d'Orchanette. Elles sont rougeâtres, grasses & ont de petites pointes. Cette plante produit plusieurs petites tiges minces & menues, & jette d'un côté & d'autre de petites feuilles noires & éparpillées en maniere d'ailes qui sont fort petites à leur cime. Elle porte des fleurs rouges & incarnates parmi ses feuilles, & il en sort une graine noire qui est enfermée dans de petites bourses velues & piquantes. Cette graine est semblable à une tête de vipere; ce qui est cause que la buglose sauvage a pris le nom d'*Echium*, à cause que les Grecs nomment la Vipere ἔχις. Ce peut être aussi parce qu'elle est un remede pour guerir des morsures de viperes. On la nomme aussi *Alcibium* ou *Alcibiacum*, d'un certain Alcibius, qui dormant dans une cour, fut mordu au dessous du genouil par une vipere. S'étant éveillé par la morsure, il prit de la Buglose sauvage, qu'il mâcha, & en avala le jus; après quoi il mit le marc de cette herbe sur sa playe, & fut gueri. La vertu qu'elle a contre les viperes n'étoit point connue auparavant, & Nicander dit qu'on lui donna le nom d'*Alcibium*, à cause qu'il fut le premier qui s'en servit. Paul Æginета dit qu'elle n'est pas seulement bonne pour ceux qui sont mordus des serpens, mais qu'elle empêche qu'ils n'approchent d'une personne qui en auroit bû le jus. Quant à la Buglose commune, on se sert en Medecine de ses fleurs & de ses feuilles, & surtout de sa racine. Cette plante est aperitive & cardiaque, & elle incrasse la bile trop tenue. Sa fleur est mise au rang des quatre fleurs cordiales communes.

BUGRANE. s. f. Plante qui a ses feuilles menues & petites comme celles des lentilles, & fort semblables aux feuilles de la Rue ou du Melilot. C'est la même chose qu'*Arrête-bœuf*. Voyez ARRESTE-BOEUF.

BUH

BUHOTS. s. m. Plumes d'oye peintes que les Plumaciers mettent sur leurs boutiques pour servir de montre.

BUI

BUISINE. s. f. Vieux mot. Borel dit que selon le *Catholicum parvum*, ancien Dictionnaire, Buisine veut dire Sistre: mais il croit que c'est une espece de hautbois ou une maniere de trompette, comme le dénote ce mot qui vient de *Buccina*, & celui-ci de *bucca* & de *cano*. Il ajoûte que *Buisiner* signifioit autrefois, Sonner de la Trompette, & il en rapporte pour exemple ce qui se trouve dans une ancienne version de l'Apocalypse, où il est dit, *Et quand le septiéme Ange commencera à buisiner*

BUISSON. s. m. *Hallier, touffe d'arbrisseaux sauvages, épineux*. ACAD. FR. On appelle *Buisson ardent*, un Arbrisseau toûjours vert qui fleurit blanc en Mai: Son fruit est rouge, & demeure sur l'arbre pendant tout l'hiver.

Buisson, en termes de Jardinage, se dit des arbres qu'on a de coûtume de planter dans les bandes des parterres le long des sentiers. On les taille de figure ronde ou quarrée, platte par dessus, ou de telle maniere qu'on le veut.

Buisson-ardent. Voyez PYRACHANTA.

On appelle *Buisson*, Un petit bois de haute futaye ou de taillis. Les Maîtres des Eaux & Forêts donnent aussi ce nom à un bois, lorsqu'il ne contient que trente ou quarante arpens.

Les arbres nains des jardins sont appellés *Arbres en buisson*, à la difference des grands arbres fruitiers, que l'on appelle *A plein vent*.

On dit en termes de Chasse que *Les Cerfs prennent buisson*, pour dire, qu'Ils vont choisir quelque lieu secret pour faire leurs têtes quand ils ont mis bas. Les Chasseurs disent aussi, *Trouver buisson creux*, lorsqu'il arrive qu'on ne trouve rien, ou qu'un Cerf s'en est allé de l'enceinte.

BUISSONNIER. s. m. Office de Ville, ou Garde de la navigation, qui est obligé d'avertir les Echevins des contraventions que l'on fait aux Reglemens. Il doit dresser des procès verbaux de l'état des ponts & des rivieres, des moulins, pertuis, &c.

BUL

BULBE. s. f. Oignon de plante. Il y en a qui produisent des fleurs, comme les Oignons de lis, de narcisse, d'hyacinthes, de tulipes, &c. & d'autres qui servent à la cuisine, & même à la Medecine, comme les poireaux, les oignons & les échalottes. Dioscoride, qui ne fait aucune description des Bulbes, d'où Matthiole infere qu'elles devoient être fort connues des Anciens, dit qu'il y en a une bonne à manger, & que celle qui est amere, & faite comme la squille, est meilleure à l'estomac que les autres. Il parle aussi d'une *Bulbe vomitive*, qui a les feuilles plus souples & beaucoup plus longues que les Bulbes qu'on mange, quoique sa racine soit semblable. Cette racine mangée ou prise en breuvage, guerit les douleurs de la vessie & provoque le vomissement. Matthiole veut que les Bulbes soient aujourd'hui entierement inconnues, & il assure que personne ne lui en a pû montrer une seule plante, qui fût vraie & legitime. Ainsi il met les ciboules & les échalotes au rang des oignons, & non des bulbes; & il se fonde en cela sur l'autorité de Theophraste. Galien dit que la Bulbe qu'on mange est froide & grosse, de difficile digestion; qu'elle engendre un sang gros & visqueux, & que cette Bulbe vomitive est de temperature plus chaude que l'autre.

BULBEUX, EUSE. adj. On appelle *Plantes bulbeuses*, Celles qui ont des racines fibreuses ou ligamenteuses avec des oignons.

BULLE. s. f. *Lettres expediées en parchemin & scellées en plomb*. ACAD. FR. On expedie des Bulles en Espagne pour toutes sortes de Benefices; on n'en a en France que pour les Evêchés, Abbayes, Dignités & Prieurés Conventuels. La Bulle étoit autrefois un ornement de ceux qui triomphoient, & on la faisoit porter aux jeunes enfans Romains, pour les exciter à la vertu. Quelques-uns font venir *Bulle*, du Grec βυλὴ, Conseil, à cause qu'on délibere avant que de faire les expeditions. D'autres le dérivent de *Bullare*, Cacheter des lettres; de *Bulla*, Ampoule ou vessie que forme l'eau. On a autrefois appellé *Bulles*, beaucoup de choses faisant bosse, comme les têtes des clous & les marques de plomb que l'on met aux draps; mais sur tout les sceaux attachés aux Patentes & Lettres des Princes, & les matrices dont on se servoit pour les former, à cause du rapport qu'elles avoient avec ces têtes de clous.

On appelle *Bulle d'Or*, une Ordonnance faite en 1356. par l'Empereur Charles IV. touchant la forme de l'élection des Empereurs. Elle s'observe encore aujourd'hui, & on a nommé cette Ordonnance *Bulle d'Or*, à cause qu'elle est scellée d'un sceau d'or que l'on y a attaché. On se servoit de Bulles d'or chés les Empereurs dès le temps de Louis le Debonnaire, & on en scelloit les Actes de consequence, comme lorsqu'il s'agissoit de concession de Privileges pour les Eglises.

Il y a une *Bulle* appellée *In cœna Domini*, qui se trouve dans la Pratique Beneficiaire de Rebuffe. C'est une Bulle qui contient plusieurs excommunications & cas reservés. On la lit à Rome tous les ans le Jeudi Saint, mais elle n'est pas reçue en France.

BUP

BUPHTALMUM, s. m. Plante que quelque-uns appellent Cachla, & dont les rejettons sont grêles & tendres, & les feuilles semblables au fenouil. Sa fleur est jaune, & plus grande que celle de la Camomille. Elle est faite en maniere d'œil; ce qui a donné le nom à cette Plante, du mot Grec βῦς, qui veut dire, Bœuf, & de ὀφθαλμὸς, qui signifie Oeil. Elle croît autour des châteaux, & parmi les champs. Galien dit que le Buphtalmum a ses fleurs semblables à celles de la Camomille, c'est-à-dire, de cette espece de Camomille qui les a jaunes, qu'elles sont plus grandes, plus acres & fort resolutives; de sorte qu'étant incorporées en cerot elles guerissent toutes sortes de tumeurs & de duretés. On tient que si une personne ayant la jaunisse, prenoit de ces fleurs en breuvage au sortir du bain, elles lui rendroient sa couleur accoutumée.

BUPLEURUM. s. m. Petite plante que Pline dit avoir sa tige d'une coudée, & plusieurs feuilles fort longues. Il ajoûte que sa semence est bonne contre les playes que font les serpens. M. de Meuve qui l'appelle *Bupleurus* ou *auricula leporis*, dit qu'elle est toute semblable à l'oreille d'un lievre, d'où elle a pris son nom; qu'elle est chaude, seche, & lithontriptique, & qu'on ne se sert que de ses feuilles en Medecine.

BUPRESTE. s. f. Sorte de Mouches du genre des Cantharides, qui étant mangée par quelque animal puissant, avec l'herbe sous laquelle elle est cachée, les fait enfler & mourir ensuite. Elle a pris son nom de βῦς, qui veut dire un *Bœuf*, & de πρήθειν, qui signifie enflamer. Ceux qui ont avalé des Buprestes ont les mêmes accidens que s'ils avoient avalé des Cantharides. Ils sentent une grande douleur à l'estomac & au ventre, qui leur tirent comme s'ils étoient hydropiques. Ils ont aussi un goût puant & semblable au Nitre. Toute la peau de leur corps est bandée & étendue, & il leur arrive suppression d'urine.

BUR

BURAIL. s. m. Espece de serge ou de ratine. Il y en a de lissé & de croisé, & un autre d'étoupes.

BURAL. s. m. Sorte de grosse étoffe grise, dont les Capucins & autres Religieux sont habillés.

BURATINE. s. f. Espece de papeline, qu'on passe sous la calandre. Sa trême est de grosse laine, & elle a sa chaîne d'une soye fort déliée. Quelques-uns disent *Buratin*. Tous ces mots viennent de *Bure*, qui est une étoffe velue, de couleur rousse ou grisâtre, que Borel dérive du Grec πυῤῥὸς, qui veut dire, Rosux ou de bourre. C'est un poil detaché de la peau de divers animaux; d'où vient qu'on appelle un âne *Bourrique*, à cause qu'il a un poil de cette nature, & de couleur rousse ou grisâtre.

BUREAU. s. m. Sorte de table sur laquelle les gens d'affaires ou d'étude écrivent, & qui est garnie de tiroirs dans lesquels ils enferment leurs papiers.

BURELE', E'E adj. Terme de Blason. Il se dit de l'écu rempli de longues listes de flanc à flanc jusqu'au nombre de dix, douze, ou plus, à nombre égal, & de deux émaux differens *Burslé d'argent & d'azur, à la bande de gueules, brochant sur le tout.*

BURGAU. s. m. Sorte de Limaçon de mer, fort commun dans les mers des Antilles, qui sont bordées de rochers. Il y en a de deux sortes. Les uns croissent quelquefois jusqu'à la grosseur du poing; mais d'ordinaire ils n'en excedent pas la moitié. C'est de leur corps que les Ouvriers en nacre tirent cette belle nacre, qu'ils appellent *La Burgandine*, & qui est plus estimée que celle des perles. Le dehors de cette coque est brun, gris, noir & blanc; & quand on lui a ôté toute sa crasse, en la passant par la meule douce, par l'esprit de vinaigre, de sel, ou de l'eau seconde, ello devient une coquille argentée & entrelassée de taches d'un noir luisant, d'un vert gris, & d'une grisaille si lustrée, que tout l'artifice d'un émailleur n'en peut approcher. Le Poisson qui est dans cette coque a une écaille ronde, noire, & mince comme une feuille de papier, attachée à sa tête; mais qui est plus dure & plus forte que de la corne, avec laquelle il a l'adresse d'en boucher si bien le trou, qu'on ne l'en sçauroit tirer dehors ni lui faire aucun dommage sans rompre la coque. On l'en tire aisément quand il est cuit; mais avant que de le manger, il faut en ôter un certain boudin amer que l'on dit être fievreux. On ne mange guere que ce qui est tourné en limaçon. Cela est rempli d'une masse verte que quelques-uns croient être ses excremens, & d'autres les herbes qu'il a mangées, & qu'il n'a pas eu encore le tems de digerer. Il y a un autre Burgau plus délicatement ouvragé que le premier. Il est plat par le dessous, & a un petit trou dentelé qui va depuis le milieu jusqu'au haut de la coque, tout en tournant comme un limaçon. Quoique cette coque soit de la largeur d'un écu blanc, elle n'a qu'un pouce de hauteur. Ce Burgau qui est coloré de vert au dessus de sa nacre, est si artistement gravé, qu'il est le plus estimé de tous ceux qui viennent des Isles.

BURGRAVE. s. m. Juge & Châtelain de quelque Ville ou de quelque Château en Allemagne. Ce mot est composé de *Burg*, qui signifie Ville ou Bourg, & de *Graven*, qui veut dire, Comte ou Juge. On appelle les *Comtes* en Latin *Comites*, à cause qu'anciennement la Justice s'administroit à la Cour, & que ces Juges accompagnoient toûjours l'Empereur. Après cela, ce même nom fut donné à ceux qui administroient la Justice dans les Villes & dans les Provinces, parce que les principaux y étoient envoyés de la Cour & de la suite des Empereurs. Quelques-uns croyent que *Burgrave* en Allemagne, soit ce que nous appellons Viguiers ou Vicomtes, & les Espagnols *Adelantados*. Il y en a qui disent qu'il y avoit quatre Burgraves; sçavoir de Nuremberg, de Magdebourg, de Strombourg & de Reinek; mais ces deux derniers ne sont pas reconnus pour tels, le Château de Strombourg appartenant à l'Electeur Palatin, & Reinex étant venu par droit de succession aux Comtes d'Issembourg, qui ne prennent pas ce titre. L'Electeur de Brandebourg porte encore celui de Burgrave de Nuremberg. Celui de Magdebourg appartient à l'Electeur de Saxe, qui en porte les armes & le nom. Il y a quelques-autres Burgraves, comme ceux de Kirkemberg, de Donau & de Fridberg; mais ils ne sont pas égaux aux premiers.

BURIN. s. m. Outil d'acier dont il y a de diverses sortes, selon les ouvrages qu'on veut faire. On en pousse la pointe avec la main pour graver sur lecuivre & sur les autres métaux. Les Serruriers ont des Burins; plats, d'autres coulans, qui sont quarrés & en losanges pour graver; & d'autres propres à piquer les rapes. Ils se servent des Burins plats pour fendre les panetons des clefs; & c'est encore avec ces sortes de Burins, qu'ils coupent & emportent le fer à froid lorsqu'il s'y trouve des grains.

BURON. s. m. Vieux mot, qui vouloit dire autrefois un lieu de retraite. Borel dit qu'il vient de βύειν, qui signifie en Grec *Maison*. Quelques-uns veulent qu'il vienne de *Boire*, comme qui diroit, *Beuron*, à cause que le mot de *Buron*, s'appliquoit aux lieux où l'on se retiroit pour boire & pour manger.

BURSAL, ALE. adj. Qui regarde la bourse. On appelle *Edit bursal*, un Edit fait pour exiger de l'argent; & *Peine bursale*, une peine pecuniaire qu'on impose.

BUS

BUSE. s. f. Oiseau de rapine, qui est de couleur noirâtre, & qu'il est impossible de dresser. Il a toûjours faim, crie incessamment, dépeuple les Garennes; & mange les poules & les poissons.

BUSETE. s. f. Vieux mot. Cornet, de *Buccina.*

Pythagoras oncques n'organisa,
Diapente de si douces busetes.

BUST. s. m. Terme de Blason. Image d'une tête avec la poitrine, mais sans bras. Quelques-unes disent *Bus*. On dit *Buste*, dans le langage ordinaire, & c'est une figure de Sculpture en plein relief, qui represente seulement le visage & les épaules. Il se dit aussi du tronc du corps d'un homme, depuis le col jusqu'aux épaules. M. Ménage fait venir ce mot de *Busc* ou *Busque*, à cause que les femmes ont leurs buscs en cet endroit du corps, que les Italiens appellent *Busto*. Quelques-uns le dérivent de *Brust*, qui en Allemand veut dire *Estomach*. En parlant d'une Antique, on dit que *La tête est de marbre, & le buste de bronze, ou de porphire.* On entend alors par ce mot de buste, les épaules & l'estomach.

BUT

BUTE. s. f. Il se dit en termes de Blason du fer dont les Maréchaux se servent pour couper la corne des chevaux. Le Pere Menestrier dit que la Maison de Butet en Savoye en porte trois en poignée.

On appelle aussi *Bute*, le Jeu des Chevaliers de l'arquebuse. Il se dit encore de la maison où ils tirent. *Poudre de bute* est de la poudre à canon fort fine, dont ceux qui tirent au blanc pour le prix, se servent à charger leurs arquebuses; ce qu'ils font ordinairement sur une bute qui est un lieu un peu élevé.

BUTÉE. s. f. Terme de Maçonnerie. Massif de pierre dure, qui aux deux extrémités d'un pont soûtient la chaussée, & resiste à la poussée des arcades. On l'appelle aussi *Bute* & *Culée*.

BUTER. v. a. Contretenir, empêcher la poussée d'un mur, ou l'écartement d'une voûte, par le moyen d'un arc ou pilier butant. On dit *Buter un arbre*, quand après qu'on l'a planté à demeure, on l'assûre avec des motes de terre autour de son pié, pour l'entretenir à plomb jusqu'à ce que la terre se soit affermie en s'affaissant.

BUTIERE. s. f. Sorte d'arquebuse qui ne differe des autres qu'en ce qu'elle est plus grande & plus pesante. Les Chevaliers de l'arquebuse s'en servent pour tirer l'oiseau.

BUTIREUX, EUSE, adj. On appelle dans le lait *Partie butireuse*, La partie grasse dont se fait le beurre.

BUTOR. s. m. Gros oiseau qui est une espece de Heron; poltron & faineant, & qui a les plumes rouanées, & marquetées de taches brunes par le travers. Celles dont son col est entouré sont pâles, distinguées de taches noires, & il en a de noires au haut de sa tête. Son bec est droit & long de quatre doigts, gros comme le doigt, tranchant par les bords & pointu par le bout. La couleur en est entre-cendrée & plombée. Son col est long d'un pié & demi, & il a les ailes grandes, chacune desquelles est formée de vingt-quatre grosses plumes. Ses jambes qui sont longues de deux piés participent du jaune & du plombé, & sa queue est courte. Il a de grands doigts aux piés, les ongles noirs & grands, & sur-tout l'érgot qui est le plus long. On l'appelle *Bos Taurus*, à cause que quand il met son bec dans l'eau ou dans la boue, il fait un bruit qu'on entend de demi-lieue, & qui est pareille au mugissement d'un Taureau. C'est de là que lui est venu le nom de *Butor*. Quand cet oiseau attaque quelqu'un il tâche de lui crever les yeux.

BUTTÉ, ÉE. adj. On appelle *Chien butté*, en termes de Chasse, Un chien à qui la jointure des jambes de devant grossit.

BUTURE. s. f. Terme de Chasse. Grosseur qui arrive à la jointure au dessus du pié du chien. On se sert de ce terme quand cette jointure grossit tellement, qu'il lui tombe des glaires qui font qu'il devient boiteux. Les pointures d'épine leur causent souvent ce mal.

BUV

BUVEAU. s. m. Instrument qui ressemble à une équerre, mais dont les branches se ferment & s'ouvrent comme on veut, pour prendre & tracer des angles de toutes sortes, au lieu que les branches de l'équerre sont immobiles, & à droite ligne; ce qui n'est pas dans le Buveau, qui les a quelquefois bombées & d'une forme ronde. Quelquefois aussi l'une est droite & l'autre bombée. D'autres fois ces branches sont courbées ou creuses en dedans, & d'autres fois il n'y en a qu'une qui soit courbée & creuse, ou même la moitié d'une. On l'appelle aussi *Beveau*.

BUY

BUY. adj. Vieux mot. Vuide.

BUYE. s. f. Vieux mot. Cruche ou vaisseau à mettre de l'eau. On dit aussi *Buire*.

C

CAA

AAOBETINGA. f. f. Petite herbe qui se trouve au Bresil, & dont les feuilles, qu'elle jette en petit nombre de la racine même, sont blanchâtres par dessous & vertes par dessus. Elle porte de petites fleurs comme noisettes, & ses racines & ses feuilles pilées servent à consolider les playes. Si on met les feuilles entieres sur les blessures, elles s'y attachent fortement.

CAAROBA. f. f. Arbre fort commun dans les Indes Occidentales, dont les feuilles quelque peu mâchées guerissent les pustules de verole si on les applique dessus. On tient que le bois de l'arbre a la même vertu contre cette maladie, qu'a la racine de la Chine. On emploie ses fleurs à composer une conserve pour le même usage.

CAB

CABALE. f. f. Science secrette que les Hebreux prétendent avoir par tradition & revelation divine, & par laquelle ils expliquent tous les misteres de l'ancienne Loi, les secrets du nom ineffable de Dieu, les Hierarchies celestes, la science des Nombres, &c. On la divise ordinairement en quatre sortes de classes, qui sont autant de differentes manieres d'expliquer l'Hebreu. La premiere, explique toutes choses par les nombres. La seconde, est la maniere de feindre toutes les lettres d'un mot comme autant de capitales, comme nous voyons les quatre lettres du titre de la Croix J. N. R. J. La troisiéme, consiste à changer l'ordre des lettres des mots, & la quatriéme, à ôter certaines lettres pour en substituer d'autres, & expliquer des misteres inconnus. Les Cabalistes divisent encore leur science en Theoretique & en pratique. La premiere n'est autre chose que la speculation & la recherche de ces misteres : & l'autre comprend les Talismans, la connoissance des Astres, la pierre philosophale, & peut-être la Magie, dans laquelle tombent plusieurs Juifs entêtés de Cabale, lorsqu'ils abusent du nom de Dieu & des Anges pour faire des choses qui passent le pouvoir de la nature. L'origine de la Cabale paroît venir de la philosophie de Pythagore & de Platon, compilée avec le Judaïsme, par quelques Juifs qui ont répandu sur le tout une infinité de rêveries où la superstition & l'oisiveté les ont plongés. Ces superstitions cabalistiques trouvoient aisément du credit chés les Heretiques des premiers siecles, dont les Valentiniens, & les Basilidiens étoient du nombre. On voit encore des Agathes de ces derniers avec des medailles gravées de figures hieroglifiques, qui ont beaucoup de rapport aux Talismans des Juifs. Il y a aussi de leur façon de ces figures, appellées *Amuletum* en Latin, que l'on estimoit un remede préservatif contre toutes sortes de maux, mais particulierement contre les enchantemens, en l'attachant au cou des enfans, & même des animaux. Le mot de Cabale est tiré de l'Hebreu *Kibbel*, qui veut dire, *Traditions*; de sorte qu'on peut dire en general des Cabalistes, que ce sont gens qui se sont principalement attachés à la tradition des Anciens, ou plûtôt à la secrette & obscure science des Juifs.

CABANE. f. f. Terme de Marine. Petit logement de planches pratiqué à l'arriere ou le long des côtés d'un Vaisseau, pour coucher les Pilotes & autres Officiers. Ce petit réduit est long de six piés, & large de deux & demi; & comme il n'en a que trois de hauteur, on n'y peut être debout.

On appelle aussi, *Cabane*, un Bateau couvert & à fond plat, avec lequel on navige sur la riviere de Loire. M. Ménage dit, que ce mot vient de *Capanna*, dont les Italiens se servent, pour signifier une logette couverte de chaume, & qu'ils ont pris du Grec καπάνη, qui veut dire *Creche*.

Les Bateliers appellent aussi *Cabane*, des cerceaux pliés en forme d'arc, & couverts d'une toile que l'on nomme *Banne*.

On appelle *Cabane de Berger*, Une maniere de petite chambre faite de planches, que l'on fait aller d'un lieu à l'autre par le moyen de quatre roulettes qui la soûtiennent.

CABASSER. v. a. Vieux mot, du Grec κάϐαξ, que Suidas a employé, pour dire, Celui qui trompe par ses finesses.

Journellement chacun son cas pourchasse,
Noises y sont, on y trompe & cabasse.

CABARET. f. m. Petite plante, qui croît dans des lieux montagneux couverts de bois, auprès des Noisetiers; & qui, quoiqu'elle soit toûjours verdoyante, ne laisse pas de jetter au Printems de nouvelles feuilles avec de petites fleurs. Voyez ASARUM.

CABASSET. f. m. Vieux mot qui signifioit autrefois Casque, & que Borel dérive de l'Hebreu *Coba*, qui veut dire la même chose. C'est delà, dit-il, que vient *Cabas*, qui est un panier de jonc où l'on met des figues, parce qu'il a la même figure, & est fait comme une coëffe. Il peut aussi venir de *Cab*, qui signifie *Tête* en Languedoc; d'où l'on a dit *Cabessal*, qui est un torchon qu'on met sur sa tête, pour soûtenir les fardeaux que l'on y porte. Il y a grande apparence que tous ces mots viennent de *Caput*, qui veut dire *Tête* en Latin, & qui a fait le mot de *Cabeça* Espagnol, pour signifier la même chose.

CABAT. f. m. Vieux mot qui signifioit une certaine mesure de blé. Il vient du Grec κάϐος, qui veut dire la même chose, & qu'Hesychius explique aussi pour une mesure de vin.

CABESTAN. f. m. Terme de Marine. Machine de bois reliée de fer, faite en forme d'essieu ou de pivot posé perpendiculairement sur le pont d'un Vaisseau, & que des barres de bois passées en travers par le haut de l'essieu, font tourner en rond. Ces barres étant conduites à force de bras, font rouler autour de cet essieu un cable, au bout duquel sont attachés les gros fardeaux qu'on veut enlever. L'usage ordinaire du Cabestan est de tirer l'ancre du fond de la mer pour la remettre en la place qui lui est destinée dans le Vaisseau.

On appelle *Cabestan double*, Celui où l'on peut doubler les forces pour travailler; ce qu'on fait en mettant des gens sur les deux ponts pour les faire virer. Il est posé sur le premier pont entre le grand mât & l'écoutille des vivres vers l'artimon, & s'éleve jusqu'à quatre ou cinq piés de hauteur au-dessus du second pont. C'est sur ce second pont qu'est posé le Cabestan simple, entre la grande écoutille & l'écoutille de la fosse aux cables. Il sert à faire isser les mâts des hunes & les grandes voiles, où l'on n'a pas besoin de tant de forces qu'il en faut pour élever les ancres.

On appelle *Cabestan à l'Angloise*, Celui où l'on n'emploie que des demi-barres, & qui à cause de cela n'est percé qu'à moitié. Il est plus renflé que les Cabestans ordinaires. Il y a aussi un *Cabestan volant*. C'est celui qu'on peut transporter d'un lieu à un autre. On dit *Virer au Cabestan, pousser au Cabestan*, pour dire Faire jouer le Cabestan.

On dit aussi, *Envoyer les Pages au Cabestan*, pour dire, Ordonner que les garçons du Vaisseau qui ont commis quelque faute, aillent au lieu où ils doivent être châtiés.

CABILLE. s. f. Troupe, ou maniere de Tribu, comme parmi les Bangebres & les Beduins dans l'Arabie, & parmi les Arabes, qui vivent par Cabilles, c'est-à-dire, par tribus, par troupes.

CABILLOTS. s. m. p. Terme de Marine. Petits bouts de bois qu'on met au bout de plusieurs herses qui tiennent aux grands haubans. Leur usage est de tenir certaines poulies du vaisseau. On appelle aussi *Cabillots*, de petites chevilles de bois qui tiennent aux chouquets avec une ligne, & qui servent à tenir la balancine de vergue de hune, quand les perroquets sont serrés.

CABINET. s. m. Ce mot dans son usage ordinaire se prend ou pour une armoire à serrer tout ce qu'on veut, ou pour une petite piece d'un appartement dont on se sert à plusieurs usages. On appelle *Cabinet de tableaux*, une piece ornée de tableaux de bons maîtres qui y sont rangés avec symmetrie, & accompagnés de plusieurs curiosités, bustes, & figures de bronze & de marbre. Cette piece est toûjours au bout d'un appartement, & il y en a quelquefois plusieurs de suite qu'on appelle toutes ensemble *Cabinet* ou *galerie*. *Cabinet de glaces*, est un Cabinet, qui a pour ornement principal un lambris de revêtement fait de miroirs qui multiplient les objets en réfléchissant, & augmentent la lumiere. *Cabinet de marqueterie*, n'est qu'une armoire en maniere de buffet que l'on met pour ornement dans les beaux appartemens. Ces sortes de Cabinets ont une décoration d'Architecture, étant faits avec colomnes, pilastres, termes & semblables ornemens de bois de differentes couleurs, de pierres de rapport, lapis, Agathes & autres.

Les jardins ont aussi leurs Cabinets, mais ce qu'on appelle proprement *Cabinet de jardin*, est un petit bâtiment isolé en forme de pavillon. Il doit être ouvert de tous côtés, & c'est où l'on se retire pour prendre le frais. On appelle *Cabinet de treillage*, un petit Berceau quarré, rond ou à pans, composé de barreaux de fer maillé d'échalas, & couvert de chevrefeuille; & *Cabinet de verdure*, une autre maniere de Berceau qui n'est fait que par des branches d'arbres entrelassées les unes dans les autres.

Cabinet d'orgues. Petite orgue portative. C'est une espece de positif composé, dont le nombre des jeux est reglé par la volonté du maître.

CABLE. s. m. Grosse corde faite de trois hansieres dont chacune a trois tourons. Il sert à tenir un Vaisseau en rade ou en quelque autre lieu. On appelle aussi *Cable*, les Cordes qui servent à remonter les bateaux, & à élever de gros fardeaux dans les bâtimens par le moyen des poulies. Il y a ordinairement quatre Cables dans les grands Vaisseaux, & le plus gros s'appelle *Maître Cable*. Ce *maître Cable* étant long de six-vingts brasses, cela est cause que le mot de *Cable* se prend aussi pour cette mesure; de sorte que quand on dit qu'*On mouilla à deux, à trois cables d'un autre Vaisseau*, on veut dire à deux cens quarante, ou à trois cens soixante brasses de ce Vaisseau. On dit *Couper, tailler le Cable*, pour dire, Le couper à coups de hache sur l'écubier, & abandonner l'ancre afin de mettre plus vîte à la voile, soit pour éviter d'être surpris du gros tems, soit dans le dessein de chasser sur l'ennemi. On dit *Bitter le Cable*, pour dire, Le rouler & l'arrêter autour des bittes. *Lover au Cable*, C'est le mettre en rond en maniere de cerceau, pour le tenir prêt à le filer & en donner ce qu'il faut pour la commodité du mouillage. On dit aussi, *Donner le Cable à un Vaisseau*, pour dire, Secourir un Vaisseau qui est incommodé ou pesant à la voile, ce qu'on fait en le touant, ou en le remorquant par l'arriere d'un autre Vaisseau. On dit encore, que *Les Cables ont un demi-tour ou un tour*, lorsqu'un Vaisseau qui est mouillé & affourché a fait un tour ou deux, en obéissant au vent ou au courant de la mer, en sorte qu'il ait croisé ou cordonné près des écubiers le cables qui les tiennent. On dit encore, qu'*Un Cable apique*, lorsque le Vaisseau approchant de l'ancre qui est mouillée, le Cable commence à se roidir, pour être à pic, c'est-à-dire, perpendiculaire.

CABLE', E'E. adj. Terme de Blason. Il se dit d'une croix faite de cordes ou de Cables tortillés. Le mot de *Cable*, selon Nicod, vient de l'Hebreu *Chebel*, ou de son pluriel *Chebalim*, qui veut dire, corde. Du Cange, le dérive de l'Arabe *Habl*, qui veut dire aussi Corde, ou de *Habala* Lier. D'autres le font venir de *Capulum*, que M. Ménage croit avoir été dit pour *Cabulum*, venu du Grec κάμιλος *Funis*, Corde, *quod eo indomita jumenta comprehendantur*.

CABLEAU. s. m. Quelques-uns se servent de ce mot pour dire le diminutif d'un cable, c'est-à-dire, la corde qui sert ordinairement d'amarre à la Chaloupe d'un Vaisseau.

CABLER. v. a. Terme de Cordier. Assembler plusieurs fils & les tortiller afin de n'en faire qu'une corde. *Cabler de la ficelle*.

CABOCHE. s. f. Vieux clou à tête, tel que ceux qu'on tire des piés des chevaux quand ils sont usés, & qu'ils ne peuvent plus servir. C'est aussi cette sorte de petit clou à tête que les Porteurs de chaise font mettre sous leurs souliers, afin que cela les empêche de glisser en marchant sur le pavé.

CABOCHIENS. s. m. On nomma ainsi certains Mutins de Paris, du tems de Charles VI. du nom d'un Boucher appellé *Caboche*, qui étoit leur chef. On les appella aussi *Caboches*.

CABOCHON. s. m. Terme de Jouaillier. Pierre précieuse qui n'est que polie, & qu'on a encore laissée telle qu'elle étoit quand on l'a trouvée, c'est-à-dire, à laquelle on a seulement ôté ce qu'elle avoit de brut, sans lui avoir donné aucune figure particuliere. On dit sur-tout, *Rubis Cabochon*.

CABOTER. v. n. Aller de port en port, naviger le long des côtes.

CABRE. ſ. f. On appelle *Cabres*, en termes de Marine, de gros Boutons ronds, joints par le haut, & poſés proche les apoſtis aux extrêmités du côté d'une Galere.

CABRER. v. n. Terme de Manége. On dit, *Faire cabrer un cheval*, pour dire, Faire qu'un cheval ſe leve tout haut ſur les piés de derriere, comme s'il alloit ſe renverſer. Cela arrive aux chevaux fougueux ou vicieux quand on leur tire trop la bride.

CABRIL. ſ. m. Le petit d'une Chévre. Quelques-uns donnent auſſi ce nom à un jeune Chevreau.

CABRIONS. ſ. m. p. Pieces de bois qu'on met derriere les affûts des canons quand la mer eſt groſſe, afin d'empêcher qu'ils ne briſent leurs bragues & leurs palans.

CABRON. ſ. m. Peau d'une jeune Chévre ou d'un Cabril. Ce cuir eſt propre à faire des gans.

CABUIA. ſ. m. Herbe qui croît aux Indes Occidentales dans la Province de Panama. Ses feuilles reſſemblent au chardon ou à l'Iris, quoique plus larges, plus épaiſſes & plus vertes. Les Sauvages font des cordes de cette herbe, & du filet aſſés beau & fort. Ils la font rouir ſous l'eau des ruiſſeaux pendant quelques jours, & l'ayant fait enſuite ſecher au Soleil, ils la froiſſent avec un bâton juſqu'à ce qu'il n'y demeure que le ſeul brin, comme au lin, après quoi ils le filent ou tordent en corde. Ces filets ſont ſi forts, qu'en les tirant & retirant, ainſi qu'une ſcie, ſur des chaînes de fer, ils viennent à bout de les couper; ils mettent ſeulement du ſable fort fin deſſus.

C A C

CACALIA. ſ. f. Sorte d'herbe qui croît aux montagnes, & que Dioſcoride dit produire de grandes feuilles blanches, du milieu deſquelles ſort une tige droite & blanche, qui porte une fleur ſemblable à celle du Rouvre ou de l'Olivier. Il rapporte les proprietés de cette herbe, dont Galien parle ſous le nom de Cancanum. Quelques-uns l'appellent *Leontica*. Pline dit que c'eſt une graine qui reſſemble à de petites perles, & qui ſe trouve dans les montagnes parmi de grandes feuilles. Matthiole avoue qu'il n'en a jamais vû, quoiqu'il l'ait fort ſouvent cherchée dans les lieux où elle doit croître.

CACAOYER. ſ. m. Arbre qui croît dans les Indes Occidentales & qui produit la ſemence dont on fait le Chocolat, & que les Eſpagnols nomment *Cacao*. Cet arbre eſt de la hauteur d'un Ceriſier, & en approche pour la reſſemblance. Son fruit eſt une certaine gouſſe qui croît en ſon tronc de la groſſeur d'un concombre, & qui eſt fait de la même ſorte, ſi ce n'eſt qu'il commence & finit en pointe. Le dedans de cette gouſſe, qui a un demi-doigt d'épaiſſeur, forme un tiſſu de fibres blanches & fort ſucculentes, un peu acide, & fort bon à étancher la ſoif. Dans le milieu de ces fibres ſont dix ou douze & juſqu'à quatorze grains, gros comme le pouce. Leur couleur eſt violette, & ils ſont ſecs comme un gland de chêne. Il y a une petite écorce qui couvre ce grain, & lorſqu'il eſt ouvert, il n'eſt pas comme les amandes qui ſe ſéparent en deux. Il ſe diviſe en cinq ou ſix petites pieces qui ſont jointes enſemble inégalement. Au milieu de ces pieces ſe trouve un petit pignon qui a le germe fort tendre & fort difficile à conſerver; & c'eſt de cette ſemence que les Eſpagnols font le Chocolat. Le commerce qu'ils en font eſt ſi conſiderable, qu'il y en a qui tirent plus de vingt mille écus tous les ans d'un ſeul jardin planté de ces arbres. Quand ils veulent avoir de la ſemence pour les produire, ils laiſſent mûrir & ſecher parfaitement les gouſſes qui la contiennent, & qui étant vertes en croiſſant deviennent jaunes quand elles mûriſſent; après quoi ils ôtent la ſemence de ces gouſſes, & la font ſecher à l'ombre avec un grand ſoin. Lorſqu'elle eſt ſeche, ils préparent un carreau de terre, & y plantent les grains de Cacao diſtans un peu l'un de l'autre. Comme l'ardeur du Soleil leur pourroit nuire, ils entourent & couvrent de palmiſtes ce carreau de terre pendant le jour, & le laiſſent découvert pendant la nuit, afin que la roſée humecte la terre. Ils continuent d'en uſer ainſi juſqu'à ce que cette ſemence ait produit de petits arbres de la hauteur de deux piés. Pendant qu'ils parviennent à cette hauteur, on prépare un autre lieu au bord de quelque riviere dans un pays plat & humide, pour y tranſplanter ces arbres. Non ſeulement la terre en doit être bonne, mais il faut auſſi qu'elle ſoit un peu mêlée de ſable. Ce lieu étant préparé de cette ſorte, on y plante des rangées de Bananiers, à la même diſtance l'une de l'autre qu'on veut qu'il y ait entre chaque Cacaoyer. Ces Bananiers n'ont pas plûtôt pris racine, qu'on plante un arbre de Cacao au pié de chacun, & cela ſe fait afin d'empêcher l'ardeur du Soleil de nuire à ces petits arbres, qui étant trop tendres & trop délicats pour la ſouffrir, en ſont préſervés par l'ombre que jettent les Bananiers. Lorſqu'ils ont la groſſeur du bras ou environ, ce qui arrive au plûtard deux ans après qu'on les a plantés, on arrache tous les Bananiers, pour laiſſer les Cacaoyers ſeuls, & ils rapportent ordinairement du fruit deux fois l'année, ſçavoir dans le mois de Mars & dans le mois de Septembre. Les Eſpagnols font un grand commerce de cette ſemence de Cacao, qui eſt ſi précieuſe, qu'on s'en ſert au lieu de monnoye en pluſieurs endroits de l'Amerique. On en donne douze à quatorze grains pour une Reale d'Eſpagne.

CACHE. ſ. f. Lieu où l'on met les choſes que l'on ne veut point que l'on trouve. Les Serruriers appellent *Cache-entrée d'une ſerrure*, Une petite piece de fer qui couvre l'entrée.

CACHIER. v. a. Vieux mot. Chaſſer.

CACHOU. ſ. m. Suc d'un arbre des Indes que ceux du Breſil appellent Bajous, & qui eſt grand comme un grenadier. Sa feuille eſt d'un verd clair & ſa fleur blanche & preſque ſemblable à celle de l'Oranger. Le fruit qu'il porte a le même nom que l'arbre, & la proprieté qu'il a d'être bon à l'eſtomac le fait eſtimer. Il eſt fort jaune, de bonne ſenteur, ſpongieux au-dedans, plein d'un ſuc douceâtre & aſtringent, & a la forme d'une groſſe pomme. Il croît deux fois en un an au Royaume de Cochin, & ce n'eſt que dans les jardins qu'on le cultive. On coupe le bois de cet arbre en petits morceaux que l'on fait bouillir, & l'eau dans laquelle bout ce bois s'étant épaiſſie, forme une eſpece de gomme qu'on ſeche & qu'on envoie en Europe. On l'y met en petits grains après y avoir mêlé du muſc & de l'ambre, & c'eſt ce qu'on appelle *Cachou*. Ces grains ſervent à parfumer l'haleine. Quant au vrai Cachou, il eſt bon pour les dents & l'eſtomac.

CACHRYS. ſ. m. Fruit d'une certaine eſpece de Romarin, ſelon Dioſcoride. Les Grecs l'appellent indifferemment κάχρυς & κάγχρυς. Il a une vertu chaude & deſſicative, ce qui le fait employer aux médicamens abſterſifs. On l'applique ſur le front contre les fluxions des yeux, mais il faut l'ôter le troiſiéme jour. Matthiole dit que *Cachrys* ne ſignifie pas ſeulement la graine de Romarin, mais auſſi les chatons des arbres qui ne peuvent être appellés proprement ni feuilles ni fleurs, & qui toutefois précedent le fruit, & tombent quand il vient, comme on le peut voir aux Coudres & aux Noisettiers, qui ont des chattons semblables au poivre noir, aux Noyers & aux Chênes.

CACIQUE. s. m. Nom general que donnent les Espagnols à tous les Princes & Seigneurs de toutes les terres de l'Amerique. Les Chefs des Tartares vagabonds s'appellent aussi *Caciques*.

CACOZELE. s. m. Terme dont on s'est servi pour signifier, un Zele indiscret & hors de saison. Il n'est plus guere en usage. Il vient du Grec κακὸς, Méchant, & de ζῆλος, qui outre Emulation & jalousie, veut dire, Une affection ardente pour ce qui regarde le culte divin.

CACUMINE. s. m. Vieux mot. Sommité, du Latin *Cacumen*.

Cantharides faulce vermine
Habitent en la cacumine
Des frênes dessus la prairie.

CAD

CADASTRE. s. m. Registre public où l'on écrit ce que chacun doit pour sa taille dans les Provinces où elle est réelle. Ragueau le dérive de *Capitularium*, comme si on avoit dû appeller ce livre *Capdastre*. M. Ménage le fait venir de *Catasto*, mot Italien, & de *avattare*, qui doit avoir été fait de *ad* & de *quotus*, parce qu'il sert à quotiser. Borel dit qu'il vient de *Cadun*, qui veut dire, Chacun en Languedoc, qui est le *Cada uno* des Espagnols, parce que c'est la quotité de chacun. Il fait remarquer qu'anciennement la taille & les Cadastres ne s'écrivoient que sur des verges ou pieces de bois marquées avec un couteau, comme les tailles qu'on fait aujourd'hui avec les Boulangers & les Cabaretiers, qui sont deux morceaux de bois divisés également. L'Acheteur & le Vendeur gardent chacun une de ces pieces, & ils les rassemblent quand ils y veulent faire de nouvelles marques. Comme cela est entaillé avec un couteau, on l'appelle Taille. Il ajoûte qu'en certains Villages de Languedoc il y a encore de grosses pieces de bois appellées *Songs*, c'est-à-dire, Souches, qui servent de Cadastres, & qu'il a fallu une charrette pour les porter à Montpellier, à cause de quelques procès intentés à la Chambre des Comptes.

CADEAU. s. m. Grand trait de plume & hardi que font les Maîtres Ecrivains pour servir d'ornement aux exemples qu'ils donnent à leurs Ecoliers. On le dit aussi des figures qu'on forme quelquefois en badinant avec une baguette sur des cendres ou sur du sable. M. Ménage fait venir ce mot de *Catillum*, qu'on a fait de *Catena*, Chaine. Il y en a qui le dérivent de *Caducée*, à cause qu'on se sert d'une baguette pour faire des traits sur le sable.

CADELER. v. a. Vieux mot. Conduire. Il s'est dit des Baillis & Sénéchaux qui conduisoient les Troupes de leurs Sénéchaussées.

Et mande à Alexandre qu'il cadele les gris.

On a dit aussi *Chadeler*.

La vertu de Dieu les chadele & guie.

CADENAS. s. m. Espece de serrure portative qu'on applique à des portes, à des coffres, à des valises & à d'autres choses. Elle est enfermée dans des boules ou plaques de fer, & a un anneau par lequel on peut l'accrocher dans d'autres anneaux ou chaines de fer; ce qui fait voir que ce mot vient de *Catenacium*, ou de l'Italien *Catenaccio*, Petite chaine. Il y en a qui écrivent *Cadenat*. On fait des cadenas en rond, en cœur, en triangle & en écusson. On en fait aussi de plats, de quarrés, en forme de gland & en balustre. Les ronds sont les plus communs.

Cadenas, est aussi une espece de coffret d'or ou de vermeil doré, où l'on met la cueiller, la fourchette & le couteau, & que l'on sert à la table du Roi, des Princes & des Ducs & Pairs. L'un des côtés en est retroussé & élevé de deux doigts, & il y a un couvercle qui sert à mettre du sel, du sucre & du poivre.

CADENCE. s. f. Terme de Musique. Il se dit d'une espece de conclusion de chant qui se fait de toutes les parties ensemble en divers endroits de chaque Piece. Toute cadence se fait en deux tems. On appelle *Cadence parfaite*, celle dont le premier tems est une quinte ou une tierce majeure, & le second une octave ou un Unisson, le Dessus procedant par degrés conjoints, & la Basse descendant par une Quinte. Comme elle contente mieux l'oreille que les autres, cela lui a fait donner le nom de *Parfaite*. On s'en sert principalement sur la fin de la Piece. Il y a une autre espece de *Cadence parfaite*, qui l'est pourtant moins que cette premiere. C'est quand le premier tems est une Sixte majeure, & le second une Octave, les deux parties procedant par degrés conjoints & par mouvement contraire. On l'emploie fort rarement pour finir tout-à-fait la Piece. La *Cadence imparfaite*, appellée ainsi à cause que l'oreille, au lieu d'acquiescer à cette sorte de conclusion, attend encore que l'on continue le chant, est quand son dernier tems n'est pas à l'Octave ni à l'Unisson, mais à la Sixte ou à la Tierce; ce qui se fait quand la Basse, au lieu de descendre par la Quinte, ne se fait que par la Tierce, ou quand en descendant par la Quinte, ou en montant par la Quarte, elle fait avec le Dessus une Octave au premier tems, & une Tierce majeure au second. On appelle *Cadence rompue*, quand la Basse monte d'une seconde, mineure ou majeure, au lieu de descendre à la Quinte, où l'oreille l'attend; & *Cadence suspendue*, quand les deux parties demeurent à la Quinte sans achever la cadence.

Cadence, se dit aussi en termes de danse, lorsqu'en dansant, les pas & mouvemens du corps suivent les notes & les mesures des Instrumens, de sorte que la Cadence est la fin d'un tems ou d'une mesure. Ainsi on dit, *Entrer en cadence*, *sortir de cadence*, pour dire, Suivre, ou ne pas suivre les mouvemens marqués par le violon. *Cadence* vient du Latin *Cadere*, Cheoir.

Cadence. Terme de Manége. Proportion & mesure égale qu'un cheval dressé doit garder dans tous ses mouvemens, lorsqu'il manie avec justesse au galop, ou terre à terre & dans les airs. Ainsi on dit qu'*Un cheval manie toûjours la même cadence*, *qu'il suit sa cadence*, *entretient sa cadence*, *n'interrompt point sa cadence*, *ne change point sa cadence*, pour dire qu'il observe regulierement son terrain, en sorte qu'un de ses tems n'en embrasse pas plus que l'autre, & que ses mouvemens se soûtiennent toûjours également.

CADENE. s. f. On appelle en termes de mer, *Cadene de hauban*, Une chaine de fer au bout de laquelle on met un cap de mouton pour servir à rider les haubans.

CADI. s. Nom qu'on donne aux Juges parmi les Turcs.

CADIS. s. m. C'est une non valeur des droits du Roi par l'insolvabilité des cottises ou la faculté des Receveurs.

CADMIE, ou *Calamine*. Il y en a de deux sortes, la

la naturelle & l'artificielle. La Cadmie naturelle, que les Allemans appellent *Pierre Calaminaire*, est une pierre fort peu dure, de couleur jaunâtre, & qui rend une fumée jaune quand on la brûle. Elle fond facilement avec l'airain, auquel les Fondeurs l'ajoûtent pour en faire le laiton. On la trouve en Allemagne & en Italie proche les mines de plomb. Il semble par là qu'elle doive tenir du métal, quoiqu'elle en soit tout-à-fait exempte. Cette sorte de Cadmie est appellée *Cobaltum*. Elle a une qualité si corrosive, qu'elle ronge les piés & les mains de ceux qui travaillent dans les mines. Pline dit que la Calamine, qui est la pierre minerale dont se fait le bronze, n'est utile qu'aux Forgerons, & n'est d'aucun usage pour la Medecine que lorsque de naturelle qu'elle étoit, elle est devenue artificielle. Galien est d'un avis contraire, & croit qu'on s'en peut servir au défaut de l'autre; ce qui s'entend de celle qui est bien & dûement préparée. La Cadmie ou Calamine artificielle se fait des étincelles & vapeurs du bronze lorsqu'il est dans les fournaises où on le fond. Il y en a de huit sortes, la *Capnite*, qui est la plus subtile, & qui se forme à la bouche de la fournaise par où sort la flâme. La *Botryte*, qui s'attache aux voutes, en forme de grappe de raisin, est plus pesante que la Capnite, & il y en a de deux couleurs. La cendrée est la moindre. La rouge est la plus propre au mal des yeux. La troisiéme s'attache aux murailles des fournaises, n'ayant pû monter à cause de sa pesanteur. On l'appelle *Placite* ou *Placodes*, à cause qu'elle a une croûte épaisse. Dioscoride dit qu'elle est environnée de certains cercles qui lui servent presque de ceinture, d'où elle a pris aussi le nom de *Zonite*. L'*Onychite* est toute bleue, ayant au-dedans certaines marques comme la Cassidoine. L'*Ostracite*, quoique la plus crasseuse & la moins purifiée de toutes, ne laisse pas d'être fort bonne à guerir des playes. La *Calamite*, appellée ainsi de la ressemblance qu'elle a avec les roseaux, se prend autour des perches de fer, avec lesquelles on remue la matiere de bronze qui est dans la fournaise. Le *Pompholix*, ou vraie Tuthie, & le *Spode*, ou Tuthie imparfaite, sont les deux sortes de Cadmie ou de Calamine artificielle, qui sont le plus en usage & les plus communes dans les Boutiques des Apothicaires. Voyez POMPHOLIX & SPODIUM.

CADOLE. s. m. Loquet d'une porte, qui est une petite piece de fer aussi longue que le pêne, à l'exception qu'il n'y a point de barbe. Ce loquet se met sous l'entrée de la clef, & il est piqué dans le bord du Palastre, pour se hausser & pour se baisser dans un mantonnet posé à la feuillure de la porte, lequel se ferme quand on la tire, & s'ouvre par dehors avec un bouton ou une coquille, & par le dedans avec la queue du bouton.

CADRAN. s. m. Horloge, qui fait connoître les heures par le moyen de l'ombre d'un stile. Voyez QUADRAN. Ce mot signifie aussi par extention la décoration exterieure d'une horloge avec des ornemens d'architecture, de sculpture, ou de peinture. On appelle *Cadran anemonique*, celui qui marque le vent qui souffle, (Voyez ANEMOSCOPE) & *Cadran hydraulique* celui qui fait connoître les heures par le mouvement de l'eau. Voyez HYDRAULIQUE.

Cadran, est aussi un terme de Lapidaire, & signifie, Une maniere d'étau ou de main de fer qui sert à tenir les diamans quand on les taille, afin de changer leur situation selon les differentes faces qu'on leur veut donner. Quant aux autres pierres fines, on se sert d'un Cadran de bois pour les tenir sur la roue quand on les taille; ce qui se fait en tournant un moulin qui fait agir une roue de cuivre, pendant que de l'autre main on forme la pierre mastiquée ou encimentée sur un bâton qui se joint dans l'instrument de bois, appellé *Cadran* ou *quadrant*, à cause qu'il est composé de plusieurs pieces qui quadrent ensemble, & se meuvent avec des vis, qui en faisant tourner le bâton forment les differentes figures qu'on veut que la pierre prenne.

CADRE. s. m. Bordure quarrée qui enferme un tableau, un bas relief, un panneau de compartiment. On appelle aussi *Cadres*, mais abusivement, Les bordures rondes & ovales. *Cadre de cheminée*, est la partie du manteau d'une cheminée, où l'on peut mettre un tableau. On appelle *Cadres de platfond*, Des renfoncemens causés par les intervalles quarrés des poutres dans les platfonds qui sont lambrissés avec de la sculpture, de la peinture & de la dorure. *Le Cadre de Maçonnerie*, est une maniere de bordure de pierre, qui dans les compartimens des murs de face & les platsfonds renferme des tables; & l'on appelle *Cadre de Charpente*, l'Assemblage quarré de quatre grosses pieces de bois, qui en faisant l'ouverture de l'enfoncement d'une lanterne, donne du jour dans un sallon ou un escalier. Le *Cadre à double parement*, est celui dont le profil est different ou semblable devant & derriere une porte à placard.

On appelle *Cadre*, en termes de mer, Un quarré fait de quatre pieces de bois mediocrement grosses, mises en quarré long, & entrelassées de petites cordes. Il sert à y mettre un matelas sur lequel on se couche.

C Æ C

CÆCALE. adj. Terme de Medecine. On appelle *Veine cæcale*, le Vaisseau qui sortant du rameau mesenterique, va à l'intestin appellé *Cæcum*.

C A F

CAFFE'. s. m. Plante qui croît abondamment dans le Royaume d'Yemen, qui fait partie de l'Arabie Heureuse. Il y a des Auteurs qui tiennent qu'elle croît aussi aux environs de la Mecque. Ses feuilles approchent assés de celles du Cerisier, & encore davantage de celles de l'Evonime, qu'on nomme autrement Fusin ou Bonnet de Prêtre. Elles sont pourtant plus dures & plus épaisses, & demeurent toûjours vertes. La tige de cette plante est faite à peu près comme celles de nos Féves domestiques. Son fruit, qui est presque du goût & de la consistance de nos Féverolles, est renfermé au nombre de deux grains dans une petite espece de gousse. Cette plante est appellée par les Egyptiens *Elkarie*, & par les Arabes, *Cachua*; & il y a beaucoup d'apparence que c'est par cette raison qu'ils ont donné le nom de *Caova* à sa teinture, qui est leur plus ordinaire & leur plus délicieuse boisson. Cette teinture a pourtant été plus generalement appellée *Caphé* ou *Caffé*, & c'est un nom qu'on donne aussi aujourd'hui indistinctement à sa drogue. Les Turcs l'appellent ordinairement *Cahué*. Quant à la graine qu'il porte, elle a tant de solidité, qu'on ne peut ni l'amollir ni la cuire, soit en la faisant tremper, soit en la faisant bouillir dans de l'eau; de sorte que s'il étoit possible de tirer de toute sa substance une espece d'aliment, il seroit beaucoup plus pesant & plus indigeste que les ragoûts qu'on peut faire avec nos Féves. Le Caffé, qui est insipide lorsqu'il est encore en graine, ne laisse pas d'avoir beaucoup d'amertume & d'astriction après qu'on l'a préparé. Il faut pour cela que la graine qu'on choisit soit fort nette, c'est-à-dire, sans aucune addition de corps étrangers, & qu'elle soit aussi nouvelle qu'on la peut avoir, de quoi on est suffisamment assûré, si elle est bien entiere & bien odorante, & si elle a un œil grisâtre. Il est aisé de connoître si elle est surannée, en ce qu'elle a ordinairement quelques grains vermoulus; & qu'outre qu'elle ne sent presque rien, elle est encore, ou trop brune, ou trop blanche. La torrefaction de cette graine se fait pour la plûpart en la mettant sur un feu de charbon dans une terrine de terre vernissée, & on la remue continuellement avec un instrument de fer jusqu'à ce qu'elle soit à demi-brûlée ou à peu près, ce qui lui donne une couleur tannée fort obscure. Alors on la tire du feu, & on la prépare en poudre, dont on met une cueillerée sur trois tasses d'eau. Il ne faut mettre cette poudre dans la Caffetiere que quand l'eau commence à bouillir, & il faut empêcher que l'écume qui monte incontinent après ce premier bouillon, ne se répande hors de la Caffetiere, à quoi on remedie en la tenant bien bouchée, & en la remuant de moment à autre; ce qui sert à faire rentrer dans la liqueur les parties subtiles qui s'élevent pendant l'ébullition au-dessus de sa superficie. On ne doit faire bouillir cette poudre qu'environ la troisiéme partie d'un quart d'heure, à cause qu'une trop longue ébullition force toûjours quelques parties volatiles à s'échaper par les jointures du couvercle. On avale, ou plûtôt on hume ce breuvage fort chaud & à petits traits pour ne se pas brûler; & pour en adoucir le goût qui est amer & sent le brûlé, on y met du sucre & du girofle. Il est aujourd'hui si usité dans l'Europe, que dans la seule Ville de Londres, il y a plus de trois mille maisons destinées à boire du Caffé, & où tout le jour, & pendant une partie de la nuit, on voit quantité de bûveurs dans de grandes salles. Quoique le Caffé dans son effet le plus ordinaire, serve à corriger toutes sortes d'intemperies, il y a des gens qui se sentent échauffés par son usage, & d'autres qui n'en peuvent boire sans souffrir des indigestions, & se sentir universellement affoiblis. Quelques Auteurs tiennent que le Caffé est chaud, & qu'il ne convient qu'à des flegmatiques. D'autres le prétendent froid, & disent qu'il n'est bon que pour les sanguins & les bilieux : & d'autres veulent, qu'étant de qualité temperée, il soit generalement utile à toutes sortes de personnes. Ce qu'il y a de certain, c'est qu'encore qu'il y ait peu d'alimens ou de médicamens si bons que le Caffé, à le prendre en general, il se trouve indifferemment entre les bilieux, les sanguins, les pituiteux & les mélancoliques, de certaines gens à qui il est propre, & d'autres à qui il fait plûtôt du mal que du bien. Ainsi chacun doit examiner dans les premiers essais qu'il en fait, s'il n'a point des dispositions interieures & inconnues qui empêchent ce breuvage de lui être utile.

CAG

CAGE. s. f. Terme d'Architecture. Enceinte d'un bâtiment. Dans ce sens, on appelle *Cage*, le corps d'un moulin à vent, garni de ses planches & de ses poteaux. On appelle *Cage d'escalier*, les murs ou pans de bois qui l'enferment. *Cage de croisée*, est le bâti de menuiserie qui porte en avance au-dehors la fermeture de croisée, & ce qu'on appelle *Cage de clocher*, est un assemblage de charpente qu'on revêt ordinairement de plomb, & qui est compris depuis la chaise sur laquelle il pose, jusqu'au rouet ou la base de la fléche d'un clocher. Les Orfévres donnent aussi le nom de *Cage*, aux fils d'archal qui sont travaillés presque en forme de grande Cage, & où ils enferment leurs marchandises. M. Ménage fait venir ce mot de *Cavia*, qu'on a dit pour *Cavea*, Lieu où l'on enfermoit les bêtes sauvages. Ce mot a été transporté delà aux Cages où l'on enferme les oiseaux.

Cage, se dit aussi d'un treillis d'osier qu'on met devant les fenêtres en forme de jalousie, pour voir sans être vû ce qui se passe au-dehors. On donne ce même nom aux Vaisseaux d'osier ou garnis de toile qui servent de gardemanger; & l'on appelle aussi *Cages* ou *Cagerottes*, les Formes où l'on fait les petits fromages, & dont le fond qui est d'osier en laisse écouler le lait clair.

Cage, se dit encore en termes de mer d'une espece d'Echanguette qui est faite en cage à la cime du mât d'un Vaisseau. On lui donne le nom de *Hune* sur l'Ocean, & celui de *Gabie* sur la Mediterranée.

Les Horlogers appellent *Cage de montre*, les deux Platines d'une montre jointes par quatre piliers qui enferment un espace disposé à recevoir les roues & les ressorts.

CAGIER. s. m. Terme de Fauconnerie. Celui qui porte des Faucons, des Sacres, des Laniers, & autres oiseaux à vendre.

CAGNE. s. f. Vieux mot. Chienne.

CAGOUILLE. s. f. Terme de Marine. Volute qui fait un ornement au haut du bout de l'éperon d'un Vaisseau.

CAGUESANGUE. s. f. Dyssenterie, maniere de peste qui cause un flux de ventre qui ulcere & corrode les intestins, en sorte que le malade jette par les selles comme une raclure de boyaux, ce qu'il ne fait qu'avec de rudes épreintes. La matiere en est de differentes couleurs, & quelquefois c'est du sang tout pur. Ce mot n'est guere en usage que dans cette maniere d'interpretation, *La Caguesangue lui puisse venir*. Il est composé de *Cacare*, & *de Sanguis*.

CAH

CAHIERE. s. f. Vieux mot qui parmi le peuple a signifié une grande chaise à bras.

CAI

CAIC. s. m. Nom que l'on donne sur mer à l'esquif qui est destiné pour une Galere.

CAIE. s. f. Banc de sable ou de roche, couvert d'une vase épaisse ou de quantité d'herbages. Beaucoup de petits bâtimens s'y échouent, mais la plûpart s'en relevent sans danger. Quelques-uns écrivent *Cayes*, & appellent ces bancs de sable, *Roches molles*.

CAILLE. Oiseau de plumage grivelé, qui est assés commun, & fort estimé pour la cuisine en toutes sortes de pays, si ce n'est aux lieux où il y a grand nombre d'Ellebore. Les Cailles aiment à s'en nourrir; ce qui est cause que beaucoup de ceux qui en mangent en ces lieux-là, se trouvent surpris d'épilepsie, & tombent en convulsion. C'est un oiseau de passage, qui est de chaude complexion, & qui se tient dans les blés. Il est meilleur en Automne que dans une autre saison, à cause qu'il est plus gras, & la jeune Caille est plus estimée que la vieille.

CAILLEBOTTIS. s. m. Terme de Marine. Espece de treillis fait de petites pieces de bois entrelassées,

& mises à angle droit. Elles sont bordées par des hiloires,& on les place au milieu des ponts des Vaisseaux, Les Caillebotris servent non seulement à donner de l'air à l'entre-deux des ponts,mais encore à faire exhaler par ces sortes de treillis la fumée du canon qui tire sur le tillac.

CAILLOT-ROSAT. s. m. Sorte de poire assés estimée, & que quelques-uns appellent aussi *Poire d'eau rose.* Elle est grisâtre, pierreuse, un peu ronde, & d'un goût sucré.

CAIMACAN. s. m. Nom de dignité parmi les Turcs. Il y a un Caïmacan qui réside à Constantinople, & un autre qui est toûjours auprès du Grand Visir. Le Caimacan de Constantinople en est proprement que le Gouverneur, & le Caimacan du Grand Visir est son Lieutenant.

CAIMAND. s. m. Vieux mot. Gueux qui va de porte en porte.

CAINITES. s. m. Heretiques qui parurent dans le second siecle, & qui prirent leur nom de Cain qu'ils prétendoient avoir été formé par une vertu celeste, & bien plus puissante que celle par laquelle Abel l'avoit été. Ils soûtenoient que si on n'éprouvoit toutes choses en contentant sa luxure par les actions les plus infames, il étoit impossible d'être sauvé. Selon eux il y avoit un grand nombre d'Anges, qu'ils reconnoissoient sous des noms barbares, & à chacun desquels ils attribuoient un peché particulier, ce qui étoit cause que quand ils vouloient commettre quelque méchante action, ils invoquoient l'Ange qu'ils faisoient présider à cette sorte de crime. Ils se servoient d'un livre de leur façon, qui avoit pour titre *Ascension de S. Paul au Ciel.* Dans ce livre étoient contenus toutes sortes de blasphêmes, & d'impuretés abominables, comme si ce saint Apôtre les eût entendues pendant son ravissement. Ils avoient aussi un Evangile qui portoit le nom de Judas, & ils honoroient ce traître Disciple d'un culte particulier, aussi-bien que Cain, Coré, Dathan, Abiron & les Sodomites. Les Cainites sont aussi appellés *Caïans.*

CAJOLER. v. n. Quelques-uns employent ce mot pour dire, Mener un Vaisseau contre le vent dans le courant d'une riviere.

CAJOU. s. m. Fruit du Bresil où il est fort estimé pour son bon goût, & parce qu'il est utile à l'estomac. Ce fruit est comme une grosse pomme, fort jaune & odorant, spongieux au-dedans & plein de suc, sans aucuns grains & d'un goût douçâtre. On peut dire qu'il a une double naissance en une même année, puisqu'après que la fleur est flétrie, il vient une grosse féve, entre laquelle & la fleur on voit grossir quelque chose qui ressemble à une pomme, & qui attire le suc de la féve. Plus la pomme croît, plus la féve diminue jusqu'à ce que le Cajou qui est cette pomme, soit parvenu à son entiere maturité, ce qui se connoît à sa couleur jaune ou rousse, & à son odeur. La féve se cueille avec le fruit, & y demeure attachée. Elle est de la forme d'un roignon de liévre, d'une couleur cendrée, & quelquefois d'un gris de cendre rougissant. Elle a deux écorces, entre lesquelles est une matiere spongieuse, pleine d'une huile fort âpre & chaude, & au-dedans il y a un noyau blanc bon à manger, couvert d'une pellicule cendrée que l'on ôte. On dit qu'il n'y a rien de meilleur pour guerir les dartres. L'Arbre qui porte ce fruit, est aussi grand que le Grenadier; sa feuille est d'un vert clair & épaisse; sa fleur qui est blanche & presque semblable à celle de l'Oranger a plus de feuilles, & est d'une odeur moins agreable. Son bois rend une gomme qui est bonne pour les Peintres, & on se sert de son écorce à teindre le fil de coton.

CAIQUE. s. f. Petit bâteau du Levant.

CAIRE. s. f. Vieux mot. Visage.

Quand un homme est mince de Caire.

Borel le fait venir du Latin *Caro*, Chair. Les Espagnols disent *Cara*, pour dire, Visage.

CAISSE. s. f. Renfoncement quarré qui est dans chaque intervalle des modillons du platfond de la Corniche Corinthienne, & qui renferme une rose. On appelle aussi *Panneaux*, ces mêmes renfoncemens, & ils sont de differentes figures dans les compartimens des voutes & des platfonds.

On appelle *Caisses de jardin*, des Vaisseaux quarrés de bois, où l'on met des Orangers, des Jasmins, des Grenadiers, & autres Arbres, pour les transporter quand l'Hiver commence, & les mettre dans des serres.

On appelle aussi *Caisse de poulie*, dans un Navire, un Mouffle de poulie.

CAISSON. s. m. On appelle *Caissons* sur mer, les coffres qui sont attachés sur le revers de l'arriere d'un Vaisseau.

Caisson de vivres, est une maniere de grand coffre avec un couvercle qui est ferré & en d'os d'âne. On y enferme le pain de munition dont on a besoin pour la subsistance de l'armée. On se sert aussi de Caissons pour porter les munitions de l'artillerie.

On appelle *Caisson de bombes*, Une petite caisse de bois, remplie de poudre, ou de quelques bombes qu'on y enferme quelquefois jusques au nombre de six, selon l'execution que l'on medite. Comme cette Caisse est propre à être enterrée en peu de tems, on s'en sert pour chasser l'Ennemi d'un poste dont il s'est saisi nouvellement,ou dont il prétend se rendre maître. Il y a une saucisse qui répond au Caisson,& c'est par là qu'on y met le feu.

CAJUTES. s. f. Les gens de mer appellent ainsi les lits des Vaisseaux, qui sont la plûpart emboîtés autour du Navire.

CAL

CALADE. s. f. Terme de manége. Declin ou pente d'un terrain élevé, par où l'on fait descendre plusieurs fois un cheval au petit galop le devant en l'air, afin de lui apprendre à plier les hanches & à former son arrêt; ce qu'on lui enseigne en employant à propos les aides du gras des jambes, du soûtien de la bride & du caveçon. C'est la même chose que ce qu'on entend par le mot de *Passe.*

CALAF. s. m. Espece de Saule qui croît en plusieurs endroits de l'Egypte, sur-tout dans les lieux humides. Ses feuilles sont larges d'un doigt, & longues de deux, & les fleurs sortent d'entre le tronc & la tige de ces feuilles. Elles sont en très-grande quantité, blanches, cotonnées & rendent beaucoup d'odeur. On en fait une eau appellée par les Egyptiens *Machalaf.* Ils l'estiment souveraine contre toute sorte de venin, & comme elle fortifie le cœur, on tient qu'ils ont donné le nom de *Calaf* à l'Arbre, à cause que ce mot signifie Cœur en Arabe. D'autres disent qu'ils l'ont appellé ainsi, parce que son fruit a la figure d'un cœur quand il commence à paroître.

CALAMBA. s. m. Nom que donnent les Indiens à ce que les Droguistes appellent, *Lignum Aloës*, & les Portugais *Palo d'Aguila.* C'est un Arbre qui vient en fort grande quantité en Malaca, Sumatra, Camboya, & ailleurs. Il est un peu plus grand que l'Olivier auquel il ressemble. Le bois ne sent rien quand il est vert, mais à mesure qu'il seche, son odeur s'augmente. Le plus brun & le plus pesant est le meilleur, & l'on connoît sa bonté par l'huile qui en sort quand on l'approche du feu. Les Indiens qui l'emploient à embellir leurs cabinets, s'en servent principalement dans la Medecine. Ce bois, lorsqu'il est réduit en poudre, & pris dans du vin, ou dans un bouillon, fortifie l'estomac, arrête les vomissemens, & guerit la dyssenterie, & la pleuresie. Le bois que les Portugais appellent *Calamba sauvage*, ou *Aguila brava*, est moins bon que l'autre. Les Indiens s'en servent principalement aux funerailles de leurs Bramans, & en font du feu pour brûler leurs corps.

CALAMENT. s. m. Plante qui croît volontiers dans les pays chauds, où les chemins, les bois & les lieux incultes en sont remplis, aussi bien que les montagnes. Elle produit plusieurs rejettons anguleux dès sa racine, & a ses feuilles rondes, quelque peu pointues, de couleur verte, pâle, & quelquefois un peu marquetées de blanc. Ses fleurs sont plus petites que celles du Romarin, mais elles en approchent pour la couleur, & sortent de divers endroits parmi les feuilles le long de la tige. Il n'y a que la racine d'inutile dans toute cette plante, qui est d'un goût pénétrant, & a une odeur forte & aromatique. On n'emploie pourtant ordinairement que ses sommités que l'on cueille en un beau jour, & lorsqu'elles sont bien fleuries. On doit avoir soin aussitôt après de les envelopper dans du papier, & de les serrer en un lieu aëré, loin des rayons du soleil. Lorsqu'elles sont seches, il faut rejetter ce qui s'y trouve de tige, & ne reserver que les feuilles & les fleurs, que l'on met dans une boîte pour s'en servir au besoin. Le Calament des Montagnes est beaucoup meilleur que celui des plaines. Comme il est aperitif, il provoque les mois & les urines, & est d'ailleurs cephalique & splenique. Il fait mourir les vers, & si on l'applique sur les jointures, il dissipe les restes des humeurs & des douleurs causées par les goutes & autres fluxions. Dioscoride dit qu'étant brûlé & étendu par terre, il fait fuir les serpents. Il y a un autre Calament, qui s'appelle *Nepetha*, & qui a l'odeur du Poulliot. C'est celui que les Apothicaires nomment *Calamentum communis usus*.

CALAMINE. s. f. Pierre ou terre bitumineuse, qui se trouve en France & au pays de Liege, & qui donne la teinture jaune au cuivre rouge. L'alliage des métaux pour les belles statues de bronze, se fait moitié de cuivre rouge, & l'autre moitié de laiton, & le laiton se fait avec le cuivre rouge & la Calamine. Voyez CADMIE.

CALAMITE. s. f. Une des huit sortes de Cadmie artificielle, qui se prend autour des perches de fer, avec lesquelles on remue la matiere de bronze qui est dans la fournaise. Lorsqu'elle est bien secouée, elle represente la forme d'une canne ou roseau fendu par le milieu ; & c'est delà qu'on lui a donné le nom de *Calamite*, du Latin *Calamus*, Roseau. Ce mot a aussi signifié proprement une Grenouille verte, à cause que la Grenouille se plaît parmi les roseaux, & on a aussi appellé *Calamite* l'Aiguille aimantée, parce qu'avant que l'on eût trouvé l'invention de la suspendre sur un pivot, on la tenoit enfermée dans une phiole de verre à demi pleine d'eau, la faisant floter sur l'eau par le moyen de deux fêtus, comme si ç'eût été une petite Grenouille.

CALANDRE. s. f. Machine composée de deux gros rouleaux de bois, sur lesquels on fait aller & venir un fort gros poids, qui est quelquefois de cinquante ou de soixante milliers, pour presser les draps & autres étoffes qui sont roulées autour de ces deux rouleaux, & pour les rendre polies, unies & lissées. On les met entre deux gros madriers de bois dur, large, épais & fort poli. Celui qui est dessous sert de base, & une roue pareille à celle des grues, rend le madrier de dessus mobile. Il y a un cable attaché à un tour dont son axe est composé. La partie de dessus est d'un poids prodigieux, & c'est cette pesanteur, qui fait les ondes sur les étoffes qui sont autour des rouleaux, telles qu'on les voit sur le tabis & sur les moëres. Cela se fait par le moyen d'une legere gravûre que contiennent ces rouleaux. On les met & on les ôte en inclinant un peu la machine. Borel en disant que *Calandrer*, veut dire, Tabiser un tafferas, nous apprend que la machine avec laquelle on le fait, s'appelle *Calandre*, à cause qu'elle fait des marques semblables à celles des plumes des oiseaux du même nom. L'oiseau que l'on appelle *Calandre*, est une sorte de grosse Allouette qui n'a point de crête, & qui a comme un collier de plumes noires.

Calandre, est aussi un petit insecte noir qui se fourre dans le blé, & qui le ronge dans les greniers.

CALANGUE. s. f. Terme de Marine. Abri sur la Côte derriere quelque hauteur, où de petits bâtimens peuvent être à couvert des vents & des flots.

CALATRAVA. Ordre Militaire en Espagne, institué sous le regne de Sanche III. Roi de Castille. Ce Prince ayant conquis le Château de Calatrava, qui étoit une place forte, appartenante aux Maures d'Andalousie, le donna aux Chevaliers Templiers, qui le lui rendirent ne se sentant point assés de courage pour le défendre ; ce qui fut entrepris par Dom Raimond, natif de Bureva dans la Navarre, Abbé du Monastere de sainte Marie de Hitero de l'Ordre de Cîteaux, & par plusieurs autres personnes considerables, ausquels ce même Roi donna ce Château : de sorte que l'Ordre fut établi en 1158. Il s'augmenta fort sous Alphonse le Noble, Roi de Castille ; ce qui obligea les Chevaliers à demander des Grands Maîtres, dont le premier fut Dom Garcia Redon. La premiere Maison de cet Ordre fut à Calatrava. Le Pape Alexandre III. l'ayant approuvé en 1164. Innocent III. le confirma en 1198. Les Chevaliers portoient au commencement la robe & le scapulaire blanc, comme les Religieux de Cîteaux ; mais le Pape Benoît XIII. leur donna permission de se dispenser de cet habit ; & Paul III. leur accorda celle de se marier une fois. Leurs armes sont d'or, à la croix fleurdelisée de gueules, ou de sinople, selon quelques-uns, accostée en pointe de deux menotes d'azur. Ils portent de même sur l'estomac une Croix rouge qui leur tient lieu de Devise. Ils ont changé de Grands-Maîtres jusqu'à Dom Garcia Lopez de Pardilla, après la mort duquel arrivée en 1489. Ferdinand & Isabelle trouverent à propos d'annexer la grande Maîtrise de Calatrava à la Couronne de Castille, à quoi Innocent VIII. consentit. Il y a encore presentement en Espagne quatre-vingts Commanderies de cet Ordre.

CALCAMAR. s. m. Oiseau du Bresil, de la grosseur d'un pigeon. Il ne vole point, mais avec ses piés, & ses moignons d'ailes, il fend les ondes de la mer avec beaucoup de vitesse. C'est-là que les Sauvages sont persuadés qu'il pond & qu'il couve. Il annonce également le calme & la pluye ; & en ce tems-là on en voit un si grand nombre autour des Navires, que les Mariniers s'en trouvent importunés.

CALCET. s. m. Terme de mer. Assemblage de planches élevé & cloué sur le haut des arbres d'une Galere, & qui sert à renfermer les poulies de bronze qui sont destinées au mouvement des antennes.

CALCINER. v. a. Réduire en chaux ou en poudre par le feu actuel, qui est le feu ordinaire que l'on entretient par les matieres combustibles, comme bois, charbon, &c. ou par le feu potentiel, qui est celui des eaux fortes & des esprits corrosifs. La calcination convient plus aux mineraux qu'aux végétaux & aux animaux que l'on peut réduire en cendres par une simple combustion, au lieu que les métaux & les mineraux demandent des feux très-actifs & très-violens. *Calciner* vient du mot Latin *Calx*, Chaux.

CALCUL. s. m. Terme de Medecine. Pierre qui s'engendre au corps humain, & particulierement dans les reins & dans la vessie. Elle est appellée *Ludus* par quelques-uns. De très-celebres Auteurs, & entre autres Paracelse, tiennent que cette pierre est très-bonne à résoudre & à jetter hors le tartre, qui est contenu dans toutes les parties du corps, & même les plus grosses pierres, & par consequent à déboucher toutes les obstructions qui en sont la cause.

CALE. s. m. La partie la plus basse d'un Navire qui entre dans l'eau sous le franc tillac. Elle s'étend de pouppe en proue, & c'est dans un bâtiment de mer, ce qu'une cave est dans un bâtiment de terre. On appelle *Fond de cale*, le lieu où l'on met les munitions & les marchandises.

Cale est aussi une sorte d'estrapade marine à laquelle on condamne ceux de l'équipage, qui sont convaincus d'avoir volé, blasphemé ou excité quelque revolte. Il y a la Cale ordinaire & la Cale seche. Lorsque l'on donne *la Cale ordinaire*, on conduit le criminel vers le platbord au-dessous de la grande Vergue, & là on le fait asseoir sur un bâton qu'on lui passe entre les jambes. Afin de se soulager, il embrasse un cordage auquel ce bâton est attaché, & qui répond à une poulie suspendue à un des bouts de la vergue. Cependant trois ou quatre Matelots issent cette corde le plus promptement qu'ils peuvent, jusqu'à ce qu'ils ayent guindé le patient à la hauteur de la vergue, après quoi ils lâchent le cordage tout à coup, ce qui le précipite dans la mer. Quelquefois quand le crime est tel qu'il fait condamner celui que l'on veut punir, à une chûte plus rapide, on lui attache un boulet de canon aux piés. Ce supplice se réitere jusqu'à cinq fois, selon que la sentence la porte. On l'appelle *Cale seche*, quand le criminel est suspendu à une corde racourcie qui ne descendant qu'à quelques piés de la surface de l'eau, empêche qu'il ne plonge dans la mer. Ce châtiment est rendu public par un coup de canon qu'on tire, pour avertir tous ceux de l'Escadre ou de la Flotte d'en être les spectateurs.

Cale, est aussi un abri sur la Côte, derriere quelque petit terrain élevé, qui peut tenir de petits bâtimens à couvert du vent & de la fureur des flots. Quelques-uns disent *Calangue*. On appelle encore *Cale*, un lieu fait en talus, où l'on monte, & d'où l'on descend sans marche.

Cale, se dit encore d'un plomb dont on se sert à faire enfoncer l'hameçon au fond de l'eau dans la pêche de la morue.

Les Artisans nomment *Cale*, un morceau de bois ou d'autre chose fort mince, qu'ils mettent entre deux pierres ou pieces de bois, afin d'en remplir le vuide & de les presser. *Cale* chés les Menuisiers est aussi un petit morceau de bois qu'ils mettent sous le pié de quelque ouvrage, & qui sert à le hausser & à le tenir ferme.

C'est encore un gros anneau de fer sur lequel les Ouvriers en fer percent leur ouvrage à chaud.

CALEBAS. s. m. Cordage qui sert à guinder & à amener les vergues des pacfis. Il est amarré par un bout au racage de l'un des pacfis, & par l'autre à un arganeau qui est au pié du mât. Quelques-uns écrivent *Cal-bas*, & d'autres *Carquebas*. *Calebas* est aussi un petit Palan, dont on se sert à la mer pour rider le grand étai.

CALEBASSE. s. f. Sorte de fruit froid, qui croît en maniere de Citrouille. Il signifie aussi une maniere de bouteille faite de l'écorce d'une courge ou d'une calebasse vuidée & sechée.

CALEBASSIER. s. m. Arbre des Antilles, qui croît de la grosseur & de la forme d'un gros pommier, mais qui est plus bas, plus branchu, & plus abondant en feuilles. Ses feuilles ressemblent à une langue de chien, & sortent immediatement des branches sans aucune queue. Elles sont d'un vert luisant au soleil, & ses fleurs qui viennent autour du tronc de l'arbre aussi-bien que sur les branches, sont d'un gris verdâtre & picotées de noir, quelquefois de violet. A ces fleurs succedent les fruits, dont on ne sçauroit déterminer la grandeur, puisqu'ils vont depuis la grosseur d'une petite poire, jusqu'à celle de la plus grosse citrouille. Il y en a de toutes façons, de ronds, de longs, de quarrés, en poires & en ovale. Ce fruit est vert & poli quand il est sur l'arbre, il est gris lorsqu'il est sec. Son écorce est de l'épaisseur d'une piece de trente sols; mais d'un bois fort & très-difficile à rompre. Tout le dedans est une poulpe ou chair blanche, dans laquelle sont de petites graines plates en forme de cœur, qui produisent le même arbre. On vuide aisément cette poulpe en faisant par le haut un petit trou grand comme pour fourrer le doigt, & en remuant dedans avec un bâton; mais il est encore plus facile d'en venir à bout en faisant bouillir ce fruit : car tout ce qui est dedans s'étant amoli, en sort sans aucune peine. Les fruits de cet arbre ont tous cela de commun, que leur écorce est dure, ligneuse, & d'une épaisseur & d'une solidité qui donne moyen de s'en servir au lieu de bouteilles, de bassins, de coupes, de plats, d'écuelles, & de tous les autres petits vaisseaux qui sont necessaires au ménage. Les Indiens polissent cette écorce, & l'émaillent d'une maniere si agreable avec du Roucou, de l'Indigo & plusieurs autres couleurs, qu'il n'y a personne qui ne puisse manger & boire sans aucun dégoût dans ces diverses sortes de vaisselle, qu'ils en font. La poulpe du fruit est un souverain remede contre la brûlure, & appliquée en fronteau, elle appaise les douleurs de tête que cause la grande ardeur du soleil.

CALEBOTIN. s. m. Espece de picotin ou de cul de chapeau où les Cordonniers mettent leur fil & leurs alenes.

CALEMAR. s. m. Casse ou canon d'une écritoire portative, où les Ecoliers mettent des plumes & un canif. Il n'a guere d'usage hors du College.

CALEMBA. s. m. Bois odoriferant, qui vient des Indes où il est fort rare. On le vend trente & quarante Jacobus la livre au Japon. On s'en sert pour parfumer les chambres & les habits, comme on se sert ici de l'encens. Il passe pour un excellent cordial, & c'est un remede chés les Chinois dans l'épuisement d'esprits & dans la paralysie. C'est la même chose que le *Calamba*, & plusieurs le prennent pour ce qu'on appelle *Lignum Paradisi*. On l'apporte de Cambodia & de Siam, & il s'en trouve de flotant aux bords de la mer ou du Gange. Comme les Indiens sont persuadés que le Gange vient du Paradis terrestre, ils croient aussi que ce bois en vient. Pyrard rapporte qu'il se trouve aussi du Calemba aux Maldives.

CALENDES. s. f. p. Premier jour de chaque mois, selon les Romains, qui disoient, *Cela se fit aux Calendes de Mars*, pour dire, Le premier jour de Mars. Ce mot est venu de ce que le Pontife déclaroit à haute voix le premier jour de chaque mois, si les Nones seroient le cinquiéme ou le septiéme. Elles étoient toûjours le septiéme dans les mois de Mars, Mai, Juillet & Octobre, & le cinquiéme dans les huit autres mois. Cette maniere de compter est encore aujourd'hui en usage dans la Chancellerie de Rome, & on date toutes les Provisions des Benefices des Calendes de Janvier, de Fevrier, &c. quand elles sont accodées les premiers jours de ces mêmes mois. Ce qui embarasse davantage, c'est quand on trouve des Lettres datées par exemple, *Decimo septimo Calendas Januarii*, ce qui sembleroit devoir dire en notre langage, le 17. des Calendes de Janvier, & qui voulant dire le 17. avant les Calendes de Janvier, marque le seiziéme de Decembre. Pour lever cet embarras, & trouver tout d'un coup quel jour est celui qu'on date en Latin *Decimo septimo Calendas Januarii*, & qui veut dire en François, le 17. avant les Calendes de Janvier, il faut ajoûter le nombre de deux aux jours du mois de Decembre qui precede Janvier, & qui a trente & un jours. Ce nombre de deux étant ajoûté, vous aurez celui de trente-trois Otez-en dix-sept qui est le nombre de la date Latine, il vous restera seize, qui vous marquera que le jour de cette date est le seiziéme de Decembre, que vous trouverez être le dix-septiéme avant les Calendes de Janvier: car comptez depuis le 16. de Decembre jusqu'au 30. vous trouverez en ôtant 30. de 33. que ce jour-là sera le troisiéme avant les Calendes de Janvier, & par consequent le 31. où l'on doit dater, *Pridie Calendas Januarii*, c'est-à-dire, le jour qui precede les Calendes de Janvier, sera effectivement celui qui precedera le premier jour de Janvier, lequel premier jour les Romains appellent le jour des Calendes. De même si vous voulez dater une lettre Latine selon cet usage, par exemple, du 20. de Septembre, ajoûtez le nombre de deux aux jours du mois de Septembre qui en a trente, & vous aurez trente-deux. Otez vingt de ce nombre, il vous restera douze; ce qui vous fera connoître tout d'un coup, qu'il faut que vous datiés votre Lettre, *Duodecimo Calendas Octobris*, qui veut dire, Le douziéme jour avant les Calendes d'Octobre.

CALENDRIER. s. m. Livre ou table, qui contient l'ordre des jours, des semaines & des mois, avec la marque des Fêtes qu'on est obligé de celebrer pendant l'année qu'on appelle *Civile* & qui est celle que regle le Calendrier, ne peut être composé que de jours entiers, & les fractions de demi jours, d'heures & de minutes n'y peuvent entrer; mais au contraire il y a de ces fractions dans l'année Astronomique, (Voyez ANNE'E.) & le Calendrier travaille à reparer cette inégalité, parce qu'on veut que de certains tems de l'année civile, de certaines fêtes, &c. répondent toûjours aux mêmes parties du cours du Soleil. L'année Astronomique étant de 365. jours 5. heures 49. minutes, les Anciens négligerent ces heures & ces minutes, & ne compterent dans leur année civile que 365. jours. Comme elle étoit plus courte que l'Astronomique de près de 6. heures, l'Astronomique avançoit tous les ans de ces 6. heures, & au bout de quatre ans, l'Equinoxe par exemple, étoit plus avancé d'un jour, & par consequent les Equinoxes & les Solstices se trouvoient successivement dans tous les jours de l'année, & ne revenoient aux mêmes points qu'au bout de 1460. ans, ce qui causoit une extrême confusion. Le Calendrier Romain n'étoit pas en meilleur état lorsqu'il fut reformé par l'ordre & les soins de Jule César, qui étant Consul pour la troisiéme fois avec Marcus Æmilius, résolut de rétablir l'année Romaine, qui étoit toute renversée par la faute des Pontifes. Ainsi en ajoûtant quelques jours intercalaires, il ordonna que l'année 708. depuis la fondation de Rome seroit de 445. jours; de sorte que l'année suivante fut la premiere de celles qu'on appelle *Juliennes*, c'est-à-dire, reformées par Jule César. Cette année 708. comme le dit Suetone, fut de quinze mois. Jule César ayant ajoûté aux douze mois ordinaires, le mois appellé *Merkedonius*, qui s'insera entre le 23. & le 24. Février, & ayant distribué en deux autres mois soixante & sept jours de surcroît entre Novembre & Decembre, pour faire que cette année qui fut nommée l'*Année de confusion*, eût 445. jours par le moyen de l'augmentation de ces quatre-vingt-dix jours. Afin qu'un pareil renversement n'arrivât plus, il ordonna par le conseil de Sosigenes, très-sçavant Mathematicien d'Alexandrie en Egypte, que l'année Romaine, qui n'avoit eu jusques-là que trois cens cinquante-cinq jours, en auroit à l'avenir trois cens soixante & cinq, & six heures, & que l'on distribueroit les dix jours entiers qu'il ajoûtoit, à quelques mois qui en avoient moins qu'ils n'en ont presentement. Cela fut cause qu'on donna deux jours de plus à Janvier, & autant à Août & à Decembre, qui n'en avoient que vingt-neuf jusqu'à ce tems-là. Ainsi ces trois mois furent chacun de trente & un jours, comme l'étoient déja Mars, Juillet & Octobre. Avril, Juin, Septembre & Novembre, qui n'avoient eu pareillement que vingt-neuf jours, en eurent chacun trente. Il fut ordonné de plus, que de quatre ans en quatre ans on intercaleroit un jour composé de ces quarts de jour, ou quatre fois six heures, qui se trouvent de plus pendant le cours de quatre ans, & qui composent justement un jour. On appella ce jour *Bissextil*, à cause qu'on le plaçoit entre le 23. de Février, *Sexto Calendas Martias*, & le 24. du même mois, ce qui faisoit dire deux fois, *Sexto Calendas Martias*, la premiere pour ce jour surnumeraire, qui dans cette année Bissextile est le 24. de Février, & la seconde, pour le 25. qui est le veritable *Sexto Calendas Martias*, jour où les Chrétiens celebrent la fête de saint Mathias; mais Jule César en retranchant l'erreur des Egyptiens qui n'avoient compté pour rien les fractions de l'année astronomique se trompa aussi, parce qu'il les compta pour plus qu'elles ne valoient. Ces 5. heures 49. minutes ne valent pas 6. heures, ainsi l'année Civile étoit plus longue que l'Astronomique, qui par consequent rouloit & retrogradoit toûjours quoique très-lentement, parce que l'erreur étoit legere. Ces 11. minutes négligées produisoient en 6. ans 1. heure 6. minutes, & par consequent un jour entier en près de 131. ans, d'où il arrivoit qu'en cet espace de tems, l'Equinoxe qui avoit été fixée au 21. Mars par le Concile de Nicée en 325. descendoit d'un jour, & se trouvoit au 20. Mars, ensuite en 131 ans, il descendoit encore d'un jour, ensorte qu'à la fin du siecle passé il se trouvoit à l'onziéme Mars. Cela fut cause que le Pape Gregoire XIII. reforma le Calendrier, qui de son nom fut appellé *Gregorien*, & retrancha dix jours du mois de Mars de l'an 1582. afin de remettre le commencement de l'année Astronomique ou Tropique au 21. Mars, comme elle y étoit du tems du Concile de Nicée,& pour empêcher que le désordre causé par les 11. minutes négligées, n'arrivât encore à l'avenir, ce Pape ordonna que dorênavant chaque centiéme année qui suivra, & qui devroit être Bissextile, perdra ce jour intercalaire, excepté dans la quatriéme centaine, où l'année aura soixante & six jours. Ainsi l'année 1800. ne sera point Bissextile, non plus que l'année 1900. mais l'année 2000. sera Bissextile. La raison de cette Ordonnance est que l'an Julien ne surmonte pas d'un jour entier l'année Tropique en cent ans, mais seulement en cent trente & un, & de trois jours en trois cens quatre-vingt-treize années.

CALENGE. s. m. Vieux mot., qui n'a plus d'usage, quoiqu'il se trouve fort souvent dans les Coûtumes pour dire, Débat, contestation, plainte criminelle en Justice. *Calengé*, se trouve aussi pour signifier un Criminel, contre qui il y a prise de corps.

CALENGIER. v. a. Vieux mot qui selon Borel a signifié quelquefois, Blâmer, débattre, contredire, & quelquefois louer. Dans le premier sens, il croit qu'il venoit de *Calumniare*, & dans celui de louer, il le dérive de καλὸς, qui veut dire Beau. On disoit aussi *Chalonger* & *Chalenger*. On a aussi employé *Calenger*, pour dire, Barguigner; & on se sert encore de ce mot en Normandie. On a dit aussi *Calenge*, pour dire, Blâme, plainte criminelle.

Et son pri'é prud'homme,
Ia n'y mettez calenge.

CALER. v. a. Terme de marine. On dit, *Caler les voiles*, pour dire, Abaisser les voiles avec les vergues, en les faisant courir le long du mât. On dit à present plûtôt *Amener les voiles*, que *Caler les voiles*.

Caler, se dit aussi en termes de Menuiserie, & signifie, Mettre un morceau de bois sous quelque ouvrage de Menuiserie, afin de le tenir ferme.

Caler, s'emploie encore, lorsque l'on veut arrêter la pose pour une pierre, pour dire, Mettre une cale de bois mince qui détermine la largeur du joint pour la ficher avec facilité.

Caler, a été dit autrefois, pour, Se taire.

Moy cependant de me caler,
Car que sert prescher & parler
A ventre qui n'a point d'oreilles ?

Les Espagnols se servent du mot de *Caler*, pour dire, Se taire.

CALFAS. s. m. Radoub d'un Navire, qui se fait lorsqu'on en bouche les trous, & qu'on les enduit de suif, de poix, de goudron, afin d'empêcher qu'il ne fasse pas eau.

On appelle aussi *Calfas*, l'Officier de l'Equipage qui a soin de donner le radoub aux Vaisseaux incommodés.

CALFAT. s. m. Instrument qui sert au Calfas pour calfater un Vaisseau. On appelle *Calfat à fret*, Certain instrument qui a le bout à demi-rond, & avec lequel on cherche autour des têtes de clou & des chevilles, s'il n'y a point quelques ouvertures, afin d'y pousser des étoupes pour les boucher. Il y a un *Calfat simple*, qui est un instrument plus large que le premier, & un peu coupant. On s'en sert à faire entrer l'étoupe jusqu'au fond de la couture. Le *Calfat double* est rayé, & paroît comme double par le bout. On s'en sert à rabattre les coutures.

CALFATAGE. s. m. On se sert de ce terme en parlant de l'étoupe qui a été mise à force dans la couture d'un Vaisseau.

CALFATER. v. a. Boucher les fentes des jointures & le débris du bordage ou des membres d'un Vaisseau, avec ce qui peut être propre à le tenir sain & étanché; en sorte qu'il ne puisse y entrer d'eau. On se sert pour cela de planches; de pieces de bois, de plaques de plomb, d'étoupes & autres matieres. On dit aussi *Calfader*.

On dit *Calfater les sabords*, pour dire, Emplir d'étoupe le vuide du tour des sabords, comme les coutures du Vaisseau. On ne le fait que quand on est obligé de tenir la mer.

CALFATEUR. s. m. Officier de l'Equipage, dont le soin est d'examiner le corps du Batiment tous les soirs & les matins, afin de voir s'il ne se fait point quelque voie d'eau, & de l'arrêter. C'est lui aussi qui doit donner le radoub aux Vaisseaux qu'il voit en avoir besoin.

CALFATIN. s. m. On appelle ainsi en termes de mer Celui qui sert le calfat.

CALIBRE. s. m. Largeur de la bouche d'un canon, ouverture d'un mousquet & de toute autre arme à feu, par où la balle entre & sort.

On dit qu'*Un boulet*, qu'*une bale est de calibre*, pour dire, qu'Elle est proportionnée à la grosseur de la piece pour laquelle elle est destinée. *Balle de gros, de petit calibre*. M. Ménage fait venir ce mot du Latin *Æquilibrium*.

On appelle aussi *Calibre*, Un instrument de cuivre ou de bois qui sert aux Ingenieurs à feu pour leur faire trouver l'ouverture d'un canon ou d'un mortier de la largeur qu'il la faut pour le boulet dont ils le veulent charger.

Calibre. Terme d'Architecture. Etendue d'une chose en grandeur & en grosseur. On dit dans ce sens, qu'*Une colomne de marbre est de même Calibre qu'une autre colomne qui sera de pierre*, pour dire, qu'Elle a le même diametre, la même hauteur.

Calibre, est aussi un bout d'ais entaillé par le milieu ou un panneau de carton découpé sur le trait de plusieurs pieces, dont les Charpentiers & les Menuisiers se servent pour prendre des mesures. C'est encore un morceau de bois, coupé en creux, à angle droit, pour refaire le bois d'équerre; ce qui veut dire, Le mettre d'équerre.

Les Serruriers ont aussi un Instrument de fer qu'ils nomment *Calibre*. Ils s'en servent pour voir si les forêts vont droit quand ils forent les tiges des clefs, & pour les arondir. Ils ont pareillement des *Calibres*, pour prendre la grosseur des verrouils, des targettes.

Calibre, est encore un profil de bois, de tole ou de cuivre chantourné en dedans, pour trainer les corniches & cadres de plâtre & de stuc.

Calibre. Terme de Marine. Modele qu'on fait pour la construction d'un Vaisseau, & sur lequel on prend sa longueur, sa largeur & toutes ses proportions.

Les Horlogers appellent *Calibre*, l'Espace qu'ils ménagent entre les deux platines d'une montre qui en font la cage, afin d'y mettre les roues & les pieces disposées de telle sorte, qu'elles ne se puissent nuire les unes aux autres.

CALIBRER. v. a. Faire de calibre. On dit *Calibrer des boulets de canon*, pour dire, Les passer dans un Instrument de cuivre ou de bois, appellé *Calibre*, afin qu'ils soient proportionnés à la grosseur des canons.

CALICE. s. m. Terme de Fleuriste. Le haut de certaines fleurs, comme de la Tulipe, de l'Imperiale & autres, dont les feuilles forment une espece de coupe ou de calice.

On appelle aussi *Calice*, La partie exterieure qui environne le feuillage & le cœur de la fleur, soit qu'elle soit tout d'une piece, comme on le voit aux œillets, soit que l'envelope soit séparée en plusieurs parties, comme dans les roses.

CALINGUE. s. f. Longue piece de bois égale, qui est attachée dans le fond d'un Vaisseau par dedans sur toute la longueur de la quille. C'est la même chose que *Contre-quille*. On dit aussi, *Carlingue*.

CALIORNE. s. f. Gros cordage passé dans deux mousles à trois poulies, dont on se sert pour guinder & lever de gros fardeaux. On l'attache quelquefois à une poulie sous la hune de misaine, & quelquefois au grand étai sur la grande écoutille.

CALLEVILLE. s. f. Sorte de pomme assés grosse. Il y en a de rouges & de blanches. Les plus estimées sont celles dont la chair est tachetée de rouge en dedans.

CALLISTINS. s. m. On appelle ainsi ceux de Prague, qui s'opposerent aux Thaborites dans le quinziéme siecle. Quelques-uns les ont nommés *Calixtins*. Ils s'accordoient en tout à la doctrine de l'Eglise Romaine, à l'exception du retranchement de la Coupe. On prétend qu'il y a encore des Calixtins en Pologne.

CALME. s. m. Cessation entiere de vent. On dit sur mer, *Calme tout plat*, pour dire, qu'il ne fait point du tout de vent. *Etre pris de calme, tomber dans le calme*, c'est Demeurer sans aucun vent, en sorte qu'on ne va plus qu'au gré du courant de la mer. On dit aussi, *Il calme, il commence à calmer*, pour dire que Le vent diminue.

CALONIERE. s. f. Petit tuyau de Sureau ou de quelque autre bois creux, dont se servent les enfans pour jetter des poix ou des tampons de papier mâché; ce qu'ils font en faisant entrer un bâton par le derriere, & le poussant avec violence. C'est pour eux une maniere de sarbatane.

CALOT. s. m. Morceau de bois pour caler une piece de charpente, & la mettre droit sur son chantier.

CALOTE. s. f. On appelle en termes d'Arquebusier, *Calote de pistolet*, Une maniere de petite plaque de fer poli, qui est au bout de la poignée du pistolet.

CALOYER. s. m. Moine ou Religieux Grec qui suit la Regle de saint Basile. Ces sortes de Religieux vivent la plûpart du travail de leurs mains, & menent une vie très-dure & très-penitente, ne mangeant jamais de viande, & faisant quatre Carêmes, outre plusieurs autres jeûnes de l'Eglise Grecque; qu'ils observent. Il y en a qui ne mangent qu'une fois en trois jours, & qui sont même quelquefois encore plus long-tems sans manger pendant les sept semaines de leur principal Carême. Leur habillement est fort chetif, & ils ne portent jamais de linge. Ils sont extrémement charitables, & beaucoup de Voyageurs rapportent qu'il n'y a ni desordre ni scandale parmi eux. Le Mont Athos, où il y en a jusques à cinq mille, est comme le Noviciat de tout l'Orient. On l'appelle *La Montagne sainte*, à cause qu'il n'est habité que par des Caloyers, qui sont divisés en vingt-quatre Monasteres. Ils y sont d'une regularité si exacte, qu'ils s'attirent même la veneration des Turcs. Deux de ces Monasteres sont très-considerables. On appelle l'un *Vatopedi*, & l'autre *Agia laura*. On y voit de très-belles Reliques, qu'on vient visiter de toutes parts. Les Eglises y sont richement ornées, & bâties superbement. On prend tous les Evêques du nombre des Religieux, & leur Ordination ne les dispense point d'observer les vœux de la vie Religieuse, c'est-à-dire, le celibat, outre lequel les Evêques gardent encore l'abstinence des viandes, fussent-ils prêts de mourir. Il y a aussi beaucoup de Caloyers dans les Isles de l'Archipelague, & en general ils jouissent du libre exercice de leur Religion, comme tous les autres Grecs, en payant tribut au Turc. On donne aussi quelquefois le nom de *Caloyer* aux Dervis ou Religieux Turcs.

CALQUER. v. a. Terme de Peintre ou de Graveur. Copier un dessein trait pour trait sur une muraille ou autrement. Cela se fait en frottant le dessein par derriere avec de la sanguine ou de la pierre de mine. Ensuite avec une pointe qu'on passe ou qu'on presse dessus, on fait que la couleur marque sur la muraille, sur du papier, ou sur autre chose. Ce mot vient de l'Italien *Calcare*, qui veut dire, Contre-tirer.

CALVANIER. s. m. Terme dont on se sert dans quelques Provinces, pour signifier un homme de journée qu'on emploie dans le tems de la moisson à tasser les gerbes dans la grange.

CALVARDINE. s. f. Vieux mot. Perruque.

Mais qu'il ait une calvardine,
Avec cela c'est un grand homme.

Borel fait venir ce mot de *Calvus*, Chauve, à cause que les perruques sont necessaires aux personnes chauves, & ont été inventées pour eux.

CALVINISTES s. m. Heretiques du dernier siecle, qui suivent la doctrine de Calvin. Leurs principales erreurs sont contre le Sacrifice de la Messe, le merite des bonnes œuvres; la présence réelle du Corps du Fils de Dieu dans le Sacrement adorable de l'Autel, le nombre & l'efficace des Sacremens, parmi lesquels ils n'admettent que le Baptême & la Cene, les Conseils Evangeliques, les vœux de Religion & les vœux particuliers, & la justification. Le Pere Gautier leur attribue cent heresies dans sa Chronologie, & le Pere François Feuardant, Docteur de Paris, en parlant de leurs erreurs en marque mille quatre cens dans un Ouvrage auquel il a donné pour titre *Theomachia Calvinistica*.

CALYPHE. s. m. Celui qui possede la principale Dignité Ecclesiastique chés les Sarasins. Vincent le Blanc rapporte dans ses Voyages, que le Calyphe de Bagdet, quoiqu'il ne le soit plus que de nom, retient toutefois encore le droit ancien d'adopter & de confirmer les Rois d'Arabie, d'Assyrie & autres; ce qui fut cause que Solyman même, en passant par Babylone, voulut pour la forme prendre les marques de l'Empire de sa main. Nicod, après avoir dit que *Calyphe* est un nom de dignité & d'Office, ajoûte; *De tel nom étoient au premier & d'ancienneté appellés les Seigneurs & Dominateurs du grand Caire, qui fut jadis Babylon, en laquelle Ville, qui est la Capitale d'Egypte, y a encore une race & maison grandement noble, appellée*, les Calyphes, *qui se dient être de l'estoc & du sang des anciens Seigneurs de ladite Ville, & l'aîné de ladite race jouit du privilege de couronner le Soldan dudit Caire ou Babylon, de la Couronne Imperiale sur tous les peuples Mahumetans, après qu'il a été sacré à Prestre selon leur Religion.* Calyphe est un mot Arabe qui veut dire Successeur & heritier. C'étoit une Dignité hereditaire.

CAM

CAMAGNE. Terme de Marine, qui veut dire la même chose que *Cajute*, c'est-à-dire, Un lit de Vaisseau, dont la plûpart sont emboîtés autour du Navire.

CAMAIL. s. m. Terme de blason. Espece de lambrequin qui couvroit les casques & les écus des anciens Chevaliers. Quelques-uns dérivent ce mot de *Camelaucius*, qui étoit une petite couverture de tête, faite de camelot, & d'autres le font venir de

Cap

Cap de maille, à cause qu'il y avoit autrefois des couvertures de tête faites de maille. L'ancienne histoire marque des Chevaliers armés de Camails. Il y a grande apparence que ces Camails étoient à peu près les haussecols de nos derniers tems, & que les Camails des Evêques ont été nommés ainsi par la ressemblance.

CAMAYEU. s. m. Ouvrage de Peinture dans lequel on n'emploie qu'une seule couleur, & où les jours sont observés ainsi que les ombres, sur un fond d'or ou d'azure. Les Anciens nommoient ces Peintures μονοχρώματα. Les plus riches Camayeux sont rehaussés d'or ou de bronze par hachures. On appelle aussi *Camayeu*, toute pierre dont les couleurs naturelles augmentent le relief qu'on y taille en le détachant du fond. Les tableaux qui imitent les Onices, les Agathes, les Sardoines & autres pierres taillées en creux, ou de relief, sont appellés *Camayeux* par les Peintres, à cause que les Lapidaires nomment aussi Camayeux ces sortes de pierres ainsi taillées. Ce mot peut venir du Grec κάτω, qui veut dire *Bas*, à cause qu'on y represente ordinairement des bas reliefs.

CAMALDOLI. s. m. Ordre Religieux, fondé sur la fin du dixiéme siecle par saint Romuald, qui donna à ses Moines les Regles de saint Benoît, avec quelques Constitutions particulieres ; & leur fit porter un habit blanc, à cause d'une vision qu'il avoit eue de plusieurs personnes vêtues de la même sorte, qui montoient par une échelle dont le bout touchoit au Ciel. Saint Romuald étoit de Ravenne, d'une Maison fort illustre ; mais la pureté de ses mœurs, & la vie exemplaire qu'il menoit, le firent considerer encore plus que sa naissance. Il commença vers l'an 1009. à bâtir dans les Monts Apennins près d'Arezzo, ce celebre Monastere, appellé *Camaldoli*, qui a donné le nom à tout l'Ordre. Il n'y a guere de solitude plus affreuse. Ce lieu s'appelloit *Campo Maldoli* & apparemment il avoit tiré ce nom de celui du Seigneur à qui cette terre appartenoit. Ce Monastere est dans la Romandiole de l'Etat de Florence au deçà de l'Arne, & il y a un petit Bourg de ce même nom. Nous n'avons en France qu'un Convent de Camaldules ou de Camaldolides, qui est auprès de Gros-bois, & un autre en Bretagne. Un de leurs Statuts porte que leurs Maisons seront éloignées de cinq lieues des grandes Villes. La vie qu'ils menent est d'une austerité surprenante. La Congregation des Hermites de saint Romuald, ou du Mont de la Couronne, est une branche de celui de Camaldoli, avec lequel cette Congregation fut unie en 1532. L'établissement en avoit été commencé douze ans auparavant par Paul Justinien de Venise, qui fonda le principal Monastere dans l'Apennin, en un lieu nommé le Mont de la Couronne, à dix milles de Perouse. Il en dédia l'Eglise en 1555. sous le nom de S. Sauveur.

CAMBISTE. Terme de negoce. Celui qui fournit ou qui accepte des lettres de change.

CAMBOUIS s. m. Outre la signification de Graisse noire qui sort du moyeu de la roue & vient au bout de l'essieu des charretes, ce mot veut encore dire Une composition faite avec les écorces des racines d'ormeaux, battues avec de la graisse de bouc & du vieux oing, & du fiel de bœuf. Cette sorte de Cambouis sert à étancher les tonneaux qui suintent, à graisser les vis des pressoirs, & à quelques autres usages. On fait venir ce mot de *Canubium*, qui est une espece de glu ou de colle.

CAMBRE', E'E adj. Creux, concave, courbé. M. Ménage fait venir ce mot de *Camuratus*, fait de *Camurus*, qui autrefois vouloit dire Courbé. Il y en a qui le dérivent de *Camera*, qui signifioit *Voute*, & dont on a fait le mot de *Chambre*, parce qu'anciennement on faisoit les chambres en voute. Du Cange dit que ce mot a été fait de *Camberta*, sorte d'arbrisseau qui vient courbe, & qui est appellé *Cambrek* par les Allemans.

CAMBRER. v. a. Terme de Menuiserie. Courber les membrures, planches & autres pieces de bois, pour quelque ouvrage cintré. La Cambrure se fait en presentant au feu des pieces de bois, qu'on a ébauchées en dedans, & les laissant entretenues quelque tems par les outils que les Menuisiers appellent *Sergens*.

CAMEADE. s, f. Plante dont la graine est verte d'abord, & qui ensuite devenant rouge, est noire quand elle est seche. On appelle aussi cette même plante, *Bois gentil*, & *Poivre des montagnes*.

CAMELEON. s. m. Petit animal terrestre qui a la tete sans col comme les poissons, mais qui l'a plus grosse & plus large qu'un lezard, quoiqu'il soit fait de la même sorte. Il a la queue longue comme celle d'une taupe, & quatre piés, en chacun desquels il y a trois doigts. Il marche peu à peu & son mouvement n'est pas moins tardif que celui de la Tortue. Quelques-uns tiennent qu'il ne se nourrit que d'air & des rayons du Soleil qu'il reçoit à gueule ouverte. Cependant on écrit de ce petit animal, qu'il darde sa langue sur les mouches, qui s'y trouvent attrapées, comme si elles étoient prises sur de la glu. Elle est faite de chair blanche, ronde & applatie par le bout, où elle est creuse & ouverte, & elle s'allonge aussi promptement qu'elle se retire. Le Cameleon a le museau long & taillé en pointe obtuse, le dos aigu, la peau plissée & hérissée comme une scie, depuis le défaut de la tête sur laquelle on voit une maniere de crête, jusqu'au dernier nœud de la queue qu'il a plate. Il n'a point d'oreilles, & ne reçoit ni ne produit aucun son. Deux petites ouvertures qu'il a dans la tête lui tiennent lieu de narines, & une ligne presque imperceptible joint les deux machoires. Il a les yeux assés gros, & l'iris en est isabelle, bordée d'un cercle d'or. Il n'a point de poil, mais des taches sur la peau qui prennent la couleur du lieu où il se rencontre : quand il est en repos & à l'ombre, il paroît d'un gris bleuâtre. Ce gris se change en un gris plus brun & tirant sur le minime, quand il s'expose au Soleil, & ses parties les moins éclairées se changent en differentes couleurs, qui forment des taches grandes à peu près comme la moitié du doigt. Les grains de sa peau qui ne sont point éclairés, sont semblables à des draps mêlés de plusieurs couleurs Si on le manie, il paroît marqueté de taches brunes qui tirent sur le verd, & s'il est mis sous un chapeau noir, il semble être violet. Ceux qui l'envelopent dans un linge, l'en retirent blanchâtre après deux ou trois minutes : mais cet effet n'est pas infaillible, & il ne prend point la couleur des autres étoffes où l'on peut l'enveloper. Sa couleur ne change pas même entiere, mais seulement en quelques parties de son corps. Quelques-uns qui prétendent avoir observé cet animal, disent que lorsqu'il est au Soleil, il paroît vert, quoiqu'il soit en lieu où il n'y ait ni herbes ni arbres, & qu'il paroît noir à la chandelle, encore qu'on le mette sur du papier blanc. Ils disent encore que si on l'enferme dans une boëte, il devient vert & jaune, & qu'il n'est susceptible que de ces quatre couleurs. On en trouve en Arabie & en Mexique, & ceux-ci n'ont que six pouces. On en voit en Egypte qui ont onze & douze pouces en y comprenant la queue. Pline a dit qu'il y avoit des Cameleons aussi grands que des Crocodiles, mais cela ne se trouve pas vrai, non plus que ce que dit Solin de l'antipathie du corbeau qui meurt aussi-tôt qu'il a mangé de la chair de Cameleon. Selon quelques Modernes, le Cameleon, pour éviter les serpens monte sur un arbre, d'où il les épie, & les fait mourir en faisant tomber sa bave sur eux.

CAMELEOPARD s. m. Animal qui se trouve dans l'Abyssinie. Il n'est pas si gros que l'Elephant, mais il est beaucoup plus haut. On l'appelle ainsi à cause qu'il a la tête & le cou comme les Chameaux, & qu'il est tacheté ainsi que le Leopard, mais il l'est de taches blanches sur un fond roussâtre. Il a la queue fort petite ; ce qui le fait appeller par les Ethiopiens, *Firatakacm*, c'est-à-dire, Queue menue. Les Italiens le nomment *Giraffa*, de l'Arabe *Zurafa*.

CAMELOT. s. m. Etoffe de Chameau. Le Camelot fleuré à la presse se nomme *Camelot gauffré*.

CAMION. s. m. Sorte de petite charrette ou haquet que traînent deux hommes, & dont on se sert pour transporter des balots de marchandises d'un quartier d'une Ville dans une autre.

CAMOMILLE. s. f. Petite plante qui croît le long des sentiers dans des lieux âpres, & que l'on cueille au Printems. Sa tige, qui est de la hauteur d'un palme, a plusieurs concavités, d'où sortent diverses branches avec plusieurs ailerons. Ses feuilles sont fort menues & petites, & jettent des têtes rondes. Dioscoride dit qu'il y en a de trois especes, dont toute la difference est dans les fleurs, qui sont toutes jaunes au milieu, mais qui different en ce que les unes sont environnées en dehors de feuilles blanches, les autres de feuilles rouges, & les dernieres de feuilles jaunes. Matthiole dit que les Apoticaires n'emploient point d'autre Camomille que celle qui a sa fleur jaune au dedans & environnée au dehors de feuilles blanches. Celle-ci sent bon, & se trouve ordinairement dans les blés. Les deux autres especes sont connues de peu de gens, & par consequent beaucoup moins communes. Les Sages d'Egypte dédiérent cette herbe au Soleil la tenant pour un singulier remede contre les fiévres. Selon Galien elle n'est bonne que pour celles qui procedent d'une humeur bilieuse ou melancolique. Il dit qu'elle est résolutive, subtiliante & laxative, étant composée de parties subtiles. On ne fait guere de lavemens ni de fomentations où les fleurs de Camomille n'entrent, sur-tout lorsque l'on veut adoucir quelques douleurs de colique, ou amolir quelque humeur pour la faire suppurer. On l'appelle *Chamæmelum*, *Anthemis*, ou *Leucanthemum Dioscoridis*.

CAMP. s. m. Terrain spacieux où une Armée plante le piquet, dresse des tentes, & fait des huttes pour se loger. Quoiqu'on s'y couvre quelquefois d'un retranchement, on se contente souvent de choisir une assiette avantageuse. On choisit toûjours pour faire la tête du camp, le terrain qui fait face vers la campagne où l'on monte le Biouac.

On appelle *Camp volant*, une petite Armée composée de quatre, cinq ou six mille hommes, & quelquefois d'un plus grand nombre, tant Infanterie, que Cavalerie pour tenir la campagne, & faire divers mouvemens, afin d'empêcher les Ennemis de s'attacher à quelque entreprise. Le mot de *Camp* se prend pour l'armée même, dans les noms qu'on donne à quelques principaux Officiers, comme *Maréchal de Camp*, *Mestre de Camp*, *Aide de Camp*.

CAMPAGNE. s. f. Espace de tems pendant lequel on a coûtume chaque année de tenir les Troupes en Corps d'Armée. On dit, qu'*Un homme a fait vingt Campagnes*, pour dire, qu'il a passé vingt années dans le service. On dit, *Tenir la Campagne*, *être maître de la Campagne*, pour dire, Avoir un Corps d'Armée dans un pays, & empêcher les Ennemis de paroître. On dit à peu près dans le même sens, *Mettre en Campagne*, pour dire, Faire sortir les Troupes des lieux où elles sont en quartier d'hiver, pour les assembler, & les mettre en Corps d'Armée.

On appelle, *Piece de Campagne*, un Canon, qui n'étant que d'une grosseur mediocre, peut suivre facilement une Armée dans sa marche. On se sert de ces sortes de Canons dans les batailles & à la tête d'un Camp.

On dit aussi en termes de Chasse, *Battre la Campagne*, lorsque les Chasseurs occupent un grand espace dans quelque plaine pour en faire lever le Gibier. On dit aussi *Battre la Campagne*, en parlant des batteurs d'estrade qui vont découvrir ce que font les Ennemis.

CAMPANE. s. f. Ouvrage de soye, d'or, d'argent filé, où il pend ordinairement des manieres de petites cloches, faites de la même matiere. On en met aux pentes d'un lit, aux imperiales des carosses & à d'autres endroits où l'on veut mettre de riches crêpines. Ce mot vient du Latin *Campana*, qui veut dire, Cloche.

Campane, est aussi un ornement de Sculpture, d'où pendent des houpes en forme de petites cloches. On met de ces sortes d'ornemens à un Dais d'Autel, de Trône, ou de Chaire de Predicateur.

Campane. Terme d'Architecture. Corps du Chapiteau Corinthien, & du Chapiteau Composite, appellé ainsi à cause de la ressemblance qu'il a avec une cloche renversée Il ressemble aussi à une corbeille, autour de laquelle les feuilles naissent, L'Abaque, ou tailloir est au dessus de la Campane, laquelle est appellée *Tambour* ou *Vase* par les Ouvriers. Le rebord qui touche au tailloir se nomme *Levre*.

On appelle *Campane de comble*, des Ornemens de plomb chantournés & évidés, que l'on met au bas du faîte & du brisis d'un comble.

CAMPANELLE. s. f. Sorte de fleur blanche, rouge, bleue ou couleur de gris de lin, qu'on appelle ainsi parce qu'elle est faite en façon de petite cloche. Elle fleurit pendant quatre mois depuis Juin jusqu'en Septembre.

CAMPANINI. s. m. Sorte de marbre qui se trouve dans les montagnes de Carrare, où il y en a de noirs, d'autres tirant sur le gris, d'autres mêlés de rouge, & d'autres qui ont des veines grises. Celui que les Italiens appellent *Campanini*, a reçû ce nom à cause qu'il resonne quand on le travaille, & rend un son fort aigu, en quoi il ressemble à une cloche. Il est naturellement dur, & s'éclate plus aisément que les autres.

CAMPATOIS. s. m. Secte d'Heretiques, qui s'éleverent contre l'Eglise dans le quatriéme siecle, Leur doctrine étoit la même que suivoient les Donatistes & les Circoncellions. Ils sont appellés *Montois* par S. Jerôme dans ce qu'il a écrit contre les Luciferiens.

CAMPEMENT. s. m. Terme de guerre. Logement d'une Armée dans ses quartiers. Outre l'avantage de l'assiete, chaque quartier doit avoir la commodité des eaux & des fourrages, avec la facilité de se retrancher & être disposé de telle sorte que les Troupes fassent front par dehors.

CAMPHRE. f. m. Gomme resineuse, qui distille d'un arbre extrémement haut & large. Cet arbre croît aux Indes dans les montagnes maritimes & dans l'Isle de Borneó, & on en fait de grands cosfres qu'on apporte du Japon. Il y a de deux sortes de Camphre. L'un est celui de Borneo, qui ayant été cuit & épuré par la chaleur du Soleil, ou par le feu, contracte une couleur fort blanche. C'est celui qu'on estime le meilleur, & il nous en vient assés rarement. L'autre est le Camphre de la Chine. On nous l'apporte en Europe tout crud en pains; & comme il n'a point passé par le feu, il est reputé grossier & l'est en effet. Le vrai Camphre doit être blanc, cristallin, pur, d'odeur penetrante & friable. On connoît celui qui est falsifié, en ce qu'étant mis dans un pain chaud au sortir du four, il rôtit, & le veritable fond. Il est excellent pour resister aux venins & à la pourriture, & même pour corriger l'air en tems de peste. Il est aussi diuretique, cephalique & stomachique lorsqu'on le mêle avec d'autres medicamens legerement astringents. Il leur sert de vehicule; mais on doit prendre garde que le Camphre ni les médicamens où il entre ne conviennent point aux femmes grosses ni à ceux qui ont l'estomach foible. Quelques-uns tiennent que l'huile de Camphre, tirée par distillation a une faculté narcotique. Ce qu'il y a de fort particulier dans le Camphre c'est qu'il retient & conserve un feu inextinguible qui brûle dans l'eau, sur la glace & dans la neige. Cela vient de ce qu'il est d'une nature fort tenve & grasse; de sorte que si on en jette dans un bassin sur de l'eau-de-vie, & qu'après les avoir fait bouillir dans quelque lieu étroit & bien fermé, jusqu'à-ce qu'ils soient tout-à-fait évaporez, on y entre avec un flambeau allumé, tout cet air renfermé conçoit le feu aussi-tôt, & ce feu paroît comme un éclair sans causer aucun dommage.

CAMPOIS. f. m. Heretiques qui parurent dans le même siecle que les Campatois, & qui s'attachoient aux erreurs des Ariens. Quoiqu'ils fissent profession de demeurer dans la Communion de l'Eglise, ils ne laissoient pas de croire trois substances dans la Trinité, selon la doctrine de certains Errans, qui au lieu de croire une même substance ou essence en trois Personnes divines, y soutenoient trois hypostases ou substances.

CAN

CANADE. f. f. Terme de Marine. Nom que donnent les Portugais à la mesure de vin ou d'eau que l'on distribue par jour à chacun de l'équipage.

CANAL. f. m. Terme d'Architecture. Partie un peu creusée qui est sous le tailloir après le listeau, & posée sur l'échine ou ove dans le Chapiteau Ionique, & qui se contourne de chaque côté pour faire les volutes.

On appelle *Canal de larmier*, le Platfond creusé d'une corniche qui fait la mouchette pendante.

On appelle *Canal de jardin*, une Piece d'eau fort longue qui est revêtue de pierre ou de gazon.

CANAUX au pluriel sont des especes de cannelures sur une face ou sous un larmier, qui sont quelquefois remplies de roseaux ou de fleurons. On les nomme autrement *Portiques*. On donne aussi le nom de Canaux aux cavités droites ou torses, dont on orne les tigettes des Caulicoles d'un Chapiteau.

Canal est aussi en termes d'Arquebusier, le creux qui est sous le fust d'un fusil, d'un pistolet, &c. où se met la Baguette.

On appelle aussi *Canal*, dans la bouche du cheval, la Concavité qui se rencontre au milieu de la machoire inferieure, & qui est destinée à placer la langue. Les barres la bornent de part & d'autre, & elle va se terminer aux dents machelieres. Les Barbes ou barbillons croissent dans ce Canal.

CANARD. f. m. Oiseau aquatique, qui est le mâle de la Cane. Il y en a de deux sortes, le Canard privé & domestique, qui est peu estimé, & qu'on nomme *Barbotteur*, à cause qu'il trempe presque toûjours son bec dans la bourbé. Les Canards sauvages qu'on nomme *Oiseaux de riviere*, volent ordinairement en troupe l'hiver sur les étangs. La chair des uns & des autres est humide, visqueuse, phlegmatique, excrementeuse, & on ne la digere pas aisément. La graisse de Canard ne laisse pas d'être bonne dans la Medecine. Elle amollit, digere & resout. On s'en sert particulierement pour les douleurs tant internes qu'externes du côté, des jointures, & dans une intemperie froide des nerfs.

On appelle aussi *Canards*, les Chiens qui ont le poil épais & frisé que l'on dresse à aller querir dans l'eau, les Canards & autres Oiseaux qu'on y a tués.

On appelle *Bois canard*, les pieces de bois qui s'arrêtent dans les ruisseaux où on les fait floter à bois perdu. Les Ordonnances donnent quarante jours aux Marchands pour faire pêcher leurs bois canards.

CANARDIERE. f. f. Petit lieu couvert que l'on prépare dans un marais ou dans un étang, & dans lequel celui qui chasse aux Canards, ne peut être vû. Il en peut tuer delà beaucoup par le moyen d'un Canard privé & des rets saillans.

CANARIES. f. f. p. Sorte d'ancienne danse, dans laquelle on s'approche, & on se recule les uns des autres, en faisant plusieurs passages bizarres, & en remuant fort vîte les piés. Quelques-uns tiennent que cette danse a été nommée ainsi, comme venant des Isles qu'on appelle Canaries; & d'autres veulent qu'elle vienne d'un balet où les Danseurs étoient habillés en Rois de Mauritanie. On danse les Canaries sur un air de musique qui est à trois tems, dont chaque mesure commence presque toûjours par une note pointée. La derniere mesure de chaque couplet est composée de deux Notes, dont la premiere fait les deux tiers de la mesure. On a donné aussi à cet air le nom de *Canarie*.

CANASTRE. f. m. Sorte de coffre de cuir, semblable à nos manequins, fait de peaux de bœuf qui sont seches, dont les Espagnols se servent dans les Indes. On mange ce cuir faute d'autre nourriture, en le faisant tremper dans de l'eau, & en le battant entre deux pierres. Ensuite après en avoir gratté le poil avec des couteaux, on le met rôtir sur le feu & on l'avale haché en petits morceaux.

CANCAMUM. f. m. Larme d'un arbre qui croît en Arabie, & qui ressemble en quelque sorte à la myrrhe. C'est là ce qu'en dit Dioscoride, qui ajoûte que le goût en est fâcheux, & qu'on s'en servoit autrefois à parfumer les robes & les vêtemens. Cette sorte de gomme ne se trouve plus aujourd'hui. Les uns croient que c'est la Lacque; les autres, la Gomme animé; d'autres le Benjoin, & d'autres disent qu'elle nous est entierement inconnue.

CANCELLE. f. m. Sorte de petit Cancre, dont la couleur est rousse, & qui se prend avec les petits poissons. Selon Aristote, il ressemble à l'Araignée, excepté qu'il a son devant plus ample & plus large, ainsi que ce qui est sous sa tête & sa poitrine. Il a deux petites cornes roussâtres & minces, au-dessous desquelles sont deux gros yeux qui ne se retirent point comme ceux des Cancres. Plus bas est un os environné de petits poils qui lui servent de moustache. Il a pardevant deux piés fourchés dont il se sert pour porter à sa bouche ce qu'il mange. Il en a deux autres de chaque côté avec un autre petit qui fait le tiers au milieu, & tous ces piés sont comme des branches, qui font qu'on appelle aussi ces animaux *des Branchues*. Ælian dans son histoire des Animaux dit que les petits Cancres qu'on appelle *Cancelli*, naissent tout nuds sans écailles ni coquilles, mais qu'ils en cherchent pour s'en servir comme d'une maison, & que lorsqu'ils ont trouvé quelque coquille vuide, soit de Pourpre, ou de Turbin, ils entrent dedans, & s'y accommodent, jusqu'à ce qu'étant devenus trop gros, ils soient obligés d'en chercher une plus grande. Il dit encore qu'il y a souvent combat entr'eux pour ces sortes de maisons, & que les plus forts font la loi aux plus foibles, & les en dépouillent.

CANCRE. s. m. Poisson d'eau douce, d'étang ou de mer, qui a le corps rond, & couvert de croute ou de coque dure. Il a deux bras fourchus, & quatre piés de chaque côté. Selon Rondelet, il n'a point de queue, ou s'il en a une, il la tient serrée. Cela se rapporte à ce qu'Aristote dit que le Cancre est le seul de tous les poissons à écaille qui ne soit point gouverné par sa queue. Matthiole dit que les cancres sont fort communs à Venise, où ils sont appellés *Molecca*, parce que ce poisson est fort mol lorsqu'il est hors de son écaille. Il dit encore que presque toutes les rivieres & les ruisseaux de Toscane en sont pleines, & que les gens de Marine, appellent les mâles *Granci*, & les femelles *Macinettes*. Il met aussi au nombre des Cancres les *Maies*, qu'on appelle *Grancevoles* en Italie, & les *Squaranchons*, qu'on y appelle *Granciporro*. La cendre des Cancres de rivieres brûlés, prise en breuvage avec de la racine de Gentiane, & autres semblables, est un singulier remede pour les morsures des chiens enragés. Les Cancres marins n'ont pas la même efficace. Quelques-unes tiennent, que si on prenoit dix Cancres de mer ou de riviere broyés avec une poignée de Basilic, & qu'on les posât en quelque lieu où il y eût des Scorpions, ils s'y assembleroient tous.

CANDÉ. s. m. En plusieurs endroits c'est la même chose que Confluant. Ainsi on appelle *Candé*, l'embouchure où la Vienne se joint à la Loire. On dit *Condé* en d'autres endroits, & *Cognac* en d'autres.

CANDELABRE. s. m. Mot tiré du Latin *Candelabrum*, pour dire, Un grand Chandelier de salle à plusieurs branches, fait à la maniere des anciens.

On en met dans les grands chœurs à 3. 5. & 7. branches. Celui de saint Pierre d'Angers est gravé dans le Voyage Liturgique du sieur Moleon.

Candelabre, est aussi un Chandelier en forme de grand balustre qu'on met pour amortissement à l'entour d'un dôme; on voit ces sortes de Candelabres aux dômes de la Sorbonne, & du Val de Grace à Paris.

CANDELETTE. s. f. Terme de Marine. Corde garnie d'un crampon de fer, dont on se sert à mettre l'ancre sur les bosseurs, lorsqu'elle est sortie de l'eau.

CANDIR. v. n. pass. Furetiere dit que les confitures, qui ne sont pas bien cuites, se candissent; elles se candissent pour être trop cuites & se chancissent ou se démissent pour ne l'être pas assés, ou pour être en un lieu humide.

CANDOU. s. m. Arbre gros comme un noyer qui croît aux Maldives, & qui ne porte aucun fruit. Sa feuille approche de celle du Tremble. On s'en sert comme d'un fusil en ce pays-là; sa proprieté étant telle, que quoiqu'il soit plus mol & plus leger que le liege, on en fait sortir du feu en le frottant contre un autre arbre de même nature.

CANE. s. m. La femelle du Canard. Oiseau aquatique, qui incline le corps deçà & delà en marchant, & qui se nourrit près des moulins, des étangs & des marais. Il y a aussi une *Cane de mer*. C'est un oiseau de couleur tannée, avec un colier blanc autour du cou, qui a le bec un peu long & noir, & les jambes noires.

CANEPETIERE. s. f. Oiseau de campagne, plus petit qu'une Outarde, mais qui lui ressemble beaucoup. Sa chair n'est pas moins délicieuse à manger que le Faisan.

CANEPIN. s. m. Peau fort déliée qu'on leve de dessus la peau du mouton, après qu'on l'a laissée quelque peu dans de la chaux. On en fait des éventails, & des gands de femmes que l'on appelle autrement Gands de cuir de poule. Les Chirurgiens s'en servent pour éprouver leurs lancettes.

Canepin est aussi une petite pelure bien déliée, qu'on prend du dehors de l'écorce du Bouleau, ou au-dedans de l'écorce du Tilleul. Les Anciens se servoient de cette pelure pour écrire.

CANETER. v. n. Il se dit de ceux qui marchent en inclinant le corps deçà & delà comme font les Canes.

CANETTE. s. f. Terme de Blason. On s'en sert en parlant des petites canes, qui se representent comme les Merlettes avec les ailes serrées. La difference est qu'elles ont bec & jambes, ce que n'ont pas les Merlettes.

CANIDE. s. m. Sorte de Perroquet qui se trouve dans les Antilles, & que la beauté de son plumage fait fort estimer. Il est de la grosseur d'un Faisan, & toutes les plumes qu'il a sous le ventre, sous les ailes & sous le col, sont de couleur d'aurore tabisée. Il a le dessus du dos & la moitié des ailes d'un bleu celeste & très-vif, la queue & les grandes plumes des ailes entremêlées d'un incarnadin fort éclatant, diversifié d'un bleu comme le dessus du dos, d'un vert naissant & d'un noir luisant, & sa tête couverte d'un petit duvet de couleur de rose, marqueté de vert, de jaune, & de bleu mourant, qui s'étend en ondes jusqu'aux dos. Ses paupieres sont jaunes, & la prunelle de ses yeux jaune & rouge. On voit sur sa tête comme une toque de plumes d'un rouge vermeil, bordée de plusieurs autres plumes plus petites de couleur de gris de perles.

CANIF. s. m. Espece de petit couteau, dont la lame est fort étroite & pointue pour tailler les plumes, & dont les Tailleurs se servent pour couper les boutonnieres. Quelques-uns prononcent Ganif.

CANIVEAUX. s. m. p. On appelle ainsi les plus gros pavés, qui sont assis alternativement avec les contre-jumelles, & qui traversent le milieu du ruisseau d'une rue où les chariots passent.

CANNE. s. f. Mesure Romaine, qui est composée de dix palmes. Ce sont six piés onze pouces de Roi. C'est aussi une mesure qui a cours en Provence & en Languedoc, & qui contient une aune de Paris & deux tiers. La Canne de Toulouse en contient une aune & demie.

Canne est aussi un arbre qui vient en forme de roseau. Il y en a de fort hauts, & d'un bois extrêmement serré, dont on fait quelquefois des mâts en Orient. La Canne se forme de plusieurs feuilles larges, qui s'entortillent ensemble en croissant à la maniere des épis de blé. En general on connoît trois sortes de Cannes, la Canne commune, la Canne odorante, la Canne qui porte le sucre.

La Canne commune, n'est autre chose que le Roseau commun qui croît dans les eaux & dans les endroits marécageux. Les Medecins se servent de sa racine, qui est chaude & seche, & fort attractive.

La Canne odorante, est une plante qui vient dans les Indes, & qui est mise au rang des Roseaux. C'est ce que les Droguistes & Apothicaires appellent *Calamus aromaticus*, auquel ils substituent l'*Acorus verus*. Il est acre, cephalique, stomachique, hepatique, hysterique & diuretique.

La Canne qui porte le sucre, est une plante de sept ou huit piés, fort grosse, pleine de nœuds, entourée de plusieurs feuilles longues, étroites & cannelées. Cette plante est spongieuse, moëlleuse & remplie au-dedans d'un suc très-doux, qu'on fait distiller en forme de larmes, en faisant une incision à son écorce. On tire aussi ce suc par élixation de la moëlle, jusqu'à ce que toute la liqueur soit épaissie au fond du vaisseau en forme de sel. Les racines de cette sorte de canne ressemblent à celles des cannes communes; mais elles ont moins de bois, & sont plus douces & plus succulentes. Ces racines poussent des rejettons, qui étant transplantés n'ont point de peine à reprendre, & ont à la fin la grandeur des autres cannes.

On appelle aussi *Cannes*, certaines especes de grands roseaux qu'on emploie en Italie & en Levant, au lieu de dosses pour garnir les travées entre les cintres lorsque l'on construit des voutes.

CANNELADE. s. f. Terme de Fauconnerie. Sorte de curée qu'on prépare pour le vol du heron. Elle se fait avec du sucre, de la cannelle, & de la moëlle de cet oiseau. Les Fauconniers la donnent à leurs oiseaux pour les échauffer à ce vol.

CANNELÉ', ÉE. adj. On appelle *Colomne cannelée*, la colomne qui a des cannelures. Ce mot est aussi en usage dans le Blason, & se dit de l'engrelûre dont les dos sont en-dehors & les pointes en-dedans, de même, que les cannelures des colomnes en architecture.

On dit aussi *Cannelé* en termes de Teinture, pour dire, Qui est de couleur de cannelle.

CANNELER. v. a. Terme d'Architecture. Tailler de petits canaux du haut en bas du fust des colomnes, pilastres, graines de terme, &c. On dit aussi *Canneler*, pour dire, Faire de petites cavités en rond dans des colomnes, celles des Triglyphes sont en triangle, & autres ornemens d'Architecture.

CANNELLE. s. f. Ecorce d'un arbre qui est grand & gros comme un Oranger, & qui croît naturellement & sans culture dans l'Isle de Ceilan, & dans d'autres lieux des Indes Orientales. Cet Arbre a plusieurs branches longues, fort droites & fort épaisses, bien arrangées & sans nœuds, dont il sort encore de petits rameaux couverts de feuilles assés grandes. Ces feuilles ressemblent à celles du Laurier cerisier, & sont attachées deux à deux par de petites queues. Elles sont un peu plus longues vers leur pié, & se terminent en pointe. Chacune a trois ou quatre nerfs en long. Ces petits rameaux poussent plusieurs petites fleurs blanches & de bonne odeur, & après ces fleurs naissent des fruits qui sont de la grosseur & de la figure d'une olive. Ils sont verts d'abord, & deviennent noirs & reluisans lorsqu'ils ont atteint leur maturité. Le bois de cet arbre n'a aucun goût, & n'envoie aucune odeur. Sa principale vertu est dans son écorce, qui semble être double lorsqu'elle est recente. Elle a sa superficie grisâtre, fort odorante & aromatique, & le dedans de la couleur ordinaire de la cannelle. On la pourroit alors diviser en deux écorces de differente couleur; mais étant séchées ensemble, elles sont inséparables, & passent pour la même écorce, la couleur grisâtre de la superficie, se changeant en la couleur ordinaire, à mesure qu'elle seche. La Cannelle pour être bonne doit être d'un goût piquant & fort agreable, & avoir une couleur rousse & assés vive. Ses qualités sont d'échauffer & de dessécher. Elle est de parties subtiles, & a une forte acrimonie au goût avec une legere astriction; ce qui fait qu'elle découppe & dissout les superfluités du corps. On trouve dans les Indes Occidentales une autre sorte de Cannelle, qui vient d'un Arbre grand comme l'olivier. Il produit certaines bourses avec leurs fleurs, qui étant broyées, ont en quelque sorte le goût & l'odeur de la Cannelle d'Orient.

On appelle aussi *Cannelle*, la fontaine qu'on met à un muid, pour en tirer la liqueur lorsqu'il est en perce.

CANNELURE. s. f. Cavités à plomb, arrondies par les deux bouts qui sont autour du fust d'une colomne. Ce mot vient de *Canal*, à cause que les Cannelures sont comme un canal le long des colomnes, ou du mot de *Cannes* ou roseaux qui les remplissent. Elles different dans l'ordre Dorique de celles des autres ordres, en ce qu'elles sont moins profondes, & qu'il n'y a point de listel qui les sépare; ce qui les fait appeller *Cannelures à vive arrête*. Il n'y en a pas même un si grand nombre aux colomnes Doriques qu'aux autres. Vitruve n'y en met que vingt; mais cela ne s'observe point presentement. On en met vingt-quatre indifferemment à tous les ordres, & jusqu'à vingt huit & trente-deux à l'ordre Corinthien. On appelle *Cannelures ornées*, celles qui dans la longueur du fust, ou depuis le tiers d'en bas, ont de petites branches de laurier, de lierre, de chêne, &c. ou qui ont des fleurons & autres ornemens qui le plus souvent sortent des roseaux; *Cannelures torses*, celles qui tournent en vis autour du fust d'une colomne; *Cannelures avec rudentures*, celles que l'on voit remplies de bâtons, de roseaux ou de cables jusqu'au tiers du fust; *Cannelures de gaine de terme ou de consoles*, celles qui ne sont pas si étroites par le haut que par le bas, & *Cannelures à côtés*, celles qui ont des baguettes ou astragales aux côtés ou au-dessus, & que des listels de certaine largeur séparent. *Les cannelures plates*, sont celles qui sont en maniere de pans coupés au nombre de seize, comme l'ébauche d'une colomne Dorique, ou qui sont creusées quarrement dans le tiers du bas d'un fust, en maniere de demi-bastions ou petites faces.

CANON. s. m. Piece d'Artillerie, faite de fer ou de fonte. Elle est creuse en forme de tuyau, & porte environ dix piés & demi de long, & six pouces quatre lignes de calibre. Le Canon ordinaire des batteries d'aujourd'hui ne passe pas vingt-quatre livres de balle. La charge de poudre pour chaque piece, doit avoir à peu près la moitié du poids de son boulet, & il faut pour la servir deux Canoniers avec trois Chargeurs. Quand on l'a placée sur une batterie, elle peut tirer par heure dix à douze coups, & quelquefois jusqu'à quinze ou seize. Après qu'elle a tiré trente coups, on prend pour la rafraîchir deux pintes de vinaigre, qu'on mêle avec quatre pintes d'eau, & qu'on met dans l'ame après avoir bien bouché la lumiere. Sans cette précaution elle seroit en risque de crever, ou de s'éventer. Le Canon commun, dont le boulet pese trente-trois livres, est de la premiere & vieille espece, & celui de la nouvelle en pese trente-six. Il sert à battre en ruine; mais comme il est très-pesant & difficile à traîner, on l'emploie d'ordinaire pour un assaut en le chargeant à cartouche, afin de battre & de découvrir de loin, soit pour attaquer quand on fait les premieres approches, ou pour se défendre en le plaçant sur un cavalier. Les autres especes de canon dont on se sert sur terre, & sur-tout en France, sont la Coulevrine, la Bâtarde, la Moyenne & le Faucon & le Fauconnier. Ces deux dernieces pieces d'Artillerie sont les plus faciles à être servies, & on les appelle communement *Pieces de campagne*, parce qu'elles suivent toûjours l'armée en campagne. La facilité qu'il y a de les charger promptement, fait qu'on s'en sert plûtôt que des autres; outre qu'il ne faut pas tant de soin pour les conduire, & qu'étant prêtes en fort peu de tems, leurs décharges sont plus frequentes. Les Canons des Vaisseaux, qui sont plus pesans de métal que ceux de terre, à cause de l'effort que reçoivent les pieces sur mer par la necessité où l'on se trouve de les charger quelquefois de boulets à deux têtes, sont montés sur des affûts semblables à ceux des Mortiers. Il y a quatre petites roues, chacune d'une piece qui les portent, & ces roues n'ont point de rais. La Drague & le Palan servent à affoiblir le recul, & à remettre la piece en batterie. On dit *Canon à la serre*, pour dire, Un Canon qui est saisi en-dedans, & dont la volée porte contre le haut du sabord. *Canon aux sabords*, sont ceux qui sont mis en état d'être tirés. On appelle *Canon allongé contre le bord*, Celui qui est saisi de long contre le côté du Vaisseau; & *Canon détapé*, Celui qui est débouché, ou dont la tape est hors de la bouche du Canon. *Canon démaré*, est un canon qui a rompu les cordes qui l'amarroient; & *Canon démonté*, est celui qui est hors de dessus son affût, ou dont l'affût s'est rompu par accident.

Canon, est aussi la partie des fusils, mousquets, pistolets, &c. où l'on met la charge de poudre & de plomb; & en ce sens on appelle *Canon rayé*, un Canon qui a dedans quelques cannelures, & dans lequel on enfonce une balle à force, ce qui fait tirer plus droit.

Canon, en termes de Serrurier, est une espece de tuyau de fer qui est dans les ferrures, & par où entre le bout de la clef, quand elle n'est pas forée. C'est aussi la partie d'une clef qui est forée, & qui joint l'anneau.

Canon, est aussi une sorte d'embouchure pour un cheval, & n'est autre chose, qu'un fer d'une longueur arrondie, forgé de telle sorte, qu'il s'éleve peu à peu vers le milieu, & monte vers le palais, afin que le vuide qui est au-dessous, donne un peu de liberté à la langue du cheval. Ce Canon est quelquefois composé de deux pieces qui se plient au milieu, & quelquefois d'une seule qui ne plie point, comme le canon à trompe.

On appelle aussi *Canon*, une espece de tuyau qui entre dans le corps d'un Arrosoir, & au bout duquel est la pomme pleine de petits trous, par où l'on fait sortir l'eau pour arroser.

On dit encore *Canon à devider*. C'est une maniere de petit bâton tourné avec des rebords, où presque à son extrêmité il y a un trou pour mettre la broche du rochet.

Canon dans un cheval, est la partie de la jambe du train de devant, comprise entre le genouil & la seconde jointure du pié, qu'on appelle le Boulet.

Canon, est aussi un terme d'Imprimeur, & signifie une sorte de caractere dont on se sert pour l'impression. *Il faut imprimer cela de gros Canon, de petit Canon.* Ces caracteres sont avant le gros Romain & le Parangon.

Canon, se dit aussi parmi les Architectes, d'une goutiere de plomb, faite avec des feuillages & en forme de canon.

On appelle *Canon de goutiere*, des Bouts de tuyaux de cuivre ou de plomb par où les eaux de pluie se répandent au-delà d'un cheneau & d'une cymaise par les gargouilles.

Canon, est aussi le tuyau d'une plume dont on se sert pour écrire.

CANONNIERE. s. f. Sorte de tente de toile à deux mâts pour reposer les Canonniers. C'est aussi une Ouverture qu'on laisse dans les gros murs pour faire écouler les eaux. Les enfans appellent *Canonniere*, un Morceau de sureau vuidé, long d'un demi-pié, où ils mettent des manieres de bales qu'ils font de papier maché, & qu'ils se jettent les uns contre les autres, en les faisant sortir avec force, par le moyen d'un bâton qu'ils font entrer dans la canonniere.

CANOT. s. m. Petite chaloupe, petit bateau destiné au service d'un grand bâtiment. On appelle *Canot de bois*, dans les Pays étrangers, un Canot fait d'un seul arbre que l'on a creusé. Il y a aussi des *Canots de sauvages*, & *des Canots d'écorce*. Ce sont de petits bateaux faits d'écorce d'arbre, dont se servent les Sauvages de l'Amerique Septentrionale. Ceux de Canada les font d'écorce de bouleau, & assés grands quelquefois pour contenir quatre ou cinq personnes. On dit *Canot jaloux*, pour dire, Un Canot qui a le côté foible.

CANTAL. s. m. Sorte de bon fromage, auquel on croit qu'une montagne d'Auvergne a donné le nom.

CANTALABRE. s. m. Chambranle ou bordure simple d'une porte ou d'une croisée. Ce mot n'est en usage que parmi les Ouvriers.

CANTANETE. s. f. On appelle *Cantanetes*, en termes de mer, Deux petites ouvertures rondes, entre lesquelles est le gouvernail. C'est par où le Gavon reçoit la lumiere.

CANTHARIDE. s. f. Sorte d'insecte, qui a des piés & des ailes comme les mouches, & qui est de couleur verte, fort luisante, & qui tire assés sur le violet. Les Cantharides se forment d'une espece de vermisseaux, qui naissent d'une certaine humeur attachée & inherante aux blés & aux feuilles du frêne & du peuplier. Parmi celles qui s'y trouvent on choisit les Cantharides, qui étant de differentes couleurs, ont sur les ailes des lignes jaunes transversales. Il faut aussi pour être choisies, qu'elles soient épaisses & recentes. On les fait mourir en les mettant au-dessus de la vapeur d'un très-fort vinaigre que l'on fait bouillir exprès; après quoi on les fait secher, & elles se gardent environ deux ans sans perdre rien de leurs qualités. Ces qualités sont d'être très-acres, corrosives & ulceratives; ce qui les fait mettre au rang des poisons. Ainsi on ne les doit employer qu'exterieurement, pour exciter des vessies sur le cuir, lorsque l'on veut attirer du dedans au dehors, & détourner une fluxion qui tombe sur quelque partie considerable. On s'en sert aussi en forme de veficatoire, pour ouvrir quelque apostume superficielle. On tient qu'elles appaisent le mal de dents, étant appliquées à la temple ou sous l'oreille. Quoiqu'elles soient venimeuses, & particulierement ennemies de la vessie, on ne laisse pas quelquefois d'en faire prendre interieurement deux ou trois grains; mais il faut pour cela qu'elles soient bien corrigées & purgées de leurs têtes, de leurs piés & de leurs ailes. Ce qui rend cette grande précaution necessaire, c'est qu'ayant une chaleur excessive, & une faculté corrosive & mordicante, elles rongent les intestins, enflâment le foye, & exulcerent la vessie, en sorte que l'ardeur d'uriner qu'elles causent, fait pisser le sang tout clair. Matthiole dit que les Cantharides ont pris leur nom du Grec κάνθαρος, qui selon Aristophane, veut dire l'animal qu'on appelle en Latin *Scarabæus*, & en François *Fouillemerde*.

CANTHUS. s. m. Terme de Medecine. Le coin ou l'angle de l'œil. On appelle *Grand Canthus*, celui qui est auprès du nés, & *Petit Canthus*, le coin qui est vers la temple. Ce mot vient du Grec κανθὸς, qui veut dire la même chose.

CANTIBAI. Nom que les Charpentiers & Menuisiers donnent aux dosses ou pieces de bois, qui sont pleines de fentes & qui ne valent guere.

CANTINE. s. f. Petit coffre qui est divisé en plusieurs cellules, & dans lequel on met des bouteilles pour les transporter. On l'appelle autrement *Cave*.

C'est aussi un Cabaret privilegié pour les troupes en garnison, en quartier d'hiver, ou en campagne, où l'on ne paye pas tant de droits.

CANTON. s. m. Terme de Blason. Partie quarrée de l'écu, un peu plus petite que le quartier. On appelle aussi *Cantons*, les espaces que laissent les croix & les sautoirs.

CANTONNE', E'E. adj. Il se dit dans le Blason, lorsque les espaces que les croix & les sautoirs laissent vuides, sont remplis de quelques figures. *De gueules à la croix d'argent, cantonnée de quatre coquilles de même.*

Cantonné, est aussi un terme d'Architecture, & lorsque l'encoignûre d'un bâtiment est ornée d'un pilastre ou d'une colonne angulaire, ou de chaînes en liaison de pierre de refend, ou de bossages, ou enfin de quelque autre corps qui excede le nu du mur, on dit que *Le bâtiment est cantonné.*

CANTONNIERE. s. f. Terme de Tapissier. Morceau d'étoffe, large d'un quartier & demi, dont la colomne du pié du lit est couverte.

CAP

CAP. s. m. Terme de Marine. Avant d'un Vaisseau. On dit *Mettre le cap, porter le cap à terre ou au large*, pour dire, Mettre la proue du Vaisseau du côté de la terre ou de la mer. *Porter le cap au vent*, c'est Presenter le cap au vent. *Avoir le cap à marée*, se dit lorsque le Vaisseau presente l'avant au courant de la mer.

On appelle aussi *Cap*, une pointe ou langue de terre qui s'avance dans la mer, & l'on dit, *Doubler le cap, parer le cap*, pour dire, Passer de l'autre côté du cap.

On appelle *Cap de Mouton*, un petit Billot de bois, taillé en façon de poulie, percé par trois endroits, & ayant une ride ou petite corde à chaque trou. Les bords en sont moins épais que le milieu, & il y a tout autour une bande de fer qui les fortifie, afin d'empêcher que le bois n'éclate. Il faut ordinairement treize douzaines de Caps de Mouton pour équiper un Vaisseau, & douze douzaines de poulies. *Le Cap de Mouton*, qu'on appelle *de Martinet*, a la figure d'un ovale, où les lignes du Martinet sont passées. Ce qu'on appelle *Caps de mouton à croc*, sont de petits Caps de Mouton, où il y a un croc de fer pour accrocher au côté d'une chaloupe. C'est-là qu'on a coûtume de les faire servir pour retenir les haubans.

Cap de More, est une autre sorte de Billot qui embrasse le tenon des mâts, ou le bâton de pavillon. Il est percé en mortoise, & taillé à peu près en quarré. On l'appelle aussi *Tête de More*.

On appelle en termes de Manége, *Cheval Cap de More*, un cheval de poil rouan, & qui outre son mêlange de poil gris & bai, a la tête & les extrêmités noires.

CAPARAÇON. s. m. Couverture de toile ou de treillis, que l'on met sur un cheval lorsqu'il est à l'écurie. Les Caparaçons des chevaux de main sont de drap, ornés & chargés des armes ou des chiffres du Maître. C'étoit autrefois une armure de fer dont on couvroit le cheval de bataille.

CAPE. s. f. Terme de Marine. La grande voile qu'on met au grand mât. On l'appelle autrement *Le grand Pacfi*. On dit *Etre à la Cape*, pour dire, Ne porter que la grande voile bordée & amurée tout arriere. On met aussi à la Cape avec la misaine & l'artimon.

On appelle *Cape de Bearn*, un habillement de gros drap, court, sans manches, & au derriere duquel il y a un capuchon. C'étoit autrefois un gros manteau de campagne, dont la partie superieure étoit taillée de telle maniere, que l'on y pouvoit fourrer la tête.

CAPEER. v. n. Aller à la cape, mettre le Vaisseau à la cape; c'est-à-dire, Ferler toutes les voiles, & faire servir seulement la grande voile, & en portant le gouvernail sous le vent, mettre le Vaisseau au côté à travers, pour le laisser aller à la dérive. Cela se fait quand on se veut maintenir long-tems dans un parage, soit dans un gros tems, soit de nuit, lorsqu'on est près d'une Côte que l'on n'a pas encore reconnue. On dit aussi *Capeyer*.

CAPELER. v. a. Terme de mer. On dit, *Capeler les haubans*, pour dire, Passer les haubans par dessus la tête du mât pour les mettre en place.

CAPELET. s. m. Terme de Manége. Enflure qui vient à l'extrêmité du jarret d'un cheval, au train de derriere, & qui est grosse à peu près comme un éteuf.

CAPELINE. s. f. Bonnet couvert de plumes au-dessus duquel il y a une petite aigrette. C'est aussi un chapeau galant, que les femmes portent par ornement à la chasse, au bal & en mascarade. Il est à grands bords, & fait ordinairement de paille, doublée de taffetas ou de satin avec des plumes. Ce n'est quelquefois qu'un simple bonnet de velours bien garni de plumes. On a appellé dans le Blason *Capeline*, une espece de Lambrequin que les anciens Chevaliers portoient sur leur tête; ce qui a fait dire *Homme de capeline*, pour signifier, Un homme hardi, resolu, & déterminé à bien combattre.

CAPENDU. s. m. Pomme de la même figure des pommes de Reinette; mais plus douceâtre, & qui n'a pas le goût si aigret. Quelques-uns prétendent qu'il faut dire *Courtpendu*, à cause que cette pomme a la queue fort courte.

CAPILLAIRE. s. m. Nom qu'on donne à certaines herbes dont on fait des syrops bons pour le rhume. On les appelle ainsi, parce qu'elles croissent en filets aussi déliés que les cheveux. Il y a de cinq sortes de Capillaires; l'*Adianthum nigrum*, l'*Adianthum album*; le *Salvia-Vita*, que quelques-uns appellent *Ruta muraria*, & d'autres *Saxifraga*; le *Polytrichum aureum*, & l'*Asplenium* ou *Scolopendrium*, qui est le Ceterach des Apothicaires. Il y a encore d'autres Simples, sçavoir l'*Hæmonitis*, & la *Rorida*, autrement *Ros Solis*, qu'on appelle *Capillaires*, mais plus improprement que ces cinq premieres sortes. Les Capillaires croissent ordinairement dans les fentes des rochers & dans les lieux raboteux & pleins de pierres. Ils ne portent ni fleurs ni graine, & on ne se sert que de leurs feuilles, qui sont attachées à leurs petits troncs. Ils nettoyent la poitrine & l'estomac, désopilent le foye & la rate, purifient le sang, & étant broyés en huile, ils sont bons pour raffermir les cheveux qui tombent.

Capillaire, se dit aussi de certaines veines & arteres, qui sont aussi déliées que des cheveux. Elles jettent peu de sang, & quand elles sont crevées, on a beaucoup de peine à les étancher.

On appelle aussi *Fracture Capillaire* en Chirurgie, Une fracture qui est si petite, qu'on n'a pas moins de peine à l'appercevoir, qu'on en a à voir un cheveu.

CAPILLATURE. s. f. Les Medecins Botaniques emploient ce mot, aussi-bien que celui de *Capillament*, lorsqu'ils parlent des plantes qui ont des feuilles ou des racines qu'on pourroit dire des especes de cheveux, tant elles sont déliées.

CAPILLUS VENERIS. s. m. C'est l'*Adianthum nigrum*, que les Grecs appellent πολύτριχον ou καλλίτριχον, & les Latins *Cincinnalis*, *Capillus terræ*, *supercilium terræ*, & *Crinita*. Il a de petites feuilles un peu chiquetées à la cime, & qui sont semblables à celles du Coriandre. Les petites branches qui les portent sont noires, fort menues & de la hauteur d'un palme. Il ne jette ni tige, ni fleur, ni graine, & sa racine n'est d'aucun usage. La décoction de l'herbe est bonne à ceux qui ont peine à respirer, ou à uriner. Elle est propre aussi à la rate & à la jaunisse.

CAPION. s. m. Terme de Marine. Nom dont les Levantins se servent, appellant l'estrave, *Capion de proue*, & l'estambord, *Capion de pouppe*.

On dit *Capion à Capion*, pour signifier, La distance de l'extrêmité de la pouppe à celle de la proue.

CAPISCOL. s. m. Nom qui est donné au Chef ou Doyen en plusieurs Chapitres & Eglises Cathedrales ou Collegiales. Du Cange dit que ç'a été aussi une Charge militaire. Borel explique ce mot par *Maitre d'École*. Il vient en ce sens de *Caput Scholæ*.

CAPITAINE. s. m. *Chef d'une Compagnie de gens de guerre, soit à pié, soit à cheval.* ACAD. FR. Lorsque la Compagnie marche, le Capitaine a toûjours son poste à la tête. On appelle *Capitaine-Lieutenant*, Celui qui commande une Compagnie d'Ordonnance, comme une Compagnie de Gendarmes, ou une Compagnie de Chevaulegers du Roi, de la Reine, de Monseigneur le Dauphin & de Monsieur, qui sont les Capitaines de ces Compagnies. Il y a aussi un Capitaine-Lieutenant dans chacune des deux Compagnies des Mousquetaires du Roi. *Capitaine des Gardes*, est l'Officier qui commande une des quatre Compagnies des Gardes à cheval qui ont l'honneur de servir auprès de la personne du Roi, & *Capitaine aux Gardes*, Celui qui commande une des Compagnies d'Infanterie qui composent le Regiment des Gardes Françoises. On dit *Capitaine en second*, pour dire, Celui qui commande une partie d'une Compagnie, quand elle est trop forte d'hommes. Cette place se donne toûjours à des Capitaines reformés, afin de leur faire avoir une espece de commandement. On appelle *Capitaine en pié*, Un Officier dont on a conservé la Charge ou la Compagnie lorsque l'on a reformé les Troupes; *Capitaine Reformé*, Celui dont l'on a supprimé la place & la Charge, & *Capitaine Reformé en pié*, Un Mestre de Camp dont on a réduit le Regiment en Compagnie franche. *Capitaine d'Armes*, est un Officier établi dans chaque Compagnie Suisse, dont la fonction est de veiller sur les armes de la Compagnie, de donner ses ordres afin qu'elles soient toûjours en bon état, & d'en distribuer de nouvelles, selon les occasions. Il y a aussi des Capitaines d'armes sur mer. Ils servent au-dessous des Enseignes sur les Navires de guerre. *Capitaine en pié*, est un Capitaine du grand Etat, qui a sa Commission du Roi pour commander un Vaisseau. On appelle *Capitaines de Fregate legere*, *de Galiote*, *de Brûlot*, les Officiers qui commandent ces sortes de bâtimens. Ils sont tous tirés du petit Etat. Le *Capitaine de Flûte*, qui en est aussi tiré, est un Officier de Marine qui monte un Vaisseau du Roi, chargé des choses necessaires pour l'armée. On dit, *Capitaine des Matelots*, en parlant de l'Officier Marinier qui leur commande sous le Maître de l'Equipage. *Capitaine de Port*, est celui que l'on établit dans quelque Port considerable, où il y a un Arsenal de Marine. Il y commande une garde pour la sûreté de toutes choses, & outre le soin qu'il a de l'amarrage des Vaisseaux du Roi, il a celui d'obliger tous les Navires qui arrivent à rendre les saluts accoûtumés. On donne aussi le nom de *Capitaines* aux Concierges ou Gouverneurs des Maisons Royales, à ceux qui commandent les Gardes des Chasses, les Archers des Gabelles, & les Milices des Bourgeois dans les Villes qui sont distribuées par Compagnies. Les *Capitaines Gardes-Côtes*, sont ceux qui commandent la Milice que l'on établit pour garder les Côtes, & pour empêcher les Ennemis de faire quelque descente.

Capitaine. Sorte de poisson qui se pêche le long des Côtes de Isles de l'Amerique. On l'appelle ainsi à cause qu'il est fort rouge, & qu'il a sur le dos une empennure qui se leve comme un grand pennache. Il est armé de grandes pointes piquantes comme des aiguilles, & il a deux ailerons ou nageoires de même façon, dont il se sert pour se battre contre les autres poissons. Il a du rapport avec la carpe, étant couvert d'écailles comme elle, mais il est beaucoup plus grand & plus gros. Sa chair est blanche, de bon goût & fort nourrissante. On en pêche qui ont trois grands piés de long & dix pouces d'épaisseur.

CAPITALE. s. f. Terme de guerre. On appelle *Capitale de Bastion*, Une ligne qui est tirée depuis l'angle de la figure jusqu'à l'angle flanqué, ou depuis la pointe du Bastion jusqu'au milieu de la gorge. Les Capitales ont depuis trente-cinq jusqu'à quarante toises, c'est-à-dire, depuis la pointe du Bastion jusqu'à l'endroit où se rencontrent les deux demi-gorges.

CAPITANE. s. f. Terme de Marine. On appelle *Galere Capitane*, la principale Galere non seulement des Puissances Maritimes, & des Etats Souverains qui n'ont pas titre de Royaume, mais aussi de quelques Royaumes annexés à un plus grand. Depuis la suppression de la Charge de Capitaine General de nos Galeres que possedoit le Marquis Hippolite Centurion, qui en 1669. avoit mis la France en possession de sept Galeres qui étoient à lui, nous n'avons plus eu de Galere Capitane. La principale a été nommée *Reale*, & la seconde *Patronne*. La Capitane porte trois fanaux, posés en ligne courbe, & non pas en ligne droite, comme ceux de la Reale.

CAPITATION. s. f. Imposition, droit qui se leve par tête, eu égard à ce que chaque personne peut gagner par son industrie & par son travail. Les premieres Capitations furent imposées en France sous le nom de *Fouages*, & elles duroient seulement un an. On les nomma *Tailles* sous Charles VII. lorsqu'elles lorsqu'elles devinrent perpetuelles.

CAPITEL. s. m. On appelle ainsi le plus clair & le plus liquide d'une lessive composée de cendres, d'eau & de chaux vive, c'est-à-dire, ce qui sort le premier par un petit trou qui est au bas du vaisseau où la lessive a été enfermée pendant trois jours. Le Capitel entre dans la composition du savon, tant blanc que noir.

CAPITOLE. s. m. Nom que l'on donna à la fameuse Forteresse de Rome, où l'on bâtit un Temple à Jupiter, qui fut appellé de-là *Jupiter Capitolin.* Les premiers fondemens en furent jettés l'an 139. de Rome par Tarquin l'ancien, & ce fut Tarquin le Superbe qui la fit achever l'an 221. On la nomma Capitole, du mot Latin *Caput*, à cause d'une tête qu'on y trouva en creusant les fondemens de ce Temple. Le Capitole fut brûlé sous Vitellius, & Vespasien le fit rebâtir dans le tems de la destruction du Temple de Jerusalem. Le feu du Ciel l'ayant encore brûlé sous l'Empire de Tite, Domitien le fit rebâtir tout de nouveau avec plus de pompe, & ordonna des jeux que l'on celebroit tous les cinq ans. C'est où les Chrétiens ont bâti depuis une Eglise appellée *Ara cœli*, en l'honneur de la Vierge. Les principaux Temples des Colonies des Romains ont été aussi nommés *Capitoles.* Il y en avoit en Jerusalem, à Carthage, à Constantinople, à Cologne, à Tréves, à Narbonne, à Autun, à Pamiers, à Nîmes, à Besançon, à Rheims & à Toulouse. On voit encore aujourd'hui celui de Toulouse. C'est delà qu'est venu le nom de *Capitouls*, qu'on donne aux premiers Magistrats de Police de cette Ville, qui ont la même fonction que les Consuls & les Echevins l'ont ailleurs, parce que c'étoit le lieu où ils s'assembloient.

CAPITON. s. m. Ce qui reste après qu'on a devidé toute la soye de la coque d'un ver, c'est-à-dire, ce que l'on en peut encore tirer avec le peigne, pour le filer. C'est le plus gros de la soye. On l'appelle Bourre, & l'on en fait les plus gros ouvrages.

CAPITULAIRE. adj. Il se dit d'un acte qui se passe dans un Chapitre ou de Chevaliers, ou de Religieux. Il est aussi substantif, & on dit les *Capitulaires* de Charlemagne ou des autres Rois ses Successeurs, pour signifier d'anciennes regles que l'on observoit du tems de ces Princes, & qu'on regardoit comme Loix inviolables. Elles étoient faites dans des Etats generaux, ou dans des Conciles par autorité des Princes & avec le consentement des Peuples. On les appelloit *Capitulaires*, à cause qu'on les distinguoit par Sections ou Chapitres.

CAPOC. s. m. Espece douate fort fine, & si courte, qu'on ne la sçauroit filer. Elle est en usage chés les Siamois, & leur tient lieu de duvet. On appelle Capoquier, l'Arbre qui la donne.

CAPOLIN. s. m. Arbre moyen qui croît dans le Mexique, ayant ses feuilles semblables à celles des Amandiers ou des Cerisiers, entrecoupées de petites dents. Ses fleurs pendent par grappes, & il en naît des fruits tels que nos Cerises, tant pour la forme & grosseur, que pour les noyaux. Le goût qui en est fort agreable, approche bien plus des mûres. Ce fruit a un grand défaut, qui est de rendre l'haleine puante.

CAPON. s. m. Terme de Marine. Machine composée d'une corde & d'une grosse poulie, à quoi l'on joint un gros croc de fer, dont l'usage est de lever l'ancre lorsqu'elle est mouillée, & de saisir le cordage qui répond de l'arganeau à la bouée.

CAPONNER. v. a. On dit *Caponner l'ancre*, pour dire, Accrocher l'arganeau de l'ancre avec le croc de capon, pour la tirer au bossoir.

CAPONNIERE. s. f. Logement couvert, que l'on creuse dans le fond d'un fossé sec, pour y loger des Soldats.

CAPORAL. s. m. Bas Officier d'Infanterie, qui commande une Escouade. C'est à lui à poser & à faire relever les Sentinelles. Il reçoit aussi le mot des Rondes qui passent auprès de son Corps de Garde. Il y a trois Caporaux dans chaque Compagnie, & ils sont qualifiés de Hautes payes.

CAPOSER. v. n. Terme de Marine. Mettre le Navire à la cape. On capose en amarrant le gouvernail bien ferme, pour suivre l'abandon du vent.

CAPOT. s. m. Habillement fait en forme de robe capuchonnée, que mettent les gens de mer par dessus leur habit accoûtumé contre l'injure du tems. C'est aussi une espece de Cape ancienne, qui aboutit par devant en forme de Scapulaire arrondi. La posterité sera étonnée de voir que les femmes ont pris cet hideux habillement en 1720.

CAPRE. s. m. Vaisseau que l'on arme en course.

CAPRE. s. f. Fruit vert & aigret qu'on mange ordinairement en salade, & qu'on met aussi dans plusieurs ragoûts. C'est le fruit du Caprier dont on prend les boutons avant qu'ils s'ouvrent, & on les confit au sel & au vinaigre. Celles de Genes sont les plus exquises. Dioscoride dit que ce fruit vient en maniere d'olive, & produit une fleur blanche quand il s'ouvre; que cette fleur étant tombée laisse une petite boule semblable à un gland, & qu'au-dedans il y a de petits grains rouges qui ressemblent à ceux des grenades. On cueille ces fleurs avant qu'elles soient épanouies, puis on les confit au sel & au vinaigre; & c'est ce qu'on appelle *Capres confites.* On s'en sert en Medecine, mais pour cela il les faut faire tremper dans de l'eau quelque tems avant que de s'en servir, pour leur faire perdre l'acrimonie que le sel & le vinaigre ont pû leur faire acquerir. Elles sont de parties fort subtiles; ce qui fait qu'elles donnent peu de nourriture au corps. Etant bien desséchées, elles ouvrent l'appetit mangées en salade, purgent & nettoyent les phlegmes qui sont dans l'estomac, & désopilent le foye & la rate, pourvû qu'on les mange avec l'huile & le vinaigre avant toute autre viande. Selon Dioscoride, elles sont meilleures à l'estomac cuites que crues. Les grosses qui ont plus de suc & plus de chair, sont beaucoup meilleures que les menues, quoique les menues soient d'un goût plus agreable, à cause qu'elles sont plus abreuvées de vinaigre. Il y a de l'huile de Capres qui se fait par infusion de Capres & de Spleniques avec le vin blanc, l'huile & le vinaigre. Cette huile remedie aux incommodités de la rate, pour lesquelles elle est composée exprès, en l'appliquant chaudement sur la region de cette partie.

CAPRIER. s. m. Arbre branchu qui porte des Capres, & qui rampant par terre, s'éparpille comme en rond. Il a des épines, ainsi que la ronce, & ces épines se recourbent à la maniere d'un hameçon. Ses feuilles sont rondes, & ressemblent à celles du Coigner. Cet arbre produit beaucoup de racines, qui sont grandes & dures comme du bois. Elles sont d'usage en Medecine. On en sépare l'écorce après qu'on les a coupées, & on les garde pour le besoin. Elles sont de saveur aigre, âpre & assés amere; ce qui fait qu'elles échauffent, détergent, mondifient, incisent, resolvent & resserrent. Elles sont fort bonnes contre les enflures & duretés de la rate, soit qu'on les prenne interieurement, soit qu'on les applique exterieurement avec les autres remedes qu'on croit convenir au mal. On met cette racine au nombre des cinq racines aperitives mineures. Le Caprier croît dans les terres maigres & legeres, dans les lieux âpres, & auprès des mazures & vieilles ruines.

CAPRIOLE. s. f. Terme de Manége. Saut que le cheval fait en une place, sans aller en avant ni s'élancer. Dans ce saut, que l'on appelle autrement *Saut de ferme à ferme*, il montre les fers & détache des ruades. On dit dans ce sens, qu'*Un cheval se presente de lui-même à caprioles, se met de lui-même à caprioles*, lorsqu'il fait des sauts égaux, & dans la main, c'est-à-dire, sans forcer la main, & sans peser sur la bride. M. Ménage dit que Capriole vient de *Capreolare*, qui a été fait de *Capreolus*.

CAPRON. s. m. Morceau de drap fait en ovale, que portent les Capucins pendant leur Noviciat. Il pend environ un pié de long par derriere leur dos & par devant leur estomac.

CAPSE. s. f. Petite boëte de cuivre ou de fer blanc, où les Docteurs mettent leurs suffrages, par lesquels ils admettent ou refusent ceux qui sont examinés pour l'Acte de Tentative ou pour la Licence.

CAPSULAIRE. adj. de tout g. Les Medecins nomment *Veine capsulaire*, Certaine veine qui est un rameau de la sousclaviere. Elle va par le pericarde, & rencontre les diaphragmatiques.

CAPSULE. s. f. Terme de Chimie. Vaisseau de terre fait en forme de terrine échancrée. On s'en sert pour y mettre des matieres sur lesquelles on fait, par le feu, des operations violentes. Ce mot vient de *Capsula*, qui veut dire, Une petite caisse.

On appelle dans la Medecine, *Capsule de la veine-porte*, Certaine membrane qui envelope les rameaux de l'artere Celiaque. Ces rameaux se distribuent dans le foye conjointement avec ceux que la Veine-porte y jette aussi.

Les Botanistes se servent aussi du mot de *Capsule* en parlant du lieu où la graine est enfermée, comme dans les poires & les pommes qui ont une petite envelope semblable à une petite bourse. Cette envelope qui enferme les pepins, s'appelle *Capsule*.

CAPTAL. s. m. Vieux mot. Capitaine. On a dit *Captal de buts*, suivant ce que rapporte Borel, pour *Caput bugii*, c'est-à-dire, Chef des Habitans. Il dit que cette épithete est particulierement attribuée à la Maison d'Epernon.

CAPTURE. s. f. Terme de Gabelle. On dit sel de capture dans les dépôts.

CAPUCE. s. m. Morceau d'étofe qui couvre la tête des Augustins Déchaussés & de la plûpart des Religieux de S. François, & qui d'ordinaire est fait en pointe. Les Feuillans se servent aussi du mot de *Capuce*.

CAPUCINS. s. m. Religieux de l'Ordre de saint François de la plus étroite Observance. On les a nommés ainsi à cause de la forme extraordinaire de leur capuchon, qui est fort pointu. Quelques-uns ont osé écrire, que Bernardin Ochin ou Okin, qui apostasia si honteusement, fut leur Fondateur; ce qui est très-faux. Il est vrai qu'il contribua beaucoup à établir une si sainte Congregation, dont il devint General, mais il n'en a point été l'Instituteur. Matthieu de Basci, Frere Mineur Observantin du Duché de Spolete, & Religieux au Couvent de Montefalconi, ayant assûré en 1525. que Dieu lui avoit ordonné d'embrasser une pauvreté plus étroite, obtint du Pape la permission de se retirer en solitude. Quelques autres animés du même zele, allerent le joindre dans cette retraite, & le Duc de Florence leur ayant donné un hermitage dans ses terres. Cette Congregation fut approuvée par le Pape Clement VII. Le Pape Paul III. la confirma en 1535. & leur donna un Vicaire General avec des Superieurs, en leur permettant de s'étendre dans tous les lieux où ils croiroient pouvoir s'établir. On tient que la Duchesse Catherine Cibo fit bâtir à Camerino le premier Couvent de cet Institut. Les Capucins n'ont été reçûs en France que sous le regne de Charles IX. Le plus ancien Couvent qu'ils y ont, est celui de Meudon proche Paris, bâti par les soins du Cardinal de Lorraine. Henri III. leur fit construire celui qu'ils ont à Paris rue S. Honoré. Il étoit alors dans le Fauxbourg. Ils ont dix Provinces en ce Royaume, & un fort grand nombre de Monasteres. Leur habit est d'un gros drap gris avec un manteau de même couleur, & ils n'en portent aucun qui n'ait quelque piece. Ils vont avec des sandales, & portent une ceinture de crin sur leur robe. Il y a des Religieuses du même Ordre, qu'on appelle *Capucines*.

CAQ

CAQUE. s. m. Petit tonneau où l'on met les harengs. *Le Caque sent toujours le hareng.*

CAQUEROLLE. s. f. Petit poëlon de cuivre à trois piés, ayant une longue queue qui sert à l'approcher du feu, & que l'on tient quand on veut secouer les fricassées, ou autres mets qu'on a coûtume de faire cuire dedans. On dit aussi *Caqueroliere*.

CAQUETER. v. n. On emploie ce mot en parlant du bruit que font les Poules quand elles veulent pondre. C'est aussi un mot de chasse, & l'on dit, qu'*Un Chien caquette*, pour dire, qu'Il aboye mal à propos & hors des voies.

CAQUETOIRE. s. f. Sorte de petit fauteuil dans lequel on se met auprès du feu. On l'appelle ainsi à cause qu'il semble qu'on y est assis à son aise pour caqueter.

CAR

CARABE'. s. m. Espece d'Ambre blanc, qui entre en la composition du beau vernis de la Chine.

CARABIN. s. m. Les Carabins étoient autrefois des Cavaliers qu'on armoit de Carabines, & dont on faisoit des Compagnies entieres pour la garde des Officiers generaux de l'armée. On en faisoit aussi quelquefois des Regimens que commandoit un Mestre de Camp. Ils servoient particulierement à se saisir des passages, & à insulter les Ennemis dans leurs postes. Lorsque l'on donnoit quelque bataille, ils combattoient sur les ailes de la premiere ligne sur le front des Dragons & des Cravates. Aujourd'hui dans toutes les Compagnies de Chevaux-Legers, il y a ordinairement deux Carabins. Ce sont deux Cavaliers armés chacun d'une Carabine, qui suivent les Brigadiers de la Compagnie.

CARABINE. s. f. Arme à feu très-peu en usage presentement, & qui a été autrefois fort à la mode. Comme son rouet, qu'on ne connoît plus aujourd'hui, la rendoit embarassante, on a peu à peu negligé de s'en servir, & on l'a réduite à porter une platine semblable à celle d'un fusil qui a la batterie rayée. La Carabine est longue à peu près comme un mousqueton. Elle a son calibre rayé au-dedans, & on ne la peut charger qu'en pressant la bale avec violence par le moyen d'une baguette de fer; ce qui donne quelquefois beaucoup de peine à ceux qui n'ont pas accoûtumé de charger cette sorte d'arme. Elle porte presque autant qu'un canon à cause que la bale est poussée fortement dans l'ame de la piece, ce qui est cause que lorsqu'elle sort par le moyen de la poudre, elle prend plûtôt la figure longue & rayée que la ronde, & sépare l'air plus facilement. Elle est moins grosse que la bale du fusil.

CARACOL. s. m. Terme de Manége. Piste oblique & tracée par des demi-ronds, en changeant de main de l'un à l'autre sans observer de terrain reglé. Ce mot est venu des Espagnols, qui appellent ainsi le mouvement militaire que fait un escadron, lorsqu'étant au combat, le premier rang se partage au demi-rang si-tôt qu'il a fait le coup de pistolet; en sorte que le demi-rang de main droite soit à droit, & celui de main gauche soit à gauche, pour gagner la queue de l'escadron, en tournant à côté des ailes. Chaque rang, dès qu'il a fait feu, pratique la même chose; & ils nomment *Caracol*, le tour qui se fait pour passer de la tête à la queue.

Caracol. Terme d'Architecture. Escalier fait en rond dont toutes les marches sont gironnées.

CARACOLER. v. n. Marcher en formant des demi-ronds.

CARACORE. s. f. Sorte de Galere qui est en usage parmi les Habitans des Moluques. Elle est fort étroite à l'égard de sa longueur, & vogue avec plus de vîtesse que les nôtres.

CARAGNE. s. f. Resine grasse & oleagineuse qui ressemble en couleur & en odeur à la Tacahamaca. Il y en a de deux sortes; l'une qui est plus pure que la commune. Celle-ci vient du Pays de Carthage dans les Indes Occidentales, d'où elle nous est apportée plus claire que l'eau de roche. Les Indiens s'en servent dans les humeurs, & dans toutes sortes de douleurs.

CARAGUATA. s. m. Sorte de Chardon qui vient au Bresil. Il porte un fruit jaune, long d'un doigt, qui étant mis cru en la bouche, écorche les lévres, & ne fait aucun mal quand il est bouilli. Il fait neanmoins avorter les femmes grosses. Il y en a un autre de même espece, dont les feuilles sont larges, & quelquefois longues de deux ou trois brasses. Son fruit est comme le Nana ou Anana, mais insipide. Ses feuilles broyées & bien frottées, fournissent un lin très-délié & très-fort, dont les Sauvages font leurs rets à pêcher.

CARAGUE. s. m. Animal du Bresil semblable à un Renard, mais plus petit, & qui sent bien plus mauvais. Les Caragues sont de couleur brune, & ont un sac qui leur pend sous le ventre, où ils portent leurs petits, qui sont quelquefois six ou sept d'une portée. Ils les nourrissent jusqu'à ce qu'ils sçachent manger. Cet animal va de nuit, & est ennemi des Oiseaux, sur-tout des Poulets.

CARAITES. s. m. Sorte d'Heretiques parmi les Juifs, à qui les Rabanistes, par malice ou par ignorance, imposent beaucoup de choses. L'origine de cette secte est rapportée au huitiéme siecle après la publication du Talmud, le nom de Caraite n'ayant point été odieux parmi les Juifs avant ce tems-là, puisqu'au contraire on entendoit alors par le nom de *Caraï*, un homme consommé dans l'étude de l'Ecriture sainte. Comme les Juifs de ce siecle là débitoient une infinité de réveries sous le nom specieux de Tradition de Moïse, quoiqu'elles ne fussent fondées la plûpart que sur ce que disoient quelques Docteurs, qui vouloient faire passer leurs décisions particulieres pour des Oracles prononcés sur la montagne de Sinaï, les plus éclairés d'entr'eux s'y opposerent, & furent traités de Samaritains & de Saducéens par ceux qui s'attachoient au Talmud, non pas qu'ils le fussent en effet, mais parce qu'ils les imitoient sur le fait de la tradition dont ils ne vouloient point convenir. Les Caraites distinguent les traditions constantes & certaines de celles qui sont fausses & douteuses, & déferent à la doctrine des Anciens, quand elle n'a point varié, & qu'elle se trouve conforme à de bons Ecrits, qui n'ont point suivi le caprice des hommes, & qui sont approuvés de tous les Juifs. Suivant ce principe, ils reçoivent tous les Livres de la Bible qui sont dans le Canon Juif, & même ponctués comme ils le sont aujourd'hui. Quant à leur Theologie, elle ne differe de celle des autres Juifs qu'en ce qu'elle est plus pure & plus éloignée de la superstition. Du reste, leur creance touchant la nature de l'ame & de l'autre vie est entierement conforme à celle des Juifs, & dans ce qui regarde leurs ceremonies, ils rejettent toutes les Constitutions du Misna & du Talmud, si elles ne sont conformes à l'Ecriture, qu'ils expliquent par elle-même, ce qui suit par ce qui précede, rejettant tout ce qui ne leur est point enseigné par la raison, & par une tradition constante. Il y a de ces Caraites à Constantinople, au Caire, & en d'autres endroits du Levant, même en Moscovie, où ils vivent à leur maniere, & se disent Juifs, ayant leurs ceremonies & leurs Synagogues. Ils prétendent être les seuls qui observent veritablement la loi de Moyse, & appellent les Juifs qui ne suivent pas leur opinion *Rabbanins*, ou Sectateurs des Rabins. Ceux-ci les haïssent mortellement, & ne veulent ni s'allier ni converser avec eux, les traitant de bâtards, parce, disent-ils, qu'ils ne suivent aucune des Constitutions des Rabins dans les mariages, les répudiations & les purifications des Femmes.

CARAMEL. s. m. Drogue qui est bonne pour le rhûme, & qui consiste particulierement en du sucre fort cuit.

CARAMOUSSAL. s. m. Vaisseau Marchand de Turquie, & qui a la pouppe fort élevée. Cette sorte de bâtiment n'a ni misaine, ni perroquets que le seul tourmentin, & porte seulement un beaupré, un petit artimon, & un grand mât. Ce mât avec son hunier s'éleve à une hauteur extraordinaire, & il n'y a que des gallaubans & un étai, répondant de l'extrêmité superieure du mât de hune à la moitié du tourmentin, qui le tiennent en assiette. Sa grande voile porte ordinairement une bonnette maillée.

CARANGUE. s. f. Poisson blanc & plat, qui a les deux yeux aux deux côtés de la tête. Il est long de deux & quelquefois de trois piés, large de dix-huit à vingt pouces, & épais de six. La Carangue a des empennûres inégales sur le dos, deux nageoires pointues assés proche de la tête, & la queue fourchue. Il y en a une telle quantité dans les mers des Isles des Antilles, qu'on les voit tous les matins sauter en l'air à centaines, & poursuivre les petits poissons jusques à terre; la nuit elles entrent dans les rivieres, où on les pêche communément. Leur force est si grande, qu'elles rompent souvent des lignes aussi grosses que les doigts. Ce poisson vaut mieux que le Turbot, & le goût en est plus savoureux. Un potage fait avec une tête de Carangue, semble être un veritable consommé de viande.

CARAQUE. s. f. Nom que les Portugais donnent aux Vaisseaux qu'ils envoient au Bresil & aux Indes Orientales. Ils les appellent *Naos* par excellence, comme qui diroit absolument *Navires*. Ce sont de grands Vaisseaux ronds de combat, plus étroits par le haut que par le bas, qui ont quelquefois sept ou huit planchers, & sur lesquels on peut loger jusqu'à deux mille hommes. Ils sont peu en usage presentement; mais ils s'en servoient autrefois aussi bien en guerre qu'en marchandises. La Caraque étoit du port de deux mille tonneaux.

CARAVANE. s. f. Troupe de Voyageurs, Marchands ou Pelerins, qui s'assemblent dans les Pays du Levant pour marcher de compagnie, & traverser les deserts & les mers avec une escorte plus commodement & plus sûrement. Il y en a quatre differentes qui vont tous les ans à la Meque, pour satisfaire au cinquiéme commandement de l'Alcoran, qui oblige tous les Mahometans d'aller une fois en leur vie visiter le sepulchre de Mahomet. La premiere, part de Damas où les Pelerins de l'Asie & de l'Europe se trouvent. La seconde, part du Caire, qui sert pour les Mahometans de Barbarie. La troisiéme, part de Zibith, Place située à l'embouchure de la mer Rouge, où ceux de l'Arabie & des Isles des Indes s'assemblent: & la quatriéme, part de Babylone, de Chaldée, où se trouvent les Persans & les Indiens. Toutes ces Caravanes vont en grandes troupes, à cause des courses continuelles que font les Arabes. Quelquefois il se rencontre jusqu'à soixante & dix mille Pelerins. Chacun d'ordinaire a son Chameau où il est assis d'un côté & son bagage de l'autre. Il y a de ces animaux de fondation entretenus par les personnes riches, pour la commodité des pauvres, dont ils portent la provision. Comme la Caravane qui va par mer d'Alexandrie à Constantinople, a été souvent enlevée par les Chevaliers de Malte, on s'est servi de ce mot pour signifier les premieres courses que les jeunes Chevaliers font contre les Turcs. Ainsi l'on dit, *Aller en Caravane, faire une Caravane*, pour dire, Faire une Campagne sur mer, en allant croiser sur les Turcs.

CARAVANSERA. s. m. Grand bâtiment public destiné à loger les Voyageurs. Il y en a un très-grand nombre en plusieurs endroits de l'Orient, fondés par la charité de quelques Mahometans, qui est si grande, qu'il s'en trouve quelques-uns, comme ceux de Schiras & de Casbin en Perse, qui ont coûté plus de soixante mille écus. Les Turcs les appellent *Imarets*, & les Indiens *Serays*. Ces logemens sont faits en forme de Halles, où il y a des galeries divisées en plusieurs arcades. Ils sont ouverts à tous venans, de quelque Religion qu'on soit, sans que l'on s'informe ni de leur pays ni de leurs affaires, & chacun y est reçû sans qu'il lui en coûte aucune chose. Les Voyageurs & les bêtes de voiture passent là commodement les grandes chaleurs, & s'y reposent.

CARAUDER. v. n. Vieux mot. Se réjouir. On a dit aussi *Caraude*, pour dire, Soye.

Il a en son cuer fort Caraude,
Puisqu'en amours y fiert & touche.

CARAVELLE. Petit bâtiment Portugais, rond de bordage, & court de varangue. Il porte jusqu'à quatre voiles latines, outre les boursets & les bonnettes en étui. Ces voiles sont faites en triangle ou à oreille de liévre, & leur bout d'en bas n'est guere plus élevé que les autres fournitures du Vaisseau. Au plus bas sont de grosses pieces de bois comme un mât. Elles sont vis-à-vis l'une de l'autre aux côtés de la Caravelle, & s'amenuisent peu à peu en haut. Cette sorte de bâtiment n'a point de hune, & le bois qui traverse le mât est seulement attaché près de son sommet. Ce mot peut venir du Grec καράβιον qu'on rend en Latin par le mot *Navicula*, Petit navire.

CARAULDE. s. f. Vieux mot. Sorciere, qui a le visage défiguré, de *Cara* Visage.

Comme elle a été en presse
De Sorcieres & de Carauldes.

CARBASES. s. f. Vieux mot. Voiles, du Latin *Carbasus*, Lin.

CARBATINE. s. f. Peaux de bêtes nouvellement écorchées. On trouve ce mot dans la traduction de la Retraite des dix mille, où d'Ablancourt dit, *Ils eurent les jambes écorchées, parce qu'ils portoient des Carbatines, faute de souliers.*

CARBET. s. m. Grande Case commune que font les Sauvages des Antilles au milieu de toutes leurs Cases. Elle a toûjours soixante ou quatre-vingts piés de longueur, & est composée de grandes fourches, hautes de dix-huit ou vingt piés, plantées en terre. Sur ces fourches, ils posent un Latanier ou un autre Arbre tout droit, sur lequel ils ajustent des chevrons qui viennent toucher la terre, & ils les couvrent de roseaux ou de feuilles de Latanier; ce qui est cause qu'il fait fort obscur dans ces Carbets, où il ne vient aucune clarté que par la porte, laquelle est si basse qu'on n'y peut entrer sans se courber. Au côté de ce Carbet qui est fait en ovale, il y a une petite porte particuliere par où ils prétendent que le Diable entre quand il a été appellé par leur Boyé, & il n'y a que lui seul qui passe par cette porte.

CARBONELLE. s. m. Espece de gros phlegmon ou bubon fort enflâmé, & qui est ordinairement pestilentiel. C'est ce que le Peuple appelle *Charbon*, & les Medecins *Anthrax*.

CARBOUILLON. s. m. Droit des Salines de Normandie, qui consiste en la quatriéme partie du prix du sel blanc fabriqué dans les Salines.

CARCAN. s. m. Vieux mot. Collier ou chaine de pierreries que les Femmes portoient autrefois sur la gorge. C'est presentement un Collier de fer attaché à un poteau dans une place publique, où l'on fait entrer le cou de ceux qui ont fait des fautes que l'on juge dignes de cette marque d'infamie. On les y laisse ainsi pendant quelques heures exposés à la risée de tous ceux qui passent. On l'a appellé *Carcanium*, ou *Collistrigium* dans la basse Latinité. Quelques-uns font venir le mot de Carcan du Grec καρχήσιον qu'Oribasius met entre les especes de laqs, ou de chaines.

CARCAPULI. s. m. Fruit de l'Isle de Java, qui est gros comme une Cerise. Il en a le goût, & l'Arbre qui le produit ressemble à nos Cerisiers. Il y en a de plusieurs especes, les uns blancs, les autres rouges bruns, & d'autres qui sont d'un fort beau nacarat.

CARCAS. s. m. Vieux mot. Carquois.

Quand amours ot oui mon cas,
Il remit sa fleche au carcas.

CARCASSE. s. f. Machine à feu, composée de deux cercles de fer, qui en se croisant forment une maniere d'ovale. On met une bombe au milieu de ces deux cercles, qui contiennent en dedans une espece de sac de toile goudronnée, remplie d'étoupes, frottées d'huile & de goudron, de grenades, de canons de pistolet chargés, de feu d'artifice, & autres choses de cette nature. Lorsqu'on a donné cette forme à la Carcasse, on la met dans une lanterne, qui a une plaque de fer à chacune de ses extrêmités, & des branches qui sont aussi de fer les entretenant de haut en bas, les joignent ensemble. Il y a une anse propre à lever la machine au-dessus d'une des plaques, & la lumiere est à l'autre. On jette les Carcasses de la même sorte qu'on jette les Bombes, & leur feu dure plus d'une demi-heure. Les cercles de fer qui les environnent representent en quelque façon la Carcasse d'un Cadavre, & c'est delà que cette sorte de machine a pris son nom.

On appelle, *Carcasse de Navire*, le corps d'un Vaisseau qui n'est point bordé.

CARDAMOME. s. m. Plante aromatique & medicinale. Il y en a de trois sortes, le grand, le moyen & le petit, & la graine de tous les trois est enclose en des follicules ou petites bourses toutes differentes. Matthiole dit que celles du grand ont la forme d'une figue; que leur écorce est semblable à la premiere couverture des dattes, avec quelques filamens en long; qu'elles sont toutes farcies d'une graine rougeâtre, compartie au-dedans, comme les Grenades par petites pellicules blanchâtres qui couvrent aussi la graine; qu'elle est appellée *Melegette* par quelques-uns, à cause qu'elle ressemble au Millet Indique, qu'on appelle *Melega* en quelques lieux d'Italie, & qu'elle est aigue au goût & fort odorante, ce qui est cause que plusieurs lui donnent le nom de *Graine de Paradis*. Les gousses du Cardamome moyen sont beaucoup moindres que celles du grand. Elles sont en triangle, assés longues & pleines d'une graine anguleuse, purpurée, acre & mordicante. Celles du petit qui ont aussi la forme triangulaire, sont encore plus petites que les gousses du moyen. Les grains en sont aussi purpurins & anguleux. Tous ces Cardamomes croissent dans les Indes, en Calecut, en Malavar, & ailleurs; mais le petit est préferable aux deux autres, & les surpasse de beaucoup en goût, en odeur, & en vertu. Pour le bien choisir, il faut prendre les gousses les plus pesantes, & les mieux remplies, & en rejettant les grains noirs, ridés & mal nourris, ne retenir que les plus massifs, les plus aromatiques & les plus vifs en couleur. Ces grains doivent être nettoyés, non seulement de leurs gousses, mais de toutes pellicules, & de toutes autres superfluités. Le Cardamome est diuretique, attractif, cephalique, cardiaque & hysterique. Il entre dans le Mithridat, dans la Theriaque, & en d'autres compositions considerables.

CARDASSE. s. f. Espece de peigne propre à faire du capiton, & avec lequel on tire la bourre de la soye.

CARDE. s. f. Côte qui est au milieu des feuilles de quelques plantes, comme, de la poirée & de l'artichaut, & qui est bonne à manger.

On donne ce même nom de *Carde*, à un peigne de Cardeur. C'est un morceau de bois plat & quarré, qui est large environ d'un demi-pié, & plus long que large. Il a plusieurs fils d'archal courbés en façon de crocs, & mis par rangées pour carder la laine.

CARDIAQUE. s. f. Plante dont la tige est quarrée, & produit ses feuilles deux à deux. Ses fleurs sont rouges tirant sur le blanc, & semblables à celles de l'ortie puante. C'est la même chose qu'Agripaume. Voyez AGRIPAUME.

CARDINAL. s. m. Nom qu'on a donné à ceux qui sont comme les Coadjuteurs & les Conseillers du Pape. S. Pierre, qui reçût de JESUS-CHRIST le pouvoir dont les Souverains Pontifes ses Successeurs joüissent encore presentement, eut pour aides de son ministere saint Marc l'Evangeliste, Lin, Clet, Clement, & Anaclet qui lui succederent. Le Pape Clet fut le premier qui institua vingt-cinq Prêtres Titulaires, & Anaclet établit sept Diacres en memoire de ceux que les Apôtres avoient établis en la naissance de l'Eglise. Ce furent là les premiers titres des Cardinaux. Cette institution fut confirmée par Evariste, qui fit le département des Paroisses, que l'on avoit assignées à ces Conseillers des Papes. Saint Higin distingua les ordres du Clergé vers l'an 156. & depuis les Eglises Principales de Rome avec celles qui sont hors la Ville, furent données pour titre aux Evêques Cardinaux au nombre de huit. On les reduisit ensuite à six, & l'on assigna aux Prêtres Cardinaux les autres Paroisses & Cimetieres de Rome, pour y administrer les Sacremens, & avoir soin de la sepulture des Fideles & des Martyrs. Le soin de l'entretien des Necessiteux, des Orphelins & des Veuves, fut commis aux Cardinaux Diacres, & l'on appelloit *Diaconies* toutes les Chapelles qui étoient unies aux Hôpitaux. Le sixiéme Canon fait mention des Cardinaux Diacres qu'on limita au nombre de sept. On en a depuis multiplié tellement les titres, qu'il y en a aujourd'hui six d'Evêques Cardinaux, cinquante-deux de Prêtres, & quatorze de Diacres. Ils n'ont tous porté la pourpre qu'au Concile de Lyon, tenu sous Innocent IV. en 1245. Ce Pontife que l'Empereur Frederic II. persecutoit, leur avoit donné le Bonnet & le Chapeau rouge, afin que cette couleur les fit souvenir qu'ils devoient toûjours se tenir prêts à verser leur sang pour la défense de la veritable Eglise. Ce fut Boniface VIII. comme le rapportent quelques-uns, qui leur donna la Robe de pourpre, marque principale de leur dignité, & en 1464. Paul II. y ajoûta la Calote rouge & le Cheval blanc au frein doré, & à la housse de pourpre. *Cardinaliser quelqu'un*, veut dire, selon l'ancien usage de l'Eglise, donner à quelqu'un un titre ou d'Evêque, ou de Curé.

Cardinal. Sorte d'Oiseau qui est gros comme un petit Perroquet. Il a le corps rouge ainsi que le bec.

CARDON. s. m. Sorte de plante, dont la tige est bonne à manger. Elle ressemble à un artichaut. Le Cardon d'Espagne porte fruit & graine comme l'artichaut. Ses feuilles sont plus étroites, un peu piquantes, & a le fruit plus petit.

CARENAGE. s. m. Lieu commode proche du rivage de la mer, pour donner la carene à des Vaisseaux. On dit *Cranage* par corruption.

CARENE. s. f. Longue & grosse piece de bois, ou plusieurs pieces mises bout à bout l'une de l'autre, & qui regnent par dehors dans la plus basse partie du Vaisseau, de proue à pouppe, afin de servir de fondement au corps du Navire. On prend souvent le mot de *Carene* plus generalement, & on entend par là toute la partie du bordage, qui est comprise depuis la quille jusqu'à la ligne de l'eau. *Donner la Carene à un Vaisseau*, *mettre un Vaisseau en Carene*, c'est dans ce sens general, Donner le radoub à un Vaisseau. Quantité de Matelots disent par corruption, *Mettre un Vaisseau en Cran*.

CARENER. v. a. Mettre en carene ou à la Carene, *Carener un Vaisseau*. Cela se fait en mettant le Navire sur le côté, & en l'appuyant sur un ponton, afin qu'il presente aux Calfateurs la partie qui a besoin d'être carenée.

CARET. s. m. Sorte de Tortue que ceux qui distinguent les Tortues en trois especes, établissent pour la troisiéme; c'est la plus petite de toutes les trois. La chair n'en est pas si bonne que celle de la Tortue Franche, mais on la prefere dans les Antilles à celle de la Kaoüane qui est la seconde. Cette Tortue differe des autres non seulement en grosseur, mais en ce qu'elle pose ses œufs dans le gravier qui est mêlé de petits cailloux, & non dans le sable. Ces œufs sont fort délicats. Quelques-uns tiennent que cette espece de tortue est si vigoureuse, que son écaille lui étant ôtée, il lui en renaît une autre en peu de tems si on la remet incontinent en la mer.

L'abondance du Caret se trouve en la peninsule de Jucatan, & en plusieurs petites Isles qui sont dans le Golphe d'Hondures. L'huile qu'on en tire est excellente pour guerir toutes sortes de gouttes qui proviennent des causes froides. On s'en sert aussi avec succès pour fortifier les nerfs, & pour appaiser les douleurs des reins & toutes les fluxions froides. Ce qui fait particulierement estimer cette Tortue, c'est l'écaille qu'elle porte sur le dos. Toute la dépouille d'un Caret consiste en treize feuilles huit plates, & cinq en dos d'âne. Des huit plates, il y en a quatre grandes qui doivent porter jusqu'à un pié de hauteur & sept pouces de largeur. Quelques-unes de ces Tortues portent jusques à six livres de feuilles. Le beau Caret doit être épais, clair, transparent, de couleur d'antimoine, & jaspé de blanc & de minime. Pour lever ces feuilles de dessus la grande écaille, qui est proprement la maison de la tortue, après en avoir tiré toute la chair, on fait du feu sous cette maniere de plastron, sur lequel les feuilles sont attachées; & quand elles viennent à sentir le chaud, elles se levent fort facilement avec la pointe d'un couteau. On en fait des peignes, des boëtes, des coupes, & autres ouvrages qui sont de grand prix. On a remarqué que le Caret vient reconnoître la terre dix-sept jours avant qu'il ponde ses œufs; de sorte que si en suivant un train de Caret quand on le rencontre, on ne trouve point ses œufs, on peut revenir dix-sept jours après, & on ne manque jamais de l'attraper.

CARGAISON. s. f. Marchandise qu'on charge dans un Vaisseau. Il se dit aussi de la facture des marchandises qui sont chargées dans un Vaisseau.

CARGUE. s. f. On appelle ainsi toute sorte de manœuvre qui sert à faire approcher les voiles près des vergues, soit qu'on les veuille laisser en cet état, soit qu'on ait dessein ensuite de les serrer. Il faut remarquer que quoique l'on dise *une Cargue* au feminin, ce mot devient masculin, lorsqu'il est joint avec un autre, le *Cargue point*, *le Cargue bouline*.

Il y a aussi des *Cargues d'Artimon*, & quand on parle de ces sortes de Cargues, on dit *les Cargues du vent*, & *les Cargues dessous le vent*. Les unes sont du côté d'où le vent vient, & les autres du côté opposé.

On dit, *Mettre les basses voiles sur les Cargues, mettre les huniers sur leurs cargues*, pour dire, Se servir des Cargues pour les trousser par en bas.

CARGUE A VUE. Petite manœuvre passée dans une poulie sous la grande hune, & qui est frappée à la ralingue de sa voile, pour la lever lorsqu'on veut voir par dessous. Cette manœuvre n'est d'usage que dans de certains Vaisseaux.

CARGUE-BAS. s. m. Cordage dont on se sert pour lever en haut, ou pour abaisser les vergues des pacfis. L'un des bouts de ce Cordage est amarré au racage de l'un des pacfis, & l'autre à un arganeau qui est au vent au pié du mât. C'est la même chose que *Calebas*.

CARGUE-BOULINE. s. m. Corde qu'on appelle autrement *Contresanon*. Elle s'amarre au milieu du côté de la voile vers les pates de la bouline & sert à trousser le côté de la voile.

CARGUE-FOND. s. m. Corde amarrée au milieu du bas de la voile. C'est par le moyen de cette corde qu'on en releve ou trousse le fond.

CARGUE-POINT. s. m. Corde qui étant amarrée aux angles du bas de la voile, sert à la trousser vers la vergue.

CARGUER. v. a. Terme de Marine. On dit *Carguer la voile*, pour dire, La trousser & l'accourcir par le moyen des Cargues, qui la levent en haut, & qui l'approchent de la vergue jusqu'à mi-mât, ou jusqu'au tiers du mât, plus ou moins, selon qu'on veut porter plus ou moins de voiles, eu égard au vent. On dit aussi, *Carguer les pointes de quelque voile*, pour dire, Les plier de telle sorte que le vent ne puisse être reçû que dans les fonds.

CARGUEUR. s. m. Poulie, qui sert particulierement pour amener & guinder le perroquet. On la met tantôt au tenon du perroquet, & tantôt à son chouquet ou à ses pattes.

CARIATIDES. s. f. p. Terme d'Architecture. Figures de Femmes vêtues de longues robes, dont on se sert dans quelques bâtimens, au lieu de colomnes. Ces figures soûtiennent l'entablement. Vitruve attribue cet Ordre des Cariatides, qui n'est autre que l'Ordre Ionique, à la ruine des Habitans de Carie, Ville du Peloponnese, qui ayant été vaincus par les Grecs, furent tous passés au fil de l'épée. Les Vainqueurs emmenérent les femmes captives; & afin que la posterité se souvînt de leur vengeance, ils representerent dans les édifices publics qui furent bâtis ensuite, l'image de ces malheureuses, qui en servant de colomnes paroissoient chargées d'un pesant fardeau, qui étoit comme la punition dont les avoit rendues dignes le crime de leurs maris, qui s'étoient unis avec les Perses pour faire la guerre à leur propre Nation.

CARIE. s. f. Sorte de mal qui corrompt & mange les os & les dents. Il se forme dans les os, lorsqu'ils sont froissés, fendus, fracturés, en sorte que la chair ne les couvre plus. Ils s'alterent en cet état, & le sang & leur propre nourriture se dessechent par l'air exterieur qui les touche; ce qu'ils ne peuvent long-tems endurer sans que la Carie y vienne. La sanie qui croupit long-tems dessus, s'imbibe dans leur substance, & les pourrit & carie de la même sorte.

CARIE', E'E. adj. Les Charpentiers appellent *Bois Carié*, celui qui est piqué des vers.

CARILLON. s. m. On appelle *Fer de Carillon*, Un petit fer qui n'a que huit à neuf lignes en quarré.

CARISEL. s. m. Grosse toile claire, qui est une maniere de Canevas dont on se sert pour travailler en tapisserie. Il y a du Carisel blanc, & du Carisel teint, & on le nomme autrement *Creseau*.

CARITATIF. adj. Vieux mot. Charitable.

CARLINE. s. f. Plante, dont selon Dioscoride les feuilles sont semblables à celles du Silybus ou de l'artichaut, mais plus rudes & plus piquantes, & plus roides que celles de la Chardonnette, qui est le Chamæleon noir, au lieu que la Carline est le Chameleon blanc. Cette plante n'a point de tige, mais au milieu de ses feuilles, elle jette une maniere de pomme épineuse, qui ressemble à un Herisson de mer, ou à la tête d'un artichaut quand il est en fleur. Ses fleurs sont incarnates & purpurines, & sa graine est semblable à celle du safran sauvage. Sa racine est assés grosse, blanche par dedans & un peu aromatique. Elle est douce au goût, & d'une odeur forte. On se sert de ses feuilles & de sa racine pour faire sortir les vers qui s'engendrent dans le ventre, & quand on les mêle avec du vin, ce breuvage est bon contre le venin des serpens. Matthiole dit que cette plante a été nommée *Carline*, à cause qu'on croit qu'elle fut revelée divinement à Charlemagne, comme étant propre à chasser la peste de son camp, & il ajoûte que puisque Dioscoride & Gallien assurent qu'elle fait mourir les vers, & resiste au venin des serpens, il ne doit pas être surprenant qu'elle soit un remede contre la peste.

CARLINGUE. ſ. f. Terme de Marine. On appelle ainſi la plus longue & la plus groſſe piece de bois qui ſoit employée dans le fond de cale d'un Vaiſſeau. Comme on a poſe ſur toutes les varangues elle ſert à les lier avec la quille, ce qui fait que pluſieurs l'appellent *Contrequille*. Le pié du grand mât poſe deſſus, & la piece de bois que l'on met encore au pié de chaque mât, porte le même nom de *Carlingue*.

CARME. ſ. m. Ordre Religieux qui commença dans le douziéme ſiecle, & qui tire ſon nom du Mont Carmel, où Aimeric, Legat du ſaint Siege en Orient ſous Alexandre III. & Patriarche d'Antioche, mit certains Pelerins qui vivoient en divers Hermitages de Syrie, expoſés aux courſes & à la violence des Barbares. Après qu'il eut pris ſoin de les réunir, en les faiſant habiter ſur le Mont ſacré, qui fut autrefois la retraite des Prophetes Elie & Eliſée, ils reçûrent des Regles en 1205. d'Albert, Patriarche de Jeruſalem, natif du Dioceſe d'Amiens, & Arriere-petit neveu de Pierre l'Hermite, & ces Regles furent confirmées en 1207. par le Pape Honoré III. Ils prirent d'abord un habit blanc, avec un manteau chamarré de pluſieurs bandes par en bas, & ayant reçû ordre par le Pape Honoré IV. de changer ce vêtement, qui paroiſſoit peu conforme à leur état, ils prirent un manteau blanc, & un habit minime deſſous. Ils paſſerent en Europe vers l'an 1238. & ils ont ſept Provinces en France. Cet Ordre eſt un des quatre Mendians, & la devotion du Scapulaire, & la viſion de Simon Stock à qui il fut donné par la Vierge, l'ont rendu celebre.

Carmes Déchauſſez, Congregation Religieuſe qui fut établie dans le ſeiziéme ſiecle. On les a nommés ainſi à cauſe de la profeſſion que font ces Religieux d'aller piés nuds. Le Pape Eugene IV. ayant trouvé à propos de mitiger la ſeverité des Regles des Carmes vers l'an 1440. cette mitigation les mit dans un tel relâchement, que ſainte Thereſe, qui étoit Religieuſe de cet Ordre dans le Couvent d'Avila en Caſtille, lieu de ſa naiſſance, entreprit de les remettre dans leur premiere auſterité. Elle commença par les Filles, & étant aſſiſtée du Pere Antoine de Jeſus, & du Pere Jean de la Croix, tous deux Carmes, elle vint à bout d'y remettre auſſi les hommes. Ils eurent leur premier Couvent près la même Ville d'Avila. Le Pape Gregoire XIII. ayant confirmé cette Réforme en 1590. Clement VIII. les ſépara des Mitigés en 1573. & leur accorda d'avoir leur Province à part, & de ſe choiſir des Superieurs d'entr'eux. Ils vinrent en France vers l'an 1605. & ils y ont plus de quarante Couvents. Le premier Monaſtere qu'ils y eurent, qui eſt celui du Fauxbourg ſaint Germain à Paris, fut bâti en 1601. Cette Réforme des Carmes Déchauſſés, eſt diviſée en deux Congregations, qui ont chacune leur General, & leurs Conſtitutions particulieres. Celle d'Eſpagne comprend dix Provinces, & dans celle d'Italie ſont compris tous les Couvents établis hors des Etats du Roi Catholique.

Carme, On appelle *Acier de Carme*, Certain acier qu'on apporte d'Allemagne & de Hongrie. Il eſt très-bon à faire des ciſeaux pour couper le fer à froid, des burins, des ciſelets, des faux, des outils à couper la pierre, la corne, papier, le bois & autres choſes. Pour connoître s'il eſt bon, il faut le choiſir ſouple à la main tout le long des barres ſans pailles ni ſurchauffures. On doit à la caſſe y voir une tache preſque noire dans le milieu, tirant ſur le violet, & il faut que cette tache traverſe preſque la barre de tous côtés.

CARMEL, ou *Notre-Dame du Mont-Carmel*. Ordre Militaire que le Roi Henri IV. rétablit en 1608. & que l'on appelle encore *de Saint Lazare*. Il fut composé de cent Gentilshommes du Royaume, qui en tems de guerre devoient toûjours marcher près de nos Rois pour la garde de leurs perſonnes. Philibert de Nereſtan, choiſi pour Grand Maître de cet Ordre, en fit le ſerment entre les mains de ce Prince en preſence de toute ſa Cour, lui jurant fidelité & à tous ſes ſucceſſeurs Rois de France. Le Roi lui mit enſuite le Collier & le Manteau à la Croix de ce même Ordre, qui fut approuvé par le Pape Paul V. ou rétabli en celui de ſaint Lazare, que le Pape Innocent VIII. avoit uni à celui de Malthe. Ce Collier étoit un ruban tanné, d'où pendoit une croix d'or, ſur laquelle l'Image de la Vierge étoit gravée avec des rayons d'or tout autour. Henri IV. ſouhaita que cet Ordre ne fût compoſé que de François, pour le diſtinguer de celui de ſaint Lazare de Savoye, qui n'eſt que pour les Savoiſiens & Italiens.

CARMELITES. ſ. f. Religieuſes qui ſuivent les Regles des Carmes, & dont ſainte Thereſe a rendu l'Ordre celebre. Le Cardinal de Berule les avoit attirées en France deux ans avant que les Carmes Déchauſſés s'y fuſſent venus établir.

CARMIN. ſ. m. Couleur rouge fort vive, dont ſe ſervent ceux qui peignent en miniature. On bat du bois de Breſil & de Fernambouc dans un mortier avec de la couleur d'or, le tout trempé dans du vinaigre blanc, & on fait ſecher l'écume qui en ſort après avoir bouilli. C'eſt ce qui fait le Carmin. On en fait auſſi d'une autre ſorte où l'on fait entrer de la cochenille & de l'alun de Rome qui eſt rougeâtre.

CARMINATIF, IVE. adj. Terme de Medecine. On appelle *Medicamens Carminatifs*, ceux dont ſe ſervent les Apoticaires pour diſſiper les vents dans les coliques & autres maladies flatueuſes. Ce mot eſt auſſi ſubſtantif, & vient du Latin *Carminare*, qui veut dire, Peigner les cheveux ou carder de la laine; ce qui ne ſe fait pas tout à coup, mais peu à peu. De la même ſorte les Carminatifs ne font leurs effets que lentement. La matiere des Carminatifs eſt la même que celle des Diaphoretiques. Ce qu'on appelle *Les quatre fleurs Carminatives*, ſont celles de Camomile, de Melilot, de Matricaire & d'Anet.

CARNACIERE. ſ. f. Petit ſac de toile ou de filet, que les Tireurs portent à leur ceinture pour mettre le gibier.

CARNAGE. ſ. m. Carcaſſe de cheval que l'on traîne autour des bois, pour faire venir les loups & les renards ſur la piſte. On dit *Faire carnage aux chiens*, pour dire, Leur donner à manger de la chair de quelque animal.

CARNAL. ſ. m. Vieux mot. Chair. *Si qu'il lui trancha une paume du carnal de la cuiſſe.*

CARNATION. ſ. m. Terme de Peinture. On s'en ſert pour ſignifier toutes les parties nuës & ſans draperie, qui repreſentent de la chair dans un tableau. *Ce Peintre a une belle carnation*,

Il ſe dit auſſi dans le Blaſon de toutes les parties du corps de l'homme, repreſentées au naturel, ſurtout du viſage, des mains & des piés

CARNAU. ſ. m. Terme de Marine, Angle que fait la voile vers la proue.

CARNE', E'E. adj. Terme de Fleuriſte. Qui eſt de couleur clair-vive. *Anemone carnée. Fleur nuée de carné.*

CARNEAU. ſ. m. Nos Anciens appelloient *Carneaux*, les embraſures qui ſont dans les parapets, & qui ont des ouvertures dans leſquelles on pointe le canon pour le tirer à la campagne ou dans le fossé. C'étoit par ces Carneaux qu'on tiroit les fléches à couvert, avant que le mousquet eût été mis en usage.

CARNET. s. m. Terme de Négoce. Petit livre où un Marchand tient un compte de tout ce qu'il doit, & où il marque le tems où il faut qu'il paye, afin de tenir de l'argent prêt.

CAROBE. s. f. Sorte de poids qui pese vingt minutes.

CAROLUS. s. m. Monnoye hors d'usage, qui a valu dix deniers, & qui étoit marquée d'un K, à cause qu'elle avoit été fabriquée sous le regne de Charles VIII. Roi de France. Nicod sur ce mot *Carolus*, rapporte ceux-ci de Nicole Gilles en la Vie de Charles VIII. *Et s'en alla ledit Roi Charles visiter son pays de Picardie, où il fut honorablement reçû, & fit faire monnoye d'argent nouvelle, de dix deniers la piece, qu'on appelle* Karolus. *Le premier coing de laquelle fut la croix couronnée en ses quatre branches avec une fleur de Lys, & ce letrier* Pro Pomœrio (*s'il faut ainsi dire*) *d'icelle monnoye*, Sit nomen Domini benedictum. *Et en la pile, ladite lettre K, couronnée & costoyée de deux fleurs de lys, avec ce lettrier*, Karolus Francorum Rex. *Et regnes successifs de Louis XII. & François I. demeurant ledit nom de* Karolus, *comme fait encore à ladite espece de monnoye, & lesdits letriers d'icelle, la croix en a été alterée au coing dudit Roi Louis, en ce que la premiere lettre de son nom a occupé les anglets, droit à haut, & bas à senestre d'icelle croix, & à la pile, au lieu desdites deux fleurs de lys ont succedé deux lettres. Et au coing dudit Roi François, la croix en a été alterée, en ce qu'elle a été recroisetée & sans couronne, qui sont toutes mesprinses ou plûtôt ignorances, & trop hardies licences des Maîtres des Monnoyes, ausquels n'est licite varier le coing premierement imposé par le Prince Souverain à la nouvelle monnoye, sans Edit & Ordonnance de lui : consideré que ledit coing est la forme publique de la monnoye, dépendante de la seule autorité du Prince. En cas de trop moindre importance, n'est-il permis à aucun faire mutation de nom sans lettres de son Souverain.* Il y a eu aussi des pieces d'or d'Angleterre valant treize livres quinze sols qu'on appelloit *Carolus*.

CARON. s. m. Terme de Charcuitier. Bande de lard d'où l'on a ôté le maigre.

CARONCULES. s. m. Terme de Medecine. Petites chairs glanduleuses, qui sont dans le canthus de l'œil, & en plusieurs autres parties du corps.

CAROTE. s. m. Racine qui est une espece de Panais. Il y en a de rouges, de blanches & de jaunes, & l'une & l'autre est douceâtre. Les feuilles de la Carote sont semblables au fenouil, quoique plus petites & plus menues. Elle a la hauteur d'un palme dans sa tige, & son bouquet semblable à celui du Coriandre. La fleur en est blanche, ainsi que la graine qui est forte & velue, & de bonne odeur quand on la mâche. Il s'en trouve une seconde espece semblable au persil sauvage, & une troisiéme qui ressemble au coriandre, & qui a la graine comme le cumin ou l'aneth.

CAROTIDE, adj. Terme de Medecine. Nom qu'on donne à une artere du col, qui venant du rameau droit sous clavier, monte le long des côtés de l'artere trachée avec la jugulaire interne. On dérive ce mot du Grec κάρηνον, ou κάρη, qui veut dire, Tête à cause que les arteres carotides portent le sang à la tête.

CAROUGE. s. m. Arbre qui croît assés haut, & dont les branches s'étendent plus en largeur qu'en longueur. Son écorce est cendrée, tirant sur le pers comme celle de lotus. Sa feuille ressemble à celle de frêne; mais elle est plus large, plus dure, & plus ronde. Cet Arbre fleurit au commencement du Printems, & porte son fruit en Eté & tout l'Automne. C'est une maniere de cerise qui lâche le ventre lorsqu'elle est fraîche, & qui resserre étant seche. Ses gousses fraîchement prises sur l'arbre, ont une fâcheuse odeur, qu'elles perdent étant sechées sur des clayes. Alors elles sont fort bonnes à manger. On les trouve remplies d'un jus de miel, & sur-tout celles qui viennent aux regions Orientales.

CARPASUM. s. m. Plante dont le jus pris en breuvage, endort la personne & l'étouffe incontinent. Les remedes contre cette sorte de poison sont semblables à ceux dont on se sert contre la cigue. C'est tout ce que Dioscoride dit; sur quoi Matthiole avoue qu'il ne sçait ce que c'est que Carpasum, les Grecs ni les Arabes n'en ayant rien dit qui le puisse faire conjecturer. Ægineta suivant Dioscoride l'appelle *Carpesia*; ce qui a fait croire à plusieurs que *Carpasum Carpesia* & *Carpesium*, sont mêmes plantes; ce qui ne peut être, puisque le Carpesium n'est point vénimeux, & que Galien lui attribue les mêmes proprietés qu'à la Valerienne.

CARPE. s. f. Poisson d'eau douce, soit de lac, soit de riviere, & qui est couvert de grandes & larges écailles. Il est brun lorsqu'il est jeune, & jaunâtre quand il est vieux. La Carpe vit d'herbe & de limon, & n'a point de dents. Celle qui est laitée est le mâle, & la femelle a toûjours le ventre plein d'œufs, parce qu'elle a des petits cinq ou six fois l'an. La chair, qui forme le palais de ce poisson est nommée improprement *Langue de Carpe*, puisqu'elle n'a point de langue.

On appelle *Saut de Carpe*, le saut que font les Baladins après qu'ils ont plié tout le corps, & joint la tête à leurs piés. Cela vient de ce que la Carpe, quand on la tire de l'eau, fait un pareil saut, pour tâcher à se tirer des filets.

CARPE. s. m. Terme de Medecine. Le poignet ou la partie qui est entre le bras & la paume de la main. Il est composé de huit os distribués en deux rangs. Celui de derriere est joint aux deux focils par des cartilages & des ligamens, & celui de devant, aux quatre os du metacarpe. Le pié a aussi un Carpe, qui y fait la même chose que fait le Carpe à la main.

CARPEAU. s. m. Petite carpe. On dit aussi *Carpillon*.

On l'appelle sur la Loire *Penard*, quand il est de 14. à 15. pouces.

CARPESIUM. s. m. Selon Galien le Carpesium est semblable à ce qu'on appelle Phu, non seulement au goût, mais aussi en vertu & proprieté. Toutefois son essence est plus subtile, quoiqu'elle ne le soit pas assés pour s'en devoir servir au defaut de la canelle qui est bien plus forte. Il nettoye & désopile mieux les entrailles que le phu, provoque l'urine & décharge les reins de gravelle. Il y en a de deux sortes, l'un Laërtien, & l'autre Pontique, & tous deux prennent leur nom des Montagnes où ils croissent. Ce sont de petits sarmens semblables aux verges du Cinnamome. Le Pontique est le meilleur. Plusieurs tiennent pour certain, fondés sur l'autorité d'Avicenne, de Serapion & d'Auctarius, que les grains rouges que porte le houx, & que les Apoticaires appellent ordinairement *Cubebes*, sont le vrai *Carpesium*.

CARPETTES. s. f. On donne ce nom à de gros draps rayés que l'on appelle autrement *Tapis à emballer*.

CARPIN. s. m. Plante que Matthiole dit être fort connue

connue en Italie, & qui a ses feuilles presque semblables à l'orme, mais plus minces. Elle croît dans les forêts entre les chênes, & d'autres arbres sauvages. Son tronc est haut, couvert d'une écorce blanchâtre, & un peu rude & âpre. Elle jette quantité de branches, fortes, bien garnies de feuilles, & qui forment de l'ombrage en s'étendant. De ces feuilles pendent de petites queues, ausquelles quelques autres petites feuilles un peu pâles & grosses en maniere de vessie, sont attachées à fleur de raisin. Elles sont de forme triangulaire, & au milieu sortent de petites têtes comme de poix chiches, où la graine est contenue. Les racines de cette plante sont fermes & grosses, & son bois est blanc, solide & visqueux. Les Villageois d'Italie s'en servent pour faire le joug des bœufs. Le même Matthiole après avoir fait cette description du Carpin, ajoûte qu'il a peine à croire que ce soit le même dont Pline & Theophraste ont fait mention, & il marque la difference qu'il trouve entre l'un & l'autre.

CARPOBALSAMUM. s. m. Fruit de l'arbrisseau appellé *Baume*. Il est fort semblable en grosseur, en figure & en couleur à celui du Terebinthe, & un petit calyce l'attache à la plante. Il y a aussi une petite membrane rougeâtre qui le couvre; & au dedans sont d'autres tuniques plus épaisses, sous lesquelles sa semence est contenue. Elle est pleine d'un suc jaune & mielleux, dont le goût est un peu acre, & l'odeur aromatique à peu près comme le Baume. Le Carpobalsamum qui est ridé, sec & sans suc, est à rejetter, & on ne doit choisir que celui qui est recent, & rempli de suc. Comme il tient de la nature du Baume, il tient aussi de ses qualités. Ce mot est Grec, formé de καρπός, Fruit, & de βάλσαμος, Baume.

CARPOCRATIENS. s. m. Heretiques sectateurs de Carpocrates; qui nâquit en Alexandrie en Egypte, & fleurit du tems de l'Empereur Antoninus Pius, vers l'an 109. Il tenoit qu'il y avoit deux Dieux qui étoient contraires l'un à l'autre, que la loi & les bonnes œuvres n'étoient pas necessaires à ceux qui avoient la foi, & que ce n'est qu'en faisant du mal que l'homme échape à la fureur des Esprits malins. C'est ce qui faisoit qu'ils s'adonnoient à la magie & à une vie dépravée. Ils disoient aussi que Jesus-Christ n'étoit qu'homme, né comme un autre, de Joseph & de Marie; qu'il n'y avoit que son ame montée au Ciel, & que Carpocrates étoit un bien meilleur homme que lui. Ils croyoient la transmigration des ames, nioient la resurrection, & disoient que ce monde n'avoit pas été créé de Dieu, mais de Satan.

CARPOT. s. m. C'est la quatriéme partie de la Vendange, que prend le Bailleur du fonds : le Preneur, qui plante la vigne & l'entretient prend trois parts.

On dit *Complant* ou vignes au quart. On en voit des vestiges dans un ancien titre rapporté par Dominicy, *de Prærog. allod. in fine* vineas quartales

CARRE'. s. m. Morceau d'acier qui est fait en forme de dé, & dans lequel ce qui doit être en relief dans une médaille est gravé en creux.

CARREAU. s. m. Pierre dont la largeur est plus grande au parement, qu'elle n'est de queue dans le mur. Elle est posée alternativement avec la boutisse pour faire liaison.

On dit *Carreaux de pierre*, quand il n'y en a que deux ou trois à la voie. S'il y en a un plus grand nombre, on dit *Libe* ou *Libage*, & s'il n'y a qu'un carreau, on dit, *Quartier de pierre.*

Carreau de plancher. Il y en a de trois sortes qui sont faits de terre cuite. Les grands ont sept pouces en quarré, & servent à paver des Jeux de paume, des âtres, des cuisines, & des terrasses. Les Carreaux moyens servent aux étages d'enbas. Ils sont ordinairement quarrés & à six pans, & ont six pouces de diametre. Les petits quarreaux s'emploient dans les étages d'enhaut, à cause qu'ils chargent moins, & que les plus petits sont les plus beaux. Il y a aussi du *Petit Carreau* à huit pans de quatre à cinq pouces. Le compartiment en est fait de telle sorte, qu'au milieu de quatre on en met diagonalement un plus petit quarré & vernissé.

Carreau vernissé, est un grand Carreau plombé, qu'on met dans les écuries, au dessus des mangeoires des chevaux, ce qui les empêche de lécher le mur. On fait aussi du petit Carreau vernissé pour les compartimens.

Carreau de Fayence ou *de Hollande*. Il sert à faire des foyers & à revêtir les jambages de cheminée, & a ordinairement quatre pouces en quarré. On l'emploie aussi à paver & à revêtir des grottes, des salles, des bains, &c.

Carreau de parquet. Petit ais en quarré. Il en faut plusieurs pour remplir la carcasse d'une feuille de parquet.

On appelle *Carreau de verre*, Une piece de verre quarrée, mise en plomb ou en bois.

Carreau de parterre, est un espace quarré ou figuré avec une bordure de bouis nain, & rempli de fleurs ou de gazon dans le compartiment d'un parterre de pieces coupées. On a appellé *Carreau de broderie*, un Carreau qui faisant partie d'un parterre, renfermoit une broderie de traits de bouis. On ne voit plus guere de ces sortes de Carreaux. *Carreau de potager*, est celui qui fait partie d'un jardin potager, & qui est semée de legumes avec une bordure de fines herbes.

Les Serruriers appellent *Gros Carreaux*, des especes de grosses limes taillées rudes, pour ébaucer & limer le fer à froid. Il y a aussi de *Gros demi-Carreaux*, qui servent au même usage. *Les Carreaux doux & les demi-Carreaux* sont des limes douces.

Carreau, est aussi un terme de Monnoye, & il se dit des Pieces d'or ou d'argent qu'on taille pour fabriquer les especes. Cette fabrique se fait au marteau, & on lui donne jusqu'à huit façons, qui sont *de tailler carreaux*, *de battre* ou *frapper carreaux*, *de recuire carreaux*, &c. & après ces huit façons, les Carreaux sont appellés *Flans* ou *Especes*.

Carreau, chés les tailleurs est un fer plat, & rond par un bout qu'ils font chauffer, après quoi ils le passent sur les coutures pour applatir les lisieres.

Carreau, se dit aussi en termes de mer. C'est un diminutif de Precinte, qui tient le Vaisseau tout autour par les hauts. On appelle aussi *Carreaux*, certaines pieces de bois, qui font le haut des côtés d'une chaloupe.

On appelle *Brochet Carreau*, un Brochet qui passe en grosseur les poissons communs de cette espece.

CARRELET. s. m. Sorte de poisson de mer plat & qui est taillé en maniere de losange. Il est blanc d'un côté & grisâtre de l'autre, avec de petites tâches rouges.

C'est aussi un Filet à pêche; quelquefois de cinq à six piés de grandeur, d'autrefois davantage. Il est emmanché au bout de quatre gaules au bout d'une perche forte. En Anjou on se sert de Carrelets à revers, pour prendre les Saumons & les Aloses.

Carrelet, est aussi une grosse aiguille à quatre carnes dont les Cordonniers, Selliers, & autres qui travaillent au cuir se servent.

CARRELETTES. s. f. Limes qui servent à limer & à polir le fer. On se sert des grosses Carrelettes pour limer & dresser les grosses pieces après qu'on y a fait passer le carreau ou demi-Carreau, & les Carrelettes sont des limes douces.

CARRET. s. m. On appelle *Fil de carret*, Un fil tiré de l'un des cordons de quelque vieux cable coupé par morceaux. On s'en sert sur mer quand on veut raccommoder quelque manœuvre rompue.

CARRIERE. s. f. Lieu que l'on a creusé fort avant dans quelque champ, & d'où l'on tire de la pierre pour bâtir. On trouve jusqu'à deux ciels ou bancs de ciel dans de certaines Carrieres à douze ou quinze piés l'un de l'autre. On les a nommées ainsi du mot de *Carreaux*, ou grosses pierres que l'on en tire.

Carriere, en terme de Manege, est un terrain propre à faire courre un cheval. Il signifie aussi la course même du cheval, pourvû qu'elle n'aille point au delà de deux cens pas. On dit qu'*Un cheval ne fournit pas sa carriere*, pour dire, qu'il n'acheve pas sa course avec la même vitesse qu'il l'a commencée.

Carriere, en Fauconnerie, est la montée de l'oiseau d'environ soixante toises Quand il monte davantage, on dit *Double carriere*, & *demi-carriere* quand il monte moins.

CARROUS. s. m. On a dit autrefois, *Faire carrous*, pour dire, Faire débauche de vin. M. Ménage fait venir ce mot de l'Allemand *Carhaus*, qui veut dire, Tout vuidé. Borel le dérive de Grec χαρὰ, Joie. Quelques-uns disent encore, *Faire carrousse*, pour dire, Faire bonne chere & se réjouir.

CARTAHU. s. m. Manœuvre qu'on passe dans une poulie au haut des mâts, & qui sert à hisser les autres manœuvres ou quelque autre chose.

CARTAME. s. m. Plante dont les feuilles sont longues, âpres, piquantes & chiquetées tout autour. Elle a sa tige haute d'un pié & demi, & ses chapiteaux épineux & de la grosseur d'une grosse Olive. Sa graine, qui est la partie dont on se sert le plus en Medecine, est blanche, longuette & anguleuse. Le Cartame s'appelle aussi *Cnicus* ou *Crocus sylvestris*, à cause de la ressemblance de ses fleurs avec celles du safran. Il y en a de deux sortes, celui des jardins, & le sauvage appellé *Attractylis* ou *Fusus agrestis*. Ce dernier se divise aussi en deux especes. L'un qui est le simple Attractylis, ressemble fort au Cartame des jardins, si ce n'est qu'il a la tige plus droite, & que la graine qu'il produit est noire, assés grosse & amere. L'autre, qu'on appelle *Attractylis hirsutior*, est le Chardon benit. La semence du Cartame, pour être bonne, doit être blanche, grande, polie, angleuse & pleine de moële. Il faut aussi qu'elle ait l'écorce subtile, & qu'elle ne soit point surannée. Elle purge par haut & par bas les serosités & la pituite visqueuse, dissipe les vents, & délivre de toutes obstructions. Elle est aussi très-bonne pour les maladies du poumon & de la poitrine; & parce qu'elle est contraire à l'estomac, on la corrige ordinairement par le moyen du cardamome, de l'anis & du gingembre.

CARTE. s. f. Il y a des Cartes de *Geographie*, de *Chorographie* & de *Topographie*, Voyez ces mots.

Il y a aussi des *Cartes d'Hydrographie*, ou *Cartes Marines*, qui sont de differentes especes. Voyez HYDROGRAPHIE.

Donner à un General la Carte blanche, c'est lui donner le pouvoir d'agir, comme il juge à propos, sans ordre précis.

CARTELLE. s. f. Terme de Charpenterie. Il se dit des grosses planches qui servent aux moulins à porter les meules, ou à d'autres usages, comme à faire les planchers qui sont à côté. On se sert du même mot de *Cartelle* dans une façon de debiter les bois qui sont recherchés, comme les Frênes & les Erables loupeux & nouailleux, qu'on met par petites planches, épaisses de trois jusqu'à cinq pouces, pour servir aux Ebenistes.

CARTAYER. v. a. Terme de Cocher & de Chartier. C'est lorsqu'ils ne font pas rouler leurs charetes & carosses dans les vieilles ornieres, ou quand dans une rue, ils laissent le ruisseau au milieu & entre les chevaux. Il y a de l'adresse & quelquefois du danger à cartayer. Voyez QUARTER.

CARTON. s. m. Dessein qu'un Peintre fait sur du fort papier pour calquer le trait d'un tableau sur un endroit frais avant que de le peindre à fraisque. On appelle aussi *Carton*, le dessein coloré qui sert pour travailler la Mosaique.

Carton, est encore un contour chantourné sur une feuille de carton ou de fer blanc, pour tracer les profils des corniches & pour lever les panneaux de dessus l'épure.

CARTOUCHE. s. m. Ornement de Sculpture en façon de table avec des enroulemens. Ce mot vient de *Charta*, à cause que les Cartouches representent des rouleaux de cartes coupées & tortillées. On y met des inscriptions; ce qui a été leur premier usage.

Cartouche, en termes de guerre, est un Rouleau creux en forme d'étui, quelquefois de gros papier, & quelquefois de carton, pour envelopper le charge d'une arme à feu. C'est aussi une boëte ronde faite de fer blanc, & remplie de petites bales & de menue ferraille, que l'on ajoûte à la poudre dont on charge le canon, pour le tirer quand les ennemis veulent venir à l'assaut. Cette boëte est haute d'un demi-pié, & occupe la place du boulet dans la piece, au calibre de laquelle son diametre est proportionné.

CARTULAIRE. s. m. Regîtres où sont contenus les Titres d'une Abbaye ou d'un Monastere.

CARVI. s. m. Plante assés semblable au panais sauvage, qui croît fort communément dans les prés & les côteaux. Elle jette d'une seule racine plusieurs tiges quadrangulaires d'une coudée de hauteur, & a un bouquet garni de fleurs blanches, d'où sort une graine noirâtre, anguleuse, & un peu plus longue que la graine de l'anis. Ses racines sont en grand nombre sur un même pié, longues & d'un goût âcre & amer. Pline a nommé cette plante *Carium*, & Dioscoride *Carum*, à cause qu'il croît d'excellent Carvi dans une Province appellée Carie. Sa semence, qui est mise au rang des quatre Semences chaudes majeures, est la seule partie dont les Medecins se servent. Dioscoride lui donne les mêmes proprietés qu'à l'anis. Elle resout toutes sortes de ventosités, & fait uriner.

CARYOCOSTINUM. s. m. Electuaire mol, composé de cloux de girofle, de costus blanc, de gingembre, de cumin, d'hermodactes, de diagrede & de miel. Pour bien faire le mélange de ces Ingrediens, il faut pulveriser ensemble les racines, les girofles & le cumin. Pour le diagrede, on le pulverise à part. Cela étant fait, on écume le miel avec du vin blanc, puis on le cuit en sirop, & on le pese au triple de la poudre qu'on y détrempe avec un pilon, en ôtant le vaisseau de dessus le feu, & enfin le diagrede. Le tout refroidi, on le garde, pour s'en servir au besoin. Cet Electuaire est bon pour les goutes bilieuses.

CARYOPHYLLATA. f. f. Plante qui croît le long des chemins & auprès des buissons. Ses feuilles sont un peu âpres, velues & divisées en trois à la cime de leur queue. Elles sortent plus bas deux à deux & en moindre forme, sont toutes dentelées à l'entour. Sa tige est branchue, ronde, assés menue, haute d'une coudée & demie, nouée & un peu âpre. Ses fleurs sont jaunes & semblables à celles de la Quinte-feuille, d'où il sort de petites têtes velues où la graine est renfermée. Elle a force racines minces & roussâtres, qui ont l'odeur du girofle; & c'est de là qu'elle a pris son nom. Il y a une autre sorte de *Caryophyllata* qui croît aux montagnes. Ses feuilles sont plus grosses, plus crêpues & plus velues que celles de l'autre, & elle en jette plusieurs de sa racine même qui sont attachées à de longues queues, & dentelées tout autour. Elles se jettent à terre, & sont fort rudes à manier. Ses tiges sont minces, & on y voit peu de feuilles. Elles n'en ont que de fort petites. Il ne sort qu'une seule fleur de sa sommité; mais fort agreable à voir. Elle est jaune, & trois fois plus grande que celle de l'autre Caryophyllata. Sa racine est de la grosseur du petit doigt, sans aucunes fibres, astringente au goût, & sent le girofle. On ne se sert que de la racine de cette plante. Elle n'a pas seulement la faculté d'attenuër, de resoudre & de restreindre, mais encore de fortifier. On la croit cephalique & cardiaque. Elle est aussi vulneraire, bonne pour les yeux, & propre à dessecher les caterres, & à dissoudre & resoudre le sang caillé.

CAS

CASCADE. f. f. Toute chûte d'eau, soit qu'elle soit naturelle par le panchant du lieu, soit qu'elle soit faite par artifice, comme sont plusieurs ouvrages de Maçonnerie qu'on fait dans les jardins & dans les grottes, afin que l'eau tombe de haut en bas par diverses chûtes. Ce mot vient de l'Italien *Cascare*, Tomber.

CASCANE. f. f. Terme de fortification. Enfoncement sous terre en forme de puits, d'où sort une galerie qui est aussi conduite sous terre, pour éventer la mine de l'ennemi.

CASEMATE. f. f. Puits & rameaux que l'on fait dans le rameau du Bastion, jusqu'à ce qu'on entende travailler le mineur & qu'on évente les mines. On appelle aussi *Casemates*, des places ou batteries voutées l'une sur l'autre, faites dans les flancs pour y loger le canon. L'usage en est assés rare presentement, & on a cessé de s'en servir, à cause que les batteries des assaillans enterroient l'artillerie de ces Casemates dans la ruine des voutes.

CASERNE, f. f. Grand bâtiment à plusieurs petites chambres qui tiennent ensemble, & qui sont bâties sur le Rempart des Villes de guerre, pour y loger les Soldats de la Garnison.

CASILLEUX. adj. Nom que les Vitriers donnent au verre, lorsqu'il se casse en plusieurs morceaux quand ils y appliquent le diamant pour le couper. Cela arrive à celui qu'on a retiré trop tôt du fourneau, où il n'a pas eu assés de recuite.

CASQUE. f. m. Arme défensive qui couvre la tête & le col du Cavalier. On a dit aussi *Casquet*, comme le montre Nicod en rapportant ces mots d'une Ordonnance de François I. touchant les services que sont obligés de rendre ceux qui tiennent des fiefs du Roi: *Et celui qui tiendra fief de deux ou trois cens livres de revenu par an fera un homme de pié avec le corps de hallecret, le casque & la pique.* Il ajoûte que ce mot vient de l'Espagnol *Casco*, qui veut dire, Le têt de la tête; comme de *Tête* en François on a dit *Testiere*, pour dire un habillement de fer de tête. M. Ménage fait venir *Casque* de *Cassicum* ou *Cassicus*, diminutif de *Cassis*, Heaume.

Casque, en termes de Blason, est ce qui se met au dessus de l'écu pour son principal ornement, & que l'on appelle *Timbre*. C'est la vraie marque de Chevalerie. Les Casques sont distingués non seulement par la matiere; mais aussi par la forme & la situation. Ceux des Rois sont d'or, ceux des Princes & des grands Seigneurs d'argent & ceux des simples Gentilshommes d'acier poli. Il y en a d'ouverts, comme ceux des Souverains, & d'autres à demi-fermés & à divers nombres de grilles que l'on compte pour marquer les divers degrés de qualité. Les moindres sont ceux qui sont tout-à-fait fermés. Quand ils le sont en profil, c'est la marque d'un simple Gentilhomme, ou d'une homme de fortune qui s'est signalé par ses actions. Si le Casque fermé est placé de front, il fait connoître une noblesse nouvelle; mais que des actions éclatantes ont fait acquerir. Le Casque grillé qui est en profil, est celui d'un Gentilhomme qui n'a vûe que sur ses Sujets, au lieu que s'il est grillé & de front, il marque un Capitaine qui a commandement sur ses Troupes. Les Seigneurs qui ont de grands fiefs dépendans du Roi, portent le Casque ouvert & de profil, & il n'y a que les Souverains qui les portent ouverts & de front. Avant le dernier siecle tous les Casques étoient fermés.

Casque, se dit aussi d'une sorte de grosse coquille que fournit la mer des Indes, & qu'emploient les Rocailleurs parmi les autres coquilles dont ils font des grottes. On l'appelle ainsi à cause de sa figure. Ce coquillage paroît doublé par dedans & sur les bords, qui sont épais, plats & dentelés, d'un satin incarnat fort luisant. Par le dehors il est façonné d'une agreable rustique, relevée de plusieurs petites bosses qui sont entrelassées de mille compartimens sur lesquels on voit ondoyer un pennache de diverses rares couleurs. C'est ainsi qu'en parle M. de Rochefort dans la description qu'il en fait.

CASSAILLE. f. f. Terme de Laboureur. Il se dit de la levée des guerets, lorsqu'il faut casser & ouvrir la terre pour lui donner son premier labour.

CASSATION. f. f. Terme de Pratique. Acte de Justice qui casse & annule des procedures.

CASSAVE. f. f. Sorte de pain dont se nourrissent les Habitans des Antilles; & ce qu'il y a de surprenant, c'est qu'il est fait de la racine d'une plante qu'ils appellent *Manioc*, & dont le suc est un poison si mortel, qu'il tueroit un homme qui en auroit avalé une seule cueillerée. Pour faire la Cassave, on ratisse des racines de Manioc, comme l'on fait les navets, après quoi on les égruge sur des rapes de cuivre percées, qui ont un pié & demi de haut & huit ou dix pouces de largeur. Ces rapes sont attachées sur des planches, dont on met le bas dans un vaisseau, & en appuyant le haut contre l'estomac, on frotte à deux mains la racine sur la rape, & tout le marc tombe dans le vaisseau. Quand tout est égrugé ou rapé, on le met à la presse dans des sacs de toile, & on en exprime tout le suc, en sorte qu'il n'y a que la farine qui demeure. Quand elle est bien seche, on la passe au travers d'une maniere de crible à petits trous quarrés & fort drus, que l'on appelle *Hebechet*, & que les Sauvages font ou avec des queues de Latanier, ou avec l'écorce du Solaman. Après cela ils font du feu sous une platine de terre cuite, & lorsqu'elle est bien chaude, ils étendent sur toute sa largeur l'épaisseur d'un doigt de farine, qui venant à s'échauffer, se lie & se cuit. Etant cuite d'un côté, on la retourne de l'autre; ce qui la fait cuire tout-à-fait, & la rend d'un très-bon goût à manger. Les Espagnols & les Portugais font secher cette farine dans le four, & la gardent deux ou trois ans, pour en faire des provisions dans leurs Forteresses.

CASSE. s. f. Fruit qui vient aux Indes, fait en forme d'un long bâton, dont la moëlle sert à purger & à rafraîchir. Dioscoride, ni aucun des anciens Grecs n'en ont parlé; mais Matthiole, qui prend soin de rapporter ce que les Auteurs Arabes en ont écrit, dit que l'arbre qui porte les gousses de la Casse, doit être mis au rang des plus grands arbres, & qu'il a son écorce de couleur cendrée. La matiere de son bois est fort solide. Ce qui est vers l'écorce tire à la couleur du bouis, mais le dedans est noir & massif comme l'ébene. Ce bois étant vert a une mauvaise odeur, qu'il n'a plus quand il est sec. Il jette des feuilles comme le Carouge, mais plus pointues, & ses racines sont grandes comme celles du Noyer. Les gousses qui pendent aux branches sont assés longues, rondes & massives. En mûrissant, elles sont de couleur rouge tirant sur le noir, & renferment une moëlle noire, douce & épaisse comme la crême. Cette moëlle n'est pas tout de suite dans ces gousses, comme la moëlle est dans les os. Elle est enchassée dans de petits caissons, qu'un grand nombre de petites peaux ligneuses séparent. Entre chaque écaille se trouve une graine dure, & qui ressemble si fort à la graine de Carouge, qu'il est presque impossible de distinguer l'une d'avec l'autre. On appelle cette Casse *Siliqua Ægyptiaca*, ou *Siliqua Indica*, parce que la meilleure croît en Egypte ou dans les Indes. Elle amollit le ventre & purge la bile & la pituite en lavant. Elle est bonne pour les bilieux, pour les maladies chaudes & seches, pour la poitrine & les reins, sur-tout si le tems est chaud; mais elle est nuisible à ceux qui ont le ventre lâche & humide, si elle n'est corrigée par la Rhubarbe, le Mastic, ou les Myrobalans rôtis. On s'en sert aussi exterieurement, & étant appliquée sur une partie affligée de douleurs par inflammation, elle en adoucit les accidens; ce qui la fait mettre au rang des Medicamens épicerastiques.

Casse Aromatique, en Latin *Cassia lignea*, *Cassia odorata*, ou *Xilocassia*. Ce n'est autre chose que l'écorce d'un arbre sauvage qui vient de soi-même & sans culture dans les Indes Orientales. Il n'y a presque point de difference entre l'arbre de la Canelle & celui qui porte la *Cassia lignea*. Les Hollandois & les Portugais assûrent qu'ils viennent tous deux pêle mêle dans l'Isle de Zeïlan, & qu'ils naissent de la même grandeur, grosseur & figure, soit pour les branches, soit pour les feuilles. Les écorces sont aussi de même couleur & de même forme, & se recueillent & se sechent l'une comme l'autre. Leur goût est piquant & aromatique. Toute la difference qui se trouve entre ces deux écorces, c'est que la *Cassia lignea*, dont il y en a de fort déliée, devient gluante dans la bouche lorsqu'on la mâche, & s'y détrempe & liquefie peu à peu, sans y laisser aucun bois, au lieu que la Canelle y laisse toûjours le sien. Elle produit les mêmes effets que la Canelle, & même avec plus d'avantage; & on ne s'en sert moins, qu'à cause qu'elle est plus rare, & par consequent plus chere.

Casse, se dit de la partie d'une écritoire portative, où l'on renferme les plumes.

Casse, en termes d'Imprimerie, est un grand quarré plus long que large, posé sur des treteaux, & divisé en plusieurs petits quarrés, dans chacun desquels les Imprimeurs mettent tout ce qu'il y a de caracteres de la même lettre, afin que les Compositeurs les puissent trouver sans peine, à mesure qu'ils en ont besoin.

Casse, est aussi un terme d'Orfévre, & signifie Un vase fait de cendres de lessive & d'os pilés, qui sert à affiner & à séparer l'or & l'argent.

On appelle en termes de Monnoye, *Casse d'affinage*, Une coupelle où l'on affine les matieres d'argent. La casse est faite de recoupes de pierres de taille les plus dures, de charbon & de grais bien pilés, & de cendres lessivées. Il y a un couvercle de grais sur cette casse, afin d'entretenir la chaleur des matieres fondues, & ce couvercle a une ouverture par où l'on jette du charbon à même fin sur ces matieres fondues. On affine les casses en les concassant environ de la grosseur d'un œuf de pigeon, après quoi on les appelle *Matieres*. On se sert aussi quelquefois de petites Casses faites de même matiere que la casse de la manche, & de même grandeur & figure que les cueillerons de ces sortes de cueillers, pour y laisser fixer les métaux. On fait ces Casses fort près de la manche pour les chauffer. On y met aussi du charbon, afin qu'en les échauffant davantage, on empêche que les métaux qu'on y verse ne petillent & ne s'écartent.

Casse. Terme d'Architecture. Espace qui est entre les modillons des corniches, dans lequel il y a ordinairement des roses taillées. Ces Casses, que l'on appelle aussi *Quaisses*, doivent être quarrées dans tous les ordres, & il faut que les modillons ayent la moitié de la largeur du champ des Casses.

On appelle *Casse*, en termes de Charpenterie, La partie du gouvernail d'un bateau foncet, qui sort en dehors du Vaisseau, & par laquelle toutes les planches en sont soûtenues jusques au safran.

CASSENOLLE. s. f. Drogue qui sert aux Teinturiers, & qui est la même chose que la Noix de galle qui vient sur quelques chênes.

CASSETIN. s. m. Terme d'Imprimerie. L'un des petits quarrés d'une casse d'Imprimerie, dans lequel on met tous les caracteres d'une même lettre.

CASSIDOINE. s. f. Pierre minerale & précieuse dont on fait des vases que l'antiquité a fort estimés. Cette pierre a un jour fort trouble, & semble polie & lissée plûtôt que luisante. On fait cas de celles qui sont comme purpurines tirant sur le blanc, & mêlées tirant sur la couleur de feu. On estime fort aussi celles qui ont une nuée approchante de l'Arc-en-ciel, avec des veines grasses. Les blaffardes sont les moindres, & celles qui ont quelque glace ou des porreaux & grains de mailles plates.

CASSIER. s. m. Arbre dont les feuilles sont presque semblables à celles de l'Acacia que l'on voit en France, mais deux fois plus grandes, plus fortes & plus écartées. Le Cassier du Levant a ses fleurs jaunes, des tuyaux de la longueur d'un pié & demi, & de la grosseur d'un pouce. Celui de l'Amerique fleurit gris de lin, ou couleur de fleurs de Pêcher, & produit des tuyaux longs de deux piés, & ayant deux ou trois fois la grosseur des autres. Il se dépouille de ses feuilles tous les ans une fois, & alors il se couvre entierement de grands bouquets de fleurs, longs d'un pié en forme de pennache, de couleur de fleurs de Pêcher. Sur chaque bouquet il croît tout au plus un ou deux bâtons de casse. Ces bâtons ont la forme de ceux du Levant, mais ils sont longs de plus de deux piés & presque gros comme le bras. L'écorce en est basanée, rude, & fort difficile à rompre. Les petites séparations qui sont dedans, sont aussi très-dures. Ainsi on a de la peine à la monder & à en tirer la moëlle. Quand elle est recente, elle est fort semblable à la Casse du Levant, soit à la couleur, qui n'est pas pourtant si noire, soit au goût qui est un peu gras & douçâtre, à peu près comme les Pruneaux, soit à l'effet purgatif, si ce n'est qu'en causant des tranchées elle ne purge pas avec la même facilité. Son fruit, qui est noir, de mauvais goût, entre dans le remede contre la rage.

CASSINE. s. f. Petite maison à la campagne. Ce nom a été d'abord donné à l'habitation d'un Hermite qui s'est retiré dans quelque lieu solitaire. On a dit autrefois *Cassine* & *Castine*, pour dire, Debat. Querelle.

CASSOLETTE. s. f. Vase de cuivre ou d'argent où l'on fait brûler des pastilles & d'autres odeurs agreables pour exhaler.

Cassolette, en termes d'Architecture, est une maniere de vase de Sculpture avec des flâmes ou de la fumée qui sert d'amortissement, & qui se fait le plus souvent isolé.

CASSOORWAN. s. m. Petit poisson rare qui se trouve aux Indes Occidentales. Il est un peu plus gros qu'un Anchois, mais beaucoup meilleur, & a deux prunelles dans chaque œil, de sorte que lorsqu'il nage, il en tient l'une au-dessus & l'autre au-dessous de l'eau. Il a le dos plat avec l'épine & les côtes rondes, presque à la façon de celles de l'homme.

CASTAGNETTE. s. f. Instrument à batterie composé de deux petits ronds de bois de Prunier ou de Hêtre, sec & creusé en maniere de cueiller, dont on met les concavités l'une sur l'autre. On attache ces deux ronds de bois au pouce avec une corde quand on veut jouer des Castagnettes, & on les bat de tems en tems avec le doigt du milieu ou l'annulaire, pour marquer les mouvemens & les cadences dans une Sarabande ou quelque autre danse. Les Castagnettes sont d'un fort grand usage en Espagne; aussi ce mot est-il Espagnol, *Castannetas*, formé de *Castanna*, Châtaigne, à cause de la ressemblance qu'a cet instrument avec des châtaignes.

CASTELOGNE. s. f. Couverture de lit qui est faite de laine très-fine. Ce mot vient de *Casta lana*, parce que ces sortes de couvertures se font ordinairement de la toison des agneaux.

CARTOR. s. m. Animal amphibie qui vit tantôt sur la terre, & tantôt dans les rivieres, & qu'on ne sçauroit apprivoiser. Sa nourriture est de feuilles & d'écorces d'arbres. Il a la tête assés semblable à celle d'un rat de montagne, les dents fort tranchantes & le corps court & massif. Ses pattes de devant sont faites presque comme celles d'un Blereau, & ses piés de derriere ont la forme de ceux d'une Oye, les doigts, qui sont au nombre de cinq, en étant joints par une membrane. La queue de Castor tient plus de la nature du poisson que des animaux terrestres. Elle est plate, large de trois ou quatre doigts, longue d'un pié ou environ, épaisse d'un pouce, de couleur grise & dénuée de tout poil. Elle a plusieurs nœuds en forme de vertebres, & est échancrée à son commencement; ce qui est cause qu'on peut attacher l'animal par là. Il s'en sert pour nager avec les piés de derriere. Il s'en fait aussi une maniere de battoir pour battre le mortier avec lequel il se bâtit une loge, qui a quelquefois jusqu'à trois étages. Sa peau est fort velue, & la partie la plus cottonnée de son poil est d'un grand usage pour en faire des chapeaux. A côté de l'aine on lui voit deux tumeurs, entre lesquelles sont ses parties naturelles. On tient que le Castor a une grande finesse, & qu'il aime éperduement ses petits. Tout le derriere de son corps passe pour être poisson, & en a le goût. Il n'est pas vrai, comme ont dit les Anciens, qu'il s'arrache les testicules quand il est chassé, pour ne pas tomber entre les mains des Chasseurs. Les Castors dans la Virginie sont de la grandeur d'un chien d'eau. Ils ont les jambes courtes, les piés de devant semblables à ceux d'un chien, les piés de derriere à ceux d'un cygne, la queue large & faite en forme de raquette, nue & sans aucun poil. Les Sauvages estiment beaucoup la chair de Castor.

CASTOREUM. s. m. Sorte de médicament qui n'est autre chose que les testicules du Castor, qui étant coupés & bien nettoyés de tout ce qui peut être superflu, sont dessechés d'eux-mêmes, & gardés suspendus dans un lieu, où le Soleil n'entre point. On falsifie le *Castoreum*, en mêlant de la poudre de Castor avec des pommes d'*Opoponax*, & de *Sagapemum*. Ce mêlange étant fait, on en remplit des vessies en forme de testicules. On s'apperçoit de la tromperie en observant que la veritable partie charnue des testicules du Castor, est pleine de fibres & de pellicules naturelles, ce qui n'est point dans les testicules contrefaits. Le *Castoreum* pour être bon, doit avoir une odeur forte & desagreable, un goût acre & mordicant, & être d'une substance fragile. Il est hysterique, cephalique, nevritique & arthritique. On le prend en forme de pillule, & il s'applique exterieurement sur les jointures, pour emporter les restes des humeurs & des douleurs, que les fluxions y ont causées.

CAT

CATACHRESE. s. m. Terme de Grammaire. Espece de metaphore, qui consiste à se servir d'un mot qui n'est pas tout-à-fait propre à la chose dont on parle quand on n'en sçauroit trouver qui l'explique mieux. Ainsi on appellera Parricide celui qui aura tué son ami en trahison, quoique ce mot ne convienne qu'à un Fils dénaturé, qui auroit tué son Pere. Ce mot vient du Grec καταχρῆσθαι, J'abuse.

CATACOMBES. s. f. p. Cimetieres soûterrains qui se trouvent en Italie, & qui sont faits en maniere de grottes. C'étoit-là que les Chrétiens se cachoient pendant la persecution de la primitive Eglise. Ils y enterroient ceux d'entr'eux qui avoient souffert le martyre; & on tire de ces Sepulchres les Reliques qu'on envoie maintenant dans tous les Royaumes Catholiques, après que le Pape les a baptisées du nom de quelque Saint. Quelques-uns dérivent ce mot de ce qu'autrefois on disoit κατὰ, pour *Ad*, de sorte que *Catatumbas* vouloit dire, *ad tumbas*, qui est le nom que du Cange dit qu'on a donné à plusieurs Cimetieres.

CATAFALQUE. s. m. Echaffaut ou élevation. C'est proprement une décoration d'Architecture, de Sculpture & de Peinture, établie dans une Eglise sur un bâti de charpenterie pour representer un cercueil dans une pompe funebre. Ce mot vient de l'Italien *Catafalco*, qui veut dire, Un Echaffaut.

CATAGMATIQUES. s. m. p. Médicamens

propres à souder les os rompus, & à faire venir le calus plus promptement. Ces médicamens sont le bol d'Armenie, la gomme tragacanthe, l'osteocolle, les noix de Cypres, l'encens, la farine folle, l'aloës & l'acacia. Ce mot vient du Grec κατάγμα, Fracture.

CATALEPSIE. s. f. Terme de Medecine. Sorte de mal, qui ne differe de l'apoplexie, qu'en ce que ceux qui en sont atteints, conservent la respiration libre & aisée. En Grec κατάληψις que les Medecins modernes expliquent en Latin par *Congelatio*. Ils appellent autrement ce mal κάτοχος & κατοχὴ.

CATANANCE. s. f. Plante dont il y a de deux especes. L'une dont la racine est aussi menue qu'un jonc, a les feuilles longues & semblables au Coronopus, & jette six ou sept boutons, au-dedans desquels est une semence faite comme celle d'Orobus. L'autre est de la grosseur d'une petite pomme, & a la racine grosse comme une petite olive. Ses feuilles ressemblent aussi à celles de l'Olivier, & ont la même couleur. Elles sont molles, chiquetées, & panchent en bas. Sa graine qui est petite, rouge, percée en plusieurs endroits & attachée à de petites verges, est faite comme un pois chiche. Dioscoride, qui fait cette description, ajoûte que les deux Catanancés sont propres à causer de l'amour, & que les Femmes de Thessalie ont accoûtumé de s'en servir. Matthiole avoue qu'il ne connoît ni l'une ni l'autre, & refute Ruellius, qui veut que la Bistorta soit la seconde espece de Catanancé.

CATAPASME. s. m. Poudre avec laquelle on saupoudre les ulceres. Elle differe du Diapasme & de l'Empasme; comme on le peut voir dans la signification de ces deux mots. Catapasme vient du mot Grec καταπάσσειν, Arroser.

CATAPHRYGES. s. m. Heretiques du second siecle qui prirent leur nom de ce que leurs Auteurs étoient Phrygiens. Ils préferoient leurs Docteurs aux anciens Prophétes, & corrompant la forme du Baptême, ils le conferoient aux Morts. Ils piquoient les petits enfans avec des aiguilles, & employoient leur sang pour faire le pain Eucharistique. Comme ces enfans expiroient souvent dans les douleurs, les Cataphryges les invoquoient comme étant en possession de la beatitude pour avoir souffert le martyre, & mettoient au nombre de leurs Prêtres ceux qui n'étoient pas morts dans ces tourmens.

CATAPLASME. s. m. Médicament fait en forme de bouillie, qui s'applique exterieurement pour ramollir, faire suppurer & appaiser les douleurs. Il se fait, ou d'herbes vertes, de racines, de fleurs, & de semences cuites dans une liqueur convenable, & broyées ensuite & passées à travers un tamis, en y ajoûtant des farines, des graisses & des huiles, qui lui font avoir une consistance molle; ou de farines cuites dans quelque liqueur avec du miel, de l'huile & du beurre. Quelques-uns appellent cette derniere sorte de Cataplasme *Pulticula*; comme, qui diroit petite Bouillie. Ce mot vient du verbe Grec καταπλάσσειν, Enduire.

CATAPUCE. s. f. Plante, dont il y a de deux sortes; la grande, & la petite. La premiere, que l'on appelle autrement, *Palma Christi*, *Regium gramen*, ou *Ricinus*, devient grande comme un arbre, & aussi haute qu'un petit Figuier. Ses feuilles sont comme les feuilles du Plane, mais plus grandes, plus noires, & plus lissées. Ses branches, ainsi que son tronc, sont creuses comme un roseau. L'huile qu'on fait de sa graine, & qui est appelée *Cicinum* par les Grecs & les Latins, est bonne pour éclairer & pour faire des emplâtres, & ne vaut rien à manger. La petite Catapuce qu'on appelle *Espurge*, est une espece de Tithymale. Voyez ESPURGE.

CATAPULTE. s. f. Machine qui étoit en usage chés les Anciens, & par le moyen de laquelle ils lançoient des javelots longs de douze & quinze piés sur les Ennemis. On tient que l'invention de cette machine étoit venue des Syriens. On l'a nommée Catapulte, du mot Grec καταπέλτης.

CATARACTE. Terme de Medecine. Alteration de l'humeur cristaline de l'œil, qui ayant entierement perdu sa transparence, est devenu opaque, ou dans toute sa masse, ou au moins dans une partie de son épaisseur; en sorte qu'il se forme une taye ou petite peau sur la prunelle. Cette taye que cause une concretion d'humeurs entre la cornée & le cristalin, se peut lever avec une aiguille. On tient que l'invention en a été fournie par une Chévre, qui en se frottant contre des épines, abbattit une taye qu'elle avoit sur l'œil, ce qui lui fit recouvrer la vûë. Ce mot est Grec καταῤῥάκτης & vient du verbe καταῤῥήσσειν, Couler, tomber avec violence.

Cataractes, au pluriel, Se dit d'une grande abondance d'eaux qui tombent d'enhaut, d'où vient qu'on appelle *Cataractes*, Les sauts que fait le Nil lorsqu'il tombe de dessus des rochers escarpés.

On a appellé aussi *Cataractes*, Les portes grillées & treillissées, mêmes les herses & sarrasines, que l'on fait tomber par des coulisses, lorsqu'on le croit necessaire. Les portes treillissées des prisons ont encore été appellées *Cataractes*, ce qui a fait appeller un Geolier *Cataractarius*.

CATECHUMENE. s. m. Nom que les Saints Peres ont donné à ceux qui se préparant à recevoir le Baptême, se faisoient instruire des mysteres de la foi, & des principaux préceptes du Christianisme. En Grec κατηχούμενος, qui est enseigné, du Verbe κατηχέω, J'instruis de bouche, de vive voix.

CATEUX. adj. Bouteiller rapporte qu'on appelle ainsi en Picardie certains biens qui sont meubles & immeubles. Les blés sont de cette nature. On les met au rang des immeubles, & on ne les compte point entre les fruits jusqu'au quinziéme de Mai, & après ce tems ils sont reputés meubles.

CATHÆRETIQUES. s. m. Sorte de médicamens qui rongent & consument doucement la chair superflue sur laquelle on les applique, & qui la remettent dans sa superficie naturelle, ce qui les fait appeller par quelques-uns *Sarcophages*, c'est-à-dire, qui mangent la chair. Les plus doux sont l'aloës, la cendre de chêne & de figuier, l'alun, la racine de brioine, & de l'ellebore noir, l'antimoine calciné, & le plomb brûlé. Les plus chauds sont l'airain brûlé, la chaux vive, le Mercure précipité, le vitriol calciné, le sublimé, & l'esprit de souphre. Ce mot vient du Grec καθαιρετικὸς, Qui reprime, qui renverse.

CATHARES. s. m. Nom que prirent dans le troisiéme siecle les Heretiques qui suivoient les erreurs de Montanus, du Grec καθαρὸς, Pur, pour faire connoître qu'ils n'avoient aucune part au crime de ceux à qui les tourmens faisoient renier la foi; de sorte qu'ils ne les vouloient point recevoir à penitence. La prétendue pureté dont ils affectoient de faire profession les obligeoit à porter des robes blanches, & ils nioient qu'il fût au pouvoir de l'Eglise de remettre les pechés.

CATHARTIQUE. adj. Purgatif. Terme de Medecine. Il se dit des remedes ou potions qui purgent. Il y a deux sortes de Cathartiques; les uns qui purgent pas bas, qu'on appelle *Dejectoires*, & les *Vomitoires*, qui purgent par haut. Les Dejectoires purgent proprement & improprement. Ceux qui purgent proprement tirent du corps les humeurs vicieuses, & qui leur sont familieres, & ceux qui purgent improprement, jettent dehors pêle-mêle les humeurs telles qu'ils les rencontrent. La Catapuce, l'antimoine, & autres semblables sont de ce genre. Les Cathartiques dejectoires ont differens noms selon qu'ils purgent la bile, la mélancolie, la pituite, & les serosités. Ce mot vient du Grec καθαίρειν, Purger.

CATHETE. s. m. Terme de Catoptrique. Ligne droite qui est tirée par le point de réflexion perpendiculairement au plan d'un miroir. On appelle *Cathete d'incidence*, Une ligne droite tirée d'un point de l'objet perpendiculairement à la ligne réfléchissante, & *Cathete de l'œil*, ou *Cathete de réflexion*, Une ligne droite tirée de l'œil perpendiculairement à la même ligne réfléchissante.

Cathete, en termes d'Architecture, se dit de la ligne que l'on suppose traverser à plomb le milieu d'un corps cylindrique, comme d'un balustre ou d'une colomne. On le dit aussi dans le chapiteau Ionique de la ligne qui tombant à plomb, passe par le centre ou œil de la volute. Ce mot vient du Grec κάθετος, qui veut dire, Le plomb d'un Maçon ou d'un Charpentier.

CATHOLICON. s. m. Electuaire, mol, purgatif, appellé ainsi du Grec καθολικὸς, qui veut dire Universel, à cause qu'il convient à toutes sortes de maladies, & qu'il n'est nuisible dans aucune. *Nicolaus Salernitanus* en est l'Auteur; & pour le distinguer des autres compositions de Catholicon, dont *Nicolaus* Mirepsius en décrit deux qui ne sont plus en usage, sans celui de Fernel que les Apothicaires tiennent rarement dans leurs boutiques, on l'appelle *Catholicon Nicolai*. C'est celui que l'on emploie lorsqu'on ordonne simplement le Catholicon. Il y en a de simple & de composé, dont toute la difference est qu'on met double poids de sené & de rhubarbe dans le composé, & qu'on en fait infuser une partie dans le polypode, & dans les autres ingrediens qu'on y fait entrer au nombre de quinze, sans le sucre blanc. Le Catholicon de Fernel est composé de vingt-neuf ingrediens, sans y comprendre l'hydromel ni le miel, & sans y compter le sené qu'une seule fois, quoiqu'il s'y rencontre deux; sçavoir en infusion & en poudre. Il purge universellement la bile, la pituite & la mélancolie de tout le corps, aussi-bien que le Catholicon de Nicolas, & on peut le donner à toutes sortes de personnes, enfans, vieillards, femmes grosses, quand même on auroit la fiévre.

CATICHES. On appelle, ainsi en termes de chasse, les Trous où se vont cacher les Loutres quand on les poursuit.

CATIN. s. m. Vieux mot. Plat, du Latin *Catinus*, qui veut dire la même chose.

CATOPTRIQUE. s. f. Seconde partie de l'Optique, qui a pour objet la vision faite par des rayons qui ne vont pas directement, de l'objet à l'œil, mais qui n'y arrivent que par la réfléxion de quelque autre corps, comme d'un miroir. Voyez OPTIQUE & VISION. Tous les effets des Miroirs appartiennent à la Catoptrique.

Catoptrique, est aussi adjectif, & on appelle *Cadran Catoptrique*, Celui qui marque les heures par un rayon réfléchi, soit que ce Cadran soit dans une chambre, ou dans un autre lieu. Ce mot vient de κάτοπτρον, Miroir, ou du verbe κατοπτρίζειν, qui veut dire, Rendre des Images, réfléchir comme fait un miroir.

CATTEROLES. Trous que les Lapins creusent en terre pour y faire leurs petits, & qu'ils rebouchent tous les jours jusqu'à ce qu'ils sortent.

CAV

CAVALCADOUR. s. m. Mot qui n'est en usage qu'avec le mot d'*Ecuyer*, & qui signifie dans les Maisons Royales, Celui qui commande l'Ecurie des Chevaux de la personne. *Ecuyer Calvacadour, de l'Ecurie de la Reine, de Monsieur, de Madame, &c.*

CAVALERISSE. s. m. Mot dont on s'est servi autrefois, pour signifier celui qui avoit beaucoup d'habileté pour bien dresser & gouverner des Chevaux. Il vient de l'Italien, & on l'employoit, comme étant plus expressif que le mot d'Ecuyer, qui signifie differentes choses en notre langue.

CAVALIER. s. m. Terme de Manége. Celui qui entend les chevaux, & qui pratique l'art de les monter.

Cavalier. Terme de fortification. Elevation de terres, dont la masse est quelquefois de figure ronde, & quelquefois en quarré long. Son sommet est en plate forme, bordé d'un parapet, afin de pouvoir couvrir le canon qu'on y met en batterie. On a soin d'en proportionner la hauteur à celle du terrain qui lui est opposé du côté des ennemis; & l'on donne d'ordinaire quinze ou dix-huit piés au-dessus du terreplein du rempart aux Cavaliers que l'on fait sur l'enceinte d'une Place, soit dans la gorge du bastion, soit vers le milieu de la courtine. Leur largeur dépend du nombre des pieces qu'on y veut loger. On observe pour cela de donner dix ou douze piés de distance entre chaque piece, afin que ceux qui servent le canon ayent plus de commodité à le tirer.

CAVALQUET. s. m. Certaine maniere de sonner de la trompette à la guerre. On s'en sert lorsque l'armée approche des Villes, ou qu'on la fait passer par dedans. Il y a un *Cavalquet simple* & un *Cavalquet double*.

CAUCOBARDITES. s. m. Sorte d'Heretiques qui suivoient les erreurs des Acephales, & qui s'éleverent dans le sixiéme siecle. Ils prirent ce nom d'un certain lieu, où ils firent leurs premieres Assemblées.

CAUDÉ, ÉE. adj. Terme de Blason. Il se dit des Cometes & des Etoiles qui ont une queue. *D'azur, à une étoile caudée d'or*. Ce mot vient du Latin *Cauda*, Queue.

CAVE. s. f. Lieu sousterrain. On appelle *sable de Cave*, celui qu'on tire des puits & des ouvertures que l'on fait dans la campagne. Ce mot vient du Latin *Cavea*, Lieu creux.

On appelle aussi *Cave*, une maniere de bouteille d'argent ou de vermeil doré, qui enferme de l'eau de fleurs, soit d'orange ou autres, & que l'on met sur la toilette des Dames.

Cave, est aussi adjectif, & les Medecins nomment *Veine cave*, la plus grosse de toutes les veines qui sortant des parties gibbeuses du foye, épand ses rameaux presque par toutes les parties du corps. Au sortir du foye son tronc se divise en deux parties, l'une qui descend & l'autre qui monte. Elles se distribuent en divers autres rameaux.

Cave, est aussi un terme de Chronologie, qui s'oppose à *Plein*, le Mois Lunaire Synodique est de 29. jours 12. heures 44. minutes. Pour ôter cette fraction, on fait ces Mois là alternativement de 29. jours, & de 30. moyennant quoi les 12. heures qu'on ôte à l'un, on les donne à l'autre & il y a égalité, supposé que l'on ne compte pour rien les 44. minutes. Ce Mois de 29. jours est appellé *Cave*, c'est-à-dire creux, diminué & celui de 30. s'appelle *Plein*. Il en va de même des Années dont quelques-unes par des raisons semblables sont plus longues, que d'autres de la même espece, ce qui fait que les unes sont pleines, les autres caves. L'Année Lunaire commune est quelquefois de 353. jours, & ordinairement de 354.

CAVER. v. n. Terme de Vitrier. Evider dans un morceau de verre de couleur, afin d'y enchasser d'autres de differentes couleurs, que l'on retient avec du plomb de chef-d'œuvre. Cela ne se pratique guere que pour les chef-d'œuvres de Vitrerie. On se sert du diamant & du gresoir pour caver, & il faut les conduire avec adresse, sans quoi on feroit des langues & étoiles qui casseroient la piece.

CAVESSE DE MORE. Terme de Manége. On appelle *Cheval cap de More*, ou *Cavesse de More*, un cheval qui ayant par tout le corps du poil gris ou blanc, semé fort épais sur un poil bai alezan, ou noir, a la tête & les extrêmités noires.

CAVESSON. f. m. Espece de muserolle, qui en serrant le nés du cheval & le contraignant, aide à le dompter & à le dresser. Elle est quelquefois plate, & quelquefois torse, & il y en a de cuir, de corde & de fer. Le Cavesson de fer, qui est un demi-cercle, ou une bande tournée en arc, faite de deux ou trois pieces assemblées par des charnieres, conserve & épargne la bouche des jeunes chevaux qu'on dresse. Ceux qui sont de cuir ou de corde servent lorsque l'on met les chevaux entre deux piliers. On appelle *Cavesson à siguette* ou *Cavesson mordant*, un Cavesson creux par le milieu, & dentelé en façon de scie par les deux bords de sa concavité, pour piquer le nés d'un cheval qui est dur de tête. Le *Cavesson camare*, est presentement banni des Académies. Il étoit garni de petites pointes très-aigues qui tourmentoient le cheval excessivement. Tous les Cavessons de fer, de quelque espece qu'ils soient, sont garnis de trois anneaux, & montés de têtieres, de soûgorge & de deux longes.

CAVET. f. m. Terme d'Architecture. Membre creux ou moulure rentrante, qui est faite de la quatriéme partie d'un cercle, & qui entre dans les ornemens des corniches. On l'emploie aussi dans ceux des bordures de Menuiserie.

CAVIAT. f. m. Sorte de mets qui se fait d'œufs d'éturgeon, que l'on saupoudre de sel, & qu'on expose ensuite au soleil, en les remuant plusieurs fois le jour.

CAVIN. f. m. Terme de guerre. Lieu creux, propre à favoriser les approches d'une place, dans lequel on peut s'avancer à couvert vers les ennemis, comme si l'on étoit dans une tranchée.

CAULICOLE. f. m. Terme d'Architecture. Les Caulicoles du Chapiteau Corinthien, sont les petites branches qui naissent des quatre principales, & qui se courbent au-dessous des volutes, les plus grandes aux angles & cornes de l'abaque, & les autres dans le milieu, au-dessous des roses qui ornent l'abaque. Ce mot vient du Latin *Caulis*, qui veut dire, La principale tige des arbres, d'où sortent les feuilles & les autres petits rameaux.

CAURIOLE. M. Felibien remarque qu'on trouve ce mot dans la Traduction que M. de Cambrai a faite de Palladio, & qu'il s'en est servi pour expliquer un ornement dans l'Architecture, qui s'appelle ordinairement des Postes. Palladio le nomme *Cauriola*; & comme ce mot signifie aussi *Chévre sauvage*, on peut présumer que les Italiens ont donné ce nom à cet ornement à cause qu'il ressemble en quelque façon à des cornes de chévres.

CAUSTIQUES. f. m. Médicamens plus forts & plus puissans que ne sont les Escharotiques, qui font seulement une croûte épaisse à la peau, au lieu que ceux-ci pénétrent même la chair qui est au-dessous. L'airain brûlé, l'orpiment, la chaux vive & le vitriol sont du nombre des Caustiques, aussi-bien que la cendre de figuier & de frêne, la cendre de lie de vin, le sel de lessive dont on fait le savon, l'arsenic & le mercure sublimé. Ce mot vient du Grec καίειν, Brûler.

On appelle en Catoptrique, *ligne Caustique* une Courbe formée par tous les points où se coupent plusieurs rayons réfléchis, que l'on suppose avant la réfléxion être venus d'un même point. Cette ligne est appellée Caustique, parce que c'est là que les rayons plus serrés les uns contre les autres ont la force de brûler. Quelquefois cette ligne se réduit toute en un point. Ce qui dépend de la figure du corps qui a fait la réfléxion, & alors la Caustique n'est proprement que le Foyer. Voyez FOYER.

CAUTELE. f. f. Caution. On se sert de ce mot en certains cas; comme quand un Prêtre est interdit ou excommunié par une Sentence, on dit que s'il veut déduire ses causes d'appel, afin d'être capable de dire la Messe, il est obligé d'obtenir des *Lettres d'absolution à cautele.*

CAUTERE. f. m. Terme de Chirurgie. Remede brûlant dont on se sert pour guerir un ulcere, ou la carie des os, ou pour détourner quelques mauvaises humeurs. Il y a le *Cautere actuel* & le *Cautere potentiel.* Le premier s'applique plus rarement que l'autre à cause de sa violence. C'est un bouton de feu ou de fer rougi, que l'on met sur la partie, comme aux fistules lachrimales. On l'applique aussi aux chevaux sur les boutons de farcin. Le *Cautere potentiel*, est un Médicament composé d'ingredient si brûlans, qu'ils vont au-delà du quatriéme degré de chaleur. Il se fait d'ordinaire avec une lessive de cendre de roseaux, de figuier, de chêne, de viorne, de hêtre, de lie de vinaigre, de tartre brûlé, de tiges de féves, de tithymale, d'orme, & de chaux vive. On y dissout du nitre, de l'alun, du vitriol, de l'axonge de verre, du chalcitis, du sel armoniac, du savon noir, &c. après quoi on presse cette lessive à travers un linge fort délié; puis on la fait bouillir dans un vase d'airain, jusqu'à ce que s'étant épaissie, elle s'endurcisse en forme de sel ou de pierre. On l'applique en diverses parties du corps, aux bras, aux jambes, & même à la tête, non seulement pour ouvrir un abcès profond, mais encore pour résoudre ou pour faire diversion des humeurs. Ce mot vient aussi du Grec καίειν, Brûler.

CAY

CAYAPIA. f. f. Herbe du Bresil, dont les feuilles rendent une odeur semblable à celle des feuilles de figuier. Sa racine est déliée & distinguée au milieu d'un certain nœud, qui étant broyée & bûe avec de l'eau, a la vertu de résister au venin des serpens, & de garantir ceux qui sont blessés de fléches empoisonnées.

CAYES. f. f. Terme de Marine. Roches cachées sous l'eau, bancs de sable couverts d'herbages ou d'une vase si épaisse, que les petits bâtimens sont en péril de s'y échouer.

CAYON. f. m. Vieux mot. Ayeul.

Lantelot le bon Roi Boheme
Où est-il? où est son cayon.

CEA

CEAU. f. m. Vieux mot. Ciel.

De ruses y ot grand monceau.
Si belles n'avoit sous le ceau.

CED

CEDON. f. m. Petite plante basse, dont la feuille est longue & chiquetée tout autour comme une scie. Elle fleurit blanc & en pyramide, mais qui ne fleurit qu'une seule fois. On l'appelle *Cedum folio serrato*. Il y aussi un *Cedon arberescens*, qui est une sorte de petit arbre boiseux.

CEDRAT. f. m. Espece de Citronnier dont le fruit est de bonne odeur.

CEDRE. f. m. Matthiole rapporte sur un ancien exemplaire de Dioscoride, que le Cedre est un grand arbre qui a son fruit comme le Cyprès, mais beaucoup plus grand, & qu'il y a une autre sorte de Cedre, petit, épineux comme le genévre, & portant un fruit de la grosseur du Myrthe. Les Cedres du Liban sont entierement semblables au sapin, que les Grecs appellent ἐλάτη. C'est pour cela que Pline appelle le grand Cedre *Cedrelaté*, comme qui diroit *Cedre-sapin*. L'écorce de cet arbre, qui est très-grand, est polie, lissée & sans mousse, excepté la partie qui est depuis la terre jusqu'aux premieres branches, où l'écorce est âpre. La couleur en est semblable à celle du Lotus. Les branches qui environnent l'arbre presque depuis le bas jusqu'à la cime en façon de roue, sont par espaces en diminuant toûjours en haut; ce qui lui donne la forme de pyramide. Ses feuilles sont menues, & ressemblent à celles du Pin ou de la Melese. Elles sont pourtant plus courtes, & ne piquent point. Il produit pour fruit des pommes qui sont semblables à celles des pesses, mais plus longues, plus dures, plus nourries, & qui tiennent si fort à leurs queues, qu'on a de la peine à les arracher. Le cœur du Cedre est extrêmement dur & odorant, & est rouge comme celui de la Melese. En general, toute la matiere de son bois est dure; ce qui a fait croire aux Anciens qu'il étoit incorruptible. La verité est qu'il est amer, & que les vers, qui aiment les choses douces, ne l'attaquent point. Le Cedre est toûjours vert, & croît dans les rochers & les lieux froids, & particulierement sur les montagnes. Si on lui taille la cime, il meurt, sans regermer, comme font le Pin, la Melese, le Cyprès & plusieurs autres arbres. Quant au moindre Cedre, divers Auteurs en mettent aussi de deux especes, l'une de Lycie, & l'autre de Phenicie. Tous ces Cedres sont semblables au Genévre, & seulement differens en feuilles. Celui de Phenicie les a tout-à-fait semblables au Genévre, dures, aigues & piquantes; & à cause de cela on l'appelle *Oxycedre*. Celui de Lycie les a plus petites, plus épaisses & moins épineuses. Son écorce est rougeâtre, & ses branches se peuvent plier comme l'osier. Ces especes de Cedre portent du fruit en tout tems, mais celui de l'Oxycedre est plus grand & plus beau à voir. Cet arbre est appellé Cedre, du Grec κέδρος, qui vient de καίω, pour καίω, Je brûle, à cause que son bois étant resineux, s'enflâme aisément.

CEDRIE. f. f. Resine qui sort du Cedre, & qui consume les corps morts, parce qu'elle en desseche & consume les humeurs superflues, sans endommager les parties solides. Elle sert aussi à putrefier les chairs molles & délicates, sans qu'on en souffre aucune douleur. Cette resine, pour être bonne, doit être grasse, épaisse, transparente, d'une odeur forte; & quand on la verse, il faut qu'elle tombe également goute à goute, sans couler trop vîte.

CEI

CEINTES. f. f. Terme de Marine. Longues pieces de bois qu'on met bout à bout l'une de l'autre en maniere de ceinture dans le corps du bordage d'un Vaisseau, pour faire la liaison des membres & pieces de Charpenterie, dont le corps du bâtiment est formé. C'est ce qu'on appelle autrement *Carreau* & *Preceinte*. On dit aussi *Chainte*.

CEINTURE. f. f. Terme d'Architecture. Petit listeau qui est au haut & au bas d'une colomne.

Ceinture, est aussi, dans le chapiteau Ionique, l'ourlet du côté du profil ou balustre, ou le listel du parement de la volute. C'est ce que Vitruve nomme *Baltheus*. On l'appelle autrement *Echarpe*.

On appelle encore *Ceinture*, Un gros cordon de pierre qui environne les murailles des Villes & des Forteresses.

Ceinture, se dit aussi de certains rangs de feuilles de refend de métal, qu'on pose en maniere de couronne sur un Astragale, & qui sur une colomne torse ne servent pas moins à separer la partie cannelée d'avec celle qui a des ornemens, qu'à cacher les joints des jets d'une colomne de bronze, ou les tronçons d'une colomne de marbre.

Ceinture de la Reine. Droit fort ancien qui se leve tous les trois ans à Paris, & qui étoit destiné à l'entretien de la Maison de la Reine. Il n'étoit d'abord que de trois deniers pour muid de vin, & de six deniers pour chaque queue, mais il a été augmenté depuis & étendu sur d'autres denrées.

Ceinture de Venus. Terme de Chiromance. Ligne qui commençant entre le second & le troisiéme doigt, traverse le mont de ces doigts, & va finir vers le petit doigt en forme de demi-cercle.

CEL

CEL. Pronom relatif. Vieux mot. Cel.

Cel Chevalier dessus cel charme.

CELATE. f. m. Vieux mot. Heaume. On l'a appellé ainsi du mot Latin, *Calatus*, Gravé, à cause que l'on y faisoit graver les figures des têtes & dépouilles des animaux qu'on avoit vaincus.

CELEEMENT. adv. Vieux mot. Secretement, en cachette. On a dit aussi, *A la celée*.

CELERI. f. m. Sorte d'herbe que l'on cultive dans les jardins, & que l'on mange en salade.

C'est de Lache cultivée, terme Italien, en Latin *Apium*, & Lache se nomme *Apraria*. Le Persil de Macedoine avec lequel Furetiere confond le Celeri, est bien different de feuillage, mais a la qualité à peu près égale, chaude & d'un goût piquant, tirant sur le goût de Poivre.

CELESTIEL, ELLE. adj. Vieux mot. Celeste.

CELESTIN. f. m. Ordre Religieux qui a pour son Fondateur le Pape Celestin V. dont il a tiré son nom. Avant que d'être mis sur la chaire de S. Pierre, il s'étoit retiré dans la solitude, d'où il vint à Rome prendre l'Ordre de Prêtrise. Ensuite s'étant fait Religieux de S. Benoît, il alla vers l'an 1239. dans une des grottes de Montmorron; ce qui le fit appeller Pierre de Morron ou de Mourrhon. Il passa quinze ans après au Mont Majella, & l'on y bâtit le Monastere du S. Esprit. Ce fut là qu'il établit son Ordre, que Gregoire X. approuva l'an 1273. au second Concile General de Lyon, où ce saint Hermite vint à pié. Le Pape lui donna le nom de *Congregation de S. Damien*, & ce nom fut changé en celui de *Celestins*, que les Religieux de cet Ordre gardent encore aujourd'hui, lorsque Pierre de Mourrhon fut élevé au Pontificat après Nicolas IV. sous le nom de Celestin V. Il y en a qui disent que cette Congregation avoit été établie vers l'an 1078. par le Cardinal Pierre Damien, &

que les Religieux portoient un Scapulaire bleu, d'où on leur donna le nom de Celestins. Ils portent presentement une robe blanche & un Scapulaire noir avec des manches grandes & larges. Les Monasteres qu'ils ont en France sont au nombre de vingt & un.

CELIAQUE. s. m. Nom que donnent les Medecins à celui qui est attaqué d'une espece de flux de ventre, dans lequel les excrements sortent unis & égaux presque en forme de chile, & non pas tout cruds, comme ils sortent à la Lienterie. Cela provient de l'obstruction du mésentere, ou de l'imparfaite distribution du chile, dont la foiblesse de la faculté attractive est la cause. Ce mot vient du Grec κοιλία, Ventre. Les Grecs appellent cette maladie κοιλιακὴ νόσος; ce qui fait que les Medecins le nomment aussi *Celiaque*.

CELIBATAIRE. s. m. Homme qui garde le Celibat. L'Auteur de l'Histoire de Paris dans son Glossaire des vieux mots, met celui-ci; & ne cite neanmoins qu'un Procès Verbal fait par M. l'Abbé le Gendre au College de Rheims, où il ordonne qu'il n'y aura que des Celibataires logés. Ce terme vaut mieux que celui de Garçon, qui a bien d'autres significations, & qui est bas.

CELICOLES. s. m. Certains Errans contre qui l'Empereur Honorius fit publier des Rescrits particuliers vers l'an 408. pour les condamner avec les Payens & les Heretiques. Ils prenoient ce nom, comme se disant Serviteurs du Ciel. Le Code Theodosien leur donne le titre de Juifs, & cela fait croire que c'étoient des Apostats, qui ayant quitté la Religion Chrétienne, avoient embrassé le Judaïsme, sans vouloir prendre le nom de Juifs, au Patriarche desquels ils ne se soûmettoient pas, à cause que ce nom étoit devenu trop odieux. Leurs Superieurs s'appelloient Majeurs. Les Juifs avoient été aussi appellés *Celicoles*, & ils avoient eu ce nom de ce qu'ils adoroient les Astres du Ciel & les Anges. C'est une erreur que Clement Alexandrin leur reproche.

CELLERAGE. s. m. Droit Seigneurial qui se leve quand le vin est mis dans le cellier.

CELLERERIE. s. f. Charge de celui qui est Cellerier. *Exercer la Cellererie.*

CELLERIER. s. m. Celui d'un Ordre Religieux qui étant chargé de tout le temporel, a soin de donner aux Officiers subalternes tout ce qui est necessaire pour les provisions & la nourriture du Couvent. Il y a aussi des Cellerieres parmi les Religieuses.

CELLULE. s. f. Ce mot qui signifie proprement la chambre ou la petite maison d'un Religieux, se dit des differens trous où les mouches à miel se retirent dans les ruches. On le dit aussi des petites cavités séparées qui sont dans le cerveau. On appelle encore *Cellules*, les petits carrés qui sont dans des casses d'Imprimerie, & où l'on sépare plusieurs choses pour ne les pas mettre en confusion.

CEM

CEMENTER. v. n. Terme de Chimie. Calciner par immersion en voie seche, ce qui se fait quand on stratifie ce qu'on veut calciner avec le menstrue. C'est ce qu'on appelle proprement *Cementer*. Ceci a lieu quand on veut calciner quelque métal qu'on divise en petites lamelles, & que l'on place par couches avec quelques sels. On met le tout sur le feu, afin que les sels venant à se dissoudre, rendent leurs esprits acides, qui corrodent le métal. On purifie l'or de cette maniere, & quelques autres métaux.

CEMENTATION. s. f. Operation par le moyen de laquelle on purifie l'or. Ce mot vient de *Cæmentum*, Ciment.

CEMBEL. s. m. Vieux mot qui veut dire une maniere de Tournoi ou de danse, comme on le pratique dans les Villages de Languedoc.

Li Chevalier qui nouvel sont
De cel Cembel li meillor sont.

Borel dit que ce mot peut venir de *Cymbalum*, sorte de cloche avec laquelle on appelloit à l'assemblée ceux qui vouloient y venir.

CEMISE. s. f. Vieux mot. Chemise.

Ne pour guimples ne pour gonnelles
Ne pour cemises ne pelices.

CEN

CENACLE. s. m. Les anciens appelloient ainsi la Salle où ils mangeoient, & c'étoit ordinairement le lieu le plus élevé de la maison. On l'appelloit *Triclinium*, c'est-à-dire, Lieu à trois lits. La coûtume des anciens étant de manger couchés, il y avoit au milieu de cette salle une table quarrée longue, avec trois lits en maniere de larges formes. Ces formes étoient au-devant de trois côtés de la table, & le quatriéme demeuroit vuide. C'étoit par où le service se faisoit. Constantin avoit fait bâtir un Cenacle à Rome pour y nourrir des pauvres, & on en voit encore aujourd'hui les restes qui sont ornés de quelque Mosaïque.

CENAILLE. s. m. Vieux mot. Lieu où l'on soupe, du Latin *Canaculum*.

CENCHRUS. s. m. Sorte de serpent, dont Dioscoride dit que les morsures sont semblables à celles des viperes. Entre autres remedes qu'il enseigne pour les guerir, il propose la graine de laitue, & celle de lin enduites sur la playe. Ces morsures causent un ulcere pourri. La chair s'enfle, comme aux hydropiques, & tombe ensuite par pieces.

CENDAL. s. m. Borel dit que c'est une sorte de couleur qu'il croit avoir pris son nom du bois de Sandal, dont il y a de trois sortes, de rouge, de blanc & de citron. Il dit dans un autre endroit que *Cendal* vient de Sindon, & Sindon, de la Ville de Sidon; & il ajoûte en parlant de l'Oriflâme ou Etendard de S. Denys, qu'on l'avoit nommé ainsi, à cause de sa couleur de flâme d'or, *qui étoit empreinte au Cendal dont cette Banniere étoit*, ce qui marque que *Cendal* étoit aussi une étoffe.

CENDRE. s. f. Ce qui reste du bois brûlé. C'est une matiere composée de qualités contraires, tenant en partie du terrestre, & en partie du fuligineux. Ses parties fuligineuses sont si subtiles, qu'elles se perdent avec l'eau que l'on fait couler par dessus la cendre. Quoique Dioscoride prétende que toutes les cendres soient astringentes, Matthiole est d'un sentiment contraire, & dit que si cela est veritable dans celles qui sont faites d'un bois où il y a quelque acerbité ou âpreté, comme dans le chêne, le fau, le lentisque, la même chose ne se peut dire des cendres qui se font d'un bois où cette même âpreté ne se trouve point; mais plûtôt une grande acrimonie, jointe à une vertu caustique & brûlante, tels que sont le figuier, le tithymale, & autres semblables qui ne tiennent rien de l'astringent.

Cendre gravelée, est une cendre faite de tartre brûlé. Elle est pyrotique, & sert à plusieurs autres usages.

Cendre verte, est une couleur bleue, qui se fait en Flandre, & dont les Peintres se servent dans les Paysages, à cause qu'elle verdit aisément. Ils ne l'employent point ailleurs.

Cendre de plomb. C'est du plomb en grains fort menus, dont on charge les fusils, quand on veut tirer au menu gibier.

Cendrée. Terme de Plombier. Ecume du plomb. On appelle aussi *Cendrée*, la plus petite dragée de plomb dont on se sert pour tirer sur les moineaux, & autre petit gibier.

CENDREUX. adj. On appelle *Fer cendreux*, le fer qui étant poli n'est pas plus clair qu'il étoit auparavant, sur-tout s'il s'y rencontre des taches grises dessus, comme s'il y avoit des cendres mêlées. Ce fer qui est par là plus difficile à polir, & à mettre en bon lustre, n'est pas si sujet à se rouiller, à cause qu'il tient un peu de la nature du plomb.

CENDRIER. s. m. Partie du fourneau ou du rechaud où tombent les cendres. On appelle aussi *Cendrier*, celui qui fait des cendres dans les forêts, ou le Marchand qui en fait trafic. Selon Borel, *Cendrier* est un homme vain. Il fait venir ce mot dans ce sens de *Cinifio*.

CENELLE. s. f. Fruit du houx qui est petit & rouge. Borel qui explique ainsi ce mot sur ces deux vers de l'Ovide manuscrit,

> *Ne prise pas une cenelle,*
> *Votre richesse & votre avoir.*

dit qu'en Languedoc on appelle encore ce fruit des *Sanelles*, & que pour montrer le peu de cas qu'on fait d'une chose, on dit en ce Pays-là, *qu'on ne la prise pas une Sanelle.*

CENOBITE. s. m. Religieux qui vit dans un Couvent ou en commun dans l'observance de certaines Regles. Ce mot vient du Grec κοινὸς, Commun, & de βίος, Vie.

CENOTAPHE. s. m. Tombeau vuide que l'on éleve pour une personne dont le corps a été perdu dans une bataille ou par un naufrage. Les Latins l'ont appellé *Sepulcrum inane.* Ce mot vient du Grec κενοτάφιον, qui est fait de κενὸς, Vuide, & de τάφος, Sepulchre.

CENS. s. m. Redevance dont un heritage est chargé envers le Seigneur de Fief dont il dépend. Il se paye en argent, en grain, volaille ou autres especes, selon qu'il est porté par le titre, & faute de payement le Seigneur peut saisir les fruits, à la charge d'en rendre compte. Il y a même des lieux où la Coûtume permet qu'il fasse payer une amende à son redevable. Ce droit est si bien acquis au Seigneur direct, qu'il est imprescriptible à son égard, pourvû qu'il ait un titre, quand même il se seroit passé plus de cent ans sans que le Cens eût été perçû. Au contraire il peut prescrire contre les autres, quoiqu'il n'ait point de titre, pourvû qu'il ait perçû pendant le tems que la Coûtume a déterminé ; parce que suivant l'ancienne regle, *Nulle terre sans Seigneur*, on ne présume point qu'il puisse y en avoir une qui soit libre & allodiale, sans un titre qui le fasse voir bien clairement, ce qui est cause que celui qui se dit le Seigneur direct n'a besoin d'aucune preuve, lorsqu'il a été reconnu pendant trente ans. Il n'y a que la quotité du Cens qui se peut prescrire, & jamais la qualité. Quoique le Seigneur se soit contenté de recevoir le Cens en argent pendant trente & même quarante années, si son titre porte qu'il doit être payé en grain ou en volaille, il peut contraindre son redevable à le payer de cette maniere ; mais si pouvant par ce même titre demander vingt deniers par arpent, il n'en a reçû que douze pendant trente années ; il s'est imposé la loi de ne pouvoir plus en demander davantage, & il faut qu'il s'y soumette. On appelle *Gros Cens*, celui qui se paye en bloc pour toutes les terres qui ont été données, & *Menu Cens*, celui qui est séparé par arpent ou par quelque autre mesure. Le *Surcens* est celui qui a été imposé depuis la premiere concession, & *Croix de Cens*, est la monnoye dont on paye le Cens ; parce qu'autrefois toute la monnoye étoit marquée d'une croix. Ce mot vient du Latin *Census* ; & *Census* vient de *Censere*, Priser, estimer, à cause que les Censeurs à Rome, appellés d'abord *Censores*, & ensuite *Censitores*, estimoient de tems en tems les biens des particuliers pour imposer les tributs à proportion de leurs facultés, ce qui se faisoit par tête. A l'exemple des Romains qui ne pouvant conserver toutes les terres dont leurs Victoires les rendoient les Maîtres, les laissoient aux Vaincus à la charge d'un tribut annuel, les Villes & les Communautés qui possedoient des terres incultes, les donnoient à des particuliers pour en jouir à perpetuité, en payant chaque année le Cens dont on convenoit ; & dans la suite les particuliers faisant entr'eux les mêmes conventions, introduisirent les baux à cens & à rente.

CENSE. s. f. Petite Métairie que l'on donne à ferme. On dit *Donner à cense*, pour dire, Affermer moyennant une redevance annuelle.

CENSEUR. s. m. Nom que les Romains donnoient à certains Magistrats, qui avoient soin de la reforme des mœurs, & de la police. Ils furent créés l'an 311. de Rome, lorsque le Sénat eut observé que la forte application que les Consuls ne pouvoient se dispenser d'avoir pour les expeditions militaires, les empêchoit de veiller aussi exactement aux autres affaires privées. Les Censeurs estimoient les biens, dégradoient les Sénateurs, & prenoient garde à ce qui se passoit dans les familles, tant pour la dépense qui s'y faisoit, que pour l'éducation des enfans & l'administration des biens. Chacun leur étoit soumis, puisqu'ils avoient droit de reprendre tout le monde. La coûtume étoit d'en élire deux, l'un de Famille Patricienne, & l'autre de Famille populaire. Cela se faisoit tous les cinq ans, & quand l'un des deux mouroit dans le tems de son emploi, on faisoit sortir l'autre de charge, & on en élisoit deux nouveaux. Les deux premiers qui possederent cette dignité, furent L. Papyrius Magellanus, & L. Sempronius Atratinus.

Censeurs Royaux. Tribunal établi par M. le Chancelier Pontchartrain, composé de Sçavans dans toutes les Sciences, ausquels on donne 800. livres chacun, assignées sur le sceau pour l'examen & l'approbation des Livres, qu'il faut presenter pour obtenir un Privilege.

CENTAURÉE. s. f. Plante medicinale dont il y a de deux sortes, la grande & la petite. La grande Centaurée qui croît dans les Alpes & dans les vallées exposées au Soleil, dans la Pouille & dans la Savoye, n'est autre chose que le Rhapontic. La petite Centaurée est plus en usage que la grande, & entre dans la composition de la Theriaque. C'est une fort petite plante qu'on trouve dans les lieux humides des montagnes & des plaines, & que quelques-uns appellent *Fel terræ*, à cause qu'elle est très-amere. On l'appelle Centaurée du Centaure Chiron dont on prétend que cette herbe ait guéri la playe du pié. Sa tige est déliée & quarrée, & elle a ses feuilles longuettes, qui se terminent en pointe, & qui sont d'un vert tirant sur le jaune. Ses fleurs sont petites, d'un rouge qui approche du gris de lin, & viennent en maniere de bouquets qu'on envelope de papier blanc, & qu'ensuite on fait sécher hors des rayons du Soleil dans un lieu bien aéré.

CENTINODE. s. m. Petite plante, appellée ainsi à cause de la quantité de nœuds, qui sont dans ses petits trones, ce qui la fait aussi appeller *Renouée*. Elle est si longue & si pliante, qu'il semble qu'on en pourroit faire une courroye, d'où elle a pris aussi le nom de *Corrigiola*. Le Centinode mâle jette plusieurs branches menues, tendres, & nouées, qui traînent par terre, ainsi que fait le Chiendent. Ses feuilles sont semblables à celles de la rue, mais plus longues & plus molles. Il porte sa graine sous chacune de ces feuilles; & c'est delà que les Latins l'ont nommé *Seminalis*, & les Grecs *Polygonum*. Il naît dans les lieux incultes, arides & joignant les grands chemins, & jette une fleur blanche ou rouge. Dioscoride dit que son jus pris en breuvage est bon à ceux qui crachent le sang, & qui ne peuvent uriner que goute à goute. Cette faculté qu'il a d'arrêter le sang, fait aussi nommer la plante *Sanguinalis* & *Sanguinaria*. On ne se sert que du tronc garni de ses feuilles. Le Centinode femelle produit une seule tige, semblable au roseau lorsqu'il est encore jeune & tendre, & partagée en plusieurs nœuds qui sont entassés les uns dans les autres comme une trompette. Autour de ces grands nœuds sont de certaines pointes pareilles aux petites feuilles de pignet. Cette plante qui croît auprès des ruisseaux, est bonne aux mêmes choses que le Centinode mâle, quoiqu'avec un peu moins de vertu, mais la racine en est inutile.

CENTRAL. adj. Les Chimistes appellent *Feu central*, Le feu qui se trouve, selon eux, dans le Centre de la terre. Ils se persuadent que ce feu pousse les fumées ou vapeurs qui font les métaux & les mineraux, & qu'en les cuisant il sert à leur donner leur perfection. C'est ce qu'ils appellent autrement *L'archée*. On appelle aussi *Point central*, le point du milieu d'une figure circulaire.

CENTRE. s. m. C'est proprement le point qui dans un cercle est également éloigné de tous les points de la circonference. Il vient du Grec κέντρον, qui signifie la même chose, & κέντρον vient de κεντέω, Je pique, apparemment parce que le centre est le point que l'on pique avec la pointe immobile du compas quand on décrit le cercle. *Le centre d'une sphere* est un point également éloigné de tous les points de sa surface. Les *Polygones* ou *Polyedres* réguliers, ont pour centre celui du cercle ou de la sphere où ils peuvent être inscrits. Plusieurs figures ont un centre par quelque ressemblance ou Analogie au centre d'un cercle. Ainsi quoique l'*Ellipse* n'ait aucun point également éloigné de tous les points de sa circonference, son centre est le point qui divise tous ses diametres en deux parties égales, comme ceux d'un cercle sont divisés par le centre. *L'Hyperbole* a un centre pris hors d'elle, & qui ne ressemble au centre d'un cercle qu'en ce que tous les diametres de l'hyperbole s'y réunissent. Voyez HYPERBOLE.

En Astronomie, en Mechanique, &c. on appelle *centre de mouvement* le point autour duquel se fait un mouvement circulaire. On dit aussi en Méchanique *centre de mouvement reciproque*. Voyez VIBRATION.

On appelle *centre de gravité* le point par où un corps étant suspendu seroit en équilibre detouscôtés.

En termes de Gnomonique, on appelle *centre du Quadran* le point où aboutissent toutes les lignes ou cercles horaires. Ce point represente toûjours l'un des Poles du monde où tous les Meridiens qui sont les cercles horaires, se réunissent. Il y a des Quadrans sans centre, & ce sont ceux qui ne peuvent representer aucun des deux Poles sur leur plan, parce que les deux Poles étant compris dans leur plan prolongé, ils ne peuvent rayonner dessus, & y envoyer leur image. Voyez QUADRAN. Tels sont tous les *Quadrans horisontaux de la sphere droite*, & tous nos *Meridiens* & *Polaires*. Dans ces Quadrans les lignes horaires sont paralleles entre elles, & toutes perpendiculaires à la ligne qui represente l'Equateur. Dans un Quadran horisontal, le centre doit être éloigné du pié du style, (Voyez STYLE.) d'une ligne qui represente l'arc du complement de l'élevation du Pole, & dans les verticaux cette distance doit valoir l'arc de l'élevation du Pole.

On appelle *Centre du Bastion*, en termes d'Architecture militaire, Le point où les deux demi-gorges se rencontrent.

On appelle aussi *Centre du Bataillon*, le Milieu du bataillon, & dans ce sens on dit, *Vuider ou quarrer le Centre du bataillon*, pour dire, selon l'ancienne methode de former les bataillons, Pratiquer un terrain de figure quarrée dans le milieu des Piquiers, afin que les Mousquetaires, les drapeaux & les bagages, y puissent être à couvert, quand des Troupes plus nombreuses attaquent le bataillon.

CENTUMVIR. s. m. Magistrat de l'ancienne Rome établi pour juger des differends qui survenoient parmi le Peuple. On élisoit trois personnes de chaque Tribu pour remplir cette charge, & le Peuple étoit divisé en trente-cinq Tribus.

CENTURION. s. m. Officier Romain qui avoit le commandement sur cent soldats.

CEP

CEP. s. m. Pié de vigne. M. Ménage dérive ce mot de *Cippus*, Tronc; & d'autres le font venir de *Capo* ou de *Capus*. Ce mot pris au pluriel se dit des fers que l'on met aux mains ou aux piés des Prisonniers. *Cheps* se trouve aussi dans les vieux titres, & signifie Prison, ce qui a fait appeller un cachot, un Chep à mettre malfaicteurs. On a dit aussi *Chepier*, ou *Cheper*, pour Prisonnier. Voici ce qu'a dit Nicod là-dessus. *Cep est un instrument de deux pieces de bois entaillées sur le bord en même endroit, lesquelles jointes détiennent les piés, ou les mains, ou les quatre ensemble du malfaicteur qui y est mis. C'étoit au premier une maniere de prison & détention des criminels, tant que leur procès leur fût parfait jusques à jugement définitif inclusivement; & celui qui en avoit la garde & le regard, étoit appellé Ceppier, que nous appellons Geolier. Depuis on en a usé pour une punition infamatoire; si qu'il y a eu des Ceps, les entaillures desquels détenoient le col du condamné à subir l'ignominie du Cep, presque ainsi que fait aujourd'hui le Carcan. Selon ce, on disoit, Etre condamné ou mis aux Ceps, c'est-à-dire, à l'ignominie des Ceps; ce qui est dit en plurier, parce que le Cep est fait de deux pieces de bois ainsi mortaisées que dit est, lesquelles jointes sont retenues par un lien de fer ou autre chose, tant qu'on les veuille déferrer & ouvrir.*

CEPÆA. s. f. Plante semblable au Pourpier, qui a ses feuilles plus noires, & la racine menue. Dioscoride dit qu'étant prises en breuvage, elles sont bonnes à ceux qui ne peuvent uriner que goute à goute, principalement si on les boit avec la décoction de la racine Myacanthon, ou asperge sauvage.

CEPHALALGIE. s. f. Les Medecins donnent ce nom à toutes les douleurs de têtes. Il est composé de deux mots Grecs, κεφαλὴ, Tête, & ἄλγος, Douleur.

CEPHALIQUE. adj. Les Medecins appellent Veine *Cephalique*, la Veine du bras qu'on ouvre ordinairement à ceux qu'on veut soulager dans les douleurs de tête.

On appelle aussi *Cephaliques*, Certains médicamens propres pour la tête. Il y a des Cephaliques chauds & secs, comme sont la betoine, la sauge, la marjolaine, le romarin, le styrac, le serpolet, la semence de fenouil, les girofles, le galanga, le gui de chêne, & plusieurs autres. Il y a aussi des Cephaliques froids & humides, & ce sont les roses, la laitue, la nymphe, la violette, le pavot, les semenses d'oseille, de courge & de pavot. Ce mot vient aussi du Grec κεφαλὴ, Tête.

CER

CERANT. s. m. Vieux mot. Petite monnoye, ou autre chose de fort peu de consequence.

Poures devins & pain querant,
Et je n'eus vailleant un Cerant.

CERASTES. s. m. Espece de serpent qui se trouve en Afrique, & que plusieurs Auteurs dignes de foi assûrent avoir deux cornes, comme les limasses, ce qui lui a fait donner le nom de Cerastes de κέρας, Corne. Aëtius dit que ce Serpent a une coudée de long, & qu'il n'en a jamais plus de deux. Il ajoûte qu'il a le corps de couleur de sablon, & toutes les parties voisines du ventre chargées d'écailles; qu'il rampe de biais, & que quand il marche, il semble qu'il siffle. Solin rapporte que ces sortes de serpents ont quatre cornes sur la tête, & que comme ils tiennent tout le reste de leur corps caché dans le sablon, les oiseaux qui prennent ces cornes pour une viande qu'ils peuvent manger, s'approchent sans crainte & leur servent de pâture. Dioscoride dit que les morsures des Cerastes font enfler la playe, qu'elles y engendrent une dureté accompagnée de plusieurs vessies; que la fange qui en sort est quelquefois noire, & quelquefois pâle, & qu'on n'y sçauroit remedier qu'en coupant la partie blessée, ou ôtant du moins toute la chair vive qui est autour.

CERAT. s. m. Médicament que l'on applique au dehors, & qui est de consistance moyenne entre l'onguent & l'emplâtre. Il est composé de cire fondue avec trois ou quatre fois autant d'huile, à quoi on ajoute ordinairement des gommes & des poudres de plusieurs mineraux. On y met un peu plus de cire & de poudre qu'aux onguents, & moins qu'aux emplâtres, afin qu'il séjourne plus long-tems sur la partie que les premiers, & qu'ils ne l'incommodent pas tant que les autres. Il y en a de plusieurs especes selon leurs qualités.

Le *Cerat* appellé *Unguentum album refrigerans Galeni*, n'est composé que de cire blanche lavée, d'huile rosat omphacin, & d'un peu de vinaigre rosat. Il est bon à toutes les intemperies chaudes, aux eresipelles, aux hernes & aux charbons. On s'en sert aussi pour liniment aux hypochondres de ceux qui sont travaillés de fiévres aigues.

Le *Cerat* appellé *Emplastrum arnoglossi*, est composé du grand plantin, nommé par les Grecs ἀρνόγλωσσον, de pain bis & de lentilles, à quoi Avicenne ajoûte les galles. Il rafraîchit, repercute & digere moderément.

Le *Cerat*, *Emplastrum de crusta panis Montagnana*, est fait de croûte de pain rôtie & trempée dans le vinaigre, des huiles de coings & de mastic, des poudres de mastic, de mente, de santal blanc, de corail rouge, de santal rouge, de spode & de farine d'orge. Il fortifie l'estomac, & a une astriction qui arrête le vomissement.

Le *Cerat* appellé *Oesipatum* est composé de mastic, de terebentine, de saffran, de styrax calamite, de nard indique, d'ammoniac & de resine, outre l'œsipe, la cire, & les huiles de camomille & d'iris. Il amollit & digere les humeurs de la rate, du foye, de la matrice, des nerfs, des jointures, & autres parties.

Le *Cerat Santalin* est composé des roses rouges, du bol d'Armenie, des trois santaux, du spode & du camfre, sans compter la cire blanche, & l'huile rosat. Il appaise les phlegmons, & toutes les intemperies chaudes de l'estomac, du foye, & autres parties.

Le *Cerat stomachique*, est composé de mastic, de roses d'absynthe pontique & de nard indique, sans la cire jaune, & l'huile rosat complet. Il fortifie le ventricule & le foye, consume les vents, aide à la coction, cuit les humeurs crues, & arrête le vomissement. Le mot de Cerat vient de κηρὸς, Cire.

CERATION. s. m. Terme de Chimie. Disposition d'une matiere pour la rendre propre à être fondue & liquefiée quand elle ne l'est point par elle-même; ce qui se fait afin qu'elle puisse penetrer dans les métaux ou autres corps solides avec plus de facilité.

CERCEAU. s. m. Sorte de filet avec lequel on prend des oiseaux aux abreuvoirs.

On appelle *Cerceaux*, en termes de Fauconnerie, les pennes du bout de l'aîle des Oiseaux de proye. Les Autours & les Eperviers en ont trois; les Laniers, les Sacres, & les Faucons, n'en ont qu'un.

On nomme les liens d'un tonneau *Cerceaux*. On dit aussi *Cercles*.

Cerceau. Espece de pois ou féves, qui montent fort haut, & dont les gousses vont quelquefois jusqu'à dix pouces de long.

CERCELLE. s. f. Oiseau aquatique, qui est de la forme du Canard, mais bien plus petit. On dit aussi *Cercerelle*.

CERCHE. s. f. Cercle dont on se sert pour donner la forme à des voutes & la diminution qu'elles doivent avoir, ainsi qu'à toutes les choses dont la forme est circulaire. On s'en sert aussi pour arrondir des colomnes. On dit *Cercle d'une voute*, pour dire, La rondeur d'une voute *Cercles ralongées, surbaissées ou surhaussées*. Voyez CHERCHE.

CERCLE. s. m. Terme de Geometrie. Figure comprise sous une seule ligne qui a un point au milieu appellé *Centre*. Voyez CENTRE. Les lignes que l'on tire de ce point à sa circonference, sont toutes égales. Tout Cercle se divise en trois cens soixante parties, appellées *Degrez*. Ces parties sont toûjours proportionnelles, c'est-à-dire, plus grandes dans les grands Cercles, & plus petites dans les petits. Cent quatre-vingt Degrés sont le demi-Cercle, quatre-vingt-dix le quart de Cercle.

Le Cercle est une ligne courbe que l'on n'a pû mesurer que par des lignes droites que l'on a fait dégenerer en cette courbe, c'est pourquoi on l'a imaginé comme un Polygone infini qui devient le Cercle même où il est inscrit, (Voyez POLYGONE.) & comme les Peripheries ou circuits des Polygones semblables, qui ne sont que la somme de leurs côtés, sont en même raison que les rayons des Cercles où ils sont inscrits, & que ces mêmes Polygones quant à leur aire ou à l'espace qu'ils contiennent, sont en raison doublée des rayons des cercles où ils sont inscrits, on a conclu que les Cercles qui sont toûjours des Polygones semblables, puisqu'on les suppose infinis, ont leurs circonferences en même raison que leurs rayons; & sont eux-mêmes en raison doublée de ces mêmes rayons; de sorte qu'un Cercle dont le rayon est double du rayon d'un autre, est quatre fois plus grand, & a sa circonference une fois plus grande. Dans un même Cercle la raison du diametre à la circonference est à peu près comme 7. à 22.

Dans la Sphére, on appelle *Grand Cercle*, celui où se fait le plus grand mouvement, quand le Globe tourne, ou celui qui se feroit, si le Globe tournoit en ce sens-là. Ce Cercle a toûjours le même centre que la Sphere, & par consequent tous les grands cercles qu'on y peut imaginer ont le même centre qu'elle. Un grand Cercle a toujours ses *Poles* qui sont de tous côtés éloignés de sa circonference de 90. degrés. Voyez POLE. Il a aussi son *Axe*. Voyez. AXE.

Le mot de *Cercle* vient de *Circulus*, diminutif de *Circus* qui avoit signifié la même chose chés les anciens Latins. Dans la suite *Circus* ne s'employa presque plus que pour un lieu où se faisoient de certains Jeux, parce qu'effectivement ce lieu étoit ovale, ce qui approche de la figure ronde. Le sens des Prépositions *Circum* & *Circa* confirme celui de *Circus*. Il paroît cependant que *Circus* quoique peu en usage chés les Romains pour dire *Cercle*, a passé jusqu'à nous dans ce sens, puisqu'assurément il a fait *Cerche* & *Cherche* qui ont la même idée. Voyez ces mots.

Cercle de fer, est un lien de fer en rond que les Architectes font mettre au bout d'une piece de bois, afin d'empêcher qu'elle ne s'éclate. On en met aussi aux colomnes qui sont en délit, & que le grand fardeau qu'elles soûtiennent a fait casser.

Cercles à feu. Machines de guerre. Ce sont deux ou trois grands Cercles de bois, liés ensemble avec du fil d'archal, & autour desquels on met plusieurs grenades, canons de pistolets chargés & autres choses de cette nature, le tout entouré d'étoupin & de feu d'artifice. On y met le feu, & on fait rouler cette machine sur les travaux des Assiégeans. Ces Cercles à feu se font encore d'une autre maniere. On fait une espece de grande sphere avec trois Cercles que l'on choisit forts, & de la même grandeur; ce qui se fait en les entrelassant les uns avec les autres, & les unissant également. Par ce moyen il se forme un globe vuide que l'on entoure de feux d'artifice attachés aux cercles avec du fil d'archal. On met le feu à cette machine en la faisant rouler sur les assiegeans.

CERCLE', E'E. adj. Terme de Blason. Il se dit des tonneaux reliés de Cercles. *De gueules à trois barillets couchez d'or, cerclez de sable.*

CERF. s. m. Animal sauvage très-leger à la course, & qui vit fort long-tems. Sa femelle s'appelle Biche. Le Cerf a le devant de la tête plat, sur laquelle il porte un grand bois qu'il met bas tous les ans vers le mois d'Avril. Il est rouge bai, de la grandeur d'un bidet, & a les yeux grands, le cou long, les cuisses menues, la queue courte & les piés fourchus. Il aime le Francolin, & haït l'Aigle, le Vautour, le Belier, les Chiens, & les Tygres. On dit qu'il n'a point de fiel, & qu'on lui trouve un os dans le cœur. Cet os n'est autre chose que le contours des arteres dans la base de son cœur, que le tems fait endurcir & degenerer en os. On le tient merveilleux pour conserver un enfant dans le ventre de sa mere, & on le donne aux femmes grosses depuis un scrupule jusqu'à une dragme. Il a aussi une vertu specifique pour fortifier le cœur, & pour le défendre de toute malignité. La moële & la graisse de Cerf sont très-bonnes pour amollir les humeurs, pour resserrer les playes, & pour guerir les mules qui viennent aux talons. Les petits que font les Biches s'appellent *Faons*; & c'est le nom qu'a cet animal, soit mâle ou femelle, la premiere année. La seconde année les mâles s'appellent *Daguets*, & *Cerfs à leur premiere tête* pendant la troisiéme. Ils sont *Cerfs à leur seconde* ou *troisiéme tête*, dans leur quatriéme ou cinquiéme année. A six ans, ils sont *Cerfs de dix cors jeunement*; à sept, *Cerfs de dix cors*; à huit, *grands Cerfs*; & à neuf, *grands vieux Cerfs*; après quoi leur tête n'augmente plus. On connoît leur âge à la grosseur du marrain, à la profondeur des rayes qu'il a aux meules, aux andouillers qui en sont le plus près, à la quantité des chevilles, sur-tout au haut de leurs têtes, qui sont les unes couronnées, & les autres à ramures. Le Cerf met bas tous les ans, & son bois lui tombe par de gros vers blancs qui lui rongent la racine dans la tête. Lorsque ce bois est tombé, de ces mêmes vers s'engendre une grosse masse de chair qu'on nomme *le Revenu*; puis peu à peu la tête s'allonge, les meules se forment, & la tête se couvre d'une peau qu'il frotte contre les Arbres. Cela s'appelle *Frayer*, & l'on connoît la hauteur d'un Cerf à celle des lieux où il a frayé. Quand toute cette peau est tombée, il brunit son bois dans les charbonnieres, dans des terres noires ou roussâtres. Les Cerfs choisissent les lieux les plus bas & les plus ombrageux, afin d'éviter les mouches, & ils ne vont que de nuit aux viandis, comme n'osant se montrer jusqu'à ce qu'ils ayent recouvré leurs cornes. Aristote dit que la branchure gauche du Cerf n'a pû encore être trouvée, & qu'il l'enterre, & la cache comme étant propre à la medecine, ce qui a fait dire en parlant des choses difficiles à trouver qu'*elles sont où le Cerf a posé sa tête*. Les Cerfs ont la moitié de leur tête à la mi-Mai, plûtôt ou plus tard, selon que le climat est plus ou moins chaud, ou qu'ils sont plus jeunes ou plus vieux. Il faut remarquer que tous les Cerfs d'un pareil âge se mettent ensemble, les Daguets avec les Daguets, les Cerfs de dix cors jeunement avec leurs semblables, & ainsi des autres. Ils ne se separent qu'au Printems pour prendre buisson & faire leurs têtes. Le Cerf est d'un temperament chaud & sec, & d'un naturel très-violent & colere, sur-tout dans le tems de sa chaleur, & où l'on a trouvé quelquefois des Cerfs qui se battoient avec tant de furie, que leurs têtes demeuroient croisées & embarassées l'une dans l'autre, sans qu'on pût les séparer. Ce tems commence à la fin du mois d'Août, & continue tous les autres mois suivans. Les Lieux où ils se joignent avec les biches sont infectez d'une si forte senteur, qu'elle frappe encore l'odorat huit jours après. Il se trouve un Cerf dans le Canada qui a quatre piés de haut & trois piés de bois. Ses Andouillers ont un pié, & il en a six à chaque perche. Aux Indes Orientales il y a des Cerfs privés que les Bergers menent paître à la campagne, & qu'ils ramenent le soir. Le lait des biches sert à faire du fromage.

On appelle en termes de Manége, *Mal de Cerf*, Une espece de rhumatisme qui tombe sur les machoires d'un cheval, & sur les autres parties du train de devant; ce qui est cause qu'il ne peut marcher. Les parties du train de derriere sont quelquefois affectées du même mal.

Cerf sommé, en termes de blason, veut dire Un Cerf ramé de neuf, dix ou onze cors, & quelquefois sans nombre.

CERF-VOLANT. s. m. Sorte d'insecte volant qu'on appelle ainsi à cause de la ressemblance qu'il a avec le Cerf par ses cornes dentelées. Il n'y a que le mâle qui en ait. Comme elles sont mobiles & peuvent s'approcher l'une de l'autre, il s'en sert pour pincer. Ses aîles sont pliées & renfermées dans une espece d'étui qui s'ouvre quand il veut voler. Sa langue est une maniere de trompe avec laquelle il prend une humidité qui découle des arbres, & dont ce petit animal se nourrit. On rapporte de la Virginie qu'il s'y trouve un *Cerf-volant*, qui en chantant fait retentir tout le bois, tant son chant est fort & aigu.

CERFEUIL. s. m. Plante frêle & tendre que l'on cultive dans les Jardins, & qui d'une seule queue jette six feuilles comme le persil commun, & incisées à l'entour. Elle a des tiges hautes de demi-coudée, grosses, roussâtres, nouées, creuses, & à la cime de petits bouquets garnis de fleurs blanches, d'où sortent de petites cornes droites & tendres, plusieurs d'une même queue, velues, pointues & roussâtres. Ces cornes enferment une graine longuette & de couleur à demi enfumée. Toute la plante est douce & odorante, & donne un meilleur goût aux autres herbes potageres avec lesquelles elle est mise. Sa racine est courte, & éraillée en plusieurs capillatures. C'est ce qu'en dit Matthiole, qui n'est point d'accord avec ceux qui veulent que le Cerfeuil soit le *Gingidium* dont parle Dioscoride, & qu'il dit être semblable à la Pastenade sauvage. On ne se sert dans la Medecine que de la graine & des feuilles, qui sont autant sudorifiques que cette graine est diuretique. Le Cerfeuil est discussif, dissout & resout le sang caillé, & est fort agreable à l'estomac.

CERIACA. s. m. Arbre qui fleurit blanc. Les fleurs qu'il porte ressemblent à la feuille appellée Etoile.

CERISE. s. f. Petit fruit d'un arbre qui a ses feuilles semblables au Mesplier, mais plus larges & dentelées à l'entour. Il jette des fleurs blanches en maniere de raisin, d'où sort ce fruit qui est rouge & attaché à une longue queue, pliable comme le Jonc. L'os qui est dedans, est gros comme un poix, & quelquefois davantage, & enferme un noyau un peu amer. Son bois a quantité de petites fibres, & l'écorce fort lissée. Il y a plusieurs sortes de Cerises, les unes ameres, les autres âpres, & d'autres qui n'ont point de goût. Pline dit qu'elles étoient autrefois fort rares en Italie, & que Lucullus fut le premier qui y en fit apporter de Pont, après avoir vaincu le Roi Mithridate. Matthiole ajoute que le Cerisier en a trouvé le terroir si favorable, que non seulement les arbres de cette espece qu'on a pris soin d'y planter se sont peuplés, mais que la terre, comme pleine de l'humeur de ce fruit, en a produit une infinité de plantes aux montagnes, plaines, vallons & forêts, sans culture ni semence. Il dit que les meilleures Cerises qu'on y trouve sont celles que l'on appelle en Toscane *Marchianes* & *Duracines*, dont les unes sont plus grosses; les autres moindres, d'autres rouges & noires, & d'autres tirant sur le blanc. Celles que Pline appelle *Juliana*, & les Toscans *Aquaivole*, ne sont en aucune estime, étant si tendres & si délicates, que si on ne les mange sur l'arbre, elles se corrompent aussi-tôt à les porter; & n'ont pas même presque de goût à cause du trop d'aquosité qu'elles ont. Tous Cerisiers perdent leur naturel, si on les fume, & au contraire ils augmentent en bonté, si on enterre autour de leur pié les branchages qu'on en coupe, & qu'on les y laisse pourrir. En general, il y a des Cerises douces qui tendent à l'humidité, & qui étant contraires à l'estomac, engendrent quantité de vers & d'humeurs putrides dans le bas ventre; ce qui en empêche l'usage dans la Medecine. Il y en a d'autres acides qui sont astringentes & utiles à un estomac chaud. Elles désopilent le foye, lâchent le ventre, temperent l'ardeur de la bile, & par leur acidité empêchent la pourriture. La gomme du Cerisier & les noyaux de Cerise ont la faculté de rompre la pierre, & selon quelques Modernes, les fleurs du même arbre ont les mêmes proprietés que celles du Pêcher.

CERQUEMANEUR. s. m. Expert & Maître Juré que l'on emploie pour planter des bornes d'heritage, ou pour les rasseoir & replanter. Il a aussi la qualité de Juge dans les differends qui surviennent sur cette matiere; ce qui lui fait avoir des Sergents & un Greffier à sa suite. Il en est fait mention dans plusieurs Coûtumes du Hainaut, & il y en a encore en Picardie & en Flandre.

CERTIFICATEUR. s. m. Avocat ou Procureur Praticien qui certifie des criées. Selon l'Ordonnance, il faut le témoignage de dix Praticiens pour certifier les criées, & on a créé pour y suppléer deux Certificateurs au Châtelet de Paris, qui sont en titre d'Office.

CERTIFICATION. s. f. Terme de Palais. Acte par lequel dix anciens Avocats ou Procureurs d'un Siege Royal certifient que les saisies & les criées d'un Decret ont été faites avec toutes les formes & solemnités que requierent la Coûtume & l'Ordonnance; après quoi le Juge donne sa Sentence pour la certification des criées. On appelle aussi *Certification*, en termes de finances, l'attestation que mettent un comptable & un financier au bas d'un registre ou d'un compte, par laquelle ils affirment que tout ce que le compte ou le registre contient est veritable.

CERVAISON. s. f. On dit en termes de Chasse, que *Le Cerf est en cervaison*, pour dire, qu'il est gras & bon à chasser.

CERVEAU. s. m. *La partie interieure de la tête, contenue dans le crane, laquelle est le principe du mouvement & du sentiment*. ACAD. FR. Le Cerveau est composé de deux substances, l'une grise & l'autre blanche. Le grand nombre de vaisseaux & la liqueur qu'ils renferment, causent cette couleur grise; de sorte que si le sang est rouge ou vermeil, elle est plus transparente & plus claire; & s'il est épais & grossier, elle paroît livide tirant sur le noir. Il y en a qui tiennent que cette substance n'est qu'un composé d'une infinité de petites glandes pressées & arrangées les unes contre les autres, qu'on découvre mieux dans un cerveau à demi cuit, que quand il est crud ou tout-à-fait cuit. Toutes les glandes ayant un vaisseau particulier, celles-ci en ont un qui est le nerf. La substance blanche, qui a cette couleur à cause qu'elle a peu de vaisseaux, & que la liqueur qu'ils contiennent est transparente & claire, est formée de toutes les fibres nerveuses qui sortent de chaque grain glanduleux dont la partie superieure du cerveau est composée. Cette substance est immediatement sous l'anfracteuse. Plusieurs parties se découvrent dans la region moyenne du cerveau, & ces parties sont les deux ventricules superieures avec le troisiéme qui est au milieu des deux, le *Septum lucidum*, le *Plexus* Choroïde, la glande pineale & le cervelet. Les deux ventricules superieurs sont formés des deux productions rondes qui s'élevant de la moelle allongée ou de la base du cerveau, forment une espece de berceau, & ont la figure d'un Croissant, étant plus grands vers la partie posterieure, que vers l'anterieure. Le *Septum lucidum*, que sa transparence a fait appeller ainsi, est une cloison moyenne, composée de fibres blanches extrémement molles, par laquelle sont séparés les deux ventricules anterieurs & superieurs. Le *Plexus* Choroïde est au milieu de ces deux ventricules, composé de plusieurs arteres très-déliées, qui viennent de la Carotide interieure & des veines qui versent le residu du sang dans le quatriéme Sinus de la dure-mere. Le troisiéme ventricule, placé au milieu des deux autres, a deux conduits, l'un anterieur, qui décharge les serosités contenues dans le Cerveau sur la glande pituitaire, & l'autre posterieur qui va au quatriéme ventricule, qui est placé dans le cervelet, & environné devant & derriere de l'Apophyse appellée *Vermiculaire*. La glande pineale, qui est composée d'une substance dure & jaunâtre, couverte d'une membrane très-fine & très-déliée, a sa situation à l'entrée du canal, qui va du troisiéme au quatriéme ventricule. Il y a encore la voute à trois piliers. C'est la partie inferieure blanche où les ventricules se joignent. De ces trois piliers l'un est anterieur, & les deux autres posterieurs. Ces derniers se recourbant en demi-cercle, embrassent les deux Apophyses appellées *Optiques*, & remontant anterieurement, ils s'unissent pour former le pillier anterieur. Le Cerveau est enfermé dans une cavité osseuse, & recouvert de deux membranes, qui sont la dure-mere & la pie-mere. Tout ceci est pris de la description du Cerveau, faite par M. Drouin, Maître Chirurgien de l'Hôpital General. Les Animaux farouches, ainsi que la plûpart des poissons, ont le Cerveau très-petit. Il y a quelques années que l'on fit dans l'Académie des Sciences l'anatomie d'un Crocodile long de dix-huit pouces, & on ne lui en trouva pas plus d'un pouce dans la tête. Ce mot de *Cerveau* vient du Latin *Cerebrum*, fait du Grec κάρα, Tête, comme si on disoit *Carabrum*.

Cerveau. Terme de Fondeur. La partie superieure de la cloche qui se courbe en forme de timbre.

CERVELAS. s. m. *Espece de grosse & courte saucisse, remplie de chair de pourceau fort salée & épissée.* ACAD. FR.

Cervelas, se dit aussi d'un instrument à anche & à vent, qui a cinq pouces de long. Sa partie superieure a huit trous qui le percent tout du long jusqu'auprès de sa base, & qui se communiquant, ne font qu'un seul canal continu. Cela est cause que le *Cervelas harmonique* va aussi bas qu'un Instrument qui seroit huit fois aussi long, ou qui auroit trois piés & demi.

CERVELET. s. m. Terme d'Anatomie. Partie de derriere du cerveau. Le Cervelet a plus de largeur qu'il n'a d'épaisseur ni de longueur, & il est fait comme une boule un peu plate, & enveloppé de la pie & de la dure-mere, à l'exception du bas, où il est continu avec le cerveau. Il semble qu'il lui serve d'aide, & qu'il fasse la liaison avec la moëlle de l'épine. Il est de couleur cendrée, & a sa substance plus dure, plus épaisse, & dix fois moindre que le cerveau. Des quatre parties qui le composent, les deux laterales ressemblent à deux boules appliquées l'une contre l'autre. On appelle *Vermiformes*, les deux qui sont placées au milieu, à cause qu'elles ressemblent à quelques rejettons faits en forme de vers. La moindre blessure au Cervelet ou à la moëlle de l'épine, fait aussi-tôt mourir l'animal. Il n'en est pas ainsi du cerveau, dont on peut retrancher une partie sans danger.

CERVELIERE. s. f. Espece de casque ou arme défensive de la tête, dont se servoient les anciens Chevaliers.

CERVELLE. s. f. *La partie molle du cerveau.* ACAD. FR. On tient que l'homme a plus de cervelle qu'aucun autre animal, à proportion de son corps, & que même il en a plus que n'en ont deux bœufs.

Furetiere, & après lui le Dictionaire Universel dit mal à propos qu'Un Boucher d'un coup de massue, fait sauter la Cervelle d'un bœuf. Il la mortifie, l'affaîte, & le fait mourir en le saignant, on ne le frappe que parce que sans cela on ne le pourroit tenir pour le saigner. On saigne les veaux sans les frapper. Le coup fait cailler le sang avec la cervelle & cela est dégoutant. Sans frapper, la chair conserve sa blancheur.

On appelle *Cervelle de Palmier*, Une maniere de moëlle douce qu'on trouve au haut du Palmier.

CERVICALE. adj. f. Les Médecins appellent *Veine cervicale*, un Rameau d'une des veines sousclavieres, qui monte par le col au cerveau, & qui jette plusieurs rameaux dans les parties voisines.

CERVOISE s. f. Biere. Borel dit que c'est un mot de l'ancien Gaulois selon Pline, & qu'il est venu de celui de *Ceres*, inventrice des blés, parce que le breuvage se fait avec de l'eau & de l'orge. Les Grecs l'appellent ζῦθος. La Cervoise ou Biere qui n'est faite que d'orge & d'un peu de houblon, est la moins chaude de toutes, & la plus propre à desalterer. Celle où l'on fait entrer de l'avoine avec l'orge est un peu plus chaude, & celle qui est faite d'orge & de froment, l'est encore davantage. Comme elle nourrit plus que le vin, elle est de plus grosse substance, & plus difficile à digerer. Etant mal cuite, ou nouvellement faite, elle cause des obstructions, le mal de tête, la colique, la gravelle & l'ardeur d'urine. Si elle est trop vieille, ou qu'elle tire sur l'aigre, elle offense les parties nerveuses & l'estomac, & engendre un mauvais suc.

CERUSE. s. f. Rouillure de plomb qui est très-blanche. La Ceruse se forme à la vapeur du vinaigre en suspendant au dessus quelques lames de plomb; ce qui est cause que la matiere qui s'en dissout, demeure attachée à la superficie, ou tombe dans le vinaigre qui est au dessous, & que l'on coule pour l'en tirer. Après cela on la fait secher, puis l'ayant pilée, on la passe par le tamis. Il y en a de deux sortes, la *Ceruse commune*, qui est le blanc de plomb, & la *Ceruse fine*, qui est le Blanc d'Espagne, fait avec du plâtre cuit & broyé. Cette derniere se tire de l'étain, & c'est celle avec laquelle les Dames se fardent. Elle leur gâte l'haleine & les dents, leur fait des rides, & leur cause plusieurs autres incommodités. La Ceruse prise par dedans est une espece de poison, & appliquée au dehors c'est un medicament qui repercute & qui arrête le sang. Elle a pris son nom du Grec κηρὸς, à cause qu'elle ressemble fort à la cire.

CES

CESARIEN, ENNE. adj. On dit en termes de Chirurgie; *Faire l'operation Césarienne*, quand on tire un enfant du ventre de sa mere en faisant incision. Tous ceux qui sont venus au monde de cette maniere, comme César, Scipion l'Africain & Manlius, ont été nommés *Cæsares* & *Cæsones*, *à cæso matris utero*; & c'est de là qu'on a dit, *Opération Césarienne*.

CESTE. s. m. Terme Poëtique. Ceinture que les Poëtes & les Peintres attribuent à Venus & à Junon. C'étoit proprement chés les Anciens la Ceinture que le mari délioit à celle qu'il avoit épousée quand il l'amenoit dans sa maison.

Ceste, veut dire aussi un gros ganteler de cuir, dont les

les anciens Athletes se servoient lorsqu'ils combattoient à coups de poing dans les jeux publics. Ce gantelet n'étoit autre chose, qu'une longe de cuir, garnie de clous de plomb, ou de fer, dont ils s'entourroient la main en forme de liens croisés, & même le poignet & une partie du bras, pour empêcher qu'ils ne fussent demis ou rompus.

CESURE. s. f. Terme Poëtique. Repos qui se doit trouver après la sixiéme syllabe des grands vers François qui en ont douze, ou après la quatriéme de ceux qui n'en ont que dix. Il ne faut point de Cesure dans les vers de huit syllabes. La Cesure dans les vers Latins est la syllabe qui reste après le second ou troisiéme pié. Ce mot vient de *Cædere*, Couper.

CET

CETACE'E. adj. qui s'applique aux monstres & gros poissons de la mer qui approchent de la grosseur de la baleine. *Les Orbes & les Souffleurs sont des poissons cetacées.*

CETERACH s. m. Plante qui jette plusieurs feuilles semblables à la Scolopendre, & qui sortent toutes d'une racine. Elles sont chiquetées comme celles du Polypode, rousses & velues dessous, & vertes dessus. Le Ceterach croît aux lieux pleins d'ombre, parmi les rochers & aux murailles, & il ne jette ni fleur, ni tige, ni graine. Dioscoride dit que quelques-uns l'appellent *Splenium*, & d'autres *Haimonium*; que la décoction de ses feuilles faite avec du vinaigre, & prise en breuvage l'espace de quarante jours, consume la rate, & qu'il est bon à ceux qui ne peuvent uriner que goute à goute, ou qui ont la jaunisse. Matthiole veut que le Ceterach soit la vraie Scolopendre; mais la Scolopendre & *Lingua Cervina* sont la même chose & non pas le Ceterach.

CHA

CHABLAGE. s. m. La peine & le travail de celui qui chable.

CHABLEAU. s. m. Longue corde moyennement grosse, qui sert à tirer & à remonter les bateaux sur la riviere.

CHABLER. v. a. Attacher un fardeau à un cable, le haler & l'enlever, comme l'on fait dans les atteliers.

CHABLEUR. s. m. Officier de la Ville, commis sur les rivieres pour faire partir les coches & les bateaux. Il est obligé de les faire passer par les pertuis, sous les ponts, & autres passages difficiles.

CHABLIS. s. m. Bois abattus par les vents dans les forêts. Les Maîtres des Eaux & Forêts s'y transportent après les grands orages, & font dresser un procès verbal du nombre des Chablis, pour en faire la vente ensuite.

CHABLOTS. s. m. p. Petits cordages avec quoi les Maçons attachent les pieces de bois qu'ils nomment *Echasses*.

CHABOT. s. m. Petit poisson qui se trouve dans les ruisseaux & dans les rivieres. Il a la tête grande, large & plate, depuis laquelle il diminue de grosseur jusqu'à la queue. Borel dit que *Chabot*, vient de *Capito*, à cause de la grosseur de la tête de ce poisson, & que ce mot est encore en usage dans les armoiries.

Furetiere & ses Scholiastes l'appellent *Rhombus*. Ils se trompent, Rhombus signifie Turbot. C'est aussi un jeu d'enfans: Toupie ferrée qu'on fait tourner avec une corde.

CHACELAS. s. m. Sorte de raisin blanc, qui est le plus doux de tous les raisins.

CHACONNE. s. f. Piece de Musique en triple, qui doit toûjours être composée sur un mode, qui ait la tierce majeure, & avoir une cadence ou un repos à la quatriéme mesure. Elle doit aussi commencer toûjours sur le second tems de la premiere mesure. Ce mot vient de l'Italien *Cecone*, Gros Aveugle, à cause que le mouvement en fut inventé par un Aveugle.

CHACOS. s. m. Sorte d'arbre qui ne se trouve que dans le Perou. Il naît comme un arbrisseau d'un fort beau vert, ayant les feuilles rondes & déliées, & porte un fruit plat d'un côté, rond & long de l'autre, de couleur cendrée, d'un goût agreable & sans aigreur, & contenant une semence fort menue, que les Habitans estiment fort. Elle provoque l'urine & fait sortir la gravelle & la pierre des reins. Ce qu'elle a de plus particulier, c'est qu'on tient que si on use de cette semence, la pierre diminue dans la vessie, lorsqu'elle est encore molle, & qu'elle peut être diminuée par quelque medicament.

CHAER. v. n. Vieux mot. Tomber. On a dit aussi *Chaoir* & *Chair*.

CHAGRIN. s. m. Certain cuir fait de peau de cheval, d'âne ou de mulet. On n'y emploie que le derriere de la bête, & celui de l'âne a le plus beau grain. On l'y fait paroître avec des grains de moutarde qu'on presse dessus. Borel dit que *Chagrin*, vient de *Chat* & de *grain*, c'est-à-dire, du Chat marin, dont la peau est appellé *Chagrin*, à cause qu'elle est toute couverte de petits grains, tellement rudes qu'on en peut polir le bois.

CHAIAR. s. m. Espece de Melon d'Egypte qui ne sent que l'eau, & dont le goût est desagreable. Ses feuilles & ses tiges sont peu differentes des nôtres, mais sa semence est bien plus rafraîchissante, le fruit est plus ovale & plus épais au milieu.

CHAINS. Vieux mot. Ceans.

CHAISE. s. f. Ce mot se dit en termes de Charpenterie, de quatre pieces de bois, sur lesquelles la cage d'un moulin à vent est assise. C'est sur ces pieces de bois que sa queue la fait tourner.

On dit aussi *Chaise de roue*. C'est sur quoi la roue des Couteliers est posée.

Chaise, est encore un terme de Fief. Il se dit en partage de fief noble, de quatre arpens de terre qui sont autour d'un Château hors les fossés. Ces quatre arpens appartiennent par preciput à l'aîné, & c'est ce qu'on appelle à Paris, *Le vol du Chapon*.

CHAISNE. s. f. *Espece de lien composé d'anneaux qui sont entrelassés les uns dans les autres*, ACAD. FR.

On appelle en termes d'Architecture, *Chaine de pierres de taille*, Une pile de pierres mises les unes sur les autres, en liaison pour fortifier une muraille, ou pour soutenir des poutres, & on appelle *Chaine d'encoignûre*, celle qui est au coin d'un avant-corps ou d'un pavillon.

Chaine en liaison. Ce sont certains bossages ou refends qu'on met dans les murs d'espace en espace, ou aux encoignûres d'un bâtiment pour le cantonner. Ils sont en façon de carreaux & de boutisses.

Chaine de fer, Assemblage de plusieurs barres de fer liées bout à bout par clavettes ou crochets, qui étant mises dans l'épaisseur des murs des bâtimens neufs, servent à les entretenir. On les met aussi autour des vieux, pour les retenir quand ils menacent ruine.

Chaine de bronze ou de fer. C'est une espece de

barriere faite de plusieurs chaines, attachées au devant des portes & places des Palais, à des bornes qu'on espace également. L'usage de cette chaine est d'en empêcher l'entrée.

Chaine de Port. Ce sont plusieurs chaines de fer tendues au devant d'un Port, afin que les Vaisseaux n'y puissent entrer. Elles portent sur des piles d'espace en espace, lorsque la bouche du Port est grande.

Chaines de Vergues. On appelle ainsi sur mer certaines chaines de fer qu'on tient dans la hune du Vaisseau, & dont on se sert dans le combat à tenir les vergues, lorsqu'il arrive que le canon coupe les manœuvres qui les tiennent.

Chaine d'Arpenteur. Mesure longue d'une certaine quantité de perches ou de toises, dont les Arpenteurs se servent pour mesurer les superficies, & les Architectes les hauteurs. Elle est faite de plusieurs morceaux de fil de laiton ou de fer, & il y a des anneaux qui marquent les perches ou toises. Comme cette chaine n'est sujette ni à s'etendre ni à se racourcir, elle est bien plus sûre que le cordeau.

Chaine, est aussi un terme de Tisseran. Ce sont des fils étendus en long sur le métier, à travers desquels on passe la treme portée par la navette pour faire de la toile. Il faut aussi une *Chaine* pour faire du ruban, & toute sorte d'étoffe.

Les Charetiers appellent *Chaine d'avaloire*, la Chaine qui est attachée au limon.

CHAINEAU f. m. Terme de Couvreur & de Plombier. Gouttiere ou conduit de plomb, par lequel les eaux qui tombent des toits sont portées dans les cuvettes. Les pieces de fer qui le soutiennent sont appellées *Crochets à chaineaux*. On donne aussi le nom de *Chaineau*, aux Rigoles qui sont taillées dans la pierre & sur la corniche des grands bâtimens, & qui servent à même usage.

CHAINETTE. f. f. On appelle ainsi dans les montres, la petite chaine qu'on y fait servir au lieu de corde.

Les Eperonniers appellent *Chainettes*, les petites chaines qui servent à tenir les branches de l'embouchure en état.

Chainettes, se dit encore en termes de Bourrelier. Ce sont des bandes de cuir, cousues les unes sur les autres. Elles sont passées dans un rond de cuir, au bout du timon du carrosse, & servent à faire reculer.

On appelle *Chainette*, la Ceinture du haut de chausse.

CHAINETIER. f. m. Ouvrier qui fait des agraffes, & de toute sorte de petites chaines pour pendre des clefs, & pour attacher des chiens.

CHAIRE, ou CHAISE. f. f. Siege ayant ordinairement un dossier, & quelquefois des bras. Ces deux mots ne se mettent par toûjours indifferemment, on dit seulement Chaire du Saint Siege, & d'un Siege Episcopal. *La Chaire Apostolique. L'Evêque étant dans sa Chaire.*

On appelle *Chaire* & *Chaise*, mais plus ordinairement *Chaire*, ce Siege d'où les Prédicateurs prêchent, & d'où les Professeurs enseignent. Des autres sieges on dit seulement *Chaise*.

Chaise percée, est un siege où l'on se met pour faire ses necessités naturelles. On l'appelle chés les Princes, *Chaise d'affaires*.

On appelle aussi *Chaise*, une espece de siege fermé & couvert dans lequel on se fait porter par deux hommes.

Enfin on appelle *Chaise roulante*, Une voiture à deux roues, trainée ou par un homme, & alors on la nomme *Roulette*, ou par un cheval. Et absolument *Chaise* un petit Carrosse, pour deux personnes.

CHAL. f. m. Vieux mot, qui a signifié Chevalier. C'est de là qu'est venu *Senechal*, comme qui diroit Vieux Chevalier, du mot Latin *Senex*, Vieillard, & de *Chal*.

CHALAND. f. m. Bateau plat, moyennement grand, qui est fort leger, & qu'on fait aller souvent à la voile. On s'en sert pour amener à Paris les marchandises qui descendent par la riviere. Borel derive ce mot du Grec κᾶλον, qui veut dire, Bois, & prét end que c'est de là que vient Chaloupe, & le pain Chaland de Paris.

CHALASTIQUES. f. m. Medicamens dont la chaleur temperée adoucit & conforte la partie sur laquelle on les applique. En les prenant plus étroitement, on les peut nommer des medicamens, qui relâchent & soulagent la partie, lorsquelle est tendue jusqu'à causer de la douleur. L'œsipe, la graisse, le beurre, & autres qui n'ont nul excès de qualité, sont de cette espece. Ce mot est purement Grec χαλαστικὸς, Qui a la vertu de relâcher, & vient de χαλάω, Je relâche.

CHALCEDOINE. f. f. Sorte d'Agate tirant sur le jaune ou sur le bleu. On en trouve de noirâtres; mais l'asurée est orientale & la meilleure. On estime moins les autres. Cette pierre est propre à être gravée.

CHALCEDOINEUX, euse. adj. Terme de Jouaillier. Il se dit d'un défaut qui se rencontre en plusieurs pierres précieuses, où en les tournant on découvre quelques taches blanches, comme en la Chalcedoine. Les Rubis & les Grenats, où il se trouve quelque couleur de lait mêlée, sont dits *Chalcedoineux*, & cela diminue beaucoup de leur prix.

CHALCIDIQUE. f. f. Ce mot qui est dans Vitruve, est expliqué fort differemment. Les uns entendent par *Chalcidique*, de grandes Salles où se rendoit la Justice; & les autres, des lieux particuliers où les Payens feignoient que leurs Dieux venoient manger. Ce mot vient de Kalcis, Ville en Grece ou en Syrie, où l'on prétend que l'on ait bâti les premieres Salles de cette nature, ou du Grec χαλκὸς, Airain, & de οἶκος, Maison.

CHALCITIS. f. m. Mineral semblable à l'airain, friable & non dur, ou suc vitriolique concret, qui se forme par une assés grande adustion. Dioscoride dit que le meilleur Chalcitis est celui qui tire au bronze, & qui est frêle, n'étant ni vieux, ni pierreux; qu'il a une vertu chaude & absterfive qui mondifie toutes les ordures qui viennent aux coins des yeux, & que sa poudre guerit & nettoye toutes les defectuosités des gensives, & reprime les ulceres corrosifs. Il y a fort peu de difference en origine & en vertu entre le Chalcitis, le Misi & se Sori. Elle ne consiste que dans la tenuité ou grossiereté de leur substance. Galien & plusieurs autres croyent qu'ils se trouvent tous trois dans les mines de cuivre, & qu'avec le tems ils dégenerent & se changent l'un en l'autre. Le Chalcitis doit être rouge comme le cuivre, avec des veines jaunes & luisantes au dedans. Il doit aussi avoir le goût du Vitriol, se fondre au feu lorsqu'on le met seul dans un creuset, & se dissoudre aisément dans les liqueurs aqueuses. Il est si chaud, qu'il est caustique & escharotique. Il y a peu d'occasions où l'on s'en serve interieurement à cause de sa qualité acre & mordicante. Il ne laisse pas d'entrer dans la composition de la Theriaque, pourvû qu'il soit preparé.

CHALDEENS. f. m. Philosophes de Babylone, qui

croyoient que le Monde n'avoit point eu de commencement, & qu'il n'auroit point de fin. Ils faisoient profession de montrer le mouvement des Astres, assurant que leurs Ancêtres s'étoient attachés à l'étude de cette science depuis quarante-trois mille ans, & qu'ils se l'étoient communiquée de generation en generation. Ils étoient divisés communément en deux Sectes, dont chacune avoit en particulier des opinions differentes. L'une étoit de ceux que l'on appelloit *Orchenes*, & l'autre des *Borsippenes*. Ils avoient parmi eux des Mages, qui se mêloient de faire des horoscopes & d'évoquer les démons ; ce qu'ils ne faisoient jamais sans s'y être preparés par de longues abstinences & des lustrations particulieres. On tient que les Egyptiens avoient appris quantité de choses de ces Philosophes.

CHALEMELER. v. a. Vieux mot. Faire danser au son de la flûte.

Et tint un frestel de rosiaux,
Si Chalemeloit les danziaux.

On a dit aussi *Chalemel* pour Chalumeau.

Li Chalemel de Cornouaille.

CHALINQUE. s. f. Petit Vaisseau de Indes, qui n'a des membres que dans le fond, & qui n'est guere plus long que large. On ne se sert point de cloux à le construire, & les bordages de ses hauts ne sont cousus qu'avec du fil de Caret, fait de Cocos ou d'étoupe de noix de Palme.

CHALOIR. v. n. Vieux mot. Se soucier. On trouve *Cheussit*, pour Il s'en soucia.

CHALONGE. s. m. Vieux mot. Tromperie, Barguignement.

Si la doit avoir sans chalonge,
Cuidiez-vous bien que le vous donge ?

On a dit aussi Chalange dans le même sens.

CHALLUA. s. m. Sorte de poisson sans écaille, qui se trouve dans les rivieres du Perou. Il a la tête longue & plate comme celle d'un crapaut, la gueule fort grande, & il est d'un fort bon goût, & de bonne nourriture.

CHALONS. s. m. Terme de pêche. Grand filet dont les côtés sont attachés au bout de deux petits bateaux, & que les Pêcheurs traînent dans les rivieres à l'aide ces bateaux.

CHALOUPE. s. f. Petit Bâtiment de mer destiné au service & à la communication des grands Vaisseaux, & dans lequel on fait de petites traversées. On met trois Matelots dans chaque Chaloupe, le Maître qui la gouverne, le Têtier qui tire la rame devant, & l'Arrimier qui tire au milieu. Borel dérive ce mot de Chalan, qu'il croit venir de κᾶλον, Bois.

On appelle, *Doubles Chaloupes*, de petits Vaisseaux. dont il y en a de pontés, & d'autres qui ont seulement des courcives.

Chaloupe bonne de nage, est celle qui est facile à manier, & qui passe ou marche bien avec les avirons.

Chaloupe armée, est une Chaloupe équipée du nombre de Matelots qu'il faut pour la nager, & dans laquelle on a fait entrer la quantité de soldats qui sont necessaires pour une expedition.

On dit, *Avoir la Chaloupe à la toue*, pour dire, L'avoir amarrée à bord, & la faire tirer par le Vaisseau, lorsqu'il est sous voiles.

CHALUMEAU. s. m. Tuyau de paille. C'est aussi une flûte de Berger.

Chalumeau. Terme d'Orfevre. Petit tuyau creux, fait de laiton ou de cuivre qui sert à souder.

CHAM. s. m. Titre qui est donné aux Princes Souverains de Tartarie, comme qui diroit Empereur ; ce que ce mot signifie en langue Sclavonne.

CHAMÆCISSUS. s. m. Plante qui a ses feuilles semblables au Lierre, mais plus longues & menues, & qui produit directement dès sa racine cinq ou six rameaux de la longueur de deux demi-doigts, qui en sont fort garnis. Sa fleur est semblable à celle du Violier, quoique plus menue & plus blanche. Galien dit qu'elle a un goût très-amer, & qu'elle est bonne à désopiler le foye, & à soulager dans les sciatiques. Le Chamæcissus croît parmi les terres cultivées ; & sa racine qui est blanche & menue, n'est d'aucun usage dans la Medecine. Fuchsius veut que l'*Hedera terrestris*, soit le vrai Chamæcissus, & Matthiole fait voir le contraire. Ce mot vient de χαμαὶ, A terre, & de κισσὸς, Lierre.

CHAMÆDRYS. s. m. Petite plante, haute à peu près comme la main, qui vient abondamment où elle croît, c'est-à-dire, dans les plaines & sur les montagnes, & que l'on cultive même dans les Jardins. Elle a ses feuilles longuettes, & dentelées, acres & ameres, & ses fleurs purpurines & d'une odeur assés agreable. Elles sortent parmi les feuilles tout le long & autour de la tige, qui est fort petite, & s'étend peu en longueur. On ne se sert en Medecine que des feuilles & des fleurs ; mais on emploie ses sommités dans la Theriaque. La Chamædris est splenitique & hepatique. Il deterge & provoque la sueur. Il a pris son nom du Grec χαμαὶ, A terre, & de δρῦς, Chêne, à cause de la conformité qu'ont ses feuilles avec celles des grands Chênes.

CHAMÆLEON. s. m. Plante dont il y a de deux sortes, le blanc & le noir. Le Chamæleon blanc est expliqué dans la diction *Carline*. Le noir que l'on appelle autrement *Chardonnette*, a ses feuilles semblables à l'artichaut ; mais plus déliées, & quelque peu rouges. Sa tige est rougeâtre, grosse comme le doigt, & a un palme de hauteur. Il a dans son chapiteau des fleurs épineuses, menues, & de diverses couleurs, comme celles du Vacier. Sa racine qui est grosse, noire & massive, devient jaune lorsqu'elle est mise en rouelles, & si on la mâche elle pique la langue. Dioscoride dit que cette racine broyée & enduite avec un peu de couperose, graisse & huile de cedre, fait tomber la rogne & la gratelle, & que sa décoction appaise la douleur des dents, si on s'en lave la bouche. Sa fleur sert à faire cailler le lait pour faire des fromages.

CHAMÆLEUCE. s. f. Herbe verdoyante, qui a ses feuilles & ses surgeons recourbés, & dont les fleurs sont faites en façon de roses. Elle est bonne aux douleurs des reins. Matthiole dit, que la Chamæleucé est la même chose que ce que Pline appelle *Chameopeucé*.

CHAMÆOPITYS. s. m. Petite plante rampante, couverte de quantité de feuilles longuettes, étroites & vertes, un peu divisées, fort entassées & aucunement velues, & qui produit plusieurs rejettons de la longueur de la main. Ses fleurs sont petites & de couleur de citron, & sortent parmi ses feuilles. Cette plante est hepatique, & lithontriptique, & remedie à la piqûre des Scorpions. On l'appelle *Chamæpitys*, à cause de la conformité non seulement de ses feuilles avec celles du grand Pin, mais encore de son odeur. Ce mot vient du Grec χαμαὶ, A terre, & de πίτυς, Pin.

CHAMÆSYCE. s. m. Plante qui ne jette ni tige ni fleur, & dont les branches sont rondes, longues de quatre doigts, pleines de lait & couchées par terre. Elle a ses feuilles comme la lentille, petites, menues, & entierement semblables à celles du peplus. Il y a une graine ronde au dessous. Elle croît aux lieux pierreux, & dans les côteaux fangeux. Galien dit qu'elle a une vertu acre, mordante, abstersive, & que les plus tendres de ses branches pilées & appliquées en maniere de cataplasme, & même leur jus, ôtent les cors & toutes sortes de verrues; qu'étant appliquées avec du miel, elles nettoyent les grosses cicatrices des yeux, & sont fort propres aux suffusions, & aux cataractes qui commencent à venir. Ce mot est Grec, χαμαιστίκη.

CHAMBELLAGE. s. m. Droit que le Vassal doit au Seigneur feodal en certaines mutations. Ce n'est pas par tout le même droit, & il differe selon les lieux. Le premier Huissier de la Chambre des Comptes reçoit aussi un droit de Chambellage de ceux qui y font foi & hommage. Cela vient de ce que le Chambellan du Roi en avoit un sur tous les Vassaux qui relevoient nuement de la Couronne, & ce droit lui étoit dû à cause qu'il les introduisoit dans la chambre du Prince, où se tenant à côté de lui, il disoit à celui qui se presentoit: *Vous devenez homme du Roi de tel Fief que vous connoissez tenir de sa Couronne.* Le manteau du Vassal appartenoit au Chambellan, & par Ordonnance du Roi Philippe de l'an 1272. le moindre Vassal qui faisoit hommage au Roi, donnoit vingt sols au Chambellan. Ceux qui avoient cent livres de revenu, lui donnoient cinquante sols. Ceux qui en avoient cinq cens, lui donnoient cent sols, & les Evêques, Abbés & Barons dix livres parisis.

CHAMBELLAN. s. m. Officier de la Chambre du Roi, de Monsieur, &c. On dit, *Le Grand Chambellan*, pour dire, Le premier Officier de la Chambre. Autrefois le Chambellan gardoit le Tresor du Roi, faisoit l'office de Maître d'Hôtel, d'Ecuyer tranchant, de Gentilhomme servant, & avoit plusieurs beaux droits sur tous les Marchands. La dépouille & les habits du Prince lui appartenoient; & comme il en devoit changer neuf fois chaque jour, & que ce lui eût été une grande incommodité de se deshabiller si souvent, on faisoit en argent une estimation de ce droit. Le Chambellan tire la bote du Roi, & le déchausse le jour de son Sacre, & lorsqu'il tient les Etats en son lit de Justice, il est assis à ses piés. Ce mot vient de *Camera*, Chambre. Borel rapporte que l'on disoit aussi *Chambrelan*, & que c'étoit proprement un Gentilhomme qui couchoit dans la Chambre du Roi, & aux piés de son lit en l'absence de la Reine. Il ajoûte qu'il y avoit de petits Chambellans qui mettoient la nappe.

Il y a aussi un *Grand Chambellan* à Rome. C'est comme le Prefet du Tresor Romain ou le Sur-Intendant des Finances. Il a soin du gouvernement de la Ville & des édifices publics. Il preside au Patrimoine de l'Eglise & au fisc, & fait les aumônes du revenu de l'Eglise. Quand le S. Siege demeure vacant, il loge à l'appartement du Pape, marche avec la garde Suisse, & donne ses ordres pour l'assemblée du Conclave. Il y a aussi à Rome une charge de *Chambellan du sacré College*. Ce sont les plus anciens Cardinaux qui l'exercent tour à tour pendant un an. Ce Chambellan a soin du revenu du sacré Collége, & lorsqu'un autre lui a succedé dans cet emploi, il distribue à chacun des Cardinaux tout ce qui peut leur appartenir.

CHAMBRANLE. s. m. Ornement de Menuiserie ou de pierre, qui borde les trois côtés des portes, des fenêtres & des cheminées. Il est different selon les ordres, & a trois parties, le haut qu'on appelle *La traverse*, & les deux côtés qui sont appellés *Montans*. Quand le Chambranle est simple & sans moulure, il a le nom de *Bandeau*.

Chambranle à cru, est celui qui porte sur un appui de croisée sans plinthe: & on appelle *Chambranle à crossettes*, celui qui a des oreillons à ses encognûres.

CHAMBRE. s. f. Principale piece d'un appartement. Ce mot vient de *Camera*, Voute, quoique l'on appelle *Chambres* indifferemment, celles qui sont voutées, & celles qui ont un plancher plat. On faisoit autrefois la plûpart des chambres voutées en arc de Cloître.

Chambre Apostolique, est une Jurisdiction à Rome, où l'on traite les affaires qui concernent le Tresor ou le domaine de l'Eglise du Pape. Furetiere insinue qu'il n'y a de Chambre Ecclesiastique qu'à Paris: il y en a dans presque toutes les Metropoles.

Chambre Imperiale, est aussi une Jurisdiction qui se tient à Spire, & où l'on juge les differends des Princes & des Villes de l'Empire d'Allemagne.

Chambre de Justice, établie de tems en tems pour réprimer les vexations des Financiers. Il y en a peu qui ayent eu un succès avantageux à l'Etat.

Chambre noire. C'est dans les Couvents le lieu où l'on se retire par devotion. *Chambre noire*, se dit encore du lieu où l'on enferme un Religieux ou une Religieuse qui a manqué, pour y faire pénitence.

Chambre close. Terme d'Optique. Chambre, ou Vaisseau bien fermé de toutes parts, & où l'on ne laisse entrer les rayons du Soleil que par une petite ouverture, par laquelle ils vont peindre sur le mur opposé, sur un papier, les Images de tout ce qui est au-dehors.

Chambre du mortier. Espace creux de la piece, qui contient la poudre, & où va se terminer la lumiere.

Chambre, en termes de Fonderie, est un vuide qui demeure dans un canon, ou dans une Cloche qu'on a fondue, & où le métal n'a pas coulé.

Chambre, se dit aussi du vuide qu'on pratique dans une selle de cheval, d'un bât, d'un collier, d'où l'on retire un peu de la bourre pour empêcher que la selle ne porte sur le cheval, lorsqu'il est foulé ou blessé en quelque endroit.

Chambre de port. Partie du bassin d'un Port de mer, la plus retirée & la moins profonde. C'est-là qu'on retire les Vaisseaux désarmés pour les réparer & les calfater.

Chambres des Vaisseaux, sont les lieux où couchent les Officiers Majors. On appelle *Grande Chambre*, celle qui est prise sur l'arriere du second pont du Vaisseau, & *Chambre du Conseil*, celle qui est aux gros Vaisseaux au-dessus de la Grand'Chambre.

Chambres des Canoniers, Etage, ou retranchement de l'arriere du Vaisseau au-dessus de la soute, & au-dessous de la Chambre du Capitaine; les Vaisseaux de guerre y ont d'ordinaire deux sabords.

Chambre aux voiles. Lieu où l'on met les voiles, pour en changer quand il est besoin.

Chambre d'écluse. Espece de canal compris entre les deux portes d'une écluse.

Chambre de mine. Terme de guerre. Lieu où l'on met la poudre qui fait jouer la mine. C'est un vuide de cinq à six piés cubes qu'on charge d'un millier de poudre ou environ.

Chambre, en termes de Tisserand, est une fente de peigne par où deux fils passent.

Les Vitriers appellent aussi *Chambre*, le creux qui est dans la verge de plomb où ils placent le verre, lorsqu'ils font des panneaux de vitre.

CHAMBRE', E'E. adj. On dit, *Canon chambré*, pour dire, Un canon qui n'a pas été bien fondu, & qu'il est dangereux de tirer, à cause des fentes & crevaſſes qui ſont en dedans, & qui pourroient le faire crever.

CHAMBRE'E. ſ. f. Nom collectif qui ſe dit de pluſieurs perſonnes qui logent dans une même Chambre. *Toute la Chambrée ſortit ſi-tôt qu'on entendit le tumulte.*

Chambrée, ſignifie auſſi, L'argent qu'on reçoit à la repreſentation, d'une Comedie, d'un Opera, ou de quelque autre ſpectacle.

CHAMBRELAN. ſ. m. Ouvrier qui n'oſant ouvrir boutique, à cauſe qu'il n'eſt pas maître, travaille en chambre.

CHAMBRER. v. n. Terme de guerre dont on ſe ſert en parlant de pluſieurs perſonnes qui logent enſemble ſous une même tente ou dans une même caſerne.

Chambrer eſt auſſi actif, & les Selliers diſent, *Chambrer une ſelle*, pour dire, Y faire de petits creux, & en tirer la bourre, quand le cheval eſt bleſſé, de peur que la ſelle, en poſant deſſus, ne le bleſſe encore davantage.

CHAMEAU. ſ. m. Animal fort commun en Orient, & qui a une boſſe ſur le dos, & quelquefois deux. Il ne ſert point à tirer, mais il eſt bon à la charge, & porte ordinairement dix mille peſant. Il ſe baiſſe pour la recevoir, à quoi on l'accoûtume ſi-tôt qu'il eſt né, en lui pliant les quatre piés ſous le ventre, & lui mettant ſur le dos un tapis, dont on charge les bords de groſſes pierres qui l'empêchent de ſe relever. On le laiſſe ainſi pendant vingt jours. Il a le pié large & ſolide, & qui n'eſt couvert que d'une ſimple peau. Il paſſe juſqu'à dix & douze jours ſans manger ni boire. Quand il eſt en chaleur, il ſe retire à part avec ſa femelle, & la couvre tout le jour. Elle porte ſon fruit onze mois. Une petite baguette ſert d'étrille pour panſer le Chameau; on frappe ſur lui avec la baguette, & on en ôte ainſi la pouſſiere. Il hait le cheval, le lion & le ton; & par le moyen d'un grand ventricule qu'il a, il garde long-tems de l'eau dans ſon eſtomac, pour ſe rafraîchir. On trouve autour de ce ventricule un grand nombre de ſacs enfermés entre ſes tuniques, & l'on croit que ces animaux y mettent leur eau en reſerve. Ils vivent cinquante ans ſelon quelques-uns, & juſqu'à cent ſelon les autres.

On appelle auſſi abſolument *Chameau*, le poil de cet animal filé en forme de laine très-déliée. Les Ferandiniers s'en ſervent dans leurs ouvrages.

CHAMELIER. ſ. m. Celui qui panſe & qui conduit des chameaux. On donne ce même nom à tous les Marchands qui en font trafic. On prétend que le premier mêtier qu'exerça Mahomet, fut celui de Chamelier.

CHAMES. ſ. f. p. Eſpeces de moules. Dioſcoride dit que le potage des Chames cuites en peu d'eau eſt bon à lâcher le ventre. Il y en a de tant de fortes, que Matthiole avoue qu'il eſt difficile de les diſtinguer. Elles ſont couvertes d'une coquille legere; & on les trouve ſouvent ouvertes & baillantes au bord de la mer ſur le gravier.

CHAMFRAIN. ſ. m. Ce qui eſt compris dans le devant de la tête du cheval, depuis le deſſous des oreilles juſqu'au nés en deſcendant par l'intervalle des deux ſourcils. M. Ménage dérive ce mot de *Camus*; Bride, licol, & de *Frænum*, Frein.

On appelle *Chamfrain blanc* ou *Belle-face*, Une marque blanche qui deſcend depuis le front du cheval juſqu'auprès du nés.

Quelques-uns appellent auſſi *Chamfrain*, l'Armure du cheval qui couvre cette partie, lorſque le cheval eſt ſous un Cavalier armé de toutes pieces. Les morceaux de cuir ou d'étoffe dont cette même partie eſt ouverte, & les bouquets de plumes qu'on met ſur la tête des chevaux, s'appellent encore *Chamfrain.*

C'eſt auſſi une étoffe noire qu'on met ſur le front des chevaux, lorſqu'on eſt en deuil.

Chamfrain. Terme d'Architecture. Pan qui ſe fait en rabattant l'arrête d'une pierre ou d'une piece de bois.

CHAMFRAINER. v. a. Terme de Menuiſerie. On dit, *Chamfrainer un morceau de bois*, pour dire, Le couper de telle ſorte, que s'il eſt quarré comme le bord d'une planche, on abatre une des arêtes, & qu'on le coupe juſqu'à l'autre arête; ce qui ſe fait lorſqu'on ôte tout le bois depuis le deſſus de la planche en biaiſant. Il y a chés les Serruriers des Tenailles à Chamfrainer pour tenir dans l'état les pieces qu'on veut chamfrainer.

CHAMICO. ſ. m. Sorte de ſemence du Pérou, ſemblable à celle des oignons, mais dont la vertu eſt telle, que ſi l'on boit l'eau dans laquelle elle aura bouilli ſeule, ou avec du vin, elle provoque un dormir de vingt-quatre heures; & ſi quelqu'un l'a bûe en riant ou en pleurant, il demeure fort long-tems dans ce même état.

CHAMOIS. ſ. m. Sorte de Chévre ſauvage qui ſe plaît ſur le plus haut des rochers & des montagnes. Elle eſt plus grande & a les jambes plus longues que les Chévres ordinaires, mais ſon poil eſt plus court. Cet animal en a de deux ſortes. Le petit qui eſt caché ſous le grand, eſt fin, ondé & friſé. Une partie de ce poil eſt de couleur de Minime brun, & le reſte eſt d'un blanc ſale & rouſſâtre. Il a deux cornes noires & recourbées qui lui ſortent au-devant du front, & qui ſont longues de neuf ou dix doigts. Ses yeux ſont rouges, ſa queue eſt courte & ronde, & ſes oreilles ont cinq pouces de longueur. Sa lévre ſuperieure eſt fendue comme au liévre, & il a le pié fourché & creuſé par deſſous. Il marche ſur ſes ongles, & court fort vîte. Sa peau étant paſſée proprement, eſt chaude & douce ſur la chair. On en fait des gands, des camiſoles & des caleçons.

On appelle auſſi *Chamois*, Une couleur qui tire ſur l'iſabelle. Les Curieux de Tulippes en font grand état.

CHAMP. ſ. m. Terme de Peinture. Fond d'un tableau ou d'une medaille, où il n'y a rien de peint ni de gravé.

On dit qu'*Une draperie* ou *un morceau de bâtiment ſert de champ à une figure*, quand cette figure eſt peinte ſur le bâtiment ou la draperie.

On dit, *Mettre des ſolives de champ*, pour dire, Les poſer ſur la partie la moins large, en ſorte qu'une ſolive qui a ſix pouces d'un ſens & quatre de l'autre, eſt miſe de champ, ſi elle eſt poſée ſur la partie de quatre. Il en eſt de même de toutes autres pieces de bois équarries, que l'on doit mettre de champ, pour leur donner plus de force & empêcher qu'elles plient.

Champ, en termes de Méchaniques, ſe dit de ce qui eſt poſé horiſontalement. Ainſi on dit que *Les ſablieres ſe couchent de champ.* On appelle *Roue de champ*, dans une montre, la troiſiéme roue qui fait mouvoir celle de rencontre; & cela vient de ce qu'elle eſt poſée horiſontalement. Les dents de cette roue ſont perpendiculaires.

Champ. Terme de Blaſon. Le fond de l'écu, ſéparé des pieces dont les Armoiries ſont compoſées. Quand le champ eſt de couleur, l'aſſiette doit être de métal.

On appelle *Champ*, dans un peigné, Le milieu

du peigne d'où sortent les dents de chaque côté.

Champs Elisées ou *Elisiens*. Cimetieres où les Payens enterroient leurs morts séparément dans des tombeaux de pierre. On en voit encore des restes entre la Ville d'Arles & le Couvent des Minimes de la Craux en Provence.

CHAMPAGNE. s. f. Terme de Blason. C'est l'espace en bas d'un tiers de l'écu. Le Pere Menêtrier dit que *la Champagne* est rare en Armoiries.

CHAMPANE. s. f. Bâtiment des Indes de soixante à quatre-vingts tonneaux, qui est fait sans cloux & sans aucuns ferremens. Cette sorte de Bâtiment, dont les bordages sont emboîtés, n'a que des courcives, & les membres n'en sont cousus qu'avec des chevilles de bois.

CHAMPE', E'E. adj. Terme de Blason dont on se sert quand on ne veut expliquer que la qualité du champ. *Telle Famille a pour Armoiries un lion d'or champé de gueules.*

CHAMPIGNON. s. m. Maniere de petit potiron rond & blanc par dessus, feuilleté en-dedans, & tirant sur le rouge. Il vient de lui-même en fort peu de tems dans les champs & dans les prés, particulierement en Automne. Il s'éleve sur une simple queue sans racine. On en fait venir aussi sur des couches de fumier, en les arrosant avec l'eau dans laquelle ont bouilli d'autres Champignons. On s'en sert dans les ragoûts, où ils sont d'un fort bon goût. Selon Dioscoride il y en a de venimeux. Ce sont ceux qui croissent, ou au pié d'un arbre qui produit de mauvais fruits, ou auprès d'un trou qui sert de retraite à un serpent, ou enfin dans un lieu où il y a du fer enrouillé ou du drap pourri. On les reconnoît pour être dangereux & à rejetter, en ce qu'ils ont quelque ordure ou quelque bave épaisse au-dessus, & qu'ils se pourrissent & se moisissent aussi-tôt qu'ils sont cueillis. Ceux que l'on peut manger sans aucun péril, sont si mal-aisés à digerer, à cause de leur extrême froideur & humidité, que le plus souvent on les rend entiers. Ils nourrissent fort, mais cette nourriture est dangereuse & très-flegmatique; & si on en mange trop, & qu'on ne les digere pas bien, ils causent un grand dévoyement d'estomac, & suffoquent même quelquefois. C'est ce qui a fait dire à Galien, qu'ils tiennent un peu de la nature des poisons. Les grosses & visqueuses humeurs qu'ils engendrent, bouchent si bien les orifices des arteres, que les esprits y demeurant enfermés, ceux qui en ont trop mangé, étouffent. Pour les rendre moins dangereux, lorsqu'on les apprête, il faut les assaisonner de cloux de girofles, muscade, poivre, & autres choses semblables. Matthiole dit qu'il croît aussi de bons Champignons aux troncs des arbres qui ne portent point de mauvais fruits, & qu'il en a vû & cueilli aux troncs des Meleses qui croissoient avec l'Agaric, & qui pesoient jusqu'à trente livres, étant jaunes comme fin or, & découpés tout à l'entour. M. Ménage dérive *Champignon* de *Campinio*, à cause qu'il naît de lui-même dans les champs. On a dit *Champagnol*, pour, Champignon dans le vieux langage.

Champignon, est aussi un terme de Medecine, & Galien donne ce nom aux excrescences qui viennent aux paupieres, aux parties honteuses & à la tête, quand le têt a été trépané ou rompu, & que les pellicules du cerveau ont été blessées. Il ajoûte qu'il y a certaines tumeurs faites en façon de Champignons, qui sortent hors des fractures des os. C'est ce qui est cause qu'on les nomme *Champignons*.

Champignon. Espece de coupe renversée, dont le dessus est taillé d'écailles. Son usage est, aux fontaines jaillissantes, de faire bouillonner l'eau d'un jet ou d'une gerbe en tombant.

CHAMPISTEAUX. adj. Vieux mot. Brusque, qui se met en colere pour peu de chose.

Ou bien nourrir un tas de Champisteaux.

CHANCEL, ou *Chanceau*. s. m. Partie du Chœur d'une Eglise, où se mettent les Ministres servant à la Messe. C'est celle qui est entre le Maître Autel & la balustrade qui l'enferme. Ce mot vient de *Cancellus*, qui veut dire, Toute sorte de treillis ou de barres croisées, de bois ou de fer.

CHANCELIER. s. m. Magistrat qui est Chef de la Justice, & qui est commis par le Roi pour la rendre à ses Sujets avec la même puissance qu'il feroit lui-même. Cette Dignité est très-éminente en France. Les Chanceliers s'appelloient *Referendaires* sous nos premiers Rois, du Latin *Referre*, Rapporter, parce qu'ils avoient soin de rapporter au Roi les Requêtes, Placets & autres Lettres. Le nom de Chancelier vient de *Cancellus*, Chassis, grille, parce qu'il signoit en un lieu grillé sous nos Rois de la seconde race, pour n'être point incommodé de la foule, ou de ce qu'il faisoit une grille à son seing, comme font encore les Secretaires du Roi, ou à cause des lignes en croix qu'il passoit sur les Lettres qui étoient rejettées, du mot *Canceller*, qui vient de l'Italien *Cancellare*, Effacer, pour dire, Annuller un Contrat, comme qui diroit, Y faire une grille d'ancre, ou passer des lignes en croix sur l'écriture. Depuis qu'on a établi les Parlemens, la Dignité de Chancelier est devenue beaucoup plus considerable. Il préside aux Conseils du Roi; & lorsque Sa Majesté va tenir son lit de Justice au Parlement, il y expose ses volontés, & est assis à main gauche devant Elle. Les premiers Chanceliers de France que l'on connoît, sont Aurelien & Anachalus sous le Roi Clovis.

CHANCIL. s. m. Vieux mot. Sorte de toile.

Chemise & brayes de Chancil,
Et chausses teintes en bresil.

CHANCRE. s. m. Terme de Jardinage. Maladie qui survient à l'arbre, & qui en fait mourir la peau. On l'arrête en faisant des incisions tout à l'entour jusqu'au bois avec la pointe d'un couteau. On peut dire que cette maladie ressemble à la dartre qui vient sur le corps de l'homme.

CHANDELIER. s. m. *Instrument, utensile qui sert à mettre de la chandelle allumée.* ACAD. FR.

Chandelier, est aussi un terme de Fortification. Les Chandeliers se font avec deux pieux debout qui soûtiennent des planches mises de travers de l'un à l'autre, ou des fascines, par le moyen des chevilles passées dans les pieux. La difference qu'il y a entre les Chandeliers & les Blindes, c'est que les premiers servent à se couvrir par le devant, & qu'on se couvre par le dessus avec les autres.

Chandeliers de Perriers dans un Vaisseau, sont des pieces de bois reliées, & trouées en long. Le pivot de fer sur quoi tourne le Perrier est posé dessus. Ce que l'on appelle *Chandelier de fer de perrier*, est une fourche de fer avec deux anneaux, dont les deux tourillons des Perriers sont soûtenus. Cette fourche tourne sur un pivot dans un chandelier de bois. Le pivot sur lequel le Perrier tombe, est aussi nommé *Chandelier de fer de Perrier.*

On appelle *Chandeliers de Pouppe*, deux Fourches de fer qui servent à soûtenir le mât, la voile, & tout ce qui est de la Chaloupe quand les avirons la font aller.

Chandeliers d'Echelles, sont des Chandeliers de fer à tête ronde, qu'on met des deux côtés de chaque échelle. On y amarre des cordes qu'on laisse traîner jusqu'à l'eau, & qui servent à soulager ceux qui montent dans le Vaisseau, ou qui en descendent.

Chandeliers de lisse. On appelle ainsi les Chandeliers qu'on met dans les lisses, sur le haut des côtés des Vaisseaux, & autour de l'ouverture par où passe la manuelle du gouvernail.

Chandelier de Fanal. Grand fer avec un pivot sur lequel on pose un Fanal de pouppe.

Chandelier d'eau. Fontaine dont on éleve le jet sur un pié, en maniere de gros balustre, qui porte un petit bassin, d'où l'eau retombe dans un plus grand au niveau des allées, ou avec un bord de pierre ou de marbre au-dessus du sable.

Les Jardiniers disent, *Faire le Chandelier*, lorsqu'avec leur serpette, ils nettoyent toutes les petites branches qui sont une plus grande, afin de la laisser dégarnie.

CHANEL. s. m. Vieux mot. Canal ou lit de riviere.

CHANGER. v. a. Ce mot a plusieurs usages en termes de mer, & l'on dit *Changer les voiles*, pour dire, Mettre un côté de la voile au vent au lieu de l'autre. On dit aussi *Changer les voiles de l'avant*, pour dire, Brasser tout-à-fait les voiles de misaine du côté du vent; ce qui se fait afin qu'il donne dessus, & que le Vaisseau étant abattu par là, on puisse le remettre en route. On dit encore *Changer de bord*, pour dire, Mettre un côté du Vaisseau au vent pour l'autre, afin de changer de route, & *Changer l'amure d'artimon d'un côté du Vaisseau à l'autre*, pour dire, De dessous le vent où l'amure d'artimon étoit, la passer au vent. *Changer le quart*, c'est, Faire entrer une moitié de l'équipage en service en la place de celle qui étoit de garde, & que cette autre moitié doit relever.

On dit en termes de Manége, *Changer un Cheval* ou *Changer de main*, pour dire, Tourner & porter la tête de son cheval d'une main à l'autre; c'est-à-dire, De droit à gauche, ou de gauche à droit.

CHANLATE. s. f. Petite piece de bois, comme une forte late de sciage, qu'on pose sur l'extrêmité des chevrons d'une couverture, du même sens que les lates, pour soûtenir les tuiles de l'égoût d'un comble. En relevant sur le bout les dernieres tuiles, qui par ce moyen jettent les eaux de pluye plus loin du mur, elle empêche qu'elles ne le gâtent.

CHANLETE. s. f. Vieux mot. Petite tuile de toit.

CHANTEAU. s. m. *Morceau coupé d'un grand pain.* ACAD. FR. *Chanteau*, en termes de Tailleur, se dit des grandes pieces d'étoffes que l'on rentroit au bas d'un manteau.

Les Tonneliers appellent *Chanteau*, la derniere piece du fond d'un muid.

CHANTELAGE. s. m. Droit qui est dû au Seigneur, pour le vin qu'on vend en gros ou à broche sur le chantier du cellier ou de la cave.

CHANTEPLEURE. s. f. *Sorte d'entonnoir à longue queue, à long tuyau, qui est percé de plusieurs trous par le bout d'enbas pour faire couler quelque chose dans un muid de vin sans le troubler.* ACAD. FRANÇOISE.

Chantepleure se dit aussi d'une fente qu'on laisse dans les murailles construites proche de quelque eau courante, afin que si elle déborde, elle puisse entrer dans le clos, & en sortir, sans aucun dommage du mur, qui seroit trop foible pour lui resister, si cette ouverture ne lui donnoit pas passage.

CHANTERELLE. s. f. *La corde d'un lut, d'un violon, & autres semblables Instrumens, qui est la plus déliée, & qui a le son le plus clair.* ACAD. FR.

On appelle aussi *Chanterelle*, l'Oiseau que l'Oiseleur met dans une cage pour servir d'appeau aux autres qu'il veut attirer dans les pieges qu'on leur a tendus. La femelle de perdrix posée au bout des sillons où l'on a tendu des filets & des passées, s'appelle plus particulierement *Chanterelle.*

On appelle ainsi la Corde que le bourreau met au col d'un homme qu'il va pendre.

CHANTERRES. s. m. Nom qu'on donnoit aux anciens Poëtes, parce qu'ils chantoient les faits des Heros. Ils alloient reciter leurs Poëmes chés les grands Seigneurs, afin d'en avoir quelque récompense, ou ils les jouoient sur leurs Instrumens de Musique. On tient qu'Homere alloit ainsi reciter son Iliade.

A son hôtel si sied, si fut joyaux & liés,
Un Chanterre li dit d'Alexandre à ses piés.

CHANTIER. s. m. Grosse piece de bois qui sert de chevalet à un Charpentier, pour en porter ou en élever une autre, afin qu'il la taille & la façonne.

Chantier, est aussi un exhaussement fait sur le bord de la mer avec de grosses pieces de bois, pour soûtenir la quille d'un Vaisseau, ou la solle des bâtimens qui n'ont point de quille, lorsque l'on travaille à les construire.

Chantier d'Atelier, est non seulement l'espace où l'on décharge & où l'on taille la pierre près d'un bâtiment que l'on construit; mais aussi le lieu où les Charpentiers taillent & assemblent le bois, pour les ouvrages qu'ils ont entrepris. On dit que *Les pierres sont en chantier*, pour dire, qu'Elles sont au lieu où on les taille.

CHANTIGNOLE. s. f. Espece de brique, que l'on appelle autrement *Brique d'échantillon.* Ce n'est qu'une *demi-brique*, qui est beaucoup moins épaisse que la brique entiere. Elle a pourtant huit pouces de long; & quatre de large comme l'autre.

Chantignoles, en termes de Charpenterie, est une piece de bois sous un tasseau, entaillée & chevillée sur une force de ferme, pour porter les panes de la couverture d'un bâtiment.

CHANTOURNE'. s. m. C'est un ornement de galons par compartimens, qu'on met au dossier d'un lit: on y brode quelquefois les armes du Maître.

CHANTOURNER. v. a. Evider en dedans une piece de bois, de fer, ou de plomb, ou la couper en dehors suivant un profil ou un dessein.

CHANVRE. s. m. Plante dont les feuilles rendent une odeur puante. Ses tiges sont hautes & creuses. Sa graine est ronde, & son jus, quand elle est fraîche, est bon aux douleurs d'oreille en le distillant dedans. Le chanvre est distingué en Mâle & Femelle. Le Mâle, qui semble être un Arbrisseau, produit de sa tige une fort grande quantité de branches. Matthiole dit que de son tronc on fait du charbon, dont on se sert à faire de la poudre à canon. Le Chanvre femelle a ses tiges plus minces, ne jette aucunes branches, & ne porte point de graines. Ses feuilles, quoique semblables à celles du Frêne, sont pourtant moindres, plus grêles, & un peu dentelées. Elles sont plus grandes & plus noires au mâle, & sortent cinq à cinq, ou six à six d'une seule queue. Cette plante n'a qu'une seule racine, & a beaucoup de capillatures. Les feuilles sont bonnes pour la brulure, & la graine, pour la toux & la jaunisse. Elle fait mourir les vers; mais elle est mauvaise en ce qu'elle remplit le cerveau de vapeurs. Dioscoride dit qu'il y a un *Chanvre sauvage*, qui a ses tiges de la hauteur d'une coudée, & semblables à la Guimauve, mais moindres, plus noires

& plus âpres. Sa graine & sa racine sont aussi semblables à celles de la Guimauve, & sa fleur est comme celle de Lychnis tirant sur le rouge. Ses feuilles ressemblent à celles du Chanvre commun, & sont un peu plus rudes & plus noires. Autour de l'écorce du Chanvre sont quantité de petits filets, dont on fait de la filasse, & ensuite de la toile. On en fait aussi des cordes.

CHAPE. s. f. Vieux mot, qui a signifié une Robe, d'où est venu *Chapeau* & *Chaperon*, à cause que cette robe avoit un chaperon pour mettre la tête.

Elle eut d'une chape fourrée,
Si bien de ce je me records,
Affeublé & vêtu son cors.

On lit dans l'Histoire de Saint Louis, de Joinville. *Le pauvre Chevalier ne fût mie ébahie, mais empoigne le Bourgeois par sa Chape, bien étroit, & lui dit qu'il ne le laisseroit point aller.* Quelques-uns font venir ce mot de *Capella* ou *Capra*, parce qu'anciennement les étoffes étoient de poil de chévre. Borel dit que ce qu'on a appellé *Chape de saint Martin*, n'est pas l'Oriflâme, comme la plûpart l'ont crû, & que c'étoit l'Etendart de France, dont les Ducs d'Anjou étoient gardiens, comme grands Sénéchaux de France.

Chape, en termes d'Orfévre, est la partie de la boucle où est le bouton, & qui est un peu plate & large. Les faiseurs de Baudriers appellent aussi *Chape*, Le morceau de cuir qui tient les boucles du devant & celles du remontant du baudrier. Le dessus d'un fourneau de Chimie, a aussi le nom de *Chape*.

Chapes, se dit encore des planches dans lesquelles se fichent les tuyaux d'orgues, parce qu'elles servent de couverture au sommier où se fait la distribution du vent. On nomme aussi *Chapes*, Les grandes pieces de plâtre que les Fondeurs mettent pour couvrir les petites pieces qui forment leurs moules.

Chape ou *Pluvial*. Ornement précieux des Ecclesiastiques. C'étoit autrefois un manteau contre la pluie. Les grandes Fêtes tout le Chœur est chapé à la grande Messe, parce qu'on faisoit une station éloignée.

Chape, est aussi un vêtement qu'on met sous le Domino. Il est fort commode pour se garantir du froid: les Chanoines la doublent de velours. Un Arrêt, au rapport de M. Brillon, l'a défendue aux Officiers du bas Chœur.

CHAPE', E'E. adj. Terme de Blason. Il se dit de l'écu qui s'ouvre en chape ou en pavillon depuis le milieu du chef jusqu'au milieu des flans. *D'argent chapé de gueules.*

CHAPEAU. s. m. *Coëffure, habillement de tête pour homme, qui a une forme & des bords.* ACAD. FR.

Chapeau. Terme d'Architecture. On appelle ainsi la derniere piece qui termine un pan de bois, & qui porte un chamfrain pour le couronner, & recevoir une corniche de plâtre.

Chapeau d'étaye. Morceau de bois qu'on met au bout d'une étaye.

Chapeau d'escalier. Piece qui sert d'appui tout au haut d'un escalier de charpente.

Chapeau de lucarne. Piece de bois assemblée sur les poteaux, qui fait la fermeture d'une lucarne.

Chapeau de fil de pieux. Piece de bois que des chevilles de fer tiennent attachée sur les couronnes d'un fil de pieux.

CHAPELET. s. m. *Certain nombre de grains enfilés sur lesquels on dit des* Ave Maria *& des* Pater, *à l'honneur de la Vierge.* ACAD. FR.

Chapelet. Terme d'Architecture. Baguette taillée par petits grains ronds, que l'on emploie dans les ornemens. Il y en a de plusieurs sortes, de fleurons, de grelots, d'olives, de patenôtres.

Chapelet, en termes de Chirurgie, est un rang de pustules malignes qui viennent au front.

Chapelet de marons. Plusieurs marons enfilés ensemble, comme sont les grains d'un Chapelet.

On appelle *Chapelet*, en termes de Manége, une paire d'étrivieres garnies de leurs étriers, que l'on ajuste au point du Cavalier, & qui s'attachent ensuite au pommeau de la selle par une maniere de boucle de cuir qui les joint en haut. Cela épargne la peine de les allonger ou de les accourcir, lorsque l'on monte differens chevaux.

Chapelet, en termes de Méchanique, est une enchainure de planches ou de pots qu'on fait mouvoir pour élever des eaux, secher des marais, & vuider des bâtardeaux.

CHAPELLE. s. f. *Petit édifice consacré à Dieu.* ACAD. FR.

Chapelle. Terme de Chimie. Instrument qui sert à distiller, & qui est le couvercle de l'alembic.

On appelle aussi *Chapelle*, certain petit chapiteau de cuivre dont est couvert le pivot de l'aiguille aimantée dans une boussole.

Chapelle. Terme de Marine. Revirement inopiné du Vaisseau. On dit, *Faire Chapelle*, pour dire, Virer malgré soi. Cela arrive, quand le timonnier gouverne mal, & que par son imprudence le Vaisseau est venu trop au vent. On fait aussi Chapelle, ou par la force des courans, ou lorsque pendant un calme, on n'a pû reconnoître le peu de vent qui regne. Quand cela est arrivé, il faut reprendre le vent, & remettre le Vaisseau.

CHAPERON. s. m. Ancien habillement de tête, tant pour les hommes que pour les femmes. Borel en parle amplement, & dit que selon Pasquier, les plus grands portoient le Chaperon sur leurs têtes. L'usage s'en perdit peu à peu, & ne demeura qu'aux gens de robe longue. On en couvroit la tête comme d'une coëffe. Le bourrelet l'environnoit sur le derriere, & on retroussoit le reste sur le sommet. On se mettoit aussi autour du front & du col les côtés du Chaperon qui pendoient en bas. Cela étant ensuite trouvé incommode, on en retrancha les pendans, & on ne laissa presque que le bourrelet, qui étant mis sur la tête forma comme un bonnet rond. Ce fut l'origine des bonnets, qu'un certain Patrouillet commença à faire quarrés. Tout le monde portoit des Chaperons, tant les pauvres que les riches, & on saluoit en les levant, ou les reculant en arriere; en sorte que le front fût découvert. C'étoit ce que faisoient les Procureurs en plaidant; & c'est un usage qu'ont gardé les Moines qui saluent encore aujourd'hui de cette sorte. Ce qui prouve que tout le monde en portoit, est un passage d'Alain Chartier, qui dit qu'en 1447. *Charles VII. fit commandement à tous hommes de porter une Croix sur leur robe ou Chaperon.* Monstrelet dit dans son premier Tome, que *la Reine Isabelle haïssoit Jean Torel de ce que lui parlant il ne levoit son Chaperon.* Ces paroles font connoître, qu'on le levoit en parlant; mais cela ne se faisoit que par les hommes, & non par les femmes. Après qu'on eut aboli l'usage de porter des Chaperons sur la tête, on les porta quelque tems sur l'épaule comme font presentement les Consuls de plusieurs Villes. On en portoit de toutes couleurs, mais selon Beloi, les Magistrats avoient le Chaperon rouge, fourré de peaux blanches, & les Avocats en avoient un noir fourré de même, que l'on appelloit *Capulare*. Depuis, les gens de robe l'ont mis sur l'épaule.

l'épaule, & les Chanoines sur le bras, ce qu'ils appellent *Aumusse*. Les Chaperons de femmes commençant à être moins en usage, celles qui avoient de la naissance, furent les premieres à les quitter. Les femmes de basse condition les garderent encore quelque tems; & enfin elles ne firent plus que porter une bande de velours, ou de satin sur leur bonnet; ce que les femmes de bons Bourgeois faisoient encore il y a quarante-cinq ou cinquante ans. M. Ménage dit que Chaperon est venu de *Capperone*, qui a été fait de *Cappa*. C'est delà qu'on a dit dans le stile bas, *Chapperonner quelqu'un*, pour dire, Bonneter quelqu'un, lui faire bien des reverences & des sollicitations, dans l'esperance d'en obtenir quelque chose.

Chaperon. Ornement que les Docteurs ou Licenciés aux Arts, en Theologie, Jurisprudence, Medecine, portent sur l'épaule gauche, qui marque les degrés de l'Université. Il est de la même forme que le Chaperon dont les anciens couvroient leur tête, & different selon l'ordre des degrés. Il est même de differente couleur selon les diverses facultés.

Chaperon est aussi le devant d'une robe de deuil. C'est seulement dans les grandes Cérémonies que l'on s'en sert aujourd'hui. Il cache entierement le visage, & on le laisse pendre presque sur les genoux.

Chaperon est encore une espece de Camail qui couvre la tête, les épaules & l'estomac de certains Religieux, comme Mathurins, Bernardins, Augustins, &c. Il se termine en pointe, & descend fort bas par derriere.

On appelle aussi *Chaperon*, le dessus de la tête de certains Oiseaux; mais il se dit plus particulierement d'un morceau d'étoffe qui couvre la tête d'un Oiseau de proie, afin qu'il ne puisse voir. On dit en ce sens *Chaperonner*, & *Déchaperonner un Oiseau*.

Chaperon. Terme de Sellier. Sorte de couverture qui se renverse sur la poignée des pistolets, pour empêcher que la pluie ne les gâte en tombant dessus.

Chaperon. Terme d'Éperonnier. On se sert de ce mot en parlant des Embouchures à escache, & de toutes les autres qui ne sont pas à canon. C'est le fond qui terminant l'embouchûre, l'assemble avec la branche du côté du banquet. Le Chaperon est rond aux embouchûres qui sont à escache; il est en ovale aux autres.

On appelle aussi *Chaperon*, Un ornement en broderie qui est au derriere d'une Chape d'Eglise.

Chaperon. Terme d'Architecture. On appelle ainsi le haut d'une muraille, qui est fait en talus avec un ou deux égoûts. Il en a deux quand le mur est mitoyen, & n'en a qu'un quand il appartient à un seul proprietaire. Alors la chûte des eaux est toute de son côté. *Chaperon en bahu*, est celui dont le contour est bombé.

Le dessus d'une potence, s'appelle *Chaperon de potence*, & celui d'une presse à imprimer des estampes, *Chaperon de presse*.

CHAPERONNER. v. a. Terme d'Architecture. Faire un Chaperon. On le recouvre quelquefois de plomb, de tuile, d'ardoise, & quelquefois on le fait de dâles de pierre.

CHAPERONNIER. adj. On appelle *Oiseau Chaperonnier*, *Oiseau bon Chaperonnier*, l'Oiseau de proie qui porte patiemment le Chaperon.

CHAPIER. s. m. C'est une grande Armoire où l'on garde dans les Sacristies les Chapes tendues ou pliées.

CHAPIN. s. m. Vieux mot, que Borel croit avoir signifié Chapeau.

Aller sans chausses & Chapin.

Ce pourroit avoir été une espece de soulier.

CHAPITEAU. s. m. Le couronnement ou la partie superieure d'une colomne. Ceux qui sont sans ornemens, comme le Toscan & le Dorique, dont l'un qui est le plus simple, a son tailloir quarré, & sans moulures; & l'autre a son tailloir couronné d'un talon & de trois annelets sous l'ove, s'appellent *Chapiteaux de moulure*, & tous ceux où il y a des feuilles & des ornemens taillés s'appellent *Chapiteaux de Sculpture*. Le plus agreable de tous est le *Chapiteau Corinthien*. Il est orné de deux rangs de feuilles, avec huit grandes & huit petites volutes, qui sont posées contre un corps que l'on appelle *Tambour*. On rapporte pour origine de ce Chapiteau que la nourrice d'une jeune Fille morte dans ses plus belles années, étant allée la pleurer au lieu de sa sepulture, y porta dans une corbeille ou panier d'osier certains petits vases que cette jeune personne avoit fort aimés pendant sa vie. Elle y laissa ce panier couvert d'une tuile, & une racine d'Acanthe s'étant par hazard trouvée dessous, la plante quelque tems après poussa ses tiges à l'entour; & comme à mesure qu'elles croissoient, la tuile qui débordoit au-dessus de ce panier, empêchoit les feuilles de monter en haut, elles se courboient vers la terre. Callimachus, excellent Sculpteur, passa par là, & voyant l'agreable effet que faisoient ces feuilles, il les dessina avec le panier; & pour en faire l'ornement du Chapiteau Corinthien, il donna des mesures qui furent suivies par les Ouvriers de ce tems-là. *Chapiteau*, vient du mot Latin *Capitellum*, qui veut dire, le Sommet de quelque chose que ce puisse être. Le *Chapiteau Ionique*, est distingué par ses volutes & ses oves, *le Composite* par les deux rangs de feuilles qui sont au Corinthien, & par les volutes de l'Ionique, & l'*Attique* a des feuilles de refend dans le gorgerin.

On appelle *Chapiteaux symboliques*, ceux qui sont ornés d'attributs de Divinités, comme les Chapiteaux antiques où l'on voit des Aigles pour Jupiter, & des Lyres pour Apollon, ou qui portent les armes & les Devises d'une Nation, d'une dignité, &c. *Le Chapiteau-colomne*, est celui dont le plan est rond, & *le Chapiteau Pilastre*, celui qui est quarré par son plan ou sur une ligne droite. On appelle *Chapiteau Angulaire*, celui qui porte un retour d'entablement, à l'encoignure d'un avant-corps, & *Chapiteau refendu*, celui dont la sculpture des feuilles est terminée. Il est encore des Chapiteaux de plusieurs sortes. Il y en a de *pliés*, tels que celui d'un pilastre, qui est dans un angle rentrant droit ou obtus; d'*ecrasés*, qui étant trop bas sont hors de la proportion antique; de *galbés*, c'est-à-dire, dont on n'a fait qu'ébaucher les feuilles; de *mutilés*, qui sont ceux, qui étant trop près d'un corps ou d'un angle, n'ont pas autant de saillie d'un côté qu'ils en ont de l'autre.

On appelle aussi *Chapiteau de lanterne*, la couverture qu'on met pour terminer une lanterne de dome, & qui est faite tantôt en cloche, tantôt en coupole, & quelquefois en adoucissement; *Chapiteau de triglyphe*, Une platebande sur le triglyphe, & quelquefois le triglyphe même qui sert de Chapiteau à un pilastre Dorique; *Chapiteau de balustre*, la partie qui fait le couronnement d'un balustre, & *Chapiteau de niche*, Une espece de petit dais qu'on met au-dessus d'une niche peu profonde, & qui couvre une statue sur un cu de lampe en encorbellement.

On appelle encore *Chapiteau*, la Corniche d'un Cabinet, ou le petit fronton ou ornement que l'on met dessus, & en general, *Chapiteau* est ce qui sert à couvrir quelque chose.

On appelle *Chapiteau de moulin*, la couverture qui tourne verticalement sur la tour ronde d'un moulin, afin que les volants puissent recevoir le vent, & qui est faite en forme de cone.

Chapiteau se dit aussi, d'un morceau de carte taillé en forme de cone renversé, & que l'on met au milieu des torches qu'on porte aux Processions, afin que la cire qui en coule tombe dedans.

Chapiteau, se dit aussi de la couverture d'un mur, & c'est la même chose que *Chaperon*.

CHAPLE. s. m. Vieux mot. Combat. *Messire Gauvai qui venoit au Chaple.* On a dit aussi *Chaployer*, pour dire, Donner des coups d'épée l'un sur l'autre.

CHAPUIS. s. m. Vieux mot. Charpentier.

On a dit *Chapuiser engins*, pour dire, Charpenter des machines de guerre.

CHAR. s. m. Sorte de voiture où il y a plusieurs places pour s'asseoir. Les Anciens combattoient dedans, & ils en avoient de differentes manieres, & entre autres d'une sorte où ils portoient l'enseigne fichée. Ces Chars étoient grands, & contenoient plusieurs hommes armés. On les appelloit *Caroccio*, c'est-à-dire, grand Char; & c'est delà que vient le mot de *Carrosse*. On y portoit aussi une cloche au lieu de tambour. Cette maniere de combattre dans des chariots est fort ancienne; & les Latins, & les Grecs, & même les Hebreux s'en sont servis. Il y en avoit d'une autre sorte. Les roues en étoient garnies de couteaux, de rasoirs & de faucilles, & en les poussant dans les Troupes ennemies, on y faisoit beaucoup de ravage. On trouve le mot de *Charroye* dans le vieux langage, & il veut dire, *Le Chariot du Diable*, qu'on croyoit passer la nuit en l'air avec grand bruit. On appelloit cela *Le Chariot du Roi Artus.* On ajoûte encore foi à cette sorte de conte au Pays de Foix, où les Habitans appellent ce Chariot *Lou carré*, & assûrent que le Roi Artus vient prendre les bœufs de leurs étables; ce qu'ils estiment à un bonheur pour leur bétail, qu'ils prétendent en devenir plus gras. Quand leurs bœufs ont été employés à tirer ce char, ils disent qu'ils leur trouvent le lendemain de la cire sur les cornes. Borel dit que c'est delà qu'est venu le mot d'*Enarta*, qui en leur langue veut dire Enchanter, à cause que, selon eux, le Roi Artus étoit un grand Magicien, qu'ils croyent passer encore souvent en l'air, criant après ses lévriers.

CHARBON. s. m. Bois allumé qu'on fait cuire, & que l'on éteint avant qu'il soit réduit en cendre. Le Charbon se fait dans les Forêts de plusieurs moyennes branches d'arbres, arrangées en pyramide dans une grande fosse que l'on fait exprès. On n'y laisse qu'une petite ouverture par laquelle on met le feu, & que l'on bouche quand le bois est assés consumé. La noirceur du Charbon vient de la quantité de ses pores. Le feu qu'on en fait est très-violent.

On appelle *Charbon de terre*, Une sorte de terre minerale, fossile & fort noire, dont les Ouvriers qui travaillent en fer se servent dans leurs forges. Presque toute l'Angleterre est pleine de cette espece de charbon, & il y en a des mines en Nivernois & en Bourgogne, & en Anjou.

Les Peintres & les Graveurs se servent du *Charbon de Garais*, pour faire leurs esquisses. On le fait dans un canon de pistolet, que l'on met au feu pour faire brûler du bois de saule, & le convertir en Charbon. Le fruit du Garais est quarré avec quatre noyaux; quand il est cuit dans un canon on l'appelle *Fusin*.

Charbon est aussi en termes de Chimie, ce qui reste des plantes dans le Vaisseau distillatoire, lorsque le feu ne sçauroit plus rien pousser dans le recipiend.

Charbon se dit encore d'une tumeur pestilentielle, qui vient d'ordinaire aux aisselles & aux aines. Cette tumeur ou pustule se fait d'un sang gros, noir & corrompu, qui a une qualité maligne. Elle n'a au commencement que la grosseur d'un grain de mil, & croissant en peu de tems en figure ronde & pointue, elle cause une douleur qu'on a peine à supporter. Une petite vessie y est enfermée, & si on l'ouvre, on y trouve dessous, une chair brûlée comme si on y avoit mis un Charbon. La chair d'alentour est de diverses couleurs, rouge, brune, perse, violette, plombée & noirâtre, ayant toutefois une lueur étincelante, comme de la poix noire enflâmée.

CHARCUTIS. s. m. Vieux mot. Grand massacre qui se fait dans un combat.

CHARDON. s. m. Le Chardon à carder, qu'on appelle *Dipsacus*, ou *Virga pastoris*, est une plante épineuse, dont la tige est haute & piquante, & qui a ses feuilles semblables à celles de la Laitue. Elles sont aussi piquantes & longues, disposées deux à deux par chaque nœud, & embrassent la tige. Au milieu de leur dos, dedans & dehors, sont certaines ampoules piquantes & épineuses. Il y a entre les feuilles une concavité où s'amasse l'eau qui tombe de la pluie ou de la rosée. C'est ce qui lui a fait donner le nom Grec de διψακὸς, qui signifie Alteré. Au sommet de chaque tige il jette de longues têtes qui sont épineuses, & qui deviennent blanches lorsqu'elles sont seches. Si on les fend jusqu'à la moëlle, on trouve dedans de petits vers. Voilà la description que Dioscoride en fait. Matthiole dit que ces vers trouvés dans les têtes de ce chardon, étant pendus au cou, sont bons pour la fiévre quarte, & qu'ils sont singuliers pour prendre du poisson à la ligne. Il ajoûte que cette sorte de Chardons se trouve dans tous les lieux où il y a drapperie, à cause que les Drappiers peignent & cardent leurs draps avec les têtes qu'il jette, & que c'est ce que les Apoticaires nomment *Virga Pastoris major*. Ils montrent aussi, dit-il, une petite *Virga pastoris*, qui lui est presque semblable, quoique sa tige ne soit ni si piquante, ni si cannelée que celle du Chardon à carder, que ses feuilles soient plus foibles, & que ses têtes, qui sont chevelues, & semblent des flocs de soye verte, soient beaucoup moindres, n'étant pas plus grosses que des olives. Galien dit que la racine du Chardon à carder est dessiccative & quelque peu abstersive; & Dioscoride, qu'étant pelée & cuite avec du vin jusqu'à ce que la décoction soit épaisse comme cire, elle guerit toutes sortes de crevasses & de fistules du fondement, si on l'applique dessus. Il faut garder ce médicament dans une boëte de cuivre.

Chardon benit. Espece de Carthame ou de Cnicus sauvage qui produit de petites branches molles & pliantes, & qui sont couchées sur terre. Toute la plante est extrêmement amere, & à cause de plusieurs vertus qu'elle a dans la Medecine, on l'a nommée en Latin *Carduus benedictus*. Le Chardon benit est cordial & sudorifique. Il appaise les douleurs de reins & de côté, tue les vers, resiste aux venins, & est un fort bon remede pour les maladies pestilentielles. Sa graine sert à désopiler le foye.

On trouve de l'eau de Chardon benit chés tous les Apoticaires. Elle est sudorifique, & l'une des quatre eaux cordiales communes.

Chardon Notre-Dame. Plante qui jette de grandes feuilles grasses, dentelées & garnies de petites épines tout à l'entour. Elles sont outre cela semées de taches blanches; ce qui a fait appeller cette sorte de Chardon, *Chardon laité.* Sa tige est de deux ou trois coudées de haut, ronde, épineuse, branchue, & jettant à son sommet de petites têtes piquantes, qui vers le milieu de l'été portent, comme l'Artichaut, des fleurs purpurines & capilleuses, d'où sort une graine semblable à celle du Chardon, & qui est remplie de bourre. Il vient dans les lieux non cultivés, & sa racine est forte, profonde en terre, & d'une grande amertume. La décoction de cette racine, prise en breuvage, désopile le foye, les conduits, & fait uriner. Elle est aussi singuliere pour l'hydropisie, jaunisse & douleurs de reins.

Parmi plusieurs especes de *Chardons épineux* qui se trouvent dans les Antilles de l'Amerique, il y en a un très-particulier, tant dans sa façon de croître, que dans sa forme. Cette plante naît sur les branches des arbres, ausquels elle s'attache par de petits filamens de racines, qui ne prennent nourriture que de la crasse, de l'humidité ou de la substance de l'écorce à laquelle elle s'attache. Elle rampe bien loin sur les arbrisseaux & sur les rochers, & n'a aucunes feuilles que ses tiges, qui naissent confusément l'une de l'autre. Elles sont à trois quarres, chacune large d'un pouce, de substance d'Anacardes, toutes pleines d'un suc visqueux & insipide, & parsemées toutes de petites étoiles menues & piquantes comme des aiguilles. De l'extrémité de ses branches, & quelquefois du milieu naît une fleur blanche qui croît dans les eaux. Par dessus cette fleur il y a quantité d'autres petites feuilles blanches & vertes, fort étroites, longues deux fois comme la fleur, dont elle est entierement entourée. Son odeur est extrêmement agreable; & après qu'elle est tombée, il croît un fruit qui avec le tems devient gros comme un œuf d'oye. Son écorce est de couleur de pourpre, épaisse & forte comme un cuir, sur laquelle on voit de petites excrescences vertes en façon de feuilles. Il est tout rempli d'une chair blanche comme neige, si ce n'est proche de l'écorce, de la couleur de laquelle elle tient un peu. Cette chair est toute mêlée de petites graines noires comme celle du pourpier. Ce fruit, qui est l'un des plus excellens de l'Amerique, rafraîchit beaucoup, & il fleurit vers Avril. Il n'a besoin que d'un mois pour atteindre sa perfection.

Chardon. Terme de Serrurier. On appelle *Chardons*, Des pointes de fer qui sont faites en façon de dards, & qu'on met au haut des balustrades de fer, ou d'une grille, pour empêcher qu'on ne passe par dessus.

Chardon, ou *Notre-Dame du Chardon.* Ordre militaire, dont Louis II. surnommé le Bon, Duc de Bourbon, fut l'Instituteur. Le premier jour de l'année 1369. ce Prince dit aux principaux Gentilshommes de ses Terres, qu'il avoit fait assembler, qu'il vouloit leur faire present d'un Ordre, dit *De l'écu d'or*, qui avoit une bande de perles avec ces mots, *Allen, allen*, par lesquels on entendoit qu'il falloit s'unir pour le Service de Dieu & pour la défense de la Patrie. Il épousa ensuite Anne Dauphine, fille unique de Beraud Comte de Clermont, & fit la premiere ceremonie de cet Ordre dans l'Eglise de Moulins le jour de la Chandeleur. Les Chevaliers qui le composoient étoient renommés en noblesse & en valeur, & au nombre de vingt-six, & le Prince, & les Ducs de Bourbon ses Successeurs en devoient être les Chefs. Leurs Statuts les obligeoient à porter une ceinture de couleur bleue-celeste, doublée de satin rouge & brodée d'or, & au-dessus le mot *Esperance* en même broderie. Cette ceinture se fermoit à boucle avec des ardillons de fin or, ébarbillonnés & déchiquetés d'un émail vert, comme la tête d'un chardon. Ce Prince tenoit table ouverte à ces Chevaliers le jour de la Purification, & aux autres grandes Fêtes, & ils étoient vêtus de soutanes de damas incarnat, avec des manches larges, ceintes de leurs ceintures. Ils avoient un grand manteau de bleu-celeste, doublé de satin rouge, & par derriere le grand collier de l'Ordre de fin or, qui étoit fermé à boucles & ardillons d'or. Son poids étoit de dix marcs, & le mot *Esperance* se voyoit écrit en lettres capitales à l'antique dans les losanges dont ce collier étoit composé, aussi-bien que de demi-losanges à double orle émaillées de vert, percées à jour, & remplies de fleurs de lis d'or. L'Image de la Vierge entourée d'un Soleil d'or leur pendoit sur l'estomac dans une ovale qui étoit au bout du collier. Cette Image étoit couronnée de douze étoiles d'argent, & sous ses piés un Croissant de même, & au bout une tête de chardon émaillé de vert. Ces mêmes Chevaliers avoient un chapeau de velours vert, rebrassé de pannes de soye cramoisie, sur lequel étoit l'écu d'or à la Devise, *Allen, allen.*

CHARDONNERET. s. m. Petit oiseau plus petit que le moineau, & que l'on estime pour la douceur de son chant, & pour la beauté de son plumage. Il vit environ quinze ans, & il est sujet à des vertiges. Le mâle a la tête plus longue & plus noire que la femelle. Il a aussi la gorge noire, au lieu que la femelle l'a blanche & la tête ronde, avec des ailes cendrées. Il entre du jaune dans les couleurs de cet oiseau, qu'on nomme *Chardonneret*, à cause qu'on le voit ordinairement sur les épines & sur les chardons, dont il mange la graine. Les Grecs l'appellent *Acanthis* d'ἄκανθα, Epine, & les Latins le nomment *Carduelis*, de *Carduus*. Chardon.

CHARDONNETTE. s. f. Petite herbe, qui n'est autre chose que le Chamæleon noir. Voyez CHAMÆLEON.

CHARENSON. s. m. Petit insecte qui s'engendre dans le grain de blé, & qui s'y nourrit. Il en mange toute la farine, sans y laisser que le son. Ces insectes sont faits comme des punaises, & se multiplient de telle sorte, qu'on est obligé de vendre le blé d'un grenier dès qu'on s'apperçoit qu'ils s'y engendrent. Ce mot vient du Grec χαράσσειν, Caver.

On traite en quelque lieux de Charansonnier, celui qui garde ses blés dans des tems de disette, qui en attend ou augmente la cherté. Les Loix Romaines les appellent *Dardanarii.*

CHARGE. s. f. *Faix, fardeau que porte une personne, un animal, un Vaisseau, un mur, un plancher, ou autre chose semblable.* ACAD. FR.

Charge. Maçonnerie d'une certaine épaisseur, que l'on met sur les solives & ais d'entrevous, ou sur le hourdi d'un plancher, pour recevoir le carreau ou l'aire de plâtre.

Charge, est aussi un terme de Maréchal, & signifie, Une espece de cataplasme qui a la consistance d'une bouillie épaisse, & que l'on applique sur les enflures & foulures des chevaux & sur les efforts d'épaule. On en frotte les parties incommodées, &

l'on couvre ensuite cette composition avec du papier brouillard.

Charge, est en termes de Guerre, un Etui de bois couvert de veau, où les Mousquetaires Fantassins mettent la charge de poudre, & qui pend à leur ceinture.

Charge, est aussi le Battement de tambour, ou le son de trompette qui avertit le soldat qu'il faut charger l'Ennemi.

Charge. Terme de Jardinage. Bourse ou œil à fleur. Quand les arbres ont beaucoup de ces charges, & qu'ils rapportent beaucoup de fruit, ont dit qu'*Ils chargent beaucoup*.

Charge, se dit aussi du Charme que les Sorciers mettent en quelque lieu pour y faire leurs empoisonnemens & leurs malefices. Selon ce qui s'en trouve dans quelques-unes de leurs dépositions, c'est un pot de terre neuf vernissé, qu'on n'a ni acheté ni marchandé, dans lequel ils mettent du sang de mouton & de sa laine. Ils y ajoûtent du poil de plusieurs bêtes, & quantité d'herbes & de poisons. Tout cela étant brouillé ensemble avec beaucoup de ceremonies superstitieuses, en proferant plusieurs paroles & invocations des Demons, ils mettent ce pot dans un lieu secret d'une bergerie, ou d'un autre endroit où ils ont dessein d'exercer le malefice, & ils l'arrosent alors avec un peu de vinaigre, selon l'effet qu'ils attendent de ce sort. Il dure un certain tems, & ne peut être levé que par celui qui l'a mis, ou par quelque superieur qui causera la mort du premier.

CHARGE', E'E. adj. Terme de Blason. Il se dit de toutes sortes de pieces sur lesquelles il y en a d'autres. *De gueules au Chef d'argent, chargé de trois coquilles de sable*.

On appelle *Couleur chargée*, Une couleur trop forte, qui tire vers le plus obscur de la même nuance; & on dit *Ecriture chargée*, en parlant de celle où il y a trop d'encre.

On appelle *Pistole chargée*, Une pistole à laquelle on a ajoûté de l'or, ou quelque autre métal, pour la rendre pesante de legere qu'elle étoit.

On dit d'un Vaisseau, qu'*Il est chargé à la côte*, pour dire, qu'Il a été forcé par le gros vent à se tenir près de terre.

On dit sur l'Ocean, qu'*Un Vaisseau est chargé à cueillette*, pour dire, que Sa charge a été faite de l'amas de diverses marchandises, que le Maître a cherchées, & qu'il a reçûes de plusieurs particuliers pour faire sa carguaison. On dit sur la Mediterranée dans le même sens, *Chargé au quintal*.

CHARGEMENT. s. m. Terme de Marine. Charge d'un Vaisseau, les marchandises chargées dans un Vaisseau marchand. On dit aussi *Carguaison*.

CHARGEOIR. s. m. Instrument de Canonnier, par le moyen duquel il met la poudre dans l'ame de la piece, & la bale lorsque l'on charge un canon sur mer.

CHARGER. v. a. On dit en termes de Mer, *Charger en grenier*, pour dire, Charger un Vaisseau dans son fond de cale, comme du sel que l'on jetteroit au fond sans précaution: car pour charger en grenier, il faut que la marchandise ne soit ni en futaille ni en balots.

CHARGEURE. s. f. Terme de Blason. Il se dit en parlant des pieces qui en chargent d'autres. La chargeure diminue moins la noblesse des Armes que ne fait la brisûre.

CHARIER. v. a. *Voiturer dans une charrette*. ACADEMIE FR.

On dit en termes de Fauconnerie, qu'*Un Oiseau de proye charie un Perdreau*, pour dire, qu'Il le pourchasse. On le dit aussi de l'Oiseau qui emporte sa proye, & ne revient point quand on le reclame.

CHARITE'. s. f. Ordre Religieux que le B. Jean de Dieu a institué pour secourir les malades. Il étoit Portugais, & ayant été touché extraordinairement dans un Sermon du celebre Jean d'Avila, il se retira dans l'Hôpital de Grenade, où il jetta les premiers fondemens de son Institut, qui fut approuvé en 1520. par le Pape Leon X. Ce ne fut d'abord qu'une Societé, à laquelle les Regles de saint Augustin furent données pour les Sœurs Converses. Pie V. lui accorda quelques privileges, & en 1617. Paul V. confirma cet Institut, comme un Ordre Religieux, où non seulement les trois vœux ordinaires se font, mais encore un quatriéme, qui est de se consacrer entierement au service des pauvres malades. Les Religieux ne s'appliquent à aucune étude, & ne recherchent point les Ordres sacrés; de sorte qu'il n'y a parmi eux de Prêtres que ce qu'il en faut pour dire la Messe dans l'Eglise & aux malades, sans qu'ils puissent parvenir à aucune Dignité de l'Ordre. Le B. Jean de Dieu alloit tous les jours à la quête, & crioit à haute voix, *Faites bien, mes freres, pour l'amour de Dieu*; ce qui fait que les Italiens nomment ces Religieux, *Fate ben, Fratelli*.

Charité Chrêtienne. Ordre que le Roi Henri III. institua pour les pauvres Soldats qui seroient estropiés à la guerre, & dont sa mort arrivée trop promptement empêcha les suites. Ce Prince ordonna que sur le manteau de ceux qu'on recevroit en cet Ordre il y auroit au côté gauche une croix anchrée de satin blanc en broderie, orlée & brodée de bleu celeste, & au milieu de la même croix une lozange de satin bleu celeste, chargée d'une fleur de lis d'or, avec ces paroles en broderie d'or, *Pour avoir fidélement servi*.

Charité de la sainte Vierge. Ordre Religieux sous la Regle de S. Augustin, dont les Papes Boniface VIII. & Clement VI. approuverent l'Institut. Il fut fait par Gui, Seigneur de Joinville, qui en fonda le premier Monastere ou Hôpital à Boucheraumont dans le Diocese de Châlons en Champagne. On donna aux Religieux de cet Ordre le Monastere des Billettes, où sont aujourd'hui les Carmes.

Charité des Femmes. Sorte d'Hôtel-Dieu où l'on ne reçoit que de pauvres femmes & de pauvres filles, que les Religieuses Hospitalieres servent avec beaucoup de soin & de zele. Il y a trois Charités de Femmes à Paris.

Charité, se dit aussi de l'Assemblée de quelques Dames devotes, établie sous l'autorité de l'Evêque pour avoir soin des pauvres d'une Paroisse, leur faire porter de la nourriture & des remedes quand ils sont malades, & avoir soin qu'on leur administre les Sacremens au tems de leur mort, & qu'on les enterre. Chaque Charité de Paroisse a sa Tresoriere & ses Sœurs, qu'on appelle *Sœurs de la Charité*. Ce sont de bonnes filles habillées d'une grosse étoffe grise, qui ont soin de porter aux malades ce qui leur est necessaire. Les Dames sont Superieures d'ordinaire tour à tour. Il y a aussi à Paris une *Charité des pauvres honteux*, composée du Curé de la Paroisse & des Marguilliers, qui disposent d'un certain fond qui leur vient des quêtes qu'on fait pour les pauvres honteux dans chaque Paroisse, ou de quelques legs pieux, qui leur donnent de tems en tems quelque petite somme, qui sert à les faire subsister.

CHARME. s. m. Arbre de haute fustaye, qui ressemble en quelque sorte à l'érable, & dont le bois est très-dur. Il croît en fort peu de tems, & pousse des branches dès sa racine. On en fait d'agreables palissades dans les allées des Jardins. On l'appelle en Latin *Carpinus*, d'où quelques-uns croyent que le mot de *Charme*, a été fait par corruption.

CHARMILLE. s. f. Plant des charmes qu'on éleve & qu'on vend à ceux qui veulent faire des palissades de charmes.

CHARMIE. s. f. Vieux mot. Chemise.

Si li debaille sa charmie,
Et voit ses beaux crins blondoyans.

CHARNAIGRES. s. m. On appelle ainsi, en termes de Chasse, Une espece de chiens mestifs, qui chassent de gueule, qui rident, & qui forcent les lapins dans les broussailles.

CHARNEUX, EUSE. adj. Terme de Medecine. On appelle *Parties charneuses*, Celles qui sont composées principalement de chair, comme les joues & les fesses.

CHARNIER, s. m. Vaisseau de terre, de marbre ou de bois, où l'on sale les porcs & autres viandes à conserver. Quand les Paysans ont tué secretement une bête fauve, ils la mettent au Charnier. On dit aussi *Saloir*.

On appelle aussi *Charnier* des Bottes d'échalas dont on se sert pour ficher les vignes.

CHARNIERE. s. f. On appelle ainsi deux pieces de fer ou d'autre métal qui s'enclavent & entrent l'une dans l'autre, & qui étant percées se joignent ensemble avec une rivure qui les traverse, en sorte qu'elles peuvent se mouvoir en rond sans se séparer, tournant sur un même centre.

Charniere, se dit aussi, d'un Outil dont se servent ceux qui gravent sur des pierres dures. Il est fait en maniere de virole, & sert à enlever les pieces.

On appelle aussi quelquefois *Charniere*, une Fauconniere, où le Fauconnier porte son leurre, & la chair dont il l'acharne.

CHAROSTIER. adj. Vieux mot. Carnassier.

CHAROY. s. m. Terme de mer. Grande Chaloupe qui est relevée de deux fargues de toile pour porter la morue en Terre-Neuve.

CHARPENTIER. s. m. Oiseau qui n'est pas plus gros qu'une Alouette, & qui se trouve dans l'Isle de S. Domingue. On l'appelle ainsi à cause de la force qu'il a de percer un Palmiste jusqu'au cœur, pour en tirer la moëlle dont il est plein. Quoique le bois de cet arbre soit si dur que les meilleurs instruments rebroussent dessus, il ne lui faut qu'un jour pour cela. Son bec est pointu, & long d'un bon pouce.

CHARTE-PARTIE. s. f. Terme de Marine. Acte conventionnel que fait le Proprietaire d'un Vaisseau avec un Marchand qui veut le charger de ses marchandises pour les Pays Etrangers. Il doit contenir le nom & le port du Vaisseau, celui du Maître & de l'Affreteur, le prix du fret, & les autres conditions, selon que les parties en sont demeurées d'accord. On tient que ce mot a été fait, de ce que *per medium Carta incidebatur, & sic fiebat Carta partita*, à cause qu'on n'avoit accoûtumé d'expedier qu'un seul Acte de la convention, au tems que les Notaires étoient moins communs, & cet Acte qui étoit coupé en deux, & dont on donnoit une moitié à chaque partie, étoit rassemblé au retour, & on connoissoit en mettant ensemble les deux moitiés, si chacun avoit satisfait à ses obligations. La Charte partie se fait pour l'entier affretement du Navire, & pour le retour aussi bien que pour l'aller, ce qui la distingue du Connoissement, qui ne se fait que pour une partie de la charge, & seulement pour l'aller ou pour le retour.

CHARTIL. s. m. Grande Charrette fort longue, dans laquelle les Paysans vont prendre leurs Gerbées dans le champ, & les apportent en la grange. On appelle aussi *Chartil*, Certain lieu couvert dans une basse-cour, où l'on met les charrues, herses, charrettes, & autres choses propres au labour, afin qu'elles ne demeurent pas exposées à la pluie.

CHARTON. s. m. Vieux mot. Cocher ou Chartier.

CHARTRE. s. f. Vieux titre ou enseignement qu'on garde pour la défense des droits d'un Etat, d'une Communauté ou de quelque Seigneurie. On appelle *Chartre Normande*, un titre fort ancien, qui contient plusieurs privileges que les Rois Jean, Philippe & Charles ont accordés aux Habitans de Normandie dès l'an 1461. & dont le titre originaire & primitif est du 19. Mars 1315. & a été accordé par Louis X. surnommé *Hutin*.

Chartre, signifioit autrefois *Prison*.

Ou être mis contre droiture,
Comme saint Paul en Chartre obscure.

Quelques-uns croyent que c'est delà qu'on a nommé *Chartre*, une maladie qui fait tomber en langueur, & qui maigrit insensiblement ceux qui en sont attaqués. C'est un des effets de la prison, qui en causant beaucoup de tristesse, cause aussi de la maigreur.

CHARTREUX. s. m. Ordre Religieux, fondé en 1084. par S. Bruno, natif de Cologne, & Chanoinu de Rheims. La resolution qu'il prit de quitter le monde, l'obligea d'aller communiquer son dessein à saint Hugues, Evêque de Grenoble, qui lui indiqua pour retraite une affreuse Montagne de Dauphiné en un lieu appellé *Chartreuse*, d'où cet Ordre a pris son nom. Il y alla avec quelques Compagnons qui l'avoient suivi, & mourut dans la Calabre en 1101. sans avoir laissé aucunes Regles à son Ordre, qui ne laissa pas de se maintenir dans une étroite observance, jusqu'à ce que le huitiéme General, appellé Basile, en recueillit les Coûtumes, dont il forma les Constitutions, que le S. Siege approuva, & qui ont été suivies toûjours depuis avec une telle exactitude, qu'il n'y est encore arrivé aucun changement. Les Chartreux gardent une clôture perpetuelle, portent toûjours le cilice, & outre l'abstinence de chair qu'ils ne rompent pas même dans les plus fâcheuses maladies, ils observent un jeûne & un silence presque continuel. Leur General prend le titre de *Prieur de la Chartreuse*. C'est la grande Chartreuse qui est auprès de Grenoble, où il tient tous les ans le Chapitre general. Ils portent un habit blanc avec une chape noire qui le couvre. Leur Regle est composée de celle de saint Jerôme, de S. Cassian, & de S. Benoît. Cet Ordre si renommé pour sa sainteté, a donné six Cardinaux à l'Eglise, deux Patriarches, quinze Archevêques, & un grand nombre d'Evêques.

CHARTREUSE. s. f. Couvent de Chartreux à Paris. C'est un grand Hermitage avec avant-cour pour les domestiques & les gens du dehors qui y mangent de la viande. Les Femmes même y peuvent entrer, & vont faire leurs prieres dans une petite Chapelle. L'Eglise qui est au-dedans consiste en un Chœur des Peres plus grand que celui où les Freres entendent l'Office, & qui sert de nef à ce premier Chœur. Il y a d'un côté plusieurs Chapelles particulieres où les Peres disent la Messe à une même heure, & de l'autre est un petit Cloître fermé de vitres. Ce Cloître est joint par un bout de corridor à un autre Cloître fort grand, au milieu duquel est le

Cimetiere. Il est tout environné de cellules où les Religieux se retirent séparés les uns des autres, & dont chacune a une petite fenêtre par laquelle celui qui est chargé de ce soin leur porte leur portion. Quand on la retrouve au même lieu, c'est une marque que le Religieux est malade. Ces cellules sont toutes au rés de chaussée & contigues, & chacune a son jardin particulier avec sa fontaine. Il y a communauté pour le Refectoire & pour le Chapitre. Un grand clos de murailles enferme la basse-cour, & tous les autres lieux du Couvent.

On appelle *la Grande Chartreuse*, un Couvent de Chartreux à deux lieues de Grenoble. Furetiere la place mal à cinq lieues.

Il y a aussi des filles du même Ordre qui sont les seules, qui reçoivent la consecration de vierges outre les Religieuses du Rouvrai d'Angers.

CHARTRIER. s. m. Lieu où l'on garde les Chartres d'une Abbaye, d'une Communauté, d'une Seigneurie. On le dit aussi de celui qui en est le Gardien, & dans les Couvents il y a un Religieux Chartrier.

CHAS. s. m. Terme de Maçon. Piece de cuivre quarrée ayant diametralement une piece de métal ronde qu'on appelle *Plomb*. Cette piece ronde pend d'une ligne qui passe au travers du Chas, & sert aux Maçons pour plomber les murs, & voir s'ils sont droits.

CHASSE. s. f. Terme de Marine. Fuite ou retraite précipitée. On dit *Prendre Chasse*, pour dire, Prendre la fuite; *Donner Chasse*, pour dire, Contraindre de fuir; & *Soûtenir Chasse*, pour dire, Se battre en retraite.

Chasse de proue. Canons logés à l'avant, avec lesquels on bat par dessus l'éperon, en tirant sur les Vaisseaux qui font retraite, ou qui sont à l'avant.

Chasse. Terme de Mechanique. Mouvement de vibration qui fait agir. Il faut qu'une scie à scier du marbre ou de la pierre ait depuis un pié jusqu'à dix-huit pouces de Chasse, c'est-à-dire, plus de longueur au-delà du bloc que l'on doit scier.

On appelle *Chasse* dans une boucle, la partie où est le bouton, & *Chasse* dans une lunette est toute la corne où le verre est enchassé.

Chasse. Terme de Balancier. Morceau de fer, attaché avec un clou au milieu du fleau de la balance ou du trebuchet. Il sert à tenir les balances ou le trebuchet lorsqu'on y veut peser quelque chose.

Chasse. Est un morceau de bois quarré de quatre à cinq pouces dont se servent les Tonneliers pour appuyer sur les cerceaux en les frappant sur la chasse avec la tête du Hachereau. On dit aussi *Chassoir*.

Ce sont aussi des pieces de bois assemblées fort juste, qui servent à frapper le fil du Tisserand par le moyen de la Lame.

Chasse quarrée. Espece de Marteau qui est quarré & aceré par un bout. Il sert aux Serruriers pour entailler quarrément les pieces sur le quarré de l'enclume.

Chasse ronde & demi-ronde. Autres especes de Marteau dont les Serruriers se servent pour enlever & entailler les mêmes pieces. Ils en ont aussi pour faire les hayves des clefs.

Chasse-avant. s. m. C'est dans les grands Atteliers celui qui conduit & qui fait marcher les Ouvriers & les chariots.

CHASSEMARE. s. f. Vieux mot. Cochemare, Sorciere.

Elle chasse les Loups-garous,
Et les Chassmares de nuit.

CHASSER. v. a. Terme d'Ouvrier. Pousser en frappant, comme quand un Tonnelier frappe sur un cerceau afin qu'il serre les douves du tonneau où il le met, ou lorsque les Menuisiers chassent à force une cheville dans un trou.

Chasser. Terme de Marine. On dit *Chasser sur un Vaisseau*, pour dire, Courir sur un Vaisseau, & le contraindre de fuir. On dit qu'*Un Vaisseau chasse sur ses anchres*, ou absolument qu'*il chasse*, lorsqu'il a mouillé dans un fond de mauvaise tenue où l'anchre n'a pas bien mordu le terrain, en sorte qu'étant entraîné par la force des courans, ou celle du vent, elle est contrainte d'arer.

Chasser, est aussi un terme de Manége, & l'on dit *Chasser un cheval en avant*, pour dire, Le faire avancer en l'aidant du pincer ou du gras des jambes.

CHASSIS. s. m. Ouvrage de Menuiserie qui enferme, qui entoure, ou supporte quelque chose. *Chassis de table*, est le bois sur lequel le dessus de la table pose. Il y a pour les fenêtres differentes sortes de chassis. On appelle *Chassis à panneaux*, ou *à carreaux*, celui qui est rempli de panneaux de bornes en plomb, ou qui est garni de grands carreaux de verre en plomb ou en papier, & que des croisillons de petit bois partagent. Il y a aussi des *Chassis à pointe de diamant*, des *Chassis à fiches*, & des *Chassis à coulisse*. Les premiers sont des Chassis dont les petits bois se croisent à onglet; les seconds sont ceux dont la moitié se hausse sur l'autre, & les derniers sont des chassis qui s'ouvrent comme les volets, & plûtôt en dedans qu'en dehors. On appelle *Chassis double*, un Chassis de verre ou de papier collé, que l'on met durant l'hiver devant un Chassis ordinaire. Il est aussi appellé *Contre-Chassis*. Il y a encore des *Chassis doubles* pour les Serres & Orangeries. Ils sont de papier collé des deux côtés & calfeutrés. M. Ménage dit que *Chassis* a été fait de *Capsilium*, diminutif de *Capsum*. que l'on a dit pour *Capsa*. *Chassis d'osier*, est une clôture d'osier qu'on met devant les fenêtres de certains lieux, pour empêcher qu'on ne casse les vitres à coups de pierre.

Chassis dormant. Terme de Menuiserie. Bâti retenu dans la feuillure avec des pates, & dans lequel la fermeture mobile d'une baye, est ferré à demeure. *Chassis dormant*, est encore celui que l'on scele en plâtre pour empêcher qu'on ne l'ouvre, & par lequel on reçoit un jour de coûtume.

Chassis de jardin. Bâti de bois de chêne peint de vert à l'huile, & garni de panneaux de vitres. On en dispose deux ou un plus grand nombre dans les jardins, & ils sont en maniere de comble à deux égoûts. Chacune des extrêmités est bouchée d'un panneau triangulaire sur les couches, les plate-bandes & les pepinieres, ce qui sert à garantir les plantes du froid, & à faire avancer les fleurs & les fruits.

Chassis de fer, est non seulement le pourtour dormant qui reçoit le battement d'une porte de fer, mais encore ce qui en retient les barres & traverses des ventaux.

On appelle *Chassis de pierre*, Une dale de pierre qui en reçoit une autre en feuilleure. Elle sert aux Aqueducs, Regards, & Cloaques pour y travailler, & aux fosses d'aisance pour les vuider. On perce cette dale en rond ou quarrement.

Chassis, se dit aussi de ce qui borde un moule à jetter les tables de plomb. Ce Chassis est de deux à trois pouces d'épaisseur. Il excede d'un pouce ou deux, & renferme le sable qui est sur la table.

On appelle encore *Chassis*, Un métier sur lequel on étend de l'étoffe pour broder, des reseaux pour y faire des dentelles, ou des matelats pour les piquer.

Chaſſis, eſt auſſi un terme d'Imprimerie. C'eſt un grand carré compoſé de quatre bandes de fer. On enferme dans ſon vuide les caracteres de plomb. qu'on arrange ſelon l'ordre où doivent être les pages que ces caracteres forment, & on les ſerre de tous côtés avec des coins.

CHASSOIR. ſ. m. Morceau de bois que le Tonnelier met ſur le cerceau, & ſur lequel il frappe avec un maillet, afin de faire avancer le cerceau ſur la futaille.

CHASSOIRE. ſ. f. Terme d'Autourſerie. Baguette que portent les Autourſiers.

CHASTAIGNE. ſ. f. Fruit d'un grand arbre nommé *Châtaignier*, auquel on ne voit ni vermine ni araignée qui s'attachent. Cet arbre croît plus volontiers aux montagnes & lieux ombragés, qu'en ceux qui ſont expoſés au Soleil. Son bois eſt bon à bâtir; mais non à brûler. On en fait non ſeulement des poutres, ſoliveaux, ais & échalas, mais auſſi des douves de tonneaux & des cercles pour les relier. La Châtaigne a une bourre fort piquante, qui couvre une écorce brune, & ſous cette écorce eſt une petite membrane, & enfin une pulpe fort blanche & bonne à manger, & à faire de la bouillie. Matthiole dit que les Montagnards ſe nourriſſent de Châtaignes tout l'hiver faute de blé. Ils les mettent premierement ſecher ſur des clayes à la fumée, après quoi ils les pelent, & les ayant fait moudre, ils en font du pain, comme on en feroit d'une autre farine. On les appelle *Caſtanea*, en Latin. Selon Dioſcoride les Châtaignes ſont aſtringentes, & reſſerrent ainſi que les autres glands, & ſur-tout la petite peau qui eſt entre la chair & l'écorce. Elles ſont difficiles à digerer, engendrent un ſang groſſier, cauſent des ventoſités & font mal à la tête ſi on en mange trop.

Matthiole parle d'une autre ſorte de Châtaigne inconnue aux Anciens, qui vient dans les regions Occidentales. L'arbre qui la produit eſt aſſés grand & jette des feuilles ſemblables à celles de la Quintefeuille, diviſées en ſix parties, en la maniere des feuilles de *Palma Chriſti*, juſqu'à la queue, qui eſt longue & déliée. Ses heriſſons qui viennent au ſommet de l'arbre ſont de couleur rouſſe, & de la groſſeur du fruit de nos Châtaigniers communs; mais avec une peau plus dure. Leurs épines ſont rares, fortes, fermes & jaunâtres. Chaque heriſſon ne contient qu'une Châtaigne, qui a le même goût que les nôtres, excepté qu'elle eſt plus douce, mais qui eſt plus groſſe, plus ronde & couverte d'une écorce noirâtre par tout, ſi ce n'eſt en la partie de devant, par où elle demeure attachée à la peau interieure du heriſſon, & où l'on voit une marque blanche faite en cœur, telle qu'en la graine de l'Alkakengi rampant. Cette écorce eſt forte & ſimple, & n'a dedans aucune ſeconde écorce. Ceux de Conſtantinople appellent ces Châtaignes *Chevalines*, à cauſe qu'elles ſont bonnes à guerir les chevaux pouſſifs, lorſqu'on leur en donne à manger.

CHASTEAU. ſ. m. Maiſon Royale ou Seigneuriale, bâtie avec des foſſés & pont-levis, en maniere de fortereſſe.

Château d'avant ou *de proue*, en termes de mer, eſt l'exhauſſement qui eſt à la proue des grands Vaiſſeaux, au deſſus du dernier pont vers la miſaine, & *Château d'arriere* ou *de pouppe*, eſt toute l'élevation qui regne à la pouppe au deſſus du dernier pont. On appelle autrement le premier *Gaillard d'avant*, & l'autre *Gaillard d'arriere*.

Château d'eau, eſt un corps de bâtiment qui ne renferme que des reſervoirs, & qui a une ſimple décoration de croiſées feintes.

On appelle en termes de Blaſon *Château fondu*, un Château repreſenté ſeulement en ſa partie d'enhaut, & dont il ſemble que celle d'enbas ſoit coupée. Il doit être compoſé du moins de deux tours, avec un logement au milieu.

CHASTELAIN. ſ. m. C'étoit autrefois un Seigneur qui avoit droit de Château ou de Maiſon forte; & pour faire la Châtellenie, il falloit que dans la Seigneurie & Juriſdiction du Châtelain, il y eût une Abbaye ou Prieuré Conventuel, Four bannal, & autres droits. Aujourd'hui on appelle *Châtelain*, le Seigneur d'une terre qui a un degré d'élevation au deſſus d'une Seigneurie ordinaire.

On appelle auſſi *Châtelain*, un Juge, un Officier qui rend la juſtice dans l'étendue de la terre d'un Seigneur Châtelain.

CHASTELE', E'E. adj. Terme de Blaſon. Il ſe dit d'une bordure & d'un lambel, chargés de huit ou neuf Châteaux. *Au lambel de gueules, chaſtelé de neuf pieces d'or.*

CHASTELET. ſ. m. On appelloit ainſi autrefois de petits Châteaux ou Fortereſſes, où les Seigneurs Châtelains logeoient. Preſentement les Châtelets de Paris ſont les priſons de la Juriſdiction du Prévôt de Paris. Elle eſt établie au grand Châtelet, & compoſée d'un Lieutenant Civil, d'un Lieutenant de Police, d'un Lieutenant Criminel, d'un Lieutenant Particulier, d'un Procureur, & de deux Avocats du Roi, de pluſieurs Subſtituts & de Commiſſaires; ce qui forme un Préſidial, où l'on juge les Cauſes, dont la connoiſſance appartient aux Preſidiaux. On appelle auſſi *Châtelet*, à Orleans & à Montpellier, le lieu où ſe tient le Preſidial.

CHASTIMENT. ſ. m. *Punition, correction, peine que l'on fait ſouffrir à celui qui a failli*, Acad. Fr.

On appelle *Châtiment* dans le Manége les effets des Aides, lorſqu'elles ſont données à un cheval avec rudeſſe; c'eſt-à-dire lorſqu'on le pique, & le fouette, pour l'obliger d'obéir.

CHASTOYER v. a. Vieux mot. Châtier, corriger, punir.

CHAT. ſ. m. Petit animal domeſtique, qui a les yeux étincelans & ſemblables à ceux du lion, auquel il reſſemble encore dans les pattes, les dents, & la langue. Il vit de ſouris, & de toute ſorte de chair, & pour ſa couleur, il eſt ordinairement gris ou noir, gris & blanc, ou noir & blanc. Matthiole dit que ceux qui mangent de la cervelle de Chat, deviennent comme hebetés, & qu'elle leur cauſe de continuels vertiges. Il ajoûte que la cervelle des Chats n'eſt pas ſeulement ce qu'ils ont de venimeux; mais que leur ſouffle, leur poil & leurs regards ſont extrémement à craindre. Il rapporte ſur cela, qu'il a vû des gens, qui pour avoir eu longtems un Chat couché avec eux, ſont devenus phtiſiques & élancés. Quelques-uns attribuent cet effet à une qualité maligne qui doit être dans les yeux du Chat, ce qui arrive à quelques perſonnes qui tremblent auſſi-tôt qu'ils en voyent un; mais cela ne peut venir que d'une antipathie naturelle, puiſque ces mêmes perſonnes entrent dans la même peur, à entendre ſeulement miauler un Chat ſans le voir. Ce mot de Chat vient de *Catus*, ou *Cattus*, qu'on trouve dans les anciennes Gloſes, & que M. Ménage dérive de κάτης, qui ſignifie dans Suidas κατοικίδιος αἴλουρος, c'eſt-à-dire, Chat domeſtique. Les Relations nous apprennent qu'il y a des Chats ſauvages dans les Indes d'une eſpece fort extraordinaire. Ils ont une membrane fort large, qui s'étend le long des côtés du pié de derriere au pié de devant, par le moyen de laquelle ils peuvent voler en la dépliant. Elle est plissée & retroussée quand ils marchent. Il y a aussi quelque chose de bien singulier dans ce qu'on nous dit d'une autre espece de Chat qui sont aux Indes. Ils ont une poche à leur côté, où ils mettent leurs petits, qu'ils portent toûjours avec eux, sans qu'on s'apperçoive de cette charge, ni qu'elle les empêche de sauter & de courir.

Chats harets. Terme de Chasse. On appelle ainsi les Chats sauvages, qui se retirent dans les bois, & qui font un grand dégât de lapins dans les garennes.

On appelle *Sirop de pié de Chat*, Un certain Sirop, fait avec une petite herbe rouge, qui par sa figure represente le pié d'un chat.

On dit en termes de Jardinage *Couper les branches d'un arbre en dos de chat*, pour dire, Leur faire faire un coude commun aux espaliers.

Chat. Sorte de Vaisseau du Nord, qui ordinairement n'a qu'un pont. Il a le col rond, & porte des mâts de hune, quoiqu'il n'ait ni hunes ni barres de hunes.

CHAT-HUANT. s. m. Oiseau nocturne, & que l'on tient de mauvaise augure. Il est tanné, & roux, & a comme une couronne de plumes qui lui entoure le dessus des yeux, & qui lui prenant par les deux côtés de la tête, & par le dessous de la gorge, lui fait une espece de collier. Il est de la figure d'une Chouette, & grand comme un petit Aigle. Il a les yeux enfoncés & noirs, & voit parfaitement bien la nuit. Son bec est blanc, ainsi que le dessous de son ventre, qui est tacheté de noir. Il a le dos moucheté de taches blanches, les ongles crochus & les jambes couvertes de plumes. Sa tête est semblable à celle d'un Chat. Il prend les souris, & crie fort haut la nuit, ce qui a fait dire à M. Ménage, que *Chathuant*, vient de *Cattus ululans*, & comme on disoit autrefois *Huer*, pour Crier, *Chathuant*, selon lui, est la même chose que *Chat qui hue*. Du Cange dérive ce mot de *Caucenna* ou *Cavannus*, qui a été dit au même sens dans la basse Latinité. Nicod n'est pas du sentiment de M. Ménage sur l'étymologie de *Chat-huant*. Voici ce qu'il dit : *Chahuant est une espece d'oiseau qui va voletant & huant de nuit, duquel Chant-huant il est ainsi nommé : car son chant n'est que hu & cri piteux, pour laquelle cause les Latins l'ont appellé* Ulula, *tiré, comme Servius dit, de ce mot Grec* ὀλολύζειν, *qui vaut autant que pleurer, gemir & hurler, comme si vous disiez*, Chahurlant. *Ils l'ont aussi appellé* Noctua, *parce qu'il ne chante & ne erre que la nuit. Ils l'ont aussi appellé* Bubo, *par onomatopée, representant le chant d'icelui par ce nom, & dient que cet oiseau est feral & funebre, pour être tenebreux & nocturne & effrayant, & à ceste occasion tenoit-on anciennement son chant pour presage de calamité future, même par mort de maladie. Il est hay à merveilles des autres oiseaux, lesquels pour être diurnes, c'est-à-dire, errans & voletans par jour, & en avoir la rencontre ordinaire de ce dit Chahuant, & pour l'aspect hideux de lui, le hayent & poursuivent à coups de bec & de griffes quand ils le trouvent, faisant tous un escadron combattant contre lui, ausquels, comme Pline dit au Livre* 10. *Chapitre* 17. *il resiste par se coucher à l'envers, & se reserrant en arc, si qu'il demeure presque couvert de son bec & de ses griffes ou serres, laquelle inimitié étant apperçûe par les Oiseleurs, se servent dudit Chahuant pour attraper ceux qui viennent à la mêlée contre icelui. De ce que dessus se voit que de l'appeller* Chat-huant, *& pour la difficulté de la prolation Françoise en l'aspiration H. après la consone, dire que* Chahuant, *est fait de* Chathuant *il n'y a pas raison grande, vû que cette particule* Cha, *est ailleurs commune au François, comme en ces mots* Chatouille, Chafouré, Chafouyn, *esquels le mot de* Chat *n'a que voir.*

Il y a pendant la nuit presque dans toutes les Isles des Antilles de l'Amerique une sorte de Chathuants, qui jettent un cri fort lugubre, comme qui crieroit *Au Canot*, ce qui est cause que les habitans les ont appellés *Canots*. Ils font ouir ce mot, si distinctement, que ceux qui sont proche de la mer, ont souvent couru sur le bord du rivage, persuadés que ce cri venoit de quelque malheureux, dont les canots étoient en peril d'être cassés contre les roches ; & qui prioient qu'on les secourût. Ces Chathuans ne sont pas plus gros quedes Tourterelles, mais ils ressemblent entierement aux Hiboux en leur plumage. Ils ont deux ou trois petites plumes aux deux côtés de la tête, qui semblent être deux oreilles.

CHAT-PARD. s. m. Animal feroce, que l'on ne connoît que parce qu'on en a dissequé un à l'Académie Royale des Sciences. Il étoit beaucoup plus petit que le Leopard, mais bien plus grand que le Chat, auquel il étoit semblable, à l'exception du col & des barbes qu'il avoit un peu plus courtes. Sa hauteur étoit d'un pié & demi, & sa longueur d'un pié & davantage, depuis le bout du museau jusqu'au commencement de la queue. Il avoit le poil roux, le ventre isabelle, le dessous de la mâchoire blanc ainsi que la gorge, avec des taches noires par tout. Ces taches étoient longues sur le dos, & rondes sur le ventre & sur les pattes. On croit cet Animal engendré de deux especes.

CHATE. s. f. Barque ronde de hanches & d'épaules, & dont les moindres sont de soixante tonneaux. Elle est rase, sans accastillage, & appareillée à deux mâts, dont les voiles portent des bonnettes maillées. On s'en sert à transporter du canon, ou ce qu'il faut pour charger un Vaisseau.

Chate, est aussi le nom qu'on donne à une espece de Concombre qui se trouve en differens endroits de l'Egypte, & qui est très-agreable au goût & facile à digerer. Il est different des nôtres, en grandeur & en couleur, & a ses feuilles plus molles, plus petites, plus blanches, plus douces & plus rondes. Son écorce est plus unie & plus ronde, & le fruit, dont on se sert dans les fiévres chaudes & autres maladies, est plus long & plus vert que nos Concombres d'Europe.

CHATELET. s. m. Terme de Rubanier. La partie du metier du Rubanier, qui soûtient les ardoises & les hautelices.

CHATON. s. m. La tête d'une bague, d'un poinçon dans laquelle une pierre precieuse est enchassée. Selon Nicod, c'est un sous-diminutif de *Chasse*, *Capsa*, en Latin, *dont l'aîné diminutif*, dit-il, *est* Chasseton, Capsula, *& par syncope* Chaston, *que le François prononce*, Chaton.

On appelle aussi *Chaton*, le Verd dont la coquille de la noisette est enveloppée pendant qu'elle est sur le noisetier.

CHATOUILLER. v. a. *Causer en certaines parties du corps par un attouchement leger, une émotion, un tressaillement, qui provoque ordinairement à rire.* ACAD. FR. Nicod fait venir *Chatouiller*, du Latin *Catulire*, qui se dit d'un chien qui se demange, ou de *Catouiller*, pour *Tatouiller*, de *Titillare*.

On dit en termes de Monnoye, *Chatouiller le remede*, quand le Maître approche extrémement du remede tout entier sans neanmoins l'exceder.

CHATOUILLEUX., EUSE. adj. *Qui est fort sensible au chatouillement.* ACAD. FR.

On

On dit en termes de Manege *Cheval chatouilleux* pour signifier celui qui étant trop sensible à l'éperon, y resiste en quelque sorte, se jettant dessus, lorsqu'on approche l'éperon du poil pour le pinser.

CHAU. adj. Vieux mot. Tombé, venant de Chaïr, Cheoir.

CHAUDE. s. f. Terme d'Orfevre, dont on se sert en parlant du métal qu'on tire du feu pour le forger. *Donner une chaude à la besogne.* On dit en termes de Serrurier, *Donner une chaude suante à un morceau de fer*, pour dire, Le chauffer si fort qu'il commence à fondre, en sorte qu'il dégoute quand on le tire du feu.

On dit en termes de Monnoye, *Battre la chaude*, pour dire, Battre les lingots d'or sur l'enclume à coups de marteau, après qu'on les a tirés du moule; ce qui se fait avant qu'on le donne aux Ouvriers.

CHAUDERON. s. m. On appelle dans un Vaisseau *Chauderon de pompe*, Une piece de plomb ou de cuivre, faite en maniere de Chauderon, qui est troué en plusieurs endroits, & qui embrassant le bout d'enbas de la pompe, empêche qu'il n'y entre des ordures.

CHAUDIER. v. n. Terme de Chasse. Entrer en chaleur. Ce mot se dit des lices & des levrettes. Il y a une sorte de nourriture par le moyen de laquelle les lices chaudient en fort peu de tems.

CHAUDIERE. s. f. *Grand Vaisseau de cuivre pour y faire cuire, bouillir, chauffer quelque chose.* Acad. Fr.

On dit en termes de mer, *Faire chaudiere*, pour dire, Faire à manger pour l'équipage.

CHAUFAGE. s. m. On appelle ainsi en termes de mer, des bourrées de menu bois, dont on se sert à chauffer le fond d'un Vaisseau pendant qu'on lui donne la carenne.

CHAUFER. v. a. Donner de la chaleur. On dit en termes de mer, *Chaufer un Vaisseau*, pour dire, Chaufer le fond d'un Vaisseau, lorsqu'il est hors de l'eau, afin d'en découvrir les défectuosités s'il en a quelqu'une, & de le bien nettoyer. On dit aussi *Chaufer un bordage*, pour dire, Le chaufer avec quelque menu bois, afin qu'il prenne la forme qu'on lui veut donner en le construisant, & *Chaufer les soutes*, pour dire, Les secher, afin que le pain ait moins de peine à s'y conserver.

CHAUFOUR. s. m. Grand four où l'on cuit la chaux. On appelle aussi *Chaufour*, le lieu couvert où on la conserve.

CHAUFOURNIER. s. m. Ouvrier qui fait la chaux. *Chaufournier*, est aussi le Marchand qui vend la chaux.

CHAUFRETTE. s. f. Petit coffre de bois troué par le dessus & les côtés, où l'on met de la braise, pour chauffer les piés qu'on met dessus dans le tems de l'hiver.

CHAUFURE. s. f. Quand du fer ou du cuivre a quelque défaut, causé par le feu, cela est sujet à s'écailler, & à faire des pailles.

CHAVIET. s. m. Vieux mot. Le chevet du lit.

CHAUSSE. s. f. *Partie de vêtement qui couvre les cuisses, ou les jambes, ou les piés.* Acad. Fr.

On appelle *Chausse d'aisance*, le tuyau d'un privé. On le fait de plomb ou de pierre, percée en rond ou quarrément, & d'ordinaire de boisseaux de poterie.

CHAUSSE', e'e adj. On dit en termes de Manege, qu'*Un Cheval est chaussé trop haut*, pour dire, que Les marques blanches qu'il a aux piés montent trop haut sur ses jambes.

Chaussé est aussi un terme de Blason, & il se dit d'une espece de chevron plein & massif, qui étant renversé touche de sa pointe celle de l'écu; ce qui fait que le champ de l'écu lui sert comme de chausse ou de vêtement qui l'entoure de bas en haut. *De gueules, à trois pals d'argent, chaussé d'or.*

CHAUSSE'E. s. f. On appelle *Chaussée de pavé*, l'Espace cambré, qui est entre deux revers dans une large rue.

CHAUSSE-PIE'. s. m. Morceau de cuir dont les Cordonniers se servent pour chausser ceux à qui ils apportent des souliers.

CHAUSSER. v. a. *Mettre ou prendre des chaussons, des bas ou des souliers.* Acad. Fr.

On dit, *Chausser les éperons*, en parlant d'une ceremonie dans laquelle le Roi ou le Grand Maître de l'Ordre ceint lui-même l'épée au côté à celui que l'on reçoit Chevalier, & lui met aux piés les éperons.

On dit en termes de Jardinage, *Chausser des arbres*, pour dire, Mettre au pié de la terre nouvelle, ou du fumier, pour les faire porter davantage.

Chausser la grande serre de l'Oiseau, se dit, en termes de Fauconnerie, lorsqu'on entrave l'ongle du gros doigt d'un petit morceau de peau.

CHAUSSE-TRAPE s. f. *Fer à quatre pointes aigues & fortes, dont l'une se trouve toujours en haut, lequel on seme aux avenues dans les gués pour enferrer les hommes & les chevaux.* Acad. Fr. Nicod décrit la Chausse-trape par les mots suivans. *Petit engin de fer à quatre pointes, dont les trois premieres l'appuyent, & la quatrième est dressée amont & est celle qui pique. Ceux qui fuyent s'en servent, en semant plusieurs par où ils s'évadent, & même à l'heure nocturne, à ce que ceux qui les poursuivent s'enferrent courant après eux, & se blessent les piés, ou de leurs chevaux, ou soient détenus, de crainte de s'enferrer, & par ce moyen puissent les fuyards prendre la garite. Ainsi est dit és Annales de Nicole Giles, que les Assassinateurs du Duc d'Orleans, se retrayant à l'Hôtel du Duc de Bourgogne, jettoient derriere eux en fuyant plusieurs Chausses-trapes, ou bien pour empêcher l'abord de la Cavalerie des Ennemis, comme fit Darius, & les Romains contre les chars à faux des Rois Antiochus & Mithridates, ou pour empêcher les saillies des Assiegés; ce que faire fut conseillé à Scipion Æmilian, tenant une Ville assiegée.*

On appelle *Chausses-trapes*, en terme de Chasse, des pieges à prendre des loups & autres bêtes.

CHAUVESOURIS. s. f. Petit oiseau qui ressemble à une souris, & qui ne vole que le soir & le matin. Il a des dents & une langue avec des aîles sans plumes qui sont seulement de peau & de cartilage. Chaque pié est composé de cinq doigts, & ses ongles sont crochus, mais il n'a ni bec ni plumes. Il se sert des deux piés de devant pour voler, & ne s'apprivoise jamais. Il vit de mouches & de choses grasses, comme de chandelle, de graisse & de chair. Les Relations des Indes nous apprennent qu'on y voit des Chauvesouris grosses comme des Corbeaux, qui ont la tête d'un renard, & les aîles longues d'un pié & demi. Elles ont de petites agraffes aux nœuds de leurs aîles, qui leur donnent moyen de se pendre aux arbres pour se reposer. Il y a aussi des Chauvesouris à la Chine, qui sont grosses comme des poules, & dont la chair est fort délicate. Celles du Bresil piquent à l'oreille, où elles impriment une petite morsure dont on a bien de la peine à étancher le sang.

CHAUVIR v. n. Dresser les oreilles. Il ne se dit que des Anes, des Mulets, & autres animaux, qui ont les oreilles longues & pointues.

CHAUX. s. f. Pierre cuite qui est extrémement blanche & facile à mettre en poudre & à s'enflamer, en jettant de l'eau dessus. La meilleure chaux est celle qui est faite de marbre ou des pierres les plus dures. Celle-là est très-bonne pour les ouvrages de maçonnerie, mais celle qui est faite de pierre spongieuse est plus propre pour les enduits. Pour connoître si la Chaux est bonne, il faut qu'elle soit pesante; qu'elle sonne comme un pot de terre cuit, que sa fumée soit fort épaisse & s'éleve incontinent en haut, lorsque la Chaux est mouillée & qu'elle se lie au rabot quand on la détrempe. *La Chaux vive* est celle qui bout dans le bassin où on la détrempe, & *la Chaux éteinte* ou *fusée*, est celle qu'on délaye avec de l'eau dans un bassin, & que l'on reserve pour faire du mortier. C'est de là qu'on dit, *Fuser de la Chaux*, pour dire, La détremper. La chaux est tellement acre & mordicante, qu'étant prise interieurement, elle passe pour un poison très-subtil, puisqu'elle ronge, enflâme & brûle les entrailles, d'où s'ensuivent des accidents très-fâcheux. On appelle *Eau de Chaux*, l'Eau dans laquelle la Chaux a été éteinte & lavée plusieurs fois.

Chaux, se dit aussi en Chimie. C'est une espece de cendre ou poudre menue qui reste des métaux ou mineraux que l'on a laissés long-tems en un feu très-violent. *La Chaux d'airain* est l'*Æs ustum* des Droguistes, & *la Chaux d'étain*, est ce qu'on appelle *Potée*. On s'en sert à polir les miroirs d'acier.

CHAYENE. s. f. Vieux mot. Chaine.

CHAZINZARIENS. s. m. Heretiques d'Armenie qui ne souffroient que la Croix pour toutes Images. Ils reconnoissoient deux natures en JESUS-CHRIST; mais en fuyant les erreurs d'Eutichès, ils tomboient dans celles de Nestorius, puisqu'ils établissoient deux personnes dans le Sauveur. Ils sont encore accusés d'avoir observé un jeûne annuel au jour de la mort d'un certain Chien que l'on appelloit *Artziburtzus*. Leur faux Docteur Sergius employoit ce Chien pour les avertir de son arrivée. Ces Heretiques parurent dans le cinquiéme siecle, & prirent le nom de *Chazinzariens*, de celui de *Chazus*, qui veut dire Croix. On les appelloit aussi *Staurolatres*, de σταυρὸς, Croix, & de λατρεύειν, Réverer.

CHE

CHEABLE. adj. Vieux mot. Qui tombe.

CHEANTE. s. f. Vieux mot. Chûte.

Menace toûjours trebuchante,
Prête de recevoir cheante.

CHEAUS. s. m. Nom que l'on donne, en termes de Chasse, aux petits de la Louve, & même aux petits des chiens & des renards.

CHECHINQUAMIN. s. m. Petit fruit de la Virginie, qui est très-prisé par les Sauvages. Il est fort semblable aux glands, si ce n'est qu'il a des écailles comme des noisettes.

CHEENS. Vieux mot. Ceans.

CHEFVETAINE. s. m. Vieux mot. Capitaine.

CHEF. s. m. Terme de Blason. Piece honorable qui occupe le tiers le plus haut de l'écu. On dit *Chef abaissé*, quand il est détaché du bout superieur de l'écu par la couleur du champ qui le surmonte, & qui le retressit du tiers de sa hauteur; & *Chef surmonté*, quand une autre couleur que celle du champ le sépare du bord. S'il a un chevron, un pal, une bande qui le touche de même couleur qu'il est, on dit, *Chef chevronné*, *Chef palé*, *Chef bandé*. On l'appelle *Chef retrait*, ou *Chef romp*, lorsqu'il est moindre que la troisiéme partie de l'écu. On dit *Chef cousu*, pour dire, Un Chef qui est de couleur aussi bien que le champ de l'écu, quoiqu'elle soit differente.

CHEGROS. s. m. Filet enduit de poix, dont les Bourreliers, Savetiers & autres se servent pour coudre & attacher les cuirs.

CHELIDOINE. s. f. Plante medicinale. Il y en a de deux sortes. La grande Chelidoine a sa tige délicate & grêle, & ses branches sont garnies de feuilles semblables à celles de la Ranoncule, mais plus tendres & plus bleues. Auprès de chaque feuille elle produit une fleur semblable au violier blanc, & jette un lait jaune qui est mordant, aigu & aucunement amer & puant. La hauteur de cette plante est d'une coudée ou plus. Sa racine est simple & seule par le haut, mais par le bas elle jette plusieurs petites racines jaunes. Sa graine, qui est plus grosse que la graine de pavot, est enfermée dans de petites gousses minces & faites en pointe, & qui ressemblent à celles du pavot cornu. On ne se sert gueres de ses feuilles en Medecine. La Chelidoine est acre & amere. Elle incise, attenue, purge la bile par les selles & par les urines, & a la vertu d'éclaircir la vûe. Dioscoride dit qu'on l'a appellée *Chelidonium* à cause qu'elle commence à sortir de terre dans le tems que les hirondelles viennent. χελιδὼν, est un mot Grec qui signifie *Hirondelle*. Il dit encore que quelques-uns croient que les hirondelles se servent de cette plante pour rendre la vûe à leurs petits. Mathiole se moque de ceux qui ignorant ce que veut dire son nom Grec *Chelidonium*, l'appellent *Cœli donum*, Don du Ciel. On lui donne aussi en François le nom d'*Eclaire*, ou de *Felongne*.

La petite Chelidoine, autrement *Petite Eclaire*, est une petite herbe qui n'a point de tige, & qui jette ses feuilles dès sa racine. Ces feuilles sont molles, grassetes, & semblables à celles du Lierre, quoique moindres & plus rondes. Elle a plusieurs petites racines qui sortent d'un même durillon, & qui sont amassées en maniere de grains de froment qui sont en monceau. Trois ou quatre de ces petites racines s'étendent pourtant en long. Cette herbe croît auprès des Etangs & des eaux courantes, & produit une fleur jaune qui tient à une queue déliée & mince. Dioscoride dit qu'elle est fort acre & mordante; de sorte qu'elle ulcere & écorche le dessus de la peau; qu'elle emporte rognes & gratelles; & que le jus de ses racines tiré par le nez purge le cerveau.

CHELONITE. s. f. Pierre qui se trouve dans le ventre des jeunes hirondelles, & que l'on croit bonne pour le mal caduc. Il y a une autre *Chelonite*, qu'on trouve aux tortues des Indes, & que quelques-uns confondent avec la crapodine. Elle a la vertu de resister au venin.

CHEMIER. s. m. Vieux mot qui est employé dans les Coûtumes. Il veut dire, l'Aîné d'une famille noble ou celui qui le represente dans un partage de fiefs, comme si on disoit *Chef premier*.

CHEMIN. s. m. *Voie, route, espace, par lequel on va d'un lieu à un autre.* ACAD. FR.

On appelle *Chemin couvert*, en termes de guerre, Un espace de quatre à cinq toises de large qui regne tout autour d'une Place & des demi-lunes. On l'appelle autrement *Corridor*. Il a son parapet qui est élevé sur le niveau de la campagne avec ses banquettes & son glacis, qui depuis la hauteur du parapet, doit suivre le parapet de la place jusques à se perdre insensiblement dans la campagne.

Chemin des rondes, Espace qu'on laisse pour le passage des rondes, entre le rempart & la muraille d'une Ville de guerre. On ne s'en sert presque plus, à cause que n'ayant qu'un parapet d'un pié d'épaisseur, il est d'abord renversé par le canon des Assiegeans.

Chemin des Carrieres. Les Maçons appellent ainsi les puits qu'ils font dans les carrieres pour en tirer de la pierre, & on dit en ce sens, *Ouvrir les Chemins*, pour dire, Percer les carrieres.

Chemin, se dit aussi d'une suite de Chantiers ou de grosses solives, sur lesquels les Tonneliers, ou ceux qui ont droit de décharger le vin sur les Ports des Villes, roulent les tonneaux du bateau jusques à terre.

CHEMINE'E. s. f. L'endroit où l'on fait le feu dans une maison. La Cheminée a plusieurs parties, sçavoir son atre ou foyer, son contrecœur, son manteau, sa hotte, ses piédroits, sa montée & son tuyau. L'atre ou le foyer, est l'endroit garni de carreaux de brique ou de pavé, où l'on allume le feu. Le contrecœur est une plaque de fer de fonte, posée contre la partie de la muraille qui est auprès de l'atre pour la conserver. Les Piédroits sont ce qui soutient le manteau de la cheminée, & ce manteau est la partie du tuyau qui est dans la chambre, & qui a souvent divers ornemens d'Architecture & & de Menuiserie. La partie de dedans s'appelle la hotte de la Cheminée, & le tuyau est le canal de pierre, de brique ou de plâtre, qui s'éleve par dessus les toits, & par où la fumée s'échappe. On appelle *Cheminée isolée*, celle qui au milieu d'un Chaufoir consiste seulement en une hotte que des soupentes de fer soutiennent en l'air, ou qui est portée par quatre colonnes. *Cheminée adossée*, celle qui est posée contre le mur, ou le tuyau de quelque autre cheminée. *Cheminée affleurée*, celle qui a l'architecture de son manteau en saillie, & dont le tuyau & l'atre sont pris dans l'épaisseur du mur, & *Cheminée en hotte*, celle qui a son manteau porté en saillie par des corbeaux de pierre & fort large par le bas. L'ouverture des tuyaux de Cheminée ne doit être ni trop grande ni trop petite, & cela engage à observer un juste milieu en les faisant. Si le tuyau est trop grand, l'air & le vent y trouveront trop d'espace; & comme ils peuvent y être agités, il est à craindre qu'ils ne chassent la fumée en bas, & ne l'empêchent de monter & de sortir aisément. S'il est trop petit, la fumée n'aura pas la liberté du passage, & s'engorgera & rentrera dans la chambre. C'est ce qui a fait dire à M. Felibien, que l'ouverture des tuyaux ordinaires ne doit être que de deux à trois piés en un sens, & de six à neuf pouces en l'autre, & qu'il faut avoir égard aux lieux. Il dit encore que le haut de la hotte qui se joint au tuyau, doit être un peu plus étroit, afin que s'il arrive que la fumée soit repoussée en bas, elle rencontre cet empêchement, qui ne la laisse point rentrer dans la chambre. Quoique quelques-uns fassent le tuyau tortu, afin que la fumée ne descende pas si facilement, il trouve que le meilleur est de faire toûjours les Cheminées plus étroites en bas, en sorte qu'elles s'élargissent en montant, à cause que le feu pousse plus aisément la fumée en haut lorsqu'elle est resserrée en bas, & qu'en montant, elle trouve plus d'espace pour se dégager & pour sortir, ce qui fait qu'elle ne se rabat pas si-tôt dans la chambre.

On dit aussi *Cheminée en saillie*, & *Cheminée angulaire.* L'une est celle qui a son manteau en dehors, & son contrecœur qui affleure le nû du mur. L'autre est une cheminée faite dans l'angle d'une chambre, & qui a son plan circulaire. Il y en a de cette derniere sorte dans quelques Villes du Nord. Il y en a aussi qui ont seulement leur hotte, & qui quelquefois n'ont point de jambages. Ce sont les cheminées de cuisine.

On appelle *Cheminée à l'Angloise*, une petite Cheminée à trois pans par son plan, & qui est fermée en anse de panier.

On dit *Cheminée de fourneau*, pour dire. L'ouverture faite aux quatre coins & au milieu d'un petit fourneau quarré de brique, dont on se sert pour cuire les couleurs, & mettre le verre au feu après qu'il est peint. Cette ouverture doit être d'environ deux pouces de diametre.

CHEMISE. s. f. Terme de fortification. Revêtement de muraille qu'on donne à un bastion ou à quelqu'autre ouvrage de terre pour le soûtenir. Ce mot commence à n'être plus en usage. On dit *Ouvrage revêtu.*

On appelle *Chemise de maille*, Un corps de Chemise fait de plusieurs mailles ou anneaux de fer. C'est une maniere d'arme défensive qu'on met sous le juste-au-corps.

Chemise à feu ou *Chemise souffrée.* Pieces de vieilles voiles de differentes grandeurs qu'on trempe dans une composition d'huile de petrole, de camfre, & d'autres matieres combustibles, que l'on attache avec quatre clouds au bordage du Vaisseau ennemi qu'on veut brûler, & où l'on met ensuite le feu avec une meche.

Chemise de Chartres, est une petite Médaille que rapportent ceux qui vont en pelerinage à Notre-Dame de Chartres. Elle a deux petits ailerons, faits en maniere de Chemise.

CHENAL. s. m. Courant d'eau, qui est une maniere de Riviere que bornent les terres de chaque côté, soit naturelles, soit artificielles, & dans lequel un Vaisseau peut passer.

CHENALER. v. n. Chercher un passage dans la mer, en un lieu où il y a peu d'eau, en suivant ou rangeant les sinuosités d'un Chenal soit par le secours des balises soit par celui de la sonde.

CHENEVI. s. m. Petite graine qui est la semence du chanvre. On en nourrit la plûpart des Oiseaux qui sont en cage, & ils en sont fort friands. On en fait de l'huile à brûler & quelquefois à peindre faute d'huile de noix & de lin.

CHENEVIERE. s. f. Lieu où il y a du Chanvre pendant par les racines.

CHENEVOTE. s. f. Petite parcelle d'un tuyau de Chanvre, quand il est sec & dépouillé de ce qu'on en tire.

CHENILLE. s. f. Insecte venimeux du genre des vers. Il ronge les feuilles des arbres, & se change enfin en papillon. Il n'y a que le mâle qui ait des aîles. La Chenille a sur le corps quatre parties blanches tirant sur le jaune & deux especes de bouquets de plume noire aux environs de la tête. Sa peau est parsemée de petits poils bruns, séparés les uns des autres, & entre lesquels on découvre de petites plumes dont les couleurs sont fort agreables. Elle a seize piés, six au devant, huit au milieu, & deux derriere. Elle marche en se ramassant & se rallongeant ensuite. Aristote dit que les Chenilles s'engendrent sur les feuilles des herbes, & principalement sur celles de chou, qu'il vient d'abord sur la feuille de petits grains moindres que ceux de millet, que ces grains se changent en petits vers, qui croissent si vîte qu'en moins de trois jours, ils deviennent petites Chenilles; que quand les Chenilles sont vieilles, elles changent de forme, & prenant une écaille de couleur d'or; ce qui les fait appeller *Dorées*; qu'étant ainsi elles sont sans mouvement, si ce n'est qu'on sent trembler je ne sçai quoi dans l'écaille en les touchant, & que cette écaille venant à se rompre quelque tems après, il en sort de petites bêtes qui volent & qu'on nomme *Papillons*. Le mâle a des aîles extrêmement vîtes, des cornes fort belles, & le corps bien fait; ce qui manque à la femelle, qui a le corps gros & fort mal fait. Malgré l'opinion d'Aristote, qui veut que les Chenilles s'engendrent d'elles-mêmes sur des feuilles d'herbes; il est certain que les Papillons produits par les Chenilles dorées, font de petits œufs blancs dont ensuite les Chenilles sortent, de même que les Vers à soye. Pline dit que les Chenilles ne gâteront rien dans un Jardin, où l'on aura mis sur un bâton une tête de Jument, ou un Cancre de riviere. Matthiole parle des *Chenilles des Pins*, qui font leurs nids au sommet des branches de ces arbres-là, où on les voit à milliers, velues & roussâtres avec plusieurs petites peaux dont elles sont revêtues. Il dit que ces nids où elles se cachent dans les vallées d'Anagnie & de Fleme auprès de Trente, sont fort grands, & qu'ils en peuvent tenir plus de mille; que les pellicules dont elles sont enveloppées ressemblent à de fins draps de soye, & sont encore plus minces, & qu'étant appliquées elles sont bonnes à étancher le sang. M. Ménage tient que *Chenille* vient de *Canicula*, à cause de la ressemblance que quelques-unes ont avec de petits Chiens.

Chenille. Espece d'ornement de soye qu'on met sur des habits & sur des jupes de femme, appellé ainsi à cause qu'il a la figure de Chenille.

Chenille. Plante qui porte une maniere de vesse ou de poix en forme de Chenille.

CHEOITE. s. f. Vieux mot. Chûte.

CHEPTEIL. s. m. Bail d'un Maître qui donne à un Fermier un certain nombre de Bœufs, ou de Brebis, à condition de les nourrir, & de lui en rendre un pareil nombre à la fin du bail, en partageant par moitié le croît de tout le profit. Ce mot vient de *Capitale*, qui se trouve dans les Coûtumes, & on a dit *Chepteil*, parce que le Chepteil est composé de plusieurs chefs de bêtes qui forment un capital. Du Cange fait venir ce mot de *Catallum*, qu'on a dit pour *Capitale*, d'où l'on a fait *Chaptel Chatel*, & *Catel*.

CHEPU. s. m. Terme de Tonnelier, Billot de bois, élevé de deux ou trois piés sur lequel on bûche d'autre bois qui n'est pas solide.

CHERCHE. s. f. Tout ce qui ne se peut décrire d'un seul trait de compas, mais que des points recherchés décrivent. Les panneaux, ou especes de moules qui servent à former le cintre des voutes & à donner la figure aux voussoirs, s'appellent *Cherches*, Voyez CHERCHE.

On dit, *La Cherche d'un Escalier*, pour dire, Le ceintre, & l'on appelle *Cherche surbaissée*, celle qui n'est pas si élevée que la moitié de sa base. La *Cherche surhaussée*, est la ligne d'un plan circulaire ralongée dans son élevation. Les Geometres nomment ces Cherches *Demi cylindres*, ou *demi spheroides*.

CHERCHE-FICHE. s. m. Espece de poinçon de fer pointu & rond. Il est propre aux Serruriers qui l'appellent aussi *Cherchepointe*, & qui s'en servent pour trouver le trou des fiches.

CHERCHEURS. s. m. Heretiques de Hollande, tels qu'il y en a eu autrefois en Angleterre qu'on a connus sous ce nom. Ils avouent une vraie Religion que JESUS-CHRIST nous a revelée en sa parole; mais ils la cherchent, & soûtiennent que cette veritable Religion que nous devons professer, n'est aucune de celles qui sont établies parmi les Chrétiens. Ils les condamnent toutes en general, trouvant qu'il y a beaucoup de choses qui manquent à chacune en particulier. Ils lisent les saintes Ecritures avec grande attention sans se déterminer à aucun choix, & montrent un zele ardent à prier Dieu de les éclairer par ses lumieres, afin qu'ils puissent avoir la connoissance de la Religion qu'il veut qu'ils embrassent pour suivre ses commandemens, & acquerir la felicité éternelle.

CHERE. s. f. Vieux mot. Visage.

Que ressemblés-vous bien de chere,
Et du tout à votre bon pere.

On trouve en un autre endroit, *En faisant une chere fade*, pour dire, En faisant mauvaise mine.

On a dit aussi *Chiere*.

Dégratigner toute la Chiere.

CHERER. v. n. Vieux mot. Se réjouir. C'est delà qu'on a dit autrefois *Cheriste*, pour dire, Qui fait bonne chere.

CHERIF. s. m. Celui qui est revêtu d'une certaine dignité chés les Arabes & les Maures. Le Cherif doit succeder au Caliphe. On appelle aussi *Cherif*, une sorte de monnoye d'or de Turquie, qu'on prend à Marseille pour quatre livres dix sols.

CHERSONESE. s. f. Terre que la mer environne à l'exception d'un seul endroit par où elle est jointe au continent. C'est ce que les anciens Geographes ont nommé *Peninsule*, ou *Presqu'isle*. *La Chersonese Taurique*, est celebre dans les écrits des Grecs. On a donné au Jutland, qui appartient au Roi de Danemark le nom de *Chersonese Cymbrique*, à cause des Cymbres qui l'ont habité. Ce mot vient de χέρσος, & de νῆσος, Isle.

CHERUBIN. s. m. Tête d'enfant avec des ailes, dont on orne assés souvent les clefs des Arcs.

Cherubin. Ordre Militaire de Suede, appellé autrement, Des Seraphins. On tient que ce fut Magnus IV. qui l'institua en 1334. Charles IX. Roi de Suede l'abolit, lorsqu'il bannit la Religion Catholique de son Royaume. Le collier de cet Ordre étoit composé de Cherubins d'or émaillés de rouge, & de Croix Patriarchales aussi d'or, mais sans émail, en memoire du Siege Metropolitain d'Upsale. Il y avoit une ovale de même émaillée d'azur, avec un nom de JESUS en or qui pendoit au bout de ce collier, & dans la pointe de l'ovale étoient quatre petits clous émaillés de blanc & de noir, pour marquer la passion du Sauveur.

CHERUI. s. m. Racine commune & bonne à manger. C'est une espece de Panais, qu'on cultive dans les jardins. Elle est de bon goût, fortifie l'estomac, & provoque à uriner. Sa graine a aussi la vertu de provoquer l'urine, de dissiper les vents, & d'appaiser les tranchées de ventre.

CHESAL. s. m. Vieux mot. Maison, Eglise. Il vient du Latin *Casula*, d'où est venu le nom de l'Abbaye de Chaise-Dieu, en Latin *Casa Dei*.

CHESNE. s. m. Arbre fort dur qui a le tronc droit; il croît fort haut & en étendue. Ses feuilles sont grandes & larges, & son écorce est âpre, crevassée par le bas & lissée par le haut. Il y a plusieurs especes de chêne, entre lesquelles on met le *Rouvre* & l'*Yeuse*. Il n'y a point de meilleur bois pour bâtir depuis cinquante ans jusqu'à cent soixante. Il dure jusqu'à six cens ans sans degenerer, & jusqu'à quinze cens ans étant employé en pilotis. Theophraste dit que c'est un miracle de nature que tout ce que le Chêne porte outre le gland, qui est son fruit ordinaire. Il produit une petite galle noire & resineuse, & une autre qui ressemble à une mûre, mais qui est très-dure & fort mal-aisée à rompre.

On trouve fort peu de celle-là. Il produit encore une autre sorte de galle, qui en croissant forme en la partie de dessus une dureté pertuisée semblable à une tête de taureau. Au-dedans est un noyau fait comme un noyau d'olive. Il sort aussi de cet arbre une certaine pelote, plus dure qu'un noyau, & toute environnée d'une maniere de laine molle, appellée par quelques-uns *Le poil du Chêne*, & dont on se sert à faire des méches pour les lampes. On y trouve aussi une autre sorte de pelote mousse qui ne sert à rien. Aux ailerons de ses branches est une galle sans queue. Elle est creuse, de differentes couleurs, & se tient à sa concavité même. Cette galle est blanche en quelques parties de ses convavités; en d'autres elle est marquetée de petites taches noires, & luisante & blanche dans l'une de ses moitiés, avec de petites marquetures noires; mais elle est noire & tire sur le pourri lorsqu'elle est ouverte. Le Chêne produit encore une pierre, qui est rouge ordinairement, & une pelote longue, serrée & faite naturellement de feuilles repliées & entortillées, sur le dos desquelles se forme une galle blanche & humide, pendant qu'elle est encore tendre. Au-dedans de cette galle on trouve quelquefois des mouches. Dioscoride dit que toutes feuilles de Chêne pilées & broyées soulagent les enflures & fortifient les parties, en quelque endroit que ce soit; & Matthiole, que l'eau des premiers rejettons de ses feuilles, lorsqu'elles commencent à bourjonner, passée en alembic de verre au bain-marie, restreint & arrête toutes fluxions du foye, & rompt la pierre & la gravelle des reins. Selon M. Ménage *Chêne* vient de *Quernus*, que l'on a dit pour *Quercus*. La valeur des grands Hommes étoit récompensée chés les Anciens par des Couronnes de Chêne.

CHESNEAU. s. m. Canal de plomb où tombent toutes les eaux de la couverture d'une maison, & d'où elles vont se décharger dans le tuyau de descente. On appelle aussi *Chêneau*, dans les grands Edifices, une Rigole taillée dans la pierre qui fait la corniche, dont les eaux vont se rendre dans les gargouilles. *Chêneaux à bord*, sont ceux qui étant seulement rebordés par l'extrêmité, laissent voir les crochets de fer qui les retiennent; & *Chêneaux à bavette*, ceux dont les crochets sont cachés par une bande de plomb qui en recouvre le devant.

CHEST, Pronom. Vieux mot. Ce.

M'entremis de chest œuvre faite,

CHETIFVOISON. s. f. Vieux mot. Captivité.

Si enfans sont menés en chetifvoison.

On l'a dit aussi pour, Misere.

CHETRON. s. m. Petite layette qui est au haut d'un des côtés d'un coffre. Elle est faite en maniere de tiroir, & c'est où l'on met à part les choses qu'on veut séparer du reste de ce qui est dans le coffre, afin qu'en l'ouvrant on les trouve sous sa main.

CHEVAGE. s. m. Droit qui se levoit autrefois sur certains Chefs de famille.

CHEVAL. s. m. Animal à quatre piés qui hannit. Il s'en trouve de sauvages dans l'Isle de S. Domingue, qui apparemment ont dégeneré, n'étant pas si beaux que ceux d'Espagne, quoiqu'ils viennent de leur race. Ils ont la tête fort grosse, aussi-bien que les jambes, qui sont même raboteuses, les oreilles & le col long. On en voit quelquefois des troupes de cinq cens ensemble qui courent, & qui lorsqu'ils voient un homme, ont accoûtumé de s'arrêter tous. L'un d'eux se détache pour s'en approcher; & quand il en est à une portée de pistolet, il se met à soufler des naseaux & à courir, & il est suivi en même-tems de tous les autres. Les Habitans & les Chasseurs s'en servent pour porter leurs cuirs, & ils les prennent en tendant des lacs de corde assés forts sur les routes par où ils sçavent qu'ils doivent passer. Il y en a qui s'y étranglent en s'y prenant par le col. Lorsqu'on les a pris, on les attache à un arbre, & on les y laisse deux jours sans manger, ni boire; après quoi on leur donne à boire & à manger, & ils deviennent ensuite aussi doux que si jamais ils n'avoient été sauvages. Il y a eu des Boucaniers qui s'en étant servis quelque tems, les ont laissé aller dans les bois, faute d'avoir de quoi les nourrir, & deux ou trois mois après, ces chevaux les rencontrant, les venoient flater, & se laissoient prendre. On en tue souvent, afin d'en avoir la graisse. On la leve de la criniere & du ventre, & on la fait fondre pour s'en servir au lieu d'huile à brûler.

Aristote parle d'un Cheval aquatique qui se trouve en Egypte, ayant le crin comme le cheval, la corne du pié comme les bœufs, & le mufle refroncé. Il a un talon, comme en ont les animaux qui ont le pié fourché, & les dents lui sortent un peu hors de la bouche. Sa queue est comme celle du Sanglier. Il a la grandeur d'un Ane, & hannit comme un Cheval. Le cuir qu'il a sur le dos est si épais, qu'on en fait des bouclicrs & des cuirasses. Le Cheval aquatique que les Grecs ont appellé *Hippopotame*, du Grec ἵππος, Cheval, & de ποταμὸς, Fleuve, ne se trouvoit pas seulement dans le Nil, mais en un fleuve d'Afrique nommé *Pamborus*, & dans un autre des Indes, appellé *Indus*. C'est ce que témoignent Strabon, Pline & Solin. Ammian Marcellin assûre qu'il est impossible de plus trouver de vrais Chevaux aquatiques, parce qu'on les a si fort poursuivis, qu'on les a contraints de se retirer vers les Blemmyes. Cet animal est si fin & si rusé, que pour n'être pas pris à la piste après qu'il a remarqué son viandis, il y va à reculons, afin qu'on ne puisse lui dresser des piéges à son retour. Le premier qui en ait fait voir à Rome, fut Marcus Scaurus, pendant qu'il étoit Edile. Il y en amena un en vie, & cinq Crocodiles. On tient que le Cheval aquatique se sentant chargé d'humeurs, se promene sur les rivages du Nil, où il cherche quelque taillis de roseaux; & que quand il a trouvé un tronçon de canne qui soit bien pointu, il fait si bien, en étendant sa cuisse dessus, qu'il s'ouvre une veine, qu'il ne referme avec de la fange que quand il connoît qu'il s'est tiré assés de sang pour se soulager.

Barboza rapporte qu'il a vû un fort grand nombre de Chevaux aquatiques à Gafalé. Ils venoient souvent à bord, & se replongeoient dans la mer ensuite. D'autres Auteurs en parlent diversement, & selon eux, cet animal ne ressemble point du tout au Cheval. Ses jambes sont semblables à celles de l'Ours. On en a vû un qui avoit treize piés de long, quatre & demi de hauteur, & trois & demi d'épaisseur. Ses jambes avoient trois piés de circuit, la pate douze pouces de large, & chaque ongle trois manieres de doigts. Sa tête étoit de deux piés & demi de largeur, longue de trois, & en avoit neuf de tour. Son nés étoit chatnu & retroussé. Il avoit les yeux petits, larges d'un pouce & longs de deux, les oreilles petites, courtes, longues de trois pouces, les ongles fendus en quatre, & la queue semblable au pourceau. Il étoit fort gras par tout le corps, & ses narines, ayant deux pouces & demi de profondeur, alloient en serpentant. Son museau avoit beaucoup de rapport avec le museau d'une Lionne. Il l'avoit velu, bien que tout le reste de ſon corps fût ſans aucun poil. Il avoit ſix grandes dents dans la machoire de deſſous. Les deux plus avancées étoient longues & épaiſſes de demi pié, & larges de deux piés & demi. On lui voyoit de chaque côté ſept dents machelieres courtes & bien ſerrées, & il y en avoit autant dans la machoire de deſſus. Ses dents avoient la dureté d'une pierre à feu; de ſorte qu'en les frappant avec un couteau, on en faiſoit ſortir pluſieurs étincelles. Pierre Vanden Broch rapporte que dans ſon Voyage d'Angole, étant dans le pays de Lovvange, il y vit paître quatre Chevaux marins, ſemblables à de gros Bufles. Leur peau étoit preſque auſſi luiſante que celle des lapins. Ils avoient une tête de Jument, les oreilles courtes, les narines larges, deux déſenſes crochues comme celles des Sangliers, les jambes courtes, les piés faits comme les feuilles de Pas d'âne, & ils hanniſſoient comme des Chevaux. La vûe des Matelots les fit arrêter, après quoi ils ſe retirerent au petit pas dans la mer. Ils levoient quelquefois le nés au-deſſus de l'eau, & s'y replongeoient ſi-tôt qu'ils appercevoient les Mariniers. On fit ce qu'on put pour en tuer quelqu'un, mais il ne fut pas poſſible d'en venir à bout. Le mot de *Cheval* vient de *Caballus*, qui autrefois ſignifioit Cheval de bagage; & Nicod le fait venir *ex eo quod ungulis terram calcet*.

Cheval de friſe. Terme de Fortification. Groſſe ſolive quarrée, qui a de longueur dix ou douze piés, & qui eſt traverſée par trois rangs de pieux de bois d'environ dix à douze piés qui ſe croiſent, & dont les bouts ſont armés de pointes de fer. M. Felibien dit que le Cheval de friſe peut ſervir de barriere à une avenue, étant balancé horiſontalement ſur un pieu qui le ſupporte ſous le milieu, en ſorte qu'on le puiſſe fermer & ouvrir; mais que ſon principal uſage eſt pour en mettre pluſieurs attachés les uns aux autres, aux poſtes où l'on apprehende quelque ſurpriſe de Cavalerie, tant en campagne, qu'aux plus faciles avenues d'une Place aſſiegée, & hors la portée du piſtolet au-delà du Chemin couvert, pour recevoir & couvrir ceux qui font les ſorties, & pour arrêter la Cavalerie & l'Infanterie des Ennemis.

Cheval de terre. Grand vuide rempli de terre, que rencontrent dans un bloc ceux qu'on emploie à tirer les marbres des carrieres.

Cheval ou *Poulain gai*, eſt en termes de Blaſon, un Cheval peint nud ſans bride ni col. *Cheval effrayé* ou *cabré*, Celui qui eſt peint rampant. *Cheval animé*, Celui dont l'œil eſt d'un autre émail, & *Cheval armé*, Celui dont le pié qu'il emploie à ſe défendre, eſt particulierement d'un autre émail.

CHEVALEMENT. ſ. m. Sorte d'étaye, faite d'une ou de deux pieces de bois. Elle eſt couverte d'une tête & poſée en arcboutant ſur une couche, & ſert à retenir en l'air quelque bâtiment ou des pans de murs, afin de les reprendre ſous œuvre, ou à remettre des poutres, & à faire d'autres ouvrages.

CHEVALER. v. n. On ſe ſert de ce mot pour ſignifier l'action des jambes de devant d'un Cheval qui paſſege ſur les voltes. Ainſi on dit qu'*Il chevale*, lorſqu'en paſſegeant au pas ou au trot, ſa jambe de devant de dehors enjambe ſur l'autre de devant à tous les ſeconds tems.

Chevaler, ſignifie auſſi, Se ſervir de chevalets pour ſoûtenir quelque bâtiment ou quelque mur qu'on reprend par deſſous œuvre.

CHEVALERIE. ſ. f. Haute & ancienne Nobleſſe, iſſue des anciens Chevaliers, dont les exercices & les jeux étoient les jouſtes & les tournois. On peut diſtinguer la Chevalerie en quatre eſpeces. *La Chevalerie Militaire*, eſt celle qui s'acqueroit autrefois par de hauts faits d'armes, & que ceux qui en étoient trouvés dignes ne recevoient qu'avec beaucoup de cérémonie. On leur ceignoit l'épée, on leur chauſſoit des éperons dorés, & ce n'étoit qu'à eux qu'il étoit permis de porter un harnois doré. *La Chevalerie Reguliere*, eſt celle où l'on fait profeſſion de prendre un certain habit, de porter les armes contre les Infidelles, de favoriſer les voyages des Pelerins aux Lieux ſaints, &c. *La Chevalerie Honoraire*, eſt celle que les Princes communiquent aux autres Princes & aux perſonnes les plus conſiderables de leurs Cours, & *La Chevalerie Sociale*, celle qui n'eſt ni confirmée par des Papes, ni reglée par des Statuts qui ſoient de durée.

CHEVALET. ſ. m. Terme de Charpenterie. Piece de bois aſſemblée en travers ſur deux autres pieces à plomb, pour ſoûtenir des planches qui font des manieres de ponts, ſur leſquels on paſſe une petite riviere. On appelle auſſi *Chevalets*, les étayes qu'on met aux bâtimens qu'on veut reprendre ſous œuvres; & en general tout ce qui ſert à la plûpart des Artiſans à tenir leur beſogne en l'air, afin qu'ils travaillent plus facilement. *Chevalet*, eſt chés les Peintres un inſtrument de bois ſur lequel ils poſent leurs tableaux quand ils travaillent. C'eſt chés les Lutiers un petit morceau de bois qui ſoûtient les cordes ſur la table de l'Inſtrument de Muſique; dans l'Epinette, ce qui eſt attaché ſur la table de cet Inſtrument, & qui borne la longueur des cordes. Chés les Imprimeurs, c'eſt un morceau de bois qui porte le timpan; chés les Serruriers, une petite machine de fer ſur laquelle ils mettent le forêt pour percer le fer; chés les Tanneurs, une piece de bois ronde & creuſe, qui a quatre ou cinq piés de longueur, & ſur laquelle ils quioſſent leurs cuirs; chés les Meuniers, un morceau de bois qui tient une corde, ſoûtenant l'auget de la tremie; & chés les Cordiers, une eſpece de haute ſelle à cinq piés dont ils ſe ſervent pour ſoûtenir la ſangle, lorſqu'ils en font.

Chevalet, ſe dit auſſi du pié ſur lequel les Sculpteurs poſent leur modelle. C'eſt auſſi un échaffaut de Couvreurs, & en termes de Pilotes, le clou qui attache l'alhidade à l'aſtrolabe. On appelle encore *Chevalets*, les Treteaux qui ſervent pour ſcier de long; & on donne ce même nom aux deux noues d'une lucarne, ou aux enfoncemens de deux combles qui ſe rencontrent.

Chevalet, eſt encore une maniere de cheval de bois dont le dos eſt fait en talus. Quand on veut punir un ſoldat de garniſon qui a fait quelque faute, on le met ſur le chevalet, & on lui attache des boulets de canon aux piés, ou autre choſe de cette nature.

Chevalet. Terme de Marine. Machine avec un rouleau mobile qui ſert à paſſer des cables d'un lieu à un autre.

CHEVALEUREUX, EUSE. adj. Vieux mot. On a dit *Faits Chevaleureux*, en parlant des grands exploits des Chevaliers, ſoit dans les tournois, ſoit à la guerre.

CHEVALIER. ſ. m. Nom qu'on ne donnoit autrefois qu'à ceux qui avoient fait des actions ſignalées, & qu'on diſtinguoit par une marque de l'Ordre où l'on vouloit bien les recevoir. Il y en a eu de beaucoup de ſortes, dont les plus renommés ont été *les Chevaliers de la Table ronde*. C'étoient des perſonnes qui faiſoient toute leur gloire de défendre leurs Maîtreſſes, & de ſe battre contre leurs

Rivaux. Cet Ordre que l'on prétend établi par le Roi Artus en 1252. étoit composé de cent Chevaliers, & d'un pareil nombre de Dames qui mangeoient à une table ronde, pour éviter les differends du haut bout. Les Rois leur faisoient un present d'armes, après qu'ils avoient donné des preuves de leur valeur. Vifried II. Comte de Barcelone, reçût sur son Ecu doré les armes de son Roi, après une sanglante bataille, où il avoit fait tout ce qu'on pouvoit attendre du plus vaillant homme. Lorsque l'on eut gagné la victoire, le Roi à qui il avoit sauvé la vie, trempa la main dans ses playes, & avec ses quatre doigts teints de son sang, il lui fit quatre pals de gueules sur le champ d'or de son Ecu, en lui disant : *Questas seran las tuas armas.* Ces Ordres de Chevaliers ont pris leur source parmi les Romains, où il y en avoit de plusieurs sortes. Les uns portoient un Collier, & s'appelloient *Torquati*; les autres avoient un Anneau, &c. Nicod après avoir dit que le mot de Chevalier signifie proprement quiconque est à cheval, ou va à cheval, ajoûte : *Il est prins plus étroitement pour celui qui est orné & décoré par le Roi, ou autre ayant droit de ce faire, des armes & ornemens de Chevalier, en quoi anciennement étoient usitées les cérémonies de raser tout le poil au nouveau Chevalier, le baigner au baing, le coucher dans un lit de parement, le vêtir de pourpoint de couleur cramoisie, le chausser de chausses de brunette, le ceindre de baudrier & d'épée, ou le lui pendre en écharpe de l'épaule droite descendant sur le côté gauche, lui chausser les éperons dorés, le faire veiller en une Chapelle, lui donner l'accolée, ou lui frapper de son estoc nud sur l'épaule; mais à present presque toutes lesdites cérémonies sont désusitées. Selon cela, on trouve ces phrases*, Chevalier d'accolée, Chevalier aux éperons dorés, Chevalier de bataille, de rencontre & d'assaut, *qui est la plus honorable facture de Chevalier, ores que pour l'urgence & précipitation de l'occasion occurrante, bien peu desdites cérémonies y fussent observées, & les faisoit en telles occasions volontiers le Roi, parce que l'Ordre nouvellement par eux reçû, les obligeoit à faire plus grand devoir, & effort de leurs personnes esdites batailles, rencontres & assauts, que s'ils n'eussent reçû l'Ordre de Chevalerie.*

Chevalier. Oiseau aquatique, qui est un peu plus gros qu'un pigeon. Il y en a de deux sortes, le rouge, & le noir. *Le Chevalier rouge*, est blanc sous le ventre, & rouge & cendré; & *le Chevalier noir*, est noir & cendré. Cet oiseau a le bec long, & on l'a nommé *Chevalier*, à cause qu'il a les jambes si hautes qu'il paroît comme à cheval.

Chevalier. Piece du jeu des Eschets qui saute par dessus les autres. On la fait toûjours aller de blanc en noir, & de noir en blanc.

CHEVANCE. s. f. Vieux mot, qui se trouve encore dans quelques Coûtumes. Il signifioit autrefois le bien d'une personne.

CHEVANTON. s. m. Vieux mot. Tison.

Attisent au four Chevantons,
Pour cuire flancs, flanges, flamusses.

CHEVAUCHE'E. s. f. Vieux mot. Course.

CHEVAUCHER. v. n. Vieux mot. Galoper.

Et chevaucherent deux à deux,
Tout droit vers le gué perilleux.

On a dit aussi *Chevalcher.*

Chevaucher, est aussi un terme d'Artisan, & il se dit des pieces qui se mettent ou qui se croisent l'une sur l'autre. *Cette solive doit chevaucher davantage dans le mur.* Il faut que les ardoises chevauchent les unes sur les autres.

CHEVAULEGER. s. m. Homme de guerre qui combat à cheval. C'est proprement ce que l'on appelle *Un Maitre* ou *un Cavalier.* Comme le nom de Gendarme étoit autrefois affecté à des Cavaliers armés pesamment de pié en cap, on nomma *Chevaulegers* ceux qui étoient équippés plus legerement. Il y a quatre Compagnies de Chevaulegers qui n'entrent jamais en corps de Regiment. Ce sont les Chevaulegers de la garde du Roi, ceux de la Reine, ceux de Monseigneur le Dauphin, & ceux de Monsieur. Un Capitaine-Lieutenant commande chacune de ces Compagnies, appellées *Compagnies d'Ordonnance*, & le Roi ou les Princes qui leur donnent le nom, en sont les Capitaines.

CHEVECAILLE. s. f. Vieux mot. Tresse de cheveux; d'où vient qu'on trouve dans l'ancienne Poësie.

Et pour tenir la chevecaille,
Un fermeil d'or au col li baille.

CHEVECAGNE. s. m. Vieux mot. Cavalerie.

CHEVECEL. s. m. Vieux mot. Chevet, oreiller.

Il ot en lieu de chevecel,
Sous son chef d'herbe un grand moncel.

CHEVECINE. s. f. Vieux mot. Chevestre.

CHEVELE', E'E. Terme de Blason. Il se dit d'une tête dont les cheveux sont d'un autre émail. *D'azur à la face d'argent, accompagnée de trois têtes de fille chevelées d'or.*

CHEVELU, UE. adj. On appelle *Racine chevelue*, Une racine qui pousse plusieurs petits brins, & on appelle *Chevelure*, dans les racines des herbes, les petits brins ou petits jets que fait la racine.

CHEVER. v. n. Terme de Jouaillier. On dit *Chever une pierre*, pour dire, La cerner & accreuser par dessous, afin de diminuer sa couleur quand elle est trop forte.

CHEVESCHE. s. f. Espece d'oiseau nocturne qu'on tient être de mauvaise augure. C'est la même chose que Chouëte. M. Ménage dit que *Chevêche*, vient de *Cavecca*, que l'on a fait de *Capo.*

CHEVESTRE. s. m. Piece de bois d'un plancher, retenu par les solives d'enchevestrure, & qui sert à soûtenir les soliveaux qui s'emmanchent dedans, avec des tenons à mordant ou des renforts, afin de laisser une ouverture pour les tuyaux de cheminée, & empêcher que l'atre ne pose sur du bois, à cause du danger du feu.

C'est aussi le côté d'un Pressoir assemblé avec les deux encharnes.

CHEVET. s. m. On appelle *Chevet d'Eglise*, la partie anterieure d'une Eglise, qui en termine le Chœur, & qui est le plus souvent circulaire. Le Chevet de l'Eglise de saint Denys, est la partie qui est derriere le Chœur, & où l'on monte par plusieurs degrés.

Chevet de canon. On appelle ainsi en termes de mer, un gros billot de bois de sapin ou de peuplier, qui étant mis dans le derriere de l'affût du canon, en soûtient la culasse.

Chevet. Rebords de plomb que les Plombiers mettent au bout des chêneaux, ou proche des godets. Ils servent à arrêter l'eau, & empêchent qu'elle ne bave le long de la couverture.

Chevet, a été employé dans le vieux langage pour signifier la tête. Il est dit en parlant de saint Jean-Baptiste.

Que Herodes fit marturer,
Li chevet de glave trencher.

CHEVETAIN, ou *Chefvetain.* s. m. Vieux mot. *Chef* ou *Capitaine.* Il se trouve dans Villehardouin, Froissard & Fauchet.

CHEVETEAU. s. m. Grosse piece de bois de travers où est engravée la couette sur laquelle tourne le Tourillon d'un arbre de Moulin : elle est posée sur une masse de maçonnerie.

CHEVILLE. f. f. Morceau de bois ou de fer, rond ou quarré, qui va en diminuant, & dont on se sert pour boucher un trou, ou pour joindre des assemblages. On appelle *Chevilles coulisses*, celles qu'on applique & qu'on ôte quand on veut. *La cheville ouvriere d'un carrosse*, est une grosse cheville de fer, sur laquelle tourne le train de devant & qui l'attache à la fléche.

On appelle *Chevilles de Pompe*, dans un Navire, une cheville de fer mobile, qui sert à assembler la brinquebale avec la vergue de pompe, & on appelle *Chevilles de potence de pompe*, certaines chevilles de fer qui passent dans les deux branches de la potence de la pompe, & dont l'usage est de tenir les brinquebales. Elles ont environ un pié de longueur. *Cheville d'affût*, est une autre cheville de fer qui fait la liaison de tout l'affût du canon qu'elle traverse. Il y en a où sont aussi des boucles de fer, & on les appelle *Chevilles à oreilles*. Les chevilles de fer en bois, où il y a des boucles, s'appellent *Chevilles à grille & à boucle*, & les *Chevilles à croc*, sont celles qui ont des crocs & qui sont aux côtés des sabords pour y amarrer les canons. *Les chevilles à tête de diamant* ou *à tête ronde*, sont celles dont la tête ne sçauroit entrer dans le bois du Vaisseau à cause de sa grosseur, & celles dont la tête entre dans le bois, sont appellées *Chevilles à tête perdue*. Toutes ces chevilles sont de fer.

On appelle *Chevilles* ou *Chevillures*, les andouillers qui sortent de la perche de la tête du cerf, du daim & du chevreuil.

CHEVILLE', E'E. part. Terme de Blason. Il se dit des ramures d'une corne de cerf. *Chevillé de tant de cors. D'or au demi bois de cerf, chevillé de cinq dagues ou cors de sable.*

On dit en termes de Venerie, *Une tête de cerf bien chevillée*, pour dire, Une tête qui a beaucoup de pointes & de cornichons rangés en bel ordre.

CHEVILLETE. f. f. Terme de Relieur. Petit morceau de cuivre plat & troué que l'on met sous le cousoir, & où l'on attache les nerfs des livres qu'on coud.

CHEVILLON. f. m. Les Tourneurs appellent *Chevillon*, un petit bâton de bois tourné au dos des chaises de paille. C'est aussi en termes de Ferandinier, un bâton long de deux piés, sur quoi on leve la soye de dessus l'ourdissoir.

CHEVILLOT. f. m. Petite piece de bois tournée, dont on se sert quand on veut lancer les manœuvres le long des côtés d'un Vaisseau.

CHEVISSANCE. f. f. Vieux mot. *Composition faite avec aucun*, dit Nicod, *par solution, atermoyement, novation ou autrement, sur quelque differend, debts ou obligation.*

CHÉVRE. f. f. Animal domestique à quatre piés, qui est la femelle du Bouc, qui broute & qui se nourrit d'herbes & de feuilles. Ses cornes sont longues & aigues, son museau plat, & sa queue fort courte. On tient que la Chévre est si lascive, qu'à sept mois elle s'accouple avec son mâle. Elle se plaît avec les brebis & hait le loup, l'élephant, & l'oiseau appellé *Tette-Chévre*. Outre le lait & le petit lait que l'on tire de la Chévre, & qui sont d'un grand usage, Dioscoride dit que la fiente des Chévres nourries dans les montagnes, bûe avec du vin, guérit la jaunisse, & que bûe avec des choses aromatiques, elle provoque les mois, & fait sortir les enfans du ventre de la mere. Selon Matthiole, la fiente de Chévre est resolutive & aigue, en sorte qu'elle n'est pas seulement convenable aux duretés & nodosités de la rate, à quoi les Médecins ont accoûtumé de l'employer, mais aussi aux duretés des autres parties du corps. Galien assûre qu'il s'en est servi avec succès en une nodosité inveterée qui étoit au genouil d'un homme, à la verité robuste & de forte complexion. Quoiqu'elle fût fort difficile à resoudre, il y appliqua seulement de la fiente de Chévre avec de la farine d'orge, le t ut démêlé avec l'eau & le vinaigre, & il la guerit. Il marque que ce médicament pourroit n'être pas bon aux petits enfans & aux femmes délicates, parce qu'il seroit trop pénétrant. Les fientes de Chévre sont bonnes aussi à la pelade, & en tout ce qui a besoin d'être abstergé, comme les gratelles, les dartres rouges, les feux volages, & le mal appellé Mal de S. Mein. *Chévre* vient de *Capra*, qui selon Varron a été dit au lieu de *Carpa*, de *Carpere*, Brouter. Il y a des Chévres en grand nombre autour d'Alexandrie, qui ont des oreilles qui leur pendent jusqu'à terre, & qui sont retroussées au bout de la largeur de quatre doigts.

Chévre sauvage. Animal dont le mâle est de la grandeur d'un grand Veau, & qui se trouve en Afrique. Son poil est gros & rude comme le crin d'un Cheval, & si long, qu'il traîne à terre. On voit aussi des Chévres sauvages en Egypte. Elles courent ordinairement par troupes dans les forêts, & les Habitans en tuent grand nombre à coups de mousquet. Leur poil & leur queue ressemblent au poil & à la queue des Chameaux, & leurs piés de devant, qui sont plus courts que ceux de derriere, sont faits comme ceux des liévres. Leur voix est pareille à celle des Chévres communes. Elles sont sans barbe, & leur cou est long & fort noir. Elles montent avec bien plus de vitesse qu'elles ne peuvent descendre, & rien n'approche en rase campagne de la rapidité de leur course. Leurs cornes sont droites, un peu recourbées au bout. Celles des mâles sont plus grandes que celles des femelles.

Chévre. Machine d'Architectes & de Charpentiers, par le moyen de laquelle on tire avec le cable des pierres & des poutres par une baye de croisée. Elle est composée de deux pieces de bois qui servent de bras pour appuyer contre les murailles. Il y a une clef & une clavette qui les joint, & par en bas elles s'écartent l'une de l'autre, & sont assemblées en deux differens endroits avec deux entre-toises. Le treuil est au milieu de ces entre-toises avec deux leviers qui servent de moulinet pour tourner le cable au bout duquel la poulie est attachée. Quand il n'y a point de mur, contre lequel on puisse appuyer les deux premieres pieces, on y en ajoûte une troisiéme qui sert à les soûtenir, & que l'on appelle *Bicoq*, ou *Pié-de-Chévre*.

Chévre. C'est aussi ce qui, dans les Moulins à soye, avec le coquet tient la Fusée.

CHEVREAU. f. m. Le petit d'une Chévre, autrement *Cabril*. Les Anciens l'appelloient *Chevrel*, à cause qu'ils prononçoient en *el* tout ce que nous prononçons en *eau*, *Châtel*, *bel*, &c. pour dire Château, beau. Borel dit sur cela, qu'il a lû dans un ancien Auteur, qu'en parlant de quelqu'un il emploie ces termes, *Il print un mourcel de pel de Chevrel.*

CHEVRE-FEUILLE. f. m. Arbrisseau que Dioscoride appelle *Periclymenum*, & qui pousse ses tiges sans branches, produisant par intervalles de petites feuilles blanchâtres. Il ressemble au lierre pour sa feuille & pour ses grains, & croît non seulement dans les jardins, mais parmi les buissons & dans les forêts, où il embrasse si étroitement les arbres qu'il qu'il rencontre, qu'il femble entrer dans le bois. C'eft ce qui a donné lieu aux Italiens de l'appeller *Vincibofco*. Les Latins le nomment *Sylva mater*, *Volucrum majus*, *matrifylva*, & *Lilium inter fpinas*. Sa fleur eft blanche, tirant quelquefois fur le jaune, & affés femblable à la fleur de Féve. Lorfqu'elle eft bien épanouie, elle tombe fur la feuille, & jette une odeur extrêmement agreable. Auffi aime-t'on à faire des berceaux & des paliffades de Chevre-feuille. Sa graine eft fort dure & difficile à arracher. Elle eft attachée à certains petits rejettons qui fortent d'entre fes feuilles. On fe fert ordinairement de toute la plante, à l'exception de fa racine, qui eft ronde & groffe. Selon Galien, fa graine & fes feuilles prifes en breuvage ont une vertu fi chaude, que fi on continue trop à en boire, elles rendent l'urine faigneufe, quoique d'abord elles provoquent feulement à uriner. Elles font bonnes auffi à ceux qui font travaillés de la rate, ou qui ont la refpiration difficile. La vraie prife eft le poids d'une dragme avec du vin. La graine eft auffi defficative. Quelques-uns difent que les femmes qui en boivent trop long-tems, deviennent fteriles. Diofcoride met pour cela le terme de trente-fept jours. Le Chevre-feuille empêche le hoquet, facilite l'enfantement, rompt la pierre, & efface les taches de rouffeur qui viennent fur le vifage. On appelloit autrefois cet arbriffeau *Chievreboüt*.

CHEVRETTE. f. f. Pot de fayence qui a un goulot, & dans lequel les Apothicaires mettent des fyrops.

CHEVREUIL. f. m. Bête fauve qui vit dans les bois, & dont en la chaffant on ne connoît le mâle d'avec la femelle que par la tête. Cette femelle s'appelle *Chevrelle* ou *Chevrette*. Il n'y a point d'animal qui foit de meilleure fuite, ni qui exerce davantage les Chaffeurs que le Chevreuil. Il reffemble au Cerf; mais il eft plus petit, s'apprivoife plus aifément, & ne fait point de mal de fon bois. Les femelles portent deux ou trois petits, & les Chevreuils ne vont point au change. Au contraire, ils les fecourent & les gardent quand elles font pleines, & après qu'elles ont mis bas, ils leur aident à élever leurs Faons, jufqu'à ce qu'ils foient affés forts pour les pouvoir fuivre.

CHEVRIE. f. f. Vieux mot. Cornemufe, mufette.

CHEVRON. f. m. Piece de bois de fciage de quatre pouces, fur laquelle on attache les lates à tuile ou ardoife, & qui fervent pour la couverture des bâtimens. Les Chevrons qui font pofés du côté des croupes, s'appellent *Chevrons de croupes* ou *d'aretier*, ou *Empanons*, & ceux qui font dans la plus longue étendue d'un bâtiment, *Chevron de long pan*. Les *Chevrons cintrés*, font ceux qui font courbés, & affemblés dans les liernes d'un Dome; & ceux qui ne fe fuivent pas dans les liernes, & qui font les plus petits d'un Dome, font appellés *Chevrons de remplage*. M. Ménage tire le mot de *Chevron*, de *Caprone*, fait de *Caper* ou *Capreolus*, qui fe trouve en cette fignification dans Vitruve.

Chevron. Terme de Blafon. L'une des Pieces les plus honorables de l'Ecu, compofée de deux bandes plates qui font attachées en haut par la tête, & qui s'élargiffent en bas en maniere de compas à demi ouvert. On appelle *Chevron coupé*, Celui qui a fa pointe coupée, & *Chevron rompu*, Celui dont une des branches eft féparée en deux pieces. On l'appelle *Chevron ondé*, quand fes pointes vont en ondes, & *Chevron parti*, quand l'émail de fes branches eft different, & que la couleur eft oppofée au métal. *Chevron renverfé*, eft Celui dont la pointe eft vers celle de l'écu & les branches vers le Chef; & *Chevron abaiffé*, Celui dont la pointe n'approche pas du bord du chef de l'écu, & qui va feulement jufqu'à l'abîme ou aux environs. *Chevron ployé*, fe dit de celui dont les branches font courbes. *Chevron alaifé*, de celui qui ne parvient pas jufqu'aux extrêmités de l'écu, & *Chevron brifé* ou *éclaté*, de celui qui a la pointe d'en haut fendue, en forte que les pieces ne fe touchent que par un de leurs angles. On dit *Chevrons appointés*, pour dire, Des Chevrons qui portent leurs pointes au cœur de l'écu, & qui font oppofés l'un à l'autre; ce qui fait qu'il y en a un renverfé, & l'autre droit.

CHEVRONNE', E'E. On appelle *Ecu chevronné*, l'Ecu qui eft rempli de chevrons en nombre égal de métal & de couleur; & *Pal chevronné*, Celui qui eft rempli de chevrons. *De gueules au Pal chevronné d'or & de gueules*.

CHEUTE. f. f. On appelle ainfi dans un jardin, le Raccommodement de deux terrains inégaux, qui fe fait par des perrons ou des gafons en glacis.

On dit, *Chûte de feftons & d'ornemens*, Lorfqu'on parle de certains bouquets pendans de fleurs ou de fruits qu'on met dans des ravalemens de montans, pilaftres & panneaux de compartimens de lambris.

On dit, *Chûte d'eau*, pour dire, l'Eau qui tombe par degrés dans les grottes & dans les jardins où l'on a fait pour cela des ouvrages de Maçonnerie. Il fe dit auffi de l'eau qui tombe comme par degrés dans les lieux qui lui fourniffent une pente naturelle. *La chûte d'un toit*, en eft la pente, l'égoût, que l'on appelle en Latin, *Stillicidium*.

CHI

CHIANTZOTZOLLI. f. m. Herbe qui croît dans la nouvelle Mexique, ayant fes feuilles femblables au lierre, les tuyaux quadrangulaires de la hauteur d'un palme & demi, les fleurs blanches & délicates, couvertes d'un petit vafe dans lequel s'engendre une femence blanche comme lente, qui eft froide ou moderément chaude & falée. Quand elle eft confite avec du fucre, on en fait des potions fort propres à rafraîchir, aufquelles on mêle ordinairement des amandes nettoyées, de la femence de melon & autres. On mêle auffi cette femence reduite en pâte avec du Mays rôti & broyé, qui fe garde long-tems fans fe corrompre.

CHIAOUX. f. m. Officier de la Porte du Grand Seigneur, qui fait l'office d'Huiffier, & qui porte des armes offenfives & défenfives. Il affigne les particuliers, peut accommoder leurs differends, & les Prifonniers de diftinction font mis en fa garde. Ce font ordinairement des Chiaoux que le Grand Seigneur envoie en Ambaffade dans les Cours des autres Princes.

CHICABAUT. f. m. Terme de Marine. Longue & groffe piece de bois qui eft vers l'avant d'un petit Vaiffeau, & qui lui fert d'éperon ou de poulaine. On dit auffi *Chicambaut*, & Nicod en parle ainfi. *Chicambault en fait de Navires, eft une piece de bois de quinze piés de long, ronde, & de la groffeur du faux du corps d'un homme, attachée d'un bout & par le dedans du Navire avec des amarres au mafterel, yffant par la piece hors le Navire entre la fleche & la lice, & courboyant jufques à un pié & demi de fleur d'eau, & fervant d'amurer la mifaine & le beaupré, quand ledit Navire va à orfe ou à la bouline, qui eft tout un; car au bout d'icelui qui affleure l'eau, y a un crochet de fer, & une petite corde appellée Bourfin pour amurer ledit beaupré ou cevadere, & un peu plus au-dedans y a un tacquet de bois bien cloué, auquel y a deux trous par où passent deux cordes qu'on appelle Couets, servants à amurer ladite misaine, tenant ledit Bourfier à la corniere dudit beaupré d'un bout, & lesdits couets tenant aussi d'un bout à la corniere de ladite misaine; ce qui sert pour les deux bords du boulinage, & tant ledit bourfin que les couets tenants à l'autre bout au château devant pour amurer lesdits deux voiles comme on veut.*

CHICANER. v. a. *User de détours, de subtilités captieuses.* Acad. Fr.

On dit en termes de mer, *Chicaner le vent*, pour dire, Prendre le vent en louviant, en faisant plusieurs bordées, tantôt d'un côté, tantôt d'un autre.

CHICHE. f. m. Sorte de pois que l'on appelle en Latin *Cicer*. Leur plante est de la hauteur d'une coudée, & produit de longues feuilles dentelées blanchâtres & velues, qui ont une tige dure, courbe, & fournie de force branches, qui poussent des fleurs presque purpurines. Il sort de ces fleurs de petites gousses bien garnies qui aboutissent en pointe. Sa racine est dure comme du bois, chevelue, & profonde en terre. Il y a de deux sortes de pois chiches, le domestique qu'on seme, & le sauvage qui vient de lui-même dans les champs. Le domestique se divise en blanc, en rouge & en noir. Ils ont assés de rapport entr'eux à l'égard des feuilles, mais ils sont fort differens à l'égard de la semence. Ils échauffent & dessechent au premier degré. Ils ont aussi la vertu de déterger, & particulierement leur farine, dont on se sert souvent dans les cataplasmes.

CHICORACE'ES. f. f. Plantes qui ont grand rapport en vertus avec la Chicorée. Ce sont entr'autres toutes les especes de Chondrilles, d'Intybes, de Hieraciums, & même de laitues sauvages, avec le *Sonchus* & le *Tararacum.*

CHICORE'E. f. f. Herbe rafraîchissante, que l'on mange cuite ou crue, en salade ou en potage. Il y a de deux sortes de Chicorée, celle de jardin, & la Chicorée sauvage, & de chacune de ces deux especes, il y en a encore de deux sortes. De la sauvage, l'une est appellée *Picris*, à cause de son amertume, & l'autre a ses feuilles plus larges & de meilleur goût que la Chicorée des jardins, dont l'une a sa feuille large & semblable à la laitue, & s'appelle par quelques-uns *Endivia hortensis*. L'autre qui a sa feuille plus étroite est amere au goût. La Chicorée blanche se seme ordinairement dans les jardins. Elle a ses feuilles plus larges que la sauvage, polies, lissées, & assés semblables à la Chicorée verte que l'on seme aussi dans les jardins. Elle est de meilleur goût que la sauvage qui croît par tout, & dont les feuilles sont crenelées, étroites, âpres & ameres. Les Jardiniers couvrent leurs Chicorées de terre & de sable pendant l'hiver, pour les rendre blanches & tendres, & ils l'ont fait après avoir remarqué que les Chicorées sauvages ayant été couvertes de terre par les inondations, ne conservoient plus leur amertume, & étoient devenues tendres & blanches. Toute chicorée domestique s'appelle *Seris*, en Latin *quia seritur*, à cause qu'on la seme. La Chicorée est hepatique & stomachique, & attenue la bile crasse. Quand on en ordonne la racine, les fleurs & les feuilles, on entend parler tant de la racine de la domestique, que des feuilles & des fleurs de la sauvage.

CHIEN, f. m. Animal domestique, fidele, reconnoissant, & qui est propre à diverses choses. Il naît aveugle, & vit à peu près douze ou quinze ans. Il est l'ennemi des Loups & des Crocodiles. Il y a plusieurs especes de Chiens pour la chasse & qui ont differens noms. Il n'y en a point de meilleurs pour le Chevreuil que les *Chiens barreurs*. On appelle *Chiens trouveurs*, ceux qui vont requerir un Renard, quand il y auroit vingt-quatre heures qu'il seroit passé. *Chien secret*, est un Limier qui pousse la voie sans appeller. *Chien babillard*, celui qui crie hors la voie. *Chien menteur*, celui qui cele la voie pour gagner le devant; *Chien vicieux*, qui s'écarte toûjours de la meute & chasse tout ce qu'il rencontre. *Chien sage*, qui chasse bien & qui tourne juste; *Chien de bonne creance*, *de bonne affaire*, celui qui est docile & obéissant; *Chien de tête* ou *d'entreprise*, un Chien qui est hardi & vigoureux. Leur nom le plus commun pour la chasse est celui de *Chiens courants*; sur quoi Nicod dit, *Chiens courants ne sont pas appellés tous Chiens, desquels on se sert à la chasse pour courir & prendre le gibier, car ni les Espagneux, ni les Levriers, ni les Limiers, ni les Vautres ne sont entendus par ce nom, ains ceux qui sont de moyenne grandeur, ayants les nazeaux gros & ouverts, le front & la tête large & grosse, les lévres ondées & pendantes, les yeux gros, noirs, ou vermeils, les oreilles larges, épaisses, & abbatues, long museau & gros, desquels on fait les meutes pour le Cerf, & autre bête rousse ou fauve; ainsi appellés, pource qu'étant hallés à leur chasse, ils la poursuivent, & courent incessamment après, tant qu'ils la rendent aux abbois. Les meutes se font de tels Chiens, qui sont ou blancs qu'on appelle* Greffiers, *ou fauves, ou gris, ou noirs qu'on nomme,* de Saint Hubert. *Chiens de saint Hubert, sont communément puissans de corsages, les jambes basses & courtes, de haut nez, chassans de forlonge, ne craignant eaux ne froidure, desirans les bêtes puantes. Il en est toutefois de tous poils, tant est souvent mêlée leur race,* Canes Hubertini, *ainsi appellés, parce que les Abbés de saint Hubert en ont toûjours gardé la race.*

On dit qu'*un Chien a le nés dur*, pour dire, qu'Il rentre malaisément dans la voie & qu'il reprend lentement; qu'*Il est de haut nés*, pour dire, qu'Il va requerir sur le haut du jour: &, qu'*Il a le nés fin*, pour dire, qu'Il chasse bien dans la poussiere & dans les chaleurs. On dit aussi, qu'*un Chien a belle gorge*, pour dire, qu'Il crie bien & qu'il a la voix grosse & forte. On dit qu'*Il aboye*, quand il sent le gibier ou quelque chose d'extraordinaire; qu'*Il jappe*, lorsqu'il crie au moindre bruit qu'il entend, & qu'*Il hurle*, lorsqu'il sent des Loups, ou une Chienne chaude qu'il ne sçauroit joindre. On dit encore, que *le Chien sonne*, pour dire, qu'Ayant trouvé la trace il appelle au bon chemin.

Il y a diverses sortes de Chiens qu'on éleve pour le plaisir des Dames, comme Bichons, Doguins, Epagneuls. On les trouvera dans leur ordre alphabetique. Les *Chiens de Boulogne*, sont assés semblables aux Epagneuls, & ont le nés fort camus. On leur a donné ce nom à cause que c'est une espece qui vient de Boulogne la Grasse. *Chien de Barbarie*, ou *Chien Turc*, est une autre espece de Chien, qui n'a aucun poil que sur le haut de la tête. Elle vient des pays chauds.

Chien de mer. Poisson long qui a le museau pointu, & la bouche armée de dents. Il y en a de plusieurs especes. Le *grand Chien de mer*, appellé καρχαρίας par Hesichius, a quatre ou cinq rangs de dents à chaque machoire. Elles sont fort tranchantes & pointues, & quelques-unes ont un pouce de longueur. On ne croit pas pourtant qu'il s'en serve à manger sa proye; à cause qu'on a trouvé des hommes tout entiers dans le ventre de ces sortes de poissons.

Chien. Terme d'Artisan. Barre de fer quarrée, qui a un crochet en bas & un autre qui monte & descend le long de la barre. C'est ce que les Menuisiers & quelques autres Ouvriers appellent *Sergent*. Les Tonneliers qui se servent beaucoup de cet outil lui donnent le nom de *Chien*, parce qu'il serre, & mord fortement le bois. Ils appellent *Chienne*, une autre sorte de crochet qu'ils ont, qui tire, & qui pousse en même-tems.

CHIENDENT. Herbe qui jette quantité de racines, dont on se sert dans les infusions & décoctions. Elles sont rafraîchissantes, & mises au rang des cinq racines aperitives mineures. Le Chiendent est bon pour les obstructions du foye, de la rate & des ureteres, & même pour le crachement du sang. Il y en a une espece dont les feuilles sont rampantes, d'un verd fort clair, & faites en pointes comme les dents canines, ce qui lui a fait donner le nom de *Dent de Chien*, ou *Chiendent*. Cette plante a beaucoup de nœuds, qui en s'approchant de terre, jettent des racines. L'autre espece de Chiendent est d'un vert plus foncé. Ses feuilles sont étroites, & à fleur seulement de terre environ d'un pié. C'est l'herbe la plus commune, & on l'a nommée simplement *Herbe*, en Latin *Gramen*. Elle jette beaucoup de racines, & c'est ce qui fait les gasons.

CHIERE. s. f. Vieux mot qui signifioit autrefois *Visage*, & que l'on a dit au lieu de *Chere*, comme on a dit *Chief*, au lieu de *Chef*. Borel dit qu'il vient de *Cara*, vieux mot, qui en Latin signifie aussi *Visage*, selon Corippus; ce qui vient du Grec κάρη, qui veut dire, Tête. C'est delà que viennent les mots *Accarer*, Mettre en face; & *Acariastre*, qui a le visage refrogné. Les Espagnols disent *Cara*, pour dire, Visage.

CHIFFRE. s. m. Ce mot vient de l'Hebreu, *Sephira*, qui veut dire Nombre. Il y a le Chiffre Arabe, & le Chiffre Romain. Le Chiffre Arabe est celui dont on se sert en Arithmetique, & il est figuré de cette sorte 1730. Les Arabes reconnoissent que ces caracteres leur sont venus des Indiens, & ils les appellent Figures Indiennes. Le Chiffre Romain est celui qu'on marque par certaines Lettres Capitales de l'Alphabet. M. DC. XXX. L'origine de ce Chiffre vient de ce qu'on a compté d'abord par les doigts; de sorte qu'on a mis un I pour un, II pour 2, III pour 3, & IIII pour 4; parce que cela represente les quatre doigts de la main, sur lesquels on a accoûtumé de compter. Le Chiffre 5. est marqué par V. à cause qu'en comptant par les doigts, il doit être marqué avec le cinquiéme doigt qui est le pouce, & le pouce étant ouvert forme un V. avec le doigt *Index*. Deux V. joints par la pointe forment un X. ce qui le fait valoir dix. On met une L. pour cinquante; un C. pour cent, D. & IↃ. pour cinq cens, M. & CIↃ. pour mille. Cela vient de ce qu'anciennement on faisoit une M. comme si un I. avoit une anse de chaque côté; ce qui a été séparé avec le tems en trois parties de cette maniere CIↃ. Ces trois parties ne font que l'ancienne M; de sorte que c'est toûjours une M. qui signifie Mille, parce que c'est la premiere lettre du mot Latin *Mille*. Le D. vaut cinq cens, parce que si dans les deux lettres IↃ, qui sont la moitié de l'ancienne M. ont joint l'I. avec le Ↄ. retourné, cela formera un D. Le C. valoit cent, à cause que c'est la premiere lettre de *Centum*: & comme les Anciens faisoient leur C. comme notre E. capital, qui n'avoit point de barre au milieu, en coupant cette sorte de C. en deux, la moitié forme un L. qui doi valoir cinquante, comme étant la moitié du C. qui vaut cent.

Chiffre. Ornement d'Architecture qui est fait de l'entrelassement de quelques lettres fleuronnées en bas relief ou à jour. C'est aussi un ornement dans la Menuiserie, la Serrurerie, & les Ouvrages de bouis.

CHILIASTES. s. m. Heretiques qui croyoient qu'après le Jugement universel, les Prédestinés demeureroient mille ans sur la terre, où ils goûteroient toutes sortes de plaisirs. Cette opinion, dont Papias, qui vivoit dans le second siecle, est crû Auteur, fut condamnée par le Pape Damase dans un Synode que l'on tint à Rome contre les Appollinaristes. Ce Papias avoit été Disciple de saint Jean l'Evangeliste, & Evêque de Hierapolis; & comme son nom avoit de l'autorité, plusieurs Peres de l'Eglise se sont attachés à ce sentiment qu'ils fondoient sur un passage de l'Apocalypse. Le mot de Chiliaste vient de χίλια, qui veut dire *Mille*, d'où vient que ces Heretiques ont été aussi nommés *Millenaires*.

CHIMERE. s. f. Figure imaginaire qu'on fait sur le Monstre fabuleux que Bellerophon vainquit, & que l'on feint avoir eu la tête & l'estomach de Lion, le ventre d'une Chévre, & la queue d'un Dragon. On en voit de plusieurs sortes, qui dans l'Architecture Gothique servent de Corbeaux & de Gargouilles, & qui ne sont que des productions des Sculpteurs ignorans de ce tems-là.

CHINA. s. me. Racine qui nous est apportée d'une Province de la Chine où elle se trouve, & d'où elle a pris son nom. Il y en a de deux sortes, celle du Levant, & celle du Ponant, que l'on nous apporte du Perou & de la nouvelle Espagne. La premiere, est de couleur rouge ou noirâtre au-dehors, & blanchâtre ou rougeâtre au-dedans, & celle qui vient du Ponant est au-dedans de couleur plus rousse. Matthiole dit qu'on trouve cette racine toute tirée sur la greve de la mer, & que les flots l'y apportent des Marais où elle croît; qu'elle est de matiere spongieuse comme celle de roseau, & que l'Empereur Charles-Quint s'en est servi long-tems pour la sciatique. La meilleure est celle qui est fraîche & ferme, plus rousse en couleur, & qui n'est ni vermoulue ni chancie. Elle remedie aux incommodités du foye & de la poitrine, & par consequent à l'hydropisie & à l'asthme. Sa faculté est augmentée si on la mêle avec le gayac & la salsepareille.

CHINCILLA. s. m. Petit Animal qui se trouve dans le Perou, & qu'on y estime fort, aussi bien que dans les Pays voisins, à cause de la beauté de son poil, qui est fort leger & fort poli; de sorte que sa peau surpasse celle de tous les autres animaux. Il est de couleur brune, & de la grosseur d'un écureuil.

CHIQUE. s. f. Sorte de petite bête qui se trouve dans toutes les Isles des Antilles de l'Amerique, & que l'on croit engendrée de la poussiere la plus déliée & la plus échauffée du Soleil. Les Chiques ne sont gueres plus grosses que des cirons, & ressemblent à de petites puces, dont on peut dire qu'elles sont une espece, puisqu'elles sautent comme elles. Elles se fichent dans la chair avec une démangeaison douloureuse qui fait souvent perdre patience. D'ordinaire elles s'attachent au-dessous des ongles des piés, qui est un endroit fort sensible, autour des talons & au côté de la plante des piés, & se cachent entierement dans la chair, où elles grossissent en deux ou trois jours comme de petits pois; de sorte que pour les tirer, il faut décerner la chair tout autour avec des épingles, des aiguilles ou un canif, ce qu'on ne peut faire sans douleur. Lorsque la Chique est tirée il demeure un trou, qui quelquefois s'apostume, & où il se forme un ulcere malin très-difficile à guerir, particuliement si l'on rompt ou déchire la Chique, & qu'une partie de sa peau demeure dans le trou. Quand on ne se hâte point de les tirer, elles le remplissent de lentes, desquelles viennent autant de Chiques, qui toutes prennent place auprès du lieu où elles sont nées, ce qui fait qu'il s'y en amasse par centaines, qui endommagent tellement les piés qu'elles font garder le lit, ou tout au moins aller au bâton. Ces petites bêtes n'attaquent pas seulement les hommes, mais les Singes, les Chiens & les Chats; ce qui n'est pas pourtant ordinaire. Pour s'en garantir, il faut se frotter les piés avec des feuilles de petun broyées, & d'autres herbes ameres; sur-tout le Roncou est la peste aux Chiques. Ces petits cirons sont les mêmes que ceux du Bresil appellent *Tous*, & quelques autres Indiens *Nigas*.

CHIRAGRE. s. m. Nom que l'on donne à celui qui a la goute aux mains. On appelle aussi *Chiragre*, la maladie ou la goute qui travaille la partie exterieure de la main, où les jointures & les ligamens des doigts; & en ce sens le mot de Chiragre est feminin. Il vient du Grec χειράγρα, qui signifie la même chose, & qui est formé de χεὶρ, Main, & de ἄγρα, Chasse, capture, comme voulant dire ἡ ἄγρα χειρός.

On appelle aussi *Chiragre*, en termes de Fauconnerie, une maladie qui vient aux mains des Oiseaux, & qui est causée par l'amas de quelques mauvaises humeurs.

CHIROGRAPHAIRE. adj. On appelle *Creancier Chirographaire*, celui dont la dette n'est fondée que sur une écriture privée, & sans aucun acte de Justice. Comme les dettes de cette nature n'ont point d'hypotheque sur les biens immeubles, elles viennent seulement par contribution, & au marc la livre sur les effets mobiliaires. Ce mot vient de χεὶρ, Main, & de γράφειν, Ecrire.

CHL

CHLOROSIS. s. m. Sorte de maladie que l'on appele autrement, *La fiévre blanche*, *la fiévre des filles*, ou *la jaunisse blanche*. Les filles qui en sont attaquées ont le teint pâle, ou plûtôt livide, avec un certain cercle violet au-dessous des yeux. Elles sont tristes & inquietes sans aucune cause. Leurs mois ne sont pas toûjours supprimés & ne s'arrêtent que dans le progrès de la maladie. On a dit *Chlorosis*, pour χλωρότης, qui veut dire, Verdeur, de χλόη, Herbe, d'où l'on a fait χλοερὸς, χλοηρὸς, & par contraction χλωρὸς, Vert. Hippocrate a employé χλωρότης, pour dire, Pâleur.

CHO

CHOC. s. m. Terme de Chapelier. Instrument de cuivre pour mettre la ficelle au lien du chapeau.

CHOCOLATE. s. m. Confection, ou mêlange de drogues dont la base est le Cacao, & dont on fait un breuvage, qu'on boit fort chaud, & que l'on prétend entretenir la chaleur de l'estomac, & aider à la digestion. Avant qu'on eût découvert le nouveau monde, les Americains avoient une sorte d'aliment composé, qu'ils mangeoient en pâte ou conserve seche, & qu'ils bûvoient en liqueur; de sorte qu'il servoit tout ensemble à les rassasier & à les désalterer. Ils l'appelloient *Chocolate* ou *Chocolatl*, à cause que *Choco* veut dire, Son, dans leur langue, & *Atte* ou *Atle*, Eau; & qu'en préparant cette liqueur, ils l'agitoient avec un instrument de bois d'une maniere à faire du bruit. Le Cacao a toûjours fait parmi eux l'essentiel de la pâte de Chocolat; & outre le sucre qui a aussi toûjours été employé pour donner du corps à cette pâte, ils y ajoûtoient un suc épaissi qu'on tire du fruit de l'Achiote, des amandes du Coco ou Palmier des Indes en petite quantité, des Noisettes Americaines, avec du Mays en assés forte dose, & de la fleur d'Oresevala. Les Espagnols ayant pris racine dans les Indes, découvrirent qu'une certaine plante de la nouvelle Espagne, produisoit une gousse aromatique, dont ils se servirent pour la confection du Chocolat, en supprimant les Ingrediens des Americains. Cette Plante que les Indiens nomment *Tlixochlt*, & dont ils apppellent les gousses *Mecasulhil*, est une herbe qui rampe le long des Arbres. Ses feuilles sont semblables à celles du plantain, mais plus longues & plus épaisses. Les Espagnols en appellerent les gousses *Vanilles*, à cause qu'elles sont fort longues & fort étroites, & qu'en leur langue *Vanilla* veut dire petite gaine. Elles renferment une sorte de petits grains très-menus, mêlés avec une espece de pulpe noirâtre, balsamique, & fort odorante; ce qui rend le Chocolat extrêmement savoureux, & lui communique des proprietés admirables contre la plûpart des maladies de poitrine, & contre les venefices & poisons. Aussi, dit-on ordinairement, que la poudre de Vanille est l'ame du Chocolat, que les Espagnols ne composerent plus qu'avec cette gousse, le Sucre & le Cacao, y ajoûtant seulement un peu de poivre d'Inde. Ils y mêlerent ensuite la canelle, les girofles, le musc, & l'ambre-gris. Le Chocolat bien préparé, & pris avec le sirop de Vanilles à differentes heures du jour, & sur-tout le soir en se mettant au lit, à la quantité de deux prises, suspend le mouvement immoderé de la matiere du rhûme & des fluxions de poitrine, émousse les parties salines & irritantes de la serosité qui cause la toux, éteint les inflammations de la gorge & de la plevre, & calment les differentes causes des insomnies. Il est aussi d'un fort grand secours pour amortir la bile épanchée qui provoque le vomissement, & qui fait les coliques bilieuses, le *Colera morbus*, la dyssenterie & la diarrhée. On ne peut gueres être assûré de la bonté du Chocolat qu'en le faisant préparer chés soi, & il n'en faut faire provision que pour deux ans, puisqu'il commence à dégenerer même avant ce terme. On le conserve en l'envelopant dans du papier gris, & en le mettant ainsi envelopé dans une boëte, qu'il faut placer dans une autre boëte qui soit en lieu sec.

CHOCOLATIERE. s. f. Vase de métal, dans lequel on délaye le Chocolat avec un moulinet, & où on le fait cuire. Ce Vaisseau est fait en maniere de Coquemar.

CHOERM. s. m. Vieux mort. Porc. On a dit aussi *Goerm*. Borel veut que ce soit delà que vient *Gorret*, du Grec χοῖρος, qui veut dire aussi, un Porc.

CHOINE. s. m. Nom que les Sauvages du Bresil donnent à un arbre d'une moyenne hauteur, dont les feuilles, pour la forme & pour le vert, sont semblables à celles du Laurier. Il porte des pommes grosses comme la tête d'un enfant, & qui sont à peu près de la figure des œufs d'Autruche. Elles ne valent rien à manger. L'écorce en est ligneuse & fort dure. Les Sauvages en font des vases & autres ustenciles de ménage.

CHOINTE. adj. Vieux mot dont on s'est servi pour

dire, Gentille, ajustée. *Chambrette belle & cointe*. On a dit aussi *Cointe*.

CHOISON. f. f. Diminutif d'*Achoison*, qui vouloit dire autrefois, Dessein, cause, occasion.

Di moi la choison de ta voye.

CHOLAGOGUES. f. m. Médicamens qui purgent la bile par bas. Il y en a de simples & de composés, & leur activité en fait trouver de trois sortes dans les uns & dans les autres, de benins, de mediocres & de malins. Les benins sont ceux qui nettoyent seulement la premiere region, comme la manne, la casse, les tamarins, les prunes, l'eupatoire, les roses, la fume-terre, les fleurs de Pêcher, &c. Les mediocres sont l'aloës & la rhubarbe, & les violens la scammonée. Ce mot vient de χολὴ, Bile, & du verbe ἄγειν, Amener.

CHOMMAGE. f. m. Etat de ce qui demeure sans agir pendant un certain tems. On déduit le Chommage aux Ouvriers qui manquent à se trouver dans un Attelier. Suivant l'Ordonnance, quand le passage des trains ou des bateaux empêche les moulins de moudre pendant vingt-quatre heures, leur Chommage est reglé à quarante sols.

CHONDRILLE. f. f. Espece de Chicorée sauvage, dont la tige, les fleurs, les feuilles & la graine sont un peu plus minces. Sur ses branches se trouve une gomme grosse comme une féve, que Dioscoride dit avoir la vertu de provoquer efficacement les fleurs des femmes, si étant pilée & mêlée avec de la myrrhe, on l'applique dans un linge en la partie secrette, environ de la grosseur d'une olive. Cette plante croît sur les levées de fossés, & le long des grands chemins; & quoiqu'elle soit fort amere, on ne laisse pas de la manger en salade. Il y a une autre espece de Chondrille, dont la feuille est longue & traîne par terre, & qui semble avoir été rongée à l'entour. Sa tige est pleine de lait, & a une vertu maturative, ainsi que ses feuilles. Sa racine est déliée, ronde, lissée, bien nourrie, jaunâtre & pleine d'humeur. Cette plante vient dans les terres grasses & bien cultivées, & on la nomme *Latrainola* en Italie, à cause de la quantité de lait qu'elle a.

CHOPINETTE. f. f. On appelle en termes de mer, *Chopinette de pompe*, un petit Cylindre qu'on arrête fixe dans le corps de la pompe, un peu au-dessous de l'endroit où descend la heuse. Il est percé au milieu, & une soupape en couvre le trou.

CHOQUER. v. a. Donner un choc, heurter. On dit en termes de mer, *Choquer la tournevire*, pour dire, Rehausser la tournevire sur le cabestan, afin d'empêcher qu'elle ne se croise, ou qu'elle ne s'embarrasse lorsqu'on la vire.

CHORION. f. m. Taye ou membrane nerveuse & forte, dont le fœtus est envelopé, & qui adhere à la matrice par le moyen des veines & des arteres umbilicales. Ce mot est Grec χόριον, & se dit tant des animaux que de l'homme. Hippocrate écrit χωρίον, qui veut dire Lieu, habitation, à cause qu'il est comme la demeure du fœtus. Quelques-uns le dérivent de χωρεῖν, Je vais, je parts, à cause qu'il vient avec le fœtus.

CHOROBATE. f. m. Niveau. Voyez NIVEAU. Ce mot de Chorobate a été fait de χωροβάτης, de χῶρος, Lieu, & de βαίνειν, Marcher, parcourir, parce que quand on veut niveller un lieu, on le parcourt avec le niveau.

CHOROGRAPHIE. f. f. Science qui donne les connoissances necessaires pour faire une carte particuliere de quelque Province. Ce mot vient de χώρα, Region, & de γράφω, J'écris, d'où l'on a fait χωρογραφεῖν, pour dire, Décrire les lieux de quelque Pays.

CHOROÏDE. adj. Terme de Medecine. On appelle *Membrane Choroïde*, Celle qui envelope l'enfant dans le ventre de la mere. Il se dit aussi de la petite membrane dont le cerveau est envelopé, & on l'appelle χοροειδής, à cause de la ressemblance qu'elle a avec le Chorion. La troisiéme tunique de l'œil, qui est celle où est la prunelle & l'iris, s'appelle aussi *Choroïde*. Cette Choroïde est entierement noire dans l'homme; mais elle a une couleur fort éclatante dans les yeux des Lions, des Chameaux, des Ours, des Bœufs, des Brebis, des Cerfs, des Chiens, des Chats, & de la plûpart des Poissons.

Quelques-uns prétendent que la vision se fait sur la Choroïde & non pas sur la retine, & en apportent pour preuve cette experience. On met un morceau de papier blanc à la hauteur de ses yeux pour servir de point fixe, & à deux piés delà on en attache un autre au côté droit. Ensuite on se met vis-à-vis du premier papier, on s'en éloigne peu à peu, & quand on en est à la distance de dix piés le second papier disparoît entierement, quoique l'on voye encore tout ce qui est autour de lui: or il est certain que dans ce cas-là, l'image de ce papier qu'on ne voit plus, tombe sur un endroit de l'œil où la retine se trouve encore, mais où la Choroïde manque. On peut répondre à cela que ce défaut de vision vient de ce que l'endroit de la retine où l'image tombe a plus de troncs d'arteres & de veines que de filets du nerf optique, & par consequent n'est pas propre à causer un sentiment.

CHOU. f. m. Herbe potagere que l'on cultive dans les jardins. Dioscoride fait mention de *Chous sauvages*, qui croissent la plûpart aux lieux maritimes, hauts & difficiles à monter, & qui sont semblables aux choux des jardins, si ce n'est qu'ils sont plus blancs, plus velus & plus amers. Il parle aussi du *Chou marin*, entierement different du Chou des jardins, ayant ses feuilles longues, déliées, & semblables à la sarrasine ronde. Chaque feuille sort des tiges & branches qui sont rouges, & elles n'ont qu'une queue comme le lierre. Ce Chou a fort peu de jus, mais il est blanc, salé & amer, & de substance épaisse & grasse. Il est fort contraire à l'estomac, & lâche le ventre, & on le met cuire avec de la chair fort grasse, à cause de sa grande acrimonie. Entre plusieurs especes de Choux, Pline met les *Choux Sabelliques*, qu'il dit avoir les feuilles si crêpes, qu'à cause de leur grosseur, leur tige demeure petite. Toutefois, ajoûte-t'il, ce sont les plus doux de tous. Il parle aussi d'une autre sorte de Choux qui ont la tête grosse, & une infinité de feuilles, dont les uns sont ronds comme une boule, & les autres larges, plats & musculeux. Il dit qu'il n'y a Chou qui ait la tête plus grosse que celui-ci après le *Chou Tritien*, qui l'a quelquefois grosse d'un pié en rondeur, ni qui soit plus tardif à jetter sa cime. Toutes ces marques conviennent à nos *Choux Cabus*. Les Choux sont ennemis de la vigne, en sorte que si l'on en plante un au pié d'un sep, le sep se reculera. Tout Chou desseche, absterge & digere sans acrimonie, & il n'y a que sa graine qui soit en usage dans la Medecine. On se sert d'ordinaire de celle du Chou commun pour faire mourir les vers, & de celle du Chou rouge, pour remedier aux maux de poitrine, sur-tout à la toux. Le Chou s'appelle *Brassica* ou *Caulis* en Latin, & κράμβη, en Grec.

On trouve dans les Isles de l'Amerique des Choux appellés *Choux Karaibes*, dont les racines sont grosses

ses comme la tête, rondes & massives. Ces racines sont de couleur de chair par dehors & jaunes par dedans, & l'odeur n'en est pas moins douce que celle des violettes. Elles poussent des tiges & des feuilles qui sont fort semblables à la grande Serpentine. Si on les rompt, aussi-bien que les racines, il en sort un lait qui est assés doux. On se sert des feuilles au lieu de Choux dans le potage; elles se fondent & s'amollissent au premier bouillon, comme de l'oseille. Les racines, qu'on met aussi dans le pot, s'amollissent & rendent le potage épais, comme si on y avoit mis une poignée de farine. Il s'y trouve une autre espece de Choux, que les Habitans nomment *Choux poivrés*. Leurs feuilles sont un peu plus longues que celles des autres, & ils portent une fleur blanche. Il est extrêmement difficile de les discerner; & comme on les met souvent dans le potage au lieu des autres, on ne s'en apperçoit qu'en les mangeant, à cause qu'ils brûlent la bouche & le gosier. Même si l'on en mange beaucoup, ils donnent le flux de bouche.

CHOUCAS. s. f. Espece de Corneille grise. Elle a le bec & le pié rouges, & c'est celle qu'on appelle *Mantelée*. Furetiere dit qu'on l'appelle *Grolle*. La Grolle a les piés & le bec noirs.

CHOUETTE. s. f. Oiseau de nuit, qui est une espece de hibou. Il est de couleur cendrée, & de la grandeur d'un pigeon ramier. Il fait son nid dans le creux des arbres, ou dans les trous des murailles. La Chouette paroît à la pointe du jour, ou quand la nuit commence à venir. Elle est ennemie des petits oiseaux, & se nourrit de lesards, de souris & de grenouilles.

CHOUQUET. s. m. Terme de mer. Grosse piece de bois dont on se sert pour couvrir la tête du mât, ou pour empêcher que la pluie ne tombe dessus. Cette piece de bois est plate, de figure quarrée par le dessous, & ronde par le dessus. Il y a un Chouquet à chaque brisure des mâts au-dessus des barres de hune, & son usage est d'emboiter un mât à côté de l'autre.

CHR

CHRIST. s. m. Ordre Militaire de Portugal, que le Roi Denys I. fonda vers l'an 1318. pour animer sa Noblesse contre les Mores, & que le Pape Jean XXII. confirma deux ans après. Ce Pape donna aux Chevaliers de cet Ordre la Regle de S. Benoît, & Alexandre VI. leur permit depuis de se marier. Il fut ordonné par leurs Statuts, qu'ils seroient vêtus de noir, & qu'ils porteroient sur la poitrine une Croix Patriarchale de gueules chargée d'une autre d'argent. Ce furent les Armes que cet Ordre prit. Dom Gilles Martinés en fut le premier Grand-Maître. Ils eurent leur premiere Maison à Castro Marin, & depuis à Tomar, qui étoit plus voisine des Mores d'Andalousie & d'Estramadure. Cet Ordre a été uni inséparablement depuis à la Couronne de Portugal, & les Rois en ont pris le titre d'Administrateurs perpetuels.

CHRISTOLYTES. s. m. Nom qu'on a donné à certains Errans du sixiéme siecle, qui prétendoient que quand JESUS-CHRIST étoit descendu aux Enfers, il y avoit laissé le corps & l'ame, & n'étoit monté au Ciel qu'avec sa seule divinité. Ce mot est formé du nom de CHRIST, & de λύειν, Delier, comme s'ils avoient délié l'humanité du Fils du Dieu d'avec sa divinité.

CHROMATIQUE. adj. Terme de Musique. C'est le second de ses trois genres qui abonde en demitons. On l'a appellé ainsi de χρῶμα, Couleur, à cause que les Grecs avoient accoûtumé de le marquer par des caracteres de couleur. On tient que Timothée Milesien inventa le genre Chromatique du tems d'Alexandre le Grand, & que les Spartiates le bannirent, à cause que n'ayant accoûtumé d'user que du genre diatonique, ils trouvoient le Chromatique une Musique trop molle. Les genres Chromatiques ne contiennent que les moindres degrés diatoniques.

CHRYSANTHEMUM. s. m. Herbe tendre qui produit grand nombre de branches, & qui a ses tiges lissées, polies & revêtues de feuilles fort déchiquetées. Ses fleurs sont jaunes & fort luisantes, & étant broyées & incorporées en cerot, elles sont bonnes à resoudre les apostumes grasses. Dioscoride dit qu'en bûvant toûjours ses fleurs à l'issue du bain, quand on le continue pendant quelque tems, elles rendent la couleur à ceux qui sont atteints de jaunisse. Cette herbe croît autour des Châteaux, & on en mange les tiges comme on feroit une autre herbe des jardins. *Chrysanthemum* est un mot fait de χρυσὸς, Or, & de ἄνθεμον, Fleur à cause de l'éclat de ses fleurs jaunes.

CHRYSOCOLLE. s. f. Pierre precieuse qui est de couleur d'or & de figure quarrée. Pline dit qu'elle se rencontre aux Indes, & qu'elle a la vertu de l'aimant, & même celle d'attirer l'or.

Chrysocolle, est aussi un Mineral qui se trouve dans les mines d'or, d'argent, de cuivre & de plomb. On l'appelle ainsi du mot Grec χρυσοκόλλα, fait de χρυσὸς, à cause qu'il sert à souder l'or, & même l'argent & le cuivre. Voyez BORAX.

CHRYSOCOME. s. f. Plante, qui produit ses rejettons hauts d'un palme, & qui a sa chevelure faite en boutons & en corymbes. Sa racine, qui est aussi mince que celle du Souchet, est velue comme celle de l'Ellebore noir. Le goût en est assés bon; il est doux tirant sur l'âpre. Cette plante croît aux lieux pierreux & remplis d'ombre. Sa racine est chaude, astringente & propre à ceux qui ont le foye ou le poumon chaud & enflammé. Ce mot est Grec χρυσοκόμη. Galien dit que quelques-uns l'appellent χρυσῖτις, & que sa racine abonde en acrimonie & en astriction; ce qui est cause qu'on ne s'en sert gueres. Elle est inconnue à Matthiole.

CHRYSOGONUM. s. m. Dioscoride dit que le *Chrysogonum* est fort épais dans son branchage qu'il a ses feuilles comme le Chêne, & la fleur semblable au *Verbascum*; que sa racine est faite en façon de rave, rouge dedans & noire dehors, & qu'étant pilée & appliquée avec du vinaigre, elle est fort bonne aux morsures des Musaraignes. Ce mot est Grec χρυσόγονον. Matthiole avoue qu'il n'a jamais vû de *Chrysogonum*, ni sçû qu'on en ait trouvé en Italie.

CHRYSOLITHE. s. f. Pierre precieuse & transparente de couleur d'or mêlée de vert, qui jette un beau feu. C'étoit autrefois la pierre la plus estimée de toutes. Les Abyssins la trouverent par hazard en l'Isle Topases. La Chrysolite fine tire sur le vert gai de la mer, ou au jus pressuré des feuilles de porreau. Cette pierre est la plus grosse de toutes, & la seule qui se taille à la mine. Le nom qu'elle a vient de χρυσὸς, Or, & de λίθος, Pierre.

CHRYSOPE'E. s. f. Les Chimistes appellent ainsi l'art de faire la pierre Philosophale, de χρυσὸς, Or, & de ποιεῖν, Faire.

CHU

CHUPIRE. s. m. Nom que les Mechoacains donnent

à un arbre qui est semblable au Laurier. Ce mot veut dire, *Plante de feu*. Il est agreable à voir. Ses feuilles qui surpassent en grandeur & en largeur celles de l'Amandier, sont composées comme les Roses; de sorte qu'on le prendroit pour le Rhododendron de Dioscoride. Son suc est rouge. Les Sauvages assûrent qu'il évacue les humeurs pituiteuses à ceux qui sont travaillés de cachexie, surtout si le mal vient de cause froide. Il y en a pourtant qui croient cette plante venimeuse & mortelle à l'homme. Elle se plaît dans les lieux humides. Les Mexicains l'appellent *Quauhtepatli*.

CHUPIRI. s. m. Arbrisseau des Indes Occidentales qui croît dans la Province de Mechoacan. Il jette une racine grosse & longue, qui au dehors est d'une couleur entre jaune & blanc, & au dedans un peu rousse. Il en naît quelques troncs & plusieurs rameaux déliés, d'un verd obscur, & qui tire sur le bleu. Ils sont ronds & longs, polis, pleins de feuilles, à la façon de celles des Orangers, mais plus grandes. Ses fleurs sont jaunes & étoilées. Il n'a nulle odeur ni saveur que l'on remarque. Les naturels du Pays estiment fort cette plante, qu'ils appellent aussi *Charapeti*. Ils s'en servent pour les débilités de nerfs, la galle, & autres maux opiniâtres du corps, qui ne veulent ceder à aucun remede.

CHUTE'ENS. s. m. Peuples d'une Province de Perse appellée *Chuta*, à cause du fleuve *Chut*, & qui ayant été envoyés pour habiter la Samarie, qui étoit deserte depuis que Salmanasar en avoit fait esclaves les habitans, prirent le nom de Samaritains. Dieu ayant permis qu'un grand nombre de lions sortissent des deserts & en dévorassent une partie, pour les punir de ce qu'ils avoient apporté leurs Idoles qu'ils adoroient à la façon des Gentils; le Roi d'Assyrie prit soin de les faire instruire dans la Religion des premiers habitans de cette terre, par un Sacrificateur des Juifs qu'il fit venir. La crainte d'être dévorés par les lions, les fit se soûmettre à quelques preceptes de la Synagogue; mais en adorant toûjours leurs Idoles. Ils persevererent dans ce culte mêlé d'idolâtrie jusqu'au tems des Apôtres, que les Samaritains reçûrent l'Evangile.

CHY

CHYLOSE. s. f. Terme de Medecine. Action par laquelle les alimens digerés se changent en chyle. Les Medecins attribuent la Chylose a l'action propre du ventricule. Ce mot est Grec χύλωσις, & vient de χυλὸς, Suc.

CHYMIE. s. f. Art qui enseigne à dissoudre les corps mixtes & à les coaguler lorsqu'ils sont dissouts, pour en faire des médicamens plus agreables & plus efficaces. On se sert pour cela de la solution qui est une séparation des principes dont le corps mixte est composé, & de la coagulation, qui est une exficcation ou endurcissement de corps mixte. Il y a une autre sorte de Chimie qui consiste à la transmutation des métaux, & à falsifier les ouvrages de la nature. C'est ce qu'on appelle, *Chercher la Pierre Philosophale*. Le mot de Chimie vient de χυμὸς, qui veut dire, Suc d'une plante ou de quelque chose qu'on pressure.

CIB

CIBOIRE. s. m. Ce mot signifioit autrefois un Coffre, de κιβώριον, diminutif de κιβὸς, Coffre. *Ciboire* est aussi par rapport à l'Architecture, selon ce que les anciens Auteurs en ont écrit, un petit dais ou baldaquin, formé d'une voute d'ogie à quatre lunettes, & qui est porté sur quatre colonnes. On s'en servoit autrefois pour couvrir les Autels, & on en voit encore un à Rome dans l'Eglise de saint Jean de Latran.

CIC

CICERO. s. m. Terme d'Imprimerie. Caractere qui est entre le petit Romain & le saint Augustin. *Cicero neuf*, *Cicero usé*.

CICEROLLE. s. f. Espece de pois chiches que l'on appelle en Latin *Cicera*. On dit aussi *des Cices*.

CIE

CIEL. s. m. *La partie superieure du monde qui environne tous les elemens*. Acad. Fr. Ce mot en termes de Marine, forme plusieurs façons de parler. On dit *Ciel embrumé*, lorsque l'on voit l'horison couvert de nuages; *Ciel fin*, quand le ciel est clair & sans nuages, & *gros Ciel*, quand de gros nuages paroissent en l'air. On dit aussi que *le Ciel se hausse*, pour dire, qu'il s'éclaircit.

On dit en termes de Peinture *Le ciel d'un tableau*, pour dire, Le haut d'un tableau; & l'on appelle *Ciel de carriere*, le premier banc que trouvent au dessous des terres ceux qui fouillent les carrieres. On tire de ces ciels une pierre rustique qui est propre pour fonder.

CIERGE. s. f. *Chandelle de cire destinée pour l'Eglise*. Acad. Fr.

On appelle *Cierge d'eau*, plusieurs jets d'eau sur une même ligne dans un bassin long à la tête d'un canal, ou d'une cascade.

Il y a dans les Isles de l'Amerique une espece de gros Chardon que les François nomment *Cierges*, & les Caraïbes *Akouleron*. Il croît comme un gros buisson touffu & herissé de toutes parts d'épines fort pointues & déliées. Il pousse en son milieu neuf ou dix tiges sans branches ni feuilles, qui sont hautes de neuf à dix piés, & cannelées comme de gros cierges. Ces tiges sont aussi munies d'épines piquantes comme de fines aiguilles, qui étant extrémement perçantes, ne permettent pas qu'on puisse toucher cette espece de chardon de quelque côté que ce soit. Le dedans ainsi que l'écorce, est assés mollasse & spongieuse. Chaque Cierge porte en une saison de l'année, des fleurs jaunes ou violettes entre les rayes cannelées de sa tige. A ces fleurs succede un fruit en forme de grosse figue. Il est assés délicat, & bon à manger. Les oiseaux en sont fort friands; mais ils ne peuvent le bequeter qu'en volant à cause que les aiguillons qui le conservent de toutes parts, ne leur permettent pas de s'arrêter ni sur le buisson, ni sur les tiges. Les Indiens ont l'adresse d'en détacher ce fruit avec de petites perches fendues par le bout.

CIERVE. s. f. Vieux mot, qui a été dit autrefois pour biche. On disoit *Cierve* au lieu de *Cerve*, comme *Chievron*, pour Chevron, & *Cerve*, étoit la femelle du Cerf.

CIEZ. s. m. Vieux mot. Cheveux. *La peussiez vous voir tant viez draps depanez, & tant grande barbe, & tant ciez hurepez*.

CIG

CIGALE. s. f. Insecte qui vole, & qui par ses cris fait grand bruit à la campagne pendant tout l'Eté, Aristote, & Pline en comptent de deux especes, dont les moindres qui viennent les premieres, demeurent les dernieres. Le contraire arrive dans les plus grandes. Il n'y a que les mâles qui chantent. Ils ont le corps presque coupé par le milieu, & les femelles l'ont tout d'une venue. Elles font leurs petits dans les terres qui se reposent, & font leur couche avec une petite pointe qu'elles ont au derriere ainsi que les hanetons. Elles en percent même les cannes & les roseaux, afin d'y faire leur nid. Il y a force Cigales lorsque la saison est pluvieuse. Elles viennent d'abord comme un petit ver en terre; & c'est de ce ver que sont formées celles qu'on nomme *Meres Cigales*, qui sont bonnes à manger avant qu'elles sortes de la coquille qui les environne. Les petits Cigalons sortent de ces Meres Cigales après avoir rompu leur coquille. La Cigale n'a point de bouche; mais elle a dans l'estomac certaines pointes en forme de langue, avec lesquelles elle leche la rosée. Cet estomach est creux comme un tuyau, & c'est de là que vient le chant ou le cri qu'elles font entendre. Les Cigales haïssent les lieux froids & les forêts ombrageuses. Elles ne viennent pourtant jamais où il n'y a point d'arbres, & aiment sur-tout les Oliviers, à cause qu'ils ne font pas grand ombrage. Dioscoride dit que les Cigales rôties & mangées, sont bonnes aux douleurs de la vessie, & Galien ajoûte que quelques-uns ordonnent trois, cinq ou sept Cigales seches avec pareil nombre de grains de poivre, contre la colique, & qu'ils les font prendre par intervalle & au fort de la maladie. D'autres se servent de leur cendre pour faire uriner, & rompre la pierre. Le mot de Cigale vient de son nom Latin *Cicada*, qu'on croit avoir été fait, *Quasi cito cadens*. Il y en a qui le font venir de κίκ, qui est le son que cet animal exprime, & de ᾄδω, Je chante.

Cigale. Petit poisson d'eau douce qui ressemble à la Cigole. Il y a aussi une *Cigale de mer*, qui est un poisson du nombre des testacées. Il a cinq bras d'un côté & autant de l'autre, & la queue comme l'Ecrevisse.

CIGOGNE. s. f. Oiseau qui a le bec long & rouge, ainsi que les jambes, & le bout des aîles noir avec quelque peu des cuisses & de la tête de cette même couleur. La Cigogne est blanche dans tout le reste du corps, & a la queue courte. Elle ressemble au Heron, & tient les aîles baissées en volant. Elle mange les serpens, & on fait de cet oiseau le symbole de la reconnoissance. Son petit s'appelle *Cigognat*. On derive *Cigogne* du Latin, *Ciconia*, qu'on fait venir de *Cicur*, Apprivoisé, à cause de son naturel doux, qui la rend facile à s'apprivoiser ou *quasi Cicania*, du son que cet oiseau fait avec son bec.

CIGUE. s. f. Herbe fort commune, dont l'odeur est très-puante, qui croît le long des murailles des Villes & des Châteaux, & qui est semblable à la ferule. Sa tige est nouée & grande comme celle du fenouil. Elle jette de petites branches à sa cime, & elle a ses fleurs blanchâtres, & une graine plus blanche que n'est celle de l'Anis. Sa racine est creuse, & fort peu profonde en terre. Cette herbe est si froide, que Dioscoride la met au rang des poisons froids. Elle excite des vertiges, obscurcit la vûe, cause des hoquets, stupefie les sens & toutes les parties du corps; & si on ne soulage promptement celui qui en a pris, par des remedes échauffans, & en lui procurant le dévoyement par haut & par bas, il meurt en fort peu de tems. Ce fut le poison que l'on donna à Socrate. Elle en est un pour l'oye, & un aliment pour l'étourneau. On s'en sert pourtant exterieurement dans la tumeur & dans les inflammations de la rate. Outre le nom de *Cigue*, on lui donne celui de *Segue* ou *Cocue* en François, & on l'appelle *Cicuta* en Latin, *Quasi cæcuta* à cause des nœuds cachés qu'elle a comme la canne.

CIL

CILIAIRE. adj. Terme de Medecine. On appelle *Interstice* ou *ligament Ciliaire*, certaine partie de l'œil, qui sert à soûtenir le cristallin, & qui est forte comme le cil des paupieres. Ce mot vient du Latin *Ciliaris*, Qui ressemble aux cils.

CILICE. s. m. *Tissu de poil de chevre, de cuir de cheval, ou de quelque autre poil rude & piquant, que l'on porte sur la chair par mortification.* ACAD. FR. C'étoit parmi les Hebreux une robe de deuil & de penitence. Les Septante Interpretes l'ont appellée *Sac*, & la Version Latin l'a nommée *Cilice*. La couleur noire étant naturellement triste, il y a sujet de croire que ces Sacs ou Cilices étoient noirs, cette couleur convenant mieux au deuil & à la mortification que toute autre. Ces robes de penitens étoient nommées Sacs, à cause qu'elles étoient étroites comme un Sac; & on les nommoit Cilices du lieu, où l'étoffe dont elles étoient faites avoit été inventée; c'est-à-dire, des anciens peuples de Cilicie, qui en portoient, sur-tout les Soldats & les Matelots. C'étoit l'habit de la plûpart des ceux que l'on appelloit *Ascetes*; c'est-à-dire, qui ayant renoncé au monde, s'exerçoient dans des actions de penitence. Ils portoient cette sorte de Cilice sur la chair, & ne le quittoient ni jour ni nuit, afin de mater leur corps, & d'être moins endormis. Il semble que sous ce nom on doit comprendre toutes sortes d'étoffes grossieres, dont le poil qui passe est rude & piquante.

CILLER. v. a. *Fermer, clorre. Il ne se dit que des yeux & des paupieres quand on les ferme pour peu de tems.* ACAD. FR.

Ciller. Terme de Fauconnerie. Coudre les cils d'un oiseau de proye, afin que ne voyant point il ne soit point sujet à se débattre.

CIM

CIMAISE. s. f. Terme d'Architecture. Membre d'une Corniche.

CIMBALE. s. f. Terme d'Organiste. Jeu armonieux qu'on mêle avec le plein jeu.

CIMENT. s. m. *Poudre faite de tuile battue & pilée, dont on se sert dans les bâtimens.* ACAD. FR. Ce mot vient du Latin *Cæmentum*, fait de *Cædere*, Frapper. M. Felibien nous apprend que ce que les anciens Architectes nommoient *Cæmentum*, ne s'entend pas de notre Ciment à faire du mortier qui est de la tuile cassée, mais de leur maniere de maçonner, & de la qualité de la pierre qu'ils employoient, comme lorsqu'on remplit des voutes & des murs avec du moëlon & du blocage.

Ciment en termes de Chimie, est une poudre composée pour purifier l'or par cementation. Il est, ou commun, ou Royal. Le vulgaire se fait de la farine de briques, sel préparé, salpêtre & vert de gris; le Royal, de farine de briques, sel armoniac, gomme & sel commun.

Les Orfevres & ceux qui mettent en œuvre, appellent *Ciment*, un composé de brique, de poix resine, & de cire, dont on se sert pour ciseler.

CIMETERRE. s. m. C'est, selon Nicod, une façon d'épée à la maniere des Turcs, a un tranchant & un dos large, courte & courbe contre la pointe. Il dit que Charlemagne en ses Lettres closes

ſes à Offbas Roi des Merciens, rend ce mot par *Gladius Humſcus*, à cauſe que les Huns portoient cette ſorte d'épée. Nic. Gilles l'appelle *Badelaire*.

CIMIER. ſ. m. La piece de chair qui ſe leve le long du dos & des reins de l'animal depuis les côtes juſqu'à la queue. Le cimier du cerf avec les cuiſſes eſt le droit du Roi à la chaſſe. On appelle *Cimier de bœuf*, une partie de la cuiſſe qui contient pluſieurs tranches, & dont chaque tranche contient trois morceaux qui ont divers noms. Le derriere de Cimier eſt contenu depuis les tranches juſques à la queue.

On appelle *Cimier*, en termes de Blaſon, la partie la plus élevée dans les ornemens de l'Ecu, & qui eſt au deſſus ou à la cime du caſque, d'où eſt venu le mot de *Cimier*. Celui de France eſt une Fleur de lis quarrée. On s'eſt ſervi plus ſouvent de Cimiers de plumes que d'autres. La plûpart ſont faits d'une maſſe de plumets d'Autruche ou de Heron, & on appelloit ces touffes de plumes dans les anciens Tournois *Plumails* ou *Plumarts*. Elles ſe mettoient dans des tuyaux ſur de hauts bonnets. Les Cimiers ſe faiſoient auſſi de cuir bouilli, de carton, de parchemin, peints & vernis, quelquefois d'acier ou de bois, & fort ſouvent une piece de Blaſon, comme un aigle ou une fleur de lis, y étoit repreſentée; mais jamais ni pal, ni faſce, ni aucune des pieces qu'on nomme honorables. Il étoit permis d'en changer, quand on vouloit, à cauſe que dans le Blaſon il tenoit ſeulement lieu d'ornement & de deviſe.

CIMOLIE. ſ. f. Sorte de terre dont parle Dioſcoride. Il y en a de deux ſortes, l'une blanche, & l'autre qui tire ſur le purpurin. La meilleure eſt celle qui eſt naturellement graſſe & froide à toucher. Toutes deux détrempées dans du vinaigre, ſont propres à reſoudre les oreillons, & toutes autres petites tumeurs. Les brulures du feu ne produiront aucunes veſſies, ſi on a eu ſoin de les en enduire incontinent. Cette terre eſt bonne auſſi à repercuter les apoſtumes, & tous les amas d'humeurs qui viennent au corps.

CIN

CINDRE, ſ. m. Vieux mot, qui ſignifioit un Inſtrument de Charpentier, & qui venoit de *Centrum*.

CINCELIER. ſ. m. Vieux mot. Dais. *Quand Judith vit Holofernes geſir en ſon lit deſſous un Cincelier qui étoit de ſaphirs & d'emeraudes.* On a dit auſſi *Cuicelier*.

CINCENELLE. ſ. f. Corde de groſſeur moyenne ou Eſpece de petit cable, dont les Bateliers ſe ſervent à remonter leurs bateaux, & à d'autres uſages.

CINEFACTION. ſ. m. Terme de Chimie. Calcination par laquelle un corps mixte eſt réduit en cendres à feu violent. Ce mot vient du Latin *Cinis*, Cendre. Cette cendre eſt appellée *Chaux* dans les métaux.

CINEFIER. v. a. Réduire un corps mixte en cendres.

CINERATION. ſ. f. Reduction du bois ou d'autres corps combuſtibles en cendres. Il faut remarquer que la Cineration ne ſe fait que par le feu avec le ſecours de l'air, puiſque le bois dont on aura tiré toute l'humidité par la diſtillation, ne ſe convertit jamais en cendre, mais en charbon.

CINGLAGE. ſ. m. Terme de Marine. Le chemin qu'un Vaiſſeau fait en vingt-quatre heures. Il ſe dit auſſi du loyer des gens de Marine.

CINGLEAU. ſ. m. Terme d'Architecture, Eſpece de cordeau qui ſert pour trouver & pour décrire la diminution des colômnes.

CINGLER. v. n. Terme de Marine. Faire route, conduire un Vaiſſeau ſur l'eau, aller ou courir à toutes voiles.

CINNABRE. ſ. m. Couleur rouge. Vermillon. Dioſcoride dit que c'eſt ſe tromper que de croire que le Cinnabre & le Vermillon ſoient la même choſe, puiſqu'en Eſpagne on fait le Vermillon d'une certaine pierre mêlée avec un ſable blanc comme l'argent, & que le Cinabre s'apporte d'Afrique, & en ſi petite quantité, qu'à peine les Peintres en peuvent-ils recouvrer pour ombrager leurs peintures. Il a les mêmes propriétés que la pierre hæmatite, étant fort bon employé dans les medicamens oculaires, & même plus que l'Hæmatite, à cauſe qu'il eſt plus aſtringent, & qu'il étanche le ſang. Il eſt extrémement chargé de couleur; ce qui a donné lieu à pluſieurs de l'appeller *Sang de dragon*. Matthiole avoue qu'il ne peut déterminer ce que c'eſt que le Cinnabre de Dioſcoride. Pline dit que ce n'eſt autre choſe que le ſang d'un Dragon, tué par la peſanteur d'un Elephant qui va mourir, & qui mêle ſon ſang parmi celui du Dragon. Il eſt certain que le Cinnabre dont les Peintres & les Apothicaires ſe ſervent, eſt fort different de celui de Dioſcoride. Il y en a de naturel, & c'eſt celui que la nature compoſe de beaucoup de Mercure, de quelque portion de ſouffre pur, & de terre; tout cela uni enſemble de telle maniere, qu'il s'en fait un corps compacte d'une très-belle couleur rouge. Il ſe trouve dans les veines des mines d'argent, & ſa couleur eſt plus ou moins haute, ſelon la pureté du mineral, & ſelon le lieu où ſont ces mines. On en apporte de Hongrie, de Tranſſylvanie, & de pluſieurs endroits d'Allemagne; mais le plus beau ſe trouve dans la Carinthie, & on le doit preferer à tous les autres. On s'en ſert comme d'un très-bon remede dans les maladies cauſées par une abondance de ſeroſités acres. Il les corrige & les fait tranſpirer par les pores. Il eſt bon auſſi dans les maladies Veneriennes, étant mêlé avec quelques-autres ſpecifiques. Il y a un autre Cinnabre que vendent les Epiciers, & dont les Peintres ſe ſervent. C'eſt ce qu'on appelle *Vermillon*. Il eſt artificiel, & pour le faire, il ne faut que prendre trois onces de ſouffre commun & quatre onces de vif-argent. On les mêle enſemble, & on laiſſe brûler quelque peu le ſouffre, en ſorte que la poudre demeure noire. On les ſublime enſuite une fois ou deux, & on trouve un *Cinnabre artificiel*, peſant, & entremêlé de certaines lignes, dont les unes ſont rouges & les autres brillantes comme l'argent. C'eſt une choſe ſurprenante, que le Mercure qui eſt blanc, & le ſouffre qui eſt jaune, produiſent un troiſiéme corps qui ſoit rouge. Cela prouve bien la doctrine des couleurs du ſçavant Boyle & des Modernes, ſçavoir que les couleurs dépendent de la tiſſure des corps, qui reçoit & briſe les rayons ſolaires. Il y en a qui preparent un *Cinnabre bleu*. Ils prennent pour cela deux parties de ſouffre, trois de Mercure vif & un de ſel armoniac. Tout cela étant mêlé & ſublimé enſemble, donnent un corps bleu, au lieu que le Mercure avec le ſouffre commun donne un corps rouge. Il n'eſt pas ſûr d'ordonner le Cinnabre naturel pour prendre interieurement, à cauſe du ſouffre arſenical qui ſe joint ordinairement à toutes les mines. L'artificiel eſt beaucoup plus ſûr, & au moins on ne doit uſer du naturel, qu'après l'avoir dépouillé de ſa malignité en le ſublimant, ou en brûlant de l'eſprit de vin deſſus. On corrige le Cinnabre lorsqu'on le sublime plusieurs fois, parce que l'esprit arsenical s'envole dans la sublimation, & que ce qu'il y a de nuisible se sépare avec les feces. Si on n'a pas le tems ou l'occasion de le sublimer, on le met bouillir plusieurs fois dans l'eau, on digere avec le l'esprit de vin la partie la plus pure qui surnage, & on y met le feu; ce qui fait avoir un Cinnabre naturel assés pur. Quelques-uns font un *Cinnabre artificiel solaire*, en sublimant un amalgame d'or & de Mercure, avec du souffre commun. Il y a aussi un *Cinnabre d'antimoine*. Le Mercure vif que l'esprit de sel a quitté, sort en partie avec le beurre d'antimoine, & il se joint en partie avec le souffre; & ces deux derniers font ensemble un corps composé, qui est ce qu'on appelle *Cinnabre d'antimoine*, à cause de sa couleur. Les bons Medecins ne mettent en usage ce Cinnabre d'antimoine, qu'après qu'il a été sublimé plusieurs fois, & qu'étant parfaitement rouge, il a dépouillé toutes ses impuretés avec le Mercure superflu. C'est un excellent remede pour les parties nerveuses, & il n'a point son pareil dans les maladies convulsives. *Cinnabre* vient de κιννάβαρι, qu'Hesichius dit être une sorte de couleur appellée communément κόκκινον. D'autres le font venir de κιννάβρα, Odeur que rendent les boucs, à cause qu'au rapport de Matthiole, lorsqu'on tire de terre une certaine espece de Cinnabre fossile, il jette une odeur si insupportable, qu'on en seroit infecté si on ne se bouchoit le nez.

CINNAMI. s. m. Mot Arabe dont se sert Mesué, & par lequel il entend la cannelle grossiere, comme il entend la plus fine par celui d'Archemi.

CINNAMOME. s. m. Arbrisseau dont la principale vertu consiste en son écorce, & qui est different de la Cannelle. Dioscoride compte cinq especes de Cinnamome, qui prennent leurs noms des lieux où ils croissent. Il parle d'une autre espece qui est comme du bois qui produit ses verges longues & roides, & d'une odeur beaucoup moindre que celles du vrai Cinnamome, & dit que tout le Cinnamome en general est chaud, remollitif, digestif & maturatif. Matthiole avoue que quelque recherche qu'il ait faite, il n'a jamais pû trouver de vrai Cinnamome. Il étoit si rare dès le tems de Galien, que l'on n'en voyoit qu'aux cabinets des Empereurs, où on le gardoit avec grand soin. Il y en a, dit-il, de six especes aussi differentes entr'elles, qu'une bonne Cannelle est differente d'une autre; de sorte qu'une bonne Cannelle & bien choisie, vaut un petit Cinnamome. Sa vertu n'est pas de durée; & quand le Cinnamome a trente ans, il ne l'a pas telle qu'il l'avoit d'abord. Les marques du Cinnamome sont de sentir très-bon. Il a une odeur si grande qu'on ne la peut expliquer. Quoiqu'il se montre fort chaud quand on le goûte, il n'est ni fâcheux, ni mordant à la bouche. Sa couleur est comme si l'on mêloit du noir & du bleu avec du lait. Tous les Cinnamomes sont comme un petit arbrisseau, produisant d'une seule racine les uns six verges, les autres sept, ou plus ou moins. Elles n'ont pas toutes la même longueur, & les plus grandes ne passent point un demi-pié Romain. Leur proprieté est presque semblable à la bonne & fine cannelle. Matthiole croit que le Cinnamome a manqué en Arabie, comme le Baume en Judée; & il s'appuye de l'autorité de Pline, qui dit qu'autrefois la livre de Cinnamome étoit à mille deniers, mais que le prix en étoit crû de moitié par le dégât des Barbares qui avoient brûlé toutes les forêts. Aristote en parlant du Cinnamome, rapporte qu'il y avoit en Arabie un Oiseau nommé *Cinnamomus*, qu'on disoit faire son nid dans des arbres fort hauts, avec des verges ou branches de Cinnamomes, & que pour avoir ce nid les gens du Pays l'abattoient avec des fléches plombées. Solin nomme cet Oiseau *Cinnamulgus*. Theophraste parle de la difference & diversité des Cinnamomes, tout autrement que Dioscoride. Il dit qu'après qu'on l'a cueilli, on le met en cinq parties; que le meilleur est celui qui est le plus proche de la cime; que le second est celui qu'on coupe ensuite, & qu'on le coupe plus court; que le troisiéme & le quatriéme sont ceux que l'on coupe après le second; que le cinquiéme, qu'on estime moins que tous les autres à cause qu'il a peu d'écorce, est celui qui est le plus proche de la racine; que d'autres tiennent que le Cinnamome jette plusieurs rameaux, & qu'ils en établissent deux especes en disant que l'un est noir, & que l'autre est blanc. Fuchsius dit que parmi les caisses que l'on nous apporte de Casse & de Cannelle, il ne doute point qu'il n'y ait du Cinnamome, à quoi Matthiole est entierement contraire, si ce n'est que le rapport étant fort grand entre ces deux plantes, on trouve quelquefois des verges de Cannelle de si grande odeur, qu'elles sont tout-à-fait semblables au Cinnamome, quoique ce soit de la vraie Cannelle; il ajoûte que l'autorité de Galien, qui dit que le Cinnamome vient quelquefois de la Cannelle, aux arbres de laquelle il y a des branches entieres d'où sortent de petits rameaux de Cinnamome, a donné lieu à plusieurs de croire que le Cinnamome & la Cannelle croissent en une même plante, laquelle étant encore petite produiroit le Cinnamome, & produiroit la Cannelle ayant atteint sa grandeur; mais que le même Galien ayant dit que la Cannelle se transforme en Cinnamome, & non pas le Cinnamome en Cannelle, leur opinion est mal fondée.

CINQUAIN. s. m. Ancien ordre de bataille, qui consiste à ranger cinq bataillons de telle maniere, qu'en formant trois lignes, elles fassent une avant-garde, un corps de bataille, & une arriere-garde ce qui arrivera, si de cinq Bataillons qu'il seront sur une ligne, on fait marcher le second & le quatriéme à l'avant-garde, & le troisiéme à l'arriere-garde. Le premier & le cinquiéme demeurant sur leur terrain, feront le corps de bataille. Chaque Bataillon doit avoir ensuite un Escadron à sa droite, & un à sa gauche. On peut ranger dans ce même ordre jusqu'à vingt Batailons, & en former quatre Cinquains.

CINQUENELLE. s. f. Terme d'Artillerie. On appelle *Cinquenelle*, tous les longs Cordages d'Artillerie. Quelques-uns disent aussi *Cincenelle*, qui est une espece de petit cable.

CINTRAGE. s. m. On appelle *Cintrage*, en termes de mer, toutes les cordes qui ceignent, qui lient & qui entourent quelque chose.

CINTRE. s. m. Cherche. Toute piece de bois courbe qui a la figure d'un arc, & qui sert tant aux combles qu'aux planchers. On appelle *Cintre surmonté*, celui qui a son centre plus haut que le diametre du demi-cercle, & *Cintre surbaissé*, celui dont le trait est une demi-ellipse; ce qui le rend plus bas que le demi-cercle. *Cintre rampant*, est un Cintre tracé au simbleau par des points cherchés, suivant le rampant d'un arc-boutant ou d'un escalier; & *Cintre de charpente*, est un assemblage de pieces de bois de charpente pour bâtir de grandes voutes, & soûtenir les pierres, en attendant que l'on y mette les clefs pour les fermer.

CINTRE, ÉE. adj. Terme de Blason. Il se dit du globe ou Monde Imperial entouré d'un cercle, & d'un demi-cercle en forme de Cintre. *D'azur au globe d'or cintré & croisé de gueules.*

CINTRER. v. n. Commencer à faire les voutes, ou établir les cintres de charpente pour commencer à bander les arcs. *Cintrer*, est aussi arrondir plus ou moins en arc.

CIO

CIONIA. s. f. C'est, selon Dioscoride, l'Entredeux des pourpres & des porcelaines, autour duquel leur coquille est entortillée & clouée comme avec de petits clous. Sa cendre est plus brûlante que celle des Pourpres.

CIP

CIPOLLINI. s. m. Nom que les Indiens donnent à une sorte de marbre, dont la couleur tire sur le vert par de grandes veines plus ou moins fortes. Ce marbre sert à faire des pilastres, de grandes tables, & d'autres ouvrages; mais il n'est pas propre pour des statues. Il se trouve dans les montagnes de Carrare, & en d'autres lieux.

CIR

CIRAGE. s. m. Les Peintres appellent *Tableau de cirage*, un Tableau peint d'une seule couleur en forme de Camayeu, tirant sur la couleur de cire jaune.

CIRCEA. s. f. Herbe qui a ses feuilles semblables au Solanum des jardins, & qui produit plusieurs petites branches & quantité de fleurs noires & petites. Elle croît parmi les rochers & dans les lieux exposés au vent & au soleil. Sa graine est semblable au Millet, & est enfermée dans de petites gousses faites en maniere de cornet. Sa racine est blanche, odorante, chaude, mi-partie en trois ou quatre, & de la longueur d'un demi-pié. Cette racine en infusion de vin attire l'arrierefait dans l'acconchement, & sa graine prise avec un bouillon fait venir le lait aux Nourrices. Voilà ce qu'en dit Dioscoride; Galien & Pline en parlent aussi.

CIRCIUM. s. m. Plante qui jette une seule tige faite en triangle & de deux coudées de haut. La cime en est ronde & piquante, & il y a plusieurs petites têtes rouges au dessus, qui se resolvent & tombent en bourre. Le Circium est garni d'épines molles, disposées par intervalles dans les angles. Ses feuilles ressemblent à la Buglose, mais elles sont plus longues, blanchâtres, un peu velues & épineuses aux extrémités. Il en produit par en bas qui ont la figure d'une rose. Dioscoride dit que, selon Andreas, sa racine appliquée sur la partie malade, appaise les douleurs des varices. C'est du Grec κιρσὸς, que cette plante a tiré son nom, κιρσὸς voulant dire ce que les Latins appellent *Varix*, c'est-à-dire, cette sorte de maladie dans laquelle les cuisses & les jambes se lâchent, en se remplissant d'un gros sang mélancolique. Plusieurs Modernes veulent que le *Circium* soit la Buglose commune: ce que Matthiole ne peut approuver.

CIRCOMCELLIONS. s. m. Secte de Donatistes qui eurent Maxide & Faser pour leurs premiers Chefs, & qui s'éleverent en Afrique dans le quatriéme siecle. Ils prirent ce nom à cause qu'ils rodoient autour des maisons dans les Villes & Bourgades, donnant la liberté aux Esclaves, sans avoir le consentement de leurs Patrons, & dispensant ceux qui devoient, de payer les sommes dûes. Les bâtons qu'ils porterent au commencement & qu'ils appelloient *Bâtons d'Israël*, faisoient allusion à ceux que la Loi ordonnoit de tenir en main dans la ceremonie établie pour manger l'Agneau Paschal. Depuis ils attaquerent les Catholiques par toutes sortes de voies; & s'abandonnant à un faux zele de Martyre, pour se donner la mort à eux-mêmes, les uns se jetterent dans le feu, ou se précipiterent, & les autres se couperent la gorge; ce qui obligea leurs Evêques, qui ne pouvoient arrêter cette sorte de fureur à se servir de l'autorité des Magistrats pour la reprimer. Comme ils faisoient leurs courses aux jours des marchés publics, on envoya un jour des soldats contre eux qui en tuerent plusieurs, & ceux-là furent honorés par les autres comme étant de vrais Martyrs. On les appelle aussi *Circellions* & *Scotopites*.

CIRCONCISION. s. f. Ceremonie de la Religion Judaïque; par laquelle on coupe le prepuce aux enfans mâles, ce qui se fait le huitiéme jour, & non pas plûtôt: mais on peut differer si l'enfant est foible ou infirme. La nuit qui precede le jour de cette ceremonie, tous ceux de la maison veillent l'enfant qu'on doit circoncire, & on prend d'ordinaire des parents, gens mariez, pour parrain & pour marraine. Le parrain le tient pendant qu'on le circoncit, & la marraine le porte à la Synagogue & le rapporte. On choisit indifferemment qui on veut pour être le Circonciseur. C'est un titre fort considerable chés les Juifs, & si le pere de l'enfant est de ceux qui l'ont, il peut circoncire son propre fils. On prépare dès le matin deux sieges avec des carreaux dans la Synagogue, l'un pour le parrain, & l'autre pour le Prophéte Elie, qu'ils croient assister invisiblement à toutes les Circoncisions. Le Circonciseur vient avec un plat, où sont le rasoir, les poudres astringentes, du linge, de la charpie & de l'huile rosat. On chante quelque Cantique, en attendant la marraine, qui apporte l'enfant accompagnée d'une troupe de femmes, mais aucune ne passe la porte de la Synagogue. Le parrain reçoit l'enfant d'elle, & en même tems les Assistans, qui sont toûjours en grand nombre, commencent à crier, *Le bien venu*. Le parrain étant assis accommode l'enfant sur ses genoux, après quoi celui qui le doit circoncire, dit en prenant le rasoir, *Beni sois-tu, Seigneur, par qui la Circoncision nous a été commandée*, & aussi-tôt il coupe la grosse peau du prepuce, puis avec les ongles il déchire une autre peau plus délicate qui reste; & continuant son action, il succe deux ou trois fois le sang qui abonde, & le rend dans une tasse de vin. Cela fait, il met sur la playe du sang de dragon, de la poudre de corail, & autre chose, afin d'étancher le sang. Il y ajoûte des compresses d'huile rosat, prend une tasse de vin, & après l'avoir beni, il dit une autre benediction à l'enfant, en lui imposant le nom que le pere souhaite. En même tems il lui mouille les levres du même vin où il a rendu le sang succé. La ceremonie finit par le Pseaume 128. qu'on dit, & ensuite la marraine reprend l'enfant, qui est gueri ordinairement en vingt-quatre heures.

La Circoncision est aussi observée parmi les Turcs, mais ils ne la croient pas d'une necessité si absolue, qu'ils ne puissent être sauvés sans cela. C'est ce qui est cause qu'ils ne circoncisent leurs enfans que dans leur septiéme ou huitiéme année. Ils leur font prononcer ces paroles. *La Hilla, Heilla, Mahomet resul Alla*. Ce qui signifie *Il n'y a point d'autre Dieu que le seul Dieu, & Mahomet envoyé de Dieu*. Ils ne circoncisent point leurs filles & leur font seulement proferer ces paroles en leur faisant hausser le pouce. Les mêmes ceremonies qu'observent les Juifs, sont observées à leur Circoncision, si ce n'est qu'après avoir coupé le prepuce, ils ne déchirent point la peau. Lorsqu'il arrive qu'un Juif se rend Turc, ils ne le font point circoncire de nouveau, ils ne font que lui faire hausser le pouce, & prononcer *Issa hao*; ce qui veut dire que Jesus est veritable

Les Persans croient la Circoncision si necessaire que sans cela personne ne peut prendre la qualité de Musulman. Les femmes parmi eux se font circoncire depuis neuf ans jusqu'à quinze, & les hommes à treize, auquel tems Ismaël fut circoncis, parce qu'ils croient que son pere l'aimoit mieux qu'Isaac. Les uns se font circoncire dans leurs maisons, & les autres dans la Mosquée. Ces derniers y vont accompagnés de leurs parens & de leurs amis. Le Hedgi qui les attend à l'entrée, les aide à descendre de cheval, & les benit. Ensuite après quelques prieres faites à sa mode il leur découvre le prepuce & le coupe, après quoi il applique sur la playe une poudre composée de sel & de noyaux de dattes; ce qui étant fait, il l'enveloppe avec du coton. Les Assistans leur font des présens pour marquer leur joie, & les saluent du nom de Musulman. Si la ceremonie se fait dans le logis, elle est suivie d'un grand festin, à l'exemple d'Abraham, qui en fit un quand Isaac fut sevré. Après cela on mene le jeune homme par la Ville comme en triomphe; on le baigne pour le nettoyer de ses pechés, & on lui donne un Turban de soye blanche qui le fait connoître pour Catechumene, & saluer de tous ceux qui le rencontrent.

CIRCONSCRIRE. v. a. Terme de Geometrie. Décrire une figure rectiligne autour d'un cercle, ou un corps solide autour d'une Sphere, ensorte que toutes les lignes droites de la figure rectiligne soient des tangentes du cercle, ou que tous les plans du corps solide touchent la Sphere. Ainsi on dit qu'un triangle, un quarré, &c. sont *circonscrits* à un cercle, quand tous leurs côtés le touchent. A *circonscrit* on oppose *inscrit*. Voyez INSCRIRE.

CIRCONVALLATION. s. f. On appelle *Lignes de Circonvallation*, des Retranchemens qu'on fait autour d'une Place, pour en assûrer les quartiers contre le secours des Assiegés. Ce sont des Lignes flanquées de la longueur de la portée du mousquet, ou par des redents & d'autres petits travaux ou par des forts de campagne qu'on fait aux Postes les plus éminens. La profondeur du fossé est à peu près de sept piés, & sa largeur par en haut de douze. Il faut prendre garde à ne faire jamais passer la Ligne de Circonvallation au pié d'une hauteur à cause que si l'Ennemi vient à occuper cette hauteur il y logera du canon, & commandera la Ligne. Ce mot vient de la Préposition latine *Circum*, Autour, & de *Vallum*, Rempart.

CIRCONVOLUTION. s. f. On appelle *Circonvolution*, les tours de la Volute Ionique & de la Colomne torse. Ce mot vient du Latin, *Circumvolvere*, Tourner à l'entour.

CIRCUIT. s. m. Terme de Geometrie. Contour d'une figure, somme de toutes les lignes qui terminent une figure. A *Circuit* s'oppose *Aire*, qui est l'espace renfermé dans les lignes qui terminent la figure. On a l'Aire par la multiplication de quelques lignes, (Voyez PARALLELOGRAMME) & le Circuit par une simple addition. Un Parallelogramme qui a cinq piés de longueur, & six de largeur, a pour Aire trente piés quarrés, produits de cinq par six, & pour circuit vingt-deux piés de long, somme des quatre lignes qui l'enferment. Circuit est la même chose que *Perimetre*, & les figures dont les circuits sont égaux s'appellent *Isoperimetres*. Voyez ISOPERIMETRE.

CIRCULATION. s. f. Terme de Chimie, Operation par laquelle une liqueur purgée de ses qualités elementaires, telles que sont les eaux, les esprits & les huiles distillées, est exaltée dans le Pelican, où étant renfermée par la signature hermatique, & ensevelie au ventre de cheval ou son vicaire, par l'évaporation & condensation souvent réïterée, elle acquiert une perfection & un épurement fort considerable. La circulation est une des plus importantes operations de la Chimie. Elle se fait au feu de lampe, ou au fumier, ou au Soleil, & veut une chaleur qui soit continuée plusieurs jours.

On appelle *Circulation*, en termes de Medecine, le Mouvement que fait le sang, en passant par le cœur plusieurs fois par jour, & allant de là jusqu'aux extrémités du corps des animaux. Tous les Medecins demeurent d'accord presentement de la Circulation du sang, qu'ils avoient ignorée jusqu'en l'année 1628. qu'elle fut découverte en Angleterre par Harvée, Docteur moderne. Quelques-uns tiennent que Fra-Paolo l'avoit découverte avant lui, aussi-bien que les valvules des veines; mais que la crainte de l'Inquisition ne lui ayant pas permis d'en parler, il fit part du livre qu'il en avoit fait à Aquapendente, qui après sa mort communiqua ce secret à Harvée qui étudioit sous lui à Padoue, & qui étant de retour en Angleterre, le publia comme l'ayant trouvé le premier.

On se sert aussi du terme de *Circulation*, en parlant du suc des plantes. On en a fait l'experience par le moyen des ligatures, sur quelques-unes de celles qui en ont le plus, comme sur le Tithimale. M. Perrault, Medecin, proposa pour la premiere fois en 1667. la Circulation de la seve des Plantes à l'Académie des Sciences.

CIRCULATOIRE. adj. On appelle en Chimie *Vaisseaux circulatoires*, Ceux dont on se sert à distiller par circulation. Le Pelican & les Jumeaux sont du nombre des Vaisseaux circulatoires.

CIRCULER. v. a Faire une operation dans un vaisseau circulatoire dans lequel la même vapeur que le feu éleve en l'air, retombe en bas, pour remonter & être distillée plusieurs fois, en sorte qu'elle soit réduite en ses parties les plus subtiles. On circule des matieres liquides par un feu propre pour cela, tantôt pour volatiser les sels fixes, tantôt pour fixer les esprits volatils. *Circuler*, se dit aussi en Medecine, du mouvement du sang qui passe plusieurs fois dans le cœur, d'où par le moyen des veines & des arteres il est porté jusqu'aux extrémités du corps, & revient de là au cœur. On tient aussi que le suc des Plantes circule depuis le tronc jusqu'aux feuilles.

CIRE. s. f. Excrement de l'abeille, qui se forme de la partie la plus crasse des fleurs qui lui servent de nourriture. La bonne Cire doit être roussâtre, grasse, nette, de bonne odeur, & sentir le miel. La blanche est la meilleure après celle-là, étant grasse de soi sans être mêlée. La jaune est rendue blanche par ablution, & en l'exposant quelque tems au Soleil, & à l'humidité de la nuit. Il y a, selon Dioscoride, un autre moyen de la blanchir avec de l'eau de mer & un peu de nitre, mais cette maniere n'est plus en usage. La Cire devient verte, noire & rouge, par le mélange du verdet pour la verte, de quelque papier brûlé pour la noire, & de l'orcanette pour la rouge. Sa substance est crasse & emplastique. Elle ramollit & digere, & est la matiere des autres médicamens échauffans ou rafraîchissans avec lesquels on la mêle. Le mot de *Cire* vient du Grec κηρὸς, qui veut dire la même chose.

Cire vierge. Dioscoride dit que la Cire vierge est celle qu'on trouve à l'entrée des ruches, que la meilleure est jaune, odorante & sentant le Storax, qu'elle est ductile dans sa siccité, & se peut filer comme le mastic. Selon Matthiole, la Cire vierge n'est pas proprement Cire, mais comme un fondement pour défendre l'entrée des ruches & les garantir du froid. Elle est de matiere plus épaisse, étant composée de fleurs, & d'une odeur forte; en sorte qu'on l'emploie souvent pour le galbanum. On l'appelle *Propolis*, c'est-à-dire, qui est à l'entrée de la Ville de πρὸ, Devant, & de πόλις, Ville.

Cire d'Espagne. Composition d'une gomme colorée, qui découle de certains arbres des Indes, assés semblables à notre Prunier, & que des fourmis ailées ramassent pour l'aller ensuite attacher aux troncs & aux branches de ces mêmes arbres. Cette gomme est ordinairement rouge.

CIROENE. s. m. Terme de Chirurgie. Espece d'oignement à emplâtre, composé de drogues resolutives, comme safran, myrrhe & aloës, incorporées avec de la cire & des gommes telles que Galbanum, Sagapenum, Ammoniac, le tout détrempé avec du vin. Nicod dit que Ciroëne est un mot composé du Grec κηρὸς, Cire, & de οἶνος, Vin; si on n'aime mieux le faire venir de κεράννυμι, Je mêle, & de οἶνος, à cause que les drogues qui entrent dans cette sorte d'emplâtre, se détrempent avec du vin.

CIRON. s. m. Espece de petit ver rond & blanc, qui s'engendre d'une humeur acre & aduste en divers endroits du corps, mais principalement en la main, & qui en se traînant sous le cuir, ronge & cause une grande démangeaison & gratelle. Quelques-uns font venir ce mot de χεὶρ, Main, à cause que ces petits vers s'attachent plus aux mains qu'à aucune autre partie; ce que Nicod ne peut approuver.

CIRQUE. s. m. Les Grecs appelloient *Cirque*, un lieu destiné pour les jeux publics. Il étoit en rond, & ils lui donnoient le nom de κίρκος. C'étoit chés les Latins une grande place longue, qui étoit cintrée par un bout, & entourée de portiques & de plusieurs rangs de sieges par degrés. Au milieu étoit une espece de banquette avec des obelisques, des statues & des bornes à chaque bout. Ce lieu servoit pour les courses des chariots attelés de deux chevaux ou de quatre, qu'on appelloit *Biges* ou *Quadriges*, & pour les diverses chasses. Il y a encore des vestiges de Cirques à Rome, à Nîmes, à Angers & en d'autres lieux. Les spectacles que l'on y donnoit au Peuple faisoit la passion des Romains.

CIRSOCELE. s. f. Terme de Medecine. Hernie variqueuse. La partie affectée sont les veines spermatiques, répandues sur les testicules, où elles forment diverses anastomoses & divarications, que l'on appelle les *Vaisseaux pampiniformes*, ou le *Corps variqueux*. Quand le sang trop épais & trop grossier s'arrête dans ces replis, les veines se dilatent & se relâchent en un endroit plus, & en l'autre moins. C'est delà que viennent ces tumeurs inégales & variqueuses. Ce mot vient du Grec κιρσὸς, Varice, & de κήλη, Hergne, tumeur.

CIS

CISAILLES. s. f. p. Sorte de Ciseaux dont les Serruriers se servent pour couper le fer qui est tenue & mince. On appelle aussi *Cisailles*, les restes d'une lame d'argent dont on a enlevé des flans pour faire des pieces de monnoye, c'est-à-dire, le superflu qui reste dans cette lame, & qui se trouve entre les ronds. On refond ces Cisailles en lame pour continuer le travail, & employer toute la matiere.

CISAILLER. v. a. Couper une piece de monnoye alterée, afin d'empêcher qu'elle ne demeure dans le commerce.

CISEAU. s. m. *Ferrement tranchant par une des extrêmités & servant à travailler le bois & la pierre.* Acad. Fr. Il y a des Ciseaux de differentes sortes & grandeurs selon les differens Artisans qui en ont besoin. Il y en a pour les Charpentiers qu'ils nomment *Ciseaux à planches*, & d'autres pour ébaucher les mortaises qui s'appellent *Ebauchoirs*, ceux-là ont un manche de bois avec des viroles par les deux bouts. Il y a des *Ciseaux à marteline*, qui ont plusieurs pointes & qui servent aux Sculpteurs. Des Ciseaux des Menuisiers les uns sont *à deux biseaux*, & les autres sont appellés *Ciseaux de lumiere.* Ils se servent de ces derniers pour percer les bois des Guillaumes & Rabots, & pour y mettre les fers. Les Serruriers ont aussi divers Ciseaux, *des Ciseaux à froid*, pour couper de petites pieces de fer à froid; des *Ciseaux* ou *Tranches*, pour fendre à chaud les barres de fer; des *Ciseaux* ou *Tranches percées*, pour couper les fiches ou couplets & autres petites pieces de fer à chaud; *des Ciseaux à fiches*, pour ferrer les fiches dans le bois; *des Ciseaux à tailler limes*, & d'autres à lever. Il y a aussi *des Ciseaux en pierres*, & des *Ciseaux* ou *Ciselets*, qui servent à relever les écussons, les targettes, & autres pieces sur le plomb.

Quand on a fondu quelque piece d'argent ou d'or l'Orfévre la repare, la recherche avec le *Ciselet*. Il y en a de plusieurs sortes; comme Traçoirs, Poinçons, Bouterolles.

CISELURE. s. f. Ce que les Tailleurs de pierre font avec le ciseau & le maillet, lorsqu'ils commencent à tailler une pierre. On dit, *Relever les Ciselures*, pour dire, Faire un petit bord autour du parement d'une pierre dure pour le dresser. Les Ciselures servent aussi pour distinguer les compartimens de Rustique sur les paremens des pierres dures.

Il y a des ouvrages d'Orfévrerie qu'on nomme de *Ciselure* ou *étampés*, & dans la Serrurerie, *Ciselure* se dit de tout ouvrage de tole amboutie au Ciseau.

CISOIR. s. m. Espece de Ciseau dont les Orfévres se servent, & qui est propre à couper l'or & l'argent.

CISSOIDE. s. f. Terme de Géometrie. La Cissoïde est une ligne courbe dont voici la generation. De l'extrêmité du diametre d'un demi cercle donné, on tire à tous les points de ce demi cercle des cordes depuis la plus grande jusqu'à la plus petite qui soit possible. De l'autre extrêmité de ce même diametre, on tire une tangente indéfinie, & on prolonge toutes les cordes au-dehors du cercle jusqu'à cette tangente. La corde la moins éloignée du diametre du demi-cercle, est celle dont la partie comprise entre la circonference exterieure du cercle & la tangente, est la plus petite, & cette partie augmente toûjours dans les autres cordes à mesure qu'elles s'éloignent de la premiere. On prend sur toutes les cordes à commencer à leur origine commune une quantité égale à cette partie prolongée, & comprise au-dehors du cercle entre le cercle & la tangente, & par tous les points que cette quantité détermine sur toutes les cordes on fait passer une courle qu'on appelle *Ciſſoïde*. La tangente du demi cercle tirée ſur l'extrêmité du diametre oppoſée à celle d'où part la Ciſſoïde, eſt une aſymptote de la Ciſſoïde, c'eſt-à dire, que ces deux lignes prolongées à l'infini ne ſe peuvent jamais rencontrer, quoiqu'elles s'approchent toûjours de plus en plus; & c'eſt apparemment delà que la Ciſſoïde a pris ſon nom, car en s'approchant de ſon aſymptote, elle ſe courbe de façon qu'elle ſemble repreſenter une feuille de Lierre. κισσὸς en Grec veut dire, *Lierre*. L'eſpace compris entre le diametre du demi-cercle generateur, la Ciſſoïde & l'aſymptote, quoiqu'infini, puiſque la Ciſſoïde & l'aſymptote ne ſe rencontrant pas, il ne ſe ferme point, n'eſt cependant que triple de l'eſpace que contient le demi-cercle generateur.

CISTEAUX. ſ. m. Ordre Religieux, inſtitué en 1098. par Robert Abbé de Moleſme dans le Dioceſe de Langres. Ce fut lui qui fit bâtir la premiere Abbaye de ce nom dans le Dioceſe de Chalons. Les liberalités d'Othon I. Duc de Bourgogne y contribuerent,& il fut appuyé de deux Prélats dans cette entrepriſe, qui furent Gautier de Chalon, & Hugues de Lyon. Ce dernier étant Legat du S. Siege, approuva l'Inſtitut de Robert, qui fit Alberic Abbé de Cîteaux. Etienne, qui lui ſucceda dix ans après, reçût S. Bernard & ſes Compagnons, & alors cet Ordre devint ſi puiſſant, qu'il gouverna preſque toute l'Europe pendant plus d'un ſiecle, non ſeulement au ſpirituel, mais encore au temporel. C'eſt un rejetton de celui de S. Benoît. Il a donné quatre Papes à l'Egliſe, pluſieurs Cardinaux & Evêques, & quantité d'Ecrivains celebres. L'Abbé de Cîteaux, General de l'Ordre, eſt Conſeiller né au Parlement de Bourgogne. On croit que le mot de *Citeaux* eſt venu du grand nombre de Cîternes qu'on avoit creuſées au lieu, où la premiere Abbaye a été bâtie.

CISTERNE. ſ. f. Lieu ſoûterrain & vouté, où l'on reſerve les eaux de pluie pour s'en ſervir au défaut des naturelles. Le fond en eſt pavé & couvert de ſable. La Cîterne de Conſtantinople eſt une des plus conſiderables qui ſe voyent. Ses voutes portent ſur deux rangs de deux cens douze piliers chacun. Les piliers ſont de deux piés de diametre, & plantés circulairement & en rayons qui tendent à celui qui eſt au centre. Les Cîternes ont à côté de petits lieux voutés qu'on appelle *Citerneaux*, & où l'eau s'épure avant que d'entrer dans la Cîterne. Ce mot vient de *Cis terram*, comme qui diroit, Dans terre. D'autres le dérivent de *Ciſta*, Panier d'oſier, parce que la Cîterne conſerve les eaux de pluie qu'elle reçoit, comme un panier conſerve le pain qu'on met dedans.

CISTRE. ſ. m. Inſtrument de Muſique fort commun en Italie compoſé d'un manche plus long que celui d'un lut, & qui eſt diviſé en dix-huit touches. Il a quatre rangs de cordes, qui ſont d'ordinaire de laiton, & chaque rang en a trois accordées à l'uniſſon, à l'exception du ſecond rang qui n'a que deux cordes. Elles ſe touchent avec un petit bout de plume, & ſont attachées au bout de la table à un endroit appellé *Le peigne*. Le Chevalet de cet Inſtrument eſt auprès de la roſe, & ſes touches ſont de petites lames de laiton fort déliées. Les Italiens l'appellent *Cythara*. Il y a auſſi des Ciſtres à ſix rangs de cordes.

CISTUS. ſ. m. Petit Arbriſſeau, branchu & feuillu, qui croît dans les lieux pierreux & ſecs. Quelques-uns l'appellent *Citharum* ou *Ciſſarum*. Il y a le Ciſtus mâle & le Ciſtus femelle. Le mâle a ſes feuilles rondes, crêpes, velues, blanches & âpres, & ſa fleur ſemblable à celle du Grenadier. Celle de la femelle eſt blanche, & elle a ſes feuilles longuettes & ſemblables aux feuilles de ſauge; ce qui fait que les Payſans d'autour de Padoue la nomment *Sauge ſauvage*. Le Ciſtus eſt aſtringent, & l'hypociſtis croît auprès de ſes racines.

CIT

CITOLE. ſ. f. Vieux mot qui a ſignifié un Inſtrument de Muſique, & que Borel croit venir de *Cythara*.

CITRIN. ſ. m. Certaine couleur jaune que les Chimiſtes prétendent donner au métal pour faire de l'or. Ils l'appellent autrement *La grande teinture minerale*.

CITRON. ſ. m. Fruit du Citronnier, qui eſt un arbre toûjours vert, & auſſi grand que l'Oranger & le Limonnier. Ses feuilles ſont preſque ſemblables à celles de l'Oranger, & pleines de trous ſi petits, qu'à peine les peut-on appercevoir. Ses branches ſont ſouples & épineuſes. Le Citronnier jette une fleur rougeâtre en maniere de panier, de laquelle ſort quelque petite capillature. Il porte des Citrons en tout tems, & pendant que les uns tombent pour être mûrs, les autres ſe mûriſſent, & en même-tems il en eſt d'autres qui ſortent. Leur écorce a force rides & bonne odeur, & ce qui eſt dedans eſt aigre & plein de jus. Il ſort delà une graine comme un grain d'orge, mais plus grande & plus groſſe, & couverte d'une écorce dure; ſon goût eſt amer. Du tems de Theophraſte on ne mangeoit point encore de Citrons, on s'en ſervoit ſeulement pour faire ſentir bon les habillemens, & on en uſoit au lieu de contrepoiſon, à quoi la graine du Citron eſt fort propre. Athenæus dit que deux criminels qu'on menoit au parc des bêtes venimeuſes, auſquelles ils devoient être livrés, en ayant mangé par le chemin, furent mordus des ſerpents, ſans que leurs morſures les fiſſent mourir. On ſçût que tout le contrepoiſon qu'ils avoient pris étoit un Citron qu'on leur avoit donné par hazard. Ils furent encore livrés le lendemain aux Serpents. L'un à qui on avoit fait exprès manger du Citron, échapa de nouveau de leurs morſures, & l'autre à qui l'on n'en donna point, mourut ſur le champ. Matthiole dit que les Citrons ſont bons aux maladies cauſées de mélancolie, & que leur graine priſe en brenvage, ou appliquée, eſt un ſingulier remede pour les piquûres des Scorpions.

CITRONAT. ſ. m. Couverture faite de peau de Citron coupée en filets longs & menus, & que l'on aſſemble pour en faire une eſpece de rocher. On appelle auſſi *Citronat*, une ſorte de dragée dans laquelle on enferme un petit morceau de l'écorce d'un Citron.

CITROUILLE. ſ. f. Plante dont la tige traîne par terre. Sa fleur eſt jaune, & ſon fruit, qui eſt une eſpece de Concombre, ſurpaſſant toutes les autres en groſſeur, eſt froid & humide, rond peſant, & couvert d'une écorce liſſe. Elle eſt verte du côté qui eſt à l'air, & blanche de celui qu'elle poſe à terre.

CIV

CIVADE. ſ. f. Poiſſon d'étang de mer, qui a le corps moucheté avec pluſieurs petits piés. Il eſt de têtmou & grand comme un doigt, & couvert d'une maniere de croûte. Sa chair qui eſt douce, eſt rouge lorſqu'elle eſt cuite.

CIVADIERE. ſ. f. Terme de Marine. Nom que l'on donne à la voile du mât de beaupré, & qui ſert plus à ſoûtenir le Navire & à le dreſſer par le haut qu'à le pouſſer en avant. Comme elle eſt fort inclinée, elle a deux gros trous, afin que s'il lui arrive de toucher la mer, l'eau qu'elle reçoit se puisse écouler au même instant. Quelques-uns écrivent *Sivadiere*.

CIVE. s. f. Espece d'ognon qui ne vient qu'en tasse, & ne grossit point en terre comme les ognons ordinaires. On en fait des bordures. La Civette est une espece de Cive fort déliée, on l'appelle Civette d'Angleterre.

CIVES. s. f. p. Petites pieces de verre de forme ronde, dont les Anciens faisoient leurs vitres. On les assembloit avec des morceaux de plomb refendus des deux côtés, pour empêcher que le vent ni l'eau ne pussent entrer. C'est ainsi que les premieres vitres de verre blanc ont été faites. On en voit encore aujourd'hui en Allemagne.

CIVETTE. s. f. Animal qu'on trouve dans les pays étrangers, & qui est gros à peu près comme un Renard. Il a d'ordinaire vingt pouces de long, sa queue qui en a dix, est noire par dessus, & mêlée d'un peu de blanc par dessous. Son nés, son ventre & le dessous de sa gorge sont noirs aussi bien que ses piés qui sont courts, & qui aboutissent en cinq doigts & un ergot, avec des ongles noirs, seulement un peu pointus, sans être crochus. La Civette a son poil fort court sur la tête, & fort long par tout le reste du corps. Il est épais sur son dos de quatre pouces & demi. Ce poil est dur & rude, & entremêlé d'un autre plus doux & plus court, frisé comme de la laine, & qui est gris brun. Le grand poil est de trois couleurs, & forme des taches & des bandes, les unes blanches, les autres roussâtres, & les autres noires. Ses oreilles noires par dehors, bordées de blanc, & blanches par dedans, sont moins pointues, & plus petites que celles d'un Chat. Le dessus de sa tête jusques aux oreilles est gris, & on lui voit sur le col quatre bandes noires sur un fond fort blanc. Ses yeux sont enfermés dans deux taches noires, & on tient qu'ils éclairent la nuit comme ceux des Chats. La Civette a les dents canines, & souvent rompues, ce qui vient de ce qu'en mordant les barreaux de la cage où on l'enferme, elle se les rompt par l'effort qu'elle fait pour les briser.

Civette. Liqueur épaissie ou condensée qu'on ramasse avec une cueiller d'argent ou de corne proche les testicules de la Civette. La poche, où est le receptacle de cette liqueur est au-dessous de l'anus, elle a deux pouces & demi de large, & trois de long. On prendroit d'abord cette poche ou bourse pour la matrice de cet animal, à cause d'une large fente & des lévres épaisses qu'elle a. Elle est grosse comme un petit œuf; & quand on la touche, on sent que c'est un corps charnu comme le cœur. Lorsqu'on l'a ouverte avec les doigts, on y trouve deux tuyaux qui ressemblent aux narines, & qui aboutissent à deux concavités aussi grosses que des amandes. C'est l'endroit où se ramasse la Civette, & d'où on la tire. Pour en avoir davantage, on met cet animal en colere. Elle est liquide, & même d'une odeur assés fâcheuse lorsqu'on la ramasse, mais en l'exposant quelques jours à l'air, elle se condense, & prend une odeur très-agreable. La Civette s'appelle *Zibethum* en Latin, & ce mot vient de l'Arabe *Zibed* ou *Zebed*, qui veut dire Ecume, cette liqueur étant écumeuse & blanche en sortant, & perdant sa blancheur après qu'on l'a exposée à l'air.

Civette. Petite herbe odoriferante que l'on met dans la salade.

CLA

CLAIR, RE. adj. *Eclatant, lumineux, qui jette, qui répand la lumiere*. ACAD. FR. Ce mot se prend substantivement en termes de Peinture, & se dit des parties qui réfléchissent plus de lumiere, & qui sont composées de couleurs plus hautes & plus voyantes; de sorte qu'on ne fait pas voir moins de science à bien ménager les clairs & les teintes d'un tableau, que les enfoncemens & les ombres. On dit qu'un Peintre entend bien le *Clair obscur*, pour dire, qu'il débrouille & détache bien ses figures par le moyen des ombres & de la lumiere. On appelle aussi *Dessein de clair obscur*, Un dessein qui n'est lavé que d'une seule couleur, ou qui a les ombres d'une couleur brune, & les jours rehaussés de blanc. *Clair obscur*, se dit encore de certaines estampes de deux couleurs qu'on tire à deux fois, & des peintures ou tableaux qui sont de deux couleurs. On dit quelquefois *le Clair obscur d'un tableau*, pour faire entendre la maniere dont on a traité les jours & les ombres, & avec laquelle le Peintre a répandu la lumiere sur tous les corps.

CLAIRE. *Sainte Claire*. Ordre Religieux de Filles. C'est le second des trois qui furent fondés par saint François vers l'an 1212. Le Pape Innocent III. & ensuite Honoré III. le confirmerent. Il prit le nom de *Sainte Claire*, à cause de Sainte Claire d'Assise, qui en fut la premiere Superieure, & même la premiere des Religieuses. On les divisa en *Damianites*, qui suivent l'ancienne discipline de leur Institut, & prirent leur nom de l'Eglise de S. Damien d'Assise, où elles s'établirent du tems de S. François, & en *Urbanistes*, qui retiennent la mitigation de la Regle, appellée ainsi à cause que ce fut le Pape Urbain IV. qui la mitigea.

CLAIREVOYE. s. f. On appelle ainsi l'espacement trop large des solives d'un plancher, ou des poteaux d'une cloison. On le dit aussi des chevrons d'un comble qui n'est pas assés peuplé.

CLAIRIERE. s. f. Lieu dans une forêt où les arbres sont peu touffus, ou qui est dégarni d'arbres, où les Chasseurs se postent au-devant des chiens. On dit en quelques lieux Un bel éparé.

CLAIRON. s. m. Sorte de trompette qui a le tuyau plus étroit que la trompette ordinaire, & qui rend un son plus aigu. Voici de quelle sorte en parle Nicod. *Clairon est une maniere de trompette qui sonne le grêle. Selon ce, on dit, Clairons & Trompettes, car la Trompette sonne le gros. Par cette raison le Clairon est la Trompette qui a le tuyau plus étroit, & est ce que l'Espagnol dit* Clarin, *& en plurier* Clarines. *On voit toutefois qu'un Trompette claironne & trompe d'une même trompette, quand il renforce son vent, on ne l'efforce tant à outrance. Mais le Clairon anciennement, ainsi qu'en usent encore les Moresques & les Portugais qui le tiennent d'eux, servoit comme de dessus à plusieurs Trompettes sonnant en taille ou basse contre, & étoit de tuyau plus étroit que les Trompettes ès Galeres, ès tournois, ès entrées des Rois, en divers mots & signes de commandement en une armée, & ès aubades des Villes. On oyt encore ces accords de Clairons & Trompettes, mais c'est par effort du vent du Trompette le plus souvent, & non par difference d'instrument.* Il dit encore, que *ni le Clairon ni la Trompette ne sont en une armée de terre que pour la Cavalerie, & en une armée de mer que pour les gens portés sur Vaisseaux de mer longs ou ronds, lesquels on ne peut dire pleinement être gent de pié.* M. Ménage dit que *Clairon* vient de l'Italien *Clarone*, fait de *Clarus*, à cause de ce son aigu & clair qu'il rend.

Clairon, Est aussi un jeu d'orgues harmonieux qui represente le bruit d'un Cornet. Ce jeu est long de quatre piés, & accordé à l'octave de la Trompette. Il se termine comme elle par enhaut, en s'élargissant par l'endroit appellé le Pavillon.

On appelle *Clairon*, Une espece de cloche faite d'une lame de cuivre avec un petit batail de fer, qu'on attache au col des Chevaux & des Vaches pour les envoyer en pâture, afin de les retrouver plus facilement, quand il est nuit.

CLAM. s. m. Vieux mot. Plainte. C'est delà qu'est venu, *Clameur de Haro*, qui est une plainte ou reclamation de l'aide du Prince contre l'oppression de quelqu'un. Elle est introduite par le titre second de la Coûtume de Normandie. On y dit encore, *Clamer un heritage*, pour dire, Le retirer par droit lignager ou autrement. On disoit autrefois *Clamer*, pour dire, Appeller, & l'on trouve dans Froissard, qu'*On claime ainsi*, pour dire, qu'On nomme ainsi. *Clamer* a aussi signifié, Declarer à haute voix, publier. *Le Roi fit délivrer tous les prisonniers, & clama quittes leurs forfaits pour quelconque méfait que ce fût.*

CLAMESI. s. m. Sorte de petit acier commun, qui est le moindre en prix, & qui se vend par carreaux ou billes, de quatre pouces de long ou environ.

CLAMP. s. m. Terme de Marine. Piece de bois qu'on applique contre un mât ou contre une vergue pour les fortifier & empêcher que le bois n'éclate. *Clamp*, est aussi une petite piece de bois en forme de rouet qu'on met au lieu de poulie dans une mortoise. On appelle *Clamp de mât*, une longue mortoise qui est dans le haut d'un mât de hune, & où il y a un demi-rond fait du même mât sur lequel passe l'Itaque.

CLANCULAIRES. s. m. Sorte d'Anabaptistes qui croyent qu'ils peuvent cacher leur Religion lorsqu'on les interroge, & qu'il suffit qu'ils sçachent ce qu'ils croyent en particulier sans qu'ils le confessent publiquement. Ils s'assemblent dans leurs maisons ou dans des jardins; ce qui les a fait nommer aussi *Jardiniers*. Le mot de *Clanculaire*, vient du Latin *Clanculum*, En cachette.

CLAPET. s. m. Espece de petite soûpape plate, qui se leve & qui se ferme par le moyen d'une simple charniere. On la fait de fer ou de cuivre.

Clapet de pompe. Soûpape de cuivre clouée à la chopinette de la pompe d'un Vaisseau. Elle sert à attirer l'eau du fond. On appelle aussi *Clapets*, les petits morceaux de cuir qu'on met au lieu de maugeres devant les dalots des petits Vaisseaux.

CLAPONNIER. adj. Vieux mot, dont on s'est servi en appellant *Cheval claponnier*, Un cheval qui avoit les paturons longs, effilés & trop plians. Ce mot n'est que pour les bœufs. On disoit aussi *Clamponnier*.

CLAQUE. s. m. Gros Oiseau, de bon goût, de la grosseur d'un Mauvis & à peu près de même plumage.

CLAQUEBOIS. s. m. Instrument de Musique assés grossier, dont le coffre est parallelogramme, & qui a dix-sept touches sur son clavier. Il est composé d'un semblable nombre de bâtons, dont le premier est cinq fois plus petit que le dernier. Les autres diminuent à proportion.

CLAQUET. s. m. Petite piece de bois qui sert à la tremie d'un moulin. Elle fait beaucoup de bruit, & est dans une perpetuelle agitation. On l'appelle aussi *Cliquet*, & *Traquet*. Il sert à marquer quand le grain est prêt à manquer dans la tremie; & à le faire couler dans les meules par le Boistier.

CLARINÉ, ÉE. adj. Terme de Blason. Il se dit des animaux qui ont au cou des sonnettes, comme les vaches & les brebis. *D'azur au belier paissant d'argent, accolé & clariné d'or.* Ce mot de *Clariné*, vient de ce que la sonnette rend un son clair.

CLAS. s. m. Vieux mot. Son de cloche pour les morts. Borel le fait venir du Grec κλάω, Je pleure.

CLASSE. s. f. Division de tous les Pilotes & Matelots des Provinces Maritimes du Royaume, qui ont été enrôlés, & qu'on a distribués en trois, quatre & cinq parties; dont chacune est appellée *Classe*, pour servir alternativement sur les Vaisseaux de Sa Majesté. Le dernier enrôlement fut distribué en trois Classes, suivant l'Edit donné à Nanci en 1673. Dans une Sentence d'ordre des biens d'un homme saisi, ou qui a abandonné ses biens à ses creanciers, on fait plusieurs classes pour partager la perte suivant les Hypotheques. Il est de la premiere; de la seconde classe. Ceux de la premiere perdent deux sols pour livres. Ceux de la seconde classe perdront trois sols.

CLATIR. v. n. Terme de Fauconnerie. On dit qu'*Un Chien clatit*, quand en poursuivant une perdrix ou un oiseau, il fait un cri qui redouble, comme pour avertir qu'il a besoin de secours. On dit aussi *Glatir*.

CLAVEAU. s. m. Maladie qui vient aux Brebis en forme de petits boutons, & qui les feroit mourir si on negligeoit de les bien penser. Borel dit que *Claveau, clavet* & *clavelée*, qui veulent dire la même chose, viennent de *Clades*, perte, dommage, selon quelques-uns; mais qu'il croit qu'ils sont formés du mot de Languedoc *Clavel*, qui signifie un clou, parce que les bêtes qui meurent de cette sorte de peste, sont couvertes de taches, comme de clous, qui est une espece de pourpre qu'on appelle *Lou tac*.

Claveau. Terme d'Architecture. L'une des pierres en forme de coin, qui sert à fermer une platebande. *Claveau à crossette*, est celui dont la tête retourne avec les assises de niveau pour faire liaison.

CLAVESSIN. s. m. Instrument de Musique fort harmonieux, dont les cordes sont de laiton. Il a d'ordinaire deux piés trois pouces de larges vers le Clavier, & n'a pas tant de large à l'autre bout. Sa longueur est de cinq piés trois pouces. Le Clavessin a quatre chevalets, dont il y en a deux qui sont droits; les deux autres sont appellés *Chevalets à crocs*, à cause de leur figure. On joue de cet Instrument en touchant un clavier. Ses touches font mouvoir de petits sautereaux qui frappent un double rang de cordes qui sont tendues sur la table. Il y a des Clavessins à un seul clavier. D'autres en ont deux, & quelquefois jusqu'à trois. On appelle aussi *Clavessin*, un Instrument de Musique quarré, qui a deux Claviers à chaque bout. On y joint quelquefois un orgue, & l'on dit Clavessin organisé.

CLAVETTE. s. f. Morceau de fer qui passe au travers d'une cheville de fer ou d'un boulon, & qui sert à l'arrêter. On appelle aussi *Clavettes*, ce qu'on met dans les trous de la barre de bois qui est audessus des jumelles d'un tour, & qu'on a percée exprès pour cela en quelques endroits. Ces Clavettes soûtiennent les pieces qu'on trouve qui ont trop de portée. En termes d'Imprimerie, on nomme *Clavettes*, ce qui sert aux Imprimeurs à monter & à descendre le grand sommier de leurs presses. Ce sont aussi deux petites plaques de fer à tête, qui servent à emmancher un Brochoir avec des cloux rivés: il n'y a gueres que les Maréchaux & les Vinaigriers qui s'en servent.

CLAVICULE. s. f. Terme de Medecine. On appelle ainsi deux petits os qui ferment la poitrine par enhaut,

enhaut, & on leur a donné ce nom du Latin *Clavis*, Clef, à cause qu'ils sont comme la clef du Thorax. Ces Clavicules ont la figure d'une S, & sont comme deux demi-cercles joints ensemble, étant caves en-dedans & voutées en-dehors. Il n'y a que l'homme & le singe qui en ayent. Elles servent à affermir l'omoplate avec le sternon & le bras.

CLAVIER. s. m. Rang de touches de certains Instrumens de Musique, comme l'Orgue, le Clavessin, l'Epinette, qui sont mises selon l'ordre de la Musique, & qui entrent dans le corps de l'Instrument. Il y a plusieurs Claviers dans les grandes Orgues, l'un pour faire jouer le positif, l'autre le grand corps; un autre pour le petit cornet, & un quatriéme pour le cornet à l'écho. Le Clavier entier a quarante-huit touches; les autres en ont seulement une partie qui joue, & le reste n'y est que pour l'ornement. Il y a aussi un *Clavier de pedales*. Il est ordinairement composé de vingt-huit touches. *Clavier*, vient du Latin *Clavis*, Clef, à cause qu'il contient toutes les clefs de la Musique.

CLAUSOIR. s. m. Le plus petit carreau qui ferme une assise dans un mur continu, ou entre deux piedroits.

CLAYE. s. f. Ouvrage de Vanier, qui est plat & fait d'osier, long de quatre ou cinq piés, & un peu moins large; tout cela selon les choses pour lesquelles on en peut avoir besoin. Il y a des *Clayes à claires voies* & des *Clayes ferrées*. Celles des atteliers, qui servent à passer le sable, afin d'en séparer les cailloux, sont faites d'un bois plus grossier. On appelle aussi *Claye*, ce qui sert aux Bergers pour enfermer leurs troupeaux quand ils parquent. *Claye* en ce sens, semble venir de *Claudere*, Enfermer.

Clayes au pluriel, se dit des branches entrelassés étroitement les unes avec les autres, dont on se sert à couvrir des traverses & des logemens. On les charge de terre, & par ce moyen on se garantit des feux d'artifice & des pierres que les ennemis peuvent jetter.

Claye est aussi une grosse échelle de Charpente, qu'on attache au cul d'une charette, & sur laquelle un cheval conduit par le bourreau, traîne par la Ville ceux qui ont été tués en duel, ou qui se sont défaits eux-mêmes par desespoir.

CLAYON. s. m. Ouvrage d'osier fait en rond, sur lequel les Patissiers font porter leurs pains benits, & leurs autres patisseries. On appelle *Clayon à fromage*, un petit cerceau au travers duquel sont plusieurs brins d'osier entrelassés. On dit quelquefois Clisse.

CLAYONNAGE. s. m. On dit *Faire un clayonnage*, pour dire, Assûrer sur des clayes faites de menues perches, la terre d'un gason en glacis, qui sans cela s'ébouleroit par le pié.

CLE

CLECHE', E'E. adj. Terme de Blason. Il se dit de ce qui est ouvert à jour, en sorte que la piece qui charge l'Ecu, paroisse comme si elle étoit chargée d'une autre piece semblable, de même émail que le champ de l'Ecu, ou comme si on voyoit le champ à travers ses fentes. *D'azur à trois crois clechées d'or.* Le Pere Menestrier dit, que l'on se sert du mot de *Cleché*, en parlant des arrondissemens de la Croix de Toulouse, qui a ses quatre extrêmités faites en maniere d'anneaux de clefs. *D'azur à la croix vuidée, clechée & pommetée d'or.*

CLEF. s. f. *Instrument fait exprès pour ouvrir & fermer une serrure.* ACAD. FR.

Clef se dit en termes d'Architecture, de la pierre du milieu qui ferme un arc, un arceau, ou une voute, & qui est differente selon les ordres. C'est une simple pierre en saillie au Dorique & au Toscan. On la taille de nervures en maniere de consoles avec enroulemens à l'Ionique, & dans le Corinthien & le Composite, c'est une console avec des ornemens de sculpture, des enroulemens & des feuillages.

On appelle *Clef passante*, celle qui en traversant l'architrave, & même la frise, fait un bossage qui en interrompt la continuité. *Clef pendante & saillante*, est la derniere pierre qui ferme un berceau de voute, & qui dans sa longueur excede le nu de la douelle. *Clef en bossage*, est celle où l'on peut tailler de la sculpture, & qui a plus de saillie que les voussoirs; & *Clef à crossettes*, est celle qui est potencée par enhaut avec deux crossettes, qui font liaison dans un cours d'assise. On appelle *Clef de poutre*, une cheville de fer qu'on met au bout de la poutre pour la tenir plus ferme dans le mur; & dans ce sens on dit, *Armer une poutre de clefs ou bandes de fer.* On appelle dans une Tour *Clefs de poupée*, des morceaux de bois qu'on fait entrer à coups de maillet dans les mortoises qui sont au bout des poupées au-dessous des membrures, afin qu'elles soient plus fermes.

On appelle *Clef* en Charpenterie, la piece de bois qui est arcboutée par deux charges pour fortifier une poutre; & *Clef* en Menuiserie, est un tenon que l'on fait entrer dans deux mortoises, & qui sert à assembler les panneaux.

Le mot de *Clef* en parlant de Navires, est employé à divers usages. On dit *Clef de mât de hune*, pour dire, Le bout d'une grosse barre de fer ou de bois qui entre dans une mortoise au bout d'enbas du mât de hune, & qui sert à le soûtenir debout. *Clef des étains*, est une piece de bois qui tient les étains à l'estambot; & *Clef de pierrier*, est une clef de fer faite en façon de goupille, qui tient la boîte du pierrier où elle doit être. La *Clef de pompe*, est une maniere de cheville de bois quarrée, par le moyen de laquelle la brinquebale est tenue sujette avec la pompe. *Clef*, se dit aussi d'un bout de cable qui tient un Vaisseau sur les côtés quand on veut le mettre à l'eau; & l'on appelle *Clef du guindas*, une piece de bordage qu'est entaillée en rond, & qui tient un des bouts du guindas sur les coittes. On appelle *Demi-clef*, un nœud fait d'une corde sur une autre corde, ou sur autre chose.

Clef. Terme de Musique. Marque qui se met au commencement de chaque ligne du livre de Musique, & qui avertit du ton sur lequel il faut commencer le chant. Il y a trois Clefs dans la Musique, celle *F ut fa*, celle de *C sol ut fa*, & celle de *G re sol ut*. Ces trois lettres G C & F, sont appellées *Clefs*, parce que dans les notes qui les suivent, se rencontrent les Ut qui commencent & ouvrent le chant. L'usage de la Clef est de faire connoître en quel siege de l'échelle Musicale qu'on appelle *Game*, se trouve l'une de ces trois lettres C, G & F, laquelle étant fixe, fixe aussi toutes les autres.

On appelle en termes de Venerie *Clefs de meute*, les meilleurs chiens qui servent à redresser & à conduire les autres.

Clef est aussi un terme de Blason, & on dit *Clefs en pal* ou *en sautoir*, *couchées* ou *adossées*, selon que les pannetons sont disposés.

Les Cordonniers nomment *Clef de forme*, un morceau de bois qu'ils fourrent dans une forme brisée pour allonger un soulier; & *Clef d'embouchoir*, un autre morceau de bois qu'ils mettent dans l'embouchoir quand ils veulent élargir des bottes.

Clef d'une lampe, c'est ce qui porte la méche.

CLEMATIS. s. f. Plante medicinale, dont il y a de deux sortes, l'une froide, seche & astringente, qui n'est autre chose que la *Vinca pervinca*, en François *Pervenche*, & l'autre très-chaude & très-acre, appellée *Vitta alba*, & en François *Liseron*. Voyez PERVENCHE & LISERON.

CLEMATITE. s. f. Sorte de Sarasine qui produit ses branches minces, & toutes garnies de feuilles rondes, semblables à celles de la petite Joubarbe. Ses fleurs ressemblent à celles de la Rue, & elle a ses racines longues, minces & couvertes d'une écorce épaisse & odorante. Matthiole dit qu'elle est fort rare & que peu de gens la connoissent.

CLEMENTINES. s. f. p. On appelle ainsi la partie du Droit Canon, qui est composée des Constitutions du Pape Clement V.

CLENCHE. s. f. Terme de Serrurier. Le loquet ou le battant d'une porte. Borel dit que le mot d'*Esclenche* pourroit bien venir delà, à cause qu'elle s'emboîte comme un loquet. On dit aussi *Clinche*.

CLEPSYDRE. s. f. Horloge d'eau. Instrument ayant dans le fond un petit trou, par lequel l'eau qu'il contient coule peu à peu, en sorte qu'elle mesure un certain espace de tems jusqu'à ce qu'elle soit entierement écoulée. Les Egyptiens s'en servoient pour mesurer le cour du Soleil. Ce mot est Grec κλεψύδρα, & vient de κλέπτειν, Cacher, & de ὕδωρ, Eau.

CLERAGRE. s. f. Maladie des Oiseaux de proye. Elle leur vient aux ailes & aux pennages.

CLERC. s. m. Ce mot a signifié autrefois Sçavant, ce qui a fait dire à Villon,

Soit Clercs, Marchands, ou gens d'Eglise.

On appelloit aussi *Clerc* en ce tems-là, un jeune Gentilhomme, qui étant novice de Chevalerie, apprenoit les exercices militaires, d'où cette façon de parler nous est demeurée : *Il en parle comme un Clerc d'armes*, pour dire, Comme un homme qui n'a pas encore d'experience dans le mêtier de la guerre. Aujourd'hui on appelle *Clercs*, tous ceux qui sont de l'Etat Ecclesiastique, depuis ceux qui ont seulement la tonsure, jusqu'aux Prélats. *Clercs de Chapelle* dans les Maisons Royales, sont ceux qui servent à la Messe, & prennent le soin de décorer la Chapelle. On connoît par les vieux titres que le nom de *Clerc* a été donné à plusieurs petits Officiers des mêmes Maisons Royales, & qu'on a dit *Clercs de cuisine, Clercs d'Ecurie, de Panneterie, d'Echansonnerie*, & même *Clercs de livrées de la Maison du Roi*. Il n'est demeuré que le *Clerc d'Officier*. Cet Officier est l'un de ceux qui suivent les plats que l'on sert devant le Roi, & qui a soin de ce qui se fait dans l'Office.

Clerc, en termes de Palais, se dit d'une espece de Commis ou de Scribe, qui sert à écrire chés les gens de Justice ou de Pratique. Il se dit aussi de ceux qui sont commis pour faire les affaires & les courses necessaires dans une Communauté.

On appelle en terme de Marine *Clerc de guet*, celui dont la fonction est d'assembler le guet sur les Ports de mer & sur les Côtes, & qui en fait le rapport à l'Amirauté.

CLERCELIER. s. m. Vieux mot, qui se trouve employé pour dire, Geolier.

CLERGEON. s. m. Aprenti qui commence, soit pour la Clericature, soit pour la pratique.

CLERGERESSE. adj. fem. Vieux mot, que l'on trouve dans la signification de Sçavante, *Femme Clergeresse*. Il vient de κλῆρος, en Latin *Clerus*, Clergé ; parce qu'autrefois ceux qui embrassoient la Clericature étoient presque les seules gens qui étudioient. Cela étoit cause que comme les actes se passoient en langue Latine, la plûpart des Prêtres étoient Notaires, & avoient soin d'acquerir des revenus à l'Eglise, dont ils augmentoient les biens plus qu'ils ne font à present, qu'ils ne manient plus les affaires.

CLERGIE. s. f. Vieux mot. Science, doctrine.

Li chaperons partis, longue robe vergie,
Sont li aornement dont bobande Clergie.

On a dit aussi *Clergisse*.

CLI

CLINCART. s. m. Nom que l'on donne à certains bateaux plats de Suede & de Danemarck.

CLINOPODIUM. s. m. Plante haute d'un pié & demi, qui produit force rejettons, & dont les feuilles sont semblables au Serpollet. Ses fleurs sont comparties par intervalles comme celles d'un Marrube, & ressemblent à un pié de lit. Le Clinopodium croît aux lieux pierreux. Selon Dioscoride, la décoction de son jus prise en breuvage est bonne aux spasmes, aux rompures, à ceux qui ne peuvent uriner que goute à goute, & aux piqûres des serpents. Matthiole dit que les Herboristes montrent deux plantes pour le Clinopodium, dont l'une a ses feuilles assés semblables au Serpollet, quoiqu'un peu plus larges ; ses tiges quadrangulaires, minces & veines, & des fleurs purpurines qui les environnent ; que l'autre a ses feuilles longues, dentelées & pointues au bout, & ses fleurs parmi ses feuilles tirant sur le purpurin, comme celles du Grenadier sauvage, & qu'il ne peut croire qu'aucune des deux soit le vrai Clinopodium, n'ayant trouvé ni dans l'une ni dans l'autre les qualités que lui donne Galien, qui dit que le Clinopodium a une vertu chaude ; que toutefois il ne brûle point, & qu'il a une substance composée de parties si subtiles, qu'on peut dire qu'il est chaud & sec au troisiéme degré. Il a pris son nom de κλίνη, Lit, & de πούς, Pié, à cause de la ressemblance des feuilles de cette plante à un pié de lit.

CLIQUART. s. m. Sorte de pierre, la meilleure de toutes celles qui se trouvent aux environs de Paris, & que l'on nomme autrement *Bas appareil*. M. Felibien dit qu'on la tiroit autrefois des carrieres du Fauxbourg saint Jacques, & que la carriere en est finie. Il s'en trouve encore qu'on appelle *Cliquart doux*.

CLIQUET. s. m. Piece de Moulin, qui fait un grand bruit quand le moulin tourne, & qui sert à faire écouler peu à peu le grain de la tremie sous les meules. Quelques-uns appellent aussi *Cliquet*, la partie du loquet qui sert à fermer la porte.

CLIQUETTE. s. f. Instrument fait de deux os, ou de deux morceaux de bois, que l'on met entre les doigts, & dont on fait du bruit en les battant les uns contre les autres. On tient que l'on obligeoit les anciens Ladres à porter des Cliquettes, afin qu'en faisant cette sorte de bruit, ils empêchassent qu'on n'approchât d'eux. On dit aussi Castagnettes.

CLISSE. s. m. Petit doublage de bois de cédre fort mince, pour radouber les canots.

Clisse d'osier, c'est ce dont les Patissiers, Rotisseurs, &c. se servent pour porter leur marchandise & la mettre en vente.

CLITORIS. s. m. Terme d'Anatomie. Petite caroncule qui est au haut & entre les lévres de la matrice. Elle a deux ligamens, quatre petits muscles, & une glande couverte d'une peau fort déliée. Ce mot vient du Grec κλείειν, qui signifie en Latin *Pudenda mulieris.*

CLO

CLOCHE. f. f. *Instrument fait de métal, creux par dedans, ouvert par en bas, auquel il y a un battant qui la fait sonner.* ACAD. FR. Les Cloches sont particulierement faites pour appeller les Fideles à l'Eglise. On les suspend sur une grosse charpente de bois appellée *Mouton*, dans laquelle leurs anses sont enclavées. La partie la plus haute d'une Cloche se nomme *Cerveau*, & on appelle *Fausures*, les traits ou les courbures de l'endroit où elle s'élargit. On donne le nom de *Pinces* aux bords où le battant frappe. La matiere dont se font les Cloches est un métal composé de vingt livres d'étain sur cent de rosette. Les Fondeurs ont une échelle campanoire, qui sert à connoître & à mesurer leur grandeur ou épaisseur, leur poids & leur son. On a observé qu'on entend de plus loin les Cloches dans les plaines, que sur les montagnes, & que celles que l'on sonne dans les vallées, s'entendent encore de plus loin que celles des plaines. On fait une cérémonie pour la benediction des Cloches; que plusieurs appellent Baptême. Elle est pourtant condamnée dans les Capitulaires de Charlemagne, où se trouve le mot de *Cloca* ou *Closa*, dans la signification de Cloche, d'où M. Ménage le fait venir. D'autres le dérivent du Latin *Clangor*, Son de trompette, parce que c'étoit au son de la cloche que l'on publioit le jeûne, qui est une marque de penitence. D'autres le tirent du Grec καλεῖν, Appeller, ou de κλάζειν, Sonner avec la bouche. Selon du Cange, il vient du Saxon *Clugga*, & selon d'autres de *Cochlea*, Coquille de Limaçon, à cause de sa figure.

Cloche, se dit aussi de certains vaisseaux & ustensilles qui ont la figure d'une Cloche; & les Jardiniers appellent *Cloches de verre*, ce qu'ils mettent sur les melons pour les garantir des injures de l'air. Il y a des *Cloches de fer*, pour faire cuire des fruits dessous, en faisant rougir ces Cloches.

On appelle aussi *Cloches*, les Vessies pleines de serosités qui viennent aux mains & aux piés par trop de travail, ou à d'autres parties qui ont souffert du feu.

CLOCHEMAN. f. m. Vieux mot. Ecclesiastique dont l'office étoit de sonner les cloches; ce qui étoit établi sur-tout dans les Cathedrales. Par corruption on a dit *Clocman*, & ce nom est encore en usage dans l'Eglise d'Amiens.

On a aussi appellé *Clocheman*, un Mouton qui porte une clochette au cou.

CLOCHETTE. f. f. *Petite cloche qui se peut porter à la main.* ACAD. FR.

On appelle *Clochettes*, en termes d'Architecture, de petits Corps coniques qu'on met au droit des Triglyphes au-dessous de la Corniche Dorique.

Clochette. Fleur de couleur jaune clair tirant sur le blanc.

CLOFYF. f. m. Oiseau d'Afrique qui est noir & de la grosseur d'un Etourneau, & qui se trouve au Pays des Negres. Ils croyent que son chant prédit les bons & mauvais évenemens, & cette superstition leur fait des impressions si fortes, que lorsqu'ils vont à la chasse, ou qu'ils font quelque voyage, s'il arrive qu'ils l'entendent chanter d'une certaine maniere qu'ils expliquent en mauvaise part, ils abandonnent leur entreprise, ou remettent à l'executer une autre fois. Si la maniere dont cet Oiseau chante leur semble d'un bon présage, ils poursuivent leur dessein, se tenant sûrs du succès. La fatalité qu'ils croient attachée à cet Oiseau, est cause que lorsqu'ils veulent prédire à quelqu'un une mort funeste, ils disent que l'*Oiseau Clofyf a chanté sur eux.* Il se nourrit de fourmis.

CLOISON. f. f. Rang de poteaux espacés environ à quinze ou dix-huit pouces, & qui étant remplis de panneaux partagent les pieces d'un appartement. Il y en a de simples & de recouvertes. Les *Cloisons simples* sont des Cloisons à bois apparent, & qui sont maçonnées & enduites d'après les poteaux, au lieu que les *Cloisons recouvertes* sont lattées & enduites de plâtre, ou lambrissées. Celles qu'on appelle *Cloisons creuses*, n'ont point de maçonnerie entre les poteaux, & sont recouvertes de lambris de plâtre, afin d'empêcher le bruit & la charge quand elles portent à faux. Il y a encore des *Cloisons d'ais*, & des *Cloisons de menuiserie*. L'une est faite avec des ais de bateau, & lambrissée de chaque côté; l'autre est faite de planches à languettes posées en coulisse. La *Cloison à jour*, est celle qui est faite de barreaux de bois tournés ou quarrés, qui ne vont qu'à une certaine hauteur. Les Serruriers appellent *Cloison de serrure*, la Plaque de fer qui enferme les ressorts d'une serrure. Ce mot vient du Latin *Claudere*, Fermer.

CLOP. adj. Vieux mot, qui signifioit Boiteux, d'où est venu *Clopiner*. On a dit aussi *Clopper*, pour *Boiter*.

CLOPORTE. f. f. Sorte de petit insecte qui a plusieurs piés; ce qui le fait appeller *Millepeda*, & qui se met en rond, cul & tête ensemble si-tôt qu'on le touche. Il s'engendre sous les pierres & dans les murailles, & aime à se retirer sous les vaisseaux où l'on tient l'eau. Galien les estime un grand remede pour les douleurs de tête inveterées, lorsqu'elles sont cuites en huile, & Dioscoride dit que si on les prend en breuvage avec du vin, elles servent à la jaunisse & à la difficulté d'uriner. On tient que leur cendre brise la pierre. *Cloporte* vient de *Clausiporca* ou *Porcellio*; d'où vient qu'on a appellé ces insectes *Porcelets*, parce qu'ils ont toûjours passé pour tenir quelque chose du pourceau. Il y a aussi des Cloportes de mer, appellées *Aselli marini.* Elles se trouvent dans les eaux salées, & les Pêcheurs disent qu'elles font mourir les Perches, en s'insinuant dans leurs mâchoires.

CLOSEAU. f. m. Petit jardin de Paysan, clos de hayes, où il seme du chanvre ou des herbes potageres. On dit aussi *Closerie*, qui veut dire encore *petite Metairie*, où il n'y a point de harnois pour faire les terres, en de certains lieux, sur-tout en Anjou.

CLOSTURIER. f. m. Vanier qui ne fait que de la besogne battue. Ce mot n'est en usage que parmi les Vaniers, en parlant de Vanerie. Il vient de *Clorre*, qui est un terme dont ils se servent en disant, *Clorre une corbeille, un van, une hotte*, pour dire, Serrer l'osier avec le fer à clorre.

CLOTOIR. f. m. Outil de Vanier, dont il se sert pour faire des Vanettes.

CLOU. f. m. Petit morceau de metal pointu, qui sert à divers usages. Il y a des *Clous à double pointe*, pour ferrer les portes. On les retourne à droit & à gauche après qu'on les a chassés à travers le bois, & ces clous se font de differentes façons par la tête. On en fait de quarrés, à lozange, en pointe de diamant, en tête de potiron, à tête ronde cannelée, à tête ronde avec des roses, à tête en façon de fleur de lis, &c. Il y a auſſi des clous à viz ſervant aux ferrures. *Les Clous de poids & de fiches*, ſont des clous qui ont depuis un pouce de longueur juſqu'à vingt-ſept, & de largeur depuis une ligne juſqu'à douze. Il s'en trouve dans les Magaſins du Roi pour tout ce qui eſt neceſſaire dans la Marine, ſoit pour joindre des mâts de pluſieurs pieces, ſoit pour aſſembler les pieces du gouvernail, & autres uſages. *Les clous de ferrure de gouvernail & de penture de ſabords*, ſont de trois ſortes de longueurs, l'une de trente livres le millier, l'autre de cinquante-ſix livres, & l'autre de cent. Il y a des *Clous de double carvelle*, *des Clous de carvelle*, & d'autres de *demi-carvelle*. Les premiers ont cinq pouces de long, trois lignes de large, & peſent cent livres le millier. Les ſeconds n'en peſent que cinquante-ſix, & ont quatre pouces de long, & une ligne & demie de large. Le millier des autres peſe trente livres, & ils ont trois pouces de long, & deux lignes & demie de large. *Les Clous de ſabords* ſont à tête de diamant. On s'en ſert à doubler les mantelets des ſabords, & le millier peſe trente livres, ainſi que le millier des *Clous de doublage*, qui ſont des clous gros & courts. Il y a auſſi des *Clous de double tillac*, qui ont deux pouces un quart de long, & une ligne un quart de large; des *Clous de tillac*, larges d'une ligne & longs d'un pouce & demi, & des *Clous de demi-tillac*, qui ont quinze lignes de longs & trois quarts de ligne de large. Le millier des premiers peſe dix livres, celui des ſeconds en peſe ſix, & le millier des derniers n'en peſe que quatre. *Les Clous à river* n'ont point de pointe, & ſont gros & courts. Ils ſervent à joindre les bouts de cercles de fer enſemble, & peſent trente livres le millier. Celui des *Clous de liſſe* n'en peſe que dix-ſept. Les deux ont ſix lignes de long & une ligne & demie de large. *Les Clous de Maugere* ont la tête fort large & plate, & un pouce de large. Le millier peſe quatre livres, de même que le *Clou de plomb*, qui a un pouce de long, & une ligne de large.

Clous. Certains nœuds que les Marbriers trouvent dans le marbre en le travaillant. Ce ſont des duretés ſemblables aux nœuds qui ſont dans le bois, & qui ne ſont pas moins difficiles à tailler que le Porphyre. On ne les peut façonner qu'avec la Marteline.

Clou de girofle. Fruit d'un arbre appellé *Caryophyllum*, qui croît aux Iſles Moluques, & qui s'endurcit & devient noir par l'ardeur des rayons du Soleil. Garcias du Jardin dit que les clous de girofle ſont les fleurs de cet arbre, qui ſortent en façon de clou au bout de ſes branches. Pour les bien choiſir, il faut prendre ceux qui ont une odeur agreable; & qui étant preſſés rendent une humidité huileuſe. Ils ſont cephaliques, cardiaques, ſtomachiques, recréent les eſprits, & étant pulveriſés ils ſont bons à mettre dans les ſternutatoires, & même dans les gargariſmes.

CLOUÉ, ÉE. part. Terme de Blaſon. Il ſe dit d'un collier de chien & des fers à cheval dont les clous paroiſſent d'un autre émail. *D'or à trois fers de cheval de gueules cloués d'or.*

CLOUERE. ſ. f. Petite enclume percée à recevoir la lame des clous pour en fraper la tête, qu'elle ſoutient & en faire les lames égales.

CLOUTIER. ſ. m. Artiſan qui fait des clous. On dit auſſi *Clouterie*, pour dire, Commerce de Cloutier, trafic de clous.

CLOUVA. ſ. m. Certain Oiſeau qu'on trouve à la Chine & en pluſieurs autres endroits de l'Inde, & qui eſt dreſſé à prendre du poiſſon. Il a une gorge au-deſſous du bec, où il engorge le poiſſon, qu'il avaleroit, ſans un anneau qu'on lui met pour lui ſerrer le cou lorſqu'on le laiſſe aller hors de la barque où eſt le Pêcheur. Si-tôt qu'il y eſt rentré, on lui ſerre le cou; ce qui lui fait rendre le poiſſon: après quoi on le maltraite pour l'obliger à ſe replonger, afin qu'il en prenne un autre. On croit que c'eſt le même que le Toucan: on en a vû à Verſailles.

CLOUVIERE. ſ. f. Piece de fer percée, dont les Serruriers ſe ſervent à former les têtes des clous, des viz & autres pieces. Il y en a de rondes, de longues, de barlongues, & de differentes groſſeurs. On les appelle auſſi *Clovieres*, *Cloveres* & *Cloutieres*.

CLOYE. Vieux mot. Claye.

Le Chevalier, quoiqu'on die,
Fut apointé ſur une cloye,
Pour mener pendre droite voye.

CLU

CLUPEA. ſ. f. Poiſſon du Fleuve Aratis, que Bochard dit avoir été ainſi appellé du mot Phenicien *Chalab*, qui veut dire *Changer*, à cauſe que ce poiſſon change de couleur ſelon la Lune.

CLUSE. ſ. f. On appelle ainſi en termes de Fauconnerie, le Cri dont ſe ſert le Fauconnier pour parler à ſes Chiens après que l'Oiſeau a remis la Perdrix dans le buiſſon; ce qui a fait dire, *Cluſer la Perdrix*.

CLY

CLYSSUS. ſ. m. Terme de Chimie. Compoſition faite par le mêlange des ſels, des eſprits & des huiles, qui exempte les corps auſquels on applique ce remede, des nuiſances que ces trois principes ont accoûtumé d'apporter étant pris ſéparément: car les ſels rongent, émeuvent les eſprits, & montent à la tête, & les huiles s'attachent à l'eſtomac. On compoſe le Clyſſus avec parties égales d'antimoine & de nitre & la moitié de ſoufre. Le tout étant diſtillé donne un eſprit acide agreable, & excellent pour rafraîchir dans les fiévres & dans les maladies aigues. Il agit en précipitant. On tire avec ce Clyſſus les teintures de pluſieurs végétaux qui ſont d'une très-belle couleur. Il y a auſſi un *Clyſſus d'antimoine*, lorſqu'on diſtille la mine d'antimoine ſeule & brute dans une retorte, on en retire une liqueur ou un eſprit acide, qu'on appelle *Vinaigre d'antimoine*, & qui eſt proprement l'eſprit de ſon ſoufre mineral. Si on ajoûte un vehicule ſalin à cette mine d'antimoine, on en retirera beaucoup plus de vinaigre que l'on ne fait ſans ce vehicule, & par l'addition du ſoufre & du nitre, on en prépare un eſprit acide, qu'on nomme ordinairement *Clyſſus d'antimoine*.

CLYSTERE. ſ. m. Médicament liquide qui ſe jette par l'anus dans les inteſtins, & qui eſt fait de quelque liqueur, comme petit lait, bouillon ou décoction d'herbes. On y ajoûte le miel ou le ſucre ou quelque médicament purgatif. Les uns ſont ſimples, faits d'une ſeule liqueur, & les autres compoſés. Ces derniers ſont ceux où l'on fait entrer pluſieurs choſes mêlées enſemble. Il y en a d'émollients, de purgatifs, de carminatifs, d'aſtringents, de rafraîchiſſans, d'anodins, de nourriſſans, & de deterſifs. Les Clyſteres ſe faiſoient anciennement d'une livre d'eau miellée, de trois onces d'huile, & de trois dragmes de ſel. Ce mot vient de κλύζειν, Laver.

CNE

CNEORON. s. m. Plante dont Theophraste dit qu'il y a de deux sortes, le blanc & le noir. Le blanc a ses feuilles longues comme celles de l'Olivier, & le noir les a charnues & semblables aux feuilles de Tamarix. Ils ont tous deux leur racine grande & profonde en terre, & il en sort plusieurs rameaux rampans, gros, branchus & souples. Le blanc s'étend davantage sur terre,& est odorant. Le noir n'a aucune odeur. Anguillarius croit que la Lavande soit le Cneoron blanc, & le Romarin, le noir : mais Matthiole prétend qu'il se trompe, & décrit une plante qu'il a découverte aux montagnes de Bohéme, & qui est tout-à-fait semblable au Cneoron blanc.

COA

COAGULATION. s. f. Terme de Chimie. Operation par laquelle les choses molles & liquides sont rendues solides par privation de leur humidité, par le moyen de l'exhalation de la décoction, de la congelation & de la fixation. Il y a deux sortes de Coagulations, une froide & une chaude : car plusieurs choses se dissoudent au chaud, & se coagulent au froid, comme les sels essentiels & le nitre qui se fondent dans l'eau chaude, & se coagulent & crystalisent au froid. D'autres se fondent au froid, & se coagulent au chaud. Tels sont les sels lixivieux des cendres des plantes qui se fondent au chaud. Cette difference vient de la presence ou de l'absence des esprits. Les sels qui en donnent beaucoup dans la distillation, se fondent au chaud & se coagulent au froid, comme l'alun, le vitriol, le nitre & le sel commun. Les autres font le contraire.

COAILLE. s. f. Vieux mot. Grosse laine. Quelques-uns le font venir de *κῶας*, Peau de brebis. Borel croit qu'il vient de *Queue*, qu'anciennement on écrivoit *Quoue*; de sorte que la plus mauvaise laine étant aux queues des moutons, on l'a appellée *Quoaille*, & on a écrit *Coaille*.

COAILLER. v. n. Terme de Chasse. On dit que *Les chiens coaillent*, quand ils quêtent la queue haute sur de vieilles ou nouvelles voies.

COATI. s. m. Animal qui a le museau long d'un pié & rond à peu près comme la trompe d'un Elephant, dont il n'a que la mobilité, puisqu'il ressemble beaucoup davantage à un grouin de pourceau. Il y en a de deux especes. L'un appellé simplement *Coati*, a tout le poil du corps rond, & l'autre appellé *Coati mondi*, n'a que la gorge & le ventre de cette couleur. Le premier est la femelle. Cet Animal a accoûtumé de ronger sa queue.

COATL. s. m. Grand Arbrisseau de la Nouvelle Espagne, qui atteint souvent la grandeur d'un arbre. Son tronc est gros & sans nœuds, comme le Poirier. Ses feuilles ressemblent à celles des Chiches, mais elles sont plus petites, & assés semblables à celles de Rue, quoiqu'un peu plus grandes. Ses fleurs sont petites, longues, jaunes, & disposées en forme d'épi. Cette plante est froide & humide. Son bois donne à l'eau une teinture de bleu, & cette eau étant bûe, nettoye & refrigere les reins & la vessie, & tempere l'acrimonie de l'urine.

COB

COBES. s. f. Terme de Marine. Bouts de cordes qui sont jointes à la ralingue de la voile, & dont la longueur ne passe pas un pié & demi. On les appelle autrement *Ancettes*, & elles servent en ce qu'on y passe d'autres cordes nommées *Pattes de boulines*.

COBIR. v. a. Vieux mot. Confire.

COBTER. v. n. Vieux mot dont on se servoit pour dire *Heurter*. Il vient de *κόπτειν*, Frapper. On a dit aussi *Cop*, au lieu de *Coup*.

COC

COCA. s. m. Plante du Perou haute d'une aune, ayant ses feuilles molles, d'un vert pâle, & un peu plus grandes que celles du Myrte. Ces feuilles ont comme une autre feuille tracée au milieu de semblable forme. Son fruit est assemblé par grappes, ainsi que celui du Myrte, rougeâtre quand il mûrit, & de la même grosseur. Il est noirâtre étant parfaitement mûr, & c'est alors qu'il faut cueillir l'herbe. Quand on l'a cueillie, on la met dans des corbeilles & autres vaisseaux pour la faire secher, afin qu'elle se conserve mieux, & qu'on la puisse transporter en d'autres places : car d'une montagne à l'autre on en fait trafic, & on la change pour des habits, du bétail, & autres choses, parce qu'on s'en sert au lieu de monnoye.

COCAIGNE. s. f. On appelle *Cocaigne* en Languedoc, un petit Pain de pastel, avant qu'il soit réduit en poudre & vendu aux Teinturiers. Ceux du Pays en font grand trafic; & comme il ne vient que dans des terres fort fertiles, & qu'on en fait cinq ou six recoltes en une année, ce qui est d'un grand revenu pour les proprietaires de ces terres, quelques-uns ont appellé le haut Languedoc *Pays de Cocaigne*. On le dit de même de tous les lieux où tout est en abondance, sans qu'il en coûte beaucoup.

COCAMBE. s. m. Arbre de l'Isle de Madagascar, dont le bois est noir & fort tortu. Il croît dans des lieux pierreux, porte peu de feuilles, & est tout garni d'épines. Sa fleur rend une odeur fort agreable, & son bois étant allumé fait sentir la même odeur. Quelques-uns de ces arbres ont un tronc,& des branches fort épaisses.

COCATRIX. s. m. Espece de Basilic qui s'engendre dans les puits & les cavernes. On l'appelle *Basilicus Regulus*, en Latin.

COCCUS. s. m. Arbrisseau qui porte la graine d'écarlate. Borel qui en parle, dit que c'est une espece d'*Ilex* bas, dont le bas Languedoc abonde. On amasse ces petites graines, où il se forme de petits vers. C'est delà qu'est venu le nom de *Vermillon*, qu'on a donné à cette couleur.

COCCYX. s. m. Terme de Medecine. Os Cartilagineux, qui est à l'extrêmité de l'os sacré, & qui affermit l'intestin droit, & le col de la vessie & de la matrice. On lui a donné ce nom, à cause que sa figure est comme un bec de coucou, qu'on appelle en Grec *κόκκυξ*.

COCHENILLE. s. f. Ver gris qui vient des Indes, & qui étant mis dans l'eau fait une teinture fort rouge. Cette Cochenille est d'un fort grand trafic. On appelle aussi *Cochenille*, la graine dont il est parlé dans le mot *Coccus*. Elle est grosse comme un petit pois, pleine d'un suc rouge qui croît au pié, & souvent au milieu de l'arbre. Il en croît beaucoup en Provence, Languedoc & Dauphiné, & on la cueille dans les mois de Mai & de Juin. On appelle *Cochenille Campeschiane*, ou *Sylvestre*, Une sorte de Cochenille qu'on emploie dans les couleurs cramoisies, où il entre du fauve comme le pourpre, le colombin, la pensée, l'amaranthe & le violet. M. Ménage fait venir ce mot de *Coccinula*, diminutif de *Coccus*.

COCHIZ-TLAPOTL. ſ. m. Grand arbre difforme qui ſe trouve aux Indes Occidentales dans la Province Yzalcos. Il a ſes feuilles d'Oranger, rares & ternes par intervalles ; ſon tronc bigarré de certaines marques blanches ; ſes fleurs blanches & petites, & ſon fruit preſque de la même forme qu'un coing, & quelquefois de même groſſeur. Les Eſpagnols l'appellent *Zapote blanco*. Ce fruit eſt bon à manger, & d'un fort bon goût ; il a un os qui eſt un venin mortel.

COCHLEARIA. ſ. f. Plante qui croît dans les lieux marécageux, arroſés d'eau, & remplis d'ombrage. Il y en a de deux ſortes ; l'une appellée *Cochlearia Batava*, qui a ſes feuilles un peu rondes, & l'autre *Cochlearia Britannica*, qui les a caves. Comme leur figure repreſente une cueiller, on a nommé cette plante *Cochlearia*. On ne ſe ſert que des feuilles, ſur-tout quand elles ſont recentes, à cauſe que le ſel volatil dont elles abondent, & dans lequel reſide leur principale vertu, ſe diſſipe à meſure qu'elles ſechent. Elles ſont aperitives, reſiſtent à la pourriture, & ont une vertu ſpecifique pour une maladie appellée *Stomacace*, à laquelle les Allemans ſont ſujets. On s'en ſert exterieurement en gargariſme pour la pourriture des gencives, & dans le bain pour la gueriſon des membres perclus.

COCHON. ſ. m. Animal domeſtique à quatre piés, qui eſt blanc ou noir, & qui a les yeux petits & enfoncés dans la tête, le poil rude, le ventre grand & un peu pendant, le grouin, & le devant de la tête plat, la queue longue & retortillée, avec de grandes ſoyes ſur le dos. Il vit de glands, d'orge, de ſon, & aime à ſe veautrer dans la fange. On tient qu'il haït l'Elephant, la Salamandre, le Loup, la Belette & les Scorpions. M. Ménage fait venir ce mot de *Ciacco*, qui veut dire la même choſe.

Cochon d'Inde. Petit animal à quatre piés, qui grogne comme un Cochon, & qui eſt ordinairement blanc & roux. Il a le grouin aigu, les dents fort petites, auſſi-bien que les oreilles qu'il a rondes. Il a le poil fort fin. Il n'a point de queue, & eſt un peu moins grand qu'un Lapin. Il vit d'herbes, & voit court, & mange dès qu'il vient au monde. On trouve une eſpece particuliere de Cochons dans l'Amerique. Ils ont un évent ſur les reins comme un nombril, & la chair en eſt auſſi bonne & auſſi ſaine que celle de nos porcs ſangliers.

Il y a une ſorte de poiſſon qui n'excede pas la longueur d'un pié, & qu'on pêche fort communément aux Antilles de l'Amerique. On l'appelle *Cochon de mer*, à cauſe que lorſqu'il eſt pris il gronde comme un Cochon. Il donne bien de l'exercice avant qu'on le prenne, car il a l'adreſſe de ronger toutes les amorces, & on tire cent fois la ligne que l'on trouve l'hameçon dépouillé autant de fois. Il eſt très-particulier dans ſa forme. Il ſemble que ce ſoient trois cartons pointus appliqués les uns contre les autres en maniere de triangle, dont le haut n'aboutit pas tout à coup juſques à la gueule. Au deſſus, il y a un petit creux où ſont les yeux. Leur prunelle eſt bleue & environnée d'un cercle jaune. De deſſous les yeux ſort un petit bec qui fait ſa gueule, dans laquelle il y a deux rangs de petites dents. Tout ſon corps eſt couvert d'une peau griſe, jaune, & toute parſemée de petites étoiles dorées, ce qui le fait paroître dans l'eau auſſi beau que la Dorade. Il n'y a preſque rien à manger dans ce poiſſon qu'un petit moignon de queue, qui eſt à la fin de ce triangle, & auſſi dur que s'il étoit de carton.

COCHONNET. ſ. m. Balle, ou pierre que l'on fait ſervir de but lorſqu'on joue à la boule en ſe promenant. On la jette au hazard à chaque fois, plus ou moins loin, & elle ſert toûjours de but en quelque lieu qu'on la jette.

COCO. ſ. m. Fruit du Cocotier. Il eſt de la groſſeur d'un œuf d'Autruche, & a ſon brou auſſi verd que celui de nos noix ordinaires. Quand ce brou eſt ſec, il ſe convertit en filaſſe dont les Indiens font le *Cairo*, c'eſt-à-dire, une maniere de chanvre qui leur ſert à faire leurs cordes pour lier le bois de leurs Navires & pour les cables. Cette écorce filaſſeuſe, qui eſt épaiſſe d'un pouce, envelope une noix qui n'eſt pas tout à fait ronde, mais qui tient un peu du triangle. Son extrémité eſt barbue, & a trois petits trous ronds de la largeur d'une lentille. La coque de cette noix eſt noire & dure comme de la corne, & l'on en fait des taſſes, des cueillers, & d'autres meubles. Au-dedans eſt une ſubſtance ſolide, épaiſſe d'un doigt, comme celle des amandes qui ſe forment, mais d'un goût plus ſavoureux, en ſorte qu'il n'y a noyau ni amande au monde qui conforte & nourriſſe davantage. On tient que cette ſubſtance ſe forme d'une certaine liqueur, qu'on trouve dans cette noix avant qu'elle ſoit mûre, & qui eſt fort douce & rafraîchiſſante. Elle a pourtant quelque degré de chaleur qui la rend propre à provoquer les urines, & à fortifier l'eſtomac. Cette liqueur eſt dans ſa perfection lorſque le fruit n'eſt qu'à demi mûr, & la ſubſtance blanche n'a atteint la ſienne, que quand il eſt parvenu à ſon entiere maturité. Les Indiens pilent la noix, & en tirent du lait qu'ils mangent, & qu'ils emploient à toutes ſortes d'uſages comme nous faiſons le lait de Vache. Il n'y a que les pauvres gens qui mangent le fruit, parce qu'ordinairement on le fait ſecher pour en tirer de l'huile qui eſt fort bonne à manger, qui a ſon uſage dans la Medecine, & que l'on brûle auſſi dans les lampes. Ce fruit étant conſervé dans le brou, ſe convertit peu à peu en une eſpece de pomme que le tems fait devenir jaune, & qui eſt bonne à manger. Quand les Indiens en veulent tirer du vin, ils en ôtent la fleur, & y attachent un pot de terre bien bouché & lutté de terre à potier, afin d'empêcher que l'air n'y entre. Ils ſçavent en combien de jours le pot ſe remplit d'une liqueur, qu'ils nomment *Sura*, & qui a le goût & les mêmes qualités que le petit lait. En faiſant bouillir cette liqueur, ils en font du *Terry* qui leur ſert de vin. Ils en font auſſi de fort bon vinaigre en l'expoſant au Soleil, & de très-forte eau de vie en la faiſant paſſer par l'alembic. Ils trouvent auſſi moyen d'en faire du ſucre qu'ils appellent *Iagra* ; mais comme ils en ont aſſés de blanc, & que celui-là eſt brun, ils l'eſtiment peu. Les Portugais, en y mêlant des raiſins au Soleil & quelques autres drogues avec du ſucre, en font un breuvage qui a le goût & la force du vin d'Eſpagne.

COCOTIER. ſ. Arbre des Indes qui porte le Coco, & qui eſt une eſpece de Palmier, le plus beau de tous, parce qu'il eſt chargé d'un plus grand nombre de feuilles beaucoup plus belles que celles des autres. Son tronc n'a pas un pié d'épaiſſeur, & n'a ſes branches qu'à l'extrêmité, où elles s'étendent comme celles du Dattier. Son fruit ne vient point aux branches, mais au-deſſous au tronc même, en des bouquets qui ont dix ou douze noix. Sa fleur reſſemble à celle du Châtaignier, & cet arbre ne vient que ſur les bords des rivieres, & près de la mer, dans une terre ſablonneuſe, où il croît ſi haut, qu'à la reſerve des Indiens qui y grimpent avec une agilité inconcevable, il n'y a perſonne qui voulût entreprendre d'y monter. Il eſt extrêmement commun dans les Indes; & bien que son bois soit spongieux, on s'en sert à tant de choses, qu'il n'y a point d'arbre qui ait un usage si general. Dans les Isles des Maldives, les habitans en font des Navires avec lequel ils passent la mer, sans qu'ils y employent que ce qui vient du Cocotier. Ils font leurs cables du brou qui envelope le fruit, & les feuilles leur servent à faire des voiles. Ils en couvrent aussi leurs maisons, & en font des parasols, des évantails, des nattes, des tentes, & des chapeaux qui sont fort commodes en été, parce qu'ils sont très-legers. Le dedans de l'arbre est fort estimé. C'est une moëlle blanche, aussi déliée que notre papier, & pliée en cinquante ou soixante plis comme en autant de feuilles. Ils l'appellent *Olla*, & les personnes considerables la recherchent avec soin, pour s'en servir au lieu de papier. Ils en font de gros avec l'écorce, & l'employent à enveloper leurs marchandises. C'est ce qui a fait dire à Pyrard dans son Traité des Animaux, arbres & fruits des Indes Orientales, que les Peuples de ces pays-là trouvent dans le seul Cocotier, non seulement leur pain, leur breuvage le plus délicieux, leur vêtement, leur huile, leur baume, leur miel, & des remedes pour rétablir leur santé lorsqu'elle est alterée; mais encore les materiaux necessaires pour bâtir des maisons & des Navires qui leur servent à entretenir commerce avec leurs voisins; de sorte que l'on en voit qui ne sont faits & chargés que de Coco, ayant reçû de cet arbre merveilleux, planches, chevilles, cordages, voiles, cables, ancres, huiles, vin, confiture, sucre, & autres choses.

COE

COEFFICIENT. s. m. On sous-entend *terme*. Dans les Equations d'Algebre, (Voyez EQUATION.) on ne compte pour differens termes que ceux où l'*Inconnue*, a differens degrés. Elle est seule dans le premier terme qui est celui où elle a le degré le plus élevé, mais dans les autres termes où elle est à un degré moins élevé, elle se mêle avec des grandeurs connues, & alors ces grandeurs connues s'appellent *Coëfficients*, *Coëfficients du second terme*, si elles entrent dans le second terme de l'Equation, qui est celui où l'Inconnue ne baisse encore que d'un degré, *Coëfficients du troisiéme terme*, si elles entrent dans le terme où l'Inconnüe baisse de deux degrés, &c. Voyez DEGRE'.

COEUR. s. m. *Partie noble de l'Animal dans laquelle reside le principe de la vie.* ACAD. FR. Sa figure est pyramidale & ressemble à une pomme de pin. Toute la base du Cœur, qui est sa partie superieure, laquelle étant large aboutit à une pointe, est environnée d'une veine & d'une artere avec quelques nerfs fort menus qui font de la sixiéme conjugaison. Il est revêtu d'une tunique particuliere pour le tenir plus ferme, & cette tunique est couverte de graisse. C'est ce qu'on appelle le *Pericarde*. La situation du cœur est au milieu du thorax, encore que la pointe s'avance un peu vers son côté gauche & sur le devant de la poitrine. Sa chair qui est dure, épaisse & solide, est entretissue de toutes les trois sortes de fibres qui font le principe de son mouvement. Par ses fibres droites, il fait sa diastole, & tire le sang en son ventricule droit. Les obliques le font jouir de ce qu'il a tiré, & les transversales dont il est serré de toutes parts, lui font faire la systole qui pousse le sang dans les poumons par la veine arterieuse. Il est presque tout rond dans sa diastole, à cause que ses extrémités se rident, que sa pointe s'approche de sa base, & que ses côtés se dilatent. Le contraire arrive dans sa systole, qui fait qu'il devient plus long & plus étroit. Le cœur a deux cavités ou ventricules. Le ventricule droit appellé *Sanguin* & *veineux* par quelques-uns, semble être fait pour les poumons seulement, puisqu'il ne se trouve point dans les animaux qui sont sans poumons. On nomme le gauche *Arterieux*, & *aéré*, à cause qu'il contient en soi l'air ou l'esprit vital qu'il pousse dans les arteres. Le *septum medium* sépare ces deux ventricules. Aux deux côtés il y a des épiphyses membraneuses qui ont la figure d'une oreille, ce qui leur en fait donner le nom. La droite est au-devant de l'entrée de la veine cave; & la gauche, à l'orifice de l'artere veineuse. Le Cœur a quatre gros vaisseaux en sa base. La veine cave, & la veine arterieuse ont l'orifice au ventricule droit. L'artere veineuse & l'aorte qui sont les deux autres gros vaisseaux sont au ventricule gauche. Des valvades ou petites portes en forme de soûpapes, qui se trouvent dans ces vaisseaux, en permettent d'un côté l'entrée aux humeurs, & de l'autre elles en empêchent le retour. Six de ces petites valvules sont au ventricule droit, trois à l'orifice de la veine cave ouvertes par dehors & fermées par dedans, & trois à l'orifice de la veine arterieuse. Ces dernieres sont ouvertes & fermées en un sens contraire. Le ventricule gauche a cinq valvules ou membranes, trois à l'orifice de la grande artere fermées par dehors & ouvertes par dedans, & deux à l'artere veineuse: celles-là s'ouvrent & se ferment aussi dans un sens contraire. C'est par ces canaux que se fait la circulation du sang, qui reprend sa chaleur dans le cœur, qui est le plus chaud de toutes les entrailles, parce qu'en circulant il y passe plusieurs fois par jour. Les Liévres, les Cerfs, les Bellettes, & autres Animaux timides ont le cœur plus gros que les courageux. Il s'est trouvé quelques animaux qui avoient un double cœur, & d'autres qui n'en avoient point. On lit dans le Journal d'Angleterre, que les vers à soye ont une chaine de cœurs qui leur tient tout le long du corps. On prétend que le safran cause une si grande dilatation de cœur, qu'un même Mulet n'en sçauroit porter bien loin une charge.

On appelle *Cœur*, dans les verges de plomb qui servent à enfermer des pieces de verre, & qui sont fendues des deux côtés, Le milieu qui demeure solide, *Cœur de la verge.*

Cœur, chés les Botanistes, est le fond ou le milieu de la fleur. Il y en a de grenés, & ceux-là sont composés de plusieurs filets, qui ont au bout de petits grains attachés, comme dans les tulippes & les lis, qui ne sont pas une graine, puisqu'ils se resolvent en poudre. Les autres sont appellés *Cœurs fleuris*, tels que ceux du souci, & autres, qu'on nomme ordinairement Estamines, à cause qu'on les croit composés de filets simples que l'on considere *quasi stamina. Cœur*, vient du Latin *Cor*, du Grec κῆρ, dont par contraction on a fait κῆρ.

On appelle en terme de Manége, *Cheval de deux Cœurs*, un Cheval qui n'obéït pas volontiers aux aides du Cavalier, & qui ne manie que par contrainte.

Cœur de Pigeon, c'est une espece de cerise. En quelques lieux on lui donne le nom de Bigarreau.

COF

COFFIN. s. m. Petit panier fait d'osier qui est haut & rond, avec un couvercle & une anse, & qu'on fait servir à divers usages. Il peut venir de l'Espagnol

Cophino, qui veut dire un Cabas de figues.

COFFRE. s. m. *Sorte de meuble, propre à serrer & à enfermer des hardes, de l'argent &c. & qui s'ouvre en levant le couvercle.* ACAD. FR.

On appelle *Coffre de bord*, dans un Navire, un Coffre de bois dont l'assiete est plus large que le haut, & où les gens de Marine mettent ce qu'ils portent à la mer. On appelle *Coffres à gargousses*, des retranchemens de planches, faits dans les soutes aux poudres, & où l'on met les gargousses après qu'on les a remplies.

Coffre, en termes de guerre, est un logement creusé dans un fossé sec, auquel on donne quinze à dix-huit piés de largeur, & qui n'est profond que de six à sept. On le couvre de soliveaux qu'on éleve de deux piés au dessus du plan du fossé, & cette petite élevation tient lieu d'un parapet qui a des embrasures. Les Assiegés se servent des Coffres, pour repousser les Assiegeans lorsqu'ils veulent passer le fossé. Il n'y a que sa longueur qui le distingue de la Caponniere, qui n'a pas aussi tant de largeur. Du Cange fait venir le mot de *Coffre* de l'Anglois *Coffr*, ou de *Cofferum*, qui a signifié la même chose dans la basse Latinité.

On appelle *Coffre de Lut*, *Coffre de Claveffin, d'Epinette*, Le corps, & l'assemblage des parties qui le composent. Chés les Imprimeurs, *Coffre de presse*, est le bois où le marbre est enchassé.

Coffre, en termes de Chasse, est le corps du Cerf, du Daim, du Chevreuil, quand on en a fait la curée.

COFFRETIER. s. m. Celui qui fait ou qui vend des Coffres. Il y a des *Coffretiers malletiers*, & des *Coffretiers bahutiers*. Les premiers font des coffres d'armée, des valises, des malles, des fourreaux de pistolets, & les autres qui sont d'un corps different, ne font que des coffres, dont on se sert ordinairement dans le ménage.

COG

COGNAC. s. m. Mot dont on se sert en plusieurs endroits, pour signifier l'embouchûre d'une riviere en une autre. Ainsi on appelle *Cognac*, la jonction de plusieurs ruisseaux dans la Charante.

COGNITION. s. f. Vieux mot. Connoisseur.

COGNON. s. m. Mot qui se trouve dans le vieux langage, & qui veut dire ce que nous entendons presentement par *Boucon*, lorsque nous disons, *Donner le Boucon*, pour dire, *Empoisonner*.

Pire es que le cruel Neron,
Neronissime est ton Cognon.

COH

COHERENCE. s. f. Terme dogmatique. On dit que *Des propositions n'ont aucune Coherence*, pour dire qu'Elles n'ont aucune liaison, aucune convenance les unes avec les autres. Ce mot vient du Latin *Coherere*, Avoir de la liaison avec quelque chose.

COHIER. s. m. Vieux mot. C'est, selon Nicod, une des deux especes de Chêne dont la feuille est plus longue & plus large, & le gland plus court que de l'autre espece, appellée du nom general, *Chêne. Les Bucherons*, dit-il, *estiment que s'est la femelle du Chêne. Ainsi le gland du Cohier est plus court & ratatiné sur sa coque, laquelle est plus martelée de rousseur, que n'est celle du gland du Chêne, & a son nom particulier*, Drysle, *& n'est si bon pour la paisson que le gland de chêne.*

COHOBATION. s. f. Terme de Chimie. Distillation reïterée, en sorte que la liqueur distillée est derechef mêlée avec les feces & ensuite distillée. Elle se fait pour mêler exactement toutes les feces du mixte; & afin de rendre les choses fixes & attachées aux feces volatiles, & les choses volatiles fixes.

COHOBER. v. a. Terme de Chimie. Faire digerer à feu lent deux liqueurs ensemble, ou bien un suc avec la matiere dont il a été extrait; ce qui se fait, ou pour mieux ouvrir les corps, & pour les volatiliser, ou pour fixer les esprits. On la reïtere plus ou moins selon les matieres & l'intention de l'Artiste.

COHORTE. s. f. C'étoit chés les Romains un corps d'Infanterie composé de cinq à six cens hommes, qui étoient divisés en trois manipules ou compagnies que commandoit un Tribun. Cet Officier étoit ce qu'on appelle aujourd'hui *Mestre de Camp.*

COI

COIGNASSE. s. f. Coing sauvage. Il est plus revêche, plus petit, & moins jaune que le coing ordinaire.

COIGNASSIER. s. m. Arbre qui porte les Coings & qui est presque semblable au pommier commun, à l'exception de ses feuilles, qu'il a plus étroites, lissées, charneuses, plus dures, & plus blanches à l'envers. Il jette une fleur blanche qui sort au Printems, & qui est comme la rose sauvage, au milieu de cinq feuilles qui l'environnent. Il ne devient jamais fort grand à cause de la pesanteur de son fruit, qui fait pancher ses branches vers terre. Matthiole connoît trois sortes de Coins, sçavoir, les *Coins plats*, qui sont compartis par coins, de couleur d'or, cotonnez au dessus, & qui sont meilleurs & plus odorans que les autres; les *Poires de Coins*, qui sont de grands Coins, tirant plûtôt à la poire qu'à la pomme, & dont la chair l'emporte sur celle des autres Coins, quoique ceux-ci soient moindres en force, en odeur & en couleur; les *Coins bâtards*, qui croissent aux Coigniers ou Coignassiers, entés en un Poire-coin, ou un Poire-coin enté dans un Coignier. Ces derniers sont plus gros que les Pommes-coin, & moindres que les Poires-coin, & tirent aux uns & aux autres pour la forme & la vertu. Tous les Coins, & sur-tout les Pommes de coin, sont fort requis en Medecine, & le cotignac, la gelée & le syrop qu'on en fait, restreignent & fortifient l'estomac, appaisent le vomissement, & arrêtent le flux de ventre; de sorte qu'ils sont utiles dans la diarrhée, dans la dyssenterie & dans le Cholera morbus. Les Coins pris avant le repas resserrent, & après le repas ils aident à la digestion, & rabattent les vapeurs qui montent au cerveau. On tient que si une femme prête d'accoucher, mange souvent des Coins, l'enfant qu'elle aura, sera plein d'esprit & industrieux. On les appelle en Latin *Mala cotonea*, à cause de leur coton, & *Mala Cydonia*, parce que ce fut de Cydon, Ville de Candie, que l'on apporta les premieres Pommes de coin en Italie.

COIGNE'E. s. f. Outil de fer aceré, plat & tranchant en forme de hache. Toutes les Coignées ont un manche de bois pour les tenir, & il y en a de grandes & de petites pour les Charpentiers. Les grandes leur servent, pour équarrir & assembler le bois; & les petites qui sont à grand manche, pour abattre le bois sur le pié, & ébaucher les pieces, afin de les équarrir. Il y a d'autres Coignées, appellées par quelques-uns *Epaules de mouton*, à cause de leur grandeur; & d'autres que l'on appelle *Petits hacheteaux.*

COIN-

COIN. s. m. Morceau de bois ou de fer, qui a une tête & un taillant, & dont on se sert pour fendre le fer ou le bois. On met assés communément le coin au nombre des Machines qui multiplient les forces, (Voyez MACHINE,) & on le rapporte au *Plan incliné*, parce qu'il est fait d'un ou de deux plans inclinés, (Voyez PLAN,) & en effet, si l'on considere la partie que le coin doit séparer d'avec une autre, & la resistance quelle apporte à cette séparation, comme un poids l'ouverture qui s'est faite entre elle par le moyen du coin, comme la ligne que ce poids a parcourue, & la longueur dont le coin est entré dans le corps que l'on fend, comme le chemin qu'a fait la puissance, il se trouvera necessairement que la puissance a fait plus de chemin, que le poids, & que par consequent, elle a été multipliée, ce qui est le principe general des Machines Voyez. MACHINE, & MOUVEMENT. Cependant il est plus sûr de ne considerer le coin que comme un instrument qui facilite la division des corps, & non pas comme une Machine qui augmente les forces.

Il y a des coins de bois que l'on emploie à servir de cale, lorsqu'on pose les pierres d'un bâtiment. Il y en a d'autres qui ne sont que pour serrer & presser, dont les Imprimeurs, les Menuisiers, & les Tonneliers se servent.

Coin, est aussi une espece de Dé coupé diagonalement suivant le rampant d'un escalier. Il sert à porter par enbas des colomnes de niveau, & à racheter par enhaut la pente de l'entablement qui soûtient un berceau rampant.

Coin, en termes de Doreur sur tranche, est un petit ornement autour des bouquets qui sont sur le dos des livres reliés en veau. C'est aussi un petit fer figuré qui a un manche de bois, & qui sert à pousser les coins sur le dos des mêmes livres.

Les Tailleurs appellent *Coin*, la piece d'un bas qui est en pointe, & qui prend depuis la cheville du pié, & s'étend jusques sous la plante des piés, & *Coin*, chés les Cordonniers, est un petit morceau de bois pour hausser le cou du pié des souliers lorsqu'ils sont sur la forme.

Coin. Terme de Monnoye. Morceau de fer trempé & gravé, qui sert à marquer les monnoyes, les jettons & les médailles. *Coin*, est aussi la marque qu'on met sur la vaisselle d'argent on d'étain.

On appelle en termes de mer, *Coins de mât*, certains coins de bois, qu'on fait de bouts de jumelles. Ils tiennent de leur rondeur & de leur concavité & servent à resserrer le mât lorsqu'il est trop au large dans l'étambrai du pont.

On appelle *Coins de mire*, des pieces de bois, épaisses d'un côté de deux à trois pouces, & de l'autre d'un demi-pouce ou d'un pouce tout au plus, & qui ont un pié de longueur ou environ, & six à huit pouces de largeur. Les coins de mire ont un manche du côté le plus épais, & servent à élever les canons jusqu'au point que l'on desire quand on veut pointer.

Coins, Terme de manége. On appelle ainsi quatre dents qui poussent à un cheval, lorsqu'il a quatre ans & demi. Elles sont entre les mitoyennes & les crocs, deux dessus & deux dessous à chaque côté de la machoire. On appelle aussi *Coins*, les extrémités des quatre lignes de la volte, lorsqu'on travaille en quarré.

COINT, TE. adj. Vieux mot, qui signifioit Beau, galant, ajusté, propre.

Si scet si cointe robe faire,
Que de couleurs y a cent paires.

On disoit aussi *Choint* & *Cointie*, pour Gentillesse. *Robe découpée par cointie*. On dit de là, *Se cointoyer*, pour dire, S'ajuster proprement, & *Cointerie*, pour, Affeterie. Du Cange dérive *Coint* de *Comptus*. D'autres le font venir de *Cultus*.

COIREAUX. s. m. p. Vieux mot, qui signifioit, des Bœufs engraissés. On le trouve dans Rabelais.

COITE. s. f. Vieux mot, qui a signifié une Saye ou robe. Il signifioit aussi un Lit de plume; mais il ne se dit plus que rarement, & seulement des lits de pauvres gens, qui n'ayant pas moyen d'enfermer la plume de leurs lits dans du coutil, n'y mettent que de la toile. Il a été dit par les Anciens tant des lits de plumes que des matelats. Selon Nicod. *Coite*, vient du Grec κοιτὴν, Lit. M. Ménage le derive de *Culcita*, pour lequel on a dit par corruption *Culcitra*.

Coites, en termes de Marine, sont deux longues pieces de bois qu'on met paralleles sous un Vaisseau pour le porter quand on le veut tirer du Chantier pour le mettre à l'eau. On appelle *Coites de Guindas*, des pieces de bordage de quatorze ou seize pouces, qui appuyent les bouts du guindas, & sur lesquelles ils tournent.

COL

COL. s. m. Passage dans les montagnes de Dauphiné, &c. *Le Col d'Exiles, de Fenestrelles*.

COLACHON. s. m. Instrument de Musique, qui a la forme d'un Lut, mais dont le manche est beaucoup plus long. Cet Instrument qui a quatre ou cinq piés de longueur, est fort commun en Italie, & n'a que deux ou trois cordes.

COLARIN. s. m. Frise du Chapiteau de la colomne Toscane, & de la colomne Dorique. *Colarin* est aussi le haut du vif de la colomne, & l'endroit qui est le moins large près le Chapiteau.

COLCHIQUE. s. f. Fleur de couleur vineuse, qui fleurit en Automne.

COLCOTHAR. s. m. Terme de Chimie, que Paracelse a fait tout exprès pour signifier la Tête-morte du Vitriol seul, restant après la distillation de l'esprit & de l'huile. Quand ce Colcothar a été distillé exactement, il paroît noir, & il n'y reste rien. S'il paroît brun on verse de l'eau chaude dessus, & on en tire à la lessive le Vitriol qu'on laisse cristaliser, qui a la faculté de faire vomir. Angelus Sala qui en fait beaucoup d'estime, le nomme *Manne vomitive de Vitriol*. Sa dose est d'un scrupule & demi-dragme; mais on ne doit user de ce sel pour faire vomir qu'avec circonspection, à cause qu'il tient du cuivre qui affoiblit l'estomac.

COLCHICON. s. m. Sorte de bulbe sauvage, qui en Automne jette une fleur blanchâtre, semblable à celle du safran. Sa tige qui est haute d'un palme, produit une graine rougeâtre; le dehors de sa racine est roux, tirant sur le noir, & le dedans est blanc & tendre. Cette racine est pleine de lait, & a un goût doux, & étouffe la personne qui en mange, comme font les Champignons. C'est ce qu'en dit Dioscoride; à quoi Matthiole ajoûte que le Colchicon est si venimeux, qu'il fait mourir en moins d'un jour celui qui en mange, ce qui lui a fait prendre le nom d'*Ephemerum*.

COLE. s. f. Vieux mot employé pour Pituite. Il a aussi signifié, Desir, disposition où l'on peut être. *Alors fut mis dans une cole d'apprendre*. On s'en sert encore bassement dans ce sens; & l'on dit: *Si vous avez obtenu cela de lui, il falloit qu'il fût en bonne cole*, pour dire, Dans une disposition bien favorable. On dit enore aujourd'hui fort bassement, *Donner d'une cole*, pour dire, Se tirer d'affaire par quelque mensonge.

COLE'E. f. f. Vieux mot. Coup d'épée sur le col.

Pas reçoevent tel colée,
Tous Chevaliers qui ceint épée.

COLERA-MORBUS. f. m. Terme de Medecine, Epanchement de bile fubit, qui caufe un grand devoyement par haut & par bas. Cette maladie qui eft extrémement dangereufe, procede d'une continuelle indigeftion de viandes, & eft appellée ainfi à caufe que la matiere eft jettée inceffamment hors des inteftins, que les Grecs nomment χολὰς, ce qui leur a fait appeller cette forte de mal, χολέρα. Il faudroit écrire fuivant ce mot *Cholera morbus*,

COLERET. f. m. Sorte de filet que deux hommes traînent en mer, auffi avant que la force de l'eau leur permet d'y tenir pié. Il eft d'ufage fur les côtes de Normandie.

COLIBRI. f. m. Le plus petit & le plus joli de tous les oifeaux. Il s'en trouve communement de deux fortes dans toutes les Antilles. Le plus petit n'a que la groffeur du bout du doigt. Toutes les grandes plumes de fes aîles & celles de fa queue font noires, & tout le refte de fon corps, & le deffus de fes aîles eft d'un vert brun, rehauffé d'un certain luftre qui égale celui du velours & du fatin. Il a fur la tête une petite hupe de vert naiffant, enrichi d'un furdoré, qui étant expofé au Soleil, brille comme s'il avoit une petite étoile au milieu du front. Son bec eft tout noir, droit, fort menu, & de la longueur d'une petite épingle. L'autre qui eft le plus gros, n'a pourtant que la moitié de la groffeur d'un Roitelet. Il a les aîles & la queue comme le premier, & les plumes de deffus le dos de couleur d'azur. Il ne porte point de hupe fur fa tête; qui en récompenfe eft couverte, ainfi que toute la gorge, jufqu'à la moitié du ventre, d'un certain velouté cramoifi changeant, qui felon qu'il eft expofé à differens jours, fait montre de mille belles couleurs, dont il n'y en a aucune qu'on puiffe déterminer. Celui-ci a le bec fort long, & fait en bec de corbin. Tous deux ont la tête fort petite, & deux petits yeux ronds & noirs, comme deux petits grains de jayet. Les femelles des premiers font fans hupe fur la tête; & celles des feconds n'ont point l'ornement de la tête ni du ventre. Si-tôt que le Soleil eft levé, on les voit voltiger autour des fleurs fans jamais pofer leurs piés deffus; & fourrer leurs petites langues jufqu'au centre de la fleur, d'où ils tirent le miel & leur nourriture. Cette langue eft compofée de deux petits filets, & toute femblable à celle d'une vipere. Il y en a qui affurent qu'ils demeurent une partie de l'année attachés à un arbre par le bec, comme s'ils étoient fans vie. On les tire quelquefois à coups de fufil, qu'on charge de fable au lieu de plomb; mais cela les dépouille de leur plumage, & leur ôte beaucoup de leur luftre. Quand on veut les prendre vifs on fait une petite verge de rofeau fort déliée, de la longueur de deux piés, & on l'attache à une baguette qui en a dix ou douze. On englume enfuite la petite verge d'une forte de glu plus tenace que celle de France, qui fe forme d'un lait qu'on tire de l'incifion d'un arbre que les François nomment *Bois de foye*, & qui s'épaiffit à force de le remuer fur la main. Après cela on fe cache fous un arbre fleuri; & pendant que ces petits oifeaux voltigent & font occupés à fuccer les fleurs, on n'a pas de peine à les toucher avec le bout de la verge à laquelle ils demeurent attachés. Ils meurent prefque auffi-tôt qu'ils font pris. On les éleve petits en les nourriffant d'eau fucrée, & on en a vû un fi fort ennemi d'un Perroquet qui étoit dans le logis, qu'il le venoit combattre & bequeter en volant; le brouiffement de fon vol l'épouvantoit, & le Perroquet ne fçavoit fouvent où fe mettre. D'ordinaire ils font leurs nids fur les petites branches d'un Oranger ou d'un Citronnier, ou fur les foibles fcions des Grenadiers, & affés fouvent dans les Cafes, fur le moindre fêtu replié qui pend de la couverture. Le mâle va chercher les materiaux, qui font du coton qu'il cueille lui-même fur les arbres, de la plus fine mouffe des forêts, & de petites écorces de gommiers. La femelle qui bâtit le nid, commence à revêtir de coton le fêtu ou la branche fur lequel elle doit le faire, & cela de la largeur d'un pouce. Elle éleve là-deffus un petit rond de coton de la hauteur d'un doigt, après quoi elle remue prefque poil à poil avec fon bec & fes petits piés le coton que lui apporte le mâle, puis elle en forme fon nid, qui n'eft pas plus grand que la moitié de la coque d'un œuf de pigeon, & en polit la bordure avec fa gorge & le dedans avec fa queue. Elle travaille enfuite au dehors de ce petit édifice, qu'elle revêt de mouffe & de petites écorces de gommiers. Elle colle tout fort proprement autour de fon nid, afin que les injures du tems ne lui puiffent nuire. Tout ce petit édifice étant achevé, elle pond deux œufs, qui ne font gueres plus gros que de petits pois, & qui font blancs comme de la neige; le mâle & la femelle les couvent alternativement pendant dix à douze jours, au bout defquels paroiffent les deux petits, n'étant pas plus gros que des moucherons. On croit que la bechée que la mere leur apporte, ne confifte qu'à leur faire fuccer fa langue, qui doit être toute emmiellée du fuc qu'elle tire des fleurs.

COLISE'E. f. m. Magnifique Amphitheatre que Vefpafien fit bâtir dans Rome, & dont on voit encore aujourd'hui des reftes. Il fut dedié par fon fils Titus. Autrefois on y voyoit des ftatues qui repréfentoient toutes les Provinces de l'Empire, & au milieu étoit celle de Rome, tenant à la main une pomme d'or. Philander prétend qu'on a dit *Colifæum*, comme fi on eût voulu dire, *Coloffæum*, à caufe du Coloffe de Neron qui étoit proche de là.

COLLE. f. f. Ce qui fert à attacher, à joindre fur du papier, fur du bois, &c. Il y en a que l'on fait de rognûres de peau de gans ou de parchemin, & qui fert pour peindre à détrempe.

Colle forte, eft celle qui fe fait de cuirs de bœufs, de vaches & autres animaux à quatre piés. Quelques-uns l'appellent *Xylocolla*, de ξύλον, Bois, & de κόλλα, Colle, à caufe que l'on s'en fert fort fouvent pour coller le bois. Diofcoride dit que fi on la détrempe en vinaigre, elle ôte les gratelles & feux volages qui font fur la peau, & qu'étant détrempée avec de l'eau chaude, elle empêche qu'il ne s'éleve des veffies fur une partie qui auroit été brûlée du feu.

Colle de Poiffon. Colle qui fe fait de toutes fortes de poiffons gluans, comme la morue. Diofcoride dit que celle qui vient de la mer Pontique eft la meilleure; qu'elle eft gluante, un peu âpre, fans être trop rude, qu'elle fe défait aifément, & qu'elle eft bonne aux emplâtres qu'on ordonne pour la tête, & dans les médicamens préparés pour la gratelle, ou qu'on fait pour dérider & étendre la peau du vifage. Galien parle de la Colle des Relieurs de livres, qui eft faite de fleur de farine, & de garum, & dit qu'elle eft emplaftique & maturative en quelque partie du corps qu'on l'applique.

Colle à miel, ou *Bature*. Cette colle fert pour dorer, & se fait en mêlant du miel avec de l'eau de colle & un peu de vinaigre. Le tout se détrempe ensemble, & l'on en fait une couche qui demeure grasse & glutineuse, à cause du miel qui aspire l'or & qui s'attache fortement au corps sur lequel on le met. M. Felibien dit que cette maniere de dorer n'est bonne que pour donner des hachures sur des tableaux à détrempe & à fraisque, & pour faire des filets sur du stuc. Il en donne pour raison, que si on en couchoit de grands fonds, l'or se jerseroit & se fendroit, à cause que lorsque la colle vient à secher, le miel se retire, & les feuilles d'or se cassant, il se fait plusieurs petites fentes.

Colle à pierre. Dioscoride qui parle de cette colle, dit qu'on s'en sert à rejoindre les pierres & qu'elle se fait de marbre & de colle de Taureau. Il ajoûte qu'appliquée avec une éprouvette toute rouge, elle déplie les poils contraires qui incommodent les yeux.

COLLET. s. m. *Cette partie de l'habit qui est à l'entour du cou.* ACAD. FR.

Collet, est aussi un terme d'Artillerie, & veut dire dans un canon la partie la plus amoindrie entre le boulet & l'astragal. Elle n'a que deux pouces d'épaisseur.

Collet de penture, est parmi les Serruriers, l'Endroit qui est proche le repli où le gond entre; & en termes d'Orfevre. *Collet de Chandelier*, est la partie qui s'éleve sur le pié du chandelier.

On appelle *Collet de marche*, La partie la plus étroite d'une machine tournante, par laquelle cette marche tient au noyau de l'escalier.

Collet d'étai, se dit en termes de mer, d'un tour que fait l'étai sur le ton du mât.

Collet de poche, de violon, se dit de la partie de ces instrumens qui est faite en crosse, & qui est au bout du manche. On appelle aussi *Collet de hotte*, La partie la plus haute du dos de la hote; *Collet de forme de soulier*, La partie de la forme qui répond immediatement au talon, & *Collet de tombereau*, La partie du devant du tombereau qui s'éleve au dessus des gisans. On appelle encore *Collet*, dans une cassolette, ou dans quelques autres ouvrages, le Cordon ou ornement que l'on met en divers endroits de la piece fabriquée. Il est quelquefois ouvragé, godronné & renversé.

COLLETIQUES. s. m. Medicamens qui agglutinent & qui conjoignent les parties separées d'une playe ou d'un ulcere, pour les rétablir dans leur union naturelle. Ils dessechent au second degré, ce qui leur fait tenir le milieu entre les sarcotiques qui dessechent seulement au premier, & entre les épulotiques qui dessechent au troisiéme. Quand on emploie ces sortes de medicamens dans des playes encore sanglantes, on les appelle *Enaimes*, *Traumatiques* & *Symphytiques*. Ce mot vient du Grec κολλητικὸς, qui veut dire, Collet.

COLLIER. s. m. *Rangée de perles ou de grains d'ambre enfilés, que les Dames portent au cou pour se parer.* ACAD. FR.

On appelle dans l'Architecture, *Colliers de perles* ou *Colliers d'olives*, certains petits Ornemens qu'on place au dessous des oves.

Collier d'étai, Bout de grosse corde semblable à l'étai. L'usage du Collier d'étai est d'embrasser le haut de l'étrave, & d'aller le joindre au grand étai, où il est tenu par une ride. On appelle *Collier du ton*, un Lien de fer fait en demi-cercle, qui avec le ton sert à tenir les mâts de perroquet & de hune.

COLLIQUATION. s. f. Terme de Pharmacie. Mélange de deux substances solides, que l'on rend liquides par la fusion ou par la dissolution. Ce mot vient de *Cum*, Avec, & de *Liquare*, Liquefier.

COLLYRE. s. m. Medicament propre pour les maladies des yeux. Il y en a de deux sortes. Les liquides sont faits d'eaux distillées, de sucs, ou de décoction de plantes, de mucilages & de blancs d'œufs, à quoi l'on ajoute quelquefois des poudres fort déliées. On en distille quelques gouttes au coin des yeux, & cela à froid, quand on a dessein de repercuter; & si on veut déterger, on les distille tiedement. Il y a des *Collyres secs*, & ceux-là se font de semences, de fleurs & d'autres parties de plantes, dont on fait une poudre extrémement déliée, qu'on réduit ensuite en forme de trochisque par le moyen de quelque liqueur. On les passe par dessus la pierre avant que de s'en servir, afin de les pulveriser encore davantage; après quoi on les souffle tout secs dans les yeux. Les *Collyres liquides* sont de plusieurs sortes. Les uns repercutent, & sont bons au commencement de la fluxion. Les autres qui digerent se font de resolutifs & de chalastiques, & on les emploie dans la vigueur & au déclin de la fluxion. Il en est d'autres dont l'usage est excellent quand elle s'accroît, & ceux-là sont composés de repercussifs & de resolutifs mêlés ensemble; & enfin il y en a de plus dessechans, & ceux-là sont propres à déterger & à dessecher en ulcere. Ils se font d'antimoine lavé, d'aloës aussi lavé, d'encens brûlé & lavé, de ceruse, de myrrhe & de tuthie. Après qu'on les a broyés, on les met dans un mucilage de gomme tragacanthe, tiré dans l'eau rose. Ce mot vient du Grec κολλύριον, qui veut dire la même chose, & que quelques-uns forment de κωλύειν τὸ ῥεῖν, parce que les Collyres empêchent la fluxion des yeux, ou de κόλος, Mutilé, tronqué, & de οὐρά, Queue, à cause que ce medicament à la forme d'une queue tronquée, d'où vient qu'on l'appelle aussi en Grec, κολλύριον.

COLLYRIDIENS. s. m. Heretiques qui s'éleverent vers la fin du quatriéme siecle, & dont l'erreur commença dans l'Arabie. Ils regardoient la Vierge comme une Déesse, & la voulant honorer, ils lui offroient des gâteaux, & employoient le ministere des femmes dans les sacrifices qu'ils lui faisoient. C'est de là qu'ils ont été appellés Collyridiens, κολλύρα, en Grec, signifiant une sorte de Pain que l'on donnoit aux enfans.

COLOCASIE. s. f. Plante fort commune chés les Egyptiens, des racines de laquelle ils font du potage. Elle a cela de particulier, qu'elle n'a ni fleur, ni fruit en Egypte, qui est son pays naturel, & qu'ailleurs elle porte l'un & l'autre. Cela vient apparemment de ce que le limon du Nil engraissant trop la terre, & s'attachant à la racine, ou ne montant pas plus haut que les feuilles, la racine tire tout le suc, en sorte qu'il n'en reste point pour les fleurs & pour les fruits; ce qui n'arrive point lorsque cette plante est transplantée en quelque autre lieu, où la terre étant plus maigre, la racine diminue beaucoup, parce que le suc qu'elle attire est plus leger, & qu'il peut monter en haut plus facilement.

COLOMBAGE. s. m. Rang de colomnes ou de solives posées à plomb dans une cloison ou muraille faite de Charpente.

COLOMBE. s. f. La femelle du Pigeon. Sorte de volatile qui se nourrit de toutes sortes de grains, & qui est fort chaude & fort feconde. Cet Oiseau est d'un grand usage pour la Medecine. Voyez PIGEON.

Colombe. Terme de Charpenterie. Solive que l'on pose à plomb dans une sabliere pour faire des cloifons, des maisons & des granges de charpente.

Colombe, est aussi un terme de Tonneliers, qui nomment ainsi une Piece de bois quarrée, montée sur quatre piés, & au milieu de laquelle est un fer qui sert à joindre les fonds & à les raboter.

Colombe. Ordre Militaire que Henri I. Roi de Castille, ou Henri III. son fils institua sur la fin du quatorziéme siecle. Celui de ces deux Princes qui en fut l'auteur, fit faire plusieurs colliers d'or, qu'il distribua à ses Favoris, & dont il se para luimême un jour de la Pentecôte, leur donnant aussi à chacun un livre illuminé, où étoient contenus les Statuts de l'Ordre. Les Colliers étoient enchaînez de rayons de Soleil ondoyant en pointe, & il y avoit au bout une Colombe émaillée de blanc, les yeux & le bec de gueules. Cet Ordre fut aboli peu de tems après.

On appelloit autrefois *Etofe à colombeaux*, certaine Etofe figurée en forme de colombes.

COLOMBIER. f. m. Terme d'Imprimerie. Espace trop grand que les Compositeurs laissent quelquefois entre les mots.

On appelle *Colombiers*, en termes de Marine, deux Pieces de bois endentées dont on se sert lorsqu'on veut mettre quelque Bâtiment à l'eau.

COLOMNADE. f. m. Peristyle de figure circulaire. On appelle *Colomnade polystyle*, Celle qui a des colomnes en si grand nombre, qu'on ne les sçauroit compter d'un seul aspect. Le mot *Polystyle* veut dire, Ayant plusieurs colomnes, de πολὺ, Beaucoup, & de στύλος, Colomnes.

COLOMNAISON. f. f. Mot qui a été employé par M. Blondel pour signifier une Ordonnance de Colomnes.

COLOMNE. f. f. Sorte de Pillier de forme ronde, qui sert à soûtenir ou à orner un bâtiment, & qui est composé d'une base, d'un fust & d'un chapiteau. La difference des ordres fait la difference des colomnes. La Toscane qui est la plus courte & la plus simple, a sept diametres de hauteur. La Dorique en a huit, & son chapiteau & sa base sont un peu plus riches de moulures. La Colomne Ionique a neuf diametres, & son chapiteau a des volutes. C'est en quoi elle differe des autres aussi bien que par sa base qui lui est particuliere. La Corinthienne est la plus riche de toutes. Deux rangs de de feuilles font l'ornement de son chapiteau avec des caulicoles, d'où sortent de petites volutes. Elle a dix diametres, ainsi que la Composite, qui a son chapiteau comme la Corinthienne, avec les volutes angulaires de l'Ionique. Le fameux Temple que Diane avoit à Ephese, étoit orné de cent vingtsept colomnes, toutes d'une piece, & hautes de soixante piés. Ce mot vient de *Columen*, qui signifie, Une piece de bois posée à plomb pour soûtenir le faîte d'un bâtiment.

Colomne, se dit aussi d'une construction faite en forme ronde, & qui est separée d'un bâtiment, soit qu'elle soit d'une ou de plusieurs pierres. Cette sorte de Colomne est un monument pour quelque action dont on veut que la posterité garde la memoire. La Colomne de Trajan est un ouvrage de Sculpture qui est admiré des curieux.

Colomne d'eau. Terme de Fontainier. On entend par là la quantité d'eau qui entre dans le tuyau montant d'une pompe. On appelle aussi *Colomne d'eau*, une Colomne dont un gros jet d'eau forme le fust. Ce jet sortant impetueusement de la base, va frapper dans le tambour du chapiteau qui est creux, & en retombant il fait l'effet d'une colomne de cristal liquide. *Colomne Hydraulique*, est celle dont des napes d'eau forment le fust, & le font paroître de cristal. Ces napes d'eau tombent de ceintures de fer ou de bronze en maniere de bandes, à distances égales, par le moyen d'un tuyau montant dans son milieu. On appelle pareillement *Colomne hydraulique*, Celle du haut de laquelle sort un jet que le chapiteau reçoit, & d'où l'eau retombe ensuite par une rigole qui est revêtue de glaçons, & qui tourne en spirale autour du fust.

Colomne. Terme de guerre. Longue file des troupes & des bagages d'une armée qui est en marche. On en fait plusieurs divisions pour marcher en même tems & vers le même endroit par des intervalles assés éloignés, afin d'éviter la confusion. On dit, *Marcher en colomnes*, pour dire, Faire une longue file en marchant, au lieu de faire un grand front. On dit aussi sur mer, *Marcher en colomne*, pour dire, Marcher les uns derriere les autres sur la même ligne; ce qu'on ne peut faire sans beaucoup de peine, à moins que le vent ne soit en pouppe ou largue.

On appelle *Colomne de table*, Une piece de bois tournée ou torse, qui aide à porter le dessus d'une table; & *Colomne de lit*, Une piece de bois tournée, haute d'environ sept ou huit piés qui posant à terre aide à soutenir le fond d'un lit.

Colomne, en termes d'Imprimerie; se dit quand les lignes ne sont pas de toute la largeur de la page, qui est divisée en deux parties. Les Dictionnaires sont toûjours imprimés par colomnes

COLON f. m. Terme d'Anatomie. Le second des gros boyaux, qui va depuis le rein droit jusqu'à la cavité du foye, & qui s'attachant de là au fond du ventricule, & portant sur la rate, est lié au rein gauche, puis retournant en arriere, il fait deux tours comme une S, & aboutit au commencement de l'os sacré, de sorte qu'il enferme presque tous les boyaux grêles. Il est entre le *Cœcum* & le *Rectum*, & les excremens s'arrêtent & se figurent dans ses replis. On l'appelle autrement *Boyau culier*. Ce mot est Grec, & on dit κῶλον, ou κόλον, comme si on disoit κοῖλον, Creux, à cause de la grande cavité de cet intestin. D'autres le font venir de κωλύειν Retarder, parce que les excremens demeurent quelque tems dans les cellules.

COLONEL. f. m. Officier d'armée qui commande un Regiment d'Infanterie. Il y avoit autrefois un *Colonel General de l'Infanterie Françoise*, dont l'autorité étoit très-vaste. Cette Charge étant demeurée vacante par la mort de M. le Duc d'Epernon, le Roi la supprima par son Ordonnance du 28. Juillet 1661. & il ne resta plus en France d'autre Colonel General d'Infanterie que celui des Suisses & Grisons, que M. le Duc du Maine commande aujourd'hui. Par cette même Ordonnance le Roi affecta le titre de *Colonel* aux Chefs des Regimens de l'Infanterie Françoise, qui jusques là avoient pris la qualité de *Mestre de Camp*, laquelle fut attribuée aux Chefs des Regimens de la Cavalerie Legere. Le premier Officier General de cette même Cavalerie n'a pas laissé de garder le titre de *Colonel General*. Le Regiment des Cravates, quoique Cavalerie, est aussi commandé par un Colonel, mais c'est parce que ce Corps est consideré comme étranger. Les Regimens des Dragons ont pareillement des Colonels, étant reputés Corps d'Infanterie. Le *Colonel General des Dragons*, est celui qui commande tous les Officiers de ces mêmes Corps.

COLONELLE. f. f. On appelle *Compagnie Colonelle*, ou absolument *La Colonelle*, la premiere Compagnie d'un Regiment d'Infanterie, qui porte le Drapeau blanc.

COLOPHONE. f. f. Substance de nature oleagineuse, aride & friab e, & qui tire sur le jaune. Elle est composée des restes des resines & des pommes de sapin, qu'épaissit la coction, & que le froid endurcit. Elle a pris ce nom de la ville de Colophone, d'où on l'apportoit autrefois. On doit choisir celle qui est luisante & odorante, & qui pousse une fumée presque semblable à celle de l'encens, lorsqu'on la jette sur des charbons allumés. Ses qualités sont d'être glutinative & sarcotique. Elle amollit & on l'emploie très-commodément dans les emplâtres, à cause qu'elle se dissout dans les choses grasses & huileuses. La Colophone sert aussi à frotter le crin des archets de violon. Cela y fait comme autant de dents de scie; de sorte que ces dents touchant sur la corde, la font mieux sautiller & trembler. La plûpart disent *Colofane*.

COLOQUINTE. f. f. Plante, dont les sarmens & les feuilles rampent à terre, & sont semblables au Concombre des jardins. Son fruit est amassé comme une boule de moyenne grosseur, & a une amertume fort vehemente. On le cueille ordinairement quand il commence à pâlir. La meilleure Coloquinte est la femelle, & doit être blanche, legere, polie, non trouée & très-amere. Matthiole dit que quoiqu'on en fasse des medicamens pour la guerison de diverses maladies, elle est fort contraire au cœur, au foye & à l'estomac, qu'elle ronge les intestins, & met le désordre par tout le corps, à moins qu'on ne la corrige, partie par des corroboratifs, & partie par des lenitifs visqueux. Il la tient propre à attirer les excremens & superfluités flegmatiques grosses & visqueuses qui sont dans les plus profondes parties du corps, & à purger le cerveau, les nerfs, les muscles, la poitrine & le poumon. On n'en doit donner qu'à ceux qui sont robustes quand elle est bien préparée, & non aux enfans, aux vieillards & aux femmes grosses. On la reduit en trochisques, appellés *Trochisci alhandal*; ce qu'on fait en la coupant fort menu, & en la broyant dans une mortier frotté d'huile d'amandes douces, après quoi on y ajoûte le mastich, & la gomme tragaganthe. *Coloquinte* vient du Grec κολοκύνθη, & on croit qu'elle est appellée ainsi, de κοιλίαν κινεῖν, Remuer le ventre; ce qui est l'effet de cette courge sauvage.

COLORANT, ANTE. adj. Ce mot n'est gueres en usage que parmi les Teinturiers qui distinguent les drogues dont ils se servent en Colorantes & non Colorantes. Les *Colorantes* du grand & bon teint, c'est-à-dire, qui donnent la belle couleur, sont les pastels d'auragais & albigeois, vouede, indigo, pastel, & graine d'écarlate, cochenille, mesteque & tesqualle pour les étoffes de prix. Il y d'autres drogues colorantes pour les petites étoffes. Les non-colorantes sont celles que l'on emploie à disposer les étofes, & à tirer la couleur de l'ingredient colorant, comme l'alun, le cristal de tartre, l'arsenic, le reagal, le salpêtre, le sel commun, le sel armoniac, le sel gemme, l'agaric, l'esprit de vin & autres.

COLORISATION. f. f. Terme de Pharmacie. Il se dit des divers changemens de couleur qui arrivent aux substances en plusieurs operations de la nature ou de l'art par les fermentations, coctions ou calcinations. On voit, lorsque l'on calcine le vitriol, que sa verdeur naturelle se dissipant peu à peu, il devient blanchâtre, jaunâtre ou rougeâtre. De rougeâtre il devient rouge; & c'est ce qui fait le *Calcanthum*, & enfin en pressant davantage le feu, il tire sur le noir; ce que l'on appelle *Colcothar*. L'antimoine devient gris dans la calcination, & ensuite blanc en la préparation du verre.

COLORIER. v. a. Terme de Peinture. Employer des couleurs & les mêler agreablement pour executer un dessein de tableau.

COLORIS. f. m. Maniere d'appliquer & de mêler les couleurs pour faire un tableau, en observant l'amitié ou l'antipathie qui est entre elles. M. Felibien remarque que quand on dit que *Le Coloris d'un ouvrage est beau*, cela s'entend plus particulierement des tableaux d'histoire, & qu'il faut dire d'un paysage qu'*Il est bien naturel & bien entendu*, & non pas que le Coloris en est beau, le mot de *Coloris* ayant plus de rapport aux carnations qu'à toute autre chose.

COLORISTE. f. m. Peintre qui entend bien le coloris. *Bon Coloriste*.

COLOSSAL, ALE. adj. On appelle *Colomne colossale*, une Colomne d'une grandeur si extraordinaire, que ne pouvant entrer dans une ordonnance d'Architecture, on est obligé de l'élever seule au milieu de quelque Place. Telle est la Colomne Trajane. La Colomne Antonine de marbre bleu est encore plus grande que la Trajane. Elle a soixante-huit piés jusques sur le chapiteau, outre sept piés de son piédestal qui se trouvent enterrés au-dessous du rès de chaussée.

COLOSSE. f. m. Figure qui represente la grandeur démesurée d'un Geant. Le Colosse de Rhodes étoit une statue d'Apollon. Chares disciple du celebre Lysippus, qui employa douze ans à le faire, lui avoit donné soixante & dix coudées de hauteur; & comme elle étoit au Port de Rhodes, les Navires passoient à pleines voiles entre ses jambes. Un tremblement de terre le renversa cinquante-six ans après qu'il eut été élevé, & neuf cens chameaux furent chargés du cuivre dont ce Colosse étoit composé.

Colosse, se dit aussi d'un bâtiment quand il est d'une grandeur extraordinaire, comme étoient les Pyramides d'Egypte & les anciens Amphitheatres. Ce mot est Grec κολοσσὸς; & il est formé de τὸ κόλον, qui est pris pour Grand, & de ὄσσος, Oeil, à cause qu'un Colosse trouble la vûe par sa grandeur, en sorte que l'œil ne le peut considerer entier à la fois.

COLOSTRE. f. m. Terme de Medecine. Lait caillé dans les mammelles des femmes. *Colostre*, est aussi la maladie que ce lait caillé leur cause.

COLTIE. f. m. On appelle le *Coltie d'un Vaisseau*; Un retranchement qui se fait au bout du Château d'avant, & qui descend jusques sur la plate-forme.

COLURES. f. m. Terme de Geographie. Il se dit des deux grands cercles qui passent par les poles du monde, dont l'un sert à marquer les équinoxes en coupant l'Equateur & le Zodiaque aux premiers degrés du Belier, & de la Balance, & dont l'autre marque les solstices en coupant le Zodiaque, aux points du Cancer & du Capricorne. Les Colures partagent le Zodiaque en quatre parties égales qui font les quatre saisons de l'année. Le Colure des solstices passe par les poles du Zodiaque, & mesure la plus grande déclinaison du Soleil. Les Auteurs disent communément que κόλουροι, veut dire, *tronques*, de κόλος, Tronqué, & de οὐρὰ, Queue, parce que les Colures ne paroissent jamais entiers sur notre horison. Mais on ne comprend point ce qu'ils ont en cela de particulier, les Colures sont de grands cercles, qu'il n'y a point de grand cercle qui ne soit toûjours coupé en deux parties égales par quelque horison que ce soit. Il est vrai que dans la sphère oblique un Colure étant perpendiculaire à l'horison, l'autre le coupe fort obliquement, & si obliquement qu'il peut paroître ne pas avoir sa moitié entiere sur l'horison, principalement dans une sphère peu oblique, telle qu'étoit celle des Grecs qui nous ont donné presque tous les termes des Sciences, mais enfin cette idée n'est gueres exacte ni gueres mathematique.

COLX. s. m. Vieux mot. Coups.

Miex voil vivre & sofrir les colx.

COLYBES. s. m. Nom que les Grecs ont donné à un certain amas de legumes & de grains qu'ils font cuire pour les offrir en l'honneur des Saints & pour les Morts. Ils s'adressent à Dieu dans de certaines prieres faites exprès pour cela, & disent qu'ils lui offrent ces Colybes pour sa gloire, & en l'honneur d'un tel Saint, & pour la memoire des Morts. Le mot Grec κόλυβα, signifie du Froment cuit.

COLYTEA. s. m. Arbre different du *Colutea*, qui veut dire l'arbre, appellé *Baguenaudier*. Le Colytea, selon le rapport de Theophraste, croît auprès du Mont Ida. Il est fort feuillu, jette force branches, & produit plusieurs ailes ou ailerons. Il a les feuilles semblables au Laurier à larges feuilles, mais plus larges & plus rondes, ce qui les fait approcher des feuilles d'orme, quoiqu'elles soient plus longuettes. Le dessus en est vert, & le dessous blanc & veneux. Son écorce est âpre comme celle de la vigne, & ses racines qui sont grosses & éparpillées au commencement, sont aussi recoquillées & fort jaunes. Cet arbre n'est pas commun, & on tient qu'il ne porte ni fleur ni fruit.

COM

COMANS. s. m. Vieux mot. Commandement.

Qui ont sçû faire mes Comans.

On a dit aussi, *Je Comans*, pour, Je commence.

Comment je veil que ce Romans
Soit appellé que je comans.

COMBATABLE. adj. Vieux mot. Combattant, vaillant.

Achilles le preux combatable,
Avoit été si destinés,
Qu'il ne pooit être affinés,
Fors par la plante seulement.

COMBE. s. f. Vieux mot. Vallée comme on en rencontre quelquefois dans les forêts & ailleurs, entre deux montagnes, où les voleurs font leurs brigandages.

COMBINAISON. s. f. Disposition de plusieurs choses dont on détermine la multitude, prises une à une, ou deux à deux, trois à trois, &c. ou de toutes ces manieres ensemble, autant de fois qu'elles y peuvent être prises. Ainsi toutes les conjonctions possibles des sept Planetes, soit qu'il n'y en ait que deux en conjonction, soit qu'il y en ait trois, ou quatre, &c. jusqu'à sept, montent au nombre de 120. & si l'on ajoûtoit seulement une huitiéme Planete le nombre de toutes les conjonctions possibles ou combinaisons seroit 247. Plus le nombre des choses que l'on combine est grand, plus une seule chose ajoûtée augmente le nombre des combinaisons. On trouve par les regles des combinaisons combien on peut former de mots avec les vingt-quatre lettres de l'alphabeth, le nombre de tous ces mots comprend 34. chiffres, ce qui est un nombre prodigieux, où sont renfermés avec tous les mots de toutes les Langues du monde, une infinité de mots qui ne sont d'aucune Langue. Une vingt-cinquiéme lettre augmenteroit ce nombre jusqu'à un point presque incroyable.

COMBLAN. s. m. Grosse corde qui sert à traîner le canon. Sa pesanteur est d'environ soixante livres, sa longueur de quatorze à quinze toises, & sa grosseur d'un peu plus de quatre pouces. On dit aussi *Combleau*.

COMBLE. s. m. Charpenterie en pente, qui est garnie de tuile ou d'ardoise, & qui couvre une maison. Il y en a de plusieurs sortes. *Le Comble pointu*, que l'on nomme autrement *à deux égoûts*, est celui dont la plus belle proportion est un triangle équilateral par son profil, & le *Comble à croupe*, est à deux arêtiers, & avec un ou deux poinçons. Celui qu'on appelle *Comble à pignon*, est soûtenu d'un mur de pignon en face, & le *Comble coupé* ou *brisé*, autrement *à la Mansarde*, à cause qu'on en doit l'invention à un fameux Architecte du nom de Mansard, est celui qui est composé du vrai Comble qui est roide, & du faux qui est couché. Il y a des *Combles de pavillon*, qui sont à deux croupes, & à un ou deux, & même à quatre poinçons; des *Combles en dome*, qui ont leur contour cintré & leur plan quarré, & des *Combles à terrasse*, qui sont coupés quarrément à une certaine hauteur, au lieu de terminer à un faîte, & couverts d'une terrasse qui est quelquefois avec gardefou. Il y a encore des *Combles ronds* & des *Combles plats*. Les ronds sont ceux qui ont le profil en pente droite & le plan rond ou ovale. Le *Comble à l'Imperiale*, a le contour fait comme un talon renversé; & l'on appelle *Comble entrapeté* ou *entrapesé*, celui que l'on coupe pour diminuer la largeur de sa base. Il est couvert d'une terrasse de plomb un peu élevée vers le milieu, où d'espace en espace il y a des trapes qu'on leve, afin que des pieces interposées, qui sans cela seroient tout à fait obscures, puissent recevoir du jour. *Comble en patte d'oye*, est une espece d'auvent à pans & à deux ou trois arêtiers, qui sert à couvrir un puits dans une cour; & l'on appelle *Comble à potence*, une sorte d'apentis fait de plusieurs demi-fermes d'assemblages; le tout adossé contre quelque mur qui le porte.

COMBLETTE. s. f. Terme dont se servent les Chasseurs en parlant de la fente du pié d'un Cerf.

COMBRIERE. s. f. Sorte de filet dont on se sert en Provence pour prendre des Thons, & d'autres poissons de cette grandeur.

COMBUGER. v. a. Terme de mer. On dit *Combuger des futailles*, pour dire, Les remplir d'eau afin de les imbiber.

COMETE. s. f. Corps lumineux qui paroît quelquefois entre les Astres sous differente grandeur. Le corps des Cometes est accompagné ordinairement de certains rayons de lumiere qui s'affoiblissent en s'éloignant, & qui suivent toûjours cette regle. Si le Soleil est à peu près en opposition avec la Comete ces rayons se répandent également autour d'elle; & s'il arrive que le Soleil soit dans un autre aspect, ils se portent seulement vers la partie du Ciel qui est opposée à cet astre; de sorte que si le Soleil est oriental au respect de la Comete, elle paroît darder ses rayons du côté de l'Occident; & s'il est occidental, elle les jette vers l'Orient; & lorsqu'ils se jettent ainsi vers un seul côté, ils se font voir fort longs, & paroissent quelquefois occuper la douziéme partie du circuit du Ciel. Lorsqu'on voit une Comete darder ses rayons vers l'endroit où son mouvement semble la porter, ces rayons s'appellent une *Barbe*. Quand ils s'étendent vers la partie du Ciel, d'où son mouvement propre semble l'éloigner, on les appelle une *Queue*; & s'ils se répandent également à la ronde, ils s'appellent *une Chevelure*. C'est delà qu'on dit *Comete barbue*, *Comete caudée*, & *Comete chevelue*. Il n'y a rien de certain ni pour la partie du Ciel où elles commencent à se faire voir, ni pour la durée de leur apparition. Il y a seulement à remarquer qu'un peu avant qu'une Comete cesse de paroître entierement, on voit sa grandeur apparente diminuer tous les jours, & même sa lumiere s'éteindre petit à petit. Les anciens Philosophes ont prétendu qu'une Comete n'étoit autre chose qu'un amas de très-grand nombre de petites étoiles; que leur petitesse, qui est extrême en comparaison de leur distance de la terre, empêchoit de voir ordinairement; & que les inégalités de leurs mouvemens les faisant quelquefois rencontrer dans quelque endroit du Ciel où leur concours les rendoit visibles, elles formoient ce qu'on appelle *Comete*, & que la Comete cessoit de paroître lorsque chacune de ces étoiles continuant de se mouvoir selon sa détermination particuliere, elles se séparoient les unes des autres. Aristote a cru que les Cometes étoient certains feux produits par des exhalaisons qui s'élevant de la terre s'allumoient dans la plus haute region de l'air, qu'il estime être beaucoup plus basse que la Lune. Cependant les Astronomes, qui ont vécu depuis deux cens ans, ayant voulu mesurer la distance qu'il y avoit de la terre aux Cometes qu'ils ont vû paroître de leur tems, ont trouvé qu'elles devoient être au-dessus de la Lune. Les Philosophes modernes voulant expliquer la nature des Cometes, sur ce qu'on a observé que les Cieux sont fluides, & que les Astres ne sont pas exempts de generation & de corruption, ont cru que veritablement les Cometes s'engendroient de nouveau, mais que ces generations se faisoient dans les Cieux mêmes, bien loin au-dessus de la Lune entre les Astres. Il y en a qui ont repris l'ancienne opinion de Seneque, qui vouloit que les Cometes fussent de veritables Astres, comme Saturne, Jupiter, & les autres Planetes; qu'elles eussent leurs mouvemens reglés, & que lorsqu'elles venoient à passer à la portée de notre vûe, elles nous devinssent visibles; & au contraire, invisibles, lorsqu'elles s'éloignoient. Descartes, qui sçavoit qu'il y a un très grand nombre d'étoiles fixes, outre celles que la vûe découvre; & pensant que quelques-unes d'entr'elles pouvoient bien quitter le lieu où elles étoient dans le monde, de même qu'il est très-probable que quelques-unes de celles que les Anciens ont vûes & que nous ne voyons plus, ont quitté le leur, a conjecturé que ce que nous appellons *Comete*, n'est autre chose qu'une de ces étoiles, qui s'étant peu à peu couverte de taches jusqu'à perdre toute sa lumiere, n'avoit pû garder la situation qu'elle avoit auparavant, entre plusieurs autres dont les tourbillons l'avoient entraînée, & lui avoient imprimé un mouvement si proportionné à la grandeur & à la solidité de sa masse, qu'il l'avoit fait passer assés près du Ciel de Saturne, où la lumiere qu'elle avoit alors reçûe du Soleil, nous l'avoit rendue visible. Il y en a qui prétendent que la même Comete revient de tems en tems; de sorte que celle qui parut en 1664. doit être la même qu'on avoit vûe en 1618. quarante-six ans auparavant, & encore plusieurs autres fois, en remontant de quarante-six ans en quarante-six ans, ce qu'ils prouvent en comparant les tems où les histoires nous marquent qu'il a paru des Cometes. Ainsi comptant plusieurs apparitions des Cometes semblables à celle de l'année 1664. ils concluent que ç'a été la même Comete, qu'elle a toûjours fait la même chose par le passé, & qu'elle paroîtra toûjours de la même sorte à l'avenir. Le chemin que les Cometes parcourent, n'est pas toûjours égal. Les unes traversent quelquefois une bien plus grande partie du Ciel que les autres; mais quelque étendue qu'elles en parcourent, on n'en a point remarqué, ou fort peu, qui ayent décrit sous le firmament plus de la moitié d'un grand cercle, c'est-à-dire, qui ayent traversé plus de la moitié du Ciel.

On appelle *Comete*, en termes de Blason, une Etoile à queue ondoyante ou flamboyante, qu'ordinairement on peint à huit rais. Elle a l'épithete de *herissée*, quand de petits traits font qu'entre les rais il paroît de la lumiere. Les Etoiles à seize rais, qui n'ont ni chevelure ni queue, sont aussi quelquefois nommées Cometes. Ce mot vient de κόμη, Chevelure, qui a fait κομήτης, Qui a une longue chevelure.

COMETE', E'E. adj. Terme de Blason. On dit *Face cometée*, pour dire, Qui a un rayon ondoyant tel que celui de la Comete caudée. Les *Pals cometés* sont distingués des pays flamboyans, en ce que les Cometés sont mouvans du chef, & les flamboyans le sont de la pointe en haut.

COMICES. s. m. On appelloit ainsi parmi les Romains les Assemblées du Peuple, lorsqu'il se rendoit au Champ de Mars pour élire des Magistrats, ou pour y traiter de ce qui étoit le plus important à la Republique. Les jours choisis pour ces Assemblées étoient appellés *Jours Comitiaux*. On a dit autrefois *Comitial*, pour dire, Le haut mal, du Latin *Morbus comitialis*.

COMITE'. s. m. Terme dont on se sert pour signifier une Assemblée de Commissaires du Parlement d'Angleterre, ou des Parlemens d'Ecosse & d'Irlande. Ces Commissaires sont choisis par l'une des deux Chambres de chacun de ces Parlemens, pour examiner & rediger par écrit des propositions à faire au Parlement, soit pour l'administration de la Justice, de la Police ou des Finances, soit pour faire les impositions extraordinaires qui sont jugées necessaires pour les interêts de l'Etat. Tous les Commissaires qui forment le Comité, sont membres de la Chambre qui les choisit. Ainsi on dit *Comité de la Chambre des Seigneurs*, *Comité de la Chambre des Communes*. Quelquefois toute la Chambre se tourne en *Grand Comité*. C'est lorsque tous les Députés qui composent une des deux Chambres, travaillent à examiner les propositions qui lui sont faites par l'Orateur de la même Chambre pour en former ce qu'ils appellent *Bill*, sur lequel Bill les deux Chambres déliberent ensuite durant trois séances differentes pour être reçû ou rejetté à la pluralité des voix.

COMMA. s. m. Terme de Grammaire. Ce mot est purement Grec, & vient de κόπτειν, Couper. Il signifie une sorte de ponctuation composée de deux points l'un sur l'autre, que quelques-uns mettent souvent avant la particule *mais*, au milieu d'une periode.

Comma est aussi un terme de Musique, & on entend par là environ la dixiéme partie d'un ton, ou l'intervalle par lequel un demi-ton ou un ton parfait surpasse l'imparfait. On ne s'en sert que dans la theorie de la Musique, pour faire voir la justesse des Consonances. Chaque ton mineur contient dix Comma.

Il y a au Pays des Noirs en Afrique, un Oiseau d'un fort beau plumage, que l'on appelle *Comma*. Il a le cou vert, les ailes rouges & la queue noire.

COMMANDES. s. f. p. Petites cordes de merlin, dont les garçons de Navires sont toûjours munis à la ceinture, afin de s'en pouvoir servir au besoin. Elles servent à ferler les voiles & à renforcer les autres manœuvres.

COMMANDEMENT. s. m. Terme de Guerre. Hauteur de terrain qui découvre & bat quelque poste. On dit qu'*Une Place est exposée à plusieurs*

Commandemens, pour dire, qu'Elle est commandée de divers endroits. Il y a de trois sortes de Commandemens. Toute hauteur qui est opposée à la face d'un poste, & qui le bat pardevant, s'appelle *Commandement de front*. Celle qui le découvre & qui le bat par derriere, s'appelle *Commandement de revers*; & enfin la hauteur qui bat & qui nettoye, d'un seul coup toute la longueur d'une ligne droite, s'appelle *Commandement de courtine* ou *d'enfilade*.

On dit *Commandement de l'exercice*, pour signifier les paroles que prononce l'Officier qui fait faire l'exercice, afin d'exprimer les mouvemens qu'il ordonne au Bataillon. *Faites silence, & écoutez les Commandemens.*

COMMANDITE. f. f. Terme de Négoce. Il se dit d'une espece de Société qui se fait entre Marchands, dont l'un prête seulement son argent sans qu'il fasse aucune fonction d'associé. Il se joint toûjours avec la préposition *en*. *Societé en commandite. Associé en commandite.*

COMMENCAILLE. f. f. Vieux mot. Commencement.

COMMENSURABLE. adj. Terme de Géometrie. Il se dit de deux quantités qu'on peut mesurer par une mesure commune, en telle sorte que cette même mesure étant appliquée à l'une & à l'autre, ne laisse dans l'une ni dans l'autre aucune partie de reste. Tous les nombres sont commensurables entre eux, parce qu'ils sont tous mesurés exactement & sans reste par l'unité repetée. Aussi le rapport de toutes les grandeurs commensurables, s'appelle *raison de nombre à nombre*, & en effet elle peut être exprimée par des nombres. Voyez INCOMMENSURABLE.

COMMIS. f. m. Dans la Congregation de S. Maur, c'est un Laïque, qui s'est donné volontairement à une Maison, pour travailler sous les ordres du Prieur ou Procureur. Furetiere & ses Scholiastes ne devoient pas se contenter de dire que les Religieux de Cluni & de S. Vincent ont leurs causes commises au Grand Conseil, puisque presque toutes les Congregations ont cet avantage.

COMMISE. f. f. Terme de Jurisprudence feodale. Confiscation d'un fief. *La dénegation faite à un Seigneur par un vassal de tenir un fief mouvant de lui, emporte la commise de plein droit.* Ce mot vient de *Commissum*, qui signifie, Confiscation.

COMMISSURES. f. f. p. Terme qui se trouve dans les écrits des Architectes pour signifier les joints des pierres. *Commissures de pentes & joints d'engraissement*, c'est lorsque les joints des pierres ne sont pas tirés à plomb; ce que l'on fait, afin qu'une frise, corniche ou architrave, faite de plusieurs pieces, ait plus de force.

COMMUNAISON. f. f. Vieux mot. La Communion, la Cene. L'on a dit aussi *Communalement*, pour dire, En commun, ensemble, & *Communaux*, pour, Public; d'où vient que l'on dit encore en Languedoc, *Lou communal*, pour signifier un pré ou quelque autre lieu public appartenant à la Ville.

COMMUNICANS. f. m. Secte d'Anabaptistes du seiziéme siécle. La communauté de femmes & d'enfans qu'ils pratiquoient brutalement, à l'exemple des Nicolaïtes, fit qu'on leur donna ce nom.

COMPAGNE. f. f. On appelle *Compagne*, dans une Galere, la Chambre du Majordome.

COMPAGNIE. f. f. Nom collectif. Il se dit de plusieurs personnes assemblées en un même lieu.

On appelle en termes de Guerre, *Compagnie de Cavalerie*, *Compagnie d'Infanterie*, Un petit corps de gens de guerre qui sont commandés par un Capitaine, & dont le nombre est tantôt plus grand, tantôt plus petit. Une Compagnie de Cavalerie est de quarante à cinquante Maîtres. Les Compagnies d'Infanterie, qui étoient de cent hommes en 1669. furent réduites à cinquante en 1671. les Officiers non compris. Elles ont toûjours les deux tiers de leurs hommes armés de mousquets, & l'autre tiers de piques. Les Compagnies appellées *Compagnies d'Ordonnance*, sont celles qui n'entrent jamais en corps de Regiment, & qui consistent en Gendarmes & Chevaulegers, tant du Roi que de la Reine, de Monseigneur le Dauphin & de Monsieur. Autrefois les Compagnies de Gendarmes étoient composées de gens armés de toutes pieces, & de cinquante Gentilshommes. On appelle *Compagnie des Gardes*, les quatre Compagnies des Gardes à cheval qui ont l'honneur de servir auprès de la personne du Roi; & *Compagnie aux Gardes*, les Compagnies d'Infanterie dont le Regiment des Gardes François est composé. La *Compagnie Colonelle*, est la premiere Compagnie d'un Regiment d'Infanterie; & on dit *Compagnie en second*, en parlant d'une Compagnie de Cavalerie tirée d'une autre Compagnie qui étoit trop nombreuse. Quoiqu'elle ait ses Officiers particuliers, elle ne laisse pas d'escadronner avec celle dont elle a été detachée. Les *Compagnies franches* sont celles qui ne sont pas en corps de Regiment, & qui prennent l'ordre de leur Capitaine, comme les Compagnies de Cavalerie & d'Infanterie le prennent de leur Colonel ou de leur Mestre de Camp. Après que la paix eut été conclue en 1668. le Roi ordonna que toutes les Compagnies de Cavalerie qui demeureroient sur pié, les Troupes étant reformées, auroient le titre de *Compagnies franches*. Il y en a d'un ancien établissement, comme celles des Suisses qui sont à la solde du Roi.

Compagnie, en termes de Négoce ou d'affaires, se dit d'une Societé de Marchands qui se fait pour établir quelque grand négoce ou de gens d'affaires, pour prendre les Fermes du Roi. La Compagnie des Indes Orientales, qui commença en Hollande en 1602. fit d'abord un fond de six millions six cens mille livres, dont elle équipa quatorze Vaisseaux. On appelle *Compagnie de Navires*, ou autrement *Conserve*, les Vaisseaux qui sont obligés de s'attendre les uns les autres pour faire une flotte, & de se défendre reciproquement pendant un voyage.

Compagnie. Terme de Chasse. On le dit en general d'une troupe de bêtes noires qui vont ensemble. On appelle un Sanglier d'un an, *Bête de compagnie*, & l'on dit qu'*Il sort de compagnie*, quand il en a deux. On dit aussi, *Compagnie de Perdrix*, en parlant de plusieurs Perdrix qui volent ensemble.

CAMPAIN. f. m. Mot du vieux langage. Compagnon.

Mais me dit, Compains, or soyez
Sûr, & ne vous émayez.

Ce mot veut dire, Mangeant même pain, & vient de *Cum*, Avec, & de *Panis*, Pain.

COMPARAGER. v. a. Vieux mot. Comparer.

COMPARER. v. a. Vieux mot. Acheter, du Latin *Comparare*, Acquerir. Ainsi on a dit autrefois, *Je te le ferai bien comparer*, ou bien, *Cherement comparer*, pour dire, Je t'en ferai repentir. On a dit aussi, *Compere*, dans le même sens.

Tel n'en peut mais qui trop compere.

Les Espagnols disent *Comprare*, pour dire, Acheter, & les Italiens *Comperare*.

COMPARSE. f. f. Terme de Carrousel. Entrée que fait

fait une Quadrille dans la carriere, dont elle fait le tour pour se faire voir aux spectateurs, mesurer la lice, & se rendre ensuite au poste qui lui est marqué.

COMPARTIMENT. s. m. Disposition de figures regulieres formées de lignes droites ou courbes & paralleles, & qui sont divisées avec symmetrie pour les lambris, les platfonds de plâtre, de bois, & pour les pavemens de pierre dure, de marbre, de mosaïque. On appelle *Compartimens polygones*, les Compartimens formés de figures regulieres & repetées qui peuvent être comprises dans un cercle. On dit *Compartiment de rues*, quand on parle de la distribution reguliere des rues, isles & quartiers de quelque Ville. Le *Compartiment des tuiles*, est un Arrangement de tuiles, blanches, rouges & vernissées, qu'on fait avec symmetrie, pour rendre agreable la couverture d'un comble. On appelle *Compartiment d'un platfond*, differens Panneaux qu'on sépare par des cadres, ou par d'autres ornemens ; & *Compartimens de vitres*, les differentes figures qu'on donne aux panneaux des vitres, soit blanches, soit peintes. On appelle aussi *Compartimens de parterre*, les diverses Pieces dont un Parterre est composé. Ces Compartimens se font ordinairement par des bordures de bouis.

COMPAS. s. m. Instrument de métal dont on se sert à tracer des cercles, & à prendre des mesures. Il y en a de differentes sortes, parmi lesquelles le *Compas droit*, est de plus grand usage. Les Sculpteurs & les Graveurs se servent du *Compas courbé*, c'est-à-dire, qui a ses deux branches courbes l'une contre l'autre ; les uns pour mesurer les grosseurs d'un corps rond, à cause que le Compas courbe en embrasse les parties ; ce que ne peut faire celui qui est à jambes droites ; & les autres pour trouver le veritable endroit d'une planche qu'ils veulent repousser & graver. On appelle *Compas d'Appareilleur*, & communément *Fausse Equerre*, celui qui sert à tracer les épures & les pierres. Il a chaque branche plate & droite, & longue d'environ deux piés. Le *Compas à pointes changeantes*, est celui dont l'une des jambes se démonte pour y appliquer des porte-crayons, des coupe-pieces, des plumes à écrire, des pointes en roulette pour marquer des lignes ponctuées, &c. & l'on appelle *Compas de division*, celui qui s'ouvre & se ferme autant que l'on veut ; ce qui se fait par le moyen d'une vis tarodée de deux grosseurs, l'une plus déliée que l'autre, & traversant deux petits cylindres mobiles dans le milieu de ses branches. Avec cette sorte de Compas on divise une ligne en autant de parties qu'on fait faire de mouvemens à la vis. Le *Compas à quart de cercle*, est celui qui a une portion de cercle attachée vers le milieu d'une de ses jambes, & concentrique à sa tête, & son autre jambe librement traversée par cette portion de cercle, en sorte que par le moyen d'une vis qui la serre dessus, elle s'y arrête aux endroits qu'on veut. On se sert de ce compas pour arrêter une mesure qu'on veut repeter plus d'une fois. Il y a aussi un *Compas de reduction*, & c'est celui qui ayant deux branches croisées & mouvantes sur un centre fixe, forme quatre jambes, dont les deux petites qui sont opposées aux deux plus grandes, servent à réduire à la moitié, au tiers ou au quart, selon la longueur proportionnée à ces jambes, toute mesurée capable de la plus grande ouverture. Ce compas est bien plus sûr que le *Compas de reduction universel*, où la moindre alteration qui arrive aux jambes, soit courbure ou émoussure, fait que les divisions marquées dessus pour arrêter le clou, ne se trouvent plus justes. On se sert d'un *Compas à trois branches* ou *trois jambes*, pour prendre des angles. C'est celui qui en a une troisiéme attachée au milieu de sa tête, dans laquelle elle a deux mouvemens qui servent à l'éloigner ou à l'approcher de tout sens des deux autres branches, pour rapporter toutes sortes de triangles sur un plan.

On appelle *Compas à verge* ou *à trusquin*, celui qui a une verge quarrée comme celle d'un trusquin de menuisier. Deux boîtes, dont chacune porte une pointe, glissent sur cette verge, & par le moyen d'une vis on les arrête où l'on veut. Le *Compas Elliptique* a une verge comme ce dernier compas. A l'une de ses deux extrêmités est une pointe à tracer, & à l'autre sont deux boîtes arrêtées à vis, qu'on peut éloigner ou approcher l'une de l'autre pour tracer l'ovale plus ou moins allongée. Ces deux boîtes ont chacune un pivot qui entre juste dans deux coulisses qui se coupent à angle droit dans une croix qui sert de pié au compas, & qu'on doit fixer & arrêter à l'endroit où l'on veut tracer par les quatre pointes qui sont aux extrêmités. Ces deux pivots n'agissent dans leurs coulisses que pour changer continuellement la longueur de la verge du Compas, afin de tracer la ligne elliptique. Le *Compas d'épaisseur*, qu'on appelle aussi *Double Compas*, sert à prendre de certaines épaisseurs, comme celle d'un vase dont les bords seroient plus épais que son milieu. L'éloignement des deux pointes qui n'embrassent pas le vase, fait connoître cette épaisseur. Ce compas est fait de deux branches en S, qui sont arrêtées par leur milieu. Etant fermées elles font un 8 de chifre, & quand elles sont ouvertes elles font un X. Le *Compas de proportion* est composé de deux regles de cuivre qui s'ouvrent & se ferment sur un centre. Ces regles ont trois sortes de lignes tracées sur leurs faces de chaque côté. De l'un sont celles des parties égales pour diviser les lignes droites, celle des plans pour diviser & mesurer des surfaces, & celle des polygones pour l'inscription des figures regulieres dans le centre ; & de l'autre sont la ligne des cordes, celle des solides & celle des métaux ; l'une pour mesurer, décrire & diviser des angles ; l'autre pour mesurer & diviser des corps, & la troisiéme pour connoître la proportion de la pesanteur des métaux.

Les Jouailliers appellent *Compas*, certain Morceau de bois, comme le fût d'un rabot fendu pardessus jusqu'à la moitié de sa longueur, avec lequel ils mesurent les pierres lorsqu'ils les taillent. Il y a une petite regle de laiton dans cette fente, & une cheville la fait tenir par un bout dans le milieu du rabot, en sorte que cette regle se meut comme une équerre pliante. Elle sert à prendre les angles des pierres que l'on pose sur le fût à mesure qu'on les taille.

Compas, est aussi chés les Cordonniers certain Instrument ou regle avec quoi ils prennent la mesure du pié de la personne qui leur commande des souliers. Il est marqué de plusieurs divisions qu'on appelle *Points*.

Compas de mer, ou *Compas de route*. Instrument fait d'un carton mince, coupé en rond & divisé en trente-deux parties égales qui representent l'horison avec les trente-deux Vents. Il a dans son centre un cone concave de laiton avec une aiguille en lozange de bon fer ou d'acier, cloué au-dessous du carton, & touché d'une pierre d'aimant. On met tout cela sur un pivot, puis dans une boîte que couvre une vitre, & que l'on renferme dans une autre boîte, qui sert à soûtenir un ou deux cercles de cuivre ou de laiton. Ces cercles, qu'on appelle *Balanciers*, tiennent horisontalement le compas, nommé autrement *Boussole*. Il y a aussi un *Compas de variation*, qui outre tout ce qu'on vient de dire, a un cercle divisé en trois cens soixante degrés, avec un fil qui traverse par dessus la vitre, passant au-dessus du centre, & tombant perpendiculaire le long de la boîte d'un côté & d'autre. Elle est ouverte en cet endroit-là avec une vitre, pour aider à observer la variation de l'aimant. On appelle *Compas démonté*, Celui dont la rose est hors de dessus le pivot, & *Compas mort*, est une Boussole qui a perdu la vertu qu'elle avoit reçûe de l'aimant. On dit *Compas renversé*, en parlant d'une Boussole qui est suspendue, en sorte qu'on la voit par le dessous, comme on voit une autre Boussole par le dessus. Les Pilotes appellent *Compas de carte*, un Compas qui s'ouvre en le pressant du côté de la tête. Il leur sert à compasser les cartes maritimes.

Compas de Tonnelier. Instrument de bois, dont le haut est rond & le bas pointu. Il s'ouvre & se ferme avec une vis pour marquer les fonds de leurs tonneaux. Les vis en sont tournées, les unes à droit, les autres à gauche, afin que le Compas se puisse ouvrir ou fermer des deux côtés. Ceux des Sculpteurs sont courbés par des charnieres.

COMPASSER. v. a. On dit en termes de mer, *Compasser la carte*, pour dire, Trouver avec la pointe d'un compas où peut être le Vaisseau. On dit aussi en termes de Relieur, *Compasser un livre*, pour dire, Mesurer un livre avec le Compas pour le bien rogner.

COMPITALES. s. m. Fêtes que celebroient les Romains en l'honneur de leurs Dieux domestiques, appellées ainsi de *Compita*, Carrefours, à cause qu'ils les celebroient dans les Carrefours. Ce fut Servius Tullius, sixiéme Roi des Romains, qui en fut l'Instituteur. Il ordonna que les Esclaves en feroient la cérémonie avec les Sacrificateurs; ce qui les faisoit jouir d'une espece de liberté pendant ce tems-là. L'Oracle ayant été consulté sur ces sacrifices par Tarquin le Superbe, la réponse fut qu'il falloit offrir des têtes aux Dieux Lares & à leur mere Manie. Cela fut cause que pendant quelques années on eut l'inhumanité de leur immoler de petits enfans. Junius Brutus Consul au lieu de la tête de ces petits malheureux, leur fit presenter des têtes de pavots. Ces Fêtes ayant été discontinuées, Auguste les fit rétablir, & par son ordre on les celebra deux fois l'année.

COMPLANT. s. m. Terme d'Agriculture. Arbres que l'on plante en quelque endroit. *Un Complant de vignes, un Complant de Maronniers d'Inde*. On dit, *Donner une terre à complant*, pour dire, La donner à quelqu'un moyennant certaines redevances, pour la planter en vignes ou autres arbres, & la cultiver.

COMPLEMENT. s. m. Terme de Geometrie. On appelle *Complement*, ce qui étant ajoûté à une grandeur comme à un arc, à un angle, à une figure, la fait arriver jusqu'à une certaine mesure déterminée. Ainsi quatre-vingt-dix degrés étant le terme où les angles cessent d'être aigus, on appellera *Complement d'un angle aigu*, quel qu'il soit l'arc & le nombre de degrés qui lui manque pour aller jusqu'à quatre-vingt-dix degrés. Si l'on prend cent quatre-vingts degrés ou le demi-cercle pour le terme des arcs & des angles, ce qui manquera à un angle soit aigu, soit obtus, pour être égal à cent quatre-vingts degrés, sera son complément. Quelquefois même on appelle Complément d'un angle obtus, ce dont il excede quatre-vingt-dix degrés, quoique ce ne soit pas là l'idée précise de Complément. Ce mot s'applique encore en d'autres rencontres, où il a toûjours le même sens en matiere de Sinus, (Voyez SINUS,) au lieu de dire le Sinus du Complément d'un angle, on dit quelquefois le *Sinus Complément*.

On appelle en termes de Fortification *Complément de la courtine*, la partie du côté interieur qui est composée de la courtine & de la demi-gorge.

COMPONE', E'E. adj. Terme de Blason, qui signifie Composé. Il se dit des bordures, bandes, fasces, sautoirs, & autres pieces honorables de l'Ecu, qui sont composées de pieces quarrées d'émaux alternés, comme une tire d'échiquier. On appelle *Compon*, chaque piece de la componure, dont l'une doit être de métal, & l'autre de couleur. *De gueules à la bande componée d'argent & d'azur. D'azur à la bande componée d'or, & de gueules de cinq pieces ou compons*.

COMPONENDE. s. f. Office de Cour de Rome, qui dépend du Dataire, & où toutes les Suppliques reçûes & signées, qui doivent payer quelques droits au Pape, parce qu'elles contiennent quelque grace particuliere, sont envoyées. C'est ce qu'on appelle *Componende*. On convient de ces droits avec l'Officier qui les reçoit, & on les lui paye avant qu'il en délivre l'expedition.

COMPOSITE. adj. On dit *Ordre Composite*, *Colomne Composite*, *Chapiteau Composite*. Les Romains ont placé l'Ordre Composite au-dessus du Corinthien, & l'ont ajoûté aux autres ordres, pour faire voir qu'ils étoient les Maîtres de toutes les autres Nations, & qu'il ne fut inventé qu'après qu'Auguste eut donné la paix à toute la terre. Il a quelque chose de l'Ionique, comme du Corinthien, & est encore plus orné que ce dernier, auquel on le fait semblable dans toutes les mesures & dans tous les membres, hormis que le Chapiteau n'a que quatre volutes, qui occupent tout l'espace que les volutes & les caulicoles remplissent dans l'ordre Corinthien. Il a outre cela l'ove & le fusarole, qui sont des parties propres à l'Ionique. Les Colomnes Composites ont d'ordinaire dix diametres de haut, comme les Corinthiennes.

COMPOSITEUR. s. m. Terme d'Imprimerie. Ce nom est donné, non seulement à celui qui arrange les lettres pour en faire les mots, dont les formes à imprimer sont remplies; mais encore à la petite regle de cuivre sur laquelle le Compositeur applique les lettres dont il fait les lignes. On dit aussi *Composteur*.

On appelle *Compositeurs*, en termes de Musique, ceux qui sçavent la partie de Musique pratique nommée *Basse continue*. C'est celle qui va sans interruption depuis le commencement d'un ouvrage de Musique jusqu'à la fin, & qui sert ordinairement pour les Instrumens qui accompagnent la voix.

COMPOSITION. s. f. Terme de Peintre. Partie de la Peinture qui comprend la distribution des figures dans un tableau, le choix des attitudes, les accommodemens des draperies, la convenance des ornemens, la situation des lieux, les bâtimens, les paysages, les diverses expressions des mouvemens du corps & des passions de l'ame, & tout ce que l'imagination se peut former, & qu'on ne peut imiter sur le naturel. *Composition*, se dit aussi en termes d'Imprimerie de l'arrangement des lettres.

On appelle *Composition*, en termes de Geometrie, l'Art de rechercher la verité ou la démonstration, la possibilité ou l'impossibilité d'une proposition par des raisonnemens tirés des principes, jusqu'à ce qu'on soit venu à la derniere proposition, appellée *Conclusion*, à cause qu'elle finit ce que l'on veut démontrer.

COMPOST. s. m. Terme d'Almanach. Le Compost est composé du Cycle solaire, du nombre d'or, ou de l'Epacte, de la lettre Dominicale, & de l'Indiction Romaine. On a dit autrefois *Compost*, pour dire, Une composition, un recueil d'ouvrage.

COMPRESSE. s. f. Petit linge plié en quatre & mouillé pour mettre sur la saignée.

COMPRESSIBILITE'. s. f. Terme dogmatique. Qualité d'un corps qui se peut resserrer & comprimer. *La compressibilité de l'air.*

COMPRESSIBLE. adj. Qui se peut resserrer & comprimer. *L'eau n'est point compressible.*

COMPUT. s. m. Terme de Chronologie. Il n'est en usage que quand on parle des supputations de tems, qui servent à regler le Calendrier, & les Fêtes de l'Eglise, ainsi que les Calendes, Nones, Ides, Bissexte, &c.

COMTE. s. m. Homme noble qui possede une terre érigée sous le titre de Comté. Ce mot vient du Latin *Comes*, qui accompagne, & on appelle les Comtes *Comites*, parce qu'anciennement tous les Comtes étoient Juges, & que la Justice s'administrant à la Cour, ces Juges accompagnoient toûjours l'Empereur. Ensuite on donna ce nom à ceux qui rendoient la justice dans les Villes & Provinces, parce que les principaux qu'on y envoyoit étoient tirés de la suite des Empereurs. Il y avoit un Chef de la Justice de l'Empire, qu'on appelloit *Comte Palatin*, comme étant toûjours au Palais au côté du Prince. Tous les appels s'addressoient à lui, & il décidoit avec l'Empereur de toutes les affaires importantes. Les abus que commettoient les simples Comtes dans les Provinces ayant obligé d'y remedier, on y envoya des Comtes Palatins pour empêcher toute sorte d'injustice; & ces Comtes Palatins se servant adroitement de la negligence des Empereurs, s'approprierent les Provinces de Saxe, de Baviere, de Franconie & du Rhin; mais quoique ces quatre Principautés ayent eu la qualité de Palatinat, il n'y a plus que la derniere qui jouisse de ce titre. Il y a eu autrefois des *Comtes d'Office*, & des *Comtes de Dignité*. Les uns étoient élevés aux Charges sans aucun égard à leur naissance, & les autres n'étoient gueres inferieurs aux Ducs. On prétend même qu'ils ont été plus grands que les Ducs, & un Historiographe Espagnol qui l'assûre, tâche de le prouver en ce qu'on trouve des Conciles tenus à Tolede, où quelques-uns de ceux qui les ont souscrits se qualifient *Comites Proceres* & *Comites Duces*. Sa raison est que ceux qui ont plusieurs titres font preceder toûjours le plus grand; mais elle est détruite par les Cardinaux qui en signant prennent le titre de *Diacre-Cardinal*, *Prêtre-Cardinal*, *Evêque-Cardinal*. Etienne Pasquier dit qu'il y avoit autant, & même plus de Comtes que de Villes dans les Gaules quand les François s'en rendirent maîtres; & que pour ôter tout sujet de plainte aux Peuples conquis, ils y conserverent toutes les Charges que les Romains y avoient introduites. Les Loix de Charlemagne & de Louis le Débonnaire son fils, sont pleines de l'ordre que doivent tenir les Comtes dans l'administration de la Justice: ce qui fait voir qu'ils n'étoient pas alors élevés en une dignité si éminente qu'ils sont aujourd'hui. Ce qui les a rendus si puissans en Allemagne, c'est qu'encore que les Empereurs eussent le pouvoir de les priver de leurs charges, ils les en laissoient pourtant jouir ordinairement toute leur vie, & même s'ils avoient des fils capables de leu succeder, ils les préferoient à tout autre. Ils fai soient plus; afin qu'ils pussent vaquer à tout ce qu l'administration de la Justice demandoit d'eux, & défendre le Peuple quand il en seroit besoin, ils leur donnoient des fiefs dans le territoire de leur Jurisdiction; ce qui leur facilita les moyens de s'approprier le reste, & de le transferer à leurs heritiers. On croit que ce fut sous les Descendans de Charlemagne que les Comtes rendirent leurs Comtés hereditaires. Ils ont presentement séance dans les Assemblées de l'Empire immédiatement après les Princes, & sont distingués en quatre bancs, sçavoir, de Wetteravie, de Suabe, de Franconie, & de Westphalie. Chaque banc a une voix & un Directeur qui la donne si-tôt que les Princes & les Prélats ont parlé. Quand ils s'assemblent en particulier chacun a sa voix, & étant tombés d'accord d'une resolution, chaque banc choisit un Comte de son corps, qui expose le sentiment de l'Assemblée, lorsqu'il s'agit de donner les suffrages; & en cette action comme aux séances, les bancs de Wetteravie & de Suabe s'entreprecedent & s'entresuivent alternativement. Il n'y a que les Comtes qui sont Etats de l'Empire, qui ayent séance aux Assemblées generales, & ceux-là sont comme de petits Souverains, & rendent peu de devoirs à l'Empereur. Plusieurs d'entr'eux font battre monnoye, & ont d'autres avantages qui les approchent du rang des Princes; de sorte que les Electeurs mêmes ne se mésallient point en épousant de telles Comtesses. Quelques-uns ne laissent pas d'avoir aussi fief de quelque Prince particulier, à l'égard duquel ils sont Vassaux, & obligés de lui rendre quelque devoir, comme les Comtes de Schuartebourg & les Comtes de Waldeck qui ont fief, les uns des Ducs de Saxe, & les autres du Lantgrave de Hesse.

CON

CONARD. adj. Vieux mot. Sot, impertinent, ridicule. On a dit aussi *Conardie*, pour, Sottise, impertinence.

CONCASSER. v. a. Terme de Pharmacie. Casser avec un marteau, avec un pilon, des bois, des racines ou autres choses dures, afin que le suc & la vertu s'en tirent plus aisément dans les infusions ou coctions qu'on en fait ensuite. Quand on fait de l'encre la noix de galle ne doit être que concassée.

CONCATENATION. s. f. Terme de Philosophie, qui veut dire Enchaînement. *La concatenation des Causes secondes.* Il vient du Latin *Catena*, Chaîne.

CONCEPTION. s. f. Il y a sous ce nom un Ordre Religieux de Filles, qu'une Portugaise, appellée Beatrix de Sylva, a fondé. Le Pape Innocent VIII. qui l'approuva en 1489. à la priere d'Isabelle, Reine de Castille, lui donna la Regle de Cîteaux, & le soûmit à l'Ordinaire. La mort de Beatrix étant arrivée, ses Compagnes suivirent les Regles de sainte Claire, mais sans changer leurs habits & sans prendre un autre nom que celui de la Conception immaculée. Ces Religieuses furent tirées en 1511. de la domination des Religieux de Cîteaux par le Pape Jules II. qui en donna la conduite aux Franciscains.

La *Conception* est aussi un Ordre militaire, qui a été fondé de nouveau, ou ajoûté à celui de la Milice Chrétienne, par Ferdinand Duc de Mantoue, Charles de Gonzague Duc de Nevers, &c. Le Pape Urbain VIII. l'ayant confirmé en 1624. donna la Croix au Duc de Nevers.

CONCHILE. adj. On appelle en termes de Geométrie *Ligne Conchile*, Une ligne courbe, qui s'approche toûjours d'une ligne droite, sur laquelle elle est inclinée, & qui ne la coupe jamais. On l'a décrit en tirant deux lignes à angles droits, sur l'une desquelles on choisit un point pour centre, d'où l'on tire une infinité de lignes ou rayons qui coupent la transversale, après quoi on prend sur chacune de ces lignes ou rayons des parties égales, à commencer au-delà de l'intersection de la ligne transversale, & alors on a plusieurs points marqués par lesquels si l'on décrit une ligne, elle s'appellera *Conchile*, & approchera toûjours de la ligne droite transversale, sans que jamais elle puisse la couper. C'est la même chose que la *Conchoïde*. Voyez CONCHOIDE.

CONCHIERRE. s. m. Vieux mot, qui a signifié Poltron.

Li traîtres, li Conchieres.

CONCHOIDE. s. f. Terme de Geometrie. Espece de ligne courbe, dont Nicomede, Geometre de l'antiquité, est l'inventeur. On imagine un cercle dont le diametre est perpendiculaire à une ligne droite qu'on nomme *Regle* ou *Directrice*. On prolonge à discretion le diametre jusqu'à un point qu'on nomme *Pole*. Ensuite on fait mouvoir le cercle generateur sur la directrice, de sorte que son centre ne la quitte jamais, & dans le même-tems diametre prolongé, qui part de ce point fixe, nommé *Pole*, suit le cercle & s'allonge toûjours autant qu'il est necessaire pour le suivre. Comme il coupe toûjours le cercle en de nouveaux points, tant au-dessus qu'au-dessous de la directrice, il trace deux lignes courbes, qu'on appelle *Conchoïde superieure & Conchoïde inferieure*, qui ont toutes deux le même Pole & la même directrice, & dont la premiere va toûjours en descendant vers la directrice, la seconde toûjours en s'élevant vers elle, sans que ni l'une ni l'autre la puisse jamais rencontrer, ce qui fait que la directrice est aussi leur asymptote commune. On se sert de la Conchoïde pour tracer le contour d'une colonne. Ce mot vient de κόγχη, Coquille, parce que les deux Conchoïdes étant plus éloignées l'une de l'autre, & pour ainsi dire plus enflées, à l'endroit de leur Pole, elles vont toûjours en s'approchant & en s'applatissant, ce qui fait à peu près la figure des deux écailles d'une huître.

CONCILE. s. m. Assemblée d'Ecclesiastiques legitimement convoqués pour regler ce qui regarde la foi & en expliquer les mysteres. Il y a des *Conciles generaux*, & des *Conciles particuliers*. Ces derniers sont de deux sortes ; ou Provinciaux, dont les uns sont celebrés par les Primats ou les Patriarches, & les autres par les Evêques d'une Province sur la convocation de l'Archevêque ; ou d'un seul Diocese, & ce sont les Assemblées que chaque Evêque est obligé de faire de tous les Ecclesiastiques qui sont sous sa dépendance, afin que la bonne discipline soit entretenue dans son Clergé. On les appelle autrement *Synodes*. Les *Conciles Provinciaux*, sous lesquels on doit comprendre les Nationnaux, ne peuvent se convoquer en France que de trois ans en trois ans du consentement du Roi, & on ne reçoit leurs décisions, que par rapport aux Conciles dont ils confirment les Canons sur les articles de foi. Les Conciles generaux sont convoqués par le Pape, qui y préside en personne ou par un Legat, & composés de tous les Evêques, & autres Prélats de la Chrêtienté, qui ont droit d'y assister. Ils tiennent leur puissance immediatement de Dieu ; & quand ils sont une fois assemblés, ils ne décident rien sur les choses de la foi, & en ce qui regarde l'heresie, & la reformation generale de l'Eglise, qui ne soit une loi pour tous les Fideles, à laquelle le Pape même ne se peut dispenser de se soûmettre. Il y a eu huit Conciles Generaux en Orient, deux à Nicée, Ville de Bithinie dans l'Asie Mineure ; le premier, en l'an 325. où Arius Prêtre d'Alexandrie, qui avoit nié la consubstantialité du Fils de Dieu avec son Pere, fut condamné par trois cens dix-huit Evêques : & l'autre en 787. où trois cens cinquante Evêques condamnerent la doctrine des Iconoclastes. Quatre à Constantinople ; le premier en 381. sous le Pontificat de Damase, pendant que Theodose étoit Empereur, & il fut convoqué pour confirmer la doctrine du Concile de Nicée, pour confondre l'heresie de Macedonius qui nioit la Divinité du saint Esprit ; celle de Photinus qui osoit soûtenir que Jesus-Christ n'étoit qu'un homme comme les autres ; & enfin le blaspheme de Sabellius qui n'admettoit qu'une seule Personne en Dieu. Dans le second Concile de Constantinople assemblé en 553. sous le Pontificat du Pape Vigile, & l'Empire de Justinien, on condamna les Heresies de Nestorius, d'Eutichès & d'Origene, ainsi que les Ecrits de Theodore de Mopsueste, de Theodoret de Cyr contre saint Cyrille d'Alexandrie, & l'Epître d'Ibas d'Edesse. La croyance des Monothelites fut condamnée dans le troisiéme Concile commencé le 7. Novembre 680. & dont l'Assemblée qui étoit de deux cens quatre-vingt-neuf Prélats, fut conclue le 16. Septembre de l'année suivante. On convoqua le quatriéme Concile de Constantinople contre le faux Patriarche Photius sous le Pape Adrien II. & il fut tenu l'an 869. Les deux autres Conciles Generaux sont celui d'Ephese, Ville d'Ionie en Asie, & celui de Chalcedoine, Ville de Bithinie, aussi en Asie. Celui d'Ephese fut tenu l'an 431. & saint Cyrille y présida au nom du Pape Celestin, à la tête de deux cens Prélats, qui condamnerent l'Heresie de Nestorius, Patriarche de Constantinople, les erreurs de Pelage, & quantité d'autres. Celle d'Eutychès, qui ne vouloit reconnoître qu'une seule nature en Jesus-Christ, fut reprouvée par tous les Peres du Concile de Chalcedoine, assemblés au nombre de six cens trente-six. Il fut tenu en 451. & le Pape S. Leon y envoya pour Legats Peschasin, Evêque de Lylibée en Sicile ; Licentius, Evêque d'Ascoli ; Julien, Evêque de Coos, & Boniface Prêtre. Les Grecs s'étant séparés des Latins, il y eut des Conciles en Occident ; & s'étant depuis réunis par l'entremise des François & des Venitiens, ils se trouverent aux Conciles de Lyon & de Florence ; mais enfin le renouvellement qu'ils firent de leur ancien Schisme, fut cause qu'on ne reçût plus aux Conciles generaux que les François, les Italiens, les Espagnols, les Anglois & les Allemans. On en tint quatre dans S. Jean de Latran, ancienne Eglise de Rome, où les Papes avoient autrefois leur Siege, deux à Lyon, un à Vienne en Allemagne, un à Pise en Italie, un à Constance dans la Province de Suabe sur le Rhin, un à Bâle en Suisse, un à Trente dans le Comté de Tirol, & un à Florence, Ville capitale du Duc de ce nom. Toutes les Eglises ne reçoivent pas ces derniers indistinctement, encore qu'ils soient generaux. On a reçû en France celui de Trente pour les dogmes de la foi ; mais en ce qui regarde la discipline, nous n'avons point voulu déroger aux anciens préceptes des premiers Conciles, & c'est ce que l'on appelle, *Les libertés de l'Eglise Gallicane.*

CONCLAVE. s. m. *Le lieu où s'assemblent les Cardinaux pour l'élection d'un Pape.* Acad. Fr. Quoique le Conclave ne soit attaché à aucun lieu particulier, & qu'il dépende de la volonté des Cardinaux qui après la mort du Pape peuvent se renfermer en tel endroit qu'il leur plaît pour élire son Successeur ; ils ne laissent pas de mettre en déliberation en quel lieu le Conclave se tiendra, ce qu'ils font seulement par formalité, puisque depuis quelque tems le Palais du Vatican sert toûjours à cette fonction, comme étant le plus commode, soit à cause de sa grandeur, de l'abondance des eaux, de ses grandes cours & galeries, soit pour la facilité qu'il y a de le garder, & pour la grande place qui est devant, soit enfin pour la commodité de l'adoration du Pape, qui se fait toûjours à saint Pierre. On bâtit dans un grand appartement de ce Palais autant de petites cellules qu'il y a de Cardinaux. On les fait d'ais de sapin, avec un retranchement dans chacun pour ceux qui s'y enferment avec eux afin de les servir, & qu'on nomme Conclavistes. Ces cellules se tirent au sort, & lorsqu'il y en a plusieurs dans une même salle, ou dans une galerie, on laisse une petite ruelle entre chacune. On en fait de même dans des chambres que sépare une cloison d'ais, & ce qui reste de vuide sert aux Conclavistes. Ces cellules sont garnies au-dehors de serge verte ou de camelot vert, & il n'y a que celles des Cardinaux qui sont creatures du défunt Pape, ou qui lui doivent leur promotion, qui soient couvertes d'une étoffe de couleur violette obscure. On emploie à les bâtir les neuf jours qui sont destinés à faire les obseques du Pape, & pendant ce tems chacun a la liberté d'aller voir le Conclave. Elles reçoivent le jour d'une galerie qui regne entre les cellules, & les fenêtres du Palais, & chaque Cardinal fait mettre ses armes sur la porte de la sienne. Le matin du dixiéme jour après la mort du Pape, ses obseques étant faites, les Cardinaux assistent à une Messe du saint Esprit, & se rendent ensuite processionnellement deux à deux, au Conclave, où ils s'assemblent tous les jours matin & soir à la Chapelle pour faire le Scrutin, après avoir fait écrire leurs suffrages dans un bulletin qu'ils mettent dans un Calice posé sur l'Autel. Ces bulletins ou billets étant donnés, deux Cardinaux qui sont députés à l'ouverture, lisent tout haut les noms qu'ils y trouvent, & tiennent compte du nombre des voix. Chaque Bulletin contient le nom du Cardinal, le nom de celui qu'il élit pour être Pape, & il y a un mot joint à tout cela. Le nom du Cardinal est écrit sur un pli du papier & enfermé sous un nouveau cachet choisi pour cet usage par le Cardinal. Le nom du Cardinal élû est écrit par un Conclaviste sous un autre pli sans aucun cachet, & on met le mot par dehors en maniere de dessus de lettre. Quand un même Cardinal se trouve avoir les deux tiers des voix, on ôte le cachet pour sçavoir le nom de celui qui l'a élû, afin que le nouveau Pape apprenne qui sont ceux qui ont donné leurs suffrages pour son exaltation. L'utilité qu'on tire du mot, c'est de pouvoir connoître, lorsque l'on vient à l'Accès que chaque Cardinal y a nommé un autre que celui qu'il a nommé dans le Scrutin, ce qui est une loi, parce qu'à l'Accès il n'est pas permis de donner sa voix à celui à qui on l'a donnée dans le Scrutin ; & quand on voit sous un même mot deux billets où differentes personnes sont nommées, on connoît avec certitude qu'on a satisfait à cette loi. On vient à l'Accès, lorsqu'il n'y a aucun Cardinal en qui les deux tiers des voix ayent encouru dans le Scrutin. C'est un essai pour voir si celui qui a eu le plus de voix dans le Scrutin pourra arriver aux deux tiers par le moyen de l'Accès. Si cette voie ne réussit pas, on prend celle d'Inspiration. C'est une declaration ouverte & comme une conspiration de plusieurs Cardinaux, à crier en même-tems un tel Cardinal pour Pape. Cette voix s'éleve d'abord par un ou deux des Chefs du parti, lorsqu'ils se peuvent tenir assûrés d'un assés grand nombre de suffrages pour ne douter pas qu'ils ne l'emportent. Le reste des Cardinaux se voit alors forcé de s'y rendre, pour ne se pas attirer l'indignation du Pape qui seroit élû malgré eux. Si à la fin du Scrutin & de l'Accès, il n'y a pas assés de voix pour rendre valide une élection, on brûle tous les bulletins, afin que l'on ne puisse sçavoir les noms de ceux qui ont donné leurs suffrages. Chaque Cardinal ne peut avoir avec lui que deux Domestiques pendant le Conclave, ou trois tout au plus, si c'est un Cardinal Prince, ou quelqu'autre à qui des raisons particulieres fassent accorder ce Privilege. Les Conclavistes vont prendre le boire & le manger que les Officiers leur font passer du dehors par un tour qui est commun à tous les Cardinaux du même quartier.

CONCOMBRE. s. m. Plante qui vient dans les jardins sur des couches, & dont le fruit qui est long & jaune se mange en potage, en salade & en fricassée. Sa tige est sarmenteuse & rampante, & sa feuille semblable à la coloquinte medicinale, rude & incisée à l'entour. On ne se sert gueres en Medecine que de sa semence, qui est l'une des quatre semences froides majeures. Elle est rafraîchissante, & a la proprieté de déterger, d'ouvrir & de provoquer les urines, ce qui la fait employer dans les emulsions pleuretiques, nephritiques, phrenetiques & autres. Le Concombre est froid & humide, difficile à digerer ; & par consequent fort nuisible à l'estomac, si ceux qui en mangent n'ont soin de le faire assaisonner de poivre, de clouds de girofle, & autres correctifs chauds. Il y a un *Concombre sauvage*, que les Apothicaires appellent *Cucumer asininus*. Il croît aux lieux sablonneux, & parmi le moilon & les vieilles ruines des maisons. Il a ses feuilles semblables au Concombre des jardins, mais plus rudes & plus velues. Elles sont blanchâtres à l'envers, & comparties de fortes veines attachées au reste à de longues, grosses & âpres queues. Ses feuilles sont jaunes & faites en façon d'étoiles, & sortent par toute la tige de la concavité des ailes. Au dessous, est le fruit qui dans sa maturité est aussi gros, & même quelquefois plus gros qu'une noix, & long comme un gland longuet. Les Apothicaires en font l'*Elaterium*. Ce fruit est velu, épineux, & blanchit quand il mûrit. Il est de telle nature, que de soi-même, ou en le touchant, il laisse sa queue, & s'en sépare avec une impetuosité qui lui fait jetter un jus, & une graine noire & mûre. Ses sarmens se traînent par terre, & sont épineux en les maniant. Sa racine est blanche, succulente, épaisse, & fort amere comme l'est toute la Plante. Il y en a qui s'en servent en Medecine, & qui en tirent le suc sur la fin du Printems, mais c'est rarement ; & pour son fruit, il est d'un fort grand usage. Voyez ELATERIUM. On dérive le mot Latin *Cucumis*, qui veut dire, Concombre, *à curvatura, quasi curvimer*.

CONCORDAT. s. m. *Transaction, accord, convention, principalement en matieres Ecclesiastiques*. Acad. Fr. D'ordinaire on entend par *Concordat*, le Traité que le Roi François I. fit en 1516. avec le Pape Leon X. pour abolir la Pragmatique Sanction. Ce Prince étant passé en Italie l'année précedente pour se rendre maître du Duché de Milan dont les droits lui étoient incontestables, fut averti que le Pape & le Concile de Latran avoient décerné une citation peremptoire & finale contre lui & contre le Clergé de France, pour declarer les raisons qu'ils pouvoient avoir pour refuser d'abolir la Pragmatique François I. ayant resolu de traiter avec le Pape, lui fit entendre sa volonté, & il y eut entr'eux une entrevûe à Boulogne, le 11. Decembre 1515. après laquelle le Roi retourna à Milan,& laissa son Chancelier pour convenir des conditions du Traité avec les Cardinaux d'Ancone & Santiquatro nommés par le Pape. Il fut conclu le 16. Août 1516. & il contient à peu près les mêmes sujets que la Pragmatique Sanction, mais avec plusieurs changemens. C'est ce qu'on appelle le *Concordat*.François I. étant à Paris, le Nonce du Pape lui remit entre les mains deux livres écrits en parchemin, qui étoient signés & scellés en plomb.L'un étoit couvert de damas blanc, c'étoit le Concordat que le Concile de Latran avoit ratifié. L'autre qui étoit couvert de drap d'or, étoit l'acte de la révocation de la Pragmatique. Les armes du Pape & du Roi étoient sur l'un & sur l'autre.

On appelle *Concordat Germanique*, ou *Concordat d'Allemagne*, l'Accord qui fut fait en 1448. entre le Pape Nicolas V. & l'Empereur Frideric III. Les Papes Clement VII. & Gregoire XIII. le confirmerent ensuite. Il contient quatre parties, dans la premiere desquelles le Pape se reserve le droit de conferer à tous les Benefices vacans en Cour de Rome & à deux journées de la même Ville, Seculiers ou Reguliers, quoique la coûtume fût d'y pourvoir par élection,sans excepter ceux des Cardinaux & des Officiers du saint Siege. La seconde partie regarde les élections que le Pape doit confirmer à l'égard des Eglises Metropolitaines & Cathedrales & des Monasteres sujets immediatement au saint Siege, qui ont droit d'élection Canonique; & la troisiéme est touchant les Benefices collatifs qui doivent être conferés alternativement; sçavoir par le Pape pendant les mois de Janvier, Mars, Mai, Juillet, Septembre & Novembre, & par les Collateurs ordinaires, pendant les mois de Février, Avril, Juin, Août, Octobre & Decembre. Il est parlé des Annates & du payement qu'on en doit faire, dans la derniere partie du Concordat Germanique, que l'Empereur Maximilien ordonna en 1518. que l'on recevroit à Liege.

CONCORDOIS. s. m. Secte d'Heretiques, tombés dans les mêmes erreurs que les Albanois & les Bagnolois, qui en rejettant l'ancien Testament & une partie du nouveau, soûtenoient que le monde avoit été de toute éternité, & que Dieu ne créoit point de nouvelles ames.

CONCOURS. s. m. Dispute, qui se fait à Rome, &c. pour obtenir les Benefices vacans. Quelques Evêques de France l'ont introduit: il n'a gueres subsisté.

CONCRET. s. m. Il se dit en Philosophie. Terme qui exprime en même-tems une qualité, & le sujet auquel elle est attachée. Rond est un Concret, & rondeur est un abstract. Quand on dit *Concret* & *Abstract*, on sousentend *terme*. Voyez ABSTRACT.

CONCRETATION. s. f. Terme dogmatique. On s'en sert pour faire entendre l'action par laquelle les corps mols se rendent plus durs. Il ne se dit pas seulement de l'endurcissement, mais encore de l'épaississement, & de la coagulation.

CONCUELLIR. v. a. Vieux mot. Diriger. *Car il convient à celui qui a toute histoire, qu'il concueille l'entendement à ordonner sa parole.*

CONDE'. s. m. Terme dont on se sert en plusieurs endroits, pour dire Confluant. Il se dit de la jonction de l'Haisne dans l'Escaut.

CONDENSER. v. a. Rendre un corps plus solide. L'experience fait voir que dans les grandes gelées il faut dégeler les Haches, les Scies, &c. sinon elles cassent.

CONDISI. s. m. Herbe que Dioscoride dit être fort connue & propre à laver, & à amolir les laines, Sa racine est forte & provoque les urines. Quand on en prend une cueillerée avec le miel, elle est bonne à la toux, à la difficulté de respirer, & à ceux qui sont travaillés du foye. Prise avec le panais sauvage & la racine de cappres, elle rompt la pierre, & la fait sortir avec l'uriné. Matthiole croit que la connoissance de cette herbe s'est perdue, depuis que l'on a trouvé d'autres moyens de laver la laine. Les Grecs l'appellent ςρυθιον, & les Arabes *Condisi*, qui est le nom que lui donnent aussi les Apothicaires. Selon Pline, elle teint tout ce qu'on cuit avec elle, & produit ses feuilles semblables à celles de l'Olivier. Elles sont épineuses, & sa fleur est agreable & sans nulle odeur. Cette herbe ne porte point de graine, & a sa tige velué. Sa racine est grande & grosse, & on la découpe pour s'en servir.

CONDIT. s. m. Terme de Pharmacie Il se dit de toutes sortes de confitures, soit au sucre, soit au miel. Il y a un Condit stomachal, purgatif & corroboratif. La difference qu'il y a de ce Condit avec les Opiates, c'est qu'on y fait entrer plus de sucre, de conserve & de syrop & moins de poudre. Ce mot vient du Latin *Condire*, Assaisonner.

CONDORMANS. Heretiques qui furent découverts en Allemagne vers l'an 1233. & qu'on a nommés ainsi à cause qu'ils dormoient tous ensemble sans distinction de sexe ni d'âge. On lit dans une Chronique de Flandre, que dans une Synagogue qu'ils avoient près de Cologne, ils adoroient une Image de Lucifer qui répondoit à tout ce qu'ils demandoient, & qui fut brisée en mille pieces, le S. Sacrement y ajant été porté dans un Ciboire. On a aussi nommé *Condormans*, dans le dernier siecle, une secte d'Anabaptistes, qui sous pretexte de nouvelle charité évangelique, faisoient coucher dans une même chambre les personnes de different sexe.

CONDUIT. s. m. *Tuyau, canal par lequel coule & passe quelque chose de liquide, de l'eau, de l'air, &c.* ACAD. FR. Il se dit en termes de Medecine des veines, arteres & autres vaisseaux par où passent les humeurs, les esprits, &c. pour se communiquer dans le corps; & on appelle *Conduit Pecquet*, Une nouvelle découverte faite en 1667. par un Medecin de ce nom. Elle est le fondement d'une opinion nouvelle touchant la sanguification, & fait voir que le Chile monte jusqu'aux veines sousclavieres, & descend par l'émulgente droit dans les lombaires, & de là dans le tronc de la veine-cave. Ceux qui en voudront sçavoir les particularités, les trouveront dans les Lettres qui ont été inserées dans les Memoires de l'Académie des Sciences; & dans le Journal des Sçavans de la même année.

CONDUITE. s. f. On appelle *Conduite d'eau*, Une suite de tuyaux arrangés, de sorte qu'ils conduisent l'eau d'un lieu à un autre. Elle prend son nom de son diametre, & on dit, *Conduite de fer* ou *de plomb de tant de pouces sur tant de toises de longueur.* Celle de fer est faite de tuyaux de fer fendu par tronçons, chacun ayant trois piés de longueur, & celle de plomb est faite de plusieurs tuyaux de plomb, moulés de long & emboîtés avec des nœuds de soudure. On appelle *Conduite de poterie*, celle qui est faite de tuyaux de terre ou de grais cuit. Les morceaux qui ont trois à quatre piés de longueur, & qui sont larges de quatre à six pouces, s'encastrent les uns dans les autres, &

& on les recouvre de mastic à leur jointure sur l'ourlet. Comme cette Conduite est vernissé par dedans, ce qui empêche le limon de s'y attacher, c'est la meilleure de toutes pour les bonnes eaux. Il y a encore une *Conduite de tuyaux de bois*. On la fait le plus souvent de tiges de bois d'aune ou d'orme, qu'on creuse de leur longueur, & qu'on recouvre de poix aux jointures, après qu'elles ont été emboîtées l'une dans l'autre.

CONDYLE. f. m. Les Medecins appellent *Condyle* : les Nœuds ou Jointures des doigts. Ce mot est Grec, κόνδυλος, & il signifie la même chose.

CONDYLOME. f. m. Excrescence. C'est encore un terme de Medecine, en Grec κονδύλωμα, & il signifie plus particulierement les rugosités ou excrescences de chairs ridées qui viennent aux muscles du siege ou au col de la matrice. Elles forment plusieurs replis serrés les uns contre les autres, surtout quand ils sont enflammés & endurcis.

CONE. f. m. Terme de Geometrie. Corps solide produit par une ligne droite dont une extrêmité étant immobile, l'autre se meut autour de la circonference d'un cercle, dans le plan duquel elle ne peut être comprise. Cette ligne s'appelle le *côté du Cone*, & son extrêmité immobile en est la pointe, ou le sommet. Le cercle que l'autre extrêmité a parcouru est *la Base*, & la ligne qui joint le sommet au centre de la base, est *l'Axe du Cone*. Si l'Axe est perpendiculaire au plan de la base, le Cone est *droit* ou *isoscele*, parce qu'en ce cas il a ses côtés égaux, & il est *oblique* ou *scalene*, c'est-à-dire, ayant ses côtés inegaux, si l'Axe est incliné à la base. On peut imaginer que la ligne qui forme le Cone est immobile, non point par son extrêmité, mais par son milieu, & que ces deux extrêmités parcourent la circonference de deux cercles égaux & paralleles. Alors il se forme deux *Cones opposés* qui ont un somnet commun.

Comme le cercle est un Polygone infini (Voyez CERCLE & POLYGONE,) on peut prendre le Cone pour une Pyramide dont la base est un Polygone infini, (Voyez PYRAMIDE,) & dont par consequent la superficie n'a plus d'angles. Et puisque toute Pyramide est le tiers d'un Prisme de même base & de même hauteur, le Cone doit aussi être le tiers d'un *Cylindre* de même base & de même hauteur. (Voyez CYLINDRE.) Ce mot vient de κῶνος, qui veut dire une Figure qui de large se termine en pointe. Il veut dire aussi Pomme de Pin, mete du cirque, toupie dont les enfans jouent, parce que toutes ces choses ont cette figure.

CONFALON. f. m. Confrairie de Seculiers, dits Penitens, que quelques Citoyens Romains instituerent d'abord ; à quoi on tient qu'une inspiration de la Vierge les porta. Ils reçûrent une forme particuliere de prieres que leur prescrivit saint Bonaventure vers l'an 1264. Cette Societé fut confirmée en 1576. par le Pape Gregoire XIII. qui lui donna plusieurs privileges, & qu'il érigea trois ans après en Archiconfrairie, en lui permettant de s'aggreger d'autres Confrairies. Ce même Pape lui donna en 1583. le soin de délivrer les Chrétiens esclaves ; & les quêtes ne suffisant pas, Sixte V. fixa un revenu pour cela. La Compagnie des Penitens du Confalon de Lyon est agregée à celle de Rome. On y a vû souvent le Roi Henri III. paroître en simple Confrere. Il aimoit ces exercices ; & c'est ce qui a fait donner à cette Societé le nom de Royale. Ce Prince en établit une à Paris, & la dédia au mystere de l'Annonciation en 1583. Il en fut Recteur, & en fit Maurice du Peira, Chevalier de Saint Michel, Vicerecteur. On le vit assister avec son habit de Penitent à une Procession, où le Cardinal de Guise portoit la Croix. Le Duc de Mayenne son Frere y étoit Maître des Ceremonies.

CONFECTION. f. f. Terme de Pharmacie. Remede qui est de consistance d'Electuaire solide. Il y a cinq Electuaires qui portent le nom de Confection, dont trois sont corroboratifs, & deux Purgatifs. Les deux purgatifs sont *La grande Confection Hamech*, & *La petite Confection Hamech*, appellée ainsi d'un Medecin Arabe fort ancien, qui est auteur de l'une & de l'autre, & qui se nommoit Hamech. Les Ingrediens qu'on fait entrer dans la grande sont le suc de fume-terre, les raisins de damas, les mirabolans citrins, chepules & Indiens, tant en infusion qu'en poudre, les prunes douces, l'épithyme, la rhubarbe, l'agaric, la coloquinte, la fleur de violette, le sené, l'absynthe, les semences d'anis & de fenouil, les sommités du thym, les tamarins, les roses rouges, le sucre, la manne, la casse, &c. Cette Confection purge l'une & l'autre bile & la pituite salée, & est fort propre à toutes les maladies qui en proviennent.

La *petite Confection Hamech* est composée de raisins de Damas, de myrabolans Indiens, de myrabolans chepules, de prunes, de jujubes, d'épithyme, de sebestes, de semence de fume-terre, d'absynthe pontique, de thym, de calament, d'agaric, de stoechas Arabique, de bedegar, de reglisse, de chamædris, de racine de buglose, de semence d'anis, de scamonée, &c. Elle purge la mélancolie, les humeurs adustes, & est propre au vertige, aux dartres, à la galle & au cancer. Les trois Confections corroboratives sont celles d'alkermes, celle d'hyacinthe & l'anacardine. La *Confection d'alkermes* a pris son nom de sa base, qui est la soye crue teinte au suc de kermes. Il y entre dix Ingrediens, qui sont le suc de pommes odorantes, l'eau rose, la cannelle, l'ambre gris, le bois d'aloës, la pierre d'azur, les perles, les feuilles d'or & le musc. Elle est extrêmement cordiale, & remedie à la palpitation du cœur & à la syncope. On tient aussi qu'elle soulage ceux qui après la langueur causée par de longues maladies, commencent à rétablir leurs forces.

La *Confection d'hyacinthe* a la même vertu que la Confection d'alkermes. L'auteur en est incertain. Elle est composée de vingt-neuf Ingrediens, dont la pierre d'hyacinthe est la base ; ce qui lui en a fait prendre le nom. Les autres drogues sont le corail rouge, le bol d'Armenie, la terre sigillée, les racines de dictam & de tormentille, les grains de kermes, la semence de citron, les roses rouges, le saffran, la myrrhe, tous les santaux, l'os du cœur de cerf, la corne de cerf brûlée, les semences d'oseille & de pourpier, les pierres de saphir, l'émeraude, la topase, la soye crue, l'ambre gris, le musc, le camphre, & les feuilles d'or & d'argent.

La *Confection anacardine* tire son nom des anacardes qui en sont la base. Les Ingrediens qui la composent sont le poivre noir, le poivre long, les myrabolans chepules, les embliques, les belliriques, les Indiens, le castoreum, le cyperus, les anacardes, le costus blanc, le burungi, les bayes de laurier avec le beure de vache. Cette Confection purifie le sang, & est propre aux maladies froides du tout le bas ventre & du cerveau. Bauderon enseigne comment il faut faire le mélange de toutes ces Confections.

CONFE'S. adj. Vieux mot. Confessé.

Il voudroit moult estre confés.
Il est un Chapelain ci prés.

On a dit aussi *déconfés*, en parlant d'un Homme qui mouroit sans Confession.

CONFESSION. s. f. On dit *Confession d'un Saint*, pour dire, Sa Sepulture, le Lieu où l'on honore ses Reliques.

CONFESSIONISTES. s. m. Lutheriens ainsi appellés de la profession de Foi qu'ils presenterent en 1530. à l'Empereur Charles-Quint, étant à Ausbourg.

CONFIGURATION. s. f. Forme exterieure, ou surface qui bornant les corps, leur donne une figure particuliere. On appelle *Configuration des Planetes*, une certaine distance qu'elles ont entre elles dans le Zodiaque, par laquelle les Astrologues prétendent qu'elles s'aident ou s'empêchent les unes les autres.

CONFORTEMAIN. s. m. Commission qu'un Seigneur qui avoit saisi le fief de son Vassal, obtenoit du Roi, ou du Seigneur superieur & immediat, pour empêcher ce Vassal de faire aucune entreprise contre la main mise en saisie feodale. Cet usage est abrogé.

CONGE. s. m. Terme d'Architecture. Quart de rond creux ou cavet, par le moyen duquel un membre se retire de l'autre.

CONGEABLE. adj. On appelle dans quelques Coûtumes *Domaine congeable*, Celui dont le possesseur est obligé de se désaisir à la volonté du Seigneur dont il est tenu. Il faut pour cela que les ameliorations lui soient rendues.

CONGELATION. s. f. Operation qu'on pratique sur les métaux, les mineraux & les sels. La Congelation s'en fait en les purifiant par la violence du feu de fusion, & en les exposant ensuite à l'air froid.

CONGELER. v. a. Laisser rendurcir par le froid les corps que le feu avoit fondus ou liquefiés auparavant. Il ne se dit pas seulement des métaux, mineraux & sels, mais encore des graisses des animaux, & des gommes, raisines & baumes des vegetaux. On les liquefie par le feu, & quand leurs parties grossieres en sont séparées, ces graisses, gommes, resines & baumes se congelent en les exposant à l'air froid.

CONGRE. s. m. Poisson long & cartilagineux, qui a la chair dure, & dont la peau est semblable à celle de l'anguille.

CONILLE. s. m. On appelle *Conille*, dans une Galere, Un espace sous couverte qui touche au côté ou flanc de la Galere.

CONJONCTION. s. f. Terme d'Astronomie. Rencontre de deux planetes en une même ligne droite à l'égard d'un certain lieu de la terre, de sorte qu'elles sont unies dans le même lieu du Zodiaque. On dit *Conjonction apparente*, quand la ligne droite tirée par les centres des deux Planetes qui sont conjointes, ne passe pas le centre de la terre, & *Conjonction vraie*, quand cette même ligne étant prolongée passe aussi par le centre de la terre. On divise aussi les Conjonctions en *grandes* & *très-grandes*, par rapport à ce qu'elles sont plus ou moins rares. Ainsi la Conjonction de Jupiter & de Saturne, qui arrive de vingt ans en vingt ans n'est que *grande*, mais celle des trois Planetes superieures, Saturne, Jupiter, & Mars, qui n'arrivent qu'une fois en vingt-cinq ans, est *très-grande*.

CONIQUE. adj. Qui a la figure d'un Cone, & en ce sens on dit *Cadran Conique*, & *Miroir Conique*. Il signifie aussi, Qui fait partie d'un Cone, ou qui appartient au Cone. On appelle *Superficie Conique*, une Surface produite par le mouvement de la ligne droite qui produit le Cone ; & *Section Conique*, la Section d'un Cone par un plan. Voyez SECTION.

CONJURER, ou *Exorciser*. v. a. On dit Conjurer des chenilles, Furetiere avoit dit Excommunier dans sa premiere édition. Il y a dans les Rituels des prieres speciales pour cela, qui ont souvent leur effet. Il y a un Mandement très-beau sur ce sujet dans le Recueil de ceux de M. Arnaud, Evêque d'Angers.

CONNETABLE. s. m. Officier dont la dignité est venue des Goths, & qui étoit la seconde après le Roi, comme qui auroit dit *Grand Ecuyer*. Les derniers Empereurs des Romains ont eu des Comtes d'étable, *Comites stabuli*, & ils passerent aux premiers Rois de France, avec charge des chevaux & de l'écurie du Roi. Leur emploi s'étant ensuite étendu dans les armées, ils devinrent Officiers de la Couronne, sans qu'ils fussent au dessus des Chambellans & des Chanceliers. Ils souscrivoient ensemble les Chartres & autres Ordonnances Royales. Insensiblement le Connétable commença à s'élever par dessus tous, & sa personne devint si privilegiée, qu'on ne pouvoit l'offenser par voie de fait, sans que celle du Roi s'en trouvât blessée. On nommoit les Connétables après les Princes du sang pendant que les Souverains étoient mineurs ; & Froget de Chalon, qui fut Connétable sous Louis le Gros, avoit un commandement si absolu dans les armées, que tous ceux qui étoient au Camp, lui obéïssoient après le Roi. Ce fut un sujet à Bertrand du Guesclin de refuser cette Charge, sur ce qu'il ne croyoit pas qu'il lui dût appartenir de commander aux Freres, Neveux, & Cousins du Roi. Le Connétable avoit la garde de l'épée du Roi, qu'il recevoit toute nue, & dont il étoit tenu de lui faire hommage lige. Il regloit toutes les choses de la guerre, soit pour le butin & pour la punition des crimes, soit pour la reddition des Places. Il y avoit pour cela un Prévôt, appellé *Prevôt de la Connétablerie*. Cette Charge a été toujours possédée par des personnes très-considerables. Anne de Montmorenci, qui en étoit pourvû étant mort en 1567. des blessures qu'il avoit reçûes en la bataille de S. Denys, elle vaqua jusqu'en 1593. que le Roi Henri IV. la donna à Henri fils d'Anne. Il mourut en 1614. & le feu Roi Louis XIII. ne la donna qu'en 1621. à Charles d'Albert Duc de Luines, qui mourut la même année. Ce Prince en gratifia l'année suivante François de Bonne Duc de Lesdiguieres mort en 1626. & enfin il la supprima par un Edit rendu en 1627. Le Connétable étoit Chef souverain après le Roi des Armées de France, & les fonctions en ont été réunies aux Charges des Maréchaux de France.

On appelle *Connétables*, dans l'Artillerie, certains Officiers qui ont soin de faire distribuer aux Canonniers dans les batteries la poudre, les boulets, & tout ce qui est de quelque usage au service du canon.

Le mot de *Connétable* se trouve employé dans les livres anciens pour un Chef de gens de guerre. *Hector l'en ot fait Connétable de gens de pié* ; & on disoit *Connétablie*, pour dire, Une Compagnie de Soldats *Belles Connétablies de Soudoyers armez*. On appelloit aussi *Connétables*, de simples Maîtres d'Hôtel.

Amis, allez as Connestables,
Et dites qu'ils mettent les tables.

CONNOISSANCE. s. f. *Imagination qu'on a de quelque chose ; de quelque personne*. ACAD. FR.

Il est bon de rapporter ce que Nicod a dit sur ce mot. *Cognoissance signifie ores notion & notice de quelque chose, & ores és anciens Romans se trouve usurpé pé pour Pannonceau, Pannon, Etendard, Banniere ou Enseigne, où étoit peint le Blason d'aucun Seigneur, ou Chevalier, laquelle il portoit ou faisoit porter à la guerre, ou pour par icelle être recognu en la mêlée, & lorsqu'il avoit la visiere baissée, ou à ce que sa troupe & suite fût par icelle recognue tout ainsi qu'en une armée ou en une bataille. Les Compagnies des Capitaines sont cognues par leurs Enseignes, & ores signifie Confession par scedule, ou bien la scedule même par laquelle celui qui la signe recognoit être tenu envers aucun de quelque chose.* Guaguin au Traité des Heros: *César ordonna douze Chevaliers anciens prudhommes, ayans moult veu en batailles & en armes, qui fussent regardans qui seroit hardi ou lâche en combattant, & pour les cognoître ordonna aux combatteurs armes de couleur & de métail à mettre sur eux pour les mieux cognoître en besoignant entre les ennemis chacun selon sa vaillance. Et peu avant: Alexandre le Grand pour exhausser le nom de vaillance de ses Chefs de guerre, & autres grands Seigneurs victorieux combatteurs, afin qu'ils eussent plus grand & noble vouloir hardiment & courage dessus leurs ennemis, ordonna leur donner bannieres, pannons & tunicles, appellées à present Cottes d'armes. Desquels deux passages resulte une des raisons de cette signification dudit mot* Cognoissance.

Connoissance, en termes de Chasse, se dit des vestiges, pistes ou autres indices qui font connoître le lieu où l'on peut trouver la bête. On dit d'un Cerf, qu'*Il a quelque connoissance*, pour dire, qu'Il a quelque marque qui le peut faire distinguer des autres.

Connoissance, se dit aussi en termes de Marine, de tout ce qui peut faire connoître au Pilote le parage où il est arrivé, soit par les marques qui sont à terre, rochers, montagnes, herbes ou oiseaux, soit par les vents & les courants qui peuvent regner en ces lieux-là dans de certaines saisons, soit enfin que l'on distingue le fond d'un parage par le nombre des brasses de sa profondeur, où par la qualité de son sable, gros ou délié, blanc, rouge, ou grisâtre, & quelquefois de coquillage ou de pierre. Ainsi l'on dit, *Avoir connoissance d'une terre, d'un pays*, pour dire, Voir les choses qui doivent faire reconnoître cette terre, ce pays.

CONNOISSEMENT. f. m. Terme de Marine, Reconnoissance par écrit que donne le Maître ou le Patron d'un Vaisseau de la quantité & de la qualité des marchandises qui ont été chargées dans son bord. Chacun des Particuliers à qui appartiennent ces marchandises, prend un connoissement pour sa sûreté.

CONOIDAL, ALE. adj. Terme de Geometrie. Qui appartient au Conoide. Voyez CONOIDE. On appelle *Superficie Conoïdale*, la surface d'un Conoïde; & on dit *Superficie Conoïdale parabolique*, ou *hyperbolique*, ou *elliptique*, selon qu'elle est la surface d'un Conoïde parabolique ou hyperbolique, ou elleptique.

CONOIDE. f. m. Terme de Geometrie. Solide produit par la circonvolution entiere d'une section conique autour de son axe. Voyez SECTION. Quand la circonvolution entiere d'une parabole autour de son axe le produit, on l'appelle *Conoïde parabolique* ou *paraboloïde*; & quand c'est la circonvolution entiere d'une hyperbole autour de son axe qui le produit, il est appellé *Conoïde hyperbolique*. Celui que produit le mouvement achevé d'une ellipse autour de l'un de ses deux axes, se nomme *Conoïde elliptique*, ou simplement *Spheroïde*; & on l'appelle *Spheroïde oblong*, ou *Spheroïde plat*, selon qu'il est produit par la circonvolution entiere d'une ellipse autour de son grand axe, ou autour de son petit axe.

CONONITES. f. m. Secte d'Heretiques du sixiéme siecle appellés ainsi d'un certain Conon d'Alexandrie, dont ils suivoient les extravagantes opinions. Ce Conon inventa les erreurs qui ont été reconnues dans les Sectes des Severiens, des Theodosiens & des Tritheïtes.

CONROI, & CONROIT. f. m. Vieux mot qui a signifié Troupe, suite, train, comme en ces exemples, *Quand orent fet lor sis conrois de lor Chevaliers. La Royne ot plus de cent Dames en son conroi A tant issioient li conroy fors de la Ville* On trouve ce même mot dans la signification de Projet, dessein. *Je vous conseille pour le mieux que vous preniez autre conroi.* Il a aussi signifié Ordre. *Sans tenir voie ne conroi.* On a dit encore, *Des autres tous c'est le conroit*, pour dire, C'est le principal, le plus considerable.

CONSAULX. f. m. Mot du vieux langage, qui a signifié Conseil & Consul ou Echevin.

CONSEIL. f. m. Assemblée de personnes notables ou Officiers pour déliberer sur les affaires publiques. *Le Conseil privé du Roi*, a succedé à l'Assemblée du Parlement, qui n'a pas toûjours été sedentaire, & qui suivoit autrefois les Rois. Il est divisé presentement en Conseil d'Etat, en Conseil des Finances & en Conseil des Parties. *Le Conseil d'Etat*, est celui où l'on traite les affaires qui sont dévolues au Conseil du Roi. M. le Chancelier y preside, & il est composé de douze Conseillers d'Etat ordinaires, & d'un pareil nombre Semestres, de trois Conseillers d'Eglise & de trois d'Epée, du Contrôleur general des Finances & de deux Intendans des Finances. *Le Conseil des Finances*, est divisé en un Conseil ordinaire & en un Conseil Royal. Le Conseil ordinaire des Finances est composé des mêmes personnes, & l'on n'y traite que des affaires qui regardent les finances de sa Majesté. C'est un Secretaire du Conseil, qui en signe les Arrêts. Le Conseil Royal des Finances connoît des affaires les plus importantes des Finances qui sont reservées par le Reglement. Il fut établi en 1681. & il est composé du Chancelier, du Contrôleur General, & de trois Conseillers d'Etat que nomme le Roi. *Le Conseil des Parties* est composé des mêmes Conseillers d'Etat, & c'est celui où l'on juge les affaires qui surviennent entre des particuliers, comme sont les évocations. Les Requêtes qu'on y presente sont adressées au Roi, & à Nosseigneurs de son Conseil, & commencent par, *Sire, N... remontre très-humblement à votre Majesté*. Il y a aussi *Un Conseil d'enhaut*, & c'est celui où l'on traite les affaires dont il plaît au Roi de prendre connoissance en personne. Un Secretaire d'Etat en signe les Arrêts en commandement. *Le Conseil de guerre & de Marine*, sont des Conseils secrets que le Roi tient avec ses Ministres. On y délibere de ce qui regarde la guerre tant sur terre que sur mer, & le Roi y appelle quelquefois les Princes & les plus considerables Officiers de ses armées. On appelle *Conseil des dépêches*, Un autre Conseil particulier qui se tient dans la Chambre du Roi. Les Ministres & les Secretaires d'Etat y assistent, & les matieres qui s'y traitent, sont l'instruction des Ambassadeurs, l'expedition des affaires étrangeres, & les ordres qu'on veut envoyer dans les Provinces. *Le Conseil de conscience*, est celui qu'on tient pour les affaires Ecclesiastiques.

On appelle *Grand Conseil*, Une Jurisdiction superieure établie en 1492. par Charles VIII. en Jurisdiction particuliere. Le Chancelier de France y preside ; mais il est rare qu'il aille y prendre seance comme premier President. Il est composé de deux Semestres, à chacun desquels il y a quatre Presidens qui sont Maîtres des Requêtes, & vingt-sept Conseillers. Le Roi a créé depuis peu un premier President du grand Conseil. Ce Conseil connoît des differends qui arrivent pour les titres des Evêchés, Abbayes, & autres Benefices de la nomination du Roi : à l'exception de ceux qui sont conferés en Regale. Il a aussi attribution particuliere des Causes & Procès de quelques Ordres, comme de celui de Cluni, & regle les contestations qui naissent entre les Prevôts des Marchands & les Juges ordinaires ; même entre les Juges Royaux dont les appellations ressortissent en diverses Cours Superieures. Il connoît encore des differends des Presidiaux avec le Parlement pour les Causes presidiales, de conflits de Jurisdiction, de portions congruës, de quelques Bulles & Provisions du Pape, & des appellations des Sentences renduës par le grand Prevôt de l'Hôtel ou son Lieutenant.

Conseil de guerre, se dit de l'Assemblée des Chefs d'une Armée ou d'une Flotte, pour maintenir en vigueur les loix militaires, ou pour prendre une resolution selon les occasions qui se presentent, soit pour entreprendre quelque Siege, soit pour faire retraite ou donner bataille. *Conseil de Guerre*, se dit encore de l'Assemblée des Officiers d'un Regiment ou d'un Vaisseau, pour y juger les affaires des soldats qui ont commis quelque crime.

Conseil de construction. Terme de mer. Conseil composé des principaux Officiers de la Marine, de l'Amiral, des Vice-Amiraux, des Lieutenans, Intendans & Commissaires Generaux, des Chefs d'Escadre, & des Capitaines de Ports, qui déliberent avec les Charpentiers, sur le radoub des Vaisseaux, & sur ceux que l'on construit dans les Arsenaux de Marine.

CONSENS. s. m. Terme qui n'est en usage que dans la Chancellerie Romaine. On appelle *Jour du Consens*, celui où la resignation d'un Benefice est admise en Cour de Rome, après que le Correspondant du Banquier a rempli & signé la Procuration qu'on lui a envoyée avec le serment ordinaire, dont il est fait mention sur le dos du titre que l'on expedie en consequence.

CONSERVE. s. f. Espece de Confiture qui se fait des fleurs, des feuilles & autres parties de certaines plantes, & que l'on appelle ainsi à cause qu'elles conservent les plantes & leurs parties, sans que leur odeur ni leur vertu diminuent. Il y en a de liquide & de seche. La *Conserve liquide* se fait avec des fleurs qui ne pouvant souffrir de coctions, à cause de la tenuité de leur substance, sont contuses toutes recentes, & mêlées avec deux ou trois fois autant pesant de sucre blanc pulverisé ; après quoi on les expose au soleil pendant quelques jours. On en peut faire aussi avec des feuilles & des racines coupées & contuses. La *Conserve seche* se fait de fleurs seches, mises en poudre, & mêlées parmi le sucre, après qu'il est cuit convenablement. Il y en a de rafraîchissantes ; sçavoir celle de rose tant liquide que seche. Elle corrige l'intemperie chaude, restraint & arrête les fluxions, & fortifie le cœur, l'estomac & tous les visceres. Celle de violette tant seche que liquide, tempere l'ardeur de la bile, lâche le ventre & étanche la soif. Celle de fleurs de chicorée desopile le foye. Celle de fleurs de Nenuphar diminuë la chaleur de la fievre & de toutes les parties, & concilie le sommeil. Il y a aussi des Conserves échauffantes, & ce sont celle de feuilles de Myrrhe, qui fortifie l'estomac ; celle des Capillaires, qui remedie aux incommodités du poumon & de la poitrine ; celle de Melisse qui fortifie le cerveau, le cœur, l'estomac & la memoire, provoque les mois & dissipe la tristesse ; celle de fleurs de Tussilage qui sert aux maux du poumon ; toutes celles de fleurs de Romarin, de Bethoine, de Sauge & de Stoëchas, qui dissipe les humeurs phlegmatiques, & qui est bonne pour les maladies froides du cerveau ; & celle de fleur de Pivoine, qui est un remede pour l'épilepsie. La Conserve de fleurs de Buglose est temperée, aussi bien que celle de fleurs de Bourrache, & on se sert de l'une & de l'autre pour fortifier le cœur, & réjouir les mélancoliques. Il s'en trouve aussi de toutes sortes de racines, écorces, feuilles, & fleurs ; mais plûtôt des fleurs & des feuilles que des autres parties des plantes. On en fait d'Euphraise avec les fleurs pour fortifier la vûe ; d'Hyssope pour attenuer les humeurs crasses de la poitrine ; de fleurs de Sureau pour l'hydropisie ; de Marjolaine pour les maladies froides du cerveau, & pour les obstructions de la matrice & du foye ; d'Asplenium ou de fleurs de Genest pour la rate ; de fleur de Pêcher & de feuilles d'absynthe pour faire mourir les vers ; de fleurs de Souci, pour réjouir le cœur ; de Fumeterre, pour l'icteras noir & jaune ; des fleurs de Pavot blanc, pour faire dormir ; d'Oseille & de Tamarins, pour éteindre la chaleur qui cause la soif ; de fleurs de Citron, & de tous les cardiaques pour les maladies malignes ; de *Primula veris*, pour celle des nerfs, & de *Lychnis coronaria*, pour faciliter l'accouchement.

Conserve. Terme de mer. Vaisseau de guerre qui en conduit de Marchands. *Ce Vaisseau Marchand auroit peri sans sa conserve qui le secourut.* On dit, *Aller de conserve*, ou *Aller de flotte*, pour dire, Aller de compagnie. Les Navires chargés de marchandises de prix, sont obligés de *Faire conserve*, c'est-à-dire, De s'attendre les uns les autres, & ne doivent point partir sans être du moins quatre ensemble.

Conserves au pluriel, est un terme d'optique, qui se dit d'une certaine espece de Lunettes, qui sans grossir les objets, & dissipant seulement la trop grande lumiere, servent aux gens avancés en âge pour conserver leur vûe.

Conserve, se dit aussi des reservoirs où l'on garde l'eau pour la distribuer par des aqueducs.

Conserve. Terme de fortification. Pieces triangulaires paralleles aux bastions qu'elles couvrent entre le fossé & la contrescarpe, & qui ne different des demi-lunes qu'en ce qu'elles sont plus longues & moins larges. Ces Conserves que l'on appelle autrement *Contregardes*, ont leur rempart, leur parapet, leur fossé & leur chemin couvert, & sont seulement défendues per des ravelins qui couvrent les courtines.

CONSIDENCE. s. f. Terme dogmatique. Il se dit de l'affaissement de l'abaissement des choses qui sont appuyées les unes sur les autres. C'est par considence que les parties de l'eau qui sont élevées dans les vagues, s'abaissent pour revenir à leur niveau.

CONSIGNER. v. a. Terme de guerre. Confier le mot du guet à une Sentinelle, on l'appelle *La Consigne. Il m'a été consigné de ne laisser passer qui que ce soit. Consigner un prisonnier*, le donner en garde.

CONSISTOIRE. s. m. Assemblée où le Pape Preside, & qu'il tient quand il lui plaît de la convoquer. Il y a des Consistoires publics & d'autres secrets. Le *Consistoire public*, est celui où l'on donne le

Chapeau aux Cardinaux,& où entre tout le monde. Il se tient dans la grande Salle du Palais Apostolique de saint Pierre, & l'on y reçoit les Princes & les Ambassadeurs des Rois. On y traite d'ordinaire toutes les affaires qui regardent la Religion. Le Pape y preside sous un dais, & est assis sur un trône fort élevé couvert d'écarlate, & sur un siege de drap d'or, avec une étole au col, pour marque de son autorité. Les Cardinaux sont assis à ses côtés revêtus de chapes violetes; ceux qui sont Prêtres & Evêques à sa droite, & les Diacres-Cardinaux à sa gauche. Ils parlent debout suivant l'ordre de leur reception, la tête découverte, sans calote ni gans. S'il en arrive quelqu'un quand le Consistoire est commencé, il salue le Pape au milieu de la salle, puis il se tourne vers les Cardinaux qui se levent pour lui rendre son salut. Les Ambassadeurs des Couronnes parlent debout & la tête nue. Ceux de Malte, de Boulogne & de Ferrare ont les deux genoux en terre. Les Prélats Protonotaires, Auditeurs de la Rotte, & autres Officiers sont assis sur les degrés du Trône, & les Avocats Fiscaux & Consistoriaux sont derriere les Cardinaux-Evêques. On plaide là des Causes Judiciaires devant le Pape. Le *Consistoire secret* se tient en une chambre plus secrette, où le Pape n'a qu'un siege élevé de deux degrés. Il n'y a que les Cardinaux qui soient de ce Consistoire. Le Pape recueille leurs opinions, ce qui s'appelle *Sentences*. Toutes les Bulles d'Evêchés ou d'Abbayes que l'on expedie passent par le Consistoire. On y crée aussi les Cardinaux. Le mot Latin *Consistorium*, a été fait *à consistente fortitudine*, comme étant un lieu où l'on s'arrête, *Locus ubi consistitur*. On l'a dit d'abord de celui où le Prince venoit donner Audience après qu'il étoit sorti de sa chambre; & on l'a dit ensuite generalement de tous les lieux où il tenoit Conseil. On a aussi nommé *Consistoire*, le lieu où les Prélats & les Prêtres s'assembloient sur les affaires survenantes; & enfin on l'a appliqué à l'assemblée des Cardinaux.

Consistoire, veut dire aussi parmi les Prétendus-Reformés, un Conseil ou Assemblée composée des Ministres & Anciens de leur Eglise. Ce Consistoire se tient en la maison du Ministre ou dans le Temple, & on n'y peut rendre aucun Jugement qu'on ne soit du moins au nombre de sept. S'il s'y trouve plusieurs Ministres, celui qui est en semaine pour prêcher, preside, recueille les voix & prononce les arrêts. Il s'assemble une fois ou deux la semaine, pour ouir les plaintes que les Anciens rapportent des choses qui se sont passées en leur quartier.

CONSOLE. f. f. Piece d'Architecture, qui est en saillie, & qui sert à soûtenir une corniche ou à porter des figures, des bustes, des vases ou autres choses. La *Console* qu'on appelle *avec enroulement*, a des volutes en haut & en bas, & les enroulemens de celle qu'on nomme *Console arasée*, en affleurent les côtés. Il y en a de gravées qui ont des glyphes & des plates qui sont en maniere de corbeau avec des glyphes & des goutes. On appelle *Console renversée*, toute Console qui a son plus grand enroulement en bas, servant d'adoucissement dans les ornemens. *Console coudée*, celle dont quelque angle ou partie droite interrompt le contour en ligne courbe. *Console rampante*, celle qui suit la pente d'un fronton pointu ou circulaire, pour en soutenir les corniches; & *Console en encorbellement*, celle qui sert à porter les balcons & les menianes, & qui est differente du corbeau par les enroulemens & nervures. *Consoles adossées*, se dit d'un petit enroulement de serrurerie en façon de doubles consoles.

Ce mot vient de *Consolider*. On appelle *Console* dans un Navire, la partie d'une piece de bois qui est coupée en diminuant par le bout.

CONSOLIDATION. f. f. Terme de Medecine. Réunion des lévres d'une playe, quand elle commence à se cicatriser.

CONSOLIDE. f. f. Plante medicinale dont il y a de deux especes. La grande, que Dioscoride appelle *Symphytum Petræum*, croît aux lieux pierreux, & a ses branches petites, menues & semblables à celles d'Origan. Elle a aussi ses cimes & ses feuilles comme le thim, & sa racine longue, roussâtre & de la grosseur d'un doigt. Toute cette plante est dure comme le bois. Elle est odorante & douce au goût, & émeut la salive. Sa décoction faite en eau miellée & prise en breuvage, purge les superfluités de la poitrine; & quand le *Symphytum*, est pris avec de l'eau simple, il est bon à ceux qui crachent le sang, & aux maladies des reins. Le même Dioscoride parle d'un autre Symphytum, que quelques-uns appellent *Pectos*. Ses tiges sont hautes de deux coudées, grosses, legeres, anguleuses, creuses & vuides, comme celles du Laiteron, & tout autour sans long intervalle, sortent plusieurs feuilles l'une après l'autre, étroites, longues, velues, & qui approchent de celles de la Buglose. La graine sort d'autour des tiges, & les tiges & les feuilles ont une certaine bourre âpre qui cause de la démangeaison à celui qui la manie. Ses racines sont gluantes & pâteuses, noires en dehors & blanches en dedans. Ces racines broyées & bûes, servent aux rompures & aux crachemens de sang. La *petite Consolide*, que les Allemans nomment *Prunella*, & les Latins *Solidago minor*, est décrite par Matthiole. Ses tiges sont quadrangulaires, velues & de la longueur d'un empan. Ses feuilles rudes & raboteuses, ressemblent à celles de la Menthe, ses fleurs, qu'elle produit au bout de ses tiges en façon d'épi, sont purpurines & quelquefois blanches. Sa racine est capilleuse comme celle du Plantain. Il y a une troisiéme espece de Consolide, appellée *Symphytum maculatum*, qu'on croit excellente pour remedier aux incommodités du poumon; ce qui la fait appeller *Pulmonaria*. Elle a sur ses feuilles quantité de petites taches blanches. La Consolide que l'on appelle *Consolida regalis*, est une plante qui n'a qu'une tige, & qui croît parmi les blés. Elle pousse de petites branches menues, longues & comparties comme celles de la Nielle sauvage. Ses fleurs de couleur d'écarlate violette, approchent de la Violette de Mars, & produisent d'un côté une corne qui recourbe en-dessus, & qui est faite en forme d'éperon à la genette. Sa graine qu'elle porte en petites gousses, est semblable à celle de la Nielle. L'eau que l'on distille de ses fleurs est fort singuliere pour les nuages des yeux, & prise en breuvage ou appliquée, elle appaise toutes les inflammations du dedans & du dehors. Le jus de la plante est encore plus efficace pour cela.

CONSOMPTION. f. f. Sorte de maladie de langueur, pendant laquelle tout l'humide radical se desséche, ce qui cause enfin la mort.

CONSONANCE. f. f. Terme de Musique. Certain intervalle entre deux sons qui flattent l'oreille lorsqu'on les entend en même-temps. Il y a des Consonances parfaites & des Consonances imparfaites. Les *Parfaites* sont, l'octave, la quinte & la quarte; & les *imparfaites*, la tierce & la sixte, majeures & mineures. Dans la pratique on prend quelquefois la quarte pour dissonance. Quelques-uns mettent l'unison qui est fait par des cordes d'un même ton, au nombre des Consonances; & d'autres ne le veulent pas recevoir au nombre des intervalles, à cause qu'effectivement il n'en a point.

Les Physiciens conjecturent que l'agrément des Consonances vient de ce que les petites secousses qu'elles impriment à l'air, & à l'organe de l'ouie, sont *commensurables*. Par exemple : si deux sons s'accordent de façon que le plus aigu donne deux coups pendant que l'autre en donne un, ou trois pendant que l'autre en donne deux, ou quatre pendant que l'autre en donne trois, &c. on peut juger avec quelque apparence que l'ame se plaît à cette uniformité, & que ces sons-là sont les Consonances. Mais si deux sons ne finissent & ne recommencent jamais ensemble les coups qu'ils portent à l'organe, si pendant que l'un en porte deux, l'autre en porte un avec quelque fraction de plus, qui empêche leurs chûtes de se rencontrer, & les rende *incommensurables*, du moins sensiblement, il y a lieu de croire que l'ame en est blessée, & que c'est-là ce qui fait les *Dissonances*. Voyez DISSONANCE.

CONSTELLATION. s. f. Amas de plusieurs Etoiles fixes visibles, dont l'ordre & la disposition semble representer quelque chose. Les Anciens ont divisé le Ciel en quarante-huit Constellations, qu'ils ont nommées *Asterismes*. De ces Constellations, composées de mille vingt-deux Etoiles visibles, il y a les douze Signes du Zodiaque, vingt & une Constellations à son Septentrion & quinze autres à son Midi. Les Modernes y en ont ajoûté douze, qu'ils ont observées vers le Pole Antartique. Quoique les Constellations soient inégales entr'elles, les unes plus courtes, les autres plus longues, les Astronomes n'ont pas laissé de donner trente degrés à chaque signe du Zodiaque, en concevant qu'un signe en est la douziéme partie.

CONSTRICTION. s. f. Terme dogmatique. Action par laquelle une chose se serre, se lie, & se retrecit. *La constriction des parties fait la condensation.*

CONSTRUCTION. s. f. On appelle en termes d'Architecture, *Construction de piece de trait*, le développement des lignes rallongées du plan par rapport au profil d'une piece de trait.

CONSUL. s. m. Nom que les Romains donnerent à leurs premiers Magistrats, après qu'ils eurent chassé Tarquin le Superbe, leur dernier Roi, l'an 3545. du monde, & le 244. de la fondation de la Ville. Ils les regardoient comme les Chefs du Conseil, & les nommerent ainsi *à Consulendo*. Lucius Junius Brutus, & Tarquinius Collatinus furent les premiers Consuls. Ces Magistrats, dont la puissance ne duroit qu'un an, étoient les Chefs du Senat. Ils regloient les affaires de la République, & avoient la conduite des Armées. Ils firent observer les Loix Royales pendant dix-sept années, & principalement celles de Servius, qui avoient été abrogées ; & elles ne cesserent d'être en force qu'après que Brutus, Tribun du Peuple, en eut fait publier une qui les supprima. Cette dignité fut abolie par l'Empereur Justinien, l'an du salut 541. L'Empereur Justin, voulant s'acquerir les bonnes graces du Peuple, la rétablit vingt-cinq ans après, & se créa lui-même Consul, mais son dessein demeura sans suite.

Le nom de *Consul* est aussi donné à certains Juges qui sont élûs entre les Marchands & toutes autres personnes qui se mêlent du négoce, pour y trouver du profit, afin de leur rendre gratuitement la justice. Ils connoissent des Lettres de Change & des Billets à ordre & au porteur, qui courent dans le commerce. Le Roi Charles IX. par son Edit du mois de Novembre 1563. créa un Juge & quatre Consuls à Paris, à l'*instar* des Juges de la Conservation de Lyon.

Consul, est aussi dans quelques Villes de France, sur-tout en Provence & en Languedoc, ce qu'on appelle *Echevin* en d'autres.

On appelle aussi *Consul*, un Officier établi en vertu d'une Commission du Roi dans toutes les Echelles du Levant, ou autres Villes de commerce. Sa fonction est de faciliter le négoce & de proteger les Marchands de la nation. Aucun Acte expedié en pays étranger ne peut faire foi en France, que quand le Consul l'a legalisé.

Consul, dans le vieux langage signifioit, *Conseiller* ; ce qui a fait dire à Froissard, *Le Roi & ses Consuls en furent contens.*

CONTACT. s. m. Terme dogmatique. Action par laquelle deux corps se touchent. *Quand deux globes sont parfaitement spheriques, le contact ne s'en fait qu'en un point.*

CONTAUT. s. m. Terme de Marine. Ce qui est au-dessus de l'enceinte appellée *Cordon*. Il est épais de trois pouces outre la fourure, & haut de treize ou quatorze pouces, & va en diminuant depuis le milieu vers les extrêmités de la proue & de la pouppe.

CONSUIVIR. v. a. Mot du vieux langage, qui signifioit, Atteindre, attraper.

Et si je puis consuivir
Le Cerf qui s'y fait fuir.

CONTENDRE. v. n. Vieux mot. Débattre, du Latin *Contendere*. On disoit aussi *Contencer* & *contencier*, ainsi que *Contens*, pour dire, Débat. Il ne nous est resté de ce vieux mot que *Contentieux* & *Contention*.

CONTEOURS. s. m. p. Vieux mot, pour dire, Faiseurs de Contes & de Romans. On disoit aussi *Conteors*, & ils ne differoient des *Trouveres*, qui étoient des Poëtes de ce même-tems, qu'en ce que les Trouveres faisoient leurs compositions en rimes, & les Conteours les faisoient en prose.

CONTINENT. s. m. Grande étendue de la terre, qu'aucune mer n'interrompt ni ne sépare. Il y a deux grands Continens, l'ancien & le nouveau. L'ancien comprend l'Europe, l'Asie & l'Afrique. On l'appelle aussi *Continent superieur & Oriental*, à cause que selon l'opinion du vulgaire il occupe la partie superieure du globe Oriental ; ce qui fait que dans la Mappemonde il est mis à l'Orient du premier Meridien. On lui donne encore le nom de *Continent Ptolomaïque*, du nom du fameux Ptolomée Alexandrin, celui de tous les anciens Geographes qui en a donné la plus exacte description. Le *nouveau Continent*, appellé ainsi de ce qu'il ne nous est connu que depuis la découverte de l'Amerique, est aussi nommé *Continent inferieur*, à cause que le vulgaire le croit au-dessous du nôtre. C'est ce que nous appellons autrement *Le nouveau Monde*. On l'appelle aussi *Le Continent des Indes Occidentales*, parce qu'il est à l'Occident de l'Europe ; & *Continent de l'Amerique*, du nom d'Americ Vespuse Florentin qui l'a découverte.

CONTOBABDITES. s. m. Heretiques du sixiéme siecle, qui suivoient les erreurs des Theodosiens, sans se vouloir soûmettre aux Prélats.

CONTOUR. s. m. Extrêmité d'une figure, Ligne qui décrit & environne quelque corps, & par le moyen de laquelle on en marque la forme. *Le Contour d'une colomne ou d'un dôme.* On dit en parlant d'un ouvrage de peinture ou de sculpture, que *Les Contours en sont beaux & bien prononcés*, quand les membres des figures sont dessinés avec art, pour representer un beau naturel.

CONTOURNÉ', ÉE. part. Terme de Blason. Il se dit des Animaux ou de leurs têtes tournées vers la gauche de l'Ecu. *De gueules au lion d'or, la tête contournée.*

CONTOURNER. v. a. Terme de Peinture. Faire les contours d'une figure, en la marquant avec des traits & des lignes.

CONTRACTURE. s. f. Terme d'Architecture. Retrecissement qui se fait dans la partie superieure de la colonne. On dit aussi *Diminution* & *Retraite.*

CONTRARIER. v. a. On dit en termes de mer, qu'*On a été contrarié par le vent*, pour dire que Le vent a été long-tems contraire à la route qu'on prenoit.

CONTRASTE. subst. m. Terme de Peintres & de Sculpteurs. Ils s'en servent pour exprimer la diversité des actions qui paroissent dans leurs figures, & la varieté qui doit être dans la position & les mouvemens des membres du corps, & en general dans toutes les attitudes.

CONTRASTER. v. a. Varier les actions & les dispositions des figures. On dit dans ce sens, qu'*Une figure est bien contrastée*, pour dire, que Dans son attitude les membres sont opposés les uns aux autres, qu'ils se croisent, ou qu'ils se portent de differens côtés. C'est aussi un terme d'Architecture, & l'on dit *Contraster une façade*, pour dire, Y mêler alternativement des frontons cintrans & triangulaires, ou la varier d'une autre maniere. Ce mot vient du Latin *Contra stare*, Etre à l'encontre.

CONTREABLE. adj. Mot du vieux langage. Contraire.

CONTA-YERVA. s. f. Racine plus petite que celle de l'Iris, & qui vient d'Espagne. Elle a le goût aromatique accompagné de quelque acrimonie, & son odeur approche de celle que rendent les feuilles de figuier. Elle resiste à toutes les corruptions de l'estomac, & est un puissant alexitere contre toutes sortes de venins. Son nom, qui veut dire *Contrepoison*, le dénote, les Espagnols appellent *Yerva*, l'ellebore blanc. Cette racine croît dans une Province du Perou. Il y a une espece de *Contra-Yerva* qui croît dans la Virginie, & qu'on appelle *Viperine Virginienne*. Elle est fort aromatique, & on l'emploie en Angleterre contre les poisons.

CONTRE-AMIRAL. s. m. Officier qui tient le troisiéme rang dans la Marine étrangere. Ce n'est qu'une simple qualité où il n'y a point de Contre-Amiral fixe. Celui à qui l'on donne ce nom commande l'Arriere-garde, ou la derniere Division d'une armée. C'est le plus ancien des Chefs-d'Escadre qui porte le Pavillon de Contre-Amiral, & il ne subsiste que pendant un armement considerable où l'on emploie les Officiers Generaux. Ce Pavillon de Contre Amiral est blanc, & s'arbore à l'artimon. La figure en est quarrée.

CONTRE-APPEL. s. m. Terme d'Escrime. On appelle ainsi le Contraire de l'Appel, lorsqu'opposant finesse on fait un mouvement tout opposé à celui de l'ennemi, en sorte que s'il fait un appel d'engagement à l'épée par le dedans, on lui en fait un contraire par le dehors.

CONTRE-APPROCHES. s. f. p. Terme de guerre. Chemins dans terre que les Assiegés font pour interrompre les approches des Ennemis.

CONTREBANDE. s. f. On appelle *Marchandises de Contrebande*, Toutes celles qui sont vendues ou transportées contre les défenses d'en négocier faites par le Prince. Quand elles sont chargées dans un Vaisseau contre les Loix de l'Etat, on les tient de bonne prise. *Contrebande*, veut dire, Contre le ban, la proclamation, la défense faite par un cri solemnel.

CONTREBANDÉ', ÉE. adj. Terme de Blason. Il se dit d'une piece dont les bandes sont opposées. *Parti & contrebandé d'or & de gueules.*

CONTREBARRÉ', ÉE. adj. Terme de Blason. Il se dit d'une piece dont les barres sont opposées. *Parti & contrebarré d'or & de gueules.*

CONTREBAS, & *Contre-haut.* Termes qui dans l'art de bâtir, veulent dire, Du bas en haut & du haut en bas, de quelque hauteur que ce puisse être.

CONTRE-BATTERIE. s. f. Batterie qu'un parti oppose à celle de son Ennemi. On appelle sur-tout *Contre-batterie*, Celle qu'on fait pour démonter le canon des Ennemis.

CONTREBOUTER. v. a. Contretenir la poussée d'un arc ou d'une plate-bande avec un pilier ou une etaye. C'est la même chose qu'*Arc-bouter.*

CONTREBRETESSÉ', ÉE. adj. Il se dit en termes de Blason, dans le même sens que *Contre-barré*, c'est-à-dire, d'une piece dont les bretesses sont opposées. *D'azur au pal contrebretessé d'or.*

CONTRECARENE. s. f. Terme de Marine. Piece de bois opposée au-dessus à la carene.

CONTRECART. s. m. Terme de Blason. Parties d'un Ecu contrecartelé.

CONTRECARTELÉ', ÉE. adj. Terme de Blason. On appelle, *Ecu contrecartelé*, quand un des quartiers de son écartelûre est derechef écartelé.

CONTRECARTELER. v. a. Diviser en quatre un des quartiers d'un Ecu déja écartelé. Il y a des Ecus contrecartelés qui ont jusqu'à seize & vingt écarts.

CONTRECHASSIS. s. m. Chassis de verre ou de papier colé, que l'on met pendant l'hiver devant un chassis ordinaire.

CONTRECHIQUETÉ', ÉE. adj. Terme de Blason. *Fascé d'argent & de gueules à la bordure contrechiquetée de même.*

CONTRECOEUR. s. m. La partie de la cheminée qui s'étend entre les deux jambes, & qui prend depuis l'atre jusqu'au commencement du tuyau. Elle doit être de tuileau ou de brique. On appelle aussi, *Contrecœur*, la Plaque de fer qu'on met au milieu de la cheminée, tant pour conserver le mur, que pour repercuter la chaleur.

CONTRECOMPONÉ', ÉE. adj. Terme de Blason. On dit, *Fascé d'or & de sable, à la bordure contrecomponée de même*; c'est-à-dire; que l'Ecu étant fascé d'or & de sable, & la bordure componée de même, les compons d'or répondent aux fasces de sable, & les compons de sable aux fasces d'or.

CONTRECOTÉ', ÉE. adj. Terme de Blason. *Coupé de gueules & de sable, au tronc contrecoté d'or.*

CONTREFANON. s. m. Terme de mer. On appelle *Contrefanons*, & autrement *Carguéboulines*, des Cordes qu'on amarre au milieu du côté de la voile vers les pattes de la bouline, pour trousser & raccourcir les côtés de la voile.

CONTREFASCÉ', ÉE. adj. Terme de Blason. Il se dit des pieces dont les fasces sont opposées. *Contrefascé de sable & d'argent de trois pieces.*

CONTREFICHE. s. f. Piece de bois qui appuye contre une autre, comme pour l'étayer.

CONTREFLAMBANT, ANTE. adj. Terme de Blason. *D'argent à un bâton de gueules, flambant & contreflambant de dix pieces de même.*

CONTREFLEURÉ', ÉE. adj. Terme de Blason. Il se

dit d'un Ecu dont les fleurons sont alternés & opposés, en sorte que la couleur répond au métal. *D'or au double trecheur fleuré & contrefleuré de sinople.*

CONTREFORTS. f. m. p. Terme de fortification. Portions de murailles perpendiculairement jointes à la principale, & en distance de vingt ou trente piés les unes des autres. Elles entrent aussi avant que l'on veut dans le terreplein, mais on ne s'en sert plus gueres que dans les grandes élevations.

CONTREFRUIT. f. m. Effet contraire du Fruit. Le fruit en termes d'Architecture est une petite diminution du bas en haut d'un mur. Le dedans en est à plomb, & cette diminution cause par dehors une inclinaison qui est peu sensible. Quelquefois on donne du Contrefruit en-dedans, comme aux encoignures & aux murs de face & de pignon, quand ils portent des souches de cheminée, afin que le double fruit les fasse mieux resister à la charge.

CONTREFUGUE. f. f. Terme de Musique. La Fugue étant une imitation du chant dans les parties qui semblent se fuir l'une l'autre par des progrès semblables, lorsque cette imitation se fait à contre-sens, & que les progrès sont contraires, cela s'appelle une *Contrefugue.*

CONTREGARDE. f. m. Officier de la monnoye qui tient le registre des matieres qu'on y apporte pour fondre.

CONTREGARDES. f. f. p. Longues lisieres de terre qu'on pratique sur le bord de la contrescarpe du grand fossé d'une place. C'est la même chose que *Conserves.*

CONTREHACHER. v. n. Terme d'art de dessiner. C'est dans un dessein où l'on a fait avec la plume des ombres & des teintes par les lignes les plus égales & les plus paralleles qui se puissent faire, en passer de secondes quarrément & diagonalement afin de rendre ces ombres plus fortes.

CONTREHASTIER. f. m. Les Contrehastiers sont de grands Chenets de cuisine, garnis de plusieurs crampons sur lesquels on peut mettre plusieurs broches de viande tout à la fois pour les rôtir.

CONTREHERMINE. f. f. Terme de Blason. Champ de sable moucheté d'argent. C'est le contraire de l'Hermine, où le champ est d'argent, & la moucheture de sable.

CONTREJAUGER. v. a. On dit *Contrejauger les assemblages de Charpenterie,* pour dire, Les mesurer; ce qui se fait en transferant la largeur d'une mortoise sur l'endroit d'une piece de bois où doit être le tenon, afin qu'à prendre de l'about à la gorge, le tenon soit égal à la mortoise.

CONTREISSANT, ANTE. adj. Terme de Blason. Il se dit de deux animaux adossés, & dont la tête & les piés de devant sortent d'une piece de l'écu. *D'azur au Chevron d'or à deux Lions adossés & contreissans des flancs du chevron de même.*

CONTREJUMELLES. f. f. p. Pavés qui se joignent deux à deux dans le milieu des pavés des rues, & qui font liaison avec les morces & les caniveaux.

CONTRELATTE. f. f. Tringle de bois mince & large que l'on met de haut en bas entre les chevrons d'un comble pour entretenir les lattes. Les contrelattes dont on se sert pour la tuile sont moins larges que pour l'ardoise, & se font de bois fendu par éclats minces, ce qui les fait appeller *Contrelattes de fente.* Celles qu'on emploie pour les ardoises sont refendues à la scie, & les nomme *Contrelattes de sciage.* Dans les bons édifices on met quatre chevrons sous-latte, qui a quatre piés deux pouces de long & une contrelatte entre deux. On met cinq chevrons sans contrelatte.

CONTRELATTER. v. a. Couvrir de lattes un pan ou une cloison devant & derriere, pour l'enduire ensuite de plâtre ou de mortier.

CONTRELATTOIR. f. m. Outil dont se servent les Couvreurs pour soûtenir les lattes en clouant dessus.

CONTRELIGNE. f. f. Fossé bordé d'un parapet, qui couvre les Assiegeans du côté de la place, & qui met les quartiers de l'armée à couvert de l'insulte des sorties. C'est ce qu'on appelle autrement *Contrevallation.*

CONTREMAISTRE. f. m. Terme de Marine. Officier de Vaisseau qui a inspection sur les agrés, sur la manœuvre de l'avant, sur l'arenage, & sur le travail du Cabestan. On l'appelle aussi *Bosseman,* parce qu'il a soin de bosser les cables. Il est l'Aide du Patron ou Maître dont il fait executer les ordres, tant de nuit que de jour.

CONTREMANCHE', E'E. adj. Terme de Blason. *Parti, coupé, & contremanché de sable & d'argent de l'un en l'autre.*

CONTREMARCHE. f. f. On dit en termes de mer, *Faire la Contremarche,* quand tous les Vaisseaux d'une armée ou d'une division qui sont en ligne, vont derriere le dernier jusqu'à un certain lieu pour revirer ou changer de bord.

CONTREMARQUE', E'E. adj. Terme de Manége. On appelle *Cheval contremarqué,* celui dont un Maréchal ou un Maquignon a voulu déguiser l'âge, en lui faisant avec le burin une fausse marque dans le creux de la dent pour imiter le germe de féve, ce qui le fait paroître n'avoir que six ans.

CONTREMINE. f. f. Terme de Guerre. Voute sous terre pratiquée tout autour d'une place dans l'épaisseur de la muraille, ayant trois piés de largeur & six de hauteur. Cette sorte de Contremine est aujourd'hui rejettée à cause de la commodité toute prête que le Mineur y trouvoit pour faire sa mine. Aujourd'hui c'est un puits avec des rameaux qu'on fait dans le rempart du bastion jusqu'à ce qu'on entende travailler le Mineur, & qu'on évente la mine.

CONTREMUR. f. m. Petit mur qui fortifie un mur mitoyen contre lequel on l'applique, afin que le voisin ne reçoive aucun dommage des constructions qu'on peut faire proche. Le Contremur pour les terres jectisses est plus ou moins épais, selon qu'elles sont plus ou moins exhaussées.

CONTRE-ONGLE. Terme de Chasse. On le dit pour signifier Au rebours, lorsqu'en méjugeant des allûres d'un Cerf, on a pris le talon pour la pince.

CONTREPALE', E'E. adj. Terme de Blason. Il se dit de l'écu où un pal est opposé à un autre pal, ensorte qu'ils sont alternés, & que la couleur répond au métal. *Contrepalé de gueules & de sable, à la fasce d'or.*

CONTREPARTIE. f. f. Terme de Musique. Il se dit d'une partie opposée à une autre. *La basse est la contrepartie du dessus.*

CONTREPASSANT, ANTE. adj. Terme de Blason. Il se dit des animaux, dont l'un passe d'un côté, & l'autre de l'autre. *A deux Ecureuils de gueules l'un sur l'autre, l'un passant, & l'autre contrepassant.*

CONTREPENTE. f. f. On appelle *Contrepente* dans le canal d'un ruisseau de rue ou d'un aqueduc, l'interruption du niveau de pente, qui fait que les eaux s'étendent ou restent dormantes, soit qu'on ait mal conduit le niveau, soit que l'affaissement du terrein en soit la cause.

CONTREPOIDS. s. m. Terme de Manége. Certaine liberté d'action & d'assiette du Cavalier, qui demeurant également sur les étriers dans le milieu de la selle, donne à propos les aides au Cheval, & ne panche point son corps plus d'un côté que de l'autre.

On appelle *Contrepoids de tournebroche*, une grosse pierre qui avec le balancier sert à regler le tournebroche.

Contrepoids, est aussi une moyenne perche bien planée, qu'un danseur de corde tient avec ses mains en dansant, afin de pouvoir contrebalancer le poids de son corps. Elle est longue de neuf ou dix piés, & garnie de fer par les deux bouts.

CONTREPOINÇON. s. m. Outil rond & qui est de fer. Il sert aux Serruriers pour contrepercer les trous & river les pieces. Ils en ont aussi de barlongs & de quarrés pour contrepercer les trous qui sont de même figure.

CONTREPOINT. s. m. Terme de Musique. Il y a *le Contrepoint simple*, qui se fait note contre note, en sorte qu'une note de la basse répond toûjours à une note de dessus. On appelle *Contrepoint figuré* ou *diminué*, la composition de Musique où l'on se sert de notes de differentes parties, & où plusieurs notes d'une partie répondent à une seule de l'autre qui est chantée dans le même tems. Cela fait la pleine Musique, au lieu que le Contrepoint simple n'est qu'un faux bourdon. On se servoit autrefois de points au lieu de notes, & c'est ce qui a fait dire *Contrepoints*.

CONTREPOSE', E'E. adj. Terme de Blason. Il se dit de ce qui est posé l'un sur l'autre de haut en bas d'un sens different, comme de deux dards, dont le fer de l'un a sa pointe en haut, & celui de l'autre l'a en bas. *De gueules à deux fers de dards triangulaires contreposés en pal d'or.*

CONTREPOSEUR. s. m. Terme de Tailleur de pierre. Celui qui aide au poseur, c'est-à-dire, à l'Ouvrier qui reçoit la pierre de la grue, pour la mettre en place d'alignement & à demeure.

CONTREPOTENCE', E'E. adj. Il se dit de plusieurs potences mises de suite; l'une le bois qui traverse en haut, & l'autre en bas. *De gueules à la fasce potencée & contrepotencée d'argent, remplie de sable.*

CONTREQUEUE *d'aronde*. s. f. Terme de Fortification. Dehors ou ravelin fait en tenaille simple, & qui est plus large vers sa gorge que vers la campagne.

CONTREQUILLE. s. f. La plus grosse & la plus longue piece de bois qui soit dans le fond de cale d'un Vaisseau, & qui étant posée sur toutes les varangues, les lie avec la quille. C'est la même chose que *Carlingue*.

CONTRERAMPANT, ANTE. adj. Terme de Blason. Il se dit de deux Animaux qui rampent l'un tourné vers l'autre. *D'azur à deux Griffons d'or contrerampans à un arbre de sinople.*

CONTRERETABLE. s. m. On appelle *Contreretable* dans l'Architecture de bois, de pierre ou de marbre qui fait la décoration d'un Autel, le fond en forme de lambris où l'on met un tableau ou un bas relief & contre lequel le Tabernacle est adossé avec ses gradins.

CONTRESANGLOTS. s. m. p. Petites courroyes de cuir qu'on cloue aux arçons d'une selle, pour y attacher les sangles du Cheval.

CONTRESCARPE. s. f. Terme de Fortification. Ligne qui termine le fossé du côté de la campagne, ou talus qui soûtient la terre du chemin couvert. La Contrescarpe comprend quelquefois le chemin couvert & le glacis.

CONTRESPALIER. s. m. Petit treillage à hauteur d'appui à quatre ou six piés de l'espalier, garni d'arbres fruitiers nains ou de seps de vigne, & entretenu par des chevrons que l'on met debout de six en six piés.

CONTRESPREUVE. s. f. Terme de Graveur. Estampe imprimée sur une autre épreuve fraîchement tirée. Comme par la contrespreuve on a la figure du même sens qu'elle est gravée, elle sert à faire voir s'il n'y a point à retoucher à la planche.

CONTRESPREUVER. v. n. Passer un dessein sous une presse à Graveur, après l'avoir un peu mouillé avec une éponge, ainsi que le papier blanc qui doit servir à la contrespreuve.

CONTRESTAMBORD. s. m. Terme de Marine, Piece courbe triangulaire qui lie l'estambord sur la quille.

CONTRESTER. v. n. Vieux mot qui s'est dit pour, S'opposer, être contre. On a dit aussi *Contrestant*, pour Nonobstant.

CONTRESTRAVE. s. f. Piece de bois courbe, posée au-dessus de la quille & de l'estrave pour faire liaison conjointement.

CONTRETEMS. s. m. Terme de Manege. Cadence interrompue du Cheval, soit par sa malice, soit par la faute du Cavalier qui le monte; ce qui arrive, ou parce que le Cavalier seconde mal les aides de la bride par les aides du talon, ou parce que le Cheval continue ses ruades, au lieu de lever le devant. *Contretems* est aussi un terme d'escrime, & il se dit quand deux personnes s'allongent en même-tems ce qui produit le coup fourré, ou quand l'un prend un tems que l'autre lui a presenté à dessein par un tems faux qui est hors de la mesure, afin de prendre le dessus ou le dessous, ou de quarter selon qu'il en trouvera l'occasion.

CONTRETERRASSE. s. f. Terrasse élevée au-dessus d'une autre terrasse, pour quelque élevation de parterre ou raccommodement de terrain.

CONTRETIRER. v. a. Prendre les mêmes traits d'un dessein ou d'un tableau. On se sert d'ordinaire pour cela d'une toile de soye ou d'un papier huilé qu'on applique contre le tableau, & sur lequel on marque avec du crayon les mêmes traits qu'on voit au travers de ce papier. On se sert aussi de plusieurs matieres claires & minces, comme verre, talc, vessies de pourceau, boyaux de bœuf, &c. pour contretirer les ouvrages qui sont de grandeur moyenne.

CONTREVAIRE', E'E. adj. Terme de Blason. Il se dit des fourures, dont les pots sont mis base contre base, métal contre métal, & couleur contre couleur. *Vairé & contrevairé de quatre tires à la fasce d'or.*

CONTREVALLATION. s. f. Terme de fortification. Fossé que l'on fait autour d'une place qu'on assiege, pour empêcher les sorties de la garnison. C'est la même chose que *Contreligne*.

CONTREVENT. s. m. On appelle *Contrevents* des pieces de bois posées en contrefiche aux grands combles pour entretenir & contreventer du haut d'une ferme au bas de l'autre; & pour empêcher que les grands vents ne fassent aller les fermes & les chevrons de part & d'autre. *Contrevents* se dit aussi des fenêtres ou grands volets qu'on met en dehors, pour tenir les lieux plus clos, & empêcher que les vitres ne soient endommagées par le vent. On appelle encore *Contrevents*, de fausses pieces de fer qu'on met au derriere d'une porte.

CONTREVENTER. v. n. Mettre des pieces de bois obliquement pour contrebouter, & pour empêcher le mouvement que peut causer la violence des vents.

CONTREUVE. s. f. Vieux mot qui signifioit, Un conte inventé, une fable faite à plaisir. On a dit aussi *Controuvaille* dans le même sens.

CONTUNDANT, ANTE. adj. Terme dont se servent les Chirurgiens, lorsque dans leurs rapports ils parlent d'instrumens qui froissent & qui ne coupent pas, comme sont les bâtons & les marteaux. *Cette blessure a été faite avec un instrument contundant.*

CONVENANCER. v. a. Vieux mot. Faire paction, demeurer d'accord par stipulation ou autrement d'une chose qui est disputée entre les parties. *Delà vient*, dit Nicod, *qu'en aucuns anciens Romans, on trouve ces manieres de parler*, Ils ont ainsi convenancé, *Et* Convenancer une Fille ou Femme à futur mariage, *c'est-à-dire Fiancer; car on appelle aussi* Convenances, *les articles convenus & accordés en un Traité de mariage*, Et Convenancer une Fille à quelqu'un pour femme, *C'est la lui promettre & accorder à femme future.* On a dit aussi *Convenance*, pour Promesse, pacte; & *Tenir le Convant* ou *Convent*, pour dire, Faire la chose que l'on étoit convenu de faire.

CONVENANT, ou *Convenant Juré.* s. m. Ce mot s'est dit autrefois pour Paction; sur quoi le même Nicod ajoûte. *Il est prins en Amadis pour la chose promise. Amadis eût voulu être mort, non pour le mauvais traitement qu'on lui faisoit, mais pour le Convenant que la Dame de Gantasi leur vouloit faire promettre, laquelle signification être telle en ce lieu, se montre assés par le précédent pourparlé de ladite Dame avec Amadis; car* Convenant *proprement comme il en use après audit chapitre, & ailleurs audit livre, c'est la promesse stipulée, dont l'effet est la chose promise.*

On appelle *Convenant*, une Confederation qui fut faite en Ecosse l'an 1638. dans le dessein de faire recevoir une nouvelle Liturgie, & de changer les cérémonies de la Religion. Il y avoit trois chefs principaux dans ce Convenant. Le premier étoit pour obliger ceux à qui on le vouloit faire recevoir, de renouveller le serment qui avoit été fait par leurs Ancêtres de défendre la prétendue pureté de la Religion, & les droits du Roi contre l'Eglise de Rome, & de s'attacher inviolablement à la Confession de Foi dressée en 1580. & que les Etats Generaux d'Ecosse avoient confirmée l'année suivante. Le second chef de ce même Convenant, contenoit un précis de tout ce qui avoit été arrêté par les Etats Generaux pour la conservation de la Religion Reformée à leur maniere, tant pour la doctrine que pour ce qui regardoit la discipline. Et le troisiéme, imposoit une obligation de ne plus approuver le Gouvernement Ecclesiastique par les Evêques, & de ne rien souffrir de ce qui ne seroit pas selon leur Confession de Foi. Charles I. qui regnoit alors en Angleterre, rejetta ce Convenant, comme téméraire, & capable de porter ses Sujets à la revolte. Ceux qui étoient du parti continuerent leur ligue; & enfin les Etats d'Angleterre reçûrent & signerent le Convenant en 1643. afin d'établir l'uniformité dans les trois Royaumes d'Angleterre, d'Ecosse & d'Irlande. Le Convenant que le Roi permit en 1638. fut appellé *le Convenant du Roi*, mais il fut fait avec de certaines restrictions, que les plus rigides Confederés refuserent d'accepter.

CONVERGENCE. s. f. Terme d'Optique. Disposition que deux rayons de lumiere ont à s'unir. Voyez CONVERGENTS.

CONVERGENTS. adj. m. p. On appelle en terme d'Optique *Rayons Convergents* ceux qui tendent de l'objet vers l'œil en s'approchant toûjours l'un de l'autre, & étant disposés à s'unir. Les rayons qui partent des deux extrêmités d'un objet plus grand que la prunelle, arrivent à l'œil convergents. Ceux qui sont partis d'un même point, & qui ont passé par un seul verre convexe, arrivent convergens aussi. Aux rayons convergens on oppose les *Divergens.* Voyez DIVERGENS. Ces mots viennent du Latin *Divergere* & *Convergere.*

CONVERSION. s. m, Transmutation, changement. *Conversion*, en termes de guerre, est un mouvement militaire qui fait tourner la tête d'un bataillon où étoit le flanc. Le quart de Conversion se fait à droit ou à gauche. S'il se fait à droit, l'aile gauche part la premiere & décrit des quarts de cercles autour du Serresile, qui est à l'angle de l'aile droite, comme le centre autour duquel les autres soldats tournent. Si le quart de Conversion se fait à gauche, ce qui arrive souvent à un Escadron de Cavalerie, il faut que l'aile droite parte la premiere. On appelle tout cela, *Quart de tour*, ou *Premiere Conversion.* On peut faire neanmoins le demi tour de Conversion & le tour entier, & alors le demi cercle qui se décrit en continuant le quart de tour, est appellé *Demi-tour* & *Seconde Conversion.* Les trois quarts de Cercle qui se décrivent en continuant le demi-tour, sont appellés *Trois quarts de tours*, ou *Troisiéme Conversion.*

On dit en termes d'Arithmetique, *Proportion par Conversion de raison.* C'est la comparaison de l'antecedent à la difference de l'antecedent & du consequent dans deux raisons égales. Ainsi comme il y a même raison de 2 à 3, que de 8 à 12, on conclut qu'il y a même raison de 2 à 1, que de 8 à 4.

CONVERSO. s. m. Terme de Marine. La partie du tillac d'enhaut qui est entre le mât de bourset & le grand mât. C'est le lieu où l'on se visite les uns les autres, & où l'on fait conversation. Ce mot est venu de Portugal.

CONVICIER. v. a. Vieux mot. Dire des injures à quelqu'un.

CONVIER. v. n. Vieux mot, qui signifioit manger ensemble, de *Cum*, Avec; & de *Vivere*, Vivre.

CONYSA. s. f. Plante dont il y a de deux sorte La grande est de la hauteur de deux coudées, & a sa tige plus grosse & plus branchue que la petite, & ses feuilles plus menues & plus étroites. La petite les a grasses, velues, & semblables à l'Olivier, comme la grande, mais sa tige n'a seulement qu'un pié de hauteur. Toutes deux portent du fruit, quoiqu'elles soient fort tardives à germer & à fleurir. La Conysa mâle, qui est la plus grande, a son odeur plus puante. On l'appelle l'*Herbe aux puces*, à cause qu'elle les fait mourir en la semant dans une chambre. Dioscoride dit que ses feuilles enduites sont un singulier remede contre les morsures des serpens, & pour toutes sortes de tumeurs & de playes, & que la petite Conysa enduite & appliquée, appaise les douleurs de tête. Il parle d'une autre espece de Conysa qui a sa tige plus grosse & plus molle, & dont les feuilles sont d'une moyenne grandeur entre la grande & la petite. Elle croît aux lieux humides, n'est point grasse comme les deux autres, & a moins de vertu, quoiqu'elle soit beaucoup plus puante.

COO

COORDES. s. f. Vieux mot. Citrouilles.

COP

COP. s. m. Vieux mot. Coup. On a dit aussi *Copter* ou *cobter*, pour dire, Frapper, du Grec κόπτειν, qui veut dire la même chose.

COPAL. s. m. Resine blanche & transparente, que les Mexiquains appellent ainsi par excellence, du nom commun qu'ils donnent à toutes les Resines odorantes, dont ils distinguent les differentes especes par un surnom particulier. Celle-ci distille d'un Arbre dont les feuilles sont semblables à celles du chêne, mais plus longues. Le fruit en est rond, de couleur rougeâtre, & de même goût que la Resine, qui coule quelquefois d'elle-même, & quelquefois lorsque l'Arbre est incisé.

COPALXOCOTL. s. m. Arbre de la Nouvelle Espagne, que les Sauvages appellent aussi *Pompoqua*. Il a les feuilles semblables à nos Cerisiers, & porte un fruit qui ressemble à de petites pommes. Elles sont douces, mais astringentes; & distillent une certaine salive fort glutineuse, laquelle étant appliquée guerit la fiévre & les déjections sanguinolentes. Les Espagnols appellent ce fruit *Cerise gommeuse*. Le bois de cet Arbre se coupe aisément, sans qu'il se fende jamais. Il n'est pas sujet aux vers, & approche de la senteur & de la saveur du Copal.

COPARTAGEANT, ANTE. adj. Terme relatif de Pratique. Celui qui partage quelque chose avec un autre. *Les Copartageans dans une succession.*

COPERMUTANT. adj. Terme relatif de matiere Beneficiale. Celui qui permute un Benefice avec un autre. *L'un des Copermutans.*

COPHTES. s. m. Chrétiens Schismatiques d'Egypte, qui suivent les erreurs de Dioscorus & d'Eutichès, & qui dépendent d'un Patriarche appellé Patriarche d'Alexandrie, qui demeure au grand Monastere de saint Macaire, à vingt lieues du Caire, près le Nil. On les nomme *Cophtes* ou *Cophites*, non pas à cause de leur Profession, mais parce que les Egyptiens sont appellés *Cophti* dans le Thalmud. Cette nation est très-ignorante, & la plus grande partie de leurs Prêtres sçait à peine lire. Ils jeûnent tous les Mercredis & les Vendredis, & ont les Quatre-Tems quatre fois l'année. Ils ne baptisent point les enfans s'ils n'ont quatre jours, & incontinent après le baptême qu'ils font par triple immersion, prononçant à chacune les paroles qui font la forme de ce Sacrement, ils leur donnent la Cene, & en même-tems tous les saints Ordres qui sont au-dessous de la Prêtrise. Leurs parens promettent pour eux chasteté jusqu'à seize ans, & d'observer tous leurs jeûnes. Ils administrent la Cene avec du pain levé & sous les deux especes. Ils rejettent l'article du Symbole de Nicée, qui dit que le Saint-Esprit procede du Fils, & condamnent le Concile de Chalcedoine. Ils lisent publiquement l'Evangile de Nicodeme, rejettent les Prieres pour les Morts & le Purgatoire, & n'administrent aux malades ni la Cene ni l'Extrême-Onction. Il n'y a que dans les Villes, où ils gardent les Dimanches & les jours de Fêtes, & ils marient sans dispense dans le second degré. Ils tiennent que l'Eglise Romaine est heretique, & se servent de la langue Chaldaïque pour dire la Messe. Ils demeurent assis sur un carreau, d'où ils ne se levent que pour faire la consécration; & sont en cela conformes à l'Eglise Latine, puisqu'ils croyent la presence réelle au saint Sacrement, & la transsubstantiation. Après qu'ils ont consacré on distribue un petit morceau de pain à tous ceux qui sont presens. Ils portent des aubes de satin blanc dans cette cérémonie, & sont tous marqués sur le front ou sur la main du signe de la Croix, qu'on leur imprime avec un fer chaud. Ils sont en possession de la Maison où ils prétendent que Notre-Seigneur, la Vierge & saint Joseph ont demeuré sept ans en Egypte, dans une petite Ville qui n'est qu'à une lieue du grand Caire. Ils y ont une petite Eglise avec deux Autels, & plusieurs Monasteres en Egypte & dans la Thebaïde, où ils vivent dans une grande indigence. Les lieux qu'ils occupent sont si mal propres, qu'ils n'ont bien souvent sur leur Autel qu'une petite piece de satin, sur laquelle ils consacrent. Il y a dans Jerusalem quelques Familles de Cophtes, qui ont une Paroisse & une petite Chapelle dans l'Eglise du saint Sepulcre.

COPROPRIETAIRE. s. m. Terme de Pratique. Celui qui possede par indivis la proprieté d'une maison ou d'une terre.

COQ

COQ. s. m. Oiseau domestique qui a une barbe sous la gorge & une crête sur la tête. C'est le mâle de la poule. Quelques-uns font venir ce mot de *Coccus* ou *Cochenille*, à cause que sa crête est rouge; ou de ce qu'en Breton *Coq*, signifie rouge. M. Ménage croit qu'il a été fait de *Cloccus* ou *Clocitare*. On tient que le Coq est ennemi du Lion. Il y a un *Coq de bois*, qui est un oiseau plus gros que le faisand. Il a les sourcils très-rouges, & ses plumes sont noirâtres, luisantes & changeantes. *Le Coq sauvage*, est une espece de Faisand particulier qui se trouve dans les Pays Septentrionaux.

Coq d'Inde. Gros oiseau qui est domestique, & qui nous a été apporté des Indes Occidentales. Il y a un *Coq Indien*, fort different de celui qu'on nomme Coq d'Inde. Il a été apporté d'Afrique, & a son plumage noir, à la reserve du dos, dont les plumes vers la racine sont de couleur de gris de noyer, & quelque peu blanche. Les Voyageurs parlent d'un *Coq du Bresil* qui est tout vert, & qui a sur la tête une crête ou panache de plumes noires.

Coq. Terme d'Horlogeur. Piece vuidée qui tient le balancier sur la platine de la Montre.

On appelle en termes de Mer *Coq du Vaisseau*, le Cuisinier de l'équipage.

Coq. Plante fibreuse qui est toûjours verte, & qui se plaît dans la terre seche & maigre.

COQUARDEAU. s. m. Vieux mot. Galant, diseur de douceurs.

S'un Coquardeau,
Qui soit nouviau,
Tombe en leurs mains,
C'est un oiseau,
Pris au gluau,
Ne plus, ne moins.

COQUARDIE. s. f. Vieux mot. Avanture.

Devers la Leve en Picardie,
Avint une grand'Coquardie.

COQUART. s. m. Vieux mot. Jaseur, conteur. Il a été pris aussi pour un homme qui contrequarre les autres.

COQUE. s. f. Terme de Mer. Faux pli qui se fait à une corde* qui est trop torse, ou qu'on n'a pas pris soin de détordre.

Coque de Levant, Graine semblable aux bayes de Laurier, laquelle mise en poudre & apprêtée enivre le poisson & en fait mourir la plus grande partie. L'usage en est défendu.

Coque, en parlant de ver à soye, est ce qui le couvre & l'enferme.

COQUELICOT. s. m. Fleur d'un rouge très-vif, qui croît dans les blés en maniere de pavot simple, & qui est en effet une espece de pavot sauvage. Il a de l'usage dans la Medecine, & on en fait des syrops. Voyez PAVOT rouge.

COQUELUCHE. s. f. Vieux mot. Mal épidemique, qui eut grand cours en 1557. & qui fit mourir un grand nombre de personnes. On en trouve la description dans Valeriola Medecin. *Coqueluche*, selon Rabelais, veut dire, Capuchon de Moine. Borel dit que c'est delà qu'est venu le mot de Languedoc, *Concuruche*, qui signifie, La pointe & la sommité de quelque chose. On a dit aussi *Coquelucher*, pour dire, Etre atteint du mal appellé *Coqueluche*.

Pareillement m'avertis si tous ceux
De ton quartier ont été si touſſeux,
Comme deçà on va coqueluchant.

COQUERELLES. s. f. Terme de Blason. Le Pere Menêtrier dit que ce sont les bourses de l'Alkakengue, qui est une espece de morelle qui porte des bayes dans des follicules, qui ressemblent à des vessies enflées; ce qui le fait appeller *Solanum Vesicarium*.

COQUES. s. f. p. On appelle *Coques*, en termes de Serrurerie, de petites pieces de fer qui servent à conduire le pene d'une serrure, & dans lesquelles entre l'auberon.

COQUESIGRUE. s. f. Poisson Maritime que les Anciens appelloient *Clyster*, parce qu'on tient qu'il se donne des clysteres avec de l'eau de la mer. Comme cela paroît fabuleux, il y a grande apparence que c'est delà qu'est venu le mot de *Coquesigrue*, dont se servent quelques-uns pour signifier ce qui est frivole, chimerique.

COQUET. s. m. Sorte de petit bateau qu'on amene de Normandie à Paris. On dit *Coqueter*, en parlant d'un homme qui avec un aviron mene un bateau par son arriere.

C'est aussi un petit morceau de bois, qui tient une fusée dans les Moulins à soye.

COQUILLAGE. s. m. Arrangement de differentes coquilles, dont on forme des compartimens de voutes & de lambris. On en fait aussi divers ornemens de grotes & de bassins de fontaines dans les jardins.

COQUILLE. s. f. Ornement de Sculpture qui se met au cu-de-four d'une niche. Il est imité des conques marines. Ce mot vient du Latin *Cochlea*, Limaçon. *Coquilles doubles*, sont celles qui ont deux ou trois lévres. *Coquille*, se dit aussi d'un petit ornement qu'on taille sur le contour d'un quart de rond, & en general les Ouvriers donnent le nom de *Coquille* à deux morceaux de métal pareils, aboutis en relief pour être soudés ensemble, comme sont les deux moitiés d'une fleur de lis ou d'une boule.

On appelle *Coquille d'escalier*, dans un escalier à vis de pierre, Le dessous des marches qui tournent en limaçon & portent leur délardement; & dans un escalier de bois, soit qu'il soit rond ou quarré, la *Coquille* est le dessous des marches délardées, lattées & ravalées de plâtre.

On appelle *Coquille de bassin*, ou *Bassin en coquille*, Un bassin fait en conque, & dont l'eau tombe par gargouilles ou par napes.

Coquille, est aussi un certain outil que les Lapidaires mettent au bout des tenailles dont ils se servent pour tailler le diamant.

Coquille, est encore un petit morceau de fer en forme de coquille dans un loquet, & il sert à faire ouvrir la porte en mettant le doigt dessus.

Les Medecins appellent *Petite Coquille*, Le creux de dedans l'oreille. *Coquille*, se dit aussi d'une seconde cavité qui est dans l'oreille au-delà du tambour. C'est ce que d'autres nomment *le Bassin*. Elle contient un air naturel & interne, qui sert à l'ouie, parce qu'il reçoit sans peine l'impression de l'air de dehors.

Coquille, a été aussi autrefois une sorte de coifure pour les femmes.

Demoiselles pour paroître gentilles
Portent ennuit de si justes coquilles,
Qu'il semble advis qu'elles soient décoifées.

Borel prétend que c'est delà que le nom de *Coquilliere* a été donné à une rue de Paris, apparemment à cause qu'on y débitoit cette sorte de coifure.

Coquille. Ce sont des coupeaux de Menuisier par le travail du rabot feuilleret. L'on fait des rapés de vin avec des coquilles de bois de Hêtre ou Fouteau.

COQUINE. s. f. Mot du vieux langage qui signifioit un Pot. Borel fait venir delà le nom de *Coquin* qu'on donne à un miserable, comme voulant dire, Qui a besoin d'aller dans les cuisines d'autrui pour vivre. On a dit aussi *Coquelle*, dans le même sens.

COQUIOLE. s. f. Petite herbe qui croît entre les blés, sur-tout parmi l'orge & l'espeautre. Elle a ses feuilles comme le froment, mais moins fermes, & un tuyau fort menu, à la cime duquel elle jette deux ou trois grains rouges, dont l'écorce & la figure ressemblent à l'orge, mais qui sont pourtant plus courtes, plus enflées & plus cannelées, & qui ont beaucoup de barbe, mince, longue & pointue. Galien dit que selon ce que le goût de la Coquiole fait connoître, elle a une vertu resolutive, & qu'elle est propre à guerir les fistules des yeux & les flegmons endurcis.

COR

COR. s. m. Instrument en demi-cercle avec deux trous, & fait ordinairement de métal. On s'en sert à la chasse, & on en sonne en soufflant. Nicod dit que le Cor d'un Veneur n'est pas la trompe d'airain dont on se sert aujourd'hui, mais un Cor d'yvoire ou de corne: *car*, ajoûte-t'il, *les anciens Veneurs n'usoient si ce n'est de cors, comme se peut connoître par les anciens livres, dont procedent ces manieres de parler entre Veneurs*, Corne requête, corne en graillant un long mot. *Toutefois au second livre d'Amadis se lit :* Car il étoit suivi par une meute de chiens courans, faisant grand devoir de lui faire rendre les abbois, & à ce faire les incitoit une trompe d'yvoire, laquelle l'on oyoit sonner après la bête. *Mais des Essards, Reducteur dudit Romant, a representé l'usage de son tems, qui étoit & est de trompes au lieu de cors, & a retenu la matiere dont les Cors étoient communément faits, disant, Trompe d'yvoire, ores que toutes trompes soient faites dairain.*

Il y a un *Cor de mer*. C'est une coquille rude par dehors, & unie & blanche par dedans. Elle est large par le milieu, & va en pointe; ce qui la rend propre à recevoir la bouche de celui qui veut corner.

Cor, en termes de Chasse, se dit des Chevillûres qui sortent du marrein de la tête des Cerfs sur chaque branche au-dessus du surandouiller. *Un Cerf dix cors.*

CORADOUX. s. m. Terme de Marine. L'Espace qui est entre deux ponts. On dit aussi *Couradoux.*

CORAIL. s. m. Arbrisseau de mer qui s'endurcit & se congele si-tôt qu'il est hors de l'eau, comme s'il étoit surpris de l'air. C'est le sentiment de Dioscoride. Quelques-uns l'ont crû une espece de bitume, & d'autres une sorte de pierre. Il y en a qui prétendent que le Corail tienne du végétal & du mineral. Comme cette plante, qui est fort molle dans l'eau, devient si solide lorsqu'elle est à l'air, il y a grande apparence qu'elle se nourrit comme la pierre. Quand le Corail est dans l'eau, qui est son lieu naturel, l'ame végétative dont il est formé le maintient dans la mollesse qu'il doit avoir comme plante, & cette ame végétative lui manquant à l'air, les dispositions que le suc pierreux dont il a toûjours été nourri lui ont donnée, lui font acquerir facilement la forme de pierre. C'est ce qui l'a fait appeller *Lithodendrum* par les Grecs, du mot λίθος, Pierre, & de δένδρον, Arbre. Il y a pourtant des Auteurs qui tiennent qu'il est toûjours dur, tant dans la mer que dehors. Il se trouve proche des Isles d'Hyeres, & il est par branches, qu'on arrache avec des crochets en forme d'ancre, & qu'on coupe ensuite en grains. Il s'en rencontre de rouge, de blanc & de noir : mais quand on l'ordonne dans la Medecine, sans que la couleur soit specifiée, on emploie le rouge qui est le meilleur de tous, principalement s'il est de belle couleur, un peu odorant, poli, compacte, bien ramifié, fort peu caverneux, & facile à rompre. Le blanc est plus spongieux, caverneux & leger. Le noir est le moindre. On l'appelloit anciennement *Antipathes.* Il est de couleur d'ébene, dense & poli. Ceux qui se trouvent d'une autre couleur n'ont aucun usage, & on leur donne abusivement le nom de *Corail.* Les Indiens n'estiment pas moins les grains de Corail, que nous estimons les perles des Indes. Cela vient de ce que leurs Devins leur ont fait entendre, que quand on en porte, on est à couvert de tous dangers. Tous les Coraux sont rafraîchissans & dessechans, font mourir les vers, purifient le sang, & résistent puissamment aux venins & à la peste, sur-tout le rouge, que l'on fait entrer dans la confection d'hyacinthe. Les Chimistes le préparent diversement, & en tirent la teinture & le sel. La teinture de Corail a les mêmes qualités que le Corail même, & se prend dans des eaux distillées & autres liqueurs. On se sert du sel de Corail pour purifier la masse du sang, & on le donne dans des maladies qui viennent de mélancolie. On en fait aussi un magistere excellent pour la guerison des maux internes ; & quoiqu'il serve aux mêmes usages que le sel, on en doit donner jusqu'à une drachme, parce qu'il opere avec même force.

Il y a un *Corail artificiel*, qu'on fait avec du cinabre broyé. On en fait une couche sur quelque branche de bois bien seche & bien polie, imbue auparavant de colle de gand ; après quoi on le polit, puis on y met pour vernis une couche de blanc d'œuf.

On trouve en plusieurs Isles de l'Amerique un petit Arbrisseau, que l'on appelle *Bois de Corail*, à cause qu'il porte une graine rouge comme du Corail. Elle croît par bouquets aux extrêmités de ses branches. Ces petits grains ont une petite marque noire à l'un des bouts, qui les défigure, & leur fait perdre beaucoup de leur prix. On s'en sert à faire des brasselets.

CORAILLE, ou *Couraille.* s. f. Mot employé pour

Cœur dans le vieux langage. *Si li tresperse la coraille. C'est la douleur qui li détrenche la couraille. Couralment*, se disoit alors pour, Cordialement. *De mi qui l'ai aimai couralment.* On a dit aussi *Corée*, pour Cœur & entrailles.

L'oudeur de la plus savourée
M'entra jusques à la corée.

CORALINE. s. f. Mousse marine, grêle, menue, chevelue & sans tige. Elle s'attache aux rochers de la mer, aux coquilles des poissons, & au corail même, d'où elle a tiré le nom de *Coraline.* Celle-là est la meilleure. La rouge est ensuite la plus estimée, c'est-à-dire, celle qu'on trouve attachée aux rochers. Il y en a de cendrée, dont on ne tient aucun compte. Les Anciens n'ont point connu la propriété de la Coraline, qui est de faire mourir les vers des enfans, étant prise en poudre. Matthiole dit en avoir vû jetter plus de cent à un enfant qui en avoit pris une drachme.

Coraline. Espece de Chaloupe legere dont on se sert au Levant pour la pêche du corail.

CORBEAU. s. m. Oiseau noir qui est assés gros, & qui a le bec pointu. Il vit de charogne. Il y a aussi un *Corbeau de mer.* C'est un poisson qui a le ventre blanc, les côtés rouges, & la tête grande, & dont le dos est d'un bleu obscur.

Corbeau. Terme d'Architecture. Grosse console, ayant plus de saillie que de hauteur, comme la derniere pierre d'une jambe sous poutre. Elle sert à soulager la portée d'une poutre, ou à soûtenir par encorbellement un arc double de voute qui n'a pas des dosserets de fond. On les appelle souvent *Corbelets*, comme pour soûtenir de fausses sablieres contre un mur. Il y en a en console avec des canaux & goutes, & même des aigles. On appelle *Corbeau de fer*, un Morceau de fer quarré qui sert à porter les sablieres d'un plancher. Il ne doit entrer dans un mur mitoyen qu'à mi-mur, & il faut qu'il soit scellé avec des tuileaux & du plâtre.

CORBEILLE. s. f. Morceau de Sculpture fait en forme de panier rempli de fruits ou de fleurs, soit qu'on le mette sur la tête de quelque figure Cariatide, soit qu'il termine quelque décoration en Architecture. On fait aussi de ces sortes de Corbeilles en bas relief.

CORBEILLIER. s. m. Officier du Chapitre de l'Eglise d'Angers, qui autrefois distribuoit le pain de Chapitre. A present ils officient aux Fêtes doubles & sont quatre. Le grand Corbeillier est le chef du bas chœur, c'est le Curé du Chapitre. Le Breviaire de ceux qui décedent lui appartient.

CORBILLON. s. m. Terme de Navigation. Espece de demi-barillet, qui a plus de largeur par le haut que par le bas, & où l'on tient le biscuit qu'on donne à chaque repas pour un plat de l'Equipage.

CORBIN. s. m. Vieux mot qui signifioit autrefois Corbeau. On a dit, *Corbiner*, pour Dérober, attraper par tromperie.

Ou ils corbinent Evêchés.

On a dit aussi, *Corbineurs*, pour, Trompeurs, par allusion à la fable du Renard qui trompa le Corbeau.

CORBONDIER. s. m. Ancien Instrument de Musique, dont on sonnoit dans les grandes réjouissances. Il étoit de la nature du cor. Ce mot est tout-à-fait hors d'usage.

CORDAGE. s. m. Nom que l'on donne à toutes les cordes qui sont employées dans les agrés d'un Vaisseau. On appelle *Cordage étuvé*, Celui qu'on a mis dans un lieu fort chaud, où il a ressué & jetté toute son humeur aqueuse ; & *Cordage goudronné*, Celui que l'on a passé dans un goudron chaud. Il y a un *Cordage goudronné en fil*, & un autre *goudronné en étuve*. Le premier est fait de fil de caret, que l'on avoit goudronné avant que de l'employer; & l'autre est un Cordage passé dans un goudron chaud, après qu'il est sorti de l'étuve. Le *Cordage blanc*, est un Cordage que l'on n'a pas goudronné; & le *Cordage refait*, est celui qu'on a fait de cordes qui avoient déja servi.

CORDAGER. v. n. Terme de Cordier, usité sur mer. Faire du cordage.

CORDE. s. f. *Tortis ordinairement de chanvre. On en fait aussi de cotton, de laine, de soye, d'écorce d'arbres, de poil, de jonc, de boyaux, & autres matieres ployantes & flexibles.* Acad. Fr. Les Cordes des Instrumens de Musique sont le plus souvent de boyau de Mouton, celles de Bouc sont les meilleures, & quelquefois de fil d'archal. Par ce mot de *Corde*, outre sa signification naturelle, on entend aussi le son qu'on tire d'un Instrument, & même de ceux qui n'ont point de cordes. On emploie aussi quelquefois ce même mot pour signifier un accord; & en ce sens quand on dit qu'*Il y a de belles Cordes dans une piece*, on veut faire entendre qu'il y a de beaux accords. On appelle *Corde finale*, la corde par laquelle on finit une piece. Elle est appellée autrement *Note du mode*, parce que c'est elle qui donne le nom au mode. Ainsi quand on finit par *F ut fa*, on dit que la piece est en *F ut fa*, c'est-à-dire, dans le mode ou dans le ton de *F ut fa*. On appelle la quinte au-dessus, *Corde dominante*, & la tierce *Corde mediante*. C'est sur ces trois cordes que se font les principales cadences des modes de *B mol*. Dans les modes de *B quarre*, on les fait seulement sur la dominante & sur la finale.

En termes de Géometrie, on appelle *Corde* une ligne tirée dans un cercle d'un point de la circonference à un autre. Selon cette définition les diametres pourroient être appellés *Cordes*, cependant on ne donne communément ce nom qu'aux lignes qui ne passent point par le centre. La *Corde* prise en ce dernier sens coupe donc une circonference en deux arcs inégaux, & elle est appellée *Corde de ces arcs*, quoique plus ordinairement on ne donne la Corde qu'au plus petit arc qu'elle soutient. On dit la *Corde de trente, ou de soixante degrés*, &c. pour dire la Corde d'un arc de trente, ou soixante degrés, &c.

On appelle en termes de Marine, *Corde de retenue*, une corde dont l'usage est de retenir un pesant fardeau, lorsqu'on l'embarque. *Cordes de défense*, sont de grosses cordes mêlées ensemble, qu'on fait pendre le long des flancs d'un Vaisseau. Elles servent à le conserver quand il est à l'ancre auprès de plusieurs bâtimens, qui par leur choc le pourroient incommoder.

CORDE', E'E. adj. Terme de Blason. Il se dit des luts, violons & autres Instrumens semblables, quand les cordes sont d'un different émail. Il se dit aussi des arcs à tirer. *D'azur à une harpe cordée d'or.*

CORDE'E. s. f. Ficelle de six ou sept brasses ou plus à laquelle on attache d'espace en espace plusieurs petits hameçons avec quelque appât pour prendre des Anguilles, &c.

CORDELIERE. s. f. Sorte de petit collier de soye noire, distingué par de petits nœuds, que les femmes mettent quelquefois à leur cou. C'est aussi en termes de Blason, un petit Filet plein de nœuds que mettent les veuves & les filles en maniere de cordon pour entourer l'Ecu de leurs armes.

Cordeliere. Terme d'Architecture. Petit liteau qui se met sous les patenôtres.

Cordeliere, est aussi un Ordre de Chevalerie qu'institua Anne de Bretagne, lorsqu'elle fut veuve du Roi Charles VIII. Elle mit cet Ordre autour de ses Armes en forme d'écharpe; & on tient qu'elle voulut imiter en cela le Duc de Bretagne son Pere, appellé François, qui en mit un pareil autour des siennes, à cause qu'il reveroit particulierement S. François d'Assise. Cet Ordre avoit pour Devise, *J'ai le corps délié*, par allusion au mot *Cordeliere*; & cette Reine en fit porter le Collier à ses Dames d'honneur, les exhortant à mener une vie sainte.

CORDELIERS. s. m. Religieux habillés de gros drap gris, avec un petit capuce & un manteau de la même étofe. Ils portent sur leur robe une grosse ceinture de corde avec des nœuds. Saint François d'Assise est le Patriarche de cet Ordre, qu'il fonda dans les premieres années du treiziéme siecle. Il fut approuvé par le Pape Innocent III. en 1215. confirmé par le Pape Honoré III. en 1225. & les autres Papes lui ont accordé plusieurs Privileges. Ses Religieux furent appellés d'abord *Pauvres Mineurs*, par opposition aux Heretiques Vaudois, surnommés *Pauvres de Lyon*. On les appella depuis *Freres Mineurs*, parce qu'ils crûrent que garder le nom de *Pauvres*, c'étoit se glorifier de la pauvreté qu'ils embrassoient. On tient qu'ils repoussérent les Barbares dans la guerre que S. Louis entreprit contre les Infideles, & que ce Prince ayant demandé leur nom, on lui répondit que c'étoient des hommes *de corde liés*. Quelques-uns veulent que ce soit delà qu'ils ont eu le nom de *Cordeliers*. Cet Ordre a donné quatre Papes à l'Eglise, & grand nombre de Cardinaux & d'Evêques. Il est rapporté que dans le premier Chapitre General que tint S. François en 1219. il s'y trouva plus de cinq mille Religieux; ce qui fait voir combien il avoit multiplié en fort peu d'années. Il a eu de fort grands Hommes, S. Antoine de Padoue, S. Bonaventure, Jean Scot, que l'on surnomme le Docteur Subtil, & plusieurs autres. Il y a aussi des Religieuses Cordelieres, qui ont la même ceinture de corde.

CORDELLE. s. f. Corde de moyenne grosseur qui sert à haler un Vaisseau d'un lieu à un autre. C'est aussi la Corde avec laquelle on conduit une chaloupe de terre à un Navire qui est dans un Port, ou que l'on passe du côté d'une riviere à l'autre.

CORDOANIER. s. m. Vieux mot qui se disoit pour, Cordonnier, à cause du *Cordouan*, Espece de cuir venu de Cordoue en Espagne, dont on fait le dessus des souliers.

CORDON. s. m. *Une des parties ou branches dont la corde est composée.* Acad. Fr.

Cordon, en termes de Fortification, est une bande de pierre arrondie en-dehors, qui se met entre la muraille qui est en talus & le parapet qui est à plomb, afin que cette difference n'ait rien qui choque la vûe. Les Cordons ne servent que d'ornemens, & regnent tout autour de la place. On n'en fait qu'aux ouvrages de Maçonnerie, & on met des fraises à ceux de terre.

On appelle *Cordon* dans une Galere, la hauteur de l'enceinte. Elle est d'environ trois pouces, & embrasse tout le corps de la Galere.

CORGIE. s. f. Vieux mot. Verge ou sangle de cuir. *En sa main droite une Corgie.* On disoit aussi *Courgie*. C'est delà qu'on a dit, *une Escourgée*.

CORIANDRE. s. m. Herbe assés commune, dont la tige est branchue & mince, & haute d'un palme & demi. Ses feuilles d'embas ressemblent à celles de *Capillus Veneris*, & sont plus minces &

entaillées plus menu à sa tige & à ses branches. Sa fleur est blanchâtre, & il en sort une graine ronde & ridée en façon de grappe. Lorsque cette graine est seche, elle est odorante & sert à plusieurs usages. On la couvre de sucre, & elle fait bonne bouche après le repas. Toute la plante a une mauvaise odeur & sent la punaise. Dioscoride dit que le Coriandre est froid, & Galien veut qu'il soit composé de qualités contraires, étant fort amer en son essence qui le rend subtil, & terrestre en ses parties, & qu'il ait d'ailleurs une humidité aqueuse, tiede & moderement chaude, avec un peu d'astriction. On ne se sert que de sa semence dans la Medecine. Plusieurs, tant Grecs qu'Arabes, & Dioscoride même, ont dit que le Coriandre trouble le sens, & quelques-uns, que son jus pris en breuvage fait mourir la personne qui le prend; mais Matthiole qui d'abord approuvoit ceux qui en défendoient l'usage, avoue qu'il a changé d'opinion, & dit que si on en use moderement, le Coriandre, outre les autres proprietés qu'il a, fortifie l'estomac, aide à la digestion, fait sortir tous excremens, réjouit le cœur, aiguise l'entendement, & vivifie les esprits. On ne doit jamais employer sa graine en Medecine qu'on ne l'ait détrempée auparavant, trois jours entiers dans le vinaigre. Les Auteurs font *Coriandre* masculin, quand ils parlent de la plante. Il est feminin quand on parle de la graine. *De la Coriandre. Grosse, petite Coriandre.* Ce mot vient de κόρις, Punaise, à cause de la mauvaise odeur de cette herbe.

CORION. s. m. Vieux mot. Attache de cuir, du Latin *Corium*, Cuir. On lit dans le troisiéme volume de Froissard : *Faisoit porter devant lui son pennon pleinement de France & d'Angleterre, & ventilloit au vent par une maniere étrange, car les Corions en descendoient presque en terre.*

CORIS. s. m. Plante qui ne passe point la hauteur d'un palme, & qui a ses feuilles comme la bruyere, moindres pourtant & plus grasses. Ses fleurs sont jaunes, & ses branches qui sont roussâtres, jettent une bonne odeur. Dioscoride dit que sa graine bue en vin est bonne aux sciatiques & aux spasmes qui font retirer les nerfs, & la tête en arriere. Il dit aussi que quelques-uns l'appellent *Hypericum*, mais Matthiole y trouve de la difference dans sa tige & dans ses feuilles.

CORLIEU. s. m. Espece d'oiseau, qui a le bec long & courbe, & les jambes longues. Son plumage est gris avec des taches rouges & noires. On dit aussi *Corlis* & *Courlis*. Cet oiseau a pris son nom du cri qu'il pousse.

CORMIERE. s. f. Terme de Marine. La derniere piece de bois au plus haut d'un Vaisseau, laquelle étant assemblée avec le bout superieur de l'etambord, forme le bout de la pouppe.

CORMIER. s. m. Grand arbre qui porte des Cormes. Il y en a de deux sortes, tant pour les Cormiers domestiques, que pour les sauvages. Les domestiques se connoissent en la diversité de leurs fruits, qui sont ronds dans les uns, & d'un jus odoriferant & doux; & ovales dans les autres, âpres, desagreables au goût, d'une couleur un peu pâle & rousse aux côtés, & n'étant pas de si bonne odeur. Le tronc de l'un & de l'autre est droit & long, & leurs branches tendent en haut. Ils ont leurs feuilles comme le frêne, un peu plus étroites, blanchâtres d'un côté & dentelées tout autour. Leurs fleurs sont blanches, & leurs fruits viennent comme les raisins, y en ayant plusieurs sur la même queue. Leur racine est grosse, épaisse & profonde. Quant au *Cormier sauvage*, l'un est proprement appellé Sauvage, & n'est gueres different du domestique que par son fruit, qui vient comme un fuseau de couleur jaune-rousse, presque d'une même grosseur & grandeur; mais d'un goût fort different. Pline appelle l'autre *Torminal*. Il a ses feuilles semblables à celles de vigne, fermes & lissées, & son fruit longuet, âpre, rond, aigre au goût & attaché à une longue queue. On en fait les fusts & moulures des outils de Menuisiers.

Il y a dans les Isles de l'Amerique une espece de Cormier fort different de celui qu'on voit en France. Il est d'une hauteur excessive, & fort beau à voir, ayant quantité de belles feuilles & plusieurs branches qui les accompagnent. Il porte un fruit agreable, & rond comme une cerise. Ce fruit est de couleur jaune, tacheté de petites marques rouges, & il tombe de lui-même lorsqu'il a atteint sa maturité. Les oiseaux en sont frians. Il a le goût de la Corme; & c'est ce qui a fait donner le nom de *Cormier* à l'arbre.

CORMORAN. s. m. Oiseau aquatique, qui est presque fait comme un corbeau. Au dessous du col qu'il a fort long, ses plumes sont blanches & bordées de noir. Son ventre est couvert du même plumage, qui est noir ailleurs ou gris fort brun, & verdâtre par les ailes. Il a un duvet gris, & fort fin, comme les Cignes sous les grandes plumes; celles de la tête & du col sont épaisses & menues comme de la frange. Son bec est crochu & pointu, long de trois pouces, noir par le dessus, & gris & rougeâtre par ses côtés. Ses yeux sont petits, & ses piés courts. Il les a luisans & noirs, & couverts d'écailles. Les doigts en sont joints par des membranes ou toiles picotées comme du chagrin. Il en a quatre, dont le plus grand a cinq os, celui d'après quatre, le troisiéme trois, & le quatriéme deux. Aristote dit que c'est le seul des Plongeons qui se perche sur les arbres. La largeur de son gosier est cause qu'il peut avaler d'assés gros poissons, & pour le faire plus commodément, il les jette en l'air, afin de les recevoir par la tête dans son bec. On lui met un anneau de fer au bas du col quand on s'en sert pour la pêche; & par ce moyen on lui fait rendre le poisson qui n'a pû passer. Sa peau étant preparée n'est pas moins bonne que celle du Vautour pour échauffer l'estomac. M. Ménage derive *Cormoran* de *Corvus marinus*, Corbeau marin, à cause que les anciens Gaulois disoient *More*, au lieu de Mer.

CORNALINE. s. f. Sorte de pierre precieuse fort luisante & polie, & que l'on appelle *Onyx* en Latin, du Grec ὄνυξ, Ongle, à cause que l'on y voit dans cette pierre une sorte de blancheur semblable à celle qui se remarque dans l'ongle. On fait des cachets & des bracelets de Cornaline, dont il y a de deux sortes, l'une blanche & l'autre rouge tirant sur l'orange. On peut peindre en émail sur la Cornaline, comme sur une plaque d'or, parce qu'elle souffre la violence du feu. Les plus grands morceaux que l'on en trouve, n'ont que trois pouces de haut. On l'appelle aussi *Corneole*.

CORNARTISTES. s. m. Heretiques qui nioient le peché originel. Ils prirent leur nom de Theodore Cornart, Calviniste, dont ils suivoient les erreurs. Il étoit Secretaire des Etats de Hollande, & mourut en 1595.

CORNAILLER. v. n. Terme qui n'a d'usage que parmi les Charpentiers. Ils disent qu'*un Tenon cornaille dans une mortoise*, pour dire, qu'il n'entre pas quarrément, & qu'il n'a pas été dégauchi.

CORNE. s. f. *Partie dure qui sort de la tête de quel-*

ques animaux pour défense & pour ornement. ACAD. FR. On appelle en termes d'Architecture *Cornes* dans un Chapiteau, les quatre coins du tailloir, & *Corne de Belier*, un Ouvrage qui sert de volute aux chapiteaux, tant de l'Ordre Ionique, que du Composite. *Cornes d'abaque*, sont les encoignures à pan coupé du tailloir d'un chapiteau de Sculpture. On dit, *Corne de Bœuf*, ou *Corne de Vache*, pour dire, La moitié d'un biais passé. Il y a aussi un ornement de Sculpture, que l'on appelle *Corne d'abondance*, à cause qu'il represente la Corne de la Chevre Amalthée, avec des fruits & des fleurs qui en sortent.

On dit en termes de Mer, *Corne de vergue*, pour signifier une concavité en forme de croissant, qui est au bout de la vergue d'une chaloupe. On dit aussi *Corne à amorcer*. C'est une grosse Corne de Bœuf qu'on remplit de poudre fine pour amorcer les canons. Elle est garnie de liege ou d'un autre bois.

Corne de Cheval. Espece d'ongle qui regne autour du sabot, ce qui le fait aussi appeller *Corne du sabot*. Il a l'épaisseur du doigt, & environne la sole & le petit pié. Lorsque l'on ferre un Cheval, on broche les clous du fer à la corne, sans que le fer appuye sur la sole. On dit, *Donner un coup de corne*, pour dire, Saigner un Cheval dans le Palais, au milieu du troisiéme au quatriéme sillon de la machoire superieure. On se sert de cette maniere de parler à cause que cette saignée se fait avec une Corne de Cerf ou de Chevreuil qui a le bout fort aigu & affilé. *Corne*, en termes de Chasse, se prend pour la tête du Chevreuil.

On appelle, en termes de Fortification, *Ouvrage à corne*, un Dehors dont la tête est fortifiée de deux demi-bastions ou épaulemens. Ces épaulemens sont joints par une courtine, & fermés de côté par deux aîles paralleles l'une à l'autre, & qui se vont terminer à la gorge de l'ouvrage.

Corne Ducale, Bonnet qui a une pointe arrondie sur le derriere, & que porte le Doge de Venise, pour marque de sa Dignité.

Corne de Cerf. Herbe longuette qui se traîne par terre, & qui a ses feuilles fendues & partagées. Elle croît sur les remparts, & proche des grands chemins dans les lieux maigres. On la cuit comme une herbe potagere. Sa racine est déliée & astringente, & bonne à manger contre les fluxions de l'estomac. Les Italiens lui donnent le nom de *Serpentine*, à cause que bûe en vin, elle est un remede singulier contre les morsures des serpens & de toutes autres bêtes venimeuses, de quoi Matthiole assure avoir fait l'experience.

Les bêtes à corne n'ont point de dents à la machoire superieure; mais seulement un os qui leur en tient lieu.

Vin-corné, Mauvaise odeur, qui tient de celle d'une corne pourrie, les vins blancs y sont plus sujets que les rouges.

CORNE'E s. f. La seconde Tunique de l'œil. Elle est dure & transparente, & on lui donne ce nom à cause de la ressemblance qu'elle a avec une feuille de corne fort mince, & qu'elle se leve par écailles comme de la corne.

CORNEILLE. f. f. Oiseau de plumage noir, qui est plus petit que le Corbeau, & qui croasse de même. Il vit aussi de charogne & fait son nid sur le haut des arbres. On le trouve particulierement le long des rivages, des rivieres & des mers. Il vit fort long-tems, & l'on tient qu'il a l'adresse de porter des noix en l'air, & de les laisser ensuite tomber sur des pierres pour les casser. On appelle *Corneille emmantelée*, celle qui est en partie noire, & en partie grise. Il se trouve encore une autre espece de Corneille, appellée en Latin *Monedula*, à cause qu'elle aime à dérober la monnoye. Elle est picotée de blanc, extrêmement goulue, & vit de grain.

CORNEMUSE. f. f. Instrument rustique, dont se servent les Bergers pour se divertir. Il est à vent & à anche, & distingué en deux parties. L'une est une peau ordinairement de mouton. Elle s'enfle ainsi qu'un balon par le moyen d'un portevent enté sur cette peau, & bouché par une soûpape. L'autre partie consiste en trois chalumeaux, dont on nomme l'un le gros bourdon, l'autre le petit bourdon, & dont le troisiéme est fait à anche. On en joue en serrant la peau sous le bras quand elle est enflée, & en ouvrant ou fermant avec les doigts les trous dont il est percé. Ils sont au nombre de huit. La peau de la Cornemuse est d'ordinaire large de dix pouces, & longue d'un pié & demi. Le petit bourdon en a un de long, le portevent six pouces, le chalumeau treize, en y comprenant l'anche, & ils se brisent & se divisent par les nœuds, afin qu'on puisse les porter plus aisément.

CORNEOLE. f. f. Plante qui a ses tiges & ses feuilles comme le lin, mais un peu plus grande. Sa fleur est jaune, & sa graine est contenue en certaines gousses comme le genest. Elle croît parmi les prés, & n'a point d'astriction au goût. Les Teinturiers en font leur verd, après avoir baigné leurs draps dans la guesde. Ruellius prend la Corneole pour la Lysimachia, mais Matthiole fait voir qu'il se trompe.

CORNET. f. m. Sorte d'instrument de Musique à vent, qui va en courbant tant soit peu, & qui est d'ordinaire percé de sept trous. *Cornet* se dit aussi de tout petit Cor fait de corne, qui sert à augmenter le cri ou son de la voix. *Cornet de postillon, cornet de Vacher*.

Cornet à bouquin. Espece de grande flute à sept trous dont le septiéme est inutile. On s'en sert dans un lieu vaste pour soutenir un grand Chœur. Il y en a de tout droits & de courbés. Les uns sont faits d'une seule piece de bois de Cormier ou de Prunier, & les autres sont de deux pieces. Le dessus a deux piés de longueur, la base en a quatre. Le diametre de sa pate est d'un pouce, celui de son bocal d'une ligne, & celui de chaque trou de quatre lignes. Il a l'étendue d'une octave.

On voit aux Antilles de gros coquillages, qui sont tournés par le bout en forme de vis, & que l'on appelle *Cornets de mer*. Les uns sont aussi blancs que l'yvoire, & les autres sont enrichis par dedans d'un gris de perle fort luisant, & par dehors de plusieurs vives couleurs, qui quelquefois se terminent en écailles ou se répandent en maniere d'ondes qui se poussent & flottent les unes sur les autres, depuis le bord de la large ouverture de dessus jusques à la pointe entortillée où elles meurent. En perçant ces Cornets par le petit bout, on en fait une espece d'instrument de Musique, qui rend un son fort aigu & penetrant, & qui étant poussé par les diverses sinuosités de ce coquillage, se fait entendre de loin, ainsi que feroit celui d'un Clairon, mais pour les faire jouer, il y a du secret à bien compasser le souffle qu'il faut.

On appelle aussi *Cornet*, un des principaux jeux de l'orgue. Il y a le grand & petit Cornet. Le grand a cinq tuyaux sur touche, & dix-neuf touches parlantes sans les diéses. Le petit n'a que dix-neuf touches qui jouent, & on l'appelle *Cornet séparé*, à cause que c'est un jeu qui a un troisiéme clavier, séparé de celui du positif, & du grand corps de l'orgue. Il a cinq tuyaux de marche, dont le premier est bouché & a cheminée d'un pié de long; & le second, long aussi d'un pié, mais ouvert. Le troisiéme est d'environ huit pouces & demi, le quatriéme d'un demi-pié, & le dernier de cinq pouces ouverts. On les accompagne du prestant & du bourdon, & cela fait sept tuyaux. Le *Cornet d'Echo*, est un autre jeu, qui a un quatriéme clavier separé dans les grandes orgues. Il a, comme le petit cornet, cinq tuyaux sur marche, & dix-neuf touches qui jouent.

Cornet de pourpre. Espece de pourpre ou de poisson qui sert aux teintures.

On appelle en termes de Mer, *Cornet d'épice*, certaine broche de fer dont on se sert pour épicer une corde.

CORNETIER. s. m. Artisan qui refend les cornes des Bœufs tués, & qui les redresse avec des fers chauds & autres instrumens, pour les vendre à ceux qui font des peignes & des patenôtres.

CORNETTE. s. m. Officier de Cavalerie, qui est créé par le Roi pour porter l'étendart dans chaque Compagnie de Chevaux-legers, & dans chaque Compagnie de Dragons. Les Mousquetaires du Roi ont un Cornette & un Enseigne, & les Gendarmes ont un Guidon, au lieu d'un Cornette. Comme le Cornete est d'ordinaire le troisiéme Officier de la Compagnie: il la commande quand le Capitaine & le Lieutenant ne s'y trouvent point. S'il y a un Sous-Lieutenant, c'est lui qui precede. Le Cornette a son poste à la tête de l'Escadron dans un combat, & il le prend entre le troisiéme & le quatriéme rang dans une marche. Le Roi supprima les Cornettes en 1668. n'ayant retenu sur pié que celui de la Compagnie du Colonel general de la Cavalerie legere, & celui de la Compagnie du Mestre de Camp general, & Sa Majesté les rétablit en 1672.

CORNETTE. s. f. C'étoit autrefois le devant d'un chaperon ou bourrelet qu'on entortilloit sur la fontaine de la tête, & on l'appelloit ainsi, de ce qu'après avoir fait tous ces tours, les bouts formoient sur la tête deux manieres de petites cornes. Presentement la Cornette est une marque de Magistrature, & on la porte pendante des deux côtés des épaules, & le chaperon par derriere. C'est l'usage des Consuls en diverses Villes. On appelle aussi *Cornette*, une large bande d'étoffe de soye que les Docteurs en Droit portoient autrefois autour du cou, & qui pendoit jusqu'à terre. Quelques Professeurs en portent encore au College Royal.

Cornette. Terme de Marine. Pavillon quarré & blanc, qui marque la qualité ou le caractere du Chef d'Escadre. Il le porte au grand mât quand il a le commandement en chef, & ne le porte qu'au mât d'artimon quand il est en corps d'armée. La Cornette doit être fendue par le milieu des deux tiers de sa hauteur, & son battant doit avoir quatre fois celle du guindant.

Cornette. Sorte de fer qui a huit ou neuf piés de longueur, trois pouces de large, & qui est épais de quatre à cinq lignes.

C'est aussi une grande plaque de fer de dix-huit ou vingt livres, forgée au bout d'une barre pour en faire un soc de charrue.

Cornette. Terme de Fauconnerie. La houpe, ou le tiroir de dessus le chaperon de l'Oiseau.

Cornette. Sorte de fleur sauvage, semblable à la violette, & qui croît parmi les blés mûrs. Il y a aussi de la *Cornette cultivée*, & celle-là est simple, double, violette, incarnate, panachée, &c.

CORNICHE. s. f. La troisiéme & la plus haute partie de l'entablement. Ce mot vient du Latin *Coronis*, qui veut dire Couronnement; & on donne le nom de *Corniche* à toute saillie profilée, qui couronne un corps. Elle est differente selon la difference des ordres. La Toscane est sans ornement, & celle de toutes qui a le moins de moulure. La Dorique est ornée de denticules comme l'Ionique, qui a aussi quelquefois ses moulûres taillées d'ornemens. La Corinthienne est celle de toutes qui a le plus de moulûres, fort souvent taillées, & des modillons, & même quelquefois des denticules. La Composite a des denticules & ses moulûres taillées avec des canaux sous son plafond. On appelle *Corniche d'appartement* toute saillie qui sert à soutenir le plafond ou le cintre d'un appartement, & à couronner le lambris de revêtement s'il y en a. *La corniche de couronnement*, est la derniere d'une façade; sur laquelle pose le chêneau d'un comble. Il y a encore diverses sortes de Corniches, l'une *Architravée*, qui est confondue avec l'architrave, & dont on supprime la frise; l'autre *Mutilée*, dont la saillie est coupée au droit du larmier, ou coupée en platebande avec une cymaise; l'autre *Continue*, c'est-à-dire, qu'aucun corps n'interrompt dans son étendue & ses retours, & qui rentre dans elle-même; & l'autre *Coupée* ou *Interrompue*, qui ne regne pas de suite à cause de quelque corps qui l'interrompt dans son cours. *La Corniche en chamfrain*, est sans moulûres, & *la Corniche volante*, est toute corniche de menuiserie chamfrainée par derriere, & qui est faite pour couronner un lambris, & former les quadres des renfoncemens de sofite. On appelle *Corniche de placard*, celle qui couronne la décoration d'une porte ou d'une croisée de menuiserie; *Corniche circulaire*, celle du dedans ou du dehors de la tour d'un dome; *Corniche rampante*, la Corniche d'un fronton pointu, & *Corniche cintrée*, celle qui dans son élevation est retournée en cintre ou en arcade.

CORNIER, ERE. adj. Terme d'Architecture. On appelle *Pilastre Cornier*, un Pilastre qui est dans l'angle, ou qui fait l'encoignure d'un bâtiment ou de quelque chambre; & *Poteaux Corniers*, les grandes Pieces de bois qui sont dans les angles des panneaux de Charpenterie. Ce mot se dit aussi des gros arbres qu'on choisit par autorité de Justice, & qui servent à marquer les bornes des coupes & ventes des bois taillis & de ceux de haute futaye. On les nomme *Piés Corniers*, & ils sont ordinairement dans les angles des plans & figures que font les Arpenteurs de ces coupes.

Corniers, se prend au pluriel substantivement, & les Selliers donnent ce nom aux quatre quenouilles dont l'Imperiale d'un carosse est soutenue.

CORNIERE. s. f. Jointure de deux pentes de toit dans l'angle de deux corps de logis qui sont joints ensemble.

On appelle en termes de Charpenterie, *Jointure Corniere*, le Canal de plomb ou de tuile qui est le long d'un angle de deux toits ou bâtimens.

Corniere, est aussi un terme de Blason, & veut dire, Une anse de pot; qui a pris ce nom à cause qu'elle a succedé aux cornes ou anses que l'on mettoit anciennement aux angles des Autels, des tables, des cofres & autres choses, pour les porter plus facilement.

CORNOUILLER. s. m. Arbre dur qui porte un fruit longuet en façon d'olives. Ce fruit, que l'on appelle *Cornouille*, est vert au commencement, & en mûrissant il devient rouge. Il y a un Cornouiller mâle & un Cornouiller femelle. Le mâle est haut de douze coudées, & a la feuille comme l'Amandier, mais plus épaisse & plus grasse. Son écorce est déliée & veneuse, & son tronc massif & fort épais. Son bois est sans moëlle, & ferme comme une corne, ce qui l'a fait aussi appeller *Cornier*. Le Cornouiller femelle n'a pas le tronc si épais que le mâle, & jette beaucoup de petites branches. Il a de la moëlle dans son bois qui est plus tendre que l'autre. Tous les deux ont leurs nœuds & germes compartis comme l'*Agnus castus*. Le Cornouiller fleurit & porte son fruit comme l'olivier, c'est-à-dire, plusieurs cornouilles en un seul pendant. Leur noyau est semblable à celui des olives, doux à goûter, & l'odeur en est fort bonne. Il faut prendre garde à ne pas mettre des ruches de mouches à miel auprès de cet arbre: car si elles goûtent sa fleur, elles prennent un flux de ventre dont elles meurent. Cette fleur est moussue & de couleur d'or. Les feuilles du Cornouiller sont fort dessiccatives, & propres à souder les grandes playes, surtout en ceux qui ont la chair dure. Elles sont contraires aux corps délicats, & aux petites playes, à cause qu'elles les étendent & dessechent trop.

CORNUAU. f. m. Mauvais poisson, qui monte en Loire en très-grande quantité à même-tems que l'Alose, & si semblable qu'on peut y être trompé, si ce n'est qu'il est plus court. Les Paysans & Artisans en mangent pendant toute la saison.

CORNUE. f. f. Vaisseau chimique de verre, ou matras lutté, enduit de terre, de l'épaisseur d'un pouce, qui a un col recourbé, auquel on joint un recipient que l'on met dans l'eau. On appelle aussi ce Vaisseau *Retorte*, & on s'en sert pour distiller les matieres qui n'envoient pas facilement leurs vapeurs en haut.

COROLITIQUE. adj. On appelle *Colomne corolitique*, une Colomne qui est ornée de feuillages & de fleurs, tournées en ligne spirale autour de son fût, ou par couronnes, ou par festons. Les Anciens s'en servoient pour élever des statues, & ces statues étoient appellées *Corolitiques*, du mot *Corolla*, Couronne. Ces sortes de colomnes conviennent aux Arcs de triomphe pour les entrées publiques, & aux décorations de Theatre.

COROLLAIRE. f. m. Annotation qu'on fait sur quelque proposition démontrée, par laquelle on fait des inductions, ou bien l'on en tire d'autres verités ou consequences qui s'en ensuivent necessairement & clairement, sans qu'il soit besoin d'employer de nouvelles preuves. On se sert souvent de corollaires dans les Mathematiques, ils sont comme attachés aux theorêmes & aux problêmes dont ils naissent, & plus un theorême ou problême est démontré d'une maniere universelle & facile, plus il a coûtume de produire de corollaires. Ce mot est Latin, & vient de *Corolla*, fait de *Corona*.

CORONAL. ALE. adj. Terme de Medecine. On appelle l'os du front, *Os Coronal*, & *Veine Coronale*, Celle qui sortant du tronc ascendant de la veine-cave, entoure en maniere de couronne toute la substance du cœur, & le nourrit par plusieurs rameaux. Ce que l'on appelle *Suture Coronale*, est l'emboîture anterieure du crane, ou des os de la tête, qui part des temples, & prend son chemin vers le sommet de la tête. Cette suture a le nom de *Coronale*, à cause que c'est en cet endroit-là que l'on pose les couronnes.

COROSOL. f. m. Fruit de la grosseur d'un melon, qui se trouve dans les Antilles, & qui est un peu pointu & recourbé par le bout d'en-bas. Il a l'écorce verte, lissée & assés épaisse, & il semble que l'on ait pris plaisir à tracer de petites écailles dessus avec une plume & de l'ancre. Au milieu de chacune de ces écailles il y a une petite pointe de même matiere que l'écorce. Ce fruit est attaché au tronc, aussi-bien qu'aux branches. Toute la chair est d'une blancheur de neige, quoiqu'elle soit un peu filasseuse. Elle se fond dans la bouche, & se resout en une eau qui a le goût de la pêche. Il est relevé par une petite aigreur fort agreable, & qui rafraîchit extrêmement. C'est un des plus excellens fruits de toutes ces Isles. On y trouve plusieurs graines noires, lissées & marquées de petites veines d'or, grosses & longues comme des fleurs de Bresil. L'arbrisseau qui le porte est tout semblable au Laurier, tant pour sa grandeur, que pour ses feuilles. Les François l'ont appellé *Corrosol*, à cause qu'il a été apporté d'une Isle de ce même nom, qui est habitée par les Hollandois.

COROT. f. m. Vieux mot. Couroux.

COROZA. f. m. Poisson furieux qui se trouve dans la mer qui est entre le Cap de Comori, les Basses de Chilao & l'Isle de Zeilan, & que l'on appelle *La Pescaria delle perle*, à cause de la pêche des perles qui s'y fait pendant les mois de Mars & d'Avril. Ce poisson a deux rangs de dents affilés & fort longues autour de sa langue, avec lesquelles il coupe le bras & la cuisse d'un homme aussi net que le coutelas le mieux tranchant. Les Plongeurs se servent de Magiciens pour se mettre à couvert de ce danger, si l'on s'en rapporte à Vincent le Blanc. Il dit qu'un Pêcheur étant un jour tout prêt d'être dévoré par un Coroza qui venoit à lui la gueule ouverte, le Magicien qui étoit present commença à crier tout haut: *Tervas*, c'est-à-dire, Sort ou charme, & aussi-tôt le poisson tourna de l'autre côté. Mais le Pêcheur ayant reçû une épée, il en donna quelques coups à ce poisson, qui s'enfuit, laissant la mer teinte de son sang. Le soir, quand les Magiciens se retirent, ils rompent leur charme, afin que pendant la nuit personne ne se hazarde à cette pêche.

CORPORIFIER. v. a. Terme de Chimie. Faire que les esprits prennent corps. La Corporification se fait souvent avec les esprits acides qu'on met ou avec des sels fixes, ou avec des terres acides. Si on met de fort vinaigre, ou quelque esprit acide sur des perles ou sur du corail, ce corail ou ces perles retiendront l'acidité que contenoient les liqueurs, & cette acidité se fixera avec ces corps. De même, si on met de l'esprit de nitre ou de l'eau forte avec le sel fixe de tartre, le dernier retiendra si étroitement le premier, qu'on fera des deux un bon salpêtre. On dit aussi *Corporifier* & *Corporisation*.

CORPS. f. m. *Ce qui est composé de matiere & de forme.* ACAD. FR. Il se dit, à l'égard des animaux, de ce qui est opposé à l'ame, & plus particulierement du tronc du corps à l'égard de l'homme, c'est-à-dire, de cette partie qui est comprise depuis le col jusqu'au haut des cuisses, & qui comprend une grande cavité remplie de plusieurs choses bien differentes. Le haut de cette cavité est appellé le ventre superieur, ou la poitrine, & comprend les poumons, qui sont divisés en plusieurs lobes, & semblent entourer une taye qu'on nomme le Pericarde. Cette taye forme une maniere de poche au dedans de laquelle est le cœur qui nage dans une liqueur qui differe peu de ce que nous paroît l'urine. Au-dessous des poumons & du cœur, à l'endroit où le ventre superieur se termine, est le diaphragme, qui est une membrane assés épaisse, par laquelle le ventre superieur est séparé de l'inferieur. Elle est située de telle sorte, que lorsque l'homme est debout, elle se trouve comme de niveau, panchant presque également de chaque côté. Le foye est

est du côté droit au-dessous du diaphragme. La bourse du fiel est dans sa partie inferieure ; & la rate est du côté gauche. Entre l'un & l'autre, c'est-à-dire, entre le foye & la rate est le ventricule, où tout ce qu'on boit & mange est reçû, y étant porté par un canal nommé l'oesophage ou le gosier, qui est couché le long des vertebres. Le ventricule est percé à son entrée & à sa sortie, tant pour recevoir les viandes, que pour leur en permettre l'issue. L'ouverture de la sortie est appellée le Pilote, & c'est delà que commencent les intestins, qui après plusieurs détours se terminent à la partie basse par où les excremens grossiers se vuident. Il n'y a proprement qu'un seul intestin, dont la premiere partie, qui touche immediatement le ventricule, s'appelle le *Duodenum*, la suivante le *Jeiunum*, la troisiéme l'*Ileum*, la quatriéme le *Colon*, & celle qu'on pourroit nommer la cinquiéme & la derniere le *Rectum*, mais entre la troisiéme & la quatriéme il y a un bout de boyau fermé par le fond comme un cu de sac, qu'on appelle le *Cœcum*. Cela est cause que l'on compte six intestins, les trois premiers nommés grêles & menus, & les autres bien plus gros. Il semble d'abord que tous ces intestins flottent dans le corps sans aucune attache ; mais on connoît en les maniant qu'ils sont attachés à une certaine taye appellée le *Mesentere*, laquelle est attachée aux vertebres. Le bas ventre contient encore les deux reins ou rognons qui sont aussi attachés aux vertebres, & la vessie qui est le reservoir de l'urine.

Les Maîtres en fait d'Armes divisent le corps en trois parties, la haute, la moyenne & la basse. La premiere comprend la tête, la gorge & les épaules ; la seconde, la poitrine, l'estomac & le ventre ; la superieure & la derniere est le ventre inferieur, & au dessous jusqu'aux cuisses.

On dit en termes de Manége, qu'*Un cheval a du corps*, pour dire qu'Il a beaucoup de boyau. On dit aussi de certaines nourritures, qu'*Elles font bon corps à un cheval*, pour dire, qu'Elles le rendent sain & lui donnent de la vigueur, & qu'*Un cheval a fait corps neuf*, pour dire, qu'Il a été bien purgé, qu'on l'a mis en herbe.

On appelle en termes de Chymie, *Corps sulfureux*, Une graisse très-inflammable, telle qu'il s'en trouve particulierement dans le souphre crud, d'où elle tire son nom. La graisse sulphureuse ne se trouve jamais seule ; elle est toûjours incorporée avec diverses autres particules, & se coagule sur-tout avec l'acide qui ne manque jamais de se rencontrer dans tous les corps sulphureux, où ses pointes sont cachées & temperées par la partie sulphureuse. Il y a des Chymistes qui ont donné aux metaux un corps, une ame & un esprit, entendant le sel par le mot de Corps, le souphre par celui d'Ame, & le Mercure par celui d'Esprit ; ce dernier pour lier & maintenir les deux autres. Il ne faut pas cependant s'imaginer que le Mercure, le souphre & le sel soient des parties qui constituent essentiellement le corps des metaux, & comme y étant avant la dissolution : car quoiqu'on puisse tirer artificielelment un souphre inflammable des métaux, ainsi que du Mercure vif, sçavoir le Mercure des corps, & meme un sel parfait & vitriolique, on ne doit pas croire pour cela qu'ils existassent avant la transmutation qui leur est arrivée dans les operations de Chymie. Ce sont de nouvelles productions de l'art, lesquelles n'étoient point auparavant. C'est là le raisonnement que le sçavant Ettmuler fait là-dessus.

On appelle en termes de Chirurgie, *Corps étrangers*, Tout ce qui est entré ou venu de dehors dans une playe ou dans un ulcere, comme le plomb, la bourre, une écharde, & autres choses qu'il faut retirer, à cause qu'elles empêchent la guerison de la playe, jusqu'à ce qu'on les en ait fait sortir.

On appelle en termes de Guerre, *Corps de Bataille*, la seconde Ligne d'une Armée, qui est éloignée de la premiere d'environ cent cinquante pas, & *Corps de reserve* ou *Arriere-garde*, la troisiéme Ligne, qui est toûjours la plus foible, & presque toujours à trois cens pas de la seconde. Le poste du General est à l'un ou à l'autre de ces Corps, afin d'être en état d'envoyer des Troupes à la charge, selon qu'il voit être necessaire de les faire soûtenir les unes des autres. Le *Corps de garde*, est un poste quelquefois couvert, & quelquefois découvert. On y met des Gens de guerre, que d'autres viennent relever de temps en temps, afin de veiller tour à tour à la conservation d'un poste plus considerable. Outre la signification du poste, le mot de *Corps de garde* veut dire encore, Les Troupes qui l'occupent On appelle *Corps de garde avancez*, Cavalerie ou Infanterie, de petits Corps de garde, qui prenant leur poste à la tête d'un Campement, en assûrent les quartiers. On les poste aussi sur les avenues d'une Place, afin d'observer tout ce qui s'offre à leur vûe. Les Corps de garde de Cavalerie sont au dehors de la ligne, lorsque les quartiers d'un Camp sont déja retranchés, & chaque quartier a non seulement son grand *Corps de garde*, qui est le plus proche de la ligne & toûjours à la vûe de la même ligne, si l'embarras du terrain n'y met pas d'obstacle, mais encore son petit *Corps de garde*, qui est plus avancé, & a son poste, s'il se peut à la vûe du grand. On poste la vedette au delà du petit, pour assûrer tous les deux.

On appelle *Les six vieux Corps*, Picardie, Piémont, Champagne, Navarre, Normandie & la Marine, qui sont six Regimens de la plus ancienne creation, & les *Six petits vieux Corps*, six autres Regimens qui furent créés après la creation des six vieux Corps. Le nom de ceux-là n'est point fixé, parce qu'ils prennent toûjours celui des Colonels qui les commandent. Le *Corps de bataille*, dans une Armée navale, est presque toûjours la division des Commandans, laquelle fait le milieu de la ligne ; & *Corps de garde d'un Vaisseau*, est d'ordinaire la partie qui se trouve sous le gaillard de l'arriere.

On appelle *Corps de Ville*, les Officiers de la Ville, qui sont le Prevôt des Marchands à Paris & à Lyon, & ailleurs, le Maire, les Echevins, les Conseillers de Ville & le Procureur du Roi.

On dit à Paris, *Les six corps des Marchands*, Ce sont les Merciers, les Foureurs, les Epiciers, les Drapiers, les Bonnetiers & les Orfevres.

On appelle en termes de Statique, *Corps homogenes*, Ceux qui ne contiennent qu'une matiere uniforme, & qui est également pesante par tout ; & *Corps heterogenes*, Ceux qui sont composez de matieres diverses en pesanteur.

On appelle, en termes de Geometrie, *Corps regulier*, Celui dont tous les angles, tous les côtés & tous les plans qui composent la surface, sont semblables & égaux ; & *Corps irregulier*, un Solide que des surfaces égales & semblables ne terminent pas.

Corps simple, en termes de Cosmographie, se dit des quatre Elemens & des Corps celestes qui ne sont point mêlés d'autres Corps ; & *Corps mixte*, se dit de ceux qui sont formés du mêlange des Elemens qui leur servent de matiere seconde. Il y en a de parfaits & d'imparfaits. Les parfaits sont des corps animés comme les hommes, les bêtes, les Plantes, où les Elemens sont transformés par un mêlange parfait, & les imparfaits sont des Corps inanimés, comme les meteores, les metaux, les mineraux, dont la forme n'est pas differente de celle des Elemens.

On dit dans la Mecanique, *Corps flexible à ressort*, & *Corps flexible sans ressort*. Le premier est celui qui lorsqu'il a changé de figure par le choc ou par le pressement d'un autre corps, reprend de soi-même la premiere figure qu'il avoit, comme un balon plein d'air bien pressé, ou une corde de boyau tendue fermement. Le corps flexible sans ressort est celui qui conserve la figure que lui a fait prendre ce même choc ou pressement d'un autre corps, comme la cire, ou la terre glaise mediocrement imbibée d'eau.

Corps. Terme d'Architecture. Toute partie qui par sa saillie excede le nud du mur, & qui sert de champ à quelque ornement. *Corps de fond*, est celui qui porte dès le bas d'un bâtiment avec empatemens & retraite.

Dans un bâtiment que l'on habite, *Corps de logis simple*, est celui qui n'enferme qu'une piece entre ses murs de face; & *Corps de logis double*, Celui dont un mur de refend ou une cloison partage l'espace du dedans.

On appelle *Corps de pompe*, La partie du tuyau d'une pompe qui a plus de largeur que le reste. C'est où le piston agit pour élever l'eau par aspiration, ou la refouler par compression.

On appelle *Corps mort*, en termes de mer, Une piece de bois qu'on a mise de travers dans la terre, & à laquelle tient une chaîne qui sert à amarrer les Vaisseaux.

CORRECT. adj. On appelle en termes de Peinture, *Dessein correct*, un Dessein dont toutes les parties sont bien arrêtées.

CORRECTEUR. s. m. Nom que l'on donne dans plusieurs Couvents au Superieur qui les gouverne. Il est maître de la discipline des Religieux.

On appelle *Correcteurs des Comptes*, les Officiers qui marchent entre les Maîtres & les Auditeurs. Ce sont eux qui verifient les comptes rendus à la Chambre.

On appelle aussi *Correcteur*, en termes d'Imprimerie, Celui qui lit les premieres épreuves d'un livre, pour observer les fautes que le Compositeur y a laissé glisser en composant.

CORRECTION. s. f. *Action par laquelle on corrige. Il se dit des choses morales & politiques*. ACAD. FR.

Correction, en termes de Pharmacie, est une Preparation du medicament, par laquelle on lui retranche quelque qualité facheuse ou nuisible. Il y a une Correction palliative, & une Correction veritable. La *Correction palliative*, est celle qui diminue simplement la malignité d'un remede, sans la lui ôter, comme lorsqu'on mêle des aromates aux purgatifs comme correctifs, le mastich & le gingembre au turbith, le fenouil au jalap, le cumin à la coloquinte, la zedoaire à la scamonée, les amandes douces & le safran à l'euphorbe. La *veritable Correction* consiste dans la fermentation qui renverse entierement la tissure du mixte ; ce qui la fait nommer la Clef qui ouvre la porte aux poisons qui sont renfermés dans les vegetaux, sur-tout dans les purgatifs, ou dans la preparation avec des sels alkalis. Cette Correction est encore meilleure que celle qui se fait par la fermentation. Ainsi la coloquinte à laquelle la fermentation laisse quelque malignité qui cause des tranchées, cesse de l'avoir lorsqu'elle a été corrigée avec des sels alkalis, qui doivent êtres fixes ou volatilisés; mais comme il y en a beaucoup à qui la methode de volatiliser les sels fixes n'est pas connue, on peut faire ces Corrections avec l'esprit de vin tartarisé. La *Correction de l'Opium* consiste à faire que de narcotique il devienne anodin, sûr, innocent & salutaire dans la plûpart des maladies. On le joint au cinabre ou à l'antimoine fixe dans celles qui sont malignes, & aux sels volatils d'ambre & de corne de Cerf dans celles que l'on appelle Chroniques. Les Purgatifs deviennent souvent diateriques ou diaphoretiques par la Correction ; ou s'ils conservent encore quelque chose de leur vertu purgative, ils sont si bien radoucis, qu'ils operent sûrement & avec promptitude, sans picoter l'estomac ni trancher les intestins.

On appelle en termes de mer, *Corrections de quartier*, les Methodes par lesquelles on corrige les regles de la navigation.

CORRELAIRE. s. m. Vieux mot. Salaire, loyer.

CORRIDORE. s. m. Allée entre un ou deux rangs de chambres dégagées l'une de l'autre. Ce mot vient de l'Italien *Corridore*, Galerie.

On appelle *Corridor de Bastion*, Un chemin sur le bord du fossé en dehors, faisant tout le tour des fortifications d'une Place, & large pour l'ordinaire de trois ou quatre toises. C'est la même chose que *Chemin couvert*.

CORRIGIOLE. s. f. Plante, dont il y a de deux sortes, la Corrigiole mâle qui jette plusieurs branches menues, tendres & nouées, & qui porte sa graine sous chaque feuille ; ce qui lui fait donner le nom de Mâle, & la Corrigiole femelle, qui ne produit qu'une tige semblable au Roseau. C'est la même chose que *Centinode*. On l'a appellée *Corrigiole*, du Latin *Corrigia*, Courroye, à cause qu'elle est si longue & si pliante, qu'on en pourroit faire une courroye.

CORRIVAL. s. m. Vieux mot relatif. Il a signifié dans son origine, Celui qui tiroit de l'eau d'une même source qu'un autre, qui la conduisant par un même canal pour la faire venir sur ses terres, avoit souvent pour cela des differends avec lui. Ce mot vient de la preposition Latine *Cum*, Avec, & de *Rivus*, Ruisseau. On a depuis étendu sa signification, pour dire, Ceux qui ayant les mêmes prétentions pour la gloire, couroient dans la même lice, ou qui aimant une même femme, avoient de frequens sujets de se quereller. On ne dit plus aujourdhui que *Rival*.

CORRODER. v. a. Terme de Chimie, Calciner un corps mixte par des choses corrosives.

CORROMPRE. v. a. *Gâter, changer en mal*. ACAD. FR. On dit en termes de Corroyeur, *Corrompre la vache*, pour dire, Faire venir le grain à un cuir de vache par le moyen de la pommelle.

CORROMPTION. s. f. Vieux mot. Corruption.

CORROR. v. n. Mot du vieux langage, pour dire, Tomber. On trouve dans Villehardouin. *Se laitcorror*, pour Se laisser tomber. Ce mot vient du Latin *Corruere*.

CORROSION. s. f. Espece de calcination qui se fait par le feu potentiel des corrosifs. Il y a cinq sortes de Corrosion, l'amalgation, la precipitation, la stratification, la cementation & la fumigation.

CORROY. s. m. Terre glaise, dont on garnit le fond & les côtés des bassins de fontaines, des reservoirs, des canaux, afin qu'ils retiennent l'eau, il faut que cette terre soit bien paîtrie pour être corroi. On appelle aussi *Corroi*, certaine épaisseur de terre qui se met entre un puits & le contremur d'une fosse d'aisance, pour empêcher que l'eau ne soit corrompue. On dit aussi *Courroi* & *Conroi*.

Corroi, dans le vieux langage, se trouve employé pour Escadron. On a appellé *Chevaliers de Courroi*, des Chevaliers qui étoient bien équipés, comme s'étant preparés pour l'occasion où ils devoient se trouver, à cause que *Corroi* ou *Courroi*, signifie aussi la derniere preparation que l'on donne aux cuirs ; ce qui a fait étendre ce mot à toutes sortes de preparations. C'est ce qui a fait dire à du Cange, qu'il vient de *Corrodium* ou *Corredium*, qui vouloit dire autrefois, Un repas préparé pour des Seigneurs quand on sçavoit qu'ils devoient passer sur les terres de leurs Vassaux.

CORROYER. v. a. Bien paîtrir le sable & la chaux avec de l'eau par le moyen du rabot, afin d'en faire du mortier. Les Grecs employoient jusqu'à dix hommes à chaque bassin, pour faire corroyer & raboter long-tems le mortier, & il devenoit par là tellement dur, qu'on faisoit des tables avec les morceaux des enduits qui tomboient d'une muraille. On dit aussi *Corroyer*, *Conroyer* & *Courroyer*, pour dire, Paîtrir & battre au pilon de la terre glaise, afin d'en faire un Corroi. On dit *Corroyer le fer*, pour dire, Battre à chaud du fer qui est prêt à fondre, afin qu'étant condensé, il soit moins sujet à se casser. On dit aussi *Corroyer le bois*, pour dire, En ôter la superficie par feuilles en le rabotant après qu'il est débité. C'est par là que les Menuisiers commencent à travailler les planches avec la varlope ou demi varlope.

CORRUDA. s. f. Asperge sauvage fort commune qui vient dans les lieux pierreux & secs, & même parmi les hayes & dans les endroits où il y a force petits arbrisseaux plantés. Elle a une tige dure comme le bois, blanchâtre, avec de petites feuilles dures & piquantes. Dioscoride dit que la decoction de ses racines prise en breuvage, est bonne à la difficulté d'urine, à la jaunisse, aux douleurs de re ns & aux sciatiques.

CORRUPTIBLES. s. m. Secte d'Eutychiens qui parurent dans le sixiéme siecle. Ils pretendoient que la chair de Jesus-Christ eût été corruptible & sujette aux passions.

CORS. adj. Vieux mot. Court, petit.

La verté de l'histoire si com li Rois la fit,
Un Clerc de Châteaudun, Lambert lis cors l'écrit.

CORSAGE. s. m. Il se dit de la taille d'un cheval.

CORSET. s. m. Corps de Jupe, garni de baleines pour soutenir la taille. Depuis qu'on a introduit les Robbes abbattues, les femmes ne portent plus de Corset.

CORTUSA. s. f. Plante appellée ainsi par Matthiole, du nom de celui qui l'a trouvée, qui s'appelloit Cortusus, & qui n'en a pû voir que dans la Vallée de Stagna, qui est du terroir Vicentin en Italie. Ses feuilles sont semblables aux feuilles de vigne, moindres pourtant, rondeletes, âpres, d'un goût astringent, & attachées à de longues queues. Elle a ses tiges droites, minces & sans feuilles, & qui à leur cime portent des fleurs purpurines par dehors, jaunes par dedans, & remplies de petits poils ou filets pareillement jaunes. Cette plante vient aux lieux ombrageux en terre blanchâtre. Il y en a qui jettent des fleurs violettes, & quelques-unes dont les fleurs sont blanches. Ceux qui en ont fait l'experience, assurent qu'elle est singuliere pour soulager les douleurs des nerfs & des jointures, en laissant long tems ses fleurs au soleil en infusion d'huile d'amandes fraîches, & d'autant d'huile rosat. Il faut s'en servir quand elle est encore tiede. Toute la plante étant fraîche a une odeur agreable & forte, semblable à celle des rayons des mouches à miel. Elle ne sent rien quand elle est seche.

CORYBANTIER. v. n. Mot dont Rabelais s'est servi, pour dire, Dormir les yeux ouverts.

CORYDALIS. s. m. Sorte de fumeterre que Galien dit être bon à la colique. Matthiole croit que c'est la plante que quelques-uns nomment *Split*. Elle a ses feuilles semblables à celles du Coriandre, mais un peu moindres, & force racines, minces, longues & blanchâtres. Ses tiges sont minces, branchues & avec des feuilles, & ces fleurs en forme de petits oiseaux. Toute la plante, ou fraîche mangée, ou reduite en poudre lorsqu'elle est seche, est un excellent remede contre la colique.

CORYPHE'E. s. m. Terme dont on se sert quelquefois pour signifier, celui qui doit être regardé comme le chef d'une secte, le plus excellent, le plus renommé parmi ceux qui ont embrassé quelque doctrine. Ce mot vient de κορυφὴ, qui veut dire. Le sommet de la tête, & qui a fait κορυφαῖος, Le principal, le plus élevé.

COS

COS. s. m. Terme qui se trouve dans les Livres de voyage. Mesure de chemin qui peut répondre à une demi-lieue de France. Elle est d'usage partoutes les Indes. On dit aussi *Cosse*.

COSAQUES. s. m. p. Milice de Pologne, qui a été d'abord composée des Volontaires des Frontieres de Russie, de Podolie & autres Provinces. Ils s'attroupoient pour pirater sur la mer Noire, où ils faisoient de fort grands butins. Ils ont pillé même des Villes entieres dans l'Anatolie où ils descendoient, & la mauvaise saison arrivant, ils se retiroient chacun chés soi, jusqu'à ce que le Printems revenu, leur donnât lieu de recommencer leurs courses. Etienne Battori étant parvenu à la Couronne de Pologne en 1576. forma un Corps de Milice de ces Coureurs, à qui il donna pour Place d'armes la Ville & le Territoire de Trechymrovv sur le Boristhene, ne doutant point que ce ne fût une sûre garde pour la frontiere de Russie & de Podolie, où les Tartares venoient faire leurs ravages. Il leur accorda divers privileges, & leur crea un General avec des Officiers subalternes. La frontiere fut tellement assurée par là, que tout le pays desert au-de-là des Villes de Braclavv, Bar & Riovie, commença à se peupler; mais abusant de leurs forces, qui les rendoient trop puissans, ils se revolterent sous leur General Jean Podkovva, qui eut la tête coupée. Cette revolte ayant été suivie de plusieurs autres, on revoqua tous leurs privileges; & enfin on supprima leur Milice. Ce changement apporta un grand dommage aux Polonois par les courses des Tartares ; ce qui obligea le Roi Ladislas Sigismond, qui vouloit faire la guerre aux Turcs, à rétablir les Cosaques. Ils se sont encore révoltés de tems à autre malgré les Traités de Paix qu'on a pû faire avec eux. Ils habitent l'Ukraine, & on appelle ceux-là *Cosaques Zaporouski*, à la difference de ceux qui sont sur le Don & en Moscovie. Ils ont tiré ce nom de *Porobi*, mot Russien, qui veut dire, Roche à cause que le Boristhene, où ils passent quand ils vont faire leurs courses dans la mer Noire, en est tout traversé, en sorte que s'entretenant elles font comme une digue au milieu du lit de ce fleuve. Ils ne laissent pas de se tirer de ces Rochers dans de petits bateaux, & par de là les Porohis, Ils ont des Isles où ils serrent tout le butin qu'ils font. Il y a une de ces Isles, environnée de plus de dix mille autres, les unes à sec; les autres marécageuses, & toutes couvertes de roseaux, ce qui empêche de discerner les canaux qui les séparent. C'est dans ces détours que les Cosaques font leurs retraites, & qu'ils gardent le tresor de l'armée, appellée par eux, *Skarbnica VVoyskovva*. Le nom de Cosaque leur a été donné à cause qu'ils sont tellement agiles, qu'ils vont dans les lieux du plus difficile accès. Il vient de *Kosa*, qui en Polonois veut dire *Chevre*.

COSCOMA. s. m. Arbre qui se trouve dans le Royaume de Monomotapa, & qui porte un fruit semblable aux Pommes d'Amour, tirant sur le violet. Il est de bon goût; mais si on le prend en quantité, il purge avec une telle violence, qu'il fait vuider jusqu'au sang, & enfin mourir.

COSEIGNEUR. s. m. Terme de Pratique. Celui qui possede un fief, une terre avec un autre, soit par indivis, ou n'en possedant qu'une partie séparée.

COSME. s. f. Vieux mot. Chevelure.

Et tant avoit blonde la Cosme.

Il vient du Latin *Coma*.

COSMETIQUE. adj. Les Medecins appellent *Composition Cosmetique*, les remedes & les fards qui servent à embellir le visage. Ce mot vient du Grec κόσμειν, Orner.

COSMIQUE. adj. Terme d'Astronomie. Il se dit du lever ou du coucher d'un Astre, qui arrive au lever du Soleil, & lorsque le *monde* semble renaître. Il vient de κόσμος, Monde. Un Astre opposé au Soleil a un coucher Cosmique, & un lever *Acronyque*. Un Astre qui suit le Soleil, se leve cosmiquement. Voyez ACRONYQUE & HELIAQUE.

COSMOLABE. s. m. Instrument de Mathematique, dont on se sert pour prendre les mesures du monde, tant du Ciel que de la terre. Ce mot vient de κόσμος, Monde, & de λαμβάνειν, Prendre.

COSSE. s. f. *Enveloppe de certaines legumes, comme pois, feves, lentilles, vesses*, &c Acad. Fr.

On appelle *Cosse*, en termes de Marine, un anneau de fer cannelé que l'on garnit de petits cordages, comme d'une espece de fourrure, pour empêcher que les gros cordages ne se coupent, quand on les fait passer au travers de cet anneau. Quelques-uns l'appellent *Gosse* ou *Delot*.

COSSE DE GENESTE. s. m. Ordre de Chevalerie qu'institua saint Louis, l'an 1234. en se mariant avec Marguerite de Provence. Il fut appellé ainsi à cause que le Collier que porterent ceux à qui l'on donna cet Ordre, étoit composé de Cosses de genestes, entrelassées de Fleurs de lis d'or, & renfermées dans des losanges cléchées avec une Croix fleurdelisée au bout. Le Roi le reçût lui-même des mains de Gautier, Evêque de Paris, & il y fit ajoûter ces paroles pour devise: *Exaltat humiles.*

Cosse. Mesure de chemin dont on se sert dans toutes les Indes. La Cosse commune est de deux mille quatre cens ou de deux mille cinq cens pas Géometriques, pareille à celle de France.

COSSIQUE. adj. Terme d'Algebre. On appelle *Nombres Cossiques* les nombres d'une progression Géometrique, (Voyez PROGRESSION,) laquelle commence par une *racine* qui fait, ensuite un *quarré*, ensuite un *cube*, un *quarré-quarré*, & ainsi de suite à l'infini en passant par tous les *Degrés*, ou *Puissances*. Voyez DEGRÉ & PUISSANCE. Quelques-uns disent que *Cosa* en Italien veut dire Algebre, & que delà vient Cossique. Ce mot n'est plus gueres en usage.

COSTAL, ou Côteau. s. m. On trouve ces mots dans le vieux langage, pour signifier Auprès.

COSTE. s. f. *Os courbé qui prend de l'épine du dos jusqu'à la poitrine*. Acad. Fr. Les côtes ont leur articulation du côté du dos avec les vertebres, & pardevant avec le cartilage du sternon. Il y en a sept en haut appellées *Vraies côtes*, qui ont une parfaite articulation avec le sternon. Les cinq d'enbas qu'on appelle *Fausses côtes*, n'arrivent pas jusqu'à l'os de la poitrine; mais comme si elles n'étoient que commencées, elles aboutissent en cartilages qui s'entretiennent comme s'ils étoient collés ensemble. Leur figure est faite en arc. Les plus hautes ont plus de largeur que les plus basses. Elles sont d'os du côté des vertebres, & de celui du sternon elles aboutissent en cartilage.

Les gens de Marine appellent *Côtes*, les terres, les rivages & les rochers du bord de la mer. On dit dans ce sens que *La Côte est saine*, pour dire, qu'il n'y a point de rochers ni de bancs de sable aux environs. On appelle *Côte en écore*, une Côte taillée en précipice. On dit que *La côte court*, pour dire qu'Elle regarde & est opposée. *D'un tel Cap à un tel lieu, la Côte court cinq lieues Nord-nord-Ouest*, c'est-à-dire, qu'Elle s'avance & regne vers Nord-nord-Ouest.

On appelle *Côtes* ou *Membres de Marine*, les pieces qui sont jointes à la quille, & qui montent jusqu'au platbord.

On appelle *Côte de lut*, une des pieces qui en composent le corps dans toute son étendue; & *Côte de Melon*, Un morceau de Melon en forme de côte.

Côtes, sont dans l'Architecture, les listels, qui sur le fût d'une colomne cannelée en séparent les cannelures. On appelle *Côtes de dome*, les saillies qui excedent le nû de la convexité d'un dome, & qui la partagent également, en sorte qu'elles répondent à plomb aux jambages de la tour, & se terminent à la lanterne. Il y en a de simples en façon de platebandes, & d'autres ornées de moulures. Elles se font de bois ou de brique, & on les couvre de plomb ou de bronze. *Les Côtes de coupe*, sont des saillies qui séparent en parties égales la douelle d'une voute spherique. On les fait de stuc ou de pierre, & on les orne de moulures avec des ravalemens. On dit aussi *Côtes de pierre* ou *de marbre*. Ce n'est autre chose dans l'incrustation, que les plus étroits & plus longs morceaux qui sont beaucoup plus épais que les simples tranches.

COSTE'. s. m. *La partie droite ou gauche d'un animal, depuis l'aisselle jusqu'à la hanche*. Acad. Fr.

On appelle en termes de Marine *Côté de Vaisseau*, le flan du Vaisseau. Ainsi on dit *Donner le côté*, pour dire, Presenter le flanc. On dit qu'*Un Vaisseau a un faux côté*, pour dire, qu'il a un côté plus fort que l'autre. On dit *Mettre le Vaisseau côté à travers*, pour dire, Mettre le vent sur les voiles de l'avant, & laisser porter le grand hunier, en sorte que le Vaisseau presente le côté au vent. On dit encore que *L'on a mis côté en travers*, quand le Vaisseau presente le côté à une Forteresse qu'on veut canonner.

COSTIER. adj. On appelle en termes de Mer *Pilotes Costiers*, ceux qui ont une grande connoissance des Côtes, des Rades, des Ports, des Rivages. On leur a donné ce nom pour les distinguer de ceux qui gouvernent les Vaisseaux en pleine mer, en prenant la hauteur des astres, & qu'on appelle *Hauturiers*.

COSTIERES. s. f. Terme de Jardinage. On

nomme *Costieres*, les planches qui sont le long des murailles. *Les fleurs communes se mettent dans les costieres.* On disoit autrefois *De costiere*, pour dire, A côté.

COSTON. s. m. Terme de Marine. Piece de bois dont on se sert à fortifier un mât, auquel on le joint étroitement.

COSTUS. s. m. Racine épaisse & bien nourrie, qui est grosse environ comme le pouce. Sa couleur est d'un blanc qui tire sur celle du bouis. Cette racine est odorante & aromatique, & a le goût mêlé de quelque douceur, & de quelque amertume avec un peu d'acrimonie. Dioscoride dit que l'excellent Costus vient d'Arabie, & est blanc, leger & fort odorant; que celui des Indes tient le second rang, étant leger, plein & noir comme la ferule; & que celui de Syrie qui perce le nés avec son odeur, & qui est pesant & de couleur de bouis, est mis après les deux autres. Quelques Modernes sont persuadés que tous les Costus ont été la racine d'une même plante qui naît en divers endroits du monde, & qu'il a pû arriver que le Costus croissant en differens lieux d'un même Pays, ait pris diversité de forme & de couleur de la terre qui l'a produit. Il y a un *Costus corticosus*, fort aromatique & assés approchant du goût & des qualités du vrai Costus, qu'on met en sa place dans la composition de la Theriaque, quand on ne peut faire autrement; mais comme ce n'est que l'écorce d'un arbre, qui n'a pas la force du vrai Costus, il faut autant que l'on peut employer le vrai. Cette écorce est grise & raboteuse, blanche en-dedans, toute pleine de fissures en-dehors, & ressemble assés pour la forme à la Cannelle, quoiqu'elle soit un peu plus épaisse. Le vrai Costus est chaud, stomachique, hepatique, & hysterique. Galien dit qu'il a une qualité mêlée d'une petite amertume, jointe à une chaleur & une mordacité si grande qu'il exulcere, & qu'ainsi on en oint avec huile ceux qui ont la fiévre avant que les frissons & l'accès leur viennent; qu'il est bon aussi aux sciatiques & paralysies, & en toutes les parties qu'il faut échauffer, ou quand on veut tirer quelque humeur. On s'en sert aussi à provoquer les urines, & dans la suppression des mois. Le *Costus Indicus*, est le bois & la racine d'un arbre qui ressemble au sureau tant en sa grandeur, qu'en sa fleur & en l'odeur. Les Malais l'appellent *Pucho*, & les Arabes *Cost* ou *Cast*.

COT

COTELLE. s. f. Vieux mot, signifiant la même chose que *Cote*, que Borel dit venir par syncope de *Crocota*, Robe ancienne de femmes.

Et d'avoir sans délier bourse,
Des fourrures pour nos cotelles.

Il ajoûte que c'étoit aussi une espece d'habit ou de juste-au-corps pour les hommes, & il allegue ces deux vers pour le prouver.

Jason ne peut refourrer sa Cotelle,
De la toison dont il fut Conquesteur.

Il y en a qui font venir *Cotelle*, de χιτώνιον, Tunique; & les autres de *Cutis*, Peau.

COTEREL. s. m. Sorte d'arme ancienne, comme il se trouve dans un vieux Poëte, qui dit;

Si le convient armer,
Pour la terre garder,
Coterel & haunet,
Et macue & guilet.

COTHURNE. s. m. Sorte de patin élevé par des semelles de liege, dont les anciens Acteurs se servoient dans la representation des Tragedies. Cette chaussure couvroit le gras de la jambe, & faisoit paroître la taille plus belle. Ce mot a été transporté au figuré; & on dit *Chausser le Cothurne*, pour dire, S'appliquer à faire des Vers pompeux & dignes de la Tragedie.

COTICE. s. f. Terme de Blason. Bande diminuée qui côtoye une autre bande, & qui n'occupe que la quatriéme ou cinquiéme partie de l'écu. Il y en a deux ordinairement qui côtoyent cette autre bande. On appelle aussi *Cotices*, les bandes qui passent le nombre de huit dans les armoiries.

COTICÉ, ÉE. adj. Ce mot se dit du champ de l'écu, quand il est rempli de dix bandes de couleurs alternées. *Coticé d'argent & d'azur.*

COTINUS. s. m. Arbrisseau qui produit plusieurs rejettons minces & rougeâtres, avec force feuilles faites comme les feuilles de Terebynthe, si ce n'est qu'elles sont plus rondes & plus larges, d'une odeur forte qui approche de la galle. Il croît à la hauteur de trois ou quatre coudées, & a sa tige grosse environ comme le bras de l'homme. Son bois est si jaune, qu'il sert ordinairement aux Teinturiers pour teindre leurs draps en cette couleur. Il jette au bout de ses branches comme un amas de plumes fait en bouquet, & de couleur blanche tirant sur le roux, où sont des gousses longuettes, semblables à celles de Millepertuis, qui contiennent la graine. Pline dit que le Cotinus se trouve au Mont Apennin, & que la beauté de sa couleur est fort estimée. Il est extrêmement restrictif, & la décoction de ses feuilles est singuliere aux ulceres de la langue, à la luette & aux fluxions du gosier, si on s'en lave la bouche.

COTON. s. m. Petite plante, selon Pline, qui croît dans la haute Egypte du côté de l'Arabie, & qui porte son fruit semblable aux noisettes barbues. Au-dedans se trouve une maniere de laine ou bourre qu'on file, très-blanche & très-délicate. Les Sacrificateurs d'Egypte en faisoient faire des robes par singularité. Matthiole ajoûte que l'herbe du Coton se seme en Chypre, en Candie, en Sicile, & même en la Pouille; & que comme elle y croît en abondance, les gens du Pays en font grand trafic. Le Coton est chaud & sec, & étant brûlé, il est singulier pour étancher le sang d'une playe. Le dedans de sa graine est bon à la toux & à ceux qui ont difficulté d'uriner. On en tire une huile par expression, qui efface les lentilles & toutes les taches de visage. On appelle cette plante en Latin *Gossipium*. M. Ménage dérive *Coton* du Latin *Cotonea*, qui signifie la petite mousse semblable au coton qui vient sur les coins. Nicod dit que les Arabes l'appellent *Cotum*, ou *Bombasum*, & que c'est delà qu'on a fait Coton & Bombasin. On trouve des Cotonniers dans toutes les Antilles. C'est un arbrisseau qui croît en buisson, & que les Sauvages appellent *Manoulou Akecha*. Il vient de la hauteur d'un Pêcher, & ses rameaux, qui s'étendent au large, sont fort chargés de feuilles un peu plus petites que celles du Sycomore, & presque de même figure. Il porte une fleur de la grandeur d'une rose, qui est soûtenue par le bas sur trois petites feuilles vertes & piquantes qui l'enserrent. Cette fleur est composée de cinq feuilles d'un jaune doré qui ont dans leur fond de petites lignes de pourpre & un bouton jaune entouré de petits filamens de même couleur. Les fleurs sont suivies d'un fruit de figure ovale, & de la grosseur d'une petite noix avec sa coque. Quand il est mûr, il est tout noir par dehors, & s'en trouve en trois endroits, qui font voir la blancheur du coton qu'il resserre sous cette rude couverture. Chaque fruit, qui se gonfle à la chaleur sur la grosseur d'un œuf de poule, contient sept grains noirs aussi gros que des lupins, qui sont la semence de l'arbre. Ils sont attachés ensemble, & le dedans en est blanc, oleagineux & de bon goût. On a remarqué que les fleurs de cet arbrisseau envelopées dans ses feuilles, étant cuites sous la braise, rendent une huile rousse & visqueuse qui guerit les vieux ulceres en fort peu de tems. La graine du même arbrisseau énivre les Perroquets, & on l'emploie fort utilement contre le flux de sang, & même contre les venins. Il y a une autre espece de Cotonnier qui rampe sur terre comme la vigne qui n'a point d'appui. Celle-ci produit le Coton le plus fin, & qu'on estime le plus.

COTONINE. Albâtre Cotonine, pierre précieuse, espece d'Agathe, commune en Italie. Il y en a un beau Tabernacle aux Carmelites de Lyon, fait à Florence en 1684. & donné par M. de Villeroi.

COTTE. s. f. *La partie de l'habillement des femmes plissée par le haut, qui descend depuis la ceinture jusqu'à terre.* ACAD. FR.

On appelle *Cotte d'armes*, un petit Manteau qui descendoit jusques sur le nombril, que mettoient autrefois les Chevaliers sur leurs armes, tant à la guerre, que dans les tournois. Il étoit ouvert par les côtés avec des manches courtes, & quelquefois fourré d'hermines & de vair, sur lequel s'appliquoient les Armoiries du Chevalier brodées en or & en argent, & avec de l'étain battu émaillé de couleurs. C'est delà qu'est venue la regle du Blason, de ne point mettre couleur sur couleur ni métal sur métal. Ces Cottes d'armes étoient volantes & souvent diversifiées de plusieurs bandes de diverses couleurs, alternées & mises en divers sens comme les Drapeaux sont encore aujourd'hui écartelés, ondés & vivrés. On appelloit ces sortes d'habits *Divises*, à cause qu'ils étoient composés de plusieurs pieces divisées & cousues ensemble; ce qui a donné les mots de Fasce, pal, chevron, bande, croix, sautoir & autres, dont les pieces honorables de l'Ecu ont été faites depuis. Les Herauts d'armes portent encore aujourd'hui ce vêtement des anciens Chevaliers, que Nicod dit être appellé autrement *Tunique*; sur quoi il rapporte ces mots de Guaguin au couronnement du Roi d'armes. *Montjoye portera la Tunique ou Cotte d'armes du Roi, en la poitrine de laquelle sera fichée une couronne d'or, chargée de fines pierres précieuses, où sera seulement émaillé le Blason du Roi.*

On appelle *Cotte de maille*, ou *Jacque de maille*, une Armure faite en maniere de chemise, & tissue de mailles ou petits anneaux de fer.

COTTEREAUX. s. m. Sorte de bandits & de pillards, sortis de la source corrompue des Henriciens & des Petrobrusciens qui se louoient dans le Languedoc & dans la Gascogne à ceux qui avoient besoin d'eux pour se venger de leurs ennemis. Ils ravageoient quelquefois tout le Pays pour leur compte; & comme ils se plaisoient au carnage, ils ne s'en prenoient pas seulement aux biens, mais aux personnes & à la vie, & ils n'épargnoient ni sexe, ni âge. Ils marchoient armés de bâtons ferrés & de cotrets, d'où l'on croit que le nom de *Cottereaux* leur fut donné. On les appelloit aussi *Triaverdins*, & il y en avoit qui se nommoient *Brabançons*, *Arragonnois*, *Navarrois* & *Basques*, parce qu'ils venoient de ces Pays-là. Ils ne professoient aucune Religion, mais ils assistoient les Heretiques, pour avoir sujet de piller les Clercs & les Eglises. Le Concile General de Latran, qui se tint en 1179. excommunia les uns & les autres, défendit de les inhumer en terre-sainte, & exhorta les Catholiques de leur courir sus, de se saisir de leurs biens, & de mettre leurs personnes en servitude, accordant à ceux qui prendroient les armes contre eux des Indulgences ou relaxations de penitence, à proportion de leurs services, & selon la discretion des Evêques. Ce sont les termes dont se sert Mezerai. Ceux de Berri s'étant assemblés en 1183. avec l'aide de quelques Troupes que le Roi Philippe Auguste leur donna, les taillerent en pieces, & en laisserent sept mille sur la place. *Cottereaux*, s'est dit dans le vieux langage pour, Associés.

COTTERIE. s. f. Mot de Coûtume, qui se dit des sociétés de Villageois qui demeurent ensemble, pour tenir quelques heritages d'un Seigneur. Ces heritages sont dits *Tenus en cotterie*. On appelle aussi *Cotterie*, un Heritage chargé d'une redevance roturiere. Il se dit encore d'un Juré ou d'un Maître de Confrairie à l'égard de celui qui est en même charge. Un Juré ne peut aller tout seul en visite, il faut qu'il attende sa cotterie. On donne ce même nom à une troupe ou societé de gens qui se voient familierement. *Ce n'est pas là sa cotterie. Il est d'une telle cotterie.*

COTTIER, ERE. adj. On dit *Lien cottier*, ou *tenu cotttierement*, *Tenancier cottier*, *Terre cottiere*, par opposition aux hommes de fief, & à une Terre noble tenue à fief & à cens.

COTTIR. v. n. Vieux mot. Heurter.

Li flots la battent & la heurtent,
Et maintefois tant y cottissent,

pour dire, Les flots y battent tant quelquefois. On fait venir ce mot du Grec, κόπτειν, Frapper.

COTYLE. s. f. Terme de Medecine. Cavité d'un os, dans laquelle un autre os est emboîté. Ce mot est Grec, κοτύλη.

COTYLEDON. s. m. Terme de Medecine, dont on se sert en parlant de l'orifice des veines hypogastriques ou umbilicales, qui entrent dans le corps ou dans le col de la matrice. Ce mot est encore Grec, κοτυληδὼν, Cavité. On appelle aussi *Cotyledons*, des Vaisseaux enflés comme des bouts de mammellé.

Cotyledon. Plante qui a ses feuilles faites & tournées en maniere de coupe ou de godet. Elles sont creuses, & du milieu sortent de petites tiges qui portent sa graine. Sa racine est ronde comme une olive. Cette plante s'appelle en Latin *Umbilicus Veneris*, ou *Acetabulum*. Dioscoride qui en fait la description, parle d'une autre espece d'*Umbilicus Veneris*, ou *Cotyledon*, qui a ses feuilles larges, dentelées, grasses & faites en maniere d'espatule. On le nomme *Cotyledon folio Serrato*, semblable au Cedum. Elles ont un goût astringent, & sont fort épaisses & entassées vers la racine, comme en la grande joubarbe. Sa tige est menue, & produit des fleurs & une graine semblables à celles de Millepertuis. Galien dit que le Cotyledon a une temperature humide froidâtre conjointe à quelque petite astriction; ce qui le rend refrigeratif, repercussif, abstersif & resolutif; qu'appliqué exterieurement en forme de cataplasme, il est singulier aux ardeurs de l'estomac, & que selon quelques-uns, quand on mange ses feuilles & sa racine, elles rompent la pierre & font uriner.

COU

COUARD, ARDE. adj. Poltron. On disoit autrefois *Couardie*, pour *Couardise*, Lâcheté, poltronnerie. On a dit aussi *Couarder*, pour, *Craindre*.

Si commença à couarder.

Tous ces mots viennent de *Coue*, dont on se servoit pour dire Queue, à cause que les Animaux qui craignent, portent la queue entre les jambes.

COUCHE. s. f. Terme de Peinture. On appelle *Couche de couleur*, Une impression, une étendue de couleur à huile ou à détrempe. On dit qu'*Il faut donner deux couches de couleur à un platfond.* On dit aussi simplement, *Donner la derniere couche à un Tableau.*

Couche de ciment, Espece d'enduit de chaux & de ciment épais d'environ un demi-pouce. On se sert du tranchant de la ruelle pour le rayer & le picoter à sec; après quoi on repasse de la même sorte jusqu'à cinq ou six autres enduits, pour faire le corroi d'un canal d'aqueduc. Tous ces enduits se font successivement.

Couche, en termes de Tireur d'or, est une feuille d'or ou d'argent qu'on met autour du bâton que l'on veut dorer ou argenter. Parmi les Doreurs sur cuir, c'est une composition d'eau & de blanc d'œuf, qu'on pose sur le cuir avant que de le dorer.

Couche, est aussi un terme de Chimie, & il se dit des lits differents de differentes matieres qu'on met alternativement les unes après les autres, pour les faire fondre ou imbiber.

Couche. Terme de Charpenterie. Piece de bois qui se met sous une étaye qui sert de patin. On l'appelle ainsi à cause qu'elle est couchée de plat. Elle est quelquefois élevée à plomb pour arrêter un étresillon ou un étançon.

Couche, se dit aussi parmi les Tanneurs. Ce sont quatre ou cinq cuirs qu'on met sur le chevalet, afin d'en faire sortir la grosse ordure avec la quiosse.

Couche. Terme d'Arquebusier. La partie du fût d'un fusil ou d'un mousquet qui est au bout du canon qu'on appuye auprès de l'épaule. On l'appelle ainsi à cause qu'on la couche auprès de la joue quand on veut tirer. *Couche de fusil, couche de mousquet.*

Couche. Terme de Jardinage. Planche de terre élevée & couverte du fumier, pour mettre à l'abri du froid les fruits ou legumes tendres & sujets à la gelée.

COUCHE', E'E. adj. Terme de Blason. Il se dit du Chien, du Lion, & autres animaux. *D'or au Cerf couché de gueules.*

COUCHER. v. a. Terme de Peinture. Etendre la couleur. *Il y a de l'habileté à sçavoir bien coucher les couleurs.* On dit aussi dans ce même sens d'étendre & d'enduit, *Coucher une feuille d'or, coucher de l'émail, coucher du vernis.*

On dit en termes de Manége, qu'*Un cheval se couche sur les voltes*, pour dire, qu'En maniant d'un côté, il a le corps plié & courbé comme s'il alloit de l'autre.

COUCHER. s. m. *Le tems pendant lequel on se couche.* ACAD. FR. On dit en termes d'Astronomie, *le Coucher des signes*, pour dire, La descension des signes. On dit aussi *Coucher Astronomique*, ce qui signifie, Le tems que les signes du Zodiaque demeurent à se coucher sous l'horison. Il y a le Coucher veritable & le Coucher apparent d'une Etoile. Le *Coucher veritable*, c'est quand l'Etoile commence à se cacher au-dessous de l'horison. Si elle se couche dans le tems que le Soleil se leve, les Poëtes appellent ce Coucher *Cosmique*; & si elle se couche avec le Soleil, ils l'appellent *Achronique*. Le *Coucher apparent*, c'est lorsqu'une Etoile qu'on voyoit sur l'horison, à cause que le Soleil en étoit plus éloigné, cesse d'y être vûe, soit que cela arrive le matin ou le soir. Les Poëtes appellent ce coucher, *Coucher Heliaque, Coucher Solaire.*

COUCHIS. s. m. La forme de sable qu'on met sur les madriers d'un pont pour y asseoir le pavé. Elle doit avoir l'épaisseur d'un pié ou environ. On appelle aussi *Couchis*, les pieces de bois qui sont au-dessus d'un pont, & les madriers avec les terres & le pavé qui font le dessus de ce même pont.

COUCHOIR. s. m. Terme de Doreur. Petit morceau de bouis qui lui sert à prendre les tranches d'or pour faire les bords des Livres.

COUCOU. s. m. Oiseau de la grosseur d'un Ramier, qui chante au Printems, & que l'on dit aller pondre au nid des autres Oiseaux. Il est d'un gris clair, ou d'un gris brun, & a le palais d'un orangé très-vif. Quelques-uns reconnoissent deux sortes de Coucou, l'un grand qui fait ses œufs dans le nid des Pigeons ramiers, & l'autre dans celui du hochequeue. On tient qu'il ne vit que quatre ou cinq ans. Il a pris son nom du cri qu'il exprime. En Latin *Cuculus*, en Grec κόκκυξ. Cet Oiseau est une espece d'Esprevier, mais timide, & qui a degeneré.

COUDE. s. m. *La partie exterieure du pli du bras.* ACAD. FR. *Coude*, en termes de Manége, se dit de la jointure qui est au train de devant du Cheval, & qui assemble le bout de l'épaule avec l'extrémité du bras. Ce mot vient du Latin *Cubitus*. On appelle dans une bride *Coude de la branche*, la partie de la branche, qui prend naissance au bas de l'arc du banquet, & qui en forme un autre au-dessous. Il prend plus ou moins de tour, selon qu'on veut affoiblir ou fortifier la branche. Plusieurs Ouvriers emploient ce mot, pour signifier ce qui fait un angle ou un retour, soit par lignes droites, soit par lignes courbes. *Coude d'une équerre, coude d'un Valet de menuiserie. Coude de la branche d'un mors de Cheval.* On dit d'une piece de fer, qu'*Elle fait coude*, pour dire, qu'elle est ployée. On appelle *Coude d'un mur*, l'angle obtus qu'il fait dans sa continuité. *Coude de conduite*, est dans le tournant d'une conduite de fer un gros bout de tuyau de plomb coudé & fondu d'une piece, ou qui est soudé de deux coquilles. Il sert à raccorder des tuyaux à bride ou à manchon.

COUDE', E'E. adj. Ployé. *Piece de fer coudée.*

COUDE'E. s. f. Mesure, prise depuis le coude jusqu'à l'extrémité de la main. Les Anciens s'en servoient beaucoup, & en avoient de trois sortes. La grande Coudée étoit de neuf piés, ce qui revenoit à peu près à huit piés deux pouces de notre pié de Roi. La moyenne parmi eux étoit de deux piés, & la petite d'un pié & demi, & faisoient environ, l'une un pié dix pouces, & l'autre un pié & demi moins que notre pié & demi de Roi.

COUDELATE. s. f. Terme de Marine. On appelle *Coudelates*, des pieces de bois qui sont plus épaisses par les extrémités que par le milieu. Elles servent à recevoir la Tapiere, qui est une longue piece de bois de quatre pouces en quarré.

COUDRAN. s. m. Composition de certaines herbes mêlées de plusieurs ingrediens, dont les Bâteliers de Paris se servent pour empêcher que les cordes ne se pourrissent.

COUDRANNER. v. a. Tremper, & passer plusieurs fois une corde dans le Coudran. On appelle, *Coudranneur*, celui qui coudranne les cordes.

COUDRER. v. a. C'est, selon Nicod, en termes de Tanneurs, apprêter le cuir en tan; *Ce qui se fait*, dit-il, *mettant les cuirs pelés dans le Coudroir, qui est un tinon fait de plâtre ou de bois, & illec les abbreuvant avec eau chaude où y a du tan par l'espace d'un mois, peu plus, peu moins, & au parti delà les mettant dans des fosses en terre à gueule baye avec force tan, esquelles les menus cuirs sont tenus par quatre mois, & les gros par six, tant qu'ils soient bien tanés, c'est-à-dire, outrés de tan, ce qui les affermit & rend durs.*

COUDRIER. f. m. Arbrisseau qui n'est jamais gueres haut, & qui dès sa racine jette plusieurs petits troncs, au bout desquels sortent ses rameaux, ayant leurs verges fort feuillues & assés longuettes. Son bois n'a point de nœuds. Ses feuilles sont semblables à celles de l'aune, mais plus larges, plus madrées, minces, & découpées à l'entour. Il est revêtu d'une écorce mince & marquetée de taches blanches. Sa racine est profonde en terre, & forte & ferme sans être grosse. Il ne jette point de fleur, mais seulement quelques flocs; ce qui arrive en Automne quand les feuilles tombent. Ces flocs ont du rapport au poivre long, & s'ôtent vers le Printems lorsque cet arbre commence à jetter ses feuilles. Alors selon le nombre des flocs, sortent d'une même queue autant de petites pellicules, dont chacune contient au-dedans son fruit qui est appellé *Noisette*, ou *Aveline*. La pellicule de dessus est verte, & fort molle vers ses extrêmités, ayant une maniere de barbe. Il y en a pourtant qui n'en ont point, & dont la pellicule qui enveloppe le fruit est si courte, que la partie de devant demeure toute découverte. D'abord le noyau est fort mince, mais se renforçant peu à peu, il nourrit au-dedans une moëlle blanche. Il y a de deux sortes de Coudrier, le domestique qu'on cultive, & qui porte des noisettes franches, rouges dedans, & le sauvage qui les donne petites & vient de soi-même & sans culture. On ne se sert en Medecine que de la moyenne écorce du Coudrier sauvage pour rompre la pierre. Matthiole dit que les Paysans assûrent, que si on frappe un Serpent avec une verge de Coudrier, il en demeurera tout étourdi, s'il n'en meurt pas, ce qu'il trouve vraisemblable, à cause que la noisette prise avec des figues & de la rue est bonne contre les poisons, & les morsures des bêtes venimeuses. Le mot de *Coudrier*, vient du Latin *Corylus*. On dit aussi *Coudre*.

On trouve dans l'Isle de la Guadeloupe un Arbre que les Habitans nomment *Coudrier*, à cause qu'il jette dès sa racine plusieurs branches qui s'étendent comme font celles de cet arbrisseau. Ses feuilles sont semblables à celles du Laurier Pin, rudes par dessous, & lissées par dessus. A l'extrêmité de ses branches il porte de petites queues longues comme le doigt, fort menues, & toutes environnées de petits fruits blancs & rouges, fort délicats & de la grosseur des groseilles rouges, dont ils ont presque le goût. Ses feuilles ont une vertu merveilleuse pour la guerison des vieux ulceres. Le dessus de ces feuilles les nettoye, les rend vermeilles, & mange les chairs baveuses; & quand ils sont en cet état, le dessous de la même feuille acheve en fort peu de tems de les guerir.

COUE'. f. f. Vieux mot. *Queue*.

COUE', E'E. Vieux terme de Chasse. Il se dit des animaux à qui on n'a point ôté la queue. Nicod donne pour exemple de ce mot *Anglois Coué, lequel sobriquet*, ajoute-t'il, *est donné à celle Nation, parce que, comme Nicolle Gilles écrit en la vie du Roi Clotaire II. l'an 599. à saint Augustin, que le Pape Gregoire avoit envoyé en Angleterre pour y prêcher l'Evangile, par ceux du pays de Dorocestre, furent par mocquerie attachées à ses habillemens des reynetes ou grenouilles, dont par punition divine, ceux qui depuis sont nés en cette Province de Dorocestre, ont une queue par derriere, & sont appellés* Anglois coués, *mais les Histoires ni d'Angleterre, ni la Chronique dudit Pape Gregoire premier de ce nom, ni la Legende dudit saint Augustin n'en parlent aucunement; & Polydore Virgile au 4. livre de son Histoire Angloise, dit que saint Augustin & Miletus, ou Melitus, comme dit Platine, tous deux Moines, envoyés par Sa Sainteté par devers Athelbert, Roi en partie d'Angleterre, executerent paisiblement leur legation.*

Jean Struys rapporte dans ses Voyages, qu'avant que d'avoir vû l'Isle de Formosa, il avoit souvent oüi dire, sans l'avoir pû croire, qu'il y avoit des hommes à longues queues comme des bêtes, mais que ses yeux lui avoient fait voir qu'on avoit dit vrai. Un jour quelques-uns d'entr'eux se promenant, un de leurs Ministres qui étoit de la compagnie s'en éloigna pour quelque necessité naturelle. Les autres qui s'étoient un peu avancés, surpris de ce qu'il ne venoit point les joindre, après l'avoir attendu inutilement, retournerent sur leurs pas, & allant au lieu où ils croyoient qu'il dût être, ils l'y trouverent sans vie, & dans un état qui leur fit connoître qu'il avoit été tué. En cherchant le meurtrier, ils découvrirent un homme, qui écumoit, hurloit, & faisoit comprendre par ses menaces qu'il étoit dangereux de l'approcher. On l'entoura, & on s'en saisit. Il avoüa que c'étoit lui qui avoit commis le meurtre, sans qu'on le pût obliger à dire pourquoi. Il fut condamné à être brûlé, & on l'attacha à un poteau, où ayant demeuré quelques heures avant l'execution, tous ceux qui étoient presens lui virent une queue longue de plus d'un pié, & toute couverte d'un poil roux, & fort semblable à celle d'un Bœuf. Ce malheureux voyant l'étonnement que causoit sa queue, dit que ce défaut, si c'en étoit un, venoit du climat, & que tous ceux de la partie meridionale de cette Isle dont il étoit, avoient des queues comme lui.

COUET. f. m. Terme de Marine. On appelle *Couets*, quatre grosses cordes qu'on amarre aux voiles, deux aux deux points d'enbas de la grande voile, & les deux autres aux deux points d'enbas de la misaine. La grosseur des Couets passe de beaucoup celle des écoutes qui sont amarrées aux mêmes points, & leur manœuvre est bien differente. Des deux Couets & des deux écoutes qui sont au vent, les écoutes sont larguées & les deux Couets halés, & c'est tout le contraire, des Couets & des écoutes qui sont sous le vent.

COUETTE. f. f. Morceau de fer ou de cuivre creusé en rond, & dans lequel tourne le pivot d'une porte, ou de l'arbre de quelque machine. On le nomme aussi *Grenouille & Crapaudine*.

COUETTEUX. adj. Vieux mot. *Convoiteux*.

COUILLARD. f. m. Vieux terme de Marine, qui signifie la corde qui tient la grande voile à la grande étaque du grand mât. On appelloit autrefois *Couillards*, des pierriers ou anciennes machines de guerre dont on se servoit pour jetter des pierres.

COUIN. f. m. Sorte de chariot des anciens Anglois & Gaulois. Comme on s'en servoit dans les combats & qu'il étoit armé, on croit qu'il étoit du nombre de ces chariots garnis de couteaux & de rasoirs qui faisoient de grands ravages en passant dans une armée. Le Cocher de cette sorte de char s'appelloit *Covinarius*.

COUINE. f. f. Vieux mot qui s'est dit d'une suite de personnes, & qui vient de Queue.

On a dit aussi, *Couvine*.

La

La verras-tu offrir, Dames à grand convint,
Autres si bien parées ou mieux comme une Royne.

COULAGE. s. m. Perte ou diminution de vin, lorsqu'on le soûtire ou transporte.

COULE. s. f. Terme de Bernardin, & de quelques autres Religieux. Il y a une coule blanche & une noire. La blanche est un habit fort ample, & qui a de grandes manches, dont le Religieux se sert dans les cérémonies, & quand il assiste à l'Office. La coule noire est un autre habit fort ample, dont il ne se sert que quand il sort de son Monastere, & qu'il marche par les rues.

COULE'E. s. f. Terme de Marine. L'évidure qu'il y a depuis le gros d'un Vaisseau jusqu'à l'estambord.

COULER. v. n. *Fluer. Il se dit des choses liquides qui suivent leurs pentes.* ACAD. FR. *Couler*, parmi les Fondeurs de métal, signifie fondre pour jetter en moule. *Couler l'étain, le cuivre.* On dit, *Couler en plomb*, pour dire, Remplir de plomb les joints des dales de pierre. On dit encore, *Couler en plomb*, quand on scelle des crampons de fer.

On dit en termes de Mer, qu'*Un Vaisseau coule bas d'eau*, pour dire, qu'Il y entre plus d'eau qu'on n'en peut jetter dehors.

COULEUR. s. f. *Qualité qui par le moyen de la lumiere rend les corps visibles.* ACAD. FR. Toute couleur est une lumiere modifiée & alterée. Le moindre changement que puissent apporter à la lumiere les corps qui la réfléchissent, est qu'ils l'affoiblissent en la réfléchissant, & que l'inégalité de leurs surfaces écarte & dissipe de tous côtés des rayons qui étoient tombés paralleles. Cette simple modification de la lumiere est *la blancheur*, & par consequent *la noirceur*, qui lui est opposée, doit consister en ce que les corps noirs amortissent le mouvement de la lumiere, & absorbent en eux-mêmes la plûpart des rayons qui leur viennent. Ainsi le noir est plûtôt une privation de lumiere qu'une couleur, & le blanc n'étant point proprement une alteration, mais un simple affoiblissement de la lumiere, ne peut gueres passer pour une couleur. Les vraies couleurs sont *le rouge, le jaune, le bleu, le violet*, & toutes les autres qui sont composées de ces couleurs *primitives* diversement mêlées ensemble. Si on prend un prisme triangulaire de verre, dont on couvre une des fasces d'un corps opaque, à l'exception d'un endroit de trois ou quatre lignes de diametre par où on laisse entrer des rayons du Soleil, on verra sur un papier que l'on mettra de l'autre côté du prisme, à quatre ou cinq piés, ces quatre couleurs ainsi disposées, du rouge, du jaune, du bleu & du violet. En considerant les refractions arrivées dans le prisme, & qui sont necessairement la cause de ces couleurs, on trouve que si l'on prend pour un seul rayon toute la lumiere qui a passé par le prisme, & s'y est rompue, le rouge est marqué par les filets de ce rayon qui sont à la convexité de la courbure de la refraction, & qui se sont rompus du côté opposé à l'ombre causée par le corps opaque, & que ceux qui sont à la concavité de cette même courbure, & qui se sont rompus du côté de l'ombre, font le violet. Ensuite on peut prouver que les petites boules qui composent les rayons de la convexité, & tournent du côté opposé à l'ombre, doivent avoir plus de mouvement circulaire que de droit, & que celles qui composent les rayons de la concavité, & tournent du côté de l'ombre doivent avoir plus de mouvement droit que de circulaire, ce qui fera la nature du rouge, & du violet. Pour le jaune & le bleu, l'un fera un rouge plus foible, & l'autre un violet diminué, & les deux couleurs principales & opposées seront le rouge & le violet. Il est certain que le verd n'est qu'un mêlange du bleu & du jaune, & cela se voit par le même prisme, quand on fait en sorte que le jaune & le bleu entrent l'un dans l'autre : car alors on voit du verd. Il paroît donc que ce sont les refractions, aidées des ombres, qui font toutes les vraies couleurs, en donnant aux petites boules qui forment les rayons un mouvement differemment composé du droit & du circulaire, ce qui admet une infinité des combinaisons differentes, qui feront autant de couleurs. Reste à appliquer les refractions aux couleurs des corps solides que la lumiere ne pénétre pas. Mais il est très-vraisemblable qu'elle pénétre une petite partie très-délicate & très-legere de leur surface, & qu'ensuite rencontrant des parties plus solides, elle ne va pas plus avant, & se réfléchit, essuyant encore une petite refraction pour sortir tout-à-fait de la surface de ce corps, & c'est par ces deux refractions, qu'elle prend une couleur, comme font les rayons qui passent par le prisme & souffrent aussi deux refractions. Il n'est pas impossible non plus qu'il y ait telle réfléxion toute simple, produite par le ressort des corps solides & peut-être de la lumiere, qui fasse l'effet des deux refractions, & modifie les rayons comme elles auroient fait. Il semble communément que les couleurs produites par le prisme sur le papier, ne soient qu'*apparentes* & *passageres*, au lieu que celle d'une étoffe, par exemple, passent pour *réelles* & *fixes*; mais toute la difference est que le prisme peut être facilement séparé du papier, au lieu que les petits prismes imperceptibles, ou d'autres figures équivalentes qui sont sur la surface de l'étoffe, & y produisent des refractions, n'en peuvent pas être si aisément séparées, ce qui fait paroître les couleurs qu'elles causent, plus fixes & plus réelles. On appelle *Couleurs simples*, celles dont les Peintres & les Enlumineurs se servent. Elles viennent des végétaux & ne souffrent point le feu. Il y en a d'autres qui le souffrent. Celles-là se tirent des métaux, & sont seules propres à faire l'émail. Les couleurs se distinguent aussi par les Peintres en *Couleurs legeres*, qui sont toutes comprises sous le blanc, & en *Couleurs pesantes* & terrestres que le noir comprend. Ils appellent encore *Couleurs rompues*, celles qu'on n'emploie pas toutes simples, mais celles que l'on éteint, & dont on diminue la force par le mêlange d'une autre, ce qui sert beaucoup pour l'union & l'accord qui doit être dans toutes celles qui composent un tableau. Quand on dit, *que les Couleurs d'un tableau sont bonnes*, on veut faire entendre, que la rencontre des unes auprès des autres en est bonne, & non pas que ces Couleurs sont d'une matiere plus exquise qu'à l'ordinaire.

On met l'acier en couleur en le limant d'abord & le polissant avec des limes sourdes, après quoi on le brunit avec le brunissoir. Quand l'ouvrage est bien poli, on prend des cendres chaudes, passées par le sas auparavant, & on y met cet ouvrage, que l'on y laisse chauffer. Il paroît premierement de couleur d'or, ensuite de couleur sanguine, puis violet, bleu, & après de couleur d'eau, qui est celle qu'on demande. Alors il faut l'ôter promptement avec de petites pincettes.

Couleur. Terme de Blason. Ce mot sert à faire une des principales désignations des pieces de l'écu. On n'admet que cinq Couleurs, Gueules, Azur, Sinople, le Sable, & le Pourpre qui est mêlangé d'azur & de gueules. On ne doit point mettre couleur sur couleur, non plus que métal sur métal.

Les Fleuristes appellent absolument *Couleurs*, les tulippes qui ne sont que d'une seule couleur sans aucun mêlange.

COULEVRE'E. f. f. Plante rampante ayant ses feuilles semblables à la vigne, mais moindres, anguleuses, âpres & raboteuses. Elle jette plusieurs petits sermans, tendres & velus, qui montant sur les hayes & les arbrisseaux, s'y entortillent avec leurs tendons. Elle a des fleurs blaffardes & faites en forme d'étoiles qui sont disposées par grappes. Son fruit est vineux, & composé de grains qui ressemblent à ceux de la morelle, & qui se changent de verds en rouges, & quelquefois en noirs lorsqu'ils viennent à mûrir. Sa graine faite en rond & pourtant pointue au bout, est comme submergée dans les grains parmi un jus visqueux. Sa racine est grande & grosse plus que la cuisse d'un homme, ayant une coudée de longueur, & étant séparée vers sa queue. Elle est pleine de verrues vers sa tête, cendrée dehors, & blanche dedans, pulpeuse, vineuse, & d'un goût amer, & quelque peu âpre, mais fort astringent, avec un jus gluant & d'une odeur forte. On l'appelle en Latin *Bryonia*, *Vitis alba*, *Viticella*, *Psilothrum*. Matthiole dit que le jus qui se tire de la racine pilée évacue les flegmes, attire l'urine retenue, nettoye le cerveau, la poitrine, & les nerfs de toutes superfluités flegmatiques & pourries, désopile les entrailles, purge la gravelle qui est aux reins, & est fort propre aux vertigineux, & à ceux qui ont le haut mal. Il y a aussi une Coulevrée noire, dont les feuilles sont semblables au lierre, & tirent à celles du Smilax, quoique plus grandes. Elle pousse des sarmens comme l'autre, & ces sarmens s'agraffent aussi sur les arbres avec leurs tendons. Son fruit se tient l'un avec l'autre en façon de grappe. Il est vert au commencement, & devient noir lorsqu'il est tout à fait mûr. Sa racine est noire en dehors, & de couleur de bouis au-dedans. Les premiers bourgeons ou tendons qu'elle produit au Printems, se mangent cuits en salade comme les asperges, mais ils ne sont pas de si bon goût.

COULEVRINE. f. f. Piece d'Artillerie qui a le même usage que le canon, & qui n'en est differente qu'en ce qu'elle est plus longue, & par consequent plus propre à incommoder de loin. Quoiqu'elle soit moins pesante, sa longueur ne laisse pas de la rendre plus incommode. On a coûtume de la placer sur un cavalier. Son calibre est de quatre pouces, dix lignes de diametre, & son boulet pese seize livres ou environ. On a appellé *Coulevriniers*, certains soldats anciens.

COULEUVRE. f. f. Sorte de Serpent, long environ de trois quartiers, & marqueté de gris sur le dos. La Couleuvre a la tête plate, les dents venimeuses, & la queue pointue. Dans l'Eté, elle se dépouille de sa peau comme le Serpent. Il y a dans les Isles Françoises de l'Amerique trois sortes de Couleuvres, dont les unes n'ont jamais plus de deux piés ou deux piés & demi de longueur. Elles ne sont gueres plus grosses que le pouce, & fuyent toûjours devant ceux qui en approchent. Les habitans du Pays marchent dessus fort souvent nuds piés, sans qu'elles leur fassent aucun mal. On les prend même à la main sans aucun danger. On en voit d'autres plus grandes, qui ont quelquefois cinq ou six piés de longueur, la peau de dessus le dos toute marquetée de noir & de jaune, & le ventre grisâtre mêlé aussi de jaune. Elles ont un regard affreux qui fait quelquefois rebrousser chemin aux plus hardis, & repairent ordinairement, dans les lieux secs, montagneux, pierreux, & arides. On emploie leur peau à faire des baudriers. Les Couleuvres qui font la troisiéme espece de celles qui se trouvent dans ces Isles, sont plus grosses & plus longues que les deux autres; & bien loin de fuir, elles poursuivent opiniâtrement ceux qui osent les frapper. Les unes & les autres vivent de petits lezards, de petits oiseaux, de ravets & de grenouilles. L'Isle de la Dominique en produit une autre sorte. Celles-là ne sont jamais plus grosses que le bras, & ont pourtant dix ou douze piés de long. Elles se jettent d'ordinaire sur les poules, s'entortillent autour en un moment, & sans les mordre ni les piquer, elles les serrent avec tant de force qu'elles les font mourir, & les avalent ensuite sans les mâcher. Leurs piqûres ne font pas moins de mal que celles des Scorpions, mais elles ne sont pas mortelles. Il se trouve aux Moluques des Couleuvres qui sont fort à craindre. Elles ont trente-deux piés de longueur, & se pendent aux branches des arbres, d'où se lançant sur les hommes & sur les bêtes fauves, elles leur font d'abord trois ou quatre tours autour du corps, après quoi elles leur cassent les os & les dévorent. Le mot de *Couleuvre*, vient du Latin *Coluber*.

COULIS. f. m. Plâtre gaché clair, dont on se sert à remplir les joints des pierres & à les ficher.

COULISSE. f. f. Canal fait de bois ou autrement, dans lequel on fait aller & venir un chassis, une fenêtre ou autre chose. Quand on fait des éclusés on se sert de planches qui entrent l'une en l'autre, en rainure & en coulisse. Cela s'appelle *Mâle* & *Femelle*.

Coulisse dans le Blason, se dit d'une Tour & d'un Château, qui ont la herse ou la coulisse à la porte.

Coulisse de Galée. Terme d'Imprimerie. Piece de bois sur laquelle le Compositeur arrange ses lignes.

COULOIR. f. m. Terme de Marin. Passage qui conduit dans les chambres d'un Vaisseau.

COULOIRE. f. f. Vaisseau troué qui sert à faire passer une liqueur. Petit panier ovale qu'on met sous l'ance d'une cuve, lorsqu'on en tire le vin.

Couloire, est aussi une Ardoise large & épaisse qui se baisse & se hausse entre deux chevrons pour donner du jour dans des galetas.

COUP. f. m. *Impression que fait un corps sur un autre en le frappant*. ACAD. FR. Ce mot s'emploie dans la Marine en plusieurs manieres de parler. *Coup de partance*, est un coup de canon sans bale, qui se tire par l'ordre du Commandant pour donner avis que l'on va partir. *Coup de vent*, est l'orage ou le gros tems qui survient, quelque longue durée qu'il puisse avoir. *Coup de mer*, est le coup qu'un Vaisseau reçoit d'une vague de la mer. On dit *Donner un coup de gouvernail*, pour dire, Pousser le gouvernail avec vitesse à tribord ou à basbord. On dit aussi *Avoir des coups de canons à l'eau*, pour dire, Les recevoir dans la partie du Vaisseau que l'eau couvre; & *Avoir des coups de canons en bois*, pour dire, Les recevoir dans la partie du Vaisseau qui est hors de l'eau.

Les Maçons appellent *Coup de crochet*, Une petite cavité qu'ils font avec un crochet; ce qui dégage les moulures de plâtre. Ils disent aussi qu'*Un mur prend coup*, pour dire, qu'il n'est plus à plomb & qu'il menace de chûte.

Prendre coup, se dit aussi d'un oiseau en termes de Fauconnerie, lorsqu'il heurte trop rudement sur sa proye.

COUPE. f. f. La partie concave d'une voute spherique appellée par les Italiens *Cupola*, d'où nous est venu le mot de *Coupole*. La Coupe d'un dome est appellée *Tholus*, par Vitruve; & quelques-uns la prennent pour le dome même. On appelle aussi *Coupe*, un morceau de Sculpture en forme de vase, plus large que haut. On lui donne un pié, & on s'en sert pour couronner quelque décoration. On dit, en parlant de l'inclinaison des joints des voussoirs d'un arc, *Donner plus ou moins de coupe*, pour dire, Rendre cette inclinaison plus ou moins forte. On le dit de même des clavaux d'une platebande. *Coupe de fontaine*, est une maniere de petit bassin qu'on met au milieu d'un grand sur une tige ou un pié, & qui reçoit le jet d'eau qui forme une nappe en retombant. Ce petit bassin est fait de marbre ou de pierre.

COUPE'. s. m. Terme de danse. On dit, *Faire un coupé en dansant*, pour dire, Se jetter sur un pié, & passer l'autre devant ou derriere.

COUPE', E'E. adj. Terme de Blason. Il se dit de l'Ecu partagé par le milieu horizontalement en deux parties égales. On le dit aussi des têtes de loups, de sangliers & autres animaux & oiseaux, & même de leurs piés & autres membres qui sont coupés net. *D'or au lion coupé d'azur & de gueules.* On dit *Coupé de l'un en l'autre*, quand sur un Ecu ainsi coupé il y a un animal, ou quelque autre piece ou meuble brochant sur le tout, qui est pareillement coupé, en sorte que l'émail du Chef se trouve en la pointe, & que reciproquement l'émail d'en bas se rencontre en haut.

COUPEAU. s. m. Epitete que l'on donnoit autrefois à celui qui enduroit que sa femme ne lui gardât pas fidelité. Quelques-uns prétendent que cela vienne: *Quod suæ uxoris copiam faceret.* Pasquier dérive *Coupeau* de *Coupe*, qui signifioit autrefois *Infidelité*; ce qui a fait dire, *Ta femme t'a fait Coupe*, avant qu'on ait dit, *Ta femme t'a fait Coupeau.*

COUPECERCLE. s. m. Instrument qui sert à couper circulairement le carton que l'on emploie à faire des Spheres, & autres pieces qui servent à l'Astronomie & à la Géometrie. Les Compas qui sont à quatre pointes en ont toûjours une tranchante, & celle-là s'appelle le *Coupe cercle*.

COUPEGORGE. s. m. Terme de Marine. La partie inferieure d'un Vaisseau qui regarde l'eau. Elle est formée par des pieces de bois recourbées en arc, qui s'élevent au-delà de l'estrave, & viennent regner sous l'éperon. Ces pieces de bois s'appellent *Courbes de gorge*, à cause que la gorge du Vaisseau en est formée; & les Matelots ont dit delà par corruption, *Coupegorge*. Ils disent aussi *Gorgere*.

COUPELLE. s. f. Petit vaisseau plat & peu creux, composé de cendres de sarment & d'os de piés de mouton, calcinés & bien lessivés, pour en séparer les sels, qui feroient petiller la matiere des essais d'or ou d'argent qu'on y veut faire. On bat bien le tout ensemble, ensuite de quoi on met dans l'endroit où le creux a été fait, une goutte de liqueur qu'on a faite auparavant, & qui n'est rien autre chose que de l'eau dans laquelle on a délayé de la machoire de brochet ou de la corne de cerf calcinée. Cela fait une maniere de vernis blanc dans le creux de la Coupelle, afin que la matiere de l'essai y puisse être plus nettement, & que le bouton de l'essai s'en détache avec plus de facilité. On appelle *Argent de Coupelle*, Un argent très-fin qui a passé par l'essai; ce qui se fait de cette maniere. Quand la Coupelle a été bien recuite dans la mouffle d'un fourneau, où l'on a fait un feu de charbon en forme de reverbere, on y met un morceau de plomb en façon de balle, dont on proportionne la pesanteur à la quantité & à la qualité de l'argent de l'essai; c'est-à-dire, huit parties de plomb sur une d'argent. On laisse fondre & chauffer le plomb jusqu'à ce qu'il soit bien clair. On prend alors la matiere de l'essai avec de petites pincettes pour la porter dans la Coupelle, & on ferme les registres qui sont au devant du fourneau, en sorte qu'il y reste une ouverture pour laisser évacuer une partie des fumées du plomb, qui se rabattant sur la matiere la feroient noyer, de maniere qu'il en demeureroit & en feroit imbiber une partie dans la Coupelle. Quand la matiere y a été mise, on la laisse bouillir jusqu'à ce qu'elle ait paru de couleur d'opale, & qu'elle ait été fixée au fond en forme de bouton. L'essai étant passé; pour lequel il faut environ une demi-heure; on ouvre ces registres, & on ferme ceux du bas du fourneau, afin d'arrêter la grande ardeur du feu, & de laisser refroidir les Coupelles. On en détache les boutons, qu'on nettoye exactement du côté qu'ils y étoient attachés. Après cela on pese chaque bouton avec les memes balances où l'on avoit mis d'abord la matiere dont on avoit à faire l'essai, & en observant la difference & la diminution du poids de cette pesée, & de celle qu'on fait du bouton après l'essai; cette difference du poids établit une preuve sûre de l'impureté de l'alliage qui a été chassée par l'action du feu & celle du plomb. Cet argent ainsi passé par l'essai, & que l'on appelle *Argent de Coupelle*, est après cela très-fin; c'est-à-dire, à onze deniers vingt-trois grains. Ce qui fait qu'on fait toûjours les essais tant d'or que d'argent avec du plomb; c'est que lorsque les Coupelles en ont été imbibées; & de la plus grande partie de l'alliage impur, qui étoit mêlé avec l'or ou l'argent, le reste du plomb, s'évapore, & enleve en fumée en s'évaporant le reste de l'alliage impur, en sorte que l'or ou l'argent demeurent purs & affinés dans les Coupelles, parce qu'ils sont les seuls des métaux qui puissent resister à l'action du plomb. On dit, *Charger la Coupelle*, pour dire, Jetter dans la Coupelle les matieres qu'on veut affiner, après que le plomb y a bouilli quelque tems. Ces Coupelles d'affinage, sont composées de cendres, bien lessivées, dessalées, séches, battues & tamisées. On les appelle autrement *Casse* ou *Cendrée*.

Coupelle. Terme de mer. Espece de pelle de ferblanc ou de cuivre. Elle sert aux Canonniers pour manier la poudre, quand ils en veulent emplir les gargousses.

COUPELLER. v. a. Terme de Monnoye. Faire passer de l'or & de l'argent par la coupelle.

COUPER. v. a. *Trancher, séparer, diviser un corps continu avec quelque chose de tranchant.* ACAD. FR. On emploie ce terme en differentes significations dans l'art de bâtir. On dit, *Couper les pierres*, pour dire, Les tailler de toutes sortes de façons pour l'usage qu'on en veut faire; *Couper le plâtre*, pour dire, Faire les moulures de plâtre à la main & à l'outil; *Bien couper le bois*, pour dire, Le bien tailler, en sorte qu'il soit coupé tendrement, & qu'il n'y paroisse ni secheresse ni dureté; ce qui doit être dans les beaux Ouvrages de sculpture & de menuiserie. Quand on l'y emploie, il faut que le bois ait été coupé plus de dix années auparavant. Il vaut mieux aussi, quand on ne feroit qu'une seule figure, qu'elle soit faite de plusieurs pieces de bois, que d'un seul morceau, à cause qu'une piece entiere de gros bois peut n'être pas seche dans le cœur, quoiqu'elle paroisse l'être par dehors. On dit aussi, *Bien couper le cuivre*, pour dire, Bien graver au burin, en sorte que les traits de burin soient hardis & gravés également selon le fort & le foible.

Couper les lames en flanc. C'est, en termes de Monnoye, prendre des lames, soit d'or, d'argent ou de cuivre, quand elles sont à peu près de l'épaisseur des especes à fabriquer, & en couper des morceaux avec des coupoirs. Ces morceaux qui sont de la grandeur, de l'épaisseur, de la rondeur, & à peu près du poids des especes qu'on veut fabriquer, sont toûjours appellés *Flaons* ou *flans*, jusqu'à ce qu'on y ait empreint l'effigie du Roi.

Couper. Terme de Chasse. On dit qu'*Un chien coupe*, lorsqu'il quitte la voie de la bête qu'il chasse, & la va chercher en coupant les devants pour prendre son avantage.

Couper, est aussi un terme de Tailleur & de Cordonnier, & on dit *Couper l'étoffe*, ou *le cuir*, pour dire, Les tailler selon les regles de ces deux métiers. On dit aussi, *Couper*, en termes de mesurage, c'est, quand la mesure est pleine, racler le dessus avec le racloire.

Couper, en termes de danse, c'est Faire un coupé.

On dit, *Couper un cheval*, pour dire, Le rendre inhabile à la generation. On dit qu'*Un cheval se coupe*, pour dire qu'il s'entretaille & s'emporte le boulet. Cela arrive quand le côté de l'un de ses fers choque & entame le boulet. On dit encore, en termes de Manege, *Couper le rond*, *couper la volte*, pour dire, Faire un changement de main, quand un cheval travaille sur les voltes d'une piste.

COUPEROSE. s. f. Suc mineral concret qui semble formé d'une exhalaison sulphureuse, mais mêlé avec une grande humidité que le froid a congelée. C'est le Vitriol dont Matthiole dit qu'il se trouve de deux sortes en Toscane, & même en beaucoup d'endroits d'Allemagne; l'un mineral, qui se congele de lui-même dans les veines de la terre, & qu'on appelle communement *Copperose*, & l'autre artificiel, dont les Teinturiers se servent; ce qui la fait appeller *Atramentum sutorium*, à cause qu'il sert à teindre les peaux que les Cordonniers emploient. Il ajoûte que l'artificiel est quelquefois meilleur, & quelquefois moindre que la Couperose naturelle dont il se fait; ce qui vient de la diverse temperature des lieux; que le Vitriol Romain quoiqu'il ne soit pas trop chargé de couleur, est le meilleur de tous; que celui de Chypre, que les Anciens ont mis au premier rang, ne va qu'après le Romain, & que celui d'Allemagne est le moindre. Il dit encore que quelques-uns ont cru que la Couperose tenoit du souffre, du fer, du bronze, & même de l'alun, du nitre & du sel, à cause de son goût piquant, astringent & âpre. Il y en a qui dérivent *Couperose* de *Capri rosa*, à cause qu'on la tire des mines de cuivre rouge, qu'on appelle aussi *Rosette* en Latin *Chalcanthum*, du Grec, χάλκανθος, *quasi* χαλκῦ ἄνθος, Fleur d'airain.

COUPLE. s. m. Terme de Marine. On appelle *Couples*, Les côtes ou membres d'un Navire, qui étant égaux de deux en deux, croissent ou décroissent également, à mesure qu'ils s'éloignent de la principale côte.

On dit en de certains lieux, *Couple de bœufs*, pour signifier Arpent, & ce mot veut dire la valeur de cent mesures quarrées de celles qui sont en usage dans le pays.

Couple. Terme de Blason. Bâton d'un demi-pié avec deux attaches, dont on se sert pour coupler les chiens.

COUPLE', E'E. adj. Il se dit dans le Blason des chiens de chasse liés ensemble. Il se dit aussi de quelques fruits. *D'argent au chevron de gueules accompagné de trois glands & de trois olives de sinople, un gland & une olive couplés & liés de gueules.*

COUPLET. s. f. On appelle *Couplets* ou *Fiches à doubles nœuds*, ou *Charnieres*, deux Pieces de fer jointes ensemble avec charnieres & rivûres. Les Couplets servent de pentures pour des portes & des fenêtres. Les fenêtres & les croisées se ferrent avec des couplets qui portent leurs paumelles recourbées en équerre. Ils sont ordinairement polis & étamés, & l'on s'en sert quand les fenêtres sont arasées, que les guichets affleurent les chassis à verre par le dedans.

COUPOIR. s. m. Instrument de fer en forme d'emporte-piece, avec lequel on coupe des morceaux, des lames d'or, d'argent ou de cuivre, pour en faire des flans. Le Coupoir qui est coupé quarrément par en bas, ne peut rien faire dans les monnoyes; il faut pour bien trancher, qu'il soit coupé tant soit peu en pié de biche, & d'une maniere presque imperceptible.

COUPOLE. s. f. Le haut du Dome d'une Eglise ronde. C'est la même chose que *Coupe*. On l'appelle ainsi à cause qu'elle est faite en forme de coupe renversée.

COUPURE. s. f. Terme de Fortification. Retranchement formé par les deux faces ou tenailles d'un angle rentrant dans le corps d'un ouvrage dont on veut disputer le terrein pié à pié, après que les premieres défenses ont été rompues.

COURADOUX. s. m. Terme de Marine. L'espace qui est entre deux ponts. *Couradoux*, dans une Galere, est le lieu où les Soldats couchent à côté des apostis. On dit aussi *Courroir*.

COURANT. s. m. Mouvement impetueux des eaux qui courent en certains endroits, & se portent vers des rumbs de vent particuliers.

On appelle dans l'Architecture, *Courant de comble*, La continuité d'un comble qui a plusieurs fois autant de longueur qu'il a de largeur.

Courant, *ante*. adj. Terme de Blason. Il se dit de tout animal qui court. *D'azur à une bande d'or acostée de deux Cerfs courans de même.*

COURANTE. s. f. Air de Musique en triple double, qui se commence toûjours en levant, & dont il faut que la premiere partie ne passe jamais le nombre de six mesures. La seconde en doit avoir deux plus que la premiere.

Courante, est aussi une sorte de danse composée d'un tems, d'un pas, d'un balancement & d'un coupé. Elle se danse toûjours à deux personnes sur l'air de Musique qui a ce même nom. Il y a des *Courantes simples* & des *Courantes figurées*.

COURAU. s. m. Petit bateau de la riviere de Garonne. Il sert à charger les grands bateaux.

COURBARIL. s. m. Sorte d'arbre, l'un des plus gros, des plus hauts & des plus beaux des Isles de l'Amerique. Il a son écorce grise & son bois massif & rouge. Ses feuilles sont d'une moyenne grandeur, fort près les unes des autres, & deux sur chaque petite queue; ce qui les fait paroître comme un pié de chevre divisé. Cet arbre porte quantité de fruits larges de quatre doigts, longs comme la main & épais d'un pouce. Leur écorce est tannée, rude & dure comme du bois. Tout le dedans de ce fruit est rempli d'une certaine farine fibreuse de couleur de pain d'épice & de même goût. Il y a dans cette farine deux ou trois noyaux, qui sont presque aussi gros que des amandes, fort durs, & d'une couleur de pourpre. On a trouvé à quelques-uns de ces arbres des morceaux de gomme gros comme le poing, mais dure, transparente & claire comme de l'ambre, qui ne se dissout ni à l'eau ni à l'huile. Cette gomme est de bonne odeur, & quand on la brûle, elle exhale une fumée aussi agreable que celle de l'ambre est puante. On se sert ordinairement du bois de cet arbre pour faire les rouleaux des moulins à sucre. C'est quand il est vieux qu'il rend de la gomme. Quelques Indiens en forment des boutons de differentes figures, dont ils font des bracelets, des colliers & des pendans d'oreille, qui sont beaux, luisans & sentent fort bon.

COURBATON. f. m. Terme de mer. On appelle *Courbatons*, des Pieces de charpenterie qui sont presque courbées à angle droit. Elles servent à joindre les membres des côtés du haut des Vaisseaux à ceux du dedans. Elles ont aussi d'autres usages, comme de lier les allonges aux barots. On donne le même nom de *Courbatons* à plusieurs pieces de bois longues & menues, mises autour des hunes des Vaisseaux en maniere de rayons, & qui servent à lier ensembre le fond, les cercles & les garites. On appelle *Courbaton de Beaupré*, une Piece de bois qui fait un angle aigu avec la tête du mât, au bout duquel est un petit chouquet, où l'on passe le perroquet de beaupré.

COURBATU. adj. Terme de Manege. On appelle *Cheval courbatu*, Celui qui a été surmené, & qui n'a pas la respiration libre. Il peut être courbatu sans avoir été surmené, & cela arrive de ce qu'il a quelquefois les parties interieures trop échauffées, ou le sang plein d'humeurs étrangeres.

COURBATURE. f. f. Terme de Manege. Battement du flanc d'un cheval, qui fait un mouvement presque pareil à celui que cause la fievre.

COURBE. f. f. Terme de Geometrie. On dit absolument une *Courbe*, pour dire, une *ligne courbe*. *La generation des courbes*, le *calcul des courbes*. Les Courbes se forment par des mouvemens de points ou de lignes, & de ces mouvemens on en peut imaginer une infinité, & même une infinité d'especes differentes dont chacune aura une infinité de differences particulieres.

Courbe. Terme de Charpenterie. Piece de bois coupée en arc. On s'en sert pour faire les cintres & les toits des domes ronds. On appelle *Courbes de platfond*, Plusieurs de ces pieces qui dans une piece d'appartement forment les cintres d'un platfond au dessus d'une corniche, & on appelle *Courbe rampante*, le Limon d'un escalier de bois à vis, lorsqu'il est bien déganchi selon sa cherche rampante. *Courbes rallongées*, sont les Esseliers qui sont sous les arestiers & sous les coyers.

Courbes, en termes de Marine, sont des pieces de bois beaucoup plus grosses que les courbatons dont elles ont la figure. On dit *Courbes d'arcasse*, & *Courbes de contr'arcasse*. Les premieres sont des pieces de liaison assemblées dans chacun des angles de la pouppe, d'un bout contre la lisse de hourdi, & en retour contre les membres du Vaisseau, & les autres sont des pieces de bois posées en fond de cale. Celles-ci sont arcboutées par en haut contre l'arcasse, & attachées du bout d'en bas sur les membres du Vaisseau.

On appelle sur les rivieres, *Courbe de chevaux*, deux chevaux accouplés qui tirent les bateaux avec une corde pour les remonter. Il faut quelquefois pour cela jusqu'à douze Courbes de chevaux.

Courbe. Terme de Manege. Tumeur dure & calleuse qui vient en longueur au dedans du jaret d'un cheval.

Courbe, est aussi une piece de bois taillée à la hache & non à la scie laquelle étant presque à l'équerre attache le fond & le bord. Un bateau à cinq ou sept liens de Courbe.

COURBE', E'E. adj. Terme de Blason. Il se dit de la situation naturelle des dauphins & des bars, & des fasces un peu voutées en arc. *D'azur au Dauphin courbé d'argent*.

COURBET. f. m. Terme de Bourrelier. On appelle ainsi les parties du fût d'un bas qui sont elevées & faites en maniere d'arcade, posant sur d'autres parties que l'on appelle *Aubes*.

COURBETTE. f. f. Terme de Manege. Action d'un cheval qui s'éleve en l'air. Ce sont des sauts d'une hauteur mediocre, qu'il fait en portant d'abord les deux piés de devant en l'air, & en faisant suivre les deux de derriere avec une égale cadence, en sorte que les hanches rebattent ensemble, après que les piés de devant ont touché terre par des reprises continuées & réglées. On dit qu'*Un cheval bat la poudre à courbettes*, quand il les hâte trop & les fait trop basses. On dit, *Faire la croix à courbettes*, pour dire, Faire cette sorte d'air ou de saut d'une haleine, en avant, en arriere & sur les côtés, comme une figure de croix.

COURBURE. f. f. Inclinaison d'une ligne en arc. On appelle aussi *Courbure*, le Revers d'une feuille de Chapiteau.

COURCE. f. m. Terme de Vigneron. Il se dit du bois qu'on laisse à la Taille.

COURCER, *se courcer*. v. n. p. Mot du Vieux langage. Se fâcher, se courroucer.

Quand vers eux se cource forment.

COURCIVE. f. f. Terme de Marine. C'est dans de certains petits Bâtimens qui ne sont point pontés, Un demi-pont que l'on fait de l'avant à l'arriere de chaque côté. On appelle aussi *Courcives*, de longues & fortes Pieces de bois, qui en faisant le tour d'un Vaisseau en dedans, lui servent de liaison.

COURCON f. m. Sorte de fer qui est par gros morceaux depuis deux jusqu'à quatre piés de long, & qui a deux pouces & demi en quarré.

COURE'E f. f. Composition dont on frotte les Vaisseaux qu'on met à l'eau, ou dans lesquels on s'apprête à faire un voyage de long cours. Elle est faite de resine, de soufre, de suif & de verre brisé, & sert à garantir le bordage des vers qui s'engendrent dans le bois. On dit, *Donner la courée à un Navire*, pour dire, Lui donner le suif. On dit aussi *Couroi*.

COURET. f. m. Sorte de composition qui se fait de brai, de soufre, de suif & d'huile & dont on se sert pour frotter les parties du Vaisseau qui entrent dans l'eau.

COURGE. f. f. Sorte de plante rampante, qui est de la nature des citrouilles. Elle a ses feuilles semblables au lierre, fort grandes & un peu blanches, & des verges & scions sarmenteux & anguleux, qui lui servent à s'accrocher à ce qu'elle trouve, à monter sur les arbres & à s'y entortiller. Ses fleurs sont blanches & grosses, & faites presque en forme d'étoiles; mais il n'en est gueres qui en portent. Matthiole dit qu'il y en a de trois sortes, de longues, de rondes & de plates; mais que la diversité de leur figure ne leur donne point de diverses qualités. Les graines qui sont le plus près du col, produisent les grandes Courges; les rondes viennent des graines qui sont au milieu, & les graines qui sont aux côtés, font venir les Courges grosses, courtes & plates. Celles-là sont propres à tenir du vin, de l'huile & autres liqueurs. Pour avoir de grosses Courges, on doit planter la graine sans dessus dessous. Celles que l'on veut garder pour en avoir de la graine, doivent être des premieres venues. Il faut les laisser dans la plante jusqu'à l'hiver, & les mettre ensuite secher au Soleil ou à la fumée, jusqu'à ce qu'elles soient tout à fait seches. On a remarqué que si on remplit d'eau un vaisseau qui ait la bouche large & grande, & qu'on le mette à cinq ou six doigts près d'une Courge, il ne se passe pas vingt-quatre heures sans que la Courge s'abaisse, & s'approche de l'eau. Il y a d'autres Courges, qu'on appelle *Courges d'Inde*, à cause que les premieres graines en ont été apportées des Indes Occidentales. Leurs feuilles sont plus grandes que celles de nos Courges de jardin, plus fermes, âpres & attachées à une queue roide. Leur sarment est gros, anguleux, âpre & velu. Leur fleur est grande, de couleur d'or & semblable à celle du lis. Elles ont une grosse graine comme les amandes. Dioscoride dit que la Courge est bonne à manger; que crue, pilée & enduite, elle appaise les tumeurs & apostumes, & que ses raclures appliquées sur le front des petits enfans, leur ôtent les ardeurs & les chaleurs de la tête, & qu'elles sont bonnes aux inflammations des yeux.

Courge. Maniere de corbeau de fer ou de pierre, sur lequel est porté le faux manteau des cheminées anciennes.

COURGIE. s. f. Vieux mot qui veut dire, Fouet, & qui est la même chose que *Corgie*.

A or & d'or fu li bâtons,
Où la courgie étoit noée.

COURIR. v. n. *Aller de vîtesse & avec impetuosité.* Acad. Fr. Il signifie en termes de Marine, Faire route, gouverner. On dit sur mer quand on apperçoit un Vaisseau de loin, *Où court ce Vaisseau*, pour dire, Quelle route tient-il? Si l'on répond: *Il court à l'autre bord*, on fait entendre, qu'il fait une route contraire à celle qu'on tient. On dit, *Courir une bordée*, pour dire, Conduire un Vaisseau à stribord ou à bas bord, jusqu'à un revirement. On dit aussi, *Courir Nord*, ou par quelque autre aire de vent, pour dire, Aller au Nord, cingler par le rumb de vent qu'on nomme. On appelle, *Courir en longitude*, quand on cingle de l'Est à l'Ouest, ou au contraire; &, *Courir en latitude*, quand on cingle du Nord au Sud, ou du Sud au Nord. Lorsqu'on dit au Pilote, ou au Timonnier, *Fais courir*, c'est un ordre qu'on lui donne, afin qu'il fasse porter plein les voiles, ou qu'il n'aille pas au plus près du vent. On dit qu'*Un Vaisseau court sur son ancre*, lorsque le Vaisseau est porté par le vent, ou entraîné par le courant de la mer, du côté où son ancre est mouillée.

COURLIEU. s. m. Oiseau aquatique, qui a le bec long & courbé. Voyez CORLIEU. On dit aussi *Courlis*.

COURONNE. s. f. *Un tour de branches, de fleurs, ou choses semblables, qui se met sur la tête de quelqu'un pour marque d'honneur, ou pour ornement*, Acad. Fr. Les Romains se servoient de diverses sortes de Couronnes pour recompenser ceux qui avoient signalé leur courage & leur valeur par quelque grande action. Celui qui avoit fait lever le siege de quelque Place, recevoit une Couronne faite avec de l'herbe verte qui avoit cru dans la Ville assiegée, & cette Couronne s'appelloit *Obsidionale*, du Latin *Obsidere*, Assieger. Un Citoyen qui avoit sauvé la vie à un autre Citoyen en tuant son ennemi étoit honoré de la *Couronne Civique*, appellée ainsi de *Civis*, Citoyen, & la recevoit des mains du General de l'Armée. Elle étoit faite de branches & de feuilles de chêne. *La Couronne Castrense* ou *Vallaire*, appellée ainsi de *Castra*, le Camp, ou de *Vallum*, Rempart, étoit la récompense de celui qui étoit entré le premier dans le Camp des Ennemis. Elle se faisoit d'or, & sa figure representoit une palissade forcée. Celui qui avoit monté le premier sur les murailles d'une Ville assiegée, obtenoit la *Couronne Murale*, appellée ainsi de *Murus*, Mur. Le cercle de cette Couronne, que l'on faisoit d'or, étoit élevé en maniere de creneaux de muraille. La *Couronne Navale*, que l'on appelloit ainsi de *Navis*, Navire, étoit d'or, & il y avoit de petits éperons de Navire du même métal, qui l'environnoient. On la donnoit à celui qui dans un combat naval avoit sauté le premier sur le bord d'un Vaisseau ennemi.

Couronne. Terme de Blason. Representation des Couronnes qu'on met pour timbre aux Armoiries, afin de marquer la dignité des personnes qui emploient cet ornement. Celle de l'Empereur est un Bonnet cintré & sommé d'une Croix avec un demi-cercle d'or, qui porte la figure du monde. Elle laisse voir ce Bonnet entr'ouvert sur les deux côtés de son cintre, & a deux pendans par le bas, ainsi que la Mitre d'un Evêque. La Couronne du Roi de France, est un cercle de huit fleurs de lis, cintrées de six diadêmes, qui ferment ce cercle avec une double fleur de lis au dessus. Charles VIII. est le premier Roi de France qui l'ait portée fermée. Celle du Dauphin ne l'est que de quatre diadêmes, & celles des enfans de France sont ouvertes par le haut, & ont seulement les huit fleurs de lis. La Couronne du Roi d'Espagne est rehaussée de grands trefles refendus, & couverts de diadêmes qui aboutissent à un globe surmonté d'une Croix. Philippe. II. est le premier Roi d'Espagne qui l'ait portée fermée; & il ne l'a fait que comme Fils d'Empereur. La Couronne d'Angleterre est rehaussée de quatre Croix comme celle de Malte, entre lesquelles sont quatre fleurs de lis. Elle est couverte de quatre diadêmes, qui aboutissent à un petit globe surmontant une même Croix. La plûpart des autres Rois ont leurs Couronnes composées de hauts fleurons ou de grands trefles. Elles sont aussi fermées de quatre, de six ou de huit diadêmes, & sommées d'un globe croisé. Le Duc de Savoye a sa Couronne fermée de deux demi-cercles couverts de perles. C'est en qualité de Roi de Chypre qu'il la porte ainsi. Elle a au dessus un globe surmonté de la Croix de saint Maurice, qui est treflée. La Couronne du Duc de Florence est ouverte avec deux fleurs de lis épanouies qui la rehaussent, & des pointes & rayons aigus, à la maniere de celles des anciens Empereurs qu'on appelle *Couronnes rayonnées* ou *à pointes*. Elles en avoient douze, qu'on dit qui representoient les douze mois de l'année. Les Seigneurs qui ont des Terres en Principauté, portent aussi la Couronne à l'antique; c'est-à-dire, un cercle d'or rehaussé de douze pointes. La Couronne des Archiducs n'a qu'un seul demi-cercle en ceintre, garni de perles, qui porte un globe croisé. Elle est relevée de huit hauts fleurons qui enferment un Bonnet rond d'écarlate. Les Electeurs de l'Empire ont pour Couronne une espece de Bonnet qui est rouge & retroussé d'hermines, avec un diadême d'un demi-cercle, sommé d'un globe surmonté d'une croix d'or. La Couronne Ducale est toute de fleurons à fleurs d'ache & de persil. Celle des Marquis, moitié perles & moitié fleurons alternés, & celle des Comtes, de perles sur un cercle d'or. Les Vicomtes ont leur Couronne composée de neuf perles, de trois en trois, entassées l'une sur l'autre; & les Barons une espece de Bonnet avec tortis, ou des tours de perles en bande sur le cercle. Les Couronnes des Vidames sont d'or, & garnies de perles. Quatre Croix parées les rehaussent; ce qui marque que la vûe qu'on a eue en les érigeant, a été de les rendre les appuis de l'Eglise. Il y a aussi des Ecus d'armoirie chargés de Couronnes. Celui de Suede est chargé de trois, qui marquent la Suede, la Norvege & le Danemark. La Ville de Cologne porte aussi trois Couronnes dans son Ecu, à cause de trois Rois que l'on prétend y être enterrés.

On dit *Couronne de tête*, pour dire, La partie de la tête, qui est située entre le devant & le derriere. Cela vient de ce que c'est-là que l'on porte la Couronne.

Couronne. Terme de Physique. Meteore, cercle brillant & coloré qui environne le Soleil ou la Lune jusqu'à une certaine étendue. Ceux qu'on observe le plus communément, ont quatre ou cinq degrés de diametre, & on les appelle simplement *Couronnes*, ou bien ils ont jusqu'à quarante-cinq degrés de diametre, & on les appelle *grandes Couronnes.* L'astre est toujours à leur centre, & quand même il n'est pas de figure ronde, ce qui arrive toujours à la Lune, hors de l'opposition, la Couronne ne laisse pas d'être parfaitement circulaire. C'est ainsi que l'on voit autour de la flâme d'une chandelle une couronne qui n'en prend point la figure longue; mais qui se forme parfaitement en cercle. Toutes les couronnes des astres sont colorées, dans les petites, le bleu est en-dedans, & le rouge en-dehors; & c'est le contraire dans les grandes. Comme ce Meteore ne paroît que dans un tems serain, on ne peut supposer autre chose dans l'air que de petites parcelles de glace très-déliées, répandues entre l'astre & notre œil, qui font parvenir à nous par refraction des rayons de l'astre qui n'y seroient pas venus directement, & les colorent en les rompant. Voyez COULEUR. Au-delà d'un certain angle, la refraction causée par ces parcelles de glace ne peut faire venir de rayons à nos yeux, & c'est ce qui limite l'étendue des couronnes, & leur donne toujours une figure circulaire, indépendamment de la figure du corps lumineux. La grandeur de cet angle dépend du plus ou du moins d'obliquité de l'incidence des rayons sur ces parcelles de glace, de leur figure, de leur plus ou moins de convexité, de la quantité de rangs qu'il y en a les unes au-dessus des autres, car si un rayon traverse plusieurs parcelles de suite, il se courbe beaucoup davantage. Ainsi il doit y avoir des couronnes de plusieurs grandeurs differentes, & si celles qu'on a observées le plus souvent, ont été de quatre ou cinq degrés ou de quarante-cinq de diametre, cela vient peut-être de ce que les petites couronnes se sont formées dans des parcelles de nege presque entierement plates, & qui faisoient de fort petites refractions, & que ces mêmes parcelles lorsqu'elles sont fondues à demi par le chaud & ensuite soudainement regelées par le froid deviennent glace, & passent sans milieu d'une très-petite convexité à une assés considerable, ce qui leur fait faire ou de fort petites, ou de grandes refractions. Quant aux couleurs des couronnes. Voyez COULEUR. Quant à la disposition des couleurs, elle dépend de l'ordre où viennent les rayons, eu égard à la convexité, & à la concavité de la courbure des refractions.

Couronne. Terme d'Architecture. La partie plate, & la plus avancée de la corniche qu'on nomme larmier. On appelle *Couronne de pieu*, La tête d'un pieu, qui est quelquefois garnie d'un cercle de fer; ce qui empêche qu'en battant le pieu avec le mouton pour l'enfoncer, il ne s'éclate sous la violence des coups.

On appelle en termes de Fortification, *Ouvrages à couronne*, des pieces avancées vers la campagne pour gagner quelque éminence. On les appelle aussi *Ouvrages couronnés.* Ils sont composés d'une gorge spatieuse, & de deux ailes qui tombent sur la contrescarpe, à l'endroit des faces d'un bastion; en sorte qu'ils en sont défendus, & presentent du côté de la campagne un bastion entier, entre deux demi bastions, dont les faces se regardent. Ces ouvrages ont aussi leurs demi-lunes, & on ne les fait que pour occuper quelque grand terrain.

Couronne. Terme de Manége. Partie la plus basse du paturon d'un cheval, qui regne le long du sabot, & qui se distingue par le poil, qui en joint & couvre le haut.

Couronne. Terme de Fauconnerie. Duvet qui couronne le bec de l'oiseau, à l'endroit où il se joint à la tête.

On appelle *Couronne de lampe*, la partie d'une lampe d'Eglise qui porte le verre.

On appelle *Couronne foudroyante*, Une couronne remplie de feux d'artifices, dont on se sert dans les Sieges.

Couronne. Terme de Papetier. Papier qui est marqué d'une Couronne. *Acheter de la Couronne.*

Couronne Imperiale. Fleur Printaniere qui fleurit rouge ou jaune. Elle a une odeur désagreable, & porte sur le haut de sa tige plusieurs petites cloches en maniere de couronnes.

COURONNÉ, ÉE. adj. Terme de Blason. Il se dit des lions, des casques & autres choses qui ont couronne. *De sable au lion d'argent couronné d'or.*

On appelle en termes de Manége, *Cheval couronné*, un cheval qui par chûte ou autrement s'est si fort blessé aux genoux, que le poil en est tombé. Les chevaux couronnés sont difficiles à vendre, à cause qu'on les soupçonne d'être sujets à tomber sur les genoux.

On dit en termes d'Architecture, qu'*Une moulure est couronnée*, pour dire, qu'Elle a un filet au-dessus; qu'*Une table*, ou qu'*un placard est couronné*, pour dire, qu'Il est terminé par une corniche; & quand une niche est couverte d'un chapiteau, on dit de même qu'*Elle est couronnée*,

Les Jardiniers appellent *Arbres couronnés*, les arbres qui étant sur leur retour, commencent à ne plus pousser de bois qu'à l'extrémité de leurs branches.

COURONNEMENT. s. m. Terme d'Architecture. Tout ce qui fait & termine le haut d'un ouvrage. On appelle *Couronnement de voute*, Le plus haut du voussoir d'une voute, en le prenant au vif de sa clef; & *Couronnement de fer*, Un grand morceau de Serrurerie à jour, dont on orne le dessus d'une porte de clôture de Chœur d'Eglise, ou celui d'une porte de Jardin. On le fait d'enroulemens & de feuillages avec des armes, chiffres ou devises. On dit aussi *Couronnement d'une serrure*, en parlant de l'ornement qui se met au-dessus de l'ouverture, & sur l'écusson. On appelle *Couronnement*, dans un Vaisseau, un ornement que l'on place dans le plus haut de la pouppe.

COURONNER. v. a. Terme d'Architecture. Terminer un corps avec quelque amortissement.

COURONNURE. s. f. Terme de Chasse. Il se dit de sept ou huit menus cors rangés au sommet de la tête d'un Cerf en maniere de couronne.

COURREAU. s. m. Vieux mot, qui a signifié une barre, une coulisse. Marot a dit dans ses Pseaumes.

D'avoir jusqu'aux courreaux rompu d'airain les portes.

COURROY. COURROYER. Voyez CORROY & CORROYER.

COURS. s. m. *Flux, mouvement de quelque chose de liquide.* ACAD. FR. On appelle en termes d'Architecture, *Cours d'assise*, un rang continu de pierres de niveau, qu'aucune ouverture n'interrompt. Ces pierres doivent être de même hauteur dans toute la longueur d'une façade.

Cours de pannes, se dit d'un ou de plusieurs rangs de pannes les uns sur les autres. On met de chaque côté d'une couverture autant de cours de pannes qu'on croit qu'il en est besoin pour la portée des chevrons. On dit aussi *Cours de plinthe*. C'est la continuité d'une plinthe de pierre ou de plâtre dans un mur de face. Elle sert à marquer la séparation des étages.

Cours. Terme de Mer. Route que fait un Vaisseau. On dit, *Faire le cours, armer des Vaisseaux en cours*, pour dire, Mettre en mer des Vaisseaux armés en guerre, afin de combattre les Corsaires.

COURSE. s. f. *Action, mouvement de celui qui court*. Acad. Fr. On dit en termes de Serrurerie, *Donner course à un pene*, pour dire, Le faire sortir & avancer.

COURSIE. s. f. Terme de Marine. Passage qui est entre les bancs des Forçats sur une Galere. Il est large d'un pié & demi, & regne depuis la proue jusques à la poupe. Nicod en parle en ces termes. *Coursie est l'allée du large de deux ou trois ais en une Galere qui va de proue à poupe entre les deux rangs des bancs des Forçaires, tant pour le promener du Comite quand ils voguent, & foueter à coups de nerf de bœuf ceux qui ne tirent à l'aviron comme ils doivent, que pour faire le guet par tout sur iceux Forçaires, qu'ils ne se désenchaînent ou fassent quelque conspiration, que pour l'aller ordinaire de tous ceux qui sont en la Galere passant d'un bout d'icelle à l'autre.*

COURSIER. s. m. Gros canon d'une Galere qui est logé sur l'avant. Il tire par dessus l'éperon, & est ordinairement de fonte verte. On fait aussi des Chaloupes qui ont des Coursiers, c'est-à-dire, un lieu à l'avant & au milieu du Vaisseau, où l'on met une piece de canon en baterie.

COURSIERE. s. f. C'est encore un terme de Marine. Il se dit d'un pontlevis, qui sert pour le combat, & qui est couvert depuis le gaillard jusques au château de proue. On l'appelle *Pont de Coursiere*. Voici la description qu'en fait Nicod. *Coursiere ou Pont de Coursiere en fait de Navires s'entend ainsi. Depuis le gaillart jusques au grand mât, y a un pont de bois, au milieu duquel est le cabestan. Un pié & demi au-dessus de ce pont y a un autre pont de barreaux assis au long des Turpots sur deux serres, & devant ledit mât y a un traversin qui porte deux ailonres allans le long du Navire jusques au château d'avant, entre lesquelles la largeur de trois piés & demi y a une couverture à panneaux, chacun d'iceux ayant trois barreaux. Tout ceci ainsi clos, couvert & équipé est appellé* Coursiere ou Pont de Coursiere, *& ce pont est levis & pont de guerre qu'on peut lever quand on veut.*

COURTAGE. s. m. Mot qui a signifié autrefois Honneurs & respects. Il y en a qui veulent que ce mot vienne de ce que celui qui les rend s'abaisse devant la personne qui les reçoit, & se rend court en quelque façon.

COURTAUD. s. m. Instrument à anche & à vent, qui sert de basse aux musettes. Il a la figure d'un gros bâton, & est percé tout de son long par deux trous qui se communiquent. Le vent descend d'abord par ces trous, & remonte ensuite, à cause que cet instrument est bouché par en bas. C'est une maniere de basson, mais raccourci.

COURT-BOUTON. s. m. Cheville de bois à demi-équerre, qui sert à lier les bœufs avec un Omblet ou anneau de bois tortillé au bout du timon.

COURTIL. s. m. C'est la même chose que *Cortil*, qui a signifié autrefois un petit jardin. *Courtil*, se dit encore presentement d'une cour qui n'est fermée que de hayes ou de fossés. On le dit aussi des bassecours où l'on fait le ménage de la campagne.

COURTINE. s. f. Terme de Fortification. Front de la muraille d'une Place forte entre deux bastions. C'est l'endroit le mieux flanqué, & cela est cause que l'assiegeant y conduit fort rarement son attaque. Du Cange fait venir ce mot du Latin *Cortina*, comme qui diroit *minor Cortis*, petite cour de paysan entourée de murs.

Courtine, s'est dit autrefois des rideaux d'un lit, mais il est vieux presentement dans ce sens, & n'est plus en usage que pour l'Eglise, en parlant des rideaux qui sont des deux côtés d'un Autel.

Courtine. Terme de Marine. Filet qu'on tend sur les sables que la mer couvre & découvre dans le tems de son flux & de son reflux. On s'en sert beaucoup sur les côtes de Normandie.

COURT-JOINTE'. adj. Terme de Manége. On appelle *Cheval court-jointé*, Un Cheval qui a le paturon court, ce qui le rend sujet à être droit sur les jambes. Hors du Manége, les Chevaux court-jointés fatiguent mieux que ceux qui sont long-jointés.

On appelle aussi en termes de Fauconnerie, *Oiseau Court-jointé*, celui dont les jambes sont de mediocre longueur.

COURTOIS, oise. adj. *Civil, gracieux, tant en ses discours qu'en son accueil & en toutes ses actions*. Acad. Fr. On trouve dans le vieux langage, *Lances courtoises*, & *Courtois roquets*, surquoi Nicod dit. *Courtois roquets, lances courtoises sont dits par translation, les Roquets & les lances, dont les pointes & fers sont rabbatus, mousses & non esmolus desquels on combat soit en lice ou en behourd, pour plaisir, & déduire soi & les Dames.*

COURVETTE. s. f. Terme de Marine. Espece de barque longue qui va à voiles & à rames. Elle n'a qu'un mât & un petit trinquet, & il y en a ordinairement à la suite d'une Armée navale. On s'en sert pour envoyer à la découverte, & pour porter des nouvelles.

COUS, ou *Coyer*. s. m. Pierre à aiguiser (vient de *Cotis*.) On appelle aussi *Coyer* le Sabot percé, qui distille de l'eau sur la pierre.

COUSIN. s. m. Petit insecte volant, fort incommode par le bruit qu'il mene, & encore plus par les piquûres qu'il fait. Les Cousins n'ont point de cou non plus que les mouches, & ont six grandes jambes avec une trompe qu'ils allongent & retirent. C'est par le moyen de cette trompe qu'ils sucent le sang des animaux, & les autres liqueurs dont ils se nourrissent. On ne s'en peut garantir dans les lieux où ils abondent, qu'en mettant du papier sous ses bas. Leur aiguillon n'est point assés fort pour le percer.

COUSSIN. s. m. *Sorte de sac cousu de tous les côtés & rempli de plume, ou de bourre, ou de crin, pour s'appuyer, ou pour s'asseoir dessus*. Acad. Fr. On appelle en termes de Marine, *Coussin de canon*, Un gros billot de bois posé dans le derriere de l'affût & qui en soûtient la culasse. On dit aussi *Chevet de canon*. *Coussin d'amure*, est un tissu de bitort, qu'on met sur le plat-bord du Vaisseau à l'endroit où porte la ralingue de la voile, afin d'empêcher qu'elle ne se coupe. On donne aussi le même nom de *Coussin*, à un semblable tissu qu'on met sur les cercles des hunes, & sur le mât de beaupré. On l'emploie au même usage.

Couſſin. Terme de Doreur ſur cuir. Petit ais couvert d'une peau de veau, ſur laquelle on coupe les tranches d'or. Il y a du poil de Cerf ſous cette peau.

COUSSINET. ſ. m. Petit Couſſin. *Couſſinet*, ſe dit en termes d'Architecture, d'un ornement du chapiteau Ionique. Il eſt entre l'abaque, & l'ove, & ſert à former les volutes. On l'appelle ainſi à cauſe qu'il repreſente comme un oreiller preſſé par ſa charge, & qui eſt roulé & attaché d'une courroye. *Couſſinet*, eſt auſſi la premiere aſſiſe qui porte la rampe des piedroits des voutes rampantes.

Couſſinet. Terme de Doreur. Morceau de bois bien uni, ſur lequel eſt poſé un lit de crin ou de bourre, & par deſſus une peau de mouton ou de veau bien tendue, & attachée avec de petits clous. Un morceau de parchemin qui a ſix doigts de hauteur, entoure ce Couſſinet de deux côtés, ce qui empêche le vent de jetter à terre l'or qu'on met deſſus. *Couſſinet*, ſe dit auſſi d'une maniere de petit Couſſin de cuir rempli de ſable, ſur lequel les Graveurs en cuivre appuyent leur cuivre en travaillant.

COUSTANGE. ſ. f. Vieux mot. Coût. On a dit, *Faire Couſtange à un autre*, pour dire, Lui cauſer de la dépenſe.

COUSTIERES. ſ. f. p. Gros cordages dont les mâts d'une Galere ſont ſoûtenus, & qui lui ſervent de haubans. Il y en a cinq à chaque côté de l'arbre de meſtre, & trois au trinquet.

C'eſt auſſi un Fer battu & refendu d'environ un pouce de large & deux ou trois lignes d'épaiſſeur.

COUSTILLE. ſ. f. Mot du vieux langage, qui ſignifioit une épée, ou long poignard. On l'appelloit ainſi, ou de *Couſtel*, que l'on diſoit pour coûteau, ou parce qu'on portoit les Couſtilles ſur le côté. On appelloit *Couſtilliers*, ceux qui portoient la Couſtille d'un homme d'armes, & qui ſe tenoient près de lui. *Les Couſtilliers & guiſarmiers ſe partirent.* C'eſt delà qu'on dit encore, *Donner une Couſtillade*, pour dire, Faire une balaffre, ſur-tout au viſage.

COUSU, UE. adj. Terme de Blaſon. Il ſe dit du chef quand il eſt de couleur ſur couleur, ou de métal ſur métal. *De gueules au Lion d'or, au chef couſu d'azur.*

COUTEAU. ſ. m. *Morceau de fer & d'acier tranchant d'un ſeul côté, qui ſert d'ordinaire à couper du pain, de la viande, & pluſieurs autres choſes.* ACAD. FR. C'eſt une uſtencile propre à divers mêtiers. Il y a des *Couteaux à ſie, des Couteaux à chapiteau*, dont les Charpentiers ſe ſervent, & d'autres pour les Plombiers. Les Vitriers ſe ſervent d'*un Couteau à mettre en plomb*, qui eſt d'un pouce & demi de taillant, & qui coupe par la pointe. Ils en ont un autre qu'ils appellent *Couteau à racoutrer.* C'eſt avec quoi ils rabattent le plomb.

Couteau de pié. Outil dont les Cordonniers ſe ſervent à couper le cuir. Il eſt tranchant & arrondi en demi cercle, & ſon manche eſt fait en poignée.

Couteau de chaleur. Terme de Manége. Morceau d'une faulx à couper l'herbe. Il a environ la longueur d'un pié, & ne coupe que d'un côté. Cette ſorte de Couteau eſt mince, & n'eſt large que de trois à quatre doigts. On s'en ſert pour rabattre la ſueur des Chevaux; ce qui ſe fait en le coulant doucement ſur leur poil.

Couteau de feu. Inſtrument de Maréchal en forme de Couteau. Il eſt de fer ou de cuivre, long d'un pié, épais par le dos, & mince de l'autre côté. Quand les chevaux ont quelque partie malade, il ſert à y donner le feu, après qu'on l'a fait chauffer dans la forge.

COUTELAS. ſ. m. Sorte d'épée courte & large. C'eſt en termes de Marine, ce qu'on appelle autrement, *Bonnette à étui*, c'eſt-à-dire de petites voiles qu'on attache de beau tems à côté des grandes.

COUTRE. ſ. m. Groſſe plaque de fer tranchante large de trois bons doigts, & longue d'environ deux piés & demi, qui eſt attachée à un des côtés de la charrue, & qui fend & partage la terre quand elle la laboure. On écrivoit autrefois *Coultre.* Nicod le dérive du Latin *Culter.* Le Coutre differe du ſoc, qui eſt une autre groſſe piece de fer, qui commence l'ouverture de la terre, d'où l'on a fait *Coutereau*, piece de fer proche le coutre de la charrue.

Coutre, eſt une eſpece de Hache longue & étroite, emmanchée de côté, qui ſert à fendre de la latte.

COUTURE. ſ. f. Maniere d'accommoder le plomb ſur les couvertures. Les Plombiers couvrent quelquefois ſans ſouder les tables de plomb, mais ſeulement avec des coutures, c'eſt-à-dire que le plomb eſt retourné l'un ſur l'autre, & attaché avec de bons clouds; cela empêche qu'il ne ſe caſſe par l'exceſſive chaleur, ou par le trop grand froid.

Couture. Terme de Mer. Diſtance qui ſe trouve entre deux bordages, & dans laquelle on a calfaté. On dit, *Couture ouverte*, quand l'étoupe qu'avoit miſe le calfat entre deux bordages, eſt ſortie.

COUVERT, ERTE. adj. Terme de Blaſon. Il ſe dit d'une tour qui a un comble. *De gueules à la tour couverte d'or.*

COUVERTE. ſ. f. Terme de Mer, dont ſe ſervent les Levantins pour ſignifier Pont ou tillac. Ils diſent qu'*Un Vaiſſeau porte couverte*, pour dire, qu'Il a un pont.

On appelle, *Couverte de l'iſoſcele de proue*, Un certain eſpace qui regne vers l'arbre du trinquet, & vers les rambades. C'eſt delà qu'on jette en mer les ancres à quatre bras que l'on appelle *Riſſons.* On y charge auſſi l'artillerie.

COUVERTURE. ſ. f. Terme de l'art de bâtir. Toit d'une maiſon. Ce mot ne s'emploie pas ſeulement, pour ſignifier Le plomb, l'ardoiſe, la tuile, & tout ce qui ſert à couvrir le comble d'une maiſon, mais le comble même. Les Couvertures des maiſons étoient toutes plates dans les premiers ſiecles; & comme elles ne garantiſſoient pas de l'eau ni des neges, on les éleva depuis en faîtes; & l'on exhauſſa plus ou moins les combles ſelon les divers climats. On appelle *Couverture à claire voie*, celle où les tuiles ſont éloignées les unes des autres, comme aux apentis qui ne doivent pas ſubſiſter long-tems. Il entre beaucoup moins de tuile dans cette ſorte de Couverture que dans la Couverture ordinaire.

COUVIVER. v. a. Vieux mot. Flater.

COUVRECHEF. ſ. m. Coiffure dont les femmes de Village ſe ſervent en pluſieurs Provinces, comme en Normandie, en Picardie & en Champagne. Elle eſt faite d'une toile longue, empeſée, qui leur pend ſur les épaules, & dont le haut entoure leur tête.

COUVREFEU. ſ. m. Morceau de fer ou de cuivre jaune ou rouge, haut d'un pié & demi & large de deux. Il eſt fait en forme de voute, & on le met devant le feu quand la viande eſt à la broche. On s'en ſert auſſi pour couvrir le feu, & le conſerver la nuit.

On appelle ainſi la Cloche qui ſonne à ſept, huit ou neuf heures, & en Latin *Ignitegium.*

COY

COYAU. ſ. m. Petite piece de bois entaillée ſur la

roue d'un moulin. Elle sert à soûtenir les petites planches sur lesquelles tombe l'eau qui fait tourner la roue. On appelle aussi *Coyaux*, en termes de Charpenterie, de petits bouts de chevrons qui soûtiennent & conduisent la Couverture d'une maison jusques au bord de l'entablement, ce qui facilite l'écoulement des eaux, en formant l'avance de l'égoût du comble.

COYER. s. m. Terme de Charpenterie. Piece de bois qui sert à la couverture d'un bâtiment. Elle est assemblée par un bout dans l'arrêtier, & par l'autre, au gousset de l'enrayeure.

CRA

CRABE. s. f. Sorte d'Ecrevisse dont se nourrissent les habitans des Antilles. Il y en a de violettes & de blanches. Ces dernieres sont trois fois plus grandes que les autres. Il semble que tout le corps de cet animal ne soit composé que de deux mains tronquées par le milieu, & rejointes ensemble. On y voit quatre doigts des deux côtés, avec deux mordans qui servent comme de pouces. Le reste du corps est couvert d'une écaille de la largeur de la main. Elle est relevée en bosse, & sur le devant sont enchassés deux petits yeux longs & gros comme des grains d'orge, fort transparents & solides. Un peu au-dessous est la gueule couverte de quelques barbillons, sous lesquels il y a deux dents larges comme la moitié de l'ongle, fort tranchantes & d'une grande blancheur. Elles sont aux deux côtés, & s'entrejoignent comme des fers de ciseaux. C'est avec quoi elles coupent les feuilles, les fruits & les bois pourris, qui sont leur nourriture ordinaire. Toute cette écaille est remplie d'une certaine liqueur épaisse, grasse & fibreuse, au milieu de laquelle est ce que les Habitans appellent le fiel de ces animaux, à cause de son amertume. Ce n'est pourtant que leur estomac où tout ce qu'ils mangent se digere. Il est gros deux fois comme le pouce, & composé d'une membrane assés déliée, & étendue par deux petits cartilages. Au-dessous de leur corps, est une maniere de plastron fait de diverses écailles ajustées comme les tassettes d'un corselet, sous lequel sont cinq ou six barbillons de chaque côté. Il y a un petit pertuis large comme le tuyau d'une plume, par où les Crabes vuident leurs excremens. Il sort immediatement de l'estomac, & passant par le milieu de ce plastron, il vient se terminer à sa fin. Elles n'ont point de sang, & jettent seulement une eau claire quand on les blesse, cette eau se caille & s'épaissit comme de la gelée. C'est une chose merveilleuse de les voir descendre de la montagne au mois d'Avril ou de Mai pendant les premieres pluyes. Elles sortent toutes alors des creux des arbres, des souches pourries, & de tous les trous qu'elles se sont faits; & la terre en est tellement couverte, qu'on ne peut presque faire un pas sans en écraser quelqu'une. Elles marchent fort lentement toute la nuit, & le jour quand il pleut, & s'exposent fort rarement au soleil, n'y ayant rien qui leur soit plus contraire que la chaleur. Elles font comme des bataillons fort serrés, longs d'une lieue ou d'une lieue & demie, & larges de quarante ou cinquante pas. Si pendant leur marche dans un jour de pluie, elles rencontrent un lieu sans abri, & que le soleil commence à paroître, elles s'arrêtent toutes à la lisiere du bois, & attendent la nuit pour passer l'endroit qui est découvert. Que si quelqu'un s'approche du gros, & leur donne l'épouvante, elles font une retraite confuse & à reculons, presentant leurs deux mordans, qui serrent jusqu'à emporter la piece, & font jetter les hauts cris à celui qu'elles attrapent. Elles frappent de tems en tems ces mordans l'un contre l'autre, & font tant de bruit & un si étrange cliquetis en s'entreheurtant de leurs écailles, qu'on ne le peut comparer qu'à celui que font les corselets & les tassettes d'un Regiment de Suisses qui marche. Quand la pluie cesse pendant leur descente, elles font une alte generale, & chacune se retire où elle peut, sous des arbres creux ou sous des racines. Les habitans profitent de la necessité où elles sont de s'arrêter, & il n'y a point de case où l'on n'en tue plus de cent par jour. On jette alors tous les corps, & on se contente d'un amas de petits œufs presque imperceptibles, dont elles ont gros comme le pouce à chaque côté de l'estomac. Ces œufs sont fort nourrissans, & de très-bon goût. L'interruption des pluies fait dans certaines années, qu'elles sont deux ou trois mois à venir jusqu'à la mer, où si-tôt qu'elles sont arrivées, elles se laissent couvrir deux ou trois fois des premieres vagues qui battent la rive, & se retirent incontinent pour aller chercher où se reposer. Cependant les œufs des femelles grossissent, sortent du corps, & s'attachent aux barbillons qui sont sous le plastron. Il y en a pour l'ordinaire l'épaisseur d'un gros œuf de poule, qui sont semblables à la rogue des harencs. Comme ils ont alors perdu beaucoup de leur goût, on ne les estime plus. Quelques jours après elles retournent toutes se baigner dans la mer, où elles secouent leurs œufs. De petits poissons, que les Sauvages nomment *Titiri*, en dévorent à l'instant plus des deux tiers, & ceux qui échapent éclosent sur le sable; en sorte qu'on voit les petites Crabes gagner la montagne par milliers. Toutes les Crabes, grandes & petites, viennent une fois tous les ans se baigner dans la mer, & elles y arrivent en huit ou dix jours quand le tems est pluvieux. Après qu'elles sont sorties de leur second bain, elles sont si foibles qu'elles ont peine à marcher. Elles deviennent maigres, & leur chair change de couleur; ce qui est cause qu'une partie demeure quelque tems à se rengraisser dans le plat pays, & ne retourne pas si-tôt aux montagnes. Elles s'accouplent toutes lorsqu'elles se sont baignées, & s'étant remises dans leur embonpoint, elles font des trous dans terre qu'elles ont l'adresse de boucher si bien qu'il n'y sçauroit entrer d'air. Là elles se dépouillent de leurs anciennes écailles, & de la carcasse de leurs os, inséparables de la même écaille. Elles ne font aucune rupture, & laissent cette carcasse si entiere, qu'il est impossible de connoître par où elles sont sorties. Elles demeurent près de leur écaille sans nul mouvement; & pendant qu'elles sont dans cet état, on les appelle *Crabes boursieres*. Elles n'ont point d'amertume dans l'estomac, & sont grasses & fort pleines, ce qui les rend un manger délicieux. Elles ne sont revêtues pour lors que d'une peau extrêmement délicate, qui s'endurcit peu à peu, & se forme en écaille. Elles ont en ce tems-là quatre pierres de la grosseur d'une féve de Bresil, fort blanches & attachées au-dessous de l'estomac. Ces pierres se fondent à mesure que l'écaille s'endurcit, & se dissipent entierement quand elle a atteint sa perfection. On assûre qu'elles font jetter le gravier des reins; mais elles sont fort désagreables à prendre.

Il y a aussi dans les Antilles des *Crabes de mer*, semblables aux Cancres qu'on voit aux Côtes de France, de Hollande & d'Angleterre. On y en voit sur-tout de deux sortes, aussi particulieres en leurs formes qu'en leurs qualités. La premiere est une espece de petit Cancre quarré, large d'environ deux pouces, dont les deux mordans sont fort aigus & fort frêles, aussi-bien que toute l'écaille & toutes les autres parties de son corps. Ses yeux sont luisans, & faits comme ceux des Crabes des montagnes. C'est de cette sorte de Crabes qu'on écrit qu'elles ont l'industrie d'épier les Huîtres & les Moules que la marée amene. Elles attendent qu'elles ouvrent leurs coquilles, & y jettent un petit caillou qui les empêche de se refermer; ce qui fait qu'elles les mangent plus facilement. Une de ces Crabes brisée & dissoute dans le vin, est un antidote merveilleux contre les venins. Leurs coquilles, dont on trouve quantité sur les rochers qui sont le long du rivage de la mer, sont diversifiées de blanc & de rouge, & sont admirées de tous ceux qui les regardent. Les autres Crabes de mer qu'on trouve dans les mêmes Isles, ne sont pas plus grandes qu'un écu blanc, & sont couvertes d'une coquille qui leur cache tout le corps. Ce qu'elles ont de particulier, c'est une queue fort pointue, longue comme le petit doigt; & semblable à la lame des Stilets d'Italie. Elles ont sous leur écaille cinq petits piés qui sont autant de mordans, dont elles pincent & serrent assés fort. Si elles piquent quelqu'un de leur queue, elles lui font ressentir la même douleur que s'il avoit été piqué d'un Scorpion. Le remede y est donné par l'animal même qu'il ne faut qu'écraser sur la piqûre.

CRABIER. s. m. Espece de Heron, dont il y a de deux sortes dans les Isles de l'Amerique. Le premier differe fort peu d'un Heron; mais on y a remarqué une chose fort particuliere, qui est que dans la substance de la peau du ventre, il y a quatre taches jaunes, larges d'un pouce & longues des deux, & deux autres semblables dans les deux cuisses. Celles-là sont plus épaisses & ameres comme le fiel. Il faut avoir soin de les couper si on ne veut perdre l'oiseau & la viande avec laquelle il auroit bouilli. Il lui communique si bien son amertume qu'il est impossible d'en manger. L'autre est un très-bel oiseau qui a le col deux ou trois pouces plus long que le corps. Ses ailes finissent avec la queue. Il est monté sur des jambes longues & menues comme celles des Herons. Son bec est long d'un pié, droit, menu & jaune tirant sur le vert. Sa tête a comme un chaperon noir, & porte sur le sommet une belle arête de plume de couleur d'ardoise, audessous de laquelle pendent en arriere en forme de pennaches, deux autres plumes, longues de huit à dix pouces, fines & déliées comme des aigrettes, aussi de couleur d'ardoise. Ses yeux sont larges, clairs comme du cristal, & environnés d'un cercle doré. Il a au bas du col cinq ou six aigrettes blanches, qui sont précieuses & rares, à cause qu'il n'y a que ceux qui sont fort vieux qui en ont. Tout le reste de cet oiseau est couvert de ces belles plumes fines de couleur d'ardoise, comme celles qui lui servent de pennaches. Celles de ses ailes sont presque de même couleur. Sa chair est aussi bonne que celle des autres Herons, mais celui-là n'est pas si commun. On les appelle *Crabiers* l'un & l'autre, à cause qu'ils vivent ordinairement de Crabes.

CRAC. s. m. Terme de Fauconnerie. Il se dit d'un certain mal qui vient aux Faucons.

CRACHOIR. s. m. Espece de petit augé de bois rempli de chaux vive, où crachent les Religieux pendant qu'ils disent l'Office à l'Eglise. On le met devant les chaises ou bancs où ils sont assis.

CRAIE. s. f. Vaisseau Suedois ou Danois. Cette sorte de bâtiment porte trois mâts, & n'a point de mât de hune.

CRAMPE. s. f. Espece de goutte ou d'engourdissement, qui fait retirer ou étendre le cou, les bras, & les jambes avec douleur. Cette sorte de convulsion, qui ne dure pas, est causée par une vapeur crasse & lente qui est entre les membranes des muscles. Le mot de *Crampe*, vient de l'Allemand *Krampff*, qui veut dire la même chose. *Crampe* se dit aussi d'un certain engourdissement qui arrive au jarret des chevaux, & qui leur fait traîner la jambe au sortir de l'écurie. Il se dissipe quand ils ont un peu marché.

CRAMPON. s. m. Morceau de fer ou de bronze que l'on coule en plomb, & qui sert à retenir les pierres & les marbres. On en fait à crochet & à queue d'aronde. On appelle *Crampon de fermeture*, un Morceau de fer plié en quatre, qu'on attache dans la piece du milieu d'une croisée de fenêtre. On pousse dedans le verrouil des targettes qui sont attachées sur le chassis de la vitre. Les Selliers appellent aussi *Crampon*, un petit Morceau de cuir en forme d'anneau, qu'ils mettent sur le devant d'une selle, & où l'on attache les fourreaux des pistolets. *Crampon de penture*, est, dans les portes cocheres, une Piece de fer qui passe par dessus le collet d'une bande ou barre de fer, & qui traversant la porte, est rivé sur le bois par l'autre côté.

CRAMPONÉ', E'E. adj. Terme de Blason. Il se dit des croix & autres pieces dont les extrêmités sont recourbées comme celles d'un fer cramponné, ou qui ont une demi potence. *Croix cramponnée*, *macle cramponnée*.

CRAN. s. m. Terme de Manége. Replis de la bouche du cheval. Ce sont des inégalités de chair en maniere de sillons dans le palais du cheval, qui vont en travers d'un des côtés de la machoire à l'autre. Quand un cheval a la bouche échauffée, on lui donne un coup de corne au troisiéme cran, ou au quatriéme, pour le saigner.

On dit, en termes de Marine, *Mettre un Vaisseau en cran*, pour dire, Donner le radoub à un Bâtiment, le mettre en carene.

CRANCELIN. s. m. Terme de Blason. Il se dit d'une portion de couronne posée en bande à travers un Ecu, qui se termine à ses deux extrêmités, tant du côté du chef que de la pointe. On dit aussi *Cancerlin*.

CRANEQUIN. s. m. Instrument ou bandage dont on se servoit anciennement pour armer les arbalêtes, & qu'on appelloit autrement *Pié de biche*. Ceux qui portoient ces sortes d'arbalêtes, que l'on fit d'abord de bois, puis de corne, & enfin d'acier, s'appelloient *Cranequiniers*.

CRAPAUD. s. m. Animal venimeux qui ressemble à la grenouille. Il y en a de plusieurs sortes: mais ceux qu'on appelle *Reines vertes*, & que les Latins appellent *Rubetæ*, parce qu'ils se nourrissent dans les buissons, & les Grecs φρῦνοι, sont plus dangereux que ceux des marais. Quand ils sont grands, ils ont la peau si dure & si épaisse, que les Paysans ont peine à les percer avec leurs bâtons, quelque aigus qu'ils soient. Ils jettent leur venin par leur urine, & se gonflent pour cela, afin de le faire aller plus loin ou sur les herbes ou sur les bêtes qui paissent. Outre le venin de leur urine, leur bave n'est pas moins venimeuse que le napellus. Leur sang est aussi mortel, de même que la poudre qu'on en fait. Quoique les Crapaux n'ayent point de dents, ils ne laissent pas d'empoisonner la partie qu'ils mordent avec leurs babines, qui sont âpres & rudes. On tient qu'ils forcent les petits oiseaux & les belettes à se venir jetter dans leur gueule.

CRAPAUDAILLE. s. m. Mot qui se prononce ainsi

par corruption, au lieu de *Crespodaille*. C'est un crêpe fort délié, dont on fait les coifes des femmes & les voiles des Religieuses.

CRAPAUDINE. s. f. Pierre précieuse qu'on appelle ainsi à cause qu'elle se trouve dans la tête des crapaux. On tient qu'elle resiste aux venins.

Crapaudine. Piece de métal, de fer ou de cuivre, dans laquelle entre le pivot d'une porte, ou de l'arbre de quelque machine, & qui les fait tourner en rond. On la nomme aussi *Grenouille* & *Couette*.

Crapaudine, se dit encore d'une crevasse causée par les éponges du fer des piés de derriere d'un cheval, lorsqu'elles donnent sur la couronne de l'autre pié de derriere.

CRAQUELIN. s. m. Sorte de patisserie fort seche, dont Nicod parle en ces termes. *Craquelin est une espece de fouasse ou gâteau usité en Picardie, qui est faite de fine fleur de farine de froment pêtrie avec des moyeux d'œuf & eaue, & est fort legier & brisable à la dent, dont du craquer quand on en mange il peut avoir prins le nom.*

CRATÆOGONUM. s. m. Plante que quelques-uns appellent *Cratæonum*, & qui a ses feuilles semblables au Melamhyrum. Elle est fort acre, & croît la plûpart aux lieux ombrageux & garnis d'arbres. Sa graine ressemble au Millet, & sa racine a plusieurs tuyaux compartis en divers nœuds. Voilà ce qu'en a écrit Dioscoride. Matthiole, après avoir dit que quelques Simplistes prennent pour Cratæogonum, une Espece de Persicaria, ajoûte qu'il n'est pas de leur sentiment, & que quoiqu'il n'ait jamais trouvé aucune herbe qui s'y puisse rapporter, il ne veut pas inferer delà que le Cratæogonum ne croisse point en Italie, cette herbe ayant été si obscurement décrite, qu'il est difficile de la remarquer.

CRAVAN. s. m. Sorte de petit coquillage désagreable & vilain, que le tems forme sous les Vaisseaux qui ont fait de longs voyages sur mer.

CRAVATE. s. m. On appelle *Cravates* ou *Croates*, des Cavaliers en corps de Regiment que commande un Colonel. Ils vont reconnoître l'Ennemi, & insulter ses quartiers, & servent d'enfans perdus le jour d'une bataille.

Cravate. Cheval qui porte ordinairement l'encolûre haute, & qui tend le nés en branlant la tête. On l'appelle *Cravate* ou *Croate*, à cause que ces sortes de chevaux nous sont amenés de Croatie; frontiere de Hongrie.

CRAYE. s. f. Sorte de terre assés dure, & d'une grande blancheur. Les Latins l'ont nommée *Creta*, à cause qu'il s'en trouve quantité dans l'Isle de Crete, aujourd'hui Candie. On en connoît de trois sortes, la blanche, la verdâtre & la noire, mais il n'y a que la blanche dont on se serve dans la Medecine. Elle est dessechante, déterisve & emplastique; & étant appliquée au-dehors, elle desseche & cicatrise les playes & les ulceres. On s'en sert aussi quelquefois interieurement contre les ardeurs de l'estomac.

Dioscoride parle d'une *Craye rouge*, qu'il dit être de moindre efficace en tout que le Boli Armeni commun. La meilleure croît en Egypte & autour de Carthage, & est frêle & aisée à rompre. On en trouve aussi aux Espagnes Occidentales. Celle-là est faite d'ocre brûlée & convertie en craye rouge. Matthiole dit que les Anciens ont appellé la Craye rouge, *Rubrica fabrilis*, à cause que les Charpentiers en teignoient leur cordage pour tracer & marquer au juste ce qu'il falloit retrancher des pieces de bois qu'ils équarrissoient. Il avoue pourtant qu'il ne sçait si la craye rouge, dont nos Charpentiers se servent presentement, est la vraie *Rubrica fabrilis* de Dioscoride.

CRAYON. s. m. Petit morceau de pierre tendre qu'on aiguise en pointe, & dont on se sert pour dessiner. Ils sont, ou de craye blanche pour rehausser, ou de pierre noire pour ombrer, ou de sanguine. On doit les tenir dans un lieu humide, si l'on veut empêcher qu'ils ne durcissent. On dit, *Le premier crayon d'un tableau*, pour dire, l'Esquisse, le premier dessein.

CRE

CREANCE. s. f. Filiere ou ficelle dont on se sert pour retenir un Oiseau qui n'est pas encore bien assûré. On appelle aussi *Oiseau de peu de creance*; Celui qui est sujet à s'essorer & à se perdre.

On applique aussi, en termes de Chasse, le mot de *Creance* aux chiens qui sont plus adroits & qui obéissent mieux que les autres, & on les appelle *Chiens de bonne creance*.

Entre les differentes significations que Nicod donne au mot de *Creance*, il dit qu'il signifie l'Essai des viandes, & qu'ainsi on dit, *Faire la creance du Roi*, pour dire, Faire l'essai de ce qu'il boît & de ce qu'il mange. Il ajoûte que l'Italien dit *Credenza*, & *Fare la credenza*, dans la même signification, & qu'il appelle *Credentiere*, Celui qui fait l'essai.

CREANTER. v. a. Vieux mot qu'on trouve dans la signification de Promettre. *Et je vous jure & vous creante*. On a dit aussi, *Creancer* dans le même sens, & *Creand* & *Crand*, pour, Caution, serment.

CRECERELLE. s. f. Sorte d'Oiseau de rapine, de couleur fauve, & semé de taches noires. Il a le bec bleu & la queue longue, marquetée aussi de noir. Ses jambes sont hautes & jaunes, & ses quatre doigts de même couleur. Les grosses plumes de ses ailes sont ordinairement noires, & il fait son nid dans de vieilles tours. On tient qu'il défend les pigeons des autres oiseaux de proye. Les souris, les mulots & les lezards qu'il trouve par les champs, sont sa nourriture. La Crecerelle a un cri fort déplaisant, & quelques-uns dérivent ce mot de *Querquedula* ou *Querquerella*, à cause que *Querquerum* chés les Anciens signifioit un cri lamentable. Saumaise le fait venir de *Crepitacella*, à cause du bruit que la Crecerelle fait en volant. M. Ménage le tire de *Crecarella*, fait de κρέξ, Oiseau qui a le bec fort aigu, & qui aime le combat. Il pourroit aussi venir de κρέκη, que Galien explique par, Son odieux, ou de κρίκελος, qui se prend chés Hesiode pour, Lamentation.

CRECHE. s. f. *La mangeoire des bœufs, des brebis & autres animaux semblables*. ACAD. FR.

On appelle *Creche*, en termes de construction de Pont, Une espece d'éperon qu'on borde d'un fil de pieux, & que l'on remplit de maçonnerie devant & derriere les avantbecs de la pile d'un pont de pierre. *Creche d'aval, creche d'amont*. Comme l'eau dégravoye davantage à la queue d'une pile, celle d'aval doit avoir plus de longueur que celle d'amont. La *Creche de pourtour* doit environner toute une pile, & on la fait en maniere de bâtardeau avec un fil de pieux à six piés de distance, resepés trois piés au-dessus du lit de la riviere. Ces pieux doivent être liernés, moisés, retenus avec des tirans, scellés au corps de la pile, & remplis d'une forte maçonnerie de quartiers de pierre, afin d'empêcher l'eau de dégravoyer & déchausser le pilotis.

CREDENCE. s. f. Buffet ou table sur laquelle on

met les verres. Il se dit aussi du lieu où l'on a coûtume de serrer les vivres.

CREMAILLERE. s. f. Fer plat & délié qui a environ trois doigts de largeur, avec des dents presque tout du long. Il est recourbé au bout d'en bas, & on le pend à un gros crampon au haut du contrecœur de la cheminée. Il sert à y pendre des chauderons & des marmites sur le feu.

On appelle aussi *Cremaillere*, certaines Garnitures de fer qui sont en travers derriere les portes des grandes maisons, & qui servent à les ouvrir autant & si peu qu'on veut, par le moyen d'une barre qu'on fiche dans leurs divers crans.

Cremaillere, se dit aussi des fers que l'on met aux chaises de commodité, & qui servent à en hausser ou baisser le dossier, selon qu'on le trouve plus commode, & en general on appelle *Cremailleres*, les Crans qui sont en plusieurs machines & ressorts. Nicod fait venir ce mot du Grec κρεμάω, Je suspens. M. Ménage le dérive de *Cramacularia*, qu'il dit qu'on trouve dans les Capitulaires de Charlemagne. On dit aussi *Cremillere*.

CREMASTERE. adj. Terme de Medecine. Il y a deux muscles que l'on appelle *Muscles cremasteres*, à cause qu'ils tiennent les testicules suspendus. Quelques-uns en reconnoissent aussi à la matrice. Ce sont des fibres charnues par lesquelles elle est attachée au peritoine. *Cremastre* vient du Grec κρεμᾶν, Suspendre.

CREME. s. f. La partie grasse du lait, dont on fait le beure, & qui est de consistance liquide. Elle cuit & digere, & est temperée & adoucissante. Quelques-uns s'en servent pour en oindre le visage de ceux qui sont attaqués de la petite verole. Elle est bonne aussi pour les enfans tourmentés de galle avec inflammation.

Creme de tartre. Ce n'est autre chose que le tartre que l'action du feu a purifié. Il y a deux manieres de le faire, la lotion simple & la dissolution. La Creme de tartre est bonne dans les maladies mélancoliques, & on s'en sert avant qu'on emploie les purgatifs, à cause qu'elle digere & prépare les matieres pour être évacuées plus facilement. On a remarqué qu'elle n'est point propre à ceux qui sont sujets aux douleurs de tête que cause la chaleur des hypocondres, si on la dissout seule dans un bouillon, comme on le fait ordinairement. Elle ne purge presque point par elle-même : mais étant mêlée avec des purgatifs, sur-tout avec le sené, elle aiguise leur qualité purgative.

Creme de tisane. Décoction d'orge mondé faite en quantité proportionnée d'eau. On l'y laisse jusqu'à ce qu'elle ait attiré la premiere substance de l'orge qui sort quand l'orge se creve. Elle est détersive, laxative & refrigerative, & on lui donne le nom de *Creme*, à cause que la substance qui est audessus est la plus subtile.

CREMIR. v. a. Vieux mot. Craindre.

Si doit-on de paour fremir,
Et le puissant Juge cremir.

On a dit aussi, *Cremer*. *Or est cils morts que tant cremoient ceux de Troye*. On trouve encore, *Cremeteux*, pour dire, Craintif, & *Cremeur*, pour, Crainte.

CRENEAU. s. m. Petite ouverture à jour au parapet des murailles des Villes, qui est d'intervalle en intervalle, & par laquelle on a la liberté de regarder ou de tirer. M. Ménage dérive ce mot de *Crenellum*, diminutif de *Crena*, qui veut dire, Fente; & Fauchet dit qu'il vient de *Cran*, qui signifie une Hoche. Comme c'est une espece de fenêtre quarrée, qui sert aux Soldats à mettre le fusil ou le mousquet quand on veut tirer pour défendre la Place, du Cange le fait venir de *Quarnellus*. C'est ce qui a fait dire à Nicod, que quelques-uns écrivent & prononcent *Quarneaux*, au lieu de *Creneaux*, parce que, dit-il, telles entaillures sont peut-être en figure quarrée.

CRENELE', E'E. adj. Terme de Blason. Il se dit des tours, châteaux, bandes, fasces & autres pieces à creneaux. *D'argent à la fasce crenelée de gueules*.

CRENEURE. s. f. Vieux mot. Coupure par dentelles, selon Nicod, ou bien, *Entaille façonnée en creneaux, qui est quarrée, & non pyramidale, comme des dents de souris que les Lingeres font aux bords des mouchoirs, collets & manchettes : mais plus usité est Crenelûre, de Crenel.*

CRENQUENIERS. s. m. p. On appelloit ainsi autrefois certains Officiers qui pouvoient faire execution.

CREOISON. s. f. Mot du vieux langage qui signifioit Creation & Creatures. *Dieu crea toute creoison*.

CREPUSCULE. s. m. La premiere lumiere qui paroît à l'Orient avant le lever du Soleil, & celle qui paroît à l'Occident après que le Soleil est couché. Elle commence le matin, ou cesse le soir lorsque le Soleil est à dix-huit degrés au-dessous de l'horison. L'*Atmosphere* est la cause des crepuscules, parce qu'elle nous envoye par refraction des rayons qui ne seroient pas venus directement à nous, car étant plus épaisse que la matiere éthe-rée qui est au-dessus, elle rompt les rayons en les approchant de la perpendiculaire, (Voyez REFRACTION,) & comme cette perpendiculaire est une ligne tirée au centre de la terre, l'Atmosphere fait tomber sur une certaine partie de la terre des rayons qui n'y étoient pas destinés. S'il n'y avoit point d'Atmosphere, il est certain que nous ne verrions aucune lumiere ni avant le lever ni après le coucher du Soleil, & que nous passerions tout d'un coup des pures tenebres au plein jour, & du plein jour aux pures tenebres. Le Crepuscule est très-court dans la Sphere droite; il est plus long dans l'oblique, à cause que le Soleil monte & descend perpendiculairement dans la droite, & obliquement dans l'oblique. Cela est cause que l'arc qui est entre le point du commencement du Crepuscule & celui du lever du Soleil, est plus court dans la droite, & par consequent il demande moins de tems pour être parcouru que dans l'oblique. Comme cet arc est plus long l'été que l'hiver, le Crepuscule d'été est aussi plus long que celui d'hiver.

CREQUIER. s. m. Sorte de prunier sauvage, qui croît dans les hayes de Picardie, & qui porte un fruit qu'on appelle *Creque*. Il y en a pourtant qui croyent que le Crequier soit un arbre imaginaire. La Maison de Crequi en porte un dans ses Armes, où il est representé avec sept branches disposées en forme de chandelier, & qui portent de petits fruits comme des capres. Le Pere Menêtrier dit que le Crequier est un cerisier sauvage, qui ayant été assés mal representé en un tems où les Graveurs & les Peintres n'étoient pas habiles, a toûjours retenu depuis la même figure en Armoiries.

CRESPINETTE. s. f. Sorte de coifure dont on s'est servi autrefois.

Et par dessous la crespinette
Une couronne d'or pourtraite.

CRESPIR. v. a. Employer le plâtre ou mortier avec un balai sans passer la truelle par dessus. On fait venir ce mot de *Crispare*, Friser.

On dit en termes de Couroyeur, *Crespir un cuir*,

pour dire, Prendre un cuir lorsqu'il est sorti de l'eau, & lui faire venir le grain.

CRESSON. f. m. Herbe qui croît dans les ruisseaux des fontaines, & toûjours accompagnée de la berle. Le Cresson, que l'on appelle en Latin *Crescio* ou *Sisymbrium aquaticum*, jette au commencement ses feuilles rondes, & ces feuilles venant à croître, sont déchiquetées comme celles de la roquette. Il a l'odeur & la saveur du Cresson alenois, que l'on nomme *Cardamum*; & c'est ce qui fait qu'on lui donne aussi le nom de *Cardamine*. Le Cresson échauffe & provoque à uriner. Dioscoride dit que si on l'applique la nuit sur le visage, il en ôte les lentilles, & toutes sortes d'autres taches.

Cresson, est aussi une sorte de fleur double, panachée tirant sur le violet.

CRESTE. f. f. *Certaine chair rouge & ordinairement dentelée, qui vient sur la tête des coqs, des poules, & de quelques autres oiseaux qui approchent de cette espece.* ACAD. FR.

On appelle *Crêtes*, les Cueillies ou arestieres de plâtre dont les tuiles faistieres sont scellées.

Les Marchands de blé disent sur les ports, *Mettre le blé en crête*, pour dire, Remuer un tas de blé dans un bateau, & l'élever en forme de pyramidale.

Crête marine. Herbe branchue & feuillue de tous côtés, qui croît aux lieux maritimes & pierreux, à la hauteur d'une coudée. Ses feuilles sont grasses & blanchâtres comme celles du pourpier, quoique plus larges & plus longues. Elles viennent en grand nombre, & ont un goût salé. Leur fleur est blanche, & leur graine, qui est comme celle du romarin, odorante, molle & ronde, se rompt quand elle est sechée, & a au-dedans un noyau semblable au grain de froment. Cette herbe, qu'on nomme autrement *Bassile*, jette trois ou quatre racines de la grosseur d'un doigt. Cuites en vin avec la graine & les feuilles, & prises en breuvage, elles servent aux difficultés d'urine, provoquent les mois, & guerissent la jaunisse.

CRESTE', E'E. Terme de Blason. Il se dit des coqs, à cause qu'ils ont une crête. *D'azur au coq d'argent crêté & barbelé de gueules.*

CRESTEAUX. f. m. p. Ce mot se disoit autrefois au lieu de *Creneaux*, & on les nommoit ainsi à cause qu'ils étoient à pointes par intervalles, comme les crêtes des coqs.

CREVASSE. f. f. *La fente qui se fait d'une chose qui creve.* ACAD. FR. On appelle *Crevasse*, dans les chevaux, certaine Fente qui se fait aux paturons, & d'où il sort une eau rousse & puante.

CREVETE. f. f. Espece de petite Ecrevisse, dont la pêche se fait sur les côtes de l'Ocean avec un petit filet attaché à un bâton fourchu, que les Pêcheurs poussent sur les sables devant eux.

CREUSET. f. m. Vase de terre glaise cuite & fort seche, qui est en forme de pyramide, & dont les Orfévres & les Chimistes se servent pour fondre & calciner l'or, l'argent & les métaux. On fait aussi des creusets qui ont beaucoup de capacité pour les fourneaux des Verriers. Du Cange dérive ce mot de *Cruselinum*, qui a été employé dans la basse Latinité pour un petit Vaisseau à boire.

CREUX. f. m. Cavité. On appelle, en termes de Marine, *le Creux d'un Vaisseau*, Ce qu'un Bâtiment a de hauteur depuis le dessous du fond jusque sur la quille.

On dit en termes de Musique, qu'*Un homme a un beau creux de voix*, pour dire, qu'Il a une voix qui descend fort bas.

CRI

CRI. f. m. *Voix haute & poussée avec effort.* ACAD. FR. Il se dit aussi d'un cri naturel de plusieurs animaux, comme de la panthere, du leopard, du tigre, du loup cervier, du liévre, du lapin & du chevreuil.

On appelle *Cri*, en termes de Blason, un certain mot qui sert de Devise, & qu'on met au cimier des Armes. Le cri de la famille autrefois appartenoit toûjours à l'aîné, & si les puînés le prenoient, il falloit qu'ils y ajoûtassent le nom de leur Seigneurie. Anciennement aucun n'étoit reconnu pour Gentilhomme de nom, d'armes & de cri, que celui qui avoit droit de lever banniere. Ainsi les Bannerets faisoient le cri dans les batailles, & il y avoit autant de cris dans une Armée, qu'il y avoit de Bannieres. Ces Cris étoient des Cris particuliers, outre lesquels il y en avoit un general pour toute l'Armée. C'étoit celui du Roi, s'il s'y trouvoit en personne, ou celui du General. L'ancien Cri des Rois de France étoit *Montjoie S. Denys.* Dans les Tournois les Herauts d'armes faisoient le Cri, quand les Chevaliers étoient prêts d'entrer en lice. Voici ce que Nicod a rapporté là-dessus. *Cri de joûte, tournois ou batailles est la proclamation qu'un Heraut ou Roi d'Armes fait des titres, honneurs & Blason de l'Assaillant, quand il vient sur les ramparts pour faire armes, & s'éprouver contre le Tenant-Jean le Maire au premier des Illustrations de Gaule, chap. 141. parlant de Heliocan, Assaillant au pas tenu par Hector.* Après qu'il se fut acquitté vers les Dames, & que Idæus, le souverain Roi des Herauts, à tout sa riche cotte-d'armes eut épilogué ses titres en ses Blasons. *Et au chapitre 142. parlant de Paris aussi assaillant en ce pas.* Lors Idæus le Roi d'Armes, qui ne sçavoit autrement son nom, sinon qu'il l'avoit oui renommer Gentilhomme, se print à écrier en cette maniere : *Or est venu l'Ecuyer incognu, portant d'argent à un chef d'or par artifice de nature qui veut faire armes pour honneur acquerir.* A ce cri le Prince Hector sortit devant sa tente. *En tels cris on ne donnoit à nul champion venant sur les rangs le tiltre de Preux, ains de Fils de Preux sans plus, si de tel pere il étoit venu. Jean Petit en son Plaidoye justificatif du Duc de Bourgogne, touchant le meurtre par lui perpetré en la personne de Loys de France, Duc d'Orleans, couché au livre 1. chap. 39. de Monstrelet.* Il n'est si bon Chevalier au monde qui ne puisse faire une faute si grande, que tous les biens par lui faits auparavant en seront anichilés, & pour ce on ne crie aux joûtes ne aux batailles, *Aux Preux*; mais on crie bien, *Aux fils de Preux*, après le decès de son pere : car nul Chevalier ne peut être jugé preux, si ce n'est après son trépassement.

CRIBLE. f. m. *Instrument composé ordinairement d'une peau percée de plusieurs petits trous, propre à séparer le bon grain d'avec le mauvais, & d'avec les ordures.* ACAD. FR. Il y a des *Cribles à pié* dans les greniers. Ils sont composés d'une grande auge élevée, dans laquelle on verse le grain, qui en coulant sur de petites planchettes de bois, & sur plusieurs rangs de fil d'archal, s'évente & se nettoye, pendant que la poudre & les ordures coulent le long d'une peau qui est au derriere. On se sert d'un *Crible de main* dans les écuries, pour nettoyer l'avoine toutes les fois qu'on la donne aux chevaux. Ce Crible est composé d'un grand cercle de bois qui a trois doigts de largeur, & d'une peau de parchemin, où il y a par tout des trous de differente figure.

CRIBLER. v. a. Terme de Pharmacie. Separer ce qui est net & bien délié d'avec ce qui est grossier & sale. La difference qu'il y a entre cribler & couler, c'est que couler appartient aux choses liquides, & cribler aux seches. On crible souvent pour pouvoir mieux mêler celles qui sont bien menuës. Après que l'on a criblé, ce qui reste pour n'avoir pû passer par le crible, se remet dans le mortier, & on le pile encore une fois; après quoi on passe en un crible grossier & clair ce qu'on veut qui soit grossier. Il a fallu pour cela inventer diverses sortes de cribles. Les uns se font avec des écorces de tillet coupées menu, quoiqu'également. On les entrelasse en façon de treillis, & cette sorte de crible est propre à cribler les scieures de gaïac, & les matieres dont les Teinturiers se servent. Il y en a d'autres qu'on fait de crins de cheval, disposés en maniere de treillis, & tendus de part & d'autre avec deux cercles de bois. Quand on veut nettoyer les legumes, & ôter les autres graines qui y sont mêlées, on se sert de cribles faits comme ceux dans lesquels on crible le froment & l'orge. La bonne semence demeure, à cause qu'étant plus grosse que les autres petites graines, elle ne peut passer par les trous.

CRIC. s. m. Instrument de grande utilité pour lever toutes sortes de fardeaux. Il est composé d'une roue dentée qui se meut avec une manivelle, & qui fait élever une grosse barre de fer aussi dentée, lorsque les dents de la roue entrent dans celles de la barre. La boîte où le tout est enfermé, est aussi de fer. Les Charrons se servent de cet instrument. On s'en sert aussi à l'Artillerie.

CRIÉE. s. f. *Proclamation en Justice pour vendre des biens.* ACAD. FR. Il se dit plus particulierement des quatre publications qui se font à la porte des Eglises Paroissiales, des immeubles dont la vente est poursuivie en Justice. On les appelle autrement *Les quatre quatorzaines*, parce qu'il faut qu'il y ait quatorze jours d'intervalle entre chacune. On dit, *Certification de Criées*, & on appelle *Certificateurs de Criées*, Ceux qui attestent que les Criées ont été faites dans les regles. On appelle *Poursuivant Criées*. Celui sous le nom duquel se font toutes les procedures d'un Decret; & quand on dit d'un bien, qu'*Il est en criée*, on veut dire, qu'il est saisi réellement.

CRIEUR. s. m. Officier public qui va publier par les carrefours les ordres & les reglemens de la Justice. Quand le Juré Crieur fait un cri public; il est assisté de trois Trompettes.

On appelle *Crieurs de corps & de vin*, les Jurés & Officiers de Ville, établis autrefois pour annoncer le vin qui étoit à vendre, les enfans, les papiers & autres choses perdues, afin qu'on pût les recouvrer. Leur fonction est presentement réduite à faire les ceremonies des enterremens. Nicod en parle en ces termes: *Crieurs des Trépassés sont ceux qui étant vêtus de robes longues, noires, & portant bonnets en deuil avec chacun une cloche pendante en la main, & portant les Armes du Trepassé peintes en papier, attachées à leurs robes devant & derriere, vont criant & publiant par les Carrefours de la Ville le decès du Trepassé, l'heure & le lieu de son enterrement, & faisant presque une publique semonce, tant de convoi que de prieres pour le Trepassé. Il y en a le nombre de vingt-quatre à Paris, lesquels à ce faire ne peuvent être audit nombre de vingt-quatre, si ce n'est qu'ils crient le Roi ou la Royne decedés: car pour crier quelque autre personne que ce soit, tant soit-elle de grande autorité, ils ne peuvent être pour le plus que au nombre de vingt-trois, au dessous duquel qui plus en prend pour le cri, & plus est honorablement crié; & vont après au convoi marchant en pareil habit devant le cercueil & biere du corps, sonnant & branlant leursdites clockettes.*

CRIMNUM. s. m. La plus grosse farine de l'épeautre & du froment, dont on fait la bouillie. Dioscoride dit qu'elle est fort nourissante, & qu'elle resserre le ventre, si l'épeautre dont elle est faite a été rôtie auparavant. Pline nous apprend que les Anciens ont vécu long-tems du Crimnum, dont ils faisoient de la bouillie. Le mot Grec κρίμνον, signifie la même chose, c'est-à-dire, la plus grosse farine passée par le crible.

CRIN. s. m. Les faiseurs de lut nomment *Crin d'archet*, le Crin qu'on frotte avec de la Colofane, & dont les Joueurs de violon & de viole se servent pour faire resonner leurs instrumens.

CRINIERE. s. f. Racine du crin qui est sur le haut & le long du cou & entre les deux oreilles du cheval. Il se dit aussi du poil qui est sur le cou des lions.

Criniere, est aussi une toile ou couverture de cheval qui accompagne le caparaçon, & que l'on met sur ces crins depuis le haut de la tête jusques au surfaix.

CRINON. s. m. Nom que l'on donne à certains petits vers, qui étant sous la peau des enfans, les amaigrissent, en sorte que quoiqu'ils tettent & dorment bien, ils ne peuvent profiter; ce qui fait dire à beaucoup de meres que leurs enfans sont ensorcelés. Les Crinons paroissent aux yeux en forme de gros cheveux courts, ou de soye de Sanglier, lorsqu'on les a retirés en frottant la peau de miel dans un lieu chaud, & que le froid les fait retirer. Le Microscope les fait voir de couleur de cendre, ayant deux longues cornes, les yeux ronds & grands, la queue longue & velue au bout, & en un mot horrible à voir. Ils occupent ordinairement les parties musculeuses du dos, des épaules, du gras de la jambe au dessous de l'épiderme, & causent une demangeaison continuelle & fâcheuse à la surpeau, qui est très-sensible, & des inquiétudes, des cris & des insomnies aux enfans, qui s'amaigrissent & deviennent enfin comme en chartre. Les enfans foibles & délicats y sont les plus sujets. C'est, selon la conjecture de Horstius, la suppression de l'insensible transpiration qui les engendre. Si la matiere est temperée, peu acre, douce & grasse, elle se pourrit dans la retention, & les semences qui consistent dans des atomes imperceptibles aux sens jusqu'alors cachés & étouffés, se mettant en liberté, remplissent les desseins de la nature, & se changent en de petits animaux. On les découvre, & on guerit l'enfant en le mettant dans un bain, où on le frotte bien avec du miel. Les Crinons sortent avec la sueur en forme de gros poils noirs, qu'il est facile de racler & d'arracher avec un rasoir ou une croûte de pain, tandis qu'ils montrent la tête. Quelques femmes, au lieu de ce bain, mettent les enfans jusques au cou dans une lessive, où elles font bouillir de la fiente de poule, & les y laissent suer, en excitant les Crinons avec leurs mains enduites de miel. Si-tôt qu'ils paroissent, elles les raclent de la même sorte; ce qu'il faut continuer deux ou trois jours, jusqu'à ce que l'on n'en voye plus sortir. On les appelle *Comedones*, du verbe Latin *Comedere*, Manger, à cause de la maigreur des enfans dont ils mangent la nourriture, ou *Crinones*, de *Crinis*, Cheveu, parce qu'ils sortent d'ordinaire par les pores de la peau en forme de cheveux courts ou de poils noirs.

CRIOLE. s. m. Nom que les Espagnols donnent à leurs enfans qui sont nés aux Indes.

CRIQUE. s. f. Espece de petit Port fait sans aucun

art le long des côtes, où de petits bâtimens trouvent retraite pendant la tempête.

CRISSER. v. n. Faire un bruit aigre avec les dents en les serrant & les grinçant fortement.

CRISTAL. s. m. Pline a cru avec les Anciens que le Cristal étoit glace, & qu'il s'engendroit dans les lieux où il y a des neges continuelles; ce qui lui a fait donner le nom de Cristal, à cause que le mot grec κρύσταλλος, signifie Glace, de κρύος, froid, Matthiole refute son opinion, & tient qu'il est engendré des veines de la terre de la même humeur que le beril & le diamant, puisqu'on en trouve en Espagne, en Allemagne, en Scythie, en Chypre & en d'autres lieux, dans des carrieres de Marbre & d'autres pierres, & même en plusieurs mines de divers métaux. Pour le Cristal qui est attaché aux rochers inaccessibles, il dit qu'il ne doute point qu'il ne soit engendré d'une humeur fort purifiée dans les veines de la terre, qui s'est convertie en pierre, & que par succession de tems, à force de pluyes & d'inondations d'eaux qui emmenent toûjours la terre, ce Cristal ne soit demeuré à découvert. Ce qui confirme le plus que le Cristal n'est point de Glace, mais une humeur minerale, c'est qu'il va toûjours au fond de l'eau, au lieu que la glace nage dessus. Il est fait à six angles qui sont si lissés, si polis & si unis que les Lapidaires n'en sçauroient faire de pareils. On l'appelle *Cristal de roche* quand il est net, sans tares, pailles, atomes, petits nuages, & autres imperfections. Le burin couvre ces défauts en le gravant, mais le Cristal net est bien plus beau sans gravûre. Entre les presens dont Livia, Femme d'Auguste, enrichit le Capitole, elle y fit porter une piece de Cristal qui pesoit cent cinquante livres. Le Cristal a une vertu astringente; ce qui fait qu'on le donne à boire pour la dyssenterie bien pulverisé dans de gros vin. On faisoit anciennement une boule de Cristal avec laquelle les Medecins cauterisoient ceux qui craignoient le feu & le cautere actuel. Ils la mettoient directement contre les rayons du soleil, & par le moyen de leur reverberation, ils cauterisoient la partie sur laquelle il falloit faire l'operation.

Cristal de tartre. C'est la même chose que *Creme de Tartre.* Il se fait du Tartre mis en eau que l'on filtre & cristalise. Il y en a qui ne prennent que ce qui se gele sur la superficie de l'eau, qui est la veritable creme; mais le cristal n'est pas d'autre nature, si ce n'est qu'il a moins d'acidité.

On appelle *Cristal d'alun*, de l'alun preparé d'une certaine maniere pour la fievre. On le calcine dans un pot de terre, & on verse du vinaigre sur la calcination lorsqu'elle est encore rouge. L'alun se dissout par ce moyen. On filtre la dissolution, puis on la laisse évaporer à la cave, où il se forme de beaux cristaux, dont l'usage est fort celebre. La dose est d'un scrupule.

Il y a certains Cristaux qu'on appelle *Cristaux laxatifs de Jupiter*, qui sont fort utiles dans l'hydropisie des femmes. La dose en est de trois grains. On les prepare en prenant ce que l'on veut de mine de Jupiter en poudre, qu'on dissout dans de l'esprit de nitre, ou dans du vinaigre animé par l'esprit du nitre. On filtre la dissolution; qu'on laisse évaporer comme il est requis, & on la met en lieu frais pour faire former les Cristaux. Cette preparation se fait encore d'une autre maniere. On verse deux livres d'esprit de vitriol bien rectifié sur une livre de mine d'étain avec le double d'eau de fontaine. Après la dissolution & l'évaporation selon qu'elle se doit faire, il se forme de beaux cristaux, qui sont très-bons pour purger doucement les eaux des hydropiques par les selles.

Il y a aussi des *Cristaux purgatifs de Lune*, que l'on appelle autrement *Argent purgatif.* La preparation s'en fait en dissolvant l'argent dans l'eau forte ou l'esprit de nitre. On fait évaporer la dissolution au feu de sable en remuant toûjours, afin que l'esprit de nitre s'évapore egalement. La matiere se coagule en cristaux. Si on en touche la peau, ils y laissent une tache qui dure ordinairement plusieurs semaines. Quatre grains de ces Cristaux réduits en forme de pilules avec de la mie de pain, poussent puissamment les eaux des hydropiques, & se donnent salutairement dans la Cakexie, & dans les affections caterreuses. Ettmuller qui en parle ainsi, dit qu'ils ont beaucoup de succès en Angleterre, mais qu'il faut observer que ce remede relâche l'état tonique du ventricule, & qu'il seroit bon par consequent d'y ajoûter du Mars pour le maintenir ou le rétablir.

Cristal mineral. Medicament Chimique fait avec une demi-livre de Nitre depuré, qu'on fait fondre dans un creuset; après quoi on y jette peu à peu une demi-once de fleur de souffre. Quand elles sont exhalées, on met le Nitre dans un bassin en l'y étendant comme une plaque, & cette plaque se garde sechement, soit entiere ou par morceaux dans un vase bien bouché.

CRISTALLIN, adj. m. Terme d'Astronomie. Après qu'on eut découvert que le Firmament & les Etoiles fixes, (Voyez FIXES) avoient un mouvement propre d'Occident en Orient, & que par consequent le Firmament eût cessé d'être le premier Mobile, (Voyez MOBILE) & que l'on n'eût laissé au Firmament que son mouvement propre, sur les Poles du Zodiaque, comme ce mouvement paroissoit inegal, tantôt plus vîte, tantôt moins, on crut que pour expliquer cette inégalité, il falloit supposer au dessus du Firmament & au dessous du premier Mobile, un Ciel qui eût un balancement d'Orient en Occident, & d'Occident en Orient, autour des Poles du Zodiaque. Quand le balancement se faisoit d'Orient en Occident, comme il s'opposoit au mouvement du Firmament d'Occident en Orient, il se retardoit. Quand le balancement étoit d'Occident en Orient, il favorisoit & hâtoit le mouvement du Firmament. Le Ciel qui avoit ces deux balancemens fut appellé *Cristallin*, parce qu'il devoit être solide & transparent. Depuis comme on observa que la déclinaison de l'Ecliptique changeoit, (Voyez DECLINAISON) & que quelquefois l'Ecliptique étoit plus éloigné de l'Equateur vers le Septentrion & le Midi, quelquefois moins, on imagina encore un Cristallin au dessus du premier & au dessous du premier Mobile, qui fut encore reculé. Ce second Cristallin avoit un balancement du Midi au Septentrion, & du Septentrion au Midi, qu'il imprimoit au Firmament, & par lequel l'Ecliptique qui est dans le Firmament, tantôt s'approchoit de l'Equateur, tantôt s'en éloignoit, & devenoit plus ou moins Septentrional & Meridional à son égard. Tous ces balancemens ont été appellés aussi *mouvemens de Libration ou de Trépidation.*

Cristallin. Terme d'Anatomie ou d'Optique. On appelle *humeur Cristalline*, l'une des trois humeurs de l'œil. Voyez OEIL. Les rayons à leur premiere entrée dans l'œil, trouvent l'*humeur aqueuse* qui est plus dense que l'air, & où par consequent ils souffrent une refraction. Voyez REFRACTION. Ensuite ils tombent dans le Cristallin plus dense par l'humeur aqueuse; enfin ils passent dans l'*humeur vitrée*,

vitrée, & ce sont autant de refractions differentes, mais on ne considere ordinairement que celle qui se fait dans le Cristallin, parce qu'elle est la plus grande, tant à cause que le Cristallin est plus épais que les autres humeurs, qu'à cause qu'il a une figure plus convexe & plus propre par consequent à causer une grande refraction. On suppose donc que toutes les refractions de l'œil dépendent du Cristallin, & que c'est lui qui recevant les rayons partis d'un seul point de l'objet, les rassemble sur un seul point de la Retine, ce qui fait toute la *netteté* de la vision. Voyez VISION. Le Cristallin peut manquer en deux manieres à produire cette netteté ou distinction dans la vision. S'il est trop convexe, il fera de trop grandes refractions, & les rayons seront réunis avant que d'avoir atteint la retine; s'il n'est pas assés convexe, c'est-à-dire, trop plat, il fera des refractions trop foibles, & les rayons atteindront la retine avant que d'être réunis. Le premier défaut est plus ordinaire aux jeunes gens, & en general c'est le défaut de tous ceux qui ont la vûë courte, c'est-à-dire, qui ne peuvent voir que les objets proches, parce que les rayons de ces objets étant fort divergens, (Voyez DIVERGENS,) ils donnent lieu au Cristallin qui est fort convexe de faire de grandes refractions. Le second défaut est celui de la plûpart des vieillards qui voyent mieux de loin que de près, parce que leur Cristallin étant aplati, il faut de moindres refractions, & ne peut reunir juste sur la retine que des rayons peu divergens, tels que sont ceux qui partent d'un point éloigné. Comme nous sommes destinés à voir des objets differemment éloignés, la nature nous a donné le moyen de mouvoir nos yeux de sorte qu'ils devinssent plus longs ou plus larges, c'est-à-dire, que le Cristallin s'arrondît ou s'aplatît, selon qu'on voudroit voir un objet plus proche ou plus éloigné; mais cela ne va qu'à un certain point, & l'art a été d'un plus grand secours. On a trouvé pour ceux qui ont le cristallin trop convexe, des verres concaves qui écartent les rayons, & pour ceux qui ont le cristallin trop plat, des verres convexes qui rapprochent les rayons, (Voyez VERRE & FOYER) de sorte que quand les rayons ayant passé par ces verres arrivent à l'œil, ils ont acquis la divergence qui leur manquoit, ou perdu celle qu'ils avoient de trop, par rapport à ces deux sortes d'yeux.

CRISTALLISATION. f. f. Terme de Chymie. Operation par laquelle de certaines matieres se mettent en forme de Cristaux. Ainsi ayant fait une *dissolution* d'argent par de l'esprit de nitre, si l'on fait évaporer une partie du phlegme, & qu'on laisse refroidir ce qui reste, il se forme des especes de cristaux, qui ne sont apparemment que les Acides du nitre, unis avec les petites particules de l'argent. Cela s'appelle *Cristallisation*.

CRISTALLISER. v. a. Terme de Chymie. Reduire en Cristaux le Nitre, les Sels, les Vitriols & autres que l'on a dissous auparavant, filtrés, depurés & évaporés jusqu'à la pellicule. Etant exposés ensuite à l'air froid où les sels se congelent peu à peu, ils paroissent cristallins & diaphanes, à cause qu'ils retiennent quelque portion de l'eau avec laquelle on les a dissous; mais la moindre chaleur du soleil en les privant de cette eau, leur ôte leur transparence.

CRO

CROC. f. m. Harpon, main de fer. On appelle en termes de mer, *Croc de pouppe*, Un crochet de fer qui est le long d'une longue verge. On s'en sert à retirer l'appareil de la pompe quand on y veut raccommoder quelque chose. Le *Croc de candelette*, est un grand croc de fer avec lequel on prend l'ancre qui est hors de l'eau pour la remettre en sa place. On appelle *Crocs de Palans*, deux crocs de fer qui sont mis à chaque bout d'une corde fort courte. On met cette corde au bout du palan quand on a quelque chose à embarquer. Les Crocs de palans de canon, sont aussi des crocs de fer mis à chaque bout de ces palans. Leur usage est de croquer à l'erse de l'affust, ou à un autre croc qui est à chaque côté du sabord. Il y a aussi des *Crocs de Palanquins*, qui prennent ce nom de la manœuvre où ils servent.

Croc, Perche de Batelier. Elle a de longueur neuf ou dix piés, & a un bout qui touche jusqu'au fond de l'eau, une pointe de fer avec un crochet.

Croc. Terme de Manege. On appelle *Crocs*, quatre dents qu'ont les chevaux au delà des coins, & qui leur viennent à trois ans ou à trois ans & demi, & même quelquefois à quatre. Elles sont situées sur les barres où elles poussent à chaque côté des machoires, deux dessus & deux dessous, sans qu'aucune dent de lait ait auparavant poussé à leur place. On les nomme aussi *Crochets*.

Crocs de Chien. Arbre des Antilles de l'Amerique, appellé ainsi à cause qu'il accroche les chiens lorsqu'ils vont à la chasse, & les arrête tout court. Il n'est pas fort gros, mais ses branches se traînent jusques sur les arbres les plus hauts. Il est tout armé de petites épines faites en forme de crochets, & a de petites feuilles en fort petit nombre, assés semblables à celles du Prunier. Le fruit de cet arbre est jaune, & gros comme de petites prunelles.

CROCE', E'E. adj. Vieux mot. Qui est de couleur de safran, de *Crocus*, Safran.

CROCHET. f. m. Outil servant à differens Ouvriers Le *Crochet de fer*, avec lequel les Menuisiers arrêtent & tiennent le bois sur leur établie, est un morceau de fer à plusieurs dents, contre lequel ils poussent le bois, qui se trouvant arrêté sous ce crochet, ne peut reculer quand on le travaille. Le Crochet est emboîté dans un morceau de bois qu'on hausse & qu'on baisse, selon le besoin qu'on en peut avoir. Il y a un autre Crochet qu'ils nomment *Sergent*. Les Serruriers se servent d'autres Crochets pour tenir les pieces en travaillant.

Crochets de retraite. On appelle ainsi dans l'affût d'un canon, des fers crochus qui servent à trainer la piece. L'usage des plus élevés, est de la faire avancer, & on la fait reculer par le moyen de ceux qui sont les plus abaissés.

Crochets de chesneau. On appelle ainsi dans des couvertures des crochets de fer qui servent à soutenir les enfaîtemens & les chesneaux. Ce sont des fers plats, coudés, & que l'on attache sur l'entablement,

Crochet, se dit aussi d'une partie du trumeau de bœuf qui est coupée du côté du pié.

Crochet, Terme d'Imprimerie. Ce sont des traits ou lignes recourbées par les deux bouts, qui servent à lier quelques articles pour les faire lire ensemble avant que d'aller à des subdivisions qui se mettent à côté avec de pareils crochets, plus ou moins grands, selon l'étendue de ces subdivisions. Ils sont d'un fort grand usage dans les Genealogies, & dans les traités que l'on dispose en forme de tables.

CROCHU, UE. adj. Qui est recourbé, fait en crochet. Ce mot n'est plus gueres en usage. On appelle en termes de Manege, *Cheval crochu*, Un Cheval qui a les jarrets trop près l'un de l'autre. Ces sortes de chevaux ont accoûtumé d'être assés bons.

CROCODILE. s. m. Animal amphibie qui vit sur terre & dans l'eau, long de quinze coudées, selon Aristote, & de dix-huit, selon Pline. Il s'en trouve dans le fleuve du Gange, autour de Bengala, dans le Niger, & en quelques autres Rivieres de l'Asie & de l'Amerique; mais les plus grands viennent du Nil, & s'épandent de là dans toutes les autres Rivieres de l'Ethiopie qui s'y embouchent. Cet animal se jettant sur terre, où il s'avance quelquefois plus d'une lieue, y fait un grand dégât de bétail, sur-tout de brebis qu'il dévore entierement. Il a les yeux grands & la prunelle petite, l'épine du dos composée de soixante vertebres, les piés armés de griffes pointues & crochues, & la queue à proportion du reste du corps. Sa langue est si fort enveloppée & si difficile à discerner, qu'il semble qu'il n'en ait point. Cela vient de ce qu'il se nourrit dans l'eau aussi bien que sur la terre, & que les poissons ne montrent point de langue si on ne les met bien à l'envers. Il a de longues dents qui lui sortent de la gueule. Les Anciens ont écrit que c'étoit le seul animal qui remuoit la machoire de dessus & non celle de dessous; ce qui reparoit le desavantage qu'il a de ne pouvoir rien prendre ni retenir de ses pates; mais on n'en demeure pas d'accord. Son corps est couvert d'écailles que les fleches & les traits ont peine à percer, si ce n'est sous le ventre où il n'a point la peau dure. Il court en avant aussi vite qu'une mule; mais il a de la peine à se tourner à cause de la dureté de l'épine du dos, & cela est cause qu'on peut l'éviter en fuyant, & en tournoyant tantôt d'un côté, & tantôt de l'autre, sans aller jamais tout droit. Il peut subsister quatre mois sans prendre de nourriture, & a de coûtume de se plaindre, & de pousser des gemissemens comme une personne lorsqu'il a faim. Il se nourrit de poisson; de brebis, de chevres, & même de chair humaine lorsqu'on s'en laisse surprendre. Il est rapporté dans quelques Voyages, qu'un Crocodile ayant été pris, on lui trouva dans le corps trois petits enfans. Il ne fait point de petits, mais la femelle pond d'ordinaire soixante œufs, gros comme les œufs d'une oye, & les couve pendant soixante jours jusqu'à ce que le fruit soit entierement formé. Quelques-uns veulent qu'elle cache ses œufs dans le sable, & que la chaleur du soleil les couve. Il est surprenant que d'un si foible commencement cet animal parvienne à une telle grandeur, qu'on en trouve qui soient longs de trente piés, puisqu'il n'est gros que comme un lezard en sortant de l'œuf. Il vit fort long-tems, & est l'ennemi du Bufle, du Tygre, de l'Epervier, du Cochon de mer, du Dauphin, du Scorpion & de l'homme; mais sur-tout de l'Ichneumon qui écrase ses œufs, & qui se fourant dans sa gueule quand il dort, tâche de lui devorer les entrailles. Il est ami du Pourceau & du Roitelet. On voit fort souvent quantité de Pourceaux paître sans aucun danger le long du Nil où le Crocodile se tient le plus. Quant au Roitelet, il s'approche de cet animal lorsqu'il le voit saoul, & qu'il est couché la gueule encore pleine de chair, ou de poisson, & l'invitant à baailler, il lui nettoye les dents. D'autres disent qu'il mange les vers qui se forment entre ses dents par la quantité de poisson ou de chair qu'il mange, & qu'après qu'il l'a délivré de ces insectes, le Crocodile tâche d'engloutir le Roitelet, mais que ce petit oiseau lui faisant sentir les piquûres d'un aiguillon qu'il a sur la tête, le contraint d'ouvrir sa gueule, & recouvre ainsi sa liberté. On prend les Crocodiles avec des hameçons attachés à une corde fort déliée faite de cannes, en y mettant pour appât quelque mechante brebis. Le Crocodile l'avale goulument, & fait des cris & des gemissemens incroyables quand il se voit pris. Sa chair est blanche, a une fort bonne odeur, & sent le chapon. Il y en a dans l'Isle de Bantam qu'on apprivoise pour les engraisser & les manger. On appelle les Crocodiles *Caymans* dans les Indes. Vincent le Blanc parle d'un de ces Caymans qu'un Prince avoit nourri petit, & qu'il gardoit dans un reservoir d'eau près de la mer. Il l'avoit apprivoisé en lui donnant à manger avec sa main, & ce Crocodile étoit devenu si grand que ce Prince montoit dessus, & se faisoit porter en terre ferme, qui en étoit environ à trois cens pas. Les Habitans du Gouvernement d'Apollopolites étoient autrefois obligés en vertu d'une certaine loi, de manger de la chair du Crocodile, à cause que la Fille de Psammenitus Roi d'Egypte avoit été devorée par un de ces animaux. Strabon rapporte que dans la Ville d'Arsinoé on adoroit autrefois ce monstre, & qu'on le nourrissoit de pain, de viande & de vin, dans la pensée d'appaiser par là, ceux qui étoient en grand nombre dans le lac de Meri, & qui faisoient beaucoup de dégât parmi les hommes & le bétail. Tout au contraire, on rendoit des honneurs divins à l'Ichneumon dans la Ville d'Heraclée, à cause qu'il est l'ennemi du Crocodile. Pline dit qu'il y en a de deux especes, le grand Crocodile, & une autre sorte qui est beaucoup plus petite. Ces petits Crocodiles vivent sur la terre seulement, & se nourrissent des plus odorantes fleurs qu'ils puissent trouver; ce qui fait fort estimer leurs intestins par leur bonne odeur. On en fait un medicament que l'on appelle *Crocodilea*. Etant appliqué avec du jus de poreaux, il est singulier contre les suffusions & les cataractes des yeux, & pour les éblouissemens de la vûe. Le sang des deux Crocodiles aiguise aussi la vûe, & guerit les cicatrices des yeux si on les en frote. Quelques-uns font venir le mot de *Crocodile*, de κρόκος, Safran; & de δειλιᾶν Craindre, à cause que le Crocodile haït le safran, & craint son odeur.

CROCODILIUM. s. m. Plante qui croît dans les forêts, & qui est semblable à la Chardonnette. Elle a une graine ronde, aigue, odorante, & bonne aux difficultés d'uriner. Sa racine est longue, legere, un peu large, & d'odeur forte comme celle du cresson alenois. Etant cuite dans de l'eau, & prise en breuvage, elle fait sortir le sang par le nés en abondance. Quelques-uns croyent que la Chardonnette soit le vrai Crocodilium, & d'autres tiennent que c'est l'Eryngium Marin, mais Matthiole fait voir que cela ne sçauroit être.

CROCOMAGMA. s. m. Ce qui sort des drogues de l'onguent de safran, quand on les épreint pour les reduire en trochisques. Celui qui est pesant & noir, qui est odorant & sent la myrrhe, est le meilleur. Il doit être poli & un peu amer, & ne point tenir du bois. Lorsqu'il est mouillé, il rend la couleur de safran, & quand on le mâche, il jaunit les dents & la langue. Il est bon pour les éblouissemens des yeux, & provoque l'urine, étant chaud, resolutif & remollitif. Ce mot vient de κρόκος, Safran, & de μάγμα, qui signifie, Ce qui demeure d'épais de quelque matiere qu'on a épreinte.

CROCUS. s. m. Petite fleur, dont il y en a de jaunes & de violettes, & que l'on cultive dans les jardins. On appelle en Chymie *Crocus Martis*, le fer preparé spagyraquement. On l'appelle ainsi à cause de sa couleur qui tient du safran, & de l'acier ou du fer que l'on attribuë à Mars. Il y a deux sortes de *Crocus Martis*, l'astringent, qui est un excellent corroboratif aux maladies où la faculté retentrice est débilitée & relâchée, comme à celle de l'estomac, au flux hepatique & autres évacuations immodérées des mois, fleurs blanches & hemorroïdes, & l'aperitif, qui est propre aux grandes obstructions du mesentere, du foye & de la rate, qui causent les pâles couleurs.

CROISADE. s. f. *Ligue sainte dans laquelle on prend la marque de la Croix sur ses habits, pour aller faire la guerre aux Infideles ou aux Heretiques.* ACAD. FR. Il y a eu huit Croisades, dont la premiere se fit sur la fin du onziéme siecle. Le Pape Urbain II. voulant rompre les desseins des Infideles, qui se preparoient à étendre leurs conquêtes dans l'Empire d'Occident, convoqua un Concile à Plaisance en 1095. & ensuite un autre à Clermont en Auvergne, où il présida lui-même, faisant un discours si touchant dans la Place publique, qu'une infinité de personnes qui entendirent la proposition qu'il faisoit de la Guerre Sainte, s'écrierent comme de concert, *Dieu le veut, Dieu le veut.* Ce fut la Devise de l'Armée. Le Pape voulut qu'elle fût portée sur les Drapeaux, qu'elle servît de cri aux soldats, & que ceux qui prendroient les armes portassent une Croix rouge sur l'épaule droite. Les Princes qui se croiserent furent, Hugues le Grand Comte de Vermandois & Frere de Philippe I. Roi de France, Robert, Duc de Normandie, Robert, Comte de Flandre, Raimond, Comte de Toulouse, Godefroi, Duc de Bouillon, & plusieurs autres. La Ville de Jerusalem ayant été prise en 1099. Godefroi de Bouillon en fut élû Roi, & la Croisade finit par la fameuse bataille d'Ascalon, que les Chrétiens gagnerent contre le Sultan d'Egypte.

La seconde Croisade fut resolue en 1144. par Louis VII. Roi de France, qui forma le dessein d'aller lui-même donner secours aux Chrétiens, sur qui Sanguin, Prince Turc, avoit pris la Ville d'Edesse. Il partit vers la mi-Juin de l'année 1147. après que S. Bernard eut été le Prédicateur de cette Croisade, & marcha vers Antioche, d'où il se rendit en Jerusalem. Baudouin III. qui en étoit Roi, l'y reçût avec des honneurs extraordinaires. On assiegea Damas en Syrie; mais la trahison des Syriens, qui firent attaquer la Ville par l'endroit le mieux fortifié, après avoir fait croire que c'étoit le plus foible, mit les François & les Allemans dans la necessité de lever le siege; & Louis VII. étant demeuré inutilement en Jerusalem jusqu'après Pâque de l'année 1149. retourna en France, où il avoit laissé l'Abbé Suger Regent du Royaume.

Saladin, Soudan d'Egypte, ayant pris la Ville de Jerusalem vers la fin de l'année 1187. on parla de la troisiéme Croisade, & il fut resolu dans une entrevûe qui se fit pour traiter la Paix entre Philippe Auguste, Roi de France, & Henri II. Roi d'Angleterre, dans la plaine de Gisors, qu'ils s'uniroient pour entreprendre la Guerre Sainte contre Saladin. Tous les grands Seigneurs de France, d'Angleterre & de Flandre, qui se trouverent à cette Assemblée, arrêterent que pour se distinguer les uns des autres, les François prendroient une Croix rouge, que celle des Anglois seroit blanche, & que les Flamans en auroient une verte. Plusieurs Croisés étant arrivés devant Acre ou Ptolemaïde, que Gui de Lusignan, Roi de Jerusalem, assiegeoit depuis deux ans, on donna un assaut general par mer & par terre. L'entreprise n'eut point de succès; & après cela les Chrétiens ne purent faire autre chose que de se défendre dans leurs retranchemens contre les sorties des Assiegés jusqu'à l'arrivée des Rois de France & d'Angleterre. Philippe Auguste se rendit devant Ptolemaïde la veille de Pâque de l'année 1191. où il attendit Richard Cœur de Lion, Roi d'Angleterre, qui avoit succedé à son Pere Henri. Les forces de ces deux Rois étant jointes, on pressa le Siege, & la Ville se rendit le 12. Juillet 1191. Philippe Auguste qui étoit malade, s'en retourna après cette conquête, laissant une partie de son armée en Syrie, sous le commandement du Duc de Bourgogne.

La quatriéme Croisade fut entreprise en 1195. après la mort de Saladin, par l'Empereur Henri VI. qui mit sur pié trois grandes Armées. La premiere prit son chemin par terre, & étant arrivée à Constantinople, elle passa à Antioche, & vint delà à Ptolemaïde. La seconde fut une Armée de mer, qui ayant côtoyé les Pays-Bas, l'Angleterre, la France & l'Espagne, continua son voyage jusqu'au Port de Ptolemaïde. La troisiéme, que l'Empereur conduisoit, passa en Sicile, où il en fit embarquer une grande partie, qui arriva à Ptolemaïde en peu de jours. Les Chrétiens gagnerent plusieurs batailles, & prirent un bon nombre de Villes sur les Infidelles; mais la nouvelle de la mort de l'Empereur ayant été reçue en 1198. les Princes Croisés s'en retournerent promptement en Allemagne.

Le Pape Innocent III. fit publier la cinquiéme Croisade en la même année. Thibaud, Comte de Champagne, & Louis Comte de Blois & de Chartres, furent les premiers qui prirent la Croix l'année suivante. Baudouin, Comte de Flandre & de Hainaut, s'engagea aussi dans la Guerre Sainte, ainsi que quantité de Seigneurs François & Flamans. Il fut résolu que le voyage se feroit par mer. La République de Venise promit de fournir des Vaisseaux; & le Marquis Boniface de Montferrat, parent du Roi Philippe Auguste, ayant été élû Chef de la Croisade, les Princes Croisés partirent vers la Pentecôte en 1202. mais elle se termina à reprendre Zara Ville de la Dalmatie, qui s'étoit revoltée contre les Venitiens, & à rétablir le Prince Alexis sur le Trône de Constantinople, que son oncle Alexis l'Ange avoit usurpé. Quelques-uns des Confederés ne laisserent pas de se séparer des autres pour aller dans la Palestine, où ils tâcherent inutilement de faire la conquête de la Terre-Sainte. La peste ayant fait périr une partie des Croisés, les autres furent contraints de reprendre le chemin de l'Europe.

La Ville de Damiette fut prise en 1219. dans la sixiéme Croisade, & attribuée au Royaume de Jerusalem. L'armée y ayant passé l'hiver, plusieurs des Croisés s'en retournerent chés-eux. Au mois de Juillet 1221. leur Armée s'étant mise en marche pour aller vers Babylone, à trente lieues de Damiette, où étoit Meledin, Soudan d'Egypte, elle fut obligée à mi-chemin de s'arrêter à sa rencontre, & d'accepter une Tréve pour huit ans, à condition de lui remettre Damiette. L'Empereur Frederic fit le voyage de la Terre-Sainte en 1228. & l'année suivante il conclut avec le Soudan une Tréve pour dix ans, à condition que la Ville de Jerusalem, & celles de Bethléem, de Nazareth, de Thoron & de Sidon lui seroient cedées, sans pourtant ôter aux Sarasins la liberté de faire tous les exercices de leur Loi dans le Temple de Jerusalem. Dans une grande Assemblée qui se tint à

Spolette en 1238. & qui avoit été convoquée par le Pape Gregoire IX. il fut resolu qu'on recommenceroit la guerre dans la Palestine en 1239. qui étoit le tems où la Tréve devoit expirer. Thibaud V. Comte de Champagne & Roi de Navarre, fut le Chef des Princes Croisés; mais le Pape ayant été obligé de publier dans ce même-tems une Croisade en faveur de Baudouin II. Empereur de Constantinople, que Varace Empereur des Grecs, & Azen, Roi des Bulgares, attaquoient, la plûpart des Croisés pour la Terre-Sainte, prirent parti pour Constantinople, & au lieu d'une grande Croisade qui eût pû avoir beaucoup de succès, soit dans la Palestine, soit dans la Grece, il s'en forma deux qui n'eurent aucune suite avantageuse ni en Grece ni en Syrie.

La septiéme Croisade fut celle où Saint Louis passa dans la Terre-Sainte. Il s'embarqua à Aiguesmorte le 15. Août 1248. & parut à la vûe de Damiette vers les Fêtes de la Pentecôte de l'année suivante. Il prit cette Ville-là en fort peu de tems, & resolut d'aller droit à Babylone; mais après plusieurs batailles données contre les Sarasins, qu'il trouva campés près de Massore, la peste s'étant mise dans le Camp des Chrétiens, il fut obligé de faire retraite, dans laquelle les Infidelles le poursuivirent. Il se fit un très-grand massacre des Chrétiens, & le Roi fut fait prisonnier en 1250. avec les Seigneurs de l'Armée. On fit alors une Tréve pour dix ans. Les conditions furent, que les Chrétiens ne seroient point troublés dans la possession des Places qu'ils tenoient dans la Palestine & dans la Syrie, que le Roi payeroit huit cens mille besans d'or pour la rançon de tous les Prisonniers, & qu'il rendroit Damiette pour la sienne. Le Roi ayant recouvré sa liberté passa en Syrie, & ayant mis toutes les Places maritimes en bon état, il revint en France en 1254.

Le Roi Saint Louis prit encore la Croix pour la huitiéme Croisade. Il s'embarqua à Aiguesmorte au commencement de Juillet 1270. accompagné du Prince Philippe son fils aîné, & l'Armée Chrétienne étant arrivée à Cagliari dans l'Isle de Sardaigne, on y resolut l'entreprise de Tunis en Afrique. La Flote ayant paru à la vûe de Tunis & de Carthage le 20. du même mois, on se rendit maître d'abord du Port de Carthage, & ensuite de la Tour & du Château; mais on ne voulut point assieger la Ville que le Roi de Sicile ne fût arrivé. Il ne vint qu'un mois après le Roi de France. Ce retardement fut cause que comme on manquoit d'eau douce, & qu'on étoit au fort de l'été, la dyssenterie & les fiévres aigues firent un fort grand ravage dans l'Armée, qui se trouva dans une extrême désolation par la mort de Saint Louis qui arriva le 25. d'Août. Charles, Roi de Sicile, pria le Roi Philippe le Hardi, son fils & son successeur, d'achever cette Guerre commencée. On s'avança vers Tunis, & plusieurs combats furent donnés contre les Mores. Comme ils eurent toûjours du désavantage, le Roi de Tunis fit demander une Tréve qui lui fut accordée pour dix ans, après quoi les deux Rois s'en retournerent, l'un en France, & l'autre en Sicile. Depuis ce tems-là, il ne s'est fait aucune Croisade.

Croisade. Terme de Marine. Constellation qui est vers le Pole antartique. Elle est composée de quatre étoiles disposées en croix, & on s'en sert au-delà de la ligne pour discerner le Pole, comme on fait ici par les gardes de la petite Ourse.

CROISAT. s. m. Sorte de monnoye d'argent qu'on fabrique à Genes, & qui d'un côté est marquée d'une Croix, & de l'autre d'une Image de la Vierge. Elle vaut environ un écu & demi de notre monnoie.

CROISE', E'E. adj. Terme de Blason. Il se dit du Globle Imperial & des Bannieres où il y a une Croix. *D'azur à trois besans d'argent croisés de gueules.*

CROISE'E. s. f. On appelle *Croisée*, non seulement la baye d'une fenêtre, mais la menuiserie en forme de croix, qu'on met dans les Bayes des murs, où l'on en veut faire. *Croisée partagée*, est celle qui est à plusieurs jours, à quatre, à six ou à huit. *Croisée d'Eglise*, se dit de la representation de croix qui se fait dans la voute d'une grande Eglise, quand les ailes sont élevées au milieu aussi haut que le chœur & la nef. On appelle aussi *Croisées d'ogives*, les nervûres qui prenant naissance des branches, se croisent diagonalement dans les voutes Gothiques.

Croisée, en termes de Tisserand, est un entrelassement de fils bien serrés ensemble.

On appelle sur mer *Croisée de l'ancre*, la partie de l'ancre qui en fait la croix. Les deux pates sont soudées dessus, & elle est soudée au bout de la verge.

CROISER. v. a. Partager une Baye ou une ouverture en plusieurs panneaux. On dit aussi *Croiser*, pour dire, Faire traverser une rue, ou une allée de jardin sur une autre.

Croiser. Terme de mer. Faire des traverses & des courses dans un certain espace de mer, pour empêcher les Corsaires de piller les Bâtimens marchands, & de faire des descentes.

Croiser, est aussi un terme de Tisserand, & veut dire, Serrer la toile. Les Vaniers se servent aussi du mot de *Croicer*, pour dire, Mettre les osiers les uns sur les autres en travaillant.

Croiser. Mot du vieux langage. Tourmenter. On disoit aussi *Croicer*, de *Cruciare.*

CROISETTE. s. f. Petite Croix. Terme de Blason. Il y a des Ecus semés de Croisettes. Les fasces & autres pieces honorables sont quelquefois chargées ou accompagnées de Croisettes.

CROISETTE', E'E. adj. On appelle *Croix croisettée*, celle qui aboutit en Croisettes.

CROISE'S. s. m. p. Certains Pelerins qui alloient en grand nombre contre les Turcs ou contre les Albigeois, & qu'on appelloit ainsi à cause qu'ils portoient une Croix sur leur habit. Le Pape leur promettoit remission generale de tous leurs pechés, & même pour leurs familles, ce qui faisoit extrêmement grossir ces armées.

CROISIERE. s. f. Etendue de mer où les Vaisseaux vont croiser & faire des courses. On appelle *Bonne Croisiere*, un endroit favorable où les Vaisseaux de guerre peuvent en attendre d'autres, & l'on dit *Etre en croisiere*, pour dire, Etre dans un bon parage pour croiser.

CROISILLON. s. m. Morceau de pierre ou de bois qui sépare en deux une croisée. On appelle *Croisillons de moderne*, les nervûres de pierre par lesquelles les panneaux des vitraux Gothiques sont séparés; & *Croisillons de Chassis*, les morceaux de petits bois croisés que l'on met à un chassis de verre, afin d'en separer les carreaux. *Croisillon*, se dit aussi d'une demi-croisée.

CROISSANCES. s. f. Certaines herbes congelées que l'on prend sur les rochers & dans la mer, & dont on se sert pour orner les grotes. Il y en a en forme de Crête de Coq qu'on appelle *Croissances des Indes*, qui font un très-bel effet.

CROISSANT. s. m. *La figure de la Nouvelle Lune*

jusqu'à son premier Quartier. ACAD. FR.

Croissant, en termes de Lutier, se dit des enfoncemens en forme de demi-cercles, qu'on fait aux côtés des Violons & des Violes.

On appelle *Croissans*, en termes de Taillandier, de petites pieces de fer poli, qu'on scelle au-dedans des jambages des cheminées. Elles ont la figure d'un Croissant, & leur usage est de tenir la pele, les pincettes & les tenailles.

Croissant, se dit aussi d'un Instrument tranchant dont les Jardiniers se servent à tondre leurs palissades. Il est fait en arc.

On appelle en termes de Blason *Croissant montant*, Celui qui a ses pointes tournées en haut vers le chef; & *Croissans adossés*, Ceux dont les pointes regardent les flancs de l'Ecu, & qui ont leurs parties les plus grosses & les plus pleines à l'opposite l'une de l'autre. Celui qui a ses pointes au rebours du montant, s'appelle *Croissant renversé*, ou *Croissant couché*; les *Croissans tournés*, se posent de la même sorte que les adossés, & il n'y a point d'autre difference, sinon qu'ils tournent toutes leurs pointes d'un même côté vers le flanc dextre de l'Ecu, soit en fasce, soit en bande. Les *Croissans contournés* au contraire, ont leurs pointes vers le côté gauche de l'Ecu. Il y a aussi des Croissans que l'on appelle *Croissans affrontés* ou *appointés*. Ceux-là ont leur assiette contraire à celle des adossés, leurs pointes se regardant, & étant contraires les unes aux autres.

Croissant. Ordre de Chevalerie qui fut institué à Angers, en 1448. ou 1464. par René d'Anjou, dit le Bon, Roi de Sicile, Duc d'Anjou, & Comte de Provence. Cet Ordre avoit pour symbole un Croissant d'or, sur lequel le mot *Loz*, étoit gravé au burin, & puis en émail d'or rouge, pour faire entendre qu'en croissant en gloire & en vertu on acquiert de la louange. On y attachoit autant de bouts d'aiguillettes d'or, émailiés d'or, que chaque Chevalier avoit fait de belles actions; de sorte qu'on jugeoit de sa valeur par le nombre de ces petites branches pendantes. L'Ordre étoit composé de trente-six Chevaliers, d'autres disent de cinquante, qui portoient un manteau de velours cramoisi rouge, & un mantelet de velours blanc, avec la doublure & soutane de la même sorte, & sous le bras droit un Croissant d'or, qui pendoit à une chaîne aussi d'or, & qui étoit attaché sur le haut de la manche. Cet Ordre étoit aussi appellé *L'Ordre d'Anjou*, du nom de René d'Anjou son Fondateur, qui en étoit le Chef.

Les armes des Chevaliers sont dans la croisée droite de l'Eglise Cathedrale d'Angers qu'on appelle *la Chapelle des Chevaliers*. Voyez Favin, *Theatre d'Honneur*, *Tom. I p.* 805. & la Colombiere. *Tom. I.* qui marque les Statuts de cet Ordre, qui n'a gueres subsisté.

CROISSIER. v. n. Vieux mot, qui a signifié se Croiser; c'est-à-dire, Mettre une Croix sur son habit, pour marquer qu'on va faire la guerre aux Infidelles.

CROISSIR. v. n. Se rompre. Vieux mot, d'où sont venus en Languedoc *Crouissi* & *s'écrouissi*, pour dire, Craqueter en se rompant.

CROIX. s. f. *Espece de gibet où l'on attachoit autrefois les criminels pour les faire mourir.* ACAD. FR. Lipse a fait un long traité sur les figures des Croix qui ont été differentes, selon les tems & la diversité des Nations. La Croix, c'est-à-dire, l'instrument sur lequel on faisoit mourir ceux que l'on avoit condamnés, n'a été d'abord qu'un pal de bois tout droit sur lequel on les attachoit, ou avec des cordes par les bras ou par les jambes, ou en leur perçant les mains & les piés avec des cloux. Quand les Croix ont commencé à être composées de deux pieces de bois, on en a fait de trois sortes; l'une en maniere de sautoir, qui étoit faite comme un X, & c'est celle que l'on appelle aujourd'hui *Croix de saint André*. L'une des deux pieces de l'autre sorte de Croix étoit toute droite, & au bout de celle-là, il y en avoit une précisément en travers, ce qui represente un T. La troisiéme sorte de Croix étoit faite de telle maniere, qu'à un peu de distance du bout de la piece de bois qui étoit droite, il y en avoit une en travers, & c'est celle où tout le monde convient que le Fils de Dieu expira pour nos pechés. On en voit la figure dans toutes nos Eglises. Les Juifs & les Payens ont mis en usage le supplice de la Croix, avec cette difference, que les premiers avoient coûtume d'ôter de dessus la Croix les corps de ceux qui avoient expiré, & les enterroient, au lieu que les Gentils les laissoient pourrir sur la Croix.

On appelle en termes de Charpenterie *Croix de saint André*, un assemblage de pieces de bois qui sont inclinées l'une vers l'autre, & qui se coupent diagonalement. On s'en sert pour arcbouter les pieces d'un pan de charpente, ainsi que dans les clochers, combles & autres charpentes massives. On appelle en Armoiries *Croix de saint André* ou *Croix Bourguignonne*, une croix qui n'est ni à plomb ni à angles droits, & dont il y a deux pointes qui posent sur la ligne horisontale.

La *Croix de Toulouse*, qu'on met entre les Armoiries que l'on prétend être descendues du Ciel, est une Croix vuidée, treflée & pommetée d'or; c'est-à-dire, qu'elle paroît creuse, & qu'elle a pour chef aux extrémités quatre petits quarrés, & à chacun trois pommettes.

On appelle *Croix à degrés*, Une Croix haussée, dont le pié est posé sur de la maçonnerie en forme de degrés, comme sont celles des grands chemins. *Croix enserrée de quatre degrés*, se dit lorsqu'à chaque bout de ses branches il y a trois degrés quarrés, comme à celui qui lui sert de marchepié.

Les Pilotes appellent *Croix Géometrique*, Un Instrument composé d'un long bâton & d'un autre plus court mis en croix, dont ils se servent pour mesurer les hauteurs. C'est ce qu'ils appellent autrement *Arbalestrelle* & *Bâton de Jacob*.

Les Vitriers appellent *Croix de Malte*, *Croix de Lorraine*, certaines pieces de vitres qui representent ces sortes de croix. La Croix de Lorraine est double comme les Croix Patriarchales, & a deux travers, chacun à l'endroit de chaque tiers du montant, celui d'enbas étant un peu plus long que l'autre.

On appelle en matiere de Cadrans *Croix Gnomonique*, Une Croix dont chaque bras montre reciproquement par son ombre, les heures qui sont marquées sur la surface de l'autre.

On dit en termes de Manége, *Faire la Croix à courbettes*, *faire la Croix à balotades*, quand un cheval fait ces sortes de sauts tout d'une haleine, soit en avant, soit en arriere ou aux côtés; on les nomme ainsi à cause qu'ils forment une figure de croix.

Croix de Jerusalem. Sorte de fleur, qui porte ses feuilles grandes & larges, tirant sur le couleur de feu, & qui fleurit en Juillet.

CROLIS. s. m. Vieux mot. Fondriere. Il vient de *Crouler*, qui se dit d'une terre qui n'est pas ferme, qui s'enfonce sous les piés.

CROLLER. v. n. Terme de Fauconnerie. Esmeutir. Il se dit des oiseaux qui se vuident par le bas.

CROMORNE. s. m. Jeu de l'orgue accordé à l'unisson de la trompette. Il a quatre piés depuis son noyau jusqu'au sommet, & le premier demi-pié va en élargissant jusqu'à cinq pouces ; après quoi il continue tout droit, ayant un pouce & demi en diametre. On donne aussi le nom de *Cromorne* aux tuyaux qui sont longs, & qui ne s'élargissent point par en haut.

CRONE. s. m. Tour ronde & basse sur le bord d'un port de mer ou de riviere avec un chapiteau qui tourne sur un pivot. Il est fait comme celui d'un moulin à vent, & a un bec, qui sert à charger & à décharger les marchandises des Vaisseaux. Cela se fait par l'aide d'une roue à tambour qui est en-dedans, & des cordages.

CROQUER. v. a. Terme de Marine. Accrocher. On a dit, *Croquer le croc de palan*, pour dire, Le passer dans l'arganeau de l'ancre, afin de le remettre au bossoir.

CROQUET. s. m. Petit pain d'épice fort délié & fort cuit. On l'appelle ainsi à cause qu'il croque sous la dent quand on le mange.

CROSSETTES. s. f. On appelle ainsi en termes de bâtiment, des Retours que l'on fait faire par en haut aux chambranles ou bandeaux des portes & des fenêtres. On les nomme aussi *Oreilles* & *Oreillons*.

On appelle *Crossette de couverture*, des Plâtres de couverture à côté des lucarnes.

CROTAPHITE. adj. Terme de Medecine. On appelle *Muscle crotaphite*, le Muscle temporal qui fait mouvoir la machoire inferieure. Il vient du Grec κρόταφος, qui signifie la temple ; ce qui fait qu'on dit, κροταφῖται μύες, *Musculi temporales*.

CROUBE. adj. Vieux mot. Courbé.

Car moult croubes & moult crochues
Avoit les mains icelle Image.

CROUCHAUT. s. m. Terme de Charpenterie. Pieces de bois posées sur le chef d'un bateau, qui servent à faire la rondeur & la diminution du devant.

CROULIERES. s. f. Terres qui ne sont pas fermes sous les piés, sables mouvans où le pié enfonce. On appelloit autrefois *Crouliere*, une Fondriere, une orniere profonde.

CROUPADE. s. f. Terme de Manége. Saut plus relevé que ceux des courbettes, & qui tient le devant & le derriere d'un cheval dans une égale hauteur. Il faut pour cela qu'il trousse ses jambes de derriere sous le ventre, sans s'éparer en allongeant les jambes, & sans faire voir ses fers. *Cheval qui se presente à croupades, qui manie à hautes croupades.*

CROUPE. s. f. Extrêmité des reins au-dessus des hanches du cheval. On dit en termes de Manége, *Gagner la croupe*, pour dire, Faire un demi tour pour prendre son ennemi en croupe. On dit pour les voltes & le galop, *Sans que la croupe échape*, pour dire, Sans que la croupe sorte de la volte ou de la piste du galop.

Croupe. L'un des bouts de la couverture d'un bâtiment, qui est coupé obliquement en pavillon.

On appelle *Croupe d'Eglise*, La partie arrondie du chevet d'une Eglise, en le considerant par le dehors.

CROUPE'. adj. Vieux mot. Epais, de l'Allemand Grub. C'est delà qu'est venu *Croupe de cheval*, & *Croupion*.

CROUPIER. s. m. *Celui qui est de part au jeu avec quelqu'un qui tient la carte ou le dé.* ACAD. FR.

On appelle aussi *Croupier*, Celui qui est associé secrettement en quelque Traité, en quelque ferme qui est mise & regie sous le nom d'un autre, & dont il partage le gain ou la perte à proportion de ses avances. *Croupier*, est encore en Jurisprudence canonique, un Confidentiaire qui prête son nom à celui qui dispute un Benefice.

CROUPIERE. s. f. Corde qui tient un Vaisseau arrêté par son arriere. On la nomme aussi *Croupias*, & on dit, *Mouiller en croupiere*, ou *en croupe*, pour dire, Jetter une ancre du côté de la pouppe. Cette ancre maintient celles de l'avant, & empêche que le Vaisseau ne se tourmente. Elle sert aussi à lui faire toûjours presenter un même côté.

CROYE. s. f. Terme de Fauconnerie. Espece de gravelle qui cause de l'obstruction dans la vessie des Oiseaux de proye.

CRU

CRU. s. m. Terme de Fauconnerie. Le creux du buisson, c'est-à-dire, le milieu du buisson où se met la Perdrix, pour se pouvoir garantir des chiens.

CRUCIATA. s. f. Petite plante qui croît dans les lieux non cultivés, & qui a de grands rapports avec la Gentiane. Elle produit une tige ronde, & haute d'une paume, & quelquefois plus, & elle est compartie également par nœuds depuis le pié jusqu'à sa cime, qui est roussâtre. Il sort de chaque nœud deux feuilles en façon d'ailes. Ces feuilles sont grassettes, longues, & semblables à celles de Saponaria, & à la cime de sa tige sont des fleurs rouges qui en environnent le sommet. Sa racine est blanche, longue, fort amere au goût, & pertuisée en plusieurs endroits en façon de croix ; ce qui lui a fait donner le nom de *Cruciata*. Il y a encore deux autres plantes de la même espece, dont la moindre a plusieurs racines minces, déliées & blanchâtres, plusieurs tiges qui traînent presque toûjours par terre, & des fleurs celestes purpurines. Quelques Modernes font grand cas tant des racines de ces deux petites plantes, que de celles de *Cruciata*, contre la peste & contre les morsures des bêtes venimeuses. Matthiole dit qu'il sçait par experience, qu'en les pilant & les appliquant sur le ventre en façon d'emplâtre, elles font mourir les vers.

CRUCIFERE. adj. On appelle *Colomne crucifere*, toute colomne de quelque ordre ou de quelque figure qu'elle soit, qui porte une Croix, & qui est posée sur un piedestal ou sur des degrés, pour servir de monument de pieté dans les Cimetieres, devant les Eglises, sur les grands chemins, ou dans les Places publiques.

On a appellé certains Moines *Cruciferes* ou *Porteurs de Croix*, qui avoient été établis par Cyriacus, Evêque de Jerusalem, en memoire de la Croix, trouvée par la sage conduite d'Helene. Ils devoient toûjours porter une Croix en leur main quand ils sortoient. Ils furent rétablis ou confirmés par le Pape Innocent III. en 1215. & vinrent trente ans après en Angleterre, où ils eurent leur premier Couvent à Colchester.

CRUDELITE'. s. f. Mot venu du Latin *Crudelitas*, qu'on employoit autrefois pour Cruauté. On disoit aussi *Cruex*, & *crueux* & *crueusement*, pour, Cruel & Cruellement.

CRURAL, ALE. adj. Terme de Medecine. On appelle *Veine crurale*, certain Vaisseau qui vient de la veine-cave, par un des rameaux iliaques, dans les cuisses. On appelle aussi *Muscle crural*, le Muscle qui fait mouvoir la cuisse. Ce mot vient du Latin *Crus*, Cuisse.

CRY

CRYPTOPORTIQUE. f. m. Lieu souterrain & vouté, arc pris par sous œuvre dans un vieux mur & au-dessous du rés de chaussée. *Cryptoportique*, se dit aussi de la Décoration de l'entrée d'une grote. Il vient du Greс κρύπτη, Voute souterraine, & du Latin *Porticus*, Portique.

CUA

CUATI. f. m. Animal du Bresil, grand comme un liévre, qui a le poil court & tacheté, les oreilles petites & aigues, & la tête petite, avec un museau qui s'allonge dès les yeux. Il est long de plus d'un pié, & rond à la maniere d'un bâton. Sa gueule est si petite, qu'on a peine à y mettre le petit doigt. Cet Animal, qui est de couleur brune, & qui monte sur les arbres comme un Singe, met ses quatre piés ensemble quand il est pris, & roule ou tombe d'un côté ou d'autre, sans qu'on le puisse faire lever, si ce n'est en lui montrant des fourmis, dont il se nourrit dans les forêts. On le peut apprivoiser : mais il est si malicieux & si gourmand, qu'on ne le peut supporter. On l'appelle aussi *Coati*.

CUB

CUBE. f. m. Terme de Géometrie. Corps solide dont la longueur, la largeur, & la hauteur ou profondeur sont égales. Ce mot vient du Grec κύβος, qui signifie la même chose. On l'appelle aussi Hexaëdre, parce qu'il est composé de six faces quarrées égales. Voyez HEXAEDRE.

Le cube ayant ses trois dimentions égales, on trouve sa solidité en multipliant un nombre par lui-même ce qui fait un quarré ; & ce quarré par sa racine. Ainsi pour mesurer un cube qui auroit 2. piés en tout sens, on diroit 2. fois 2. font 4. & 4. fois 2. font 8. & 8. piés cubes seroient la solidité ou le contenu de ce cube, delà vient qu'en Arithmetique & en Algebre, les nombres quarrés multipliés par leur racine s'appellent *nombres cubes* ou *cubiques*, tels sont, 1. 8. 27. 64. &c. dont les racines cubiques sont, 1. 2. 3. 4. &c. Voyez DEGRE' & PUISSANCE. Par cette suite de racines & des nombres cubiques, on voit qu'un cube étant donné, il est aisé d'en trouver un 8. fois plus grand, 27. fois plus grand, &c. car on n'a qu'à doubler ou qu'à tripler la racine du cube donné, mais il n'est pas si aisé de trouver un cube double d'un cube donné, car encore 1. & 2. racine d'un cube octuple du premier, il n'y a aucun nombre rationel. Il en va de même d'un cube triple, quadruple d'un autre, &c. c'est ce Problême qu'on a appellé la *Duplication du Cube*, & qui a tant exercé les Anciens.

CUBEBE. f. f. Petit fruit aromatique qu'on nous apporte de l'Isle de Java, où les habitans font bouillir les Cubebes avant que de les vendre, afin d'en faire mourir le germe, & d'empêcher par là qu'on ne les transplante. Il y a grande contestation là-dessus entre les Auteurs. Les uns assûrent que c'est une espece de poivre, & qu'elles ont du rapport avec le poivre noir. Selon Theophraste, c'est le poivre rond. Selon Sylvius, c'est le fruit du Brusc, & selon d'autres, c'est celui d'*Agnus Castus*. Cesalpinus prétend que ce soit le fruit du veritable Amomum, & d'autres le prennent pour le Carpesium de Galien, qui est une espece de phu ; ce que Matthiole rejette ; disant qu'il a pris garde aux Cubebes des Apothicaires, & qu'elles n'ont aucune saveur du phu. Il ajoûte que comme on nous les apporte du Levant, il ne sçauroit dire ni quel fruit c'est, ni quel arbre le produit, mais que ce sont des grains odorans, qui proviennent sur leur plante en façon de grappe, comme le Lierre produit ses Corymbes, & qu'ils rendent une bonne odeur au goût, accompagnée de quelque amertume & acrimonie. Scroderus, Auteur Moderne, dit que c'est le fruit d'un arbre fait à peu près comme le pommier, & qui a ses feuilles semblables à celles du poivre, quoique plus étroites. Les Cubebes viennent en grappe de raisin, & sont semblables en forme & en grosseur au poivre rond. Elles sont pourtant un peu plus petites, & ont de petites queues qu'il faut couper, quand on fait entrer les Cubebes dans quelque composition considerable. Elles sont aperitives, attenuent, discutent, fortifient tous les visceres, surtout, le cerveau, provoquent à uriner, & brisent les pierres.

CUBIQUE. adj. Qui a la figure d'un Cube. *Pié Cubique*, *Toise Cubique*. Quand on multiplie le quarré par sa racine quarrée, qu'on appelle *Premier nombre* ; le produit s'appelle *Nombre Cubique* ou *Cube du premier nombre*, lequel est nommé *Racine Cubique du produit*.

CUC

CUCA. f. m. Arbrisseau du Perou, de la hauteur d'un homme, & aussi gros que la vigne, que les Indiens cultivent avec grand soin, & qu'ils appuyent sur des échalas. Le Cuca a peu de branches, mais beaucoup de feuilles extrêmement déliées qu'on cueille trois fois par an. Elles sont larges d'un pouce, & semblables à celles de l'arbousier, mais plus minces quatre fois. Quoique leur odeur ne soit pas fort agreable, elle ne laisse pas d'être bonne. On fait secher ces feuilles, & en les tenant dans la bouche sans les avaler, elles fortifient tellement le corps, que les Ouvriers qui en ont ainsi dans la bouche, peuvent travailler un jour entier sans manger. Elles guerissent les vieilles blessures, & les ulceres où les vers commencent à se mettre, & affermissent les dents dont elles guerissent aussi la douleur.

CUCIOFERA. f. f. Plante dont Theophraste fait mention, & qu'il dit être semblable à la palme en tronc & en feuilles. La palme ne fait pourtant qu'un seul tronc, & cette plante étant un peu élevée de terre se divise en deux troncs, qui en font chacun deux autres, & produisent ensuite beaucoup de petites branches. Son fruit est assés gros pour remplir la main, rond, doux, & de bon goût, sans être amassé en grappe comme celui du Palmier. Il est jaunâtre comme un coing auquel il ressemble assés, excepté qu'il n'est pas cotonné & que sa chair est nerveuse. Matthiole qui en a vû, dit que son noyau est gros comme une noix, de forme quadrangulaire, large dessous, pointu au bout, de même couleur que les coquilles d'aveline, & couvert d'une autre plus grande coquille qui est dure & velue, de couleur rousse noirâtre. Ce noyau ressemble au marbre en couleur & le passe en dureté, ayant une concavité au-dedans pour mettre une noisette sauvage avec sa coquille.

CUCULE. f. f. Borel dit que c'est un ancien habit des Gaulois ; & selon Bochart, un Capuchon. C'étoit aussi autrefois une espece de Cappe, dont les Voyageurs se servoient, qu'on appelloit autrement *Coule goul* ou *gule*. Ce nom de *Coule* a depuis passé aux Moines, pour signifier leur Froc & leur Cappe ou Chappe.

CUCURBITE. s. f. Terme de Chimie. Vaisseau de verre ou de terre, dans lequel on met les matieres qu'on veut distiller. Il peut être aussi d'étain, ou de cuivre étanné. On ajuste un alembic ou chapiteau de verre sur cette sorte de Vaisseau, avec son bec pour les distillations. Ce mot est Latin, *Cucurbita.*

CUCURMA, s. m. Racine étrangere qu'on croit être le Souchet que l'on apporte des Indes, & que l'on appelle *Cyperus long*, autrement *Terra merita.* Elle ressemble au Gingembre dont elle a presque l'odeur. Elle est un peu amere, & quand on la mâche elle rend une couleur de safran. Elle teint aussi de cette même couleur toutes les choses parmi lesquelles on la mêle, & a les mêmes qualités que le Souchet rond.

CUE

CUEILLE. s. f. Terme de Marine. L'une des bandes de toile dont une voile est composée.

CUEILLETTE. s. f. Amas de diverses marchandises que le Maître d'un Vaisseau reçoit de plusieurs particuliers pour en faire le chargement.

CUEILLIE. s. f. Bande de plâtre que les Maçons tirent de part & d'autre pour dresser un enduit. Ils étendent leur plâtre tout à plat entre ces bandes qui ont autant d'épaisseur que l'enduit en doit avoir. La Cueillie sert aussi à faire les angles.

CUEILLIR. v. a. Terme de Maçonnerie. On dit, *Cueillir une porte, une fenêtre*, pour dire, Faire la Cueillie d'une porte, d'une fenêtre. On dit, qu'*Une porte* ou *une croisée est cueillie en plâtre*, quand sur le mur simplement hourdi on fait une petite bordure de plâtre qu'on applique avec la regle, afin qu'elle serve de niveau pour enduire le tableau de la porte ou de la croisée.

CUI

CUIDER. v. n. Mot du vieux langage, qui signifioit Croire, penser.

On a dit aussi *Cuder.*

Au plus prud'homme qu'elle cude,
Qui à bien faire met étude.

Borel dit que le mot *Cuider* vient de *Cogitare.*

CUIDEREAUX. s. f. p. Vieux mot. Amans. On trouve dans Villon,

A Cuidereaux d'amour transis,

CUILLIER. s. f. *Ustensile de table dont on se sert ordinairement pour manger le potage.* ACAD. FR. Les Plombiers ont deux sortes de Cuillier, dont ils appellent l'une *Cuillier à puiser*, & l'autre *Cuillier percée.* Ils se servent de l'une pour prendre le plomb quand il est fondu & le charbon tout ensemble, & pour le verser dans la poële qui doit contenir tout ce qu'on veut jetter dans le moule. La Cuillier percée est celle avec laquelle ils ôtent le charbon & le nettoyent. Ce mot vient du Latin *Cochleare.*

Cuillier de Pompe. Terme de Marine. Instrument de fer aceré & coupant, dont on se sert pour creuser les pompes. On appelle *Cuilliers pour le Canon*, des feuilles de cuivre arrondies & ouvertes au tiers. Elles sont de differentes grosseurs, & servent à retirer la gargousse de dedans un canon. Il y a aussi *la Cuillier à brai.* Elle est de fer & fort grande, & on s'en sert à prendre le brai chaud dans le pot.

Cuillier. Oiseau semblable au Heron à l'exception du bec qu'il a fait en Cuillier; ce qui lui en a fait donner le nom. On appelle aussi *Cuillier*, une Coquille longue, ou poisson à têt dur.

CUILLIERON. s. m. La partie creuse de la Cuillier qui est attachée au manche. Il y en a en ovale, d'autres ronds, & d'autres avec un bec.

CUIR. s. m. La peau de l'animal. On appelle en termes de Marine, *Cuirs verds*, certains Cuirs qui ne sont point apprêtés, & que la crainte du feu fait mettre sur les écoutilles de la sainte Barbe.

CUIRASSE. s. f. Arme défensive qui couvre le corps du soldat par devant & par derriere, depuis les épaules jusqu'à la ceinture. Cette armure est faite d'une lame de fer fort battu. Quelques-uns dérivent ce mot de *Cuir*, ou du Latin *Coriaceus*, Qui est fait de Cuir, à cause qu'anciennement les armes défensives se faisoient de cuir.

CUIRIE. s. f. Vieux mot qui a signifié un Colet de cuir, ou un coletin de bufle.

Une Cuirie après li a li Rois vêtie.

CUISANÇON. s. f. Vieux mot. Danger, fâcherie.

CUISSE. s. f. *Partie du corps d'un animal depuis la hanche jusqu'au jaret.* ACAD. FR. Les Serruriers appellent *Cuisse de grenouille*, certains anneaux de clef limés & arrondis de telle maniere que ce qui touche la tige soit plus menu que le milieu de l'anneau. Cet anneau est partagé avec la lime par une espece de ciselure, qui forme comme les deux cuisses.

Cuisse de triglyphe. On appelle ainsi dans le triglyphe la Côte qui est entre deux gravûres. On dit, *Cuisse de Galere*, en parlant de deux pieces de bois qui servent à soûtenir à côté l'éperon qui s'avance hors de la Galere à la pointe du Tabourin.

CUISSE *Madame.* s. f. Sorte de poire.

CUITE. On a dit *A Cuite*, dans le vieux langage, pour dire, A force. *Brochent à cuite d'éperon.*

CUIVRE. s. m. Métal imparfait, rouge & terrestre, qui a peu de sel & peu de Mercure, mais beaucoup de soufre; ce qui se connoît en ce qu'il en a l'odeur quand on le brûle, & qu'il resiste beaucoup moins au feu que les autres métaux. Les Latins l'appellent *Cuprum*, qu'on prétend être un mot corrompu de *Cyprium*, à cause que le meilleur se tire de l'Isle de Cypre. Les Chymistes l'appellent *Venus*, & se fondent pour cela sur le rapport qu'il a avec la Planete qui porte ce nom. Ils le purifient en le réduisant en lamines, & le coupant en pieces proportionnées au creuset, après quoi ils font une poudre grossiere, composée de trois parties de pierre ponce, & d'une partie de sel de verre. Ils ont un creuset bien fort où ils stratifient ces lamines qu'ils mettent dans un feu de fusion fort violent, & commencent & finissent par la poudre. La pierre ponce demeure au dessus & suce une partie du soufre terrestre & impur du Cuivre qui se fond, & qui se trouve au fond du creuset. Cette operation se réitere deux ou trois fois. Le Cuivre se calcine en *Crocus*, ainsi que le fer. Il faut pour cela le reduire en limaille, le mettre sur une tuile bordée, & le tenir sept ou huit jours au feu de reverbere. On peut le calciner encore autrement en le mettant en lamines, & le stratifiant avec du soufre en poudre, dans un pot qui puisse resister au feu. Ce pot doit avoir son couvercle percé d'un trou au milieu par où le soufre se puisse exhaler. Quand il est ainsi brûlé on l'appelle *Æs ustum.* Le cuivre fournit plus de remedes que le fer pour les maladies externes; mais il entre beaucoup moins dans les remedes internes à cause de sa qualité vomitive, & de sa grande amertume qui se corrige difficilement.

CUIVRETTE. s. f. Petite anche de cuivre qu'on applique sur les Bassons ou Hautbois quand ils sont trop

trop longs pour les pouvoir emboucher commodement.

CUL

CUL. f. m. On appelle en termes d'Architecture, *Cul de lampe*, Certains ornemens de Menuiserie qui ont la figure de l'extrémité d'une lampe, & qu'on met aux voutes & aux planchers.

On dit en termes de mer *Mettre cul en vent*, pour dire, Mettre le vent en poupe, soit sans voile ou autrement, lorsqu'un gros vent force de le faire.

Cul de port. Terme qui s'emploie pour signifier de certains nœuds qu'on fait à des bouts de corde. Il y en a de doubles & de simples.

Cul de sac. Les Ameriquains appellent ainsi un Havre qui n'a point été fait exprès pour recevoir des Vaisseaux.

Cul blanc Petit oiseau fort bon à manger, qui frequente les rivieres. Il a le plumage gris par dessus, & blanc par dessous, & la queue blanche & un peu mêlée.

Cul d'Ane. Espece de poisson, que l'on appelle autrement *Ortie de mer*.

CULASSE. f. f. La partie du canon qui est la plus renfermée & la plus basse. Elle est composée entre des tourbillons & les extrémités de la piece. Les autres armes à feu ont aussi une culasse, & c'est par là qu'on demonte les mousquets.

CULATTE. f. f. La partie qui est au delà de la lumiere, de l'ame ou du noyau du canon. Elle aboutit à un gros bouton rond de métal.

CULE'E. f. f. Grosse masse de pierre qui soûtient la voute de la derniere arche d'un pont, & toute sa poussée. On dit aussi *Butée*.

On dit en termes de mer qu'*Un Vaisseau donne des culées*, lorsqu'ayant touché sur la terre, sur la roche ou sur le sable, il donne des coups de sa quille contre le fond.

CULER. v. n. Terme de mer. Aller en arriere. *Cule*, terme de Commandement, pour dire, Recule.

CULERON. f. m. Les Selliers appellent *Culeron*, la partie de la croupiere qui est faite en rond, & sur laquelle pose la queue du cheval.

CULIERE. f. f. Pierre plate creusée en rond ou en ovale, & qui n'a pas grande profondeur. Elle a une goulette pour y recevoir l'eau d'un tuyau de descente.

ULOT. f. m. Petit rond qui forme la plus basse extrémité d'une lampe d'Eglise. C'est aussi un petit ornement de Sculpture en maniere de tigette, d'où des rameaux de feuillages sortent. Le Culot se taille de bas relief dans les frises & grotesques, & il sert de petit cul de lampe pour porter quelque bijou dans un cabinet.

Culot. Terme de Chimie & de Fonte. Morceau de metal fondu qui se trouve au fond du creuset, & qui retenant la figure de ce Creuset, est rond, & un peu pointu par en bas.

CUM

CUMIN. f. m. Plante dont il y a de deux sortes, le Cumin qu'on seme, & le Sauvage. Le premier appellé en Latin *Cuminum* ou *Cyminum Sativum*, a les feuilles presque semblables au fenouil, & ne produit qu'une tige dont il sort beaucoup de branches. Il a encore rapport au fenouil, en ce qu'il jette sa fleur de même, c'est-à-dire, en maniere de bouquet. Il porte force graine, & a sa racine blanchâtre & presque à fleur de terre. Il croît dans les lieux chauds & fangeux, & rend pâles ceux qui s'en frottent, ou qui en boivent. Le Cumin sauvage, appellé *Cuminum sylvestre*, est une herbe branchue & petite, qui produit ses tiges grêles & de la hauteur d'un palme, avec quatre ou cinq feuilles fort menues, dentelées en façon de scie, & déchiquetées comme celles du Cerfeuil. A la cime de ses branches il pousse cinq ou six petits boutons ronds, au dedans desquels est une graine écaillée, & plus acre au goût que celle du Cumin qu'on seme. Cette graine bûe en eau est bonne contre les ventosités & les tranchées, & si on la boit avec du vin, elle est singuliere contre les bêtes venimeuses. Dioscoride parle encore d'une autre espece de Cumin sauvage assés semblable au Cumin privé. Il a une corne à chacune de ses fleurs, & au dedans de la corne est une graine semblable à la nielle, & qui est fort bonne à ceux qui ne peuvent uriner que goutte à goutte, ou qui pissent le sang caillé avec l'urine. Ceux qui s'en servent ne doivent pas oublier de boire après cela de la graine d'ache bouillie. Gallien dit qu'on se sert de la graine de Cumin comme on fait de celles d'anis, de ligusticum, de carvi & de persil, & qu'étant aussi chaude que ces autres graines, elle provoque l'urine & resout toutes sortes de ventosités.

CUN

CUNETTE. f. f. Terme de Fortification. Petit fossé qui est au milieu du grand, & que l'on tient rempli d'eau ou de bourbe, si on peut avec des hayes vives & des buissons tout au long, afin de pouvoir se garantir des surprises. On le nommoit autrefois *Lacunette*.

CUNTUR. f. m. Oiseau de proye du Perou, d'une grandeur extraordinaire, & qui n'a aucunes serres comme les Aigles. Il est tacheté de noir & de blanc comme les Pies, & porte une crête faite en façon de rasoir, & differente de celle du Coq en ce qu'elle n'est point dentelée, & qu'elle est sans pointe. Ses piés ressemblent à ceux des poules, & sont sans ongles crochus. Il fait un si grand bruit en volant, que ceux qui l'entendent quand il fond à terre, en sont étourdis. Il a un bec très-fort & très-dur, avec quoi il perce le cuir d'un bœuf, en sorte que quand ils sont deux à l'attaquer, ils l'abattent & le mangent. Il y en a de si grands, qu'à les mesurer d'une pointe de l'aîle à l'autre, on les trouve longs de cinq à six aunes. Les Espagnols nomment cet Oiseau *Condor*. Ce nom est commun à d'autres oiseaux qui sont semblables à l'Aigle, & qui se voyent dans la region de Sophala, des Cafres & de Monomotapa jusqu'au Royaume d'Angola. Ils ont des plumes longues de vingt-huit palmes & larges de trois. Elles sont noires, & ont leur tuyau blanc, gros comme le bras, & long de cinq palmes. Il y en a qui du haut d'une aîle jusqu'à l'autre ont trente piés d'étendue, & qui emportent des vaches & autre betail. Ils sont aussi grands que deux élefans joints ensemble. La serre d'oiseau qu'on garde dans le Tresor de la Sainte Chapelle fait voir qu'il y en a d'une grandeur excessive.

CUP

CUPAYBA. f. m. Arbre du Bresil, semblable au figuier. Il est haut, gros & droit, & quand on incise son écorce, il rend une grande quantité d'huile fort claire, telle que celle que l'on tire des olives

Cette huile est principalement estimée pour guerir les playes, & ôter les cicatrices. Le bois de cet arbre est inutile.

CUR

CURACE. s. f. Plante qui croît auprès des eaux dormantes, & qui a sa tige nouée & ferme avec quelques concavités, d'où sortent ces feuilles. Elles sont semblables à celles de la menthe, mais plus grandes, plus molles & plus blanches, quelquefois barrées de rouge, & ont le goût fort comme le poivre, sans être odorantes. Sa semence tient & croît au bout de certains petits tendons qui sont près des feuilles, & pend en forme de grape. On l'appelle en Latin *Hydropiper*, ou, *Piper aquaticum*, à cause des lieux aquatiques où elle croît d'ordinaire, & de son goût qui tient beaucoup de celui du poivre. Elle n'est pas neanmoins si chaude. L'herbe verte appliquée avec sa graine en forme de cataplasme, fait mûrir & resoudre toute meurtrissure, & les apostumes dures.

CURE. s. f. Terme de Fauconnerie. Remede en forme de petites boules d'étoupe, de coton ou de plumes que les Fauconniers donnent à leurs Oiseaux, pour dessecher leur flegme. On dit, *Armer les cures de l'oiseau*, pour dire, Mettre un peu de chair auprès des cures afin de les faire avaler plus facilement. On dit aussi qu'*Un oiseau tient sa cure*, pour dire, que la Pillule opere comme on le souhaite.

CURE'E. s. f. Terme de Venerie. Repas qu'on fait faire aux chiens & aux oiseaux après qu'ils ont pris quelque gibier. Borel remarque que l'on disoit autrefois *Cuirée*, à cause que la curée se fait dans le cuir des bêtes. La *Curée chaude*, est une partie de la bête qu'ils ont prise quand on la leur donne sur le champ, & la *Curée froide* est celle qu'on leur prépare d'ailleurs, & qui se fait ordinairement de morceaux de pain trempés au sang de la bête, qu'on met sur sa peau avec la cervelle, le col, ou autres morceaux de chair.

CURE-PIE' s. m. Instrument de fer qui est crochu d'un côté, & plat & pointu de l'autre. Sa longueur est de cinq ou six pouces. Les Palefreniers s'en servent pour ôter la terre & le sable qui peuvent être enfermés dans le dedans des piés d'un cheval qui a travaillé au Manege.

CURER. v. n. Terme de Venerie. On dit qu'*Un oiseau a curé*, pour dire, qu'il a rendu ses cures.

CURETTE. s. f. Terme de Chirurgie. Instrument d'argent dont on se sert quand on veut faire l'extraction d'une pierre, & sonder s'il y en a d'autres. On s'en sert aussi pour recueillir & amasser le sable, le sang coagulé, & autres choses étrangeres qui peuvent être demeurées dans la vessie, après qu'on en a tiré la pierre.

Curette, est aussi un terme de Marine, & il se dit d'un petit fer plat & court, qui est emmanché de dix à douze piés de long, & dont on se sert pour nettoyer la pompe d'un Vaisseau.

Curette, se dit encore d'un petit Instrument qui a un manche de bois & des dents de fer, & dont ceux qui font les couvertures se servent pour curer les chardons remplis de laine.

CURIAUX. s. m. p. Vieux mot, qui se disoit autrefois pour Courtisans, du Latin *Curia*, Cour. On disoit aussi, *Vie Curiale*, pour dire Vie de Courtisan.

CURMI. s. m. Sorte de breuvage fait d'orge & de froment trempés dans de l'eau, & qui ne differe du Zythum qu'en la maniere de les faire cuire plus ou moins. Dioscoride dit que le Curmi, qu'on appelle aussi *Corma*, cause des douleurs de tête, qu'il engendre de mauvaises humeurs, & qu'il est nuisible aux nerfs.

CURES. s. m. Vieux mot qu'on a dit pour signifier des Chariots. Il vient du Latin *Currus*.

CURUCUCU. s. m. Serpent du Bresil qui est fort à craindre. Il a quelquefois quinze piés de longueur, & son venin est principalement dans la tête. Cela est cause que quand les Sauvages l'ont arrêté, ils la lui coupent aussi-tôt & l'enterrent.

CURVILIGNE. adj. Terme de Geometrie. Qui est terminé, formé par des lignes courbes. Ainsi on dit *Figure curviligne*, *Angle curviligne*. Ce mot s'oppose à *rectiligne*, & à *mixtiligne* ou *mixte*. Quelquefois on confond *Curviligne* & *mixte*. Ainsi quoique l'angle de la tangente & du cercle soit proprement mixte, on peut l'appeller Curviligne.

CURUPICAIBA. s. m. Arbre qui se trouve dans le Bresil, & dont la feuille rend une certaine liqueur de lait semblable à celui des figues. C'est un singulier remede pour les playes & les pustules. Son écorce étant incisée distille une maniere de glu dont les Sauvages se servent quand ils veulent prendre des oiseaux.

CURURYYVA. s. m. Serpent le plus beau & le plus long qui se nourrisse dans les rivieres du Bresil. Il s'en trouve assés souvent qui ont vingt-cinq & trente piés de longueur. Ce serpent a une chaîne sur le dos, qui court depuis le derriere de la tête jusqu'au bout de la queue, & qui est de differentes couleurs. Il a des dents de chien, & s'il peut attraper hommes ou bêtes, il les dévore tout entiers. Les Sauvages en racontent une chose qui ne paroît pas croyable. Ils disent que lorsqu'il s'est bien rempli, il pourrit sur terre le ventre en haut de sorte que les corbeaux & autres oiseaux carnassiers viennent en manger la chair, n'y laissant que le squelette. La chair lui revient ensuite, & il reprend de nouveau sa forme, sa longueur & sa grosseur, parce que l'esprit vital est dans sa tête, & que cette tête demeure long-tems cachée dans la boue, d'où les Sauvages qui sçavent cela, la tirent pour la tuer lorsqu'ils ont trouvé le squelette de ce serpent. Il dort si profondement quand il est saoul, qu'ils lui coupent quelquefois une partie de la queue, sans qu'il se réveille.

CURUTZETI. s. m. Herbe qui croît aux Indes Occidentales dans la Province de Mechoacan. Ses feuilles sont moyennement deliées & assés semblables à la vigne, vertes en la partie de dessus, & rudes dessous. Ses tiges sont hautes d'une coudée, polies & ployables. Ses fleurs sont blondes comme des cheveux, & il en naît des semences noires fort menues. Cette herbe a beaucoup de racines longues & déliées comme l'hellebore blanc. Elles sont d'un goût acre qui sent doucement le musc, chaudes & seches au troisiéme degré. La poudre de ces racines prise avec du vin ou avec de l'eau de buglosse ou de citron au poids d'une drachme, appaise les douleurs nephritiques, nettoye les reins, fortifie l'estomac lorsqu'il est débilité par des causes froides, ouvre les obstructions, aide la matrice & chasse les vents. C'est un excellent antidote contre les venins.

CUS

CUSCUTE. s. f. Espece de plante qui naît & qui s'envelope autour des orties, du lin & du houblon. La Cuscute est abstersive, & a une certaine astriction qui fortifie les parties interieures. Elle desopile le foye & la rate, & evacue le humeurs phlegmatiques & bilieuses qui sont dans les veines. Elle est singuliere aux fiévres des petits enfans, pourvû qu'ils n'en fassent pas un long usage, & qu'on la corrige en y ajoûtant quelque peu d'anis.

CUSOS. s. m. Sorte d'animal qui ressemble à un lapin, & qui se trouve dans les Isles des Moluques. Il se tient dans les arbres, & vit seulement de fruit. Son poil est épais, frisé & rude, d'une couleur entre le gris & le rouge. Il a les yeux ronds & vifs, les piés petits & la queue si forte, qu'il s'en sert pour se pendre aux arbres, afin d'attemdre plus facilement aux fruits.

CUSTODE. s. f. Terme de Seiller. La partie garnie de crin qui est à chaque côté du fond d'un carosse, & sur laquelle on peut appuyer le corps & la tête. *Custode*, se dit aussi du cuir qui couvre des fourreaux de pistolet, & qui empêche que la pluye ne tombe dessus. On l'appelle plus communément *Chaperon*.

Custode. s. m. Religieux qui parmi les Capucins & les Recolets fait l'office du Provincial dans le tems qu'il est absent.

CUSTODIE. s. f. La Partie d'une Province de Capucin, Recolet & Cordelier.

CUT

CUTICULE. s. f. Terme de Medecine. Petite peau qui couvre le cuir, & qu'on appelle aussi *Epiderme*.

CUV

CUVETTE. s. f. Vaisseau de plomb pour recevoir l'eau des chêneaux qui sont autour des couvertures, & d'où cette eau tombe ensuite dans des tuyaux ou canaux de plomb. Il y a des chêneaux de goutiere avec des Cuvettes quarrées ou à entonnoir. Les pieces de fer qui supportent & accollent les Cuvettes s'appellent *Fers de Cuvettes*. Celles qui sont à entonnoir, sont dans les angles rentrans. Il y a d'autres *Cuvettes faites en hotte*, & qui se mettent contre les murs de face.

CYC

CYCLAMEN. s. m. Plante qui a ses feuilles semblables au lierre. Elles sont rougeâtres & de diverses couleurs, avec plusieurs taches & marques blanchâtres dessus & dessous. Sa tige est nue, sans aucunes feuilles, & longue de quatre doigts. Elle a ses fleurs purpurines & rouges, & qui tirent sur la couleur de rose. Sa racine est plate & noire & a la figure d'une rave. Dioscoride parle encore d'une autre sorte de Cyclamen. Celui ci a ses tiges nouées, & grossettes, & qui s'entortillent aux arbres voisins, comme fait la vigne. Sa fleur est blanche & odorante, & son fruit semblable aux grains du lierre. Ses feuilles sont aussi semblables à celles du lierre; ce qui la fait appeller *Cissophyllos* & *Cissanthemos*, de κισσὸς, Lierre, de φύλλον & d'ἄνθεμον, Fleur. Il est un peu fort, piquant au goût, visqueux & gluant à la langue. Sa racine est inutile. Il croît dans les lieux âpres & rudes. Matthiole dit sur le témoignage de Mesué, que le Cyclamen clisterisé, ou pris en breuvage, purge avec grande operation les humeurs phlegmatiques, visqueuses & gluantes, & ôte soudain les tranchées de la colique causées par l'abondance des phlegmes. Il dit encore que l'eau de ses racines distillées en alembic & tirée par les narrines, est bonne à étancher le sang qui en sort, & que prise en breuvage au poids de six onces, avec une once de sucre fin, elle arrête le sang qui distille de la poitrine, du ventricule & du foye, & conglutine les parties nobles. Le mot de *Cyclamen* vient de κύκλος, Cercle à cause que sa racine est ample & ronde comme un cercle.

CYCLAMOR. s. m. Terme de Blason. Il se dit d'une maniere de bordure appellée *Orle rond* par quelques-uns. *D'argent à un cercle ou cyclamor de gueules*. Ce mot vient de ce que le Cyclamor represente la bordure d'or d'une robe que les Grecs nomment κυκλὰς, à cause de sa rondeur, comme ils ont nommé *Cyclades*, certaines Isles qui paroissent rondes.

CYCLE. s. m. Terme d'Astrologie. Suite de nombres disposés de telle façon qu'ils se succedent les uns aux autres, & que le premier revient après le dernier, & recommence une nouvelle circulation toute pareille à la premiere.

Les deux principaux Cycles sont le *Lunaire* & le *Solaire*.

Après que des 11. jours de difference qui sont entre l'Année lunaire & la solaire, (Voyez EPACTE.) on a fait en 3. ans un mois *Embolismique* ou *Intercalaire*, (Voyez EMBOLISMIQUE,) il reste encore 3. jours qui empêchent que l'année lunaire & la solaire ne s'accordent au bout de trois autres années, on fait encore un autre mois Embolismique, & il reste 6. jours de difference ou d'Epacte. Tous ces restes qui demeurent après le mois Embolismique fait, & qui empêchent toûjours l'égalité des deux années, font enfin un mois en 19. ans, & ce mois est le septiéme que l'on intercale dans cet espace de 19. ans; car on en a intercalé naturellement 6. pendant 19. ans, & sans ces restes des mois Embolismiques on n'auroit intercalé le septiéme qu'à la 21. année. Cette intercalation surnumeraire étant faite, il ne reste plus de difference entre les deux années solaire & lunaire, ainsi au bout de 19. ans elles recommencent ensemble, & les Nouvelles & Pleines lunes, & par consequent toutes les Eclipses se retrouvent à peu près aux mêmes points où elles avoient été. Cette Periode de 19. ans s'appelle *Cycle lunaire*. Méton Athenien en fut l'inventeur, & comme à cause de la grande utilité qu'on lui trouvoit, elle étoit écrite en lettres d'or dans les Calendriers, on l'appella *Nombre d'or*. Cependant comme il s'en faut une heure & quelques minutes qu'un Cycle lunaire ne soit tout-à-fait juste, & ne remette une parfaite égalité entre le Soleil & la Lune, & que cette difference accumulée pendant plusieurs Cycles devient à la fin très-considerable, on ne se sert plus gueres du nombre d'Or, & l'on se contente de connoître par l'Epacte la difference de l'année solaire & de la lunaire. Voyez EPACTE. Le Cycle solaire est le Cycle de 19. ans, au bout duquel une même lettre revient à être la Lettre Dominicale. Voyez LETTRES. Ce Cycle n'est point appellé solaire par aucun rapport qu'il ait au mouvement du Soleil, mais seulement parce qu'il sert à trouver les Dimanches que l'on a cru qui répondoient au Soleil dans le partage qu'on a fait des 7. jours de la Semaine aux 7. Planetes.

Il y a un troisiéme Cycle considerable dans la Chronologie qui est celui de l'indiction. Voyez INDICTION.

On peut faire remonter aussi haut que l'on voudra ces trois Cycles & tous les autres qu'on voudra imaginer, de sorte que sçachant l'année de la creation du monde, on trouvera le quantiéme elle étoit du Cycle solaire ou du lunaire, ou de celui de l'Indiction; de même l'on trouve que l'année de la naissance de JESUS-CHRIST qui est le commencement de notre *Ere* vulgaire, on auroit dû compter 10. de Cycle solaire; 2. du lunaire; 4. d'Indiction. Si l'on avoit compté 1. de chacun de ces 3. Cycles, il est clair que pour trouver combien il faudroit compter dans une année de l'Ere vulgaire. Par exemple, en 1695. il ne faudroit que diviser 1695. ou par 28. ou par 19. ou par 15. selon le Cycle dont on voudroit avoir l'année, le quotient de la division marqueroit combien de fois ce Cycle auroit fait sa révolution depuis JESUS-CHRIST, le residu, s'il y en avoit un, marqueroit l'année de ce Cycle que nous aurions, & s'il n'y avoit point de residu, ce seroit à dire que nous aurions la derniere année du Cycle; mais parce que l'on ne comptoit 1. d'aucun de ces 3. Cycles à la naissance de JESUS-CHRIST, il faut ajoûter aux années de l'Ere vulgaire ce que l'on comptoit de plus que 1. Par exemple, pour voir combien nous aurons de Cycle solaire cette année, il faut ajoûter 9. à 1695. pour le Cycle lunaire, il faut ajoûter 1. pour l'Indiction, 3. & puis faire la division.

CYCLOIDE. s. f. Terme de Geometrie. Si un cercle dont le diametre est perpendiculaire à une ligne droite, se meut sur cette ligne; en sorte que l'extrêmité superieure de son diametre descende, & s'abaisse toûjours vers elle, & à la fin la rencontre, la ligne courbe que cette extrémité de ce diametre decrit en descendant s'appelle *Cycloïde* ou *Roulette*. C'est la ligne que décrit en l'air un clou qui est au haut d'une roue qui roule jusqu'à ce qu'il touche la terre. La Cycloïde donne des égalités de tous les arcs d'un cercle avec des lignes droites, & sa base est égale à la circonference du cercle *Generateur*. L'espace qu'elle comprend est triple de celui de ce même cercle. Ce mot vient de κύκλος, Cercle, parce qu'elle tient beaucoup du cercle.

CYG

CYGNE. s. m. Gros oiseau aquatique qui a le cou fort long & composé de vingt-huit vertebres. Il est tout blanc, excepté quand il est jeune. Son bec est petit, courbé, émoussé au bout, de couleur rouge, & noir auprès de la tête. Ses piés sont marquez de differentes couleurs, noirs, bleus & rouges. Il est agreable à voir, tenant son col élevé & droit. Il vit fort long-tems, & se nourrit d'herbes, d'œufs de poisson & de grain. Il haït l'aigle, le tonnerre & les serpens. On tient que sa peau appliquée sur l'estomac aide à la digestion. Les Poëtes veulent que le Cygne chante, mais que ce ne soit que quand il se voit prêt à mourir. Ils disent qu'alors son chant est mélodieux.

Cygne. Ordre de Chevalerie de Cleves. On tient que Beatrix, fille unique de Theodoric ou Thierri Duc de Cleves, étant devenue heritiere de ses Etats vers l'an 711. fut obligée de se retirer dans un Château appellé Neufbourg, pour se garantir de la persecution de ses voisins qui vouloient la dépouiller de ses biens, & qu'ayant été secourue par un Chevalier nommé Elie, elle l'épousa, & institua ensuite l'Ordre du Cygne, à cause qu'il avoit un Cygne peint sur son bouclier.

CYL

CYLINDRE. s. m. Terme de Geometrie. Corps solide produit par le mouvement d'une ligne droite autour de deux cercles égaux & paralleles. Ces deux cercles sont *les bases du Cylindre*, & la ligne qui se meut alentour, en est le *Corps*. Celle qui joint les centres des deux cercles est l'*axe du Cylindre*. Si l'axe est perpendiculaire au plan des cercles, le Cylindre est *droit*, & il est *oblique* ou *incliné*, si l'axe l'est au plan des cercles. Dans les Cylindres droits la *hauteur* est égale à l'axe, dans les obliques, c'est une perpendiculaire tirée entre les deux bases.

Le cercle étant un polygone infini, (Voyez CERCLE & POLYGONE.) on considere ce Cylindre comme un *Prisme* dont les deux plans opposés, égaux & paralleles sont deux obliques infinis, & par là on reduit les Cylindres à la mesure & aux proportions des Prismes. Voyez PRISME. Pour mesurer la solidité d'un Cylindre, on multiplie donc sa hauteur par sa base, les hauteurs & les bases *reciproques* sont des Cylindres égaux, &c.

CYLINDRIQUE. adj. Qui appartient au Cylindre. On appelle *Superficie cylindrique*, Celle qui est formée par le mouvement de la ligne, qui tourne autour des deux bases du Cylindre. On dit *Colomne Cylindrique*, en parlant de celle qui n'a ni renflement ni diminution, comme les Piliers Gothiques.

CYM

CYMAISE. s. m. Terme d'Architecture. Membre dont la moitié est convexe & l'autre est concave, appellé ainsi du Grec κυμάτιον, qui signifie une petite Onde, à cause qu'il est taillé d'une figure ondoyante. Il y a de deux sortes de Cymaises, l'une droite, & l'autre renversée. On appelle *Doucine* ou *gueule droite*, Celle dont la partie la plus avancée est concave, & *Talon* ou *gueule renversée*, Celle qui a sa partie la plus avancée convexe. La *Cymaise Toscane* est un ove ou quart de rond; la *Dorique* un Cavet, & la *Lesbienne* se prend pour un talon, selon Vitruve.

CYMBALE. s. f. Instrument de musique dont les gueux se servent pour accompagner la vielle. Il consiste en un fil d'acier de forme triangulaire. Il a cinq anneaux passés dedans, qu'on touche & que l'on promene de la main gauche dans ce triangle avec une verge de fer, tandis qu'on se soutient de la droite avec un anneau, pour lui laisser la liberté de son mouvement.

Il y a aussi deux jeux de l'Orgue que l'on appelle *Cymbale*. La grosse a trois tuyaux sur marche. Le premier, est long d'un pié & ouvert, le second de huit pouces & demi, & le troisiéme de demi-pié. La seconde Cymbale a deux tuyaux sur marche. Le premier, long de deux piés, est ouvert, & le second est de quatre pouces.

CYMBALIUM. s. m. Espece d'*Umbilicus Veneris*. Cette plante a les feuilles grasses & faites en maniere de cuillier. Elles sont fort épaisses, & entassées vers la racine, en sorte qu'elles representent le rond de l'œil, ainsi qu'on voit en la grande joubarbe. Sa tige est menue, & ses fleurs & sa graine sont semblables à celles du millepertuis. Sa racine est assés grossiere. Le Cymbalium a les mêmes proprietés que l'*Umbilicus Veneris*.

CYN

CYNIQUES. s. m. p. Secte de Philosophes qui a eu son nom du lieu où Antisthenes, qui en fut l'Instituteur faisoit ses leçons. Ce lieu étoit fort peu éloigné de l'une des portes d'Athenes, qu'on appelloit *Cynosarges*, c'est-à-dire, des Chiens. D'autres veulent que la vie trop libre, & comme canine, que pratiquoient les Cyniques, les ait fait nommer ainsi. Ils se mocquoient de la Musique, de la Geometrie, de l'Astrologie, & même de la Dialectique & de la Physique, pour ne cultiver que la Morale, & cette Morale étoit assés extraordinaire, puisqu'en posant pour fondement, Que tous les biens appartiennent à Dieu, & que l'homme sage est son image & son ami, ils concluoient que cet homme sage se pouvoit servir de tout ce qui est dans le monde comme d'une chose qui étoit à lui, parce qu'il n'y a rien qui ne doive être commun entre amis. Ils regardoient encore comme indifferentes plusieurs actions deshonnêtes & pleines de saleté; & prétendant que toutes les actions naturelles étoient bonnes par elles-mêmes, ils ne croyoient point devoir avoir honte de les faire publiquement. Ils avoient d'ailleurs une maniere d'agir extrêmement aigre, & vouloient qu'un homme commençât à étudier la sagesse par un fort grand mépris de lui-même; de sorte que pour l'accoûtumer à ce mépris, il y avoit plus d'insultes que de remontrances dans leurs leçons. Diogene disciple d'Antisthenes, Menippe, Onesicrate, Monime de Syracuse, Crates de Thebes, Hyparchia sa femme, & plusieurs autres se sont distingués dans cette Secte.

CYNOCEPHALE. s. m. Animal fabuleux que les Egyptiens ont tenu pour Dieu, & qu'ils ont eu en grande veneration sous le nom d'Anubis. Ils lui donnoient la tête d'un chien; ce qui l'a fait appeller ainsi. On a trouvé, selon Pline, des hommes dans l'Ethiopie, que l'on nommoit aussi *Cynocephales*, parce qu'ils avoient la tête de chien. Ils ne vivoient que de lait.

CYNOGLOSSE. s. m. Plante qui a les feuilles velues, couchées par terre, & semblables au grand plantain, mais plus petites & plus étroites. Elle n'a aucune tige, & croît aux lieux sablonneux. Il y a un autre Cynoglosse, qui est le *Lingua canis*, ou *Langue de Chien* des Apothicaires. Ils s'en servent au lieu de Cynoglosse, & cette plante a plusieurs tiges qui ont quelquefois plus d'une coudée de haut. Elles produisent à la cime plusieurs rameaux qui portent des fleurs rouges semblables à celles de l'Echium, après quoi surviennent certains petits glouterons fort industrieusement composés, qui s'attachent aux habits de ceux qui passent. On se sert particulierement de la racine de cette plante. Cette racine ressemble en couleur & en grosseur à celle du Symphitum, & jette une odeur assoupissante, dont l'usage est merveilleux pour les fluxions acres & tenues. Elle sert de base aux pillules de Cynoglosse, qui sont excellentes pour concilier le sommeil, ôter les fluxions & appaiser la toux; & pour cela, après qu'on l'a fait secher, on la broye avec la semence de Jusquiame, & enfin les autres Simples séparément. Le mot de *Cynoglosse* vient du Grec γλῶσσα, qui signifie *Langue*, comme qui diroit, κυνὸς γλῶσσα, *Langue de chien*.

CYNOCRAMBE. s. m. Arbrisseau qui jette de grands sarmens puants, pliables comme l'osier & fort difficiles à rompre. Sa feuille est semblable à celle du lierre, mais plus molle & plus pointue au bout, & a une odeur pesante & fâcheuse. Le jus qu'elle rend est jaune. Il produit des gousses comme la féve, longues d'un doigt & faites en façon de vessie. Au-dedans de ces gousses est une graine dure, petite & noire. Dioscoride qui en fait cette description, ajoûte que ses feuilles incorporées en graisse, font mourir les chiens, les loups, les renards & les pantheres, s'il arrive qu'ils en mangent. Quelques-uns appellent cette plante *Mercuriale mâle sauvage*, à cause qu'elle ressemble fort au mâle de la vraie Mercuriale. Prise en breuvage, elle lâche le ventre, & évacue le phlegme, la bile & les autres serosités. Ce mot vient du Grec κράμβη, Chou, comme qui diroit κυνὸς κράμβη, Chou de chien. Galien dit qu'il y en a qui l'appellent κυνόμορον, à cause qu'il fait mourir les chiens subitement, de μόρος, qui veut dire quelquefois la mort.

CYNOSORCHIS. s. m. Plante qui a ses feuilles semblables à l'Olivier lorsqu'il est encore tendre, tant celles qui environnent sa tige, qui est haute d'un palme, que celles qui sont éparpillées sur terre. Ses fleurs sont rouges. Le Cynosorchis croît aux lieux sablonneux & pierreux, & produit des racines bulbeuses, longuettes, étroites comme une olive, & doubles. La plus haute de ses deux bulbes est pleine & charnue, & la plus basse est plus molle & plus ridée. Ses racines étant cuites se mangent comme on fait les bulbes. On tient que la plus grosse racine mangée par les hommes, fait qu'ils engendrent des mâles, & que l'autre mangée par les femmes fait engendrer les femelles. Il y a une autre espece de Cynosorchis surnommé *Serapias*, dont les feuilles sont semblables à celles du porreau. Elles sont pourtant plus larges, longues & grasses, & sortent toutes replissées des concavités de la tige. Ses fleurs sont presque rouges, & ses racines semblables à l'autre Cynosorchis, dont elles ont aussi les qualités. Etant enduites, elles resolvent toutes sortes de tumeurs, mondifient les ulceres, guerissent les fistules, & appaisent les inflammations. Seches, elles repriment les ulceres corrosifs, & sont un fort bon remede pour les ulceres pourris & malins qui arrivent en la bouche. Galien parlant de la premiere espece de Cynosorchis, dit qu'*Orchis* & *Cynosorchis* sont une même herbe; que sa racine double & bulbeuse est chaude & humide & douce à manger; que la plus grosse ayant beaucoup d'humidité superflue provoque à l'amour, si on la prend en breuvage; & que la petite étant de temperature plus chaude & plus seche, refroidit ceux qui en usent. Le mot de *Cynosorchis* vient du Grec ὄρχις, Testicule, comme qui diroit κυνὸς ὄρχις, Testicule de chien.

CYNOSURE. s. f. Terme d'Astronomie. Constellation la plus voisine de notre Pole. Elle a sept étoiles, dont il y en a quatre disposées en quarré comme les roues d'un chariot. Les trois autres sont en long & representent un timon; ce qui est cause que les Paysans appellent cette Constellation *Le Chariot*. C'est la petite Ourse. Les Grecs l'ont appellée *Cynosure*, de κυνὸς, Chien, & de οὐρὰ, Queue, comme qui diroit, Queue de chien.

CYP

CYPHI. s. m. Parfum mixtionné & dédié au Service divin, dont les Prêtres d'Egypte avoient accoûtumé de se servir. On fait des Trochisques de Cyphi, & l'usage en est bon en Medecine. Ils sont excellens contre les venins, contre la peste, contre les maladies froides du cerveau & contre les fluxions qui tombent sur la poitrine; ce qui est cause qu'on les fait entrer dans la composition du Mitridat. Outre le miel, treize Ingrediens composent cette sorte de trochisques, sçavoir les raisins damas, la myrrhe, la cannelle, la terebenthine, le schoënant, le bdellium, la canne odorante, la *cas-*

sia lignea, le spicnard, le safran, les grains de genévre, le souchet & l'aspalath. Le mot de *Cyphi* est étranger, & signifie Odorant. Il n'est ni Grec ni Latin.

CYPRE'S. s. m. Arbre fort connu, dont il y a deux especes, le mâle & la femelle. Celle-ci croît toûjours en pointe, & le Cyprès mâle a ses branches plus épandues. Ses feuilles sont plus longues & plus vertes que celles du Savinier qui porte du fruit. Celui du Cyprès est semblable au fruit de la Meleze, mais plus serré, plus gros, plus dur & plus beau. Il en porte trois fois l'an, & on le cueille dans les mois de Janvier, Mai & Septembre. Il y a dans ce fruit une graine si petite, qu'à peine l'œil la peut-il appercevoir. Les fourmis en sont friandes; & delà vient que l'on voit peu de Cyprès où il n'y ait quelque fourmilliere au pié. Le Cyprès est toûjours vert, & son bois est fort massif & de bonne odeur, presque comme le santal. Il n'est jamais ni pourri, ni vermoulu, non plus que celui du cedre, de l'ébene, de l'if, du bouis, de l'olivier & du lotus sauvage. C'est ce qui obligeoit les Anciens à faire leurs statues de bois de Cyprès, afin qu'elles durassent toûjours, comme étoit la statue de Jupiter au Capitole. Ils avoient dédié cet arbre à Pluton, & on le mettoit devant les maisons où il y avoit un mort; ce qui leur faisoit croire que l'ombre du Cyprès portoit malheur. Il sort des resines de son tronc presque semblables à la terebenthine, mais en fort petite quantité. Il croît beaucoup de Cyprès en Candie & au Mont Ida, naturellement & sans cultiver la terre, quoiqu'on ait peine à les élever ailleurs. Ils haïssent les rivieres, les étangs & autres lieux aquatiques, & meurent incontinent si on les y plante. Ils meurent aussi si on leur met du fumier au pié. On tient que toute semence & graine, mêlée avec des feuilles de Cyprès pilées, n'est jamais rongée ni mangée des vers, & qu'il n'y a aucune longueur de tems qui puisse diminuer l'odeur de son bois. Quelques-uns appellent *Petit Cyprès*, l'Auronne femelle, à cause du grand rapport de cette herbe avec le Cyprès en plusieurs choses. Le fruit du Cyprès est astringent, & ses noyaux réduits en poudre appaisent la douleur des dents. On s'en sert en toutes sortes de flux, diarrhée, dyssenterie & autres. On les appelle *Coni nuces*, & *pillulæ cupressi*. M. Callard de la Duquerie fait venir *Cyprès* du jeune Cypare ou Cyparisse changé en Cyprès, ou παρὰ τὸ κύειν παρίσας, à cause que cet arbre produit également ses branches & son fruit.

CYR

CYRENE'ENS, ou *Cyreniaques*. s. m. p. Secte de Philosophes qui n'estimoient la vertu qu'autant qu'elle pouvoit servir à la volupté. Ils méprisoient la Physique, & plusieurs d'entre eux rejettoient aussi la Dialectique. Ils eurent Aristippe pour Fondateur. Il étoit disciple de Socrate, & de la Ville de Cyrene; ce qui les fit appeller *Cyreniens*. Outre sa fille Areta, Aristippe eut plusieurs disciples, parmi lesquels fut Hegesias, qui representoit si vivement les calamités qui accompagnent la vie, que la plûpart de ses Auditeurs, après l'avoir entendu, se donnoient volontairement la mort, afin de s'en garantir; ce qui fut cause qu'un des Ptolomées lui défendit d'approfondir davantage cette matiere en public. Il fut le Chef de la Secte des Cyreniens que l'on appella *Hegesiaques*.

CYT

CYTINUS. s. m. Terme de Pharmacie. Nom que l'on donne à la fleur du Grenadier domestique, comme on donne celui de *Balaustium* à la fleur du Grenadier sauvage. Elle est stomachique & épulotique; & comme elle repercute & restreint, on s'en sert pour arrêter le sang & toutes sortes de fluxions. Ce mot est Grec, κύτινος, & signifie la même chose.

CYTISUS. s. m. Arbrisseau blanc comme le Rhamnus, dont les branches sont longues d'une coudée, & quelquefois plus. Il produit ses feuilles semblables à celles du senegré, ou de cette espece de lotus qui ressemble au triolet. Elles sont toutefois moindres, & ont la côte du dos élevée en maniere de dos d'âne. Broyées entre les doigts elles sentent la roquette, & ont le goût des chiches fraîches. Galien dit qu'elles ont une vertu resolutive jointe à une aquosité temperée. Etant pilées & incorporées avec du pain, elles sont bonnes à resoudre les enflûres & les tumeurs qui commencent à venir, en les appliquant en forme de cataplasme. Columella marque que l'on doit avoir du Cytisus dans les Métairies, parce qu'il est singulierement bon aux poules, aux mouches à miel, aux chévres, & à toute sorte de menu bétail, pour les engraisser bientôt, & faire abonder le lait aux brebis, outre que sa pâture est verte huit mois durant, & bonne étant seche. Cet arbrisseau ayant été premierement découvert en l'Isle de Cythnos, d'où apparemment il a pris son nom, que quelques-uns écrivent *Cythisus*, fut transporté delà aux autres Isles Cyclades, qui en peuplerent toutes les Villes de Grece. Il ne craint ni chaud ni froid, ni grêle ni neige. C'est ce qu'en dit Pline.

CYZ

CYZICENES. s. f. p. Nom que les Grecs donnoient à de magnifiques Salles où ils avoient accoûtumé de manger, & qu'ils appelloient ainsi de Cysique, Ville renommée par la beauté de ses édifices, & située dans une Isle de la Propontide de même nom. Elles étoient sur les jardins & exposées au Septentrion.

CZA

CZAR. s. m. Nom ou titre d'honneur que prend le Grand Duc de Moscovie. Il vient de César ou Empereur, ce Souverain prétendant être descendu d'Auguste. On prononce *Tzar*, ou *Zaar* dans le pays. Le premier qui ait pris le titre de Czar, a été Basile, fils de Jean Basilide. Ce fut lui qui vers l'an 1470. commença à faire parler de la puissance des Moscovites. Les Grands Ducs de Moscovie ont aussi pris l'Aigle, pour l'ajoûter à leurs Armes.

D

DAB DAC

ABBLE'E. f. f. Vieux mot. Cueillette, felon Nicod, qui en donne pour exemple *Bonne dabblée de vin.* Il doute si on ne veut point dire *Desblée.*

DABUH. f. m. Sorte d'animal qui naît en Afrique, & qui a des piés & des mains comme un homme. Il est de la grandeur d'un loup & en a presque la forme. Il tire les corps morts des sepulcres & les mange, & le son des trompettes & des cymbales lui plaît tant que ce n'est qu'en jouant de ces instrumens qu'on le peut prendre.

DAC

DACTYLE. f. m. Pié ou mesure d'un vers Latin. Il est composé de trois syllabes, dont la premiere doit être longue, & les deux autres breves. Ce mot est Grec δάκτυλος, & veut dire, Doigt. On appelle aussi *Dactyle*, le fruit du Palmier; mais plus communément *Datte*. On appelloit autrefois le Palmier *Dadier*, comme si on eût dit *Dattier*, qui porte des Dattes.

DACTYLONOMIE. f. f. Terme d'Arithmetique. Science de nombrer par les doigts; ce qui se fait en donnant 1. au pouce de la main gauche, 2. à l'index, 3. au doigt du milieu, 4. à l'annulaire, 5. au petit doigt, & continuant par le petit doigt de la main droite, en sorte que le pouce de la même main aura 10. après quoi on commence à compter sur la droite, & on finit à la gauche. Ce mot vient du Grec δάκτυλος, Doigt, & de νέμειν, Distribuer.

DAG

DAGON. f. m. Nom qui fut donné à une certaine Idole des Philistins. Cette Idole tomba devant l'Arche d'Alliance que l'on avoit posée dans le Temple, où les Idolâtres s'acquittoient du culte qu'ils croyoient devoir à cette fausse Divinité.

DAGORNE. f. f. Vache à qui on a rompu une corne.

DAGUE. f. f. Espece de poignard. *Dague*, dit Nicod, *est une maniere de courte épée, d'un tiers presque de la dite longueur d'une épée qu'on porte d'ordinaire, non avec pendants de ceinture à épée, ne pendant du côté gauche pour les droitiers ainsi qu'on fait l'épée, ains attachée droite à la ceinture du côté droit ou sur les reins, laquelle ores est large & à poincte d'espée, ores est façonnée à deux arestes entre les trenchans & a poincte plus aigue. Telle aussi la portoient ceux qui étoient pesamment armés ès Camps & Armées des Romains, comme il se voit ès Arcs triomphaux d'iceux, à ce qu'on ne prenne pas le mot Latin* Semispatha, *qui veut dire, Dague, ne pour la Mandoussiane qui est plus courte que l'espée & plus longue que la dague, ne pour le coutelas, dont les bandoliers & autres de leur qualité usent apresent. La dague se pourroit aussi nommer poignard, combien que le poignard soit & plus court, & moins chargé de matiere, en ce que celui qui la porte à tous propos, l'empoigne, ores par contenance, ores pour se faire craindre, ores pour frapper. L'Allemand dit* Dagen, *& l'Espagnol & l'Italien* Daga. *Dagues en pluriel se prennent en fait de venerie, pour la premiere tête que le Cerf porte qui est à son deuxiéme an, laquelle n'est ramée ne chevillée, ains de deux cornichons sans antoilliers, chevillures ne espois, lesquels sont à la façon de deux dagues ou poignards, à cause dequoi sont appellés* Dagues, *dont les gardes sont les meules, lesquelles gardes le Cerf quand il mue cache dans la terre, étans de si grande vertu contre le poison, qu'elles equipollent à la Licorne.*

On dit aussi quelquefois en termes de Chasse, *Dagues de Sanglier*, pour dire, Les défenses d'un Sanglier.

Dague, est aussi un Couteau de bois à daguer le lin: c'est-à-dire, quand il est broyé à en ôter les plus gros bois.

DAGUER. v. n. Terme de Fauconnerie. Aller à tire d'aile & de toute la force de l'oiseau. On dit aussi *Daguer*, pour dire, Travailler diligemment des pointes des ailes.

DAGUET. f. m. Jeune Cerf qui est à sa seconde année, & qui pousse & porte son premier bois.

DAI

DAILLOT. f. m. Terme de Marine. On appelle *Daillots* ou *Andaillots*, des anneaux avec lesquels on amarre la voile qu'on met dans le beau tems sur les étais. Ces anneaux font le même effet sur l'étai, que font les garcettes sur la vergue.

DAIM. f. m. Bête fauve & sauvage, qui est un peu plus grande que le Chevreuil, & qui a quelque rapport avec le Cerf. Le Daim est pourtant moins gros, & de pelage plus blanc. Son bois est plus plat que celui du Cerf. Il porte plus de cors sur sa tête, qui est ordinairement paumée, & a ses cornes tournées en avant. Sa venaison est plus friande que celle du Cerf. C'est un animal fort vîte. Il y a des Daims mâles & des Daims femelles. Ce mot a été fait du Latin *Dama*, que quelques-uns font venir de δεῖμα, Crainte, qui vient de δείδω, Je crains, à cause que le Daim est fort timide.

DAINE. f. f. Vieux mot, qui a signifié un Daim.

DAINTIER. f. m. Terme de Venerie. Il se dit des testicules des Cerfs.

DAIS. f. m. *Espece de poile fait en forme de ciel de lit avec un dossier pendant, que l'on tend dans l'appartement des Princes, des Ducs, &c.* ACAD. FR. Il y a des Dais portatifs sur quatre colomnes, sous lesquels on porte le saint Sacrement, & que l'on presente aux Rois & aux Reines lorsqu'ils font leur entrée en cérémonie dans quelque Ville; aux Evêques dans leurs visites; & aux Seigneurs de Paroisse à leur premiere entrée. Furetiere & ses Scholiastes disent mal-à-propos que la raison pourquoi il y en à un au Châtelet, est parce que le Roi est Prévôt de Paris. On appelle *Haut Dais*, un lieu élevé où les Rois donnent leurs Audiences, & où ils se tiennent dans les cérémonies publiques, soit qu'il y ait un Dais au-dessus, soit qu'il n'y en ait point. Selon M. Ménage, qui fait venir *Dais* de *Dossium*, fait de *Dorsum*, d'où l'on a fait *Dois* & ensuite *Dais*, on a appellé ainsi une table entourée de bancs à dos, & couverte par en haut pour garantir de la poudre du plancher. Cette sorte de Dais étoit en usage dès le tems des Romains. *Dais*, a dit Nicod, *qu'on écrit* Dez & Dées, *monosyllabe comme* seel, *est un poile quarré à pendants par cortine par devant & aux côtés, & à grand dossier dévalant bien bas par derriere, frangé par tout, qu'on met, ou sur la table des Rois & des Princes Souverains, où ils prennent leurs repas, ou sur leurs Trônes Royaux; & ce par grandeur, plusque pour obvier à la cheute de la poussiere. Aussi n'est-il licite en user à autres qu'aux Princes Souverains. Combien que selon l'usage d'aujourd'hui* Dais *soit autre chose que* Poile, *neanmoins il semble que nos Majeurs ont appellé Poile, ce que nous appellons Dais, comme se voit en Maugist d'Aigremont, où est escrit:* Adonc la Pucelle Ysanne qui étoit sœur de ladite Dame, print un Poile qui là étoit, & le coupa par le milieu, & dedans enveloppa les deux petits enfans; *car il est indubitable que l'Auteur n'entend parler d'un Poile qu'on porte à quatre bâtons sur la personne d'un Roi ou Prince Souverain à sa premiere entrée ès Villes de leur obéissance, ains d'un Dais souspendu, qui est ordinaire ès Maisons des Rois.*

DAL

DALLE. s. f. On appelle *Dalles*, les pierres dures débitées par tranches de peu d'épaisseur, avec lesquelles on couvre le toit des grands édifices, & d'où l'eau s'écoule par les têtes de lion & par les gargouilles taillées sur la plus haute corniche des murs. *Dalles à joints recouverts*, sont celles qui étant feuillées avec une moulure en forme d'ourlet en recouvrement, servent de couverture.

Dalle, est aussi une grande pierre de liais comme celles qui sont élevées dans les cuisines, & qui servent à laver la vaisselle. On appelle *Dalle*, une pierre dure qui sert à aiguiser les faux à faucher.

Dalle. Petit auge dans un Brulot, qui sert à conduire la poudre jusqu'aux choses combustibles.

DALMATIQUE. s. f. *Le vêtement que portent les Diacres & Soûdiacres par dessus l'Aube quand ils servent le Prêtre à la Messe.* Acad. Fr. Selon du Cange, les Empereurs & les Rois étoient vêtus d'une Dalmatique dans leurs sacres & autres grandes Cérémonies. Le Pape Zacharie avoit accoûtumé de porter la Dalmatique sous sa Chasuble, & les Evêques en portent encore. C'étoit un ornement Sacerdotal, blanc, moucheté de pourpre, qui avoit été un habit militaire auparavant. La Dalmatique, dont le Pape Sylvestre a introduit l'usage dans l'Eglise, differoit de celle d'apresent, en ce qu'elle étoit faite en forme de Croix, ayant du côté droit des manches larges, & de grandes franges du côté gauche. Isidore & Papias veulent qu'on ait appellé cet ornement *Dalmatique*, à cause que l'usage en est venu originairement de Dalmatie. C'est ce que Nicod a dit aussi en ces termes: *Dalmatique est une espece de vêtement Sacerdotal à la Grecque, descendant jusqu'aux talons, ainsi dit parce que les Dalmatiens & les Sclavons l'ont au premier mis en usage, & tissu de laine & moucheture de pourpre l'étoffe dont ils faisoient faire telle maniere d'habit. Nicole Giles en ses Annales, parlant du Roi Charles le Chauve:* Il contemnoit de vivre & soi habiller à la maniere des François, & se gouvernoit à la maniere des Gregeois. Il avoit volontiers vêtue une grande Dalmatique qui lui venoit jusques aux talons, & avoit la tête enveloppée d'un couvrechef de soye, ainsi qu'on peind le Grand Soudan de Babylone, & portoit une Couronne dessus, & toûjours avoit à son côté un grand Badelaire Turquois. *Dalmatique est aussi appellé l'un des vêtemens desquels est mysterieusement usé en la celebration de la Messe, qui est fait à manches larges en maniere de Croix, mis en avant par le Pape Sylvestre, au lieu de Colcob qui étoit sans manches.*

DALOT. s. m. Ouverture de deux ou trois pouces de diametre, faite dans la longueur d'un bout de bois, placé au côté du Vaisseau pour l'écoulement des eaux de la pluie & des vagues. Ceux que l'on fait sur les ponts d'enhaut, sont de plusieurs pieces, & ordinairement on les fait quarrés. On dit aussi *Dailon* & *Dalon.*

DAM

DAM. s. m. Vieux mot, qu'on disoit au lieu de *Dom*, venu de *Dominus*, pour signifier Seigneur. *Et dit, Dam Roi, s'il vous plaisoit.* On disoit aussi *Dant. Dant Chevalier, si vos venez.*

DAMAGE. s. m. Vieux mot, dont on s'est servi pour dire, Dommage. On a dit aussi *Damagent*, pour Dommageable.

DAME. s. f. On appelle *Dames*, dans un canal que l'on creuse certaines digues du terrain même, qui étant laissées d'espace en espace, y font entrer l'eau comme on le juge à propos, & empêchent qu'elle ne puisse gagner les Travailleurs. On donne le même nom de *Dames*, à certaines petites langues de terre qui sont couvertes de leur gazon, & qu'on laisse de distance en distance. Elles servent de témoins dans la fouille des terres, afin d'en toiser les cubes.

DAME-JANE. s. f. Les Matelots appellent ainsi une grosse bouteille de verre, couverte de natte. Elle tient ordinairement la douziéme partie d'une barrique.

DAMER. v. n. Terme d'Architecte. Donner un demi pié de pente.

C'est aussi fouler également la charge d'un mortier à bombe.

DAMIANISTES. s. m. p. Sorte d'Heretiques qui s'éleverent dans le sixiéme siecle, & qui suivoient les erreurs des Acephales.

DAMNER. v. a. Ce mot signifioit autrefois *Condamner. Meuble est le Châtel à ceux qui sont damnés. Se aucun damné se aërd à une croix fichée en terre.* On disoit aussi *Damnement* & *Damnation*, pour Condamnation.

DAMOISEL. s. m. Vieux mot. Gentilhomme. *Damoisel ou Damoiseau*, dit Nicod, *étoit anciennement appellé le Gentilhomme, qui n'étoit encores Chevalier. Au troisiéme livre d'Amadie, Chapitre* 3. Damoisel & Ecuyer sont arrivés à Novandel, demandant Chevalerie, lequel l'ayant reçûe n'est plus appellé de tels titres, ains seulement du titre de Chevalier. *En Maugist d'Aigremont.* Et quand veint après dîner les Chevaliers & Damoiseaux s'en allerent tous armer. *Or est-il dit auparavant.* Et furent Chevaliers & Ecuyers moult honorablement habillés, & s'étant assis à table, chacun selon son degré furent très-bien servis.

DAMOISELLE. s. f. *C'est proprement & selon l'ancien*

cien usage du mot, comme Nicod dit encore, *une Gentilfemme n'ayant titre de Dame, & est le feminin de Damoisel, qui signifioit Gentilhomme n'étant Chevalier. Mais apresent par Damoiselle est entendue toute femme qui porte coquille, attours & chaperon pendant de velours, n'étant femme de Chevalier, Comte, Marquis, ou de plus éminent titre.*

On appelle parmi les Paveurs *Damoiselle* ou *Demoiselle*, une piece de bois haute de cinq piés, ronde & ferrée par les deux bouts. Elle a deux anses aux deux côtés pour la manier, & l'élever un peu en l'air, afin qu'en la faisant ensuite tomber sur les pavés, elle les enfonce plus avant.

DAN

DANCHE', E'E. adj. Terme de Blason. Il se dit du chef, de la fasce, de la bande & du parti coupé, tranché & écartelé, quand ils se terminent en pointe en forme de dents. *De sable à trois fasces danchées par le bas d'or.*

DANGER. s. m. Péril, risque. On appelle *Dangers* sur mer, les rochers, les bancs de sable ou de vase cachés sous l'eau, ausquels un Vaisseau ne peut toucher en passant dessus sans en être incommodé. On appelle ces sortes de dangers, *Dangers naturels*, pour les distinguer de ceux qui sont appellés *Dangers civils*, & autrement *Dangers de la Seigneurie* ou *risques de terre.* Ce sont les défenses, les Douanes & les exactions, que les Seigneurs des lieux pratiquent sur les Marchands & sur ceux qui font naufrage.

On dit qu'*Un bois est sujet au tiers & danger*, pour dire, qu'il faut qu'il paye un droit qui consiste au tiers de la vente, & au tiers du tiers que l'on préleve d'abord au profit du Roi. Il y a des bois qui sont sujets au tiers sans danger, & d'autres au danger sans tiers. En general, tout ce qui est de Droit étroit & sujet à confiscation se nomme *Danger.* C'est ce qui a fait appeller *Fief de danger*, un Fief dont on ne pouvoit prendre possession avant que d'avoir fait foi & hommage au Seigneur, à peine de commise.

DANSE. s. f. *Mouvement du corps qui se fait en cadence à pas mesurés, & ordinairement au son des Instrumens.* ACAD. FR. Il y a deux sortes de Danse, l'une appellée *Danse par haut*, qui consiste dans les gambades & les caprioles que font les Baladins, & l'autre appellée *Danse par bas.* Celle-là se fait à terre & d'une maniere modeste. Bochart dérive le mot de *Danse* de l'Arabe *Tanza*, qui veut dire la même chose; & d'autres le font venir de l'Allemand *Dantz*, qui a cette même signification. Les Anciens ont eu trois sortes de Danses, l'une appellée *Eumelie*, qui étoit grave, comme nos Pavanes, l'autre, *Cordax*, qui étoit gaye comme le sont nos Gaillardes & nos Gavotes, & une troisiéme qui étoit entremêlée de gravité & de gayeté. Celle-là étoit semblable à nos Bransles. On appelle *Danse pyrrichie*, ou *Danse armée*, une Danse que Neoptolemus, Fils d'Achille, enseigna à ceux de Crete, pour s'en servir à la guerre.

DANSEUR. s. m. Celui qui danse. On appelle *Danseurs de corde*, Ceux qui avec contrepoids ou sans contrepoids, dansent sur une corde tendue & élevée à sept ou huit piés de terre. Les Danseurs de corde n'ont pas été inconnus aux Anciens. Ils les nommoient *Schœnobates*, σχοῖνος de, Corde, & de βάτης, Celui qui marche; & il y en avoit de quatre sortes. Les uns voltigeoient autour d'une corde, & s'y suspendoient par les piés ou par le cou. Les autres appuyés sur l'estomac sur une corde, qui étoit tendue de haut en bas, d'un bout d'une grande salle jusqu'à l'autre, s'y laissoient glisser, en tenant leurs bras & leurs mains étendues sans toucher à rien, ce qui s'appelloit *Voler.* D'autres couroient sur une corde tendue en droite ligne, & quelques-uns y faisoient des sauts & differens tours. Nous lisons dans Suetone, que du tems de l'Empereur Galba, on a vû des Elephans marcher sur la corde, & qu'un Chevalier Romain a paru sur la corde, monté sur un de ces animaux en presence de Neron. Cependant on n'a jamais compris dans les Jeux publics les spectacles des Danseurs de corde.

DANTE. s. m. Animal gros comme un petit bœuf, & qui court d'une fort grande vitesse. Il est blanchâtre, a les jambes courtes & les ongles des piés noirs & fendus, les oreilles semblables à celles des Chévres, le cou fort long & une corne façonnée au milieu de la tête, qui se courbe en rond comme un anneau. Cet animal se trouve en Afrique. Sa chair est très-bonne, & l'on fait de belles rondaches de sa peau; il y en a que les fléches ne peuvent percer.

DANZEL. s. m. Vieux mot, qu'on a dit pour Damoiseau, nom qu'on donnoit autrefois aux jeunes gens de grande maison.

DAR

DARD. s. m. *Sorte de trait de bois dur, qui est ferré au bout, & propre à être lancé.* ACAD. FR.

Dard, est aussi une machine qui consiste en une baguette de quatre ou cinq piés de long, ailée d'un bout & ferrée de l'autre d'un fer pointu, au milieu de laquelle on fait un trou où l'on passe une pointe de fer déliée & longue de trois à quatre pouces. Sur cette espece de croix on bâtit un feu d'artifice en forme d'ovale tout le long de la baguette, & le feu est composé d'estoupin, roche à feu, cire & huile de petrol, le tout couvert d'une toile goudronnée. A chaque côté de cette toile & en haut sont deux méches faites de même matiere, ou de l'étoupin où l'on met le feu, lorsqu'on jette la machine. Elle ne sert pas seulement à le mettre où elle s'attache, mais encore à éclairer pour voir les travaux des Assiegeans.

On appelle *Dard*, en termes de Jardinage, Espece de faux plus étroite que les ordinaires. C'est aussi un petit brin droit & rond en forme de dard, qui est au milieu du calice de certaines fleurs. *Le dard d'un lis. Dardus*, se trouve aussi dans la même signification chés quelques Auteurs Latins, & c'est delà que M. Ménage le fait venir. D'autres le tirent du mot *Arc* précedé de l'article *de.* Borel veut qu'il vienne du Grec ἄρδις, qui signifie la pointe d'un trait, d'une fléche.

Dard. Petit poisson de riviere. Il est blanc, long comme un harenc, & va fort vîte dans l'eau. Il est fort sain; ce qui a fait dire, *Sain comme un dard.*

DARDANIER. s. m. Vieux mot. Usurier, qui cache le blé & recelle autres provisions en attendant la cherté. Ce sont les termes de Nicod.

DARRIER. adj. Vieux mot. Dernier.

DARSE. s. f. La partie d'un Port de mer la plus avancée dans la Ville. Elle sert à retenir les Galeres & autres bâtimens de mer; & est fermée d'une chaîne. Elle est aussi appellée *Darsine* sur la Mediterranée, mais sur l'Ocean on appelle *Paradis*, *Bassin*, *Chambre*, les lieux retirés du Port, où les Vaisseaux sont en plus grande sûreté.

DARTRE. s. f. Mot, qui outre le mal qui vient sur

la peau en forme de gratelle, signifie un ulcere de la largeur de la main ou environ, qui d'ordinaire se fait à la croupe du cheval, & quelquefois à l'encolûre ou à la tête. Il vient d'un sang bilieux qui lui consume & mange la peau; ce qui lui cause une si forte démangeaison, qu'il ne sçauroit s'empêcher d'augmenter l'ulcere en se frottant.

DAT

DATAIRE. s. m. Officier très-considerable dans la Chancellerie de Rome. C'est toûjours un Prélat qui est pourvû de cette Charge. Quand elle est exercée par un Cardinal, on l'appelle *Prodataire*. Tous les Benefices vacans passent par ses mains à l'exception des Consistoriaux, & il les confere de plein droit. Ce mot vient de ce que le Dataire mettoit autrefois la date à toutes les Suppliques.

DATERIE. s. f. Office du Dataire. *Un tel Prélat a été pourvû de la Daterie*. Il signifie aussi le lieu où le Dataire exerce sa Jurisdiction. *Cette Supplique a passé par la Daterie*. Trois Officiers composent la Daterie. Le Dataire ou Prodataire, le Sous-Dataire & le Préfet des vacances *per obitum*.

DATIVE. adj. f. Terme de Droit. On dit *Tutelle dative*, Quand le Testateur a nommé par son testament un Tuteur à ses Enfans. Ces sortes de tutelles ne sont point en usage en France.

DATTE. s. m. Fruit du Palmier qu'on cueille ordinairement en Automne, un peu avant qu'il soit mûr. Il est semblable au Myrobolan Arabesque, surnommé Pomas, verd en couleur, & tient de l'odeur du Coing. Quand on le laisse pleinement mûrir, il devient roux & a un noyau dur, longuet & fendu par embas. Les Dattes de Judée sont les meilleures de toutes. Pline dit que les Parthes, Indiens, & autres Peuples du Levant, font du vin de Dattes fraîchement cueillies, & que le Palmier femelle ne rapporte point de fruit s'il n'est planté auprès du Palmier mâle. Selon Theophraste, il y a plusieurs sortes de Dattes, les unes fort grosses, & rondes comme des pommes, & les autres petites comme des pois chiches. Elles different aussi en couleur, & il s'en trouve de blanches, de noires & de roussâtres, les unes sans os ou noyau, les autres qui l'ont fort dur, & quelques-unes qui l'ont mol & tendre. Matthiole dit qu'il y a une autre sorte de Dattes, que les Apothicaires suivant les Arabes appellent *Tamarindos*, & les Grecs *Oxyphœnix*, à cause de leur âpreté. Comme les Arabes nomment les Dattes *Tamar*, Tamarindos ne signifie autre chose que Dattes d'Inde. Elles croissent en certaines plantes qui ont leurs feuilles longues & pointues, & assés semblables à celles du Saulx. D'autres veulent que le Tamarindos soit le fruit du Palmier sauvage; ce que Matthiole ne croit pas, à cause qu'aucun Ancien n'a fait mention des Tamarindos. Les Dattes sont astringentes, sur-tout quand elles ne sont pas mûres. Elles fortifient l'enfant au ventre de la mere, appaisent toutes sortes de flux de ventre, & sont un fort bon remede pour les incommodités des reins & de la vessie. Ce qu'elles ont de mauvais, c'est qu'on les digere difficilement, qu'elles blessent le cerveau, & engendrent un sang mélancolique. Les noyaux des Dattes sont aussi d'usage en Medecine. Ils sont astringens, & lorsqu'on les a brûlés & réduits en cendres, ils servent pour nettoyer & blanchir les dents.

DATURA. s. f. Sorte de fleur qui fleurit en Août, & dont l'odeur est fort agreable.

DAU

DAUBER. v. C'est larder au gros lard du veau, du mouton, & les mettre en sausse de haut goût. *Un gigot à la Daube*. Le Dictionaire Universel le confond avec un Gigot à la Royale, qu'on fait bouillir dans une marmite avec du vin, du lard & des épices.

DAUCUS. s. m. Sorte de Panais sauvage. Dioscoride en admet de trois especes. Il y en a un qui croît en Candie, & dont les feuilles sont semblables au fenouil, mais moindres & plus menues. Il a sa tige de la hauteur d'un palme, & sa fleur est blanche, aussi-bien que sa graine, qui d'ailleurs est forte, velue, & de bonne odeur quand on la mâche. Sa racine est de la grosseur d'un doigt & de la longueur d'un bon palme. Il croît aux lieux pierreux & exposés au Soleil. La seconde espece de Daucus ressemble au Persil sauvage. Il est extrêmement odorant, aromatique & brûlant au goût. Le meilleur croît en Candie. La troisiéme espece porte ses feuilles semblables au Coriandre. Ses fleurs sont blanches, & ce Daucus a la tête & la graine semblables à celle d'Aneth, & comme un bouquet de fleurs, tel que celui du Panais. Sa graine est longuette comme celle du Cumin. On choisit celle qui est menue, blanche, velue, acre au goût, & d'une fort douce odeur. Elle provoque les mois, appaise les suffocations de matrice, & jette la pierre hors des reins & de la vessie. Galien dit que cette graine a une vertu vehemente à échauffer, & qu'étant appliquée exterieurement, elle est fort propre à resoudre par la transpiration des pores. Il ajoûte que l'herbe a la même vertu que la graine, quoiqu'elle ne soit pas si efficace dans ses operations, à cause de son aquosité.

DAUGREBOT. s. m. Espece de Quaiche dont les Hollandois se servent pour la pêche sur le Dogrebanc. Il y a un reservoir dans le fond de cale de ces Bâtimens.

DAVID. s. m. Nom que donnent quelques Menuisiers à une barre de fer quarrée qui a un crochet en bas, & un autre qui monte & descend le long de la barre. C'est ce qu'on appelle plus communément *Sergent*.

DAVIER. s. m. Instrument de Chirurgie. Il est fait en forme de tenailles, & sert à arracher les dents. Ses pointes sont fourchues, & entrent l'une dans l'autre.

C'est aussi un terme de Menuiserie & de Tonnelerie. Instrument, composé d'une barre de fer longue à discretion de trois ou quatre piés plus ou moins avec un crochet au bout, & une main mouvante d'un bout à l'autre, pour serrer des pieces & les assembler, pour les coler, pour retenir les derniers cercles soit en tonnelant, soit en rebattant.

DAUPHIN. s. m. Poisson de mer couvert d'un cuir lisse & sans poil, & qui a le dos un peu en voute. Son museau est rond & long, & la fente de sa gueule longue avec de petites dents aigues. Il est agreable à voir, & d'une couleur qui change selon les divers mouvemens qu'il fait. Il a la langue charnue, sortant dehors, & un peu découpée à l'entour, le ventre blanc & le dos noir, avec trois nageoires, l'une au milieu du dos, & les deux autres au milieu du ventre. Sa chair est semblable à celle d'un bœuf ou d'un pourceau. On tient que les Dauphins aiment les hommes, & c'est ce qui a donné lieu aux Poëtes de feindre qu'un Dauphin avoit reçû Arion sur son dos, quand les Matelots le jetterent dans la mer. Ce mot vient du Grec δέλφαξ, petit Pourceau.

Dauphin. Titre que portent les Fils aînés des Rois de France pendant la vie de leurs Peres, à cause du Dauphiné qui fut donné en 1343. au Roi Philippe de Valois, à cette condition, par Humbert II. Dauphin de Viennois. Philippe de Valois en investit alors son petit-fils Charles, depuis Roi de France sous le nom de Charles V. Charles VI. qui fut Dauphin avant que de parvenir à la Couronne, eut cinq Fils, tous Dauphins l'un après l'autre, & depuis Charles premier Dauphin jusqu'à present, on compte vingt Fils aînés de nos Rois qui ont été appellés *Dauphins.*

On dit dans le Blason, *Dauphins vifs*, & *Dauphins pâmés.* Le Dauphin vif a la gueule close, & un œil, des dents & les barbes, crêtes & oreilles d'émail different. Le Dauphin pâmé a la gueule beante, comme évanoui ou expirant, & il est d'un seul émail. On dit que *Les Dauphins sont couchés*, quand ils ont la queue & la tête tournées vers la pointe de l'Ecu.

D E'

D E'. s. m. Corps également quarré dans les six faces qui le composent. On appelle *Dé*, en termes d'Architecture, la Partie qui est entre la base des Piédestaux & leur corniche, à cause qu'elle a souvent la forme d'un dé. Ce mot se dit encore des petits cubes de pierre dure, dans lesquels les barreaux montans des berceaux & cabinets de treillage sont scellés. On y scelle aussi les poteaux des hangards.

Dé, se dit aussi d'un petit morceau d'argent ou de cuivre qui est arrondi & rempli de petits trous, & que l'on se met au bout du doigt, afin de pousser le cu de l'aiguille quand on coud. En ce sens on le fait venir de *Digitalis.*

Les Vitriers appellent certaines pieces de vitres, *du Dé.* M. Ménage dérive *Dex* de *Dati*, qu'on a dit par corruption de *Dadi*, venu de *Dando.* Du Cange croit qu'il vient du vieux Gaulois *Jus de Dé*, qui vouloit dire, Jugement de la Providence, à cause qu'on se sert quelquefois de dés pour certaines choses qu'on veut laisser juger au hazard. On disoit autrefois *Juisium*, pour, *Judicium*, & les Poëtes ont dit *Dé*, pour, *Dieu.*

D E A

DEARTUER. v. a. Vieux mot. Diviser, anatomiser. Il vient du Latin *Artus*, qui veut dire, Membre, comme qui diroit, Démembrer.

DEAUTE'. s. m. Vieux mot. Remede, ou Récompense.

Si tu te tiens en loyalté,
Je te donrai tel deauté,
Que tes pleurs te guerira.

D E A U X. Vieux mot dont on s'est servi pour dire Dieu. On a dit aussi *Dex* & *Diex.*

D E B

DEBACLE. s. f. Action par laquelle on débarrasse les Ports. On dit, *Faire la débacle*, pour dire, Retirer les Vaisseaux vuides qui sont dans les Ports, afin que les en ayant débarrassés, on puisse faire approcher du rivage ceux qui ont encore leur charge. On appelle aussi *Débacle*, La rupture des glaces qui arrive tout à coup après qu'une riviere a été prise long-tems. On dit aussi *Débaclage.*

DEBACLER. v. a. Débarrasser un Port. Il est aussi neutre, & se dit des rivieres dont les glaces viennent à se rompre tout à coup. *La riviere a débaclé cette nuit.*

DEBACLEUR. s. m. Officier de Ville qui donne ses ordres sur le Port, quand il faut faire retirer les Vaisseaux vuides pour faire approcher ceux qui sont chargés.

D E B A L L E R. v. a. Ouvrir une balle. Furetiere & ses Scholiastes disent mal-à-propos que quand la Foire est finie, *il faut déballer* ou remballer.

DEBARCADOUR. s. m. Terme de Marine. Lieu établi pour débarquer ce qui est dans un Vaisseau, ou pour transporter quelque chose avec plus de facilité du Vaisseau à terre.

DEBARETER. v. a. Vieux mot. Décoifer, mettre en desordre.

Onc mes ne put être matés,
Ne vaincus, ne debaretés.
En nulle guerre, en nul estour.

DEBARRE. E'E. adj. On dit d'un lut, ou de quelque autre instrument de musique, qu'*Il est debarré*, pour dire, que ce qui en soûtenoit la table ne la soûtient plus.

DEBILLER. v. a. Détacher les chevaux qui tirent les bateaux sur les rivieres. On est obligé de debiller quand on trouve un pont.

D E B I T E R. v. a. Scier de la pierre pour en faire des dales ou du carreau. Les Menuisiers disent aussi *Debiter le bois*, lorsqu'après avoir refendu les pieces, ils les coupent de longueur avec une scie à debiter. Ils disent encore, *Debiter le bois*, quand ils mesurent les pieces avec la regle & le compas, & qu'ils marquent les grandeurs dont ils ont besoin avec la pierre blanche ou la pierre noire.

On dit aussi, en termes de Marine, *Debiter le cable*, pour dire, Détacher un tour que le cable fait sur la bitte.

D E B I T I S. s. m. Terme de Chancellerie. Mandement general ou compulsoire qu'on obtenoit autrefois à la Chancellerie Royale, pour contraindre les débiteurs par saisie, vente & exploitation de leurs biens, à payer à l'Impetrant ce qu'ils lui devoient. Ces sortes de lettres ne sont plus presentement en usage.

DEBLAI. s. m. Transport des terres que l'on a fouillées pour construire les murailles de revêtement d'un rempart ou d'une terrasse.

DEBORD. s. m. Ce qui se passe au-delà du bord. Il se dit, en termes de monnoye, de la Saillie qui est hors les bords des flans des monnoyes.

DEBORDER. v. n. On dit d'un Vaisseau, qu'*Il se déborde*, pour dire, qu'il se dégage du bord d'un autre Vaisseau qui s'y étoit attaché avec le grapin, & qui évite l'insulte d'un abordage. On dit, *Déborde*, quand on commande à une Chaloupe de s'éloigner d'un plus gros Vaisseau.

Déborder. Terme de Plombier. *Déborder des tables de plomb*, c'est les rendre unies & dressées en les coupant des deux côtés avec des planes.

DEBORDOIR. s. m. Outil rond servant aux Plombiers.

DEBOSSER. v. a. Terme de Marine. On dit, *Débosser le cable*, pour dire, Démarer la bosse qui tient le cable.

D E B O U I L L I R. v. a. Terme de Teinturier. Eprouver la bonté ou la fausseté d'une teinture; ce qui se fait en faisant bouillir des échantillons d'étofe pendant une demi-heure dans des eaux sures avec un poids égal d'alun & de tartre, ou du savon, ou du jus de citron; & alors les couleurs changent. On voit aussi par le Débouilli si les étofes ont été bien engalées & noircies. On fait des demi-Débouillis & des quarts de Débouillis, en mettant moins pesant d'alun & de tartre, ou en les faisant bouillir moins de tems. On fait Débouillir les étoffes de soye pour les reteindre, & elles reprennent leur premiere blancheur, excepté les cramoisis.

DEBOUQUEMENT. s. m. Terme dont on se sert dans les Isles de l'Amerique, pour dire, la Sortie d'un Vaisseau hors des bouches ou canaux qui séparent ces Isles l'une de l'autre.

DEBOUQUER. v. n. Sortie des bouches ou canaux qui séparent les Isles, ou qui font le trajet des mêmes Isles & du Continent.

DEBOUT. adv. D'une maniere droite, sur les piés: On dit du bois qui n'est point coupé dans les forêts, qu'*Il est debout*. On dit aussi, que *du Bétail passe debout dans une Ville*, pour dire, qu'Il ne fait qu'y passer sans y coucher, & qu'on n'en doit point exiger les droits d'entrée.

Debout. Terme de Blason. Il se dit des animaux qu'on represente tout droits, & qui sont posés sur les deux piés de derriere.

On dit en termes de Marine, *Etre debout au vent*, pour dire, Presenter l'avant du Navire du côté que vient le vent.

DEBREDOUILLE. Terme de Joueurs de Trictrac. Oter la Débredouille. Cela se fait en gagnant quelques points après celui qui en a déja marqué, en sorte qu'il ne peut gagner de suite les douze points qu'il faut avoir pour marquer deux trous au lieu d'un.

DEBRIDE'E. s. f. Prix qu'on paye à l'Hôtellerie pour un cheval, lorsqu'on ne s'y arrête que le tems de son dîner. *Voilà une belle Debridée*, dit-on d'une folle entreprise.

DEC

DECALQUER. v. a. Terme de Peintre & de Graveur. Tirer une contrépreuve d'un dessein. On pose pour cela un papier blanc dessus, & on le frotte avec quelque chose de dur, afin de lui faire recevoir l'impression.

DECAGONE. s. m. Terme de Géometrie. Figure qui a dix angles & dix côtés.

On appelle aussi un *Decagone*, en termes de Fortification, une Place fortifiée par dix Bastions. Ce mot vient du Grec δέκα, Dix, & de γωνία, Angle.

DECAMERON. s. m. Ouvrage où sont contenues les actions ou les entretiens de dix journées de δέκα, Dix, & de ἡμέρα, Journée.

DECANAT. s. m. Mot dont on se sert dans quelques Provinces, pour signifier ou le Benefice Doyenné, ou la maison & même pour marquer les deux.

DECANTATION. s. f. Terme de Chimie. Action par laquelle on verse quelque liqueur, en baissant doucement le vaisseau par son goulet ou *cantus*. C'est de *Cantus* que l'on a formé ce mot.

DECASTYLE. s. m. Qui a dix colomnes de face. Ce mot est fait de δέκας, Dix, & de στῦλος, Colomne.

DECEMVIRS. s. m. Magistrats de Rome qui veilloient à faire observer les Loix des douze Tables, composées l'an 303. de Rome des Loix étrangeres que les Ambassadeurs des Romains avoient vû observer à Athenes, & dans les autres Villes de la Grece, qui leur avoient paru les mieux polissées. Ces Magistrats furent nommés Decemvirs, du mot Latin *Decem*, qui signifie Dix, & de *Vir*, qui veut dire Homme, à cause que le pouvoir de faire observer les Loix fut attribué à dix personnes ensemble. Ils furent chassés trois ans après pour s'être mal acquittés de leur devoir; ce qui arriva à cause d'Appius Claudius, qui se fit adjuger Virginie, fille de Virginius, pour esclave; ce qui obligea son pere de la tuer de sa propre main pour lui épargner la honte de l'esclavage.

DECEPTE. s. f. Vieux mot qu'on a dit pour Tromperie. Il vient du Latin *Decipere*, Tromper. *Certes, voici bien grand decepte.*

DECERCLE', E'E. adj. Vieux mot qui a signifié, rompu, dont le bord est défait. *Maint hiaume y avoit decerclé.*

DECERNER. v. Veut dire ordinairement, Ordonner & quelquefois Délivrer. *Un Notaire décerne Acte d'une declaration.*

DECHASSER. v. a. Terme de Tourneurs. Ils disent, *Dechasser une clef de bois*, pour dire, La faire sortir.

DECHEOIR. v. n. Terme de Marine. Sortir de sa route, dériver. Le mouvement des courans qui ont plus de force en de certains tems qu'ils n'en ont en d'autres, & la variation de l'aiguille aimantée, font plus ou moins décheoir un Vaisseau.

DECHET. s. m. Terme de Marine. Divisement du cours d'un Vaisseau qui ne porte pas à route, qui va de côté ou qui s'abbat. Il est de la prudence d'un bon Pilote de donner plus ou moins de déchet à la route; sur quoi M. Guillet donne pour exemple, que si un Vaisseau veut faire voile au Nord, & qu'il soit dans un parage où l'aiguille Nord est de cinq à six degrés, & que les Courans portent aussi au Nord-est, il faudra que ce Vaisseau pour faire le Nord, & s'empêcher de décheoir, gouverne au Nordouest, afin que sa route vaille Nord. Que s'il navigeoit à l'Est avec les mêmes suppositions, il faudroit qu'il portât le Cap au Nordest, afin que sa route valût Est: mais si l'aiguille varioit d'un côté, & que les courans portassent d'un autre, en sorte que ce qui seroit donné de déchet par les courans, fût ôté par la variation, il faudroit balancer judicieusement toutes choses, en récompensant un déchet par l'autre.

En recueillant les menues dixmes le surnumeraire au-delà du nombre prescrit se compte pour l'année suivante. De dix-huit agneaux on en prend un, il en reste cinq de déchet.

C'est aussi un terme de Cirier. *Voilà de la cire si grasse que sur un cent il en reste dans la fondriere dix de déchet. Il y a bien du déchet dans la cire de Barbarie; peu dans celle de Bretagne & de Poitou.*

Ce terme est fort usité chés presque tous les Ouvriers.

DECINTRER. v. a. Terme de Maçonnerie. Demonter un cintre de charpente, ôter les cintres sur lesquels une voute a été construite.

DECINTROIR. s. m. Sorte de marteau dont se servent les Maçons. Il a deux taillans, mais tournés en divers sens.

DECLINAISON. s. f. Terme de Marine. Quoique generalement l'aiguille aimantée se tourne précisément au Nord, & se mette dans le plan du Meridien du lieu où elle est, il y a plusieurs endroits où elle s'en détourne soit vers l'Orient, soit vers l'Occident, & ce détour que l'on mesure par des degrés de l'horison, s'appelle *la déclinaison de l'aiman* ou *de l'aiguille*. La déclinaison n'est pas égale dans tous les lieux où elle se fait, ni dans le même lieu en differens tems. Elle va sur le grand banc jusqu'à 22. degrés, 30'. & à Paris elle n'est presentement que de 5. ou 6. degrés vers l'Ouest; elle étoit d'autant de degrés vers l'Est en 1600. & il n'y en avoit point du tout vers l'an 1660. *Variation* est la même chose.

Déclinaison, se dit aussi du Soleil & des autre

Astres, & signifie l'éloignement où ils sont de l'Equateur. Ainsi on dit, qu'*On peut sçavoir chaque jour la déclinaison du Soleil*, pour dire, qu'On peut sçavoir de combien de degrés le Soleil est éloigné de l'Equateur. Cet éloignement se mesure sur les *cercles de Déclinaison* tirés à l'Equateur par ses Poles, & qui par conséquent sont les mêmes que des Meridiens. L'arc d'un de ces cercles compris entre l'Equateur, & l'Astre est sa déclinaison. La *latitude astronomique* est la distance des astres à l'égard de l'Ecliptique, comme la déclinaison est leur distance à l'égard de l'Equateur.

On dit encore en termes de Gnomonique, que *la Declinaison d'un mur, d'un cadran vertical est de tant de degrés*, pour dire, qu'il s'en manque tant de degrés que ce mur, ce cadran ne regarde directement un des points cardinaux de l'horison.

DECLINER. v. n. Terme de Marine. Il se dit de l'aiguille de la boussole, quand ne tendant pas au point du Nord, elle s'en écarte à droit ou à gauche. *L'aiguille decline de tant de degrés, l'aiman ne decline pas toûjours de même en un même endroit de la terre.*

Decliner, se dit aussi du Soleil, ou de quelqu'autre Astre quand il s'éloigne de l'Equateur en-deçà ou en-delà.

Decliner, est encore un terme de Gnomonique, & il se dit des lignes & des surfaces qui s'éloignent des points cardinaux du Ciel. Un Cadran vertical décline de tant de degrés de l'Orient, du Couchant, quand il s'en manque tant de degrés qu'il ne regarde directement l'Orient ou l'Occident. On dit de même qu'un mur ou la surface sur laquelle il est décrit décline de pareil nombre de degrés.

DECLICQ. s. m. Machine propre à enfoncer des pieux. Sorte de Belier d'une pesanteur extraordinaire qu'on éleve avec un tour entre deux ou quatre pieces de bois, longues de vingt-cinq ou trente piés. Quand ce Belier est monté en haut, on tire une petite corde qui détache un declicq, & fait tomber le Mouton sur la tête du pieu.

DECLIQUER. v. n. Vieux mot. Caqueter, dégoiser.

Que tu m'orras bien decliquer.

Il a signifié aussi Reciter.

Et decliqua ses Comedies plaisantes.

DECOCTION. s. f. Terme de Chymie. Operation par laquelle les choses liquides sont réduites à une consistance plus solide.

DECOLEMENT. s. m. Terme de Charpenterie. On dit, *Faire un décolement à un tenon*, pour dire, En couper une partie du côté de l'épaulement, afin qu'étant moins large on ne voye pas la mortoise, cette mortoise demeurant cachée par l'endroit de la piece où l'on a fait le décolement.

DECOMBRE. s. m. On appelle *Decombre d'un bâtiment*, les pierres & menus plâtras de nulle valeur, qui demeurent après qu'on a démoli un bâtiment. On appelle aussi *Decombres*, ce qu'on tire de dessus une carriere pour trouver la bonne pierre. Du Cange dit sur le mot de *Combri*, qu'on l'a dit premierement des bois & des arbres coupés dans les forêts qui empêchent que le passage n'y soit libre, qu'ensuite le bois du faîtage d'un toit a été appellé *Combres*, & que delà on a appellé *Decombres* les vieux bois d'un toit démoli, ce qui s'est étendu depuis aux autres materiaux des démolitions.

DECOMBRER. v. a. Enlever les gravois d'un Attelier. On dit, *Décombrer un égoût, un tuyau*, &c. pour dire, Oter les ordures qui bouchent un égoût, un tuyau, &c. On dit aussi *Décombrer un bâtardeau*, pour dire, Le dégravoyer afin d'y mettre un corroi de terre glaise, & *Décombrer une carriere*, pour dire, L'ouvrir, la fouiller, & en ôter le dessus afin de trouver la bonne partie.

Décombrer, en vieux langage, a signifié Découvrir. *Il a ses oreilles décombrées.*

DECOMPTE. s. m. Supputation que l'on fait avec un Soldat, un Ouvrier, & autres gens à qui on a avancé quelque chose sur leur solde ou sur leurs journées, pour regler avec eux ce qu'il reste à leur payer. *Le décompte fait, il lui est dû encore telle somme.*

DECORATION. s. m. Terme d'Architecture. Il se dit de toute saillie & de tous les ornemens qui embellissent le dehors & le dedans d'un bâtiment. On appelle *Décoration de jardin*, toutes les parties qui en composent la varieté, & qui font que l'aspect en plaît aux yeux.

DECORIR. v. n. Vieux mot. Couler. On a dit aussi *Décorer* dans le même sens.

DECOUDRE. v. a. *Défaire la coûture, séparer deux choses qui étoient attachées ensemble.* ACAD. FR. *Découdre*, est aussi un terme de Chasse, & se dit des playes que font les Sangliers avec leurs défenses, en déchirant le ventre d'un Chien.

Découdre. Terme de Marine. Déclouer quelques pieces du bordage ou du serrage. Cela se fait pour voir ce qu'il peut y avoir de défectueux sous ces pieces.

DECOUPE', ÉE. adj. Terme de Blason. Il se dit du papillonné & des lambrequins qui sont découpés à feuilles d'Acanthe. *De gueules découpé d'argent.*

DECOUPURE. s. f. On appelle *Découpures*, certaines taches ou défauts qui se trouvent dans le fer. Ce sont de petites fentes qui vont au travers des barres.

DECOUSURE. s. f. Terme de Chasse. Il se dit quand un Sanglier a blessé un Chien avec ses défenses.

DECREPITATION. s. f. Terme de Chymie. Calcination du sel qui se connoît être faite quand le sel ne pete plus.

DECREUSER. v. a. Terme de Teinture. Préparer les soyes d'une certaine maniere; c'est-à-dire, en les faisant cuire avec du savon blanc, & en les dégorgeant ensuite dans la riviere, après quoi on les met dans un bain d'alun tout à froid.

DECROUTER. v. a. Terme de Venerie. On dit d'un Cerf, qu'*Il va décroûter sa tête*, quand il va au frayoir.

DECUSSATION. s. f. Terme d'Optique. Le point où se croisent des rayons, des lignes, en sorte que ceux qui étoient d'un côté passent de l'autre, & ceux qui étoient en haut vont embas. Avant que les rayons de la lumiere s'aillent peindre en la retine, il s'en fait une décussation dans le cristalli. Ce mot est Latin, & vient de *decussare* qui a le même sens. *Decussare* vient de *Decussis*, qui signifie *Decem asses* ou *denarium*, & comme les dix *asses* ou *decussis* se representoit par la figure d'un X. *decussare* a pris delà le sens de *croiser*, mettre en figure d'X.

DED

DEDANS. adv. On dit en termes de Mer, *Mettre les voiles dedans*, pour dire, Les plier & les serrer, pour naviger à sec, à mâts & à cordes.

On dit en termes de Manége, *Mettre un Cheval dedans*, pour dire, Le dresser, le mettre dans la main & dans les talons. On dit aussi, *Passeger un Cheval la tête & les hanches dedans*, pour dire,

Porter un Cheval de biais ou de côté sur deux lignes paralleles au pas ou au trot; en sorte que quand il fait une volte, ses épaules marquent une piste dans le tems qu'il en trace une autre par ses hanches, & qu'en pliant le col, il tourne un peu la tête au-dedans de la volte, & regarde le chemin qu'il va faire.

On dit en termes de Fauconnerie, *Mettre un oiseau dedans*, pour dire, L'appliquer actuellement à la chasse.

DEDUYER. v. n. Vieux mot. Se recréer, prendre plaisir à faire quelque chose.

Si vaut mieux, ce me semble, qu'en taire me déduye,
Que je par trop parler ce que j'ai fait détruye.

DEE.

DEERNE. s. f. Vieux mot. Fille, servante.

DEF

DEFAILLANCE. s. f. Terme de Chymie. Extraction qui se fait par descension froide des chaux impures ou des sels mis en un lieu frais & humide, afin qu'ils se puissent resoudre & liquefier. Elle est de deux sortes. En l'une tout se liquefie, sçavoir quand les sels sont bien épurés; en l'autre le pur sel coule & laisse le marc impur. Cette sorte d'operation s'appelle autrement *Delique*.

DEFAIX. Vieux mot qui a signifié Défense, ou lieu défendu, suivant ce qui se trouve dans le Coûtumier d'Anjou, *art.* 171. 192. du Maine, *art.* 190. *Si le sujet pêche ès lieux defaix de son Seigneur.*

DEFENDU, UE. adj. On dit en termes de Blason, qu'*Un Sanglier est défendu d'une telle couleur ou d'un tel métal*, pour dire, que Sa Défense ou sa dent de dessous, est d'un autre émail que son corps.

DEFENS. Terme des Eaux & Forêts. Il se dit des bois dont on a défendu la coupe, afin de la reserver pour quelque occasion importante. On dit aussi, qu'*Un bois est en défens* ou *en défense*, pour dire, qu'il est trop jeune pour y laisser entrer les bestiaux.

DEFENSE. s. f. Resistance qu'on fait à ceux qui attaquent. On appelle en termes de Fortification, *Ligne de défense*, celle qui flanque un bastion, & qui est tirée du flanc qui lui est opposé. C'est proprement le chemin que font les bales tirées de l'angle, qui fait le flanc avec la courtine jusqu'à la pointe du bastion opposé. Il y a une ligne de défense fichante, & un autre que l'on appelle rasante. *La ligne de défense fichante*, est une ligne tirée de l'angle de la courtine jusqu'à l'angle du bastion opposé, sans toucher la face de ce même bastion, & il n'y en a jamais de fichante, qu'il n'y en ait aussi une rasante. *La ligne de défense rasante*, est une ligne qui partant de l'angle, rase parallelement la face du bastion opposé.

On appelle, *Défenses d'une Place*, Les parapets, les flancs, les casemates, ou les fausses-brayes qui couvrent & défendent les postes qui leur sont opposés. On dit, qu'*Une redoute est en défense*, pour dire, qu'Elle est en état de se défendre & de resister.

On dit, en termes de Blason, qu'*Un Herisson est en défense*, pour dire, qu'Il est roulé & en peloton, comme il a coûtume de se rouler, afin d'empêcher qu'on ne le prenne.

Défense. Late en forme de croix que les Couvreurs pendent au bout d'une corde quand ils travaillent à la couverture de quelque maison, pour avertir ceux qui passent de ne s'en point approcher.

Défenses. Terme de Marine. Bouts de mâts, de cables, ou de cordes, qu'on laisse pendre le long des côtés des Vaisseaux lorsqu'ils sont dans les Ports, afin d'empêcher qu'ils ne se touchent l'un l'autre. On appelle, *Défenses pour Chaloupes*, des pieces de bois endentées deux à deux, ou trois à trois sur les précintes du Vaisseau, & qui servent à conserver les Chaloupes contre les précintes & les chevilles de fer à tête ronde, quand on les embarque & quand il faut les remettre en mer. On appelle aussi sur mer *Défenses*, de longues perches avec lesquelles on empêche dans un combat l'abordage d'un brulot. On s'en sert encore pour s'opposer dans un mouillage à l'abordage de deux Vaisseaux que le vent fait dériver l'un sur l'autre. C'est aussi une longue piece de bois garnie par le bout d'un crampon de fer, par le moyen de laquelle les Matelots éloignant l'ancre du Navire quand ils la levent, de peur que l'avant du bordage n'en demeure endommagé.

Défenses, en termes de Chasse, se dit des deux grandes dents d'embas, dont le Sanglier se sert pour se défendre. *Défenses*, se dit aussi, des grosses dents du Cheval marin & de l'Elephant. Celles du Cheval marin sont fort grandes, & servent à guerir les hemorroides.

DEFEQUER. v. a. Terme de Chymie. Oter les feces ou impuretés des corps, c'est-à-dire, Séparer le plus pur & le plus subtil d'un corps d'avec les feces, le marc ou la lie, par le moyen de la distillation, ou de quelqu'autre operation Chymique.

DE'FERENT. On sous-entend *cercle*. Terme d'Astronomie. On appelle ainsi le cercle qui est précisément au milieu de la largeur de l'Excentrique, (Voyez EXCENTRIQUE) & qui *porte* toujours le centre de l'Epicycle, d'où il a pris son nom de *Deferent*. Voyez EPICYCLE. Souvent l'Excentrique même ne s'appelle que *Déferent*, & à proprement parler est le même cercle.

On appelle *Déferens*, les Vaisseaux qui conduisent la semence dans les vesicules seminatoires.

DEFERLER. v. a. Terme de Marine. Mettre hors les voiles & les déployer pour s'en servir. On dit aussi *Défreler*.

DEFICIT. Terme purement Latin, qui ne se dit en pratique que dans cette phrase, *Estre en deficit*, pour dire, Manquer, ce qui se met à côté des articles d'un inventaire, où l'on fait mention d'une piece produite qui ne s'y trouve pas effectivement.

DÉFIE. s. m. On appelle en termes de Marine, *le Défie du vent*, l'avertissement qu'on donne à celui qui gouverne, afin qu'il ne prenne pas vent devant ou qu'il ne mette pas en ralingue.

DEFIER. v. n. Terme de Marine. Prendre garde, & empêcher que quelque chose n'arrive.

DEFINAILLE. s. f. Vieux mot, Fin, mort. On a dit aussi *Définer*, pour Finir, Mourir. Ainsi l'on trouve dans une vieille traduction des Metamorphoses d'Ovide.

Hector est mors & definés
Qui laidement fu traynés
Entour les grands muriax de Troye.

DEFINITEUR. s. m. Terme de Couvent. Religieux, qui est Assesseur ou Conseiller d'un General ou d'un Superieur en de certains Monasteres. On appelle *Définiteur General*, Celui qui donne avis au General, & qui avec les autres Définiteurs Generaux, regle & gouverne les affaires de l'Ordre. Le Définiteur Provincial, est le Conseiller du Provincial.

DEFINITION. s. f. On appelle ainsi parmi les Capucins, le lieu où s'assemblent les Définiteurs pour les affaires de l'Ordre.

DEFINITOIRE. s. m. Terme d'Augustin. Lieu où s'assemblent les neuf principaux Officiers d'un Chapitre general ou provincial. *Cette affaire a été reglée au Définitoire.* C'est aussi l'Assemblée de ces neuf principaux Officiers. *Le Définitoire a décidé de cela.*

DEFLIS. adj. Vieux mot. Las.

DEFLORAISON. s. m. Vieux mot qui a été dit au lieu de *Defloration.* Perte de Virginité.

DEFONCER. v. On dit qu'un Plancher est défoncé, quand les soliveaux ou terrasses ont tombé; & Défoncer un tonneau pour ôter la lie.

DEFORS. Vieux mot. Dehors.

DEFOYS. s. m. Vieux mot. Défense. On a dit aussi *Defaix*, qui a signifié encore Défendu.

DEFRUCTU. s. m. Ce que fournit celui qui prête sa table à ceux qui font apporter chacun leur plat pour quelque repas, & qui consiste au linge, salades, dessert, & autres menues dépenses. Ce mot est entierement tiré du Latin.

Voyez une belle Dissertation d'un Chanoine d'Auxerre sur l'origine de ce mot dans le Mercure de .... 1726. Celui à qui on annonçoit l'Antienne *De fructu ventris tui.* pendant l'Octave de Noël étoit obligé de payer le souper.

DEFRUITER. v. n. On a dit des arbres dans le vieux langage, *Se défruiter*, pour dire, Se dépouiller de ses fruits.

C'est l'arbre qui tôt se défruite.

DEFUNER. v. a. Terme de Marine. On dit, *Défuner le mât*, pour dire, Le dégarnir de son étai & de sa manœuvre.

DEG

DEGAUCHIR. v. a. Dresser une pierre ou une piece de bois, & en ôter ce qu'il y a de trop en quelques endroits pour la rendre unie & droite, en sorte qu'elle ne soit plus gauche, c'est-à-dire, faire que ses angles ou côtés répondent à la place où elle doit être mise.

DEGLAVIER. v. a. Vieux mot. Faire mourir par le glaive.

Et le feront déglavier,
Ou par autre mort devier.

Il a signifié aussi Tirer une épée hors du fourreau.

DEGORGEOIR. s. m. Gros fil de fer dont les Canonniers se servent pour ouvrir ou dégorger la lumiere des canons.

DEGLUTITION. s. f. Terme de Medecine. Il se dit de l'aliment préparé dans la bouche, lorsqu'il se distribue au ventricule. La déglutition se fait quand la langue pousse l'aliment vers la partie superieure de l'Oesophage, où étant il est poussé en bas par le Sphincter qui se rétressit & bouche la petite fente du Larynx. Les fibres nerveuses qui revêtent les tuniques de l'Oesophage, & se resserrent successivement par leur mouvement peristaltique, continuent l'impulsion de l'aliment jusqu'à ce qu'il soit descendu dans l'estomac. Cette action qui se fait par les muscles & les fibres nerveuses, & qui est spontanée ou animale au commencement, est naturelle dans la suite. La déglutition peut être blessée par le vice de l'Oesophage, quand les trois paires de muscles qui forment la gorge en s'élargissant, sont relâchés avec le Sphincter par la paralysie, ou quand la tunique musculeuse est attaquée du même mal. Cela arrive aussi quand l'Oesophage est trop rétressi par les tumeurs qui lui sont propres, ou par celles des parties voisines, ou par la contraction trop étroite de ses fibres. La déglutition est encore blessée par l'obstruction de l'Oesophage, quand ce qu'on avale demeure attaché au détroit de la gorge ou à l'entrée de l'Oesophage, ou par la faute de l'orifice superieur du ventricule lorsqu'il refuse d'admettre les alimens qui sont descendus par le canal de l'Oesophage, parce qu'étant irrité par quelque occasion il se ferme & se resserre, ou enfin par dépravation, quand on avale facilement les solides, & qu'on a de la peine à avaler les liquides, ou au contraire. Il est certain que dans tous les dégoûts, & particulierement dans la nausée, la déglutition est fort difficile, parce que la constriction du ventricule est cause que les morceaux ne descendent point, & s'arrêtent dans l'Oesophage. Ce mot vient du Latin *Deglutire.* Avaler gloutonnement.

DEGORGER. v. a. Terme de Manége. On dit, *Dégorger un Cheval*, pour dire, Lui faire dissiper une enflûre en le promenant.

Dégorger du poisson. C'est le mettre dans des bateaux pour lui faire prendre l'eau de la riviere, afin de lui ôter certain goût de boue qu'il a contracté dans les étangs.

Les Teinturiers se servent aussi du mot de *Dégorger*, pour dire, Laver dans la riviere les laines, soyes & étoffes qu'on fait cuire avec du savon blanc ou autre graisse, ou que l'on fait tremper dans l'alun, afin d'en faire sortir ce qu'il y a de reste de la terre de dégrais & les mettre à l'eau chaude. Quand le dégrais n'est pas bon, l'étoffe ne prend pas bien la teinture, & au contraire elle prend beaucoup de poussiere.

On dit aussi chés les Menuisiers *Dégorger* la lumiere d'un rabot, quand elle est gorgée de copeaux.

DEGRADATION. s. f. Terme de Palais. Dommage, deterioration qu'on fait dans des terres, dans des bois, dans des bâtimens. *Degradation* est aussi un Terme d'Eglise, & signifie la Censure par laquelle un Ecclesiastique qui a commis quelque faute considerable, est privé pour toûjours de l'exercice de son Ordre & du benefice Ecclesiastique. *Degradation*, se dit encore en parlant des Nobles qu'on dépouille de la qualité qui les ennoblit. Autrefois elle se faisoit avec des ceremonies bien particulieres. On assembloit environ trente Chevaliers sans reproche, devant lesquels un Roi ou Héraut d'armes, le Gentilhomme qui avoit rendu une Place, sans l'avoir défendue comme il devoit, étoit accusé de trahison & de foi mentie. Les Juges assistés des Rois, Héros & poursuivans d'armes étoient placés sur un échafaut, & on en dressoit un autre, sur lequel montoit le Chevalier condamné armé de toutes pieces, avec son écu planté devant lui sur un pieu. Cet écu étoit renversé & avoit la pointe en haut. A côté de lui il y avoit douze Prêtres en surplis, qui chantoient les Vigiles des Morts, & ils s'arrêtoient à la fin de chaque Pseaume. Pendant cette pause les Officiers d'armes dépouilloient le condamné de quelque piece de ses armes en commençant par le heaume, & ils continuoient jusqu'à ce qu'ils l'en eussent entierement dépouillés. Ensuite ils prenoient un marteau avec lequel ils brisoient l'écu en trois pieces, ce qui étoit suivi d'une certaine quantité d'eau chaude que renversoit le Roi d'armes sur la tête du condamné. Après cela, les Juges prenoient des habits de deuil, & s'en alloient à l'Eglise. On attachoit une corde sous les aisselles du Degradé & c'étoit avec cette corde qu'on le descendoit de l'échaffaut, pour le mettre sur une civiere que l'on couvroit d'un drap mortuaire. Les Prêtres étant à l'Eglise y chantoient encore quelques Prieres pour les Morts, après quoi le condamné étoit livré au Juge Royal, & à l'Executeur de la haute Justice. Cela fut pratiqué du tems de François I. contre le Capitaine Fangel, pour avoir rendu Fontarabie par intelligence. La Colombiere, *Theat. d'honneur, p.* 572.

DEGRADER. v. a. Terme de Peinture. Menager le fort & le foible des jours, des ombres & des teintes, selon les divers degrés de l'éloignement.

On dit, *Degrader un mur*, pour dire, Abbatre un mur par le pié. On appelle *Bâtiment degradé*, un bâtiment devenu inhabitable par le peu de soin que l'on a pris d'en entretenir les couvertures, & d'y faire faire les reparations qu'il falloit. *Mur degradé*, est celui dont le crépi est tombé, & dont les moilons sont sans liaison.

DEGRAVOYEMENT. s. m. Ce que fait l'eau courante, lorsqu'en bouillonnant toûjours elle déchausse des pilotis de leur terrein. On dit *Dégravoyer*, dans le même sens.

DEGRE' s. m. Terme d'Architecture. Escalier, montée d'un bâtiment, soit dans œuvre, soit hors d'œuvre. *Degré* se dit en termes de Fauconnerie, de l'endroit où l'oiseau, durant qu'il s'éleve en l'air, tourne la tête, & prend une nouvelle carriere. Cette nouvelle carriere s'appelle second ou troisiéme degré, jusqu'à ce qu'on le perde tout-à-fait de vûe, ce qui est le quatriéme degré.

Degré. Terme de Geometrie. Division qu'on fait sur les cercles pour servir de mesure. Tout cercle se divise en trois cens soixante degrés, & par consequent les degrés d'un grand cercle sont proportionnés à ceux d'un petit. On a pris ce nombre de trois cens soixante pour la division du cercle, parce qu'il a beaucoup de diviseurs differens, 2. 3. 4. 5. 6. 8. 9. 10. 12. 15. 18. 20. 24. 30. 36. 40. 45. 60., &c.

On appelle aussi *Degrés* les Divisions des lignes qui se font sur plusieurs instrumens de Mathematique, sur l'arbalête ou le bâton de Jacob. On s'en sert encore sur les Thermometres & Barometres; à marquer par les divisions qui sont sur la table qui les supporte, les degrés de chaleur & de pesanteur des corps liquides.

Degrés est aussi un terme de Geographie, & on appelle *Degré de longitude*, Une portion de terre entre deux Meridiens. Cette même portion de terre entre deux paralleles, est appellée *Degré de latitude*, voyez LONGITUDE & LATITUDE.

On appelle aussi *Degrés* en Algebre les dimentions d'une grandeur, soit nombre, soit ligne.

Une grandeur simple & que l'on ne considere point comme formée par une multiplication est une grandeur *du premier degré*, si on la multiplie par elle-même, ce qui fait son quarré, elle est *du second degré*, si on la cube, c'est *le troisiéme degré*, & ainsi de suite à l'infini, en multipliant toûjours les nouveaux produits par cette premiere grandeur qu'on appelle Racine, voyez RACINE. Comme on exprime les grandeurs par des lettres; (Voyez ALGEBRE) & qu'une lettre qui seroit par exemple, multipliée dix fois par elle-même tiendroit trop de place si on l'écrivoit dix fois, on ne l'écrit qu'une, & on met à côté le nombre du degré auquel elle est élevée. Degré est la même chose que puissance, voyez PUISSANCE.

Un nombre peut être multiplié par lui-même autant de fois que l'on voudra, & il s'augmente & s'éleve toûjours réellement, mais une ligne ne peut réellement être que quarrée ou cubée, après quoi il n'y a plus de dimensions veritables, & quand on l'éléve au delà du troisiéme degré, ce n'est que par supposition, & l'on ne prétend pas pour cela qu'il y ait de pareilles dimensions dans la nature.

On dit en termes de Chymie, *Donner le feu par degrés*, lorsqu'on ouvre ou qu'on ferme les registres que l'on fait exprès dans les fourneaux pour augmenter ou diminuer la violence du feu. Les qualités elementaires se divisent en huit parties appellées *Degrés* selon les Physiciens. Les Medecins ne les divisent qu'en quatre; & ils disent *Chaud & sec au second* ou *au troisiéme degré*, pour dire, Une certaine extention de chaleur ou de secheresse.

On dit en termes de Musique *Degrés conjoints* & *Degrés disjoints*. Quand les notes montent ou descendent par des secondes, elles procedent par degrés conjoints, & elles montent ou descendent par degrés disjoints, en procedant par tout autre intervalle.

DEGRE'ER. v. a. On dit qu'*Un Vaisseau a été degréé ou desagréé*, pour dire, qu'il a perdu les cordes de sa manœuvre & le reste de ses agrés. On le dit aussi d'un bâtiment qui n'en a perdu qu'une partie.

DEGREVANCE. s. f. Vieux mot. Dommage, préjudice.

Car riches geans ont puissance.
De faire aide & dégrevance.

DEGROSSER. v. a. Terme de Tireur d'or. On dit *Degrosser l'or, degrosser l'argent*, pour dire, Le faire passer par les filieres, le faire plus petit.

DEGROSSI. s. m. Sorte de machine dont on se sert dans les monnoyes, & dans laquelle on fait passer entre deux rouleaux les lames dont on doit faire des monnoyes, afin de les rendre plus unies & plus étendues.

DEGROSSIR. v. a. On dit, *Dégrossir un bloc de marbre* ou *de pierre*, pour dire, en ôter le superflu à grands coups d'une forte masse, & avec une pointe affutée de court; en faire la premiere ébauche pour l'équarrir, ou pour y tailler de la Sculpture.

DEH

DEHAIT. s. m. Vieux mot. Tristesse, chagrin. On trouve dans Villon, *Mais adonc il y a grand dehait*, pour dire, Il y a un grand ennui, grande fâcherie. On a dit aussi *Déhaité, deshaitié*, & *déhaitié*, pour dire, Fâché, languissant, chagrin.

Qui n'a pitié du point où mon cœur est traitié.
Et que desir tient dehaitié.

DEHET. adj. Vieux mot. Gaillard, qui se porte bien.

Monté sur belle haquenée,
Et pensez que j'étois dehet.

On disoit autrefois *Dehez*, pour, Malheur, & *Daudehez*, pour, Mauvaise rencontre.

DEHORS. s. m. Terme de Fortification. Ouvrage fortifié hors l'enceinte d'une Place, & qui lui sert de défense, comme les ravelins & demi-lunes, les ouvrages à corne & à couronne, & autres.

DEI

DEJECTION. s. f. Terme de Medecine. Il se dit des excremens, les Medecins ayant accoutumé de juger de la qualité des maladies par les Dejections des malades.

Dejection, est aussi un terme de l'Astrologie judiciaire, & il se dit des Planetes lorsqu'elles sont dans leur détriment, & que l'opposition de quelques autres diminue leur force.

On appelle *Dejection*, en termes d'Astronomie, le

le Signe opposé à celui où une Planette, lorsqu'elle y est, a plus de vertu & plus d'influences.

DEJOUER. v. n. On dit en termes de Mer, qu'*Un pavillon, qu'une girouette déjoue*, pour dire qu'Un pavillon, qu'une girouette voltige au gré du vent.

DEISTES. s. m. Secte issue du Lutheranisme d'Allemagne, & dont on tient que Georgius Pauli, Ministre de Cracovie, a été le Chef. Elle commença à infecter la Pologne en 1564. & s'est répandue ensuite en plusieurs endroits de l'Allemagne & de la Hongrie. Les erreurs des Deistes ont beaucoup de conformité avec les Calvinistes, les Lutheriens, & les Anabaptistes. Ils établissent pour principaux articles de leur doctrine que le Pere, le Fils, & le S. Esprit ne sont point trois Personnes, y ayant une nature commune à tous trois & non une essence. Ils disent qu'il n'y a qu'un Dieu, & que le Fils & le S. Esprit, ne sont point ce vrai Dieu; mais le Pere seulement; que l'Essence divine n'est ni ne sera vûe en soi, ni des Anges ni des hommes; que le mauvais Ange n'a jamais été que méchant, l'ayant été dès le moment de sa creation; que le Diable n'a jamais eu dequoi demeurer en état parfait, ni Adam en état d'innocence; que l'entendement humain est éternel, à cause, disent-ils, que sa cause est immuable & qu'il est sans matiere; que tous ceux qui pechent conforment leur volonté au vouloir & bon plaisir de Dieu, ce qui fait que leur volonté est telle que Dieu veut qu'elle soit; que la force de la tentation contraignant l'homme à connoître la femme d'autrui, il n'est point coupable d'adultere, & ainsi des autres tentations; que Dieu est cause de toutes les circonstances de l'action, & absolument auteur de tous les pechés avant qu'on les commette; que le corps corrompu ne ressuscite point par lui-même, & qu'il ne faut point avoir soin de sa sepulture. Les Deistes sont appellés autrement *Tritheistes* ou *Trinitaires*. Ils disent encore que l'ame que la mort a séparée du corps n'endure point le feu corporel, & que Dieu étant Esprit, il ne le faut invoquer & adorer que de cœur, & non pas vocalement.

DEL

DELAISSEMENT. s. m. Acte par lequel un Marchand qui a assûré des Marchandises sur quelque Vaisseau, dénonce la perte du Vaisseau à l'Assûreur, & le lui delaisse, abandonnant les effets sur lesquels l'assûrance a été faite, avec sommation de lui payer la somme assûrée.

DELARDE', E'E adj. On appelle dans un degré, *Marches délardées*, Celles dont on a coupé le dessous obliquement, & qui portent leur delardement pour former une coquille d'escalier.

DELARDEMENT. s. m. On dit, qu'*Une marche d'Escalier porte son délardement*, Quand elle a été démaigrie en chamfrain par dessous.

DELARDER. v. n. Terme de Charpenterie. Rabattre en chamfrain les arrêtes d'une piece de bois. Quand on en abat une ou deux des arrêtes, on dit *Délarder les arrêtiers*, & quand on en ôte en creux on dit, *Delarder en creux*.

Delarder, est aussi un terme de Maçonnerie, & signifie, Piquer le lit d'une pierre avec la pointe du marteau, & demaigrir ce qu'on en doit poser en recouvrement. *Delarder* s'emploie aussi pour dire, Couper le dessous d'une marche de pierre obliquement.

DELAVER. v. a. Terme de Teinture. Il est peu en usage hors le participe, & il ne se dit que des couleurs trop blafardes dans lesquelles on a mis trop d'eau. Ainsi on dit qu'*Un bleu est trop délavé*, pour dire, qu'il n'est point assés vif.

DELEALTE. s. f. Vieux mot. Deloyauté.

> *Cil étoit plein de crualté,*
> *Si fit par sa delealté.*

DELECTABLETE'. s. f. Vieux mot. Joie. On a dit dans le même sens. *Delitableté*, & *deliteux* & *delicteux*, pour, Délicieux, agreable.

DELESTAGE. s. m. Terme de Marine. Décharge qui se fait du lest d'un Vaisseau. Le delestage se fait ordinairement tous les deux ans, & il y a des lieux marqués pour cela hors des Rades & des Ports, où il est important que la mer ne rapporte pas le lest dont les bâtimens ont été déchargés, parce qu'il pourroit combler les entrées & les canaux des rivieres.

DELESTER. v. a. Tirer le lest du Vaisseau, & le jetter dans l'endroit marqué par le reglement.

DELESTEUR. s. m. Commis préposé pour ce qui regarde le delestage.

DELEZ. adv. Vieux mot. Auprès, à côté, derriere.

> *Delez la haye que je n'ose,*
> *Passer pour aller à la rose.*

DELIBERE'. s. m. Terme de Pratique. Espece d'appointement qui se rend à l'Audience, quand la Cour veut voir les pieces pour avoir plus de connoissance de la verité, & ordonne qu'il en sera déliberé sur le registre, & que les Parties mettront leurs dossiers entre les mains d'un Rapporteur, pour les juger sans aucune autre instruction. *Ce Conseiller a rapporté aujourd'hui un Procès, & plusieurs Déliberez.*

DELIBERER. v. a. On dit en termes de Manege, *Déliberer un cheval*, pour dire, L'accoûtumer, le déterminer, le bien resoudre à de certains airs, au pas, au trot, au manége de guerre, au terre à terre, &c. *Ce Cheval n'est pas encore bien déliberé.*

DELICOTER. v. n. On dit d'un cheval, qu'*Il se délicote*, pour dire, qu'Il est sujet à défaire son licol.

DELIT. s. m. On appelle en termes d'Eaux & Forests, *Arbres de délit*, les arbres qui ont été coupez en cachete ou contre les Reglemens, & qui sont sujets à confiscation & amende.

Délit, est aussi un terme de Maçons, & ils disent, *Mettre une pierre en délit*, pour dire, La poser hors de son lit, ne la mettre pas de plat, & comme elle croît dans la carriere.

DELITER. v. a. On dit *Déliter une pierre*, pour dire, La poser dans un bâtiment en un sens contraire à celui qu'elle avoit dans la carriere où elle étoit sur son lit naturel. On dit aussi qu'*Une pierre se délite*, pour dire, qu'Elle se fend par feuilles; ce qui arrive quand on ne la met pas de plat, la plûpart des pierres se formant dans les carrieres de telle sorte qu'il semble que ce soient comme des feuillets d'un livre, mis les uns sur les autres. Cela est cause que si les pierres ne sont pas posées sur leur lit, tous ces feuillets qui se trouvent de champ, s'écartent & se délitent.

DELIVRANCE. s. f. On dit en termes de Monnoye *Faire la délivrance*, pour dire, Donner permission d'exposer les monnoyes en public, ce que font les Officiers quand ils les ont bien examinées. Les Gardes répondent de la justesse du poids, & les Essayeurs de la bonté du titre. On dresse un acte de cette Délivrance, & c'est le premier jugement qu'on fait des especes.

On se sert de ce mot à l'égard d'une femme en couches, soit par rapport à l'arriere-faix, ou quand elle n'a pas été heureusement délivrée. *J'ai* reçû toute la délivrance, dit une Matrone à un mari.

DELIVRE f. f. Ce mot se dit à la Campagne, de l'arriere-faix d'une vache, après qu'elle a fait son veau.

On dit en termes de Fauconnerie, qu'*Un oiseau est fort à délivre*, pour dire, qu'il n'a point de corsage, & qu'il est presque sans chair comme le Héron.

DELOI f. m. Vieux mot. Peché contre l'obeïssance que l'on doit aux Loix, soit divines, soit humaines,

Tous ceux qui auront par déloi,
Relenqui la divine loi.

DELOIR. v. a. Vieux mot. Retarder, dilayer.

DELOT. f. m. Terme de Marine. Espece d'anneau de fer concave, qu'on met dans une boucle de corde, pour empêcher que celle qui entre dedans ne la coupe. C'est la même chose que *Cosse*.

DELOYER. v. a. Vieux mot. Délier.

DELPHINIUM. f. m. Plante qui croît aux lieux âpres, & qui sont à l'abri du Soleil. Elle n'a qu'une racine, & produit certains rejettons, longs d'un pié & demi & plus, qui portent de petites feuilles longues, minces & déchiquetées, & qui representent la forme d'un Dauphin, dont cette herbe a pris son nom. Sa fleur est rouge & semblable à celle du Violier blanc. Elle porte en certaines gousses une graine, comme celle du Milet, qui a une vertu singuliere contre les piqûres des Scorpions. On tient que si on leur presente cette herbe, ils deviennent tout perclus, & n'ont nulle force. Dioscoride qui décrit ainsi cette herbe, ajoûte qu'il y a une autre sorte de Delphinium appellé *Buccinum*, par les Romains. Il est semblable au premier, excepté qu'il a ses feuilles & ses branches plus grêles, & quoiqu'il ait les mêmes proprietés, il agit moins fortement dans ses operations. Le Delphinium est inconnu à Matthiole, qui croit que le chapitre où Dioscoride en parle, est un chapitre ajouté, qui n'est point de lui. Il refute ceux qui prennent la *Consolida regia* pour le vrai Delphinium.

DELS. adj. Vieux mot qui a été employé pour Deux.

DELTOIDE. adj. Terme de Medecine on appelle *Muscle deltoïde*, un muscle qui fait mouvoir les bras en haut. On l'a appellé ainsi à cause qu'il a la figure d'un δέλτα Δ.

DELUTER. v. a. Terme de Chymie. Oter le lut d'un Vaisseau luté.

DEM

DEMAYENE. f. m. Vieux mot dont on s'est servi pour dire, Domaine. *Vous avez en vos gardes & en votre demayene.* On dit aussi *Demaine* ou *demoine*, dans le même sens.

Translater de Rome en Egypte
La Seigneurie & le demoine.
Ainsi pensoit la femme Antoine.

DEMAIGREMENT. f. m. Vieux mot. Seigneurie.

DEMAIGRIR v. a. Les Tailleurs de pierre disent *Demaigrir une pierre*, pour dire, Oter de son lit ou de son joint en dedans pour la mieux ficher. *Demaigrir*, se dit aussi en Charpentier pour dire, Rendre plus aigu, diminuer un tenon, & tailler une piece de bois en angle aigu.

DEMAIGRISSEMENT. f. m. Terme de Tailleur de pierre & de Charpentier. L'endroit où l'on a demaigri une pierre ou une piece de bois.

DEMARER. v. n. Terme de Marine. On dit qu'*Un Vaisseau demare*, pour dire, qu'Après que l'on a levé ou coupé ses amares, il commence à faire route. Il y a apparence que ce mot vient des amares ou cordages qui attachent un Vaisseau, & que l'on ôte quand on veut qu'il parte. Quelques-uns font ce verbe actif, & disent, *Demarer un Vaisseau*, & *Demarer un Canon*, pour dire, Larguer toutes les amares qui arrêtent un Vaisseau, détacher les palans qui tiennent une piece de canon. On dit aussi, qu'*Un Vaisseau s'est démaré*; pour dire, que Les amares qui le tenoient dans le Port se sont rompues. On le dit également des Bateaux sur les rivieres.

DEMARQUER. v. a. On dit Demarquer le vin & autres boissons. Les Commis aux Aides demarquent les tonneaux, quand les Marchands ont payé le droit. On dit aussi Commis à la démarque.

DEMEMBRÉ'. ÉE. adj. Terme de Blason. Il se dit non seulement des oiseaux qui sont sans piés & sans cuisses; mais aussi du lion & des autres animaux dont les membres sont separés.

DEMENTER. v. n. On a dit, *Se dementer*, dans le vieux langage, pour dire, Se tourmenter, s'affliger de quelque chose, & en perdre presque le sens de chagrin, du Latin *Mens*, Entendement, & de la particule *de*

Ainsi comme me démentoye.

DEMENTIERS. adverbe de tems. Vieux mot qui a signifié *Cependant*. On a dit aussi, *Endementiers*, pour dire la même chose.

DEMESLER. v. a. Terme de Foulon. Tirer de la pile l'étoffe, & la remettre & fouler à l'eau chaude quand elle est dégraissée.

DEMEURER. v. n. Terme de Marine. Il se dit des situations ou gisemens des côtes ou des parages de la mer, selon qu'ils paroissent à ceux qui navigent. *Nous fîmes voile d'un tel côté, & les montagnes d'une telle Isle nous demeurerent au Sud, à l'Oüest.*

DEMI. f. m. On dit chez les Maîtres en fait d'Armes, *Attaquer par le demi, par le quart, & par le diametre du cercle, de droit à gauche & de haut en bas, ou au contraire.* Les mouvemens par le demi sont de prime en tierce, de tierce en quinte, de seconde en quatre.

DEMI-BASTION. f. m. Travail composé d'une face & d'un flanc. Il se met d'ordinaire à la tête d'une queue d'Yronde ou d'une Couronne.

DEMI-CLEF. f. m. Terme de Marine, Nœud que l'on fait d'une corde sur une autre corde, ou sur quelque autre chose.

DEMIDITON f. m. On appelle ainsi, en termes de Musique, la Tierce mineure qui a ses termes comme 6. à 5.

DEMI-FILE. f. f. Rang du bataillon, qui commence la derniere moitié de sa hauteur, & qui suit le serre-demi-file.

DEMI-GORGE. f. f. Ligne qui va du flanc ou de l'angle de la Courtine au centre du Bastion.

DEMI-LUNE. f. f. Terme de Fortification. Dehors qui n'a que deux faces. Ces deux faces forment ensemble un angle saillant qui est flanqué par quelque partie de la Place & des autres Bastions. Les Demi-Lunes étoient proprement dans l'origine de la Fortification, celles qui étoient à la pointe des Bastions, où le fossé étant arrondi, a été cause qu'on les a nommées ainsi.

DEMI-QUART. f. m. Sorte de mesure. Moitié d'un quart. *C'est aussi*, ajoûte Nicod, *depuis l'Ordonnance du Roi Henri III. une espece de monnoye d'argent coignée en la pile à l'écusson de France, timbré de Couronne fleuronnée, & Imperiale, & en l'autre face à la croix florencée, valant sept sols six deniers tournois, qui font la huitiéme partie de soixante sols tournois faisant la valeur de l'écu sol de France, pour laquelle raison il a le nom de Demi-quart, & porte en sa pile le chiffre du nombre octonaire.*

DEMI-QUEUE. s. f. Espece de tonneau de vin dont ceux d'Orleans, d'Anjou & du Maine se servent, contenant vingt-sept septiers, à huit pintes le septier, deux chopines la pinte, deux-demi-septiers la chopine, & deux poissons le demi-septier. Il se prend tant pour le fust sans vin, que pour cette mesure & quantité de vin sans fust. Les quatre demi-queues valent trois muids de vin au fust & jauge de Paris.

DEMI-TON. s. m. Moitié d'un ton. Il y a dans la Musique un demi-ton majeur & un demi-ton mineur. La diese enharmonique est la difference de l'un & de l'autre.

DEMI-VOL. s. m. Terme de Blason. Il se dit d'une aîle seule d'un oiseau. Il n'est point besoin d'en marquer l'espece, mais il faut que les bouts des plumes en soient tournés vers le flanc senestre.

DEMOCRATIE. s. f. Sorte de gouvernement où tout se fait par l'autorité du peuple. La Democratie a été très-florissante dans les Republiques de Rome & d'Athenes. Ce mot vient de δῆμος, Peuple, & de κρατῶ, Dominer.

DEMOCRATIQUE. adj. Qui appartient au gouvernement populaire.

DEMOISELLE. s. f. Piece de bois haute de trois ou quatre piés que les Paveurs empoignent par deux manieres d'anse qu'elle a au milieu, & qu'ils élevent en l'air pour la faire tomber avec plus de force sur les pavés qu'il faut enfoncer. Elle est ronde & ferrée par les deux bouts. On dit aussi *Damoiselle.* Voyez HIE.

Demoiselle, est encore un Ustencile qu'on met dans le lit d'un vieillard pour lui échauffer les piés. C'est un cylindre creux, dans lequel est un fer chaud enveloppé dans des linges, pour conserver long-tems sa chaleur. On l'appelle encore *Un Moine.* C'est aussi une Bouteille d'étain où l'on met de l'eau chaude.

Demoiselle. Sorte d'oiseau de Numidie d'un plumage gris plombé, ayant sur sa tête des plumes longues d'un pouce & demi, élevées en forme de crête, & d'autres plumes aux côtés & au derriere, qui sont noires & plus courtes. Cet oiseau a un trait de plumes blanches au coin de chaque œil, qui passe pour appendice, & qui lui forme de grandes oreilles de plumes, faites de fibres déliées, & longues comme celles que les aigrettes ont sur le dos. Il a des plumes noires encore plus déliées que l'aigrette au devant du cou. La maniere dont elles lui pendent sur l'estomac, les fait regarder comme un ornement. De grandes écailles couvrent ses jambes par devant; elles sont plus petites par derriere. Il a des ongles noirs & mediocrement crochus, & la plante du pié picottée comme du chagrin. Quelques-uns veulent que ce soit l'oiseau qu'Aristote a nommé ὦτος ὃς παρὰ τὰ ὦτα πτερύγια ἔχει, à cause qu'il a des aîles à la tête. Il imite tout ce qu'il voit faire aux hommes; ce qui a fait qu'Athenée l'a nommé *Anthropoïde*, c'est-à-dire, ayant la figure humaine. Voici de quelle adresse on tient que les Chasseurs se servent pour prendre ces sortes d'oiseaux. Ils ont des bassins pleins d'eau, & se lavent les yeux de cette eau en leur presence. En se retirant ils en laissent qui sont pleins de glu; & ces oiseaux qui les veulent imiter, se collent les yeux avec cette glu.

Demoiselle. Sorte de petit insecte, qui a deux yeux si gros, qu'ils font presque toute sa tête, & quatre aîles admirables qui le font tourner avec une très-grande vitesse. Non seulement il prend sa proye en l'air, mais en volant il s'y joint avec sa femelle. Il a deux cornes & deux dents renfermées en dedans, avec lesquelles il pince très-fort. Ses œufs ressemblent à ceux des poissons. Il les jette dans l'eau, & l'on en voit sortir une infinité de vers à six piés. Il s'en forme ensuite un ver volant, qui étoit auparavant rampant & nageant. Chacune de ses six jambes est composée de six parties velues par tout. A l'extrémité sont deux ongles ou serres. Quatre boutons sortent du lieu où sa poitrine s'unit avec son ventre qui se divise en dix anneaux. Ces boutons s'enflent, & renferment ses aîles, comme les boutons des Plantes renferment les fleurs. Cet insecte s'appelle en Latin *Perla*, ou *Libella*, Il y en a de plusieurs sortes.

DEMONSTRATION. s. f. Preuve évidente & convainquante, c'est-à-dire, un ou plusieurs argumens par lesquels on demontre clairement & invinciblement quelque proposition. Une Démonstration, selon les regles de Mathematique, a ordinairement trois parties, qui sont l'explication, la preparation & la conclusion; & on s'en sert pour convaincre l'esprit, que la proposition qu'on fait est vraie ou fausse, possible ou impossible. Il y a une *Démonstration affirmative*, & une *Démonstration negative.* La premiere est celle qui par des propositions affirmatives & évidentes par dépendance l'une de l'autre, finit par ce qu'elle veut démontrer, & l'autre est celle par laquelle on fait connoître qu'il faut necessairement qu'une chose soit telle, parce que si elle étoit autrement, il s'en ensuivroit quelque absurdité. Cette Démonstration negative est aussi appellée *Démonstration à l'impossible.*

DEMOR. s. m. Vieux mot. Delai, retardement. *Sans démor*, pour dire, Sans delai. On disoit aussi autrefois *Demoroison*, dans le même sens.

> *Et je croi qu'après s'oroison*
> *Ne puet faire demoroison.*

Ces mots venoient du Latin *Mora*, Retardement.

DEMPTER. v. a. Vieux mot que l'on a dit pour Dompter.

> *Cuidez-vous donc qu'amour consente.*
> *Que refroigne & que dempte,*
> *Le cuer qui est trestout quittes.*

DEN

DENCHÉ, ÉE. adj. Terme de Blason. Qui a de petites dents. *D'argent à la croix denchée de gueules*, Voyez DANCHÉ.

DENERAL. s. m. Terme de Monnoye. Sorte de poids dont les Ouvriers & les Taillereſſes sont obligés de se servir pour ajuster les flancs du poids juste des especes qu'on doit fabriquer. Les Juges Gardes sont de même obligés de s'en servir pour Peser les especes nouvellement monnoyées avant que d'en faire la délivrance au Maître. Chaque Deneral doit être étalonné sur le fort de l'espece, en sorte que le trebuchant y soit compris.

DENIER. s. m. Anciennement en France, le mot de Deniers a été pris pour toute piece de monnoye, en sorte qu'une piece monnoyée d'or ou d'argent étoit appellée *Denier d'or, denier d'argent.* La premiere difference qu'on a faite de ces deniers d'or, a été prise de ce qu'on y marquoit, & l'on a dit *Florins d'or* & *Moutons d'or*, à cause des fleurs de lis ou des moutons que l'on y voyoit marqués. Les moutons d'or étoient une monnoye des Comtes de Toulouse, qui portoient un mouton dans leurs Armes. Il y a eu des *Deniers tournois* & des *deniers parisis*. Ces deniers valoient un quart plus que les premiers. Il faut remarquer sur cela, qu'autrefois les Archevêques & les principaux Barons avoient le privilege de faire battre des monnoyes, qui n'étoient que de billon ou monnoye de cuivre, qu'on appelloit *Monnoye noire*, au lieu que celle que faisoient battre les Rois n'étoit que d'or & d'argent. On appelloit celle-ci *Monnoye Royale*; & parce que toute sorte de monnoye étoit appellée *Denier*, on donnoit le nom de *Deniers Royaux* à cette monnoye Royale, & ce nom s'est conservé. L'autre monnoye que faisoient battre les Archevêques, & qui n'étoit point proportionnée à la valeur de l'or & de l'argent, s'appelloit *Tournoise*, à cause que l'Archevêque de Tours étoit celui qui en faisoit battre davantage, & que sa monnoye étoit la plus ordinaire pour ce qui étoit du petit commerce. Ainsi le nom de *Tournois* étoit donné à toute la monnoye qui n'étoit point Royale, & qui étoit plus foible, & la Royale étoit nommé *Parisis*, afin que le nom de la principale Ville où les Rois la faisoient battre, la fit distinguer de celle que l'on appelloit *Tournoise*, parce qu'elle étoit battue à Tours. Nos Rois ayant ôté ce privilege aux Archevêques & aux Barons, firent battre des monnoyes dans leurs Villes au même titre qu'ils avoient fait jusques-là, mais sous le seul nom & la seule marque des Rois de France; en sorte que toute la petite & foible monnoye a conservé ce nom de *Tournois*, en quelque Ville qu'on l'ait battue. Il n'est demeuré de *Parisis* que le nom seul & l'usage, sans qu'aucune piece de monnoye la porte; & comme il n'y en a point d'une livre parisis, aussi n'y en a-t-il jamais eu aucune d'un denier parisis. Cela n'a eu lieu qu'aux Contrats des rentes & dans le stile ordinaire du Palais, où pour retenir la valeur ancienne, qui répondoit par proportion à celle de l'or, on a conservé le nom des livres, sols & deniers Parisis. Il faut encore observer, que parce que les Bourgeois de Paris ne donnoient jamais leurs maisons à louage, ou leurs terres en rente, sans stipuler que le payement en seroit fait en monnoye qui fût à la valeur de la monnoye forte & non affoiblie, on donna en même tems le nom de *Bourgeois* à cette monnoye forte, de sorte que *Denier parisis*, *denier forte monnoye*, *denier à valeur d'or*, *denier d'or à valeur d'or*, *denier d'or simplement*, & *denier Bourgeois*, sont de la même valeur, & doivent toûjours être pris pour un quart plus que l'autre monnoye, ou noire, ou de billon, qui n'est pas proportionnée à la valeur de l'or. Il y a eu vers l'an 1308. *des Deniers d'or à la chaise*, *à la masse*, *& à la Reine*. Les premiers valoient vingt-cinq sols, les seconds vingt-deux sols six deniers, & les derniers seize sols huit deniers. En l'an 1348. il y eut des *Deniers blancs* appellés *Gros*, qui valoient quinze deniers. Quelques-uns tirent le mot de *Denier* du Latin *Æneus*, Qui est de cuivre, à cause que nos deniers, qui valent la moitié d'un double, sont faits de cuivre.

Denier, en termes de Monnoyeurs, se prend en plusieurs manieres. On appelle *Denier de poids*, La vingt quatriéme partie de l'once & la 192. du marc. Il pese vingt-quatre grains. *Denier de fin* ou *de loi*, est un terme dont on se sert ordinairement pour marquer les degrés de bonté de l'argent. C'en est le titre, comme *Carat* est celui de l'or. Ces degrés sont fixés à douze; & quand on dit que l'*Argent est à douze deniers*, on entend qu'il est au suprême degré de bonté. On a employé ces divers degrés pour en marquer l'alliage. Ainsi quand on dit *De l'argent à onze deniers douze grains*, on veut dire, De l'argent qui a perdu douze grains de sa bonté interieure par le mêlange d'une vingt-quatriéme portion de cuivre. On appelle *Denier de boiste*, Une piece d'or que les Gardes sont obligés de prendre de quatre cens, quand ils font la délivrance. Ils sont aussi obligés d'en prendre une d'argent sans aucun choix de soixante & douze marcs, & ces pieces sont mises dans une boîte qui ferme à trois clefs, & dont l'ancien Garde, l'Essayeur & le Maître doivent avoir chacun une. On les emboîte, afin qu'elles servent dans la suite au jugement que la Cour des Monnoyes doit faire des especes qui ont été fabriquées & délivrées au Maître. On appelle encore *Deniers courans*, les Especes nouvellement fabriquées, & que le Maître a exposées dans le commerce après qu'on lui en a fait la délivrance. On peut connoître les divers emplois du mot de *Denier*, en fait de monnoye, en supposant que le Roi en eût fait battre une à dix deniers de cours, un denier de poids, cinq deniers d'alloi, & quatre-vingts deniers de taille. Ce seroit une monnoye dont chaque piece vaudroit dix deniers tournois, comme étoient les Carolus. Son poids seroit d'un denier, c'est-à-dire, de la vingt-quatriéme partie d'une once. Elle auroit cinq deniers d'argent fin allié avec sept deniers de cuivre; & il y en auroit quatre-vingts pieces au marc.

On appelle en Angleterre, *Denier de S. Pierre*, une Imposition d'un denier sur chaque maison, pour être payé au Pape par forme d'offrande, de redevance ou d'aumône. Le Roi Ina l'établit en l'an 740. & on l'appelle encore à present *Rome-peni*, ou *Romescoth*.

DENOMINATEUR. s. m. Terme d'Arithmetique. Toute fraction étant exprimée par deux nombres, le second s'appelle *Dénominateur*. Ainsi dans ces fractions $\frac{2}{3}$, $\frac{4}{5}$, 3. & 5. sont les Dénominateurs. Voyez FRACTION.

DENOY. s. m. Vieux mot. Refus.

DENQUI. Vieux mot qui signifioit *Delà*.

DENT. *Petit os qui tient à la mâchoire de l'animal, & qui lui sert à mâcher*. ACAD. FR. Ce mot se dit de plusieurs choses faites par art qui ressemblent à des dents. *Les dents d'une scie*, *d'une horloge*, *d'une lime*. On dit aussi, *Les dents d'un peigne*, *d'une roue de moulin*, *d'une herse*, *d'un râteau*.

Dent de passement. Pointes d'ouvrages qui sont sur les bords du passement. On les appelle aussi *Engrelures*.

Dent de chien. Les Sculpteurs appellent ainsi un Couteau fendu par le bout, qui se divise en deux pointes; ce qui le fait appeller autrement *Double-pointe*. Les Doreurs appellent aussi *Dent de chien*, ou *Dent de loup*, un Instrument qui a la pointe courbée & dont ils se servent, quand l'or est bien sec, à le brunir dans les lieux où ils jugent qu'il est à propos de le faire, pour mieux dégager, faire sortir & paroître toutes les parties de l'ouvrage. Il leur sert aussi avant que de brunir à enfoncer tout l'or dans les creux, où l'on a oublié de l'enfoncer avec le pinceau.

Dent de loup. Especes de gros clous qui servent à attacher les poteaux des cloisons.

DENTALE. adj. f. Il ne se dit gueres que de certaines lettres que les Hebreux appellent *Lettres dentales*, à cause qu'elles se prononcent avec l'aide des dents.

DENTALIUM. s. m. Petite coquille, dans laquelle un petit vermisseau a de coûtume de loger, y entrant & en sortant quand bon lui semble. Elle est longuette, ronde & blanche, courbée, pointue au-dehors & fort polie au-dedans. Elle a les proprietés des autres coquilles de poisson, qui est de dessecher, de provoquer la sueur & de deterger, si on les prend interieurement pulverisées toutes crues ou calcinées, & de nettoyer & blanchir les dents, si on les applique exterieurement.

DENTARIA. s. f. Quelques-uns nomment la Sanicle, *Dentaria major*, à cause que ses racines ont quelque forme de dent. Il y a une autre plante appellée *Dentaria major*, qui croît au commencement du Printems dans les forêts & aux autres lieux où les rayons du Soleil ne donnent point. Elle vient sans feuilles; ce qui l'a fait nommer ἄφυλλος par quelques-uns. Ses tiges sont hautes d'un palme, tendres, frêles, pleines de jus, & semblables à celles d'Orobanche. Depuis le milieu jusques à leur cime, il en sort des fleurs velues & purpurines, blanchâtres, accompagnées de petites feuilles presque sans couleur qui produisent de petits boutons où est contenue une graine semblable à celle de pavot. Sa racine est blanche, grande, pleine de jus, frêle, & toute écaillée, ayant un goût acre mêlé d'amertume.

DENTE', E'E. adj. Terme de Blason. Il se dit des dents des animaux.

DENTE'E. s. f. Terme de Chasse. Coup ou atteinte des défenses d'un Sanglier, qui éventre les chiens & les chevaux.

DENTELE', E'E. adj. Terme de Blason. Il se dit de la croix, de la bande & autres pieces qui sont bordées de dents plus aigues & plus petites que les denchées. *D'azur à la croix dentelée d'argent.*

DENTICULE. s. f. Terme d'Architecture. Membre de la corniche Ionique & de la corniche Corinthienne qui est quarré & recoupé par plusieurs entailles en forme d'un rang de dents. On appelle *Denticules en guillochie*, Celles qui sont faites d'une petite platte-bande continue, & qui retournent d'équerre par en haut & par en bas. On dit aussi *Dentelet.*

DENTIFRICE. s. m. Remede avec lequel on se frote les dents. Il y en a de secs & d'humides. Les derniers sont tirés par distillation d'herbes desséchantes, & de médicamens astringens, & pour les autres, il y en a quelques-uns en maniere d'opiate, ou de poudre seche grossierement dépaysée, comme coraux, pierre ponce, du sel, de l'alun, coquilles d'œufs, d'escargots ou d'écrevisses, corne de cerf, os de seche ou de racines cuites avec alun; & sechées au four Ce mot est Latin, & vient de *Dens*, Dent, & de *Fricare*, Froter.

DEP

DEPARTEMENT. s. m. Terme d'Architecture. Premiere partie du Devis, qui consiste dans l'ordonnance & description des membres, chambres & parties dont est composé un bâtiment, en un plus grand ou plus petit nombre de pieces, selon leurs grandeurs, suivant la difference des personnes qui les doivent occuper.

DEPASSER. v. a. On dit en termes de Mer *Dépasser un Vaisseau*, pour dire, Aller plus vîte que ce Vaisseau, & le laisser de l'arriere. On dit aussi *Dépasser le tournevire*, pour dire, Le changer de côté. On dit encore *Dépasser*, pour dire, Passer contre son intention au-delà de quelque endroit d'une Côte, où l'on vouloit donner fond.

DEPENDANT. adj. Terme de Marine, qui ne s'employe qu'avec les verbes *tomber* & *venir*. On dit qu'*Un Vaisseau tombe en dépendant*, pour dire, qu'il s'approche à petites voiles, & fait vent arriere pour arriver; & l'on dit qu'*Il vient en dépendant*, pour dire, qu'Il est au vent d'un autre Vaisseau, & qu'afin de le reconnoître, il s'en approche peu à peu en tenant toûjours le vent.

DEPERDITION. s. f. Terme dont les Chirurgiens se servent ordinairement dans leurs rapports. Ils disent d'une plaie, qu'*Il y a déperdition*, quand ils y trouvent la chair entamée.

DEPLANTOIR. s. m. Outil dont les Jardiniers se servent à déplanter ou à replanter leurs Tulippes & autres plantes.

DEPORT. s. m. Droit que quelques Evêques ont eu de certains Dioceses, de jouir pendant un an du revenu des Cures qui vaquent par mort, en les faisant desservir. Ils en jouissent aussi pendant le litige, quand elles sont contestées. *Déport* se dit aussi en matiere Feodale. C'est la premiere année de jouissance d'un Fief ouvert, qui appartient au Seigneur.

On dit quelquefois au Palais, *Amende payable sans déport*, pour dire, Amende qu'il faut payer sur le champ, & sans sortir delà.

Déport est aussi un mot du vieux langage, & l'on a dit, *A grand déport*, pour dire, Fort vîte, à grande hâte.

Par mer nagent à grand déport.

DEPOST. s. m. Terme de Medecin. Epaisseur & marc qu'on voit au fond des urines. *Le dépôt de l'urine.*

DEPREDATION. s. f. Terme de Palais. Pillage qui se fait dans une succession ou distribution de deniers. Il vient de la particule Latine *de*, & de *Prada*, Proye, butin. On dit aussi *Déprédé*, & ce mot se trouve dans l'ordonnance de la Marine, en parlant des marchandises que l'on a pillées dans un Vaisseau.

DEPRESSION. s. f. Terme de Physique. Abaissement, serrement qui arrive à un corps qui est serré & comprimé par un autre.

DEPRI. s. m. Terme de Finance. Déclaration qu'il faut aller faire au Bureau des Aides, du lieu d'où l'on veut faire transporter son vin, pour le vendre ailleurs en se soumettant d'en venir payer le gros, selon le prix qu'on l'aura vendu. Ce mot s'étend aux autres déclarations qu'on fait aux Bureaux, des autres marchandises qu'on transporte, dont ondoit payer les droits de Douane, ou des bestiux que l'on fait passer debout dans les Villes, sans rien payer pour l'entrée. On fait venir le mot de *Depri* de *Deprecari*, à cause qu'on va prier le Fermier de permettre le transport. Il y en a qui le tirent de *Profiteri*, Déclarer, avouer, à cause qu'en Latin on appelle *Merces professa.* Les marchandises qui ont été ainsi déclarées.

Depri, est aussi un terme de Jurisprudence feodale, & signifie la déclaration qu'on fait au Seigneur, de l'acquisition d'un heritage mouvant de lui, dont les droits Seigneuriaux lui sont dûs.

DEPROPRIEMENT. s. m. Terme de l'Ordre de Malte. Il signifie le Testament du Grand Maître ou des Chevaliers.

DEPSER. v. a. Vieux mot. Parer ou fouler les draps. Il vient du Grec δέψα, qui veut dire, Peau, selon Suidas, ou du verbe δέψειν, J'amollis, à la maniere de ceux qui amollissent le cuir.

DEPUTAIRE. adj. Vieux mot. Sorte d'injure.

Fuyez d'ici, gent députaire.

DEQ

DEQUEURIR. v. n. Vieux mot. Découler. On disoit *Dequeurt*, pour dire, Découle.

DER

DERADER. v. n. Terme de Marine. On dit qu'*Un Vaisseau a déradé*, pour dire, que Le gros tems l'a forcé de quitter la Rade où il étoit mouillé, & à entrainer son ancre avec lui.

DERANGER. v. a. On dit en termes de Mer, *Déranger la bonnete*, pour dire, La déboutonner du corps de la voile.

DERAYURE. s. f. Terme de Laboureur. Raye qui sépare les sillons. C'est la derniere que l'on fait lorsqu'on laboure.

DERIVATION. s. f. Terme de Marine. Sortir hors de sa route. *Canal de dérivation*, est celui par où l'on conduit, & où l'on amasse des eaux, pour les porter & les conduire dans un reservoir.

Dérivation est aussi un terme de Medecine, & signifie la saignée qui se fait en quelque endroit, proche la partie où est l'inflammation. On l'appelle ainsi parce que dans cette saignée on ouvre les veines par lesquelles le sang arrêté doit naturellement s'en retourner. Ainsi dans l'esquinancie, la saignée des ranules, c'est-à-dire, des veines de dessous la langue, est une Dérivation, parce que c'est par elles que le sang arrêté autour de la gorge doit être repris & reporté au cœur.

DERIVE. s. f. Biaisement du cours d'un Vaisseau qui ne porte pas à route. Détour de son vrai chemin, que la violence des vents, des courans ou de la marée le contraint de faire. On dit qu'*Il y a belle dérive*, pour dire, qu'Un Vaisseau est en un lieu assés éloigné des Côtes, pour n'avoir rien à craindre à la cape ou lorsqu'il dérive. On dit *Avoir un quart de dérive*, pour dire, Perdre un quart de vent sur la route qu'on veut faire. On dit aussi que *La dérive vaut la route*, pour dire, que Le détour que prend le Vaisseau porte au chemin qu'il veut faire; & on dit, par demande, *Que vent la dérive*, quand on veut sçavoir à quel air de vent la dérive porte.

Dérive, se dit encore, non seulement de la quantité de brasses que celui qui sonde trouve entre le lieu où l'on a jetté le plomb, & celui où est le Vaisseau : mais aussi d'un assemblage de planches faites exprès, que les Navigateurs du Nord mettent au côté de leurs petits bâtimens, afin d'empêcher qu'ils ne dérivent.

DERIVER. v. n. Sortir de sa route par la violence des vents, des courans, ou de la marée. On dit d'un Vaisseau, qu'*Il se laisse dériver*, pour dire, qu'Il s'abandonne au gré des vents & des vagues.

Dériver, signifie aussi, Tirer l'eau d'une source, pour la conduire par quelque canal.

DERME. s. m. Terme de Medecine. Le cuir ou la peau de l'homme. C'est la plus ample & la plus épaisse de toutes les membranes. Ce mot vient de δέρμα, Cuir, peau, tiré de δέρειν, Ecorcher.

DEROBÉ'. adj. On appelle en termes de Manége, *Pié dérobé*, le pié d'un cheval, qui à force de marcher pié nud, a usé toute sa corne, en sorte qu'on ne peut plus le ferrer qu'avec grande peine.

DEROBEMENT. s. m. Terme de Maçon. *Voute faite par dérobement*, ou *avec panneaux*, se dit de deux manieres de couper les pierres pour former les arcs.

DEROBER. v. a. On dit en termes de Marine, *Dérober le vent*, lorsqu'un Vaisseau étant au vent d'un autre, l'empêche de recevoir le vent dans ses voiles.

DEROCHER. v. a. Terme de Fauconnerie. Il se dit des grands oiseaux, qui en poursuivant les bêtes à quatre piés, les contraignent à se précipiter de la pointe des rochers, afin de ne pas tomber dans leurs serres. On dit aussi *Déroquer*, & ce dernier mot a signifié autrefois Abattre, faire tomber. *Déroquer une maison, déroquer un homme.*

DEROMPRE. v. a. Il se dit d'un oiseau de proye qui fond sur un autre, & qui rompt son vol & l'étourdit, en lui donnant un si grand coup de ses cuisses & de ses serres, qu'il le meurtrit & le fait tomber à terre tout brisé.

DEROS. adj. On trouve ce mot dans le vieux langage, pour dire, *Rompus*. Il vient de *Ruptus*, comme si on disoit *Dérouts*. On a dit aussi *Doëroups*.

DEROYER. v. a. Vieux mot. Dévoyer, mettre hors de sa route. *Déroyé*, qui s'est égaré, qui a perdu sa route. On appelloit aussi les foux *Déroyés*, parce qu'ils ne suivent pas les chemins accoûtumés, & qu'ils courent par les champs. Ce mot est composé de la particule *de* & de *roye*, Orniere, sentier.

On a dit aussi *Se déroyer*, pour dire, Se mettre en déroute. *Les Gregeois qui trop se déroyent.*

DEROYS. s. m. Déconfiture, desordre.

Jusqu'à Cologne fu, là il fit maint derois.

DERRAAIN. adj. Dernier. Vieux mot. On a dit *Derrain, derrenier, & desrein.*

DERS. s. m. Vieux mot. Ciel ou dais tendu sur la table du Roi. On a dit aussi *Derselet*, pour signifier la même chose.

DERU. s. m. Vieux mot, qu'on a dit pour signifier un Chêne. Il vient du Grec δρῦς, qui veut dire la même chose.

DERVE', E'E. adj. Vieux mot. Fol, sot, impertinent. *Elle corut comme dervée.* On a dit aussi *Derver*, pour dire, Devenir fou, du Latin *Deviare*, Se dévoyer; & *Derverie*, pour, Folie.

Onques mes à Jor de cest monde
Ne fut tel derverie faite.

DES

DESACOINTIE'. Mot du vieux langage, qui a été dit, pour signifier Qui est moins ami que de coûtume.

DESAFFOURCHER. v. n. Terme de Marine. Lever l'ancre d'affourche, & la rapporter à bord.

DESAISE. s. m. Vieux mot. Incommodité, malaise.

DESAMPARER. v. a. On dit en termes de Marine, *Desamparer un Vaisseau*, pour dire, Le demâter, ruiner ses manœuvres, & le mettre hors de service en lui ôtant ses agrés.

DESARME', E'E. adj. Terme de Blason. Il se dit de l'Aigle qui n'a point d'ongles.

DESARMEMENT. s. m. Terme de Marine. Licentiement de l'équipage d'un Vaisseau, & le transport de ses agrés dans un magasin.

DESARMER. v. a. On dit en termes de Marine, *Desarmer un Vaisseau*, pour dire, Le dégarnir, lui ôter son artillerie & son équipage, & mettre ses agreils dans le magasin, en sorte qu'il demeure inutile dans le port. On dit, *Désarmer un canon*, pour dire, En ôter le boulet.

On dit aussi en termes de Manége, *Desarmer les lévres d'un Cheval*, pour dire, Les tenir sujettes & hors de dessus la barre, lorsqu'elles sont assés grosses pour la couvrir, & qu'elles lui ôtent le vrai appui de la bouche, ce que font les grosses lévres, qui en soûtenant le mords, empêchent que le Cheval ne le sente sur la barre.

DESARNIR. v. a. Vieux mot. Desenharnacher.

DESBUCHER. v. n. Terme de Venerie, qui se dit du gros gibier, quand il sort du bois où il s'étoit retiré, ou qu'il sort du buisson dont il avoit fait son fort.

DESCALANGE'. Vieux mot. Borel dit que selon Ragueau il signifie, Qui est hors de prison, mais qu'il croit qu'il veut dire, Rétabli en son honneur, quand celui qui a noirci un homme par quelque accusation, se trouve obligé de se dédire, & de declarer qu'il le reconnoît pour homme de bien.

DESCENDRE. v. n. *Etre porté, se mouvoir, passer de haut en bas.* ACAD. FR.

On emploie le verbe *Descendre* activement en termes de mer, & l'on dit *Descendre un Vaisseau*, pour dire, Le faire sortir de la riviere ou du port.

On dit en termes de Guerre, *Descendre la tranchée*, pour dire, Descendre la garde de la tranchée; ce qui se fait quand les Troupes qui l'avoient montée se retirent, & cedent la place à d'autres.

On dit *Descendre un lut* ou *quelque autre instrument d'un ton*, pour dire, En relâcher les cordes, & accorder l'Instrument sur un ton plus bas.

DESCENSION. s. f. Terme d'Astronomie. Voyez ASCENSION.

DESCENTE. s. f. *Mouvement de celui qui descend ou de ce qui est descendu.* ACAD. FR.

On appelle *Descentes* en termes de Guerre, les enfoncemens, les taillades qu'on fait par des sappes, dans les terres de la contrescarpe, au-dessous du chemin couvert. Comme les feux d'artifice leur pourroient nuire, on en empêche l'effet en les couvrant de clayes & de madriers avec des terres dessus. On fait les Descentes à fleur d'eau aux fossés pleins d'eau, après quoi on comble le fossé avec des fascines bien affermies & chargées de terre. On pousse les sappes jusqu'au fond pour les fossés secs, & on y fait des traverses, soit qu'on vueille s'y loger ou favoriser le Mineur.

Les Imagers appellent *Descente de Croix*, Une Estampe qui represente la maniere dont le Sauveur du Monde fut descendu de la Croix.

Descente, se dit en termes de Medecine, d'une maladie que l'on appelle autrement *Hernie.* Ce n'est autre chose que la Descente d'un boyau dans le scroton.

Les Plombiers appellent *Descente*, un tuyau de plomb, mis dans une cour le long du mur, par où descend l'eau qui tombe des chêneaux.

Descente en termes d'Architecture, est une voute rampante qui couvre une rampe d'escalier. Il se dit aussi de la rampe même. On appelle *Descente biaise*, celle qui est de côté dans un mur, & dont les piédroits de l'entrée ne sont pas d'équerre avec le mur de face.

Descente, est encore un terme de Fauconnerie, & il se dit de l'oiseau qui fond impetueusement sur le gibier.

DESCHARGE. s. f. Terme de Charpenterie. Piece de bois que l'on pose de travers dans l'assemblage d'une cloison ou d'un pan de bois afin de soûtenir la charge.

Les Serruriers appellent *Décharge*, une grosse barre posée obliquement dans une porte de fer en forme de traverse. Elle sert à entretenir les barreaux, & empêche que le chassis ne puisse sortir de son équerre.

On appelle *Décharge d'eau* dans un Jardin, le bassin où les eaux se rendent après qu'on a fait jouer les fontaines. *Décharge d'eau*, se dit aussi de deux tuyaux dans un bassin de fontaine. L'un a une soupape, & sert à faire écouler l'eau qui est dans le fond. L'autre est soudé, & au bord du même bassin, & son usage est de regler la superficie de l'eau à une certaine hauteur.

DESCHARGEOIR. s. m. Terme de Tisserand. Piece de bois ronde, autour de laquelle on roule la besogne qu'on leve de dessus la poitriniere.

DESCHARGER. v. a. *Oter la charge, le fardeau qu'une personne, qu'une chose portoit.* ACAD. FR.

On dit en termes de Charpenterie *Décharger une poutre*, pour dire, Soulager une poutre par des poinçons & des forces, ou autres moyens, quand elle a trop de portée.

On dit en termes de Mer *Décharger les voiles*, pour dire, Oter le vent de dessus les voiles pour les mettre dedans.

DESCHARGEUR. s. m. Officier de Ville, qui est commis sur les Ports pour décharger les Vaisseaux qui y arrivent. On appelle *Déchargeurs de vin*, des Tonneliers qui sont préposés à mettre à terre les pieces de vin que les Bourgeois ont achetées dans quelque bateau. Ils se servent pour cela de grosses pieces de bois qu'ils nomment *Chemins.* Il y a aussi des *Déchargeurs d'Artillerie.* Ils sont du nombre des Officiers qui vont à la suite de l'Artillerie.

DESCHAUSSE', E'E. adj. On appelle *Déchaussés*, Certains Religieux qui vivent dans une reforme plus étroite, & qui ne portent point de chausses. *Augustins Déchaussés, Carmes Déchaussés.*

On dit qu'*Un Bâtiment est déchaussé*, lorsqu'on voit quelqu'une de ses fondations dégradée. On dit de même d'une pile de pont, qu'*Elle est déchaussée*, quand il n'y a plus de terre par le haut entre les pieux, & que l'eau a dégravoyé sous pilotage.

DESCHAUSSER. v. a. Oter la chaussure des piés & des jambes. On dit, en termes de Jardinage, *Déchausser un arbre*, pour dire, Le labourer au pié pour y mettre du fumier, ou en changer la terre, afin qu'il rapporte plus de fruit.

Déchausser. Terme de Rotisseur. Faire revenir la volaille sur le gril; & en ôter la plus grosse peau qui est sur ses piés.

DESCHAUSSOIR. s. m. Terme de Chirurgie. Fer pointu & taillant qui sert à séparer les gencives & à déchausser les dents gâtées pour les arracher plus facilement.

DESCHAUSSURES. s. f. Terme de Venerie. Il se dit du lieu où le loup a gratté, où il s'est déchaussé, & où il gît.

DESCIQUA. adv. Vieux mot, qui signifie Jusques à, suivant cet exemple :

Trestot l'a porfendu desciqua la corde.

DESCOMBRER. v. a. Vieux mot que Nicod dit être composé de *Dés* & de *Combrer*; pour signifier, Mettre à délivrance une chose où empêchement a été donné; comme si on disoit, Oter le combre, ou encombre, ou empêchement. *Et par consequent*, ajoûte-t-il, *est prins aussi pour garantir & en cette signification étoit usité envers les Notaires même du pays de Normandie ès contrats où garantie étoit promise.* Et a promis garantir & décombrer le fief par lui vendu, envers tous, de tous troubles & empêchemens quelconques. *Ainsi* Bref de mariage encombré, *qui est à faire descombrer l'encombre y fait ou mis.*

DESCOUPLE. s. m. Terme de Chasse. Le Descouple est quand on lâche & découple les chiens après la bête au laisser courre, ou au relais Fouillous parlant des chiens gris : *Au partir du descou-*

ple ils les doivent piquer le plus froidement qu'ils pourront avec peu de bruit, à cause qu'ils sont ardents & outrepassent les routes ou voies de la bête qu'ils courent.

DESCOURABLE. adj. Vieux mot. Qui s'échape aisément du lieu où il a été mis. Il se trouve au figuré dans un Traité des Amortissemens francs & nouveaux acquêts, & l'Auteur l'y emploie en parlant de la memoire, pour dire, Labile. *La memoire de l'homme est fort fluxible & descourable.*

DESCOUVERTE. s. f. On dit en termes de Marine, *Etre à la découverte*, pour dire, Etre de garde ou en sentinelle au haut du mât.

DESCROIS. s. m. Vieux mot qui s'est dit dans la Marine, pour, Détroit de mer. Borel en donne pour exemple *Descrois de Maroc*, qui vouloit dire, Détroit de Gibraltar.

DESCRUER. v. a. Terme de Teinture. On dit, *Descruer le fil écru*, pour dire, Le lessiver avec bonnes cendres, & le laver en eau tiede avant que de le teindre.

DESENEURER. v. a. Vieux mot. Rendre quelqu'un malheureux, lui ôter son bonheur.

Que les hommes en boe verse,
Et les deseneure & greve.

DESERGOTER. v. a. Terme de Manége. On dit, *Desergoter un cheval*, pour dire, Fendre l'argot d'un cheval jusqu'au vif avec un bistouri, pour en arracher une vessie pleine d'eau que l'argot couvre. Cette operation qu'on fait quelquefois aux quatre jambes d'un cheval, empêche qu'il n'y vienne des eaux & autres ordures.

DESERTER. v. a. On dit, en termes de mer, *Déserter quelqu'un*, pour dire, Ne le vouloir point ramener dans le Vaisseau, & le laisser malgré lui dans un pays étranger.

On dit abusivement, *Déserter un morceau de terre*, pour dire, Le défricher. Cela vient de *Dessarter*, pour, Essarter.

DESERTION. s. f. Terme de Palais. Il se dit de la negligence qu'on a de relever dans les trois mois un appel que l'on a interjetté. *On ne doit point laisser tomber un appel en désertion, si on ne veut en être déchu.*

DESERVIR. v. a. Vieux mot. Meriter. *Il te fera porter les peines que bien as déservies.*

DESESPERANCE. s. f. Vieux mot, qui a été dit pour Perte d'espoir.

Plaine d'angoisse & de pesance
De duel & de desesperance.

DESEVRER. Vieux mot. Rompre, quitter.

Ainsi la paix fut pourparlée,
Et la bataille desevrée.

Ce mot est venu du Latin *Deserere*, Abandonner. Borel veut que *Sevrer un Enfant* vienne delà. On trouve ce même mot dans la signification de Séparer.

Non ques pour ce mon cuer ne fu partis
Ne desevrez de ma douce ennemie.

DESGIGLER. v. a. Vieux mot. Borel dit qu'il croit que *Desgigler* veuille dire, Deshabiller.

DESGOURDELI. Mot du vieux langage qui se trouve dans la signification d'Habile.

DESHERENCE. s. f. Terme de Pratique. Droit qu'a le Seigneur de fief de se mettre en possession des biens vacans du défunt à qui ce fief a appartenu, lorsqu'on ne voit point d'heritiers qui le reclament.

DESIRIER. s. m. Vieux mot, qui a été dit pour, Desir.

DESJUGIER. v. a. Vieux mot. Juger.

DESLOER. v. a. Vieux mot. Blâmer.

DESOPILATIF. adj. Terme de Medecine. Il se dit d'un remede qui amollit, qui resoud, & qui ôte les obstructions.

DESOPILER. v. a. Oter les obstructions que les mauvaises humeurs qui se sont arrêtées dans quelque conduit du corps de l'homme ont pû y causer.

DESOPILATION. s. f. Action de désopiler.

DESOR. Vieux mot. Dorénavant. *Desor en bel accueil garder.* On a dit aussi *Desore*, pour dire, Par dessus; & *Aldesor*, pour dire, A l'étroit.

DESPENSIER. s. m. Terme de Couvent. Religieux qui a soin de la dépense, qui distribue le pain & le vin aux autres Religieux. Il y a aussi un Office de Dépensiere dans les Communautés des Religieuses.

DESPOTE. s. m. Titre d'honneur qu'on donne aux Princes de Valaquie, & à quelques autres Princes voisins. Il vient du Grec δεσπότης, qui veut dire, Maître, Seigneur. *Despote*, étoit une dignité dans la Cour des Empereurs d'Orient. Ils se sont euxmêmes quelquefois donné ce titre, & on le trouve sur les monnoyes d'Alexis; & de Manuel Comnene.

DESPOTIQUE. adj. Qui tient du Maître. *Autorité despotique, gouvernement despotique.*

DESPOTIQUEMENT. adv. D'une maniere despotique, & qui sent le maître. *Gouverner despotiquement.*

DESPOUILLE. s. f. Terme d'Ouvriers. On dit qu'*Une chose est taillée en dépouille*, pour dire, qu'Elle va en augmentant vers le talon ou le manche.

DESPOUILLER. v. a. Terme de Sculpteur, & de Mouleur en plâtre. On dit, *Dépouiller une figure moulée*, pour dire, Oter toutes les pieces du moule qui environnent cette figure, & qui ont servi à la former.

DESPUMATION. s. f. Terme de Pharmacie. Action par laquelle on ôte l'écume qui surnage aux médicamens; on se sert pour cela d'une cuillier ou d'une plume.

DESPUMER. v. a. Oter l'écume d'un médicament, ou toute autre ordure & impureté que la force du feu sépare de sa substance.

DESPUTOISON. s. f. Vieux mot. Dispute.

DESRENEMENT. s. m. Vieux mot. Sentence, arbitrage.

Ains dit, puisque par jugement
Vouler faire desrenement
D'avoir, &c.

DESRENER. v. a. Vieux mot. Se purger, se justifier d'un crime dont on est accusé. *Ce mot*, dit Nicod, *est usité au Coûtumier de Normandie, comme au titre de Haro.* A ce cri doivent issir tous ceux qui l'ont oui; autrement sont tenus à l'amende au Prince, ou s'en desrener qu'ils n'ont pas oui le cri s'ils en sont accusés. *C'est se purger par serment, & autrement par enquête. Ce mot peut venir de* Rehen, *qui signifie Otage & gage de paix. Aussi le droit des Normands les astreint à gager & pleger, comme si l'on disoit* Desherener, *c'est-à-dire, Desostager, retirer son ôtage & son gage, par se dûement purger de crime imposé, jusques à la declaration de l'innocence duquel, le gage ou plege demeurent au pouvoir de justice.*

DESRESON. s. f. Vieux mot. Tort, injure, ce qui est contraire à la raison. On a dit aussi *Desroison*. Ce mot a formé *déraisonnable*.

DESRUNER. v. a. Vieux mot. Renverser une chose bien agencée.

DESSECHER. v. a. Terme de Pharmacie. Consumer l'humidité des médicamens, qui étant nuisible ou superflue,

superflue, y causeroit de la pourriture, & empêchant qu'on ne les pût mettre en poudre offusqueroit, & surmonteroit la chaleur.

DESSEIN. s. m. Partie de la Peinture, qui a pour objet la figure des corps que l'on represente, & que l'on fait voir tels qu'ils paroissent simplement avec des lignes. Le *Dessein haché*, est celui dont des lignes sensibles & le plus souvent croisées expriment les ombres. On les trace avec la plume, le crayon, ou le burin. On appelle *Dessein estampé*, celui dont les ombres sont faites avec du crayon froté, en sorte qu'on n'y voye aucunes lignes. Les grains du crayon paroissent dans le *Dessein gravé*. Ce crayon n'est point frotté. Il y a aussi un *Dessein au trait*. Il est tracé au crayon ou à l'encre & n'a aucune ombre. Le *Dessein lavé*, est celui où les ombres sont faites au pinceau avec le bistre où l'encre de la Chine, & le *Dessein coloré*, est celui où sont employées quelques couleurs à peu près semblables à celles qu'on doit employer daus l'original. *Desseins arrêtés*, sont ceux dont les contours des figures sont achevés.

DESSERTE. Vieux mot. Ce qu'on a merité par ses actions bonnes ou mauvaises.

Tu es si bon que selon leurs desertes,
Point ne leur veux donner le châtiment.

On a dit aussi *Deservir*, dans le même sens.

C'est bien droit qui mauvez sert,
Mauvais guerredon en dessert.

DESSEURE. Vieux mot dont on s'est servi pour dire, *Dessous*.

DESSOIVER. Vieux mot. Désalterer, étancher la soif.

DESSICATIF, IVE. adj. Terme de Medecine. Qui a la force de dessécher. Il y a un onguent dessiccatif, qu'on appelle *Dessicativum rubrum*, qui refrigere, fortifie, arrête les fluxions, resout & consume les humeurs superflues, & desseche les ulceres.

DESSINATEUR. s. m. Celui qui dans l'Architecture dessine & met au net les plans, les profils & les élevations des bâtimens sur les mesures qu'on lui a données, ou que l'on a laissées à son choix. On donne ce même nom à celui qui fait des ornemens pour des ouvrages de toute autre sorte.

DESSUS. s. m. La partie la plus haute du chant. On fait quelquefois deux dessus, dont l'un s'appelle *Le premier dessus*, & l'autre *Le second dessus*.

On dit, en termes de Marine, qu'*Un Vaisseau a gagné le dessus du vent*, pour dire, qu'Il a pris l'avantage du vent.

DESTOR. s. m. Vieux mot. Obstacle, trouble, empêchement. On a dit aussi *Destourbement* & *destourbier* dans cette signification, & *Destourber*, pour, Détourner, du Latin *Disturbium*, *disturbare*.

DESTOURNER. v. a. Eloigner, écarter, tourner ailleurs. On dit *Détourner*, en termes de Chasse, pour dire, Faire tout ce qu'il faut pour être assuré qu'un cerf, un sanglier, ou quelque autre bête est dans le buisson autour duquel on fait les enceintes.

DESVERTOILE'. adj. Vieux mot. Ouvert. Borel dit qu'il vient de *Vertoil*, qui signifioit autrefois le loquet d'un huis, du Latin *Verticillum*.

DESTRIER. s. m. Vieux mot. Grand cheval de guerre, qu'on a aussi nommé *Coursier*, ou Cheval de lance ou de service. Selon Monstrelet, ces sortes de chevaux s'appelloient encore *Courtauts*, *doubles Courtauts*, & *Courserots*. Le mot *Destrier* a été fait de *Dextrier*, venu du Latin *Dextrarius*, à cause qu'on le menoit en main, *Ad dexteram*. Borel, qui donne cette étymologie, dit que le Destrier ou Cheval d'armes n'étoit pas la même chose que le Palefroi, qui n'étoit qu'un simple cheval.

C'est aussi un gros Marteau, dont se servent les Forgerons pendant que d'autres frappent à deux mains avec de plus gros. Le Maître tient la piece avec la main gauche, & son Destrier de la droite.

DESTROIS. adj. Vieux mot. Triste, abatu, mélancolique. On a dit aussi *Destreins*. C'est delà qu'on a dit aussi *Détresse*, pour dire, Angoisse, extrémité fâcheuse. *Etre en grand détresse*. Villehardouin a employé *Détresse*, pour, Disette.

DESTROIT. s. m. Bras de mer qui sépare deux terres fermes, & en general tout lieu étroit où l'on passe difficilement, soit sur la mer & sur les rivieres, soit en pays de montagnes. Il se dit aussi des Isthmes ou Langues de terre, qui étant entre deux mers en empêchent la communication. *Le Détroit de Corinthe*.

DESTRUIMENT. s. m. Vieux mot. Destruction.

DESVIER. Mot du vieux langage qui a signifié s'Egarer.

DESVOYER. v. a. Terme de Charpenterie. On dit *Desvoyer une ligne* ou *une piece d'assemblage*, pour dire, La détourner, la mettre hors de l'équerre de son plan. On dit aussi *Desvoyer un tenon*, lorsqu'on trouve dans le bois quelque nœud ou autre chose qui oblige à le détourner. *Desvoyer*, se dit encore d'une chausse d'aisance ou d'un tuyau, soit de descente ou de cheminée, lorsqu'on les détourne de leur aplomb.

DET

DETACHE', E'E. adj. On dit d'un tableau, que *Ses figures sont bien détachées*, lorsqu'elles sont bien dégagées l'une de l'autre, & sans aucune confusion, en sorte qu'elles semblent être de relief.

On appelle, en termes de Fortification, *Pieces détachées*, Les œuvres qui sont séparées du corps de la Place, demi-lunes, ravelins, ouvrages à corne, & bastions même.

DETACHEMENT. s. Terme de guerre. Corps particulier de gens de guerre qu'on tire d'un plus grand corps ou de plusieurs autres, soit pour employer aux attaques d'un siege, soit pour leur faire tenir la campagne. D'ordinaire les Détachemens que l'on commande pour les attaques d'un siege, sont moins forts que ceux qu'on fait marcher en campagne, & qui quelquefois sont des camps volans, peu differens d'une armée.

DETALINGUER. v. n. Terme de Marine. Oter les cables d'un ancre.

DETERGER. v. a. Terme de Medecine. Nettoyer, mondifier, emporter les humeurs sales & corrompues.

DETERSIFS. s. m. p. Médicamens qui ont la faculté d'entraîner les humeurs lentes & glutineuses, adherentes au corps. Tels sont le *Centaurium minus*, l'agrimoine, le chamædris, l'hyssope, l'auronne, l'orge, le suc de limons, les racines de capres, le nitre, le miel, le sucre, le petit lait & autres. Ils sont composés d'une matiere chaude, amere & salée au goût, & qui est un peu dessicative.

DETINE'E. s. f. Vieux mot que Borel croit avoir signifié Permission. Selon l'exemple qu'il en rapporte, il semble signifier Voie licite.

Issue suis par detinée,
Et non mie par ribaudie.

DETONATION. s. f. Terme de Chymie. Action que font les mineraux qui en commençant à s'échauffer dans les creusets, petent avec grand bruit, lorsque l'humidité qui y étoit renfermée s'en échape.

DETONNER. v. n. Chasser le soufre impur & volatil des mineraux, en conservant leur soufre fixe & interne. On se sert du salpêtre pour cette operation, en préparant l'antimoine & autres.

DETRAIGNER. v. n. p. Vieux mot. On a dit autrefois, *Se détraigner de quelqu'un*, pour dire, Se retirer de la societé de quelqu'un, ne le plus tant frequenter. *Or ne me sçûs tant détraigner de lui, si comme je vouloye.*

DETRAIRE. v. n. Vieux mot. Médire, détracter, du Latin *Detrahere.*

DETREMPE. s. f. Terme de Peinture. Enduit de couleurs détrempées avec de l'eau & de la colle, ou bien avec de l'eau & des jaunes d'œufs battus avec de petites branches de figuier, dont le lait se mêle avec les œufs. Lorsque l'on peint en détrempe, toutes les couleurs sont propres, à l'exception du blanc de chaux, qui ne sert que pour la fraisque: mais on doit toûjours employer l'azur & l'outremer avec de la colle faite de peaux de gands ou de parchemin, à cause que les jaunes d'œufs font verdir les couleurs bleues; ce que la gomme ni la colle ne font pas, soit que l'on travaille contre des murailles qui doivent être bien séches, soit sur des planches de bois. Avant qu'on y applique les couleurs, il est bon de leur donner deux couches de colle toute chaude. On peut ne détremper ces couleurs qu'avec de la colle, la composition que l'on fait avec des œufs & du lait de figuier n'étant que pour retoucher plus commodément, sans avoir besoin du feu, qui est necessaire pour tenir la colle chaude. Quand on veut peindre sur de la toile, on en choisit une qui soit vieille, usée à demi, & bien unie. On l'imprime de blanc de craie ou de plâtre broyé avec de la colle de gans; & lorsque cette imprimure est séche, on passe encore une couche de la même colle par dessus. Ce sont les termes de M. Felibien, qui enseigne la maniere dont il faut broyer toutes les couleurs.

DETENTE. s. f. On dit d'une Arme à feu, où la coche de la noix tient trop, que la Detente est rude ou lente.

DETOUPER. v. On dit Détouper des terres, pour dire, Oter les épines qui les closent, comme on dit aussi, Etouper, pour les clorre.

DETRIEZ. Vieux mot. Par derriere.

DETURPER. v. a. Vieux mot. Salir.

DEV

DEVANTURE. s. f. Le devant d'un siege d'aisance, de pierre ou de plâtre, d'un appui ou d'une mangeoire d'écurie. On appelle *Devantures*, des plâtres de couverture que l'on met au haut des tours, ou bien au-devant des souches de cheminée, pour raccorder les ardoises ou les tuiles.

DEVELOPEMENT. s. m. Les Architectes appellent *Dévelopement de dessein*, la Representation de tous les profils, de toutes les faces & parties d'un dessein de bâtiment. On dit, *Faire le dévelopement d'une piece de trait*, pour dire, Se servir des lignes de l'espure pour en lever les differens panneaux.

DEVELOPER. v. a. *Oter l'envelope de quelque chose, déployer une chose envelopée.* ACAD. FR.

Déveloper, signifie, en termes d'Artisan, Rapporter sur un plan toutes les differentes faces d'une pierre, & même les parties d'une voute. Il signifie aussi Dégrossir du bois ou de la pierre, afin de leur donner la taille ou la disposition necessaire pour les placer, ou en faire quelque ouvrage.

DEVELOPE'E, on sous-entend *Signe*, terme de Géometrie. Voyez EVOLUTION.

DEVENER. v. a. Vieux mot. Dévider du fil sur un devidoir.

DEVER, ou *desver*. v. n. Vieux mot. Enrager, perdre le sens, du Latin *Deviare.* C'est delà qu'est venu *Endever*, qui est encore dans la bouche du petit peuple, pour dire, Enrager. *Devé* a aussi été dit pour, Fol.

> *Si j'eusse largesse blâmée,*
> *L'on me tiendroit bien pour devée.*

DEVENTER. v. a. Terme de Marine. On dit *Deventer les voiles*, pour dire, Brasser au vent, afin d'empêcher que les voiles ne portent.

DEVERS. s. m. Terme de Charpentier. Le gauche d'une piece de bois. On dit, *Piquer*, ou *marquer du bois suivant son devers*, pour dire, Suivant son gauchissement, suivant sa pente.

DEVERSER. v. a. On dit, *Deverser une piece de bois*, pour dire, La pancher, l'incliner. On appelle *Bois deversé*, du bois qui est gauche.

DEUGIES. Vieux mot. Joues ou gencives. Borel dit que ce mot semble aussi vouloir dire *Maniables*, suivant ces vers d'un Poëte ancien,

> *Armes legieres & deugies*
> *En Egypte furent forgies.*

DEVIATION. s. f. Terme d'Astronomie. Il se dit du Déferent ou de l'Excentrique de Venus, ou de Mercure, qui ne gardant pas toûjours une même inclinaison à l'écliptique, comme font les trois Planetes superieures, s'approche quelquefois de l'Ecliptique, & quelquefois s'en éloigne. C'est ce qu'on appelle *Deviation.* La plus grande Deviation est de seize minutes dans Mercure, & elle est seulement de dix dans Venus.

DEVIDER. v. n. Terme de Manége. On dit qu'*Un cheval devide*, pour dire, qu'Au lieu d'aller de deux pistes, comme il doit aller, il tâche de n'aller que d'une. Cela se fait quand maniant sur les voltes, ses épaules vont trop vîte, & que la croupe ne suit pas; ce qui arrive par la resistance qu'il fait en se défendant contre les talons, ou parce que le cavalier hâte trop la main.

DEVIE. s. f. Vieux mot. Trépas. Un ancien Poëte a dit en parlant de Dieu.

> *Qui peut tout & soûtient, & gouverne & chevie,*
> *Veille garder nos cœurs jusques à la devie.*

On a dit aussi *Devier*, pour dire, Mourir, perdre la vie, de la particule *de* & du mot *Vie. Et devia, si que percevit les Anges qui l'emporterent à la Majesté du Ciel avec son Pere.* On a dit aussi *Devié*, pour dire, Forcené, comme étant hors de la voie, du Latin *Deviare.*

DEVIS. s. m. Qualité, ordre & disposition des ouvrages d'Architecture. Quand on reçoit ces ouvrages on examine s'ils sont conformes au Devis.

DEVISANCE. s. f. Vieux mot. On a dit *La devisance des armes d'Achille*, pour dire, Le blason de ses armes.

DEVISE. s. f. Terme de Blason. Il se dit en general des chiffres, des caracteres, des rebus, & des sentences en peu de mots, qui par figure ou par allusion, avec les noms des personnes ou des familles, en font connoître la noblesse ou les qualités. Les Devises des Armes se mettent dans des rouleaux ou listons tout autour des armoiries ou bien en cimier, & quelquefois aux côtés ou au-dessous. Les Devises des Ordres se mettent sur leurs Colliers. Ce mot se dit aussi de la division de quelques pieces honorables de l'écu. Quand une fasce n'a que la troisiéme partie de sa largeur ordinaire, elle s'appelle *Fasce en Devise* ou *Devise* seulement, & un écu n'en doit avoir qu'une. Ce mot vient de ce que la Devise servoit à diviser, & à séparer les gens & les partis, par les paroles ou sentences particulieres que prenoient les anciens Chevaliers pour se faire remarquer. Ensuite on a posé les Devises sur les écus, & c'est delà que sont venues insensiblement les Armoiries.

Devise, est aussi un ornement de Sculpture en bas relief. Il sert d'attribut, & est composé de figures & de paroles.

On a autrefois appellé *Devise*, les robes de deux couleurs, comme sont celles des Maires & Echevins, & des Huissiers & Bedeaux des Villes, des Paroisses, & des Communautés de Marchands. Ce nom étoit donné à ces Robes, à cause qu'elles étoient divisées en deux couleurs. Le mot de *Devise*, pour Division, se trouve dans le vieux langage, & on disoit, *Faire sa Devise*, pour dire, Faire son testament, c'est-à-dire, la division de ses biens. Il signifioit aussi volonté.

Lors fera Diex à sa devise.

DEVOIR. s. m. On appelle en termes de Chasse *Devoir de l'Oiseau*, la portion, ou curée du gibier qui est dûe à l'oiseau qui l'a pris.

DEX

DEX. s. m. Mot du vieux langage, qui a été dit pour Dieu.

Vie sans fin Dex li concente.

On disoit aussi *Diex*.

DEXTRE. adj. Terme de Blason. On y dit *Le côté dextre* & *le côté senestre*, & non pas le droit & le gauche.

DEXTRIBORD. s. m. Terme de Marine. Le côté du Vaisseau qui est à la main droite de celui qui étant à la pouppe, fait face vers la proue. On l'appelle autrement *Stribord* & *Tribord*; sur la Mediterranée, *Estribord*, & sur l'Ocean *Tienbord*.

DEXTROCHERE. s. m. Terme de Blason. Il se dit du bras droit avec la main, qui est peint dans un écu, quelquefois tout nud, & quelquefois garni d'un fanon. Ce mot vient de *Dextrocherium*, qui signifioit un Bracelet qu'on portoit principalement au poignet droit, ce qui faisoit appeller ces sortes de bracelets *Dextrocheres*. On a dit aussi *Destrocheres*. On appelloit autrefois ainsi le fanon ou manipule des Prêtres.

DIA

DIABETE'S. s. m. Terme dont on se sert dans les hydrauliques. Il se dit d'un syphon, dont les deux branches sont enfermées l'une dans l'autre. Il vient du mot Grec διαβήτης, dont Columelle se sert pour dire Syphon.

Diabetés, est aussi un terme de Medecine, & se dit d'une maladie qu'on divise en deux especes, sçavoir en veritable Diabetés, & en faux Diabetés. Le *veritable Diabetés*, est celui où la boisson est renduë sans être changée; & c'est particulierement à cette sorte de maladie que convient le nom de Diabetés, qui vient du Grec διαβαίνειν, Passer vîte; c'est-à-dire, que le Diabetés est une maladie dans laquelle la boisson passe vîte au travers du corps, en sorte que bien souvent la couleur, l'odeur & la saveur de ce qu'on a bû, sont encore sensibles dans les urines; ce que Battolin écrit être arrivé à un Diabetique, qui rendoit le vin qu'il bûvoit, sans que les voies urinaires en eussent changé l'odeur, la saveur ni la couleur. On a observé un Diabetés dans lequel le lait d'amandes sortoit avec l'urine, tel qu'on l'avoit avalé, & Horstius parle d'un autre, où le vin & les émulsions des semences ordinaires étoient rendues sans nul changement. On a même vû des grains d'anis & de coriandre, des grains de figues & des hachûres de racine de persil, sortir entieres par les urines. La cause de cette maladie ne peut être que la trop grande relaxation & ouverture des voies par où la liqueur de la boisson est portée des premieres voies aux reins ou aux lieux urinaires. Ettmuller dit que le Pylore y peut concourir étant relâché, & qu'il laisse échapper la boisson comme trop fluide avant qu'elle soit parfaitement alterée. Il ajoûte, qu'à la verité ce sont des chemins encore inconnus, mais que la chose ne peut se faire autrement, les semences de coriandre & d'anis ne pouvant circuler ni être portées par tout avec le sang. Le *faux Diabetés* est un flux immoderé d'urine, qui arrive lorsqu'il en sort plus que la matiere qu'on a bûe ou le serum du sang ne demandent. On a vû un homme qui urinoit tous les jours plus de quatre pots, quoiqu'il ne bût que chopine. Dans les observations de Tulpius, il est parlé d'un Diabetique qui ne bûvoit point, & qui faisoit chaque jour six livres d'urine. Schenkius dit qu'une jeune fille urinoit plus qu'elle ne bûvoit, & les Actes d'Angleterre rapportent que durant plusieurs semaines, un homme fit jusqu'à douze livres d'urine. La cause de cette sorte de maladie est difficile à trouver. Comme elle est accompagnée d'une soif extrême, d'un abbattement de forces, & de la maigreur de tout le corps, Ettmuller croit que la masse du sang, sa partie chyleuse nourriciere, la rosée même & le suc alimenteux, la graisse enfin se dissoudent, se liquefient & dégenerent en cette liqueur aqueuse, qui sort par les voies urinaires, & que la cause de cette fusion & de l'urine abondante est l'acrimonie salée du serum du sang, qui resout par son âpreté, attenue, & fond l'aliment chyleux du corps & la graisse qui en dépend.

DIABLE. s. m. *Demon*, *esprit malin*, *mauvais Ange*. ACAD. FR. Il y a aux Indes un oiseau nocturne, que les Habitans ont appellé *Diable*, à cause de sa laideur. Il est fort rare, & on ne le peut voir que de nuit en volant. S'il arrive qu'il paroisse quelquefois de jour, il sort si brusquement de son trou, qu'il épouvante ceux qui le regardent. Il repaire dans les plus hautes montagnes, & se territ en des trous qu'il fait dans la terre, où il pond ses œufs, les y couve & y éleve ses petits. Les Chasseurs disent que sa chair est fort délicate, que sa forme approche fort de celle du Canard, qu'il a la vûe affreuse, & que son plumage est mêlé de blanc & de noir. Il ne descend jamais que de nuit des montagnes où il repaire, & en volant il pousse un cri fort lugubre & fort effroyable.

Les Pêcheurs des Côtes de l'Amerique prennent quelquefois un monstre que sa figure hideuse fait appeller *Diable de mer*. Il est long à peu près de quatre piés & gros à proportion, & porte un bosse sur le dos, couverte d'aiguillons semblables à ceux d'un Herisson. Sa peau est dure, inégale, raboteuse comme celle des chiens de mer, & de couleur noire. Il a la tête plate & relevée par dessus de plusieurs petites bosses, entre lesquelles on voit deux yeux noirs qui sont fort petits. Sa gueule qui est démesurément fenduë, est armée de plusieurs dents très-perçantes, dont il y en a deux crochues & annelées comme celles d'un Sanglier. Il a quatre nageoires, & une queue assés large, fourchue par le bout. Ce qui lui a fait donner principalement le nom de *Diable*, ce font deux petites cornes noires affés pointues, qu'il a au-deffus des yeux, & qui fe recoquillent fur fon dos, comme celles des Beliers. Outre que ce monftre eft d'une laideur affreufe, fa chair eft un vrai poifon, & caufe des vomiffemens étranges & des défaillances, qui feroient bientôt mourir, fi une prife de quelque excellent contre-poifon ne les arrêtoit. Ce dangereux animal n'eft recherché que des Curieux, qui font bien aifes d'avoir fa dépouille dans leurs cabinets.

Il y a une autre forte de *Diables de mer*, qui ne font pas moins hideux que celui-ci, quoique la figure en foit differente. Les plus grands n'ont qu'un pié ou environ depuis la tête jufqu'à la queue. Ils ont prefque autant de largeur; mais quand ils veulent, ils s'enflent d'une telle forte, qu'ils paroiffent ronds comme une boule. Leur gueule eft affés fendue, & armée de plufieurs petites dents fort pointues, & au lieu de langue, ils n'ont qu'un petit os qui eft extrêmement dur. Leurs yeux font très-étincellans, mais fi petits & fi enfoncés qu'on a de la peine à difcerner la prunelle. Entre ces yeux eft une petite corne qui rebrouffe en arriere, & au-devant de laquelle il y a un filet un peu plus grand qu'un petit bouton termine. Outre leur queue qui eft comme le bout d'une rame, ils ont deux empennures, l'une fur le dos, qu'ils portent relevée & droite, & l'autre fous le ventre. Ils ont auffi deux nageoires qui répondent de chaque côté du milieu du ventre, & qui font terminées en forme de petites pattes qui ont chacune huit doigts, munis d'ongles affés piquans. Leur peau eft rude & heriffée par tout comme celle du Requiem, hormis fous le ventre. Elle eft d'un rouge obfcur & marquetée de taches noires qui font comme des ondes. Leur chair n'eft pas bonne à manger.

On trouve dans l'Ifle de Formofa un certain animal que les Hollandois appellent *Diable de Tayoven*. On ne fçait pourquoi ils l'ont nommé *Diable*, fi ce n'eft à caufe de fes griffes qu'il a fort aigues; car loin de faire du mal à perfonne, quand on l'attaque il fe laiffe plûtôt tuer que de fe défendre. Il eft long comme une aune, large d'environ vingt pouces, écaillé comme un poiffon, & fi timide, fur-tout à l'égard de l'homme, que s'il ne peut l'éviter qu'en fe cachant dans la terre, il y fait un trou, où il fe retranche comme dans un fort. Si on le furprend avant qu'il ait le tems de s'y mettre, il s'entortille dans fes écailles, & prend la forme d'un peloton. Il ne fe nourrit que de fourmis, qui vont d'elles-mêmes fur fa langue, quand la faim le preffe de la tirer.

DIABROSIS. f. m. Terme de Medecine. On appelle *Diabrofis*, la folution de continuité & lefion des petites bouches qui font aux extrêmités des petites veines & arteres, & cette folution de continuité fe fait par des Inftrumens aigus, foit de pointe, foit de taille, ou par des humeurs acres & corrofives, qui rongent les extrêmités des vaiffeaux ou les tuniques mêmes. Ce mot eft Grec διάβρωσις, & eft formé de la prépofition διὰ, Par, & de βρώσκειν, Manger. On l'appelle autrement *Diærefe*.

DIACARTAMI. f. m. Terme de Pharmacie. Electuaire folide purgatif, où l'on fait entrer dix ingrediens, fans y comprendre le fucre. Il a pris fon nom de la moëlle du Cartame qui eft l'un de ces ingrediens, quoique le Turbith en foit la bafe. Les autres font la manne, le gingembre, le diagrede, les hermodactes, la poudre du diatracagant froid, le miel rofat coulé, le fucre candi & la chair de coings. Il eft fort prope à purger la bile & la pituite, & par confequent on s'en peut fervir dans les fiévres pituiteufes & compliquées.

DIACHYLON. f. m. Emplâtre compofé de fucs vifqueux, qui a pris fon nom de fa bafe, qui font les mucilages appellés par les derniers Grecs χυλοὶ, & par les Latins *Succus* ou *Mucilage*. Il y a le *Diachylon blanc* ou *commun*, qui eft un emplâtre compofé de litharge d'or, & de mucilage, tiré des racines d'Althæa, & des femences de fenegré & de lin, avec de l'huile, qui doit être vieille & commune. Les Grecs l'appellent πεντεφάρμακον, comme étant compofé de cinq ingrediens. Ce Diachylon commun amollit & foulage les fcirrhes du foye, de la rate, du ventricule & des autres parties. Le Diachylon qu'on appelle *Ireatum*, eft la maffe du Diachylon blanc, dans laquelle, tandis qu'elle eft encore chaude, on met une quantité fuffifante de poudre d'Iris de Florence, ce qui l'a fait furnommer *Ireatum*. Il attire plus puiffamment que l'autre, incife & refout. Il y a encore le Diachylon, qu'on appelle *Diachylum magnum*, tant pour fa vertu, qu'à caufe qu'il reçoit un plus grand nombre d'ingredients que le fimple. Cet emplâtre eft compofé de litharge d'or très-fubtilement pulverifée, d'huile d'Iris, de Camomille & d'Aneth, de Terebenthine, de Refine de pin, de Cire jaune, de Mucilages, de femences de Lin & de Senegré, de Figues recentes & graffes, de Raifins de Damas, d'Ictyocolle, de fuc d'Iris, de Squille & d'Oefipe. Il amollit les fcirrhes, & refout les inflations. La maffe entiere du *Diachylum magnum* étant cuite & encore chaude, on y ajoûte & l'on y diffout les gommes d'Ammoniac & de Galbanum fondues avec du vin, & coulées & cuites jufqu'à l'épaiffeur du miel, & cela fait le Diachylon appellé *Gummatum* ou *Diachylum cum gummis*.

DIACODIUM. f. m. Médicament qui fe fait de têtes de Pavot blanc & noir. Il faut qu'elles foient de moyenne groffeur, fans être ni trop feches ni trop humides. On les fait tremper fur les cendres chaudes pendant vingt-quatre heures, fi elles font fort humides, & deux jours entiers, fi elles font fort feches, pour les faire cuire jufqu'à ce qu'elles fe flétriffent, afin d'en mieux tirer le fuc, dans l'expreffion duquel il faut diffoudre la moitié pefant de vin cuit, ou autant pefant de penide & de fucre. On le fait cuire enfuite à petit feu clair & fans fumée, en confiftance de lohoc, & on le garde pour s'en fervir au befoin. C'eft-là le Diacodium fimple. Le compofé fe fait en jettant dans chaque livre du fimple, une poudre faite d'acacia, d'hypociftis, de myrrhe, de faffran & de balauftes. On y en met une demi-drachme de chacun avec une demi-once de trochifques de Ramich. Le Diacodium eft anodin & narcotique, & arrête les fluxions qui tombent fur les poumons, fur-tout lorfque l'humeur eft tenue. Ce mot eft fait de διὰ, Par, & de κώδων, Petite cloche, à caufe qu'il eft fait de têtes de Pavot, qui reprefentent les petites cloches fonnantes des enfans.

DIACONISSE. f. f. Mot qui eft prefentement hors d'ufage, & dont on s'eft fervi autrefois du tems de la primitive Eglife. On donnoit ce nom à certaines femmes devotes qui fe confacroient au fervice de l'Eglife & des Pauvres, & qui rendoient aux autres femmes des fervices qu'elles ne pouvoient avec bienféance recevoir des Diacres. Elles étoient établies dans leur miniftere par l'impofition des mains.

DIACOUSTIQUE. Terme de Mufique. C'eft la confideration de la proprieté de la refraction des sans selon qu'ils passent par differens mediums.

DIACRE. s. m. Ministre qui sert à l'Autel. Les Diacres ont le premier degré d'honneur après les Prêtres & furent instituées au nombre de sept par les Apôtres. Ce nombre s'est conservé long-tems dans quelques Eglises, & il n'y en avoit qu'un à Rome sous le Pape Sylvestre. Depuis on en fit sept, ensuite quatorze & enfin dix-huit, & ils furent appellés *Cardinaux Diacres*, pour les distinguer des autres. Ils avoient soin des rentes de toute l'Eglise, des aumônes des fideles, & des necessités Ecclesiastiques. Ceux qui en faisoient la Collecte, s'appelloient Sous-Diacres. Cela dura jusqu'à Constantin. L'Archidiacre étoit le premier des Diacres. Depuis que leur nombre eut été multiplié, il en demeura sept à Rome, distribués en sept regions, suivant les sept regions de la Ville, & ils chantoient l'Evangile devant le Pape, quand il venoit celebrer la Messe dans quelque Eglise de leur region. On les appelloit *Diacres Cardinaux*, ce qui ne vouloit dire autre chose que principaux Diacres. Ils étoient chargés du soin des rentes papales. Le mot de *Diacre*, vient du Grec διακονεῖν, Servir, exercer quelque ministere.

Le Dictionaire Universel avance faux, lorsqu'il dit que les Diacres d'honneur ne font aucune fonction; car ils chantent l'Evangile, mais ils ne portent point à baiser; ils donnent l'encens au Chœur à l'Offertoire, & servent le Célébrant en tout.

DIADEME. s. m. C'étoit autrefois une bande de toile fort blanche dont on ceignoit la tête des Rois. Ils en étoient si jaloux, qu'ils défendoient à toutes sortes de personnes de porter aucun bandeau. Le bandeau Royal étoit d'ordinaire un simple tissu de toile, de laine, ou de soye, mais quelquefois il étoit de broderie d'or chargé de perles & de pierreries. Aujourd'hui on se sert du mot de Diademe en general, pour signifier la Couronne d'un Souverain.

Diademe, dans le Blason, se dit d'une maniere de cercle, qui se nomme proprement Diademe, & qu'on voit quelquefois sur les têtes de l'Aigle éployée. Il se dit aussi du Bandeau, dont les têtes de More sont ceintes sur les écus, & qu'on appelle autrement *Tortil*, & des cintres ou cercles d'or qui servent à fermer les Couronnes des Souverains, & à porter la fleur de lis double ou le globe croisé, qui leur tient lieu de cimier. Ce mot vient du Grec διαδεῖν, Lier, ceindre.

DIAGREDE. s. m. Scammonée preparée qu'on fait entrer dans un coing. Les Chymistes l'appellent *Diagrydium sulphuratum*, àcause que la préparation qu'ils en font est avec du souffre. Le mot *Diagrydium*, a été fait par corruption de δακρύδιον, Petite larme.

DIAGNOSTIC. adj. Terme de Medecine. On appelle *Symptomes Diagnostics*, ceux qui font juger de la nature & des causes des maladies. Ce mot vient du Grec διαγνώσκειν, Avoir l'indication de quelque chose, en acquerir la connoissance par certains indices.

DIAGONALE. adj. Terme de Mathematique. On appelle *Ligne Diagonale*, une Ligne droite tirée dans une figure rectiligne d'un angle à l'angle opposé. *La Diagonale d'un Parallelogramme d'un quarré.* Le quarré de la diagonale d'un quarré, est double du quarré dont elle est diagonale; ainsi quand on a un quarré, il ne faut pour avoir un quarré double, que quarrer sa Diagonale. Ce mot s'applique aussi aux corps solides. *La Diagonale d'un parallelepipede, d'un cube.* Il vient de διὰ, Par, & de γωνία Angle.

DIALTHÆA. s. m. Onguent qui prend son nom de la racine de guimauve qu'on met d'abord dans sa composition, & que les Grecs nomment *Althea*. On y fait encore entrer, sans l'huile & la cire, les semences de fenegré & de lin, & la squille, dont on tire le mucilage, la resine, le galbanum, la terebenthine, la colophone, & la gomme de lierre. Cet onguent échauffe, adoucit, humecte & digere. Il est bon pour les nerfs endurcis, & corrige la trop grande siccité. Il chasse l'intemperie froide, & remedie à la pleuresie, & autres incommodités que causent les humeurs crues qui adherent aux muscles.

DIAMANT. s. m. La plus pure, la plus transparente, & la plus dure des pierres precieuses, que Pline dit naître dans l'or & hors de l'or. Le Diamant Indique ressemble en couleur au cristal transparent. Il est gros comme une noisette, & pointu en forme de poire ayant six angles à chaque côté. Sa carriere est une roche de cristal, ou une mine d'or. Les blaffards, pâles & demi-bâtards naissent dans les mines de fer & d'airain. Le Diamant Arabique est moins gros que le premier. Il y en a de quatre sortes qui naissent dans l'or. L'un appellé *Cenchron* ou *Cenchrites*, qui est de la grosseur d'un grain de milet; un autre qui est semblable à la semence de concombre, & que l'on appelle *Philippique*, à cause qu'il est de Macedoine; un autre qui est de couleur d'airain, & qu'on nomme *Cyprius*, parce qu'on l'a trouvé dans l'Isle de Cypre, & un autre appellé *Syderites*, qui pese plus que les autres, & qui est luisant comme un fer poli. Ces deux derniers ne retiennent que le nom de Diamant, & ne peuvent être comparés aux autres. Le Diamant, brut & sortant de la carriere, est comme un gros grain de sel qui est crasseux & terrestre. Sa glace est cachée sous une vilaine croûte, & sous une écaille grisâtre. On décharge les Diamans de cette crasse en les frottant l'un contre l'autre, & la poudre qui en sort est celle dont on se sert pour le polir sur le polissoir, & sur la roue de fin acier. On appelle *Diamant foible*, celui qui n'est point épais, & *Diamant gendarmeux*, celui qui n'est pas net. Les défauts des Diamans se nomment *Points* & *Gendarmes*. Les points sont de petits grains blancs & noirs; les gendarmes sont plus grands en façon de glace. On les taille à facettes ou à lozange pour en couvrir l'imperfection, & afin de leur donner plus d'éclat, on met de la teinture dessous. Cette teinture de Diamant se fait avec de la fumée de chandelle amassée au fond d'un bassin & empâtée avec de l'huile de mastic blanc. C'est dans une terre sablonneuse que viennent les Diamans. Il y a plusieurs roches qui ont des veines larges environ d'un doigt. Les mineurs en tirent le sable avec des fers crochus, & parmi ce sable après qu'on l'a bien lavé, se trouvent les Diamans. La plus belle mine qui les produise est dans les terres du grand Mogol, à cent huit milles de Masulitapan. Le hazard la fit trouver à un Berger, qui ayant donné du pied contre une pierre, où il crut voir quelque chose de brillant, la vendit pour un peu de ris sans la connoître. Il y a trente mille hommes qui y travaillent, & le Roi en retire trois cens mille pagodes, outre tous les Diamans au dessus de dix carats qu'il se reserve. Le Diamant taille les autres pierres, & se taille aussi soi-même. Il y a differentes opinions sur les qualités du Diamant. Les uns veulent qu'il soit froid & sec au quatriéme degré; & les autres disent qu'il est chaud & sec, sur ce qu'on le mêle dans des medicamens qui ont une vertu caustique & brûlante. On tient qu'il rend le poison de nul effet, & qu'il dissipe les mouvemens & agitations d'esprit causées par des visions. On a observé que le Diamant, s'il n'est pas suffisamment pulverisé, ne manque point à donner la dyssenterie, à cause que ses petites pointes corrodent & offensent necessairement les intestins, puisque le verre qui est moins dur, le fait lorsqu'il est mal alcoolisé. Quelques Auteurs prétendent que le Diamant mis auprès de l'aimant l'empêche d'attirer le fer, ou que si l'aimant l'a attiré, le Diamant retire le fer aussi-tôt. Il y en a qui veulent que ce mot *Diamant*, soit venu par corruption du Grec ἀδάμας, les Grecs ayant appellé ainsi le Diamant de la particule privative α, & de δάμαω, Je dompte, à cause que sa grande dureté semble le rendre indomptable. Les Anciens étoient persuadés que le Diamant resiste au fer, & au feu. Il est vrai qu'il resiste au feu le plus violent; mais il se brise à coups de marteau. C'est aussi une erreur de croire ce qu'ont écrit quelques-uns, qu'il s'amollit par le moyen du sang de bouc tout chaud & tout recent, sur-tout si le bouc a bû du vin auparavant; & s'il a mangé du persil, ou du seseli de montagne. On appelle *Diamant d'Alençon*, de faux Diamans qui croissent à deux lieues de la Ville en un Village appellé Hertré, dans un terroir sablonneux & plein de roches. Le sable en est fort luisant, & les pierres en sont fort dures & grises. Il y a de ces sortes de Diamans, qui sont si nets, & qui brillent tellement que des Lapidaires n'ont pû s'empêcher d'y être trompés. Il y a aussi des Diamans factices, que l'on appelle *Diamans du Temple*. Les Vitriers se servent d'un Diamant fin pour couper le verre.

DIAMANTAIRE. s. m. Ouvrier qui taille les Diamans. Lapidaire qui en fait trafic.

DIAMARGARITON. s. m. Il y en a de deux sortes, le simple & le composé. Ce dernier est du nombre des poudres aromatiques. Le Diamargariton simple est un Electuaire solide que l'on compose de perles fines broyées très-subtilement sur le porphyre. Il y entre aussi du sucre blanc dissout dans de l'eau rose ou de buglose, & cuit en consistance de sucre rosat. Il remedie aux fievres ardentes, & sur tout aux maladies qui sont accompagnées de flux de ventre. Il vient de μάργαρον, qui signifie une Perle.

DIAMETRE. s. m. Terme de Geometrie. On appelle *Diametre d'un cercle*, Une ligne droite tirée par le centre du cercle, & qui le divisant en deux parties égales, est terminée à la circonference de côté & d'autre, & *Diametre d'une Sphere*, une ligne droite, tirée de même par le centre de la Sphere, & terminée à sa surface de part & d'autre. Dans les trois Sections coniques le mot de Diametre se prend quelquefois un peu differemment, & il y en a de differentes especes, *de déterminés*, *d'indeterminés*, *de Conjugués*. Voyez PARABOLE, HYPERBOLE, & ELLIPSE.

On appelle en termes d'Architecture, *Diametre de colomne*, Celui d'où l'on tire le module pour mesurer les autres parties d'une colomne, en la prenant au dessus de la base. Il y a aussi *le Diametre du renflement*, & *le Diametre de la diminution*. L'un se prend au tiers d'enbas du fût, & l'autre se mesure au plus haut du fût. Quoique le Diametre d'un quarré soit en Mathematique, la ligne qui le coupe en deux d'un angle à un autre, quand on dit en Architecture *le Diametre d'un pilastre*, on entend la largeur d'un des côtés. Ce mot vient de διὰ, Entre, & de μέτρον, Mesure.

On dit en Astronomie *Diametre apparent d'une Planette* Plus les Planetes sont éloignées, plus elles paroissent petites, & par conséquent aussi leurs Diametres, que l'on appelle par cette raison *Apparens*. Ainsi quoique le Soleil soit près de six mille fois plus grand que la Lune, & son vrai Diametre dix-huit fois plus grand que celui de la Lune, cependant comme la Lune est beaucoup plus proche de nous, leurs Diametres apparens sont à peu près égaux. Pour avoir une mesure commune de ces differens Diametres apparens, on voit quel nombre de degrés ou de minutes ils soutendroient dans un grand cercle celeste, tel que l'Equateur ou l'Eclyptique. Le Diametre du Soleil tel qu'il nous paroît n'y soutendroit qu'un arc de 30. minutes, ou un demi-degré, & par consequent on dit que le diametre apparent du Soleil est de 30. minutes.

Le Diametre apparent de chaque planete change selon qu'elle est plus ou moins éloignée de la terre. Le plus grand Diametre apparent du Soleil est de près de 34. minutes, & le plus petit de plus de 31. Le plus grand Diametre apparent de la Lune est de 35. minutes, & le plus petit de près de 28.

On mesure de même le Diametre de l'Ombre de la terre, où la Lune tombe pour connoître la grandeur de l'Eclipse. Voyez ECLIPSE.

DIAMORUM. s. m. Composition qui se fait des sucs purifiés de mûres sauvages, & de mûres domestiques. On y ajoûte le miel écumé qu'on fait cuire ensemble en maniere de syrop. Quelques-uns veulent que le vin cuit soit encore ajoûté à cette composition, & d'autres sont d'une opinion contraire. Le Diamorum en gargarisme est bon pour les ulceres corrosifs de la bouche & du palais, pour les maux de dents & pour les gencives gâtées. Ce mot a été fait de μῶρον, Mûre.

DIANUCUM. s. m. Composition qui se fait du suc de noix vertes, tiré dans le mois de Juin & dépuré. On le fait cuire avec le miel écumé en consistance de sirop. Il y a un *Dianucum* composé, qui n'est pourtant autre chose que le simple, auquel on ajoûte, suivant ce que Gallien enseigne, ce qu'on juge être necessaire selon les quatre tems du mal. Le Diacorum a plus de vertu que le Diamorum pour les fluxions acres & tenues qui tombent du cerveau sur la trachée artere, sur les poumons & sur la poitrine. Il est propre à ceux qui sont de temperament humide, & par consequent aux femmes & aux enfans. Ce mot a été fait de *Nux*, Noix.

DIAPALMA. s. m. Espece d'onguent dont se servent les Chirurgiens à faire de grandes emplâtres. Il est composé de chalcitis, ou à son défaut de vitriol Romain, de vieille aronge de porc, & de litharge d'or. Il resout les fluxions inveterées, & arrête les recentes. On lui a donné le nom de *Diapalma*, à cause que durant sa cuite on se doit servir de l'espatule de Palmier recente pour le remuer. Dans les lieux où le palmier ne se trouve point, on doit se servir du neflier, ou de quelque autre arbre astringent, comme le chêne, le prunier sauvage & le ligustre, pourvû que l'on ait soin de couper le bout de l'espatule trois ou quatre fois pendant la cuite, pour lui donner plus d'astriction.

DIAPASME. s. m. Poudre de senteur dont on saupoudre tout le corps, ou quelque partie. Ce mot vient du Grec διαπάσσειν, qui signifie Arroser.

DIAPASON. s. m. Terme de Musique, dont la plûpart des Auteurs se sont servis pour expliquer l'octave des Grecs, aussi-bien que les quintes, quartes, tierces & sixiémes. Le Diapason a son intervalle du son grave au son aigu en proportion double, & contient sept intervalles, dont il y a trois tons majeurs, deux mineurs, & deux demi-tons majeurs & autant de mineurs. Ce mot vient du genitif feminin pluriel de πασῶν; qui veut dire, Tout, & l'on entend quelque mot, tel que celui de χορδή, Corde, διὰ πασῶν, comme si on disoit, Qui passe par tous les tons, par toutes les cordes.

Les faiseurs d'Instrumens appellent aussi *Diapason*, une Regle & mesure qu'ils ont pour marquer & couper les tuyaux de leurs orgues, & pour percer les trous de leurs flûtes & hautbois en la juste proportion qu'il faut pour faire des tons & des demi-tons. Il y a aussi un Diapason des trompettes. Il sert de mesure pour les differentes grandeurs qu'il leur faut donner pour faire les quatre parties de la Musique. Le Diapason des saquebutes & des serpens fait connoître combien il les faut allonger ou racourcir, pour descendre ou pour monter d'un ton ou d'un intervalle.

L'échelle campanaire des Fondeurs a aussi le nom de *Diapason*. C'est par elle qu'ils connoissent la grandeur, l'épaisseur, & le poids de leurs cloches.

DIAPEDESIS. s. m. Terme de Medecine. Ejection de sang par les petits pores des vaisseaux. Il paroît peu vrai-semblable à quelques Medecins, que dans le Diapedesis il y ait une telle tenuité de sang, qu'il puisse exuder sans nulle ouverture au travers des tuniques des vaisseaux, celles des veines étant assés épaisses & assés fortes, & celles des arteres beaucoup plus; ce qui fait juger qu'il n'est pas possible qu'il passe rien au travers. Ce mot est Grec, διαπήδησις, formé de διὰ, Par, & de πηδάω, Je bondis, je saute.

DIAPENTE. s. m. Intervalle de Musique, qui est la seconde des consonances, & qui compose une octave avec le diatessaron. Ce mot vient de πέντε, Cinq. Aussi l'appelle-t'on *Quinte*.

DIAPHOENIC. s. m. Terme de Pharmacie. Electuaire mol purgatif, dont le turbith est la base. On lui a donné ce nom à cause que les dattes, qui sont les fruits du palmier, y sont mises d'abord, & que les Grecs nomment le palmier φοῖνιξ. Les Ingrediens qu'on y fait encore entrer, sont la scammonée, les amandes douces, le gingembre, les penides, la cannelle, les semences d'anis, de fenouil, & de *Daucus Creticus*, le poivre long, le macis, les feuilles seches de rue, le bois d'aloës & le petit galanga. Le Diaphœnic évacue doucement la bile & la pituite; ce qui le rend propre aux fiévres compliquées, aux douleurs d'estomac & à la colique.

DIAPHORETIQUES. s. m. p. Médicamens qui par une chaleur plus grande que celle des areotiques ou rarefactifs, dissipent insensiblement ce qui est impacte à la partie, en convertissant la matiere en vapeurs, & en la mettant dehors par insensible transpiration. Il y en a de simples, comme l'asphodele, la brioine, l'origan, l'oignon, la squille, l'iris, le cyclamen, l'aristoloche, & quantité d'autres. Les Diaphoretiques composés sont les huiles d'amandes ameres, de costus, de scorpions, de nard, de genevre, de laurier, d'euphorbe, d'iris, de rue, de tartre, de briques & de petrole; les onguents d'Agrippa, de Martiatum, arégon & enulatum, l'emplâtre de vigo, l'oxycroceum, & le diapalma dissout dans une huile propre à digerer.

Il y a aussi un *Diaphoretique d'antimoine*, qui se fait en prenant de l'antimoine préparé, & le mettant dans un pot de terre ou mortier de fonte entre les charbons ardens, avec autant pesant de nitre purifié, pulverisé grossierement. On embrase cette matiere avec un charbon allumé; & comme elle prend feu aussi-tôt, on doit la remuer avec une verge de fer jusqu'à ce qu'elle soit entierement embrasée. On retire alors le mortier du feu, & on pulverise la matiere en l'édulcorant deux ou trois fois avec de l'eau tiede, & en la filtrant par le papier gris. Cette operation continuée deux ou trois fois donne un très-excellent *Antimoine diaphoretique*, que l'on nomme ainsi, à cause qu'il est fort bon pour provoquer les sueurs. Ce mot est Grec, διαφορητικὰ, & fait de διὰ, & de φέρειν, Porter.

DIAPHRAGME. s. m. Terme de Medecine. Muscle nerveux, par lequel la poitrine est séparée d'avec le bas ventre. Sa figure est ronde, & represente parfaitement celle du poisson appellé *Raye*. Tout son corps est composé de deux cercles, l'un membraneux, & l'autre charneux, de deux veines, de deux arteres & de deux nerfs. Sa situation est oblique, parce qu'il va de l'os de la poitrine par les extrêmités des côtes à la region des lombes. Il est percé en deux endroits pour faire passage à l'estomac & à la veine-cave montante. Ce muscle, qui est mi-parti, fait deux actions. Il se lâche dans l'une, qui est l'aspiration, & il se bande dans l'autre, qui est l'expiration. On le trouve toûjours bandé dans un animal mort. On tient qu'un homme à qui on a traversé le Diaphragme d'un coup d'épée, meurt en riant. On donne aussi le nom de *Diaphragme* au cartilage qui est au milieu du nés, & qui fait la séparation des deux narines. Ce mot vient du Grec διαφράττειν, qui signifie, Servir comme de cloison entre deux choses. Aussi les Latins appellent le Diaphragme, *Septum*.

Diaphragme, est aussi un terme d'Optique, & il se dit de ces manieres de planchers qui traversent les tuyaux des grandes lunettes, & qui sont percés par le milieu.

DIAPHRAGMATIQUE. adj. Les Medecins appellent *Veine diaphragmatique*, la premiere Veine qui sort du tronc ascendant de la veine-cave, qui passe par le corps du diaphragme, & qui jette ses rameaux au mediatin & au pericarde. Ils l'appellent aussi *Phrenetique*, à cause que le diaphragme s'appelloit *Phrenes*, avant qu'on l'eût nommé *Diaphragme*. Ce mot de *Phrenes* venoit de φρὴν, Entendement, parce que ce muscle n'est pas si-tôt surpris d'inflammation, que l'on tombe en phrenesie.

DIAPRE', E'E. adj. Terme de Blason. Il se dit des fasces, paux & autres pieces bigarrées de differentes couleurs. *D'argent à la fasce d'azur diaprée d'or.* Du Cange dit que le mot *Diapré* vient du Latin *Diasprum*, qui étoit une piece d'étoffe prétieuse & de broderie, dont le nom s'est étendu à tout ce qui est diversifié de couleurs.

DIAPRUNUM. s. m. Terme de Pharmacie. Electuaire mol purgatif, dont la poulpe des prunes de Damas est la base. C'est d'où il a pris son nom. Les autres Ingrediens qui le composent sont les santaux, blanc & rouge, les thamarins, la rhubarbe, les violes recemment desseichées, le spode, la casse, les semences de pourpier, d'intybe & de Berberis, les roses rouges, la gomme tragacanthe, le suc de reglisse, & les quatre semences froides. Nicolaus Myrepsus est l'Auteur de cet Electuaire. Il est fort bon pour les fiévres continues & intermittentes causées de bile, & pour les maladies du poumon, de la poitrine, des reins & de la vessie. On fait le *Diaprunum composé*, ou *solutif*, en ajoûtant le diagrede au Diaprunum simple; ce qui lui fait purger la bile plus puissamment.

DIARRHE'E. s. f. Maladie provenant en general de

la masse du sang, qui par la fermentation se décharge de ses excremens dans les intestins. Il y a une Diarrhée pituiteuse, une Diarrhée sereuse, une autre bilieuse, & une autre purulente, selon la diversité des excremens. Toutes les autres especes de Diarrhées arrivent, lorsque la masse du sang se sépare de ses excremens par la fermentation, & la purulente vient toûjours de la ruption de quelque abcès. L'habitude du corps fait beaucoup à la Diarrhée. C'est ce qui fait que ceux qui transpirent peu y sont sujets, à cause que ce qui est retenu se précipite en embas. Ainsi ceux qui ont les pores ouverts ne vont pas si souvent à la selle que ceux qui ont le cuir épais. Les alimens faciles à fermenter causent la Diarrhée, ou elle vient par le mouvement interne de la nature. Elle vient aussi d'une cause externe, quand au commencement des maladies la masse du sang est dans une grande effervescence & dans un gonflement qui la liquefie, ou par un mouvement de crise, lorsque dans les maladies durables la matiere cuite, ou les excremens de la masse du sang, après avoir été séparés & précipités par la fermentation, se philtrent par les lieux convenables, & sont rejettés tous à la fois. La Diarrhée est souvent periodique, revenant tous les trois mois, & quelquefois même tous les mois. Ce qu'il y a de fort surprenant, c'est que l'on a vû sortir des os dans de certaines Diarrhées. On a observé une chose fort singuliere dans une Diarrhée sereuse qui venoit de la tête, ou plûtôt de la masse du sang. Toutes les fois qu'elle s'arrêtoit, une infinité de poux naissoient à la tête, & ces poux disparoissoient aussi-tôt qu'elle couloit. Le mot de *Diarrhée* est Grec, & vient de διὰ, Par, & de ῥεῖν, Couler.

DIARTHROSE. s. f. Terme d'Anatomie. Jointure des os un peu relâchée, dans laquelle le mouvement est manifeste. En Grec διάρθρωσις, fait de διὰ & de ἄρθρον, qui veut dire, Jointure, assemblage naturel des os.

DIASEBESTEN. s. m. Electuaire mol purgatif, appellé ainsi à cause des poulpes de sebestes qu'on y met d'abord. Les autres Ingrediens qui le composent, sont les poulpes de prunes seches & de tamarins tirées dans une livre d'eau de violette, le diaprum simple, les sucs d'iris & d'anguria, les penides, le suc de mercuriale, la poudre de graine de violettes, le diagrede & les quatre semences froides. Cet Electuaire est propre dans les fiévres intermittentes & les continues. Il en modere l'acrimonie, appaise la soif, & chasse les humeurs acres par les urines.

DIASENNA. s. m. Autre Electuaire mol purgatif, qu'on a appellé ainsi à cause du sené qui en est la base. On y fait entrer la pierre d'azur lavée & non brûlée, les cloux de girofle, le poivre noir, les avelines rôties, le sucre candi, le cardamome, les fleurs de romarin, les feuilles de girofle, ou du malabathrum des Grecs, la suye un peu torrefiée, le safran, le poivre long, le zedoaire, le gingembre, la pierre d'Armenie lavée, la canelle, le galanga *minor*, la semence de basilic & le nard Indique. Le Diasenna soulage les mélancoliques & les rateleux, & sert de remede à toutes les maladies qui viennent de l'atrabile.

DIASTOLE. s. f. L'un des mouvemens du pouls, auquel on en donne deux, l'un d'expansion, qui est la Diastole, quoique proprement il n'ait que celui de constriction, lorsque le double muscle du cœur se raccourcit suivant ses fibres, & pousse dehors ce qu'il y a dans le cœur. Ainsi la diastole ou dilatation est plûtôt une passion du cœur qu'une action, puisque l'on peut dire que le cœur souffre lorsqu'il est dilaté & distendu par le sang bouillonnant & en effervescence. L'impulsion est entretenue dans les arteres, qui ont leur constriction & leur dilatation contraires à celles du cœur, dans la contraction duquel le sang se jette avec impetuosité dans les arteres, & les dilate; & dans le tems que le cœur est vuide, & qu'il s'étend par le nouveau sang qui s'y jette, l'impulsion se rallentit dans les arteres qui reviennent par leur systole propre. Ce mot est Grec, διαστολή, & vient de διὰ & de στέλλειν, Envoyer, à cause que les ventricules du cœur se resserrent & se dilatent pour recevoir & en faire sortir le sang qui circule, & passe des veines dans les arteres.

DIASTYLE. s. m. Sorte d'édifice, où les colomnes sont éloignées les unes des autres de la largeur de trois diametres de leur grosseur; espace de trois diametres entre deux colomnes, de διὰ, Entre, & de στύλος, Colomne.

DIATESSARON. s. m. Terme de Musique. Intervalle composé d'un ton majeur, d'un ton mineur & d'un demi-ton majeur. Sa proportion est de trois à quatre. On dit, *La quarte*, dans la pratique de la Musique. Ce mot est fait de διὰ & de τέσσαρες, Quatre.

Il y a une sorte de Theriaque appellée *Diatessaron*, à cause qu'elle est composée de quatre Ingrediens, qui sont la racine d'aristoloche, celle de gentiane, la myrrhe & les bayes de laurier. Cet antidote est bon pour les maladies froides, tant du cerveau que de l'estomac. C'est aussi un remede contre la piquûre du scorpion, & le poison avalé.

DIATONIQUE. adj. On appelle *Musique diatonique*, la Musique ordinaire qui procede par des tons differens, soit en montant, soit en descendant. Elle contient seulement les deux tons majeur & mineur, & le demi-ton majeur. Ce mot vient de διατείνειν, Etendre. Le τὸ διάτονον, parmi les Grecs, est un genre de modulation.

DIATRAGACANTH. s. m. Sorte d'Electuaire, appellé ainsi à cause qu'il a de la gomme diatragacanthe pour base. On fait une poudre de Diatragacanth froid, qui est propre à tous les vices de la poitrine & des poumons, à la peripneumonie, pleuresie, phthisie, à la toux chaude, aux fiévres & à l'âpreté du gosier & de la trachée artere.

DIC

DICTAME. s. m. Herbe particuliere à l'Isle de Candie, & qui a des vertus admirables pour plusieurs choses. Elle est rare, à cause que le lieu où elle croît est fort petit. Cette herbe est lissée, pleine d'acrimonie & semblable au pouliot. Ses branches sont plus menues & plus grêles. Ses feuilles qui sont couvertes d'un certain cotton épais, ont une vertu singuliere pour délivrer promptement les femmes qui sont en travail d'enfant. Le Dictame de Crete ou de Candie porte des fleurs violettes tirant sur le rouge, après lesquelles la semence suit. Dioscoride dit que les chévres en mangeant de cette herbe, font sortir les fléches dont elles ont été percées, & se guerissent. Il y a un *Dictame bâtard* qui a les mêmes proprietés que l'autre, quoiqu'il n'ait pas tant de force dans ses operations. Il a ses feuilles de même, & produit ses branches plus petites. La force du Dictame se connoît au goût: car il échauffe soudain, & sa chaleur va toûjours en augmentant. Theophraste parle d'un autre Dictame qui a les feuilles semblables au Sisymbrium, & des proprietés differentes. Les proprietés du vrai Dictame,

tame, & même du Dictame bâtard, que quelques-uns tiennent aussi-bon que l'autre, font d'être cardiaque & alexipharmaque, & d'avoir une faculté aperitive, déterfive & attractive. Les Grecs l'appellent δίκταμνος, & quelques-uns le font venir de τίκτειν, Enfanter, à cause que ses feuilles bûes avec de l'eau facilitent l'enfantement. D'autres difent qu'il a pris son nom de *Dicta*, montagne de Crete, où il vient en abondance. Le commun, appellé *Dictame blanc* par le vulgaire, n'est autre chose que la Fraxinelle.

DICTATEUR. f. m. Souverain Magistrat parmi les Romains, qui d'ordinaire étoit nommé par les Consuls, quand la République étoit en quelque danger. Le premier qui ait porté ce titre a été Titus Lartius Flavus, & cet honneur lui fut déferé l'an 256. de Rome, en reconnoissance de ce qu'il avoit appaisé une sédition. Il fit Spurius Cassius General de la Cavalerie, pour agir sous ses ordres. Quoique ces Magistrats n'eussent accoûtumé d'exercer leur souveraineté que pendant six mois, Sylla & Jules César n'ont pas laissé de prendre le nom de *Dictateurs perpetuels*. Le Dictateur avoit une puissance absolue, & ne dépendoit que de lui-même, & dès qu'il étoit élû, le pouvoir de tous les autres Magistrats cessoit, à l'exception de celui des Tribuns du Peuple. Cet avantage le mettoit au-dessus des Consuls, qui ne pouvoient executer quantité de choses sans l'autorité du Sénat. Ils ne faisoient d'ailleurs porter devant eux que douze haches, & le Dictateur en avoit vingt-quatre.

DID

DIDACTIQUE. adj. Qui est propre à enseigner, qui sert à apprendre. Il est aussi substantif. *Dans le Didactique.* Ce mot vient du Grec διδάσκειν, Enseigner, qui a fait διδακτικός.

DIDEAU. f. m. Terme de Pêche. Grand filet qui sert à barrer les rivieres, afin d'arrêter tout ce qui passe.

DIE

DIESE. f. f. Terme de Musique. Division d'un ton au-dessous d'un demi ton; intervalle composé d'un demi ton mineur ou imparfait. Quand on place des demi-tons où il devroit y avoir des tons, ou qu'on met un ton où il devroit n'y avoir qu'un demi-ton, cela s'appelle *Diese*. Ce mot vient du Grec δίεσις, Division, séparation.

Diese ou *Diesis*, se dit aussi en termes d'Imprimerie, & signifie la marque de la Diese, qui est une croix de S. André en sautoir.

DIETE. f. f. *Regime de vivre qui regle le boire & le manger.* ACAD. FR. Ce mot vient du Grec δίαιτα, qui veut dire la même chose.

Diete, se dit aussi, d'une Assemblée des Etats ou Cercles de l'Empire, ou de la Pologne, dans laquelle les affaires publiques sont mises en déliberation. L'Empereur seul peut provoquer les Dietes en Allemagne, mais il faut qu'il ait le consentement des Electeurs, sans lequel les conclusions qu'on y prendroit feroient nulles. Lorsqu'il a obtenu ce consentement, il n'assemble pas la Diete par une Ordonnance generale, mais par des Lettres qu'il adresse en particulier à chacun de ceux qui sont obligés de s'y trouver, sans qu'il use de commandement, mais seulement d'exhortation & de priere. Quant au lieu où les Dietes doivent être tenues, Constantin II. ordonna que ce seroit tous les ans, & perpetuellement à Arles. Cependant Charlemagne & ses Successeurs en ont celebré en pleine campagne ou dans des villages. Frideric I. celebra une Diete à Roncalis sur le Pô, proche de Plaisance. Maximilien celebra sa premiere Assemblée à Ausbourg en 1566. Ferdinand III. à Ratisbonne en 1641. & Leopol I. dans le même lieu en 1664. L'Empereur appelle à la Diete tous les Etats de l'Empire; sur quoi il faut remarquer, qu'il y appelle les Princes Ecclesiastiques après leur élection, avant même qu'ils ayent leurs Bulles du Pape, & en la place des jeunes Princes, les Tuteurs par qui leurs Etats sont administrés. Aux lieux où l'on observe le droit de primogeniture, comme en Autriche, Baviere, Brunswic, Holstein, Hesse, Wirtembourg, Baden, Monbeliard, Meklebourg, & quelques autres, il appelle seulement les Princes regnants, & aux lieux où l'on partage également les Principautés, il y appelle tous ceux qui y ont séance, comme à l'égard des Ducs de Weimar, d'Altembourg & de Gotta; qui ont tous des voix pour leurs Principautés particulieres. Si tous les biens des Princes partagés n'ont qu'une voix, comme la Principauté d'Anhalt, tous les Seigneurs députent ensemble. L'Empereur y appelle aussi des personnes qui n'y ont point de séance, comme le Comte de Papenheim, qui s'y trouve toûjours pour y faire sa charge de Vicemaréchal, dont les fonctions consistent à choisir & à distribuer les logis aux Princes. Il doit aussi avoir soin de la sûreté publique & faire que toutes les choses necessaires à l'Assemblée y soient apportées. Il fait sçavoir aux autres Etats le jour & l'heure qu'ils se doivent trouver à la proposition & aux consultations où il recueille les voix. Les Princes de la Maison d'Autriche & le Duc de Lortaine qui sont appellés aux Dietes, n'y vont que quand il leur plaît; mais tous les autres Seigneurs & Etats, tant Ecclesiastiques que Seculiers, ayant droit de séance, y doivent aller en personne, à moins que la vieillesse, une maladie ou quelqu'autre obstacle ne leur tienne lieu d'excuse. En ce cas, il leur est permis d'y envoyer leurs Ambassadeurs. Les Abbesses & les Villes y envoyent leurs Députés. Les Etats qui y vont en personne, se presentent à l'Empereur, s'il est present, & à ses Commissaires, quand il est absent, & font sçavoir au Chancelier de Mayence, & au Vicemaréchal qu'ils sont arrivés, afin qu'on ait soin de les avertir du jour & de l'heure du Conseil. Les Ambassadeurs & les Députés ne se presentent qu'à l'Electeur de Mayence, entre les mains de qui ils consignent leur plein pouvoir. L'Empereur arrive ordinairement le premier au lieu où la Diete se tient, afin qu'il paroisse que tous les autres Princes le vont trouver. Le jour choisi pour en faire l'ouverture, les Electeurs, les Princes & les Ambassadeurs vont au logis de Sa Majesté Imperiale; & lorsqu'elle sort pour aller au lieu destiné pour l'Assemblée, tous les Ambassadeurs des absents & les Princes presents marchent les premiers, deux à deux, ou trois à trois en fort bel ordre. Après eux, l'Electeur de Tréves marche seul, suivi en droite ligne de celui de Saxe qui porte l'épée nue, & qui a à ses côtés l'Electeur de Baviere portant la pomme Imperiale, & celui de Brandebourg qui tient le Sceptre d'or. Ces Electeurs précedent immediatement l'Empereur, qui a à son côté droit l'Electeur de Mayence, & à son côté gauche celui de Cologne. L'Empereur est suivi du Roi de Bohéme qui marche seul devant l'Imperatrice lorsqu'elle s'y trouve, & après elle tous les Princes Ecclesiastiques dans le même ordre que les Seculiers. L'Empereur étant dans la salle, s'assied en un trône élevé sur un échaffaut couvert de riches tapisseries. Les Electeurs s'asseyent un degré plus bas, sçavoir l'Archevêque de Mayence, celui de Cologne & le Duc de Baviere à la main droite ; le Duc de Saxe le Marquis de Brandebourg, & le Comte Palatin à la gauche. Le Roi de Bohéme quand il est present, ce qui est rare, est le premier à main gauche, & l'Electeur de Tréves a sa place vis-à-vis de l'Empereur. Quelques-uns tiennent que lorsqu'il y a un Roi des Romains, l'Electeur de Tréves s'assied où le Roi de Bohéme doit avoir sa place, & le Roi des Romains où la Bulle d'or ordonne que l'Electeur de Tréves soit assis. D'autres disent que les Electeurs de Mayence, le Roi de Bohéme & le Palatin occupent la main droite ; ceux de Cologne, de Saxe & de Brandebourg la gauche, & qu'ils laissent l'Electeur de Tréves à l'opposite de l'Empereur. Les autres Princes & les Prélats, les Comtes & les Barons sont assis un degré plus bas que les Electeurs, les Ecclesiastiques prenant la droite, & les Seculiers la gauche. Quoique le Vicemaréchal de Papenheim assigne à chacun sa place, il arrive tant de differends pour la préséance, qu'il y en a peu qui ne protestent qu'on leur fait tort, & qu'ils devroient être assis avant quelques-uns de ceux qui les précedent. Les Comtes & Barons de l'Empire sont distingués en quatre Directoires ; sçavoir de Weteravie, de Souabe, de Franconie, & de Westphalie. Les Comtes de Weteravie & de Souabe alternent en leur séance. Chacun ayant pris sa place, un Conseiller de l'Empereur ou un Prince à qui cette charge a été donnée, se leve, & ayant salué la Compagnie, il la remercie de ce que satisfaisant aux exhortations de l'Empereur, tous ces Princes & Seigneurs ont bien voulu s'assembler, après quoi l'Empereur les prie en peu de mots de vouloir contribuer de toutes leurs forces au bien que la Patrie attend de leur Assemblée. Ensuite, la proposition est lûe par un Secretaire, & ne contient ordinairement que les points que l'Empereur a touchés en convoquant les Etats. La lecture faite, les Electeurs, les Princes & les Ambassadeurs se levent ; & ayant un peu parlé ensemble, l'un d'eux répond à l'Empereur au nom de tous, que la proposition qui vient de leur être faite, leur a fait connoître l'importance des affaires qui l'ont obligé à convoquer l'Assemblée, qu'ils le remercient très-humblement du soin qu'il a toûjours eu du bien public, & qu'ils n'oublieront rien de tout ce qu'on doit attendre d'eux, le suppliant de vouloir tenir leurs personnes & leurs biens sous sa protection, afin qu'ils soient en état de déliberer plus mûrement. L'Empereur commande qu'on leur donne à tous une copie de la proposition, afin qu'ils donnent leurs avis sur chaque point, & les ayant assûrés de sa bienveillance, il retourne chés-lui dans le même ordre qu'il en est venu. Les Etats de l'Empire ayant consulté entr'eux, & pris pour cela le tems necessaire, l'Electeur de Mayence envoye un billet à celui de Saxe, qui en envoye un autre au Vicemaréchal de l'Empire, auquel il ordonne d'avertir tous ceux qui ont séance, qu'ils ayent à se trouver le lendemain à telle heure au lieu destiné pour l'Assemblée. L'ordre est aussi-tôt donné aux Etats, qui s'assemblent chacun en sa classe. Il y en a trois ; la premiere, des Electeurs ; la seconde, des Princes, tant Ecclesiastiques que Seculiers, des Abbés, des Comtes & des Barons ; & la troisiéme, des Villes Imperiales ou immédiates. Les Electeurs étant assemblés, celui de Mayence s'assied au haut bout, ceux de Tréves & de Cologne alternativement à sa droite & à sa gauche, ceux de Baviere & de Brandebourg toûjours à la droite, & le Palatin toûjours à la gauche. Le même Electeur de Mayence recueille les voix, demandant d'abord à celui de Tréves quel est son avis, ensuite à ceux de Baviere, de Saxe & de Brandebourg, & enfin au Comte Palatin ; après quoi l'Electeur de Saxe demande à celui de Mayence quel est son suffrage. Dans la seconde classe, qui se distingue en deux bancs, les Archevêques, Evêques, Abbés & Abbesses qui ont qualité de Prince, le Grand Maître de l'Ordre Teutonique & les Princes Seculiers ont chacun une voix. Il y en a même qui en ont plusieurs selon le nombre des Seigneuries immediates, ausquelles ce droit est attaché. Ainsi le Roi de Suede en a trois, une pour Bremen, & les deux autres pour Verden, & pour la Pomeranie. Les autres Prélats tous ensemble en ont deux, & les Comtes avec les Barons en ont quatre. Lorsqu'on recueille les voix, l'Archiduc d'Autriche qui est au premier banc parle le premier, & après lui le Duc de Baviere. L'Archevêque de Saltzbourg donne son suffrage le troisiéme ; après quoi on passe au second banc où sont tous les Princes Seculiers, les Comtes & les Barons. Le Duc de Magdebourg y parle le quatriéme, & ainsi consecutivement jusqu'à ce que l'on parvienne aux Prélats qui n'ont pas titre de Prince. Alors ceux que le Corps a choisis donnent deux voix, & les Comtes en donnent quatre. La troisiéme classe, qui est celle des Villes, est aussi distinguée en deux bancs. Entre les Villes du Rhin, le Député de Cologne tient le premier rang, & celui de Ratisbonne le tient parmi celles de Souabe. La Ville où l'Assemblée generale se tient, a le Directoire, c'est-à-dire, que le Député de cette Ville-là est assis proche d'une table avec quelques Sénateurs, & un Greffier ou Registrateur de chaque banc. C'est lui qui recueille les voix, demandant premierement l'avis du Député de Cologne, puis de celui de Ratisbonne ; après quoi il retourne au banc du Rhin & delà à celui de Souabe, continuant jusques à la fin de cette sorte. Les affaires qui sont traitées aux Dietes regardent la Religion ou la police ; & comme les Catholiques étant en plus grand nombre ont plus de voix que les Protestans, lorsque quelque point de Religion est à décider, on a jugé necessaire pour le repos de l'Empire, afin que le scrupule de conscience ne violente pas la justice, de prendre un nombre égal de personnes de chaque parti. Quant à la maniere dont les conclusions se prennent, quand les Electeurs en ont pris une, ils l'envoyent au College des Princes qui l'approuvent ou la rejettent en tout ou en partie, & qui renvoyent leurs avis aux Electeurs. Les Electeurs font là-dessus une nouvelle déliberation qu'ils renvoyent aux Princes, les priant de bien examiner leurs raisons. S'ils y acquiescent, l'affaire est finie : s'ils perseverent à être d'un sentiment opposé, on appelle les Députés des Villes, qui se rangent quelquefois du parti des Electeurs, & quelquefois de celui des Princes. Il arrive aussi assés souvent, que ne s'accordant ni avec les uns ni avec les autres, ils prennent de nouvelles conclusions, ausquelles les Electeurs & les Princes répondent & tâchent de les attirer à leur sentiment. Ces contrarietés font la longueur des Dietes. L'Empereur alors les exhorte à s'accorder, ce qui est cause que chacun relâche un peu de son opinion, & convient en tout ou en partie du point contesté. Quand les resolutions ont été formées du consentement de tous les Etats, on les redige par écrit, & on les signe avant que de les publier. Elles étoient autrefois signées par l'Empereur seul, ou par le Roi des Romains en son absence. Depuis on y ajoûta le seing & le sceau de deux Electeurs, de deux Princes, d'un Abbé, d'un Comte, & du Député de la Ville où l'on avoit tenu l'Assemblée. Presentement l'Acte, que l'on appelle *Recez* étant écrit en parchemin, on applique au bas le sceau de l'Empereur sur deux cordons qui se partagent, l'un à droite & l'autre à gauche. Sur celui qui est à droite, on imprime le cachet de l'Electeur de Mayence, ou d'un autre Electeur Ecclesiastique, s'il n'est pas present. Au bas du même cachet, l'on imprime celui du premier Prince Ecclesiastique qui se trouve present & celui d'un des Prelats. A la gauche du scel Imperial, le premier Electeur seculier fait appliquer son sceau vis-à-vis de celui de l'Electeur de Mayence, puis le Duc de Baviere, un Comte de Weteravie ou de Souabe alternativement, & enfin on réunit les cordons, & on applique le cachet de la Ville où s'est tenue la Diete. Cela étant fait, l'Electeur de Mayence lit l'Acte publiquement. On en fait deux Originaux signés & scellés de même; dont l'un est mis à la Chancellerie de l'Empire, dont cet Electeur a la garde; & l'autre dans la Chancellerie de l'Empereur. On en envoie aussi une copie à la Chambre de Spire. Ces Actes sont toûjours écrits en Allemand, afin que tous les Sujets de l'Empire les entendent, & suivant un Edit fait par l'Empereur Rodolphe en 1274. ils ne peuvent être en une autre langue. Toutes ces formalités sont si necessaires, que c'est seulement par là que l'Acte a pouvoir de Loi.

Les affaires pressantes qui surviennent en Pologne en fort grand nombre, sont cause que souvent on y tient la Diete generale tous les ans, quoique selon les Loix du Pays elle ne se doive tenir que tous les deux ans, & seulement pendant quinze jours, mais d'ordinaire elle est prolongée jusqu'à six semaines. Warsovie étant comme le centre de ce Royaume a toûjours été estimé le lieu le plus commode pour la convoquer. Cependant elle s'est tenue en plusieurs autres Villes, & sur-tout les Lithuaniens prétendent avoir un droit d'alternative qui les fait presser souvent pour la faire tenir chés-eux. Le Roi en choisit le tems, dont il avertit toutes les Provinces par ses Envoyés, leur faisant connoître en même-tems le sujet des déliberations qui s'y doivent faire. Quand il y a interregne, c'est à l'Archevêque de Gnesne que cette fonction appartient. On tient des Dietes particulieres dans les Provinces six semaines avant la generale, & trois Députés choisis parmi les Gentilshommes qui s'y sont trouvés, y portent les resolutions que l'on y a prises.

La Diete generale se tient en Suisse deux fois chaque année, à la fin de Juin & au commencement de Decembre. C'est Zurich, qui en qualité de premier Canton, a droit de la convoquer. Les Cantons Catholiques & les Cantons Protestans, tiennent aussi des Dietes particulieres. Les Catholiques à Lucerne, & c'est au Canton qui porte ce nom que la convocation en appartient. Zurich convoque l'Assemblée des Protestans, & la Diete se tient à Arau. Le tems de ces Dietes particulieres n'est point préfix, & on ne les tient que selon que les affaires se trouvent pressantes.

Diete, en Chancellerie Romaine, se dit du chemin que l'on peut faire en un jour. La journée ou *Diete commune*, est de trente mille pas géometriques.

DIFFERENCE. s. f. Terme de Mathematique. Ce qui fait l'inégalité de deux grandeurs, la partie dont la plus grande excede la plus petite. Par consequent, la grande moins la petite, est toûjours la difference. La difference de 10. & de 6. c'est 10. moins 6. c'est-à-dire 4. Le rapport de deux grandeurs considerées selon leur difference, fait leur *raison arithmetique*, (Voyez RAISON,) & l'égalité de ces raisons fait *la proportion arithmetique*. Voyez PROPORTION.

DIFFERENTIEL. adj. *Calcul differentiel*. Dans des recherches difficiles de Géometrie comme dans celles de la *rectification* ou *de la quadrature des courbes*, *des centres de gravité*, &c. on a souvent besoin de considerer des *grandeurs infiniment* ou *indefiniment petites*, qui ne laissent pas d'avoir entre elles des rapports réels. Ces grandeurs sont les *differences* de certaines autres grandeurs déterminées, & c'est pourquoi l'on appelle *Calcul differentiel* le calcul que l'on fait pour les découvrir; mais après les avoir découvertes, il faut trouver les sommes que composent une infinité de ces grandeurs infiniment petites, & c'est ce qu'on appelle le *Calcul integral* qui s'oppose au differentiel, car de cette infinité de grandeurs infiniment petites fournies par le Calcul differentiel, le Calcul integral est composé des grandeurs entieres, finies, & déterminées, ce qui étoit l'objet de la recherche. Le Calcul ordinaire de l'Algebre n'est que le calcul des grandeurs finies, au lieu que le differentiel & l'integral sont le calcul des infinis.

DIG

DIGASTRIQUE. adj. Terme de Medecine. Il se dit d'un muscle qui a deux ventres, comme celui de l'os hyoïde; c'est-à-dire qui est d'abord gros & charneux, puis menu & nerveux, & de nouveau ventru & charneux. Ce mot vient de δὶς, Deux fois, & de γαστὴρ, Ventre.

DIGERER. v. a. Terme de Chymie. Mettre dans un pot des sucs ou matieres pilées & écrasées pour être échauffées par un feu doux, c'est-à-dire, qui rende une chaleur moderée, & qui approche de celle de l'estomach, qui nous fait cuire les substances crues, mûrir & adoucir les acerbes & les âpres, séparer les pures d'avec les impures, & tirer le suc ou la meilleure partie de chaque corps.

DIGESTIF, IVE. adj. *Qui aide à la digestion*. ACAD. FR. On appelle *Digestifs*, en termes de Chirurgie, des médicamens que l'on applique pour engendrer du pus dans une plaie, & pour ôter par suppuration ce qu'il y a de meurtri ou d'extravasé, ou pour tirer dehors le corps étranger, ou enfin pour donner par une cure lente, le tems de faire les autres choses que la plaie demande. Ces Digestifs sont ordinairement composés de terebenthine & de jaunes d'œufs qui en font la base, ausquels on ajoûte un peu de miel avec de la myrrhe ou du baume du Perou, de la gomme élemi, ou autre chose semblable, afin d'empêcher les parties nerveuses de se corrompre. Les Digestifs sont huileux, temperés, & approchent de la nature des vulneraires balsamiques, corrigeant comme eux l'acide vicieux des playes inveterées, de peur qu'étant irrité par les veritables mondificatifs qui sont trop acres, il ne fasse une effervescence & ne rende la playe plus fâcheuse. D'ailleurs les Digestifs arrêtent le progrès & l'accroissement de l'acide dans la plaie, & font que ce qu'il y a de vicieux fermentant de soi-même, & venant à suppuration, peut être séparé & poussé au-dehors. Les Digestifs sont l'huile rosat & le mastich, le beurre frais, le beurre de Mai, les jaunes d'œufs, la gomme elemi, la terebenthine, l'encens, la farine de froment, d'orge, de fenugrec & autres semblables. Pour faire un liniment digestif, on prend une once de terebenthine, un jaune d'œuf, deux drachmes de miel rosat, une drachme d'huile de mille-pertuis, le tout bien mêlé ensemble. On fait aussi un onguent digestif avec une once de terebenthine, demi-once de miel, deux drachmes de suc d'ache, de la farine d'orge & de fenugrec, une drachme & demie de chacune, un peu de myrrhe, le tout mêlé selon l'art.

DIGESTION. s. f. Terme de Chymie. Operation qui fait que les choses sont perfectionnées par la chaleur dans du feu digestif. Cette perfection consiste, ou en la consomption de l'humeur superflue, ou en la solution des parties trop seches par la maceration. La Digestion Chymique se fait ordinairement avec addition de quelque menstrue convenable à la matiere, & n'est differente de la maceration, qu'en ce que celle-ci se fait à froid, & que la digestion ne sçauroit se faire que par le moyen de la chaleur. La digestion se fait tant des plantes que des métaux, & même des mineraux.

DIGLYPHE. s. m. Qui a deux gravûres. On appelle *Diglyphe* en Architecture, un triglyphe imparfait, ou une console ou corbeau qui a deux canaux ronds ou en angles. Ce mot vient de δὶς, Deux fois, & de γλύφειν, Graver.

DIGNITE'. s. f. Office Ecclesiastique, qui donne prééminence avec fonction. Il y a des Cathedrales où toutes les Dignités portent la Robbe rouge; d'autres où il n'y a que la premiere Dignité, comme le Doyen de Saint Gatien de Tours. Furetiere & son Scholiaste mal-à-propos disent-ils que les Officiaux & les Prévôts sont des Dignités, qui ont Jurisdiction sur les Chanoines, puisque les Officiaux ne sont point du Chapitre, & que les Prévôts ne sont que des Personats, s'ils ne sont la premiere Dignité.

DIGON. s. m. Bâton qui porte un pendant, une flâme, ou banderolle arborée au bout d'une vergue.

DIL

DILATOIRE. adj. Terme de Palais. Qui demande du délai. On appelle *Exceptions dilatoires*, des défenses imparfaites qu'on fait à dessein de reculer le jugement d'un procès.

DILIGENCE. s. f. On dit d'un tableau, qu'*Il est fait avec diligence*, pour dire, qu'il est bien fini, & qu'il a été fait avec tout le soin qui pouvoit le rendre correct.

On appelle *Diligence*, certaines commodités de bateaux ou de carrosses bien attelés, dont on se sert pour aller en peu de jours aux lieux pour lesquels elles ont été établies. *Prendre la diligence, aller par la diligence.*

DIM

DIMINUISER. v. a. Mot du vieux langage. Diminuer.

DIMINUTION. s. f. *Amoindrissement, rabais, retranchement d'une partie de quelque chose.* ACAD. FR. C'est aussi un terme d'Architecture, & il signifie, le Rétrecissement d'une colomne. On dit aussi *Contracture.* Ce rétrecissement se fait depuis le tiers de la colomne jusques au haut de son fust.

On dit en termes de Palais, *Mettre ses diminutions sur une déclaration de dépens*, pour dire, Y mettre ses débats sur chaque article que l'on veut diminuer, avant qu'ils soient taxés par le tiers.

Diminution, se dit aussi en Musique, de quelques mots qui doivent faire des tons & des mouvemens précipités dans l'espace d'une cadence, quand on trouve plusieurs notes noires crochues & doubles crochues, qui toutes ensemble ne doivent valoir qu'une note blanche, à laquelle elles répondent.

DIN

DINANDERIE. s. f. Marchandise de cuivre jaune, comme poêlons, chauderons, platines, & chenets, qui fait partie de celles que vendent les Quinqualiers. On a fait ce mot de la Ville de Dinant dans le Liege, qui est un Pays abondant en calamine, dont le mêlange avec la rosette fait le cuivre jaune, ce qui fait que les Marchands ont nommé *Dinanderie*, tout le cuivre jaune qui est envoyé de Dinant dans toute l'Europe. Les Chauderonniers sont appellés *Dinandiers* en beaucoup de lieux.

DINTIERS. s. m. Nom que l'on donne aux roignons du Cerf.

DIO

DIOPTRIQUE. s. f. Science qui enseigne la troisiéme partie de l'optique ou de la vision. Voyez OPTIQUE & VISION. Elle explique tous les effets de la refraction qui arrive quand un rayon se rompt en changeant de milieu plus rare ou plus dense. Voyez REFRACTION. Ainsi tout ce qui regarde les lunettes appartient à la Dioptrique. Ce mot vient de διόπτρα, qui veut dire un *Instrument Geometrique propre à mesurer des hauteurs, & qui a des pinnules au travers desquelles on regarde l'objet pour avoir la ligne droite qui va de lui à l'œil.* διόπτρα est composé de διὰ, *au travers*, & de ὄπτομαι. *Je voi.*

DIP

DIPHRYGES. s. m. Marc de bronze. Dioscoride en marque de trois especes, celui qui est naturel & mineral, & qui se trouve seulement en Chypre. C'est le limon de certaine mine qu'on fait secher au Soleil, & que l'on brûle à feu de sarment. La seconde sorte de Diphryges est comme le marc & la cendre du cuivre fondu, qui se trouve au fond de la fournaise après que le cuivre est écoulé. Le troisiéme Diphryges est celui qui se fait du Marcassite, ou de la pierre pyrite brûlée. Le meilleur de tous pour la Medecine est celui du marc fondu. Galien dit qu'il a une astriction moyenne, & une moyenne acrimonie, ce qui le rend propre à guerir les ulceres malins, & difficiles à cicatriser. Ce mot vient de δὶς, Deux fois, & de φρύγειν, Rôtir.

DIPSAS. s. m. Sorte de Serpent, qui par sa morsure cause une tumeur lâche & flasque, & une alteration si grande que rien ne peut l'appaiser. Quelques-uns l'appellent *Causus*, du Grec καῦσος, qui signifie, Ardeur excessive, à cause que ceux qui en sont mordus tombent dans des fiévres ardentes qui les font crever à force de boire. D'autres le nomment *Prêter*, de πρήθω, Qui brûle, qui enflâme. Outre l'extrême alteration qu'il cause, d'où il a pris le nom de Dipsas, de δίψα, Soif, il produit les mêmes accidens que la vipere. Ce Serpent se trouve en Afrique, & plus ordinairement aux lieux maritimes qu'ailleurs. Sa tête est fort petite, & il est marqueté par tout le corps de taches rouges & noires. Il a une coudée de long, & va toûjours en amenuisant vers la queue.

DIPTERE. s. m. Nom que les Anciens donnoient aux temples que deux rangs de colomnes entouroient, à cause que ces deux rangs faisoient deux portiques qu'ils appelloient *Ailes*. Ce mot est formé de δὶς, Deux fois, & de πτερὸν, Aile.

DIRECT, ECTE. adj. En termes d'Astronomie, on donne le nom de *Directes* aux Planetes lorsqu'elles paroissent se mouvoir selon la suite des signes, du Belier dans le Taureau, dans les Gemeaux, &c. toutes les Planetes, horsmis la Lune & le Soleil, après avoir été Directes deviennent *Stationnaires* & *Retrogrades*. Voyez STATIONNAIRE & RETROGRADE. *Vûe directe*, se dit en termes d'Optique, par opposition à une vûe qui se fait par *reflexion* ou par *refraction*, (Voyez OPTIQUE & VISION,) & on appelle en termes d'Arithmetique *la regle de trois directe*, celle qui est opposée à l'inverse. Voyez PROPORTION & RECIPROQUE.

DIRECTE. s. f. Terme de Pratique. Seigneurie immediate de laquelle un heritage dépend. On dit, qu'*Une terre est en la directe du Seigneur*, pour dire, que C'est à lui que l'on doit payer les lots & ventes.

DIRECTION. s. f. Assemblée de divers creanciers qui se fait de concert afin d'éviter les frais qui se feroient en justice si on discutoit les biens d'un débiteur. On y fait les ventes à l'amiable, ainsi que la distribution des sommes qui en reviennent.

Direction. Terme d'Astronomie. Mouvement d'une Planete, lorsqu'elle est *directe*, c'est-à-dire, qu'elle se meut suivant l'ordre des signes. Voyez DIRECT. *Direction* s'oppose à *Station* & *Retrogradation*. Voyez ces mots.

Direction, est aussi un terme d'Astrologie judiciaire, & veut dire, Le calcul que les Astrologues font pour découvrir en quel tems doit arriver un accident notable, qui menace la personne dont ils tirent l'horoscope. On fait les Directions des principaux points du Ciel & des Astres comme de l'ascendant, le milieu du Ciel, du Soleil, de la Lune, & de la partie de fortune. On en fait aussi des Planetes & des Etoiles fixes.

En Méchanique, on dit *Centre de Direction*, & *Ligne de Direction*. Quand un corps se meut ou fait effort pour se mouvoir vers un certain côté, les parties ou les points dont il est composé n'y pouvant pas tous arriver précisément, ils ramassent leurs differentes impressions sur un même point de ce corps, qui se trouve chargé de tout ce qu'il y a d'action & de mouvement dans le corps entier, en sorte que si le reste du corps étoit aneanti, ce point seul continueroit de se mouvoir vers le même côté précisément où étoit la détermination du mouvement, & avec la force du corps entier. Ce point s'appelle *Centre de Direction*, & la ligne qui le joint avec le point où il tend, *Ligne de Direction*. En general toute ligne par laquelle un corps agit soit en tirant, soit en poussant, &c. s'appelle *Ligne de Direction*.

DIRIGER. v. a. On dit en termes de Mathematique, qu'*Un cordeau dirige le rayon visuel*, *dirige une ligne droite*, pour dire, qu'il les fait observer ou mirer un point directement opposé.

DIS

DISCEPTATION. s. f. Terme Scolastique. Il se dit d'une dispute qui se fait par écrit ou de vive voix sur une question que l'on entreprend de discuter.

DISCRIME. s. m. Vieux mot. Danger, du Latin *Discrimen*, qui veut dire la même chose.

DISGREGATION. s. f. Terme d'Optique. Action par laquelle certains objets semblent écarter & dissiper les rayons visuels. On a dit dans l'ancienne Philosophie que *le blanc cause la disgregation de la vûe*, comme s'il partoit de l'œil vers les objets des rayons que le blanc séparât & dispersât plus que les objets d'une autre couleur. La verité est que le blanc fatigue plus la vûe qu'aucune autre couleur, parce qu'il n'y en a aucune où la lumiere soit si peu alterée & si peu affoiblie. Delà vient qu'on perd quelquefois la vûe sur des montagnes toutes couvertes de neige. Voyez COULEUR.

DISME. s. f. La dixiéme partie des fruits d'un heritage, ou autre portion qui en approche, & qui est differente selon l'usage des lieux. Il y a une Dîme Royale ou Seigneuriale que l'on appelle *Champart* en certains endroits. Il y en a une autre Ecclesiastique, c'est celle qui est dûe naturellement aux Curés. On appelle *Grosses dimes*, celles des gros fruits, comme blés, vins & autres. Les *menues Dimes* ou autrement *Dimes vertes*, sont celles des poix, feves & autres legumes qu'on recueille dans les jardins, clos & closeaux; & *les Dimes novales*, sont celles des terres nouvellement défrichées.

On appelle *Dimes infeodées*, les Dîmes qui sont alienées aux Seigneurs Ecclesiastiques ou temporels, & qu'ils ont unies à leurs fiefs. Le Juge Seculier connoît de ces sortes de Dîmes. On a appellé *Dime Saladine*, certaine Dîme qu'un Concile de Paris établit en l'an 1188. sous le regne de Philippe Auguste. Elle prit ce nom à cause qu'elle fut faite pour le secours de la Terre-Sainte, que Saladin avoit envahie.

DISMERIE. s. f. Etendue d'un territoire sur lequel on a droit de dîmer.

DISMIER. s. m. C'est un Journalier, qui court la Dîme, qui la compte & la recueille.

DISPARATE. s. f. Chose dite ou faite mal à propos. *Faire, dire des disparates*. Ce mot est Espagnol, & veut dire la même chose en cette langue.

DISPENSAIRE. s. m. Les Medecins donnent ce nom aux Auteurs qui ont écrit de la préparation des remedes. Il a quelquefois servi de titre à des Livres de Pharmacie.

DISPENSATION. s. v. Terme de Pharmacie. Disposition & arrangement de plusieurs Médicamens simples ou composés, que l'on a choisis, & préparés avec soin, & qui ont été ensuite pesés chacun selon la dose requise. On dit, *Dispenser la Theriaque*, pour dire, La préparer.

DISQUE. s. m. Terme d'Astronomie. Le corps du Soleil ou de la Lune, tel qu'il paroît à nos yeux. Il se divise en douze parties qu'on appelle *Doigts*, & c'est par là qu'on peut mesurer la grandeur d'une Eclipse, qu'on dit être de tant de doigts, de tant de parties du Disque du Soleil ou de la Lune. On l'a appellé ainsi, à cause que le corps du Soleil ou de la Lune nous paroît avoir la ressemblance d'un Disque, sorte de palet qui servoit aux jeux & aux exercices des Anciens. C'étoit un rond de métal ou de pierre large d'un pié, qu'on jettoit en l'air, pour faire paroître sa force & son adresse. Les Grecs l'appelloient δίσκος, du verbe δικεῖν, Jetter.

On dit aussi *Disque*, en termes d'Optique, & ce mot s'emploie quand on parle de la grandeur des verres de lunettes, & de la largeur de leurs ouvertures, quelque figure qu'ils puissent avoir.

DISQUISITION. s. f. Terme Dogmatique. Examen serieux que l'on fait de quelque affaire, avec toute l'exactitude que l'on y peut apporter. Ce mot vient du Latin *Disquirere*, Examiner, approfondir.

DISSIMILAIRE. adj. Terme d'Anatomie. Qui n'est pas de même nature ou de même espece. Les parties du corps se divisent en parties similaires & dissimilaires. L'action de la partie similaire est naturelle, & consiste seulement en la nutrition. L'action de la partie dissimilaire est animale, & gît au-dehors.

DISSOLUTION. s. f. Terme de Physique & de Chymie. Réduction des corps compactes ou épais en matieres liquides ou coulantes, par le moyen de quelque liqueur, qui a causé une *fermentation* dans ces corps. Voyez FERMENTATION. La liqueur qui dissout un corps s'appelle *Dissolvant* ou *Menstrue*, (Voyez MENSTRUE,) & comme elle doit contenir les *Acides* qui sont précisément convenables aux *Alkali* de ce corps, (Voyez ACIDE & ALKALI,) il s'ensuit que differens corps ont differens dissolvans. L'Or se dissout par l'Eau Regale, l'Argent par l'Eau forte, par l'Esprit de Nitre, &c. Ces dissolutions ne different en Chymie des extractions que du plus au moins, la dissolution resolvant le corps totalement en ses premieres particules, & l'extraction ne tirant que la partie la plus noble d'un corps sans le resoudre entierement. Ainsi une lessive avec le sel de tartre resout l'aloës en ses plus petites particules, & l'eau simple ne fait qu'en extraire la partie mucilagineuse.

DISSONANCE. s. f. Terme de Musique. Intervalle de deux sons, qui étant entendus en même-tems blessent l'oreille. Les Dissonances sont la seconde & la septiéme avec leurs repliques, & tous les faux intervalles. Voyez CONSONANCE.

DISSONENT. s. m. Vieux mot qui signifioit autrefois, Murmure, bruit que fait un ruisseau qui coule.

Cil fleves court si joliement,
Et meine si grand dissonent.

DISTILLATION. s. f. Terme de Chymie. Extraction qui se fait de la partie la plus subtile du suc, par le moyen de la chaleur. Celle que l'on fait *Per ascensum*, est une operation par laquelle la force du feu pousse les vapeurs du corps mixte en haut. On l'appelle *Sublimation* quand elle est seche, & c'est la distillation ordinaire *Per ascensum*, lorsqu'elle est vuide. Celle-ci est double, droite & oblique; droite quand la vapeur s'éleve droit en haut, & tombe dans le recipient; & oblique, lorsqu'elle va de côté dans les vaisseaux courbés, comme cornues ou retortes. Il y a une autre Distillation qu'on appelle *Per descensum*. C'est une operation chaude ou froide, par laquelle les vapeurs ou liqueurs descendent en bas. Elle est chaude quand c'est le feu qui les pousse en bas, & elle est froide quand elles descendent sans l'aide de la chaleur; ce qui arrive dans la défaillance & dans la filtration. On se sert de trois sortes de chaleur pour la Distillation, de celle du Soleil, dans les Pays chauds; ce qui se fait en mettant un vaisseau de verre, rempli des choses qu'on veut distiller, sur le sable chaud, avec un recipient qu'on y attache; de celle qui provient de la pourriture lorsqu'on met dans le fumier ou dans le marc de raisins ce même vaisseau de verre, rempli de ce qu'on veut distiller, & de celle du feu, qui non seulement est la plus commode, mais aussi la plus usitée de toutes.

DISTORSION. s. f. On dit dans la Medecine *Distorsion de bouche*, & elle arrive quand il n'y a que les muscles d'un côté du visage qui souffrent convulsion ou relaxation, & que la bouche se tourne d'un seul côté. Alors la partie saine se retirant vers la partie malade dans la convulsion, & la partie relâchée tombant sur la saine dans la paralysie, elles font ce qui est appellé proprement la *Distorsion de la bouche*, dans laquelle un des yeux ne se peut pas bien fermer ni le malade souffler. Quand il veut cracher, il ne peut cracher que d'un côté, & si on le fait rire, ou qu'on l'oblige à prononcer la lettre O, on s'apperçoit aisément qu'il ne remue qu'un côté de la bouche.

DISTRICT. s. m. Terme de Jurisprudence. Ressort, étendue de la Jurisdiction d'un Juge. Ce mot a été fait de *Districtus*.

DIT

DITHYRAMBE. s. m. Sorte d'Hymne dont on tient qu'un nommé Dithyrambus qui étoit de Thebes a inventé la maniere. D'autres disent qu'on a donné ce nom à cet Hymne, à cause qu'il étoit fait à l'honneur du Dieu Bacchus, que les Grecs ont appellé *Dithyrambe*, ou parce qu'il avoit été nourri dans un antre qui avoit deux ouvertures, ce qui s'appelle en Grec δίθυρος. Qui a deux portes, ou de δὶς θύραζ βαίνειν, c'est-à-dire, Sortir deux fois dehors, suivant la Fable, qui veut que Bacchus soit venu deux fois au monde. Les Anciens ont appellé aussi *Dithyrambes*, les vers où l'on négligeoit d'observer les regles & les mesures ordinaires.

DITON. s. m. Intervalle de Musique qui comprend deux tons. La proportion des tons qui forment le Diton est de quatre à cinq, & celle du semiditon est de cinq à six.

DITRIGLYPHE. s. m. Espace de deux Triglyphes sur une entre colomne Dorique. Ce mot vient de δὶς, Deux fois, & de τρίγλυφος, Qui a trois gravûres.

DITTEREL. s. m. Vieux mot. Opuscule. On a dit aussi *Dittelet*, pour, Petit discours.

Or veut ici monjot son dittelet finer.

DIV

DIVAN. s. m. Nom que l'on donne en Turquie à une façon d'Estrade élevée de terre d'un demi-pié ou d'un pié, qui est dans toutes les salles & chambres des Palais des particuliers. Cette Estrade est couverte d'un riche tapis avec quantité de coussins en broderie, appuyés contre les murailles C'est sur ces divans que les Maîtres des Palais se reposent & reçoivent leurs visites.

Divan, se prend aussi pour le Conseil & Assemblée qui se fait en certains jours dans une Salle destinée pour cela en la seconde Cour du Serrail, pour déliberer de plusieurs affaires. Les Officiers qui composent le Divan sont le Grand-Visir, les six autres Visirs, les deux Cadilesquers de Romanie & de Natolie, qui sont les grands Juges & Intendans des Armées, les trois Tefterdars ou Tresoriers Generaux, le Nissangibachi, grand Chancelier, & le Netangi, qui est comme un Secretaire d'Etat, avec quelques Greffiers ou Notaires. Ils se rendent tous quatre fois chaque semaine à la salle du Divan, & ils y demeurent jusqu'à midi.

DIVERGENCE. s. f. Terme d'Optique. Disposition de deux rayons qui vont de l'objet à l'œil en s'écartant toûjours l'un de l'autre. Voyez DIVERGENTS.

DIVERGENTS. adj. m. p. On appelle en termes d'Optique *Rayons divergents*, ceux qui vont de l'objet à l'œil en s'écartant toûjours l'un de l'autre. Les rayons qui partent d'un même point de l'objet sont divergents, & le sont d'autant plus que l'objet est plus proche. Plus l'objet est éloigné & moins la divergence des rayons d'un de ses points est grande, & enfin il peut être à égale distance que les rayons partis d'un seul point, quoique mathematiquement divergents, sont physiquement paralleles, parce que leur divergence est insensible. C'est ainsi que l'on prend le plus souvent pour rayons paralleles, ceux qui sont partis d'un même point du Soleil. Voyez CONVERGENTS.

DIVIDENDE. s. m. Terme d'Arithmetique. Nombre à diviser, voyez DIVISER. Si le Diviseur est l'unité, le *Quotient* est égal au dividende, si 12. est divisé par 1. le quotient est 12. Si le Diviseur est plus grand que l'unité, le quotient est plus petit que le dividende, ce qui est le cas le plus ordinaire, 12. divisé par 3. donne 4. plus petit que 12. Si le Diviseur est plus petit que l'unité, le quotient est plus grand que le Dividende, 12. par $\frac{1}{2}$ donne pour quotient 24. car si l'unité est 12. fois dans 12. la moitié de l'unité y est 24. fois. Il est clair que le produit du Diviseur par le quotient est toûjours égal au Dividende; car le Dividende n'est que le Diviseur pris un certain nombre de fois que le quotient exprime. Une fois 12. ou 3. fois 4. ou 24. fois $\frac{1}{2}$ tout cela est égal à 12.

DIVIS. adj. Terme du Palais. Il est opposé à Indivis. On dit que *Des Coheritiers possedent une maison par divis*, pour dire, que Chacun y a sa part marquée, & son appartement séparé.

DIVISE. s. f. Terme de Blason. Il se dit de la fasce, de la bande, & autres pieces qui n'ont que la moitié de leur largeur, & on les appelle *Fasce* ou *bande en divise. De gueules à deux chevrons d'argent, sommés d'une divise de même.*

DIVISER. v. a. Terme d'Arithmetique. Trouver combien de fois un nombre est contenu dans un autre, 3. par exemple dans 12. 5. dans 20. &c. Le nombre que l'on divise, par exemple 12. 20. s'appelle le *Dividende*, celui par lequel on le divise, qui est 3. ou 5. s'appelle *le Diviseur*, & le nombre que l'on cherche, qui est 4. dans nos deux exemples, s'appelle *Quotient*, parce qu'il exprime combien de fois *quoties*, le Diviseur est dans le Dividende.

Tout nombre entier exprime le rapport de lui-même à l'unité, & combien de fois il le contient, ainsi tout quotient contient l'unité autant de fois que le dividende contient le diviseur, & chercher un quotient, c'est chercher un nombre qui ait à l'unité le même rapport qu'a le dividende au Diviseur. 12. divisé par 3. est égal à 4. ou ce qui est la même chose, égal au rapport de 4. à 1. Ainsi une Division est une expression plus simple du rapport qu'ont ensemble le dividende & le diviseur, & c'est la même chose que si on réduisoit une fraction à ses moindres termes. Voyez FRACTION. C'est pourquoi on peut confondre ces trois choses *rapport* ou *raison*, *Division*, *fraction*. Le rapport de 12. à 3. ou 12. divisé par 3. ou $\frac{12}{3}$ qui est une fraction, tout cela est la même chose. Il n'importe à une *raison* que le plus grand terme soit le premier ou le second l'*antecedent* ou *le consequent*; mais une raison dont le plus grand terme est le premier, est plus proprement une division qu'une fraction, & une raison dont le plus petit terme est le premier est plus proprement une fraction qu'une division. $\frac{3}{12}$ est aussi bien une raison que $\frac{12}{3}$ mais $\frac{3}{12}$ est proprement une fraction, & $\frac{12}{3}$. est proprement une division.

DIVISEUR. s. m. Terme d'Arithmetique. Nombre qui en a causé un autre. Voyez DIVISEUR. On cherche dans toute division combien de fois le Diviseur est contenu dans le *dividende*, & il est clair que plus le Diviseur est petit, plus il y est contenu de fois, & plus il donne un grand *quotient*. Voyez QUOTIENT. Si le Diviseur est l'unité, il donne le dividende pour quotient, & si le Diviseur est égal au dividende, il donne pour quotient l'unité. 12. divisé par 1. est 12. & 12. par 12. est 1.

DIVISION. s. f. Terme d'Arithmetique. Regle ou operation par laquelle on connoît combien de fois un nombre est renfermé dans un autre, voyez DIVISER. Toute Division *a un dividende, un diviseur, & un quotient*. Voyez ces mots. La Division défait ce qu'avoit fait la multiplication. En multipliant 3. par 4. on a 12. en divisant 12 par 3. on a 4.

Division, en termes de guerre, est une partie d'un Regiment ou d'un Bataillon qui marche ou défile. Elle est ordinairement composée de six files, dont chacune est distinguée l'une de l'autre. Les Lieutenans marchent à la tête de chaque Division de Mousquetaires, & les Sous-Lieutenans ou Enseignes vont à la tête de chaque file ou division de Piquiers.

Division, se dit, en termes de Marine, d'une certaine quantité de Vaisseaux d'une Armée navale, qui sont sous le commandement d'un Officier general. Les Vaisseaux pour une bataille navale se rangent ordinairement en trois lignes, suivant les trois divisions qu'on a coûtume d'en faire.

Division. Terme d'Imprimerie. Petit tiret qui étant mis au bout des lignes de quelques pages d'un livre imprimé, fait connoître que les syllabes qui finissent ces lignes ne font qu'une partie d'un mot, dont le reste est dans le commencement de la ligne suivante. On appelle aussi *Division*, le même Tiret qui se met au milieu d'une ligne, entre deux mots qui ont de la liaison, & qui ne doivent être regardés que comme un seul mot, comme sont, *Contre-batterie*, *Porte-manteau*.

On dit, en termes de Palais, *Renoncer au benefice de division & de discussion*, quand deux personnes s'obligent solidairement, en sorte qu'ils veulent bien souffrir la contrainte, comme si leurs biens n'étoient point divisés de ceux qu'ils cautionnent.

DIVORCE. s. m. Furetiere & ses Scholiastes disent que le Divorce est une dissolution entiere du Mariage, une rupture du lien. Ce n'est qu'un accident dans le Mariage. L'indissolubilité est de l'essence. Il n'y a de difference à cet égard de l'ancienne Loi à la nouvelle, qu'en ce qu'il étoit ceremonie dans l'ancienne, & qu'il est Sacrement dans la nouvelle.

DIURETIQUES. s. m. Medicamens qui provoquent les urines. Il y en a de deux sortes. Les uns sont tels par eux-mêmes, & penetrent facilement jusques dans les veines, où ils fondent les humeurs & separent les grossieres d'avec les tenues, comme les racines d'ache, de fenouil & de chiendent, les capillaires, les bayes de genevre, le cerfeuil, les cubebes, l'absynthe & autres semblables. Il y en a qui ne sont diuretiques que par accident, c'est-à-dire, qu'ils provoquent les urines, ou en fournissant une grande abondance de matiere aqueuse, comme font la chair & la graine de courges & de concombres, les fraises, &c. ou en nettoyant & detergeant les humeurs qui sont dans les reins, comme le petit lait & l'orge. Ce mot vient du verbe διουρεῖν, Pisser.

Les veritables Diuretiques sont ceux qui font uriner beaucoup ou souvent, sans fournir aucune matiere aqueuse; & il y en a de cinq sortes, par rapport à leur tissure naturelle. Les premiers sont acides, & l'esprit de sel, le suc de citron, le tartre & les sels doux sont de ce nombre. Les seconds sont alcalis, soit fixes, soit volatiles, comme le sel de tartre, celui de genest & de tiges de feves, les lessives de ces mêmes sels, le sel volatile de succin, l'esprit de sel armoniac ou d'urine, & celui de vers de terre. Les troisiémes sont salés & specialement urineux, tant volatiles que fixes, comme le nitre, les cloportes, les escarbots, le suc de vers de terre, les vegetaux nitreux, tels que le chardon benit & la fume-terre. Les quatriémes, qui sont testacées, fournissent par la calcination une espece de chaux, comme les yeux d'écrevisses, les coques d'œufs, les écrevisses calcinées & autres. Les cinquiémes sont sulphureux ou huileux, & entre ceux-là sont le maci, le genevrier, la terebenthine & le safran. Si l'on considere en general la maniere d'operer de tous ces diuretiques, on connoît que c'est la saveur salée, ou acre, ou temperée & huileuse, qui sert d'aiguillon aux reins, laquelle fait leur principale vertu. Quoiqu'il y ait des Diuretiques qui n'ont pas cette saveur, comme les acides & les alcalis, on peut dire qu'ils s'alterent dans les premieres voies, & qu'ils y acquierent une saveur plus ou moins salée qui les rend diuretiques.

DIURNE. adj. Terme d'Astronomie. Qui appartient au jour. On appelle *Arc Diurne du Soleil*, la partie d'un parallele que le Soleil décrit, élevée au dessus de l'horison, ou ce qui est le même, l'espace que le Soleil parcourt depuis son lever jusqu'à son coucher. Dans notre Sphere les arcs diurnes des paralleles septentrionaux sont plus grands que les arcs nocturnes, ce qui fait les jours d'Eté plus grands que les nuits. Le mot de diurne a aussi un autre sens où il ne s'oppose pas à *nocturne*, mais à *annuel*. Ainsi par opposition au *mouvement annuel*, par lequel le Soleil parcourt en un an tout le Zodiaque, on appelle *Mouvement diurne*, son mouvement de 24. heures, qui fait la nuit aussi bien que le jour. De là l'on a appliqué le mouvement diurne & le mouvement annuel à toutes les planetes, qui font deux revolutions, l'une autour du Zodiaque, ce qui fait leur année, & l'autre autour d'elles-mêmes & sur leur propre axe, ce qui leur donne successivement le jour & la nuit. Le mouvement annuel de Jupiter, par exemple est de 12. ans, & son mouvement diurne de 10. heures, de sorte que ses années sans doute sont plus longues que les nôtres, & ses jours plus de la moitié plus courts.

D I

DIZEAU. s. m. Amas de dix gerbes mises ensemble. On doit laisser sur le champ les gerbes rangées par dizeaux, jusqu'à ce que le dîmeur soit venu prendre celles qui appartiennent au Curé ou autres.

D O C

DOCTRINE. s. f. Sçavoir, érudition. On appelle *Peres de la Doctrine Chrétienne*, Une Congregation de Clercs Reguliers qui a eu pour Fondateur le Pere César de Bus, natif de Cavaillon en Provence. La fin qu'il eut dans cet établissement, fut de catechiser le peuple & d'imiter les Apôtres dans la maniere d'enseigner les mysteres de la Foi. Cette Congregation fut approuvée par le Pape Clement VIII. & par Paul V. qui en 1616. permit à ceux qui la composoient de faire des vœux. Il unit leur Compagnie à celle des Clercs Reguliers de Somasque, afin qu'ils ne fissent ensemble qu'un seul corps religieux sous un même General. Les Prêtres de la Doctrine Chrétienne ont été désunis des autres en 1647. par un Bref du Pape Innocent X. & ils sont presentement une Congregation particuliere sous un General François. Ils ont trois Provinces en France, celle d'Avignon qui a sept maisons & dix Colleges, celle de Paris qui a quatre Maisons & trois Colleges, & celle de Toulouse qui a quatre Maisons & treize Colleges. On appelle ces Prêtres *Doctrinaires*.

D O D

DODECAEDRE. s. m. Terme de Geometrie. L'un des cinq corps reguliers composé de douze faces ou pentagones égaux. Ce mot est fait de δώδεκα, Douze, & de ἕδρα, Siege, base.

DODECAGONE. s. m. Terme de Geometrie. Figure qui a douze angles & douze côtés. Mot fait de δώδεκα, Douze, & de γωνία, Angle. On appelle *Dodecagone*, en termes de Fortification, une Place qui a douze Bastions.

DODECATEMORIE. s. f. Terme d'Astronomie. On appelle *Dodecatemories*, les trente Degrés que les Astronomes donnent à chaque signe du Zodiaque, en concevant qu'un signe en est la douziéme partie : parce que si on divise 360. par 30. il vient 10. de même que si on divise 360. par 12. il vient 30. Ce mot est Grec, δωδεκατημόριον, & est fait de δώδεκα Douze, & de μόριον, Partie, particule.

D O G

DOGAT. s. m. Dignité du Doge de Venise ou de Genes. Il se prend aussi pour le tems qu'on a possedé cette dignité. *Pendant le Dogat d'un tel.*

DOGE. s. m. Magistrat électif qui est le Chef du Conseil ou de la Republique de Venise, ou de Genes. On élit tous les deux ans un Doge nouveau à Genes: mais le Doge de Venise est perpetuel. C'étoit autrefois le souverain Chef de la République, mais aujourd'hui il ne peut rien faire sans la participation du Senat. Il est le Chef de tous les Conseils, & répond en termes generaux aux Ambassadeurs au nom de la Republique. Les Lettres de creance qu'elle envoie, sont écrites à son nom, mais elles sont signées par un des Secretaires de l'Etat, & non de sa main. La monnoye qui se bat n'est pas à son coin, quoiqu'elle soit sous son nom. Il a plusieurs privileges, comme de nommer aux Benefices de l'Eglise de S. Marc ; & il ne peut sortir de Venise, si quelque cause importante n'oblige le Senat à lui en accorder la permission. Le mot de *Doge* vient du Latin *Dux*, qui veut dire Chef, & *Dogat* de *Ducatus*.

DOGNOYER. v. a. Vieux mot. S'ébattre.

DOGUES *d'amure*. Terme de Marine. On appelle ainsi deux trous qui servent à amurer les couets de la grand'voile. L'un est à stribord, & l'autre à basbord, & tous deux dans le plat-bord à l'avant du grand Mât.

D O I

DOIGNER. v. a. Vieux mot. Donner. *Demande que tu veux que je te doigne.*

DOIGT. s. m. *Partie de la main ou du pié de l'homme.* Acad. Fr. Ce mot ne se dit pas seulement de l'homme, mais de plusieurs animaux. *Doigt d'oiseau de proye, doigt de canard, doigt de grenouille, doigt de singe, doigt de crocodile.*

Doigt. Ancienne mesure Romaine. Elle faisoit neuf lignes du pouce de Roi.

Doigt, en termes d'Astronomie, se dit de chacune des douze parties en quoi on divise le corps du Soleil ou de la Lune. Ainsi on dit, qu'*Une eclypse est de dix doigts*, pour dire, que Le corps de la Lune ou du Soleil est obscurci en dix de ses parties.

DOIGTIER. s. m. Morceau de cuir ou de linge qui sert

sert à couvrir un doigt où est venu un mal qui oblige à le penser.

DOIS. s. m. Vieux mot qui se trouve en plusieurs significations. Dans celle de Conduit., venant de *Ductus* :

Les oreilles font voye & dois,
Par où vient jusqu'au cuer la voix.

Dans celle de Dais ou de siege, *Sur le chief du dois s'apoya*, & dans celle du Dé à jouer.

DOITE. s. f. Terme de Tisseran, pour marquer la grosseur du fil. *Ces deux écheveaux ne sont pas d'une même doite.*

DOITE'E. s. f. Petite quantité de fil. Une aiguillée pour regler la grosseur du fil, afin de faire filer également plusieurs fileuses.

DOL

DOLOIRE. s. f. Instrnment de Tonnelier qui tient le milieu entre la hache & la serpe. Il a un tranchant long, & fort aigu, & un manche pesant qui lui sert de contrepoids. Les Tonneliers s'en servent pour unir & applanir le bois, & pour tailler les cerceaux.

Doloire ou *Douloire*, dans le Blason, est une hache sans manche.

Doloire, est aussi, en termes de Chirurgie, une sorte de bandage simple & inégal.

DOLOSER. v. n. Vieux mot qui s'est dit pour Plaindre.

Qu'elle s'oye bien doloser.

On a dit aussi, *Se doulouser*, pour, Se plaindre, & le mot de *Dol*, a été employé pour, Deuil, douleur, fâcherie.

DOM

DOM. s. m. Titre d'honneur emprunté des Espagnols qui le mettent devant les noms propres des personnes considerables. *Dom Pedro*, *Dom Juan*, pour signifier, Sieur ou Seigneur. On s'en sert en France lorsqu'on parle de certains Religieux, comme Chartreux, Bernardins, Feuillans & autres. *Dom Pierre*, *Dom Laurent*. Ce mot a été fait de *Domnus*, abregé de *Dominus*. On tient que le titre de *Dom* fut donné d'abord au Pape seul, puis aux Evêques & aux Abbés, & qu'enfin il a été usurpé par les simples Moines, qui prirent le titre de *Domnus*, comme voulant dire, *Minor dominus*, & marquer par là que le nom de *Dominus* n'appartient qu'à Dieu. Fleuri, *Discours sur l'Histoire Ecclesiastique.*

Lettre Dominicale. Terme de Chronologie. C'est la lettre qui marque le Dimanche pendant toute l'année. Par la réformation du Calendrier Gregorien, la lettre Dominicale de l'année 1582. qui étoit G. fut changée en C.

DOMBOCH. s. m. Arbre qui croît au Royaume de Quoja, pays des Noirs. Il porte un fruit qui ressemble aux nefles, & qui est bon à manger. Son écorce prise dans quelque liqueur excite le vomissement. Les Habitans se servent du bois de cet arbre pour faire des canots. Il est rougeâtre, & d'une couleur qui approche de celle du bois de Bresil.

DOMANIER. adj. Mot de coutume. *Le Seigneur Domanier*, est le Seigneur Justicier, & on appelle *Droits domaniers*, les droits qui concernent le Domaine.

DOMAINE. s. m. Bien, fond, heritage. Quelquefois *Domaine*, se dit d'un droit Seigneurial sans proprieté; & en matiere de Seigneurie, celui qui paye le cens a le *Domaine utile* de la terre, comme le Seigneur à qui le cens est payé en a le *Domaine direct*. On appelle *Domaine* en plusieurs Coûtumes le fief dominant, où le Vassal doit la foi & est hommageable. *Domaine immuable*, ou *domaine fieffé*, se dit des cens & rentes seigneuriales qui n'augmentent ni ne diminuent jamais. *Domaine muable*, est le revenu des fermes, qui augmente ou diminue, selon les années ou selon les baux; & *Domaine congeable*, est celui qu'un Seigneur a donné gratuitement, & dans lequel il peut rentrer toutes les fois qu'il lui plaît. Le mot de *Domaine*, selon M. Ménage, vient de *Domanium*, qui a été dit pour *Dominium*.

DOME. s. m. Couverture ronde & élevée sur le toit d'une Eglise. C'est ce que les Italiens nomment *Cupola*: car parmi eux le mot de *Domo* designe particulierement une Eglise Cathedrale. On appelle *Dome surbaissé*, Celui qui a son contours beaucoup au dessous du demi-cercle, & *Dome surmonté*, Celui qui est formé en demi-spheroïde, à cause de sa grande élevation; ce qui le fait paroître à la vûe, de la figure la plus parfaite, qui est la spherique. Le *Dome à pans*, est celui dont le plan est octogone par dedans & par dehors, ou bien qui ne l'est que par dehors. On appelle *Dome de treillage*, la couverture d'un pavillon ou d'un salon de treillage, dont le plan est rond, quarré ou à pans, & qui ordinairement a son contour circulaire. *Dome* vient du Grec δῶμα, Toit, couverture, fait par contraction de δόμημα, qui vient de δέμειν, Bâtir, élever.

On dit qu'un salon, qu'une galerie est *voutée en dome*, pour dire que les planchers n'en sont point plats, mais qu'ils sont voutés en maniere de berceau.

Dome, est aussi un terme d'Orfevres, qui donnnt ce nom à la partie superieure ou couverture des encensoirs, cassolettes & autres ouvrages de même nature.

Dome, chez les Chymistes, est la couverture ronde des fourneaux de reverbere.

DOMESCHE. adj. Vieux mot. Domestique. *Oiseaux privez*, *bêtes domesches.*

DOMIFIER. v. a Terme d'Astrologie. Diviser le Ciel en douze maisons, afin de dresser un theme celeste ou un horoscope par le moyen de six grands cercles appellez *Cercles de position*. Les Auteurs ne s'accordent pas sur la maniere de domifier.

DOMINANT. Terme usité chez les Cordeliers, qui ont dans chaque Province un ancien Provincial, qu'ils appellent *Pere Dominant*, qui gouverne despotiquement, fait les Provinciaux, les Définiteurs, les Custodes, les Gardiens, donne des obédiences pour aller au loin ou pour revenir.

DOMINATEUR. adj. Les Astrologues appellent *Dominateur*, l'Astre qui a le plus de degrés de puissance dans un horoscope. Ils l'appellent aussi *Signe dominant.*

DOMINATION. s. f. On appelle *Domination*, en termes de Theologie, les Esprits du quatrieme ordre de la nature Angelique, en commençant à compter par les Seraphins. Ces Esprits dominent sur les hommes, & sur les Anges des Ordres inferieurs.

DOMINICAINS. s. m. Ordre Religieux très-celebre qui a pris son nom de saint Dominique, Gentilhomme Espagnol & Chanoine d'Osma, qui en a été le Fondateur. Il fut approuvé par le Pape Innocent III. en 1215. & confirmé l'année suivante par son successeur Honoré III. sous la Regle de saint Augustin, & sous des Constitutions particulieres du même saint Dominique. Cet Ordre a donné à l'Eglise trois ou quatre Papes, plusieurs Cardinaux, un grand nombre de Prelats & d'illustres Ecrivains. Les Dominicains sont ce qu'on appelle autrement *Freres Prêcheurs.* On les a nommés *Jacobins* en France, à cause qu'ils ont eu leur premier Couvent de Paris à la rue saint Jacques. Les Dominicaines ou Religieuses de sainte Catherine de Sienne suivent le même Institut.

DOMINO. s. m. Piece de drap que les Prêtres portent pendant l'hiver. Elle leur couvre la tête, leur serre le visage, & leur descend jusqu'au dessous des épaules, & même jusqu'aux talons.

DOMINIQUE. s. m. Saint Dominique est un Ordre Militaire qu'établit ce Saint contre les Albigeois. On tient que les Chevaliers de cet Ordre portent une Croix blanche & noire fleurdelisée. Les Chevaliers de cet Ordre furent appellés les Gendarmes de JESUS-CHRIST, ou Freres de la Milice de saint Dominique, dont ils suivirent depuis la troisiéme Regle.

DOMINOTIER. s. m. Ouvrier qui fait du papier marbré, & d'autre papier de toutes sortes de couleurs, & qui imprime de plusieurs sortes de figures. Le Peuple les appelloit autrefois *Figures de Domino*, ce qui a fait le nom de *Dominotier*, dont on appelle l'ouvrage *Dominoterie.*

DON

DONATISTES. s. m. Heretiques du quatriéme siecle, qui suivoient les erreurs de Donat Evêque Schismatique de Carthage. Ils disoient que le Saint Esprit étoit moindre que le Fils, & le Fils moindre que le Pere. Ils rebaptisoient ceux qu'ils avoient pervertis, & fouloient aux piés l'Eucharistie & le saint Crême. Ils faisoient mourir ceux qui s'étoient consacrez au service de Dieu, & profanoient les Vases sacrez. Ils se diviserent en plusieurs sectes tout ce que l'on fit alors contr'eux n'ayant servi qu'à les animer encore davantage. Saint Augustin n'a rien oublié pour les convaincre sur leurs sentimens opiniâtres.

DONDAINE. s. f. Ancienne machine de guerre dont on se servoit pour jetter de grosses pierres de figure ronde. Borel dit que c'est de là qu'on a appellé *Grosse dondon*, une femme grosse & courte. Il veut aussi que *Bedaine*, qui signifie un gros ventre, vienne de ce même mot.

DONGAH. s. m. Grand arbre qui croît en Afrique, le long de la Côte du Royaume de Quoja. Son fruit est semblable à une noix, & a une écorce verte par dessus. La coquille & le dedans en est rond, & d'aussi bon goût que les cerneaux.

DONGER. v. a. Vieux mot Donner.

Si la doit avoir sans chalonge,
Cuidez vous bien que le vous donge ?

DONJON. s. m. La partie la plus élevée d'un Château bâti à l'antique, d'où l'on decouvre de loin. Il se prend d'ordinaire pour une grande tour ou reduit d'un Château, où l'on peut faire retraite en cas de besoin. Il se dit aussi de tous les lieux élevez au haut des maisons, qui sont comme de petits cabinets, où l'on peut jouir d'une belle vûe & prendre l'air. Fauchet derive ce mot de *Domicilium*, à cause que le Donjon étant la partie la plus forte du Château, le Seigneur en faisoit son logement. M. Ménage le fait venir de *Dominionus*, employé en cette signification dans les titres anciens. Selon du Cange, on a appellé *Donion*, un Château bâti *In duno aut in colle*, & les Auteurs de la basse Latinité l'ont nommé *Dunjo*, *dungeo*, *dongio*, *domgio & domnio.*

DONJONNE', E'E. adj. Terme de Blason. Il se dit des Tours & des Châteaux qui ont des Tourelles. *De gueules à la tour donjonnée de trois pieces d'or.*

DONNER. v. a. *Faire don, faire present, gratifier quelqu'un de quelque chose.* ACAD. FR.

On dit en termes de Marine qu'*Un Vaisseau peut donner une ou plusieurs voiles à un autre Vaisseau*, pour dire, que Quoiqu'il eût moins de cette voile ou de ces voiles au vent, il ne laisseroit pas d'aller aussi vîte que cet autre Vaisseau. On dit aussi *Donner vent devant*, pour dire, Mettre le vent sur les voiles afin de faire ensuite courir le Navire à un autre air de vent. *Donner à la côte*, se dit pour Aller échouer à une terre, & *Donner dedans*, pour Entrer dans une Rade, dans une Riviere, dans un Havre.

On dit en termes de Manege, *Donner la main, donner la bride*, pour dire, Lâcher la bride.

Donner du cul au banc, ne faire qu'entrer & sortir, comme font les Docteurs de Sorbonne aux prises de Bonnet, & les Bacheliers aux Theses où ils n'argumentent pas.

DONOISON. s. m. Vieux mot, qui a été dit pour Donation dans la plûpart des Coûtumes, sur-tout dans celle d'Anjou.

DONTE. s. f. Terme de Luthier. Il se dit du corps ou ventre d'un Luth, ou autre Instrument semblable, qui est fait d'éclisses taillées & ployées en côtes de melon, & qui sont collées sur le tasseau.

DONTFOE. s. m. Sorte de Cameleon qui se trouve au Pays des Negres. Ils le regardent comme un animal de mauvais augure, & quand ils voyent un de ces animaux, ils se persuadent que quelqu'un de leurs parens mourra, ou s'il est absent ils croyent qu'il est mort, & qu'ils ne le reverront jamais.

DOR

DORADE. s. f. Poisson de mer qui frequente les rivages, & qui entre quelquefois dans les étangs. Il a le corps large & plat, & couvert d'écailles moyennes de differentes couleurs. Le ventre de ce poisson est de couleur de lait, & les côtés de couleur d'argent. Son dos est entre bleu & noir, & sa queue est longue & large. La Dorade qui se trouve fort communément vers les Antilles, est presque comme une Alose, & a environ quatre piés & demi de longueur. Toute la peau de son dos est d'un verd doré, tout parsemé de petites étoiles d'asur, & de petites écailles d'or dont l'agencement fait plaisir à voir. Elle a tout le ventre gris & couvert des mêmes petites écailles dorées. Tout le mufle est verd & tout surdoré, & aux deux côtés de la tête sont deux gros yeux ronds, dorés & brillants. Ce poisson passe pour un des meilleurs de la mer. Il a pris le nom de *Dorade* de ses écailles dorées, qui le font nommer *Aurata* en Latin.

Les Astronomes appellent *Dorade*, une constellation qui a été nouvellement découverte du côté du Pole antartique. Elle est composée de sept étoiles peu considerables, & ne paroît point sur notre horison.

DORE'E. s. f. Terme de Chasse. Les fumées des Cerfs qui sont jaunes.

DORELOT. s. m. Vieux mot. Un homme qui se délicate, qui a trop de soin de lui. *Un fin mignon, un dorelot.*

DORER. v. a. Appliquer de l'or sur quelque corps On peut dorer une figure de deux manieres, ou d'or en feuilles, ou d'or moulu. On dore d'or en feuilles les grands ouvrages, pour lesquels on cherche à épargner la dépense. On prend de petites limes & autres outils avec quoi on gratte la figure pour la rendre fraîche & nette, on la chauffe ensuite, & l'on couche une feuille d'or dessus. Cela se réitere jusqu'à quatre fois. On dore d'or moulu les petits ouvrages, & c'est la plus excellente façon de dorer. On prend une portion du meilleur or, & sept autres de Mercure, que les Fondeurs appellent *Argent*, en cette sorte de travail. Après qu'on les a bien incorporez ensemble, on fait chauffer la figure, puis on la couvre de cette composition qui la blanchit. On la rechauffe sur le feu, ce qui fait que le Mercure s'exhalant elle demeure dorée. On dore aussi à colle & à huile. On appelle *Dorer à petits fers*, quand on fait des armes ou compartimens avec plusieurs fers qui se rapportent les uns aux autres, comme font les Doreurs de livres.

Dorer, est aussi un terme de Patissier, & on dit *Dorer un gâteau*, *dorer un pâté*, pour dire, Mettre de la dorure sur la pâte.

Dorer, en termes de Marine, signifie encore Donner le suif à un Vaisseau.

DORIQUE. adj. Terme d'Architecture. *L'Ordre Dorique*, *une colomne Dorique*. L'Ordre Dorique se met entre le Toscan & l'Ionique, & c'est le second des Ordres d'Architecture.

DORMANT, ANTE. adj. Qui dort. Ce mot se dit de plusieurs choses qu'on laisse sans mouvement. On appelle *Pont dormant*, une sorte de Pont qui ne se leve point; & *Eau dormante*, une eau qui n'a point de cours, comme celle d'un fossé ou d'un marais. *Verre dormant*, est un droit de prendre du jour sur l'heritage de son voisin, par une ouverture où il y a un verre scellé en plâtre. Cette maniere de fenêtre, qui n'est soufferte que par servitude, doit être à la hauteur de neuf piés au-dessus du rès de chaussée du premier étage, & ne se doit point ouvrir. *Chassis dormant*, est un Chassis qu'on ne leve point; & *Pêne dormant*, est la serrure qui ne se ferme point toute seule, & dont on est obligé de pousser le pêne avec la clef, où il n'y a pas de demitour.

Dormants. Terme de Marine. Bouts ou branches toûjours fixes de quelques cordages qui manœuvrent souvent. On appelle *Le Dormant d'une manœuvre*, la partie de cette même manœuvre, qui dans le maniement qu'on en fait selon le besoin où l'on se trouve, ne va point jusqu'à la poulie sur laquelle elle est passée. M. Collart de la Duquerie, remarque sur le mot *Dormire*, Dormir, que l'on a dit d'abord *Dormire*, du mot Grec δέρμα, qui veut dire, Peau, à cause que les Anciens dormoient couchés sur des peaux.

DOROIR. s. m. Terme de Patissier. Petite brosse dont on se sert pour mettre la dorure sur un gâteau ou sur quelque autre sorte de patisserie.

DORONICUM. s. m. Petite racine jaunâtre au-dehors & blanche au-dedans. Elle est douce au goût, & ressemble à la canne odorante, tant par sa couleur que dans sa forme. De toute la plante qui croît en Autriche, dans la Suisse & dans la Styrie, il n'y a gueres que la racine dont on se serve. On la fait entrer dans la poudre Diambra, & dans celle de l'électuaire *De Gemmis*. Elle est bonne dans le vertige, dans les maladies malignes, & dans la morsure des bêtes venimeuses. Quelques-uns croyent que le Doronicum est une espece d'Aconit Pardaliaches, & Matthiole assûre avoir éprouvé que le Doronicum commun est mortel. Cependant les Modernes prétendent sçavoir par experience que cette plante, loin d'être contraire à la nature, lui est extrêmement favorable.

DORURE. s. f. *Or fort mince appliqué sur la superficie de quelque ouvrage*. ACAD. FR. Les Patissiers appellent *Dorure*, des blancs & des jaunes d'œufs bien battus ensemble, avec quoi ils dorent le dessus des pieces de patisserie. La dorure pendant le Carême se fait d'œufs de brochet détrempés avec un peu d'eau.

DORYCNIUM. s. m. Herbe fort branchue, qui croît parmi les rochers aux lieux maritimes, & qui a ses feuilles semblables en forme & en couleur à celles de l'olivier. Elles sont pourtant plus petites, plus fermes & fort âpres. Ses branches n'ont pas la hauteur d'une coudée. Le Dorycnium a sa fleur blanche, & produit à sa cime des gousses semblables à celles des chiches. Ces gousses sont rondes & épaisses, & contiennent cinq ou six grains gros comme le grain du petit Orobus. Sa racine est longue d'une coudée, & de la grosseur d'un doigt. Dioscoride & Galien parlent du Dorycnium de la même sorte. Il a une aquosité froide qui le rend de la nature de la Mandragore & du Pavot. Si on en boit peu, il fait dormir; si on en prend trop, il fait mourir.

DOS

DOS. s. m. La partie de derriere le corps de l'homme, qui prend depuis le cou jusqu'aux reins. C'est selon les Medecins, la seconde division de l'épine qui contient douze vertebres, situées entre celles du col & celles du rable, & où les côtes sont attachées. M. Ménage fait venir *Dos*, de *Dossum*, qui a été dit pour *Dorsum*.

On dit *Dos de peigne*, & on appelle *Peigne à dos*, un peigne de bouis qui n'a point de champ.

On dit en termes de Manége *Monter un cheval à dos*, ou *à dos nud*, pour dire, Le monter à poil, sans qu'il ait de selle.

Dos. Mot du vieux langage, qu'on a dit pour *Deux*.

> *Qui aime sans tricherie,*
> *Ne pense n'a trois n'a dos;*
> *D'une seule est desiros;*
> *Cil que loyalx amour lie.*

DOSD'ASNE. s. m. Il se dit d'un corps ayant deux surfaces inclinées l'une vers l'autre, qui aboutissent en pointes comme un faux comble.

On appelle aussi *Dosd'âne*, en termes de Marine, Une ouverture que l'on fait en demi-cercle à quelques Vaisseaux, afin de couvrir le passage du bout de la manuelle.

DOSER. v. a. Terme de Medecine. On dit, *Doser un médicament*, pour dire, Y mettre la dose, la quantité de divers ingrediens qu'on y juge convenables.

DOSITHE'ENS. s. m. L'une des quatre branches de la secte des Samaritains, appellés ainsi de Dosithée qui en fut le Fondateur, & qui n'ayant pû obtenir parmi les Juifs le rang d'honneur qu'il avoit flaté, se rangea du côté des Samaritains que l'on regardoit en ce tems-là comme heretiques. Il inventa une nouvelle secte, n'ayant pas voulu suivre entierement la leur, & mourut dans une caverne qu'il choisit pour sa retraite, & où il continua trop long-tems la ridicule abstinence qu'il s'imposa. Les Dosithéens ne mangeoient rien de tout ce qui avoit eu vie, & observoient le Sabath avec une superstition qui les faisoit demeurer jusqu'au lendemain dans la même place & dans la même posture où ils se trouvoient quand ce jour les surprenoit. On a aussi appellé *Dosithéens* quelques Disciples de Simon le Magicien.

DOSNOYER. v. n. Vieux mot. Passer le tems agreablement, folâtrer.

Met toute s'entente & sa cure,
A déduire & à dosnoyer.

DOSSE. s. f. Terme de Maçon. Grosse planche avec laquelle on soûtient les terres & autres ouvrages en travaillant aux murs.

On appelle *Dosses*, des pieces de bois refendues, épaisses & assés larges. On donne ce même nom aux ais de bateau, & proprement les Charpentiers & les Menuisiers appellent *Dosses*, des planches qui sont sciées d'un côté, & qui de l'autre ont presque toûjours l'écorche de l'arbre. *Dosse flache*, est dans un arbre que l'on équarrit, la premiere planche qui s'enleve, & où d'un côté l'on voit l'écorce.

DOSSERET. s. f. Terme d'Architecture. Petit pilastre saillant, qui sert à soûtenir les voutes d'arêtes dans une cave ou quelque autre lieu. Il y a aussi des Demi-dosserets.

DOSSIER. s. m. Partie d'un banc, d'une œuvre d'Eglise, d'une chaire de Prédicateur, ou autre ouvrage de Menuiserie contre laquelle on s'adosse. Il se dit aussi de la partie qui sert de fond à un buffet, & on appelle *Dossier de lit*, les planches qui soûtiennent le chevet. On le dit encore de l'étoffe qui le couvre, ainsi que du fond d'un carrosse contre lequel on s'appuye le dos.

On appelle *Dossier de hote*, la partie que celui qui porte une hote met contre son dos.

On appelle aussi *Dossier*, en termes de Palais, une Liasse de pieces attachées ensemble avec un tiret de parchemin. *Les parties ont mis leurs dossiers sur le bureau.*

On appelle en Medecine, *le grand Dossier*, Un des muscles qui font mouvoir le bras en bas.

DOSSIERE. s. f. Morceau de cuir large & épais, qu'on met sur la selle d'un limonnier de charette, & dans quoi on fait entrer les limons afin de les tenir en état.

DOU

DOUBLAGE. s. m. Second bordage, ou revêtement de planches qu'on met par dehors aux Vaisseaux qui vont vers la ligne. Ces planches ont d'ordinaire l'épaisseur d'un pouce & demi, & on les fait ou de chêne ou de sapin. Le doublage retarde la course & la coulée d'un Vaisseau, mais aussi il le conserve en empêchant que les vers qui s'engendrent dans ces mers-là ne le criblent par ses fonds.

On appelle *Doublage* en matiere de fiefs, le double des devoirs que le Vassal est obligé de payer à son Seigneur, quand il marie sa fille aînée noblement, ou en d'autres occasions importantes, comme d'être fait prisonnier de guerre.

DOUBLE. adj. Qui augmente une fois autant en valeur ou en grosseur. On appelle *Double bidet*, Un bidet qui est de taille plus haute que les bidets ordinaires.

Les Sculpteurs en marbre nomment *Double pointe*, Un outil de fer bien aceré qui a une double pointe, & dont ils se servent pour ôter moins de matiere, après qu'ils ont dégrossi le bloc de marbre, avec un autre outil de fer aceré qu'ils appellent *Pointe*.

Les Vitriers nomment *Double borne*, certaine piece de vitre où la borne est double.

DOUBLÉ, ÉE. adj. Terme de Mathematique. Il ne se dit qu'en cette phrase, *raison doublée*, qui est trés-differente de la *raison double*. Voyez RAISON.

DOUBLEAU. s. m. Terme d'Architecture. On appelle *Doubleaux*, les arcs qui étant posés directement d'un pilier à un autre, forment les voutes, & séparent les croisées d'ogives. Les Charpentiers appellent aussi *Doubleaux*, les fortes solives des planchers, comme sont celles qui portent les chevêtres.

DOUBLEMENT. s. m. Terme de guerre. On appelle *Doublement de bataillon*, Un mouvement de soldats qui de deux rangs n'en font qu'un, ce qui diminue la hauteur des hommes du bataillon, & en augmente le front, ou qui de deux files n'en font qu'une; ce qui au contraire diminue le front des hommes du bataillon pour en augmenter la hauteur.

Doublement, en termes de Finances, est la derniere enchere qui se fait dans la huitaine après l'adjudication des fermes & domaines du Roi. Cette enchere est le double du tiercement, & doit contenir neuf fois l'enchere courante, qui est une somme certaine fixée par le Conseil à proportion de la ferme qu'on adjuge. Ainsi l'enchere courante étant par exemple de quinze mille francs, il faut que le doublement soit de cent trente-cinq mille livres, laquelle somme contient neuf fois celle de quinze mille livres, & moyennant cette enchere, celui qui l'a faite est mis en la place du premier Adjudicataire. Le doublement dans les autres affaires n'est que la moitié du prix de l'adjudication dont l'enchere doit être faite.

DOUBLER. v. a. *Mettre le double, mettre une fois autant.* ACAD. FR. On dit en termes de Marine, *Doubler un Vaisseau*, pour dire, Donner à un Vaisseau un revêtement de planches. On dit aussi, qu'*Un Vaisseau a doublé un cap, doublé une pointe*, pour dire, qu'il a passé au-delà d'un cap, d'une pointe de terre.

Doubler. Terme de Guerre. On dit, *Doubler les rangs*, pour dire, Faire entrer le second rang dans le premier; & *Doubler les files*, pour dire, Mettre deux files l'une avec l'autre.

On dit en termes de Manége, qu'*Un Cheval double des reins*, pour dire, qu'il saute plusieurs fois de suite afin de jetter à bas celui qui le monte.

DOUBLET. s. m. Terme de Trictac. Ce mot se dit lorsqu'en jettant les deux dés hors du cornet, on les amene marqués des mêmes points, c'est-à-dire, deux as, deux deux, deux trois, &c.

Doublet, est aussi une fausse pierrerie faite de cristaux taillés joints ensemble par du mastic coloré par art, ou par quelque petite feuille de la même pierre, ou teinte d'une autre matiere.

DOUBLETTE. s. f. L'un des jeux de l'orgue, qui est ouvert, & de deux piés, accordé à la vingt-deuxiéme de la montre.

DOUBLON. s. m. Monnoye d'Espagne ou double pistole qui a valu divers prix en divers tems. *Doublon*, est aussi une faute d'Imprimerie, & il se dit de celles que font les Ouvriers, quand ils composent deux fois une ou plusieurs lignes.

DOUCAIN. s. m. Sorte de Pommier, qui approche fort de celui de Paradis.

DOUCETTE. s. f. Espece d'herbe qu'on mange en salade. On dit aussi *boursette* ou *mache*.

DOUCINE. s. f. Terme d'Architecture. Ornement de la plus haute partie de la corniche. C'est une moulure faite en forme d'onde, moitié convexe, & moitié concave. On l'appelle aussi *Gueule droite*. Lorsqu'elle fait un effet contraire, on la nomme *Gueule renversée*.

DOUELLE. s. f. Terme de Maçon. Parement interieur d'une voute, la partie courbe du dedans d'un voussoir. On appelle *Douelle* ou *doële interieure du voussoir*, & quelquefois *Intrados*, Le côté qui est creux & qui doit servir à former le cintre de la voute. Le côté opposé qui fait le dessus de la voute, s'appelle *Doüelle exterieure*, ou *Extrados*. Ce mot vient du Latin *Dolium*, Tonneau.

DOUGE. s. f. Ce mot n'est en usage que dans les lieux où il y a des eaux minerales, & on dit, *Donner la douge*, pour dire, Epancher ces eaux sur la partie affectée pour la guerir. Elle se donne principalement sur la tête & sur l'estomac; ce qui se fait pendant douze ou quinze jours quand l'eau est fort chaude, & pendant vingt ou vingt-cinq jours quand elle ne l'est gueres. M. Ménage fait venir ce mot de l'Italien *Docnia*, Tuyau. On dit aussi *Docche*.

DOUGE', E'E. adj. Vieux mot. Fin, délié.

Le corps est droit, gent & dougé.

M. Ménage remarque que l'on dit aussi, *Du fil dougé*, &, *De la toile dougée*.

DOUILLE. s. f. Terme d'Armurier. Fer creux qu'on met au talon ou au bout d'en bas d'une pique, d'une halebarde ou autre arme semblable, ou au bout de la baguette d'une arme à feu. Il se dit aussi du creux où l'on met la chandelle dans une lanterne ou dans un chandelier.

On appelle *Douille de la croix*, le Creux où l'on fait entrer le bâton, lorsqu'on veut mettre la croix sur son pié pour la porter en procession.

DOULOIR. v. n. Vieux mot qui a été employé autrefois pour, Avoir douleur. *De mes playes moult me dolly*, pour dire, Je sentis beaucoup de douleur de mes playes. Il signifioit aussi, Se plaindre.

Femme se plaent, femme se deult,
Femme pleure quand elle veut.

On a dit encore, *Se doulouser*, pour dire, s'Affliger, se contrister.

Homme, ne te doulouse tant.

DOUROU. s. m. Plante de l'Isle de Madagascar, qui croît en forme d'un panache, & dont les feuilles ont deux piés de largeur & sont longues d'une toise. Il s'en trouve même qui ont plus de huit & dix piés de long, sans compter la tige, qui est quelquefois de la longueur de deux piés. Son fruit, appellé *Voadoron*, à cause que *Voa* signifie Fruit, en langage du Pays, vient en forme d'une grape, longue comme l'épi du blé de Turquie. Elle est enfermée dans une écorce fort dure, & chaque grain ou baye est comme un gros pois environné d'une chair bleue, dont on fait de l'huile. Les bayes servent à faire de la farine pour manger avec du lait. Les Habitans de cette Isle ont toûjours de ce fruit dans la bouche avec du Betel & un peu de chaux qu'ils mâchent pour la santé & afin d'avoir l'haleine douce. Les feuilles vertes de cette plante leur servent de nate, d'assiette & de gobelet. On les nomme *Ratés* quand elles sont seches, & les tiges s'appellent *Falafes*. On en bâtit les murailles des maisons.

DOUTANCE. s. f. Vieux mot. Doute.

DOUTER. v. a. Mot dont on s'est servi autrefois pour dire, Redouter.

Et sont portez, prisez, doutez.

DOUVAIN. s. m. Terme de Marchand. Bois à faire des douves & des barils.

DOUVE. s. f. Piece de bois merrain, réduite en un petit ais dolé qui aide à faire le corps d'une futaille, & qui prend depuis le haut jusqu'au bas. Du Cange dit que *Douve* vient de *Doga*, qui signifie chés les Grecs un Vaisseau ou tonneau. D'autres le dérivent de l'Allemand *Daub*.

On dit, *Douve d'un fossé*, pour écouler l'eau, & ce même mot de *Douve*, est pris quelquefois pour le fossé d'un Château. Il se dit encore du mur d'un bassin de fontaine, quand il n'est que d'une ou de deux assises, comme il est presque toûjours.

Douve. Herbe qui croît dans les prés & qui fait mourir les moutons qui en mangent. Ils ne la digerent point, & on la trouve toute entiere dans leur ventre.

DOUZE. Terme numeral indeclinable. On appelle en termes de Librairie, *Un Livre in douze*, ou absolument *Un indouze*, un Livre dont chaque feuille a douze feuillets & vingt-quatre pages.

DRA

DRAGAN. s. m. Terme de Marine. La partie de derriere la pouppe qui en fait l'extrêmité, & qui porte la Devise des Galeres.

DRAGEOIR. s. m. Boîte ordinairement d'argent dans laquelle on sert de la dragée à la fin du repas.

Drageoir, s'est dit autrefois d'une tasse large & platte de vermeil doré, montée sur un pié, dans laquelle on presentoit des dragées dans les cérémonies de nôces & de baptêmes. Les Crieurs d'enterrement s'en servent encore, & c'est où ils mettent ce qu'ils vont presenter aux Prêtres, afin qu'ils le donnent à l'offrande.

Drageoir. Petit vaisseau de fer blanc, dont se servent les Orfévres, les Plombiers, les Vitriers, à mettre du borax, de la resine en poudre pour la mettre sur la soudure afin qu'elle coule.

DRAGEON. s. m. Terme de Jardinage. Tendre bouton ou bourgeon qui pousse aux arbres & aux plantes.

DRAGME. s. f. Sorte de monnoie des Juifs, qui d'un côté avoit une harpe, & de l'autre une grappe de raisin.

DRAGOMAN. s. m. Mot qui s'est rendu presque general en Orient, pour signifier un Interprete, qui sçachant parler la langue des Orientaux & celle des Occidentaux, sert à faciliter entre eux le commerce. Les Auteurs de la basse Latinité, comme le marque du Cange, pour signifier un Interprete des Langues étrangeres, se sont servis des mots de *Dragumanus*, *drogamandus*, *drogmandus*, *drogemannus*, *Turquingens*, & *Turquemanus*. C'est delà que sont venus les mots de *Truchement* & de *Dragoman*.

DRAGON. s. m. Sorte de serpent qui naît dans les Indes & dans l'Afrique, & qui est grand selon les Pays. Il y en a de dix & douze coudées, & d'autres de quinze, & même de plus. Il est de couleur noire, rousse ou cendrée, à l'exception du dessous du ventre qu'il a d'une couleur tirant sur le vert. Il pousse d'affreux & longs sifflemens, & l'on tient qu'il a l'ouye subtile & la vûe fort bonne. Il supporte fort long-tems la faim, & est ennemi de l'éléphant & de l'aigle. On tient même que l'aigle lui cause une si grande frayeur, que lorsqu'il l'entend voler, il s'enfuit dans sa caverne. Ceux qui ont parlé de ce monstrueux serpent, disent qu'il y en a d'ailés, d'autres qui ont des crêtes, & d'autres qui tiennent beaucoup des cochons. On veut même qu'il y en ait qui ont quelque chose de l'homme, les uns ayant deux piés seulement, & d'autres plusieurs semblables aux piés des oyes. Quelques-uns prétendent que cet animal n'a point de venin, & que c'est par sa morsure qu'il tue: mais en general on le tient très-venimeux. Le mot de *Dragon* vient du Grec δέρκειν, Voir, à cause que le Dragon a la vûe subtile, ou de δράκος, qui signifie Oeil, regard, à cause que ses regards épouvantent.

Dragon de mer. Grand animal qui ressemble à un serpent & dont les ailes n'ont que la grandeur qu'il lui faut pour nager. Il a beaucoup de force, & est si leger, qu'il traverse un grand espace de mer en fort peu de tems. Il est si venimeux, qu'il fait mourir tous les poissons & autres animaux qu'il peut mordre. Lorsqu'il se sent pris & tiré à bord, il fait promptement une fosse avec son museau, & se cache dans le sable.

Dragon. Constellation celeste qui est vers le Pole Arctique. On appelle, en termes d'Astronomie, *La tête & la queue du Dragon*, les deux points diametralement opposés où le cercle du mouvement propre de la Lune coupe l'Ecliptique. C'est la même chose que les *Nœuds* de la Lune, Voyez NOEUDS & LATITUDE. La tête du Dragon est le *Nœud ascendant* de la Lune, par où elle passe de la partie Meridionale de l'Ecliptique vers la Septentrionale,& la Queue du Dragon est le point opposé ou *Nœud descendant* par où elle passe du Septentrion au Midi. L'espace que comprennent entre eux le cercle de la Lune & l'Ecliptique de part & d'autre, est ce qu'on appelle *Ventre du Dragon*, d'une ressemblance très-imparfaite de cet espace qui va toûjours en croissant jusqu'au quatre-vingt-dixiéme degré, à l'enflure du ventre d'un Dragon.

On appelle aussi *Dragon*, un Meteore qui semble en imiter la figure. Il se forme de quelques nuées enflâmées qui jettent quelques étincelles & qui ont divers plis.

Les Mariniers qui navigent sous la Ligne, appellent *Dragons*, de gros Tourbillons d'eau que l'on y trouve souvent, & qui briseroient ou feroient couler à fond les Vaisseaux qui passeroient par dessus. Ils appellent aussi *Dragon de vent*, un Orage violent & subit, qui d'ordinaire désempare les Vaisseaux & ruine les manœuvres.

Dragon volant, est un nom qu'on a donné à une ancienne Coulevrine extraordinaire. Elle avoit trente-neuf calibres de long, & tiroit trente-deux livres de balle.

On appelle *Dragons volans*, certaines fusées qu'on fait voler sur des cordes, & qui sont ornées de figures de Dragons. Il y en a de simples qui ne sont remplies des matieres qui les composent que jusqu'au milieu, en sorte que quand le feu est fini en cet endroit, & qu'il allume l'autre bout de la fusée, elle produit en retrogradant un effet fort agreable à la vûe. On voit quelquefois en l'air certains feux qui ont un mouvement aussi prompt que celui d'une fusée, & qu'on appelle *Dragons ardens*.

Dragon renversé. Ordre de Chevalerie que l'Empereur Sigismond institua quelque tems après qu'on eut celebré le Concile de Constance. Ce qu'il eut en vûe en l'établissant, fut l'anathéme contre les erreurs de Jean Hus & de Jerôme de Prague, & la condamnation de leurs personnes. Le dragon vaincu representoit le triomphe qu'avoit remporté l'Eglise sur ces heretiques. Les Chevaliers de cet Ordre, que l'on estima beaucoup en Italie & en Allemagne, portoient ordinairement une croix fleurdelisée de vert. Aux jours de solemnité, qui étoient pour eux des jours de cérémonie, ils avoient un manteau d'écarlate, avec une double chaîne d'or sur un mantelet de soye verte. Un Dragon renversé & aux ailes abbatues pendoit au bout de la chaîne, & ces ailes étoient émaillées de differentes couleurs, pour faire entendre que l'heresie emploie differens appas pour séduire les Fideles.

Dragons. Terme de guerre. Cavaliers qui combattent à pié & à cheval, & qui dans de grandes attaques, ou dans une bataille, tiennent lieu d'enfans perdus. Ils vont les premiers à la charge, & dans un campement ils ont toûjours leur terrain à la tête des camps ou sur les ailes des quartiers, afin de les couvrir en se mettant sous les armes les premiers. Les Dragons sont reputés du corps de l'Infanterie, avec laquelle ils ont cela de commun, qu'ils ont des Colonels & des Sergens. Ils ont aussi des Cornetes comme la Cavalerie.

On appelle, en termes de Medecine, *Dragon mitigé*, un Remede très-doux qui se fait en ajoûtant du mercure vif au mercure sublimé. Ce mercure vif écarte & désunit les sels corrosifs, & par ce moyen la vertu corrosive du mercure sublimé se perd. La dose est d'un scrupule avec l'extrait d'ellebore noir, ou quelque autre purgatif, dans la verole, la lépre, l'hydropisie & les caterres qu'il guerit parfaitement.

DRAGONNE', E'E. adj. Terme de Blason. Il se dit des animaux qui sont peints avec une queue de dragon. *D'or au lion dragonné de gueules*,

DRAGONNEAU. s. m. Animal semblable à un ver long & large qui se meut entre cuir & chair. Il vient aux jambes, & quelquefois aux muscles du bras. C'est ce qu'en disent quelques Medecins. Ceux qui habitent les Pays chauds sont fort sujets à avoir cet animal, qui paroît sur-tout sous la peau des côtes. On l'a nommé *Dragonneau*, à cause qu'il a la figure & la tortuosité d'un petit serpent.

DRAGUE. s. f. Sorte de pinceau dont les Vitriers se servent pour marquer le verre sur le carreau ou la table. Ce pinceau est un poil de chévre qui a la longueur d'un doigt. On l'attache dans une plume avec un manche, & on le trempe dans le blanc broyé pour marquer les pieces.

Drague. Pelle de fer plate par le devant, & ayant un rebord de trois côtés. Elle a un long manche de bois, & est emmanchée à l'équerre comme une branche, & sert à tirer le sable des rivieres, à curer les puits & à tirer les immondices & ordures de quelque endroit.

Drague. Terme de Marine. Gros cordage dont les Canonniers se servent sur les Vaisseaux pour arrêter le recul des pieces quand elles tirent. On s'en sert aussi pour pêcher une ancre ou quelque autre chose dans la mer. On appelle *Dragues d'avirons*, un Paquet de trois avirons.

Drague, est aussi un nom que l'on donne à l'orge cuite qui demeure dans le brassin après qu'on en a tiré la biere. On donne de cette drague ou orge cuite aux chevaux en divers lieux.

DRAGUER. v. a. Nettoyer le fond d'un canal ou d'une riviere avec la pelle ou beche de fer qui s'appelle *Drague*.

Draguer. Terme de Marine. Chercher une ancre perdue avec le gros cordage qu'on appelle *Drague*. On attache cette Drague par ses deux bouts aux côtes de deux chaloupes qui se presentent le flanc, & qui sont à quelque distance l'une de l'autre. Au milieu de la drague sont suspendus des boulets de canon, ou quelque autre chose qui pese beaucoup, ce qui la fait enfoncer jusqu'au fond de la mer, en sorte que les deux chaloupes voguant en avant, entraînent la drague qui rase ce fond; ce qui fait que si elle rencontre l'ancre que l'on cherche, elle l'accroche & fait connoître l'endroit où elle est.

DRANET s. m. Sorte de filet que deux hommes traînent dans la mer, aussi avant que la hauteur de l'eau leur permet d'y entrer. On s'en sert sur les Côtes de Normandie, & on l'appelle autrement *Coleret*.

DRAPEAU. s. m. Linge usé, ou vieux morceau d'étoffes qu'on ramasse pour les moulins à Papier.

DRAPER. v. a. Terme de Peinture. On dit, *Draper une figure*, pour dire, La vêtir, lui donner les ornemens qui lui conviennent. *Figure bien drapée*.

DRAPERIE. s. m. Mot dont les Peintres se servent,

& qui signifie toutes sortes de vêtemens dont ils couvrent les figures d'un tableau. *Draperies bien mises, draperies bien entendues*. Les Sculpteurs se servent du même mot, & disent, qu'*Un morceau de draperie est bien disposé*, qu'*Une draperie est bien jettée*.

DRAPIER. s. m. Mot du vieux langage, qui se trouve dans la signification de Railleur, de bailleur de brocards, d'homme qui pince en raillant. Borel dit que ce mot vient de ce qu'on pince les draps, & que l'on a dit delà *Draper quelqu'un*, pour dire, Railler, critiquer quelqu'un.

DRAVE. s. f. Plante haute d'une coudée, & qui a ses branches menues, avec des feuilles deçà & delà qui sont semblables à celles de Lepidium, mais plus molles & plus blanches. Elle produit à sa cime un bouquet de fleurs blanches comme le sureau. La Drave est mise entre les especes de Nasitort pour sa grande acrimonie.

DRE

DREGE. s. f. Terme de Marine. Filet dont on se sert sur les côtes de l'Ocean pour la pêche des turbots, solles, barbues & autres poissons délicats.

DRESSE. s. f. Terme de Cordonnier. On dit, *Mettre une dresse*, pour dire, Mettre un morceau de cuir entre les deux semelles d'un soulier, pour le redresser quand il tourne.

DRESSER. v. a. *Lever, tenir droit, faire tenir droit*. ACAD. FR. On dit, en termes de Maçonnerie, *Dresser d'alignement*, pour dire, Lever un mur au cordeau; & *Dresser au niveau*, pour dire, Unir, applanir le terrain d'un parterre de jardin. On dit aussi, *Dresser une pierre*, pour dire, l'Equarrir; & on dit que *Des pierres de taille sont dressées à la regle*, pour dire, que Les paremens en sont bien mis, & qu'ils sont élevés à plomb les uns sur les autres.

On dit, *Dresser*, en termes de Charpenterie, pour dire, Tringler au cordeau une piece de bois pour l'équarrir. Les Menuisiers disent aussi, *Dresser*, pour dire, Ebaucher & applanir le bois. *Dresser une palissade*, c'est en termes de Jardinier, Tondre une palissade avec une fauciile à grand manche.

Dresser, est aussi un terme de Chasse, & on dit qu'*Un chien dresse & va le droit*, pour dire, qu'Il suit la vraie route de la bête.

DRESSOIR. s. m. Outil de fer creux de deux ou trois pouces avec lequel les Filassiers redressent les dents du Seran.

DRI

DRISSE. s. f. Terme de Marine. Cordage qui sert à isser & à amener une vergue. On appelle *Drisse de pavillon*, la petite corde qui sert à l'arborer & à l'amener.

DRO

DROGUERIE. s. f. Terme de mer. Il se dit de la pêche & de la préparation du harenc.

DROGUIER. s. m. On appelle ainsi le buffet d'un Naturaliste curieux. Il est divisé en plusieurs tiroirs, & il y a dans chacun une drogue differente marquée par son étiquete.

DROIT, DROITE. adj. *Qui n'est pas courbé, qui ne panche de côté ni d'autre*. ACAD. FR. On dit en termes de Manège, qu'*Un cheval est droit sur ses jambes*, pour dire que Le devant du boulet tombe à plomb sur la couronne, & que le canon ou le paturon sont en droite ligne. On dit aussi, qu'*On garantit un cheval droit, chaud & froid*, pour dire qu'On garantit qu'il ne boite point ni quand il est échauffé, ni après qu'on l'a monté, & qu'il a eu le tems de se refroidir. On dit encore, *Promener un cheval par le droit, le guider droit, le faire partir & aller par le droit*, pour dire, qu'Il va sur une ligne droite, sans se jetter de côté, ni se traverser.

DROIT. s. m. Terme de Chasse. La part de la bête défaite qui appartient aux Veneurs & aux chiens. Le pié droit du cerf est le Droit du Maître de la chasse; & le Droit des chiens, ce qu'on leur abandonne de la bête, & dont on leur fait curée. On dit aussi, *Le droit de l'oiseau*, en termes de Fauconnerie, lorsqu'on paît l'oiseau de ce qu'il a volé, comme la tête, la cuisse, le cœur & le foye de la perdrix, & ainsi d'un autre oiseau.

On appelle en termes de Marine, *Droit de Varech*, Tout ce que les Seigneurs des fiefs voisins de la mer des côtes de Normandie prétendent sur les effets qu'elle pousse sur son rivage, soit de son cru, soit qu'il vienne d'un naufrage & d'un débris de Vaisseau. Le *Droit d'ancrage*, est un droit qui est dû au Prince ou à l'Amiral.

Droit. Terme de Pratique. On dit *Etre à droit*, pour dire, Comparoître en Jugement pour y être interrogé, & *Prendre droit par les charges*, pour dire, S'en rapporter aux témoins sans préjudice du droit des parties. On appelle *Appointement en droit*, le reglement qu'on donne aux parties pour écrire & produire en premiere instance où sur quelque question de droit, & *Appointement à ouir droit*, est le reglement donné en matiere criminelle après la confrontation pour ouir le Jugement. On dit aussi, qu'*On a fait droit sur le tout*, pour dire, qu'On a prononcé sur chaque demande.

DROITURE. s. f. Terme dont on se sert en matiere de fiefs pour signifier le droit que les nouveaux acquereurs doivent aux Seigneurs feodaux & censuels. Ainsi on dit, qu'*Un Vassal releve droiture*, pour dire, qu'Il leve son fief de son Seigneur, & qu'il lui en paye les droits. On dit aussi *Droiturer*, pour, Relever droiture.

On dit en termes de Mer, qu'*Un Vaisseau va en droiture, qu'il fait sa route en droiture*, pour dire, qu'Il ne mouille dans aucun des Ports qui sont à côté de la traversée qu'il fait, & ne se détourne point de sa droite route.

DROMADAIRE. s. m. Espece de Chameau, mais plus petit, & qui va plus vîte que les Chameaux ordinaires. Il n'est pas propre à porter & ne sert que de monture. Sa legereté est telle qu'il fait trente-cinq ou quarante lieues en un jour, & continue pendant dix ou douze jours à marcher avec la même vîtesse par les deserts de l'Afrique. Il a pris son nom de *Dromadaire*, du Grec δρόμος, qui veut dire, Course.

DRONTE. s. m. Oiseau des Indes, qui quoiqu'il ait de petites ailes ne vole jamais, étant si gras qu'il peut à peine marcher.

DROPAX. s. m. Sorte de Médicament dont il y a de deux sortes, le simple & le composé. Le Dropax simple se fait de quatre ou cinq parties de poix où l'on en mêle une d'huile. Son usage est de réchauffer ou de fortifier en l'appliquant sur la partie refroidie, ou affoiblie. On s'en sert aussi pour attirer le sang à une partie extenuée. Le Dropax composé se fait avec de la poix, de l'huile simple ou composée, comme celle de cire, & de la poudre de pyrethre, poivre, semences carminatives, soufre, &c. le tout proportionné selon la dose requise. Il faut l'étendre sur la peau, & l'appliquer chaud sur la partie, comme si on faisoit une emplâtre. Il sert à divers usages. Si l'on veut exciter de la chaleur, on y ajoûte du galbanum, & il desseche si on y joint de nitre, du sel & du soufre. Quand on y ajoûte de l'Euphorbe & des Cantharides, il passe moins pour Dropax que pour un Vesicatoire. Il arrache aussi le poil en y mêlant de la Colophane, ce qui lui a fait donner le nom de Dropax, du Grec δρέπειν, qui veut dire Cueillir, arracher, comme on arrache les fruits des arbres en les cueillant.

DROSSE. s. f. Terme de Marine. Il se dit des cordes ou palans qui servent à approcher ou à reculer une piece de canon de son sabord. Les deux bouts de la Drosse tiennent de deux côtés à deux boucles, en sorte que la piece de canon ne peut reculer que jusqu'à demi tillac. *Drosse*, se dit aussi d'un cordage qui serre le racage de la vergue d'artimon, ou d'autres vergues, quand il s'y en trouve.

DROUINE. s. f. Terme de Chaudronnier. Sorte de havresac où les Chaudronniers de campagne mettent leurs outils, & qu'ils portent derriere leur dos, ce qui les fait appeller *Drouineurs*, à la difference des Chaudronniers de Ville qui ne travaillent que dans leurs boutiques.

DRU

DRU. s. m. Vieux mot. Ami, favori, galand, amoureux.

Or seron bon ami & dru,
Secong raison m'avez vaincu.

On a dit aussi *Drus* au singulier.

Là regrete chacun son ami & son drus.

DRUE. s. f. Vieux mot. Amie, amante. *Comme Agamemnon fit de Chryséis s'amie & sa drûe.* Borel dit que ce mot vient de *Drave*, & de *Travv*, qui signifient foi en Allemand, & que c'est delà qu'est venu celui de *Treve*. *Druerie* a été dit aussi pour amitié.

Par Druerie & par solas
Liot s'amie fait chapel
De roses que moult si fut bel.

On a dit aussi *Aimer druement*, pour dire, Aimer fortement.

DRUYDES. s. m. Prêtres, Juges & Philosophes des anciens Gaulois, qui avoient une grande connoissance de l'Astrologie, de la Geographie, de la Geometrie, mais sur-tout de la politique, ce qui les rendoit les arbitres de toutes sortes d'affaires, tant des publiques que de celles des particuliers. Ils enseignoient aux Peuples les cérémonies qu'ils devoient observer en matiere de religion, & avoient une veneration singuliere pour le Chesne à cause qu'il porte le Gui. Ils le cueilloient au commencement de leur année ecclesiastique, & c'étoit toûjours avec des marques d'un respect extraordinaire. Un d'entr'eux vêtu de blanc le coupoit avec une faux d'or, & lorsque ce gui tomboit, on le recevoit dans un saye blanc. Ces cérémonies superstitieuses étoient suivies d'un sacrifice de deux Taureaux blancs, que l'on n'avoit jamais mis au joug, & ensuite on faisoit un grand festin. Les Druydes se persuadoient que le Gui pris en breuvage étoit un remede contre toutes sortes de poisons, & qu'il donnoit une plus grande fécondité aux animaux. On tient que les Druydes prirent leur nom du Grec δρῦς, Chêne. Borel dit que quelques-uns le dérivent de *Dry*, mot Saxon qui veut dire Magicien. D'autres prétendent que son origine est Hebraïque, & que comme ces Prêtres s'appliquoient à la contemplation des ouvrages de la nature, on les nomma Druydes du mot Hebreu *Drussim*, ou *Drissin* Contemplateur. Ceux dont tout l'emploi étoit de contempler les choses divines s'appelloient *Eubages*, & ceux qui servoient actuellement aux autels, étoient nommés *Semnothées*. Pline dit qu'ils ne croyoient point de moyen plus sûr pour réussir dans tous leurs desseins, & pour s'acquerir l'amitié des grands, que de se servir des œufs de Serpent. Ils ne sacrifioient pas seulement des animaux, mais encore des hommes. Ils croyoient la Metempsicose, & on est étonné que la fameuse These de Besiers en ait voulu faire des Carmes. *Quorum si vitam diligenter inspexeris reperies veros fuisse Carmelitas.*

DRY

DRYADES. s. f. Prophéteresses des Gaules qui ayant appris la science des Druydes, ont fait plusieurs prédictions à des Empereurs Romains. Diocletien apprit de l'une d'elles, qu'il parviendroit à l'Empire, après qu'il auroit fait mourir un Sanglier, ce qui se trouva veritable, puisqu'il devint Empereur quand il eut tué Aper. Le mot *Aper*, signifie Sanglier en Latin. Les Payens ont nommé *Dryades*, les fausses Divinités qu'ils croyoient avoir choisi leur demeure dans les bois, & se cacher sous les écorces des Chênes, de δρῦς, Chêne.

DRYINUS. s. m. Espece de Serpent, qui est blanc & fuligineux par le dos, & qui a la tête semblable à celle d'une hydre. Dans tous les lieux où il est, il rend une puanteur pareille à la puanteur des tanneries où l'on accommode les cuirs. Il mord d'ordinaire au pié ou au talon, & ceux qui en sont mordus, deviennent tout défigurés & secs, & meurent en grande langueur, exhalant de tout leur corps une puanteur insupportable. D'autres qui en sont mordus béellent comme des brebis, vomissent une matiere semblable au fiel & quelquefois rouge, & ne peuvent uriner qu'avec grande peine. Tous leurs membres leur tremblent, & ils sanglottent presque incessamment. C'est ce qu'en dit Nicander. Ce Serpent a été nommé *Dryinus*, de δρῦς, Chêne, à cause qu'il se nourrit parmi les racines de cet arbre. Quelques Auteurs ont écrit que le Serpent Dryinus est gras, qu'il est long de deux coudées, & qu'il est couvert par tout le corps d'écailles fort dures. On peut se servir contre les morsures des mêmes remedes qui sont bons contre les morsures des viperes.

DRYLLE. s. m. Chêne femelle. Quelques-uns ne prennent ce mot que pour le gland de cet arbre.

DRYOPTERIS. s. f. Sorte de feugere, qui, selon Dioscoride, croît parmi la mousse des vieux chênes; les déchiquetures de ses feuilles sont beaucoup moindres que celles des feuilles de la feugere. Ses racines sont velues & entortillées ensemble, & ont un goût âpre tirant sur le doux. Selon Matthiole qui en a trouvé souvent qui n'étoit point attachée aux chênes, elle croît aussi dans les lieux humides & parmi les buissons. Galien dit qu'elle est corrosive, & bonne à faire tomber le poil. Le mot de *Dryopteris*, vient de δρῦς, Chêne, & de πτέρον, Aile, à cause que ses feuilles representent des ailes d'oiseau.

DUB

DUBITATION. s. f. Terme dogmatique. C'est une figure de Rhetorique dont un Orateur se sert, lorsque voulant prévenir les objections qu'on lui peut faire, il feint de douter de la proposition dont il a dessein de faire la preuve.

DUC

DUC

DUC. f. m. *Qui est revêtu d'une dignité au-dessus de celle de Comte & de Marquis.* ACAD. FR. Il y avoit autrefois de grandes cérémonies à faire un Duc. Nicod en parle en ces termes : *Duc est celui lequel est fait tel de Marquis ou Comte qu'il étoit, quand il a quatre Comtés ou quatre Baronnies pour chacune Comté, & une Ville Cité ; & la cérémonie est telle qu'à faire un Roi, horsmis quant à l'onction. L'Empereur ou son Roi après la Messe celebrée par un Prélat, l'enchapelle d'un Chapellet d'or, garni de pierres précieuses, & donnera nom au Duché de la Cité plus riche dudit futur Duc ; & ce, presens plusieurs Prélats, Princes, Ducs, Marquis, Comtes, Barons, Chevaliers, Bannerets & Ecuyers qui s'y pourroient trouver, Dames & Damoiselles, avec festins, joûtes & tournois.* Duc de France, *étoit anciennement le nom de la dignité & fonction qui par après fut appellée Maire du Palais, & correspond à celui qu'on a depuis nommé & fait-on encore*, Connétable, *Nic. Gilles en Loys Quatriéme.* Aucunes Chroniques dient que Hue Capet fut le premier Duc ou Comte de Paris, & pour la grande vaillance qui étoit en lui, ledit Roi Loys le feit Duc de France, autrement dit, *Maire du Palais.*

Le titre de Duc est fort ancien, mais il n'a pas toûjours été dans une si grande consideration qu'il est à present. Les Romains distinguoient par ce nom les Officiers de guerre, à cause qu'ils conduisoient les soldats au combat. Par succession de tems, les affaires ayant obligé les Empereurs d'avoir des hommes experimentés au fait de la guerre pour garder leurs Provinces frontieres, ils y envoyoient de leurs Ducs. Le premier de ces Gouverneurs qui ait porté le titre de Duc, a été celui de la Marche Rhetique. C'est un Pays situé entre l'Allemagne & l'Italie, & qu'on appelle presentement Pays des Grisons. Plusieurs Gouverneurs tant des autres Provinces que des frontieres de l'Empire, eurent ensuite ce même avantage ; & comme l'ambition les porta à se rendre enfin les Maîtres des mêmes Provinces dont ils avoient le Gouvernement, les Ducs s'agrandirent de l'affoiblissement de leur Chef. Il n'y en a point en Allemagne qui ne soit Prince & allié à des Rois. Les Princes de Pologne, de Hongrie & de Bohéme, qui ont presentement le titre de Rois, ont porté pendant plusieurs siecles, la simple qualité de Duc, & quelques Provinces d'Espagne ont été gouvernées par les Ducs mille ans avant la venue de notre Seigneur, en sorte que quand les Carthaginois & ensuite les Romains attaquerent ce Pays, ces mêmes Ducs qui y étoient Souverains & indépendans, le défendirent vigoureusement.

Duc. Sorte d'oiseau de rapine Quelques Auteurs en distinguent de deux sortes, le grand & le petit Duc. Ce dernier n'est qu'une maniere de hibou ou de chathuan. Le *grand Duc*, est un oiseau de nuit grand comme un Aigle. Sa couleur est rousse & marquée de noir. Il a des plumes en forme de cornes aux deux côtés de la tête, la queue courte, le bec crochu & les yeux jaunes.

DUCAT. f. m. Sorte de monnoye d'or de Pays étranger, qui a eu cours en France, & qui avoit d'un côté la tête du Prince qui l'avoit fait battre, & de l'autre les armes du même Prince ou de la République. Le Ducat du tems de François I. valoit ordinairement quarante-six sols & quelques deniers. Il y avoit aussi un *double Ducat*, Espece d'or d'Espagne, qui valoit six livres quatre sols du tems du Roi Henri III. La tête de Ferdinand & d'Elisabeth étoit d'un côté avec cette legende, *Ferdinandus & Elisabetha Regina*, & de l'autre, *Sub umbra alarum tuarum*, avec un Ecusson couronné où étoient des armes. Il y eut sous Louis XIII. un *Ducat à deux têtes*, d'Espagne & de Flandre. Il avoit pour legende d'un côté *Deus & fortitudo nostra*, & de l'autre une Aigle au-dessus d'un Ecusson couronné. Cette sorte de double Ducat pesoit cinq deniers six grains, & valoit dix livres. Quelques-uns qui avoient deux têtes comme les autres changeoient de legende, & on y lisoit ces mots, *Quos Deus conjunxit, homo non separet.* Le Ducat est aujourd'hui une monnoye d'or & d'argent, battue dans les terres d'un Duc. Celle qui est d'or vaut environ deux écus, & celle qui est d'argent en vaut la moitié. On ne compte que par Ducats dans la Chancellerie de Rome, & il faut payer l'annate à moins qu'on n'exprime dans les signatures, qu'un Benefice ne vaut pas de revenu vingt-quatre Ducats.

DUCATON. f. m. Espece d'argent du Pays étranger, qui a eu cours en France sous le Regne du Roi. Elle étoit grande comme un écu blanc, & valoit ordinairement trois livres sept sols, pourvû qu'elle pesât une once un denier. Le Ducaton avoit d'un côté la tête du Prince qui l'avoit fait battre, avec ses armes de l'autre. Il y avoit aussi des demi-Ducatons.

DUCTILE. adj. Terme de Physique, & de Chymie. Il ne se dit gueres que des métaux ; & quand on dit que *L'or est ductile*, on entend que l'or est un métal qui se peut étendre, soit pour le battre en feuilles, soit pour le tirer en fil. On dit aussi *La ductilité des métaux.* Ce mot vient du Latin *Ducere*, Mener.

DUE

DUEL. f. m. *Combat singulier, combat assigné d'homme à homme.* ACAD. FR. Le Roi a fait des Edits si rigoureux contre les Duels, qu'ils sont entierement abolis ; mais autrefois ils étoient permis pour défendre ou accuser en Justice dans les cas, dont il étoit impossible d'avoir des preuves qui satisfissent. Comme tous les differends des Nobles se vuidoient ordinairement par cette voie, les Ecclesiastiques, les Prêtres & les Moines même n'en étoient pas dispensés. Il est vrai qu'ils donnoient des gens qui se battoient en leur place, afin qu'ils ne s'exposassent point à être souillés de sang. Il n'y avoit que les femmes, les malades & ceux qui étoient au-dessous de vingt & un ans, & au-dessus de soixante, qui s'en pussent exempter. Selon la coûtume ancienne, quand on avoit quelque droit douteux à soûtenir en matieres criminelles, & quelquefois en civiles, on faisoit entrer en champ clos deux Champions, par autorité des Juges ordinaires. La forme de cette sorte de combat étoit, que l'Accusé & l'Accusateur jettoient des gages en Justice de part & d'autre. Le Juge levoit premierement celui du défendeur & ensuite le gage du demandeur, après quoi on les mettoit tous deux en prison, ou en sûre garde, & c'étoit au Seigneur haut Justicier à leur fournir des armes sortables. Ceux qui combattoient à pié, avoient seulement le bouclier & l'épée, & les Chevaliers venoient armés de toutes pieces aussi bien que leurs chevaux. Le jour assigné pour le combat étant venu, ils choisissoient devant le Juge quatre Chevaliers pour garder le camp, & faisoient plusieurs cérémonies, prieres, sermens & oraisons.

Celui des Combattans qui étoit vaincu, soit qu'il fût l'accusateur ou l'accusé, étoit puni de mort, ou au moins d'une mutilation de membres. On le traînoit hors du camp d'une maniere ignominieuse, & ensuite on le pendoit ou brûloit, selon que le cas étoit atroce. Le Concile qui fut tenu à Valence en 855. sous le Roi Lothaire, condamna l'usage de ces combats; & non seulement on excommunia celui qui avoit tué son ennemi, mais on déclara le corps mort indigne de sepulture. Saint Louis n'oublia rien pour empêcher les Duels en France, mais son Ordonnance ne fut suivie que sur ses terres. Philippe le Bel, son petit-fils, défendit tous ces gages de bataille, & le dernier combat de cette nature qui ait été fameux, fut fait en 1547. en presence de Henri II. Ce fut entre Jarnac & la Châtaigneraye. On fait venir le mot de *Duel*, du Latin *Duellum*, que les Auteurs de la basse Latinité ont employé, comme qui diroit *Duorum bellum*, un combat de deux personnes.

DUL

DULCIFIER. v. a. Terme de Chymie. Oter les sels de quelques corps & les rendre doux.

DULCINISTES. s. m. Heretiques qui donnerent dans les erreurs de Dulcin, au commencement du quatorziéme siecle, & qu'on appella ainsi de son nom. Il disoit qu'il venoit prêcher le regne du Saint-Esprit, dont il se faisoit le chef, & qui étoit un troisiéme regne, parce, disoit-il, que celui du Pere avoit duré depuis la naissance du monde jusqu'à celle de Jesus-Christ, & que le regne du Fils ayant alors commencé, avoit fini en l'an 1300. Il se moquoit des Papes ainsi que des Ecclesiastiques, & commettoit les abominations les plus execrables sous un faux voile de charité. Il eut grand nombre de sectateurs, & ayant été pris dans les montagnes des Alpes, il fut brûlé par ordre de Clement V. Les Dulcinistes étoient proprement des Vaudois.

DUN

DUNES. s. f. p. Bords de la mer élevés, qui l'empêchent de s'épandre dans les terres. Ce sont quelquefois de simples hauteurs ou côteaux de sable, quelquefois des levées faites au bord de la mer, & quelquefois des rochers escarpés. Ce mot est venu de *Dun* ou *Dum*, qui en ancien Gaulois vouloit dire, Lieu éminent, mont, forteresse. Borel le fait venir de l'Arabe *Tun*, qui signifie, Colline, lieu élevé.

DUNETTE. s. f. Le plus haut étage de l'arriere d'un Vaisseau, où sont logés ordinairement les Officiers subalternes, ainsi que le Maître & le Pilote du Navire. On ne fait des Dunettes qu'aux Vaisseaux dont la quille a près de quatre-vingts piés.

DUO

DUO. s. m. Composition de Musique qui est faite pour être chantée à deux.

DUP

DUPLICATION. s. f. Terme d'Arithmetique & de Géometrie. *Duplication par deux d'une quantité discrete ou continue.* Il se dit principalement de la Duplication du cube. (Voyez CUBE,) problême fameux, cherché depuis si long-tems par tout ce qu'il y a de Géometres. On ne sçauroit resoudre qu'en trouvant deux lignes moyennes continuellement proportionnelles entre la racine du cube donné, & le double de cette racine, car ces quatre lignes étant en *proportion Géometrique continue*, la racine du cube donné dont on cherche le double, les deux moyennes proportionnelles trouvées, & le double de la racine du cube donné, le cube fait sur la premiere ligne, & le cube fait sur la seconde seront entr'eux, comme la premiere ligne, & la quatriéme, or ces deux lignes sont comme une & deux par la supposition.

DUR

DURACINE. s. f. Espece de pêche que Pline dit être la plus estimée de toutes. Matthiole dit qu'on la nomme *Duracine*, non pas pour avoir le noyau plus dur, mais parce qu'elle a le goût meilleur, & la chair plus ferme que les autres pêches.

DURION. s. m. Fruit fort estimé, qui croît aux Indes sur un assés grand arbre, d'un bois fort & massif, couvert d'une grosse écorce cendrée avec beaucoup de branches chargées de ces fruits. Ses fleurs qu'on appelle *Buna*, sont blanches & un peu jaunâtres, & ses feuilles dentelées, vertes, pâles par dedans & vertes, brunes par dehors. Les Chinois appellent cet arbre *Batan*. Son fruit qui est de la grosseur d'un melon, est couvert d'une écorce pâle, garnie de force aiguillons courts, gros & piquants. Cette écorce est verte par dehors, & cannelée en long comme un melon, mais par dedans il y a quatre manieres de petites cellules en long, dans chacune desquelles sont plusieurs creux qui contiennent un fruit blanc comme la creme, gros comme un œuf de poule, & qui est d'un meilleur goût que ce que les Espagnols appellent *Manjar blanco*, mais moins tendre & moins visqueux. Quand cette blancheur manque aux Durions, c'est parce que la pluie ou le mauvais tems les a gâtés, ce qui les fait devenir jaunâtres. S'il n'y a que trois pommes dans chaque cellule, ce sont les meilleures. S'il y en a cinq, ou que les cellules soient crevassées, on ne les estime point. Chaque pomme produit ordinairement vingt Durions, dans chacun desquels est un noyau semblable à un noyau de pêche un peu long. Ce noyau est d'un goût fade, & rend la langue âpre comme font les nefles vertes, ce qui empêche qu'on ne le mange. Quant au fruit, il est chaud & humide, & pour le manger, il faut le presser legerement avec le pié, afin de l'ouvrir sans être piqué des épines qui l'entourent. Il semble à ceux qui n'en ont jamais goûté, qu'ils flairent d'abord des oignons pourris; mais quand ils ont commencé à en manger, ils en trouvent le goût meilleur que celui des autres fruits. Il y a une telle antipatie entre le Durion & le Betel, que si on met quelques feuilles de celui-ci dans un Navire chargé de Durions, ils se pourrissent tous en fort peu de tems. Les Siamois appellent ce fruit *Tourrien*.

DUU

DUUM-VIR. s. m. Magistrat de la République de Rome, qu'on nommoit ainsi à cause qu'on en élisoit deux à la fois. Les premiers Duum-virs furent créés sous le regne de Tarquin le Superbe, qui leur confia la garde des livres de la Sybille. Ils y chercherent un remede en 356. de la fondation de la Ville, pendant une grande peste qui la désola; & ce furent eux, selon Tite-Live, qui ordonnerent le premier banquet sacré. Il y avoit de plusieurs sortes de Duum-virs, les uns pour ce qui regardoit les choses sacrées, les autres pour la marine, & d'autres qui n'étoient que comme des Juges inferieurs.

DUX

DUX. s. m. Vieux mot, qui a été employé dans la signification de Berger.

Là s'assit Pan le Dux des bêtes,
Et tint un frestel de rosiaux,
Si chameloit li danziaux.

DUY

DUY. s. m. Arbre du Pays des Noirs, qui porte des pommes bonnes à manger. Il est d'une hauteur & d'une épaisseur mediocre.

DYN

DYNASTIE. s. f. Lignée ou suite des Rois qui ont regné l'un après l'autre dans un Royaume. Les Dynasties des Egyptiens sont estimées fabuleuses. Ce mot vient de δύνασθαι, Pouvoir, avoir puissance.

DYS

DYSENTERIE. s. f. Terme de Medecine. Flux de ventre qui fait jetter du sang, & qui vient de l'ulceration des intestins avec de grandes coliques ou tranchées. La vraie Dysenterie fait jetter par bas des raclûres de boyaux comme de petites peaux avec du sang ou de la sanie. Il y a une maladie, où le sang coule par le bas sans que les intestins soient blessés, & sans qu'on sente aucune tranchée. Elle n'est appellée qu'improprement *Dysenterie*. Ce mot vient de δὺς, qui marque une malignité d'humeurs, & de ἔντερον, Intestin. Les Medecins connoissent de trois sortes de Dysenterie, la premiere quand le sang dans l'état naturel, mais surabondant dans tout le corps, se répand par l'orifice des veines qui aboutissent aux intestins. Elle est differente du flux des hemorroides, dans lequel il n'y a que les veines du fondement qui soient ouvertes; au lieu que dans la Dysenterie, les veines sont ouvertes dans toute la longueur & dans toutes les anfractuosités des intestins, excepté à l'anus. Cette maladie est ordinaire à ceux à qui on a coupé un pié ou un bras, ou qui souffrent la suppression de quelques grandes évacuations accoûtumées; ce qui fait que les femmes & les rateleux en sont souvent travaillés. La seconde espece de Dysenterie, est le flux de sang, qu'on attribue à la foiblesse du foye. Quand on fait du sang tenu, aqueux & semblable à des lavûres des chairs, cela s'appelle ordinairement *Flux hepatique*. La troisiéme espece a retenu le nom de *Dysenterie*, & c'est proprement un flux de sang avec des tranchées. Il arrive quand les intestins sont corrodés, excoriés, & souvent exulcerés, & que le sang qui sort avec de grandes tranchées, est mêlé d'un mucilage blanchâtre, & d'une matiere purulente. Il y a aussi une *Dysenterie* appellée *Benigne*, parce que le plus souvent elle est sans fievre, sans contagion, & qu'elle ne regne point plus en un lieu qu'en un autre, au lieu que la *Dysenterie*, que l'on appelle *Maligne*, est le plus souvent jointe à une fievre pestilentielle, & qu'elle est épidemique, ravageant des Provinces entieres, & se multipliant par une contagion manifeste.

DYSPEPSIE. s. f. Terme de Medecine. Difficulté de digerer, de la particule δὺς, Difficilement, avec peine, & de πέπτειν, Cuire.

DYSPNE'E. s. f. Terme de Medecine. Difficulté de respirer. La Dyspnée a trois degrés, sçavoir, la courte haleine, l'asthme & l'orthopnée. Ce dernier mot vient du Grec ὀρθὸς, Droit, parce que ceux qui ont cette maladie, ne sçauroient respirer que debout, les bras élevés & la poitrine étendue. En general la cause de tous ces degrés est le vice du mouvement d'expansion & de constriction des poumons, qui étant empêché, ôte la respiration & cause des inquiétudes, des resserremens & la suffocation. *Dyspnée* est un mot Grec δύσπνοια, & est fait de δὺς, Malaisément, & de πνέω, Je respire.

DYSURIE. s. f. Terme de Medecine. Difficulté d'uriner, de δὺς, Malaisément, & de οὖρον, Urine. La Dysurie fait souffrir de grandes douleurs aux malades par les efforts qu'ils font en pissant; & comme cette douleur leur cause une sensation de chaleur, on appelle communément ce mal *Ardeur d'urine*. En effet, il semble que l'urine brûle l'uretere en passant. Cette maladie differe de la strangurie, en ce que l'urine y sort aussi goutte à goutte, mais sans interruption & en la quantité requise, & qu'on ne ressent de la douleur qu'en pissant, & non devant ni après comme dans la strangurie. La cause la plus frequente de la Dysurie, est l'excoriation ou exulceration de la vessie, ou de son col, ou du canal urinaire, parce que l'urine qui lave ces parties excoriées ou exulcerées, leur cause en passant une très-vive douleur. Le calcul qui exulcere ou offense la vessie de quelque autre sorte, cause pareillement des Dysuries opiniâtres.

E

AU. f. f. *Element humide & froid.* ACAD. FR. En general on distingue l'eau en eau naturelle & en eau artificielle telle qu'est l'eau distillée. L'eau naturelle n'est autre chose que l'eau élementaire, dont on se sert à plusieurs usages. Celle de fontaine passe pour la meilleure de toutes par sa pureté, étant comme coulée à travers la terre, ou par un canal, si ce n'est que le canal soit de plomb; car alors elle perd de sa bonté à cause de la ceruse que le plomb produit. Quelques-uns estiment l'eau de pluye meilleure que toutes les autres, parce qu'elle est plus legere, & qu'elle se fait moins sentir à la langue, mais quoiqu'elle soit plus saine, le Soleil attirant toûjours en haut ce qui est le plus subtil, elle contracte de mauvaises qualités des rivieres, des étangs, des marais & de la mer, d'où elle est tirée, outre qu'il s'y mêle des exhalaisons putrides des lieux infectés, & des corps morts qui s'élevent de la terre en l'air; ce qui fait qu'elle se corrompt plûtôt qu'aucune autre, & cause presque aussi-tôt la toux & le rhume. Il y en a qui preferent l'eau de la rosée de Mai à toutes les autres eaux, à cause qu'elle les surpasse en subtilité. Elle est en effet plus penetrative, étant composée d'un sel plus acre, & d'une liqueur plus volatile. L'eau de puits est la moindre, étant plus crue, & souvent plus pesante que celle de fontaine, à moins qu'elle ne sorte de vives sources. Celle de riviere est plus digerée que l'eau de pluye, à cause des rayons du Soleil où elle est exposée; mais pour s'en servir il faut la laisser rasseoir quelque tems, afin que le limon qu'elle a contracté, ou par la diversité des eaux qui y affluent de tous côtés & qui la troublent, ou par les ordures qui tombent dedans, descendent peu à peu au fond du vaisseau, après quoi elle devient plus claire, plus nette & plus saine. Les eaux de neige & de glace dont la menue substance est sortie à mesure que l'eau s'est congelée, sont à rejetter comme très mauvaises & pernicieuses, aussibien que les eaux d'étang & de marais, qui étant dormantes ou coulant fort lentement, sont impures & bourbeuses. La boisson d'eau froide, ordonnée en tems & lieu, guerit les fiévres ardentes, & on se sert très-souvent de bains d'eau froide ou d'eau tiede pour beaucoup de maladies. L'eau est bonne à ceux qui ont besoin d'être rafraichis, & elle est nuisible aux autres, à cause qu'en refroidissant l'estomac, elle empêche qu'on ne digere les viandes Elle condense étant froide, & si elle est tiede, elle rarefie.

Les *Eaux minerales* sont en usage dans la Pharmacie aussi bien que l'eau commune, & on s'en sert pour faire une décoction, & même une infusion, quand on veut augmenter la force des medicamens qu'on fait bouillir ou que l'on fait infuser. Toute eau minerale a les mêmes proprietés, que le mineral ou le metal dont elle participe. Il y a aussi des eaux minerales artificielles, que l'on fait pour suppléer au défaut des naturelles; ce qui ne se fait qu'à l'égard de celles qui sont froides, ferrées, ou vitriolées. Le trop de vivacité & de chaleur des eaux minerales qui sont chaudes, sulphurées ou bitumineuses, fait que l'on ne peut suppléer à leur défaut.

Les eaux qu'on appelle *Distillées*, ne sont que la liqueur que l'on tire des plantes recentes par le moyen de la distillation. Il y en a de simples qui ne sont tirées que d'un seul medicament, sçavoir,

Les *Eaux Alexiteres*, qui resistent aux venins & à la peste. Ce sont celles d'angelique, de scorzonere, de lierre, de genevre, de scordium, de basilic, de tormentille, de gentiane, de noix vertes, de rue, de citrons, d'oranges, &c. Elles sont aussi cordiales.

Les *Eaux Cardiaques*, qui sont propres à fortifier le cœur. Celles d'endives, de chicorée, de buglose, & de bourrache sont du nombre. Quelques Auteurs y ajoûtent les eaux de nenuphar, de chardon benit, de *morsus diaboli*, d'ulmaria, de souci, d'oseille, de scabieuse & d'oxytriphillum.

Les *Eaux Cephaliques*, qui servent à fortifier le cerveau. Ce sont celles de rosmarin, de marjolaine, de sauge, de pivoine & de jasmin, de roses, de sariette, de *primula veris*, de basilic, de betoine, de melisse, de fleurs d'oranges, de fleurs de narcisses, de calament, d'œillets, de stoechas, &c.

Les *Eaux Hépatiques*, dont on se sert pour fortifier le foye. Ce sont celles de sonchus, de capillaires, de pourpier, de chicorée, de fumeterre, d'ageratum, de cicerbite, d'agrimoine, de rosesblanches, &c.

Les *Eaux Histeriques*, qui sont propres à fortifier la matrice, & à remedier à toutes ses incommodités. Ce sont celles d'aristoloche, de matricaire, de melisse, d'hyssope, de fenouil, de sabine, d'armoise, d'ache, de pouliot, &c.

Les *Eaux Nephritiques*, qui outre qu'elles fortifient les reins, font évacuer par les urines les humeurs qui causent les obstructions. Ce sont celles de chevrefeuille, de parietaire, de melons, de concombres, de raves, de valeriane, de feves, de mauve, d'ononis, d'alkkenge & autres.

Les *Eaux Ophtalmiques*, qui remedient aux incommodités des yeux. On se sert pour cela de celles d'euphraise, de fenouil, d'anagallis, de vervaine, de morelle, de rue, de plantin, de chelidoine & de roses.

Les *Eaux Pectorales*. Ce sont celles qui fortifient la poitrine, comme les eaux de marrube, de violette, d'hissope, de tussilage, de pavot erratique, de scabieuse, de capillaire, de buglose, d'ortie & de borrache.

Les *Eaux Splenitiques*. Elles fortifient la rate; & ce sont celles de tamaris, de cuscute, de scolopende, de thym, de fleurs de genêt & de muguet, de houblon, d'hæmionitis & de pommes de renette.

Les *Eaux stomachiques*, qui servent à fortifier l'estomac, comme celles de roses rouges de menthe, des balaustes recentes & autres.

On appelle *Eaux specifiques*, celles qui ont une vertu particuliere pour certaines maladies comme celle d'ulmaria pour provoquer la sueur, celle de pourpier pour faire mourir les vers; & *Eaux Cosmetiques*, toutes les eaux odoriferantes, comme celles de fleurs d'orange & de roses qui contentent l'odorat, ou qui sont pour l'ornement, c'est-à-dire, qui sont propres à donner une couleur vermeille à la peau, en ôtant toute la crasse qui pourroit être dessus, ou à effacer les rides du visage. Ce sont celles qu'on tire des fleurs de feves, de sureau de lis, de blancs d'œufs, de miel, de chair de melons, de fleur de guimauve.

Les *Eaux distillées composées*, sont celles qu'on tire par distillation de plusieurs medicamens mêlés ensemble, comme l'eau de cannelle, l'eau clarette, l'eau theriacale & autres. L'*Eau de cannelle* provoque les mois, facilite l'accouchement, & fait sortir l'arriere-faix. Elle se fait de cannelle, d'eau rose & de vin blanc. Après que l'on a broyé grossierement la cannelle, on mêle le tout ensemble, & on la laisse tremper deux fois vingt-quatre heures dans un vaisseau bien bouché. Ensuite on distille ce mêlange sur les cendres chaudes, & on en tire l'eau. On fait l'*Eau clarette*, d'eau de vie, de rose, de sucre & de cannelle que l'on mêle ensemble, après quoi on passe la liqueur deux ou trois fois à travers la manche. Elle réjouit le cœur & dissipe toutes les matieres flatulentes. L'*Eau theriacale* est une eau distillée composée de theriaque & d'eaux cardiaques & cephaliques, à quoi on ajoûte quelquefois du mithridat & quelques racines & semences échauffantes. Elle éteint toute qualité pestilente & veneneuse, remedie à la syncope, à la lethargie, à l'épilepsie, à l'apoplexie & à la paralysie, & s'employe utilement dans toutes les maladies du cerveau & des nerfs.

Il y a aussi des eaux distillées composées externes dont l'eau alumineuse, l'eau de chaux & l'eau phagedenique sont du nombre. L'*Eau alumineuse*, appellée ainsi à cause de l'alun qu'elle a pour base, est une eau composée de plusieurs sucs, comme de plantain, de pourpier, & de verjus, parmi lesquels on met de d'alun de roche & des blancs d'œufs. Après que l'on a battu le tout ensemble, on le distille selon les regles de l'art. Cette eau déterge & appaise les inflammations & toutes les incommodités du cuir. Elle est bonne à effacer la noirceur & à ôter l'âpreté qui est sur la langue de ceux qui ont une fievre ardente, quand on l'applique dessus. Elle est bonne aussi à temperer la chaleur étrangere. L'*Eau de chaux* s'employe aux ulceres corosifs, chancreux & difficiles à cicatriser. Elle se fait en prenant deux livres de bonne chaux vive bien calcinée & faite nouvellement, qu'on met dans une grande terrine, & sur lesquelles on verse peu à peu dix livres d'eau de pluye. On les laisse ensemble pendant deux jours, en les remuant souvent. Après qu'on a bien laissé rasseoir la chaux, on verse par inclination l'eau qui surnage, & c'est ce qu'on appelle *Eau de chaux*. L'*Eau phagedenique* se fait d'environ dix livres d'eau de chaux qu'on met dans une grande bouteille de verre, & à laquelle on ajoûte une once de sublimé corrosif en poudre, qui ne manque point à descendre au fond. L'usage de cette eau lorsqu'elle est rassise, c'est de mondifier les playes, & d'en consumer la superfluité, principalement pour les gangrenes, & en ce cas on peut y ajoûter sur le champ de l'esprit de vin. Le mot de *Phagedenique* vient du Grec φάγαινα, ou φαγέδαινα, qui veut dire, Ulcere qui mange les chairs voisines; du verbe φαγεῖν, Manger.

On appelle *Eau forte*, un Composé d'esprits de nitre & de vitriol, d'orpiment, d'alun, de fleur d'airain, &c. que l'on a tirés par un feu de reverbere dans un fourneau où la flâme est déterminée à reverberer sur les matieres par le chapiteau qui est au dessus. On a donné le nom de *Forte* à cette eau à cause de la force qu'elle a de dissoudre tous les metaux, à l'exception de l'or. On l'appelle aussi *Eau de séparation*.

L'*Eau regale* est de l'eau forte, à laquelle on a ajoûté une dissolution de sel armoniac dans l'esprit de nitre. Alors l'eau forte regalisée de cette maniere ne sçauroit plus penetrer l'argent, ni le dissoudre, à cause que l'addition du sel armoniac ayant grossi les particules du nitre, elles ne font plus que glisser sur les pores de l'argent qui sont trop étroits pour y entrer, au lieu qu'elles s'introduisent aisément dans ceux de l'or qui sont assés larges; ce qui fait que l'on appelle cette eau, *Eau regale*, parce qu'elle est en état de dissoudre l'or que l'on appelle le Roi des metaux. On la nomme aussi *Eau de départ*.

Il y a une maniere de retirer l'argent des eaux fortes qui ont servi aux departs qui produit l'*Eau simple* & l'*Eau repassée*. On met l'eau forte dans un matras dont on fait entrer le col dans un alembic. On les lutte bien ensemble, & on fait distiller l'eau forte dans un recipient. Quand la distillation est environ au tiers, on retire l'eau qui a été distillée, & c'est cette eau qu'on appelle *Eau simple*, parce qu'elle ne contient que des phlegmes. On remet ensuite le recipient pour achever cette distillation, laquelle étant faite, l'eau qui a été distillée s'appelle *Eau repassée*, & est alors en état de servir de derniere eau pour perfectionner d'autres départs. On peut retirer l'argent des eaux fortes d'une autre maniere; ce qui se fait en versant l'eau dans des terrines de grais, & en y mettant sept ou huit fois autant d'eau de riviere pour éteindre l'eau forte & faire qu'elle soit moins corrosive. Cette eau s'appelle *Eau éteinte*.

L'*Eau seconde* est encore de l'eau forte, qui après avoir servi à la dissolution de quelques metaux, & avoir reçû quelque portion d'eau, est ainsi rendue plus foible, & par consequent propre à l'usage de la Medecine pour l'exterieur; encore ne doit-on s'en servir qu'avec de grandes circonspections pour des ulceres malins. C'est un poison si present que qui en prendroit au dedans ne pourroit trouver aucun remede pour s'empêcher de mourir.

L'*Eau Philosophique* se fait avec du salpêtre & du sel armoniac, & l'*Eau Stiptique* avec une dissolution de vitriol ou de colcotar qui reste dans la corne après qu'on en a tiré l'esprit, & que l'on mêle avec de l'alun brûlé & du sucre candi. On prend trente grains de chacune de ces drogues, qu'on mêle avec demi-once d'urine de jeune homme, autant d'eau rose & deux onces d'eau de plantain. On l'applique exterieurement. C'est une eau fort astringente.

On appelle *Eau Imperiale*, l'Eau distillée de noix muscades, cloux de girofle, écorce de citron, feuilles de laurier, d'hissope, de thim, de marjolaine, de sauge, de rosmarin, de lavande, de fleurs d'orange, &c. L'*Eau de la Reine de Hongrie* se fait de deux livres de rosmarin cueillies le matin & dans un tems sec, & mises dans une cucurbite que l'on doit couvrir d'un alembic avengle, en luttans bien les jointures, après que l'on a versé sur les fleurs de rosmarin trois livres de bonne eau de vie. On les fait digerer au bain vaporeux par une chaleur lente pendant vingt-quatre heures, ou bien au Soleil durant trois jours. On ôte ensuite l'alembic aveugle, & on met un alembic à bec en sa place, en luttant bien les jointures, & en distillant au bain-marie tout ce qui peut monter. Cette eau a eu le nom d'*Eau de la Reine de Hongrie*, à cause qu'une Reine de Hongrie en reçût des soulagemens extraordinaires, étant âgée de soixante-douze ans. Elle fortifie le cœur tirée par le nez, ou prise par la bouche, ou bien si l'on s'en frotte les temples & les sutures. Elle aide à la digestion, & dissipe les coliques. Elle a encore d'excellentes qualités pour la paralysie, apoplexie, goutes, douleurs froides, brûlures, défaillances & palpitations de cœur.

L'*Eau de vie* est du vin qu'on fait distiller dans un matras au bain-marie ou à petit feu de flâme, & qu'on reduit à peu près à la sixiéme partie. On fait passer le col du matras en serpentant dans un tonneau d'eau froide, pour la refroidir plûtôt. On en fait de cidre, de biere, d'hidromel, mais le trafic n'en est pas permis.

On dit en termes de mer, *Haute eau*, quand la marée est haute & pleine après son montant, & *Basse eau* ou *Morte eau* quand la mer a refoulé & qu'elle s'est retiré. On dit aussi, *Le vif de l'eau*, pour dire, La haute eau d'une marée. On dit, *Il y a de l'eau, il n'y a pas d'eau*, pour dire, qu'il se trouve assés de profondeur pour y mener un Vaisseau, ou qu'il n'y en a point assés. *Même eau*, Signifie, Même profondeur. On dit que l'*eau est changée*, pour dire, qu'Elle a changé de couleur, soit que cela vienne de ce qu'on approche des terres. ou d'une autre cause. Le commun des Matelots disent, *L'eau est maigre en cet endroit*, pour dire, qu'Il n'y a pas grande profondeur. On dit qu'*Un Vaisseau est sur l'eau d'un autre*, pour dire qu'Il en est proche & qu'il fait sa même route. On dit qu'*Un Vaisseau fait eau*, pour dire que l'eau y entre par quelque ouverture. On dit, *Faire de l'eau*, pour dire, Faire la provision d'eau douce. On dit qu'*Un Navire prend douze piés d'eau*, qu'*Il tire quinze piés d'eau*, pour dire, qu'Il lui faut dix piés, quinze piés d'eau pour être à flot. On dit qu'*Un Vaisseau a reçû deux coups à l'eau*, qu'*Il est percé de deux coups à l'eau*, pour dire, qu'Il a reçû deux coups, qu'il a été percé de deux coups par les parties du bordage qui enfoncent en l'eau.

On appelle aussi en termes de Marine *Eau Somache*, l'Eau salée, c'est-à-dire, l'eau de la mer; & on dit, *Eau du Vaisseau*, pour dire, La trace qui paroît en l'eau après que le Navire a passé. On donne quelquefois ce même nom au cours & au chemin même que fait le navire.

On appelle *Mauvaises eaux*, dans un cheval, certaines Suppurations d'humeurs malignes & puantes qui sortent de ses paturons & de ses boulets. C'est moins des jambes de devant que de celles de derriere.

E B A

EBALAÇON. s. m. Vieux terme de Manege. On a dit qu'*Un cheval avoit des ébalaçons*, pour dire, qu'Il donnoit l'estrapade à celui qui le montoit.

EBANDIR. v. n. Vieux mot qui a été dit pour Ebaudir, se divertir. On a dit aussi *Ebandisse*, mais dans le sens de Hardiesse.

Ebandisse fait gagner souvent.

EBAROUI. adj. Terme de Marine, dont se servent quelques-uns qui disent, *Un Vaisseau ébaroui*, pour dire, Un Vaisseau qui s'est desseché au vent ou au soleil, & dont les coutures se sont ouvertes.

EBAUCHE. s. f. Premier forme que l'on donne à quelque ouvrage, comme celle que les Tailleurs de pierres donnent à un quartier de pierre ou à un bloc de marbre avec le ciseau, après qu'il est dégrossi à la scie suivant un modele. On appelle aussi *Ebauche*, un grand Modele de cire ou de terre qu'on dispose avec les mains, & qu'on heurte grossierement avec l'ébauchoir avant que de le terminer pour y regler les proportions & les drapperies. Ce mot vient de l'Italien *Ebozzo*, qui se prend dans la même signification.

EBAUCHE'E, E'E. adj. On appelle *Marbre ébauché*, Celui qui est approché avec le ciseau pour l'Architecture, ou travaillé à la double pointe pour la Sculpture.

EBAUCHER. v. a. Terme de Peinture. Donner la premiere forme aux figures d'un tableau, & y mettre les premieres couleurs. Les Sculpteurs disent, *Ebaucher une figure*, pour dire, Travailler de cire ou de terre ou d'autre matiere. *Ebaucher*, en termes de Charpenterie, se dit d'une piece de bois qui est tracée suivant une cherche, lorsqu'on la dresse avec la scie ou la coignée avant que de la laver à la besaigue. Les Menuisiers disent, *Ebaucher le bois*, pour dire, Le dégrossir avec le fermoir à coups de maillet ou de marteau. *Ebaucher le chanvre*, parmi les Cordiers, c'est nettoyer le chanvre en le passant par l'ébauchoir.

EBAUCHOIR. s. m. Sorte de ciseau dont les Charpentiers & Charrons se servent pour ébaucher les mortoises. Il a un manche de bois avec des viroles par les deux bouts. *Ebauchoir*, est aussi un outil de bois ou d'yvoire dont se servent les Sculpteurs pour travailler, soit de terre, soit de cire. Ils ont de deux sortes d'ébauchoirs. L'un est tout uni par chaque bout, & l'autre à des dents par un bout. Celui-là ne fait que dégrossir en ôtant la terre ou la cire, & laisse sur l'ouverture les traits qu'on nomme *Brettures*. Les ouvriers qui travaillent de stuc ont aussi un Ebauchoir. Il est de fer. L'ébauchoir des Cordiers est un gros seran au travers duquel ils font passer le chanvre pour l'ébaucher.

E B E

EBE. s. f. Terme de Marine. Reflux de la marée qui s'en va. On l'appelle aussi *Jussant*. Du Cange dit qu'*Ebba* est un mot de la basse Latinité, C'est d'où *Ebe* a été fait.

EBENE. s. f. Bois noir sans aucunes veines, poli & lissé comme une corne brunie. Dioscoride dit que le meilleur vient d'Ethiopie, & qu'en le rompant il est massif, mordant, aigu & astringent au goût: qu'étant mis sur du charbon vif, il rend un agreable parfum; que si étant frais il est presenté au feu, il s'allume incontinent à cause de sa graisse, & qu'il devient roux quand on le frotte sur une pierre. Il ajoûte qu'il y a une autre espece d'Ebene qui vient des Indes, qui a des veines blanches tirant un peu sur le roux. Elle est marquetée en plusieurs endroits, & beaucoup moindre que l'Ebene d'Ethiopie. Les Indiens employent ce bois pour faire les statues de leurs Dieux & les sceptres de leurs Rois. Pausanias rapporte qu'il a oui dire à un Cyprien qui avoit grande connoissance des herbes & étoit fort experimenté en Medecine, que l'Ebenier ne produisoit ni feuilles ni fruit, même qu'il ni jettoit aucun tronc ni branche, & qu'il ne consistoit qu'en racines cachées sous terre que les Ethiopiens atrachoient, sur-tout ceux qui en sçavoient l'endroit. Agricola parle d'une Ebene minerale qui se trouve à Hildesheim dans une terre alumineuse qu'il y a. Ses feuilles, dit-il, sont noires, & ne portent point de fruit. Cette Ebene est polie comme une corne brunie, solide, mais legere, Plusieurs croyent que le Guayac que l'on apporte des Indes, soit une espece d'Ebene, ce que Matthiole, n'ose ni nier ni assurer, n'ayant lû dans aucun Auteur, tant ancien que moderne, quelles sont les fleurs, le fruit & les feuilles de l'Ebene. Il est vrai, dit-il, que le Guayac est entierement semblable à l'Ebene, excepté que l'Ebene est parfaitement noire, & que le Guayac tire un peu sur le blanc. Pline dit, aussi-bien que Dioscoride, que les racules d'Ebene sont bonnes pour le mal des yeux. Quant à Galien, lorsqu'il parle de l'Ebene, il dit que c'est une espece de bois qui mis en poudre se fond en l'eau, comme font certaines pierres; qu'il est chaud, abstersif & fort subtil, & qu'on le mêle dans tous les medicamens qu'on ordonne pour les yeux & pour les vieux ulceres, pustules & fluxions qui tombent dessus. Quelques-uns font venir le mot d'*Ebene* de l'Hebreu *Eben*, qui veut dire Pierre, à cause que la dureté de ce bois approche de celle des pierres.

EBE

EBETUDE. s. f. Vieux mot qui vient du Latin *Hebes*, Obtus, Pesanteur d'esprit, Sottise.

Nous sommes si pleins d'ebetude,
Et si lourdeaux en notre cas.

EBI

EBIONITES. s. m. Sectateurs de l'heresiarque Ebion, dont la principale des erreurs étoit que le Fils de Dieu n'étoit qu'un pur homme, engendré comme les autres. Il vivoit dans le premier siecle, vers l'an 72. & se déclarant contre la virginité, il vouloit que chacun se mariât sans limiter le nombre de femmes. Il rejettoit l'usage des viandes, & s'attachoit presque à toutes les ceremonies de l'ancienne Loi, n'employant que de l'eau pour l'Eucharistie. Il n'avoit aucun respect pour les Livres canoniques, & se moquoit de tout le nouveau Testament, sans se servir que de l'Evangile de saint Matthieu, qu'il n'avoit pas laissé dans sa pureté, l'ayant corrompu en plusieurs endroits.

EBO

EBOELER. v. a. Vieux mot. Eventrer.

Et cil qui cl'assent les destranchent,
Et les chevaux lor ebocllent.

EBORE'. Vieux mot qui se trouve dans la signification d'*Elabouré*.

EBOUSINER. v. a. On dit, *Ebousiner une pierre*, pour dire, En ôter ce qu'on appelle le tendre ou la moye, & l'atteindre jusqu'au vif avec la pointe du marteau.

EBR

EBRBUHARIS. s. m. Ordre de Religieux Turcs institué par Ebrbuhar, qui passe pour saint parmi eux, & auquel Sultan Bajazet dédia une mosquée qu'il fit bâtir à Constantinople avec un Couvent. Cet Ebrbuhar ayant choisi pour le seconder Ahhullad, Ilahi & Vefa, Prédicateurs & Superieurs d'autres Couvents, sortit avec eux pour travailler à l'avancement de leur doctrine dans l'Europe. Leurs actions étoient pleines de douceur, de gravité & de silence, & ils s'appliquoient uniquement aux choses de pieté, sans s'arrêter aux devotions superstitieuses. La plûpart de ces pauvres Ebrbuharis jeûnent le Lundi & le Jeudi, & ne mangent, non plus que ceux qui ont de la devotion pour leur Ordre, aucune viande qui ait l'odeur forte ou desagreable, ne songeant qu'à acquerir par l'abstinence, par leurs bonnes œuvres, par la meditation continuelle des choses divines, & par des prieres qu'ils font incessamment à Dieu afin d'obtenir misericorde, une sainte disposition pour être faits participans de la gloire celeste. Cependant ils ne laissent pas de passer pour heretiques parmi la plûpart des Turcs, à cause qu'ils se dispensent d'aller en pelerinage à la Meque. Ce qui fait qu'ils ne tiennent pas que ce voyage leur soit necessaire, c'est qu'ils prétendent que leur pureté d'ame & leurs transports Seraphiques, qui les élevent au-dessus des autres, leur rendent ce saint lieu de la Meque aussi present dans eurs cellules, que s'ils y étoient en effet.

EBRILLADE. s. f. Terme de Manége. Coup de bride que donne le cavalier à un cheval qui refuse de tourner. L'Ebrillade se donne en secouant une resne, & differe en cela de la sacade qui se fait par la secousse de toutes les deux.

EBROUER. v. n. On dit en termes de Manege, qu'*Un cheval s'ébroue*, pour dire, qu'il fait un espece de ronflement ou de reniflement pour se dégager de quelque humeur qui est dans ses naseaux, & qui ne lui laissent point prendre son haleine. Ce ronflement marque qu'un cheval est plein de feu.

EBUARD. s. m. Gros coin de bois dur, sec & recuit, dont on se sert à fendre le bois dans les forêts.

ECA

ECAFER. v. a. Terme de Vanier. On dit, *Ecafer l'osier*, pour dire, Oter la moitié de l'osier pour ourdir.

ECAILLE. s. f. *Petite partie de forme ronde & de substance semblable en quelque façon à celle de la corne, qui est attachée à la peau de certains poissons & de quelques insectes, comme sont le dragon, le crocodille*, ACAD. FR. On appelle *Ecaille de bronze*, Ce qui tombe du cuivre ou du bronze, quand on le met en œuvre & qu'on le forge. Celle qui sort des clous dont on use aux forges, & que l'on appelle *Helite*, du Grec ἧλος, Clou, est la meilleure de toutes, à cause que l'airain dont on fait les clous, n'ayant jamais été employé, n'est pas purifié comme celui qui a été battu & forgé; de sorte qu'il est impossible qu'il ne rende ses écailles plus grosses & plus fortes que ne fait le bronze dont on fait les vases & autres ouvrages exquis, qui a souvent passé par le feu. Cette écaille est astringente, attenuante, repercussive & corrosive. Elle reprime les ulceres corrosifs, & fait cicatriser les autres sortes d'ulceres. On la met aux medicamens qu'on fait pour les yeux, & en consumant l'âpreté des paupieres, elle desséche toutes sortes de fluxions & caterres. L'écaille de fer qui tombe des tranchans ou points de glaive quand on les forge, que l'on appelle στόμωμα, a les mêmes proprietés que celle de bronze, mais elle est plus astringente, & celle d'acier encore davantage. Ainsi ces deux dernieres sont plus propres pour les ulceres malins.

Ecaille, se dit aussi des éclats de marbre qui sortent lorsqu'on taille un bloc. Il y a aussi une *Ecaille d'acier* dans la monnoie. On la met sous le quarré, & elle sert à le hausser plus ou moins, selon qu'il est necessaire pour faire marquer davantage la medaille ou les monnoies dans les endroits où elles n'auroient point été marquées. On appelle *Ecaille de mer*, une pierre dure avec laquelle on broye les couleurs.

Ecailles, en termes d'Architecture, sont de petits ornemens qu'on taille sur les moulures rondes. On les fait en maniere d'écailles de poisson couchées les unes sur les autres. Il y a aussi des couvertures d'ardoise qu'on fait en écailles.

ECAILLONS. s. m. p. Terme dont on se servoit autrefois pour signifier dans un cheval ce qu'on appelle aujourd'hui *Crocs* ou *Crochets*.

ECART. s. m. Terme de Marine. Jonction, aboutissement de deux pieces de bois, sçavoir de deux bordages ou de deux precintes entaillées. On dit, *Ecart simple*, quand les deux pieces de bois ne font seulement que se toucher; & lorsqu'elles sont endentées l'une sur l'autre, l'on dit, *Ecart double*.

Ecart, est aussi un terme de danse, & signifie un Pas qui se fait en avançant un pied & en le rapprochant de l'autre. Pour cela on baisse la pointe du pied & on leve le talon.

Ecart, en termes de Blason, se dit de chaque quartier d'un Ecu divisé en quatre. On met au premier & au quatriéme Ecart les Armes principales de la Maison, & celles des alliances se mettent au second & au troisiéme.

ECARTELER. v. a. Terme de Blason. Diviser l'Ecu en quatre quartiers. Cela arrive quand l'Ecu est parti & coupé. *Il porte écartelé d'azur & d'argent.*

ECARTELURE. s. f. Division de l'Ecu écartelé. Quand elle se fait par une croix, le premier & le second écart ou quartier sont ceux d'en haut, & les deux autres sont les quartiers d'en bas, en commençant à compter par le côté droit. Si elle se fait par un sautoir, ou par le tranché & taillé, le chef & la pointe font le premier & le second écart ou quartier, le flanc droit fait le troisiéme, & le gauche fait le quatriéme.

ECAVESSADE. s. f. Terme de Manege. Secousse de cavesson pour faire obéir un cheval.

ECC

ECCHYMOSE. s. f. Terme de Medecine. Suffusion de sang, ou sang qui s'arrête entre cuir & chair & dans les muscles, où il arrive par quelque effort ou contusion, quoiqu'il n'y paroisse ni ouverture ni plaie. La matiere des Ecchymoses est la même que celle de l'inflammation. Le sang épanché se corrompt d'abord, & se coagulant ensuite se met en grumeaux; de sorte que de rouge qu'il étoit au commencement, il devient insensiblement violet, livide & jaune, jusqu'à ce qu'étant resout entierement, il se dissipe peu à peu. Quand il ne peut se dissiper, il se convertit en pus par la fermentation, & se vuide par l'ouverture de l'abscès. Si cela ne se fait pas, le sang se corrompt & engendre la gangrene. Le premier arrive dans les contusions legeres, le second dans les plus fortes, & le troisiéme dans les très-fortes, lorsque les parties charnues & nerveuses sont déchirées. Si ces parties nerveuses sont meurtries & affectées d'une Ecchymose, ce qui se connoît si la partie malade est voisine des articles, & par la douleur très-vive qui ne pourroit être si grande ailleurs, il faut s'appliquer à resoudre & à dissiper au plûtôt ce qu'il y a eu d'extravasé dans la contusion, à cause du danger qu'il y a que la matiere ne se corrompe & ne se pourrisse, & que les parties nerveuses & les tendons ne fassent la même chose, & ne se gangrenent. Le mot d'*Ecchymose* vient du Grec ἐγχυμίζειν, Tirer le suc, reduire en suc, ou d'ἔγχυμος, qui est la même chose que ἔγχυλος, Qui a du suc, qui est plein de suc.

ECCOPROTIQUES. s. m. Medicamens fort benins, & qui ne purgent ordinairement que les matieres fecales, comme sont les lavemens purement émolliens, où il n'entre que de simples malactiques. Ce mot est fait de la particule grecque ἐκ, & de κόπρος, Excrement fecal de l'homme.

ECH

ECHALLIER. s. m. Sorte de haie faite de fagots liés ensemble qui clôt un champ & qui empêche les bestiaux d'y entrer.

ECHALOTE. s. f. Racine bulbeuse fort commune qui tient non-seulement de l'odeur de l'ail, quoiqu'elle l'ait bien plus douce, mais encore de ses qualités & proprietés. Elle a moins d'usage pour la Medecine que pour les ragoûts. On l'appelloit autrefois *Eschaloigne*. Ce mot vient de son nom Latin *Ascalonia*, qui lui a été donné d'Ascalon, Ville de Judée, autour de laquelle apparemment il y avoit abondance de cette sorte d'oignon.

Echalote. Terme d'Organiste. Petite lame de laiton, tremblante & mobile, qui sert de languette & de couvercle aux tuyaux d'anche. Elle s'ouvre & se ferme par le moyen d'un fil de fer qu'on appelle *Rasette*.

ECHAMPEAU. s. m. Bout de menue ligne où l'on attache l'hameçon pour pêcher de la morue.

ECHAMPIR. v. a. Terme de Peinture. Contourner une figure, un feuillage, ou quelqu'autre ornement, en separant les contours d'avec le fond. On dit aussi *Réchampir*.

ECHANTILLON. s. m. Petit morceau d'étoffe qui sert de montre de toute la piece. Les Teinturiers appellent *Echantillons*, douze morceaux de drap de Valogne ou de Berri, qu'on garde au Bureau des Maîtres, pour éprouver si les autres sont de bon teint. Ces douze morceaux ont chacun une demi-aune de long, & sont de differente couleur, sçavoir en noir de garence, minime, rouge de garence, couleur de Prince, écarlate rouge, rose seche, incarnat, colombin, couleur de rose, vert gai, bleu turquin & violet. Il y a aussi quatre Echantillons pour les ratines, sçavoir d'écarlate rouge, noir de garence, rouge cramoisi, & couleur de pensée. Ces Echantillons ont la marque des Drapiers & des Teinturiers, & ils sont coupés en deux, afin qu'il en demeure un morceau dans chaque Bureau. Nicod fait venir ce mot de *Chanteau*, & M. Ménage le derive de *Cantilio* diminutif de *Cantus*, Morceau.

On appelle *Echantillon*, en termes de Chevalier de l'arquebuse, la Marque qu'on prend pour preuve de quelque bon coup que l'on a fait en tirant au jeu de l'arquebuse.

On dit, *Du pavé d'échantillon, des thuiles d'échantillon*, pour dire, Du pavé, des tuiles de même grandeur. On dit aussi, *Des pieces de bois d'échantillon*, pour dire, Des pieces de bois qui sont de même grosseur.

Echantillon, signifie aussi la mesure dont on garde l'étalon dans un Hôtel de Ville, ou dans quelque Jurisdiction, & qui sert de regle pour faire les pieces de bois à bâtir, le pavé, le carreau, l'ardoise, les tuiles, suivant ce qui est prescrit par les Ordonnances.

ECHANTILLONNER. v. a. On dit, *Echantillonner un poids, une mesure*, pour dire, Les conferer avec leur matrice originelle.

ECHAPPE'E. s. f. Largeur assez grande dans une allée ou une remise, afin que les charrois y tournent

nent facilement. Il se dit aussi du passage que l'on reserve derriere les chevaux dans une écurie. On appelle encore *Echappée*, l'espace qu'on ménage audessous de la rampe d'un escalier pour y passer aisément & descendre dans une cave.

Echappée, en termes de Peinture, se dit d'une vûe dans un paysage ou un tableau, d'une perspective en lointain qui semble se dérober aux yeux.

ECHAPPER. v. n. On dit en termes de Manege, *Laisser échapper, faire échapper un cheval de la main*, pour dire, Le faire partir de la main, le pousser à toute bride. On faisoit autrefois ce verbe actif, & on disoit, *Echappez votre cheval de la main*, pour, Faites échapper.

ECHARBOT. f. m. Plante qui croît auprès des rivieres, & qui a de larges feuilles qui tiennent à une longue queue, & qui cachent ses épines. Sa graine est fort dure, & sa tige plus grosse en haut que par bas. Elle a des filamens en forme d'épics. On la nomme autrement *Châtaigne d'eau*, & en Latin *Tribulus aquaticus*. Il y en a une autre terrestre, que l'on appelle *Tribulus silvestris*. Elle a des épines dures & fortes, & croît parmi les masures.

ECHARNER. v. a. Terme de Tanneur. On dit, *Echarner un cuir*, pour dire, En ôter la chair avec le couteau tranchant & le couteau rond.

ECHARPE. f. f. Piece de bois ou de fer qui soûtient la roue d'une poulie, & qui porte le boulon.

ECHARPES, en termes de Maçonnerie, sont des cordages avec lesquels les Maçons retiennent & conduisent les engins quand ils veulent lever des fardeaux. On appelle aussi *Echarpes*, les petits Cordages qui passent à travers l'œil de la louve, & qui accolent le fardeau que l'on veut enlever.

Echarpes, se dit encore en termes d'Architecture. Ce sont des especes de ceintures ou courroies mises aux côtés des chapiteaux des colonnes Ioniques, avec quoi les coussinets des volutes semblent être serrés. On les nomme autrement *Ceintures* ou *Baudriers*.

ECHARPER. v. a. Terme de Charpenterie. Faire plusieurs tours avec un petit cordage autour d'un fardeau qu'on veut lever afin d'y attacher une écharpe, au bout de laquelle est une poulie où l'on passe le cable.

ECHARS, ARSE. adj. On appelle en termes de Marine, *Vents échars*, un Vent qui est peu favorable, & qui saute d'un rumb à l'autre. On dit aussi que *Le vent écharse*, pour dire, qu'Il est foible & inconstant.

ECHARSETE'. f. f. Terme de Monnoie. Defectuosité d'une piece de monnoie pour n'être pas du titre requis. Il y a deux sortes d'écharseté; l'une dans le remede de loi, lequel n'est autre chose qu'une permission accordée par le Roi aux Maîtres de ses Monnoies de tenir la bonté interieure des especes d'or & d'argent plus écharse ou moindre que le titre ordonné, par exemple, vingt & un carats trois quarts pour les louis d'or, au lieu de vingt-deux carats, qui est le quart de carat de remede que l'Ordonnance permet, & dix deniers vingt-deux grains pour les louis d'argent, au lieu d'onze deniers qui sont deux grains de remedes. Quand le Maître n'excede pas cette écharseté, cela s'appelle *Echarseté de loi dans le remede*. L'autre écharseté s'appelle *Hors du remede*, lorsqu'il a excedé le remede qui lui est permis par l'Ordonnance, & alors il est condamné à la restitution de l'écharseté hors du remede, & à l'amende, & même à de plus grandes peines, suivant la quantité de l'écharseté hors du remede permis.

ECHASSES. f. f. p. Morceaux de bois plats en forme de regle, sur lesquels on fait des entailles pour marquer en l'un des côtés la longueur, & en l'autre la largeur des pierres lorsqu'on les taille.

On appelle *Echasses d'échafaut*, de grandes Perches debout dont se servent les Maçons pour faire porter d'autres pieces de bois qu'ils nomment Boulins, & qu'ils mettent dans les murs pour servir à s'échafauder. Ils appellent ces perches ou pieces de bois *Bailliveaux*, quand plusieurs boulins y sont attachés les uns audessus des autres.

ECHAUDOIR. f. m. Lieu pavé au rez de chaussée, où il y a de grandes chaudieres, dans lesquelles les Bouchers font cuire les abatis de leurs viandes. Les Megissiers & les Teinturiers donnent aussi le nom d'*Echaudoir* aux lieux & aux vaisseaux où ils échaudent & dégraissent leurs laines.

ECHELER. v. a. Vieux mot qui a été dit pour Escalader.

ECHELETTE. f. f. Sorte de petite échelle qu'on attache de long à chaque côté du bât d'une bête de somme, pour y accrocher du foin, de la paille, & autre chose.

ECHELIER. f. m. Piece de bois qui est traversée de longues & grosses chevilles, & qui sert à monter au haut des grues, des engins & des estrapades. On l'appelle autrement *Rancher*, & les chevilles ou échelons, *Ranches*. On s'en sert aussi pour descendre dans une carriere.

ECHELLE. f. f. *Deux pieces de bois en long, traversées & jointes d'espace en espace par d'autres pieces plus petites, pour monter à une muraille, à un arbre*, &c. ACAD. FR.

On appelle *Echelle*, en termes de Geometrie, une ligne droite divisée en parties égales, qui represente des piés, des toises, ou telle autre mesure qu'on veut. On se sert d'une échelle lorsqu'on décrit un plan sur le papier. On appelle *Echelle de lieues*, cette même Ligne droite, divisée en un certain nombre de parties égales qui representent des lieues, des milles, ou autres distances itineraires que l'on cherche sur la carte.

Echelle, est aussi un terme d'Architecture, & signifie une Ligne qu'on met au bas des desseins pour en faire la mesure. Elle se divise en parties égales, que l'on appelle Degrés, & qui ont valeur de modules, toises, pieds, &c. L'*Echelle de reduction*, est celle qui sert pour réduire un dessein de grand en petit, ou tout au contraire. On appelle en perspective, *Echelle de front*, une Division de parties égales sur la ligne horisontale, pareille à celle de la ligne de terre. Il y a une autre division de parties inégales sur une ligne de côté depuis la ligne de terre jusqu'au point de vûe; & celle-là s'appelle *Echelle fuyante*.

On appelle *Echelle campanale*, une Regle dont se servent les Fondeurs pour proportionner la longueur, la largeur & l'épaisseur d'une cloche à son poids, & pareillement celle de son batail, afin de lui faire rendre un certain son.

Echelle, en termes de Teinturiers, se dit d'un certain nombre d'étages qu'ils donnent à la clarté & à la profondeur des couleurs.

Echelle, Instrument de Musique, composé de douze bâtons enfilés ensemble, & separés l'un de l'autre par des grains de chapelet. Le plus grand de ces bâtons a dix pouces, & ils vont toûjours en diminuant jusqu'au plus petit qui n'en a que trois. Cet instrument est grossier, & l'on en joue avec un bâton qui a une de ses extremités tournée en boule.

ECHENILLE', EE. adj. On dit, *Grais ou moilon échenillé*, pour dire, Piqué avec le marteau à deux pointes.

ECHENO. f. m. Terme de Fondeur. Baſſin ſolidement fait de bonne terre bien battue, & qui doit être bien ſec. Les Fondeurs font ce baſſin audeſſus du moule de leurs figures, & c'eſt où le metal tombe d'abord, pour couler de-là dans le moule. *Echeno* vient du vieux mot François *Echenau*, qui vouloit dire Tuyau, canal; d'où vient qu'on a dit, *Conduire une fontaine par échenaux.*

ECHIFRE. f. m. On appelle *Echifre*, ou *Parpain d'échifre*, Un mur rampant par le haut, qui porte les marches d'un eſcalier, ce qui lui a fait donner ce nom, à cauſe que pour les poſer, on les chiffre le long de ce mur, ſur lequel on poſe la rampe. On appelle *Echifre de bois*, Un aſſemblage triangulaire, qui eſt compoſé d'un patin, d'un ou de pluſieurs potelets & de deux noyaux, avec limon, appui & baluſtres.

ECHINE. f. f. Terme d'Architecture. Membre ou ornement qui eſt au haut du Chapiteau de la colonne Ionique. Ce mot vient du Grec ἐχῖνος, qui ſe prend quelquefois pour la coque d'une châtaigne. Les Modernes ont mis ce même ornement dans les corniches Ioniques, Corinthiennes & Compoſites, à cauſe qu'il reſſemble à des châtaignes ouvertes, & arrangées les unes auprès des autres. On a appellé auſſi *Echine*, ce même membre, quoiqu'il ne ſoit pas taillé, & alors on lui donne encore le nom de *Quart de rond.*

ECHIQUETÉ', ÉE. adj. Terme de Blaſon. Il ſe dit de l'écu, pourvu qu'il ait au moins vingt quarreaux, *Echiqueté d'argent & d'azur.* Il ſe dit auſſi des pieces principales, mais il faut qu'elles ſoient au moins échiquetées de deux tires. *De gueules à trois faſces échiquetées d'argent & d'azur de deux tires.* On dit encore *Echiqueté* de quelques animaux, comme des Aigles & des Lions, quand ils ſont compoſés de pieces quarrées alternées, comme celles des Echiquiers. *D'argent au Lion échiqueté d'or & de ſable.*

ECHO. f. m. Terme de Phyſique. Reflexion du ſon. Voyez SON. L'Echo eſt à l'égard du ſon, ce qu'un miroir eſt à l'égard de la lumiere & des objets viſibles. A proprement parler, nous n'entendons point de ſon ſans écho: car nous ſommes de toutes parts environnés de corps qui reflechiſſent les ſons, & comme ces reflexions ſont extrémement promptes, elles ſe joignent aux ſons directs, & arrivent en même-tems à l'oreille. Il eſt certain que ſans cela tous les ſons nous paroîtroient beaucoup plus foibles. Mais quand les corps refléchiſſans ſont tellement ſitués, que les refléxions qu'ils cauſent arrivent à l'oreille un peu plus tard que les ſons directs, alors ces refléxions qu'on entend ſeparément, & qui d'ordinaire ne rendent que la fin des ſons, parce que le reſte s'eſt confondu avec les ſons directs, s'appellent *Echos.* Plus le corps refléchiſſant eſt éloigné, & la refléxion tardive, plus la repetition eſt longue, plus, par ex. l'écho repete de ſyllabes. Quant un écho paroît repeter pluſieurs fois de ſuite, ce ſont réellement pluſieurs échos differemment éloignés. Il faut pour la netteté de cette refléxion que le corps refléchiſſant ſoit aſſés poli, & faſſe les angles de reflexions égaux à ceux d'incidence. Autrement des refléxions ſans ordre & confuſes ne rendroient pas des ſons diſtincts & articulés. Il en va à proportion comme des Miroirs. Voyez MIROIR. La figure des corps refléchiſſans y ſert encore. Les voutes, ſur-tout les *Elliptiques* ou *Paraboliques* y ſont très-propres, parce que l'Ellipſe & la parabole ont des *foyers.* Les ſons partis du foyer d'une Ellipſe ſe raſſemblent par refléxion dans l'autre comme des rayons, & c'eſt en quoi conſiſte tout l'artifice de ces chambres, où ce qu'on dit tout bas à un bout eſt entendu très-clairement à l'autre bout, ſans être entendu dans tout l'eſpace d'entre deux. Le mot d'*Echo* vient du Grec ἠχὼ, *ſon.*

ECHOME. f. m. Terme de Marine. Cheville de bois ou de fer, qui va en amenuiſant par les deux bouts, & dont la longueur eſt d'un pié ou environ. On l'appelle auſſi *Tolet.* Cette cheville ſert à tenir dans un même endroit la rame du Matelot qui nage. Ce mot vient d'ἔχμα, qui veut dire, Ce qui retient, ce par où deux choſes ſont attachées l'une à l'autre comme par un nœud, peut-être d'ἔχομαι, Je ſuis retenu.

ECHOPPE. f. f. Pointe d'acier dont ſe ſervent les Graveurs lorſqu'ils gravent ſur le cuivre à l'eau forte. On appellent auſſi *Echoppes*, Certains ciſeaux avec leſquels les Serruriers gravent en relief quelque choſe de groſſier; & on dit *Echopper*, pour dire, Travailler avec des Echoppes.

ECL

ECLABOTER. v. Vieux mot. Couvrir de boue. C'eſt delà que nous eſt venu *Eclabouſſer*, qu'on a compoſé d'*éclat*, & de *boue.*

ECLAIR. f. m. *Eclat de lumiere ſubit & de peu de durée. Il ſe dit principalement de cet éclat de lumiere qui précede le tonnerre.* ACAD. FR. L'éclair eſt une lumiere lancée & répandue dans l'air par la flamme de la foudre, dont la matiere inflammable ſemble n'être autre choſe que de certaines exhalaiſons graſſes, ſulphureuſes, bitumineuſes & nitreuſes, détachées & élevées en l'air par la force de la chaleur ſouterraine & par celle du Soleil. On compare la flamme de ces ſortes d'exhalaiſons à celle qui ſe fait de poudre dans un canon, laquelle lance & répand de tous côtés de la lumiere qui eſt ſuivie d'un grand bruit. De même la flamme des exhalaiſons qui forment l'éclair, envoye & répand de toutes parts une lumiere, que quelque grand murmure ou éclat eſt tout prêt de ſuivre. La difficulté eſt de ſçavoir, comment ces exhalaiſons s'enflamment. Les ſentimens ſont partagés là-deſſus. Il y en a qui diſent que cette inflammation vient du frottement, & du choc mutuel des nues, de la même ſorte que deux pierres frottées l'une contre l'autre produiſent des étincelles de feu. D'autres veulent qu'une exhalaiſon de la nature de celles dont la flamme de la foudre eſt formée, ſe trouvant enfermée & agitée diverſement par la maſſe des nues qui l'environnent & qui la retiennent, vient enfin à s'enflammer, en ſorte que la nue ſe rompant, elle eſt pouſſée dehors par expreſſion, comme un noyau que l'on preſſe entre ſes doigts. Quelques-uns ſe ſont imaginé que la chûte impetueuſe d'une nue entiere ſur une autre nue plus baſſe enflammoit l'exhalaiſon, & que l'air qui ſe trouvoit pris avec cette exhalaiſon entre la nue de deſſus & la nue de deſſous, ſortant & s'échappant avec violence par quelque paſſage aſſés étroit, s'enflammoit, & faiſoit le grand bruit que l'on entendoit après l'éclair. Quelques autres attribuent l'inflammation au ſeul mélange de quelques ſels acides avec des matieres graſſes & ſulphureuſes, comme l'on voit qu'en verſant ſeulement du vinaigre ſur de la chaux vive, il en ſort tout-à coup du feu. L'opinion la plus probable paroît être celle de ceux qui croyent que l'inflammation & par conſequent l'Eclair, ſe peuvent faire, & ſe font effectivement en pluſieurs de ces manieres, ſelon la diverſe diſpoſition des nues, des vents & de la matiere.

ECLAIRCIE. f. f. Terme de Marine. Endroit clair qui paroît au Ciel dans un tems de brume.

ECLAIRCIR. v. a. Rendre clair. Il signifie, en termes de Jardinage, Arracher des plantes où il y en a trop grand nombre, couper certains bois qui ne peuvent profiter.

ECLAIRE. f. f. Plante dont il y a de deux sortes, la grande & la petite *Eclaire*. La grande, que l'on appelle *Hirundinaria*, est une plante dont la tige est mince & gresle, & haute d'une coudée. Elle a ses branches toutes garnies de feuilles semblables à la grenouillette, mais plus tendres & plus bleues, & auprès de chaque feuille elle produit une fleur semblable au violier blanc. L'Eclaire jette un lait jaune qui est mordant, aigu, un peu amer, & puant. Elle a de petites gousses minces & faites en pointe, qui approchent fort de celles du pavot cornu. Au dedans est une graine plus grosse que la graine de pavot. Sa racine est seule & simple par le haut, mais par le bas elle pousse plusieurs petites racines jaunes. On ne se sert gueres que de ses feuilles en Medecine.

La *Petite Eclaire* croît aux lieux marécageux, & on ne la trouve qu'au Printems. C'est une petite herbe qui jette ses feuilles depuis sa racine sans aucune tige. Elles sont semblables à celles du lierre, mais moindres, plus rondes, molles & grassettes. Elle porte une fleur jaune qui tient à une queue mince, & produit plusieurs racines qui sortent d'un même durillon, & qui sont amassées comme des grains de blé qui sont en monceau; ce qui la fait appeller par quelques-uns *Froment sauvage*. Quelques-unes de ces racines s'étendent en longueur. Cette herbe est nommée *Ficaria* & *Scrofularia minor*, à cause que sa racine est composée de petits durillons qui ressemblent aux glandules ou écrouelles, que les Grecs nomment *Scrofules*. Voyez CHELIDOINE.

ECLIPSE. f. f. *Il se dit de l'obscurcissement du Soleil à notre égard par l'interposition du corps de la Lune, ou de l'obscurcissement de la Lune en soi par l'interposition de la terre.* ACAD. FR. L'Eclipse du Soleil, n'est pas une vraie Eclipse, parce que le Soleil ne perd rien de sa lumiere, & que la terre en est seulement privée par l'interposition de la Lune. Ainsi pour une Eclipse de Soleil il faut que la Lune soit entre le Soleil & la Terre, ce qui ne peut arriver que dans les *Conjonctions*, ou *Nouvelles Lunes*, (Voyez CONJONCTION & LUNE,) & même dans toutes les Nouvelles Lunes il n'y a pas d'Eclipse de Soleil, parce que comme le Soleil est toûjours dans l'Ecliptique, & que les autres Planetes s'en écartent tantôt plus, tantôt moins, (Voyez LATITUDE, & NOEUD,) il peut arriver que la Lune dans sa conjonction avec le Soleil, est assés loin de l'Ecliptique pour ne pas passer directement entre le Soleil & nous, mais un peu à côté du Soleil. Il faut donc que les deux Astres soient ensemble ou à la Tête ou à la Queue du Dragon, ou du moins très-proche. Voyez DRAGON. Comme c'est par son mouvement propre d'Occident en Orient, que la Lune rencontre le Soleil dans l'Ecliptique, il est clair que la Lune doit d'abord rencontrer le bord Occidental du Soleil, & que c'est par là que l'Eclipse doit commencer. L'Eclipse est *partiale* quand la Lune ne cache qu'une partie du Soleil, & elle est *totale* quand elle le cache tout entier. La Lune étant six mille fois plus petite que le Soleil, ne seroit pas capable de nous le cacher tout entier, si ce n'étoit qu'elle est beaucoup plus proche de nous & par là son *Diametre apparent* peut quelquefois égaler & même surpasser le Diametre apparent du Soleil, car les Diametres apparens changent suivant le different éloignement des Planetes, ils sont plus petits dans un plus grand éloignement. Ainsi lorsque la Lune dans son plus petit éloignement ou *Perigée*, où son Diametre apparent est le plus grand, rencontre le Soleil dans son *Apogée* où son Diametre apparent est le plus petit, l'Eclipse du Soleil peut être totale. Voyez DIAMETRE. Comme les Diametres des deux Planetes sont peu differens, l'Eclipse solaire totale ne peut presque pas être autre que *Centrale*, c'est-à-dire, que les Centres des deux Planetes doivent être dans la même ligne qui passe par nos yeux. Quand l'Eclipse Centrale n'est pas totale, ce qui arrive quand le Diametre apparent de la Lune est moindre que celui du Soleil, le Soleil ne paroît que comme un bord lumineux qui est autour de la Lune. Une Eclipse de Soleil quoique Totale ne peut être *Universelle* ou *Générale*, c'est-à-dire, pour toute la Terre. Car la Lune étant beaucoup plus petite que le Soleil qui l'éclaire, son Ombre se termine en pointe, & ne sçauroit couvrir qu'une certaine partie de la terre qui est directement sous son disque. Ceux qui sont hors delà, & dont la vûe peut passer entre le Soleil & la Lune ne voyent point d'Eclipse.

L'Eclipse de la Lune est une vraie Eclipse, car la Lune perd veritablement toute sa lumiere qu'elle reçoit du Soleil quand elle tombe dans l'ombre de la terre. Elle n'y peut tomber que quand la terre est directement entre la Lune & le Soleil, c'est-à-dire, quand la Lune est *Pleine* ou *en Opposition*. Voyez OPPOSITION & LUNE. Encore la Lune ne tombe-t'elle pas dans l'ombre de la terre toutes les fois qu'elle est pleine, parce que comme le Soleil est toûjours dans l'Ecliptique, l'Axe de l'Ombre de la terre y est toûjours aussi dans le point diametralement opposé au Soleil, & si la Lune est alors assés éloignée de l'Ecliptique vers le Midi ou le Septentrion, elle ne tombe point dans l'ombre. Ainsi pour être éclipsée il faut qu'elle soit dans un de ses *Nœuds*, ou du moins qu'elle ait peu de *Latitude*. Voyez NOEUD, LATITUDE, & DRAGON. Comme la Lune rencontre l'Ombre de la terre par son mouvement propre d'Occident en Orient, elle la rencontre d'abord par son bord Oriental. L'Eclipse est *totale* si tout son disque est plongé dans l'ombre, sinon elle n'est que *Partiale*. La terre étant beaucoup plus petite que le Soleil, son ombre se termine en pointe, & par conséquent la Lune qui ne rencontre cette ombre que vers sa pointe, & qui ne laisse pas d'en être quelquefois entierement enveloppée, doit être beaucoup plus petite que la Terre. Deux causes peuvent faire que la Lune rencontre l'ombre dans un endroit plus ou moins épais, & par consequent qu'elle y séjourne plus ou moins. 1°. Quand le Soleil est plus éloigné de la Terre, il en éclaire une plus petite partie, & par consequent l'ombre est plus longue & plus épaisse. 2°. Quand la Lune est plus proche de la terre elle tombe dans un endroit de l'ombre plus épais. Ainsi les plus longues Eclipses de Lune doivent être celles qui arrivent le Soleil étant dans l'Apogée, & la Lune dans le Perigée. Voyez APOGÉE & PERIGÉE. L'Eclipse de Lune est *Centrale*, quand le centre de la Lune passe par l'Axe de l'ombre, qui est toûjours une ligne tirée du centre du Soleil par le centre de la terre. Entre les Eclipses Totales de Lune, les Centrales sont les plus longues. On appelle *Eclipse de Lune horisontale*, celle qui se fait le Soleil & la Lune étant sur l'horison. Ce Phénomene paroîtroit d'abord impossible, parce que dans l'Eclipse de Lune, ces deux Planetes étant diametralement oppofés, si l'une est sur l'horison, l'autre doit être dessous. Mais il est vrai aussi qu'alors le Soleil est réellement sous l'horison, mais qu'il paroît encore au-dessus par l'effet de la refraction qui éleve son image. Voyez REFRACTION. La premiere chûte de la Lune dans l'ombre s'appelle, *Immersion*, & le commencement de sa sortie s'appelle *Emersion*. Mais le commencement précis tant de l'Immersion que de l'Emersion est très-difficile à discerner, parce que l'ombre de la terre n'est pas terminée nettement, & que les confins de l'ombre & de la lumiere sont douteux, & tiennent de l'un & de l'autre. C'est ce qu'on appelle *Percombre*.

Pour mesurer la quantité des Eclipses tant de Soleil que de Lune, on divise l'un & l'autre Disque en douze parties, qu'on appelle *Doigts*. Ainsi on dit que la Lune ou le Soleil sont éclipsés seulement de trois doigts, de six, &c. pour dire qu'il n'y a que cette partie de leur Disque qui soit éclipsée.

En comparant les Eclipses du Soleil & de la Lune, on trouve que les Eclipses de Lune doivent arriver plus souvent que celles de Soleil, parce que le globe de la terre étant beaucoup plus grand que celui de la Lune, il est bien plus aisé que la terre dérobe le Soleil à la Lune, qu'il ne l'est que la Lune le dérobe à la terre. Il est difficile que la Lune ne soit éclipsée une fois en six mois, parce que les Nœuds de la Lune étant deux points de l'Ecliptique, le Soleil passe par chacun en six mois, & il est difficile que la Lune ne soit dans le nœud opposé, ou assés près pour être éclipsée. Cependant il se passe quelquefois des années entieres sans éclipse de Lune. De plus on voit qu'une Eclipse de Soleil doit être plus courte qu'une Eclipse de Lune. La plus longue Eclipse de Soleil ne peut être que de deux heures, parce que le Diametre apparent du Soleil étant de 30. minutes, à peu près, qui sont un demi degré, & le Diamettre apparent de la Lune à peu près égal, d'ailleurs la Lune parcourant à peu près douze degrés par jour, c'est-à-dire, un demi degré par heure, il est évident que quand le bord oriental de la Lune a attrapé le bord Occidental du Soleil, ce qui est le commencement de l'Eclipse, il doit employer une heure à se joindre au bord Oriental, puisque cette distance vaut un demi degré, car on suppose l'Eclipse centrale, & c'est là le milieu de l'Eclipse, & par consequent il y a encore une heure jusqu'à la fin. Mais une Eclipse de Lune peut être de quatre heures, parce que le plus grand Diametre de l'ombre de la terre, où la Lune puisse tomber, pouvant être de 1. degré & demi, & par consequent l'axe de l'ombre étant éloigné de part & d'autre de 45. minutes, quand le bord Oriental de la Lune a attrapé l'ombre, il lui faut une heure & demie pour faire les 45. minutes qui sont jusqu'à l'Axe; & le bord Oriental de la Lune étant parvenu à l'Axe de l'ombre, comme de ce bord au centre de la Lune il y a 15. minutes, il faut encore une demi-heure, afin que le centre de la Lune arrive à l'axe de l'ombre, ce qui fait deux heures, & c'est le milieu de l'Eclipse.

Pour trouver la longitude Geographique, c'est-à-dire de combien un lieu est plus Oriental ou plus Occidental qu'un autre, (Voyez LONGITUDE,) on se sert des Eclipses de Lune. La chûte de la Lune dans l'ombre étant réelle & vraie, il ne se peut qu'elle ne soit vûe au même instant par tous ceux qui la peuvent voir, & ceux qui dans cet instant là comptent par exemple huit heures du soir, sont assurément plus occidentaux que ceux qui en comptent neuf, cette difference d'une heure entr'eux vaut 15. degrés de longitude. Ainsi du reste, & par consequent il n'est question que de sçavoir à quelle heure précisément la même Eclipse, ou plûtôt le même point d'une Eclipse a été vû en differens lieux de la terre. Les Eclipses du Soleil ne peuvent servir à cet usage, parce que son obscurcissement par le corps de la Lune n'est qu'une apparence qui se montre plûtôt aux Occidentaux & plus tard aux Orientaux, & qui même n'est point du tout vûe par quelques-uns, tandis qu'elle est vûe par d'autres. Le mot d'Eclipse vient de ἐκλείπειν, *Défaillir, manquer.*

ECLIPTIQUE. s. f. Grand Cercle qui tient précisément le milieu de la largeur du Zodiaque. Le Soleil est toûjours sous ce cercle, mais les autres Planetes s'en écartent, & le coupent en deux points opposés, qu'on appelle *Nœuds*. Voyez NOEUDS. Leur distance de l'Ecliptique est leur latitude. Voyez LATITUDE & ZODIAQUE. Souvent on confond l'Ecliptique & le Zodiaque, quand il n'est pas question de considerer la latitude des Planetes. L'Ecliptique a été ainsi nommée, parce que les Eclipses de Soleil ou de Lune n'arrivent que quand la Lune est dans l'Ecliptique aussi bien que le Soleil, ou du moins assés proche. Voyez ECLIPSE.

ECLISSE. s. f. Bois de fente qui se fait dans les forêts, ou de chêne, ou d'un autre bois, & qui sert à faire des minots, des seaux & autres mesures. Les Vaniers appellent *Eclisse*, un Osier fendu & plané qui leur sert à bander un moule de panier; & parmi les Lutiers *Eclisse* se dit des côtes d'un luth. Le bois d'un tambour d'enfant est aussi nommé *Eclisse*. Il se dit encore d'un petit moule ou rond de sapin, dans lequel on fait des fromages. Ce rond a un fond d'osier par lequel le lait clair s'écoule. On appelle aussi *Eclisses*, les petits ais de bois qui servent à former les plis des souflets. *Eclisse*, est encore, parmi les Chirurgiens, un petit ais délié qu'ils appliquent pour soûtenir un membre où il y a eu fracture.

ECLUSE. s. f. Ouvrage de Maçonnerie & de Charpenterie fait pour soûtenir & pour élever les eaux. Il se dit plus particulierement d'une espece de Canal qui est enfermé entre deux portes. Ces sortes d'Ecluses conservent l'eau dans les navigations artificielles, & rendent le passage des bateaux aussi aisé lorsqu'ils montent, que quand ils descendent. Ce mot vient d'*Excludere*, Exclure, empêcher. Il y a *Ecluse à tambour*, & une autre *à vannes*. La premiere est celle qui s'emplit & qui se vuide par le moyen de deux canaux voûtés, creusés dans les jouillieres des portes, dont l'entrée s'ouvre & se ferme par une vanne à coulisse. L'Ecluse à vannes s'emplit & se vuide par des vannes à coulisse qu'on pratique dans l'assemblage même des portes. On appelle *Ecluse à éperon*, Celle dont les portes qui ont deux ventaux se joignent en avantbec du côté d'amont l'eau. Les portes de l'Ecluse, que l'on appelle *Ecluse quarrée*, n'ont qu'un seul ventail, & elles se ferment quarrément.

On appelle *Ecluses* en Flandre plusieurs ais gros, grands & forts assemblés avec de fortes bandes de fer. Ils servent à retenir l'eau qui inonderoit les terres qui sont plus basses, si elle n'étoit ainsi arrêtée. On leve ces Ecluses quand il est besoin de les noyer.

Ecluse. Terme de Meunier. Petite digue qui sert à amasser l'eau d'un ruisseau ou d'une fontaine, pour la faire tomber ensuite sur la roue d'un moulin.

ECLUSÉE. s. f. Ce mot ne signifie pas seulement l'eau qui est contenue & qui coule dans une Ecluse depuis qu'on l'ouvre jusqu'à ce qu'on la referme, mais encore un demi train de bois propre à passer dans une Ecluse.

ECO

ECOBANS. s. m. p. Terme de Marine. Grands trous qui sont posés de part & d'autre sur l'avant du Navire. On les appelle aussi *Ecubiers*. C'est par ces trous qu'on passe les cables quand on veut mouiller.

ECOFRAI. s. m. Sorte de table sur laquelle les Cordonniers, Selliers, Bourreliers & autres taillent & préparent leur besogne. Quelques-uns disent *Ecofroi*.

ECOINCON. s. m. Pierre qui dans le piédroit d'une porte ou d'une croisée, fait l'encoignûre de l'embrasure. Quand le piédroit ne fait pas parpain, cette pierre est jointe avec le lanci.

ECOLE. s. f. *Lieu où l'on enseigne les Lettres & les Sciences*. ACAD. FR. Il se dit en termes de mer, d'une Académie établie dans un département pour apprendre aux jeunes Officiers & aux Gardes de Marine ce qu'il faut qu'ils sçachent. On appelle aussi *Ecole*, un Vaisseau que le Roi fait armer pour l'instruction des mêmes Gardes de Marine.

Ecole, est aussi un terme de Manége, & se dit de la leçon & du travail, tant du cavalier que du cheval. On dit qu'*Un cheval a de l'école*, qu'*Il fournit bien à l'école*, qu'*Il va un pas d'école*, pour dire, qu'il a été bien dressé, & qu'il manie juste.

ECOLLETE', E'E. adj. Les Orfévres appellent *Ecolletés*, Certains ouvrages ou vaisseaux échancrés, arrondis & étrecis, & qui ne sont pas taillés à pans.

ECOPE. s. f. Terme de Chirurgien. Division des parties charnues, par laquelle on tranche & coupe une partie gangrenée ou chancreuse.

Ecope, est aussi une espece de pelle un peu creuse qui a un rebord de chaque côté, & avec laquelle on vuide l'eau qui entre dans les bateaux sur les rivieres. Du Cange dit que ce mot vient de *Scopa* ou *Ascopa*, Vaisseau portatif où l'on met de l'eau.

ECORCE. s. f. *Peau d'un arbre ou d'une plante boiseuse*. ACAD. FR. Dioscoride, parlant de l'*écorce d'encens*, dit que la meilleure est celle qui est massive, grasse, odorante, polie, lissée & qui n'est point cartilagineuse. On la sophistique en y mêlant de l'écorce de Pin ou de celle de sa pomme; mais le feu en fait découvrir la fraude, les autres écorces ne jettant qu'une fumée sans odeur & sans nulle flâme; au lieu que celle d'encens s'enflâme aussi-tôt, & rend un parfum très-agreable, Elle se brûle, & a les mêmes proprietés que l'encens. Prise en breuvage, elle est bonne à ceux qui crachent le sang. Elle remedie aussi aux cicatrices des yeux & aux ulceres ords & concavés. Selon Galien l'écorce d'encens est évidemment astringente, & par consequent fort dessicative. Elle est composée de parties plus grosses que n'est l'encens; ce qui la rend moins aigue, & la fait ordonner à ceux qui crachent le sang, aux foiblesses & fluxions d'estomac & aux écorchemens de boyaux, en la mêlant, non seulement aux médicamens qui s'appliquent par dehors, mais aussi à ceux qu'on prend par dedans.

ECORCHE', E'E. adj. Terme de Blason. Il se dit des loups de gueules ou de couleur rouge.

ECORCHER. v. a. Parmi ceux qui jettent des figures de bronze, on dit, *Ecorcher une figure de terre ou de cire qui doit servir de noyau*, pour dire, La ratisser pour la diminuer & ôter de sa grosseur.

ECORCIER. s. m. Bâtiment construit auprès d'un moulin à tan pour servir de magasin à mettre les écorces de chêne, qu'on ne doit point laisser à la pluie, à cause que le sel s'en détacheroit; ce qui leur feroit perdre toute leur vertu.

ECORE. s. f. Terme de Marine. Côte escarpée. On appelle *Côte en écore*, une Côte qui est taillée en précipice & à plomb. Il n'y a point d'Ecores plus celebres que celles du banc de Terre-Neuve.

On appelle aussi *Ecores*, les Etayes qui soûtiennent un Navire tandis qu'on le construit ou qu'on le refait.

ECORNURE. s. f. Terme de Maçon. Eclat qui se fait à l'arête de la pierre lorsqu'on la taille, qu'on la monte, ou qu'on la pose.

ECOT. s. m. Terme des Eaux & Forêts. Tronc ou grosse branche d'arbre où l'on a laissé les bouts des branches qu'on en a coupées, ce qui fait que la taille n'en est pas unie. On a étendu ce mot pour signifier ce que chacun doit payer pour sa part d'un repas, à cause qu'on le marquoit sur des tailles.

Ecot, s'emploie aussi dans le Blason, & s'entend également d'une grosse branche d'arbre où sont demeurés les bouts des menues branches coupées. *D'argent à trois écots droits de sinople*.

ECOTARD. s. m. Terme de Marine. Grosse piece de bois qu'on met en rebord & en saillie sur les côtés du bordage le long des ceintes du Vaisseau, pour soûtenir les haubans, & les rejetter plus au large, en sorte qu'ils ne portent point contre le bordage. On l'appelle aussi *Porte-haubans*.

ECOTE', E'E. s. f. Terme de Blason. Il se dit des troncs & des branches d'arbres dont on a coupé les memes branches. *D'azur à la bande écotée d'or*. On appelle *Croix écotée*, Une croix dont le montant & les branches ont plusieurs chicots ou nœuds. On le dit aussi d'un cheval dont l'écot d'une souche a parié le pié.

ECOUET. s. m. Terme de Marine. Grosse corde qui va en diminuant par un bout. Elle sert à amurer la voile de misaine & la grande voile. Il y a des Ecouets qui n'étant point amurez, sont opposés à ceux du vent. Voyez COUETS.

ECOUFLE. s. f. Espece de milan qui vole sans bruit & qui entrecoupe l'air presque sans battre l'aile. Il ne se branche presque jamais, & n'a point de peine à voler entre deux airs. On l'appelle en Latin *Milvus*.

ECOUTE. s. f. Tribunes à jalousies, au travers desquelles ceux qui ne veulent pas qu'on les voye dans les Ecoles publiques, écoutent ce qui s'y dit pendant les actes.

ECOUTES. Terme de Marine. Cordages qui font deux branches, & qui sont frappées aux coins des voiles pour les tenir dans une situation qui leur fasse recevoir le vent. On appelle *Grandes Ecoutes*, Celles qui servent à bander la grande voile. Il en est de même des *Ecoutes de misaine*, & des *Ecoutes des perroquets*. On appelle *Ecoutes d'artimon*, Celle qui en borde la voile à la poupe. Les *Ecoutes de hunes* bordent les huniers, & les *Ecoutes de sivadiere* servent à border la voile du mât de beaupré. L'*Ecoute des bonnettes en étui*, est ce qu'on appelle *Fausse écoute*. On dit *Haler sur les écoutes*, pour dire, Bander les écoutes; & *Aller entre deux écoutes*, pour dire, Aller vent en poupe. On dit aussi, *Avoir les écoutes largues*, quand les Ecoutes ne sont point halées, & que le vent est favorable, quoiqu'on ne l'ait pas en poupe. On dit encore, *Naviguer l'écoute à la main*, lorsqu'étant par un gros tems dans une chaloupe, on est contraint de tenir l'Ecoute pour la larguer selon qu'il en est besoin.

ECOUTE', E'E. adj. On appelle en termes de Manége, *Pas écouté*, un Pas d'école d'un Cheval, un pas racourci qui écoute les talons, & qui ne se jette sur l'un ni sur l'autre. On appelle aussi *Cheval écouteux*, un Cheval qui saute au lieu d'aller en avant, & qui ne partant pas de la main franchement, ne fournit pas ce qu'on lui demande. On dit autrement, *Cheval retenu*.

ECOUTILLE. s. f. Ouverture quarrée dans le tillac pour descendre sous le fond. Elle est faite en forme de trappe, & bordée par les hiloires. On dit, *Fermer les écoutilles*, pour dire, Fermer le fond de cale du Vaisseau. Il y a ordinairement quatre Ecoutilles, la grande Ecoutille, celle de la fosse aux cables, celle des vivres, & celle des soutes. La premiere est entre le mât de misaine & le grand mât; la seconde, entre le mât de misaine & la proue; la troisiéme, entre le grand mât & l'artimon; & la derniere, entre l'artimon & la pouppe.

Ecoutille à huit pans, se dit de plusieurs petites pieces de bois plates, qu'on assemble de telle maniere qu'elles ont la figure d'un octogone. On couvre cette écoutille d'une braye, & elle sert à couvrir l'étambrai de chaque mât sur le pont.

ECOUTILLON. s. m. On appelle *Ecoutillons*, des diminutifs d'écoutilles que l'on fait dans les paneaux, c'est-à-dire, dans les trapes ou portes qui ferment les écoutilles.

ECOUVILLON. s. m. Instrument propre à nettoyer un canon. On le fait proportionné à la longueur de la piece, & il sert à la rafraîchir lorsqu'elle a tiré. Cet instrument est composé d'une hampe & de deux boëtes de bois avec un morceau de peau de mouton & de la laine autour de l'une des boëtes pour nettoyer le dedans des pieces d'artillerie.

On appelle aussi *Ecouvillon*, Une sorte de balai avec lequel les Boulangers & les Patissiers nettoyent leur four après que la braise en est ôtée.

ECOUVILLONNER. v. a. Se servir de l'Ecouvillon pour nettoyer une piece d'artillerie. On dit de même, *Ecouvillonner le four*.

ECP

ECPHRACTIQUES. s. m. Médicamens qui ont la vertu de déboucher les conduits, ce qu'ils font par leur humeur lente & visqueuse qui emporte tout ce qui cause de l'obstruction. Si elle est causée par une humeur visqueuse & gluante, il faut se servir d'un Ecphractique qui attenue & incise. S'il s'y rencontre quelque dureté, il faut y joindre une qualité emolliente. Ces médicamens sont l'auronne, l'aristoloche, le *Centaurium minus*, le *Sigillum Salomonis*, l'écorce de tamaris, l'absynthe, le chamædris, le suc de limon, l'iris, les racines de capres, l'hyssope, l'agrimoine, le nitre, le miel, le sucre, le lait clair, la scolopendre, & autres. Le mot d'*Ecphractique* est Grec, & vient d'ἐκφράσσειν, qui veut dire, Délivrer l'obstruction.

ECR

ECREVICE. s. f. Poisson testacée qui naît aux rivieres qui coulent des montagnes, & dans les eaux fraiches. Il a le corps rond, la tête large, courte & pointue avec quatre cornes par devant. L'Ecrevisse ne nage point avec ses piés qu'elle a au nombre de quatre de chaque côté avec deux bras fourchus, mais elle se sert de sa queue qui est composée de cinq ailes, pour frapper & pousser l'eau. Elle emploie ce même mouvement à marcher sur terre; & c'est ce qui fait qu'elle va à reculons. Elle n'a point de paupieres, ce qui lui est commun avec beaucoup de poissons, & a seulement trois dents placées au fond de son ventricule. Les Ecrevices ont deux pierres rondes & blanches dans la tête qu'on estime bonnes pour la gravelle, mais on ne les trouve que quand elles posent leurs écailles. Il y a aussi une *Ecrevice de mer*. C'est un poisson rouge, & semé de petites taches qui ne differe de l'Ecrevice d'eau douce que par sa grandeur. Nicod fait venir ce mot de l'Allemand *Crebs*, ou du Latin *Carabus*. M. Ménage le dérive de *Scarabisca*, fait de *Scarabus*, qu'on a dit pour *Corabus*, ou de l'Anglois *Crab-fish*, qui signifie Ecrevice. On l'appelle en Latin *Astacus*, *Cancer*. Sa chair est froide & humide. Etant pilée & appliquée ensuite sur les reins ou ailleurs en forme de cataplasme, elle appaise la chaleur qui y peut être & diminue les douleurs. On se sert de l'Ecrevice entiere broyée & réduite comme en onguent pour en oindre l'anus pendant les douleurs des hemorroides. L'Ecrevice réduite en cendre & prise avec de la racine de Gentiane, & autres semblables, résiste à toutes sortes de venins, & particulierement à celui que cause la morsure d'un Chien enragé. Elle est bonne aussi pour nettoyer & blanchir les dents; mais pour tout cela il faut prendre des Ecrevices de riviere. Celles qui se trouvent ou dans les marais ou dans les petits ruisseaux, sont à rejetter, à cause qu'elles sont nourries de bourbe.

ECREVICES. Sortes d'armes anciennes. C'étoient des cuirasses faites de lames de fer, mises les unes sur les autres à la maniere des écailles d'Ecrevices.

ECRILLE. s. f. Cloture faite de barres posées de travers pour empêcher le poisson de sortir des étangs par les décharges.

ECRIVAIN. s. m. Maître qui enseigne à écrire, & en general celui qui écrit. Il y a un *Ecrivain* dans chaque Galere, & c'est celui qui tient compte de tout ce qui y entre ou qui en sort. Il a un Registre de tous les Forçats, & doit sçavoir à quoi ils employent ce qui leur est commis à chacun selon sa charge. Il reçoit tout ce qui peut être necessaire pour le radoub de la Galere, & fait un Journal des Ouvriers qui y travaillent & des journées qu'ils y employent. Il a soin de faire embarquer les vivres dont on peut avoir besoin pendant une Campagne pour la subsistance de l'équipage, & il les fait distribuer selon les ordres qu'il reçoit.

On appelle *Ecrivain du Roi*, un Officier que commet Sa Majesté, non seulement pour écrire les consommations qui se font dans un Vaisseau; mais encore pour tenir Registre de tout ce qui y entre, & de ce qui en sort. Il sert dans les Magasins du Roi ainsi que sur les Vaisseaux, & tenant compte de ce qui reste dans les uns ou dans les autres, il le rend à l'Intendant ou au Commissaire General. Il y a aussi un *Ecrivain principal*. C'est un Officier qui tient le milieu entre le Commissaire & l'Ecrivain du Roi.

ECROUELLE. s. f. *Tumeur pituiteuse & maligne, qui vient aux parties glanduleuses, mais plus ordinairement à la gorge*. Acad. Fr. C'est en general une affection commune aux glandes internes & externes. Quelques Auteurs soutiennent que jamais on ne remarque d'Ecrouelles dans les autres parties, du moins si elles viennent d'une cause interne, que les glandes du mesentere ne soient auparavant scrofuleuses. Les Ecrouelles viennent des obstructions, quand les humeurs crues s'arrêtent dans les petits pores des visceres, & dans les vaisseaux capillaires des parties; ce qui fait des humeurs dans les visceres, lesquels s'enflent peu à peu comme des éponges. Enfin les humeurs visqueuses s'endurcissent successivement par le moyen de l'acide qui ne tend qu'à les coaguler, ce qui engendre des humeurs dures & resistantes au toucher, qu'on appelle *Scirres*, dans les parties sanguines, & *Ecrouelles* dans les glandes. Celles du col sont quelquefois pendantes & paroissent en dehors. Quelquefois elles sont embarrassées avec les parties voisines. Les Ecrouelles sont dures ou toutes blanches & semblables aux autres parties & sans douleur, & alors on les nomme *Vraies & legitimes*, ou bien elles sont douloureuses, piquantes & livides, & elles sont appellées *Fausses* ou *bâtardes*. L'abondance de l'acide vitié & corrompu les rend chancreuses. Les legitimes sont benignes. Les bâtardes ont beaucoup de malignité, & on ne doit jamais y toucher pour les guerir. Quand on ne peut resoudre ni amollir les Ecrouelles, il faut les mener à suppuration, à quoi elles tendent quelquefois d'elles-mêmes. On ne doit pas ouvrir la tumeur aussi-tôt que la suppuration est achevée. Il faut laisser l'abcès fermé autant que l'on peut, afin que la plus grande partie de la glande scrophuleuse se change en pus. Quand les glandes sont pendantes, elles doivent être liées & serrées peu à peu avec un fil ou un crin de cheval, afin que s'étant flétries, elles tombent d'elles-mêmes. Lorsqu'elles sont renfermées dans leurs propres tuniques, les resolutifs & les suppuratifs étant alors inutiles, il faut que le Chirurgien fasse l'operation, & cela de telle sorte qu'il extirpe toute la membrane, s'il ne se trouve point de grands vaisseaux ou des nerfs qui aboutissent à la glande. Il y a des remedes internes à joindre à ceux-ci qui sont externes. Le mot d'Ecrouelle vient du Latin *Scropha*, Truye Les Grecs appellent ce mal χοιράς, de χοῖρος, Pourceau, à cause que les pourceaux sont sujets à avoir de ces tumeurs sous la gorge.

ECROUI. adj. Terme de monnoye. Il se dit de l'or, de l'argent & du cuivre, quand on l'a battu longtems à froid, en sorte qu'il fasse ressort. On le dit aussi des pieces de monnoyes durcies à la sortie du moulin, & qu'il faut faire recuire.

ECROUISSEMENT. s. m. Terme de Monnoie. Endurcissement qui arrive aux pieces monnoyées par la forte compression qu'elles ont soufferte en les marquant. *Ecrouissement*, se dit aussi chés les Artisans de tous les métaux qu'on a fortement battus à froid.

ECT

ECTYPE. s. f. Terme de Medaillifte. Empreinte d'un cachet ou d'une medaille. C'est aussi une copie figurée d'une inscription, ou de quelque autre monument antique. Ce mot vient d'ἐκτυπόω, Exprimer, former.

ECU

ECU. s. m. Ancienne arme défensive, que la Gendarmerie qui combattoit avec la lance, portoit autrefois au bras. Elle étoit faite en forme de Bouclier leger, & l'on y peignoit des armoiries & des devises, lorsqu'on paroissoit dans les tournois avec cette sorte d'arme. Ce mot vient du Grec Σκῦτος, Cuir, d'où l'on a fait le Latin *Scutum*, à cause que les premiers boucliers ont été faits de cuir. Les Ecus ou Boucliers des anciens Gaulois étoient si gros que tout le corps en étoit couvert; ce qui obligeoit à les faire porter devant soi. Ils avoient deux anses de cuir par dedans, & l'on y passoit le bras gauche pour s'en servir à parer les dards.

On appelle *Ecu*, en termes de Blason, le champ où l'on pose les pieces & les meubles des armoiries. Sa figure est quarrée, à l'exception du côté d'enbas qui est un peu arrondi, & qui a une maniere de pointe au milieu. L'Ecu antique étoit couché avec le casque assis sur l'angle senestre, & sa figure la plus ordinaire étoit triangulaire, un peu arrondie aux côtés. L'Ecu en banniere des Seigneurs Bannerets étoit quarré. Il y a eu quelques anciens Ecus échancrés à droit pour servir d'arrêts à la lance, d'autres en haut pour être facilement accollés, & d'autres aux deux côtés, pour le reposer sur les bras. Les Italiens, & sur-tout les Ecclesiastiques, se servent plus souvent de l'Ecu ovale. Les Espagnols le portent arrondi en bas, & les Allemans de differentes façons en cartouche. Les Ecus partis ou accollés sont ceux des femmes mariées, & l'Ecu des filles est posé en losange.

ECUAGE. s. m. Terme de Coûtume. C'est un droit au service de Chevalier qui est appellé *Servitium scuti* dans les vieux titres. Il se dit aussi du droit que l'on paye pour s'exempter du service, ou pour faire servir un autre en sa place.

ECUBIER. s. m. On appelle *Ecubiers*, en termes de mer, des trous ronds qu'on fait aux deux côtés de l'avant du Vaisseau, pour passer les cables quand on veut mouiller.

ECUELLE. s. f. *Piece de vaisselle d'argent, d'étain, de bois, de terre, &c. sans rebord, qui sert à mettre du bouillon, du potage*. ACAD. FR. On appelle, *Ecuelle*, en termes de mer, certaine plaque de fer sur laquelle tourne le pivot du cabestan. Nicod dérive le mot d'*Ecuelle*, qui est proprement un ustencile de table, de *Scutella*, à cause qu'elle est creusée en forme de bouclier. Borel le fait venir d'*Esculus*, sorte de chêne, à cause que les premieres Ecuelles ont été faites de chêne, qui est moins sujet à se fendre que les autres bois. D'autres veulent qu'il vienne de *Scudel*, qui signifie Ecuelle en langue Celtique.

ECUISSER. v. a. Il se dit des Arbres qu'on éclate en les abbatant.

ECUME. s. f. *Espece de mousse blanchâtre qui surnage sur l'eau ou sur quelque autre liqueur agitée ou échauffée*. ACAD. FR.

Ecume de mer. Pline dit qu'il y en a de quatre sorte, l'une cendrée, épaisse & d'odeur âpre, l'autre molle & douce, & qui a l'odeur de la mousse de la mer; la troisiéme, faite en façon d'un ver blanc; & la derniere plus trouée, & semblable à une éponge pourrie. Il est de l'opinion de ceux qui croyent qu'elle est faite des nids des oiseaux que l'on appelle *Alcyons*, & que c'est de-là qu'on l'a nommée *Alcyonium*, mais Matthiole prefere le sentiment des autres qui tiennent, que le nom d'Alcyonium lui est venu de ce que les Alcyons font leurs nids sur l'amas de cette écume qui flotte sur la mer, & qui vient de son limon. Dioscoride parle de cinq écumes de mer. La premiere est épaisse, verte, âpre au goût, faite en maniere d'éponge, d'odeur fâcheuse, pesante & sentant le poisson. La seconde, est semblable aussi à une éponge trouée, caverneuse, legere, & approche de l'odeur de la mousse de la mer. Ces deux premieres sont bonnes pour les dartres, feux volages & gratelles & propres à embellir la peau. La troisiéme qui est faite comme des petits vers, & plus rouge que les autres, est bonne pour ceux qui ont peine à uriner. Elle est bonne aussi au mal de reins, au mal de rate, à l'hydropisie & à la gravelle. La quatriéme ressemble à la laine grasse. Elle est fort legere, a plusieurs concavités, & les mêmes proprietés & vertus que la troisiéme. Elle est seulement un peu plus foible en ses operations. La cinquiéme n'a aucune odeur, & elle est faite en façon de champignons. C'est la plus chaude de toutes. On s'en sert pour brûler le poil, & blanchir les dents. On la lave pour la preparer comme on fait la calamine, & on la met dans un pot de terre crue avec du sel. La bouche du pot étant bien bouchée, on le met au fourneau, & quand le pot est bien cuit, on tire l'écume de mer brûlée que l'on garde pour s'en servir au besoin.

Ecume d'argent. Galien dit que cette écume est proprement appellée λιθάργυρος, & qu'on la met en certaines emplâtres dessicatives. On en trouve à grands monceaux audevant des forges & des fourneaux où l'on cuit les mines. Elle ressemble fort à l'émail, & l'on auroit peine à discerner l'un de l'autre. La diversité des mines fait que l'écume d'argent est de diverses couleurs. Elle se rencontre pourtant noire pour la plûpart, & marquée de certaines lignes bleues & vertes. On en trouve aussi de vertes entierement, & d'autres qui sont toutes bleues.

Ecume de plomb. Cette écume se fait seulement aux fourneaux où l'on fond la mine de plomb. Lorsque le plomb est fondu, les Fondeurs le font écouler hors du fourneau où bon leur semble, & quand il est pris & encore tout chaud, ils versent de l'eau claire dessus pour lui faire jetter son écume, qui est fort massive, mal-aisée à rompre, jaunâtre & luisante comme verre. Elle a les mêmes proprietés que le plomb brûlé, qui est un fort bon remede pour les ulceres corrosifs, & de difficile guerison. Elle est toutefois plus astringente.

ECUMER. v. n. Terme de Fauconnerie. Il se dit quand l'oiseau passe par dessus le leurre ou la proie sans s'arrêter, ou quand il épie le gibier que les chiens levent pour courir dessus. *Ecumer la remise,* se dit quand l'oiseau passe sur la perdrix qu'il a poussée dans le buisson.

ECUREUIL. s. m. Petit animal sauvage, qui est roux & fort leger, & presque toûjours en mouvement. Il a une grande & grosse queue en comparaison du corps, & il la porte le plus souvent haute, & relevée sur le dos. Pline dit qu'elle lui sert de maison & de couverture, & que ces animaux font conoître de quel côté le vent doit venir, en garnissant leurs trous de ce côté-là, & faisant l'ouverture de l'autre côté. Il y en a de differentes couleurs selon les pays. Ceux de Laponie sont roux pendant tout l'été, & deviennent gris l'hiver. Quand l'Ecureuil veut passer une riviere, il se met sur une écorce, & sa queue lui sert de voile. Il s'en couvre aussi pour moins sentir l'ardeur du Soleil. On l'appelle *Silurus* en Latin, & l'on fait venir ce mot de *Sciurolus*, diminutif de *Sciurus*, du Grec Σκίουρος, Qui se fait de l'ombre avec sa queue.

ECUSSON. s. m. Terme de Blason. Il se dit particulierement d'un petit Ecu quand on en charge un plus grand.

Ecusson. Terme de Serrurier. Petite plaque de fer qu'on met sur les portes des chambres & des bahuts vis-à-vis des serrures, & au travers de laquelle entre la clef. Il se dit de toutes les platines qui ornent les heurtoirs, les boucles, les boutons & les entrées des serrures.

Ecusson est aussi une maniere d'ente fort commune aux Jardiniers. C'est un morceau que l'on coupe au long de la pelure d'un arbre de l'année, qu'on greffe & qu'on lie avec de la filasse. *Enter en écusson.*

On appelle *Ecussons*, en termes de Medecine, des sachets piqués où l'on enferme plusieurs poudres & remedes qu'on mêle avec du coton entre deux toiles. Ces toiles representent un Ecusson, assez grand pour couvrir l'estomac sur lequel on les applique. On donne aussi quelquefois le nom d'*Ecussons* à des emplâtres stomachiques, qu'on étend sur une peau de chevreau couverte d'un taffetas, & qui est façonnée en écusson.

ECUSSONNER. v. a. Terme de Jardinage. On dit *Ecussonner un arbre*, pour dire, En ouvrir l'écorce d'une maniere qui ressemble à un petit Ecu, pour y inserer l'ente fort proprement

ECUYER. s. m. Titre qui marque la qualité de Gentilhomme. C'étoit autrefois une dignité fort considerable, & qui venant immediatement après celle de Chevalier, étoit un degré pour y parvenir. Cela étoit cause que les Chevaliers faisoient ordinairement leurs fils Ecuyers, afin qu'ensuite ils s'y pussent élever en faisant quelque action genereuse. Cette qualité ne se donnoit qu'aux personnes d'une noble extraction. Leur emploi consistoit à porter l'Ecu & l'Epée devant les Chevaliers; mais il y avoit entre les Ecuyers des differences notables, ceux qui étoient Ecuyers des Rois & des Princes Souverains, étant au-dessus des Ecuyers qui n'étoient qu'à de simples Chevaliers. Ainsi la Charge de Connétable établie pour porter l'Ecu & l'épée des Rois, étoit comme la premiere Dignité du Royaume, & elle n'a jamais été donnée qu'à de très-grands hommes. Celle de *Grand Ecuyer* de France, en est un démembrement, & cela paroît en ce qu'il porte comme lui deux épées à côté de l'Ecu de ses armes, avec cette difference qu'elles sont dans un fourreau de velours, semé de fleurs de lis, avec une ceinture autour; au lieu que les deux épées de Connétable étoient nues. Le Grand Ecuyer, qu'on appelle absolument *Monsieur le Grand*, dispose de presque toutes les Charges vacantes de la grande & de la petite Ecurie du Roi, & commande à la grande Ecurie & aux Pages de sa Majesté, qui y apprennent leurs exercices. Le *Premier Ecuyer*, appellé absolument *Monsieur le Premier*, est celui qui commande à la petite Ecurie, & aux Pages du Roi qui y sont. Il y a sous lui des Ecuyers de quartier, qui aident au Roi à monter à cheval & à en descendre, & qui le suivent à cheval chez les Princes & les grands Seigneurs. Il y en a d'autres qui disposent de toute l'Ecurie, & qui commandent à la Livrée. Le *Grand Ecuyer tranchant*, est un Officier qui sert aux grandes ceremonies, & qui fait les mêmes choses que l'Ecuyer tranchant. Celui-ci est un Gentilhomme servant, qui fait l'essai sur le couvert du Roi, qui lui découvre & presente les plats, qui lui change d'assiette & de serviete à chaque service, & qui coupe les viandes, si ce n'est qu'il plaise au Roi de les couper quelquefois lui-même. Celui qu'on appelle *Ecuyer de bouche*, est un Officier qui range les plats sur la table de l'Office avant qu'on les serve au Roi, & qui presente deux essais au Maître d'Hotel. On appelle *Ecuyer de Cuisine*, Un des premiers Officiers de la Cuisine d'un grand Seigneur. On appelle aussi chez le Roi & dans les Maisons Royales *Ecuyer Cavalcadour*, Celui qui commande l'Ecurie des chevaux qui servent à sa personne. L'Officier que l'on appelle *Ecuyer* chez les Princesses & les Dames d'un haut rang, ne commande pas seulement à leur Ecurie, mais il leur donne la main pour leur aider à marcher, ce qui les fait appeller *Ecuyer de main.* Ce mot s'est étendu à tous ceux qui donnent la main aux Dames,

mes, soit en qualité de domestiques, soit par simple honnêteté. Le nom d'*Ecuyer* se donne à celui qui tient une Académie où les jeunes Gentilshommes apprennent à monter à cheval, & à faire leurs exercices. Quelques-uns dérivent le mot d'Ecuyer d'*Equus*, Cheval. Borel dit, qu'ils se trompent en confondant la qualité d'Ecuyer avec celles d'Equier & d'Escayer. On appelloit *Equiers*, dit-il, ceux qui avoient l'Intendance des Ecuries des grands Seigneurs; mais le nom de nos Ecuyers, vient de l'Ecu ou Bouclier qu'ils portoient à la guerre, & celui d'*Escu*, vient de *Scutica*, c'est-à-dire, Courroie de cuir, parce qu'on attachoit les Ecus avec des courroies & qu'on les couvroit de cuir. Il y a encore, ajoûte-t'il, une troisiéme sorte d'Ecuyers, qui sont les Ecuyers tranchans qui coupent les viandes à la table des Rois & des Princes. Il croit que ceux-ci étoient appellés *Escayers*, & que par abus on les a appellés *Ecuyers*, à cause de la conformité des noms, ou que les Lecteurs des vieux Livres ont crû qu'il y avoit faute en ceux où il y avoit *Escayer*, & ont cru le bien corriger en mettant Escuyer. Ce qui le confirme en cette pensée, est leur nom Latin, car ils sont appellés, *Sectores escarii*, ou *Mensarii*, & *Escariæ scelturæ præfecti*, ce qui vient du mot *Esca*, Viande. La qualité d'Ecuyer est devenue fort commune en France, mais en Angleterre on n'appelle encore *Ecuyers* que les Aînés des Barons, & les Cadets des Comtes.

Ecuyer. Terme de Chasse. Jeune Cerf qui accompagne & suit un vieux Cerf.

Les Vignerons nomment aussi *Ecuyer*, Un faux bourgeon qui croît au pié d'un sep de vigne.

EDI

EDILE. f. m. Officier de Rome qui avoit soin des Edifices publics, comme le marque le mot *Ædes*, Maison, édifice, d'où il vient. Il falloit passer par cette charge pour arriver à une autre plus considerable. Les Ediles dont le soin n'alloit d'abord qu'aux maisons, reglerent ensuite la police de la Ville, & c'etoit à eux à prendre garde, que les spectacles & les jeux publics, qui étoient fort ordinaires, ne causassent aucun désordre. Ces Magistrats furent premierement tirés au nombre de deux d'entre le peuple; & enfin on en prit deux autres dans les familles Patriciennes. On appelloit ces derniers *Curules*, à cause que pour marque de leur dignité, ils avoient droit de se mettre sur un petit chariot dont le siege étoit d'yvoire, & qui étoit appellé *Curule* par les Romains.

EDU

EDULCORER. v. a. Terme de Chymie. Rendre doux en ôtant par des lotions réiterées d'eau froide, les sels qui se trouvent dans les précipités du Mercure, & des autres qui ont été dissous par la force de ces mêmes sels qu'il a fallu y mêler afin d'en venir à bout. Ce mot vient de *Dulcis*, ou de *Dulcorare*, Rendre doux.

EFF

EFFARE', ÉE. adj. Terme de Blason. Il se dit d'un Cheval qui est levé sur ses piés. *D'azur au Cheval effaré d'argent*.

EFFERVESCENCE. f. f. Bouillonnement qui se fait par la premiere action de la chaleur. *Effervescence* se dit en Chymie, lorsque l'acide & l'alcali concourent ensemble. Comme ces deux sels ne se joignent jamais sans agitation, s'ils sont purs, sans être mêlés avec d'autres particules, ils font l'effervescence à cause qu'ils se touchent de plus près, & agissent l'un sur l'autre bien plus efficacement, ce qui n'est pas lorsqu'ils sont mêlés avec d'autres particules. Ainsi il n'y a que les sels purs, sçavoir l'acide & l'alcali qui fassent effervescence; de sorte que si on mêle de l'esprit de vitriol avec de l'huile distillée de terebenthine, il se fera une effervescence très-violente avec une chaleur extréme, à cause du sel volatil huileux de l'huile de terebenthine qui combat avec l'acide du vitriol. L'huile de tartre par défaillance versée sur du sel où l'acide est fortement concentré, excite une grande effervescence, de même que l'eau simple versée sur la chaux vive fait effervescence à cause de l'urineux qui attaque l'acide. Outre les alcalis manifestes, certains corps terrestres absorbent l'acide, soit qu'ils contiennent un alcali occulte, ou qu'ils n'en contiennent pas; & quand on les mêle avec des acides, ils font une douce effervescence. Le corail fait effervescence avec le suc de citron ou de limon, la craie avec des acides, & le marbre même avec l'esprit de sel. La corne de cerf, la dent de sanglier, les yeux d'écrevisses, la nacre, tous les coquillages & testacées font effervescence avec les acides, à cause d'un alcali volatil qu'ils renferment, & qui se manifeste dans la distillation. Les Effervescences sont chaudes quand l'acide combat avec des sels fixes tirés des corps sulphureux, ou avec des sels volatils huileux, & elles sont froides, ou sans chaleur quand un sel volatil pur combat avec un acide pur; de sorte que l'esprit de sel ammoniac, ou l'esprit d'urine, combat avec l'esprit de sel sans chaleur; & ce qui fait que ces sels font effervescence ensemble, c'est la conformation mecanique de leurs particules, qui venant à nager ensemble, & à se mêler dans un sujet fluide, se heurtent l'une l'autre à cause de la diversité & de l'inégalité de leurs figures, l'acide corrodant l'alcali, & l'alcali absorbant l'acide, jusqu'à ce que ces deux sels se trouvent en situation égale, & qu'ils s'unissent.

EFFET. f. m. On appelle en termes de Manege, *Effet de la main*; les aides, les mouvemens de la main qui sont employés pour conduire un Cheval, en se servant de la bride, soit qu'on veuille le changer de main à droite ou à gauche; soit qu'on ait à le pousser en avant, ou à le tirer en arriere.

EFFILE', ÉE. On appelle en termes de Chasse *Chiens effilez*, des Chiens qui ont couru avec trop d'ardeur.

On appelle aussi *Cheval effilé*, un Cheval qui a l'encolûre déliée.

EFFLUXION. f. f. Terme de Medecine. Il se dit des vuidanges que font les femmes d'un *Fœtus* qui est encore imparfait, c'est-à-dire, qui sort dans les premiers jours qui suivent la conception: car il faut que le fœtus ait trois mois avant que l'on puisse dire qu'il y ait eu avortement.

EFFOEL. f. m. Vieux mot. Augmentation que le bestail a faite dans la bergerie. Ce mot a été fait *Exfolium*, à cause que l'on nourrit les brebis d'herbes & de feuilles d'arbres.

EFFORT. f. m. On dit en termes de Manége, qu'*Un Cheval a un effort de hanche, un effort d'épaule*, pour dire, qu'il a fait un effort de hanche, d'épaule, qui lui a causé quelque extension de nerfs ou du relâchement dans les muscles.

EFFOUAGE. f. m. Vieux mot. Certaine somme que chaque feu ou famille doit payer.

EFFREOUR. f. m. Vieux mot. Effroi, frayeur.

EFFRONTEZ. f. m. Nom que quelques-uns ont donné à de certains heretiques, qui se disoient Chrétiens, prétendant que s'être raclé le front avec un fer jusques à l'effusion du sang & y avoir ensuite appliqué de l'huile, c'étoit avoir reçû le baptême. Cela les fit nommer *Effrontez*. Ils disoient que le saint Esprit n'étoit autre chose qu'une inspiration qu'on sentoit dans l'ame, & qu'il y avoit de l'Idolatrie à l'adorer. Ils s'éleverent vers l'an 1534.

EFFRAYE. f. f. Vieux mot, qui a été dit pour Fresaye espece d'oiseau de nuit de mauvais augure.

EFFRAYE', ÉE. adj. Terme de Blason. Il se dit d'un Cheval lorsqu'on le peint dans une action rampante. Du Cange fait venir ce mot d'*Effractus*, qui a été dit au même sens dans la basse Latinité.

EFFUMER. v. a. Terme de Peinture. Peindre une chose legerement.

EGA

EGAIL. f. m. Terme de Chasse. Rosée du matin. On dit, quand on va au bois, que *les Chiens en veulent bien dans l'égail*. Les Chiens d'égail ne valent rien dans le haut du jour, & tout au contraire les Chiens du haut du jour ne valent rien dans l'égail.

EGALE', ÉE. adj. Terme de Fauconnerie. On appelle *Oiseau égalé*, un Oiseau qui porte des mouchetures blanches sur son dos, qu'on nomme *Egalures*.

EGALISER v. a. Vieux mot qui n'a plus d'usage qu'au Palais pour signifier, Rendre les partages égaux. On dit aussi *Egalisation*, pour dire, Supplément de partages.

EGALITE'. f. f. *Conformité, ressemblance, proportion, rapport entre choses pareilles*. ACAD. FR. *Egalité*, en termes d'Algebre, signifie la comparaison de deux grandeurs égales en effet & en lettres. De l'équation on vient à l'égalité en changeant une lettre inconnue en une autre, par laquelle les deux membres de l'équation soient rendus égaux. On appelle, *Simple égalité*, quand dans la solution d'un probleme en nombres qu'on veut rendre rationnelle, on a une puissance à égaler au quarré ou à une autre puissance plus élevée. Si on a deux ou trois puissances à égaler chacune au quarré, cela s'appelle *Double égalité*, ou *Triple égalité*.

EGAROTE'. adj. On appelle *Cheval égaroté*, en termes de Manege, un Cheval qui est blessé au garot. Ces sortes de blessures se guerissent difficilement.

EGL

EGLANTIER. f. m. Sorte de ronce qui a les branches garnies d'épines & de feuilles larges. C'est une plante de moyenne grandeur entre l'arbre & l'arbrisseau. Elle porte des roses sauvages, semblables à celles de damas. Son fruit qu'on appelle *Gratecul*, est long & tout plein de graine. Galien dit que les feuilles de ronce, ses tendrons, ses fleurs, son fruit, sa racine, sont manifestement astringens, avec cette difference que les feuilles surtout quand elles commencent à venir, ont une grande aquosité, ainsi que les germes, & bien peu d'astriction, & qu'en les mâchant elles guerissent toutes sortes d'ulceres de la bouche, & sont propres à souder les playes. Quant à son fruit, il ajoûte, qu'il a un suc moderément chaud. On le fait secher & verd & mûr pour le garder, parce qu'alors il est plus dessicatif qu'étant recent. Sa fleur a la même proprieté que son fruit sans être mûr, & l'un & l'autre sont un singulier remede pour les dysenteries, flux de ventre & crachement de sang. Sa racine, outre son astriction, est penetrante, ce qui la rend propre à rompre, & à diminuer les pierres des reins. L'Eglantier s'appelle *Canirubus* en Latin, & en Grec κυνόσβατος, de κυνὸς, Chien, & de βάτος, Buisson, ronce.

EGLANTINE. f. f. Fleur de l'Eglantier. Dans les Jeux floraux qui sont établis à Toulouse, il y a pour l'un des prix une Eglantine d'argent.

EGLEGME. f. m. Medicament un peu plus épais que le miel, qu'on fait pour remedier aux incommodités du poumon, & de la trachée artere. Ce mot est fait de la particule ἐκ, & de λείχειν, Lecher, à cause que ce medicament se prend en lechant, ce qui fait qu'il coule plus doucement, & qu'il entre insensiblement dans le poumon. L'Eglegme de pavot est bon pour incrasser les humeurs subtiles, & celui de *Caulibus*, & de squille pour incifer & pour déterger. Il y en a qui sont propres à d'autres usages, comme à consolider des ulceres. Les Medecins appellent ordinairement ce medicament *Lohoc*, qui est le nom que lui donnent les Arabes. En Latin *Linctus*.

EGLISE. f. f. Lieu destiné pour le Service divin, C'est, eu égard à l'Architecture, un grand Vaisseau long, qui a un Chœur, une Nef, des Chapelles, &c. L'Eglise de saint Pierre de Rome, est appellée, *Eglise Pontificale*, comme étant celle du Pape. *Eglise Patriarchale*, est celle où il y a un Patriarche. On appelle, *Eglise Metropolitaine*, ou *Primatiale*, celle où il y a un Archevêque; *Cathedrale* ou *Episcopale*, celle où il y a un Evêque; *Collegiale*, celle que desservent des Chanoines; *Paroissiale*, celle qui est desservie par un Curé, & dans laquelle il y a des Fonts; autrefois on la nommoit *Cardinale*. Quand à cause de la trop grande étendue d'une Eglise Paroissiale on lui en donne une autre pour aide, on l'appelle *Succursale*. Celle que l'on nomme *Eglise Conventuelle*, est l'Eglise d'une Abbaye, d'un Prieuré, ou d'un Monastere, où les Religieux font le service. Ce mot vient du Grec Ἐκκλησία, Assemblée, lieu où l'on harangue.

On appelle, quant au bâtiment, *Eglise simple*, une Eglise qui n'a que la Nef & le Chœur, & *Eglise à bas côtés* celle qui a un rang de portiques en façon de galeries voutées avec des Chapelles en son pourtour. Il y en a qui sont à doubles bas côtés, c'est-à-dire, qui ont deux rangs de galeries dans leur pourtour. Il y a aussi des Eglises qui sont en *Croix grecque*, & d'autres *en Croix latine*. Les premieres sont ainsi nommées à cause que la longueur de leur croisée étant égale à la longueur de la Nef, elles ont la figure de la Croix des Grecs. Les autres sont celles dont la Nef est plus longue que la croisée. Celles dont le plan est d'un cercle parfait, sont appellées *Eglises en rotonde*. La difference qu'il y a entre *Eglise souterraine*, & *Eglise basse*, qui sont toutes deux sous une autre Eglise, c'est que la souterraine est beaucoup plus basse que le rez de chaussée, au lieu que l'Eglise basse est précisément au rez de chaussée.

EGO

EGOGER. v. a. Les Taneurs disent, *Egoger un veau*, pour dire, Oter avec un couteau tranchant les extrémitez superflues d'un veau du côté de la queue & les oreilles.

EGOHINE. f. f. Terme d'Artisan. Scie à main qui a

une poignée, pour tailler les branches d'arbres & les couper afin d'enter en fente. Les Armuriers en ont en forme de rape pour polir le bois.

EGOUST. s. m. Terme de Couvreur. Tuiles ou ardoises qui débordent au dessus de l'entablement; extrémités du bas d'un comble, où les tuiles qui avancent jettent les eaux loin du mur de face. Il se dit encore du passage par où s'écoulent les immondices; & c'est quelquefois une servitude où un voisin est assujetti. Il signifie aussi l'endroit d'une rue ou d'un quartier où toutes les eaux se vont rendre.

EGR

EGRATIGNE', E'E. adj. On dit, en termes de Peinture, *Dessein égratigné*, & cela se dit, d'une maniere de peindre de blanc & de noir que les Italiens nomment *Sgraffito*, ce qui se fait en détrempant du mortier de chaux & de sable à l'ordinaire, auquel de la paille brûlée qu'on y mêle donne une couleur noirâtre. Après qu'on a fait un enduit bien uni de ce mortier, on le couvre d'une couche de blanc de chaux, ou d'un enduit bien blanc & bien poli, puis on ponce les cartons dessus pour dessiner ce qu'on veut, & pour le graver ensuite avec un fer pointu. Ce fer découvrant le blanc de chaux qui cache le premier enduit composé de noir, fait paroître l'ouvrage comme si on l'avoit dessiné à la plume & avec du noir. Lorsqu'il est achevé on passe une teinte d'eau un peu obscure sur tout le blanc qui sert de fond, ce qui détache davantage les figures, & fait qu'elles paroissent comme celles qu'on lave sur du papier. Quand on ne represente que quelques grotesques ou feuillages, on ne fait qu'ombrer le fond avec cette eau auprès des contours qui doivent porter ombre.

EGRILLOIR. s. m. Grille que l'on fait en fichant & liant plusieurs pieux ensemble, & qu'on met dans les petites rivieres ou au dessous d'un étang, pour en laisser sortir l'eau, sans que le poisson en puisse sortir.

EGRISER. v. a. Terme de Lapidaire. Oter d'un Diamant ce qu'il a de brut & d'imparfait. Le Diamant qui est la plus dure de toutes les pierres precieuses ne pouvant se tailler que par lui-même, & par sa propre matiere, on commence par en mastiquer deux encore bruts au bout de deux bâtons assez gros afin de les pouvoir tenir fermes dans la main. On frotte ces deux Diamans l'un contre l'autre pour leur donner telle forme qu'on desire, & c'est ce qui s'appelle *Egriser*.

EGRISOIR. s. m. Boîte où tombe la poudre qui sort des deux Diamants bruts qu'on égrise. On l'appelle aussi *Gresoir*. On se sert de cette poudre pour tailler ensuite & polir les Diamans.

EGRUGEOIR. s. m. Petit vaisseau rond & de bois où l'on brise le sel pour servir sur la table.

EHO

EHOUPER. v. a. Terme des Eaux & Forêts. Oter les houpes, les cimes des arbres.

EIC

EICETES. s. m. Heretiques du septiéme siecle, qui professoient la vie Monastique. Sur ce qu'il est dit dans l'Exode, que Moyse & les Enfans d'Israël avoient chanté un Cantique à la louange du Seigneur, après qu'ils eurent passé la mer Rouge où leurs Ennemis perirent, ils étoient persuadés qu'il falloit chanter & danser pour bien louer Dieu, & comme Marie la Prophetesse, sœur d'Aaron, avoit pris un tambour en sa main dans la même occasion, & que toutes les femmes avoient fait la même chose, & témoigné leur joie par des danses, ils tâchoient, pour mieux imiter cette conduite, d'attirer chés eux des femmes qui faisoient aussi publiquement profession de la vie Monastique.

EICOSAEDRE. s. m. Terme de Geometrie. Le dernier des cinq corps reguliers. Il a vingt faces égales, composées de vingt triangles équilateraux. Ce mot est fait de εἴκοσι, Vingt, & de ἕδρα, Siege, base.

EIN

EINS. Vieux mot. Jamais.

EIS

EISSIR, ou ISSIR. v. n. Vieux mot. Sortir. Il nous en est demeuré *Issu*, pour dire, Descendu, en termes de genealogie, & *Issue*, Sortie.

ELA

ELABOURE', E'E. adj. On dit, que *Ce que font certains Artisans est bien élabouré*, pour dire, qu'ils ne font rien que de bien fini. Ce terme est particulier chés les Medecins, qui disent que *Du sang est bien élabouré*, pour dire, qu'il a toutes les conditions requises.

ELAGUER. v. a. Terme de Jardinier. *Elaguer un arbre*, c'est en retrancher les branches superflues qui l'empêchent de profiter, en couper les branches basses & qui embarassent, & pour le mettre de haute tige.

ELAISER. v. a. Terme de Monnoye. Il se dit de la septiéme façon qu'on donne aux monnoyes que l'on fabrique au marteau. On penetre moins la piece qu'on ne fait à la cinquiéme façon, que l'on appelle *Flatter*. On ne fait que la redresser du chaussage, & cela se fait deux fois sur l'enclume avec le flattoir.

ELAN. s. m. Animal sauvage, qui naît vers le Pole aux pays Septentrionaux. Sa couleur tire sur un jaune obscur mêlé de gris cendré; & pour sa grosseur & sa hauteur, il est à peu prés comme un Cheval bien gras de moyenne taille. Il a la tête longue & menue si on la compare au reste du corps, la bouche large, les dents mediocres, les oreilles larges & longues, les épaules fort velues, la babine de dessous fort grosse & qui s'avance. Son pié est fourchu, & sa peau si dure qu'elle resiste aux coups d'estoc & de taille. Il baisse la tête quand il marche, & a les jambes tout d'une venue, de sorte que ne pouvant se plier, il est obligé de s'appuyer contre un arbre quand il veut dormir. Ses cornes sont fort émoussées. Le mâle en a deux extrémement larges, longues de deux piés ou environ. La femelle n'en a point. L'Elan supporte la faim, & s'apprivoise aisément. Quand il est chassé, il s'enfuit vers les lieux où il peut trouver de l'eau. Il en avale, & la rejette sur les Chiens qui le poursuivent. Sa grande force est à la corne du pié. S'il en frape un Chien ou un Loup, il le jette mort par terre. On l'appelle en Latin *Ungula alces*, du mot ἀλκὴ, qui veut dire, Force. Elle a une proprieté specifique contre l'épilepsie. Il la faut choisir dure, polie à la partie exterieure, fourchue, & plûtôt du pié droit de derriere que d'aucun des autres piés. On prononce *Elan*, quoique quelques-uns écrivent *Elland* ou *Ellend*. Pour prendre cet animal, qui a la figure de Chevre ou de Cerf, mais plus pleine & plus grande, en épie l'occasion qu'il tombe du mal caduc, à quoi il est fort sujet, & l'on s'en saisit avant qu'il puisse reprendre assez de force pour porter son pié dans son oreille, ce qui le guerit incontinent. Les Allemans lui ont donné le nom d'*Ellend*, qui veut dire *Misere*, en leur langue, à cause du malheur qu'il a de tomber souvent du mal caduc.

ELANCE', E'E. adj. Terme de Blason. Il se dit du Cerf couvert. *D'azur au Cerf élancé d'or.*

ELANCEMENT. s. m. On appelle en termes de Marine *Elancement* ou autrement *Queste*, la longueur d'un Vaisseau qui excede celle de la quille.

ELAPHOBOSCUM. s. m. Plante qui est compartie par nœuds, & semblable à celle du fenouil ou du romarin. Ses feuilles sont fort longues, déchiquetées alentour, un peu rudes & âpres, & de la largeur de deux doigts. Il sort plusieurs branches de sa tige, avec des bouquets chargés de graine, qui ressemble à l'Aneth en toutes choses. Sa racine est de la grosseur d'un doigt, & longue de trois. Elle est blanche & douce, & bonne à manger, ainsi que sa tige quand elle est encore tendre. Ses fleurs sont roussâtres. Dioscoride dit que sa graine prise en breuvage est un bon remede contre les morsures des serpens, dont les biches se guerissent mangeant de cette herbe. C'est ce qui l'a fait appeller *Elaphoboscum*, de ἔλαφος, Cerf, & de βόσκειν, Paître. Quelques-uns l'appellent en Latin *Gratia Dei*.

ELARGIR. v. a. Rendre plus large. On dit en termes de Manége, *Elargir un Cheval*, pour dire, Lui faire gagner du terrain, lui en faire embrasser un plus grand que celui qu'il occupoit, quand travaillant sur un rond, ou maniant sur les voltes, il s'approche trop du centre.

On dit en termes de Marine, qu'*Un Vaisseau s'élargit*, pour dire, qu'il prend ou donne la chasse.

On a dit autrefois *Elargir*, pour dire, Donner largement. *Elargir son bien aux Pauvres.* Il vient en ce sens du Latin *Elargiri*, distribuer, donner.

ELASTIQUE. adj. de tout genre. Qui fait ressort; qui après avoir été bandé ou contraint, comme la corde d'un arc, fait un effort en se remettant en liberté. Il vient de ἐλατὴς, Celui qui pousse.

ELATERIUM. s. f. Suc tiré du fruit des Concombres sauvages. Dioscoride enseigne comment on tire ce suc, & dit qu'il n'est bon à purger que depuis deux ans jusqu'à dix, mais presentement il n'est plus en usage. Ses proprietés lorsqu'on l'applique sont de provoquer les mois. Galien qui nous l'apprend, ajoûte qu'il est legerement chaud, & extrémement amer, & qu'il fait mourir l'enfant dans le ventre de la mere. Ce mot vient de ἐλαύνω, fait de ἐλάω, Je repousse. Furetiere a tort de dire que c'est un poison : il n'a de mauvaise qualité que d'être d'un goût amer. Ses scholiastes ont évité la faute.

ELATINE. s. m. Plante qui croît dans les terres labourées, & parmi les blés, & dont les feuilles sont velues, & semblables à celles d'Helxine, mais moindres & plus rondes. Elle produit cinq ou six menues branches, longues d'un palme, qui sortant directement de la racine, sont chargées de feuilles & ont un goût astringent. Ses feuilles pilées & appliquées avec griotte seche, sont bonnes pour les fluxions & inflammations des yeux; & sa décoction prise en bouillon arrête la dissenterie. Le nom de cette herbe est Grec ἐλατίνη. Galien la tient mediocrement refrigerative & astringente.

ELC

ELCESAITES. s. m. Heretiques qui suivoient les erreurs d'un faux Prophete appellé Elci ou Elxée. Ils avoient un livre qu'ils prétendoient leur avoir été envoyé du Ciel, avec promesse que ceux qui l'entendroient lire, auroient une remission des pechés toute autre que celle que JESUS-CHRIST a donnée. Selon eux il étoit permis de renier la foi de bouche, pourvû qu'on la conservât de cœur, & il y avoit un Christ en terre different du CHRIST qui étoit au Ciel. Ils enseignoient que ce Christ avoit été formé premierement en Adam, & poussoient leurs rêveries jusqu'à dire que le Saint-Esprit étoit sa sœur, qu'ils avoient tous deux des corps, & vingt-quatre milles de large, & quatre-vingt seize de hauteur. Ils marchoient piés nuds, adoroient l'eau, ne vouloient rien manger qui eût eu vie, & par le moyen de la magie ils tâchoient de mettre en credit leurs impostures. On les appelle aussi *Sampseens*. Ils s'éleverent au commencement du troisiéme siecle, & furent presque aussi-tôt dissipés.

ELE

ELECTEUR. s. m. Celui qui a droit d'élire. Il se dit plus particulierement de ceux qui élisent l'Empereur, & qui sont Princes souverains & les principaux Membres de l'Empire. Le nombre en a été incertain jusqu'à Frideric II. & après ce tems on le réduisit à sept, sçavoir trois Ecclesiastiques, qui furent les Archevêques de Mayence, de Treves & de Cologne, & quatre Seculiers, le Roi de Bohême, le Duc de Saxe, le Marquis de Brandebourg & le Prince Palatin du Rhin. En l'année 1623. l'Empereur Ferdinand I. transfera la dignité Electorale de Frideric V. Comte Palatin, qui avoit osé accepter la Couronne de Bohême, à Maximilien Duc de Baviere. Par la paix de Westphalie, conclue à Munster en 1648. on crea un huitiéme Electorat en faveur de Charles-Louis fils de Frideric V. Comte Palatin, à condition que si la branche Guillelmine, qui est celle du Duc de Baviere, vient à manquer, il n'y aura plus de huitiéme Electeur, la branche Palatine devant rentrer dans son ancien Electorat, & jouir des Etats qui en dépendent. La femme d'un Electeur est appellée *Electrice*. En 1698. l'Empereur Leopold créa un neuviéme Electeur, qui est le Duc de Hanover ou l'Electeur de Brunswick, sous le titre de Porte-Enseigne de l'Empire. Le feu Roi Louis XIV. l'a reconnu pour tel par la paix de Rastat.

La dignité de l'Electeur est très-relevée. Ceux de Mayence, de Tréves de Cologne sont Archevêques & Archichanceliers tout ensemble, le premier en Allemagne, le second en France & au Royaume d'Arles, & le troisiéme en Italie. Les deux derniers ne sont Archichanceliers que de nom, depuis que les Empereurs ont perdu par prescription, ou autrement, le droit qu'ils avoient en une partie de la France & de l'Italie. Cette Charge rend l'Electeur de Mayence très-considerable. Elle met entre ses mains les Archives de l'Empire, & le fait dépositaire des Loix universelles. Il y a aussi des Charges très-importantes qui sont affectées aux cinq Electeurs seculiers. Le Roi de Bohême est Grand Echanson, le Duc de Baviere Grand-Maître, le Duc de Saxe Grand Maréchal ou Connétable, le Marquis de Brandebourg Grand Chambellan, & le Prince Palatin Sur-Intendant des Finances de l'Empire. Quelques-uns veulent que les

Electeurs ayent été instituës après la mort de l'Empereur Othon III. & d'autres disent que ç'a été seulement du tems de Rodolphe de Habspourg. Cette diversité d'opinions paroît être venue de deux choses que l'on observoit anciennement ; la premiere, de ce que les Empereurs, même ceux de la Maison de Charlemagne, voulant déclarer leur successeur, demandoient à ceux qui s'assembloient pour cela, s'il leur étoit agréable, & cette demande, qui requeroit leur consentement en quelque sorte, sembloit tenir des élections ordinaires. La seconde opinion est venue de ce que de tout tems les Etats de l'Empire voulant mettre un Prince sur le Trône Imperial, avoient grand égard au sang, & élisoient presque toûjours le plus proche de l'Empereur mort. L'Empire étant devenu électif, les Princes tant Seculiers qu'Ecclesiastiques, les Seigneurs, les Prelats, les Villes, & enfin tous les Etats de l'Empire acquirent le droit d'élire les Empereurs. Les moindres en furent exclus par succession de tems & la confusion que causoit ce grand nombre d'Electeurs, les fit réduire à un fort petit. Alors ceux qui exerçoient les Charges les plus éminentes à la Cour Imperiale, en exclurent tous les autres, & ils furent confirmés dans la possession du droit par le Reglement que l'Empereur Charles IV. en fit en 1356. en son Ordonnance, appellée la Bulle d'or. Quoique la dignité Electorale soit très-grande, ayant parlé du rang que leurs Ambassadeurs doivent avoir à la Cour Imperiale dans la derniere capitulation, qui fut présentée à l'Empereur Leopold en 1658. ils demeurerent d'accord qu'ils marcheroient après ceux des Rois & des Reines veuves. Ils ont tous les droits de Majesté & précedent les Cardinaux. Le Président Jeannin s'apperçut lors de la tréve de la Haye que l'Ambassadeur d'Espagne n'avoit fait mettre à la tête du traité que les noms des Ambassadeurs des Têtes Couronnées, sans faire mention de ceux des Envoyés des Electeurs, il fit reparer cette omission & rendre à ces Princes l'honneur qui leur étoit dû. *Negot. de Jeannin part. I. p. 262. édit. de Hollande.* On lit dans l'Histoire, que le dernier Duc de Bourgogne du sang Royal de France, demanda de préceder les Electeurs au Concile de Bâle ; ce qui lui fut accordé. Le même Duc ayant voulu conserver ce privilege aux Dietes, ne put l'obtenir ; & après un long débat, il accepta l'offre qu'on lui fit de lui donner un siege separé des autres. Le Roi d'Espagne, qui represente aujourd'hui le Duc de Bourgogne aux Assemblées de l'Empire, n'a au banc des Ecclesiastiques que la troisiéme place, & ne parle que le cinquiéme quand on recueille les voix. Le Roi de Bohême, lorsqu'il n'avoit que la qualité de Duc, étoit le dernier des Electeurs, & ayant obtenu le titre de Roi, il commença à preceder ses Collegues, parce qu'on ne crut pas raisonnable qu'une personne Royale & couronnée cedât à de simples Electeurs. Quand on élut l'Empereur Leopold le Roi de Bohême se trouva une seule fois à l'Assemblée, & l'on marqua la difference qu'on mettoit entre lui & les autres Electeurs, qui n'avoient que des chaises de velours rouge cramoisi, la sienne étant de drap d'or.

ELECTION. s. f. Choix. On appelle *Election*, en termes de Pharmacie, la Partie qui enseigne à discerner les bons medicamens d'avec les mauvais. Les bons sont ceux qui operent doucement & sans causer d'incommodités. Tels sont dans les purgatifs la rhubarbe, la casse & la manne. Les Medicamens que l'on appelle *Insalubres*, sont ceux dans toute l'espece desquelles il n'y a rien qui ne soit mauvais, comme l'euphorbe, le mezereon & la lathyris. Il y en a aussi qui étant bons par eux-mêmes, sont rendus mauvais par accident, comme la scammonée d'Inde, l'agaric noire & autres. Pour faire l'élection des Medicamens, il faut considerer leur substance, leur temperament, leurs qualités secondes, leurs accessoires, leur quantité & leur forme.

On dit en termes de Palais, *Faire élection de domicile*, pour dire, Designer un lieu où l'on agrée que toutes sortes de significations soient faites par la partie adverse, touchant les Contrats ou tels autres Actes qu'on aura passés.

Election. Tribunal où les Elus rendent la Justice, & où ils jugent les differends qui surviennent pour les Tailles en premiere instance. Il se dit aussi du territoire sur lequel ces mêmes Juges exercent cette Jurisdiction.

ELECTUAIRE. s. m. Terme de Pharmacie. Medicament de consistance moyenne entre les opiates, les confections & les lenitifs, & que l'on appelle ainsi à cause que l'on doit choisir avec grand soin les parties qui le composent. On connoît deux sortes d'Electuaires, les solides & les mols ; & tant dans les uns que dans les autres, il y en a d'alteratifs, de corroboratifs & de purgatifs. On fait les Electuaires, non-seulement pour avoir des remedes toûjours prêts contre les maladies internes, mais encore pour conserver plus long-tems la qualité des simples. Ce medicament est composé de poudres aromatiques, de miel, de sucre, ou de quelques autres Ingrediens qui peuvent tenir leur place, comme les penides, le rob, la nive & la manne. Les Electuaires solides ne se font jamais qu'avec le sucre. Les Apothicaires doivent avoir en tout tems dans leurs boutiques quatre Electuaires mols tout au moins, sçavoir le catholicum, le diaphœnix, le diaprun & le lenitif ; & trois solides, le *de citro* solutif, le diacarthami & le *de succo*. Il est fait mention de beaucoup d'autres dans les Dispensaires.

ELEGIR. v. a. Terme de Menuiserie. Pousser à la main une moulure, un panneau, une languette dans un morceau de bois.

ELEMI. s. m. Gomme qui sort de l'olivier. C'est ce qu'en disent les Apothicaires. Matthiole veut que ce soit une resine, à cause que l'Elemi approché du feu se fond comme les autres resines, au lieu qu'on dissout les gommes avec du vin & du vinaigre.

ELEPHANT. s. m. Le plus grand & le plus fort de tous les animaux à quatre piés. Il a peu de poil, & ce poil est semblable à celui des bufles, ainsi que son cuir, qui est noir, épais & dur à percer, quoiqu'il semble doux quand on le touche. Il a la tête grosse & le col court, & la largeur de ses oreilles est de deux palmes. Son nez, qui lui sert de mains, & avec quoi il prend tout ce qu'on lui donne, est long & creux comme une grosse trompette, & va jusqu'à terre. Il est fait d'un gros cartilage qui lui prend entre les dents, & s'appelle trompe. Les coups qu'il en donne sont si violents qu'il suffit d'un seul pour tuer un cheval ou un chameau. L'Elephant se soumet volontiers à l'homme & ne lui fait point de mal, à moins qu'on ne l'ait mis en colere : car alors s'il peut attraper quelqu'un avec sa trompe, il le jette si haut en l'air que s'il ne meurt pas, il tombe au moins tout froissé. Sa bouche est fort près de son estomac, & assez semblable à la gueule du pourceau. Deux fort grandes dents courbes par le bas en sortent du côté de la machoire superieure. Ses piés sont ronds, tout couverts de durillons, & larges de deux ou trois palmes, avec cinq ongles autour en maniere de coquilles de saint Michel. Ses jambes sont grosses & puissantes, & jointes comme celles des autres animaux à quatre piés, quoiqu'on ait écrit que les Elephans les avoient tout d'une venue, & composez d'un seul os. Sa queue est semblable à celle des bufles, & longue à peu près de trois palmes. Cet animal est sauvage, & cependant on l'apprivoise aisement. Il obéit à son gouverneur, dont il entend le langage, & se met à genoux pour le laisser monter sur son dos. Il y en a qui sont hauts de seize palmes. Ils vivent à la campagne de fruits & de feuilles, & sont si amoureux de leur liberté, qu'ils ne peuvent endurer ni arrêt ni bride. Ils ont le pié sûr & le pas si grand, que l'homme le plus leger ne peut aller plus vite en courant. On tient que les Elephans font trois milles par heure. Aristote dit que l'Elephant n'est propre à engendrer & à concevoir qu'à vingt ans. Il ne touche jamais qu'une femelle, & s'en abstient même lorsqu'il connoît qu'elle est pleine. On ne peut sçavoir combien de tems elle porte, puisqu'il ne la couvre jamais qu'en secret. Les uns disent dix-huit mois, les autres deux ans, & les autres trois. Les femelles sentent de grandes douleurs, comme les femmes, quand elles font leurs petits, & en étant délivrées, elles les lechent, & les laissent aller: car ils voyent & marchent si-tôt qu'ils sont nés. Ils vivent jusqu'à deux cens ans, & sont dans la force de leur âge à soixante & dix. Ils craignent le froid, & aiment à se promener auprès des rivieres, où ils entrent quelquefois comme fait le bufle. Ils tiennent beaucoup de l'homme pour l'intelligence, & sont prudens & religieux, dont les Arabes rendent témoignage. Ils disent qu'à chaque nouvelle lunaison ils les voyent venir en troupe se laver dans les rivieres; ce qu'ayant fait ils se mettent à genoux comme pour rendre honneur à la Lune; après quoi ils retournent dans leurs forêts, les deux plus vieux à la tête & à la queue. On les prend en divers pieges. On fait quelquefois un creux couvert de clayes & d'un peu de terre: & si l'Elephant sauvage qui y tombe s'en peut tirer, il arrache une branche d'arbre avec sa trompe, & s'en sert pour sonder le terrain en se retirant, & voir s'il est ferme. On en prend aussi avec des barricades faites dans les lieux étroits où il y a une femelle en chaleur qui les appelle. Quand l'Elephant qui la suit se trouve enfermé, il jette des cris épouvantables; mais avec de longues pointes on le force malgré lui d'entrer dans une maniere de cachot, où on lui lie les jambes; & en cinq ou six jours la femelle qui est domestique, le rend traitable. Les Rois Indiens logent leurs Elephans dans des lieux tout peints de feuillages, & on les sert dans de la vaisselle d'or. Ces animaux sont fort propres, & on écrit qu'un de ceux qui en ont soin ayant un jour apporté de l'eau à un Elephant dans un vaisseau sale, l'Elephant le regarda d'un air dédaigneux, & mettant sa trompe dans sa bouche, tira de son corps une eau chaude & puante dont il le couvrit. Celui-ci lui ayant donné de son bâton sur la tête, l'Elephant sensible à un tel outrage, le tua d'un coup de trompe. Vincent le Blanc rapporte comme témoin, qu'étant auprès du Roi de Pegu, qui avoit ordonné qu'on lui fit venir son Telanzin, sorte de littiere couverte à quatre roues, & qui avoit fort loué deux Elephants qu'il montroit au Prince de Souac, comme étant deux des plus forts & des plus adroits animaux de cette espece, il vit l'un d'eux partir aussi-tôt, & revenir peu de tems après, portant cette littiere avec tout son attirail entre ses dents, qu'il mit doucement à terre, comme si ç'eût été une chose de peu de poids. Au Royaume de Tunquin il y a un Elephant que l'on dresse à faire les fonctions de bourreau. Si une femme est convaincue d'adultere, on la livre à cet animal, qui la serre, & la jette par terre avec tant de violence, qu'il l'étouffe, & la fait mourir dans un tourment incroyable. S'il voit qu'elle donne encore des marques de vie, il la foule aux piés, jusqu'à ce qu'il l'ait écrasée & mise en pieces. L'Elephant blanc est fort estimé parmi les Rois d'Orient; & pour l'avoir, il y a eu une longue guerre entre le Roi de Siam & celui de Pegu, qui a coûté la vie à plus de six cens mille hommes. Le Roi qui porte le titre de l'Elephant blanc se tient au-dessus des autres Rois. On rapporte cette estime & cette veneration particuliere pour l'Elephant blanc à un songe de la Mere de Rama, fameux Docteur dans les Indes, qui lorsqu'elle étoit grosse de lui, vit en dormant un Elephant blanc, qui prenoit naissance dans sa bouche, & qui lui sortit enfin par le côté gauche.

Elephant. Ordre de Chevalerie de Danemark, appellé ainsi à cause que les Chevaliers qui y sont reçûs portent un collier où pend un Elephant d'or émaillé de blanc, mis sur une terrasse de sinople émaillée de fleurs. Cet animal a sur le dos un château d'argent maçonné de sable. On tient que Christierne I. établit cet Ordre en 1478. lorsqu'il maria son Fils. Il n'est conferé par les Rois de Danemark qu'au jour qu'ils sont couronnés.

ELEPHANTIASIS. s. f. Maladie ainsi nommée à cause qu'elle rend la peau semblable au cuir de l'Elephant, en Grec ἐλεφαντίασις & ἐλέφας. C'est une espece de lépre, qui rend les bras & les jambes de ceux qui en sont atteints, grosses & tubereuses.

ELEVATION. s. f. Representation ou image de la façade d'un Bâtiment dans le dessein qu'on en fait. On l'appelle autrement *Orthographie.* En perspective, on appelle *Elevation* la peinture ou description d'un bâtiment, dont les parties reculées paroissent en racourci.

ELEVATOIRE. s. m. Instrument de Chirurgie, dont il y en a de dentelés, & d'autres à trois piés. Les Chirurgiens s'en servent pour élever des os, comme ceux des fractures de la tête qui ont été enfoncés à coup de masse.

ELEVER. v. a. *Hausser, mettre plus haut, rendre plus haut.* ACAD. FR. On dit en termes de Mer, qu'*Un Vaisseau s'éleve*, pour dire, qu'il court au large, & qu'il s'éloigne d'un mouillage ou de la côte.

ELI

ELIMER. v. a. Terme de Fauconnerie. Purger un oiseau, & le mettre en état de voler au sortir de la mue.

ELINGUE. s. f. Terme de Marine. Corde qui à chacun de ses bouts a un nœud coulant. On s'en sert à entourer les fardeaux qu'on veut tirer d'un Vaisseau, ou mettre dedans. On appelle *Elingue à patte*, celle qui n'a point de nœuds coulans, mais deux pattes de fer. On se sert de celle-là pour tirer du fond de cale les futailles pleines.

ELINGUET. s. m. Terme de Marine. Piece de bois d'une moyenne grosseur, qui tourne horisontalement sur le pont du Vaisseau. Elle a d'ordinaire deux piés ou un pié & demi de longueur, & sert à arrêter le cabestan, ou à empêcher qu'il ne dévire. On nomme aussi *Elinguet*, Une petite piece de bois droit, qui a le même usage pour les virevaux qu'ont les autres Elinguets à l'égard des Cabestans.

ELIXATION. subst. fem. C'est, en termes de Pharmacie, la préparation d'un médicament qu'on fait bouillir dans quelque liqueur étrangere. Elle se fait pour dissiper l'humeur excrementeuse & superflue, comme aux fruits, pour reprimer quelque mauvaise qualité, ou en affoiblir une violente, pour transferer une vertu, comme la scammonée cuite dans le sirop rosat; pour amollir les médicamens, les endurcir, les épaissir, les conserver, en mêler plusieurs ensemble; pour séparer une vertu de l'autre, comme l'acrimonie à la racine d'Aron, & pour ôter les saletés & ordures. Il y a trois sortes d'Elixations, la legere pour les médicamens de substance rare, ou qui ont la vertu foible & à la superficie; la mediocre pour ceux qui sont de moyenne substance, & la forte pour les solides, & qui ont la vertu au profond. Ce mot vient du Latin *Lixa*, par lequel les Anciens ont entendu de l'*Eau cuite*.

ELIXIR. s. m. Liqueur spiritueuse destinée à des usages internes, & qui contient la plus pure substance des mixtes choisis, qui lui a été communiquée par infusion & maceration. On appelle *Elixir de proprieté*, un Remede qu'a inventé Paracelse. Il est composé d'esprits & de soufre, d'aloës, de myrrhe, de safran, & autres, dissous par un puissant dissolvant qu'on nomme *Alkaëst*.

Elixir, est aussi un terme de Chymie, & veut dire la substance la plus subtile, interne & specifique de chaque corps, qui en est comme l'essence. C'est ce qu'on appelle autrement *Quinte-essence*. Selon M. Ménage, ce mot vient de l'Arabe *Elixir*, Fraction, à cause que l'Elixir a la force de rompre les métaux en les dissolvant. D'autres le font venir d'*Alechsiro*, autre mot Arabe qui veut dire une Extraction artificielle de quelque essence. Il y en a qui le font venir des mots Grecs ἔλαιον, Huile, & ἐρύειν, Tirer, extraire, comme qui diroit, Une extraction d'huile, qui est la partie essentielle des mixtes. M. Callard de la Duquerie dit qu'il vient d'ἕλκειν, à cause que c'est un extrait par art chymique de la plus pure substance; & d'autres le dérivent d'ἀλέξειν, Donner secours, parce que l'on en reçoit de fort utiles des Elixires.

ELL

ELLEBORE. s. m. Plante qui croît aux montagnes & aux lieux âpres, & dont il y a de deux sortes, le blanc & le noir. L'Ellebore blanc, que les Latins appellent *Veratrum album*, a les feuilles tirant sur le rouge & semblables au plantain ou à la bête sauvage, mais plus courtes & plus noires. Sa tige est creuse & longue de quatre doigts. Quand cette tige commence à secher, elle dépouille certaines pellicules dont elle est enveloppée. Il jette plusieurs racines menues qui partent d'une petite tête longuette, comme sont les racines d'oignon. Le meilleur est celui qui est blanc, charnu, mediocrement grand, qui ne rend aucune poudre quand on le rompt, qui a une moëlle fort tenue, & qui n'est ni trop ardent ni brûlant au goût. L'Ellebore noir, appellé *Melampodium*, a ses feuilles vertes & semblables à celles du Plane, mais plus petites, un peu âpres, noires & chiquetées en plusieurs endroits. Ses fleurs, qui sont d'un rouge tirant sur le blanc, tiennent l'une à l'autre en façon de grappes. Il a ses racines noires & menues, & attachées à une petite tête qui ressemble à un oignon. Dioscoride dit que le vin qui vient d'un sep de vigne auprès duquel l'Ellebore noir a été planté, a une vertu laxative. Il est dangereux à arracher; ce que les Payens ne faisoient qu'avec de grandes cérémonies. Ils prioient Apollon & Esculape, & prenoient garde qu'il n'y eût en l'air ni Milan ni Aigle, leur superstition allant jusqu'à leur faire croire, que si un Aigle ou quelque Milan voyoit le creux d'où l'Ellebore noir avoit été pris, celui qui l'auroit tiré n'éviteroit point d'en mourir presque aussi-tôt. Ceux qui l'arrachent ont accoûtumé de manger des aux & de boire du vin pur auparavant, pour se garantir de ses vapeurs. L'Ellebore noir fait mourir les bœufs, les chevaux & les pourceaux; ce que ne fait pas l'Ellebore blanc. Quelques-uns tirent ce mot de βορὰ, qui veut dire, Le manger, & sur-tout celui des bêtes. Tous les Medecins préferent le noir au blanc, contre le sentiment d'Hipocrate; & quand on s'en sert, il faut choisir celui qui a les racines fort tenues & déliées, qui est plein, acre au goût, de couleur fort noire, & qui n'est point trop desseché. Il purge la mélancolie; & comme il excite des convulsions, il ne se donne qu'à ceux qui sont robustes & forts.

ELLIPSE. s. f. Terme de Géometrie Ovale. Ligne qui se forme de la section d'un Cone droit par un plan non parallele à sa base. Voyez SECTION. A l'Ellipse répond le *Cercle* qui est formé de la section d'un Cone par un plan parallele à la base. Comme un plan parallele à un autre est unique, & qu'au contraire il peut y avoir une infinité de plans non paralleles, parce que tous leurs angles seront differens, delà vient qu'il n'y a qu'une espece de cercle, & qu'il y a une infinité d'especes differentes d'Ellipses toûjours plus differentes du cercle à l'infini. Les *Diametres* de l'Ellipse sont des lignes tirées par le centre & terminées de côté & d'autre à la circonference. *Les Axes de l'Ellipse* ou *le grand Axe & le petit Axe*, sont le plus grand & le plus petit Diametre qu'on puisse tirer dans l'Ellipse. On appelle *Diametres conjugués l'un à l'autre*, ou simplement Diametres conjugués, les Diametres qui sont paralleles aux *Ordonnées* l'un de l'autre. Il est évident que les deux Axes sont *Conjugués*. Voyez ORDONNE'ES. On considere aussi dans l'Ellipse le *Parametre*, & les *Foyers*. Voyez PARAMETRE & FOYER. On appelle *figure d'un Diametre*, le Rectangle sous ce Diametre & le Parametre.

ELM

ELME. s. m. On dit sur mer, *Feu S. Elme*, en parlant d'une exhalaison seche & subtile qu'on voit courir sur la surface de la mer. Lorsque la chaleur de l'air l'a enflâmée, elle voltige & s'attache sur les Vaisseaux qui navigent. Si c'est aux manœuvres & aux mâts, les Matelots croyent que ce feu sera suivi d'un calme profond, puisqu'il n'y a dans l'air aucun vent qui le dissipe; & s'ils le voyent voltiger, c'est selon eux, le présage d'un gros tems.

ELO

ELOIGNEMENT. s. m. *Action par laquelle on éloigne*. Distance. ACAD. FR.

Eloignement, en termes de Peinture, signifie la partie du tableau qui est en perspective, & qui se voit en lointain. *Il y a beaucoup de choses à remarquer dans l'éloignement de ce tableau.*

ELOISE. s. f. Mot du vieux langage, qui signifie un Eclair. Il vient du Latin *Elucere*, Briller, éclater.

ELONGATION. f. f. Terme d'Astronomie. On appelle *Elongation de deux Planetes*, La difference qui est entre le mouvement de la plus vîte & le le mouvement de la plus tardive. Ainsi il y a autant de sortes d'élongations que de mouvemens. L'élongation *vraie* est la difference entre le *vrai* mouvement de deux Planetes, & l'élongation *moyenne* est la difference entre leurs *moyens* mouvemens. On peut dire *élongation diurne* ou *horaire*, par rapport au mouvement diurne ou horaire.

ELU

ELU. f. m. Officier Royal subalterne non lettré. C'est lui qui juge en premiere instance des differends qui surviennent pour l'assiette des Tailles, & de ce qui regarde les autres Impositions qui ont rapport aux Aides & aux Gabelles. Ces sortes d'Officiers ont été nommés *Elus*, à cause que dans l'origine on les choisissoit pour imposer les Tailles sur les Paroisses.

EMA

EMAIL. f. m. Espece de verre coloré dont la matiere fondamentale est de l'étain & du plomb en parties calcinées au feu de reverbere. On y ajoûte des couleurs métalliques, telles qu'on les veut donner. Le *Crocus* de Mars est pour le jaune, & l'*Æs ustum* pour le vert. Il y a une sorte de peinture qui se fait sur les métaux avec des émaux recuits & fondus. Autrefois tous les ouvrages d'émail sur l'or, l'argent & le cuivre se faisoient seulement, pour l'ordinaire, d'émaux clairs & transparens; presentement on en a d'épais & d'opaques, & on a trouvé le secret d'en composer toutes les couleurs dont on se sert. Lorsque l'on emploie les Emaux clairs, on ne fait que les broyer avec de l'eau, parce qu'ils ne peuvent souffrir l'huile comme les épais. On les couche à plat bordés du métal sur quoi on les met. Le cuivre qui reçoit tous les émaux épais, ne sçauroit souffrir les transparens. L'or reçoit parfaitement les opaques & les clairs, mais ils ne s'accommodent pas également bien sur l'argent. Il n'y a des clairs que l'aigue-marina, l'azur, le vert & le pourpre qui fassent un bel effet. Les Emaux clairs mis sur un bas or plombent & deviennent louches. L'émail rouge doit être fort dur pour être de bon usage. Celui qui est tendre & qui se brûle aisément, devient sale & comme cendreux. Les beaux rouges clairs se font avec du cuivre calciné, de la rouille d'ancre de fer, de l'orpiment, de l'or calciné que l'on prépare & que l'on met avec proportion dans le fondant qui se fait avec du cristal ou du caillou, ou de l'agathe, ou de la chalcedoine, du sable & de la soude, ou du sel de verre. Voilà une partie de ce que M. Felibien en dit dans son excellent Traité de la Peinture.

Email. Terme de Blason. Il se dit de la diversité de couleurs & de metaux dont un Ecu est chargé. Les métaux sont Or & Argent, & les couleurs sont Azur, Gueules, Sinople, Pourpre & Sable. Ces sept émaux sont representés sur les tailles douces par le moyen des hachures. L'Or est pointillé, & l'Argent tout blanc. L'Azur, qui est bleu, est representé par des traits tirés horisontalement; le Gueules, qui est rouge, par des traits perpendiculaires; le Sinople, qui est vert, par des traits diagonaux de droit à gauche; le pourpre dont on se sert pour les raisins, pour les mûres & pour quelques autres fruits, par des traits diagonaux de gauche à droit; & le Sable, qui est noir, par des traits croisés. Les Emaux de Blason sont venus des anciens Jeux du Cirque, qui ont passé aux Tournois, où le blanc, le rouge, le bleu & le vert distinguoient les Quadrilles les unes des autres. Domitien, au rapport de Suetone, y en ajoûta une cinquiéme vêtue d'or, & une sixiéme habillée de pourpre. Le Sable est venu des Chevaliers qui portoient le deuil. M. Ménage fait venir *Email* de l'Italien *Smalto* & *Smaltare*. D'autres le dérivent de l'Hebreu *Hesmal*, ancienne Espece d'émail composé d'or & d'argent, dont les Latins ont fait *Maltha* & *Smaltum*. Pline parle de *Maltha*, sorte de Mastic ou de ciment. *Smaltum* étoit un ouvrage de pieces rapportées.

EMANCHE', E'E. adj. Terme de Blason. Il se dit des partitions de l'Ecu, où les pieces sont enclavées l'une dans l'autre en forme de longs triangles pyramidaux. *Parti, émanché d'argent & de gueules.*

EMB

EMBARDER. v. n. Terme de Marine. On dit, *Embarde basbord* ou *tribord*, *Embardée au large*, lorsqu'étant auprès d'un Navire avec une chaloupe, on se jette de côté ou d'autre pour s'en éloigner. On dit aussi *Embarder*, quand on oblige un Vaisseau qui est à l'ancre, à se jetter d'un côté ou d'autre en lui faisant sentir son gouvernail.

EMBARRER. v. n. Terme de Manége. On dit qu'*Un cheval s'embarre*, qu'*Un cheval est embarré*, pour dire, qu'il a les jambes embarrassées dans la barre qu'on met dans une écurie pour séparer un cheval d'un autre, & empêcher qu'ils ne se battent.

EMBASEMENT. f. m. Espece de base continue en forme de large retraite au pié d'un bâtiment.

EMBATAGE. f. m. Terme de Maréchal. Action d'appliquer des bandes de fer sur les roues. Nicod en parle en ces termes. *Embatage est un mot usité en ferrures ou bandages de roues de harnois, & signifie l'application que le Maréchal fait des bandes de fer, qui sont ces larges plaques de fer clouées à gros clouds qu'on appelle Clouds à bande, sur & tout autour d'icelles roues. Ce mot est ainsi prins à cause de la batterie & pattouquis des marteaux d'iceux Maréchaux fichants & coignants les clouds à bande sur lesdites roues, & tient beaucoup de l'onomatopoée. Ainsi dit-on, il lui est dû l'embatage des roues.*

EMBATONNE', E'E. adj. Terme de Blason. On dit qu'*Une colomne est cannelée & embâtonnée*, pour dire, que Ses cannelures sont remplies de figures de bâtons jusqu'à une certaine partie de son fust. On a dit autrefois en parlant de gens qui avoient fait quelque sédition, qu'*Ils étoient venus armés & embâtonnés*, pour dire, qu'Ils étoient venus avec des bâtons; ce qui n'excluoit pas les bâtons à feu.

EMBATTRE. v. a. Terme de Maréchal. Appliquer des bandes de fer sur les roues; ce qui se fait en les frappant toutes rouges avec des marteaux, & les faisant tenir sur le bois avec de gros cloux.

Embattrei, selon Nicod, a aussi signifié, Arriver en quelque lieu, à dessein, ou par hazard. Il en donne ces exemples. *Ils commencerent à brocher leurs chevaux & eux embattre dans la plus grande presse*, c'est-à-dire, Se jetter, se fourrer dans la presse. *Qui sont ces gens qu'ainsi se sont embattus en ces pays*, pour dire, Ces gens qui s'y sont jettés, qui y sont entrés; &, *Il lui embattit l'épée jusqu'au foye*, pour dire, Il lui fourra l'épée jusqu'au foye.

EMBAUCHER. v. a. Vieux mot qui n'a plus d'usage que chés quelques Artisans, pour dire, Introduire un Compagnon dans une Boutique, & lui faire donner de la besogne. Borel dit que c'est delà que vient

vient *Débaucher*, & que l'un & l'autre pourroit venir de *Boge* ou *Bauge*, qui a signifié autrefois Demeure ; d'où vient qu'on a appellé *Tolostoboges*, les Habitans de Toulouse. L'embauche des Compagnons leur coûte beaucoup par un grand abus, & se fait selon des reglemens reçus entre eux, & qui n'ont jamais été autorisés.

EMBAUCHEUR. f. m. Celui qui se mêle d'introduire un Compagnon dans une Boutique. Il se dit quelquefois de celui qui mene des gens à un Capitaine pour s'enrôler dans sa Compagnie.

EMBAUMEMENT. f. m. Action d'embaumer un corps mort. L'Embaumement a été particulierement en usage parmi les Egyptiens. Herodote dit qu'après que le deuil étoit passé on portoit le corps à des Embaumeurs ; qui faisoient voir plusieurs portraits des corps embaumés, & demandoient de quelle maniere on vouloit qu'ils embaumassent le mort. Lorsqu'on étoit convenu du prix, les Embaumeurs commençoient par tirer la cervelle hors du crane avec un fer crochu qu'ils mettoient dans les narines ; & après l'avoir tirée, ils l'arrosoient de liqueurs propres pour cela. Ensuite ils fendoient le ventre avec un caillou d'Ethiopie fort aigu, & en tiroient les entrailles, qu'ils lavoient avec du vin de Phenicie, les parsemant de drogues pilées. Ils embaumoient la cavité du ventre, de myrrhe, de cannelle & d'autres épiceries, & ayant recousu le corps, on le mettoit dans le sel pendant soixante-dix jours. Après ce tems on lavoit encore le corps & on l'enveloppoit de petites bandes de soye, enduites d'une gomme dont se servent les Egyptiens au lieu de colle. Le corps ayant été rendu aux parents, on faisoit faire un homme de bois creux par dedans, & après qu'on y avoit mis le mort, on le posoit de cette maniere dans le tombeau contre la muraille. Ceux qui n'avoient pas assés de bien pour faire cette dépense, remplissoient une seringue de gomme de cedre, & s'en servoient pour jetter la drogue dans le ventre par le fondement, laissant ensuite le corps dans le sel pendant plusieurs jours. Quand ils l'en avoient tiré, ils lui faisoient sortir la gomme de cedre qui entraînoit les entrailles & les boyaux qui en avoient été embaumés. Le sel rongeoit la chair de telle sorte, qu'il ne restoit que les os avec la peau. Cela fait, le corps étoit rendu aux parents. Il y avoit un troisiéme embaumement pour le petit peuple. On ne faisoit que laver le ventre, & mettre tremper le corps dans le sel pendant soixante-dix jours, après quoi on l'enterroit. L'asphalte dont on s'est servi pour embaumer est fort restringent. Il pénétre jusques dans les os qu'il retire, & dont il change la situation naturelle ; de sorte que de grands corps, après qu'ils sont embaumés, ne paroissent que des corps de petits enfans. L'embaumement aussi-bien que l'usage des Hieroglyphes, commença en Egypte avant que Cambise Roi de Perse s'en fût rendu maître. Il ne s'y fut pas plûtôt rendu absolu, qu'il abolit les cérémonies des Egyptiens, bannit ou fit mourir leurs Prêtres, & introduisit dans ce Royaume le culte & les coûtumes de Perse. Ce fut en ce tems-là que la maniere d'embaumer se perdit avec l'art des Inscriptions. Les Prêtres seuls en sçavoient le secret, & il ne leur étoit pas permis de l'enseigner aux Laïques. Ce qui portoit les Egyptiens à vouloir garantir les corps de corruption, c'est qu'ils étoient persuadés que le monde retourneroit en son premier état après le cours de trente mille ans. Ils croyoient encore que le regne de sept Dieux, Patrons de l'Egypte, finissoit tous les sept mille ans, & remontoit du dernier au premier ; ce qui devoit durer quarante-neuf mille ans ; après quoi viendroit le repos de toutes choses ; c'est-à-dire, que dans l'espace de sept mille ans, & après que l'ame auroit plusieurs fois changé de corps, elle reviendroit dans le premier qu'elle avoit laissé dans le tombeau sous la protection des Dieux, pour être élevée à une plus haute sphére celeste, jusqu'à ce que les ayant toutes traversées, elle fût réunie à son idée pour être éternellement heureuse. Comme d'ailleurs ils croyoient que les ames ne retourneroient point dans des corps pourris, corrompus ou réduits en cendres, ils avoient grand soin de les embaumer, & de les mettre sous la garde de plusieurs sortes de Divinités, afin qu'à chaque espace de sept mille ans elles retournassent en leurs premiers corps ; & qu'après le cours de trente mille années, quand toutes les metempsycoses seroient accomplies, elles fussent réunies à leurs idées, sans être plus sujettes à aucun changement.

EMBEGUACA. f. f. Sorte d'herbe du Bresil, qui a quelquefois des racines longues de plus de trente coudées. Comme leur écorce est dure, on en tord des cercles de navire extrêmement forts, qui reverdissent sous l'eau. Cette écorce étant pilée & mise sur des charbons ardens, jette une fumée qui arrête le flux de sang, principalement aux femmes.

EMBELLE. f. f. Partie d'un Vaisseau comprise depuis le grand mât jusqu'au dogue d'amure, ou depuis la herpe du grand mât jusqu'à celle de l'avant.

EMBERGUER. v. a. Vieux mot. Couvrir. Borel dit qu'il a été fait du Latin *Apricare*, d'où nous est venu Abri.

EMBESOGNER. v. a. Vieux mot qui veut dire, Occuper à quelque besogne. Quelques-uns disent encore, *Un homme embesogné*, pour dire, Un homme occupé, qui a toûjours quelque affaire.

EMBLER. v. a. Vieux mot qui a été dit pour Dérober, emporter avec violence, du Latin *Involare*, que Servius dit avoir été fait de *Vola*, Paume de la main. Nicod le fait venir du Grec ἐμβάλλειν, Entrer avec violence.

Embler, est aussi un terme de Chasse, lorsqu'aux allures d'une bête les piés de derriere surpassent de quatre doigts les piés de devant ; ce que l'on remarque à celles des cerfs.

EMBLEYER. v. a. Vieux mot. On a dit autrefois *Embléer*, pour Embaver, semer une terre en blé, venant du Latin *Imbladare*. Ce mot a fait *Emblayer* autre vieux mot, qui s'est dit d'une chose quand elle occupoit si fort, qu'on ne pouvoit trouver le tems de faire aucune autre affaire.

EMBODINURE. f. f. Terme de Marine. On appelle *Embodinure*, plusieurs menus bouts de corde, dont l'arganeau de l'ancre est environné. On le fait pour empêcher que le cable ne se gâte contre le fer.

EMBOIRE. v. n. Terme de Peinture. Il se dit des couleurs à huile qui s'étendent sur la toile, ce qui les rend mates. Ainsi on dit qu'*Un Tableau est embu*, pour dire, Que la couleur n'en paroît pas bien, qu'il y a un certain mat qui empêche que l'on n'en discerne toutes les touches, & qu'il a perdu son luisant. Pour peindre contre une muraille, il faut quand elle est bien seche, y donner deux ou trois couches d'huile toute bouillante, autant de fois qu'on le juge necessaire, jusqu'à ce qu'on voye que l'enduit demeure gras, & qu'il n'emboit plus. On dit aussi *S'emboire*. *Quand il y a trop d'huile dans les couleurs, elles sont plus sujettes à s'emboire.* Ce mot vient du Latin *Imbibere*.

Emboire est aussi actif, & l'on dit *Emboire un*

moule de plâtre, pour dire, Le frotter d'huile, & ensuite de cire fondue, qu'on met dans toutes les petites pieces du moule, afin que l'ouvrage de cire qu'on y veut jetter, soit plus parfait & plus beau.

EMBOLISME. s. m. Terme de Chronologie. C'est la même chose qu'*Intercalation*. Ce mot vient de ἐμβολισμὸς, dont le primitif est ἐμβάλλειν, *jetter dedans*. Intercaler en Chronologie, c'est ajoûter quelque chose à un compte, à une supputation du Calendrier, pour produire une égalité que l'on cherche. On veut égaler ou un calcul *civil* & *politique* à un mouvement celeste, ou deux mouvemens celestes ensemble. Par exemple, le cours annuel du Soleil étant de 365. jours, 5. heures, 49'. il est impossible que dans l'usage civil, on commence une seconde année à 5. heures 49'. du 366 . jour. Il faut donc en reglant l'année civile negliger les fractions, & ces fractions negligées la rendent à la longue fort differente de l'année Astronomique. Pour remettre l'égalité entre elles, on attend que les heures, & minutes negligées ayent produit un jour, & on ajoûte ce jour à l'année civile, ce qui est *intercaler*, & cette operation s'appelle *Intercalation* ou *Embolisme*. (Voyez CALENDRIER.) De même le cours du Soleil étant de 11. jours plus long que 12. mois Synodiques de la Lune, (Voyez EPACTE & CYCLE,) ces 11. jours produisent en 3. ans, 33. jours dont on en prend 30. pour ajoûter un mois aux 12. dont l'Année Lunaire est ordinairement composée. Ce treiziéme mois s'appelle *Embolismique* ou *Intercalaire*, & en le repetant plusieurs fois on parvient enfin à égaler les mouvemens du Soleil & de la Lune, & à les faire revenir aux mêmes points. Voyez CYCLE.

EMBOLISMIQUE. adj. Intercalaire. Le jour que l'on compose des 5. heures 49'. restant de l'Année Astronomique, & que l'on ajoûte à chaque quatriéme année, est un jour *Embolismique*. Voyez CALENDRIER.) De même c'est un mois Embolismique que celui qu'on ajoûte à chaque troisiéme année Lunaire, & qui est composé des 11. jours de l'Epacte repetés. (Voyez EPACTE & CYCLE.) On appelle aussi quelquefois *Année Embolismique*, celle dans laquelle il se fait un Embolisme, quel qu'il soit, car il ne se fait jamais un Embolisme d'année, mais seulement de jour ou de mois. On oppose à l'Année l'Embolismique ou Intercalaire l'*Année commune*, dans laquelle il ne se fait point d'intercalation.

EMBORDURER. v. a. Mettre une bordure à un tableau.

EMBOSSURE. s. f. Terme de Marine. Nœud que l'on fait sur une manœuvre, & auquel on ajoûte un amarrage.

EMBOUCHÉ', E'E. adj. Terme de Blason. Il se dit du bout d'un cornet, d'une trompe & d'une trompette qu'on met dans la bouche pour en sonner, quand ce bout est d'un émail different du corps.

EMBOUCHOIR. s. m. Terme de Cordonnier. Instrument qui sert à élargir des bottes. Il est fait de deux morceaux de bois en forme de jambe. On y chasse un coin qui fait élargir le cuir.

EMBOUCHURE. s. f. Fer que l'on met dans la bouche du cheval pour la tenir sujette. Ce fer se forge de differentes façons. Il y a des Embouchures à canon simple, d'autres à canon montant, & d'autres à berges, à pas d'âne, à olives, à écaches, avec liberté ou sans liberté de langue; mais toûjours proportionnées à la bouche du cheval, selon qu'il l'a plus ou moins fendue ou sensible. Le mors est pris fort souvent pour l'embouchure, quoiqu'en general il signifie toutes les pieces de fer dont la bride est composée.

On dit *Embouchure de canon*, pour dire, l'Ouverture du canon par où l'on met le boulet & la poudre. On appelle *Embouchure de trompette, de flûte, de flageolet*, la partie de ces instrumens que celui qui en veut jouer met dans sa bouche. Les Chauderonniers & les Potiers appellent aussi *Embouchure de marmite, embouchure de fourneau*, l'entrée d'un fourneau, d'une marmite.

EMBOUCLE', E'E. adj. Terme de Blason. Il se dit des pieces garnies d'une boucle, comme sont les colliers des levriers.

EMBOUQUER. v. n. Terme de Marine. Quand on entre dans les Isles des Antilles; cela s'appelle *Embouquer*.

EMBOURRER. v. a. Terme de Tapissier. On dit *Embourrer une chaise*, pour dire, La garnir de bourre & couvrir de toile.

EMBOURRURE. s. f. Garniture de bourre, & couverture de toile mise sur la bourre d'une chaise. *On a payé tant pour l'embourrure de six chaises. Toile d'embourrure*

EMBOUTE', E'E. Terme de blason. Il se dit non seulement des pieces qui ont un cercle ou une virole d'argent en leur extrémité, mais encore des manches de marteau, quand les bouts en sont garnis d'émail different.

EMBOUTIR. v. a. Terme d'Orfevre. Former & travailler l'argent sur une petite machine qu'on appelle *Etampe*.

EMBRANCHEMENT. s. m. Piece de bois qui fait partie de la charpente des couvertures. Elle sert de petit entrait dans l'empanon & le coyer.

EMBRAQUER. v. a. Terme de Marine. Mettre ou tirer une corde dans un Vaisseau à force de bras.

EMBRASER. v. a. Terme d'Architecture. Elargir en dedans la baye d'une porte, ou d'une croisée, ce qui se fait depuis la feuilleure jusqu'au parpain du mur, & rend les angles de dedans obtus. On dit aussi *Ebraser*.

EMBRASSE', E'E. adj. Terme de Blason. Il se dit d'un Ecu parti ou coupé, ou tranché d'une seule émanchure, qui s'étend d'un flanc à l'autre. *D'argent embrassé de gueules*.

EMBRASSER. v. a. *Serrer, étreindre avec les deux bras*. ACAD. FR. C'est aussi un terme de Manege; & on dit qu'*Un cheval embrasse la volte*, quand de l'endroit où il a posé les piés de devant jusqu'à celui où il les pose de nouveau, il embrasse à peu près l'espace d'un pié & demi. Le contraire d'embrasser la volte, est *Battre la poudre*, qui se dit quand un cheval pose ses piés de devant auprès de l'endroit d'où il vient de les lever.

EMBRASSURE. s. f. Assemblage à queue d'aronde de quatre chevrons chevillés, qu'on met au dessus du larmier d'une souche de cheminée de plâtre, afin d'empêcher qu'elle ne s'éclate. On nomme aussi *Embrassure*, une barre de fer méplat, qu'on employe au même usage, & qui est coudée & boulonnée.

EMBRASURE. s. f. Terme d'Architecture. Elargissement qui se fait dans les murailles pour donner plus de jour & plus de commodité aux fenêtres & aux portes. *Embrasure* se dit aussi de l'obliquité que l'on donne au mur qui tient lieu d'appui aux abajours & aux soupiraux. On dit aussi *Ebrasement* & *Embrasement*.

Embrasure. Terme de Guerre. Ouverture d'un parapet, où l'on pointe le canon pour le tirer dans le fossé ou dans la campagne. Les embrasures sont d'ordinaire éloignées de douze piés l'une de l'autre, & chacune est ouverte par dehors de six à sept piés, & environ de trois par dedans. Leur élevation sur sa plateforme, est de trois piés du côté du canon, & d'un pié & demi du côté de la campagne. C'est ce qu'on nomme aussi *Canonniere*.

On appelle *Embrasure de fourneau*, la partie du fourneau, où passe le col de la cornue.

EMBREVEMENT. s. m. Maniere d'entailler une piece de bois, afin d'empêcher qu'une autre piece jointe & assemblée contre la premiere, ne se hausse ni se baisse.

EMBRICONER. v. a. Vieux mot. Tromper, décevoir. Un ancien Poëte a dit que l'amour,

Le plus mesurable enivre,
Et le plus sage embricone.

Il a été aussi employé pour mettre en pieces. On a dit encore *Abriconer*.

EMBROCHIE'. adj. Vieux mot. Caché, affublé. *Si encontra un Chevalier & Dames toutes embrochiées en lor chapes qui lor penitence fesoient.*

EMBROCATION. s. f. Terme de Pharmacie, Medicament liquide, huile, décoction, ou autre liqueur, dont on arrose quelque partie du corps, en la frottant à mesure que la liqueur tombe. Ce mot vient du Grec ἐμβροχὴ, Irrigation qui se fait en trempant du linge dans quelque liqueur, de βρέχειν, Pleuvoir, arroser.

EMBRONCHIER. v. n. Vieux mot. Tomber en faisant quelque faux pas.

EMBROUILLER. v. a. *Mettre de la confusion, de l'obscurité.* ACAD. FR. On dit en termes de Marine, *Embrouiller les voiles*, pour dire, Ferler les voiles, les joindre ensemble.

EMBRUME', ÉE. adj. Terme de Marine. On appelle *Tems embrumé*, un tems de brouillards, pendant lequel on a peine à se connoître, & *Terre embrumée*, une terre couverte de brouillard. Ce mot vient de *Brume*, Brouillard de mer, du Latin *Bruma*, qui veut dire, Toute sorte de brouillards.

EMBRUNCHER. v. a. On a dit *S'embruncher* ou *s'embrunger*, dans le vieux langage, pour dire; Se couvrir, s'affubler. *Il couvrit sa face, & s'embruncha*; & ailleurs, *Si s'embruncha dans son chaperon.*

C'est aussi un terme de Charpenterie. C'est engager des pieces de bois les unes sur les autres.

EMBRYON. s. m. Terme de Medecine. Fœtus, commencemens de formation du corps de l'animal dans le ventre de la mere, avant qu'il ait reçû tous les lineamens & toutes les dispositions des parties dont il a besoin pour être animé. Ce mot est Grec ἔμβρυον, de la particule ἐν, & de βρύειν, Germer, sourdre.

EMBU, UE. adj. Terme de Peinture. Quand les couleurs sont bien empâtées, avant que de vernir un tableau, la détrempe paroît plus embue que la peinture à huile.

EMBUCHEMENT. s. m. Vieux mot. Abouchement, pourparler. On l'a employé aussi pour Embuche, trahison. Borel dit qu'il vient de *Bosc*, Bois, forêt où se cachent les soldats, comme qui diroit *Emboschement*.

EME

EMENDER. v. a. Vieux mot. Corriger. Dans les Arrêts *on dit Emendant.*

EMERAUDE. s. f. Pierre precieuse du plus beau verd qui se voye. Elle est fort agreable à la vûe, & d'une matiere extrêmement pure, mais moins solide que l'Hyacinthe, le Saphir & l'Amethyste. Il y en a pourtant de si dures qu'on ne les sçauroit graver. Ce sont celles de Tartarie & d'Egypte. Quelques-uns comptent douze sortes d'Emeraudes, dont les unes se trouvent dans les fentes des rochers, & les autres aux mines de bronze; mais en general on ne connoît que l'Orientale & l'Occidentale. La premiere est plus estimée que l'autre, étant plus belle & plus transparente, mais l'Occidentale l'emporte en grosseur. L'Emeraude faite en table, montre les objets comme un miroir. On dit que Neron en avoit une dans laquelle il voyoit les combats des Gladiateurs. Cette pierre a la vertu de resister aux venins. Elle preserve de l'épilepsie, fortifie la vûe, & guerit la lepre. On l'appelle en Latin *Smaragdus*, du Grec σμάραγδος, ou μάραγδος, fait du verbe σμαρύσσειν, Reluire, qui a été dit pour μαρύσσειν.

EMERIL. s. m. Pierre metallique rouge & quelquefois grise, qui sert à polir & à brunir l'or. Les Vitriers s'en servent pour couper le verre, & elle est bonne à tailler le marbre & les pierreries, à la reserve du diamant. Cette pierre est dure & fort pesante, & on la trouve particulierement dans les mines de cuivre, de fer & d'or. L'Emeril se réduit en une poudre impalpable dans l'eau de vie ou dans l'esprit de vin. Quand il est fondu avec le plomb & le fer, il les endurcit. Il augmente même la couleur & le poids de l'or, & le fait devenir rouge. En Latin *Smiris* ou *Smyris*, du Grec σμῆν, ou σμήχειν, Nettoyer, polir.

On appelle aussi *Emeril*, Certaines duretés qui se trouvent dans le marbre blanc, & qui viennent d'un mélange de cuivre ou d'autre métal qui s'y rencontre. Elles y font de petites taches noires en quelques endroits.

On appelle *Potée d'Emeril*, ce que l'on ôte de dessus les roues qui ont servi à tailler des pierreries.

EMERILLON. s. m. Oiseau de poing, & le plus petit de tous les oiseaux de Fauconnerie. Il est gros comme un pigeon, vif, hardi, fort bigarré, & ressemble au faucon pour la couleur. Cet oiseau est fort plaisant au vol de la corneille & de l'allouette hupée. On l'appelle en Latin *Varius accipiter*, & en Grec ποικίλος ἱέραξ. Les Habitans des Antilles ont dans leurs Isles un *Emerillon* qu'ils nomment *Grigri*, à cause du cri qu'il jette, & qu'ils expriment par ces deux syllables. C'est un petit oiseau de proye qui n'est pas plus gros qu'une grive. Toutes ses plumes de dessus le dos & des aîles sont rousses tachetées de noir, & il a le dessous du ventre blanc moucheté d'hermine, il est armé de bec & de griffes à proportion de sa grandeur, & ne fait la chasse qu'aux petits lezards & aux sauterelles qui sont sur les arbres, quelquefois aux petits poulets qu'il trouve tout nouvellement éclos. La poule lui donne la chasse, & se défend contre lui. Les Habitans en mangent, mais il a fort peu de graisse.

Emerillon est aussi une espece de canon mediocre, qui a de longueur trente-sept calibres. Il tire dix onces de fer, ou quinze onces de plomb, & se charge de quinze onces de poudre fine. Il y a un Emerillon bâtard, & un Emerillon extraordinaire.

Emerillon. Terme de Cordier. Morceau de bois en forme de sifflet, ayant au bout un crochet de fer, qui sert à cabler la ficelle & autre cordage.

EMERSION. s. f. Terme d'Astronomie. Il se dit quand une étoile commence à paroître, étant sortie des rayons du Soleil, qui empêchoient qu'elle ne fût vûe auparavant. L'Emersion est alors la même chose que le *lever Heliaque*. Voyez HELIAQUE. Ce mot se dit aussi d'une Planette qui sort de l'ombre d'un corps qui l'avoit éclipsée. *L'Emersion de la Lune commence à telle heure*. Voyez ECLIPSE. A emersion s'oppose immersion. Voyez IMMERSION.

EMETIQUES. s. m. Medicamens, qui étant pris interieurement font sortir par la bouche, les mauvaises humeurs qui sont renfermées dans l'estomac. Les uns ont une proprieté particuliere qui provoque à vomir, comme la moyenne écorce du noyer, la graine de rave & d'arroche, la noix vomique, l'asarum, & les fleurs & les feuilles de geneste. Les autres contribuent à exciter le vomissement, ou en nageant dans le ventricule, ou par la relaxation de son orifice superieur. Si l'on prend de l'eau tiede en quantité, elle produit cet effet, aussi bien que les bouillons gras, la tisanne avec du miel, & l'huile commune avec de l'eau & du beurre. Ce mot vient du Grec ἐμετος, Vomissement.

EMEUTIR. v. n. Terme de Fauconnerie. On dit d'un oiseau de proye, qu'*Il émeutit*, pour dire, qu'Il se décharge le ventre; & on appelle *Emeus*, ce que vuident ces sortes d'oiseaux.

EMI

EMIR. s, m. Nom de dignité que les Turcs & les Sarasins donnent à ceux qu'ils croyent descendus de Mahomet. Il n'y a que les Emirs qui ayent droit de porter le Turban vert, & ils sont en grande veneration parmi ces peuples.

EMM

EMMANCHE', E'E. adj. Terme de Blason. Il se dit des haches, des faux, des marteaux & des autres choses qui ont un manche. *D'azur à trois faux d'argent, emmanchées d'or*. Furetiere & ses Scholiastes disent que quand on emmanche une faux à rebours, c'est une arme fort dangereuse, lisez *à revers*.

EMMARINER. v. a. Terme de Marine. On dit, *Emmariner un Vaisseau*, pour dire, Mettre du monde dessus pour le faire aller en mer. On appelle *Gens emmarinés*, Ceux qui par de longs voyages se sont accoûtumés à la mer.

EMMIELER. v. a. Terme de Marine dont l'usage n'est pas general. Quelques-uns disent *Emmieler un étai*, pour dire, Remplir le vuide qui est le long des tourons des cordes dont l'étai est composé.

EMMIELLURE. s. f. Onguent que les Maréchaux appliquent sur les enflures & sur les foulures des chevaux. Il est fait d'un mélange de miel, de graisse, de terebenthine & d'autres drogues, & on en frote les parties incommodées.

EMMORTOISER. ou *Emmortaiser*. v. a. Faire entrer dans une mortoise le bout d'une piece de bois ou de fer, diminué quarrément environ du tiers de son épaisseur.

EMMUSELE', E'E. adj. Terme de Blason. Il se dit des ours, des chameaux, mulets, & autres animaux ausquels on lie le museau, pour empêcher qu'ils ne mordent ou ne mangent. *D'argent à une tête d'ours de sable, emmuselée de gueules*.

EMO

EMOLLIENS. s. m. Terme de Pharmacie. Medicamens qui amollissent les duretés du bas ventre, ou des tumeurs ou enflures. Les émolliens sont chauds, comme l'Althæa, les racines de lis, les mauves. Ce mot vient d'*Emollire*, Amollir, qui veut dire en Pharmacie, Rendre un medicament plus mol qu'il n'étoit, en le rechauffant, ou en y mêlant quelque chose qui soit humide.

EMOLOGUER. v. a. Mot du vieux langage. Approuver.

EMONCTOIRE. s. f. Terme de Medecine. Glande qui sert à décharger les humeurs superflues du corps. Les parotides sont les émonctoires du cerveau. Le ventre & les intestins sont l'émonctoire de la premiere digestion; les reins & la vessie urinaire, l'émonctoire de la seconde digestion, & l'insensible transpiration est destinée pour être l'émonctoire de la troisiéme digestion, & pour chasser par la circonference du corps, ce qui s'engendre d'heterogene, & de vicieux dans la nutrition. On fait venir ce mot du Latin *Mucus*, Excrement qui sort du nez,

EMOUSSE', E'E. adj. Il se dit des fers dont la pointe est rebouchée. *De gueules à trois fers de lances émoussés d'argent*.

EMOUSSER. v. a. On dit en termes de Guerre, *Emousser les angles d'un Bataillon*, pour dire, En retrancher les quatre encoignûres, en sorte que les chefs de files & les serrefiles des angles soient disposés de telle maniere, qu'ils forment un angle obtus & émoussé, approchant d'une seule ligne droite. Cette disposition fait que le Bataillon quarré devient octogone, ce qui donne moyen de faire feu de tous côtés, & de presenter les armes par tout.

EMP

EMPANON. s. m. Terme de Charpenterie. Chevron de croupe ou de long pan. Il tient par en haut aux arrestiers, & par en bas sur les sablieres ou plates formes. Les Charrons nomment *Empanons*, deux pieces de bois du train de derriere d'un carrosse, qui étant attachées aux deux côtés de la fleche, passent sur l'essieu, & débordent hors du train.

EMPARAGER. v. a. Vieux mot. Mettre dans un rang égal à celui qu'on a. On disoit autrefois. *Emparager une Fille*, pour dire, La marier noblement & sans dérogeance.

EMPARLIER. s. m. Vieux mot, qui se trouve dans la signification d'Avocat. On a dit aussi *Parlier* & *Aparlier*, & on disoit encore *Emparlé*, pour Eloquent.

EMPASME. s. m. Poudre qu'on répand sur tout le corps, pour causer de la démangeaison à la peau. Il vient du Grec, ἐμπάσσειν, Arroser.

EMPASTELER. v. a. Terme de Teinture. Faire prendre le bleu aux laines & aux étoffes par le moyen du pastel ou de la guesde.

EMPASTER. v. a. Terme de Peinture. Les Peintres appellent *Bien empâter*, Coucher les couleurs sans precipitation, les mettre épaisses, & couvrir & recouvrir plusieurs fois les carnations. Ainsi on dit qu'*Un tableau est bien empâté de couleur*, pour dire, qu'Il est bien nourri de couleurs, qu'elles sont mises épaisses & couchées uniment.

EMPATEMENT. s. m. Ce qui sert de pié à quelque chose. On appelle *Empatement de muraille*, la partie la plus basse du mur. Sa largeur doit être proportionnée à l'épaisseur & à la hauteur que l'on veut donner à la muraille. C'en est la base, le fondement. On dit aussi l'*Empatement d'une grue*. Ce sont les pieces de bois sur lesquelles elle est élevée.

Empatement. Terme de Fortification. La base ou le pié qui soutient un rempart ou une muraille, & qui empêche qu'elle ne s'éboule.

EMPATER. v. a. Les Charons disent, *Empater des rais*, pour dire, Faire les pates des rais des roues.

EMPATURE. s. f. Terme de Marine. On appelle *Empatures* dans un Vaisseau, la jonction de deux pieces de bois mises à côté l'une de l'autre.

EMPAUMER. v. a. Terme de Venerie. On dit, *Empaumer la voie*, pour dire, Suivre la piste, être dans la droite voie de quelque gibier. Il signifie aussi Tromper. *Ce pauvre miserable s'est laissé empaumer.*

EMPAUMURE. s. f. Terme de Chasse. Le haut de la tête d'un vieux cerf ou d'un vieux chevreuil, qui est large & renversée, & où il y a plusieurs andouillers.

Empaumure, est aussi un terme de Gantier, & se dit de la partie du gand qui prend depuis la fente des doigts jusqu'au pouce. Elle est appellée ainsi, parce qu'elle couvre toute la paume de la main.

EMPEIGNE, s. f. Petite piece de cuir qui tient dans un soulier depuis le col du pié jusqu'au bout. *L'Empeigne avance trop & me blesse.*

EMPELOTE', E'E. adj. Terme de Fauconnerie. On appelle *Oiseau empeloté*, Un oiseau qui ne sçauroit digerer ce qu'il avale.

EMPENELE. s. f. Terme de Marine. Petite ancre que l'on mouille au devant d'une grosse. Il y a un petit cable qui la tient, & ce cable est frappé à la grosse ancre, afin que le Vaisseau soit plus en état de resister à la force du vent.

EMPENNE', E'E. adj. Vieux mot, qui veut dire, Aîlé, du Latin *Penna*, Aîle. On le disoit autrefois des fleches, au bout desquelles on mettoit des plumes pour les conduire en l'air, & les faire aller plus vîte. On le dit encore dans le Blason, d'un dard ou d'un javelot qui a ses aîlerons ou pennes. *D'azur à un arc d'or, chargé de trois fleches d'argent empennées d'or.*

EMPENRE. v. a. Apprendre.

EMPEREUR. s. m. *Monarque. Chef Souverain d'un Empire.* ACAD. FR. Les Romains donnoient le nom d'*Imperator*, à tous leurs Generaux d'armée, & ce nom venoit d'*Imperare*, Commander, mais ils appelloient ainsi particulierement un General d'Armée, que les soldats avoient salué de ce nom par leurs acclamations, après qu'il avoit mis quelque Ville considerable sous la domination de la Republique, ou gagné quelque Bataille, où dix mille hommes avoient été tués du côté des ennemis. Il étoit après cela honoré du même titre par un decret du Senat. Le Peuple Romain nomma César Empereur, pour marquer la puissance souveraine que lui accordoit la Republique; & c'est dans ce dernier sens qu'on a appellé aussi Auguste Empereur, tous ses successeurs ayant eu le même titre. Aujourd'hui nous entendons par ce nom celui qui est Chef de l'Empire d'Allemagne. Sa dignité est si grande & son pouvoir va si loin, qu'il a celui d'ériger des Principautés en Royaumes. Ainsi l'an 1001. l'Empereur Henri III. fit un Royaume du Duché de Pologne, & en 1086. Henri IV. en fit de même à l'égard de la Boheme. Charles le Brave, Duc de Bourgogne, pria l'Empereur Frederic III. de lui donner le titre de Roi, mais il ne put l'obtenir. L'Empire étant électif, on élit un Empereur, quand il demeure sans Chef, ou par la mort de celui qui possedoit cette dignité, ou par la démission volontaire qu'il en a fait, ou lorsque sa méchante conduite le rendant digne d'en être privé, on procede à une nouvelle élection. Elle devroit se faire à Francfort, où la plûpart des Empereurs ont été élus; mais le lieu n'est pas certain quoique la Bulle d'or en ait expressément ordonné. L'Electeur de Saxe a contesté autrefois l'élection de Ferdinand I. pour avoir été faite à Cologne. Cependant avant lui Henri II. avoit été élu à Mayence, Henri III. à Aix, Henri V. à Cologne, Lothaire II. à Mayence, & depuis lui Maximilien & Rodolphe II. & Ferdinand III. ont reçû cet honneur à Ratisbone, & Ferdinand IV. à Ausbourg. Les Electeurs peuvent se nommer eux-mêmes dans l'élection d'un Empereur; & Sigismond de Luxembourg, Roi de Bohême, étant en l'Assemblée pour élire un successeur à Robert de Baviere, parla le premier selon la coûtume, & se nomma, en disant, qu'il ne connoissoit personne plus digne de l'Empire que lui. Les autres Electeurs touchés de sa noble hardiesse, lui donnerent unanimement leurs voix. Il faut pourtant observer que les Electeurs Ecclesiastiques n'ont point de voix passive dans ces Assemblées d'élections, & qu'ils ne peuvent se nommer eux-mêmes, parce que l'on a jugé qu'une même main ne pouvoit porter la crosse & l'épée. Les Electeurs ne peuvent mettre sur le Trône Imperial qu'une personne de famille illustre, à cause que devant être le Chef de plusieurs Princes qui ressemblent à des Rois, ils ne verroient pas sans déplaisir la Couronne sur une tête moindre que la leur, & auroient peine à recevoir leurs fiefs d'une personne qui leur cederoit en grandeur de naissance. Ils s'attachent aussi toûjours à élire un Prince riche, & cela vient de ce que les Empereurs ont aliené presque tous les droits de l'Empire, qui apportoit six millions d'or ou dix-huit millions de livres de revenu avant le tems de Rodolphe de Habspourg. Si l'Empereur meurt avant qu'on lui ait donné un successeur par l'élection d'un Roi des Romains, les Vicaires de l'Empire font sçavoir cette mort aux Etats qui reconnoissent leur Vicariat. Autrefois il y avoit trois Vicaires en Orient, trois en Occident, un en Afrique, & un en Espagne. Presentement il n'y en a que deux, qui sont les Electeurs Palatin du Rhin & de Saxe, dont la dignité vient de la Charge de Grand-Maître qu'ils avoient sous les Empereurs Carlovingiens. Lorsque l'Empire est vacant, le premier gouverne le Rhin, la Franconie, la Souabe & la Baviere jusqu'aux Alpes, & l'autre tout le pays où les loix Saxonnes sont observées; mais ce droit cesse s'il y a un Roi des Romains, parce qu'il est Empereur si-tôt que l'autre Empereur est mort. L'élection étant faite, celui sur qui le choix est tombé prend les noms de César & d'Auguste, & pour faire voir l'éclat de la Majesté Imperiale, il dîne en cérémonie. Alors celui des Electeurs Ecclesiastiques qui est le plus ancien Prêtre, benit la table en la presence des deux autres. Un peu après celui de Mayence presente au nouvel Empereur les Sceaux de l'Empire dans un bassin d'argent, & l'Empereur les lui rend pour le confirmer dans sa Charge d'Archichancelier. Le Marquis de Brandebourg lui donne à laver, le Duc de Saxe monte à cheval, & s'étant approché d'un grand monceau d'avoine, il en prend un peu dans un picotin d'argent, & donne l'avoine & le vase au Comte de Papenheim. Le Duc de Baviere met le premier plat sur la table, & le Roi de Bohême porte à boire à l'Empereur dans un grand gobelet de vermeil doré, sans avoir la Couronne en tête s'il ne veut. Les vaisseaux que les Electeurs employent dans cette cérémonie, sont tous & toûjours d'un certain poids & d'un prix fixé ; & appartiennent à leurs Vicaires qui font leur charge, & non pas à leurs Ambaſſadeurs, s'ils ne s'y peuvent trouver en perſonne. Les Vicaires des Electeurs ſont les Seigneurs & Comtes de Limbourg, de Walpourg, Papenheim & de Hohemzolleren pour les quatre anciens, & celui de Zinzendorf pour le nouveau. Ce dernier Electeur ne ſert pas l'Empereur à table ; mais il commence à jetter au Peuple les pieces d'or & d'argent qui ſe battent d'ordinaire pour cette cérémonie, après quoi il en laiſſe faire la diſtribution à ſon Vicaire, qui doit avoir de ces pieces juſqu'à une certaine ſomme qui égale à peu près la valeur des vaſes qu'on donne aux autres Vicaires. Aucun des Electeurs Eccleſiaſtiques n'a de Vicaire, que celui de Mayence, qui a un Vice-chancelier en la Chambre Imperiale de Spire. Il y a deux Couronnes en Allemagne, qui ſervent au Couronnement de l'Empereur. L'une peſe quatorze livres, & elle eſt gardée à Nuremberg ; l'autre n'eſt pas ſi peſante, & ſe garde à Aix. L'une & l'autre eſt de fin or. L'Electeur de Cologne a long-tems couronné les Empereurs : & n'y en ayant point eu de Prêtre durant près d'un ſiecle, celui de Mayence faiſoit l'Office ; ce qui cauſa de la diſpute entre ces deux Electeurs au ſacre de Ferdinand IV. Celui de Cologne ſe trouvant Prêtre, prétendit que c'étoit à lui à couronner l'Empereur. Celui de Mayence alleguant la poſſeſſion de ſes prédeceſſeurs, demanda qu'on l'y maintînt, & en effet ce fut lui qui fit l'office. Ces deux Electeurs ont aſſoupi ce differend par l'accord qu'ils firent pendant leur ſéjour à Francfort, quand l'Empereur Leopold y fut élu. Chacun de ces Princes ſacrera l'Empereur, quand la cérémonie ſe fera ſur les terres de ſon Dioceſe, & ſi on la fait ailleurs, ils jouiront alternativement de cet honneur. Le Diadême des anciens Empereurs étoit des bandelettes blanches, avec leſquelles on lioit la tête des Rois. C'eſt preſentement une Couronne que la Bulle d'or appelle *Infula*. C'étoit le Roi de Bohéme qui la portoit ordinairement : mais l'Empereur d'aujourd'hui étant Roi de Bohême avant que d'être Empereur, cet honneur fut accordé à l'Electeur Palatin. Celui de Baviere porte la pomme d'or, celui de Saxe la Couronne, & celui de Brandebourg l'épée. Le Manteau Imperial eſt grêlé de pierreries. Il ſe ferme avec une boucle d'or vers la poitrine, & reſſemble à la chape des Evêques.

EMPESER. v. a. *Accommoder & dreſſer le linge avec de l'empois.* ACAD. FR. On dit en termes de Marine *Empeſer la voile*, pour dire, Jetter de l'eau deſſus quand ſa toile eſt ſi claire par les cueilles du milieu, que le vent paſſe au travers. Son tiſſu ſe reſſerre par l'eau qu'on y jette, & cela fait que la voile prend mieux le vent.

EMPETRUM. ſ. m. Plante, qui, ſelon Dioſcoride, étant priſe en breuvage avec un bouillon, ou en eau miellée, évacue le flegme, la colere & les aquoſités. Il dit qu'elle croît aux montagnes & lieux maritimes, qu'elle a un goût ſalé, & plus d'amertume dans ce qui eſt le plus près de terre. Galien, en parlant de l'Empetrum, dit auſſi qu'il ne ſert qu'à évacuer le phlegme & la colere, & qu'il peut être employé par tout où l'on ordonne les choſes ſalées.

EMPHRACTIQUES. ſ. m. Medicamens qui font un effet contraire à celui des Ecphractiques, qui débouchent. Ceux-ci rempliſſent les pores par leur viſcoſité, & les bouchent par leur lenteur, ce qui les fait regarder comme emplaſtiques. Ce mot vient du Grec ἐμφράσσειν, Boucher.

EMPHYTEOSE. ſ. f. Bail d'heritage à longues années, & qui emporte une eſpece d'alienation. Tout Bail qui excede neuf années juſqu'à quatre-vingt-dix-neuf, eſt emphyteotique. Ce mot vient de ἐμφύτευσις, qui veut dire ce que nous appellons Amelioration, du Grec ἐμφυτεύειν, Planter dans, parce que c'eſt un Contrat par lequel on donne ſon fond pour un fort long-tems, à la charge par le preneur de le cultiver pour le rendre en meilleur état.

EMPIERIER. v. n. Vieux mot. Empirer.

EMPIETER. v. a. Terme d'Autourſerie. On dit qu'*Un autour empiete la proie*, pour dire, qu'il l'enleve, qu'il la tient avec ſes ſerres. C'eſt de-là que dans le Blaſon *Empietant*, ſe dit d'un autour ou d'un faucon, qui eſt ſur ſa proie. *D'azur au faucon d'or, empietant une perdrix.*

EMPIRANCE. ſ. f. Terme de Monnoie. Diminution ou affoibliſſement qui ſe fait dans les monnoies, ſoit pour le titre, le poids ou la taille, ſoit pour la proportion, le prix de l'expoſition & celui de la matiere. Il y a pluſieurs ſortes d'empirance. Elle ſe fait en diminuant le poids des eſpeces d'or ou d'argent, ou leur bonté interieure, en ſurhauſſant également le cours de l'une & de l'autre des bonnes eſpeces d'or & d'argent, en ſurchargeant de traite exceſſive les eſpeces d'or ſeulement, ou celles d'argent, ou bien les unes & les autres enſemble : en s'éloignant beaucoup de la proportion reçûe entre tous les voiſins, ou en la changeant ſouvent par le ſurhauſſement du prix de l'une des bonnes eſpeces ſans toucher à l'autre, & enfin en faiſant fabriquer une ſi grande quantité d'eſpeces de bas billon ou de cuivre, qu'on ſoit obligé de les faire entrer dans le commerce, & de les recevoir en ſommes notables au lieu des bonnes eſpeces d'or & d'argent.

Empirance, eſt auſſi un terme de Marine, & il ſe dit du dechet, corruption ou diminution qui arrive aux marchandiſes que la tempête ou quelque autre accident contraint de jetter de côté & d'autre dans le Vaiſſeau.

EMPLASSEMENT. ſ. m. Terme qui ſe dit quand on décharge le ſel dans les greniers des Gabelles. Les Officiers qui ſont obligés de veiller à ces greniers, doivent ſe trouver à l'emplaſſement & au meſurage des ſels. L'Auteur du Dictionaire univerſel croit que pour une maiſon, il faut écrire *Emplacement*, ne faudroit-il pas mieux dire, *Applacement*.

EMPLASTIQUES. ſ. m. p. Terme de Pharmacie. Medicamens qui par leur ſubſtance enduiſent & bouchent les conduits du corps : ce qui fait qu'on les confond avec les emphractiques. Ils ſont compoſés de racines d'althæa & de lis, de bol, de gomme arabique, de ceruſe, d'amidon, de gomme de traganth, de terre ſigillée, de farine de froment, de fromage frais, de blanc d'œuf, & autres. Ce mot vient d'ἐμπλάσσειν, Boucher, mettre en maſſe.

EMPLASTRE. ſ. f. Les Medecins le font maſculin. Medicament de ſubſtance ſolide & glutineuſe, compoſé de diverſes ſortes de ſimples amaſſés en un corps, pour être appliqué exterieurement. On a inventé les emplâtres pour avoir un medicament qui ſejournât plus que les cerats ſur la partie offenſée, & qui conſervât plus long-tems ſa vertu. Il y en a de glutinatifs, de reſolutifs, d'aſtringents, de remollitifs, ſelon leurs diverſes qualités, & d'autres qu'on appelle cephaliques, ſpleniques, ſtomachiques, hyſteriques, ſelon les parties où ces emplâtres ſont propres. Parmi un grand nombre d'emplâtres qui ont divers noms, il y en a un que l'on appelle *Emplâtre divin*, à cauſe des rares vertus qu'il a pour la guerison des vieux ulceres. Il deterge & absorbe leur pourriture, engendre de la chair nouvelle, & les cicatrise. Les ingrediens qui entrent dans cette emplâtre, sont l'aristoloche longue, le bdellium, le mastic, la myrrhe, l'ammoniaque, l'oliban, la pierre d'aimant, le verdet, le galbanum & l'opoponax. Sa couleur est quelquefois rouge & quelquefois verte; ce qui dépend du verdet, qui étant cuit le fait rouge, & qui le fait vert quand il n'est pas cuit.

EMPLOYE'. s. m. On dit des Gardes de Gabelles & des Commis aux Aides, c'est un Employé.

EMPLOI. s. m. Terme de Palais. Induction d'une piece que l'on a produite ailleurs. C'est aussi un terme de comptable, & lorsqu'en rendant ses comptes il a employé deux fois la même partie, on dit, qu'*Un faux & double emploi ne se couvre jamais.*

EMPOIGNE', E'E. adj. Terme de Blason. Il se dit des fleches & autres choses de figure longue, quand au milieu de l'Ecu il y en a plusieurs assemblées & croisées, l'une en pal, & les autres en sautoir. *D'or à la branche d'azur, chargée de trois étoiles d'or, & empoignée par une pate de lion de sable, mouvante du flanc dextre de l'écu.*

EMPORTE-PIECE. s. m. Terme de Cordonnier. Fer aigu & tranchant dont les Cordonniers se servent pour découper & emporter le cuir lorsqu'ils percent des souliers. Quelques autres Artisans, comme les Découpeurs & faiseurs de mouches & de cartes à jouer, ont aussi des Emporte-pieces.

EMPOULETE. s. f. Terme de Marine. Assemblage de deux phioles faites en poires, & jointes l'une à l'autre par un col qui est fort étroit, & qui sert à faire passer du sable très-délié de la phiole de dessus dans celle d'en bas. La quantité de ce sable est mesurée pour déterminer l'espace d'une demi-heure.

EMPRENDRE. v. a. Vieux mot qu'on a dit pour Entreprendre. On a dit aussi *Emprise*, pour Entreprise.

Veuilles tes emprises parfaire,
Telles que tu demandes.

EMPRES. adv. Vieux mot qui a été dit pour. Ensuite. On a dit aussi *Emprens*, pour, En bref.

EMPRUNTER. v. a. Terme d'Arithmetique. Ce mot s'employe quand il faut soustraire un grand nombre d'un plus petit. On emprunte alors une dizaine d'un caractere voisin, dont la valeur est diminuée d'autant.

On dit, en matieres d'orgues, qu'*Un tuyau emprunte*, quand le sommier n'étant pas fermé entierement, est cause que le vent qui doit aller dans un tuyau, va dans l'autre.

EMPROSTHOTONOS. s. m. Terme de Medecine. L'une des trois especes fameuses de la convulsion tonique; c'est-à-dire, la convulsion des muscles mastoides qui tiennent le menton attaché sur la poitrine. Ce mot est Grec ἐμπροσθότονος, composé de ἔμπροσθεν, Devant, & de τόνος, qui selon Celse, signifie l'imbecillité & la roideur d'un membre qui devient immobile.

EMPYEME. s. m. Terme de Medecine. Epanchement de sang hors de ses vaisseaux & ramassé dans quelque cavité ou ventre du corps. Les causes de l'épanchement du sang, de sa coagulation & de sa suppuration sont particulierement externes, sçavoir les playes faites de pointes, la chûte d'en haut où les parties se rompent, se tordent violemment ou se froissent, en sorte que le sang s'échape par les vaisseaux ouverts, & tombe dans les cavités du corps. Le sang épanché se corrompt bientôt, & la putrefaction qu'il contracte est suivie d'un acide qui le coagule & l'épaissit en grumeaux. Le sang en cet état commence successivement à fermenter, en tant que l'acide coagulant concourt avec le sel volatile qui abonde dans le sang, lesquels fermentant & combattant ensemble le corrompent & s'unissent en un troisiéme salé, qui est un corps blanc, salé & épais, qu'on appelle *Pus*. D'un abscès il se fait souvent un Empyeme, lorsque le premier se rompt & que le pus tombe en dedans dans une cavité, au lieu de sortir en dehors. On ouvre quelquefois ces parties, & cette action se nomme l'*Operation de l'Empyeme*. Ainsi l'Empyeme s'engendre de deux manieres, ou du sang épanché & suppuré dans une cavité, dont une playe qui perce le thorax sert d'exemple par le sang qui y tombe abondamment & s'y change en pus, ou du sang qui cause l'inflammation de quelque partie, & y produit une apôsthume, qui venant à se vuider dans une cavité du corps, y engendre l'Empyeme. La pleuresie en fournit l'exemple, quand le poumont suppurant, & l'abscès se vuidant dans le thorax, y forme l'Empyeme. Les Medecins appellent *Empyeme bâtard*, Une humeur sereuse & pituiteuse, qui s'étant rendue à la poitrine par quelque conduit, & s'y pourrissant, degenere en une matiere qui ressemble au pus. Ce mot vient du Grec ἐμπυεῖν, Engendrer du pus, de la particule ἐν, & de πύον, Sang pourri.

EMPYREUME. s. m. Terme de Medecine & de Chymie. Chaleur étrangere qui imprime le feu & qui demeure sur la partie brûlée. Qualité qui demeure aux corps qu'on a préparés avec le feu, & qui se connoît à l'odorat & au goût. Ce mot est Grec, ἐμπύρευμα, & selon Hesichius il signifie proprement des Charbons couverts de cendre, qu'on laisse exprès pour allumer le feu. Il vient d'ἐμπυρεύειν, Allumer, enflamer.

EMU

EMULGENT, ENTE. adj. Terme de Medecine. On appelle *Veine émulgente*, le plus large & le plus gros des cinq rameaux Iliaques, qui part du tronc ascendant de la veine cave, & passe par les reins ou rognons, qui lui tirent son humeur sereuse. Cette veine est double de deux côtés, & quelquefois triple.

EMULSION. s. f. Terme de Medecine. Remede liquide & agreable, dont la couleur & la consistance approchent fort de celle du lait. C'est d'où il a pris son nom, *Emulgere* voulant dire, Tirer du lait en pressant la mammelle de la vache. Cette espece de julep se fait d'amandes douces, de semences froides & autres qu'on pile dans un mortier, & que l'on dissout ensuite dans des eaux distillées ou dans des décoctions legeres, qu'on edulcore avec du syrop ou du sucre, après qu'on les a passées & exprimées.

EN

EN. Particule, qui a été employée dans le vieux langage pour, On; comme, *L'en dit*, pour, L'on dit.

Mais avant que rien en commence.

Borel remarque qu'on employoit autrefois le mot *En* devant le nom propre des hommes, comme on fait aujourd'hui, Monsieur, & qu'on parle encore ainsi dans certaines Villes, où l'on dit, *En Jean*, *en Pierre*. Il ajoûte qu'on mettoit *Na* devant ceux des femmes, & qu'on disoit, *Na Jeanne*, *na Caterine*; d'où vient, poursuit-il, que quand on ne sçait pas le nom propre de quelque personne, on met un N. capitale. *N....Gouffier.*

ENA

ENARTHROSE. s. f. Terme d'Anatomie. Il se dit quand la tête de l'os étant longuette, la cavité qui la reçoit se trouve fort creuse. Ce mot vient de la particule ἐν, & de ἄρθρον, Jointure.

ENB

ENBAIE. s. f. Vieux mot qui a été dit pour une espece de jouste.

Ou il eust fait pour sa vie.
Mainte jouste, mainte enbaïe.

ENC

ENCABANEMENT. Terme de construction de Vaisseau. On appelle ainsi la partie du côté d'un Navire, qui rentre depuis la ligne du fort jusques au plat-bord.

ENCÆNIE. s. f. Fête que celebroient les Juifs tous les ans le 25. de leur neuviéme mois, à l'honneur de la Dedicace du Temple que fit Judas Machabée, qui le purifia & le rétablit l'an 3889. du monde. Cela arriva trois ans après qu'Antiochus Epiphanes l'eut pillé. Il est fait mention de cette Fête dans l'Evangile de saint Jean. Le mot d'Encænie vient du Grec καινὸν, Nouveau : & selon la remarque de saint Augustin, nous faisons des Encænies chaque fois que nous offrons quelque chose de nouveau à Dieu.

ENCAFATRAHE. s. m. Blois plein de veines, d'une couleur verte, qui se trouve dans l'Isle de Madagascar. Il a l'odeur des roses, aussi-bien que le *Lignum Rhodium*, & est bon aux maux de cœur & aux défaillances, si on l'applique dessus, ou au creux de l'estomac, après l'avoir broyé avec de l'eau sur une pierre.

ENCAN. Vente publique de meubles. Furetiere & ses Copistes, disent qu'on ne les peut plus revendiquer, il falloit ajoûter, *après les huit jours de recousse.*

ENCANTHIS. s. m. Terme de Medecine. Glandule située au coin de l'œil par où sortent les larmes. Il vient du Grec κανθὸς, Coin de l'œil.

ENCAPPE', E'E. adj. On dit, en termes de mer, *Etre encappé*, pour dire, Etre entre les Caps. Cela se dit par exemple, lorsqu'on revient de la mer, & qu'on se croit entre les Caps de Finisterre & d'Ouessant.

ENCASTELE', E'E. Terme de Manege. On appelle *Cheval encastelé*, Un cheval qui a le talon étroit, & dont la fourchette n'a pas son étendue naturelle, étant trop serrée à cause que les deux côtés s'approchent de trop près.

ENCASTELURE. s. f. Douleur que sent le cheval au pied de devant, & qui l'oblige souvent de boiter. Cette douleur est causée par la secheresse & l'étrecissement de la corne des quartiers qui resserre les deux côtés du talon.

ENCASTILLAGE. s. m. Ce qui se voit d'un Navire depuis l'eau jusqu'au haut du bois.

ENCASTRER. v. a. Enchasser une pierre dans une autre par feuillure ou par entaille. On le dit aussi d'un crampon que l'on enchasse de son epaisseur dans deux pierres pour les joindre. Ce mot vient de l'Italien *Incastrare*, qui signifie Joindre, enchasser. *Encastrement*, se dit de l'action d'enchasser, *Faire un encastrement.*

ENCEINTE. s. f. Terme de Chasse. On dit, *Faire une enceinte*, pour dire, Tendre des toiles, ou poster des chiens ou des chasseurs autour d'un lieu où l'on veut chasser. On dit aussi, *Faire ses enceintes*, pour dire, Faire divers ronds autour des plus fraîches voies & allures de la bête, pour s'assurer où elles aboutissent, afin de juger delà en quel endroit elle peut être embuchée.

ENCEINTURER, v. a. Mot du vieux langage qui a été dit pour Engrosser, rendre enceinte.

ENCENS. s. m. Suc odoriferant qu'on tire par incision du tronc d'un arbre qui croît particulierement en la Region de Saba, Province de l'Arabie Heureuse. Il en croît aussi aux Indes. Matthiole dit que quoique les anciens Romains ayent fait plusieurs guerres en Arabie, il n'a vû aucun Auteur Latin qui ait décrit l'arbre de l'encens, que les Grecs ne s'accordent point entre eux touchant sa figure, & que neanmoins Theophraste avoit écrit, qu'un Arbre d'encens, venu sur Sardes près d'un certain Temple, avoit ses feuilles semblables au Laurier. Il rapporte en ces termes ce qu'il a tiré là-dessus de Pline & du même Theophraste. L'encens croît en Arabie aux environs d'une Ville de Saba. Cette plage est située contre le Levant, & inaccessible naturellement, ayant du côté droit de grands écueils de la mer qui la fortifient, & de hauts rochers des autres côtés. La longueur des forêts qui produisent l'encens est de cent mille pas, & la largeur de cinquante. Elles confinent aux Minéens qui habitent un autre territoire où l'encens s'apporte par un chemin fort étroit. Delà vient que quelques-uns ont appellé l'encens *Minæum*, à cause que les Minéens furent les premiers qui trouverent l'invention de tirer ce suc de l'arbre, pour en trafiquer, comme ils font encore ; de sorte qu'il n'étoit permis qu'à eux seuls de voir les arbres d'encens, & même cette permission n'étoit pas donnée à tous, mais à trois cens familles seulement, qui avoient droit de cueillir l'encens ; & les Peuples voisins les appelloient Maisons sacrées pour cette raison. Il y en a qui rapportent que l'encens est commun à tous les Minéens, & qu'il se sépare entre eux tous les ans. L'encens se cueilloit seulement aux jours caniculaires & dans les plus grandes chaleurs de l'année, en incisant l'ecorce de l'arbre, parce qu'il se trouvoit alors plus humide ; mais l'avarice a fait depuis inciser les arbres en hiver, afin de recueillir l'encens qui en distilleroit au commencement du Printems. La liqueur qui sort de l'arbre tombe sur de petites clayes de palmiers qui sont dessous, selon la commodité des lieux. C'est-là l'encens le plus pur & le plus luisant. En d'autres endroits on applanit la terre autour des arbres en maniere de pavé, & celui qui tombe de cette sorte a moins de vertu & est plus pesant. On tient que l'encens qui provient des jeunes arbres est plus blanc que celui des vieux. L'encens qu'on cueille au Printems est roux, & n'est pas si bon que le premier. Il y a de l'encens mâle qu'on appelle *Olibanum*, parce qu'on le recueille sur des arbres qui croissent sur une montagne nommée *Oliban*. Il est rond naturellement, blanc tirant sur le jaune, & gras au-dedans. On le préfere à l'Encens femelle, qui est plus resineux, plus jaune, plus mol, & qui s'enflâme plus facilement. On appelle *Manne d'encens*, La mie ou farine qu'on ramasse dans les sacs où l'encens a été mis & porté, & qui vient des graines qui se froissent les unes contre les autres. On emploie cette farine, aussi-bien que l'encens impur, dans les parfums & dans les onguens. Quant à l'encens, il est anodin, & resserre quelque peu. On s'en sert

sert aussi pour appaiser toute sorte de douleur, en le broyant avec un blanc d'œuf, & l'appliquant sur la partie affectée.

ENCENTRER. v. a. Vieux mot, qui veut dire Enter un arbre, du Grec ἐγκεντρίζειν, Enter.

ENCENQUETA. s. f. Vieux mot. Aveuglement. Il vient de *Cœcitas*, Aveuglement, ou de *Cœcutire*, Avoir les yeux éblouis, ne voir pas bien.

ENCERCHEUR. Vieux mot. Celui qui épie.

ENCHAIR. v. n. Vieux mot. Se prosterner. Il vient de *Cadere*, Cheoir, & on lit dans Villehardouin, *Que nos enchaissions as piés.*

ENCHANBADER. v. a. Vieux mot qui a été dit pour, Enjamber, comme si on eût dit, *Encambader*, du mot de *Cambe*, qui signifie Jambe en Languedoc.

ENCHAUCER. v. n. Vieux mot. Donner la chasse.

ENCHAUSSE', E'E. adj. Terme de Blason. Il se dit de l'écu quand il est taillé depuis le milieu d'un de ses côtés, en tirant vers la pointe du côté opposé. *D'argent enchaussé d'azur.* Il y a des écus enchaussés à dextre, & d'autres à senestre, suivant le côté où la taille commence.

ENCHAUSSER. v. a. Terme de Jardiniers. On dit *Enchausser le Celeri, les Cardons*, pour les faire blanchir; *les Artichaux*, pour les garantir de la gelée.

C'est aussi un terme de Charron. Enchausser une roue, c'est y mettre des rayons.

ENCHE. s. f. Vieux mot. Canal de pressoir. On ne se sert point d'un autre terme en Anjou.

ENCHEOIR. v. n. On trouve dans Froissard. *Encheoir en grace*, pour dire, Se mettre en grace.

ENCHEPER. v. a. Vieux mot. Mettre dans les ceps.

ENCHERSER. v. a. Vieux mot. Rechercher.

ENCHEVAUCHURE. s. f. Terme d'Artisan. Jonction de quelque partie avec une autre, soit qu'elle se fasse par recouvrement ou par feuillure. Ainsi on dit l'*Enchevauchure d'une plateforme* ou *d'une dale sur une autre*, & on a coûtume de la faire par feuillure de la demi-épaisseur du bois ou de la pierre. C'est par enchevauchure que les ardoises & les tuiles se couvrent les unes les autres.

ENCHEVESTRURE. s. f. Terme de Charpenterie. On appelle *Enchevestrure*, les deux solives qui terminent la longueur des cheminées. Le chevestre en termine la largeur, & soûtient les solivaux qui s'emmanchent dedans avec des tenons.

Enchevestrure, se dit aussi en termes de Manége, de l'excoriation dans le pâturon du cheval, qui lui arrive par la longe du licol où il se prend, & qui s'y accroche, lorsqu'il veut se gratter le col avec les piés de derriere.

ENCHIFERNE, E'E. adj. Vieux mot. Barbouillé.

Si ne fut aucun forcenez,
Qui fut d'amour enchifernez.

On dit *Enchifrené* dans un autre sens, & on entend par un *Homme enchifrené*, Celui qui a le cerveau engagé, & plein d'une pituite dont il a peine à se décharger.

ENCIS. s. m. Vieux terme de Coûtume. Meurtre d'une femme enceinte, ou de son fruit, tandis qu'il est encore dans son ventre.

ENCLAVE. s. m. Portion de place qui forme un angle ou pan, & qui anticipant sur un autre par quelque droit, de quelque maniere qu'on l'ait acquis, en diminue la superficie. On dit aussi qu'*Un tuyau de cheminée ou une cage d'escalier dérobé fait enclavés dans une chambre*, pour dire, que Ce tuyau, cette cage d'escalier, diminue la grandeur de cette chambre par l'avance qu'elle y fait.

ENCLAVE', E'E. adj. Terme de Blason. Il se dit d'un écu parti, lorsque l'une des portions entre dans l'autre en forme quarrée, comme un tenon de Menuiserie. *Parti enclavé d'argent en gueules à senestre.*

ENCLAVER. v. a. Terme de Charpenterie. Arrêter une piece de bois avec une clavette. On dit aussi *Enclaver les solives d'un plancher*, pour dire, Les encastrer, les faire entrer dans les entailles d'une poutre.

Les Tailleurs de pierre se servent du même mot, & ils disent *Enclaver une pierre*, pour dire, La mettre en liaison après coup avec d'autres, quoique de differente hauteur.

ENCLINER. v. a. Vieux mot. Saluer. *Et je les encline tres toutes.*

ENCLOS, OSE. adj. Enfermé. Il se dit dans le Blason du lion d'Ecosse. Ce Royaume porte, *D'or au lion de gueules, enclos dans un double trecheur fleuré & contrefleuré de même.*

ENCLOTIR. v. n. Terme de Chasse. On dit que *Les chiens ont fait enclotir un lapin*, pour dire, qu'Ils l'ont fait entrer en terre.

ENCLOTURE. s. f. Terme de Brodeur. Le bord qui est tout autour de la broderie, de quelque façon qu'il soit ouvragé.

ENCLUME. s. f. Masse de fer que l'on pose sur un gros billot de bois, & sur laquelle les Maréchaux, les Serruriers, & autres Ouvriers de cette sorte, battent le fer pour le façonner.

On appelle aussi *Enclume*, Certain outil dont se servent les Couvreurs pour couper l'ardoise.

En termes d'Anatomie, on donne le nom d'*Enclume*, à un petit os qui en a la forme. Il est dans l'oreille interieure, & reçoit les impressions & les coups d'un autre que l'on appelle *Marteau*, qui servent au sentiment de l'ouïe.

ENCOCHE', E'E. adj. Terme de Blason. Il se dit d'un trait qui est sur un arc. *Coupé d'or & de gueules à deux arcs tendus, & encochés de l'un en l'autre.*

ENCOLLER. v. a. Terme de Doreur. On dit, *Encoller le bois*, dont on veut se servir pour dorer, ce qui se fait en y appliquant une ou plusieurs couches de la colle qu'on a préparée pour cet usage. On la prend toute bouillante, à cause qu'elle pénétre mieux. Si elle est trop forte on y met un peu d'eau pour l'affoiblir, & avec une brosse de poil de sanglier, on couche la colle en adoucissant, si c'est un ouvrage uni. S'il y a de la sculpture, on met la colle en tapant avec la brosse, ce qui s'appelle *Encoller.*

ENCOMBRE. s. m. Vieux mot qui a signifié proprement les ruines d'une maison qui empêchoient de la rebâtir, & qui s'est dit au figuré pour Malheur, de même qu'*Encombrier*. Le verbe *Encombrer*, signifioit, Embarasser une rue, un passage, de gravois, de pierres & autres choses, & on appelloit figurement *Un homme encombré*, Un homme qui se trouvoit accablé d'affaires, de même qu'on disoit au propre *Un puits encombré*, pour dire, Un puits rempli de gravois & d'autres ordures. On disoit aussi *Encombrement* au figuré, pour dire, *Accablement d'affliction*, & ce mot est demeuré en usage au propre dans la Marine, pour dire, L'embarras que cause dans un Vaisseau la carguaison des marchandises; de sorte que par une Ordonnance du Roi, il est défendu à tous Commandans sur ses Vaisseaux de Guerre d'y embarquer, à cause que cet encombrement, c'est-à-dire, le trop grand poids de ces marchandises, les rend plus pesans pour la navigation, & moins propres au combat. Borel dit que ce mot vient de *Combrus*, Abatis ou monceau de bois, & que *Combrus*, a été fait de *Cumulus*, Comble, monceau.

ENCOMMENCER. v. a. Mot de Pratique, qui a la même signification que commencer, & dont l'usage n'est gueres qu'au participe, en parlant d'une chose dont quelque partie a été déja faite. *Il a été ordonné que l'on poursuivroit l'execution encommencée.*

ENCOQUER. v. a. Terme de Marine. Faire couler une boucle de cordage, ou quelque anneau de fer le long d'une vergue pour l'y attacher. *Encoqnure* se dit de l'enfilement qui fait entrer le bout de la vergue dans cette boucle, afin d'y suspendre une poulie ou un boutehors.

ENCORNAIL. s. m. Terme de Marine. Trou, ou mortoise qui se pratique dans l'épaisseur du sommet d'un mât, le long duquel court la vergue par le moyen d'un rouet de poulie, dont l'encornail est garni, & on passe un cordage qui saisit le milieu de cette vergue.

ENCORNÉ, ÉE. adj. Terme de Manége. On appelle *Javart encorné*, Un javart qui vient sous la corne du cheval, à la difference du javart nerveux qui vient sur le nerf.

ENCRAINÉ, ÉE. adj. Terme de Manége qui est presentement hors d'usage. On a dit autrefois *Cheval encrainé*, pour Cheval égaroté.

ENCRATISTES. s. m. Heretiques sortis de Tatien, Disciple de Saint Justin Martyr, qui s'éleverent dans le deuxiéme siecle. Ils suivoient les dogmes de cet Heresiarque, qui ayant vêcu long-tems comme un homme d'une grande pieté & d'un sçavoir éminent, tomba dans l'erreur aprés la mort de son Maître. Il ne se servoit que de l'eau dans le sacrifice, & ne permettoit à ses Disciples ni l'usage de la chair, ni celui du vin. Il croyoit qu'Adam étoit damné, & regardant le mariage comme une chose qu'on ne pouvoit assés détester, il pretendoit qu'on ne pouvoit mener une vie pure, si on n'observoit la virginité. Ces sortes d'erreurs parurent si ridicules, qu'elles eurent peu de suite. Le nom d'*Encratistes* fut donné à ceux qui les embrasserent, du Grec ἐγκρατεῖν, Etre continent. On les nomma aussi *Continens.*

ENCRE. s. m. Composition faite avec du vitriol, de la noix de galle & de la gomme, pour écrire.

L'*Encre* d'Imprimerie se fait avec de l'huile de noix ou de lin, de la terebenthine & du noir de fumée, qu'on fait bouillir ensemble.

L'*Encre* de la Chine est un bâton solide qu'on délaye avec de l'eau pour faire des pastels.

ENCROUÉ, ÉE. adj. On appelle *Arbre encroué*, en termes d'Eaux & Forêts, un arbre qui est tombé sur un autre lorsqu'on l'abattoit, & qui s'est embarassé dans ses branches.

On a dit autrefois *Encroué* & *encroé*, pour dire, Crucifié, mis en croix.

ENÇORBELLEMENT. s. m. On appelle ainsi plusieurs pierres en saillie les unes sur les autres, en maniere de corbeaux pour porter des avances, comme on le voit à des ponts ou à des entablemens.

ENCULASSER. v. a. Terme d'Arquebusier. Mettre la culasse à un canon d'arme à feu.

ENCUVER. v. a. Terme dont se servent les Tanneurs & les Blanchisseurs, pour dire, Mettre dans la cuve, ranger dans le cuvier. *Encuver des veaux, cuver le linge que l'on veut blanchir.* Ils disent aussi *Encuvement*, pour dire, L'action d'encuver.

ENCYCLOPEDIE. s. f. Enchainement de toutes les sciences ensemble. Ce mot est fait de la particule ἐν, de κύκλος, Cercle, & de παιδεία, Chaine qui arrête par les piés.

END

ENDECASYLLABE. s. m. Vers composé d'onze syllabes, dont il y a plusieurs exemples chés les Latins. Les Vers Italiens n'ont la plûpart que ce même nombre de syllabes. Ce mot vient du Grec ἕνδεκα, Onze.

ENDEMENTIERS. adj. Vieux mot. Cependant.

Et prist treves endementiers,
Entre dix jours & vint entiers.

On a dit aussi *Endementre* & *Endremente.* Borel dit qu'il vient de *Inde* & *interim*, d'où est venu l'Italien *Mentre*, Pendant que. *In questo mentre*, Sur ces entrefaites.

ENDENTÉ, ÉE. adj. Terme de Blason. Il se dit d'un pal, d'une fasce, & autres pieces de triangles, alternés de divers émaux. *Tranché, endenté d'or & d'azur.* On appelle *Croix endentée*, celle dont les branches sont terminées en façon de croix ancrée, & qui a une pointe comme un fer de lance entre les deux crochets.

ENDEVER. v. n. Mot du bas peuple, qui veut dire, Etre fâché, avoir grand dépit. Il signifioit autrefois être forcené; & Borel le fait venir d'*Indeviare*, S'égarer de sa voie, ou d'*Indivare*, Etre épris de fureur divine, comme il arrivoit aux Sybilles, & à ceux à qui on faisoit rendre les oracles.

ENDIVE. s. f. Espece de chicorée. Il y en a une sauvage, & une autre de jardin, qu'on distingue aussi en deux especes. L'une a sa feuille large & semblable à la laitue; l'autre l'a étroite & amere au goût. Quelques-uns ont nommé *Scariole*, cette derniere, ce que Matthiole n'approuve pas. Il dit qu'il y a une troisiéme espece d'Endive de jardins, qui a ses feuilles grandes, frisées tout autour & crenelées. Sa tige est plus haute que les autres, plus grosse, plus tendre & fort recherchée pour la salade. Les semences de chicorée & d'endive sont mises au rang des quatre semences froides mineures. *Endive*, vient de ἴντυβον, qui a fait *Indivium* & *Endivia*, ou de *Endovia*, parce que l'Endive croît par tout.

ENDOLOMER. v. a. Vieux mot. Assommer. On s'en sert encore à Toulouse, suivant ce vers,

Lous espauris, engrune, endolome, mousségue;
Ce qui veut dire, *Il les épouvante, met en pieces, assomme & mord.*

ENDOYER. v. a. Vieux mot. Montrer au doigt. Il est fait d'*Indigitare*, parce qu'autrefois on disoit, *Le doi*, pour, Le doigt.

ENDRACHENDRACH. s. m. Nom que les Habitans de l'Isle de Madagascar donnent à un grand arbre dont le bois est jaune, & qui a l'odeur du santal. Ce mot dans leur langue signifie Durée sans fin, & ils l'ont nommé ainsi à cause qu'il est pesant, dur comme du fer, & qu'il reçoit aussi peu d'alteration sous terre que le marbre.

ENDROIT. adv. Vieux mot qui, selon Nicod, a signifié, Environ.

ENDUIRE. v. n. Terme de Fauconnerie. Il se dit d'un Oiseau qui digere bien sa chair.

ENDUIT. s. m. Composition faite avec de la chaux & du ciment, ou du sable, ou avec du plâtre ou du stuc, & dont on se sert pour blanchir un mur. Le sable employé aussi-tôt qu'on l'a tiré de terre, ne fait pas un bon enduit, à cause que faisant secher le mortier trop promptement, il arrive delà que les enduits se crevassent. C'est tout le contraire aux gros ouvrages de maçonnerie. Si le sable a été trop long-tems à l'air, le Soleil & la Lune l'alterent, en sorte que la pluie le dissout, & le change presque en terre. Il est ainsi de la chaux éteinte depuis peu, qui fait des crevasses aux enduits.

Il y a aussi des Enduits pour la peinture. L'Enduit pour peindre à fraisque se fait avec du sable de riviere bien passé au sas, ou d'autre bon sable détrempé avec de la chaux vieille éteinte. Quelques-uns le passent, de peur qu'il n'y ait de petites pierres; ce qui arrive souvent lorsque la chaux n'est pas bonne, & qu'elle n'est pas assés cuite & assés éteinte. L'Enduit pour peindre à huile sur une muraille, se fait avec de la chaux & de la poudre de marbre, ou du ciment fait de tuiles bien battues. On le frotte avec la truelle pour le rendre bien uni, & on l'imbibe d'huile de lin avec une grosse brosse. Ensuite on prépare une composition de poix grecque, de mastic & de gros vernis que l'on fait bouillir ensemble dans un pot de terre; puis avec une brosse on en couvre la muraille, qu'on frotte avec la truelle chaude, afin d'unir & d'étendre mieux cette matiere. D'autres font leur Enduit avec du mortier de chaux, du ciment de tuile & du sable; & quand ils le voyent bien sec, ils font un second Enduit avec de la chaux, du ciment bien sassé, & du machefer ou écume de fer, autant de l'un que de l'autre. Tout cela étant bien battu & incorporé ensemble avec des blancs d'œuf & de l'huile de lin, il s'en fait un Enduit si ferme, qu'on ne peut rien faire de meilleur. Il faut prendre garde seulement de ne pas quitter l'Enduit quand la matiere y est tout fraîchement mise. Il faut aussi avoir soin de la bien étendre avec la truelle, jusqu'à ce que le mur en soit tout couvert & poli; sans quoi l'Enduit se fendroit en plusieurs endroits. C'est en ces termes qu'en parle le sçavant M. Felibien. Le mot d'*Enduit* vient du Latin *Inducere*.

Enduit, enduite. Vieux mot. Accoûtumé. *Enduit à mal faire*.

ENE

ENERGIQUES. s. m. p. On a appellé ainsi certains Sacramentaires du seiziéme siecle, parce qu'ils disoient que l'Eucharistie étoit, non pas le corps, mais l'énergie & la vertu de JESUS-CHRIST, & comme l'investiture d'un heritage. Ils étoient disciples de Calvin & de Melanchthon. Le mot d'*Energie*, qui leur a donné le nom d'*Energiques*, vient du Grec ἐνέργεια, Efficacité, vertu qui agit en quelque chose, fait d'ἐν & ἔργον, Oeuvre, acte.

ENERVER. v. a. Terme de Manége. On énerve un cheval, en lui coupant deux tendons qu'il a au côté de la tête, cinq pouces, ou environ, au-dessous des yeux. Ces tendons s'assemblent en un au bout du nés, & en font le mouvement. Ce qui oblige à énerver un cheval, c'est pour lui dessécher la tête, & la rendre plus menue.

ENF

ENFAISTEAUX. s. m. p. Sorte de tuiles en demi-canal, que l'on met au haut d'une couverture de maison pour couvrir le faîte. C'est la même chose que *Faitieres*.

ENFAISTEMENT. s. m. Table de plomb qui se met sur le faîte des maisons couvertes d'ardoise. Il y a des Enfaîtemens de plomb avec bourseaux, bavettes & membrons, & au bas du toit on met des chêneaux de goutiere ou à godets pour jetter les eaux, ou bien des chêneaux avec des cuvettes quarrées ou à entonnoir & des descentes, le tout de plomb. Des crochets de fer soûtiennent & arrêtent les enfaîtemens & les chêneaux, & le nombre des crochets égale toûjours celui des chevrons. On appelle *Enfaitement à jour*, celui qui a encore des ornemens de plomb évidés, qui forment une espece de balustrade sur le faîte du comble.

ENFAISTER. v. a. Couvrir de plomb le haut du toit d'une maison couverte d'ardoise. On dit aussi *Enfaiter*, pour dire, Arrêter des tuiles faîtieres avec des crêtes sur le haut des toits des maisons qui sont couvertes de tuiles.

ENFANÇON. s. m. Mot que l'on a dit autrefois pour signifier, Un petit enfant.

ENFANTEMENT. s. m. Furetiere & ses Scholiastes appellent *Enfantement legitime*, celui qui vient justement à son terme, & *illegitime*, celui qui vient plûtôt ou plus tard. On dit le premier des femmes mariées, & le second des personnes non mariées, comme de leurs enfans.

ENFANTURE. s. f. Vieux mot que Coquillard a employé dans la signification de Grossesse.

ENFEIR. v. a. Vieux mot. Enchanter. Il est composé de *Fée*, & de la particule *En*.

ENFER. s. m. Terme de Chymie. Vaisseau de verre double, dont le col est long & disposé en maniere d'entonnoir. Sa pointe a une ouverture fort étroite qui entre bien avant dans le corps d'un autre vaisseau dont le fond doit être fort large & fort plat. On lui a donné le nom d'*Enfer*, à cause qu'il n'en sort rien de ce qu'on y a fait une fois entrer.

ENFERM. adj. Vieux mot. Malade. On a dit aussi *Enfermeté*, pour Ladrerie, & plus generalement pour Maladie, des mots Latins *Infirmus* & *Infirmitas*.

ENFICELER. v. a. Les Chapeliers disent *Enficeler un chapeau*, pour dire, Le serrer avec une ficelle.

ENFILADE. s. f. Terme de guerre. Situation de terrain qui découvre un poste selon toute la longueur d'une ligne droite. On dit qu'*Une tranchée est poussée hors d'enfilade*, pour dire, que Ses retours sont conduits en serpentant.

ENFILÉ, ÉE. Terme de Blason. Il se dit des couronnes, annelets & autres choses rondes ou ouvertes, quand elles sont passées dans des fasces, bandes, lances, &c. *D'azur à trois couronnes d'or enfilées dans une bande d'azur*. On dit aussi *Enfilant*. *D'azur à la lance d'or, enfilant une bague de course d'argent*.

ENFILER. v. a. Terme de guerre. Battre & nettoyer toute l'étendue d'une ligne droite.

ENFLECHURES. s. f. p. Terme de Marine. Petites cordes qui sont le long des haubans en maniere d'échelons. Elles servent à monter aux hunes, & au haut des mâts.

ENFLEUME. s. f. Vieux mot. Enflure.

ENFONCER. v. a. *Mettre à fond, presser vers le fond*. ACAD. FR. Ce mot en termes de Potier d'étain, signifie, Faire plus creux. *Enfoncer un plat*, & en termes de Tonnelier, il veut dire, Mettre un fond à un Vaisseau. *Enfoncer une futaille*.

Enfoncer. Terme de Fauconnerie. On dit, qu'*Un Oiseau enfonce*, lorsqu'en fondant sur une perdrix il la pousse jusqu'à sa remise.

ENFONÇURE. s. f. Les Tonneliers appellent ainsi toutes les pieces du fond, de quelque Vaisseau que ce puisse être.

ENFORESTÉ. adj. Vieux mot. Enfoncé dans une forêt.

ENFORMER. v. a. Terme de Chapelier & de Bonnetier. *Enformer un chapeau*, c'est mettre un chapeau sur la forme ; & *Enformer un bas*, c'est le mettre dans la forme.

ENFOURCHEMENT. s. m. Terme d'Architecte. On appelle *Enfourchemens*, Les premieres retombées des angles des voutes d'arrête, dont les voussoirs sont à branches. *Branches des enfourchemens.*

ENFOURCHURE. s. f. Terme de Chasse. Il se dit de la tête d'un cerf, dont l'extrêmité du bois se termine en fourche ou en deux pointes. Cette tête faite ainsi s'appelle *Tête enfourchie.*

ENFREIR. v. a. Vieux mot. Effrayer.

ENG

ENGAGE'. s. m. Terme de Marine. Celui qui voulant passer aux Indes pour s'y établir, s'oblige de servir durant trois ans la personne qui le défrayera dans le voyage. Les Hollandois exigent des Engagés sept ans de service pour leur passage aux Indes Orientales, & les Anglois en demandent cinq pour les passer aux Barbades. En France les Engagés n'en donnent que trois pour aller aux Isles ; ce qui les fait appeller, *Les trente-six mois.*

ENGAGEMENT. s. m. Terme d'Escrime. L'Engagement de l'épée est une attaque du jeu composé, quand avec son épée on assujettit le demi-fort ou le foible de l'épée de l'ennemi, afin d'être maître de la ligne droite, & de l'empêcher d'agir qu'en un ou plusieurs tems. On doit commencer tous engagemens du demi-fort de l'épée au foible de celle de l'ennemi, en glissant insensiblement le fort en avant. Il y en a quatre principaux, qui se peuvent appliquer aux quatre parades generales, l'un de quarte haute, & l'autre de quarte basse en dedans, & les deux autres de seconde haute & basse en dehors. Il s'en fait aussi par le cercle entier, par le demi & par le quart, contre toutes sortes de gardes, hautes & basses, pour pousser, parer & désarmer.

ENGAGNE. s. f. Vieux mot. Tromperie, de l'Espagnol *Engaño*, qui veut dire la même chose.

Ne me pouvez plus faire engagnes.

ENGALLER. v. a. Terme de Teinturier. Teindre ou préparer une étoffe avec la noix de galle. Le rodoul & le fouic sont deux autres Ingrediens qui servent aussi à engaller, & qui sont compris sous les mots de galle & d'engallage.

ENGARANT. s. m. Terme de Marine. Quand une corde chargée d'un pesant fardeau a fait un ou plusieurs tours autour d'un mât ou de quelque autre piece de bois, & qu'on la retient afin d'empêcher la force de la charge, cela s'appelle *Engarant.*

ENGARBARDE', E'E. adj. Vieux mot. Souillé, contaminé.

ENGER. v. a. Vieux mot. Remplir. Borel dit que c'est delà qu'on a fait *Engeance*, qui veut dire le plus souvent quelque chose de mauvais dont on est rempli. Quelques-uns font pourtant venir *Enger* du Latin *Ingignere*, Produire, engendrer ; & *Engeance* de *Gens*, ou de *Genus.*

ENGIEN. s. m. Vieux mot. Esprit.

Hom qui raison as & engien,
I cheste semblance retien.

On a dit aussi *Engin* dans la même signification.

Elevocs nos engins & nos affections.

Ces mots viennent du Latin *Ingenium*, Esprit.

ENGIGNEMENT. s. m. Vieux mot. Finesse. On a dit aussi *Engigner*, pour, Tromper, duper.

Je ne me tiens pas engigniez.

On disoit encore *Enginer* dans le même sens.

Par tel parti, qu'amours qui gens engine.

ENGINIERE. s. m. Vieux mot. Trompeur. Il a signifié aussi *Ingenieur*, comme en cet exemple. *Li engignieres qui ont l'engin bâti.*

ENGIN. s. m. Machine dont on se sert pour élever des fardeaux. Elle est composée d'un fauconneau ou étourneau avec la sellette & les liens posés au haut du poinçon, qui est une longue piece de bois assemblée par le bout d'en bas à tenon & à mortoise dans ce qu'on appelle la Sole assemblée à la fourchette. Ce poinçon est appuyé par le rancher & par deux bras ou liens en contre-fiche. Les bras sont posés par en bas aux deux extrémités de la sole, & par en haut dans un bossage qui est un peu plus bas que la sellette. Le rancher, ou autrement échelier, est assemblé par en bas dans une mortoise au bout de la fourchette, & par en haut dans le même bossage où les bras sont arrêtés. Ce rancher a un tenon qui passe tout au travers d'une mortoise, & au-delà du bossage du poinçon où une cheville l'arrête. Les bras & le rancher sont encore liés & arrêtés aux poinçons avec des moïses assemblées avec des tenons & mortoises, & des chevilles coulisses qu'on met & qu'on ôte quand on veut. On met plus ou moins de moïses les unes sur les autres, selon que l'engin est haut. Le rancher est garni de chevilles de bois qui passent au travers & qui servent d'échelons pour monter au haut de l'engin & pour y mettre la sellette, le fauconneau, les poulies & le cable. Il y a une jambette emmortoisée par un bout dans la fourchette, & par l'autre bout dans le rancher. Un des bouts du treuil passe dans cette jambette, & le poinçon soûtient l'autre.

Les Meuniers appellent *Engin*, une espece de Machine sur deux roues, qui leur sert à tirer le moulin à vent. *Engin*, est aussi une sorte de Tourniquet au haut du moulin pour tirer les sacs de blé.

On appelle *Engins de guerre*, les Beliers, balistes & autres machines dont on se sert pour battre & prendre les Places, & en general on donne le nom d'*Engin* à tous les outils qui servent à faire quelque rupture. Ce mot dans ce sens vient encore d'*Ingenium*, parce qu'il faut avoir de l'esprit pour inventer les machines qui augmentent les forces mouvantes.

ENGIRONNER. v. a. Vieux mot. Environner. Il vient de *Girare*, Se tourner.

ENGLANTE', E'E. adj. Terme de Blason. Il se dit d'un écu chargé d'un chêne, dont le gland est d'un autre émail que l'arbre. *D'argent au chêne de sinople englanté d'or.*

ENGLINCELER. v. a. Vieux mot. Mettre en peloton.

ENGOMBRER. v. n. On a dit autrefois, *s'Engombrer*, pour dire, Succomber, s'embarrasser. *Et s'engombroit de la pesanteur de la targe.* Il vient de l'Italien *Ingombrare*, Causer de l'empêchement.

ENGORGER. v. a. Terme de Plombier. On dit, *Engorger un tuyau*, *Tuyau engorgé*, pour dire, Remplir d'ordure un tuyau, Tuyau que l'on a rempli d'ordure.

On dit, qu'*Un cheval a les jambes engorgées*, pour dire, qu'il les a pleines de méchantes humeurs.

ENGOULE', E'E. adj. Terme de Blason. Il se dit des bandes, croix, sautoirs & autres pieces, dont les extrêmités entrent dans la gueule d'un lion, d'un dragon, d'un leopard. *D'azur à la bande d'or engoulée de deux têtes de lion aussi d'or.* Dans les anciennes Armoiries des Ducs de Savoye, le casque est engoulé par des musles de lion.

ENGRAIGNER. v. a. Vieux mot qui se trouve dans le Roman de la Rose. *Se l'ire jalousie engraigne,* pour dire, Si elle entre dans la fureur que cause la jalousie.

ENGRAISSEMENT. s. m. Les Charpentiers disent, *Joindre du bois par engraissement*, pour dire, l'Assembler à force, en sorte que les tenons ne laissent aucun vuide dans les mortoises.

ENGRAISSER. v. a. Faire devenir gras. Les Charpentiers disent, *Engraisser l'arête d'une piece de bois*, pour dire, l'Elargir & la faire abattre.

ENGREGER. v. a. Vieux mot. Excommunier.

ENGRELE', E'E. adj. Terme de Blason. Il se dit des pieces honorables de l'écu, qui sont bordées de petites dents fort menues, dont les côtés s'arrondissent un peu. *De gueules à la croix engrelée d'or.* Quelques-uns font venir ce mot de *Gracilis*, Menu, à cause que les engrélures sont minces & délicates.

ENGRENER. v. a. On dit en termes de Marine, *Engrener la pompe*, pour dire, Attirer dans la pompe ce qui reste au fond du Vaisseau, afin de mettre ce reste dehors.

Les Horlogers, & ceux qui font des Machines, disent aussi, *Engrener*, en parlant des dents d'une roue qui entrent dans son pignon, ou dans les dents de quelque autre roue.

ENGRENGIR. v. a. Vieux mot. Aggrandir.

ENGRI. s. m. Sorte de Tygre de la basse Ethiopie, qui a cela de particulier, qu'il n'attaque jamais les hommes blancs. Ainsi s'il rencontre un Negre avec un Européen, il se jettera seulement sur le Negre. Pour dépeupler le pays de ces animaux feroces, le Roi de Congo met leur vie à prix, & fait récompenser celui qui en apportant la peau d'un Engri, donne par là une preuve qu'il l'a tué; mais il faut que les poils de sa moustache y soient encore attachés. C'est un poison si subtil, à ce que disent les Ethiopiens, que qui en mangeroit, tomberoit aussitôt en phrenesie.

ENGRIETE'. s. f. Vieux mot. Jalousie, envie.

ENGROISSIER. v. n. Vieux mot. Grossir.

Li prist la vois a espoissier,
Et la parole à engroissier.

ENGROUTER. v. a. Vieux mot. Enfoncer.

Les ex ot ou chief engroutez;

Ce qui veut dire, Les yeux enfoncés en la tête enfoncés.

ENGUAMBA. s. m. Arbre moyen des Indes Occidentales, qui se trouve dans la Province de Mechoacan. Il a ses feuilles larges & concaves, distinguées de petits nerfs, en partie jaunes & en partie rouges. Ses fleurs pendent par bouquets, & sont de couleur verdâtre. Le fruit en est noir & plein de grains. On en tire une huile jaune, fort bonne pour resoudre les humeurs, & utile pour les playes.

ENGUENNER. v. a. Vieux mot. Tromper.

Mais comment le paillard m'enguenne.

On a dit aussi *Enguigner*, dans le même sens; ce qui vient de l'Italien *Ingannare*, ou de l'Espagnol *Engannar*, qui signifie la même chose.

ENGUICHE', E'E. adj. Terme de Blason. Il se dit du cor & des trompes, dont l'embouchure est d'un émail different. *D'azur à la fasce d'argent, chargé d'un cor de chasse de sinople, enguiché d'or.*

ENGUICHURE. s. f. Terme de Chasse. Cordons attachés par trois anneaux aux cors de chasse. Ces cordons servent à les porter, & s'étrecissent ou s'élargissent à proportion de la corpulence du piqueur.

ENGYSCOPE. s. m. Terme d'Optique. Instrument qui grossissant les objets, sert à faire découvrir de près les petites choses. Ce mot est fait du Grec ἐγγὺς, Près, proche, & de σκοπέω, Je vois, je regarde.

ENH

ENHARMONIQUE. adj. On donne ce nom au dernier des trois genres de Musique qui abonde en dieses, qui sont les moindres divisions sensibles du ton. On les marque sur la tablature en maniere de sautoir. La Diese enharmonique est la difference du demi-ton majeur & du mineur.

ENHATIR. v. a. Vieux mot. Percer d'une lance. *Il fut trouvé enhâti*, du Latin *Hasta*, Lance, javelot. On a dit aussi *Etre enhâti*, pour dire, Avoir hâte. *Il étoit enhâti de foler sur eux.*

ENHENDE', E'E. adj. Terme de Blason. On appelle *Croix enhendée*, celle dont le pié est enhendé, c'est-à-dire, refendu, du mot Espagnol *Enhendido*, qui veut dire la même chose. Ces croix à refente sont communes en Allemagne.

ENHERBER. v. a. Vieux mot. Empoisonner. Il vient de ce qu'ordinairement les venins se tirent des herbes, comme étant plus faciles à trouver.

Sous gist le frais serpent en herbe,
Fuyez, enfans, car il enherbe.

ENHERDURE. s. f. Vieux mot. Poignée d'épée.

Si la tint par enherdure,
Si la mit fuere arriere.

ENHUILE', E'E. adj. On appelloit autrefois *Enhuilé*, celui qui avoit reçû l'Extrême-onction, à cause des huiles que l'on applique dans ce Sacrement.

ENJABLER. v. a. Terme de Tonnelier. Mettre les fonds des tonneaux, des cuves & autres vaisseaux ronds dans leurs jables. *Enjabler une cuve.*

ENJALER. v. a. On dit en termes de Marine, *Enjaler une ancre*, pour dire, Y attacher deux pieces de bois, qu'on appelle *Jas*, étroitement empattées ensemble vers l'arganeau. Elles servent à contrebalancer dans l'eau la patte de l'ancre, pour la faire tomber sur le bon côté. On dit aussi *Enjauler.*

ENK

ENKI. adv. Vieux mot. Ainsi. *Enki se parti Geoffroi delà.*

ENL

ENLACEURE. s. f. On dit en termes de Charpenterie, *Faire une enlaceure*, pour dire, Percer les mortoises & les tenons, afin d'y passer une cheville qui arrête & fasse tenir fermes les pieces assemblées.

ENLANGAGE', E'E. adj. Vieux mot. Eloquent, qui parle bien.

ENLEVE', E'E. adj. Terme de Blason. Il se dit des pieces qui paroissent enlevées, comme aux Armoiries d'anglure en Champagne, qui sont d'or à pieces enlevées à angles ou en croissans de gueules, soûtenant des grelots d'argent dont tout l'écu est semé.

ENLIER. v. a. Terme de maçonnerie. Joindre & engager des pierres & des briques ensemble lorsqu'on éleve des murs. Il faut pour cela que les unes soient posées sur leur largeur, & les autres sur leur longueur, afin qu'elles fassent liaison avec le remplissage.

ENLIGNER. v. a. Terme de Charpentier. On dit, *Enligner le bois*; ce qui se fait avec une regle ou un cordeau, pour dire, Mettre les pieces sur une même ligne.

On dit aussi *Enligner*, en termes de Librairie, & on appelle *Livre bien enligné*, un Livre dont, en quelque endroit qu'on le puisse ouvrir, les premieres lignes de chacune des deux pages que l'on a devant les yeux, répondent si bien l'une à l'autre, qu'elles paroissent ne faire qu'une même ligne.

ENN

ENNEADECATERIDE. adj. On a appellé ainsi le Cycle Lunaire, qui est une periode ou revolution de dix neuf années, après laquelle le Soleil & la Lune repassent par les mêmes dispositions où ils se sont rencontrés auparavant; ce qui fait que les nouvelles Lunes arrivent les mêmes mois & les mêmes jours. Ce mot vient de ἐννέα, Neuf, & de δέκα, Dix.

ENNEAGONE. s. m. Terme de Geometrie. Figure qui a neuf côtés & neuf angles. On appelle aussi en termes de Fortification, *Enneagone*, une Place qui est défendue par neuf Bastions. Ce mot est fait de ἐννέα, Neuf, & de γωνία, Angle.

ENNEMENT. adv. Vieux mot. Aussi-bien.

Ennement je ne puis aller.

On a dit aussi, *Ennement que*, pour, Quoique.

Ennement que vous le sçachez.

ENNEUR. s. m. Vieux mot. Honneur. On a dit aussi l'*Enor*.

ENNOSSER. v. a. Vieux mot. Tuer.

Celui voisie reconfonter,
Et si la male mort l'ennosse,
Je le conduis jusqu'à la fosse.

ENNOYE. s. f. Sorte de serpent qui a naturellement deux têtes, une à chaque bout, si l'on en croit Julius Solinus. Galien est de cette opinion, & dit que l'ennoye, qu'il nomme *Amphisbene*, a deux têtes que la nature lui a données par une certaine superfluité, & qu'elle est semblable à un bateau qui a deux proues & qui est pointu par les deux bouts. Matthiole ne nie pas qu'on ne puisse voir des serpents de cette sorte : mais il est du sentiment d'Aristote, qui dit qu'on voit naître peu de monstres aux especes d'animaux qui ne font qu'un petit à la fois; mais que l'on en voit souvent en ceux qui en produisent beaucoup, & sur-tout aux poules, qui ayant plusieurs germes dans le ventre, font quelquefois des poulets jumeaux. Quand les moyeux sont separés dans un œuf par une pellicule, cet œuf produit deux poulets parfaits; mais quand ils se touchent sans qu'aucune pellicule les separe, ils engendrent un poulet monstrueux, qui n'a qu'un corps & une tête, mais qui a quatre aîles & quatre jambes, Cela vient de ce que les parties superieures s'engendrent du blanc de l'œuf avant les parties inferieures. On a vû aussi des serpens à deux têtes engendrés par cette même raison, parce que les serpens font des œufs, & en ont beaucoup au ventre. Ce raisonnement d'Aristote fait voir que ce n'est point naturellement que les Ennoyes viennent avec deux têtes', Comme elles sont pointues par chaque bout, ainsi que les vers de terre, il est dificile de connoître où est leur tête, & c'est ce qui a fait croire qu'elles en ont deux. Aëtius dit que l'on a peine à voir leurs morsures, tant elles sont petites, qu'elles ne sont pas mortelles, & qu'elles causent seulement une inflammation semblable aux piquûres des guêpes & des mouches à miel. On peut y remedier par les mêmes moyens dont on se sert contre les morsures des viperes. On appelle aussi ce serpent *Enni*.

ENNUBLI, IE. adj. Vieux mot Obscurci. *Tems ennubli*, pour dire, Plein de nuages, du mot Latin *Nebula*, Nuée. Il veut dire aussi, Fâché, contristé.

Dont ot molt le cuer ennubli.

ENNUSURE. s. f. Terme de Plombier. Morceau de plomb qui est en forme de basque sous le bourseau & au pié des poinçons & amortissemens d'un comble.

ENNUYAUMENT. adv. Vieux mot. Ennuyeusement.

ENO

ENOINDRE. v. a. On s'est autrefois servi de ce mot pour, Oindre; & on a dit, *Enordir*, pour, Rendre sale, salir.

ENP

ENPESER. v. n. Vieux mot. Causer de la fâcherie. *Et cela lui enpesa.*

ENQ

ENQUERRE. v. a. Vieux mot. Enquerir, interroger.

Mais on ne l'ose plus enquerre.

Son participe, *Enquis*, qui peut venir aussi d'*Enquerir*, est encore en usage dans le Palais, pour dire, interrogé. *Enquis s'il s'étoit trouvé un tel jour en un tel lieu.* On dit aussi, *Enquis de son nom, de son âge*, pour dire, Après qu'on lui eut demandé son nom, son âge.

On appelle, en termes de Blason, *Armes enquerre*, des Armes dont il faut demander la cause & l'origine, comme quand on voit metal sur metal, couleur sur couleur.

ENQUESTE. s. m. Terme de Palais. Preuve ordonnée en Justice, qui se fait en écoutant des témoins contre qui il n'y a point de reproche à faire. Leur déposition se redige par écrit. Les Enquêtes par turbes, ont été abrogées. Elles se faisoient sur des points douteux de coûtume, d'un usage qui n'étoit point fixé. On y entendoit seulement des Patriciens, & on n'y comptoit dix temoins que pour un seul. Les Chambres des Enquêtes ont été établies dans les Parlemens, pour juger les Procès par écrit, qui ont été appointés en premiere instance.

ENQUESTEUR. s. m. Officier preposé pour faire les Enquêtes, comme les Commissaires au Châtelet, qui se qualifient Commissaires Examinateurs & Enquêteurs. Les Lieutenans Generaux ont uni ces Offices à leurs Charges.

ENR

ENRAILLE'. adj. Vieux mot qu'on trouve dans la signification d'*Ouvert*.

ENRASER. v. a Terme de Menuiserie. Mettre plusieurs pieces d'une égale hauteur. On appelle *Panneau enrasé*, Un Panneau égal en grosseur à l'assemblage. On dit plus communément *Arraser*.

ENRAYER. v. a. Les Charons disent, *Enrayer les rayes d'une roue*, pour dire, les mettre dans les mortoises des roues.

Enrayer est aussi un terme de Laboureur, & signifie, Faire la premiere raye en commençant à labourer.

ENRAYURE. s. f. La premiere raye que fait la charue en labourant.

Enrayure, est aussi un terme de Charpenterie, & on appelle ainsi tous les entraits des fermes d'assemblages. Il y a des Enrayures quarrées & des Enrayures rondes. Les dernieres servent aux domes, & les autres aux croupes des pavillons. La double

Enrayure est celle qui est au niveau du petit entrait.

ENROMANCER. v. n. Vieux mot. Faire un Roman ou une Histoire.

Por s'amor encommenceray,
L'estoire & enromenceray.

ENROULEMENT. s. m. Terme d'Architecture. Ce qui est contourné en ligne spirale. *L'enroulement d'un aileron de portail d'Eglise.*

On appelle en termes de Jardinage *Enroulemens de parterre*, des platebandes de bouis ou de gason qui sont contournées en ligne spirale.

ENROUSSI. adj. Vieux mot Endurci.

ENROYER. v. a. On s'est servi de ce mot dans le vieux langage, pour dire, *Entreprendre, commencer.*

ENS

ENS. adv. Vieux mot, qui a été dit pour *Dedans.*

Lors entrai ens sans dire mot,
Après qu'oiseuse ouvert m'ot.

Borel croit qu'on a écrit premierement *Ents*, & ensuite *Ens*, & que ce mot vient du Latin *Intus*, Dedans.

ENSABATEZ. s. m. Heretiques du douziéme siecle, qui donnoient dans toutes les erreurs des Vaudois. Ils faisoient grand état d'une chaussure grossiere qu'ils nommoient *Sabates*, & par laquelle ils se faisoient distinguer. Ce fut de là qu'ils prirent le nom d'*Ensabatez.*

ENSACHER. v. a. Mot factice. Mettre dans un sac. *Ensacher du bled, des pois.*

ENSADE. s. m. Arbre qui se trouve en l'Isle de Lovando dans la basse Ethiopie, & qui est le même que le Figuier d'Inde, que les Portugais appellent *Arbol de raiz.* Son tronc qui est fort haut, & ordinairement de trois brasses d'épaisseur, pousse des rameaux de tous côtés, qui étant encore jeunes, se divisent en plusieurs branches. Quelques-unes de ces branches tombant jusqu'à terre y prennent racine, & poussent un autre tronc, d'autres branches, d'autres filamens, ceux-ci d'autres, & ainsi de suite; ensorte qu'un de ces arbres occupe quelquefois une étendue de mille pas de circuit. Les plus hautes branches, de même que les plus basses, tiennent à la terre par ces sortes de filamens, & cela fait une touffe de bois & de feuilles que le Soleil ne sçauroit percer, & qui repousse la voix comme un écho. Les feuilles ressemblent à celles du Coignassier, & sont vertes au-dehors, & blanches & lanugineuses au-dedans. Le fruit paroît lorsque la fleur est tombée, & sort d'entre les feuilles des jeunes rameaux, comme font les figues. Il est gros comme le pouce, & rouge par dedans & par dehors. Les Paysans taillent la premiere écorce de cet arbre, & en tirent une espece de chanvre dont ils font des étoffes grossieres. L'Ensade croît aussi fort bien aux environs de Goa & en d'autres endroits des Indes. On en fait des pavillons pour prendre le frais, en coupant les rejettons & les petites branches qui embarassent la terre.

ENSANGLANTÉ, ÉE. adj. Terme de Blason. Il se dit du Pelican & des autres animaux sanglans. *D'or au Pelican d'azur avec sa pieté, le tout ensanglanté de gueules.*

ENSEIGNE. s. f. On appelle en termes de Marine, *Enseigne de pouppe*, le pavillon qui se met dessus. L'Enseigne de pouppe est blanche aux Vaisseaux de Guerre, est bleue aux Vaisseaux Marchands, avec une croix blanche qui traverse.

ENSELLÉ, ÉE. adj. Terme de Manége. On dit, *Cheval ensellé*, pour dire, Un cheval qui est difficile à bien seller, parce qu'il a l'épine du dos fort basse. M. Guillet dit que tous les chevaux ensellés couvrent bien leur homme, & sont relevés de col & de tête.

ENSEMBLE. s. m. On appelle en termes d'Architecture, l'*Ensemble d'un bâtiment*, ce qui marque la proportion relative des parties au tout. *Ce côté de bâtiment fait un bel ensemble avec le reste.*

ENSEMBLE. adv. On dit en termes de Manége, qu'*Un cheval est bien ensemble*, pour dire, qu'En marchant il approche ses piés de derriere de ceux de devant, & que ses hanches soûtiennent en quelque façon ses épaules. On dit aussi *Mettre un cheval bien ensemble*, pour dire, Le mettre sur ses hanches.

ENSEMBLEMENT. adv. Vieux mot Pareillement, tout d'un tems. On a dit aussi *Ensement*, dans le même sens.

Et est sous la terre trouvée,
Tout ensement que la rosée.

ENSEUILLEMENT. s. m. Appui d'une fenêtre au-dessus de trois piés. *Cette fenêtre est à tant de piés d'enseuillement.*

ENSINC. v. a. Vieux mot. Ainsi. *Il est ensinc coutume en notre contrée.*

ENSIR. v. n. Vieux mot. Sortir. On a dit *Ensir fors*, pour Sortir dehors.

ENSOIGNE. s. f. Vieux mot. Marque, témoinage.

Li bon Eudes Duc de Bourgoigne,
De sa bonté laissit ensoigne.

ENSOUPLE. s. f. Terme de Tisserand. Gros morceau de bois rond autour du métier, sur quoi le Tisserand monte la chaîne pour faire de la toile. On appelle *Ensoupleau*, le rouleau opposé, sur lequel il roule sa toile à mesure qu'il la fait.

Ensouple, est aussi un terme de Brodeur, & signifie des colomnes de bois percées, au travers desquelles passent des lates, & sur quoi il travaille.

ENSUBLE. s. f. Terme de Ferandinier. Rouleau de bois tourné, autour duquel les Ferandiniers roulent leur besogne. Ce mot, ainsi que celui d'*Ensouple*, vient d'*Insubula.*

ENT

ENTABLEMENT. s. m. Terme d'Architecture. Dernier rang de pierres qui est au haut d'un bâtiment, & sur lequel la charpente de la couverture pose. Ce mot vient du Latin *Tabulatum*, Plancher, à cause qu'Entablement signifie, la saillie qui est au droit du plancher. L'Entablement dans les ordres d'Architecture, comprend l'architrave, la frise & la corniche. On dit, *Entablement recoupé*, & *Entablement de couronnement.* Le premier est celui qui fait retour par avantcorps, sur une colomne ou sur un pilastre, & l'autre se dit de toute corniche qui couronne un mur de face, & sur lequel pose le pié du comble.

ENTABLER. v. n. p. On dit en termes de Manége, qu'*Un cheval s'entable*, pour dire, qu'En maniant sur les voltes, sa croupe va avant ses épaules, au lieu que pour manier avec justesse la moitié de ses épaules doit aller avant sa croupe.

ENTAILLE. s. f. Ouverture faite en un corps qu'on taille en certain endroit, pour y en faire entrer un autre que l'on y veut joindre. On fait des Entailles quarrément, en adent & à queue d'aronde. Ces dernieres sont plus fortes. On fait aussi des Entailles dans les incrustations de marbre ou de pierre, pour y placer les morceaux postiches.

On appelle *Entaille pour limer les scies*, un billot

de bois fendu, dans lequel les Menuisiers font entrer le fer de leurs scies, quand ils veulent en limer les dents. Ils y mettent aussi un coin de bois, afin de tenir la scie plus ferme dans la fente du billot.

ENTAILLURE. s. f. Vieux mot dont on s'est servi pour dire, Ciseleure, ouvrage d'Orfévrerie.

ENTALANTER. v. a. Vieux mot. Faire naître un fort desir de faire quelque chose.

Voire qui m'as encor naguere entalanté,
De chanter un sujet par autre non chanté.

Borel dit que ce mot vient de *Talen*, qui en Languedoc veut dire, Faim, appetit, ou d'*Ethelonté*, autre vieux mot, qui signifie Desireux de quelque chose, du Grec ἐθελοντὴς, Volontaire, qui agit de son bon gré.

ENTALINGUER. v. a. Terme de mer. On dit *Entalinguer un cable*, pour dire, L'amarrer à l'arganeau de l'ancre.

ENTAMER. v. a. *Faire une petite ouverture, une petite incision.* Acad. Fr. On dit d'un cheval en termes de Manége, qu'*Il entame le chemin*, pour dire, qu'Il commence à galoper. Ce mot qui signifie proprement ôter quelque partie d'une chose entiere, vient du Latin *Entamare*, que M. Ménage dit avoir été fait de ἐνταμεῖν, Aoriste second de l'infinitif du verbe ἐντέμνειν, Couper, pour lequel Homere a dit ἐνταμεῖν.

ENTAMURE. s. f. *Petite ouverture, petite incision.* Acad. Fr. On appelle *Entamures*, les premieres pierres qu'on tire d'une carriere, qui a été nouvellement découverte.

ENTE. s. f. Terme de Jardinage. Petite portion d'un arbre qu'on fourre dans un autre en lui faisant une incision, soit pour corriger le goût de son fruit, soit pour lui faire prendre un fruit different. M. Ménage dérive ce mot du Latin *Insita*, Chose plantée dedans; & Du Cange le fait venir d'*Inse*, mot Allemand ou Flamand, qu'il tire d'*Insitum*. On appelle *Ente de moulin*, Une piece de bois que des liens de fer tiennent attachée au bout de chaque volant.

ENTÉ, ÉE. adj. Terme de Blason. Il se dit des partitions, & des fasces ou bandes qui entrent les unes dans les autres à ondes rondement. *D'or à trois fasces entées de gueules.*

ENTECHIÉ. adj. Vieux mot. Entaché.

Sans faille de tous les pechez,
Dont le chetif est entechiez.

On a dit aussi *Endechié*.

ENTELECHIE. s. m. Perfection d'une chose. Ce mot est Grec ἐντελέχεια, & les Philosophes s'en sont servis pour exprimer l'ame. Il vient de ἐντελὴς, Parfait, & du verbe ἔχειν, Avoir.

ENTENAI. s. m. Marquote de vigne entée pour transplanter.

ENTENDIS. adv. Vieux mot. Cependant.

ENTENTE. s. f. Terme de Peinture. On dit d'un tableau, qu'*Il est conduit avec beaucoup d'entente*, pour dire, que L'ordonnance en est bien entendue, soit qu'on regarde la disposition du sujet, soit qu'on s'attache aux expressions, ou qu'on s'arrête aux jours & aux ombres.

ENTENTION. s. f. Vieux mot. Dessein, intention.

ENTER. v. a. Terme de Jardinage. Greffer, faire des entes. *Enter en fente*, C'est couper horisontalement & également un sauvageon, sur lequel on met une ou plusieurs greffes, après l'avoir fendu & paré pour emporter le trait de la scie.

Enter en moëlle, C'est placer une greffe au milieu d'un sujet moëlleux, comme la vigne, le jasmin d'Espagne.

Enter en couronne, C'est placer plusieurs greffes taillées d'un seul côté, l'écorce en dehors entre la peau & le bois, après avoir un peu incisé son écorce. Cela se fait au Printems pour les gros arbres, lorsque la séve est un peu montée.

Enter en approche, C'est percer un arbre, & passer dans le trou que l'on a fait une branche d'un autre arbre, comme de vigne dans les noyers. Cela se dit aussi quand on approche deux branches de divers arbres d'égale grosseur, dont l'une est fendue par son extrêmité, & que dans cette fente on insere l'autre qui est taillée des deux côtés de figure plate.

Enter en fluste, C'est enlever du sujet qu'on veut enter un anneau de la peau, & au lieu de cette peau en placer autant d'un autre arbre de même grosseur. Cela se fait au Printems, lorsque la séve est montée, & on le pratique particulierement sur le Châtaignier & le Noyer.

Enter. Terme de Charpenterie. Joindre bout à bout & à plomb deux pieces de bois de Charpente de même grosseur, les assembler, soit par mortoise & tenon, soit par une entaille.

Enter. Terme de Fauconnerie. Rejoindre une penne gardée à celle d'un oiseau qui est froissée ou rompue. Il se dit aussi quand on la raccommode à l'aiguille ou au tuyau.

ENTERIN, ENTERINE. adj. Vieux mot. Entier.

De fin cuer net & enterin.

Et ailleurs,

Et tout, soit amor bonne & fine,
Entre nous & pais enterine.

On a dit aussi *Enteriner*, pour, Remettre en son entier, & *Enterinété*, pour, Integrité; comme qui auroit dit, *Entiereté*.

ENTEROCELE. s. f. Terme de Medecine. Descente de boyaux, qui est l'une des deux principales especes de hernie, qu'on appelle autrement *Hernie du scrotum*. Les intestins sont enveloppez entierement par le peritoine, où ils sont pliez comme dans une bourse. Si cette bourse vient à se rompre ou à se relâcher en quelque endroit, il faut necessairement que les intestins tombent. Si l'omentum descend avec les intestins, ou les intestins sans lui, c'est l'Enterocele: car quand l'omentum descend seul dans le scrotum, on appelle cela *Epiplocele*. Les causes les plus ordinaires de l'Enterocele sont les grands exercices, les cris; ce qui fait que les enfans y sont fort sujets, la toux violente, le vomissement violent; tout cela peut causer l'Enterocele en poussant les intestins, car il y a peu de causes externes, si ce n'est un certain caractere d'humidité qui fait qu'un pere hernieux engendre un fils qui est aussi hernieux. Hildanus en rapporte des exemples. Le mot d'*Enterocele* vient du Grec ἔντερον, Intestin, & de κήλη, Tumeur.

ENTERRER. v. a. Les Jardiniers disent *Enterrer de la chicorée*, pour dire, Mettre de la chicorée dans la terre. On disoit autrefois *Entierrer*.

On dit sur mer, *Enterrer les futailles*, pour dire, Les mettre en partie dans le lest du Vaisseau.

On appelle en termes de Guerre *Batteries de pieces enterrées*, Une Batterie, dont la plateforme est au dessus du rez de chaussée, en sorte que pour faire les embrasures du canon, on a besoin de couper des terres. Cette sorte de Batterie se fait pour ruiner les défenses d'une Place.

ENTESER. v. a. Vieux mot. On disoit autrefois *Emeser un arc*, pour dire, Bander un arc, l'ajuster pour le tirer.

Le

Le fort arc prist, si lentesa.

ENTHIQUITES. s. m. Nom que l'on donna dans le premier siecle à certains Sectateurs de Simon le Magicien. Il n'y avoit rien de plus détestable que leurs sacrifices pour les saletés qui s'y commettoient.

ENTHOUSIASTES. s. m. Nom qui fut donné aux Heretiques Massaliens dans le quatriéme siecle, à cause qu'ils étoient comme possedés du demon, qui par des illusions leur faisoit croire que le Saint Esprit descendoit sur eux. Quand ils étoient saisis de cette manie, ils se mettoient à danser, en disant qu'ils dansoient sur le diable. Ce mot vient du Grec ἐνθουσιάζειν, qui signifie, Etre possedé d'une fureur fanatique.

ENTIENGIE. s. m. Oiseau qui a la peau toute mouchetée de differentes couleurs, & que l'on trouve au Royaume de Congo. Il a cela d'admirable qu'il ne met jamais le pié à terre, parce qu'il meurt sitôt qu'il la touche. Ainsi il est obligé de se tenir toûjours sur les arbres. Il a aussi toûjours autour de lui de petits animaux noirs, que les Habitans appellent *Embis*, & qui lui servent comme de gardes lorsqu'il vole. Il y en a dix qui volent devant, & un pareil nombre qui vole derriere. Si les premiers donnent dans les filets du Chasseur, les autres prennent la fuite, & le petit Entiengie est obligé de se rendre. Sa peau est une chose si rare, qu'il n'y a que le seul Roi de Congo qui en porte, ou les Princes & les Grands Seigneurs à qui il en donne le pouvoir. Les Rois de Louango, de Caoonge & de Goy lui envoyent des Ambassadeurs pour obtenir cette peau comme un present.

ENTIER. adj On appelle *Cheval entier*, non seulement un cheval qui n'a point été coupé, mais encore celui qui est retif, & qui resiste à la main pour ne point tourner.

On appelle en termes de Manege, *Mors qui tient de l'entier*, Un mors qui ne plie point dans le milieu de la liberté de la langue.

ENTIERCHIER. v. a. Vieux mot de Coûtume. Sequestrer, mettre en main tierce. On a dit aussi *Entierchere*, pour, Sequestre.

ENTITALURE. s. f. Vieux mot. Titre.

ENTOISER. v. a. On a dit autrefois, *Entoiser la lance*, pour dire, Empoigner la lance.

Entoiser. Terme de Maçon. Arranger quarrément des moilons, plâtras & autres materiaux informes, pour en mesurer les cubes, ce qui se fait avec le pié & la toise.

ENTONNOIR. Vaisseau qui a une pointe percée par le bas, & dont on se sert pour verser les liqueurs dans un muid ou dans une bouteille. On appelle *Entonnoir*, en termes de Medecine, certain conduit qui est dans le cerveau au dessous de son troisiéme ventricule, & qui sert à le purger de ses superfluités.

ENTOR. Préposition. Vieux mot Autour, alentour.

ENTORNER. v.a. Vieux mot. Etourdir par quelque coup.

ENTORSE. s. f. On dit qu'*Un cheval s'est fait une entorse*, pour dire, qu'Il s'est fait quelque violent effort au boulet. On dit aussi *Memarchure*.

ENTOURNER. v. a. Vieux mot. Mettre autour, comme *Entourner un cable*, pour dire, Lui faire faire plusieurs tours autour de quelque chose.

ENTOURNURE. s. f. Terme de Tailleur. Tour ou échancrure qu'un Tailleur donne à des manches.

ENTRECONTRALIER. v. a. On a dit dans le vieux langage, *s'Entrecontralier*, pour S'entrecontrarier, se mettre de different parti.

Laidement s'entrecontralient.

ENTRAFOLER. Vieux mot. *S'entrafoler* c'est-à-dire, Se percer l'un l'autre de coups.

Le vif desor les morts roellent,
Qui s'entrafolent & occient.

ENTRAIT. s. m. Terme de Charpenterie. Piece de bois qui traverse & qui lie deux parties opposées dans la couverture d'un bâtiment. Le grand Entrait est le premier d'un haut comble, & le petit Entrait celui de dessus. On nomme particulierement *Entraits*, les pieces qui soutiennent le poinçon, & qui posent sur les forces. On les nomme aussi *Tirans*. Il y a des demi-entraits qui servent aux combles, à un égoût & aux croupes des pavillons.

ENTRAPETE', E'E. adj. On dit, *Pignon entrapeté*, pour dire, Un bout du mur à la tête d'un comble, dont le profil est à quatre ou cinq pans, & non triangulaire.

ENTRAVAILLE', E'E. adj Terme de Blason. Il se dit des oiseaux, qui ont le vol éployé avec un bâton, ou une autre chose passée entre les piés & les aîles.

ENTRAVE. s. f. Sorte de licol qu'on met aux piés des chevaux, afin d'empêcher qu'ils ne s'enfuyent.

ENTRAVER. v. a. Terme de Fauconnerie. On dit *Entraver un oiseau*, pour dire, Accommoder les jets d'un oiseau de telle sorte, qu'il ne se puisse ôter le chaperon ni se découvrir.

ENTRAVON. s. m. Piece de cuir de la longueur de deux doigts, & tournée en rond pour entourer le paturon du cheval. On la rembourre par dedans pour le garantir d'en être blessé. Il faut deux entravons pour faire une entrave. Une petite chaîne de fer, longue de sept à huit pouces, les tient assemblés l'un avec l'autre.

ENTRECOLOMNE. s. f. Terme d'Architecture. Distance qu'il y a d'une colomne à une autre. On dit aussi, *Entrecolomnement*.

ENTRECOUPE. s. f. Dégagement que deux pans coupez opposez font dans un carrefour étroit, afin que les charois puissent tourner plus facilement. On dit que l'*Entrecoupe est double*, les quatre encoignures d'un carrefour sont en pan coupé. On appelle *Entrecoupe de voute*, le vuide qui reste entre deux voutes spheriques l'une sur l'autre, depuis l'extrados d'une coupe, jusqu'à la douelle d'un dôme.

ENTREDIRE. v. a. Vieux mot. Interdire. On a dit de même *Entrepreter*, pour Interpreter.

ENTREESER. v. n. p. Vieux mot. On dit *S'entreeser*, pour dire, Se recréer, se divertir ensemble.

ENTREFERIR. v. a. On a dit dans le vieux langage *S'entreferir*, pour dire, Se blesser l'un l'autre, & *S'entresierent*, pour S'entreblesserent.

ENTREJOINTE. s. f. Vieux mot. Jointure.

ENTRELAIDIR. v. a. On a dit autrefois *S'entrelaidir*, pour, Se dire des injures l'un à l'autre.

ENTRELAS. s. m. Cordons joints ou mêlez ensemble, pour faire quelques nœuds ou clôtures.

Entrelas, en termes d'Architecture, est un ornement qu'on taille dans les frises & sur les moulures, & qui est fait de listels & de fleurons, qui sont liés & croisés les uns avec les autres. On appelle *Entrelas d'appui*, des ornemens de Sculpture à jour, qu'on fait de pierre ou de marbre, & qui tiennent quelquefois lieu de balustres, pour remplir les appuis évidés des balcons & des rampes d'escalier. On dit aussi *Entrelas* en Serrurerie. Ce sont des ornemens composés de rouleaux & de joncs coudés, qui servent à garnir les frises, les pilastres & les bordures de fer par divers compartimens.

ENTRELASSE', E'E adj. Terme de Blason. Il se dit

de trois croissans, de trois anneaux, & autres choses semblables, quand elles sont passées les unes dans les autres. *D'azur à trois annelets entrelassez l'un dans l'autre en triangle d'or.*

ENTREMELLEMENT. adv. Vieux mot. Pêle-mêle.

ENTREMODILLON. s. m. Espace qu'il y a d'un modillon à un autre. On dit *Entrepilastre*, dans le même sens.

ENTREMISE. s. f. Terme de Marine Petite piece de bois, qui étant posée dans un Vaisseau entre deux autres, les tient sujettes, & sert aussi à les renforcer. Il se dit encore de certaines pieces de bois mises pour le même usage entre chaque taquet ou fuseau de cabestan.

ENTREPAS. s. m. Terme de Manege. Train rompu qui a quelque chose de l'amble, sans rien tenir du pas ni du trot. Il est ordinaire aux chevaux dont les jambes sont usées, ou qui n'ont point de reins.

ENTROUVERT, ERTE. adj. On appelle *Cheval entrouvert*, un Cheval qui a l'os de l'épaule déjoint du corps par la violence de quelque effort qu'il s'est fait, soit en tombant, soit d'une autre sorte.

ENTRESAIGNE. s. f. Vieux mot. Marque.

ENTREPOST. s. m. On appelle *Lieu d'entrepôt*, un Port de mer où l'on a établi un magasin, pour y recevoir les marchandises qui doivent être transportées ailleurs. *Entrepôt*, se dit aussi d'un magasin où une Compagnie de Negocians fait mettre ses marchandises dans quelque Ville de commerce que ce soit.

ENTRETAILLE. s. f. Mouvement de danse que fait un danseur en jettant un de ses piés à la place de l'autre pié, tandis que cet autre pié est élevé en l'air en devant.

ENTRETENU, UE. adj. Terme de Blason. Il se dit de plusieurs clefs ou autres choses liées ensemble par leurs anneaux. *D'azur à deux clefs d'or entretenues par le bas.*

ENTRETOISE. s. f. Terme de Charpenterie. Piece de bois qui se met de travers dans un pan de charpente pour en entretenir d'autres. Il y a une *Entretoise croisée*, qu'on appelle ainsi à cause que c'est un assemblage en forme de croix de saint André. On la pose de niveau entre les entraits de l'enrayure d'un dome. *Entretoise*, dans une chevre, est aussi une piece de bois qui en traverse les bras, & sert à les tenir en état.

Entretoise, se dit encore d'une piece de bois qui est posée entre les flasques d'un affust de canon de marine.

On appelle *Entretoise de carrosse*, la Piece de bois qui est au milieu des moutons de derriere, & qui sert à les tenir en état.

ENTREVOUX. s. m. Terme de maçonnerie. Espace qu'il y a dans un plancher d'une solive à une autre. Les Entrevoux se font avec des ais dont cet espace est couvert, ou avec du plâtre. Ceux-là sont sujets à se détacher & à tomber. On appelle aussi *Entrevoux*, les Intervalles remplis de plâtre qui sont entre les poteaux d'une cloison.

ENTROUBLIER. v. a. Vieux mot. Troubler.

ENTRUIL. s. m. Vieux mot. L'entredeux des yeux.

ENTULE. adj. Vieux mot. Extravagant, ridicule, privé de bon sens.

Que cil vilain entule & sot,
bien seroie sous & entules

ENV

ENVAHIE. s. f. Vieux mot. Attaque. On trouve aussi *Envayssement*, pour, Etonnement.

ENVELIOTER. v. a. Terme de Faucheur. Mettre par tas. *Envelioter du foin.*

ENVELOPE. s. f. Terme de Fortification. Elevation de terre qu'on fait quelquefois dans le fossé d'une Place, & quelquefois au delà du même fossé. On fait des envelopes quand on veut seulement couvrir des endroits foibles avec de simples lignes, sans avoir dessein de s'avancer vers la campagne; ce qu'on ne pourroit que par des ouvrages qui demanderoient beaucoup de largeur. L'Envelope est, ou en façon d'un simple parapet, ou comme un petit rampart bordé d'un parapet. Ce mot vient du Latin *Involvere*, Envelopper.

ENVERGUER. v. a. Terme de Marine. Attacher les voiles aux antennes.

ENVERGURE. s. f. Assortiment des vergues avec les mâts & les voiles. Largeur des voiles, maniere de les enverguer.

ENVERSE. adv. Vieux mot. A l'envers.

Si l'a si roidement ferue,
Qu'en mer l'a enverse abatue.

ENVIAL. s. m. Vieux mot. Voyage.

ENVILASSE. s. f. Espece d'ébene qu'on trouve dans l'Isle de Madagascar. Elle a peu de nœuds, & est semblable au bois de Sandraha.

ENVIS. adv. Vieux mot. A contre-cœur, à regret.

ENVOERI. s. m. Animal qui approche du cerf. Il a deux cornes, & se trouve au Royaume de Gongo.

ENVOILER. v. n. Terme de Serrurerie. Gauchir. On dit qu'*Un morceau d'acier s'envoile à la trempe*, pour dire, qu'il se courbe, qu'il gauchit.

ENVOYÉ, ÉE adj. Mot qui se trouve dans le vieux langage, pour dire, Mis en voie.

Car ils sont à mal faire enduits & envoyez.

ENVOISERIE. s. f. Vieux mot. Gentillesse.

Si quiert les mondaines délices,
L'envoiserie & les noblois.

On a dit aussi *Envoisure*, pour dire, Joie, ébat, divertissement,

Cil qui leur entente & leur cure,
Mettent en folle envoisure.

On a dit encore *Envoisié*, pour Gai, gaillard.

Car grand confortement portent
As envoisiez & as oiseux.

Et *Envoisiée*, pour, Gaye; qui aime à rire.

Ains est moult envoisie & gaye.

EOF

EOFS. s. m. p. On disoit autrefois *Eopfs*, pour Oeufs.

EOL

EOLIPILE. s. m. Quelques-uns le font feminin. Nom que les hyodrauliques ont donné à une petite boule de cuivre ou de fer qui a une queue où est un fort petit trou pour la charger. On la chauffe pour rarefier l'air dont elle est remplie; après quoi on la jette dans l'eau, & il y en entre autant qu'il en faut pour remplir le vuide que laisse l'air qui se condense subitement par la froideur de l'eau. On met encore une fois cette boule au feu, & le vent qui en sort, a une durée & une impetuosité dont on est surpris.

EPA

EPACTE. s. f. Terme de Chronologie. L'Année lunaire *civile*, composée de 12. mois synodiques, chacun de 29. jours & demi, ne vaut que 354. jours, les fractions étant négligées, & l'Année *civile* solaire vaut 365. jours. Voyez ANNÉE. Cette difference de 11. jours entre ces deux années est ce qu'on appelle *Epacte* de ἐπάγειν, *ajoûter*, parce qu'il faut ajoûter 11. jours à l'Année lunaire pour l'égaler à la solaire. Si le soleil & la lune ont commencé une année ensemble, il est visible que le jour que le soleil finit la sienne, la lune a déja 11. jours sur sa seconde année. Ils ne recommencent donc pas ensemble leur seconde revolution, & les Nouvelles & Pleines lunes ne tomberont pas dans les mêmes tems où elles avoient tombé. Les 11. jours de difference au bout de 3. ans font 33. jours, dont on prend 30. jours pour faire un treiziéme mois que l'on ajoûte au bout de la troisiéme année. Cela s'appelle *intercaler*, & ce treiziéme mois est *Intercalaire* ou *Embolismique*. Voyez EMBOLISMIQUE. Cette intercalation faite, il n'y a plus que trois jours de difference entre l'Année lunaire & la solaire, & au bout de trois ans ce sont trente-six jours, dont on fait encore un mois intercalaire, & il reste six jours de difference entre le soleil & la lune. De là vient que pour avoir l'Epacte on ajoûte tous les ans 11. jours, & que l'on retranche le nombre de 30. toutes les fois qu'il se trouve. C'est du premier de Mars que l'on commence à compter la nouvelle Epacte.

EPANIR. v. n. Vieux mot. Epanouir.

EPANORTHOSE. s. f. Terme de Rhetorique. Figure par laquelle on corrige ou l'on revoque ce qu'on avoit avancé auparavant. Ce mot est Grec ἐπανόρθωσις, & veut dire *Correction*. Il vient d'ἐπανορθόω, Je corrige, je remets en son entier, & a été fait d'ὀρθὸς, Qui est droit & élevé.

EPARER. v. n. p. Terme de Manege. On dit qu'*Un cheval s'épare*, pour dire, qu'il détache des ruades, & noue l'aiguillette. On tient que tous les chevaux qui s'éparent sont rudes.

EPARGNE. s. f. *Parsimonie, ménage dans la dépense*. ACAD. FR. On dit *Taille d'épargne*, pour dire, Une certaine maniere de graver, ou d'entailler le bois, les pierres & les métaux. On taille en épargne, lorsqu'on enleve le fond de la matiere, & qu'on épargne & qu'on ne laisse en relief que les parties qu'on veut qui paroissent à la vûe. Les Gravûres des planches en tailles de bois sont taillées en épargne, parce que les blancs sont enfoncés, & que les traits qui paroissent sont élevés & épargnés, ce qui est tout le contraire de la taille douce, où les traits qui doivent paroître sont gravés & enfoncés, & où les blancs demeurent relevés sur la planche.

EPARGNER. v. a. *User d'épargne dans la dépense, employer avec reserve, ménager la dépense*. ACAD. FR. *Epargner*, est aussi un terme de Menuiserie, & on dit d'un Menuisier qui pousse une moulure, qu'*Il épargne un filet*, lorsque par exemple, en poussant un quart de rond, il forme en même-tems un filet auprès.

Epargner, se dit aussi en peinture, & signifie, Ne point toucher à quelque chose. Ainsi on dit, qu'*Il faut coucher le ciel d'un tableau, & épargner les figures & les bâtimens*, pour dire, qu'Il ne faut rien coucher dessus.

EPARVIN. s. m. Sorte de maladie de cheval, qui vient au bas & au-dedans du jarret, & à l'endroit où se joint la jambe. Il y en a de deux sortes, l'*Eparvin de bœuf*, & l'*Eparvin sec*. Le premier est une tumeur qui s'engendre par le concours des humeurs froides que le tems endurcit, & qui deviennent semblables à l'os. L'Eparvin sec est un engourdissement du jarret qui provient des matieres crasses & visqueuses qui l'embarrassent. Ces matieres descendent des parties d'en haut, & s'arrêtent aux muscles qui font le mouvement.

EPAVE. s. f. Terme de Palais. *Epaves*, se dit proprement des bêtes épouvantées, & que l'on trouve quand elles ont fui, sans que l'on connoisse à qui elles sont. On entend aussi par *Epaves*, toutes les choses perdues, qui n'ayant point été reclamées dans le tems que la coûtume des lieux a établi, appartiennent au Seigneur haut Justicier. Ce mot est venu de *Pavor*, Frayeur, à cause des bêtes épouvantées qui se perdent.

EPARS. s. m. Terme de Marine. Le bâton du pavillon.

EPAUFRURE. s. f. Eclat du bord du parement d'une pierre qu'un coup de têtu mal donné a emporté.

EPAULE. s. f. *Partie, membre du corps qui est au-dessous du chignon du cou, & se joint au bras dans l'homme, & à la jambe de devant dans les autres animaux*. ACAD. FR. L'os de l'épaule est celui qui couvre le derriere des côtes, qu'on nomme aussi le Palleron, sur-tout aux animaux. La figure du palleron est presque triangulaire. Sa partie large & plate est appellée *Omoplatte* par les Medecins.

On dit en termes de Manége, qu'*Un cheval s'abandonne trop sur les épaules*, pour dire, qu'Il ne s'assied point sur les hanches, & ne plie pas les jarrets. La marque d'un bon cheval, c'est d'être leger d'épaules & sujet des hanches. On dit d'un cheval, qu'*Il a les épaules chevillées*, quand il les a engourdies & presque sans mouvement.

Epaule de mouton. Terme de Charpentier. Nom que donnent quelques-uns à une sorte de grande coignée.

On appelle en termes de Marine, *Epaules d'un Vaisseau*, les parties du bordage qui viennent de l'éperon vers les haubans de misaine.

On appelle en termes de guerre, *Epaule de bastion*, le terrain qui est à l'endroit où la face & le flanc concourent, & *Angle de l'épaule*, celui qui est formé par ces lignes.

EPAULÉE. s. f. On dit que *Les Maçons font des fondemens ou des murailles par épaulées*, quand ils ne les font pas de suite ni de niveau, mais à divers tems & à diverses reprises. On dit aussi, *Travailler par épaulées*, pour dire, Faire un ouvrage pié à pié & par reprises, à cause qu'il ne se peut faire tout à la fois. Cela arrive quand il faut reprendre peu à peu une muraille qui ménace ruine, ou qu'on a des terres mouvantes à soûtenir.

EPAULEMENT. s. m. Terme de Charpenterie. On appelle *Epaulement d'un tenon*, une partie & un des côtés du tenon, qu'on diminue moins que l'autre, afin que la piece de bois en ait plus de force.

Epaulement. Terme de Fortification. Retranchement qu'on oppose aux Ennemis. Travail pour se couvrir de côté, soit qu'il se fasse de terres remuées, ou par des gabions, ou par des fascines chargées de terre. On appelle aussi *Epaulement*, un Orillon quarré que l'on faisoit autrefois aux Bastions sur le flanc auprès de l'épaule, afin de couvrir le canon d'une casemate. *Epaulement*, se prend encore pour un Demi-bastion. Ce travail est composé d'une face & d'un flanc, & il se met en pointe à la tête d'un ouvrage à corne ou à couronne. Il se dit aussi non seulement d'un petit flanc qu'on ajoûte aux côtés d'un ouvrage à corne, pour les défendre lorsqu'ils ont trop de longueur, mais encore des redens qu'on fait sur une ligne droite que l'on veut fortifier.

EPAULER. v. a. Terme de guerre. Faire un épaulelement. On dit, *Epauler son camp d'une colline, d'un marais, d'un bois, d'un rideau*, pour dire, s'En couvrir de telle sorte que les ennemis ne puissent venir de ce côté-là. On dit aussi, s'*Epauler*, pour dire, Se couvrir.

EPAULETTE. s. f. Les Couturieres appellent ainsi une petite bande de toile qu'elles mettent sur l'épaule de la chemise. Parmi les Tailleurs, c'est une couture sur l'épaule ; & les Religieuses nomment *Epaulette*, un ruban qui s'attache sur l'épaule, & qui tient au Scapulaire.

EPAULIERE. s. f. Partie de l'armure d'un cavalier, qui sert à couvrir & à défendre l'épaule.

EPAUTIER. v. a. Vieux mot. On a dit, *Epautier les arbres*, pour dire, En ôter le bois inutile.

EPÉ

EPEAUTRE. s. m. Espece de froment dont Dioscoride dit qu'il y a de deux sortes ; l'un simple, & l'autre ayant double gousse avec deux grains dans chacune ; ce qui l'a fait nommer δίκοκκος, Qui a deux grains. Matthiole met, comme lui, deux sortes d'Epeautre, qu'il dit être la *Zea* des Anciens, dont ils faisoient la fromentée, espece de bouillie qu'ils estimoient fort, & qu'ils nommoient *Alica*. L'Epeautre, continue-t'il, ressemble au froment, quoiqu'il ait son tuyau plus mince & moins ferme. Son épi est plat & uni, jettant seulement ses grains des côtés. Il a une barbe longue & menue. La plus grande des deux sortes a le tuyau large & un peu long, & son épi, qui est grand, jette deux grains enfermés dans deux petites gousses qui sont jointes ensemble. L'autre a son chalumeau & son épi plus petits, & ses grains sont enfermés chacun dans sa gousse. Galien dit que l'Epeautre est moyenne entre l'orge & le froment, & qu'on peut juger par là de ses qualités. Il y a une autre espece d'Epeautre que les Grecs appellent ὄλυρα. Pline en parle ainsi. Quant à cette sorte d'Epeautre, que les Anciens nommoient *Arinca*, le blé en est fort bon. Ce blé est plus nourri & plus épais que le blé rouge & barbu qu'on appelle *Far*, & a son épi plus grand & plus pesant. Cependant le boisseau n'en peut peser seize livres entieres. On l'émonde difficilement en Grece. Aussi le donnoit-on aux chevaux, selon ce que dit Homere. Il l'appelle *Olyra*. Ce même blé se réduit en farine fort aisément en Egypte, & il y en vient en grande abondance.

EPE'E. s. f. *Arme offensive & défensive que les Gentilshommes & ceux qui font profession des armes portent à leur côté.* ACAD. FR. On appelle *Epée à deux mains*, une large épée qui a deux poignées. On la nomme aussi *Espadon*. On tient à deux mains cette sorte d'épée, & on la tourne avec tant d'adresse, qu'on en est toûjours couvert. *La main de l'épée*, est la main droite, en termes de Manége ; & ce qu'on appelle *Epée Romaine*, est une marque en forme d'épi qui vient sur l'encolure du cheval près de la criniere. Cet épi est fait de poils relevés qui forment une maniere de lame d'épée.

Epée. Terme de Cordier. Morceau de bois en façon de coutelas qui sert à battre la sangle. Il est long de plus d'un pié, & a la largeur d'environ trois doigts.

Epée. Ordre de Chevalerie du Royaume de Chypre, qui fut établi par Gui de Lusignan, après qu'il eut acheté l'Isle qui porte ce nom, de Richard I. Roi d'Angleterre ; ce qui arriva sur la fin du douziéme siecle. Le Collier de cet Ordre étoit composé de cordons ronds de soye blanche, & lié en lacs d'amour entrelassés de lettres *S*, fermées d'or. Une ovale où étoit une épée pendoit au bout du collier, & cette épée avoit la lame émaillée d'argent, la garde croisetée & fleurdelisée d'or, avec ces mots pour Devise, *Securitas regni*. Le Roi Gui de Lusignan donna cet Ordre à son frere Amauri & à trois cens Barons qu'il établit. La premiere cérémonie s'en fit l'an 1195. dans l'Eglise Cathedrale de sainte Sophie de Nicosie le jour de l'Ascension.

Il y a un autre Ordre Militaire d'Espagne que l'on appelle *Saint Jacques de l'Epée*. Quelques Chanoines Reguliers voyant que les Pelerins qui avoient le zele d'aller visiter les Reliques de Saint Jacques à Compostelle, Ville Capitale du Royaume de Galice, étoient maltraités des Maures, crurent les mettre à couvert de leurs insultes en faisant bâtir divers Hôpitaux pour les recevoir. Depuis ce tems-là, treize Gentilshommes s'offrirent à les défendre ; & ce fut par là que cet Ordre commença. Il fut approuvé en 1175. par le Pape Alexandre III. & en 1198. par Innocent III. Les Chevaliers observerent d'abord la Regle de S. Augustin, & firent les vœux de Religion ; mais ils en furent dispensés ensuite, & on leur permit de se marier. Quand cet Ordre commença à s'établir, il prit pour Armes, d'or à une épée de gueules chargée en abîme d'une coquille de même. Ces mots servoient de Devise, *Rubet ensis sanguine Arabum*. Les Armes de ce même Ordre, le plus considerable de ceux d'Espagne, & dont le Roi est le Grand-Maître depuis Ferdinand & Isabelle, qui l'obtinrent du Pape Alexandre VI. sont une croix en forme d'épée, le pommeau fait en cœur, & les bouts de la garde en fleur de lis. Il s'est établi en Castille & en Portugal.

EPERLAN. s. m. Petit poisson de mer qui a la figure du goujon de riviere, le corps menu & rond, avec une grande ouverture de bouche, & la chair transparente & qui sent la violette. Nicod dit qu'on l'a nommé *Eperlan* à cause de sa blancheur qui imite celle des perles.

EPERON. s. m. Piece de fer composée de deux branches qui embrassent le talon du cavalier, & d'une molete en forme d'étoile qui avance par derriere, & dont il pique le cheval. On dit en termes de Manége, qu'*Un cheval a l'éperon délicat & fin*, pour dire, qu'Il le sent bien ; qu'*Il n'a point d'éperon*, pour dire, qu'Il n'est point sensible à l'éperon ; qu'*Il fuit l'éperon*, pour dire, qu'Il y obéit. *Répondre aux aides de l'éperon*, & *Connoitre l'éperon*, c'est encore y obéir. Parmi les cérémonies qu'on pratiquoit autrefois en faisant des Chevaliers, l'une des principales étoit de leur chausser les éperons.

Eperon, en termes d'Architecture, est un arcboutant ou appui qu'on met contre une muraille. Ce sont d'autres murailles qui forment des angles saillans en dehors. On en fait aussi quelquefois qui rentrent en dedans, afin de rendre les murs plus solides.

Eperon. Terme de Marine. Assemblage de plusieurs pieces de bois qui se terminent en pointe. C'est la partie de l'avant d'un Vaisseau qui s'avance la premiere en mer.

Eperon, se dit aussi en termes de guerre, d'une fortification en angle saillant, qui se fait, ou au milieu des courtines, ou au-devant des portes, ou sur les bords des rivieres, pour empêcher qu'on ne puisse entrer par là dans une Place.

On appelle aussi *Eperons*, ces pointes de pierre qu'on met au-devant des piles des ponts pour les conserver & fendre l'eau. Il se dit de même des arcs-boutans que l'on fait pour fortifier les murailles qui soûtiennent des terrasses.

EPERVIER. s. m. Sorte d'oiseau de proie qui est la femelle du Mouchet. Les marques d'un bon Epervier sont d'avoir la tête ronde, les yeux cavés avec un cerne entre vert & blanc autour de la prunelle de l'œil, le sourcil blanc, le col longuet & les épaules bossues. Il faut qu'il soit affilé vers la queue, avec des pennes pointues comme le bout d'une épée, qui soient de travers, grosses & vermeilles ou rousses, & qu'il ait la couverture noire, & la maille noire ou blanche, les piés déliés, les ongles petits & noirs, & qu'il ne soit pas trop haut assis. M. Ménage fait venir ce mot de *Sparvarius*, ou de l'Allemand *Spavver* ou *Sperber*, & d'autres le dérivent de *Sparfell*, vieux mot Celtique qui signifie Epervier. On appelle *Epervier Ramage*, l'Epervier qui a volé par les forêts, & a été maître de lui-même, & *Epervier Royal*, celui qu'on a pris au nid, & qu'on a nourri & façonné pour giboyer à plaisir.

Epervier. Terme de Pêcheur. Sorte de filet qui s'étend par en bas en un grand rond, & qui aboutit en cone. Quand on l'a jetté étendu de cette sorte, on resserre l'ouverture par le moyen de ses nerfs. Ces nerfs sont des cordes attachées en quelques endroits de la circonference, & tout le poisson qui est dessous se trouve pris.

EPH

EPHEBE. s. m. Mot dont on s'est servi autrefois pour dire, Majeur, qui a quatorze ans. Il vient de la préposition ἐπὶ, & de, ἥβη, Puberté.

EPHEMERE. adj. Terme de Medecine. On appelle *Fiévre éphemere*, un Accès qui ne dure ordinairement que vingt-quatre heures. Il y a certains arbres d'Arabie, selon les Relations, que l'on appelle *Ephemeres*, à cause qu'ils croissent tous les jours depuis l'aurore jusqu'à midi, & qu'ils disparoissent ensuite, & entrent dans les sablons.

Ephemere. s. m. Petit insecte volant qui naît à six heures du soir, & meurt à onze. Pendant ce tems-là il étend ses membres, paroît jeune, change deux fois sa peau, fait des œufs, jette des semences, vieillit & meurt. Il paroît vers la S. Jean, & Aristote qui en fait la description, l'a appellé *Ephemere*, parce qu'il ne dure qu'un seul jour. On tient toutefois qu'il ne prend cette figure d'insecte volant qu'après avoir vêcu trois ans sous celle d'un ver au bord de l'eau dans la vase ou dans des trous qu'il a lui-même l'adresse de creuser. Il y en a de deux ou trois pouces, & les Pêcheurs en font un appât pour leurs hameçons. On a observé dans quelques-uns de ces insectes jusqu'à sept mille yeux, dont tout leur corps est semé. Ils ne s'accouplent point. La femelle jette ses œufs, que le mâle rend feconds en les couvrant de sa semence. Il ne change que pour se multiplier, & depuis qu'il est changé il ne prend plus d'aliment. Swammerdam qui a observé ce petit animal avec le microscope, & qui en a fait les dissections, dit qu'il se forme d'abord en ver, puis en nymphe, que ses ailes sont disposées d'une façon particuliere, & qu'il est aisé de distinguer le mâle d'avec la femelle. Le mot d'*Ephemere* vient de ἐπὶ, & de ἡμέρα. Jour.

EPHEMERIDES. s. m. p. Terme d'Astronomie. Table que des Astronomes ont calculées, & qui ne sont autre chose que des Journaux qui en supposant de certains commencemens de mouvemens & de tems, font connoître en quels endroits du Ciel le Soleil, la Lune & les autres Astres se rencontrent chaque jour, & en quels aspects ils sont entr'eux. Depuis qu'on a découvert quatre Satellites de Jupiter, l'illustre M. Cassini a fait des Ephemerides excellentes de leurs mouvemens.

EPHEMERUM. s. m. Dioscoride dit que quelques-uns appellent le Colchicum *Ephemerum*, & dans le chapitre qui suit celui où il en parle de cette sorte, il marque qu'il y en a qui appellent l'Ephemerum, *Flambe sauvage* ; ce qui fait que Matthiole raisonnant sur ces sortes d'Ephemerum, dit que le Colcicum est si venimeux, qu'il fait mourir en moins d'un jour celui qui en mange, & que c'est delà qu'il a pris son nom. Il declare ensuite que ce n'est autre chose que l'oignon blanc des Apothicaires, qu'ils appellent *Hermodactylus*, & il le tient fort dangereux. Il jette en Automne des fleurs semblables au Safran, & ne produit aucunes feuilles que quand le Printems approche. En ce tems-là il jette certaines bourses faites en façon de noix, au-dedans desquelles est une graine rougeâtre. Sa racine n'est pas douce alors comme en Automne, mais pleine de lait & amere. L'Ephemerum, qu'on nomme *Flambe sauvage*, a les feuilles & la tige semblables au lis. Sa racine est longue, & non pas ronde comme celle du Colchicum. Elle a la grosseur d'un doigt, & est astringente & odorante. On s'en lave la bouche pour le mal des dents, & ses feuilles sont propres à toutes tumeurs.

EPHIALTE. s. m. Terme de Medecine. Maladie de la poitrine, que l'on appelle autrement *Cochevieille*, & que les Latins nomment *Incubus*. Cette maladie n'est autre chose que la respiration empêchée & difficile qui survient quand on dort couché sur le dos, en songeant qu'on a un poids sur la poitrine, & que l'on va étouffer. Cela est cause que les mélancholiques s'imaginent qu'une personne ennemie leur pese sur l'estomac. Fernel & Platerus ont établi pour la cause prochaine de l'Ephialte une humeur grossiere & pituiteuse, retenue autour de la poitrine, qui étant émue ou se gonflant, presse le diaphragme & les poumons. Ils ont ajoûté que la voix est ensuite étouffée par les vapeurs qui exhalent, & qui montant au cerveau, y troublent les esprits animaux, d'où le songe de suffocation & de pressement s'ensuit. Les Modernes mettent la cause prochaine de l'Ephialte dans tout ce qui peut empêcher le mouvement du diaphragme en enbas. Ce mouvement est blessé ou par le vice de quelque objet qui presse le diaphragme, & s'oppose à son mouvement en enbas, ou par le vice des nerfs qui servent à sa contraction. Ceux qui menent une vie reglée, ou qui songent peu, sont moins exposés à cette maladie que ceux qui ont trop d'alimens. Ainsi ce mal est familier aux enfans, à cause qu'ils mangent goulument. Il est facile de le prévenir en dormant sur le côté & la tête haute, parce que moins on est sur le dos & couché, moins le ventricule presse le diaphragme. On appelle l'Incube ou l'Ephialte, *Epilepsie nocturne* ou *Petite épilepsie*, à cause des convulsions des muscles du thorax, telles qu'elles arrivent dans tous les paroxismes épileptiques ; ce qui cause la difficulté de respirer dans l'épilepsie veritable & l'écume à la bouche. Ce mot vient du Grec ἐφάλλεσθαι, Se jetter dessus, parce que ceux qui sont atteints de ce mal, s'imaginent que quelqu'un se jette sur leur estomac pour les étouffer.

EPHOD. s. m. Habit sacerdotal qui a été en usage chés les Juifs. C'étoit une maniere d'aube ou de surplis de toile.

EPHORE. s. m. Juges dont la puissance étoit absolue,

& qui furent établis à Lacedemone par Licurgue, & selon d'autres par Chilon, ou par Theopompe. Ces Magistrats étoient comme des Contrôleurs generaux qui s'opposoient au trop grand pouvoir des Rois. Ils avoient celui de condamner qui que ce fût à l'amende, d'emprisonner, de chasser un Officier quand il trahissoit l'interêt du peuple, & de lui faire rendre compte des fonctions de sa Charge, sans attendre qu'il eût achevé son tems de service. Ce mot est Grec, ἔφορος, Inspecteur, & il vient d'ἐπὶ & d'ὁρῶν, Voir, regarder.

EPI

EPI. s. m. *La tête du tuyau du blé dans laquelle est le grain.* ACAD. FR.

Epi, en termes de Manége, est une sorte de frisure naturelle du poil du cheval qui se releve sur un poil couché, & qui se forme particulierement entre les deux yeux. On l'appelle ainsi, à cause qu'elle a presque la figure d'un épi de blé. On la nomme aussi *Molete*. Quelques-uns prétendent que lorsque l'épi se trouve plus bas que les yeux, c'est une marque que le cheval a la vûe foible. Ce mot vient du Latin *Spica*.

Epi, Terme d'Architecture. Assemblage des chevrons qui se fait dans un comble circulaire avec des liens autour du poinçon. On appelle *Epi de faiste*, le bout du poinçon qui paroît au-dessus du faîte d'un comble. C'est où s'attachent les amortissemens, soit de poterie, soit de plomb. *Soudure en épi*, est une grosse soudure, avec barures en forme d'arête de poisson; & ce qu'on appelle *Briques en épi*, sont des briques posées diagonalement sur le côté en façon de point de Hongrie.

On appelle aussi *Epis*, des Crochets de fer qu'on met sur des balustrades & autres endroits pour empêcher qu'on n'y passe.

Epi. Ordre Militaire de Bretagne, que le Duc François I. institua. Il fut appellé ainsi à cause d'un collier d'or fait en façon d'une couronne d'épis de blé joints les uns aux autres & entrelassés en laqs d'amour, que les Chevaliers portoient. Au bout du collier pendoit une hermine sur un gazon d'hermines avec ces mots, *A ma vie*. C'étoit la Devise de l'Ordre de l'Hermine, que Jean V. Duc de Bretagne avoit établi ou renouvellé vers l'an 1365.

EPICAIE. s. f. Vieux mot. Equité, adoucissement de la rigueur du Droit. Ce mot est Grec, ἐπιείκεια, & se trouve dans le Dictionaire de Nicod, aussi-bien que *Epicaiser*, pour dire, Statuer selon le droit & la raison.

EPICERIE. s. m. Mot general dont on a coûtume de se servir, pour dire toutes sortes d'épices propres à assaisonner les viandes & les ragoûts. Il y en a de simples comme le musc, l'ambre-gris, le gingembre, la canelle & autres; & de composées, comme l'aromaticum rosatum, le diamargaritum, &c. On les appelle aussi *Aromates*. Les épices étoient anciennement si rares & si estimées par le défaut de commerce avec les Indes, qu'on en presentoit aux grands Seigneurs. C'est de-là que la coûtume est venue d'en mettre aux Arrêts. Ce n'étoit autrefois que des dragées & des confitures que ceux qui avoient gagné quelque procès donnoient en present aux Juges. Elles sont presentement changées en argent, & on les paye en écus quarts de trois livres quatre sols. Cet usage se garde encore aux repas qui se font dans les écoles de Théologie & de Medecine, à la fin desquels on demande le vin & les épices. Un vieil Auteur a écrit en parlant d'un festin de l'an 1495. *Le Roi festina les Ambassadeurs, & leur fit apporter pain & vin de toutes sortes, hypocras, épices, confitures, & autres nouvelletés singulieres.*

EPICYCLE. s. m. Terme d'Astronomie. Ce n'étoit pas assés pour expliquer les apparences des astres dans le sistême de Ptolomée d'avoir supposé des Excentriques, creusés dans les Sphéres des Planetes, (Voyez EXCENTRIQUE.) il fallut encore pour expliquer plusieurs Phénomenes des Planetes, & principalement leurs *Directions*, *Stations* & *Retrogradations*, (Voyez DIRECTION, STATION, & RETROGRADATION.) supposer des *Epicycles*, c'est-à-dire, de petits cercles qui se mouvoient dans l'Excentrique, à la circonference duquel ou donnoit une largeur égale au diametre de l'Epicycle. L'Epicycle se meut en un certain tems dans cette circonference, & il décrit par son centre au milieu de cette largeur un cercle qu'on appelle *Déferent de l'Epicycle*, parce qu'il porte toûjours le centre de l'Epicycle. La Planete est attachée à la circonference de l'Epicycle comme une pierre à une bague, & elle se meut sur cet Epicycle, & autour de son centre, tandis que l'Epicycle se meut sur la circonference de l'Excentrique, d'où il arrive que le mouvement de la Planete est composé de celui qu'elle a sur l'Epicycle, & de celui qu'a l'Epicycle sur l'Excentrique, & c'est cette composition de mouvement qui explique les Phénomenes. Le mot d'Epicycle vient de ἐπὶ, *dessus*, & κύκλος *cercle*, parce qu'il est sur un plus grand cercle. Dans la *Theorie* du Soleil, il n'y a point d'Epicycle, toutes les autres Planetes en ont.

Tout Epicycle aussi-bien que tout Excentrique a son *Apogée*, & son *Perigée*. Une ligne tirée du centre de la terre par le centre de l'Epicycle, marque au haut de l'Epicycle son Apogée, & au bas son Perigée.

EPIDERME. s. m. Terme de Medecine. Cuticule ou petite peau qui est par dessus le cuir de la veritable peau. Il y en a qui croyent qu'elle est née de l'excrement de la peau. Selon Hippocrate, elle est engendrée par la froidure, de même qu'il se fait une petite peau sur de la bouillie & sur du sang figé. L'Epiderme est insensible, n'ayant ni veines, ni arteres, ni nerfs, & il ne paroît point encore d'Epiderme au fœtus. Ce mot est Grec, & vient d'ἐπὶ, Sur, & de δέρμα, Peau.

EPIDIDYME. s. m. Terme de Medecine. Petit corps qui est placé sur le dos de chaque testicule, & qui est formé de plusieurs plis & replis que font quelques-uns des petits vaisseaux qui servent à perfectionner la matiere de la generation, & qui sortent du corps des testicules. L'Epididyme paroît membraneux en sa superficie, & par dessus il est glanduleux & caverneux. Il se dilate, & fait le vaisseau déferant, puis il se termine enfin aux vesicules seminales, où la semence qui a été travaillée dans le testicule, & perfectionnée dans l'Epididyme, est apportée & mise en dépôt par le canal déferant. Ce mot est Grec, ἐπιδιδυμὶς, & formé d'ἐπὶ, Sur, & de δίδυμος, Double ou testicule, à cause que le testicule est double.

EPIE', E'E. adj. On appelle en termes de Chasse, *Chien épié*, Celui qui a du poil au milieu du front plus grand que l'autre, en sorte que les pointes de ce grand poil se rencontrent & viennent à l'opposite. On dit aussi que la queue d'un chien est *Epiée*, pour dire, qu'Elle est éparpillée par le bout en forme d'épi.

EPIEU. s. m. Sorte d'arme dont on se servoit autrefois. Elle avoit une hampe longue de quatre ou cinq piés, au bout de laquelle il y avoit un fer large &

pointu. On s'en sert encore quelquefois à la Chasse, & sur-tout à celle du sanglier.

EPIGASTRE'. s. m. Terme de Medecine. Partie superieure de l'*Abdomen*. C'est la plus haute du ventre, qui va depuis le cartilage Xiphoide presque jusqu'au nombril. On l'appelle ainsi comme étant ἐπὶ τῆ γάστρη, c'est-à-dire, sur le ventre. On appelle *Veine épigastrique*, une veine qui sort d'un des rameaux Iliaques, qui entre dans les muscles de l'épigastre, & dont une partie va en haut au nombril tout le long du muscle droit.

EPIGEONNER. v. a. Terme de Maçon. Employer le plâtre un peu serré, en sorte que sans le plaquer ni le jetter, on le leve doucement avec la main & la truelle par poignées, comme aux tuyaux & languettes de cheminées que l'on fait de plâtre pur.

EPIGLOTTE. s. f. Terme de Medecine. Couvercle du Larinx. Il est fait en forme d'une petite langue, & porte sur la fente du Larinx. Ce mot qui est tout Grec ἐπιγλωττίς, est composé de la particule ἐπὶ, Sur, & de γλῶττα, Langue; comme qui diroit Surlangue. L'Epiglotte est faite d'un cartilage mobile en forme de feuille de lierre, & elle aboutit peu à peu en pointe mousse. Cette pointe se tourne vers le palais, & la base de ce cartilage mobile, est en la partie superieure du cartilage scutiforme. C'est enfin ce qui bouche le Larinx pendant le passage des alimens. Il arrive quelquefois qu'il entre une goute de boisson dans la trachée-artere, ce qui fait tousser, s'il y entre quelque chose de solide elle fait ulcerer le poumon après quelques années. L'Epiglotte contribue aux diverses harmonies du son & à la voix, le son n'étant autre chose que le mouvement de l'air, que le tuyau de la trachée-artere produit dans les animaux. Ainsi la voix procede d'un certain mouvement imprimé à l'air dans le Larinx, par le moyen de l'Epiglotte, laquelle en pressant l'air qui sort, fait une voix aigue & subtile comme celle des femmes & des enfans, & en le laissant sortir librement, elle fait une voix grave ou sonore, ou de quelque autre genre, à quoi contribue beaucoup l'état où se trouve la trachée-artere. Plus elle est seche, plus la voix est claire, & plus elle est humectée, plus la voix est haute. De même, plus elle est grande & large, plus le son est bas & gros. C'est ce qui fait que les ours qui ont la trachée-artere fort large, ont une voix si rude & si forte, tout au contraire des Rossignols, qui ayant la trachée-artere très-étroite, ont la voix tenue & douce. La mobilité de l'Epiglotte en divers sens, fait les differens fredons & les diverses harmonies du son.

EPIGONES. s. m. Nom qui fut donné par les Grecs aux enfans de ces vaillans Capitaines, qui assiegerent inutilement la Ville de Thebes. Cette malheureuse expedition se fit en l'an du monde 2843. & dix ans après ces Fils genereux vengerent la honte que leurs Peres avoient reçûe. Ils firent un grand butin, ayant Alcmeon pour Chef, & emmenerent l'aveugle Tiresias, dont la fille nommée Manto, fut envoyée par eux à Delphes, où elle servit dans le Temple d'Apollon. Ce mot *Epigone* est Grec ἐπίγονος, & veut dire, Né après.

EPIGRAPHE. s. f. Nom que l'on donne à toutes les Inscriptions qu'on met dans les bâtimens, afin qu'elles puissent un jour faire connoître le tems où ils ont été construits, avec le nom des personnes qui les ont fait élever. Ces Inscriptions se gravent le plus souvent en anglet, sur la pierre & sur le marbre. Les Anciens se servoient de caracteres de bronze; pour celles des Arcs de Triomphe & des Temples, & ils en couloient les crampons en plomb. Ce mot est Grec ἐπιγραφή, Titre, Inscription, & est fait de ἐπὶ, & de γράφειν, Ecrire.

EPILEPSIE. s. f. Mal qui provient du cerveau, & qui ôte le jugement & le sentiment à celui qui en est attaqué. C'est proprement une convulsion de tout le corps, & un retirement de nerfs, qui fait que le patient tombe tout à coup, & jette force écume par la bouche. Comme tous les muscles se relâchent, il en provient un écoulement involontaire d'urine, de semence & de matiere fecale. Ce mal est causé par une abondance d'humeurs phlegmatiques corrompues, qui remplissent en un moment les ventricules anterieurs du cerveau, lequel se retirant alors pour les chasser, tire à soi les muscles & les nerfs, ce qui cause la chûte subite du malade. L'épilepsie est differente en cela de l'apoplexie & de la syncope, qui ôtent le mouvement en même-tems que le sentiment se perd. Ce mot vient d'ἐπιλαμβάνειν, Saisir, surprendre, par ce que ce mal saisit les sens & les surmonte. Les Latins l'ont appellé *Comitialis morbus*, parce que si quelqu'un en eût été surpris dans les Assemblées du Peuple Romain, que l'on appelloit *Comitia*, on se separoit incontinent, pour empêcher le malheur dont cet accident sembloit être le présage, si on eût continué à se tenir assemblé. On l'appelle aussi *Haut-mal*, parce qu'il saisit la tête, & *Mal caduc*, à cause qu'il fait tomber aussi-tôt celui qu'il attaque. On l'appelle encore *Mal de saint Jean*, ou simplement *Mal de Saint*, parce que la tête de saint Jean tomba à terre lorsqu'il fut décapité par l'ordre d'Herode. L'Epilepsie a ses differences. L'une est acquise & l'autre est hereditaire, c'est-à-dire, qu'elle a commencé dès l'enfance ou dans un âge plus avancé. Quelques Medecins divisent cette maladie en trois degrés. Le premier est, quand les malades n'ayant aucun sentiment ni mouvement animal, demeurent debout, assis, ou couchés par terre, sans nulle convulsion des parties externes, & agités seulement en dedans par des douleurs convulsives. On pourroit appeller plus proprement ce degré d'Epilepsie *La Catalepsis*, qu'une veritable Epilepsie. Le second degré, c'est quand differentes secousses tourmentent le corps, sans la perte du sentiment & de la raison, ou avec quelque dépravation de ces facultés. Cela arrive souvent dans la mélancolie hypochondriaque. On a vû des gens qui déchiroient leurs habits, d'autres qui ne faisoient que courir, & d'autres qui pirouettoient durant le paroxisme. Le troisiéme degré qui est le plus ordinaire, c'est quand le malade tombe par terre, où il est secoué & tourmenté par plusieurs contorsions & agitations des membres, avec des grincemens & des craquemens de dents. En cet état, il tient ses poings serrés fortement, il a le thorax & l'abdomen courbé, l'écume à la bouche, & se mord la langue & les levres jusqu'au sang, sans aucun usage de raison. Le paroxisme passé, il revient à lui, & ne se souvient de rien.

EPIMEDIUM. s. m. Plante dont parlent Dioscoride, Pline & Galien, & que Matthiole croit étrangere, n'en ayant jamais vû en Italie. Sa tige n'est pas fort grande, & porte dix ou douze feuilles semblables à celles du lierre. Cette plante croît aux lieux humides, & ne produit ni graine ni fleur. Sa racine est noire, puante, menue & d'un goût fade. Ceux qui ont traité de l'Epimedium, disent qu'il est de temperature moyennement refrigerative, conjointe à une humidité aqueuse, ce qui fait qu'il n'a aucune qualité remarquable. On l'appelle ainsi, à cause que c'est une espece de grand trefle, de ἐπὶ, & de φύλλον, qui veut dire, Trefle.

EPINARS. s. m. p. Quelques Modernes confondent les Epinars avec les Arroches; mais Matthiole les tient differents en la tige, aux feuilles, en la graine, en la couleur & en la saveur. Voici comment il en parle. On les seme en Août & aussi en Mars. Sept jours après on les voit paroître ayant leurs feuilles, premierement de forme triangulaire, puis en façon de fleche, & ensuite plissées depuis la queue comme l'endive. Leur racine est fort mince & chevelue, & leur tige de la hauteur d'une coudée, quelquefois plus grande & creuse au dedans. Elle jette à la cime de petites fleurs rondes, herbues, & en maniere de petites grappes. Leur graine est épineuse, & a plusieurs coins & angles. C'est ce qui leur a donné le nom d'*Epinars*, en Latin *Spinacia*, quoique quelques-uns disent que c'est une herbe potagere venue d'Espagne, & qu'à cause de cela on la devroit nommer *Epanards*, & non *Epinars*. Les Epinars refrigerent, & ont une humidité excrementeuse qui lâche le ventre & qui excitent des ventosités, si on ne les corrige par des ingrediens chauds & aromatiques. Leurs jus pris en breuvage sert contre les morsures des scorpions.

EPINCOIR. s. m. Gros marteau court & pesant, & qui est fendu en angle par les deux bouts comme un têtu. On s'en sert particulierement à tailler du pavé.

EPINE. s. m. Sorte d'arbre qui outre ses feuilles porte des pointes fort aigues. On appelle aussi *Epine*, chaque petite pointe d'un arbre épineux.

Epine blanche. Il y a differentes opinions touchant cette Epine blanche. Les uns disent que c'est le Chardon benit, d'autres la Carline, & d'autres un Artichaut sauvage, ou une herbe piquante dont on se sert au lieu de pressure. Matthiole est du sentiment de Dioscoride, qui dit que l'Epine blanche a les feuilles semblables au Chamæleon blanc, mais plus blanches, plus étroites & quelque peu piquantes & rudes. Sa tige passe deux coudées de hauteur, & a la grosseur d'un pouce & davantage. Le dedans en est blanc & creux. A sa cime est une tête semblable à un herisson marin, plus petite & un peu longue. Ses fleurs sont purpurines ou incarnates, & sa graine est semblable au saffran bâtard, à l'exception qu'elle est plus ronde. Sa racine prise en breuvage, est bonne à ceux qui crachent le sang, ou qui sont sujets à des douleurs d'estomac & de ventre. Elle fait uriner, & on s'en sert pour les apostumes froides. Galien s'accorde en cela avec Dioscoride. Les Arabes l'appellent *Bedegar*, qui est le nom que lui donnent les Apothicaires.

Il y a encore une *Epine Arabesque*, que les Arabes nomment *Suchaba*. Dioscoride dit qu'elle est astringente, & à la même vertu que l'Epine blanche, sa racine étant fort bonne aux crachemens, & restreignant la trop grande abondance de flux menstruel, & de tout autre. Galien qui en dit la même chose, ajoûte que sa graine est specialement bonne aux accidens de la luette, & aux inflammations & ventosités du fondement, qu'elle cicatrise les ulceres, & a une moyenne astriction qui n'est point fâcheuse. Quelques-uns veulent que l'Epine Arabesque soit l'arbre épineux qui croît en Arabie, & que l'on appelle Acacie; mais Matthiole refute cela, & fait voir que ce sont deux plantes diverses & separées.

EPINE-VINETTE. s. f. Petit arbre qui est mis au nombre des arbrisseaux, & qui ne parvient que fort rarement & avec beaucoup de tems à la hauteur d'un vrai arbre. Il pousse dès le pié plusieurs rejettons ainsi que le coudrier, & il est tout épineux jusques à sa cime. Ses pointes qui poussent trois à trois d'un même lieu, & par intervalles, sont longues, menues, blanchâtres, aisées à rompre & à piler. Son écorce est blanche, polie, lissée & mince, & son bois frêle & spongieux. Cette touffe de surgeons qu'il jette, est soutenue d'une grande quantité de racines fort jaunes, & qui rampent presque à fleur de terre. Ses feuilles, qui ressemblent assés à celles du grenadier, sont plus déliées, plus larges, & moins pointues, & environnées tout autour de petites pointes. L'Epine-vinette pousse une fleur jaune au commencement de Mai. Cette fleur est faite en façon de grappe & sent assés bon. Son fruit qui vient après, a tout de même la figure d'une grappe. Ses grains sont longuets, & rouges quand ils ont atteint leur maturité. Ils ressemblent aux pepins d'une grenade, quoiqu'ils soient plus longs, & ont un goût âpre & très-aigu. Au dedans sont de petits noyaux fort entassés. Les Apothicaires appellent improprement, *Vin de Berberis*, le vin qu'on fait de ce fruit. Il est beaucoup plus acide que le jus de grenade. Si on en use dans les fievres malignes qui sont très-aigues, & même dans les fievres pestilentielles avec syrop violat & eau, non seulement il étanche la soif, mais il supprime & éteint toutes vapeurs malignes, coleriques & pestilentielles, & empêche qu'elles ne suffoquent ou le cœur ou le cerveau. On l'ordonne aux fluxions & devoyemens d'estomac, & il est fort bon pour plusieurs autres usages sur lesquels on n'a qu'à consulter Matthiole. Les Latins appellent l'Epine-vinette, *Crespinus*, & les Grecs ὀξυάκανθα, de ὀξὺς, Aigu, acide, & de ἄκανθα, Epine.

EPINETTE. s. f. Instrument de Musique fort harmonieux, fait d'un bois poreux & resineux, dont une partie est propre à resonner, & qui a un clavier le plus souvent au milieu. Ce Clavier est composé de quarante-neuf touches, qui sont autant de morceaux de bois longs & plats, arrangés selon l'ordre des tons & des demi-tons de Musique. Tandis qu'on les touche par un bout, elles font de l'autre élever un sautereau, qui par le moyen d'une pointe de plume de Corbeau dont il est armé, fait sonner les cordes, dont les trente premieres sont de laiton. Les autres plus déliées, sont d'acier ou de fil de fer, & elles sont toutes tendues sur deux chevalets collés sur la table. La figure de l'Epinette est d'un quarré long ou parallelogramme, ayant de largeur un pié & demi. On appelle *Double* ou *triple Epinette*, quand au jeu fondamental de cet instrument qu'on appelle son jeu commun, on ajoûte un semblable jeu à l'unisson, & un autre à l'octave, afin d'en tirer plus d'harmonie. Ils se jouent separément ou tous ensemble. On y joint un jeu de violes par le moyen d'un archet ou de quelques roues paralleles aux touches qui pinsent les cordes & en font durer les sons autant que l'on veut. Les petites pointes de plumes qui tirent ces sons, ressemblent à des épines, & c'est pour cela qu'on a donné le nom d'Epinette à cet instrument.

EPINGUER. v. n. Vieux mot. Trépigner.

Et espingue, sautele, & bale,
Et fiert de pié parmy la sale.

EPINIERS. s. m. p. Terme de Chasse. Bois d'épines où les bêtes noires se retirent. On appelle aussi *Epiniers*, Certains lieux qu'on fait exprès pour garantir les Lapereaux des atteintes des oiseaux de proie.

EPINIER, ERE. adj. Il n'est en usage qu'au feminin & dans cette phrase, *Moelle épiniere*. C'est ainsi que

que les Medecins nomment la moëlle qui est enfermée dans les vertebres du dos.

EPINOCHE. s. f. Vieux mot que Borel dit se trouver dans Pathelin, sans qu'il ait compris ce qu'il signifie. Quelques-uns veulent qu'on se soit servi du mot d'*Epinoches*, dans le vieux langage, pour signifier des Epinars. On nomme *Epinoche*, un petit poisson que les Latins appellent *Piscis aculeatus*. Il a sur le dos des épines ou aiguillons, qui lui servent de défense.

EPIPHONEME. s. m. Terme de Rhetorique. Figure & espece d'exclamation que l'on ajoûte après qu'on a achevé de raconter quelque chose. Ce mot est Grec ἐπιφώνημα, & vient d'ἐπιφωνεῖν, S'écrier, fait d'ἐπὶ, & de φωνὴ, Voix, son.

EPIPHORA. s. f. Terme de Medecine. Maladie qui consiste dans un continuel écoulement de larmes, qui sont tantôt acres, & excitent par consequent de la rougeur, de l'ardeur, & du picotement, & qui tantôt sont plus douces & sans ces symptômes. La cause interne de l'Epiphora est de trois sortes. La premiere est le vice habituel de la lymphe trop acre, & d'un acide trop salé qui en rongeant & en picotant les yeux, y produit toûjours un plus grand abordement de sang & de lymphe. La seconde, est le vice des glandes relâchées, ou vitiées de quelqu'autre sorte dans leur nutrition, ou irritées lorsqu'elles pleurent continuellement; & la troisiéme, est le manque de la caruncule lacrimale dans une maladie appellée par les Grecs. ῥύας. Ce n'est rien autre chose que quand la glande située dans le grand coin de l'œil a été mangée ou emportée par quelque cause externe, ou bien relâchée. Les enfans sont fort sujets à ce mal, & la diete ou la suite du tems l'emporte. L'Epiphora inveterée, ou qui arrive aux adultes est plus opiniâtre, & degenere souvent en fistule lacrimale. Quand la glande lacrimale manque, c'est alors que le mal est plus facheux; car il est plus facile d'y remedier, quand elle n'est que rongée, que lorsqu'elle est coupée. Il y a aussi des causes externes pour l'Epiphora, comme les poudres qui entrent dans les yeux, les vapeurs acres de l'oignon, de l'ail & du poivre, qui sont remplies de sels volatils, qui les piquent & les rongent. Tel est encore l'air externe trop froid ou âpre, qui offense l'œil. Toutes ces choses produisent un flux copieux & débordement de larmes. Ce mot est Grec ἐπιφορὰ, & vient du verbe ἐπιφέρομαι, Je suis entraîné.

EPIPLOON. s. m. Terme de Medecine. Coëfe qui est étendue sur le bas du ventricule & des intestins superieurs. C'est comme un grand sac plein de plusieurs autres petits sacs, où sont renfermés des amas de graisse. Plusieurs vaisseaux, qu'on nomme adipeux, sortent de cette membrane, & se repandent par tout le corps, où ils portent de la graisse, comme les veines & les arteres y portent du sang. L'Epiploon dans les hommes descend rarement plus bas que le nombril. Il retire sa plus grande partie vers la rate, qui se ramasse & tortille comme en rouleau. Les vaisseaux qui sortent du rameau splenique pour entrer dans l'Epiploon, ont le nom d'*Epiploïques*. Celui qu'on appelle *Epiploïque posterieur*, envoie ses branches à tout le derriere de ce même Epiploon, & les rameaux qui entrent dans la partie dextre de l'Epiploon, & dans l'intestin colon, ont le nom d'*Epiploïque dextre*. Ce mot vient d'ἐπιπλεῖν, Surnager, à cause que cette coëfe ou membrane semble nager sur le fond du ventricule & sur les intestins.

EPISCOPAUX. s. m. Nom que prennent ceux qui font profession de la Religion dominante en Angleterre, & on les appelle ainsi à cause qu'ils ont retenu les Evêques. Leur maniere de les consacrer a été prise du Pontifical Romain, qu'ils n'ont presque fait que traduire en leur langue, & leur Liturgie ou le Livre des prieres publiques, outre l'Office public, qui est presque le même que celui de l'Eglise Latine, comprend la maniere dont les Sacremens sont administrés. Le Ministre qui baptise après avoir prononcé les paroles essentielles du Baptême, fait le signe de la Croix sur le front de l'enfant. L'Evêque confere aussi la Confirmation en imposant les mains sur la tête de ceux qu'il confirme, & en recitant quelques Oraisons, après lesquelles il leur donne sa benediction. Les Episcopaux se mettent à genoux encore aujourd'hui à la communion, mais ils ont ajoûté dans une de leurs dernieres éditions de la Liturgie sous le regne du feu Roi Charles II. une apostille en maniere de rubrique, dans laquelle ils marquent qu'encore qu'ils reçoivent l'Eucharistie à genoux, ils n'adorent point.

EPISPASTIQUES. s. f. Medicamens, qui étant appliqués attirent les humeurs & les esprits du dedans du corps à la superficie. Il y en a de trois sortes; les uns attirent moderement, les autres plus fortement, & les derniers excessivement. Ceux-ci sont chauds au quatriéme degré, & enflent le cuir qu'ils rendent rouge comme l'écarlate. Ce mot vient d'ἐπὶ, & de σπάειν, Attirer. Le pyrethre, le ranuncule, l'aristoloche longue & ronde, l'ail, la moutarde, l'anemone, le levain, l'ammoniac, les oignons, la fiente d'Oye, celle de Pigeon, & les Cantharides sont du nombre des Epispastiques.

EPISSER. v. a. Terme de Marine. On dit, *Episser une corde*, pour dire, L'assembler avec une autre en entrelassant leurs fils, par le moyen du *Cornet d'épisse*, ou *Epissoir*.

EPISSOIR. s. m. Instrument pointu de fer, de bois, ou de corne, avec lequel on épisse les cordes.

EPISSURE. s. f. Entrelassement de deux bouts de corde que l'on fait au lieu d'un nœud pour plus de commodité. *L'Epissure longue* se fait avec des bouts de corde inégaux. On les met de telle sorte qu'ils puissent passer sur une poulie. Il y a aussi une *Epissure courte*. C'est celle où les deux bouts de corde qu'on veut épisser sont égaux, c'est-à-dire, coupés de même longueur.

EPISTYLE. s. f. Terme d'Architecture. Pierre ou piece de bois qui pose sur le chapiteau des colonnes. C'est le mot dont se servoient les Grecs pour signifier ce que nous appellons *Architrave*. Ce mot est fait de ἐπὶ, Sur, & de στύλος, Colomne.

EPITASE. s. f. Terme de Medecine. Le commencement de l'accès de quelque mal quand il semble redoubler. On appelle aussi *Epitase*, la partie du poëme Dramatique, où se fait le progrès de l'action que l'on represente. Ce mot est Grec ἐπίτασις, Vehemence, & vient de ἐπιτείνειν, Faire qu'une chose soit plus fortement tendue.

EPITE. s. f. Terme de Marine. Petit coin ou cheville de bois quarrée & pointue, qui étant mise dans le bout d'une autre cheville sert à la grossir.

EPITHEME. s. m. Medicament dont il y a de deux sortes, les uns cordiaux qui s'appliquent sur la region du cœur, & les autres hepatiques, qui étant appliqués sur celle du foye sont bons à le corriger de quelque intemperie. Ce mot vient de ἐπιτίθημι, Je mets dessus.

EPITHYMUM. s. m. Fleur sortant du Thym, qui est le plus dur & le plus semblable à la sarriette. L'Epithymum a de petits chapiteaux menus & legers, qui tiennent à de petites queues en maniere de capillamens. Il croît au thym sans avoir aucune racine, mais sur l'appui seul qu'il a du thym; & c'est delà qu'il a pris son nom. Celui qu'on estime le meilleur est de Crete ou de Syrie, & doit avoir plusieurs filamens roussâtres, qui ne soient pas beaucoup desseches. Il est singulierement bon aux maladies du cerveau, purgeant aisément la melancolie. Il est propre aussi pour le haut mal, pour les douleurs inveterées de tête, & pour tous les maux que causent les humeurs melancoliques.

EPITIE'. s. m. Terme de Marine. Petit retranchement de planches, dans quelque endroit du Vaisseau.

EPITOGE. s. f. Sorte de manteau que les Romains portoient sur leur robe. Ce mot est encore presentement en usage, & se dit d'une partie du vêtement des Presidens à Mortier, & de l'habit que mettent les Ecclesiastiques par dessus leurs autres habits.

EPITOIR. s. m. Terme de Marine. Instrument de fer qui sert à ouvrir le bout d'une cheville de bois, pour y pouvoir faire entrer un coin, quand il est besoin de faire renfler cette cheville.

EPL

EPLUCHER. v. a. *Nettoyer en separant avec la main les ordures, & ce qu'il y a de mauvais, de gâté. Il se dit particulierement des herbes & des graines.* ACAD. FR. Les Jardiniers disent, *Eplucher un arbre*, pour dire, En retrancher le bois mort.

Eplucher, en termes de Rubanier, c'est couper les petits fils qui sont sur de certaines besognes; & en termes de Vanier, c'est ôter & couper les brins d'osier qui restent sur les ouvrages qui sont achevés.

EPLUCHOIR. s. m. Sorte de petit couteau dont se servent les Vaniers pour nettoyer leur besogne.

EPLOYE', E'E. adj. Terme de Blason. Il se dit des oiseaux qui ont leurs ailes étendues, & particulierement de l'Aigle de l'Empire, à cause de la tête & du col qui étant ouverts & separés representent deux cols & une tête. *D'or à l'Aigle éployé de gueules.* Ce mot vient du Latin *Explicare*, Déployer, étendre.

EPO

EPODE. s. f. Sorte de Poësie Latine en forme d'Ode, où après chaque long vers, il y en a toûjours un court. C'est par cette raison que les anciens Grammairiens pensent que l'on a donné le nom d'*Epodes* au livre d'Horace qui porte ce titre. Ils disent qu'il y a un genre de Poësie où les vers sont liés l'un avec l'autre de telle maniere qu'on ne peut entendre l'un sans l'autre, & que le premier s'appelle προωδικὸς, comme se chantant d'abord; & le second ἐπωδικὸς, comme se chantant ensuite. Ainsi dans les vers Elegiaques l'hexametre est le proodique, & le pentametre l'épodique. Le mot d'*Epode* vient d'ἐπὶ & de ᾠδὴ, Chanson.

EPOIGNER. v. a. Vieux mot. Exposer.

EPOINÇONNER. v. a. Vieux mot. Exciter, aiguillonner quelqu'un à faire quelque chose.

EPOINTE', E'E. Terme de Manege. On appelle *Cheval épointé*, un cheval qui a fait un si grand effort de hanches, que les ligamens de l'os en ont été relâchés. On appelle aussi en termes de Chasse, *Chien épointé*, un chien qui a les os des cuisses rompus.

EPONCE. s. f. Vieux mot qui se trouve dans de certaines Coûtumes, & qui veut dire, Déguerpissement. On y trouve aussi *Eponcer*, pour, Tenir quitte, & *Exponcion*, pour, Quittance.

EPONGE. s. f. Corps leger & fort poreux, qui s'imbibe facilement de liqueur. Aristote en marque trois sortes, de claires, d'épaisses, & d'autres qu'il appelle *Achilleenes*. Cette derniere éponge est la plus déliée & la plus forte. Toutes éponges s'engendrent contre les pierres au bord de la mer, & sont nourries & entretenues de limon; ce qui se connoît en ce que quand on les prend, elles en sont toutes pleines; en quoi il est facile de voir qu'elles tirent leur nourriture de ce qui leur est attaché. Aussi les épaisses sont moins fortes que les claires, à cause que leur racine n'est pas si profonde. Quelques-uns tiennent que les Eponges ont du sentiment & que c'est par là qu'elles se retirent quand on s'en approche, en sorte qu'on ne les arrache qu'avec beaucoup de difficulté. Elles font la même chose pendant les tempêtes, de peur que la violence de l'orage ne les déplace de l'endroit où elles sont. Ceux qui ne sont pas de ce sentiment, tiennent pour certain qu'il y a dans les Eponges de petites bêtes comme des vers qui s'y nourrissent, & que quand on a arraché les Eponges, les petits poissons qui cherchent de quoi manger sur le gravier ou parmi les rocs, avalent ces bêtes, aussi-bien que les racines des Eponges qui sont demeurées attachées aux pierres. Que si l'Eponge se rompt lorsqu'on l'arrache, la racine qui reste en engendre une autre toute entiere. Celles qui croissent au fond des gouffres profonds, & qui sont à l'abri des vents, sont plus molles que les autres. Les Eponges vives sont noirâtres avant que d'être lavées. Elles ne sont attachées ni en tout ni en partie, mais il y a entre deux certaines cavernosités & concavités vuides qui font qu'elles sont attachées par petits morceaux, & au-dessous de leurs racines il y a comme une peau étendue. Presque tous leurs conduits de dessus sont bouchés, à l'exception de quatre ou cinq par où elles se nourrissent. Il y a des Eponges mâles & des Eponges femelles, selon ce que dit Dioscoride. Les Eponges mâles sont épaisses, ont leurs trous petits & menus. Les plus dures s'appellent τράγοι, c'est-à-dire, Boucs. Les femelles ont au contraire de grands trous ronds. Quelques-uns en ajoûtent une troisiéme, qui a au dedans des pierres & quantité de cavernes. Avicenne qui parle de ces pierres, dit qu'elles sont moins chaudes que l'Eponge même. Quelquefois mais pourtant fort rarement, on trouve des noyaux en forme de pommes ou d'amandes dont on a ôté l'écorce, dans les Eponges. Ces noyaux sont bons contre les vers des petits enfans. L'Eponge brûlée & reduite en cendre, arrête tout flux de sang, & sert à cicatriser les ulceres & les plaies. Les pierres d'Eponges aussi brûlées sont bonnes à nettoyer les dents, & on s'en sert même pour rompre la pierre qui est enfermée dans la vessie.

On appelle *Eponges Pyrotechnites*, celles qui se font avec de grands champignons qui viennent sur les vieux frênes, chênes ou sapins. On les fait bouillir dans une forte lessive de salpêtre, après qu'ils ont été sechés & bien battus, & qu'on les a fait encore une fois secher au four.

Eponge. Terme de Manege. Il se dit du bout du fer d'un cheval qui répond à son talon. On fait les crampons en cet endroit.

Les Plombiers appellent *Eponges*, les extremités du chassis de la table ou moule qui leur sert à jetter les tables de plomb.

EPONTILLE. s. f. Terme de Marine. Piece de bois

qui sert à divers usages, selon qu'elle est longue & grosse. Il y en a qui ont environ trois piés de longueur, & qu'on met au bout des côtes du Vaisseau afin d'y passer de menues cordes. Leur usage est de soûtenir les pavois & les garde-corps. On appelle *Epontilles d'entre les ponts*, celles qui sont posées sur un des ponts du Vaisseau pour soûtenir celui qui est au-dessus. On les nomme aussi *Pontilles*.

EPOPE'E. s. f. Terme de Poësie. Sujet qu'on traite dans un Poëme Epique. Ce mot est Grec, ἐποποιία & signifie proprement, Ouvrage de vers heroïques. Il vient d'ἔπος, Poëme, & de ποιεῖν, Faire.

EPOQUE. s. f. Tems fixe & certain d'où l'on commence à compter les années. Les Egyptiens appelloient *Epoque Sothique*, l'espace de quatre années qui étoit de quatorze cens soixante jours, au lieu que quatre de nos années en ont un de plus, à cause de la Bissextile qui est composée de trois cens soixante & six jours. Après avoir fait leur année de trois, & ensuite de quatre Lunes, dont chacune étoit le tems que la Lune employe à parcourir le Zodiaque, ou l'espace d'environ vingt-huit jours, ils la firent de trois cens soixante, ou de douze mois de trente jours chacun, pour les rendre égaux avec les douze Signes du Zodiaque; & cette maniere de supputer fut long-tems reçûe, jusqu'à ce qu'ayant reconnu de l'erreur dans ce calcul, ils y ajoûterent cinq jours, que l'on appella *Nisi*, sans prendre garde aux six heures dont on forme un jour de quatre ans en quatre ans, pour établir l'année bissextile. Ils appellerent cette année de trois cens soixante & cinq jours *Année civile*; comme ayant pour regle le cours du Soleil qu'ils adoroient comme un Dieu. Après diverses remarques que leur fit faire la connoissance qu'ils avoient de l'Astronomie, ils conformerent entierement leur année civile au cours du Soleil en ajoûtant un jour à la quatriéme année; & cet usage, très-ancien parmi eux, a precedé l'invasion d'Alexandre le Grand; de sorte qu'Eudoxe, qui étoit disciple de Platon, ayant tiré par present ce secret des Prêtres Egyptiens, l'apporta dans sa patrie, & l'apprit aux Grecs. Cette Epoque s'appelloit en general l'*Année Civile & Sacerdotale*, & portoit en particulier le nom de leurs principales Divinités. Les Coptes ou Chrétiens modernes ont quatre ou cinq sortes de Chronologies. La premiere, que les Orientaux appellent l'*Epoque de notre Pere Abraham*, est depuis la creation du monde; la seconde commence avec l'Empire des Grecs, & la troisiéme s'appelle l'*Epoque de Nabonassar Roi des Chaldéens*. Elle n'est ni connue ni generalement reçûe, & n'est même en usage que parmi les Astrologues; la quatriéme, qui est la plus commune, & dont se servent les Abyssins, est l'*Ere de Diocletien*. Elle fut introduite dans la dix-neuviéme année de son Empire l'an de grace 302. Les Arabes l'appellent *Tarich elcupti*, ou *Le calcul coptique*; les Coptes, l'*Ere des saints Martyrs*, ou l'*An de Grace*, & les Abyssins, *Amach Maharet*, ou l'*An de misericorde*, à cause de l'épouvantable persecution que souffrirent les Chrétiens en ce tems-là; lorsque Diocletien fit mourir cent quarante mille personnes autour de la ville de Coptes. L'Ere des Chrétiens est aussi en usage parmi les Coptes, & commence à la naissance de Jesus-Christ. Les plus considerables Epoques de celles que l'on appelle *Sacrées*, c'est-à-dire, qui se tirent des livres de la sainte Ecriture, sont la Creation, le Déluge, la Naissance d'Abraham, la sortie que les Enfans d'Israël firent d'Egypte, la construction du Temple de Salomon, le retour des Juifs de Babylone, & parmi les Epoques profanes, ce sont le Deluge d'Ogigés, les Jeux Olympiques, la fondation de Rome, l'établissement des Consuls, l'Empire de Jules César. Le commencement de quelque Royaume est une Epoque pour les Nations qui y sont sujettes. Il s'en fait aussi des évenemens illustres. Quand on calcule des Tables Astronomiques, on appelle *Epoques* le tems pris à volonté d'où l'on commence à supputer le mouvement d'un ou de plusieurs Astres. Ce mot est Grec ἐποχή, & vient de ἐπέχειν, *arrêter*, *borner*, parce que l'époque est comme une *borne* que l'on met, un *point fixe* que l'on pose à un calcul.

EPR

EPREUVE. s. f. *Essai, experience qu'on fait de quelque chose*. ACAD. FR. C'est aussi un terme d'Imprimerie, & il signifie la premiere qui sort de dessous la presse, & dont on corrige les fautes, soit de lettres, soit de mots, avant que d'en tirer aucune autre. Les Imagers appellent aussi *Epreuve*, la premiere Estampe qu'ils tirent, pour voir s'il n'y a rien à corriger dans la planche.

EPROUVETTE. s. f. Petite verge de fer que l'on met dans un canon de fer avec les limes, lorsqu'on les chauffe pour leur donner la trempe. On met ce canon de fer au milieu d'un paquet de plusieurs limes, & après qu'on a couvert ce paquet de terre franche, on le met chauffer avec du charbon de bois dans un fourneau à vent fait de briques, ou d'une autre sorte, jusqu'à ce que les limes ayent acquis une couleur de cerise, ou un peu plus rouge; ce qui fait connoître l'Eprouvette que l'on tire doucement hors du canon. *Eprouvette* se dit aussi d'une sonde de Chirurgien.

EPT

EPTAGONE. s. m. Terme de Geometrie. Figure qui a sept angles & sept côtés. On appelle aussi *Eptagone*, une Place qui est fortifiée de sept Bastions. Ce mot vient d'ἑπτὰ, Sept, & de γωνία Angle.

EPU

EPULONS. s. m. Prêtres des Romains que les Pontifes avoient le pouvoir d'élire, pour presider aux festins & aux sacrifices qu'on faisoit en l'honneur de Jupiter & des autres Dieux. Ils prenoient garde si l'on avoit soin de bien observer les ceremonies qui s'y devoient pratiquer, & quand il s'y commettoit quelque desordre, ils en donnoient avis aux Pontifes. On institua les trois premiers l'an 553. de la fondation de la Ville. Leur nombre alla jusqu'à sept du tems de Lucius Sylla Dictateur, & enfin César en crea trois autres, qui firent le nombre de dix. Ils furent nommez *Epulones*, en Latin, du mot *Epulæ*, Festin, banquet.

EPULOTIQUES. s. m. Medicamens qui cicatrisent les playes & les ulceres, comme le *Primula veris*, la poudre de la racine d'agrimoine, & sur-tout la pierre qu'on appelle *Osteocolle*. Ceux qu'on applique au dehors, sont le tragacanth, le bol, l'aloës, la folle farine, les noix de cyprès & l'osteocolle. Ce mot est fait de la preposition ἐπὶ, & d'οὐλὴ, Cicatrice, qui vient d'οὖλος, Entier, sain, parfait.

EPUR. s. f. Terme d'Architecture. Dessein fait en grand contre une muraille ou sur des ais, pour servir de modele à executer quelque grand ouvrage de maçonnerie. Quand l'ouvrage est grand, on fait des Epures particulieres de chaque partie séparée, comme du profil d'une colomne pour la bien construire.

EQU

EQUANT. On sousentend *cercle.* Terme d'Astronomie. Comme le mouvement d'une planete dans son Excentrique, nous doit paroître inégal, quoiqu'égal en lui-même, les Astronomes ont imaginé un cercle égal au *Déferent*,(Voyez DEFERENT,) & dans le même plan, mais tiré d'un autre centre sur lequel ils reglent le mouvement égal de la Planete. De là le cercle a pris son nom.

EQUARRIR. v. a. Terme de Charpenterie. Dresser du bois, & le rendre égal de côté & d'autre. On dit aussi, *Esquairir* & *esquerir*, mais le grand usage est *Equarrir.* On le dit encore d'un lieu qu'on applanit & que l'on rend d'égale hauteur. Cela se fait avec le cordeau.

EQUARRISSAGE. s. m. On dit qu'*Une piece de bois a six sur huit pouces d'équarrissage*, pour faire entendre ses deux plus courtes dimensions. Si elles sont égales, c'est-à-dire, si elles sont par exemple chacune d'un pié, on dit alors que la piece de bois a douze pouces de gros.

EQUARRISSEMENT. s. m. Reduction d'une piece de bois en grume à la forme quarrée. Il faut ôter pour cela ses quatre dosses flaches; ce qui diminue environ la moitié de sa grosseur. On dit, *Tracer une pierre par équarrissement*, pour dire, En couper & retrancher, après qu'elle a été parée en tous ses côtés, ou seulement en quelques-uns.

EQUARRISSOIR. s. m. Petite verge quarrée fort polie, pour augmenter les trous dans le cuivre ou dans l'acier.

EQUATEUR. s. m. L'un des grands Cercles de la Sphere. C'est celui sur les poles duquel sont tous les mouvemens celestes *diurnes*, ou de vingt-quatre heures, & qui a par consequent les mêmes *poles* que ceux du monde. Voyez POLE. On l'appelle aussi *Equinoctial*, à cause que le Soleil le coupant deux fois l'année, sçavoir vers le 20. de Mars, & vers le 23. de Septembre, fait les Equinoxes, ou les nuits égales aux jours, en demeurant autant sur l'horison, qu'il demeure dessous. Il faut necessairement que cela arrive, parce que l'horison ne coupe jamais l'Equateur qu'en deux parties égales, l'une qui se trouve superieure, & l'autre inferieure. L'Equateur est la mesure du tems, parce que c'est sur ce cercle que se marque la revolution du premier Mobile. Si cette revolution est entiere, c'est-à-dire, de trois cens soixante dégrés, on dit que la durée ou l'espace du tems qui s'est écoulé est d'un jour; si elle est seulement de la vingt-quatriéme partie, ou de quinze degrés, on dit que la durée est d'une heure.

Le Zodiaque est à l'égard du mouvement *propre* des Astres d'Occident en Orient, ce qu'est l'Equateur à l'égard de leur mouvement *commun* d'Orient en Occident ou de 24. heures. Ainsi ce sont les deux principaux cercles de la Sphere, puisqu'ils en mesurent tous les mouvemens,& la *Longitude*, & la *Latitude Geographique*, *la Déclinaison*, *l'Ascension*, *l'Amplitude*, se prennent par rapport à l'Equateur. Voyez LONGITUDE. LATITUDE. DECLINAISON. ASCENSION. AMPLITUDE.

Ceux qui sont sous l'Equateur ont perpetuellement les jours égaux aux nuits, le Soleil leur est vertical deux fois l'année, ils ont les deux poles du monde à leur horison, & par consequent il n'y a point d'étoiles fixes qu'ils ne voyent. Voyez POLE.

EQUATION. s. f. Terme d'Algebre. Comparaison que l'on fait de deux grandeurs inégales, pour les rendre égales. Ces grandeurs s'appellent *Membres de l'équation*; & comme on represente d'ordinaire dans l'Algebre les quantités inconnues par les dernieres lettres de l'Alphabet, quand on voit une de ces trois lettres X, Y, Z, dans une Equation, elle doit être conçûe comme representant une ligne inconnue, ou un nombre inconnu, c'est-à-dire que l'on cherche & que l'on retrouve en reduisant l'Equation. Il y a une *Equation pure* & une *Equation composée.* La premiere est celle où l'on ne trouve par tout la lettre inconnue que dans un même degré,(Voyez DEGRE',) & l'autre est celle où la lettre inconnue se trouve mêlée par divers degrés. On appelle *Equation simple*, une Equation pure où la lettre inconnue n'a qu'un degré, ou qui n'a qu'une dimension; & quand cette lettre inconnue y monte à deux ou à plusieurs degrés, elle est dite *Equation de plusieurs dimensions.* Si elle monte au second degré, c'est-à-dire, au quarré, on l'appelle *Equation quarrée*; & si la même lettre inconnue y monte au cube, qui est le troisiéme degré, c'est une *Equation cubique* ou *de trois dimensions*, & ainsi de suite de degré en degré, le degré de l'inconnue donnant toûjours le nom à l'Equation ou au *Probléme.* Voyez PROBLE'ME. Comme dans une Equation composée, l'inconnue a divers degrés, tous les termes où elle a le même degré ne passent que pour un seul, Voyez TERME, & c'est ce que l'on appelle les *Termes de l'Equation.* Le premier est celui où elle a le plus haut degré qu'elle ait dans toute l'Equation, le second est celui où elle baisse d'un degré & ainsi de suite, & le dernier terme est toûjours celui ou ceux où l'inconnue ne se trouve point; car plusieurs termes n'en font qu'un sans inconnue.

L'objet de toutes les operations que l'on fait est de connoître la valeur de cette inconnue en nombres ou en lignes. Cette valeur s'appelle *Racine de l'Equation.* Quelquefois la même inconnue peut avoir plusieurs valeurs differentes, & alors l'Equation a plusieurs racines inégales. Elles sont ou vrayes ou fausses, ou imaginaires. Voyez RACINE. Une Equation ne peut avoir qu'autant de racines que l'inconnue a de dimenfions à son plus haut degré.

Reduire une Equation, c'est lui donner la forme la plus commode qu'elle puisse avoir pour les operations, & pour parvenir à la connoissance des racines. Cette reduction se fait en plusieurs manieres, soit en changeant l'Equation en une autre plus facile, soit en transportant un ou plusieurs termes d'un membre de l'Equation dans l'autre, soit en abaissant la lettre inconnue de quelques degrés, soit en divisant tous les termes de l'Equation par une même quantité connue, soit en délivrant l'Equation de fractions, soit en la délivrant de termes irrationels. La premiere methode s'appelle *Transformation*, la seconde *Antithese*, la troisiéme *Hypobibasme*, la quatriéme *Parabolisme*, la cinquiéme *Homerie*, la sixiéme Délivrer une équation d'*Arymmetrie*; mais tous ces mots grecs ne sont presque plus en usage.

Equation est aussi un terme d'Astronomie. Il signifie toûjours la difference ou d'un lieu *moyen* au vrai, ou d'un *moyen* mouvement au *vrai*, parce que cette difference étant connue, il est aisé d'égaler les deux mouvemens, ou les deux lieux. Voyez LIEU., & MOYEN. La *Prosthapherese* qui est la difference du lieu moyen & du vrai est une espece d'Equation. Voyez PROSTAPHERESE.

Voici un exemple d'Equation. Le jour naturel Astronomique étant inégal,(Voyez JOUR.) & le Soleil outre les 360. degrés pris sur l'Equateur, parcourant tantôt 54. minutes de plus, tantôt 67. on prend un nombre moyen entre ces deux qui est 59ᴵ. 8ᴵᴵ. & on les donne au jour moyen, qui par là est toûjours égal. Ayant le jour moyen il faut tous les jours ajoûter ou retrancher quelque chose pour avoir le vrai jour Astronomique, & c'est de ces differences que l'on compose des Tables qu'on appelle Tables d'*Equation des jours.* C'est par elles que l'on corrige les Pendules les plus justes, qui ayant un mouvement toujours égal, ne peuvent répondre au mouvement du Soleil qui est toûjours inégal.

EQUERRE. s. f. Instrument de Géometrie fait de fer, de cuivre ou de bois, qui sert à tracer & à verifier un angle droit. Il est composé de deux regles, dont l'une est immobile & élevée perpendiculairement au-dessus de l'autre. Lorsque toutes les deux sont mobiles par une charniere, & qu'elles se peuvent joindre ensemble, on dit que c'est un *Equerre pliante,* & on appelle *Fausse Equerre,* un Instrument semblable, dont les deux regles se meuvent comme les jambes d'un compas, autour du clou par lequel elles sont jointes. On s'en sert à mesurer & à construire toutes sortes d'angles aigus & obtus. Les Ouvriers en l'Art de bâtir, appellent *A l'équerre*, ce qui est nommé *A angles droits*, par les Géometres. Divers Artisans ont des Equerres. Les Tailleurs de pierre en ont pour equarrir les pierres, & les Charpentiers, Menuisiers & Serruriers en ont aussi pour leurs usages particuliers. Les Vitriers ont une grande Equerre d'acier, percée d'espace en espace, & à biseaux en-dedans, pour mettre les panneaux à l'équerre. Les Sculpteurs mettent leur Equerre sur la tête de leurs figures pour poser leurs plombs, & prendre les largeurs & les grosseurs.

Equerre est aussi un lien de fer coudé, qu'on met sur les angles de la Charpenterie, pour tenir les sablieres ou poteaux corniers. On en met encore aux portes de Menuiserie afin de les rendre plus fortes. Quelques-uns disent *Equaire.* Il y en a qui font venir ce mot de l'Italien *Squadra*, qui veut dire la même chose, ou du Latin *Quadratus*, Quarré.

EQUERUE. s. f. Terme de Marine. Nom qu'on donne dans la Manche à la jonction de deux pieces de bois mises dans un Vaisseau, qui en font les membres l'une à l'autre. C'est ce qu'on appelle ailleurs *Empâture.*

EQUIANGLE. adj. Terme de Geometrie. Qui a les angles égaux. *Figure équilatere & équiangle*, qui a les côtés & les angles égaux.

EQUIDISTANT, ANTE. adj. Qui est toûjours & en toutes ses parties également éloigné d'une autre chose. *Les lignes paralleles sont équidistantes.* On peut dire aussi de deux choses par rapport à une troisiéme, qu'elles en sont *équidistantes.*

EQUIGNETTE. s. f. Terme de Marine. On appelle *Equignettes*, ou *Equilles de Girouettes*, Certains petits bois qui servent à tenir le haut & le bas des girouettes.

EQUILATERE. adj. Il se dit d'une figure dont les côtés sont égaux. Tous les Polygones reguliers sont équilateres. Il y a une *hyperbole équilatere.* Voyez HYPERBOLE. On dit plus souvent *Triangle équilateral* qu'*équilatere.*

EQUILBOQUET. s. m. Petit instrument de bois; espece de calibre pour verifier les mortoises: il est fait de deux morceaux de bois assemblés à l'équerre.

EQUIMULTIPLE. adj. Terme d'Arithmetique. On appelle *Equimultiples*, des nombres qui contiennent leurs soumultiples autant de fois les uns que les autres. Ainsi ces deux nombres 12. & 6. sont équimultiples de leurs soumultiples, 4. & 2. parce que 12. contient trois fois 4. & que 6. contient trois fois 2. qui sont leurs soumultiples.

EQUINOCTIAL, ALE. adj. Qui appartient à l'Equateur. *Plan Equinoctial*, *Cadran Equinoctial.* On dit même *Cercle Equinoctial*, pour dire l'Equateur, & simplement l'*Equinoctial. La ligne Equinoctiale*, ou absolument *la ligne* est encore la même chose.

EQUIPAGE. s. m. Terme de Marine. Troupe des Officiers, des Soldats, des Matelots, & des Mousses ou Valets qui servent dans un Vaisseau. On appelle *Equipage d'Atelier*, tout ce qui sert pour la construction & pour le transport des materiaux; c'est-à-dire, les grues, gruaux, chévres & autres machines avec les échelles, baliveaux, dosses & cordages. Ce qu'on appelle *Equipage de pompe*, consiste en toutes les pieces avec leurs garnitures, que le bras ou l'eau qui en est le premier mobile en font agir, comme la roue, la manivelle, le piston & le corps de pompe.

EQUIPARER. v. a. Vieux mot. Comparer, du Latin *Equiparare.*

EQUIPE. s. f. Nombre de bateaux appartenans à un même Voiturier. *Une équipe de douze bateaux.* On dit aussi *Train.*

EQUIPE', E'E. adj. Terme de Blason. Il se dit d'un Vaisseau qui a ses voiles & ses cordages. *De gueules à la nef équipée d'argent.*

EQUIPEMENT. s. m. Provision de tout ce qui est necessaire à la subsistance, aussi bien qu'à la sûreté & à la manœuvre de l'équipage d'un Vaisseau.

EQUIPER. v. a. On dit en termes de mer *Equiper un Vaisseau*, pour dire, Munir un Vaisseau de ses apparaux, de ses vituailles & de ses agrés.

EQUIPOLE', E'E. adj. Terme de Blason. Il se dit de neuf quarrés mis en forme d'eschiquier dont il y en a cinq, sçavoir ceux des quatre coins & du milieu, d'un métal different de celui des quatre autres quarrés. *Cinq points d'or équipolés à quatre d'azur.*

EQUIRIES. s. f. p. Jeux publics. Les Romains les celebroient le 27. de Février. Comme Romulus les avoit institués en l'honneur de Mars, on y faisoit des courses à cheval dans le Champ de Mars. Ce fut de ces courses, c'est-à-dire, du mot *Equus*, Cheval, qu'ils prirent leur nom.

EQUIVOQUE. adj. On appelle en Physique, *Generation équivoque*, Celle qui ne se fait point par la conjonction du mâle avec la femelle, qui est la voie ordinaire, mais par la chaleur du Soleil qui échauffe la poussiere & la terre corrompue. Ainsi les Anciens ont cru que les mouches, les araignées, les grenouilles, & autres animaux imparfaits se faisoient par une generation équivoque. C'est dequoi les Modernes doutent.

ERA

ERABLE. s. m. Arbre de haute fustaye, qui est fort dur, & dont le bois est souvent tacheté & marqueté en forme d'yeux. Il y a de l'Erable commun, qu'on appelle aussi *Erable de plaine*, qui a son bois blanc & rempli de veines. Ce qu'on appelle *Erable de montagne*, a le bois fort dur, & fleurit jaune. On l'appelle *Acer*, en Latin.

ERASTIENS. s. m. Sorte d'Heretiques qui firent une faction pendant les troubles d'Angleterre. Ils prétendoient que l'Eglise n'eût pas le pouvoir d'excommunier. Ils prirent le nom d'*Eraftiens*, d'un certain Eraftus, Auteur de leur Secte.

ERC

ERCHIE. f. f. Vieux mot. Trait d'arc. On a dit auffi *Archiée*.

ERE

ERE. f. f. Terme de Chronologie. Maniere de compter les années, introduite par les Efpagnols dont l'Ere eft plus ancienne de trente-huit ans que l'Ere Chrétienne. C'eft ce qu'on appelle autrement Epoque.

EREMODICIE. f. m. Vieux mot. Defert, du Grec ἐρημοδίκιον, fait de ἐρημία, Solitude, defert.

ERENT. Terme du vieux langage, qui a été employé pour la troifiéme perfonne du pluriel de l'imparfait du verbe Etre, *étoient*, du Latin *Erant*. On a dit auffi *Ere*, pour, étoit & *Ert*, pour, fera, du Latin, *erit*. *Miroër ert à toutes gens*, pour, Ce fera un miroir. *Ce nert pas bible lofangere*, pour, Ce ne fera pas un livre flateur & plein de louanges.

ERESIPELE. f. f. Tumeur enflammée qui s'éleve fubitement, & qui ne déborde pas beaucoup hors de la peau, mais qui ronge comme du feu, & qui fe répand prodigieufement en longueur & en largeur. Elle eft accompagnée d'une douleur & d'une chaleur acre & piquante, & quand on la preffe avec le doigt, elle laiffe une marque blanche qui redevient rouge incontinent. Plufieurs croyent que cette tumeur vient de la bile; mais elle vient bien plûtôt d'un acide fubtil & volatile, qui fait une effervefcence fievreufe avec le fel volatile de la maffe du fang, qui defcend en un certain efpace de la peau où il coagule le fang dans les vaiffeaux exterieurs, en forte qu'il le difpofe à faire un épanchement. Cela eft caufe que l'Erefipele arrive plûtôt aux parties nerveufes & fanguines tout enfemble, qu'à celles qui font feulement fanguines. Il y a quelquefois dans l'Erefipele une certaine malignité qui met les malades en danger de mort, ou fi elle eft moins fâcheufe, elle s'exulcere fort aifément. Quand l'Erefipele n'eft pas bien traitée elle dégenere en ulceres malins, qui s'épanchent beaucoup en longueur & en largeur. Ils font très-frequents en Italie. Les fcorbutiques font fort fujets aux Erefipeles en Allemagne, mais elles font peu dangereufes, à moins qu'elles ne dégenerent en gangrene & en ulceres, qui le plus fouvent refiftent aux plus forts remedes. L'Erefipele eft plus fâcheufe à la tête que dans le refte du corps, fur-tout au vifage. Cette efpece eft d'ordinaire mortelle. On l'appelle en Latin *Eryfipelas*, du Grec ἐρύειν, Attirer, & de πέλας, Proche, à caufe que la tumeur fe forme proche le cuir. On a appellé ce mal *Eripelas*, dans le vieux langage.

EREUX, EUSE. adj. Vieux mot. Qui eft fujet à être en colere, à quereller.

ERG

ERGALICE. f. f. Vieux mot. Regliffe.

ERGOT. f. m. Terme de Manége. Corne molle, & qui eft groffe à peu près comme une châtaigne. Sa fituation eft au derriere & au bas du boulet, & le fanon la cache ordinairement.

ERI

ERIENS. f. m. Heretiques qui foûtenoient qu'il n'y avoit point de difference entre un Evêque & un Ancien; que les Evêques n'avoient point le pouvoir de conferer l'Ordre; qu'il ne falloit pas prier pour les Morts, & qu'on ne devoit point établir de jeûnes. Ils fuivoient les Encratites en ce qu'ils ne permettoient à perfonne de venir à la Cene, s'ils n'avoient quitté le monde pour mener une vie très-reguliere. On les nomma *Eriens*, d'Erius l'Ancien, qui vivoit fous Valentinien I. trois cens quarante-neuf ans après JESUS-CHRIST.

ERISSON. f. m. Terme de Marine. Ancre à quatre bras, dont on fe fert dans les Bâtimens de bas bord, & dans les Galeres. On l'appelle autrement *Rifon* & *Grapin de fer*.

ERM

ERMES. adj. Vieux terme de Coûtumes, qui s'emploie avec *terres*, pour fignifier des terres qui font vacantes, en friche & abandonnées. Ce mot vient de ἔρημος, Qui eft abandonné, defert.

ERMINETTE. f. f. Outil de Menuifier & de Charpentier, dont ils fe fervent pour aplanir & doler le bois. Il eft fait en maniere de hache recourbée. M. Ménage fait venir ce mot de l'Arabe *Alermin*, qui fignifie un Rabot.

ERO

EROSION. f. f. Terme de Medecine. Il fe dit de l'action des humeurs acres ou acides qui mangent ou déchirent les chairs & autres fubftances. Ce mot vient du Latin *Erodere*, Ronger.

EROTIQUE. adj. Qui porte à l'amour. On appelle en termes de Medecine *Delire erotique*, une efpece de mélancolie, qu'un veritable amour qui va jufqu'à l'excès fait contracter. Comme il y a des gens qui deviennent mélancoliques & triftes, il y en a auffi qui le deviennent à force de trop aimer. Le defir érotique fe connoît par le pouls. Quoiqu'il n'y ait point de pouls amoureux, c'eft-à-dire, d'une efpece qui foit diftinguée des autres, on ne laiffe pas de reconnoître l'amour par le battement du pouls, qui eft fort changeant, inégal, turbulent & dereglé. Si on parle au malade, de la perfonne qu'il aime, fon pouls fe change d'abord, demeurant plus grand, plus vîte & plus violent. Si-tôt qu'on a ceffé d'en parler, le pouls fe cache, fe trouble & fe deregle de nouveau. Ainfi par ces changemens de pouls continués au nom de la perfonne qui a fait naître cette violente paffion, on parvient enfin à la découvrir. Les remedes qu'on doit employer pour la guerifon de ce mal, font prefque les mêmes qu'on a coûtume de mettre en ufage dans les autres mélancolies. On les diminue ou bien on les change felon les circonftances dont il eft accompagné. Ce mot eft Grec ἐρωτικὸς, de ἔρως, Amour.

ERR

ERRATIQUE. adj. Terme d'Aftronomie. Qui n'eft point fixe, qui eft fans route certaine. On donne cette épitete aux Planetes, mais on les appelle plus communément *Errantes*.

ERRAUMENT. adj. Vieux mot. Promptement, à pas preffés.

Meffire Gauvin erraument,
Vint à la Cour ifnellement.

ERRE. f. f. Train, allure. On dit en termes de Marine, lorfqu'on parle d'un Vaiffeau qui a été arrêté par quelque caufe, qu'*Il n'a pas repris fon erre*, pour dire, qu'Il ne s'eft pas encore remis dans la lenteur ou dans la vîtesse avec laquelle il a coûtume de passer.

ERRES, au pluriel, se dit en termes de Chasse, des marques des piés du cerf, des routes & voies du cerf. Ainsi on dit *Démêler*, *redresser les erres*. On dit aussi *Rompre les erres*, pour dire, Les effacer en marchant. On dit encore qu'*Un cerf est de hautes erres*, lorsqu'il va hors de son enceinte, ou qu'il fait de très-longues fuites, après qu'il a eu le vent du trait en le détournant au matin.

Erres. Les Chasseurs appellent ainsi les parties de devant d'une bête à quatre piés en y comprenant les épaules.

ERREMENT. s. m. Terme de Pratique. La derniere procedure d'un Procès, le dernier état d'une affaire. On procede suivant les derniers Erremens, quand on veut continuer les poursuites qui ont été commencées, pourvû que l'Instance ne soit pas périe.

ERRHINES. s. f. p. Médicamens qui par leur chaleur & nitrosité, attirent dans les narines, la pituite qui est adherente aux environs des meninges du cerveau. La betoine, le tabac, la sauge, l'iris, le laurier rose, la nielle, la marjolaine, la bete, le romarin, l'hyssope & l'euphorbe sont de ce nombre. Il y a des Errhines seches & faites de poudre, qu'on appelle proprement *Sternutatoires*. Il y en a aussi de liquides, d'autres en liniment, incorporées avec de l'onguent rosat, & d'autres en pyramide solide, pour arrêter le sang des narines. Celles-ci sont composées de bol de Levant, de terre scellée, de sang humain, ou de pourceau desseché. Ce mot est Grec ἔῤῥινον, & vient de la particule ἐν, & de ῥὶν, Narine.

ERS

ERS. s. m. Plante petite & grêle, que Dioscoride dit être fort connue, ayant ses feuilles étroites, & ses grains dans des gousses. Il estime fort la farine qu'on en fait. Pour cela, ajoûte-t'il, il faut prendre les grains blancs, qu'on laisse tremper dans l'eau, jusqu'à ce qu'ils soient suffisamment humectés, après quoi on les met secher & rôtir, tant que l'écorce se rompe; puis on les fait moudre & passer par un bluteau, & l'on garde cette farine pour s'en servir au besoin. Elle fait bon ventre, provoque l'urine, rend la couleur vive, mondifie les ulceres, étant appliquée avec du miel, ôte toutes taches du visage, perce les charbons, & reprime les gangrennes & duretés. Matthiole fait une plus ample description de cette plante, & dit qu'elle se traîne sur terre ayant plusieurs tiges & branches qui s'entrelassent, & qui poussent de petites feuilles longuettes, & moindres que celles de la lentille, attachées en nombre à une même queue, & sortant de côté & d'autre d'un même lieu, & cela par intervalle, y en restant une toute seule au bout. Sa fleur est petite, & tire sur le rouge, quoique quelquefois on la voye blanche. Ses gousses sont semblables à celles des poix, excepté qu'elles sont plus courtes & plus minces. Le fruit est dedans. Il y a de deux sortes d'Ers, le blanc & le roux. Galien en ajoûte un troisiéme, sçavoir le pâle, qui tient de chacun des deux premiers. Il préfere le pâle ou rouge au blanc dans l'usage de la Medecine, contre le sentiment de Dioscoride, & dit qu'il desseche au plus haut du second degré, & échauffe au premier; mais que toutefois en tant qu'il tient de l'amer, il est incisif, abstersif & désopilatif. Matthiole fait remarquer, que quoique l'Ers se seme & se cultive, il ne laisse pas de venir aussi sans être semé; qu'on le trouve souvent parmi les blés, & qu'étant connu de peu de personnes, on le met au rang des vesses.

ERSOIR. Vieux mot, qui a été dit pour, Hier au soir.

ERY

ERYNGIUM. s. Plante épineuse, dont les feuilles confites en sel sont bonnes à manger, lorsqu'elles sont encore tendres. Elles sont larges, âpres par les bords, & ont un goût aromatique. En croissant elles deviennent piquantes au plus haut des tiges comme des épines. A la cime de ces tiges sont plusieurs têtes rondes, environnées d'épines fortes & dures, & disposées en façon d'étoiles. Les unes sont vertes, les autres blanches, & il s'en trouve quelquefois de bleues. Sa racine est longue & large, noire au-dehors & blanche au-dedans, & de la grosseur d'un pouce. Elle est odorante & l'une des cinq racines aperitives mineures. C'est la seule partie de cette plante qui soit en usage en Medecine. Prise en breuvage, selon ce qu'en dit Dioscoride, elle provoque l'urine, & resout & chasse toutes ventosités & tranchées, & si on la boit avec du vin au poids d'une drachme avec de la graine de pastenaille, elle est bonne aux accidens du foye, aux morsures des serpents, & à ceux qui auroient été empoisonnés. Galien dit que l'Eryngium, que l'on appelle en François Panicaut, ou Chardon à cent têtes, n'est gueres plus chaud que les médicamens temperés, & qu'il a pourtant une grande siccité, qui consiste en une essence subtile & pénétrante. Il y a aussi, à ce que dit Matthiole, un Eryngium marin qui croît en grande abondance à Venise, aux rivages de la mer. Ses feuilles plus larges que celles de l'autre, sont toutes environnées de pointes. Ses racines sont aussi plus longues, plus tendres & meilleures à confire. Pline parle de l'un & de l'autre Eryngium.

ERYSIMUM. s. m. Plante qui croît près des jardins & des Villes parmi les vieilles masures, & qui a ses feuilles semblables à la roquette sauvage. Ses branches sont souples comme une corde, & à leur cime il y a de petites gousses menues, faites à cornes comme celles du fenegré. Ses fleurs sont jaunes, & sa graine qui est petite & brûlante au goût, ressemble à celle du Nasitort. Cette graine réduite en loohc avec du miel, est bonne contre les fluxions & les caterres qui tombent dans la poitrine, & à ceux qui ont grande quantité de matiere purulente & fangeuse, pour la faire sortir dehors. Elle sert aussi en la même sorte à la jaunisse, aux sciatiques, & contre les venins & les poisons. L'Erysimum s'appelle autrement *Irio*. Quelques-uns l'appellent *Rapistrum* ou *Synapi sylvestre*.

ESB

ESBANOI. s. m. Vieux mot. Ebat, joie, tournoi. On a dit aussi *Esbanoye*, qui a fait *Esbanoyer*, pour dire, Divertir, recréer.

Quand li Roi ot mangié, s'appella Helinand,
Pour li esbanoyer commanda que il chant.

On a dit encore *Esbarnir* & *Esbarnoir*, dans la même signification.

ESBAUBELI. adj. Vieux mot. Surpris, enchanté.

ESBAUDIR. s. m. Vieux mot, qui vient de Bauderie, autre vieux mot qui signifie, Joie. Ainsi on a dit s'*Esbaudir*, pour Se réjouir. On trouve aussi

Esbaudi, dans la signification de, Rendu beau.

Le jour s'est esbaudi,
Belle est la matinée.

ESBONNER. v. a. Vieux mot. Ordonner, ranger. On trouve en parlant de Dieu, *Qui les quatre élemens esbonnes.*

ESBOUFER. v. Vieux mot. Rire avec convulsion : il vient de Bouffe, joues enflées. On dit encore en quelques lieux *Une bouffée de vent*, pour dire, *Un tourbillon.*

ESC

ESCABELON. s. m. Terme d'Architecture. Espece de piédestal, haut de trois piés, & qui va en diminuant par le bas. Il est ordinairement de marbre & quelquefois de bois marbré ; & c'est sur cette sorte de piédestal qu'on met des bustes dans les galeries & les cabinets des Curieux.

ESCACHE. s. f. Terme de Manége. Espece de mors de cheval. C'est une embouchûre qui differe du canon, en ce que le canon est rond & que l'Escache est plus en ovale. Elle est arrêtée à la branche par un chaperon qui entoure le banquet, ce qui fait que la bouche du cheval est tenue plus sujette. Ordinairement les filets sont à l'Escache.

ESCADRE. s. f. Détachement particulier de Vaisseaux de guerre. L'Officier General qui les commande est appellé *Chef d'Escadre*, & il se dit aussi bien des Galeres que des Vaisseaux. On appelle aussi *Escadre*, un des trois Corps dont l'avantgarde, le corps de bataille & l'arriere-garde sont composés dans un ordre de bataille. Chacun de ces Corps est quelquefois partagé en trois Divisions.

ESCADRON. s. m. Corps de Cavalerie rangée pour combattre, soit dans une bataille, soit dans une rencontre d'Ennemis. Il se forme depuis un nombre de cent Maîtres, jusqu'à celui de cent cinquante, & quelquefois de deux cens, qui sont toûjours rangés à trois de hauteur. M. Ménage fait venir ce mot de l'Italien *Squadrone*, tiré du Latin *Squadra*, que l'on a dit pour *Quadra*. Du Cange le dérive de *Scara*, mot de la basse Latinité. On a dit *Esquierre* dans le vieux langage, & peut-être les Italiens ont-ils fait delà le mot de *Schiera*, Troupe.

ESCAFIGNON. s. m. Vieux mot. Chaussure legere telle qu'est un escarpin. Il n'a plus d'usage qu'en parlant de la mauvaise odeur qui s'exhale des piés de ceux qui ont trop marché. *Cela sent l'escafignon.* On fait venir ce mot de *Scafa*, à cause que les souliers que l'on portoit autrefois, avoient la forme d'un petit vaisseau, & une pointe qui s'avançoit fort loin au-delà du pié. Cette pointe s'appelloit *Poulaine*, à l'imitation de la poulaine des Navires.

ESCAIELLE. s. f. Vieux mot. Echelle.

ESCALBORDER. v. n. Vieux mot. Monter, parvenir.

L'ame escalborde derechief,
A duel, à honte & à meschief.

ESCALE. s. f. On dit en termes de mer, *Faire escale dans un Port*, pour dire, Y mouiller, soit pour éviter la tempête ou les ennemis, soit parce qu'on y a des habitudes & communication.

ESCALIER. s. m. Montée, degré qui sert à monter à divers étages d'un bâtiment. *Le grand Escalier*, est celui par lequel on va aux plus beaux appartemens d'une maison, & qui d'ordinaire ne passe pas le premier étage. L'*Escalier secret* ou *dérobé* fait monter aux mêmes appartemens, mais sans passer par les principales pieces ; & l'*Escalier commun* sert à deux corps de logis. Il y a un *Escalier hors d'œuvre*, & un *Escalier demi hors d'œuvre*. Le premier a sa cage en dehors du bâtiment auquel elle est attachée par un ou par deux de ses côtés, & l'autre l'a enclavée en partie dans le corps du bâtiment.

On appelle *Escalier rond*, celui qui est à vis avec un noyau & dont les marches tournantes droites ou courbes portent leur délardement, & tiennent par le colet à un cylindre. Celui qui n'a point de noyau, & dont les marches tiennent à une espece de limon en ligne spirale, s'appelle *Escalier rond suspendu*. Celui-là laisse un vuide rond dans le milieu. L'*Escalier ovale à noyau* ou *suspendu*, est semblable à l'un & à l'autre, à l'exception de son plan qui en fait la difference, à cause qu'il est ovale. Quand un Escalier a double rampe l'une sur l'autre, & que ses marches portent leur délardement, on l'appelle *Escalier rond à double vis.*

Tout Escalier qui est dans une cage quarrée, s'appelle *Escalier à vis S. Gilles quarrée*, & celui dont les marches portent sur une voute rampante sur le noyau, est appellé *Escalier à vis S. Gilles ronde.*

Quand un Escalier est droit, & que son échifre porte de fond ainsi qu'un mur de refend, on l'appelle *Escalier à deux rampes alternatives.* Lorsqu'on y monte par un perron sur un palier, d'où commencent deux rampes égales vis-à-vis l'une de l'autre, & qu'après un palier quarré ces rampes retournent pour achever de monter, c'est un *Escalier à deux rampes opposées* ; & si l'on y monte par deux rangs égaux de marches qui commencent par un même palier, & finissent par un autre, c'est un *Escalier à deux rampes paralleles.*

L'Escalier qui a sa cage ronde où ovale, & dont la rampe sans degrés tourne en vis autour d'un mur circulaire percé d'arcades rampantes, est un *Escalier à limace* ; & on appelle *Escalier à peristyle circulaire*, celui qui a sa rampe portée sur des colonnes.

On dit aussi *Escalier cintré*, & *Escalier à repos.* Le premier a le bout formé en demi-cercle, en sorte que les colets de ses marches tournantes soient égaux ; ce qui empêche qu'il n'y ait de brisecou, & l'autre est un Escalier, dont les marches droites à deux noyaux, sont paralleles, & terminent alternativement à des paliers. L'Escalier, que l'on appelle *A quartiers tournans*, est celui qui a des quartiers tournans, soit simples ou doubles, à l'un ou aux deux bouts de ses rampes. Il y a aussi un *Escalier triangulaire.* C'est celui qui a sa cage & son noyau faits de deux triangles. Il y a encore une sorte d'Escalier que l'on appelle, *En arc de cloître à lunettes & à repos* ; & un autre, *En arc de cloître suspendu & à repos.* L'un a des paliers quarrés en retour qui sont portés par des voutes en arc de cloître, & qui rachetent des berceaux rampans, dont des arcs aussi rampans soûtiennent les retombées. Ces arcs portent sur quatre ou sur six noyaux de fond, qui laissent un vuide au milieu, & ont des lunettes en décharge opposées dans les berceaux. L'autre sorte d'Escalier en arc de cloître, qu'on appelle *Suspendu & à repos*, a ses rampes & paliers quarrés en retour, qui portent sur une demi-voute en arc de cloître.

On appelle *Escalier à jour*, non seulement un Escalier à galerie, ouvert d'un côté, ayant une balustrade sans croisées, mais encore une vis, dont les marches attachées à un noyau massif, n'ont pour toute cage qu'un appui parallele à une rampe, qui est soûtenu d'espace en espace par quelque colomne.

L'*Escalier*

L'*Escalier fait en fer à cheval*, est une maniere de grand perron qui a son plan circulaire, & dont les marches ne sont point paralleles. Il y a des Escaliers qui ont tant de pente & de largeur dans leurs marches qu'on y peut faire monter des chevaux. Ceux-là s'appellent *Escaliers à girons rampans*. Le grand Escalier Pontifical du Vatican est appellé *Escalier à peristyle droit en perspective*. Il a sa rampe entre deux rangs de colonnes qui ne sont point paralleles. Chacune de ces colonnes étant proportionnée à la grosseur de son diametre, qui est moindre d'un quart ou d'un cinquiéme dans celles d'en-haut, qu'il n'est dans celles d'en bas, qui sont beaucoup moins basses & moins serrées, le berceau rampant en maniere de canonniere, qu'elles portent, n'est point parallele à la rampe dont les girons sont égaux; & cela fait une dégradation d'objets qui donne une apparence de longueur.

ESCALIN. s. m. Petite monnoie d'argent qui vaut environ sept sols. Elle a cours aux Pays-Bas & en d'autres lieux.

ESCAMOTE. s. f. Terme de Joueur de gobelets. Petite bale de liege que l'on prend subtilement entre ses doigts sans que ceux qui regardent s'en apperçoivent. Ce mot a fait *Escamoter*, qui veut dire, Prendre cette petite balle entre ses doigts pour en faire quelque tour, & delà est venu *Escamoter* au figuré, pour dire, Dérober adroitement & avec un tour de main.

ESCANDOLA. s. m. On appelle *Escandola*, dans une galere, la chambre de l'Argousin.

ESCAPE. s. f. Terme d'Architecture. Partie de la colomne qui joint le petit membre quarré en forme de listel, qui pose sur la base de la colomne, & qui fait le commencement du fust. Quelques-uns appellent aussi le listel *Escape*, & en general il se prend pour tout le fust de la colomne.

ESCARBIT. s. m. Terme de Marine. Sorte de petit vaisseau de bois creusé, qui a environ huit pouces de long, & qui est large de quatre. On y met de l'étoupe mouillée, pour tremper les feremens dont se servent les calfats quand ils travaillent.

ESCARBOT. s. m. Sorte d'insecte qui a les os en dehors & les chairs en dedans, & dont les muscles ressemblent à ceux des grands animaux qui ont du sang. La difference des cornes fait les differentes especes des Escarbots. Celui qu'on appelle *Escarbot Licorne*, en a une sur le nez qui se courbe en arc vers les épaules. Il y a des Escarbots verts & dorés fort puants. Ce sont des especes de Cantarides. Il y en a d'autres qui après avoir ramassé ensemble la tête & la poitrine, font un saut en l'air en allongeant le corps, & on les appelle *Escarbots sauterelles*. L'*Escarbot bruyant* rend un son si clair la nuit, qu'il se fait entendre de fort loin. On en voit qui ressemblent à des tortues, & d'autres qui ont la queue faite en aiguillon. On met le grillon au nombre des Escarbots, ainsi que le cerf-volant; & l'on compte jusqu'à trente-deux sortes de cet insecte, dont il y en a de longs, de courts, de ronds, de fendus, de colorés, de velus, de farineux ainsi que les papillons, & quelques-uns dont la surface du corps est inégale & parsemée d'yeux & de taches. Ce n'est que de nuit que volent la plûpart des Escarbots. Il y en a un appellé *Escarbot mouche*; qui bat des aîles avec une vîtesse incroyable. M. Ménage derive ce mot de *Scarabuttus*, diminutif de *Scarbaus*, qui est le nom qu'on donne en Latin à l'Escarbot.

ESCARBOUCLE. s. f. Pierre prétieuse qu'on a dit fabuleusement venir d'un Dragon. Ce n'est autre chose qu'un gros rubis ou grenat rouge brun & enfoncé. Cette sorte de rubis tire sur le sang de bœuf, & jette beaucoup de feu, sur-tout quand il est en cabochon & chevé. L'Escarboucle jette des rayons qui brillent même la nuit dans les tenebres, & qui étincellent beaucoup davantage que ceux du rubis. On veut que cette pierre ait pris son nom du Latin *Carbunculus*, comme qui diroit, Petit charbon. Les Grecs l'appellent ἄνθραξ, qui veut dire la même chose.

Escarboucle, se dit, en termes de Blason, des Ecus chargés d'une piece divisée en huit rais, dont il y en a quatre qui se dispersent en forme de croix, & les quatre autres sont en maniere de sautoir. Quelques-uns appellent ces rais Bâtons, à cause qu'ils sont ronds & enrichis de pommettes perlées comme les bourdons des Pelerins. Une fleur de lis les borne souvent.

ESCARGOT. s. m. Espece de limaçon à coquille. Quoiqu'il y en ait de grands, de moyens, de petits, de noirs & de blancs, ils ont tous la même nature. Il n'y a nulle difference entre eux qu'autant que les lieux où ils viennent y en peuvent mettre. Ceux qui sont nourris au Soleil & de bonnes herbes, sont beaucoup meilleurs, & satisfont mieux le goût que ceux des marais & lieux ombragés qui sentent la bourbe & le limon. Pline dit qu'anciennement on étoit si friand d'Escargots, qu'on les nourrissoit dans des viviers faits exprès, où ils étoient separés espece par espece, afin que l'on connût mieux le goût que chacun devoit avoir. On avoit soin de leur donner à manger, & on les nourrissoit de toutes sortes de blés avec du vin cuit. Leur coquille est blanche comme plâtre, & les garantit du froid par sa dureté. Dioscoride dit que les Escargots de mer sont bons à l'estomac, & provoquent à vomir. Toutes les coquilles d'Escargots brûlées sont chaudes. Ainsi leur cendre appliquée nettoye les dents, mondifie la gratelle & les peaux mortes & blanches qui viennent sur le corps. Les Escargots entiers brûlés & réduits en cendre étant appliqués après qu'on les a incorporés en miel, guerissent les cicatrices des yeux, en ôtent les tayes & toutes les taches du visage. Si on applique les Escargots crus pilés avec leurs coquilles c'est un bon remede pour les hydropiques, puisqu'ils tirent toute l'eau qui est entre cuir & chair, mais il ne faut les ôter que quand ils ont attiré toute l'humeur qui peut nuire.

ESCARLINGUE. s. f. Terme de Marine. La plus grosse & la plus longue piece de bois qui soit employée dans le fond de cale d'un Vaisseau. *Voyez* CARLINGUE.

ESCARMIE. s. f. Vieux mot. Escrime.

Car elle sçavoit moult de l'œuvre
Qui affiert à cette escarmie.

On a dit aussi *Escremie*.

ESCARNELE', E'E. adj. Vieux mot. Fait à creneaux.

Les tourrelles escarnelées.

ESCARPE. s. f. Pié de la muraille du rempart. Mur en talut depuis le pié d'un bâtiment jusqu'au cordon qui fait un côté de fossé. Ce mot vient de l'Italien *Scarpa*, Talut.

ESCARRE. Croute sur la chair. On guerit le farcin des chevaux avec des pierres de vitriol, qui font Escarre aux boutons & les font tomber.

ESCARRIR. v. a. Vieux mot. Disperser de côté & d'autre. On trouve aussi *Escarri*, dans la signification de, Perdu.

Telles choses ne sont pas ris,
Voila mes amours escarris.

ESCAVESSADE. s. f. Terme de Manege. Secousse de cavesson pour obliger le cheval à obéir.

ESCHAFAUT. s. m. Elevation pour aider aux Artisans à travailler en haut. Ceux des Maçons sont des planches appuyées sur des bouliniers.

ESCHARDER. v. a. Vieux mot. Irriter, fâcher.

Grand sens est d'amis faire,
Mais pou en fait la garde
Qui les veut escharder.

ESCHARNIR. v. a. Vieux mot. Offenser, médire. *Le sot escharnit la discipline.* On a dit aussi *Paroles escharnissantes*, pour, Médisantes, & *Escharnisseur*, pour, Médisant.

ESCHARROGNEUX. adj. Vieux mot. Querelleur.

Comme vilains escharrogneux
Qui diffament leur voisinance.

ESCHAROTIQUES. s. m. Terme de Medecine. Medicamens chauds & d'une substance fort grossiere qui n'enlevent pas seulement l'épiderme, mais qui brûlent la peau même. Ce mot est Grec, ἐσχαρωτικὸν & vient de ἐσχάρα, qui veut dire, la croute que fait un medicament caustique.

ESCHAUBOULEURE. s. f. Petite bube ou éleveure sur la peau. Elle vient de chaleur de foye, & on s'en guerit par la saignée.

ESCHAUCIER. v. a. Vieux mot. Chasser.

ESCHECS. s. m. p. Jeu dans lequel on se sert de petites pièces de bois tournées pour jouer sur un damier qui est divisé en soixante & quatre carreaux. Le hazard n'a point de part à ce jeu; & comme l'adresse seule y est requise, on n'y perd que par sa faute. Ce jeu est ancien & universel, & on apprend aux filles à y jouer à la Chine, comme on leur apprend ailleurs à chanter & à danser. Il y a de chaque côté huit pieces & huit pions qui ont divers mouvemens & des regles pour marcher. *Eschec*, dit Nicod, *est un mot descendu de cestui Morisque* Xeque, *qu'il convient prononcer comme s'il étoit écrit* Scheque, *qui vaut autant que Seigneur, Roi, Prince, comme* Xeque Ismaël, *& est usité au jeu des Eschecs, quand aucune piece de l'adversoire tire de droit fil sans aucun d'estourbier entre deux à nostre Roi, comme si en tel état du jeu il advertissoit le Roi de partie adverse de se couvrir, parer, ou mouvoir de place, disant* Xeque, *c'est-à-dire*, Roi, prens garde à toi. *Et quand il le tient si assiegé qu'il ne peut se mouvoir, ne se couvrir qu'il ne soit en prinse, il dit* Xeque mato *ou* maté, *c'est-à-dire*, Roi, je te mets à mort, *qui est le gain du jeu, comme les François dient par corruption du mot*, Eschec & mat, *& les Italiens aussi* Scacco matto. *L'Espagnol approche plus dudit mot Morisque, disant* Xaque. *Mais* Eschecs *en pluriel sont les pieces dont le jeu est composé, qui sont seize de chaque côté, assavoir le Roi la Royne, & à chacun d'eux leur Fol, leur Chevalier & leur roc, & à chaque desdites pieces son pieton ou champion, lesquelles pieces ont differentes alleures & démarches. Selon ce, on dit*, Le jeu des Eschecs, &, Jouer aux Eschecs. Ce mot, selon Borel, vient du Latin *Scacchia*, & celui de son Inventeur Eschatresca, Persan, ou Chaldéen. Il ajoûte que quelques-uns attribuent ce jeu à un Diomede qui vivoit sous Alexandre. Le Roman de la Rose en fait Auteur Attalus, suivant ces vers.

Ne ne puet autrement haver.
Ce soevent tuit, large & aver,
Quar ainsi le voult Attalus,
Qui des Eschecs controuva l'us.

ESCHERPILLEUR. Vieux mot. Voleur. On appelloit ainsi les voleurs, à cause qu'ils portoient une Escharpe, appellée *Escherpe* ou *escherpete*, dans le vieux langage.

Eut entre eux tous sur leurs amours,
Et les grans gens & les menues,
Escherpettes blanches cousues.

ESCHEVER. v. n. Vieux mot. Esquiver, fuir. On a dit aussi, *Eschiver.*

Moult mis grand peine à eschiver.

ESCHIEU. s. m. Vieux mot. *Essieu.*

ESCHIFFLES. s. f. Sorte de fortification ancienne.

ESCHILLON. s. m. Terme de Marine du Levant. Nuée noire d'où sort une longue queüe, qui est une sorte de meteore que les Matelots craignent davantage que la plus forte tempête. Cette queue va toûjours en diminuant, & en s'allongeant dans la mer, elle en tire l'eau comme une pompe, ensorte que l'on voit cette eau qui bouillonne tout autour, tant l'attraction paroît violente. La superstition de ceux qui craignent cette nuée, fait qu'ils piquent dans le mât un couteau à manche noir, persuadés qu'en faisant cela ils détournent l'orage.

ESCHIQUIER. s. m. *Le tablier sur lequel on joue aux eschecs, & qui est divisé en plusieurs quarrés ou cases de deux diverses couleurs.* ACAD. FR. On dit en termes de Jardinage, que *Des arbres sont plantés en eschiquier*, pour dire, qu'ils sont plantés de telle sorte, que leur figure represente plusieurs quarrés en Eschiquier.

Eschiquier, s'est dit autrefois en Normandie d'une Jurisdiction où l'on décidoit souverainement des differends qui naissoient entre les particuliers. On n'a que des connoissances incertaines & obscures de son institution. Si on en juge sur les conjectures de quelques Auteurs modernes, on la peut mettre vers l'an 515. après que Raoul eut rappellé les Gaulois & les François que la fureur de la guerre avoit fait sortir de cette Province, & qui en étoient les habitans naturels, & qu'il eut remis la tranquillité dans le pays par le partage qu'il fit des terres entre eux & les Normans. Il est certain que l'Ordre de l'Eschiquier & les articles de la Coûtume n'ont été reglés entierement que sous plusieurs Regnes, & qu'à l'égard de l'Eschiquier, ce fut Philippe le Bel qui le rétablit ou confirma en 1302. Nous lisons dans les Auteurs, que ce Roi institua des Cours souveraines à Paris, à Rouen, à Troie & à Toulouse; celles de Paris & de Toulouse sous le nom de Parlemens, celle de Rouen sous le nom d'Eschiquier, & la Cour souveraine de Troie sous celui de Grands-Jours: mais quoiqu'ils se servent du mot d'Institution, il est constant qu'il y avoit déja fort long-tems que ces Parlemens & cet Eschiquier subsistoient quand il obtint la Couronne. L'Eschiquier de Normandie étoit comme un Parlement ambulatoire. On l'assembloit tantôt à Rouen, tantôt à Caen, quelquefois à Falaise, ou en d'autres Villes, selon les ordres du Prince, sans qu'il eût aucun lieu fixe. On le convoquoit deux fois chaque année, vers Pâque & vers la saint Michel, & l'on employoit deux ou trois mois dans l'un & dans l'autre tems pour approuver ou pour reformer les Sentences que les Juges subalternes avoient données. C'étoit le Grand Sénechal de Normandie qui y présidoit, & les principaux du Clergé & de la Noblesse de la Province y étoient appellés. Ils y avoient voix déliberative, & ils étoient obligés sous peine d'amende d'y comparoître en personne. Ensuite on y appelloit les sept Grands Baillis de Normandie, sçavoir ceux de Rouen, de Caux, de Gisors, d'Evreux, de Caen, de Costentin & d'Alençon, avec les Officiers des Bailliages, & enfin les Avocats & les Procureurs, qui y devoient comparence, ainsi que les Juges, afin de *recorder de l'usance*, & du stile de la Coûtume, qui n'étoit point redigée alors par écrit, du moins par autorité publique. Les guerres & les divisions qui arriverent ayant obligé nos Rois à apporter du changement dans l'administration de l'Eschiquier, ils députerent des Presidens & des Conseillers, tant Ecclesiastiques que Laïques, & des Gentilshommes distingués, pour être les Juges de cette Assemblée. Ils observoient cet ordre dans leur seance. Les Presidens & les autres Juges députés étoient sur les hauts sieges. Les Evêques, les Abbés, les Doyens & les autres Ecclesiastiques étoient à la droite des Presidens & des Députés sur des sieges de même hauteur. Les Comtes, les Barons & autres Seigneurs étoient à la gauche sur de semblables sieges. Les Baillis, les Gens du Roi, les Vicomtes & autres Officiers étoient aux deux côtés sur des sieges plus bas devant les Prélats & les Seigneurs, & les Avocats étoient derriere ces Officiers entre leurs sieges & ceux du Clergé & de la Noblesse. L'Eschiquier comprenoit un grand nombre de personnes; & sans parler des gens de Justice de toutes les Jurisdictions de la Province, il y en entroit quatre-vingt-quinze du Corps du Clergé, & soixante-douze de celui de la Noblesse. Voici ce que rapporte Nicod sur le mot d'Eschiquier. *Eschiquier proprement prins, est le tablier, ayant soixante-quatre places dans son quarré my-parties de deux couleurs & entremêlées, qui sont les loges des eschecs rangés & marchans; mais par translation, Eschiquier entre Normans est celle Cour ancienne, non sedentaire, ne continuellement seans, à laquelle le Duc, s'il vouloit, les Prélats, les Barons & Chevaliers, les Senéchaux & Baillis, les Prend'hommes, les bons Bourgeois & sçavans Advocats de Normandie s'assembloient pour la décision des grands plaids des gens du pays; lequel Eschiquier étoit tenu deux fois l'année, à Pâque & à Noël, tantôt en un Bailliage & Ville, tantôt en autre. A cette Assemblée les Baillis étoient tenus se presenter au commencement & premiere seance d'icelle dedans l'heure de midi du second jour des presentations au plus tard, comme celui de Rouen, Gisors, Caux, Bayeux, Caen, Costentin; & là les Advocats & autres dudit Eschiquier assistans par jugement, étoient assis selon leurs rangs, parlant les uns aux autres, sans faire noise. Nul n'osoit si entremettre d'y advocasser ou consulter sans serment préalablement fait de faire l'un & l'autre loyaument sans acception de personne. Autres plusieurs chefs de serment y étoient prêtés par lesdits Advocats, contenus és Ordonnances dudit Eschiquier tenu à Rouen à Pâques l'an mil trois cent quatre-vingt-six. Avoient les seants voix deliberative, voire les Advocats mêmes, mais és causes tant seulement dont ils n'avoient été ne consultants ne plaidants devant aucun Juge inferieur, ou audit Eschiquier même, ou desquelles ils n'auroient dit & déclaré en appert ailleurs leur advis & opinion, ores que ce n'eût été en jugement, ou comme consultants en la cause. Cette Cour ou Assemblée de jugeans étoit dite Eschiquier, pour être composée de tous états & diverses qualités de personnes, comme l'est le jeu des Eschecs, & étoit le dernier ressort de la justice en Normandie, dont les dégrés inferieurs sont basse Justice, Vicomté, Bailliage. Depuis la reduction dudit pays de Normandie à la Couronne de France, ledit Eschiquier étoit appellé La Cour; & selon ce, est écrit esdites Ordonnances que si les Advocats plaidans & consultans sçavent aucune chose être le droit du Roi, ou lui toucher en aucune maniere, ils seront tenus en advertir la Cour, c'est-à-dire l'Eschiquier. Or a été supprimé l'Eschiquier en toutes les contrées dudit pays de Normandie, horsmis au Duché d'Aleanson, où il est encore tenu par chacun an, & au lieu d'icelui a succedé & été établie la Cour de Parlement seant à Rouen. Anciennement les gens tenans l'Eschiquier de Normandie s'intituloient,* Les Maîtres tenans l'Eschiquier au terme saint Michel ou au terme de Pâques, *& de telles leurs dépesches ainsi commençants, s'en trouve en datte de l'an mil trois cent dix-huit: mais par après ils se nommerent & intitulerent,* Les Gens tenans l'Eschiquier. Borel dit qu'*Eschiquier*, pris en ce sens, c'est-à-dire, pour un lieu où s'assembloient les Commissaires envoyés des Provinces par le Roi, vient de l'Allemand *Schiquen*, Envoyer. On l'a rendu en Latin par *Scaccarium*; ce qui a donné lieu à quelques-uns de le faire venir de l'Hebreu *Schacar*, Lieu public, & à d'autres du Grec σακχάρων, Sucre; mais on ne sçauroit trouver nul rapport entre ce Tribunal & du sucre. Le sentiment de Paul Æmile, qui veut que les Normans ayent écrit *Scaccarium*, pour *Statarium*, qui veut dire Fixe, arrêté, n'est pas non plus recevable, puisque ce Senat étoit ambulatoire. Du Cange dit que Spelmannus, Warsius & Sonnerus veulent qu'Eschiquier vienne du mot *Schats*, Tresor. Il y a un Eschiquier en Angleterre que les Anglois nomment *Escherquer* en leur langue, & qui est une Jurisdiction où l'on traite du Domaine, des Droits & des Libertés de la Couronne. On la tient à Westminster, & le même mot se prend pour le Tresor Royal d'Angleterre, qui se tient au même lieu.

Eschiquier, est aussi un terme de Blason, & il se dit quand l'Ecu est divisé en plusieurs quarrés, dont les uns sont de métal, & les autres de couleur; ce qui represente le tablier du jeu des Eschecs.

ESCHIVE. adj. Vieux mot. Triste.

ESCLAME. adj. Vieux mot dont on s'est servi dans le Manege pour signifier Un cheval qui n'a point de boyau. Il signifie Grêle, menu, en termes de Venerie, & en ce sens on dit, *Les Cerfs sont bruns, longs, grands & esclames*. On appelle en termes de Fauconnerie, *Oiseau esclame*, celui qui est de longueur bien seante, & non épaulu.

ESCLANDIR. v. a. Vieux mot. Scandaliser. On a dit aussi *Esclander* pour, Offenser.

Comment elle fut deffrandée,
Et en son courage esclandée.

ESCLAVAGE. s. m. Terme de negoce. Droit qu'une Compagnie de Marchands Anglois a seule d'acheter & de vendre les marchandises à l'égard des Etrangers.

ESCLAVINE. s. f. Vieux mot. Espece d'habit long & velu que portoient les Pelerins. On s'est aussi servi de ce mot pour signifier Une grosse couverture delit.

ESCLECHE'. adj. Vieux mot. Démembré.

ESCLOER. v. a. Vieux mot. Expliquer.

ESCLOPE', ée. adj. Terme de Blason. Il se dit d'une partition dont une piece paroît comme rompue. *Taillé & esclopé en cœur d'argent sur sable.*

ESCOLTER. v. a. Vieux mot. Ecouter. Les Italiens disent *Ascoltare*.

ESCONDRE. v. a. Vieux mot. Cacher, du Latin *Abscondere*. On a dit aussi *Esconser*, & on trouve *Escons* & *escondit*, pour, Caché.

ESCOPERCHE. s. f. Machine qui sert à élever des fardeaux. Ce mot se dit de toutes sortes de pieces de bois qui sont debout & qui ont une poulie à l'extremité, par le moyen de laquelle on éleve du bois ou des pierres. On appelle aussi *Escoperche*, Une solive ou autre piece de bois qui a un poulie, & dont on est quelquefois obligé de se servir en des endroits où il est impossible de placer un engin ou une grue, quoique cette piece de bois ne soit pas toûjours dressée debout, mais qu'elle soit panchée comme sur une avance de corniche ou dans une lucarne.

ESCOT. f. m. Terme de Marine. L'angle le plus bas de la voile latine qui eſt triangulaire.

ESCOULOURABLE. adj. Vieux mot. Muable, changeant.

ESCOUENE. f. f. Eſpece de rape qui n'eſt point picquée comme les autres, ni coupée par des hachures obliques & croiſées comme les limes. Les hachures qu'elle a ſont en travers & fort enfoncées. Les Serruriers, Tabletiers & autres Artiſans s'en ſervent pour raper uniment l'ivoire, le bois & le fer. On dit auſſi *Eſcuene.*

ESCOUP. f. m. Terme de Marine. Brin de bois d'une très-mediocre groſſeur, dont on ſe ſert à jetter de l'eau de la mer le long du Vaiſſeau pour le laver. Il eſt creuſé par le bout, & tient de la ligne droite & de la courbe. On appelle auſſi *Eſcoup*, Une ſorte de petite pelle creuſe avec laquelle on puiſe & on jette l'eau qui entre dans une chaloupe ou dans un canot.

ESCOURGE'E. f. f. Marque que laiſſe le coup de fouet.

ESCOURGEON. f. m. Laniere de cuir dont on fait des cordes de rouet, des liens pour les fleaux à battre le blé.

ESCRENE. f. f. Vieux mot. Petite maiſon. Il ſe diſoit autrefois de celles que les Payſans creuſent ſous terre & qu'ils couvrent de fumier, & où les filles vont faire la veillée. Borel dérive ce mot de *Scrinium*, petit Coffre.

ESCRIPSEUR. f. m. Vieux mot. Ecrivain.

ESCROIX. f. m. Vieux mot. Sorte d'inſtrument à fendre les pierres.

E S G

ESGRAFIGNER. v. n. Vieux mot. Ecrire peu liſiblement. C'eſt proprement égratigner, piquer avec une pointe.

Toûjours le chardon & l'ortie
Puiſſent égrafigner ſon tombeau.

Ce mot vient de *Graphium*, Stile de fer dont les anciens ſe ſervoient pour écrire.

ESGUEER. v. a. Tremper du linge en grande eau, dans une eau claire, afin d'en pouvoir détacher les ſels qui s'y ſont attachés au ſavonnage ou à la leſſive. Quelques-uns font venir ce mot de *Gué*, comme ſi on choiſiſſoit un gué, c'eſt-à-dire, un lieu où l'eau eſt ordinairement claire & courante, pour tremper le linge. D'autres le dérivent d'*Aigue*, vieux mot qui a ſignifié Eau, comme ſi on diſoit *Aigueer.*

E S L

ESLAINDE. f. f. Vieux mot. Sorte de machine à jetter des pierres.

ESLAIS, ou *Eſlay*. f. f. Vieux mot. Elans, courſe, choc de Chevalier dans un Tournoi. On a dit auſſi *Eſleſſer*, pour, Elancer.

ESLECER. v. n. On a dit dans le vieux langage, *S'eſléecer* & *s'eſleer*, pour, Se réjouir.

ESLECTURE. f. f. Vieux mot. Choix.

ESLOCHER. v. a. Vieux mot. Tirer de ſon lieu.

E S M

ESMAY. f. m. Vieux mot. Triſteſſe.

Ce fut au tems du mois de May,
Qu'on doit chaſſer douil & eſmay.

On a dit auſſi *Eſmayer*, pour, Attriſter.

ESMARRI. adj. Vieux mot. Etonné, fâché.

ESME. f. f. Vieux mot. Intention, deſir, volonté.

A ſon eſme.

ESMERE', E'E. Vieux mot. Emaillé.

Qui fut de fin or eſmeré.

ESMIGAUX. f. m. p. Vieux mot. Bracelets & autres joyaux de toutes ſortes.

E S N

ESNE. f. f. Vieux mot. Outre, ſorte de vaiſſeau.

Sans mettre n'en preſſouer, n'en eſnes,
Et le miel découroit des cheſnes.

E S P

ESPACE. f. m. Terme de guerre. Diſtance reglée qui doit être entre les rangs & les files des ſoldats rangés en bataille. On le dit auſſi dans l'écriture où il faut garder un eſpace égal entre les lignes. On dit quelquefois, *Une Eſpace* au feminin, & il ſignifie Un petit plomb, une petite reglette qui ſert à ſeparer un mot d'avec un autre.

ESPACEMENT. f. m. Terme d'Architecture. Diſtance qui doit être égale entre un corps & un autre. *L'eſpacement des ſolives d'un plancher.*

ESPACER. v. a. Obſerver les diſtances convenables quand on range quelque choſe. *Eſpacer des ſolives, des poteaux.* On dit, *Eſpacer tant plein que vuide*, pour dire, Laiſſer les intervalles égaux aux ſolides.

ESPADON. f. m. Grande & large épée à deux poignées, & que l'on tient à deux mains.

Eſpadon. Sorte de poiſſon monſtrueux qu'on trouve dans les Antilles. Il eſt auſſi dangereux & auſſi hardi que le Requiem, auquel il reſſemble aſſés en ſa forme & en ſa peau. Il a plus de ventre, & toute ſa difformité eſt en ſa tête. Il y en a qui ont plus de huit piés de longueur, & dont le mufle en a près de quatre. De ce mufle ſort un os plat & large de quatre doigts, qui eſt fait comme la lame d'un eſpadon, ſans aucunes dents à ſes côtés. C'eſt ce qui lui a fait donner le nom d'*Eſpadon.*

Il y a de ces poiſſons qui ont cette lame ou défenſe longue de cinq piés, large de ſix pouces par le bas, avec vingt-ſept dents blanches & ſolides en chaque rang, & le corps gros à proportion. Ils ont tous la tête plate & hideuſe, de la figure d'un cœur, & auprès des yeux deux ſoupiraux par où ils rejettent l'eau qu'ils ont avalée. Ils ſont ſans écailles, couverts ſeulement d'une peau griſe ſur le dos & blanche ſous le ventre, & cette peau eſt auſſi raboteuſe qu'une lime. Ils ont ſept nageoires, deux à chaque côté, deux autres ſur le dos, & celle qui leur ſert de queue. Quelques-uns appellent les Eſpadons *Poiſſons à ſcie* ou *Empereurs*, à cauſe qu'ils font la guerre à la baleine, & bien ſouvent la bleſſent à mort.

ESPALE. f. m. Terme de Marine. On appelle *Eſpale* dans une Galere, un eſpace proche de la pouppe, que le tabernacle ſepare en deux parties, à l'oppoſite des exhauſſemens qui ſont auprès de l'éperon & de l'arbre de Trinquet, & qu'on appelle *Rambades.*

ESPALEMENT. f. m. Terme de Meſureur. Etalonnage qu'on fait des meſures en les conferant avec l'original & les matrices. Pour cela on verſe deux fois du grain de millet par la tremie dans la meſure matrice, qu'on met d'abord comble, & qu'on raſe enſuite. Lorſque la meſure qu'on apporte ſe trouve être comme l'étalon, on la marque à la lettre courante de l'année. C'eſt ſur le pié de l'eſpalement des chaudieres que les droits de biere ſe payent; ce qui ſe doit faire non ſeulement pour celles où il n'y en aura point. Les gantes ne peuvent être que de quatre pouces de hauteur.

ESPALOUCO. f. m. Animal qui se trouve au Royaume de Siam, & qui ne va que de nuit, selon ce que Vincent le Blanc en rapporte. Il dit que c'est une bête qui a la face semblable à un homme, toute repliée ; qu'elle monte sur les arbres, & fait de grands cris comme en se plaignant pour attraper quelque chose ; & que quand elle ne peut rien trouver, elle s'attache à manger la terre. Elle va fort lentement, & il s'en trouve en plusieurs endroits.

ESPARGOUTTE. f. f. Espece de plante dont la tige est dure comme du bois, & qui porte à sa cime une fleur incarnate ou jaune, disposée comme celle de cammomille en forme d'étoile. C'est de-là qu'elle a pris le nom d'*Aster* qu'on lui donne, on y joint celui d'*Atticus*, à cause qu'elle croît plus volontiers aux environs d'Athenes. Elle est bonne aux bubons & aux inflammations des aines, ce qui la fait appeller *Bubonium* ou *Inguinalis*. La tige de cette plante est environnée de feuilles longues & velues.

ESPARRE. f. f. On appelle *Esparres*, en termes de Marine, certaines gaules qu'on fait de sapin, ou d'un autre bois leger.

ESPATULE. f. m. Instrument de Chirurgien & d'Apothicaire, qui est plat & un peu large par un bout, & qui va en étrecissant vers le manche. L'Espatule des Chirurgiens est de fer, & fait une partie de leur étui. Ils s'en servent pour étendre les emplâtres sur le linge. L'Espatule des Apothicaires est de bois, & leur sert à remuer les syrops & les autres drogues qu'ils préparent.

ESPAURE. f. f. Terme de Charpenterie. On appelle *Espaures*, certaines solives qui servent à faire la levée d'un bateau foncet, ou autres.

ESPAUTIER. v. a. On a dit dans le vieux langage, *Espautier les arbres*, pour dire ; En ôter le bois inutile. On l'a dit aussi pour *Eventrer*. Borel derive ce mot du Latin *Amputare*, Couper.

ESPEONTER. v. a. Vieux mot. Epouvanter.

ESPERITABLETE'. f. f. Vieux mot. Spiritualité.

ESPLANADE. f. f. Terme de fortification. Glacis de la contrescarpe. M. Guillet dit qu'il commence à vieillir dans ce sens-là, & qu'il ne signifie plus que le terreplein qui regne entre le glacis d'une citadelle, & les premieres maisons de la Ville.

On appelle aussi *Esplanade*, les planches ou madriers sur lesquels on fait les batteries de canon. Ces planches doivent être épaisses de quatre doigts, & larges d'un pié & demi. Il faut que l'Esplanade soit élevée aussi d'un pié & demi au derriere, & qu'elle en ait trente pour le recul.

ESPOIR. f. m. Terme de Marine. Fauconneau, ou petite piece de bronze qui est montée sur le pont d'un Vaisseau, & dont on se sert pour les descentes.

ESPOIS. f. m. Terme de Venerie. Il se dit de chaque cor ou sommet de la tête d'un Cerf.

ESPONDRE. v. a. Vieux mot. Expliquer, découvrir le sens de quelque chose.

Or vos veil espondre briefment.
De ces fables l'entendement.

On a dit aussi *Espondre*, pour, Traduire.

Seignour, ains que je vous commans
D'espondre Caton en Roumans.

On trouve *Espont*, pour, Exposé, expliqué.

Que tel songe l'on a espont.

ESPONTON. f. m. Sorte d'arme, qui est une espece de demi-pique, dont on se sert particulierement sur les Vaisseaux quand on vient à l'abordage. Ce mot vient de l'Italien *Spontone*, à cause que c'est une arme aigue & pointue.

ESPRINGALLE. f. f. Ancien instrument de guerre. C'étoit une maniere de fronde, dont on se servoit pour jetter des pierres. On l'appelloit aussi *Espringarde* ; & ceux qui faisoient jouer cet instrument, étoient nommés *Espringardiens*. Ce mot vient d'*Espringaller*, qui vouloit dire Sauter, dans le vieux langage.

Je va, je vien, je sail, je vole,
J'espringalle ou je karole.

ESPRIT. f. m. *Substance vivante & incorporelle. Il se dit de Dieu, & encore des Anges & des Diables. C'est aussi une vertu, une puissance surnaturelle qui remue l'ame, qui opere dans l'ame.* Acad. Fr.

Esprit, est aussi un terme de Medecine, & les Medecins n'entendent rien autre chose par ce mot que le sang resout en une substance très-subtile & volatilisé exactement dans le cœur & dans la poitrine, tant par la fermentation continuelle du sang que par l'air que l'on respire sans intermission. Cette substance est distribuée avec le sang à toute la machine afin de la faire agir & mouvoir. Ainsi le fondement de la vie de l'animal consiste dans le sang dont les Esprits dépendent dans leur generation, leur existence & leur operation, & l'essence de la vie du même animal consiste dans l'Esprit volatil, qui penetre intimement toute la machine du corps & la meut diversement. Ces Esprits, outre la vertu elastique, capable d'une très-grande expansion, ont une autre proprieté qui les rend lumineux, non qu'ils soient semblables à du feu, mais à la lumiere qu'on remarque dans les vers luisans. Ils ont divers noms encore qu'ils n'ayent qu'une essence. On les nomme *Esprits vitaux*, lorsqu'ils brillent & agissent dans la masse du sang. Quand ils rayonnent & se dilatent dans le cerveau & dans les nerfs, ils sont appellés *Esprits animaux* ; & lorsqu'ils donnent la fecondité aux œufs, on les appelle *Esprits genitaux*. Les Esprits, tant ceux qui sont chariés à toutes les parties du corps sous le vehicule du sang, que ceux qui sont envoyés du cerveau à tout le corps par les nerfs, & sont dans un mouvement continuel, se nomment *Esprits influans*, & les autres qui sont unis aux parties solides, & entrent dans leur composition, au tems de la generation & de la nutrition, sont appellés *Esprits implantés*. L'essence de ces deux sortes d'Esprits est la même. Celui qui étoit influant à l'égard du pere, & qui a donné la fecondité à la semence, est implanté dans le fils pour la plus grande partie. Celui qui flote maintenant dans le sang, & qui rayonne par tout dans les nerfs, sera implanté dans la nutrition, & inseré à la partie par la coagulation de l'aliment ; & c'est de-là qu'il arrive que lorsque l'Esprit implanté manque, la tissure vitale du mixte se dissout, ce qui cause la gangrene dans les vivans, & la pourriture dans les morts. Les *Esprits animaux* ont été nommés ainsi de ce qu'ils sont les auteurs du sentiment & du mouvement animal. Ils ont leur premiere origine dans le cerveau, d'où par le moyen des nerfs ils sont distribués à tout le corps, suivant l'arrangement des filamens & des pores. Ces esprits constituent originellement l'ame sensitive, tant des bêtes que des hommes, l'ame raisonnable n'ayant nul commerce avec l'œconomie vitale ou animale du corps. Ils sont les premiers auteurs des actions propres des animaux, & quoique ces actions soient diverses & distinctes, les Esprits animaux sont toutefois d'une seule espece & d'une seule essence ; & par consequent indifferens de leur nature à quelles actions ils servent. Ils sont déterminés par la disposition organique, en sorte que ceux qui font mouvoir le pié par le moyen de ses muscles, serviroient à faire voir s'ils étoient dans l'œil. Tout ceci est la doctrine du sçavant Ettmuler.

Esprit, en termes de Chymie, est une substance fluide qui participe en partie du feu, & en partie de l'eau. Ces Esprits sont tirés ou des vegetaux ou des animaux, ou des mineraux. Ces derniers sont appellés *Huiles*. Des Esprits qui se tirent des vegetaux, l'Esprit de vin tient le premier lieu, comme celui du sang humain est le premier parmi ceux qui se tirent des animaux, & celui de vitriol parmi les mineraux. Les liqueurs aqueuses qui se tirent par la distillation s'appellent aussi *Esprits*, lorsqu'elles sont impregnées de quelques sels, ou de quelques autres principes actifs, que la violence du feu à élevés avec elles. Si ces Esprits excitent quelque sentiment de chaleur sur la langue, on les appelle *Esprits acres*, & quand ils y font quelque erosion, *Esprits acres corrosifs*. Les liqueurs qui tiennent de la saveur du sel commun, s'appellent *Esprits sulphurés*; & quand cette saveur est trop forte, ce sont *Esprits urineux*. Les liqueurs aqueuses qui s'enflamment se nomment *Esprits ardents*, & on appelle *Esprits mixtes*, les liqueurs qui tiennent du sulphuré, & où domine l'acide. On dit, *Tirer l'esprit de soulphre, de sel, & autres corps*, pour dire, En tirer l'essence ou le plus subtil par la distillation, ou de quelqu'autre maniere.

On appelle *Esprit de vin*, Un sel volatil, huileux, délayé par beaucoup de phlegme, ou bien une huile exaltée par la fermentation & convertie en son Esprit. Ainsi l'Esprit de vin n'est qu'un sel volatil, huileux, dissous, comme les Esprits de tous les végétaux doués d'un sel volatil & d'une odeur aromatique, qui par le moyen de la fermentation & du feu, fournissent assés d'esprit, mais peu ou point d'huile. Ce qu'on appelle vulgairement *Esprit de vin alcholisé*, est l'Esprit de vin qui est bien rectifié, ce qui se connoît lorsqu'en ayant répandu une goute, cette goute, au lieu de tomber à terre, se dissipe en l'air. On le peut connoître aussi lorsqu'en faisant brûler de l'Esprit de vin avec de la poudre à canon, il se consume tout sans laisser aucune marque. On ne doit pas confondre l'Esprit de vin alcholisé avec l'Esprit de vin tartarisé. Pour mieux rectifier l'Esprit de vin, on le distille ordinairement sur du sel de tartre bien calciné qui prend ce qu'il y a de phlegme dans l'esprit de vin, & celui-ci prend à son tour quelques particules du sel de tartre pendant la digestion, ce qui le rendant plus efficace, lui donne le nom d'*Esprit de vin tartarisé*. C'est une quintessence qui sépare tout ce qu'il y a de corrosif dans les métaux. La distillation de l'Esprit de vin de Paracelse ou sans feu, est de laisser geler le vin au froid. Au milieu de la masse gelée, il se trouve de l'Esprit de vin qu'on appelle *Esprit de vin Philosophique*. Il est très-pur, & préferable au vulgaire. L'*Esprit de vin Camphré*, convient aux parties gangreneuses. Il adoucit puissamment les douleurs que la goutte fait souffrir, & guerit les eresipeles en dissolvant l'acide qui les cause, sur-tout si on le mêle avec le rob de sureau pour en oindre les parties. L'*Esprit volatil de tartre*, a de très-grandes vertus. Comme il renferme un alcali volatil très-pur, il absorbe & radoucit quelque acide que ce soit, ce qui le rend un très-excellent remede pour le mal hypochondriaque, pour la goutte, pour la paralysie ensuite de la colique, pour la pleuresie & l'hydropisie; & enfin pour toutes les maladies chroniques, qu'il guerit en chassant leur cause materielle par les urines ou par les sueurs. Quelques-uns, pour avoir un Esprit de tartre très-volatil, rectifient l'Esprit de tartre sur sa tête morte; d'autres avec la chaux vive, & d'autres avec un alcali approprié. L'alcali fixe absorbe par ce moyen, ce qui reste d'acide dans l'Esprit de tartre, & il ne monte que l'Esprit le plus pur, & l'alcali le plus volatil qui se peut tirer au feu de sable. La meilleure methode de toutes est de laisser fermenter le Mercure crud avec son sel propre. Par cette conduite, on tire un Esprit de tartre très-volatil, & d'une grande vertu en Medecine. L'*Esprit qu'on tire des bois* par le feu, contient de l'acide & un Esprit ardent. Si on le verse sur du corail, ou sur d'autres corps terrestres, ceux-ci prennent & retiennent la partie acide, & abandonnent dans la distillation la partie volatile ardente, qui est presque semblable à de l'Esprit de vin. L'Esprit de bois est un excellent sudorifique. Sa dose est de demi-drachme à une drachme.

S. Esprit. Ordre de Chevalerie de France que le Roi Henri III. institua, & dont il solemnisa la fête dans l'Eglise des Augustins de Paris, le premier jour de Janvier 1579. avec beaucoup de magnificence. Il s'en declara Chef souverain, & en unit pour jamais la grande Maîtrise à la Couronne de France, sans avoir voulu aneantir l'Ordre de S. Michel, fondé par Louis XI. qui avoit été en grand honneur sous quatre Rois, mais qui s'étoit fort avili pendant les regnes de Henri II. de François II. & de Charles IX. Ce Prince limita à cent le nombre des Chevaliers du S. Esprit, sans y comprendre les Ecclesiastiques & les Officiers de l'Ordre, sçavoir un Chancelier, un Tresorier, un Greffier, & un Roi d'armes. Il faut que ces Chevaliers soient nobles de trois races. Il fut ordonné qu'ils porteroient une croix patée, chargée sur le cœur d'une Colombe. Le Roi Henri IV. ajoûta au collier en 1598. quelques autres ornemens qui sont des trophées d'armes d'où naissent des flâmes & des bouillons de feu mêlés d'H couronnées. Les Chevaliers portent un large cordon de moëre bleue, qui leur prend depuis l'épaule droite jusqu'au bas du côté gauche, où leur croix en attache les deux bouts. Ils portent un S. Esprit en broderie sur leur manteau ou juste-au-corps, en memoire de l'Institution de cet Ordre, qui fut établi à l'honneur du S. Esprit, à cause que le Roi Henri III. avoit eu deux Couronnes le jour de la Pentecôte, celle de Pologne, & ensuite celle de France. Il nomma les Chevaliers Commandeurs, ayant dessein d'attribuer à chacun d'eux une Commanderie sur les Benefices, à l'exemple de l'Espagne; mais le Pape & le Clergé refuserent d'y consentir. Mezerai rapporte qu'un Auteur a dit qu'il prit le modelle de cet Ordre sur un semblable, appellé aussi *du S. Esprit*, qui avoit été institué par Louis de Tarente, Roi de Jerusalem & de Sicile, & Comte de Provence en 1353. & dont on lui fit voir les titres de l'établissement lorsqu'il passa à Venise en revenant de Pologne en France. On nommoit ce même Ordre, *Au droit desir*, & les Chevaliers portoient sur leurs armes & sur leurs habits ces paroles pour Devise, *Si Dieu plait*. Quelques-uns y ajoûtent un nœud d'or comme un témoignage d'amitié. Il y a aussi des Historiens qui disent qu'en 1468. le Pape Paul II. institua à Rome les *Chevaliers de l'Hôpital du Saint Esprit*. Ils portoient une croix patée blanche.

ESPURGE. s. f. Plante que quelques-uns appellent *Tithymalus*, la mettant au rang des Tithymales. Sa tige est creuse, haute d'une coudée, & de la grosseur d'un doigt, & produit de petites feuilles qui ressemblent fort à celles d'amande. Elles sont pourtant plus larges & plus lissées ; mais celles qui sont au bout de ses branches sont beaucoup moindres, étant faites comme celles de la sarrasine ou du lierre longuet. L'Espurge porte son fruit à la cime de ses branches. Il est rond comme une capre & séparé par trois petites bourses. Ses grains qui sont audedans sont ronds, plus gros que ceux d'Orobus, & divisés par petites pellicules. Ils sont blancs & doux au goût étant dépouillés de leur écorce. Sa racine n'est d'aucun usage dans la Medecine. Toute la plante est pleine de lait comme le Tithymalus. Six ou sept de ses grains pris en maniere de pilulles, ou avec des figues, ou avec des dattes, lâchent & purgent le ventre, & évacuent les phlegmes & les aquosités, mais incontinent après il faut boire un peu d'eau froide. Son jus tiré comme celui de Tithymalus a les mêmes proprietés. On lui a donné le nom d'*Espurge*, à cause de la faculté qu'elle a de purger. On disoit autrefois *Espurgir*, pour purger. Les Apothicaires appellent cette plante *Catapucia.*

ESQ

ESQUERDE. f. f. Vieux mot. Buche fort petite.

ESQUERMIE. f. f. Alquimie.

ESQUIAVINE. f. f. Vêtement de Paysan ou d'Esclave dont on s'est servi autrefois. On tient qu'il est encore en usage en Espagne.

On a dit aussi *Esquiavine*, en termes de Manége, pour signifier un long & severe châtiment, qu'on faisoit souffrir à un Cheval, afin de le rendre souple & obéissant.

ESQUIF. f. m. Petit bateau ou chaloupe, destinée pour le service d'un Navire ou d'une Galere. On s'en sert pour mettre les personnes à terre quand on est arrivé à quelque Port, ou pour se sauver dans un débris de Vaisseau. Nicod dérive *Esquif* de *Scapha*, qui vient du Grec σκάφη, Concavité d'un Navire. Les Allemans disent *Schif*, ou *Schit*, pour Navire.

ESQUIMAN. f. m. Nom que donnent les Hollandois à l'Officier Marinier qu'on appelle *Quartier-Maitre.* C'est celui qui a l'œil particulierement sur le service des pompes, & qui est comme l'aide du Maître & du Contre-Maître d'un Vaisseau.

ESQUINANCIE. f. f. *Sorte de maladie qui enfle la gorge & empêche la respiration.* ACAD. FR. Outre les causes communes à toutes les inflammations, l'Esquinancie vient des choses qui ne sont pas propres à être avalées, & qui s'arrêtant au passage de l'œsophage, compriment ou resserrent la gorge par leur grosseur, & par consequent les vaisseaux. Elle vient aussi de celles qui picotent & irritent les parties par leurs pointes ; ce qui est suivi des contractions & convulsions des fibres & de l'inflammation. On appelle quelquefois *Esquinancie*, quoiqu'improprement, l'inflammation ou ardeur de la langue, qui a les mêmes causes que les autres inflammations, & sur-tout le froid subitement inspiré, ou la boisson trop froide dans une chaleur excessive du corps ; ce qui offense les entrées du gosier & de l'œsophage. Les parties affectées dans l'Esquinancie sont la gorge, & particulierement la partie du col qui est composé du Pharynx, du Larynx, & des muscles joints à ces parties. Souvent toutes ces parties sont attaquées à la fois, c'est-à-dire, le pharynx, le larynx & leurs muscles, tant internes qu'externes, & quelquefois il n'y a que ces muscles qui le soient, séparément ou inégalement. C'est ce qui a fait que quelques-uns ont distingué l'Esquinancie en quatre especes qui sont, la synanchie, la pure synanchie, la kynanchie & la parakynanchie. L'Esquinancie est quelquefois épidemique, & Pannarolus en rapporte un exemple singulier. Elle étoit si contagieuse, qu'une nourrice ayant eu le doigt mordu par son enfant qui en étoit malade, il s'éleva d'abord un charbon sur la partie qu'il avoit mordue, & la nourrice fut attaquée de la même Esquinancie. Quand l'Esquinancie est faite, on ne sçauroit respirer qu'avec une peine extrême, & on est prêt d'étouffer. La déglutition est abolie ; ce qui est cause que la liqueur qu'on tient dans la bouche, ressort par le nés, ne pouvant entrer dans l'œsophage qui est resserré. L'Esquinancie est exquise ou non exquise. La premiere vient du sang pur, & l'autre du sang & de la lymphe. On nomme cette derniere *Inflammation fausse* ou *pituiteuse.* Comme les glandes expriment beaucoup le lymphe, elle peut être compliquée avec l'exquise. Hippocrate dit que ceux en qui l'Esquinancie passe de la gorge au poumon, meurent avant le septiéme jour, & que s'il arrive qu'ils le passent, ils tombent dans l'empyeme. On fait venir le mot d'*Esquinancie* du Grec ἄγχειν, Suffoquer.

ESQUINE. f. f. Terme de Manége. Reins du Cheval. On appelle *Cheval d'esquine*, celui qui est fort de reins ; & *Cheval foible d'esquine*, celui qui est sujet à broncher. On dit qu'*Un cheval manie sur l'esquine*, pour dire, qu'Il baisse les hanches & le col, & leve les reins. On dit aussi, qu'*Il va sur l'esquine*, pour dire, qu'Il a les reins bons ; & qu'*Il saute & joue de l'esquine*, pour dire, qu'Il double des reins pour incommoder celui qui le monte.

ESQUIPOT. f. m. Petite boëte de Chirurgien où l'on met l'argent de chaque barbe qui se fait dans la boutique.

ESQUISSE. f. f. Legére Ebauche, ou premier crayon de quelque ouvrage dont on a conçû le dessein, & qu'on veut executer. Il se dit particulierement en Peinture. Ce mot vient de l'Italien *Squizzo*, qui veut dire la même chose, fait de *Squizzare*, Sortir dehors, & jalir avec impetuosité, à cause que les Ouvriers font ces premiers desseins en fort peu de tems, & par une maniere de furie d'esprit.

Esquisse, se dit aussi en Sculpture, & veut dire, Un petit modelle de terre ou de cire, heurté d'art avec l'ébauchoir.

ESQUISSER. v. a. On dit *Esquisser une pensée*, pour dire, Prendre promptement le trait d'une figure sans la finir.

ESR

ESRACHIER. v. a. Vieux mot. Arracher.

ESS

ESSABOYR. v. a. Vieux mot. Réjouir.

ESSAI. f. m. *Epreuve qu'on fait de quelque chose.* ACAD. FR. On appelle *Essai* dans les Monnoyes, l'épreuve qu'on fait des matieres qu'on y apporte pour fondre, afin de les affiner, & de les mettre au titre requis. Dans les Essais qui doivent servir au jugement des monnoyes, on prend quatorze à quinze grains d'or pour chaque essai d'or & un demi gros d'argent pour chaque essai d'argent. Pour faire celui d'argent, on fait d'abord la pesée de la matiere d'argent dont on doit faire l'essai, & on l'envelope dans un petit papier, afin qu'il ne se perde aucune des parties impalpables qu'on est obligé de mettre dans la balance avec de petites pinces pour faire le poids juste de l'Essai. On fait ensuite un feu de charbon en maniere de reverbere dans un fourneau garni de sa moufle ; & l'on met dans cette moufle plusieurs coupelles, afin de faire plusieurs Essais à la fois. On y fait bien recuire les coupelles, pour en ôter toute la fraîcheur & l'humidité, qui feroit petiller & écarter le plomb & l'Essai s'il y en restoit. Les coupelles étant bien recuites, on y met un morceau de plomb en forme de balle. Sa pesanteur doit être proportionnée à la quantité & à la qualité de l'argent de l'Essai, c'est-à-dire, huit parties de plomb sur une d'argent qui paroît environ à onze deniers. Quand l'argent paroît à plus bas titre, on y emploie davantage de plomb, à cause qu'il y a plus d'impureté à chasser. On laisse fondre & chauffer le plomb jusqu'à ce qu'il soit bien clair. On prend alors la matiere de l'Essai avec de petites pincettes pour la porter dans la coupelle, où on la laisse bouillir jusqu'à ce qu'elle ait paru de couleur d'opale, & qu'elle y ait été fixée au fond en maniere de bouton. Il faut environ une demi-heure pour bien chasser & faire passer l'Essai. Lorsqu'il est passé, on détache les boutons des coupelles, & on les nettoye exactement du côté qu'ils y étoient attachés. Après cela on pese chaque bouton avec les mêmes balances & le même poids de fin, & on observe avec soin la diminution du poids de la pesée qui a été faite avant l'Essai, & de celle qu'on fait du bouton après l'Essai, parce que c'est cette difference du poids qui établit une preuve certaine de l'impureté de l'alliage qui a été chassée par l'action du feu & celle du plomb. Quant à l'Essai d'or, on en pese la matiere, comme celle d'argent ; mais on mêle avec l'or environ le double d'argent fin qui ne tienne point or ; c'est-à-dire, où il n'y ait point d'or mêlé. On se sert ensuite du même fourneau & de la même moufle que pour les Essais d'argent. On y fait un même feu de charbon, on y met des coupelles ; & quand ces coupelles sont bien rouges & recuites, on y met du plomb de la maniere qu'il a été dit. Ce plomb étant fondu, on met la matiere de l'Essai envelopée dans un papier au bout d'une petite pincette, pour la porter dans la coupelle, & on la laisse bouillir jusqu'à ce qu'elle ait paru de couleur d'opale, & qu'elle ait été fixée au fond de la coupelle en maniere de bouton. Les coupelles ayant été refroidies dans le fourneau, comme il le faut aussi pratiquer aux Essais d'argent, on en détache les boutons, qu'on nettoie exactement. Cela fait, on bat chaque bouton sur une espece d'enclume, pour le rendre mince autant qu'il peut l'être ; & afin de l'étendre plus facilement, on le fait recuire plusieurs fois en le faisant rougir sur les charbons. Lorsque le bouton a été rendu fort mince, on le roule en maniere de cornet sans le presser, & on le met dans un matras qui tient environ quatre cueillerées d'eau. On met ensuite dans ce matras de l'eau forte mêlée avec un tiers & plus d'eau de riviere pour la corriger ; & le matras ayant été mis sur un feu de braise, on fait bouillir quelque tems l'eau forte, afin qu'elle se charge de l'argent qui est avec l'or. Quand elle ne fait plus que fremir, sans jetter de fumées rouges, on retire le matras du feu, & on en fait sortir l'eau par inclination, de sorte que le cornet y demeure à sec. Alors on met de l'eau forte pure dans le matras ; ce qui acheve de séparer & de détacher l'argent que l'eau forte corrigée n'a pû dissoudre & emporter, puis on met le matras sur un pareil feu de braise. On y fait bouillir l'eau forte pendant quelque tems, & quand il ne reste plus d'argent au cornet, l'eau forte cesse de bouillir, & il n'en sort plus que des fumées blanches, ce qui fait connoître que l'or est pur. On retire le matras du feu, & on en verse l'eau forte dehors par inclination, le cornet y demeurant à sec, & même collé contre les côtés du matras, qui étant refroidi & bien égoutté, est rempli d'eau de riviere, afin de laver le cornet. Quand il a été bien lavé, on verse l'eau du matras le col en bas dans un creuset d'argent, de telle sorte qu'on y fait couler doucement le cornet pour le conserver entier. Lorsqu'il est à sec dans le creuset, on met ce creuset garni de son couvercle dans la moufle, afin d'y recuire l'or, & on l'y laisse jusqu'à ce qu'il ait paru un peu plus que couleur de cerise. On retire aussi-tôt le creuset du feu, & ayant mis le cornet dans les mêmes balances, on le pese avec le même poids de fin, & on observe avec soin quelle difference il y a de la pesée qui a été faite de l'or avant l'Essai, & de celle que l'on fait du cornet après l'Essai ; cette diminution du poids de la matiere établissant, ainsi qu'à l'argent une preuve certaine de l'impureté de l'alliage qui a été chassée. Autrefois quand on vouloit faire l'essai de quelque matiere d'argent, on en tiroit de petits morceaux d'un à deux grains avec un petit instrument en maniere de burin ; on les mettoit sur des charbons ardents, & selon que l'argent paroissoit blanc, on jugeoit à peu près du titre. Cela s'appelloit *Faire l'essai à la rature*, ou *à l'échoppe*, à cause que l'instrument avec lequel on tiroit ces petits morceaux, s'appelloit *Echoppe*. A l'égard des Essais d'or, on se servoit de pierres de touche & de petits morceaux d'or de differens titres éprouvés que l'on appelloit *Touchaux*. Ils étoient en maniere de ferrets d'aiguillettes assés plats, & le titre étoit marqué sur chacun. On frottoit l'espece ou autre matiere d'or sur la pierre de touche. On y frottoit aussi les touchaux que l'on croyoit approcher le plus du titre de l'espece, & le titre de chacun y étant marqué, on jugeoit à peu près du titre de l'or par celui du touchaux qui en approchoit le plus. On dit, *Faire l'essai en bain*, pour dire, Tirer du creuset quelques gouttes des matieres en bain, pour en faire Essai, c'est-à-dire, quand les matieres sont entierement fondues. Pour faire les Essais des deniers de boîte, le Conseiller commis prend quatre ou cinq deniers d'or de la boîte, & fait couper de chaque denier deux morceaux de quatorze à quinze grains chacun. Cela se fait de telle maniere, que le millesime & les differens de la Ville, du Tailleur & du Maître soient reservés sur ce qui reste de l'espece d'or ; après quoi le Conseiller commis fait difformer ces morceaux, afin que les Essayeurs ne puissent connoître en quelle monnoye on a fabriqué ces deniers ; ce qui les met hors d'état de favoriser le maître. Il met ensuite ces morceaux dans des papiers pliés en cornets avec un numero particulier sur chacun, & ces cornets ainsi numerotés sont mis entre les mains de chaque Essayeur. Il met le reste de chaque espece dans un semblable cornet, & garde ce reste, qui est appellé *Peuille*, afin d'y avoir recours, en cas que la reprise en soit ordonnée. On observe les mêmes circonstances aux Essais des deniers courants, tant d'or que d'argent, avec cette seule difference, qu'il faut que chaque morceau d'or pese quatorze à quinze grains, & chaque morceau d'argent demi-gros, comme pour les deniers de boîte. C'est en ces termes qu'en parle M. Boizard Conseiller en la Cour des Monnoyes dans son excellent Traité des Monnoyes.

On appelle *Essais*, dans ce qui s'appelle Peindre sur le verre, de petits morceaux de verre que l'on met dans le fourneau quand on cuit

la

la peinture sur le verre.

ESSAIM. s. m. Volée d'Abeilles, qui sortent de leur ruche pour faire une nouvelle colonie dans de vieux arbres, d'où *Essaimer*. La coûtume d'Anjou donne un Droit de suite au Proprietaire. (art. 13.) si elles sont déja logées & ont pris leur nourriture. C'est une espave pour le Seigneur, qui a Justice-Fonciere immediate. (art. 12.)

ESSART. s. m. Vieux mot. Broussaille. Il vient d'*Essarter*, qui a été dit pour, Emonder les arbres, d'*Exarctare*, Déraciner, qui a été fait d'*Exartus*, *Essartum*, ou *Assartum*, que du Cange dit avoir signifié, Forêt coupée & défrichée, dans la basse Latinité.

ESSAUCIER. v. a. Vieux mot. Exaucer. On a dit aussi *Essauler*.

ESSAYERIE. s. f. Lieu particulier dans les Monnoyes où se fait l'essai des matieres.

ESSAYEUR. s. m. Affineur. Officier des Monnoyes qui en fait l'essai, & qui éprouve si elles sont au titre requis par les Ordonnances. Il y a un Essayeur general des Monnoyes de France, sur le rapport duquel, & sur celui de l'Essayeur de la Monnoye de Paris, la Cour juge l'écharceté de toutes les especes qui ont été fabriquées.

ESSE. s. f. Terme de Charretier. Cheville de fer que l'on met au bout de l'aissieu pour tenir la roue. On appelle *Esses d'affust*, les chevilles de fer en forme de la lettre S, qui tiennent les roues des affusts de canon aux aissieux. On appelle aussi *Esse de fleau de trébuchet*, *Esse de fleau de balance*, Un fer tortillé dans la même forme.

ESSELIER. s. m. Terme de Charpenterie. On appelle *Esseliers de fermes*, *Esseliers de croupes*, & *grands Esseliers*, des pieces de bois qui s'assemblent diagonalement à deux autres, faisant angle obtus, à la distinction des liens qui sont sous les chevrons & les entraits, & qui font le même effet à deux pieces assemblées à angle droit aux arrêtiers ou aux coyers sous lesquels sont les Esseliers. Il y a aussi les *Petits Esseliers*. Ils s'assemblent dans les grands, & portent des empanons pour aller joindre le grand Esselier.

ESSEMAGE. s. m. Vieux mot. La crue des bêtes de chaque année, comme on dit *Essaim*, dans les abeilles.

> *Tu me vendras, quoi qu'il advienne,*
> *Six annes disic l'essemage,*
> *De mes bêtes, & le dommage.*

On dérive ce mot d'*Eissir*, Sortir, & l'Essemage seroit la sortie, & le provenu du bêtail.

ESSEMER. v. n. Terme de Pêcheur. Tirer une seme à bord, afin d'avoir le poisson qu'on y a pris.

ESSENEENS. s. m. L'une des quatre sectes des Samaritains, que les Juifs regardoient comme Heretiques, & dont Josephe rapporte qu'un certain Judas fut Auteur. Ils vivoient dans une très-étroite union, & à force de vouloir rejetter les voluptés, ils se déclaroient ennemis du Mariage. Le jour du Sabat étoit observé parmi eux avec un scrupule si exact, qu'ils faisoient cuire leur viande la veille, pour se dispenser d'allumer du feu en un jour qu'ils consacroient entierement au repos. Cette exactitude s'étendoit sur les moindres choses, comme de changer un vaisseau de place. Ils portoient aussi jusqu'à l'excès le respect qu'ils croyoient devoir aux Anciens, & quand les plus jeunes les touchoient ils se faisoient un devoir indispensable de se purifier, comme s'ils eussent contracté quelque souillure en touchant un étranger. Il y avoit une autre sorte d'Esseneens ou Esseniens, qui ne differoient des autres qu'en l'article du Mariage, qu'ils se permettoient, quoiqu'avec une très-grande modération, pour ne point contribuer à abolir la race des hommes.

ESSEOI. s. m. Vieux mot. On a appellé *Esseois*, les Chariots de guerre dont les anciens Gaulois se servoient. Ils étoient garnis de faucilles.

ESSERPILLER. v. a. Vieux mot Dérober. Borel dit qu'il vient du Latin *Excerpere*; & M. Ménage le dérive d'Oter l'écharpe.

ESSETTE. s. f. Espece de marteau, qui a un large tranchant d'un côté, & une tête ronde de l'autre. Les Charrons, les Tonneliers, & autres Artisans qui travaillent en bois s'en servent. On dérive ce mot d'*Ascia*, Latin; ce qui fait croire à quelques-uns que l'on doit écrire *Aissette*.

ESSILLER. v. a. Vieux mot. Ravager, exterminer.

> *La gent & la terre essillée,*
> *Qui fut tondue & pereillée.*

ESSIMER. v. a. Terme de Fauconnerie. On dit *Essimer un faucon*, pour dire, Lui donner diverses cures pour l'amaigrir & pour lui ôter la graisse excessive. On dit *Essimer l'oiseau*, pour dire, Le mettre en état de voler, quand on le dresse au sortir de la mue. Ce mot a été gardé du vieux langage, où *Essimer*, veut dire, Amaigrir

ESSOGNE. s. f. Terme de Coûtume, Droit Seigneurial qui est dû au Seigneur en certains lieux, quand quelqu'un de ses Tenanciers meurt sur sa terre. C'est d'ordinaire le double du cens annuel que doit l'heritage.

ESSONNIER. s. m. Terme de Blason. Double orle qui couvre l'écu dans le sens de la bordure. C'étoit autrefois une enceinte où l'on plaçoit les chevaux des Chevaliers, en attendant qu'ils en eussent besoin pour le Tournoi. Il y avoit dans cette enceinte des barres & des traverses qui les séparoient les uns des autres. Ce mot vient de ζώνη, ou ζώνιον, Ceinture.

ESSORANT, ANTE. adj. Terme de Blason. Il se dit des oiseaux qui n'ouvrent les aîles qu'à demi pour prendre le vent, & qui regardent le Soleil. *D'azur à l'épervier essorant d'argent.*

ESSORE, ÉE. adj. Terme de Blason. Il se dit de la couverture d'une maison où d'une tour, quand elle est d'un autre émail que celui du corps du bâtiment. *De gueules à une couverture de grains de quatre pieux d'argent, essorée d'or.*

ESSORER, s'ESSORER. v. n. p. Prendre l'essort. On dit qu'*Un oiseau est sujet à s'essorer*, pour dire, qu'il est sujet à voler au loin, qu'il a de la peine à revenir sur le poing. *Essorer*, est aussi actif, & on dit *Essorer un oiseau*, pour dire, Le laisser secher au feu ou au Soleil.

ESSOURISSER. v. a. Terme de Manége, On dit, *Essourisser un cheval*, pour dire, Lui couper le cartilage que l'on appelle Souris. Ce cartilage qui est au dedans des naseaux du cheval est cause qu'il s'ébroue.

ESSUI. s. m. Terme de Tanneur. Lieu où l'on met secher les cuirs tannez. Ce mot vient du Latin *Exsudare*, Perdre la sueur, l'humidité.

EST

EST. s. m. L'un des quatre vents Cardinaux. C'est celui qui vient de l'Orient. On dit d'*Est à l'Ouest*, pour dire, Du Levant au Couchant, d'Orient en Occident. *Est-nord-est*, & *Est-sud-est*, sont deux vents entremoyens, qui tirent leurs noms de l'Est & du Nord. On dit aussi *Est-quart de Nord-Est*,

& *Sud-quart de Sud - est*, & ce font des quarts de vent.

ESTABLETE. f. f. Vieux mot. Durée.

ESTAFETE. f. f. Terme de Poste, que nous avons emprunté des Espagnols, qui appellent *Estafeta*, le Courier ordinaire qui porte les lettres. C'est parmi nous un Courier qui court avec deux guides, comme il arrive au grand ordinaire. Les Italiens disent *Staffetta*, de *Staffa*, Etrier.

ESTAGIE'. adj. en Anjou on dit *Estagier*. Vieux mot. Habitué.

ESTAINS. f. m. p. On appelle *Estains*, en termes de mer, deux pieces de bois d'une même figure, qui font portion de cercle, & donnent le rond de l'arriere d'un Vaisseau. Elles sont assemblées par les bouts d'embas à l'étambord, & par les autres à deux allonges, qui achevent la hauteur & la rondeur de la pouppe.

ESTAMOI. f. m. Instrument de Vitrier. C'est un ais sur lequel est attachée une plaque de fer où l'on fait fondre la soudure & la poix resine.

ESTANCES. f. f. p. Terme de Marine. Piliers posés tout le long des hiloires, & qui soûtiennent les barotins. Ils sont de la longueur d'entre deux ponts.

ESTANGUES. f. f. Sorte de grande tenaille dont on se sert dans les Monnoyes, pour tenir les flancs & les carreaux, quand les Ouvriers les veulent flattir.

ESTELES. f. f. Vieux mot. Coupeaux. Borel croit qu'il vient d'*Essero*, *extuli*, à cause que ce sont des enlevûres qu'on a emportées d'un gros bois.

ESTELIN ou ESTERLIN. f. m. Poids d'Orfevre qui pese vingt-huit grains & demi. C'est la vingtiéme partie d'une once. Le marc contient cent soixante Estelins ou Esterlins. On a aussi nommé *Esterlin*, une sorte de Monnoye d'argent ancienne, à cause de la figure d'une étoile qui y étoit empreinte.

ESTEMINAIRE. f. f. Terme de Marine. On appelle *Esteminaires*, Deux pieces de bois que l'on ajuste aux extrémités des madriers.

ESTEULE. f. f. La partie du tuyau de blé qui est comprise entre deux de ses nœuds. L'Epi de blé n'a de coûtume de naître qu'au bout de la trois ou quatriéme Esteule. On donne ce même nom d'*Esteule*, au chaume qui reste sur le champ après que le blé a été coupé. On l'appelle *Estouble* en de certains lieux.

ESTIMATIVE. f. f. Terme dont on se sert pour signifier la connoissance que l'on prend des choses dont on ne peut approcher. Ainsi l'on dit qu'il est necessaire qu'un Ingenieur ait l'Estimative bonne pour pouvoir connoître de loin la longueur d'une courtine, ou le nombre des soldats rangés dans un Camp ennemi, ce qu'il ne peut faire s'il n'a accoûtumé fort long-tems son imagination à porter ce jugement.

ESTIME. f. f. Terme de Marine. Jugement du chemin qu'un Vaisseau peut avoir fait en certain tems, eu égard à la force du vent, à la multitude des voiles, à la maniere dont elles sont orientées, à la rapidité de l'eau qui passe à côté du Navire, & enfin à l'experience que l'on a de ce même Vaisseau. Un sage Pilote fait monter son estime plus que moins, & aime mieux se croire plus près de la côte pour avoir plus d'attention à la découvrir, & à éviter le danger d'y être jetté on se sert utilement du *blot* pour l'estime. Voyez BLOTI.

ESTIOMENE. adj. Nom que donnent quelques Medecins à des membres gangrenez. Ce mot est Grec ἐσθιόμενος, qui est mangé, & vient du verbe ἐσθίειν, Devorer.

ESTIRE. f. f. Instrument de Courroyeur. Masse de fer plate & quarrée, qu'on tient à la main comme si c'étoit un ceste, & qui sert pour épreindre l'eau du cuir en le courroyant.

ESTIRER. v. a. Etendre, allonger. Les Serruriers estirent le fer, quand ils l'étendent en le battant à chaud sur l'enclume. On dit qu'*Un morceau de fer est courroyé, soudé & estiré*, pour dire, qu'Il est battu, rejoint & allongé.

ESTIVE. f. f. Terme de Marine. Contrepoids donné à chaque côté d'un Vaisseau pour en balancer la charge, en sorte qu'un côté ne pese pas plus que l'autre. Cela le rend plus leger & facilite son cours On dit, *Mettre une Galere en Estive*, pour dire, La mettre en assiete, & *Mettre une Galere hors d'Estive*, pour dire, Lui ôter son juste contrepoids.

ESTOCGAGE. f. m. Droit ancien qui étoit dû aux Seigneurs par ceux qui achetoient quelques biens immeubles en leurs terres.

ESTOIER. v. a. Vieux mot. Serrer, rengainer l'épée, comme qui auroit dit, *Essuyer*, Mettre en un étui. On a dit aussi *Estoyer*, pour Combattre. *Ce sçavent ceux qui ont dedans Acre estoié.*

ESTOIRE. f. f. Vieux mot. Histoire.

La verté de l'estoire, si com li Rois la fit.

Villehardouin l'a employé dans la signification d'une Flote de Navires. *Il partit une Estoire de Flandres par mer com mult grant plente de bones gent armée.* On l'a pris aussi pour des vivres & autres provisions necessaires. *Il avoit Navire & Estoire.*

ESTOLT. adj. Vieux mot. Rude.

Si li donna cop si estolt.

ESTOMAC. f. m. La partie de l'animal où se fait la premiere digestion des alimens. C'est un grand vaisseau qui est au dessous du diaphragme, & qui le perce par un conduit qui va jusqu'à la bouche. La digestion de l'estomac est le principe & le fondement, tant de la santé du corps, que des maladies chroniques & autres. Les crudités de l'estomac, ou les corruptions & dépravations des alimens qu'il doit changer en chyle, sont presque infinies. On les reduit neanmoins en general à la crudité acide & à la crudité nidoreuse. L'acide surabonde dans la premiere, & manque dans la derniere; ce qui donne sujet à la putrefaction & à l'exaltation de l'alcali : de sorte que l'on peut dire qu'il n'y a point de maladies, même dans les plus éloignées, qui ne demandent qu'on ait soin de l'estomac, soit dans la cure, soit dans la preservation. Le premier vice de la retention des alimens dans l'estomac, c'est lorsqu'il est distendu par beaucoup de vents, & que ce qu'il contient est troublé. Cette affection s'appelle *Enfleure de l'estomac*, tant que les vents sont renfermés dans sa cavité, & qu'ils le gonflent. Ils s'y engendrent par une fermentation viciée de l'acide avec une matiere visqueuse, grossiere & pituiteuse. On appelle *Ardeur d'estomac*, une ebullition ou effervescence de matieres excrementeuses, accompagnée d'une douleur & ardeur d'estomac, comme s'il s'élevoit des fumées enflammées par l'œsophage. Ce mal vient d'une effervescence immoderée dans l'estomac, excitée par un acide vicié avec un salin huileux; car le salin & l'acide fermentant ensemble, produisent une chaleur dautant plus grande qu'il y a plus d'huile & de souphre. Ainsi les personnes coleres, ou à qui la bile regorge du duodenum dans l'estomac, sont sujettes à cette affection, aussi bien que les hypocondriaques. L'estomac n'est incommodé de soi par aucun sentiment fâcheux, mais on sent souvent des inquietudes, des douleurs & des peines considerables à la region comprise entre la courbure des fausses côtes en devant vers le sternum. Si les malades se plaignent d'un certain resserrement en cette partie, s'ils sont inquiets, & qu'étant au lit, ils se jettent de côté & d'autre, cela s'appelle une simple *Inquietude de l'estomac*, parce que cette sorte d'inquiétude vient toûjours de l'orifice gauche du ventricule; mais si la douleur qui se fait sentir dans cette partie avec violence, & que les malades montrent avec le doigt, est renfermée dans la côte que l'on appelle la fossette du cœur, où elle tourmente cruellement celui qui en est atteint, elle est appellée *Douleur de l'estomac*. Ce mot vient du Grec στόμαχος, qui veut dire la même chose.

On appelle en termes de Chymie, *Estomacs d'Autruche*, les eaux fortes qui digerent & dissolvent tout. C'est particulierement une eau Philosophale qui est propre à dissoudre tout. Elle se fait avec l'huile Philosophale, le sublimé & la liqueur gommeuse.

ESTOMPER. v. n. Terme de Peinture. Dessiner avec des couleurs en poudre que l'on applique avec de petits rouleaux de papier, dont le bout sert comme de pinceaux.

ESTOQUIAU. s. m. Espece de cheville qui tient le ressort d'une serrure. On appelle aussi *Estoquiaux de la cloison d'une serrure*, certaines pieces de fer qui entretiennent la cloison avec le plâtre.

ESTOR. s. m. Vieux mot. Choc, mêlée, combat.

Dix Chevaliers pris en l'estor.

On a dit aussi *Estour* dans le même sens. *L'estour de combattans fut rude & cruel.* On a dit de même *L'estour des vents*, pour, Choc de vents contraires. On trouve encore *Estoux*, *estout* & *estoutie*, dans la signification de Conflit, & *Estoutoyer*, pour, Disputer.

ESTORER. v. a. Vieux mot. Créer, ordonner, arranger.

Du pooir que donné leur a,
Cil Sires qui tout estora.

ESTORMIR. v. a. Vieux mot. Alarmer. *La Ville fut moult estormie.* On a dit aussi *Estourmir*, pour Se reveiller.

Un poise coucha & dormi,
Et au point du jour s'estormi.

ESTOUPIN. s. m. Peloton de fil de carret sur le calibre des canons. On s'en sert à bourrer la poudre quand on les charge.

ESTOURBEILLON. s. m. Vieux mot. Tourbillon.

ESTRAC. adj. m. Terme de Manege. On appelle *Cheval estrac*, un cheval qui est serré des côtes, & qui a peu de corps, de ventre & de flanc.

ESTRACE. s. f. Vieux mot. Extraction *Li fel jayant de pute estrace.*

ESTRADIOT. s. m. Vieux mot. On appelloit *Estradiots*, certaine sorte de soldats, & c'est de là, dit Borel; qu'est venu *Estrader*, & *Battre l'estrade*, c'étoient soldats à cheval, comme on le connoît par ce passage: *Que en chacun bande y ait ung petit nombre de Coulevriniers & Arbalestriers pour garder l'emmi que font les Gens legiers à cheval, comme Jantaires & Estradiots en chevauchant.* Ce mot vient du Grec στρατιώτης, Homme de guerre. On a dit aussi *Stradiot*.

ESTRAGON. s. m. Herbe longue & menue, qui est assés odorante, & que l'on met ordinairement dans les salades.

ESTRAIN. s. m. Vieux mot. Fourrage.

Sus ung poy de chaume ou d'estrain.

On a dit aussi *Estran*, comme en ce vers en parlant d'une cabane.

L'estran dont elle fut couverte,

Ce mot vient de *Stramen*, Paille, chaume. *Estrain*, s'est encore dit dans la signification d'un vaisseau à vin.

ESTRAMAÇON. s. m. Sorte d'arme hors d'usage qui étoit une maniere de sabre. On appelle *Coup d'estramaçon*, Un coup que l'on donne du tranchant d'une forte épée. M. Ménage tient *Estramaçon* un vieux mot Gaulois. Borel le derive de l'Allemand *Scram*, Escrime; & de-là, dit-il, vient le mot de *Massacrer*.

ESTRANGETÉ. s. f. Vieux mot. Merveille, nouveauté d'une chose avenue qui cause un fort grand étonnement. On lit dans le second livre d'Amadis, *Le Gouverneur de l'Isle fit plusieurs discours des adventures aux Chevaliers & Dames qui avoient éprouvé l'arc des loyaux Amants & des autres étrangetés. La raison de la signification de ce mot*, ajoûte Nicod, *est parce que ce qui est d'estrange pays, comme chose insitée, cause admiration à ceux qui n'en eurent oncques connoissance.*

ESTRAPADE. s. f. Supplice militaire qu'on fait souffrir aux soldats qui l'ont merité par quelque faute; ce qui s'execute en leur liant les mains derriere le dos, & en les élevant fort haut en l'air avec une corde, après quoi on les laisse tomber jusqu'à deux ou trois piés de terre, en sorte que le poids du corps leur fait disloquer les bras. On leur donne quelquefois jusqu'à trois estrapades, selon que la faute est grande. Il y a aussi une *Estrapade marine*. C'est le châtiment d'un matelot, qu'on lui fait souffrir en le guidant à la hauteur d'une vergue, & le laissant ensuite tomber dans la mer, où on le plonge une ou plusieurs fois, selon que le porte la Sentence. C'est ce qu'on appelle autrement *Donner la cale*. Le mot d'*Estrapade* vient du vieux François *Estreper*, qui a signifié autrefois, Briser, éventrer.

Estrapade. Terme de Manege. Défense d'un cheval qui refusant d'obéir, leve le devant en l'air, & pendant ce tems détache des ruades avec furie, pour tâcher de se défaire de celui qui le monte. *Estrapade* est aussi un tour de ceux qui voltigent sur la corde; & on dit qu'ils se donnent la simple ou la double Estrapade, selon qu'ils passent une ou deux fois le corps entre leurs bras qu'ils tiennent attachés à une corde, en sorte qu'ils paroissent disloqués, comme sont les bras de ceux à qui on a imposé la peine de l'Estrapade.

ESTRAPASSER. v. a. Terme de Manege. On dit *Estrapasser un cheval*, pour dire, Fatiguer un cheval en lui faisant faire un trop long & trop violent manege.

ESTRAPER. v. a. Vieux mot. Scier le chaume qui demeure après le sciage des blés, dont l'instrument, dit Nicod, qui sert à ce faire, est appellé *Estrapoir*. C'est un petit faucillon emmanché d'un bâton d'environ deux piés de long.

ESTRAPONTIN. s. m. Sorte de petit siege qu'on met au devant d'un carrosse coupé ou d'une caleche quand on y veut mener plus de monde que le siege du fond n'en peut contenir. On appelle aussi *Estrapontin*, une espece de lit que les Sauvages suspendent en l'air en l'attachant à deux arbres. On s'en sert aussi dans les Vaisseaux. On dit, *Branle*.

ESTRIBORD. s. m. Terme de Marine. C'est la même chose que *Stribord*, c'est-à-dire, le côté droit du Vaisseau, si l'on a égard à celui qui est assis à la poupe, mais il est moins usité.

ESTROP. s. m. Terme de Marine. Grosse corde que

l'on attache à une grosse cheville de bois, appellée *Escome*. On dit aussi *Astroc*.

ESTROPIE'. adj. On dit, qu'*Une figure est estropiée*, quand elle n'est pas bien dessinée ou quand elle est mal contournée.

ESTROS. Mot du vieux langage, où l'on trouve *A estros*, pour dire. Soudain, tout à coup. *Je fusse mort tout à estros, s'il ne m'eust dependu.*

ESTROUSSE. s. f. Terme de Pratique, dont on se sert moins à Paris que dans les Provinces. Adjudication de quelques biens que l'on publie en Justice, comme des fruits de la recolte d'une année. On le dit aussi des reparations ou autres ouvrages que l'on publie au rabais. On dit de même, *Se faire estrousser une maison*, pour dire, Se la faire adjuger en Justice.

ESTROUSSER. v. a. Vieux mot que Nicod dit signifier Desempaqueter, délier ce qui est enfagotdé. On l'a dit aussi pour Vendre & délivrer au dernier Encherisseur, les biens pris par execution. *Estrousse*, a été dit dans le même sens, pour la vente & délivrance des biens saisis, parce que le Sergent qui enleve les meubles pris par execution, les entrousse & enfagote, & les vendant en inventaire par lui ou par le Juge, les détrousse & desempaquete. Ce mot est usité au Coutumier de Bourbonnois.

ESTUET. Mot du vieux langage, pour dire, Il faut, il convient.

Aller m'estuet en une affaire.

On trouve aussi *M'estourra*, pour, Il me faudra.

ESTUIRE. On trouve dans le vieux langage, *Fait à estuire*, pour dire, Fait exprès.

Et sa bouche n'est pas vilaine,
Ains semble estre fait à estuire,
Pour solacier & pour déduire.

ESTURENT. Vieux mot, qui a été dit pour, Ils demeurerent debout, ce qui semble venir du Latin *Stare, steterunt*.

Cil jugleor en piez esturent.

ESTURGEON. s. m. Gros poisson de mer, qui monte dans les rivieres. Il est de bon goût, & de bonne nourriture, & a le museau pointu, le dos bleu & élevé, & le ventre plat. Il vit de limon, & ne sçauroit être pris qu'avec des filets, selon le sentiment de quelques-uns, qui disent qu'il ne mord point à l'hameçon. L'Esturgeon n'a point d'arête, mais il a un cartilage tendre & de la grosseur d'un doigt, qui en s'étendant depuis la tête jusqu'au bout de la queue, soûtient tout son corps. Differens Auteurs Latins lui ont donné divers noms *Acipenser*, *Turcio* & *Silarus*. M. Ménage fait venir son nom de *Sturcio*.

ESU

ESVE. s. f. Vieux mot. Eau.

Descendoit l'esve claire & roide.

ESULE. s. f. Herbe qui jette du lait. Il y en a de deux sortes. La grande Esule, que Dioscoride appelle *Pityusa*, a sa tige nouée, & de plus d'une coudée de hauteur. Ses feuilles sont menues & pointues, & ressemblent à celles de pesse. Sa graine est large, & tire sur la lentille. Sa racine est grosse, blanche & pleine de jus. Galien dit que la grande Esule purge comme les Tithymales, & a les mêmes vertus. La petite Esule jette force lait, & Dioscoride la nomme *Peplus*. Ses feuilles sont petites & semblables à celles de rue, mais plus larges. Au dessous elle produit une petite graine ronde & moindre que celle du pavot. Cette herbe est fort branchue, & sa chevelure est étendue en rondeur; ce qui la fait appeller *Esule ronde*. Elle croît aux Jardins & parmi les vignes. En general l'Esule purge la pituite & la bile, & sur-tout les eaux des parties éloignées.

Esula lactescit sine lacte linaria crescit.

ETA

ETABLAGE. s. m. Droit qui est dû en certains lieux à quelques Seigneurs, pour la permission qu'ils accordent aux Marchands, d'exposer leurs marchandises en vente.

ETABLE. Terme de Marine. Continuation de la quille du Navire, laquelle commence à l'endroit où la quille cesse d'être droite.

Etable. On dit que *Deux Vaisseaux s'abordent de franc-étable*, pour dire, qu'ils s'approchent en droiture pour s'enferrer par leurs éperons.

ETABLI. s. m. Sorte de table sur laquelle plusieurs Ouvriers posent leurs outils, ordonnent & travaillent leurs ouvrages. L'Etabli des Menuisiers est accompagné d'un crochet de fer dans sa boëte, qui leur sert à arrêter le bois. L'Etabli des Serruriers leur sert à attacher les étaux, & à poser les outils dont ils ont besoin de se servir, & ainsi des autres. Nicod dérive ce mot de *Tabulatum*.

ETABLIR. v. a. Rendre stable. Les Maçons disent *Etablir des pierres*, pour dire, Tracer quelque marque sur chacune, pour lui destiner sa place.

ETABLURE. s. f. Terme de Marine. C'est la même chose que ce qu'on appelle *Etable* ou *Etrave*, c'est-à-dire, une piece courbe de bois fort considerable qui fait l'avant d'un Vaisseau, & sur laquelle aboutissent tous les bordages & les précintes qui sont conduites jusqu'à l'avant.

ETAGE. s. m. Lige-Etage. Droit de guet que les Seigneurs d'Anjou éxigeoient autrefois de leurs Vassaux. art. 134. & 135.

ETAGER. s. m. On appelle ainsi dans quelques Coûtumes, des sujets qui sont domiciliés dans une Seigneurie.

ETAGUE. s. f. Terme de Marine. Manœuvre qui sert à hisser les vergues de hunes au haut des mats. On dit aussi *Itaque*, *Etaque*, *Itacle* & *Etagle*.

ETAI. s. m. Terme de Marine. Gros cordage à douze tourons, qui sert avec les haubans à tenir le mât dans son assiete, & à l'affermir contre la force du vent. On appelle *Etai de voile d'Etui*, la Manœuvre qui tient l'arc-boutant en avant. On appelle aussi *Faux Etai*, l'Etai qui se met pour renforcer le grand, & pour servir en sa place, s'il étoit coupé par quelque coup de canon. *Faux Etai* se dit encore d'une manœuvre qu'on met le long de quelques Etais pour placer les voiles d'Etai.

ETAIM. s. m. Métal qui a sa couleur semblable à l'argent, mais qui étant formé d'une exhalaison moins épurée, a beaucoup plus de grossiereté. Quoique Pline ait appellé l'Etaim du Plomb blanc, il y a une fort grande difference, non seulement par sa matiere, qui est bien plus pure & moins humide, mais encore par les accidens qui accompagnent cette pureté de matiere. En effet, l'Etaim est resonnant, plus poli, moins pesant, & d'une couleur plus argentine. Il a cela de commun avec le plomb, qu'il n'est point sujet à la rouillure. Ce métal est composé d'une terre & d'un souphre très-pur, d'un sel metallique, & d'un Mercure un peu plus pur & plus digeré que celui de plomb. Il s'en trouve beaucoup de mines dans le Portugal, en Galice, & surtout en Angleterre. Les Chymistes le nomment *Mercure*, à cause du rapport qu'ils lui donnent avec cette Planete. Outre qu'il est bon pour le foye, c'est un remede specifique pour les maladies de la matrice. Ils en tirent une huile qu'ils estiment fort, prétendant qu'elle contribue à la guerison des ulceres & des plaies. On appelle *Ceruse d'étaim*, une poudre blanche dont on fait le fard, qui est nommé Blanc d'Espagne. On trouve ordinairement de l'Etaim dans les mines d'argent & de plomb. L'*Etaim de glace*, est un mineral fort semblable au regule d'Antimoine, & on en trouve en plusieurs endroits d'Allemagne. L'Etaim fin, nommé *Etaim d'Angleterre* ou *de Cornoailles*, à cause que le plus fin se tire ordinairement de ces endroits-là, étant mêlé avec deux livres de cuivre rouge, & une livre d'Etaim de glace par quintal, est appellé *Etaim sonnant*. L'Etaim commun n'est autre chose qu'un mélange de douze à quinze livres de plomb avec un quintal d'Etaim fin. Le mot d'*Etaim*, vient de son nom Latin *Stamnum*.

ETALAGE. s. m. Droit qu'on paye dans les foires & marchés, qui ne sont pas francs, pour y étaler les marchandises. Les Furetieristes disent *Hostelage*, ce qui est contraire à l'étymologie.

ETALER. v. a. Terme de Marine. On dit *Etaler les marées*, pour dire, Mouiller pendant que la marée ou le vent se trouve contraire à la route qu'on veut tenir, en attendant que le tems devienne plus favorable. Nicod dérive *Etaler*, qui veut dire proprement Déployer, exposer aux yeux, du Grec στέλλειν, qui signifie quelquefois Arranger, mettre en ordre. M. Ménage le fait venir de *Stallare*. Quelques-uns entendent par *Etaler les marées*, Se servir du courant de la mer pour faire sa route par un vent contraire.

ETALINGUER. v. a. Terme de Mer. On dit *Etalinguer* ou *Talinguer les cables*, pour dire, Les amarer à l'arganeau de l'ancre.

ETALON. s. m. Poids fort juste, sur lequel on ajuste tous les autres de même qualité, après quoi on les marque d'une fleur de lis. Il y a pour cet effet des Etalons de chaque sorte de poids dans les Chambres des Monnoyes du Royaume, mais les originaux de tous ces Etalons sont déposés dans le cabinet de la Cour, où l'on a toûjours gardé sous trois clefs le poids de marc original. Le premier President a l'une de ces clefs, le Conseiller commis à l'instruction & au jugement des Monnoyes a l'autre, & le Greffier en Chef la troisiéme. En 1529. l'Empereur Charles-Quint envoya le general de ses monnoyes à la Chambre des Monnoyes de Paris, pour faire étalonner un poids de deux marcs, dont on se servoit aux monnoyes de ses Pays, ce qui fut fait suivant les ordres de François I. Ce poids de marc qu'on trouve trop fort de vingt-quatre grains par marc, fut réduit au même pié, que l'étalon ou poids original sur lequel l'Empereur l'avoit fait étalonner. C'est sur ce même étalon & poids original, qu'on oblige les Gardes des Apothicaires & Epiciers de Paris, de faire étalonner les poids dont ils se servent dans leurs visites ordinaires.

L'*Etalon* des Mesures des Seigneurs qui ont droit de Mesure, doit être au Greffe de la Jurisdiction Royale où ils ressortissent. Les Procureurs du Roi les doivent étalonner de tems en tems pour les étimager, c'est-à-dire, pour voir si on ne les a point augmentées. Chez les Romains l'Etalon étoit de cuivre.

Etalon, se dit aussi, en termes d'Eaux & Forêts, des arbustes qu'on laisse pousser & monter en haut. Borel n'est point du sentiment de ceux qui dans ce sens font venir ce mot de *Stolida*, c'est-à-dire, *Inutilis arbor*. Il dit qu'il le tireroit plûtôt de *Stare* & de *Longus*, puisque ce sont des arbres qu'on laisse debout, afin qu'ils deviennent longs & hauts.

ETALONNEMENT. s. m. Action d'étalonner. Il est dit dans l'Ordonnance de l'année 1540. *Voulons que toutes sortes de poids de marc à peser & trebucher, or argent, billon, & toutes les monnoyes de nostre Royaume, soient réduits, reglés & étalonnés, ajustés, & conformés au poids & au marc dont on usera & jugera en la Chambre de nos Monnoyes, sans que pour faire lesdits étalonnemens, les Gardes ni autres en puissent prendre ni exiger aucun salaire.*

ETALONNER. v. a. Marquer les mesures aux armes du Roi & de la Ville, après qu'en les confrontant avec la mesure originale, elles ont été trouvées justes. On fait venir ce mot de *Est talis*, comme voulant dire que le poids étalonné est tel qu'il doit être, & conforme au poids original.

Etalonner, se dit aussi, en termes d'Architecture, quand on reduit des mesures à pareilles distances, longueurs & hauteurs; ce qui se fait en y marquant des reperes.

ETALONNEUR. s. m. Officier commis pour marquer & pour étalonner les mesures.

ETAMBORD. s. m. Terme de Marine. Piece de bois élevée & mise en saillie à l'arriere du Vaisseau sur l'extrémité de la quille. Elle sert à soûtenir le château de pouppe, & particulierement le gouvernail qui y est attaché. C'est sur cette piece de bois que l'on coud tous les bordages dont les façons de l'arriere sont couvertes. On divise ordinairement la hauteur de l'étambord & celle de l'étrave, afin de pouvoir connoître combien le Navire tire de piés d'eau quand il a sa charge.

ETAMBRAYES. s. m. Terme de Marine. Pieces de bois que l'on met au pié du mât dans le trou du tillac, & qui servent à affermir le mât. *Etambraye* se dit aussi, non seulement d'une ouverture ronde qu'on fait aux ponts d'un Vaisseau, afin d'y passer les mâts, mais encore de celles par où les cabestans & les pompes passent. On appelle encore *Etambraye*, le lieu où porte le pié du mât au fond du Vaisseau. C'est aussi une toile poissée qu'on met sur le plus haut tillac tout au tour des mâts, afin d'empêcher que l'eau ne les pourrisse. On dit autrement *Etambres*, ou *Serres de mâts*.

ETAMER. v. a. Enduire avec de l'Etaim fondu ou en memes feüilles. Quand les Serruriers veulent *Etamer en poile* des targettes, ou autres pieces qui ne sont pas de relief, ils les liment & blanchissent d'abord avec la lime, en sorte qu'il n'y demeure aucune tache noire. Ils les huilent aussi-tôt après, où les ayant fait chauffer sur un peu de charbon de bois, ils les prennent avec des tenailles, & passent par dessus de la resine bien claire & bien nette, jusqu'à ce qu'elles en soient couvertes par tous les endroits. Ensuite ils mettent vingt-cinq ou trente livres d'étaim fin dans un vaisseau de fer sur un feu de bois ou de charbon, & l'etaim étant fondu, ils mettent les targettes ou autres pieces dedans, jusqu'à ce qu'elles ayent pris une belle couleur jaune. Si en les retirant on voit quelque endroit où l'étaim ne prenne pas, on passe tout de nouveau de la resine sur les taches, jusqu'à ce qu'elles soient bien étamées.

ETAMINE. s. f. Morceau d'étoffe fort claire dont les Apothicaires & autres se servent pour passer leurs medecines ou autres liqueurs. On dit aussi *Etamis*, & il se dit de toutes sortes de sacs déliés, faits de crin ou d'étamine.

Les Fleuristes nomment *Etamines*, ces petites parties qui sont dans les tulippes, les lis & autres fleurs autour de la graine, suspendues sur de petits filets. Les tulippes qui ont le fond bleu & les étamines noires, sont plus estimées que les autres. Ce mot vient d'*Estamina*, petits filets.

ETAMPE. s. f. Certain outil dont les Serruriers se servent pour river les boutons.

C'est aussi un Modele sur lequel on coule, on frappe de l'argent, du cuivre, pour en faire l'empreinte.

ETAMPER. v. a. Terme de Maréchal. Percer un fer de cheval. On dit *Etamper maigre*, pour dire, Faire les trous du fer près du bord; & *Etamper gras*, pour dire, Percer le fer un peu plus en dedans. On dit aussi qu'*Un maréchal étampe mal les fers*, pour dire, qu'Il encloue les chevaux sur l'enclume, en brochant les cloux dans des trous mal étampés.

ETANCHE. s. f. Ceux qui travaillent à construire un pont, disent *Mettre à étanche*, pour dire, Etancher; & *Mettre à étanche un bâtardeau*, pour dire, Le mettre à sec par le moyen des machines qui en tirent l'eau, afin de pouvoir fonder. M. Menage derive le mot d'*Etancher* de *Stancare*, qui a été dit dans la basse Latinité pour *Stagnare*. Il y en a qui le font venir d'*Extinguere*.

ETANFICHE. s. f. Hauteur de plusieurs bancs de pierre qui font masse dans une carriere.

ETANG. s. m. Grand reservoir d'eau dans un lieu bas, fermé par une chaussée ou digue, qu'on peut lâcher quand on veut, en levant l'écluse qui arrête les eaux des sources, & les décharges des pluyes. Ordinairement les eaux des Etangs sont douces, & on y met du poisson qu'on pêche dans le besoin. La difference qu'il y a d'un Etang à un Lac, c'est que l'Etang se desseche quelquefois l'Eté. On appelle *Etang de mer*, ou *Etang salé*, un Etang de certaines eaux dont la mer s'est déchargée, & qui d'ordinaire retiennent leur sel.

ETANT. s. m. Terme des Eaux & Forêts. Il se dit du bois qui est en vie, debout & sur sa racine. *Il n'y a que tant d'arbres en étant dans ces dix arpens de bois.* Ce mot vient du verbe *Etre* dans la signification de *Stare*. On disoit autrefois qu'*Un homme étoit dans son étant*, pour dire, qu'Il étoit debout, &, *Tomber de son étant* signifioit, Tomber de sa hauteur.

ETAPE. s. f. Place publique où les Marchands sont obligés de faire apporter leurs marchandises pour être achetées par le peuple. L'*Etape des vins*, *grande étape*, *belle étape*. Il se dit aussi d'un Port, d'une Ville de commerce, & dans ce sens on dit que le Port de Redon en Bretagne est l'Etape des vins pour Rennes. M. Ménage fait venir ce mot de *Staplus*, qu'on trouve employé pour signifier un lieu où l'on exerce la Justice, de *Stapula*, que Boxhornius dérive de l'Allemand *Stapelen*, Mettre en un monceau, & qui signifie aussi le droit de faire venir les denrées aux marchés pour y être débitées. Dans un des articles des Jugemens d'Oleron, *Etape* se trouve dans la signification de Carcan, d'Attache, de Pilori.

Etape, en termes de guerre, ne signifie pas seulement le magasin où sont les vivres que l'on destine aux soldats qui passent, mais aussi ce que l'on donne à un Fantassin pour sa subsistance, ou à un Cavalier pour sa nourriture & celle de son cheval.

ETAPIER. s. m. Celui qui moyennant un certain prix qu'on lui donne, s'oblige de fournir les vivres aux Gens de guerre qui passent dans une Province. Il doit livrer les Etapes aux Majors de Cavalerie & d'Infanterie; & s'ils sont absents, au Maréchal des Logis d'une Compagnie de Cavalerie, & au Sergent d'une Compagnie d'Infanterie, avec défense de les payer en argent aux Soldats.

ETAT. s. m. Etendue d'une domination. L'*Etat de l'Empire des Turcs*, *de la Republique de Venise*. La Nation Françoise est divisée en trois sortes d'Etats, l'Etat Ecclesiastique qui est le Clergé, l'Etat de la Noblesse, & le tiers Etat qui est le Peuple.

On dit en termes de Palais, qu'*Un criminel doit se mettre en état*, pour dire, qu'Il doit se rendre effectivement prisonnier; & on dit qu'*Il a été interrogé en état d'ajournement personnel*, pour dire, Après une comparution personnelle au Greffe.

Etat, en matiere de Regale, signifie ce que l'on appelle *Recreance* dans les autres Benefices. Ainsi on dit dans ce sens, qu'*On ne refuse point l'Etat au Regaliste.*

On appelle *Question d'Etat*, en termes de Jurisprudence, un Procès où il s'agit de sçavoir ce qu'est veritablement une personne, si elle est libre ou esclave, legitime ou bâtarde, mariée ou Religieuse, noble ou roturiere.

Etat, est aussi un terme de compte, & on dit que *Les comptables comptent sur un état au vrai*; ce qui est dit par opposition à l'Etat par estimation qui se faisoit autrefois au commencement de l'année, des revenus & dépenses que l'on prévoyoit qui s'y devoient faire. On appelle *Etat final*, la clôture & l'apurement d'un compte.

On appelle *Etat Major*, en termes de guerre, un nombre particulier de quelques Officiers qui sont distingués par une plus grande solde, & ausquels on assigne une fourniture plus ample de vivres & d'ustencilles. Le Colonel, l'Aide-Major, le Maréchal des Logis, l'Aumônier, le Prévôt, le Chirurgien & le Commissaire à la conduite sont compris dans l'Etat major d'un Regiment d'Infanterie; & dans chaque Regiment de Cavalerie, le Mestre de Camp, le Major, l'Aide-Major, &c. L'Etat major de toute la Cavalerie prise ensemble est composé du Colonel general, du Mestre de Camp general, du Maréchal des Logis general, des Fourriers-Majors, du Prévôt general, de ses Archers, des Carabins du Colonel general, du Mestre de Camp general du, Commissaire general & du Commissaire à la conduite.

On appelle, en termes de Marine, *Etat d'armement*, une Liste envoyée de la Cour, de tous les Vaisseaux, Officiers Majors & Officiers qui sont destinés pour armer. On donne aussi ce même nom d'*Etat d'armement* à un imprimé qui marque le nombre, la qualité & les proportions des agrés, apparaux & munitions qu'on a dessein d'employer aux mêmes Vaisseaux. On appelle *Capitaine du grand Etat*, un Capitaine de Vaisseau qui a sa Commission du Roi, & *Capitaine du petit Etat*, un Capitaine de fregate legere, de galiote, de brûlot ou de flûte.

On appelle *Etat du Ciel*, en termes d'Astronomie, la disposition des Astres les uns à l'égard des autres en un certain moment. C'est ce que l'on marque lorsqu'on tire une figure celeste.

ETAU. s. m. Petite Machine dont les Serruriers & plusieurs autres Ouvriers se servent pour tenir & serrer les pieces qu'ils travaillent. Elle est composée de deux principales pieces de fer qui s'éloignent & s'élargissent par le moyen d'un ressort qui est entre deux, & qui se rapprochent & se serrent avec une vis. Ces deux principales pieces, dont les têtes ou extrémités se nomment *Machoires*, sont assemblées par en bas dans une espece de boîte de fer appellée *Jumelle*. La vis passe au milieu des tiges, qui est le nom que l'on donne aux deux principales pieces, entre les mâchoires & la jumelle, par un trou que l'on nomme *Oeil de l'étau*, & elle entre dans la boîte qui tient à l'autre tige où est l'écrou, dans lequel entrent les filets de la vis qui se tourne avec une manivelle. Il y a des Etaux solides de plus de deux cens livres pesans dans les boutiques des Serruriers & des Taillandiers pour y forger le fer. Il y a des Etaux dont les mâchoires sont en chamfrain, & d'autres appellés *Etaux à main*, ou *Tenailles à main*. Il y a encore un Etau qui sert pour travailler les pieces de rapport. Il est de bois.

L'*Etau* qui sert pour la marqueterie, & que quelques-uns appellent *Asne*, est une espece de selle à trois piés, dont la table de dessus est bordée tout autour. Au milieu de cette table sont deux morceaux de bois debout qui forment l'Etau, dont l'une des mâchoires est immobile, étant fortement arrêtée sur la selle. L'autre qui ne l'est que dans une charniere, se meut comme on veut par le moyen d'une corde qui passe au travers. Un des bouts de la corde est attaché à un morceau de bois qui s'appuie, & qui fait ressort contre cette mâchoire, quand on met le pié sur une marche qui est sous la selle où l'autre bout de la corde est attaché. Cette sorte d'Etau sert à tenir les feuilles de bois, pour les pouvoir scier & contourner avec les petites scies de marqueterie. Quelques-uns disent *Etal*. M. Ménage dérive ce mot de *Stallum*, abregé de *Stabulum*, d'où l'on a fait *Etaler* & *Installer*.

ETAYE. s. f. Terme de Blason. Petit chevron employé pour soûtenir quelque chose. Il ne doit avoir que le tiers de la largeur ordinaire du chevron.

ETE

ETEIGNOIR. s. m. Petit morceau de fer blanc tourné en cone, qu'on met au bout d'un bâton, & dont on se sert dans les Eglises pour éteindre les cierges.

ETEINDRE. v. a. *Faire mourir le feu*, *étouffer le feu*. Acad. Fr. On dit en termes de maçonnerie, *Eteindre de la chaux*, pour dire, La délayer avec de l'eau pour la conserver jusqu'à ce qu'on l'emploie, & empêcher qu'elle ne se gâte. On dit aussi, *Eteindre le fer*, pour dire, Lui donner une trempe par laquelle il acquiert de la dureté.

ETELON. s. m. Espece de plancher fait de plusieurs ais posés sur le terrain d'un chantier, pour y tracer la maîtresse ferme d'un bâtiment, ou tout autre assemblage de charpente.

ETENDART. s. m. On appelle sur mer *Etendart*, le Pavillon d'une Galere; & on dit *Etendart Royal*, pour dire, Le pavillon de la Reale ou principale Galere. M. Ménage dérive ce mot de l'Allemand *Stander*, qui veut dire *Stare*, d'où vient que l'on a dit autrefois *Stendard*. Du Cange le fait venir de *Standardum*, *standale*, ou *stantarum*, dont on s'est servi dans la basse Latinité pour signifier la principale Enseigne d'une armée.

Etendard. Terme de Fleuriste. Les trois feuilles superieures de certaines fleurs qu'on appelle *Iris*. On les a nommées ainsi à cause qu'elles s'élevent au-dessus des autres feuilles.

ETENDEUR. adj. m. Les Medecins appellent *Muscles étendeurs*, ceux qui servent à étendre les autres parties du corps, comme les pouces, les bras, les jambes.

ETENDOIR. s. m. Outil dont les Imprimeurs se servent pour étendre sur des cordes les feuilles nouvellement imprimées d'un livre, & les y laisser secher. C'est une maniere de petit ais quarré attaché au bout d'un long bâton, par le moyen duquel les feuilles mises par le milieu sur cet ais sont portées sur les cordes qu'on tend le plus haut qu'on peut dans le travers d'une chambre, afin d'y laisser par tout le passage libre.

ETENDRE. v. a. *Déployer en long & en large*. Acad. Fr. On dit en termes de Pratique, *Etendre une Ordonnance sur une requête*, quand un mot mis par le Juge au bas de cette requête, comme *Viennent*, *Soit montré*, est étendu par le Secretaire ou le Greffier, & mis au long dans le stile ordinaire.

Etendre, est aussi un terme de Manége, & quelques-uns disent, *Etendre un cheval*, pour dire, Le faire aller large.

ETERNALES. s. m. Heretiques des premiers siecles, appellés ainsi parce qu'ils croyoient qu'il n'y auroit point de changement après la resurrection, & que le monde demeureroit dans toute l'éternité comme il est presentement.

ETERNUMENT. s. m. Mouvement convulsif des muscles de la poitrine qui servent à l'expiration. Dans ce mouvement, après la suspension de l'inspiration commencée, l'air est repoussé par le nés & par la bouche avec une violence subite ou momentanée. La cause de ce mouvement convulsif est l'irritation de la membrane superieure du nés qui communique avec le nerf intercostal à raison des rameaux que celui-ci lui fournit dès son principe. Cette irritation se fait ou exterieurement par des odeurs fortes, comme par celle de la marjolaine & des roses, par des poudres qui volant en l'air, sont reçûes par l'inspiration, ou par des médicamens acres, comme le cresson & autres sternutatoires qui picotent la membrane du nés, ou interieurement par l'acrimonie de la lymphe qui humecte naturellement la membrane des narines, comme dans le coryza. Cette lymphe devient acre par sa chaleur & par son acidité, & alors elle irrite la membrane; ce qui fait éternuer. Les matieres qui sont rejettées en éternuant, viennent premierement du nés & de la gorge, parce que la membrane pituitaire y exude continuellement de la lymphe, & en second lieu de la poitrine, de la trachée artere & des bronchies des poumons.

ETESIES. s. m. p. Vents anniversaires & reguliers qui ne manquent point à souffler en de certaines saisons & pendant un certain tems. Ce mot est Grec, ἐτησίαι, & vient d'ἐτήσιος, Annuel, fait de ἔτος, Année. Quelqus-uns disent *Vents etesiens*.

ETESTÉ, ÉE. adj. Terme de Blason. Il se dit d'un aigle, du poisson, ou autre animal qui est sans tête.

ETH

ETHERÉE. adj. f. Les Poëtes appellent le Ciel *La voute éthérée*, *la region éthérée*, du mot Grec αἰθήρ, qui veut dire le Ciel, l'air, la splendeur qui est tout autour de l'air.

ETHIQUE. s. f. Science de tout ce qui regarde les mœurs. Aristote a donné ce nom aux traités qu'il en a faits. Ce mot vient du Gec ἠθικὸς, Moral, fait de τὸ ἦθος, Mœurs.

ETHMOIDE. adj. Les Medecins appellent *Os ethmoïde*, un os qui est situé au haut de la racine du nés, & qui sépare le cerveau d'avec la partie superieure des narines. On l'appelle ainsi à cause qu'il est troué en plusieurs endroits en façon de crible, du Grec ἠθμὸς, Crible, & de εἶδος, Forme, ressemblance.

ETHNOPHRONES. s. m. Heretiques du septiéme siecle, qui quoiqu'ils fissent profession du Christianisme, ne laissoient pas d'approuver les cérémonies des Payens. Ils donnoient particulierement dans l'Astrologie Judiciaire, dans les Divinations & les augures, sans s'abstenir des sortileges, des sorcelleries & autres impietés des Infidelles. Leur nom a été formé de ἔθνος, Nation, & de φρονεῖν, Penser, avoir dans l'esprit, être d'un certain sentiment, comme qui diroit, Qui est de même opinion que les Nations.

ETHOPE'E. s. f. Figure de Rhetorique. Description des mœurs & des passions de quelque personne. Ce mot est Grec, ἠθοποιΐα, Peinture des mœurs, & est fait de ἤθη, Mœurs, pluriel de ἦθος, qui veut dire Genie, esprit, & de ποιεῖν, Faire.

ETI

ETIENS. s. m. Heretiques, appellés ainsi, d'Etius Diacre, qui eut pour successeur Eunomius vers l'an 331. Ils soûtenoient que les hommes pouvoient comprendre parfaitement Dieu; que le Fils n'étoit semblable au Pere ni en puissance, ni en essence, ni en volonté; que le S. Esprit étoit créé du Fils, & que Jesus-Christ avoit pris seulement un corps humain, & non pas l'ame d'un homme. Ils prétendoient que la Loi pouvoit rendre bienheureux sans les bonnes œuvres, & cela faisoit qu'ils permettoient toutes sortes de dissolutions.

ETIER. s. m. Espece de fossé fait par art ou naturellement, qui se dégorge dans la mer, ou dans quelque riviere qui en est proche. On appelle ainsi, en termes de Gabelle, le conduit qui sert à recevoir l'eau de la mer dans les marais Salans.

ETINCELANT, ante. adj. Terme de Blason. Il se dit des charbons d'où il sort des étincelles. On appelle *Ecu étincelé*, un Ecu qui est semé d'étincelles.

ETIQUETE. s. f. Terme dont on se sert au Grand Conseil, & qui se dit des Memoires & Placets qu'on donne au premier Huissier pour appeller les Causes à l'Audience. On appelle aussi *Etiquete* dans plusieurs Coûtumes, le Billet par écrit que le Sergent qui a fait des criées met à la porte de l'Auditoire & de la maison saisie. On a dit autrefois, en termes de Pratique, *Etiqueter les témoins*, quand on mettoit entre les mains du Commissaire Enquêteur un brevet ou memoire qui contenoit les témoins & les articles sur lesquels on devoit les interroger. On ne sçait pas bien l'origine de ce mot. Quelques-uns croyent que comme on écrivoit autrefois les procedures en Latin, & qu'on mettoit sur le sac pour inscription *Est hic quæstio inter*, &c. les Clercs ont formé par ignorance ou par une mauvaise prononciation, *Etiquet*, ou *Etiquete*.

Etiquete. Filet quarré avec lequel on prend du poisson en l'attachant au bout d'une perche.

ETO

ETOFFE. s. f. Les Brodeurs appellent *Etoffes*, les soyes retorses qui sont entortillées sur la broche avec laquelle on travaille. M. Ménage dit que ce mot vient de l'Allemand *Stoffe*.

ETOFFE', e'e. adj. Ceux qui travaillent en fer, appellent *Fer étoffé*, un Fer préparé qui est moindre que l'acier, mais meilleur que l'acier commun. On en fait les rapes & les scies, qui sont moins cassantes que l'acier & plus dures que le fer.

ETOILE. s. f. *Astre, globe lumineux qui est au Ciel.* Acad. Fr. Les Astres sont des corps denses, divisés en Errans, appellés *Planetes*, & en Fixes, nommés simplement *Etoiles*. Voyez FIXE. Ces Etoiles fixes gardent toûjours la même distance entr'elles, comme toutes celles du firmament, que l'on distingue aisément par leur grandeur, leur couleur & leur splendeur. Ptolomée & les anciens Astronomes ont prétendu qu'il n'y avoit que mille vingt-deux Etoiles visibles; mais par le moyen du Telescope, les Modernes en ont découvert beaucoup davantage. On appelle *Etoiles informes*, Celles qui se trouvent entre deux Constellations, & qu'on voit hors des figures ausquelles se rapportent les Etoiles voisines. Les *Etoiles nebuleuses*, sont de petites Etoiles, qui ne se voyent que confusément à l'œil, à cause d'un petit nuage dont il semble qu'elles soient environnées. Celles de l'Ecrevisse, d'Orion & du Sagittaire sont de ce nombre. Ainsi ces Etoiles nebuleuses ne sont autre chose qu'un amas de très-petites Etoiles, dont les petites lumieres se joignant ensemble, forment une espece de blancheur qui ressemble en quelque sorte à celle d'un petit nuage. Telles sont celles dont la voie de lait est composée. On divise les Etoiles en six classes. Celles qu'on appelle de la premiere grandeur, sont, selon Alphraganus, cent huit fois plus grandes que la terre; celles de la seconde, quatre-vingt-dix fois; celles de la troisiéme, soixante & douze fois; celles de la quatriéme, cinquante-quatre fois; celles de la cinquiéme, trente-six fois; & celles de la sixiéme, dix-huit fois. Albategnius veut que les Etoiles de la premiere grandeur ne soient que cent deux fois plus grandes que la terre, & celles de la sixiéme grandeur seize fois. Venus est la plus claire, & paroît la plus grande Etoile du Ciel. Quand elle va devant le Soleil, on l'appelle *Etoile du Jour*, & quand elle suit le Soleil, elle est nommée *Etoile du Soir*. On appelle *Etoile polaire*, l'Etoile qui est dans la queue de la petite Ourse, & on lui donne ce nom, à cause qu'elle est fort proche du Pole. Elle n'en est éloignée que de deux degrés & demi ou environ. Cela fait qu'elle paroît à l'œil dans une même place, & qu'en la regardant, on est assûré d'être tourné droit au Septentrion. On connoît facilement cette Etoile, parce qu'elle fait presque une ligne droite avec les deux dernieres des quatre roues du chariot de David. Ainsi on dit en termes de mer, que *Le vent se range à l'étoile*, pour dire, qu'Il se range vers le Nord, à cause que l'Etoile polaire est de ce côté-là. Les gens de mer l'appellent aussi *Etoile du Nord*.

Etoile, est aussi une espece d'insecte de mer, ayant cinq branches, au milieu desquelles est sa bouche avec cinq dents. On l'appelle ainsi à cause qu'il a la figure d'une étoile. Il n'a qu'un bon pié de diametre, & un pouce d'épaisseur. Sa peau est assés dure, avec de petites bosses qui la relevent. Ce poisson ou insecte se promene, comme il veut, dans les eaux pendant le calme, mais aussi-tôt qu'il prévoit quelque orage, la crainte qu'il a d'être poussé sur la terre, fait qu'il jette comme deux petites ancres de son corps, avec lesquelles il s'accroche si fortement contre les rochers, que toute l'agitation des flots ne l'en sçauroit détacher.

On appelle aussi *Etoile*, une certaine petite fleur blanche, qui vient dans les mois d'Avril & de Mai.

Etoile, est aussi une petite marque en forme d'étoile, que les Imprimeurs mettent en quelques endroits d'un livre, pour remplir les vuides de quelques mots qu'on n'imprime pas, comme, *Il garda jusqu'à la mort le secret que M*** lui avoit confié*. On met aussi cette même étoile à côté d'un mot, pour marquer qu'on le trouvera expliqué au bas de la page.

Etoile, en termes de Manége, est une marque blanche que quelques chevaux ont sur le front.

Etoile en termes de guerre, est un petit fort qui a

a d'ordinaire depuis cinq pointes jusqu'à huit, & qui est construit par angles rentrans & sortans. On donne à chacun de ses côtés depuis douze jusqu'à vingt-cinq toises. Les redoutes quarrées qui sont plûtôt construites & qui font le même effet, ont presque mis les étoiles hors d'usage.

On appelle aussi *Etoile*, un espace rond dans un parc ou dans un jardin, qui fait une maniere de carrefour, où plusieurs allées aboutissent, & du milieu duquel on a divers points de vûe.

Etoile, est encore un terme usité dans le Blason, & l'on en charge souvent les écus & leurs pieces honorables. Elle est d'ordinaire de cinq rais en France. On appelle *Ecu étoilé*, un écu semé d'étoiles sans nombre.

ETOLE. s. f. Sorte de robe qui étoit plus convenable à des femmes qu'à des hommes chés les anciens Payens, & qui passoit pour une robe d'honneur chés toutes les Nations. Les Rois-mêmes ne dédaignoient pas de s'en servir, & ils en faisoient quelquefois la récompense de la vertu. On tient que l'Etole de nos Prêtres d'aujourd'hui n'est autre chose que les extrémités de cette longue robe que le Grand-Prêtre portoit autrefois, & qu'elle en fait la representation. C'est une grande bande d'étoffe, longue & large, chargée de trois croix, qui prend depuis le cou jusqu'aux piés. Les Prêtres la portent sur leur aube, & la croisent sur leur estomac quand ils celebrent la Messe, & les Diacres la portent en écharpe, de l'épaule gauche sous le bras droit. Les Curés la mettent par dessus leur surplis, pour marque de leur superiorité dans leur Eglise.

ETOUBLE. s. m. Chaume. Ce qui reste de blé sur la terre, après que l'on a fait la moisson. Il y a quelques endroits où l'on dit *Eteule*. Ce mot vient de *Stipula* ou *Stibula*. Quelques-uns le dérivent *A tabis & calamis frugum*.

ETONNER. v. Une voute mal butée s'étonne quand elle est surchargée.

ETOUFFOIR. s. m. Terme de Boulanger. Instrument de métal, qui a trois piés ou environ de hauteur. Il est creux, rond, ouvert par le bas, & couvert par le haut. Les Boulangers mettent cet Instrument sur la braise quand ils la veulent éteindre.

ETOUPER. v. a. Boucher avec de l'Etoupe. On dit en quelques lieux *Etouper les blés*, les clorre d'épines, les rendre défensables.

ETOUPIN. s. m. Cordes de coton filé qu'on trempe dans une composition où il entre quatre onces de poudre & autant de salpêtre, le tout bien pulverisé, & dissous dans deux livres de vinaigre ou d'urine qu'on y mêle. Quand on y a bien humecté ces cordes, on les roule toutes mouillées sur une table couverte de poudre fine, après quoi on les fait secher à l'ombre pour s'en servir au besoin.

ETOURNEAU. s. m. Oiseau noir, marqueté de petites taches grises, & qui est d'un aliment grossier. Il vit cinq ou six ans, & on lui apprend à parler en le nourrissant dans une cage. On l'appelle *Sturnus*, en Latin.

Dans la Mécanique on appelle *Etourneau*, une forte piece de bois, qui est posée à angles droits au-dessus du poinçon de l'engin, & qui contient une poulie à chacun de ses deux bouts. On l'appelle aussi *Fauconneau*.

ETR

ETRANGUILLON. Poire sauvage. Furetiere a tort de dire que la plûpart du cidre se fait avec ces Poires. On le fait avec des Pommes ou de bonnes Poires. Dans la partie d'Anjou, que l'on appelle le Craaunois, où l'on fait beaucoup de cidre, on ne connoît point l'Etranguillon. Le Dictionaire Universel n'a évité la faute qu'en partie. Il dit qu'on en fait du Poiré : on n'en fait que des meilleures Poires de Jardin.

ETRAPE. s. f. Petit instrument de fer, qui sert à couper le chaume. On l'appelle aussi *Faucillon*, & quelques-uns disent *Etraper le chaume*, pour dire, Le scier.

ETRAQUE. s. m. Terme de Marine. Largeur d'un bordage. On appelle *Premiere étraque* ou *étraque de gabord*, un bordage qui est entaillé dans la quille.

ETRAVE. s. f. Piece de bois courbe, qui s'ente au bout de la quille à l'avant du Vaisseau, pour en soûtenir & former la proue. Elle est élevée jusqu'audessus du deuxiéme pont, & c'est où aboutissent tous les bordages & toutes les précintes qui sont conduites jusqu'à l'avant. On l'appelle aussi *Etable*, *Etante* ou *Etauve*.

ETRESSIR, s'ETRESSIR. On dit en termes de Manége, qu'*Un cheval s'étressit*, pour dire, qu'Il ne va pas assés large, & qu'il perd de son terrain en s'approchant trop du centre de la volte.

ETREIGNOIR. s. m. Les Menuisiers nomment *Etreignoirs*, deux morceaux de bois, percés de plusieurs trous, & qui sont joints avec des chevilles. Ils servent au même usage que le sergent, pour serrer & emboiter des portes ou autres ouvrages.

ETRENNES. s. f. p. Presens que l'on fait le prémier jour de l'année. Il y en a qui ont cru que l'origine des Etrennes venoit des Fêtes de Saturne, qui se celebroient depuis le 17. jusqu'au 19. de Decembre, & pendant lesquelles on se faisoit des presens de plusieurs sortes, & particulierement de cierges & de bougies ; mais il est certain que la ceremonie des Etrennes étoit attachée aux Calendes, c'est-à-dire, au premier jour de Janvier, qui est le commencement de l'année. Beaucoup en rapportent l'origine au tems de Romulus, & de Tatius Roi des Sabins qui regnerent ensemble dans la Ville de Rome, l'an septiéme de sa fondation. Tatius ayant reçû comme un bon augure des branches coupées dans la forêt de la Déesse Strenia, qui lui furent presentées le premier jour de l'an, autorisa la coûtume d'en offrir, & appella ces sortes de presens *Strenæ*, à cause du nom de la Déesse, qui presida à cette ceremonie depuis ce tems-là. Les Romains firent de ce jour-là un jour de fête, qu'ils dedierent au Dieu Janus ; quoique le Peuple ne demeurât pas sans rien faire, & qu'au contraire, chacun s'employât à quelque chose de sa profession, afin de n'être pas paresseux le reste de l'année. Ce même jour, il étoit particulierement défendu de prononcer aucune parole de celles qu'on ne croyoit pas de bon augure, & chacun se souhaitoit reciproquement une heureuse année. Après la destruction du Paganisme, la coûtume d'envoyer des Etrennes aux Magistrats & aux Empereurs, continua de s'observer comme auparavant ; mais on s'est abstenu des ceremonies payennes, qui étoient d'envoyer de la verveine ou de certaines branches d'arbres, & de mettre le jour des flambeaux allumés sur la table où l'on faisoit des festins, & de chanter & de danser dans les rues. On fait venir le mot d'*Etrennes* de *Strena*, qui veut dire la même chose, & qu'on a formé du vieux mot *Strenus*, Qui est de bon augure. Festus, comme rapporte Nicod, rend l'étymologie de ce mot par les nombres, *comme si celui qui donnoit anciennement les Estrennes eût dit mystiquement à celui qui les recevoit*, Une deuxiéme, voire troisiéme année, *ou* un deuxiéme & troisiéme jour te succederont de pareils profits; *car & le nombre ternaire est mystique, & le jour des Estrennes est jour de Fête & religieux, & les Estrennes étoient de prix. Nonius Marcellus l'étymologise* à strenuitate, *qui signifie Valeur & prouesse; car les subjects & inferieurs presentoient les Estrennes à leurs Seigneurs, comme personnes valeureuses & protecteurs d'eux. Au tems des Druydes, les Estrennes de sainteté, étoit le Guy du chesne. Encore dit-on en aucuns lieux du Pays où ils residoient*, Le Gui l'an neuf, *mots corrompus par ceux qui n'en sçavent l'origine, en un seul qu'ils prononcent* L'anguillanneuf.

ETRESILLON. s. m. Piece de bois que l'on met pour contrebouter les ais ou dosses qui servent à soutenir les terres, afin d'empêcher qu'elles ne s'éboulent, lorsqu'on fait des fondemens ou des voutes.

Etresillon, se dit aussi d'une piece de bois assemblée à tenon & mortoise avec deux couches, qu'on met dans les petites rues, pour retenir à demeure des murs qui deversent. On appelle encore *Etresillon*, des morceaux de bois qui se mettent au lieu de tampons entre des solives, pour faire tenir le mortier ou plâtre qu'on met dans les entrevous.

ETRESILLONNER. v. a. Mettre des étresillons, retenir les terres avec des dosses, pour en empêcher l'éboulement.

ETRIER. s. m. *Pieces du harnois du cheval, servant à soutenir les piés du Cavalier.* ACAD. FR. On appelle *Etrier*, en termes de Charpenterie, une barre de fer coudée quarrément en deux endroits, pour servir à soutenir une poutre & à l'attacher à un poinçon, ainsi que font les boulons. L'Etrier est d'un fer plat qui embrasse la poutre, au lieu que le boulon est comme une cheville ronde, qui passe au travers, & qui la soutient par le moyen d'une grosse tête qui est au bout. Il sert aussi à arrêter les solives posées en bascule, lorsqu'un pan de bois est en saillie sur une cour ou sur une rue.

Etrier, se dit en termes de mer, d'un des chaînons des cadenes de hauban, qu'on cheville sur une seconde precinte, afin de renforcer ces cadenes. On appelle aussi *Etrier*, Une bande de fer faite en forme de crampon, par le moyen de laquelle on joint une principale piece de bois avec une autre. On donne encore le nom d'*Etriers*, à de petites cordes, dont les bouts sont joints ensemble par des épissûres. On ne s'en sert pas seulement pour faire couler une vergue ou quelque autre chose au haut des mâts, on s'en sert aussi dans les Chaloupes pour tenir l'aviron au Tolet.

Etrier, se dit encore en termes d'Anatomie, d'un petit os qui est dans l'oreille interieure de l'homme, auprès de l'enclume & du marteau, qui sont deux autres os qu'on appelle ainsi. On lui a donné le nom d'*Etrier* à cause de sa figure triangulaire qui étoit celle des anciens Etriers. Ce mot vient de *Stripariun*, fait de *Strepa*, ou de *Streparia*, dont on s'est servi dans la basse Latinité, pour signifier la même chose. M. Ménage dit que *Strepa*, a été fait de l'Allemand *Stref*, ou du Grec στρῶσις, Selle de bois que l'on met sur un cheval.

ETRIERE. s. f Petite bande de cuir, qui descend de la selle le long des côtes du cheval, & qui répondant aux étriers, les tient suspendus.

ETRIF. s. f. Vieux mot. Querelle, débat de paroles. *Ce mot*, dit Nicod, *est prins par metaphore de ce que les Chevaliers combattant l'un contre l'autre, advantagent & affermissent les piés dans les estriers, pour être plus roides à cheval, & plus malaisez à abattre, & delà vient aussi qu'on dit* Estriver contre aucun, *pour*, *Debattre fortement à lui, & alterquer contre aucun.*

ETRISTE', E'E. adj. Terme de Chasse. On appelle *Levrier étristé*, Un levrier qui a les jarets bien faits.

ETROIT, OITE. adj. *Qui a peu de largeur.* ACAD. FR. C'est aussi un terme de Manege. L'Ecuyer qui donne leçon, voulant empêcher le cheval de perdre son terrain, dit à l'Ecolier, *Etroit*, pour lui faire entendre qu'il faut qu'il approche le talon de dehors. On appelle *Cheval étroit de boyau*, Un cheval étrac, c'est-à-dire, qui a les côtes plates, serrées & racourcies. On dit *Conduire un cheval étroit*, pour dire, Donner peu de terrain à un cheval & empêcher qu'il ne marche large dans le manege des voltes & des demi-voltes. Ce mot vient du Latin *Strictus*.

On dit *Femme étroite*, dont les parties pour la generation n'en sont pas capables. On peut déclarer le mariage nul en ce cas. Ce n'est pas un vice commun.

ETROPE. s. f. Corde qui entoure un mousle de poulie dans un Vaisseau, & qui sert à l'amarrer. On appelle aussi *Etrope*, une corde que l'on bande autour de l'arcasse de la poulie, non seulement pour la renforcer; mais pour empêcher qu'elle s'éclate. *L'étrope de marchepié*, est celle qui fait le tour de la vergue, au bout de laquelle le marchepié passe dans une cosse. En general, les Etropes sont des bouts de cordes épissez, à l'extrémité desquels on a coûtume de mettre une cosse de fer, pour accrocher quelque chose, & on appelle *Etropes d'affust*, des herses avec des cosses, qui sont passées au bout du derriere du fond de l'affust d'un canon, où l'on accroche les palans.

ETRUFFE', E'E adj. Terme de Chasse. On appelle *Chien étruffé*, un Chien qui a une cuisse qui ne prend plus de nourriture; ce qui le fait devenir boiteux.

ETRUFFURE. s. f. Mal qui vient à un chien quand l'une de ses cuisses ne prend plus de nourriture, & qu'elle se seche, soit que le nerf ait été foulé par quelque effort, soit qu'il ait été trop serré dans un passage.

ETU

ETUDIOLE. s. f. Petit buffet à plusieurs tiroirs posé sur une table. Les gens d'étude s'en servent pour y serrer leurs papiers & les divers memoires qu'ils font.

ETUFE'E. s. f. Ragout pour les Carpes & pour les Lamproyes, &c. avec du vin & plusieurs épiceries.

ETUVE. s. f. Lieu fermé que l'on échauffe pour y faire suer les personnes propres qui veulent se décrasser. Il se dit aussi de certains lieux qui sont chez les Chapeliers, ou dans les sucreries, pour y faire secher les chapeaux ou les pains de sucre.

On appelle en Medecine, *Etuves seches*, celles qui sont faites avec une évaporation d'air chaud & sec. Elles échauffent tout le corps, en ouvrent les pores, & excitent les sueurs. Cela se fait par des grais ou des briques fort chauffées. Il y a aussi des *Etuves humides*, qu'on dit avoir été inventées à Lacedemone pour entretenir la santé. Elles sont faites par une décoction & ébullition d'herbes dont la vapeur se conduit par des canaux de fer blanc dans une cuve à deux fonds, où se met celui à qui on veut provoquer la sueur. On fait venir le mot, d'*Etuves* de *Stuba* ou *Stuffa*, dont on s'est servi dans la basse Latinité pour signifier la même chose. Il y en a qui le tirent de l'Allemand *Stuben* ou *Stub*, qui veut dire Etuve. M. Ménage veut qu'il vienne du Latin *Æstuare*, Bouillir à force de chaleur; d'autres prétendent qu'il a été fait de *Stoufa*, mot Celtique ou bas Breton, qui signifie boucher, à cause qu'il faut qu'une Etuve soit bien bouchée. Les Grecs nomment ces lieux-là *Hypocaustes*, du mot ὑπόκαυστον, qui veut dire, ce qui est échauffé par dessous, à cause des fourneaux souterrains qui servoient à échauffer leurs bains.

On appelle dans un Arcenal de Marine, *Etuve de corderie*, un lieu muni de fourneaux & de chaudieres, où l'on goudronne les cordages qui doivent servir à des Vaisseaux.

ETY

ETYMOLOGIE. s. f. Origine des mots; raison veritable ou vrai-semblable qui a fait donner le nom aux choses. On appelle *Etymologistes*, Ceux qui ont écrit des Etymologies. Ce mot vient de ἔτυμος, Vrai, & de λέγειν Dire.

EVA

EVACUATIFS. s. m. Terme de Medecine. Medicamens qui remedient à la cacothymie, c'est-à-dire, à la mauvaise constitution des humeurs contenues, en faisant sortir par les lieux convenables tout ce qui est vicié, incapable d'assimilation & de correction, & par consequent nuisible au corps par sa quantité,ou sa qualité. Les Medecins en évacuant par les selles, par les urines, ou par la transpiration, tout ce qui ne peut être corrigé ou assimilé, ne font que suivre la nature qui conserve toutes les humeurs contenues dans un état temperé, en égalisant par ce moyen les mouvemens fermentatifs, en ramenant dans une juste temperance ce qui n'est point temperé, & en abaissant les excès des effervescences; & le seul chyle fait tout cela naturellement.

EVACUATION. s. f. Décharge d'humeurs, d'excremens superflus. Il y a une *Evacuation spontanée*, & une *Evacuation medicale* ou *artificielle*. La premiere est tantôt naturelle simplement, comme le vomissement après l'yvresse, tantôt critique, comme la diarrhée qui vient le septiéme jour à la pleuresie & la guerit, & tantôt contre nature & symptomatique. Telle est cette même diarrhée qui arrive quand la petite verole suppure. Cete Evacuation symptomatique est d'ordinaire mortelle. L'Evacuation medicale & artificielle, est lorsque dans l'état de convalescence, & dès le commencement, on ordonne quelque purgatif pour chasser les impuretés des premieres voies. On divise l'Evacuation spontanée, & sur tout l'artificielle, en *Evacuation universelle* qui regarde tout le corps, & en *Evacuation particuliere*, qui ne regarde qu'une certaine partie particuliere. L'une comprend la purgation, la diurese, la diaphorese & la salivation. L'autre renferme la sternutation, la sputation, les clysteres & les injections pour la matrice & pour les oreilles. La suppression des Evacuations ordinaires engendre le manque d'appetit, à cause qu'alors il n'y a point d'acide dans l'estomac; ce qui arrive par le trouble & la confusion de toutes les humeurs, sur-tout dans la masse du sang, ou par l'abondance du sel volatil huileux qui se trouve dans les fievres.

EVANGILE. s. m. Terme qui signifie litteralement *Heureuse nouvelle*. Il est fait de εὖ, Heureusement bien, & de ἀγγέλλειν, Annoncer. Dans le langage ordinaire il se prend pour le livre qui contient la vie & la doctrine de Jesus-Christ, & qui a été écrit par les quatre Evangelistes. Saint Matthieu est le premier qui ait écrit l'Evangile, & ce fut en Hebreu ou en Syriaque, l'an 39. de l'Ere Chrétienne. Les anciens Peres croyent la plûpart que saint Marc écrivit son Evangile à Rome, en ayant été prié par les Chrétiens de cette Eglise, & qu'il le fit sur ce que saint Pierre lui avoit appris. Ce fut en la quarante-troisiéme année de Jesus-Christ qu'il entreprit ce travail. L'Evangile que nous avons de saint Luc fut écrit vers l'an 56. & contient ce qu'il avoit sçû de ceux qui en avoient été témoins. Saint Jean n'écrivit son évangile que lorsqu'il fut revenu de l'Isle de Patmos, & il l'écrivit à la priere des Evêques pour confondre Elbion & Cerinthus, qui osoient soûtenir, en parlant de Jesus-Christ, qu'il n'étoit qu'un homme. Ce mot est masculin dans ce sens, mais quand il signifie ce que le Prêtre dit à la Messe, pendant quoi tout le monde se tient debout par respect; il est feminin, *La premiere, la derniere Evangile*. On dit dit aussi *Jurer sur les saintes Evangiles*, & non pas, *sur les saints Evangiles*.

EVANOUISSON. s. m. Vieux mot. Pamoison.

EVANTILLER. v. En cas de Retrait, de Rachat, de Lots & ventes, on Evantille le Contrat, c'est-à-dire, on fait voir en détail la valeur de l'heritage & ce qui releve de chaque Seigneur pour en payer les droits au *prorata*.

EVATE'. s. m. Sorte de bois noir qui ressemble à notre ébene, & qui se trouve dans l'Abyssinie, où il est fort estimé. On en fait des plats, & par une proprieté particuliere à ce bois ces plats se rompent en pieces si-tôt que l'on met du poisson dedans.

EUB

EUBAGES. s. m. p. Prêtres des anciens Gaulois. Leur principale occupation étoit la Physique. Ils cherchoient aussi à bien connoître les astres, & travailloient à deviner les choses futures.

EUC

EUCHITES. s. m. Certains Errans qui prétendoient que pour se sauver on n'avoit besoin que de la seule priere. Ils n'admettoient parmi les Sacremens ni le mariage ni l'Ordre, & ne croyoient point qu'il fût necessaire d'être baptisé. Ils parurent sur la fin du quatriéme siecle, & le Concile d'Ephese les condamna. Il y a beaucoup d'apparence que leur nom vient de εὐχέσθαι, Faire des prieres.

EUD

EUDOXIENS. s. m. Heretiques sortis d'Eudoxe Arien, qui usurpa le siege d'Antioche en 358. & que l'Empereur Constance fit Patriarche de Constantinople en 360. Ils disoient que le Fils de Dieu n'étoit pas semblable de volonté à son Pere, & qu'il avoit été fait de rien, & suivoient les erreurs des Aëtiens.

EVE

EVENT. s. m. Terme d'Artillerie. Aisance qu'on donne au boulet pour rouler dans le calibre d'un canom. On appelle aussi *Events*, de petits tuyaux que les Fondeurs mettent dans leurs moules, & contre les figures qu'ils veulent jetter en metal.

Event, est aussi l'endroit du poisson par où il respire, & dans les baleines ce sont les ouvertures que ces monstrueux poissons ont sur la tête, par où ils jettent cette grande quantité d'eau qui les fait appeller *Souffleurs*.

Event, se dit encore dans l'aunage, de ce qui est au delà de la mesure. Ainsi, *Mesurer une étoffe sans évent*, c'est, La mesurer en sorte qu'il n'y ait rien par delà le juste aunage.

EVENTE. s. f. Les Chandeliers appellent ainsi une espece de cassette basse, plate & sans couvercle. Elle est divisée en plusieurs quarrés, où ils mettent de la chandelle défilée.

EVENTER. v. a. *Faire du vent sur quelque chose.* ACAD. FR. On dit en termes de Maçonnerie & de charpenterie, *Eventer une piece de bois*, *éventer une pierre*, pour dire, La tirer avec le cordage pendant qu'on la monte, afin d'empêcher qu'en donnant contre la muraille la piece de bois ne gâte quelque chose, ou que la pierre ne s'écorne. *Eventer*, signifie plus particulierement, Faire ouverture, *Eventer le tuf*, *la glaise*. *Eventer une mine*.

On dit en termes de mer, *Eventer les voiles*, pour dire, Mettre le vent dans les voiles pour faire route.

EVERDUMER. v. a. Vieux mot. Tirer le suc d'une herbe.

EVERRER. v. a. On dit *Everrer un chien*, pour dire, Lui ôter un nerf de dessous la langue; ce qui l'empêche de mordre.

EVERTIR. v. a. Vieux mot. Abattre, renverser. Il vient du Latin *Evertere*.

E U F

EUFISTIS. s. m. Suc des feuilles du Cistus. On se sert à son défaut de l'hypocistis, dont on double la dose, & qui a les mêmes qualités.

E V I

EVIDER. v. a. Terme de Maçonnerie. Tailler à jour un ouvrage de pierre ou de marbre, comme des entrelas. Il se dit aussi des ouvrages de menuiserie, comme des panneaux de clôture de Chœur, d'Oeuvre, de Tribune & autres.

EVIGORER. v. a. Vieux mot. Renverser.

EVIRE', E'E. adj. Terme de Blason. Il se dit d'un lion ou autre animal qui n'a point de marque par où l'on puisse connoître de quel sexe il est.

EVITE'E. s. f. Terme de Marine. Largeur que doit avoir un canal ou une riviere pour fournir un libre passage aux grands Bâtimens. On dit, qu'*Une riviere n'a point assés d'évitée*, pour dire, que Faute que son lit soit assez large, elle n'est point navigable pour les grands Vaisseaux. *Evitée*, se dit aussi d'un espace de mer où le Vaisseau se peut tourner à la longueur de ses amarres. On dit d'un Vaisseau qu'*Il a évité*, pour dire, qu'il a changé bout pour bout à la longueur de son cable, sans qu'il ait levé les ancres.

EVITER. v. n. Terme de Marine. *Eviter au vent*, se dit d'un Vaisseau, lorsqu'il presente l'avant au lieu d'où souffle le vent; & *Eviter à marée*, lorsqu'il le presente au courant de la mer à la longueur de ses amarres.

E U M

EUMENIDES. s. f. p. Nom que les Anciens ont donné aux trois Furies Infernales, Megere, Alecton, & Tisiphone, dans la pensée qu'ils avoient que Jupiter se servoit d'elles quand il vouloit châtier les hommes. Elles avoient un Autel à Athenes, & ont été appellées *Eumenides* par antiphrase, à cause qu'elles sont impitoyables, du Grec εὐμενής, Qui veut du mal à quelqu'un.

E U N

EUNOMIENS. s. m. Sectateurs de l'heresiarque Eunomius, mis en 359. sur la Chaire Episcopale de Cyzique par Eudoxe de Constantinople, Prelat Arien. Ils croyoient, comme lui, que le Fils de Dieu n'étoit Dieu que de nom, s'étant uni à l'humanité seulement par sa vertu & par ses operations, & non pas substantiellement. Selon eux, il n'y avoit point de crimes, quoiqu'on y perseverât, qui pussent empêcher qu'on ne se sauvât, pourvû que l'on eût la foi. Ils ne vouloient point qu'on honorât les Martyrs, & faisoient rebaptiser ceux que l'on avoit baptisés au nom de la Sainte Trinité, par la haine qu'ils avoient pour ce mystere.

EUNUQUES. s. m. Heretiques qui de gré ou de force rendoient tous leurs Sectateurs Eunuques. Ils faisoient un même traitement à tous les passans qui tomboient entre leurs mains. Le mot d'*Eunuque* a été fait de εὐνὴ, Lit, ἔχειν, Avoir soin, à cause que les Empereurs se reposoient sur des Eunuques du soin de leurs femmes & de leurs filles.

E V O

EVOHE'. Cri d'acclamation que les Bacchantes faisoient dans les Fêtes de Bacchus; en Grec εὐοῖ, comme qui diroit, εὖ οἱ, Que bien soit à lui, que bien lui avienne.

EVOLUTION. s. f. Terme de Geometrie. *Signe d'évolution*. Toute ligne courbe a sa ligne d'évolution, & c'est ainsi qu'on la conçoit. On imagine un filet qui enveloppe éxactement une courbe quelconque dans toute son étendue, on prend une des extrémités du filet, & on commence à la redresser pour déveloper le filet entier d'autour de la courbe, mais on tient toûjours la partie du filet qu'on redresse tendue de sorte qu'elle soit une tangente de la courbe, & on continue ainsi jusqu'au bout. Ce filet qu'on redresse de plus en plus à chaque moment, & qui touche toûjours la courbe, décrit par son extrémité qui a commencé à se déveloper une ligne courbe, que l'on appelle *Signe d'évolution* de la premiere courbe, autrement la *Dévelopée*.

Evolution. Terme de guerre. Mouvement que fait un corps de troupes, quand pour attaquer ou se défendre avec avantage, il change de forme ou de disposition, soit qu'il veuille gagner un autre terrain, soit qu'il cherche à conserver celui qu'il occupe. Les contremarches, les conversions & les doublemens par rangs & par files, sont les parties des Evolutions.

E U P

EUPATOIRE. s. f. Plante medicinale qui ne produit qu'une tige dure comme du bois, noirâtre, droite, mince, velue, de la hauteur d'une coudée & quelquefois davantage. Elle jette plusieurs branches, & a ses feuilles noirâtres, dentelées tout à l'entour, & semblables à celles de la quinte-feuille ou du chanvre. L'Eupatoire commence à porter sa graine dès le milieu de sa tige. Elle est velue, pend en bas, & s'attache aux habits de ceux qui passent, quand elle est feche. C'est la description que Dioscoride en fait, , & c'est l'Eupatoire des Grecs, appellée ainsi du Roi Eupator, nommé aussi Mithridate, qui la trouva. On l'appelle autrement *Aigremoine*, & en Grec ἡπατώριον & ἡπατῖτις, à cause qu'elle remedie au foye. Il y a une plante que tous les Apothicaires prennent pour *Eupatorium*. Elle croît aux lieux humides, & a trois coudées de haut, & ses feuilles semblables à celles du chanvre, quoique plus grandes. Elles sont blanchâtres, velues & ameres au goût. Sa tige est rougeâtre, ronde, dure & velue, & il en sort plusieurs aîles & plusieurs branches. Ses fleurs sont en maniere de bouquets éparpillés comme ceux d'origan, sans tenir l'un avec l'autre. La couleur en est rouge tirant sur le blanc. Sa racine est aussi éparpillée, & on ne s'en sert point en Medecine. Matthiole dit que l'amertume des feuilles de l'Eupatorium, qui n'est point celui des Grecs, & la grande odeur qui est en toute la plante, font connoître qu'elle est aperitive & desopilative, & qu'elle est singuliere à incifer, & à attenuer les humeurs grosses & visqueuses.

EUPHORBE. s. m. Jus ou resine d'un arbre qui est semblable au Ferula, & qui croît en des lieux incultes & deserts. Ses premieres feuilles sont velues, & lorsqu'elles sont tombées, il en produit d'autres qui ressemblent à celles du pouliot marin. Le jus de cet arbre est fort subtil & fort penetrant, & à cause de sa chaleur trop violente, ceux qui le tirent, entament de loin le tronc de l'arbre avec une pique ou une lance. On recueille la liqueur qui sort en abondance de l'incision dans une peau de mouton dont on environne l'arbre. Il y a deux sortes ou especes de ce jus. L'une est semblable à la sarcocolle & de la grosseur de l'ers. L'autre qu'on appelle *Euphorbe vitré*, se prend & s'épaissit dans la peau dont est environné l'arbre. Il faut choisir celui qui est transparent, acre au goût, d'odeur mordicante, blanchâtre, leger, de la grosseur d'un ers, & qui a l'âge d'un an. Quand il est plus frais, il a trop de violence, & mis au bout de la langue, il l'enflamme avec une telle ardeur, qu'elle a peine à se passer. C'est un medicament dangereux, qu'il ne faut point ordonner sans le mêler avec d'autres qui amortissent son acrimonie & sa vehemence. Galien dit qu'il est composé de parties subtiles & brûlantes, & qu'il est semblable aux autres gommes. Le recent est plus blanc que l'autre. Le vieux devient roux. Juba Roi de Lybie appella cette plante *Euphorbe*, du nom d'Euphorbius son Medecin, frere de Musa Medecin d'Auguste.

EUPHRAISE. s. f. Petite plante de la hauteur d'un palme, qui a de petites feuilles crêpues & dentelées tout autour, astringentes & un peu ameres au goût. Sa tige est menue & rouge. Ses fleurs, qui sont aussi rouges, tirent sur le jaune paillet. Elle croît parmi les prés, & fleurit sur la fin de l'Eté. Fraîche ou seche, elle est singuliere pour le mal des yeux, de quelque maniere qu'on la prenne, soit parmi les viandes, soit dans une Medecine. Au tems des vendanges on fait du vin d'Euphraise détrempée, cuite & confite au moût pendant qu'il bout. Ce vin d'Euphraise est excellent pour la vûe. Quand il est trop fort on le détrempe avec de l'eau de fenouil, & on y met du sucre, s'il en est besoin, en quantité convenable. Quelques-uns font venir ce mot de εὐφροσύνη, Joie, gaieté, à cause que l'Euphraise prise dans du vin cause de la joie à l'esprit, en dissipant tout ce qui trouble la vûe.

EUPSICHIENS. s. m. Heretiques du quatriéme siecle, qui prirent le nom d'Eupsichius, qui étant Eunomien, quitta cette Secte par une question de la connoissance de Jesus-Christ.

EUR

EURIPES. s. m. p. Nom que les anciens Romains donnoient à de certains jets d'eau, moins considerables que les Gerbes & les Cascades. Ils en faisoient des canaux de differentes matieres, & ils empruntoient ce nom d'*Euripe*, du fameux Détroit ainsi nommé entre la Bœotie & l'Isle de Negrepont, qui chaque jour a quatre flux & reflux, & sept selon d'autres.

EURYTHMIE. s. f. Belle proportion. Il se dit d'un je ne sçai quoi d'aisé & de commode qui a une apparence majestueuse, & qui resulte de l'agreable & juste proportion de tous les membres d'un corps dans l'Architecture. Ce mot est Grec, εὐρυθμία, & se fait de εὖ, Bien, & de ῥυθμὸς, Ordre, arrangement.

EUS

EUSEBIENS. s. m. Heretiques Sectateurs d'Eusebe de Nicomedie, qui infecta Constance & toute la famille Imperiale de l'heresie d'Arius, & qui s'étant fait élire Evêque de Constantinople, après avoir fait exiler le saint Prélat Paul en 339. fit gloire de persecuter les Orthodoxes, & de se déclarer Chef de parti.

EUSTYLE. s. m. On se sert de ce mot en parlant d'un édifice où les colomnes sont bien placées, & avec une telle proportion, que chaque entrecolomnement est de quatre modules & demi. Ce mot est composé de εὖ, Bien, & de στύλος, Colomne.

EUT

EUTICHIENS. s. m. Sectateurs de l'heresie d'Eutichès, Abbé d'un celebre Monastere de Constantinople, & qui vivoit dans le cinquiéme siecle. Ils firent de grands maux aux Orthodoxes, en suivant les opinions de cet Heresiarque, qui enseigna d'abord que Jesus-Christ ne nous étoit pas consubstantiel selon la chair, parce qu'il avoit un corps celeste qui avoit passé par le corps de la Vierge comme par un canal. Il ajoûtoit qu'il y avoit eu en lui deux natures avant l'union hypostatique: mais qu'après cette union miraculeuse, il n'étoit resté qu'une nature mêlée des deux. Marcian étant parvenu à l'Empire, on tint en 451. le quatriéme Concile general à Chalcedoine, où les erreurs d'Eutichès ayant été condamnées, cet Empereur soûmit les Eutichiens aux peines où les Loix des Empereurs assujettissoient les Heretiques.

EX

EX. s. m. p. Vieux mot. *Li ex*, Les yeux.

EXA

EXAEDRE. s. m. Terme de Geometrie. C'est un parallelepipede terminé par six quarrés égaux. On l'appelle plus communément *Cube*. C'est l'un des cinq corps reguliers. Ce mot vient du Grec ἕξ, Six, & de ἕδρα, Siége.

EXAGONE. s. m. Terme de Geometrie. Polygone regulier qui a six côtés, du Grec ἕξ, & de γωνία, Angle.

EXALTATION. s. f. Terme d'Astrologie. On dit qu'*Une Planete est dans son exaltation*, quand elle est dans le Signe où les Astrologues lui attribuent le plus de vertus & d'influences.

Les Chymistes appellent *Exaltation*, l'élevation & purification des métaux à un certain degré.

EXALTER. v. a. Terme de Chymie. Elever les metaux & autres corps naturels jusqu'au degré de perfection & de pureté qu'ils peuvent souffrir en sorte qu'ils font un plus grand effet sur les corps sur lesquels on les fait agir.

EXAMEN. s. m. *Recherche exacte, soigneuse, discussion exacte.* ACAD. FR. Il y a eu en termes de Palais, un *Examen à futur*, jusqu'en l'an 1667. qu'il a été abrogé. C'étoit une enquête qui se faisoit en vertu de Lettres Royaux pour avoir preuve de la verité d'un fait, en faisant entendre des témoins avant qu'on intentât un procès, ou durant le cours d'un procès, & on prenoit ainsi leur déposition prématurement par la crainte qu'on avoit qu'ils ne s'absentassent ou qu'ils ne mourussent.

Examen chez les ouvriers, est la languette d'une balance.

EXARQUAT ou EXARCHAT. s. m. Charge & Gouvernement de l'Exarque. Il se dit aussi de l'étendue du Pays qui relevoit autrefois de l'Exarque. Justin le jeune commença l'Exarchat vers l'an 567. après que la plûpart des Barbares eurent été chassés d'Italie, où ils s'étoient établis. Outre Ravenne, Ville capitale de l'Exarchat, il comprenoit Bologne, Imola, Faënce, Forli, Cisenne, Bobie, Ferrare & Adria. Astolphe Roi des Lombards s'étant rendu maître de l'Exarchat, après qu'il eut duré cent quatre-vingt-deux ans, il lui fût ôté par Pepin le Bref, Roi de France. Un des Chapelains de ce Prince alla prendre possession de toutes les Villes, & il porta ensuite les Clefs sur l'Autel de saint Pierre & saint Paul, pour faire voir que son Maître en faisoit donation aux saints Apôtres.

EXARQUE. s. m. Vicaire de l'Empereur d'Orient, ou Prefet qu'il envoyoit en Italie, & qui demeuroit à Ravenne pour la défendre contre les Lombards, qui s'étoient rendus maîtres de ce Pays, à l'exception de Rome & de Ravenne. Il y a eu dix-huit Exarques, dont le premier a été Longin Patrice en 567. & le dernier, Eutichius, en 728.

On a aussi appellé *Exarques*, les Chefs des grands Dioceses. Ils étoient au dessus des Metropolitains, & jugeoient de ce qui étoit contentieux entre un Metropolitain & son Ecclesiastique. Ils tenoient des Conciles Diocesains ou Nationaux, dans lesquels ils aidoient à finir les differends qui n'avoient pû être terminés dans les Conciles Provinciaux.

EXASTYLE. s. m. Terme dont on se sert en parlant d'un porche ou autre lieu, qui a six colonnes de front. Ce mot est composé de ἕξ, Six, & de στῦλος, Colonne.

EXC

EXCENTRICITE'. s. f. Terme de Geometrie. Distance qu'il y a entre les deux centres des cercles ou des globes qui ne sont point concentriques.

EXCENTRIQUE. adj. Il se dit des Cercles & des Spheres, & signifie, Qui a un autre centre que celui d'un autre Cercle ou d'une autre Sphere, ou un autre centre que celui que l'on suppose être le centre du monde. Les Planetes étant tantôt plus proches, tantôt plus éloignées de la terre, il est clair que le cercle de leur mouvement n'a pas la terre pour centre, c'est-à-dire, qu'il lui est *Excentrique*. Le point de cet Excentrique le plus éloigné de la terre s'appelle *Apogée*, & le plus proche s'appelle *Perigée*. Voyez APSIDES, LONGITUDE, APOGE'E & PERIGE'E.

Dans le sistême de Ptolomée où toutes les Planetes avoient des Orbes ou Spheres concentriques à la terre, il avoit fallu creuser dans ces Spheres des cercles Excentriques à la terre, & ces cercles étoient proprement ceux que décrivoient les Planetes. Ils avoient une largeur qui étoit déterminée par le Diametre de l'*Epicycle*. Voyez EPICYCLE.

EXCEPTION. s. f. *L'action par laquelle on excepte.* ACAD. FR. On appelle *Exception*, en termes de Palais, une Défense imparfaite, & que l'on fournit en attendant que l'on en ait trouvé une meilleure. *Exception* est aussi une défense pertinente, fondée sur des fins de non recevoir, sur la prescription qu'on oppose, sur le défaut de qualité dans la personne qui agit. Ces Exceptions sont appellées *Exceptions peremptoires*, parce qu'elles peuvent faire juger l'affaire, sans que l'on entre dans la discussion du droit au fond.

EXCIPER. v. n. Terme de Palais. On dit qu'*Un Procureur a excipé contre une demande*, pour dire, qu'Il a fourni des exceptions. Ce mot vient du Latin *Excipere*. On disoit autrefois *Exciper*, pour dire, Excepter.

EXCOMMUNICATION. s. f. Censure Ecclesiastique, qui en punition d'un peché considerable, separe celui qui l'a commis de la communion des Saints, & de la participation des biens spirituels de l'Eglise. Quand on parle absolument de l'Excommunication, on entend l'*Excommunication majeure*, qui est une separation du corps des Fideles. L'*Excommunication mineure*, est encourue par ceux qui communiquent avec des excommuniés d'Excommunication majeure, & elle emporte aussi la privation des Sacremens. La forme de l'Excommunication est d'avoir des cierges allumés, & de les jetter & fouler aux piés à la fin de l'anatheme. Autrefois il falloit que les Excommuniés obtinssent dans l'année une absolution de leur Evêque, & satisfissent à l'Eglise, faute de quoi les Juges seculiers les y contraignoient par la saisie de leurs biens, & par l'emprisonnement de leurs personnes. Ils n'avoient que quarante jours en Angleterre. On a cru longtems, & les Grecs le croyent encore, que le corps des Excommuniés ne pouvoit pourrir, s'ils n'étoient absous, & qu'il demeuroit entier pendant plusieurs siecles, pour servir d'un spectacle terrible à la posterité. Il y a une *Excommunication de droit*. C'est celle qui a été ordonnée par forme de Loi dans les Conciles. L'Excommunication a aussi été en usage parmi les Juifs. Ils excluoient le malfaicteur de leurs Synagogues, & il devoit demeurer debout à la porte du Temple, pendant le service divin. Cette punition duroit trente jours & davantage quand il ne songeoit pas à se convertir, & s'il arrivoit qu'il mourût auparavant, il étoit privé des ceremonies de la sepulture accoûtumée, & on mettoit une pierre dans sa bierre, pour faire connoître qu'il meritoit d'être lapidé. Ils avoient encore un plus haut degré d'Excommunication, que saint Paul appelle un don ou une tradition à Satan. Chez les Grecs, celui qui étoit excommunié de cette sorte, étoit nommé Anatheme, & il ne lui étoit point permis d'approcher du Temple. On prononçoit même des maledictions contre lui. Le plus haut dégré étoit *Maran atha*, c'est-à-dire, Le Seigneur vient, pour faire entendre que le Seigneur venoit avec vengeance contre de telles personnes. Ceux-ci étoient tout à fait exclus du Peuple de Dieu, ce qui étoit appellé une Excommunication ou deracinement du Peuple de Dieu, & un effacement de leurs noms du livre de vie. Ils avoient aussi une façon particuliere d'excommunier les Samaritains, ce qui se faisoit par le son des cornets & par le chant des Levites, qui prononçoient d'abord une malediction de bouche contre eux & contre toutes les personnes qui les hantoient, faisant voir par là qu'ils ne seroient jamais du nombre des domestiques des Juifs en Israël, &c. qu'ils n'auroient point de part en la resurrection des Justes. Alors ils écrivoient cette malediction, & la faisoient lire & publier dans toutes les parties d'Israël. On se servoit autrefois du mot d'*Excommuniement*, sur quoi Nicod dit, *laquelle a été de tout ancienneté très-redoutée par les François, voire auparavant la reception du Christianisme, comme se voit au livre sixiéme* De bello Gallico, *de Jules-Cesar, qui recite les Druydes en leur Religion en avoir usé, & que les Excommuniés par eux n'assistoient aux sacrifices, étoient tenus pour impurs, & méchants, n'étoient receus ne frequentés d'aucun, ne admis à poursuivre leurs droits & actions en Justice, ne même à tenir rang dans leur Pays, Etat ni Office, de la contagion desquels chacun étoit en peur & en doute.*

EXCOMPTE. s. m. Remise que fait le Porteur d'un billet de change, quand il veut avoir de l'argent avant l'écheance du billet. Il se dit aussi entre Marchands, lorsque l'on prend de la marchandise à credit pendant un certain nombre de mois, à la charge de rabattre tant sur le billet à chaque payement que l'on pourra faire, avant que le terme que l'on a pris pour payer, soit échu.

EXCRESCENCE. s. f. Terme de Chirurgie. Chair superflue qui naît en quelques endroits du corps des animaux, contre la disposition ordinaire de la nature. Les Excrescences se font par la reception, la retention & l'attachement de l'aliment prochain de la partie, à cause des pores qui sont déchirés, confus & dérangés. Il y a d'autres tumeurs qui s'engendrent de la même sorte, & parce qu'elles naissent en dehors, on les appelle *Excrescences*. Elles renferment une humeur particuliere dans une membrane propre, & ont divers noms selon la diversité de cette humeur. Ces Excrescences procedent de l'aliment de quelque partie nerveuse, membraneuse ou de quelque tendon, mais souvent d'une membrane. Cet aliment retenu en trop grande quantité & peu alteré, se change en une autre substance qu'en celle dont la partie doit être précisement nourrie. Les Excrescences se guerissent ordinairement, mais sur-tout les grosses, par l'extirpation totale qui se fait avec le fer ou le feu. On se sert plûtôt du potentiel que de l'actuel, & il faut emporter entierement la racine membraneuse de ces Excrescences, afin d'empêcher qu'elles ne reviennent. La main d'un cadavre mort d'une longue maladie, emporte les Excrescences par son simple attouchement, à cause que la peur de la mort communiquée à l'archée de l'Excrescence, la fait décroître insensiblement; ce que ne fait pas la main d'un cadavre mort violemment, parce qu'il lui reste quelque chose de vital, & de son esprit implanté.

EXCRETION. s. f. Terme de Medecine. Action de la nature lorsqu'elle pousse au dehors les mauvaises humeurs qui lui nuisent.

EXE

EXEDRE. s. f. Les Anciens appelloient *Exedres*, des lieux garnis de bancs & de sieges où les Philosophes disputoient. Quelques-uns tiennent qu'on peut aujourd'hui donner ce nom aux lieux où l'on s'assemble dans les Monasteres, & qu'on appelle Chapitres, à cause des sieges qui y sont, du mot ἕδρα, qui veut dire Siege. D'autres entendent par *Exedre*, une grande Salle, un Cabinet de conversation, où des gens de lettres viennent conferer ensemble en de certains jours.

EXEGETIQUE. s. f. Terme d'Algebre. La maniere de trouver en nombres ou en lignes, les racines de l'équation d'un probleme, selon qu'il est de Geometrie ou d'Arithmetique. Ce mot vient du Grec ἐξηγέομαι, J'expose, j'explique.

EXERCITATION. s. f. Dissertation, Traité sur quelque matiere. Ce mot est Latin, & a été donné pour titre à plusieurs ouvrages.

EXERCITE. s. m. Vieux mot. Il est tout Latin *Exercitus*. On disoit autrefois *Exercité*, pour dire, Domination.

EXH

EXHALATION. s. f. Terme de Chymie. Operation par laquelle on fait élever & dissiper les parties les plus volatiles des substances, par le moyen de la chaleur. On ne la pratique que sur les matieres seches.

EXI

EXIGUER. v. a. Terme de Coûtume. Faire le partage des bêtes baillées à moitié ou à chepteil. Ce mot vient du verbe Latin *Exigere*, qui veut dire, Faire sortir de l'étable.

EXO

EXOINE. s. m. Vieux mot. Excuse, empêchement. On a dit aussi Essoine.

Aucuns dient pour tout Essoine.

Il signifioit aussi Punition, tourment. *Pour son amour eut tel Essoine.* On a dit aussi *Exoine*, pour Excuse. Le mot d'*Exoine*, est encore usité au Palais dans la signification d'excuse qu'on presente en Justice, quand on a une raison legitime qui empêche d'y comparoir en personne. Il se dit aussi lorsque le Seigneur mande son Vassal pour divers cas. On a dit aussi *Essoiné*, pour Absent. Les uns le dérivent de l'Allemand *Sunnis*, qui veut dire, Empêchement necessaire; les autres d'*Exidoneare* ou *Exonerare*, parce que c'est en décharger une assignation, & Du Cange le fait venir d'*Essonnia*, *Exonia* ou *Exonium*, qu'on a dit dans la basse Latinité, en la signification d'empêchement, d'excuse pour absence.

EXONIATEUR. s. m. Vieux mot. Celui qui moyennant son serment propose l'exoine, & affirme les causes d'excuse de celui qui ne peut comparoître en personne.

EXONIER. v. a. Vieux mot. Excuser quelqu'un par serment envers un Juge de sa non comparence, après qu'il a été adjourné à comparoir en personne, cette excuse étant fondée sur quelque indisposition considerable, qui ne lui permet de venir, ni à pié ni à cheval, ni de se servir d'une autre voiture. *Exonier* a été dit aussi pour indemniser, & on trouve dans quelques anciens Contrats, *Lequel Constituant promet exonier, décharger & indemner sondit Procureur de tous dépens, dommages & interêts.* La raison de cette signification est, que comme l'Exoniateur proprement pris exempté par son exoine, du profit d'un défaut ou d'amende l'exonié, ainsi le Constituant ou le Vendeur exempte de frais, dommages & interêts, le Procureur constitué ou le Vendeur, prenant la cause & garantie pour eux lorsque le cas y échet.

EXOTIQUE. adj. On dit dans le Dogmatique, qu'il ne faut point se servir de termes exotiques, pour dire, qu'il ne faut point employer de termes barbares & étrangers. Ce mot est Grec ἐξωτικὸς, externe, étranger, & vient de ἔξω ou ἔξωθεν, Dehors.

EXP

EXPIRATION. s. f. Terme de Medecine. Action par laquelle l'air est rejetté en respirant, ce qui se fait quand les poumons dilatés par l'irruption de l'air, se resserent ensuite par la contraction des autres muscles, qui font agir le thorax & les côtes, & pour mieux se resserrer l'air est poussé dehors. Cette constriction du thorax dépend du diaphragme qui fait l'aspiration lorsqu'il agit en enbas, & l'expiration quand il agit en enhaut. Après le diaphragme, ce sont les muscles intercostaux internes, qui tirent les côtes en enhaut dans l'aspiration, & élargissent de cette maniere le thorax, qu'ils retrécissent ensuite dans l'expiration en retirant les côtes en enbas. L'Expiration de l'air est blessée de quatre manieres, ou quand elle est faite avec impetuosité & peine dans l'éternument, ou quand elle se fait avec irruption & bruit dans la toux, ou quand elle est abolie entierement dans l'asthme convulsif, où les muscles qui servent à l'aspiration endurent convulsion, ou enfin quand l'air en sortant forme une voix dépravée & contre nature, la voix se faisant seulement en expirant quand l'air passe par le larynx, & jamais en aspirant.

Expiration, se dit en Chymie de toute sorte d'évaporation & de séparation qui se fait de ce qu'il y a de plus subtil dans les corps, & qui se mêle dans l'air.

EXPOSANT. s. m. Terme d'Arithmetique. Nombre qui expose, qui marque ce qu'est un autre, quel rapport il a à un autre, combien de fois il y est contenu, &c. car *Exposant* se dit en plusieurs sons. On appelle le *Quotient* d'une division *Exposant*, parce qu'il marque combien de fois le diviseur est contenu dans le nombre divisé. Quand on réduit une fraction à ses moindres termes, (Voyez FRACTION,) le nombre entier ou la fraction plus simple que l'on trouve, est l'*Exposant* de la premiere fraction. Ce nombre qui exprime le degré d'une *Puissance*, comme 2. exprime le degré du *quarré*, 3. celui du *cube*, &c. s'appelle l'*Exposant* de cette puissance. Voyez PUISSANCE & DEGRE'. Les Logarithmes s'appellent aussi *Exposans* des nombres qui sont en progression géometrique. Voyez LOGARITHME.

EXPOSITION. s. f. On dit en parlant d'un bâtiment, *Que l'exposition en est bonne, & est agreable*, pour dire, Que ceux qui l'ont bâti ont eu grand soin d'observer d'où venoient les vents & le Soleil.

EXPROVINCIAL. s. m. Terme de Religieux. Qui a fait son tems de Superieur de quelque Province, où il y a plusieurs Monasteres du même Ordre.

EXPURGATION. s. f. Terme d'Astronomie. Ce qu'on appelle *Expurgation*, & plus ordinairement *Emersion*, c'est lorsque la Lune sort de l'ombre de la terre, ou quand le Soleil commence à paroître, après avoir été entierement caché par l'interposition de la Lune. Il se pourroit dire aussi des autres Planetes éclipsées, comme des Satellites de Jupiter.

EXTINCTION. s. f. Terme de Chymie & de Pharmacie. Il se dit des mineraux rougis au feu, que l'on éteint dans quelque liqueur, soit pour adoucir leur acrimonie, comme on fait à la tuthie, soit pour communiquer leur vertu à la liqueur, comme il arrive lorsqu'on éteint de l'acier dans de l'eau, ou des briques dans de l'huile. Tout cela se fait par extinction, ainsi que la trempe qu'on donne à l'acier, en éteignant un fer chaud dans l'eau, ou dans quelque préparation convenable.

EXTRACTION. s. f. Operation de Chymie par laquelle on extrait les essences, les teintures & les autres qualités des corps naturels. *Extraction* est aussi un terme d'Arithmetique & d'Algebre, & il se dit des manieres de trouver les racines d'un nombre donné, tant du quarré que des autres puissances qui viennent de la multiplication des nombres par eux-mêmes. Voyez PUISSANCE, DEGRE', & RACINE.

EXTRAIT. s. m. Terme de Chymie. Essence d'un mixte, tirée par son menstrue convenable, après que ce menstrue en a été séparé par évaporation, & qu'elle est réduite en consistance de miel. On l'appelle *Teinture* avant que le menstrue en soit séparé.

EXTRATEMPORA. s. m. Terme de Chancellerie Romaine. Indult ou grace du Pape accordée par une simple signature, par laquelle il permet de prendre la Tonsure ou les Ordres, par quelque Evêque que ce soit de la Communion Romaine, & hors le tems que portent les Loix Canoniques.

EXTRADOS. s. m. Terme d'Architecture. Côté du voussoir qui fait le dessus de la voute, & qui est opposé à celui qui est creux, & qui doit servir à former le cintre de la même voute.

EXTRADOSSE', E'E. adj. On appelle *Voute extradossée*, Celle dont le dehors n'est pas brut, c'est-à dire, quand les queues des pierres en sont coupées également, ce qui rend le parement exterieur aussi uni que celui de la douelle.

EXU

EXULTER. v. n. Vieux mot. Tressaillir de joie, du Latin *Exultare*.

EZT

EZTERI. s. m. Pierre qui semble être une espece de jaspe vert, avec certains points de couleur de sang. On la trouve dans la nouvelle Espagne, & les Mexiquains assûrent qu'en la portant liée au bras ou au cou, elle arrête toute sorte de flux de sang. Cela est cause que quand ils saignent extraordinairement, ils se mettent dans les narines de la poudre de cette pierre.

F

FAB

FABEL. f. m. Vieux mot. Discours feint, conte, Roman en vers.

Huespiancelles qui trouva
Cil Fabel par raison prouva.

On a dit *Fabliau* dans le même sens, c'est-à-dire, des Compositions & contes faits à plaisir, que faisoient les Trouveres, anciens Poëtes Provençaux. Les Chantres & Menêtriers gagnoient de l'argent en les allant chanter dans les maisons des Princes & grands Seigneurs.

Fabliau sont or molt en corse,
Maint deniers en ont en borse,
Cil qui les content & les portent.

FAC

FAÇADE. f. f. Terme d'Architecture. Partie exterieure d'un grand bâtiment qui se presente d'abord à la vûe. On appelle *Façade simple*, celle qui a peu de moulures aux portes & aux croisées, & dont la décoration n'a que des ravalemens & autres grandes parties, & *Façade riche*, celle qui n'a pas seulement tous les ornemens qu'on lui peut donner dans ses portes & croisées, mais qui outre ses plinthes, corniches & autres saillies, est enrichie de bas reliefs & de trophées, avec bustes, statues, & tout ce qui peut la rendre plus considerable.

FACE. f. f. Terme d'Architecture. Membre plat qui a beaucoup de largeur & peu de saillie. Il se dit aussi de la façade d'un bâtiment, & on dit, *Face de maison*, pour dire, La largeur qui en paroît sur une cour, un jardin, une rue. *Cette maison a tant de face.*

On appelle, en termes de Fortification, *Face de bastion.* La distance qui est comprise depuis l'angle de l'épaule jusqu'à l'angle flanqué. On dit autrement, *Pan de bastion.* On appelle aussi *Face d'une Place*, la Courtine avec les deux flancs qui sont élevés dessus, & les deux pans de bastion qui se regardent & qui flanquent l'angle de tenaille.

Face. Terme de Manége. On appelle *Cheval belle-face*, un Cheval qui a une marque blanche qui lui descend depuis le front jusqu'auprès du nés.

Face. Terme des Eaux & Forêts. Il se dit du côté de l'arbre piécornier, où la marque du marteau a été appliquée, pour en tirer un alignement jusqu'à un autre semblable.

FAÇON. f. f. On appelle en termes de Marine, *Façons de Vaisseau*, Les diminutions qu'on fait à l'avant & à l'arriere du dessous d'un Vaisseau.

On dit, en termes de Palais, *La façon d'un Decret, d'un Arrêt, d'une Sentence*, pour dire, Ce qu'il faut payer au Greffier qui les a dressés, outre le droit de la signature.

On dit, en termes d'Agriculture, qu'*Une terre a été labourée de ses trois façons*, pour dire, qu'Elle est prête à être semée en blé. On dit de même, que *La vigne a eu toutes ses façons*, pour dire que Le Vigneron a fait tout ce qu'il étoit obligé de faire pour la mettre en état de bien rapporter.

FACTEUR. f. m. On appelle *Facteur d'orgues*, Celui qui en a fait toute la machine, à l'exception du buffet.

FACTION. f. f. Terme de guerre. Service du simple Soldat que l'on met en sentinelle, & que l'on emploie à faire les patrouilles & les rondes. On dit en ce sens, *Entrer en faction, être en faction, sortir de faction.*

Faction, se dit aussi d'un parti qui se forme dans un Etat & qui trouble le repos du public. On a nommé autrefois *Factions*, les Partis de ceux qui combattoient sur des chariots dans les Jeux des Cirques. Il y en avoit quatre, sçavoir *la Faction prasine* ou *verte*, *la Faction Venere* ou *bleue*, *la Faction rouge* & *la Faction blanche.* On ajoûta la verte & la bleue à la blanche & à la rouge, parce qu'il n'y avoit d'abord que ces deux dernieres. L'Empereur Domitien y joignit deux autres Factions, dont les combattans se distinguoient, les uns par des casaques brodées d'or, & les autres par des casaques de drap d'écarlate, mais ils ne durerent pas un siecle. Tertulien dit que les couleurs des quatre premieres Factions qui demeurerent, & qui selon Cassiodore marquoient les quatre saisons de l'année, faisoient connoître la superstition des Payens qui consacroient le vert au Printems & à la terre ou à la Déesse Cybele, le rouge à l'Eté ou à Mars, le bleu à l'Automne & au Ciel ou à la mer, & le blanc à l'Hiver & aux Zephirs. Ces quatre couleurs signifioient aussi les quatre Elemens, selon Isidore, le feu étant désigné par le rouge, l'eau de la mer par le bleu, l'Air par le blanc, & la Terre par le vert. Ce mot de *Faction* fut aboli, à cause que les Empereurs en favorisant toûjours quelqu'une, comme Caligula qui se declara pour la verte, & Vitellius pour la bleue, il s'éleva enfin une si horrible dissension entre ces deux Factions sous le regne de l'Empereur Justinien, que près de quarante mille hommes furent tués pour cette querelle.

FACTIONNAIRE. f. m. Soldat que l'on met en sentinelle, & qui fait tout le détail du service.

FACULES. f. f. p. Nom que quelques Astronomes ont donné aux taches qui paroissent sur le Soleil, à cause qu'elles paroissent de tems en tems, & se dissipent de même.

FAE'

FAE'E'. adj. Vieux mot. Enforcelé, enchanté. Il y a un Roman des Champs Faëz. On a dit aussi *Faërit*, pour Enchantement; & *Feer*, pour Enchanter. Tout cela vient de *Fée*, Sybille ou Devineresse parmi les Anciens, de φάω, Je parle.

FAG

FAGOT. f. m. *Faisseau de menu bois, de branchages*, ACAD. FR. On dit, en termes de Marine, *Barque en fagot, chaloupe en fagot*, pour dire, Une barque une chaloupe qu'on monte sur le chantier, & que l'on démonte ensuite pour la mettre dans un Vaisseau, & la monter dans les lieux où l'on en pourra avoir besoin. On dit de même, *Porter une maison en fagot*, pour dire, Porter les pieces de charpenterie qui sont necessaires à bâtir une maison, pour les assembler dans une terre étrangere, où l'on a dessein d'aller habiter. Nicod dérive *Fagot* de *Fasciculus*, parce qu'on disoit autrefois *Fascot*. Il y en a qui le font venir de *Fagus*, Fau ou Hêtre, à cause que c'est le bois qui brûle le mieux. Du Cange le tire de *Fagatum* ou *Fagotum*, de la basse Latinité, & M. Ménage veut qu'il vienne du Latin *Facettus*, qui a été fait du Grec φακὸς.

On appelle en termes de guerre, *Fagots ardents*, de petites Fascines faites de bois sec, qu'on trempe dans du goudron, & ausquelles on met le feu lorsqu'on veut les jetter sur les traverses ou galeries des Assiegeans. On y joint assés souvent des grenades qui font leur effet quand les fagots brûlent.

Fagot, s'est dit autrefois d'un instrument qui est hors d'usage. C'étoit une espece de grand hautbois qui se brisoit en deux parties, & qui ressembloit alors à deux morceaux de bois liés ensemble; ce qui le faisoit appeller *Fagot*.

FAI

FAILLE. s. f. Vieux mot. Faute. On a dit autrefois, *Sans faille*, pour, Sans faillir, sans faute.

Vint contre sept convient sans faille.

FAILLI. s. m. Marchand qui a fait faillite. *Les Faillis sont obligés de donner un état de leurs effets à leurs creanciers.*

Failli. adj. Terme de Blason. Il se dit des chevrons rompus en leurs montans. *D'azur à deux chevrons d'argent, l'un failli à dextre, l'autre à senestre.*

FAILLOISE. Terme de Marine. Il se dit de l'endroit où se couche le Soleil.

FAIM. s. f. *Desir, envie, appetit, besoin, necessité de manger.* ACAD. FR. La faim ne vient point de la suction des veines de l'estomac, ni de la chaleur du ventricule, puisque l'appetit est abbattu dans les fiévres ardentes, mais d'un acide subtil & spiritueux qui est dans le ventricule, sur-tout dans la tunique veloutée. Lorsque l'estomac est vuide & retiré, cet acide volatil corrode doucement par ses vapeurs & par son odeur stiptique acide les parois du ventricule, & particulierement l'orifice gauche qu'il picote, d'où s'ensuit la sensation qui fait l'appetit animal ou le desir des alimens. Il y a une *Faim naturelle*, qui est le picotement ou l'érosion de l'orifice gauche du ventricule par l'esprit acide volatil; & une *Faim animale*, qui est la sensation ou perception de ce picotement & le desir des alimens qui en dépend. Les Indiens trouvent le moyen de tromper leur faim par un remede composé de feuilles de tabac & de coquillages calcinés & réduits en une masse de pilulles. Ces pilulles détruisent l'appetit; parce que d'un côté les feuilles de tabac ôtent le sentiment à l'orifice de l'estomac, & que de l'autre les coquillages calcinés absorbent & précipitent la pointe salino-acide du levain de l'estomac; ce qui suspend l'appetit pour quelques jours. De même les Soldats fument du tabac pour tromper leur faim. Il y a une sorte d'appetit ou d'envie insatiable de manger, qu'on appelle *Faim canine*, à cause que ceux qui y sont sujets, mangent, avalent, digerent, & même rejettent les alimens comme les chiens. La faim canine differe en cela de la boulimie, qui quoiqu'elle soit aussi une faim insatiable, cause des défaillemens qui viennent de l'excès de la faim. La cause de cet appetit excessif dans l'une & dans l'autre, est en general le suc acide de l'estomac devenu corrosif, qui picote fortement l'orifice gauche du ventricule.

FAIM-VALLE. s. f. Sorte de maladie incurable qui vient aux chevaux, & dont parle Soleisel.

FAINE. s. f. Fruit du hêtre. C'est une espece de gland dont on se sert à engraisser les pourceaux, comme de celui du chêne. Ce mot vient du Latin *Fagina*; fait de *Fagus*, Fau ou hêtre. On a dit autrefois *Faim* & *Faye*, pour Faine; & *Faye*, qui s'est conservé, signifie un lieu planté de hêtres.

FAINTIS. s. f. Vieux mot. Trompeur.

FAIRE. v. a. *Produire quelque effet, soit naturel, soit artificiel, soit moral.* ACAD. FR. Ce verbe, en termes de Marine est employé fort diversement. On dit, *Faire le Nord, le Sud, l'Est-Sudest*, pour dire, Naviguer, gouverner, courir sur ces airs de vent. *Faire canal*, c'est passer une mer pour aller d'une terre à une autre; & cette façon de parler est plus affectée aux galeres qu'aux navires. On dit, *Faire vent arriere*, pour, Prendre le vent en pouppe; *Faire tête*, pour, Presenter le cap au vent ou au courant; ce qui se dit d'un Vaisseau qui fait roidir son cable; *Faire route*, pour, Courir, naviguer, *Faire droite route*, pour, Courir en droiture au parage où l'on a dessein d'aller, sans dériver si l'on peut; *Faire plusieurs routes*, pour, Courir plusieurs bordées en louviant; *Faire voile*, pour, Partir & faire sa route; *Faire petites voiles*, pour, Ne porter qu'une partie de ses voiles; *Faire servir les voiles*, pour, Mettre le vent dedans, ou les empêcher de fasier; *Faire plus ou moins de voiles*, pour, Mettre plus ou moins de voiles au vent; *Faire force de voiles*, pour, Porter autant de voiles qu'il en est besoin pour faire son cours avec plus de diligence; *Faire recourir une manœuvre*, pour, La pousser où elle doit aller; *Faire un bord, une bordée*, pour, Faire une route, soit à basbord, soit à stribord; *Faire la parensane*, pour, Mettre les ancres, les voiles & les manœuvres en état de faire route; ce terme est particulier aux Levantins; *Faire dégrat*, pour, Quitter en terre-neuve un lieu où il n'y a point de poisson, pour en aller chercher à un autre; *Faire eau*, pour Etre gagné de l'eau qui entre dans le navire par quelque ouverture; *Faire de l'eau, faire aiguade*, pour, se Pourvoir d'eau douce pour la provision d'un Vaisseau. On dit de même, *Faire du bois, faire du biscuit*, pour, Se fournir de bois, de biscuit; *Faire chapelle*, pour, Revirer malgré soi, ou retourner le navire pour prendre vent; *Faire escale*, pour, Mouiller dans un port ou dans un ancrage, & y avoir pratique & communication; *Faire chaudiere*, pour, Apprêter à manger à l'Equipage. On dit, *Faire pavillon, faire banniere de France ou d'une autre Nation*, pour dire, Déployer le Pavillon de France ou d'une autre Nation; & *Faire pavillon blanc*, pour dire, Déployer un Pavillon blanc, pour faire connoître dans un combat que l'on demande la paix. On le dit aussi pour faire un signal de paix quand on veut avoir pratique avec une nation suspecte. *Faire des feux*, se dit d'un Vaisseau qui étant incommodé, met des fanaux la nuit en plusieurs endroits, afin qu'étant vû de la flotte, il puisse en recevoir du secours. On dit encore, *Faire honneur à une roche*, pour dire, S'en éloigner, ne la pas approcher en passant avec un Vaisseau. *Faire la contremarche*, se dit quand les Vaisseaux d'une armée ou d'une division étant en ligne vont jusqu'à un certain lieu derriere le dernier, pour revirer ou changer de bord. Lorsque pour passer le rapide de la grande rivière de S. Laurent, on porte par terre un canot avec ce qui est dedans, parce qu'on ne peut remonter le fleuve en canot, cela s'appelle *Faire le portage.*

FAISAN. s. m. Sorte d'oiseau de la grosseur d'un chapon, & dont la chair est fort délicate. Il a le bec court, gros & crochu, la tête d'un vert changeant, l'œil entouré de petites plumes rouges, l'estomac & le ventre jaunes, & la queue longue & de diverses couleurs. Ses ailes tirent sur le gris. Cet oiseau est forestier & montagnard. On en voit de blancs qui viennent de Flandre. Le mâle a de petites cornes de plumes, & la femelle est sans crête. Elle est appellée *Faisande, Faisanne* & *Faisante.* On appelle *Faisandeau*, un jeune Faisan, & *Faisandiere* ou *Faisanderie*, un Clos ou lieu fermé où l'on nourrit des Faisans. Cet oiseau est appellé en Latin *Gallus sylvestris* & *Phasianus.*

FAISANCE. s. f. Terme qu'on emploie dans la plûpart des baux des terres & heritages de la campagne. Il se dit des charges à quoi un Fermier s'oblige par delà le prix de son bail. *Faisance* signifioit autrefois Corvée.

FAISSELE. s. f. Vieux mot. Vaisseau à faire des fromages.

FAISTAGE. s. m. On appelle *Faistage de bois*, le toit & la couverture garnis de toutes les pieces qui sont necessaires à l'assemblage. *Faistage* signifie aussi la piece de bois qui fait le haut de la charpente d'un bâtiment, & où les chevrons sont arrêtés par en haut. Les Couvreurs se servent du même mot pour signifier un ais de plomb creux qu'ils mettent sur les maisons. On a appellé autrefois *Faistage*, certain droit que l'on payoit par chaque maison ou pignon. Il est appellé *Fastagium* dans les vieux Titres.

FAISTIERE. Ce mot qui est naturellement adjectif, puisqu'on dit *Tuile faistiere*, s'emploie substantivement, & on dit *Une faistiere*, *des faistieres*, pour signifier une espece de tuile courbée & faite en demi-canal, qu'on met sur le haut des couvertures pour couvrir le faiste.

FAIT-FORT. s. m. On dit en termes de Monnoye, *Adjudication de monnoye à fait-fort.* Ce terme étoit en usage avant l'année 1647. parce qu'alors, selon ce que dit M. Boisard, le Maître de la monnoie se faisoit fort de fabriquer certaine quantité de marcs, l'or portant l'argent ; par exemple, trois mille mars pour lesquels il se chargeoit de payer au Roi dix sols par marc pour le seigneuriage qu'il étoit tenu de payer, quand même il n'auroit pas fabriqué les trois mille marcs, & même l'excedant des trois mille marcs, à quelque quantité qu'il pût monter, ensemble les foiblages & écharcetés sur le pié du nombre des marcs mentionnés au registre des délivrances. C'est-là ce qu'on appelloit *Fait-fort.* On entend par ces termes, *L'or portant l'argent & l'argent l'or*, la quantité des marcs d'argent qu'il faut payer pour un marc d'or. Ainsi sur la proportion quinziéme, telle qu'elle est à present, si un Maître avoit fabriqué cent marcs d'or, on lui tiendroit compte de quinze cens marcs fabriqués.

FAITIS. adj. Vieux mot. Joli, beau.

Les sourcils blons & bien tretis,
Et les yeux doulces & faitis.

On a dit aussi *Faitisse*, pour Mignonne, jolie.

Sa femme mignote & faitisse,
Ce peur d'enlaidir en la peine,
Refuse à devenir nourrisse.

On a dit encore *Faitis*, pour, Tout exprès.

Je l'ai fait faire tout faitis
Ainsi des laines de mes bêtes.

On écrivoit aussi *Fetis* & *Fetisse*,

FAL

FALACA. s. f. On dit dans Alger, *Donner la Falaca*, pour dire, Donner la bâtonnade, qui est une sorte de mauvais traitement qui se fait souvent aux captifs Chrétiens. Le patient est couché sur le dos, & il a les bras liés avec des cordes. En cet état, on fait passer ses piés par une piece de bois trouée en deux endroits, & longue d'environ cinq piés. Chaque bout de cette piece de bois, qu'ils appellent *Falaca*, est tenu levé en l'air par un Esclave, pendant qu'un autre Esclave frappe avec un bâton ou un nerf de bœuf sur la plante des piés du patient, & lui donne quelquefois jusqu'à deux cens coups.

FALAISE. s. f. Bord de la mer dont le terrain est escarpé & taillé en précipice. Ce mot vient de *Fates* ou *Fels* Allemand, qui veut dire Roche. D'autres le font venir de *Phalis* ou *Falis*, Tours fort élevées. On a dit aussi *Falesia* dans la basse Latinité. On disoit autrefois *Falise* & *Faloise.*

Li châteaux sur une faloise.

Ce mot se disoit aussi d'une roche couverte de mousse.

FALAISER. v. n. Terme de Marine. On dit que *La mer falaise*, pour dire, qu'elle vient briser sur la côte.

FALANGE. s. f. Nom que l'on donne aux Antilles à une sorte de grosse mouche, dont il s'en trouve qui ont deux trompes pareilles à celle de l'Elephant, l'une recourbée en haut, & l'autre en bas. Quelques autres ont trois cornes, une qui naît du dos, & les deux autres de la tête. Ces cornes, ainsi que le reste du corps sont noires & luisantes comme du Jayet. Il y en a quelques-unes qui ont une corne longue de quatre pouces, de la façon d'un bec de beccasse, lissée par dessus, & couverte d'un poil follet par dessous. Elle leur sort du dos & s'avance tout droit sur la tête au haut de laquelle elles ont encore une autre corne semblable à celle du cerf-volant, qui est noire comme ébene & claire comme du verre. Tout le corps est de couleur de feuille-morte, poli & damassé. Ces mouches ont la tête & le museau comme un singe, deux gros yeux jaunes & solides, une gueule fendue, & des dents en forme de petite scie.

FALCADE. s. f. Terme de Manége. Action des hanches & des jambes d'un cheval, qui se plient fort bas en coulant comme à courbettes, lorsqu'on l'arrête, ou qu'on lui fait faire un demi-arrêt.

FALCIDIE. adj. On a appellé parmi les Romains *Loi Falcidie*, une Loi qui autorisoit un pere à donner son bien à qui il vouloit, pourvû qu'il en reservât la quatriéme partie à ses legitimes heritiers. Elle prit le nom de *Falcidie* de Falcidius Tribun du Peuple Romain qui en fut l'auteur.

FALQUER. v. n. On dit, *Faire falquer un cheval*, pour dire, Le faire couler deux ou trois tems sur les hanches, en formant un arrêt ou demi-arrêt.

FALQUET. s. m. Nom que quelques-uns donnent au Hobereau, qui est un oiseau de leurre.

FALERÉ, ÉE. adj. Vieux mot, Enharnaché, de *Phaleratus*, qui a été fait du Grec φάλαρα, Ornemens de chevaux.

FALOUR. s. m. Vieux mot. Sot. Borel dit qu'il peut venir de *Faillir.*

FAM

FAME. Vieux mot qui se dit encore au Palais. Réputation, renommée.

Comme maint homme & mainte-femme
Qui ont bon los & bonne fame.

FAMILIER. s. m. Nom qu'on donne à Rome aux Sergents & autres moindres Officiers de l'Inquisition, dont la fonction est de faire prendre les accusés. Il y a de grands privileges attachés à cette charge, ce qui fait que la noblesse ne dédaigne point de l'exercer. On ne peut poursuivre les Familiers en aucune autre Jurisdiction.

FAMILISTES. s. m. Heretiques, nommés autrement *la Famille d'amour* ou *de charité*, à cause de l'amour qu'ils portent à tous les hommes, quelque impies qu'ils soient, & de l'obéissance qu'ils rendent à toutes les Puissances superieures, quoiqu'elles soient fort tiranniques. Ils eurent pour leur premier Fondateur David George de Delf, qui se qualifioit lui-même le vrai David qui rétabliroit le Royaume d'Israel. Il tenoit que ni Moïse, ni aucun Prophete, ni Jesus-Christ ne pouvoient sauver le Peuple par leur doctrine, mais que la sienne étoit l'unique moyen par lequel on parvenoit à la beatitude; que si quelqu'un parloit contre sa doctrine, cela ne lui seroit pardonné ni en cette vie ni en l'autre; qu'il édifieroit la vraie Maison d'Israël, & rétabliroit le tabernacle de Dieu, non point en souffrant, mais par amour; qu'il étoit le vrai Messie, le Fils bien aimé du Pere; qu'il ne mourroit point, ou ressusciteroit s'il mouroit. Henri Nicolas d'Amsterdam fut son successeur, & ajoûta beaucoup d'opinions insoûtenables à celles-ci. Il y a encore plusieurs autres sortes de Familistes, comme Castaliens, Grindletoniens, qui outre les erreurs de David George, & de Henri Nicolas, soûtiennent que nous ne devons pas prier pour la remission des pechés, lorsque nous sommes assûrés de l'amour de Dieu, que les impies pechent necessairement, & plusieurs choses semblables.

FAMOCANTRATON. s. m. Animal qui se trouve dans l'Isle de Madagascar, & qui est de la grosseur d'un petit lesard extraordinaire. Il a le dessus de la queue, aussi bien que le dessus & le dessous du cou jusqu'au bout de la machoire fait comme en petites parties; & à l'aide de ces petites parties, il s'attache si bien à l'écorce des arbres à l'endroit où il se met qu'il semble qu'il y soit collé, de sorte qu'on ne sçauroit découvrir de quelle maniere il s'y tient si attaché. Il a toûjours la gueule ouverte pour attraper des mouches, des araignées & autres insectes dont il se nourrit. On l'appelle *Famocantraton*, ce qui veut dire en langage du Pays, Sauteur à la poitrine, parce que si quelqu'un s'approche de l'arbre où il est, il lui saute à la poitrine, où il se tient si fortement attaché, qu'on ne l'en sçauroit ôter sans couper la peau par dessous avec un rasoir. Cela est cause que ceux du pays l'apprehendent fort.

FAN

FANAGE. s. m. Action de faner l'herbe d'un pré. Il se dit aussi du salaire de ceux qu'on emploie à ce travail.

FANAL. s. m. *Espece de grosse lanterne dont les Vaisseaux se servent dans la navigation.* Acad. Fr. Lorsqu'on dit simplement *Fanal*, on entend le grand Fanal de pouppe. L'Amiral en porte trois pour se faire suivre des autres Vaisseaux de guerre. Le Vice-Amiral en porte deux, & chaque Navire de guerre en a un. Quand le tems est gros, tous les Vaisseaux mettent des fanaux à l'arriere pour s'empêcher de dériver l'un sur l'autre. Le *Fanal de hune*, est celui que porte à la grande hune le Vaisseau du Commandant, ou pour faire des signaux, ou pour quelqu'autre besoin. On appelle *Fanaux de combat*, ceux qui ne donnent de la lumiere que d'un côté; l'autre étant plat & sans ouverture, de sorte qu'on peut l'appliquer contre le côté du dedans du Vaisseau lorsqu'il faut donner un combat la nuit. Les *Fanaux de soute*, sont de gros falots qui servent à tenir une lampe pendant le combat, afin d'éclairer dans les soutes aux poudres. Il y a aussi de *petits Fanaux*. Ce sont ceux qu'on met aux côtés du grand Fanal à la pouppe d'un Vaisseau. Nicod expliquant *Fanal* dit: *C'est une grande lanterne, ayant une pointe ou lampe allumée, laquelle la Galere Capitainesse porte au haut de la pouppe, non pour éclairer de nuit aux autres Galeres, allants de conserve, mais à ce que toutes suivent la route qu'elle tient. Fanal aussi se prend pour une trop plus grosse lanterne, laquelle est assise au haut d'une tour d'un port, dont la clarté sert de nuit de guide aux Vaisseaux flotans sur la mer, pour arriver à bon port, lesquelles tours les Grecs ont finalement appellé* φάρος, *pour être la grande tour élevée à cet effet au port d'Alexandrie appellée* φάρος. *Ainsi il conviendroit écrire* Phanal, *ou par cette raison, ou parce que notoirement il vient de ce verbe Grec* φαίνω, *dont dépend ce nom* φανός, *qui signifie aussi Lampe, torche; mais le François, non plus que l'Espagnol ni l'Italien, n'a la prononciation du* φ *des Grecs, laquelle comme abbâtardie envers lui, il la supplée improprement par la lettre F; à l'imitation duquel mot, on dit aussi en François* Fanon *ou* Phanon, *pour ladite même lanterne éclairant.*

FANER. v. a. Etendre avec une fourche l'herbe d'un pré que l'on a fauché, & la remuer de tems en tems afin qu'elle seche.

FANFELUS. Vieux mot. Moqueries.

FANFRELUCHE. s. f. Chose de peu de consequence, & qui n'a qu'un faux éclat. Ce mot est populaire, & on tient qu'il s'est dit originairement des flamméches qui s'élevent en l'air quand on brûle des feuilles. Monsieur Ménage le dérive de *Fralucere*. Jetter une lueur qui dure peu, & d'autres le font venir du Grec πομφόλυξ, Cloche d'eau. Du Cange marque qu'on a dit *Famfoluga* & *Famfoluca* dans la basse Latinité, que ces mots qui sont tirés du Saxon, signifient une chose de rien, & qu'on en a fait *Fanfreluche*.

FANION. s. m. Etendard de serge qu'un valet de chaque brigade de Cavalerie & d'Infanterie porte à la tête de sa brigade pendant la marche des bagages de l'armée. Il est de la couleur des livrés du Brigadier, & sert à regler le rang & l'ordre de la brigade, ce qui empêche qu'il n'y ait de l'embarras dans la marche des équipages. Ce mot vient de l'Italien *Gonfanone*, Banniere.

FANON. s. m. Terme de Manége. Toupet de poil gros comme du crin qui vient au derriere du boulet de plusieurs Chevaux; les Chevaux de taille legere y sont peu sujets. Il se dit aussi des barbes qui pendent des deux côtés de la gueule des baleines. On s'en sert à mettre dans des corps de jupe de femmes, & à plusieurs sortes d'ouvrages où l'on a besoin d'une matiere pliante qui fasse ressort.

Fanon. Terme de Marine. Raccourcissement du point d'une voile, lorsque voulant prendre moins de vent, on la trousse & ramasse avec des cordes que l'on appelle *Garcettes*.

Fanon se dit encore, non seulement d'un ornement sacerdotal, que les Prêtres, les Diacres & les Soudiacres mettent au bras gauche en officiant, mais aussi des deux pendans qui sont au derriere de la mitre d'un Evêque, & même du bonnet ou de la couronne de l'Empereur.

Fanon. Terme de Blason. Large brasselet qui est fait comme le fanon du Prêtre, avec cette difference qu'il pend du bras droit, au lieu que le Fanon dont se servent ceux qui officient dans les Eglises, leur pend du bras gauche. C'est ce qu'on appelle *Dextrochere.*

FANSHAA. s. m. Arbre grand & haut qui croît dans l'Isle de Madagascar, & qui rend une liqueur rougeâtre long-tems après qu'on l'a abattu. Il a ses feuilles semblables à la fougere, & son bois est plein de veines & fort dur, excepté vers le milieu où il est tendre.

FANTASIEUX. adj. Vieux mot. Capricieux, Fantasque.

F A O

FAONNER. v. n. Il se dit des biches & des femelles de Chevreuil quand elles mettent bas leur fruit, appellé *Fan* ou *Faon.*

F A Q

FAQUIRS. s. m. p. Nom que l'on donne à certains Devots des Indes qui passent leur vie dans des mortifications qu'on a peine à croire. Ils vont tout nuds l'hiver & l'été, couchant sur la terre où ils étendent seulement un peu de cendre. Il y en a même qui ne se couchent ni nuit ni jour, pendant une ou plusieurs années, & n'ont pour tout appui à se soutenir qu'une corde suspendue. D'autres tiennent leurs bras élevés si long-tems vers le Ciel qu'ils demeurent dans cette situation sans qu'ils puissent plus les abaisser. Leur jeûne est terrible, & plusieurs d'entr'eux s'enferment dans une fosse neuf ou dix jours, sans prendre le moindre aliment pour nourriture. Quand ils vont par bandes en courant de pays en pays, ils ont un Chef ou Superieur dont ils reçoivent les ordres. Ce Chef & les principaux d'entr'eux ont d'ordinaire pour habillement trois ou quatre aunes de toile de couleur d'orange, dont ils se font des manieres de ceintures. L'un des bouts de cette toile passe entre leurs cuisses pour couvrir ce que la pudeur oblige à cacher, & outre cela ils ont sur les épaules une peau de Tigre qui est attachée sous le menton. L'habit des simples Faquirs consiste en une corde qui les ceint, & à laquelle est attaché un morceau de toile qui cache ce qu'il n'est pas permis de montrer. Ils ont leurs cheveux liés en tresse autour de leur tête en maniere de turban. Chacun d'eux porte un cor de chasse dont ils sonnent quand ils arrivent en quelque lieu ou qu'ils en partent, & raclent la place où ils ont dessein de s'arrêter, avec un racloir de fer fait en forme de truelle. Ils amassent la poussiere ou la terre qu'ils ont raclée, & la mettent en un monceau pour s'en faire un chevet pendant la nuit. Ils vivent des aumônes qu'on leur fait dans les quêtes où le Superieur les envoye dans les lieux voisins, separant ce qu'ils apportent en égales portions. Ce qu'ils ont de trop est distribué tous les soirs aux pauvres sans qu'ils se reservent rien pour le lendemain.

F A R

FARAILLON. s. m. Terme de Marine. Petit banc de sable que quelque passage ou fil d'eau tient separé d'un grand banc.

FARCER. v. a. Mot du vieux langage, qui a été dit pour, Railler, se mocquer.

FARCIN. s. m. Maladie de Chevaux ou de Bœufs. C'est un venin qui corrompt le sang, & qui paroît par des boutons ou des cordes le long des veines, & même par des ulceres. On ne sçauroit guerir ces boutons qu'en faisant entrer un fer pointu & brûlant dans les ulceres. Ce mal est une vraie peste pour les Chevaux, & se communique facilement.

FARCIR. v. a. Terme de Pharmacie. Remplir quelque cavité vuide de choses de senteur ou d'autres, selon l'intention du Medecin. Ainsi on ôte le cœur de certaines racines, & on met en la place des aromatiques, comme des girofles & de la canelle qu'on a fait tremper auparavant. On farcit aussi des animaux. On tire, par exemple, les entrailles d'une Oye, & on remplit ce vuide de la chair d'un vieux Chat, & d'herbes nervalles, ce qui rend de grande vertu la graisse qui en découle. On farcit de même des sachets de cotton en forme de petits bonnets que l'on applique à la tête pour la fortifier & en corriger l'intemperie froide, ce que l'on appelle *Cucupha.*

FARDES. s. f. p. Terme de Marine. Planches qu'on éleve pendant un combat sur l'endroit du platbord qu'on nomme *la Belle*, ce qui tient lieu de pavois & de garde corps, afin de défendre le pont & d'empêcher que les ennemis ne découvrent ce qui s'y passe. On dit aussi *Fargues.*

FARDELIER. s. m. Vieux mot. Crocheteur, qui porte des fardeaux.

FARDET. s. m. Vieux mot, Fard.

Au matin va la voir ; ains qu'elle soit levée,
Ne que de son fardet soit ointe ne fardée.

FARE. s. f. Sorte de fête de Pêcheurs qui se faisoit vers le mois de Mai, & qui a été défendue par une Ordonnance de 1679. Les Pêcheurs s'assembloient pour la celebrer, & quelquefois même les Officiers des Forêts, & ils faisoient une fête solemnelle. On a trouvé que cette pêche dépeuploit trop les rivieres, & elle n'a plus été permise par cette raison.

FARGIER. v. a. Vieux mot. Forger.

FARINE. s. f. *Grain moulu & réduit en poudre.* Acad. Fr. Quand les Medecins mettent le mot de *Farine* seul dans leurs ordonnances ; on entend la *Farine de froment*, qui est le blé moulu & reduit en poudre. Les autres farines ne s'y mettent qu'avec addition. *Farine de segle, d'orge, de feve, &c.* La farine de froment est bonne pour aider à la suppuration. La *folle farine* est la plus menue que le vent enleve, & qui s'attache aux parois des moulins. Elle est emplastique, & appliquée sur la partie qui en a besoin, elle sert à procurer un callus

FARRE. s. f. Vieux mot. Farine *Parmi trois glonons de farre.*

FARSANGE. s. f. Sorte de mesure de chemin qu'on exprime en Perse par ce mot, comme on l'exprime en France par Lieues, & en Italie par Milles. La Farsange commune de Perse est de trois mille pas Geometriques.

F A S

FASCE. s. f. Terme d'Architecture. On appelle *Fasces de l'Epistyle* ou architrave, les trois bandes ou parties qui la composent. Ce mot vient du Latin *Fascia*, Bande, bandelette. Vitruve n'admet point de Fasces dans l'Ordre Toscan ni dans le Dorique.

Il n'a pas été imité en-celà par quelques-uns.

Fasce. Terme de Blason. Piece honorable qui occupe le tiers de l'écu horisontalement par le milieu, & qui sépare le chef de la pointe.

FASCÉ', ÉE adj. Il se dit d'un écu couvert de fasces, & des pieces divisées par longues listes. *Fasce d'argent & d'azur.* On dit *Fascé, contrefascé*, quand l'écu fascé est parti par un trait qui change l'émail des fasces, en sorte que le métal soit opposé à la couleur, & la couleur au métal. On dit dit aussi *Fascé, denché.* C'est quand toutes les fasces sont dentées, de telle façon que l'écu en soit autant plein que vuide.

FASCICULE. s. m. Terme de Pharmacie. Mesure dont se servent ordinairement les Apoticaires pour mesurer les herbes, & qui contient ce qui s'en peut enfermer entre les deux bras. Les Medecins mettent seulement la lettre F. pour la marquer dans leurs ordonnances.

FASCINE. s. m. Terme de Guerre. On appelle *Fascines*, des fagots faits de menus branchages, & qui sont plus ou moins gros selon les usages où on les destine. Les Fascines que l'on goudronne pour brûler un logement, ou quelqu'autre travail de l'ennemi, n'ont qu'un pié & demi d'épaisseur; mais celles qui servent à faire des épaulemens, ou qu'on destine à élever des jettées ou des traverses pour le passage d'un fossé plein d'eau, ont d'ordinaire quatre piés de longueur, & deux à trois piés de diametre. On les lie par les deux bouts & par le milieu à cause qu'on y mêle quantité de terre qui les renforce & qui les rend plus solides. On dit, *Aller à la Fascine*, & *Commander des Troupes pour la Fascine.* On appelle *Fascines ardentes*, celles qui sont frottées de roche de feu & trempées de goudron. On les farcit quelquefois de grenades. Les Assiegés les jettent la nuit pour éclairer dans un poste attaqué ou menacé.

FASEOLE. s. f. Sortes de legumes de la nature des féves, qui selon Dioscoride enflent & engendrent des ventosités & sont de difficile digestion. Les Faseoles mangées vertes font bon ventre, & sont propres pour les dévoyemens d'estomac, & pour les vomissemens. Matthiole dit qu'elles sont fort communes en Italie, & qu'il y en a de blanches, de rouges, de jaunes, & d'autres marquées de differentes couleurs. On seme les blanches par tout dans les champs, & elles ont leurs feuilles comme celles du lierre, quoiqu'un peu plus grandes, plus molles & pleines de veines. Il en sort trois d'une seule queue. Leurs fleurs sont blanches, & plus petites que celles des pois, & il en vient de petites cornes rondes en long & pointues au bout. Elles sont vertes au commencement, & blanches étant mûres. C'est là dedans que sont enfermées les Faseoles, qui ont presque la forme des roignons des bêtes à quatre piés, & qui sont blanches, excepté vers le milieu qui est un peu noir. Les Faseoles rouges, les jaunes, & celles qui sont de differentes couleurs, servent à couvrir les treillis, & à donner de l'ombre dans les jardins, s'agraffant avec leurs crochets comme fait la vigne, ce qui fait croire à quelques-uns que cette sorte de Faseoles est le smilax des jardins. Il y a dans les Antilles une sorte de Faseole qui rampe ordinairement dans les sables du bord de la mer. Ses feuilles quoique semblables à celles de nos pois, sont neanmoins trois fois plus épaisses. Elle a ses cosses longues d'un pié, & larges d'un pouce, remplies de sept ou huit feves, rondes & plates. Leur couleur est brune, & on les tient si dangereuses qu'on les laisse perdre sans les cueillir.

FASIER. v. a. Terme de Marine. On dit que *Les voiles fasient*, pour dire, que Le vent n'y donne pas bien, & que la ralingue vacille toûjours.

FASTES. s. m. p. Calendrier des anciens Romains, où ils marquoient les noms de leurs Magistrats, leurs jeux, leurs ceremonies, leurs fêtes & les jours où ils devoient travailler. Ces derniers étoient appellés *Dies fasti*, ou Jours fastes, & c'étoient ceux dans lesquels il étoit permis de poursuivre quelque affaire en Justice, & où le Preteur pouvoit dire ces trois mots. *Do*, *dico*, *addico.* On appelloit les jours de Fête, *Dies nefasti.* Le mot de *Fastes*, vient de *Fari*, Parler. On appelle, *Fastes Consulaires*, l'Histoire Chronologique de la suite des Consuls. Les Poëtes & les Orateurs nomment aussi *Fastes*, les Archives ou Registres publics où se conservent les Memoires historiques des choses les plus memorables arrivées dans chaque nation.

FAT

FAT. s. m. Vieux mot. Destin du Latin *Fatum.*
Qui eut en soi le Fat & destinée.

FATISTE. s. m. Vieux mot. Bateleur, Poëte qui faisoit des vers pour disputer le prix des Jeux floraux, & autres. Ce mot vient du Grec φατίζειν, Dire, déclarer. Borel dérive de là le mot de Fat.

FATRAS. s. m. Sorte de vers anciens où l'on repete souvent un vers comme aux Chants Royaux. On a dit aussi *Fatriser*, pour dire, Faire de ces sortes de vers. Aujourd'hui ce mot ne s'employe plus que pour signifier des bagatelles, des choses de nulle valeur, vaines, inutiles. *A quoi sert tout ce fatras de citations?*

FATROULER. v. n. Vieux mot. S'occuper à quelque chose de neant.

FAU

FAU. s. m. Arbre de haute futaye. Dioscoride dit que le Fau & l'Yeuse sont mis au rang des chênes, & qu'ils ont tous deux la même vertu. Les feuilles du Fau sont semblables à celles de la carpie; mais moins crêpées, plus grandes & plus lissées. Son fruit qui n'a aucune forme de gland est rond au dehors, moussu, âpre & piquant. Au dedans il y a de petits noyaux qui ont une petite peau polie & lissée, de couleur noire, tirant sur le tan en maniere de châtaignes. Il est assés savoureux au goût, mais un peu stiptique. Reduit en cendres, il sert à faire des linimens pour évacuer la pierre & la gravelle. Ce fruit est appellé *Faine.* Les Loirs s'en engraissent. Les Ecureuils en sont fort friands, ainsi que les Merles, Grives, & autres Oiseaux. La cendre du bois de Fau est caustique, brûlante & abstersive, ce qui la fait mettre au rang des Pyrotiques.

FAUBER. s. m. Terme de Marine. Sorte de balai, fait de fils de vieux cordages, avec lequel on nettoye le vaisseau. On l'appelle aussi *Escoup*, ou *Escoupe*, & l'on dit *Fauberter*, pour dire, Nettoyer avec un Faubert.

FAUBLOYER. v. n. Dire, parler, reciter du Latin *Fabulari.*

FAUCHER. v. n. Terme de Manege. On dit d'un Cheval, qu'*Il fauche*, pour dire, qu'Il traîne en demi-rond une de ses jambes de devant. Cette maniere de boiter paroît plus au trot qu'au pas, & cela arrive aux Chevaux qui ont été entr'ouverts, ou qui ont fait quelque effort.

FAUCHET. s. m. Sorte de rateau ayant des dents de bois de chaque côté, & qui sert aux Faucheurs

& aux Faneuses à amasser l'herbe faucnée & fanée pour la mettre en meulons. Les Batteurs en grange se servent aussi d'un Fauchet pour separer la paille battue d'avec le blé.

FAUCHEUX. s. m. Espece d'araignée qui marche parmi les herbes & qui a les pattes fort longues.

FAUCHON. s. m. Sorte d'épée courbe qui étoit autrefois en usage. On l'appelloit ainsi à cause qu'elle étoit faite en forme de faucille, ou parce qu'on en fauchoit les hommes.

Ou le Fauchon je te ceindrai
Ou je ta vie faucherai.

FAUCILLE. s. f. Instrument fait en demi-cercle, qui a de petites dents plus délicates que celles des scies, & avec lequel on scie les bleds. Il est mince, peu large & emmanché d'un petit manche de bois. Nicod fait venir ce mot de *Falcula* ou *Falcilla*, diminutif de *Falx*, Faux.

On appelle, en termes d'Anatomie, *Faucille de moissonneur*, cette portion de la dure-mere qui separe les parties de devant du cerveau. Cela vient de ce qu'elle a la forme d'une faucille.

FAUCILLON. s. m. Sorte d'instrument qui est fait en maniere de faucille. Les menus bois taillis qui sont aisez à couper avec cet instrument, s'appellent *Bois à faucillon*.

FAUCON. s. m. Oiseau de leurre qui a le vol haut la tête noirâtre, le dos cendré & semé de plusieurs taches, & les jambes & les piés jaunes. La Fauconnerie a pris son nom de cet Oiseau, comme du plus noble de tous les Oiseaux de proye. On appelle *Faucon Pelerin*, celui qui vient des pays Latins, & dont on ne connoît point l'aire; *Faucon gentil*, ou *de passage*, celui qui vient des pays circonvoisins, & qui est le plus aisé à dresser, & *Faucon niais*, celui qui n'a jamais été à soi, parce qu'on l'a pris au nid ou dans le roc lorsqu'il étoit fort petit. Le *Faucon sor*, est un Faucon qui a encore son premier plumage, c'est-à-dire les pennes du premier an, & le *Faucon antanaire*, celui qui est pris au Printems avant la mue. On dit *Faucon hagard*, pour dire, Celui qui n'est plus sor quand on le prend, & qui a mué ou changé de plumes. Le *Faucon montanier* est brun & hardi, & se doit entretenir entre gras & maigre. Il y a un Faucon qu'on appelle *Tagarot*, & un autre que l'on nomme *Tartaret*. Le premier est un Oiseau fort long & flouet d'une espece particuliere, & que l'on apporte du côté d'Egypte, & l'autre est un grand Oiseau qui vient de Tartarie, & que l'on appelle de haute maille. *Les Faucons balarins* viennent de Hongrie. Ce sont des Faucons communs, petits de pennage brun, & qui ont la tête noire. Il y en a d'autres qu'on appelle *du Peron*, autrement, *Neblies*. Ils volent plus haut que la plûpart des Faucons, & ont des serres fortes, & une couleur tirant sur le noir. Quelques-uns tiennent que le nom de Faucon a été donné à cet Oiseau, à cause de ses ongles recourbez qui ressemblent à une faux silvestre. D'autres dérivent ce mot *à Falcando*, à cause que le Faucon vole en tournant en maniere de faux.

On appelle aussi *Faucon*, Une espece de canon qui a trois pouces de diametre, & dont le boulet pese une livre.

FAUCONNEAU. s. m. Autre espece de canon de six à sept piés de long, qui a deux pouces de diametre, & dont le boulet pese treize à quatorze onces. Ces deux pieces d'artillerie sont les plus aisées à être servies, & on les appelle ordinairement *Pieces de campagne*, à cause qu'elles suivent toûjours l'armée, & qu'on s'en sert plûtôt que des autres, pour la facilité qu'il y a de les charger promptement.

Fauconneau. Terme de Maçon. La plus haute piece de bois d'un engin à élever des fardeaux. Elle est posée en travers, & a une poulie à chaque bout On dit aussi *Etourneau*.

FAUCONNIER. s. m. Celui qui dresse ou qui a le soin des Oiseaux de proye.

Grand Fauconnier, en France, est l'Officier qui a soin de la Fauconnerie du Roi. Il prête serment entre les mains de Sa Majesté, & pourvoit à toutes les Charges de Chefs de vol quand elles vaquent par mort. Ceux qui les ont s'en démettent sous son agrément. Il pourvoit aussi à toutes les autres Charges de ceux qui sont employés dans la Fauconnerie, & commet telles personnes qu'il veut pour tendre & prendre des oiseaux de proie en tous lieux, plaines & buissons de France. Il faut que tous les Marchands Fauconniers, tant étrangers que François, lui presentent leurs oiseaux avant qu'ils les exposent en vente, afin qu'il choisisse ceux qu'il croit necessaires pour les plaisirs du Roi; après quoi il leur donne permission de les vendre. Si le Roi veut jetter lui-même un oiseau lorsqu'il est à la chasse, le Chef le presente au Grand Fauconnier qui le met sur le poing de Sa Majesté. Quand la proie est prise, le Piqueur en donne la tête à son Chef, & le Chef la donne au Grand Fauconnier, qui la presente de même à Sa Majesté.

On dit, en termes de Manége, *Monter à cheval en Fauconnier*, pour dire, Monter du pié droit.

FAUCRE. s. m. Vieux mot. Arrêt de la lance.

Ecu au col, lance sur faucre.

Ce mot vient du Latin *Fulcrum*, Appui.

FAUDE. s. f. Vieux mot. Giron. On l'a dit aussi pour le creux d'une chaire, & *Faudiere* & *Faudal*, pour un Tablier de femme.

FAUDETEUIL. s. m. Vieux mot. Chaire à bras, siege Royal. *D'autre part étoit assise sur un faudeteuil une noble Dame.* On a dit aussi *Faudesteuf*, dans la même signification. Nicod donne une explication plus ample de ce mot. *Fauldeteuil*, dit-il, *est une espece de chaire à dossier & à accoudoirs, ayant le siege de sangles entrelassées, couvertes de telle étoffe qu'on veut, laquelle se plie pour plus commodement la porter d'un lieu à un autre; & est chaire de parade, laquelle on tenoit autrefois auprès d'un lit de parade. Le mot lui peut être donné de celui-ci* Faulde, *qui signifie* Giron, *dont le Languedoc use encore, parce que telles chaires, qui étoient de bas sieges & creux, avoient le siege malaisé & un peu creux en forme de giron. Au grand ceremonial de l'Eglise, il est latinisé par* Faldistorium, *& prins pour la chaire ou séance de respect & d'honneur où le Cardinal qui celebre la Messe se repose aux intervalles qui lui permettent se retirer de l'Autel, & est baillé pour accouldoir à l'Empereur étant en l'Eglise de S. Pierre pour faire son oraison: mais est sans dossier & sans accouldoir, & toute rase, & en cela differente du fauldeteuil qui est ci-dessus écrit. Et selon ladite dérivation de faulde pour* Gremium, *peut être cette chaire sans accouldoir & sans dossier, la façon originaire du fauldeteuil, pour être le giron de l'homme, ainsi fait, qui sert d'accoudoir au Pape, quand il est à genoux en oraison à l'Eglise ou dans sa Chapelle.*

FAVELE. s. f. Vieux mot. Mensonge, du Latin *Fabula*.

FAUFEL. s. m. Noisette Indique dont Matthieu Sylvaticus parle en ces termes. Faufel, c'est-à-dire, la noisette Indienne, est semblable à la noix muscate, excepté qu'elle est plate d'un côté, & un peu plus élevée de l'autre, en sorte qu'elle peut se renir debout sans pancher ni çà ni là. Elle est du reste comme la muscate, & n'a aucune odeur ni saveur. Quand elle sort on la trouve enfermée en de petites vessies, semblables à celles d'où sort la soie. On en apporte souvent parmi les autres noix qui viennent de Calecut, & je l'ai vûe moi-même dans ses coques ou vessies. La plante de cette noisette est fort semblable au Neragil, c'est-à-dire, à la noix Indienne. Elle est refrigerative & fort astringente, ce qui la rend propre à affermir les membres, & à aider aux maladies chaudes, soit qu'on la prenne en breuvage, soit qu'on l'applique en emplâtre sur quelque partie souffrante.

FAUFELUES. s. f. p. Vieux mot. Sottises, fanfreluches.

FAULDES. On appelle ainsi en termes d'Eaux & Forêts les fosses Charbonnieres où l'on fait le charbon.

FAUSSEMENT. s. m. Terme de Charpenterie. C'est la même chose que Décolement.

FAUSSURE. s. f. Terme de Fonderie. Il se dit des traits ou courbures des cloches aux endroits où elles commencent à s'élargir.

FAUTEAU. s. m. Piece de bois suspendue en l'air, & qui étant ébranlée & agitée à force de bras, est poussée contre une muraille pour l'abattre, ou contre une porte pour l'enfoncer, comme on faisoit autrefois avec des beliers.

FAUTIF, IVE. adj. Les Charpentiers appellent *Fautive*, une Piece de bois qui n'est pas quarrée, ou qui est défectueuse. *Solive fautive*, est celle qui n'est pas à vive arête, & qui a de l'aubier. Quelques-uns disent aussi *Du bois fauteur*.

FAUVE. s. m. Oiseaux des Antilles, que les François appellent ainsi à cause de la couleur de leur dos. Ils sont blancs sous le ventre, de la grosseur d'une poule d'eau, & si maigres d'ordinaire, qu'on ne les estime que pour leurs plumes. Ils ont les piés comme les cannes, le bec pointu comme les beccasses, & vivent de petits poissons. Ils se laissent facilement de voler, & s'ils apperçoivent un navire, ils viennent incontinent se poser dessus, surtout si la nuit approche, se laissant prendre sans aucune peine.

FAUVETTE. s. f. Petit oiseau gai, dont le chant est agréable, & qu'on dit qui connoît particulierement celui qui a soin de lui donner à manger. Il a pris son nom de sa couleur qui est fauve.

FAUX, AUSSE. adj. *Qui n'est pas veritable*. ACAD. FR. On dit, en termes de Manége, qu'*Un cheval est faux*, qu'*Il galope faux*, quand ayant entamé le chemin par la jambe droite de devant, ou par la gauche, il ne fait pas toûjours partir cette même jambe la premiere, en sorte qu'il se désunit, traîne les hanches & change de pié. On ne peut le remettre sur le bon pié & le bien unir de hanche, qu'en approchant le gras de la jambe, & ensuite l'éperon de dehors, c'est-à-dire, celui qui est opposé au côté par lequel il se désunit. Quelques-uns disent, *Cheval faux marqué*, pour dire, Contremarqué.

On dit d'un chien de chasse, qu'*Il appelle en faux*, quand il aboye en un lieu où les perdrix ont été, & d'où ensuite elles ont volé ailleurs.

Fausses-armes. On appelle dans le Blason *Fausses-armes*, Celles où l'on n'a point observé les principales regles de l'art, ce qui leur a fait donner le nom d'*Armes à enquerre*.

Faux-bourdon. Sorte de Musique, dans laquelle les differentes parties chantent note contre note de même que le dessus, sans avoir ni syncopes ni di-divisions de crochues ou doubles crochues.

Fausse-braye. Terme de Fortification. Seconde muraille au dessous de la premiere, qui fait le tour de la place, & sert à défendre le fossé. Elle ne s'éleve que jusqu'au rez de chaussée, & a ordinairement deux ou trois toises de largeur. On la nomme autrement *Basse enceinte*.

Fausse-braye, est aussi une terrasse contenue entre le pié d'un Château & le fossé. Elle ne sert pas moins pour lui donner de l'embasement, que pour le plaisir de se promener.

Fausse-côte. Terme d'Anatomie. Une des sept côtes qui viennent de l'épine du dos, & qui bordant le diaphragme se terminent en cartilages, sans se joindre à celles du côté opposé, comme font les sept autres qui aboutissent au sternon.

Fausse-coupe. Terme de Charpentier & de Menuisier. C'est une sorte d'assemblage qui n'est ni à l'équerre, ni à onglet, & qui se trace avec la sauterelle. On dit qu'*Une plate-bande est en fausse-coupe*, quand les joints de ses claveaux sont épais ne sont à plomb qu'au parement. Ils doivent être profonds d'environ six pouces, & le reste du joint doit être incliné selon sa coupe.

Fausse-équerre. Instrument dont les Charpentiers se servent pour prendre les angles qui ne sont pas droits. La fausse-équerre des Menuisiers s'appelle aussi *Sauterelle*.

On appelle *Faux-comble*, le petit Comble qui est au dessus du brisis d'un comble à la mansarde. Il faut que sa pointe soit proportionnée à celle d'un fronton triangulaire.

On appelle en termes de mer, *Fausses lances*, des canons de bois faits autour. On les bronze, afin qu'ils ressemblent aux canons de fonte verte ou de fer cerclé, & qu'étant pris pour de vrais canons, ils servent à faire peur.

On appelle en termes de Finances, *Faux & double emploi*, Une partie employée deux fois dans un même compte sous differens noms, ou une fois sous un nom supposé.

FAX

FAX. adj. Vieux mot. Faux. *Déloyax & fax mauvais*.

FAY

FAYENCE. s. f. Sorte de poterie fort vernissée, qu'on a appellée ainsi, à cause que l'invention en est venue de Fayence, Ville d'Italie dans la Romagne. On en fait de si belles à Nevers & en Hollande, qu'on a peine quelquefois à les distinguer des porcelaines. *Fayencier*, est l'ouvrier qui fait de la Fayence, ou le Marchand qui la vend.

FEA

FEAGE. s. m. Terme de Coûtume. Heritage qui se tient en fief. *Pur Feage* ou *noble fief*. *Bailler à feage*. On dit autrement, *Affeager*.

FEAL. adj. Vieux mot. Fidelle. C'est un terme qui s'est conservé dans les Lettres que le Roi adresse à ses Officiers. *A nos amés & feaux*. On a dit aussi *Fealté*, pour Fidelité, hommage; & *Feel*, pour Fidelle.

FEAULTE. s. m. Vieux mot. Feutre.

A chacun une grand cornette
Pour pendre à leurs chapeaux de feaulte.

Il vient de *Filtrum*, Etoffe de poils colés ensemble. On a dit aussi *Feautre*.

dit qu'il pourroit bien venir de *Nympha*.

FEB

FEBRIFUGE. f. f. Terme de Medecine. Remede specifique qui chasse la fievre. Il se dit du Quinquina, & fort ordinairement d'une sorte de poudre faite par operation chymique, & qui est bonne pour les fievres intermittentes.

FEC

FECIALIENS. f. m. Prêtres des Romains, que Numa Pompilius, leur second Roi, établit avec droit de faire la paix & de déclarer la guerre. Leur pouvoir étoit si grand là-dessus, que leur participation étoit necessaire pour resoudre l'une & l'autre. Si c'étoit la paix, ils frappoient un pourceau avec anatheme, en souhaitant que la même chose arrivât à l'infracteur du Traité; & quand on vouloit déclarer la guerre, un de ces Prêtres alloit porter sur les frontieres de l'ennemi une javeline ferrée brûlée par le bout. Là il déclaroit la guerre en la presence au moins de trois personnes âgées de quatorze à quinze ans, & cela étant fait, il jettoit une fleche ou la javeline dans les terres de ceux contre qui on vouloit entrer en guerre.

FECULE. f. f. Terme de Pharmacie. Partie farineuse & insipide d'une racine. On ne fait pas des fecules de toutes sortes de racines, mais seulement de cinq, qui sont celles d'aron, d'iris, de pivoine, de brioine, & de la grande serpentaire. On fait la fecule de ces racines, en les arrachant au tems que la plante commence à bourgeonner, après quoi il faut laver avec soin cette racine, ratisser le dehors de son écorce, la raper bien nettement, presser fortement ce qui a été rapé, puis laisser affaisser au bas de la terrine ce qu'il y a de feculente blancheur, jusqu'à ce que le suc soit éclairci. Alors on le retire doucement par inclination, & on verse un peu d'eau claire tiede pour separer une substance mucilagineuse & jaunâtre qui paroît au dessus de la farine blanche qui est au bas; & cette separation se fait par une agitation lente & circulaire. Ensuite on met cette farine dans un mortier de marbre, & on l'agite avec de l'eau claire jusqu'à ce qu'on la voye dans une blancheur de lait. Cela étant, on passe cette eau blanche dans une étamine neuve & bien serrée, afin que ce qu'il y a de trop grossier demeure dedans. On couvre la terrine, & on laisse rassoir la fecule au bas. On doit réïterer la même agitation jusqu'à trois ou quatre fois, toûjours avec de nouvelle eau; puis après que l'on a separé l'eau par une lente & douce inclination, on couvre la terrine d'un papier blanc, auquel on fait plusieurs petits trous avec une aiguille, & on l'expose au Soleil jusqu'à ce que la fecule soit seche; elle devient blanche comme l'amidon.

FE'E

FE'E. f. f. Nom que donnent tous les anciens Romans à certaines femmes qui avoient le secret de faire des choses si surprenantes, que le peuple étoit persuadé que c'étoit l'effet d'un pouvoir magique. *Fée* se trouve aussi adjectivement, & l'on a dit *Armes fées*, pour dire, des Armes qu'aucune lance ni aucuns traits ne pouvoient percer. M. Ménage dérive ce mot de *Fata*, fait de *Fateor*, qui vient du Grec φατὸς. D'autres le font venir de *Fando* ou de *Fatuus*, à cause que les propheties des *Fées* étoient fades ou Fates. Nicod veut qu'il vienne de *Fatum*, Destin, comme qui diroit, Soumis au Destin. Du Cange

FEG

FEGIR. v. n. Vieux mot. Se figer, se congeler.

FEI

FEINT. FEINTE. adj. *Faux, contraire à ce qui est.* ACAD. FR. On appelle *Colomne feinte*, celle qui par la peinture plate ou de relief sur un chassis cylindrique, imite le marbre, & dont la base est dorée ou de couleur de bronze.

On dit *Porte-feinte*, pour dire, Une décoration de porte de pierre ou de marbre, ou un placard de menuiserie avec des ventaux dormans, qui est opposé ou parallele à une vraie porte, afin de garder la symmetrie.

FEINTE. f. f. Terme d'escrime. Apparence d'un dessein qu'on feint d'avoir de porter une botte en un endroit, afin d'obliger son ennemi à s'en découvrir, & de lui porter le coup en un autre. Il y a des *Feintes simples*, qui se font par un seul mouvement du poignet sans bouger le pié contre celui qui s'attache trop à l'épée, soit en la battant pour pousser, ou en l'engageant pour passer. Les *Feintes doubles* se font par un double mouvement de poignet à la pointe de l'épée, sans battre le pié qu'au second tems, & une autre fois en donnant le coup. Il y a aussi la *Feinte de deux tems* & celle *de trois*. L'une se fait en battant une fois du pié, & la finissant du poignet & de l'épée, & encore une autre fois en donnant le coup; & l'autre par un double mouvement du pié contre celui qui recule, & d'un autre en donnant le coup après avoir atteint la mesure.

Feinte est aussi un terme de Musique, & se dit d'un demi-ton. C'est la même chose que *Diese*. On appelle aussi *Feintes*, les demi-touches qui sont sur les grandes touches d'un clavier d'orgues ou d'épinette, qui marquent les feintes ou dieses.

On se sert encore de ce mot chez les Imprimeurs, & on dit qu'*Un ouvrier a fait une feinte*, pour dire, qu'il n'a pas touché les formes bien également.

FEITURE. f. f. Vieux mot. Forme ou figure de quelque chose.

Et voit-on sans couvertures
Leurs semblances & leurs feitures.

FEIVRE. f. m. Vieux mot. Faiseur d'épées. On a dit encore *Févre*, & tous les deux ont signifié aussi Maréchal.

As grans épées acerines
Fierent comme Fevres sus enclumes.

FEL

FEL, *Felle*. Vieux mot. Colere, cruel. Borel le dérive du Latin *Fel*, Fiel, receptacle de la bile.

Vilain est fel & sans pitié.

FELIN. f. m. Terme qui est en usage parmi les Orfevres & à la Monnoie, & qui signifie un certain Poids. Le marc est composé de six cens quarante felins, l'once de quatre-vingt, le gros de dix, & le felin est divisé en sept grains & un cinquiéme de grain.

FELON. adj. Vieux mot. Rebelle qui ne veut pas reconnoître son Seigneur, ou qui viole la foi qu'il a jurée à son Prince. Il a signifié aussi, Cruel, d'où est venu *Felonnie* dans l'un & dans l'autre sens, & *Felonnement*, pour dire, Cruellement. On a dit aussi *Féloneffe*, pour dire Cruelle; & l'on a appellé une terre sterile, *Terre féloneffe*. M. Ménage dérive ces mots de *Felonia*, venant de *Felo* ou *Fello*, qu'on trouve dans les Capitulaires de Charles le Chauve.

Il croit qu'il a été fait de l'Allemand *Feclen*, Faillir. D'autres le tirent du Latin *Vilania*.

FELOUQUE. f. f. Petit bâtiment sans couverte qui est en usage sur la mer Mediterranée. Il n'est pas plus grand qu'une chaloupe, & va à la voile & à la rame. Il a cela de particulier, qu'il peut porter son gouvernail à l'avant ou à l'arriere, selon le besoin, à cause que son étrave & son étambord sont également garnis de pentures pour le soûtenir.

FEM

FEMELLES. f. f. p. Terme de Marine. Anneaux qui portent le gouvernail. On appelle *Mâles*, les fers qui entrent dans ces anneaux.

FEMORALES. f. f. Les Feuillans appellent ainsi un haut de chausse qu'ils mettent lorsqu'ils vont à la campagne. Il vient du Latin *Femur*, Cuisse.

FEN

FENDERIE. f. f. Il se dit d'un lieu qui est dans les forges, & où l'on fend les gueuses que l'on y a transportées pour les mettre en barres, ou en tels ouvrages qu'on veut.

FENDURE. f. f. Vieux mot. Fente. On a dit aussi *Fendesse*.

FENESTRE. f. f. Ouverture qui se fait dans un mur de face pour donner du jour. Ce mot ne se dit pas moins de la baye que de la croisée. On dit en Latin *Fenestra*, que l'on fait venir du Grec φαίνω, Paroître, éclater, reluire. Il y a de diverses sortes de Fenêtres. Celle qu'on appelle *Fenêtre droite*, est quarré-longue en hauteur, & sa fermeture est en plate-bande ou en linteau droit. La *Fenêtre cintrée* à sa fermeture en plate-bande ou en linteau droit, & la *Fenêtre bombée* l'a plus courbe, & n'est qu'une portion d'arc. La *Fenêtre quarrée* a autant de largeur que de hauteur. La *Fenêtre ronde* a son ouverture en cercle parfait, & la *Fenêtre ovale* est celle dont la baye est une ellipse en hauteur ou en largeur. On appelle *Fenêtre mezanine*, une petite Fenêtre qui est plus large que haute, & qui sert à éclairer un attique ou une entresole; & *Fenêtre ébrasée*, celle dont les tableaux n'étant pas paralleles, sont en embrasure par dehors, afin qu'on reçoive plus aisément la lumiere. La *Fenêtre en embrasure* a plus de largeur par dedans que par dehors; ce qui se fait lorsque les jouées de l'épaisseur du mur ne sont point paralleles; & l'on appelle *Fenêtre biaise*, celle dont les tableaux ne sont pas d'équerre avec le mur de face, quoique ces tableaux soient paralleles. Cela se fait pour faciliter le jour qui vient de côté. La *Fenêtre rampante* a son appui & sa fermeture en pente par quelque sujettion, & la *Fenêtre rustique* a des bossages ou pierres de refend pour chambranle. Il y a des Fenêtres, qui outre leur chambranle sont enrichies de petits pilastres avec entablement, selon quelque ordre d'architecture; & ce sont celles-là que l'on appelle *Fenêtres avec ordre*, comme on appelle *Fenêtre à balcon*, celles dont les balustres ferment l'appui en dehors. La *Fenêtre en tribune* est celle qui n'ayant aucun appui au milieu d'une façade, a un balcon en saillie audevant. Il y a aussi des *Fenêtres* que l'on appelle en *Tour creuse*, & d'autres en *Tour ronde*. Les premieres étant cintrées par le plan sont renfoncées en dedans, & les dernieres font un effet tout contraire. Ces deux effets differens viennent des vitraux des domes, considérés par dedans & par dehors. On appelle *Fenêtre d'encoignure*, celle qui est prise dans un pan coupé, & *Fenêtre dans l'angle*, celle dont le tableau est sans dosseret, à cause qu'elle est trop proche de l'angle rentrant d'un bâtiment. Les *Fenêtres en abajour* sont celles qui ont leur appui à cinq piés du plancher à cause d'une servitude, & qui sont en chamfrain par dedans pour donner un plus grand jour. Les Fenêtres par lesquelles l'étage soûterrain ou des offices est éclairé, s'appellent aussi *Fenêtre en abajour*. Les *Fenêtres feintes* ne sont autre chose qu'une décoration de croisée, qui est d'ordinaire renfoncée de l'épaisseur du tableau. Elles se font ou pour orner un mur orbe, ou pour répondre à d'autres Fenêtres vraies.

Fenêtre, en termes d'Anatomie, se dit de deux ouvertures qui se trouvent dans l'oreille interieure, & qui percent l'os des temples. L'une est ronde, & l'autre ovale.

Du tems que les anciens Chevaliers faisoient des Tournois, quand le jour des courses approchoit, on exposoit les Ecus & les Bannieres des principaux tenans ou assaillans sur les Fenêtres des maisons qui étoient le plus dans le voisinage du lieu de la lice; & cela s'appelloit *Faire fenêtre*. On disoit aussi *Fenestrer les Bannieres*.

FENOUIL. f. m. Sorte d'herbe odoriferante que les Latins appellent *Fœniculum*, & les Grecs μάραθον. Selon Dioscoride, la décoction des cimes du Fenouil appliquée par le bas fait uriner. Bûe avec du vin elle sert aux morsures des serpents, & bûe avec de l'eau froide elle arrête l'envie de vomir & tempere les ardeurs de l'estomac. On tire le jus des feuilles & des branches du Fenouil, & ce jus étant séché au Soleil s'employe dans les medicamens qu'on prépare pour les yeux & pour éclaicir la vûe. Pline dit que les serpents ont montré aux hommes cette vertu du Fenouil, à cause qu'ils dépouillent leur vieille peau après en avoir goûté & s'être frotté les yeux de son jus. Dioscoride parle encore d'un Fenouil sauvage, dont la racine sent bon, & d'une autre sorte de *grand Fenouil* qui jette une longue feuille, menue & étroite, & produit une graine ronde, piquante, odorante, & qui est semblable au coriandre. Matthiole n'a point connu cette derniere sorte de Fenouil, mais pour le Fenouil sauvage, que quelques-uns appellent *Hippomarathrum* & *Myrsineum*, il dit qu'il a les feuilles plus grandes que l'autre, avec un goût plus mordant; qu'il est gros comme le bras, qu'il produit sa racine blanche, & qu'il croît aux endroits pierreux & chauds.

FENTON. f. m. Terme de Serrurier. Morceau de fer pour faire des clefs & d'autres ouvrages. On prend une barre d'un fer doux & pliant qui ne soit pas dur à la lime & où il n'y a point de grain. On la casse & on la coupe à chaud de deux ou trois piés de long. On refend les pieces en long aussi à chaud, selon que la barre est grosse; & ces morceaux-là s'appellent *Fentons*.

On appelle aussi *Fentons*, parmi les Maçons en plâtre, les morceaux de bois qu'ils jettent dans les corps des murs où ils veulent faire des corniches de plâtre en saillie. Ils servent à les soûtenir, & valent mieux que des chevilles de fer qui se rouillent. Il y a encore des morceaux de fer fendus en crampons de chaque bout, qu'on nomme *Fentons*. On les scelle dans les tuyaux & souches de cheminées en les épigeonnant, & ils servent à les entretenir. Les plus grands s'appellent *Fentons potencez*, à cause qu'ils ont la forme d'une potence. Ceux-là servent à porter les grandes corniches de plâtre ou de stuc. Les Charpentiers donnent aussi le nom de *Fentons* aux morceaux de bois coupés de longueur avant qu'ils soient arrondis pour faire des chevilles.

FER

FER. s. m. Métal imparfait qui contient très-peu de mercure, mais beaucoup de soulphre terrestre & de sel fixe. Les Chymistes en tirent de très-excellens remedes pour diverses maladies, tout fer, ayant une faculté corroborative. C'est de-là que plusieurs eaux, telles que celles de Forges, tirent les vertus medicinales dont on voit tant d'admirables effets. Le fer se purifie par le moyen des cornes & des ongles des animaux, que l'on coupe fort menu, ou qu'on reduit en poudre grossiere. On les mêle avec du charbon de saule, de tillot, ou d'un autre bois leger, & on stratifie avec ce mêlange des barres de fer dans des pots & fourneaux que l'on a fait faire exprès. Comme il y a beaucoup de sel volatil dans ces ongles & ces cornes, ce sel, au moyen du feu, pénétre par sa subtilité la substance du fer & le réduit en acier, ce qui fait voir que le fer & l'acier ne different qu'en ce que l'acier est un fer plus pur que le fer commun, & c'est par cette raison qu'il rafraîchit davantage : mais le fer commun échauffe plus & ouvre à cause des parties sulphureuses dont il est muni, & qu'on lui fait perdre en le purifiant lorsqu'il est converti en acier. Le fer purifié est préferé dans la Medecine, mais pour en avoir des effets plus assûrés, il faut qu'il soit préparé spagyriquement, & alors il est appellé *Crocus Martis*, Saffran de Mars, à cause qu'il tient de la couleur du saffran, & que l'acier ou le fer est attribué à Mars. La maniere qu'observent ordinairement les Apothicaires pour le préparer, c'est de prendre de la limaille d'acier qu'ils lavent dans le vinaigre, après quoi ils la font secher au soleil ardent ou sur une tuile chaude. Cette limaille étant seche, ils la broyent tout de nouveau, après l'avoir encore lavée dans le vinaigre, & ensuite ils la font secher comme auparavant, ce qu'ils recommencent jusqu'à sept fois. L'acier qui n'est autre chose que le Fer purifié, ayant été préparé de cette sorte, a la faculté de fortifier la rate & le foye, & d'ouvrir les obstructions qui sont dans les visceres, ce qui le fait servir de remede aux pâles couleurs. Le Fer étant composé d'un sel, d'un souphre & d'une terre mal digerée & mal unie, ses parties ont de petites branches qui sont plus grosses & plus roides que celles des autres métaux, mais en moindre quantité, & comme ces branches sont fort grosses & fort roides, cela est cause qu'il obéit difficilement au marteau sans l'aide du feu, & qu'on ne le fond qu'avec peine. Il ne laisse pas d'être des moins pesans entre les métaux, parce que les branches de ses parties étant fort éloignées les unes des autres, il en est d'autant plus poreux & spongieux. C'est par cette raison qu'il est si facilement pénétré par les eaux fortes & par la rouille. L'acier doit être plus long-tems sans se rouiller que le fer, à cause que la rouille n'étant qu'une dissolution des parties, causée par l'humidité de l'air qui entre dans les pores du métal, l'acier n'étant pas aussi poreux que le fer, ses parties ne sont pas si facilement ébranlées par l'humidité.

Quant au Fer qui s'emploie dans les ouvrages, il y en a de plusieurs natures, de pliant comme l'argent ; d'autre cassant, & d'autre qui est aisé à se rouiller. Ce qui le rend ainsi sujet à la rouille, c'est qu'il est composé, comme il a déja été dit d'une terre, d'un sel, & d'un souphre impurs, mal digerés & mal unis. Le fer épuré que nous appellons *Acier*, étoit nommé *Chalybs* par les anciens, de Chalybone, Ville de Syrie où l'on en fait de très-bon, quoique celui de Damas l'emporte sur tous les autres, puisque les épées de Damas coupent le fer même. D'autres disent qu'ils l'ont appellé *Chalybs* à cause de la trempe qu'ils lui donnoient dans l'eau d'un Fleuve qui est en Espagne dans le Royaume de Galice, autrefois appellé *Chalybs* & aujourd'hui *Cabé*. Le Fer que l'on apporte à Paris est par pieces en barres de differentes longueurs & grosseurs, & pour en connoître la qualité, il faut observer si la barre est pliante sous le marteau, & s'il y a de petites veines qui aillent en long. Quand cela est, & surtout quand il n'y a point de petites fentes ou découpures qui aillent en travers, ce que l'on nomme *Gersures*, c'est une marque que le fer est bon, mais s'il s'y trouve des gersures, il n'y a point à douter que le fer ne soit *Rouverin*, c'est-à-dire, cassant à chaud, & qu'il ne donne de la peine à forger. Tout le vieux fer qui a été long-tems à l'air ou au serein, devient ordinairement Rouverin, ce qui est attribué par quelques-uns à une qualité corrosive, & mordicante qui se rencontre dans la rosée. Le fer est quelquefois dangereux dans les bâtimens lorsqu'il est mis dans la maçonnerie & dans les pierres de taille à cause qu'il se rouille, & qu'en se rouillant il s'enfle, fait casser les pierres, & rompre les murailles. C'étoit pour cela que les anciens lioient les pierres dans les grands édifices avec des crampons de cuivre. Cependant comme il est fort difficile de se passer d'employer du fer, il n'y a point d'autre remede pour le garantir de la rouille que de le bien étamer, ou de le peindre de plusieurs couches.

Le Fer a differens noms. On appelle *Fer plat*, celui dont les barres qu'on apporte ont neuf à dix piés de long & quelquefois plus, sur deux pouces & demi de large, & qui sont épaisses à peu prés de quatre lignes. Le *Fer méplat*, est celui qui est une fois plus large qu'il n'est épais, & le *Fer aplati* ou *à la mode*, celui qui n'a que trois à quatre lignes d'épaisseur sur vingt à vingt-quatre de largeur. Le *Fer quarré* est en barres de differentes longueurs, & de deux pouces ou environ en quarré. Le *Fer quarré bâtard*, a neuf piés de long & seize à dix-huit lignes en quarré, & le *Fer cornette*, est long de huit ou neuf piés, large de trois pouces, & épais de quatre à cinq lignes. Le *Fer rond* a six à sept piés de long sur neuf lignes de diametre, & le *Fer de carillon*, est un petit fer qui n'a que huit à neuf lignes. Le *Fer de Courçon* est par gros morceaux de deux, trois & quatre piés de long, & de deux pouces & demi en quarré. Il y a du Fer battu en feuilles de plusieurs largeurs & hauteurs, qu'on appelle *Tole*, & ce qu'on appelle *Petit fer en botte*, sert à faire les verges des vitres, & autres ouvrages. *Fer aigre*, est celui qui se casse facilement à froid, & *Fer cendreux*, un fer auquel on ne sçauroit donner le poli à cause de ses taches grises de couleur de cendre. Le mot de Fer n'a point de pluriel dans la signification du métal dur dont on fait tant d'instrumens.

On appelle *Fer à Rouet*, une piece de serrure, & *Fer* ou *étau à main*, l'instrument dont les Serruriers se servent pour faire les panetons des clefs lorsqu'ils les fendent. Ils ont d'autres fers pour ployer les coques des serrures de coffre, & pour limer ceux qui servent à faire les piés des rouets.

On appelle *Fers de Cuvettes*, des pieces de fer qui portent & accolent les cuvettes de plomb des goutieres. On en met une ou deux au plus à chaque cuvette, & aux descentes on met des gaches de fer qui les tiennent fermes contre le mur.

On appelle *Fers d'amortissement*, des morceaux de fer que l'on met sur les poinçons qui tiennent lieu d'épis de bois aux bouts des faîtes & des couvertures en pavillon. Ces morceaux de fer servent pour les vases de plomb que l'on fait passer dedans pour orner les combles.

Les Tailleurs de pierre ont aussi leurs fers, & ils appellent *Fers Anglois*, certains outils en forme de ciseau dont ils se servent à travailler dans les angles des pierres. Ils disent *Anglois* par corruption, pour *Anglez* ou *Angulaires*, ces fers étant taillés en angles. Ils appellent aussi *Fers à retondre*, certains fers bretés, ou sans bretures dont ils se servent lorsqu'ils repassent dans les moulures pour les finir.

Les Plombiers ont des *Fers ronds*, & d'autres *petits fers en triangle* pour souder. Les Vitriers ont aussi un *Fer à souder* avec les mouffletes pour le tenir. Ces mouffletes sont deux morceaux de bois qui ont chacun un demi caral.

Les Doreurs appellent *Fer à retirer*, un Fer croche qui leur sert à contourner & à déboucher tous les ornemens.

Les Tourneurs ont des *Fers dentelés* par le bout & à côté pour faire des filets ou des vis & écrous. Ils ont aussi des *Fers croches* de differentes grandeurs, & ils en font forger qu'ils affutent à leur maniere selon les ouvrages qu'ils veulent tourner.

On appelle *Fer de pieu*, un morceau de fer pointu à quatre branches, dont on arme la pointe d'un pieu afilé, & *Fer de pique*, un ornement de serrurerie en forme de dard. On le met sur les grilles de fer au lieu de chardons.

On appelle *Fer maillé*, un treillis de fer dont les trous ne peuvent être que de quatre pouces en tous sens, avec un verre dormant scellé en plâtre. C'est une espece de servitude consistant en une petite fenêtre que peut ouvrir un particulier sur l'heritage de son voisin quand le mur lui appartient à lui seul.

On appelle *Fer à cheval*, une terrasse circulaire à deux rampes en pente douce. *Fer à cheval*, est aussi un terme de Fortification, & il se dit d'un ouvrage de figure ronde ou ovale, qu'on éleve dans le fossé d'une place marécageuse, ou dans des lieux bas, & qui est bordé d'un parapet. Il sert pour couvrir une porte ou pour y loger un corps de garde qui empêche les surprises.

On appelle *Fer de moulin*, le fer qui se pose au milieu de la meule comme deux ancres adossées qui sont jointes avec deux petites branches qui laissent une ouverture quarrée au milieu, ce qui le fait appeller par quelques-uns, *Croix anille* ou *Croix de moulin*.

Fer se prend en termes de mer pour le Grapin ou l'Ancre d'une Galere, & on dit *Galere sur le fer*, pour dire, Galere qui est à l'ancre. Plusieurs disent aussi *Vaisseau sur le fer*. On appelle *Fer de Girouette*, certaine verge de fer que l'on met au bout du plus haut mât, où la girouette est passée, & *Fer de chandelier de perrier*, une bande de fer qui est trouée par le haut, & que l'on applique sur un chandelier de bois, par où passe le pivot du chandelier de fer sur lequel le perrier tourne. Il y a aussi des *Fers d'arcs-boutans*. Ce sont des Fers à trois pointes qu'on met au bout d'un arc-boutant avec un pilon à grille.

Fer en termes de Blason, se dit de plusieurs sortes de fers dont on charge les écus, tels que sont les fers de lance, de javelot, de pique, de fléche & de cheval. Ces derniers sont representés pour l'ordinaire la pince en haut, & quand les places des clous sont d'une autre couleur ou d'un métal different, on les blasonne cloués.

Fer chaud. C'a été autrefois une sorte de preuve à laquelle s'exposoient ceux qui vouloient être declarés innocens des crimes dont ils étoient accusés. Elle se faisoit de differentes manieres. L'Accusé marchoit quelquefois sur douze socs de charrue ardens, & quelquefois il prenoit une barre de fer ardente en sa main, & il la jettoit deux ou trois fois dans l'espace de neuf pas. Il y avoit des occasions où ce fer chaud avoit la forme d'un gand, & celui qui vouloit justifier son innocence par un serment accompagné de cette preuve, fourroit sa main & son bras dans cette sorte de gand. On y recevoit particulierement ceux que leur âge ou quelque maladie empêchoit de se battre en duel, & même les Ecclesiastiques & les Moines. On ne faisoit point ce Jugement dans les semaines où il y avoit des fêtes, & on le permettoit également pour toutes sortes de procès, soit civils, soit criminels. C'étoit toûjours avec plusieurs cérémonies Ecclesiastiques que les loix & coûtumes de plusieurs Nations, & même les Conciles ordonnoient. Celui qui devoit faire le serment avoit un habit de laine, & jeûnoit trois jours au pain & à l'eau. Le quatriéme jour il communioit, & prenoit le fer chaud à la Messe après plusieurs oraisons & benedictions. Le Samedi suivant on lui ôtoit l'enveloppe qu'on lui avoit mise sur les piés ou sur les mains, qui étoit cachetée, afin que l'on n'y pût appliquer ni remedes, ni onguent, & il étoit tenu innocent lorsqu'on n'y voyoit nulle marque de brulure. Les Papes, les Conciles & les Princes défendirent ces sortes de Jugemens un peu avant le Regne de Saint Louis.

FER BLANC. s. m. Fer doux battu, réduit en lames déliées qu'on trempe dans de l'étain fondu après l'avoir un peu trempé dans l'eau forte, afin que la teinture s'y arrête, ce qui n'arriveroit pas s'il étoit trop poli. Celui, qui n'est pas étamé, s'appelle *Fer noir*.

On appelloit autrefois *Fer armé*, un homme armé à crud.

Ainçois en y morront dix mille fer armé.

FERE. s. f. Vieux mot. Bête sauvage, du Latin *Fera*. On a dit aussi *Ferin*, pour dire, Sauvage, cruel.

FERIE. s. f. Terme de Breviaire dont on se sert pour signifier les jours qui sont après le Dimanche, desorte que le Lundi est la seconde Ferie. On dit, *Faire de la Ferie*, pour dire, Faire simplement l'Office de la ferie, sans aucune celebration ni de Fête ni d'Octave. On a dit autrefois *Jours feriés*, pour Jours fêtés, de *Feria*, qui signifioit Fête ou solemnité qui obligeoit à s'abstenir de tout travail, ce qui est cause que le Dimanche est compté pour la premiere Ferie. Nous avons gardé ce mot de l'usage des anciens Romains chés qui *Feria* a été dit *à feriendis victimis*. Martinus veut qu'on ait dit *Feries* comme si on avoit dit ἱεραὶ ἡμέραι, Jours sacrés.

FERIR. v. a. Vieux mot. Frapper, blesser.

Répondit tope, & puis mourut
D'une broche qui le ferut.

On l'a dit aussi dans la signification de Fraper à une porte.

Assez y fery & heurtay.

On le trouve dans le futur *Ferra*, pour Frapera, & dans le present, *Fiert* pour Frappe. *Le Dragon le fiert de sa coue*. On le trouve aussi dans le Gerondif.

S'en vient ferant des esperons

pour dire, Piquant son cheval de ses éperons.

FERLER. v. a. Terme de Marine. Plier, trousser les voiles en fagot. On dit *Carguer les voiles*, quand on ne fait que les trousser en partie.

FERMAL, ou FERMAIL. s. m. Vieux mot. Crochet, boucle, agrafe, ou autre ornement de femme.

Fermax, çains, aniax, aumones.

pour dire, Boucles, chaines, anneaux, bourses. On

a dit aussi, *Farmail* & *Fermaillet*, pour Chaîne ou carcan d'or. On lit dans le second livre d'Amadis; *Et laissant pendre ses cheveux qui étoient les plus beaux que nature produit onc, n'avoit sur son chef qu'un Fermaillet d'or enrichi de maintes pierres précieuses.* Surquoi Nicod dit, *Et il a ce nom, parce qu'il ferme à une petite bande laquelle est appellée* Fermeille *ou* Fermaille.

Fermaux au pluriel est un terme de Blason, & signifie, les Agrafes & fermoirs dont on s'est servi anciennement pour fermer des livres, & dont l'usage a été transporté aux manteaux, aux chapes, aux baudriers ou ceintures. On les a aussi nommés *Fermalets*, & quelques-uns appellent *Ecu fermaillé*, un Ecu chargé de plusieurs fermaux.

FERME. s. f. Terme de Charpenterie. Assemblage de pieces de bois, sur lesquelles posent les autres pieces qui portent un comble. Il est composé au moins de deux forces, d'un entrait, & d'un poinçon. Il y a des *Maitresses fermes*, & d'autres qu'on appelle, *Fermes de remplage*. Ces dernieres sont espacées de deux en deux piés entre les premieres, & garnies de pareilles pieces avec cette difference que les poinçons, les entraits, & les chevrons ne sont pas si forts. Elles portent quelquefois sur les vuides, & les Maîtresses-fermes portent sur les poutres. On appelle, *Ferme d'assemblage*, celle dont on fait les pieces de même grosseur. Il y a aussi une *Ferme ronde*. C'est un assemblage de pieces de bois cintrées, qui en faisant une avance, couvrent le pignon d'un mur de face, ou d'un pan de bois. Les pieces de bois d'un dome, & d'un comble cintré ont aussi le nom de *Ferme ronde*. On fait aussi des *Demi fermes*, & leur usage est de former les croupes d'une couverture.

On dit en termes de Manége, qu'*Un cheval saute de ferme à ferme*, pour dire, En la même place, ou sans partir d'un endroit.

FERMENT. s. m. Terme de Physique. Il se dit proprement de tout ce qui peut être cause qu'un corps se gonfle par une espece de bouillonnement interieur, & que ses parties émûes & agitées se subtilisent & s'attenuent. Le ferment le plus connu est celui qui fait enfler & aigrir la pâte. On l'appelle *levain*, parce qu'il la fait s'*élever*. Ce mot vient apparemment de *fervere*, Bouillir, d'où l'on a fait *fervimentum*, *fermentum*. Tous les *acides*, (Voyez ACIDE,) sont proprement des *fermens*, quoiqu'on ne leur donne gueres ce nom, mais l'effet qu'ils produisent s'appellent toûjours *fermentation*.

FERMENTATION. s. f. Terme de Physique & de Chymie. Quand des *acides* mis en liqueur rencontrent un corps qui contient des *alkali* proportionnés, (Voyez ACIDE & ALKALI,) ils s'y joignent par la convenance de leurs figures, & comme ils sont fort déliés les uns & les autres, les acides ne peuvent entrer dans les alkali accompagnés d'air ou de toute autre matiere tant soit peu grossiere, mais seulement de la matiere la plus subtile, qui ayant par elle-même un mouvement très-impetueux, le donne à tout ce qu'elle enveloppe, quand elle est seule à l'envelopper. Les acides violemment agités par la matiere subtile dans laquelle ils nagent, agitent donc avec la même force les alkali ausquels ils s'unissent, & par consequent causent dans tout le corps qui les contient un mouvement interne, qu'on appelle *fermentation*. Delà il suit assés naturellement que la fermentation soit souvent accompagnée d'effervescence, & de bouillonnement, quelquefois de chaleur, & même de feux & de flâmes, comme celle de la chaux vive & du vinaigre, ce qui arrive d'un côté à cause de l'extrême vitesse des acides, & de l'autre, à cause de l'extrême résistance que font les pores raboteux & inégaux du corps qui contient les alkali. Les parties du corps qui *fermente* étant enfin entierement dérangées, il est *dissous*, & il ne compose plus qu'une liqueur avec les acides qui ont fait la *dissolution*. Voyez DISSOLUTION. Si on jette dans cette dissolution quelque nouvel acide proportionné aux alkali qui y nagent, dans l'état où ils sont alors, la fermentation recommencera. Il est visible que les fermentations changeant toute la contexture du corps, y doivent produire aussi de grands changemens, pour la couleur, la saveur, &c. Il y a une fermentation naturelle qui se passe dans l'estomac, dont l'acide combat avec le sel volatile des alimens, & l'un & l'autre se change en un sel salé volatil. Si cette premiere Fermentation est vitiée, & si le chyle se trouve acide en sortant de l'estomac, hors duquel tout acide est nuisible, il rencontre la bile qui corrige le vice du chyle & le change en sel volatil. Si malgré cela le chyle demeure acide, il combattra avec le sel volatil de la bile dans les cellules des intestins, où il excitera beaucoup de vents.

FERMENTER. v. n. Terme de Physique & de Chymie. Il se dit des corps sur lesquels des acides agissent pour en séparer & en dissoudre les parties. Voyez FERMENTATION.

FERMER. v. a. *Clorre ce qui est ouvert.* Acad. Fr. Ceux qui travaillent dans les bâtimens disent, *Fermer un arc, une voute*, pour dire, Y mettre la clef, afin d'achever de la bander; *Fermer une porte ou une fenêtre en plein cintre, en plate-bande*, pour dire, Faire un linteau droit sur ses piédroits, & *Fermer une assise*, pour dire, Achever de la remplir par un clausoir.

On dit d'un cheval en termes de Manége, qu'*Il ferme une passade avec justesse*, pour dire, qu'il la termine par une demi-volte dans l'ordre, ensorte qu'étant bien serrée & bien arrondie, elle finisse sur la même ligne par laquelle il est parti.

FERMETTE. s. f. Petite ferme d'un faux comble ou d'une lucarne.

FERMETURE. s. f. Ce qui sert à fermer quelque chose. On appelle *Fermeture de Menuiserie*, l'Assemblage du dormant, du chassis & des ventaux d'une porte ou d'une fenêtre de menuiserie. On appelle aussi *Fermeture de cheminée*, Une dale de pierre où l'on fait un trou quarré long. Elle sert pour fermer & couronner le haut d'une souche de cheminée. *Fermeture*, est aussi un terme de Marine, & on dit, qu'*Il faut tant de bordage pour faire la Fermeture des sabords.*

FERMOIR. s. m. Outil de fer aceré avec un manche de bois dont les Menuisiers se servent. C'est une espece de ciseau, & il y en a de differentes grandeurs, de grands, de petits, & à nés rond. Il y a aussi un Fermoir appellé *Fermoir à trois dents*, dont se servent les Sculpteurs.

FEROCOSSE. s. m. Petit arbrisseau de l'Isle de Madagascar, qui produit de petits choux ronds, fort bons à manger.

FERRAGE. s. m. Terme de monnoie. Droit qui a été établi à cause que les Tailleurs particuliers sont obligés de fournir les fers necessaires pour monnoyer les especes. Ce droit de Ferrage est de seize deniers pour marc d'or, & de huit deniers pour marc d'argent, qu'il faut que le Maître paye sur le pié de la quantité des marcs d'or & d'argent, qui ont passé de net en délivrance.

FERREIS. s. m. p. Vieux mot. Coup d'épée.

Je fais faire les Chapleis,
Les guerres & les ferreis.

On a dit aussi *Ferrete*, pour Epée.

FERRETIER. f. m. Marteau dont se sert un Maréchal pour ajuster les fers sur l'enclume à chaud & à froid.

FERRIERE. f. f. Sac de cuir dans lequel quand on va à la campagne, on porte tout ce qui peut être necessaire pour referrer un Cheval qui a perdu son fer en marchant.

FERRON f. m. Marchand, qui vend le fer neuf en barres ou autre échantillon.

FERSE. f. f. Terme de Marine. On appelle *Ferse de toile*, Un lé de toile, & dans ce sens, on dit, qu'*Une voile a tant de ferses, & chaque ferse tant de cannes*, pour dire, que La voile a tant de hauteur & tant de largeur.

FERTÉ. f. f. Vieux mot. Forteresse. Pasquier dit que *Ferté* vient de Fermeté.

FERULE. f.f. Plante qui, selon Dioscoride, produit une tige qui le plus souvent passe trois coudées de haut, & dont les feuilles sont semblables au fenouil, mais plus âpres & plus larges. Il ajoûte que le Sagapenum sort de sa tige incisée par le bas. Theophraste parle amplement des Ferules, & dit qu'il n'y a autre difference entre *Ferula*, & *Ferulago*, sinon que la premiere est fort grande, & l'autre petite. L'une & l'autre, poursuit-il, ne jette qu'une seule tige, qui est compartie par nœuds, d'où de petites branches garnies de feuilles sortent les unes après les autres nœud par nœud, de telle sorte que l'une venant d'abord à droit, & ensuite l'autre à gauche, elles embrassent la tige, à la maniere de celles des cannes & des roseaux. Toutefois les branches de Ferula panchent davantage contre terre, tant à cause de leur grandeur, que parce qu'elles sont tendres & molles. Pour ses feuilles elles sont grandes, fort fendues & fourchues, ce qui les rend menues comme les cheveux, Celles qui sont le plus près de terre sont les plus grandes; après celles-là les autres vont en diminuant selon qu'elles en sont éloignées. Sa fleur est jaune, & sa graine noire & semblable à l'aneth, quoique plus grande. A la cime elle se divise en branches assés grosses qui portent des fleurs & de la graine. La Ferule n'a qu'une racine qu'elle jette profondement en terre, & sa tige n'a qu'une saison. Aussi ne la produit-elle qu'après qu'elle a poussé ses feuilles au Printems comme font les autres herbes. Quelques-uns disent qu'en une des Isles fortunées les Ferules deviennent aussi hautes que des arbres. Il faut qu'il y en ait de bien grandes, puisque ceux de la Pouille les brûlent au lieu d'autre bois. La moëlle de Ferule verte prise en breuvage est bonne à ceux qui crachent le sang & aux fluxions de l'estomac. Prise avec du vin, elle remedie aux morsures des viperes; & quand on la tire par le nez, elle en étanche le sang. Galien est en cela du sentiment de Dioscoride, & donne à la graine de Ferule une qualité chaude & subtiliante. La Ferule que les Latins nomment *Ferula*, est appellée νάρθηξ par les Grecs.

FES

FESIERES. f. m. Vieux mot. Faiseur, Artisan.

Mes donc qu'en je n'en suis fesieres
J'en puis bien estre recetieres.

FESOLI ou FIESOLE. Congregation de Religieux dont le Bienheureux Charles, Fils du Comte de Montgranello a été le Fondateur. Il s'étoit retiré en solitude vers l'an 1386. dans les Montagnes des environs de Fiesole, Ville Episcopale d'Italie dans la Toscane; & comme il y fut suivi de quelques personnes qui eurent le même zele, il donna commencement à cette Congregation, qui fut approuvée par le Pape Innocent VII. Deux autres Papes, sçavoir Gregoire XII. & Eugene IV. la confirmerent sous la Regle de saint Augustin. On appelle aussi ces Religieux, *les Freres mandians de saint Jerôme*.

FESTE. f. f. *Jour solemnel auquel il est défendu de travailler.* ACAD. FR. Les Juifs outre le jour du Sabat, ont beaucoup de Fêtes, comme celles de Pâque, des Semaines, du Chef de l'an, du jour du Pardon, des Tabernacles, des Lumieres & du Purim. La Fête de Pâque dure une semaine, mais les Juifs qui sont hors de Jerusalem & de son territoire la font durer huit jours, suivant l'ancienne coûtume. Les deux premiers & les deux derniers sont très-solemnels, puisqu'on ne peut ni travailler ni traiter d'affaires pendant ces jours-là; mais il est permis de toucher au feu, ce qu'on ne peut faire le jour du Sabat, d'apprêter à manger, & de transporter d'un lieu en un autre les choses dont on a besoin. Pendant les quatre autres, on ne travaille qu'à de certaines choses particulieres; mais pendant les huit jours, il est défendu de manger ou d'avoir chez soi du pain levé, & aucun levain, de sorte que dès le soir avant la veille de la Fête, qui échet d'ordinaire le 15. du mois de Nisan, répondant souvent à Avril, le maître d'une famille cherche par toute la maison s'il ne trouvera point du pain levé. Sur les onze heures du jour suivant, on brûle du pain, pour faire connoître que la défense du pain levé est commencée. Aussi-tôt après, on fait des gâteaux azymes pour les huit jours de la Fête, & on les met au four dès qu'ils sont faits afin qu'ils ne levent point. Cette Fête étant la commemoration de la sortie d'Egypte, les premiers nés des familles ont accoûtumé de jeûner la veille, en memoire de ce que la nuit suivante Dieu frappa les premiers nés d'Egypte. Le soir ils vont à la priere, & au retour ils se mettent à table, sur lequel il y a quelque morceau d'Agneau tout preparé avec des azymes, des herbes ameres, comme du celeri, de la chicorée & des laitues, & tenant des tasses de vin, ils recitent *la Hagada*, qui contient les miseres que leurs Peres souffrirent en Egypte, & les merveilles que Dieu fit pour les en délivrer. Ensuite ils recitent le Pseaume 113. & les suivans, commençant par *Alleluya*, après quoi ils soupent.

La Fête des Semaines ou *de la Pentecôte*, qui dure deux jours entiers, qu'on garde comme les Fêtes de Pâque & du Sabat, est celebrée le 6. du mois de Sinan, quarante-neuf jours après le second soir de la Pâque. On peut toucher au feu pendant ces deux jours, préparer à manger, & transporter les choses necessaires d'un lieu à un autre. Ils disent que ce fut ce jour-là que la foi fut donnée sur le mont Sinaï. Les prieres sont proportionnées à la Fête, & on lit dans le Pentateuque le Sacrifice qui se faisoit en un pareil jour avec la lecture finale dans les Prophetes & la benediction pour le Prince. L'aprêdinée il se fait une Prédication à la louange de la Loi.

La *Fête du Chef de l'an*, se celebre les deux premiers jours du mois de Tisri ou Septembre, par lequel ils commencent leur année, ils tiennent par tradition que ce jour-là Dieu juge particulierement des actions de l'année derniere, & dispose des évenemens de celle dans laquelle on va entrer. Le premier soir de l'année en sortant de la Synagogue, ils se disent les uns aux autres, *Sois écrit en bonne année*. On lit dans le Pentateuque le Sacrifice qui se faisoit ce jour-là, ce qui est suivi de la lecture des Prophetes & de la benediction pour le

Prince. Après cela on donne trente coups de cor, pour faire songer, disent-ils, au jugement de Dieu, pour intimider les pecheurs, & pour les porter à se repentir.

Après ces deux jours de Fête, on continue de se lever avant le jour, d'assister aux prieres, & de faire penitence jusqu'au dixiéme du même mois de Tisri, qui est le *Jeûne des Pardons*, ordonné dans le Levitique. Tout travail cesse pendant ce jour ainsi qu'au Sabat, & on jeûne sans boire ni manger, ce qui est accompagné de quantité de bonnes œuvres pour marquer une veritable penitence. Deux ou trois heures avant que le Soleil se couche, on va à la priere d'après midi, & on revient souper, ce repas devant finir avant le coucher du Soleil. Alors plusieurs s'habillent de blanc & de draps mortuaires. Ils ôtent leurs bas & leurs souliers, & vont ainsi à la Synagogue, qui est ce soir-là éclairée de lampes & de bougies. Là chaque Nation, selon sa coûtume, fait plusieurs prieres & confessions, ce qui dure environ trois heures, après quoi on se retire. Le lendemain dès le point du jour, ils retournent tous à la Synagogue, vêtus comme le jour precedent, & ils y demeurent en prieres jusqu'à la nuit, demandant le pardon de leurs pechés. La nuit venue, en sorte qu'on découvre les Etoiles, on sonne du même cor dont on a sonné au commencement de l'année, pour marquer que le jeûne est fini; puis ils sortent de la Synagogue & se saluent, en se souhaitant les uns aux autres une longue vie.

Le 15. de ce mois de Tisri est la *Fête des Tabernacles*, en memoire de ce qu'à la sortie d'Egypte ils campoient ainsi dans les Deserts. Chacun fait chez soi en un lieu découvert une cabane couverte de feuillage, tapissée à l'entour, & avec tous les ornemens qu'ils y peuvent mettre. Ils boivent & mangent dans cette cabane pendant les neuf jours que dure la Fête, & même quelques-uns y couchent. Les deux premiers jours & les deux derniers de cette Fête sont solemnels comme la Pâque, mais les autres le sont moins. Ils recitent le Sacrifice que l'on faisoit ce jour-là, après quoi ils portent des branches de mirte, de saule, de palmier & de citronnier avec leur fruit, & chantent quelques cantiques; ils font une fois le tour du petit autel ou pupitre qui est dans la Synagogue, & le septiéme jour ils le font sept fois, chantant seulement le Pseaume 19. avec des branches de saule. Le neuviéme & dernier jour est appellé *Joie pour la Loi*, à cause qu'on achevé de lire tout le Pentateuque, conformément à la division qui en a été faite pour chaque semaine, & on choisit deux hommes dans la Synagogue, que l'on appelle *Epoux de la Loi*, dont l'un lit la fin, & l'autre la recommence aussi-tôt, ce qui est accompagné de quelques signes d'allegresse. La même chose se fait dans toutes les Synagogues, & on passe le reste du jour en joie.

La *Fête des Lumieres* ou *de la Dedicace*, commence le 25. de Chisleu ou Decembre & dure huit jours. Elle est celebrée en memoire de la victoire que les Machabées remporterent sur les Grecs. On allume une lampe le premier jour, deux le second, & ainsi en continuant jusqu'au dernier jour qu'on en allume huit. On celebre dans la même Fête l'entreprise de Judith sur Holoferne. On peut travailler pendant ces huit jours. Cette Fête est appellée *Hannuca*, qui signifie Exercice ou renouvellement, à cause qu'on renouvelle l'exercice du Temple qui avoit été profané.

La *Fête de Purim* se celebre le 14. d'Adar ou de Mars, en memoire d'Ester, qui empêcha que le Peuple d'Israël ne fût exterminé ce jour-là par la conjuration d'Aman. Cette Fête dure deux jours, dont il n'y a que le premier qui soit solemnel. On jeûne la veille, & le premier soir on va à la Synagogue, ou après les prieres accoutumées, on fait la commemoration de cette délivrance du Peuple, & on lit tout le Livre d'Ester. Il se fait ce jour-là de grandes aumônes en public & des presents comme au jour de l'an, & il se passe en joie & en festins.

La *Nouvelle Lune* est encore un jour de Fête pour les Juifs. Elle répond quelquefois à deux jours, sçavoir à la fin de l'un & au commencement de l'autre. On peut travailler & faire ses affaires ce jour-là, mais les Femmes ont accoutumé de s'abstenir du travail, en memoire de ce qu'elles ne voulurent point donner leurs pendans d'oreilles & leurs joyaux pour faire le Veau d'or, mais pour construire le Temple. Le soir du Sabat qui suit le renouvellement de la Lune, ou un autre soir suivant, lorsque le Croissant est apperçu, tous les Juifs s'assemblent, & font une priere à Dieu, l'appellant le Créateur des Plantes, & le Restaurateur de la nouvelle Lune. Ensuite élevant les yeux au Ciel, ils lui demandent qu'il veuille les preserver de tous malheurs, & après avoir fait quelque commemoration de David, ils se saluent & se separent.

FESTIEMENT. s. m. Vieux mot. Festoyement, bon accueil. On a dit aussi *Festier*, pour, Festoyer, regaler, faire bonne chere à quelqu'un.

Ils mourroient plûtôt de faim
Qu'en cent ans ils les conviassent
Une fois, & les festiassent.

On disoit encore *Festage*, pour, Droit sur les festins.

FESTIVE. s. f. Vieux mot. Jour de Fête.

FESTON. s. m. Amas de fruits & de fleurs que les anciens lioient ensemble & dont ils faisoient de gros faisceaux pour orner leurs Temples, & en parer les façades & les frontispices. Les extrémités de ces cordons tomboient par gros bouquets, & c'est ce que l'on imite en plusieurs endroits de l'Architecture. Non seulement on y fait des Festons de fleurs & de fruits, mais encore de plusieurs autres choses qui ont rapport au lieu & au sujet que l'on orne. Il se fait des Festons de Chasse, de Pêche, de Musique & des autres Arts que l'on represente par les attributs & les instruments qui leur conviennent. On appelle *Feston postiche*, un ornement composé de feuilles, de fleurs & de fruits veritables avec de l'oripeau & quelques papiers de couleur dont on orne l'architecture feinte des arcs de triomphe pour les entrées publiques, & l'architecture veritable des Eglises, quand on canonise ou qu'on celebre solemnellement la Fête d'un Saint.

FESTU *en cul.* s. m. Nom que les Matelots donnent ordinairemant à un Oiseau que quelques-uns appellent *Oiseau du Tropique*, à cause qu'on ne le découvre qu'entre les deux Tropiques. Il n'a pas le corps plus gros qu'un pigeonneau, & va rarement à terre, si ce n'est pour couver ou appâter ses petits. Il a la tête petite, le bec gros & long comme le petit doigt, pointu & aussi rouge que le corail, & les piés de même couleur. On ne peut rien voir qui soit plus blanc que ses plumes. Il en a deux longues d'un pié & davantage qui lui servent de queue, & qui sont si unies qu'il semble que ce n'en soit qu'une. C'est de-là qu'on lui a donné le nom de *Festu en cul*, à cause de la ressemblance que ces plumes ont par leur longueur avec un festu. Il vole extremement haut, s'écartant fort loin des terres,

& jette un petit cri, fort clair & perçant. Les Sauvages font grand cas des deux plumes de sa queue. Ils se les mettent dans les cheveux, ou se les passent dans l'entre-deux du nez pour leur servir de moustaches.

FET

FETARD. adj. Vieux mot. Paresseux, qui se resout avec peine à faire une chose.

Car de lire je suis fetard.

FETEMENT. adv. Vieux mot. Follement.

FETFA. s. m. On appelle ainsi parmi les Turcs la sentence que le Mufti donne contre un accusé. Ce mot est Arabe, & signifie la réponse ou le jugement d'un homme sage.

FETIE. s. m. Vieux mot. Trahison.

FEU

FEU. s. m. *Celui des quatre elemens qui est chaud & sec.* ACAD. FR. Le Feu elementaire est un corps lumineux souverainement chaud & modérement sec. On peut dire aussi que c'est une substance invisible qui sert à échauffer toute la nature, & à composer les Feux grossiers qui se tirent des corps mixtes. On le place au-dessus de l'air qu'il ne peut brûler à cause que l'air est trop humide. Les Chymistes croyent qu'il y a un feu central qui cuit & produit les métaux & les mineraux. Ils nomment ce feu l'*Archée*, & en parlant de leurs operations, ils disent, *Mesurer le Feu*, *donner le Feu par degrés*, pour dire, Le donner plus ou moins violent, ce qui se fait par le moyen des registres ou trous du fourneau qu'ils ouvrent ou ferment; on l'appelle alors *un feu gradué*.

Feu de digestion. C'est le fumier, qu'on nomme autrement *Ventre de Cheval.* La chaleur en est si grande qu'il est impossible de tenir la main dans le milieu d'un grand tas de fumier échauffé, ni de souffrir dans sa main une verge de fer qu'on y aura mise quelque tems.

On appelle *Feu de bain*, celui du bain vaporeux, du bain-marie, du bain de cendre & autres bains, & *Feu nud* ou *immediat*, le Feu ordinaire qu'on applique sous le Vaisseau.

Le *Feu de lampe*, est un Feu moderé & égal, dont les Emailleurs se servent. On peut l'augmenter par la grosseur & le nombre des méches que l'on allume.

Feu de roue. On appelle ainsi un feu allumé en rond autour d'un creuset, & qu'on en approche peu à peu également & pour l'échauffer.

Feu de suppression. Lorsqu'on veut donner ce Feu, non-seulement on entoure le vaisseau de charbons allumés, mais on l'en couvre tout-à-fait; & si l'on voit qu'il en soit besoin, on en augmente la force.

Feu de reverbere. Le *Feu de reverbere clos* se fait dans un fourneau, où non seulement il frappe le Vaisseau, mais encore il se refléchit & le refrappe par dessus & tout autour. Il n'est different du *Feu de reverbere ouvert*, qu'en ce que ce dernier se fait dans un fourneau qui n'a point de couverture.

Feu d'atteinte. Feu qui se fait pour la fusion & calcination des métaux & mineraux. On dit en termes de Vitrerie, *Donner un feu d'atteinte*, lorsqu'on allume fortement les fourneaux pour recuire des pieces de verre. On appelle aussi ce feu, *Feu de flame* ou *de fusion*. Le plus violent de tous les Feux, c'est celui des grandes Verreries. Il sert à vitrifier les cendres des plantes, des sables, & les cailloux. On appelle *Feu Olympique*, le Feu des rayons du Soleil ramassés avec des miroirs ardents.

On appelle en termes de Guerre, *Feu de la Courtine* ou *second flanc*, la portion de la courtine qui découvre la face du bastion opposé.

Feu Gregeois. Sorte de feu d'artifice qui brûle jusques dans la mer, & dont la violence augmente dans l'eau. Son mouvement est contraire à celui du feu naturel, ce Feu se portant en bas à droit & à gauche selon qu'on le jette. Il est composé de soulphre, de naphte, de bitume, de gomme & de poix, & on ne le peut éteindre qu'avec du vinaigre mêlé d'urine & de sable, ou avec des cuirs verds. Les uns soûtiennent qu'il a été inventé par un Marcus Graccus, & les autres par un Ingenieur de Heliopolis, Ville de Syrie, appellé Gallinicus, qui s'en servit avec tant d'adresse dans un combat naval, qu'il brûla toute une flote ennemie sur laquelle il y avoit trente mille hommes. On a appellé ce Feu *Gregeois*, à cause que les Grecs s'en sont servis les premiers.

Les Romains avoient un Feu qu'on appelloit *Feu sacré*, il étoit gardé jour & nuit par les Vestales.

Feu, en termes de Marine, est le fanal ou la lanterne que l'on allume de nuit sur la pouppe des Vaisseaux pour regler la route lorsqu'on va de Flote. Quand il fait gros tems, qui donne sujet de craindre qu'ils ne dérivent les uns sur les autres, ils mettent tous des Feux à l'arriere. L'Amiral en porte quatre, ce qui s'appelle *Faire fanal de quatre feux.* Le Vice-Amiral, le Contre-Amiral & le Chef d'Escadre en ont chacun trois, & tous les autres Vaisseaux, soit de guerre, soit Marchands, n'en portent qu'un. On dit d'un Vaisseau, qu'*Il a fait des feux*, pour dire, qu'Ayant besoin de secours, il a mis des fanaux en plusieurs endroits pour être vû de la Flotte. On appelle *Faux Feux*, certains signaux que l'on fait avec des amorces de poudre, & *Feu S. Elme*, des Feux volants qui s'attachent quelquefois sur les vergues & sur les mâts des Vaisseaux. C'est ce que les Anciens nommoient *Castor & Pollux.* S'il n'en paroît qu'un, on tient cela de mauvais présage, & on l'appelle, *Furolle*, ou *Helene.* Si l'on en voit deux, les Mariniers en marquent leur joie en les saluant avec leurs sifflets. On dit, *Faire Feu des deux bords*, pour dire, Tirer le canon des deux côtés d'un Vaisseau. On dit, *Donner le feu à un bâtiment*, pour dire, Le mettre en état d'être brayé. Cela se fait par les Calfateurs, qui après avoir rempli d'étoupe les jointures du bordage, allument de petits fagots faits de branches de sapin, & emmanchés au bout d'un bâton. Ils les portent tous flambans sur la partie du bordage qui a besoin d'être carenée, & quand elle est bien chaude par le feu qu'on y a mis, ils appliquent le brai dessus.

On dit aussi, *Donner le feu à un Cheval*, pour dire, Lui appliquer un bouton, ou un couteau de feu pour le guerir du farcin ou d'une autre maladie. Ce bouton de feu est un fer chaud, qu'on appelle *Feu actuel*, à la difference du *Potentiel*, qui est enfermé dans les remedes caustiques tels que les cauterés, & dans quelques mineraux ou plantes corrosives.

Feu volage. Espece de Dartre qui s'enflame, & qui vient sur-tout au visage. *Le feu S. Antoine*, étoit autrefois une maladie fort dangereuse, & c'est encore aujourd'hui un mal fâcheux.

On appelle *Feux folets*, certains meteores qui paroissent principalement dans les nuits d'Eté. Ils sont

sont composés d'exhalaisons qui s'enflament. Ces Feux, que l'on appelle aussi *Feux errants*, peuvent être dits veritablement une espece de petite flame fort tenue, formée d'une matiere un peu grasse, à cause de l'antiperistase du froid de la nuit, & toutefois sans ardeur ou chaleur sensible, comme est presque celle qui s'engendre d'esprit de vin, lequel est encore mêlé de beaucoup de phlegme. Ils peuvent aussi être dits une matiere luisante sans ardeur, telle qu'est l'humeur qui sort des poissons qui se pourrissent, & on pourroit concevoir cette matiere comme une exhalaison fort tenue, qui s'étant un peu ramassée luit dans l'air comme une espece de petite nuée. On doit concevoir de la même sorte celle qui s'éleve des Cimetieres, des lieux où naissent les roseaux, & des autres endroits où l'on tient que ces Feux folets apparoissent frequemment. Telle est celle qui se voit quelquefois comme attachée aux oreilles des Chevaux, lorsqu'après une pluie survenue le soir ils s'échauffent en marchant, & celle qui sortant par transpiration des oreilles & des temples de certains hommes, paroît comme adherante autour de leur tête. Monsieur Bernier rapporte dans son Abregé de la Philosophie de Gassendi, que dans une nuit extraordinairement chaude, il vit certains Feux que l'on pourroit mettre au nombre des Feux errants. Ce fut entre les Isles du Gange. Il ne faisoit pas, dit-il, un souffle de vent. L'air étoit si étouffant qu'à peine pouvions-nous respirer, & les bocages qui nous entouroient étoient tellement pleins de vers luisans qu'on eût dit que ces bocages eussent été en feu. De moment en moment il s'élevoit des feux de diverse maniere, tantôt d'un côté, & tantôt d'un autre, & il en parut deux entre autres tout à fait extraordinaires, dont l'un étoit comme un gros globe de feu, qui dura en tombant & en filant l'espace de cinq ou six battemens d'arteres; & le second qui dura plus d'un quart-d'heure, étoit comme un arbre tout enflammé.

On dit d'un Cheval, qu'*Il a du feu au flanc & au bout du nez*, pour dire, qu'il y a des poils roux, ausquels on donne le nom de feu.

FEUCHERE, ou Feuchiere. s. f. Vieux mot. Fougere.

FEVE. s. f. Sorte de legume qui vient en gousse. La tige de la plante d'où la Feve sort est quadrangulaire, oblique, nouée, & elle produit plusieurs fleurs de couleur bigarrée, crêtées & velues, qui viennent en maniere de grappe sur une même queue. Elle jette ses rameaux inégalement, & ils ont quatre feuilles fort grasses de chaque côté. Ses premieres gousses sortent des fleurs qui sont au bas de sa tige, & elles sont plus grandes, plus grosses & plus charnues que celles des autres legumes. Elles enferment des Feves toutes differentes les unes des autres & en forme & en longueur. Il y en a de grandes, de petites, de rondelettes & de serrées, les unes blanchâtres, les autres noirâtres, & d'autres qui sont un peu jaunes. La plante n'a qu'une seule racine, autour de laquelle sont de petites chevelures. Matthiole parle d'une autre plante qui croît dans la Pouille, & qu'il croit qu'on peut appeller *Feve sauvage*. Elle vient à fleur de terre dans les lieux champêtres, & a force tiges, toutes quadrangulaires, & qui s'entrelacent l'une dans l'autre. Il en sort de petites gousses fort resserrées, moindres que celles des Feves, dans lesquelles est un fruit rond du goût de la Feve. Il est du sentiment de ceux qui pensent que cette plante est celle que Galien appelle *Aracus*. Il y a aussi une Feve Pontique ou d'Egypte, que quelques-uns appellent *Folocasia*, & qui croît dans les Lacs & les marais. Theophraste dit que sa tige est longue de quatre coudées, & de la grosseur d'un doigt, & qu'elle est molle comme un chalumeau, sans aucun nœud. Au dedans sont certaines crevasses qui vont tout du long, & à sa cime elle a un chapiteau rond assés semblable aux rayons des mouches guêpes. Il y a dans chaque petite loge une Feve qui paroît par dessus sa gousse, & le plus souvent chaque tête porte trente Feves. Sa fleur est de couleur de rose, & deux fois plus grande que n'est celle de pavot. Les feuilles nagent sur l'eau, & chacune embrasse & envelope sa feve. Si on la concasse, l'amer qui est dedans, & dont on fait les pilules, paroît fort entortillé. Sa racine est fort grosse & plus que celle des cannes, & crevassée ainsi que sa tige. On la mange crue & cuite, & elle sert de nourriture à ceux qui sont voisins des marais où elle croît. Elle vient ordinairement sans être semée; & quand on la seme, on la met dans une mote de terre qu'on jette dans l'eau entortillée & envelopée de paille, afin d'empêcher que la terre ne s'enfuie. Lorsqu'elle a pris racine une fois, elle dure presque toujours, à cause de la force & de la grosseur de cette racine. La plante ressemble assés aux roseaux. Elle est toutefois piquante & épineuse; ce qui la fait fuir des crocodiles, qui ayant la vûe courte & foible, craignent de se blesser les yeux à ses épines. Tout ceci est de Theophraste. Voici ce que Pline en dit. La Colocasia, que quelques-uns nomment κυαμὸν, c'est-à-dire, Feve, est fort singuliere en Egypte. On la cueille au Nil. Ses feuilles sont fort larges & ressemblent à celles des gletterons ou bardanes de rivieres, & même les Egyptiens prennent tant de plaisir à ce beau present que le Nil leur fait, qu'entassant & entortillant ces feuilles les unes dans les autres, ils en font diverses sortes de vases où ils se plaisent à boire. Cette espece de Feve se seme aujourd'hui en Italie. Galien dit que si les Feves d'Egypte surpassent les communes en grosseur, elles sont aussi plus humides, & engendrent plus d'humeurs superflues.

Feve. Terme de Manege. Tumeur ou enflure qui vient dans le haut de la bouche des chevaux derriere les pinces de la mâchoire superieure. On l'appelle aussi *Lampas*; & on dit *Germe de feve*, pour signifier la marque noire qui leur vient dans le creux des coins. Elle s'y forme lorsqu'ils ont cinq ans ou un peu plus, & s'y conserve jusqu'à sept ou huit; ce qui sert à faire connoître l'âge du cheval.

FEUILLAGE. s. m. *Branches d'arbres couvertes de feuilles*. Acad. Fr. C'est aussi une sorte d'ornement qu'on emploie dans les corniches, chapiteaux, frises & autres membres de l'Architecture. Il y a des feuillages refendus, & d'autres qui ne le sont pas. Quelques-uns representent des feuilles d'Acanthe, & d'autres les feuilles de differens arbres, comme de chêne, de laurier ou d'olivier.

Furetiere & ses Coplagiaires, disent du Damas à ramage, à *feuillage*: c'est une faute; puisque c'est le propre de cette étoffe, qui seroit Satin, si elle n'étoit pas figurée. Il faut dire *Damas*, ajoûtant de quelle couleur il est.

FEUILLANTS. s. m. Ordre de Religieux vêtu d'une étoffe blanche fort belle, & qui vivent sous l'étroite observance de la Regle de saint Bernard. Cette Congregation, sortie de l'Ordre de Cîteaux, n'a commencé qu'en 1586. dans l'Abbaye de Feuillans à six lieues de Toulouse, Diocese de Rieux. Elle eût pour Auteur Jean de la Barriere qui étant Abbé Commendataire de ce lieu-là, y avoit pris l'habit de Religieux. Sixte V. l'ayant approuvée, les Papes Clement VIII. & Paul V. lui accorderent des Superieurs particuliers. Le Roi Henri III. lui fonda un Couvent au Fauxbourg saint Honoré à côté du jardin des Thuileries, & en 1587. Jean de la Barriere, natif de Querci, y amena soixante de ses Religieux. Ils alloient alors tout-à-fait nuds piés: mais ils ont pris depuis des sandales. Ils n'ont que trois Provinces en France, & environ trente Monasteres. On les a nommés *Feuillans*, de l'Abbaye de ce nom. M. Richelet dit qu'ils ont été appellés ainsi, à cause d'une branche pleine de feuilles qu'ils ont dans leurs Armes.

FEUILLANTINES. s. f. Sorte de Religieuses qui vivent dans la même reforme que les Feuillans. Leur premier Couvent fut établi vers l'an 1590. aux environs de Toulouse, & ensuite transferé à Toulouse même. Mezerai rapporte, qu'Antoinette d'Orleans s'y jetta neuf ans après. Elle étoit veuve de Charles de Gondi, Marquis de Belle-Isle. Le Pape l'en ayant tirée pour lui donner le gouvernement de l'Abbaye de Font-Evraud, elle institua quelques années après la Congregation des Benedictines sous le nom de sainte Marie du Calvaire & de sainte Scholastique.

Feuillantine. Piece de pâtisserie entre deux abaisses. Elle est feuilletée, garnie de blanc de chapon rôti & haché, & faite en forme de tarte ou de tourte. On y fait entrer des macarons, de la crême, de l'écorce de citron hachée bien menu, du sucre & autres assaisonnemens.

FEUILLE. s. f. *Cette partie de l'arbre verte & mince qui vient ordinairement au Printems, & qui tombe au commencement de l'Automne.* ACAD. FR.

C'est aussi un terme de Blason, & il se dit des feuilles d'arbres dont un Ecu est chargé, comme de celles de chêne, de houx & autres; & l'on appelle *Feuilles de scie*, des fasces ou bandes qui ne sont denchées que d'un côté en maniere de dents de scie. L'*Ecu feuillé* est celui où il y a des fleurs soûtenues des tiges & des feuilles de leur plante; & & lorsque l'on dit *Plantes feuillées*, on entend celles qui ont leurs feuilles.

Feuille. Terme de Menuiserie. Assemblage qui fait partie d'une fermeture de boutique, ou des contrevents d'une croisée. On dit aussi *Feuille de parquet*, qui est un autre assemblage de menuiserie.

Feuilles, se dit aussi d'un ornement de sculpture. Celles dont on orne les chapiteaux, sont ordinairement d'acanthe, de persil, de laurier & d'olivier. Les deux premieres sont découpées. Celles de laurier sont refendues par trois feuilles à chaque bouquet, & celles d'olivier le sont par cinq feuilles comme les doigts de la main. On appelle *Feuilles de refend*, celles dont les bords sont découpés. Les *Feuilles d'eau* sont ondées & simples. On les mêle quelquefois avec celles de refend. Il y a aussi des *Feuilles tournantes* & des *Feuilles d'angle*. Les premieres sont celles qui tournent autour d'un membre rond, & on met les autres aux coins des quadres & aux retours des platfonds de larmier. On donne le nom de *Feuilles galbées* à celles qui sont seulement ébauchées pour être refendues.

Feuille, se dit encore de l'extrémité du manche un peu étendu & arrondi des cueillers & des fourchettes où l'on a coûtume de graver des Armoiries.

On appelle *Feuille de sauge*, certaines pieces de fer qui font partie des ressorts d'une serrure. *Feuille de sauge* est aussi une espece de pioche avec quoi on remue la terre.

Les Vitriers nomment *Feuilles de laurier*, des pieces de vitre faites de maniere qu'on y voit la figure de ces feuilles.

Feuille des Benefices. Terme des Abbés de Cour. *Les Jesuites ont la feuille*, ou, *Tel se croyoit sur la Feuille; ses galanteries l'en ont fait ôter.*

FEUILLERET. s. m. Espece de rabot dont les Menuisiers se servent à pousser les feuillûres. Le fût de cet instrument à une feuillure au bas de la lumiere, & le fer n'a que deux pouces de large.

FEUILLET. s. m. C'est l'un des ventricules où le bœuf retient la nourriture, qu'il rappelle pour ruminer.

Feuillet, chés les Menuisiers, est Une bordure très-déliée & comme aiguisée en feuille.

On dit chez les Tanneurs *Feuillet de cuir fort.*

FEUILLETAGE. s. m. Terme de Pâtissier. Pâte feuilletée.

FEUILLETE', E'E adj. Les Pâtissiers appellent *Gâteau feuilleté*, une espece de Gâteau qui se leve par feuilles. On dit aussi *Pierre feuilletée*. C'est celle qui se délite par feuillets ou écailles à cause de la gelée.

FEUILLETTE. s. f. Sorte de mesure pour le vin qui contient douze septiers & demi. C'est la troisiéme partie du muid de Paris.

FEUILLU, UE. adj. *Qui a beaucoup de feuilles.* ACAD. FR. On appelle en termes d'Architecture, *Colomne feuillue*, une Colomne dont le fût est taillé de feuilles de refend ou d'eau qui se recouvrent en maniere d'écailles, ou comme les feuilles de la tige d'un palmier.

FEUILLURE. s. m. Bords de porte ou de fenêtre qui s'emboîtent dans les chassis. On appelle *Feuillure* en maçonnerie, l'Entaille en angle droit qui est entre le tableau & l'embrasure d'une porte ou d'une croisée pour y placer la menuiserie; & on appelle de même *Feuillure*, en menuiserie, une Entaille de demi-épaisseur sur le bord d'un dormant ou d'un guichet. Elle se fait de plusieurs façons, en chamfrain, à languette & autres. Les Feuillures des fenêtres doivent être larges, afin que les chassis qui portent les verres & les volets, puissent être forts & commodes à ouvrir.

FEUR. s. m. Vieux mot. Il se dit du taux & du prix que la police met aux denrées. *Pensez que j'en ai à tout feur.* On lit dans Nicole Gille en la Chronique du Roi Jean: *Et parce fut ordonné que toute maniere de gens du Royaume, fussent du lignage du Roi, Prelats, Religieux, Hospitaliers, Officiers, Marchands, Laboureurs ou autres qui auroient cent livres de rente ou de revenu en Benefices, ou de gages d'Offices, feroient aide au Roi de quatre livres, & au dessus & au dessous au feur l'emplage, c'est-à-dire, proportionnement.* Selon Nicod, *Feurs*, au pluriel a signifié les frais faits pour la culture & la recolte des fruits; il rapporte cet exemple de la Coûtume de Paris. *Le Seigneur feodal qui met en sa main par faute d'homme droits & devoirs non faits, le fief tenu de lui auquel a des terres emblavées par aucun Fermier ou Laboureur auquel sont baillées à ferme, icelui Seigneur feodal, s'il veut avoir les gaignages d'icelles terres, est tenu rendre au Fermier & Laboureur les feurs & semences.* On dit encore, *Au fur & à mesure*, pour dire, A proportion. On a dit aussi *Decliner feur*, pour dire, Se tirer d'une Jurisdiction. Ce mot vient de *Forum*, comme il se voit par le For l'Evêque à Paris.

FEVRE. s. m. Vieux mot. Forgeron, maréchal. C'est delà qu'est venu Orfevre. *Est-il avenant que le marteau se rebelle à son fevre.*

FEUTRAIT. adj. Vieux mot. Chaſſé de ſon pays, comme qui diroit, Tiré dehors.

FEUTRE. ſ. m. Etoffe de laine ſans tiſſure, façonnée par l'eau, le feu & le cuivre. On en fait de toutes ſortes de laines & de poils. Il y a des chapeaux, des ſouliers & des chauſſons de Feutre. M. Ménage fait venir ce mot de *Faltrum* ou *Filtrum*, employez par les Auteurs de la baſſe Latinité pour Une étoffe faite de poils foulés avec du vinaigre. Du Cange dit, ſur le témoignage de Pline, que cette étoffe que l'on a nommée *Filtrus*, *Filtra*, *Pheltrum*, *Philtrum*, & *Viltrum*, reſiſtoit au feu.

FIA

FIANCER. v. a. Vieux mot. Promettre, donner ſa foi.

Et voſtre foy me fiançaſtes,
Ne ſçay comment faire l'oſaſtes.

On la dit auſſi pour Aſſeurer, *Me fiancerent qu'ils viendroient.*

FIB

FIBRE. ſ. f. Terme de Medecine. On appelle *Fibres*, de petits filets ou fillamens, dont les membranes & les chairs ſont entretiſſues. Ils ſervent pour le mouvement & pour ſoûtenir & conſerver les parties. Toutes les parties du corps où il paroît quelque mouvement, ont leurs fibres nerveuſes, qui venant à ſe mouvoir ou à ſe racourcir, produiſent le mouvement des parties; & ſi elles viennent à ſe relâcher ou à être coupées de travers, elles aboliſſent le mouvement. Ainſi les fibres nerveuſes ſont le principal organe du mouvement, & il y a raiſon de les appeller *Fibres motrices*. Ces Fibres ſont réunies enſemble en un corps ferme où elles ſont arrangées & ſeparées. Les premieres ſont les muſcles qui reçoivent du cerveau les nerfs requis pour regler les mouvemens qui ſuivent la connoiſſance ſenſitive, & ſont excités par quelque paſſion. Les Fibres arrangées & ſeparées embraſſent circulairement les parties qu'elles meuvent, & leur mouvement eſt appellé Compreſſif. Tel eſt celui de l'eſtomac & des inteſtins. Il eſt certain que les Fibres ſont mouvoir les parties, en tant qu'en ſe diſtendant ou gonflant, elles deviennent plus courtes; ce qui ne peut être ſans qu'elles tirent & meuvent les parties auſquelles elles ſont attachées. Entre les cauſes du racourciſſement de ces fibres, l'une eſt l'inclination ſpontanée à ſe retirer; qu'elles reçoivent de l'extenſion puiſſante des parties auſquelles elles ſont attachées, à l'exemple des cordes qui ſe remettent d'elles-mêmes ſi-tôt qu'on les détortille. Lorſqu'on coupe un muſcle par le milieu, il ſe recoquille & replie vers chaque extrémité, laiſſant un eſpace entre deux; & les inteſtins diſtendus par les vents ou par quelque liqueur, lorſqu'il ſe fait quelque ouverture par les Fibres tranſverſales, ſe retirent d'abord d'eux-mêmes. Il paroît que cette inclination ſpontanée des Fibres à leur raccourciſſement vient de leur ſtructure mecanique, & de ce qu'étant torſes & tendues comme des cordes, elles ſont toûjours en état de ſe retirer & de revenir. On appelle *Fibres droites & longues*, les Fibres qui vont en long; *Fibres tranſverſales*, celles qui croiſent les droites ſelon leur largeur; & on les appelle *Obliques* ou *Biaiſantes*, lorſqu'elles les coupent à angles inégaux. Les Fibres ſont des parties de nature froide & ſeche. Celles qui tirent leur origine du nerf ont du ſentiment, & il y en a qui ſont inſenſibles, à cauſe qu'elles la tirent du ligament.

FIC

FIC. ſ. m. Maladie des hommes qui leur vient au fondement ou autres parties du corps. C'eſt une excreſcence de chair cauſée par la ſuperfluité des alimens.

Fic, ſe dit auſſi d'une excreſcence de chair ſpongieuſe & fibreuſe, qui venant à la fourchette ou à la ſole du cheval, fait une évacuation d'humeurs malignes, puantes; & qu'on a peine à guerir. Cette ſorte d'excreſcence vient auſſi quelquefois par tout le corps du cheval.

FICHANT, ANTE. adj. On appelle en termes de Fortification, *Ligne de défenſe fichante*, une Ligne tirée de l'angle de la courtine juſqu'à l'angle flanqué du baſtion oppoſé, ſans toucher la face du baſtion. La défenſe fichante ſuppoſe un ſecond flanc, c'eſt-à-dire, une partie de la courtine, d'où ſe tirent les coups qui ne raſent par ſeulement la face oppoſée qu'on veut défendre, mais encore qui entrent dedans.

FICHE. ſ. f. Piece de bois ou de cuivre qui ſert à attacher des portes & des volets & à faire d'autres aſſemblages de menuiſerie. Les fiches ſont compoſées de deux aîles jointes enſemble dans la charniere avec une rivûre qui paſſe au travers de ce qui forme le nœud de la Fiche.

Les Maçons appellent *Fiche*, un Outil de fer plat, long & pointu, dont ils ſe ſervent pour faire entrer le mortier dans les joints des pierres. Ils diſent communement *Fiche à ficher le mortier*. *Fiche* vient du Latin *Fixa*.

FICHÉ, ÉE. adj. Qui eſt entré par la pointe. *Clou fiché*. On appelle *Pierres fichées*, celles dont le dedans des joints eſt rempli de mortier clair de coulis. *Fiché*, eſt auſſi un terme de Blaſon, & il ſe dit de ce qui a une pointe qui le rend propre à être fiché en quelque choſe. Les croix fichées ou au pié fiché y ſont fort communes. On le dit encore des croiſettes qui ont le pié aiguiſé.

FICHER. v. a. *Faire entrer par la pointe.* ACAD. FR. On dit en termes de Maçonnerie, *Ficher une pierre*, pour dire, Faire entrer du mortier deſſus avec une late, lorſque la pierre eſt poſée On employe quelquefois moitié de mortier & moitié de plâtre clair pour ficher les pierres.

FICHEUR. ſ. m. Ouvrier qui ſert à faire entrer le mortier dans le joint des pierres.

FICHOIR. ſ. m. Petit bâton de bois fendu dont ſe ſervent les Imagers qui étalent pour faire tenir leurs images & autres choſes par le moyen d'une corde à quoi ils l'attachent.

FICHURE. ſ. f. Sorte de trident avec lequel les Pêcheurs dardent le poiſſon dans les étangs ſalés.

FID

FIDÉI-JUSSEUR. ſ. m. Vieux mot du Palais. Celui qui eſt caution.

FIDEI-COMMIS. ſ. m. *Diſpoſition par laquelle un teſtateur donne à ſon heritier la jouiſſance de quelque bien, à la charge de le remettre entre les mains d'un autre dans un certain temps ou en certain cas.* ACAD. FR. Les Romains inventerent les Fideicommis, à cauſe qu'il arrivoit fort ſouvent, que lorſqu'un Citoyen mouroit, ayant des parents qui n'avoient pas comme lui la qualité de Citoyen Romain, il ne pouvoit ni les inſtituer ſes heritiers, ni même leur faire des legs, parce qu'ils ne vivoient pas ſous les mêmes Loix, ce qui l'obligeoit de s'adreſſ[illegible]quelque autre Citoyen qu'il nommoit ſon [illegible], dans l'esperance qu'il remettroit à son parent les choses qu'il lui confioit, ne pouvant les laisser directement à ce parent: mais cet heritier, qui n'étoit engagé à les rendre que par la promesse secrette que l'on avoit éxigée de lui, gardoit ou restituoit l'heredité à son choix. L'Empereur Auguste après avoir protegé en differentes occasions plusieurs personnes en faveur de quelques Fideicommis qui avoient été faits, & indigné d'ailleurs de la perfidie de ceux qui abusoient de la confiance que les Testateurs avoient eue en eux, voulut qu'on les contraignît d'éxecuter ce qu'ils avoient promis par serment; de sorte que la Loi qu'il fit là-dessus étant trouvée pleine d'équité, fut generalement approuvée. Ainsi on établit un Préteur qui connoissoit seulement de cette matiere. Ce fut-là l'ancien droit. Par le nouveau, quand on vouloit rendre valable un Fideicommis universel, on étoit obligé d'instituer directement un heritier, que l'on prioit de remettre l'hérédité à un autre, tout testament où il n'y avoit point d'heritier institué étant inutile. Comme l'on prioit souvent ces heritiers de rendre toute l'heredité, sans qu'ils en tirassent aucun avantage, il y en avoit beaucoup qui la refusoient, & détruisoient par-là le Fideicommis. Ce fut ce qui fit rendre un Senatusconsulte, par lequel on ordonna que celui qui seroit prié de rendre une heredité à un autre, en pourroit retenir le quart à son profit. Ce Senatusconsulte fut nommé *Pegasien*.

FIDELITE'. subst. f. Loyauté, oy. Il y a en Dannemarck un Ordre de Chevalerie que l'on appelle *Ordre de Fidelité* ou *Danefrovv*. Il est composé de dix-neuf principaux Seigneurs & Officiers du Royaume, qui doivent porter au cou une croix blanche attachée à un ruban blanc & rouge. Cette croix se porte en memoire de celle qu'on dit avoir apparu miraculeusement au Roi Valdemar II. lorsqu'il faisoit la guerre aux Payens dans la Livonie. Frederic III. Roi de Danemarck, est l'instituteur de cet Ordre, qu'il établit en 1670.

FIE

FIEBLE. adj. Vieux mot. Foible.

FIÉE. f. f. Vieux mot. Fois.

Certes j'ai en mon cœur pensé mainte fiée.

Quelques-uns font venir ce mot de l'Italien *Fiata*, qui veut dire la même chose.

FIEF. f. m. Heritage que le Vassal tient du Seigneur dont il releve, à la charge de foi & hommage, de le servir à la guerre & en d'autres occasions, ou avec quelques redevances. Les Fiefs n'étoient autrefois que passagers. On appelle *Fief dominant*, celui à qui on doit foi & hommage; *Fief servant*, celui qui releve d'un autre Fief, ou qui n'a sous lui que des rotures; & *Fief en nuesse* ou *de Hautbert*, celui qui releve de la Couronne nuement & immediatement. Ce dernier s'appelle aussi *Fief de nud à nud*, & on l'a autrefois appellé *Fief chevel*, comme étant en chef & dominant, & ayant d'autres Fiefs sous lui. Le Fief qui est tenu en plein hommage, ou en pairie, ou en plein lige, c'est-à-dire, où il y a Maison ou Château notable, fossés & autres marques d'ancienneté de noblesse, s'appelle *Fief noble*, & les autres Fiefs sont appellés *Ruraux & non nobles*, & quelquefois *Fiefs restraints & abregés*. On a aussi appellé *Fiefs roturiers*, des Mairies, & *Fiefs bourfiers* ou *bourfaux*, des Fiefs acquis de bourse roturiere.

Fief de danger, est un Fief dont on ne peut prendre possession qu'après avoir fait la foi & hommage, qui seroit confisqué si le possesseur l'alienoit sans en avoir eu la permission du Seigneur. *Fief en l'air*, se dit d'un Fief qui est sans Château ou sans manoir principal, où les tenanciers soient obligés de venir payer les droits. Il y a des *Fiefs à vie*, & des *Fiefs morts*. Ces derniers sont des heritages tenus à rente seche, qui ne portent point de profit de cens ni de rente fonciere.

Fief-volant, est Celui, qui n'est point attaché à une Glebe, & Celui dont les dépendances sont fort interrompues par d'autres Fiefs quelquefois de 2. de 3. de 5. ou de 6. lieux.

Il y a plus de vingt autres divisions de Fief.

On dit qu'*Un Seigneur se peut jouer de son Fief*, pour dire, qu'Il a le pouvoir de le démembrer. On dit aussi que *De son domaine il fait son Fief*, quand de son plein Fief il en donne une partie à un Vassal pour en faire un arriere-fief; & au contraire, que *De son Fief il fait son domaine*, quand il y réunit un arriere-fief, ou qu'il le retire par puissance de Fief. On donne diverses étymologies à ce mot. Les uns le dérivent de *Fœdus*, comme venant d'une alliance faite avec le Seigneur; les autres de *Fides*, à cause de la foi qu'on doit garder à celui dont on releve. Nicod le tire de l'Allemand *Feld*, qui veut dire Champ. Il y en a qui le font venir de *Feed*, autre mot Allemand qui signifie Guerre; du Danois *Feide*, Milice; de *Foden*, Nourrir, ou du mot Hongrois *Feeld*, Terre. On a fait *Fief* du Latin *Fevum*, que quelques Auteurs Latins ont dit au lieu de *Feudum*.

FIEGARDS. f. m. p. Vieux mot. Places communes.

FIEL. f. m. *Humeur jaunâtre & amere au corps de l'animal, contenue dans une petite pellicule qu'on appelle la Vessicule du fiel.* ACAD. FR. La substance de la vessie du fiel est membraneuse, couverte d'une seule tunique tissue de trois sortes de fibres. Elle a de petites veines qui viennent des rameaux de la veine-porte, & sa figure est longuette. Elle purge le foye & le sang de sa bile, laquelle est ensuite poussée dans l'intestin duodenum, afin que son acrimonie lui serve comme d'aiguillon pour le hâter de mettre les excremens dehors. Dioscoride dit que tout fiel est chaud & aigu, & qu'il y en a qui le sont plus que les autres. Galien l'appelle la plus chaude humeur qui soit aux animaux, & dit que les temperatures étant diverses en leur chair & en leur sang, elles le sont de la même sorte autour de leur fiel; qu'ainsi il faut necessairement que le fiel des animaux qui sont chauds soit fort chaud, & que la chaleur diminue à proportion de celle des animaux dont on prend le fiel; que même dans une même espece les uns sont plus chauds que les autres; qu'on trouvera le fiel d'un taureau pressé & affamé, entierement different en couleur, en qualité & en substance, du fiel d'un autre taureau qu'on aura bien nourri & engraissé; que le premier sera plus épais, plus noir ou vert, ou plus enfumé, & par consequent plus chaud que l'autre, & qu'en general plus un Fiel est clair & subtil, moins il est chaud. On trouve dans le Fiel de bœuf une pierre jaune, aisée à rompre, & qui a quelquefois la grosseur d'un œuf. On tient que prise en breuvage elle fait sortir la pierre & la gravelle de la vessie. Si elle est souflée aux narines, elle éclaircit la vûe & resserre les fluxions d'eau qui tombent aux yeux. Quelques-uns la donnent à boire avec du vin contre la jaunisse. Le Fiel d'ours pris en électuaire est fort bon à ceux qui ont le haut mal. Le Fiel de la tortue est un remede pour l'esquinancie, & pour les ulceres corrosifs qui viennent en la bouche des petits enfans. Le Fiel de la chévre sauvage & celui de bouc, si l'on s'en frotte les yeux, empêche que l'on ne perde la vûe quand on en est menacé. On peut se servir du Fiel de pourceau pour toutes sortes d'ulceres. Tout cela est de Dioscoride. Le Fiel du scorpion marin est fort efficace pour faire sortir les mois & arrierefaix, & étant incorporé avec miel & huile, & appliqué de jour à autre, il a beaucoup de vertu pour les cataractes & les tayes des yeux. Le Fiel de vipere & celui du chien de mer sont très-venimeux, & c'est un poison auquel il est difficile de remedier. Le Pigeon n'a point de Fiel.

On appelle la petite Centaurée *Fiel de la terre*, à cause qu'elle est très-amer.

FIENTE. s. f. Excrement des animaux. La Fiente de l'homme n'est pas inutile dans la Medecine. Etant appliquée sur les bubons pestilentiels, elle en attire si puissamment le venin, que les malades s'en trouvent gueris. On a remarqué dans une des Isles les plus celebres des Isles Orientales un bois extrêmement venimeux. Les playes qu'il fait ne sçauroient être gueries que par la fiente propre du blessé qu'il faut appliquer chaudement sur la blessure. On tient que la même Fiente prise interieurement fait le même effet contre une espece de lezard de l'Inde Occidentale appellé *Guarid*. Il y a aussi des animaux dont les Fientes ont de grandes vertus à cause de leur sel volatil. Celle de porc arrête toutes sortes d'hemorragies. Il faut en donner une drachme en forme de poudre ou en forme d'électuaire. Le remede de la colique & de la passion hysterique est la Fiente de cheval. On en donne le suc exprimé avec de la biere ou du vin, & ce même suc est bon pour la petite verole & pour la rougeole des enfans, comme pour la pleuresie. Selon Dioscoride, la Fiente d'une vache qui se nourrit au troupeau avec les autres, appliquée lorsqu'elle est seche, adoucit les inflammations des playes. Il faut l'appliquer envelopée en feuilles, & échauffée sur des cendres chaudes. Elle appaise aussi la douleur des sciatiques, si on les en fomente, & resout les écrouelles, les apostumes larges, plates & enflâmées, & toutes sortes de duretés étant appliquée avec du vinaigre. La Fiente de chien, recueillie au fort des jours caniculaires, & bûe en vin ou en eau, resserre le ventre.

A l'égard de certains animaux au lieu du mot *Fiente*, on dit, par exemple : *Crotte* de Lapin ; *Hou* de Lievre ; *Fumée* de Cerf, *Lesses* de Loup ; *Aires* de Perdrix ; *Epreinte* de la Loutre.

FIER, ERE. adj. Les Sculpteurs appellent, *Pierre fiere*, Une pierre dure qui est difficile à tailler & qui s'éclate sous le ciseau. On appelle aussi *Marbre fier*, Un marbre qui a le grain menu & qui est sujet à s'éclater, si lorsqu'on le charge on ne met dessus une matiere moins dure, comme de la pierre tendre, le marbre étant de telle nature, qu'il faut qu'il casse, ou que ce qui le touche dessus ou dessous éclate, si on ne met une lame de plomb, du mortier, ou quelque autre chose entre deux.

Fier, se dit aussi dans le Blason, & on appelle *un Lyon fier*, quand son poil est herissé.

On appelle, en termes de Chasse, *Perdrix fieres*, celles qui sont difficiles à approcher.

FIERS. s. m. Sorte de raisins que l'on appelle *Figers* en Poitou, à cause qu'ils ont la douceur des figues.

FIERTE. s. f. Chasse. On porte le jour de l'Ascension celle de S. Romain, Evêque de Rouen & le Chapelain a le Privilege de délivrer un Criminel. Ce Privilege est confirmé par un Arrêt du 15. Septembre 1672. rapporté au Journal du Parlement, T. 3 p. 265.

FIERTÉ. s. f. Terme de Blason. Il se dit des baleines dont on voit les dents.

FIERTON. s. m. Terme de Monnoye. Sorte de poids ancien qui contenoit en soi le poids du remede de l'ouvrage que l'on ordonnoit être forgé en monnoye, en sorte que le trébuchant y étoit compris.

FIERTONNEUR. s. m. Officiers qui furent créés en 1214. par Philippe le Bel en chaque Monnoye du Royaume pour visiter le matin & l'après-dînée les Officiers de chaque fournaise. Chacun d'eux étoit garni de balances pour recevoir au poids de fierton l'ouvrage qui étoit devant les ouvriers. Aujourd'hui la fonction de Fiertonneur est exercée par celui qui est commis pour verifier les flans qui ont été ajustés par les Ouvriers & les Taillereffes.

FIÉVRE. s. f. Maladie provenant d'une intemperie chaude & seche du sang & des humeurs, qui commence au cœur, d'où elle est portée dans tout le corps par les veines & les arteres. Il y a ordinairement un frisson qui la précede. Les quatre humeurs forment quatre sortes de Fiévres, la sanguine, la bilieuse, la pituiteuse & la mélancolique. La *Fiévre chaude*, est une Fiévre fort aigue, allumée, particulierement en l'humeur colerique. On appelle *Synoque*, la Fiévre qui vient du sang, du Grec συνοχος, qui veut dire, Une sorte de Fiévre continue sans redoublemens & sans accès. Elle a pourtant des remissions & des redoublemens quand elle est compliquée avec des Fiévres putrides. La Fiévre continue se divise en quatre especes, *la Synoque simple*, qui n'a qu'un même degré de chaleur depuis son commencement jusqu'à sa fin ; *la quotidienne continue*, qui a tous les jours des accès ou redoublemens ; *la tierce continue*, qui n'en a que de deux jours l'un ; & *la quarte continue*, qui en a deux fois en quatre jours. La Fiévre dont la matiere étant hors des veines est contenue & resserrée dans les entrailles, s'appelle *Fiévre intermittente*. On appelle *Fiévre quotidienne*, celle qui prend tous les jours, & *Fiévre double quotidienne*, celle qui prend deux fois en vingt-quatre heures. L'une est causée par la pituite corrompue, & l'autre par la pourriture de la pituite qui est en deux differens foyers. La bile est la cause de la *Fiévre tierce*. Celle-là ne prend que de deux jours l'un. Il y a une *Fiévre tierce legitime* qui se fait de bile pure, & une *tierce bâtarde*, à laquelle quelqu'autre humeur est mêlée. La *Fiévre demi-tierce* participe de la tierce & de la quotidienne. Elle est engendrée partie de la bile, partie de la pituite, corrompues en divers foyers. La *Fiévre double tierce* prend deux jours consecutifs, & donne quelquefois deux redoublemens le même jour. C'est une Fiévre composée de deux tierces, & causée par une bile qui se pourrit en deux divers lieux hors des grands Vaisseaux. La *Fiévre triple tierce* donne trois accès en deux jours. Elle est causée par la bile qui se pourrit en trois differens foyers hors des grands vaisseaux. La *Fiévre quarte* vient de quatre jours en quatre jours. La legitime en laisse deux de repos. Elle s'engendre de pure mélancolie, & la bâtarde est causée par le mélange de quelques autres humeurs en divers foyers. La *Fiévre double quarte* fait souffrir deux jours consecutifs sans en laisser qu'un de bon, & la *Fiévre triple quarte* prend tous les jours. L'une est causée par une humeur mélancolique qui a deux divers foyers hors des grands vaisseaux, & l'autre par la mélancolie corrompue en trois differens endroits du corps aussi hors des grands vaisseaux. On appelle *Fiévres putrides* celles dont le siege est dans les humeurs, & *Fiévre confuse*, celle qu'engendrent diverses humeurs corrompues & mêlées en un même foyer. La *Fiévre éphemere*, qu'on appelle aussi *Diaire*, a son siege dans les esprits, & provient le plus souvent du vice de l'estomac. Elle n'est pas dangereuse, & dure seulement vingt-quatre heures, comme le marque son nom. La *Fiévre étique* s'attache aux parties solides, telles que sont les chairs & les os. Elle a trois degrés. Elle consume d'abord l'humidité des parties solides, puis elle dévore leur substance charneuse, & enfin elle s'attache aux os & les détruit. Elle est alors incurable. Il y a cette difference entre la *Fiévre étique* & la *Fiévre lente*, que l'étique est sans pourriture, au lieu que la Fiévre lente consume peu à peu le malade. Celle-ci provient d'obstruction & d'un feu caché qu'il ne sçauroit presque appercevoir. Quand le foye, le poumon, la rate, & autres parties necessaires à la vie se corrompent en leur substance, elle devient continue. On appelle *Fiévre symptomatique*, Une Fiévre qui survient de quelque accident, comme de frayeur ou d'une blessure, & *Fiévre erratique*, celle qu'ont les Filles par la suppression de leurs mois. Elle a pris ce nom de ce qu'elle ne garde aucun ordre, & fait sentir en même-tems le froid & le chaud. On tient qu'il n'y a personne qui meure sans Fiévre, quand même on mourroit de mort violente. Ce mot vient du Latin *Febris*, fait de *Fervere*, Bouillir. Les Grecs appellent la Fiévre πυρετός, du mot πῦρ, Feu.

FIF

FIFRE. s. m. Instrument de Musique à vent, percé par les deux bouts, & qui rend un son fort aigu. Il a six trous, & s'embouche en mettant la lévre d'en bas sur le premier. C'est une maniere de flûte d'Allemand, qui n'est en usage qu'à la guerre pour accompagner les tambours & sur-tout parmi les Suisses.

FIG

FIGUE. s. f. Sorte de fruit mol & sucré qui vient en forme de petite poire. Il y a des Figues de differentes couleurs, de blanches, de noires, de couleur de pourpre, de vertes, de roussâtres, de pâles, & d'autres qui ont diverses couleurs mêlées ensemble; leur chair est molle, garnie d'une infinité de petits grains, & du reste, elle est bonne au goût & savoureuse. Celles qui ont une peau entr'ouverte quand elles sont mûres, sont estimées les meilleures. Elles surpassent les autres en douceur & en saveur. On cueille les Figues en Automne, & on les met secher au Soleil sur des clayes, pour s'en servir à table & dans les médicamens. La Figue la plus hative est la blanche. On la nomme *Figue-fleur*, & il y en a de trois sortes, la grosse à courte queue, celle qui a une longue queue, & la petite de Marseille. Toutes les trois sont blanches par le dehors, & le dedans en est extrêmement sucré & fondant. La Figue jaune est très-grosse, un peu rouge dedans, de couleur de grenade. Elle a les pepins plus gros, & est très-bonne. La Figue violette plate n'a qu'une mediocre grosseur, mais la violette longue est très-grosse. On l'appelle *Figue d'Espagne*, & elle a beaucoup de peine à mûrir. La Figue verte est plus courte & plus petite, toûjours verte dehors, quoique très-rouge dedans. Elle est appellée *Brugeotte*. La Figue de Bourdeaux est violette, longue & menue. On la nomme l'*Angelique* ou *de Langon*. Cette sorte de Figue est des plus exquises, & le dedans en est rouge. Les Figues fraîches l'emportent sur tous les fruits passagers sans noyau, à cause qu'elles nourrissent davantage, & ne sont pas de si mauvais suc. Elles sont pourtant venteuses, mais elles demeurent peu dans l'estomac, & passent aisément par tout le corps, ayant une grande vertu abstersive qui leur donne celle de faire jetter la gravelle hors des reins. Les mûres sont beaucoup meilleures que les vertes, & les seches meilleures que les recentes. Celles-là sont aperitives & lenitives, ce qui fait qu'elles lâchent le ventre & nettoyent les reins. Elles remedient aussi aux incommodités de la poitrine, mais elles nuisent extrêmement aux inflammations des entrailles. Leur suc engendre à ceux qui en usent trop long-tems, une chair spongieuse & mollasse. On les met au rang des suppuratifs, & on estime celles de Marseille les plus louables de toutes. On les tient si bonnes que dans les compositions où les dattes sont requises, on les fait suppléer à leur défaut. Leur nom Latin est *Ficus*, en Grec σῦκον.

On appelle *Figue grasse*, Une vieille ou grosse Figue qui sert à mûrir les abscès.

FIGUIER. s. m. Arbre qui porte des Figues, & dont le tronc est court & entortillé, & le bois blanc & spongieux comme celui de la vigne. Il est neanmoins visqueux & propre à faire des boucliers. Il enferme un lait astringent au goût, âpre & amer, qui peut ulcerer aisément. Ses racines sont peu enfoncées en terre, ce qui est cause que le froid lui est contraire. Sa feuille qui est attachée à une queue ronde & forte, est âpre, grande & solide comme celle de la vigne. Son fruit sort avant ses feuilles, ou quand elles commencent à germer à la cime de ses branches. Il y a le *Figuier domestique*, que l'on cultive & qui porte du fruit, & le *Figuier sauvage* qui n'en porte point, & qui croît de lui-même dans les champs. Ce dernier a son jus & son lait, plus efficace en tout & par tout que celui du domestique. On tient que le Figuier est exempt de la foudre aussi bien que le Laurier. Le suc de l'un & de l'autre est si acre & si mordicant qu'il écorche les parties du corps où l'on l'applique, ce qui le fait employer dans les vessicatoires. Dioscoride dit que l'on fait une lessive des rejetons de Figuier, que l'on doit passer & repasser afin qu'elle soit plus forte, & il ajoûte qu'elle est bonne pour brûler où il est besoin, & qu'on s'en sert aux chancres & aux gangrenes, parce qu'elle absterge & consume toutes sortes d'excrescences. On baigne une éponge dans cette lessive, & on la met ensuite sur la partie affectée.

Theophraste parle d'une sorte de Figuier des Indes, qui tous les ans laisse tomber ses branches à terre. Elles s'y recourbent, se reprennent & se rejettent de telle sorte, qu'elles semblent former une tente sous laquelle se retirent les Bergers Cela n'arrive qu'aux vieux arbres. Les branches qui regerment de cette sorte, sont fort differentes des rameaux d'où elles sortent, étant plus blanches, plus velues & tortues. Cet arbre a ses branches de dessus & leurs cimes fort épaisses, representant une petite forêt. Du reste il est rond, & fait à arcades d'une excessive grandeur, faisant une ombre presque de deux stades. Son tronc a quelquefois soixante pas de tour, & le plus souvent quarante. Sa feuille est large comme une targe d'amazone. Il porte un fruit fort petit, & dont la grosseur ne passe point celle des poix chiches. Ce fruit est semblable à la Figue, ce qui a fait appeller cet arbre Figuier.

Ce même Arbre croît dans l'Isle de Madagascar, où on le nomme *Nounove*. Les Habitans l'appellent

Arbor de rays, c'eſt-à-dire, Arbre des racines, à cauſe qu'il prend facilement racine, par le bout de ſes rameaux qui panchent & vont toucher à terre, & qui ſe changent continuellement en de nouveaux troncs. Ces troncs pouſſent encore de nouvelles branches vers la terre en maniere de bocage, leſquelles prenant racine deviennent enſuite de nouveaux troncs, & ainſi ſans diſcontinuer, en ſorte qu'il s'en forme quelquefois juſqu'à quarante & cinquante. Chacun s'éleve auſſi haut que le maître Tronc, & ſouvent ils s'étendent tous enſemble tellement au large, que cent hommes ſe pourroient mettre à couvert du chaud & de la pluie ſous un ſeul de ces arbres. Il eſt des Voyageurs qui rapportent en avoir vû pluſieurs aux environs du Fort-Dauphin, qui avoient produit quatre autres gros troncs, dont chacun avoit plus de deux toiſes de circuit, & que de chaque tronc, il en ſortoit encore un autre en façon d'un bois touffu, qui alloit toucher à terre & prendre racine à environ quatre toiſes l'un de l'autre. Ses feuilles ſont ſemblables à celles du poirier. Son fruit que les Habitans appellent *Voanounove*, du mot *Voa*, qui veut dire Fruit, a le goût & la forme des Figues de Marſeille. Si l'on fait des inciſions ſur cet arbre, il en ſort comme une eſpece de lait. On fait des cordages de ſon écorce.

Il y a dans la plûpart des Iſles Antilles de l'Amerique un gros arbre, que les Européens ont auſſi nommé *Figuier d'Inde*, à cauſe qu'il porte un petit fruit ſans noyau, qui a la figure & le goût à peu près des Figues de France. Ces ſortes de Figues ſont rouges, mêlées de verd & épineuſes. L'urine qu'on rend après qu'on en a mangé, eſt rouge comme l'écarlate. Du reſte, cet arbre ne reſſemble en rien à nos Figuiers, car outre que ſa feuille eſt d'une figure differente, & bien plus étroite, il y a des lieux où il s'en rencontre d'une groſſeur ſi démeſurée, qu'à peine pluſieurs hommes pourroient embraſſer ſon tronc, à cauſe que le plus ſouvent n'étant pas uni en ſa circonference, il pouſſe à ſes côtes depuis ſa racine juſqu'à ſes branches des arêtes ou faillies qui s'avancent juſques à quatre ou cinq piés, & qui forment par ce moyen de profondes cannelures enfoncées, comme des niches. Elles ſont épaiſſes de ſept ou huit pouces, à proportion de la groſſeur qu'a le tronc qu'elles entourent, & ſervent à faire des planches, des portes & des tables. Après qu'on les a coupées, l'écorce de l'arbre s'étend en fort peu de tems ſur la bréche qu'on a faite, & la couvre ſi proprement qu'à peine peut-on s'appercevoir que l'on ait rien ôté de ſon tronc. Ses feuilles ſont toutes heriſſées de petites aiguilles & ſi l'on en plante une dans la terre, elle en produit deux autres ſemblables qui en pouſſent chacune deux ou trois, & qui s'étendent juſques à couvrir plus de dix piés de terre en quarré. A côté de l'extrémité des feuilles croiſſent de petites fleurs jaunes, qui ſont ſuivies des fruits que porte cet arbre.

On appelle encore *Figuier* dans les mêmes Iſles une plante qui croît juſqu'à la hauteur de douze ou quinze piés hors de terre, & qui a beaucoup de choſes communes avec le Bananier. Sa racine eſt une groſſe bulbe ronde, maſſive & blanche, tirant un peu à la couleur de chair. Il en ſort un tronc vert, poli & liſſé, droit comme une fleche, gros comme la cuiſſe, & qui n'a aucune feuille juſqu'à ſa racine. Ce trône eſt compoſé d'une ſeule écorce poreuſe, & preſque de même ſubſtance, que l'oignon, roulée juſqu'à ſa parfaire groſſeur. A ſa cime viennent quinze ou vingt feuilles longues de ſept à huit piés, & larges d'un pié & demi. Elles ſont tendres & frêles & rayées par le travers comme celles des Baliſiers. Il y a tout au milieu une groſſe côte ou nervûre qui va depuis un bout juſqu'à l'autre. La plûpart des Habitans s'en ſervent au lieu de napes. De la cime de ce tronc & du milieu de toutes ſes feuilles, croît une façon de tige, plus dure & plus forte que le reſte de la plante. Elle eſt groſſe comme le bras, longue de cinq ou ſix piés, & toute en compartimens par divers endroits. Sur huit ou dix des plus gros nœuds de la plante, il y a quelquefois juſqu'à deux cens Figues. Les habitans appellent *Regime*, cette tige chargée de ſon fruit. Ces Figues ont ſix quarres, & ſont groſſes comme un œuf, & longues au plus de quatre ou cinq pouces, quand elles ont atteint leur maturité. Ces arbres ne portent qu'une ſeule fois, & pour en avoir les fruits, on eſt obligé de les couper par le pié. On ſoutient la groſſe grappe avec une fourche, de peur qu'elle ne ſe froiſſe en tombant. Il eſt vrai que ces Figuiers, pouſſent proche leur pié des rejetons qui produiſent des fruits au bout de l'an, de ſorte que quand on a coupé une de ſes tiges pour avoir le Regime, la plus avancée ſuccede en ſa place, ce qui fait que l'arbre ſe perpetue. La chair de cette ſorte de Figues eſt fort delicate, & plus molle que celle des abricots bien mûrs, Elles ſont d'un très-bon goût, mais un peu venteuſes. Quand on les ouvre, on voit une croix marquée ſur chaque tronçon. Auſſi quelques-uns nomment cette plante, *Figuier d'Adam*, ou *Pommier de Paradis*. Elle a ſur la tige qui ſe termine à un pié & demi de fruit une groſſe maſſe de petites fleurs blanches arrangées fort près à près & à double rang, & chaque rangée de fleurs eſt couverte d'une grande feuille violete, faite comme une coquille un peu pointue. Ces fleurs ne viennent jamais en fruit. On les confit en vinaigre comme des capres.

FIGUERIE. ſ. f. Lieu où l'on tient des Figuiers en terre ou en caiſſe, pour les mettre dans une ſerre qui en eſt proche.

FIGURE. ſ. f. *Forme exterieure d'une choſe materielle.* ACAD. FR. *Figure*, ſe dit en termes d'Eſcrime des differentes gardes, ou poſtures du corps ou du bras où l'on ſe met en tirant des armes.

On appelle *Figure de plan*, Un contour circulaire ſoit qu'il ſoit à pans ou ovale, dont pluſieurs reciproquement tracés augmentent la varieté d'un plan, & l'on dit, *Faire la figure d'un plan*, *d'une élevation*, *d'un profil*, pour dire, Les deſſiner à vûe, afin de les mettre enſuite au net. On dit en termes de Palais dans le même ſens, qu'*Un procès a été jugé ſur la figure de l'Architecte* ou *de l'Arpenteur*, pour dire, Sur le plan des bâtimens deſſinez par l'Architecte, ou des heritages levés par un Arpenteur.

Figure, dans la Geometrie ſpeculative, ſe dit de ce qui eſt environné & fermé de lignes. Par conſequent toute figure eſt *rectiligne* ou *curviligne*, ou *mixte*, ſelon qu'elle eſt terminée par des lignes droites ou courbes, ou par des droites & des courbes enſemble. Le triangle eſt la premiere & la plus ſimple des figures rectilignes. Les figures peuvent être *égales*, (Voyez AIRE) *iſoperimetres*, *ſemblables*, *reciproques*, *équiangles*, *équilateres*, *inſcrites*, *circonſcrites dans le cercle*, &c. Voyez ces mots.

Dans les Sections coniques le mot de *Figure* ſignifie un rectangle d'un diametre & du parametre. Voyez PARAMETRE.

Dans la Theorie du Soleil & de la Lune, on appelle *Figure d'une éclipſe de Soleil*, *Figure d'une écli-*

pse de Lune, la representation sur un plan, du commencement, du milieu, & de la fin de ses éclipses, c'est-à dire du passage de la Lune devant le Soleil par rapport à quelque lieu de la terre, pour l'éclipse de Soleil, & du passage du corps de la Lune par l'ombre de la terre, pour l'éclipse de Lune.

On appelle en termes de Catoptrique, *Figure difforme*, Une Figure irreguliere décrite par artifice sur un plan, laquelle paroît reguliere, étant vûe par reflexion sur la surface convexe d'un miroir cylindrique ou conique.

Figure parmi les Peintres, se prend d'ordinaire pour des figures humaines. Ainsi l'on dit d'un Tableau où il y a plusieurs personnages, qu'Il est rempli de figures, & on dit d'un païsage qu'*Il est sans Figures*, lorsqu'il n'y a que des arbres. On donne aussi le nom de *Figure*, à une statue de marbre ou de bronze.

Figure. Terme de Geomance. Il se dit des extrémités des points, lignes ou nombres qu'on fait au hazard, & qu'on joint ensuite par un petit trait de plume pour placer les Planetes dans les Maisons du Soleil, & juger une question.

Figures, se dit aussi en termes de Mer des petites cordes qui sont en maniere d'échelons le long des haut-bans. C'est un terme de la Manche. On les appelle aussi *Enflechures* & *Figules*.

FIGURÉ', ÉE. adj. Terme de Blason. Il se dit non seulement du Soleil, du vent sur lequel on exprime l'image du visage humain, mais encore des tourteaux, besans & autres choses sur lesquelles paroît la même figure. *De gueules à trois besans d'or, figuré d'un visage humain d'or.*

FIL

FIL. s. m. *Ce qui se tire du chanvre, du lin, de la laine, de la soye, & autres choses semblables, & dont on fait de la toile, de l'étoffe.* ACAD. FR. On appelle *Fil d'or*, *Fil d'argent*, les parties de ces métaux qu'on façonne & qu'on étend en une longueur fort menue & deliée, en les passant par des trous appellés *Filieres*, qui sont fort étroits.

Fil d'archal. Menu fil de fer ou de laiton qu'on passe par la filiere. Ce mot vient d'*Aurichalcum*, Laiton.

Fil de Carret. Fil d'un grand usage sur la mer, pour raccommoder des manœuvres rompues. On le tire d'un des cordons de quelque vieux cable coupé par pieces. C'est un Fil de chanvre de la grosseur de deux lignes qu'un Cordier file pour en assembler plusieurs afin d'en faire des cordes. Le Fil qu'on appelle *Fil à gargousse*, est du Fil de chanvre à l'ordinaire avec lequel on coût les gargousses. Les Danois ne se servent pour cela que du Fil de laine. Le *Fil de voile*, appellé ainsi parce qu'on en coût les voiles, est un Fil gros comme le ligneul des Cordonniers. On appelle sur mer, *Fil blanc*, celui qui n'est point passé dans le goudron, & *Fil goudronné*, celui qui a été passé dans du goudron chaud. *Fil Pers*, autrement *Fil d'Epreuve*, qu'on teint avec l'Indigo. *Fil vergé* de diverses couleurs.

On appelle *Fils* dans la pierre & dans le marbre, certaines petites fentes ou veines qui divisent la masse en plusieurs parties. Ces petites veines qui sont plus dures ou plus tendres que le corps de la pierre, qu'elles font effeuiller, la rendent mauvaise dans les endroits où elles se trouvent.

Fil se dit aussi du bois consideré par la longueur de sa tige, & on appelle *Bois de fil*, celui qu'on employe plus long que large. *Fil de pieux*, se dit d'un rang de pieux équarris, qu'on plante au bord d'un étang ou d'une riviere, pour conserver les chaussées d'un grand chemin. On a coûtume de l'attacher avec des chevilles de fer, ou bien il est couronné d'un chapeau que l'on arrête à tenons & à mortoises.

Fil est aussi un terme de Coutelier, & on dit, *Donner le fil à un couteau, à un rasoir*, pour dire, Rendre plus deliée & plus tranchante la pointe de l'alumelle qui coupe.

FILADIERE. s. f. Petit bateau à fond plat dont on se sert sur quelques rivieres.

FILANDRES. s. f. p. Herbes de mer qui en s'attachant sous un Vaisseau retardent son cours.

On appelle aussi *Filandres*, certains crêpes qui tombent en l'air, & qui s'attachent sur les voies des bêtes qu'on chasse.

Filandres, se dit encore d'une maladie d'oiseau de Fauconnerie. Ce sont des filamens de sang caillé & desseché après la rupture violente de quelques veines, qui se figent en maniere d'aiguilles, & qui lui travaillent le corps, les reins & les cuisses.

On appelle aussi *Filandres*, certains vers qui s'engendrent dans le gosier autour du cœur, du foye, & des poumons des oiseaux, & dont ils sont fort incommodés. Ces sortes de vers leur sont quelquefois necessaires quand ils sont pleins, à cause qu'ils devorent les superfluités de ces parties.

Ce sont aussi de grands Fils qu'on voit à la campagne s'attacher d'un arbre à l'autre comme des fils d'Araignée au mois d'Octobre. Les Paysans disent que c'est la marque qu'il fait bon semer.

FILARDEAU. s. m. Petit Brocheton, qui n'est bon qu'à frire, se dit aussi d'un jeune arbre de haute tige & droit.

FILARDEUX, EUSE adj. Les Maçons appellent *Pierre filardeuse*, une pierre qui n'est pas également pleine, & qui a des fils. La même chose se dit du marbre. Presque tous les marbres de couleur sont filardeux, mais particulierement le Serancolin, qui se tire en Gascogne d'un lieu appellé le Val d'Aure proche de Serancolin au pié des Pyrenées, & qui est gris, jaune, & d'un rouge couleur de sang, & aussi transparent que l'Agate en quelques endroits.

FILATRICE. s. f. Terme de Marchand. Etofe tramée de fleuret, que quelques-uns nomment *Filoselle*.

FILE. s. f. Terme de guerre. Ligne droite que font les soldats lorsqu'ils sont placés l'un devant l'autre. C'est ce qui détermine la hauteur du bataillon. Le nombre des hommes de la file est de six dans l'Infanterie, & de trois dans la Cavalerie. Les files doivent être paralleles entre elles, & également droites. On dit *Doubler les Files*, pour dire, Augmenter la hauteur du bataillon & en diminuer le front. On appelle *Chef de File*, le Soldat qui est à la tête de la File; *Serre File*, celui qui est à la queue, & *Chef de demi-File*, celui qui est le premier quand le bataillon est divisé en deux. Si le bataillon est à huit de hauteur, il y a encore les *Quarts de File* de la tête, du milieu & de la queue. Ceux de la tête sont le premier & le second soldat de chaque File, ceux du milieu le troisiéme, le quatriéme, le cinquiéme, & le sixiéme, & ceux de la queue, le septiéme & le huitiéme.

FILER. v. a. Faire du fil. On dit en termes de Marine, *Filer les manœuvres*, pour dire, Lâcher & abandonner tous les cables qui les soutiennent, & *Filer du cable*, pour dire, Faire sortir le cable hors du Vaisseau par les écubiers, & en donner ce qu'il faut pour la commodité du mouillage. On dit aussi *Filer de l'écoute*, pour dire, La faire sortir du Vaisseau au gré du vent, & *Filer par le bout*, ou *Filer le cable bout pour bout*, pour dire, Lâcher & abandonner

abandonner tout le cable de l'ancrage, & le laisser aller à la mer faute de tems pour lever & bitter l'ancre. Quelques-uns disent encore, *Filer sur ses ancres*, pour dire, Chasser sur ses ancres, mais improprement. Filer sur ses ancres ne signifie rien autre chose que filer du cable, pour soulager l'ancre quand le tems est gros. On dit sur mer, *File bouline*, ce qui est une sorte de commandement que fait celui qui commande à la manœuvre d'un Vaisseau, afin qu'on démare, & qu'on laisse aller la bouline, quand on vire vent devant. On dit de même *File* en parlant du cable ou de l'écoute, que l'on veut faire larguer & pousser dehors.

Filer en termes de Cirier, signifie, Faire passer de la bougie par les trous des filieres, *Filer de la bougie*. Les Tonneliers disent *Filer du vin*, pour dire, Le descendre dans la cave avec des cables & un poulain.

On dit aussi en termes de Jeu, *Filer la carte*, pour dire, Tirer doucement les cartes, & l'une après l'autre, pour les connoître par l'envers en les donnant.

FILET. f. m. Diminutif de Fil. *Fil délié, petit Fil.* ACAD. FR. Les Tireurs d'or appellent *Filet*, un trait d'or ou d'argent battu, & tortillé avec de la soye. Les Doreurs sur cuir disent, *Pousser des Filets*, pour dire, Faire de petits traits d'or au dessus & au dessous de chaque bouquet du dos d'un livre relié en veau, en maroquin.

Filet. Terme de Manege. Petite embouchure, ordinairement à escache, avec deux petites branches toutes droites, & une gourmette. Elle est montée d'une têtiere, & de deux longes de cuir de Hongrie. Il y a aussi un *Filet à l'Angloise*. C'est une embouchure fort menue, qui n'a point de branches, & qu'on appelle autrement *Bridon*. On dit, *Tourner un cheval au Filet*, pour dire, Lui mettre la croupe du côté de la mangeoire, & la tête entre deux pilliers, pour empêcher qu'il ne mange.

Filet. Terme d'Architecture. Petit membre quarré qui paroît dans les ornemens & dans les moulures, & que l'on appelle autrement *Listel*. Les Couvreurs nomment *Filet*, la partie de la couverture qui aboutit contre le mur, & qui est couverte de plâtre. C'est ce qui sert à retenir les dernieres tuiles ou Ardoises. On le compte pour un pié courant sur sa hauteur.

On appelle *Filet de vis*, une espece de coin qui tourne en ligne Spirale, & en tranchant de couteau, comme autour d'un cylindre pour entrer & tenir dans les écrous. Il y a de ces Filets qui sont quelquefois plûtôt quarrés que tranchans, comme dans les grands étaux des Serruriers.

On dit en termes de mer, *Filet de Merlin*. Il sert à ferler les voiles dans les marticles.

Filet. Terme de Blason. Espece d'orle ou de bordure, qui ne contient en largeur que le tiers ou le quart de la bordure ordinaire. Cet orle, qui est retiré en dedans, & d'un autre émail que le champ de l'écu, regne tout autour en approchant de ses bords. Il se dit aussi d'un trait qui se tire comme la barre, de la pointe gauche du chef à travers l'écu; on le met d'ordinaire sur ceux des bâtards. On en voit pourtant en bandes, en fasces, en croix, & en autre assiette. Ce Filet ne doit avoir que le quart de la largeur de la piece. Quand cela arrive à la croix, on l'appelle *Filet en croix*.

Filet. Terme de Monnoye. C'est la même chose que le cordon qui regne autour de la circonference d'une piece.

FILEUX. f. m. p. Terme de Marine. Crochets de bois que l'on attache ordinairement au vibord pour amarrer les manœuvres. On les appelle autrement *Taquets*. Ils sont à deux branches courbées en maniere de croissant.

FILIATION. f. f. Terme qui se dit figurément parmi les Religieux, pour marquer la dépendance des Eglises qui sont filles d'une autre. Ainsi on dit, *Cette Abbaye est de la Filiation de l'Abbaye de....*

FILIERE. f. f. Morceau de fer ou d'acier, qui est percé de plusieurs trous inégaux, par où l'on tire & l'on fait passer l'or, l'argent, le cuivre & le fer pour le réduire en fils aussi menus que l'on veut. Ces trous qui vont toûjours en diminuant, s'appellent *Pertuis*. Leur entrée est appellée *Embouchure*, & la sortie *Oeil*, & selon leurs differens usages on nomme ces morceaux ou plaques de fer, *Calibre* ou *Filiere*, ou *Ras*, ou *Pregaton*, ou *Fer à tirer*. Quand un lingot a été porté à une certaine machine appellée *Argue*, on l'y fait passer par environ quarante pertuis de la Filiere, jusqu'à ce qu'on l'ait réduit à la grosseur d'une plume à écrire, après quoi on le rapporte chez le Tireur d'or pour le dégrosser par le moyen d'un banc scellé en plâtre, qui est en maniere d'argue, que deux hommes font tourner. Là on le reduit à la grosseur d'un feret de lacet, en le faisant passer par vingt pertuis ou environ de la Filiere qu'on appelle *Ras*. Cela fait, & le fil d'or ayant été tiré sur un banc, appellé *banc à tirer*, on le fait passer par environ vingt pertuis de la Filiere nommée *Pregaton*, jusqu'à ce qu'il soit en état d'être passé par la petite Filiere appellée *Fer à tirer*. On ouvre alors un pertuis appellé *Neuf* ou *Fer à tirer*, & on y passe le fil d'or, puis on retressit ce même pertuis avec un petit marteau sur un tas d'acier, & ensuite non seulement on le polit avec de petits poinçons d'acier fort fins, mais on le rebat & repolit de la même sorte jusqu'à ce que le fil d'or ne soit pas plus gros qu'un cheveu, en sorte qu'on puisse le filer sur de la soye. Lorsqu'il est en cet état, on l'écache entre deux rouleaux d'un petit moulin. Ils sont d'acier, fort polis & fort serrez sur leur épaisseur qui est d'un bon pouce, & ils en ont trois de diametre. On met le fil d'or entre l'un & l'autre, & l'on en tourne un avec la manivelle. Ce rouleau fait tourner l'autre, & c'est ainsi que le fil s'écache, aprèsquoi il est en état d'être filé sur la soye, pour les differens ouvrages où l'on a dessein de l'employer. On appelle aussi *Filieres*, des morceaux d'acier bien trempez, qui sont percez de plusieurs écrous, dans lesquels on fait les vis.

Filiere de Cirier, pour faire de la Bougie filée: c'est ce que l'on fait executer pour Chef-d'œuvre à ceux qui veulent être reçûs Maitres. On y met de la Terebenthine pour l'empecher de casser.

Filieres, se dit aussi des veines & des crevasses qui se trouvent dans les carrieres, & qui interrompent les fils des pierres.

On appelle encore *Filieres*, de petites pieces de bois qui servent aux couvertures des bâtimens, & sur lesquelles portent les chevrons. La *Filiere* est parallele à la *Sabliere*. On en mét deux ou trois suivant la longueur des chevrons. Elles sont posées sur des fermes & appuyées sur des chantignoles entaillées.

Filiere. Terme de Blason. Il se dit quelquefois du diminutif de la bordure, lorsquelle ne contient que la troisiéme partie de la largeur de la bordure ordinaire.

Filiere. Terme de Fauconnerie. Ficelle d'environ dix toises qu'on appelle aussi *Creance*. On la tient attachée au pié de l'oiseau dans le tems qu'on le reclame, jusqu'à ce qu'il soit assuré.

FILIPENDULA. f. f. Plante que Fuchsius & autres Modernes prennent pour l'Oenanthé de Dioscoride dont Matthiole ne demeure point d'accord. Il dit que sa racine n'est pas grande, & que sa graine n'est point semblable à celle d'arroche; ce qui est contraire à ce que l'on a écrit de l'Oenanthé, qui croît dans les lieux pierreux, au lieu que la Plante nommée *Filipendula* vient dans les prez & dans les meilleurs terroirs. Elle a une vertu lithontriptique; ce qui est cause que quelques-uns l'appellent *Saxifrage rouge*, à cause qu'elle est de couleur verdâtre, tirant sur le rouge. On ne se sert que de sa racine. Les Modernes lui attribuent beaucoup de proprietés. Elle est fort bonne pour ceux qui ne peuvent uriner que goutte à goutte, & pour les douleurs de reins & la gravelle. Elle resout toutes ventosités de l'estomac & soulage ceux qui souflent toûjours & qui ont l'haleine courte. C'est aussi un remede pour toutes les maladies causées de froidure.

FILLARET. s. m. Terme de Marine. On appelle *Fillarets*, de gros Bâtons quarrés de quatre pouces ou environ, qu'on met au travers de certaines pieces de bois nommées *Batayoles*.

FILLETTE. s. f. Petit Poisson qu'on jette dans les Etangs pour les repeupler. Il y a des lieux où l'on donne le nom de *Fillette* à une Eglise qui sert d'aide & de secours à une Paroisse dont l'étendue est fort grande. Ce secours, qu'on appelle aussi *Annexe* ou *Vicairerie*, lui est donné pour la commodité du Peuple.

FILOCHE. Gros cable de Moulin, qui sert à lever la Meule.

Les Pêcheurs appellent ainsi Une aide, qui tient le haut & le bas d'un filet.

FILOSELLE. s. f. Sorte de grosse soye que vendent les Marchands de laine pour faire de la tapisserie.

FILOTIERES. s. f. On appelle ainsi dans les compartimens des vitres, les bordures d'un panneau de forme de vitrail ou de chef-d'œuvre de vitrerie.

FILTRATION. s. f. Espece de colature qui se fait avec des pieces de feutre coupées en long, par lesquelles la liqueur dégoute. Cela se fait lorsqu'on veut separer la portion la plus tenue d'un medicament d'avec la plus grossiere.

FILTRE. s. m. Morceau de drap mouillé ou de linge tortillé, dont on met l'un des bouts au fond du vase où est le medicament qu'on veut passer par le Filtre. On met l'autre bout dans un autre vase vuide qui est tout joignant, & il y tire comme en suçant & goutte à goutte le plus clair de ce qui est contenu dans le premier vase.

FILTRER. v. a. Passer par le filtre. Il y a d'autres façons de filtrer qu'avec le morceau de drap. Lorsque la matiere pese peu, ou qu'elle est en petite quantité, on se sert de papier gris qui soit sans colle pour la filtrer. On appelle aussi quelquefois *Filtrer*, Couler simplement une liqueur par une Chausse, c'est-à-dire, par un morceau de drap fait en pointe. La liqueur qui coule au travers se clarifie, & le plus épais demeure dans cette chausse.

FIM

FIMPI. s. m. Arbre de l'Isle de Madagascar, où il croît de la hauteur d'un olivier; il a ses feuilles dentelées & un peu plus grandes que celles du grand mirte. Elles sont ameres, ayant à peu près la même odeur. Son bois, qui est fort blanc & dur, rend aussi une odeur très-forte. L'écorce est d'un gris cendré & a une odeur de musc avec un goût plus piquant que n'est le poivre. On la fait secher au Soleil comme la canelle, & brûlée ou non, l'odeur qu'elle rend est fort agreable. C'est ce que les anciens Medecins Grecs ont appellé ξυλαλόη, c'est-à-dire, Bois d'aloës. Ceux du pays l'appellent *Teteeh*, & les Portugais *Palo d'aguilla*.

FIN

FIN. s. f. *Terme, borne, ce qui acheve, ce qui termine*. Acad. Fr. On dit en termes de chasse, qu'*Un Cerf est sur ses fins*, pour dire, qu'Il est las à force d'avoir couru, & qu'il ne peut plus resister long-tems.

On appelle en termes de Palais, *Fins*, toutes sortes de prétentions & de demandes; & *Fins declinatoires*, les Moyens que propose la partie pour se faire renvoyer devant son Juge naturel sans qu'on la puisse obliger de répondre en la Jurisdiction où elle est assignée. On les appelle autrement *Fins de non proceder*. On dit aussi *Fins de non recevoir*. Ce sont des raisons que le défendeur allegue, afin que le demandeur ne soit point reçû en sa demande.

On appelle en termes de Méchaniques, *Vis sans fin*, celle dont le cylindre tourne entre deux pivots fixes. C'est une machine composée d'une roue, dans les dents de laquelle un ou deux pas seulement entrant successivement, font qu'elle ne cesse point de tourner.

FIN, fine. adj. Délié, menu. On appelle *Or fin*, celui qui est partagé en vingt-quatre degrés de bonté que l'on appelle *Carats*: mais nous n'avons point de monnoie d'or pur; la matiere en est toûjours alliée, c'est-à-dire, mêlée de differens métaux. L'*Argent fin* n'est divisé qu'en douze dégrés de bonté, dont chacun s'appelle *Denier*. On dit substantivement qu'*On travaille sur le fin*, pour dire, qu'On travaille sur un métal pur & qui n'a point de mélange.

On dit en termes de mer, qu'*Un Vaisseau est fin de voiles*, pour dire, qu'il est leger à la voile, excellent voilier.

FINABLEMENT. adv. Vieux mot. Enfin, en dernier lieu.

FINAGE. s. m. Etendue d'un territoire jusques aux confins d'un autre. *L'acquisition qu'il a faite est dans le finage d'une telle Election*. On a appellé autrefois *Finage*, un droit sur les bornes, du mot *Fines*, qui signifioit Limites.

FINEMENT. s. m. Vieux mot. Fin.

Au finement de cet écrit
Me nommeray par remembrance.
Marie ay nom, si suy de France.

Cette Princesse que l'on appelloit, Marie, ne dédaignoit pas de passer du tems à faire des vers.

FINGART. adj. Vieux mot. On appelloit autrefois *Fingart*, Un cheval retif qui resiste aux éperons. C'est ce qu'on appelle aujourd'hui, *Cheval ramingue*.

FINI, ie. adj. On appelle *Marbre fini*, celui qui est terminé avec le petit ciseau & avec la rape qui adoucit & dont on a évidé les creux par le moyen du trepan; ce qui met l'ouvrage en l'air, & dégage les ornemens.

FINIMENT. s. m. Terme de Peinture. On dit, qu'*Il y a un grand finiment à un tableau*, pour dire, qu'Il est bien fini, bien achevé. Il se dit particulierement de la peinture en email.

FINIR. v. a. Achever, terminer. On dit en termes de Peinture, *Finir un tableau*, pour dire, l'Achever en toutes ses parties. *Ce tableau est bien fini*, c'est-à-dire, bien parfait.

FINITEUR. s. m. Nom que quelques-uns donnent à l'horison, à cause qu'il termine ou finit la vue. Le bout de la carriere s'appelle aussi *Finiteur* dans le Manége.

FINITO. f. m. Terme de Pratique. Arrêté ou état final d'un compte. *Le Finito de son compte le rend redevable d'une telle somme.* Autrefois tous les comptes étoient en latin, *Computum*, d'où vient credit; *debet*, *allocetur*, *deducat*, *reliqua*; *tradat*, ce mot n'est point Italien, comme le dit l'Auteur du Dictionaire Universel.

FIO

FIONOUTS. f. m. Plante de l'Isle de Madagascar, dont les fleurs sont jaunes & les feuilles épaisses. Les Habitans les appliquent sur quelques parties de leur corps pour en faire tomber le poil. Cette herbe a l'odeur du melilot. On la brûle quand elle est verte, & des cendres on en fait une lessive.

FIS

FISSURE. Terme de Chirurgie. Sorte de fracture dans un os, lorsqu'il ne fait que se fendre. On a souvent de la peine à connoître les fissures, sur-tout si elles sont petites. Il arrive quelquefois dans la chûte, le saut & la contusion d'un membre contre une pierre, que l'os se fende en quelque endroit; & suivant la constitution naturelle de la personne. Les vieillards sont plus sujets aux fractures & aux fissures des os, à cause qu'ils les ont secs & arides, & la douleur est tantôt plus & tantôt moins grande, à proportion de la Fissure, qu'une legere tumeur qui rougit à la suite du tems, fait connoître quelquefois. Quand on connoît les Fissures, ce sont les plus aisées à guerir de toutes les fractures: mais si on les neglige, elles traînent après soi un abscès; & quand la carie survient, elles sont si dangereuses, qu'il faut extirper le membre. La contusion profonde de la tête avec la blessure du crane, le fend tantôt à l'endroit de la contusion, tantôt à l'endroit opposé. Le contrecoup penetre quelquefois les deux tables, quelquefois l'externe sans l'interne, ou l'interne sans l'externe. On distingue la Fissure de l'enfoncement du crane par plusieurs symptomes, tels que sont le vomissement de bile, le vertige, le sang qui est sorti par la bouche, par le nez, par les oreilles, la perte subite de la parole, le délire qui suit de près, les convulsions & autres. Outre l'inspection oculaire par l'ouverture du crane, on connoît la Fissure en appliquant sur la tête rase un cataplasme de farine de féves. Il se seche à l'endroit où il n'y a point de fracture, & il demeure humide suivant les traces de la Fissure. Quand les Chirurgiens sont dans le doute, ils font tenir au malade une corde entre ses dents. S'il y a une Fissure au crane, il sent de la douleur à l'endroit où est cette Fissure, ce qui arrive de la même sorte, s'il serre bien la machoire, ou s'il casse un noyau de cerise.

FISTULE. f. f. *Ulcere étroit & profond.* ACAD. FR. Quand la sanie corrosive qui s'engendre sur les levres d'un ulcere, se glisse dans les interstices des parties, & ronge la substance molle qui est contenue entre les rames solides des fibres, faisant comme des clapiers au long & au large, il se forme un abscès tortueux & caverneux, dont les orifices sont endurcis & comme changés en calus par l'amas & le surcroît qui se fait de l'aliment corrompu dans les parties membraneuses & nerveuses de celle qui est affectée. C'est ce qu'on nomme *Fistule*, du Latin *Fistula*, Flûte, à cause que la Fistule étant une sinuosité profonde, étroite & calleuse, par où découle l'humeur, ressemble en quelque façon à une flûte. Cette dureté ou callosité qui s'engendre autour des membranes, sur-tout aux orifices des ulceres fistuleux, a pour cause un acide vitié dans un dégré assés étendu, qui ride peu à peu, endurcit & reduit ces parties en calus & en cartilage qui bride toûjours les entrées des Fistules. Elles naissent particulierement aux parties glanduleuses, & les ulceres mêmes qui se forment dans ces parties deviennent souvent fistuleux & creux, quand ils ne dégenerent pas en cancers. Le défaut ordinaire des Fistules, c'est d'avoir toûjours une entrée droite qui jette continuellement une sanie acre; ce qui les rend douloureuses, si ce n'est que le sentiment soit ôté par le calus. C'est par ce calus qu'on les connoît aisément: mais il faut sçavoir si elles sont simples ou composées; ce qui se remarque par la quantité de matiere qui en sort, par la compression de la partie & par la situation du malade: car si lorsqu'il est sur un côté, le pus qui sort est different de celui qui sortoit quand il étoit sur un autre, ou si la Fistule ayant diverses entrées, la liqueur seringuée par l'une ne sort point par l'autre, c'est une marque que cette Fistule est multipliée. Sa cure consiste à consumer le calus & à consolider ensuite l'ulcere avec des mondificatifs & des sarcotiques convenables. Pour cela il est necessaire avant toutes choses d'élargir l'entrée, sans quoi il n'est pas possible de rien appliquer, ni pour consumer le calus, ni pour nettoyer facilement la Fistule. On appelle *Fistule lachrimale*, celle qui naît au grand coin de l'œil par un abscès ou un amas d'humeurs semblable à du miel, qui fait souvent carier l'os.

FIU

FIUS. f. m. Vieux mot. Fils, de *Filius*. Les Paysans disent encore *Fieux*, pour Fils.

FIX

FIXATION. f. f. Terme de Chymie. Operation par laquelle les choses volatiles & qui s'évaporent endurent le feu. Elle se fait en quatre façons, par addition de medecine fixe, par mixtion, par sublimation & par ciment. Cette derniere est une espece de calcination faite avec des choses seches, afin de figer celles qui sont volatiles, sans les fondre ni les enflammer.

FIXE. adj. *Qui est immobile, arrêté en un certain lieu.* ACAD. FR. Les Chymistes appellent *Sel fixe*, lorsqu'ils tirent le sel des vegetaux, Celui qui demeure avec la matiere terrestre sans s'évaporer, à la distinction du sel volatile qui monte en vapeur.

On appelle *Etoiles fixes* par opposition aux *Errantes*, ou *Planetes*, celles qui gardent toûjours entre elles la même disposition, & les mêmes rapports de distance, telles que sont toutes les étoiles du Firmament. Les plus anciens Astronomes ont crû que les Etoiles fixes étoient absolument sans mouvement; mais on a découvert qu'elles ont un mouvement propre d'Occident en Orient, comme les Planetes sur les poles du Zodiaque, & que leur longitude change, mais non pas leur latitude, c'est-à-dire, qu'elles s'éloignent toûjours vers l'Orient de la section vernale du Zodiaque d'où se compte leur *Longitude*. (Voyez LONGITUDE.) mais qu'elles se meuvent toûjours dans des cercles paralleles au Zodiaque, & que par consequent leur latitude est toûjours la même. Voyez LATITUDE, & POLE. Ainsi la premiere Etoile d'Aries qui étoit au tems de JESUS-CHRIST a 4. dégrés 43'. de la section vernale vers l'Orient, en est presentement à près de

29. dégrés. Delà vient que tout le Zodiaque change, & qu'on a établi deux Zodiaques. Voyez ZODIAQUE. Les Etoiles fixes avancent en longitude à peu près d'un degré en 72. ans, & que sur ce pié elles doivent achever leur periode en 25920. ans.

FIXER. v. a. Arrêter, déterminer. On dit en termes de Chymie, *Fixer le mercure*, pour dire, Arrêter sa fluidité, en sorte qu'il soit solide & dur, ou malleable. On dit aussi, *Fixer les sels volatils.*

FLA

FLABE. s. f. Vieux mot. Fable.

FLACARGNE. s. f. Brocard.

Malebouche qui rien n'espargne.
Sur chacun trouve sa flacargne.

FLACHE. s. f. Terme de Charpenterie. Ce qui paroît de l'endroit d'une piece de bois où étoit l'écorce, après qu'elle est équarrie, & qu'on ne sçauroit ôter sans qu'il y ait beaucoup de déchet.

On appelle aussi *Flache*, un espace de pavé enfoncé ou brisé par le roulement des roues des charrois & des carrosses. *Il y a plusieurs flaches à reparer dans cette rue.*

Flache a aussi signifié autrefois un Flacon & un fourniment à poudre. Il s'est dit encore pour *Lâche.*

FLACHEUX. adj. On appelle *Bois flacheux*, Les bois qui ne sont qu'à demi battus & équarris, qui ne sont pas bien quarrés ni faciles à toiser.

FLAEL. s. m. Vieux mot. Fleau, bâton à battre le blé des gerbes.

Fourche ou Flael, ou pic, ou marc.

Il signifioit encore, le Traversier d'une balance. On a dit aussi *Flayel.*

FLAGELLANS. s. m. p. Nom qui fut donné dans le treiziéme siecle à certains Penitens qui faisoient profession de se donner la discipline. On dit qu'un Hermite, appellé Rainier, voulant porter les peuples à changer de vie & à reformer leurs mœurs, commença cette secte, environ l'an 1260. & que ceux qui le suivirent s'étant acquis le nom de Devots, eurent un Superieur que l'on appella le General de la Devotion. Elle se renouvella en Hongrie vers l'an 1350. & se répandit delà en peu de tems par toute l'Europe. Les Flagellans portoient un capuchon sur la tête & une croix à la main. Ils étoient tout nuds jusqu'à la ceinture, & avoient des cordes noueuses & semées de pointes avec lesquelles ils se fouettoient deux fois le jour, & une fois chaque nuit, après quoi ils se prosternoient en terre en forme de croix, & crioient misericorde. Il y avoit un Chef pour chaque troupe. Cette sorte de penitence se faisoit d'abord par une veritable pieté, mais grand nombre de gens de neant & de mauvaise vie, & même quelques Beguards heretiques s'étant mêlés parmi eux, ils prirent un excès d'orgueil qui les fit tomber dans l'heresie. Ils prétendoient que leur flagellation unissoit si bien leur sang à celui de JESUS-CHRIST, qu'il avoit même vertu, & soûtenant qu'après l'avoir faite pendant trente jours, tout peché leur étoit remis aussi-bien pour la peine que pour la coulpe, ils commencerent à ne se plus soucier des Sacremens. Cette flagellation devoit, selon eux, l'emporter sur le martyre, & ils allerent enfin jusques à vouloir persuader au peuple que l'Evangile avoit pris fin. Les Prélats par leurs censures, & les Princes par leurs édits, reprimerent enfin cette manie.

FLAGEOLET. s. m. Instrument de Musique à vent, ordinairement de bouis ou d'ivoire. Il est fait comme une flûte, excepté qu'il est plus petit & moins gros. Il a six trous, sans comprendre l'embouchure, la lumiere, & celui d'en bas. *Flageolet*, se dit aussi d'un des jeux de l'orgue que l'on accorde à la vingt-neuviéme de la montre. Il est couvert, & a un pié de tuyau.

FLAGEOLEUX. adj. Vieux mot. Conteur de fornettes & de bagatelles.

FLAMANDE. adj. fem. On appelle *Porte Flamande* Une Porte qui est composée de deux jambages avec un couronnement & une fermeture de grilles de fer.

FLAMANT. s. m. oiseau aquatique, qui est rouge & blanc avec un long bec & des jambes fort hautes. Le Flamant qui se voit dans les Antilles, & que l'on appelle aussi *Flambant*, est gros comme une Cicogne. Ses jambes grosse environ comme les doigts, ont quinze ou seize pouces de hauteur, depuis le pié jusqu'à la premiere jointure, & depuis cette jointure jusqu'au corps, elles en ont presque autant. Elles sont toutes rouges ainsi que les piés qui sont à demi marins. Cet Oiseau a le col rond & menu pour sa grandeur. Sa longueur est d'une demi-toise. Il a la tête ronde, petite & un gros bec moitié rouge & moitié noir, qui est long de six ou sept pouces, & courbé en forme d'un demi-arc. Il s'en sert pour chercher au fond de l'eau des vers marins, & quelques petits poissons dont il fait sa nourriture. Toutes ses plumes sont de couleur incarnate ; & quand il vole à l'opposite du Soleil, il paroît tout flamboyant ainsi qu'un brandon de feu, & c'est de-là qu'il a pris son nom. Les jeunes sont beaucoup plus blancs que les vieux. Ils deviennent de couleur de rose à mesure qu'ils croissent, & de couleur entierement incarnate quand ils sont âgés. Il y en a qui ont les aîles mêlées de plumes rouges, blanches & noires. Ces oiseaux ont un cri si fort, qu'en les entendant, on croit ouïr le son de quelque trompette. Ils sont rares, & on n'en voit gueres que dans les salines les plus éloignées des habitans. Ils vont toûjours en bande, & pendant qu'ils barbottent dans l'eau pour y trouver de quoi se nourrir, il y en a toûjours un qui fait le guet, ayant le col étendu, & jettant les yeux par tout. Si-tôt qu'il entend le moindre bruit ou qu'il apperçoit quelqu'un il prend l'essor, & jette un cri qui sert de signal aux autres pour le suivre. Ils volent en ordre comme les Grues, & la moindre blessure qu'ils reçoivent les fait demeurer sur la place. Ils sont gras, & ont la chair assés délicate, quoiqu'elle sente un peu la marine. La langue passe sur-tout pour un très-friand morceau. Leur peau qui est couverte d'un mol duvet, est bonne aux mêmes usages que celles du Cygne & du Vautour. Il y a bien de l'apparence que ces Oiseaux sont de la même nature de ceux qui se trouvent dans les Isles du Cap Vert, & que les Portugais nomment *Flamencos*. Ils ont le corps blanc & les aîles d'un rouge vif, approchant de la couleur du feu, & sont aussi grands qu'un Cigne.

FLAMBANT, ANTE. adj. Terme de Blason. Il se dit des paux ondés & aiguisés en forme de flammes. *D'argent à trois paux flambans de gueules.*

FLAMBART. s. m. Charbon qui n'étant pas entierement consumé, jette encore de la flame & de la fumée. On appelle aussi *Flambart*, Certaine graisse, qui s'employe quelquefois pour l'ensimage des draps & des serges.

FLAMBE. s. f. Sorte de fleur dont il y a de deux sortes, la domestique & la sauvage. La premiere a des feuilles semblables à une épée, cannelées & pointues au bout. Sa tige est lissée, ronde & nouée, & à sa cime sortent de petits rameaux qui portent des fleurs violettes, mêlées au dedans de differentes couleurs. On y voit du blanc, du fauve, du jaune, du purpurin, & du bleu, & cette varieté de couleurs la fait aussi appeller *Iris*, à cause qu'elle a de la ressemblance avec les couleurs de l'arc-en-ciel. Après ces fleurs, elle produit de petites têtes, qui ne different qu'en grosseur de celles de Gladiolus, & qui enferment une graine ronde, semblable à celle de la jugioline. Sa racine est blanchâtre, massive & nouée, & du dessous sortent beaucoup de petits capillaments, qui sont odorans, acres au goût & un peu ameres, ainsi que le reste de la racine. Il y a deux especes de Flambe sauvage. L'une qui croît la plûpart aux endroits pierreux, est entierement semblable à la domestique, excepté que ses feuilles & ses fleurs sont moindres, & ses tiges & racines plus grêles. L'autre a ses feuilles semblables au Gladiolus, mais plus longues, sa racine mince, nouée, dure comme bois, sa tige courte, sa fleur plus petite qu'aucune des autres, & sentant l'abricot. Cette fleur est composée de neuf feuilles purpurines, qui dans leur extrémité sont rayées de jaune. La Flambe a la vertu d'échauffer & est propre à guerir de la toux. Sa racine rend l'haleine bonne, & soulage le mal de dents, si on les frotte avec sa décoction. Le jus de cette racine purge la colere & le phlegme, ainsi que les eaux qui viennent entre cuir & chair. On en fait un électuaire qui est singulier pour l'hydropisie.

FLAMBEAU. s. m. *Espece de torche faite de cire & ordinairement de forme quarrée, qu'on fait porter pour éclairer dans les rues.* ACAD. FR. On appelle aussi *Flambeau*, Une sorte de machine de guerre, qui se fait de deux à trois pieces de nates entourées d'étoupes, ou de méche, le tout goudronné. On les joints ensemble par le milieu en forme d'étoile ou de croix, & on met le feu à toutes les extrémités. L'usage de ce Flambeau, c'est de faire voir ce que font les Assiegeans d'une place, lorsqu'on l'a jetté sur leurs travaux.

FLAME. s. f. Terme de Maréchal. Petit instrument de fin acier, qui sert quelquefois de bistouri. Il est composé de deux ou trois lancettes mobiles pour saigner un Cheval, & lui faire des incisions, s'il en est besoin.

Flame, se dit en termes d'Architecture, de certains ornemens qui ressemblent à des Flames.

Flame. Terme de Marine. Longue banderole qu'on arbore aux vergues & aux hunes, soit pour servir d'ornement, soit pour donner un signal. Elle est faite ordinairement d'étamine, & de la couleur qu'on veut. Les Flames sont de figure fourchue, larges par le haut, & extrémement longues, & par le bas elles se terminent en pointe. C'est la marque du commandement, quand on ne porte point de pavillon aux mâts, & pour cela la Flame est sans girouette. On appelle *Flame d'ordre*, celle que le Commandant d'une Armée ou d'une Escadre, fait arborer au haut de la vergue d'artimon. Elle fait connoître aux Officiers de chaque Vaisseau qu'il faut qu'ils aillent à l'ordre. On l'appelle aussi *Pendant*.

FLAMMEROLES. s. m. p. Feux volants, que l'on appelle sur mer *Feu saint Elme*. On les appelle aussi *Flambars* & *Furoles*.

FLAMMULA. s. f. Plante, semblable en feuilles, en fleurs & en graine, à une espece de Clematis qu'on appelle Liseron, & qui est également acre au goût. Elle ne s'envelope point parmi les hayes, au contraire elle se tient toute droite, sans qu'elle s'attache aux arbres. Elle produit plusieurs tiges rougeâtres, & qui ont deux coudées de haut. Ses feuilles qui ressemblent au smilax ont une force & une acrimonie qu'on a peine à suporter. Comme cette acrimonie est brûlante, elle lui a fait donner le nom de *Flammula*. Il y en a qui estiment fort son huile pour les sciatiques, gouttes, difficultés d'urine, & pour les pierres qui chargent les reins. Ils en oignent les parties affectées & malades. Cette huile se fait en coupant fort menu les feuilles de cette plante. On les met ensuite dans une fiole pleine d'huile rosat, qu'on a soin de bien boucher, & on les laisse cuire & comme confire au Soleil, lorsque ses rayons sont les plus ardents.

FLAN. s. m. Sorte de petite tarte faite avec du lait ou de la creme. On a dit autrefois *Flanet*. C'étoit une espece de petit gâteau. Borel observe qu'on appelloit aussi *Flandrelets*, les Tartelettes qui sont connues sous le nom de *Flans*, ce qui venoit de ce qu'elles avoient été inventées en Flandre où le lait abonde. Il croit pourtant qu'on ne les nommoit ainsi que par corruption, au lieu de *Flans de lait*.

Flan. Terme de Monnoïe. Morceau, soit d'or, soit d'argent, ou de cuivre, que l'on coupe d'une lame de même métal, avec un instrument de fer en maniere d'emporte-piece, & qui se trouve de la grandeur, de l'épaisseur, de la rondeur, & à peu près du poids des especes à fabriquer. On le recuit, & on le fait bouillir dans l'eau seconde avant que de le marquer, & il est toûjours appellé *Flan* jusqu'à ce qu'on y ait empreint l'image du Prince. On disoit autrefois *Flaon*, & quelques-uns l'écrivent encore : mais presentement on prononce *Flan*.

FLANC. s. m. *La partie de l'animal qui est depuis le défaut des côtes jusqu'aux épaules.* ACAD. FR. On dit d'un cheval, qu'*Il a peu de flanc*, pour dire, qu'il a peu de corps, peu de boyau, & les côtes plattes, serrées & raccourcies ; & l'on dit tout au contraire, qu'*Il a beaucoup de flanc*, pour dire, qu'Il a les côtes amples & bien tournées.

Flanc. Terme de Fortification. Partie du bastion qui est entre la face du bastion & la courtine, & qui sert à défendre non seulement la courtine, mais aussi la face du bastion opposé. On appelle *Flancs simples*, les lignes qui vont de l'angle de l'épaule à la courtine, & qui ont la principale fonction de la défense du fossé & de la Place. Le *Flanc retiré*, qu'on appelle aussi *Flanc bas* ou *Flanc couvert*, est celui qui est pratiqué dans l'enfoncement de l'autre moitié qui aboutit à la courtine. Il est souvent composé d'orillon & de places hautes & places basses, qu'on pratique dans la demi-gorge du bastion, afin qu'elles ne soient pas vûes de la campagne, comme le sont les flancs simples, mais seulement de la contrescarpe opposée. Il y a aussi le *Flanc rasant*, & le *Flanc fichant*. Le premier est le point d'où commence la ligne de défense, & d'où le coup que l'on tire ne fait que raser la face du bastion. L'autre est celui dont les coups se fichent dans la face du bastion opposé. Le *Flanc oblique*, qu'on appelle *Second flanc* ou *Feu de la courtine*, est la portion de la courtine qui découvre & qui bat obliquement la face du bastion opposé.

On appelle *Flanc de Vaisseau*, La partie qui se presente à la vûe de l'avant à l'arriere, ou de la poupe à la proue.

Flanc, est aussi un terme de guerre, & il se dit du côté d'un bataillon, d'une armée.

FLANCHET. s. m. Terme de Boucher. Ce que l'on coupe au bas bout du bœuf vers les cuisses, & qui fait une partie de la surlonge. On appelle aussi *Flanchet*, une certaine partie de la morue.

FLANQUANT, ANTE. adj. Terme de Fortification. On appelle *Ligne de défense flanquante*, celle qui étant tirée d'un certain point de sa courtine, va raser la face du bastion opposé ; ce qui la fait aussi appeller *Ligne de défense rasante.* Ce point de la courtine d'où cette ligne se tire en est l'angle même, quand il n'y a point de second flanc, & en ce cas elle doit être de six vingts toises, & n'est point accompagnée d'une ligne fichante. M. Guillet dit que c'est la bonne construction.

FLANQUE', E'E. adj. Terme de Blason. Il se dit des paux, arbres & de toutes les figures qui en ont d'autres à leurs côtés. *D'azur à trois fleurs de lis d'or en pal flanquées en arc de cercle d'argent.*

On appelle, en termes d'Architecture, *Pilastre flanqué*, celui qui est accompagné de deux demi-pilastres avec une mediocre saillie.

FLANQUER. v. a. Terme de Fortification. Disposer un bastion ou autres pareils ouvrages à se pouvoir défendre aisément. *Flanquer*, signifie aussi, en termes de guerre, Découvrir & faire feu de côté, pour battre & pour prendre l'ennemi en flanc.

FLAREUR. s. f. Vieux mot. Odeur. C'est de-là qu'est venu *Flairer.*

FLASQUE. s. m. Petit vaisseau de cuir où les Chasseurs mettent de la poudre pour charger leur fusil. On dit plus ordinairement, *Poire à poudre*, pour la chasse, & *Fourniment* pour l'armée.

On appelle aussi *Flasques*, les deux grosses pieces de charpente qui composent les deux côtés d'un affût de canon, & qui sont entretenues l'une avec l'autre de distance en distance par des entretoises. Elles sont longues de quatorze piés, & ont un pié huit pouces de largeur.

FLATRIR. v. a. Vieux mot. Marquer d'un fer chaud. On a dit aussi *Flatir* & *Fleutrier. Maint en sont hors flati.* On marquoit autrefois les criminels d'une lettre au front avec un fer chaud, & cela s'appelloit *Flatrer.* Aujourd'hui on dit *Flétrir*, lorsqu'on les marque d'une fleur de lis sur le dos. Le mot de *Flatrer* n'est demeuré en usage que pour les chiens, soit qu'on leur applique un fer chaud, qu'on appelle *la Clef de saint Hubert*, au milieu du front quand ils ont été mordus d'un chien enragé, dans la pensée que cela doit les garantir de la rage. On leur brûle une veine ou artere.

FLATRURE. s. f. Terme de Chasse. Lieu où s'arrêtent le Lievre & le Loup, & où ils se mettent sur le ventre lorsque les chiens-courans les poursuivent.

FLATTIR. v. a. Terme de Monnoie. Battre une piece de monnoie sur le tas, sur l'enclume, avec le marteau appellé *Flattoir*, afin de lui faire prendre le volume & l'épaisseur qu'elle doit avoir. C'etoit la cinquiéme façon que l'on donnoit aux monnoies, lorsque les especes étoient fabriquées au marteau, & quand les quarreaux avoient été flattis, on les nommoit *Flans.* Cette ancienne maniere de les fabriquer ayant été en usage jusqu'en 1553. Henri II. ordonna la fabrication au moulin, qui n'ayant duré que deux ans, fut rétablie en 1639. par Louis XIII. pour empêcher que les especes ne fussent rognées ou alterées. L'Edit en fut confirmé par une Déclaration donnée en 1640. & un autre Edit de 1645. supprima entierement l'ancienne maniere de fabriquer au marteau : de sorte que l'on ne fabrique plus aucune monnoie que par la voie du moulin.

FLATTOIR. s. m. Gros marteau pesant sept ou huit livres dont les Monnoyeurs se servent. Il est fait en maniere de corne de bœuf, large par le bas du côté qu'on frappe, & pointu de l'autre. On appelle aussi *Flattoir*, un petit marteau dont se servent ceux qui travaillent au métal, & particulierement les Graveurs. Ils sont plus petits ou plus grands, selon la qualité de l'ouvrage.

FLAVELAGE. s. m. Vieux mot. Fables, sornettes.

FLAVELES. s. m. Nom qu'on a donné autrefois à certains Oiseaux que les Latins appellent *Rubeculæ.*

FLE

FLEAU. s. m. *Instrument composé de deux bâtons attachés l'un à l'autre avec des courroies, pour battre le blé.* ACAD. FR. Il est composé d'un manche de quatre piés & d'un battant ou verge plate ou ronde selon les lieux : ils sont assemblés avec des nerfs de bœufs & des peaux d'Anguille. On appelle aussi *Fleau*, une grande barre de bois ou de fer qui se tourne par le moyen d'un boulon de fer au milieu, & qui donnant sur les deux battans ou ventaux d'une porte cochere, sert à la tenir fermée sûrement avec une serrure quarrée & un verrouil, ou bien avec un moraillon par le bas.

Fleau, est aussi un morceau de fer poli qui a une aiguille au milieu & deux trous à chaque bout, & qui sert à soûlever les bassins des balances ou du trébuchet, lorsque l'on y pese quelque chose.

Fleaux, se dit encore de certains petits crochets sur lesquels les Vitriers portent les panneaux de verre aux lieux où ils doivent les placer.

FLEBE. adj. Vieux mot. Foible.

FLECHE. s. f. Trait d'arc. On se sert du mot de *Fléche* pour signifier plusieurs sortes de grosses pieces de bois qui servent dans les machines. C'est dans une grue le principal arbre qui est posé à plomb, & sur lequel la grue tourne.

On appelle *Fléche de pont-levis*, Les pieces de bois assemblées dans la bacule, ausquelles sont attachées par les deux bouts de devant les chaînes de fer qui servent à lever le pont.

Fléche, se dit aussi de la piece de bois qui soûtient la potence d'un minot. Il faut qu'elle soit contreriyée par dessous sur une platine de fer de tole.

Quelques-uns appellent *Fléche d'arbre* ou *de plante*, la tige, le tronc de l'arbre.

Fléche. Terme d'Artillerie. Machine composée de plusieurs planches, que des anneaux & des barreaux lient ensemble. Elle a vingt-quatre à trente piés de longueur, & est supportée par deux roues mises au milieu, dont la hauteur est d'un peu plus de trois piés & la largeur de deux pouces. Elle forme une pointe d'un côté large d'un pié garnie d'un fer pointu, & de l'autre elle garde une largeur de quatre à cinq piés, propre à pouvoir passer dessus librement. La Fléche étant poussée avec force contre un pont-levis qu'on aura levé, sa pointe qui entre dans les planches qui le composent, la soûtient de ce côté, & les roues de l'autre sur le terrain, s'il y en a, ou sur le pont au-dessus duquel on l'a traînée. Cela étant fait, pour mieux s'assûrer de la pointe à l'extrêmité de laquelle il faut aller mettre le petard, on pose des contre-poids sur la largeur de l'autre extremité, afin que si la pointe venoit à manquer, elle ne balançât pas en avant pour laisser tomber le petard & l'Artificier dans le fossé. Après cela on applique ce petard contre le pont-levis à l'extrêmité de la fléche, & on y met le feu, ou par une fusée, ou par une traînée de poudre qu'on fait tout le long de la machine.

On appelle *Fléche de clocher*, les Chapiteau de la cage d'un clocher qui a peu de plan & beaucoup de hauteur, & qui termine en pointe.

Les Arpenteurs nomment *Fléche*, les piquets qu'ils fichent en terre toutes les fois qu'ils transportent la chaîne avec laquelle ils arpentent les terres. Ces piquets sont faits en forme de Fléche, & le paquet qu'ils en portent s'appellent *Trousse*.

Fléche. Terme de Marine. Piece de bois qui sort hors de la proue & qui sert à serrer le beaupré & la sivadiere. On appelle *Fléche de l'éperon*, la partie de l'éperon comprise entre les herpes & la frise qui est l'ornement qui le termine au-dessus de la gorgere. On appelle aussi *Fléche*, dans une galere, une longue piece de bois qui sert à soûtenir le tendelet, & qui regne au-dessus de la poupe.

Fléche, se dit encore du plus grand des bâtons de l'arbalête qu'on nomme *Bâton de Jacob*. On l'appelle *Fléche d'arbalestrille*. C'est un bâton qui a trois piés de longueur. Il est équarri à quatre faces égales où sont marqués les degrés de latitude pour trouver la hauteur au Soleil & aux étoiles.

Fléche, est aussi la partie pointue d'une lance. La lance est divisée en trois parties; les ailes & la poignée en font les deux autres.

Fléche. Terme de Géometrie. La partie d'un diametre comprise entre une corde qui lui est perpendiculaire, & l'arc de cette corde. Quelques Géometres ont aussi appellé *fléches* les *Abscisses*. Voyez ABSCISTE. M. Ménage fait venir le mot de *Fléche* de l'Allemand *Flits* qui veut dire la même chose.

FLECHISSABLE. adj. Vieux mot. Ployable, souple.

FLECHISSEUR. adj. Terme de Medecine. Les Medecins appellent *Muscles fléchisseurs*, ceux qui servent à fléchir quelques parties du corps, comme les muscles des genoux, des coudes.

FLEGARD. s. m. Lieu public dans les coûtumes du Boulonnois.

FLEGME. s. m. Humidité fade & insipide qui sort des corps naturels par le moyen de la distillation. Les Medecins nomment aussi *Flegme*, la Pituite, qui est une humeur froide & humide qui découle du cerveau, & l'une des quatre humeurs qu'on distingue dans le corps de l'homme.

FLEON. s. m. Vieux mot. Ruisseau.

Glorieux fleon, glorieuse eve,
Qui lavas ce qu'Adam & Eve
Ont par leur péché ordoyé.

On disoit ce mot, comme si on eût dit *Fleuvon*, de *Fluviolus*.

FLET. s. m. Petit poisson de mer qui est aussi plat qu'une limande. On en voit de grands qui pesent jusqu'à 80. livres.

FLETTE. s. f. Petit bateau dont on se sert à passer une riviere ou à faire des voitures de marchandises en petite quantité. Il y en a qui le dérivent de *Flûte*, Vaisseau de mer, dont ils le font un diminutif, & d'autres du mot de *Flot* corrompu.

FLEUR. s. f. *Ce que l'arbre ou la plante poussent, & d'où vient le fruit ou la semence.* ACAD. FR. Parmi les fleurs qui servent à garnir les pieces coupées des jardins & les platebandes des parterres, il y en a qu'on appelle *Hastives* ou *Printanieres*. Ce sont les primeveres, les hyacinthes, anemones, tulippes, jonquilles, narcisses & autres qui fleurissent dans le mois de Mars & les deux suivans. On appelle les œillets, giroflées, marguerites, lis, campanelles, soleils, pavots & plusieurs autres, *Fleurs d'Eté*, à cause qu'ils s'épanouissent dans les mois de Juin, Juillet & Août; & les *Fleurs tardives* sont celles des mois de Septembre & d'Octobre, comme les roses & œillets d'Inde, les amarantes, les passe-velours & les soucis. On appelle *Fleurs vivaces*, celles qui subsistent en terre toute l'année; *Fleurs robustes*, celles qui peuvent resister au froid, & *Fleurs délicates*, celles qui craignent le froid. Les *Fleurs annuelles* sont celles qu'il faut planter ou semer selon les saisons.

Dans la Chymie on divise ordinairement les Fleurs en trois classes, dont la premiere contient celles qui n'ont point d'odeur, comme les fleurs de nymphée, d'antirrhinium, d'ancolie, le cyanus. L'eau que l'on en tire est inutile, mais on se sert de leur suc épaissi. Les Fleurs qui n'ont qu'une odeur superficielle & qui se dissipe facilement, sont de la seconde classe. On met de ce nombre le muguet, les roses, l'hyacinte, le jasmin, la violette; & on en tire par la distillation peu ou point d'huile odoriferante, si ce n'est par le moyen de l'infusion, comme en stratifiant des fleurs de jasmin avec de l'huile de behen qui se charge de l'odeur du jasmin: mais ces huiles sont plûtôt cosmetiques que medicinales. La troisiéme classe renferme les Fleurs odoriferantes & aromatiques, dont la vertu est concentrée, comme la lavande, le thin & le serpolet. Ces fleurs sont nervines, & ont la même vertu que les plantes aromatiques. On en peut tirer de l'huile, & avec l'esprit de vin elles donnent un veritable esprit de vin aromatique.

Les Chymistes appellent aussi *Fleurs*, les choses sublimées. Il y en a de blanches, de jaunes & de rouges, selon le tems qu'on emploie à la sublimation, qui est ou de douze ou de vingt-quatre, ou de quarante-six heures, ou selon la disposition des alembics posés les uns sur les autres, faisant plusieurs étages. Ainsi on appelle *Fleurs de soufre*, *Fleurs d'antimoine*, les parties les plus subtiles du soufre & de l'antimoine, qui s'étant élevées par le feu, s'attachent au haut de l'alembic. La sublimation du soufre est simple ou composée. La simple est la meilleure de toutes. Quelques-uns ajoûtent du sel décrepité, de l'alun brûlé, de la tête morte de vitriol, afin d'empêcher que le soufre ne flue au feu & qu'il ne donne moins de fleurs. A l'égard de la tête morte du vitriol, il faut qu'elle soit bien calcinée, sans quoi les fleurs du soufre seroient corrosives & chargées de l'acide corrosif du vitriol; & au lieu d'être le baume des poisons, elles en seroient le poison. On fait des Fleurs de soufre composées avec l'aloës, la myrrhe & le benjoin: mais comme il n'y a que le soufre pulverisé qui monte, & que le reste se brûle au fond du vaisseau, ces Fleurs valent peu de chose, aussi-bien que les Fleurs de soufre saccarines, dont le sucre se brûle & les rend de mauvaise odeur. On fait encore des Fleurs de soufre corallées. Pour cela on broye du corail que l'on mêle avec le soufre, & on expose le tout au feu. On prétend que l'acide du soufre s'attachant au corail, en enleve les parties les plus volatiles, & qu'ainsi les Fleurs de soufre sont corallées & plus efficaces. Il s'exhale, à la verité, assés d'acide dans la sublimation du soufre pour dissoudre le corail: mais rien du corail ne se sublimant, l'operation est inutile. Comme le soufre est un très-bon pectoral, toutes les corruptions des poumons, les abscès & les ulceres se guerissent par sa vertu balsamique, ainsi que ceux des reins & des autres parties; & il n'y a rien de meilleur pour les ulceres malins, sur-tout des mammelles, dans les caterres, pour corriger l'acidité & l'acrimonie de la lymphe, & dans la toux qui en dépend. Les Fleurs de soufre préparées avec le benjoin & la myrrhe, y sont très-bonnes, à cause que le benjoin égale presque le soufre en bonté. Les Fleurs de soufre sont la base de tous les remedes contre la peste, & conviennent aux maladies des femmes, pour pousser les mois & faire sortir, tant le fœtus, que l'arrierefaix. Quant à l'antimoine, on le sublime, ou seul ou avec le sel armoniac dans une cucurbite avec plusieurs alembics placés les uns sur les autres en maniere d'aludels, ou avec une retorte à long col. On doit prendre garde à bien ménager le feu, les Fleurs ne pouvant être sublimées s'il est trop foible, & la masse se fondant sans donner des Fleurs s'il est trop fort. Le meilleur est de prendre une cucurbite à long col, & d'y mettre l'antimoine pulverisé avec le triple de sable. Les Fleurs qui se sublimeront par ce moyen, seront de differentes couleurs, sçavoir celles qui s'attacheront au haut de l'alembic, blanches; celles du milieu jaunes, & celles d'en bas rouges. Les premieres sont fort malignes, & les dernieres étant les plus fixes, sont les meilleures. Toutes ces Fleurs sont les parties volatiles de l'antimoine, de sorte qu'il n'est pas sûr de s'en servir, sur-tout des blanches, à moins qu'on n'emploie des acides pour les corriger. Les rouges sublimées avec le sel armoniac sont admirables dans la cakexie & dans les autres indispositions de cette nature.

Fleurs, se dit en Architecture des ornemens qui imitent les fleurs naturelles; & l'on appelle *Fleur de Chapiteau*, un ornement de Sculpture en façon de rose, qui est au milieu de l'abaque du chapiteau Corinthien. Ce même ornement est en maniere de fleuron dans le Composite.

Fleur de la Passion. Fleur qui represente les instrumens de la Passion.

Les Taneurs appellent *Fleur de cuir*, le côté du cuir où est le poil.

On appelle en termes de Manége, *Cheval poil fleur de pêcher*, ou *cheval poil de mille fleurs*, Un cheval qui a le poil blanc varié par tout le corps, de poil alezan & de bai. C'est la même chose que *Cheval aubere.* On estime peu ces sortes de chevaux à cause qu'ils sont fort sujets à perdre la vûe, & que d'ailleurs ils n'ont presque point de sensibilité à la bouche ni aux flancs.

On appelle en termes de Marine, *Fleurs d'un Vaisseau*, les parties du Vaisseau qui sont faites par les extrêmités ou par les empatures des varangues avec les membres courbes qui se mettent au fond, & qu'on appelle *Genoux*.

FLEURE', E'E. adj. Terme de Blason. Il se dit des bandes, bordures, orles, tréheurs, & autres pieces qui ont les bords en façon de fleurs. *D'or au chevron de gueules, au double trécheur fleuré.* On dit aussi *Fleuri*, mais c'est seulement des Rosiers, & autres plantes chargées de fleurs. *D'argent au Rosier de sinople, fleuri & boutonné de gueules.* On dit encore, *fleureté*, *Fleuronné*, & *fleurdelisé*, ce qui veut dire, Bordé ou terminé en fleur, comme une croix, un bâton.

FLEURET. s. m. *Brette, épée sans pointe & sans tranchant, au bout de laquelle il y a un bouton & dont on se sert pour apprendre à faire des armes.* ACAD. FR. On appelle aussi *Fleuret* en termes de Danse, un pas de bourrée, qui est une danse fort gaye. Ce pas est composé de trois pas joints ensemble, mais il n'y a qu'un mouvement.

Fleuret, se dit encore du coton de la soye, qui est l'envelope de la vraie soye, & signifie aussi du fil fait de la bourre de soye qu'on mêle en beaucoup d'étofes, avec de la soye ou de la laine. Il y a aussi du ruban fait du même fil, que l'on appelle *Fleuret.*

FLEURISTE. s. m. Celui qui est curieux de fleurs, qui en connoît les proprietés, & qui sçait la maniere dont il les faut cultiver.

FLEURON. s. m. Feuille ou Fleur imaginaire, dont on fait des ornemens d'Architecture, sans qu'il y ait rien d'imité des fleurs naturelles.

Fleuron. Terme d'Imprimerie. Ornement de fleurs qu'on met à la fin des chapitres d'un livre, lorsqu'il reste du blanc dans la page où ils finissent. Les Doreurs sur cuir appellent aussi *Fleuron*, de petits bouquets qu'ils poussent avec des fers sur le dos des Livres.

FLI

FLIBOT. s. m. Petite flûte de mer, qui n'est que de quatre-vingt ou cent tonneaux. Cette sorte de bâtiment a pour l'ordinaire le derriere long.

FLIBUSTIER. s. m. Nom que l'on donne aux Corsaires ou Avanturiers des Isles de l'Amerique. Ce mot vient de l'Anglois, *Flibuster*, Corsaire.

FLIC. s. m. Vieux mot. Fléche. On a dit aussi *Flis.*

FLIN. s. m. Vieux mot. Pierre de foudre.

FLIPOT. s. m. En Menuiserie ou Charpente, c'est Une piece de rapport pour cacher un défaut.

FLO

FLOCHE'. s. m. Vieux mot. Morceau de haillons, chose velue. On a dit delà un *Floc*, pour dire, Une houpe.

FLON. s. m. Vieux mot. Flux de ventre.

FLORENCE', E'E. adj. Terme de Blason. Il se dit de la croix terminée en fleur de lis dans ses quatre extrêmités. *D'argent à la croix Florencée de gueules.*

FLORER. v. a. Terme de Marine. On dit *Florer un Vaisseau*, pour dire, Lui donner le suif. On dit aussi, *Lui donner le Flore.*

FLORETE', E'E. adj. Vieux mot. Peint de fleurs.

FLORIENS. s. m. Heretiques venus des Valentiens dont ils entretenoient les Disciples dans l'opinion des Æones. Ils disoient aussi que Dieu avoit fait le mal & le peché, & tenoient la maniere des Juifs en la celebration de la Pâque & en leurs autres cérémonies. On les nomma *Floriens*, de Florinus ou Florianus Ancien de Rome, qui vivoit sous l'Empereur Commode.

FLORIN. s. m. Espece de monnoye, d'or & d'argent, dont la difference des Pays regle la valeur. Les anciens Florins étoient d'or pur, c'est-à-dire, d'or de vingt-quatre carats. Ils ont été appellés ainsi, ou à cause de la Ville de Florence, où on les battit premierement, ou parce qu'il y avoit une fleur marquée dessus. Le Florin d'or valoit autrefois vingt sols en France, & celui d'argent douze sols. Il y en avoit en Allemagne de trente-cinq & de quarante sols. On appelle *Florins du Rhin*, ceux qui ont été battus de l'autorité des quatre Electeurs du Rhin, sçavoir les Archevêques de Mayence, de Tréves, & de Cologne, & le Comte Palatin. Le Florin vaut seulement six sols à Genéve. En 1308. Philippe le Bel fit battre une monnoye que l'on appella *Florin*, à cause qu'il y avoit d'un côté une croix fleurdelisée. Quand le Florin est une monnoie de compte, il est ordinairement estimé vingt-cinq sols. Les Marchands de Francfort & de Nuremberg tiennent leurs livres par Florins, sols & deniers, & *Florin* est en ces lieux-là, ce que *Livre* est parmi nous.

FLORITURE. s. f. Vieux mot. Moyen de fleurir.

FLOS SOLIS. s. m. Plante que quelques-uns font passer pour le *Panacée chironium.* Elle a ses feuilles longues presque comme celles de l'hysope; produisant une fleur semblable à celle de la Quintefeuille, mais plus grande, & jaune comme or. Elle pousse plusieurs petits rejettons minces, & durs comme bois,

bois, & sa racine est roussâtre, astringente au goût, & dure aussi comme bois. Matthiole, qui sur ce que dit Dioscoride que les feuilles du *Panacée chironium*, sont semblables à celles de la grosse marjolaine, & que sa racine a un goût fort acre, ne peut prendre le *Flos solis* pour le *Panacée chironium*, prétend que le *Flos solis* est une espece de *Consolida major*, à cause qu'il est propre à consolider les ulceres & à étancher le sang des narines. Il ajoûte que pris en breuvage, il est singulier à ceux qui crachent le sang, & que broyé avec ses racines, il est souverain aux flux de sang, en sorte que par tout où il s'agit de rejoindre & de conforter, il a la même proprieté que les autres sortes de symphytum.

FLOT. s. m. Le flux de la mer qui vient de l'Ocean. On dit, *Quart de flot, demi-flot, & trois quarts de flot*, pour dire, Le quart, le demi, & les trois quarts du montant de la mer. On dit aussi, qu'*Il y a flot*, pour faire entendre que la mer commence à monter. On dit encore dans une navigation le long des côtes, qu'*Il y a deux flots contre un Jusant*, pour dire, qu'Il y a deux flux contre un reflux qui servent ou nuisent à la route qu'on veut faire. *Mettre un bâtiment à flot*, se dit d'un Vaisseau que l'on releve.

Flot, est aussi un terme de Bâtier, & signifie une sorte de houpe de laine qu'on met à la têtiere des mulets.

FLOTAISON. s. f. La partie d'un bâtiment qui est à fleur d'eau.

FLOTANT, ANTE. adj. Terme de Blason. Il se dit des navires & des poissons sur les eaux. *De gueules au navire équipé d'argent, flotant & voguant sur des ondes de même.*

FLOTE. s. f. Nombre de Vaisseaux qui vont ensemble, soit pour faire la guerre, soit pour quelque autre entreprise. On dit, *Aller de flotte*, pour dire, Aller de compagnie. C'est la même chose, qu'*Aller de conserve*.

Flote, s'est dit autrefois des chevelures ou perruques, à cause qu'elles ondoyent comme les flots de la mer.

FLOU. Vieux mot, dont M. Felibien dit qu'on s'est servi autrefois pour exprimer en termes de Peinture, la tendresse & la douceur d'un ouvrage. Il ajoûte que ce mot peut venir du Latin *Fluidus*, ou du mot *Flouet*, qui veut dire, Tendre, molet, délicat. On trouve *Floup* dans Villon, & Borel croit qu'il signifie Flouet.

FLOUETTE. s. f. Nom que quelques-uns donnent sur mer à une girouette.

FLU

FLUM. s. m. Vieux mot. Riviere. On a dit aussi *Fluin*. Ce mot vient de *Flumen*, Fleuve.

FLUSTE. s. f. Instrument de Musique qu'on embouche, & qui est percé de quelques trous, disposés exprès dans sa longueur. On les bouche avec les doigts selon que l'on veut changer les tons. Cet instrument qui est fait de bouis, d'ébene, d'ivoire, & de toute sorte de bois dur, est le plus simple de tous ceux qui sont à vent. Plusieurs font venir ce mot du Latin *Fistula*. Borel est persuadé qu'il vient de *Flutta*, qui veut dire, une Lamproye, appellée ainsi de ce que *Fluitat in fluviis*. Sa raison est, qu'une Flûte est de la longueur d'une Lamproye, & a plusieurs trous comme ce poisson, qui en a le col garni de part & d'autre. Du Cange prétend que Flûte vient de *Flora*, que les Auteurs de la basse Latinité ont dit dans le même sens. *La Flûte de Pan*, appellée ordinairement *Le sifflet du Chaudronnier*, consiste en plusieurs tuyaux qui sont joints les uns avec les autres & faits de cuivre, de fer blanc, ou d'une aile d'Oye coupée. Ils sont soudés ensemble & bouchés par en bas. La lumiere qu'ils ont par en haut, est semblable à celle des Flageolets. Il y a encore deux autres sortes de Flûte. L'une n'a que le trou par où on l'embouche, outre celui de la lumiere & le trou d'en bas. Il n'y a que la differente force du vent qu'on lui donne qui leur fasse faire des sons differens. L'autre Flûte ne fait pour tout son que celui de la bouche ou de la langue, qui parle ou qui chante en soufflant dedans. Elle augmente seulement la force & la resonance de la voix par le moyen de sa longueur & de sa capacité, & par une peau de cuir mince & déliée comme celle d'un oignon, dont on envelope le haut, par une petite boîte qui sert à la couvrir. On y ajoûte quelquefois trois trous, un par derriere, & deux par devant. Cette Flûte s'appelle aussi, *Eunuque*, *Flûte à l'oignon*, & *Flûte à trois trous*. Le bout de la Flûte qu'on appelle *Flûte d'Allemand*, est bouché par un tampon, & on ne l'embouche point. On applique seulement la bouche inferieure à un trou qui en est à la distance de six lignes. Cette Flûte est longue environ d'un pié, & elle a six trous outre celui par où on l'embouche. On appelle *Flûtes douces*, certaines Flûtes d'Angleterre qui ont un grand & un petit jeu. Le petit est composé de trois Flûtes, & sa basse sert de dessus au grand jeu qui commence où finit l'autre. La grande Flûte a sept ou huit piés de haut depuis la boîte jusques à la pate.

Flûte, se dit aussi d'une sorte de Jeu d'orgue fort harmonieux, qui a quelque chose de la Flûte. Il y a encore une *Flûte pedale* de quatre piés bouchés.

Flûte. Bâtiment de charge, qui est fort plat de varangue, & qui a le derriere rond. On dit de tout bâtiment qui sert de magasin ou d'Hôpital à une Armée Navale, ou dont on se sert pour transporter des Troupes, qu'*Il est armé en Flûte* ou *équippé en Flûte*, quoiqu'il soit à cul quarré, & qu'on l'ait autrefois armé en guerre.

Flûte. s. m. Est un instrument de bois creusé dans sa longueur de deux piés avec une gouge, excepté le manche. On en fait aussi de fer. On s'en sert pour sonder les potées de beurre jusqu'au fonds pour les goûter. On dit : *J'ai flûté ce beurre ; il est mauvais au milieu.*

FLUX. s. m. Agitation reglée des eaux de la mer, qui fait qu'elle se hausse vers ses bords, ou s'en retire. On observe aux côtes de France que les eaux de l'Ocean paroissent à certain tems prendre leur cours du Midi au Septentrion. Ce mouvement que l'on appelle *Le flux de la mer*, dure environ six heures, pendant lesquelles la mer s'enfle peu à peu, & s'éleve contre les côtes, entrant même dans les bayes des rivieres dont elle force les eaux de retourner vers leur source, en sorte qu'il y en a quelques uns où le Flux remonte plus de quarante lieues. Après ces six heures de Flux, la mer semble demeurer dans un même état pendant un quart d'heure. Après quoi elle prend son cours du Septentrion au Midi dans l'espace de six autres heures, pendant lesquelles ses eaux baissent contre les côtes, & celles des rivieres reprennent leur pente pour retourner vers la mer. C'est ce qu'on nomme *Reflux*. Il est suivi d'une espece de repos qui dure un autre quart d'heure, & auquel succede un nouveau Flux & reflux. Ainsi la mer hausse & baisse deux fois le jour, non pas précisément à la même heure, à cause que chaque jour son Flux retarde de trois quarts d'heure & de cinq minutes ; & il s'en faut ce tems-là même que la Lune ne passe tous les jours dans le Meridien à la même heure qu'elle y avoit passé le jour précedent. L'on remarque de plus, un certain accord entre la mer & la Lune, en ce qu'encore que la mer croisse tous les jours, ce n'est pourtant pas de la même quantité, mais cette crue est d'autant plus grande que la Lune approche davantage de sa conjonction ou de son opposition, & elle est d'autant moindre qu'elle approche plus des quadratures. Enfin, la mer croît beaucoup plus sensiblement aux nouvelles & pleines Lunes qui arrivent vers les équinoxes, qu'aux nouvelles & pleines Lunes de tout le reste de l'année. L'on observe à peu près la même chose dans toutes les côtes de l'Europe qui sont sur la mer Oceane ; le Flux de la mer n'est presque pas sensible entre les deux Tropiques, hors delà, il l'est d'autant plus que la côte où il se fait, est plus Septentrionale, jusqu'au 65. degré. où il cesse presque entierement. La mer Mediterranée ne paroît pas s'enfler, si ce n'est vers le fond du Golfe de Venise, sçavoir à Venise même & aux autres lieux circonvoisins. Par tout ailleurs, on n'observe qu'un simple mouvement des eaux qui glissent le long des côtes. Cela fait croire à plusieurs, qu'il n'y a ni flux ni reflux dans la Mediterranée, mais beaucoup d'autres sont persuadés qu'il n'y est pas moins reglé que sur l'Ocean, & que si on ne le remarque presque point, c'est à cause que cette mer est extrêmement creuse & profonde. En pleine mer l'eau ne s'éleve jamais que d'un pié ou deux. La mer Baltique, le Pont-Euxin ou la mer majeure, & la mer morte de l'Asie, n'ont aucun flux ni reflux. On a cherché jusqu'ici assés inutilement la cause de ce mouvement de la mer, on ne peut guere s'empêcher de le rapporter à la Lune, comme a fait *M. Descartes*, mais la *pression* qu'il a imaginée de la Lune sur les eaux, ne paroît pas tout-à-fait suffisante pour cet effet.

Flux. Terme de Medecine. Ecoulement d'humeurs qui cause des maladies differentes selon l'endroit où il se fait, & l'humeur qui en découle. Il y a des Flux de ventre de quatre sortes, qui different dans leurs noms comme dans leurs causes, sçavoir Lienterie, Celiaque, Diarrhée & Dysenterie. Le *Flux de sang* est un Flux de ventre mêlé de sang pur ; & l'on appelle *Flux hepatique*, une sorte de Flux où la foiblesse du foye causée par une intemperie froide, fait rendre des excremens semblables à une eau dans laquelle on auroit lavé de la chair fraîche. Le *Flux menstrual*, qui a eu ce nom à cause qu'il vient tous les mois, est ce qu'on appelle les purgations ordinaires des femmes. Les Medecins appellent *Flux muliebre*, ce qui est nommé populairement *Fleurs blanches*. Cet autre Flux des femmes, procede de quelque humeur corrompue, qui sort sans ordre & sans tems reglé. Cette humeur est tantôt claire & blanchâtre comme du petit lait, tantôt jaune & pâle, & quelquefois verdoyante, mais si cuisante & brûlante la plûpart du tems, qu'elle écorche presque toutes les parties qu'elle touche.

Flux de bouche. Operation de Chirurgie, qui se fait avec du mercure préparé. Ce remede qui se pratique dans les maladies veneriennes, fait vuider par la bouche toutes les humidités impures du corps.

FOC

FOCAFOCAS. s. m. Fruit de la forme & de la grosseur d'une poire de bon chrêtien, qui se trouve dans l'Isle de Formosa. Il rampe à terre comme les melons, & est de couleur de pourpre, & d'un très-excellent goût.

FOCILE. s. m. Les Medecins distinguent un grand & un petit Focile dans les os du bras & de la jambe de l'homme. *Le Grand Focile* du bras droit est le plus grand des os qui s'étendent depuis le coude jusques au poignet, & le moindre est le *Petit Focile*. Dans la jambe le plus grand os que les Latins nomment *Tibia*, s'appelle *Le Grand Focile*, & le moindre, qui est l'os de l'éperon, ou de la sousgreve, est celui qu'on nomme *Le Petit Focile*.

FOE

FOESNE. s. f. Instrument de fer, propre à la pêche, dont on se sert particulierement à harponner le Marsouin & la Dorade à l'avant du Navire. La Foësne est faite en maniere de trident, & a une corde attachée à son manche pour la retirer après qu'on l'a enfoncée dans le poisson.

FOETUS. s. f. *Le fruit qui est dans le ventre de la mere. Il se dit plus particulierement de l'enfant qui est dans le ventre de la femme.* ACAD. FR. La formation du Fœtus est une des merveilles de la nature. Selon Aristote, la semence ou le sang menstrual de la femme contenant en puissance les parties, la semence du mâle survient à ce sang, comme l'ouvrier survient au bois. Il lui tient lieu de pressure, & agit sur lui d'une certaine maniere. Il est premierement envelopé d'une certaine membrane, & des parties en puissance, il se fait des parties actuellement. Le cœur, & ensuite les autres parties se nourrissent par la voye de l'umbilic, & prennent accroissement. Hippocrate dit que quand la chair croît la distinction se fait par les esprits, & que chaque semblable est porté à son semblable, le dense au dense, le rare au rare, l'humide à l'humide. Chacun est porté à son propre lieu, & à ce dont il est sorti & qui lui fait avoir de l'affinité avec lui. Il donne pour exemple de l'eau, de la terre, du sable, & de petits fragmens de plomb très-subtils mis dans une vessie dans laquelle on vient après à souffler. Si cela se faisoit, dit-il, il arriveroit premierement que toutes les choses se mêleroient diversement avec l'eau, & ensuite qu'elles se tireroient chacune à part l'une de l'autre, le plomb vers le plomb, le sable au sable, la terre à la terre, & si on laissoit seicher le tout, la vessie étant rompue, on verroit que chaque semblable se seroit retiré vers son semblable. Le même Hippocrate enseigne non seulement que la semence découle de toutes les parties du corps, mais qu'elle est animée de telle sorte, que l'ame est détachée du pere & de la mere, & que de ces deux ames partielles il en resulte l'ame totale du Fœtus. On peut entendre par là que toutes les parties qui appartenoient à la tête, se tournent & se retournent, se tirent à part, & se distinguent de maniere qu'elles s'assemblent, & se joignent les unes avec les autres pour faire la tête, que celles qui appartenoient à la poitrine & au ventre font la même chose, & ainsi des parties des autres membres. Toutes ces parties se forment ensemble, & non point successivement. Ainsi les membres se distinguent, & croissent tous en même tems, quoique ceux qui sont naturellement les plus grands paroissent avant les autres. La raison est que la semence découlant de toutes les parties du corps ou autrement, toutes les particules ont dès le commencement une disposition particuliere à être plûtôt formées en certaines parties qu'en d'autres, & ainsi elles doivent toutes commencer d'abord à se former. Les ouvrages de l'art ne se font qu'en passant d'une partie à l'autre, mais la nature étant dans la matiere même avec ses organes ou instrumens elle peut agir sur toutes les parties comme sur une, seule. Dailleurs, si chaque partie de l'animal se faisoit l'une après l'autre, celles qui seroient formées les premieres, seroient un obstacle à la conformation des autres, à cause des passages, allongemens & insertions diverses & souvent reciproques des articles, & ainsi de plusieurs autres choses de cette sorte. Le cerveau, par exemple, ou la tête étant composée de tant de veines & d'arteres qui ont communication avec le foye & le cœur, ne sçauroit être formée que le cœur & le foye ne se forment aussi. Il est certain qu'il ne s'est encore trouvé aucun Fœtus où l'on ait pû observer le cœur ou quelqu'autre partie formée, sans que les autres parties le fussent; & si dans un Embryon de cinq ou six jours on ne remarque que trois petites especes de bouteilles avec divers filamens, c'est plûtôt une marque que la conformation se fait en même tems, quoi que la distinction des parties ne soit pas encore si manifeste. La semence étant animée, il ne faut point chercher le moment où le Fœtus commence d'avoir une ame, puisqu'il n'est jamais sans elle. Il y a grande apparence qu'il en est du Fœtus comme d'un fruit, qui jouit de la même nourriture, de la même vie, & de la même ame que la plante tant qu'il y est adherant, & qui en tombant emporte une portion de toute l'ame, qui est ensuite une ame par soi. Dans tout le tems que le Fœtus est continu avec le corps de la mere par les vaisseaux umbilicaux, il se nourrit, vit & possede une portion de l'ame, de la même sorte que les autres parties du corps de la mere, & lorsqu'il en est détaché par la rupture de ces vaisseaux, il emporte avec soi cette particule d'ame, qui est alors une petite ame par elle-même. A l'égard de l'ame raisonnable, comme elle est incorporelle & indivisible, & l'ouvrage immediat des mains toutes puissantes de Dieu, elle ne découle point avec la semence, & il n'y a que lui qui sçache le tems auquel elle est créée & infuse dans le corps. Pour découvrir la methode que suit la nature lorsqu'elle forme un animal d'un œuf, il n'y a qu'à considerer un œuf de poule avant & durant l'incubation. Avant l'incubation, on trouve dans la tunique du jaune de l'œuf, une petite tache blanche en forme de cercle que l'on nomme cicatrice, & qui a de la ressemblance à une petite lentille. Durant l'incubation, la cicatrice se dilate en certains cercles le premier jour, & le second jour on y observe une certaine liqueur claire & luisante plus pur qu'aucun cristal, ce qui la fait appeller Gelée. Les deux jours suivans, on apperçoit dans cette gelée une ligne de sang vermeil, & le point saillant au milieu de la gelée qui est le commencement du cœur. On découvre ensuite autour de ce point quelque chose de grossier & de blanchâtre en forme d'un petit nuage divisé en deux parties. La plus grande fait la matiere de la tête où l'on remarque quatre petites vessies, qui sont le cerveau, le cervelet, & les deux yeux. L'autre partie, qui est plus petite & au-dessous, represente la quille d'un vaisseau, & donne l'épine au dos, d'où l'on voit sortir peu à peu les bras & les jambes. Enfin les visceres s'attachent successivement aux Vaisseaux, qui renferment le sang, & font le Fœtus parfait. Dans les femmes, après le troisiéme mois de la grossesse, & vers le commencement du quatriéme, les principales parties sont achevées en ce tems-là. On dit ordinairement que les masles sont plûtôt formez que les femelles, mais on voit le contraire, par les brutes, qui font plusieurs petits de l'un & de l'autre sexe, & les mettent bas tous en même tems & également parfaits. Il y a trois ressemblances à observer dans la formation du Fœtus, l'une à l'égard de l'espece, un homme engendrant un homme; l'autre pour le sexe, que le Fœtus est mâle ou femelle, ce qui arrive, en ce que la vertu seminale du mâle ou de la femelle prend le dessus sur l'autre, & la troisiéme, quand le Fœtus resemble au pere ou à la mere, en tout ou en partie, & cela vient de l'union des deux esprits genitaux, qui venant à développer successivement les vertus formatives confuses, déterminent la formation. L'œuf a deux tuniques, l'une interne que l'on appelle *Amnios*, & dans laquelle le Fœtus est formé & demeure. Il y a dans cette tunique interne une liqueur limpide, plus ou moins blanchâtre, qui n'est ni l'urine ni la sueur du Fœtus, comme l'ont prétendu les Anciens, mais qui en est le suc nourricier. L'autre tunique qui est externe, & qu'on nomme *Chorion*, enveloppe toute la conception. Sitôt que le Fœtus est formé, il survient à cette tunique externe, sur-tout à l'égard de l'homme, une masse de chair qu'on nomme l'*Arrierefaix*. Elle se forme du sang qui s'épanche & se coagule hors des vaisseaux umbilicaux du Fœtus, qui s'étendent jusqu'à l'extrémité du Chorion, & ont leur insertion, tant la veine que l'artere, dans cette masse. Outre cela la veine umbilicale jette dans le Chorion & dans l'amnios, plusieurs rameaux dont les embouchures sont ouvertes dans la cavité de ces tuniques, qui est toûjours remplie d'une humeur très-limpide. C'est par le moyen de cette masse que le Fœtus est attaché à la matrice. Quand le Fœtus est formé, il se nourrit par la bouche en avalant l'humeur limpide & albugineuse, qui est renfermée dans l'Amnios où elle tombe de la matrice au travers des membranes. Cette liqueur se change en chyle dans l'estomac, & produit dans les intestins les excremens que l'on appelle le Meconium. Le Fœtus ne se nourrit pas seulement par la bouche, il reçoit encore par le nombril autant d'alimens qu'il en a besoin pour sa nutrition entiere. La matiere albugineuse dont ont vient de parler, exude dans la matrice pour nourrir l'œuf dans lequel le Fœtus commence à se former, & ensuite penetrant le Chorion & l'Amnios, elle se filtre pour nourrir le Fœtus par la bouche, & étant portée d'un autre côté à l'arrierefaix, elle est reprise par la veine umbilicale avec le sang que les arteres ont poussé. De là elle passe dans la veine-cave du Fœtus, & se change successivement en sang parfait. Il est évident que le Fœtus ne vit pas de la vie de la mere, en recevant d'elle des esprits vitaux & du sang, mais qu'il vit d'une vie propre & particuliere, en se faisant lui-même, pour la sustenter, du sang & des esprits avec le suc nourricier. Ainsi le poulet dans l'œuf vit d'une vie propre, sans avoir besoin de la poule que pour en être couvé, & recevoir la chaleur requise, afin de reveiller la vertu genitale, qui est cachée dans l'œuf. On dit que le Fœtus ne vit les premiers mois que de la vie des plantes, parce qu'il ne fait alors que se nourrir & croître; mais qu'il vit d'une vie animale dans les derniers mois parce qu'il se meut, ce qui suppose quelque perception sensuelle, quoiqu'en effet il dorme plûtôt dans la matrice qu'il ne veille. La matrice s'augmente à proportion que le Fœtus y devient grand Elle s'épaissit même tellement en se dilatant, que vers les derniers mois elle a deux doigts d'épaisseur. Le Fœtus devenu trop grand se contourne, & commençant par se renverser la tête, il tâche à sortir de son propre mouvement. Les efforts qu'il fait sont secondés par le travail de la mere, qui dans le tems de l'inspiration poussant le diaphragme en bas & retirant les muscles de l'abdomen & la matrice, poussé dehors le Fœtus. C'est ce qui a coûtume d'arriver neuf mois après la conception, & rarement au septiéme, si ce n'est un premier accouchement. D'ordinaire l'enfant qui vient à sept mois, a quelque marque d'imperfection aux oreilles, à la bouche, ou aux doigts, à cause que ces parties sont achevées les dernieres. Il arrive pourtant quelquefois que le Fœtus étant foible ou la mere âgée, l'accouchement ne se fait qu'après dix mois. Il se fait aussi plûtôt, & même à huit. Ettmuller dit qu'il n'est pas vrai que les enfans nés à huit mois ne vivent point. Parmi plusieurs raisons que rapportent les Auteurs, sur ce qui oblige le Fœtus à faire les efforts necessaires pour sortir, la plus probable est celle de ceux qui disent qu'il tâche à sortir par le défaut de respiration, à cause qu'étant plongé dans les eaux, il ne sçauroit respirer, ce qui fait que le sang s'arrête en quelque façon sans circuler dans la poitrine, & cela cause de l'oppression au Fœtus, qui ne sort pas plûtôt qu'il respire. Il y a des observations qui portent qu'on a entendu pleurer, & même parler des enfans dans le ventre de la mere, mais cela ressent la Fable. Le Fœtus ne respirant point, les poumons ne se dilatent pas; & comme le sang dans la circulation ordinaire ne peut passer du ventricule droit au cœur dans le gauche, sans que les poumons soient ouverts, ce qui fait que le sang ne circule point dans le Fœtus en même tems par les deux ventricules, mais seulement par l'un des deux. Pour cela il y a des anastomoses singulieres aux vaisseaux d'autour du cœur, & ces anastomoses sont ouvertes dans le Fœtus, & refermées dans les adultes. D'abord que le Fœtus voit le jour & commence à respirer, le sang se jette dans les poumons pour circuler, & les anastomoses se bouchent. Il s'ensuit de là que si on met dans de l'eau les poumons d'un Fœtus mort, ils ne manquent point d'aller au fond, & que ceux d'un enfant qui a vêcu nagent, à cause que l'air reçû dans la respiration les a rarefiés. On se sert de cette preuve pour connoître si le Fœtus est venu mort, ou s'il a été tué depuis sa naissance.

FOEUX. s. m. Vieux mot. Fau, Arbre que l'on appelle en Latin *Fagus*.

FOF

FOFE. s. m. Animal qui se trouve dans la Chine, & que les Habitans du Royaume de Gannan ont nommé ainsi. Il a presque la forme humaine, les bras fort longs & le corps noir & velu. Il marche avec beaucoup de legereté & de vîtesse, & devore les hommes tout en riant.

FOI

FOIBLAGE. s. m. Terme de Monnoye. Permission que le Roi accorde aux Maîtres de ses Monnoyes de pouvoir tenir le marc d'especes plus foible d'une certaine quantité de grains que le poids juste. Il y a deux sortes de Foiblage, dont l'un est dans le remede quand les Maîtres n'excedent pas le remede permis, qui est de deux felins par marc valant quatorze grains deux cinquiémes de grains aux especes d'or; & d'une piece de cinq sols six deniers pesant un peu plus de quarante-trois grains, à celles d'argent.

FOIE'E. s. f. Vieux mot. Fois. *Par trois foiées li criat.*

FOILLU. adj. Vieux mot. Touffu, plein de feuilles.

FOISSELLE. s. f. Vieux mot. Instrument sur lequel on fait le fromage, qu'on a aussi appellé *Faisselle.*

Li saut à grands gors la cervelle,
Si comme fait de la foisselle,
Le lait quand on fait le fromage.

FOIT. s. m. Terme de Marine qui n'est en usage qu'en cette phrase, *Foit de mât*, pour dire, Une grande longueur de mât.

FOL

FOLIE. s. f. *Demence, alienation d'esprit.* Acad. Fr. Lorsque la raison est abolie, cela se nomme *Folie* ou *Demence*, & quand elle est seulement diminuée, cette diminution s'appelle *Pesanteur d'esprit*, ou *Stupidité*. On a observé que la raison n'est jamais ni abolie ni diminuée que la memoire ne le soit en même tems ou auparavant. Ainsi les vieillards ne sont radoteux que parce que la memoire leur manque, & une personne qui n'a point de memoire demeure toûjours en enfance, parce qu'elle ne peut rien apprendre. Les plus sages à qui une maladie ou quelque cause externe a fait perdre la memoire, deviennent fous. S'ils recouvrent la memoire, ils recouvrent en même tems tout leur esprit. Il est impossible de determiner une cause prochaine generale de la diminution ou de l'abolition de la memoire, non seulement parce qu'on ne sçait pas demonstrativement la maniere dont les actes de memoire se font, mais encore à cause du nombre infini des causes éloignées qui la blessent ou qui l'abolissent. Horstius rapporte que quelques-uns après des jeûnes extraordinaires sont devenus fous lorsqu'ils ont commencé à manger, & qu'il a vû une abolition totale de la memoire & de la raison par un coup de pistolet à l'occiput. On rapporte aussi l'exemple d'un homme de quarante ans qui étoit devenu fou. On ouvrit son crane après sa mort, & on trouva son cerveau sec & dur, & même friable en la superficie, avec un jaune de citron de l'épaisseur d'un doigt dans toute sa circonference. Il étoit un peu plus mol vers les ventricules & sa base. Les philtres ou potions amoureuses engendrent pour l'ordinaire de frequentes manies & des pertes de memoire. Un jeune homme de quatorze ans, selon ce qu'écrit Henri de Heer, d'un esprit si prodigieux, qu'il dictoit quatre sortes de differens vers à quatre de ses compagnons, & en écrivoit lui-même en même tems sur une cinquiéme matiere differente, tomba dans une si grande stupidité après avoir pris un philtre, qu'il oublia jusqu'à son propre nom. Il y a des poisons d'une certaine nature qui font aussi perdre la memoire de toutes choses. Les évacuations ordinaires du sang supprimées étouffent pareillement la memoire. On trouve dans les Auteurs l'exemple d'une Folie survenue à une suppression d'hemorroïdes. Cette Folie fut guerie par une longue hemorragie spontanée qui se fit entre les cuisses par un pore insensible. Salmuth a observé une perte de memoire jointe à une affection melancolique par la suppression des lochies d'une accouchée. Plusieurs malades sont demeurés sans memoire après une fievre aigue. Toutes ces causes éloignées étant connues & examinées, doivent servir dans la pratique pour la varieté de la cure.

FOLIER. v. a. Vieux mot. Passer le tems en faisant le fou. On a dit aussi *Foller. Mais de foller, chanter, railler, c'est peu de fait.*

FOLIOT. s. m. Partie des ressorts d'une serrure.

FOLLE. s. f. Filet à grandes mailles avec quoi on prend des Rayes & d'autres grands poissons plats.

Les Portugais appellent aussi *Folle*, une sorte de fruit qui vient au Pays des Noirs dans les saisons pluvieuses. Il ressemble fort aux oranges en couleur & en grosseur, mais le suc en est plus aigu & l'écorce bien plus dure.

FOLLICULE. s. f. On appelle ainsi en termes de Medecine, La vessie où est contenu le fiel.

FOLOUR. s. f. Vieux mot. Ardeur. On a dit aussi *Foleur*.

D'un biaux desir qui vient de ma folour.

Ce mot a signifié encore Folie ou Mensonge.

Et si sçai bien que le plusour
Tenront mes sermons à folour.

FOLOYER. v. n. Vieux mot. S'égarer. Ce mot a fait *Foloyance*, que l'on a dit autrefois pour Folie.

Si se retraist de foloyance,
Et vint à vraye repentance.

FOM

FOMENTATION. s. f. Terme de Medecine. Medicament humide que l'on applique exterieurement avec une éponge ou avec du feutre qu'on trempe dans la décoction chaude de quelque liqueur, comme vin, lait, eau de vie, & autres semblables. La Fomentation se fait aussi avec des vessies remplies de lait, & quelquefois de la liqueur même de la Fomentation, ou avec des sachets que l'on remplit des ingrediens de cette même fomentation. On applique le tout chaudement en reïterant par intervalles. Ainsi on appelle improprement *Fomentation*, l'application froide de quelque liqueur, comme est celle qu'on fait quelquefois lorsque l'on veut arrêter le sang. Il y a aussi une *Fomentation seche*. Celle-là se fait avec des feuilles qu'on a fait secher au four ou sur le foyer, couvertes avec des cendres chaudes, comme les feuilles de sureau, d'hieble, ou des sachets de millet, d'avoine & autres. On se sert de Fomentations pour échauffer, amollir, resoudre, restraindre & fortifier. Ce mot vient du Latin *Fovere*, Entretenir la chaleur.

FON

FONCAILLES. s. f. p. Se dit d'un lit. Ce sont les Pieces qui portent la paillasse.

FONCEAU. s. m. Terme de Manege. La partie d'une embouchure à canon qui la termine, & qui l'assemble avec le banquet.

FONCET. s. m. Sorte de bateau qui est l'un des plus grands dont on se serve sur les rivieres. Il y en a qui ont jusqu'à vingt-sept toises entre chef & quille. Le saint Jacques de Rouen, avoit quarante-sept toises de long en 1688.

Foncet. Terme de Serrurerie. Plaque de fer qui sert à couvrir les rateaux & autres pieces de la serrure, dans lesquelles la clef tourne. On dit aussi *Fond sec*.

FONCIER, ERE. adj. Terme de Palais. Ce qui regarde le fond. On appelle *Charges foncieres*, les Cens & rentes qu'on doit au Seigneur, & *Rente Fonciere*, celle qu'on doit au Seigneur Foncier par un Bail à rente, & qui provient de l'alienation du fond. On appelle *Seigneur Foncier*, le Bailleur du fond, & à qui la rente est dûe; & *Seigneur tres-foncier*, celui qui est proprietaire du fond, quoiqu'il n'ait pas la justice. *Justice fonciere*, n'est autre chose que ce qu'on appelle communément, *Basse Justice*, c'est-à-dire, une Jurisdiction qui appartient au Seigneur bailleur de fond.

FOND. s. m. Terme de mer. Superficie de la terre au dessous de l'eau. On lui donne differens noms, selon la diversité des terres que l'on y trouve. On appelle *Fond de pré*, la terre au dessous de l'eau, où il y a de l'herbe; *Fond d'aiguilles*, celle où il y a de petits coquillages de la grosseur d'un petit ferret d'aiguillette, & qui se terminent en pointes, & *Fond de coquilles pourries*, celle qui est toute semée de morceaux de petites coquilles. On dit *Fond de son* pour dire, Celui dont le sable est de la couleur du son, & *Fond vasard*, quand le fond de l'eau est de vase. On dit, *Point de fond*, pour dire, qu'En jettant la ligne & le plomb de sonde, on ne trouve point de fond. *Même fond*, se dit quand on trouve la même profondeur d'eau, ou la même terre au fond de la mer qu'on avoit déja trouvée. On dit qu'*Un fond est de bonne tenue*, pour dire que l'Ancrage y est fort bon, & que les Vaisseaux n'y peuvent arer; & qu'*Un fond est de mauvaise tenue*, pour dire que c'est un fond où le Vaisseau chasse sur son ancre. On dit, *Donner fond*, pour dire, Mouiller, jetter l'ancre, & *Perdre fond*, pour dire, Arer, chasser sur les ancres.

On appelle, *Fond de cale*, ce qui est contenu sous le premier pont du Vaisseau, *Fond de voile*, le milieu du bas d'une voile, & ce qui retient le vent par le milieu; & *Fond d'affust*, un Assemblage de petits madriers dont le fond de l'affust d'un canon de Vaisseau est composé.

Fond, en termes de Peinture, se dit du derriere ou champ d'un tableau. Il s'employe aussi fort souvent pour signifier la partie qui est au dessous d'une autre, & dans ce sens on dit que *Le Ciel fait fond à un arbre*, qu'*Une montagne fait fond à une maison ou à des figures*, & qu'*Une draperie sert de fond à la tête ou au bras de quelque figure*.

On appelle *Fond d'ornemens*, en Architecture, le champ sur lequel on taille ou l'on peint des ornemens. On dit aussi *Fond de compartiment*. C'est la pierre ou le marbre, qui étant d'un blanc ou d'un noir pur, en reçoit d'autres de differentes couleurs; ce qui se fait par incrustation, en sorte que cette pierre ou ce marbre leur sert de champ dans un compartiment de lambris ou de pavé.

Fond de cuve, chés les Ouvriers, est tout ce qui est arrondi par les angles, & qui n'est pas creusé quarrément. On appelle *Fossé à fond de cuve*, Un fossé sec qui est escarpé des deux côtés.

FONDANT. s. m. Matiere qui sert pour les émaux. Le Fondant se fait avec du cristal, ou du caillou, ou de l'agathe, ou de la calcedoine, du sable & de la soude ou sel de verre.

FONDATION. s. f. Ouverture fouillée en terre, pour fonder un bâtiment. La plûpart de ceux qui ont écrit de l'Architecture se sont servis du mot de *Fondement*, pour ôter l'équivoque de celui de *Fondation*, qui signifie metaphoriquement une certaine somme d'argent leguée pour des œuvres de pieté, quoique quelques-uns croyent qu'il est très-propre lorsqu'on dit, qu'*Il faut travailler aux fondations d'un bâtiment*, ou que *Les fondations d'un bâtiment sont bien avancées*; mais lorsque l'édifice est achevé, ils prétendent qu'il faut dire que *Les fondemens en sont bons*, & qu'on ne doit plus se servir du mot de *Fondation* quand le bâtiment est fait. On dit *Escarper des fondemens*, pour dire, Les élever par recoupemens ou retraites, & faire en sorte que la diminution soit égale de chaque côté, afin que le milieu du mur tombe à plomb sur le milieu du fondement.

FONDE. s. f. Terme dont on s'est servi pour signifier l'instrument à corde appellé *Fronde*, qui sert à jetter des pierres avec plus de violence. On a dit aussi *Fondelfe*. Les Anciens en avoient de fort grandes, avec lesquelles on lâchoit de grandes pierres par une machine que l'on détendoit ; ce qui enfonçoit les toits des maisons. Celles qui étoient à main s'appelloient *Bricoles*. Monet dit qu'il y a eu des Fondes de cuir à jetter des bales de plomb & des pierres. Les Habitans des Isles Baleares étoient si adroits à s'en servir, qu'ils ne donnoient point de pain à leurs enfans qu'ils ne l'eussent abatu par un coup de Fonde, du lieu où ils le mettoient. C'est peut-être par cette raison que ces Isles ont été appellées Baleares, du Grec βάλλειν, Jetter. Ce mot de *Fonde*, selon Borel, vient de σφενδόνη, qui veut dire la même chose.

FONDEMEMT. s. m. *L'anus, le trou par où l'animal se décharge le ventre.* Acad. Fr. L'inflammation qui arrive quelquefois au Fondement, vient d'une contusion ou percussion violente d'une cause externe, ou de l'irritation, par exemple, des choses poivrées ou vitriolées qu'on y applique, comme du papier dans lequel il y aura eu du poivre. Cette inflammation a quelquefois une cause interne. Ainsi les hemorroïdes supprimées la causent dans l'intestin rectum & au fondement. Elle est dangereuse, & quand on ne la traite pas bien, elle dégenere en abscès, & cet abscès en fistule, laquelle pénétre quelquefois dans la vessie par où les vents & les matieres fecales sortent. Ce qui fait connoître que le Fondement est enflammé, c'est la douleur avec pulsation, à cause des arteres hemorroïdales & du mouvement du sang repercuté qui excite ce sentiment. La pulsation est tantôt lente & obscure, quand l'inflammation est interne ; & tantôt elle est sensible au doigt appliqué exterieurement, ou avec lequel on presse l'anus. Dans la cure on doit avoir soin de tenir le ventre ouvert, à cause que les excremens, s'ils sont retenus & endurcis, augmentent la douleur & tous les autres symptomes. Il y a divers remedes pour cette inflammation, qui se guerit aussi interieurement, comme les autres, par les sudorifiques doux & temperés. Il vient une maladie aux enfans appellée *Chûte du Fondement*, & qui est d'autant plus frequente, que la substance du rectum & de ses muscles est relâchée & flasque. Ce qui fait sortir l'anus ou l'intestin en dehors, c'est souvent un effort continuel & inutile d'aller à la selle, qui vient d'un mucilage acide & visqueux, qui enduisant l'intestin rectum, l'irrite sans cesse & cause ces efforts inutiles jusqu'à ce que l'intestin sorte. Le relâchement & la molesse des muscles du rectum causent aussi quelquefois la chûte de l'intestin, sur-tout quand on fatigue les enfans à force de suppositoires. Le rectum tombé est facile à rétablir au commencement : mais si l'air exterieur l'a alteré, on doit apprehender qu'il ne se gangrene. Si la chûte du Fondement est causée par la relaxation, il suffit de le remettre avec un linge chaud, de bien emmaillotter l'enfant & de le laisser les jambes étendues.

FONDERIE. s. f. Lieu où l'on fond les Métaux ; grande cuve où l'on fond la cire, qui tombe dans l'eau sur un Moulinet & se trouve en grain : on la met ensuite sur les toiles à blanchir.

FONDIQUE. s. m. Terme de negoce. Maison commune où s'assemblent les Marchands pour traiter de leurs affaires. Il se dit aussi d'un Magasin de Negocians établi près d'un Port de mer ou dans une Ville de commerce, où l'on serre les marchandises. Ce mot vient de l'Italien *Fondaco*, & originairement des Sarrasins, qui ont appellé ce magasin ou lieu d'assemblée *Alfondiga*.

FONDIS. s. m. Espece d'abîme qui se fait sous quelque édifice, soit par un éboulement de terre mouvante, soit par quelque source d'eau qui se rencontre au-dessous des fondemens d'un bâtiment. Il se dit aussi de la terre qui fond dans une carriere, faute d'y avoir mis assés de piliers ; & quand cet éboulement y a fait un trou par où l'on en peut découvrir le fond, cela s'appelle *Fondis à jour*. On dit aussi *Fontis*. Quelques-uns nomment cette ouverture ou abîme une *Fonte*, & quelquefois une *Cloche*.

FONDOIR. s. m. Lieu où les Bouchers fondent la graisse des animaux qu'ils tuent, afin d'en faire du suif.

FONDRE. v. a. Liquefier. On dit chés les Chandeliers, *Fondre en abîme*, lorsqu'en faisant leur chandelle, ils la trempent dans un vaisseau où il y a du suif fondu, & qu'ils appellent *Abîme*.

Fondre, est aussi un verbe neutre, & on dit en termes de Fauconnerie, qu'*Un Oiseau fond* ou *file*, quand sa descente se fait simplement, & qu'il ne fait que se laisser aller en bas. Lorsqu'il fond sur le gibier d'un vol prompt & impetueux, on dit qu'*Il fond en randon*.

FONDRILLES. s. f. Ordures qui se rencontrent dans les eaux mal nettes ou dans les vaisseaux qu'on a mal rincés. On l'a dit originairement des sedimens qu'on trouve au fond des liqueurs rassises.

FONDU, ue. adj. On appelle *Cheval gras-fondu*, un Cheval qui est devenu forbu à cause de la graisse qui est fondue sur ses jambes.

FONGES. s. m. p. Vieux mot. Potirons.

FONTAINE. s. m. *Amas d'eau vive sortant de terre, qui se reçoit dans un bassin naturel ou fait par artifice.* Acad. Fr. Les Anciens ont expliqué diversement l'origine des Fontaines. Aristote la rapporte à un certain changement continuel d'air en eau, & soûtient que l'air humide & vaporeux dans les concavités des montagnes s'épaissit en petites gouttes ; que ces gouttes distillant & s'assemblant font comme de petits ruisseaux, & que plusieurs de ces ruisseaux joints ensemble font les Fontaines, comme plusieurs Fontaines font les rivieres, & plusieurs rivieres les grands fleuves. D'autres prétendent que l'origine des Fontaines, & par consequent des fleuves, vient des pluyes ; & quoiqu'ils avouent que lorsqu'il pleut l'hiver il y a une partie de ces eaux qui s'écoule sur la terre, & va se rendre dans la mer par les torrents, les rivieres & les fleuves, ils veulent neanmoins qu'une partie de ces mêmes eaux soit bûe par la terre, & que pénétrant par les fentes des rochers & des montagnes, elle soit reçûe & ramassée dans quelques-unes de leurs cavités, qui sont comme des reservoirs, d'où elle coule ensuite peu à peu par quelques petites fentes, & devient enfin en sortant hors de la terre ce qu'on appelle ordinairement *Fontaine*. Quelques-uns sont d'une troisiéme opinion, & veulent que les Fontaines tirent leur origine de la mer, d'où par des conduits souterrains l'eau tend & est portée jusques aux montagnes & à tous les lieux où l'on voit des sources : mais ils ne conviennent pas entr'eux de la maniere d'expliquer comment il se peut faire que l'eau soit élevée de la mer jusqu'au haut des montagnes. Les uns tiennent que les eaux qui pénétrent dans les terres, sont élevées en vapeurs par les feux souterrains jusqu'au haut des montagnes. D'autres croyent que l'eau qui est au fond de la mer, & qui entre toute dans les conduits souterrains, est si fort pressée par le grand poids de la mer qui est au-dessus, qu'elle monte & rejaillit avec beaucoup d'impetuosité tout le long du conduit, jusqu'à ce qu'elle parvienne à quelque endroit de la terre où elle trouve une ouverture pour sortir.

Quand on prend le mot de *Fontaine* pour un composé d'Architecture & de Sculpture, les Fontaines ont differens noms selon que leur forme est differente. *Fontaine à bassin*, est celle qui n'a qu'un simple bassin, avec un jet au milieu. La *Fontaine à coupe*, outre son bassin, a une coupe d'une seule piece de pierre ou de marbre, portée sur un piédestal. Cette coupe reçoit un jet qui s'élance du milieu & forme une nape en tombant. On appelle *Fontaine en pyramide*, celle qui est faite de plusieurs bassins par étages en diminuant; & *Fontaine en niche*, celle qui a son bassin & son jet à plomb sous une arcade à jour. La *Fontaine en grote* est en renfoncement en maniere d'antre, & la *Fontaine en bufet* est une espece de credence renfermée dans une balustrade quarrée ou circulaire, où plusieurs jets de figures d'animaux & de vases se rendent dans un bassin élevé. On appelle *Fontaine en Portique*, Une espece de château d'eau en maniere d'arc de triomphe à trois arcades; & *Fontaine en demi-lune*, celle dont le plan est circulaire avec plusieurs arcades & renfoncemens en maniere d'une petite demi-lune d'eau. Il y a aussi des Fontaines ausquelles on donne l'épithete de *Statuaires*, *Rustiques*, *Satyriques*, *Marines*, *Navales*, *Symboliques*, selon qu'elles sont ornées de statues, de rocailles, de Termes, Faunes, Sylvains, de figures aquatiques, ou qu'elles sont formées en barque, en navicelle & autres bâtimens de mer, ou qu'elles ont des attributs ou des pieces de Blason qui font connoître celui par qui elles ont été bâties. On en voit de toutes ces sortes à Rome ou aux environs. Il y en a aussi d'*Isolées*, qui ne sont attachées à aucun des bâtimens qui les environnent, d'autres *Adossées*, qui sont attachées à quelque mur de clôture, de face ou de terrasse, & d'autres *En renfoncement*, c'est-à-dire, qui sont reculées au-delà du parement d'un mur dans un renfoncement quarré ou cintré de certaine profondeur.

Fontaine de la tête. Endroit ou la suture coronale & la suture sagittale aboutissent. Cet endroit qui est mol aux enfans, & où l'on sent battre la partie anterieure du cerveau, ne commence à se durcir que vers la deuxiéme ou troisiéme année.

FONTI. s. m. Plante que produit l'Isle de Madagascar. Elle croît en forme de panache, & ses feuilles ont une toise de longueur & sont larges de deux piés. Il y en a même qui ont plus de huit & dix piés sans compter la tige, longue quelquefois de deux piés.

FONTON. s. m. Oiseau que l'on voit dans la Guinée, de la grosseur à peu près d'une alouete, & qui est d'une grande commodité pour les Habitans. Sitôt qu'il a découvert dans le bois un Buffle, un Tigre, un Elephant, un Serpent, un Essain d'abeilles & quelque autre chose qui soit remarquable, il ne manque point de venir voler autour des gens, & il ne les quitte point jusqu'à ce qu'ils commencent à le suivre. Après qu'ils sont arrivés au lieu où est ce qu'il veut leur faire voir, il se perche sur un arbre, & chante de toute sa force. En cherchant tout à l'entour, ils trouvent bien-tôt ce qui avoit donné sujet au Fonton de les amener.

FOO

FOORAHA. s. m. Arbre qui produit un baume vert & odoriferant, & qui se trouve dans l'Isle de Madagascar. C'est un excellent remede pour toutes sortes de blessures & de meurtrissures. Les femmes le mêlent avec leurs huiles pour s'en oindre les cheveux. Cet arbre porte un fruit qui est assés gros.

FOR

FORAGE. s. m. Terme de Coûtumes. Droit seigneurial que le Seigneur leve sur ses Sujets lorsqu'ils vendent vin en broche, ou en détail, ou en gros. C'est aussi un impôt sur le vin qui vient de dehors, du Latin, *Foras*.

FORBAN. s. m. Pirate, Ecumeur de mer, qui faisant pavillon de toutes manieres, attaque amis & ennemis sans distinction. Les Forbans sont traités comme des voleurs publics, lorsqu'on les peut prendre.

Forban, se trouve aussi pour, *Exil*, dans le vieux langage, & l'on a dit *Forbanni*, pour, Banni dehors.

FORBOURS. s. m. p. Vieux mot. Fauxbourgs. On l'a dit pour *Fore-Bourg*, c'est-à-dire, Hors du Bourg.

FORBU, UE. adj. On appelle *Cheval forbu*, un Cheval qui est incommodé d'une forbûre. Borel dit qu'on trouve ce mot dans le sens de *Fourvoyé*, & qu'il vient de *Foras* & de *via*, comme qui diroit, Hors de voie. Il ajoûte que c'est delà que vient *Fourbe*, & qu'on a aussi nommé *Forbu*, Celui qui se trouve mal d'avoir bû trop chaud. Plusieurs prononcent *Forbu*.

FORBURE. s. f. Rhumatisme universel qui vient aux chevaux par une chaleur extraordinaire qui a pour cause un exercice violent. Cet excès de fatigue faisant fondre les humeurs qui descendent aux parties affoiblies, les nerfs du cheval se bouchent, les muscles s'enflent & les jambes se roidissent. Il y en a beaucoup qui disent *Fourbure*.

FORCAGE. s. m. Terme de Monnoie. Ce qu'il y a de plus que le poids permis dans les especes.

FORCE. s. f. Terme de Mathematique. Ce qui éleve ou soûtient un poids. On dit aussi *force mouvante*. C'est la même chose que *Puissance*. (Voyez PUISSANCE & POIDS.) On ne peut augmenter la force mouvante qu'en lui donnant plus de vitesse qu'au poids, & c'est là le principe de toute la Méchanique. (Voyez MOUVEMENT & MACHINE.) On appelle aussi quelquefois plus generalement *force* tout ce qui imprime un mouvement quel qu'il soit.

On appelle *Forces*, en termes d'Architecture, des pieces de bois que l'on met sur les tirans pour porter l'entrait & pour lui servir de jambes. C'est par là qu'on les nomme aussi *Jambes de forces*. Il y en a de petites qu'on appelle *Arbalêtrieres*.

On dit en termes de Marine, *Faire force de voiles*, pour dire, Porter le plus de voiles qu'on peut, afin de faire son cours avec plus de diligence. On dit aussi *Faire force de rames*, pour dire, Redoubler les efforts des rameurs.

On dit en termes de Peinture, qu'*Un tableau à beaucoup de force & de relief*; & on dit *Forcé*, en parlant d'une figure, quand l'attitude en paroît contrainte.

FORCELE. s. f. Vieux mot. L'estomac, la poitrine. *Le lait de chévre ne se cuit pas si bien en la Forcele que celui de brebis*. On a dit aussi Fourcele.

Le fer li met en la fourcele
Le cuer li tranche, mort l'abat.

FORCER. v. n. Terme de Marine. On dit que *Le vent força*, qu'*Il fut forcé*, pour dire que le vent fut violent. On dit aussi *Forcer de voiles*, pour dire, Faire force de voiles.

FORCOIER. v. n. Exercer sa force, s'efforcer. On a dit aussi *Forche* pour, Force.

FORER. v. a. Terme de Serrurerie. Percer, faire un trou qui quelquefois ne perce pas de part en part. *Forer une clef*. Il vient du Latin *Forare*, Percer. On a dit aussi autrefois *Forer*, pour, Ravager, & on disoit *Aller forer*, pour dire, Aller à la petite guerre. En ce dernier sens, il pouvoit venir de *Furari*, Dérober.

FOREST. s. m. *Grande étendue de pays couvert de bois de haute fustaye*. Acad. Fr. Ce mot signifioit autrefois aussi bien les eaux que les bois, d'où vient qu'il y a de vieux titres qui portent *Concession de Forêts*, ce qui vouloit dire, la permission d'abattre du bois & de pêcher. Cela est cause qu'on n'a fait qu'une seule Jurisdiction des Eaux & Forêts. Du Cange dit qu'on a appellé *Foreste*, *forestia* ou *Forêt d'eau*, Un Vivier où l'on garde du poisson.

FORESTIER. s. m. Certain Officier qui étoit autrefois dans les Forêts. *Forestier*, est aussi une qualité que les François, après avoir subjugué les Gaulois, donnerent avec une partie de la Flandre aux plus braves Capitaines qui avoient aidé à la réduire à quelque sorte de Gouvernement. Le titre de *Seigneur Forestier* fut conservé jusqu'au regne de Charlemagne, & selon d'autres jusqu'à celui de Charles le Chauve, & la Flandre ayant été érigée en Comté en ce tems-là, ce titre de Forestier fut changé en celui de Comte. On appelle en Allemagne *Villes Forestieres*, quatre Villes de l'Empire qui sont dans la Forêt Noire. Ce sont, Rinfeld sur le Rhin, Valdsust, Sekinghen, & Lauffembourg, entre Constance & Bâle.

FORET. s. m. Poinçon d'acier qui sert à percer & à forer les pieces de fer. Il y en a de quarrés pour dresser les trous des clefs & d'autres avec quoi on perce le bois.

FORFAIRE. v. a. Terme de Pratique. On dit *Forfaire le douaire, corps & avoir, ou autre chose*, pour dire, Les perdre par quelque crime que l'on a commis. On trouve aussi dans les Coûtumes, *Forfaire l'amende*, pour dire, Encourir l'amende. *Forfaire son fief*, se dit quand le fief tombe en commise. M. Ménage le fait venir de *Foris facere*.

FORGE. s. m. Grand bâtiment consistant en moulins, fourneaux, angars, que l'on a coûtume d'élever près d'une forêt ou d'une riviere, pour y fondre & fabriquer le fer. *Forge* est aussi chés les Serruriers, & autres qui travaillent avec le feu, le petit fourneau où ils font chauffer leur fer pour le mettre en œuvre. Il se dit encore du lieu, où ces mêmes Ouvriers forgent le fer. On dit aussi, *Forge d'Orfévre*, *Forge de Fondeur*.

FORGER. v. n. Terme de Manége. On dit d'un cheval, qu'*Il forge*, pour dire, qu'Il avance trop les piés de derriere, ce qui est cause qu'il porte leur pince contre l'éponge des fers des piés de devant. Cela vient de ce qu'il a les reins foibles, ou de ce qu'on le laisse trop aller sur les épaules.

FORGIERRE. s. m. Vieux mot. Forgeron. On a dit de même, *Ingenierre* & *Recetierre*, pour Ingenieur & Receleur.

FORHUER. v. n. Terme de Chasse. On dit *Forhuer du cor, du cornet, du huchet, de la bouche*, pour dire, Appeller les chiens à la chasse, leur donner quelque signal.

FORHUS. s. m. Il se dit, non seulement du cri ou du son du cor qu'on fait pour l'appel des chiens, mais encore du lieu où l'on fait ce cri.

Forhus, signifie aussi une partie de la proie & des intestins du cerf qu'on donne aux chiens au bout d'une fourche émoussée.

FORJETTER. Se Forjetter. v. n. Terme d'Architecture. On dit qu'*Un bâtiment se Forjette*, pour dire, qu'Il se jette en dehors, en saillie, hors l'alignement.

FORJURER. v. a. Vieux terme de Coûtume. Délaisser & abandonner le pays. On a dit aussi *Forjurer son heritage*, pour dire, Le vendre, l'aliener.

Forjurer les coupables, abjurer les coupables, ne les pas reconnoître, la Loi Salique appelle cela *se de parentela tollere*. Quand un meurtre étoit commis, tous les parens du meurtri jusqu'au quatriéme degré fors les Forjureurs entroient en guerre privée contre le Meurtrier & ses parens au même degré qui ne l'avoient point forjuré.

FORLANCER. v. a. Terme de Chasse. Faire sortir une bête de son gîte.

FORLONGER. v. n. Terme de Chasse. Il se dit d'un Cerf qui s'éloigne fort des chiens. On dit aussi, qu'*Un chien chasse le Forlonge*, qu'*Il va de Forlonge*, pour dire, qu'Il chasse de loin, qu'il sent de loin.

FORMARIAGE. s. m. Vieux terme de Jurisprudence coûumiere. Il se dit d'un mariage contracté contre la loi & la coûtume, ou contre le droit des Seigneurs.

FORME. s. f. *Figure exterieure d'un corps*. Acad. Fr. Les Chapeliers appellent *Forme*, un morceau de bois assés massif, dont ils se servent pour enformer leurs chapeaux. Il est gros comme la tête de l'homme, rond par les côtés, un peu plat par le dessus, & tout-à-fait plat par le dessous. Les Cordonniers & les Bonnetiers ont aussi chacun leur Forme. Celle des premiers, est un morceau de bois qui est fait comme le pié, & celle des autres est un petit ais de la grandeur de la jambe, qu'ils mettent dans le bas pour l'enformer.

Forme. Terme de Marine. Espace ou réduit creusé dans la terre sur le bord de l'eau, où l'on fait des Vaisseaux & où l'on met ceux qu'on veut radouber. Il est clos de muraille, afin que la mer n'y puisse entrer jusqu'à ce qu'on ait fait les œuvres vives, ou achevé le radoub.

Forme. Terme de Lutier. Modelle de Luth ou de Guitarre.

Forme. Terme de Paveur. Etendue de sable de certaine épaisseur, qu'on met avant que de poser le pavé des rues ou des ponts de pierre.

Forme de vitre. Garniture d'un grand vitrail d'Eglise, composée de plusieurs panneaux de differentes grandeurs. On les scelle en plâtre dans les croisillons de pierre des Eglises Gothiques, & dans les Eglises nouvelles, ils sont retenus avec des clavettes dans les chassis de fer des vitraux.

Forme. Terme de Chasse. Gîte d'un Liévre, qui est ordinairement entre deux sillons. Lieu où il est couché & immobile aussi bien le jour que la nuit.

Forme. Terme de Manége. Espece de calus qui vient au pasturon d'un cheval, & dont il est fort souvent estropié.

FORMENT. adv. Vieux mot. Grandement comme qui diroit, Fortement par abbreviation.

Et me dormoye moult Forment.

FORMERETS. s. m. p. On appelle ainsi en termes d'Architecture, les arcs qui forment les côtés des voutes faites en croix d'ogives, ou d'une autre sorte, & qui prenant d'une des branches de l'ogine, se vont joindre à l'autre. On dit aussi *Fermerets*.

FORMEZ. On appelle ainsi en termes de Fauconnerie les Femelles des oiseaux de proie, qui parce qu'elles sont plus grandes, plus fortes & plus hardies que les mâles, qu'on appelle *Tiercelets*

celets, donnent le nom à l'espece.

FORMI. Terme de Fauconnerie. Maladie qui prend au bec de l'oiseau de proie.

FORMICA-LEO. s. m. Petit Insecte environ de la grandeur de l'ongle de l'indice. Il a deux petites cornes qui lui servent de pinces. Son corps est de figure ovale, composé de plusieurs petits anneaux arrangés ensemble, à peu près comme le sont les écailles de la queue d'une écrevisse. On en trouve quantité dans les lieux secs & sablonneux, & dans ceux qui sont exposés au Soleil; là ils se font une petite fosse ronde en forme de cone, c'est-à-dire, une petite ouverture plus large à l'entrée qu'au fond qui finit en pointe. Ce qu'il y a d'agreable c'est de les voir travailler à ce nid. Ils jettent d'abord le sable de côté & d'autre avec leurs petites cornes, & après avoir creusé cette petite fosse, ils lui donnent beaucoup de pente vers le haut, afin que le sable tienne mieux, & qu'il ne s'éboule pas si-tôt. Cette fosse est un trébuchet qu'ils tendent pour attraper d'autres insectes; car de la maniere qu'elle est construite, lorsqu'une Fourmi, ou quelqu'autre insecte vient à marcher sur le bord de ce précipice, il ne manque pas de rouler au fond, & ainsi il devient la proie du Formica-Leo, qui s'en saisit aussi-tôt, car ce petit insecte est toûjours en embuscade au fond de son trou, pour attraper tout ce qui tombe dedans. Lorsqu'il a terrassé son ennemi, il le serre avec ses cornes & le bat contre le sable. Si l'insecte qu'il tient lui échape des cornes, & qu'il gagne le haut, il lui jette tant de sable qu'il l'accable tout-à-fait. Le Formica-Leo marche à reculons, tenant toûjours sa queue baissée. On le peut garder plusieurs mois sans lui rien donner, & cela s'est vû par experience, puisqu'on en a gardé quelquefois pendant tout l'hiver, dans une petite boëte dont on avoit percé le couvercle, pour leur donner de l'air. Cet insecte quitte sa peau une fois ou deux l'année, & lorsque le tems de la mue approche, on le voit courir de côté & d'autre parmi le sable, afin que par ce frottement sa peau quitte plûtôt. Au mois de Juillet il recommence ses courses, parce que c'est le tems où il va quitter pour la derniere fois sa vieille dépouille. Ensuite se préparant pour la métamorphose qui lui doit arriver, il se bâtit une petite boule de sable qu'il tapisse en-dedans d'une toile de soye: il se couche dans ce petit tombeau, & s'y endort, & après y avoir été comme mort pendant toute la rigoureuse saison, il ressuscite au commencement du printems sous la forme d'un nouvel animal, qui a de belles ailes, & une belle queue, ayant laissé ses cornes & sa vieille dépouille parmi le sable de son tombeau. Ce nouvel insecte est ce qu'on appelle *Demoiselle* en Latin *Libella gracilis*. Elle a quatre ailes. Sa queue est longue & menue. Ses yeux sont si gros qu'ils font presque toute la tête. Le mâle est plus beau que la femelle, ayant la queue bleue avec de petites divisions noires. La femelle a la queue cendrée. On les voit toûjours voler le long des rivieres & des ruisseaux.

FORMUER. v. a. Terme de Venerie. On dit *Formuer un oiseau*, pour dire, Lui faire passer la mue par quelque artifice.

FORPAISTRE. v. n. Terme de Venerie. On dit que *Des bêtes vont forpaitre*, pour dire, qu'Elles vont chercher leur pâture en des lieux qui sont éloignés de leur retraite ordinaire.

FORPAYSER. v. n. Terme de Chasse. On dit d'un liévre que l'on poursuit, qu'*Il Forpayse*, pour dire, qu'il fuit en des lieux fort éloignés de celui où il a accoûtumé de faire son gîte. On dit aussi que *Des bêtes Forpaysent*, pour dire, qu'Elles se jettent en campagne loin des bois où elles sont ordinairement, ou qu'elles se retirent dans une forêt éloignée.

FORSEN. s. m. Vieux mot. Emportement sans raison.

Plein de Forsen & de folie.

On a dit aussi *Forsenage*, pour, Folie, extravagance. Le mot de *Forsen* vient du vieux mot *Fors* Dehors, & de *Sens*, comme qui diroit *Hors de sens*.

FORSENANT. adj. Terme de Chasse. On appelle *Forsenant*, Un chien courant qui montre de l'ardeur & de la vigueur à supporter la fatigue de la chasse, & qui ne se rompt ni pour le bruit ni pour la chaleur.

FORSENE', E'E. adj. Terme de Blason. Il se dit d'un cheval effaré.

FORT. s. m. En fait d'armes la partie de l'épée la plus proche de la garde, est appellée *Le Fort de l'épée*. On appelle aussi *Fort de pique*, Le milieu de la pique.

On appelle le *Fort de la balance Romaine*, Le côté qui est le moins éloigné du centre de la balance. *Le Fort d'une boule*, est le côté où le bois est plus serré, & vers lequel la boule panche toûjours.

On dit *Mettre du bois sur son fort*, quand la piece étant cambrée, on met le cambre dessous, pour resister à la charge.

Fort, se dit aussi d'un Château, d'une petite Place que la nature ou l'art a fortifiée. On appelle *Fort Royal*, celui qui a six-vingts toises pour la ligne de défense, & *Fort à étoile*, Une Redoute ou un Fortin, qui est construit par angles rentrans & sortans, & qui d'ordinaire ont depuis cinq pointes jusqu'à huit. Il y a des *Forts de campagne*, qu'on fait, ou pour garder des passages, ou pour défendre des lignes de circonvallation. L'étendue qu'on leur donne est differente aussi bien que leur figure, selon les besoins & le terrain. Il s'en trouve à bastions entiers, & d'autres qui sont seulement à demi-bastions.

Fort. Terme de Chasse. Buisson fort & épais, où les Sangliers & autres bêtes sauvages se retirent.

FORTIFICATION. s. f. Ouvrages qui se font autour d'une Place, pour la rendre plus forte & plus capable de se défendre long-tems contre les attaques des ennemis. Il y a une Fortification reguliere & une autre irreguliere. La premiere est celle qui se fait sur un polygone regulier, dont les côtés ne surpassent pas la portée du mousquet, & qui est par tout d'une égale force. La Fortification irreguliere est celle qui se fait sur un polygone irregulier, & qui n'a pas tous les angles semblables égaux, ni toutes les lignes semblables pareillement égales entre elles. On appelle aussi *Fortification irreguliere*, Celle qui se fait sur un polygone regulier, dont chaque côté surpasse la portée du mousquet. On divise encore la Fortification en *Offensive* & en *Défensive*, dont la premiere enseigne à un General d'armée l'ordre qu'il faut qu'il tienne pour la conduite de ses Troupes & la maniere de les faire camper, d'assieger & de prendre des Places, & dont l'autre fait connoître à un Gouverneur le fort & le foible de sa Place, & toutes les choses dont il peut avoir besoin pour la défense de ses Habitans. Par la *Fortification naturelle* un Ingenieur connoît les lieux qui sont fortifiés naturellement, & la *Fortification artificielle* apprend aux Ingenieurs quels ouvrages il faut ajoûter à une Place pour suppléer au défaut de la Fortification naturelle. L'ancienne represente les Places qui sont seulement environnées de simples murailles & de tours ; & la Fortification moderne les represente fortifiées avec des bastions.

FORTIFIER. v. a. On dit, *Fortifier une Place*, pour dire, La munir de tous les Ouvrages qui peuvent la mettre en état de se défendre contre les attaques des Ennemis.

On dit, en termes de Peinture, *Fortifier les teintes d'un tableau*, pour dire, Donner plus de force, soit dans le dessein, soit dans les couleurs.

FORTIN. s. m. Petit Fort fait à la hâte pour défendre un camp, & sur-tout pendant un siege.

FORTITRER. v. n. Terme de Chasse. On dit d'un Cerf qu'*Il fortitre*, pour dire, qu'il évite de passer dans les lieux où il y a des relais ou des Chiens frais atitrés pour le courre.

FORTRAIT. adj. Terme de Manége. On appelle, *Cheval fortrait*, Un Cheval que la roideur & le resserrement de deux nerfs qu'il a sous le ventre, rendent étroit de boyau, ce qui lui arrive pour avoir été surmené & outré de lassitude.

FORTUNAL. s. m. Coup de mer, tempête, orage. On dit aussi *Fortune de vent*, pour dire, Gros tems, tems pendant lequel les vents sont forcés. On appelle *Voile de fortune*, la Voile quarrée des bâtimens de bas bord, comme des Galeres & des Tartanes. Leurs voiles ordinaires sont latines ou à tiers points, & ils ne portent la voile de fortune qu'on nomme autrement *Treou*, que pendant l'orage.

FORVESTU. s. m. Homme de neant & inconnu, qu'on habille proprement pour lui donner l'apparence d'être riche. On presente ces sortes de gens pour cautions en beaucoup d'occasions où il est necessaire d'en fournir. Les uns font venir ce mot de *Forain*, qu'on a dit pour Etranger, les autres de *Fort*, sorte de Crocheteur, du nombre de ceux que l'on appelle à Paris *les Forts*. Ce sont gens qui se rendant maîtres des Ports, empêchent que d'autres qu'eux n'y travaillent.

FORURE. s. f. Trou & ouverture d'une clef. On appelle *Clef à double forure*, Une clef qui a sa tige doublement percée par le bout.

FOS

FOSSE. s. f. *Creux dans terre, large & profond.* ACAD. FR. On appelle en termes de Marine, *Fosse aux cables*, Un réduit sous le tillac qui est destiné à les renfermer. Il est vers le mât de misaine, à l'arriere de *la Fosse à Lion*, qui est un autre réduit aussi sous le tillac, à l'avant du Vaisseau, où l'on met tous les cordages, & les choses necessaires pour les menues manœuvres qui se rechangent. *La Fosse aux mâts*, est un lieu rempli d'eau salée. On y conserve les mâts des Vaisseaux que l'on n'a point encore mis en œuvre.

Fosse, se dit aussi d'un espace de mer près des terres où les Vaisseaux peuvent mouiller à l'abri. On le dit encore de certains endroits près des bancs où il n'y a point de fond.

On appelle dans les bâtimens *Fosse d'aisance*, Un lieu vouté au-dessous de l'aire des caves d'une maison, pour y recevoir les excremens humains. *Fosse à chaux*, est un creux fouillé quarrément en terre pour y conserver la chaux éteinte, afin d'en faire du mortier, selon que les Maçons qui travaillent à un bâtiment, en peuvent avoir besoin.

Les Vignerons nomment *Fosses*, les creux qu'ils font auprès des seps, & où ils couchent du bois de la vigne qu'ils couvrent ensuite de terre pour peupler la vigne dans le tems. *Il y a eu cette année tant de Fosses dans cette vigne.*

Fosse, en termes de Potier d'étain, est une sorte de grande chaudiere où se fond l'étain. *Mettre le feu à la fosse.* La *Fosse* qui sert aux Plombiers pour fondre le plomb, est bâtie avec du grais & de la terre franche en forme de chaudiere bien maçonnée de plâtre tout autour. Au fond est une petite marmite de fonte qui sert à recevoir ce qui reste du plomb fondu que l'on en tire plus facilement qu'on ne feroit de la Fosse, si la marmite n'étoit pas au fond. Cette Fosse est élevée de terre, en sorte que le fond de la marmite est au niveau, & touche à l'aire du plancher. Lorsqu'on veut fondre, on l'échauffe d'abord avec de bonne braise mise dedans, afin que le plomb ne s'y attache pas & qu'il fonde plus facilement ; & quand elle est suffisamment chaude, on y met du plomb avec du charbon pêle-mêle pour le faire fondre.

Fosse, chés les Tanneurs, est une ouverture ronde en terre ou une cuve enterrée, dans laquelle ils couchent les cuirs travaillés, & où ils les couvrent de tan & les abreuvent.

FOSSÉ. s. m. Creux profond de quatre ou cinq piés, & large d'autant, qu'on fait autour d'un champ ou d'un pré pour en interdire le passage aux hommes, & empêcher que les bêtes n'y entrent.

Fossé, en termes de Guerre, est un espace creusé autour d'une Place que l'on veut défendre, & dont la largeur & la profondeur dépendent des terres grasses, marécageuses ou de roche vive. Les Fossés en general peuvent avoir de largeur depuis seize toises jusqu'à vingt-deux, & de profondeur depuis quinze piés jusqu'à vingt-cinq. On appelle *Fossé sec*, celui qui est sans eau. Il doit être plus profond qu'un *Fossé plein*.

On appelle *Fossé revêtu*, celui dont l'escarpe & la contrescarpe sont revêtues d'un mur de maçonnerie en talut ; & *Fossé à fond de cuve*, celui qui a les coins de l'enfonçûre arrondis.

FOSSILE. adj. Qui se trouve dans une terre que l'on a creusée. *Sel Fossile. Tous les métaux & mineraux sont fossiles.*

FOU

FOU. s. m. Vieux mot. Fau, hêtre, Arbre appellé en Latin *Fagus*.

FOU. *Fol & Folle.* adj. *Qui a perdu le sens & l'esprit.* ACAD. FR. On appelle *Fou*, au jeu des échecs, une Piece dont le mouvement est toûjours de côté. Le *Fou du Roi*, est celui qui est du côté du Roi, & le *Fou de la Reine*, celui qui est au côté de la Reine. On appelle celui qui marche toûjours sur les quarreaux blancs du tablier, le *Fou blanc* ; & celui qui marche sur les noirs le *Fou noir*.

Furetiere & ses Scholiastes disent qu'il y a plus de *Foux vendeurs* que de *Foux acheteurs*, c'est renverser l'ancien Proverbe. La plûpart des acquereurs prennent mal leurs mesures & s'exposent aux actions en declaration d'hipotheque.

Il y a un certain oiseau dans l'Amerique, qu'on appelle *Fou*, à cause que s'il voit un Navire, soit en pleine mer, soit proche de terre, il vient se percher sur quelqu'un des mâts, & quelquefois si l'on avance la main, il se met dessus & se laisse prendre. Ces oiseaux se tiennent le jour sur des rochers, d'où ils ne sortent que pour aller pêcher. Le soir, ils se retirent sur des arbres, & quand ils y sont une fois perchés, il n'y a rien qui les en puisse faire sortir. Ils se défendent pourtant le mieux qu'ils peuvent avec le bec, mais ils ne sçauroient faire de mal. Ce bec est comme celui d'une Grue, piquant par le bout, & fait en scie par les côtés, afin que lorsqu'ils ont pris du poisson, il ne leur échape point. Ils ressemblent aux Canards pour les piés, le plumage & la grosseur; & ont tout le dessus du dos gris brun & le ventre blanc. Leur chair sent le marécage, & n'est gueres bonne à manger. Il se trouve encore une autre sorte de ces oiseaux. Ils sont semblables aux premiers pour la forme, mais un peu plus gros, & aussi blancs que des Cygnes. On les voit le long des terres, & bien qu'ils volent autour des Navires, ils ne se perchent point sur les mâts.

FOUAILLE. s. f. Terme de Venerie. Droit qu'on fait aux Chiens, d'un Sanglier après qu'on l'a pris. On l'a appellé ainsi à cause que c'est une curée qui se fait sur le feu, d'où vient que quelques-uns l'ont aussi nommée *Cuirie*.

FOUDRE. s. m. & f. *Exhalaison enflammée qui sort de la nue avec éclat & violence.* ACAD. FR. Les Philosophes cherchant quelque chose de probable sur la matiere particuliere de la Foudre, disent qu'entre divers corpuscules ou esprits calorifiques & inflammables qui s'exhalent de la terre avec les corpuscules d'eau, il est indubitable que ceux de soufre ne s'y trouvent en abondance, non seulement à cause du nombre presque infini de mines de soufre qui sont répandues par toute la terre, & sur-tout dans les montagnes où la Foudre s'engendre le plus ordinairement, mais aussi parce qu'il y a une odeur de soufre dans tous les lieux qu'a touchés la Foudre. De plus, disent-ils, la rapidité & la violence du feu de la Foudre, & ce grand bruit que l'on appelle *Tonnerre*, font connoître évidemment que les corpuscules ou esprits de salpêtre s'y trouvent aussi. Enfin ce coup âcre & perçant, & la subtilité surprenante de la poudre, font voir qu'il doit y avoir des esprits vitrioliques, & qu'il se peut faire même qu'il y ait quelque chose de sel armoniac & de mercure ordinaire mêlé, ces corps se rencontrant abondamment dans les montagnes où la Foudre s'engendre plus souvent qu'ailleurs, & contribuant beaucoup à la vîtesse & à la violence de la flâme, ce qui donne lieu de croire que la matiere de la Foudre est composée des mêmes matieres qui entrent dans la composition de la poudre. Il faut remarquer que lorsqu'il se doit engendrer des Foudres & des Tonnerres, on voit que le Ciel se trouble en un moment, comme si ces sortes de matieres étoient poussées par la force de quelque grande chaleur souterraine, & exhalées en l'air avec cette quantité de corpuscules aqueux, qui forment ces grandes masses de nuées. Cela étant supposé, on peut dire que cette matiere sulfureuse & nitreuse qui se trouve enfermée au-dedans du corps de la nue humide qui l'environne de tous côtés, & qui l'empêche de sortir, est diversement agitée & réfléchie, & que roulant enfin & se tournant dedans, elle emporte avec soi une portion de cette nue, & s'en revêt de telle maniere qu'il se fait comme une croûte tout autour, & comme une espece de peloton. Le soufre s'échauffant de plus en plus & le salpêtre étant de plus en plus agité, il arrive que comme la chaleur s'augmente à proportion & devient enfin très-forte & très-violente, toute cette matiere prend feu, rompt la croûte par la partie la plus foible, & sortant avec impetuosité, fait paroître sur la terre ce qu'on appelle la *Foudre*. La matiere dont elle est formée, n'étant pas toute ramassée dans un seul endroit de la nue, mais y étant répandue diversement, cela fait qu'il se peut aussi engendrer divers pelotons de Foudre, & il arrive delà que la même nue lance divers Foudres de divers côtés & à diverses reprises, selon le lieu & le tems que la matiere ramassée en pelotons est prête, & a de la disposition à être enflammée. On a peine à concevoir comment il est possible qu'un feu qui vient des nues, & qui aura entré dans une maison par quelque fenêtre ou par une autre ouverture qu'il aura faite dans le toit, saute de côté & d'autre, perce le plancher en un endroit, arrache en un autre une pierre de la muraille, renverse quelque chose en un autre lieu, & descende le long d'un degré en un autre, mais plusieurs sont persuadés que ce n'est pas un seul & simple Foudre qui fait tout ce fracas dans tant de lieux differens, mais un amas de divers Foudres, dont les uns crevent dans un endroit & les autres dans un autre, comme feroit un amas de petars ou de grenades, selon que l'impetuosité les porte, laissant leurs marques particulieres sur tout ce qu'ils touchent. Si quelques-uns de ces Foudres touchent de certaines choses sans leur causer beaucoup de dommage, on prétend que cela vienne de ce que les pelotons ont crevé un peu loin delà, & que la force de la flâme, ou de l'air poussé par la flâme, n'est parvenue aux choses qu'elle a touchées, qu'après s'être rallentie. Cependant lorsqu'il paroît quelque marque de brûlure, on ne peut douter que ce ne soit la flâme qui ait touché, mais lorsqu'on voit des animaux morts sans qu'on y remarque rien de brûlé, il se peut faire que la violence de l'air qui est poussé immediatement par la flâme, les ait renversés par terre & suffoqués en un moment en leur bouchant les conduits de la respiration. On parle de certains effets aussi surprenans qu'extraordinaires de la Foudre, comme de vuider le vin d'un tonneau, sans que le tonneau soit endommagé, & au contraire de briser un tonneau sans que le vin se répande; de fondre de l'or ou de l'argent dans une bourse sans la brûler, & d'autres semblables, mais ces effets sont suspects à beaucoup de Philosophes qui ne croyent les choses que quand ils en sont témoins. A l'égard de la pierre de Foudre, nommée d'ordinaire *le Carreau*, quoique la matiere que la nue renferme se puisse en quelque façon condenser, on ne peut dire vrai-semblablement que quand elle s'enflâme, elle se condense plûtôt qu'elle ne se dissipe. Ainsi ce carreau paroît imaginaire, & s'il tombe quelquefois des pierres du Ciel, elles doivent être sorties de la terre, & avoir été poussées par la force de quelque puissante exhalaison sulphureuse & métallique qui s'est enflammée. Ces pierres sont communément de quinze ou dix-huit pouces, très-liées & de la figure d'une carpe, mais pointue des deux côtés. Le Tonnerre en feu fait les effets surprenants dont il est parlé ci-dessus. Le Tonnerre en pierre ne fait que briser & ne serpente point: il entre en terre de quatre à cinq piés.

Foudre. Sorte d'ornement de Sculpture. Il est fait en maniere de flâme avec des dards, & servoit anciennement d'attribut aux temples de Jupiter.

Foudre. Grand vaisseau dont on se sert en Allemagne, & qui contient plusieurs muids de vin. Ce vaisseau ne vuide point, & on y met toûjours du vin nouveau sur le vieux.

FOUDRIER. v. a. Vieux mot. Foudroyer.

FOUÉE. s. f. Sorte de chasse qui se fait la nuit à la clarté du feu le long des hayes avec des ravaux. On l'a appellée ainsi de *Focus*, Feu, qui a fait aussi *Fouage*, Droit sur chaque Feu, & *Fouasse*,

Sorte de gâteau.

FOUETTER. v. a. *Donner des coups de fouet.* ACAD. FR. On dit en termes de Maçonnerie, *Fouetter le plâtre*, pour dire, Jetter du plâtre clair avec un balai contre un mur ou une cloison pour l'enduire.

FOUEUR. f. m. Vieux mot. Fossoyeur. On trouve *Fourra*, pour Fossoyera, fouira la terre.

Celle qui par font me fourra,
Tous vos lignages en fourra.

FOUGADE. f. f. Petit fourneau qu'on fait en forme de puits dans un lieu propre à être gagné par les Ennemis, & lorsqu'ils s'en sont rendus les maîtres, on le fait jouer comme une mine par le moyen d'une saucisse. On le prépare aussi sous un Ouvrage que l'on a dessein de faire sauter, & on le charge de barils ou sacs à poudre que l'on recouvre de terre. Ce fourneau est ordinairement large de huit à dix piés, & profond de dix à douze. Plusieurs le nomment *Fougasse*.

FOUGE. f. f. Ce que le Sanglier leve avec son Boutoir. On appelle aussi *Fouge*, la paisson du Sanglier en racines qu'il a fouillées; car quand il trouve dequoi manger sans fouiller, cela s'appelle *Mangeure*. *Fouger*, se dit aussi de l'action du Sanglier, quand il arrache la racine des Fougeres & autres plantes.

FOUGERE. f. f. Sorte de plante qui croît ordinairement dans les bois. Il y a une Fougere mâle & une Fougere femelle. *La Fougere mâle*, selon Dioscoride, ne produit ni tige, ni fleur, ni graine, quoique les Naturalistes ayent trouvé qu'elle porte de la graine au revers de ses feuilles, mais si petite que l'on a peine à la distinguer. Ses feuilles sortent d'une queue longue d'une coudée, fort déchiquetées & arrangées deçà & delà en maniere d'ailes. Elles rendent une odeur forte. Sa racine est à fleur de terre, noire & longuette, astringente au goût, & produisant plusieurs germes. *La Fougere femelle*, a ses feuilles semblables à celles de l'autre, mais elles ne dépendent point d'une seule & simple queue. Elle a plusieurs branches, petites & hautes, & jette diverses racines, longues & recourbées, & qui sont noires tirant sur le jaune. On en trouve aussi de rouges. Les cannes plantées autour des Fougeres les font mourir, & les Fougeres font mourir les cannes quand elles sont plantées à l'entour. Pline dit que la Fougere, tant mâle que femelle, est contraire aux femmes, qui poseront leur fruit si elles en usent étant grosses, ou deviendront steriles, n'étant point enceintes. Cela vient de ce que la Fougere est astringente, comme le témoigne Galien, qui après avoir dit que sa racine fait mourir les vermines larges du corps en la bûvant au poids de quatre drachmes en eau miellée, ajoûte qu'il ne faut pas s'étonner si elle fait mourir l'enfant au ventre de la mere, & si étant mort elle le fait sortir, puisqu'elle est amere, & tient quelque peu de l'astringent; qu'ainsi si on l'applique aux ulceres, elle les desseche fort sans aucune mordication. Dioscoride parle encore d'une *Fougere des Chênes*, c'est-à-dire qui croît parmi les mousses des Chênes, ce qui est cause qu'on l'appelle *Dryopteris*, de δρῦς, Chêne, & de πτέρον, Aîle, à cause qu'elle a ses feuilles tout-à-fait semblables à la Fougere, qui les a taillées en forme d'aile d'oiseau. Elles sont pourtant moins déchiquetées. Ses racines sont velues & entortillées ensemble, & ont un goût âpre tirant sur le doux. Galien leur donne une vertu corrosive qui les rend propres à faire tomber le poil. Cette Fougere croît aussi parmi les buissons & aux lieux humides. On a dit autrefois *Feuchier*, & *Feuchiere*. Quelques-uns disent *Feugere*.

FOUGON. f. m. Mot dont les Levantins se servent pour signifier le lieu où l'on fait la cuisine dans certains petits Vaisseaux. Le Fougon des Galeres est dans le milieu des bancs.

FOUGUE. f. f. On appelle en termes de Mer, *Mât de Fougue*, le mât d'artimon, & *Vergue de fougue*, une vergue de l'artimon, dont l'usage est de border la voile du perroquet d'artimon, sans porter de voile. On dit aussi *Mât & Vergue de Foule*.

FOUIE. f. m. Petit arbrisseau, utile aux Teinturiers qui se servent de ses feuilles pour teindre en noir.

FOUILLE. f. f. Terme fort usité dans les bâtimens. Il se dit de toute ouverture fouillée en terre, soit pour les fondations d'un édifice, soit pour le lit d'une piece d'eau. *Faire une Fouille. La Fouille des terres.* On dit, *Fouille couverte*, pour dire, Le percement que l'on fait dans un massif de terre, afin d'y pratiquer le passage d'un aqueduc.

FOUILLER. v. a. *Chercher soigneusement en quelque lieu caché ou profond.* ACAD. FR. On dit en termes de Maçon, *Fouiller la terre*, pour dire, La creuser, afin d'y trouver une terre propre à une fondation de bâtiment. M. Ménage fait venir ce mot de *Fodiculare*, diminutif de *Fodicare*, & de *Fodere*, & d'autres le dérivent de *Follare*, comme qui diroit, *Manum in follem mittere*, Mettre la main dans la poche.

Fouiller. Terme de Sculpture. Evuider & tailler profondément les draperies & autres ornemens, afin de leur faire avoir plus de relief.

FOUILLOUSE. f. f. Vieux mot. Sac, poche. On trouve dans Rabelais, *Il avoit de beaux écus en fouillouse*.

FOUINE. f. f. Petit animal sauvage, fait en forme de Belette ou de Marte, qui mange les Poules, les Poulets, & les œufs, & qui fait grande guerre aux Pigeons. La Fouine est un peu plus longue qu'un Chat, & de sa même grosseur. Elle a le poil d'une couleur fauve tirant sur le noir, & le dessous de la gorge couvert de blanc. On l'appelle en Latin *Fuscina*, de son poil fauve, *à fusco pilo*. Nicod qui l'appelle, *Mustela fenaria*, prétend que l'on doit écrire *Foine*, du mot *Foin*, à cause que cet animal va dans les greniers, & dans les granges.

Fouine. Instrument de fer emmanché au bout d'une perche, & qui a deux ou trois fourchons fort aigus. Son usage est d'élever les gerbes de la grange sur le tas. On s'en sert aussi à percer de gros poissons qui s'endorment quelquefois sur le sable dans les eaux claires qui ont peu de profondeur, soit sur la mer, soit dans les viviers. Ce mot vient de *Fossina*, *Fussina*, Fourche.

FOULE. f. f. Terme de Marine. On appelle *Mât de Foule*, ou *de Fouque*, le Mât d'artimon.

FOULÉES. f. f. p. Traces que laisse le Cerf en passant sur l'herbe, sur des feuilles, ou sur le sable.

FOULER. v. a. *Presser quelque chose qui cede, qui ne resiste pas beaucoup.* ACAD. FR. Les Vignerons disent *Fouler une cuve*, pour dire, Ecraser avec les piés les grapes de raisin qui ont été apportées dans une cuve.

Fouler. Terme de Chapelier. Manier le chapeau à force de bras sur la fouloire. Les Bonnetiers se servent du même mot pour dire, Manier & accommoder avec de l'eau la besogne dans la fouloire.

FOULOIR. f. m. Instrument dont les Canonniers se servent pour nettoyer une piece de canon lorsqu'elle a tiré. Comme le Fouloir a un bouton, ils s'en servent aussi à battre la charge de poudre qu'on a mise dans la piece.

FOULOIRE. f. f. Terme de Chapelier. Table qui va un peu en panchant sur une chaudiere pleine de lie chaude, sur laquelle on foule les chapeaux. *Fouloire*, se dit aussi chez les Bonnetiers. C'est une sorte de gros cuvier où il y a un ratelier garni de dents de bœuf pour fouler les bas & autres choses.

FOULON. f. m. Artisan qui foule des draps. Il y a une herbe qu'on appelle *Herbe à Foulon*, à cause qu'elle est fort bonne à laver & à amollir les laines. Elle a ses feuilles piquantes & épineuses, semblables du reste à celles de l'olivier. Sa tige, qui est velue en été, est comme celle de la ferule ou du fenouil. Les Apothicaires l'appellent *Condisi*.

FOULQUE. f. m. Canard d'étang, appellé en Latin *Fulica*, d'où l'on a fait *Foulque*. Il est si noir, que quelques-uns lui donnent le nom de *Diable*. On l'appelle aussi *Mouete* ou *Poule d'eau*.

FOUPIR. v. a. On dit, *Foupir une étoffe*, pour dire, Lui faire perdre son lustre en la chiffonnant, ou à force de la manier.

FOUR. f. m. Lieu dans un fournil ou une cuisine, qui est à hauteur d'appui & où l'on cuit le pain ou la patisserie. Il est vouté en rond, de brique ou de tuileau, & pavé de grands quarreaux avec une bouche ou ouverture. On appelle *Four banal*, le Four public de la Seigneurie où les Vassaux sont obligés de faire cuire leur pain.

Pieces de four, se dit de certaines pieces de patisserie, comme gâteaux, poupelins & tartes.

Les Chymistes appellent *Four à terrine*, celui où le feu ne touche point immediatement le vaisseau, mais seulement une terrine posée sur les Laboratoires, dans laquelle terrine est posé un vaisseau; ce qui se fait en trois manieres : car ou la terrine est vuide, ce qui s'appelle *Etuve* ou *Bain aërien*, ou elle contient de l'eau, qui étant en petite quantité est appellée *Bain vaporeux* & *Bain-marie*, lorsqu'elle emplit la terrine; ou elle est emplie de sable, de cendre ou de limaille, & on l'appelle *Four à cendre, à sable, à limaille*.

Fours, en termes de Marine, sont des pieces de bois triangulaire, dont l'une des extrémités est posée sur la troisiéme partie de la quille vers l'arriere, au lieu de varangue. L'autre extremité qui est en haut se joint avec des tenons appellés *Revers*. Ces pieces de bois sont aussi appellées *Sanglons*.

FOURC. f. m. Mot qui s'est dit autrefois de tout ce qui faisoit un angle aigu. Ainsi on disoit. *Le Fourc d'un arbre*, *le Fourc des doigts*. Les mots de *Fourche* & *Fourcher*, sont venus de là, & on croit qu'on a nommé *Quarrefourc*, ce qu'on appelle aujourd'hui *Carrefour*, à cause que c'est un lieu où quatre rues aboutissent, comme qui diroit, *Qui a quatre angles qui font un fourc*.

FOURCATS. f. m. p. Terme de Marine. Pieces fourchues de bois qu'on pose debout les fourches en haut sur les deux bouts de la quille des Vaisseaux pour en donner les façons. C'est ce qu'on appelle autrement *Fourques*.

FOURCHE. f. f. Instrument de bois ou de fer à deux ou trois pointes au bout de son manche, qui est long de trois ou quatre piés.

On appelle en termes de Palais *Fourches patibulaires*, des Pilliers qui marquent quelle sorte de justice un Seigneur fait exercer sur ses terres. Les Seigneurs Châtelains ont des Fourches à trois pilliers. Les Fourches à quatre piliers appartiennent aux Barons, & celles qui sont à six dénotent un Comte. Cela est différent selon les coûtumes des lieux où ces Fourches sont dressées.

Fourche-fiere, Fourche qui est de fer par un bout, & qui a deux ou trois pointes. M. Ménage dit que l'on trouve dans quelques Auteurs *Fourche ferrée*, & que *Fourche-fiere* a été fait de là par corruption.

FOURCHE', ou *Fourchu*, adj. Terme de Blason. Il se dit de ce qui est divisé en deux, & particulierement de la queue du lion renversée de cette maniere en quelques Ecus. On appelle *Croix fourchée*, Celle dont les branches se terminent par trois pointes qui font deux angles entrans.

FOURCHET. f. m. Apostume qui se forme entre deux doigts de la main, où il se fait une espece de Fourchette.

FOURCHETE', E'E. adj. Terme de Blason. On appelle *Croix fourchetée*, Celle qui a ses branche terminées en ces sortes de Fourchettes dont on se servoit pour porter un mousquet.

FOURCHETTE. f. f. On appelle *Fourchette d'arbaleste*, deux petits morceaux de fer en forme de petit bâton, qui sont au bout de la monture de l'arbaleste. Au milieu de ces deux morceaux de fer il y a un fil où l'on met un grain pour conduire l'œil.

Les Serruriers ont une *Fourchette de fer* qui leur sert à tourner en rond ou en demi-rond à chaud les tarieres, brequins & canons.

Fourchette, se dit parmi les Gantiers des petites bandes de cuir qui sont le long des doigts des gands.

Fourchette, est aussi une piece de bois qui sert dans quelques machines, & il y en a dans les engins. On appelle encore *Fourchette*, l'Endroit où les deux petites noues de la couverture d'une lucarne sont jointes à celle du comble.

Fourchette. Terme de Manége. Sorte de corne tendre qui fait une maniere d'arreste sur le milieu de la sole du pié d'un cheval, & qui se partageant en deux branches vers les talons forme une espece de fourche. On dit qu'*Un cheval a la fourchette grasse*, pour dire, qu'il l'a trop grosse & trop large.

Fourchette, se dit encore d'un petit os divisé en deux pointes, qui est entre les deux aîles des chapons & autres volailles.

FOURIERE. f. f. Bâtiment dans l'arriere-cour d'un Palais, ou l'on met par bas le bois, le charbon & autres provisions, & où les Officiers qui les distribuent ont leur logement au dessus.

FOURMI. f. f. Petit insecte tantôt rouge & tantôt noir; dont il y a une quantité prodigieuse dans les troncs des vieux chênes. On estime la prudence des Fourmis qui les engage à faire l'été des provisions pour se nourrir dans l'hiver. On tient que cet insecte vient d'un œuf qui se change en ver. Son corps est composé de douze petits anneaux ou incisions. Il a deux yeux naturellement noirs, avec deux cornes au dessus qui sont d'un châtain un peu noir. Ses jambes, qui sont au nombre de six, lui sortent de la poitrine, & son bec est fait de deux dents qui s'étendent en dehors, & sur chacune desquelles on distingue sept incisions, qui paroissent comme autant de petites dents. La Fourmi a les jambes fortes & velues, & composées de six parties, dont celle qui est à l'extrémité est armée de deux pinces Son ventre est luisant comme un miroir, parsemé de petits poils, & un peu plus roux que le reste de son corps. On ne peut appercevoir aucune partie qui distingue la Fourmi masle d'avec la femelle. Il y a pourtant une Fourmi masle, mais elle est d'une autre espece. Elle a quatre aîles, dont les deux de devant sont deux fois plus grandes & plus fortes que celles de derriere. Elle a sur la tête trois petites écailles qui ressemblent à des perles, & deux yeux beaucoup plus grands que ceux des autres Fourmis, aussi bien que tout son corps, dont la couleur est plus noire. La Fourmi femelle, qui est encore plus grosse que le masle, a de même trois petites écailles sur la tête. Il y a dans la Chine & dans le Tonquin des Fourmis qui volent en troupe sur les arbres, où elles font une espece de gomme ou de cire, dont on compose la laque. Dans les Isles de l'Amerique, outre les Fourmis noires qui sont assés semblables à celles qu'on voit en Europe, il y a deux autres sortes de petites Fourmis rouges, qui ne sont gueres plus grosses que la pointe d'une épingle. L'une de ces deux especes ne mord point, & se niche d'ordinaire en si grande quantité dans des coffres où il y a du linge, qu'il en demeure souvent tout taché, & se pourrit tout-à-fait si on n'y prend garde. Les autres, quoique de la même forme, sont toûjours dans les bois, & tombent de dessus les feuilles des arbres. Celles-là mordent quand elles peuvent se couler dans la chemise d'un homme, & en mordant elles font glisser un certain venin qui s'étend entre cuir de la largeur de la main, & cause une demangeaison assés douloureuse pour faire que l'on s'arrache la peau à force de se gratter. Il y en a une troisiéme sorte dont les morsures font plus souffrir que celles des scorpions, mais cela ne dure qu'une heure au plus. Elles sont longues comme un grain d'avoine, deux fois aussi grosses, & ont deux petites dents comme des aiguillons d'abeilles. Les Habitans les appellent *Chiens*. L'industrie des Fourmis à construire leurs logemens est admirable. On a observé en plusieurs lieux qu'ils sont composés de plusieurs chambres, où l'on ne voit que deux ouvertures, l'une pour sortir & l'autre pour entrer. Ces logemens, qui sont assés hauts, sont faits de terre qu'elles maçonnent avec une eau qui distille de leur corps, & cela tient extraordinairement. Ce qui est encore plus remarquable, dès le pié de l'arbre elles font un chemin couvert en forme de canal pour aller & pour venir, comme si elles craignoient d'être vûes. C'est peut-être pour se garantir de la pluye : car elles haïssent tellement l'eau que dès que leurs logemens en sont penetrés, elles les abandonnent.

FOURNAISE. s. f. Lieu dans les Monnoyes où les Monnoyeurs travaillent. C'est là qu'est leur banc & leur enclume, non seulement pour battre carreaux, mais encore pour flattir les flans & donner les autres façons de la monnoye.

FOURNEAU. s. m. Vaisseau propre à contenir du feu, principalement de charbon. Il y a des Fourneaux à chaux, à plâtre, à brique & autres poteries. Ce sont de grandes constructions de brique ou de plâtre propres pour les cuire. Il y a aussi des Fourneaux d'Orfévre & d'Affineur.

On appelle *Fourneaux de forge*, de grands lieux où l'on fond le fer & autres métaux, & qui sont toûjours allumés avec du charbon de bois. Le *Fourneau de Verrier* est aussi un lieu assés ample & élevé. On y cuit & façonne le verre, en y tenant un feu perpetuel de reverbere clos. Ce feu se fait avec du bois sec qu'on y jette à tous momens la nuit & le jour. Il y a aussi un *Fourneau de Charbonnier*. C'est un lieu creusé dans terre où l'on arrange grand nombre de moyen branchage en maniere de pyramide. Après qu'on l'a bien couvert de terre, on y met le feu par une ouverture laissée exprès pour cela, & peu à peu le bois s'y change en charbon.

Les Chymistes appellent aussi *Fourneau*, un vaisseau de terre où ils ne donnent le feu que par degrez. Il y a pour cela des trous qu'on ouvre, ou qu'on ferme, selon qu'il faut augmenter ou diminuer le feu. Ces trous s'appellent *Registres*. Parmi ces Fourneaux il y en a de grands qui sont immobiles, & d'autres qui sont portatifs. On appelle ces derniers *Catholiques*, à cause qu'ils sont universels, & que quand la matiere n'abonde pas, il n'y a point d'operations qu'on n'y puisse faire.

Ceux qui travaillent aux Monnoyes ont des Fourneaux à souffler & d'autres à vent, où ils fondent leurs matieres. Les *Fourneaux à soufflet* ont par bas un foyer dont la surface est plate avec une ouverture que l'on appelle *Ventouse*. Il y a une autre ouverture à fleur du foyer, dans laquelle on passe le tuyau du soufflet, & demi-pié au dessus ou environ, est une grille de fer plat en forme de croix. Elle est posée de maniere qu'il est aussi aisé de l'ôter que de la mettre. Ces fourneaux sont garnis de terre de creuset en dedans à l'endroit où se mettent les creusets, & ont huit à neuf pouces de diametre ou en quarré en ce même endroit, environ deux pouces d'espace autour du creuset, & quatre à cinq au dessus pour le couvrir de charbon. Les *Fourneaux à vent* ont aussi un foyer par bas, & une ouverture au devant, mais ce foyer est creux en maniere de coupelle. A la hauteur de cette ouverture est une grille de barreaux de fer quarré fort près l'un de l'autre, qui entrent demi pié de chaque côté dans le corps du Fourneau. Ils sont posés sur leur arrête, afin que la poussiere du charbon n'y reste pas, & qu'à mesure que ce charbon se consume, il tombe plus facilement dans le foyer. Il y a aussi une échancrure par le haut. Elle y est faite, afin de charger le creuset de matieres, & le fourneau de charbon. Cela donne aussi plus de commodité pour retirer le creuset du Fourneau.

Les Plombiers ont pareillement un Fourneau à étamer des tables de plomb. Celui dont les Vitriers se servent quand ils veulent cuire les couleurs, & mettre le verre au feu après qu'il est peint, est un petit Fourneau quarré de brique qui ne doit avoir que dix-huit pouces ou environ en tout sens. On fait dans le bas, & à six pouces du fond, une ouverture pour mettre le feu & l'entretenir, & au dessus de cette ouverture on met deux ou trois barres de fer quarré qui traversent le Fourneau & le separent en deux. On laisse encore au dessus des mêmes barres & au droit de la porte d'en bas, une petite ouverture pour faire passer les essais quand on recuit la besogne. Elle est haute & large d'environ deux doigts.

* *Fourneau*, en termes de guerre, est une mine legere qu'on fait seulement dans l'épaisseur d'un mur ou de quelque petit travail. Sa charge est depuis soixante jusqu'à cent livres de poudre qu'on enferme dans des barils ou des sacs. On appelle *Fourneau superficiel*, Une petite caisse remplie de poudre, ou de quelques bombes, propre à être enterrée en peu de tems. On la met sous quelque travail dont on voit que l'Ennemi veut se rendre maître ; & quand il s'en est emparé, on y met le feu par le moyen d'une saucisse qui répond à cette petite caisse.

FOURNITURE. s. f. Mot dont on se sert pour signifier les petites herbes d'une salade.

Les Tailleurs appellent *Fourniture*, la soye, le fil, les poches & autres menues choses qu'ils fournissent en faisant un habit. *Fourniture*, en termes de Gantier, se dit des morceaux de cuir qui servent à faire les pouces, les coins & les fourchettes des gands.

Fourniture. Terme d'Organiste. Jeu composé de plusieurs rangs de tuyaux qui servent à remplir & à faire entendre les orgues jusqu'aux endroits les plus éloignés des grandes Eglises. Ordinairement ce jeu a quatre tuyaux sur marche. Le premier est ouvert & long d'un pié & demi. La longueur du second est d'un pié, celle du troisiéme de huit pouces & demi, & celle du quatriéme de demi-pié.

FOURQUES. s. f. p. Terme de Marine. Pieces de bois fourchues qu'on pose debout sur les extrémités de la quille d'un Vaisseau. On les met les branches en haut vers l'endroit où le Vaisseau s'étrecit, auprès des varangues acculées qui sont moins entrées que ces Fourques, qu'on appelle aussi *Fourcats*; & ce nom leur est donné à cause des deux fourches qu'elles ont.

FOURRELIER. s. m. Ouvrier qui fait des fourreaux de pistolet & autres. La qualité de Maître Fourrelier est donnée aux Maîtres Gainiers dans leurs Lettres.

FOURRER. v. a. *Mettre, mêler une chose parmi d'autres, la faire entrer parmi d'autres avec quelque sorte de peine.* ACAD. FR. *Fourrer*, se dit d'une fraude qui se pratique dans les monnoyes en couvrant un flan de cuivre ou de fer avec des lames d'or ou d'argent soudées par les bords. On le passe ensuite dans les fers pour le monnoyer. On dit dans ce sens, *Fourrer une médaille*, & on appelle *Piece fourrée*, celle qui n'a que le dessus & les bords d'or ou d'argent, & dont le dedans est de cuivre. M. Ménage fait venir *Fourrer* de *Furrare*, qui a été fait de *Foderare*, & qui vient de l'Allemand *Foëren*, qui veut dire la même chose. D'autres le dérivent de *Furra*, qui signifie Remplir, en langue Celtique.

On dit en termes de mer, *Fourrer un cable*, pour dire, Le garnir de toile ou de petites cordes en certains endroits, pour l'empêcher de s'user si-tôt.

FOURRURE. s. f. *Les peaux passées & garnies de poil dont on fourre les robes & autres choses.* ACAD. FR. On appelle absolument *Fourrure*, Un sorte d'habit que portent les Docteurs & Bacheliers d'une Université dans quelque action de cérémonie. La Fourrure qui est dans cet habit marque leur caractere & leur qualité.

Fourrure. Terme de Blason. Il y a dans les armoiries deux Fourrures, qui sont des pannes ou peaux velues. L'une est l'Hermine, & l'autre le Vair.

Fourrure. Terme de Marine. Revêtement de planches qui couvrent par dedans les membres des grands bâtimens à rames; c'est ce qu'on appelle *Rombaliere*. On appelle aussi *Fourrures*, Les fils ou cordons des vieux cables que l'on met en tresse, & dont on enveloppe toutes les manœuvres de service pour les conserver.

FOUTEAU. s. m. Arbre de haute fustaye, qu'on appelle autrement *Fau* ou *Hêtre*, en Latin *Fagus*. Il a sa feuille semblable à la carpie, à la reserve qu'elle est plus grande & plus lissée. Son bois est fort sec, rempli de plusieurs petits brillants, & il petille beaucoup dans le feu. Son fruit au-dehors est rond, moussu, âpre & piquant. Il a au-dedans de petits noyaux faits en triangle dont la peau est polie & lissée, de couleur noire tirant sur le tan en maniere de châtaignes. Ce fruit qu'on appelle *Faine* est savoureux au goût, mais un peu stypique. Voyez FAINE.

FOY

FOY. s. f. *La premiere des trois Vertus Theologales, par laquelle on croit fermement les verités que Dieu a revelées.* ACAD. FR. On appelle *Foi* en termes de Blason, Deux mains jointes ensemble pour marque d'alliance, d'amitié & de fidelité. *De gueules à la Foi d'argent.*

FOYE. s. m. Partie noble de l'animal, située en l'hypocondre droit sous le diaphragme & les fausses côtes. Sa chair ressemble à du sang figé ou caillé. Il est de figure ronde du côté droit, & s'amenuise & aboutit presque en angle aigu du côté gauche. Sa partie de-dessous est cave & creuse, & la superieure est gibbeuse & ronde comme une voute. Du Laurens dit qu'on lui a donné le nom de *Foye* du mot *Foyer* à cause que c'est comme le foyer ou la cuisine, où le sang se cuit & se prépare. C'est en effet du Foye que sort le sang qui entre dans les grands Vaisseaux de la veine-porte, & de la veine-cave. Il est appellé *Jecur* en Latin. Quelques-uns croyent que c'est à cause qu'il est situé auprès de l'estomac que les anciens appelloient *Cœur*, comme qui diroit *Juxta cor*. Dioscoride dit que le Foye d'un âne rôti & mangé à jeun est bon pour ceux qui ont le haut mal; que le Foye de Sanglier frais, séché, réduit en poudre, & pris en breuvage avec du vin sert aux morsures des serpents & des oiseaux; que le Foye de chien enragé rôti & mangé par ceux qui en ont été mordus, les empêche d'avoir peur de l'eau, & que le Foye de plongeon confit en sel & pris en breuvage avec eau miellée, à la mesure de deux cueillerées fait sortir l'arriere-faix des femmes. Matthiole ajoûte, que les plus habiles Medecins d'Italie estiment le Foye de loup seché & réduit en poudre, comme étant un remede souverain pour les hydropiques & pour ceux qui sont travaillés du Foye.

Foye d'Antimoine. Les Chymistes pour mieux calciner l'antimoine, y ajoûtent parties égales de tartre & de nitre. Le tout étant dans un creuset, on y met le feu avec un charbon. Il se fait alors une grande détonation, & une masse tirant sur le rouge qu'ils ont appellée, *Foye d'antimoine.* Dans cette détonation, le souphre de l'antimoine s'enflâme avec le nitre, & en se fixant l'un l'autre, ils forment un alcali. Le souphre de l'antimoine rend cette matiere rouge. Si l'on dissout le Foye d'antimoine dans de l'eau commune, il se précipitera au fond une poudre d'un jaune obscur, que l'on a coûtume d'appeller *Crocus Martis*, ou *le Saffran des métaux.*

FOYER. s. m. Partie de l'atre, qui est au-devant des jambages d'une cheminée. On la pave d'ordinaire de grand carreau quarré de terre cuite. On appelle *Foyer de marbre*, Un compartiment de divers marbres de couleur qu'on met au-devant des mêmes jambages; on les incruste sur un fond de marbre d'une seule couleur, comme blanc ou noir.

Foyer se dit en termes de Marine, des feux que l'on allume la nuit au haut de quelque tour élevée, pour servir de guide aux Vaisseaux par leur lumiere.

Foyer est aussi un terme de Geometrie, ou plûtôt de *Catoptrique* & de Dioptrique. Comme la réfléxion se fait toûjours par un angle égal à celui d'incidence, (Voyez REFLEXION,) & que la *Refraction* approche ou éloigne les rayons de la perpendiculaire, selon la nature du milieu où elle se fait, (Voyez REFRACTION,) il arrive que les rayons qui tombent sur quelque ligne courbe, soit qu'ils se réfléchissent, soit qu'ils la pénétrent en se rompant, peuvent être modifiés de sorte qu'ils s'approchent les uns des autres & prennent de la disposition à s'unir. Le point où ils s'unissent effectivement, & où par consequent ils ont plus de force que par tout ailleurs, est le *Foyer* de cette ligne courbe. Il faut donc considerer les Foyers de differentes courbes selon qu'ils se font ou par réfléxion ou par refraction.

Par réfléxion. Des rayons paralleles à un diametre d'un cercle, tombans sur le concave de ce cercle, se réfléchissent de sorte qu'ils s'assemblent environ au quart de ce diametre. Des rayons paralleles aussi à l'axe d'une parabole se réfléchissent au-dedans de la parabole sur un point de l'axe éloigné du sommet du quart du *Parametre*. Voyez PARAMETRE. Dans l'Ellipse, de quelque point de la circonference que l'on tire sur le grand axe, deux lignes qui prises ensemble soient égales au grand axe, les deux points où elles tombent sur cet axe sont les deux Foyers de l'Ellipse, & tous les rayons qui vont d'un des Foyers à la circonference, se réfléchissent delà dans l'autre Foyer. Dans l'hyperbole, tirant d'un point quelconque de sa circonference sur le *Diametre transversal*, prolongé au-dedans des deux hyperboles opposées, deux lignes telles que leur difference soit égale au diametre transversal *déterminé*, les deux points où ces deux lignes tombent au-dedans des deux hyperboles sur ce même diametre prolongé, sont les Foyers de chacune de ces hyperboles, & les rayons partis de divers points avec une telle *convergence* qu'ils iroient s'unir au Foyer d'une hyperbole, s'ils rencontrent en leur chemin le concave de l'hyperbole opposée, se réfléchissent, de sorte qu'ils s'assemblent tous à son Foyer.

Sur quoi il faut remarquer que comme il peut y avoir des Ellipses & des hyperboles d'une infinité d'especes differentes, c'est la differente proportion de la distance de leurs Foyers, & de la longueur de leur axe qui fait leurs differentes especes. Voyez ELLIPSE & HYPERBOLE. On peut changer en une infinité de manieres la proportion du grand axe de l'ellipse à la distance des Foyers, & cela fait autant d'ellipses de differente espece, plus ou moins ovale, mais si en ne changeant point cette proportion on augmente ou l'on diminue à l'infini la longueur du grand axe & de la distance des Foyers, on fera une infinité d'ellipses, plus grandes ou plus petites, mais toutes de la même espece. De même, la longueur de l'axe déterminé ou transversal de deux hyperboles opposées & la distance de leurs Foyers, sont deux grandeurs, dont on peut changer la proportion en une infinité de manieres, ce qui donne une infinité d'hyperboles d'espece differente. Mais si sans changer la proportion on augmente ou qu'on diminue les grandeurs à l'infini, on aura une infinité d'hyperboles de même espece, mais toûjours plus grandes ou plus petites.

Pour les Foyers par refraction, il faut considerer la differente figure & épaisseur des verres, (Voyez VERRE.) car c'est la matiere dont on se sert le plus ordinairement. Les rayons paralleles qui tombent perpendiculairement sur un verre *plan-convexe*, après l'avoir traversé, s'assemblent à la distance du diametre de la sphere dont la convexité du verre est une portion. Les rayons paralleles tombans sur un verre *convexe-convexe*, & de deux convexités égales, s'assemblent au centre de la convexité sur laquelle ils sont tombés. Les rayons paralleles tombans sur un verre *concave-concave* en sortent *divergents*, & le point d'où ils semblent venir s'appelle le *Foyer virtuel*.

L'hyperbole & l'ellipse n'ont point de Foyer par refraction, à moins que ce ne soit une telle hyperbole & une telle ellipse que leur axe transversal & la distance de leurs Foyers ayent la même proportion que les sinus des angles d'incidence, & de refraction qui se font dans la matiere dont on se veut servir, soit verre, soit cristal, &c. Car ce sont ces sinus qui sont la mesure des refractions. (Voyez REFRACTION.) Pour la parabole, comme elle n'a qu'un Foyer, & que pour lui en trouver un autre, il faudroit l'imaginer comme une hyperbole dont l'opposée fût infiniment éloignée, il est clair que cette hyperbole seroit de la proportion requise, & par consequent la parabole, n'a point de Foyer. M. Descartes a démontré que les rayons paralleles au grand axe d'une ellipse, rencontrant sa superficie convexe la pénétreront de sorte qu'ils iront tous s'unir au Foyer le plus éloigné, & que dans l'hyperbole, les rayons paralleles à l'axe transversal rencontrant la superficie concave, s'y briseront de sorte qu'ils iront tous s'unir au Foyer de l'hyperbole opposée. On entend toûjours que cette ellipse & cette hyperbole soient dans la proportion requise.

Foyer se dit encore en termes de Medecine, & signifie le lieu où l'on croit qu'est le principe & le levain de la fiévre.

FRA

FRACTION. s. m. Terme d'Arithmetique. Chaque nombre n'est que l'unité repetée un certain nombre de fois précisément, & alors ce nombre est *entier*, mais si ce qu'on a pris pour l'unité n'est pas indivisible, & qu'on ne prenne pas cette unité entiere, alors ce nombre s'appelle *rompu* ou *fraction*, & il doit necessairement être composé de deux termes dont l'un exprime en combien de parties on a divisé l'unité, car cette division est arbitraire, & l'autre combien de parties on prend de cette unité ainsi divisée. Par exemple, douze degrés d'un cercle font un nombre entier, mais si on dit douze degrés & demi, ou un tiers, &c. ce qui s'écrit ainsi, $\frac{1}{2}$. $\frac{1}{3}$. $\frac{3}{4}$. &c. le degré qu'on avoit pris pour l'unité est divisé en plusieurs parties, & dans ces trois *fractions* il est divisé differemment : dans la premiere, il est divisé en deux parties dont on en prend une, dans la seconde, il est divisé en trois dont on en prend une, dans la troisiéme, il est divisé en quatre dont on en prend trois. Dans toute fraction le nombre écrit au-dessus de la petite ligne s'appelle *Numerateur*, parce qu'il marque combien de parties on prend de l'unité divisée, & celui qui est écrit au-dessous de la petite ligne est le *Dénominateur*, parce qu'il marque en combien de parties l'unité a été divisée, & qu'il donne le nom & le principal caractere à la fraction. Naturellement le Numerateur devroit toûjours être plus petit que le Dénominateur. Cependant il arrive quelquefois autrement dans la pratique, & alors ces fractions ne sont pas de vrayes fractions. Quand le Numerateur est égal au Dénominateur, comme dans $\frac{3}{3}$. $\frac{20}{20}$. & dans toutes les autres imaginables, la fraction ne vaut jamais que l'unité. Quand le Numerateur est plus grand que le Dénominateur, la fraction vaut plus que l'unité, quelquefois elle vaut l'unité & une vraie fraction, quelquefois elle vaut plusieurs unités qui font un nombre entier. Telles sont ces fractions. $\frac{4}{3}$. $\frac{10}{5}$. dont la premiere vaut $1\frac{1}{3}$. la seconde vaut 2.

L'essence d'une fraction consiste dans le *rapport* ou la *raison* que ces deux termes ont ensemble, & souvent ces deux termes sont tels que l'on n'en découvre

couvre pas bien le rapport, parce que ce sont de trop grands nombres, & il seroit commode d'avoir de plus petits nombres qui eussent le même rapport. Par exemple, dans cette fraction $\frac{12}{18}$. on ne voit point d'abord quel est le rapport des deux termes, qui n'est autre cependant que celui de 2. à 3. en sorte que $\frac{2}{3}$. est une fraction précisément égale à $\frac{12}{18}$. comme il est plus commode d'operer sur de petits nombres que sur de plus grands, on commence en operant sur les fractions, par les *réduire à leurs plus petits termes*, ce qui ne change point leur valeur. Les plus petits termes ausquels une fraction se réduit sont l'*Exposant* de cette fraction. Ainsi $\frac{1}{3}$. est l'exposant de $\frac{7}{21}$. de $\frac{11}{33}$. &c.Une fraction conçûe en de grands nombres, ne peut pas toûjours être réduite à de plus petits.

FRACTURE. f. m. Terme de Chirurgie. Solution de continuité qui se fait en l'os par une chose qui le froisse, brise ou écache. L'os se fracture de travers, & s'écrase quelquefois considerablement en même-tems, ou bien en long, ce qui s'appelle *Fissure*. Il est aisé de connoître les Fractures en travers, surtout lorsque les os fracturés ont quitté leur place. Soit que la fracture vienne d'une cause externe, ou seulement d'une chûte, elle cause une douleur très-cuisante aux parties membraneuses & fibreuses qui sont couchées dessus, & cette douleur devient plus aigue lorsqu'il y a quelque éclat de l'os qui les pique. D'ailleurs le membre fracturé devient plus court, quand les muscles tirent les os séparés vers leur principe. On a remarqué que les pores naturels des parties musculeuses & nerveuses qui couvrent l'os fracturé, perdent leur figure par la contusion & le déchirement, & qu'ils sont resserrés par la douleur & par la crispation des fibres nerveuses, ce qui retarde ou arrête le cours naturel du sang & de la lymphe. Ainsi outre l'enflure ordinaire de la partie fracturée, il survient des inflammations ou des œdemes sur-tout au commencement, car quelquefois lorsqu'on les traite mal, & que les parties se corrompent par l'aliment de l'os vitié, il arrive le quatriéme ou le septiéme jour après la fracture & la remise de l'os, une inflammation qui tient de l'eresipelle, qui est tantôt simple, & n'occupe que la peau de dessus la fracture, & tantôt accompagnée d'horreur & de frisson suivis d'une fort grande chaleur. Plus les fractures faites en travers sont simples, moins elles sont dangereuses. Elles le sont beaucoup plus lorsqu'elles sont compliquées avec une playe. Les pires de toutes sont, quand les petits éclats séparés commencent à suppurer. Les os se soudent & se réunissent plus ou moins facilement selon l'âge, le temperament, & la maniere de vivre du malade. D'ordinaire on guerit les petits os depuis le septiéme jour jusqu'au quatorziéme, & les gros depuis le vingtiéme jusqu'au quarantiéme. Les os fracturés des femmes grosses se réunissent fort tard, & avec beaucoup de peine, mais ils se guerissent facilement, s'il leur arrive un accouchement naturel, & qui soit à terme.

FRAIS, FRAISCHE. adj. *Mediocrement froid, qui tempere la grande chaleur.* ACAD. FR.

On dit en termes de Manége, qu'*Un cheval a la bouche fraîche*, pour dire, qu'Il jette de l'écume, ce qui est la marque d'un bon cheval.

On dit *Vent frais* en termes de Marine, pour dire, Vent favorable. On dit aussi *Beau frais, petits frais*, pour dire, Bont vent, petit vent.

FRAISCHEUR. f. f. On dit en termes de Marine, qu'*Un bateau va en fraîcheur*, pour dire, qu'Il va également.

FRAISCHIR. v. n. Terme de Marine. On dit, que *Le vent fraîchit*, pour dire, qu'Il redouble, qu'il augmente, & qu'il commence à être forcé. On dit aussi dans le même sens, qu'*Il y a fraîchie*.

FRAISE. f. f. Petit fruit qui croît dans les bois & dans les jardins. Il est printanier, & fort agreable au goût. Il y a des Fraises rouges, & des Fraises blanches. Les rouges sont de deux sortes, les unes rondes, & les autres longues. La Fraise blanche, est d'ordinaire plus grosse que la rouge, & en general les Fraises de bois l'emportent sur les Fraises de jardin. La plante sur laquelle vient ce fruit, est basse & petite & seche de soi, & l'abondance de son chevelu & de ses traînées, lui fait tirer beaucoup d'humide de la terre. Ses feuilles & sa racine, sont fort propres à guerir les ulceres & les playes, & à restreindre toutes fluxions des femmes, tous flux de ventre; elles ne laissent pas de faire uriner, & sont bonnes pour la rate. La décoction de la racine & de l'herbe, prise en breuvage est un remede pour les inflammations du foye, & nettoye les reins & la vessie. Si on la tient en la bouche, comme si on vouloit se la laver, elle raffermit les gencives & les dents qui branslent, & arrête les caterres. Les Fraises sont un fruit très-sain & rafraîchissant, & servent aux estomacs chauds & chargés d'humeurs coleriques, & à étancher la soif. Les femmes se servent de l'eau de Fraise pour se rafraîchir le teint.

On appelle *Fraise* en termes de Chasse, La forme des meules & des pierrures de la tête du Cerf, du Daim, & du Chevreuil.

Fraise. Terme de Guerre. Rangée de pieux pointus qu'on fiche aux travaux de terre, entre le parapet & le rempart en dehors. Ces pieux ont six à sept piés de longueur, & on en enfonce à peu près le tiers ou la moitié dans la muraille des places de guerre. Quand les places ne sont pas revêtues, on les fiche vers le pié du parapet dans la partie exterieure du rempart; les Fraises servent à empêcher l'escalade. On appelle aussi *Fraises* ou *Fraisemens*, Les pieux qu'on met autour des piles des ponts pour les contregarder.

FRAISER. v. a. Garnir un retranchement, une demi-lune de pieux pointus. On dit aussi, *Fraiser un bataillon*, pour dire, Mettre des piquiers devant les mousquetaires d'un bataillon, ensorte que ces piquiers bordent tout le bataillon, & couvrent les mousquetaires qu'ils mettent à couvert des efforts de la cavalerie ennemie, en lui présentant la pique, lorsqu'elle veut venir à la charge dans une plaine.

Fraiser est aussi un terme de Patissier, & on dit *Fraiser la pâte*, pour dire, La bien manier.

FRAISIER. f. m. Petite plante qui porte des Fraises. Il y a un Fraisier à fleur double dont le fruit est fort petit; & un autre que l'on appelle *Capron*. Son fruit est très-gros, mais il est beaucoup plus fade que les autres Fraises.

FRAISIL. f. m. Cendre du charbon de terre qui demeure dans les forges des Serruriers, & des autres Artisans qui travaillent en fer.

FRAISQUE, ou FRESQUE. f. f. Terme de Peinture. On dit, *Une fraisque*, pour dire, Une peinture à Fraisque. Quand on peint à Fraisque on n'employe les couleurs qu'avec de l'eau, & sur un enduit fait le même jour qu'on y doit peindre, en sorte que le mortier n'en soit point encore sec.

FRAIT. adj. Vieux mot. Rompu.

Car de la fleche qu'il ot traite
Li ot l'eile, & la jointe fraite.

FRAMBOISE. f. f. Fruit rouge & quelquefois blanc, qui vient dans la saison de la Fraise, & qui en a presque la figure. L'odeur en est agreable, mais la Framboise est acide au goût. On l'appelle *Morum idæum*, à cause que c'est une espece de mûre sauvage qui croît sur le Mont Ida sans qu'on la cultive, Elle ne laisse pas de passer pour domestique ayant été transplantée dans les Jardins. Quoique les Framboises ayent les mêmes facultés que les mûres, elles sont plus propres à manger qu'à être employées pour l'usage de la Medecine. Elles ont pourtant une vertu cordiale & rafraîchissante.

FRAMBOISIER. s. m. Arbrisseau épineux, dont les feuilles sont plus larges & plus molles que celles des ronces qui viennent parmi les buissons. Ses verges sont rondes & frêles, & ont peu d'épines ou point. Il porte des fleurs blanches, & a une racine longue qui se traîne par terre comme le gramen.

FRAMES. Vieux mot. Javelines.

FRANC, *Franche*. adj. Libre, exempt. Le mot de *Franc* étant joint à *Fief*, fait entendre un Fief qui est tenu par une personne de franche condition, mais qui n'est pas noble, parce que le simple mot de Fief sans le faire préceder de l'épithete de *Franc*, signifie, Une terre tenue par une personne franche & noble de race. Les Bourgeois de certaines Villes, comme Paris & Rouen, peuvent tenir des Fiefs, par une concession particuliere, encore qu'ils soient roturiers. On appelle *Recherche des francs Fiefs & nouveaux acquêts*, certaine taxe qui se fait de tems en tems, sur les Roturiers, Eglises, Communautés & gens de main-morte, moyennant laquelle on les exempte de vuider leurs mains des Fiefs qu'ils tiennent, ou qu'ils ont acquis depuis peu de tems, & qui n'ont point été amortis.

On appelle *Franc-alleu*, un Bien franc, qui ne doit ni cens ni service personnel. Il differe en cela du Fief qui doit un service & un hommage au Seigneur dominant. Les opinions sont fort partagées sur l'origine du mot *Alleu*. On le fait venir de la particule *a* & de *Laudare*, parce que ceux qui tiennent en Franc-alleu, sont dispensés de louer, c'est-à-dire de reconnoître aucun Seigneur ; de l'Hebreu *Halad*, qui veut dire *Laudare*, *quasi possessionem laudatam habere* ; de *Aldiis* ou *Aldia*, qui signifie un Affranchi dans les loix des Lombards ; des mots Allemans *Ohn Leiden*, Sans sujettion, de *an lodt*, Sort, ou de *Leod*, mot Saxon, Heritage populaire par opposition à Seigneurial. Plusieurs trouvent plus à propos d'en croire Galand, qui dans son traité du Franc-alleu, veut que *Leud* soit un vieux mot François d'origine Gauloise. Pasquier dit que *Lots*, & *Lotir* en sont dérivés.

Franc-Archer. Sorte de Soldats anciens qu'on exemptoit de guet, de garde & de taille, & que les Habitans des Paroisses entretenoient, à la charge qu'ils s'exerceroient à tirer de l'arc, pour être capables de servir le Roi en tems de guerre. Charles VII. établit cette Milice en 1448. & Louis XI. son fils l'abolit pendant son regne. On a appellé *Francs-Taupins*, Une autre sorte de Soldats anciens qu'on levoit dans les Villages. M. Ménage fait venir ce mot de *Talpinus*, qui veut dire, un Mineur qui a creusé comme une taupe, à cause que l'on a donné ce nom à quelques gens de l'équipage militaire. D'autres le dérivent du Grec ταπεινὸς Bas, humble, vil, abjet. Ces sortes de Soldats n'étoient en effet que des bouviers, & de miserables Paysans.

Franc-Bourgeois. Terme de Coûtume. On a appellé ainsi les Habitans d'une Seigneurie, qui étant affranchis de certaines redevances envers leur Seigneur, ne pouvoient pourtant se dispenser en plusieurs lieux d'aller aux chasses qu'il faisoit, de pêcher les étangs & même de se taxer entr'eux pour faire les frais des jugemens criminels à sa décharge, quand aucune partie civile ne se presentoit.

Francs-Devoirs. Terme de Jurisprudence feodale. Il se dit d'un Fief, dont on a changé l'hommage en devoirs, ou qui a été donné à condition d'une simple rente. On appelle aussi *Francs-Devoirs* les charges dûes à cause de l'usage des bois, de pascage, & autres privileges par ceux qui sont de condition franche & libre.

On appelle en termes de Marine *Franc-Funin*, Une longue corde plus ronde & plus arrondie que le cordage ordinaire. On se sert de cette corde, dans les rudes manœuvres, comme pour embarquer le canon, ou pour attacher des ancres contre le vent. Ce que l'on appelle *Franc-Tillac*, dans un Vaisseau, est le pont qui est élevé sur le pont de cale, & le plus proche de l'eau. Les plus gros canons sont placés tout autour du Franc-Tillac. On dit que *Deux Navires s'abordent de Franc-étable*, pour dire, qu'ils s'approchent en droiture pour s'enferrer par leurs éperons.

Franche-verité. Terme de Coûtume. Il se dit quand le Seigneur Justicier fait informer d'office par ses Juges, sans partie civile, des délits qui ont été commis sur ses terres. On a dit autrefois *Comparoir à la Franche-Verité*, pour dire, Comparoir à l'Audience, & *Tenir verités*, pour dire, Tenir les Assises.

On appelle *Pierre-Franche*, Toute pierre parfaite dans son espece, qui ne tient ni du tendre du moilon de la carriere, ni de la dureté de son ciel.

Franc-Quartier. Terme de Blason. Le premier quartier de l'écu, qui est à la droite du côté du chef, où l'on a coûtume de mettre quelques autres armes que celles du reste de l'écu. Il est un peu moindre qu'un vrai quartier d'écartelage. *D'azur à deux mains d'or au franc quartier, échiqueté d'argent & d'azur*.

Franc-Salé. Privilege dont jouissent par concession du Roi quelques Officiers & Communautés, de prendre du sel sans payer d'impôts.

FRANC. s. m. Ce mot a signifié autrefois Une piece d'argent qui valoit vingt sols, ou le tiers d'un écu. Il y avoit des *Francs à cheval* où étoit un Cavalier, & des *Francs simples*, où un François étoit representé à pié. C'est de cette representation d'un François, soit à pié, soit à cheval, que cette monnoie avoit pris le nom de *Francs*. Sous le regne du Roi Jean, on fit des Francs, où le Roi paroissoit armé, & ayant l'épée à la main, sur un Cheval caparaçonné & fleurdelisé. Sur le revers étoit une croix fleurdelisée. Il y a eu autrefois des *Francs d'or*, valant autant qu'un écu sol d'aujourd'hui. Henri III. en fit forger d'argent, qui d'un côté avoient la tête du Roi, & de l'autre une H couronnée. Ils étoient du poids d'onze deniers deux grains. *Franc* presentement n'est qu'une monnoie de compte pour faire entendre vingt sols, mais on ne l'emploie jamais au singulier, & on ne peut pas dire *Un Franc*. On ne sçauroit dire non plus, *deux Francs*, *trois Francs*, *cinq Francs*, mais on dit fort bien, *quatre Francs*, *six Francs*, *sept Francs*, *&c.*

Franc du Quarreau. Sorte de jeu, qui consiste en un quarré marqué sur la terre, dans lequel on jette un palet ou quelque piece de monnoie, & celui qui approche le plus près du milieu de ce quarré, gagne ce qu'on joue.

FRANCHIR. v. a. Terme de Marine. On dit *Franchir l'eau à une pompe*, quand il en est entré dans le Vaisseau par la pluie ou par les vagues, pour dire, L'épuiser avec la pompe. On dit aussi absolument, que *L'Eau franchit*, qu'*Elle se franchit*, pour dire, que L'eau diminue, qu'elle s'épuise.

FRANCHISE. s. f. Exemption, immunité. On appelle *Franchises*, certains endroits privilegiés dans quelques Villes, où les Compagnons de métier ont permission de travailler, encore qu'ils ne soient pas maîtres, comme la Franchise du Temple à Paris. On dit, qu'*Un Apprenti a gagné sa Franchise*, pour dire, qu'Il est en passe d'être maître, & qu'il a fait ses années d'apprentissage. On donne aussi le nom de *Franchises* à plusieurs portions de terres à la campagne. Cela vient, selon l'opinion de du Cange, de ce que ces terres étoient exemptes de charges, ou appartenoient à des personnes franches & libres.

On dit en termes de Peinture, *Franchise & liberté de pinceau*, lorsqu'on parle d'un travail facile, & qui est fait avec art.

FRANCISQUE. s. f. Arme ancienne & faite en façon de hache, qu'on lançoit contre l'écu. Si cette hache ne le brisoit pas, elle le faisoit pancher ou tomber par la pesanteur du coup. Voici la description que Borel fait de cette arme. Elle a un manche de fer, long de quatre pans, gros comme le bras, & creux au-dedans, & à la cime une petite hache qu'on peut ôter & remettre, & qui a au derriere une forte pointe de fer pour enfoncer & percer les casques. Il y a dans le manche un petit moulin, afin que chaque Soldat puisse moudre son blé aux heures perdues.

FRANCOLIN. s. m. Oiseau gros comme un Faisan, qui a la tête, le cou & le croupion tirant sur le rouge avec un peu de violet & de noir. Il a la crête jaune avec une barbe de plumes sous le cou, l'estomac & le ventre marqués de blanc & de noir, le bec & les jambes noires. Sa queue est touffue, & les extrêmités en sont noires aussi bien que celles de ses ailes. Le Francolin est excellent à manger, & il y en a beaucoup en Barbarie auprès de Tunis. On tient qu'il est bon pour ceux qui ont la gravelle ou l'estomac foible. Cet oiseau s'appelle en Latin *Attagen*, ou *Attagena*.

FRANGE', E'E. adj. Terme de Blason. Il se dit des gonfanons qui ont des franges, mais on doit en specifier l'émail. *D'or au gonfanon de gueules, frangé de sinople.*

FRANGIPANE. s. f. On appelle *Gands de Frangipane*, *sachets de frangipane*, des gands ou sachets faits de peaux ausquelles on a donné un parfum fort agreable, dont a été inventeur un Seigneur Romain de l'ancienne Maison des Frangipani, d'où cette sorte de parfum a pris son nom.

FRANGULA. s. f. Plante qui croît par tout en Bohéme, & que l'on appelle ainsi du mot Latin *Frangere*, Rompre, à cause que son bois est foible & frêle, & qu'on le rompt aisément. Elle est de moyenne hauteur, & a ses feuilles semblables au Cormier ou à la *Virga sanguinea*. Son écorce est comme celle de l'aune, couverte de petites taches blanches, & si jaune au-dedans que quand on la mâche, elle tache de jaune ainsi que fait la Rhubarbe. Son fruit est petit & fait comme un pois, & de la maniere dont il est divisé en long, on diroit qu'il y en a deux joints l'un avec l'autre. De verd il devient roux, & se change enfin en noir lorsqu'il est mûr. Dans chaque fruit se trouvent deux os, de la grosseur à peu près d'une lentille, & c'est dans ces os qu'est le noyau. Son écorce est laxative & astringente, & propre à lâcher le ventre, & à fortifier les parties nobles de même que la rhubarbe. Cette écorce cuite avec de l'Eupatoire commun, de l'absynthe pontique, agrimoine, cuscute, houblon, cannelle, & racines de fenouil, d'ache & de chicorée, & donnée en breuvage au poids de cinq onces, est un souverain remede contre l'hydropisie, l'enflûre de tout le corps & la jaunisse, mais il faut auparavant chasser l'humeur superflue qui peut être dans l'estomac, & aux premieres veines du foye, ce qui se fait par d'autres medicamens propres pour cela. Cette décoction a une vertu merveilleuse à resoudre les duretés & oppilations des parties nobles & des veines. On la laisse reposer deux ou trois jours jusqu'à ce qu'elle perde sa couleur jaune, & devienne noire, car elle pourroit causer un dévoyement d'estomac, si on en usoit lorsqu'elle est fraîche. La vertu laxative de l'écorce de Frangula qui est astringente de sa partie de dessus, consiste en la partie jaune qui est au-dedans. On arrache l'une & l'autre lorsque le Printems commence, & puis on les met secher à l'ombre, à cause qu'elle provoqueroit le vomissement, si on s'en servoit quand elle est verte. Tout cela est tiré de Matthiole.

FRAPON. s. m. Vieux mot. Coup.

Si fiert son oncle Flexipon,
Elpis li donne tel frapon
Que present li a fait de mort.

FRAPPE. s. f. Terme de Monnoie. Marque qu'on imprime sur les especes avec le marteau. *La frappe des Monnoyes.*

FRAPPER. v. a. *Battre, donner un ou plusieurs coups.* ACAD. FR. On dit d'Une toile, qu'*On ne l'a pas bien frappée*, pour dire, qu'Elle est lâche, qu'elle n'est pas serrée, & dans le même sens, qu'*Une tapisserie est fine & bien frappée.*

On dit, *Frapper les monnoyes*, pour dire, Leur imprimer la marque avec le marteau.

Frapper. Terme de Marine. On dit, *Frapper une manœuvre*, pour dire, l'Attacher à une des parties du Vaisseau, ou à quelqu'autre manœuvre. *Frapper* se dit ordinairement pour les manœuvres dormantes. On dit *Amarer* en parlant des autres.

Frapper. Terme de Chasse. On dit, *Frapper aux brisées*, quand le Veneur qui a fait son rapport va laisser courre. On dit encore, *Frapper à route*, pour dire, Oter les chiens du défaut, & les remettre à la trace de la bête.

FRAECHEUR. s. m. Vieux mot. Coheritier avec ses Freres. On a dit aussi *Frarie'*, pour Fraternité.

FRASE. s. f. Outil d'acier dont les Serruriers se servent pour contrepercer les pieces de fer. Il y en a de rondes, & d'autres quarrées. Les Serruriers les appellent aussi *Fraises*, & disent *Fraser*, pour dire, Percer.

FRATICELLI. s. m. Sorte d'Errans qui étoient presque tous Moines Apostats, & qui s'éleverent dans la Marche d'Ancone, sur la fin du treiziéme siecle. Ils faisoient des Assemblées nocturnes, sous un Superieur Apostat comme eux, & les tenebres les favorisant, ils abusoient des Femmes qu'ils trouvoient moyen d'attirer chés-eux sous prétexte de devotion. Leur vie libertine leur avoit donné quantité de sectateurs. Ils prétendoient que comme Chrétiens ils ne devoient point se soumettre aux Souverains. Leur Superieur qu'on appelloit Herman de Pongiloup étant mort, on déterra son corps pour le brûler vingt années après.

FRAXINELLE. s. f. Plante que les Modernes appellent *Dictame blanc*, & que quelques-uns nomment *Petitfrêne*, à cause qu'elle produit ses feuilles comme le frêne. Dioscoride dit qu'elle n'a été décrite par aucun Auteur ancien Grec ni Arabe, & qu'il a peine à comprendre d'où elle a pû avoir le nom de Dictame blanc. Elle est agreable à voir, d'une couleur qui tire du blanc au vermeil comme les fleurs de citron. Sa racine est blanche, sentant le bouquin & d'un goût amer. Elle tue les vers du ventre, & quelques-uns disent que d'elle-même elle sert de contrepoison contre tous venins, & même contre toutes morsures de bêtes venimeuses. Elle est bonne aussi contre la peste, & conforte l'estomac. L'eau de ses fleurs tirée par le nés est un bon remede pour les douleurs inveterées de la tête, quand elles sont causées de froideur.

FRAY. s. m. *Les œufs des poissons mêlés avec leur semence*. ACAD. FR. On appelle *Fray*, en termes de Monnoie, le frequent maniment des especes d'or ou d'argent, qui par succession de tems, fait que leur poids diminue. Cette diminution qui peut y arriver par le Fray est cause en partie qu'on y mêle quelque portion d'un autre métal, afin de les rendre plus dures.

FRAYER. v. n. Terme de Venerie. On dit, qu'*Un Cerf fraye*, pour dire, qu'il frotte son bois contre des arbres. En se le frottant ainsi, il fait tomber par lambeaux une peau velue qui couvre une masse de chair qui en s'allongeant a formé sa tête. Quand toute cette peau est tombée, il va brunir son bois dans des terres noires ou roussâtres, ou dans les charbonnieres. *Frayer*, vient du Latin *Fricare*, Frotter.

FRE

FREGATE. s. f. Vaisseau de guerre, peu chargé de bois & qui n'est pas haut élevé sur l'eau. Ordinairement il n'a que deux ponts, & est leger à la voile. M. Guillet fait remarquer que ce mot tire son origine de la Mediterranée où l'on appelloit *Fregates*, de longs bâtimens à voiles & à rames qui portoient couverte, & dont le bord qui étoit beaucoup plus haut que celui des Galeres, avoit des ouvertures comme des sabords pour passer les rames. Il dit que l'embarras du pont & des œuvres mortes rendant ces Fregates pesantes à la voile & à la rame, a fait que peu à peu on en a negligé la construction, & que les Anglois sont les premiers qui ayent appellé *Fregates* sur l'Ocean, des bâtimens longs armés en guerre, ayant un pont beaucoup plus bas que celui des Galions & des Navires ordinaires. On appelle *Fregate legere*, Un Vaisseau de guerre, bon voilier, qui n'a qu'un pont. Il n'est ordinairement monté que depuis seize jusqu'à vingt-cinq pieces de canon. On appelle aussi *Fregate d'avis*, Un petit Vaisseau qui porte quelques paquets à l'armée. Il y a des Fregates dans toutes les Places maritimes, & on s'en sert pour aller reconnoître les Vaisseaux qui veulent y aborder.

Fregate. Oiseau qui n'a pas le corps plus gros qu'une poule, & dont l'estomac est fort charnu. Il a le col moyennement long, la tête petite, deux gros yeux noirs, & la vûe aussi perçante que l'aigle. Son bec, qui est tout noir & tout droit, est assés gros, & long de six à sept pouces; le dessus en est recourbé par l'extrêmité en maniere de crochet. Il a les pattes fort courtes, & deux griffes comme celles d'un vautour. Elles sont toutes noires, & ses ailes d'une grandeur si prodigieuse, qu'il y a quelquefois sept à huit piés de l'extrêmité de l'une à l'autre. Cet oiseau se leve avec peine de dessus les branches : mais quand une fois il a pris son vol, il fend l'air sans se fatiguer en aucune sorte, & tient seulement ses ailes étendues sans presque les remuer. Quand la pesanteur de la pluie ou l'impetuosité des vents l'incommode, on le voit qui se guinde dans la moyenne region de l'air, & on le perd aussi-tôt de vûe. Quelque élevé qu'il puisse être, il ne laisse pas de reconnoître fort clairement les lieux où les Dorades donnent la chasse aux poissons volans. Il se précipite alors de l'air, & quand il est à dix ou douze toises de l'eau, il fait une grande caracole, & se baissant insensiblement jusqu'à venir raser la mer au lieu où se fait la chasse, il reçoit le petit poisson en son bec ou en ses serres sitôt qu'il le voit sortir de l'eau. Il s'écarte quelquefois des terres de plus de trois cens lieues, & c'est la vîtesse de son vol qui l'a fait nommer *Fregate* par les Habitans des Isles de l'Amerique. Les mâles ont toutes leurs plumes noires comme le corbeau, & une grande crête rouge comme la crête du coq, non pas sur la tête, mais sous la gorge. Cette crête ne paroît pourtant qu'à ceux qui sont vieux. Les femelles n'en ont point, mais elles ont les plumes plus blanches, sur-tout sous le ventre. Les rochers qui sont en mer & les petites Isles inhabitées servent de retraite à ces Oiseaux, qui font leurs nids dans ces lieux deserts. Leur chair n'est pas fort prisée, mais on recueille fort soigneusement leur graisse, comme un remede fort souverain pour la guerison, ou du moins pour le soulagement de la paralysie & de toutes sortes de goutes froides.

FREGATON. s. m. Bâtiment Venitien qui est coupé à coupe quarrée, & qui porte jusqu'à dix mille quintaux de charge. Il a un Beaupré, un Artimon & un Maître.

FREIN. s. m. Le mors d'une bride. On appelle aussi *Frein*, un Cerceau de brin de Châtaignier avec son écorce, qu'on cloue autour du rouet d'un moulin à vent, & qui sert à arrêter le moulin par le moyen d'une bacule.

Frein de la langue. Terme de Medecine. Il se dit du filet qui est au bout du ligament qui soûtient la langue.

On appelle *Freins*, en termes de mer, les Vagues qui après avoir frappé rudement contre les rochers, bondissent bien loin.

FREINDRE. v. a. Vieux mot. Rompre. Il vient de *Frangere*.

Que son écu lui perce & freint.

On trouve aussi *Fret*, pour dire, Rompu.

A mainte forte lance frete.

FRELAMPIER. s. m. Vieux mot qui est encore aujourd'hui dans la bouche du Peuple par une espece d'injure, pour dire, Un miserable qui se mêle de choses où il n'entend rien. Ce mot signifioit autrefois celui qui avoit soin d'allumer & d'entretenir les lampes d'une Eglise, & il se dit par corruption de *Frere lampier*. Comme cette fonction n'étoit faite que par des gens peu considerables, on a appellé *Frelampiers*, les gens de neant.

FRELATER. v. a. Ce mot s'est dit autrefois pour, Mettre dans un autre vase; & selon Nicod, *Frelater du vin*, c'étoit le tirer de dessus la lie & le transporter dans un autre vaisseau tout neuf. Il tient que l'on disoit *Fralater*. Quelques-uns font venir ce mot de *Translatus*, ou *Translatare*, Transporter; & d'autres de *Foras latum*, Porté dehors.

FRELORÉ, ÉE. adj. Vieux mot. Gâté.

FRELUCHE. s. f. Maniere de petits fils qui volent en l'air pendant les jours les plus chauds.

FRELUQUE. s. f. Vieux mot. Monceau de cheveux.

Car aujourd'hui de deux freluques
De cheveux, d'un petit monceau,
Il semble qu'il y en ait jusques
Au collet, & plein un boisseau.

FREMAIL. s. m. Vieux mot. Agraffe. On a dit aussi *Fermail* & *Fremaillet*.

FREOUR. s. f. Vieux mot. Frayeur.

FRERAGE. s. m. Vieux termes de Coûtumes. Il se dit des partages des freres ou lignages qui viennent à une même succession.

FRERE. s. m. *Qui est engendré de même pere & de même mere, ou de l'un des deux seulement.* ACAD. FR. *Frere*, est aussi un nom qu'on donne aux Religieux qui ne sont pas Prêtres, ou qui ne peuvent parvenir aux Ordres. On appelle *Freres Prêcheurs*, les Religieux de S. Dominique, & *Freres Mineurs*, les Religieux de l'Ordre de S. François, qu'on appelle *Cordeliers de l'étroite Observance*.

Freres de la Charité. Sorte de Religieux fondés par le Bienheureux Jean de Dieu, natif du Diocese d'Evora en Portugal. C'étoit un homme simple, sans aucunes lettres, mais rempli de charité, & appliquant tous ses soins à assister les pauvres infirmes. Il commença cette Congregation en Espagne vers l'an 1570. Pie V. la confirma. Elle fut reformée par Clement VIII. & Paul V. l'ayant érigée en Ordre Religieux, l'astreignit aux trois vœux accoûtumés, & à un quatriéme special, qui est de servir les malades. Ces Religieux ont un habit gris avec un Scapulaire de la même étoffe, & un petit capuce.

Freres de la Rose-Croix. Chymistes & Cabalistes, qui se disoient Invisibles, & qui avoient fait entre eux une maniere de societé.

FRESANGE. Droit de port dû aux Maîtres des Eaux & Forêts.

FRESAYE. s. f. Oiseau de nuit qui est une espece de chathuan, de la grosseur d'un coq, de figure de chevêche. Il a le plumage blanc, tacheté de noir sous le ventre, une tête ronde & presque d'homme, mais affreuse, & que des plumes herissées entourent. Ses ongles & son bec sont blanchâtres & crochus, & ses jambes & ses piés velus & couverts de plumes. Quelques-uns l'appellent *Effraye*, à cause qu'il pousse un cri effroyable. M. Ménage fait venir le mot de *Fresaye* de *Præsaga*, parce que cet oiseau est de mauvais augure. D'autres prétendent qu'on lui a donné ce nom à cause qu'il a au cou une maniere de fraise de plumes.

FRESLON. s. m. Sorte de grosse mouche qui est semblable à la guêpe, mais deux fois plus grosse. On l'appelle en Latin *Crabro*. Les Frêlons sont formés de corruption.

Pressus humi bellator equus Crabronis origo est.

Ils sont ennemis des abeilles & si gourmands, que lorsqu'on les coupe en deux, ils ne laissent pas de manger. Swammerdam témoigne que si l'aliment qu'ils prennent en cet état est humide, on le voit sortir incontinent par la playe en maniere de rosée.

FRESIAUX. adj. Vieux mot qui se trouve dans la signification de Beau, joli, frais.

Les Damoiselles sont fresiaux.

Ce mot doit avoir eu *Fresial* au singulier, car autrefois tous les adjectifs terminés en *al* faisoient *aux* au pluriel, tant au masculin qu'au feminin; & c'est delà qu'on a dit *Lettres Royaux*, qu'on dit encore aujourd'hui.

FRESNE. s. m. Arbre fort connu, dont Theophraste marque deux especes. L'un est grand & haut, & a un bois blanc avec de grosses veines qui lui servent de nerfs sans aucun nœud. Il est mol, tendre & madré. L'autre est plus petit, plus raboteux, plus dur & plus roux, & il ne croît pas si haut. Il jette ses feuilles comme le laurier à larges feuilles, mais plus pointues & un peu dentelées tout à l'entour. Il semble qu'un de ses rameaux soit seulement une feuille, à cause qu'avec une seule queue il porte ensemble toutes ses feuilles, qui y sont mises & attachées deux à deux & comme par nœuds & intervalles, ainsi qu'on voit au cormier. Son fruit est petit, un peu amer, & semblable aux noyaux d'amande. Le Frêne sert de contrepoison aux morsures des serpens, qui sont si ennemis de cet arbre, qu'ils n'approchent jamais de son ombre. On tient même que si on faisoit un feu dans un cerne fait de frêne, & qu'on mît un serpent dans ce rond, il se jetteroit dans le feu plûtôt que de passer par dessus le Frêne pour s'échaper. Quelques-uns appellent le petit Frêne *Ornus* & *Orneoglossum*, des mots Grecs ὄρνις, Oiseau, & γλῶσσα, Langue, à cause que la graine qu'il porte ressemble à une langue d'oiseau. L'*Orneoglossum*, selon Pline, bû avec du vin, sert au foye, aux douleurs de côté & aux hydropiques, & amaigrit peu à peu ceux qui se trouvent trop chargés de graisse.

FRESTEL. s. m. Vieux mot. Instrument où il y a sept tuyaux ensemble, coupés l'un plus long & plus gros que l'autre.

Là s'assist Pan le Duc des bestes,
Et tint un frestel de rosiaux,
Si chalumeloit les danziaux.

On a dit aussi *Frestiaux* & *Fresteler*, pour dire, Jouer du flageolet.

FRET. s. m. Terme de Marine. Somme qu'un Marchand promet pour le loyer d'un Vaisseau. On dit aussi *Fretement*. Le mot d'*Affretement* est en usage pour dire, la Convention qu'on fait pour le louage d'un Vaisseau. Ainsi, *Affreter*, signifie Prendre un Vaisseau à louage; & on dit dans ce sens, que *Le Maître frete son Navire, & que le Marchand l'affrete.*

FRETE. s. f. Cercle de fer qu'on applatit sur deux pieces de bois qu'on a dessein d'attacher ensemble, ou dont on arme la couronne d'un pieu ou d'un pilotis, afin d'empêcher qu'il ne s'éclate. On appelle aussi *Frete*, Un anneau de fer en forme de collier, qu'on met à un arbre de roue de moulin à eau, aux bas des demoiselles, & aux moyeux des roues qu'on veut tenir ferme & en état.

FRETÉ, ÉE. adj. On appelloit autrefois *Lances fretées*, celles où l'on mettoit un cercle de fer, quand on ne combattoit pas à fer émoulu. *Freté* est aussi un terme de Blason, & se dit de l'écu, & des pieces principales, quand elles sont couvertes de bâtons croisés en sautoirs, qui laissent des espaces vuides & égaux en maniere de losanges. *D'azur à la croix d'argent fretée de gueules.*

FRETER. v. a. Garnir d'une Frete. On dit *Freter des pieux*, pour dire, Les garnir d'un cercle de fer par la tête afin de les battre mieux avec le mouton.

FRETEUR. s. m. Maître d'un Vaisseau qui le donne à louage à un Marchand.

FRI

FRIABLE. adj. Cassant, qui se peut aisément reduire en poudre. Ce qui rend un corps friable, ce sont de petites parties séches & inégalement appliquées.

les unes aux autres qui se trouvent dans ce corps, de sorte que n'étant point onctueuses ni liées ensemble, elles s'en détachent aisément.

FRIANDER. Vieux mot, qui s'est dit pour, Manger d'une maniere friande.

FRIBUST. s. m. Terme de Marine. Il est principalement en usage dans les Isles Françoises de l'Amerique, où l'on appelle ainsi un vaisseau armé en course. Le Commandant & les gens de l'équipage de ce Vaisseau sont appellés de là *Fribustiers.*

FRICTION. s. m. Terme de Chirurgie, & de Medecine. Action de frotter une partie malade avec des huiles ou quelque autre drogue pour la guerir ou la soulager.

Friction. Terme de Chymie. Coction d'un medicament qui se fait dans la poëlle avec addition d'une liqueur onctueuse, telle qu'est l'huile ou la graisse. Elle se fait sur un feu lent & moderé, & la Friction des medicamens differe en cela de la Friture de cuisine, qui veut un feu prompt & vif.

FRIGALER. v. n. Vieux mot. Se gratter, se frotter.

Qui pour galer & frigaler,
Vient galeux ; n'est-il pas bien fol?

FRIGEFIER. Vieux mot. Refroidir.

FRIMAS. s. m. Broüillard froid & épais qui est comme une maniere de gelée blanche qui s'attache aux arbres, aux herbes & aux cheveux. Quelques-uns font venir ce mot de *Fremitus*, Fremissement, parce que le Frimas fait fremir & frissonner.

FRIOU. s. m. Terme dont ceux du Levant se servent pour signifier un canal, une passe.

FRIQUET. s. m. Sorte d'écumoire quarrée, dont on se sert pour tirer les fritures de la poële.

Friquet. Espece de petit moineau fou que les Italiens nomment *Passera matugia.* Il ne fait que fretiller sur les arbres.

FRISE. s. f. Membre d'Architecture. C'est dans tous les ordres la partie de l'entablement qui est entre l'Architrave & la corniche. Il y a une Frise qu'on lappelle *Frise lisse*, à cause qu'elle est unie & sans ornement. Celle qui est ornée a de la Sculpture continue ou par bouquets. Celle dont le contour est coupé, s'appelle *Frise bombée.* La *Frise Rustique* a son parement en maniere de bossage brut. On dit *Frises fleuronnés*, *Frises marines*, *Frises historiées*, *Frises symboliques*, selon qu'elles sont enrichies de feuilles naturelles continues ou par bouquets, ou d'anneaux de feuillages imaginaires ; de chevaux & monstres marins ; de bas reliefs continus representant des histoires & des sacrifices, ou enfin d'attributs du Paganisme. On appelle *Frise de placard*, celle qui est entre la corniche & le chambranle au dessus d'une porte de placard ; & *Frise de lambris*, un panneau qui a beaucoup plus de longueur que de largeur dans l'assemblage d'un lambris d'appui ou de revêtement.

On appelle en termes de Jardinage, *Frise de parterre*, Une sorte de platte-bande qui est ornée de feuillages, de gazon ou de bouis dans un parterre.

Frise de fer. Terme de Serrurerie. Panneau en longueur rempli de differens ornemens. Cette Frise se met à hauteur d'appui, ou au haut & au bas des portes de clôture, aux rampes d'escaliers & aux travées de barreaux de fer.

Frise de parquet, se dit non seulement des bandes qui separent les feuilles de parquet, mais encore de celles du pourtour d'un plancher qui en rachetent les biais lorsqu'il y en a.

Frise, se dit aussi, en termes de Marine, & signifie Une piece de bois plate en Sculpture, qui regne entre la coupe-gorge & la face de l'éperon. Le mot de *Frise*, selon Philander, vient de *Phrygia*, qui veut dire Un Brodeur, à cause que les ornemens de la Frise ressemblent à des broderies qui sont venues de Phrygie.

On appelle *Cheval de frise*, en termes de Fortification, Une grosse piece de bois qui est taillée à cinq ou six pans percés de part en part, & armés à chaque trou d'un piquet ferré par les deux bouts. Ce piquet déborde environ trois piés de chaque côté, & cela est cause que la piece de bois qui est longue de dix à douze piés, & qui a un pié de diametre, presente par tout des pointes, & est d'une grande utilité pour boucher une breche, un passage, & pour retrancher un camp.

FRISER. v. a. On dit en termes de mer, *Friser les sabords*, pour dire, Mettre une bande de laine autour des sabords que l'on ne calfate pas, afin d'empêcher que l'eau n'entre dans les Vaisseaux.

Friser. Terme d'Imprimerie. Cela se dit lorsque les caracteres paroissent doublement imprimés sur la feuille.

FRISONS. s. m. p. Terme de Marine. Pots de terre ou de métal dont on se sert sur les Vaisseaux pour tenir la boisson.

FRISQUE. adj. Vieux mot. Joli, gentil.

Grelete, gente, frisque & cointe.

FRISQUETTE. s. f. Terme d'Imprimerie. Maniere de chassis que les Imprimeurs mettent sur la feuille blanche, afin d'empêcher que ce qui doit demeurer blanc pour la marge de chaque page ne soit maculé.

FRITELAIRE. s. f. Sorte de plante qui fleurit en Mars. Elle porte deux feuilles en forme de petites cloches tiquetées, & ces feuilles pendent du haut de sa tige.

FRITTE. s. f. Terme de Verrerie. Cuisson des matieres dont on fait le verre, matiere bien preparée à faire du verre. Elle se fait au feu de fusion dans de grands creusets, où l'on met trois parts de caillou ou de sable blanc, sur une partie de sel alcali ou de soude, ou de fougere ; ce qui fait une masse opaque, qui rend une écume sortant de la graisse ou fiel de verre, & qu'on jette hors des creusets avec des cueillers.

FRO

FROC. s. m. Sorte de grosse étoffe qui se fabrique en Beauce & en Normandie dans les Villes de Brenai & de Lisieux. Les Statuts des Drapiers veulent que les pieces de cette étoffe ayent vingt-cinq aunes de long & une demi-aune de large.

Dans le vieux langage on s'est servi des mots de *Frocs*, *Frots* & *Flots*, pour signifier des lieux rompus ; & on appelle *Froqueurs*, ceux qu'on employé à reparer les chemins.

FROMAGE. s. m. Lait caillé, seché & durci. Dioscoride dit que le fromage frais qui n'est point salé, est nutritif & bon à l'estomac, & qu'étant appliqué en forme de cataplasme, il remedie aux inflammations des yeux & aux meurtrissures du corps. Les uns sont meilleurs que les autres, selon la nature du lait dont ils sont faits. On convient en general que toute sorte de Fromage fait un suc grossier & est indigeste. Selon Matthiole les vieux Fromages dont on fait cas à cause qu'ils piquent à la langue, sont les pires de tous pour la santé. Ils brûlent & alterent celui qui en mange, engendrent la gravelle, oppilent le foye, resserrent le ventre, &

font un sang grossier & melancolique. D'ailleurs ils sont nuisibles au cerveau, à la poitrine & aux dents, en sorte que ceux qui sont d'une nature delicate ne s'en doivent point permettre l'usage. M. Ménage fait venir ce mot de *Formaticum* ou *Formago*, dérivé de *Forma*, qui est la forme ou l'éclisse où le Fromage se fait. On a dit autrefois *Formage* & *Fourmage*.

FROMENT. f. m. La meilleure espece de blé qui fait la farine la plus blanche. Tout Froment a force racines menues, & n'a qu'une feuille. Il a plusieurs germes, qui pourtant ne peuvent produire aucune branche. Il est herbeux pendant tout l'Hiver. Quand le Printems vient, sa tige s'éleve & à la troisiéme ou quatriéme esteule, l'épi en sort, enfermé dans de petites gousses, lesquelles étant passées il rend une fleur au quatriéme ou cinquiéme jour après & se tient ainsi presque autant de jours. De là vient le grain qui mûrit en quarante jours, quelquefois plûtôt, selon la diversité des lieux. Autour de Senes, & en quelques autres endroits d'Italie, il s'est trouvé des plantes de Froment, dont chacune a rendu vingt-quatre épis. Pline dit qu'il en fut envoyé une à Auguste César, qui d'un seul grain avoit jetté près de quatre cens germes, & à Neron une autre de trois cens quarante. Elles venoient toutes deux d'Afrique. On connoît le bon Froment, lorsqu'il est dur à rompre, massif, pesant, de couleur d'or, luisant, lissé, bien nourri, & net. Il a sa feuille comme le roseau, plus étroite que l'orge. Son tuyau est plus lissé, & n'est pas si frêle. Il y a aussi de la difference aux épis. Les uns sont sans barbe comme en Bohéme, les autres en ont, & cette derniere sorte de Froment est plus estimée. Etant mangé cru, il engendre la vermine ronde au ventre. Maché & appliqué, il est bon pour les morsures des chiens.

FROMENTÉE. f. f. Farine de froment dont on fait de la bouillie & autres mets. On se sert surtout pour cette bouillie de la Farine de l'espeautre double qui est une espece particuliere de froment.

FRONT. f. m. La partie du visage qui est depuis les sourcils jusqu'à la racine des cheveux, & qui s'étend jusqu'aux temples.

Front, en termes de perspective, est la projection orthographique d'un objet sur un plan parallele au tableau.

En termes d'Architecture, on appelle *Front* en general la Face de Front, appellée autrement Tête. Dans l'étendue des piédroits, on la nomme *Front des piédroits*, & dans l'étendue de l'arc qui est sa courbure & le cintre qu'elle fait, elle est appellée *Tête au front de l'arc*.

En termes de Fortification, le *Front d'une Place*, est ce qui est compris entre les pointes des deux bastions voisins, c'est-à-dire, la courtine, & les deux bastions qui se regardent. On l'appelle autrement *Tenaille* & *Face de Place*.

On appelle *Front de bataillon*, en termes de guerre, Le premier rang ou chef de file. Ainsi on dit qu'*Un bataillon est sur son front*, pour dire que Les Soldats font face vers un côté en y presentant les armes, & qu'*Un bataillon a le front égal à sa hauteur*, pour dire, qu'Il forme un quarré.

FRONTAL. f. m. Sorte de gêne qu'employent les Soldats pour contraindre les Paysans à leur donner l'argent qu'ils peuvent avoir caché. Elle consiste en une corde, où ils font des nœuds en plusieurs endroits, & qu'ils leur appliquent sur le front, en la serrant par derriere.

FRONTEAU. f. m. Sorte de remede sec qu'on applique sur le front avec un bandeau, pour soulager ceux qui sont travaillés de maux de tête. Ce sont des roses, des fleurs de sûreau, de betoine, marjolaine & autres, qu'on enferme dans un linge, dont on couvre ensuite le front & les temples. Il y a des Fronteaux qui se font en liniment avec de l'onguent populeum, & de l'extrait d'opium, ou avec des pâtes, des semences & des poudres. On dit aussi *Frontal* en ce sens.

On appelle *Fronteaux*, chez les Juifs, quatre morceaux de parchemin, sur lesquels sont écrits ces mots, *Ecoute Israël, &c. Et sera si obéissant, tu obéis &c. Sanctifie moi, tout premier né, &c. Et sera quand le Seigneur te fera entrer, &c.* Ils ne se servent de ces Fronteaux que dans la priere du matin. Ils portent au bras deux de ces parchemins qui sont roulés & les deux autres qui sont sur un morceau de peau de veau dur quarré, qui a des courroyes, ils se les mettent au milieu du front, se ceignant la tête avec les courroyes.

Les Bourreliers appellent *Fronteau*, Un morceau de cuir qui passe le long de la tête, & au dessus des yeux du cheval, & on dit aussi *Fronteau*, en parlant d'un morceau d'étoffe qui couvre le front des chevaux de grand deuil.

Fronteau. Terme d'Architecture. Il ne se dit guere que d'un petit Fronton qui se met au dessus des petites portes & des fenêtres.

Fronteau. Terme de Marine. Piece de bois plate, & ouvragée de sculpture. Elle est aussi longue que le Vaisseau est large, & sert non seulement à orner les Dunettes, mais encore à arrêter ce qui est sur les gaillards.

Fronteau. Terme d'Artillerie. On appelle *Fronteau de mire*, Une espece de bourrelet de cuivre ou de bois, qu'on pose autour du collet d'une piece de canon, & qui sert à la pointer juste. Sa figure est ronde, & il a son diametre égal à celui de toute la piece vers la platebande. On le divise en deux également, & on lui laisse au milieu une ouverture ronde proportionnée au collet du canon sur lequel on le pose.

FRONTISPICE. f. m. Décoration d'Architecture de la Façade d'une Eglise. Il y en a de Gothiques, & d'Architecture antique. On le dit aussi de la face & de la principale entrée d'un grand bâtiment qui se presente de front aux yeux. On dit encore, Le *Frontispice d'un livre*: pour dire, La premiere page d'un Livre, peut-être à cause qu'ordinairement le titre y est gravé dans quelque image qui represente le Frontispice d'un Palais. Ce mot vient du Latin *Frons*, Front, & de *Aspicere*, Regarder. Le Frontispice dans son origine étoit seulement le pignon d'un édifice avec les deux côtés du toit qui tombent de part & d'autre. On en fait aujourd'hui un ornement, qui est élevé au dessus des portes, des niches & des croisées.

FRONTON. f. m. Morceau d'Architecture dont on fait un ornement qui paroît élevé au dessus des portes, des croisées, des niches. Il forme quelquefois un triangle, & quelquefois une partie de cercle. Vitruve l'appelle *Fastigium*. On appelle *Fronton surmonté*, celui qui tient du pignon étant au dessus de la bonne proportion, qui est d'avoir près du cinquiéme de la longueur de sa base, & celui qui est plus bas que cette proportion est un *Fronton surbaissé*. Le Fronton formé d'un triangle Isocelle, dont l'angle opposé à la base est obtus, s'appelle *Fronton triangulaire, pointu* ou *quarré*. Celui qui est fait d'un arc de cercle, est appellé *Fronton rond, spherique*, ou *cintré*, & le *Fronton circulaire*, differe de ce dernier en ce que sa base est le diametre du demi-cercle dont il est formé. Le *Fronton brisé* a ses corniches coupées, ou retournées par redents ou ressauts. Le même Fronton brisé, s'il a ses corniches rampantes contournées en enroulement, s'appelle *Fronton par enroulemens*, aussi bien que le circulaire qui termine en bas par deux enroulemens. Le fronton formé de deux enroulemens en maniere de consoles qui se joignent, s'appelle encore *Fronton par enroulemens*. Il y a aussi un *Fronton à pans*, un *Fronton sans base*, & un *Fronton sans retour*. Le premier est un Fronton dont la corniche de dessus a trois parties. La corniche de niveau est coupée & retournée dans le second sur deux pilastres pour l'exhaussement d'un arc à la place de l'entablement, & dans le troisiéme la corniche du niveau n'est point profilée au bas des corniches rampantes. Toute corniche cintrée, qui forme un petit Fronton rond, pointu ou d'autre Figure porté par des consoles au dessus d'une croisée d'une porte ou d'une table, s'appelle aussi *Fronton sans base*. Le *Fronton double*, est celui qui en couvre un plus petit dans son tympan à cause de quelque avant corps au milieu. Quand le tympan d'un Fronton est évidé pour donner de la lumiere, on l'appelle *Fronton à jour*. On dit encore *Fronton Gothique* dans l'Architecture moderne. C'est une espece de pignon à jour en triangle équilateral, avec des roses en trefle & de la sculpture.

Fronton. Terme de Marine. Cartouche de Menuiserie, qui est placé sur la voute à l'arriere du Vaisseau. On l'appelle aussi le *Dieu conduit*, où le *Miroir*, & on le charge des armes du Prince qui a fait construire le Navire. Quelquefois il a la figure qui a donné le nom au Vaisseau.

FRU

FRUIT. s. m. *Ce que les arbres & les plantes portent pour la propagation de leur espece, & pour la nourriture des hommes & des animaux*. Acad. Fr.

On appelle *Fruit*, en termes de Maçonnerie, Une petite diminution qui se fait du bas en haut d'un mur à mesure qu'on l'éleve. Ainsi on dit, *Donner du fruit à une muraille*, pour dire, Ne la pas élever à plomb. Il y a des Maçons qui sur la hauteur de douze piés donnent à un mur un pouce & demi de Fruit.

On appelle *Fruits* dans l'Architecture, des ornemens de Sculpture qui representent les Fruits naturels. On en fait des festons & des bouquets.

FRUITE', e'e. adj. Terme de Blason. Il se dit d'un arbre chargé de Fruits. *D'or, au pin de sinople fruité de même*.

FRUSTE. adj. Terme de Médailliste. On appelle *Médaille fruste*, Une Médaille que le tems a tellement effacée, qu'on n'en sçauroit lire la Legende. *Fruste*, se dit aussi d'une pierre antique dont on ne peut plus ni connoître les figures, ni lire les inscriptions.

FUE

FUEC. s. m. Vieux mot. Feu.

FUERE. s. m. Vieux mot. Fourreau d'une épée.

Si la tint par l'enherdure,
Si la mit fuere arriere.

On l'a dit aussi pour signifier du fourage, & des choses de peu de valeur.

FUG

FUGERE. s. f. Vieux mot. Fougere.

Voirre ne fut mie fugere,
Ni Fugere ne fut pas voirre.

FUGUE. s. f. Terme de Musique. Imitation du chant dans les parties qui semblent se fuir l'une l'autre par des progrès semblables. On dit *Double Fugue*, quand on fait regner en même tems deux differentes Fugues dans les parties.

FUI

FUILS. s. m. Vieux mot. Fils.

FUIR. v. a. *Courir pour se sauver d'un peril*. Acad. Fr. On dit en termes de Manége, qu'*Un Cheval fuit les talons*, pour dire, qu'Il craint l'éperon & qu'il obéit.

FUISIQUE. s. f. Vieux mot, qui a signifié l'art de la Medecine. Les Medecins étoient autrefois appellés *Fuisiciens*.

FUL

FULMINANT, ante. adj. Qui crie, qui fait grand bruit. *Voix fulminante*. On appelle en termes de Chymie, *Or fulminant*, de l'or calciné par l'eau forte avec lequel on mêle quelques parties de sel de tartre. On l'a appellé ainsi à cause du grand éclat & du grand effort qu'il fait quand on l'allume. Il fait son effort en embas, & son bruit imite celui du tonnerre. Il y a aussi une *Poudre fulminante*, composée ordinairement de nitre, de sel, de tartre & de souphre commun. Elle se fait à l'imitation de l'or fulminant.

FULMINATION. s. f. Sentence d'un Evêque, d'un Official ou d'un autre Ecclesiastique commis par le Pape, par laquelle il est ordonné que des Bulles seront executées.

On appelle *Fulmination*, en termes de Chymie, Un bruit violent que fait une certaine preparation de poudre appellée *Or fulminant*, qui imite le bruit de la foudre quand elle est allumée.

FUM

FUME'E. s. f. *Vapeur épaisse sortant du feu, ou des choses humides enflammées*. Acad. Fr. Il est évident que la Fumée & la Flamme sont la même chose, la Fumée étant une Flamme éteinte, & la flamme une Fumée allumée. Toute la difference consiste dans la modification de la même matiere, qui étant dissoute en de très-petits corpuscules & mêlée avec assés d'air, donne la flamme, & étant moins dissoute, & moins mêlée d'air, donne la Fumée.

On appelle *Fumées*, en termes de Chasse, la Feinte de bête fauve, comme des Cerfs, de la Biche, du Chevreuil & du Daim. On appelle *Fumées formées*, celles qui sont rondes, *Fumées en troches*, celles qui ont des pointes, & *Fumées en plateaux*, celles qui sont plates. On dit aussi *Fumées de Loup*, & *Fumées d'Hirondelles*. Selon Galien, les premieres sont un bon remede pour la colique. Les autres font perdre la vûe, si elles tombent chaudes sur les yeux.

FUMELE. s. f. Vieux mot. Femelle.

FUMETERRE. s. f. Herbe semblable au Coriandre, & qui est fort tendre & fort branchue. Ses feuilles qui sortent de tous côtés en grand nombre, sont d'un blanc qui tire sur le cendré. Elle produit des fleurs incarnates, & a un jus acre qui éclaircit la vûe, & qui fait pleurer. C'est de là qu'elle a pris le nom de *Fumaria*, à cause qu'elle fait le même effet que la fumée. Pline parle de deux sortes de Fumeterre. La premiere appellée *Pié de geline*, croît entre les murailles, & parmi les hayes. Elle a ses branches fort menues, & éparpillées,

éparpillées, & pousse des fleurs incarnates. On emploie le jus de l'herbe verte parmi les medicamens qu'on ordonne pour les yeux. L'autre Fumeterre a les mêmes propriétés. Elle croît parmi l'orge & dans les jardins, & a ses feuilles comme le coriandre. Elles sont cendrées. Elle produit aussi ses fleurs incarnates.

FUMIGATION. f. f. Terme de Medecine & de Chymie. Il se dit des choses qu'on prend en fumée ou qui se tournent en fumée. On appelle aussi *Fumigation*, Une calcination potentielle, qui se fait par la vapeur du mercure mis sur le feu, qui corrode & reduit en chaux les petites lames de métal que l'on suspend au dessus.

FUMIGER. v. a. Faire recevoir à un mixte suspendu, les vapeurs d'un mixte ou de plusieurs pour le calciner, pour le corriger, ou pour lui imprimer quelque qualité nouvelle.

FUN

FUNANBULE. f. m. Celui qui danse sur la corde. Ce mot est Latin, de *Funis*, Corde, & d'*Ambulare*, Marcher. Suetone rapporte que du tems de Galba, on vit des Elephans Funanbules dans les jeux floraux. Neron en fit paroître de même dans ceux qu'il institua en l'honneur de sa mere Agrippine.

FUNEBREUX. adj. Vieux mot. Triste, funeste.

Chasse les esprits funebreux.

FUNER. v. a. Terme de Marine. Garnir de cordage. On dit, *Funer un mât*, pour dire, Le garnir de son étai & de sa manœuvre.

FUNERAILLES. f. f. p. *Obseques & ceremonies qui se font aux Enterremens.* ACAD. FR. Toutes les Nations se sont toûjours montrées fort religieuses à rendre ces derniers devoirs aux Morts. Parmi les Romains, après avoir fermé les yeux à celui qui venoit de rendre l'ame, on l'appelloit plusieurs fois à haute voix & à diverses reprises, afin de sçavoir si ce n'étoit point quelque lethargie où il fût tombé. On lavoit ensuite son corps avec de l'eau chaude, on le frottoit de parfums, & on lui mettoit une robe blanche, puis on l'exposoit sur le pas de la porte les piés du côté de ceux qui passoient. On plantoit alors un cyprés à l'entrée de la maison, & cette ceremonie s'étant continuée pendant sept jours, le huitiéme on portoit le corps au lieu où l'on devoit le brûler. Les riches étoient portés sur un lit couvert de pourpre, & les autres dans une biere découverte. Un joüeur de flûte marchoit devant, & joüoit d'une maniere lugubre, publiant de tems en tems les loüanges du défunt. Ceux qui avoient exercé des Charges, ou qui étoient d'une ancienne Noblesse, étoient distingués des autres, en ce qu'on portoit devant leur cercueil les marques de leur Dignité, comme les faisceaux Consulaires, les Images de leurs Ancêtres qu'on élevoit sur des piques ou que l'on portoit dans des chariots, & les couronnes que leurs belles actions leur avoient fait meriter. Les Affranchis, portant le bonnet pour marque de leur liberté suivoient cette pompe & precedoient les enfans, les parens & les amis. Les fils du défunt avoient un voile sur la tête, & les filles les cheveux épars sans nulle coëffure. Ce convoi étoit mêlé de Pleureuses, dont la fonction étoit d'entonner des airs lugubres que le peuple repetoit. On les nommoit *Præficæ*. Quand c'étoit quelqu'un d'une famille fort considerable, on portoit d'abord son corps dans la Place Romaine, où son Oraison funebre étoit prononcée, & de là on alloit au lieu où le bucher étoit préparé. C'étoit un tas de bois de pins, d'ifs, de meleses & autres semblables arrangés l'un sur l'autre en forme d'autel. On environnoit tout le bucher de cyprés, & on y mettoit le corps vêtu de sa robe & arrosé de liqueurs précieuses, couché dans un cercueil fait exprés, le visage vers le Ciel, & ayant une piece d'argent dans la bouche. Alors les plus proches parens mettoient le feu au bucher, auquel ils tournoient le dos. Ainsi c'étoit par derriere qu'ils l'allumoient avec un flambeau, y jettant ensuite les habits, les armes & les autres choses les plus aimées du défunt. Anciennement on sacrifioit des captifs auprès du bucher; ce qui fut changé en des combats de Gladiateurs. Après que le corps étoit brûlé, les os & les cendres se lavoient avec du lait & du vin, & on les renfermoit dans une urne qui étoit portée dans le sepulcre que l'on avoit preparé pour le défunt. Devant ce sepulcre étoit un petit autel où l'on brûloit de l'encens & d'autres parfums, & cette ceremonie de Funerailles étoit terminée par un festin que l'on faisoit aux parens & aux amis. Il y avoit des corps que l'on enterroit sans les brûler, selon que le défunt l'avoit ordonné.

Parmi les Juifs, le mort est étendu dans un drap, le visage couvert & une bougie allumée auprès de la tête. On le lave avec de l'eau chaude où il y a de la camomille & des roses seches, & après lui avoir mis une chemise, des caleçons, son taled & un bonnet blanc sur la tête, on l'enferme dans un cercueil avec un linge au fond & un autre par dessus. Chacun s'assemble autour du cercueil qu'on couvre de noir, & on le porte tour à tour sur ses épaules jusqu'au cimetiere, qui est d'ordinaire un champ destiné pour cet usage, qu'ils appellent *Maison des vivans*, tenant les Morts pour vivans à cause de leurs ames. On fait alors une priere tirée du Deuteronome, puis on met un petit sac de terre sous la tête du défunt, & ayant cloué le cercueil on le met en terre, chacun en jettant dessus jusqu'à ce qu'on voye la fosse remplie. Le plus proche des parens déchire son habit en quelque endroit, & en sortant de ce Cimetiere chacun arrache deux ou trois fois de l'herbe, & dit en la jettant derriere soi, *Ils fleuriront de la ville, comme l'herbe de la terre.* Après cela, ils se lavent les mains, s'asseyent & se levent neuf fois en disant le Pseaume 91. & retournent au logis, où les plus proches parens du mort s'étant rendus ils se mettent à terre, ôtent leurs souliers, & boivent & mangent en cette posture, ce qu'ils font sept jours de suite, à l'exception du jour du Sabbat qu'ils vont aux prieres. Pendant ces sept jours, ils ne peuvent faire aucun travail ni poursuivre leurs affaires. Le mari & la femme ne peuvent coucher ensemble, & les sept jours expirés, ils vont à la Synagogue, où plusieurs font allumer des lampes, faire des prieres, & promettent des aumônes pour l'ame du mort, recommençant ces sortes de choses à la fin du mois & de l'année. Si c'est un Rabin ou quelque personne considerable, on fait son Oraison funebre l'un de ces jours-là.

Les Algeriens qui suivent la Loi de Mahomet, lavent aussi leurs morts avec de l'eau chaude, & y joignent du savon. Ils les revêtent d'une chemise, de caleçons blancs, d'un habit de soye & d'un turban, & les ayant mis dans la biere en cet état, ils les portent dans la fosse hors de la ville. Si c'est une personne qui soit riche, on grave ses titres, ses qualités, & des sentences de l'Alcoran sur la pierre du tombeau. On ne porte point le deuil en ce pays-là. Les femmes tiennent seulement leur visage couvert d'un voile noir pendant quelques jours & les hommes sont un mois sans se raser. On n'allume point de feu dans les maisons durant trois jours, & pendant ce tems les parens du mort vont visiter son tombeau, sur lequel ils mettent de petites pierres à feu qu'on trouve sur le rivage, & en les jettant ils prononcent des paroles qui veulent dire, *Lumiere de Dieu.* Les Funerailles des grands se font en mettant le corps dans la caisse, enveloppé de bandes, de portraits & divers autres ornemens. Des porteurs magnifiquement vêtus la chargent sur leurs épaules. Un Marabout va devant & les Domestiques du Défunt suivent sa biere, portant sa lance & son sabre, ce qui est suivi d'un grand nombre de Chevaux & de Chameaux. La tombe est de pierre taillée proprement, enrichie de statues & de creneaux.

En Moscovie les Funerailles se font avec beaucoup de ceremonies. Les parens & les amis du défunt s'étant rendus au logis, se rangent autour du corps, & lui demandent pourquoi il s'est laissé mourir, si ses affaires n'étoient pas en bon état, s'il manquoit des choses necessaires pour la vie, si sa femme n'étoit pas assés belle & assés jeune, ou si elle lui a manqué de fidelité; & aussi-tôt on envoye un present de biere, d'eau de vie & d'hydromel au Prêtre, afin qu'il fasse des prieres pour son ame. Le corps étant bien lavé, on le revêt d'une chemise blanche, on lui chausse des souliers faits de cuir de Russie fort delié, & on le met dans le cercueil, les bras posés sur l'estomac en forme de croix. On couvre ce cercueil d'un drap, & on le porte à l'Eglise, où on le laisse huit ou dix jours, si la saison le permet. Pendant ce tems le Prêtre lui donne de l'encens & de l'eau benite tous les jours. Le convoi se fait dans l'ordre qui suit. A la tête marche un Prêtre portant l'image du Saint que le Mort a eu pour Patron à son baptême. Quelques filles de ses plus proches parentes precedent le corps, remplissant l'air de lamentations lugubres. Les Prêtres environnent ce corps & l'encensent pour en éloigner les mauvais Esprits, & chantent quelques Pseaumes. Les parens & amis suivent chacun un cierge à la main. On découvre la biere auprès de la fosse, & l'on tient sur le défunt l'image de son Patron; tandis que le Prêtre fait quelques prieres, mêlées souvent de ces paroles, *Seigneur, regarde cette ame en justice.* Cela fait ceux du convoi prennent congé du défunt, en le baisent, ou seulement son cercueil; & le Prêtre s'étant approché lui met entre les doigts un billet signé du Patriarche ou du Metropolitain du lieu & du Confesseur, qui le vendent selon la qualité des personnes. Ce billet qui est une maniere de passeport pour le voyage de l'autre monde, est à peu près conçû en ces termes: *Nous soussignez Patriarche ou Metropolitain & Prêtre de cette Ville de... reconnoissons & certifions par ces presentes que... Porteur de nos lettres, a toujours vêcu parmi nous en bon Chrêtien, faisant profession de la Religion Grecque, & que bien qu'il ait quelquefois peché il s'en est confessé & a reçû ensuite l'absolution & la communion en remission de ses pechez. Nous reconnoissons de plus, qu'il a reveré Dieu & ses Saints; qu'il a fait ses prieres & qu'il a jeûné aux heures & aux jours ordonnez par l'Eglise, s'étant si bien gouverné avec moi qui suis son Confesseur, que je n'ai point eu sujet de me plaindre de lui, ni de lui refuser l'absolution de ses pechez. En témoin de quoi nous lui avons fait expedier le present certificat, afin que Saint Pierre en le voyant lui ouvre la porte à la joye éternelle.* On ferme la biere si-tôt qu'on lui a donné ce passeport & on le met dans la terre, le visage tourné du côté de l'Orient. Ceux qui l'ont accompagné, font leurs devotions aux Images, & la ceremonie se termine par un grand festin. Le deuil des Enfans dure seulement quarante jours, pendant lesquels ils font trois autres festins aux parens & amis du mort, sçavoir le troisiéme, le neuviéme & le vingtiéme jour après qu'on l'a enterré. Cela se fait à l'imitation des Grecs modernes, qui prennent le quarantiéme jour au lieu du vingtiéme, à cause que vers ce tems-là le cœur se corrompt, comme le corps commence à pourrir vers le neuviéme, & le visage à se défigurer le troisiéme.

On observe les choses suivantes aux Funerailles de ceux de l'Isle de Madagascar. Le corps du défunt étant lavé, ses plus proches parens l'ornent de menilles d'or, de pendant d'oreille, de chaînes embellies de corail, & l'ensevelissent dans deux ou trois linges extrémement fins, après quoi il est porté au tombeau enveloppé d'une grande nate. On rase la barbe & les cheveux à ceux qui ont quelque rang, & pour les femmes on leur met un bonnet sur la tête. Avant la ceremonie des Funerailles, les parens, amis & esclaves du mort font des lamentations autour du corps, & cependant plusieurs femmes & filles dansent des danses serieuses au son du tambour. Après avoir fait un tour, elles vont pleurer dans le logis, & ensuite reviennent danser comme auparavant. Les hommes font aussi l'exercice des armes de tems à autre, & parmi les lamentations qui se font dans la maison, on demande plusieurs fois au mort par quelle raison, il a voulu sortir de la vie. Tout le jour s'étant passé à faire des plaintes sur le mort, le soir on tue des bœufs dont on distribue la chair bouillie ou rôtie à toute l'assemblée. Le lendemain on met le corps mort dans un cercueil, fait de deux troncs creusez, & très-bien joints l'un à l'autre, & on le porte ainsi au cimetiere, le mettant six piés en terre sous une maison bien bâtie avec un panier de ris, une boîte à tabac, un plat de terre, un petit réchaut pour brûler des parfums, un habit, & une ceinture à côté du mort. Devant la même maison que l'on ferme ensuite, on plante une grosse pierre haute de douze ou de quinze piés, & après cela on immole des bêtes, dont on met les têtes sur des pieux autour du tombeau. On laisse une partie de ces bêtes pour Dieu, pour le Diable & pour le Mort, auquel huit ou quinze jours après, ses parens envoyent de la viande par un esclave, & ce font saluer comme s'il vivoit encore. Les enfans viennent de tems à autre au tombeau où ils sacrifient un bœuf, & demandent conseil au défunt sur tout ce qui leur fait de l'embarras.

Les ceremonies des Funerailles de ceux du Royaume de Quojas, Pays des Noirs, sont particulieres. Après qu'on a lavé le corps du défunt, on le met tout droit avec des appuis pour le soutenir. On tresse ses cheveux, & on le revêt du plus bel habit qu'il peut avoir. Si c'est un homme, on lui met un arc & des fleches dans les mains, & quand le corps est ainsi paré, les plus proches parens du défunt viennent tirer de l'arc devant lui, poussant une fleche aussi loin qu'ils peuvent, comme pour lui témoigner que si quelque ennemi l'avoit tué, ils seroient tout prêts à venger sa mort. L'heure des Funerailles étant arrivée, les hommes mettent le corps sur une échelle, & le chargent sur leurs épaules, ils l'emportent dans l'un des Villages qui sont au midi de la riviere de Plizoge, & l'ensevelissent dans une fosse creusée seulement de deux ou trois piés. Ensuite on le couvre de terre, & on y jette une nate peinte par dessus que l'on attache avec de grands cloux. Quelque tems après les amis du mort bâtissent une cabanne sur son sepulcre, & lui portent des viandes de tems à autre. Si c'est un homme d'un rang distingué, on prend une ou deux de ses femmes esclaves que l'on destine à l'aller servir en l'autre monde. On les fait demeurer auprès du corps tandis qu'on fait les aprêts, & les parens qui sont avec elles, leur donnent des bracelets, des tours de corail, & de beaux habits, avec une soupe de ris, un poulet, & du tabac. Ces pauvres esclaves jettent le reste de leurs viandes au feu, quand l'heure de l'enterrement est venue, & étant arrivées au lieu du tombeau, on les étrangle & on les ensevelit avec leur Maître. Au commencement du deuil les plus chers amis du mort, s'obligent à un Jeûne par serment & promettent de ne point porter d'habit de couleur, mais seulement blanc & noir, de ne manger point de ris, de boire seulement de l'eau des fossés, & de ne point coucher avec leurs femmes, pendant huit ou quinze jours, & même pendant un mois. Ce terme expiré, ils vont protester de l'accomplissement du vœu, après quoi on prépare un grand festin, à la fin duquel les parens du mort font des presens à tous ceux qui ont jeûné à proportion du rang qu'ils tiennent.

Au Royaume de Pegu, il y a une occasion où l'on fait des Funerailles d'un homme vivant: c'est quand les Jesuites qui y sont reçûs ont fait embrasser le Christianisme à quelque homme du Pays. Alors sa Femme celebre ses Funerailles, & lui fait dresser un tombeau, où elle fait ses lamentations comme s'il étoit mort. Cela étant fait, elle prend le nom de veuve & peut se remarier avec un autre.

FUNERAIRE. adj. Qui appartient aux Funerailles. *Frais Funeraires.* On appelle en termes d'Architecture, *Colonne Funeraire*, Celle qui porte une urne où l'on suppose que les cendres de quelque personne morte sont enfermées. Elle a quelquefois son fust semé de larmes ou de flames, symboles de la tristesse, & de l'immortalité.

FUNGUS. s. m. Terme de Medecine. Tumeur molle qui s'éleve autour des articles, & qui s'augmente insensiblement. Lorsque la peau est ouverte, comme elle trouve plus d'espace, elle prend en un moment un accroissement prodigieux, en forme d'un champignon. C'est ce qui la fait appeller *Fungus*, ou Champignon des articles. Il vient de la dilatation ou du déchirement des membranes ou des tendons qui sont relâchez, ou de quel que partie nerveuse offensée par une contusion, par une laxation en sautant, ou par une cheute. C'est rarement que le Fungus se trouve hors des articles; & on remarque qu'il est toûjours attaché à des membranes, à des tendons, ou à des parties semblables. L'humeur nourriciere ramassée & retenuë en est la cause. Cette humeur se joignant à cette graisse glaireuse qui oint naturellement les articles pour faciliter le mouvement, engendre une substance molle, rare & spongieuse, qui quelquefois contracte de la corruption & une aridité occulte, qui fait que le Fungus étant maltraité acquiert aisément une malignité chancreuse. Les Fungus croissent d'ordinaire sur les membranes du cerveau plûtôt que sur les autres parties, c'est-à-dire, dans les playes de la tête, lorsque l'on n'a pas tout le soin qu'on doit avoir de les défendre de l'air exterieur. Cette maladie est rare, mais la cure en est d'autant plus fâcheuse que les Fungus sont profondement enracinés dans l'article, & particulierement dans les parties nerveuses.

FUNIN. s. m. Cordage de Vaisseau. On dit, *Mettre un Vaisseau en Funin*, pour dire, L'agréer de tous ses cordages. Les Cordiers appellent *Franc Funin*, De gros cordages, qui sont composés de cinq torons tellement serrés, que le cordage paroît plus arrondi que le cordage ordinaire. On se sert de cordes de franc Funin pour les plus rudes manœuvres.

FUR

FURET. s. m. Petit animal, qui n'est pas plus grand qu'un Ecureuil, & qui se nourrit plûtôt de sang que de chair. On l'appelle ainsi à cause qu'il va fureter dans les trous des Lapins & des Renards pour les en faire sortir. On le dresse exprès à cette sorte de chasse. Il a les yeux rouges, le ventre blanc, & tout le reste du corps couvert d'un poil dont la couleur participe du blanc & de la couleur de bouis. On tient que les petits de la femelle du Furet sont trente-trois jours sans voir clair. Les Latins l'appellent *Furo*, *Furunculus*, *Fureotus*, *Mustela Sylvestris & Viverra*. On l'appelle ἴκτις en Grec.

Le Mercure est appellé *le Furet* en Medecine, à cause qu'il penetre dans les Parties les plus secretes & les plus solides du corps pour en chasser la corruption.

FURIEUX, EUSE. adj. Terme de Blason. Il se dit d'un taureau qui est élevé sur ses piés. *D'azur au Taureau furieux, & levé en pié d'or.*

FURIN. Terme de Marine. On dit, *Mener un vaisseau en Furin*, pour dire, Le mener hors du havre, & en pleine mer, ce qui se fait par des pilotes des lieux, qui connoissent les endroits où il y a du danger.

FUROLE. Vieux mot. Feu de saint Elme.

FURONCLE. s. m. Terme de Medecine. Espece de phlegmon aigu & pointu, accompagné d'inflammation & de douleur. Il est causé par un sang gros & vicieux, mais qui est moins bouillant que celui qui fait le carboncle. On l'appelle *Furunculus* ou *Ferunculum* en Latin, ce qu'on fait venir de *Fervor*. En Grec δοθιήν.

FUS

FUSAIN. s. m. Sorte de petit arbrisseau qui est propre à faire des hayes.

FUSAROLE. s. f. Terme d'Architecture. petit membre rond, taillé en forme de Collier & de certains grains un peu longs, sous l'ove des chapiteaux Dorique, Ionique & Composite.

FUSÉ, ÉE adj. On appelle *Chaux fusée*, Celle que l'eau n'a ni amortie ni détrempée, & qui d'elle-même s'est reduite en poudre. Cette sorte de chaux n'est propre à aucun ouvrage, à cause qu'aucune partie ignée ne s'y trouve plus.

FUSEAU. s. m. Petit morceau de bois leger, qui est long d'environ un demi pié, & plus gros par le milieu que par les deux bouts. On met le fil de la quenouille tout à l'entour, & on le tourne en filant. On appelle encore *Fuseaux*, certains bâtons tournés où il y a du fil, de la soye, de l'or, de l'argent devidé autour, pour faire des dentelles, des guipures, & autres ouvrages. Les bâtons de la Lanterne d'un moulin s'appellent aussi *Fuseaux*.

On appelle en termes de Marine *Fuseaux de Cabestan*, de courtes pieces de bois que l'on met au cabestan pour le renfler.

FUSÉE. s. f. Piece de feu d'artifice qui se lance en l'air dans les réjouissances publiques. Il y en a de

Courantes. Dans les Fusées que l'on appelle *Volantes*, la baguette leur sert de contrepoids pour les tenir droites en l'air. *Les Fusées à étoiles* sont celles qui ont plusieurs petites boules de poudre, & qui forment une figure d'étoile quand elles sont enflamées. On appelle *Fusées à serpenteaux*, les grosses Fusées qui en enferment un grand nombre de petites.

Fusée. Terme d'Horlogeur. Piece de montre qui est sur la grande roue, & qui sert à monter le grand ressort.

On appelle *Fusée* dans un Tournebroche, la partie du bois du tournebroche où l'on met les cordes.

Fusée. Terme de Marine. On appelle *Fusée d'aviron*, Un peloton d'étoupe goudronnée, avec un entrelassement de fil de carret, qui se fait vers le menu bout de l'aviron, ce qui l'empêche de sortir de l'étrier, & de tomber à la mer quand on le quitte le long de la chapelle. On dit aussi *Fusée de Tournevire*. C'est un entrelassement du même fil de carret. On le fait sur la Tournevire de distance en distance pour retenir les garcettes, & les empêcher de glisser le long de la corde.

Fusée. Sorte de maladie de cheval, qui lui vient de deux suros dangereux, qui se joignent ensemble de haut en bas, au-dedans du canon sur le train de devant, & qui montant quelquefois jusqu'au genouil le rendent estropié.

Fusée. Terme de Blason. Figure en forme de Fusée que quelques-uns portent dans leur écu. Les Fusées sont plus étendues en longueur que les losanges, & affilées en pointe de même que les fuseaux. On regarde la Fusée comme la marque de la droiture & de l'équité. *D'argent à cinq Fusées de gueules*. Il y en a pourtant qui prétendent que les Fusées en Blason soient des marques de flétrissure pour les maisons qui les portent. Ils en donnent pour raison qu'après que les croisades eurent été publiées, nos Rois condamnerent les Gentilshommes qui se dispenserent d'aller à la guerre contre les Infidelles, à changer leurs armes & à charger leurs écus de Fusées, comme reconnoissant qu'ils meritoient d'être mis au nombre des femmes.

FUSELÉ, ÉE. adj. Terme de Blason. Il se dit d'une piece chargée de Fusées. *Fuselé d'argent & de gueules*.

On appelle en termes d'Architecture, *Colonne Fuselée*, Une colonne, dont le renflement étant hors de la belle proportion & trop sensible, fait qu'elle ressemble à un Fuseau.

FUSIBLE. adj. On dit d'un métal, qu'*Il est Fusible*, pour dire, qu'On le peut fondre à force de feu.

On appelle *Colonnes Fusibles*, non seulement celles qui sont de divers métaux & autres matieres Fusibles comme le verre, mais encore les Colonnes de pierre que l'on appelle Fondue dont les anciens avoient le secret, selon que quelques-uns se le persuadent.

FUSIL. s. m. Arme tout-à-fait semblable au mousquet, si ce n'est qu'on y joint un chien, qui porte une pierre, & qui s'abattant avec ressort fait feu sur le bassinet, au lieu que l'on joint un serpentin à la platine du mousquet, qui peut-être a son calibre encore plus grand, & est un peu plus pesant. Ordinairement dans chaque Compagnie d'Infanterie, il y a quatre Fusiliers, qu'on choisit entre les plus adroits de la Compagnie pour porter cette sorte d'arme, à cause du danger qu'il y a à la manier. Le Fusil se porte en bandouliere. Tous les Grenadiers en France sont armés de Fusils de même que les Dragons. Il y a dix Fusiliers dans chaque Compagnie aux Gardes, & le Grand Maître de l'Artillerie a un Regiment de Fusiliers pour la garde & le service de l'Artillerie. La balle du Fusil est du poids de vingt à la livre.

On appelle *Pistolets à Fusil*, Ceux qui ont une platine d'acier vers la culasse, qui fait du feu, en lâchant le chien sur la couverture du bassinet, ce qui les distingue des pistolets à rouet, qui étoient autrefois fort en usage. Le mot de *Fusil*, selon quelques-uns vient de *Focile* qu'on a formé de *Focus* qui signifie une Pierre à feu. On a étendu delà le nom au fer, à la platine, & à l'arme que l'on appelle Fusil. Du Cange le fait venir de *Fugillus*, & Ugutio a dit *Fugillare*, pour dire, *Ignem de petrâ fugillo extrahere*.

Fusil, chés les Bouchers, Rotisseurs & autres, est un morceau de fer arrondi en forme de quille qui leur pend de la ceinture, & dont ils se servent pour aiguiser leurs couteaux.

FUSILE. adj. Qui peut se fondre. Quelques-uns se servent de ce mot au lieu de *Fusible*. La grandeur des Obelisques qui se voyent à Rome, a fait croire qu'il y a eu autrefois des pierres fusibles.

FUSILIERE. adj. On appelle *Pierre fusiliere*, Une espece de pierre dure & seche qui tient de la nature du caillou. Il y en a de grise, & de la petite noire. On se sert de cette derniere pour les terrasses & les bassins de fontaine, & on l'appelle autrement *Pierre à Fusil*.

FUSIN. s. m. Arbre que Matthiole a connu pour être fort dangereux au bétail, & d'une puante odeur, ce qui le persuade que c'est la plante que Theophraste nomme *Evonymus*, & dont il parle en ces termes. L'Evonymus est de la grandeur du Grenadier, ayant sa feuille semblable, & molle comme celle de cet arbre, & un peu plus grande que la feuille du Laureole mâle. Il commence à pousser en Septembre, & fleurit au Printems. Sa fleur est d'une couleur semblable aux violettes blanches, de mauvaise odeur, & dangereuse à ceux qui la sentent. Son fruit avec son écorce ressemble aux gousses de la Jugeoline, excepté qu'il se sépare en quatre. Il fait mourir le bétail qui en mange, aussi bien que sa feuille, & sur-tout les chévres s'il ne leur vient quelque subit flux de ventre. Matthiole ajoûte que son bois est pâle comme le bouis, moins pesant & moins massif.

FUSION. s. f. Terme de Chymie. Fonte des métaux. *Le feu de fusion*, est un feu de reverbere. La fusion de fer ne se fait qu'avec un très-grand feu dans les forges. On dit aussi la *Fusion des sels*, lorsqu'on en fait des eaux fortes.

FUST. s. m. On appelle *Fust*, Le bois dont le corps d'une quaisse ou d'un tambour est composé. Il se dit aussi du bois d'une raquette.

Il signifie encore un instrument qui porte un couteau qu'on serre par le moyen d'une vis. Les Relieurs s'en servent à couper les feuillets des livres.

On appelle aussi *Fust*, La tige d'un trépan aussi bien que le bois d'un rabot, d'une varlope, & de divers autres outils dont les Menuisiers se servent.

Fust. Terme d'Architecture. *Fust de Colonne*. C'est le vif, le tronc & le corps de la colonne, qui est compris entre la base & le chapiteau.

On dit en termes de Marine, *Fust de girouette*, pour signifier Un bois plat comme une latte, & qui n'a de largeur que quatre doigts, où l'on coût la girouette.

FUSTAYE. s. f. Grand bois, qu'on n'a point coupé en ventes ordinaires, & qu'on a laissé croître au-dessus de quarante ans. Ces sortes de bois font partie du fond, & il n'est pas permis aux Usufruitiers de les couper. On en connoît l'âge par le nombre des cercles qui paroissent sur le pié de l'arbre quand il est coupé. *Fustaye sur taillis*, est un bois qui a quarante ans. Depuis quarante ans jusqu'à soixante on l'appelle *Demi-fustaye*. Depuis soixante jusqu'à six-vingts, il est *Jeune demi-fustaye*, & quand il a passé deux cens ans, il est *Haute fustaye sur le retour*. On dit *Haute & pleine fustaye*, en parlant de celle des arbres de belle venue, & qui sont pressés, & *Fustaye basse & rabougrie*, quand les arbres sont bas & tortus, & de mauvaise venue. Borel veut que l'on ait dit, *Un bois de haute fustaye*, de ce qu'autrefois on appelloit *Fusti* des poutres, & quelquefois même la charpente d'un bâtiment qui se fait toûjours de ces sortes d'arbres. On disoit aussi *Fust ferré*, pour dire, Un bâton ferré, du Latin *Fustis*, Bâton.

FUSTE. s. f. Bâtiment de bas bord & de charge, qu'on fait aller à voiles & à rames.

FUSTER. v. a. Vieux mot. Battre à coups de bâton.

Ceux fustent, battent, lient, pendent.

Borel dit que c'est delà que vient *Fustiger*, parce que l'on fouette à coups de verges ou petits bâtons. Il croit aussi que le mot de *Fouet* en vient & qu'on a écrit autrefois *Fuest*, à quoi on a ajoûté la lettre *o*, la plûpart des Nations prononçant l'*u* en *ou*. On a dit aussi *Bois fusté*, pour dire, Bois dégradé.

FUT

FUTE'E. s. f. Composition faite de poudre ou de scieure de bois avec de la colle forte, dont les Menuisiers se servent pour remplir les trous, fentes & autres défauts du bois. Quelques-uns font du mastic avec de la cire, de la resine, & de la brique pilée, & ce mastic étant moins sujet à se gerser, est meilleur que la Futée.

FUY

FUYE. s. f. Petite voliere où l'on nourrit quelques pigeons domestiques, & que l'on ferme avec un volet. Ce mot vient du Latin *Fuga*, d'où vient qu'on a dit autrefois *Fuye*, pour, Fuite.

G

GAA

GAAGNERIE. f. f. Vieux mot. Pâturage. On appelloit autrefois *Gaaignages*, les Prés abondans en herbes.

Figues y eut & gaaignages,
Grands rivieres & grands boscages.

On croit que c'est delà qu'est venu *Regain*, qui veut dire la seconde herbe des prés. Borel marque qu'on a dit *Gaaiez*, *gaans*, *gaaing*, *gasan*, *gayeng* & *gayens*, pour dire, Gain. Il semble que l'on doive entendre par ce mot de *Gain* la premiere herbe des prés, comme le Regain en est la seconde.

GAB

GAB. f. m. Vieux mot. Raillerie, moquerie.

Sur moi cherra trestous li gabs.

On a dit delà *Gaber*, pour dire, Railler. *Les enfans gaberent Elisée, lui disant, Monte, chauve.* On a dit aussi *Se gaber*, pour, Se moquer. *Vous vous êtes gabés de moi par dérisions.* Delà est encore venu ce qui se dit populairement, *Donner de la gabatine à quelqu'un*, pour dire, Lui faire en se moquant une promesse ambigue que l'on n'a pas envie de tenir. M. Ménage dit que le mot de *Gab* vient de *Gabberen*; qui en Allemand signifie Badiner.

GABAN. f. m. Sorte de manteau de feutre à long poil que l'on portoit autrefois pour se défendre contre la pluie.

A son col tourne sa cornette,
Sur son col met un grand gaban.

GABARE. f. f. Bateau plat & large dont on se sert sur quelques rivieres qui n'ont point assés de fond, & qui est propre pour la cargaison des Vaisseaux. Il va à voiles & à rames. M. Ménage le fait venir du Grec καράβιον, Nacelle, ou du Latin *Carabus*, & Borel de καμάρα, Voute.

GABARIER. f. m. Celui qui sert à conduire une gabare. Il se dit aussi d'un Portefaix que l'on emploie à charger & à décharger les navires.

GABARIT. f. m. Terme de Marine. Modele d'un Vaisseau, qui avec des pieces de bois fort minces represente la maniere dont il doit être construit, tant pour la longueur & la largeur, que pour le calibre de ses membres. On dit qu'*Un Vaisseau est d'un bon Gabarit*, pour dire, qu'Il est bien coupé, & que la construction en est bonne. On appelle *Premier Gabarit*, la Varangue qui se met sous le maître bau & qui y répond, & *Second & troisiéme Gabarit*, les Modeles qui s'élevent sur les autres varangues selon leur ordre.

GABELLE. f. f. Quoique par ce mot on doive entendre en general le droit qui se leve sur toutes sortes de marchandises; ce qui a fait dire dans les Coûtumes, *Gabelle de vin*, *gabelle de draps*, l'usage confirmé par l'Ordonnance de Henri III. veut que le droit de Gabelle soit pris pour celui qui l'impose sur le sel. Ce droit n'a pas été inconnu chés les autres Nations; & si l'on en croit Pline, Ancus Martius l'a établi le premier à Rome. Ce fut de cette imposition sur le sel que fit Marcus Livius dans le tems qu'il fut Censeur, qu'on lui donna le nom de *Salinator*, comme qui diroit Gabeleur. Les Empereurs Romains ont aussi tiré de grands profits des Salines; ce qui fait voir que les Rois de France n'ont point inventé l'impôt sur le sel. Les particuliers en ont eu long-tems la libre disposition, & ce fut Philippe de Valois qui en 1343. imposa le premier une sorte de tribut sur le sel. D'autres veulent que le Roi Jean en ait été l'auteur. Ce n'étoit point au commencement un tribut perpetuel, puisqu'il est porté dans l'Ordonnance de Philippe IV. de l'année 1318. *Notre intention n'est que les Gabelles & Impositions durent à toûjours, & qu'elles soient mises en notre domaine; ainçois voudrions qu'elles fussent abbatues, & que les Prévôts & Fermiers fussent ôtés & baillés en garde à bonne & suffisante personne.* La levée qui se fit d'abord sur le sel fut très-mediocre. En 1324. Philippe le Long faisoit seulement percevoir deux deniers sur chaque minot, & peu à peu on a augmenté ce droit selon les diverses occurrences. François I. prit d'abord vingt-quatre livres par muid, & ensuite l'impôt fut porté jusqu'à quarante-cinq. Presentement le sel se vend quarante-deux ou quarante-trois livres, suivant les Generalités. Les Officiers préposés pour juger si le sel est bien conditionné, pour prendre garde aux mesures & pour faire le procès aux Faussonniers, sont appellés Grenetiers, & les appellations de leurs Sentences se relevent en la Cour des Aides. Le sel ne se distribue pas en tous lieux de la même sorte. Il y a des Greniers où la vente est volontaire, & il y en a d'impôt; & cette vente se fait tous les ans, & s'assied comme la Taille, chaque Paroisse en prenant la quantité à laquelle elle est imposée, & la distribution s'en fait en particulier à proportion des familles. On a coûtume de faire trois Fermes des Gabelles. La premiere comprend la plus grande partie du Royaume, & s'appelle *Le grand Parti.* La seconde est celle du Lyonnois & du Languedoc, & la troisiéme celle de la Provence & du Dauphiné. Le mot de *Gabelle*, selon du Cange, vient de *Gablum*, tiré du Saxon, qui signifie Tribut, ou de *Alcavala* qui signifie Recepte en Arabe, & Gabelle en Espagnol. C'est le sentiment de M. Ménage. Ceux qui font le sel, après qu'ils l'ont essuyé, l'appelle *Sel gabellé* ou *gavellé*.

GABET. f. m. Terme de Marine dont on se sert en certains lieux de la Manche pour signifier une Girouette.

GABIE. f. f. Terme qui est en usage sur la Mediterranée pour dire la hune ou la cage qui est au haut d'un mât. L'arbre de hune s'appelle aussi *Gabie* à Marseille. Ce mot vient de l'Italien *Gabbia*, Cage.

GABIER. f. m. Terme de Marine. Matelot qui est sur la hune à faire le guet & la découverte pendant son quart. Quelques-uns appellent aussi *Gabier*, un Matelot qui a soin de visiter tous les matins les manœuvres du Vaisseau, pour voir si rien ne se coupe, & si tout est en bon ordre.

GABION. s. m. Terme de guerre. Panier de cinq à six piés de hauteur sur une largeur de quatre, tant par le haut que par le bas. On remplit ces sortes de paniers de terre pour se couvrir contre l'Ennemi, & ils servent tantôt de merlons pour les batteries, & tantôt de parapet à des lignes d'approche, lorsqu'on se trouve obligé de conduire les attaques par un chemin pierreux & qui est semé de rochers, & que l'on veut avancer extraordinairement le travail. Ils servent aussi à faire des logemens sur quelques postes. L'Ennemi met le feu aux Gabions par des fascines goudronnées qu'il y attache quand il en veut rendre l'usage inutile.

GABORDS. s. m. p. Planches d'en bas dont est composé le bordage exterieur d'un Navire. Ces planches forment par dehors un coude en arc concave depuis la quille jusqu'au-dessus des varangues.

GABURON. s. m. Terme de Marine. Piece de bois qui étant appliquée contre un mât, ou contre une vergue, fait que le bois n'en éclate pas. On l'appelle autrement *Clamp*, *Gemelle* & *jumelle*.

GABUERIBA. s. m. Arbre du Bresil qui est spacieux & fort estimé des Portugais, qui appellent Baume une liqueur qu'il rend, & qui découle insensiblement dans du coton qu'on y met après qu'on a legerement entamé l'écorce. Ce baume approche du vrai, & guerit les playes nouvelles. Il a une bonne odeur qu'il communique aux forêts où ces arbres croissent. Leur bois est compté entre les plus excellens pour sa dureté & sa pesanteur, & pour l'usage qu'il a en charpenterie. Les bêtes sauvages, voulant se guerir de quelque mal, vont à cet arbre, dont ils entament l'écorce à force de s'y frotter. Il se trouve dans le Gouvernement du S. Esprit plus qu'en aucun autre lieu. C'est ce qu'en rapporte Laët.

GAC

GACHE. s. f. Terme de Serrurier. Piece de fer ronde ou plate, qui est percée, & dans laquelle on fait entrer le pêne de la serrure lorsqu'on veut tenir la porte fermée. La Gache est attachée au pôteau de la porte, ou scellée au mur.

On appelle aussi *Gâches*, des Cercles de fer qui servent à tenir ferme contre les murs les descentes de plomb qui reçoivent l'eau des chaîneaux & des goutieres.

Gache. Terme de Patissier. Petit instrument de bois qui sert aux Patissiers quand ils veulent manier leurs farces. Il est large & délié par le bout d'en bas, & long d'un bon pié.

On a dit *Gache*, dans le vieux langage, pour dire, Aviron, & les Bateliers disent encore *Gâcher*, pour dire, Ramer, tirer un bateau avec des avirons. On dit *Gâcher du plâtre*, pour dire, Le détremper dans l'auge avec la truelle. *Gâcher*, selon Nicod, vient dans cette signification du mot *Vasser*, qui signifie Eau en Allemand,

GACHETTE. s. f. Terme de Serrurier. Petit morceau de fer qui se met sous le pêne d'une serrure d'un tour & demi.

GACHIERES. s. f. p. Vieux mot qui a signifié des Terres nouvellement défrichées & non semées. On les appelle aujourd'hui *Novales*. Du Cange fait venir *Gachieres* du Latin *Gascaria*. On a dit aussi *Gacquieres*, pour dire, Sillons non semés d'un champ.

GAD

GADELLE. s. f. Sorte de petit fruit dont on fait des confitures liquides.

GAF

GAFFE. s. f. Terme de Marine. Espece de croc de fer dont on se sert dans une chaloupe pour s'éloigner de terre ou d'un Vaisseau, ou pour quelque autre besoin. Ce croc a deux branches. Il y en a une droite & l'autre courbe, & son manche est une perche qui a dix à douze piés de long. On dit *Gaffer quelque chose*, pour dire, l'Accrocher avec une Gaffe.

GAG

GAGATE. s. f. Sorte de pierre que Dioscoride dit qui se trouve ordinairement en Cilicie auprès de la chûte d'un fleuve appellé *Gagas*, qui entre en la mer proche de la Ville de Plagiopolis. C'est delà que cette pierre a été nommée *Gagate*. Elle est noire pour la plûpart, crasseuse, crousteuse & fort legere. Elle s'allume dès qu'on l'approche du feu, jette une fumée fort noire, & sent le bitume. Matthiole ajoûte qu'on en trouve quantité en Flandre, & dans le Brabant, & que les gens du pays, faute de bois, se chauffent de cette pierre. Il fait voir l'erreur de Fuchsius, qui prend cette pierre pour le Pissasphaltum ou pour l'ambre noir. Elle a une vertu mollitive & resolutive, & son parfum chasse les serpents. Etant brûlée dans des instrumens de verre propres pour cela, elle rend une huile qui est bonne pour ceux qui sont saisis de la rage, ou sujets au haut mal, & pour les paralytiques & les spasmatiques.

GAGE. s. m. *Ce qu'on met entre les mains de quelqu'un pour sureté d'une dette*. ACAD. FR. On dit, en termes de Coûtume, *Prendre gage*, pour dire, Prendre ou le chapeau ou quelque piece de l'habit de celui qu'on trouve faisant dommage dans l'heritage d'autrui; ce qui donne lieu de l'accuser en Justice pour l'obliger à réparer ce dommage. *Mort gage*, est celui dont on laisse jouir l'engagiste, de telle sorte qu'il a le profit des fruits, sans qu'il en compte rien sur la dette. *Vif gage*, est celui dont les fruits étant comptés sur la dette, là font diminuer à proportion de ce que l'on en perçoit. *Contre-gage*, a été autrefois une espece de represailles, que quelques Seigneurs ont prétendu avoir droit de prendre pour les indemniser du tort qu'on leur avoit fait.

Gage de combat. C'est, selon Nicod, ce que les futurs combattans jettent à terre & relevent reciproquement, après quoi ils le donnent à garder à un tiers pour assurance qu'ils entreront en champ clos au jour arrêté. C'étoit ordinairement le gantelet qu'ils jettoient pour Gage, s'ils se trouvoient alors armés; & s'ils n'étoient point armés, ils jettoient le gand de la main droite. Il rapporte cet exemple du second livre d'Amadis. *Lors jetta un gand; voilà*, dit-il, *mon gage, recevez-le pour votre frere, si de tant il vous veut advouer qu'il accepte le combat que vous lui avez moyenné. Alors la Damoiselle print le gand, puis défermant d'alentour de sa tête un fermaillet d'or*, dit au Roi: *Sire, pour mon frere absent j'ai accepté ce combat de lui contre ce Chevalier, en témoignage duquel vous recevrez, s'il vous plaît, ces deux gages, lesquels elle lui bailla*.

GAGER. v. a. Terme de Palais. Quand des témoins ont fait défaut sur une assignation qui leur a été faite pour venir dépoſer ce qu'ils ſçavent ſur quelque affaire, & qu'on veut les y obliger, on dit qu'*Ils ont été gagés de dix, de vingt livres*, pour dire, qu'Il a été ordonné qu'ils payeront cette ſomme, s'ils ne comparoiſſent pas au jour marqué. On appelle *Meubles gagés*, les Meubles qui ont été ſaiſis pour l'aſſûrance de quelque dette. Ainſi l'on dit dans ce ſens, qu'*Il a été ordonné que des meubles, auparavant gagés & executés, ſeront vendus.* On dit, *Gager une amende*, pour dire, La conſigner; & *Gager & offrir le rachat au Seigneur*, pour dire, Empêcher l'effet de la ſaiſie en conſignant & en faiſant des offres réelles. On appelle *Rachat gagé*, un Rachat promis & fixé. *Gager*, eſt auſſi un terme de Notaire, & veut dire, Offrir; ce qui fait qu'on met dans beaucoup de contrats, en parlant de celui qui s'engage au payement de quelque ſomme, *Lequel promet & gage de fournir & payer la ſomme de*, &c.

GAGERIE. ſ. f. Terme de Pratique. Simple ſaiſie & arrêt de meubles que le proprietaire d'une maiſon fait ſur ſon locataire pour aſſûrance des loyers qui lui ſont dûs. On ſe pourvoit auſſi quelquefois par Gagerie, pour une dette provenant d'une promeſſe qui n'eſt point reconnue. L'article 86. de la Coûtume de Paris eſt conçû en ces termes. *Il eſt loiſible à un Seigneur Cenſier en la ville & banlieue de Paris, au défaut de payement des droits de cens dont ſont chargés les heritages tenus en cenſive, de proceder par voie de ſimple Gagerie ſur les biens étans ès maiſons pour trois années d'arrerages dudit cens & au-deſſous, & eſt entendu* ſimple Gagerie, *quand il n'y a tranſport de biens.*

GAGNAGE. ſ. m. On dit auſſi *Gaguement*. *Gagnage*, ſe dit non ſeulement des terres labourées où les beſtiaux vont paître, mais encore des fruits des terres emblavées. *Prendre les gagnages d'une terre ſaiſie en rendant les labours & ſemences.* C'eſt en faire la recolte, en prendre les fruits. On a dit autrefois *Gaignage*, & l'on appelloit *Terre gaignable*, une Terre qui étoit fertile. Du Cange tire le mot de *Gagnage* de *Gagnagium* ou *Vvagnagium*, venant du vieux mot François *Gaaing*, Profit.

Gagnage eſt auſſi un terme d'Anjou, pour marquer les retributions des fondations. Cette *Chapelle n'eſt pas aux gagnages.* M. Arnaud Evêque d'Angers fit une Ordonnance qui défend de prendre les Gagnages en deux Egliſes. Il faut opter: on prend celle où la bourſe des Anniverſaires eſt plus forte.

Gagnage. Terme de Venerie. On dit qu'*Un Cerf va au gagnage*, pour dire, qu'Il va au viandis dans les terres qui ſont chargées de grains.

GAGNER. v. n. Profiter, faire du gain. On dit, en termes de Marine, qu'*Un Vaiſſeau a gagné au vent*, pour dire, qu'Un Vaiſſeau qui étoit ſous le vent, ſe trouve au vent. On dit auſſi, qu'*On a gagné ſur un Vaiſſeau*, quand on a cinglé mieux que lui, & qu'on en a approché; & abſolument qu'*On a gagné*, pour dire, qu'On a approché de quelque choſe, ſoit contre le vent, ou contre le courant de la mer. *Gagner le vent, gagner le deſſus du vent*, c'eſt prendre l'avantage du vent ſur ſon ennemi. Il eſt actif en cette derniere phraſe.

GAGUEI. ſ. m. Arbre de la Nouvelle Eſpagne, dont le fruit a la forme d'une figue, quoiqu'il ne ſoit pas plus gros qu'une noiſette. Il eſt au-dedans entierement comme une figue blanche, plein de petits grains & d'un fort bon goût. La decoction de ſes racines humecte la langue de ceux qui ont la fiévre, adoucit la douleur de poitrine & évacue la bile & le flegme. On cuit trois onces de ſes racines avec trois livres d'eau, juſqu'à ce que la moitié ſoit conſumée.

GAI

GAIANITES. ſ. m. Heretiques de la ſecte d'Eutiches, qui ſuivirent les erreurs de Julien d'Halicarnaſſe, Chef des Phantaſtiques, ennemis du Concile de Chalcedoine, & s'attacherent depuis aux ſentimens de Gaïan, que le peuple d'Alexandrie mit ſur le ſiege Epiſcopal dans le ſixiéme ſiecle; ce qui cauſa de grandes diviſions juſqu'à ce qu'il fût exilé. C'eſt de ce Gaïan que les Gaïanites ont pris leur nom. Ils ſoûtenoient que le Corps de Jesus-Christ avoit été incorruptible après l'union des deux natures, & qu'il n'avoit été ſujet à aucune des infirmités que la neceſſité naturelle impoſe à l'homme. Cette opinion détruiſoit entierement la verité des ſouffrances du Fils de Dieu.

GAIGNON. ſ. m. Vieux mot. Le petit d'une bête.

> *Là ſont les dolentes femelles,*
> *Qui le lait ont en leurs mammelles,*
> *Dont elles paiſſent leurs gaignons.*

GAILLARD. ſ. m. Terme de Marine. Etage du Vaiſſeau qui n'occupe qu'une partie du pont. C'eſt ce qu'on appelle autrement *Château*. Il y a le *Gaillard d'avant*, qui eſt l'exhauſſement à la proue des grands Vaiſſeaux au-deſſus du dernier pont vers la miſaine, & le *Gaillard d'arriere*, qui eſt l'élevation qui regne à la pouppe au-deſſus du même pont. La hauteur de l'un & de l'autre eſt à peu près de cinq piés.

GAILLARDE. ſ. f. Air de Muſique à deux tems qui a ſix meſures à chaque partie. Il faut que de trois en trois meſures il y ait une cadence ou un repos. On appelle auſſi *Gaillarde*, une eſpece de Danſe ancienne qui l'on danſoit tantôt terre à terre, tantôt en cabriolant, tantôt allant le long de la ſalle & tantôt à travers. Ceux qui ont écrit de cette danſe, diſent qu'elle étoit compoſée de cinq pas & de cinq aſſiettes de piés que faiſoient les danſeurs l'un devant l'autre avec differens paſſages.

On appelle *Gaillarde*, en termes d'Imprimerie, le caractere qui eſt entre le petit Romain & le petit Texte.

GAILLARDELETTES. ſ. m. p. Nom que l'on donne ſur mer aux pavillons arborés ſur l'artimon & ſur la miſaine. On les appelle autrement *Galans*.

GAILLARDET. ſ. m. Terme de Marine. Sorte de petite girouette échancrée en maniere de cornette.

GAINE. ſ. f. Etui de couteau. *Gaine*, en termes d'Architecture, ſignifie la partie inferieure d'un Terme qui va en diminuant du haut en bas. On l'appelle ainſi à cauſe qu'il ſemble que la demi-figure qui eſt en haut ſorte du bas comme d'une gaine. Il y a une *Gaine de ſcabellon*, qui reçoit divers ornemens, & qui ſe fait de differentes manieres. On entend par là la partie rallongée qui eſt entre la baſe & le chapiteau d'un ſcabellon.

On appelle en termes de Marine, *Gaine de flame*, une maniere de Fourreau de toile dans lequel on fait paſſer le bâton de la flame. *Gaine de pavillon*, eſt une Bande de toile couſue dans toute la largeur du pavillon. Les rabans y ſont paſſés. Il y a d'autres bandes de toile par où l'on coût les girouettes aux fûts. On appelle celles-là *Gaines de girouettes*.

GAINIER. ſ. m. Ouvrier qui fait des gaines & toutes ſortes d'étuis, & qui avec du veau, du maroquin ou du chagrin, couvre des caſſettes, des écritoires, des coutelieres, & autres choſes ſemblables qu'il figure avec des fers.

GAL

GALACTITE. s. f. Sorte de pierre que Rodolphus Agricola dit se trouver en certaines montagnes de Saxe & le long de quelques rivieres d'Allemagne. Elle est de couleur cendrée & a un goût doux. Dioscoride dit qu'étant enduite elle est fort propre aux ulceres & aux fluxions des yeux. Selon Pline, elle accroît le lait aux nourrices, & pendue au col des enfans elle leur fait venir la salive. On la nomme *Galactite*, à cause que quand elle est resolue en humeur, elle a une couleur de lait, qui est appellé γάλα en Grec.

GALATINE. s. f. Vieux mot. Gelée à manger.

Et de maintes viandes taste
En post, en rost, en sausse, en paste,
En friture, en galatine.

GALAUBAN. s. m. Terme de Marine. On appelle *Galaubans*, de longues cordes qui prennent du haut des mâts de hune jusques aux deux côtés du Vaisseau. Elles servent à tenir ces mâts. On dit aussi *Galebans* & *Galans*.

GALBANUM. s. m. Jus tiré par incision d'une plante qui ressemble à la ferule. Elle croît dans la Syrie sur le mont Amanus, & est à peu près de la nature de celle qui porte l'Opoponax. Le Galbanum est chaud, brûlant, attractif & resolutif. Le bon est cartilagineux, tirant à l'encens gras, ne retenant rien du bois, & ayant quelques graines de ferule mêlées parmi. Pour le bien choisir, il faut qu'il soit en larmes belles & pures, qu'il ait le goût acre & amer, & que l'odeur en soit forte & désagreable. Quand les larmes sont recentes, leur couleur est assés blanche & approche de celles de l'oliban, mais elles sont d'une consistance plus molle. Dioscoride dit qu'on le sophistique en y mêlant des féves concassées, de l'ammoniac & de la resine. Il provoque les mois & attire l'enfant hors du ventre de la mere, soit que l'on l'applique, ou que l'on s'en serve en suffumigation. Son odeur est bonne à ceux qui ont le haut mal & dans les suffocations de matrice. Si on le dissout dans le vinaigre, & que l'on y mette un peu de nitre, il efface les rousseurs du visage. On s'en sert aussi avec succès pour remedier à la toux inveterée, à l'asthme & même aux venins. On tient que son parfum chasse les serpens, & qu'en s'en frottant on n'en est jamais mordu.

GALBE. s. m. Terme d'Architecture. On dit qu'*Un membre d'architecture a beau galbe*, qu'*Il se termine en forme de galbe*, pour dire, qu'Il s'élargit doucement par en haut, de même que les feuilles d'une fleur. On le dit aussi du contour d'un dome, d'un vase, d'un balustre, & l'on croit que l'on a dit *Galbe*, au lieu de *Garbe*, de l'Italien *Garbo*, qui signifie Bonne grace.

GALE. s. f. *Espece de pustules qui viennent sur la peau, & qui sont ordinairement accompagnées de demangeaison.* ACAD. FR. Les croûtes & les ulceres que l'on connoît sous le nom de Gale blanche, d'achores & de tignes, & qui gâtent le corps, & sur-tout le visage & la tête des enfans, viennent, selon Ettmuller, d'une lymphe qui peche en acide, & qui est plus ou moins visqueuse. Le lait de la mere dans le tems de la grossesse, & celui de la nourrice depuis, en sont les causes éloignées. Ces maladies sont toûjours accompagnées des tumeurs, des glandes du col & des environs de la tête. Ce qui fait que les parties de la tête y sont plus sujettes que les autres, c'est la quantité de ces glandes dont le col est parsemé. On voit de la difference dans ces Gales de la tête. Quand la lymphe est trop acre & trop acide, les ulceres sont sales, & donnent beaucoup de sanie acre; si la lymphe est plus temperée & moins acre, mais plus visqueuse, les croûtes sont plus épaisses & plus compactes, entassées l'une sur l'autre, & tombent l'une après l'autre. Ces sortes d'élevûres ont beaucoup d'affinité avec la Gale des adultes. Elles sont quelquefois contagieuses; & se guerissent par les mêmes remedes, particulierement par la nicotienne, par le soufre & par le mercure. Nicod dit que *Gale* vient de *Callus*, en changeant le *c* en *g*.

Gale. Vieux mot. Réjouissance.

Et Dieu sçait se on fait la gale
A mener danser ces Bourgeoises.

Il a été aussi employé pour, Mot plaisant; & l'on trouve dans Froissard, *Là dit le Duc de joyeuses paroles & gales.* On a dit aussi *Galer*, pour, Se réjouir.

Je plains le tems de ma jeunesse,
Auquel j'ai plus qu'en autre tems galé.

GALEASSE. s. f. Sorte de Vaisseau de mer, long, de bas bord, & le plus grand de tous ceux qui sont à rames. Il va aussi à voile, & porte trois mâts, artimon, mestre & misaine, qu'il ne désarbore point; ce qui le rend different de la galere, qui n'a point d'artimon, & qui désarbore les deux autres mâts. Les Galeasses ont des batteries de canons en certains endroits sur les côtés, & les galeres n'en portent que sur l'avant. Elles ont trente-deux bancs, à chacun desquels il y a six ou sept Forçats, & trois batteries à proue, chacune de deux pieces. Celles de la plus basse sont de trente-six livres de bale. Les pieces de la seconde portent vingt-quatre livres, & celles de la troisiéme n'en portent que dix. Elles ont aussi deux batteries à pouppe, chacune de trois pieces, & chaque piece de dix-huit livres de bale.

GALE'E. s. f. Terme d'Imprimerie. Petit ais long & large d'un pié, où les Compositeurs mettent les lignes à mesure qu'ils en ont arrangé les lettres. Il a des rebos & une coulisse. On dit, *Composer en galée*, pour dire, Composer tout de suite, sans diviser ce qu'il faut de lignes pour faire une page.

GALEFRETIER. s. m. Terme de mépris dont on se sert en parlant d'un homme de neant. Henri Etienne fait venir ce nom de *Gale* & de *Frotter*, comme si on disoit *Galefrottier*.

GALENDE', E'E. adj. Vieux mot. Entortillé, ajusté, orné.

Belle fu & bien atornée,
D'un fil d'or étoit galendée.

GALERE. s. f. Bâtiment de bas bord, qui a ordinairement vingt à vingt-deux toises de longueur, trois de large, & une de profondeur. Il a deux mâts & deux voiles latines, & outre deux bâtardes & deux plus petites pieces, il est armé d'un canon appellé *Coursier*, d'une grosseur assés considerable. Ce canon, qui est logé sur l'avant pour tirer par dessus l'éperon, porte de bale trente-trois à trente-quatre livres. Quoique les Galeres ayent de coûtume d'aller terre à terre, elles ne laissent pas quelquefois de faire canal. Elles vont à voiles & à rames, & ont de chaque côté vingt-cinq à trente bancs, à chacun desquels il y a cinq ou six rameurs. On les distingue en *Galeres subtiles* ou *legeres*, & en *Galeres bâtardes*. Ces dernieres sont nos Galeres communes, & ont la pouppe large. Les autres l'ont étroite & aigue, & sont bâties à l'antique. On appelle *Galere Reale*, la principale Galere d'un Royaume indépendant. Celle de France est distinguée des autres par l'Etendard Royal & par trois fanaux poſés en ligne droite. Elle eſt deſtinée pour la perſonne du General des Galeres. La premiere des Galeres du Pape eſt auſſi nommée *Reale*. La principale Galere des Puiſſances maritimes & des Etats Souverains qui n'ont pas titre de Royaume, auſſi-bien que celle de quelques Royaumes annexés à un plus grand, eſt appellée *Galere Capitane*. Elle porte trois fanaux poſés en ligne courbe. *La Galere Patronne* eſt la ſeconde des Galeres de France, de Toſcane & de Malte: mais elle n'eſt que la troiſiéme des Etats maritimes, qui ont une Capitane outre la Reale. C'eſt le Lieutenant General des Galeres qui monte en France la Galere Patronne, & elle porte deux fanaux & un étendard quarré long à l'arbre de meſtre. Le mot de *Galere* vient de *Galea*, Caſque, à cauſe qu'on en mettoit la figure ſur la proue de ces Bâtimens. Il y en a pourtant qui le font venir de *Galerus*, Chapeau, ſur ce que le bout de leurs mâts eſt taillé ordinairement en forme de chapeau. Autrefois on diſoit *Galées* & *Galies*, pour, Galeres ou Navires.

Plus voile au vent ne fera la galée,
Pour trafiquer deſſus la mer ſalée.

Les Furetieriſtes parlent d'une Galere de cinq étages & d'une autre qui avoit juſqu'à huit ponts: on ne peut ramer qu'à fleur d'eau, & on ne ſçauroit ramer en eau vive au-deſſous de la portée de la rame. Lazar. Bayf. *de re navali*.

Galere. Sorte de petit poiſſon qui croît juſqu'à la groſſeur d'un œuf d'oye, ou quelque peu davantage, & que l'on trouve fort communément dans les Iſles de l'Amerique, il flote perpetuellement ſur l'eau, au gré des vents & des ondes, & quoiqu'on le frappe avec des cordes, ou qu'on le tourmente d'une autre maniere, il ne s'enfonce jamais dans la mer. Ce qui en paroît au-deſſus de l'eau n'eſt qu'une veſſie de la groſſeur que l'on vient de dire, claire & tranſparente comme une feuille de talc bien fine, toute violette & bordée d'un filet incarnat par le haut où l'on remarque qu'elle s'étrecit. Toute cette figure ovale eſt pliſſée mollement, & comme rayée à la maniere d'une coquille. Au-deſſous eſt une petite maſſe gluante, d'où ſortent huit bras comme des lanieres de la longueur de la main. Il y en a quatre qui s'élevent en l'air des deux côtés pour lui ſervir de voiles, & les quatre autres lui tiennent lieu de rames dans l'eau pour nager. C'eſt ce qui lui a fait donner le nom de *Galere*. Ce poiſſon eſt fort agreable à la vûe, porte dans ſon corps un poiſon fort prompt & fort ſubtil, & ſi l'on en prend quelqu'un dans ſa main, quoiqu'il ſoit froid au toucher, ſes fibres dont elle eſt auſſi-tôt toute engluée font ſentir un ſi grand feu, qu'il ſemble que l'on ait plongé ſon bras juſqu'à l'épaule dans une chaudiere d'huile bouillante. Les douleurs que ce feu cauſe quand on tombe le matin dans cet accident, s'augmentent toûjours juſqu'à midi, & diminuent à meſure que le ſoleil décline, en ſorte qu'on en eſt entierement garanti quand il eſt couché. Toute la côte eſt quelquefois bordée de ces petites Galeres, & c'eſt une marque infaillible d'une prochaine tempête. Si quelqu'un marche deſſus, elles pettent comme ces veſſies qu'on trouve dans le corps des carpes, mais il faut bien prendre garde à n'avoir pas les piés nuds, puiſqu'on reſſentiroit les mêmes douleurs qu'elles cauſent à la main. On ſe ſert pour les diſſiper, d'eau de vie battue avec un peu d'huile de noix d'Acajou.

Galere. Eſpece de rabot dont les Charpentiers, & les Menuiſiers ſe ſervent, pour traiter le bois ſuivant l'éloignement neceſſaire pour travailler les pieces établies à dégroſſir, à ébaucher du bois rude.

GALERIE. ſ. f. Lieu couvert, bien plus long que large, qui eſt ordinairement ſur les ailes d'une maiſon, & qui eſt propre à ſe promener. On appelle *Galerie de Peinture*, celle qui renferme des tableaux dans des panneaux d'un lambris, ou qui a une tapiſſerie d'étoffe ornée de tableaux, & *Galerie de Sculpture*, celle où il y a pour ornement des ſtatues, bûſtes & bas reliefs tant antiques que modernes. Il y a auſſi une *Galerie de pourtour*. C'eſt une eſpece de corridor, ſoit au-dehors, ſoit au-dedans d'un bâtiment, qui eſt ſouvent porté par encorbellement au-delà d'un mur de face. Cette ſorte de Galerie eſt plus baſſe que l'étage dont elle ſert à dégager les appartemens, afin de n'en pas ôter le jour.

Galeries, dans les Vaiſſeaux, ſont des balcons couverts ou découverts avec appui qui font ſaillie hors du bordage vers l'arriere du Vaiſſeau. Ces balcons ne ſe font pas ſeulement pour l'ornement, mais encore pour la commodité de la chambre du Capitaine. La *Galerie du fond de cale*, eſt un paſſage qu'on fait le long du ſerrage de l'avant & de l'arriere des grands Vaiſſeaux. Ce paſſage a trois piés de largeur ou environ, & donne moyen aux Charpentiers de remedier aux voies d'eau que cauſent les coups de canon donnés à l'eau. On dit auſſi *Fauſſe Galerie*. Ce ſont des ornemens de Sculpture placés à l'arriere des côtés d'un Vaiſſeau pour lui faire avoir plus d'agrément.

On appelle auſſi *Galerie*, une eſpece de Tribune continue avec baluſtrade, que l'on pratique dans le pourtour d'une Egliſe ſur les voutes des bas côtés. C'eſt où viennent ceux qui ſont bien aiſes de n'être point dans la multitude. Les Egliſes Grecques ont toutes de ces ſortes de Galeries. Elles ſervent à ſéparer les femmes d'avec les hommes.

Galerie de tripot. Allée couverte, & qui eſt de la longueur du tripot. C'eſt le lieu où l'on regarde jouer. Selon Nicod, *Galerie* vient du verbe *Aller*, comme qui diroit *Allerie*. Du Cange le fait venir de *Galeria*, dont on ſe ſervoit pour dire, un Appartement propre & bien orné. Il y en a qui prétendent qu'il vient de *Galere*, à cauſe de la reſſemblance que lui donne ſa longueur avec cette ſorte de Vaiſſeau.

Galerie. Terme de Fortification. Petite allée de charpente, couverte de tous côtés de fortes planches à l'épreuve du mouſquet, pour paſſer le foſſé de la face du baſtion, lorſque l'artillerie du flanc oppoſé eſt démontée. Elle aboutit à l'endroit de la mine, & on y deſcend inſenſiblement du bas du glacis de l'eſplanade, après l'avoir percé. On appelle auſſi *Galerie*, le conduit d'une mine. C'eſt un chemin que l'on fait ſous terre pour gagner l'endroit où l'on a deſſein de faire jouer la mine.

Galerie d'eau. Eſpace en longueur renfermé dans un boſquet, & qui eſt bordé de jets d'eau dans un baſſin continu. S'il y a pluſieurs baſſins, ils ſont ſéparés ſur deux lignes paralleles.

GALERNE. ſ. m. Vent qui ſouffle entre le Septentrion & le Couchant, & que l'on appelle *Nord-Oueſt*. C'eſt un vent très-froid, & qui fait geler les vignes.

Væ tibi Galerna per quam fit ſicca taberna.

GALEURE. ſ. m. Vieux mot. Galant, dameret.

Galeures portent eſcreviçes,
Et velours pour être mignons.

GALIFRE. ſ. m. Vieux mot. Sorte d'injure.

De voir ainſi ce grand Galifre,
Jouer aux orgues & au pifre.

GALION. ſ. m. Grand Vaiſſeau de haut bord, qui ne va qu'à voiles, & qui a trois ou quatre ponts. On appelloit ainsi autrefois en France des Vaisseaux de guerre qui avoient ce nombre de ponts, mais ce nom est demeuré aux Vaisseaux d'Espagne, qui sont hauts de bois, & dont on se sert pour faire les voyages des Indes Occidentales.

GALIOT. s. m. Vieux mot. Corsaire. *La Princesse fut robée par Galiots*, pour dire, Fut enlevée sur mer par des Corsaires. Nicod ajoûte en parlant de Galiot; *Combien que ce mot semble être particulier à ceux qui vont exercer le cours avec Galiotes, neanmoins ès anciens écrits il est usurpé pour tout Corsaire en general, procedant le mot par avanture de ce qu'iceux Ecumeurs de mer pour la plûpart exercent le cours avec telle espece de Vaisseau qui est moyen entre Fuste & Galere.* Galiot *se prend aussi pour celui qui vogue à la rame en Vaisseau conduit par avirons, soit-il Forçaire ou de bonne volonté. Il se trouve aussi usurpé pour nom propre d'aucun homme, comme* Galiot de la Tour, *qui est le nom du Seigneur de Lymeul.*

GALIOTTE. s. f. Sorte de petite Galere, qui n'a qu'un mât, & seize ou vingt bancs de chaque côté, avec un seul homme sur chaque rame. Elle n'est montée que de deux ou trois pierriers, & sa legereté la rend fort propre à aller en course. On appelle aussi *Galiotte*, Un bâtiment de grandeur moyenne, & qui est mâté en Heu. Il y a encore un Vaisseau à plate varangue & très-fort de bois qu'on appelle *Galiote*. Il n'a que des courcives sans ponts, & on s'en sert à porter des mortiers. On met ces mortiers en batterie sur un faux tillac que l'on fait à fond de calle.

GALLE. s. f. Sorte de fruit que produit le chêne, outre le glan. C'est ce qu'on appelle communément *Noix de Galle*. Il y en a de deux especes. La premiere appellée ὀμφακῖτις, qui veut dire, Aigrette & non encore mûre, est petite, refroncée & ridée, comme la peau des jointures des doigts de la main. Elle est ferme, solide, non trouée, & a plus de vertu dans ses operations, que l'autre sorte, qui est pleine, polie, lissée & percée. Toutes les Galles sont fort astringentes, & étant bien pulverisées, elles repoussent les excrescences de chair, & arrêtent toutes les fluxions des gencives, & même soudent les ulceres des lévres & de la bouche. Le noyau de Galle, mis dans le creux des dents en appaise la douleur; & quand on les brûle sur le charbon vif jusqu'à ce qu'elles s'enflâment, elles étanchent le sang. Selon Pline, tout arbre qui porte du gland, produit aussi la Galle. Elles commencent à venir à la mi-Avril, & si le tems est trop chaud, elles sechent incontinent, & ne croissent plus. Les plus ridées sont propres aux Foulons & aux Tanneurs. Matthiole dit que les grandes Galles ont un secret de la nature qui leur est particulier, en ce qu'elles présagent ce qui doit arriver. En rompant celles qui ne sont point percées, on y trouvera une mouche, un ver, ou une araignée, ce qui lui fait conclure que le chêne produit un animal en même-tems que son fruit. Si on trouve une mouche dans la Galle, c'est marque qu'il y aura guerre; si c'est un ver, la cherté viendra; & si c'est une araignée, il y aura de la peste.

GALLINAZA. s. f. Nom que les Espagnols ont donné à une espece de Corbeau du Perou, que ceux du Pays nomment *Suyuntu*. Ces oiseaux sont si goulus & si carnassiers que vivant de corps morts, ils se remplissent de telle maniere qu'ils ne peuvent plus se lever de terre. Quand ils sont pressés des hommes, ils vomissent leur charge avec autant de facilité qu'ils l'ont engloutie. Leur chair ne vaut rien, & la seule commodité qu'on tire de ces Corbeaux, c'est qu'ils ôtent les immondices des chemins.

GALOCHE. s. f. *Espece de mules de cuir que l'on porte par dessus les souliers pour avoir plus chaud aux piés, ou pour être plus proprement.* Acad. Fr. On appelle *Galoche*, en termes de Marine, Une poulie qui a son mouffle fort plat, sur-tout d'un côté. On l'applique sur les grandes vergues, afin d'y faire passer des cargues-boulines. On appelle aussi *Galoche*, Une piece de bois en forme de demi-rond, qui sert à porter les taquets d'écoutes. Il se dit encore de deux petites pieces de bois concaves qui couvrent les hulots de la fosse aux cables.

GALOIS. s. m. Vieux mot. Réjouissance, divertissement.

J'aim' toute bourde & tout galois
Tout déduit, toute druerie.

Ce mot a été aussi adjectif, & signifioit, Joli, galant,

Et puis s'en vont pour faire les galoises,
Lorsque devroient vaquer en oraison.

GALON. s. m. Terme d'Epicier. Boîte ronde qui vient de Flandre, où les Epiciers mettent du poivre de la muscade, des graines, & autres marchandises pour les distribuer.

Galon, s'est dit aussi pour Boccal, bouteille.

GALONNER. v. a. Vieux mot. Friser.

Qui ses cheveux galonne & pigne.

On mettoit autrefois de petits rubans au bout de chaque flocon de barbe, comme les Dames en mettoient dans les boucles de leurs cheveux, & on disoit, *Galonner sa barbe.* Borel dit que cela se faisoit aussi avec du fil d'or, ou que l'on couvroit sa barbe de paillettes & de limaille d'or, & que si on étoit trop jeune pour avoir encore de la barbe, on s'en faisoit une fausse avec du fil d'or, mais que c'étoit une chose qu'on ne pratiquoit qu'aux enterremens des Grands, afin de rendre l'action plus majestueuse. Il ajoûte sur le témoignage de Fauchet, que René Duc de Lorraine, vit le corps de Charles Duc de Bourgogne, avec une barbe d'or. On en appliquoit aussi aux Dieux, puisqu'il est rapporté que Denys le Tyran ôta le manteau de drap d'or & la barbe d'or de la statue d'Esculape, disant qu'il faisoit trop chaud pour porter un manteau si lourd, & qu'il ne feroit pas juste qu'il eût une si longue barbe, puisque l'on n'en donnoit point à Apollon qui étoit son Pere.

GALOP. s. m. Allure d'un Cheval qui court, & qui fait une maniere de saut en avant, en levant d'abord les deux jambes de devant presque en même-tems, & ensuite les deux de derriere de la même sorte, lorsque les deux de devant sont prêtes de toucher à terre. On dit d'un Cheval, qu'*Il a un beau galop*, pour dire, qu'Il est bien ensemble, & bien sous lui, & qu'il galoppe sur les hanches sans s'abandonner sur les épaules Il y a le *grand Galop*, que l'on appelle autrement *Galop étendu*, ou *Galop de chasse*, qui est une course de vitesse & de toutes jambes. Le *petit Galop* est une course plus lente.

GALOPADE. s. f. Galop qui se fait dans les régles du Manége. On appelle *Belle Galopade*, Un Galop racourci, écouté, d'école. Cette sorte de Galop se fait, lorsque le Cheval qui galoppe, est uni, bien racourci, bien ensemble, & bien sous lui.

GALOPER. v. n. Courir au galop. On dit, qu'*Un Cheval galope uni, galope sur le bon pié*, pour dire, qu'Ayant entamé le chemin par la jambe droite ou par la jambe gauche de devant, il leve & fait partir la premiere, la jambe de derriere du même côté;

& qu'il continue sa course dans cet ordre. On dit de même, qu'*Un Cheval galope faux, galope sur le mauvais pié*, pour dire, qu'il se désunit, c'est-à-dire, qu'il ne continue pas de faire partir toûjours la premiere la jambe, soit la droite, soit la gauche, par laquelle il a entamé le chemin, & qu'il ne leve pas la jambe de derriere dans le même ordre que fait un Cheval qui galope uni. On dit encore d'un Cheval, qu'*Il galope à l'Angloise*, pour dire, qu'il galope près de terre sans lever beaucoup les jambes. Les uns font venir ce mot de *Calpare* ou *Calapare*, dit par les Latins pour signifier Courir, & les autres de *Caballicare*. Il y en a qui le dérivent du Grec καλπάζειν, qui veut dire, Presser un Cheval qui bondit au sortir de l'écurie, fait peut-être de κάλπη, que Pausanias emploie dans la signification d'un certain genre de course.

GALOPIN. s. m. On appelle ainsi le demi-septier de vin qu'on donne aux Clercs & aux Ecoliers à leur déjeûner. Quelques-uns font venir ce mot de *Galon*, qui signifie, Un bocal. Du Cange le dérive de *Grelo* & *Golana*, qui ont été dits dans la basse Latinité, pour signifier une mesure de choses liquides.

GALVAUDER. v. a. Mot bas, dont le Peuple se sert quelquefois pour dire, Tourmenter quelqu'un, le poursuivre, ne lui point laisser de repos jusqu'à ce qu'il ait fait ce qu'on veut de lui. Il y en a qui le font venir de *Caballicare*, Galoper.

GAM

GAMBAGE. s. m. Droit que payent les Brasseurs de biere. On le fait venir de l'Allemand *Cam* ou *Camba*, Brasserie. On a appellé *Cambum*, le Vaisseau où se fait la biere, & *Cambarin*, un Brasseur. Ce droit s'est aussi appellé *Bicheria* & *Bercaria*.

GAMBESON. s. m. Espece de cotte d'armes ou de grand jupon, qu'on portoit sous la cuirasse dans l'ancienne Milice, afin d'empêcher qu'elle ne blessât. Elle étoit de laine, ou d'un coton piqué entre deux étoffes. On disoit aussi *Cotte gamboisiée*. On prétend que ce mot vient du vieux Allemand *Wambon*, ou du Saxon *Wambe*, qui veut dire, Ventre, comme si on avoit dit *Wambasium*, c'est-à-dire, ce qui couvre le ventre & la poitrine.

GAMELLE. s. f. Terme de Marine. Plat de bois profond & sans bord, dans lequel on met la soupe, & ce qui est destiné pour le repas de chaque particulier de l'équipage. On dit, *Etre à la Gamelle*, pour dire, Etre nourri des vivres que les Munitionnaires du Roi fournissent.

GAN

GANEON. s. m. Vieux mot. Débauché, qui hante les mauvais lieux, du Latin *Ganeo*, qui veut dire la même chose.

GANGLION. s. m. Terme de Medecine. Tumeur qui se forme aux jambes & aux tendons. On resout les Ganglions avec les feuilles de grande Jonbarbe, dont on ôte la petite peau de dedans, pour mettre & attacher étroitement sur le mal, ce qu'il faut renouveller tous les jours soir & matin, ou avec l'eau de vie temperée avec du suc de rue. On fait venir le mot de Ganglion du Grec γάω, Engendrer & de γλία, Glu.

GANGNIERRE. s. m. Vieux mot. Artisan, Ouvrier.

Et devenir Gangnierre, & labourer.

GANGRENE. s. f. *Extrême corruption qui se fait en quelque partie du corps, & qui gagne incessamment les parties voisines.* ACAD. FR. Les causes de la Gangrene sont en general tout ce qui peut en quelque maniere arrêter la distribution & la circulation du sang & des esprits vitaux dans les parties. C'est ce qui est cause que la Gangrene survient si souvent aux inflammations mal pansées, sur-tout quand l'insensible transpiration a été empêchée par des emplâtres mises avec imprudence sur la partie enflammée. Le sang extravasé croupissant alors, se corrompt exterieurement & communique la mortification à la partie. Lorsqu'elle est commencée, c'est la Gangrene, & quand elle est confirmée c'est le Sphacele. Cette mortification a pour cause, l'extinction de la chaleur naturelle, qui consiste dans un acide volatil & spiritueux qui fait la fonction de cause efficiente dans la premiere formation de la partie. Cet acide vital se conforme & se repare continuellement par le sang & l'esprit vital, ausquels se joint une salure & une acidité occulte qui abordent à la partie. Ainsi tout ce qui détruit cet acide, ainsi que tout ce qui est capable d'en empêcher l'entretien, produit la Gangrene. Si elle s'empare de l'extrêmité des piés & des mains par une cause interne, le mal gagnera toûjours, soit que l'on coupe les piés ou les mains, & le malade en mourra. On a observé par le Microscope que la Gangrene consiste en un nombre presque infini de petits vers que la chair morte produit, & qui en produisent incessamment d'autres qui corrompent les parties voisines. Ce mot vient de γράω, Manger, ronger, ou de γάγγρα, Cancer.

GANGUI. s. m. Terme de Marine. Espece de filet, dont les mailles sont fort étroites. Il est en usage sur la Mediterranée. On l'attache à un petit bateau, & on le traîne sur les sables.

GANTE. s. f. Vieux mot. Cigogne.

GANTELE'E. s. f. Herbe qui produit forces feuilles âpres & aigues par le bout, & qui sont de grandeur moyenne entre la violette de Mars & le bouillon. Sa tige est anguleuse, un peu âpre & de la hauteur d'une coudée. Il en sort plusieurs rejettons. Sa fleur est rouge tirant sur le blanc & odorante. Ses racines sont semblables à celles de l'ellebore noir, & ont une odeur qui approche de l'odeur du cinnamome. Leur décoction désopile les conduits, & provoque les mois & les urines. Les feuilles à cause de leur vertu astringente, mises en maniere de cataplasme, sont bonnes aux douleurs de tête, aux inflammations des yeux, & aux fluxions & caterres. On nomme autrement cette herbe *Gands de notre Dame*, en Grec βάκχαρις. Anciennement on prenoit *Baccharis* pour une sorte d'onguent, & pour une poudre faite des racines de cette herbe qui servoit pour épandre sur les corps.

GANTELET. s. m. Morceau de cuir ou d'autre chose dont les Chapeliers, Cordonniers, & autres artisans se couvrent la paume de la main ou le bras, afin de travailler plus commodement. Les Relieurs se servent aussi d'un Gantelet, pour mieux frotter les livres quand ils sont couverts.

GANTERIAS. s. m. Terme de Marine. Nom que donnent les Levantins à des pieces de bois mises de travers l'une sur l'autre. Elles font saillie autour de chaque mât au-dessous de la hune pour la soûtenir, & même pour en servir aux mâts qui en manquent, ce qui les fait aussi appeller *Barres de hune*.

GAP

GAP. s. m. Vieux mot. Louange. Il signifie aussi Blâme, & vient de Gaber. On trouve dans Perceval, *Ne le tint à Gap ne à fils*, ce que Borel confesse qu'il n'entend point, à moins que *Gap* ne veuille dire un parent.

GAR

GARANCE. s. f. Plante dont les tiges sont longues, âpres, quarrées, & semblables à celles du Grateron, mais plus roides & plus grandes. Elle a ses feuilles disposées autour des tiges en croix de Bourgogne & en matiere d'étoiles, ce qui se voit nœud par nœud, & par certains intervalles. Sa graine est ronde, verte d'abord, rouge ensuite, & quand elle est mûre, toute noire. Sa racine est longue, menue & rouge, & fait uriner en grande abondance. Il faut cependant que ceux qui en usent prennent tous les jours le bain. Elle est bonne aussi à ceux qui ont la jaunisse, aux sciatiques, & aux paralytiques, étant prise en breuvage dans de l'eau miellée. Galien dit que cette racine est âpre & amere au goût, & a la vertu de faire tout ce que peuvent operer ces deux qualités jointes ensemble, purgeant le foye & la rate, & faisant quelquefois uriner jusques au sang, quelque épaisse que soit l'urine. Il y a aussi une *Garance sauvage* qui vient sans être semée, ayant ses tiges moins grosses, & ses feuilles moins grandes & moins longues que celle que l'on cultive. La racine de l'une & de l'autre est fort propre pour les teintures en rouge. M. Ménage dit que *Garance* vient de *Varantia* qui a été dit pour *Verentia*, comme qui diroit que cette couleur est vraie & de bon teint. En Latin *Rubia*, en Grec ἐρυθρόδανον.

GARANT. s. m. Terme de Marine. Bout d'un cordage qui passe par une poulie, & qui sert à quelque amarrage. On dit, *Tenir en garant*, pour dire, Tenir une corde, qui étant chargée de quelque fardeau est tournée deux ou trois tours autour d'un bois, ou d'une autre chose.

GARANTER. v. a. Vieux mot. Promettre.

GARBE. s. f. Air, apparence exterieure de quelque chose. Il ne se dit guere que dans le burlesque, *Avec sa Garbe fraiche*, & vient de l'Italien *Garbato*, Qui a bon air, bonne mine. Autrefois on faisoit ce mot masculin.

Le sot Garbe de ces Zerbins.

GARBIN. s. m. Nom que l'on donne au vent Sudouest sur la Mediterranée. M. Ménage le dérive de l'Arabe *Garbi* qui signifie Occident.

GARBOS. s. m. Vieux mot. Sorte de poisson.

Carpes, Becqs, Chevennes, Truites,
Sont par eux prises & détruites,
Dards, Gardons, Garbos, Goujons.

GARCE. s. f. Vieux mot. Fille. On dit encore en quelques Provinces, comme en Bretagne, *Petite garce*, pour dire, Petite fille, mais en general on n'entend par ce mot qu'une Fille qui se prostitue. *Gars* & *Garce*, ont été dits autrefois pour Majeur.

Le mâle est gars à quatorze ans,
Et la femelle est garce à douze.

Quelques-uns dérivent le mot de *Gars*, de l'Espagnol *Varon*, Homme, & d'autres de *Garrire*, Caqueter. Borel dit que Lipse le tire de *Garsonastasium*, qui veut dire un lieu à Constantinople où l'on tient les enfans pour les faire Eunuques, ainsi appellé de *Garsamatius*, Eunuque. En Anjou on dit *Gas*.

GARCETTE. s. f. Terme de Marine. Corde faite de fils de carret, & dont on se sert à divers usages. On appelle *Maîtresse garcette*, celle qui étant au milieu de la vergue, sert à ferler le fond de la voile. Celles qui prennent les ris des voiles quand il y a trop de vent, s'appellent *Garcettes de ris*. Elles sont grosses par le milieu, & vont en amenuisant par les bouts. On dit de même, *Garcettes de tournevire*, *Garcettes de voiles*, & *Garcettes de cable*. Les premieres servent à joindre le cable à la tournevire quand on leve l'ancre. Celles-là sont égales par tout, ce qui n'est pas dans les secondes qui ont une boucle à un bout, & vont en amenuisant de l'autre. On s'en sert à plier les voiles. Les dernieres sont de fort grosses tresses, dont on garnit le cable sur les écubiers & sur les gorgeres.

GARDES. s. f. p. Terme de Serrurier. Petites pointes de fer disposées de telle sorte pour entrer dans les fentes du paneton d'une clef, que la clef n'y tourne plus quand on y a fait quelque changement. Ainsi, *Changer les Gardes d'une serrure*, c'est changer ces petites pieces de fer.

On appelle *Gardes de peson*, des especes de boucles qui sont attachées aux broches du peson. Dans la balance Romaine, il y a une Garde forte, & une Garde foible. Ce sont des broches de fer qui passent à travers la branche où est attaché l'anneau de la balance. La Garde foible est la plus éloignée de ce qui en est le centre, & la plus forte, celle qui en est la plus proche, & qui soûtient un plus grand poids.

Gardes. Terme de Venerie. On appelle *Gardes* dans toutes les bêtes fauves, les os de derriere les jambes proche les piés.

On appelle en termes de Marine, *Les Gardes*, Trois étoiles situées auprès de l'étoile Polaire. Il y en a deux qui sont les dernieres du Chariot ou de la petite Ourse. L'autre n'appartient à aucune constellation, & est du nombre de celles qu'on appelle *Informes*. Quand on veut prendre de nuit la hauteur du pole arctique par le moyen de l'étoile polaire, on observe de quelle façon elle est située sur l'horison au respect de ces trois Gardes. On appelle *Gardes de Jupiter*, quatre petites étoiles dont il est toûjours accompagné. Galilée les a découvertes le premier. Voyez SATELLITES.

On appelle *Gardes de la Marine*, Un nombre de jeunes Gentilshommes choisis qui servent dans les Navires en vertu d'un brevet du Roi. Ils y sont distribués par l'état de l'armement, pour apprendre le mêtier de la mer, & parviennent à être faits ensuite Officiers.

Garde-Côtes. Vaisseau de guerre, qu'on fait croiser sur les côtes, pour tenir libre le commerce de la mer contre les insultes des Corsaires, & servir d'escorte aux Vaisseaux Marchands. Il y a des *Capitaines Gardes-côtes*, qui ont chacun un Lieutenant & un Enseigne, & qui sont commis pour veiller le long des côtes de la mer à leur conservation, & à empêcher les descentes, dans une certaine étendue de pays qui dépend de leur Capitainerie.

On appelle *Garde-Magasin*, L'Officier d'un Arsenal de Marine, qui tient registre des agreils, canons, poudres, boulets, armes, & autres provisions qu'on lui met en garde.

Garde au mât, Matelot que l'on met en sentinelle au haut d'un mât.

Garde-corps. Tissus que l'on fait avec des cordages tressés, & qu'on met sur les hauts des côtés des Vaisseaux de guerre pour garantir les soldats des coups de mousquet de l'ennemi. Ces Gardes-corps sont hauts de deux piés ou de deux piés & demi, & ont cinq à six doigts d'épaisseur.

Garde-Feux. Caisses ou étuis de bois qui servent à mettre les gargousses, après qu'on les a remplies de poudre pour la charge des canons.

On appelle dans les six Corps des Marchands, *Les Maîtres & Gardes*, ceux qu'on y choisit pour être Jurés. Ce sont eux qui font observer les reglemens établis dans chaque Communauté.

Gardes des Monnoyes. Officiers considerables qui veillent sur tout le travail qui se fait, afin qu'il se fasse selon l'Ordonnance. Ils ont soin de peser, rebuter & faire refondre les especes qui sont trop foibles de poids & d'aloi. Il y en a deux établis dans chaque Hôtel de Monnoie. Ils y sont les premiers Juges, & leurs appellations ressortissent à la Cour.

Garde-Marteau. Officier des Forêts qui garde le Marteau avec lequel on marque le bois que l'on doit couper dans les Forêts du Roi, lorsqu'on fait les ventes. Il a voix déliberative au jugement des procès, & tient le siege quand le Maître & le Lieutenant ne s'y trouvent point.

Gardes. Termes de Chasse. Ce sont les Ergots du Sanglier. Quand il est las & sur ses fins il donne des Gardes en terre, il marque des Ergotis outre la fourchette.

GARDER. v. a. *Conserver, tenir une chose en lieu propre & commode pour empêcher qu'elle ne se perde, qu'elle ne se gâte.* Acad. Fr. On dit en termes de Mer *Garder un Vaisseau*, pour dire, Que des Vaisseaux de guerre en observent un autre pendant la nuit afin d'empêcher qu'il ne s'échappe. M. Ménage fait venir le mot de *Garder*, de l'Allemand *Vvarden*, qui veut dire la même chose. D'autres le dérivent du latin *Varare*, Fermer avec des barres.

GARDIEN. s. m. Celui qui garde une personne, une chose. On appelle *Gardiens*, ou *Matelots Gardiens*, des Matelots qui sont commis dans un port pour la garde des Vaisseaux, & pour veiller à la conservation des Arsenaux de Marine. On donne ce même nom à des Matelots qui sont employés à des usages particuliers, & on appelle *Gardien de la fosse à lyon*, Celui que l'on y commande, avec ordre de fournir ce qu'on lui demandera pour le service du Vaisseau.

GARDIENNERIE. s. f. Nom que donnent quelques-uns à la chambre des Canonniers, que l'on appelle autrement *La Sainte-Barbe*.

GARDON. s. f. Petit poisson d'eau douce qui a la chair molle & peu nourrissante. Il a le corps large, le dos bleu, la tête verdatre, les yeux grands, & le ventre blanc.

GARES. s. f. Lieux preparés sur les rivieres qui ont le canal étroit, & où se retirent les bateaux, afin que ceux qu'ils rencontrent puissent passer sans leur causer d'embarras. Saumaise veut que le mot de *Gare*, qui est un cri que l'on fait pour avertir les passans de s'éloigner, afin d'éviter le heurt ou la chute de quelque chose, vient du Latin *Varare*, qu'il fait signifier, Traverser, & d'où l'on a fait *Guarare*. Borel dit que *Gara* & *Garan* ont été dits pour Rapide, d'où vient la riviere de Garonne, que ces mots viennent de l'Hebreu *Garaph*, qui signifie Rapide, d'où l'on a fait *Loup-garou*, & *Garre*, c'est-à-dire, Jambe. De-là est encore venu dit-il, qu'on crie, *Gare, gare*, pour dire, Otez-vous.

Gare, veut dire aussi de diverses couleurs. *Un chien Gare*, blanc & noir & autres couleurs: De-là vient le mot de *Bigarré*. Coutume de Bragerac, *art.* 102.

GARGETE. s. f. Vieux mot. Gosier.

GARGOUCHE. s. f. Terme de Marine. Rouleau de parchemin ou de gros papier, qu'on remplit d'autant de poudre qu'il en faut pour la charge qu'on doit donner au canon. On la tient toute prête, afin d'être plus prompt à tirer, & l'on doit proportionner chaque Gargouche au calibre de la piece. Il y en a aussi de bois & de fer blanc. On dit sur mer, *Gargousse* & *Gargouhe*, & ce mot a été fait par corruption de *Cartouche*, qu'on dit dans le même sens pour les canons de terre.

GARGOUILLE. s. f. Trous de petits canaux qu'on fait pour l'écoulement des eaux sur les corniches des bâtimens. On orne ces trous, par où les eaux tombent, de masques ou de têtes de lion. Au lieu de ces têtes, il y a quelquefois d'autres sortes d'animaux, ou de simples tuyaux de pierre qui tiennent lieu de goutieres. On voit de toutes ces differentes Gargouilles aux anciennes Eglises, & d'ordinaire on n'appelle ainsi que les goutieres de pierre. On appelle aussi *Gargouille*, ou Mascaron d'où il sort de l'eau à une cascade. On donne ce même nom à une petite rigole pratiquée dans un jardin, où l'eau qui sort d'un bassin coule dans un autre, en sorte qu'elle lui sert de décharge. On disoit autrefois *Gargoule*.

Et puis les délivre à trois goules,
Qui l'ont plûtôt pris que gargoules.

On a dit aussi *Gargouille*, pour signifier un Monstre ou quelque animal d'une figure extraordinaire; d'où vient qu'encore aujourd'hui on appelle à Rouen *Gargouille*, la representation du Dragon, dont on tient que saint Romain, qui en étoit Archevêque, délivra la Ville. On porte cette figure dans les Processions solemnelles des Rogations, & on la porte de même dans celle qui se fait le jour de l'Ascension, pour la ceremonie du Prisonnier que l'on y délivre, de quelques crimes qu'il soit convaincu, à l'exception du vol & du guet à pens.

On appelle encore *Gargouille*, en termes d'Eperonnier, une maniere d'anneau qui est au bout de la branche de l'embouchure.

GARIMENT. s. m. Vieux mot de Coûtume. Garantie.

GARIPOT. s. m. Arbre resineux qu'on appelle autrement *Pesse* ou *Pignet*. Le fruit de cet arbre ne vaut rien.

GARITE. s. f. On appelle *Garites*, en termes de mer, des pieces de bois plates & circulaires qui entourent la hune. C'est dans ces pieces de bois qu'on passe les cadenas des haubans.

GARNEMENT. s. m. Vieux mot. Equipage. *Hardement ne vient mie de noble garnement*. On a dit aussi *Garniment de lit*, pour dire, Les rideaux d'un lit.

GARNI, IE. adj. On dit, *La Cour garnie de Pairs*, pour dire, Les Ducs & les Pairs y étant presens. Cela vient de ce que *Garni*, s'employoit autrefois pour Accompagné; d'où vient qu'on trouve dans un ancien Poëte qui raconte une pompe funebre,

Puis vint Monsieur le Chancelier,
Garni de Maîtres des Requêtes.

GARNISON. s. f. Terme d'Orfevre. Pieu appliquée avec de la foudure. Quand quelques pieces montées sont dorées & le reste blanc, on dit *ciselé*, il est *doré par garnison*.

CARRAUX. s. m. p. Sorte de javelots des Anciens, propres à darder, & dont on ne se servoit point à tirer de l'arc. Borel qui cite Fauchet, ajoûte, que c'est de là que vient un Garrot de poudre, sorte de fusée que l'on jette à la main, ou bien de ce qu'elle est garrottée avec du fil; ce qu'il trouve plus plausible. Il trouve aussi que le mot *Garreaux* pourroit avoir la même etymologie, à cause qu'il y avoit de ces javelots qui étoient attachés à une ficelle, en sorte qu'on les retiroit à soi après les avoir dardés.

GARRER. v. a. Vieux mot. On a dit, *Garrer un Vaisseau*, pour dire, Le calfeutrer. Les Bateliers disent, *Garrer un batteau*, pour dire, L'attacher; &

Garrer un train de bois, pour dire, Le lier.

GARRON. s. m. Le mâle de la Perdrix.

GARROT. s. m. Terme de Manége. *L'endroit du cheval où le col finit & se joint aux épaules.* ACAD. FR. On l'appelloit autrefois *Galet*. On appelle *Garrot de l'arçon*, l'Arcade qui est élevée de deux ou trois doigts au dessus du Garrot du cheval; & *Bande de garrot*, la Bande de fer qui est passée au dessous de la selle, quatre doigts au dessus du Garrot du cheval, & qui tient en état les deux pieces de bois dont l'arçon est composé.

Garrot. Gros & fort bâton, qui est assés court, & avec lequel on serre les cordes qui lient les fardeaux que l'on fait porter aux chevaux & aux mulets. C'est aussi un bâton qu'on jette dans les Noyers pour en abbattre les noix.

GARUM. s. m. Saumure de chair ou de poissons salés. Dioscoride qui en parle ainsi, ajoûte qu'elle est fort bonne pour les morsures des chiens, & qu'elle empêche les ulceres corrosifs de devenir plus grands, si on les en étuve. On la clysterise dans les devoyemens de ventre & aux sciatiques, afin de brûler les choses ulcerées dans les dyssenteries, & pour ulcerer & écorcher les parties non ulcerées en la sciatique. Pline dit que les Anciens appelloient *Garum*, la composition qui se faisoit des intestins d'un poisson nommé *Garon*, qu'ils faisoient resoudre en sel; ce qu'on pratiqua depuis aux intestins des maquereaux. Ce Garum servoit de sausse en plusieurs mets, & il n'y en avoit point anciennement de plus estimée. Ce n'est pourtant pas de cette sausse qu'a parlé Dioscoride, mais seulement de la saumure en laquelle on sale la chair & le poisson pour les mieux garder. On l'a nommée *Garum*, du poisson γάρον.

GAS

GAST. s. m. Vieux mot. Ravage qu'on fait dans un pays pour incommoder les ennemis. Ce mot vient de *Vastum* ou *Vvastum*, Destruction, d'où vient qu'on a nommé *Gastadours*, des gens qui faisoient le dégât des bleds & des vignes en tems de guerre. On a dit aussi *Vastadours*, du mot Latin *Vastator*. Presentement *Gastadour* est un Pionnier que l'on mene à l'armée pour applanir les chemins.

GASTE. adj. Vieux mot. Sterile, inculte. *Terre gaste & desertée.*

GASTEAU. s. m. *Espece de patisserie ordinaire plate & ronde.* ACAD. FR. On appelle aussi *Gâteau*, un morceau de cire que les abeilles font dans leurs ruches, dont elles remplissent de miel tous les petits trous.

Gâteau. Terme de Sculpture. Morceau de cire ou de terre applanie, dont les Sculpteurs remplissent les creux d'un moule où ils veulent jetter des figures, ce qu'ils font en l'incorporant avec les doigts contre la cire qui a été couchée avec le pinceau, en sorte que tous les creux soient remplis également. Le mot de *Gâteau*, selon M. Ménage, vient de *Pastellum*, diminutif de *Pasta*, d'où vient *Paste*. Du Cange le dérive de *Vvastellus* ou *Gastellus*, venant du Saxon, & qui se trouve dans la basse Latinité. Il y en a qui le tirent de *Goistel*, Gâteau en langue Celtique.

GASTIER. s. m. Vieux mot. Ragueau l'employe pour un homme qui est commis à la garde & à la conservation des vignes & autres fruits.

GASTINE. s. f. On appelle *Gastine*, en quelques Provinces, comme en Poitou & en Berri, ce que ceux de Guyenne nomment *Landes*, c'est-à-dire, une étendue de pays deserte & sterile, d'où est venu le nom de *Gastinois*. Du Cange fait venir ce mot de *Gualdus* & de *Gualtina*, mots de la basse Latinité qui veulent dire Forêt, d'où a été fait d'abord *Gaudine*, & puis *Gastine*.

Gastine. Mineral qui se trouve toûjours en quantité dans les mines de fer, & qui en rend la fonte facile.

GASTRILOQUE. s. m. Homme qui tire sa voix du creux de son estomac, en sorte qu'il semble qu'elle vienne de fort loin; ce qui fait peur à ceux qui croyent aux Esprits. Ce mot vient du Grec γαστὴρ, Ventre, & du Latin *Loqui*, parler.

GASTRIQUE. adj. Les Medecins appellent *Veine gastrique*, Un vaisseau qui vient du rameau splenique, & qui entre dans la partie gibbeuse du ventricule.

GASTROLATRE. s. m. Goulu, qui ne songe qu'à son ventre, qui en fait un Dieu, de γαστὴρ, Ventre & de λατρεύειν, Servir.

GASTROMANCIE. s. f. Divination qui se fait par le ventricule, de γαστὴρ, Ventre, & de μαντεία, Divination.

GASUEL. s. m. Oiseau qui approche de l'Autruche pour sa grandeur. Les Hollandois en apporterent de l'Isle de Java en Europe en 1593. & on en a vû un autre à Versailles, où il a été gardé quatre ans. Il avoit cinq piés & demi de long depuis le bec jusqu'aux ongles, & la tête & le col d'un pié & demi. Le plus grand de ses doigts étoit de cinq pouces, & l'ongle seul du petit, de trois pouces & demi. On auroit pris les plumes qui le couvroient pour un poil d'Ours ou de Sanglier, tant les fibres en étoient grosses. Ces plumes étoient toutes de même espece, & il y en avoit de doubles de longueur inégale qui alloient jusqu'à quatorze pouces. Son col ressembloit à celui d'un coq d'Inde, en ce qu'il n'avoit aucunes plumes. Ses aîles étoient cachées sous celles de son dos, & si petites qu'on ne les découvroit pas; aussi n'avoient-elles pas trois pouces de long. Chacune de ces plumes jettoit cinq gros tuyaux sans aucune barbe, qui étoient comme des doigts de differente longueur. Le plus long de ces tuyaux avoit onze pouces & trois lignes de diametre vers la racine. L'autre extrémité n'étoit pas pointue; mais comme rompue ou rongée. Leur couleur étoit d'un noir fort luisant. Cet oiseau étoit sans queue, mais il avoit un croupion d'une grosseur extraordinaire & couvert de plumes comme le reste. Sa tête étoit petite & avoit une crête haute de trois pouces comme un casque, dont la circonference étoit formée en tranchant, aussi luisante & polie que de la corne. L'extrémité de son bec étoit fendue en trois comme au coq d'Inde, & marquetée de deux taches vertes. Le reste étoit de gris brun. Il avoit une troisiéme paupiere interne, & deux appendices charnus au bas du col, semblables à ceux des poules. Des écailles hexagones, pentagones & quarrées couvroient ses jambes, qui étoient grosses, fortes & droites. Il avoit ses ongles noirs au dehors & blancs en dedans. Le Gasuel avale tout ce qu'on lui presente, quoiqu'il n'ait point de gesier, & il se nourrit de legumes & de pain. Ce que dit Adroandus qu'il n'a ni langue ni aîles, ne s'est pas trouvé veritable en celui-ci puisqu'il avoit une langue dentelée. Il se sert de ses aîles plûtôt pour frapper que pour marcher. Il est appellé *Eme* dans les Indes.

GAT

GATTE. s. f. Terme de Marine. Retranchement que l'on fait au dedans d'un Vaisseau à l'avant, pour recevoir l'eau que les coups de mer font entrer par les écubiers. On l'appelle autrement *Jatte* ou *Agathe*.

On se sert aussi du mot de *Gattes*, pour signifier les planches qui sont à l'encoignure ou à l'angle commun que font le pont & le platbord d'un Vaisseau.

GAV

GAVACHE. f. m. Mot venu de l'Espagnol *Gavacho*, qui veut dire un miserable, un homme sans cœur, indigne de toute estime.

GAUCHE. adj. *Qui est opposé à droit, & se dit dans l'homme du côté où la rate est située, qui est reputé le moins noble, & qui est ordinairement le plus foible.* ACAD. FR. On dit, qu'*Une piece de bois est gauche*, pour dire, qu'elle n'est pas droite, qu'on ne l'a pas bien équarrie, & on dit de même, que *Le parement d'une pierre est gauche*, pour dire que ses côtés & ses angles ne paroissent pas sur une même ligne. Ainsi, *Pierre gauche*, est celle dont les paremens & les côtés opposés ne se bornoyent pas, à cause qu'ils ne sont pas paralleles.

GAUDE. f. f. Plante qui porte une fleur vineuse en forme de grand œillet simple. On la seme dans des terres legeres en Mars & en Septembre, & on en fait une drogue dont les Teinturiers se servent pour teindre en jaune. La Gaude la plus menue, & qui est roussette, est la meilleure.

GAUDER. v. a. Teindre quelque étoffe avec de la gaude.

GAUDEBILLAUX. f. m. p. Mot de Rabelais qui signifie de grosses tripes de bœuf gras.

GAUDINE. f. f. Vieux mot. Lande.

Cil arbres verts par ces Gaudines,
Leurs pavillons & leurs courtines
De leurs rains sur eux estendoient.

GAUDIR. v. a. Vieux mot. Se réjouir. On a dit aussi, *Un homme gaudi*, pour dire, Un homme dont on s'est moqué.

GAVELE', E'E. adj. Vieux mot. Desseché.

GAUFRE. f. f. Certaine façon que l'on donne à une étoffe, lorsqu'on y fait plusieurs figures au moyen de la presse. Cela s'est dit à cause qu'on s'y sert de fers comme les Patissiers s'en servent à faire des gaufres. Ces Gaufres de Patissiers se font avec des œufs, du sucre, du beurre & un peu de farine. De tout cela se forme une pâte que l'on fait cuire entre deux fers traillissés comme de petits carreaux. *Gaufre*, est aussi une pâte feuilletée où l'on enferme de petites tranches de fromage fin; ce qui fait dire *Gaufres au fromage*. M. Menage fait venir ce mot de *Gafrum*, dérivé de *Vvafel* ou *Vvafre*, mots Allemans, Flamans & Anglois.

GAVITEAU. f. m. Terme de Marine. Il se dit sur les côtes de Provence, d'une marque faite d'un morceau de bois attaché à l'orin, qu'on laisse flotter pour faire connoître l'endroit où l'ancre est mouillée. C'est ce qu'on appelle *bouée*, sur les côtes de l'Ocean.

GAULE. f. f. Terme de Manege. Branche de houx. *Gaule de fouet*, *Gaule longue & menue*, à laquelle outre la pointe il y a une laniere de cuir, dont on se sert pour toucher les bœufs, les chevaux.

GAULIS. f. m. Terme de Venerie. Branche d'arbre que les Veneurs sont obligés de plier ou de détourner pour pouvoir percer dans le fort d'un bois. Il y en a qui renversent l'homme de son cheval.

GAULT. f. m. Vieux mot. Forêt.

Que florissent cil pré, & cil gault sont foilli.

Borel dit que c'est de *Gault* que vient une Gaule, & même selon plusieurs, le pays de Gaule, qui est le vieux nom de la France.

GAVON. f. m. Terme de Marine. Petit cabinet pratiqué dans un Vaisseau vers la pouppe. Il tire des cantanetes la lumiere qu'il reçoit.

GAVOTE. f. f. Air de Musique à deux tons. Il commence par une noire pointée, suivie d'une crochue hors de mesure, ou bien par quatre crochues, & il a deux parties, dont la premiere est de quatre mesures & se joue deux fois, ou a huit mesures sans recommencer. La seconde qui se recommence, a huit mesures.

Gavote, est aussi une espece de danse gaye, composée de trois piés & d'un pas assemblé. Les anciennes Gavotes étoient un amas de plusieurs branles doubles que les joueurs choisissoient, & dont ils faisoient une suite. Elles se dansoient par une mesure binaire, avec plusieurs petits sauts.

GAUPINET. adj. Vieux mot. Faineant.

Truandeaux, Gaupinets, Flateurs.

Borel dit que c'est de là que vient *Gaupe*, qui veut dire une Femme mal propre & sale. D'autres veulent que *Gaupe* vienne de *Gausape*, qui signifioit autrefois une couverture dont les femmes mal propres se couvroient la tête. Borel dit pourtant que *Gausape*, veut dire un ancien habit des Gaulois.

GAUTRER. v. n. Vieux mot. Errer par la mer.

GAY

GAY, GAYE. adj. Joyeux. On appelle en termes de Blason, *Cheval gay*, un Cheval nud & sans harnois. On dit aussi *Poulain gay*, quand on le represente sur un écu, avec quelques marques de vivacité.

GAYAC. f. m. Bois qu'on nous apporte des Indes, & dont on se sert pour échauffer, rarefier, attenuer, & provoquer les sueurs & les urines. Matthiole dit que plusieurs croyent que c'est une espece d'ébene, ce qu'il n'ose nier ni assurer, n'ayant lû dans aucun Auteur ni ancien ni moderne quelles sont les feuilles, ni les fleurs, ni les fruits de l'Ebenier. Il avoue pourtant que le Gayac est entierement semblable à l'ébene, si ce n'est que l'ébene est parfaitement noir, & que le Gayac tire un peu sur le blanc. L'Arbre dont nous vient ce bois, à ce que rapportent ceux qui l'ont vû en plante, est haut comme un frêne, & gros comme un homme de moyenne taille. Sa feuille est courte & dure, & presque semblable à la feuille de plantain. Ses fleurs sont jaunes, & son fruit est de la grosseur d'une noix. Les vieux arbres ont l'écorce noire, & les jeunes l'ont jaunâtre. Il se trouve trois especes de Gayac. La premiere montre un bois massif & fort, qui étant scié ou mis en pieces est noir au dedans & blanchâtre au dehors. Il a plusieurs veines entrelassées le long du bois & qui tirent sur le tanné obscur. L'autre Gayac est moins gros & moins massif. Son noir est plus petit, & le blanc qui est en dedans plus grand. Le troisiéme, que les Italiens & les Espagnols appellent *Lignum sanctum*, à cause de ses qualités merveilleuses, sur-tout pour les maladies veneriennes, est un bois plus menu que les deux autres. Il tire sur le blanc dedans & dehors, & a le long du bois de petites veines entrelassées qui sont fort menues. Il est plus odorant, & beaucoup plus pénetrant que les deux autres. Cette difference de pesanteur, de couleur, de grandeur & de grosseur, ne doit pas faire penser que ce soient trois diverses plantes, comme quelques-uns l'ont crû. Cela vient de ce que le bois noir au dedans est plus vieux que l'autre. Ainsi le Gayac qui blanchit dedans & dehors, étant le plus succulent & le plus jeune

jeune de tous, est aussi le plus odorant, le plus amer & le plus aigu, & fortifie davantage les personnes malades. Le plus noir & le plus gros est celui que l'on estime le moins, comme étant vieux & cassé; car il en est des plantes ainsi que des animaux. Elles deviennent seches en vieillissant, ce que l'on remarque aux troncs des vieux arbres, où il y a beaucoup plus de noir qu'à ceux qui sont d'un âge moyen, cette noirceur étant un signe de privation d'humidité naturelle.

GAYAVE. s. f. Espece de Grenade douce qui se trouve dans la basse Ethiopie, & que les Chinois nomment *Cieuco*. Les Gayaves renferment plusieurs grains, & sont bonnes à manger, mais il n'est pas sain d'en prendre beaucoup, à cause qu'elles rafraîchissent trop. Le Bengo en est presque tout bordé sur ses rives.

GAYER. v. a. Vieux mot. Abreuver.

Tantôt après on veut tirer
De l'eau, pour gayer les Chevaux.

GAYVE. adj. On appelle *Choses gayves*, dans la Coûtume de Normandie, les épaves & choses égarées que personne ne reclame; & l'on disoit autrefois *Gayver*, pour dire, Délaisser, abandonner. Du Cange fait venir ce mot de *Vaivium*, qui a été dit dans la basse Latinité en la même signification.

GAZ

GAZELLE. s. f. Animal à quatre piés, qui est fort commun en Orient. La Gazelle est de la grandeur & de la forme d'un Daim. Son poil est fort court, & de couleur fauve, à la reserve de celui du ventre & de l'estomac qui est blanc. Sous ce poil est un cuir noir fort luisant. Elle a les oreilles grandes, pelées & noires en dedans, les yeux grands & noirs, & le nez camus; ce qui se trouve particulierement aux mâles qui ont les cornes plus grandes que les femelles. Ces cornes sont noires & creuses, grosses par le bas, droites & pointues, mais un peu recourbées au bout. Cet animal a le pié fendu, & muni en son extrémité de deux grands ongles que joint une petite peau. C'est une espece de Chevre sauvage. On en voyoit un fort grand nombre en Egypte du côté d'Alexandrie. Elles courent ordinairement par troupes au travers des bois, & les Habitans en tuent quantité à coups de mousquet. Leur queue ressemble à celle des Chameaux, & les femelles y ont au bout un long poil qui est fait comme du crin. Leurs piés de devant sont plus courts que ceux de derriere & ressemblent à ceux des Lievres. Leur voix n'a rien qui soit different de celle de nos Chevres ordinaires. Elles ont le cou fort long & noir, & n'ont point de barbe. Elles courent en rase campagne avec une vîtesse étonnante, & montent avec plus de rapidité qu'elles ne descendent. Selon du Cange on a appellé *Gazele*, un cheval de Sarasins, qui étoit fort prompt à la course. Ce mot vient de l'Arabe *Algazel*, qui veut dire, Chevre.

GEA

GEAI. s. m. Oiseau qui est à peu près de la grosseur d'un Pigeon, & à qui on peut apprendre à parler. Il a la tête & le cou de couleur rouge mêlée de vert, & les aîles mêlées de bleu & de blanc, de noir & de gris. On tient qu'il est sujet à l'épilepsie. Il contrefait le chien, le chat, la poule, & plusieurs autres oiseaux. Il se plaît à dérober, & cherche les lieux les plus secrets pour cacher ce qu'il a pris. On l'appelle *Ricard* en quelques lieux.

GEB

GEBECIER. v. n. Vieux mot qu'on trouve dans le sens de s'exposer.

Il se lairroit ainçois par membres detrencher
Qu'il osast au péril de peché gebecier.

GEG

GEGO. s. m. Sortes de prunes qui croissent à de grands arbres sur les bords du Bengo dans un des Royaumes de la basse Ethiopie. Elles ont un gros noyau & peu de chair, & la peau d'un verd jaunâtre. On en donne à manger aux malades, comme étant fort saines, quoiqu'elles soient si aigres qu'elles agacent les dents.

GEH

GEHINE. s. f. Vieux mot. Gêne. On a dit aussi autrefois *Gehir*, ce qui signifioit, Parler, y étant contraint par les tourmens.

En un trou de terrere
La boutent erramment
Ses deux pols, puis les congnent
Moult angoisseusement;
Pour li faire gehir
La détreignent forment.

GEI

GEINDRE. s. m. Les Boulangers appellent ainsi leur maître garçon qui gouverne la boutique en leur absence.

GEL

GELASIN. s. m. Nom que donnent les Medecins à une fossette fort agreable que le ris forme au milieu des joues de quelques personnes. Ce mot vient du Grec γελάω, Je ris.

GELE'E. s. f. *Froid excessif qui glace, qui penetre les corps.* ACAD. FR. Ce qu'on appelle proprement *Gelée*, n'est autre chose que des goutes de rosée que la froideur de l'air fait geler legerement. Comme la matiere de la pluie devient grêle ou neige par la froideur de la région superieure, de même la matiere de la rosée devient Gelée par la froideur de la nuit, c'est-à-dire, par celle des nuits d'Hiver, la rosée des nuits du Printems, de l'Eté & de l'Automne, qui est temperée, pouvant bien resserrer & rassembler en goutes sensibles les corpuscules d'eau qui sont répandus par l'air, mais n'étant pas assés forte pour faire cette congelation & pour engendrer cette espece de neige & de grêle, qu'on nomme souvent *Gelée*, & quelquefois *Frimats*.

On appelle aussi *Gelée*, Un suc de viande congelé & clarifié. Il se fait ordinairement de piés de veau bien lavés & bien blanchis, de rouelle de veau & de chapon qu'on passe au travers d'un gros linge quand ils sont bien cuits, & qu'on dégraisse autant que l'on peut. On y met ensuite une chopine du meilleur vin blanc avec du sucre, un morceau de canelle & deux cloux de girofle que l'on fait bouillir avec toutes ces choses jusqu'à ce qu'elles ayent de la consistance. Cela s'appelle *Gelée*, & c'est ce que l'on donne aux malades qui ne peuvent digerer une nourriture plus solide. Il y a aussi une *Gelée de poisson*. Ce sont des poissons qu'on vuide, qu'on dégraisse & qu'on fait bouillir, & dont on passe le bouillon par une étamine; après quoi on le met dans son pot, avec du sucre, & plusieurs autres ingrediens.

Les Confituriers appellent *Gelée*, certaine composition qu'ils font avec du jus de certains fruits & avec du sucre, comme la Gelée de groseilles, de verjus, de cerises, &c.

La *Gelée* que les Medecins observent çà & là dans le serum du sang, n'est autre chose que le chyle non assimilé, mais détrempé de beaucoup de liqueur. Ils appellent aussi *Gelée*, certaine liqueur claire & luisante qu'on remarque le second jour durant l'incubation dans la cicatrice qui est une petite tache blanche en forme de cercle qu'on trouve dans la tunique du jaune d'un œuf, & qui se dilate & s'étend en certains cercles dès le premier jour de l'incubation.

GELINE. s. f. Poularde. Les Gelines affranchies, ne pondent plus & engraissent beaucoup, il en est comme des chapons.

GELINOTE. s. f. Jeune poule, tendre & grasse. Celles qu'on appelle *Gelinotes de bois*, sont des poules sauvages, qu'on trouve aux forêts d'Ardennes. Elles ont le dessus du dos gris, le dessous de la gorge & du ventre blanc, le bec court, rond & noir, le cou semblable à celui d'une Faisande, les grosses plumes des aîles marquetées, les jambes courtes, & couvertes de plumes jusqu'à la moitié, & la queue comme celle d'une perdrix. La chair de ces oiseaux est très-délicate. Il y a aussi des *Gelinotes d'eau*. Elles sont moitié poules & moitié cannes, & differentes tant pour le plumage que pour la grandeur.

GELOSER. v. a. Vieux mot. Desirer. On l'a dit aussi pour, Estre jaloux.

GEM

GEME. s. f. Vieux mot. Pierre précieuse. On a dit aussi *Gemé*, pour dire, Couvert de pierreries, du Latin *Gemma*, qui signifie la même chose.

GEMEAU. s. m. Les Medecins appellent *Gemeaux* quatre muscles des cuisses, qui sont partie des six abducteurs, & ils leur ont donné ce nom à cause de l'entiere ressemblance qu'ils ont entr'eux. Il y a aussi deux muscles dans la jambe que l'on appelle *Gemeaux*.

GEMELLE. s. m. Terme de Marine. Piece de bois dont on fortifie un mât, pour empêcher qu'il n'éclate. *Mât Gemellé*, est celui qui est fortifié par des Gemelles. On l'appelle aussi *Mât afûté*.

GEMINE', E'E. adj. Terme de Palais. On appelle *Arrêts geminés*, *Commandements geminés*, des Arrêts, des Commandemens réïterés plusieurs fois, du Latin *Geminare*, Doubler.

GEMISSEMENT. s. m. Bruit que font quelques corps quand le frottement en est rude, ce qui arrive aux bateaux, navires, manœuvres, &c.

Gemuit sub pondere cymba. Virgil.

GEN

GENAUX. s. m. Vieux mot. Faiseurs d'horoscope. Ce mot vient de *Genethliaci*.

GENEALOGIQUE. adj. Qui appartient à la Genealogie. *Arbre genealogique*, *table genealogique*. On appelle *Colomne genealogique*, Une colomne qui a son fût en forme d'arbre genealogique, & qui porte aux branches qui l'entourent les chifres, armes, médailles ou portraits d'une famille.

GENERAL, ALE. adj. Universel. On appelle en termes de Judicature, *Lieutenant General*, celui qui préside dans un Présidial ou dans une Justice Royale en l'absence, du Prevôt, du Bailli, ou Sénéchal. Outre le Lieutenant General Civil, il y a un Lieutenant General Criminel, & un Lieutenant General de Police dans les grands ressorts. Le Procureur General est celui sous le nom duquel se plaident dans les Cours superieures toutes les causes où le Roi a interêt. C'est lui qui conserve les interêts du Public, des Mineurs, des Communautés & des Eglises, & l'Officier qui porte la parole pour lui a le nom d'*Avocat General*.

On appelloit autrefois *Generaux*, les Officiers de la Cour des Aides, & on dit encore *Generaux des Monnoies*, pour dire, les Conseillers de la Cour des Monnoies. On voit par une Ordonnance de Charles Dauphin Regent en France du 27. Janvier 1359. qu'il y avoit alors seulement huit Generaux Maîtres des Monnoies, dont six residoient à Paris, & deux alternativement dans les Provinces en qualité de Commissaires. On appelloit les Generaux Provinciaux, *Generaux subsidiaires*, dans le tems qu'ils ne connoissoient que subsidiairement aux Generaux Maîtres des Monnoies; des matieres & affaires dont ils leur renvoyoient la connoissance. Henri II. qui érigea cette Chambre en Cour superieure en 1551. créa un Président & trois Generaux de robbe longue, qui avec un autre Président & deux Conseillers aussi de robbe longue faisoient en tout treize Juges. Ce nombre a été beaucoup augmenté depuis par nos Rois, & ces Officiers s'appellent presentement plûtôt Conseillers que Generaux des Monnoies. Il y a une seconde Cour des Monnoies à Lyon.

On appelle *Concile General*, un Concile où l'on convoque tous les Evêques de la Chrétienté, & *Etats Generaux*, ceux où les trois Etats sont assemblés, qui sont le Clergé, la Noblesse, & le tiers-Etat.

Les Ordres Religieux appellent *Chapitre General*, celui où tous les Chefs des Communautés & des maisons sont appellés.

On appelle *Lieutenant General d'armée*, le premier Officier qui commande une armée, quand il ne s'y trouve ni Princes ni Maréchaux de France. Les *Officiers Generaux*, sont ceux qui commandent un corps composé de plusieurs Regimens de Cavalerie & d'Infanterie.

GENERAL. s. m. Religieux qui est chef de tout un Ordre, & qui a droit de visiter toutes les Maisons établies dans l'Europe sous la même Regle, ou Chef d'une Congregation particuliere. *General de sainte Genevieve*, *de saint Maur*, *de Feuillent*, *de saint Vannes*.

On appelle *General d'Armée*, celui qui commande une armée en chef, sans recevoir d'ordres, que de son seul Souverain. Tous les Maréchaux de France sont naturellement *Generaux d'Armée*, & ne perdent point ce nom lorsqu'ils servent sous le Roi, ou sous quelque Prince de la Maison Royale. On appelle aussi *General des Galéres*, celui qui commande les Galeres.

GENERALE. s. f. Battement de tambour qui se fait pour avertir toute l'Infanterie d'une Armée, qu'elle ait à marcher.

GENERALISSIME. s. m. General qui est au dessus des autres Generaux. On donne ce nom à un Prince qui commande une Armée où il y a des Maréchaux de France.

GENERATEUR, TRICE. adj. Terme de Mathematique. Toutes les fois que l'on forme des lignes ou des nombres par des mouvemens d'autres lignes, ou par des operations sur d'autres nombres fixes & déterminés, ces nombres & ces lignes s'appellent

Generateurs, & *Generatrices* à l'égard de tout ce qui en resulte. La Cycloïde étant formée par un cercle qui se meut en même-tems circulairement & en ligne droite ; ce cercle est appellé *Cercle Generateur* à l'égard de la Cycloïde, & l'on dit que l'espace compris entre la Cycloïde & sa base est triple de celui du *Cercle Generateur*. Ce mot s'emploie dans toutes les occasions pareilles. De même en Arithmetique, on peut appeller dans les nombres *Polygones*, *nombres Generateurs*, ceux qui composent la progression Arithmetique dont la somme fait le Polygone. Voyez POLYGONE.

GENERATION. s. f. Terme de Mathematique. Il se dit de la formation des lignes courbes produites par le mouvement de quelques autres lignes, soit droites, soit courbes. *La Generation de la Cycloïde*, *de la Spirale*, *de la Cissoïde*, *de la Conchoïde*, *&c.* car on n'a d'ordinaire les lignes courbes que par des mouvemens composés, que l'on imagine dans d'autres lignes *Generatrices*. On dit aussi *Generation* en parlant de solides. Ainsi l'on dit, *Generation du Cone*, *du Cylindre*, &c. c'est-à-dire, la formation ou production de ces corps par de certains mouvemens de lignes. Voyez ces mots.

GENEST. s. m. Arbrisseau qui jette de grandes verges sans feuilles qui sont fermes & difficiles à rompre, & dont on se sert à lier la vigne. Il produit une graine semblable à la lentille, & qui vient dans des gousses. Ses fleurs ressemblent à celles du violier jaune. Elles ont une vertu merveilleuse pour lever les obstructions de la rate & du foie, pour faire uriner & rompre la pierre. Matthiole met de la difference entre le Genêt & la Geneste. Il dit que le vrai Genêt que l'on appelle *Spartum*, & qui est celui de Dioscoride, est un arbrisseau qui ne jette point de feuilles, & dont les fleurs sont semblables au Violier, & que la Geneste produit de longues feuilles presque comme les feuilles de lin, ayant ses fleurs jaunes, faites en croissant comme les gousses de pois ; mais encore qu'il soit persuadé que ce sont deux plantes diverses, il croit qu'on les peut estimer d'un même genre, à cause de la grande affinité qu'elles ont ensemble. Mesué dit que la Geneste est un arbre de montagne, dont le tronc produit plusieurs verges droites & souples & fort mal-aisées à rompre. Ses fleurs sont jaunes, faites en croissant avec certaines gousses semblables à celles d'Orobus, au dedans desquelles est une graine semblable à la lentille & mise par intervalles. Cette graine prise en breuvage est fort vehemente à évacuer le phlegme, & à attirer les humeurs qui sont aux jointures. Elle est aussi extremement efficace à purger les excremens & les superfluités des reins, à faire uriner, à rompre les pierres tant des reins que de la vessie, & à empêcher qu'il ne s'y amasse du limon. Galien dit que la graine & le jus des verges de Genêt, ont une vertu fort attractive. Les verges du Genêt commun sont propres à faire des balais, & il y en a un qu'on appelle *Genêt blanc*, à cause qu'il a ses feuilles blanches. On fait des capres des boutons de Genêt que l'on confit au sel & au vinaigre comme les capres de Gennes, on en fait aussi de capucines & de boutons de violettes doubles.

GENESTROLLE. s. f. Sorte de plante dont les Teinturiers se servent à teindre en jaune. Elle vient naturellement sans qu'on la cultive.

GENET. s. m. Espece de Cheval qui vient d'Espagne, & dont la taille est petite, mais bien proportionnée. Ce mot vient de *Gineta*, qui en Espagnol, signifie un Cavalier. Borel croit que les *Genetaires*, Soldats anciens dont parle Philippe de Commines, ont été nommés ainsi à cause qu'ils étoient montés sur des Geners d'Espagne.

GENETHLIAQUE. s. m. Celui qui par le moyen des astres qui ont présidé à la naissance de quelqu'un dresse une horoscope. Ce mot est Grec, γενεθλιακὸς, & on appelle *Poëme Genethliaque*, des vers qui sont faits sur la naissance d'un Prince, à qui on promet par prédiction de grands avantages sur les ennemis qu'il pourra avoir.

GENETIN. s. m. Sorte de vin blanc qu'on apporte d'Orleans.

GENETTE. s. f. Mords à la Turque dont on fait la gourmette d'une piece. Cette gourmette dans laquelle on fait passer le menton du Cheval quand on le bride, est faite comme un grand anneau, mis & arrêté au haut de la liberté de la langue. On dit, *Porter les jambes à la Genette*, pour dire, Les porter raccourcies, en sorte que l'éperon porte vis-à-vis les flancs du Cheval. Cette maniere est fort en usage chez les Espagnols.

Genette, Sorte d'animal dont la peau servoit autrefois de fourrure ; d'où vient que les Chevaliers d'un certain Ordre militaire à qui l'on donna ce nom, portoient des colliers d'or à trois chainons entrelacés de roses, & au bout des chainons une Genette d'or sur une terrasse parsemée de fleurs. On attribue l'institution de cet Ordre à Charles-Martel, qui après qu'il eut défait l'Armée d'Abderame, trouva un fort grand nombre de fourrures de Genette, avec plusieurs de ces animaux en vie. On tient que pour conserver la memoire des grands avantages qu'il venoit de remporter, il fit seize Chevaliers de la Genette.

GENEVRE. s. m. Arbre toûjours vert, dont les feuilles sont petites, dures, étroites, minces & piquantes. Il est d'une moyenne grandeur, & a son bois roux & odorant. Il s'aime dans les montagnes & porte son fruit deux ans. Ce fruit, rond & vert au commencement, est noir & odoriferant lorsqu'il est mûr. Quelques-uns appellent cet arbre *Genevrier*. Dioscoride parle de deux sortes de Genevre, l'un grand, l'autre petit, & qui sont tous deux de qualité aigue. Matthiole ajoute qu'on les trouve l'un & l'autre en plusieurs endroits d'Italie, & qu'en l'Evêché de Siene, il y a des Genevres domestiques, grands comme de hauts arbres, & qui produisent leur fruit plus gros & plus doux que les Genevres sauvages. Ils ont la feuille pointue comme le Romarin couronné, mais un peu plus courte. Le bois de Genevre dure plus de cent ans sans se corrompre ; ce qui fut cause, au rapport de Pline, qu'Annibal voulut que les poutres du Temple de Diane d'Ephese fussent de Genevre. Les Alchymistes prétendent qu'un charbon de Genevre allumé & couvert de cendres du même bois, gardera son feu un an entier. Le Genevre produit une gomme semblable au mastic, qu'on appelle *Sandaracha* & *Vernis*. Elle est blanche quand on la cueille, & avec le tems elle devient rousse. Le Genevre échauffe, provoque l'urine, & chasse les Serpens par son parfum. Dioscoride qui en parle ainsi, dit encore, qu'on trouve quelquefois des grains de Genevre gros comme des noix, & d'autres en forme d'avelines, qui sont ronds, odorants, doux à mâcher, & un peu amers. Ils sont bons à l'estomac étant chauds & astringents. L'arbre s'appelle en Latin *Juniperus* ; en Grec ἄρκευθος.

GENGLEOUR. s. m. Vieux mot. Violon ou Menêtrier. On a dit aussi *Gengleresse*, pour Menêtrier.

GENGLER. v. a. Vieux mot. Mépriser.

GENGLERCEMENT. adv. Vieux mot. Opiniâtrement.

GENIE. s. m. Sorte de Divinité chés les Anciens, laquelle ils faisoient présider à toutes choses. Non seulement ils donnoient un Genie à chaque homme en particulier, mais encore à chaque Fontaine, aux arbres, & aux contrées. Caligula & quelques autres Empereurs punissoient de mort ceux qui refusoient de jurer par leur Genie. Ce mot n'étant plus employé parmi les Chrétiens, que pour signifier un certain esprit naturel qui nous donne de la pente à une chose, on represente les Genies dans les ornemens d'Architecture, sous la figure d'enfans aîlés, à qui on donne des attributs qui marquent les vertus & les passions. Il s'en fait de bas-relief qui sont par groupes. Il y en a qu'on appelle *Genies fleuronnés*. Ce sont ceux dont la partie inferieure termine en naissance de feuillage.

GENIPA. s. m. Arbre des Antilles, fort haut & fort droit, & qui est de differentes grosseurs selon les lieux où il croît. Ses branches qui s'étendent fort au large, & qui se recourbent près de terre, sortent du tronc par étages comme celles du sapin, & font un ombrage agreable, étant chargées de feuilles longues d'un demi pié, & large comme la main. L'extrémité de ses rameaux pousse cinq ou six fleurs blanches pareilles à celles du Narcisse, & qui sont de bonne odeur. Il y a dans le milieu quelques excrescences jaunes. Ses fruits sont gros comme des œufs d'oye, & d'une chair assés ferme le long de l'écorce, mais molasses dans le milieu, & tout remplis d'une infinité de graines plates. Ils sont d'un goût aigrelet, & d'une odeur assés agreable, mais on les méprise à cause qu'ils noircissent la bouche de ceux qui en mangent, tout ce que touche le jus qu'on en tire étant d'une couleur noire qui ne s'efface que neuf jours après. Dans le tems que ce fruit tombe, les pourceaux, les perroquets & autres oiseaux qui s'en nourrissent, ont la chair entierement violette. Il fait en tombant un bruit pareil à celui d'une arme à feu. Cela vient de ce que certains vents qui sont contenus en de petites pellicules dont la semence est couverte, étant excités par la chûte, se font ouverture avec violence. Le bois du Genipa est blanc, dur, & facile à mettre en œuvre étant frais coupé. On en fait des planches qui se noircissent dans l'eau, & l'on s'en sert ordinairement pour faire des afûts de fusil & de mousquet.

GENOU. s. m. Terme de Marine. Piece de bois courbe qu'on place en divers endroits quand on construit un Navire. *Les Genoux de fond*, sont des membres courbes qui font une partie du fond du bâtiment. On les empatte avec les varangues & les premieres allonges. *Genoux de revers*, sont pareillement des membres courbes. On place ceux-là aux extrémités audessus des fourcas & des varangues les plus acculées.

C'est aussi une espece de charniere mobile pour monter des instruments de Mathematiques. Voyez GENOUILLERE.

GENOUFRIERE. s. f. Vieux mot. Oeillet de giroflée.

GENOUILLERE. s. f. Ce mot se dit non seulement de la partie de la botte dont le genouil est couvert & de celle de l'armure qui couvre les genoux d'un homme armé de pié en cap, mais encore d'un morceau de chapeau que les Couvreurs & quelques autres Ouvriers se mettent sur les genoux pendant qu'ils travaillent. Il se dit de même d'une peau de liévre dont on s'envelope le genouil quand on y a froid.

Genouillere. Terme de Mathematique. Ce qu'on met au haut du pié qui soûtient les Instrumens dont se servent ceux qui veulent faire des observations. On met une Genouillere à un graphometre, à une lunette d'approche, & à d'autres Instrumens de même nature. Elle est faite d'un morceau de cuivre, ordinairement de forme spherique, & enfermée dans un demi-globe concave où elle est mobile en tout sens, soit verticalement, soit horisontalement. Le mouvement des anciennes Genouilleres étoit horisontal dans les unes, & vertical dans les autres. Aussi elles se faisoient avec deux sortes de charniere.

On appelle *Genouilleres*, des Pieces de bois, qui portent la pouquerie d'un moulin.

GENOUILLET. s. m. Plante qui croît aux montagnes & collines, & qui produit une tige lissée & ronde, ayant quelquefois plus d'une coudée de hauteur. Ses feuilles sont semblables à celles du laurier, mais plus larges, & comparties de beaucoup plus de veines, fermes & inégales. Leur goût un peu astringent, est comme celui du coing ou de la grenade. Ses fleurs sont blanches, & sortent trois pour queue du même lieu que les feuilles. Sa racine est de la grosseur d'un doigt, blanche, molle, longue, massive, & pleine de nœuds, ce qui lui a donné le nom de *Genouillet*, en grec πολυγόνατον. Cette racine enduite, est un singulier remede pour les plaies. Elle est aussi très-bonne appliquée sur le visage, pour en enlever toutes les taches.

GENOUILLEUX, EUSE. adj. Les Fleuristes appellent *Plantes genouilleuses*, celles qui ont des fibres & des racines épaisses qui demeurent à fleur de terre, qui ne sont point unies, mais qui étant de plusieurs pieces, ne laissent pas de se trouver jointes ensemble à la maniere du genouil, qui joint la cuisse à la jambe.

GENOUILLON. On a dit, *A genouillon* dans le vieux langage, pour dire, A genoux.

GENS. adj. Vieux mot. Gentil. Joli. On a dit aussi *Gent* & au feminin *Gente*.

GENS. s. m. p. Peuples, Nations. *Le droit des Gens*. Il se dit aussi de plusieurs personnes qui font un corps. *Les Gens d'Eglise, les Gens de guerre*.

On appelle *Gens du Roi*, les Avocats & Procureurs generaux dans les Cours superieures. On donne aussi ce même nom aux Avocats & Procureurs du Roi dans les Presidiaux & autres Sieges inferieurs.

Gens de main-morte. On appelle ainsi les Monasteres, les Societés, & les Communautés qui ne meurent point, & qui se renouvellent toûjours.

GENTIANE. s. f. Plante qui croît sur la cime des Montagnes aux lieux ombrageux & aquatiques. Sa tige qui est haute de deux coudées, & de la grosseur du doigt, est creuse, polie, lissée, distinguée par nœuds, & produit de grandes feuilles par intervalles. Celles qui sont près de sa racine sont rougeâtres, & semblables aux feuilles de noyer ou de plantain, & celles d'en haut, depuis le milieu de sa tige sont un peu déchiquetées. Sa fleur est jaune, & sa graine large, legere, bourrue, & presque semblable à celle du Spondylium. Sa racine est grosse, longue, amere, & ressemble à celle de la Sarrasine longue. Sa couleur est jaune dedans & dehors, & sa substance visqueuse. Comme cette racine est extrémement amere, Galien dit qu'il ne faut pas s'étonner des proprietés qu'elle a pour attenuer, purger, absterger, mondifier & desoppiler. Elle est singuliere contre les morsures des scorpions, tue les vers, empêche la pourriture, & dompte toutes sortes de venins. La Gentiane doit son nom à Gentius Roi d'Illyrie, qui le premier en a connu les vertus.

Il y a une autre petite plante que Matthiole croit qu'on peut appeller *Petite Gentiane*, à cauſe des rapports qu'elle a avec cette plante. Quelques-uns la nomment *Cruciata.* Voyez CRUCIATA.

GENTILHOMME. ſ. m. Homme noble d'extraction. On appelle *Gentilhomme de nom & d'Armes*, celui qui porte le nom de quelque Province, Bourg, Château, Seigneurie ou Fief noble, qui ont des armes particulieres, quoiqu'il ne ſoit point Seigneur de ces terres. C'eſt le ſentiment de quelques-uns. D'autres prétendent que celui qui porte un nom & des armes connues, ſans pouvoir pourtant juſtifier les ſeize quartiers, ſoit *Gentilhomme de nom & d'armes.*

On appelle *Premier Gentilhomme de la Chambre du Roi*, Celui qui eſt Maître de ſa Chambre durant une année. C'eſt un des premiers Officiers de la Cour. Il y en a quatre qui ſervent chacun par année. Ce ſont eux qui donnent l'ordre à l'Huiſſier pour les perſonnes à qui il doit permettre l'entrée. En l'abſence du premier Chambellan, ils ont l'honneur de donner la chemiſe au Roi, ſi ce n'eſt qu'il ſe trouve un Prince du Sang dans la Chambre.

Gentilhomme ordinaire de la Maiſon du Roi. Ils furent créés par Henri III. au nombre de quarante-huit, & Henri le Grand les reduiſit à vingt-quatre. Il y en a eu deux de plus ſous le Regne de Louis XIII. Ils doivent ſe trouver auprès de la Perſonne du Roi dont ils reçoivent les ordres, ſoit pour porter ſes volontés aux Parlemens & aux Provinces, ſoit pour aller complimenter les Rois & les Princes ſouverains, ſur quelque avantage ou quelque perte. Sa Majeſté ſe ſert auſſi de ſes Gentilshommes ordinaires, quand elle veut faire l'honneur aux Princes & aux grands Seigneurs de ſon Royaume de les envoyer viſiter, ou de leur faire porter quelque marque d'honneur de ſa part.

Gentilhomme ſervant. Celui qui ſert le Roi, les Princes du Sang, & les Souverains quand Sa Majeſté les traite. Ils ſont au nombre de trente-ſix, ſervent toûjours l'épée au côté, & font alternativement la fonction de Panetier, d'Echanſon, & d'Ecuyer tranchant.

Gentilhomme au bec de Corbin. Ceux que l'on appelle ainſi n'ont été d'abord que cent, & on les inſtitua pour une plus ſûre & plus honorable garde. On en ajoûta enſuite cent autres, & à chaque Compagnie ſon Capitaine & ſon Lieutenant, mais quoiqu'il y en ait deux cens depuis pluſieurs regnes ils ont gardé leur ancien nom, & on les appelle encore aujourd'hui *Les Cent Gentilshommes* Ils marchent deux à deux devant le Roi aux jours de ceremonie, & portent avec l'épée au côté, le bec de corbin à la main. Ils doivent dans un jour de bataille ſe tenir auprès de la Perſonne de ſa Majeſté. On a dit *Gentishoms* dans le vieux langage. Les uns tiennent que *Gentilhomme* vient de *Gentilis homo*, qui s'eſt dit chés les Romains d'une race de gens nobles de même nom, nés de parens libres, & dont les ancêtres n'avoient point été eſclaves. Les autres le font venir de *Gentil*, ou Payen, à cauſe que dans le tems que les anciens François conquirent la Gaule, les originaires qui étoient déja Chrétiens les appellerent *Gentils.*

GEO

GEODES. ſ. Sorte de petite pierre que Matthiole dit être ronde, creuſe au dedans, d'une couleur qui approche du fer enrouillé, & pleine d'une terre preſque de même couleur. Elle ſe trouve en Bohême, Miſnie & Saxe. Dioſcoride en parle comme d'une pierre aſtringente & deſſicative, & qui eſt propre à reſoudre toutes les fumées des yeux. Son nom vient du Grec γῆ Terre.

GEODESIE. ſ. f. Partie de la Geometrie, qui apprend à meſurer les ſurfaces, & ce que contiennent toutes ſortes de figures planes. Ce mot vient des mots Grecs γῆ Terre, & δαίειν Separer, diviſer.

GEORGE. ſ. m. Nom propre, qu'on employe dans ce proverbe, *Laiſſez faire à George, c'eſt un homme d'âge*, ce qui ſe diſoit, à ce qu'on tient, du tems que le Cardinal George d'Amboiſe étoit dans le Miniſtere, pour marquer qu'il ſe falloit rapporter de tout à ſa ſageſſe & à ſa conduite.

Il y a pluſieurs Ordres militaires du nom de *Saint George.* Le plus ancien fut fondé en Arragon vers l'an 1201. ſous le nom des *Chevaliers de ſaint George d'Alfama.* L'Antipape Benoît XIII. que l'on y reconnoiſſoit pour legitime Pontife, incorpora l'Ordre de ces Chevaliers à celui de Monteſa. Frederic IV. Empereur, & premier Archiduc d'Autriche, établit un Ordre militaire de ce même nom, l'an 1470. les Chevaliers qu'on y recevoit portoient la cotte d'armes blanche, avec la croix rouge pleine. L'écu de leurs armes étoit d'argent à la croix de gueules. On dit qu'ils étoient obligés par leurs ſtatuts, de garantir les Frontieres de la Hongrie & de la Bohême des ravages qu'y venoient faire les Turcs. Frederic ne ſe contenta pas de donner le titre de Prince au premier Grand-Maître de cet Ordre, mais il lui remit, tant pour les ſiens que pour lui, la Ville de Mileſtadt dans la Carinthie, où un College de Chanoines Reguliers de Saint Auguſtin fut auſſi fondé, ſous la direction de l'Evêque choiſi toûjours de leur corps. Cet Ordre étant tombé dans un grand relâchement, Maximilien II. ſongea à le rétablir, mais ce deſſein fut rompu par la longueur des guerres civiles que la Religion excita.

La Republique de Genes a un Ordre Militaire que l'on appelle auſſi de *Saint George.* Les Chevaliers de cet Ordre portent à leur cou une chaîne d'or, au bout de laquelle pend une croix d'or émaillée de rouge. Cette même croix eſt en broderie à leurs manteaux. Laurent Juſtinien, Patriarche de Veniſe, établit en 1407. des *Chanoines Reguliers de ſaint George*, que l'on appella auſſi *Apoſtoliques.* Gregoire XII. les confirma. Ils portoient un ſurplis par deſſus leurs habits, & une cappe noire, mais hors le cloître ils avoient un manteau noir & un chapeau noir. Il y a encore deux Ordres de ce nom, l'un qui porte du blanc, & l'autre du bleu. Ils ne mangent point de viande s'ils ne ſont malades, & ne ſont point obligés par vœux à leur profeſſion.

GEORGIENS. ſ. m. Sorte de Chrétiens Schiſmatiques du Levant qu'on met entre les Melchites. Ils ne reconnoiſſent point le Patriarche de Conſtantinople, ayant un propre Metropolitain qui demeure dans le Cloître de ſainte Catherine ſur la montagne de Sinaï. Ils ont ſaint George pour leur Patron, & en portent l'Image en leurs Enſeignes. Quelques-uns tiennent que c'eſt de ſon nom qu'ils ont été appellés Georgiens, à cauſe qu'il les inſtruiſit des Myſteres du Chriſtianiſme : mais il eſt certain qu'ils eurent ce nom avant que ſaint George fût né, & Valdianus croit qu'ils le prirent du labourage où ils s'adonnoient entierement. Quoiqu'ils reçoivent le Baptême & qu'ils croyent en Jesus-Christ, suivant la Religion & les Ceremonies des Grecs, ils vivent presque à la maniere des Tartares dont ils sont voisins, & se glorifient de la memoire de plus de vingt mille Martyrs qui ont souffert pour la foi dans la derniere persecution de Sapores, Roi de Perse. Ils sont soumis pour le temporel, ou au Grand Seigneur, ou au Sophi, selon le pays qu'ils habitent. Ils ont la moitié du Calvaire où ils font leur Office, c'est-à-dire, ceux qui y vont en pelerinage, car avant le regne de Soliman, l'Ordre seul de saint François possedoit tous les lieux de la Terre-Sainte; mais quand il fit son entrée dans Jerusalem en l'année 1517. les Georgiens lui ayant fait leur plainte de ce que les Religieux Romains possedoient tous les Lieux Saints, sans que les Prêtres des pays du Levant qui étoient ses Sujets, en eussent aucune partie pour satisfaire leur devotion, cet Empereur ordonna que tous ces Saints Lieux seroient partagés entre les Nations Chrétiennes. Ainsi chacune de celles du Levant y a quelque chose.

GER

GERANIUM. s. m. Plante dont Dioscoride marque deux especes. L'une a ses feuilles semblables à la Passe-fleur, mais avec des déchiquetures plus grandes & plus profondes. Sa racine est ronde & douce à manger. Prise avec du vin au poids d'une drachme, elle resout les enflures de la matrice. L'autre Geranium est inutile dans la Medecine. Il a ses branches hautes d'un pié & demi, menues & velues, sur le haut desquelles il produit de petits rejettons qui poussent certains petits boutons faits en maniere de tête de grues avec le bec. Ses feuilles approchent fort de celles des mauves. Pline parle d'une troisiéme espece de Geranium, que quelques-uns appellent *Myrrhis*. Il ressemble à la cigue. Toutefois sa tige est moindre. Elle est ronde & de bonne odeur, & il a ses feuilles plus menues. Matthiole parle encore de trois autres sortes de Geranium, outre lesquelles il dit qu'il en a vû un dans plusieurs jardins qui avoit ses feuilles rondes & grandes comme des feuilles de mauve, déchiquetées tout à l'entour ainsi que celles de la seconde espece de Geranium; qu'il avoit son fruit semblable à de pentes têtes de grue, & que quelques Herboristes, qui en font grand cas, en le donnant en breuvage pour souder les plaies qui sont dans le corps, l'appellent *Momordica*, & d'autres *Balsamina*. Il croit que cette *Momordica* ou *Balsamina*, est la seconde espece de Geranium décrite par Dioscoride, à cause qu'elle a ses feuilles assés approchantes de la mauve. Cette herbe a pris son nom du Grec γέρανος, Grue, à cause que le haut de sa racine represente le bec de cet oiseau. Aussi la nomme-t'on en François *Bec de grue*, ou *de cigogne*, ou *Herbe-Robert*.

GERBE. s. f. *Faisceau de blé coupé.* Acad. Fr. On appelle en termes de Fontenier, *Gerbe d'eau*, un Faisceau de plusieurs petits jets d'eau qui ne s'élevent pas fort haut, & qui tous ensemble forment une maniere de gerbe.

GERFAUT. s. m. Celui de tous les oiseaux de rapine qui a le plus de force après l'Aigle. Il est de couleur fauve, fier, hardi, & plus grand que le Vautour. Son bec & ses jambes sont de couleur bleue, & il a les griffes ouvertes & les doigts longs. On l'appelle en Latin *Gerofalco*, du Grec γῦρος, Cercle, comme qui diroit *Faucon qui tourne en volant.* Quelques-uns veulent qu'on dise aussi en Latin *Gero falco*, du Grec ἱερὸς, Sacré.

GERION. s. m. Il y a eu un Ordre Militaire qu'on appelloit *De saint Gerion.* Il n'y avoit que les Gentilshommes Allemans qui étoient reçûs au nombre des Chevaliers de cet Ordre. Ils avoient un habit blanc, avec la croix pleine de sable dessus, & on leur faisoit suivre la regle de saint Augustin. On tient que l'Empereur Frideric Barberousse en fut l'Instituteur dans la Palestine.

GERMANDRE'E. s. m. Herbe qui croît de la hauteur d'un palme aux lieux âpres & pierreux. Elle a les feuilles petites, ameres, semblables à celles de chêne & déchiquetées de la même sorte. Ses fleurs sont petites, purpurines & d'une odeur agreable. Elles sortent tout le long & autour de la tige parmi les feuilles. L'herbe fraîche cuite en eau, en prenant sa décoction en breuvage, est bonne à la toux, aux duretés de la rate, aux difficultés d'uriner & & aux hydropisies qui commencent à venir. En Italie on lui donne le nom de *Quercivola*, à l'imitation des Grecs qui l'appellent *Chamædris*, qui veut dire un bas Chêne, de χαμαὶ, A terre, & de δρῦς, Chêne. Quelques-uns l'appellent aussi *Herbe des fievres*, à cause que sa décoction bûe pendant un certain nombre de jours, est bonne à chasser les fievres tierces. Les Toscans en font grand cas comme étant un préservatif contre la peste si on la mange à jeun en maniere de salade. Les Latins l'appellent *Trissago*, & quelques-uns *Teucrium*, à cause de la ressemblance qu'elle a avec cette herbe.

Il y a une autre sorte de Germandrée qui a aussi ses feuilles semblables aux feuilles de chêne, mais plus rudes & plus minces que celles de la premiere, noirâtres & en plus grand nombre. Ses tiges sont hautes d'un palme & demi, quarrées, minces & dures comme du bois. Elles jettent force branches, d'où par intervalles sortent des fleurs purpurines parmi les feuilles. Sa racine est blanchâtre & fort divisée. Cette plante est agreable à voir. Elle est toutefois amere & a une odeur de resine. Matthiole la tient fort semblable à l'autre, non seulement en tiges, fleurs & feuilles, mais encore en goût & proprietés. Galien dit que la Germandrée abonde en amertume, & qu'elle a aussi quelque acrimonie; & qu'ainsi il ne faut pas s'étonner si elle mollifie la rate, si elle émeut l'urine, si elle subtilise les humeurs visqueuses, & si elle mondifie & nettoye les oppilations des entrailles.

GERMINATION. s. f. Terme de Physique. Action par laquelle les plantes germent dans la terre.

GERRE. s. m. Vieux mot. Genre.

GERSA. s. m. Drogue ou espece de ceruse faite de la racine de la Serpentaire. A son défaut on en fait de la racine d'Arum. Matthiole dit que les Dames font de l'eau de ces dernieres racines, pour se dérider & nettoyer le visage, & pour s'embellir la peau; ce que fait aussi le jus des mêmes racines étant seché au Soleil, & que les femmes d'Italie appellent *Gersa*. Il ajoûte qu'il est aussi blanc que la plus fine ceruse ou le Blanc d'Espagne, & qu'il rend la chair fort blanche & luisante. On fait cette drogue avec la racine de la grande Serpentaire, qu'il faut bien laver & nettoyer, & après qu'on l'a sechée, on la pulverise bien subtilement dans un mortier de pierre, puis l'ayant enfermée dans un pot de terre vernissé, on l'arrose avec de l'eau rose, & on la fait encore secher au Soleil entre deux linges. Ensuite on la met en poudre, & on l'arrose derechef d'eau rose. Tout ceci ayant été réiteré trois ou quatre fois, on arrose cette poudre d'excellent vin, & on en fait des Trochisques dont on se sert pour la Gersa, après qu'ils ont été mis secher à l'ombre.

ERSE. s. f. Petite vermine qui ronge les livres & les habits. Quelques-uns croyent que c'est delà que vient le mot de *Gerser*, qui veut dire, Faire une petite crevasse ou fente à la peau, à cause que cette petite espece de ver en fait en quelque façon à ce qu'elle ronge. On l'appelle *Teredo* en Latin.

GERSEAU. s. m. Terme de Marine. Corde dont le mouffle de la poulie est entouré, & qui sert à l'amarer. On la nomme autrement *Etrope* ou *Herse de poulie*.

GERSER. v. n. p. On dit que *Du bois se gerse*, pour dire que, Du bois se fend; ce qui arrive à cause de sa grande humidité. On appelle *Bois gersé*, *Enduit gersé*, du Bois qui s'est fendu, un Enduit où il y a des crevasses.

GERSURE. s. f. Tache, défaut qui se trouve dans le fer. Les Gersures sont de petites fentes ou découpures qui vont en travers des barres.

GERZEAU. Mauvaise herbe, qui vient dans les blés au mois de Juin, croît en peu de tems & abbat l'épi. Elle a la feuille comme la Lentille.

GES

GESINE. s. f. Vieux mot. Etat d'une femme qui est en couche. Quand on a débauché une fille, on paye les frais de sa Gesine & l'on est obligé de se charger de l'enfant.

GESIR. v. n. Vieux mot. Etre gisant. On l'a dit pour, Accoucher.

Je suis grosse d'enfant, & si ne puis gesir.

GESNE, ou GEHENNE. s. f. Torture, Question.

GESNER. v. Quand on espalie des arbres, il ne faut gêner le bois que le moins qu'on peut: les branches gênées poussent de mauvais jets qu'on appelle, *Branches gourmandes*.

GESOLE. s. f. Terme de Marine. Réduit en maniere d'armoire, placé vers le mât d'artimon devant le poste du Timonnier. Il est fait avec des planches assemblées par des chevilles de bois, & il n'y a point de ferrement, parce que le fer pourroit ôter la direction naturelle de l'aiguille aimantée qu'on y ferme avec la lumiere & l'horloge. On l'appelle autrement *Habitacle*. Il y en a deux dans les grands Vaisseaux, l'un pour le Pilote, & l'autre pour le Timonnier.

GET

GETTEIS. s. m. Vieux mot. Assaut qui se faisoit à coups de pierre qu'on jettoit à coups de fondes, mangoneaux & autres machines anciennes.

Lors commence li getteis,

GEZ

GEZE. s. m. Angle rentrant qui est entre deux combles & qui sert de goutiere aux deux. On dit aussi *Noue*. Les Couvreurs taillent de l'ardoise fort étroite pour les Gezes si le Bourgeois refuse d'en fournir de plomb.

GIB

GIBBEUX. adj. Bossu, élevé. On appelle, en termes de Medecine, *Partie gibbeuse du foye*, celle d'où sort la veine-cave. On donne aussi l'épithete de *Gibbeuse* à l'extrêmité du tour de l'oreille qui est enfoncé du devant au-dedans.

GIBECER. v. n. Vieux mot. Prendre le plaisir de la chasse.

Tant que un soul Chevalier vit,
Qui gibeçoit d'un Espervier.

Ce mot vient de *Gibier*, Chasse, qui selon M. Ménage vient du Latin *Cibarium*. C'est delà aussi qu'est venu *Gibeçiere*, grande Bourse ou sac où l'on met le gibier qu'on prend à la chasse. Quelques-uns pourtant font venir *Gibeciere* du Grec κίβισις, Poche ou petit sac, ou de κύββα, qui veut dire, Vase à boire, prétendant que l'on a dit autrefois *Gybbaciere*.

GIBELINS. s. m. Ceux d'une grande faction qui s'opposerent aux Guelfes, & dont les differends avec eux désolerent l'Italie pendant deux ou trois siecles. Cette faction commença dans le tems que la concurrence de deux Papes Innocent II. & Anaclet fit prendre les armes. Ce fut dans le douziéme siecle. Roger, Comte de Naples & de Sicile, prit les interêts de l'Antipape Anaclet. L'Empereur Conrad III. qui soûtenoit Innocent, mena une armée d'Allemans en Italie, où le Prince Henri son petit fils le suivit. Roger attira Guelfe, Duc de Baviere, pour défendre ses Etats, & opposer à Conrad des troupes de la même Nation. Le Prince Henri avoit été élevé dans un Bourg d'Allemagne qu'on appelloit *Gibelin*, & dont le séjour lui plaisoit fort; & un jour que les armées étoient en presence, les Bavarois animés par la vûe de leur Prince, ayant crié *Hie guelff*, les Troupes de l'Empereur que commandoit alors Henri, pour flater la passion que ce jeune Prince avoit pour le nom d'un lieu qu'il cherissoit, crierent de leur côté *Hie gibelin*, & les noms de *Guelfes* & de *Gibelins* furent donnés de cette maniere à ceux qui étoient de l'un ou de l'autre parti. Quelques-uns les font venir de deux mots Allemans, dont l'un signifie Porter la foi, & l'autre Porter la guerre; & ils viennent, selon d'autres, de deux freres, appellés *Gibel* & *Guelfe*, dont l'aîné prit le parti du Pape Gregoire IX. dans une sédition qui s'excita à Pistoye, Ville de la Toscane, & l'autre celui de l'Empereur Frideric II. vers l'an 1228. Tout cela fait voir que l'origine de ces deux noms n'est pas bien certaine.

GIBELOT. s. m. Terme de Marine. Piece de bois faite comme une courbe. Son usage est de lier l'aiguille de l'éperon à l'étrave d'un Vaisseau.

GIBOYA. s. m. Le plus grand de tous les serpens du Bresil. Il a quatre piés qui lui servent à marcher, & il est quelquefois long de vingt piés, fort beau à voir, & si gros qu'on lui a vû engloutir un cerf entier. Il n'a nul venin, & même ses dents sont fort petites pour la grandeur de son corps. Quand il veut surprendre les bêtes sauvages, il se tient à l'envers auprès des sentiers, & se jettant tout d'un coup sur celles qui passent, il les entortille de telle sorte, qu'il leur froisse tous les os, après quoi, à force de les mâcher, il les amollit assés pour les avaler toutes entieres.

GIBOYER. v. Chasser. Giboyer un Liévre, un Lapin quand on l'a tué, c'est passer les jarets l'un dans l'autre, pour le pendre à la ceinture.

GIE

GIETS. s. m. p. Vieux mot. Liens, attaches. *Ils les attachent aux perches où les giefs se lâchent*. Il s'est dit aussi au figuré.

Je suis liée
Des giets d'amour & alliée.

On a dit aussi *Gets*.

GIEUX. s. m. Vieux mot dont on s'est servi pour dire, Jeu.

Sa bataille n'est mie gieux.

On a dit auſſi *Gieu*, pour dire, Juif.

GIG

GIGOTE. ſ. f. Terme de Manége. On appelle *Branche à la gigote*, Une maniere de branche dont la baſe eſt ronde.

GIGOTÉ, ÉE. adj. On appelle *Un cheval bien gigoté*, quand il a les cuiſſes fournies, c'eſt-à-dire, quand elles ſont proportionnées à la rondeur de ſa croupe. *Un cheval mal gigoté*, eſt celui qui les a maigres & ſans proportion à la largeur de ſa croupe.

Gigoté, eſt auſſi un terme de Chaſſe, & on appelle *Lévrier gigoté*, celui qui a les os des hanches éloignés & les gigots courts & gros. On appelle de même *Chien gigoté*, celui qui a les hanches larges & les cuiſſes rondes.

Gigoté, ſe dit auſſi d'un jet de bois qui pouſſe ſur une taille de mauvaiſe venue, c'eſt preſque la même choſe que rabougri.

GIGUE. ſ. f. Vieux mot. Cuiſſe. Borel dit qu'il vient du Grec ἰσχίον, d'où a été fait auſſi, *Gigot*.

Gigue. Air de Muſique qui a trois tems, qui ſe joue fort vîte, & dont ordinairement les meſures commencent par une note pointée. C'eſt par une croche en levant que commence la *Gigue à la Françoiſe*, & elle a deux tems. M. Ménage eſt perſuadé que le mot de *Gigue*, vient de l'Italien *Giga*, Inſtrument de muſique dont parle Dante.

GIL

GILBERTINS. ſ. m. Ordre de Moines qui fut établi en 1118. Il eut pour Inſtituteur Gilbert de Lincolnshire qui bâtit en peu de tems treize Cloîtres, & preſcrivit à ſes Religieux des Loix tirées des Regles de S. Auguſtin & de S. Benoît. Le Pape Eugene III. confirma cet Ordre, dont le Cloître principal fut à Sempringhan en Lincolnshire, lieu de la naiſſance de Gilbert. Il y avoit dans ce Cloître ſept cens Moines & onze cens Religieuſes.

GILET. ſ. m. Petite veſte ſans manche, de laine en hiver & de futaine en été.

GIM

GIMBELETTE. ſ. f. Sorte de petite patiſſerie ronde, où il entre des œufs, du ſucre, de l'ambre & du muſc.

GIN

GINDANT. ſ. m. Terme de Marine. On dit qu'*Une voile a vingt aunes de gindant*, pour dire, qu'Elle a vingt aunes de hauteur ou de longueur.

GINGEMBRE. ſ. m. Plante qui croît non ſeulement aux Indes Orientales, mais encore dans les Occidentales, où les nouveaux Habitans de ce pays-là l'ont tranſportée. Ses racines ſe répandent non en profondeur, mais en largeur, étant couchées entre deux terres, comme une main qui a pluſieurs doigts étendus aux environs. Elles ſont pleines de nœuds, petites comme celles du ſouchet, blanches, odorantes, & ont preſque le goût du poivre. Ses feuilles reſſemblent à celles des roſeaux, qui meurent & reverdiſſent deux ou trois fois l'an. Les plus grandes ne le ſont pas plus que l'herbe des prés. Quand elles ſont ſeches, c'eſt le tems de cueiller les racines. Il y en a qui peſent juſqu'à une livre. On apporte en Europe du Gingembre de Calecut, Ville fort marchande aux Indes, & non ſeulement du Gingembre ſec, mais du vert confit dans le ſucre ou en un certain miel que les Habitans tirent de certaines gouſſes qu'ils preſſurent. Celui là eſt beaucoup meilleur que le Gingembre confit de Veniſe, qui ſe fait de racines de Gingembre ſeches. Quoique cette plante porte quelques graines, on ne s'en ſert point pour la cultiver, mais l'on replante les petites racines; & s'il arrive que l'on n'en ait pas aſſés, on diviſe la groſſe patte ou maîtreſſe racine en morceaux que l'on replante par rangs dans de petites rigoles qu'on couvre enſuite de terre, & en trois mois le Gingembre vient à maturité. Il eſt bon à l'eſtomac & aide à la digeſtion. Il échauffe fort, mais non pas d'abord autant que le poivre qui eſt de parties plus ſubtiles, au lieu que le Gingembre eſt compoſé d'une ſubſtance groſſe & indigeſte, qui n'eſt ni terreſtre ni ſeche, mais humide & aqueuſe; ce qui fait que ſa chaleur dure plus long-tems.

GINGEOLE. ſ. f. Eſpece de fruit qui prend ſon nom de l'arbre qui le produit, & que l'on appelle *Gingeolier*.

GINGIDIUM. ſ. m. Petite herbe ſemblable à la Paſtenade ſauvage, mais plus amere, que Dioſcoride dit que quelques-uns appellent *Lepidium*, & qui croît abondamment en Cilicie & en Syrie. Sa racine eſt blanche & un peu amere. Cette herbe, que l'on mange crue & cuite, eſt fort bonne à l'eſtomac, & provoque à uriner. Quelques-uns veulent que ce ſoit ce qu'on nomme communément Cerfeuil: mais Matthiole ſoûtient qu'il n'en eſt rien, & il en fait la deſcription ſuivante. Le Gingidium n'eſt guere different des panets, & neanmoins il eſt plus amer, ayant une tige branchue, ronde, de la longueur d'un demi-pié, ridée, noirâtre, nouée, & à la cime de petites têtes qui jettent de petites feuilles à l'entour. De ces têtes ſort une graine qui venant à maturité fait reſſerrer les bouquets. Sa racine eſt blanchâtre, de la longueur d'un paume de main, & d'un goût un peu amer. Il y en a auſſi qui veulent que la plante qu'on appelle *Viſnaga*, ſoit le vrai Gingidium.

GINGLYME. ſ. m. Terme d'Anatomie. Il ſe dit de la jointure de deux os, comme ceux des vertebres & des genoux, lorſque ſe recevant reciproquement, ils ne laiſſent pas d'être mobiles l'un dans l'autre. Ce mot vient de γιγγλυμὸς, Gond d'une porte.

GINGUET. ſ. m. Terme de Marine. Morceau de bois attaché au tillac, & qui eſt mobile par un bout. Son uſage eſt d'arrêter le cabeſtan, après qu'on a levé l'ancre ou quelque fardeau.

GIP

GIPON. ſ. m. Terme de Corroyeur & de Cordonnier. Sorte de houpe de frange dont ces Artiſans ſe ſervent pour cirer. *Gipon*, ſignifie Pourpoint dans le vieux langage.

GIR

GIRAFE. ſ. f. Animal farouche qui ſe trouve en Afrique, & qui ſe retire dans les lieux les plus ſecrets, en ſorte qu'on ne le voit preſque point. Il eſt de la grandeur d'un veau, & ſa tête eſt faite comme celle d'une biche. Il a le col fort menu, & à peu près de la longueur d'une toiſe, & les oreilles fendues. Ses piés ſont auſſi fendus. Ceux de derrier ſont beaucoup plus courts que ceux de devant; ce qui le force d'écarter les jambes quand il veut boire. Sa queue eſt ronde & ne paſſe point les jarets. La Girafe a le poil entre noir & blanc, &

on

on tient qu'elle est engendrée d'animaux de differentes especes. Quelques-uns veulent que ce soit le Cameleopard : mais cela ne sçauroit être, puisque le Cameleopard est plus haut qu'un Elephant.

GIRANDE. s. f. Terme de Fontenier. On appelle *Girande d'eau*, un Faisceau de plusieurs jets qui s'élevent avec impetuosité, & qui en s'élevant font un bruit pareil au bruit du tonnerre ; ce qui se fait par le moyen des vents enfermés. Ils imitent aussi la pluye & la neige.

GIRASOL. s. m. Pierre precieuse qui est une espece d'Opale. Elle a un feu enfermé qui semble se promener au dedans, & qu'elle jette dehors selon qu'on la tourne. Ce feu est comme la prunelle de l'œil. Elle semble contredarder le soleil, en lui renvoyant ses rayons, mais un peu blafards.

GIRAUPIAIGARA. s. f. Sorte de couleuvre du Bresil, noire, longue, & qui a la poitrine jaunâtre. Ces Couleuvres montent avec beaucoup de vîtesse au haut des arbres, & y détruisent les nids des oiseaux. *Giraupiaigara*, est un mot qui signifie dans la langue du pays, Gourmande d'œufs.

GIROFLE. s. m. Fruit d'un arbre qui croît au Levant en de certaines Isles de la mer des Indes. Le tronc de cet arbre est semblable à celui du bouis, & on le prendroit pour le même bois. Ses feuilles ressemblent à celles de l'arbre de la cannelle, si ce n'est qu'elles sont plus rondes. Son fruit est petit & de couleur noire roussâtre. Il a une tête comme un clou, & cette tête jette quatre petites dents en dehors, qui font une forme d'étoile divisée en croix de S. André. Au milieu est un petit point qui sert presque de nombril. Pour choisir ces fruits, il faut prendre ceux dont l'odeur est agreable, & qui rendent une humidité huileuse lorsqu'ils sont pressés. Les Girofles échauffent & attenuent au troisiéme degré, & sont aperitifs, incisifs & confortatifs. Ils sont bons pour le foye refroidi, & on en donne en breuvage avec grand succès aux hydropiques, dans le tems même que l'eau est épandue par le corps. On appelle le clou de Girofle *Caryophyllon*, des mots Grecs κάρυον & φύλλον, dont l'un veut dire Noix, & l'autre Feuille.

GIROFLE'E. s. f. Fleur qui rend une odeur fort agreable, & que l'on cultive dans les jardins. Le Giroflier qui la produit, a ses feuilles longues comme celles de barbebouc, plus courtes pourtant, plus grosses, & plus charnues, courbes, & qui aboutissent en pointe. Il a force petites tiges, nouées, lissées, rondes, & hautes d'une coudée. Elles en jettent trois ou quatre à la cime, au bout desquelles est un bouton un peu long, & dentelé par dessus en forme de scie. C'est d'où sort la fleur qui a l'odeur du girofle. Il y a des Giroflées simples, & des Giroflées doubles, & de diverses couleurs, de safranées, de couleur de chair, de purpurines, & de blanches. Il en est aussi de plusieurs couleurs, mais elles deviennent telles par artifice, en y mêlant des graines de toutes les especes. Elles ont grand nombre de feuilles ainsi que les roses. On voit aussi d'autres sortes de Giroflées qui viennent d'elles-mêmes. Les unes ont leurs fleurs jaunes comme l'or, & les autres blanches, mais plus petites & sans être feuillues. Celles-là n'ont point l'odeur des œillets, & viennent dans les lieux secs & non cultivés. Les fleurs de Giroflier en décoction de betoine ou marjolaine, & sur-tout les purpurines, sont bonnes à tous défauts de cœur, aux vertiginosités à l'épilepsie, aux paralysies & aux spasmes. La Giroflée a pris son nom du Girofle dont elle a l'odeur. Nicod veut pourtant qu'il vienne du Grec γυρόφυλλος, fait de γῦρος, Cercle, & de φύλλον, Feuille, à cause que la Giroflée croît en rond par le moyen de ses feuilles.

GIRON. s. m. Terme d'Architecture. Largeur de la marche d'un escalier. Lieu où l'on pose le pié en montant ou descendant. Il y a un *Giron droit* & un *Giron triangulaire*. Le premier est contenu entre deux lignes paralleles pour les marches droites ou courbes, & l'autre va en s'élargissant depuis le colet, par lequel la marche tient au noyau en sorte que cette marche est plus large par un bout qu'elle n'est par l'autre. On appelle *Giron rampant*, celui qui est le plus large, & fait de maniere qu'il est aisé d'en monter les marches, à cause de sa grande pente.

Giron. Terme de Blason. Figure triangulaire qui finit en pointe au centre de l'écu, à la façon d'une marche d'escalier à viz.

GIRONNE', E'E. adj. Il se dit dans le Blason, de l'écu divisé en plusieurs parties triangulaires, dont les pointes s'unissent à l'abîme de l'écu. *Gironné d'or & d'azur de douze pieces*. Quand il y a huit ou dix Girons, ils sont alternativement de métal & de couleur.

Gironné. Terme d'Architecture. On appelle *Marches gironnées*, celles des quartiers tournans des escaliers ronds ou ovales.

GIRONNER. v. a. Terme d'Orfevre. Donner la rondeur à un ouvrage. Le mot de Giron, vient du Grec γῦρος, Tour, cercle.

GIROUETTE. s. f. Petite plaque de fer blanc qui se meut sur un pivot. On la met au haut des tours & des pavillons, & en tournant elle fait connoître d'où vient le vent. Ce mot vient de γυρόω, Je fais tourner en rond.

Girouette, en termes de Marine est une petite piece de toile ou d'étamine, qu'on met au haut des mâts des Vaisseaux, beaucoup plus petite que les Pavillons. Ces sortes de Girouettes servent au même usage que les Girouettes de terre. Celles qu'on appelle *Girouettes quarrées*, sont faites de plusieurs cueilles, & ont la figure d'un quarré long. Les *Girouettes à l'Angloise*, sont longues & étroites, & les *Girouettes Flamandes*, sont échancrées par dedans en maniere de cornette. Leur couleur est rouge, blanc & bleu. Chaque Chaloupe a sa Girouette.

GIROYER. v. a. Vieux mot. Tournoyer.

GIS

GISANT, ANTE. adj. Qui est détenu au lit par maladie. On appelle en termes d'Eaux & Forêts, *Bois gisant*, du Bois abattu, & qu'on a laissé couché sur la terre.

GISANT. s. m. Les Charrons appellent *Gisant*, Quatre pieces de bois en maniere de soliveau qui tiennent les ais d'un tombereau.

GISARMES. s. f. Sorte d'armes anciennes. On a dit aussi *Guisarmes*. On trouve dans un Arrêt donné contre Jacques Cueur sous le regne de Charles VII. un article conçû en ces termes. *Comme aussi auroit fait present de beaucoup d'armes aux Turcs, sçavoir, Crenequins, guisarmes, haches, voulges, coulevrines, jaserans, & autres habillemens de guerre.*

GISEMENT. s. m. Terme commun sur la mer. Il se dit de la situation des côtes & des parages, selon les rumbs de vent qui regnent en droiture de l'un à l'autre. On se sert des termes *Gist* & *Gisent*, pour signifier ces Gisemens. Ainsi on dit qu'*Une terre gist Nord & Sud*, pour dire, qu'Elle est opposée à une autre, & que *Deux Isles gisent entre elles Est Oüest, à la distance d'un certain nombre de lieues*, pour dire, que l'une est à l'Est & l'autre à l'Oüest.

GISTE. s. m. Terme de Boucher. Le bas de la cuisse du bœuf. On le sépare en trois parties qui sont le bas de Giste, la levée, & le Giste à l'os.

Giste, se dit aussi de la meule d'un moulin qui est immobile, & au dessous de celle qui tourne & qui écrase le grain.

GIV

GIVRE. s. f. Grosse couleuvre à la queue tortillée. Il ne se dit guere qu'en termes de Blason. On dit *Givre rampante*, quand elle est en fasce. On dit aussi *Guivre*.

GIVRE', E'E. adj. On appelle en termes de Blason, *Croix givrée*, une Croix qui est terminée en tête de Givres. Quelques-uns dérivent ce mot d'*Anguis*, Serpens, & d'autres le font venir de *Vivre*, en changeant la lettre v. en g, & *Vivre* de *Vipera*.

GLA

GLACE. s. f. *Eau congelée & endurcie par le froid.* ACAD. FR. Les Philosophes qui parlent de la maniere dont la Glace se forme disent qu'elle n'est pas une simple eau condensée comme on le pense ordinairement, mais qu'il doit survenir des corps étrangers tels que sont principalement les corpuscules de nitre, qui en resserrant les corpuscules d'eau, lui ôtent sa fluidité, & la rendent ferme & solide.

On appelle *Glace*, un Verre poli, qui par le moyen du tain, sert dans les appartemens à reflechir la lumiere, à representer fidelement & à multiplier les objets. Ce verre est dispersé par miroirs ou par pannaux, & l'on en fait des lambris de revêtement. On a trouvé depuis peu de tems le secret d'en fondre & polir de plus de huit piés de haut. Ce qu'on appelle *Glace de carrosse*, est aussi un Verre poli, mais sans tain. Il est de la grandeur d'un panneau de vitre.

Glace, en termes de Patissier, est du sucre & du blanc d'œuf battu ensemble qu'on coule sur le biscuit, quand il est dans le moule. Les Confiseurs ont aussi leur Glace. C'est du sucre cuit ou en poudre que l'on mêle sur des fruits avec un peu de blanc d'œuf & du citron.

GLACER. v. a. Les Tailleurs & les Couturieres disent *Glacer une doublure*, pour dire, La coudre de telle sorte avec l'étoffe qu'elles tiennent toutes deux ensemble, uniment & proprement, & passer de faux fils pour régler l'égalité de la doublure & de l'étoffe.

On dit en termes de Broderie, quand on veut ombrager un ouvrage d'or & d'argent, qu'*On le glace & l'émaille avec de la soye*.

GLACEUX, EUSE. adj. Terme de Joüaillier. On dit, que *Des pierreries sont glaceuses*, pour dire, qu'Elles ont une maniere de petit nuage, qui les brouille, & qui empêche qu'elles ne paroissent nettes & diaphanes.

GLACIS. s. m. Terme de Fortification. Pente adoucie. Il se dit plus particulierement de celle qui regne depuis le parapet du chemin couvert jusqu'au rez de chaussée du côté de la campagne.

Glacis. Terme de Tailleur. On dit, *Passer un glacis*, pour dire, Faire un rang de points, qui fasse tenir la doublure uniment avec l'étoffe.

On appelle *Glacis de corniche*, Une pente peu sensible sur la cimaise d'une corniche. Cette sorte de Glacis donne une grande facilité pour faire écouler les eaux de pluye.

GLAÇON. s. m. Morceau de glace. On appelle *Glaçons*, des ornemens de Sculpture qui representent des glaçons naturels. On les fait de pierre ou de marbre, & on les met aux bords des bassins de fontaine, & aux panneaux & tables des grottes.

GLACOYER. v. n. Vieux mot. Glisser.

Le coup cheut jus en glacoyant,
Si ne lui greva de noyant.

Borel fait venir ce mot de *Glace*, à cause qu'on glisse en marchant dessus.

GLADIATEUR. s. m. Nom que les Payens ont donné à certains Esclaves qui combattoient avec des épées nues sur le theatre de Rome, afin de donner du plaisir au Peuple. Le vainqueur recevoit pour récompense ou de l'argent, ou une couronne de Lentisque, ou une palme entourée de branches de Lentisque. Quelquefois on lui accordoit une exemption de combattre, ce qu'on lui faisoit en lui mettant à la main un fleuret de bois qu'ils nommoient *Rudis*. Quelquefois aussi on lui donnoit un bonnet qui étoit la marque de la liberté. La cruelle coûtume des combats des Gladiateurs fut entierement abolie par Theodoric Roi des Ostrogots en Italie vers l'an de JESUS-CHRIST 500. Ce mot vient du Latin *Gladius*, Epée.

Il y a eu un Ordre de Gladiateurs qui fut établi en Livonie, vers le tems que les Teutoniques commencerent à Jerusalem en 1204. On les appella ainsi à cause qu'ils portoient sur leur manteau deux épées rouges en façon de croix. Albert, Evêque de Riga, commença cet Ordre, & accorda la troisiéme partie du revenu de ses Eglises pour leur entretien. Ils avoient un habit blanc où étoient tissues deux épées sanglantes en forme de croix, pour faire connoître leur résolution à faire la guerre contre les Payens, qu'ils convertirent à la foi, non seulement dans Riga, mais en la plûpart des autres Places de Livonie. Le Pape Innocent leur donna tout le Pays qu'ils y purent conquerir. La regle qu'ils observoient, étoit la même que celle des Templiers, mais par le conseil du Pape, les Cruciferes & les Gladiateurs se sont mêlés dans l'Ordre des Teutoniques.

GLAIEUL. s. m. Herbe qui croît dans les prés & parmi les blés. Elle a ses feuilles comme la flambe, mais plus courtes, plus étroites, & faites en pointe. Elles sont rayées depuis le fond jusqu'à la cime, de certaines veines ou nerfs. Sa tige est pleine de jus, & de la hauteur d'une coudée. Le Glaieul produit ses fleurs fort bien compassées, & mises par ordre les unes après les autres. Elles sont incarnates, & fort semblables aux fleurs de la flambe, quoique moindres de beaucoup, & toutes d'une couleur. Sa graine est ronde, & il a deux racines l'une sur l'autre, qui sont blanchâtres, charnues, rondes, plates, & couvertes de certains filamens noirs tirant sur le rouge comme les racines de saffran. Galien dit que la racine de Glaieul, & même celle de dessus, est attractive, resolutive & dessicative. On en tire le suc par expression quand il est encore recent. On le purifie ensuite, & on s'en sert comme d'un excellent hydragogue. Sa dose est depuis une drachme jusqu'à trois. On l'appelle en Latin *Gladiolus*, en Grec ξιφίον, de ξίφος, Epée, à cause que ses feuilles en ont la figure.

GLAIRE. s. m. Humeur visqueuse & gluante, qui ne se détache & ne se vuide qu'avec peine. On vuide quelquefois des glaires par les urines, & c'est une marque des attaques de la pierre. On appelle aussi

Glaire, le blanc d'un œuf, ce qui fait que M. Ménage dérive ce mot de *Clarum ovi*. D'autres le font venir de *Glarea*, qui parmi les Medecins veut dire *Glaire*.

Il se dit aussi des chairs & des fruits dont la consistance n'est pas ferme. Ainsi les amandes n'ont que de la Glaire au dedans, quand elles sont encore vertes.

L'eau qui se trouve dans les diamans imparfaits & qui ne commencent qu'à se former, est aussi appellée *Glaire*.

Les Les Relieurs appellent *Glaire*, une colle déliée & luisante qu'on fait avec du blanc d'œuf, & qu'ils employent sur la couverture de leurs livres.

GLAIRER. v. a. Les Relieurs disent *Glairer un Livre*, pour dire, En frotter la couverture avec une éponge pleine de glaire.

GLAISE. s. f. Terre grasse qui étant paîtrie & cuite, sert à faire des tuiles, des carreaux, des enfaîtemens, & autres ouvrages de poterie. On s'en sert aussi pour retenir l'eau des reservoirs & des bâtardeaux, qui ne sçauroit passer à travers quand on a pris soin de la bien fouler.

GLAISER. v. a. Faire un corroi de glaise bien paîtrie & bien battue au pilon. Pâquier dit que le mot de *Glaise*, vient de *Galba*, vieux mot qui a signifié Gras.

GLAND. s. m. Fruit du Chêne, & de plusieurs autres arbres que Dioscoride a compris sous le nom general de δρῦς, qui s'entend non seulement du Chêne, mais de l'Yeuse, du Fau, du Hêtre, & de quelques autres. Le Gland est fait en forme de noyau, & a sa figure oblongue. Il a une maniere de petite coquille dans laquelle il est attaché à l'arbre. Galien dit que toutes les parties du chêne sont astringentes, mais qu'il y a plus de stipticité en l'écorce moyenne qui touche le bois, & en celle qui est sous la couverture de la chair du Gland qu'en aucune autre, & qu'ainsi elle est fort bonne pour restreindre les fluxions immoderées des femmes, les crachemens & les flux de sang, & autres flux de ventre qui durent trop. Tous Glands broyés, frais & appliqués appaisent les inflammations, & avec de l'oing salé ils guerissent les ulceres malins. Leur décoction sert de préservatif contre les venins. Dioscoride dit que les Glands de l'Yeuse ont plus de vertu que ceux du Chêne. Leur petite coquille à quoi ils demeurent attachés, a les qualités du gland, mais elle est plus restrictive & plus astringente.

Gland de terre. Herbe qui croît en abondance en Hollande, & qui a plusieurs tiges qui s'attachent aux haies. Ses feuilles sont petites & étroites. Elle a ses fleurs rouges & de bonne odeur, après lesquelles viennent de petites siliques. La racine de cette herbe bouillie dans le vin arrête le flux de sang. Elle est aussi fort utile pour les plaies, lorsqu'on l'applique dessus, étant mise en poudre.

Gland de mer. Sorte de petit poisson à test dur, appellé ainsi à cause de sa figure qui est semblable à celle du Gland. Il est couvert de deux coquilles.

GLANDE. s. f. Terme de Medecine. Amas de vaisseaux & de nerfs fort petits sans mélange d'aucune autre substance, chair ou parenchyme. Ainsi les Glandes sont toutes construites de divers vaisseaux & des liqueurs qu'ils contiennent. Le corps est tout parsemé de Glandes, ausquelles le sang est porté par les arteres. Les unes qu'on appelle *Conglomerées*, sont composées de plusieurs petites Glandes ou petits grains. Elles servent à préparer certaine liqueur qu'elles déchargent dans des cavités pour des usages particuliers. Il y en a d'autres que l'on nomme *Conglobées*, qui ont une matiere continue & une superficie pleine. Celles-là philtrent aussi quelque liqueur qu'elles renvoyent au sang par des vaisseaux nommés Lymphatiques, à cause de la lymphe qui est la liqueur qu'ils portent. Les petits vaisseaux qui servent à la construction des Glandes, sont repliés circulairement comme de petits intestins, & parsemés d'autres petits vaisseaux rouges, sçavoir de petites veines & de petites arteres. Les Glandes, soit conglobées, soit conglomerées, reçoivent trois sortes de sucs, sçavoir les esprits animaux par les nerfs, une humeur aqueuse, & en même-tems un suc acide par les arteres; & ces trois choses jointes ensemble constituent la liqueur des Glandes conglomerées, comme du pancreas, des machoires, &c. & par consequent celles des Glandes conglobées, puisqu'elles sont construites de la même sorte.

GLANNE, ou GLAINE. s. f. C'est ce que les Vicaires en certaines Paroisses vont chercher chez chaque Laboureur quelque tems après la récolte. Je n'ai point vû ce mot dans Nicot, ni dans Borel, ni dans aucun autre Dictionaire, ce qui me fait juger que c'est une invention assés moderne, qui peu à peu se tournera en droit, & que la Dixme Ecclesiastique ne s'est peut-être établie que de la sorte.

GLAS. s. m. Son d'une cloche qu'on tinte, lorsqu'une personne est à l'agonie, ou vient d'expirer, afin de faire souvenir qu'il faut prier Dieu pour elle. Quelques-uns font venir ce mot de *Classicum*, qui a signifié autrefois le son de toutes les cloches d'un clocher qu'on sonnoit ensemble, d'autres de *Clamor*, & de *Clades*. On a dit *Sonner à glas*, pour marquer une sorte de sonnerie opposée au carillon. On a dit aussi, *Un grand Glas de chiens*, pour dire, Un grand bruit de chiens. C'est peut-être de-là qu'est venu *Glapir*.

GLAU. s. m. Vieux mot. Glayeul.

La feuille li glau, de doulour
Et li ram perdent lor coulour.

On a dit aussi *Glay*.

GLAUCIUM. s. m. Suc d'une herbe qui croît auprès d'Hierapolis en Syrie. Elle a ses feuilles presque semblables au pavot cornu, plus grasses pourtant & éparpillées en terre, ayant une fort méchante odeur & un goût amer. Les gens du pays font secher ces feuilles dans des fours à demi chauds, après quoi ils les brisent, & en tirent un suc jaune, qui est fort bon dans les medicamens qu'on ordonne pour les yeux. Galien dit que le Glaucium est astringent, & si refrigeratif, que lui seul peut guerir les eresipelles pourvû qu'elles ne soient point trop enflamées. Il est composé de substance terrestre & aqueuse, étant l'une & l'autre moderément froides comme le peut être l'eau de fontaine. Les Apothicaires, suivant les Arabes appellent ordinairement le Glaucium *Memithé*. Il y en a bien qui le contrefont, & qui supposent du jus d'esclere en sa place. On lui a donné le nom de *Glaucium*, de γλαύκος, Bleu, à cause qu'il porte des fleurs bleues.

GLAUCOMA. s. m. Terme de Medecine. Maladie des yeux qui arrive lorsque l'humeur cristalline se change en une couleur azurée. Ceux qui en sont atteints n'apperçoivent alors aucune lumiere. Le mot est tout Grec, γλαύκωμα & vient aussi de γλαύκος, Bleu.

GLAUX. s. m. Plante qui a ses feuilles semblables au Cytiscus ou à la lentille, blanches vers le dos, & vertes dessus. Il produit directement dès sa racinc cinq ou six menus rameaux de la hauteur d'un palme. Ses fleurs sont rouges, & semblables à celles du Violier, quoique plus petites. Le Glaux, selon Dioscoride & Pline, croît le long de la mer, sur quoi Matthiole dit qu'il n'y en a jamais vû, ni même entendu qu'un autre y en ait trouvé, si ce n'est qu'on veuille suivre l'opinion de Ruellius, qui prend pour Glaux une certaine herbe fort branchue qui a ses feuilles longues & disposées par ordre de chaque côté, ainsi que les chiches bleues vers le dos, & vertes dessus. Sa fleur est rouge & petite & porte ses gousses rondes. Quelques-uns l'appellent *Galaga* ou *Ruta Capraria*, & les Toscans, *Lavanese* ou *Lavamani*, parce que les Paysans trouvant cette herbe le long des ruisseaux s'en servent pour ôter la terre qu'ils ont entre les doigts, comme ils feroient avec du savon; mais comme les tiges de cette herbe passent deux coudées de haut, & que d'ailleurs la Galega se trouve aux lieux aquatiques, sur le bord des fossés parmi les montagnes & presque par tout, il la croit une herbe differente du Glaux, & ajoûte que les Modernes en font grand cas contre la peste, & contre les morsures des bêtes venimeuses, mangeant l'herbe seule, & l'appliquant au dehors. Galien parlant du Glaux, dit que cette herbe est bonne à faire venir le lait, & qu'il faut qu'elle soit de temperature chaude & humide. C'est de-la qu'elle a pris le nom de γλὰξ ou γλαὺξ par syncope de γάλαξ, fait de γάλα, Lait, à cause que cette herbe donne grande abondance de lait aux nourrices.

GLE

GLEBE. s. m. Terme de Chymie. Motte de terre dans laquelle est enfermé quelque Mineral ou métal.

C'est aussi un terme de Droit. Le Patronage réel peut être vendu avec le Glebe; les Serfs étoient *addicti Glebæ*.

GLETTE. s. f. Terme de Monnoie. Impureté des matieres qui a coulé de la coupelle d'affinage, laquelle impureté n'est autre chose que le plomb, le cuivre, & les autres métaux impurs qui étoient mêlés avec l'argent. C'est ce qu'on appelle autrement *Litarge*.

GLI

GLIC. s. m. Sorte de Jeu des anciens.

Ils ne bobent de leurs maisons
La jouent en toutes saisons
Au Trinc, au plus prés du couteau
Aux dez, au Glic, aux belles tables.

GLICEAU. s. m. Vieux mot. Peloton de fil. On a dit de la *Englinceler*, pour dire, Mettre en peloton.

GLISSADE. s. f. Terme de Maître d'exercice Militaire. On dit, *Faire une glissade avec la pique*, pour dire, Faire un mouvement de la pique en avant ou en arriere.

GLO

GLOBE. s. m. Solide qui est produit par le mouvement achevé d'un demi cercle autour de son diametre. On appelle *Globe celeste*, Un instrument de Mathematique où sont décrites les étoiles fixes du Firmament, contenues en quarante-huit constellations, & *Globe terrestre*, Un autre Instrument de Mathematique où sont representées les diverses regions de la terre, selon la situation qu'elles ont à l'égard du Ciel. Ces deux Globes qui se trouvent dans toutes les belles Bibliotheques, sont soûtenus de deux cercles dont l'un marque l'horison, & l'autre le Meridien. On represente la terre par un Globe, à cause que sa superficie est spherique. Les Physiciens le prouvent par l'effort de toutes ses parties qui se pressent également de tous côtés pour s'approcher de leur centre, & les Astronomes le démonstrent, sur ce que ceux qui vont vers le Septentrion ou vers le Midi, découvrent toûjours de plus en plus de nouvelles parties du Ciel d'un côté, à mesure qu'ils en perdent de l'autre, & que le Pole visible leur devient plus élevé d'un côté, & plus bas ou plus proche de l'horison de l'autre. La terre n'est pas considerée par les Geographes comme un élement simple, mais comme un Globe composé de terre & d'eau, lesquels font ensemble un corps Spherique que l'on nomme alors *Globe Terraqué*.

On donne ce même nom de *Globe*, à un verre de forme circulaire, monté sur un pié, qu'on met sur la corniche d'une cheminée, pour representer en petit les objets qui sont dans une salle ou dans une chambre.

GLOSSOCOME. s. m. Nom qui a été donné par quelques-uns à une machine composée de plusieurs roues dentées, garnies de leurs pignons. On s'en sert à élever des fardeaux d'un fort grand poids.

Glossocome. Terme de Chirurgie. Certaine machine creuse & oblongue, faite en maniere de coffre, dont on se sert pour remettre les cuisses & les jambes disloquées. Ce mot est Grec γλωσσόκομον de γλῶσσα Langue, & de κομεῖν, Avoir soin, panser. C'est aussi en cette langue une Biere où se met le corps d'un mort.

GLOTTE. s. f. Terme d'Anatomie. Fente qui est au devant du gosier des animaux, & qui leur sert à former leur voix, de γλῶσσα Langue.

GLOUON. s. m. Vieux mot. Sorte de mesure.

Parmy trois glouons de farre.

GLOUT, GLOUTÉ. adj. Vieux mot. Glouton, gourmand.

Charybdis, comme avide & gloute
Les barges devoure, & transgloute.

GLU

GLU. s. f. *Composition visqueuse & tenace avec laquelle on prend les oiseaux.* ACAD. FR. On en garnit aussi les seps de vignes pour empêcher que les premiers bourgeons ne soient rongés de chenilles, qui rencontrant cette composition y demeurent prises & y meurent. Elle se fait non seulement des grains du gui de chêne, en les concassant; & les faisant cuire dans de l'eau après qu'on les a lavés, mais encore des racines de certains arbrisseaux, comme sont le houx & la viorne. On enterre les écorces de ces racines dans une fosse qu'on fait en un lieu humide, & après qu'elles y ont pourri pendant quelques jours, on les pile jusqu'à ce qu'elles deviennent visqueuses & gluantes. Ensuite on les lave dans de l'eau chaude, en les démêlant fort avec les mains. Il y a des lieux où l'on fait la Glu avec des racines de Guimauves. On en fait aussi en Surie de prunes de Sebesten, & on l'appelle *Glu de damas*.

On donne encore le nom de *Glu* à une certaine humeur qui vient sur l'écorce des arbres, & qui se sechant au Soleil, forme des manieres de poireaux.

Furetiere dit que la Glu de Cerisier & de Pommier, est ce qu'on appelle la *Gomme Arabique*; il se trompe; il y a beaucoup de difference. Ses Scholiastes ont évité la faute. Elle sort d'un arbre, qui croît en Egypte, espece de Cassier.

GLUI. s. m. Grosse paille de ségle, dont les maisons & les granges des paysans sont couvertes en plusieurs Provinces. On se sert aussi de Glui pour lier les gerbes dans la moisson. Quelques-uns font venir ce mot de *Gelima*, mot de la basse latinité, qui a signifié une Gerbe de *Gena*, Genouil, & de *Ligare*, Lier, à cause qu'on la lie avec les genoux & les mains. Et d'autres le dérivent du Flamand *Gheluys*, Botte de paille.

GLUTINATIFS. s. m. Medicamens qui agglutinent & conjoignent les parties separées d'un ulcere ou d'une plaie, pour les rétablir dans leur union naturelle. Ils tiennent le milieu entre les sarcotiques qui dessechent seulement au premier degré, & les epulotiques.

GNA

GNAPHALIUM. s. m. Plante, dont Dioscoride ne dit autre chose, sinon que quelques-uns usent de ses feuilles qui sont molles & blanches, au lieu de cotton, & qu'étant prises en breuvage avec de gros vin, elles sont fort bonnes à la dysenterie. Matthiole avoue que sur ce peu de paroles, il est difficile de conjecturer quelle herbe c'est que le Gnaphalium, aucun Auteur, ni même Pline n'en ayant rien dit de plus. Ce mot vient de γνάφειν, Carder, à cause qu'il semble que ses feuilles soient couvertes de coton.

GNO

GNOMON. s. m. Terme de Mathematique. Ce mot est Grec γνώμων, *qui indique*, *qui regle*, & il conserve cette idée dans toutes les acceptions qu'on lui donne en Mathematique. Il signifie d'abord le *style* d'un Cadran qui marque les heures par son ombre. Voyez STYLE, & QUADRAN. Il signifie aussi une espece de style ou d'aiguille mobile que l'on met au centre d'un petit cercle polaire sur le meridien d'un globe. Le mouvement de cette aiguille dépend de celui de l'axe, quand l'axe fait un tour, l'aiguille en fait un aussi sur son cercle, & comme les heures y sont marquées, elle fait voir en combien d'heures se fait une certaine partie de la revolution du globe sur son axe.

En Geometrie, le mot de Gnomon s'emploie aussi. On tire deux paralleles aux deux côtés d'un parallelogramme par un point quelconque de sa diagonale. Il se forme au dedans du parallelogramme quatre parallelogrammes plus petits, dont il y en a deux coupés par la diagonale, & deux qui ne le sont point. Que l'on prenne un de ceux qui en sont coupés avec les deux qui ne le sont point, cette figure s'appelle *Gnomon*, parce qu'elle represente une équerre, & que γνώμων signifie Une équerre qui fait connoître l'angle droit.

En Arithmetique, on appelle *Gnomons*, les nombres ou progression Arithmetique, dont on forme les nombres *Polygones*, & ce nom leur vient apparemment de ce que ce sont eux qui reglent & font connoître par leur differente proportion la differente espece du Polygone qu'ils forment. Voyez POLYGONE.

GNOMONIQUE. s. f. Partie des Mathematiques. Science qui enseigne à faire des Quadrans soit au Soleil soit à la Lune. Voyez QUADRAN. Ce mot vient de *Gnomon*.

GNOSIMAQUES. s. m. Heretiques du VII. siecle, qui condamnoient toutes les belles connoissances, prétendant qu'elles étoient inutiles à l'homme, dont Dieu ne demande que des actions de religion & de vertu. Ce nom leur a été donné de γνῶσις, Connoissance, & de μάχεσθαι, Combattre.

GNOSTIQUES. s. m. Heretiques descendus des Nicolaïtes, & dont il y a eu differentes sectes sous differens noms. Ils croyoient que l'ame est la substance de Dieu, & niant la Divinité de Jesus-Christ par l'union hypostatique, ils disoient seulement que Dieu avoit habité en lui. La profession qu'ils faisoient des Sciences, qui leur a fait prendre le nom de *Gnostiques*, n'empêchoit point qu'ils ne s'addonnassent à toutes sortes d'ordures & de saletés. Ils prétendoient même que les plus illegitimes voluptés du corps fussent bonnes & saintes. La nuit étoit le tems de leurs assemblées, où ils commettoient ce qu'on ne peut lire qu'avec horreur dans saint Epiphane. Une femme nommée Marcelline, se servit de son esprit & de sa beauté pour introduire à Rome cette détestable Secte vers l'an 167. Elle faisoit des dogmes de Religion de tout ce que les voluptés ont de plus brutal, & seduisit beaucoup de fideles par cette dangereuse amorce.

GOB

GOBE. s. f. Morceau empoisonné. On tient que les Bergers en sement dans les champs où viennent paître les moutons de ceux à qui ils veulent du mal. On se sert aussi de *Gobes* pour faire mourir les renards & autres bêtes.

Gobe. adj. Vieux mot. Vain, orgueilleux.

La terre mesme se orgueille
Pour la rousée qui la mouille,
Et oublie la povreté
Où elle a tout hiver Esté.
Lors devient la terre si gobe,
Que veut avoir nouvelle robe.

GOBEAU. s. m. Vieux mot. Coupe.

GOBELET. s. m. Petite tige par le moyen de laquelle le gland, la faine, les noisettes, & autres fruits, de même nature sont attachés aux arbres qui les produisent. On la nomme ainsi à cause qu'elle a la figure d'une petite coupe. Il se dit aussi de quelques fleurs.

GOBEMOUCHE. s. m. Sorte de lezard, le plus petit des reptiles des Antilles. Il a la figure de ceux que l'on appelle en Latin *Stelliones*, & n'est guere plus gros que le doigt, mais un peu plus long. Il prend volontiers la couleur des choses sur lesquelles il s'arrête davantage. Ceux qui vivent autour des jeunes palmes sont entierement verts comme les feuilles de cet arbre, & ceux qui courent sur les orangers sont jaunes comme leur fruit. Les femelles sont un tiers plus petites que les mâles, & la plûpart grises. Les Caraibes les appellent *Ouleoma*, & les François *Gobemouches*, à cause qu'ils en font leur nourriture ordinaire, & qu'ils les poursuivent avec tant d'avidité, qu'on en voit se précipiter du haut des arbres pour les attraper. Ces animaux sont très-familiers, & entrent dans toutes les chambres des Habitans, où ils ne font aucun mal. Ils se mettent comme en sentinelle sur quelque planche, ou sur quelque autre meuble, sans se remuer; & si-tôt que quelque mouche approche du lieu où ils sont tapis, ils sautent brusquement dessus & l'engloutissent. Ils montent même le plus souvent sur la table pendant que l'on mange, & s'ils en découvrent quelqu'une, ils la vont prendre jusque sur l'assiete & sur les mains de ceux qui y sont assis. S'ils la voyent voler en l'air, ils la suivent par tout de l'œil, & ne la quittent point de vûe, faisant de leur tête autant de differentes postures que la mouche prend de places differentes. Ils sont si nets & leur peau est si polie, qu'ils ne donnent aucun dégoût pour avoir passé sur quelque viande. Ils se perpetuent par de petits œufs qu'ils font gros comme des pois. Ils les couvrent d'un peu de terre, & les laissent ensuite couver au Soleil.

GOBERGE. s. f. Perche coupée de longueur dont les Menuisiers se servent pour tenir leur besogne en presse sur l'établie, quand leurs feuilles de bois sont plaquées, jointes & collées, jusqu'à ce que la colle soit bien seche. Un des bouts de la Goberge est posé contre le plancher, & l'autre est appuyé fermement sur la besogne avec une cale en coin, entre l'ouvrage & la Goberge, pour le faire mieux tenir. On se sert aussi de Goberges dans les ouvrages de marqueterie.

Les Tapissiers appellent encore *Goberges*, de petits ais de bois larges de quatre ou cinq pouces, qui sont liés avec la sangle, & qu'on étend sur un bois de lit pour porter la pailliasse & les matelas.

GOBETER. v. n. Terme de Maçon. Jetter du plâtre ou du mortier avec la truelle, & passer la main dessus, afin qu'il entre dans les joints d'un mur qui n'est que hourdé.

GOBISSON. s. m. Vieux mot. Vêtement long qui descendoit jusqu'aux jambes, maniere de grand juste-au-corps.

Et tout ainsi comme fait est
De pontures le gobisson,
Pourquoi pourpoint l'appelle-t'on:

On a dit aussi *Gobeson* & *Gambeson*. Borel croit que c'est parce qu'il alloit jusqu'aux jambes.

GOC

GOCE'S, & GOCET. Borel qui rapporte ces deux vers de Perceval,

Le lit fut sur goçés assis,
Et li gocet sur quatre roues,

dit qu'il n'entend point ces deux mots, si ce n'est que l'Auteur veuille parler de petits chiens dont on mettoit la figure sous les lits, sous les chenets & autres choses, d'où le mot de *Chevet* est venu. Il ajoûte qu'en Languedoc *Gous* & *Gousset* veulent dire, un Chien.

GOD

GODE. s. f. Mot du vieux langage, qui signifie une Brebis qui ne vaut plus rien à cause de sa vieillesse.

GODDENOT. s. m. Petit morceau de bois qui se démonte à vis, & qui a la figure d'un Marmouzet. Les joueurs de gobelets s'en servent pour amuser le petit peuple.

C'est aussi un terme de Debauché. Quand un de la compagnie l'a prononcé, il faut se tenir dans la même posture, comme si l'on étoit pétrifié, jusqu'à ce que le Goddenot soit levé en frappant sur la table.

GODET. s. m. *Sorte de vase à boire qui n'a ni piés ni anse*. ACAD. FR. M. Ménage fait venir ce mot de *Guttetus*, diminutif de *Guttus*, qui se disoit anciennement pour signifier une Aiguiere. Les Auteurs de la basse Latinité ont dit *Gotetus*. Les Peintres & les Enlumineurs appellent *Godet*, un petit vaisseau rond où ils mettent de l'huile.

Godet. Terme de Fondeur. Coupe de cire de quatre pouces de haut & autant de diametre, par où le metal coule dans les moules lorsqu'une figure est jettée en bronze.

On appelle *Godets de plomb*, des especes de petites goutieres qu'on met au bout des chêneaux, pour jetter l'eau quand il n'y a point de descente.

On appelle aussi *Godets*, les Vaisseaux qui sont sur les roues hydrauliques, & qui puisent l'eau pour l'élever.

Godet. Terme de Maçon. Ouverture pour couler les joints montans & autres joints de pierre, lorsqu'elles sont tellement serrées qu'on ne peut ficher.

Les Jardiniers appellent *Godets*, en de certaines fleurs, ce qui les contient. L'hyacinthe a un godet.

GODINE. s. f. Vieux mot. Faineante, femme de mauvaise vie. On a dit aussi *Godinette*. Ce mot vient de Gode.

GODRON. Terme d'Architecture. Ornement qu'on taille sur des moulures. Les Godrons sont relevés en forme d'œufs, mais plus allongés, & la largeur du bas & du haut est quelquefois inégale. Il y en a de fleuronnés de diverses sortes, & d'autres creusés comme le dedans d'un noyau.

GOE

GOEMON. s. m. Terme de Marine. Certaines herbes qui croissent au fond de la mer, & qu'elle en arrache en de certains tems. On s'en sert à fumer les champs & les vignes quand elle les a poussées vers les côtes.

GOES. s. m. Espece de gros raisin qui lâche le ventre, & que l'on appelle autrement *Gouet*. Il vient souvent sur des treilles, & n'est appellé *Gouet* que dans sa maturité. Si on le presse avant qu'il soit mûr, c'est du verjus.

GOF

GOF. adj. Vieux mot. Mouillé. On a dit aussi *Goffe*, pour dire, Grossier, enflé; & on appelloit un *Habit goffe*, un habit gros & velu.

GOG

GOGUE. Ragoût ancien, qui étoit une sorte de boudin fait avec des herbes, du lard, des œufs, du fromage, où l'on mêloit des épices & du sang frais de mouton; & tout cela se cuisoit dans la panse du mouton.

GOI

GOITRE. s. m. Excrescence de chair à la gorge qui qui n'est point douloureuse & ne décroît jamais naturellement.

GOL

GOLFE. s. m. Grand bras de mer qui se jette entre deux terres. Tels sont le Golfe de Venise, & le Golfe Adriatique entre l'Asie & l'Afrique. Quand les Golfes ont une fort grande étendue, ils prennent le nom de Mers; & il y en a de deux sortes, sçavoir les *Golfes propres*, qui sont comme separés d'avec la mer, parce qu'ils n'ont communication avec elle que par un ou plusieurs Détroits, s'insinuant dans les terres qui les environnent presque de tous côtés; & les *Golfes impropres*, qui ont une ouverture très-large vers la mer dont ils font partie. Ils conservent alors le nom de *Golfe*, comme ceux de Bengala & de saint Thomas sur les côtes de notre Continent, & les Golfes de Panama, & de saint Laurent dans l'Amerique. Le Golfe est plus grand que la Baye, dont il differe en ce que la bouche de la baye a plus de largeur que d'enfoncement; & il differe aussi de l'Anse, dont l'enfoncement & le ventre sont presque égaux.

GOLFICHE. s. f. Sorte de coquille qu'on emploie dans les ouvrages de rocaille. Elle a un éclat de nacre quand elle est entierement découverte. On l'appelle aussi *Gotfiche*. Elle est percée de plusieurs troux, & a deux ou trois pouces de long. Rondelet l'appelle *Oreille de mer*, d'autres *Oreille d'Ours*.

GOLIS. s. m. Bois de dix-huit à vingt ans. On appelle aussi *Golis*, les Arbres de ces sortes de bois.

GOLUNGO. s. m. Espece de Daim de la basse Ethiopie. Il est gros comme un mouton, & a la peau roussâtre, mouchetée de blanc & deux cornes fort pointues. Les Habitans de Congo & une partie de ceux d'Ambondes tiennent par une tradition fort ancienne que la chair de cet animal est une chose sacrée; de sorte qu'ils aimeroient mieux mourir, non seulement que d'en manger, mais que de rien manger dans le pot où on l'a fait cuire. Ils ne voudroient pas non plus toucher les instrumens dont on s'est servi pour le tuer, ni allumer du feu dans l'endroit où l'on a préparé cette viande. On a tâché plusieurs fois inutilement de leur ôter cette superstition de l'esprit.

GOM

GOMME. s. f. Liqueur aqueuse & gluante qui se congele sur les plantes qui la produisent. On appelle *Gomme Arabique*, celle qui vient en Egypte sur le même arbre épineux qui produit le fruit dont on tire l'Acacia. C'est l'opinion la plus commune, quoiqu'il y en ait qui croyent que cette Gomme & l'Acacia viennent sur differens arbres. La Gomme Arabique, pour être bonne, doit être claire, transparente, pure & nette, gluante à la bouche & d'un goût presque insipide. Il faut aussi qu'elle soit d'une substance massive & polie, de couleur blanche tirant un peu sur le vert, & entortillée de sorte qu'elle ait comme la forme d'un ver. C'est pour cela qu'on met d'ordinaire dans les Ordonnances, *Gummi Arabicum vermiculatum*. Elle a la faculté d'incrasser, de boucher les pores, d'émousser la pointe & l'acrimonie des médicamens trop violens, d'adoucir la toux, & d'être employée utilement dans les collyres. Toutes les gommes sont chaudes & seches, émollientes & discussives.

Gomme-resine. Liqueur qui se congele sur certains arbres & qui tient de la gomme & de la resine, comme le camphre, le mastic & le storax. Il y a une *Gomme-resine irreguliere*, & celle-là est une liqueur qui retenant de la nature de la Gomme & de celle de la resine, se dissout mal-aisément dans l'humidité aqueuse ou huileuse, comme la myrre & le bdellium.

Gomme-gutte. Gomme purgative que quelques-uns appellent *Gutta gamba*, & qui par sa violence produiroit de pernicieux effets si on la donnoit en trop grande quantité ou mal à propos. Les Modernes l'employent depuis quatre drachmes jusqu'à sept, & on s'en sert aussi quelquefois au lieu de scammonée pour aiguiser les médicamens qui purgent trop lentement. La *Gomme-gutte* fait une couleur jaune, dont se servent ceux qui peignent en miniature. On y emploie aussi de la *Gomme Arabique* & de la *Gomme adragante*: mais ces Gommes étant sans couleur ne servent qu'à faire tenir les couleurs sur le papier ou sur le velin. Gomme vient de κόμμι, mot étranger qui a été usurpé par les Grecs pour signifier la même chose. En Latin *Gummi*, indéclinable au singulier.

GOMMIER. s. m. Arbre d'où sort de la Gomme, & dont il se trouve de deux sortes dans la Guadeloupe, le *Gommier blanc*, & le *Gommier rouge*. Le premier est un des plus hauts & des plus gros arbres de cette Isle. Il a les feuilles fort semblables au laurier, mais deux fois plus grosses. Son bois est blanc, gommeux, dur, traversé, fort, & par consequent difficile à mettre en œuvre. On en fait des canots aussi beaux & aussi grands que ceux qui sont d'Acajou. La Gomme Elemi coule de cet arbre si abondamment, qu'on y en trouve quelquefois au pié plus de vingt livres. Elle est blanche comme neige, & plusieurs Habitans la brûlent au lieu d'huile. On en fait aussi de petites emplâtres qu'on applique toutes chaudes sur les temples au lieu de mastic pour guerir le mal de dents. Le *Gommier rouge*, est un arbre entierement inutile. Il a ses feuilles assés semblables à celles de l'Acajou, & l'écorce rouge d'où sort une gomme, qui est à peu près comme la Terebenthine, sans être d'aucun usage. Son bois, qui est extrêmement tendre, se pourrit en peu de tems.

GOMPHOSE. s. f. Terme d'Anatomie. Espece de jointure des os lorsqu'ils sont immobiles & emboîtés l'un dans l'autre comme les dents le sont dans les machoires; du Grec γομφοῦν, fait de γόμφος, qui veut dire un Clou.

GON

GONDOLE. s. f. Petite barque plate & longue qui ne va qu'avec des rames. L'usage en est particulier sur les canaux de Venise. Il vient de l'Italien *Gondola*.

On appelle aussi *Gondole*, un petit Vaisseau à boire, qui n'a ni piés ni anses, & qui est étroit & long. Ce nom lui a été donné, parce qu'il ressemble aux Gondoles de Venise.

GONDOLIER. s. m. Celui qui mene les Gondoles à Venise.

GONELLE. s. f. Vieux mot. Casaque. Il a aussi signifié un Cotillon de femme, & Borel le dérive du Latin *Guna*, fait du Grec γυνὴ, Femme. Les Gonelles étoient des cottes longues jusqu'au gras des jambes, sans manches, faites de soye, & blasonnées des Armes des Chevaliers. C'est delà que Geoffroi, Fils de Foulques le Bon, Grand Sénéchal de France, eut le surnom de *Grisegonelle*.

GONFANON. s. m. Sorte de Banniere. C'étoit autrefois un Etendard Royal, comme les pennons, mais les uns & les autres passerent aux particuliers. Les Rois les portoient quelquefois eux-mêmes au bout de leurs lances près du fer.

Moult si siest bien au col la lance au gonfanon.

Gonfanon ou *Gouffenon*, car on disoit l'un & l'autre aussi bien que *Gonfanon*, signifioit un linge ou un drapeau; d'où vient qu'on appelle encore une Enseigne *Drapeau*, parce qu'au commencement on les faisoit de drap. On écrivoit aussi *Confanon*.

Le confanon est mis au vent
Pour défense aux assauts.

On appelle *Gonfalon*, *Confanon* ou *Gonfanon*, en

termes de Blason, une Banniere d'Eglise faite de plusieurs fanons ou pieces pendantes. On appelle la Compagnie des Penitens blancs d'Italie & de quelques endroits de France, *Societas Confalonis*, à cause qu'elle marche sous un Etendard.

GONFANONIER. s. m. Celui qui porte l'étentard de l'Eglise. On dit aussi *Gonfalonier*. C'étoit le nom que l'on donnoit aux Magistrats de Florence dans le tems que cette Ville n'avoit point de Souverains; & cela venoit de ce qu'ils avoient seuls le pouvoir de lever des Troupes sous l'Etendard de la Republique. On disoit aussi autrefois *Gonfalonier*, & l'on trouve dans Froissard, *Faisoit l'Evêque de Nordvich devant lui porter les Armes de l'Eglise, la Banniere de S. Pierre, comme Gonfalonier du Pape, & en son pennon étoient ses Armes.*

GONNE. s. f. Terme de Marine. Vaisseau plus grand d'un quart qu'un baril, dans lequel on met de la biere ou d'autres liqueurs.

GONORRHE'E. s. f. Terme de Medecine. Flux de semence qui se fait involontairement & sans aucune pensée qui porte à le provoquer, En Grec γονόῤῥοια, de γόνος, Semence, de ῥεῖν, Couler.

GOR

GORD. s. m. Construction qui se fait avec des pieux qu'on fiche dans une riviere, afin d'y étendre des filets. Il faut prendre garde que les Gords ne nuisent point à la navigation. On a dit aussi *Gors* & *Guort*. On fait venir ce mot de *Gurges*, Goufre.

GORE. s. f. Vieux mot. Truye. M. Ménage dérive ce mot de *Gorettus*, qu'il dit que les Latins ont fait du Grec χοῖρος, Pourceau.

GORET. s. m. Terme de Marine. Balai plat fait entre deux planches & emmanché d'une longue perche. On s'en sert à nettoyer la partie du Vaisseau que couvre l'eau.

GORETER. v. a. Nettoyer avec un goret la partie qu'un Navire cache dans l'eau.

GORGE. s. f. *La partie du col qui est au-dessous du menton.* ACAD. FR. On appelle *Gorge*, en termes de Fauconnerie, le Sachet superieur de l'oiseau que l'on nomme *Poche* ailleurs. On appelle *Gorge chaude*, la Viande chaude qu'on donne aux oiseaux, du gibier même qu'ils viennent de prendre. On dit qu'*On a donné grosse gorge à un oiseau*, pour dire, qu'On lui a donné de la viande grossiere, & non pas trempée dans l'eau. On dit aussi *Enduire & digerer la gorge d'un oiseau.*

On dit en termes de Chasse, qu'*Un chien a belle gorge*, pour dire, qu'Il crie bien, & qu'il a la voix grosse & forte.

Gorge. Terme d'Architecture. La plus étroite partie du chapiteau Dorique & du chapiteau Toscan. On l'appelle aussi *Gorgerin* & *Colarin*. Elle est entre l'astragale du haut du fust de la colomne, & les annelets. *Gorge*, est aussi une espece de moulure concave, qui est plus large, & non si profonde qu'une scotie. Elle sert aux cadres, chambranles & autres parties d'Architecture.

On appelle *Gorge de cheminée*, La partie qui est depuis le chambranle jusques sous le couronnement du manteau. Il y en a de differentes sortes; les unes droites & à plomb, d'autres en adoucissement ou congé, & d'autres en balustre ou cloche.

Gorge. Terme de Fortification. Entrée qui conduit dans le terreplein d'un ouvrage. La Gorge d'un bastion n'est autre chose que la prolongation des courtines depuis leur angle avec le flanc jusqu'au centre du bastion où elles se rencontrent. Quand le bastion est plat, sa gorge est une ligne droite qui détermine la distance comprise entre deux flancs; & la *Gorge d'un ravelin* ou *d'une demi-lune*, est l'espace qui est compris entre les extrémités de leurs deux faces du côté de la Place. Dans tous les autres dehors on appelle *Gorge*, l'Intervalle qui est entre leurs ailes du côté du grand fossé. On fait toutes les Gorges sans parapet, à cause que s'il y en avoit un, les Assiegeans qui se seroient rendus maîtres d'un ouvrage, pourroient s'en servir pour se garantir du feu de la Place; & on se contente de les fortifier avec une palissade, pour empêcher les surprises. La *Demi-gorge* est la partie du polygone, depuis le flanc jusqu'au centre du bastion.

Gorge, en termes d'Imager, est un morceau de bois de menuiserie qu'on met au-dessus des Cartes de Geographie, ou des Images sur toile.

Gorges, en termes de Potier d'étain, est la partie d'une pinte, d'une chopine ou autre vaisseau depuis son couvercle jusqu'à l'endroit où le vaisseau commence à être plus large. On appelle aussi *Gorge*, dans un bassin à barbe, l'Ouverture ronde où ceux qui se font raser mettent le cou.

Gorge, dans un mortier, se dit de l'Espace étreci de la piece qui sépare la chambre de la volée.

Gorge, se dit aussi des Entrées qui se rencontrent en des Pays qui sont serrés de montagnes.

Gorge de pigeon. Terme d'Eperonnier. Sorte d'embouchure. On appelle aussi *Gorge de pigeon*, certaines Couleurs dans un taffetas qui changent selon qu'elles sont exposées diversement au Soleil, & qui par ce changement font le même effet que la gorge du pigeon.

GORGE', E'E. adj. Terme de Fauconnerie. On dit d'un oiseau, qu'*Il s'est gorgé*, pour dire, qu'Il s'est pû.

Gorgé. Terme de Manége. On dit qu'*Un cheval a le boulet gorgé, les jambes gorgées*, pour dire, qu'Il a le boulet enflé, les jambes enflées, par les mauvaises humeurs dont elles sont pleines.

Gorgé, est aussi un terme de Blason, & il se dit de la gorge & du col du paon, du cygne, & autres oiseaux de même nature, lorsqu'ils sont d'un autre émail.

GORGE'E. s. f. Terme de Fauconnerie. On dit, qu'*Il faut donner bonne gorgée à un oiseau*, pour dire, qu'Il lui faut donner une bonne portion du gibier qu'il a pris; ce qui se doit faire sur-tout quand cet oiseau commence à voler.

GORGER. v. a. Terme de Manége. On dit que *Les mauvaises eaux ont gorgé les jambes d'un cheval*; pour dire, que Ces eaux les lui ont enflées.

GORGERE. s. f. Terme de Marine. Piece de bois recourbée en arc, qui s'éleve au-delà de l'étrave, & vient regner sous l'éperon d'un navire du côté de l'eau. On l'appelle aussi *Coupe-gorge*.

Gorgere, se disoit anciennement du linge qui servoit aux femmes à couvrir leur gorge.

Que d'empoiser elles s'amusent.
Leurs gorgeres & colleretes.

GORGERIN. s. m. On appelloit ainsi dans le vieux langage la partie d'une armure qui couvre la gorge lorsqu'on est armé de toutes pieces. C'est ce qu'on appelle presentement *Hausse-col*. On a dit aussi *Gorgiere*.

Gorgerin, est la même chose que *Gorge* dans le chapiteau Dorique & Toscan.

GORGIAS, ASE. adj. Vieux mot. Vain, luxurieux. Il se disoit aussi d'une femme grasse, de bonne mine, & qui se presentoit bien.

Helas! ami, & penses-tu pourtant,
Se ne suis belle & gorgiase autant

Que

Que ceste-là que maintenant cheris.

Il y a eu une sorte de danse qu'on appelloit *Gorgiase*, & ce mot aussi bien que *Gorgiaise*, signifioit encore une chose plaisante & bousonne. *Gorgiaseté* se disoit aussi pour, Vanité, luxe.

GORRE. s. f. Vieux mot. Pompe, du Grec γαῦρος, Vain, superbe, d'où a été fait *Se gorrer*, pour dire, Se vanter.

Là longuement ne te gorras
A gloire & à duel en morras.

On a dit aussi *Gorrier*, pour dire, Glorieux, mignon, vêtu à la mode, à cause que Gorres au pluriel vouloit dire, Rubans.

Gorriers, mignons, hantans banquets
Gentils, fringans & dorelos.

On a dit *Gorriere* au feminin dans le même sens.

Etre gorriere, & faire la poupine.

GORT. s. m. Vieux mot. Flux.

Quand le sang commence à grand gort
Issir par les playes au mort.

GOS

GOSIER. s. m. *La partie interieure de la gorge par où les alimens passent de la bouche à l'estomac.* ACAD. FR.

Il y a dans les Antilles un oiseau qu'on appelle *Grand Gosier*, à cause que sous son col pend un Gosier si démesurément ample & vaste, qu'il peut contenir un grand seau d'eau. Cet oiseau, que quelques-uns appellent *Pelican d'eau*, a la tête grosse deux fois comme la tête d'une Oye, lui étant d'ailleurs semblable pour les pattes, le corps, la queue & les ailes. Cette tête est voutée, & couverte d'un plumage blanc & ras qui le fait paroître de loin comme s'il étoit pelé & chauve. Les deux côtés en sont plats, & c'est où sont enfoncés deux petits yeux si perçans qu'étant très-avide de poisson, il le découvre d'assés loin en mer & dans plus d'une brasse de profondeur. Il a le bec long, de deux pouces de largeur, tout gris, & rayé depuis un bout jusqu'à l'autre. Le dessous est composé de deux petits osselets, pliables, qui, quoique bien joints par le bout, sont neanmoins séparés jusqu'à la tête, aux deux côtés de laquelle ils s'emboitent comme les mandibules. La peau du dessous de son col est fort épaisse, sans plumes, toute grise & souple, en sorte qu'on la peut étendre encore plus que le chameau. Elle est douce comme du satin, & se vient joindre aux deux osselets, ce qui fait que le dessous du bec de l'oiseau, sert comme de cercle pour ouvrir & fermer l'entrée de son grand Gosier. La couleur de ses plumes est d'un gris cendré. Quoiqu'il ait les piés plats & marins comme ceux d'une Oye, il ne laisse pas de se brancher & se nicher sur les arbres. Ces oiseaux vont ordinairement en troupes, & dès que le jour paroît, ils rasent l'eau en volant le long de la côte, jusqu'à ce qu'ils ayent découvert un lieu, où il y ait beaucoup de poisson, qui est leur unique nourriture. Lorsqu'ils l'ont trouvé, ils s'élevent une pique ou deux en l'air, & chacun d'eux choisissant sa proie, ils serrent les ailes, roidissent le col, dressent le bec, & se laissant tomber la tête devant, ils engloutissent le poisson qu'ils ont déja dévoré des yeux, & ils le mettent dans leur goufre de Gosier. Cela fait, ils se relevent, quoiqu'avec assés de peine, & continuent à se replonger, jusqu'à ce qu'ils ayent rempli leur sac. Quand ils sont bien saouls, ils vont se poser sur quelque pointe de rocher au-dessus de l'eau, & s'y tiennent jusqu'au soir, songeurs & mélancoliques, les yeux fichés dans la mer, sans bransler non plus que s'ils n'avoient aucun sentiment. Le soir venu, ils retournent à la chasse comme le matin, après quoi ils se retirent dans de petites Isles qui leur servent de retraite. Ils ont le cœur extrêmement gros, la chair baveuse, & sentant si fort le marécage, qu'il est impossible d'en manger sans se faire violence. Leurs os sont blancs, luisans, presque transparens, tout creux & sans moëlle. Les Sauvages en font des fiflets, & on ne se sert pas moins de leur peau, que de celle du Flaman, pour en faire des fourrures.

GOSSE. s. f. Terme de Marine. Anneau de fer coudé, que l'on garnit de petits cordages, pour empêcher que les gros cordages qui passent au travers, ne se coupent en entrant dedans.

GOT

GOTHIQUE. adj. Qui est fait à la maniere des Goths. Toutes les anciennes Cathedrales sont d'une Architecture Gothique. On appelle *Colomne Gothique*, dans un bâtiment Gothique, tout pilier rond qui est trop court ou trop menu pour sa hauteur, & qui quelquefois a jusqu'à vingt diametres sans diminution ni renflement. Ainsi il est fait sans regles, & n'a rien qui approche des proportions antiques. On dit aussi *Fronton Gothique*. C'est dans l'Architecture moderne, Une espece de pignon à jour en triangle équilateral, avec des roses en trefle & de la Sculpture.

GOU

GOUDRAN. s. m. Terme de Guerre. Petite fascine trempée dans la poix noire, cire neuve & colofane, dont on se sert pour mettre le feu aux traverses & aux galeries. On l'appelle aussi *Goudron*. On le fait venir du mot Arabe *Kitran*, qui veut dire de la poix, & qui garde son article chés les Espagnols, *Alquitran*.

GOUDRON. s. m. Composition noire & liquide dont on se sert pour boucher les jointures du bordage d'un Vaisseau, pour arrêter les voies d'eau, & pour donner le radoub. Elle se fait de poix noire qu'on mêle avec du suif, & des étoupes. On en imbibe aussi le bois & les cordages des vaisseaux, afin qu'ils resistent à l'eau, au vent, & à l'ardeur du Soleil.

GOUESMON. s. m. Nom que l'on donne sur les côtes de Bretagne à une herbe qui croît en mer sur les rochers, & que la mer ayant arrachée en montant, jette sur ses bords. On l'appelle *Sart* sur les côtes du Pays d'Aunis, & *Varech* sur celles de Normandie.

GOUGE. s. f. Vieux mot, qui autrefois a signifié simplement une Femme ou une Fille.

Tellement que sur toutes Gouges
Elle semblera la plus franche.

Aujourd'hui c'est un terme injurieux, & on entend par là une Femme de mauvaise vie qui se prostitue à des Soldats.

Gouge. Outil de fer qui a un manche de bois, & dont on se sert pour travailler en Sculpture. Il est taillant par le bout, & fait en forme de demi canal. Les Plombiers & les Menuisiers se servent aussi de Gouges. On fait venir ce mot de *Guvia*, mot Gaulois.

On dit aussi, *Gonges de serrure*, & il doit y en avoir deux à tous les ressorts de fer qu'on y met, pour les faire sortir hors du bord de la serrure de la longueur qu'on desire.

GOUJAT. f. m. Ce mot ne fe dit pas feulement d'un valet de Soldat, mais encore de celui qui dans les atteliers porte le mortier avec l'oifeau. Borel dit qu'il vient de *Gouge*, qui a été pris anciennement, pour Fille ou Servante, & qui a fait auffi le mot de *Goujon*, dont on fe fert en Bearn pour dire Fils.

GOUJON. f. m. Cheville de fer à pointe perdue. Les Charons appellent auffi *Goujon* Un morceau de bois rond qu'ils mettent dans les trous des jantes, afin qu'elles tiennent enfemble.

Goujon. Sorte de petit poiffon de mer ou de riviere, qui reffemble à l'éperlan. Il eft couvert de petites écailles, & a la chair molle, & fans beaucoup de goût. On l'appelle en Latin *Gobio*, qui a fait Goujon. Les Furetieriftes difent que c'eft un Poiffon blanc : erreur, il eft gris ; il engendre l'Anguille.

GOUJURE. f. f. Terme de Marine. Entaille faite autour d'une poulie, afin d'encocher l'étrope. Il fe dit auffi de celle qu'on fait autour d'un cap de mouton, où les haubans paffent. On appelle *Goujure de chouquet*, L'entaille qu'on fait à chaque bout, par où paffe la grande Itaque.

GOULET. f. m. On appelle ainfi dans une bombe le trou où l'on introduit la fufée. On l'appelle auffi *Goulot*. C'eft un efpace qui eft entre les deux anfes.

GOULETTE. f. f. Petit canal taillé fur des tablettes de pierre ou de marbre que l'on pofe en pente pour le jet des eaux. De petits baffins en coquille interrompent ce canal d'efpace en efpace, & de ces baffins fortent des bouillons d'eau, ou par des chûtes dans les cafcades & autres endroits.

GOULOTE. f. f. Petite rigole par le moyen de laquelle les eaux de pluie s'écoulent facilement par les gargouilles. On la taille fur la cimaife d'une Corniche.

GOULOUSER. v. a. Vieux mot. Defirer ardemment, convoiter.

Eurichus quand il vit l'Epoufée
Tant belle, fi l'a goulousée.

GOULU. f. m. Animal fauvage, qui fe trouve en affés grand nombre dans la Laponie. On l'a appellé ainfi à caufe qu'il mange beaucoup. Il ne vit que de charogne, & il en mange tant qu'il devient gros comme un tambour. Il a la tête ronde, les dents fortes & aigues comme celles des loups, le mufeau d'un chat, le corps large, la queue d'un renard, & les piés courts comme ceux des loutres. Quelquesuns auffi font perfuadés que c'en eft une efpece, parce que le Goulu ne demeure pas feulement fur la terre, mais qu'il vit encore fous l'eau. Il eft neanmoins beaucoup plus grand. Sa peau eft extrêmement noire, & couverte d'un poil qui renvoye une certaine blancheur luifante comme les fatins de Damas à fleurs. Quelques Auteurs comparent ces peaux à celles des Martres zibelines. Celles-ci ont pourtant le poil plus doux & plus délicat. Les Lapons qui vont à la chaffe des Goulus, prennent le tems que cet Animal paffe avec effort entre deux arbres pour rendre ce qu'il a mangé, & alors ils le percent aifément à coups de fleche. On le prend encore avec deux pieces de bois & une ficelle fort déliée entre deux, afin que pour peu qu'il touche à cette ficelle il puiffe en être étranglé.

GOUPIL. f. m. Vieux mot, qui fignifioit autrefois Renard, d'où vient qu'on a dit en maniere de proverbe. *A Goupil endormi rien ne lui chet en la gueule*, Borel fait venir ce mot du Grec ἀλώπηξ, qui veut dire auffi Renard.

GOUPILLE. f. f. Sorte de petite clavette. C'eft une petite piece de fer ou de laiton plate, qui eft faite en forme de languette, & que l'on met dans les ouvertures des heurtoirs, & des chevilles de fer pour les tenir fermes. Il y en a de fimples, il y en a de doubles, dont on fépare les pointes pour les affurer.

On appelle auffi *Goupille* en termes d'Arquebufier, une petite pointe qui paffe au travers du tenon, & qui tient le canon de l'arme à feu, ferme dans le fuft.

Les Charretiers appellent encore *Goupille*, Un cuir tortillé ou autre chofe femblable, que l'on met au bout de l'effe de l'effieu, afin d'empêcher qu'elle ne forte.

Goupille, fe dit auffi de deux cordages mis en croix de faint André, du derriere d'une charrette à une autre, lorfque l'on traîne des poutres qu'on tient fufpendues fous les deux charrettes.

GOUPILLON. f. m. Maniere d'afpergès. Bâton, long environ d'un pié & demi, au travers duquel on paffe plufieurs brins de poil qui y demeurent attachés, & qui fervent à nettoyer le fond des pots & autres vaiffeaux où la main ne peut aller. *Goupillon*, a été dit du vieux mot *Goupil*, fignifiant un Renard, à caufe de quelque reffemblance qu'on y peut trouver avec la queue de cet animal, ou parce qu'on employoit autrefois une vraie queue de renard pour fervir de Goupillon.

GOURD, GOURDE. adj. Borel dit que ce mot lui femble avoir fignifié autrefois, Propre, bien mis, & il en apporte cet exemple.

Pour entretenir les plus Gourds
Les plus frifques, les plus peignez.

Il croit auffi que *Gourd*, a fignifié Pefant, endormi. M. Ménage qui l'explique pour Fat, le fait venir de *Gurdus*.

GOURGANNES. f. f. Sorte de petites féves de marais qui font douces.

GOURMETTE. f. m. Terme de Marine. Valet de Navire qu'on employe dedans & dehors à toute forte de travail. Ses fonctions font de nettoyer le Vaiffeau, d'aller fur les cordes, & de tirer à la pompe.

On donne auffi le nom de *Gourmette*, à un Garde que les Marchands mettent fur les batteaux où ils ont leurs marchandifes, afin de veiller à leur confervation.

GOURNABLE. f. m. Terme de Marine. On appelle ainfi, Certaines chevilles de bois, qui ne font point façonnées, & dont on fe fert pour attacher les planches du bordage avec les genoux, & autres membres d'un Vaiffeau.

GOURNABLER. v. a. On dit en termes de Marine, *Gournabler un Vaiffeau*, pour dire, Mettre des chevilles pour la conftruction du bordage d'un Vaiffeau.

GOURT. f. m. Vieux mot. Gré.

GOUSSAUT. adj. Terme de Manége. On appelle *Cheval Gouffaut*, Un cheval qui eft court de reins, & qui a les épaules groffes, & l'encolure épaiffe & charnue.

GOUSSE. f. f. Envelope qui couvre plufieurs fortes de legumes, comme des pois & des féves. *Gouffe d'ail*, fe dit d'une partie de la tête de l'ail.

On appelle *Gouffes* en termes d'Architecture, Certains fruits qui fervent d'ornement au chapiteau Ionique, & qui paffent par deffus la volute. Ce font comme des écoffes de féves, & il y en a trois à chaque volute, partant de la même tige.

GOUSSET. f. m. *L'odeur qui fort quelquefois des aiffelles. Il fe dit auffi de l'aiffelle même.* ACAD. FR.

Les Coûturieres en linge appellent *Gouffet*, Un

morceau de toile en quarré, qui sert à faire tenir le corps de la chemise avec la manche & qui est tout contre l'aisselle.

Gousset se dit encore d'une maniere de petit sachet qu'on attache à la ceinture du haut de chausse par dedans, & où l'on met de l'argent ou une bourse.

Gousset. Terme de Charpenterie. Piece de bois qu'on met dans les enrayeures d'un entrant à l'autre. Les Goussets y sont posés diagonalement, & servent à assembler les coyers avec les tirans & plateformes, & à lier dans une ferme une force avec un entrait.

Gousset, se dit aussi de plusieurs petites pieces de fer de tole, qui étant espacées également au fond d'un minot, servent à le tenir ferme.

Les Menuisiers appellent *Gousset*, Un petit bout d'ais chantourné que l'on met sous une planche pour la soûtenir.

Gousset, est aussi une piece de bois qui a d'ordinaire trois piés de long, & dix pouces sur six d'équarrissure. Elle est échancrée, & on l'attache avec des chevilles contre une muraille, pour lui faire soûtenir quelque autre piece de bois.

Gousset. Terme de Blason. Piece irréguliere faite en façon de pupitre, appellée ainsi, à cause qu'elle imite en quelque sorte le Gousset d'Architecture : ce Gousset prend en haut des deux angles du chef de l'écu, & après avoir continué quelque tems ces angles inclinés, il forme un pal qui se termine à la pointe.

Gousset. Terme de Marine. Morceau de bois percé au milieu afin de laisser passer la barre du gouvernail d'un Vaisseau qui fait tourner & arrêter le timon. Au bout sont deux Tourillons, qui entrent dans deux barotins du deuxiéme pont.

GOUTTE. s. f. *Petite partie d'une chose liquide*, ACAD. FR. On appelle *Goutte*, dans les Relations qu'on fait de l'Egypte, Une certaine rosée qui tombe en ce pays-là vers le mois de Juin, & qui vient un peu avant l'accroissement du Nil au pays de Sud à sept ou huit journées du Caire. Ce sont des vents du Nord & du Ponant qui la causent, en y portant des nuages de la Mediterranée. Elle est si subtile qu'elle penétre le verre, en sorte que du sable qu'on enferme dans une bouteille bien bouchée en est humecté. On connoît cette sorte de rosée à du coton que l'on met dans une boëte sur une fenêtre. Ce coton devient humide lorsque la goutte est tombée, & aussi-tôt, toutes les Maladies cessent, & on peut communiquer sans aucun péril, même avec ceux qui sont atteints de la peste.

GOUTTES, en termes d'Architecture, se dit de certains petits corps en forme de clochettes, qui sont sous la platebande au droit de chaque Triglyphe dans l'ordre Dorique. Les Architectes leur donnent le nom de *Gouttes*, à cause qu'ils representent les Gouttes d'eau, qui ayant coulé le long des Triglyphes, pendent encore sous la platebande. Il y a aussi dix-huit de ces gouttes sous le plafond du larmier au droit des Triglyphes. M. Felibien, lorsqu'il en parle, dit que la difference qui se trouve entre les unes & les autres, c'est que quelquefois les premieres sont quarrées & en piramides, & que les dernieres sont toûjours coniques.

Goutte. Maladie fort douloureuse que cause la fluxion d'une humeur acre sur les jointures. On appelle *Goutte sciatique*, celle qui vient à la jointure des cuisses au tronc du corps, à l'endroit de l'os que l'on appelle *ischion*, & on dit, qu'*Un homme est mort d'une Goutte remontée*, pour dire, que La nature manquant de force pour pousser la fluxion sur les parties exterieures, elle s'est jettée sur les parties nobles, ce qui a été suivie de la mort. *La Goutte crampe*, est une espece d'engourdissement, qui fait étendre ou retirer le cou, les bras, & les jambes avec une douleur assés violente, mais qui dure peu. Cette sorte de convulsion est causée par une vapeur crasse & lente, qui est entre les membranes des muscles.

La *Goutte* a plusieurs noms particuliers suivant la difference des articles. Aux piés on l'appelle *Podagra*, aux genoux *Gonagra*, aux mains *Chiragra*, aux dents *Odontalgie*, & à l'articulation de la cuisse, *Sciatique*, comme il vient d'être expliqué. Outre ces parties elle occupe quelquefois les épaules, les vertebres du col, & le sternum. Cette maladie a coûtume de venir par paroxismes, hors lesquels les malades se trouvent en bon état à moins que la Goutte ne soit bien invetérée. Quand l'accès approche, le ventre devient paresseux. On sent je ne sçai quoi de fâcheux vers la poitrine, & il y a un sentiment de tension aux articles. La douleur vient ensuite, & commence dans le Podagra par le gros orteil d'un pié, d'où elle passe au gros orteil de l'autre pié, & le mal à force de revenir & de faire chemin, occupe peu à peu les autres parties, comme les genoux, & les bras. La douleur de la Goutte est de trois sortes, ou avec picotement, ou avec déchirement, ou avec pulsation. Elle est plus ou moins étendue, & accompagnée quelquefois d'une humeur érésipelateuse si la Goutte est chaude, ce qui fait qu'elle est suivie de symptomes plus cruels, mais avec des paroxismes moins longs que la Goutte, nommée vigilairement Froide, où les douleurs sont plus legeres, & la tumeur plus ou moins œdemateuse. La Goutte est hereditaire par l'odeur de l'acide morbifique gouteux, étroitement mariée avec l'esprit influant genital du Pere. On tient qu'elle se guerit par les passions violentes & durables de l'ame, comme par une consternation subite, par une grande colere, ou par un long chagrin, ce qu'on a vû arriver aux riches aussibien qu'aux pauvres. Cela vient de ce que le trouble de l'ame & le mouvement ou l'alteration des esprits éteint ou du moins altere le ferment gouteux, principalement dans l'estomac, qui préside aux autres digestions, & les altere necessairement.

On appelle *Goutte Sereine*, Certaine affection, par laquelle les rayons visuels qui viennent de dehors, frappent directement la retine, sans que la vision se fasse, quoiqu'il n'y ait aucun vice apparent dans l'œil. Les signes de la Goutte sereine, sont qu'il n'y a rien contre nature dans l'œil, & que cependant on ne voit pas. La vûe baisse naturellement aux vieillards, & la relaxation de la retine les rend quelquefois aveugles. En general toute sorte de Goutte sereine est difficile à guerir. On a remarqué que le Nyctalopia, qui est une maladie, où l'on voit bien le jour, peu le soir, & point du tout la nuit, reçoit guerison fort rarement.

GOUTTE-ROSE. s. f. Maladie qui vient au nés, aux joues, & souvent par tout le visage. Elle est causée par de certaines humeurs salées & adustes, & quelquefois accompagnée de tumeur ; quelquefois aussi avec des pustules & des croûtes.

GOUTTIERE. s. f. Canal de bois refendu diagonalement, & qui est creusé le plus souvent en angle droit. Il sert à recueillir les eaux de pluie qui tombent des toits. Il y a aussi des Goutieres de plomb dont les plus riches sont ambouties de moulures, & ornées de feuilles moulées. Les unes & les autres ne doivent avoir que trois piés de saillie au delà du nud du mur. On les nomme quelquefois *Gargouilles*, principalement la partie qui sort au dehors ; comme celles qui sont de pierre. Il s'en fait de celles-là en maniere de demi vase coupé en longueur. Tous les bâtimens Gothiques ont des Goutieres formées de chimeres, de harpies & autres semblables animaux ausquels l'imagination seule a donné l'être. Du Cange fait venir ce mot de l'Allemand *Gote*. Les Auteurs de la basse Latinité en ont fait *Gota*, & les François, *Goute* & *Gouttiere*.

GOUTTIERES. Terme de Marine. Longues pieces de bois qui ont assés d'épaisseur, & qu'on fait regner le long du pont, tout autour du Vaisseau en dedans. C'est dans ces pieces de bois que sont percés les delots par où l'eau d'entre les ponts trouve à s'écouler. On appelle aussi *Gouttiere*, Certain endroit dans le bois d'un bâtiment au travers duquel l'eau passe.

Gouttiere en termes de Relieur, est un creux sur la tranche d'un livre quand il est rogné.

Gouttieres se dit encore en termes de Venerie. Ce sont certaines raies creuses le long des perches ou du Marrein de la tête du Cerf, du Daim ou Chevreuil.

GOUVERNAIL. s. m. Terme de Marine. *Piece de bois attachée au derriere d'un navire, & qui sert à le gouverner, & à le faire aller du côté qu'on veut.* Acad. Fr. Cette piece de bois, qui est longue, plate & large, se met sur des pentures à l'arriere du Vaisseau le long de l'étambord, & portant dans l'eau elle divise les vagues & les jette à droit & à gauche par le mouvement qu'elle reçoit de la barre du Timonnier.

GOUVERNEMENT. s. m. Terme de Marine. Conduite d'un Vaisseau. On dit que *Le succès d'un voyage dépend du bon gouvernement du Pilote*, pour dire, qu'il dépend de sa conduite & du soin qu'il prend de bien faire faire les manœuvres.

GOUVERNER. v. a. Terme de Marine. Tenir le timon & porter le cap sur le rumb de vent que l'on veut suivre. On dit *Gouverner au Nord*, & *Gouverner Nord*, pour dire, Faire route au Nord. On dit aussi *Gouverner sur l'ancre*, pour dire, Virer le Vaisseau en levant l'ancre, & porter le cap sur la bouée, pour faire venir le cap plus droiturier aux écubiers & au cabestan.

GOUVERNEUR. s. m. Terme de Marine. Timonnier, celui qui tient la barre du gouvernail pour conduire le Vaisseau pendant son quart.

Gouverneur. Sorte de petit poisson de la grosseur d'un goujon, qu'on dit ne point quitter la baleine. Il lui sert de conducteur, & se met dans sa gueule quand il veut se reposer & dormir.

GOUYAVIER, ou Goyavier. s. m. Arbre qui croît dans les Antilles, & dont l'écorce est si déliée qu'il semble n'en point avoir. Il pousse plusieurs rejettons de sa racine, & si l'on n'a soin de les couper, elles font un bois fort épais sur toute la bonne terre voisine. Ses branches qui sont fort épaisses & fort touffues, occupent beaucoup de place. Ses feuilles approchent de celles du Laurier, quoiqu'elles ne soient ni si vertes ni si seches. Elles sont un peu cotonneuses par dessous, & traversées de petites veines. Cet arbre porte deux fois l'an de petites fleurs blanches qui rendent une odeur assés agréable, & ces fleurs sont suivies d'une grande quantité de fruits qui mûrissent en une nuit, & qu'il faut cueillir le même jour qu'ils sont mûrs, & si l'on veut empêcher qu'ils ne se passent. La chair en est encore plus molle que celle de la pêche bien mûre, & les plus gros n'arrivent jamais à la grosseur d'un œuf d'oye. Ce fruit que l'on appelle *Goyave*, est orné au dessus d'un petit bouquet en forme de couronne, & sa chair est toute remplie de petits pepins comme la Grenade. Il se trouve des Goyaves qui ont la chair blanche, celles-là sont plus petites & de meilleur goût que les autres. Il y en a aussi de sures, de douces, & d'aigres comme les pommes, & plus on en mange, plus on trouve ce fruit bon. Il est fort astringent avant qu'il soit mûr, & lorsqu'il a atteint sa maturité, il est jaune comme de l'or, & pour la plûpart de couleur de rose par dedans. Il sert au flux de sang, & resserre le ventre quand il est vert, & a un effet contraire s'il est mangé mûr. Les fomentations des feuilles bouillies de cet arbre font désenfler les jambes des hydropiques. On se sert aussi des jeunes rejettons, & l'on en fait un syrop qui est merveilleux pour les dysenteries.

GOY

GOY. s. m. Mot corrompu de *Got*, qui veut dire, Dieu. C'est de-là que sont venus les jurons de *Morgoy* & de *Vertugoy*.

GOYE. s. f. Vieux mot. Epée.

GOYERE. s. f. Vieux mot. Sorte de tarte.

Faisant tartes, flans & goyeres.

GRA

GRAAL. s. m. Vieux mot. Vaisseau de terre, terrine. On montre à Genes avec beaucoup de ceremonie & de veneration un plat précieux qu'on dit qui servit à la Cene de Notre-Seigneur. Il est appellé *Le saint Graal*. On disoit aussi *Greal*. Il y a un ancien roman qui a pour titre, *La Conquête du Saingreal*, c'est-à-dire, du sain Vase où Joseph recueillit le sang qui sortit des plaies de Jesus-Christ dans le tems qu'il lavoit son corps pour l'embaumer à la maniere des Juifs. Il est ainsi appellé de *Sang Real*, ou *Royal*, ou de *Sang agréable*, à cause que ce précieux Sang nous a rachetés. C'est le sentiment de Borel, qui rapporte ce passage. *Et ils distrent & porrons dire du vessel que nos veimes, & coman le clameront nos, qui tant nos grée. Cil qui li voudront clamer ne mettre nom à nos esciens, le clameront le Greal qui tant agrée, & quant cil l'oyent, si dient, bien doit avoir nom cist vesseaux graal.* Il rapporte cet autre passage pour faire connoître qu'on entendoit Vaisseau par *Graal*. *Et quand le premier més fut apportée, si issi le graal fors d'une chambre, & les dignes Reliques avenc ; & si-tôt comme Perceval le vit, qui moult en avoit grand desir de sçavoir, si dit : Sire, je vos prie que vous me dies que l'en sert de cest vessel que cest vallet porte.*

GRABEAU. s. m. Terme de Pharmacie. Morceau rompu de quelque drogue ou épicerie.

GRACIABLE. adj. Vieux mot. Terme de Chancellerie. On dit qu'*Un crime est graciable*, pour dire, qu'il est de nature à meriter des Lettres de grace.

GRACIER. v. a. Vieux mot. Remercier.

GRACILITE'. s. f. Qualité d'une voix grêle, telle qu'elle est ordinairement dans les châtrés & dans les femmes.

GRADATION. s. f. Terme de Chymie. Operation qui appartient particulierement aux metaux. C'est une exaltation à un plus haut degré de bonté, par le moyen de laquelle le poids, la couleur & la consistance sont menés à un degré plus excellent qu'ils n'étoient auparavant.

On dit en termes de Peinture, *Gradation* ou *di-*

minution de teintes, quand on ménage le fort & le foible des jours, des ombres & des teintes, selon les divers degrés d'éloignement.

Gradation, en termes d'Architecture, veut dire la Disposition de plusieurs parties par degrés avec symmetrie, qui forment une maniere d'Amphitheatre, en sorte que les corps de devant n'ayent rien qui nuisent à ceux de derriere.

GRADINE. s. f. Outil de fer aceré, fait en forme de ciseau, dont se servent les Sculpteurs. Il est plat & tranchant, & a trois dents ou deux hoches, mais il n'est pas si fort que la pointe.

GRADUÉ. s. m. Celui qui a pris ses dégrés en quelque Faculté ou Université celebre, afin d'obtenir quelque Benefice. Il y a des *Gradués simples*, & des *Gradués nommés*. Les premiers sont ceux qui n'étant que Gradués peuvent avoir les Benefices qui vaquent aux mois de faveur, sçavoir Avril & Octobre; & les Gradués nommés sont les Gradués qui ont obtenu des Lettres de nomination sur de certains Collateurs. Il n'y a que ces derniers qui puissent obtenir les Benefices vacans aux mois de rigueur, qui sont ceux de Janvier & de Juillet. Il faut dix années d'étude pour les Gradués Docteurs en Theologie, sept pour les Docteurs en Droit Canon ou Civil, ou en Medecine, & cinq pour les Bacheliers en Droit Canon ou Civil, ou Maîtres és Arts. Les Nobles sont gradués, quand ils ont étudié trois ans en Droit Canon ou Civil.

Gradué. adj. On appelle en Chymie, *Feu gradué*, un Feu que l'on donne par degrés; & en Geometrie *Cercle gradué*, un Cercle divisé en trois cens soixante degrés.

GRAFIGNER. v. a. Egratigner. Il ne se dit guere que des chats. Nicod derive ce mot de l'Hebreu *Garaph*, qui signifie, Prendre à force.

GRAFION. s. m. Vieux mot. Sorte de guigne qui approche du bigarreau.

GRAILLER. v. n. Terme de Venerie. Sonner du cor sur un ton clair ou enroué, afin de faire revenir les chiens.

GRAIN. s. m. *Ségle, froment, orge & avoine. Il comprend le tuyau, l'épi & la semence qui est dedans*. ACAD. FR. Il se dit aussi des petits corps ou fruits que portent les arbres & les plantes, & qui d'ordinaire leur servent de semence, soit que ce grain vienne en pepins, en gousse ou en grappe. On appelle *gros Grains*, les blés qui servent à la nourriture de l'homme, & qui se sement en Automne; & *Menus Grains*, Ceux qui servent à nourrir les animaux, comme l'orge, l'avoine, les pois & les vesses que l'on ne seme qu'en Mars.

On appelle *Grain*, le plus petit des poids que l'on employe à peser les choses precieuses. Un Grain est la vingt-quatriéme partie d'un denier, & il y a quatre cens quatre-vingts grains à l'once.

Grain, se dit aussi du plus petit des poids dont on se serve en Medecine. Il en faut trois pour faire une obole, vingt pour faire un scrupule, & soixante pour faire une drachme. Ce Grain s'entend d'un grain d'orge bien nourri, mediocrement gros, & qui n'est point trop sec.

Grain, est aussi un petit morceau de fer, qu'un Armurier, Serrurier, ou Maréchal soude dans un petit défaut pour le remplir.

Grain d'orge, en termes de Geometrie, est la douziéme partie d'un pouce, qu'on appelle autrement *Ligne*. & en termes d'Imprimerie ce sont de petites notes rondes ou en losange, qui valent la moitié d'une mesure dans le plein-chant.

Grain. s. m. Terme de Marine. Nuage qui passe en fort peu de tems, mais qui donne du vent & de la pluie. Il ruine plus ou moins la manœuvre du Vaisseau, qui en demeure quelquefois désemparé, selon qu'il est plus ou moins violent. On appelle *Grainpesant*, ou *Grain qui pese*, Celui qui est accompagné d'un gros vent.

Grain d'orge. s. m. Outil d'Artisan. Il y en a de plusieurs façons. Les Menuisiers en ont a fût. Ce sont des especes de mouchettes dont ils se servent pour atteindre & pour dégager une baguette ou autres moulures; ce qui les fait appeller *Mouchettes à grains d'orge*. Ils nomment aussi *Grains d'orge*, des outils à manche, tels que les ciseaux que les Tourneurs appellent biseaux. Les *Grains d'orge des Tourneurs* ont la pointe en forme d'un triangle; & c'est en quoi ils sont differens des autres. Le *Grain d'orge* des Serrùriers est un Fer quarré dont ils se servent pour percer la pierre dure où le ciseau ne sçauroit entrer.

On appelle aussi *Grain d'orge*, Une petite cavité entre les moulures de menuiserie pour les dégager, & on l'a nommée ainsi à cause qu'elle se fait avec un fer de rabot qui porte ce nom.

Grain, est aussi une sorte d'adverbe negatif, & il s'est dit autrefois pour, Nullement. *Cet homme-là n'est grain niais*.

GRAINDRE. adj. Vieux mot. Plus grand.

Tort avoit qui le vouloit plaindre.
Car il n'est nulle force graindre.

On dit aussi *Greigneur*.

GRAINES. s. f. *La semence des herbes & de quelques arbres*. ACAD. FR. On appelle *Graines*, en termes d'Architecture, de petits boutons d'une grosseur inégale qu'on met au bout des rameaux de feuillages. Ce sont des ornemens de Sculpture. On employe aussi ces ornemens dans la serrurerie, & dans la broderie d'un parterre.

GRAIRIE. s. f. Terme des Eaux & Forêts. Partie d'un bois qui est possédé en commun. On appelle aussi *Grairie*, Un droit qui se perçoit sur les bois & forêts lorsque la vente s'en fait.

GRAIS. s. m. Pierre dure dont on fait le pavé: il y en a de tendre qu'on met en poudre pour travailler le marbre.

On fait quantité de beaux ouvrages de grais piqué, & on les appelle *Ouvrages de Graisserie*: aux Galeries du Louvre on les appelle *Rustiques*, quand il y a quelque figure outre la pointe simple du marteau.

GRAISSET. s. m. Sorte de Grenouille verte tirant sur le jaune gris qui vit sur terre & dans les buissons. Elle tient du crapaut, & porte les yeux avancés en forme de cornes. Les Latins l'appellent *Rubeta*, de *Rubus*, Buisson.

GRAMEN. s. m. On donne ce nom à toute sorte d'herbe qui croît sans semer dans les cours & sur les terres; d'où vient que l'on appelloit parmi les Romains *Corona graminea*, une Couronne obsidionale, à cause qu'on la faisoit de la premiere petite herbe qui se trouvoit dans le camp. On entend ordinairement le Chiendent par le mot de *Gramen*. Voyez CHIENDENT.

GRAMMENT. adv. Vieux mot. Grandement.

GRAMS. adj. Vieux mot. Marri, Fâché.

Et quand il la oy, s'en fut grams & iriez.

GRANCE. s. f. Vieux mot. Grange.

Mesons & grances & estables
Molt riches & molt Conestables.

Le mot de *Grance* a été fait des grains qu'on y serre.

GRANDAT. s. m. Qualité très-considerable en Espagne, qui donne à ceux qui en jouissent le privilege de se couvrir devant le Roi. Il y a quelquefois plusieurs Grandats dans une maison. On dit aussi *Grandesse*, mot dont on se servoit autrefois pour dire Grandeur.

GRANDEUR. s. f. Terme de Mathematique. Tout ce qui est susceptible de plus & de moins, d'augmentation & de diminution. La Grandeur est l'objet general des Mathematiques. On regarde zero comme un terme au-dessus duquel immédiatement la grandeur commence à être Grandeur, & au-dessous duquel elle cesse de l'être. Plus une quantité s'éleve au-dessus du zero, plus elle est grande, plus elle s'abaisse au-dessous, plus elle est éloignée d'être quelque chose. Ainsi comme au-dessus de zero, l'on met, 1, 2, 3, & toute la suite infinie des nombres, on conçoit au-dessous de zero, moins 1, moins 2, moins 3, &c. à l'infini, c'est-à-dire, tous les nombres retranchés, & pour ainsi dire, anéantis, selon leur ordre naturel, ensorte que moins 1, n'est pas si éloigné d'être quelque chose que moins 2., car qui ajoûteroit 2, à moins 1, feroit 1, car il passeroit zero d'un degré; mais qui ajoûteroit 2, à moins 2, ne passeroit point zero. Les Grandeurs au-dessus de zero s'appellent *positives* ou *vraies*, celles qui sont au-dessous s'appellent *negatives* ou *fausses*. Les premieres ont toûjours le signe de plus, & les autres le signe de moins. Voyez SIGNE. Il est fort necessaire dans l'Algebre de les bien distinguer.

GRANGIER. s. m. Métayer, qui recueille les grains & les serre dans la grange.

GRANIT. s. m. Sorte de pierre très-dure, rude & mal polie, qu'on appelle ainsi à cause qu'elle a quantité de petites taches qui sont formées de plusieurs grains de sable condensés. Il s'en trouve en Egypte d'une grandeur prodigieuse. Elles sont presque aussi dures que le Porphyre, & ont de petites taches grises, verdâtres sur un blanc sale. Les Egyptiens s'en servoient pour éterniser la memoire des grands hommes, ce qu'ils faisoient en marquant leurs actions par des caracteres qu'ils prenoient soin de faire graver sur les aiguilles ou les pyramides que l'on élevoit sur leurs tombeaux. On voit des colomnes de cette pierre, qui ont plus de quarante piés de hauteur. On apporte aussi d'Egypte une autre pierre appellée *Granit violet*, à cause qu'elle est tachetée de violet & de blanc. Il y a un *Granit d'Italie*, qui a de petites taches un peu verdâtres. Il est moins dur que celui d'Egypte, & sur-tout quand on le travaille dans la carriere, où il est beaucoup plus tendre & plus facile à tailler que lorsqu'il en est dehors. Il y a encore un *Granit vert*, qui est une espece de serpentin mêlé de plus petites taches vertes & blanches. Le *Granit de Dauphiné*, dont on a retrouvé la carriere depuis peu de tems, est une espece de caillou fort dur. On appelle toutes ces sortes de Granit, *Marbre granitelle*.

GRANULATION. s. f. Terme de Chymie. Operation par laquelle on réduit les métaux en grenailles. On les jette pour cela dans l'eau froide lorsqu'ils sont en fusion.

GRANULER. v. a. Verser peu à peu dans l'eau froide quelque métal fondu, pour l'y faire congeler en grains, & en le divisant, le rendre plus propre à être dissout.

GRAP. s. m. Vieux mot. Sorte d'outil d'Artisan.

GRAPHOMETRE. s. m. Instrument de Mathematique, composé d'un demi cercle divisé en cent quatre-vingts degrés avec une alhidade, des pinnules & une boussole au milieu. On le pose sur un pié fixe, & qui tourne par le moyen d'un genou, & il sert à prendre toutes sortes d'angles, à mesurer des hauteurs, & à lever des plans. Ce mot est composé de γράφω, J'écris., & de μέτρον, Mesure.

GRAPIN. s. m. Terme de Marine. Petit ancre qui a cinq pattes. On s'en sert pour tenir une chaloupe sur le rivage ou en quelqu'autre endroit. On appelle *Grapin à main*, Un croc qu'on peut manier & qu'on jette avec la main de dessus les haubans & le beaupré sur un Vaisseau ennemi qu'on veut accrocher, ce qui le fait appeller aussi *Grapin d'abordage*. Ceux que l'on appelle *Grapins de brûlots*, ont des crochets au lieu de pattes. On les met au bout du beaupré & des vergues des brûlots, pour accrocher le Navire où l'on veut mettre le feu.

GRAPPE. s. f. *Amas de plusieurs grains qui viennent comme par bouquets au sep de la vigne, & même à quelques autres plantes ou arbrisseaux.* ACAD. FR.

On appelle, *Grappe de mer*, Une sorte d'insecte marin, appellé ainsi à cause de quelque ressemblance qu'il a avec une grappe de raisin.

Grappe. Terme de Manege. Sorte de gale qui vient sur le nerf des jambes de derriere d'un Cheval. Elle vient fort rarement sur le nerf du canon; c'est presque toûjours entre le pâturon & le jarret.

GRAS, GRASSE. adj. Terme de Charpentier & de Maçon. Qui a trop d'épaisseur. Ils disent, que *le joint d'un tenon de quelque pierre est trop gras* pour dire, que Le tenon est trop épais pour sa mortoise, que la pierre est trop forte pour la place qu'elle doit remplir, & qu'il en faut diminuer l'épaisseur, ce qu'ils appellent *Démaigrir*. Les Maçons disent aussi qu'*Un mortier est trop gras*, pour dire, qu'il y a trop de chaux à proportion du sable.

Furetiere dit que les Medecins appellent le Gras-double *Le Livre*, parce qu'il a plusieurs feuillets: Il se trompe. Le Gras-double est pris dans la grande pense & non point du Livre dans lequel il n'y a point de graisse. Le Dictionaire Universel ne l'a pas copié en cela.

GRAS-FONDURE. s. f. Terme de Manege. Maladie qui arrive à un Cheval, & qui est causée par la fermentation de la pituite & des humeurs impures qui se dégorgent dans les boyaux. Il n'y a que les Chevaux gras qui y soient sujets, quand on les échauffe trop durant l'Eté. La graisse se fond dans leur corps & les étouffe.

GRASSELER. v. a. Vieux mot. Remercier, caresser.

GRAT. s. m. Mot qui n'est usité qu'à la campagne. & qui se dit du lieu où les poules gratent pour trouver des vers & des insectes dans la terre.

GRATE-BOESSE. s. f. Espece de brosse de fil de laiton, avec quoi on nettoie les lames d'or & d'argent à la sortie de la fonte.

GRATE-CUL. s. m. Petit fruit rouge & acide que l'Eglantier produit, & qui sert à resserrer. On donne ce même nom au bouton qui contient la graine des roses après que les feuilles en sont tombées.

GRATER. v. a. *Passer les ongles ou quelque chose de semblable un peu fort, & à plusieurs reprises sur l'endroit où il démange.* ACAD. FR.

On dit en termes de Marine, *Grater un Vaisseau*, pour dire, Le nettoyer par dehors par ses ponts & par ses mâts, & en purger le bois en raclant le vieux goudron.

GRATERON. s. m. Plante qui vient proche les haies, & parmi les buissons, & qui s'accroche aux plantes voisines, & aux arbrisseaux. Elle est quelquefois haute de plusieurs coudées, & a ses tiges foibles, quarrées & pliantes. Ses feuilles sont étroites, mises par intervalles, & arrangées en rond en façon d'étoile, comme on voit en la garence. Elle a une petite fleur blanche, & sa graine dure, ronde, creuse & faite comme un nombril, ce qui la fait appeller ὀμφαλόκαρπος. Son fruit est semblable à une grande olive, rond & épineux comme celui du plane. Dioscoride dit que les Bergers se servent de cette herbe pour passer leur lait, que le suc de sa graine, de ses branches & de ses feuilles pris en breuvage est singulier aux morsures des viperes & aux piquures des araignées que l'on appelle Phalanges; qu'étant distillé dans les oreilles il en guerit les douleurs, & que l'herbe broyée & incorporée dans l'axonge de porc est bonne à resoudre les écrouelles. Matthiole ajoûte que quelques-uns en font grand cas pour souder les plaies fraîches, & pour guerir les fentes & crevasses des paupieres; que l'eau que l'on en distille sert pour la dysenterie, & que la farine de l'herbe seche resserre les plaies & guerit les ulceres. On l'appelle aussi Glouteron; en Latin *Aspergula* ou *Asperula*, & en Grec ἀπαρίνη, & φιλάνθρωπος, comme qui diroit, Amie de l'homme, à cause qu'elle s'attache aux vêtemens des passans.

GRATICULER. v. a. M. Felibien qui explique ce mot, dit que *Graticuler une toile pour peindre dessus*, c'est la diviser par petits quarreaux ou autrement, afin qu'en formant de pareils quarrés sur le tableau ou dessein qu'on veut copier, on puisse disposer plus facilement tout le sujet, en proportionner mieux les figures, & reduire plus aisément le tout de grand en petit, ou de petit en grand. Il ajoûte que l'on se sert quelquefois d'un chassis divisé par quatreaux qu'on applique sur le tableau pour n'avoir pas la peine d'y tracer tant de traits. On fait aussi le dessein des étoffes figurées sur du papier Graticulé exprès à la presse d'Imprimerie. Ce mot vient de l'Italien *Graticola*, qui veut dire, un Gril.

GRATIOLE. s. f. Herbe haute de plus d'un bon palme, qui croît dans les lieux humides & marecageux. Les Apothicaires l'appellent *Gratia-Dei*. Sa tige est quarrée, & elle a ses feuilles semblables à celles de l'hyssope, plus larges pourtant & plus longues. Sa fleur qui est rouge tirant sur le blanc sort d'entre les feuilles qui environnent la tige. Toute l'herbe est amere semblable à la petite centaurée. On ne la trouve en ce païs qu'aux jardins des Herboristes. Sa décoction purge doucement, & l'herbe guerit les plaies étant mise en poudre.

GRATOIR. s. m. Outil qui sert aux Sculpteurs, aux Plombiers & aux Maçons pour grater leur Ouvrage. Le Gratoir dont se servent les Graveurs en cuivre, est l'un des bouts d'un outil d'acier long environ de six pouces. Ce bout que l'on appelle *Gratoir*, est formé en triangle, & tranchant des trois côtés. On s'en sert pour ratisser sur le cuivre quand il le faut. On appelle *Brunissoir*, l'autre bout du même outil.

GRATOIRE. s. f. Outil de Serrurerie. Il y en a de rondes, de demi-rondes & d'autres figures, & elles servent aux Serruriers à dresser & à arrondir les anneaux des clefs, & autres pieces de relief.

GRAVE. s. f. Quand on dit, *la Grave*, en Terre Neuve, on entend le rivage de la mer où les Pêcheurs font secher au soleil les morues, & autres poissons qu'ils veulent vendre secs.

GRAVELLE. s. f. Vieux mot. Sable. *Le Peuple d'Israël étoit en grand nombre, comme de gravelle de mer.*

GRAVELE'E. s. f. Cendre faite de tartre brûlé. Elle est entierement pyrotique, le tartre n'ayant point son pareil pour déterger. Il purge & nettoye les choses sales, les excrescences de chair, & découvre la chair vive. La Gravelée est d'un grand usage pour les Teinturiers & les Blanchisseurs.

GRAVITE'. s. f. Poids. Impression que fait un corps pesant sur un plus leger. On appelle en termes de Méchanique, *Centre de gravité*, le Point qui le divise en deux parties d'une égale pesanteur, en sorte que s'il étoit suspendu par-là, il ne pancheroit d'aucun côté. Le centre de Gravité est une espece à l'égard du *Centre de Direction*, qui est une dénomination plus generale. Voyez DIRECTION.

GRAVEURE. s. f. Art du Graveur. La Graveure en cuivre a les traits enfoncés dans la planche; celle qui est en bois les a relevés, ce qui s'appelle *Graveure d'Epargne*.

GRAVURE. s. f. Terme de Cordonnier. Raie qu'on fait autour de la semelle du soulier où l'on doit coucher le point.

GRE

GREANTER. v. a. Vieux mot. Remercier.

GRE'E. s. f. Vieux mot. Accord. On a dit aussi *Gréer*, pour signifier, Promettre.

GREGE. adj. Les Marchands appellent *Soyes greges*, les soies telles qu'elles peuvent être quand elles sortent de dessus le cocon.

GREGEOIS. adj. On appelle *Feu Gregeois*, Un certain feu d'artifice dont les anciens se sont servis dans la guerre pour le jetter sur leurs ennemis, avant qu'on eût inventé la poudre à canon.

GREGORIEN. adj. On dit dans l'Eglise, *Chant Gregorien*, pour dire, Le plein chant, celui dont on se sert ordinairement. L'invention de ce chant est attribuée au Pape Gregoire I. & il en a pris son nom.

GREIGNEUR. adj. Vieux mot. Meilleur, de *Grandior*.

Mais de cette ne de celuy
Ne vous veut faire greigneur prose,
Car en eux nul bien ne repose,

On a dit aussi *Greignor*.

Et qui est de greignor vertu.

GREILLETS. s. m. p. Vieux mot. Pendant d'oreille. Ce mot s'est dit aussi pour signifier de petits boutons, & des sonnettes.

GREINS. adv. Vieux mot. Grandement.

GRELIN. s. m. Terme de Marine. Le plus petit des cables d'un Navire. On le fait servir d'affourche à l'ancre. *Grelins d'Epire*, Cordage amarré bout à bout.

GREMIAL. s. m. Sorte de toilette ou tapis de soye qu'on met sur les genoux d'un Evêque, lorsqu'étant revêtu de ses habits Pontificaux, il demeure assis pendant une partie de l'Office. *Gremial* vient de *Gremium*, Giron.

GREMIL. s. m. Plante qui croît dans les lieux âpres & fort exposés à l'air. Elle a ses feuilles semblables à l'Olivier, mais plus longues, plus larges & plus molles. Celles qui sont au bas de la tige sont couchées par terre. Ses tiges sont droites, grêles, roides, dures comme bois, & de la grosseur du jonc pointu. Au haut, il y a comme des rejettons mipartis, & éparpillés en deux. Entre ses feuilles est une petite graine ronde, & dure comme la pierre, ce qui a fait que les Grecs l'ont appellée λιθόσπερμον, comme qui diroit, Semence de pierre, & de λίθος,

Pierre, & de σπέρμα, Semence. Cette graine bûe avec du vin blanc est propre à rompre la pierre. Matthiole dit que tous les Modernes & Apothicaires nomment le Gremil *Milium solis*, mais qu'ils devroient dire *Milium soler*, à cause que, selon Serapion, cette herbe croît en grande abondance aux montagnes de Soler. Il en met de deux especes, celui qu'on vient de décrire qui est le grand, & un autre, appellé *petit Gremil*, qui ne rampe point par terre, mais qui presque en maniere d'arbrisseau jette ses tiges branchues, rondes & garnies de feuilles, comme au grand, mais moindres & plus fermes, au haut desquelles sort une fleur, & de là une graine blanche & luisante comme les Marguerites longuettes, en figure de Milet, d'où elle est aussi appellée *Milium soler*. Deux dragmes de graine de petit Gremil prises en breuvage dans du lait de femme, sont singulieres pour celles qui sont travaillées du mal d'enfant.

GRENADE. s. f. Fruit de Grenadier, couvert d'une assés grosse écorce, qui est jaune par dedans & rougeâtre par dehors. Il est plein d'une infinité de grains anguleux & rouges qui cachent un petit noyau, & qui sont distingués & separés par de petites pellicules jaunes qui s'entrelassent l'une dans l'autre. Le jus de ces grains est comme du vin. Ce fruit a la rondeur d'une pomme, & une maniere de couronne sur la tête. Pline met cinq especes de Grenades; sçavoir, de douces, d'aigres, de brusques, de goût moyen, & de vineuses, mais Dioscoride les réduit à trois faisant des brusques & des aigres une même espece, & une autre des vineuses & de celles qui sont de moyen goût, les douces étant une espece à part. Ces dernieres sont meilleures à l'estomac que les autres, quoiqu'elles y causent quelques chaleurs & ventosités, ce qui les fait défendre dans la fievre. Les aigres sont astrictives & fort bonnes aux ardeurs de l'estomac. Elles resserrent & provoquent à uriner. Les vineuses sont de moyenne qualité entre les aigres & les douces.

Grenade, se dit aussi de la fleur du Grenadier. Celui qui porte du fruit a sa fleur simple, & dans les Grenadiers qui n'en portent point, les uns ont la fleur simple, & les autres doubles. Il y a un Grenadier sauvage dont la fleur s'appelle *Balaustium*. Elle est semblable à celle des Grenadiers domestiques. Il s'en trouve de plusieurs especes, de blanches, de rousses & d'incarnates. Son jus est astringent, & se fait comme celui d'hypocistis, dont il a toutes les mêmes vertus.

Grenade. Terme de guerre. Petite boule creuse en dedans faite quelquefois de fer ou de fer blanc, & quelquefois de verre, de bois ou de carton. On remplit cette cavité d'étoupes & de poudre, & on lui fait prendre feu par le moyen d'une fusée mise à sa lumiere. La Grenade a deux pouces & demi de diametre. Elle se jette à la main dans des postes où les Soldats sont pressés, mais il faut bien prendre garde à ne la pas tenir long-tems, quand le feu a pris à la fusée. On appelle, *Grenades borgnes* ou *aveugles*, celles qu'il n'est point necessaire d'allumer pour les jetter avec le mortier, mais qui s'enflament si-tôt qu'elles tombent sur quelque objet dur & arrêté. Les Grenades ont pris leur nom de ce qu'elles sont remplies de grains de poudre, comme les fruits appellés *Grenades* le sont de pepins.

GRENADIER. s. m. Soldat qui porte une gibeciere pleine de Grenades pour les jetter contre l'ennemi. Il y a dix Grenadiers dans chaque Compagnie du Regiment des Gardes. Celles des autres Regimens d'Infanterie en ont quatre ou cinq chacune. Le Roi a fait depuis quelque tems une Compagnie de deux cens Grenadiers à cheval, qui par là sont en état de servir plus promptement lorsque l'occasion est pressante.

Grenadier. Arbre qui n'est guere grand ni haut, & qui a ses feuilles semblables à l'olive. Elles sont extrémement vertes, grossettes, pendues à une queue rouge, & distinguées par de petites veines de même couleur qui y sont entrelassées. Il a ses branches fort souples, mais piquantes & épineuses. Il y a des Grenadiers qui portent seulement des fleurs sans aucun fruit; & d'autres, dont le fruit vient après les fleurs. Cet arbre a été appellé ainsi, ou à cause de la multitude des grains qui sont dans les pommes de Grenade, ou parce qu'il croît quantité de Grenadiers au Royaume de Grenade qui est en Espagne.

GRENADIERE. s. f. Terme de guerre. Gibeciere où les Grenadiers mettent leurs Grenades.

GRENADILLE. s. f. Fruit d'une plante des Antilles qui rampe comme le lierre, & dont la feuille est semblable à celle de la folle vigne à cinq feuilles. Sa fleur est composée d'une petite coupe comme celle d'un calice, contenant environ un demi-verre. Du haut de cette coupe, environ à l'épaisseur d'un quart d'écu de la bordure, sortent cinq ou six petites feuilles blanches larges d'un pouce, qui se terminent en pointe, & immediatement au dessus de ses feuilles tout autour de la coupe, il y a une couronne de petites pointes de la même substance de la fleur, longues comme des fers d'aiguillettes, blanches, toutes rayées, & avec un peu de mélange de couleur de pourpre. Du milieu de cette fleur s'éleve une petite colomne, sur laquelle il y a une petite massue qui est appellée le marteau de la fleur, & sur le haut du marteau, on voit trois clouds admirablement bien faits. Cinq pointes blanches s'élevent du fond de la coupe, autour de la petite colomne, & portent cinq petites languettes semblables à celles qui naissent au milieu des lis. C'est ce que l'on compare dans cette fleur aux cinq playes du Sauveur du monde, afin d'y trouver tout le mystere de sa Passion, aussi l'a-t'on appellée *Fleur de la Passion*. L'odeur qu'elle exhale est très-agréable, & se fait sentir à quarante pas. Lorsque la fleur vient à se flétrir, il se forme un fruit du marteau ou de la petite massue, qui en deux mois atteint sa perfection. Il devient de la forme d'une poire, & de la grosseur du plus gros œuf. Son écorce est fort épaisse, tellement dure, qu'on a de la peine à la rompre avec les mains. Au milieu du fruit, il y a environ cent petites graines grosses comme les pepins d'une pomme, & arrangées de telle maniere qu'elles ont la forme du corps humain. On ne les casse que fort difficilement avec les dents. Chaque graine est enfermée dans une petite bourse faite d'une peau fort délicate, & ces bourses, qui sont assés grandes pour contenir quatre ou cinq de ces graines, sont remplies d'une liqueur fort aigre avant que le fruit soit mûr, mais fort agreable si-tôt qu'il a sa maturité. L'aigreur de ce fruit dégoûte d'abord ceux qui en mangent, mais rien ne paroît meilleur après qu'on s'y est accoûtumé.

GRENAILLE. s. f. Métal réduit en petits grains. Quand les métaux sont en bain, après qu'on les a bien brassés avec le brassoir ordinaire, on retire le creuset du fourneau, & ensuite on verse la matiere par inclination dans un baquet plein d'eau commune, & on remue l'eau avec un bâton jusques au fond du baquet pour empêcher les goutes des métaux de s'attacher les unes aux autres, & les reduire re en grains font menus, ce qui s'appelle *Grenaille*. Plus ils sont menus, & mieux le départ s'en fait. On dit aussi de la cire, qu'*Elle est en grenaille*, quand on la réduit en menus grains pour la faire blanchir.

GRENAT. s. m. *Sorte de pierre précieuse qui approche du rubis, mais qui a moins de dureté & d'éclat.* ACAD. FR. Le plus beau de tous les Grenats est le Grenat surien. Il est d'une couleur violette mêlée de pourpre. Il y a des Grenats Orientaux, & d'autres Occidentaux. Les premiers viennent du Royaume de Calecut, de Cambaye, d'Egypte & autres lieux, & sont d'ordinaire de couleur tirant sur le noir comme d'un sang melancolique, quelquefois d'une couleur d'hyacinthe, & quelquefois tirant sur la couleur de la violette. Ces derniers sont les plus beaux, & on les appelle *Grenats de la roche*. Les Occidentaux viennent tous d'Espagne, & sont un peu plus gros que les Orientaux, d'une couleur moins chargée, & qui approche d'une flambe brillante. Il en vient aussi de Bohéme qui sont plus petits, d'un rouge jaunâtre, & qui ne perdent point leur couleur dans le feu. Comme ces pierres s'y trouvent répandues çà & là comme des grains sans aucune matiere qui les contienne, on dit qu'elles ont pris de là le nom de *Grenats*. D'autres veulent que ce soit à cause de leur ressemblance avec les grains d'une Grenade. On prefere les Orientaux aux autres quand on en peut recouvrer de vrais, parce que leur matiere doit être plus pure, comme ayant été digerée par une chaleur plus grande & plus efficace. A leur défaut on choisit ceux de Bohéme, le mêlange des parties de leur matiere devant être fort parfait, puisque la couleur rouge y est tellement empreinte que le feu ne la sçauroit effacer. Les Grenats ont la faculté de dessecher, de remedier à la palpitation du cœur, de resister aux venins & d'arrêter les crachemens de sang. Il y en a qui leur donnent les mêmes vertus lorsqu'ils sont pendus au col.

GRENETIS. s. m. Petit cordon en forme de grains qui enferme les legendes de chaque espece de monnoye. On appelle aussi *Grenetis*, une sorte de poinçon bien aceré & bien trempé, dont on se sert à tailler & à marquer ces petits grains.

GRENIER. s. m. *Logement par haut où l'on serre les grains.* ACAD. FR. On dit en termes de Marine, *Mettre en grenier*, *embarquer en grenier*, pour dire, Embarquer du blé, du sel, des legumes, au fond de cale sans les embaler. Ce mot vient du Latin *Granarium*.

GRENOILLETTE. s. f. Plante fort commune & fort connue, dont Dioscoride décrit quatre especes, & que l'on appelle aussi Ranoncule de son nom latin *Ranunculus*.

GRENON. s. m. Moustache.

Et n'avoit barbe ne grenon,
Se petits peux folages non.

GRENOUILLE. s. f. Animal couvert de peau, qui vit dans l'eau & sur la terre. La Grenouille a quatre piés, & elle s'en sert ou pour nager, ou pour marcher en sautelant. Il y en a de plusieurs sortes qui sont differentes entre elles en grosseur, en couleur & en proprietés. Celles qui viennent de la corruption de la terre, ne vivent guere, & ne sont d'aucun usage. Il y en a qui se nourrissent dans les buissons & les arbrisseaux qu'on appelle *Raines vertes*, & d'autres parmi les joncs & les roseaux; ces deux especes sont venimeuses. Celles qu'on mange viennent aux rivieres, lacs, & marais. Elles sont cendrées ou vertes, & naissent selon l'ordre de la nature. Pline dit que les Grenouilles font leurs petits comme une miette de chair noire qui n'a que les yeux & la queue pour marque de Raine. Leurs piés se forment ensuite, & ceux de derriere se font de leur queue qui se fend. Pource qu'il ajoûte que lorsqu'elles ont six mois elles se resolvent en limon, & ressuscitent aux premieres pluyes du printems, Matthiole dit que cela est contraire à l'experience, puisqu'on en voit toute l'année aux marais maritimes qui ne gelent point, & qu'il faut que Pline entende parler de celles qui s'engendrent, dans les pluyes d'été de la corruption de la terre & de l'eau, & qui en effet se resolvent en limon. Selon Svvammerdan la Grenouille a pour son principe un œuf, enveloppé d'une membrane dont elle se dépouille comme font les insectes, & ne commence à manger qu'après qu'elle s'en est dépouillée. Ses jambes croissent & poussent au dehors comme des boutons de fleurs hors de leur tige; après quoi elle devient un animal parfait. Elle a deux dents canines, mobiles & couchées de même que les viperes, & ces dents se relevent quand elle veut mordre. Le mâle a trois petites vessies proche de la tête qui lui sont particulieres, & une partie interieure du pié de devant quatre fois plus grosse que la femelle. Parmi les Grenouilles venimeuses il y en a une espece appellée *Verdier*, qui ne croasse point, & qui monte sur les bras. Le venin de cette sorte de Grenouille est si dangereux, que si un bœuf le mâche seulement avec les herbes, il en perd les dents. On dit que pour faire taire les Grenouilles il ne faut que tenir une chandelle allumée sur le rivage, ou jetter dans l'eau un pot où a été enfermé un serpent d'eau. Les Grenouilles qu'on employe pour l'usage de la Medecine doivent être de riviere ou d'étang, vertes, bien nourries, grasses, & prises toutes vives quand la lune est dans son plein. Dioscoride dit que cuites en huile & en sel, elles servent de preservatif contre tous venins, & contre les piqûres des serpens, si on les mange, & qu'on avale leur décoction. Leur cendre appliquée arrête, & étanche tout flux de sang. Leur chair est blanche & dure étant fraîche, & devient tendre quand elle est gardée.

Grenouille. Terme de Medecine. Petite humeur, faite d'une matiere pituiteuse, froide & humide, grasse, visqueuse, & qui tombe du cerveau. Elle vient sous la langue, & ôte la liberté de parler.

Grenouille. Terme d'Artisan. Fer creux dans lequel tourne le pivot d'une porte ou d'une écluse; & qu'on appelle autrement *Crapaudine*. C'est aussi chés les Imprimeurs la partie de leurs presses qui entre au sommet de la platine.

GRE'S. s. m. p. Les Chasseurs appellent *Grés*, les grosses dents d'enhaut d'un sanglier, qui frayent contre ses grandes dents d'enbas que l'on appelle *Défenses*.

GRESIL. s. m. Petite grêle ou brouée qui brûle & gâte les vignes. Ce qu'on appelle *Gresil* ou *Greisil* chés les Marchands est du verre cassé, d'où vient qu'on nomme *Verre gresillé*, du Verre qu'on a mis en poudre avec le gresoir. On dit aussi *Gresillé*, de tout ce qui se roussit ou se racourcit au feu.

GRESILLER. v. n. On dit que *Du fer gresille*, qu'*Il se gresille*, quand en le chauffant il devient comme par petits grumeaux.

GRESLE. adj. Long & menu. On appelle en termes d'Architecture *Colomne grêle*, celle qui pour être trop menue, a plus de hauteur que l'Ordre qu'elle represente. Les Colomnes de la plus haute proportion sont aussi appellées *Colomnes grêles*.

On appelle *Pilastres grêles*, Un Pilastre qui derriere une Colonne est plus étroit que sa proportion, à cause qu'il n'a de largeur parallele que le diametre de la diminution de la colomne, ce qui lui fait éviter un ressaut dans l'entablement. *Pilastre grêle*, se dit encore de celui qui a de hauteur plus de diametre que le caractere de son Ordre.

Gresle. s. m. Vieux mot, qui se trouve dans ces vers de Perceval.

Mi Sire Rex a fait sonner,
Un gresle pour l'eve donner.

Borel dit qu'il semble entendre un Valet pour donner à laver les mains. Il pourroit aussi entendre une clochette.

GRESLE. s. f. *Eau congelée & condensée dans la nue par le froid, & qui tombe par grains.* ACAD. FR. Tous les Anciens demeurent d'accord que la Grêle est une espece de glace qui demande un plus grand froid que la neige ; mais les uns ont cru que les petites gouttes ou masses d'eau se geloient & s'endurcissoient chacune à part, & qu'elles tomboient lorsqu'elles étoient gelées. D'autres se sont imaginés que les nues entieres se geloient, & qu'elles se divisoient ensuite en divers petits fragmens, ce qui est une opinion assés peu probable. Aristote prétend que la Grêle ne s'engendre pas loin de la terre, & Anaxagore veut qu'elle ne se puisse engendrer que dans la plus haute region de l'air, comme étant celle où regne la grande froideur qui est necessaire pour former la Grêle, sur-tout dans l'Eté qui est le tems où les Grêles sont plus frequentes, & où l'air le plus proche de la terre est le plus chaud. D'ailleurs les pierres de Grêle sont d'autant plus grandes, plus fortement gelées ou plus dures & plus solides, que l'air inferieur est plus chaud, comme si le froid de la region superieure étoit alors devenu très-grand. Il semble que la Grêle se fasse au moment que la vapeur se forme & s'épaissit en eau, c'est-à-dire, quand le froid est tel, que non seulement il forme de grandes gouttes, mais qu'il les gele & les endurcit en glace. Il peut arriver que les pierres de Grêle étant une fois engendrées, & commençant à tomber s'augmentent & se grossissent, à cause qu'ayant été engendrées dans la partie superieure de la nue, & tombant lentement, elles peuvent dans le tems même qu'elles descendent, se joindre avec de la vapeur qu'elles rencontrent. C'est par là que quelques-unes se peuvent faire très-grosses, & que non seulement elles sont inégales en grosseur, mais encore de figures irregulieres. La diversité du vent, de la vapeur, de la froideur, de la chûte, de la rencontre, ou de quelque autre circonstance, contribue à cette irrégularité. Elles tombent neanmoins assés souvent en grains ronds, ou qui approchent de la figure ronde, parce qu'elles s'arrondissent en tombant, comme de l'eau qui tombe d'une haute goutiere, l'extrémité de leurs angles se coupant tout autour dans la longueur de leur chûte.

On appelle *Grêle* en termes de Medecine, Une petite humeur mobile, ronde & lucide comme un grain de Grêle qui vient aux paupieres. En Latin, *Grando* & en Grec χαλάζιον.

GRESLE', ÉE. adj. On appelle en termes de Blason, *Couronnes grêlées*, Celles qui sont chargées d'un rang de perles grosses & rondes, comme les couronnes des Comtes & des Marquis.

GRESLIER. s. m. Piece de campagne qu'on charge de feraille, bidons, balles, qui fond comme une grêle sur l'ennemi.

GRESLON. s. m. Gros grain de Grêle.

GRESOIR. s. m. Instrument de fer dont les Vitriers se servent pour égruger les pointes ou extrémités d'un morceau de verre quand on a peine à le faire entrer dans le plomb. Il a une petite fente à ses deux bouts comme celle d'une clef. Il y en a d'une seconde espece qui a une demi-douzaine de dents de chaque côté aux deux pointes.

Gresoir, est aussi une sorte de boëte où les lapidaires reçoivent la poudre qui tombe de deux pierres brutes qu'ils frottent l'une contre l'autre pour les égriser & les polir. Ils se servent ensuite de cette poudre pour tailler & polir les diamans. Cette boëte s'appelle aussi *Egrisoir*.

Gresoir est aussi un petit vaisseau où les Orfévres mettent le borax en poudre pour les soudures, & les Vitriers de la resine.

GREVAINE. adj. Vieux mot. Fâcheux, affligeant.

Ta départie m'a été trop grevaine.

GREVANCE. s. f. Vieux mot. Tort, Fâcherie.

GREVE. s. f. Il a été dit pour peril dans le vieux langage, & a aussi signifié, selon Borel, Une parure de cheveux ancienne. Il veut dire aujourd'hui un lieu sablonneux au bord de la mer ou d'une riviere. Du Cange le fait venir de *Greva*, que les Auteurs de la basse Latinité ont employé, pour dire, Le sable de la mer.

C'est aussi un banc de sable dans la Loire que le Cours de l'eau change souvent & qui incommode la Navigation.

GREVEUX, EUSE. adj. Vieux mot. Pesant.

Trop t'en pourroit mesavenir
De prendre si greveuse charge.

Il a signifié aussi, Fâcheux, mal agreable.

Car molt y a greveux affaire,
Com ilen porront à chef traire.

GREUGE. Vieux mot. Dommage.

GRI

GRIBANE. s. f. Sorte de barque ordinairement bâtie, à folle, & qui est depuis trente jusqu'à soixante tonneaux. On se sert de ce bâtiment pour naviger en marchandise aux côtes de Normandie. Il porte un grand mât, un hunier, une misaine sans hunier & un beaupré. Il a ses vergues longues. On les met de biais comme celles d'artimon.

GRIBOUILLE. s. m. On a appellé autrefois *Gribouille*, Un vendeur de petits meubles. Borel fait venir ce mot du Grec γρυτοπώλης fait de γρύτη ou γρυτάρια. Choses frivoles, & de πωλῶ Je vends, d'où est venu *Gribouillette*, terme populaire qui veut dire un jeu d'enfans, où l'un d'eux jette une chose de peu d'importance, & l'abandonne à celui qui la pourra attraper.

GRIE. adj. Vieux mot. Fâcheux, incommode.

Lors te viendront les avantures.
Qui aux Amans sont gries & dures.

GRIESCHE. adj. Vieux mot Grecque. C'est de là qu'on a dit une *Pie griesche*, & de l'*Ortie griesche*. On s'en est aussi servi pour dire, Sauvage, du Grec ἄγριος. On a dit encore *Grieu* & *Griet*, pour dire, Grec, comme *Grieve*, a signifié la Grece ou une femme Grecque. On trouve cette inscription à un ancien Tableau. *La prins d'Eleyne par Paris fils à Priam qui a meure fusta mains hommes, tant ès Griets comme ès Troyens*, pour dire, La Prise d'Helene par Paris fils de Priam qui mena à mort quantité d'hommes, tant des Grecs que des Troyens. Quelques-uns dérivent le mot de Griesche d'*Agrestis*.

GRIET. adj. Vieux mot. Fâché, lesé, grevé.

GRIFAIGNE. adj. Vieux mot. Cruel.

Se l'ire jalousie engraigne,
Elle est moult fiere & moult grifaigne.

GRIFFE. s. f. *Ongle crochu & pointu de certains animaux, tels que le tygre, le lion, le chat, &c. ou d'un oiseau de proie, comme l'épervier, le faucon, &c.* ACAD. FR. Ceux qui ont soin d'examiner les saumons de plomb lorsqu'ils arrivent, appellent ainsi la marque qu'ils mettent à ceux qu'ils trouvent de moindre bonté. Cette marque est un crochet, & plus le plomb leur paroît défectueux, plus ils y font de Griffes ou de crochets. Quand ils le trouvent extraordinairement aigre & mauvais, ils l'écornent par quelque endroit du saumon. Les piés d'une marmite ou d'un chenet sont aussi appellés *Griffes* parmi les Orfévres.

Griffe. Terme de Serrurerie. Outil de fer en forme d'une *S*, dont les Serruriers se servent pour tracer les pannetons des clefs.

GRIFFER. v. a. Terme de Fauconnerie. Prendre avec la griffe. Ce mot a formé *Griffade*, qui se dit de la playe que fait un oiseau avec ses serres.

GRIFFON. s. m. Oiseau de proie qui ressemble à l'Aigle, & que les Grecs ont appellé γρὺψ. On appelle aussi *Griffon*, un Animal fabuleux auquel on donne quatre piés, des ailes blanches & un bec d'Aigle. On le fait ressembler au lion par le derriere, & l'on veut qu'il ait le flanc rouge & le dos noir. Cet animal, à ce que l'on prétend, est fort ennemi des chevaux, & veille avec soin à garder l'argent & les tresors que l'on tire de la terre. On le voit representé particulierement dans les frises de l'Architecture antique.

Griffon. Terme de Chasse. Espece de Chiens qui viennent d'Italie & de Piémont. Ils chassent le nés en haut, & arrêtent tout.

Dans le Blason, le *Griffon* est representé moitié aigle & moitié lion, ayant la tête, le poitrail & les deux jambes garnies de griffes comme un aigle. On lui donne de grandes ailes, & le derriere est en forme de lion avec des pattes, des ongles & une queue. On le represente ordinairement rampant.

Griffon. Instrument des Tireurs d'or, qui est une lime plate dentée par les bords. Ils s'en servent pour canneler le lingot de cuivre rouge qu'ils argentent, pour faire de faux fils d'argent, en le tirant par la filiere.

GRIGNON. s. m. Terme de Marine. Biscuit qui est par morceaux, & non en galettes.

GRILLE. s. f. *Plusieurs barreaux de bois ou de fer, se traversant les uns les autres pour empêcher qu'on ne passe par une fenêtre ou par une autre ouverture.* ACAD. FR. On appelle *Grille de fer*, dans les cours & les Jardins des Hôtels, toute Clôture de fer qui est enrichie d'enroulemens, moutons, pilastres & couronnemens. Les *Grilles de croisées* sont faites de barreaux de fer qu'entretiennent des traverses. On les met aux croisées du rés de chaussée pour mettre les lieux en sûreté contre les voleurs; & celles que l'on appelle *Grilles à mi-mur*, sont scellées dans les tableaux des fenêtres. Il y a des *Grilles en saillie*, appellées ainsi parce qu'elles s'avancent en dehors, & des *Grilles doubles*, qui sont redoublées.

On appelle *Grille*, dans une Eglise de Couvent de Filles, un Treillis de fer maillé de trois à quatre pouces de jour. Ce treillis sépare le Chœur des Religieuses d'avec le Chœur ou la nef de leur Eglise. Elles en ont de la même sorte dans leurs Parloirs, & il y en a que l'on appelle *Grilles hersées*, à cause qu'elles ont des pointes en dehors comme une herse. On en met aussi de bois dans quelques Couvents.

Grille, se dit encore d'un Assemblage de grosses & longues pieces de bois qui se creusent quarrément, & qui sont espacées tant plein que vuide. Il y a des entailles à queue d'aronde qui les entretiennent, & on les établit de niveau sur un terrain qui ne doit pas être éventé par le pilotage pour fonder dessus. C'est de cette maniere qu'on a construit quelques ponts.

Grille de feu. On appelle ainsi trois ou quatre chenets attachés ensemble à quelque distance l'un de l'autre avec une barre de fer. On les met entre deux autres chenets pour soûtenir les tisons & faire mieux brûler le bois qu'on pose dessus.

Ceux qui jettent en moule ont une *Grille de fer*, sur laquelle ils élevent leurs figures. Elle est environ de trois ou quatre pouces plus large que la base de la figure qu'ils veulent faire. Ils élevent sur le milieu de cette grille une ou plusieurs barres de fer contournées selon l'attitude de leur figure, & percées d'espace en espace pour y passer des verges de fer de telle longueur qu'ils le jugent necessaire, afin de maintenir le noyau de ce qu'ils veulent jetter.

Grille. Terme de tripot. Espece de fenêtre quarrée qui est sous le bout du toit hors du service, & élevée à deux piés de terre.

Grille. Terme de Chancellerie. Paraphe en forme de grille que les Secretaires du Roi, qui ont à signer quelques Lettres, mettent au-devant des paraffes particuliers dont ils se servent dans les actes qu'ils passent pour leurs affaires.

Grille. Terme de Blason. Il se dit de certains barreaux qui sont en la visiere d'une heaume, qui empêchent que les yeux du Chevalier ne soient offensés. On appelle aussi *Grille*, une Porte coulisse & grillée, qu'on peint quelquefois sur les Ecus.

GRILLET. s. m. Terme de Blason. Sonnette ronde que l'on met au col des petits chiens & aux jambes des oiseaux de proie. On l'appelle aussi *Grillot*. Ce mot a fait l'adjectif *Grilleté*, qui se dit des oiseaux de proie qui ont des sonnettes aux piés: *D'azur au faucon d'argent perché & grilleté de même.*

GRILLON. s. m. *Petit insecte qui est une espece de cigale, aimant les lieux chauds, & faisant un bruit aigu & perçant.* ACAD. FR. Cet insecte est noir, & a la figure d'un haneton. Il se retire assés ordinairement dans des fours, & creuse la terre desséchée. Pline le met au nombre des escarbots, à cause qu'il a le corps couvert d'une croûte & ses ailes comme dans un fourreau. Quelques-uns veulent que *Grillon* ait été fait du Grec γρύλλος, Pourceau, à cause que son chant ou cri n'est pas moins desagreable à proportion que le son du pourceau. On trouve aussi des Grillons dans les champs, & entre ces animaux le seul mâle chante. Il rend un son fort importun de ses ailes. Il y a des campagnes qui en sont quelquefois toutes couvertes. Dès la moindre chose qu'ils voyent branler, ils se retirent au fond de leurs trous. Les Renards en sont friands.

On appelle Grillons les Cordes, dont on serre les jambes des accusés mis à la torture.

GRILLOTALPA. s. m. Insecte, l'un des plus grands & des plus voraces. Il vient d'un œuf & d'un ver comme les autres, & a quatre boutons sur le dos où il renferme ses ailes.

GRIMPEREAU. s. m. Oiseau qui ne vole guère, & qui est appellé ainsi à cause qu'il grimpe sur les arbres de branche en branche.

GRINGOLÉ, ÉE. adj. Terme de Blason. Il se dit des croix, fers de moulin & autres choses de même nature qui se terminent en tête de serpens. On appelloit autrefois ces serpens *Gargouilles*, & on a dit ensuite *Gringole* par corruption, d'où est venu *Gringolé*. *De gueules à la croix d'hermine, anchrée & gringolée d'or.* On a dit dans quelques Provinces, *Gringoler* & *Dégringoler*, pour dire, Descendre vîte d'un escalier, comme fait l'eau qui tombe des gargouilles ou gringoles.

GRIOTTE. s. f. Sorte de cerise à courte queue qui est un peu aigre, & plus grosse que les autres. Quelques-uns font venir ce mot du Grec ἀγριότης, qu'ils prétendent marquer l'acidité de ce fruit, de ἄγριος, Sauvage. Il y a pourtant des Griottes, douces. On appelle *Griottier*, l'Arbre qui porte cette sorte de cerise.

On appelle aussi *Griotte*, l'Orge frais & nouveau, rôti mediocrement & que l'on fait moudre ensuite. C'est toute la préparation que Galien y demande. Les Grecs, selon Pline, faisoient la Griotte de differentes manieres. Ils arrosoient l'orge qu'ils laissoient secher pendant une nuit, & le lendemain ils le fricassoient, après quoi ils en faisoient de la farine. Quelques-uns l'arrosoient encore d'eau s'ils le trouvoient trop rôti; & le sechoient avant que de le moudre. D'autres prenoient de l'orge cueilli fraîchement & battu, & l'ayant arrosé d'eau, ils le piloient dans un mortier, puis ils le lavoient en des corbeilles, & l'ayant fait secher au Soleil, ils le piloient encore une fois, le nettoyoient & le faisoient moudre. De quelque façon qu'ils préparassent la Griotte, ils mettoient sur vingt livres d'orge, trois livres de graine de lin, demi-livre de coriandre & environ deux livres de sel. Quand le tout avoit été fricassé, ils le faisoient moudre ensemble. Galien dit que la Griotte d'orge est plus dessicative que l'orge même.

GRIP. s. m. On appelloit ainsi autrefois un petit Bâtiment que l'on équipoit pour aller en course, tel qu'est aujourd'hui le Brigantin.

GRIPAUME. s. f. Plante qui est presque semblable à l'ortie, si ce n'est qu'elle a les feuilles d'en bas plus rondes & déchiquetées comme celles du ranuncule. Sa tige, qui est quarrée, les produit deux à deux par intervalles. Ses fleurs sont rouges tirant sur le blanc, & telles que celles de l'ortie puante, quoique plus petites. Elles sortent du pié des feuilles & environnent la tige comme au marrube. De sa racine, qui est rouge & blaffarde, sortent plusieurs autres petites racines. Cette herbe croît par tout le long des chemins & des hayes & autour des murailles des Villes, & est fort amere au goût. Quelques-uns l'appellent *Marrube mâle*, d'autres *Melisse sauvage*, & il y en a qui lui donnent le nom de *Cardiaque*, à cause de la vertu particuliere qu'elle a de remedier aux maladies du cœur. Elle est bonne aussi aux spasmes, aux paralysies & aux opilations qui viennent de causes froides. Elle évacue les phlegmes qui sont dans la poitrine, fait mourir les vers, & étant réduite en poudre & bûe avec du vin, elle est singuliere aux femmes qui sont en travail pour faciliter l'accouchement. On l'appelle aussi *Agripaume*, en Latin, *Agria palma* & *Cardiaca*.

GRIS, GRISE. adj. *Qui est de couleur mêlée plus ou moins de blanc & de noir.* ACAD. FR. Ce mot signifioit autrefois Froid & noirâtre; d'où vient que l'on dit encore qu'*Il fait un tems gris*, ou absolument qu'*Il fait gris*, pour dire que le Tems est couvert & froid. Borel fait venir ce mot du Grec κρύος, Froid. Il dit aussi qu'anciennement il y avoit des étoffes qu'on appelloit de ce nom, & il en donne pour exemple ces deux vers de Pathelin.

J'ai du gris de Prince,
En voulez-vous, ou du gris d'aumure?

Il paroît par ces autres vers qu'on appelloit *Gris*, les Animaux dont la peau servoit à faire des fourrures.

Li autre conroyent li piaux
D'Écurieux, de Gris & de Vairs,
Pour moy forrer en tems divers.

GRISAILLE. s. f. Peinture de couleur de pierre ou de marbre blanc. Elle se fait de blanc & de noir, & on l'emploie sur le verre.

GRISARD. s. m. Vieux mot qui, selon Nicod, a signifié un Blereau.

GRISON. s. m. Gros grès, ou Pierre longue & excellente dont on se sert à bâtir dans les lieux où il abonde. On en fait aussi des Auges dans les Basses-cours, des Marches d'escalier.

GRIVE. s. f. Petit oiseau de couleur plombée, & dont le plumage est mêlé de noir & de blanc. Il est fort bon à manger dans la saison des vendanges, à cause qu'il s'engraisse de raisins. Il y en a de trois sortes, *la petite Grive*, *la Grive commune*, de la grosseur environ d'un merle, & la *grosse Grive*, qui est un peu moins grosse qu'un geai. On l'appelle *Turdus* en Latin. La chair de la Grive est de bon suc, & nourrit beaucoup.

GRO

GROBIS. s. m. Vieux mot. Gros Seigneur.

Pour ceindre Millours & Grobis.

Borel dit que c'est delà qu'on a dit, *Faire le rami-na-grobis*, par corruption de, *Domine grobis*.

GROCER. v. a. Vieux mot. Gronder.

Et se gens encontre moy grocent,
Qui se tormentent & corrocent.

GROFFES. s. m. Vieux mot. Sorte de dard ancien.

GROIGNETTE. s. f. Vieux mot. Sorte d'étoffe de drap, de fourrure.

Se vous voulez de tortes bannes,
Par ma foi j'en ai de bien fines,
Ou se voulez de groignettes.

GROLLE. s. f. Vieux mot dont on s'est servi pour signifier une Corneille. On a dit aussi *Graule, Graille*, & *Agraille*; & Borel fait venir tout cela de *Garrula*.

GRONCIER. v. a. Vieux mot. Gronder.

GRONDEUR. s. m. Poisson qui se trouve dans les petites rivieres des Isles de l'Amerique, & que l'on appelle ainsi, à cause que lorsqu'il est pris, il gronde à la maniere d'un petit cochon. Il est le premier à sauter hors des rivieres quand on y lave les racines brisées du bois à enyvrer le poisson. Celui-ci est presque tout semblable à une Breme. Il en a le goût, mais il est plus épais & plus charnu.

GRONNET. adj. Vieux mot qui se trouve dans Coquillard, & qui semble signifier, Propre, Bienfait.

Un corps feitis, sade & gronnet.

GROS. s. m. Monnoie qui a cours chés les Saxons, Silesiens, Bohêmes & Polonois. On dit qu'elle a été du poids des drachmes Attiques & des vieux deniers Romains. *Gros*, est aussi une monnoie d'argent de Lorraine qui vaut environ onze deniers de France. *Gros*, est encore une monnoie de compte à Cologne, à Anvers, à Amsterdam & autres lieux, comme sont les francs en France. La livre de Gros vaut six livres, comme le sou vaut six sous; & c'est sur ce pié-là que les Marchands tiennent leurs livres. Saint Louis étant revenu d'Egypte fit battre à Tours une sorte de monnoie à onze deniers de fin. C'étoient des sous qui en valoient six des autres qui étoient noirs, plus petits & plus chargés de billon; & on les nomma ainsi, parce qu'ils pesoient la huitiéme partie d'une once, qu'on appelle *Gros*.

GROS-BEC. s. m. Sorte de petit oiseau, appellé ainsi à cause de son bec qu'il a fort gros. Il a le cou gris & la tête d'un jaune tirant sur le rouge, & ressemble assés au Pinson dans tout le reste. On l'appelle en Latin *Fringilla rostratas*. Le *Gros-bec* des Antilles a toute la forme d'un moineau, mais il a les plumes verdâtres. Comme il a le bec fort dur, il entame l'écorce des Bananes, qui est extrêmement dure avant qu'elles ayent atteint leur maturité, & tous les autres oiseaux l'accompagnent pour manger ensuite le dedans du fruit.

GROSEILLE. s. f. *Espece de petit fruit bon à manger, mais un peu acide.* ACAD. FR. Les Groseilles ne sont point entassées en façon de grappes, mais séparées les unes des autres. Elles sont rondes & velues, sur-tout les sauvages, du reste remplies d'un jus vineux qui est brusc, aigre, astringent, & semblable en tout au verjus. Elles sont vertes avant leur maturité, & changent ensuite de couleur & de goût, devenant jaunes & douces. Les pepins qui sont dedans sont frêles & tendres, & se mangent avec le fruit. C'est ce qu'en dit Matthiole. Les Groseilles vertes qui jaunissent en mûrissant, sont de deux sortes, les unes longues & les autres rondes, dont celles-ci sont plus grosses & servent dans les sauces au lieu de verjus. Il y a encore deux especes de Groseilles dont le bois est épineux, l'une violette & l'autre rouge. Celle de Hollande fait qu'on méprise le autres. On appelle *Groseille perlée*, une Groseille blanche commune, à cause qu'elle imite la rondeur & la blancheur des perles. M. Ménage fait venir *Groseille* de *Grossularium*.

GROSELIER. s. m. Plante épineuse que Matthiole croit avoir été inconnue aux Anciens. Elle est petite, fort branchue, & a ses feuilles semblables à celles de l'ache ou de l'aubespine, & ses rejettons blanchâtres & épineux. Il y en a de deux sortes, l'une domestique & l'autre sauvage, & toutes deux ont une fleur blanche & quelquefois purpurine. On dit *Groselier blanc* & *Groselier rouge*, selon que leur fruit est rouge ou blanc. Les Apothicaires confisent le suc des Groseilles rouges, & l'appellent *Rob de ribes* ou *Rob ribium*.

GROSSIER. s. m. Marchand Grossier, qui vend toutes sortes de menues Marchandises, qu'on appelle *Camelotterie*.

GROTE. s. f. Antre, caverne. Ce mot vient de κρύπτη, qui veut dire un lieu vouté & secret, de κρύπτειν, Cacher. On appelle aussi *Grote*, un Bâtiment dont l'Architecture est rustique par dehors, & qui au-dedans est orné de coquillages & de jets d'eau. Quand le dedans en est feint brut par des rocailles, petrifications & plantes sauvages, on l'appelle *Grotte satirique*. Les Eglises souterraines sont appellées *Grotes* en Italie.

GROTESQUE. s. f. M. Felibien définit ce mot par *Maniere licentieuse de representer en peinture ou de relief des hommes & des bêtes qui ont quelque chose de chimerique, & qui d'ordinaire n'en ont que la tête & une partie du corps, dont le reste se termine en feuillages, rainceaux ou autrement.* Il dit qu'on a nommé *Grotesques*, ces sortes d'ouvrages, à cause que l'usage en est venu de ceux qu'on a trouvés dans les grottes & dans les lieux souterrains. & que Jean da Udine & Morto da Feltro ont été les premiers qui ont remis en usage cette sorte de travail des Anciens, qui n'est qu'un pur caprice de l'esprit de l'Ouvrier.

GROUER. v. n. Vieux mot dont on se servoit autrefois, en disant que *Le vent avoit fait grouer les pommes*, pour dire, qu'il les avoit fait tomber.

GROUETEUX, EUSE. adj. Ceux qui ont traité de la maniere de cultiver les arbres, ont appellé *Fond Grouteux*, un Fond pierreux.

GROUPADE. s. f. Terme de Manége. Saut qui tient le devant & le derriere d'un Cheval dans une égale hauteur, & qui se fait lorsqu'il ne s'épare point en allongeant les jambes, & qu'il trousse celles de derriere sous le ventre. Ce mot est impropre, & s'est dit par corruption de *Croupades*.

GROUPE. s. m. Terme de Peinture. *Assemblage de plusieurs corps les uns auprès des autres.* ACAD. FR. On dit, *Un groupe de trois ou quatre figures*, lorsqu'elles se joignent. Il se dit également des ouvrages de Sculpture. On s'en sert aussi en Architecture, & on appelle *Groupes de colomnes*, Plusieurs colomnes accouplées.

GROUPER. v. a. Joindre plusieurs corps ensemble. Les Architectes disent, *Grouper des colomnes*, pour dire, Disposer des colomnes par trois ou quatre. Le mot de *Groupe*, vient de l'Italien *Groppo*, ou *Gruppo*, Nœud.

GROUSSER. v. n. Vieux mot. Murmurer, gronder.

> *Je retournerai, qui qu'en grousse,*
> *Par foi, dit res je n'en grous mie.*

GROUX. adj. Vieux mot. Gros.

GRU

GRU. s. m. Vieux mot. Fruits sauvages qui se trouvent dans les forêts, comme la faine, le gland, les pommes & poires sauvages qu'afferme le Gruyer sous le nom de *Gru*, pour servir de nourriture aux cochons & à d'autres bestiaux qui en sont friands.

GRUAU. s. m. Farine d'avoine, ou d'orge, que l'on fait secher au four, & dont on sépare le son sans bluteau, après qu'on l'a fait moudre en certains moulins qu'on fait exprès pour cela. Du Cange fait venir ce mot de *Gruellum*, diminutif de *Grutum*, qui s'est dit de la bouillie qu'on faisoit avec de l'eau & toute sorte de farine. On a dit *Gruel*, dans le vieux langage, & ce même mot se disoit de toute autre chose pilée grossierement, ce que Borel fait venir de γρὺ, mot Grec qui signifie non seulement une sorte de petite monnoie, mais encore l'ordure qui s'amasse sous les ongles, & en general tout ce qui est de très-petite valeur. On appelle aussi *Gruau*, du gros pain bis de Boulanger, fait d'une farine où l'on a laissé le son.

Gruau. Le petit de l'oiseau, appellé *Grue*.

Gruau. Machine dont on se sert pour élever les pierres & les pieces de Charpenterie. Le Grüau ne differe de l'engin, qu'en ce que la piece de bois qu'on appelle l'*Etourneau*, est fort longue, & posée de bas en haut.

GRUE. s. f. *Sorte d'oiseau de passage qui vole fort haut & par bandes.* ACAD. FR. La Grue a le cou fort long. Sa couleur est grise, & le mâle a la tête rouge. On dit que les Grues volent en troupes rangées en triangle, & que quand elles sont à terre, il y en a une qui se tient seulement sur un pié pour faire la sentinelle. Il y a aussi une *Grue de mer*. C'est une sorte de poisson qui a quelque chose de la Grue terrestre. M. Ménage tire ce mot de *Grua*, qu'on a dit pour *Grue*.

Grue. Machine avec une roue, qu'on employe à lever les pierres lorsqu'on bâtit. Elle est composée d'une grosse piece de bois, qui sert de poinçon par en haut, & qui est posée sur le milieu de huit autres pieces de bois mises en croix, & assemblées avec entretoises. Cette grosse piece de bois que l'on appelle *Arbre*, est appuyée par huit liens en contrefiche, assemblés par le bas dans l'extrêmité des autres pieces de bois, nommées *Racineaux*, & par le haut contre l'arbre avec tenons & mortoises, avec abouts. L'Echelier qui est la principale piece de bois qui porte & sert à lever les fardeaux, est posé sur un pivot de fer qui est au bout du poinçon. Il est assemblé avec plusieurs moises à des liens montans, & il y a des pieces de bois appellées soupentes, attachées à la grande moise d'en bas & à l'Echelier, qui servent à porter la roue & le treuil, autour duquel se devide le cable qui passe dans des poulies qui sont au bout des moises, & à l'extrêmité de l'échelier. Cet Echelier est garni de chevilles pour y monter, & tourne sur le pivot autour de l'arbre & de son pié, ainsi que les moises, les liens, les soupentes, la roue & le treuil.

On appelle aussi *Grue*, un instrument de supplice dont on se sert dans les corps de garde des Villes de guerre. Il est composé de deux morceaux de fer plats & larges chacun de trois doigts, & qui ont environ un doigt d'épaisseur. Ils sont faits en forme de bec de Grue par le bas, ce qui a pû faire donner le nom de Grue à cet instrument, & par le haut en maniere de carcan, avec des menotes de côté & d'autre. Il y en a qui croyent qu'il a pris son nom de ce que les Soldats que l'on condamne à être à la Grue, y étant debout, font ce qui s'appelle *le pié de Grue*.

GRUERIE. s. f. Maison située près d'une forêt, & composée de logemens pour quelques Officiers de chasse, qui y tiennent leur Jurisdiction, & jugent en premiere instance des moindres délits commis dans les bois selon les rapports qui leur en sont faits. Cette Jurisdiction est subalterne à l'égard des Maitres particuliers des Eaux & Forêts qui sont dans les Villes.

Gruerie, se dit aussi, d'un droit de moitié que le Roi prend sur quelques forêts de son Royaume. Chopin veut que ce mot ne s'entende que d'une Jurisdiction que le Roi a sur les bois des Particuliers, dans lesquels il établit des Juges & des gardes pour leur conservation, ce qui fait qu'il n'est point permis aux Maîtres de les faire couper, si ce n'est avec les solemnités requises pour les bois qui sont en tiers & en danger.

GRUGER. v. a. Terme de Sculpteur. On dit, *Gruger le marbre*, ou *le meurtrir*, pour dire, Travailler avec la marteline. C'est un petit marteau qui a un bout fait en pointe, & dont l'autre bout a des dents de bon acier, forgées quarrément pour avoir plus de force. Les Sculpteurs s'en servent dans les endroits, où ils ne peuvent s'aider des deux mains, pour travailler avec le ciseau & la masse.

GRUME. Terme des Eaux & Forêts, qui ne se dit que joint avec *Bois*, & la proposition *en*. *Bois en grume*. C'est un bois qui n'est point équarri, & à qui on a laissé encore son écorce. *Gruma*, selon Ugotio, est la croûte que forment les vapeurs du vin, & qui s'attache aux douves d'un muid en dedans. C'est delà que l'on a fait *Grume* & *Grumeleux*.

GRUMELEUX, EUSE. adj. On appelle, *Bois grumeleux*, du Bois qui est âpre & rude à le manier.

GRURIE. s. f. Petite Jurisdiction sur les bois. En 1700. on fit un Edit pour obliger les Seigneurs de racheter les Gruries pour les faire exercer par leurs Officiers.

GRUYER. s. m. Officier subalterne, qu'on appelle quelquefois *Verdier*, nom qui vient selon du Cange de l'Allemand *Gruen*, qui veut dire *Viridis*, d'où l'on a fait *Viridarius* & *Verdier*. Les Gruyers jugent en premiere instance des malversations qui se commettent dans les forêts, & sont établis dans la campagne en des lieux éloignés des Maîtrises. Ils peuvent juger jusqu'à la concurrence de six livres, & l'appel de leurs Sentences se releve par devant les Maîtres Particuliers. Ce mot, selon quelques-uns, vient de *Gru*, Fruit des arbres des Forêts, & selon Nicod de δρῦς, Chêne, comme qui diroit, *Dryer*.

Gruyer. adj. On appelle en termes de Fauconnerie, *Faucon Gruyer*, Un oiseau dressé à voler la Grue.

GUA

GUAHEX. s. m. Animal de couleur de Châtaigne obscure, un peu moins grand qu'un petit Bœuf, & ayant des cornes fort noires & fort pointues. Il se trouve en Afrique, & marche avec beaucoup de vîtesse. Sa chair est fort bonne.

GUAINUMU. s. m. Gros Cancre du Bresil, qui a la gueule si large que le pié d'un homme entre dedans. Il est fort bon à manger; & comme il se tient dans des trous auprès du rivage, il est plûtôt animal terrestre qu'aquatique. Pendant le tonnerre, ces Cancres sortent hors de leurs cavernes, & font un tel bruit entr'eux, que les Sauvages qui sont fort craintifs en prennent l'épouvante, s'imaginant que leurs ennemis sont venus.

GUAIRO. s. m. Sorte de cri que l'on fait à la chasse des Perdrix, afin d'avertir le Fauconnier quand on voit qu'elles partent, qu'il ait à lâcher l'oiseau.

GUANABO. s. m. Arbre des Indes Occidentales qui est fort haut & fort beau, & qui porte un fruit gros comme la tête d'un homme. Ce fruit a l'écorce déliée, & il est couvert d'écailles plates & unies. La chair en est blanche au-dedans, tendre & douce, & se dissout en eau, comme si c'étoit de la crême, mais elle est mêlée de plusieurs noyaux qui blessent les dents & les gencives. Il est fort rafraîchissant, ce qui fait qu'on le mange avec plaisir dans les chaleurs de l'Eté.

GUAO. s. m. Arbre qui se trouve aux Indes Occidentales dans l'Isle de S. Jean *Porto rico*. Il porte des feuilles rouges, velues, & qui ne tombent jamais. Elles sont épaisses, & ont de petites veines de couleur de feu. Son fruit est vert, & ressemble en grosseur & en forme à celui de l'arboisier. Le suc de cet arbre est extrêmement caustique, ce qui fait que les animaux qui s'y frottent perdent leur poil. La même chose arrive aux hommes aussi bien qu'aux bêtes quand ils s'endorment dessous. On transporte de son bois en Europe pour sa couleur non commune qui imite la verdeur du Calchante, & on a coûtume d'en faire des quenouilles de châlit, à cause que l'on croit ce bois ennemi des punaises; mais ceux qui s'appliquent à le mettre en œuvre, en ont le visage enflé, ainsi que les mains, quand ils le touchent, & cette enflûre ne se dissipe qu'après quelques jours. Les Mexiquains, qui ont une fort grande quantité de ces arbres, les appellent *Thetlatian*.

GUARA. s. m. Oiseau du Bresil, de la grosseur d'une Pie, avec un long bec recourbé devant, & de longs piés. Quand il est éclos nouvellement, il est noir. En commençant à voler, il a son plumage d'un beau blanc, & peu à peu, il rougit jusqu'à ce qu'avec l'âge il devienne de couleur de pourpre, qui est la couleur qu'il garde ensuite. Il niche dans les maisons, & vit de poisson, de chair, & autres viandes, toûjours trempées dans de l'eau. Les Sauvages l'estiment fort à cause que ses plumes leur servent à composer leurs couronnes & leurs autres ornemens. Ces oiseaux volent par bandes, & c'est quelque chose de fort agreable à voir, que de les considerer quand le Soleil darde ses rayons sur eux.

GUARAL. s. m. Insecte qu'on trouve dans les Deserts de Lybie, & qui est semblable à la Tarantule.

GUARAQUIMYA. s. m. Arbrisseau qui croît dans le Bresil, & qui ressemble au myrte de Portugal. Outre beaucoup de proprietés fort remarquables, on donne cette vertu particuliere à sa semence, qu'étant mangée elle fait sortir aussi-tôt les vers des intestins.

GUARDER. v. a. Vieux mot. Regarder. *Lors guarda devant lui, & vit ses armes.*

GUAYNOMBI. s. m. Sorte d'oiseaux du Bresil qui sont les plus petits de tous les oiseaux. Il y en a que les Sauvages appellent *Guaraciaba*, Rayons du Soleil, & d'autres *Guaracigaba*, Cheveux du Soleil. Les Habitans des Antilles les nomment *Renatos*, parce qu'ils croyent qu'ils dorment six mois, & qu'au Printems ils reprennent comme une nouvelle naissance. Oviedo dit que les Espagnols les appellent *Tominejos*, à cause que quand on met un de ces oiseaux avec son nid dans un trébuchet à peser l'or, il ne pese que deux *Tominos*, c'est-à-dire vingt-quatre grains. Ce petit oiseau est d'une beauté admirable. De quelque côté qu'on tourne les plumes de sa tête & de son col, elles representent une varieté surprenante de belles couleurs; & sur-tout une couleur de feu qui brille beaucoup plus que l'or. Il a le reste du corps grisâtre, le bec long, & la langue deux fois aussi longue que le bec. Il vole fort vîte, & fait en volant un certain bruit qui imite celui que font les abeilles. De Lery & Thenet qui en ont écrit lui donnent un chant fort doux, & disent que les Sauvages lui donnent le nom de *Guamanbuch*, & Charles de l'Ecluse qui en a vû un dont il a fait la description, en parle en ces termes. Ce petit oiseau étoit long de trois pouces, depuis la pointe du bec jusqu'au bout des plumes de sa queue; c'est-à-dire, que sa tête avec tout le bec avoit un pouce & demi de long, & que les ailes qui s'étendoient presque jusques au bout de la queue avoient la même longueur. Son dos avoit à peine un pouce de large. Il étoit d'un gris cendré brun ainsi que ses ailes. Il avoit le ventre gris, les plumes de la queue d'un rouge obscur, & le bout en étoit noir. Celles de la tête, du col & du gosier étoit mêlées d'une couleur d'or, de rouge & de jaune; & quand on les exposoit au Soleil, il n'y avoit rien de plus beau à voir que cette varieté de couleurs, selon qu'on tournoit la tête de cet oiseau. Il avoit le bec noir, délié & fort aigu, les piés très-menus & noirs, & divisés en quatre orteils comme les autres oiseaux.

GUE

GUELLES. s. m. Terme d'armoirie. Mot qu'on a dit autrefois pour *Gueules*, Couleur rouge, appellée ainsi de la gueule des animaux.

D'enciens guelles & d'argent,
Qui contre le Soleil resplent,
Une bande y ot ouvrée.

GUENAUT. s. m. Vieux mot, qui a été dit pour Gueux, fait de *Queux*, Cuisinier, à cause, dit Borel, que les Gueux suivent ordinairement la cuisine.

GUENCHE. s. f. Vieux mot. Détour, subtilité.

Li onziéme qui plus savoit
De guenches & detresteou rs
D'assans de guerre & d'estours
Li contretint un poi de temps.

On a dit aussi *Guenchir*, & *Guencher*, pour Tourner.

Autre si com Oiseil s'enfuit devant Faucon,
Guenchissent entor lui les Parens Ganelon.

GUENON. s. f. Singe femelle. Il ne se dit guere que d'un petit Singe.

GUERITE. s. f. Petit logement où l'on peut être à couvert des injures du tems dans les Forteresses, & qui sert de retraite la nuit aux sentinelles qui gardent la Place. Il est fait tantôt de bois & tantôt de pierre, & on en met ordinairement trois à chaque bastion, à l'angle flanqué, & aux deux angles de l'épaule, sur les portes, & au milieu des courtines lorsqu'elles sont longues. On fait venir *Guerite* de *Vvaren* mot Allemand, qui veut dire, Conserver.

Guerite, se dit aussi d'un petit donjon élevé au-dessus d'un bâtiment, & d'où l'on peut découvrir de loin.

On appelle, *Guerites de Galere*, des pieces de bois qui se vont inserer dans la fléche, qui est comme la clef de la pouppe, laquelle s'avance un peu plus au-dehors que les bandins, & porte au-dessus une figure en relief qui regarde vers la proue; cette figure est un Lion, une Aigle, ou quelqu'autre animal, & l'on y place à l'extrêmité les armes du Roi.

GUERLANDE. s. f. Terme de Marine. On appelle *Guerlandes*, De grosses pieces de bois tournées en cintre, que l'on applique en-dedans de l'avant du Vaisseau, pour le lier & entretenir le bordage.

GUERLIN. s. m. Terme de Marine. Cordage, qui sert à touer un Vaisseau, & qu'on jette aux bâtimens qui veulent venir à bord d'un autre.

GUERMENTER. v. n. Vieux mot. Se lamenter, se plaindre.

Forment me mis à guermenter,
Par quel art, & par quel engin
Je pûsse entrer en ce jardin.

On a dit aussi *Guementer*.

GUERNON. s. m. Vieux mot. Moustache. *Li autre ni barbe ni guernon n'avoient.* On a dit aussi *Grenon* dans le même sens.

GUERPIR. v. a. Vieux mot. Quitter, délaisser. Il s'est dit principalement d'une terre délaissée, faute d'en pouvoir payer la rente.

Si qu'après eux n'ont rien guerpi.
Si j'ai trouvé aucun épi
Je l'ai glané moult volontiers.

Du Cange dérive ce mot du Saxon *Vverpen*, d'où l'on a dit en Latin *Verpire*, Laisser, & delà sont venus ses composés *Déguerpir* & *Dégrepir*.

GUESDE. s. f. Herbe assés semblable au plantain si ce n'est que ses feuilles sont plus grosses & plus noires. Sa tige est haute de deux coudées. Il y a une *Guesde sauvage*, dont les feuilles sont semblables à celles de la laitue. Ses tiges sont aussi plus déliées & plus branchues, & tirent un peu sur le rouge. A leur cime sont plusieurs petites vessies en forme de langues dans lesquelles sa semence est contenue. Les fleurs qu'elle porte sont jaunes & petites. La Guesde s'appelle autrement *Pastel*, en Latin *Glastum*, en Grec *ἰσάτις*. Voici en quels termes Galien parle de l'un & de l'autre. Le Pastel cultivé, dont les Teinturiers se servent pour teindre leurs draps, desseche fort sans pourtant aucune mordication, car il est amer & astringent, mais le sauvage a une acrimonie apparente, & au goût & en ses operations, de sorte qu'il est plus dessiccatif que le Pastel cultivé, & resiste avec plus d'efficace aux pourritures humides.

GUESDER. v. a. Preparer les étoffes avec de la guesde.

GUESPE. f. f. *Grosse mouche presque semblable à une abeille, & qui a un aiguillon, & fait de mauvais miel.* ACAD. FR. Du Cange fait venir ce mot du latin *Vespa* ou *Guespa*. Les Guespes incommodent fort les habitans de la Guadeloupe. Elles y sont deux fois plus longues que les mouches à miel, grises, & rayées de jaune. Elles composent une petite gaufre de la grandeur de la main, en maniere de rayon de miel, où il n'y a pourtant que les petites Guespes. Elles se forment chacune dans sa petite case, & toutes les grandes sont par dessus. Il y en a une partie qui couve les petits, tandis que les autres travaillent pour aggrandir la ruche. Cette ruche est attachée par de petits filets faits de la même matiere, à des branches d'arbres, & courtines de couvertures de maisons qui sont fort basses dans toutes ces Isles, & tout en est tellement rempli, surtout le long des rivieres, qu'on est fort sujet à sentir leur aiguillon, qu'elles ne manquent point d'enfoncer dans la chair jusques au gros bout, si on s'en approche un peu trop près. Ces piquûres causent une fort gra nde douleur, & sont suivies d'une enflure qui dure trois ou quatre jours. Le remede le plus prompt, c'est d'appliquer l'allumelle d'un couteau toute froide sur la piquûre. On trouve quelquefois de ces ruches qui pendent aux branches des arbres, comme des fruits, & qui sont plus grosses que la tête d'un homme. Le gros bout en pend en bas, & elles ont la figure d'une poire grise. Toute leur écorce est faite de la cire dont les Guespes font leur petite gaufre, & le dedans est divisé par trois gaufres rondes, semblables à celles de nos Abeilles. Le Pere du Tertre, Jacobin, témoigne en avoir vû de cette structure dans l'Isle de la Grenade. Pendant les grandes pluyes la plûpart de ces Guespes se retirent dans la terre, & dans les creux d'arbres, où elles demeurent cachées durant deux ou trois mois.

GUETTE. f. f. Terme de Char penterie. Poteau incliné qui sert de decharge pour revêtir & contreventer un pan de bois Il forme une croix de saint André, lorsqu'il est croisé avec deux guettrons de sa grosseur.

GUETTRON f. m. Petite Guette. Les Guettrons se mettent ordinairement sous les appuis des croisées, aux exhaussemens, sous les sablieres d'entablement, sur les linteaux des portes dans les cloisons de dedans, & aux joints des lucarnes.

GUEULE. f. f. *C'est dans la plûpart des animaux à quatre piés & dans les poissons ce qu'en l'homme on appelle Bouche.* ACAD. FR. On appelle en termes d'Architecture *Gueule droite*. La partie la plus avancée de la cymaise, & qui est concave. C'est un membre dont le contour est fait comme une S. On l'appelle aussi *Doucine*. Le contraire de la Gueule droite se voit dans la *Gueule renversée*, puisque le contour en est fait comme une S renversée. Elle a sa partie la plus avancée convexe, & on la nomme autrement *Talon*.

On dit en termes de Chasse, qu'*Au bout de cinq mois un chien a fait sa gueule*, pour dire, qu'Il a été bien nourri avec du lait, & qu'il commence a avoir de la vigueur. On dit aussi, qu'*Il chasse de gueule*, pour dire, qu'Il abboye & appelle lorsqu'il est sur les voies.

GUEULES. f. m. Terme de Blason. Nom de la couleur rouge que nomment les Orientaux *Gul* & *Ghiul*. Elle est tellement noble, que par les Loix anciennes il n'étoit permis de porter de Gueules dans ses armes qu'aux Princes & à ceux qui en avoient permission. Le Gueules se fait remarquer dans les écus gravés par des traits tirés perpendiculairement. Quelques-uns font venir ce mot de certaines peaux rouges qu'on nommoit autrefois *Gueules*. Nicod veut que Gueules se soit dit du rouge, à cause que les Gueules des animaux sont ordinairement de cette couleur.

GUEUSE. f. f. Grande piece de fer en forme triangulaire, de dix ou douze piés de long & plus, sur dix ou douze pouces de large en chaque face, & qui pese seize ou dix-huit cens livres & davantage. Elle tire son nom du moule où on la jette qu'on appelle *Gueuse*, & qui est fait en forme d'une gouttiere. Après la premiere fonte des Gueuses, on les porte à la forge ou à la fonderie, ou on les forge, & les fend avec l'aide des Moulins qui remuent un puissant fardeau.

GUEUSETTE. f. f. Terme de Cordonnier. Sorte de méchant godet cassé où se met le rouge ou le noir dont les Cordonniers se servent pour rendre le talon des souliers qu'ils font rouges ou noirs.

GUEUX. f. m. Mandiant, qui demande l'aumône. Le nom de *Gueux* fut donné aux grands de Flandre qui se revolterent contre Philippe II. Roi d'Espagne sous le gouvernement de Marguerite de Parme, & on l'affecta tellement aux Heretiques, qu'il vouloit dire dans les Pays-Bas ce que l'on entend en France par le nom de *Huguenots*. Cela vient de ce que le Comte de Barlemont dit un jour à la Gouvernante, lorsqu'elle lui parloit des grands Seigneurs qui se revoltoient, qu'*Elle n'avoit rien à craindre de ces Gueux*. Le rapport qui leur en fut fait, mit tellement en colere le Comte de Culembourg, & tous ceux de la Confederation, qu'ils résolurent de donner le nom de *Gueux* à leur Parti. Ils prirent tous de grands verres à la main, & crierent avec un applaudissement general, *Vivent les Gueux*. Sur la fin d'un repas qu'ils firent ensemble, Brederole s'étant attaché au cou une besace qu'il avoit trouvée par hazard dans le lieu où ils étoient, leva en sa main une écuelle de bois pleine de vin, but à tous les assistans, & ayant ensuite donné sa besace & son écuelle à celui qui étoit le plus proche de lui, elles passerent ainsi tour à tour de l'un à l'autre. Ils pousserent cette licence plus loin, & durant les jours suivans ils parurent dans la Ville revêtus de gros drap gris. Quelques-uns portoient à leurs chapeaux de petites bouteilles de bois, d'autres des écuelles de bois & des gobelets, meubles ordinaires des Gueux, & la plûpart avoient au col une médaille, qui fut de cire ou de bois au commencement, & d'or ou d'argent depuis. L'Image du Roi Philippe II. y étoit gravée d'un côté avec ces paroles Françoises à l'entour, *Fideles au Roi*, & au revers il y avoit une besace suspendue par deux mains entrelassées avec ces mots, *Jusqu'à la besace*.

GUI

GUIDE. f. m. *Celui ou celle qui conduit une personne & l'accompagne pour lui enseigner le chemin.* ACAD. FR. On appelle *Guide*, en termes de musique, la partie qui commence le Fugue, à cause que les autres la suivent, soit à l'unisson, à la quarte, à la quinte ou à l'octave.

Guide, est aussi un terme de Menuisier, & signifie un certain Morceau de bois qui est un fust sans fer, que les Menuisiers appliquent contre un rabot ou un autre outil à fust, lorsqu'ils veulent recaler ou pousser quelque feuillure. Ordinairement

ment il y en a aux bouvets, & ils se reculent & s'approchent plus ou moins du bouvet, selon qu'il est necessaire.

GUIDES. s. f. Longes de cuir ou cordons de soye dont se servent les Cochers pour conduire leurs Chevaux.

GUIDEAU. s. m. Terme de Marine. Filet qui s'attache à deux pieux plantés aux embouchures des rivieres sur les côtes de l'Ocean.

GUIDON. s. m. *Petite Enseigne d'une Compagnie de Gendarmes. Il se prend aussi pour l'Officier qui porte le Guidon.* Acad. Fr.

Guidon. Terme d'Arquebusier. Petit bouton de métal que l'on met au bout d'une arme à feu, & qui sert à conduire l'œil de celui qui doit tirer.

Guidon. Terme de Musicien. Marque faite en forme d'*F*, qu'on met à la fin de chaque ligne dans les livres de Musique, & qui fait connoître le degré où la premiere note de la ligne suivante doit être placée.

GUIE. s. m. Vieux mot. Guide. On a dit aussi *Guier*, pour Guider, & *Guieor*, pour, Celui qui guide.

GUIGE. s. f. Vieux mot. Anse par laquelle on pendoit l'Ecu.

Et l'Ecu par le guige pend.

GUIGNARD. s. m. Petit oiseau de passage qui vient vers les vendanges & qui mange des raisins. Il est fort gras & fort délicat, & n'est environ que de la grosseur d'un merle.

GUIGNAUX. s. m. p. Terme de Charpenterie. Pieces de bois qui s'assemblent dans la charpente d'un toit & sur les chevrons, & qui en laissant un passage à la fumée, font le même effet dans des couvertures que les Chevestres dans les planchers.

GUIGNE. s. f. Sorte de cerise précoce qui vient dans le tems des fraises. Elle est grosse, douce & moins ronde que la cerise & ne differe des bigarreaux qu'en ce que sa chair est moins ferme. Il y a des *Guignes rouges* & des *Guignes blanches*. Ceux qui font venir leur nom de Guienne, Province, les ont appellées *Cerasa Aquitanica*. Monet qui fait venir le mot de Guignes de *Guines* en Picardie appelle ce fruit *Cerasum Olivarium*. On le greffe sur des Merisiers que l'on trouve dans les bois, & l'arbre qui le porte s'appelle *Guignier*.

GUIGNE', E'E. adj. Vieux mot Déguisé, contrefait.

Le corps ot de belle estature,
Lonc & droit, gresle & aligné,
N'avoit pas fardé ne guigné.

GUIGNES-ROTES. Vieux mot. Instrument de Musique.

GUIGNOLE. s. f. Terme de monnoye. Petite late percée qui sert à suspendre les petites balances. Ce mot a été fait par corruption de *Guindole*.

GUILLAUME. s. m. Outil de Menuisier, qui est une espece de rabot dont il y a de plusieurs sortes, suivant les ouvrages. *Le Guillaume à ébaucher, le Guillaume à platte-bande*, pour les panneaux; le *Guillaume à recaler* ou *à reculer*, qui a moins de jour dans la lumiere que n'en ont les autres, & le *Guillaume debout*, appellé ainsi à cause que le fer est debout.

Les Serruriers appellent *Petit Guillaume*, un certain Outil dont ils se servent pour ôter du bois des croisées & des fenêtres, quand les guichets sont trop justes.

GUILLE. s. f. Vieux mot Tromperie.

La fu li Quens de Tancarville,
En lui not ne barat ne guille.

On a dit aussi *Guillon*, pour Trompeur, & *Guiller*, pour, Tromper.

Adez dient Dame, on vous veut guiller.

GUILLEDIN. s. m. Cheval d'Angleterre qui est hongre & extrémement vîte dans sa course; ce qui fait qu'on a de coutume de se servir de Guilledins dans les courses qui se font pour les prix. *To gelde* en Anglois a signifié Châtrer, d'où l'on a fait *Gelding*, pour dire un cheval hongre, & de là *Guilledin*.

GUILLELMITES, ou GUILLEMITES. s. m. Congregation de Religieux, plus connus sous le nom de *Blancs-manteaux*. Ils suivoient la Regle de saint Augustin, & on tient que cette Congregation fut gouvernée par le Bienheureux Jean le Bon de Mantoue, après que saint Guillaume l'eut fondée. Quelques-uns prétendent que ce fut Guillaume X. Duc d'Aquitaine, qui l'établit.

GUILLEMET. s. m. Terme d'Imprimerie. Petite virgule double qui se met à la marge, à côté de toutes les lignes de quelque discours fait, qu'on veut marquer n'être pas de celui qui est auteur du reste du livre. On s'en sert aussi pour marquer quelque sentence.

GUILLOCHIS. s. m. Terme d'Architecture. Ornement fait de filets que l'on entrelasse en plusieurs manieres, & dont on fait differens quarrés. C'est une imitation des Anciens. On appelle *Guillochis de parterre*, des Compartimens quarrés faits de gazon ou de bouis dans des parterres.

GUILLOT. s. m. Mot bas & populaire dont on se sert en parlant des gros vers qui s'engendrent dans les fromages.

GUIMAUVE. s. f. Espece de mauve sauvage, dont les feuilles rondes comme le cyclamen ont un certain coton blanc. Elle produit ses tiges hautes de deux coudées. Ses fleurs tirent à la rose & sa racine est visqueuse & blanche au dedans. On l'appelle *Althæa*, à cause des grandes proprietés qu'elle a, du Grec ἀλθαίνειν, Guerir, remedier. C'est la description que Dioscoride en fait. Theophraste dit que les feuilles de Guimauve sont plus grandes & plus velues que celles des mauves, que ses tiges sont molles, & ses fleurs jaunes; que sa racine est pleine de nerfs & de veines, & que son fruit ressemble au fruit de la mauve; sur quoi Matthiole témoigne qu'il n'a jamais vû de Guimauve dont la fleur fût jaune. Dioscoride parle aussi d'une Guimauve sauvage, qu'il nomme *Bimauve*. Ses feuilles sont déchiquetées & approchent de celles de la verbene. Elle produit trois ou quatre tiges qui ont l'écorce comme le chanvre. Sa fleur est petite & semblable à la rose. Elle pousse cinq ou six racines blanches & larges, longues fort souvent d'une coudée. Cette racine prise en breuvage est bonne aux dyssenteries. On appelle cette sorte de Guimauve *Alcea*, du Grec ἀλκή, Force, secours; en Latin *Bismalva*, & on se sert de ses racines au défaut de celle de Guimauve pour mollifier & résoudre les apostumes & tumeurs. Elle croît parmi les champs, & le long des hayes, des fossés & des grands chemins. La racine & les feuilles de la Guimauve sont émollientes, & sa graine est bonne pour rompre la pierre.

GUIMAUX. s. m. p. Prés que l'on fauche deux fois l'année en Poitou. Ce mot vient du Latin *Bimus*.

GUIMBERGES. s. m. Quelques-uns ont nommé ainsi certains ornemens de mauvais goût aux culs de lampes des voutes Gothiques.

GUIMPLE. s. f. Vieux mot dont on s'est servi pour signifier un Bandeau ou une cornette de femme.

Une guimple de Mireploye,
Qui moult fu belle & deliée,
Adonc à sa playe liée.

Quelques-uns croyent que *Guimple* vient de *Vinculum*, Lien, à cause qu'on en lie la tête. C'est de là que l'on a fait le mot de *Guimpe*, partie de l'habit d'une Religieuse, faite d'une toile fine qui couvre la gorge, & qui s'attache des deux côtés de la tête

GUINDAGE. s. m. Terme de Marine. Mouvement qui se fait dans un Vaisseau pour la charge des marchandises qu'on leve en haut pour les y mettre; ou pour la décharge de ces mêmesmarchandises, quand on les en veut tirer

GUINDANT. s. m. On appelle, en termes de mer, *le guindant d'un Pavillon*, La hauteur qui regne le long du bâton d'un pavillon. On dit aussi, qu'*Une voile a tant d'aunes de guindant*, quand on en veut expliquer la hauteur ou la longueur.

GUINDAS. s. m. Machine composée de trois pieces de bois jointes ensemble, & dont l'usage est d'élever de gros fardeaux. Il y a une poulie attachée à une corde qui passe autour d'un rouleau que l'on fait tourner avec des leviers.

GUINDEAU. s. m. Machine de bois en forme d'essieu, qui se met sur le tillac à l'avant des Bâtimens qui sont au dessous de trois cens tonneaux, & à l'arriere de leur misaine. Il y a à ses extrémités deux pieces de bois, sur lesquelles la longueur de la machine est horisontalement posée. Deux barres passées au travers de l'essieu, & que l'on conduit à force de bras, la faisant tourner, font filer des cables autour de ce même essieu, selon qu'il est necessaire pour élever des fardeaux, ou pour tirer l'ancre.

GUINDER. v. a. Terme de Marine. Tirer & lever en haut; ce qui fait nommer *Guindage*, le Mouvement des fardeaux qu'on hausse & qu'on baisse.

GUINDERESSE. s. f. Terme de Marine. Cordage dont on se sert à amener un mât ou une voile.

GUINDES. Vieux mot. Atours des femmes.

GUINDRE. s. m. Petit Métier dont se servent ceux qui doublent les soyes que leur donnent les Manufacturiers après qu'elles ont été filées. Ces soyes retournent ensuite entre les mains du Moulinier.

GUINE. s. f. Sorte de cerise qui est la même chose que *Guigne*. Borel écrit *Guisnes*, & dit que ce sont celles que les Latins ont appellées *Cerasa Aquitanica*, de *Guyenne*, Province qui en abonde.

GUIORANT, ANTE. adj. Il se dit du cri naturel que font les rats & les souris. *Les souris ont une voix guiorante.*

GUIRANHEANGETA. s. m. Oiseau du Bresil, de la grosseur d'un Pinson, qui a le dos & les aîles bleues, la poitrine & le ventre jaune, avec une couronne jaune sur la tête. Il a la voix si flexible, que la changeant en mille façons, il n'y a presque point d'autres oiseaux dont il n'imite le chant. Il s'en trouve de plusieurs especes, & la douceur de leur chant fait qu'on les nourrit en cage.

GUIRAPANGA. s. m. Oiseau tout blanc qu'on trouve dans le Bresil. Quoi qu'il soit petit, sa voix est si éclatante, qu'on l'entend presque d'une demilieue loin, comme si c'étoit une clochette.

GUIRATINGA. s. m. Oiseau du Bresil qui vit en mer, & qui est de la grandeur d'une Grue. Il a ses plumes blanches, le bec long & pointu de couleur jaune, & les jambes longues d'un rouge jaunâtre. Son col est couvert de plumes si belles & si fines, qu'elles égalent celles de l'Autruche.

GUIRATONTEON. s. m. Oiseau du Bresil, fort sujet au mal caduc, & couvert de plumes blanches & fort belles.

GUIRLANDE. s. f. Ornement de tête qui est fait en maniere de couronne Ce mot vient de *Ghirlanda*, dont on s'est servi dans la basse Latinité. *Guirlande*, en termes d'Architecture, est une espece de petit feston. Il est formé de bouquets, tous aussi gros l'un que l'autre, & l'on en fait des chûtes, non seulement dans les ravalemens des montans & des pilastres, mais aussi dans les frises & les panneaux des compartimens.

Guirlande. Terme de Chaudronnier. Ornement de métal qui consiste en une petite bande façonnée autour du bord du pavillon de la trompette, du cor & de la trompe.

GUISARMES. s. f. Sorte d'armes anciennes.

Qui prennent haches & guisarmes.

On a dit aussi *Gisarmes*.

GUISPON. s. m. Espece de gros pinceau ou brosse dont on se sert à suiver le fond d'un Bâtiment.

GUITARE. s. f. Instrument simple qui nous est venu d'Espagne. On le tient dans les bras comme le lut. Il a le dos plat, & est fait d'un bois propre a resonner, avec cinq rangs de corde, une table embellie de sa rose & un manche. On le touche en battant les cordes avec le bout des doigts. On en pinse aussi les cordes. Il y a grande apparence que le mot de *Guitare* a été fait du Grec κιθάρα.

GUITERNE. s. f. Terme de Marine. Sorte d'arcboutant qui tient les antennes d'une machine à mâter avec son mât.

GUITRAN. s. f. Espece de bitume ou de poix qui sert à enduire les Navires.

GUIVRE. s. f. Grosse couleuvre ou serpent qui a la queue tortillée. On ne le dit gueres qu'en termes de Blason. C'est la même chose que *Givre* & *Vuivre*; & l'on dit de même également *Guivré* & *Vuivré*.

GUL

GULPE. s. m. Terme de Blason. Tourteau de pourpre qui tient le milieu entre le besant qui est toûjours de métal, & le tourteau qui est toûjours de couleur. Celui-ci est nommé *Gulpe*, à cause qu'il est de pourpre, & que le pourpre est pris tantôt pour couleur, tantôt pour métal.

GUM

GUMENE. s. f. Terme de Marine. Cables des grapins qui servent au mouillage. Les Italiens appellent *Gomena*, le Cable d'une ancre; & on dit de même *Gumene*, en termes de Blason, pour signifier la corde d'un ancre, soit qu'elle soit d'un même émail que l'autre, ou d'un émail different. *D'azur à l'ancre d'or, la gumene de gueules.* On dit aussi *Gume*.

GUR

GURLET. f. m. Têtu à Limosin. On dit aussi *Grelet*.

GUS

GUSES. f. f. Termes de Blason dont on se sert en parlant des tourteaux de couleur sanguine ou de laque.

GUSTATION. f. f. Terme de Medecine. Ce qui donne le sentiment du goût. Le principal organe du goût, sont certains petits corps nerveux & ronds, placés immediatement sous la membrane qui revêt la langue. Les nerfs qui sont distribués à la langue, sont plusieurs rameaux qui se terminent en de petites fibres, qui étant arrivées vers la surface de la langue au dessous de la membrane qui l'enveloppe, forment ces petits corps ronds qui ressemblent à de petits mousserons. Ces petits corps qu'on appelle *Mammelons*, à cause de leur figure; étant picorés par les particules salines des alimens, delayées par la salive & par la mastication, il se fait un certain mouvement & une certaine vibration dans leurs fibres, qui étant communiquée au cerveau par le moyen des esprits animaux, fait le goût, & sa perception est ce qui s'appelle *Gustation*. Le goût est agreable quand le mouvement des mammelons est doux, & il est desagreable quand il est violent & qu'il blesse les fibres des mammelons.

GUT

GUTTURAL, ALE. adj. On appelle *Lettres gutturales*, certaines Lettres des Hebreux qu'on prononce du gosier. On le dit aussi de quelques lettres de la langue Espagnole. Ce mot vient du Latin *Guttur*, gosier.

GUY

GUY. f. m. Plante qui n'est point arbre de soi, mais qui croît sur un autre arbre, comme sur les chênes, les yeuses, les hestres, les chataigniers, les poiriers, pommiers & autres. Elle est sans racines, ayant ses feuilles un peu longues & d'un verd tirant sur le jaune. Le meilleur est celui qui croît sur les chênes, & dont les grains sont ronds, blancs & luisans, ce qui fait que quand les Medecins ordonnent le Gui dans leurs compositions, ils mettent toûjours *Viscum quernum* ou *quercinum*. Selon Dioscoride le bon Gui doit être frais, vert au dedans & creux au dehors, sans être ni âpre ni farineux. Il est remollitif, attractif, resolutif, & fait maturer toutes duretés & apostumes, & même celles qui viennent derriere les oreilles, étant delayé avec de la resine & autant de cire. Le Gui des pins, sapins, amandiers, poiriers & pommiers demeure toûjours vert : mais celui qui croît aux chênes, rouvres & châtaigniers, perd ses feuilles quand l'hiver vient. Theophraste, qui en veut rendre raison, dit qu'il ne faut pas s'étonner qu'il y ait du Gui qui demeure toûjours vert, & l'autre non, puisque le Gui qui se rencontre sur les arbres qui sont toûjours verts, trouve dequoi s'y nourrir ; ce qui n'arrive pas à celui qui vient sur des arbres qui perdent leurs feuilles ; à quoi Matthiole oppose que le Gui qui croît aux amandiers, poiriers & pommiers, demeure vert toute l'année en Italie, quoique ces arbres soient dépouillés de leurs feuilles pendant l'hiver ; ce qui fait voir qu'il doit y avoir une autre raison de cette diversité. Il dit aussi que plusieurs font grand état de la poudre du Gui de chêne, & assurent que quantité de personnes ont été gueries du haut mal pour l'avoir bû. Il ajoûte qu'il sçait par experience, que le Gui qu'on trouve au poirier sauvage, étant broyé avec ses feuilles & ses branches & de la graisse de chapon, est singulier à ceux qui ont les membres retirés. Galien dit que le Gui tient beaucoup de l'air & d'une certaine aquosité chaude, & peu du terrestre, d'où vient qu'il abonde plus en acrimonie qu'en amertume ; que ses operations répondent à ses qualités, & qu'il attire puissamment les humeurs qui sont au profond du corps, resolvant & démêlant, non seulement celles qui sont subtiles, mais aussi les humeurs grosses & visqueuses.

Gui. Terme de Marine. Piece de bois ronde de moyenne grosseur. C'est à cette piece que l'on amare le bas de la voile d'une chaloupe & de quelques autres petits Vaisseaux.

GUYABO. f. m. Nom que les Espagnols donnent à un arbre qui se trouve dans la Nouvelle Espagne, & que les Habitans nomment *Xalcocotl*. Il est grand, & a les feuilles d'oranger, mais moins de branches, plus éparses, & avec des feuilles moins vertes, & dont la forme approche davantage de celles du laurier, si ce n'est qu'elles sont plus larges & plus épaisses, avec des veines plus grosses. Il y en a de deux especes, dont chacun porte des fruits qui ressemblent à des pommes. Les uns sont ronds & ont la chair rouge ; les autres sont longs & ont la chair blanche, & tous les deux ont l'écorce verte ou jaune quand ils sont mûrs. Comme alors ils ne sont pas de si bon goût, à cause qu'ils sont gâtés des vers, on les cueille verts le plus souvent. Au dedans il sont solides & comme divisés en quatre parties, dans lesquelles sont contenus certains petits grains fort durs. Au sommet le fruit a une couronne de petites feuilles qui tombent facilement.

GUYAVA. f. m. Arbre de moyenne grandeur qui se trouve dans la Province de Panama aux Indes Occidentales. Ses branches sont étendues, & sa feuille est comme celle du laurier, mais plus épaisse & plus large. Sa fleur qui est blanche, ressemble à celle de l'oranger, mais elle a plus de senteur. Il porte un fruit semblable à nos pommes, vert d'abord & jaune doré quand il est mûr. Sa poulpe est blanche au dedans & quelquefois incarnate. Etant coupé, on y voit quatre concavités ou petits vases dans lesquels la semence est contenue. Elle est semblable à celle des nefles, fort dure, de couleur brune, toute d'os, & n'a ni moëlle ni goût. On a coûtumé d'en manger le fruit après en avoir ôté l'écorce. Il est fort agreable au palais & de facile concoction. On l'estime froid ; ce qui le fait donner aux fievreux cuit en la braise. Il astreint quand il est vert, mais mûr, il lâche le ventre.

GYM

GYMNOSOPHISTES. f. m. Philosophes Indiens, appellés ainsi à cause qu'ils alloient nuds, de γυμνὸς, Nud, & de σοφιστὴς, Sage, docte. Ils croyoient la metempsycose, & mettoient le bonheur de l'homme au mépris des biens de la fortune. Ces Gymnosophistes étoient divisés en deux sectes, en Brachmanes & Germanes, & ils se glorifioient de pouvoir guider les Rois & de donner de sages conseils aux Magistrats. Quelques-uns d'entre eux fuyoient les hommes pour aller dans les deserts contempler avec plus d'application ce que la nature a de plus merveilleux & de plus surprenant. On les appelloit *Holibiens*, & on tient qu'ils n'avoient pour toute retraite que les creux des chênes.

GYN

GYNÆCE'E. s. m. Lieu séparé & particulier chez les Anciens dans une maison, où les femmes se retiroient pour n'être point vûes des hommes. Ce mot vient du Grec γυνὴ, Femme.

GYP

GYP. s. m. Sorte de pierre transparente qu'on trouve parmi celles de plâtre. Elle se délite par feuilles comme le talc, & on en fait un plâtre fort fin qui sert à contrefaire le marbre. Il faut pour cela le mêler avec de la chaux & du blanc d'œuf. Cette composition reçoit le poli, & on en fait des aires de plancher qui sont d'une bonne consistance. On dit aussi *Gypse*, du Latin *Gypsum*, venu du Grec γύψος, qu signifie Toute sorte de plâtre en general.

GYPSEUX, EUSE. adj. Terme de Medecine. On appelle *Goutte gypseuse*, une Goutte qui est nouée, & qui paroît dans les articles comme une metiere blanche & seche en forme de plâtre.

H

HAB HAC

HABAANS. f. m. p. Vieux mot, qui a été dit de ceux qui aspiroient à quelque chose, comme s'ils eussent été béans ou aboyans après.

HABASÇON. f. m. Racine chaude qui croît dans la Virginie, de la forme & de la grandeur d'une Pastenade. On ne peut la manger seule, mais elle n'est pas mauvaise quand elle est cuite avec d'autres viandes.

HABBE. f. m. Vieux mot. Havre.

HABDALA. f. m. Sorte de cérémonie que font les Juifs pour finir le jour du Sabath, & qui consiste en ce que chacun étant de retour de la priere, ce qui se fait lorsque la nuit est venue, & qu'on a pû découvrir quelques étoiles, on allume un flambeau ou une lampe. Alors le Maître du logis prend du vin & des épiceries de bonne odeur. Il les benit, les sent pour commencer la semaine avec plaisir, & souhaite que tout réüssisse heureusement dans la semaine où l'on entre. Ensuite il benit la clarté du feu dont on ne s'est point encore servi, & songe à commencer à travailler. Toute cette cérémonie s'appelle *Habdala*, qui veut dire *Distinction*, pour donner des marques que le jour du Sabath est fini, & qu'il est alors séparé de celui du travail qui commence. Les Juifs en se saluant ce soir-là, ne disent pas *Bon soir*, mais *Dieu vous donne une bonne semaine*.

HABERGE'. adj. Vieux mot. Logé.

HABILLE', ÉE. adj. Terme de Blason. Il ne se dit que des figures d'homme & de femme, couvertes de leurs habits. On dit aussi, *Un Navire d'or habillé d'argent*, pour dire, qu'Il a ses voiles & ses agreils.

HABILLER. v. a. *Vêtir, mettre un habit à quelqu'un*. ACAD. FR. On dit en termes de Cordier, *Habiller du chanvre*, pour dire, Passer le chanvre par les serans. Parmi les Potiers, *Habiller un pot*, C'est mettre des piés & une anse à un Vaisseau de terre.

HABITACLE. f. m. Terme de Marine. Espece d'armoire à un ou deux étages devant le poste du Timonnier vers le mât d'Artimon. On n'y fait entrer aucun ferrement, à cause qu'on enferme dans cette armoire le compas de route, & que l'aiguille en étant aimantée, le fer en pourroit ôter la direction naturelle. Ce sont seulement des chevilles de bois qui en assemblent, & en soûtiennent les planches. Il y a deux Habitacles dans les grands Vaisseaux. L'un est pour le Timonnier, & l'autre pour le Pilote.

HABITAGE. f. m. Vieux mot. Habitation. On a dit aussi *Habitacle*, & *Habiteur*, pour, Habitant.

HAC

HACHE. f. f. Outil de fer tranchant, qui sert aux Charpentiers & à plusieurs autres Ouvriers pour fendre & couper le bois. Il a un manche court, & son fer est large & aigu. M. Ménage dérive ce mot de *Ascia*. D'autres le font venir de *Hocchea*, mot Allemand, & quelques-uns de *Hatzin*, mot Ethiopique, qui veut dire Fer. Les Magistrats de Rome avoient un certain nombre de Haches entourées d'un Faisceau de verges pour marque de leur dignité, ce qui est nommé dans le Blason *Hache Consulaire*. On appelle *Hache Danoise*, Une hache d'armes d'argent, dont le manche est arrondi ou ployé d'or.

Hache-d'armes. Instrument dont se servoient les anciens hommes d'armes, après qu'ils avoient brisé leurs lances. Le manche en est tout de fer, & cette arme est taillée d'un côté en forme de hache, & de l'autre presque toûjours en marteau. Les anciens Maréchaux de France en accôtoient leurs écus.

Hache-d'armes, se dit aussi d'une Hache qui coupe d'un côté, & qui est pointue de l'autre. C'est de cette hache que se sert un Matelot lorsqu'il va à l'abordage.

On dit en termes d'Imprimerie, qu'*Un livre est imprimé en hache*, Lorsqu'il y a des gloses qui commencent à la marge d'un caractere plus menu que celui du corps du livre, & que ces gloses étant trop longues, sont imprimées en retournant dans la page sous le texte.

Les Arpenteurs de terre se servent aussi du mot de *Hache*, en parlant des heritages qu'ils trouvent entés les uns dans les autres à la maniere de la hache d'Imprimerie.

HACHEMENS. f. m. Terme de Blason. Il se dit des liens de pennaches à divers nœuds & lacets, & à longs bouts voltigeans en l'air. Les Allemans en lient leurs Lambrequins qui doivent être des mêmes émaux. On dit aussi *Hanchemens*, & on y met une *h* par corruption, puisque l'on devroit écrire *Achemens*, qui sont les lambrequins ou chaperons d'étoffe découpés qui envelopent le casque & l'écu, & qui sont ordinairement des mêmes émaux que les armoiries.

HACHER. v. a. *Couper en petits morceaux*. ACAD. FR. On dit en termes de Maçon, *Hacher le plâtre*, pour dire, Couper le plâtre avec la hachette, pour faire un enduit ou un crespi. On dit aussi en Charpenterie, *Hacher*, pour dire, Faire des hoches avec la hache, pour hourder une cloison, ou un plancher ruiné & tamponné.

On dit encore *Hacher une pierre*, pour dire, Unir le parement d'une pierre dure avec la hache, du marteau à deux layes. Cela se fait après qu'on en a relevé les ciselures, pour la layer ensuite & la traverser s'il en est besoin.

Hacher, est aussi un terme de Dessinateur & de Graveur, & l'on dit *Hacher avec la plume, ou avec le crayon*, pour dire, Faire les traits de telle maniere qu'ils soient croisés les uns sur les autres.

HACHEREAU. f. m. Sorte de petite coignée.

HACHETTE. f. f. Outil de Maçon fait en forme de Marteau & de petite hache pour cogner & hacher le plâtre. Les Charpentiers, Tonneliers, & autres ont aussi une *Hachette*, qui est un marteau tranchant d'un côté. La *Hachette* des Couvreurs leur sert à dresser les lates ; ils l'appellent aussi *Assette*.

HACHIE'. Vieux mot. Tourment.

N'auroye dolor ne hachié.

HACHOIR. s. m. Petite table de chêne fort épaisse sur laquelle on hache la viande avec un couperet.

HACHURE. s. f. Les Graveurs appellent *Hachures*, Des traits de plumes ou de burin croisés les uns sur les autres pour faire des ombres. Les Hachures dans le Blason servent à faire distinguer les émaux dans les écus qui ne sont point enluminés. Les traits tirés horisontalement marquent l'azur. S'ils sont perpendiculaires, ils marquent le gueules ou rouge. Quand ils sont diagonaux de droit à gauche, ils representent le sinople ou le verd, & étant diagonaux de gauche à droit, ils font entendre le pourpre. La Hachure en pal contrehachée en fasce, veut dire le sable.

HAG

HAGADA. s. f. Sorte de Relation que les Juifs recitent le soir de la veille de leur Pâque, au retour de la priere. Ils se mettent à table sur laquelle il doit y avoir quelque morceau d'Agneau tout préparé avec des azymes, des herbes ameres, comme du celeri, de la chicorée ou des laitues, & tenant des tasses de vin, ils recitent cette *Hagada*, qui contient les miseres que leurs Peres endurerent en Egypte, & les merveilles que Dieu fit pour les en délivrer.

HAI

HAIN. s. m. Terme dont on se sert quelquefois sur mer, pour dire, Hameçon.

HAINEUX. s. m. Vieux mot. Ennemi, celui qui nous haït.

HAIT. s. m. Vieux mot. Volonté, desir, consentement. *Si j'aime & sers la belle de son bon hait.* De ce mot est venu celui de *Souhait*, & tous deux selon M. Ménage, viennent de l'Allemand *Geheit*, qui a la même signification. On a dit aussi *Haiter*, pour dire, Avoir à gré.

HAITE. s. f. Vieux mot. Santé. On a dit delà *Haitié*, pour signifier, Sain, qui a bon courage. *Nul n'est si joyeux & haitié.*

HAL

HALAGE. s. m. Travail qui se fait pour tirer un Vaisseau, un bateau, ou autre chose.

Halage, se dit aussi d'un certain droit qui se leve sur les marchandises qui s'étalent dans les hales & les Foires.

HALBERGE. s. m. Vieux mot. Auberge, Hôtellerie.

HALCI. adj. Vieux mot. Haussé.

HALEINE. s. f. *Souffle, respiration. L'air attiré & repoussé par les poulmons.* ACAD. FR.

On dit d'un Cheval qui s'ébroue, qu'*Il est maître de son haleine*, pour dire, qu'Il a beaucoup d'haleine, à cause que cela est ordinaire aux Chevaux qui s'ébrouent. On dit aussi, qu'*Un Cheval est gros d'haleine*, pour dire, qu'Il a les conduits de la respiration trop étroits, ce qui est cause qu'il souffre extraordinairement en galoppant, quoiqu'il ne soit pas poussif.

HALEMENT. s. m. Terme de Charpenterie. Nœud qu'on fait avec le cable à une piece de bois qu'on veut élever.

HALER. v. a. *Tirer à force de bras & avec une corde.* ACAD. FR. Les Charpentiers disent, *Haler une piece de bois*, pour dire, Lier un cable à une piece de bois, en y faisant un nœud pour l'enlever. Ils disent aussi *Haler*, pour dire, Ranger les cables de part & d'autre en les tirant, quand ils ne sont pas chargés. Nicod fait venir ce mot de l'Hebreu *Hala*, qui veut dire, Monter, enlever.

Haler. Terme de Marine. Peser sur un cable ou une manœuvre aussi fortement qu'on peut pour la bander & roidir. Les Matelots à qui on ordonne de donner la secousse à un cordage, concertent le tems de cette secousse pour la faire ensemble, après un mot prononcé par le Contre-Maître. *Haler*, signifie aussi, Tirer un bateau avec une corde.

On dit *Haler sur un Vaisseau qu'on rencontre*, pour dire, Faire un grand cri à la rencontre d'un Vaisseau, & demander le Qui vive. *Haler*, s'emploie aussi pour dire, Lâcher, faire couler la corde d'un Navire, d'un Bateau.

On dit, *Haler la bouline*, pour dire, Tirer la manœuvre de ce nom, pour faire roidir la ralingue qui fait le côté de la voile vers le vent. On dit de même, *Haler la grande bouline*, *haler la bouline du grand Hunier*, *haler les boulines des perroquets*. Et on dit *Hale*, en nommant le nom de chacune dans le commandement que l'on fait pour faire haler toutes ces manœuvres.

On appelle par raillerie les nouveaux Matelots des *Haleboulines*, pour dire, qu'Ils sont novices, & qu'ils ignorent les manœuvres malaisées.

Les Matelots disent, *Haler le vent*, pour dire, Cingler le plus près qu'on peut vers l'endroit d'où vient le vent.

HALE A BORD. s. f. Corde qui sert à la Chaloupe pour s'approcher du Vaisseau, quand elle est amarrée de l'arriere.

HALIMUS. s. m. Arbrisseau propre à faire des hayes, qui croît sans épines, & qui a ses feuilles semblables à celles de l'Olivier, mais plus larges. Elles sont bonnes à manger quand elles sont cuites. Sa racine prise en eau miellée au poids d'une drachme, appaise les tranchées de ventre, & fait venir beaucoup de lait aux nourrices. Pline dit que les Auteurs sont de differente opinion sur cette description de Dioscoride; les uns tenant que l'Halimus est un arbrisseau, & les autres assurant que c'est une herbe salée qui croît près de la marine, & qui se mange. Solin dit que l'Halimus est ordinaire en Candie, qu'il a une si grande vertu, que si on l'atteint seulement de la dent, il fait perdre la faim. Les Arabes l'appellent *Molochia* & *Arroches de mer*; & quand Serapion en parle, il dit que ceux qui la vont vendre à Babylone, la lient par petits faisceaux, & crient par la ville, *Molochia*, *Molochia*; ce qui fait connoître que les Arabes sont persuadés que l'Halimus est une herbe, & non pas un arbrisseau. Surquoi Matthiole dit que peut-être c'est l'herbe que Pline dit être salée & maritime. Galien appelle pourtant l'Halimus un arbrisseau ainsi que Dioscoride, & dit que les Ciliciens en tirent un grand profit, vivant des germes de cette plante quand ils sont tendres & verts, & en faisant provision pour toute l'année. Le mot Grec ἅλιμος, veut dire, Marin, & quand on l'écrit avec un esprit doux ἄλιμος, il signifie, Qui n'a point de faim.

HALLEBRAN. s. m. Jeune Canard sauvage. Ce mot est fait de ἅλς, La mer, & de βρένθος, Canard.

HALLIER. s. m. Le Gardien d'une halle, celui qui a soin de la fermer, & d'y tenir en sûreté les marchandises que l'on y laisse.

HALO. Terme de Physique. Meteore qui paroît autour du Soleil, & qu'on appelle autrement *Couron-*

ne. Voyez COURONNE. On fait venir ce mot du Grec ἅλως, qui veut dire, une Aire où l'on bat le blé, parce qu'anciennement ces aires étoient rondes, ce qui a fait transporter leur nom aux Couronnes des Astres.

HALOT. s. m. On appelle *Halots*, en termes de Chasse, certains trous dans les garennes où le gibier se retire.

HAM

HAMAC. s. m. Sorte de lit de coton, dont il est parlé dans plusieurs relations de voyages. Il consiste en une grande mante ou couverture, dont on fait un grand trafic en toutes les Isles Occidentales. Ceux qui s'en veulent servir le suspendent à deux arbres, & se garantissent ainsi des bêtes farouches & des insectes. Les Caraibes qui les travaillent, le font avec de grandes cérémonies, & mettent des paquets de cendre au bout du mêtier, ayant la superstition de croire que s'ils manquoient à le faire, leur Hamac seroit aussi-tôt usé. Quand ils ont un Hamac neuf, ils s'imaginent qu'il pourriroit s'ils mangeoient des figues, & même ils n'osent manger d'un poisson qui a de bonnes dents, persuadés que cela seroit cause que leur Hamac seroit percé en fort peu de tems. On en a apporté en France où il y a des gens qui s'en servent.

HAMEIDE. s. f. Terme de Blason. Fasce de trois pieces alaisées qui ne touchent point les bords de l'écu. Hameides, selon le Pere Menêtrier, sont trois chantiers ou longues pieces de bois en forme de fasces alaisées, qui se mettent sous les tonneaux qu'on nomme *Hames*, aux Pays-Bas, ce qui a fait le mot d'*Hameïdes*, une famille de Flandre qui porte ces chantiers pour armoiries par allusion à son nom, en ayant introduit l'usage dans le Blason. Il ajoûte qu'*Hameïde*, est encore une Barriere en ce païs-là, où les maisons de bois traversées se nomment *Hames*, d'où vient le nom de *Hameau*, à cause des maisons de village bâties de cette sorte, & des barrieres dont les chemins sont fermés en Suisse & en Allemagne sur les avenues de ces Hameaux. Il y en a d'autres qui croyent qu'Hameïde vient de la maison de ce nom en Angleterre, qui porte pour armes une étoffe découpée en trois pieces en forme de fasce, qui en laisse voir une autre par ses ouvertures, qui est d'une couleur differente & mise au-dessous. On dit aussi *Hamade* & *Hamaide*.

HAMPE. s. f. Bois où est attaché le fer d'une halebarde, & qui lui sert de manche. Il se dit aussi de celui qui en sert à plusieurs autres choses, & ce mot s'est fait par corruption de *Hante*. La Hampe d'un pinceau se dit parmi les Peintres, pour dire, Le manche. M. Ménage fait venir ce mot du Latin *Ames*, Bâton, fust, auquel on a ajoûté une aspiration. D'autres le font venir de *Hand habe*, qui en Allemand signifie toute sorte de bâtons, & qui est composé de *Hand*, Main, & de *Haben*, Avoir.

On appelle en termes de Marine, *Hampe d'écouvillon, de refouloir*. Une espece de perche où l'écouvillon, où le refouloir est emmanché.

Hampe. Terme de Venerie. Poitrine du Cerf. Les Bouchers appellent *Hampes*, les deux parties du poumon de Bœuf, qui des deux côtés couvrent le foye & la rate, & qu'on ne retranche pas aux fressures de veau & de mouton, mais seulement à celles de bœuf.

HAN

HANCHE. s. f. *La partie du corps de l'homme, dans laquelle le haut de la cuisse est emboîté.* Acad. Fr. Dans les Chevaux, *Hanche*, se dit du train de derriere depuis les reins jusques au jarret.

On appelle en terme de Marine, *Hanche*, La partie du bordage d'un Vaisseau, qui paroît en dehors depuis le grand cabestan jusqu'à l'arcasse, au-dessous des galeries qui sont sur les flancs.

HANEPEL. s. m. Vieux mot. Sorte d'ornement de Femme.

HANETON. s. m. Insecte en forme de grosse mouche, qui a de grandes ailes jaunes, & qui paroît sur les arbres vers le mois de Mai. On tient que quand on voit quantité de Hanetons, c'est une marque que les biens de la terre doivent être en abondance. Ils vivent de feuilles & d'herbes, & ont le cou noir ainsi que le dessous du ventre & la tête, avec six grands piés, & deux cornes qui sont houpées au bout, & une petite queue noire & pointue.

HANOUARDS. s. Vieux mot. Porteurs de sel. Du tems du Roi Jean il y a eu des Officiers de ce nom. Ils dépendoient de la Ville, lorsque la Gabelle n'étoit pas encore établie en France.

HANSE. s. f. Vieux mot. Societé & Compagnie de Marchands. On dit encore aujourd'hui *la Hanse Teutonique*. C'est une Societé de Marchands de plusieurs Villes libres d'Allemagne & du Nord, qui par l'alliance qu'ils ont faite entr'eux, se sont fait une communication reciproque de leurs privileges. Elle fut nommée d'abord *Aenzée Steden*; ce qui signifie Villes sur mer. On a dit delà par abbreviation, *Hansée*, & les François qui ont prononcé *Hanse*, ont entendu par ce mot, Alliance ou Compagnie, ce qui a fait dire autrefois, *Chasser quelqu'un de la hanse*, pour dire, L'exclurre d'une compagnie. Ce mot, selon Besoldus, vient de *Hanci*, qui en vieux Allemand signifie, Un homme qui surpasse les autres en biens & en ancienneté de noblesse, pour marquer l'avantage que ces Villes ont sur les autres Villes par leurs alliances, & par leur commerce.

Hanse, s'est dit aussi de certaines impositions que l'on avoit établies en quelques endroits sur des marchandises à peages.

HANSIERE. s. f. Terme de Marine. Gros cordage qu'on jette aux Chaloupes, & aux bâtimens qui veulent venir à bord d'un autre Vaisseau. C'est aussi le cordage qui sert à la touë de quelque Vaisseau pour le remorquer. On appelle encore *Hansiere*, le Cable de la plus petite ancre, & celui dont on amarre l'esquif. La corde qui pend du col de ceux qui halent ou tirent, se nomme *Collier de Hansiere*.

HANTE. s. f. Arme ancienne. C'est aussi le manche d'une hache antique ou d'une halebarde. Il y a eu autrefois des piques ou longs bâtons, qu'on appelloit *Hantes*, du Latin *Hasta*, Javelot ou lance.

HAP

HAPPELOPIN. s. m. Vieux terme de Chasse, qui s'est dit autrefois d'un chien âpre à la curée.

HAQ

HAQUET. s. m. Mot qui a signifié autrefois un petit cheval.

Et pansez le petit haquet,
Et lui faites bien sa littiere.

HAR

HARDE. s. f. Terme de Venerie. Troupe de bêtes

fauves ramassées ensemble. Les Cerfs se mettent ordinairement les uns avec les autres dans les Hardes selon la difference de l'âge, en sorte que les Daquets se mettent avec les Dacquets, les jeunes Cerfs avec leurs semblables, les Cerfs de dix cors jeunement, & les Cerfs de dix cors, de la même sorte, ne se séparant qu'au Printems pour prendre buissons & faire leurs têtes, soit qu'ils soient enfermés dans les parcs ou en liberté. On dit aussi *Harde* en Fauconnerie, des oiseaux qui vont en troupes.

HARDE'ES. f. f. Terme de Chasse. Ruptures & fracas de bois que font les Cerfs dans les jeunes tailles, ce qui n'arrive guere qu'aux Biches, qui viandent gourmandement.

HARDEMENT. f. m. Vieux mot. Hardiesse, courage.

Me donnoit cœur & hardement.

HARDER. v. a. Terme de Chasse. On dit *Harder les chiens*, pour dire, Les mettre chacun dans sa force pour aller de meute ou aux relais.

HARDERIC. f. m. Espece de mineral qui sert à faire des couleurs pour peindre sur le verre. On l'appelle autrement *Ferrette d'Espagne*. Quoique ce soit un mineral, le harderic se peut faire avec de la limaille de fer & du soufre que l'on stratifie dans un creuset couvert, qu'il faut renverser, & mettre au feu de roue pendant cinq ou six heures.

HARDI. f. m. Monnoie qui valoit trois deniers, & qui fut nommée ainsi de Philippe le Hardi qui la fit battre; d'où vient qu'on appelle encore presentement trois deniers un *Liard*, ce qui vient de *Li hardis*, c'est-à-dire, de ce même Philippe qu'on appelloit *Li hardis*.

HARDIER. v. n. On a dit autrefois, *Se hardier*, pour dire, s'Enhardir; & *Hardoyer*, pour dire, Attaquer, charger de coups.

HARENG. f. m. Petit poisson de mer qui se pêche dans la saison du Printems & dans l'Automne, & qu'on trouve en grosses troupes en la mer du Nord. Il a le dos bleu & le ventre blanc & large, & est de la taille du dard ou du gardon. On tient qu'il meurt dès le moment qu'il est hors de l'eau. Comme c'est un poisson de passage, on en permet la pêche dans toutes sortes de jours, sans distinction de Dimanches ni de Fêtes. On appelle *Hareng frais*, ou *Hareng blanc*, celui qu'on mange aussitôt qu'on l'a pêché, par opposition à celui qu'on sale pour le garder. *Hareng pec*, est celui qu'on mange cru après qu'on l'a dessalé, & laissé égouter, & *Hareng saur* ou *sauret*, celui qu'on a fait secher à la cheminée, & que les femmes qui le vendent par les rues en le criant, appellent de l'*Appetit*.

HARMALE. f. f. Sorte d'herbe qui croît en Egypte. C'est une espece de rue, dont les Arabes, les Turcs & les Egyptiens se servent à plusieurs usages, & particulierement à se parfumer le matin, dans la croyance que ce parfum a la vertu de chasser les malins esprits. Cette herbe produit plusieurs branches d'une seule racine, & a ses feuilles plus minces & beaucoup plus grandes que la Rue domestique, elle est forte en odeur. Ses fleurs sont blanches: & il en sort au bout des tiges de petites têtes qui sont plus grosses que celles de la Rue commune, & munies de petites feuilles minces & pointues, au-dedans desquelles est une petite graine roussâtre & amere au goût, qui est en usage en Medecine. Ceux de Surie la nomment *Besasan*, & ceux de Cappadoce *Moli*, à cause qu'elle a quelque conformité avec le Moli, ayant la racine noir & la fleur blanche.

HARIBOURRAS. f. m. Vieux mot. Fatras.

HARIER. v. n. Vieux mot. Arriver.

Rien ne m'eût sçû de ce lors harier.

HARO. f. m. Cri qu'on fait en Normandie, en vertu duquel celui qui rencontre sa partie l'oblige de le suivre devant le Juge, & ils demeurent tous deux en arrêt jusqu'à ce que le Juge ait prononcé sur leur differend du moins par provision. On interjette le Haro non seulement pour crime, mais aussi pour prétentions d'heritages, de meubles, & même en matiere beneficiale. Ce mot vient de *Raoul*, qui fut premier Duc de Normandie, au commencement du dixiéme siecle, & qui se montra si exact dans l'administration de la Justice, que les opprimés, s'écrioient après sa mort. *Ah Raoul*, ce qui mit son nom dans une fort grande veneration parmi les Peuples; en sorte que tous ceux qui le reclamoient, forçoient leurs Parties à venir devant les Juges, & cette coûtume devint une loi qu'aucun changement d'Etat n'a pû l'abolir. C'est ce qu'on appelle *Clameur de Haro*. D'autres prétendent que dès le vivant de ce Prince on crioit, *A Raoul*, qui étoit la même chose que, *Je t'assigne à comparoir devant Raoul*, parce qu'il rendoit lui-même la justice à ses Sujets. On ne peut donner une plus forte preuve du pouvoir de cette Loi, que ce qui arriva en 1087. quand le corps de Guillaume le Conquerant, Duc de Normandie & Roi d'Angleterre, fut transporté à Caën pour être inhumé dans l'Abbaye de S. Etienne que ce Monarque avoit fait bâtir. Il y fut accompagné par le Prince Henri, son troisiéme fils, & par un grand nombre de Prélats & de Seigneurs. L'Evêque d'Evreux fit son Eloge funebre, & il l'eut à peine achevé, que le fils d'un Maréchal, nommé Asselin, commença à dire tout haut, qu'il declaroit devant Dieu que la terre où l'on alloit inhumer le corps de Guillaume étoit un champ que ce Prince avoit usurpé sur son Pere, y ayant fait bâtir l'Abbaye sans le payer: qu'il reclamoit ce fonds, comme lui appartenant legitimement, & qu'il défendoit en vertu d'une clameur de Haro, que l'on enterrât le corps dans son heritage. Le Prince Henri ne voulant point employer l'autorité, fit demander s'il y avoit quelque fondement à ce qu'alleguoit cet homme, & ayant appris la verité, il ordonna que son champ lui fût payé, & l'on acheva les funerailles de son Pere. Il y en a qui croyent que *Haro* vient de *Harouenna*, vieux mot François qui signifioit le Lieu où l'on rendoit la Justice. Borel rapporte que d'autres le dérivent de *Harold*, Roi de Danemarck, qui en 826. fut fait Grand Conservateur de la Justice à Mayence, & d'autres du Danois *Aa rau*, qui signifie *Aide-moi*, cri que firent les Normans en s'enfuyant devant un Roi de Danemarck, qui se fit depuis Duc de Normandie. Il ajoûte qu'on disoit aussi *Hary*, & en donne pour exemple,

En tous les lieux où vous venez,
Vous rapportez hary, hary;
C'est pour l'amour de mon mari.

Haro, se dit aussi d'un droit qui appartient au Seigneur Haut-Justicier, de faire payer l'amende sur ceux qui ayant entendu crier Haro, ne se sont pas saisis de celui sur lequel on l'a crié, tous les voisins étant obligés de sortir pour prêter mainforte sur ce cri.

HARPAIL. f. m. Terme de Chasse. Il a la même signification que *Harde*, & veut dire, Une troupe de bêtes fauves.

HARPE. f. f. Instrument de musique fort harmonieux de figure triangulaire, qui est composé d'un clavier & d'une table, & qu'on tient debout entre les

les jambes pour en jouer. Le corps qui fait le côté droit, est fait de huit pans de bois sur lesquels la table est posée, & cette table a deux ouvertures qui sont en forme de trefle. La Harpe a soixante & dix-huit cordes en trois rangs. Ces cordes sont de laiton, & il y en a vingt-neuf dans le premier rang qui ont quatre octaves. Le second rang fait les demi-tons. Le troisiéme est à l'unisson du premier, & on appelle cette Harpe triple. Deux rangs de chevilles, attachées par l'autre bout à trois rangs de chevilles posées sur le côté superieur, appellé Clavier, servent à tenir les cordes fermes dans leurs trous. La Harpe se touche à vuide des deux mains de la même façon en pinsant les cordes, & son accord est semblable à celui de l'épinette. M. Ménage fait venir ce mot du Latin *Harpa*, ou de l'Allemand *Herp* ou *Harpff*.

Harpe en termes de Venerie, veut dire, La griffe d'un chien.

HARPÉ, ÉE. adj. On appelle en termes de chasse *Levrier harpé*, Un levrier qui a le devant & les deux côtés fort ovales avec peu dev entre.

HARPEAU. s. m. Terme de Marine. Ancre à quatre bras dont on se sert dans un combat naval pour venir à l'abordage, ou pour se jetter sur le pont du Vaisseau que l'on insuite. C'est la même chose que *Grapin*, & on l'appelle encore autrement, *Rissan* ou *Herisson*.

HARPEGEMENT. s. m. Terme de musique. Certaine maniere délicate de toucher l'orgue, le clavessin, le luth & autres instrumens; ce qui se fait lorsqu'en touchant un accord avec trois doigts, ils s'appliquent successivement sur les touches ou sur les cordes avec tant de promptitude, qu'il n'y paroît aucun intervalle qui change la mesure.

HARPER. v. n. Terme de Manége. On dit, qu'*Un cheval harpe d'une jambe*, pour dire, qu'Il leve une des deux jambes du train de derriere plus haut que l'autre précipitamment, & sans qu'il plie le jarret, & l'on dit qu'*Il harpe des deux jambes*, pour dire, qu'Il leve à la fois toutes les deux jambes du train de derriere, & qu'il les hausse en même-tems avec précipitation, comme s'il manioit à courbettes.

HARPES. s. f. p. Terme de Maçonnerie. Pierres qu'on laisse sortir hors d'un mur, pour faire liaison avec une autre muraille que l'on peut construire dans la suite. On donne ce même nom de *Harpes*, aux pierres qui ont plus de largeur que les carreaux dans les chaînes, jambes-boutisses, pour servir de liaison avec le reste de la maçonnerie d'un mur. On les appelle autrement *Pierres d'attente*, & lorsqu'on les laisse pour former une voute, on les appelle *Naissance*.

Harpes se dit aussi des crocs ou mains de fer qui servent à attacher une piece avec une autre, autrement *Harpins* & *Harpons*.

HARPIE. s. f. Terme d'Architecture. Oiseau fabuleux qu'on voit dans l'Architecture Gothique aux gargouilles, encorbellemens & culs de lampe. Il est representé avec la tête & le sein d'une fille, & on lui donne des aîles de chauve-souris, avec de grandes griffes & une queue de Dragon.

HARPON. s. m. Terme d'Architecture. Morceau de fer par lequel les pans de bois d'un bâtiment sont tenus. Il y en a de droits & de coudés, & ils sont aussi d'usage dans la maçonnerie. Il y en avoit de cuivre chés les Anciens, qui les couloient en plomb pour lier les pierres.

Harpon est aussi un grand Javelot forgé de fer battu qu'on attache à une corde, & par le moyen duquel on prend les baleines. Ce javelot est long de cinq à six piés, & a la pointe acerée tranchante & triangulaire en forme de fléche. Dans le bout d'enhaut est un anneau où est attachée une corde qu'on laisse filer si-tôt que l'on a blessé la bête, qui ne manque point d'aller se tapir à fond. Au bout de la corde tient une courge seche qui suit la baleine; & qui sert d'indice.

Harpon. Terme de Marine. Fer tranchant que l'on met au bout des vergues, & qui a la forme d'une *S*. On s'en sert pour couper à l'abordage les cables de l'ennemi. C'est aussi Une scie de Menuisier à refendre le bois sur l'Etabli.

HARPONNEUR. s. m. Celui qui est choisi parmi les Pêcheurs, lorsqu'ils vont à la pêche des baleines, pour jetter le harpon, qu'il lance de toute sa force sur la tête de la bête, ensorte qu'il perce le cuir & le lard, & qu'il entre fort avant dans la chair. La baleine cale à fond quand elle se sent blessée, & quand elle revient en haut pour respirer, le Harponneur la blesse tout de nouveau, après quoi les autres pêcheurs l'approchant par les côtés, lui poussent sous les bras ou nageoires une longue lance ferrée dans la poitrine à travers les intestins. Alors la Baleine, qui est aux abois flotte sur son lard, & les Pêcheurs la poussent à terre, en la touant comme l'on fait un Vaisseau.

HAS

HASE. s. f. La femelle d'un lapin ou d'un liévre, qui porte ou qui a porté. M. Ménage fait venir ce mot de l'Allemand *Hase*, qui veut dire un Liévre mâle ou femelle, ou de *Hazaz*, mot Arabe qui signifie aussi Liévre.

HAST. s. m. Vieux mot, venu du Latin *Hasta*, qui a signifié autrefois toute sorte d'arme offensive ayant un long manche, & d'où l'on a dit *Haste*, pour dire, une Broche.

Rôtissent tous dedans beau haste.

Il y a grande apparence que c'est delà qu'on appelle encore aujourd'hui *Contrehastiers*, de gros chenets de cuisine qui portent les broches.

HASTE. s. f. Piece de bois longue, arrondie & semblable à une lance, qui porte l'Etendard Royal dans la Galere Réale. La Haste est attachée par des bandes de fer au bord de l'espale vers la guerite à la main droite de la chambre de pouppe.

HASTEREAU. s. m. Vieux mot. Sorte de petite piece de four.

Hastereaux & salmigondins,
Soulsisses, cervelas, boudins.

HASTEREL. s. m. Vieux mot. La nuque du col.

Ses belles treces blondes, chieres,
Et tout le hasterel derrieres.

HASTEUR. s. m. Officier de la cuisine de la bouche du Roi. Il a soin du rôt & de livrer les viandes rôties. Il y en a qui veulent qu'on lui ait donné ce nom du vieux mot *Haste*; qui a signifié Broche.

HASTIER. s. m. Chenet à plusieurs crans où l'on met plusieurs broches tout à la fois les unes sur les autres.

HASTILLE. s. f. Terme dont on se sert à la campagne dans quelques Provinces, & qui signifie Une cotelette, ou Un morceau de cochon propre à rôtir, dont on accompagne le boudin qu'on envoie à ses amis quand on a tué un de ces animaux. Ce mot peut venir de ce que le morceau qu'on envoie doit être bon à mettre au hâtier ou à la broche.

HASTIVEAU. s. m. Nom que donnent quelques-uns à une poire hâtive qui est en maturité avant les autres, & à certains raisins hâtifs.

HASTIVETÉ. s. f. Vieux mot. Diligence. Il s'est dit aussi de l'avance de maturité dans les fruits.

HAT

HATUTE. s. f. Vieux mot. Allechement, amorce.

Et pour la propagation
Des hommes & des bêtes brutes,
Entre les autres hatutes
Y mit le délit pour mieux plaire.

HAV

HAVAGE. s. m. Vieux mot. Droit de percevoir sur les grains que l'on apporte aux marchés pour les débiter autant que l'on en peut prendre une fois avec la main. Il peut venir du vieux mot *Haver*, qui a été dit pour, Prendre. Ce droit à Paris appartient au Bourreau : quand celui d'Angers a fait office, c'est-à-dire quelque execution, il prend double Havage.

HAUBAN. s. m. Terme de Marine. Gros cordage à trois tourons avec lequel on soûtient les mâts d'un Vaisseau à stribord & à basbord. Les grands Haubans sont ceux des grands mâts. On appelle *Haubans de Beaupré & de Fougue*, Des manœuvres qui étant frappées à leurs mâts soûtiennent leurs vergues, sans tenir les mâts comme les autres Haubans. Ceux que l'on appelle *Haubans de voiles d'étui*, ne sont autre chose que la manœuvre qui tient l'arcboutant en avant lorsque l'on met ces sortes de voiles. Les cordages dont on se sert pour saisir la chaloupe, quand elle est sur le pont du Vaisseau, s'appellent aussi *Haubans*.

Hauban. Terme de Maçonnerie. Cordage qu'on attache à un engin pour le tenir en état, & l'empêcher d'être emporté par le faix, lorsqu'on met une pierre sur le tas, ou qu'on leve quelque autre fardeau.

HAUBANER. v. a. Attacher le hauban d'un engin, ou de quelque machine semblable, à une grosse pierre ou à un piquet, pour l'arrêter & le tenir ferme quand on éleve un fardeau.

HAUBER. s. m. Vieux mot qui, selon Fauchet, a signifié une chemise ou cotte de maille qui étoit à manches & à gorgerin.

Cils escus peints & entailliez,
Ne cils haubers menus mailliez.

On l'a aussi pris pour le seul armet ou coiffe de maille, & l'on n'écrivoit pas seulement *Hauber*, mais encore *Hauberg* & *Haubert*.

Et son haubert a endossé.

Quelques-uns font venir ce mot du Latin *Albus*, Blanc. d'où a été dit l'Aube d'un Prêtre. *Haubergeon* ou *Haubrejon*, a été le diminutif de *Hauber*.

Plusieurs raisins procedent d'un bourjon,
Et maille à maille fait-on le hauberjon.

Hauber, est aussi un terme de Jurisprudence feodale, & veut dire un plein Fief avec Justice, mouvant immediatement de la Couronne, ou d'un Prince jouissant des droits de la Souveraineté. C'est delà qu'on a dit *Fief de Hauber*, pour dire, Un Fief tenu immediatement du Roi, appellé ainsi du *Haut-Ber*, c'est-à-dire, de la cuirasse que le Vassal portoit à l'armée. D'autres disent que *Haut-Ber*, signifioit Haut Baron, à cause que les Barons relevoient immediatement du Roi, & étoient les premiers Seigneurs ; ce qui se justifie, en ce qu'on trouve dans les anciens Historiens, *Le Roi & ses Barons*.

HAUBERGIER. s. m. Celui qui tenant un fief de haubert, étoit autrefois obligé d'accompagner son Seigneur à la guerre.

HAVENEAU. s. m. Petit filet monté sur un cerceau pour prendre le poisson dans les bascules.

HAVER. v. a. Vieux mot. Prendre.

Ne ne puet autrement haver,
Ce soevent tuit, large & aver.

HAVET. s. m. Vieux mot. Crochet.

HAULSAIRE. adj. Vieux mot. Superbe, hautain.

HAUNET. s. m. Sorte d'arme antique.

Si le convient armer
Pour la terre garder,
Coterel & haunet
Et macuë & guilet.

HAVRE. s. m. Lieu sur le rivage de la mer, où les Vaisseaux qui arrivent, peuvent être en sûreté. Il signifie plus particulierement un Port fermé d'une chaîne, & qui a souvent un mole ou une jettée. On appelle *Havre de barre*, un Port où l'on ne sçauroit entrer que par la haute marée, à cause que l'entrée en est fermée par quelque banc de sable ou de roches. Le *Havre d'entrée*, ou autrement, *de toute marée*, est un Port où il y a assés de fond pour y pouvoir entrer en tout-tems, soit de haute ou de basse mer. *Havre*, selon Bochard, vient de *Habar*, mot Hebreu qui veut dire, S'associer ; & selon d'autres, de l'Allemand *Hafen*, Port. Du Cange le tire de *Habulum*, qui dans la basse Latinité signifie un Port, qu'on appelloit autrefois *Hable* ou *Haule*. Il ajoûte qu'*Habulum* vient d'*Habala*, mot Arabe qui veut dire Lier, attacher, ou de *Hable*, Cable, à cause qu'on arrête les navires dans un port avec des cables.

HAVRESAC. s. m. Sorte de sac que les Soldats qui vont à l'armée portent sur leur dos, & où ils mettent ce qui leur est le plus necessaire.

HAUSSIER. s. m. Grand bateau sur la riviere de Loire.

HAUSSE. s. f. Morceau de cuir que les Cordonniers mettent sur les formes quand ils montent une paire de souliers. Il se dit aussi de celui qu'ils mettent à un côté d'un soulier ou d'une botte, pour le rendre égal à l'autre qui s'est moins usé.

Les Luthiers appellent *Hausse d'archet*, Un petit morceau de bois qu'ils mettent sous l'archet de la viole ou du violon.

Hausse. Terme d'Imprimerie. Papier que l'on colle sur le grand timpan, afin que l'impression vienne également.

HAUSSE-COU. s. m. Sorte de petite plaque, ordinairement de cuivre doré, que les Officiers d'Infanterie portent au-dessous du cou, & qui leur sert d'ornement pour les distinguer. C'étoit autrefois une piece de fer fort grande par devant, & souvent ornée & ciselée. Comme elle tournoit aussi derriere, elle couvroit les épaules.

HAUSSÉ, ÉE. adj. Terme de Blason. Il se dit du chevron & de la fasce, quand ils sont plus haut que leur situation ordinaire. *D'azur à une roue d'or, & une fasce haussée de même.*

HAUSSE-PIÉ. s. m. Terme de Fauconnerie. On donne ce nom au premier des Oiseaux qui attaque le heron dans son vol.

HAUSSER. v. a. Elever. On dit en termes de Marine, *Hausser un Vaisseau*, pour dire, qu'en donnant chasse de loin à un navire, dont on n'a pû découvrir d'abord que les voiles, on s'en approche insensiblement, en sorte qu'on peut reconnoître son bordage & sa fabrique. On dit aussi, *Hausser un lut, les cordes d'un lut*, pour dire, l'Elever d'un ou de plusieurs tons.

HAUSSOIRES. f. m. p. Palettes de bois, qui retiennent l'eau aux éclufes des Moulins, & qu'on leve quand on veut.

HAUSTE. f. f. Vieux mot. Bois de lance, du Latin *Hasta*.

HAUT, HAUTE. adj. *Elevé, eu égard à ce qui est plus bas.* ACAD. FR. Ce mot se joint avec plusieurs substantifs, & fait avec eux comme autant de mots particuliers.

Haute-mer. On dit qu'*Un Vaisseau est en haute-mer*, pour dire, qu'Il est extrêmement éloigné des terres; & on appelle *Haute eau*, le vif de l'eau qui arrive de douze heures en douze heures. On l'appelle aussi *Haute marée*, quoiqu'à proprement parler la haute marée ne se doive dire que de cet accroissement de marée qui paroît extraordinaire à chaque nouvelle & pleine Lune, & qui l'est encore davantage vers le tems des Solstices & des Equinoxes.

On appelle *Haute-somme*, sur la mer, tout ce qui s'emploie au nom de tous les Interessés pour l'avantage de l'entreprise qui a été faite, sans que cela regarde le corps du navire, les loyers des hommes ou les victuailles. C'est au maître du navire à fournir le tiers de la Haute-somme, & les Marchands doivent fournir les deux autres.

Haut-bord. On appelle *Vaisseaux de Haut-bord*, les grands Bâtimens dont on se sert pour naviger sur l'Ocean, à la difference des Galeres & des Vaisseaux plats. On dit absolument, *Les hauts du Vaisseau*, par opposition à ce qu'on appelle *Les Bas*. Les Hauts sont les châteaux, les mâts & toutes les autres parties qui sont sur les ponts d'enhaut.

Haut & bas Appareil, en Maçonnerie, se dit des pierres selon la hauteur dont on les taille. *Pierre du haut Appareil.*

Haute-Fustaye. Bois qu'on a laissé parvenir à sa plus haute croissance. On appelle *Bois de haut revenu*, Celui qui a l'âge de quarante ans.

Hautes-armes. On dit, *Faire l'exercice des hautes-armes*, pour dire, Faire l'exercice de la pique, du mousquet, du drapeau. Celui de l'épée s'appelle *Escrime*; & dans l'escrime il y a des *Gardes hautes*, comme il y en a de moyennes & de basses, selon qu'elles couvrent les parties du corps.

Haute-contre. Terme de Musique. Espece de second dessus, qui à l'égard du dessus fait le même effet que la basse-taille à l'égard de la basse. On appelle aussi *Haute-contre*, le Musicien qui chante cette partie.

Hautes-payes. Termes de guerre. Les plus bas Officiers, comme les Sergens, Caporaux & Anspessades dans l'Infanterie, & les sous-Brigadiers dans la Cavalerie, à qui l'on donne une solde extraordinaire par gratification, pour les obliger d'avoir l'œil avec plus d'exactitude sur le service des Soldats dont on leur donne à observer la conduite.

Hautes-couleurs, ou *Couleurs-hautes*, se dit en peinture & en teinture, du rouge, du nacarat, du bleu, du jaune, & de toutes celles qui sont voyantes & claires.

Haute-lice. La plus belle de toutes les tapisseries des Manufactures. Elle differe de la basse-lice, en ce que les chaînes en sont disposées perpendiculairement, au lieu qu'elles le sont horisontalement dans la basse-lice. On la fait sur un métier où l'on attache de grandes chaînes de laine bien pressées, & autour de ces chaînes on applique les laines qui conviennent le plus au sujet que l'on a dessein de representer.

Haute-volerie. On appelle ainsi en Fauconnerie celle du heron, du milan, du canard, de la grue, &c.

Haut-mal. Terme de Medecine. Epilepsie. C'est ce que le peuple appelle *Mal caduc* ou *Mal de saint Jean*. Il est appellé ainsi, à cause que le cerveau est attaqué, & que ceux qui en sont atteints tombent de leur haut.

Haute-Justice. Jurisdiction qui est au-dessus de celle qu'on appelle Moyenne & basse Justice, & où le Seigneur Haut-Justicier a droit de faire informer des crimes, & de juger à mort.

HAUTAIN, AINE. adj. Terme de Fauconnerie. On appelle *Faucon hautain*, un Faucon qui vole fort haut, & qui a de belles ailes.

HAUTBOIS. f. m. Instrument de Musique à anche & à vent, qui a plusieurs trous & qui est semblable à une flûte douce. Le Dessus a deux piés de long. La Taille qui n'a que sept trous descend d'une quinte plus bas, étant sonnée à vuide & à trous ouverts. La Basse en a onze avec plusieurs boëtes ou clefs pour les ouvrir ou fermer. Sa longueur est de cinq piés. On appelle aussi *Hautbois*, celui qui joue de cet instrument.

HAUTEUR. f. f. *Etendue d'un corps en tant qu'il est haut.* ACAD. FR. On dit en termes d'Architecture, qu'*Un bâtiment est arrivé à hauteur*, pour dire, qu'Il est prêt à recevoir la couverture, & que les dernieres arases ont été posées. On appelle *Hauteur d'appui*, trois piés de haut, & par *Hauteur de marche*, on entend six pouces.

Hauteur, en termes de Geometrie, est la ligne qui mesure l'élevation d'un corps sur l'horison, & par consequent il faut qu'elle soit toûjours menée perpendiculairement du point le plus élevé de ce corps au point ou au plan le plus bas. Telle est la hauteur d'un Cone, d'un Cylindre, d'une Pyramide, &c. Sa hauteur est geometriquement la même chose que la profondeur, & est la troisiéme dimension des corps solides, car il n'importe qu'ils soient élevés sur l'horison ou abaissés au-dessous. On ne laisse pas cependant d'appliquer le mot de hauteur à de simples surfaces. *La hauteur d'un parallelogramme, d'un triangle*, sont des lignes menées perpendiculairement du point ou de la ligne que l'on y conçoit comme la plus élevée, sur la ligne la plus basse, qu'on appelle *base*. Les parallelogrammes qui ont la même base & la même hauteur sont égaux, & par consequent les triangles aussi, qui sont des moitiés de parallelogrammes.

Hauteur est aussi un terme d'Astronomie, & signifie la quantité dont un cercle, ou un point d'un cercle, ou un astre est élevé sur l'horison. *La hauteur de l'Equateur* est l'arc d'un Meridien compris entre l'horison & le point le plus élevé de l'Equateur. La hauteur d'un astre est l'arc d'un Azimuth compris entre l'horison & cet astre. Voyez AZIMUTH. Car il faut que toutes les hauteurs soient toûjours prises sur des cercles perpendiculaires à l'horison. *La hauteur du Pole* est l'arc du Meridien compris entre le Pole & l'horison. C'est la même chose que la *Latitude*. Voyez LATITUDE.

En termes de Marine quand on dit simplement *hauteur*, on entend souvent la *hauteur du Pole*. On dit dans ce sens *naviguer par la hauteur de tant de degrés*, pour dire, à tant de degrés de hauteur du Pole, ou de latitude. Mais quelquefois aussi par le mot de *hauteur* simplement, on entend *la hauteur du Soleil ou de quelque autre astre*. On ne cherche cette hauteur que pour avoir celle du Pole, car quand on a la hauteur Meridienne du Soleil, on sçait par les tables combien il est éloigné de l'Equateur ce jour-là, & par consequent on a la hauteur de l'Equateur sur l'horison où l'on est, celle du Pole qui est le complement de celle de l'Equateur. On dit *Prendre hauteur par devant*, pour dire, Avoir l'instrument du côté de l'Astre en la prenant, & *Prendre hauteur par derriere*, pour dire, Avoir l'instrument opposé à l'Astre. Il n'y a que la hauteur de l'Etoile polaire qui se peut prendre hors du Meridien par le moyen des Gardes. Celles des autres Astres ne se prend que quand ils sont au cercle de midi, ce qui fait qu'on dit, *Il y aura hauteur*, pour dire, Il y aura du Soleil à midi qui permettra de la prendre, & *Il n'y aura pas hauteur*, pour dire, qu'Il y a du brouillard, & que le Ciel est trop couvert de nuées, pour trouver la hauteur par les instrumens. On dit de même, qu'*On a eu bonne hauteur*, pour dire, que le Ciel étoit dégagé de tous brouillards, & qu'on a pris la hauteur avec justesse.

Hauteur. Terme de Guerre. Longueur d'un Escadron, ou d'un Bataillon, depuis sa tête jusques à sa queue. Les Escadrons n'ont que trois hommes de hauteur, & les Bataillons en ont six. La Hauteur du Bataillon étoit autrefois de huit, mais on en a connu l'incommodité.

On appelle dans un Vaisseau, *Hauteur d'entre deux ponts*, l'Espace qui se trouve entre les deux tillacs.

HAUTISME. adj. Vieux mot. Très-haut. C'est une syncope du superlatif Latin *Altissimus*.

HAUTURIER. s. m. Terme de Marine. Pilote qui connoît l'usage de l'Astrolabe, & qui s'applique à faire les observations des hauteurs du Soleil & du pole.

HAY

HAY. s. m. Animal grand comme un chien qu'on trouve dans le Bresil. Il a la face d'une guenon, & fort approchante du visage d'un enfant, le ventre pendant comme une Truye pleine, une longue queue, & les piés velus à la maniere des Ours avec de longs ongles fort aigus, ce qui fait que les Sauvages qui sont nuds, ne se jouent pas bien volontiers avec cet animal, quoiqu'il s'apprivoise avec assés de facilité. Il est pourtant fort farouche quand il vit dans les Forêts. La plûpart tiennent qu'il vit de vent comme le Cameleon, parce qu'on ne lui voit manger aucune chose qui soit ni dans les maisons ni dans les bois. Il y a grande apparence qu'il se nourrit des feuilles d'un certain arbre nommé *Anahut*, puisqu'on le trouve fort souvent à son sommet. Thevot qui en parle l'appelle *Haüt*, ou *Haüthi*.

HAYE. s. f. Clôture d'un champ ou d'un jardin qui se fait avec des branches d'arbres qu'on entrelasse les unes dans les autres, afin d'empêcher que les hommes & les bestiaux n'y passent. On appelle *Haye vive*, Celle qui est faite d'arbres vifs & qui ont racine, & *Haye morte*, Celle qu'on fait de fagots & de branches seches. On fait venir ce mot du Latin *Haia*, que M. Ménage dit avoir été fait de l'Allemand *Hag* ou *Haag*, qui signifie Clôture ou enceinte. D'autres veulent qu'il vienne de *Claye*, comme étant une clôture faite de branches entrelassées.

Haye. Terme de Laboureur. Morceau de bois rond, long de cinq piés, & gros de neuf à dix pouces de tour. Il fait le corps de la charrue dont on se sert pour labourer la terre.

Haye. Terme de Guerre. Disposition de Soldats rangés sur un ligne droite l'un à côté de l'autre. On dit, *Se mettre en haye*, pour dire, Se mettre sur un rang, & *Faire une double haye*, pour dire, Se mettre sur deux rangs l'un opposé à l'autre. *Border la haye*, se dit d'une maniere de tirer qu'on fait pratiquer aux Mousquetaires lorsqu'il n'y a point de piquiers qui les soûtiennent. Des trois files qui sont commandées pour faire feu sur la Cavalerie, la premiere tire à genoux dans les piés des chevaux, la seconde se panche, & tire à la bote ou au poitrail par dessus l'épaule des premiers, & la troisiéme tire debout sur les Cavaliers mêmes.

Haye. Terme de Marine. Banc, ou chaîne de pierre qui est sous l'eau ou à fleur d'eau.

HAYVE. s. f. Petite éminence de fer que font les Serruriers sur le panneton des clefs pour les portes benardes, afin d'empêcher qu'elles ne passent de part en part de la serrure.

HEA

HEAR. s. m. Vieux mot. Heritier. On dit encore *Hoir*, en termes de pratique.

HEAUME. s. m Sorte de casque pesant que les anciens Chevaliers portoient sur la tête, soit à la guerre, soit dans les Tournois. Il couvroit tout le visage, & il n'y avoit qu'une ouverture à l'endroit des yeux, garnie de grilles & de treillis, & qui servoit de visiere. On en voit de differentes figures, de fort anciens en bronze, & d'autres qui ont des inscriptions Gothiques, Arabes & Moscovites. L'usage en étoit si grand que l'on crioit autrefois *As heaumes*, comme on crie aujourd'hui Aux armes. Ce passage en sert de preuve. *Et li garçon & li herant, si-tôt comme se furent ordené s'escrierent as heaumes. Tantôt veissiz descendre d'une part & d'autre Chevaliers*. Les Heaumes ayant été depuis mieux formés, on les nomma *Bourguignotes*, à cause des Bourguignons qui les avoient inventés, & puis *Armets*, & *Salades*, ou *Celates*, du Latin *Cælatus*, Gravé, parce qu'on y gravoit & ciseloit les figures des têtes & les dépouilles des animaux qu'on avoit vaincus. M. Ménage fait venir ce mot de *Helmus*, fait de l'Allemand *Helm*. On a dit autrefois *Elme* & *Helme*.

Heaume. Terme de Marine. Timon d'un Vaisseau. C'est un manche attaché au Gouvernail, ou une grande barre, que celui qui gouverne manie comme il le juge necessaire.

HEAUMERIE. s. f. Mot qui s'est dit du lieu où l'on faisoit & vendoit des heaumes, pendant que cette sorte d'arme défensive étoit en usage. On a dit aussi *Heaumier*, pour dire, Celui qui faisoit des Heaumes. Les Armuriers prennent encore le titre de *Heaumiers*, dans les lettres qu'on leur donne.

HEB

HEBDOMADIER. s. m. Celui qui dans un Chapitre, ou dans un Couvent, dit à son tour les Antiennes & les Oraisons, & officie dans le Service pendant toute une semaine. Dans les Chapitres où il y a des Officiers, comme Maires Chapelains, Corbeliers, &c. qui font l'Office, le Chanoine Hebdomadier se doit trouver assidument pendant sa semaine pour veiller à la décence de l'Office, remarquer les fautes & absences des Officiers. Il a la nomination des Benefices ausquels le Chapitre presente *Collegialiter*. Quelques-uns disent *Hebdomadaire*, quoique ce mot soit plus souvent adjectif, & qu'on dise les *nouvelles Hebdomadaires*, pour dire, Les nouvelles qui se publient toutes les semaines. L'un & l'autre vient du Grec ἑϐδομὰς, qui veut dire, Une semaine, un espace de sept jours, de ἑπτὰ, Sept.

HEBERGE. s. f. Vieux mot. Logement. Il est employé dans la Coûtume de Paris, où l'on s'en sert pour exprimer la hauteur ou l'étendue d'un heritage par respect à des heritages voisins. On a dit aussi *Hebergement* & *Heberiage*, & delà s'est formé le verbe *Heberger*, ou *Hebergier*, pour dire, Loger.

Usages est en Normandie
Que qui hebergiez est, qu'il die
Fable ou chanson à l'hôtesse.

On dit en termes de Coûtume, *S'heberger*, pour dire, S'adosser sur & contre un mur mitoyen. Ce mot vient de l'Allemand *Herbergen*, Loger. On a dit aussi *Herbergier* & *Herberger*, que Borel dérive de *Hereberga*, Logis ou Château en ancien Allemand. Il dit pourtant sur le mot Heberger qu'il vient de *Burgus*, Bourg, & celui-ci de πύργος, Tour, d'où vient *Auberge*.

HEC

HECATOMBE. s. f. Sacrifice de cent bêtes de même espece que les anciens Grecs & Romains faisoient faire sur cent autels par cent Sacrificateurs. Selon l'étymologie l'Hecatombe devoit être de cent Bœufs, du Grec ἑκατὸν, Cent, & de βοῦς, Bœuf. D'autres entendent par ἑκατόμϐη, un sacrifice fait de ἑκατὸν βάσεων, c'est à-dire, de cent piés, dans lequel on immoloit seulement vingt-cinq bêtes à quatre piés.

HECTIQUE. adj. Terme de Medecine. On appelle *Fiévre hectique*, une sorte de fiévre, qui ne reside point dans les esprits, & dans les humeurs comme la plûpart des autres fiévres, & qui est presque incurable, parce que s'attachant aux parties solides, elle consume le corps & le mine peu à peu. Ce mot est Grec ἑκτικὸς, & vient de ἕξις, qui veut dire ce que les Latins nomment *Habitus*, Qualité qu'on a peine à séparer du sujet. On appelle aussi *Ectique*, celui qui a cette fiévre, ou qui est dans une maigreur extraordinaire. La plûpart prononcent *Etique*.

HED

HEDYCHROUM. Sorte d'onguent, dont Galien fait mention. La composition s'en fait de dixhuit ingrediens, sans y comprendre le vin, & ces ingrediens sont le Schoënant ; le Costus, le Calamus aromaticus, la Canelle, le Phu, le Malabathrum, l'Opobalsame, la Myrrhe, la Cassia lignea, le Safran, le Nard Indique, l'Amome, le Xylobalsame, le Marum, l'Aspalath, l'Amaracus, l'Asarum, & le Mastich. Ils entrent tous dans la Theriaque, à l'exception des six derniers. Cette composition est appellée *Magma Hedycroi*, par où l'on n'entend autre chose que les trochisques d'Hedychroum. On s'en servoit anciennement pour en faire des parfums à cause de leur odeur agreable. Ils sont bons contre la peste & contre les maladies où il y a du venin. Ce mot vient du Grec ἡδὺς, Doux, agreable, & de χρῶμα, Couleur.

HEDYSARUM. s. m. Herbe fort branchue, qui a ses feuilles semblables aux chiches, & que l'on appelle ainsi du Grec ἡδὺς, Agreable, à cause de sa bonne odeur. Elle porte une graine rousse renfermée dans des gousses recourbées en maniere de corner, & qui ressemblent à une hache tranchante des deux côtés, ce qui l'a fait appeller πελεκῖνος par les Grecs de πέλεκυς, Hache, & *Securidaca* par les Latins. Elle est amere au goût, & bonne à l'estomac, prise en breuvage. Elle desopile les parties nobles & interieures, ce que font aussi les branches de cette plante. Matthiole décrit deux sortes d'Hedysarum, l'un grand, & l'autre petit. Le grand à ses feuilles semblables aux chiches, & il en jette onze tout à la fois d'une même queue. Ses tiges sont minces & souples, ses fleurs purpurines & claires, roussâtres, comme celles des pois, d'où sortent de petites gousses cornues & pointues à la cime, qui contiennent une graine roussâtre d'un goût amer, & faite en façon de hache. Il n'a qu'une seule racine blanche & capilleuse. Le petit Hedysarum differe du grand, en ce que ses tiges, branches, & autres parties sont moindres, aussi bien que ses feuilles qui sont en plus grand nombre. Il produit des fleurs presque semblables, mais petites, & il en sort de petites cornes rondes, pointues à la cime, qui deviennent rousses à leur maturité, & qui portent une graine semblable à l'autre, mais moindre & plus mince. Sa racine est grêle, blanche, longue & profonde en terre. La farine de sa graine nettoye les ulceres pourris, & fait partir les lentilles feux volages, dartres & autres taches du visage, étant incorporée en miel, & appliquée.

HEG

HEGIRE. s. f. Terme de Chronologie. Epoque dont les Arabes & les Turcs se servent pour compter. Ils commencent cette Epoque du jour que Mahomet fut obligé de s'enfuir, étant poursuivi pour sa mauvaise doctrine, ce qui arriva le Vendredi 16. Juillet l'an de JESUS-CHRIST 622. sous le regne de l'Empereur Heraclius. Le mot d'*Hegire*, veut dire, Fuite.

HEL

HELER. v. n. Terme de Marine. On dit *Heler sur un Vaisseau qu'on rencontre*, pour dire, Faire un grand cri, & demander le Qui vive.

HELIAQUE. adj. Terme d'Astronomie. Le lever d'un Astre est appellé *Heliaque*, lorsqu'après avoir été quelques tems trop proche du Soleil pour pouvoir être apperçû, il commence à en être à une distance, où l'on le découvre, soit qu'il se soit éloigné du Soleil, ou que le Soleil se soit éloigné de lui. De même le coucher de cet Astre est *Heliaque* lorsqu'il entre dans les rayons du Soleil où l'on cesse de le voir. Il faut ordinairement aux Planetes un éloignement de tout un signe ou de trente degrés pour se lever Heliaquement, à l'exception de la Lune qui n'a besoin que d'un éloignement de dixsept degrés. Ce mot est Grec ἡλιακὸς, Solaire, & vient de ἥλιος, Soleil, Voyez ACRONIQUE & COSMIQUE.

HELICE. s. f. Terme d'Architecture. On appelle *Helices*, les petites volutes ou caulicoles, qui se rencontrent sous les roses du tailloir du Chapiteau de la Colomne Corinthienne. Quand elles sont tortillées ensemble, on les appelle *Helisses entrelassées*. Ce mot vient du Grec ἕλιξ, Sorte de lierre dont la tige se tortille, comme fait celle de la vigne.

Helice, se dit en termes de Medecine, de tout le circuit de l'oreille de l'homme, ce qui fait appeller *Anthelice*, la partie qui lui est opposée, dans le milieu de laquelle est la cavité appellée κόγχη.

Helice. Constellation du Ciel, nommée communément *la grande Ourse*. On l'appelle *Helice*, du Grec ἑλίσσειν, Tourner, à cause qu'on la voit toujours tourner autour du pole dans un petit cercle. Ptolomée lui donne trente-cinq étoiles, dont il y en a vingt-sept qui composent sa figure, & huit qui sont au dehors. Le Peuple l'appelle *le Chariot*, à cause de sept Etoiles principales que l'on y remarque de la seconde grandeur, & qui sont en forme de Chariot.

Helice, est aussi un mot adjectif, & on appelle *Ligne helice*, Une ligne qui tournant en vis autour d'un cylindre, est toûjours également éloignée de son axe. On appelle *Escalier en helice*, Un escalier composé de marches gironnées, attachées les unes sur les autres autour d'une piece de bois, ou d'une pierre cylindrique qui sert de noyau.

HELICHRYSON. s. m. Plante qui croît abondamment en Toscane dans les lieux non cultivés & aux côteaux secs, & qui jette une tige droite, unie, dure comme le bois, & haute environ d'une coudée. Ses feuilles sont par intervalles, & semblables à l'Auronne. Elle produit des fleurs jaunes comme l'or, & disposées en maniere de corymbe, ainsi qu'on voit en la millefeuille, & en l'Ageraton. Elles gardent long-tems leur couleur, lorsqu'elles sont seches. Dioscoride dit qu'étant bûes en vin, elles sont bonnes aux piquûres des Serpens, aux sciatiques, aux ruptures, & à ceux qui ne peuvent uriner que goute à goute. Ce mot vient de ἥλιος, Soleil, & de χρυσὸς, Or, à cause de la couleur de ses fleurs.

HELIOSCOPE. s. m. Terme d'Optique. Lunette à longue vûe dont on se sert pour observer le Soleil. Elle est faite de verres colorés, afin d'empêcher que l'on ne soit ébloui par sa trop grande lumiere. Ce mot vient de ἥλιος, Soleil, & de σκοπεῖν, Je contemple. Je regarde.

HELIOTROPE. s. m. Herbe qui a sa fleur jaune representant le Soleil, dont on dit qu'elle suit toûjours le cours, se tournant vers lui de jour & de nuit, & même dans le tems couvert. Dioscoride décrit un grand & un petit Heliotropium. Le grand a sa fleur recourbée comme la queue d'un Scorpion, ce qui a fait que les Grecs l'ont appellée σκορπίουρος. Cette fleur qui vient à sa cime est blanche ou roussâtre. Ses feuilles ne different de celles du Basilic, qu'en ce qu'elles sont plus grandes, plus velues & plus blanches. Il jette dès sa racine quatre ou cinq surgeons qui ont plusieurs ailes & concavités. Sa racine est menue, & inutile dans la Medecine. On dit que quatre de ses grains guerissent de la fievre quarte si on les boit une heure avant l'accès. La même chose de la fievre tierce si on en boit trois grains. Ce mot vient de ἥλιος, Soleil, & de τρέπειν, Tourner, à cause que la fleur de l'Heliotrope se tourne toûjours vers le Soleil. Les Apothicaires l'appellent *Verrucaria*, à cause que cette herbe est propre à ôter les porreaux & les verues. Le petit Heliotropium croît dans les endroits marécageux, & près des étangs. Il a ses feuilles semblables à l'autre, mais plus rondes. Sa graine est aussi ronde, & pend comme ces verues pendantes appellées ἀκροχορδών.

Heliotrope, Pierre precieuse de couleur verdâtre & rayée de veines rouges. Elle est appellée ainsi, si l'on en veut croire Pline, à cause que si on la jette dans un vase rempli d'eau, les rayons du Soleil qui y tombent paroissent être de couleur de sang. Hors de l'eau, elle represente l'image du Soleil. On en trouve dans les Indes, dans l'Ethiopie, dans l'Allemagne & dans la Bohéme. Il y en a qui l'appellent *Jaspe Oriental*, à cause des taches de sang dont elle est marquée.

HELT. s.m. Vieux mot. Poignée, pommeau d'une épée.

Du brant d'acier au helt d'argent.

HELXINE. s. f. Herbe fort rare, selon Pline, & qu'il met au nombre de celles qui sont piquantes. Il dit qu'elle ne croît qu'en certains Pays, que sa racine est feuillue, & que du milieu il y en sort comme une pomme enveloppée de sa feuille. Tout au dessus de sa cime, elle jette une gomme qui a fort bon goût, & que l'on appelle *Mastic acanthique*. L'Helxine de Dioscoride est la parietaire, fort differente de celle de Pline. Il y a une autre *Helxine*, surnommée *Cissampelos*, de κισσὸς Lierre, & de ἄμπελος Vigne, qui a ses feuilles semblables au Lierre, mais moindres, & qui produit des sarmens minces avec lesquels elle agraffe tout ce qu'elle rencontre, d'où lui est venu le nom d'Helxine, en Grec ἑλξίνη de ἕλκειν, Tirer. Elle croît parmi les hayes, & dans les prés & les vignes. Le jus de ses feuilles pris en breuvage, lâche le ventre. Galien dit que *l'Helxine Cissampelos* a une vertu digestive & resolutive.

HEM

HEMATITE. s. f. Pierre qui ne croît pas seulement en Egypte, comme dit Dioscoride, mais aussi en Allemagne & en Bohéme. La bonne Hematite, est friable, fort noire, naturellement unie, n'a ni crasse ni veine, & est rouge comme sang quand on la rompt, ce qui la fait appeller *Pierre sanguine*. Agricola dit qu'il s'en rencontre de plusieurs couleurs, de noire, de rousse, & de celle qui est comme basanée & enrouillée. Matthiole rapporte que dans la Bohéme, il y a une vallée qui en est tellement remplie qu'on en fait quantité de fer. Il ajoûte que ceux qui dorent le fer n'en viennent pas aisément à bout sans pierre Hematite, qu'ils en affermissent, & même polissent les feuilles d'or qu'ils mettent dessus. Elle a pris son nom du Grec αἷμα, Sang, à cause que soit qu'on la porte, soit qu'on la prenne interieurement, elle a la vertu d'étancher le sang. Elle est astringente & epulotique.

HEMATOSE. s. f. Terme de Medecine. Sanguification. Action naturelle par laquelle la sanguification se fait, lorsque le Chile se convertit en sang.

HEMEROBAPTISTES. s. m. Secte qui étoit parmi les Juifs. On les appelloit ainsi des mots Grecs, ἡμέρα Jour, & de βαπτίζειν, Laver, à cause des ablutions que se faisoient tous les jours en quelque tems que ce fût ceux dont cette Secte étoit composée. C'étoit en cela qu'ils mettoient la sainteté, niant la resurrection des Morts avec les Saducéens, & suivant d'ailleurs, les Pharisiens dans toutes leurs opinions.

HEMEROCALLE. s. f. Plante dont la fleur est jaune, & qui a ses feuilles & sa tige semblables au lis, & vertes comme un porreau. Ses fleurs qui sortent du haut de sa tige, sont comparties à la maniere du lis, & fort pâles, quand elles commencent à s'ouvrir. Sa racine est grosse, & a plusieurs côtes & bulbes. *L'Hemerocalle* tire son nom du Grec ἡμέρα Jour, & de κάλλος Beauté, à cause qu'elle ne conserve son éclatique pendant un jour. Elle croît non seulement parmi les prés & les blés, mais dans les montagnes & les collines, & a beaucoup de proprietés que marque Dioscoride. Ses feuilles broyées & appliquées adoucissent les inflammations des mammelles des nouvelles accouchées, & servent à toutes les apostumes des yeux, & si on met ses feuilles & sa racine sur quelque brûlure c'est un singulier remede. Il y a aussi une plante de jardin qu'on appelle *Hemerocalle*. Ses fleurs sont rouges & recoquillées comme celles des Martagons. On en voit de blanches, de gris-de-lin rouge, & de-gris-de-lin pâle.

HEMICYCLE. s. m. Demi cercle, du Grec ἡμι, *à* Demi & de κύκλος Cercle. Il y a deux demi cercles dans les cartes que l'on fait du monde, l'un appellé *Hemicycle septentrional*, & l'autre *Hemicycle meridional.*

Hemicycle, en termes d'Architecture, se dit du trait d'un arc ou d'une voute formée d'un demi-cercle parfait. Ce demi-cercle ou Hemicycle se divise en autant de voussoirs qu'on veut, pourvû que le nombre en soit impair. Cela se fait afin que les joints ne se trouvant pas dans le milieu de la voute, il y ait dans ce milieu un Voussoir qui ferme & qui entretienne tous les autres. On appellent aussi *Hemicycle* le panneau ou la cherche de bois qui sert à bâtir & à conduire les arcs.

HEMINE. s. f. Vaisseau servant de mesure chez les anciens, & qui contenoit la moitié du septier Romain. C'étoit aussi une mesure de froment qui contenoit environ deux bichets. Ce mot est Grec ἡμινα.

HEMIONITE. s. f. Plante que quelques-uns nomment *Splenium*, & qui a ses feuilles faites en croissant, & semblables au Dracunculus. Elle ne jette ni tige, ni fleur, ni graine, & produit plusieurs racines menues & amassées ensemble. Elle croît aux lieux pierreux, & a un goût âpre. Dioscoride qui en parle ainsi, ajoûte que bûe en vinaigre, elle consume la rate. Ce mot est Grec ἡμιονῖτις.

HEMISPHERE. s. f. La moitié d'un Globe ou Sphere. L'Equateur divise le Monde en deux Hemispheres, dont l'un depuis la Ligne jusqu'au Pole Arctique, est appellé *Hemisphere Septentrional.* L'autre depuis la même Ligne jusqu'au Pole Antarctique, a le nom d'*Hemisphere Meridional.* Le meridien divise le Ciel en deux Hemispheres, l'un appellé *Hemisphere ascendant* ou *Oriental*, & l'autre *Hemisphere descendant* ou Occidental. Ce mot vient de ἥμισυ Demi, & de σφαῖρα, Globe. Le mot ἥμισυ, pe perd toûjours sa derniere sillabe dans les composés.

HEMISTICHE. s. m. La moitié d'un vers François de douze syllabes qui doit avoir son repos dans la sixiéme. Dans ce vers

Impatiens desirs d'une juste vengeance,

ces six premiers syllabes *Impatiens desirs* font l'hemistiche. Ce mot vient de ἥμισυ, & de στίχος Ordre, rang.

HEMOPTYSIE. s. f. Terme de Medecine. Crachement de sang, qui est distingué du vomissement de sang. Ce que les Medecins nomment particulierement Hemoptysie, c'est lorsque le sang est rejetté par la bouche en toussant & des organes de la respiration. Il sort alors des arteres des poumons ou des arteres de la trachée artere, qui tirent leur origine de l'aorte. La partie affectée dans cette sorte de mal, est tantôt la partie superieure du larynx & sa cavité, tantôt le milieu du conduit de la trachée artere, & quelquefois ses extrémités annulaires & le poumon même. L'Hemoptysie est le plus souvent accompagnée de la toux, lorsque le poumon est attaqué, ou les rameaux profonds de la trachée artere. Il peut aussi y avoir une sorte Hemoptysie sans toux. Quand la partie superieure de la trachée artere est seule affectée, le sang sort alors après un crachement plus ou moins leger. Les trois principales causes & les plus frequentes de l'Hemoptysie sont la ruption de quelque vaisseau dans le poumon causée par des cris violens, par une distention ou un effort du corps en portant quelque gros fardeau, par une chûte ou par une toux vehemente; la suppression de quelque évacuation ordinaire, principalement des parties inferieures du corps, ou enfin l'érosion des vaisseaux du poumon; ou par les choses externes reçûes dans l'inspiration, ou par l'esprit des eaux fortes, ou par des causes internes. comme la lymphe trop acide, salée & corrosive. Cette derniere espece d'Hemoptysie laisse après soi le vomica & la phtysie, ou l'ulcere du poumon. Skenkius rapporte l'exemple d'une personne qui ayant avalé des sangsues en bûvant, ces sangsues s'arrêterent dans la gorge, succerent le sang & lui engendrerent l'Hemoptysie : mais cela est rare. L'Hemoptysie est tantôt indolente, & tantôt plus ou moins douloureuse, avec constriction des poumons, pesanteur obtuse, ou avec corrosion qui irrite diversement la trachée artere, suivant la diversité des causes. Ce mot vient de αἷμα Sang, & de πτύειν, Cracher.

HEMORRAGIE s. f. Terme de Medecine. Nom qui convient en general à toute sorte de flux de sang hors du corps, mais qu'on attribue particulierement à l'éruption du sang par les narrines. Les petites arteres qui aboutissent au nez, excitent cette Hemorragie. Les vaisseaux d'où ce sang découle, sont plûtôt des productions du rameau arteriel de la carotide interne, qui envoye plusieurs ramifications autour des productions mammillaires, & quelques-unes à la membrane superieure glanduleuse des narines par lesquelles ramifications la matiere de la lymphe qui doit être filtrée, par cette tissure glanduleuse, est apportée avec le sang : de sorte que les orifices de ces arteres étant ouverts, & relâchés naturellement par la continuelle humectation de la lymphe, l'Hemorragie du nez arrive facilement. Il y a des saignemens de nez très-abondans, qui vont quelquefois jusqu'à plusieurs livres, même jusqu'à quatre, sans abatre les forces. Ettmuller rapporte qu'on en a vû de huit ou dix livres, avec un grand abattement des forces, mais sans en perdre la vie. Le sang qui sort des narines en petite quantité, & goute à goute, est de mauvais augure quand il arrive dans une maladie, & sur-tout le quatriéme jour, à moins qu'il n'ait quelque cause externe, ou quelque humeur qui le fasse sortir, ou qui en l'épaississant ou le retenant empêche ce flux dès le commencement. Il y a aussi une Hemorragie de gencives. Le sang en sort quelquefois très-abondamment, & cette Hemorragie est tantôt critique & tantôt periodique. Hemorragie vient du mot Grec ῥέω, *Fluo* je coule. Il semble qu'on devroit écrire *Aimorragie*, à cause du Grec αἷμα, *Sanguis*, Sang.

HEMORRHOIDALE. s. f. Sorte d'herbe que M. Callard de la Duquerie dit être appellée ainsi de ce qu'elle a ses racines semblables aux hemorrhoïdes, dont elle est aussi le remede. Il ajoûte qu'il y en a qui l'appellent *La petite Chelidoine.*

Hemorrhoïdale. adj. On appelle, en termes de Medecine, *Veines hemorrhoïdales* les veines du fondement dans lesquelles coule le sang mélancolique qui cause les hemorroïdes internes. Elles sortent du rameau mesenterique qui rampe par les extrémités du colon, & par la longueur de l'intestin droit jusqu'à l'anus qu'il embrasse en rond.

HEMORRHOIDES. s. f. p. Maladie qu'une abondance de sang melancolique, qui se jette sur les parties, cause au fondement. Il y a des Hemorrhoïdes internes & des Hemorrhoïdes externes. Il y en a aussi d'ouvertes & d'autres fermées.

HEMORRHOISSE. s. f. femme qui a une perte de sang. Il est parlé dans l'Evangile de l'Hemorrhoisse guerie par Notre-Seigneur. Tous ces quatre derniers mots ont été formés des mêmes mots

Grecs qui ont fait le nom du Serpent Hemorrhous.

HEMORRHOUS. f. m. Sorte de serpent qui se tient dans les fentes des rochers qui vont en precipice, & qui est appellé ainsi, de αἷμα, Sang, & de ῥέω, Couler, à cause que ceux qui en sont mordus meurent ordinairement après avoir perdu leur sang par la bouche, par le nez, & par tout le corps. Voici de quelle maniere en parle Aëtius. Les serpens Hemorrhous, ou Hemorrois, ont trois palmes de longueur, la queue fort menue, & les yeux étincelans comme feu. Ils se traînent droit & lentement, & comme ils sont tout couverts d'écailles dures & âpres, ces écailles font un grand bruit quand ils marchent. Ils sont d'une couleur de sablon, & ont tout le corps moucheté de taches noires & blanches. Le mâle s'appuye sur les parties qui sont auprès de son ventre, & étend le col en se traînant, & la femelle s'appuye sur son ventre & sur le haut de sa queue. La playe que fait leur morsure, est rouge, noire & meurtrie, & il en sort seulement quelque aquosité d'abord. Ceux qu'a mordus ce serpent, sentent beaucoup de douleur en l'estomac, & ont grande peine à respirer. Après cela ils perdent leur sang par le nez, & par la playe, & s'ils ont quelques cicatrices sur le corps, il n'en est aucune qui ne s'ouvre. Ce sont les accidens que cause l'Hemorrhous mâle. La femelle fait couler le sang par les coins des yeux, par les gencives, par les racines des ongles, & en general par tout le corps. Elle fait aussi tomber les dents, & les gencives deviennent toutes pourries. Le remede à ces sortes de morsures, c'est d'employer aussi-tôt les medicamens qui ont la vertu d'étancher le sang, & d'appliquer sur la playe des cataplasmes faits de feuilles de vignes cuites, broyées, & incorporées en miel, & avant qu'on pisse le sang, il faut manger des aux en abondance, & boire beaucoup de vin bien trempé d'eau, & vomir ensuite, après quoi on doit prendre de la theriaque, & manger force poisson cuit dans l'huile avec des aux.

HEN

HENAP. f. m. Vieux mot. Une Coupe. On a dit aussi *Henas*.

HENDEUX. adj. Vieux mot. Enragé.

Qui pour fous & hendeux les tiennent.

Borel dit que c'est de là que vient le mot d'*Endeve*.

HENECHEN. f. m. Herbe qui croît aux Indes Occidentales dans le territoire de Panama. Elle a ses feuilles semblables au chardon, mais plus étroites & plus longues que celles du Cabvia, qui est une autre herbe dont les feuilles ressemblent aussi au chardon. Les Sauvages font du fil assés beau & assés fort de l'une & de l'autre de ces herbes, mais celui du Henechen est plus fin. Ils font rouir ces herbes sous l'eau des ruisseaux pendant quelques jours après quoi les ayant tirées de l'eau, ils les font secher au Soleil, les froissent avec un bâton, jusqu'à ce qu'il n'y demeure que le seul brin comme au lin, & enfin ils les filent ou en tordent des cordes.

HENEPE'E. f. f. Vieux mot formé de *Henap*, Coupe ou tasse.

Ne de buens parisis une grand henepée.

Borel entend par ce vers une coupe pleine d'argent, & d'autres l'expliquent par une grande poignée de deniers.

HENNER. v. a Vieux mot. Incommoder.

HEP

HEPATIQUE. adj. Terme de Medecine. Qui concerne le foye. On dit, *Rameau hepatique*, pour dire, Un rameau qui vient du foye; & on appelle *Flux hepatique*, Un flux qui est causé par le foye. La *Veine hepatique* est celle qu'on appelle autrement *Basilique* ou *Jecoraire*. Ce mot est Grec, ἡπατικὸς, & vient de ἧπαρ, Foye.

On appelle en Chiromance, *Ligne hepatique*, Une ligne remarquable dont toute la paume de la main est traversée. Elle commence dans l'espace qui est entre le pouce & le doigt indice.

Hepatique. f. m. Sorte de petite fleur de jardin. Elle fleurit violet ou rouge, & il y en a de doubles & de simples.

Hepatique. Sorte d'herbe qui croît & s'attache sur les pierres nues qui sont souvent arrosées d'eau ou de rosée. Elle est en forme de mousse. Ses feuilles sont grassetes, cartilagineuses & étroites par le bas. Elles ont trois ou quatre déchiquetures, & vont toûjours en élargissant. Cette herbe jette directement dès sa racine de petites tiges menues, au bout desquelles sont de petits chapiteaux faits en maniere d'étoiles. Pline en marque de deux sortes, l'une qui croît aux endroits pierreux, jettant une seule tige qui produit de longues feuilles & pendantes contre le bas. Celle-là broyée & appliquée avec du miel efface les cicatrices. L'autre croît & est attachée aux pierres comme la mousse. Cette derniere étanche le sang étant distillée dans les playes, & reprime toutes apostumes. Elle guerit ceux qui ont la jaunisse, s'ils s'en frottent la bouche & la langue avec du miel: mail il faut les baigner en eau salée, les frotter d'huile d'amendes, & empêcher qu'ils ne mangent ni herbes ni fruits. L'Hepatique est appellée par les Grecs λειχὴν, à cause que λειχῆνας θεραπεύει, c'est-à-dire, qu'elle arrête & guerit les dartres.

On appelle *Hepatique rouge*, des Cristaux de tartre rouge qu'on trouve dans les boutiques des Apothicaires. Cet Hepatique rouge est fort bon pour corriger les grandes chaleurs que l'on ressent en Eté, pour éteindre l'ardeur & la soif des fiévres tierces & pour dissiper l'yvresse.

HEPATITE. f. m. Sorte de Pierre precieuse que Pline dit avoir été appellée ainsi du Grec ἧπαρ, Foye, à cause qu'elle a la couleur & la figure du foye.

HEPTAGONE. f. f. Terme de Geometrie. Figure à sept Angles & sept côtés. En termes de Fortification on appelle *Heptagone*, une Place fortifiée de sept Bastions, du Grec ἑπτὰ, Sept, & γωνία, Angle. On dit aussi *Eptagone*.

HER

HERALDIQUE. adj. Qui concerne le Heraut. On appelle *Art heraldique*, *Science heraldique*, la Science qui traite des Blasons & des anciens Jeux & Fêtes des Chevaliers; on lui a donné ce nom à cause que la principale fonction des Herauts étoit de regler ces Jeux & de se trouver aux Tournois & Joûtes, où ils tenoient regiftre des noms & blasons des Chevaliers qui s'y presentoient.

HERAUT. f. m. Officier qui sert aux ceremonies. Les Herauts sont au nombre de vingt-huit, dont le premier, qui est Roi d'Armes, se nomme *Montjoye S. Denys*. Les autres portent le titre de differentes Provinces, sçavoir de Bourgogne, d'Alençon,

çon, de Bretagne, de Poitou, d'Artois, d'Angoulême, de Berri, de Guienne, de Picardie, de Champagne, d'Orleans, de Provence, d'Anjou, de Valois, de Languedoc, de Toulouse, d'Auvergne, de Normandie, de Lyonnois, de Dauphiné, de Bresse, de Navarre, de Perigord, de Saintonge, de Touraine, de Bourbonnois & d'Alsace. Leur fonction est d'aller dénoncer la guerre & sommer les Villes de se rendre, & de publier la paix. Ils assistent aux mariages des Rois & des Reines, aux ceremonies des Chevaliers du S. Esprit, aux festins Royaux, & aux baptêmes des Enfans de France ils distribuent des pieces d'or & d'argent. Ils marchent devant le Roi lorsqu'il va à l'offrande le jour de son Sacre, & se trouvent aux Sermens solemnels, aux Etats generaux, aux Juremens de paix, aux renouvellemens d'alliance & aux Pompes funebres, des Rois, des Reines, des Princes & des Princesses du Sang. Dans toutes ces ceromonies ils sont revêtus de leurs cottes d'armes chargées devant & derriere de trois fleurs de lis d'or, & autant sur chaque manche où le nom de leur Province est écrit en broderie d'or. Ils portent une toque de velours noir, ornée d'un cordon d'or, & ont des brodequins pour les ceremonies de paix, & des bottes pour celles de guerre. Quand il s'agit de quelque pompe funebre où ils soient obligés de se trouver, ils mettent par dessus leurs cottes d'armes une longue robe de deuil traînante, & tiennent un bâton qu'ils appellent *Caducée*, & qui est couvert de velours violet, & semé de fleurs de lis d'or en broderie. Ils portent aussi la médaille du Roi pendue à leur col. Le Roi d'armes Mont-joye S. Denys met une Couronne Royale au dessus de ses fleurs de lis. Dans les obseques des Rois il y a toûjours deux Herauts d'armes qui se trouvent jour & nuit au pié du lit de parade où est le corps du Prince défunt, ou son effigie en cire. Ce sont eux qui presentent le goupillon aux Princes, Prélats & autres qui viennent jetter de l'eau benite. L'origine des Herauts est fort ancienne. Les Grecs les ont nommés κήρυκες & εἰρηνοφύλακες, c'est-à-dire, Gardiens de la paix, & les Romains *Feciales*. Ils avoient chés eux le pouvoir de déclarer la paix où la guerre. Le principal emploi des Herauts étoit autrefois de dresser des armoiries, des genealogies & des preuves de noblesse. Ils étoient Surintendans des armes & conservateurs des honneurs de la guerre, en sorte qu'ils avoient droit d'ôter les Armoiries à ceux que leur lâcheté ou leur trahison avoient fait meriter qu'on les dégradât de noblesse. Ils avoient aussi celui de corriger tous les abus & les usurpations des couronnés, casques, timbres & supports, & la connoissance des differends qui survenoient entre les Nobles pour l'antiquité de leurs races & pour leurs prééminences leur appartenoit. Ils alloient même dans les Provinces faire des enquêtes touchant la noblesse, & on étoit obligé de leur communiquer tous les vieux Titres des Archives du Royaume. Ils annonçoient la guerre ou la paix chez les Princes étrangers, & leurs personnes n'étoient pas moins inviolables que celle des Ambassadeurs. C'étoit une des fonctions de leur Charge de publier les Joustes & les Tournois, de convier à y venir, de signifier les cartels, de marquer la lice où le combat devoit être fait, de rappeller tant les assaillans que les tenans, & de partager également le Soleil entre ceux qui combattoient à outrance. Quand il y avoit guerre, ils avoient soin de marquer aux Chevaliers & aux Capitaines le jour où la bataille se devoit donner, & ils y assistoient en haut appareil devant le grand Etendard. Pendant le choc, ils se retiroient sur quelque lieu élevé, d'où ils pouvoient voir plus aisément les actions de valeur que chacun faisoit, afin d'en pouvoir rendre compte au Roi. C'étoit à eux à faire le dénombrement des morts, à relever les Enseignes, à redemander les Prisonniers, à sommer les Villes de se rendre; & quand il s'étoit fait quelque capitulation, ils marchoient devant le Gouverneur qui avoit capitulé pour assûrer sa personne. Ils étoient aussi les principaux juges des récompenses qui étoient dûes à ceux qui avoient combattu avec le plus de valeur, & les dépouilles des vaincus étoient partagées selon leurs avis. Il falloit avoir exercé sept ans la Charge de Poursuivant d'armes, pour obtenir celle de Heraut, que l'on ne pouvoit quitter que pour être Roi d'Armes, ou pour monter à la dignité de Chevalier. Il y avoit une cérémonie particuliere pour baptiser les Herauts, & c'étoit le Roi qui la faisoit avec une coupe d'or pleine de vin qu'il leur versoit sur la tête, en les nommant Herauts du titre qu'ils devoient prendre. Borel est de l'opinion de Fauchet sur l'étymologie de ce mot, & veut qu'il vienne ou de l'Allemand *Heralt*, Sergent d'armes ou vieux Gendarme, ou de *Here*, qui signifioit autrefois un Camp ou une Armée. Du Cange le dérive de l'Anglois *Here*, ou de l'Allemand *Heer*, Armée, & de *Ald*, Serviteur, à cause que les Herauts avoient grande fonction dans les Armées. Ragueau dit que Heraut a été pris pour celui qui portoit la parole de la part du Prince, & qu'il vient du Latin *Herus*, Maître.

HERBE. s. f. *Espece de plante dont la substance est molle, tendre & non boiseuse, & qui s'éleve de terre en brin ou en feuille.* Acad. Fr. Ce mot vient du Latin *Herba*, que quelques-uns dérivent d'*Arvum*, Champ, & d'autres du Grec φέρβειν, Paître, nourrir. Il y en a qui le dérivent du Syriaque *Hesba*, ou de l'Hebreu *Hescbb*, qui veulent dire la même chose dans l'une & dans l'autre langue.

Herbe de chat. Plante que l'on a nommée ainsi à cause que les chats l'aiment. Ses feuilles sont moindres que celles d'ortie ou de melisse, & un peu blanchâtres. Sa tige qui est quarrée & haute de deux coudées, pousse force branches quadrangulaires. Ses fleurs sont blanches & sortent par rondeaux, à l'exception de celles qui sont à la cime de la tige, & qui sortent en forme d'épi. Sa racine est fort fiévreuse & capilleuse, & a une odeur pénétrante qui fait mal à la tête, & un goût chaut & brûlant avec une grande amertume. Cette herbe croît le long des chemins & aux lieux humides, & a la même vertu chaude & dessicative que le Calament. Elle est sur-tout singuliere à toutes douleurs de tête, de poitrine, d'estomac & de matrice, quand elles proviennent de ventosités & d'excremens phlegmatiques. Les femmes steriles qui mangent de cette herbe deviennent fécondes, principalement si leur sterilité provient de froideur, à cause de la merveilleuse qualité qu'elle a pour échauffer la matrice. Son jus distillé dans les narines en tire l'humeur pituiteuse & aiguise la vûe.

Herbe aux Puces. Plante menue comme foin, qui jette ses branches de la hauteur d'un palme. Elle a ses feuilles semblables au Coronopus, mais plus longues & velues. Sa chevelure commence à sortir du milieu de sa tige, & a deux ou trois petites têtes à la cime qui sont amassées, au-dedans desquelles il y a une graine noire, dure & semblable à une puce; ce qui lui a fait prendre le nom d'*Herbe à Puces*. Elle croît parmi les champs & aux lieux non cultivés, & a une vertu refrigerative &

propre à mollifier & à épaissir. Matthiole parle d'une seconde espece d'Herbe à puces qui est beaucoup plus sarmenteuse & plus feuillue, & qui a ses feuilles plus longues, plus étroites & en plus grand nombre, velues, blanches & entortillées l'une parmi l'autre. Ses boutons sont semblables à la premiere espece que décrit Dioscoride, si ce n'est qu'ils sont en plus grande quantité & plus petites. Leur graine est semblable à l'autre. Sa racine a force branches & est toute pleine de capillatures. Les Apothicaires se servent de la graine dans la composition des mucilages qu'ils font pour refroidir les inflammations & pour restreindre les caterres chauds. Les Medecins s'en servent aussi pour désalterer & pour adoucir l'âpreté de la langue & du gosier dans les fiévres chaudes & aigues, & pour lâcher le ventre.

Herbe-Paris. Plante qui ne produit qu'une seule tige ronde, haute d'un pié & demi. Du milieu de cette tige sortent quatre feuilles disposées en croix de Bourgogne, & fort semblabes à celles de *Virga sanguinea.* A la cime de la même tige sont quatre autres petites feuilles, disposées aussi en croix, au milieu desquelles est une petite boule rouge & pleine de vin. Cette boule renferme force graine petite & blanche, qui est singuliere contre tous poisons. Sa racine est menue & pâle, & divisée en plusieurs capillatures. On l'appelle autrement *Raisin de Renard*, en Latin *Uva versa*, ou *Uva vulpina.*

Herbe de musc. Plante qui porte sa tige assés haut, & qui vient dans les Antilles. Elle croît toûjours touffue, comme un petit buisson sans épines, & a ses feuilles dures & assés longues. Ses fleurs sont jaunes, en forme de calice & de clochette, & agreables à voir. Elles se forment après en un bouton assés gros, qui étant mûr devient d'un blanc satiné en-dedans, & de couleur de musc en-dehors. La graine que renferme ce bouton est aussi de la même couleur brune, & sent parfaitement le musc quand elle est nouvellement cueillie. Elle en conserve l'odeur fort long-tems si on la tient en lieu sec & dans un vaisseau où elle ne s'évente pas. C'est delà qu'elle a pris le nom d'*Herbe de musc.*

On trouve aussi dans les Antilles plusieurs especes d'*Herbes toûjours vives.* Les unes croissent sur le tronc des vieux arbres, comme le Gui sur les chênes; les autres en terre & sur des rochers. Elles ont tant d'humidité naturelle, que bien qu'elles soient attachées & suspendues la racine en haut dans les lieux où l'on prend soin de les conserver par ornement & pour réjouir la vûe, elles ne perdent rien de leur vert.

Herbe. Terme de Manége. Verd qu'on donne à un cheval qui a été malade, pour le rétablir. Il se dit particulierement de l'orge en vert; & cela s'appelle *Mettre un cheval à l'herbe.* On dit aussi *Donner de l'herbe à un cheval*, pour dire, Le récompenser en lui donnant un peu d'herbe fraîche, après qu'il a bien manié, & qu'il a satisfait son Cavalier. On dit, en parlant de l'âge d'un cheval, qu'*Il prendra trois ans, quatre ans aux herbes*, pour dire, qu'Il aura cet âge-là au Printems.

HERBEILLER. v. n. Terme de Chasse. On dit d'un Sanglier, qu'*Il herbeille*, pour dire, qu'Il broute l'herbe.

HERBER. v. a. Terme de Maréchal. On dit *Herber un cheval*, pour dire, Lui mettre au milieu du poitrail un morceau de racine d'ellebore, pour le guerir du mal de tête ou de l'avantcœur, en faisant enfler ou suppurer la partie; de même aux bœufs & aux vaches au bout de la queue & aux oreilles, d'où vient qu'on appelle en certains endroits *Herbe à piquer.*

HERBERGE. s. f. Vieux mot. Loge, demeure. On a dit aussi *Herbergier*, pour dire, Loger d'*Hereberga*, Château, en vieux Allemand.

HERBIER. s. m. Le premier des ventricules du bœuf & des autres animaux qui ruminent, appellé ainsi à cause qu'il reçoit l'herbe qu'ils paissent.

Herbier, est aussi un terme de Fauconnerie, & signifie le canal du col de l'oiseau par où il tire sa respiration.

HERCER. v. a. Vieux mot. Déchirer.

Ceux fustent, battent, lient, pendent,
Heurtent, hersent, écorchent, foulent.

HERCOTECTONIQUE. s. f. Partie de l'Architecture militaire, qui travaille à la munition. Ce mot vient du Grec ἕρκος, Clôture, & de τεκτονική, Art qui apprend à bâtir.

HERE. s. m. Sorte de jeu où chaque joueur ne prend qu'une carte qu'il peut changer avec celle de son voisin, si ce n'est qu'il se rencontre un Roi qui l'arrête. Celui à qui la plus basse carte demeure dans chaque coup, met une marque au jeu, & le joueur qui a encore quelques marques quand tous les autres en manquent, gagne la partie. On appelle aussi *Here*, dans ce jeu, l'as qui étant la plus basse carte fait perdre celui à qui elle demeure dans la main.

Here. Vieux mot. Camp, armée. On a dit delà *Heriban* ou *Herisban*, pour dire, Arriere-ban, c'est-à-dire, *Heri bannus*, Clameur du Seigneur, du Maître. On disoit aussi, *Rierchan*, pour, Arriere-ban.

O lui pris flamens à mort riere
Raoul de Neele son frere,
Cil ne sont pas le riereban,
Si c'est Godefroi de Brebant.

HEREMITAINE. s. f. Vieux mot. Hermitage.

HERESE. s. f. Vieux mot. Doute, opinion, qui ne s'accorde point à l'opinion commune.

Si tu y vois parfondement
Sans herese confondement.

Ce mot vient du Grec αἵρεσις, Division, secte.

HERESENT. s. m. Vieux mot. Désertion d'armée, du mot *Here*, qui a signifié Camp.

HEREVIS. s. m. Sorte de Religieux Turcs qui ont un Monastere à Constantinople, & qui vivent dans une grande profession de pauvreté. Ils ont pris leur nom d'un Santon de grande réputation qu'on appelle Herevi, & qui demeuroit à Pruse, qui étoit alors le siege de l'Empire, du tems d'Orchamus, second Roi des Turcs. C'étoit un homme très-sçavant dans la Chymie, & qui donnoit de l'or au lieu d'aspres à ceux qui entroient dans son Ordre, & qui professoient sa Religion. Il portoit une veste verte, gardoit une fort grande sobrieté, raccommodoit ses habits lui-même, & préparoit les viandes pour son Couvent. Il donna de grands fonds à des Mosquées, & fonda plusieurs Maisons de charité au grand Caire & à Babylone. Son tombeau est à Pruse, où il est visité par un nombre infini de Pelerins, & enrichi des liberalités de ceux qui ont de la veneration pour sa memoire. Ces Religieux sont appellés aussi *Hizrevis.*

HERIGOTE', E'E. adj. Terme de Chasse. Il se dit d'un chien qui a une marque aux jambes de derriere. Cette marque, qu'on appelle *Herigoture*, est un bon signe, quand il n'y en a pas plusieurs.

HERISSER. HERISSONNER. v. a. C'est Récrepir, recouvrir, & ragréer un mur de mortier ou de plâtre. Les Entrepreneurs sont obligés de *Herisser* les murs quoiqu'il n'en soit pas parlé dans le marché.

Lorsqu'un mur est de pierres à paremens, on se garde bien de le *herisser*.

HERISSON. f. m. Petit animal long environ de huit pouces, qui a la bouche semblable à celle du liévre, & dont les oreilles ressemblent à celles de l'homme. Il a quatre dents, & sur son dos & ses flancs sont des piquants, en partie blancs & en partie noirs, qu'il baisse & qu'il leve quand il veut. Matthiole en marque deux especes, dont la difference ne se connoît qu'au museau, les uns l'ayant fait comme un pourceau, & les autres ayant un nés comme un chien. Ils sortent rarement de leurs tanieres, si ce n'est la nuit. Ils vivent parmi les ronces & les buissons, & mangent des fruits & des racines. Lorsque les raisins commencent à être mûrs, ils vont aux vignes, & s'attachant aux grappes qu'ils trouvent à fleur de terre, ils les égratignent avec leurs pattes qui ont cinq doigts & des ongles longs, pointus & creux. Ensuite ils le mettent en une boule, & se roulant sur les grains de raisin qu'ils ont détachés des grappes, ils les attachent à leurs pointes pour les emporter au lieu où ils se retirent. Ils emportent de la même sorte les pommes & les poires sauvages que le vent a abbatues, ou qui sont tombées d'elles-mêmes pour être mûres. Quand un Herisson sent les chiens, il se met en rond, afin que ne trouvant de tous côtés que des pointes & des épines, ils cessent de l'attaquer. Pour l'obliger à se remettre dans son sens naturel, il le faut arroser d'eau, & ses pointes se rabatent aussi-tôt. Il est de temperature froide, & abonde en excremens, dont ses épines sont entretenues. Sa chair étant fort stiptique, terrestre & de difficile digestion, est meilleure en medecine qu'à manger, à cause du peu de nourriture qu'elle donne.

Il y a aussi un *Herisson de mer.* Matthiole dit qu'il en a vû de tout noirs & d'autres rouges & purpurins, qu'il croit être l'espece qu'Aristote appelle *Echinometres*, à cause qu'ils étoient beaucoup plus grands que les autres. Il ajoûte qu'il y en a une autre sorte. Ceux-là sont petits & bons à ceux qui ne peuvent uriner que goute à goute. Ils ont leurs pointes ou épines longues & dures, & ils ne se trouvent que dans les gouffres & les eaux profondes. Le corps du Herisson est fait comme un four, étant fort épais devant & derriere, & fenestré comme une lanterne dont on a ôté la corne. Il est couvert d'une écaille toute entassée de pointes, qui lui tiennent lieu de piés ; car voulant aller d'un lieu à l'autre, il s'appuie sur ces pointes, ce que l'on connoît en ce qu'elles se trouvent entortillées aux herbes qui sont au fond de la mer. Ce qui lui sert de tête est contre terre, & la partie par où il fiente est dessus. Tous les Herissons ont cinq dents creuses au-dedans, entre lesquelles il y a un petit morceau de chair qui leur sert de langue, à laquelle le gosier est attaché, & ensuite le ventre qui est divisé en cinq parties, qui paroissent plusieurs ventres, chacune étant remplie d'excremens & séparée, & toutes ne laissant pas de dépendre d'un seul ventricule. On tient que ces sortes de poissons présagent la tempête, & que quand ils la sentent prête à venir, ils s'assemblent & se couvrent de pierres pour se rendre plus pesans. Selon Galien, la cendre des Herissons, tant terrestres que marins, est absterfive, resolutive, & attractive ; de sorte que quelques-uns s'en servent pour mondifier les sales ulceres, & ôter les excrescences de la chair. La cendre du Herisson terrestre est employée quelquefois pour rompre la pierre.

On trouve aussi le long de toutes les côtes des Indes Occidentales diverses sortes de *Herissons de mer*, que les Habitans nomment autrement *Poissons armés.* Il y en a qui sont gros comme un balon, presque tout ronds, & n'ayant qu'un petit moignon de queue qui fait qu'ils different d'une boule. Ce poisson n'a point de tête, mais il a les yeux & la queue attachés au ventre. Au lieu de dents, il a deux petites pierres blanches fort dures, & larges d'un pouce. Ce sont comme deux petites meules, dont il se sert, pour moudre, casser & écraser les cancres de mer, & les petits coquillages, dont il fait sa nourriture. Il est tout armé de petites pointes grosses & longues comme des fers d'aiguillette & aussi pointues que des aiguilles, qu'il dresse, baisse & traverse, selon le besoin qu'il en peut avoir. On prend ce poisson en lui jettant une ligne au bout de laquelle est un petit ameçon d'acier couvert d'un morceau de cancre de mer. Quand il l'a avalé, & qu'en voulant fuir il se sent arrêté par le Pêcheur qui tire la ligne, il entre dans une rage, qui lui fait herisser toutes ses pointes, en sorte que l'ayant tiré à terre, il est impossible de le prendre par aucune partie de son corps. Ainsi on est obligé de le porter un peu loin du rivage avec le bout de la ligne, & il expire là peu de tems après. Dans tout le corps de cet animal, qui est quelquefois plus gros qu'un boisseau, il n'y a pas plus à manger qu'à un petit maquereau. On lui trouve dans le ventre une maniere de bourse remplie de vent, dont on fait la colle la plus forte & la plus tenace qui se puisse faire. Les autres Herissons de mer, ou poissons armés de ces côtes, ne different de celui-ci qu'en la situation ou en la longueur de leurs pointes. Il y en a qui les ont plus courtes, d'autres plus menues, & d'autres en forme de grandes étoiles.

Herisson. Terme de Méchanique. Roue dentelée de plusieurs chevilles de bois, fichées dans la circonference de la roue.

Herisson. Terme de Guerre. Barriere faite d'une poutre qu'on arme de quantité de pointes de fer, & qui est portée & balancée par le milieu, sur un pivot autour duquel elle tourne. On la met aux portes & sur-tout aux guichets des Villes, & elle sert à ouvrir ou à fermer le passage selon qu'il est necessaire.

Herisson. Terme de Menuisier. Morceau de bois de cinq ou six piés de long, & qui a deux ou trois branches. On y met la Vaisselle qu'on a lavée afin de la laisser égouter.

C'est aussi un Glacis qu'on fait de pierre devant la porte d'un Moulin.

HERISSONNE', E'E. adj. Terme de Blason. Il ne se dit que d'un chat, quand il est ramassé & accroupi.

HERISSONNER. v a. Voyez HERISSER.

HERISTAL. f. m. Vieux mot. Logis, demeure, habitation.

HERITEZ. f. m. p. Vieux mot. Heretiques. Il a signifié aussi heritages.

Qui maintes fois par leurs flavelles,
Ont aux Varlets & aux pucelles
Leurs droits heritez tollus.

HERMAPHRODITE. f. m. Celui qui a les deux sexes, qui a tout ensemble la nature de l'homme, & la nature de la Femme. C'est ce que les Grecs appellent ἀνδρόγυνος. Il y a aussi des Femmes Hermaphrodites. Ce mot vient du Grec ἑρμῆς, Mercure, & ἀφροδίτη, Venus, comme qui diroit, Mêlé de Mercure & de Venus, c'est-à-dire, qui tient du mâle & de la femelle.

HERMETIQUE. adj. Terme de Chymie. On appelle *Science hermetique*, la Chymie en laquelle a excellé Hermes, Philosophe Egyptien, que quelques-uns ont fait vivre du tems de Ninus, & qui pour avoir approfondi les merveilles de la nature, a merité le surnom de *Trimegiste*, qui veut dire, Trois fois grand. On appelle aussi *Sceau hermetique*, une maniere si exacte de boucher les Vaisseaux dont on se sert pour les operations chymiques, que les esprits les plus délicats ne s'en puissent exhaler. Il faut pour cela fondre à la lampe le bout du col du matras, & le tortiller avec des pincettes faites exprès. Ainsi on dit qu'*Un Vaisseau est scellé hermetiquement*, quand il est bouché de cette maniere.

On appelle *Colomne hermetique*, Une sorte de colomne, qui est une espece de pilastre en maniere de terme, ayant une tête d'homme au lieu de chapiteau. C'est ce qui la fait appeller *Hermetique*, à cause que les Anciens y mettoient la tête de Mercure, que les Grecs nomment *Hermes*.

HERMIARIA. f. f. Plante qui a pris son nom des proprietés qu'elle a pour guerir la Hergne. M. de Meuve, qui en parle dans son Dictionaire Pharmaceutique, dit qu'outre cela elle est propre à provoquer les urines & à rompre la pierre qui est dans les veines & la vessie; qu'on s'en sert aussi pour la guerison des playes & des ulceres, & qu'on la nomme autrement *Herba Turca*, ou *Herba cancri minor*, *millegrana*, ou *empetrum*. On ne se sert que de ses feuilles.

HERMINE. f. f. Animal qui se trouve dans les pays froids, en Bretagne & au bas Anjou, & dont la peau est très-blanche. Ce n'est autre chose, tant pour sa figure, que pour sa nature, qu'une Belette blanche qui a au bout de sa queue une petite pointe extrêmement noire, qui se met au bas des Aumusses des Chanoines, dont on fourre les manteaux des Pairs & les chapperons des Docteurs. Cette petite bête n'est blanche que pendant l'Hiver, lorsqu'elle est assiegée de tous côtés du froid, & des neges. Sur la fin du mois de Mai, sa peau reprend sa premiere couleur de roux clair & de verd de mer, de même que celle des autres beletes, & c'est le tems où cet animal s'accouple. L'Hermine prend les souris de la même sorte que fait la Belette. Quelques-uns veulent qu'on lui ait donné ce nom à cause que sa peau étant une fort belle fourrure, on en fait grand trafic en Armenie où ces animaux se trouvent en abondance; & comme les Armeniens ont été appellés autrefois *Hermines*, ainsi que témoigne Villehardouin, qui dit le *Sire des Hermines*, pour dire, le Roi des Armeniens, ces Peuples ont appellé cet animal de leur nom.

Hermine. Terme de Blason. La premiere des deux fourrures qui y sont en usage, dont la seconde est le Vair. C'est un champ d'argent semé de petites pointes de sable en forme de triangles.

Hermine. Ordre de Chevalerie que Jean V. dit le Vaillant, Duc de Bretagne, institua ou renouvella vers l'an 1365. Il fut appellé ainsi à cause des Colliers d'or chargés d'Hermines que portoient les Chevaliers avec cette Devise *A ma vie*. Depuis ce tems-là, la Bretagne porta d'Hermines dans ses armes, au lieu de trois gerbes que les anciens Ducs portoient.

HERMINETTE. f. f. Outil qui sert à planir & à doler le bois, & particulierement le courbe.

HERMITE. f. m. *Solitaire, qui s'est retiré dans un desert pour y servir Dieu*. ACAD. FR. Ce mot est Grec ἐρημίτης, & vient de ἐρημία, Solitude, lieu desert. On appelle les Religieux Augustins, *Hermites de S. Augustin*, à la difference des Chanoines Reguliers de ce même Ordre, qui suivent des regles differentes, & portent un habit particulier. Les Hieronimites sont aussi appellés *Hermites de S. Jerôme*. Les *Hermites de S. Paul*, sont des Religieux habillés de blanc qui vont déchaussés, & qui vivent sous la Regle de S. Augustin. Il n'y en a point en France. Il y a une espece de coquillage qu'on appelle *Bernard l'Hermite*.

HERMODACTE. f. m. Plante dont les feuilles sont de la longueur de deux palmes, & ressemblent à celles du porreau ou de l'Afrodille, quoique plus étroites. Elle en a près de sa racine qui sont plus courtes. Du milieu de ses feuilles sort une tige déliée & verte, qui porte à sa cîme une petite tête longuette en forme de poire, comme celle du *Colchicum ephemerum*, mais moindre. Elle a quatre racines qui sortent d'un même endroit, & qui sont semblables aux doigts de la main, ayant même au bout une maniere d'ongles blancs, ce qui la fait appeller par les Grecs ἑρμοδάκτυλος, de δάκτυλος, Doigt. Le reste de ses racines est de couleur pâle roussâtre, sans capillature, si ce n'est celle qui sort au-dessus de leur issue. C'est la seule partie de cette plante qui soit en usage dans la Medecine, & qui porte absolument le nom d'Hermodacte. Pour les bien choisir, il faut prendre les Hermodactes qui sont blancs, gros, ronds, pleins, pesans & durs, sans carie. Ils sont bons à tirer la pituite crasse des jointures, & à la faire jetter dehors par le bas ventre, lorsqu'ils sont pris depuis une drachme jusqu'à deux dans une décoction convenable, mais leur humidité flatueuse & excrementeuse pouvant nuire à l'estomac, on s'en sert fort peu séparément, & on les corrige en partie par le gingembre, & en partie par les Myrobolans qui fortifient l'estomac, & qui les font descendre au plûtôt dans les intestins.

HERODIENS. f. m. Secte de Juifs qui étoient persuadés que l'ancien Herode étoit le Messie, que les Prophetes avoient annoncé. Ce qui leur avoit donné cette croyance étoit que le sceptre avoit défailli en la Tribu de Juda quand cet Herode étoit parvenu à la Royauté.

HERON. f. m. Grand oiseau aquatique & sauvage, qui est en butte à tous les oiseaux de proie. Il a le col long, un grand bec, les jambes hautes & la queue courte. Il y a des Herons blancs, d'autres cendrés, & d'autres crêtés avec une aigrette sur la tête. Le Heron vit de poisson, & on l'appelle en Latin *Ardea*, fait selon quelques-uns d'*Arduus*, Difficile, haut, *Quasi ardua petens*, c'est-à-dire, Prenant l'essor & volant fort haut.

Outre les Herons communs, on en trouve de deux autres sortes dans les Antilles, dont les premiers different fort peu du Heron commun, si ce n'est en une chose très-particuliere qu'on a remarquée dans ces oiseaux. Ils ont tous dans la substance de la peau du ventre quatre taches jaunes, larges d'un pouce, & longues de deux, & deux autres semblables aux deux cuisses, mais plus épaisses, & ameres comme le fiel. Il faut avoir soin de les couper, cette amertume étant d'une telle force que si on faisoit bouillir un de ces oiseaux avec d'autre viande, il seroit impossible d'en manger. La seconde espece de ces Herons est un très-bel oiseau. Il a la forme du corps plus longue que celle des autres, & le col deux ou trois pouces plus long que le corps. Il est monté sur des jambes longues & menues comme celles du Heron, & ses ailes finissent avec sa queue. Son bec est long d'un pié, menu, droit & jaune, tirant sur le verd. Sa tête enchaperonnée de noir porte sur le sommet une belle arrête de plumes de couleur d'ardoise, au-dessous de laquelle pendent en arriere en forme de pennaches, deux autres plumes de même couleur, longues de huit à dix pouces, fines & déliées comme des aigrettes. Ses yeux sont larges, clairs comme du cristal, & environnés d'un cercle doré. Au bas de son col sont cinq ou six fort belles aigrettes, il ny a que ceux qui sont fort vieux qui en ayent, & l'on tient même que les femelles n'en ont point. Tout le dos de cet oiseau est couvert de plumes fines de couleur d'ardoise comme celles qui lui servent de pennaches, & les plumes de ses ailes sont de la même couleur. Sa chair est aussi bonne que celle des autres Herons; mais cet oiseau n'est pas si commun. C'est la description qu'en fait le Pere du Tertre, Jacobin. Ces oiseaux vivent ordinairement de crabes, ce qui fait que les habitans les nomment *Crabiers*.

HERONNIER, IERE. adj. On appelle *Faucon Heronnier*, celui qui est dressé à la chasse du Heron. On appelle aussi *Oiseau heronnier*, Un oiseau qui est sec, vîte, & aussi peu chargé de cuisine que le Heron, qui a la cuisse essuyée, l'aile seche & ferme, & le corps bien cousu dans sa peau.

HERPE. s. m. Terme de Marine. Il se dit de la coupe d'une lisse qui se trouve à l'avant & à l'arriere du haut des côtés d'un Navire. On y met un ornement de Sculpture, & cet ornement est aussi appellé *Herpe*, ainsi que ceux qu'on met sur les côtés du retranchement qui se fait au bout du château d'avant, qu'on appelle *Herpe d'éperon*, la Belle est aussi terminée par quatre Herpes qui sont au platbord. Il y en a deux à stribord, & deux à bas bord. Ce sont des pieces de bois taillées en balustres.

Herpes. Terme de Medecine. Inflammation qui par une longue suite de Bourgeons qui errent çà & là, & qui rongent & dévorent le cuir, y cause une fort grande âpreté. C'est une espece de dartre. Il y a des *Herpes miliaires*, & d'autres qu'on appelle *corrosives*, à cause que ces boutons ulcerent le cuir. Les premieres ont le nom de miliaires, de ce qu'elles font lever sous l'épiderme de petits boutons qui ne sont que de la grosseur d'un grain de mil. Ce mot est Grec ἕρπης, & vient du verbe ἕρπειν, Ramper.

On appelle *Herpes marines*, toutes les richesses que la mer tire de son sein, & qu'elle jette naturellement sur ses bords. L'ambre-gris en Guienne, l'ambre jaune sur l'Ocean Germanique, & le Corail rouge, noir & blanc sur la côte de Barbarie, sont de ce nombre, & on les peut appeller *Epaves de mer*. Ce mot vient du vieux Gaulois *Harpir*, Prendre.

HERPÉ. adj. Terme de Chasse. On appelle *Chien herpé, bien herpé*, Un chien qui a le jarret droit, ce qui est une bonne qualité.

HERPER. v. n. Mot qui se trouve dans le vieux langage, & qui signifie ce qu'on entend quand on dit que les cheveux herissent. On a dit aussi *Heruper*, de *Horripilare*.

HERSE. s. f. Instrument dont les Laboureurs se servent pour renverser les terres sur la semence nouvellement jettée dans un champ, afin d'empêcher que les oiseaux ne la mangent. Il est fait en treillis, de pieces de bois qui se croisent, & qui ont des pointes ou grosses chevilles en chaque intersection, propres non seulement à couvrir de terre les grains qu'on y a jettés, mais encore à fendre les motes & à les casser. C'est ce que les Anciens appelloient *Cratis occatoria*, qui étoit un Instrument à peu près semblable avec lequel ils brisoient les motes de terre qui auroient pû empêcher le blé de pousser. On remarquoit que de cent grains qu'on semoit, il en demeuroit cinquante étouffés sous les motes aux pays où cet Instrument n'étoit pas connu, de sorte qu'un Ancien ayant été accusé de magie, à cause que son champ portoit beaucoup plus de fruits que ceux de ses voisins, porta aux Juges cette Herse, en leur disant: Voilà la magie dont je me sers pour attirer le blé des champs de mes voisins dans le mien. Ce mot vient d'*Herpices*, dont parle Festus dans la même signification, & on a dit *Herces* par contradiction.

Herse, se prend aussi pour une barriere qu'on met devant les logis, & on appelle en termes de Fortification *Herse Sarrasine*, Une contreporte faite en treillis avec des pointes de fer par le bas. Elle est après le pont-levis & la porte d'une place de guerre, & elle est suspendue à une corde. On la laisse tomber lorsque le petard a enfoncé la premiere porte. On le fait aussi pour se garantir de quelque surprise.

On appelle aussi *Herse*, Une sorte de porte coulisse d'où plusieurs morceaux de fer pointus sortent en maniere de dents.

Herse. Terme de Parcheminier. Sorte de chassis assés grand qui est avec des chevilles, & sur lequel on étend le parchemin en cosse pour le raturer.

On appelle aussi *Herse* dans les Eglises, des pieces de bois où l'on pose des chandeliers ou des cierges, lorsqu'on y veut mettre beaucoup de luminaire, comme il se pratique dans les Chapelles ardentes. On donne ce nom particulierement aux Chandeliers triangulaires qu'on pose devant la representation du corps du défunt, & qui ont ordinairement quinze chevilles ou pointes, sur lesquelles on met le même nombre de cierges.

Herse. Terme de Marine. Bout de corde épissée qui sert à divers usages. C'est ce qu'on appelle autrement *Etrope* ou *Gerseau*. *Herse de poulie*, est celle qui entoure le mouffle de la poulie, & qui sert à amarrer aux endroits où l'on a besoin de s'en servir. *Herses d'affût* sont des Herses avec des manieres d'anneaux concaves appellés *Delots* ou *Cosses*, & ces Herses sont posées au bout du derriere du fond de l'affust d'un canon où l'on accroche les Palans. La corde qui joint le Gouvernail avec l'Etambor d'un Navire, s'appelle *Herse de Gouvernail*.

HERSÉ, ÉE. adj. Terme de Blason. Il se dit d'une porte dont la Herse ou coulisse est abbatue.

HERSER. v. a. Terme de Laboureur. Faire passer la herse sur un champ, afin d'en rompre les motes, & de recouvrir les grains qu'on y a semés. On disoit autrefois *Hercher*.

HERSILLIERES. s. f. p. Terme de Marine. Pieces de bois courbes qu'on met au bout des plats-bords d'un Navire ou d'un bateau, qui sont sur l'avant & sur l'arriere pour les fermer.

HES

HESCHE. s. f. Espece de barriere dont on garnit les côtés d'une charette pour charroyer librement sans occuper les roues.

HESE. s. f. Vieux mot. Clôture, ou barriere des cours des Métairies.

HESHUSIENS. s. m. Heretiques qui donnerent dans l'Arrianisme, & d'autres erreurs que Tilman Heshusius, Ministre Protestant d'Allemagne, soûtint par divers Traités qu'il publia dans le seiziéme siecle, pour avoir la gloire de se faire chef de parti.

HESTOUDEAU. s. m. Gros poulet, qui n'est pas encore chapon, & qu'on appelle en Latin *Pullaster*.

HESTRE. s. m. Arbre haut dont le tronc est droit

& sans nœuds, & qui a ses branches en rond. Ses feuilles sont grosses, un peu larges, & semblables à la carpie, si ce n'est qu'elles sont plus grandes, plus lissées & moins crépées. Le Hêtre est mis au rang des chênes, quoique son fruit qui est une sorte de noyau triangulaire qu'on appelle *Faine*, n'ait aucune forme de gland. Le bois de cet arbre, appellé autrement *Fau* ou *Fouteau*, est fort, blanchâtre, & sec, & petille dans le feu. Quand il est fendu on y voit plusieurs petites parties polies & luisantes. Ses feuilles mâchées servent beaucoup à fortifier les gencives, & la cendre de son bois a la même vertu que celle du chêne. Elle est caustique, brûlante, absterſive, & on la met au rang des Pyrotiques.

HET

HETER. v. a. Vieux mot. Louer, caresser. On l'a peut-être dit au lieu de *Haiter* qui a signifié Avoir agreable, d'où est venu *Souhaiter*.

HETEROCLITE. adj. Terme de Grammaire. Qui s'éloigne de la commune maniere de décliner & de conjuguer. Il n'a d'usage qu'en parlant des noms & des verbes qui ne suivent pas les regles communes de la Grammaire, & vient du Grec ἕτερος Autre, & de κλίνειν, Se détourner.

HETERODOXE. f. m. Celui qui suit une opinion contraire à celle de l'Eglise Catholique. Ce mot est Grec, ἑτερόδοξος, & signifie, Celui qui n'est point de l'opinion d'un autre, de ἕτερος Autre, different, & de δόξα Opinion.

HETEROGENE. adj. Terme de Philosophie. Qui est d'une autre espece, d'un autre Genre, de ἕτερος Autre, & de γένος Genre. Il est opposé à Homogene.

HETEROSCIENS. f. m. p. Terme dont les Geographes se servent en parlant de ceux qui habitent les zones temperées. Ils les appellent ainsi, à cause que le Soleil étant toûjours à leur égard ou Meridional ou Septentrional, leurs ombres meridiennes ne vont jamais que d'un seul côté. Ce mot est composé de ἕτερος Autre, & de σκιὰ, Ombre. Les peuples qui sont en-deçà de la ligne ont les ombres du côté du Nord, & ceux qui habitent au-delà les ont du côté du Sud. Voyez AMPHISCIENS, & PERICIENS.

HETICH. f. m. Sorte de racine qui se trouve en grande abondance dans le Bresil. Ces racines sont le plus souvent de la grosseur de deux poings. Quoiqu'elles paroissent être d'une même espece lorsqu'elles sont nouvellement arrachées de terre, toutefois parce qu'étant cuites il y en a de violettes, d'autres jaunes, & d'autres blanches, quelques-uns croyent qu'elles sont de trois especes. Etant cuites sous les cendres, principalement les jaunes, elles égalent nos meilleures poires. Leurs feuilles qui rampent à terre à la maniere du Lierre terrestre, ressemblent à celles de concombre, ou aux plus larges feuilles des épinars. Elles different pourtant en couleur, & cette couleur approche plus de celle de la vigne blanche. Comme elles n'ont point de semence, les femmes sauvages qui ont le soin de ces choses, coupent ces racines par morceaux qu'elles plantent, & qui peu de tems après produisent autant de grosses racines. C'est le principal mets de cette contrée, & l'on en trouve par tout, ce qui fait penser qu'elles croissent d'elles-mêmes.

HEU

HEU. f. m. Bâtiment qui tire peu d'eau, & qui est plat de varangue. Il est du port de trois cens tonneaux, & d'un grand usage pour les Hollandois, Flamands & Anglois. Il n'a qu'un mât, dont le sommet jette en saillie du côté de la pouppe une longue piece de bois, & cette piece de bois & le mât n'ont qu'une même voile, qui court de haut en bas de l'un à l'autre. Un gros étai qui est aussi avec une voile, soûtient le mât qui porte une vergue de foule. M. Ménage fait venir ce mot du Grec ὁλκὰς qui signifie un Vaisseau de charge. Les Allemans l'appellent *Hulec*, & les Anglois *Hulke*.

HEUDRIR, SE HEUDRIR. v. n. p. Il se dit du linge sale qui se pourrit, faute d'être mis à l'air quand on le garde trop long-tems sans le blanchir, soit par oubli, soit par negligence. On dit aussi que *Du fruit se heudrit*, quand il se gâte pour être trop pressé dans un panier, où lorsqu'étant tombé de dessus l'arbre, il prend un commencement de pourriture. Ce mot vieillit, s'il n'est vieux.

HEURE. f. f. *Certain espace de tems qui fait la vingt-quatriéme partie du jour naturel.* ACAD. FR. L'heure est une partie *aliquote* du jour & par consequent ce qui se dit des jours se doit entendre des Heures à proportion. Voyez JOUR. Les Heures du *jour Artificiel* doivent donc être fort inégales, non pas celles d'un même jour, mais celles de deux jours differens comparées entr'elles, car dans notre sphere oblique la douziéme partie d'un jour *Artificiel*, pris au solstice d'Eté, doit être bien plus grande que la douziéme partie du jour du solstice d'hiver. Ces Heures sont appellées par cette raison *Inégales & Temporaires*, on les nomme aussi *Antiques* ou *Judaïques*, parce que les Juifs & d'autres Peuples anciens, comme les Grecs, s'en sont servis. Les Heures du *jour Naturel Astronomique* sont aussi inégales à proprement parler, mais leur inégalité est si petite qu'elle n'est d'ordinaire comptée pour rien. Comme le commencement *du jour Civil* peut être differemment fixé, les Heures en ont reçû differens noms. Ainsi on appelle *Heures Babiloniques* celles du jour que l'on compte depuis le lever du Soleil, *Heures Italiques* celles du jour qui commence à son coucher, & *Heures Françoises* celles du jour qui commence à midi ou à minuit.

Heure se dit aussi d'une certaine mesure de chemin chés beaucoup de Nations. *Il y a tant d'heures de cette Ville-là à une autre*, pour dire, Il faut employer tant d'heures à faire ce chemin, ce qui se rapporte à une grande lieue de France.

HEURT. f. m. Choc, *coup donné en heurtant contre quelque chose.* ACAD. FR.

Heurt se dit dans une rue, dans une chaussée, ou dans un pont de pierre, de l'endroit le plus élevé d'après lequel on donne la pente à droit & à gauche, afin que les eaux, qu'on ne sçauroit faire aller d'un même côté, ayent leur écoulement libre.

HEURTEQUIN. f. m. Terme d'Artillerie. Ce sont deux morceaux de fer battu, qui se placent sur l'essieu d'affût à l'extrémité de la fusée le gros bout est en-dedans.

HEURTES. f. f. Terme de Blason. Tourteaux d'azur, appellés ainsi par quelques-uns afin de les distinguer des tourteaux d'autres couleurs.

HEURTOIR. f. m. Espece de marteau, fait en forme de console renversée que l'on met à une porte, & qui sert à y frapper.

HEUSE. f. f. Terme qui se dit sur mer d'un piston ou de la partie mobile de la pompe.

Heuse. Mot qui se trouve dans le vieux langage pour signifier une sorte de chaussure.

HEX

HEXACHORDE. s. m. Intervalle de Musique, consonance que l'on appelle sixiéme. Il y a l'*Hexachorde majeur*, & l'*Hexachorde mineur*. Le majeur est composé de deux tons majeurs, de deux tons mineurs, & d'un demi ton majeur, qui sont cinq intervalles, & le mineur a deux tons majeurs, un ton mineur, & deux demi tons majeurs. La proportion en nombres de l'un est de trois à cinq, & celle de l'autre est de cinq à huit. Ce mot est fait de ἕξ Six, & de χορδὴ Corde.

HEXAGONE. s. m. Terme de Géometrie. Figure, qui a six angles, en Grec ἑξάγωνον, de ἕξ Six, & de γωνία, Angle.

HEXAMETRE. adj. On appelle *Vers hexametre*, Un vers Grec ou Latin, composé de six piés appellés *Dactyles* & *Spondées*, dont le dernier doit être un spondée, & le penultiéme un dactyle, avec une censure au second ou troisiéme pié. Ce mot est fait de ἕξ Six, & de μέτρον Mesure.

HIA

HIALME. s. m. Vieux mot. Heaume.

HIATUS. s. m. Mot Latin, qui signifie l'ouverture de la bouche & que les Poëtes ont rendu François, pour signifier un défaut qui se trouve dans un Vers où l'on fait entrer une syllabe composée seulement d'un *e* feminin, sans qu'il suive un mot commençant par une voyelle qui en fasse l'élision, comme en ce Vers,

La joye que je sens ne se peut exprimer.

L'Hiatus est dans le mot *joye*, qu'on ne sçauroit soûtenir pour faire la mesure du Vers, sans violenter la prononciation d'une maniere désagreable. Il n'y auroit point d'*Hiatus* dans le Vers si on mettoit,

Ma joye en vous voyant ne se peut exprimer.

à cause que l'*e* feminin qui finit *joye* est mangé par le mot *en* qui le suit. On dit aussi, qu'il y a un *Hiatus dans une Piece de Theatre*, lorsqu'il s'y trouve une Scene de quelque Acte qui n'est point liée avec l'autre, c'est-à-dire, quand les Acteurs nouveaux entrent sur le Theatre sans qu'il y demeure aucun de ceux de la Scene précedente.

HIB

HIBOU. s. m. Oiseau nocturne, qui haït la lumiere du Soleil & que l'on tient de mauvais augure. Sa couleur est fauve, & il a comme une couronne de plume qui lui entoure le dessus des yeux, & qui lui prenant par les deux côtés de la tête qu'il a semblable à celle d'un chat, & par le dessous de la gorge, fait une maniere de collier. Ses yeux sont enfoncés & noirs, ses ongles crochus, & les jambes couvertes de plumes. Le dessous de son ventre est blanc, marqué de taches noires, & il a le dos moucheté de taches blanches & le bec blanc. Il pousse un cri lugubre & affreux, & a tous les autres Oiseaux pour ennemis. Les Hibous sont de different grandeur. Il y en a de grands comme des Chapons, de moyens comme des Ramiers, & de petits comme des Pigeons. Ils prennent les Souris comme font les Chats, ce qui les a fait appeller *Chathuants*, en Latin *Noctua*, à cause que cet Oiseau ne voit que la nuit.

HIC

HICARD. s. m. Oiseau de riviere, gros comme une Oye : On en voit en Canada.

HID

HIDEUR. s. f. Vieux mot. Difformité, ce qu'une chose horrible a de hideux.

HIDROTIQUES. s. m. Medicamens sudorifiques qui en penetrant jusqu'aux plus profondes parties du corps ont la vertu d'inciser, & d'attenuer les humeurs, de sorte qu'ils entraînent avec eux tout ce qu'ils rencontrent & le poussent à la superficie. La Tormentille, le Chardon benit, la Zodoaria, le Gajac, l'Angelique, la Pimpernelle & autres, sont de ce nombre. Ce mot est Grec ἱδρωτικὸς, & vient de ἱδρὼς, Sueur.

HIE

HIE. s. f. Piece de bois longue de cinq ou six piés, dont se servent les paveurs. Elle est ronde, & ferrée par chaque bout, & a deux manieres d'anses aux côtés vers le milieu pour l'élever & la laisser retomber sur le pavé qu'on veut enfoncer. Cet instrument s'appelle aussi *Demoiselle*.

Hie. Se dit encore d'un billot de bois, qui sert à enfoncer des pieux en terre lorsqu'on fait des pilotis; c'est dans les Engins ce qu'on appelle *Moutons* aux sonnettes. C'est encore une espece de petite Chevre pour monter des fardeaux.

HIEBLE. s. f. Plante qui est plûtôt une herbe qu'un arbre. Sa tige est quarrée & noire, & ses feuilles qui sont puantes & dentelées tout à l'entour ressemblent à celles de l'Amandier. Elles sont pourtant plus longues, & disposées par certains intervalles en maniere d'ailes. Sa racine est longue & grosse comme le doigt : & en general cette plante est si semblable au sureau, tant pour ses fleurs & sa graine, que pour ses proprietés, que les Grecs l'ont appellé *Chamaacte*, comme qui diroit Petit sureau, de χαμαὶ Aterre, & de ἀκτὴ, Sureau. Les Latins la nomment *Ebulus*. Sa graine, sa moyenne écorce, & le suc de ses racines, de ses feuilles & de ses fruits purgent doucement les serosités, & l'on s'en sert dans l'hydropisie, & dans toutes les maladies qui en proviennent. Ses feuilles broyées & appliquées sur les jointures, adoucissent les douleurs des Gouttes, & dissipent les humeurs aqueuses en quelque lieu qu'elles se forment. Galien dit, que l'Hieble a une vertu dessiccative, conglutinative, & resolutive de même que le sureau, ce qui est cause qu'on peut substituer l'un à l'autre. Plusieurs écrivent. *Yeble*.

HIEMENT. s. m. Terme de Charpentier. Mouvement involontaire d'un assemblage de pieces de bois, que cause quelque violent effort des vents ou le branle de grosses cloches. On appelle aussi *Hiement*, le bruit que fait une machine en élevant un pesant fardeau. Ce mot se dit encore de la maniere de battre les pieux avec la Hie pour les enfoncer, ce qui se fait en la guindant, & la laissant ensuite tomber.

HIER. v. a. Terme de Maçon & de Paveur. Enfoncer des pierres ou des pavez avec la Hie.

HIERACIUM. s. m. Plante dont il y a de deux sortes, le *grand Hieracium*, qui a sa tige âpre, rougeâtre, piquante & creuse, & dont les feuilles sont par intervalles, & un peu déchiquetées. Il est fort semblable à la laitue; & n'a comme elle qu'une seule racine qui est droite. Le *petit Hieracium*, ressemble à la chicorée, si ce n'est que ses feuilles sont un peu plus âpres. Il a quantité de racines, & tous deux ont leurs fleurs jaunes qui se convertissent enfin en bourre. Elles sortent de certaines têtes longues dans le grand, qui sont rondes dans le petit. Pline les met au rang des laitues sauvages, & dit que cette herbe s'appelle *Hieracium*, du Grec ἱέραξ, Epervier, à cause que ces oiseaux se guerissent du mal des yeux, & s'éclaircissent la vûe par le moyen du jus de cette herbe, en l'égratignant avec les ongles. Dioscoride rapporte que l'Hieracium est refrigeratif & quelque peu astringent, & qu'étant appliqué il remedie aux chaleurs & aux inflammations de l'estomac. L'herbe enduite avec sa racine, est fort bonne contre les piquûres des Scorpions. On l'appelle ordinairement *Herbe à l'Epervier*.

HIERE. s. f. On appelle, *Hiere picre de Galien*, Une composition purgative que Galien a décrite dans sa Methode, mais qu'il n'a pas inventée. Elle est faite de canelle choisie, de Xilobalsame, de racine d'Asarum, de Saffran, d'Aloës non lavé, de miel écumé. On ne s'en sert jamais par la bouche, à cause de son excessive amertume, mais seulement dans les lavemens où sa dose est depuis une demi-once jusqu'à une once & demie. Elle attenue les humeurs crasses, elle ouvre, déterge & évacue la bile & la pituite impactes dans la premiere region, & remedie à toutes les incommodités qui viennent de crudité. On l'appelle *Hierepicre*, du Grec ἱερὸς, Saint, sacré, à cause des rares vertus qu'elle a pour dissiper plusieurs maladies, & de πικρὸς, Amer, parce que l'Aloës qui en est la base, & que l'on y met en très-grande quantité, la rend extraordinairement amere. Il y a une autre Hiere qu'on appelle *Hiere Diacolocynthidos de Pacchius*, à cause que la Coloquinthe en est la base, & que Pacchius d'Antioche l'a éprouvée avec un heureux succès en plusieurs maladies fâcheuses. Il y entre quinze ingrediens outre le Miel, sçavoir la Coloquinthe, l'Opoponax, l'Aristoloche ronde, l'Agaric, la graine de Persil, le Saffran, le Sagapenum, le Marrube, le Polium, la Canelle, le Chamœdrys, le Spic nard, le Poivre blanc, le Stoëchas Arabique & la Myrrhe. On ne la donne qu'à ceux qui sont d'une forte complexion, & seulement dans les maladies rebelles qui proviennent d'humeurs froides. Son usage le plus frequent est dans les lavemens. Elle est propre à évacuer de chaque partie du corps, toutes humeurs crasses & lentes, pituiteuses, mélancoliques & bilieuses.

HIERONIMITES. s. m. Sorte de Religieux qu'on appelle autrement *Hermites de saint Hierôme*. Il y en a en Espagne. Ils sont habillés d'un gris tanné, & suivent la Regle de saint Augustin.

HIERES. s. f. Vieux mot. Lierre.

HIEU. Mot qui se trouve dans le vieux langage, où il signifie *Lui* ou *Elle*. *Si envoya un Messager à l'encontre, hieu, qui lui dit.* Dans un autre endroit *Donc envoyerent-ils a hieu les plus gros de la Cité.*

HIL

HILLIERS. Vieux mot. Les Flancs, du Latin *Ilia*. *Les os par les Hilliers li saillent.*

HILOIRES. s. f. Terme de Marine. Longues pieces de bois qui sont arrondies, & qui dans un Vaisseau soutiennent les Caillebotis, & les écoutilles.

HIN

HINGUET. s. m. Terme de Marine. Morceau de bois qui sert à arrêter le Cabestan, après qu'on a levé l'ancre ou quelque fardeau. Il est attaché au tillac, & mobile par un bout. Ce mot a été fait par corruption de celui de *Ginguet*, qui veut dire la même chose.

HIP

HIPPOCENTAURE. s. m. Sorte de monstre qu'on a feint être moitié homme & moitié cheval, & dont il est parlé dans la Cyropædie de Xenophon. Ce mot vient de ἵππος, Cheval, & de κένταυρος, Centaure. Ce nom de Centaure, selon le témoignage de Servius, fut donné aux Gardes d'un certain Roi de Thessalie, παρὰ τὸ κεντεῖν τὰς ταύρους, de ce qu'étant montés sur des chevaux, ils ramenoient les bœufs du Roi en les piquant avec des aiguillons; & ce qui a donné lieu aux Poëtes de feindre des Hippocentaures, vient de ce que certains Peuples de Thessalie, en courant legerement sur des chevaux, sembloient ne faire qu'un même corps de l'homme & du cheval.

HIPPODROME. s. m. Lieu spacieux où l'on dispute le prix de la course des chevaux, de ἵππος, Cheval, & de δρόμος, Course.

HIPPOGLOSSUM. s. m. Herbe qui produit force rejettons, & qui a ses feuilles piquantes & semblables au bruscus. Elle croît ordinairement dans les Alpes de la Ligurie & dans les montagnes remplies de forêts. On l'appelle en Latin *Lingua equina*, qui est la signification du mot Grec ἱππόγλωσσον, fait de ἵππος, Cheval, & de γλῶσσα, Langue. On l'appelle aussi *Bislingua*, à cause de certaines manieres de langues qui sortent d'entre ses feuilles. Cette herbe est hysterique & provoque les mois, de sorte que l'on s'en sert pour remedier aux incommodités de la matrice. Quelques-uns l'emploient pour cela en faisant secher ses feuilles ou sa racine, & après les avoir mises en poudre, ils en donnent une cuillerée dans du bouillon ou dans du vin blanc. L'Hippoglossum s'appelle aussi *Lingua pagagia*, ou *Bonifacia*.

HIPPOGRIFE. s. m. Animal fabuleux que le Poëme de l'Arioste a rendu celebre. On lui donne des ailes, & on le fait en partie cheval & en partie griffon.

HIPPOLADATHUM. s. m. Plante qui croît dans les montagnes aussi-bien que dans les marais, & sur-tout dans les lieux où séjourne le bestail pour engraisser le terroir. Il est tout-à-fait semblable à la rhubarbe des jardins. Ce mot ne veut dire autre chose que le plus grand Lapathum, parce que souvent ἵππος, en Grec a la vertu d'augmenter dans les mots qui en sont composés. Voici ce que dit Galien lorsqu'il parle des Lapathes. Le Lapathum a une vertu moderément resolutive; mais l'Oxylapathum ou le Lapathum aigu l'a mêlée. Leur graine est astringente, & guerit les dysenteries & les flux de ventre, & particulierement le *Lapathum acutum*. Quant à l'Hippolapathum qui croît aux marais, il a les mêmes proprietés que les autres, mais il ne fait pas si grande operation.

HIPPOMANE. s. m. Sorte d'herbe appellée ainsi de ἵππος, Cheval, & de μανία, Fureur, à cause que les chevaux qui en mangent sont agités de fureur. On appelle aussi *Hippomanes*, un certain Venin que l'on fait entrer dans les compositions des filtres qui forcent d'aimer. Pline dit que l'*Hippomanes* est une caroncule noire qui est à la tête du poulain, que la mere lui mange si-tôt qu'il est né.

HIPPOPHAES. s. m. Herbe large & épaisse de tous côtés, qui croît aux lieux maritimes, & qui jette quantité de branches. Ses feuilles ressemblent à celles de l'olivier, si ce n'est qu'elles sont plus longues & plus molles, & d'entre ces feuilles on voit

voit sortir certaines épines blanches, seches & faites à angles, & qui sont disposées par intervalles. Ses fleurs sont en grappe, & semblables aux corymbes de lierre, mais plus petites & plus rondes, d'un blanc tirant sur le rouge. Sa racine est grosse, tendre, amere au goût & pleine de lait. On tire le jus de l'herbe & de la racine, comme on fait de la Thapsia. Le jus entier & sans être mêlé purge par le bas les phlegmes, les aquosités & la colere, pris au poids d'une obole; mais étant incorporé avec la racine d'Orobus, il en faut prendre quatre oboles avec eau miellée. On seche toute l'herbe avec ses racines, & on la pile ensuite pour la garder. C'est ce que Dioscoride en dit.

HIPPOPHÆSTUM. s. m. Herbe piquante & petite, qui croît aux mêmes lieux que l'Hippophaës, & dont les Foulons se servent. Elle ne jette ni tige ni fleur, & produit seulement de petites têtes creuses & sans substance. Ses feuilles sont petites & piquantes, & ses racines tendres & massives. Leur jus, pris au poids de trois oboles en eau miellée; évacue les aquosités & les flegmes. Cette purgation est bonne particulierement pour le haut mal & pour le défaut des nerfs.

HIPPOPOTAME. s. m. Cheval de riviere qui se trouve dans le Nil, dans l'Indus & dans les autres grandes rivieres. Les Ethiopiens l'appellent *Bibas*, & ceux du Royaume d'Amara, *Gomar*. Son nom est formé de ἵππος, Cheval, & de ποταμὸς, Fleuve. Les Grecs qui l'ont appellé ainsi, n'avoient vû que sa tête qui ressemble assés à la tête d'un cheval. Il n'a rien de semblable à cet animal dans tout le reste, n'ayant point du tout de poil, & sa peau étant au contraire fort unie. Il a le pié fourché comme un bœuf, & est deux fois plus gros. Sa queue est courte, & ses dents sont des dents de sanglier, mais moins tranchantes. Il y a grand nombre d'Hippopotames dans le lac de Tsanic, où ils renversent les petites barques pour manger les hommes qui sont dedans; ce qui rend la navigation de ce Lac fort dangereuse. Ils broutent souvent les campagnes voisines, & on les fait fuir en leur faisant voir du feu dont ils ont grand'peur. Les Peuples des environs vont à la chasse & à la pêche de cet animal, & sa chair leur sert de nourriture. Sa peau est extrêmement épaisse & bonne à divers usages. Elle est propre même pour faire des Boucliers. Matthiole dit que le premier qui ait fait voir des Hippopotames à Rome, a été Marcus Scaurus, qui étant Edile, y en amena un vivant & cinq crocodiles. Il ajoûte qu'il semble que cet animal ait étudié en Medecine, puisque se sentant chargé d'humeurs, il se promene sur le rivage du Nil, cherchant des roseaux, & lorsqu'il en trouve un tronçon assés aigu & pointu, il s'appuye dessus, & fait si bien qu'il s'ouvre une certaine veine de la cuisse. Il jette dehors ses humeurs superflues par cette saignée; & lorsqu'il connoît qu'il s'est déchargé d'assés de sang, il referme la playe avec du limon.

HIPPOSELINUM. s. m. Plante qui est semblable à celle qu'on appelle *Levisticum*, soit par la grandeur de ses feuilles, ou par ses tiges & ses branches, & autres particularités, mais differente par sa fleur & par sa graine. Quelques-uns croyent que ce soit le laserpitum, & d'autres la libanotis de Theophraste, qui porte du fruit, mais Matthiole n'est point de ce sentiment. Ce n'est proprement que ce qu'on appelle en Latin *Apium majus*, de ἵππος, qui est un mot qui augmente, & de σέλινον, Ache.

HIR

HIRARA. s. f. Animal du Bresil qui ressemble beaucoup à l'Hyene, que l'on appelle aujourd'hui Civette. Il y en a quelques-unes blanches, d'autres noires & d'autres brunes. Elles vivent toutes seulement de miel, qu'elles sçavent tirer fort adroitement en fouillant au dessous des ruches qu'elles rencontrent, jusqu'à ce qu'il y ait un grand passage d'ouvert. Elles y menent alors leurs petits, & en tirent le miel, dont elles ne mangent point qu'elles ne les en voyent rassasiés.

HIRAVERIE. s. f. Vieux mot. Haillon, méchant habit. On a dit aussi *Hiraudie*, dans le même sens.

HIRETE'. s. f. Vieux mot. Heredité, heritage.

HIRONDELLE. s. f. Petit oiseau noir qui a quelques taches blanches, qu'on voit au Printems & pendant l'Eté. Pline dit qu'il vient d'Afrique, & qu'il passe la mer tous les ans pour venir aux lieux où il connoît que le chaud commence. Il y en a plusieurs qui croyent que s'il disparoît en Automne, ce n'est pas qu'il aille chercher des pays chauds au delà des mers, mais seulement parce qu'il se cache dans des trous pendant l'Hiver pour éviter la rigueur du froid. Aldroandus assure que plusieurs Hirondelles se cachent dans la glace, où elles se conservent jusqu'au Printems, & que reprenant leur premiere vigueur en cette saison, elles volent comme elles faisoient auparavant. Un voyageur assûre qu'en un certain village de Moscovie on lui apporta une grande piece de glace où il y avoit plusieurs Hirondelles gelées & qu'on croyoit mortes. Il la mit auprès d'un poële, & à mesure qu'elle se fondoit, les Hirondelles sentant la chaleur, se ranimerent & prirent le vol comme si elles n'eussent été qu'endormies. Ce qu'il y a de surprenant, c'est que les Regions chaudes ont beaucoup moins d'Hirondelles que les froides. Dioscoride dit que si on fend les premiers petits de ces oiseaux dans le croissant de la Lune, on trouvera dans leurs ventres plusieurs pierres, dont il en faut prendre deux, l'une de differentes couleurs, & l'autre d'une seule. Ces pierres mises dans une peau de cerf ou de genisse avant qu'elles ayent touché la terre, & liées au bras ou au col, sont bonnes à ceux qui ont le haut mal. Les Hirondelles mangées ne sont pas moins propres à éclaircir la vûe que les Bequefigues. Leur cendre brûlée dans un pot de terre & appliquée avec du miel, a la même proprieté. Ce sont elles qui ont fait connoître la vertu de l'Eclere, nommée par les Grecs χελιδόνιον, de χελιδὼν, Hirondelle, à cause que par le moyen de cette herbe elles guerissent la vûe de leurs petits, & la leur rendent même quand on leur a crevé les yeux tout exprès. Leurs fumées font un effet contraire, puisque si elles tombent encore chaudes sur un œil, elles le font perdre; ce qui est connu par l'exemple de Tobie qui en devint aveugle. Le mot d'Hirondelle vient du Latin *Hirundo*. Quelques-uns le dérivent du Grec εἴρειν, Parler, dire, parce que les Hirondelles ne cessent presque point de gazouiller.

Il y a une *Hirondelle de mer*. C'est un poisson qu'on a appellé ainsi, à cause qu'il a de grandes nageoires semblables aux aîles des Hirondelles. Sa tête est quarrée & dure, & tout son corps est couvert d'écailles dures & tachetées.

HIS

HISTRION. s. m. Mot qui a été fait François du

Latin *Histrio*, Farceur, boufon. On donne ce nom en general à tous ceux qui montent sur le theatre pour divertir le public, & il est donné odieusement. Festus dit que *Histrion* a été fait d'*Histrie*, nom de Pays, à cause que les premiers sauteurs ou danseurs qui se donnerent en spectacle pour de l'argent, en étoient venus. D'autres veulent qu'il vienne d'*Hister*, qui chés les Toscans signifioit un Sauteur.

HIV

HIVOURAE. s. m. Arbre du Bresil qui a son écorce épaisse d'un demi-doigt, & d'un goût fort agreable, sur-tout quand elle vient d'être ôtée de l'arbre. Elle est argentine au dehors, rougeâtre au dedans, & rend une humeur de lait d'un goût salé, mais qui approche de la reglisse. Le Hivourae ne porte qu'une fois tous les cinq ans, & son fruit ressemble presque à une moyenne prune dorée. Au dedans il contient un petit noyau doux & delicat qui réjouit le goût des malades.

HOB

HOBER. v. n. Vieux mot qui joint à la negative, vouloit dire, Ne bouger, ne point partir d'un lieu.

Tire-t'en près, & ne t'en hobe.

On l'a dit aussi sans negative pour, Partir, s'en aller.

Ains que d'ici je hobe
Vous me payerez, pour abreger.

HOBEREAU. s. m. Oiseau de leurre qui vole fort haut, & qui est le plus petit après l'émerillon. Il a le haut de la tête entre noir & fauve, les plumes de dessus les yeux noires & le bec bleu. Il est marqueté sous le ventre, & a le dos & la queue noirâtres, & les jambes & les doigts jaunes. Il est bon à prendre les petits oiseaux. Borel dit qu'on l'appelle ainsi à cause qu'il ne bouge d'un même lieu pendant un certain espace de tems, se tenant suspendu en l'air, pour se purger de ses mauvaises plumes. *Hobereau*, selon M. Ménage, vient d'*Umberellus* diminutif d'*Umber*, qui a été dit pour *Spurius*.

HOBIN. s. m. Sorte de cheval dont Philippe de Commines fait mention en ces termes, lorsqu'il parle du Roi Louis XI. *Audit lieu de Beaujeu il receut lettres comme la Duchesse d'Austriche estoit morte d'une cheutte de cheval: car elle chevauchoit un hobin ardent; il la fit choir, & tomba sur une grande piece de bois.* Ce mot, selon M. Ménage, vient de l'Italien *Ubino*. Dans le hàras du Duc de Mantoue, il y a une race de chevaux qu'on appelle *Ubins*, & qui vont l'amble naturellement.

HOBO. s. m. Arbre des Indes Occidentales dans la nouvelle Grenade. Il est grand & rond, & son écorce, ainsi que ses rejettons, guerit les tumeurs & les plaies des jambes. Ses feuilles bûes avec de l'eau lâchent le ventre.

HOC

HOC. s. m. Sorte de jeu, où l'on joue ordinairement à trois, chacun ayant douze cartes. On l'appelle ainsi à cause qu'il y en a six qui sont hoc, c'est-à-dire, au dessus desquelles on n'en sçauroit jouer d'autres. Ces six cartes sont les quatre Rois, la Dame de pique & le Valet de carreau. On met des marques au point, au fredon & à la sequence.

HOCA. s. m. Jeu composé de trente points marqués de suite sur une table. On se sert de trente petites boules pour y jouer, & dans chaque boule est enfermé un morceau de parchemin où il y a un chifre. On remue ces boules dans un sac, & l'on en tire une, dont on fait sortir le billet que l'on déplie devant tout le monde. Ce billet marque ce que l'on a gagné ou perdu.

HOCHEBOS. s. m. Sorte de Soldats anciens, comme qui diroit *Hochebois*, Remuans la pique. Il a signifié aussi la pique même, & une sorte de barque.

HOCHEPIED. s. m. Oiseau que l'on jette seul après le heron pour le faire monter.

HOCHEQUEUE. s. m. Petit oiseau qui a le bec noir & bienfait, qui est marqueté de noir & de blanc, & que l'on appelle ainsi à cause qu'il remue toûjours la queue. On l'appelle aussi *Batteqeue*, *Battemare*, *Bergeronnette* & *Lavandiere*.

HOCHET. s. m. Morceau d'argent, ou d'or, de la grosseur à peu près du petit doigt, au bout duquel on enchasse une dent d'ivoire ou de cristal, que l'on garnit de trois ou quatre sonnettes pour amuser un enfant qui est encore au maillot. Les enfans le mettent aussi dans leur bouche quand les dents commencent à leur venir.

HOD

HODER. v. a. Vieux mot. Incommoder, fatiguer, lasser. On fait venir ce mot de ὁδὸς, Chemin.

HOE

HOE. s. f. Vieux mot. Hoyau, bêche.

HOF

HOFMANISTES. s. m. Heretiques qui enseignent que Dieu prit chair de lui-même; ce qui est contraire à l'Ecriture, qui dit que Jesus-Christ est né d'une femme. Ils refusent le pardon à ceux qui sont retombés dans le peché, & affoiblissent ainsi la grace de Dieu, qui veut que nous nous convertissions pour nous pardonner.

HOI

HOIRIN. s. m. Terme de Marine. Morceau de bois ou de lierre qui flotte sur l'eau & marque l'endroit où l'ancre est mouillée dans quelque port, ou laissée dans une rade. C'est quelquefois un baril relié de fer, & la même chose que ce qu'on appelle *Balise* ou *Bouée*.

HOL

HOLANDER. v. a. Les Marchands Papetiers se servent de ce mot, & ils disent, *Holander les plumes*, pour dire, Les preparer & les mettre en état qu'on en puisse écrire après qu'elles ont été arrachées des aîles de l'oye.

HOLLI. s. m. Nom que les Sauvages de la nouvelle Espagne donnent à une resine qui vient d'un arbre qu'ils appellent *Holquahuitl*. On y trouve deux especes de cet arbre. L'un qui a le tronc poli & roux, & plein de grandes feuilles, est de poulpe lente & visqueuse. Ses fleurs sont blanches, & il porte de grosses boules rondes de couleur rougeâtre, attachées au tronc, remplies de fruits blancs à la façon des noisettes. Ces fruits sont d'un goût amer couvert d'une pellicule brune. L'autre a ses feuilles semblables à celles de l'oranger, mais un peu plus grandes. L'écorce de l'un & de l'autre étant incisée, rend une resine qui est au commencement de couleur de lait, brune ensuite, & enfin noire. Les Sauvages qui l'amassent en des balles rondes, s'en oignent la peau, & l'ayant cuite avec certains vers appellés par eux *Aain*, & formée en pillules, ils l'avalent pour se rendre plus agiles, & pour s'acquerir l'adresse de ployer & de tourner leurs membres vers toutes les parties. On tient que les feuilles de cet arbre, étant seches & broyées, tuent les Lions, les Tigres, & autres bêtes sauvages.

HOLOGRAPHE. adj. On appelle *Testament holographe*, Un testament entierement écrit de la main du Testateur. Il est valable en France, sans qu'il soit besoin d'aucune autre formalité, pourvû qu'il soit signé de lui. Ce mot est Grec, composé d'ὅλος, Entier, & de γράφειν, Ecrire.

HOLOMETRE. s. m. Instrument de Mathematique, composé de trois bandes ou regles mobiles, avec lesquelles on prend toutes sortes de mesures tant au Ciel que sur la terre. Ce mot vient de ὅλος, Entier, & de μετρεῖν, Mesurer.

HOM

HOM. s. m. Vieux mot, dont on se servoit autrefois pour, Homme.

But & mangea com mortels hom
Par maint miracle & par raison.

C'est de cet ancien mot *Hom*, qu'on a fait *On*, qui a tant d'usage en notre langue, *On dit*, *on fait*, comme si on disoit, *Homme dit*, *homme fait*. C'est de-là aussi qu'est venu *Besson*, fait de *Bis hom*. On a dit aussi *Hommée*, pour dire, La journée d'un homme.

HOMAR. s. m. Grosse écrevisse de mer. Il y en a de deux sortes; les uns ont deux gros mordans plus longs & plus larges que la main, & beaucoup plus forts que ceux des crabes. Les autres ont seulement deux grands barbillons, longs comme le bras, & herissés de la même sorte que les piés des crabes communs. Les uns & les autres croissent jusqu'à une grandeur fort extraordinaire, ensorte que l'on en voit qui ont près de trois piés de longueur. Leur chair est blanche & fort savoureuse, mais un peu dure & indigeste. Il y en a quantité dans les Antilles, où les Insulaires les prennent la nuit, à la clarté de la Lune ou d'un flambeau, dans les lieux pierreux, & d'où la mer s'étant retirée, y laisse de petites fosses pleines d'eau. Ils les enfilent avec une fourche de fer, ou les coupent en deux avec quelque coutelas.

HOMELIE. s. f. Assemblée qui se fait pour conferer. C'est ce que ce mot a signifié d'abord du Grec ὁμιλία, qui veut dire la même chose, & qui vient de ὅμιλος, en Latin *Cœtus*, *concio*, ce qui fait dire à quelques-uns *Homilie*, & c'est comme il faudroit dire, mais il semble que l'usage l'ait emporté pour *Homelie*. Il s'est dit des exhortations qu'on faisoit au peuple, qu'on interrogeoit comme dans une conference. Il est à remarquer que toutes les Homelies des Peres Grecs & Latins sont faites par des Evêques, & qu'il ne s'en trouve point de Tertullien, & autres sçavans hommes des premiers siecles, à cause que dans ce tems-là il n'y avoit que les Evêques qui prêchassent, ce privilege n'ayant été accordé aux Prêtres que vers le sixiéme siecle. Si Origene & saint Augustin ont prêché comme Prêtres, ils ne l'ont fait que par une permission particuliere.

HOMICIDER. v. a. Vieux mot. Tuer un homme, de *Homo*, Homme, & de *Cædere*, Fraper, tuer.

HOMMAGE'. adj. Qui est tenu en hommage. *Heritage hommagé*, *terre hommagée*.

HOMOCENTRIQUE. adj. Terme d'Astronomie. Il se dit de plusieurs cercles qui ont même centre, du Grec ὁμὸς, *ensemble*, & de κέντρον, Centre.

HOMOGENE. adj. Terme de Philosophie. Similaire, ou de semblable nature. *Parties homogenes*, de ὁμὸς, Semblable, & de γένος, Genre.

HOMOLOGUE. Terme de Geometrie. Quand deux plans ou deux solides sont *semblables*, c'est-à-dire, lorsque la raison de chaque côté de l'un correspondant à chaque côté de l'autre est toûjours la même. Voyez SEMBLABLE. Les côtés de l'un & de l'autre qui se répondent & qui sont en même raison, sont appellés *Homologues*, du Grec ὁμόλογος, *Conforme*, dans deux parallelogrammes semblables, les deux côtés qui font la longueur sont *homologues* dans deux triangles semblables, les côtés homologues sont ceux qui servent de base aux angles égaux.

HOMOCIONISTES. s. m. On appella ainsi dans le quatriéme siecle les sectateurs de l'Heresiarque Photinus. Saint Augustin rapporte qu'ils ne reconnoissoient point la nature divine en JESUS-CHRIST, mais seulement la nature humaine.

HOMONYME. adj. Terme de Logique. Qui a même nom, quoique de differente nature, de ὁμὸς, & de ὄνομα, que les Æoliens disent pour ὄνυμα, Nom. *Termes homonymes*.

HON

HONGNER. v. n. Vieux mot. Gronder.

Et dit que la Femme noiseuse
N'est oncques de hongner oiseuse.

On a dit aussi *Hongne*, pour gronderie, & *Hongneux*, pour Grondeur.

HONGNETTE. s. f. Sorte de ciseau pointu & quarré dont se servent particulierement les Sculpteurs en marbre.

HONNEUR. s. m. Les Furetieristes confondent les Conseillers d'*honneur* avec les Conseillers *Honoraires* ou *Veterans*. Les premiers sont des Officiers ou en titre ou qui ont des places ausquelles cette qualité est attachée. Les seconds sont d'anciens Officiers, qui ont servi un tems competent, & qui ont obtenu & fait enregistrer des lettres de veterance.

HONNIR. v. a. Vieux mot. Deshonorer, mépriser. Ce mot n'est demeuré en usage que dans cette devise de l'Ordre de la Jarretiere d'Angleterre. *Honni soit qui mal y pense.*

HONNITS-ANCAZON. s. m. Petit arbrisseau qui croît dans l'Isle de Madagascar. La fleur qu'il produit rend une odeur pareille à celle du jasmin, mais elle est beaucoup plus grande & plus blanche, la tige qui la soûtient est blanche, & longue de plus de six pouces.

HONTAGE. s. m. Vieux mot. Opprobre, infamie. On a dit aussi *Hontager* & *Hontir*, pour, Deshonorer.

HOQ

HOQUALLA. s. m. Grand Arbre qui se trouve au Royaume de Quojas, Pays des Noirs. Il porte des gousses d'un pié & demi de long, avec des feves plates par dedans. Les Medecins emploient souvent l'écorce & les feuilles de cette plante, & on fait une lessive de la peau des feves reduite en cendres.

HOQUET. f. m. Mouvement convulsif du diaphragme, lorsque dans l'inspiration il se retire avec impetuosité. Ainsi le diaphragme se retirant en embas, pousse le ventricule & l'abdomen en devant, & produit cette inspiration subite. On met d'ordinaire le Hoquet au nombre des maladies de l'estomac; mais on prétend qu'on n'a pas raison, puisque Galien établit lui-même que le Hoquet est à l'estomac ce que la convulsion est aux nerfs. Entre plusieurs raisons qu'il y a de montrer que le Hoquet vient de la convulsion ou contraction des fibres du diaphragme en embas, c'est qu'en tout tems nous pouvons contrefaire le Hoquet; & comme c'est en inspirant qu'il se fait, cela fait voir que le muscle affecté est celui qui peut modifier l'inspiration comme on le veut. Or il n'y a aucun muscle auquel cela convienne qu'au diaphragme. On sçait d'ailleurs que le Hoquet se guerit en continuant l'inspiration & en retenant l'expiration le plus longtems que l'on peut. Si c'étoit le mouvement de l'estomac, l'inspiration augmenteroit bien plûtôt le mal qu'elle ne le gueriroit, puisqu'en inspirant, le diaphragme comprime l'estomac, ce qui irriteroit plûtôt ce viscere à faire le Hoquet, que de le soulager. L'éternuement survenant au Hoquet, a coûtume de le guerir, à cause que le diaphragme secoué par une forte expiration, chasse ce qui l'irritoit, ou qui irritoit l'estomac. On sçait encore que les passions, comme la terreur & la crainte, font passer le Hoquet. Cela vient de ce que les esprits animaux étant occupés d'un objet plus fort, ne vaquent plus au Hoquet. On peut joindre à tout cela, que l'inflammation du foie cause le Hoquet sans que le foie y ait part, à cause que le foie enflammé ne cesse point d'irriter le diaphragme. On tient le Hoquet pour un signe dangereux dans les maladies aigues, telles que sont les fievres ardentes, & la dysenterie, parce qu'il présage les convulsions épileptiques, qui sont ordinairement mortelles avec ces affections. On peut se servir de l'opium, de la semence d'anis & de son huile, du castoreum, de la theriaque, pour la guerison du Hoquet. Quand il est opiniâtre dans une personne robuste, & qu'il dure quelques semaines, même quelques mois, le vomissement le peut emporter. On rapporte qu'une femme eut pendant deux ans un Hoquet si violent qu'on la croyoit possedée du diable.

HOR

HORAIRE. adj. Terme de Gnomonique. On appelle *Cercles horaires*, les signes qui marquent chaque heure sur les quadrans au soleil, soit qu'elles soient droites ou courbes. On peut les appeller Cercles, quand même elles sont droites, parce qu'elles sont les *representations* ou *projections* des cercles meridiens sur le plan du quadran. Voyez QUADRAN. On dit aussi *lignes horaires*. La principale est la *Meridienne*, ou celle qui marque midi, & dans les Quadrans Verticaux, Orientaux, ou Occidentaux qui ne peuvent avoir de Meridienne, la principale est la ligne de 6. heures. On appelle *Angle Horaire*, l'angle que fait une ligne horaire avec la meridienne au centre du Quadran. Voyez CENTRE.

HORAME. f. m. Grand arbre de l'Isle de Madagascar qui produit une gomme que les Apothicaires connoissent sous le nom Americain de *Tacamahaca*. Il est d'ordinaire de la grandeur du Peuplier, chargé de feuilles longues & étroites, & de fruits de la grosseur d'une grosse noix ou d'une prune. Ces fruits sont épais & resineux. Le bois de cet arbre est propre à faire des planches pour la construction des Barques & des grands Vaisseaux.

HORDE. f. f. Terme de Voyageur. Troupe de peuples errans comme sont les Arabes & les Tartares, qui n'ayant ni Villes ni habitations fixes, courent l'Asie & l'Afrique, & demeurent sur des chariots ou sous des tentes dans tous les lieux où ils vont.

HORE'E. f. f. Vieux mot. Pluie. On l'a appellée ainsi, à cause qu'elle ne dure ordinairement qu'environ une heure.

HORION. f. m. Vieux mot. Tassée ou verrée de vin.

Donnez-moi à boire un horion,
Oyez-nous, Maître Aliborum.

Il a signifié aussi un Casque, & c'est de-là qu'on a dit, *Donner un Horion*, pour dire, Donner un rude coup sur la tête, à cause que c'est comme qui appliqueroit un casque sur la tête pour la coifer.

HORISON. f. m. Terme d'Astronomie & de Geographie. Un des grands cercles de la Sphere qui la coupe en deux également, qui détermine la moitié que nous voyons, & celle que nous ne voyons pas, qui marque le lever & le coucher des Astres. Il y a autant d'Horisons que de lieux differens, & les Poles d'un Horison sont le Zenith & le Nadir du lieu dont il est Horison. Voyez ZENITH & NADIR. Comme le Zenith & le Nadir sont toûjours dans le Meridien, & que les points du vrai lever & du vrai coucher, qui sont les Poles du Meridien, sont dans l'Horison, il s'ensuit que l'Horison & le Meridien se coupent à angles droits. Voyez POLE. De même l'Horison coupe l'Equateur à angles droits quand il a ses poles dans l'Equateur, c'est-à-dire, quand le Zenith & le Nadir de ceux dont il est Horison sont dans l'Equateur, ce qui n'est que pour ceux qui sont sous l'Equateur, & alors les Poles de l'Equateur qui sont au haut du Monde, sont aussi dans l'Horison. C'est ce qu'on appelle *Horison droit*, & *Sphere droite*. Voyez SPHERE. Hors de-là, le Zenith & le Nadir n'étant plus dans l'Equateur, ni les Poles du Monde dans l'Horison, l'Horison & l'Equateur se coupent obliquement, & c'est ce qu'on appelle *Horison ou Sphere oblique*. Enfin à 90. degrés de l'Equateur où le Zenith & le Nadir sont les Poles du Monde ou de l'Equateur, il faut que l'Equateur & l'Horison deviennent le même cercle, ou ce qui est la même chose, soient paralleles. *C'est là l'*Horison* ou la *Sphere parallele*.

On divise generalement l'Horison en Horison *sensible & rationel*. Le sensible est celui qui borne effectivement notre vue, le rationel est celui que l'on conçoit qui passe précisement par le milieu de la Sphere. Notre vûe est très-bornée sur la terre, il s'en faut bien que nous en voyons la moitié, & il y a presque tout le demi-diametre de la terre de difference entre l'Horison sensible & l'Horison rationel. Cette difference disparoît à l'égard des corps celestes à cause de leur prodigieuse distance, sans cela ils seroient à l'Horison rationel quelque tems avant que d'être à l'Horison sensible, c'est-à-dire, avant que nous les pussions appercevoir. Il n'y a tout au plus que la Lune en qui l'on puisse remarquer qu'elle parvient à l'Horison sensible un peu plus tard qu'au rationel. Horison vient de ὁρίζειν, terminer, ὅρος, terme.

On dit en termes de Marine, que l'*Horison est*

fin, pour dire, qu'Il est net & sans nuage; & au contraire, on dit que l'*Horison est gras*, pour dire, qu'Il est embrouillé.

HORISONTAL. adj. Parallele à l'horison. On appelle en Gnomonique *Quadran horisontal*, celui qui est décrit sur un plan qui n'est point incliné à l'horison. Voyez QUADRAN. Et en Astronomie, *Astre horisontal*, est celui qui est sur le bord de l'horison.

On appelle dans un tableau *Ligne horisontale*, celle où est le point de vûe, auquel toutes les autres lignes des côtés doivent aboutir pour mettre les corps en perspective. Voyez PERSPECTIVE.

Horisontal, en termes d'Architecture, se dit du rez de chaussée, qui est de niveau avec la cour, la rue, le terrain de la campagne, & en ce sens on dit, qu'*Un appartement est horisontal*, pour dire, qu'Il est bâti sur le niveau.

HORLOGE. s. f. Machine composée de roues, de ressorts, d'un balancier, & d'autres choses pour sonner les heures. On appelle *Horloge à pendule*. Celle qui est reglée par les vibrations d'une *Pendule*, & *Horloge d'eau*, Une machine dont on se servoit autrefois pour marquer les heures par le moyen de l'eau, qui en coulant faisoit tourner les parties de la machine, & l'aiguille du cadran. L'*Horloge solaire*, en termes de Gnomonique, est la representation qu'on fait des cercles de la sphere sur un plan, où l'ombre d'un stile qui parcourt ces cercles, marque les heures. Voyez QUADRAN.

On appelle *Horloge*, en termes de Marine, l'espace d'une demi-heure, mesuré par un sable delié qui passe d'une phiole en l'autre pendant ce tems dans l'instrument appellé *Empoulette*, ou *Poudrier*, qui est un assemblage de deux petits verres joints ensemble par un col fort étroit, dont l'un est plein de ce sable qui s'écoule dans l'autre. Ainsi pour dire qu'il y a deux heures, on dit qu'*Il y a quatre Horloges*. On appelle *Horloge d'un quart*, Une horloge de sable qui dure tout le tems que dure un quart, c'est-à-dire, trois heures & demie, ou quatre heures. On dit que l'*Horloge dort*, pour dire, que Le sable s'arrête. On dit aussi, que l'*Horloge moud*, pour dire, que l'Horloge passe.

HORMINUM. s. m. Plante qui a ses feuilles semblables au Marrube, plus grandes pourtant & plus rudes, & dont la tige est quarrée, & de la hauteur d'une demi-coudée. Autour de ses tiges & proche l'endroit d'où sortent ses feuilles, sont de petits vases tournés vers terre & faits en forme de gousses, qui enferment une graine noire & longue. L'*Horminum sauvage* a ses feuilles presque semblables à la sauge, une tige d'un pié & demi, âpre, quarrée, un peu velue & cannelée, la fleur tirant sur le pourpre, & jettant vers terre plusieurs petites gousses, dans lesquelles il y a une graine, semblable à peu près à celle de Gallitricum. Fuchsius & Ruellius prennent l'herbe odorante appellée par quelques-uns *Sclarea*, par d'autres *Matrisalvia*, & par les François *Orvalle*, pour l'Horminum des jardins, & Matthiole fait voir qu'ils se trompent, avouant pourtant qu'on la pourroit appeller *Le grand* ou *odorant Horminum*, Dioscoride dit que la graine d'Horminum appliquée avec du miel nettoie les taies des yeux, & qu'enduite avec de l'eau, elle resout toutes sortes de tumeurs, & est propre à tirer hors du corps les épines & les tronçons qui y seroient demeurés. Il ajoûte que l'Horminum sauvage a de plus grandes vertus, & qu'on le met parmi les onguents, principalement en l'onguent *Glencinum*.

HOROPTERE. s. m. Terme d'Optique. Ligne droite tirée par le point de concours des deux axes optiques dans l'objet parallelement à celle qui joint les centres des deux yeux ou des deux prunelles. Ce mot vient de ὁρῶ, *je voi*, & de πτερὸν, *aile*, peut-être parce que les deux axes optiques unis dans un point de l'objet, & delà s'écartant pour aboutir, l'un au centre d'un œil, l'autre au centre de l'autre, font en quelque sorte la figure de deux aîles.

HORTOLAGE. s. m. La partie d'un Jardin potager, qui est occupée par des couches, & par des carreaux de legumes & de plantes basses, du Latin *Hortus*, Jardin.

HOS

HOSPITALIERS. s. m. Religieux que le Pape Innocent III. a établis pour retirer les pauvres Pelerins, les Voyageurs & Enfans trouvés. Ils sont habillés de noir comme les Prêtres, & ont une croix blanche sur leur robe & leur manteau. Il y a à Paris des Religieuses de l'Ordre de saint Augustin, que l'on appelle *Hospitalieres de la Charité de Notre-Dame*. Elles portent l'habit de saint François avec le Scapulaire blanc à l'honneur de la Vierge, & le voile noir. Ces Religieuses font veu d'hospitalité, outre les trois vœux ordinaires, & ont au chœur un manteau gris brun semblable à leur habit. Il y en a d'autres qui sont aussi de l'Ordre de saint Augustin, & qui font les mêmes vœux. On les appelle *Hospitalieres de la Misericorde de Jesus*. Pendant l'Eté, elles n'ont qu'une robe blanche avec une guimpe, & un rochet de fine toile de lin. L'Hiver, lorsqu'elles sont au chœur, ou qu'on porte l'Extrême-Onction à quelque pauvre malade de l'Hôpital, elles mettent un grand manteau noir par dessus leur rochet. C'est M. l'Archevêque de Paris qui les gouverne.

HOSPODAR. s. m. Nom de dignité qu'on donne au Prince ou Seigneur de la Valaquie.

HOSTELER. v. a. Vieux mot. Loger quelqu'un.

Sa Femme, Euridice appellée,
Estoit en Enfer hostelée.

HOSTELIER. s. m. Religieux qui dans les grandes Abbayes, a soin de recevoir, & de nourrir les hôtes qui passent, & qui demandent à prendre un jour de repos ou à passer une nuit.

HOT

HOTTE. s. f. On appelle *Hotte de cheminée*, la pente du dedans d'une cheminée. Elle commence de dessus la barre qui porte sur les jambages, & va finir contre le haut du plancher.

HOU

HOUACHE. s. f. Nom que donnent quelques-uns à la trace que fait un Vaisseau sur la mer. On dit aussi *Houage*. C'est ce qu'on appelle autrement *Sillage*.

HOUBLON. s. m. Herbe que l'on cultive avec soin en Allemagne, Bohême, Pologne, & autres Régions Septentrionales, dont ceux du pays se servent dans la composition de la biere où il faut necessairement qu'il entre des follicules ou bourses de Houblon. Il y en a de deux especes, l'un qui se cultive dans les champs où on l'appuie avec des échalas comme on fait la vigne; l'autre qui vient de soi-même autour des haies & des buissons, & qui ne differe du premier qu'en ce qu'il n'est pas si grand. Le Houblon des champs grimpe sur les arbres, & est propre à faire des treilles. Ses feuilles ressemblent à celles de la vigne, & ont tantôt trois incisures à l'entour, & tantôt cinq. Elles sont inégales du reste, & rudes comme celles de concombre. Il a ses sarmens longs, âpres, velus, & quelque peu épineux, & ses fleurs blafardes d'où il sort force petites bourses entassées, & qui pendent en maniere de raisin. La couleur en est jaunâtre, & elles enferment une graine noire & amere. Ses fleurs, bourses & racines sont chaudes, aperitives, dessiccatives, mondificatives & repurgatives. On l'appelle en Latin *Lupulus* ou *lupus salictarius*. Le jeune Houblon est d'un suc fort louable, & purifie tellement le sang, qu'il préserve de la galle si on le mange avec un peu de vinaigre, mais il ne faut pas en user avec excès, parce qu'il charge la tête. Ses fleurs sont bonnes pour les obstructions de la rate & du foye, & sa racine & sa graine servent de remede pour tuer les vers.

HOUE. s. f. Outil dont les Vignerons se servent pour remuer la terre. Il a un manche de bois, & un fer plat & large ou fourchu. M. Ménage fait venir ce mot de *Upupa*, à cause que cet instrument ressemble à la tête d'une hupe. D'autres le dérivent de *Hauve* mot Allemand qui veut dire la même chose. On a dit autrefois *Houel*.

Si faut aussi avoir la cresche
Fourche, flaël, van & houel.

Houe. Espece de rabot, dont on se sert dans les atteliers pour détremper le mortier.

HOUGUINES. s. f. Vieux mot. Armes de fer servant à couvrir les bras, les cuisses & les jambes.

HOUILLE. s. f. Terre grasse & noire, qui sert de charbon de terre aux Forgerons, & que du Cange appelle en Latin *Bullæ* ou *Hyllæ*, ce qui vient d'un mot Saxon qui signifie Charbon.

HOULE. s. f. Terme de Marine. Vagues qui se poussent les unes contre les autres buand la mer est agitée. C'est ce qu'on appelle autrement *Lames*.

Houle, se dit aussi chés les Quincailliers, des marmites ou Vaisseaux à mettre sur le feu, du Latin *Olla*, Pot, marmite.

HOULETTE. s. f. Mot qui ne se dit pas seulement du bâton de Berger, au bout duquel est une plaque de fer creusée, pour jetter des motes de terre à des moutons, mais encore d'un instrument de Jardinier qui a un fer pointu, & un manche de bois, de la longueur à peu près d'un pié, qui sert à lever les oignons des fleurs, & autres menues plantes.

HOVO. s. Grand Arbre vert des Indes Occidentales, qui se trouve dans le territoire de Panama. Ses bourgeons rendent une eau qui est de fort bonne odeur, & l'on fait des bains de son écorce pour ouvrir les pores de la peau. Sa racine étant entamée, il en coule une liqueur en abondance & fort bonne à boire. Son fruit est brun & petit, & a quelque peu de chair autour d'un noyau entierement d'os, & ennemi des gencives à cause de sa rudesse. Ce fruit est sain & de facile concoction. Il y en a qui appellent cet arbre *Horio*. Son ombre est si saine, que les Espagnols ont accoûtumé de dormir dessous.

HOUPE. s. f. *Flocon, sorte de bouquet de laine, de soye qui sert d'ornement*. ACAD. FR. On appelle *Houpe*, Le petit plumage que quelques oiseaux portent sur la tête.

Houpe, se dit aussi de ce qui est sur les bonnets quarrés; cet usage d'en mettre est moderne. Les Antonins n'en ont point. Il y a des Universités où les Houpes sont de differentes couleurs, selon la difference des Facultés.

On appelle aussi *Houpe*, L'extrêmité d'une plante en bouquet à cause de la ressemblance qu'elle a avec le bouquet de laine ou de soye qu'on appelle *Houpe*.

HOUPE'E. s. f. Terme de Marine. Elevation de la vague ou de la lame de la mer. On dit bassement, *Prendre la houpée*, pour dire, Se servir du tems que la vague s'éleve, pour s'embarquer d'une chaloupe dans un gros-Vaisseau quand la mer est agitée.

HOUPIER. s. m. Arbre ébranché auquel on n'a laissé que les petites branches du sommet qui y forment une maniere de houpe. On appelle aussi *Houpiers*, Les têtes des gros arbres, dont l'ordonnance permet de faire des cendres, à cause que dans la coupée on ne les peut façonner en bois de moule.

HOURAILLIS. s. m. Terme de Chasse. Méchante meute, où il y a des chiens galeux, & d'autres maigres ou estropiés qui ne peuvent être d'aucun usage.

HOURCE. s. f. Terme de Marine. Corde qui tient bas-bord & tribord la vergue d'artimon. Elle ne sert jamais que du côté du vent.

HOURDAGE. s. f. Maçonnerie grossiere.

HOURDEBILLER. v. a. Vieux mot. Secouer.

HOURDEIS. s. m. Vieux mot. Barricade, Boulevart ou autre sorte de fortification.

Ceux dedans qu'eurent apporté
Trois estepes d'un roilleis,
Si en firent un hourdeis.

HOURDER. v. a. Maçonner grossierement des moilons avec du mortier ou du plâtre sans y mettre d'enduit. On appelle aussi *Hourder*, Faire l'aire d'un plancher avec des lattes.

Hourder. Vieux mot. On a dit autrefois *Se hourder*, pour, Se fâcher.

Sçavez-vous pourquoi je me hourde.

HOURDI. Terme de Marine. Le dernier des baux de l'arriere d'un Vaisseau, qui fait l'affermissement de la pouppe. On dit plus ordinairement *Lisse de hourdi*.

HOURDOYER. v. a. Vieux mot. Renforcer. Il a signifié aussi, Border, doubler quelque chose.

HOURET. s. m. Mauvais chien de chasse *Houret galeux*.

HOURQUE. s. f. Vaisseau leger & plat de varangue, dont les Hollandois se servent. Son bordage est rond, & il porte des mâts & des voiles de même qu'un Heu, avec un bout de beaupré & une espece de sivadiere. Il y en a de cinquante & de soixante tonneaux qui font le voyage des Indes Orientales, n'ayant que cinq ou six Matelots pour les conduire. Les plus grandes ne vont que jusqu'à deux cens. Ce bâtiment est très-bon à louvoyer. On l'appelle aussi *Oucre*.

HOURVARI. s. m. Terme de Chasse. Cri que l'on fait pour obliger les chiens à retourner, quand ils sont hors des voies. M. Ménage fait venir ce mot du bas Allemand *Hervveer*, qui veut dire. En-deçà. C'est le cri dont se servent les Chasseurs Allemans dans une pareille occasion.

Hourvari se dit aussi par certaines gens de Marine d'un vent qui vient tous les soirs de terre dans quelques-unes des Isles de l'Amerique, & qui est accompagné de pluie & de tonnerre.

HOUSE. s. m. Vieux mot, qui a signifié des botines qui se fermoient avec des boucles & des courroyes, à cause qu'elles étoient fendues d'un bout à l'autre. On a dit aussi *Houseaux*, de l'Allemand *Hose*, sorte de chaussure de fatigue, & c'est delà qu'est venu le mot de *Triguehouse*.

Souliers à las, aussi houseaux
Ayez souvent frez & nouveaux
Et qu'ils soient beaux & fetis.

On a encore dit *Housé*, pour, Botté.

Et sont housez parmi la Ville,
Pour dire qu'ils ont des chevaux.

HOUSSAGE. s. m. Terme de Charpenterie. Clôture, ou fermeture d'un moulin à vent. Elle se fait d'aix à couteaux & de bardeaux.

HOUSSE. s. f. *Couverture de cheval qu'on met sous la selle.* ACAD. FR. On appelle *Housse de carrosse*, La couverture de velours ou d'écarlate que les Princesses & les Duchesses font mettre sur l'imperiale de leur carrosse. On dit dans le même sens, *Carrosse houssé*.

Housse se dit encore de la garniture de serge qui couvre & entoure quelque beau lit qui merite d'être conservé. Cette Housse se met aussi quelquefois au lieu de rideaux d'étoffe de soye ou autres, mais il n'y a guere que les personnes du commun qui s'en servent.

HOUSSE', E'E. adj. Terme de Blason. Il se dit d'un cheval qui a sa housse.

HOUSSETTE. s. f. Vieux mot, qui a signifié autrefois une maniere de brodequins ou de bas de chausses, & que l'on emploie encore aujourd'hui dans le Blason, pour signifier la même chose.

On appelle *Houssettes*, certaines Serrures qui servent pour des coffres, & qui se ferment par la chute du couvercle.

HOUSSIERES. s. f. p. Endroit d'une forêt qui est tout rempli d'arbrisseaux, comme le houx & autres de même nature. C'est ce qu'on appelle en Latin *Virgultetum*.

HOUSSU, UE. adj. Vieux mot. Epais, touffu.

Et avoient les crins fort houssus.

HOUX. s. m. Arbrisseau toûjours vert que Matthiole dit être une plante arborée, montant jusqu'à la hauteur de l'aubespine. Ses feuilles sont semblables à celles du laurier, mais épineuses à l'entour, fermes & charnues. Ses branches sont souples, pliables & couvertes d'une double écorce, dont l'exterieure est verte, & celle de dessous pâle. Il a son fruit pareil à celui du cedre. Il est rond & rouge, & a au-dedans un noyau d'assés bon goût quand on le mâche. Le bois du Houx est dur & pesant, & va au fond de l'eau. La fomentation de la décoction de ses racines est singuliere pour les nodosités des jointures qui auroient été disloquées; elle les ramollit & resout, dissipe les humeurs & sonde les os rompus. Pline dit que si on jette contre quelque animal que ce soit un bâton de Houx, qui n'ait pas été jusqu'à lui, le bâton tombé à terre se roulera & s'approchera de l'animal contre qui il aura été jetté. Les mots de *Housser* & de *Houssine*, sont venus du Houx, & selon M. Ménage, *Houx* vient du Grec ὀξὺς, Aigu, à cause que ses feuilles sont piquantes.

H U

HU. s. m. Vieux mot. Sorte de Chasse.

Les prennent mieux qu'aux gresillons
Au bray, au hu, au trébuchet.

On a dit aussi *Hu*, pour signifier Un cri; & *A un hu*, pour dire, Tout d'une voix. C'est delà qu'est venu le mot de *Huée*, qui se dit du cri de la multitude qui crie après celui qui a fait ou dit quelque chose de ridicule.

H U B

HUBIR. v. n. Vieux mot. Venir à bout, chevir.

H U C

HUCHE. s. f. Vieux mot. Couvrechef, voile. *La Veronique avoit semblance d'homme en sa huche.*

Huche, se dit aujourd'hui d'un grand coffre de bois, dans lequel les Paysans paîtrissent leur pain, & où ils le mettent quand ils l'ont tiré du four.

On appelle *Huche de moulin*, Une maniere de coffre de bois sans couvercle, où tombe la farine moulue lorsqu'elle sort de dessous la meule. Il se dit aussi en quelques lieux de la trémie où se met le grain pour le faire tomber petit à petit sur la meule.

Huche, est aussi un terme de Marine, & on appelle *Navire en huche*, Celui qui a la pouppe fort haute.

HUCHER. v. a. Vieux mot. Appeller en criant.

Vôtre feu Pere
En passant huchoit bien, Compere,

Marot a dit,

Lors huchera & terre & ciel luisant,
Pour juger là tout son peuple, en disant.

M. Ménage fait venir ce mot par corruption de *Vocare*, appeller Du Cange le dérive du Latin *Huccus*, Cri violent, fait d'*Hucciare*, qui a été dit dans la basse Latinité. Borel dit que le mot Picard *Veucher*, qui veut dire, Crier, est venu delà.

HUCHET. s. m. Petit cor de Chasseur qui sert à appeller les chiens & les levriers à la chasse. Il vieillit. On a dit aussi *Hucguet*.

HUCQUE. s. f. Vieux mot. Sorte de robe.

Charlot a une verte hucque.

H U E

HUET. s. m. Sorte de hibou grand comme un coq, dont le plumage est cendré & tavelé de noir. Il a un gros bec verdâtre, les yeux noirs, les piés emplumés, les ongles crochus, & de longues ailes. On l'appelle aussi *Huot* ou *Hulot*, en Latin *Ulula*.

H U G

HUGUENOT. s. m. On a appellé *Huguenots*, en France, ceux qui suivent les fausses opinions de Calvin; & l'on rapporte differentes étymologies de ce nom. Les uns le font venir de Jean Hus, dont les Calvinistes ont embrassé les erreurs; & les autres de Hugues Capet, dont les Huguenots défendoient le droit qu'avoit sa lignée à la Couronne, contre le parti de ceux de la Maison de Guise, qui se prétendoient descendus de Charlemagne. Il y en a qui le tirent d'un Hugues heretique Sacramentaire, qui enseigna la même doctrine sous le regne du Roi Charles VI. & quelques autres le dérivent de certains mutins de Suisse nommés *Heusquenaux*, ou d'*Eidgnossen*, autre mot Suisse qui veut dire *Alliés en la foi*: & qui est composé d'*Eid*, Foi, & de *Gnossen*, Associé. Il y a eu une petite monnoie valant une maille, & portant le nom de *Huguenote*, du tems de Hugues Capet, & quelques-uns prétendent que c'est delà qu'on a nommé les Calvinistes *Huguenots*, comme ne valant pas une maille. D'autres ont crû qu'on leur a donné ce nom d'une harangue de leurs Députés, qui l'ayant commencée par ces mots, *Huc nos venimus*, donnérent lieu aux Courtisans qui n'entendoient point le Latin, de se dire les uns aux autres que c'étoient des gens qui venoient de *Huc nos*. Pasquier rapporte que le menu Peuple de Tours étoit persuadé qu'un lutin, appellé *Le Roi Hugon*, couroit toutes les nuits par la Ville, & que comme les Prétendus Reformés ne sortoient jamais que de nuit pour faire leurs prieres, on les nomma delà *Huguenots*, comme étant disciples du Roi Hugon. D'autres disent que ce fut à cause qu'ils tenoient leurs Assemblées proche la porte Hugon.

HUGUENOTE. s. f. Marmite de terre ou de métal qui n'a point de piés, & qu'on met ordinairement sur un fourneau, pour faire cuire sans bruit ce qui est dedans. Ce mot vient de ce que les Huguenots s'en sont servis pour faire cuire leurs viandes les jours défendus, afin d'éviter le scandale.

On appelle *Oeufs à la huguenote*, des œufs qu'on fait cuire avec du jus de mouton.

HUI

HUI. Vieux mot. Aujourd'hui. On a dit aussi *Huimes*.

HUILE. s. f. *Liqueur grasse & onctueuse qui se tire presque de toutes sortes de choses*. Acad. Fr. En Pharmacie, quand on employe simplement le mot d'Huile dans les compositions, on entend l'*huile d'olive*, & en general on appelle *Huile*, toute liqueur grasse & sulphurée, tenant de la nature du feu, à cause qu'elle ressemble au suc des olives. soit qu'on l'ait tirée par artifice de quelque mineral, vegetal ou animal, soit qu'elle vienne de certains arbres par elle-même la chaleur du Soleil l'attirant du dedans au dehors, comme le baume de Judée, soit enfin que la chaleur qui est enfermée dans les entrailles de la terre, la fasse sortir naturellement des pierres & des rochers, comme l'huile de Petreol qui brûle dans l'eau & qui est fort inflammable. Les Medecins font ce mot masculin, & disent que parmi les huiles simples artificiels les uns se font par expression, comme l'huile d'olives commun, fait d'olives mûres, l'huile d'olives omphacin fait d'olives vertes, l'huile d'amandes douces ou ameres, l'huile de noix, l'huile laurin & autres, ou par distillation. Ces huiles se tirent de certains bois, herbes, semences, aromates, gommes, resines, mineraux, métaux, terres, pierres, & de certaines choses qui viennent des animaux, comme le miel, la cire, le beure, la graisse, le sang humain & les coques d'œufs. Il y a aussi des huiles composées par infusion, & cette composition se fait des racines, des feuilles, des fleurs & des semences d'un ou de plusieurs simples que l'on expose long-tems au Soleil, ou que l'on fait cuire sur le feu, après les avoir infusés dans l'huile commun, jusqu'à ce que leur vertu ait pû se communiquer à l'huile, après quoi on les exprime, & on les met dans des pots de verre ou de terre vernissés, pour s'en servir selon le besoin. Ces huiles sont de plusieurs sortes. Il y en a de chaudes, de froides, d'aperitives, de chalastiques & de diaphoretiques, d'autres qui en rafraîchissant humectent, & sont lenitives; d'autres qui en rafraîchissant aussi, sont astringentes, & d'autres enfin qui sont bien plus froides. Ce sont les narcotiques & les hypnotiques. Dans la distillation du tartre l'esprit est suivi de l'*Huile de tartre puante*, qui n'est rien autre chose qu'un alcali concentré par un acide graisseux. Cette Huile rectifiée & clarifiée sur de la corne de cerf brûlée, est un excellent sudorifique. La sueur est procurée puissamment par deux ou trois gouttes dans les maladies malignes, où le malade a de la peine à suer; & ces mêmes gouttes sont un secours fort present dans la colique & dans la passion hysterique. Cette Huile est bonne exterieurement pour les douleurs de la goute & pour le calcul des reins. Elle guerit & mondifie avec succès les bubons pestilentiels; & quand on y ajoûte de l'esprit de vin, sa puanteur se change en odeur de romarin. L'*Huile des bois* est aussi un puissant sudorifique. Elle convient aux ulceres, aux bubons pestilentiels & à plusieurs autres maux. L'Huile que l'on tire des animaux, toute desagreable qu'elle est, n'est pas non plus à rejetter. On la rectifie plusieurs fois sur la tête morte, pour lui ôter de son acidité & pour corriger son odeur & sa saveur; ce qui la rend salutaire pour oindre les parties dans la paralysie & dans le tremblement, & pour frotter les humeurs dures & scirrheuses. Trois ou quatre gouttes prises interieurement, poussent puissamment par les sueurs.

On apporte de Gelisco, Province de la Nouvelle Espagne, une certaine Huile que les Espagnols appellent *Huile de figuier d'enfer*. Les Indiens la tirent d'un arbre semblable au Ricinum en son fruit & en ses feuilles mais qui croît plus haut. Ils broyent la semence, & la font bouillir en l'eau, après quoi ils amassent avec une cueillier l'huile qui flotte dessus. Elle a de grandes vertus, guerissant toutes les maladies qui proviennent d'humeurs froides. Elle dissout toutes sortes de tumeurs, dissipe les vents, & principalement celui du ventre; ce qui la rend fort utile dans toutes les especes d'hydropisie, lorsqu'après en avoir frotté le ventre, on en prend quelques goutes par la bouche, ou dans du vin, ou dans quelque autre liqueur commode. Elle delivre le ventricule des humeurs froides & des vents, & est fort bonne contre les douleurs de la colique, si l'on en oint les parties affectées & que l'on en prenne quelques goutes. Cette Huile a aussi la proprieté d'amollir le ventre aux enfans quand on l'en frotte, & d'en faire sortir les vers, si on leur en donne à boire une ou deux goutes avec du lait ou du bouillon gras.

On appelle *Huile vierge*, Celle qui est épreinte de l'olive ou des noix fraîches, & qui n'est ni pressurée, ni chauffée.

HUISSERIE. s. f. Toutes les pieces de bois dont l'ouverture d'une porte est formée. Il se dit aussi de l'assemblage du linteau & des poteaux d'une porte, du vieux mot *Huis*, Porte, qui vient du latin *Ostium*, qu'on a écrit autrefois *Hostium*.

HUITZITZIL. s. m. Petit Oiseau, appellé ainsi par les Mexiquains. Il n'est pas plus gros qu'un Papillon, & a le bec long, & les plumes fort déliées, & d'une beauté incroyable, dont ceux du Pays ont l'industrie de composer des portraits de même que s'ils étoient peints avec des couleurs. Cet Oiseau vit de la rosée qui est dans les fleurs à la façon des Abeilles. Quand les fleurs se sechent, il fiche son bec dans le tronc des arbres, & il y demeure ainsi attaché pendant six mois, aussi immobile que s'il étoit mort, jusqu'à ce que les pluyes revenant, fassent changer de face à la terre.

HUITZPACOTLI. s. m. Arbrisseau qui traîne par terre, & qui se trouve dans le Mexique. Ses feuilles finissent en trois pointes, & il porte des fleurs rouges & menues, jointes ensemble au bout de ses branches, d'où il naît des fruits qui ressemblent aux noisettes, soit pour la forme, soit pour la grandeur, avec trois noyaux blancs au dedans. Cet Arbre fleurit & porte du fruit presque tous les mois. On tient que cinq de ces fruits ou six pour ceux qui sont plus robustes, après qu'on en a ôté une certaine peau qui les couvre, purgent puissamment le phlegme & la bile, soit par les selles soit par le vomissement. C'est un remede si sûr qu'en qu'en prenant un peu de viande, sa force cesse d'agir aussi-tôt.

HUISTRE. s. f. Poisson de mer, qui se nourrit entre deux écailles & qu'on mange tout en vie. Les Huîtres jettent leur frai dans le mois de Mai, après quoi elles sont malades & ne sont entierement gueries que vers le mois d'Août. Les petites Huîtres qui se forment du frai qu'elles jettent, commencent à avoir de l'écaille dans vingt-quatre heures. Il y a des Huitres dans quelques-unes des Isles du Cul-de-sac de la Guadeloupe, qui ne sont pas plus grandes que les petites Huîtres d'Angleterre, c'est-à-dire, larges comme un écu blanc. On les trouve attachées à des arcades & sur les branches des Paretuviers qui trempent dans la mer, où la semence des Huîtres se répand lorsqu'elles frayent. Il y a beaucoup d'apparence que cette semence s'attache à ces branches, de sorte que s'y formant elles y grossissent, & sont rafraîchies deux fois le jour par le flux & le reflux, leur pesanteur, par succession de tems, faisant pancher les branches dans l'eau. On en voit de deux sortes dans la Guadeloupe. La premiere, à l'exception de sa petitesse, est fort semblable aux nôtres, mais plus délicate & de meilleur goût. La seconde est toute plate, & a une petite houpe de poil dans le milieu comme un petit Barbillon. Ces Huitres sont tellement acres qu'il est impossible d'en manger. Il y a dans la Chine de petites Huîtres qu'on seme dans les campagnes couvertes d'eau. Cela se fait par des morceaux de quelques-unes qu'on casse, & que l'on y jette comme si c'étoit de la semence. Ces morceaux jettés en produisent d'autres de très-bon goût. M. Ménage veut que l'on ait dit anciennement *Oistres*, ce qui est venu du Grec ὄστρεον, Poisson couvert d'un test dur.

HUIVRE. s. m. Vieux mot. Sorte de Serpent, de l'Italien *Huivara*.

Mais mors plus fiere que Huivre.

HUL

HULOT. s. m. Terme de Marine. Ouverture où est mis le Moulinet de la manuelle. Il se dit aussi des ouvertures qu'on fait dans le paneau de la fosse des cables.

HUM

HUMBLESSE. s. f. Vieux mot. Humilité. On a dit aussi, *Humlesse*.

HUMECTATION. s. f. Terme de Pharmacie. Preparation d'un medicament, qui se fait lorsqu'on le laisse tremper quelque tems dans l'eau, soit pour l'amollir s'il est trop sec, soit pour le monder, ou pour empêcher que ses plus subtiles parties ne se dissipent.

HUMERAL. adj. Terme de Medecine. On appelle *Muscle humeral*, Celui qui fait mouvoir le bras en haut, autrement *Deltoide* ou *Epomis*. Ce mot vient du Latin *Humerus*, Epaule.

HUMIER. adj. Vieux mot. Usufructuaire, du latin *Humus*, Terre.

HUMILIEZ. s. m. Ordre Religieux, dont l'établissement est venu de quelques Gentilshommes de Milan, qui ayant extrêmement souffert dans la captivité où les retint l'Empereur Conrad, ou selon d'autres, Frederic Barberousse, connurent si bien la vanité des choses du monde, que lorsqu'ils se virent en liberté, ils formerent une espece de Communauté, où ils vêcurent ensemble en suivant la Regle de saint Benoît. Cette Congregation fut approuvée du Saint Siege sur la fin du douziéme siecle, mais enfin saint Charles de Boromée qui s'en étoit fait le Protecteur, ayant remarqué que le tems & les grands biens qu'ils avoient acquis, y avoient produit un si grand relâchement qu'il n'y avoit qu'environ cent soixante & dix Religieux pour près de cent Monasteres, crut qu'il étoit de son zele d'y mettre quelque reforme. Les Superieurs se trouverent blessés par là, à cause qu'ils usoient de leurs Benefices, quoique Reguliers, comme s'ils n'eussent été que Beneficiers simples, n'épargnerent rien pour l'obliger à laisser les choses dans leur ancien état, & n'ayant pû l'obtenir, il y en eut trois qui oserent attenter à la vie de saint Charles, en lui faisant tirer un coup d'arquebuse, par un Jerôme Donat qu'on surnommoit Farina. Le Pape Pie V. en fut extrêmement irrité, & cela fut cause qu'il abolit cet Ordre en 1570.

Il y a aussi quelques Heretiques qui ont pris le nom d'*Humiliez*. Ils s'éleverent sous le Pape Innocent III. & furent condamnés par ce Pontife.

HUN

HUNE. s. f. Terme de Marine. Assemblage de plusieurs planches de bois mises en rond au haut des grands mâts, & soutenues par des barres. Cette espece de cage ou de guerite ronde en saillie sert à porter un Matelot pour découvrir de loin, & à serrer les Huniers. Le Gabier se poste ordinairement sur la Hune du grand mât ou sur celle de son perroquet. Cette Hune est élevée en rond & en forme de balcon, environ à huit piés du bout du grand mât, & peut quelquefois contenir trente & quarante hommes. La plûpart des grands Vaisseaux n'ont que quatre Hunes, qui sont celles du grand mât, de misaine, de beaupré & d'artimon, mais quoiqu'il n'y ait que des barres aux brisures qui sont aux autres mâts, ces barres ne laissent pas de s'appeller *Hunes*.

HUNE. Grosse piece de bois à laquelle une cloche est attachée & qui sert à la mettre en branle, quand on a besoin de la sonner, ce qui se fait par deux tourillons qui la terminent.

HUNIER. s. m. Voile qui se met à un mât de Hune. On appelle *grand Hunier*, celle que porte le grand mât de Hune, & *petit Hunier*, Celle qui est enverguée au mât de misaine. Le nom de *Hunier*, se donne aussi au mât qui porte la Hune.

On dit *Hunier à mi-mât*, quand la vergue qui tient la voile du Hunier n'est issée qu'à la moitié du mât, & *Avoir les Huniers dehors*, pour dire, Les avoir au vent pour le recevoir. On dit aussi, *Mettre le vent sur les Huniers*, pour dire, Mettre les voiles des Huniers de telle sorte que le vent ne fasse que les friser, & ne les remplisse point.

On dit encore, *Amener les huniers sur le ton*, pour dire, Baisser les voiles jusqu'à la partie du mât qui se trouve entre la Hune & le chouquet, ce qui est les amener au plus bas. On se donne ordinairement un signal sur mer, *En issant & amenant ses Huniers*, ce qui veut dire, En haussant & baissant les voiles des grand mâts de Hune & du mât de Hune d'avant.

HUP

HUPPE. s. f. Oiseau agreable à voir, & qui est à peu près de la grosseur d'une grive. Il a le bec noir, long & délié, un peu crochu, les jambes courtes, de couleur de plomb, & les aîles noires, traversées de lignes blanches. Sa tête est pointue, & ornée d'une maniere d'aigrette faite de vingt-six plumes d'une inegale longueur. Son estomac est roux ainsi que la partie de son col qui est proche de la tête, mais il l'a cendrée vers le dos, qui est aussi de couleur cendrée avec quelques taches blanches jusques à sa queue qu'il a longue de six doigts. Cette queue est composée de dix plumes, & il y a une large ligne blanche qui la coupe de travers. Ce mot de *Huppe*, vient du latin *Upupa*, qui signifie cet Oiseau en Grec ἔποψ.

HUR

HUREPEPE', adj. Vieux mot. Herissé.

L'Hermitage vint hideux & hurepez.

On dit aussi, *Huriché*, dans la même signification.

Les cheveux à tous hurichez,
Les yex crues, en parfon glicez,
Vis pale, banlevres farchies.

HUS

HUSSART. s. m. Sorte de Cavalier habillé de peaux de Tygre & ayant force plumes. Les Hussarts sont une milice, dont on se sert en Hongrie & en Pologne, pour repoûsser la Cavalerie Ottomane.

HUSSITES. s. m. Heretiques de Bohême, appellés ainsi de Jean Hus Bohémien, qui soûtenoit publiquement la Doctrine de VViclef. Ils prétendoient que saint Pierre n'avoit jamais été le Chef de l'Eglise, qu'ils disoient n'être composée que des Elûs. Selon eux le Pape étoit dépendant de l'Empereur, sans être ni le Lieutenant de JESUS-CHRIST, ni le Successeur de saint Pierre. Les Evêques, en mettant entre les mains du bras seculier ceux qui ne leur obéïssoient pas, ne meritoient que le nom de meurtriers. Ils disoient encore, que l'obéïssance Canonique étoit une invention humaine; que les Prêtres, quoiqu'excommuniés, devoient prêcher, & que les suspensions, excommunications & défenses avoient été inventées pour maintenir l'orgueil du Clergé. Cette Secte qui se partagea en plusieurs autres perdit presque toute la Bohême, quoique pour couper racine aux maux qu'elle produisoit, on eût brûlé vif Jean Hus avec Jerôme de Prague en 1415. par Ordonnance du Concile de Constance. Il y a presentement peu de ces Heretiques en Bohême. Ceux que l'on y trouve encore, se moquent des Obseques & des Prieres pour les Morts, & tiennent que le diable a inventé les Religions des quatre Mendians. Ils n'admettent ni la Confirmation, ni l'Extreme-Onction pour Sacremens de l'Eglise, & s'accordent en beaucoup de choses avec les Calvinistes, touchant la Confession & le Baptême.

HUT

HUTER. v. a. Terme de Marine. On dit *Huter les vergues*, pour dire, Amener les vergues dans un gros tems jusqu'à la moitié du mât, & les mettre en croix de saint André, afin que les voiles qu'elles portent prenant moins de vent, le vaisseau soit moins sujet à se tourmenter.

HUTIN. Vieux mot. Dispute, combat, choc. On a dit aussi *Hutiner*, pour, Harceler.

HUTITES. s. m. Heretiques qui ont pris leur nom de Jean Hutus dont ils ont suivi les opinions. C'étoit une secte d'Antilutheriens. Ils se croyoient réellement les Enfans d'Israël, qui étoient venus pour détruire entierement les Chananéens. Ils prétendoient entre autres erreurs, que le jour du jugement n'étoit pas fort éloigné, & ils disoient qu'on devoit s'y préparer en mangeant & en bûvant.

HUTLA. s. m. Petite bête qui se trouve aux Indes Occidentales, dans l'Isle appellée *Hispaniola*. Elle est assés semblable à nos lapins, quoique plus petite. Ses oreilles sont aussi plus courtes, & elle a une queue de taupe.

HUZ

HUZ. s. m. Vieux mot. Crierie.

HYA

HYADES. s. f. Constellation composée de sept étoiles, qui sont dans la tête du Taureau, & dont la principale en est l'œil gauche. Ce mot est Grec ὑάδες, & elles ont été appellées ainsi du verbe ὕειν, Pleuvoir, à cause qu'il pleut ordinairement vers le tems des équinoxes, qui est à peu près celui de leur lever, soit *cosmique*, soit *acronyque*. Leur lever cosmique est au Printems, l'acronyque en Automne. Ces étoiles sont fameuses chés les Poëtes.

HYALOIDE. adj. Terme de Medecine. Il se dit de la sixiéme tunique de l'œil, que l'on appelle autrement *Vitrée*, à cause que de toutes parts elle enferme l'humeur vitrée qui est dans le fond de l'œil. Ce mot vient du Grec ὕαλος Verre.

HYD

HYDATIDES. s. f. Les Medecins appellent ainsi de grosses vessies pleines d'eau qui se forment en diverses parties du corps, du Grec ὕδωρ Eau. Les Hydatides des visceres, & sur-tout du foye & de la rate, sont les avancourieres ou les compagnes de l'hydropisie particuliere. Elles sont frequentes aux poumons & au foye. Ce qui fait que ces visceres sont les plus sujets aux Hydatides, c'est qu'il y a un grand nombre de vaisseaux lymphatiques qui rampent sur leur surface, lesquels deviennent fort apparents, quand l'amas de l'humeur ou des eaux qu'ils contiennent les distend, ces Hydatides ou vesicules remplies d'eau n'étant autre chose que les vaisseaux lymphatiques où le cours de la lymphe est arrêté. La lymphe ne pouvant passer outre, ni retourner en arriere, à cause des valvules dont abondent ces vaisseaux, gonflent les entre-deux qui representent des vesicules pleines d'eau, & s'il arrive que quelqu'une de ces petites vesicules se rompe, la lymphe qui en sort se trouve retenue par la membrane mince, dont le viscere & les vaisseaux lymphatiques sont revêtus. Cela fait de plus grosses vessies, quelquefois de la grosseur d'une aveline, qui durent jusqu'à ce que la membrane venant à se rompre, la lymphe se répande dans la cavité, & y produise l'hydropisie.

HYDRAGOGUE. s. m. Medicament qui purge les eaux & les serosités appellé ainsi de ὕδωρ Eau, & de ἄγειν Amener, tirer. Le plus doux des Hydragogues est le suc des roses pâles. Celui d'hieble tiré de la racine contuse, attire puissamment les eaux des hydropiques, s'il est donné jusqu'à une once avec du sucre & de la cannelle. La coction diminue beaucoup la qualité qu'il a de purger. Ses grains confits produisent le même effet, ainsi que sa graine donnée jusqu'à une drachme avec du vin blanc. Le suc de la racine d'Iris est plus fort, ce qui fait qu'on ne le donne que jusqu'à une once avec une décoction de raisins damas, du sucre &

de la cannelle, encore ne doit-il être donné qu'à des gens robustes. Si on donne la racine seche de l'Iris dans du petit lait jusqu'à une drachme ou deux, elle a la même vertu. Il y a plusieurs autres Hydragogues qui ne sont propres ni aux enfans, ni aux vieillards, ni aux femmes grosses, ni à ceux qui ont quelque maladie aigue, mais seulement aux personnes qui ont de la force, & qui souffrent une longue maladie dans un tems froid. Ces Hydragogues sont le ricinus, la petite catapuce, la racine de cyclamen, celle d'Asarum & d'Aristoloche longue, l'esula, la chamælea, la laureola, & autres.

HYDRARGYRE. s. m. Vif argent. C'est le nom que les Chymistes donnent au mercure, à cause qu'il est liquide & qu'il coule, comme si c'étoit de l'eau d'argent, de ὕδωρ Eau, & ἄργυρος Argent.

HYDRAULIQUE. s. f. Science qui enseigne l'art de conduire les eaux, & le moyen de les élever, soit pour les rendre jallissantes, soit pour d'autres usages. Ce mot vient du Grec ὕδωρ, *eau*, & αὐλὸς, *flûte*, *tuyau*, parce que l'on conduit l'eau par des tuyaux.

Il y a des Colomnes qu'on appelle *Colomnes Hydrauliques*. Ce sont celles du haut desquelles sort un jet auquel le chapiteau sert de coupe. L'eau retombe delà par une rigole revêtue de glaçons, & qui tourne en spirale autour du fût. On appelle aussi *Colomne Hydraulique*, celle dont le fût est formé de napes d'eau, ce qui le fait paroître de crystal. Ces napes d'eau tombent de ceintures de fer ou de bronze en maniere de bandes, à distance égales, par le moyen d'un tuyau montant dans son milieu.

HYDRE. s. f. Sorte de serpent qu'on appelle ainsi de ὕδωρ à cause qu'il se nourrit dans l'eau. Les latins l'appellent *Natrix*, Nageuse. Quand ce serpent sort de l'eau pour chercher à vivre sur la terre, il devient plus venimeux, & il s'appelle alors *Chersydrus*, comme qui diroit *Hydre terrestre*, de χέρσος, Terre. Nicander dit qu'il est semblable à l'aspic. Sa morsure est dangereuse, & cause des accidens très-fâcheux, enflûres, inflammations, douleurs ardentes, meurtrissûres, plaies fangeuses, resolutions des membres, vomissemens coleriques & puans. On en meurt en trois jours, après avoir souffert un mouvement désordonné dans tout le corps. Les remedes ordinaires sont la Theriaque & & le Mithridat. Quand l'Hydre se trouve dans quelque marais tari, elle fait grande guerre aux Grenouilles, & lorsqu'elle manque d'eau elle se jette en terre, toute fangeuse, & tâche de se remettre au soleil en tirant la langue de la grande alteration qu'elle a. Aetius dit aussi qu'elle se charge alors de venin, & qu'elle ressemble aux petits aspics, excepté que les aspics ont le col plus gros. D'Ablancour rapporte que dans les deserts de la Lybie, on trouve quantité de serpents appellés *Hydres*, qui sont de petites couleuvres très-venimeuses, ayant le col extrémement délié, ainsi que la queue.

Hydre. Dragon qui a deux piés & sept têtes, selon Jonston, avec une grande ouverture de gueule, & la queue une fois aussi grande que le corps. Il est sur le dos d'une couleur entre verd & jaune, & il a le dessous du ventre blanc. Il dit que cette Hydre tue de son soufle. C'est apparemment la description de l'Hydre que les Poëtes feignent avoir été défaite par Hercule, & dont on ne pouvoit point couper une tête sans qu'il en revînt plusieurs autres en sa place.

Hydre. Terme d'Astronomie. Constellation composée de vingt-cinq étoiles, que l'on s'est imaginé qui formoient au Ciel la figure d'une Hydre. D'autres lui en donnent vingt-neuf.

HYDRELEON. s. m. L'Hydreleon n'est autre chose que de l'huile commune que l'on mêle avec de l'eau, comme le marque le mot Grec ὑδρέλαιον, fait de ὕδωρ, Eau, & de ἔλαιον, Huile.

HYDROCELE. s. f. Tumeur aqueuse des membranes qui environnent les Testicules. Elle se forme par une fluxion de serosités. Ce mot est Grec ὑδροκήλη, en Latin, *Hernia aquosa*, ou *Ramex aquosus*; & il est formé de ὕδωρ, Eau, & de κήλη, Tumeur. On doit distinguer l'Hydrocele par le vice propre des intestins, de l'Hydrocele de l'hydropisie qui arrive quand les eaux ramassées dans l'abdomen des hydropiques tombent successivement dans le scrotum par les productions du peritoine. L'autre se fait par l'obstruction des vaisseaux lymphatiques des testicules qui s'enflant peu à peu à mesure que la lymphe s'accumule, se rompent enfin & répandent la lymphe dans les membranes externes des testicules, où se fait la tumeur aqueuse. Lorsque ces membranes se relâchent & se rompent, la lymphe descend dans le scrotum, où elle produit une tumeur aqueuse, qui est encore appellée fort improprement *Hydrocele*.

HYDROCEPHALE. s. f. Maladie rare qui vient d'un amas d'eau autour de la tête ou dans la tête. Il y en a de trois sortes; la premiere, quand l'eau se ramasse entre les parties entamées & le crane; la seconde, quand l'eau se ramasse entre le crane & le cerveau, dessus ou dessous les meninges, & alors la tête n'est pas si mole ni si obéissante, à moins qu'on ne presse fort, parce que les os resistent. Le front est comme jetté en dehors, & les yeux paroissent dans leurs cavités, ou ne peuvent demeurer qu'à peine dans leurs orbites. Les larmes frequentes & les assoupissemens de tous les sens se rencontrent. La troisième espece d'Hydrocephale, est quand l'eau se ramasse entre les ventricules du cerveau & se distend. Les deux premieres especes sont assés frequentes, & en general cette maladie est plus ordinaire aux Enfans qu'aux adultes, ce qui vient de leur mauvaise situation dans la matrice, le Fœtus étant souvent appuyé par la tête sur l'os pubis de la mere, & demeurant quelquefois plusieurs semaines dans cette situation, qui peut causer l'Hydrocephale en rompant les vaisseaux lymphatiques. D'ailleurs les enfans ayant les os de la tête tendre, ces os s'ouvrent aisément à cause que les sutures ne sont pas encore fermes, ce qui produit l'Hydrocephale, ou du moins n'empêche point que l'eau ne s'amasse, au lieu que dans les adultes les os du crane sont durs & fortement joints par les sutures, ce qui ne leur permet pas de s'écarter, & de faire place à l'eau. On a vû une fille de sept ans attaquée d'une Hydrocephale, les eaux sortirent en partie par les sutures dilatées, & en partie par d'autres trous. On a remarqué dans une autre fille, âgée de vingt-deux ans, une Hydrocephale qui s'abaissoit insensiblement, & revenoit periodiquement un mois après. L'Hydrocephale externe est qui est sur le crane se guerit facilement, & on en a gueri un homme qui avoit la tête de la grosseur de celle d'un bœuf. L'interne est très-difficile à cause que la lethargie ou l'apoplexie surviennent qui emportent le malade, les eaux d'entre le crane & le cerveau se vuidant fort rarement. Le mot *Hydrocephale* est Grec, & formé de ὕδωρ, Eau, & de κεφαλή, Tête.

HYDROGRAPHIE. s. f. Science qui a pour objet la description de la Mer, de ses côtes, des bancs, des bastes, des rochers, des embouchures des rivieres, &c ou ſimplement des rivieres & des lacs de chaque pays. On la peut regarder ou comme oppoſée à la Geographie, ou comme en faiſant une partie. Ce mot vient de ὕδωρ, *eau*, & de γράφειν, *décrire*.

On fait des cartes *Hydrographiques*, comme on en fait de Geographiques. Celles qui repreſentent la mer, s'appellent *Cartes marines*, & ſont d'une uſage indiſpenſable pour la navigation, les rumbs de vent y ſont marqués, & l'on place des *roſes*, (Voyez ROSE,) à tous les endroits où l'on a coûtume ſur mer de rencontrer des vents nouveaux. Ce que les Cartes Marines ont de plus particulier, c'eſt que les Meridiens y ſont paralleles, parce que deux vaiſſeaux qui font leur courſe au Nord, décrivent auſſi-bien des lignes paralleles que s'ils couroient à l'Eſt. Mais ce paralleliſme des Meridiens qui eſt contre la nature de la Sphere, fait que dans les Cartes marines les degrés de longitude ne diminuent pas en s'éloignant de l'Equateur, comme ils devroient faire. Cette erreur n'eſt pas conſiderable dans des cartes qui repreſentent peu de pays, & des pays peu éloignés de l'Equateur, où la diminution des degrés de longitude n'eſt pas encore fort ſenſible. Ces Cartes s'appellent *Plattes*, ou au *point commun*. Mais dans celles qui repreſentent de grandes diſtances, il faut remedier à l'erreur. Pour cela, on augmente en s'éloignant de l'Equateur, les degrés de latitude autant que ceux de longitude devroient diminuer, ces latitudes ſont nommées *Croiſſantes*, & on les prend pour meſure & pour échelle de la Carte, en ſorte que pour meſurer en milles la diſtance des deux lieux qui ſont ſur cette carte éloignés d'un degré de longitude, & placés par exemple, ſous le XXX. parallele, on prend le XXX. degré de ces *latitudes croiſſantes*. On l'applique à ces deux lieux, & comme il eſt plus grand que le degré de longitude qui les ſepare, on voit que ce degré ne vaut pas 60. milles, comme les degrés de longitude pris ſous l'Equateur, & les degrés de latitude qui ont tous cette même valeur de 60. mi les quoiqu'on les faſſe à deſſein inégaux en longueur ſur cette carte. La diminution de la valeur des degrés de longitude pris ſous les paralleles par rapport à ceux de l'Equateur ſe fait ſelon une certaine proportion de longitude, & on fait croître les latitudes de degré en degré ſelon cette même proportion. Les Cartes où ces latitudes ſervent d'échelles, s'appellent *reduites* ou *au point réduit*, & *naviguer par le reduit* ou *ſur le rond*, c'eſt naviguer par le moyen de ces ſortes de Cartes, au lieu que *naviguer ſur le plat*, c'eſt ſe ſervir des Cartes plattes, ou les degrés de latitude ſont égaux à ceux de longitude.

Il y a encore des Cartes Marines qu'on appelle *de diſtance*, ou *par route & diſtance*. On n'y met ni longitudes ni latitudes, mais ſeulement une échelle des lieues avec les rumbs de vent, de ſorte que ſçachant le chemin qu'on a fait, & le rumb de vent qu'on a tenu depuis le lieu du départ, on ſçait le lieu où l'on eſt. Mais ces Cartes ſont d'un uſage très-borné, & ne ſervent que pour de petites navigations ſur la Mediterranée.

HYDROMANCIE. ſ. f. Sorte de divination qui ſe fait par l'eau, & que Varron dit avoir été inventée par les Perſes, de μαντεία, Divination.

HYDROMEL. ſ. m. L'Hydromel, ſelon Dioſcoride, ſe fait en prenant les deux parts d'eau bouillie & cuite au Soleil avant les Jours Caniculaires, avec une part de Melomeli fait de pommes de coings. Il lui donne les mêmes vertus qu'au Melomeli. Dans la Medecine, il y a de deux ſortes d'Hydromel, le ſimple & le compoſé. Le ſimple eſt une portion de miel blanc que l'on fait cuire avec huit fois autant d'eau, & que l'on écume fort ſoigneuſement. Il eſt bon pour les maladies froides de la poitrine, du cerveau, & des nerfs, à cauſe qu'il déterge & qu'il inciſe. Il appaiſe les douleurs de la colique, empêche que la pierre ne s'engendre, & ſert à lâcher le ventre, mais il eſt contraire aux bilieux, & à ceux qui ont la fiévre. Il y faut mettre plus d'eau en Eté que dans aucun autre tems. Si l'on y ajoûte de la cannelle, du gingembre ou de la ſauge, comme on le rend plus aromatique, il eſt auſſi plus propre pour les maladies froides. L'Hydromel compoſé ſe fait de quatre ou cinq fois autant d'eau que de miel, qu'on fait cuire enſemble en l'écumant avec ſoin, & que l'on expoſe enſuite au Soleil. Il eſt merveilleux pour toutes ſortes de maladies froides. On l'appelle auſſi *Hydromel vineux*, à cauſe qu'il eſt plus puiſſant & plus fort que l'autre, & qu'on le prendroit au goût & à la couleur pour de bon vin étranger.

HYDROPARASTES. ſ. m. Heretiques que l'on appelloit ainſi du Grec ὕδωρ, Eau, à cauſe qu'ils rejettoient le vin pour ne ſe ſervir que d'eau dans le Sacrifice de la Meſſe. C'eſt la même choſe que les Aquatiens, qui ont pris ce nom du latin *Aqua*, Eau.

HYDROPHOBIE. ſ. f. Terme de Medecine. Frayeur de l'eau qui arrivent à ceux qui ayant été mordus de chiens enragés tombent dans la rage. Ce mot eſt Grec ὑδροφοβία, de ὕδωρ, Eau, & de φόβος, Crainte, terreur. On doute que l'Hydrophobie vienne ſeulement des morſures des chiens enragés, à cauſe que pluſieurs Auteurs ont obſervé des Hydrophobies par d'autres cauſes. Sanchez en rapporte un exemple dans une fiévre continue. Le malade ne pouvoit voir l'eau ni aucune boiſſon, ni même les bouillons, ſans avoir des convulſions au col. Il reconnoiſſoit qu'il ne pouvoit vivre ſans boire, mais ſi-tôt qu'on lui preſentoit le gobelet, il étoit ſaiſi d'un ſi grand friſſon que tout ſon corps en trembloit avec des convulſions & des ſueurs. Il mourut le cinquiéme jour. On rapporte encore d'autres exemples d'Hydrophobie, ſans morſure d'aucun animal enragé; ce qui n'empêche pas Ettmuller de douter qu'il n'y ait eu quelque choſe de la part de ces animaux qui ait precedé; tout le monde ſçachant que l'attouchement ſeul d'un animal enragé donne l'Hydrophobie, quoiqu'elle ſoit ſouvent dix ans & plus ſans paroitre.

HYDROPIPER. ſ. m. Sorte de plante que Ruellius veut faire paſſer pour l'Eupatorium des Apothicaires; ce que Matthiole refute, en faiſant voir que l'Hydropiper de Dioſcoride a ſa tige nouée & ferme, & ſa graine forte qui vient en façon de grappe ou d'épi auprès de ſes feuilles, au lieu que l'Eupatoire commun a une tige haute & toute d'une venue, ſans qu'on y voye de graine auprès de ſes feuilles en façon d'épi, mais ſeulement à la cime un bouquet de fleurs incarnates ſemblables à celles de l'Origan ſauvage. L'Hydropiper, en Grec, ὑδροπέπερι, de πέπερι, Poivre, eſt ce qu'on appelle en François *Curage*.

HYDROPISIE. ſ. m. Maladie cauſée par une tumeur contre nature, qui occupe quelquefois tout le corps, & qui n'occupe quelquefois que les jambes ou le ventre. Elle vient d'une eau qui ſe coule entre cuir & chair, quand le foie ceſſe de faire ſes fonctions, & qu'il lui arrive un grand refroidiſſement, ſoit par ſon propre vice, ſoit par la communication des autres parties, qui ſont cauſe que la ſanguification eſt dépravée. Il y a une Hydropiſie cauſée par les vents qu'Hippocrate appelle

Hydropisie seche, quoiqu'elle ne soit pas sans mélange d'humeurs. Les Grecs appellent τυμπανίτης, ou τυμπανώδεις, celui à qui l'Hydropisie a causé l'enflûre de ventre, parce qu'alors il l'a tellement tendu, que si on le frappe il resonne comme un tambourin, nommé en Grec τύμπανον. Le mot d'Hydropisie, vient de ὑδρωπικὸς, ou ὕδρωψ, Hydropique, fait de ὕδωρ Eau, & de ὤψ, Visage, aspect.

HYDROPOTE. s. m. Les Medecins nomment *Hydropotes*, ceux qui ne boivent que de l'eau, du Grec, πότης, Bûveur, celui qui boit.

HYE

HYENE. s. f. Animal farouche fort immonde, qui ne vit que de charogne, & qui tire les corps morts hors de la terre pour s'en nourrir. Il a quatre piés, & on le tient du genre des chiens. Il ressemble au loup par sa grande voracité, & a le dos herissé de poils semblables à ceux d'un cochon. C'est de là qu'il a pris le nom d'Hyene, en Grec ὕαινα de ὗς, Pourceau. Pline dit qu'il se trouve quantité d'Hyenes en Afrique, que cet animal est une année mâle & une autre année femelle, que ses yeux changent souvent de couleur, & qu'on en tire des pierres precieuses appellées *Hienia*. Aristote dit que l'ombre de l'Hyene rend les chiens muets, que cet animal a l'adresse d'imiter les hommes dans leur parole, & qu'il les nomme par leurs noms pour les attirer & les devorer. Il y a aussi selon Pline un poisson qu'on appelle *Hyene*.

HYG

HYGROMETRE. s. m. Instrument qui a été inventé en Angleterre, & dont on se sert quand on veut connoître la secheresse ou l'humidité de l'air. Il est composé de deux petits ais de bois fort déliés, qui se meuvent dans une coulice, s'enflant ou se retirant selon que l'air est sec ou humide. Leur mouvement cause celui d'une aiguille qui est au milieu, & qui marque dans un cadran les degrés de secheresse ou d'humidité. Ce mot d'*Hygrometre*, vient du Grec ὑγρὸς, Humide, & de μετρεῖν, Mesurer. On dit aussi *Hygroscope*. Emmanuel Magnan en a inventé un autre, qui est fait avec un seul brin de l'épi d'avoine sauvage parfaitement mûr, sur quoi on met un index. On se peut encore servir pour connoître ces deux qualités de l'air, de la gonsse d'une vesse sauvage, qui se redresse selon ce qu'il a d'humidité ou de secheresse.

HYM

HYMEN. s. m. Ce mot est d'un grand usage parmi les Poëtes, qui s'en servent pour signifier le mariage. Ils disent aussi *Hymenée*, & en font une Divinité qu'ils prétendent présider aux nôces.

Hymen. Petite peau dont les fleurs des jardins qui sont encore en bouton, se trouvent envelopées. Elle est particulierement dans les roses, & ne se rompt que lorsque la fleur s'épanouit. Ce mot vient du Grec ὑμὴν, qui veut dire, Une membrane, une pellicule; d'où vient que Galien appelle ὑμένα, La membrane ou tunicule de l'œil. Les autres appellent de même ὑμένας, Les membranes dont le Fœtus est enveloppé.

HYO

HYOIDE. adj. Terme de Medecine. On appelle *Os hyoide*, un os qui se trouve à la racine de la langue, & on lui a donné ce nom à cause qu'il a la figure de la lettre Grecque υ.

HYP

HYPECOON. s. m. Herbe qui croît dans les terres labourées & parmi les blés, & dont les feuilles sont un peu plus grandes que celles de la rue, & les tiges velues petites & tendres. Ses fleurs sont jaunâtres & un peu rouges du côté du pié, & du milieu de ces fleurs, il sort un petit floc agréable à voir, & qui est aussi jaune que l'or. Lorsqu'il vient à défleurir, il produit de petits boutons ou de petites têtes qui ont une couverture fort menue, au dedans desquelles il y a une graine noire, âpre, & qui approche fort de celle de la nielle. Galien dit qu'il s'en faut peu que l'Hypecoon ne soit aussi froid que le pavot, & Dioscoride lui attribue les mêmes proprietés qu'à l'Opium.

HYPERBOLE. s. f. Terme de Geometrie. Ligne courbe, formée de la section d'un Cone par un plan non parallele à un côté déterminé. Voyez SECTION. Comme la parabole est formée par un plan parallele à ce côté déterminé, & qu'un plan parallele est unique, il n'y a qu'une espece de parabole, mais il y a une infinité d'especes d'Hyperboles differentes; parce qu'il peut y avoir une infinité de plans differens non paralleles à un autre. De plus si l'on imagine un second cone égal au premier, posé sur le premier, & ayant le même sommet, il faut que le plan coupant qui forme l'Hyperbole, étant non parallele à un côté déterminé du premier cone, aille si on le prolonge, rencontrer ce même côté prolongé dans le second cone, & y forme une seconde Hyperbole égale à la premiere & de la même espece, mais placée à contre-sens. C'est ce qu'on appelle les *Hyperboles opposées*. Le sommet de chacune est son point le plus élevé dans la surface du cone où elle est formée. La ligne qui va du sommet d'une Hyperbole à celui de l'Hyperbole opposée s'appelle l'*Axe* des deux Hyperboles, & le point du milieu de cette ligne est leur centre. Toutes les lignes qui passent par ce centre sont des *Diametres*. Les diametres tirés par ce Centre, de sorte qu'ils vont rencontrer les deux Hyperboles opposées, sont appellés *Diametres déterminés*, parce que leur longueur est bornée là. Ceux qui ne peuvent jamais rencontrer les Hyperboles, sont *indéterminés*. Mais il faut remarquer que les diametres déterminés deviennent indéterminés, quand du point où ils rencontrent les Hyperboles on les prolonge au dedans, parce qu'alors ils n'ont plus rien qui les borne, l'Hyperbole pouvant être prolongée à l'infini du côté de la base du cone, ainsi que la parabole. Voyez PARABOLE. On appelle *Diametres conjugués*, comme dans l'Ellipse, ceux qui sont paralleles aux ordonnées l'un de l'autre. Voyez ORDONNE'ES. L'Axe qui mesure les distances des deux sommets, qu'on appelle aussi *Diametre transversal*, a pour axe *conjugué* un diametre indéterminé qui lui est perpendiculaire, & qui de tous les diametres indéterminés est le plus éloigné des deux Hyperboles. L'Hyperbole a aussi son *Parametre & son foyer*. Voyez PARAMETRE & FOYER. Elle a aussi des *Asymptotes*. Voyez ASYMPTOTE.

On appelle *Hyperbole Equilatere*, celles dont les Parametres sont égaux aux diametres, & dont par cette raison les Asymptotes font ensemble un angle droit.

HYPERBOLIQUE. adj. Les Geometres appellent, *Figure hyperbolique, miroir hyperbolique*, Une figure qui est taillée en hyperbolique, un miroir qui dans sa superficie est coupé par une Hyberbole.

HYPERTHYRON. s. m. Table large qu'on met

aux portes Doriques au dessus du chambranle, en forme de frise. Ce mot est entierement Grec, ὑπέρθυρον, & signifie, Ce qui est au-dessus de la porte, de la préposition ὑπὲρ, Sur, & de θύριος, Porte.

HYPETRE. s. m. Edifice dont le dedans est à découvert, comme étoit le Temple de Jupiter Olympien à Athenes, qui étoit avec dix colomnes de front, & qui en avoit deux rangs en son pourtour exterieur, & un dans l'interieur. Ce mot vient du Grec ὕπαιθρος ou ὑπαίθριος, Qui est à l'air.

HYPNOTIQUES. s. m. Terme de Pharmacie. Medicamens dont on se sert pour faire dormir. Ce mot est Grec, ὑπνωτικὸς, Qui endort, de ὕπνος, Sommeil.

HYPOCAUSTE. s. m. Fourneau souterrain qui servoit à échauffer l'eau des bains chés les Anciens. On le dit encore aujourd'hui de ce qui échauffe les étuves. Ce mot est Grec, ὑπόκαυστον, & est formé de la préposition ὑπὸ, Sous, & de καίειν, Brûler.

HYPOCHONDRE. s. m. Terme d'Anatomie. *La partie du ventre au-dessous des côtes, au côté droit ou au côté gauche.* ACAD. FR. Le foye est situé presque tout entier en l'hypochondre droit, & la rate est à gauche avec la plus grande partie du ventricule ou de l'estomac. Ce mot est Grec, ὑποχόνδριον, & veut dire, Qui est sous les cartilages, de la préposition ὑπὸ, Sous, & de χόνδρος, Cartilage.

HYPOCHONDRIAQUE. adj. Qui est travaillé des vapeurs & des fumées qui s'élevent des hypochondres, & qui troublent le cerveau. On appelle *Mal hypochondriaque*, une Maladie qui a son foyer dans le ventricule rempli d'une matiere acide, visqueuse. Comme les hypochondres comprennent la region du corps depuis les cartilages inferieurs des côtes jusqu'aux Iles avec les muscles & les visceres internes, les Barbares appellent cette maladie *Mirachiale*, parce qu'en general les Arabes nomment l'abdomen *Mirach*. Elle a plusieurs noms. Les Chymistes la nomment *Le Tartre des hypochondres*, eu égard à la cause morbifique. Diocles & Ætius l'appellent *Affection venteuse*; Barbette, *la Mere du scorbut*; Hippocrate, *la Maladie seche*, & vulgairement elle est appellée *Melancolie hypochondriaque*, non que la melancolie survienne toûjours à ceux qui en sont atteints, mais parce que la plûpart y sont sujets. Les Allemans disent que c'est la maladie des gens d'étude, à cause qu'ils compriment continuellement l'abdomen en écrivant; ce qui ôte la liberté au diaphragme & retarde la circulation des humeurs. L'*Affection hypochondriaque* est une douleur avec pesanteur & constriction au ventricule, au diaphragme & à tout le mesentere, qui dépend de la convulsion des nerfs de ces parties, par la viscosité acide des humeurs qui picotent les premieres voies, & sur tout les parties nerveuses du ventricule. La *Douleur hypochondriaque* est celle qui se fait sentir particulierement, & souvent à l'ypochondre gauche sous les fausses côtes. C'est une douleur cruelle, piquante & perçante, qu'on a coûtume d'attribuer à la rate, parce que toutes les douleurs qu'on ressent en cet endroit sont prises pour des signes du mal de rate. Cependant cette douleur appartient aux intestins, en partie au jejunum, mais le plus souvent au colon. Le scorbut est le plus haut degré de l'affection hypochondriaque, qui semble avoir été inconnu aux anciens. Les plus sensés sont pourtant persuadés qu'ils la connoissoient, mais qu'elle étoit accompagnée de symptomes plus legers. Comme on augmente la peine à proportion du crime, de même à mesure que la débauche & le mépris du bon regime croissent, les maladies regnent aujourd'hui avec plus de fureur qu'elles ne faisoient dans les premiers tems; & cela est cause que les descriptions des Anciens sont plus douces que les nôtres, quoique les maladies soient les mêmes. Ainsi il y en a qui prétendent qu'Hippocrate ait décrit cette maladie sous le nom de *Grosse rate*, & d'autres veulent que ce soit le *Stomacacé* & le *Scelotyrbe* de Pline, qui regnoit en son tems dans les armées d'Allemagne.

HYPOCISTIS. s. m. Sorte de rejetton qui croît auprès des racines du cistus, & qui est fait presque comme un potiron, & de la forme de l'Orobanche. Sa couleur est jaunâtre, mêlée d'interstices obscurs qui forment des manieres de nœuds, & à peu près comme aux racines des nymphes. On voit quelquefois de ces rejettons qui sont de la grosseur de trois pouces, & même gros comme la main. Ils s'élevent en forme ronde & longue, mais un peu plus gros vers le haut, & font à leur sommité comme une fleur de Grenade. Dioscoride dit qu'il y a de trois sortes d'Hypocistis, de roux, de vert & de blanc, & qu'on en tire le jus comme on fait celui de l'Acacia, dont l'Hypocistis a les proprietés, quoiqu'un peu plus dessicatif & astringent. Il rend par expression un suc noirâtre & fort acide, qu'il est necessaire de bien depurer, après quoi il le faut cuir dans un vaisseau de terre bien verni jusqu'à la consistance d'un extrait un peu solide. C'est l'Hypocistis que l'on fait entrer dans la theriaque. Galien dit qu'il est beaucoup plus astringent que les feuilles du cistus; ce qui le rend un remede souverain pour toutes sortes de fluxions, crachemens de sang, dysenteries, ou trop grande abondance des fleurs des femmes. Il ajoûte qu'il est très-propre à fortifier quelque partie du corps débilitée par une trop grande aquosité & humidité, & que c'est par cette raison qu'on l'emploie dans les Epithemes qui servent à l'estomac, au foye & aux antidotes qu'on fait de chair de vipere. Matthiole avertit que l'Hypocistis dont les Apothicaires ont accoûtumé de se servir, est le jus de Barbe-de-Bouc seché au Soleil, qui est une erreur venue de ce que les Arabes appellent le cistus, *Hirci-barbula*. Cela est cause que ceux qui ont pris le *Hirci-barbula* des Arabes pour le Tragopogon de Dioscoride, qui est notre Barbe-de-bouc, & qui ont tiré de là l'Hypocistis, se sont abusés. Ce mot vient de la proposition ὑπὸ, Sous, & de κίσθος, Cistus, & veut dire, Germe qui provient des racines de Cistus.

HYPOCRAS. s. m. Breuvage fait avec du vin, du sucre & de la cannelle. Quelques-uns y mêlent encore d'autres ingrediens. On le purifie en le passant plusieurs fois par un filtre qu'on appelle *Chausse d'Hypocras*; & ceux qui le veulent parfumer mettent dans la chausse un grain d'ambre gris ou de musc. Cette chausse est une piece de drap ou d'étamine faite en pointe. On fait aussi de l'Hypocras de cidre & de biere, & on en fait même d'eau. Ce mot vient de ὑπὸ, Sous, & de κρᾶσις, Mixtion, mélange.

HYPOGASTRE. s. m. Terme d'Anatomie. La partie inferieure du bas ventre. Elle commence deux ou trois doigts au-dessous du nombril, & va jusqu'à l'os pubis. Ce mot est Grec, ὑπογάστριον, & est composé de ὑπὸ & de γαστὴρ, Ventre.

HYPOMOCHLION. s. m. Terme des Mechaniques. Point qui soûtient le levier, & sur lequel il fait son effort, quand on le baisse ou quand on le leve. Ce mot est tout Grec, ὑπομόχλιον, & est composé de ὑπὸ, Sous, & de μοχλὸς, Levier, barre.

HYPOTENUSE. f. f. Terme de Geometrie. On appelle *Hypotenuse*, dans un triangle, le plus grand côté opposé à un angle droit ou obtus : plus communément c'est le côté opposé à un angle droit. Ce mot est Grec, ὑποτείνουσα, & c'est le feminin du participe ὑποτείνων, qui vient du verbe ὑποτείνειν, en Latin *Subtendere*; d'où vient qu'on l'appelle aussi *Ligne subtendante* ou *soûtendante*, le mot de γραμμή, Ligne, étant sous-entendu. La principale proprieté de l'Hypotenuse, est que son quarré est égal aux quarrés des deux autres côtés du triangle rectangle.

HYPOTHEQUE. f. f. Terme de Pratique. Charge imposée sur les biens du débiteur pour sûreté d'une dette. Il y a trois sortes d'Hypotheque, la Conventionnelle, celle qui vient de la loi & qu'on appelle *Legale*, & l'Hypotheque judiciaire. La *Conventionnelle* se contracte par le consentement reciproque du débiteur & du créancier, & celle-là est generale ou speciale; generale quand tous les biens du débiteur sont affectés à la dette, & speciale quand un certain heritage est specifié dans le contrat. L'*Hypotheque legale* & necessaire, qui est tacite à l'égard des contractans, est expresse selon la loi. C'est celle que font acquerir les Ordonnances & les Coûtumes, suivant lesquelles les Mineurs & les Pupilles ont hypotheque sur les biens de leurs curateurs ou de leurs Tuteurs du jour de l'Acte de Tutelle, & les femmes sur les biens de leurs maris. Elle s'étend même sur les meubles, par le privilege qu'ont les Proprietaires de faire saisir dans leurs maisons tout ce qu'ils y trouvent pour être payés des loyers qui leur sont dûs. L'*Hypotheque judiciaire* est celle qu'établit le Magistrat, & qui est acquise au créancier, quand son débiteur reconnoît en Justice qu'il doit une somme dont il a fait promesse sous signature privée, & qu'il intervient une Sentence qui l'oblige à la payer. Ce mot est Grec, ὑποθήκη, Gage, matiere sujette, & vient du verbe ὑποτίθημι, Je soûmets, je rends sujet.

Hypotheque. Composition de jus de cerises, de sucre, de clou & de cannelle, que les vendeurs d'eau de vie distribuent en gros & en détail. Ce mot est nouveau, & n'est en usage que depuis fort peu de tems.

HYPOTRACHELION. f. m. Terme de Medecine. La partie inferieure du col, de ὑπὸ, Sous, & de τράχηλος, Col. Ce mot est pris dans Vitruve pour le haut de la colomne, & l'endroit le plus menu qui touche au chapiteau. M. Felibien remarque que l'Hypotrachelion, selon Balde, signifie aussi l'endroit du chapiteau des colonnes Toscanes & Doriques, qui est entre l'eschine & l'astragale. Il dit qu'on le nomme aussi *Collier*, *gorge*, *gorgerin*, & que quelques-uns l'appellent, *la Frise du chapiteau*.

HYPOTYPOSE. f. f. Figure de Rhetorique qui consiste à faire la description d'une chose d'une maniere si vive, qu'il semble qu'on la represente aux yeux. Ce mot est Grec ὑποτύπωσις, & est composé de ὑπὸ, & de τύπος, Figure, image, effigie.

HYPSISTAIRES. f. m. Heretiques, que quelques-uns croyent avoir été appellés ainsi à cause qu'ayant fait un mélange du Paganisme & de la Religion des Juifs, ils adoroient le feu avec les Payens, sous le nom Grec ὕψιστος, Très-haut, très-excellent. Ils parurent dans le quatriéme siecle, & imiterent les Juifs en ce qu'ils observerent le Sabat & l'abstinence legale des viandes.

HYS

HYSSOPE. f. m. Herbe dont il y a de deux sortes, l'Hyssope des jardins & l'Hyssope des montagnes. Matthiole fait connoître que ceux qui doutent que notre Hyssope soit le vrai Hyssope décrit par Dioscoride, s'abusent, & il en donne des raisons solides. Après avoir dit que l'Hyssope des montagnes croît abondamment en Goritie au Mont Salvatin, & qu'il est entierement semblable à celui des jardins par ses feuilles, ses fleurs & ses branches, quoiqu'il n'ait pas tant d'acrimonie, & que sa feuille soit plus amere au goût & un peu plus rude, il ajoûte que l'un & l'autre Hyssope est un arbrisseau qui jette force surgeons d'une seule racine dure comme du bois, & de la hauteur d'un pié & demi, que par intervalles il pousse d'un côté & d'autre de toute sa tige des feuilles longuettes, dures, odorantes, chaudes & un peu ameres pour le goût, que sa fleur sort du sommet de cette tige, de couleur celeste & en maniere d'épi, & que sa racine est extrémement dure & fort bien garnie. Cette plante étant composée de parties subtiles a la vertu d'inciser, d'attenuer & de nettoyer. Elle est singuliere contre les morsures des serpens, si on la broye avec du sel & du cumin, & qu'on l'applique avec du miel sur la plaie. Ointe avec de l'huile elle fait mourir la vermine de la tête, & en appaise toutes les démangeaisons. De quelque maniere qu'on la donne, c'est un remede pour l'épilepsie, mais il est plus efficace si on le prend en pillules. On fait de l'huile avec les fleurs & les feuilles de l'Hyssope, & cette huile sert à fortifier les nerfs débilités par froideur, quand on s'en frotte. On dit en Grec, ὕσσωπος, & quelques-uns veulent que le mot d'*Hyssope* vienne de l'Hebreu *Ezob*.

HYSTERIQUE. adj. Terme de Medecine qui se dit dans cette phrase, *Passion hysterique*. C'est la plus commune & la plus cruelle de toutes les maladies qui arrivent aux femmes par le vice de la matrice; ce qui la fait aussi appeller *Suffocation de la matrice*, d'un de ses plus puissans symptomes, sçavoir le resserrement de la poitrine & la difficulté de respirer. Elle est quelquefois si grande, que celles qui la ressentent demeurent comme étouffées pendant quelque tems sans sentiment & sans mouvement. Une femme au rapport de Lindanus, est demeurée six heures comme morte, sans respiration & sans aucun pouls sensible. On en a vû demeurer en cet état des jours entiers, & revenir lorsqu'on étoit prêt de les enterrer. Ce mal attaque indifferemment tant les filles que les femmes, les jeunes avant qu'elles soient en âge d'avoir leurs mois, & les vieilles après les avoir perdus. Les symptomes ne sont pas pareils dans toutes, les unes en ayant moins, les autres plus, & avec plus ou moins de violence. D'ordinaire les douleurs & les troubles de l'abdomen commencent, & les inquietudes de la poitrine & la difficulté de respirer suivent. Il y a des femmes qui tombent dans cette passion toutes les fois qu'elles se mettent en colere; ce qui fait voir que les grandes passions, le chagrin & les méchantes nouvelles qui troublent l'ame, excitent ces paroxismes dans les femmes qui y sont sujettes. Les odeurs fortes, comme celle du castoreum, de la fumée des cornes & des plumes, approchées du nez ou senties, sont très-efficaces, soit pour faire revenir de l'accès, soit pour appaiser le paroxisme. Les bonnes odeurs produisent souvent l'accès, & il n'y a rien de plus nuisible à certaines femmes que celle des roses. On voit tous les jours des filles aimer des odeurs qu'elles ne peuvent souffrir étant femmes sans danger de tomber dans un paroxisme hysterique; ou si elles peuvent les souffrir, quoique femmes, elles en reçoivent de grandes incommodités lorsqu'elles font grosses ; ce qui dure pendant tout le tems de la grossesse & de l'accouchement. Lorsqu'on recherche la cause prochaine de l'affection hysterique, chacun en accuse la matrice, qui étant remplie de sang, de semence & d'autres humeurs corrompues, secoue les ordures qu'elle contient, & d'où sortent des vapeurs puantes & malignes qui s'élevant en forme de fumée penetrent la machine de notre corps qui est toute poreuse, & attaquant le genre nerveux & le cœur, produisent tous les symptomes qui accompagnent cette passion ; mais les hommes qui n'ont point de matrice y sont sujets aussi-bien que les femmes. Ces hommes sont toûjours hypochondriaques, & ressentent non-seulement la boule dans l'abdomen, laquelle on prétend être faite dans les femmes par l'élevation de la matrice, mais aussi la constriction & l'étranglement de la gorge. Ainsi les plus habiles conviennent que la passion hysterique est une maladie hypochondriaque violente qui procede, tant du vice de l'estomac dont elle est souvent accompagnée, que du vice de la lymphe pancreatique. Les femmes y sont plus sujettes que les hommes, à cause de la tissure plus foible, plus delicate & plus tendre de leurs nerfs, & par conséquent des esprits animaux plus prompts & plus faciles à se déregler par leur rarefaction. Les femmes hysteriques sont fort sujettes au vertige, & la prétendue suffocation de matrice commence souvent par des éblouissemens ausquels se joint le vertige dans le fort du paroxisme. Il y en a même beaucoup qui ne sçauroient parler dans la passion hysterique, à cause de la convulsion des muscles du Larinx qu'elles prennent pour une corde qui les étrangle.

On appelle communement *Hysteriques*, certains medicamens propres à remedier aux incommodités de la matrice. Il y en a de trois sortes, les uns qui évacuent la matrice en chassant dehors toute impureté ; les autres qui étant astringents, arrêtent son flux immoderé, & d'autres qui la fortifient en conservant sa temperature & sa chaleur naturelle. Les Latins appellent les premiers *Menses moventia* ; les autres, *Menses sistentia* ; & les derniers, *Uterum corroborantia*. Ce mot vient du Grec ὑστέρα, dont les Medecins se sont servis pour signifier les lieux naturels des femmes, comme tenant le dernier rang parmi les visceres.

J

J A

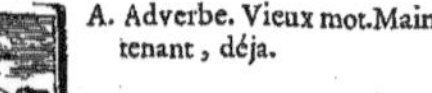

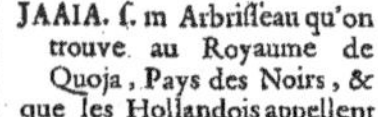

JA. Adverbe. Vieux mot. Maintenant, déja.

J A A

JAAIA. f. m. Arbrisseau qu'on trouve au Royaume de Quoja, Pays des Noirs, & que les Hollandois appellent *Mangelaar*. Il croît dans les lieux marécageux, & sur le bord des rivieres, & a tant de rameaux & tant de racines qui sortent toutes de terre, qu'on a peine à dire lequel de ces rameaux est le tronc, & quelle racine est la principale; la plûpart sont dans l'eau, & on y trouve ordinairement plusieurs huîtres attachées.

J A B

JABLE. f. m. Terme de Tonnelier. Petite entaille, ou petit creux qui se fait aux douves, à cinq ou six doigts du bout, pour y faire entrer les fonds d'une cuve, d'un poinçon, d'une barique, ou autre vaisseau.

JABLER. v. a. Faire des Jables, *Jabler les douves d'un muid.*

JABLOIRE. f. f. Outil de Menuisier, dont il se sert à faire des Jables.

JABUTICABA. f. m. Arbre droit & grand qui croît au Bresil. Il porte des fruits si abondamment & si fort serrés ensemble depuis le bas du pié jusques au sommet, qu'on a peine à voir le tronc de l'arbre. Ce fruit est rond, noir, de la grosseur d'un petit limon, d'un suc doux comme celui des raisins mûrs, d'un temperament fort sain, & très-bon pour ceux qui ont la fiévre. Il se trouve un grand nombre de ces arbres dans le territoire du gouvernement de saint Vincent.

J A C

JACA. f. f. Fruit de l'Isle de Java, qui a la forme & la grosseur d'une citrouille, si ce n'est qu'il est vert, & que son écorce est épaisse & raboteuse. Il a au-dedans des noyaux, dont les amandes cuites dans la braise, sont fort bonnes à manger & ont la vertu d'arrêter le flux de ventre. L'arbre qui produit ce fruit est fort grand, mais comme ses branches sont trop foibles pour le porter, il en charge son tronc où le fruit s'attache au sortir de la terre. Son écorce devient dure & noire, lorsqu'il est dans son entiere maturité, & rend une odeur fort agreable. Le fruit même change fort souvent de goût, prenant tantôt celui du melon, tantôt celui de la pêche, quelquefois celui du miel, & une autre fois celui du citron doux, mais il est de si difficile digestion, qu'on le rend le plus souvent comme on l'a pris. Son noyau est plus gros qu'une datte, & engendre des vents dans le corps de ceux qui les mangent verts, mais étant cuits, ils n'ont rien qui soit nuisible.

J A C

JACAPUCAYA. f. m. Grand arbre qui croît au Bresil, & qui porte un fruit semblable à un Calice, avec un couvercle qui s'ouvre de soi-même quand le fruit est mûr. Au-dedans il contient quelques châtaignes tout à fait semblables aux myrobolans. Si quelqu'un en mange beaucoup de crues, tout le poil du corps lui tombe, mais étant cuites elles ne font aucun mal. Le bois de l'arbre est fort dur, & n'est point sujet à se pourrir, ce qui fait que les Portugais s'en servent ordinairement à faire des essieux pour les moulins où ils font le sucre.

JACE'E. f. f. Plante dont Matthiole parle en ces termes. Aux mois de Mai & de Juin, on trouve des fleurs fort agreables à voir, qui sont rouges au-dessus, blanches au milieu, jaunes au-dessous, & faites en maniere de violettes de Mars, sans avoir aucune odeur. Les feuilles de la plante qui les porte sont rondes d'abord & dentelées à l'entour, & s'étendent en longueur lorsqu'elles viennent à croître. Ses tiges faites en triangle, sont un peu creuses, crenelées, comparties également par certains nœuds, & de leurs cavités sortent de petits rameaux qui portent la fleur. Quelques-uns nomment cette Plante, *Jacca*, d'autres l'appellent *Herba Trinitatis*, ou *Viola tricolor*, à cause des trois couleurs de sa fleur. On ne sçait pourtant si c'est la *Jacea*, que quelques Modernes estiment tant pour les descentes des boyaux, quoiqu'il y en ait qui l'assûrent, & qui lui donnent les mêmes proprietés qu'au *Symphitum*. D'autres prétendent qu'elle soit fort bonne à ceux, qui ont peine à respirer, aux inflammations du poumon, à la gratelle, & pour ôter les taches du visage. Il y en a de deux especes, l'une grande, l'autre petite. Les fleurs de cette derniere sont moindres, & n'ont que deux couleurs étant seulement bleues & blanches, ou jaunes & blanchâtres. L'une & l'autre est un remede singulier pour les tranchées des petits Enfans, & sur-tout leur eau prise en breuvage.

JACENCE. f. f. Vieux mot. Jacinte. On a dit aussi *Jacente*.

JACENT, ENTE. adj. Terme de Palais, qui ne se dit guere qu'au feminin, *Succession jacente*, pour dire, Succession abandonnée, & pour laquelle personne n'a voulu prendre le nom d'heritier. Ce mot vient du Latin *Jacere*, Etre par terre.

JACHAL. f. m. Animal dont il est parlé dans quelques voyages, & qu'on croit être des Chiens qui changent leur premiere nature dans un autre air. On les voit par troupes dans la Perse. Ils font des trous dans les murailles des maisons pour y entrer, & ouvrent les sepulcres pour en tirer les corps morts, qu'ils dévorent ensuite comme des Vautours.

JACHERIE. f. f. Vieux mot. Terres en friche. Borel fait venir ce mot de *Vaquer*, & dit qu'on appelle aussi ces terres *Vacheries*, à cause des Vaches qu'on y mene paître.

JACINTHE. f. f. Fleur Printaniere, qui est odorante, & qui a la figure d'un petit godet. Il y en a de rouges, de bleues, de violettes, & de blanches.

Celle qu'on appelle, *Jacinthe orientale*, Fleurit blanc, a un grand godet, & sent fort bon. Les Poëtes disent que cette fleur a été produite par le sang d'un fort beau jeune homme, aimé d'Apollon, qu'on appelloit *Hyacinthe*, & que c'est delà qu'elle a pris son nom. Dioscoride parle d'une Jacinthe qu'on nomme autrement *Vaciet*. C'est une plante de couleur verte, haute d'un palme, & qui a sa tige lissée & plus menue que le petit doigt, & ses feuilles comme le bulbe. Dès le milieu de cette tige, elle jette une chevelure toute garnie de fleurs rouges, qui en mûrissant se recourbent contre terre, & durent long-tems avant que de se flétrir. Ses racines sont bulbeuses. Les Toscans nomment cette plante *Oignon de chien*. Sa graine est legerement absterſive & astringente. Aussi étant prise avec du vin, elle est bonne à ceux qui ont la jaunisse, & dessiccative presque au troisiéme degré, étant d'ailleurs aussi chaude que froide. Quelques-uns prononcent & écrivent *Hyacinthe*.

Jacinthe. Pierre prétieuse, qui par son feu semble tenir du rubis. Elle en differe pourtant en ce que sa couleur est moins chargée; elle ressemble aussi à l'Amethyste, tirant quelque peu sur le violet. La difference est, selon Pline, que cette couleur violette est bien plus legere dans la Jacinthe, que dans l'Amethyste, & que se presentant d'abord aux yeux, elle se dissipe incontinent. Il y a de quatre sortes de Jacinthe. La premiere qui est faite d'une matiere parfaitement digerée, tire sur la couleur du Grenat, & on la nomme *Jacinthe la belle*. La seconde est d'un jaune doré, la troisiéme d'un jaune de citron, & la quatriéme est entierement semblable à l'ambre, si ce n'est qu'elle n'attire point la paille. Cette derniere est peu diaphane, & n'a presque point d'éclat, ce qui fait connoître qu'elle est de matiere impure. Il y en a encore une blanche, mais c'est la moindre de toutes, & elle ne merite pas le nom de Jacinthe. Toutes ces sortes de Pierres sont Orientales, apportées de Cananor, Calecut ou Cambaïe, ou Occidentales venant des confins de la Silesie & de la Bohéme. Celles-là sont moindres que les autres.

La pierre de Jacinthe a donné le nom à un Electuaire qu'on appelle *Confection d'Hyacinthe*, à cause qu'elle y est mise au commencement. Outre cette pierre on fait entrer dans cette confection, le corail rouge, le bol d'Armenie, la terre figillée, les semences de citron, d'oseille, & de pourpier, les racines de dictame, de tormentille, tous les santaux, la myrrhe, les grains de Kermes, les roses rouges, le safran, de la rasure d'ivoire, l'os du cœur de cerf, la corne de cerf brûlée, les pierres de saphir, de topase, & d'émeraude, les perles fines, la soye crue, les feuilles d'or & d'argent, le camphre, le musc & l'ambre gris. On se sert souvent de cet électuaire, au lieu de la confection d'Alkermes, & il n'a pas moins de vertu, étant si cordial qu'il remedie à la palpitation du cœur, à la sincope, & à la tristesse naturelle. Il est aussi propre à soulager ceux que de longues maladies laissent languissans, & qui commencent à se rétablir.

JACOBE'E. s. f. Sorte de plante boiseuse qui fleurit fort blanc.

JACOBINS. s. m. Religieux fondés par saint Dominique, & qu'on appelle autrement *Dominicains*, ou *Freres Prêcheurs*. C'est l'un des quatre Corps Mendians. Ils ont une robe de serge blanche avec un Scapulaire de même couleur, & par dessus une chape ayant un chaperon noir. Ils ont pris le nom de *Jacobins*, à cause de leur principal Couvent qui est à Paris au haut de la rue S. Jacques. Lorsqu'ils vinrent s'y établir, c'étoit un Hôpital des Pelerins de S. Jacques. Il y a aussi des Religieuses Jacobines qui suivent la même Regle de S. Dominique.

Les Cuisiniers appellent *Soupe à la Jacobine*, Une sorte de potage qu'ils font avec de la chair de perdrix & de chapons rôtis & désossés. Ils la hachent bien menu avec du bouillon d'amande qu'ils versent sur du pain bien mitonné & sur un lit de fromage, & de ce hachis, & des œufs.

JACOBITES. s. m. Heretiques, ainsi appellés d'un certain Jacob Syrien, qui vivoit du tems de Pelage II. & de l'Empereur Maurice, & qui ayant ramassé les opinions d'Eutiches, de Dioscore, & de quelques autres errans, en forma une creance qu'il fit recevoir à ses sectateurs. Les Jacobites qui furent du nombre, reconnoissoient autrefois deux Patriarches, dont l'un demeuroit en la Montagne de Tur dans la Mesopotamie, & l'autre au Monastere de Gifran, près la Ville de Mordin, qui est située sur une montagne extrêmement haute. Presentement ils n'ont plus qu'un Patriarche, qui est celui de Gifran. Il demeure dans la Ville de Caramit, & a sous lui un Metropolitain en Jerusalem, & un autre à Musali, des Archevêques à Damas, à Orse, à Saur, à Caramit, & en Chipre, & des Evêques dispersés dans ces Provinces, avec plusieurs Couvens de l'Ordre de Saint Antoine. Les Jacobites font le service en Chaldéen, & parlent Armenien, Turc & Arabe, mais leurs Prêtres disent la Messe en langue Hebraique, & croyent la presence réelle & la transubstantiation du Pain au Corps de JESUS-CHRIST, comme font les Catholiques. Le pain qu'ils consacrent est sans levain, & ils donnent la communion au Peuple & aux petits Enfans sous les deux especes. Ils observent la Circoncision, après laquelle ils conferent le Sacrement de Baptême, ce qu'ils font en appliquant un fer chaud sur le front de ceux qui le reçoivent, à cause de ces paroles de S. Jean-Baptiste que rapporte Saint Matthieu, *Il vous baptisera dans le Saint-Esprit & dans le feu*. Ils ne se servent que du doigt index pour faire le signe de la Croix, afin de marquer, qu'ils ne croyent point la Trinité des personnes en Dieu. Ils ont été longtems à n'admettre qu'une nature en JESUS-CHRIST, mais presentement ils en reconnoissent deux avec l'Eglise Latine. Ils ne suivent point la coûtume universelle des Chrétiens du Levant, & mangent de la chair & du lait le Mercredi & le Vendredi au soir, après que le Soleil est couché, prétendant que le terme de l'abstinence soit fini, le Jeudi & le Samedi devant commencer lorsque le jour est failli. Ils observent le Carême, & hors ce tems-là ils mangent de la viande toute l'année. Ils nient le Purgatoire, rejettent les prieres pour les morts & la Confession auriculaire, & disent que les Anges sont faits de feu & de lumiere, & que les ames des justes demeurent sur la terre jusques au jour de la resurrection. Ils condamnent Eutiches comme Heretique, & reverent Dioscorus & Jacobus le Syrien, comme des Saints. Quelques Arabes qui demeurent aux mêmes lieux qu'habitent les Jacobites, se sont unis avec eux, & on les appelle *Kemp-Sinit*, ce qui veut dire *Solaires*, à cause qu'entre plusieurs superstitions ils adorent le Soleil.

JACOBUS. s. m. Espece de Monnoie d'or, qui a eu cours autrefois en Angleterre, où elle valoit quatorze livres dix sols.

JACOIT. Vieux mot, qui s'est toûjours joint avec *que*, pour signifier *quoique*, *combien que*.

JACQUE. s. f. Vieux mot. Petite casaque que les Cavaliers portoient autrefois sur leurs armes & cuirasses. Elle étoit faite de cotton ou de soye contrepointée entre deux étoffes legeres. On en faisoit aussi de drap d'or & d'argent. Le mot de *Jaquette* est venu delà. Pontanus dérive ce mot de l'Allemand *Jach*.

JACQUERIE. s. f. Nom qui fut donné à une Troupe de Paysans revoltés, dont le Chef s'appelloit Caillet. Cette sedition arriva en 1358. pendant que que le Roi Jean étoit prisonnier en Angleterre, & commença dans le Beauvoisis. Voici ce que dit Mezerai en parlant de cette sedition qu'il qualifie de fureur. *On la nomma* la Jaquerie, *parce que les Gentilshommes, lorsqu'ils pilloient le Paysan l'appelloient par raillerie* Jacques bon homme. *Si les Villes se fussent jointes à ces rustres, c'étoit fait de la Noblesse & de l'Etat Monarchique aussi-bien qu'en Suisse, mais pas une ne leur ouvrit les portes, de crainte d'être pillée. Ils en tenterent plusieurs inutilement, ruinerent tous les petits Châteaux du Pays, entr'autres celui de Beaumont sur Oise, & se rendirent maîtres de Senlis; mais du reste ils commirent tant de cruautés plus que brutales, que la Noblesse de tous les partis, François, Anglois & Navarrois, se rallia contr'eux. Le Roi de Navarre défit la Troupe de Caillet, qui ayant été pris, eut la tête tranchée. Le Dauphin en mit en pieces plus de vingt mille, & ce soulevement s'accoisa tout d'un coup.*

JACULATOIRE, adj. Terme de Devotion. Il ne se se joint qu'avec ce mot *Oraison*, & on appelle *Oraison jaculatoire, Une priere courte, frequente & pleine de ferveur & d'amour qui se fait par eslans vers Dieu.* ACAD. FR.

On appelle en termes d'Hydraulique, *Fontaines jaculatoires*, Celles qui font des jets d'eau élevés en l'air, soit par la force des pompes & autres machines, soit par la compression que fait naturellement le poids des eaux qui ont leur source plus haute.

JAD

JADE. s. m. Pierre verdâtre tirant sur la couleur d'olive, & fort estimée des Turcs & des Polonois, à cause de sa dureté, qui passe celle du Porphyre, du Jaspe & de l'Agathe, qu'on ne peut tailler que par le moyen de la poudre de diamant. Ils en embellissent la poignée de leurs sabres qu'ils font graver & remplir d'or fin, & en ornent de même toutes sortes d'ouvrages. Quelques-uns tiennent qu'on se garantit de la colique nephretique, en s'appliquant du Jade sur les reins. On dit aussi que cette pierre étant ainsi appliquée, a grande vertu contre la gravelle, les maux de reins, la pierre, & l'épilesie.

JAG

JAGLIAU. s. m. Vieux mot. Glayeul.

> *Tant com jaspe surmonte l'or,*
> *Et li lis la fleur du Jagliau,*
> *Et rose fraiche Prooncìau.*

JAGOARUCU. s. m. Animal qui aboye à la maniere d'un chien. Aussi ces animaux passent-ils pour les chiens des habitans du Bresil. Ils vivent de fruits & de proye & sont fort mordans. Leur couleur est mêlée de brun & de blanc, & ils ont la queue fort velue.

JAGONCES. s. f. Vieux mot. Sorte de pierre precieuse, qu'on a aussi appellée, *Jargones.*

> *Rubis y eut, Saphirs, Jagonces.*

JAGUACINI. s. m. Animal du Bresil qui est de la grandeur d'un Renard, & à peu près de même couleur. Les Jaguacini vivent principalement de cancres & d'écrevices, & même de cannes de sucre, dont ils font souvent un grand dégât. C'est d'ailleurs un animal qui n'est point nuisible, fort endormi, & qu'on prend facilement.

JAI

JAIANS. s. m. Vieux mot. Geant. On a écrit aussi *Jayans.*

JAIET. s. m. Mineral, ou piece fossile fort noire, legere, fragile, qui est combustible, & qui lorsqu'on la brûle rend une odeur qui tient du souffre. Elle se fait d'un suc lapidifique & bitumineux dans la terre, comme le charbon, ; mais le Jaïet s'écaille & reçoit un beau poli. On le travaille comme l'ambre, & il en a la plûpart des qualités.

JAIS. s. m. C'est la même chose que le Jaïet, en le prenant pour la pierre noire luisante qu'on trouve dans quelques mines, mais il se dit aussi d'une sorte de verre qui se fait dans les verreries, & qui imite le Jais mineral. On le tire en de longs filets creux que l'on coupe ensuite, ou qu'on forme comme on veut. On lui donne telle couleur qu'on souhaite, mais on le fait ordinairement blanc ou noir, & on s'en sert dans les broderies & dans les garnitures de deuil.

JAK

JAKHALS. s. m. Animal qui ressemble à un Renard, & qui se trouve dans la basse Ethiopie. On dit qu'il a l'odorat extrêmement fin, & que comme il découvre la proye de fort loin, le lion qui le mene avec soi la prend, & lui en fait part.

JAL

JALAGE. s. m. Droit sur le vin vendu en détail. Ce mot vient de *Jale*, qui signifie Une maniere de jatte ou vaisseau à mesurer le vin.

JALAP. s. m. Terme de Pharmacie. Racine purgative qui nous est venue des Indes, & qui est moins grosse que le mechoacan, de couleur plus obscure en dehors & en dedans, & de substance plus pesante & plus compacte. Elle a plus ou moins de vertu, selon qu'elle participe plus ou moins de vertu, selon qu'elle participe plus ou moins de resine. Le Jalap pour être bon, doit avoir des cercles noirâtres, depuis le centre jusqu'à la circonference. Il faut aussi qu'il soit massif & serré, luisant au dedans lorsqu'on le rompt, & qu'il ne jette point de poussiere, ce qui feroit une marque de carie.

JALE. s. f. Espece de Jatte. Ce mot, selon du Cange, vient de *Jalo* ou *Galo*, qui chez les Anglois est une mesure des liquides, contenant huit pintes du Pays.

JALET. s. m. Trait ou pierre que l'on jette avec un arc, qui est appellé par cette raison, *Arbaleste à Jalet.* On la charge avec une pierre ronde telle qu'on en trouve dans les embouchures des rivieres. Ces pierres se nomment aujourd'hui *Gallet.* Ce mot vient du Grec ἰάλλειν, Jetter avec roideur, si l'on n'aime mieux le tirer de *Jaculum*, Trait, dard.

JALONS. s. m. p. Perches qui sont blanchies par les bouts, & dont on se sert quand on veut donner des alignemens pour un bâtiment, un jardin, une avenue.

JALONNER. v. a. Planter des Jalons par intervalles pour bornoyer & faire l'operation de l'alignement.

JALOUSÉ', ÉE. adj. On appelle *Fenêtre jalousée*, Une fenêtre faite de petites tringles de bois croisées diagonalement, en sorte qu'elles laissent les manieres de losanges vuides, par lesquelles on peut voir sans être vû.

JALOUSIE. s. f. Fenêtre où il y a un treillis de bois percé à jour, au travers duquel on voit sans que l'on soit vû.

On appelle aussi *Jalousie* dans les Confessionnaux, un petit Ouvrage à jour fait de petites tringles de bois croisées, par le vuide desquelles les paroles du Penitent vont à l'oreille du Confesseur. Il se dit encore de certains treillis de bois que l'on voit à des Jubés de quelques Maisons Religieuses, & par où l'on va quelquefois entendre la Messe, sans être vû.

JALOUX, OUSE. adj. Terme de Marine de Levant. On appelle *Bâtiment jaloux*, Celui qui roule, & qui se tourmente trop, en danger de se renverser, faute d'être lesté comme il faut. On appelle aussi *Vaisseau jaloux*, Un Vaisseau qui a le côté foible.

JAM

JAMBE. s. f. *Partie du corps de l'animal, qui est depuis le genou jusqu'au pié.* ACAD. FR. La Jambe a deux os, dont le plus grand appellé en Latin *Tibia*, se nomme *le grand Focile*. Le moindre que les Latins nomment *Fibula*, s'appelle *le petit Focile*, *l'os de l'éperon*, ou *de la sousgreve*. On appelle *Gras de la Jambe*, la partie charnue qui est au haut & au derriere de la Jambe. C'est ce que les Medecins nomment autrement, *le mollet* ou *le pommeau de la Jambe*, en Latin *Sura*. La partie anterieure & décharnée se nomme *la greve*, ou *le devant de la Jambe*. Quelques-uns l'appellent *l'épine*, à cause qu'elle est aigue.

Quoi que par le mot de *Jambe*, on entende ordinairement dans un Cheval la partie du train de derriere qui est comprise entre le jarret & le boulet, à cause que les Jambes de devant ont plusieurs parties, à chacune desquelles on donne un nom different, on ne laisse pas de confondre l'un & l'autre, & de dire, *les quatre jambes*. On entend pourtant celles de devant lorsqu'on dit, qu'*Un Cheval n'a point de Jambes*, qui est la même chose que si on disoit, qu'Il a les Jambes ruinées. On dit que *la Jambe mollit à un Cheval*, pour dire, qu'Il bronche, & qu'*Un Cheval cherche sa cinquiéme Jambe*, pour dire, qu'Il commence à être las, & qu'il charge la main du Cavalier en s'appuyant sur la bride. On dit encore d'un Cheval, qu'*Il est droit sur les Jambes*, pour faire entendre que le devant du boulet tombe à plomb sur la couronne, & que le canon & le paturon sont en ligne droite. Quand on dit, qu'*Un Cheval connoît les Jambes*, qu'*Il répond, obéit aux Jambes*, qu'*Il prend les aides des Jambes*, cela s'entend des Jambes du Cavalier, selon l'aide qu'il donne au Cheval, en lui approchant plus ou moins le gras de la Jambe contre le flanc. M. Ménage dit que le nom de *Jambe* vient de *Campa*, qu'on a dit pour *Crus*, & dont les Italiens ont fait *Gamba*, d'où nous est venu *Gambade*.

Jambe. Partie d'un compas. On dit qu'*Un compas a deux jambes*, pour dire, qu'Il a deux piés, deux pointes. Il y a des compas à trois jambes. On appelle *Jambes de compas de proportion*, dans cet instrument de Mathematique, deux Lames de laiton ou de quelque autre matiere solide, dont les extrêmités sont jointes ensemble par une charniere autour de laquelle elles sont mobiles.

Jambe. Terme de Maçonnerie. Espece de chaîne de carreaux & de boutisses, qui sert à porter les murs d'un bâtiment.

Jambe étriere, est une maçonnerie faite de pierres de taille engagées par leurs queues dans un mur de refend mitoyen, en sorte qu'elles font un ou deux tableaux & paremens, & *Jambe boutisse*, est celle qui est à la tête d'un mur mitoyen, & qui commençant du dessus de l'étage du rez de chaussée, fait liaison avec deux murs de face. Elle ne differe de la jambe étriere, qu'en ce que les côtés des pierres ne font point de tableau. Quand elle porte deux retombées, on l'appelle *Jambe boutisse mitoyenne*. Celle qui porte deux poitrails sur deux faces d'un bâtiment, est appellée *Jambes d'encognûre*. Il y a aussi une *Jambe soupoutrée*. C'est une chaîne de pierre de taille, qui consiste en une file de pierres mises les unes sur les autres en liaison pour porter des poutres.

On appelle *Jambes de force*, en termes de Charpenterie, deux grosses pieces de bois, ordinairement de dix pouces en quarré. On les entaille sur les poutres, & on les joint par un entrait pour faire une ferme qui soutienne les pannes & autres pieces qui forment le toit & la couverture. Elles s'assemblent par en haut dans le bossage du poinçon.

IAMBE. s. m. Ce mot est de trois syllabes, & la lettre *I* n'y est point consonne. Pié d'un vers Grec & Latin, composé de deux syllabes dont la premiere doit être breve & l'autre longue.

JAMBETTE. s. f. Sorte de petit couteau qui est sans ressort, & dont le fer se replie dans le manche, en sorte qu'on le peut porter dans la poche sans avoir besoin d'étui.

Jambette. Terme de Charpenterie. Petits poteaux posez sur les blochets, & dont les chevrons sont soutenus. Il y a aussi de ces petits poteaux ou jambettes qu'on pose sur les entraits, & qui soutiennent les arbalestriers.

IAMBIQUE. adj. La lettre *I* qui commence ce mot est voyelle; ce qui le fait de quatre syllabes. Les Grecs & les Latins appellent *Vers iambiques*, un vers composé de six piés, dont le dernier est toûjours un Iambe, & le cinquiéme un Spondée ou un Anapeste. Le second & le quatriéme sont aussi ordinairement un Iambe ou un Anapeste.

JAN

JANACA. s. m. Animal terrestre qui se trouve dans l'Afrique au Pays des Noirs. Il est de la grosseur d'un cheval, mais il n'est pas ni si long ni si maigre Son col est long & roussâtre & moucheté de blanc. Il fait de grands sauts, & a des cornes qui sont aussi longues que celles des bœufs, avec des vessies au côté. Ces vessies sont d'un grand usage pour les devins & les faiseurs de prodiges, qui les enflent, & qui mugissant par leur moyen, font passer leurs paroles pour des oracles.

JANDIROBA. s. f. Herbe du Bresil qui embrasse les arbres à la maniere du lierre. Elle est grosse comme un doigt, & porte un fruit rond semblable au coin. Il est rempli d'une chair blanche, & a au dedans trois féves qui donnent une huile jaune, laquelle sert aux douleurs & aux maux de membres provenans de froid.

JANGLE. s. f. Vieux mot. Cri.

N'estaindre une parole sengle
Que il a meue par sa jangle.

Il a signifié encore Médisance.

Com cil qui en toute sa vie
Venoit en jangle & en envie.

On a dit aussi *Jangler*, pour, Crier, blâmer, &

Jangleur & *Jangleresse*, pour, Causeur & causeuse. *Les femmes sont jangleresses de leur nature, & aiment à babiller.*

JANIPABA. s. m. Arbre très-beau & d'un verd fort agréable qui se trouve dans le Bresil, & qui a cela de particulier qu'il change tous les mois de feuilles, qui ne sont pas beaucoup differentes de celles du noyer. Il porte un fruit semblable à l'oranger pour sa forme, qui a le goût de pomme de coing & une proprieté singuliere contre la dyssenterie. Le suc de ce fruit est blanc d'abord, & quand on s'en est frotté le corps, il noircit en peu de tems d'une telle sorte, que les Sauvages s'en servent au lieu d'ancre, s'en marquant la peau de certaines lignes. Il faut pour cela que le fruit ne soit pas mûr. Cette couleur noire a coûtume de durer neuf jours, après quoi elle s'efface. On tient qu'elle constipe & endurcit fort la peau.

JANISSAIRE. s. m. Soldats de l'Infanterie des Turcs. M. Ménage après Vossius dérive ce mot de *Genizeri*, qui veut dire en Turc *Nouveaux hommes* ou *Soldats*. Aussi les Janissaires qui font la plus considerable force de l'Empire Ottoman, sont-ils appellés, *La nouvelle Milice*, quoiqu'ils tirent leur origine d'Ottoman Premier, qui après avoir reçû de très-grands services de l'élite de ses plus vaillans soldats, ordonna qu'ils seroient toûjours près de sa personne, soit en guerre, soit en paix. Il mourut à Pruse en 1327. & les Janissaires n'ont été particulierement en éclat que depuis le regne d'Amrath III. qui étant monté au Trône en 1575. leur ordonna cinquante Sultanins par tête, haussa leurs gages, donna place de Janissaire à tous leurs enfans si-tôt qu'ils seroient en âge de porter les armes, & sçachant de qu'elle importance cette Milice étoit à l'Etat, il en augmenta le nombre de deux mille pour être mieux appuyé dans les occasions de la guerre. Autrefois cette Milice n'étoit composée que d'enfans de Chrétiens de l'Europe, ceux d'Asie en ayant toûjours été exempts après qu'ils avoient été instruits dans la Religion Mahometane, mais encore que cela ne se pratique plus depuis quelque tems, il faut neanmoins que ceux qu'on choisit pour devenir Janissaires fassent leur apprentissage avant que d'être enrôlés, & on les appelle *Agiamoglans*. Leur chef, nommé Stambol Agassi, prend soin de les occuper à toutes sortes d'exercices penibles, & qui peuvent endurcir le corps au travail, comme à porter des fardeaux pesans, à couper & à fendre du bois, à souffrir le chaud & le froid, & à être souples, obéissans, vigilans & patiens. Quand on les enrôle, il y en a qui n'ont d'abord qu'une Aspre de paye par jour. D'autres en ont quatre, ou cinq, & quelques-uns sept & demi. La plus haute paye d'un Janissaire va seulement jusqu'à douze, lorsqu'il s'est acquis la faveur des Officiers. Les Janissaires n'étoient au commencement que six ou sept mille, & aujourd'hui il y en a vingt mille effectifs. Ils monteroient jusques à plus de cent mille, si on y vouloit comprendre tous ceux qui prennent ce titre, car les grands privileges dont ils jouissent dans tout l'Empire Ottoman, portent quantité de gens qui veulent s'exempter de payer les taxes, & se décharger de quelques devoirs publics, à gagner par argent des Officiers qui les protegent & les font passer pour Janissaires; ceux-là ne reçoivent point de paye du Prince, & tous leurs avantages se bornent à ces Privileges qui sont assés grands. Le corps des vrais Janissaires est si puissant par l'union qui est entre eux, & qui les fait s'entre-appeller Freres, qu'ils font tout ce qu'ils veulent n'y ayant aucun ordre de Milice dans le monde qu'on respecte tant, ensorte que rien ne pourroit sauver la vie un à homme qui auroit levé la main sur un Janissaire à l'exception de leurs Officiers. Cela est cause que comme personne n'ose les toucher, & qu'ils peuvent battre toute sorte de monde, pourvû que ce soit avec justice, les Ambassadeurs & les Consuls en font toûjours marcher quelqu'un devant eux, & même quand un Franc veut aller par la Ville ou à la campagne, sans crainte d'être maltraité, il en prend quelqu'un avec lui, qui moyennant quelques âpres va au devant avec un bâton à la main, dont il frappe ceux qui regarderoient le Franc de travers. Leur habit n'est pas different de celui des autres Turcs, mais ils sont coifez d'une autre maniere, se couvrant la tête d'une coifure qui pend par derriere, & qui est faite comme une manche de casaque, dans le bout de laquelle ils ont leur tête. L'autre bout descend par derriere sur leurs épaules comme un grand chaperon. Ils ont sur le front un cone long de demi-pié attaché à cette coifure, & ce cone est d'argent doré & garni de pierreries fausses. C'est-là leur coifure de ceremonie, & elle est appellée *Zercola*. Dans l'ordinaire ils se coiffent d'un bonnet de laine avec un ruban entortillé d'une façon qui leur est particuliere. Ils ont de très-beaux reglemens entr'eux, & sont divisés en plusieurs chambres qu'ils occupent, soit à Constantinople, soit ailleurs. L'ordre y est si beau en toutes choses, & si exactement observé, qu'ils vivent moins en Soldats qu'en Religieux. Ils sont trente, quarante ou cinquante en chaque chambre, & cela s'appelle une chambrée, autrement *Oda*. Chaque chambrée a trois Officiers, un Oda Pachi ou Chef de la chambre, un Tchorbagi ou Capitaine, & un Vixil Hardge, qui veut dire le Dépensier. Au dessus d'eux est le Kiaia Bei, ou Lieutenant General des Janissaires, & par dessus lui est l'Aga, dont le pouvoir est très-grand & qui peut venir devant le Grand Seigneur les bras libres, au lieu que tous les Grands de la Porte, & même le Grand Visir, n'osent y paroître que les bras croisés & les mains l'une sur l'autre devant l'estomac, pour marque d'une plus profonde soumission. Les Janissaires n'ont que des moustaches, sans porter de barbe, qui est une marque de servitude, & ils ne la laissent croître que quand ils sont dispensés d'aller à la guerre, ou qu'ils sont pourvûs de quelque Charge, ce qui fait voir alors qu'ils sont libres. Les Janissaires se prennent parmi les Agiamoglans, & toute la ceremonie qu'on fait pour les recevoir, c'est de les appeller par leur nom en presence du Commissaire qui les enrôle sur les registres du Grand Seigneur. Quand ils viennent, ils marchent les uns après les autres, les plus âgés les premiers, & chacun tenant le bas de la veste de son compagnon. Dès que leur nom est enregistré, ils courent de toute leur force vers leur Odabachi, qui leur donne à tous un coup derriere l'oreille, à mesure qu'ils passent devant lui, pour faire connoître le pouvoir qu'il a sur eux. Outre leur paye ordinaire, ils sont nourris aux dépens du Grand Seigneur, & il y a des heures reglées où on leur donne à chacun du ris, quatre onces deux gros de chair, & huit onces quatre gros de pain. Le Sultan leur donne aussi tous les ans un juste-au-corps de drap à chacun. Le soin qu'on a de leur fournir toutes leurs necessités les rend fiers & insolens, & prêts à exciter des seditions quand le moindre mécontentement reçû de leurs Officiers a pû les aigrir. Ils sont obligés de se trouver au nombre de quatre ou cinq cens tous les Samedis, Dimanches, Lundis & Mardis, dans l'Assemblée publique du Divan, où ils accompagnent leur Aga, & c'est là d'ordinaire qu'ils commencent à faire éclater leur ressentiment. Ces jours-là on a de coûtume de leur donner à manger de la cuisine du Grand Seigneur. S'ils n'ont point de plainte à faire, ils dînent paisiblement; s'ils ne sont pas satisfaits, ils poussent les plats du pié, ils les renversent, & ces actions sont presque toûjours suivies de discours plus insolens. Le Sultan & les principaux Ministres qui connoissent combien les suites de ces sortes de mutineries sont à craindre, ne manquent jamais de les appaiser d'abord, ou par de belles promesses, ou en leur donnant quelque legere satisfaction. Quand on en punit quelqu'un, ce n'est jamais en public. L'Aga s'informe de quelle chambre est celui de qui on se plaint, & le livre entre les mains de l'Odabachi, qui le fait étrangler la nuit, & jetter ensuite dans la mer envelopé dans un sac lorsqu'il trouve qu'il a merité la mort; & quand la faute est legere, on lui donne seulement des coups de bâton sous les piés. Cela se pratique de la même sorte pour tous les gens de guerre de l'Empire Turc, qu'il n'est pas permis de battre ni de faire mourir publiquement. Les Janissaires se marient fort rarement, à cause qu'ils en sont moins estimés, & que cela les empêche de devenir Odabachi.

On appelle *Janissaires* à Rome, certains Officiers qui sont du troisiéme banc au College de la Chancellerie Romaine, après les Scripteurs & les Abbreviateurs. Ce sont des especes de Reviseurs & de Correcteurs de Bulles, à qui on paye pour cela quelque droit sur les Annates.

JANNICE. s. f. Vieux mot. Jaunisse.

Et sembloit avoir la jannice.

Ce mot est venu de *Jannir*, qui se disoit pour, Jaunir.

L'avoient fait ainsi jannir.

JANSENISME. s. m. Doctrine touchant la Grace, que plusieurs Sçavans Theologiens prétendent mal à propos être fondée sur les sentimens de S. Augustin, ramassés dans un ouvrage de Cornelius Jansenius Evêque d'Ypre, qu'il a intitulé *Augustinus*. C'est du nom de ce Prélat qu'on a nommé *Jansenistes* ceux qui ont suivi certaines opinions que l'on y trouve, & que les Papes Alexandre VII. Innocent X. & Clement IX. ont condamnées. Jansenius, né en 1585. à Leerdam, petit lieu dans la Hollande, fut Docteur de l'Université de Louvain, où Sa Majesté Catholique le fit Professeur de l'Ecriture-Sainte. Il fut fait Evêque d'Ypre en 1635. & remplit les devoirs d'Evêque avec beaucoup d'application & d'exactitude. Il mourut trois ans après, c'est-à-dire, le premier jour de Mai 1638. en soûmettant par son testament tous ses Ouvrages au saint Siege.

JANTE. s. f. Piece de bois de charronnage qui est courbée & qui fait une partie du cercle d'une roue de carrosse ou de charrette. C'est sur ces pieces de bois qu'est attaché le bandage avec de gros clous. Nicod fait venir le mot de *Jante* du Grec καῦθος, qui signifie le fer qui est appliqué sur les roues des chariots.

JANTILLE. s. f. Gros ais qu'on applique autour des Jantes & des aubes de la roue d'un moulin, pour recevoir l'eau qui tombe, & faire que la roue ait un mouvement plus prompt. On éleve aussi les eaux avec la Jantille par le moyen des roues qu'on dispose pour cela.

JANTILLER. v. a. On dit *Jantiller la roue d'un moulin*, pour dire, Y mettre de la jantille.

JAQ

JAQUEMAR. s. m. Terme d'horloge. *Figure de fer ou de fonte, representant un homme armé, laquelle on met d'ordinaire sur le haut d'une tour, pour frapper les heures avec un marteau sur la cloche de l'horloge.* ACAD. FR.

Borel dit qu'on appelle aussi *Jaquemar*, autrement *Quintaine*, un homme de bois planté en terre, auquel on tire au blanc. Le nom de *Jaquemar* a été donné à cette figure, à cause que l'ouvrier qui l'a inventée s'appelloit *Jacques Marc*.

Jaquemar. Terme de Monnoyeur. Ressort qui est au bas de la vis du balancier, & qui sert à la faire relever quand elle a pincé l'espece.

JAR

JARARACA. s. f. Espece de couleuvre du Bresil, de couleur noirâtre, qui excede rarement la longueur d'une demi-coudée. Elle a des veines apparentes à la tête à la façon des viperes, & siffle de la même sorte. Il y en a qui sont longues de dix palmes & que l'on appelle *Jararacucu*. Leurs dents où est leur plus dangereux venin, sont assés longues & cachées dans leur gueule. Ce venin est de couleur jaune, tellement puissant, qu'il tue les hommes les plus robustes en vingt-quatre heures. Leurs morsures ont un doigt de profondeur, & ces sortes de couleuvres font beaucoup de petits à la fois. On en a ouvert qui portoient treize matrices. On en trouve encore de deux autres especes, l'une appellée *Jarareoaypitinga*, c'est-à-dire, Serpent qui a la queue plus blanche que brune. Elle est aussi venimeuse que la vipere, dont elle ne differe pas beaucoup ni en la couleur, ni en la forme. L'autre est brune ou cendrée, & s'appelle *Jararacapeba*. Elle a sur le ventre & sur le dos une ligne rouge qui lui court en maniere de chaînette.

JARCE', ÉE. adj. Vieux mot. Fendu, fêlé.

JARDIN, s. m. Nom que donnent quelques-uns au balcon d'un Vaisseau.

JARDINER. v. a. Terme de Fauconnerie. On dit, *Jardiner un Autour*, pour dire, l'Exposer le matin au Soleil ou dans un jardin sur la barre ou sur la perche.

JARDINEUX, EUSE. adj. Terme de Joaillier. On appelle *Emeraude jardineuse*, Celle dont le vert n'est pas d'une suite, qui a quelque ombre qui la rend mal nette, des nuées & veines à travers des poils, des brouillards, un air brun entrecourant & entreluisant, un éclat engourdi, foible & plein de crasse.

JARDON. s. m. Terme de Manége. Tumeur calleuse qui se forme aux jambes de derriere d'un cheval. Le *Jardon*, que l'on appelle aussi *Jarde*, differe de l'éparvin, en ce qu'il vient au-dehors du jarret, & que l'éparvin vient en-dedans. Cette tumeur est causée par une matiere visqueuse qui faute de chaleur pour se resoudre, presse les nerfs & les tendons qui font le mouvement du cheval; ce qui le rend fort souvent boiteux, & presque toûjours étroit de boyaux. Quelques-uns appellent aussi *Jardon*, l'endroit du cheval où vient cette maladie.

JARGONELLE. s. f. Sorte de poire longuette, qui est bonne à cuire, & qui vient au commencement de l'Automne.

JARGUERIE. s. f. Vieux mot. Ivroye.

JARLOT. s. m. Terme de Marine. Entaille faite dans la quille, dans l'Etrave, & dans l'Etambor d'un bâtiment, pour y faire entrer une petite partie du bordage qui couvre les membres. C'est ce qu'on appelle autrement *Rablure*.

JARRE. f. f. Grand Vaisseau de terre qui sert sur la mer à conserver de l'eau douce. On dit aussi *Giarre*. On met ordinairement ces sortes de grandes cruches dans les Galeries du Vaisseau.

Jarre. Terme de Meunier à eau. Espece de futaille dans laquelle tombe le son.

Jarre. Terme de Chapelier. Poil qui sort du Castor, & de la Vigogne.

JARRET. f. m. *La partie du corps humain qui est sous le genou*. ACAD. FR. Selon du Cange ce mot vient de *Garectum* qui a été dit dans la basse Latinité, ou de l'Italien *Garretto*. Borel le fait venir de *Jerech*, qu'il dit signifier en Hebreu la Jambe. Le Jarret dans un cheval est la jointure du train de derriere qui assemble la cuisse avec la jambe.

Jarret. Terme d'Architecture. On dit qu'*Il y a des Jarrets dans une voute*, pour dire, qu'Elle n'est pas égale dans sa rondeur, soit dans le pendentif, soit dans les arcs. On dit aussi en d'autres ouvrages, *Cela fait le Jarret*, pour dire, qu'Il y a de l'inégalité ou quelque bosse.

JARRETER. v. n. Terme d'Architecture. Quand dans une ligne droite ou courbe, il y a un angle ou une onde, qui en ôte l'égalité du contour, on dit que *Cette ligne Jarrette*, & cela se dit aussi des voutes & des arcades qui ont ce défaut dans la courbure de leur douelle.

JARRETIER, IERE. adj. On a appellé *Cheval Jarretier*, Un cheval dont les Jarrets étoient trop près l'un de l'autre. Ce mot n'est presque plus en usage, & l'on dit *Cheval crochu*.

Les Medecins nomment *Veine Jarretiere*, Une grosse veine que font deux Rameaux de la crurale. Ces deux rameaux s'unissant ensemble, descendent par plusieurs rejettons le long du Jarret dans le gras de la jambe, & jusqu'au talon.

JARS. f. m. Nom que l'on donne au mâle de l'oye.

JARTIERE. f. f. *Sorte de ruban, de courroye, de tissu, dont on lie ses bas au-dessus ou au-dessous du Jarret*. ACAD. FR.

Jartiere. Ordre de Chevalerie d'Angleterre, que le Roi Edouard III. institua en faveur de la Comtesse de Salisberi dont il étoit amoureux. Cette Comtesse dansant un jour dans un bal, laissa tomber sa Jartiere qui étoit bleue, & ce Prince l'ayant ramassée, fit remarquer son amour par cette action, qui donna sujet de rire à ses Courtisans. Elle fit voir du dépit de cet incident, & le Roi qui la vouloit appaiser, ayant dit en langage de ce tems, *Honni soit qui mal y pense*, pour témoigner qu'il n'avoit point eu de mauvais dessein, ajoûta qu'il donneroit tant d'éclat à cette Jartiere, que ceux qui avoient osé s'en moquer, s'estimeroient fort heureux d'en porter une de même. Cela arriva en 1345. ou selon d'autres en 1350. Quelques jours après il institua l'Ordre de la Jartiere sous les auspices de saint George, qui est reconnu par les Anglois pour le protecteur de l'Angleterre. Il fixa les Chevaliers au nombre de quarante, & leur donna à chacun une Jartiere bleue couverte d'émail pour attacher à la jambe gauche, & un manteau de velours violet doublé de damas blanc sur lequel est une croix rouge dans un écu d'argent. Les mêmes paroles qu'il avoit dites le jour du bal, *Honni soit qui mal y pense*, furent la Devise de cet Ordre.

JAS

JAS. f. m. Terme de Marine. Assemblage de deux pieces de bois de même figure & de même échantilion, empattées ensemble fort étroitement vers l'arganeau de l'ancre, afin que quand on la jette en mer, ces pieces de bois qui flotent alors entre deux eaux, la soûtiennent, & empêchent qu'elle ne se couche sur le sable, ce qui est cause qu'une des pattes de l'ancre, s'enfourche dans le terrain & mord le fond pour arrêter le Vaisseau.

JASERON. f. m. Vieux mot. Cotte de maille, ou Hautbert.

Sans prendre armes ne harnois,
Fors seulement mon Jaseron.

On a dit aussi *Jaseran*. *Accusé d'avoir fait present au Turc de beaucoup d'armes, sçavoir Crenequins, Guis-armes, Haches, Voulge, Coulevrins, Jaserans, & autres habillemens de guerre*. Voici ce que Nicod dit du Jaseran. *Sorte d'habillement de guerre, fait de grosses & larges mailles de fer lascées & jointes étroitement de couche ensemble, Jean le Maire le fait different d'avec le Jaquet & le Haubert; mais d'autant qu'il dit que le Jaquet étoit renflé de cotton, & que depuis il a été fait de mailles de fer, on peut juger que le Jaseran soit le même habillement de guerre qu'on nomme à present* Jacques de maille. *Jean le Maire Liv. 1. chap. 40.* Et avoit pour ceux six cottes de Maille, jadis appellés Jaserans toutes de fin or. *On appelle* Jaseran *aussi, la chaine d'or ou d'argent qui est de telles grosses mailles couchées & serrées, dont les femmes font souvent des brasselets.*

JASMIN. f. m. Sorte d'arbuste qui croît & monte aisément comme la vigne, & qui produit des fleurs odorantes. Sa racine pousse de petites branches fort tendres, longues, vertes & visqueuses, de chaque rejetton desquelles sortent sept feuilles longuettes & pointues par le bout, comme au lentisque, molles & fort verdoyantes. Ses fleurs viennent au bout de la tige, en forme d'un petit lis, & sont de fort bonne odeur, & de diverses couleurs. Elles ne rendent de la graine qu'en de certains lieux, & cette graine ressemble au lupin. Matthiole qui en parle de cette sorte, dit qu'il n'y a pas seulement des Jasmins blancs, mais encore des Jasmins jaunes, & d'autres bleus, que leurs fleurs tant seches que fraîches ôtent les lentilles & les taches du visage; qu'on en fait une huile appellée *Huile de Jambac*, laquelle il ne faut pas confondre avec l'huile Sambucine ou Sambacine, comme a fait Jean de Vigo, Chirurgien très-renommé de son tems, à cause de la proximité des noms, & que cette huile est fort propre à toutes affections causées de froideur. Les Arabes qui en leur langue vulgaire appellent cette plante *Zambach*, ou *Sambach*, ont voulu imiter les Grecs en l'appellant aussi *Jesemin*, qui veut dire, Violette, à cause que les fleurs du Jasmin sont odorantes & blanches comme celles du Violier blanc, car les Grecs appellent ἰάσμη & ἰάσμινον μύρον. Un onguent fait de fleurs de violier blanc jettées dans de l'huile de Sesame.

Il croît dans les Antilles, le long des rivieres & dans les lieux humides, une sorte de Jasmin, qui ne s'accorde avec celui que l'on voit en France, qu'en la façon de ses fleurs, & en son odeur. L'Arbrisseau qui les porte, est plus gros que le bras, haut d'une pique, & a ses feuilles semblables à l'oranger. Aux extrêmités de ses branches, il y a de petits cyons longs comme le bras, en maniere de petits jones recourbés. On y trouve encore un autre Arbrisseau que les habitans appellent *Jasmin commun*, quoiqu'il n'y ait guere de rapport. Il porte de petites fleurs blanches, étoilées, & qui sentent parfaitement bon.

JASPE. f. m. Pierre qui approche fort de la nature

de l'Agathe, & qui à cause de sa beauté peut tenir rang en quelque façon entre les pierres précieuses. Elle est formée d'une matiere assés impure, ce qui l'empêche d'être diaphane, & par consequent la fait differer de l'émeraude. Elle est verte ordinairement, & Galien ne parle que de celle qui est de cette couleur. Outre le Jaspe qui ressemble à l'émeraude, Dioscoride parle de plusieurs autres dont l'un se rapporte à la couleur du Ciel, & l'autre au cristal. Il dit qu'on en trouve d'enfumé qu'on appelle *καπνίας*, un autre qui a certaines lignes luisantes & blanches, appellé *Assyrien*, un autre que l'on nomme *τερεβινθίζων*, qui retire à la Tourmentine, & enfin un autre qui a la couleur de la pierre nommée *Calais*. Tous Jaspes, continue Dioscoride, étant pendus au col, servent de préservatifs & de contre-charmes, & donnent une prompte délivrance aux femmes qui sont en travail d'enfant, si on les attache au-dehors de la cuisse. Matthiole dit qu'outre ces sortes de Jaspes il y en a de fort azuré, & de vert & blanc, comme s'il étoit tacheté de lait; un autre qui est rouge comme pourpre, ainsi que celui qui croît en Phrygie : un autre incarnat & comme semé de fleurs, tel que celui qu'on tire des cavernes du Mont Ida; de rouge azuré, de rouge noir, de blanc marqueté de taches rouges; d'autres madrés comme Cassidoines, ou bien qui sont jaspe d'un côté, & cassidoines de l'autre, & que l'on appelle *Jasponix*, & d'autres rouges d'un côté, & vert de l'autre, étant clairs seulement du côté qu'ils sont verts. En general, le Jaspe est divisé en Oriental, apporté de Perse, Syrie, Phrygie, Cappadoce, & autres lieux de l'Asie, & en Occidental qui se trouve aux Indes, en divers lieux de l'Amerique, & même en Bohéme. Le Jaspe a la vertu d'arrêter le sang.

Jaspe. Terme de Relieurs. Verd & vermillon. Ils disent *Jasper*, pour dire, Jetter du Jaspe avec un pinceau sur le cuir & sur la tranche du Livre, & *Jaspure*, selon eux est la même chose.

JASPE', E'E. adj. On appelle *Marbre jaspé*, Un marbre qui est de differentes couleurs.

JAT

JATTE. s. f. Vaisseau plat de bois, creusé qui sert à plusieurs usages, à la cuisine & ailleurs. Les Relieurs appellent *Jatte*, Une sorte de grande écuelle de bois où ils mettent leur colle. Ce mot vient du Latin *Gabbata*, qui veut dire, Une grande écuelle.

Jatte. Terme de Marine. Enceinte de planches mises vers l'avant du Vaisseau, & qui servent à recevoir l'eau, qui entre par les écubiers lorsqu'elle est poussée par un coup de mer.

JATTER. v. a. Vieux mot. Vanter, du Latin *Jactare*, qui a fait aussi *Jactance*, Vanterie.

JAV

JAVAR. s. m. *Sorte de maladie qui vient aux chevaux au bas de la jambe*. ACAD. FR. C'est une tumeur contenue entre cuir & chair, & qui d'ordinaire se forme au-dessous du boulet ou du pâturon. On appelle *Javar nerveux*, Celui qui vient sur le nerf, & *Javar encorné*, Celui qui se forme sous la corne. Ce dernier oblige le plus souvent à dessoler un cheval.

JAVARIS. s. m. Sorte de pourceau sauvage qui se trouve dans l'Isle de Tabago, & en quelques autres Isles de l'Amerique, ainsi qu'au Bresil. Les Javaris sont presque semblables en tout à nos Sangliers, si ce n'est qu'ils ont peu de lard, les oreilles courtes, presque point de queue, & qu'ils portent leur nombril sur le dos. Il y en a de tout noirs & d'autres qui ont quelques taches blanches. Leur grognement est aussi beaucoup plus fort que celui de nos Pourceaux domestiques. Il n'est pas facile de les prendre, à cause de l'évent qu'ils ont sur le dos, & qui leur donnant la facilité de respirer & de rafraîchir leurs poulmons, les rend presque infatigables à la course. Quand les chiens qui les poursuivent les forcent de s'arrêter, ils ont fort à craindre leurs défenses, qui sont si tranchantes & si pointues qu'elles déchirent tous ceux qui osent s'en approcher. Cette venaison est d'assés bon goût.

JAVEAU. s. m. Terme des Eaux & Forêts. On donne le nom de Javeau à toute l'Isle qui est faite nouvellement, soit par alluvion, ou par un amas de sable & de limon.

JAVELOT. s. m. Sorte de Dard que lançoit la Cavalerie Romaine avant que de mettre la main à l'épée. M. Ménage fait venir ce mot de *Capulotus*, diminutif de *Capulus*, comme si le Javelot étoit tout manche, à cause qu'il se dardoit en le tenant par le milieu. Du Cange le dérive du Latin *Jaculari*, Lancer, & témoigne que dans la basse Latinité, on a dit, *Gaveloces*, pour, *Spicula*.

Javelot. Terme de Moissonneur. Brassée d'avoine fauchée & ramassée avec le fauchet.

JAUGE. s. f. *La juste mesure que doit avoir un Vaisseau qui doit contenir quelque liqueur, ou quelques grains*. ACAD. FR.

Du Cange dérive le mot de *Jauge* de *Galo*, d'où on a fait aussi *Jalo*, sorte de Mesure chés les Anglois, ou de *Gagga*, que l'on a dit dans la basse Latinité dans le même sens. Nicod parle de cette mesure en ces termes. *Aux Ordonnances du Roi François sur le fait des Jauges des vins François & de Bourgogne, Mesure & Jauge sont équivoques, comme la queue à la mesure & Jauge de Paris, est de cinquante-quatre septiers, & le muid de trente-six, si que jauge est la mesure de la capacité arrêtée par Ordonnance, dont chacun lesdites fustailles doit être, & prendre se pourroit pour l'étalon de la fustaille à vin, vinaigre & autres brevages si étalon y avoit en cela. Selon ce en ladite Ordonnance est dit, Mesure & Jauge de Paris, & Mesure & Jauge de Bourgogne, c'est l'étalon des fustailles Françoises & des fustailles de Bourgogne, qu'on dit autrement le Fust & Jauge de Paris: & en ceste mesure un bâton de Bresil ou d'autre bois marqué, avec lequel on jauge & mesure les fustailles par le fonds, & par la longueur des douves d'icelles.*

Jauge. Terme de Charpentier. Petite Regle de bois dont les Charpentiers se servent pour tracer leurs ouvrages, & pour couper sur le trait.

On appelle aussi, *Jauge*, dans une tranchée qu'on fait pour fonder, Un bâton étalonné de la profondeur & largeur qu'on doit lui donner, pour la continuer également dans sa longueur.

Jauge. Terme de Fontainier. Grosseur d'une Conduite d'eau, ou d'un Ajutage. On dit qu'*Un Ajutage à tant de pouces de Jauge*, pour dire, qu'il donne tant de pouces d'eau.

Jauge se dit aussi, De l'instrument dont on se sert pour jauger l'eau. Cette Jauge est ordinairement une boîte de bois quarrée, bien assemblée, goudronnée, & percée par devant d'autant de trous d'un pouce de diametre qu'on juge à peu près que la source doit faire d'eau. Comme à mesure qu'elle s'emplit & se vuide, elle en demeure également chargée, en bouchant quelques-uns de ses trous, & n'en laissant que ce qu'il en faut pour conserver son

son égalité, le nombre des trous fait connoître combien de pouces d'eau sorrent de la source.

JAUGEAGE. s. m. Droit que font payer les Officiers Jaugeurs, pour la jauge des vaisseaux.

JAUGER. v. a. *Mesurer un Vaisseau, voir s'il est de la mesure qu'il doit être.* ACAD. FR.

Jauger, Est aussi reporter une Mesure égale à une autre & la reperer.

On dit *Jauger une pierre*, pour dire, Regarder si elle est de mesure égale, faire un des côtés égal en figure, & parallele à l'autre.

Jauger. Terme de Fontainier. Connoître par le moyen de la Jauge la quantité d'eau qui sort d'une source vive ou d'une conduite. On peut aussi Jauger l'eau avec la pendule, mais l'operation qui est trop speculative n'en est pas aisée à pratiquer.

JAUGEUR. s. m. Officier de Ville qui a titre & pouvoir de Jauger. Chaque Jaugeur doit avoir sa marque particuliere qu'il imprime sur le vaisseau avec sa rouane. Il y met la lettre B, si la Jauge est bonne, la lettre M, si elle est plus foible, & la lettre P, si elle est plus forte qu'elle ne doit être. Il ajoûte un chifre qui marque le nombre des pintes qui s'y trouvent de moins ou de plus.

JAUMIERE. s. f. Terme de Marine. Petite ouverture faite à la pouppe d'un Vaisseau proche l'étambord. C'est par où le timon vient répondre au gouvernail pour le faire jouer.

JAUNE. s. m. Couleur dont les Peintres se servent. Il y a le *Jaune obscur*, qui est une terre naturelle. Elle se prend aux ruisseaux des mines de fer, & reçoit une belle couleur étant calcinée.

Jaune de Naples. Espece de crasse qui s'amasse autour des mines de souffre. Quoique l'on s'en serve à fraisque, sa couleur n'est pas si bonne que celle qui se fait de terre, ou d'ocre jaune avec du blanc.

JAUNISSE. s. f. Terme de Medecine. Mouvement de la nature qu'engendre la masse du sang précipitée par la fermentation dans la peau, à laquelle elle donne une couleur jaune. La Jaunisse a autant d'especes que le corps se teint de differentes couleurs, qui ne font qu'une même maladie. Skenxius rapporte l'exemple d'une Jaunisse surprenante, avec l'obstruction des mois, qui changeoit successivement de quatre couleurs. Outre la Jaunisse jaune & la noire, quelques-uns ont observé une Jaunisse verte avec des symptomes violents. Plusieurs tiennent que la bile étant ramassée comme un excrement dans la vesicule du fiel, l'obstruction de la vesicule ou le vice du foye cause la Jaunisse jaune, parce que la bile qui est un excrement qui se doit philtrer par le foye, ne se purge pas comme il faut par les vaisseaux propres pour cela; mais Ettmuller se declare entierement contre cette doctrine, & dit que l'on ne sçauroit nier que la Jaunisse, sur tout la jaune, ne se rencontre souvent sans que le cours de la bile vers les intestins soit empêché & sans que le foye manque de philtrer la bile, puisqu'il y a beaucoup de malades Icteriques, qui ont non seulement le ventre bien libre, mais même les matieres fecales jaunes à l'ordinaire. On fait mention d'une femme grosse qui eut la Jaunisse pour s'être mise en colere. Elle avoit cela de particulier, qu'elle étoit fort peu jaune étant au lit, & beaucoup étant levée. Cette affection suit les maladies convulsives des intestins, sur-tout des grêles. Elle succede à un accouchement difficile, à la passion hysterique & à la colique. On a des exemples que les morsures des bêtes venimeuses, & même certains poisons, causent la Jaunisse. On a remarqué une Jaunisse jaune causée par la morsure d'une araignée, & les Anciens ont observé qu'elle survenoit presque toûjours à celle de la vipere. La tristesse est une des principales causes éloignées de la Jaunisse. La cause prochaine est l'éloignement de la bile & du suc pancreatique de leur état naturel, & leur alteration vitiée, qui sépare mal le chyle, le teint de même & déprave toute la masse du sang. Ettmuller tient pour constant que la Jaunisse noire ne vient point de l'obstruction, ni de l'affection de la rate, puisque l'on voit des Jaunisses où les selles sont tout-à-fait blanches, ce qui marque plûtôt le défaut de bile que le vice de la rate, & en raisonnant sur la veritable maniere dont la Jaunisse se fait; il dit que les particules éterogenes ramassées dans la masse du sang comme la lie dans le moût, en sont séparées par la fermentation, & acquierent diverses couleurs étrangeres; qu'en cet état elles sont poussées par les urines ou recoignées necessairement dans les parties solides ausquelles elles communiquent leur couleur. La Jaunisse se fait assés connoître par la couleur de tout le corps & sur-tout du blanc des yeux, parce que ce blanc est une espece de rets admirable, tissu de plusieurs arteres très-fines & très-délicates, comme on le voit dans l'inflammation des yeux où elles sont plus apparentes. Ainsi le suc vitié, précipité dans l'œil, & s'arrêtant dans les vaisseaux capillaires qu'il a pénétrés, teint plus sensiblement qu'aucune autre partie le blanc de l'œil, qui n'est pas si coloré naturellement. Il y a d'autres marques generales de la Jaunisse. Ce sont les lassitudes de tous les membres, les maux de têtes vehemens, les douleurs avec pesanteur à la region des lombes, les vertiges & les tournoyemens de tête, les inquietudes de la poitrine, & les respirations difficiles. Tout est trouvé âmer dans la Jaunisse, ce qui vient du vice de la salive, qui se mêle dans la mastication avec les choses qu'on mâche, & frapant en même tems l'organe, fait l'impression d'une saveur vitiée & dépravée, qu'on attribue aux choses mâchées. On dit que la Jaunisse qui survient dans les fievres avant le septiéme jour, est périlleuse, mais céla ne se trouve pas vrai. Celle qui survient le trois, le quatre, ou le septiéme jour est heureuse. Celle qui ârrive le premier, le deux, le six, ou le huitiéme jour, n'est pas mauvaise d'elle-même, mais elle n'est point sûre, & les malades meurent souvent. Ce symptôme est fréquent en Italie, & rare ailleurs.

JAUSIR. v. n. Vieux mot. Joüir.

Ja d'autre amours non jausirai,
Sieu non jau dest amour de luench.

JAUTERAU. s. m. Terme de Marine. On appelle *Jautereaux*, Des pieces de bois courbes qu'on met en dehors de l'avant du Vaisseau & qui servent à soûtenir l'éperon. On donne ce même nom de *Jautreaux*, à deux pieces de bois semblables que l'on coût au haut des mâts de chaque côté, & qui servent à soûtenir les barres de hune.

IBI

IBIBOHOCA. s. m. Serpent du Bresil, qui se meut plus lentement que les autres, & qui est le plus venimeux de tous. Il est fort beau, ayant la tête & tout le corps tacheté de rouge, de noir & de bleu.

IBIRACUA. s. m. Serpent du Bresil, dont le venin est si vehement, que celui qui en est mordu jette le sang par les yeux, les oreilles, les narines, le gosier, & enfin par toutes les parties basses de son corps, en sorte que comme il le jette avec une très-grande abondance, il meurt aussi-tôt si on n'y apporte promptement le remede necessaire.

IBIRAPITANGA. f. m. Arbre le plus celebre de tout le Bresil. Il est semblable à nos chênes en grandeur & en quantité de branches, & quelquefois si gros qu'à peine trois hommes le peuvent-ils embrasser. Ses feuilles ressemblent à celles du bouis, & il ne porte aucun fruit. Le dehors de son écorce est de couleur grise. Son bois est fort dur & rouge; nullement humide, mais d'une nature seche, de sorte qu'il rend fort peu de fumée étant allumé. Il teint si fort que même ses cendres ayant été mises un jour par mégarde dans une lessive, teignirent le linge d'un rouge qu'il ne perdit point, quelque chose qu'on pût faire.

IBIS. f. m. Oiseau qui est singulier à l'Egypte. Il ressemble à la Cigogne par son long bec, & par ses jambes maigres. Il y a un Ibis blanc, qui a la tête comme le Corbeau aquatique, le bec pointu, crochu, & épais d'un pouce vers la tête. Quand il la met dans ses ailes, il forme la figure d'un triangle. Plutarque dit, qu'il pese deux drachmes si-tôt qu'il est né, & que son cœur est extrêmement grand par rapport au reste de son corps. Selon Elien, ses boyaux ont quatre-vingt-seize coudées de longueur, & sont fort serrés pendant la nouvelle Lune. Cet Oiseau aime tellement l'Egypte qu'il se laisse mourir de faim, si on le transporte ailleurs. *L'Ibis noir*, ne se rencontre qu'auprès de Damiette. Ces Oiseaux se nourrissent de Serpens, d'Escargots & de Sauterelles, & sont ennemis des Serpens volans que les vents d'Occident amenent des Deserts de Lybie, & qu'ils vont attendre au passage sur les Frontieres d'Egypte, volant même au-devant de ces Serpents la gueule beante pour les engloutir. On dit que Moyse ayant à traverser des campagnes pleines de ces sortes de Serpents, dans son expedition contre les Egyptiens, fit porter avec lui quantité de ces Oiseaux dans des cages de papier. La crainte qu'ils ont des chats, fait qu'ils bâtissent leur nid sur les Palmiers les plus hauts. Quelques-uns croyent que le Basilic se forme de l'œuf de l'Ibis, à cause que les alimens dont il se nourrit, rendent sa semence venimeuse. Elien veut que ses plumes & ses œufs ayent la vertu de faire que le Crocodile demeure sans mouvement. L'Ibis a cela de particulier qu'il ne boit jamais de l'eau qui soit trouble; c'est par-là que les Prêtres Egyptiens se purifioient ordinairement avec de l'eau où cet Oiseau avoit bû. Il se purifie lui-même avant que de s'aller coucher, & on dit qu'il a montré aux hommes le secret des lavemens, à cause que lorsqu'il veut aller du ventre, il se seringue le fondement avec son bec rempli d'eau salée.

ICA

ICAQUE. f. m. Sorte de petit Prunier qui croît aux Antilles en forme de buisson. Ses branches sont chargées en tout tems de petites feuilles longuettes & ornées deux fois l'an d'une infinité de belles fleurs blanches ou violettes qui sont suivies d'un petit fruit rond de la grosseur d'une prune de damas. Ce fruit étant mûr devient blanc ou violet comme étoit sa fleur. Il est fort doux & tellement aimé de certains Peuples près du Golfe d'Hondures, qui s'en nourrissent, qu'on les appelle *Icaques*. Pour empêcher leurs voisins à qui ces fruits manquent, d'y venir faire dégât lorsqu'ils ont atteint leur maturité, ils tiennent pendant ce tems-là aux avenues de leur terre des corps de garde composés de l'élite de leurs meilleurs soldats, qui les repoussent vivement avec la fléche & la massue quand ils se presentent.

ICH

ICHNEUMON. f. m. Animal qui naît en Egypte, & que Bellonius nomme *Rat des Indes*. Il y en a d'autres qui l'appellent *Loutre Egyptien*. Il est grand comme un chat, dont il a la langue, les dents & les genitoires, & couvert d'un poil moucheté de blanc, de jaune & de cendré, & aussi rude que celui d'un loup. Son grouin est d'un pourceau, & il s'en sert à fouiller la terre. Il a les oreilles courtes & rondes, les jambes noires avec cinq griffes aux piés de derriere. Sa queue est longue & épaisse autour des reins. On lui voit au-dehors du fondement une entrée fort large & toute velue. Elle s'ouvre lorsqu'il fait chaud, & qu'il a le derriere bouché; ce qui a donné lieu à quelques-uns de dire que cet animal est hermaphrodite. Les Ichneumons se laissent apprivoiser aux environs d'Alexandrie, & se nourrissent de serpens, de lesards, de limaçons, de rats, de cameleons, de grenouilles & d'autres animaux de même nature. Ils sont ennemis du crocodile, dont ils brisent les œufs par tout où ils en rencontrent. Ils se fourrent même dans son ventre quand il dort, & lui vont ronger le foye. Cet animal ne sçauroit souffrir le vent, & dès qu'il le sent souffler, il se refugie dans sa caverne. Il fait autant de petits qu'une chienne, & se garantit du froid en s'exerçant à sauter. Quelquefois on le voit s'enveloper comme un herisson. Il est fort hardi, & se dresse lorsqu'il apperçoit quelque autre animal. Il attaque de gros chiens, des chevaux, des chameaux même, & assomme un chat de trois coups de patte. Il n'a pas si-tôt apperçû sa proie, que se levant sur les piés de derriere, il se traîne doucement sur terre, jusqu'à ce que d'un plein saut il puisse se jetter sur son ennemi. Il haït fort l'aspic, & quand il le veut combattre, il a l'adresse de se veautrer dans la boue, ou de se plonger dans l'eau, & de se rouler ensuite sur la poussiere, qu'il laisse secher au Soleil, afin de s'en faire une espece de cuirasse. Le nom *Ichneumon* lui est donné du Grec ἰχνεύειν, Chercher, épier, à cause qu'il cherche le crocodile & l'aspic pour les tuer.

ICHNOGRAPHIE. f. f. Description du plan geometral d'un bâtiment. Voyez PERSPECTIVE. Trace que laisseroit sur la terre un bâtiment, s'il étoit rasé à rés de chaussée. C'est ce qu'on appelle autrement *Section horisontale*. Ce mot est Grec, ἰχνογραφία, & vient de ἴχνος, Trace, vestige, & de γραφὴ, Description.

ICHTHYOPAGE. On appelle ainsi tout animal qui vit de poisson. Ce mot est Grec, ἰχθυοφάγος, de ἰχθὺς, Poisson, & de φάγομαι, Je mange.

ICI

ICIL & ICEL. Vieux mots. Celui-ci & Cette. On a dit aussi *Icen* pour Cela, & *Icest* pour, Ce. Ceux qui n'ont point la facilité de bien tourner une periode, disent encore quelquefois *Icelui* & *Icelle*, & les employent comme pronoms relatifs: *Les vertus d'icelui, d'icelle*, pour dire, Ses vertus.

ICO

ICONOCLASTES. f. m. Heretiques du huitiéme siecle qui s'éleverent contre les Images du Sauveur du monde, de la Vierge & de tous les Saints, dont l'erreur eut pour auteurs un Juif & un Sarrasin. Ce dernier persuada à l'Empereur Leon Isaurique de faire abbatre toutes les Images des Eglises, & Constantin Copronime son fils & son successeur, se porta à des cruautés inouies contre tous ceux qui les reveroient. Leon IV. qui en 775. succeda à Constantin, suivit les mêmes erreurs, & laissa Constantin son fils sous la conduite de l'Imperatrice Irene sa mere. Le second Concile de Nicée se tint de son tems, & l'on y lut tous les passages des Peres sur ce sujet depuis les Apôtres. Après les avoir examinés, il fut ordonné que les Images de JESUS-CHRIST & des Saints seroient rétablies, afin que leur representation portât les hommes à les imiter dans leurs vertus. Le même Concile définit qu'on auroit de la veneration pour les Reliques des Saints, que tous ceux qui ne leur rendroient pas les honneurs qui leur sont dûs, seroient excommuniés, & déposés s'ils étoient Evêques. Le mot d'*Iconoclaste* vient de εἰκὼν, Image, & de κλάω, Je romps. On appelle aussi ces Heretiques *Brises-Images* & *Iconomaques*, du Grec μαχέω, Je combats.

ICONOLOGIE. s. f. Interpretation des Images, Monumens anciens & emblémes. Ce mot vient de εἰκὼν, Image, & de λόγος, Discours. L'Iconologie est fort necessaire aux Poëtes, aux Peintres & aux faiseurs de Balets. Ce qu'elle a de particulier, c'est de peindre les choses purement morales sous la figure des personnes vivantes; ce qu'elle fait en personifiant la Gloire, la Victoire, la Vertu, la Pieté, la Renommée, la Haine, la Vengeance, & enfin tout ce qui est connu sous le nom de passion.

ICOSAEDRE. s. m. Terme de Geometrie. On appelle *Icosaëdre*, un Solide contenu sous vingt triangles équilateraux égaux entre eux, c'est l'un des cinq corps reguliers. Ce mot vient du Grec εἴκοσι, Vingt, & de ἕδρα, Siege.

ICT

ICTERE. s. m. Terme de Medecine. Débordement de bile par tout le corps, appellé en Latin *Aurugo*, ou *Morbus Regius*. Il y en a de trois sortes, dont la jaunisse en est une. Elle est engendrée par la bile jaune, par l'intemperie du foye, ou par l'obstruction de la vessie du fiel. La bile noire cause la seconde qui est noirâtre, & vient de l'indisposition de la rate, ou de l'oppilation de la veine-porte, ou de la veine splenique. La troisiéme provient du mêlange de la bile & de la melancolie. Elle tire sur le verd, & est ordinaire aux filles qui ont les pâles couleurs. Ce mot est Grec, ἴκτερος, & vient de ἴκτις, Animal que les Latins nomment *Viverra*, Qui a les yeux de couleur d'or, qui est la couleur de la peau de ceux qui ont la jaunisse.

Pline parle d'un oiseau appellé *Ictere* à cause de sa couleur. Il dit que celui qui le regarde ayant la jaunisse, en est gueri, & que l'oiseau meurt.

ICTERIQUE. adj. Qui a la jaunisse. Les Medecins appellent *Remedes ictériques*, ceux qui sont propres à guerir de ce mal.

IDE

IDENTITE'. s. f. Terme de Philosophie. Qualité par laquelle deux choses sont faites de même nature, & quelquefois les mêmes, du Latin, *Idem*, Le même.

IDES. s. f. p. Terme du Comput Ecclesiastique, dont les anciens Romains se servoient dans leur Calendrier, pour distinguer certains jours de chaque mois. Cette façon de compter est demeurée en usage dans la Chancellerie Romaine. Le jour des Ides est le quinziéme des mois de Mars, de Mai, de Juillet & d'Octobre; & dans tous les autres mois, c'est le treiziéme. Les Ides commencent dès le lendemain du jour des Nones, & durent huit jours; de sorte que les Nones de Janvier étant le cinquiéme de ce mois, il faudra dater le sixiéme de Janvier, *Octavo Idus Januarii*, c'est-à-dire, huit jours avant les Ides de Janvier, qui doivent être le 13. L'onziéme de Janvier il faudra dater, *Tertio Idus*, le troisiéme jour avant les Ides; le douziéme, *Pridie Idus*, le jour avant les Ides; & le treiziéme, *Idibus Januarii*, le jour des Ides de Janvier. Si c'est dans les mois de Mars, de Mai, de Juillet & d'Octobre où le jour des Nones n'est que le 7. les Ides ne doivent commencer que le huitiéme jour de ces mêmes mois, à cause que le jour qui leur est propre n'est que le 15. Pour trouver sans peine le jour que marquent ces dates d'Ides de la Chancellerie Romaine, il ne faut que compter combien il y a de jours depuis la date jusqu'au 13. ou 15. du mois que tombent les Ides, selon qu'elles sont au 13. ou au 15. en y ajoûtant une unité; & cela fait le jour de la date. Par exemple si la lettre est datée, *quinto Idus Januarii*, c'est-à-dire, le cinquiéme jour avant les Ides de Janvier, joignez une unité à 13. qui est le jour des Ides, vous aurez quatorze. Otez-en cinq, il restera neuf, & le cinquiéme avant les Ides est justement le neuviéme jour de Janvier. Si la lettre est datée, *quinto Idus Julii*, qui est un mois où le jour des Ides est le quinziéme, joignez une unité à 15. vous aurez seize. Ostez-en cinq, il restera onze, & le cinquiéme avant les Ides dans ce mois est justement l'onziéme jour de Juillet. Il faut observer la même chose quand on veut se servir en écrivant de cette sorte de date. Si c'est, par exemple, le 9. de Juillet, depuis neuf jusqu'à seize, il y a sept jours. Ainsi il faut dater, *septimo Idus Julii*, le septiéme jour avant les Ides de Juillet. On dérive le mot d'*Ides* de l'ancien mot Toscan, *Iduare*, Diviser.

IDI

IDIOPATHIE. s. f. Terme de Medecine. Maladie qui est particuliere à quelque partie du corps sans aucune dépendance avec tout le reste. Ce mot est Grec, ἰδιοπάθεια, & vient de ἴδιος, Propre, special, particulier, & de πάθος, Passion, affection.

IDIOTISME. s. m. On appelle ainsi, en termes de Grammaire, l'Inflexion de quelque verbe, ou la construction particuliere de quelque phrase, qui n'étant pas selon la regle generale de la langue, est en usage dans quelque Province, du Grec ἴδιος, Propre.

IDO

IDOINE. adj. Vieux mot qui a gardé encore quelque usage parmi les gens de Pratique. Propre, convenable, du Latin *Idoneus*.

JEC

JECORAIRE. adj. Les Medecins nomment *Veine jecoraire*, une Veine qui naît du rameau axillaire, & qui va au milieu du pli du coude. On la nomme autrement *Basilique*. Le nom de *Jecoraire* lui vient de *Jecur*, Foye.

JECTIGATION. s. f. Terme de Medecine. Sorte de de tressaillement ou tremblottement qu'on sent au pouls d'un malade, & qui fait connoître que le cerveau, qui est l'origine des nerfs, est attaqué & menacé de convulsion.

JECTISSE. adj. On appelle *Terres jectisses*, des Terres qu'on a remuées d'un endroit pour les jetter en un autre. On appelle aussi *Pierres jectisses*, toutes les Pierres que l'on peut jetter avec la main, comme les gros & menus cailloux qui servent à affermir les airs des grands chemins, & à paver les grottes, les bassins & les fontaines. Ces pierres étant sciées entrent dans les ouvrages de rapport & de mosaïque.

J E J

JEJUNUM. s. m. Terme de Medecine. Boyau qui joint le duodenum, & que l'on appelle *le Jeûneur* & *l'affamé*, à cause qu'on le trouve bien plus vuide que les autres, lorsque l'on fait des anatomies. C'est-là où les boyaux commencent à se tortiller.

J E N

JENGREURE. s. f. Vieux mot. Les genitoires.

Il a fait grand tort à nature,
De li tollir sa jengreure.

JENNE. adj. Vieux mot. Jeune. On a dit aussi *Joëne* dans le même sens.

J E Q

JEQUITINGUACU. s. m. Arbre du Bresil qui porte un fruit semblable à une fraise, dans lequel au lieu de semence, est enfermée une féve dure, ronde, noire & reluisante comme du Jayet. Elle a l'écorce fort amere, & nettoye mieux que ne pourroit faire le meilleur savon. Laët qui parle du Jequitinguacu dans sa Description des Indes Occidentales, ajoûte qu'au dedans du pays dans les lieux secs & arides, il croît auprès de la baye de tous les Saints un arbre fort singulier. Il est grand & spatieux, & a dans ses branches des creux fort profonds, remplis, tant en été qu'en hiver, d'une humeur aqueuse qui ne regorge ni ne diminue jamais, quelque quantité que l'on en puise; de sorte qu'elle est comme une fontaine qui ne tarit point. Cinq cens hommes se peuvent loger sous cet arbre, s'y laver à leur aise, & y boire de cette eau qui est toûjours claire & de bon goût.

J E R

JEREPEMONGA. s. m. Serpent marin du Bresil, qui se tient souvent sous l'eau sans faire aucun mouvement. Tous les animaux qui le touchent se collent si fortement à sa peau, qu'à peine les en peut-on arracher. Il en fait sa nourriture. Il sort quelquefois de la mer sur le rivage, où il s'entortille. S'il arrive que quelqu'un y porte la main pour le prendre, elle s'y attache; & s'il en approche l'autre croyant s'en débarasser, elle y demeure pareillement attachée. Alors ce serpent s'étend de sa longueur, & retournant dans la mer, emporte sa prise, dont il se repaît.

JERONIMITES. s. m. Congregation de Religieux qui ont été établis en Italie & en Espagne. Leur Institut fut confirmé en 1373. sous la Regle de saint Augustin par le Pape Gregoire XI. Le Chef de cet Ordre est à Lupiana, Diocese de Tolede. La Congregation de saint Isidore, dont le Monastere est à Seville, & qui fut fondée par un Religieux Espagnol, nommé Lupo d'Olmedo, lui appartient, aussi-bien que les Monasteres de saint Laurent à l'Escurial; & de saint Just, fameux par la retraite que l'Empereur Charles-Quint y fit, après qu'il se fut dépouillé de ses Etats, & qu'il eut donné la Couronne d'Espagne à Philippe II. son fils. On appelle aussi ces Religieux, *Hermites de saint Jerôme.*

IERT. Vieux mot que l'on trouve dans la signification du Latin *Erit*, Il sera, il y aura.

Miroirs iert à toutes gens.

Perceval l'emploie dans ce vers, pour dire, *Sembler.*

Vous dites ce que bon vous iert.

J E S

JESSIR. v. n. Vieux mot. Sortir. On a dit aussi *Issir*, du Latin *Exire.*

JESUATES. s. m. Ordre de Religieux qui fut fondé en 1367. par Jean Colomban de Sienne. Le Pape Urbain V. ayant approuvé cet Institut, d'autres Papes lui accorderent ensuite de beaux privileges. Cet Ordre fut aboli en 1668. par le Pape Clement IX. Ces Religieux, que l'on appelloit aussi *Clercs Apostoliques*, faisoient les trois vœux de Religion. Ils marchoient déchaussés, & portoient une robe blanche, & par dessus, un manteau de couleur minime, avec un capuce blanc.

JESUITES. s. m. Ordre de Religieux, nommés autrement *De la Compagnie de Jesus*, & qui ont été appellés *Clercs Reguliers* par le Concile de Trente. Cette Compagnie fut établie en 1534. par saint Ignace de Loyola qui en est le Fondateur, & le Pape Paul III. la confirma. Elle a obtenu des Privileges très-considerables de plusieurs autres Papes, & les services qu'elle a rendus à l'Eglise, l'ont mise dans une très-grande reputation. Aussi a-t'elle fourni quantité d'excellens hommes pour l'avancement des belles lettres, & plus encore pour celui de la Religion Catholique. Outre les trois vœux de Religion qu'on fait ordinairement, les Jesuites en font un quatriéme au Pape pour les Missions. Le zele que saint François Xavier y a fait paroître, lui a fait meriter le nom d'Apôtre des Indes. Leur General est perpetuel, & reside à Rome. Il a quatre Assistans Generaux, dont l'un est d'Italie, l'autre de France, & les deux autres d'Allemagne & d'Espagne. Ces Assistans n'ont que la voix consultative, & n'ont point la décisive.

J E T

JET. s. m. *La longueur de l'espace qu'on peut jetter quelque chose.* Acad. Fr. Il se dit aussi du mouvement d'un corps poussé avec violence, comme du jet de la pierre. Ce mot vient du Latin, *Jactus.*

Jet, dans les arbres & dans les plantes se dit des bourgeons & des sions que la nature produit.

On dit, que *Les Abeilles ont fait un nouveau jet*, pour dire, qu'Elles ont fait un nouvel essaim, ce qu'elles font tous les ans. On met ce nouvel essaim dans une autre ruche.

Jet de Fontaine. Petit filet d'eau que jette la fontaine. On appelle *Jet d'eau*, Une fontaine qui s'élance à plomb, & dont la grosseur est déterminée par le tuyau hors duquel elle jaillit.

Jet. Terme de Fondeur. Endroit fait en entonnoir, qui est à un des bouts d'un moule à faire des tuyaux de plomb, & par lequel on y verse le plomb fondu. Les Fondeurs en bronze appellent aussi *Jets*, des tuyaux de cire, de la grosseur environ d'un pouce de diametre pour les figures grandes comme nature, & que l'on fait dans des moules de plâtre de telle grandeur qu'on veut, après quoi on les coupe de la longueur de quatre ou cinq pouces ou environ. Il y en a de moidres qui doivent servir pour les events. On arrange ceux dont on se doit servir pour les Jets, les uns au-dessus des autres à cinq ou six pouces de distance en droite ligne le long de la figure, & quelquefois plus près lorsqu'il y a des draperies, & qu'il est besoin de beaucoup de matiere, & quand ces tuyaux sont appliqués & soudés avec de la cire contre la Figure, en sorte que le bout qui n'est pas soudé releve en haut, on a un grand tuyau d'égale grosseur qui s'attache contre les extrémités de ces petits tuyaux, & qui prend depuis le bas de la figure jusqu'au haut. Tous ces tuyaux grands & petits servent pour le Jet de la matiere, & l'on en fait ainsi trois ou quatre autour d'une Figure selon sa grandeur & sa disposition. C'est en ces termes que M. Felibien s'en explique. On dit aussi *Un beau Jet*, en parlant d'une Figure qui a été bien jettée.

Jet. Terme de Marine. On appelle *Jet de voiles*, l'appareil complet de toutes les voiles d'un Vaisseau. On dit, *Faire le Jet*, quand le gros tems oblige de jetter dans la mer une partie de la charge d'un Vaisseau pour l'empêcher de faire naufrage. Il y a des reglemens qui déterminent ce que chacun en particulier doit souffrir de cette perte.

On dit à la pêche, *Un jet de filet*, pour dire, Un coup de filet.

Jet. Terme de Fauconnerie. Petite entrave qu'on met aux piés de l'oiseau, ou l'attache d'envoi ou de retenue d'un oiseau de proie. Quelques-uns écrivent *Getz*, qui, selon M. Ménage, vient de *Giez*, vieux mot François qui veut dire, Lien, attache.

JETTÉE. s. f. Mur d'un quai, ou d'un Mole de port, fait pour arrêter l'impetuosité des vagues. On le construit de gros quartiers de pierres, ou de caissons remplis de materiaux que l'on jette dans la mer sans aucun ordre, quand il n'est pas possible de fonder à sec en faisant des bâtardeaux.

JETTER. v. a. *Pousser, lancer une chose loin de soi avec quelque violence.* Acad. Fr. On dit en termes de Venerie, qu'*Un Cerf jette sa tête*, pour dire, qu'il mue, que son bois tombe, & on dit en termes de Fauconnerie, *Jetter un oiseau du poing*, pour dire, Donner l'oiseau après la proie qui fuit.

Jetter. Terme de Fonderie. Faire couler le métal ou une autre chose liquefiée dans le moule qu'on a préparé pour cela.

JEU

JEU. s. m. *Recréation, passe-tems, action gaie & folâtre, par laquelle on se divertit, on se réjouit.* Acad. Fr.

Jeu, se dit en escrime tant pour le fleuret que pour les hautes armes, de la maniere de les manier & d'en faire l'exercice. Il y a chez les Maîtres en fait d'armes, le Jeu simple, le Jeu composé, & le Jeu coulant. Le *Jeu simple*, est celui qui se fait avec vîtesse sur une ligne qui doit avoir pour objet dans l'offensive tout ce qu'on peut entreprendre en poussant ou en passant d'un point à l'autre dans un seul tems à la partie la plus découverte de l'ennemi en quelque sorte de garde que ce puisse être. Il faut seulement parer & repousser les coups que l'ennemi porte dans la défensive simple. Le *Jeu composé* comprend dans la défensive les appels, les feintes, les demi-coups, les engagemens & battemens de l'épée, & enfin tout ce qui peut tromper l'ennemi en l'obligeant de découvrir la partie qu'on cherche à surprendre par finesse, ne l'ayant pû faire par la force ni par la vîtesse du Jeu simple. Dans la défensive, il faut seulement porter en parant. Le *Jeu coulant*, c'est quand on gagne la mesure en coulant ou traînant le pié gauche après le droit contre celui qui recule ou qui pare, ou qui a une épée plus courte. Quand on éleve l'épée au-dessus de celle de son ennemi, en baissant le poignet & le pommeau, soit en poussant, pressant, faisant feinte ou appel, cela s'appelle le *Jeu de la pointe de l'épée*.

On appelle en termes de Musique, *Un Jeu de Violes, de Hautbois*, ou *de Musettes*, les Instrumens qui font les quatre parties qui sont necessaires pour un concert. On appelle aussi *Jeu d'Orgues*, la machine qui compose l'Orgue, tant le grand buffet que le positif.

Jeu au pluriel se dit des spectacles publics, comme étoient chés les Anciens les courses, les luttes, & les combats des Gladiateurs. Les *Jeux Olympiques* ont été fort fameux parmi les Grecs. On les celebroit de quatre ans en quatre ans vers le solstice d'Eté dans l'Elide, sur les bords du Fleuve Alphée, proche du temple de Jupiter surnommé Olympien. Ces Jeux furent d'abord institués par Hercule, & ce fut Iphitus qui les rétablit quatre cens quarante ans après leur premiere institution. Les Jeux *Pythiens*, furent établis pour honorer Apollon, qui ayant tué le serpent Python, prit le nom de Pythien. La course, le jet du palet, la lutte, & le combat à coups de poings, & avec des armes, étoient les exercices de ces Jeux. Les Vainqueurs remportoient des couronnes de laurier avec quelques-uns des fruits qui avoient été offerts dans le Temple d'Apollon. Les Romains ont aussi celebré des Jeux en l'honneur d'Apollon, & ils étoient appellés *Ludi Apollinares*. On y sacrifioit un Bœuf & deux Chevres, dont on doroit les cornes. Le peuple assistoit à cette ceremonie avec une couronne de laurier sur la tête, & l'on faisoit des festins au devant des portes dans la rue. Une peste qui survint, & dont on crut ne pouvoir être délivré qu'en fixant à un certain jour ces Jeux Apollinaires qui n'en avoient point encore d'arrêté, fut cause qu'on les fixa au sixiéme de Juillet l'an 543. de la fondation de la ville. Selon Tite-Live, ils furent institués sur un écrit qu'on trouva d'un Devin appellé Marc, qui conseilloit aux Romains de vouer des Jeux à Apollon, s'ils vouloient toûjours être victorieux de leurs ennemis. Les plus celebres Jeux, parmi les Romains, ont été ceux qu'ils appelloient *Ludi Circenses*, Jeux du Cirque. Ils se celebroient avec beaucoup de dépense dans le grand Ciaque de Rome, & le premier exercice étoit le combat à coups de poing, ou avec des cestes, qui étoient des gantelets garnis de fer. On y joignoit le combat contre les bêtes & celui des Gladiateurs, ce qui ne se faisoit que par les Esclaves seuls. Plusieurs exercices succedoient à ce premier, sçavoir la course qui se faisoit dans la lice qu'on appelloit *Stade*, le saut ou en plein champ, ou d'un lieu bas à un lieu élevé, ou d'un lieu élevé à un lieu bas; le jeu du palet, des fleches, des dards, la course de cheval, le combat sur des chariots, & enfin la naumachie dans laquelle on representoit une bataille navale sur un lac ou sur un fleuve. Il y a eu aussi des Jeux appellés *Megalosiens*. On les celebroit à Rome sur le theatre en l'honneur de Cybele, Mere des Dieux. On y faisoit des festins avec modestie & frugalité, & les Dames Romaines y dansoient devant l'autel de cette Déesse. Les Magistrats venoient avec leur robe de pourpre dans cette fête, pendant laquelle il n'étoit pas permis aux Esclaves de paroître. Le Peuple Romain a aussi celebré des Jeux, qu'on nommoit *Jeux Plebéiens*. On les faisoit dans le Cirque pendant trois jours. Quelques-uns veulent qu'ils ayent été institués pour témoigner par une fête publique la joie que le Peuple avoit, de ce que les Rois ayant été chassés de Rome, il avoit commencé alors à jouir de sa liberté. D'autres disent que le Peuple Romain les celebra en memoire de la paix qu'il fit avec les Senateurs, après qu'il fut rentré dans la ville, d'où il s'étoit retiré sur le mont Aventin. On a appelé *Jeux seculaires*, ceux qu'on celebroit à Rome à la fin de chaque siecle. Valerius Publicola Consul les institua pour la premiere fois l'an 245. de la fondation de la Ville. L'an 580. de cette même fondation, les Romains instituerent les *Jeux Floraux*, en faveur de la Déesse Flore. Les Femmes débauchées s'y faisoient voir toutes nues sur le theâtre pendant le jour, & elles couroient la nuit par la Ville avec des flambeaux, dansant au son des trompettes, & chantant des chansons lascives. On appelle aujourd'hui *Jeux Floraux* à Toulouse, certains Jeux où l'on donne des prix à ceux qui ont le mieux réussi à faire des vers sur un sujet proposé. Leur nom vient de ce que les prix étoient des fleurs d'argent. C'est au mois de Mai que ces Jeux se font. Il y a encore aujourd'hui des *Jeux de Cannes*, & des courses de Taureaux en Espagne. Ce sont des especes de Jeux publics comme ont été les Joûtes & les Tournois. Constantin fut le premier, qui après avoir été baptisé défendit les Jeux sanglans de l'amphitheâtre. Les Romains avoient aussi établi des *Jeux funebres* à l'honneur des Morts, & pour appaiser les Manes. On dit que Junius Brutus, premier Consul de Rome, introduisit l'usage de ces Jeux funebres, pour honorer les funerailles de son pere, & cet usage dura jusques au tems de Theodoric, Roi des Ostrogots en Italie; par qui il fut aboli entierement vers l'an 500. du Sauveur du monde, à cause de l'horreur qu'on eut des combats cruels des Gladiateurs qui se battoient auprès du bucher pendant la ceremonie des funerailles. On faisoit autrefois des sacrifices de captifs que l'on immoloit aux Manes, & on aima mieux condamner ces Esclaves à ces sortes de combats où le Vainqueur pouvoit conserver sa vie, que de les égorger comme l'on faisoit auparavant. Il y a eu encore chés les Romains des Jeux que l'on appelloit *Jeux Cereaux*, & qu'on faisoit en l'honneur de la Déesse Cerés. Ils duroient huit jours. Pendant ce tems, les Dames Romaines avoient des habits blancs & representoient Cerés qui cherchoit sa fille avec un flambeau. Les Romains qui étoient presens à cette ceremonie, prenoient aussi une robe blanche. On fit d'abord des combats à cheval dans ces Jeux qui se celebroient dans le grand Cirque le 12. d'Avril, & ensuite les Ediles changerent ces combats à cheval en des combats de Gladiateurs.

Jeu. Terme de Charpenterie. Il se dit d'une piece de bois d'environ treize piés de long & de quinze pouces de grosseur. C'est où pose & tourne l'arbre d'un moulin à vent du côté de la tête où sont les volans.

On appelle en termes de Marine, *Jeu de voiles*, le nombre de voiles dont un vaisseau doit être garni. On l'appelle aussi *Jet de voiles*, & on dit *Faire jeu parti*, quand une de deux personnes qui ont part à un Vaisseau veut rompre la societé, & demande en Jugement qu'on fasse estimer les parts, ou que l'on ordonne que le tout demeure à celui qui voudra faire la condition de l'autre plus avantageuse. On fait venir ce mot de *Jus partium*.

JEUSNEUR. s. m. Qui jeûne beaucoup. Les Medecins donnent le nom de *Jeûneur* au second des intestins grêles qui est entre le duodenum & l'ileum. Il occupe presque toute la region du nombril, & avec ses circonvolations, il va jusqu'aux flancs. Ils l'appellent aussi *Jejunum* ou l'*Affamé*, à cause que dans les anatomies, on le trouve toûjours moins plein que les autres.

JEUVAISON. s. f. Vieux mot. Jeunesse.

JEX

JEX. s. m. p. Vieux mot. Yeux.

Et lancelot jusqu'à l'entrée
Des jex & du cuer la convoye,
Mes as jex fuy corte la joye.

IF

IF. s. m. Arbre de la grandeur du sapin, qui a ses feuilles de couleur verd brun & toûjours verdoyantes, & qui porte des bayes rouges, douces, & pleines de suc comme fait le houx. Ceux qui mangent de cette graine sont aussi-tôt attaqués de fievre & de flux de ventre, avec une certaine inflammation & ardeur de sang & des esprits vitaux. Son bois est rougeâtre & plein de veines, & malaisé à pourrir. Voici comme en parle Theophraste. Il n'y a qu'une espece d'If. C'est une plante qui croît aisément, & qui ressemble au sapin, excepté qu'elle a plus d'ailes & de rameaux. Ses feuilles sont semblables à celles du sapin, mais son bois est plus gras & plus tendre. Les Ifs d'Arcadie ont leur bois noir ou rouge, mais ceux qui croissent au Mont Ida sont fort roux, & ressemblent au bois de cedre, ce qui fait que l'If d'Ida est souvent vendu pour du cedre. Quand on a écorché cette sorte d'If, on diroit de son bois que ce n'est que vrai cœur de bois. Quant à son écorce, elle a l'âpreté & la couleur de celle du cedre. Ses racines sont grêles & courtes, & presque à fleur de terre. Cette espece d'If ne se trouve pas ordinairement au mont Ida, mais en Macedoine & en Arcadie, où il porte un fruit rond & en grande quantité. Ce fruit est rouge, tendre à manier, & un peu plus gros qu'une feve. On dit que ses feuilles font mourir les bêtes chevalines qui en mangent, & que si ce sont bêtes qui ruminent, elles ne leur nuisent point. Il y a des gens qui mangent de son fruit sans qu'il leur fasse aucun mal, & qui le trouvent d'un bon goût. Matthiole dit au contraire que le fruit de l'If est fort dommageable à ceux qui en mangent. Celui du mâle est fort dangereux & ses grains servent de poison en Espagne. L'experience a fait voir que le vin qu'on y apportoit de France dans des tonneaux faits de bois d'If étoit venimeux. Sestius assûre qu'il l'est tellement en Arcadie, qu'il fait mourir ceux qui mangent ou boivent, ou qui dorment à son ombre. Le parfum de ses feuilles fait mourir les rats; & si l'on veut bien en croire Pline, l'If ne fera aucun mal si on plante un clou d'airain dans l'arbre. Quelques-uns croyent que les venins qu'on appelle *Toxica*, ont pris leur nom de *Taxus*, If, comme si on avoit dit *Taxica*, & que pour empoisonner les fleches on les eût autrefois frottées du suc d'If, mais le mot de τοξικὸν, Poison, vient de τόξον, Fleche, à cause que les Barbares empoisonnoient ordinairement leurs fleches. Dioscoride dit que les oiseaux qui se paissent des grains de l'If qui croît en Italie, deviennent noirs, & que cet arbre est si venimeux autour de Narbonne qu'il rend malades ceux qui dorment ou se rafraîchissent à son ombre, & quelquefois leur cause la mort. Il dit dans un autre endroit que l'If, nommé par quelques-uns *Tithymale*, & que les Latins appellent *Taxus*, cause une froideur generale par tout le corps, qu'il étouffe la personne & la fait mourir soudain, & que les remedes propres à la cigue, lui sont bons.

IGB

IGBUCAMICI. s. m. Arbre dont le fruit ressemble à une pomme de coin. Ce fruit est rempli de petits grains qu'on prétend être un remede sûr contre la dysenterie. Cet arbre croît au Bresil, & est fort commun dans le gouvernement de saint Vincent.

IGC

IGCIEGA. s. m. Arbre du Bresil qui produit une espece de mastic d'une odeur fort agreable. Son écorce pilée rend une liqueur, qui sert d'encens étant congelée, & que l'on applique heureusement en forme d'emplâtre contre les affections froides. Il y en a une autre espece qu'on nomme *Igtaicica*, c'est-à-dire, Mastic dure comme une pierre. Sa resine est si transparente qu'elle semble presque être de verre. Les Sauvages s'en servent communément à blanchir leurs vaisseaux de terre.

IGN

IGNEL. adj. Vieux mot. On a dit, *Parler ignel*, pour dire, Langage coulant.

IGNIAME. s. m. Sorte de racine qu'on trouve dans les Antilles, & qui est une espece de Patate. Les tiges en sont pourtant bien plus fortes, & poussent une façon d'épi de fleurs jaunâtres qui portent quelque graine. Elles sont quarrées, & rampent non seulement sur la terre, mais encore sur les haies, & même elles s'attachent aux arbres. Leurs feuilles qui viennent deux à deux sur de petites queues quarrées, laissant toûjours une grande distance entre elles & celles qui suivent, sont plus grandes & plus fortes que celles des Patates, & d'un verd plus brun & plus luisant en forme de cœur. Les racines des Igniames ou Injames, sont aussi beaucoup plus grosses, & poussent de petites racines de la grosse masse des chevelûres. Leurs tiges se repliant contre terre y produisent des racines qui sont de couleur cendrée tirant sur le jaune. Elles servent de nourriture aux Negres, qui en font autant de cas que des Patates, quoique moins bonnes. Lorsque l'on coupe leurs tiges, elles pleurent fort long-tems, & plus abondamment que la vigne. Ces mêmes racines, appellées *Ignames* par les Hollandois, se trouvent aussi au Pays des Noirs. Il y en a de si grosses qu'elles pesent neuf ou dix livres. Elles sont blanches & farineuses par dedans, & on les mange au lieu de pain quand elles sont cuites.

IGNITION. s. f. Terme de Chymie. Application du feu aux métaux jusqu'à ce qu'ils deviennent rouges avant que de fondre, comme au fer. Le plomb & l'étain qui se fondent trop facilement, ne peuvent souffrir l'Ignition, mais le cuivre, ainsi que l'or & l'argent, le soufre.

IGU

IGUANA. s. m. Animal amphibie qui se trouve en plusieurs endroits de l'Amerique. Il est de la forme d'un lezard & a sa peau en partie de couleur cendrée, en partie brune, & toute couverte de petites écailles, plus grandes proche de la tête, & plus petites sous le ventre. Sa queue est fort longue, environnée des mêmes écailles, disposée par ordre. Cet animal a comme des dents de scie tout le long du dos, depuis la tête presque jusques au bout de la queue, avec une grande gueule & plusieurs dents petites & aigues en l'une & l'autre machoire. Il a les yeux grands & à demi clos, deux narines presque au bout de la machoire haute, deux trous derriere la tête, semblables aux oreilles des poissons, une peau qui lui pend sous la gorge jusqu'à la poitrine, quatre jambes, les deux de devant plus menues & plus courtes que les autres, ayant chacune cinq doigts, dont quelques-uns ont deux jointures les deux autres trois ou quatre, tous munis d'ongles noirs & fort aigus. C'est un animal paisible, & qui supporte fort long-tems la faim. Il pond quarante ou cinquante œufs ronds, gros comme une noix, d'une écaille fort déliée, contenant un aubin & un moyeu d'aussi bon goût que la chair de l'animal. Les Sauvages & les Espagnols en vivent & les prisent fort. Ils portent leurs œufs en terre, proche des rivieres & des lacs. Selon ce qu'en écrit François Ximenes, on trouve quelquefois en la tête de cet animal de petites pierres qui diminuent & font sortir la pierre des reins, étant prises au poids d'une drachme avec une liqueur convenable, ou même liées au corps.

IGUARUCU. s. m. Animal amphibie qu'on trouve dans le Bresil & d'ordinaire dans la riviere de Saint François & de Paraqua. Il est ennemi de l'homme & de la grandeur d'un bœuf, ayant les dents longues d'un quart de pié.

IL

IL. Pronom. On disoit autrefois *Il*, pour lui, comme *Devant il*, pour, Devant lui.

Compagnons sommes il & gie,

C'est-à-dire, Lui & moi.

ILE

ILEON. s. m. Terme de Medecine. Le troisiéme & dernier des intestins grêles. Il est le plus long de tous, & on lui donne ce nom du Grec εἰλεῖν, Tourner, à cause qu'il est entortillé en plusieurs tours & retours; d'où vient que l'on appelle en Latin *Ileus morbus*, le mal qu'on nomme vulgairement *Miserere*. La situation de l'Ileon est au dessous du nombril entre le jeûneur & le borgne, vers les hanches de part & d'autre. *Ilien* se dit encore de la partie de l'os anonyme qui est au bas de l'épine, à cause que l'intestin qui porte ce nom en est soûtenu.

ILI

ILIAQUE. adj. Terme de Medecine. On appelle *Veine* ou *Vaisseau Iliaque*, Un Vaisseau qui est un des rameaux du tronc descendant de la veine-cave qui arrose les flancs, & qui se divise en d'autres souches. On appelle aussi *Iliaque*, la colique du Miserere, qui vient d'une obstruction des intestins grêles, qui bouchant le passage aux excremens, fait que le malade les rend par la bouche en vomissant.

ILL

ILLEC. adv. de lieu. Vieux mot qu'on a dit du Latin *Illic*, pour dire, ce lieu-là. On a dit aussi *Illenc*, *Iluec* & *Illecques*.

Pour les Poissons qui vont nageant illecques.
Petits, moyens, & de bien grands avecques.

ILLIRICAINS. s. m. Heretiques qui suivent les erreurs qui ont été publiées dans le seiziéme Siecle, par Mathias Trancowitz que l'on surnomma *Illiricus*, à cause qu'il étoit d'Albone en Illirie, & c'est de là que ses Sectateurs ont été nommés *Illiricains*. Ce Mathias embrassa la doctrine de Luther. Il rejettoit entierement la necessité des bonnes œuvres, & fut accusé de renouveller l'Arianisme. Il s'opposa à Melanchthon, & aux autres qui avoient changé quelque chose à la confession d'Ausbourg, & qu'on appella *Hols Lutheriens*, au lieu que Mathias & tous ceux qui se mirent de son parti furent nommés *Rigides Lutheriens*. On les appella encore *Flacciens*, à cause du surnom de *Flaccus* ou *Flaccius* qu'il avoit aussi.

ILLUMINATION. s. f. Decoration de Figures peintes sur du papier ou sur de la toile, derriere lesquelles on allume la nuit beaucoup de lumieres, ce qui leur fait faire un effet très-agreable. Il y en a de differentes manieres & de diverses couleurs selon l'importance de la Fête.

ILLUMINEZ. s. m. Heretiques qui s'éleverent en Espagne en 1575. Entre autres erreurs qu'ils soutenoient, ils pretendoient que l'union que leur donnoit avec Dieu l'Oraison mentale, les mettoit dans un état si parfait que les bonnes œuvres & les Sacremens de l'Eglise leur étoient inutiles, ensorte qu'ils ne commettoient pas même un peché veniel en s'abandonnant aux plus infames commerces. Ils prenoient le nom d'*Alumbrados*, qui en Espagnol veut dire Eclairés. Les Auteurs de ces erreurs detestables ayant été punis d'abord à Cordoue, cette Secte demeura comme assoupie jusqu'en 1623. qu'elle fut renouvellée avec plus de force dans le Diocese de Seville. Sept des Auteurs ayant été brûlés par Sentence de l'Inquisiteur General d'Espagne, on força leurs disciples à changer de sentimens, ou à sortir du Royaume.

IMM

IMMANENT. adj. Terme de logique. Les Philosophes reconnoissent des *Actions immanentes*, par opposition aux actions transitoires. Ce mot vient du Latin *Manere*, Demeurer.

IMMERSIF, IVE. adj. On appelle *Calcination immersive*, l'épreuve qui se fait de l'or dans de l'eau forte, lorsqu'on le purifie par l'Incart.

IMMERSION. s. f. Action par laquelle on plonge dans l'eau ou dans une autre liqueur. On appelle en termes de Pharmacie, *Immersion*, la preparation qu'on fait d'un medicament, quand pour lui ôter quelque mauvais goût, ou quelque vertu, on le laisse tremper quelque tems dans l'eau.

Immersion est aussi le commencement d'une Eclypse de Lune, c'est-à-dire, le moment où la lune commence à être obscurcie ou à entrer dans l'ombre de la terre. On employe aussi ce terme par extension en parlant du commencement d'une éclypse de Soleil. On dit aussi *Immersion*, quand une étoile est si proche du Soleil, que ses rayons, dans lesquels elle se trouve envelòppée, empêchent qu'on ne la voye.

IMMORTELLE. s. f. Fleur blanche, jaune ou gris-de-lin en forme de tige, & qui a ses feuilles velues par dessous.

IMP

IMPANATION. s. f. Terme qu'ont employé les Theologiens pour expliquer l'erreur des Lutheriens qui croyent qu'après que le Prêtre a prononcé les paroles de la consecration, le pain ne se change point, & qu'il demeure, ce qui est tout-à-fait contraire à la doctrine de l'Eglise Catholique, qui est que le Corps de JESUS-CHRIST n'est point dans le pain, & que les seules especes demeurent. Ce mot vient du Latin *Panis*, Pain.

IMPASTATION. s. f. Terme de Maçonnerie. Mélange de plusieurs matieres, stuc ou pierre de differentes couleurs & consistances, que l'on paîtrit les unes avec les autres, & qu'on lie ensemble avec quelque ciment ou mastic que l'air fait durcir. Quelques-uns croyent que beaucoup d'ouvrages des anciens, comme les Obelisques, & les grosses Colomnes qui nous restent d'eux, ont été faites par Impastation.

IMPENSE. s. f. Terme de palais. Depense que l'on a faite pour ameliorer un bâtiment ou un heritage, dont il faut que celui qui y veut rentrer, rembourser l'acquereur de bonne foi.

IMPERATEUR. s. m. Vieux mot. Commandant en guerre.

Qui sous un même Imperateur militent.

IMPERATORIA. s. f. Plante qui se trouve en abondance en Italie, aux hautes Montagnes du val Ananie, au dessus de Trente. Ses feuilles qui sont semblables au spondilium ou panais sauvage, mais moindres & près de terre, sont roides, velues & âpres. Elle jette une tige de deux coudées de haut, rougeâtre, ronde & velue, à la cime de laquelle viennent des bouquets de fleurs blanches, qui portent une graine piquante & odorante comme celle des Siler Montanum. Sa racine est assés courte, & moyennement grosse, ridée, dure, & de substance comme de bois, noire en dehors, & tirant en dedans sur le verd. Elle a un goût mordant & piquant, & est odorante & un peu amere, ce qui fait juger que cette racine est chaude au troisiéme degré complet, & seche au second. Elle provoque l'urine & les mois, & est singuliere à resoudre les ventosités de l'estomac, des intestins, & de la matrice. Cuite en gros vin elle remedie au mal de dents, & si on la boit en vin, elle est très-bonne pour les étouffemens de la Mere & pour faire avoir des enfans aux Femmes que leur froideur empêche de concevoir. Mâchée, elle purge efficacement le phlegme du cerveau, & pulverisée & bue souvent en vin, elle previent les maladies qui viennent de causes froides, & par consequent elle sert aux spasmes & au mal caduc. On tient qu'elle guerit de la fiévre quarte, si demi-heure avant l'accès, on prend une cueillerée de cette poudre avec du vin pur. Elle fortifie tous les sens, fait bonne haleine, & sert de remede à la peste, & presque contre toutes sortes de poisons & de morsures de bêtes venimeuses. Elle n'est pas moins propre pour ceux qui ont courte haleine, pour les opilations, les hydropiques, & pour les personnes travaillées de la rate. En general elle échauffe toutes les parties du corps que quelque froidure occupe, de sorte que tant de proprietés ont fait dire à Matthiole, qu'il ne faut pas s'étonner si cette herbe a merité le nom d'*Imperatoria*, comme devant être reservée pour les Empereurs & pour les Rois. On la nomme autrement *Astrentia* & *Ostrutium*.

IMPERFECTIONS. s. f. Terme de Librairie. Feuilles imprimées qui demeurent inutiles, à cause que toutes les feuilles dont un livre est composé n'ont pas été tirées à un nombre égal, ce qui arrive toûjours, le papier n'étant jamais compté si juste qu'il n'y n'y ait des mains de vingt quatre & de vingt-trois feuilles au lieu de vingt-cinq. On se sert d'imperfections pour envelopper les Livres dont on fait des paquets pour les Provinces.

IMPERIAL. adj. Ce qui appartient à l'Empire. *Trône Imperial.* On appelle *Villes Imperiales*, Certaines Villes libres en Allemagne, comme Hambourg & Francfort, qui ayant un Gouvernement particulier sous des Magistrats, qu'elles élisent tels qu'il leur plaît, doivent seulement quelque reconnoissance à l'Empereur.

On appelle *Pierre Imperiale*, Une pierre qu'on fait pour les dents, il y entre du salpêtre, de l'alun de roche, & un peu de soufre bien pulverisé. On fait cuire tout cela dans un creuset, & ensuite on en fait un gargarisme avec une décoction de fenouil & d'orge.

On appelle *Eau Imperiale*, de l'eau distillée de noix muscades, écorce de citron, cloux de girofle, feuilles de laurier, d'hissope, de thim, de marjolaine, de sauge, de rosmarin, de lavande & autres.

IMPERIALE, s. f. Fleur rouge ou jaune, qui a sa tige fort haute, & qui tient de la tulippe. Elle pousse en haut quatre ou cinq fleurs, dont les feuilles se renversent en forme de cloche, & lui servent de couronne.

Il y a une sorte de prune qu'on appelle *Imperiale*. Elle est fort grosse, de couleur violette, & d'une figure oblongue.

Imperiale. Le haut d'un carrosse. Il se dit aussi du fond des lits d'ange en housse.

Imperiale. Terme d'Architecture. Espece de dôme ou de couverture dont le haut est en pointe, & qui s'élargissant par en bas, represente la figure de deux *S*. qui se joignent en haut, & qui s'éloignent en bas.

IMPERITIE. s. f. Terme Dogmatique. Ignorance de l'art qu'on professe. Un Chirurgien est condamné en Justice en des dommages & interêts, quand par son Imperitie il a estropié ceux qu'il s'est mêlé de panser.

IMPLANTATION. s. m. Il y a dans la Medecine certaines cures qui se font par transplantation, c'est quand les maladies passent d'un sujet à un autre sujet, qui en devient malade ou non, la maladie se guerissant par l'accroissement ou par la corruption de ce dernier. Cette transplantation se fait par un certain milieu ou moyen appellé pour cela l'*Aiman*, & elle est de cinq sortes dont l'une est l'*implantation*, qui se fait en mettant les plantes avec les racines, ou les racines seules dans une terre préparée pour cela & arrosée. Il est même avantageux que les racines ne reçoivent aucune autre humidité que les lavûres de la partie malade. Si avant que la maladie ait eu une entiere guerison, la mauvaise qualité contractée delà fait mourir les plantes, il en faut planter d'autres dans la même terre, ou dans une autre semblable.

IMPORTABLE. adj. Vieux mot, que Nicod dit avoir été employé pour, Qui ne se peut porter ou tolerer, comme en cette phrase. *Il est atteint d'une douleur importable.*

IMPOSER. v. a. *Mettre dessus, & en ce sens il ne se dit guere au propre qu'en cette phrase, Imposer les mains.* ACAD. FR.

Imposer en termes d'Imprimerie, signifie, Mettre sur un marbre autant de pages qu'une forme contient, autour desquelles l'on met des bois, que l'on appelle garnitures, & ensuite l'on serre le tout avec des coins dans un chassis de fer, en sorte qu'il ne tombe aucune lettre des pages.

IMPOSITION. s. f. L'une des sortes de transplantation qui se font pour la cure de certaines maladies. On prend le plus que l'on peut de la Mumie ou de l'excrement de la partie malade ou de tous les deux ensemble, pour les placer dans un arbre ou dans une plante entre l'écorce & le bois, recouvrant & enduisant le tout avec du limon. Au lieu de cela, il y en a qui font un trou de tariere dans le bois pour placer l'aiman, après quoi ils bouchent le trou avec un tampon du même bois, & mettent du limon par dessus. Si on desire un effet durable, on doit choisir un arbre de longue durée, comme le chêne. Si on le veut prompt il faut prendre un arbre qui croisse promptement, & en ce dernier cas on doit retirer l'aiman, c'est-à-dire, ce qui sert de milieu à la transplantation, si-tôt que l'effet s'est ensuivi, à cause que la trop grande alteration de l'esprit pourroit apporter de préjudice au malade. Ce que l'on appelle ici *Mumie*, est la portion de l'esprit vital qui fait ces effets. Les aimans qu'on croit les plus propres vehicules de la Mumie sont la fiente humaine, la chair humaine desséchée & le sang d'un homme sain. La préparation de ce sang se fait de cette maniere. Quand il est grumelé ou coagulé, on verse par inclination la liqueur sereuse qui surnage, & on laisse secher le sang à l'ombre, en l'humectant de la liqueur séparée, & en le laissant secher successivement jusqu'à ce que toute la liqueur soit imbibée. La chair humaine desséchée, se garde long-tems, & lorsqu'on l'a appliquée sur la region du cœur, elle attire avec tant de vehemence qu'il faut l'ôter peu de tems après. On la doit prendre d'un corps mort de mort violente, & s'il est possible, avant qu'il soit refroidi. On fait aussi un Aiman avec une bonne quantité de la fiente d'un homme sain & de son urine, le tout mêlé jusqu'à la consistance de bouillir. On y ajoûte le plus qu'on peut de sueur de personnes saines, que l'on ramasse avec une éponge ou avec un linge. Le tout ayant été bien seché dans un lieu net, on y met encore du sang nouvellement tiré, après quoi on mêle bien le tout, & on le fait secher pour l'usage. Ces Aimans sont rapportés par Boulton.

IMPOSTE. s. f. Terme d'Architecture. Petite corniche qui contient un jambage, piédroit ou allette, & sur laquelle commence un arc qu'elle sépare d'avec le piédroit. L'Imposte est differente selon les ordres. Ce n'est qu'une plinthe dans le Toscan, & elle a deux faces couronnées dans le Dorique; & dans l'Ionique un larmier au dessus de ses deux faces. Il y a larmier, frise, & autres moulures qui peuvent être taillées, dans le Corinthien & le Composite. Ce mot vient de l'Italien *Imposta*, Mis dessus. Vitruve appelle les Impostes *Incuba*. L'*Imposte coupée*, est celle qui est interrompue par des corps comme par des Colomnes & par des pilastres, dont elle excede le nud, ce qui ne fait pas un fort bel effet. Celle qui est courbe par son plan, ou qui ne se profile pas sur le piédroit d'une arcade, mais qui lui sert de bandeau, & retourne en archivolte, s'appelle *Imposte cintrée*. Il y en a une autre qu'on appelle *Imposte mutilée*. Cette derniere a sa saillie diminuée pour ne pas exceder le nud d'un pilastre ou d'un dosseret.

IMPREGNATION. s. f. v. Terme de Chymie. Action par laquelle une liqueur s'imbibe du suc ou des petites parties d'un autre corps dont en même-tems elle reçoit la vertu.

IMPREGNER. Il se met ordinairement avec le pronom personnel, ce qui rend ce verbe neutre passif. *S'impregner*, c'est tirer le suc ou quelque substance d'un autre corps par le moyen de l'humidité.

IMPRESCRIPTIBLE. adj. Terme de Pratique. Qui ne peut être prescrit. *Cens Imprescriptible. Servitu-*

des *Imprescriptibles*.

IMPRESSE. adj. Terme Dogmatique. On dit, *Especes Impresses*, pour signifier des especes qui ont fait quelque impression sur notre esprit, sur nos sens, sur notre memoire.

IMPRESSEUR. s. m. Vieux mot. Imprimeur.

IMPRIMER. v. a. Faire une empreinte sur un corps par le moyen d'un plus dur qu'on presse dessus. On dit en ce sens, *Imprimer un cachet, une marque sur une monnoie. Imprimer un sceau.* Il signifie particulierement, Empreindre sur du papier, sur du parchemin, ou sur du velin, avec des caracteres & de l'ancre.

Imprimer. Terme de Teinturier. Faire des fleurs & autres agrémens sur quelque étoffe, sur de la toile, sur de la futaine. Cela se fait avec des planches de differentes figures.

Imprimer. Terme de peinture. Mettre une ou deux couches de colle, ou d'une premiere couleur sur une toile, pour servir de fond à celles que l'on y doit mettre ensuite afin de faire un tableau. Il se dit aussi dans l'art de bâtir, lorsqu'on peint d'une ou de plusieurs couches d'une même couleur, les ouvrages de Charpenterie, de Menuiserie & de Serrurerie, qui sont au-dedans ou au-dehors des bâtimens.

IMPRIMERIE. s. f. Tous les outils & instrumens, caracteres, casses, chassis, presses & autres choses qui servent à Imprimer. Ce mot signifie aussi le lieu où l'on Imprime. *L'Imprimerie du Louvre.* L'Art d'Imprimer, qu'on appelle aussi *Imprimerie*, fut inventé vers le milieu du quinziéme siecle, & les uns en attribuent l'Invention à Jean Fauste Bourgeois de Mayence, & à Pierre Scheffer son gendre, qui ne pouvant faire la dépense qui étoit necessaire pour réussir dans cette entreprise, y associerent Jean Guttemberg, Gentilhomme de la même Ville de Mayence. D'autres veulent que ce Jean Guttemberg ait été Chevalier Allemand de la Ville de Strasbourg, qui ayant formé le projet de l'Imprimerie, alla à Mayence, où il entra en societé avec Jean Fauste, & Pierre Scheffer. Il y en a qui soûtiennent que Jean Mentel, Bourgeois de Strasbourg, a été l'Inventeur de cet Art, & qu'il fut trahi par Jean Gansfleisch son valet, qui ayant communiqué son secret à Jean Guttemberg, se retira avec lui à Mayence où ils s'associerent avec Fauste & Scheffer. Ils assûrent que l'Empereur Frederic III. voulant faire honneur à ce Jean Mentel, lui donna pour armes un champ de gueules au lion couronné d'or, accollé d'un rouleau, voltigeant d'azur. Si l'on s'en rapporte à ce que publient les Hollandois, l'invention de cet Art est dûe à Laurent Coster, Bourgeois de Harlem dans le Comté de Hollande, auquel Jean Fauste qui demeuroit chés-lui, enleva ses caracteres pendant la Messe de minuit, & se retira à Mayence. Les Celestins de Paris ont dans leur Bibliotheque un Livre intitulé *Speculum salutis*, imprimé par ce Coster, mais il ne paroît pas que cette impression ait été faite avec des caracteres séparés. Il y a sujet de croire qu'il s'est servi seulement de planches gravées. Les premiers Livres imprimés que l'on ait vûs en Europe sont un Durandus *De ritibus Ecclesiæ*, de l'année 1461. & une Bible qui fut achevée d'imprimer en 1462. par Jean Fauste & Pierre Scheffer. Jean Fauste en apporta à Paris plusieurs exemplaires, dont il y en avoit beaucoup en velin, ornées de grandes lettres & de vignettes d'or faites à la main, & comme d'ailleurs l'impression de cette Bible étoit tout-à-fait semblable à l'écriture, il les vendit extrêmement cher, comme autant de manuscrits. Cependant comme il en avoit apporté grand nombre, l'égalité de l'écriture ayant paru impossible dans tant de volumes par les voies naturelles, on le soupçonna de Magie, & l'accusation qu'on lui fit devant le Juge, l'obligea de quitter Paris & de retourner à Mayence. Cette Bible se trouve dans plusieurs Bibliotheques de Paris. Nicolas Janson qui s'établit à Venise en 1486. est le premier qui ait commencé à polir & à embellir l'Imprimerie. Alde Manuce inventa le caractere Italique dans la même Ville vers l'an 1495. & eut la gloire d'être le premier qui imprima le Grec & l'Hebreu.

IMPRIMEURE. s. f. Terme de Peintre. Enduit d'une toile pour la rendre propre à peindre. L'Imprimeure se fait de deux ou trois couches de colle, ou d'une premiere couleur. On donne aussi le nom d'*Imprimeure*, aux figures que l'on peint sur de la toile ou sur une étoffe.

IMPROBABLE. adj. Terme dogmatique dont se servent quelques-uns pour signifier, Qui ne peut être prouvé, à cause du défaut de vrai-semblance. On appelle en matiere de Religion *Verités improbables*, Celles qui sont au-dessus de la raison.

IMPUBERE. s. m. Terme de Droit. Celui ou celle qui n'a pas atteint l'âge de puberté. Il faut quatorze ans pour les garçons, & douze pour les filles. Ce mot est aussi adjectif. *Enfant Impubere.*

I N A

INANITION. s. f. Terme de Medecine. Il se dit de l'état où est un estomac vuide, & qui a besoin de nourriture.

INAUGURATION. s. f. Terme de Cérémonie Ecclesiastique. Il se dit de celle qui se fait au sacre d'un Empereur, d'un Roi, d'un Prélat. Ce mot vient du Latin *Inaugurare*, qui veut dire, Dédier un Temple, élever quelqu'un au Sacerdoce, après que l'on a pris les Augures. Cela est pris des cérémonies des Romains lorsqu'ils entroient au College des Augures.

I N C

INCAMERATION. s. f. Terme de la Chancellerie Apostolique. Union de quelque terre, droit ou revenu au Domaine du Pape.

INCAMERER. v. a. Unir quelque terre, droit ou revenu au Domaine du Pape, à la Chambre Apostolique. Ce mot vient de *Camera*, Chambre.

INCANTATION. s. f. Terme dont on se sert pour signifier les Paroles que prononcent, & les Cérémonies que font les Magiciens pour évoquer les demons.

INCART. s. m. Terme de Chymie. Purification de l'or par le moyen de l'argent & de l'eau forte. Elle se fait en mêlant de l'or avec de l'argent en grenaille. On les jette l'un & l'autre dans de l'eau forte, & comme cette eau dissout l'argent, l'or demeure au fond en poudre noire. Après qu'on a lavé la chaux d'or, on la fait rougir dans un creuset, qui donne un or fort haut en couleur & fort épuré. On dit aussi *Incartation*, & on appelle ainsi cette purification, à cause qu'on mêle trois fois autant pesant d'argent de coupelle, de sorte que l'or ne fait que le quart de ce mêlange.

INCESTUEUX. adj. On a appellé ainsi dans l'onziéme siecle, ceux qui prétendirent que le Mariage au quatriéme degré de consanguinité étoit permis, quoique l'Eglise l'eût défendu dans les saints Canons. On tint à Rome deux Conciles en 1065. où ils furent condamnés sous le Pontificat d'Alexandre II.

INCIDENCE. f. f. Terme de Geometrie. Chûte d'une ligne, d'un rayon, d'un corps sur un autre. L'Incidence d'une perpendiculaire sur une autre ligne, fait deux angles droits. L'Incidence oblique d'une ligne en fait un aigu, & l'autre obtus. On appelle *angle d'incidence* l'angle que fait un rayon ou un autre corps par sa chûte sur une ligne ou sur un plan. L'angle de *réflexion* est égal à celui d'incidence. Voyez REFLEXION. Plus l'incidence d'un rayon est oblique, plus sa refraction est grande. Voyez REFRACTION. On appelle en matiere de refractions *axe d'incidence*, une perpendiculaire tirée sur le milieu où se fait la refraction, par rapport à laquelle on mesure l'obliquité de la chûte des rayons. Ce mot vient du Latin *Cadere*, Tomber.

INCINERATION. f. f. Terme de Chymie. Reduction des Végétaux en cendres. Il faut les faire brûler doucement. Ce mot vient du Latin *Cinis*, Cendre.

INCISOIRE. adj. Les Medecins appellent *Dents Incisoires*, les dents tranchantes qui sont sur le devant de la bouche, du Latin *Cadere*, Couper.

INCLINAISON. f. f. Terme de Geometrie. On appelle *Inclinaison de deux lignes*, La rencontre de deux lignes qui se coupent, & *Inclinaison de deux plans*, l'angle aigu de deux lignes droites tirées dans chaque plan par un même point de leur section commune, & perpendiculaire à cette même section commune. L'*Inclinaison d'une ligne droite à un plan*, est l'angle aigu que cette ligne droite fait avec une autre ligne droite tirée dans ce plan par le point où la ligne Inclinée le coupe, & par le point où il est aussi coupé par une perpendiculaire, tirée de quelque point que ce soit de la ligne Inclinée.

Dans la Gnomonique l'*Inclinaison d'un plan*, est l'angle qu'un plan non parallele à l'horison fait avec le plan de ce grand cercle. Voyez QUADRAN.

L'*Inclinaison d'un rayon*, dans la Dioptrique, est l'angle que fait ce rayon avec l'axe d'Incidence dans le premier milieu au point où il rencontre le second. Voyez INCIDENCE. L'Incidence est l'angle du rayon avec le plan sur lequel il tombe, & l'inclinaison est l'angle de ce même rayon avec l'*axe d'Incidence*. Ces deux angles sont le complément l'un de l'autre.

En termes d'Astronomie, & dans le systême de Copernic, on appelle *Inclinaison de l'axe de la terre*, l'angle dont cet axe est incliné sur le plan de l'écliptique. Cet angle est de 23. degrés qui est l'éloignement de l'Equateur & de l'écliptique, & la terre se meut de sorte sur le plan de l'écliptique que son axe fait toûjours ce même angle. Ainsi l'écliptique est toûjours vûe coupant l'Equateur sous un angle de 23. degrés à peu près. Il est vrai cependant que cet angle doit changer par un mouvement très-lent de l'axe de la terre, qui se redressant & ensuite s'abaissant un peu sur le plan de l'écliptique décrit par ses deux poles deux petits cercles, ce qui fait que la distance de l'écliptique & de l'Equateur augmente ou diminue un peu, qu'ils sont vûs se couper en des points nouveaux, & que par consequent toutes les étoiles fixes ont un mouvement en *longitude* ou d'Occident en Orient. Voyez FIXES.

INCLINATION. f. f. Terme de Chymie, & de Medecine. On dit, *Verser par inclination*, pour dire, Laisser couler la liqueur d'un vaisseau en le panchant doucement, pour ne pas troubler le sediment qu'on veut conserver au fond.

INCOMMENSURABLE. adj. Terme de Geometrie. Il se dit des quantités qui ne peuvent être mesurées exactement & sans reste par aucune mesure commune. Le côté d'un quarré & sa Diagonale sont incommensurables, parce que de toutes les aliquotes infinies qui mesurent chacune de ces lignes en particulier sans reste, il n'y en a aucune qui puisse aussi mesurer l'autre sans reste. En un mot, elles n'ont nulle aliquote commune. Voyez ALIQUOTE. Il ne peut y avoir de grandeurs incommensurables entre les nombres, (Voyez COMMENSURABLE,) mais seulement entre les lignes. Tout nombre quarré a une racine, (Voyez QUARRE',) mais les autres nombres n'en peuvent avoir. Cependant on leur en imagine quelquefois une, comme la racine quarrée de 3. de 5. de 6. &c. qui ne se peut exprimer par aucun nombre, qu'on appelle simplement racine de 3. de 5. &c. Voyez RACINE. Ces racines s'appellent *Nombres irrationels*, & sont incommensurables avec tous les nombres.

Des grandeurs incommensurables au premier *degré*, Voyez DEGRE', sont quelquefois commensurables au second, ou au troisiéme, &c. ou ce qui est la même chose *commensurables en puissance, en seconde, en troisiéme puissance*, &c. (Voyez PUISSANCE,) c'est-à-dire, qu'il se peut faire que les quarrés ou les cubes, &c. de deux grandeurs incommensurables soient commensurables. Ainsi la racine de 2. & le nombre de 3. sont incommensurables, mais leurs quarrés 2. & 9. sont commensurables, puisque ce sont deux nombres. La Diagonale & le côté, quoiqu'incommensurables l'un à l'autre, sont commensurables en puissance, parce que le quarré de la Diagonale est double de celui du côté, ce qui est une raison de nombre à nombre.

INCONNUE. adj. f. Terme d'Algebre. On sousentend *Lettre* ou *Grandeur*. Comme l'Algebre opere par des Lettres qui representent des grandeurs, (Voyez ALGEBRE,) & que pour resoudre les questions proposées on cherche la valeur de quelque grandeur inconnue, en la comparant à celles qui sont connues par la question; on appelle l'*Inconnue* la Lettre qui represente cette grandeur inconnue que l'on cherche, & quand après les operations necessaires, l'Inconnue seule & dégagée de toute autre grandeur se trouve égale à quelques grandeurs connues, le Problême est resolu. Il y a d'ordinaire plusieurs inconnues dans la question, & on les réduit à une seule, quand cela est possible, ce qui s'appelle, *Faire évanouir* les autres. On observe dans la pratique de marquer les inconnues par les dernieres Lettres de l'Alphabet, & les grandeurs connues par les premieres, afin de les pouvoir distinguer les unes d'avec les autres d'un seul coup d'œil.

INCORPORATION. f. f. Terme de Pharmacie. Mêlange, jonction d'un corps avec un autre. Quand on a paîtri certaines drogues ensemble, il les faut laisser infuser jusqu'à une pleine Incorporation.

INCRUSTATION. f. f. Ornement d'Architecture qui se fait de pierre dure & polie, dont on revêt un mur de maçonnerie, en appliquant cette pierre dans les entailles qu'on y a faites exprès pour cela. On fait aussi des Incrustations de marbre.

INCRUSTER. v. a. Orner un bâtiment d'Incrustations, en appliquant des marbres ou des pierres polies & brillantes dans les entailles des murs. On appelle aussi *Incruster*, Remettre une pierre en la place d'une autre qui s'est écornée sous le trop grand poids, & qu'il a fallu hacher.

INCUBATION. f. f. Action de la Poule qui se met & demeure sur ses œufs pour les couver.

INCUBE. f. m. Sorte de Demon qu'on dit qui se

revêt de la figure d'un homme pour abuser d'une femme.

Incube, est aussi une Maladie que le vulgaire appelle *Le Cochemar*, & qui est causée par une oppression d'estomac qui ne laisse presque point la liberté de la respiration. C'est pour l'ordinaire pendant la nuit qu'on en est surpris. Les enfans & les grosses personnes y sont plus sujets que les autres. Ceux qui en sont travaillés ont les sens endormis & hebetés, sans pourtant les perdre entierement, & s'imaginent qu'il y a quelqu'un qui pese sur eux avec violence. Ce mot vient d'*Incubare*, Presser quelque chose en se couchant dessus. La cause prochaine de l'Incube est tout ce qui peut empêcher le mouvement du diaphragme en embas, car le diaphragme est le premier attaqué, & ensuite les autres muscles de l'inspiration le sont. Ce mouvement du diaphragme est blessé, ou par le vice de quelque objet qui pressant le diaphragme, s'oppose à son mouvement en embas, ou par le vice des nerfs qui servent à sa contraction. Ce qui presse le diaphragme, ou du moins qui lui ôte la liberté de se mouvoir, c'est l'estomac lorsqu'il est rempli d'une matiere visqueuse & mucilagineuse qui fermente avec l'acide & qui dégenere en vents, ou lorsqu'il est rempli de trop d'alimens ou de quelque autre chose que ce soit dont il puisse être gonflé. On peut dire que l'Incube est une épilepsie en dormant. Les symptomes sont les mêmes, sçavoir la respiration laborieuse, & la voix inarticulée, quoique ces symptomes soient plus legers dans l'Incube que dans l'épilepsie. Skenkius rapporte l'exemple d'un Prêtre qui croyoit voir & toucher une vieille qui étoit sur lui, & Forestus raconte de lui-même, qu'il croyoit avoir sur son estomac un chien noir, malgré sa femme qui lui disoit que c'étoit un songe: les Hypochondriaques sont sujets à ce mal, sur-tout lorsqu'ils inclinent à la mélancolie hypochondriaque. Les vers qui resident dans l'abdomen, causent aussi l'Incube aux enfans. Ceux qui se trouvent surpris de ce mal soûpirent & se plaignent, rendent un son inarticulé & rauque, demeurent immobiles, répondent peu ou point à ceux qui les interrogent, & s'éveillent subitement avec des inquietudes, & une grande lassitude. Ce mal s'appelle autrement Ephialtes. Voyez EPHIALTES.

IND

INDAGUE. adj. Vieux mot. Mal mis, mal vêtu, décontenancé. Cela s'est dit proprement de ceux qui sortent sans avoir une Dague à leur côté, laquelle étoit autrefois un ornement, d'où vient qu'on nommoit *Indague*, celui qui n'en avoit point, comme étant sans grace & sans contenance.

INDE. s. m. Il y a deux especes d'Inde, au rapport de Dioscoride. L'un croît naturellement, & est comme une écume qui sort des roseaux d'Inde quand ils germent, & l'autre qui se fait des teintures d'écarlate. C'est une teinture rouge qui nage sur les chaudieres des teintures, que les Teinturiers écument & font secher. Le meilleur Inde est celui qui boit son humeur, & qui est azuré & lissé. On le met au rang des médicamens legerement astringens, & qui rompent toutes Inflammations & tumeurs, il mondifie & reprime les ulceres, & toute la superfluité de chair qui y vient. Matthiole ajoûte, à ce que dit Dioscoride, qu'il ne croit pas que nous ayons encore l'Inde naturel qui vient comme une écume sur les roseaux Indiens quand ils germent, & que l'Inde dont usent les Peintres, & que les Apothicaires vendent ordinairement, se fait de l'écume de pastel que les Teinturiers écument en leurs chaudieres. M. Felibien nous apprend que l'Inde que l'on emploie aujourd'hui, se fait de deux manieres. L'une du suc d'une herbe que les Grecs nomment *ἰσάτις*, les Latins *Guastum*, & les François *Guesde*: & l'autre de l'herbe que l'on appelle *Indigo*, qui croît dans la Province de Guatimala, & qui est de grand usage parmi les Teinturiers.

Inde. Sorte de bois dont la décoction est fort rouge. On a remarqué que si l'on en met dans deux bouteilles, & qu'on mette un peu de poudre d'alun dans l'une, elle conservera fort long-tems un beau rouge clair, au lieu que celle où il n'y aura point de cette poudre, deviendra jaune en moins de vingt-quatre heures, & à la fin prendra la noirceur de l'encre.

Il y a dans les Isles de l'Amerique un arbre qui croît excessivement gros quand il est dans des lieux humides & en bonne terre, & qu'on appelle *Bois d'Inde*. Il a l'écorce jaunâtre, mince, fort seche, astringente au goût, & si polie, qu'il semble que l'on voit du bois dépouillé de son écorce. Ses feuilles sont presque semblables à celles du laurier, mais un peu plus souples & plus rondes. Elles sentent le clou de girofle, & ont un goût de cannelle piquant, astringent, & qui laisse dans la bouche une petite amertume assés agreable. Les Habitans, & même les Sauvages, en mettent dans toutes leurs sausses. Ce bois est le plus plein, le plus massif & le plus pesant de tous les bois du pays; aussi coule-t'il à fond comme du plomb. L'aubier de cet arbre est de couleur de chair, & le cœur tout violet. Il se polit comme du marbre & ne pourrit point. Son tronc prend de profondes racines, & s'éleve fort droit. Il fleurit une fois l'an au tems des pluyes, & sa bonne senteur reside particulierement en ses feuilles, dont la figure est semblable à celles du Goyavier. Quand on les manie, elles parfument les mains d'une senteur plus douce que celle du laurier. On s'en sert dans les bains qu'ordonnent les Medecins, pour fortifier les nerfs foulés, & pour dessecher l'enflûre qui reste aux jambes de ceux qui ont été travaillés de fievres malignes.

INDEMNITE' s. f. Terme de Fiefs. Droit qu'on est obligé de payer au Seigneur féodal quand un fief est acquis par l'Eglise, ou par une Communauté. Ce droit lui est dû pour le dédommager des pertes qu'il souffre, en ce que le changement de Vassal n'ayant plus de lieu, puisque le fief est tombé en main-morte, il ne pourra plus en tirer aucun fruit.

INDEPENDANS. s. m. Heretiques d'Angleterre, ainsi nommés à cause qu'ils veulent que chaque particuliere Assemblée soit gouvernée par ses propres loix, sans qu'elle dépende d'aucune autre dans les affaires Ecclesiastiques. Ils estiment leur communion, assemblée dans des lieux particuliers, beaucoup plus que celles qui se font dans les Eglises, & tiennent qu'il n'est besoin ni de science, ni de degrés dans les Ecoles, ni de la prédication de l'Evangile, & que vouloir que les Ministres soient entretenus par le moyen de la dixme, c'est une opinion superstitieuse & judaïque. Ils se déclarent contre les formulaires des prieres, & sur-tout contre l'Oraison Dominicale, qu'ils regardent comme une extinction de l'esprit. Ils donnent aux personnes particulieres, qui ne sont ni Souverains ni Ministres, la puissance d'établir des Assemblées, d'élire, de confirmer, de déposseder, d'exiler, & enfin de déterminer de toutes les affaires Ecclesiastiques, permettant même d'en traiter aux femmes, ausquelles ils remettent la puissance des clefs en quelques endroits. Ils permettent aussi aux personnes particulieres d'administrer les Sacremens, & aux Souverains de faire la fonction de Ministres pour marier, & autorisent le divorce pour des causes fort legeres. L'Indépendance passe parmi eux pour le commencement du Royaume de Jesus-Christ, qui doit durer mille ans sur la terre, & ils font consister une grande religion aux noms, ne voulant point entendre parler des noms anciens de l'Eglise, des tems de l'année & des jours de la semaine. Tout homme qui a du talent dans cette Secte, a pouvoir de prêcher & de prier, & en prêchant ils ne veulent s'assujettir à aucun texte. Quelques-uns d'entre eux ne peuvent souffrir ni que les femmes chantent des Pseaumes, ni que l'on en chante dans les afflictions publiques. Ils refusent de baptiser les petits enfans, à moins qu'ils ne soient de leur Assemblée, & ne les regardent point comme membres de leur Eglise, avant qu'ils soient entrés dans leur alliance. Ils consentent que leur Ministre prenne seance aux Cours Civiles, & donne sa voix pour élire un Souverain, & condamnent les procedures violentes en matiere de Religion, ne voulant point que la peur du châtiment contraigne les conscience. Ils communient entre eux tous les Dimanches en plusieurs places, & ne veulent communier avec personne qui soit des Eglises reformées. Pendant qu'ils communient il n'y a ni exhortation, ni chant, ni lecture. Ils sont assis à table, ou n'ont point du tout de table; & pour éviter toute apparence de superstition, ils sont couverts pendant le tems de l'administration de leur Cene, avant laquelle ils ne font rien pour s'y préparer. Quant à leur doctrine, ils enseignent que l'Esprit de Dieu habite personnellement dans tous les Bienheureux; que leurs revelations sont d'une aussi grande autorité que l'Ecriture-Sainte; que la Loi n'est point la regle de notre vie; qu'étant tous sous l'alliance de la grace, aucun d'eux ne doit être inquieté pour l'amour ou à cause de ses pechés; que les Chrétiens ne doivent point être pressés pour considerer attentivement les saints exercices; que les ames meurent avec les corps; que tous les Saints ont deux corps sur la terre; que Jesus-Christ ne s'est point uni avec notre corps charnel, mais avec le nouveau corps, à la maniere que son Humanité s'est unie avec sa Divinité; que son humanité n'est pas au Ciel, & qu'il n'a point d'autre corps que son Assemblée. Toutes les Eglises reformées leur semblent profanes & impures, excepté eux-mêmes. Ce qui leur a fait abandonner l'Eglise d'Angleterre, c'est, à ce qu'ils disent, qu'ils ne remarquent pas les signes de grace en chacun de ses membres; que plusieurs d'entre ceux de cette Eglise font profession exterieurement de la croyance de Jesus-Christ, sans avoir l'esprit de Dieu au dedans d'eux, & enfin qu'ils en reçoivent plusieurs dans leur Assemblée, qui ne seront pas sauvés. Il y a aussi des Independans en Hollande, qui sont sortis des Brounistes, & dont les sentimens particuliers touchant le gouvernement de l'Eglise sont, que chaque Congregation particuliere a radicalement & essentiellement en elle-même tout ce qui lui est necessaire pour sa conduite, & toute la jurisdiction & puissance Ecclesiastique; qu'elle n'est sujette ni à une ni à plusieurs Eglises, & qu'il n'y en a aucune qui ait pouvoir sur une autre, quelle qu'elle soit; que chacune ne dépend que d'elle seule, & que l'assemblée des Synodes est inutile. Ils disent pourtant que si on en tient, on doit considerer ce qui s'y resout comme des conseils d'hommes sages & prudens, & non comme des Arrêts ausquels on soit obligé de déferer. Ils conviennent qu'une ou plusieurs Eglises en peuvent aider une autre, soit par leurs conseils, soit par leur secours, & la reprendre même lorsque l'on voit qu'elle peche, non par le droit d'une autorité superieure qui donne pouvoir de l'excommunier; mais comme égale, qui fait connoître qu'elle ne sçauroit avoir aucune communion avec cette Eglise qui a peché, & qui ne vit pas selon les commandemens de Jesus-Christ. Ils s'accordent d'ailleurs en tout pour la doctrine avec les Indépendans d'Angleterre.

INDEX. s. m. Le second doigt de la main, celui qui est après le pouce. On l'appelle ainsi, du Latin *Indicare*, Montrer, indiquer, à cause qu'on se sert de celui là quand on veut montrer quelque chose avec le doigt.

Index. Terme d'Astronomie. Stile qui tourne avec le globe dans un petit cercle attaché sur le Meridien vers le Pole arctique. On l'appelle aussi *γνώμων*, mot grec qui signifie proprement l'Aiguille qui montre les heures par son ombre. Le mot *Index* s'emploie aussi dans cette signification.

INDICATIF, IVE. adj. Qui indique, qui fait connoître quelque chose. On appelle *Colomne indicative*, une Colomne qui sert à marquer les marées le long des côtes maritimes de l'Ocean. Il y en a une de marbre au grand Caire, où les débordemens du Nil sont marqués par des reperes, & s'ils sont considerables, comme quand l'eau monte jusqu'à vingt trois piés.

INDICATION. s. f. Signe qui indique quelque chose, qui démontre ce qui est à faire. *Indication* se dit aussi de l'invention d'un remede propre pour guerir une maladie par la connoissance qu'on a de la qualité de ce remede. Ce qui conduit le Medecin à le trouver s'appelle la chose Indicante. L'Indication par rapport à la démonstration de cette chose indicante, tend ou à conserver une chose naturelle, ce qui la fait alors appeller *Indication vitale*, ou à éloigner une chose contre nature ou la maladie, & on la nomme *Indication curative*; ou à éloigner la cause morbifique, & celle-ci est appellée *Indication préservative*.

INDICTION. s. f. Terme de Chronologie. On appelle *Indiction Romaine*, la maniere de compter qui étoit en usage parmi les Romains, & qui contient une revolution de quinze années. On s'en sert encore dans les Bulles & les Rescriptions Apostoliques. Comme en 1582. qui fut le tems où l'on reforma le Calendrier, on comptoit la dixiéme année de l'Indiction qu'on avoit commencée, on trouvera celle de l'Indiction courante, en commençant à compter depuis l'année où l'on est, & en retranchant le nombre de quinze autant de fois qu'on le pourra jusqu'à cette année 1582. Quelques-uns tiennent que cette revolution de quinze années a été établie par l'Empereur Constantin, qui ordonna que l'on compteroit par Indictions, sans plus compter par Olympiades; mais on ignore pourquoi ce Cycle a été enfermé en l'espace de quinze ans, & pourquoi on l'a appellé *Indiction*.

INDIGETES. s. m. Nom que les Anciens donnoient à ceux qui par de grandes actions de valeur avoient merité d'être mis au nombre des Dieux.

INDIGO. s. m. Teinture violette, de laquelle on tire la matiere d'une plante qui est une espece de saint-foin, dont le tronc vient assés gros, & croît en arbrisseau lorsqu'on ne le coupe pas. Elle ne s'éleve de terre qu'environ à la hauteur de deux piés

& demi, & se divise en divers rameaux qui sont tous chargés de petites feuilles, grandes comme l'ongle du petit doigt, épaisses, d'un vert fort brun par dessous, & argentées par dessus. Elle fleurit rouge, & porte de petites gousses de la grosseur & de la longueur d'un fer d'aiguillette, & toutes remplies d'une graine de couleur d'olive. Pour cultiver cette plante, on prend soin d'abord de bien nettoyer la terre, après quoi on seme une pincée de la graine dans de petits trous à un pié l'un de l'autre. On la couvre de deux doigts de terre, & si c'est par un tems de pluie qui est le plus propre pour cela, elle leve en quatre jours, & en trois mois elle est en état d'être coupée. Après la premiere coupe la souche pousse tout de nouveau, mais avec plus d'abondance, puisque d'un seul pié il en sort plusieurs rameaux, qui au bout de six semaines peuvent encore être coupés. Quand cette plante a atteint sa maturité, c'est-à-dire, avant qu'elle soit en fleur, on la coupe avec des couteaux faits en faucille, & on la met en faisceaux, après quoi on la jette dans une cuve appellée *Trempoire*, où l'ayant arrangée, on la foule avec les piés. On met ensuite de grands chassis par dessus, que l'on arrête avec une grosse piece de bois qui est au travers de la trempoire, afin que l'eau que l'on doit mettre dedans puisse surnager. Cela fait, on ouvre le robinet du bassin & on laisse couler l'eau du bassin jusqu'à la superficie de l'herbe, qui se fermente, s'échauffe & fait bouillir l'eau de même que le raisin qu'on a jetté dans la cuve. C'est par cette ébullition que l'eau tire la teinture visqueuse dont se fait l'Indigo. Il y a un certain point auquel il faut déboucher le robinet de la trempoire pour faire couler cette eau dans la batterie. Au-dessus de la batterie est un gros rouleau de bois à six faces, & de ses deux bouts sortent deux pointes de fer passées sur deux moutons de même matiere. A deux des faces de dessous de ce rouleau, il y a six sceaux attachés en pyramides & qui sont percés de trous de tariere. Un homme est là qui ne cesse point de le remuer; ce qui est cause que lorsque les sceaux se levent d'un côté, les autres se baissent. Cela se fait sans discontinuation, jusqu'à ce que l'eau change de couleur & devienne d'un beau bleu celeste. Il faut alors s'arrêter. En battant cette liqueur on jette quelques cueillerées d'huile dans l'eau, pour l'empêcher de brouer & de mousser. Il faut prendre bien le tems que l'eau change de couleur & que le grain se forme, pour ne pas perdre sur la quantité & la qualité. Si on cesse trop de battre, le grain qui n'est pas formé demeurant dans l'eau, il s'en perd beaucoup; & si on le bat trop long-tems, il se dissout & se remêle, & la marchandise qui doit avoir une couleur bleue, devient noire comme du charbon. La trempoire ou batterie ayant été bien faite, on voit en un quart d'heure couler tout l'Indigo au fond de la batterie, comme de la lie de vin. Tout étant bien reposé, on laisse couler l'eau par plusieurs canelles les unes sur les autres, & lorsqu'on la voit se mêler & se noircir, on la reçoit dans des baquets, & on la vuide dans des sacs de toiles faits en forme de chausse à clarifier. L'eau s'étant toute écoulée, l'Indigo demeure seule dans les sacs, d'où on le vuide, lorsqu'ils ne dégoutent plus, dans de petits caissons de bois qui sont quarrés, & qui ont un pouce de bord. C'est là qu'on le fait secher. Si-tôt qu'il est pris, & qu'il commence à se fendre, on le taille en tablettes, & lorsqu'il se détache de soi-même du caisson, on le retourne, afin qu'il seche de l'autre côté. S'il reste encore quelque humidité quand il sort du caisson, on le laisse secher au grenier, & on l'y garde en monceaux comme on fait le blé. L'eau la plus douce & la plus legere est la meilleure pour faire de bon Indigo. Celui-là doit flotter sur l'eau comme le bois. L'Indigo qui nage entre deux eaux est moins bon, & celui qui va au fond ne vaut rien. Cette plante exhale une odeur si désagreable & si mauvaise, qu'on dit qu'elle a fait mourir des François & des Negres avant qu'ils y fussent accoûtumés. L'Indigo qui se fabrique dans les Indes Occidentales de la maniere que l'on vient de l'expliquer, est appellé *Inde-platte*. Il y en a un autre qui se fait aux Indes Orientales, & que l'on nomme *Gatimalo*. C'est le plus beau, le plus fin & le plus cher.

INDUISSES. s. f. p. Vieux mot. Inductions à faire quelque chose.

INDULT. s. m. *Octroi du Pape, par lequel il accorde quelque grace, particulierement une grace expectative pour avoir un benefice.* ACAD. FR. L'*Indult des Rois*, est le pouvoir que leur donnent les Papes de nommer aux Benefices Consistoriaux, soit par quelque Concordat, ou par un privilege particulier. Il y a aussi l'*Indult des Cardinaux*. C'est le droit de pouvoir tenir des Benefices reguliers de même que des Benefices seculiers, de pouvoir conferer en commande ou de la continuer, & de ne pouvoir être prévenus dans les six mois pour conferer les Benefices qui sont à leur nomination. On appelle plus communément *Indult*, le privilege que le Pape a accordé aux Conseillers du Parlement de Paris, & aux Maîtres des Requêtes de pouvoir obtenir le Benefice vacant où chaque Collateur a droit de nommer. On donne pareillement le nom d'*Indult* à plusieurs graces que le Pape accorde, telles que sont celles qu'on obtient pour manger de la viande aux jours défendus, pour se dispenser de montrer sa lettre de tonsure, pour entrer dans un autre Ordre que celui où l'on a fait profession, pour prendre les Ordres en trois jours de tems, & autres.

Lorsqu'il y a concours pour un Benefice, on préfere les Indultaires aux Gradués, à cause que leur droit est plus ancien. On ne peut donner plus d'un Indultaire au Collateur ou au Patron, & on n'en charge que d'un seul pendant la vie de chaque Roi, les Communautés & les Chapitres qui ne meurent point. Le Pape Clement IX. accorda trois choses aux Indultaires par des Bulles d'ampliation du mois de Mars 1667. l'une qu'on ne sçauroit les forcer d'accepter des Benefices qui ayent charge d'ame; l'autre qu'ils ne sont pas obligés de se contenter d'un Benefice au-dessous de six cens livres; & la derniere qu'ils peuvent être pourvûs en commande de benefices reguliers. Cela s'observe très-exactement en leur faveur. Losqu'on veut avoir un Benefice en consequence d'un indult, on doit obtenir des lettres de nomination du Roi, les faire enregistrer au Parlement, insinuer ou notifier au Collateur, sur lequel Sa Majesté a nommé; & si après cela le titre vient à vaquer, il faut que l'Indultaire le requiere dans les six mois. Que s'il arrive que l'Ordinaire refuse de le pourvoir, il peut s'adresser à l'Abbé de saint Denys, à celui de saint Germain des Prés, ou au grand Archidiacre de l'Eglise de Paris.

INE

INESCATION. s. f. Sorte de transplantation qui se fait pour la cure de certaines maladies. Elle consiste à faire manger à quelque animal l'aiman ou la mumie, laquelle s'assimile & s'unit dans lui & s'y approprie ; ce qui corrige la qualité vicieuse de l'esprit malade, & redonne la santé au corps duquel la mumie a été tirée. Si l'animal meurt avant que cela arrive, il faut choisir un autre animal & lui redonner de la même mumie. En ce cas on doit prendre du sang bien putrefié ou bien fermenté du malade, qui vaut mieux pour cela qu'aucune autre partie. Le sang, le pus, l'urine & la transpiration emportent toûjours avec soi quelque portion de l'esprit vital, qui entretient leur union avec le tout, même lors du sujet ; & quand ces choses servent de milieu ou d'aimant pour la transplantation, c'est à cause des esprits vitaux qui y restent attachés.

INF

INFERNAUX, s. m. Nom qui fut donné dans le seiziéme siecle à ceux qui suivirent les opinions de Nicolas Gallus & de Jacques Smidellin. Ils soûtenoient que quand Jesus-Christ descendit aux Enfers, il alla au même lieu où les damnés souffrent, & qu'il y endura les mêmes tourmens.

INFLAMMATION. s. f. Terme de Medecine. Tumeur produite par le sang, qui abordant incessamment sans s'écouler à proportion, s'arrête dans quelque partie où il se ramasse. Ainsi la cause prochaine de toutes les inflammations est le sang qui déborde, parce que son retour est empêché. Supposé, par exemple, qu'à chaque battement du cœur, il arrive une demi-drachme de sang à chaque partie, d'où il n'en revienne qu'un scrupule, il en reste demi-scrupule qui déborde, & à chaque pulsation la quantité du sang s'augmentant toûjours, produit necessairement une Inflammation. Comme le sang qui cause l'inflammation est rouge & chaud, il faut que la partie soit de même chaude & rouge, & le sang venant toûjours sans s'en retourner, la partie se distend, & la douleur suit la distension. L'épaisseur & la coagulation du sang sont pour l'ordinaire les causes universelles des Inflammations. Les signes sont la tumeur, la rougeur, la chaleur & la douleur. L'Inflammation en general se dissipe, ou suppure, ou degenere en scirrhe ou en gangrene. La dissipation est la meilleure maniere, & après elle la suppuration lorsque l'Inflammation se change en abscès. L'Inflammation où l'acide abonde & prédomine, & qui degenere en scirrhe, est mauvaise, à cause de la tumeur qui est opiniâtre, & que l'on ne peut guerir que très-difficilement. La plus dangereuse de toutes est celle qui arrive par le mouvement du sang absolument arrêté dans la partie, & qui degenere en gangrene. La décoction de l'herbe ou de la racine de chiendent est salutaire dans l'Inflammation de la luette, pour laquelle le chennevi legerement cuit dans de l'oxycrat est un très-bon gargarisme. L'*Inflammation du ventricule* a les mêmes causes que les autres Inflammations en general, & sur-tout les choses acres ou vitiées qu'on avale. Elle est accompagnée de symptomes très-violens, ce qui la rend un mal terrible, fort aigu & souvent desesperé quand dans le commencement les forces sont abattues. L'*Inflammation des intestins*, à du rapport à celle du ventricule. Outre les causes communes qui les enflamment, ils sont enflammés tantôt par le miseréré, tantôt par une hernie, & tantôt par une contusion externe. Cette Inflammation se connoît en ce qu'on apperçoit au lieu enflammé une tumeur ronde & resistante, à cause que les intestins paroissent entortillés & durs comme une corde. On sent une douleur vehemente au même endroit. Le ventre est non seulement constipé, mais encore souvent retiré. On rejette la matiere fecale par la bouche comme dans le misereré ; la fievre est aigue, & les tranchées des intestins vont en montant. Les symptomes sont plus doux quand l'Inflammation est aux gros intestins ; mais ils sont plus grands & plus dangereux, quand ce sont les intestins grêles qui sont affligés, & alors la douleur & la chaleur occupent le milieu du ventre. L'*Inflammation du fondement* est causée par une violente percussion d'une cause externe, ou par l'irritation des choses poivrées ou vitriolées qu'on y applique. Les hemorrhoides supprimées produisent aussi fort souvent l'Inflammation dans le testin rectum ou au fondement. Cette inflammation se connoît par la douleur avec pulsation, à cause des arteres hemorrhoidales & du mouvement du sang repercuté qui excite ce sentiment. La pulsation est tantôt lente & obscure, quand l'Inflammation est interne, & tantôt sensible au doigt qu'on applique exterieurement ou avec lequel on presse l'anus. Le mesentere est bien plus sujet aux inflammations que les autres parties, à cause qu'il a une infinité de vaisseaux qui portent le sang, & un nombre prodigieux de petites glandes. Il s'enflamme quelquefois seul, & quelquefois les intestins s'enflamment aussi. La dysenterie & la hernie en sont les deux causes principales. Dans cette Inflammation on sent un poids à l'abdomen. La chaleur occupe le nombril & la poitrine, quand le malade se tourne, & il y a une douleur avec pulsation enfoncée dans l'abdomen, & une espece de tension au-dessous du ventricule au fond de l'abdomen sans beaucoup de dureté. Dans l'Inflammation du nombril la tumeur est moins enfoncée, & la fievre qui s'y joint est differente selon la diversité de la partie enflammée. Il n'y a point d'inflammations plus frequentes que celles dont les parties internes de la poitrine sont affligées. Elles viennent toutes d'une certaine acidité du sang, & sont comprises sous le nom general de *Pleuropneumonie*, qui prend divers noms ensuite. L'inflammation des poumons, c'est-à-dire, des deux lobes, est ce qu'on appelle *Peripneumonie*, & s'il n'y a que la moitié du poumon qui soit enflammée, on la nomme *Pleuresie*. L'Inflammation du foye s'appelle *Hepatites*, & celles des reins *Nephretique*. L'*Inflammation de la vessie urinaire*, a rarement des causes internes, mais les externes sont très-frequentes. Ce sont les contusions & les coups violens reçus à la region du pubis. Elle succede particulierement à la taille de la pierre mal faite ou mal traitée. Les signes sont l'ardeur, la tumeur & la douleur à la region du pubis & de la vessie qui s'augmentent par le moindre attouchement. On la connoît encore par la suppression d'urine dans la vessie, par la fievre aigue qui a plus ou moins de violence suivant l'Inflammation, par les insomnies & par les delires. Cette Inflammation est rare, à cause que la vessie a des vaisseaux fort déliés ; mais elle est si dangereuse, que les malades en meurent souvent le quatriéme ou le septiéme jour. L'Inflammation des membranes du cerveau est appellée *Phrenesie* par les modernes, & l'Inflammation des yeux *Ophtalmie*. Il y a aussi une *Inflammation des oreilles*, qui vient quelquefois d'elle-même par une cause interne. Elle produit une ardeur extrême dans l'oreille & une douleur vehemente & continue avec pulsation. Souvent on y remarque de la rougeur au dehors, selon que l'Inflammation est plus ou moins profonde. Elle s'étend jusqu'aux joues & aux temples quand elle est grande, & plus elle est enfoncée, plus la pulsation est vive aussi-bien que la douleur. Alors la fievre, le délire, & même les mouvemens convulsifs surviennent. Cette Inflammation se dissipe, ou dégenere en abscès qui laisse après soi un ulcere. Bartholin rapporte une chose fort extraordinaire d'un abscès à l'oreille. Il en sortit une dent avec le pus sans qu'il en manquât aucune à la machoire. Horstius parle d'un abscès d'oreille qui causa la migraine. Les *Inflammations eresipelateuses* viennent d'un acide occulte mêlé avec le sang même sans excès, qui fait que le sang se grumele, soit que la lymphe trop acide, soit que quelqu'autre chose d'externe le lui communique.

INFUSION. s. f. Terme de Pharmacie. Preparation par laquelle un medicament est mis tremper pendant quelque tems dans une liqueur qui lui convient, soit qu'il soit entier, découpé ou pulverisé. Il y a de deux sortes d'Infusion, l'une qu'on appelle *Propre*, lorsqu'on fait infuser un medicament dur & solide dans une liqueur qui ensuite se separe. L'autre Infusion se nomme *Impropre*. C'est lorsque le medicament étant mol, ou reduit en poudre, se mêle avec la liqueur. On fait infuser les medicamens pour en corriger quelque qualité nuisible, pour leur faire acquerir une nouvelle vertu, pour rendre une vertu plus douce, ou separer l'une de l'autre.

ING

INGENU. adj. *Naif, simple, franc, sans déguisement.* ACAD. FR. Les Romains appelloient *Ingenus*, ceux qui n'avoient jamais été sous le joug de la servitude. On les distinguoit par-là des Affranchis, qui étant nés esclaves ne devoient leur liberté qu'au don que leur Patron leur en avoit fait. On étoit Ingenu, soit que l'on fût né de deux personnes affranchies, ou d'un Ingenu & d'un affranchi. On l'étoit aussi, quoique l'on fût né d'un pere esclave, pourvû que la mere fût libre. Il y avoit plus, & non seulement un enfant étoit libre, quoique sa mere fût esclave dans le tems de la conception, pourvû qu'elle eût été affranchie avant qu'elle l'eut mis au monde : mais si elle étoit libre dans le tems qu'elle avoit conçû, en se vendant pendant sa grossesse, elle ne pouvoit préjudicier à la liberté de son fruit par ce changement d'état. Ainsi son enfant quoiqu'il naquît d'une esclave, ne laissoit pas d'être libre. Si un Ingenu ignorant son état devenoit esclave, & qu'on l'affranchit ensuite, l'affranchissement ne nuisoit point à sa liberté. Les Ingenus parmi les Romains, étoient distingués à peu près des esclaves affranchis, comme les Nobles le sont parmi nous des Roturiers, ce qui obligeoit ces affranchis à soûtenir beaucoup de charges, dont les Ingenus étoient exempts.

INH

INHERENCE. s. f. Terme de Philosophie. Il se dit de la jonction de l'accident avec la substance.

INJ

INJECTION. s. f. Terme de Pharmacie. Medicament liquide qu'on jette dans la vessie, dans la matrice, dans les plaies, & autres endroits semblables. Il est fait d'une liqueur convenable au mal qu'on veut soulager, & l'Injection se fait depuis une demi-once jusqu'à deux. Il y en a pour appaiser les douleurs, pour faire sortir la pierre, pour provoquer les mois ou les arrêter, & d'autres pour les ulceres, soit qu'on les veuille déterger, dessecher, ou conglutiner.

INIQUIDENCE. s. f. Vieux mot. Iniquité.

INITIAL, LE. adj. Terme qui se dit des lettres qui commencent un nom propre, ou le premier mot d'un livre, , d'un chapitre, d'un article, d'une periode, & qui sont toûjours capitales, ou majuscules. *A Initial, F Initiale.* Ce mot vient du Latin *Initium*, Commencement.

INO

INOFFICIEUX, EUSE. adj. Terme de Droit. On appelle *Disposition inofficieuse*, celle d'un pere qui desherite son fils sans aucune cause legitime. On dit aussi *Inofficiosité*, & ce mot signifie, Tout ce qui est fait contre le devoir.

INQ

INQUANT. s. m. Vieux mot. Vente qui se faisoit en public par autorité de Juge. Ce mot venoit du Latin, *In quantum*, pour dire, A combien ? Comme qui auroit dit, Quel prix mettez-vous à cela ? On disoit aussi *Inquanter*, pour dire, Vendre à l'encan.

INQUES. Preposition. Vieux mot. Jusque.

INQUIETATION. s. f. Terme de Pratique. Trouble, empêchement. La prescription s'acquiert par une jouissance de trente ans sans trouble & sans inquietation.

INQUISITION. s. f. Jurisdiction Ecclesiastique établie en Espagne contre ceux qui ont de mauvais sentimens de la Religion Catholique, ou qui font profession du Judaïsme. Cette Jurisdiction connoît aussi d'autres crimes, comme de la Magie; & quoiqu'elle ait été reçûe en Italie où elle est moins severe qu'en Espagne, on n'a point voulu la souffrir en France. Elle est plus rigide en Portugal, & dans tous les lieux qui dépendent de cette Couronne, qu'en aucun autre ; & il n'y a rien de plus cruel que la maniere dont elle s'exerce à Goa dans les Indes Orientales. Quand un homme est arrêté, on lui demande son nom, sa profession, ou sa qualité ; & sur l'assurance qu'on lui donne que tous ses biens lui seront rendus s'il est innocent, on l'oblige d'en faire une declaration. On n'y punit d'une peine temporelle qui aille à la mort que ceux qui sont tenus manifestement convaincus, & il faut sept temoins contre chaque particulier pour le faire condamner. Quelque énorme que soit le crime dont il est reputé convaincu, l'Inquisition, que l'on appelle autrement *le Saint Office*, se contente de l'excommunication & de la confiscation des biens ; & quant aux peines corporelles que la Justice laïque lui peut imposer, il en est quitte pour demeurer d'accord de son crime. Le Saint Office, qui intercede pour lui, suspend le bras seculier, & obtient sa grace, si ce n'est qu'il y retombe. Cela paroît plein de charité : mais ce qu'il y a de bien terrible, non seulement on ne confronte jamais les témoins, contre lesquels on ne reçoit aucun reproche, quoiqu'ils soient notoirement indignes de déposer, mais on admet pour témoins toutes sortes de personnes, même celles qui sont interessées de la vie à la condamnation de l'accusé, c'est-à-dire, ceux qui ne déposent que dans la torture, & qui ne peuvent se sauver qu'en avouant ce qu'ils n'ont pas fait. On comprend dans ce nombre de sept le coupable prétendu, qui ne pouvant souffrir la rigueur de la question se trouve obligé, pour

pour s'en délivrer, de se confesser coupable. On lui laisse deviner & ce qu'il a fait, & qui sont ceux qui l'accusent, & s'il ne dit rien parce qu'il est innocent, & qu'il ne croit point avoir d'ennemi, il est resserré comme auparavant dans une loge étroite & sans lumiere, où il est laissé encore quelques mois sans qu'on l'interroge. C'est à l'égard des crimes qu'on ne peut commettre sans avoir un ou plusieurs complices, comme la Sodomie & le Judaïsme, que les procedures du Saint Office sont les plus étranges. Après qu'un accusé a été appellé plusieurs fois à l'audience, quoiqu'il ait toûjours persisté à dire qu'il est innocent, le tems de la condamnation approchant, ce qui s'appelle *Auto da Fé*, on lui déclare que comme convaincu negatif, c'est-à-dire, qui n'avoue pas, il sera livré au bras seculier pour être brûlé selon les loix. On lui signifie son Arrêt de mort le Vendredi qui precede le Dimanche de la sortie, & un Huissier de la Justice lui jette un cordon sur les mains; & si avant le Dimanche l'apprehension du supplice le porte à se déclarer coupable, il s'exempte de la mort en demandant misericorde, tant pour les crimes dont on lui dit que l'accusent ses témoins, que pour son opiniâtreté à ne les avoir pas voulu confesser d'abord. Cet aveu qu'on fait toûjours passer pour sincere, fait trouver de la justice à la confiscation des biens du coupable prétendu. Il y a quelquefois jusqu'à cent cinquante ou deux cens personnes condamnées dans un *Auto da Fé*, à qui l'on porte le matin dans leurs cachots une veste dont les manches viennent jusques au poignet, & un calleçon qui leur descend sur les talons, le tout de toile noire rayée de blanc. Ensuite on les vient prendre pour les mener dans une longue galerie, où on les fait arranger debout contre la muraille. On leur donne à chacun un cierge de cire jaune avec un habit fait en Dalmatique ou grand Scapulaire qu'ils appellent *Sanbenito*. Il est de toile jaune avec une croix de saint André peinte en rouge devant & derriere. On donne ces sortes de Scapulaires à ceux qui ont commis ou qui passent pour avoir commis des crimes contre la Foi, soit Juifs, Mahometans, Sorciers ou Heretiques qui ont été Catholiques auparavant. Ceux qu'on tient pour convaincus, & qui persistent à nier les crimes dont on les accuse, ou qui sont relaps, portent une autre espece de Scapulaire dont le fond est gris, & que l'on appelle *Samarra*. On y voit le portrait du patient devant & derriere, posé sur des tisons embrasés avec des flammes qui s'élevent, & des Demons tout autour. Leurs noms & leurs crimes sont écrits au bas du portrait. Ceux qui s'accusent avant leur sortie, quoiqu'après leur Sentence prononcée, & qui ne sont point relaps, portent sur leur Samarra des flammes renversées la pointe en bas. Les plus coupables d'entre ceux qu'on accuse de magie, ont des bonnets de carton élevés en pointe comme un pain de sucre, & couverts de diables & de flammes avec un écriteau où est ce mot *Feiticero*, Sorcier. Ces bonnets sont appellés *Carochas*. La Procession se fait par les plus grandes rues de la Ville, & commence par la Communauté des Dominicains, qui ont ce privilege à cause que saint Dominique leur Fondateur l'a été aussi de l'Inquisition. Ils sont précedés de la banniere du Saint Office, dans laquelle l'Image de ce Saint est representée en broderie, tenant d'une main un glaive, & de l'autre une branche d'olivier, avec cette inscription *Justitia & misericordia*. Ces Religieux sont suivis des prisonniers qui marchent l'un après l'autre un cierge à la main, & ayant chacun son parrain à son côté. On arrive ainsi dans l'Eglise préparée pour la celebration de l'*Auto da Fé*, & dont le grand Autel est paré de noir. Aux deux côtés sont deux manieres de trône, l'un à droite pour l'Inquisiteur & ses Conseillers, l'autre à gauche pour le Viceroi & sa Cour. Le Roi & la Reine assistent en Espagne à ces funestes ceremonies d'Actes de foi. L'Inquisition ne borne pas son pouvoir sur les vivans ou sur ceux qui sont morts dans ses prisons. Elle fait encore le procès à des gens morts plusieurs années avant que d'avoir été accusés, lorsqu'après leur mort on leur impute quelque crime considerable. On les déterre en ce cas, & on porte à cette Procession des Statues qui les representent, attachées chacune au bout d'une longue perche, & accompagnées d'autant de cassettes portées par des hommes, & qui sont remplies de leurs ossemens. Comme on ne les accuse après leur mort que pour donner lieu à la confiscation de leurs biens, on les tient toûjours pour convaincus, & on ne manque pas d'en dépouiller avec soin ceux qui ont recueilli leur succession. Les Criminels ayant pris leurs postes dans l'Eglise à côté de leurs parrains, on leur fait un sermon d'une demi-heure, après lequel deux Lecteurs montent en chaire, où ils lisent publiquement les procès de ceux à qui l'Inquisition sauve la vie, & leur signifient les peines ausquelles ils ont été condamnés. Cela fait, l'Inquisiteur quitte son siege pour se revêtir d'une aube & d'une étole, & va au milieu de l'Eglise, accompagné d'environ vingt Prêtres qui ont une houssine à la main. Là, après diverses prieres, on absout ces malheureux de l'excommunication que l'on prétend qu'ils ont encourue, moyennant un coup que ces Prêtres donnent à chacun sur son habit. Cette ceremonie achevée, on fait venir ceux qui doivent mourir. On lit leurs procès, qui sont toûjours terminés par ces paroles, que le Saint Office ne pouvant leur faire grace à cause de leur rechûte ou de leur impenitence, les livre à regret à la Justice seculiere qu'elle prie instamment d'user pour eux de clemence, & que si une peine de mort leur est imposée, ce soit au moins sans effusion de sang. L'Alcaide du S. Office leur donne alors un petit coup sur la poitrine, pour marque qu'ils en sont abandonnés, & aussi-tôt un Huissier de la Justice seculiere s'approche d'eux & en prend possession. On les mene sur le bord de la riviere, où l'on a eu soin de preparer les buchers, & où le Viceroi s'est rendu accompagné de sa Cour. On leur demande en quelle Religion ils veulent mourir, sans leur dire un mot de leur procès que l'on suppose toûjours avoir été bien instruit; & dès qu'ils ont satisfait à cette unique demande, l'Executeur les attache à des poteaux, & les étrangle s'ils meurent Chrétiens. Ils sont brulés vifs quand ils persistent dans le Judaisme ou dans l'heresie. Le lendemain on porte dans les Eglises des Dominicains les portraits de ceux qu'on a fait mourir. On y represente seulement leur tête, posée sur des tisons embrasés. On met au bas leur nom, celui de leur pere & de leur pays, & la qualité du crime, avec l'année, le mois & le jour que l'exécution a été faite.

INS

INSCRIPTION. s. f. On appelle, *Inscription en faux*, en Termes de pratique, Une declaration qu'on fait inscrire sur le registre d'un Greffe de la Jurisdiction où les poursuites se font. Cet acte par lequel on maintient que le titre de la demande est faux, contrefait ou alteré, doit contenir la qualité de la piece & sa date. Si c'est contre une Lettre missive, ou une promesse privée qu'on forme l'inscription, il suffit que le demandeur fournisse les moyens de faux, mais si c'est contre une grosse ou une minute, il est obligé de faire ordonner, à l'égard de la minute que le Greffier ou le Notaire, entre les mains de qui elle est en dépôt, la rapporteront. S'il y a preuve de la fausseté contre le défendeur, il doit être puni de mort, suivant l'Edit de 1680. rendu contre les Faussaires. Quand l'Inscription se trouve calomnieuse, le demandeur est condamné à trois cens livres damende dans les Cours Superieures, & à celle de six vingts livres quand on a poursuivi le procès pardevant les Juges qui y ressortissent immediatement.

INSCRIRE. v. a. Terme de Geometrie. Decrire une figure rectiligne dans un cercle ou un corps solide dans une Sphere, en sorte que tous les angles de la figure plane soient dans la circonference du cercle, ou que tous les angles solides du corps aboutissent à la surface concave de la Sphere. Un triangle dont les trois angles sont dans la circonference d'un cercle est *inscrit* dans ce cercle. On dit la même chose d'un quarré, d'un pentagone, enfin de tout polygone. Les polygones *semblables* inscrits dans les cercles sont entre eux en raison doublée des rayons de ces cercles. A *Inscrit* on oppose *Circonscrit*. Voyez CIRCONSCRIRE.

INSECTE. s. m. *Petit animal imparfait, qui n'a pas ses parties bien distinctes.* ACAD. FR. Plusieurs tiennent que c'est une erreur de croire que les Insectes soient des animaux imparfaits, & pretendent que la transformation de la chenille & autres Insectes semblables en papillon, est chimerique, tous les membres du papillon étant enfermés sous la peau ou nymphe de la chenille. Ainsi selon eux, tout le changement qui arrive aux Insectes, n'est qu'une nymphe, dans laquelle l'animal, papillon ou ver, est enfermé, comme une fleur l'est dans son bouton. Ils disent que loin que ces animaux soient imparfaits, ils ont plus de parties que les autres, comme l'araignée qui a huit yeux, la mouche qui a une trompe comme un Elephant, & la puce qui est fournie d'un ressort qui l'éleve en l'air deux cens fois plus haut que son corps. On a connu par les observations que l'on a faites, qu'il n'y a point d'herbe ni de plante qui n'ait ses Insectes particuliers & differens, c'est-à-dire, son ver, sa chenille, ou son papillon. Les Insectes qu'on a plongés un moment dans l'huile meurent aussi-tôt, à cause que l'huile bouche les ouvertures qu'ont leurs branchies en dehors, qui leur servent d'un petit poumon pour respirer. On ne peut distinguer le mâle d'avec la femelle dans les Insectes, tant qu'ils ont la forme de ver ou de chenille, & pendant ce tems ils ne s'accouplent jamais. On appelle aussi *Insectes*, les animaux qui vivent, après qu'on les a coupés en plusieurs parties. Tels sont les lezards, les viperes, les serpens, & même la grenouille qui vit sans cœur & sans tête. On veut que le mot d'*Insecte* ait été fait, comme si on disoit, Coupé en cercle, à cause que le corps des Insectes est composé de plusieurs anneaux, qui sont des especes d'incision, comme il se voit dans les vers & les chenilles.

INSEMINATION. s. f. On appelle ainsi la premiere des cinq sortes de transplantation qui se font pour la cure de certaines maladies. Elle se fait quand l'aiman empreigné de la mumie ou de l'esprit vital détaché du corps, est mêlé avec de la terre grasse dans quoi on seme la graine de quelque plante appropriée à la maladie. Il faut prendre soin de l'arroser de tems en tems avec l'eau dont on a lavé le membre malade, & même tout le corps & la maladie diminuera à mesure qu'on verra croître la plante. Quand la mumie qui empreigne l'aiman est d'une personne saine, la plante s'empreigne pareillement de son esprit vital, & sert à plusieurs secrets singuliers, & sur-tout à la composition des philtres, mais chaque plante ayant sa vertu particuliere, il faut bien choisir celles qui conviennent à l'intention qu'on a, parce que l'esprit vital opere d'une maniere dans le chardon, & d'une autre dans l'Angelique. C'est ainsi qu'Ettmuller en parle. Il ajoûte que par le moyen des transplantations, l'archée ou l'esprit vital passe du sujet malade dans un autre, où les idées morbifiques de l'archée sont effacées par voie de pacification, ou par la representation d'autres idées contraires, ou par la corruption entiere, la destruction, & l'extinction tant des idées que de l'archée, pendant quoi il s'excite dans l'archée du sujet malade des idées semblables qui le calment & le font jouir d'un repos parfait, d'où s'ensuit la guerison de la maladie.

INSENSIF. adj. Vieux mot. Insensible.

INSERTION. s. f. Terme de Medecine. Engagement d'une partie dans une autre, comme l'Insertion d'un os qui veut dire l'endroit où le tendon s'attache à un os. Les Medecins appellent aussi *insertion*, Une espece de fomentation humide, faite avec des herbes, sur lesquelles on fait asseoir le malade.

Insertion, veut dire aussi l'action par laquelle on insere, & l'on dit en termes de Chirurgie, *Faire l'Insertion d'une sonde, d'une cannule dans une playe*, pour dire, Inserer, faire entrer doucement la sonde dans une playe.

On appelle en Grammaire, *Insertion d'une lettre dans un mot* ou *d'un mot dans un acte*, Une lettre qu'on met de plus dans un mot, ou un mot que l'on ajoûte à un acte.

On dit aussi dans l'Agriculture, l'*Insertion d'une ente dans une fente d'arbre.* Ce mot vient du Latin *Inserere*, Planter dans, faire entrer une chose dans une autre.

INSINUATION. s. f. Terme de Pratique. Inscription sur un registre, d'un acte que l'on veut rendre public, afin d'empêcher la fraude. L'Insinuation n'a été connue dans la Jurisprudence François que depuis qu'on a jugé par experience que la retention de l'Usufruit & les autres manieres de donner par une tradition imaginaire, étoient nuisibles aux creanciers & à ceux qui pouvoient avoir des droits sur les choses données. Toutes donations entre-vifs sont sujettes à insinuation, même celles qui se trouvent écrites dans un testament. La loi ayant inventé les Insinuations en faveur des creanciers & des heritiers, le Donateur & le Donataire ne peuvent y déroger par aucune convention, de sorte qu'il n'y a que les Donations faites par le Roi ou au Roi, qui en soient exemptes. Les Mineurs y sont obligés comme les autres, & on y comprend aussi l'Eglise & les Hôpitaux. Le tems prescrit pour l'Insinuation des contrats, se compte du jour de leur date. Que si on laisse passer les quatre mois, la donation ne laisse pas de subsister sans un nouveau consentement, même à l'égard de l'heri[illegible] pourvû que ce soit du vivant du Donateur. [illegible] cas les creanciers qui auroient contracté entre la donation & cette Insinuation, seroient preferés au donataire.

INSOLATION. s. f. Terme de Pharmacie. Preparation des remedes ou des fruits, qu'on expose pour cela aux plus ardens rayons du Soleil, pour les cuire, les secher, ou les aigrir. Ce mot vient du

Latin *Insolare*, Mettre au Soleil.

INSOLITE. adj. Vieux mot. Qui est contre l'usage, contre la coûtume. On dit encore au Palais, *Procedure Insolite*, pour signifier une procedure qui est hors des regles, & que l'on n'a point accoûtumé de faire. Ce mot vient de *Souloir*, que l'on disoit autrefois, pour, Avoir de coûtume, du Latin *Solere*.

INSOMNIE. f. f. *Indisposition qui consiste à ne pouvoir dormir.* ACAD. FR. Ceux qui raisonnent sur l'Insomnie disent que c'est un mouvement continuel & excessif des esprits animaux dans les organes internes ou externes de la machine du corps, ce qui fait que les esprits reçoivent promptement des impressions des objets sensibles, & que suivant l'espece du mouvement reçu dans l'organe, ils le continuent dans le cerveau, & fournissent à l'ame raisonnable differentes occasions de raisonner. Ce flux excessif & continuel des esprits a deux causes; l'une est l'objet sensible qui frappe l'organe avec trop de force. Alors les esprits animaux sont necessairement agités & émus puissamment; & comme ces émotions qui se continuent jusqu'au cerveau par les nerfs, donnent le même mouvement au cerveau, il faut de necessité que l'animal veille. Ainsi un grand cri, les douleurs, les maux de tête, les tranchées du ventre & la toux causent l'insomnie. L'ame raisonnable, quand elle est occupée de soins & de meditations, y a aussi quelque part, puisqu'agissant par le ministere des esprits animaux, les soins & les meditations qui agitent ces esprits ne peuvent manquer de produire l'insomnie. Les veilles opiniâtres des melancoliques sont de ce nombre. On en a vû qui ont passé jusques à quatorze jours, & même trois ou quatre semaines, sans pouvoir dormir. L'autre cause, est le vice même de ces esprits animaux qui les disposent à des mouvemens précipités ou opiniâtres, comme leur trop grande chaleur & celle de tout le cerveau dans les fievres ardentes. Les esprits étant alors agités rapidement dans le cerveau, causent l'insomnie. De là vient que l'on s'y trouve beaucoup plus sujet en Eté & dans la jeunesse. Outre les passions de l'ame telles que l'amour, la crainte, la terreur & la colere, pendant lesquelles les esprits agités par un mouvement continuel entretiennent les veilles, les longs jeûnes font la même chose, à cause, que le défaut d'alimens subtilise les esprits animaux & desseche le cerveau. Enfin l'Insomnie est un symptome fort ordinaire aux vieillards. Les pores du cerveau ayant été ouverts ou trop élargis, par le passage continuel des esprits depuis un fort grand nombre d'années, qu'ils y passent & repassent trop facilement, cela est cause que quoique ces esprits soient d'ailleurs tranquilles, ils ne laissent pas de tenir les vieillards éveillés par leur mouvement perpetuel. Les Insomnies sont plus dangereuses dans l'age de consistance & aux femmes qu'elles ne le sont dans la jeunesse & aux hommes. On en a vû de quarante-cinq nuits de suite, & Skenkius parle de l'Insomnie d'un melancolique qui fut quatorze mois sans dormir. Ces sortes de veilles degenerent souvent en démence. Dans les enfans les Insomnies sont d'ordinaire la suite de quelque autre maladie. Elles surviennent à l'éruption difficile des dents, aux vers, ou aux tranchées, ou succedent aux crudités de l'estomac qui rendent la nuit inquiete, & qui interrompent le sommeil.

INSPIRATION. f. f. Terme de Medecine. Action du poumon par laquelle il attire l'air du dehors au dedans. L'air attiré par l'Inspiration est si necessaire pour disposer le sang à recevoir sa derniere perfection dans le ventricule gauche du cœur, que sans cela il est impossible qu'il s'engendre un sang parfait. Ainsi le sang y passe pour y être volatisé & subtilisé en esprits vitaux, & l'alteration qu'il reçoit de l'impression de l'air consiste à ce que l'air se mêle avec le sang pour le volatiser, & à seconder sa volatisation dans le ventricule gauche du cœur, afin qu'il s'y change en sang parfait & vital, & en esprits vitaux extrêmement volatiles. Il y a du ventricule droit du cœur au ventricul gauche, un trajet par où le sang est alteré. C'est le parenchyme vesiculaire des poumons. Afin que le sang y puisse passer plus facilement, ce parenchyme se ploye & se déploye par la disposition de plusieurs vesicules membranenses qui le composent, & qui se gonflent & s'affaissent aisément. Quand le sang doit passer par les poumons il est necessaire qu'ils s'étendent, sans quoi il seroit impossible que les vaisseaux affaissés reçussent le sang; mais cette dilatation doit être conçûe de telle maniere que les poumons se remplissent, parce qu'ils sont dilatés, & non pas qu'ils se dilatent, à cause qu'ils sont remplis, c'est-à-dire, que l'air entrant dans les poumons les dilate & les distend, & qu'ils ne sont point distendus avant qu'ils ayent reçû l'air. Cette irruption de l'air se fait par le mouvement du thorax & de l'abdomen. Le premier se fait en enhaut & en dehors. Le dernier se fait aussi en dehors, mais en enbas. Pendant cela, l'air d'alentour poussé en dedans par la gorge & la trachée artere, se jette dans les poumons & les dilate. C'est ce qu'on appelle l'*Inspiration*, laquelle est blessée, ou par abolition, en cessant entierement comme dans la suffocation, ou quand elle n'est pas suffisante & qu'elle est par consequent plus frequente qu'elle ne doit être, ou enfin quand elle se fait avec peine & avec difficulté.

INSTANCE. f. f. Terme de Palais. Procès où il y a demande & défense; Different pendant en Justice. On appelle *Peremption d'Instance*, Une fin de non recevoir, qu'on propose contre celui qui après la contestation en cause qui forme l'Instance pardevant quelques Juges que ce soit, demeure trois ans sans faire aucunes poursuites. En ce cas la peremption est acquise, & on regarde comme inutiles les procedures qui ont été faites d'abord, & qui auroient interrompu la prescription, si la contestation n'avoit point été liée. On appelle *Reprise d'Instance*, l'Acte par lequel un heritier, ou tout autre qui a droit, se presente pour continuer les poursuites de l'Instance qui a été commencée par quelque predecesseur, ou par une personne que la mort aura empêché de la poursuivre. Proprement & dans un sens plus étroit, ce mot d'*Instance*, se prend pour les causes d'appel qui n'ont pû être jugées à l'Audience des Cours Superieures, soit pour les difficultés qui s'y sont trouvées dans le tems qu'on a plaidé, soit qu'on n'ait pas eu le tems de les faire plaider, ce qui les fait appointer sur le rôle.

INSTAURATION. f. f. Retablissement d'un Temple, d'une Religion. *L'Instauration du Temple de Jerusalem.* Les Etymologistes tirent ce mot d'*Instaurum*, qu'ils disent signifier proprement tout ce qui est necessaire pour l'exploitation d'une terre, d'une ferme, comme les bestiaux, les harnois & autres choses. Ils ajoûtent que ce mot a été transporté de là à tous les vaisseaux & ornemens dont on peut avoir besoin, soit pour orner une Eglise, soit pour garnir une Sacristie, & qu'enfin on l'a employé pour signifier le rétablissement de l'Eglise même.

INSTITOIRE. f. m. Terme de Marchand. Action qui

eſt donnée contre le maître pour raiſon de ce qui s'eſt fait en ſon nom par le Commis. Ce mot vient du Latin *Inſtitor*, Facteur, c'eſt-à-dire, celui qui eſt prépoſé pour aider un Marchand dans ſon commerce. Comme celui qui en commet un autre pour ſes affaires, répond de l'adminiſtration, cela a fait nommer *Inſtitoire*, l'action qui eſt permiſe contre lui. C'eſt par la même raiſon que l'on appelle *Inſtitrix*, la femme d'un Marchand, parce qu'elle ne lui ſert que de Commis, quand elle n'eſt pas Marchande publique.

INSTITUTAIRE. ſ. f. Terme d'école de Droit. Regent de Droit Civil & Canon, qui enſeigne les Inſtitutes, c'eſt-à-dire, qui explique ce qui eſt contenu dans le livre, qui eſt l'abregé de la Juriſprudence Romaine, & qu'on appelle les *Inſtitutes de Juſtinien*, à cauſe que cet abregé a été fait du tems de cet Empereur. Ce fut Tribonien qui en prit le ſoin par ſes ordres.

INSULE. ſ. f. Vieux mot. Iſle, du Latin *Inſula*, d'où l'on a fait *Inſulaire*, Celui qui habite dans une Iſle.

INT

INTEGUMENT. ſ. m. Terme d'Anatomie. Il ſe dit des peaux ou membranes qui couvrent les parties du dedans du corps. Ainſi les tuniques de l'œil & autres ſemblables s'appellent *Integumens*, du Latin *Integumentum*, qui ſe prend pour toute ſorte de couverture.

INTELLECTION. ſ. f. Terme de Philoſophie. Action par laquelle l'entendement comprend, conçoit une choſe.

INTENDIT. ſ. m. Terme de Palais. Il ſe dit des Ecritures qu'on fournit en des procès où il s'agit ſeulement des faits que l'on articule, & dont on ſe ſoumet de faire la preuve. Il ſe diſoit autrefois pour *Intention*.

> *Prions pour le Prince ſuſdit,*
> *Et enſuivons ſon intendit.*

INTENS. adj. Attentif.

INTENSION. ſ. f. Terme de Phyſique. Le plus haut degré où puiſſent monter de certaines qualités. On dit que *Le froid eſt dans ſa plus grande intenſion*, pour dire, qu'Il ne peut être plus grand, & que *La fievre eſt dans ſa plus grande intenſion*, pour dire, qu'Elle eſt dans ſon plus haut degré de chaleur. Ce mot vient du Latin *Intendere*, Etendre.

INTENTIONEL ELLE. adj. Terme de Philoſophie. On appelle *Eſpeces intentionnelles*, ſelon la doctrine des anciens, de petits atomes qui ſortent des objets pour frapper les ſens.

INTERCEDENT. adj. Terme de Medecine. On appelle *Pouls intercedent* Un pouls qui paroît & diſparoît, & dont le mouvement eſt fort déreglé.

INTERCEPTE'E. adj f. On ſous-entend *Ligne*. Terme de Geometrie. C'eſt la même choſe qu'Abſciſte. Voyez ABSCISTE.

INTERCOSTAL, ALE. adj. Terme de Medecine. Qui eſt entre les côtes. Les muſcles intercoſtaux ſont onze muſcles qui ſervent au mouvement du thorax, & qui paſſent entre les côtes. Le quatriéme rameau de la veine-cave eſt appellé *Aſcendant intercoſtal*, & *Veine intercoſtale*, à cauſe qu'il nourrit trois ou quatre des entredeux des plus hautes côtes.

INTERDICTION. ſ. f. Terme de Pratique. *Défenſe par Sentence ou Arrêt à un Officier, de faire aucune fonction de ſa Charge, ou à une Cour de Juger*. ACAD. FR. Autrefois un Officier étoit interdit de plein droit ſur la ſimple accuſation, mais aujourd'hui il faut que l'interdiction ſoit prononcée expreſſément par une Sentence, ou tacitement, quand il y a un decret d'ajournement perſonnel ou de priſe de corps contre l'Officier. Par le Droit Romain on donnoit des Curateurs aux furieux & aux prodigues, quoi que Majeurs de vingt-cinq ans. Les parens du côté paternel furent choiſis au commencement pour en faire la fonction, & depuis à leur défaut le Preteur à Rome, & les Preſidens ou Gouverneurs dans les Provinces, eurent le pouvoir, ſans s'aſſujettir à aucune enquête, de nommer des Curateurs à ceux qui étoient connus incapables de gouverner leurs affaires. En France, ſi-tôt qu'un homme a l'eſprit troublé, il eſt interdit de plein droit, ſans qu'il faille une Sentence d'interdiction, à cauſe qu'on eſt aſſés averti par l'égarement de ſon eſprit, qu'il ne ſçauroit contracter valablement. Pour les prodigues, il eſt neceſſaire qu'ils ſoient declarés tels en juſtice avec toutes les ſolemnités requiſes. L'effet qui reſulte de l'interdiction eſt que l'interdit ne ſçauroit aliener. Même l'alienation que fait un prodigue après l'action intentée & avant qu'il y ait jugement rendu, eſt toûjours déclarée nulle, à moins que la bonne foi du creancier, ou de l'acquereur, ne ſoit évidente, ou l'acquiſition à titre onereux. L'interdiction du furieux & de l'imbecile ceſſe dès qu'il n'y a plus de cauſe, mais celle du prodigue devant être prononcée par un Jugement qui la confirme ne ſçauroit être levée qu'en connoiſſance de cauſe. Ce mot vient du Latin *Interdictio*, Prohibition, défenſe.

INTERJECTION. ſ. f. Terme de Pratique. On appelle *Interjection d'appel*. L'action par laquelle on déclare que l'on ſe porte appellant d'une Sentence. On dit auſſi *Interjetter un appel*, pour dire, Appeller d'une Sentence.

INTERIMISTES. ſ. m. Sorte de Lutheriens qui ne ſuivent pas la pure doctrine de Luther, mais qui ont eté tolerés par l'Edit & par l'*Interim* de l'Empereur Charles-Quint, qui fut une proviſion & ſurſeance accordée en 1548. juſqu'à ce que le Concile eût prononcé ſur les differens ſurvenus en la Religion, laquelle s'eſt étendue depuis dans une partie de l'Allemagne, comme au pays de Saxe, & en pluſieurs Villes Imperiales vers le Septentrion, au Marquiſat de Brandebourg, & en quelques autres lieux. Cette Secte a retenu pluſieurs choſes de l'antiquité, comme on le voit dans leur livre qui a pour titre, *Kirchnordnung*, ce qui veut dire, Ordonnances de l'Egliſe, où les formes & les ceremonies de leurs Meſſes ſont redigées ſous une nouvelle reformation. Le Celebrant eſt revêtu d'un ſurplis & d'une chappe, & aſſiſté de deux Diacres, dont l'un dit l'Epitre, & l'autre l'Evangile, en quelques lieux en Latin, & en d'autres en langue vulgaire. Il s'approche de l'Autel & dit le *Confiteor* en flechiſſant les genoux, puis il dit l'Introite & autres prieres après l'Epitre & l'Evangile que diſent les deux Diacres, il dit la Preface en langue Latine, le *Sanctus*, le *Pater noſter*, & conſacre & communie comme les Catholiques, entremêlant pluſieurs oraiſons en langue vulgaire; mais il n'éleve point la ſainte Hoſtie, les Lutheriens étant perſuadés que le corps de JESUS-CHRIST y eſt ſeulement pour être mangé, & non pour y être adoré, ſi ce n'eſt de celui qui le reçoit. Etant à la conſecration, il prononce les mêmes paroles que nos Prêtres, & il tient l'hoſtie & le calice comme eux. Quand le Miniſtre ou le peuple communie, on a la liberté de demeurer aſſis & couvert. Les Oraiſons étant achevées, l'Officiant se tourne vers le peuple, & fait un signe de croix pour donner la benediction que tout le monde reçoit à genoux. Cette Messe ne se dit qu'une fois le jour dans une même Eglise. Ceux qui demandent à faire la Cene, se mettent à genoux, au pié de l'autel, & l'Officiant, après avoir fait la benediction, leur met l'hostie dans la bouche, & le Diacre leur presente le calice avec le vin consacré. Jamais on ne dit la Messe que quelqu'un ne communie, Luther s'étant opiniâtré là-dessus, & ayant detesté les Messes privées. Dans toutes les Eglises, & même dans celles de la campagne, les calices sont d'or massif, plus grands que ceux des Catholiques. Tout le monde se cotise pour l'achapt de ces vases sacrés, que les Lutheriens n'ont pas profanés pendant les guerres, comme les Calvinistes ont fait en France. Ils regardent comme une épargne basse & honteuse d'avoir des calices de vermeil doré. Leurs autels sont chargés de cierges, comme les nôtres, ou de lampes ardentes pendant le service. Ils disent leurs Vêpres en langue Latine. Leurs Temples ne different en rien des Eglises Catholiques. Le Chœur est séparé de la nef, & dans ce Chœur est le grand Autel avec un Crucifix au dessus, & les figures des douze Apôtres. Il y a aussi diverses Chapelles, des lieux d'Oraison & des fonts pour le Baptême. Ils ont des orgues dans quelques-uns, & n'entrent jamais dans un de ces Temples, qu'ils ne se mettent à genoux en se tournant vers le grand Autel. Leurs carrefours sont remplis de croix, & leurs campagnes de petites Eglises pour donner lieu aux passans d'y aller prier. Ils n'ont point voulu avoir d'Evêques, mais en sa place ils ont établi un Superintendant, qui a sous lui plusieurs Paroisses, dont chacune a son Curé, qu'ils nomment *Pfarher*, & les Diacres appellés *Helfers* en leur langue, c'est-à-dire, Coadjuteurs. Ce Superintendant jouit de quelque revenu, & a jurisdiction sur tous les autres.

INTERLOQUER. v. a. Terme de Pratique. Ordonner qu'une chose sera prouvée ou verifiée entre les Parties avant qu'on prononce sur le principal. Ainsi le fond n'est jamais jugé par un jugement interlocutoire. On ne fait qu'ordonner une instruction pour parvenir à la connoissance de ce qui doit servir d'éclaircissement. Ces sortes de Jugemens n'étant que préparatoires, les Loix reprouvent les appellations que l'on interjette des Sentences interlocutoires, à peine de l'amande appellée, *Prajudicialis mulcta*. Ce mot vient du Latin *Interloqui*, Prendre la parole dans une conversation en interrompant un autre qui parle.

INTERNELLE. adj Vieux mot. Interne.

INTERNONCE. s. m. Agent de la Cour de Rome, qui a soin de faire les affaires du Pape dans une Cour étrangere pendant le tems qu'il n'y a point de Nonce en titre.

INTERPELLER. v. a. Terme de Droit. Interroger, faire une question ou une demande, à laquelle on somme la partie de répondre.

INTEROSSEUX. adj. Terme de Medecine, On appelle *Muscles interosseux*, les Muscles qui amenent les doigts de la main vers le pouce, qui sont au nombre de six, & ceux qui servent au mouvemens des articles des piés, il y en a huit.

INTERPOS. s. m. Vieux mot. Relâche.

INTERSECTION. s. f Terme de Geometrie. Point où deux lignes, ou deux cercles se coupent l'un l'autre. *L'Intersection de l'Ecliptique & de l'Equateur.*

INTERSTICE. s. m. Terme de Droit. Intervalle, espace de tems. Ce mot est Latin, *Interstitium*, qui signifie la même chose, & qui est fait de la proposition *Inter*, Entre, & de *Stare*, Etre.

On appelle en Medecine *Interstices ciliaires*, De petits filamens qui sont faits comme les cils ou le poil de la paupiere, & qui servent à soutenir le cristallin de l'œil.

INTERVALLE. s. m. *Distance, espace qu'il y a d'un lieu ou d'un tems à un autre.* ACAD. FR.

On appelle en termes de Musique, *Intervalle harmonique*, La distance d'un son grave à un son aigu.

INTERVENIR, v. n. Terme de Palais. Se rendre partie incidemment dans un procès qui est pendant entre un Demandeur & un Défendeur. Ceux qui interviennent ainsi, s'appellent *Parties intervenantes*, & on appelle *Intervention*, l'action par laquelle on se rend partie. Ce mot d'*Intervention* se dit aussi lorsque quelqu'un veut bien souscrire un Contrat, quoiqu'il ne soit pas des principaux Contractans.

INTESTAT. s. m. Celui dont la succession n'est point partagée en consequence d'un testament. On peut mourir *Ab intestat* de fait ou de droit; de fait, quand on meurt sans faire de testament, & de droit quand les dispositions du testament qu'on a fait ne sont pas legitimes.

INTIME', EE. Terme de Palais. Celui ou celle qui ayant gagné son procès, est ajourné devant un Juge superieur par celui qui l'a perdu. Ce mot vient du Latin *Intimare*, Denoncer, & on a conservé ce nom au Défendeur en cas d'appel, à cause qu'autrefois l'Appellant qui est proprement le Demandeur, ajournoit le Juge même pour l'obliger à venir soûtenir ce qu'il avoit jugé, & qu'il intimoit la partie, c'est-à-dire, qu'il lui déclaroit qu'il se portoit Appellant. Il y a deux cas où l'on peut être déclaré *follement Intimé*; l'un quand on prend un Juge à partie, & qu'il se trouve qu'il n'a point prévariqué, & l'autre quand on assigne celui qui ne doit pas être partie dans un procès. On doit vuider les folles intimations par l'avis d'un ancien Avocat, dont les Parties ou les Procureurs conviennent, & elles entraînent toûjours les dépens.

INTONATION. s. f. Partie de la Musique qui regarde la diversité des tons. On dit aussi, en termes d'Eglise, que *Les Chantres ont fait l'Intonation d'un Te Deum*, pour dire, qu'ils ont commencé à l'entonner.

INTRANT. s. m. Terme de l'Université de Paris, Celui qui est choisi par sa Nation pour nommer le Recteur, & qui en recueille les voix. Les quatre Nations dont l'Université est composée ont chacune leur Intrant, & quand il s'agit d'élire un Recteur ces quatre Intrans se retirent ent paticulier pour le choisir. S'ils ont peine à s'accorder sur ce choix, le Recteur qui est prêt à sortir de charge, entre avec eux pour les faire pancher de côté ou d'autre, en donnant sa voix à l'un des partis quand le nombre en est égal, si ce n'est qu'ils déliberassent de continuer le même Recteur.

INTROITE. s. m. Le premier motet qu'entonnent les Chantres pour commencer à chanter une Messe haute, ou la premiere priere particuliere de la Fête que le Prêtre dit après qu'il est monté à l'Autel. L'usage de dire des Antiennes pour l'Introïte de la Messe a été introduit par le Pape Celestin.

INTUITIF, IVE. adj. Terme dogmatique. Il se dit d'une vision ou connoissance claire & certaine d'une chose, telle que l'ont de la Majesté de Dieu les Bienheureux qui sont dans la gloire. Cette connoissance s'appelle *Intuitive*, du verbe *Intueri*, Regarder, considerer.

INV

INVALIDE. adj. Blessé, estropié, qui ne peut plus servir à la guerre pour y avoir perdu un bras ou une jambe. Le Roi a fait bâtir un Hôtel magnifique au bout du Fauxbourg S. Germain à Paris, qu'on appelle *Les Invalides*, pour y loger & nourrir tous les Officiers & Soldats qui ont été estropiés à son service. Il fut fondé en *1669*. & on commença à le bâtir en 1671. Ils ont chacun un juste-au-corps bleu, & on a soin de les nettoyer & de les blanchir. On les nourrit aux dépens du Roi, & ils mangent dans de grandes sales où sont peintes les victoires de Sa Majesté. Il y a dans cet Hôtel un Gouverneur, un Major & d'autres Officiers, & non seulement on y fait garde, mais on y observe les mêmes choses que dans les Places de guerre. Le Roi est en relief sur le haut de la porte avec plusieurs trophées d'armes & autres ornemens dont la façade de l'édifice est embellie. On y a bâti une très-belle Eglise où le Service divin est celebré, & les Invalides sont instruits avec grand soin de tout ce qui regarde les devoirs de vrai Chrétien par des Peres de la Mission. Quand quelqu'un d'eux merite d'être puni, on le met sur le chevalet ou à la grue.

INVENTAIRE. s. f. *Rôle, état, dénombrement par écrit contenant par articles les biens, les meubles d'une personne, d'une maison.* ACAD. FR.

Inventaire. Terme de Vanier. Maniere de grand panier plat que certaines femmes attachent à leur ceinture, & sur quoi elles mettent du fruit, du poisson & autres marchandises qu'elles vont crier par les rues pour les revendre. Elles font ce mot feminin, quoiqu'il soit masculin dans toutes les autres significations. *Inventaire trop chargée.*

INVESTIR. v. a. Conferer à quelqu'un le titre d'un fief, le mettre en possession d'une Dignité, d'un Benefice.

Investir. Terme de guerre. Se saisir des avenues d'une Place, & distribuer des troupes dans les postes les plus importants, en attendant que le reste de l'armée soit arrivé avec de l'artillerie, & que l'on soit en état d'ouvrir la tranchée pour former le siege.

Investir. Terme de Marine, dont on se sert au Levant, & qui veut dire, Toucher à terre, échouer, soit à dessein, soit qu'on s'y trouve forcé par l'orage.

INVISIBLES. s. m. Nom qu'on a donné à quelques rigides Confessionistes, qui tenoient que l'Assemblée de JESUS-CHRIST n'est point visible. On a aussi nommé *Invisibles* les Freres de la Rose-Croix.

INVITATOIRE. s. m. Terme d'Eglise. Verset qui excite à adorer & à louer Dieu. On appelle *Invitatoire*, le Pseaume *Venite exultemus*, qu'on dit au commencement de Matines, & dont le dernier verset se change selon la qualité des jours & des fêtes. L'Invitatoire du Commun ou du Propre des Saints est ce verset different qu'on y ajoûte.

JOC

JOCONDITE'. s. f. Vieux mot. Joye, allegresse, du Latin, *Jucunditas.*

C'est jocondité,
De voir ci planté
Fruits à grand' largesse.

JOE

JOE'E. s. f. Vieux mot. Soufflet. Ce mot a été fait de *Joë*, qui a été dit autrefois pour *Jouë*.

JOESDI, ou JOHESDI. Vieux mot. Jeudi.

JOI

JOIANS. adj. Vieux mot. Joyeux. On a dit aussi *Joyeut* & *Joyaux*.

JOINDRE. Terme de Tonnelier. On dit *Joindre un fond de tonneau*, pour dire, l'unir en le passant sur le fer de la colombe. Les Cordonniers se servent aussi du mot *Joindre*, pour signifier, Coudre une chose avec une autre. *Joindre une paire d'empeigne.*

JOINT. s. m. Terme d'Architecture. Intervalle qui est entre les pierres, & qu'on remplit de plâtre, de ciment, ou de mortier. *Les Joints de lit*, sont de niveau, & *les Joints montans* à plomb. On appelle *Joints quarrés*, ceux qui sont d'équerre en leurs retours; *Joints en coupe*, ceux qui sont inclinés & tracés d'après un centre, & *Joints de tête*, ou *de face*, les Joints qui sont en rayons au parement, & qui séparent les voussoirs & les claveaux. Ceux qu'on nomme *Joints de douelle*, sont sur l'épaisseur d'un arc, ou sur la longueur du dedans d'une voute. Il y a encore *les Joints ouverts*, *les Joints serrés*, & *les Joints refaits*. Les premiers sont ceux qui sont hauts & faciles à ficher, à cause de l'épaisseur de leurs cales, ou qui se sont écartés, soit par mal façon, soit parce que le bâtiment s'est plus affaissé d'un côté que d'autre. Les autres sont ceux qu'on est obligé d'ouvrir avec le couteau à scie à mesure que le bâtiment prend sa charge, à cause qu'ils sont trop étroits, & les derniers sont ceux qui n'étant ni à plomb, ni de niveau obligent à les retailler de lit & de Joint sur le tas. On dit aussi, *Joint de recouvrement*, & *Joint recouvert*. Le premier se fait par le recouvrement d'une marche sur une autre, & le second est le recouvrement qui se fait de deux dales de pierre, par le moyen d'une maniere d'ourlet, qui n'en laisse point découvrir le Joint. Le recouvrement de deux pierres l'une sur l'autre par une entaille de leur demi épaisseur, est ce qu'on appelle *Joint feuillé*. Quand le Joint est plus ouvert que l'angle droit, on lui donne le nom de *Joint gras*, & le contraire s'appelle *Joint maigre*. Le *Joint à onglet*, est celui qui se fait de la diagonale d'un retour d'équerre.

JOINTE'E. s. f. Ce que l'on peut mettre de grain dans les deux mains quand on les joint ensemble pour faire un creux. *Mettre une jointée de froment dans la mangeoire d'un cheval.*

JOINTIS. adv. ou prép. Vieux mot. Joignant.

JOINTIVE. adj. Qui joint. Il n'a d'usage qu'en cette phrase, *Lattes jointives*. Ce sont des lattes qui dans une couverture d'ardoise, ou dans une cloison que l'on contrelatte, touchent les unes contre les autres.

JOINTOYE, E'E. adj. On appelle *Pierres jointoyées*, Celles qui ont le dehors des joints bouché & ragréé de mortier serré, de ciment ou bien de plâtre.

JOINTOYER. v. a. Terme d'Architecture. Remplir les ouvertures des joints de pierre avec du mortier qui soit à peu près de même couleur. Cela se fait lorsqu'un bâtiment a pris sa charge.

JOINTURE. s. f. Terme de Cordonnier. Couture qui joint les deux quartiers d'un soulier.

JOL

JOLIER. v. n. Vieux mot. Etre de bonne humeur, rire, se divertir.

Ec n'a desir ne talent
De danser ne de jolier,
Ne se puet amollier.

JON

JONC. f. m. Plante qui vient dans les lieux marécageux, & qui au lieu de feuilles porte des tuyaux ronds, droits, menus & sans nœuds. Leur hauteur est environ d'une coudée & demie. Ils sont verts, luisans & pleins de moëlle blanche. Dioscoride dit qu'il y a des joncs lissés, & d'autres pointus, & que de cette derniere espece les uns sont steriles & les autres portent une graine noire & ronde, & ont le tuyau plus épais & plus charnu. Il parle encore d'une troisiéme espece de Jonc plus âpre & plus charnu que les autres, & qui produit son fruit à la cime. Les Grecs l'appellent *ὁλόσχοινος*. La graine de l'un & de l'autre, rôtie & bûe dans du vin trempé resserre le ventre & restreint les fluxions rouges des femmes. Galien ajoûte qu'elle provoque à dormir. Matthiole dit qu'il croît en Bohéme une sorte de Jonc qui porte de fort belles fleurs, & qui a la même proprieté que les autres.

JONCHERIE. f. f. Vieux mot. Tromperie.

La science est folle parole,
Les grands juremens menteries,
Et statuts ce sont Joncheries.

JONCO. f. m. Espece de vaisseau fort leger, dont on se sert dans les Indes Orientales, & le long des côtes de la Chine.

JONE. adj. Vieux mot. Jeune.

Il ert biaux & Jones assez.

JONGLER. v. n. Vieux mot. Faire des subtilités & des tours de passe-passe pour amuser & pour divertir le peuple.

Jongler, gaudir & bateler.

Ce mot vient de *Jocari*, Jouer, plaisanter.

JONGLEUR. f. m. Bateleur, qui fait des tours de passe-passe, du Latin *Joculator*. Il s'est dit aussi autrefois pour Railleur, Moqueur.

Pour certain ce sont vrais Jongleurs.

Il a signifié aussi, Menêtrier, Joueur d'Instrumens.

Là étoient Harpeurs, Flûteurs,
Et de moult d'Instrumens Jongleurs.

On a dit encore *Jongleour* & *Jugleour*.

Quand les tables ôtées furent
Cil Jugleour en pieds esturent.

On appelloit autrefois *Jongleurs*, les Poëtes qui ne faisoient que de petits Poëmes, dont ils alloient divertir les Grands en les recitant pendant leurs repas, ou avec la voix, ou avec des instrumens de musique. Ils accompagnoient ces recits de gesticulations bouffonnes & ridicules, & quelquefois on leur donnoit des habits après qu'ils avoient longtems diverti ceux chés qui ils alloient chanter leurs vers, comme on le voit par ceux-ci.

S'appartient à ces Jongleours
Et à ces autres Chanteours
Qu'ils ayent de ces Chevaliers
Les robes, car c'est lor mestiers.

IONIQUE. adj. On appelle *Ordre Ionique*, l'un des cinq Ordres de l'Architecture, & il tire son nom de l'Ionie, Province d'Asie. Les colomnes avec le chapiteau & la base ont neuf diametres de la colomne prise en bas. Elles n'avoient que huit modules ou diametres de haut quand on inventa cet Ordre, & les Anciens voulant le rendre plus agreable que le Dorique, augmenterent leur hauteur en y ajoûtant une base. L'entablement a une cinquiéme partie de la hauteur de la colomne, dont la base a un demi diametre, & le chapiteau a un peu plus du tiers. Le chapiteau est principalement composé de volutes qui le rendent different de tous les autres Ordres. Les *Colonnes Ioniques*, sont ordinairement cannelées de vingt-quatre canneleures. Il y en a, comme le témoigne M. Félibien, qui ne sont creuses & concaves que jusqu'à la troisiéme partie du bas de la colonne, & cette troisiéme partie a ses canneleures remplies de baguettes ou bâtons ronds, à la difference du surplus du haut qui demeure strié & cannelé en creux & entierement vuide. Le piédestal de cet Ordre a de haut deux diametres, & deux tiers ou environ.

On appelle *Dialecte Ionique*, dans la Langue Grecque, Une maniere de parler, qui est particuliere aux Ioniens.

JONQUILLE. f. f. Sorte de fleur dont l'odeur est agreable, & qui vient sur une tige comme les Narcisses. Elle fleurit en Mars, & il y en a de blanches & de jaunes. On appelle *Gants de Jonquilles*, Des gants parfumés avec cette fleur.

JOQ

JOQUES. f. m. Secte de Bramines qui se trouvent au Royaume de Narsingue. Ils vivent d'aumônes & dans de grandes austerités, voyageant dans les Indes en façon de pelerins, & s'abstenant de tous plaisirs charnels, jusques à un certain tems, après lequel étant devenus abduls, c'est-à-dire, exempts de toutes loix, & incapables de tout peché, ils s'abandonnent aux saletés les plus détestables, & ne se refusent rien de ce que leurs sens demandent. Ils ont un Chef qui jouit d'un grand revenu qu'il distribue, & qui envoie plusieurs Joques prêcher leurs folies en de certains tems.

JOR

JOR. f. m. Vieux mot. Jour. On se servoit anciennement d'un cornet pour avertir que le jour étoit venu.

Vous me viste ainsi que la guette
Eut l'aube du Jor cornée.

On a dit aussi *Journoyer*, pour dire, Faire des Journées dans un voyage.

JOS

JOSTE. Préposition. Vieux mot. Auprès, du Latin *Juxta*.

JOT

JOTTE. f. f. Herbe que l'on met dans le potage, & qui est une espece de bette.

JOU

JOUBARBE. f. f. Espece d'herbe froide qui ressemble en quelque façon à l'artichaut, & dont il y a de deux sortes. La *Grande Joubarbe* est appellée par les Grecs *ἀείζωον*, & par les Latins, *Sempervivum*, à cause de ses feuilles qu'on voit toûjours vertes. Elles sont grasses, charnues & longues comme le pouce. Elle a ses tiges hautes d'une coudée, & quelquefois plus, grasses, vertes, fendues comme le Tithymale appellé *Characia*, & de la grosseur du pouce. Les feuilles qui sont à la cime de la tige, sont faites en maniere de langue. Les plus basses se recourbent contre terre, & celles de dessus qui sont dressées & entassées l'une dans l'autre, font une forme circulaire qui approche de celle de l'œil. Elle croît aux montagnes & parmi les tuiles & les pierres plates. La *Petite Joubarbe*, qu'on appelle *Sedum* ou *Semper-vivum minus, Vermicularis, cauda muris, Crassula minor; faba inversa & fabaria*, croît parmi les pierres, les murailles & les mazures, & jette d'un seule racine plusieurs tiges menues & toutes couvertes de feuilles minces, grasses & pointues. Les feuilles de l'une & de l'autre sont bonnes au feu saint Antoine, aux ulceres corrosifs, aux inflammations des yeux, aux brulûres du feu & aux podagres. Dioscoride fait mention d'une troisiéme espece de Joubarbe, dont les feuilles sont petites, épaisses, velues, & presque semblables aux feuilles du pourpier. Il dit qu'elle croît parmi les rochers, & qu'elle a une vertu chaude, acre & ulcerative. Matthiole prétend qu'il y a deux especes de petite Joubarbe, dont l'une est celle de Dioscoride, qui a ses feuilles grossettes, longues & clair semées, & qui produit plusieurs tiges minces, à la cime desquelles il y a des fleurs vertes, blanchâtres, disposées en maniere de bouquet éparpillé, & l'autre qui jette plus de feuilles, qui sont aussi plus courtes & plus étroites, avec des fleurs jaunes disposées de même sorte. Les Modernes appellent la derniere *Mâle*, & l'autre *Femelle*. Quand Galien parle des proprietés de la Joubarbe, il dit que la grande & la petite sont legerement dessiccatives, & mediocrement astringentes; qu'elles n'ont pas grande apparence d'autres qualités à cause qu'elles abondent en aquosité, & qu'étant extrêmement refrigeratives parce qu'elles sont froides au troisiéme degré, elles ont une vertu propre pour les eresipelles, hergnes & phlegmons engendrés de fluxions chaudes. Quelques-uns écrivent *Jombarbe*, & on tient que ce mot vient de *Jovis barba* ou *Jovis herba*.

JOUE. s. f. *Partie du visage de l'homme, qui est au-dessous des temples & des yeux, & qui s'étend jusques au menton.* ACAD. FR.

On appelle en termes de balancier *Joues de peson*, Certaines manieres de petites plaques qui sont de part & d'autre sur les broches du peson.

JOUE'E. s. f. Les Ouvriers appellent *Jouées*, dans la baie d'une porte ou d'une croisée, les côtés tant de l'embrasure que du tableau. *Jouée*, se dit aussi de la facilité ou aisance avec laquelle les fenêtres & les portes jouent. On appelle aussi *Jouées de lucarne*, Les côtés d'une lucarne, dont les panneaux sont remplis de plâtre, & *Jouées d'abajour*, Les côtés rampans d'un abajour suivant leur talut. Le mot de *Jouée*, s'applique encore à un soupirail.

JOUETS. s. m. p. Terme de Marine. Plaques de fer de diverses longueurs, dont l'usage est different suivant l'emploi qu'on en fait. On appelle *Jouets de pompe*, Ceux qui sont cloués aux côtés des fourches de la potence d'une pompe, au travers de laquelle on fait passer les chevilles qui servent à tenir la bringuebale, & ceux qui empêchent l'essieu des poulies, d'entailler le sep, sont appellés *Jouets de sep de drisse*.

JOUG. s. m. Piece de bois qui traverse par dessus le front & par dessus le col des bœufs, & à laquelle on les attache lorsqu'on les veut faire travailler. *Joug*, se dit aussi du sommet ou du fleau de la balance. Ce mot vient du Latin *Jugum*, fait du Grec ζυγὸς, qui signifie la même chose.

On appelle en terme de Marine *Joug de pouppe*, L'extrêmité de la Galere qui est séparée du col de la pouppe, & *Joug de la Proue*, L'extrêmité séparée du col de la proue.

JOVIERES. s. f. p. Les Charpentiers appellent ainsi deux morceaux de bois qui s'appliquent quarrément contre quelque autre piece de bois plus grande, & qui étant relevés & moins hauts par les extrêmités, ont une ouverture dans le milieu pour y faire passer le bout d'un treuil ou d'un moulinet. On appelle *Jovieres* ou *Jovillieres*, dans une écluse, Les deux côtés du Canal par où l'eau passe.

JOVINIANISTES. s. m. Heretiques qui soûtenoient avec les Stoiciens que tous les pechés étoient semblables, que l'on ne pouvoit pecher après le baptême, que le jeûne, & les autres œuvres de Penitence étoient inutiles, que le Celibat n'étoit pas à préferer à l'état du mariage, que la Chair de JESUS-CHRIST étoit fantastique & non pas une vraie Chair, & que la Mere du Sauveur du Monde n'étoit pas demeurée Vierge après qu'elle eut enfanté. Ils furent ainsi appellés de Jovinien, Moine d'un Monastere qui étoit gouverné par saint Ambroise dans un Fauxbourg de Milan. Ses erreurs dont il infecta quelques libertins qui le suivirent, ayant été condamnées dans un Concile que ce saint Prélat tint à Milan en 390. l'Empereur Theodose bannit Jovinien & ses Compagnons, sans qu'il s'éloignât beaucoup de Rome, & enfin l'Empereur Honorius le relegua dans une Isle où il mourut miserablement.

JOUR. s. m. Durée d'un tour entier du Soleil autour de la terre. C'est ce qu'on appelle *Jour naturel* ou *Solaire*. Cette durée est de vingt-quatre heures. Le jour *artificiel* est la durée du tems que le Soleil est sur l'horison, & cette durée est inégale dans la sphere oblique selon les lieux & les saisons. Voyez SPHERE. On suppose communément les jours naturels égaux, mais à les prendre précisement, ils ne le sont pas. Quand un point de l'Equateur auquel le Soleil répondoit est revenu au Meridien, ce qui fait précisément vingt-quatre heures, le Soleil n'y est pas encore revenu, parce que son mouvement *propre* l'a fait avancer vers l'Orient d'un degré ou environ. Ainsi il faut ajoûter aux vingt-quatre heures le tems dont le Soleil a besoin pour revenir au Meridien, & c'est-là le *Jour Astronomique*. Le tems que le Soleil emploie de plus que les vingt-quatre heures est inégal par deux raisons. 1°. Son mouvement propre est plus lent dans l'*Apogée* que dans le *Perigée*. Voyez APOGE'E & PERIGE'E, & par consequent il fait tantôt un plus grand arc du Zodiaque, tantôt un plus petit. 2°. L'obliquité du Zodiaque à l'égard de l'Equateur fait qu'à des arcs égaux du Zodiaque, pris à des distances inégales de l'Equateur, il ne répond pas des arcs égaux de l'Equateur. Or c'est l'Equateur qui est la mesure du tems, & il arrive delà que quand même le Soleil fait des arcs égaux dans le Zodiaque, il peut ne les faire pas en des tems égaux.

Le jour Civil est le jour Naturel de vingt-quatre heures, dont le commencement est differemment déterminé selon l'usage de chaque peuple. Les Babyloniens le commençoient au lever du Soleil, ce qui est encore aujourd'hui pratiqué par ceux de Nuremberg. Les Italiens le commencent au coucher du Soleil, les Astronomes à midi, & les Catholiques Romains à minuit.

Les Jours appellés *Jours Caniculaires*, sont des Jours extrêmement chauds, qui durent depuis le 24. de Juillet jusqu'au 24. d'Août. Ils sont appellés ainsi du grand Chien, qui porte en sa gueule la plus grande des étoiles appellée *Canicule*, qui se leve & se couche avec le Soleil pendant ce tems-là. On appelle *Jours Alcyoniens*, les sept Jours qui précedent ou qui suivent le solstice d'hiver, pendant lesquels on tient que la mer est calme, afin que les Alcyons puissent bâtir leur nid sur ses bords. Les Romains ont appellé *Jours Comitiaux*, certains Jours dans lesquels le Peuple s'assembloit au champ de Mars pour l'élection des Magistrats, ou pour y traiter des affaires

affaires les plus importantes de la République. Ce nom de *Comitiaux* venoit de leurs assemblées qu'ils nommoient *Comitia*.

Jour. s. m. Terme de Charpentier. Vuide qu'on laisse entre les pieces de bois pour empêcher qu'elles ne s'échauffent.

On dit le *Jour d'une porte* ou *d'une fenêtre*, pour dire, Son ouverture.

Jours au pluriel, est un terme de peinture, & on dit *Les Jours*, pour dire, Les parties éclairées. On considere dans une peinture, les Jours que le Peintre y a observés, comme *Les Jours simples & naturels*, *les Jours de reflais* ou *refléchis*. Lorsqu'un tableau n'est pas bien éclairé par la lumiere qu'il reçoit de la fenêtre, on dit qu'*Il est mis dans un faux Jour*.

JOURNAL. s. m. Terme de Marine. Registre que tient un Pilote de tout ce qui est arrivé à son Vaisseau jour par jour, & d'heure en heure, & où il marque les rumbs, les vents, les hauteurs, les tourmentes & autres choses, qui peuvent servir à faire son estime, & son pointage.

JOVENTE. s. f. Vieux mot. Jeunesse. On a dit aussi *Jouvante* & *Jouvance*.

Nous aimerons & chanterons
En nos Jouvances.

On a dit encore *Jouete*, pour signifier la même chose.

J'ay nom Jouete la legere,
La giberesse, la coursiere,
La sauteresse, l'assaillant.
Qui tout danger ne prise un gant.

JOUTEREAUX. s. m. p. Terme de Marine. Pieces de bois que l'on fait entrer dans la construction de l'éperon d'un Vaisseau, & qui répondent d'une herpe à l'autre de haut en bas. On les met paralleles au-dessous du porte-vergue, pour faire l'assemblage des herpes.

JOUXTE. Prépofit. Vieux mot qui vient du Latin *Juxta*, Proche, selon, suivant, & qui est encore en usage parmi les Imprimeurs, qui disent, *Jouxte la copie imprimée en tel lieu*, pour dire, Suivant l'édition qui a déja été faite en telle ville. On le fait substantif dans la Pratique, & il ne se dit que des heritages. Quand on donne une declaration aux Seigneurs, il faut que les bouts & jouxtes y soient bien marqués, c'est-à-dire, les tenans & aboutissans.

IRA

IRACAHA. s. m. Grand Arbre des Indes Occidentales, qui se trouve dans l'Isle de Marágnan. Il a ses branches épaisses au sommet, & son fruit de la forme d'une poire, ayant l'écorce jaunâtre. Sa chair est d'un fort bon goût & de bonne nourriture. Les feuilles de cet arbre sont presque semblables à celles du figuier.

IRI

IRIE', E'E. adj. Vieux mot. Irrité, courroucé. On a dit aussi *Iror*, pour dire, Colere, *Irestre*, pour dire, Etre en colere, & *Iriéement*, adverbe. *Dire une chose iriéement*, pour, La dire en colere.

IRIS. s. f. *Meteore qu'on appelle vulgairement l'Arc-en-ciel.* ACAD. FR. Si l'on a bien conçû la maniere dont se forment par le prisme de verre, le rouge, le jaune, le vert, le bleu, & le violet, (Voyez COULEUR,) il ne sera pas difficile d'entendre comment se font les couleurs de l'Iris. Une goutte de pluie tient ici lieu du prisme. Un rayon du Soleil entrant dans cette goutte s'y rompt d'abord, ensuite allant frapper la concavité de la goutte, il peut rencontrer une partie solide & se réfléchir, & sortir enfin de la goutte dans l'air par une seconde refraction. Alors il vient vers l'œil, que l'on suppose tourné vers la goutte, en sorte que le dos du spectateur soit du côté du Soleil. Quand on calcule quels angles font les rayons après deux refractions, & une réfléxion entre deux, avec une ligne tirée du centre du Soleil par le centre de l'œil, on trouve qu'ils ne peuvent venir à l'œil sous un angle plus grand que de 42. degrés, qu'il en vient sous tous les angles d'entre 41. & 42. degrés, & qu'il s'en faut beaucoup qu'il n'en vienne sous tous les angles au-dessous. D'où l'on conclut, que puisqu'il ne vient point du tout de rayons au-dessus de 42. degrés, & qu'il en vient très-peu au-dessous de 41. c'est comme s'il y avoit de l'ombre de part & d'autre, quoiqu'un peu plus forte d'un côté, que les rayons étant en grande quantité depuis 41. jusqu'à 42. degrés, & leurs refractions se faisant précisément comme dans le prisme, ils doivent produire des couleurs, du rouge à la convexité de la courbure, où les petites boules de lumiere tournent du côté opposé à l'ombre, du violet, à la concavité, où les boules tournent du côté de l'ombre, du jaune & du bleu entre deux, & quelquefois du vert formé de ce jaune & de ce bleu. On conclut encore que ces couleurs doivent toûjours avoir une certaine largeur déterminée d'un degré à peu près, puisque tous les rayons efficaces viennent entre 41. & 42. degrés, que le rouge doit être mieux terminé que le violet, puisqu'au-dessus de 42. où se fait le rouge, il ne vient absolument aucun rayon, & qu'il en vient quelques-uns au-dessous de 41. où se fait le violet, que l'Arc-en-ciel doit être en demi-cercle, parce que les rayons sortis de toutes les goutes de pluie, & faisant avec la ligne tirée du centre du Soleil par l'œil les angles d'entre 41. & 42. degrés font la base d'un cone dont cette ligne est l'axe, & le sommet dans l'œil, que quand le Soleil est horisontal, & qu'il se fait un arc-en-ciel, alors son axe est horisontal, son centre est à son horison, & son élevation est de 42. degrés qui est la plus grande qu'il puisse avoir, que si le Soleil est élevé sur l'horison, l'axe de l'arc-en-ciel s'incline sur l'horison, son centre s'abaisse au-dessous, il ne paroît plus un demi-cercle entier, & il manque à son élevation de 42. degrés autant de degrés que le Soleil en a, qu'enfin quand le Soleil a plus de 42. degrés d'élevation, il ne peut paroître d'Iris.

Il peut se former encore un autre arc-en-ciel, élevé de 52. degrés, & qu'on appelle *exterieur*, parce qu'il paroît quelquefois avec le premier & l'enferme. Il est produit par des rayons qui entre les deux refractions dans les gouttes de pluie ont souffert deux réfléxions, au lieu que les rayons du premier arc en-ciel n'en avoient souffert qu'une, aussi les couleurs du premier sont-elles plus vives. Les couleurs du second sont renversées à l'égard de celles du premier, & le rouge y est en bas, parce que les rayons qui sont propres à le produire viennent sous le plus petit angle qui est de 51. au-dessous duquel il n'en vient aucun. Il en vient quelques-uns, mais en fort petit nombre, & par consequent inefficaces, au-dessus de 52. mais c'est entre 51. & 52. que viennent tous les efficaces. Du reste, il faut raisonner de ces deux arcs-en-ciels de la même façon.

M. Bernier assure qu'il a vû un *Arc-en-ciel Lunaire* deux jours de suite sur le Gange dans les Indes, la Lune n'étant pas encore entierement pleine. Il ajoûte qu'il doute que ces Arcs-en-ciels fussent diversifiés de couleurs, tant elles étoient foibles, &

qu'ils lui parurent seulement blancs, mais que ce meteore étonna fort deux Pilotes Portugais & tous les Mariniers du Navire qui n'avoient jamais rien vû de semblable. Selon Aristote, l'Arc-en-ciel Lunaire, qu'il dit être tout-à-fait blanc, & n'arriver que de long-tems en long-tems, & en un seul jour du mois, sçavoir à la Pleine-Lune, n'a point été observé par les Anciens, & n'a été vû de son tems que deux fois; ce qui est contraire à ce que rapportent Gemma qui l'a vû diversifié de couleurs, Snellius qui l'a vû deux fois en deux ans, & Albertus qui l'a vû sans que la Lune fût pleine.

Iris. Fleur marécageuse, changeante dans sa couleur & dans ses feuilles, & qui est d'ordinaire bleue, blanche ou jaune. On l'appelle ainsi à cause qu'elle imite en quelque façon les couleurs de l'Arc-en ciel, nommé *Iris* par les Poëtes. Cette fleur est differente selon les lieux. L'*Iris bulbeuse*, qui fleurit en Mai, a ordinairement neuf feuilles en chaque fleur. On appelle *Iris d'Angleterre*, l'Iris jaune & variée, & celle-là fleurit en Mai. L'*Iris de Portugal*, fleurit bleue ou blanche, & l'*Iris de Perse*, est une fleur précoce qui fleurit sur la fin de Février, & dont la racine est insipide & bulbeuse en maniere de petite poire. Sa tige est d'un verd blaffard, blanche par le bas, d'un bleu lavé par le haut. Sa fleur qui a neuf feuilles, six grandes & trois petites, est blanche avec quelque teinture de bleu & rayée d'orangé & d'un violet fort enfoncé. Il y a aussi une *Iris d'Illyrie* & une *Iris de Florence.* Matthiole distingue l'Iris, appellée autrement *Flambe*, en domestique & en sauvage. La domestique croît par tout dans les jardins, & a ses feuilles semblables à une épée, cannelées au reste, & pointues au bout. Sa tige est lissée, ronde & nouée, & à sa cime sortent de petits rameaux, qui portent des fleurs de couleur de violette entremêlées au dedans de differentes couleurs. Après ces fleurs cette Iris produit de petites têtes qui ne different qu'en grosseur de celles du Gladiolus. Au dedans est une graine ronde semblable à celle de la Jugioline; ce qui fait connoître l'erreur de ceux qui prétendent que la flambe ne porte aucune graine. Sa racine est blanchâtre, massive & nouée. Du dessous de cette racine se jette quantité de petits capillamens, comme on en voit en la grande Valerienne. Ils sont odorans, âcres au goût & un peu ameres, ainsi que le reste de la racine. Il y a deux especes de l'Iris ou Flambe sauvage. L'une qui croît pour la plûpart dans les lieux pierreux, est semblable en tout à la domestique, excepté que ses feuilles & ses fleurs sont moindres, & ses tiges & racines plus grêles. L'autre a ses feuilles semblables au gladiolus, mais plus longues. Sa racine est mince, nouée, dure comme bois, roussâtre & sans odeur. Sa tige est courte, & sa fleur plus petite qu'aucune des autres, & sentant l'abricot. Elle est composée de neuf feuilles purpurines, qui dans leur extrêmité de dessus sont rayées de jaune. Quelques-uns tiennent que c'est la vraie Iris d'Illyrie. La meilleure est celle qui a les racines fort courtes, massives, difficiles à rompre, de couleur roussâtre, ameres au goût, qui ont une odeur franche, sans sentir le moisi, & qui font éternuer quand on les pile. Dioscoride dit que l'Iris resout & attenue les humeurs que l'on a peine à cracher à cause de leur grosseur, & que prise en breuvage avec de l'eau mielée au poids d'une drachme, elle purge la colere & les gros phlegmes, fait dormir, & est fort bonne aux tranchées de ventre. On tire une eau de sa fleur, qui est propre aux hydropiques. Sa racine est odoriferante, & après qu'on l'a broyée, on la mêle avec de la poudre, & c'est ce qu'on appelle *Poudre d'Iris.*

Iris, Sorte de pierre que l'on met au rang des precieuses, quoiqu'elle soit d'une valeur mediocre. Sa couleur est un gris de lin fort transparent dans lequel il paroît du rouge. Pline dit que quand on l'expose aux rayons du Soleil à couvert ou dans une chambre, elle jette contre la muraille un lustre & une lumiere de differentes couleurs. Ce lustre est semblable à celui de l'Arc-en-ciel, & s'éparpille çà & là à cause des angles de cette pierre.

Iris, Terme de Medecine. Cercle qui est autour de la prunelle de l'œil, sur une peau ou tunique qu'on appelle *Rhagoide* ou *Uvée.* Il est de differentes couleurs, tantôt noir, tantôt bleu & tantôt verd.

IRR

IRRATIONEL, ELLE. adj. Terme de Mathematiques. Tous les nombres ou *racines sourdes*, (Voyez RACINE & RAISON) & toutes les lignes incommensurables, (Voyez INCOMMENSURABLES,) sont des *grandeurs irrationelles*, c'est-à-dire, que leur raison à des grandeurs *rationelles* n'est point de nombre à nombre, ou ne peut être exprimée par des nombres. La raison de la racine quarrée de 8. ou de la racine cubique de 4. à quelque nombre que ce soit, ne peut être exprimée par nombres, ainsi ces racines sont irrationelles. De même la diagonale est irrationelle à l'égard du côté de son quarré, parce que sa raison à ce côté ne peut être exprimée par aucuns nombres.

Des grandeurs qu'on appelle irrationelles, parce qu'elles le sont à l'égard de certaines autres grandeurs, peuvent être *rationelles* entre elles. Par exemple. La racine quarrée de 3. & la racine quarrée de 12. sont irrationelles, parce qu'en effet elles sont incommensurables à tous les nombres possibles, (Voyez INCOMMENSURABLE,) mais elles sont *rationelles commensurables*, car 3. & 12. étant pris pour des quarrés, l'un est quadruple de l'autre, & par consequent leurs racines sont comme 1. à 2. (Voyez QUARRE',) ce qui est une raison de nombre à nombre. Mais les racines quarrées de 3. & de 15. sont irrationelles non seulement à tous les nombres, mais entre elles, parce que 3. & 15. étant pris pour des quarrés, ils sont entre eux comme 1. & 5. dont les racines sont 1. & racine de 5. qui n'est pas un nombre.

IRRORATION. s. f. Sorte de transplantation pour la cure de certaines maladies. L'Irroration consiste à arroser tous les jours les plantes ou les arbres avec l'urine, les sueurs, les selles, les lavûres du membre du malade, ou de tout le corps, séparément ou conjointement jusqu'à la guerison entiere de la maladie. Après qu'on a arrosé, il faut aussi-tôt jetter de la terre nouvelle dessus, afin d'empêcher que l'air ne dissipe la vertu de la mumie.

ISC

ISCHIADIQUE. adj. Les Medecins appellent *Veines Ischiadiques*, deux veines du pié, dont la grande passe par les muscles du pommeau de la jambe, & se perd ensuite en dix rejettons. Ce mot est Grec, ἰσχιαδικὸς, & vient de ἰσχίον, Cuisse. On dit aussi *Ischiaque.*

ISCHION. s. m. Terme de Medecine. On appelle ainsi la derniere partie de l'os anonyme qui est au bas de l'épine du dos, & dans lequel il y a une profonde cavité qu'on nomme *Emboiture*, pour recevoir la tête de l'os de la cuisse. Ce mot est Grec, & on appelle au pluriel ἰσχία, Les parties charnues qui sont de chaque côté de l'os sacré.

ISCHURIE. s. f. Terme de Medecine. Suppression d'urine. Cette maladie, si on la considere en general, dépend ou du vice des reins qui ne philtrent point, ou du vice de la vessie qui ne jette point l'urine dehors. Ce qui empêche les reins de philtrer l'urine; est ou dans le sang, quand la masse & le serum sont tellement disposés & entremêlés, qu'ils ne peuvent passer par les petits pores des reins, où par consequent l'urine ne peut être bien philtrée, ou bien dans les reins par les vices des nerfs de ces parties qui ne soûtiennent point les pores fibreux dans la tension requise; ce qui est cause que les nerfs aves les pores se relâchent, tombent & se flétrissent, & alors à cause de leur laxité & de leur chûte, il se philtre peu de chose ou rien du tout du sang. Bartholin remarque une suppression d'urine mortelle causée par le vice des reins, dans une paralysie de toutes les parties inferieures du corps depuis le diaphragme, avec lesquelles les reins se trouverent pareillement paralytiques, & contracterent une atonie qui les rendit flasques & mols, ainsi que leurs pores ou canaux, & ils ne pouvoient rendre aucune urine. Il y a dans Hechstèterus un autre exemple d'une Ischurie mortelle par le refroidissement des reins, pour y avoir appliqué un marbre froid, qui fit tomber le malade dans une entiere Ischurie, en leur causant la paralysie; car les nerfs paralytiques ne purent plus rien philtrer par leurs canaux & leurs pores. On connoît que c'est le vice des reins qui a supprimé l'urine, quand il n'y en a point dans la vessie, en sorte que ni le catheter ni la suction n'en font point sortir. Cette suppression d'urine est un mal fort dangereux, & celle qui arrive par le vice des reins, l'est beaucoup plus que par le vice de la vessie. On en meurt si on ne rend de l'urine avant le septiéme jour. On en peut pourtant guerir, si pendant la suppression il arrive une sueur copieuse qui évacue beaucoup le serum. On l'a vû dans une personne qui eut une suppression de six mois, & ne laissa pas de vivre, parce qu'elle suoit tous les jours par le ventre autour du nombril. L'Ischurie par le vice de la vessie arrive quand le sentiment de la vessie est engourdi & ne ressent point l'irritation, ou quand la vessie ne sçauroit faire de contractions, pour pousser l'urine, ou enfin à cause que le canal par où doit passer l'urine est trop retressi & comme fermé. Le sentiment de la vessie est engourdi lorsque les nerfs qui lui donnent le sentiment, sont affligés de paralysie ou de stupeur; & la vessie ne sçauroit faire de contraction quand le ressort de ses fibres toniques est blessé par la relaxation ou par la trop grande distention qui les empêche de revenir. Enfin le conduit urinaire se retressit par les tumeurs qui se font à sa base. Les plus ordinaires sont les tumeurs des prostrates situées au col de la vessie. La retention totale de l'urine dans la maladie, & sans douleur est un signe que la mort est proche. Elle arrive ordinairement l'onziéme jour. L'Ischurie par la paralysie est d'autant plus dangereuse, qu'elle est plus rebelle. Ce mot est Grec, ἰσχουρία, & il est formé du verbe ἴσχειν, Comprimer, & de οὖρον, Urine.

ISN

ISNEL, ELLE. adj. Vieux mot. Vif. prompt & leger. Il vient de l'Allemand *Snel*, qui signifie la même chose, & il faisoit *Isniaus* au pluriel. On a dit aussi *Isnel le pas* pour dire, Promtement.

Le corps fit mettre isnel le pas.
Dedans un char sur son écu.

ISO

ISOMERIE. s. f. Terme d'Algebre. La maniere de délivrer une équation de fractions, qui sont toûjours incommodes dans le calcul. Cela se fait en reduisant en même denomination toutes les fractions, & en multipliant chaque membre de l'équation par le dénominateur commun. Voyez EQUATION. Ce mot vient de ἴσος, Egal, & de μέρος, Partie.

ISOPERIMETRE. adj. Terme de Geometrie. On appelle *Figures isoperimetres*, Celles qui ont un pourtour, un circuit égal. Voyez CIRCUIT. Les figures sont égales quand leurs aires sont égales, (Voyez AIRE & PARALLELOGRAMME,) mais elles ne sont pas pour cela *isoperimetres*. Deux parallelogrammes dont l'un a 5. & 6. pour côtés, & l'autre 3. & 10. sont égaux, car l'aire de chacun est de 30. mais ils ne sont pas Isoperimetres, le premier a 22. de circuit, & le second 26. Si un cercle est isoperimetre à un autre figure, son aire est toûjours plus grande. Ce mot est Grec ἴσος, Egal, περίμετρος, Circuit.

ISOPYRON. s. m. Plante qui ressemble fort à la phaseole, dont quelques-uns lui donnent le nom. Sa feuille qui est semblable à celle d'anis, se retord à la maniere des tendons de vigne. A la cime de sa tige sont de petits chapiteaux menus, & pleins d'une graine qui a le goût du Melanthium. Comme au rapport de Dioscoride le Melanthium produit une graine qui est bonne mêlée parmi le pain, c'est apparemment de là que l'*Isopyron* a tiré son nom du Grec ἴσος, Pareil, semblable, & de πυρός, Froment. Sa graine bûe avec de l'eau miellée est un remede pour la toux, & pour toutes autres défectuosités de la poitrine. Elle est propre aussi à ceux qui sont travaillés du foye, ou qui crachent le sang.

ISOSCELE. adj. On appelle en termes de Geometrie *Triangle isoscele*, un Triangle qui a ses deux côtés égaux, & dont par consequent les deux angles sont égaux sur la base. Ce mot est Grec, ἰσοσκελής, & est composé de ἴσος & de σκέλος, Jambe.

ISS

ISSANT, ANTE. adj. Terme de Blason. Il se dit des lions, aigles & autres animaux qui se mettent sur le haut de l'écu, & dont il ne paroît que la tête & bien peu du corps. *De vair au chef de gueules, au lion issant d'or.* Il se dit aussi des mêmes animaux qui sortent d'une maison ou de quelque bois.

ISSAS. s. m. Terme de Marine. Corde qui sert à hausser & à baisser une vergue ou un pavillon. On l'appelle autrement *Drisse* & *Guinderesse*.

ISSER. v. a. Terme de Marine. Tirer en haut. On dit, *Isser une vergue*, pour dire, La faire monter au haut du mât.

ISSIR. v. a. Vieux mot. Sortir. Il n'est plus en usage qu'au participe en parlant de Genealogie : *Issu d'une telle maison*, pour dire, Sorti, venu, descendu d'une telle maison. On trouve *Ist* dans les vieux livres, pour, Il sort, & *Istroit*, pour, Sortiroit.

IST

ISTHME. s. m. Terme de Geographie. *Petite langue de terre qui joint deux terres & qui separe deux mers.* ACAD. FR. Ce mot est Grec, ἰσθμὸς, & se dit en Medecine de la partie étroite de la gorge qui est située entre les deux amygdales. On l'appelle ainsi à cause de la ressemblance qu'elle a avec un Isthme de terre.

ITA

ITAGLE. s. m. Terme de Marine. Cordage qu'on amarre par le bout d'en haut au milieu d'une vergue contre les racages & qu'on amarre à la drisse par le bout d'en bas. C'est par le moyen de ce cordage que la vergue coule le long du mât.

ITAL, ALE. adj. Vieux mot. Tel.

> *Si que plus clair est que cristal,*
> *Pour vrai le fait en est ital.*

On a dit aussi *Itels*, pour, *Tels*.

ITALIQUE, adj. Terme d'Imprimerie. Sorte de caractere couché ou bâtard de chaque corps de lettre, dont on se sert pour exprimer quelque sentence, quelque passage, d'un caractere different de celui du corps du livre.

ITE

ITERATO. Terme de pratique. Un *Arrêt d'Iterato*, est celui qui se donne pour les contraintes par corps après les quatre mois. Cet Arrêt ordonne qu'il sera fait un iteratif commandement à la partie de payer dans la quinzaine ce que contient une premiere condamnation; & faute d'y satisfaire, on l'y contraint par l'emprisonnement de sa personne.

ITI

ITICUCU. s. m. Sorte de racine du Bresil, semblable à celle de Méchoacan, de la longueur d'un refort, mais un peu plus grosse. Elle a la qualité de purger, & on la prend broyée avec du vin contre les fievres, & aussi bouillie avec une poule. Les habitans ont coûtume de la confire avec du sucre, mais on tient qu'elle a le défaut de causer la soif.

ITINERAIRE. s. m. Description que fait un voyageur de toutes les choses les plus remarquables qu'il a observées pendant son voyage, & de toutes les singularités qu'il a vûes dans les villes, montagnes, forêts, & autres lieux où il a passé, soit pour les mœurs des peuples, soit pour les animaux & les plantes. On appelle *Itineraire*, en termes d'Eglise, les prieres que doit faire un voyageur au commencement de son voyage, & sur-tout un Ecclesiastique.

Itineraire. adj. On appelle, *Colomne itineraire*, Celle qui étant à pans, & posée dans le carrefour d'un grand chemin a des inscriptions gravées sur chacun de ses pans, lesquelles enseignent les diverses routes que l'on peut tenir.

JUB

JUBILÉ. s. m. *Indulgence pleniere accordée par le Pape à tous les fideles.* ACAD. FR. La solemnité du Jubilé fut établie en 1300. en faveur de ceux qui iroient *ad limina Apostolorum*, & elle ne se celebra que de cent ans en cent ans, jusques au Pontificat de Clement VI. qui ordonna que ce seroit de cinquante en cinquante ans. Urbain VI. ayant encore trouvé ce terme trop long, voulut qu'on le celebrât trois fois en cent ans, c'est-à-dire, tous les trente trois ans, & enfin Sixte V. le fixa à vingt-cinq ans, ce qui s'est toûjours pratiqué depuis. La ceremonie qu'on observe pour l'ouverture du Jubilé reglé qu'on appelle l'*Année sainte*, se fait de cette maniere. Cette année commence la veille de Noël aux premieres Vêpres, avant lesquelles le Pape implore publiquement l'assistance du Saint Esprit dans la Chapelle de Sixte, après quoi il est porté pontificalement à la grande porte de son Palais, où l'attendent trois Cardinaux qui ont reçû le Bref avec la benediction, pour aller ouvrir les portes saintes aux Eglises de saint Jean de Latran, de saint Paul hors des murs, & de sainte Marie Majeure, tandis que sa Sainteté va à celle de saint Pierre pour faire ouverture de la porte Sabine qui est murée, & qui ne s'ouvre que dans cette occasion. Elle s'y rend marchant processionnellement par la Place Vaticane, précedée du Clergé seculier & regulier, des autres Cardinaux & Prelats, tous en pontifical, des Ambassadeurs, des Princes, du Senat Romain, de quantité de Seigneurs, & d'une multitude infinie de peuple. Etant arrivée devant le Portail de l'Eglise de saint Pierre, elle monte sur un trône préparé, & après quelques prieres & Pseaumes chantés, elle en descend, s'approche de la porte Sabine, & y donne trois coups avec un marteau d'argent. Cette porte qu'on a disposée auparavant de telle maniere qu'elle ne tient presque à rien, est renversée fort facilement, & mise aussitôt en pieces par le peuple qui en recueille avec soin jusques aux moindres parcelles. Cela étant fait, le Pape entre à pié dans cette Eglise, où il entonne le *Te Deum*, & s'étant fait remettre dans son Siege, & conduire devant l'Autel des Saints Apôtres, il y chante les Vêpres avec beaucoup de solemnité. Les trois Cardinaux que le Pape a envoyés aux trois autres portes saintes, les ouvrent pendant ce tems avec les mêmes ceremonies. Dans tout le tems de l'année sainte, il vient à Rome un nombre infini de peuples de tous les endroits de l'Europe. On voit quelquefois des Troupes de Pelerins de mille hommes, & de six cens femmes chacune, marchant en bel ordre sous les étendards de leurs compagnies, les hommes couverts de sacs gris ou autre couleur, avec des bourdons à la main, la tête nue, leurs chapeaux gris derriere le dos & les sandales aux piés à l'Apostolique, & les Femmes vêtues aussi en Pelerines, & couvertes de voiles blancs. La veille de Noël de l'année suivante, auquel jour finit l'Année sainte, le Pape revêtu pontificalement se rend du Palais Vatican en l'Eglise de saint Pierre, où après avoir entendu les Vêpres, il va processionnellement avec le Sacré College & le Clergé, au portail de la même Eglise. Après quelques Oraisons, il descend deux fois de son trône, & s'approchant de la Porte Sainte, il y met chaque fois trois briques, qu'un pareil nombre de Cardinaux lui presente avec de la chaux, dans huit plats, quatre dorés, & quatre argentés. Il retourne ensuite dans son Siege, où il fait encore quelques Oraisons, tandis que les quatre Cardinaux Penitenciers s'occupent à éteindre les cierges, & six Maîtres Maçons en robes rouges à murer la porte. Avant qu'ils achevent, sa Sainteté descend encore de son trône, & met au milieu de la porte trois boîtes de fer, dans lesquelles sont quantité de medailles d'or, d'argent & d'autre métal, portant son effigie &

ses armes, après quoi on acheve de fermer cette porte de saint Pierre, ce qui se fait de la même sorte aux trois autres portes saintes. Les Papes accordent souvent des Jubilés dans un autre tems pour des besoins extraordinaires, & même chaque Pape a coûtume d'en accorder un après son exaltation au Pontificat.

Les Juifs celebroient leur Jubilé de cinquante ans en cinquante ans. Il en est parlé dans le Levitique, où il leur est ordonné de compter sept semaines d'années qui font quarante-neuf ans, & de sanctifier la cinquantiéme, dans laquelle chacun devoit rentrer en la possession de son bien, ce qui étoit cause que les achats qui se faisoient chez les Juifs, étoient seulement jusques à l'année du Jubilé. Il étoit défendu de cultiver & de semer la terre dans cette année, & on étoit obligé de la laisser reposer. Tout cela fut pratiqué très-exactement jusqu'à la captivité des Juifs en Babylone, & ils ne l'observerent plus à leur retour. Les uns font venir *Jubilé* de *Jobel*, qui en Hebreu signifie Cinquante, ce qui a rapport au Jubilé qui ne se faisoit que la cinquantiéme année. D'autres le dérivent de *Jouel*, Corne de bouc, à cause que le Jubilé étoit annoncé avec cette corne. Les serviteurs étoient remis en liberté dans cette année, que l'on appelloit *Année Sabbatique*, & on restituoit les heritages que l'on avoit achetés.

JUC

JUC. s. m. Terme dont on se sert à la campagne, pour signifier le lieu où les poules & autres volailles vont dormir la nuit sur une perche. On l'appelle aussi *Juchoir*. M. Menage les fait venir de *Jugum*, & Jucher de *Jugare*. On dit, *Joc* en quelques lieux, & *Jocher*.

JUCA. s. m. Sorte de plante qui croît dans les Isles de l'Amerique, & qui peut être mise au nombre des Pites sauvages, à cause qu'on tire de chacune de ses feuilles un écheveau de fil délié comme de la soie, de même que l'on en tire des pites. Cette plante approche fort de la forme de l'Ananas, mais ses feuilles ne sont pas dentelées ni le quart si grandes, & elles sont plus pointues.

JUD

JUDAIQUE. adj. Les Medecins nomment *Pierre Judaïque*, une pierre dont ils se servent pour rompre la pierre de la vessie. On l'appelle *Judaïque*, à cause qu'elle croît en Judée. Elle est blanche, faite en maniere de gland, & a de certaines lignes si bien disposées qu'il semble qu'elles ayent été comparties au tour. Lorsqu'elle est dissoute, elle n'a selon le goût aucune qualité apparente, mais étant défaite sur une pierre à la grosseur d'un poix chiche en façon de collyre, & prise en breuvage avec trois cyathes d'eau chaude, elle est fort bonne pour la suppression d'urine, & pour rompre la pierre de la vessie. Voilà ce qu'en dit Dioscoride. Matthiole ajoûte qu'il l'a employée inutilement pour les pierres de la vessie, mais il demeure d'accord qu'elle est singuliere pour celles des reins. On dit en Chronologie, *Heures Judaïques*. Voyez HEURE.

IVE

IVE MUSQUÉE. s. f. Herbe qui rampe & se courbe contre terre, & dont les feuilles sont semblables à la petite Joubarbe, mais plus menues de beaucoup, plus grasses & cotonnées. Il y en a un si grand nombre qu'elles sont comme entassées autour des branches. Elles ont la forme & l'odeur du pin, ce qui fait que l'on appelle cette herbe *Chamæpitys*, Petit pin, de χαμαὶ, qui veut dire, A terre, & de πίτυς, Pin. Ses fleurs qui reluisent par toute la tige, sont jaunes, petites & minces, & ses racines longues d'un palme avec des capillatures. Elle a un goût amer, accompagné d'un peu d'acrimonie, & croît aux lieux sablonneux & maigres, & principalement dans les landes. Cette herbe est chaude, incisive, abstersive & mondificative. Dioscoride dit que ses feuilles prises en breuvage pendant sept jours guerissent de la jaunisse, que continuées durant quarante jours, elles sont très-bonnes pour les sciatiques, & qu'on les ordonne particulierement aux difficultés d'urine, aux défectuosités du foye & des reins, & pour les tranchées du ventre. Il parle de deux autres especes d'Ive, dont l'une produit ses branches fort menues, recourbées en maniere d'ancre, & de la hauteur d'une coudée. Elle a ses feuilles semblables à la premiere, & porte une graine noire & ses fleurs blanches; l'autre est le mâle. Cette troisiéme espece est petite, & a ses feuilles menues, blanches & rudes, sa tige âpre & blanche, & ses fleurs jaunes. Elle porte sa graine auprès de ses aîles. Ces deux dernieres ont aussi l'odeur du pin, & les mêmes proprietés que l'Ive musquée, mais elles sont moins efficaces dans leurs operations.

JUG

JUGAL. adj. Les Medecins nomment *Os Jugal*, Un os conglutiné de deux apophyses qui s'assemblent entre l'œil & l'oreille, l'une de l'os de la temple, l'autre de l'os qui fait le petit angle de l'œil. Il est bossu par dehors, cavé par dedans, & grêle au milieu. On l'appelle *Jugumentum* en Latin, & ζύγωμα en Grec, du verbe ζυγόνειν, Joindre.

JUGEUR. s. m. Nom que l'on donna, dans le tems de l'institution du Parlement, aux Conseillers de la grand'Chambre, à cause que toute leur fonction étoit de juger. Ceux de la Chambre des Enquêtes étoient destinés pour les rapports. Ce mot n'est plus du tout en usage.

JUGIOLINE. s. f. Plante que l'on appelle autrement *Sesame*, & qui sert de nourriture comme le Millet, mais que Dioscoride dit être dommageable à l'estomac, & rendre l'hâleine mauvaise s'il en demeure quelque peu entre les dents quand on l'a mâchée. Il ajoûte que le Sesame étant enduit, resout la dureté & grosseur des nerfs, & qu'il est bon aux meurtrisseures des oreilles, aux brûlures du feu, aux inflammations & coliques, & aux piquûres du Serpent Ceraste. Le Sesame, selon Theophraste, a sa tige semblable à celle du Millet, mais plus haute & plus grosse. Ses feuilles sont rouges, & ses fleurs vertes & de couleur d'herbe. Il a sa graine enfermée dans de petits vases comme le pavot. Pline dit qu'il fut premierement apporté des Indes, où il assure qu'on en fait grand état, à cause de l'huile que l'on tire de sa graine, qui ne sert pas seulement pour brûler, mais aussi pour assaisonner les viandes, ce qui oblige les Indiens à semer & à cultiver soigneusement cette plante.

JUGULAIRE. adj. Les Medecins nomment *Veines Jugulaires*, Celles qui naissent du rameau axillaire après qu'il est monté par dessus les clavicules. Il y en a deux, l'une externe & l'autre interne, & elles distribuent plusieurs rameaux à la gorge, au larynx, à la langue, & aux autres parties de la tête.

JUI

JUIFS. f. m. Peuple aveuglé, obstiné, qui se vante d'être la semence d'Abraham, & se glorifie du sceau de la Circoncision qui lui a été donné, & qui ne voulant point reconnoître Jesus-Christ pour le Messie, l'attend toûjours. Les Juifs sont dispersés à Rome, Venise, Vvorms, Mets, Francfort auprès du Mein, Amsterdam, & en plusieurs Places de Pologne, de Boheme, &c. & ils y ont leurs Synagogues, où ils ont accoûtumé de prier ensemble, & d'entendre la lecture de la loi. Ils y entrent avec grande reverence après s'être lavés & avoir gratté leurs souliers à un fer qui est ferme devant chaque Synagogue. Ils s'inclinent devant l'Arche où leur loi est conservée, & sont obligés à un certain nombre de prieres qu'ils doivent lire dans leurs livres. Ceux qui ne peuvent lire prêtent l'oreille attentivement, & disent *Amen* quoiqu'ils n'entendent pas ce qu'on lit, leur Lithurgie étant en ancien Hebreu que fort peu d'entre eux entendent. Ils prononcent plusieurs courtes benedictions qui sont suivies de quelques courtes prieres, & parce qu'ils ne peuvent sacrifier comme étant bannis de Jerusalem, qui est le lieu ordonné pour le Sacrifice, ils lisent la loi, qui en fait mention, avec quelque declaration touchant cette loi, tirée du Talmud qu'ils n'entendent pas. Ils prient pour le rétablissement de Jerusalem, & pour leur retour en ce pays-là qu'ils attendent tous les jours, & quand ils chantent ou prononcent ces paroles, *Ecoutez, Israël, le Seigneur notre Dieu est un seul Dieu*, ils tournent la tête vers les quatre coins du monde, voulant marquer que Dieu est Roi par tout, & sautent trois fois en prononçant celles-ci, *Saint, Saint, Saint est le Seigneur de Sabbaoth, toute la terre est pleine de sa Sainteté.* Ils tiennent que celui qui parle lorsqu'ils prient, mangera des charbons ardents quand il sera mort, & disent une execrable priere contre tous les Chrétiens, & contre les Juifs qui sont baptisés. Ils prient debout & retroussés, ayant la vûe du côté de Jerusalem, & mettent la main sur leur cœur en baissant leur tête. Ils sortent de la Synagogue à reculons, ayant toûjours les yeux tournés du côté de l'Arche, & ils sortent doucement pour ne paroître pas las de prier. C'est faire un grand peché, selon eux, que de tousser, bailler, ou cracher pendant qu'on prie. Sur les cinq heures après midi, le Portier de la Synagogue les vient avertir de se trouver à la priere du soir. Lorsqu'ils sont venus ils commencent leurs prieres par ces paroles, *Bienheureux sont ceux qui demeurent en ta maison.* Le Lecteur ayant chanté ou lû quelques Pseaumes, & la moitié de la priere qu'ils nomment *Kaddesh*, & toute la Synagogue ayant dit dix-huit prieres selon le nombre des os qui sont au dos de l'homme, il quitte son pupitre, & se jette à genoux devant l'Arche, mettant sa main gauche sous sa face, à cause de ces paroles de l'Ecriture, *Sa main gauche est sous ma tête*, le peuple fait la même chose, & ils disent le sixiéme Pseaume, ayant les yeux couverts & abaissés vers la terre. Leurs prieres du soir étant achevées, ils attendent un peu, & commencent celles de la nuit, pour ne pas revenir après souper à la Synagogue. S'il arrive que quelqu'un ait un differend avec son prochain, il prend le livre de la Liturgie & le ferme, en frappant dessus avec ses mains, pour faire connoître qu'il ne veut plus prier avant qu'il se soit reconcilié avec celui qu'il croit lui vouloir du mal. Quant à leur maniere d'observer le Sabbath, ils préparent le Vendredi tout ce qu'ils doivent manger & boire le Samedi, à cause que Moïse avoit commandé aux Israëlites d'amasser le sixiéme jour autant de manne qu'il leur en faudroit pour le Septiémé. S'il y a plus de travail que les domestiques n'en peuvent faire avant le Sabbath, les Maîtres, de quelque qualité qu'ils soient, doivent leur aider, autrement ce seroit violer un jour si saint. Ils lavent leur tête, leurs mains, & leurs piés, & coupent leurs ongles en commençant au quatriéme doigt de la main gauche. Il faut brûler ou enterrer ces rognures & ne pas marcher dessus. Ils changent d'habits, aiguisent leurs coûteaux, & nettoyent tout en leurs maisons, les hommes ayant soin de raser leur barbe, & les femmes de peigner leur tête. Ce sont elles qui allument leur lumiere du Sabbat avant que le Soleil se couche, à cause que la premiere femme, en désobéïssant à Dieu, a éteint la lumiere des hommes. Leurs tables demeurent couvertes pendant tout le jour du Sabbat, & ils ont accoûtumé de l'allonger en y ajoûtant une partie de celui du travail, afin que les ames puissent avoir quelque liberté dans le Purgatoire, où ils croyent qu'elles se rafraîchissent dans l'eau pendant ce tems-là. Ils commencent cette Fête avec du vin consacré & deux pains, en memoire de la double portion de manne qu'on amassoit avant le Sabbat. Il y a sept hommes qui leur lisent sept de leurs chapitres dans leur Synagogue. Ces hommes entrent par une porte & sortent par une autre. Ils prient pour les ames de ceux qui ont violé le Sabbat, lesquelles étant dans l'enfer sont tellement soulagées par là, qu'elles se peuvent tourner d'un côté sur l'autre. Leur service Divin ne dure pas plus de six heures, ce qui se rapporte à notre midi, & après cette heure là, leur loi leur défend de jeûner & de prier. Après midi ils parlent de leurs affaires du monde, & retournent le soir à leur Synagogue. Ils finissent leur Sabbat avec des Cantiques, & prient qu'Elie veuille hâter sa course, afin qu'il leur puisse donner connoissance de celle du Messie. Alors un des plus riches allume une torche, & prenant d'une main une boëte d'argent pleine d'épiceries, & une coupe pleine de vin de l'autre, il donne plusieurs benedictions à Dieu à cause des bienfaits de la lumiere, du vin, & des épiceries. Ils font encore quelques ridicules cris, & commencent la semaine. Quelques-uns lavent leurs yeux & leur face avec ce vin consacré, les autres en arrosent leurs maisons contre toutes sortes de sortileges, & ils sentent les épiceries pour ne pas s'évanouir quand une de leurs ames se separe, car ils croyent en avoir deux pendant le Sabbath. Si un Juif étoit surpris en un jour si saint parmi eux dans quelque voyage, il faut qu'il s'arrête au lieu où il est, fût-il au milieu d'une campagne ou d'un bois, & même en danger du plus fâcheux accident. Ils prennent grand soin de nettoyer leurs maisons, & de bien laver leurs meubles trois jours avant la celebration de la Pâque. La nuit avant qu'elle arrive, ils balient par tout dans leurs maisons, & cherchent dans tous les coins avec des chandelles de cire les miettes de pain levé que les souris peuvent avoir emportées, & qu'ils gardent jusqu'au lendemain pour les brûler. S'ils n'en trouvent point, ils en jettent un peu en bas tout exprès, afin de n'avoir pas travaillé & prié en vain. Ils ont grande attention à moudre & à paîtrir leurs pains sans levain. Le blé doit être moulu trois fois avant qu'on le cuise, & il faut que la meule de moulin soit bien nettoyée de toutes les farines d'auparavant. L'eau dont on se sert est apportée dans des vaisseaux consacrés & couverts, environ lorsque le soleil se couche. Le maître de la maison doit lui-même puiser l'eau. La façon de ces pains est ronde, & ils sont pleins de trous afin que l'air y entre, & qu'ils n'enflent point. Il est défendu de mettre dans la farine autre chose que de l'eau. Ils dînent à dix ou onze heures, mais fort mediocrement, afin d'avoir plus d'appetit à manger le soir leur pain sans levain, ils vont auparavant à leur Synagogue chanter & prier. Les femmes seules gardent la maison pour couvrir la table, pour pendre les tapisseries aux murailles, & pour orner leurs buffets, de plats & autres choses précieuses, ce qu'ils font pour rappeller le souvenir des richesses qui étoient dans le Temple quand il fut pillé & détruit. Chaque Maître de famille a une chaise d'honneur où il est assis comme sur un trône pour faire voir que presentement les Juifs sont délivrés de la servitude d'Egypte; les plus pauvres sont aussi assis dans leurs chaises. Quand la nuit commence à s'approcher, ils sortent de la Synagogue, & se retirent chés eux. Là ils découvrent un plat où sont trois gâteaux. Celui de dessus represente le grand Prêtre, celui du milieu les Levites, & le dernier le peuple d'Israël. Il y a deux autres plats dans l'un desquels est un quartier d'Agneau rôti avec un œuf dur, & dans l'autre de la bouillie épaisse, faite de divers fruits, & préparée avec du vin, & sur-tout avec de la cannelle, representant la paille & les tuiles en Egypte. Dans un autre plat sont des laitues, du pourpier, du cyprés, des raves, & semblables herbes, avec du vinaigre dans un autre pour representer les herbes sures avec lesquelles on mangeoit autrefois l'Agneau. Chacun a un verre de vin. Le gâteau du milieu est rompu en deux morceaux, dont le Maître en cache un dans une serviette pour montrer comment les Israëlites s'enfuirent d'Egypte avec leur pain sans levain. Il prend ensuite l'autre morceau, & dit, *Ainsi étoit le pain d'oppression que mangeoient nos Peres en Egypte Nous sommes maintenant ici, l'année prochaine nous serons en Canaan.* On porte le plat aux gâteaux auprès des enfans, afin qu'ils demandent ce que c'est, & quand les gâteaux ont été remis, ils chantent un Cantique de leur délivrance, & boivent un autre verre de vin en s'accoudant sur leurs chaises, Alors on mange un peu de ces gâteaux avec action de graces, & quelques-unes des herbes trempées dans la bouillie, & à la fin on rompt le dernier gâteau, & on mange encore quelques herbes. Leurs mariages se font dehors, soit dans la rue, ou dans une cour. L'Epoux porte autour de son col un habit de crin, dont le Rabbin du lieu met le bout sur la tête de l'Epouse, à l'exemple de Ruth, qui souhaita qu'on la couvrît du bord du vêtement de Booz. Le Rabbin prend un verre plein de vin sur lequel il prononce quelques benedictions, louant Dieu de cette alliance, & le donne à l'époux & à l'épouse afin qu'ils le boivent. Ensuite il prend un anneau d'or de l'époux, & après avoir demandé à ceux qui sont presens, s'il est bon & digne du prix qui en est payé, il le met à un des doigts de l'épouse, & pour lors on lit en public le traité de mariage. Le Rabbin prend de nouveau un verre de vin sur lequel il prie, & le presente encore à l'épouse & à l'époux pour en goûter. L'Epoux prend le verre & le jette contre la muraille, en memoire de la destruction de Jerusalem. Ils sont mariés dehors afin que tournant les yeux du côté du Ciel ils puissent penser à multiplier comme les étoiles. Outre leurs principales femmes, les Juifs en ont encore quelques autres, qui ne reçoivent aucuns presens du mari, & qui n'ont aucun écrit de mariage. Aussi leurs enfans ne peuvent-ils heriter. Quand un mari est las de sa femme, il prend trois témoins, en présence desquels il lui donne un petit papier environ de douze lignes, qui contient la liberté où il la laisse de disposer d'elle à sa volonté, mais elle ne peut se remarier que trois mois après, afin qu'on puisse sçavoir si elle n'est point grosse. La femme peut aussi donner une lettre de divorce à son mari. Quand un homme meurt sans laisser d'enfans, & qu'il a un Frere, sa veuve est au pouvoir de ce frere, de sorte qu'elle se presente avec cinq témoins devant le souverain Rabbin, s'il y a trois mois que son mari est mort, si le frere de ce mari est encore jeune, & si elle le juge propre à la generation. Ensuite le Rabbin demande au frere si la femme presente a été femme de son frere, s'il veut l'épouser, ou permettre qu'on lui ôte son soulier. S'il déclare qu'il ne veut point en faire sa femme, on apporte un soulier qu'on met à son pié droit nud, & alors la femme vient & dit, *Mon beau-frere ne veut point susciter la semence de son frere*, après quoi elle se baisse, tire son soulier, & dit en lui crachant au visage, *Il ira ainsi avec celui qui ne veut point bâtir la maison de son frere.* C'est de cette sorte qu'ils sont separés. Quand quelqu'un meurt, un de ses parens déchire un petit morceau de son habit, à cause que Jacob déchira ses vêtemens quand on lui apprit la mort de Joseph. On étend le mort par terre dans un drap le visage couvert, avec une bougie allumée du côté de la tête, & après qu'on l'a lavé avec de l'eau chaude où il y a de la camomille & des roses seches, on lui met une chemise, des caleçons, son taled, & un bonnet blanc sur la tête, & en cet état il est mis dans un cercueil fait exprès avec un linge au fond & un autre par dessus. On couvre le cercueil de noir & on le porte hors du logis. Alors tout le monde s'assemble, & chacun le porte tour à tour sur ses épaules. Les parens en deuil suivent de près en pleurant. Le corps est conduit de cette sorte au cimetiere, qui d'ordinaire est un champ destiné pour cet usage. On y fait une priere tirée du Deuteronome, puis on lui met un petit sac de terre sous la tête, & on cloue le cercueil qu'on met en terre, & que l'on couvre aussi-tôt; tous ceux qui assistent à cette ceremonie jettent de la terre tour à tour, jusqu'à ce que la fosse soit remplie. Lorsque l'on sort de ce lieu, chacun arrache de l'herbe deux ou trois fois, & dit en la jettant derriere soi, *Ils fleuriront de la Ville, comme l'herbe de la terre.* Cela étant fait, ils se lavent les mains, s'asseïent & se levent neuf fois en disant le Pseaume 91. après quoi ils retournent au logis, où les plus proches parens du mort étant arrivés, se mettent à terre, ôtent leurs souliers, & boivent & mangent en cette posture, ce qu'ils font sept jours de suite, en exceptant seulement celui du Sabbat qu'ils vont aux prieres, accompagnés & consolés de leurs amis plus que dans les autres jours. Pendant ce tems, ils ne peuvent faire aucun travail ni entreprendre d'affaires, & la femme & le mari ne peuvent coucher ensemble. Après les sept jours, ils vont à la Synagogue, où plusieurs font allumer des lampes, font faire des prieres, & promettent des aumônes pour soulager l'ame du défunt.

JUISE. s. m. Vieux mot. Jugement.

Au corps qui resusciteront
Pour venir au jour de juise.

JUJUBE. s. f. Fruit d'un arbre que quelques-uns nomment *Jujubier*, & que Matthiole dit être plus petit que le prunier. Il a sa racine entortillée, &

son écorce à peu près raboteuse comme celle de la vigne. Son bois approche de celui d'onycantha, & ses racines sont fermes & épaisses. Il a force épines longues, lissées, fermes & pointues, de couleur noire rousse, ainsi que ses branches, d'où sortent des manieres de petits roseaux pasles, fort minces & tendres, souples & pliables, ayant douze doigts de longueur ou plus. Cet arbre jette ses feuilles de côté & d'autre par certains intervalles, comme font le fresne & le cormier. Elles sont longuettes, peu grandes, fermes comme celles de la pervanche, & un peu dentelées à l'entour. Du même lieu d'où sortent ces feuilles, il vient des fleurs mousses & blanchâtres, qui rendent un fruit pareil à l'olive, avec un noyau semblable. Ce fruit est verd au commencement, puis quelque peu blanc, & quand il est mûr, il devient roux. Sa chair est alors douce & savoureuse, quoiqu'elle soit rude & âpre avant sa maturité. Les Jujubes pour être bonnes, doivent être grasses, récentes, longuettes, charnues, succulentes, rougeâtres au dehors & blanchâtres au dedans, pesantes de saveur, douces, délicates, & exemptes de pourriture. Galien qui les appelle *Serica*, dit qu'il ne sçauroit assûrer quelles en sont les propriétés pour chasser les maladies ou conserver la santé, à cause que les femmes & les jeunes enfans les cueillent toutes & les mangent. Il croit pourtant qu'elles donnent peu de nourriture, & que la digestion en est difficile. Dioscoride n'en a point parlé, mais Avicenne qui les croit aussi mal-aisées à digerer, ajoûte qu'elles sont bonnes aux incommodités de la poitrine & du poumon, & même aux maladies des reins & de la vessie. On les cueille sur la fin de Septembre, & après les avoir mises quelques jours au Soleil en liasses & poignées, on les pend au plancher, d'où on les tire ensuite pour les garder en de petites caisses, jusqu'à ce qu'on en ait besoin pour quelque usage de medecine. On les appelle *Zizypha* ou *Serica*.

JUL

JULE. s. m. Petite monnoie qui vaut environ cinq ou six sols. Elle est en usage en Italie, où l'on ne compte que par ducats & par Jules.

JULEP. s. m. Sorte de potion douce & agreable qu'on donne aux malades, qui se fait de quatre ou cinq onces d'eaux distillées, & d'une once de syrop. Il y en a de plusieurs sortes, de cordiaux, de rafraîchissans, de somniferes, & d'autres qui arrêtent les caterres. On se servoit autrefois de deux Juleps semblables, qui étoient en grande vogue, le Violet & le Rosat, appellé Alexandrin. Il n'y a plus que le dernier qui soit en usage. Il se fait de parties égales de sucre & d'eau Rose que l'on mêle ensemble, & que l'on fait cuir convenablement. On s'en sert fort dans le flux de ventre, pour donner tout à la fois une legere astriction & une saveur agreable. Ce Julep s'appelle en Latin, *Julepus rosatus* ou *Alexandrinus*. On dit aussi en Latin *Julapium*. Ce mot vient de l'Arabe *Julep* ou *Gilep*.

JULIEN. Il y a un Ordre Militaire, appellé de saint Julien du Poirier, qui fut établi dans le Royaume de Leon en 1179. & approuvé par les Papes Alexandre III. Luce III. & Innocent III. Ferdinand II. s'en rendit le Protecteur, & Gomez Fernandez en fut le premier Grand-Maître. Les premieres armes des Chevaliers étoient d'or à la Croix fleurdelisée de sinople, chargée en cœur d'un écu d'or au poirier de sinople. Après qu'Alphonse Roi de Leon, eut pris la Ville d'Alcantara sur les Maures, il la donna au Grand-Maître de Calatravra, qui ensuite la donna au Grand-Maître de saint Julien du Poirier. Les Chevaliers de cet Ordre se nommerent eux-mêmes Chevaliers d'Alcantara, & abandonnant leurs premieres armes, ils porterent la Croix verte de fleurs de lis sur leur poitrine. Ils vivoient sous l'ordre de saint Benoît, & firent premierement vœu de chasteté; mais le Pape Paul IV. les releva de ce vœu, & leur permit de se marier. Enfin la Charge de Grand-Maître de cet Ordre, fut unie à la Couronne de Castille par le Pape Alexandre VI. en faveur de Ferdinand Roi d'Arragon, & de la Reine Isabelle sa femme.

JULIEN, ENNE. adj. On appelle *Ans Juliens*, les années composées de 365. jours, avec un jour qui s'intercale de quatre en quatre ans, selon la reforme du Calendrier faite par *Jules César*. Voyez CALENDRIER. *La Periode Julienne*, est ainsi appellée, parce qu'elle est composée d'années *Juliennes*. Voyez PERIODE.

JUM

JUMARS. s. f. Bête de charge engendrée d'un Taureau & d'une Jument. Elle a le mufle & la queue de Vache, les reins larges, le pié de cheval, des especes de cornes naissantes. Elle est extrêmement forte & capable de porter 700. ou 810. livres. Il y en a d'engendrée d'un Taureau & d'une ânesse.

JUMEAU, JUMELLE. adj. *Il se dit de deux enfans qui sont de même ventrée.* ACAD. FR. On appelle *Jumeaux* ou *Gemeaux*, Un des signes du Zodiaque. C'est une constellation qui contient vingt-cinq étoiles, & trente ou trente-deux, selon quelques-uns. Il y en a trois principales, l'une de la seconde grandeur dans Castor, & deux dans Pollux de la quatriéme.

Jumeaux. Terme de Chymie. Il se dit de deux Alembics posés l'un auprès de l'autre, de telle maniere que le bec de chacun des deux entre dans le ventre de l'autre. C'est avec ces deux alembics ainsi posés que l'on distille par circulation.

JUMELÉ, ÉE. adj. Terme de Blason. Il se dit d'un sautoir, d'une bande, d'une fasce, & d'un chevron de deux Jumelles. *D'argent à deux ondes Jumelées, ou une Jumelle ondée d'azur en bande.*

Jumelé, est aussi un terme de mer, & on appelle *Mât Jumelé*, Un mât renforcé par des Jumelles; ce qui se fait quand le mât qui est toûjours d'une piece depuis son pié jusques à sa hune, n'a pas sa grosseur proportionnée à sa hauteur. On dit aussi, *Mât gemellé*.

JUMELLE. s. f. Espece de boîte de fer qui assemble par en bas les deux parties d'un étau. On appelle *Jumelles*, dans un pressoir, Deux grosses pieces de bois qui sont à plomb, & qui en soûtiennent l'arbre à la tête, Deux moyennes Jumelles le maintiennent au milieu. Les Imprimeurs appellent aussi *Jumelle*, Une grosse piece de bois qui est à chaque côté d'une presse. On dit encore, *Jumelle d'une serrure*, C'est une des pieces des ressorts. Il entre aussi deux Jumelles dans la composition du Tour ordinaire. Elles sont faites de deux membranes de bon bois, longues & grosses comme il plaît à l'ouvrier. Ces Jumelles sont posées de niveau, distantes l'une de l'autre de trois à quatre pouces selon la grosseur des poupées que l'on doit mettre entre deux, & assemblées par les bouts sur des pieces de bois debout, qui ont environ quatre piés de haut, & qui en sont les jambages. Une partie des poupées qui est entaillée se met entre les deux membrures, & le reste qui est

eſt la tête de la poupée, & qui eſt coupé quarrément de la largeur entiere de l'une & de l'autre, poſe ſolidement deſſus.

Jumelle. Terme de Blaſon. Eſpece de faſce double ou de faſce en deviſe, dont on charge le milieu de l'écu, & que l'on ſépare par une diſtance égale à la largeur de la piece. Quand il n'y en a qu'une, on la met au milieu de l'écu, mais quand il y en a pluſieurs, on les ſépare par des intervalles plus larges que celui qui eſt entre les deux pieces qui compoſent la Jumelle. Ces Jumelles doivent ſeulement avoir la cinquiéme partie de la largeur qu'ont les faſces.

Jumelles. Terme de Marine. Longues pieces de bois de ſapin qui ſont arrondies & creuſées, & que l'on attache autour d'un mât avec de gros cables, quand on a beſoin de le renforcer.

JUMENT. ſ. f. La femelle d'un Cheval que l'on nomme auſſi *Cavale*. Les Tartares vivent la plûpart du lait de Jumens, & les Nogais, Peuples de Tartarie, en font des fromages. Quelques-uns font venir le mot de *Jument*, du Latin, *Juvare*, Aider; & d'autres de *Jugum*, Joug, à cauſe qu'on accouple ces animaux pour tirer la charrue & autres eſpeces de chariots.

On appelle auſſi *Jument*, Une machine dont on ſe ſervoit autrefois pour faire la monnoie au moulin, & on l'a nommée ainſi à cauſe qu'on la faiſoit mouvoir avec une Jument. C'eſt parmi les faux Monnoyeurs, Un inſtrument particulier, qui eſt en forme de fers de gaufres, & qui ſert à faire & à marquer l'eſpece en un même-tems.

JUN

JUNIPAP. ſ. m. Grand arbre branchu, qui a les feuilles comme le chêne, mais deux fois plus grandes. Les fleurs en ſont blanches, & ſon fruit eſt auſſi rond qu'une pomme. Il eſt amer quand il n'eſt pas mûr, & jaune dedans & dehors, & de fort bon goût, lorſqu'il a atteint ſa maturité. Cet arbre croît au Breſil, & pluſieurs le confondent avec le Janipaba.

JUPITER. ſ. m. L'une des Planetes ſuperieures, (Voyez PLANETE,) & qui eſt entre Mars & Saturne. Jupiter eſt 81. fois plus gros que la terre, il fait le tour du Zodiaque environ en 12. ans. Sa plus grande diſtance de la terre eſt de 143000. demi diametres de la terre, & la plus petite de 87000. il a 4. Satellites qui tournent autour de lui. Voyez SATELLITE. On voit ſur ſon diſque avec la Lunette des eſpeces de bandes paralleles, qui reſſemblent aux Zones que nous imaginons ſur le globe terreſtre.

JUR

JURANDE. ſ. f. Charge qui ſe donne par élection dans les corps des Artiſans à deux ou quatre des Anciens, & dont le tems ne dure qu'un an ou deux. Ceux à qui elle eſt donnée ont ſoin des affaires de la Communauté, font recevoir les Apprentis & les Maîtres, empêchent les entrepriſes qui ſe peuvent faire ſur les Statuts & Reglemens du Mêtier, & préſident aux Aſſemblées.

JURAT. ſ. m. On appelle *Jurats* à Bourdeaux, & en quelques autres Villes de Gaſcogne, ceux que l'on nomme *Conſuls* & *Echevins* en d'autres Provinces.

JUS

JUS. adv. Vieux mot. En bas. *Vint pour nos ſauver en ceſt mont ça Jus en terre.* Ce mot vient de *Juſum*, que les Auteurs de la baſſe Latinité ont dit pour *Deorſum*. Les Italiens diſent *Giu*, pour ſignifier, En bas.

JUSANT. ſ. m. Quelques-uns écrivent *Juſſant*. Reflux de la marée quand la mer refoule. On dit, *Deux Juſants contre un flot*, pour dire, Que dans une navigation on a deux reflus contre un flux.

JUSQUIAME. ſ. m. Herbe fort branchue qui jette de groſſes tiges, & dont les feuilles ſont larges, longues, déchiquetées, noires & velues. Ses fleurs ſortent par ordre d'un ſeul côté de la tige. Elles ſont ſemblables à des fleurs de Grenadier, & environnées de petits écuſſons, pleins d'une graine qui approche de celle du pavot. Dioſcoride qui en fait cette deſcription, dit qu'il y a trois eſpeces de Juſquiame; que le premier porte une graine noire, & a ſes fleurs rougeâtres, ſes feuilles ſemblables au liſet, & ſes vaſes durs & piquants, & que le ſecond a une graine ſemblable à celle d'Eryſimum; ſes fleurs jaunes & ſes feuilles & gouſſes plus ſimples. Ces deux ſortes rendent la perſonne aſſoupie, & font perdre la raiſon, ce qui les fait rejetter en Medecine. Le troiſiéme eſt gras, bourru & tendre & a ſa graine blanche ainſi que ſes fleurs. Il croît aux lieux maritimes & parmi les maſures & ruines des maiſons. Il eſt en uſage à cauſe qu'il eſt moins violent que les autres. Matthiole parle d'une autre eſpece de Juſquiame, dont les tiges ſont d'une coudée & demie de haut, rondes, branchues & couvertes d'un petit cotton. Cette plante a les feuilles grandes, graſſes, pleines d'un petit poil, molles, & qui reſſemblent à celles du Solan dormitif, avec une odeur auſſi forte. Ses fleurs ſont jaunes, & ſemblables à celles du Juſquiame. Il en ſort de petites têtes rondelettes, qui ont leur bouche couverte d'un couvercle preſque ſemblable avec une couronne tout autour. Ces têtes enferment une graine rouſſâtre. Sa racine eſt blanche, groſſe comme le doigt, longue d'un empan, & fort munie de capillatures. Le Juſquiame qui a la graine noire eſt entierement reprouvé en Medecine. Les Latins l'appellent *Altercum* ou *Herba Appollinaris*, & les Grecs ὑοσκύαμος, Féve de Pourceau, à cauſe que les Sangliers qui mangent de cette graine tombent en paralyſie, s'ils ne ſe vont guerir auſſi-tôt, en allant manger des écreviſſes dans les ruiſſeaux & dans les rivieres. Galien dit en parlant du Juſquiame, que celui qui a la graine noire provoque à dormir, & trouble l'entendement; que celui qui a la graine un peu rouſſe, a preſque la même proprieté que l'autre; que l'un & l'autre ſont dangereux & venimeux, mais que celui qui a la fleur & la graine blanche, eſt fort bon en Medecine, & refrigeratif au troiſiéme degré.

JUSTE. ſ. f. Vieux mot qui a ſignifié une pinte, d'où vient qu'on appelle encore à Montauban, *une Juſte*, la meſure du vin qui répond à ce qu'une pinte en peut contenir. Il y a eu auſſi quelque ouvrage d'or que l'on a appellé *Juſte*.

Sa Juſte étoit moult bonne & chiere,
Tout étoit d'or noblement faite.

JUSTISER. v. a. Vieux mot. Executer à mort. Fauchet veut qu'il ait ſignifié *Commander*.

JUT

JUT. On trouve ce mot dans le vieux langage, pour dire, Il coucha.

Meſſire Ganvin celle nuit:
Jut les ſamit à grand déduit.

On trouve aussi *Jurent* au pluriel, pour dire, Ils coucherent.

Cette nuit jurent dui & dui.

JUV.

JUVEIGNEUR. s. m. Vieux terme de Coûtume. Cadet, Frere puîné. Ce mot a été fait de *Juvenior* qu'on a dit pour *Junior*.

JUVENCE. s. f. Jeunesse. Vieux mot. *Li Rois ton aiol fu guaris de l'enfermeté qu'il a, & fut revenu en sa juvence.*

JUX

JUXTAPOSITION. s. f. Terme dogmatique. Il se dit des corps naturels qui s'accroissent en se joignant, & s'attachent aux voisins.

JYN

JYNGUER. v. n. Vieux mot. Vouloir jouer, folâtrer. Ce mot vient du Grec ἴυγξ, qui veut dire, Amorce pour l'amour, pour les plaisirs,

K

KAD | KAL

KADRIS. f. m. Sorte de Religieux Turcs, appellés ainsi de leur Fondateur Abdul Kadri Ghilani, que sa sagesse & son abstinence avoient mis en grande réputation. Il naquit en l'Hegire de Mahomet 561. & mourut en l'année 657. Son tombeau est hors des portes de Babylone, où vont en pelerinage la plûpart de ceux qui font profession de son Ordre. Leur noviciat est un noviciat de jeûne & d'abstinence qu'ils sont obligés de faire par degrés. Ainsi lorsqu'ils y entrent, on leur donne un petit fouet de bois de saule, qui pese quatre cens drachmes étant frais cueilli. Ils le portent pendu à leur ceinture, & reglent chaque jour la nourriture qu'ils prennent selon le poids de ce fouet, de sorte que leur portion de pain diminue à mesure qu'il se desseche & qu'il devient plus leger. Outre les Prieres ordinaires des Turcs qui les font cinq fois le jour, il y a obligation pour les Kadris de passer la nuit entiere, ou au moins la meilleure partie, à tourner en rond au son d'une petite flûte, en prononçant sans cesse le mot *Hai*, qui signifie Vivant, & qui est l'un des attributs de Dieu. Ils se prennent tous par la main, & repetent si souvent ce mot & tournent en rond avec tant de vehemence que la plûpart tombent sur la place comme morts & sans aucun mouvement, ce qu'ils font à l'imitation de leur Maître, qui dans ce violent exercice s'ouvroit les veines de la poitrine d'où il jaillissoit du sang qui marquoit le mot *Hai*, contre la muraille. Ceux qui sont assés robustes pour y pouvoir resister prennent ceux qui sont tombés, & les emportent dans une chambre où ils les couchent jusqu'à ce que leurs esprits soient revenus. Ils dansent ainsi tous les Vendredis la nuit, & afin de pouvoir achever cette ridicule danse avec plus de force & de vigueur, ils obtiennent assés souvent permission de leur Superieur, de s'enyvrer ou de s'étourdir avec de l'eau de vie, de l'opium & autres drogues semblables. Chacun d'eux est obligé de faire une fois l'année une retraite particuliere de quarante jours dans une petite cellule où personne ne les voit. Ils s'appliquent pendant ce tems-là à la meditation, & à observer les songes qu'ils font dont ils rendent compte ensuite au Superieur qui les explique à sa mode, & qui prétend pouvoir deviner par-là les choses futures. Ils peuvent se marier, & on les fait sortir du Couvent quand cela arrive. Il leur est permis de porter tel habit qu'ils veulent, mais pour se faire connoître ils y mettent des boutons noirs. Ceux qui vivent dans le Couvent ont toûjours les piés nuds, & ne se rasent, ni ne se couvrent la tête. Ils portent une couverture blanche d'un drap fort gros, & sont ordinairement assis comme les autres Religieux Mahometans, la tête baissée & le nés sur la poitrine. Ils disent qu'ils se tiennent en cette posture afin de n'avoir point de distractions lorsqu'ils meditent, n'étant point frappés dans cette situation par les objets charnels. Les Superieurs du Couvent de cet Ordre, enseignent à leurs Disciples une certaine Priere qu'ils leur disent tout bas à l'oreille, afin qu'elle ne soit entendue de personne. Ils sont obligés de la dire & de la repeter sans intermission, si ce n'est aux heures destinées à satisfaire aux besoins de la nature, & ils assûrent que sa vertu est si grande que par le moyen de cette Priere, ils jouissent de la vûe de Dieu. Ils ont un Couvent à Tophana dans Constantinople. Ils racontent d'Abdul Kadri Ghilani leur Maître, qu'étant allé à Babylone pour y demeurer, les Santons de cette Ville-là allerent au-devant de lui, l'un d'eux tenant à sa main un plat rempli d'eau, afin de lui faire entendre, que comme l'on ne pouvoit rien mettre de plus dans ce plat, qui étoit plein jusqu'au bord, leur Ville étoit si pleine d'hommes sçavans & de Religieux, qu'il n'y avoit point de place pour lui. Il leva d'abord les mains au Ciel, & ensuite se baissant il ramassa une feuille de rose qui étoit à terre, & la mit dans un plat où étoit l'eau, leur faisant voir qu'elle y trouvoit place, quoiqu'il fût tout plein. Cela parut si ingenieux à ces grossiers Babyloniens qu'ils le regarderent comme un prodige de sagesse, & le menerent en triomphe dans leur Ville, où ils le firent Superieur de tous leurs Ordres Religieux.

KAE

KAEI. f. m. Arbre haut & épais, qui croît au Païs des Noirs, & dont on emploie l'écorce & les feuilles dans des remedes. Son bois est si dur que l'on en fait des canots, qui resistent fort longtems à l'eau, & ne se pourrissent pas facilement.

KAENE. f. f. Vieux mot. Chaîne. On a dit aussi, *Enkaîné*, pour, Enchaîné.

Velus étoit com leus, u ours enkatnez.

KAI

KAIR. v. n. Vieux mot. Tomber, du Latin *Cadere*. On a dit aussi, *Dekair*, pour dire, Déchoir.

Quand il virent par mesestance
Le Royaume ensi dekair.

KAL

KALENDERIS. f. m. Ordre de Religieux Turcs, appellés ainsi d'un certain Santon qu'on nommoit Kalenderi, & qui proferoit sans cesse le nom de Dieu au son de sa flûte, n'ayant point d'autre divertissement jour & nuit que cette musique, dont les tons, qu'il accompagnoit ordinairement de larmes & de soûpirs, étoient tristes & mélancoliques. Il alloit la tête nue, le corps plein de playes, & n'avoit point de chemise, n'étant couvert que d'une peau de bête sauvage sur les épaules. Il avoit à sa ceinture quelque pierre bien polie, & des pierres fausses à ses bras au lieu de rubis & de diamans. Les Kalenderis, ses disciples, prétendent par une voie toute opposée à la sienne, être bons Religieux, quoiqu'ils s'abandonnent publiquement au libertinage. Ils vivent sans souci & sans embarras d'esprit, & disent ordinairement entre eux, *Aujourd'hui est à nous, demain est à lui, qui sçait qui en jouira?* Sur cette maxime, ils ne perdent nulle occasion de se donner du plaisir, employant tout le tems à boire & à manger. Pour satisfaire à leur gourmandise, ils vendent les pierres de leur ceinture, leurs pendans d'oreilles & leurs bracelets. Ils croyent la taverne aussi sainte que la Mosquée, & disent qu'on sert aussi bien Dieu dans la débauche que dans les jeûnes & mortifications. Quand ils sont chés des gens riches, ils cherchent à se rendre agreables par leurs contes à tous ceux de la maison, afin qu'on leur fasse bonne chere. Les Turcs prétendent que si les Chrétiens se rendirent maîtres de Jerusalem en l'année six cent quinze de Mahomet, ce fut parce que le Chef de cet Ordre, qui avoit beaucoup de part au gouvernement de la Ville, étoit yvre lorsque l'assaut fut donné.

KALI. s. m. Plante appellée ainsi par les Arabes, laquelle quand elle commence à sortir de terre, jette une feuille ronde presque semblable à celle de la petite Joubarbe. Venant à croître, elle pousse une tige nouée, qui un peu après croît à la longueur d'un doigt, & lorsqu'elle est devenue plus grande, elle produit de ses nœuds des feuilles grosses, grasses, & creuses au milieu, & qui de leur pié qui est assés gros, viennent toûjours en pointe. Après que cette plante est parvenue à la grandeur qu'elle doit avoir, les feuilles qui sont à la cime de ses tiges, se trouvent minces, petites, rouges, & du milieu de ses feuilles sortent de petites boules rondes, où une petite graine est enfermée. Ses tiges sont rousses & grasses, & toute la plante a un goût salé, comme le fenouil marin. Les Verriers se servent de ses cendres pour faire des verres, & de la décoction du Kali on fait le sel appellé *Alkali*, par les Arabes. Quelques-uns croyent que ce soit la seconde espece d'Anthyllis de Dioscoride, mais Matthiole fait voir qu'ils se trompent. On trouve aussi en Egypte une sorte de Kali qui lui est particuliere. Ses feuilles ressemblent à celles du Cyprès, à la reserve qu'elles sont plus longues. Elle n'a qu'une tige courbe, qui en produit deux ou trois autres plus minces & plus droites. A la cime de chacune est un rameau de quatre ou cinq feuilles. Cette plante sechée au Soleil, & réduite en cendres, sert à faire des glaces de Venise, du Savon & autres choses. On dit que la poudre ou le jus pris avec du bouillon, est excellente pour les phlegmes, & pour le foye échauffé.

KAO

KAOUANE. s. f. Espece de Tortue qui ne differe de celles que l'on appelle *Tortues franches*, qu'en ce qu'elle a la tête beaucoup plus grosse à proportion du corps. Il y en a d'une grosseur si démesurée que la seule écaille de dessus a environ quatre piés & demi de longueur & quatre de large. Cet animal est stupide, pesant, sourd & sans cervelle, n'en ayant pas plus gros qu'une petite féve dans toute la tête, quoiqu'elle soit aussi grosse que celle d'un Veau, mais aussi il a la vûe admirable. La Kaouane est plus méchante que les autres Tortues, & se défend des pattes & de la gueule, lorsqu'on veut la prendre & la tourner. Elle est peu estimée à cause de sa chair noire qui sent la marine, & qui est d'un mauvais goût. Ceux qui la vont pêcher aux Isles du Cayeman, la mêlent avec la Tortue franche pour en avoir le débit, mais elle lui communique une mauvaise saveur. L'huile qu'on en tire est acre, & n'est bonne qu'à brûler. Quelque tems après que la grande écaille de la Kaouane est dépouillée, & que les cartilages commencent à se pourrir, il se détache de dessus huit feuilles beaucoup plus grandes que celles de la Tortue appellée *Caret*, mais plus minces, & marbrées de blanc & de noir. On en garnit la plûpart des grands miroirs.

KAR

KARABE'. s. m. Quelques-uns veulent que ce soit la gomme du Peuplier, mais la plus commune opinion est que le mot de Karabé n'est autre chose que le nom que les Arabes donnent à l'Ambre jaune. Selon Avicenne Karabé signifie en Langue Persienne *Tirepaille*, ce qui est le propre de l'Ambre, & non de la Gomme du Peuplier. Galien, Æginetta & Actuarius font assés connoître qu'ils prennent le Karabé pour l'Ambre, puisqu'ils appellent *Trochisques d'ambre*, ces masses astringentes que les Arabes appellent *Trochisques de Karabé*.

KARAT. s. m. Nom de Poids, qui a été jugé propre pour exprimer le titre & la bonté de l'or, qui est au suprême degré, lorsqu'il est à vingt-quatre Karats. Chaque Karat est composé de trente-deux trente-deuxiémes, & se divise en demi, en quarts, en huitiéme, en seiziéme & en trente-deuxiéme. Quand on dit en parlant de l'or qu'il est à vingt Karats, on entend un or qui a perdu quatre degrés de sa bonté interieure, & dans lequel un sixiéme de cuivre ou d'argent a été mêlé. Le *Karat de fin*, est un vingt-quatriéme degré de bonté de quelque portion d'or que ce soit, & *le Karat de prix*, est la vingt-quatriéme partie de la valeur d'un marc d'or fin. Quant au *Karat de poids*, ce n'est autre chose qu'un petit poids dont les Orfévres & les Jouailliers se servent pour peser les perles & les pierres prétieuses. Ce poids pese quatre grains, & chaque grain se divise en demi, en quarts, en huitiémes, &c. C'est sur ce pié qu'on donne le prix aux pierres qu'on pese.

KARATAS. s. m. Sorte de plante sauvage dont il y a de deux ou trois sortes que la nature a fait croître dans toute l'Amerique pour suppléer au défaut du chanvre & du lin. La principale est assés commune dans les terres sablonneuses, & même sur les rochers des Antilles. Ses feuilles croissent en rond de même que celles des Ananas ou de l'Aloës, & comme elles se terminent toutes en pointes triangulaires, elles sont piquantes comme des aiguilles. Sa racine ressemble à un gros oignon filasseux. Ses feuilles occupent quelquefois dix ou douze piés de terre en rondeur, & quand la plante a deux ou trois ans, elle pousse du milieu de ces mêmes feuilles une tige droite comme une fléche, plus grosse que la jambe, & haute de vingt à vingt-cinq piés, sur laquelle il y a en quelques endroits de petites feuilles triangulaires. Le haut de cette tige se divise en plusieurs petits rameaux, portant de petits boutons qui s'épanouissent en fleurs blanches étoilées. Avant que les boutons de ces fleurs soient ouverts, ils sont remplis d'un fort beau coton dont on peut se servir utilement. On fait bouillir les feuilles de cette plante, & l'on en tire du fil qui est d'un fort grand usage à faire des toiles, des rets pour la pêche & des lits pendans. Sa racine & ses feuilles broyées & lavées dans une riviere jettent un suc qui étourdit si fort le poisson qu'on peut le prendre facilement à la main. Cette grande tige qui en fait le tronc étant sechée, brûle comme une méche ensouffrée, à cause qu'elle est toute spongieuse, & si on la frotte rudement avec un bois plus dur, elle s'enflâme & se consume.

Il y a une autre espece de Karatas plus rare, & il s'en trouve sur les rochers de Grenadins. Les feuilles en sont deux fois plus grandes & plus longues, toutes armées de piquans sur les bords, & l'on en peut tirer du fil aussi bon que celui de ce Karatas commun, mais comme ordinairement cette plante croît dans des deserts pierreux où il ne se trouve guere d'eau douce, la soif y fait courir ceux qui passent, à cause que ses feuilles sont disposées de telle maniere que se fermant en bas comme un verre, on y trouve quelquefois une pinte d'eau fraîche, très claire & très-saine.

Il se trouve encore une plante dans tous les bois de ces mêmes Isles que les Habitans aussi-bien que les Sauvages nomment *Karatas*. Elle a ses feuilles assés semblables à celles de l'Ananas, mais trois ou quatre fois plus longues, plus minces, plus seches, & armées des deux côtés de petits crocs épineux. Son fruit est gros & long comme le doigt, fait en pyramide à triangle en forme d'un gros cloud. L'écorce en est blanche & velue, mais veneneuse, brûlant & faisant élever la bouche. La chair de ce fruit est blanche comme celle d'une pomme, mais un peu plus tendre. Il y a dans le milieu cinq ou six petites graines, comme de petites lentilles. Elles sont blanches au commencement & rouges quand le fruit est mûr. Ce fruit a le goût d'une pomme de renette, relevé par une petite aigreur qui le rend fort agréable. Il en croît quelquefois trois ou quatre cens dans le cœur d'une seule plante. Ils sont tout contre terre, serrés & pressés l'un contre l'autre la pointe en bas, & fleurissent violet. On en fait de fort bonnes confitures après qu'on a dépouillé le fruit de son écorce. Il rafraîchit & désaltere beaucoup. Une cuillerée de son suc mêlée avec un peu de sucre fait sortir les vers, mais il est fort dangereux aux femmes enceintes.

KAROUATA. s. f. Plante qui croît aux Indes Occidentales dans l'Isle de Marignan, & qui est fort semblable à l'Ananas. Elle produit des feuilles longues d'une brasse, & larges de deux pouces, épaisses & épineuses de côté & d'autre. Au milieu de ces feuilles sort une tête, à laquelle naissent, à deux palmes de terre ou environ, cinquante fruits, & quelquefois beaucoup davantage, de la longueur d'un doigt, entassés ensemble de la forme d'une pyramide triangulaire, jaunâtres dehors & dedans, agreables au palais, & d'un fort bon goût. Cette plante commence à mettre son fruit dehors après les pluies. Il est plein d'une matiere spongieuse, & de plusieurs grains & menue semence; le suc en est aigre doux. Si on en mange beaucoup il fait saigner les gencives & la langue, & est fort bon contre le scorbut & dans les fievres.

KER

KERMÈS. s. m. Fruit d'un Arbrisseau qui produit force branches, ausquelles est attachée la graine dont on teint en écarlate. Les Latins appellent cet Arbrisseau *Ilex*. Cette graine n'est pourtant pas proprement le fruit de l'Yeuse, mais un excrement & comme une salive rouge & luisante, enfermée dans une petite vessie qui vient sous la feuille, l'Arbrisseau ne portant pas seulement de la graine, mais aussi du gland, & cessant de donner de cette graine lorsque le gland est devenu trop vieil & trop noir. C'est ce qui oblige à couper quelques-unes de ses branches afin qu'il en pousse de nouvelles. Cette graine se trouve dans la Crete, ainsi qu'en plusieurs lieux de l'Espagne, & même dans la Gaule Narbonnoise. Pour être bonne il faut qu'elle soit recente, compacte, pleine, un peu amere au goût, de couleur de pourpre & remplie d'un suc de couleur de sang. Elle est astringente, échauffe & desseche, & rétablit les esprits vitaux. Elle dissipe les vapeurs noires & malignes, facilite l'accouchement, remedie aux nerfs coupés, & fait sortir la petite verole. Galien parlant de la graine d'écarlate qui est le Kermès, dit qu'elle a une vertu astringente & amere, ce qui la rend dessiccative sans mordication, & qu'ainsi elle est fort bonne aux grandes plaies & particulierement aux nerfs coupés.

KERUA. s. m. Nom que les Arabes & les Apothicaires donnent au *Ricinus*, appellé autrement *Palma Christi*, ou *Cataputia major*. C'est une herbe qui devient de la hauteur d'un petit Figuier. Elle a ses feuilles comme le Plane, mais plus grandes, plus lissées, & plus noires. Sa graine étant mûre tombe avec je ne sçai quelle impetuosité. Lorsqu'elle est pelée, elle ressemble aux Tiquets, petites bêtes qui s'attachent aux chiens, aux bœufs & aux vaches, & qui ne les quittent point qu'elles ne soient gonflées de leur sang. Cet Animal que l'on appelle *Ricinus* en Latin, a fait appeller cette graine *Ricinus*. On en fait de l'huile, qui est bonne pour éclairer, & pour les emplâtres. Trente de ses grains bien émondés, pilés & pris en breuvage, purgent par le bas & par le haut les phlegmes, la colere & les aquosités, mais Dioscoride témoigne que cette purgation est fort fâcheuse à cause qu'elle renverse entierement l'estomac. Voyez CATAPUCE.

KIE

KIEDER. s. m. Oiseau de Forêt qui se trouve dans la Laponie, & qui est une sorte de Faisan ou grand coq sauvage dont la femelle est d'une couleur mêlée du cendré & du jaune, qui toutefois tire plus sur le cendré. Olaüs Magnus en parle de cette sorte. Dans les Pays Septentrionaux il y a des coqs sauvages aussi gros que des Faisans, mais qui ont la queue beaucoup plus courte, & qui sont noirs par tout le corps, avec quelques plumes blanches & luisantes au bout des aîles & de la queue. Les mâles ont la crête rouge & haute, les femelles l'ont basse & pendante, & sont toutes grises. Ils portent leur crête aux deux côtés sur les yeux, & non sur le haut de la tête comme nos coqs domestiques.

KIO

KIOSQUE. s. m. Petit pavillon isolé, & ouvert de tous côtés, où se retirent les Levantins quand ils ont envie de prendre le frais. Il y en a à Constantinople qui sont dorés & pavés de carreaux de porcelaine. La plûpart ont vûe sur la Propontide & sur le canal de la mer Noire.

KNI

KNIPER. s. m. Espece de Pic qui naît particulierement dans la Laponie. Il a le dos noir, ainsi que la tête & la plus grande partie de ses aîles, l'estomac & le ventre blanc, le bec rouge, fort long, & armé de dents. Il a aussi les piés rouges & fort courts, avec une petite peau entre les doigts comme les autres oiseaux de riviere.

KOL

KOLACH. f. m. Arbre qui croît au Pays des Noirs, & qui pouffent d'affés hautes branches. Ses fruits font faits à peu près comme des prunes, & font fort bons à manger.

KYN

KYNANCHIE. f. f. Terme de Medecine. Efpece d'Efquinancie, qui arrive quand l'inflammation eft aux parties internes du larynx. Les Malades fe fentent tellement preffés dans la Kynanchie qu'ils font contraints de tirer inceffamment la langue à la maniere des chiens. C'eft de-là que vient ce mot κυνὸς, fignifiant Chien en Grec, & ἄγχειν, Suffoquer.

KYNOCEPHALE. f. m. Efpece de finge qu'on trouve en Egypte, & qui eft plus gros, plus fort & plus fauvage que les autres Singes. Il a les dents plus fortes & plus ferrées que celles des chiens. Son nom eft Grec & veut dire *Tête de chien*, de κυνὸς Chien, & de κιφαλὴ Tête. On tient que cet Animal piffe douze fois le jour & autant la nuit au tems de l'Equinoxe.

L

LAB

LABIALE. adj. f. Terme de Palais. On appelle *Offres Labiales*, des Offres qui se font seulement de bouche. On le dit aussi de celles qu'on fait par écrit, quand il n'y point de deniers effectifs offerts. On dit encore *Lettres Labiales* parmi les Grammairiens. Ce sont celles qui se prononcent des levres, à la difference des lettres dentales & gutturales, dont les unes se prononcent des dents, & les autres du gosier. Ce mot vient du Latin *Labium*, Levre.

LABOUR. s. m. On dit des terres en *Labour*, & non pas en *Labeur*, comme disent les Furetieristes.

LABOURER. v. a. *Remuer la terre avec la charrue, la bêche, la houe.* ACAD. FR. On dit en termes de Marine, qu'*Un Vaisseau laboure*, pour dire, qu'il passe par un lieu où il y a peu d'eau, & qu'il y touche la terre. On dit aussi qu'*Une ancre laboure*, pour dire, que L'ancre ayant été jettée dans un fond qui n'est pas bon pour l'ancrage, elle ne peut enfoncer ni s'y tenir ferme.

On dit en termes de Plombier, *Labourer le sable*, pour dire, Mouiller & remuer avec un bâton le sable qui est dans le chassis autour du moule.

LABURNUM. s. m. Sorte d'arbre dont Pline parle en ces termes. Le Cyprés, le Noyer, le Châtaignier, ni le Laburnum ne s'aiment point auprès des eaux. Quant au Laburnum, il croît aux hautes Montagnes, & n'est pas connu de chacun. Son bois est blanc & fort dur, & sa fleur a une coudée de haut. Jamais les mouches à miel n'approchent de cette fleur. Quelques-uns prennent une seconde espece d'Anagyris qui se trouve en Italie, & que ceux de Trente nomment *Eghelo*, pour le Laburnum de Pline, mais Matthiole fait connoître leur erreur par plusieurs raisons.

LABYRINTHE. s. m. Lieu qui est coupé de tant de chemins qui rentrent les uns dans les autres, qu'il est presque impossible d'en sortir. On appelle *Labyrinthe de pavé*, Une espece de compartiment de pavé que forment des platebandes droites ou courbes. Ces platebandes par de differens retours, laissent des espaces qui representent en quelque façon les divers sentiers des anciens Labyrinthes. Ce mot est Grec λαβύρινθος, & M. Callard de la Duquerie le dérive de παρὰ τὸ μὴ λαβεῖν θύρας de ce qu'il n'a point de portes

Labyrinthe. Terme d'Anatomie. Troisiéme cavité qui est dans l'oreille interieure de l'homme. On l'appelle ainsi à cause qu'étant faite comme une coquille d'escargot, elle a plusieurs trous cachés, qui sont autant de chambrettes.

LAC

LACERET. s. m. Outil de Charpentier & d'autres ouvriers qui travaillent en bois. C'est ce qu'on appelle autrement *Petite tariere*.

LACERON. s. m. Laitue sauvage qui sert de nourriture aux Lapins, & qu'on appelle plus communément *Laiteron*.

LACET. s. m. Morceau de fer rond, & en forme de broche qui traverse & entretient les charnieres des couplets & des fiches. Les Serruriers l'appellent aussi *Rivûre*.

LACIER. v. a. Vieux mot. Attacher, du Latin *Laqueus*, qui a fait Laqs.

LACRIMATOIRE. s. m. Les anciens appelloient ainsi une petite phiole dans laquelle on recueilloit les larmes versées pour un défunt, & qu'on enfermoit dans son tombeau. Il vient du Latin *Lacrima*, Larme, ce qui a fait dire autrefois *Lacrime*.

LAD

LADANUM. s. m. Liqueur resineuse qui découle des feuilles d'une espece de Cistus appellé *Ledum*. Ces feuilles ont je ne sçai quoi de gras au printems, & comme les chevres & les boucs se plaisent à les brouter, la graisse qui est dessus s'attache facilement à leurs barbes & coule jusques au poil de leurs cuisses & de leurs jambes. Ensuite les gens du Pays prennent soin de peigner ces animaux pour en retirer cette graisse qu'ils fondent & coulent pour la garder & la rediger en masse. D'autres raclent la graisse qui est sur-tout l'arbrisseau, & en font le Ladanum en forme de petites boules. Le meilleur est celui dont la couleur est verdâtre, qui est gommeux & resineux, net de tout sable & gravier, & qui se ramollit aisément. On en trouve peu presentement qui ne soit sophistiqué. Il est anastomatique & suppuratif, & a la vertu d'amollir & d'incrasser. Il en vient de fort bon de Chypre. Le moins estimé est celui de la Lybie & d'Arabie. Le Ladanum s'emploie aux emplâtres qui se préparent pour conforter l'estomac, & mangé en pillules au poids d'une drachme deux heures après le repas, il aide à la digestion. On en mêle parmi les senteurs; & on en tire une huile fort odorante. Elle se fait d'une livre de Ladanum qu'on met en petits morceaux & qu'on jette ensuite dans un chauderon en y ajoûtant six onces d'eau rose, & quatre d'amandes douces. On fait cuire le tout à petit feu pendant une heure & demie, après quoi on le fait couler jusqu'à ce que l'huile soit devenue claire.

LADRE. s. m. Qui est infecté de lepre. On appelle *Ladres blancs*, Les lepreux, qui ayant encore la face belle & le cuir lissé ne donnent au dehors aucune marque du mal dont le dedans est atteint. Ceux que l'on appelle *Ladres verds*, sont des Ladres confirmés ayant beaucoup de boutons qui poussent au dehors. Ces boutons sont extrémement durs, la base en est verte & la pointe blanche. Borel fait venir ce mot de *Lasre*, & celui-ci de *Lazare*, à cause que le Lazare étoit tout couvert d'ulceres. On appelle *Cochon Ladre*, Un cochon qui a sous la langue de petits grains blancs, & la chair pleine de ces grains.

On appelle en termes de Manege *Cheval Ladre*, Un cheval qui a des marques blanches autour de l'œil, & au bout du nez. On a de la peine à les discerner sur un poil blanc. Les chevaux qui ont ces marques, ne laissent pas d'être sensibles à l'éperon, & ils ne doivent pas être moins estimés pour cela.

Ladre, est aussi un terme de Chasse, & il se dit d'un liévre qui habite dans des lieux marécageux.

L A G

LAGUE. s. f. Terme de Marine. *La lague d'un Vaisseau*, se dit de l'endroit par où il passe.

LAGOPUS. s. m. Herbe, qui, selon Dioscoride, croît parmi les blés, & qui étant bûe en eau si on a la fiévre, & en vin si on ne l'a pas, resserre le ventre. Matthiole dit que Dioscoride a passé si legerement sur cet article, qu'il est presque impossible de deviner laquelle entre tant d'herbes qui croissent parmi les blés, doit être choisie pour le Lagopus. Quelques-uns croyent que c'est une espece de trefle dont les têtes representent le pié d'un lievre, d'où cette herbe a pris son nom λαγώς voulant dire en Grec Lievre, & πῶς, Pié.

L A I

LAI, LAÏE. adj. Laïque. On appelle *Cour Laie*, Une Justice temporelle & séculiere, *Conseiller Lai*, Un Conseiller qui n'a point de Clericature, & *Patron Lai*, Un Patron laïque qui a fondé quelque Benefice en se reservant le Patronnage, & sans le consentement duquel le Benefice ne peut être resigné.

Lai, se dit encore de certains Religieux qui font seulement vœu d'obéïssance, & de stabilité dans un Couvent, & qui renonçant à avoir jamais la qualité de Pere, s'emploient à faire les œuvres serviles de la maison. On appelle aussi *Sœur Laie*, Une Religieuse qui n'est point fille de Chœur.

On appelloit autrefois *Moine Lai*, Un Soldat estropié qui avoit un brevet du Roi pour demeurer dans un Monastere de fondation Royale, & à qui les Religieux étoient obligés de fournir une portion Monachale pour sa subsistance. Cette portion a été convertie depuis en une pension de cinquante écus par an, & on la paye aujourd'hui à l'Hôtel des Invalides.

LAIANS. Vieux mot. Là dedans.

LAICOCEPHALES. s. m. On a appellé ainsi, les Schismatiques Anglois, qui pour éviter la prison, & la confiscation de biens, dont ils étoient menacés, se trouvoient obligés de confesser que le Roi du Pays étoit le chef de l'Eglise.

LAIDANGER. v. a. Vieux mot. Dire des injures. On a dit aussi *Laidoirer*, *Ledoier* & *Loidoirer* dans le même sens, & *Laidure*, pour, Injure.

Et luy ont dit trop de Laidures.

LAIE. s. f. Terme de Forestier. Route coupée dans une Forêt. Il signifioit autrefois la Forêt même, & c'est de-là qu'est venu le nom de saint Germain en Laie.

Laie. Terme de Tailleur de Pierre. Marteau bretté & dentelé. On appella aussi *Laies*, les raies ou bretures, que cette sorte de marteau fait paroître sur une pierre taillée.

LAIER. v. a. Faire des routes dans une Forêt. *Laier*, se dit aussi, pour, Marquer les baliveaux que l'on ne veut pas couper.

Laier. Terme de Maçon. Tailler une pierre avec la Laie.

LAIEUR. s. m. Celui qui fait les Laies. Il se dit aussi de celui qui marque le bois qu'on veut laier.

LAIGNE. s. m. Vieux mot. Bois, du Latin *Lignum*.

LAIN. adj. Vieux mot. Lent.

LAIS. s. m. Ce mot s'est dit autrefois pour Ambassade & pour Leg. C'est en terme de Forêt, Un jeune Baliveau de l'âge du bois, qu'on laisse quand on coupe le taillis, afin qu'il croisse en haute futaie. On en doit laisser vingt-six par arpent, suivant ce que porte l'Ordonnance.

Lais, a été aussi adjectif, & signifioit, Qui est du peuple, qui n'a nul degré, du Grec λαὸς, Peuple. C'est de-là qu'on trouve dans Vigenere, *Li Laie gens*, pour dire, *Les Lais*, Le petit peuple. On l'a dit aussi pour Laid, Mauvais.

Et puis aurons vin qui n'est mie lais.

LAISANT. adj. Vieux mot. Qui ne veut rien faire, qui ne veut avoir aucune peine.

Pensez-vous que je soy laisant
Et que vous porterez le fais.

LAISSE. s. f. Vieux mot. Chanson.

Ia tant n'auront mantel ne cote desramée,
Que la premiere Laisse ne soit bien escoutée.

LAISSE'ES. s. f. Terme de Chasse. Fiente d'un Sanglier, d'un Loup, & autres bêtes noires.

LAISSER-COURRE. s. m. On appelle en termes de Chasse, *le Laisser-Courre*, le Lieu destiné pour lâcher les chiens. *Se trouver au Laisser-courre.*

LAIT. s. m. *Liqueur blanche qui se forme dans les mammelles de la Femme pour la nourriture de l'Enfant, ou dans les animaux femelles pour la nourriture de leurs petits.* ACAD. FR. La matiere dont se forme le lait dans les femmes, est le chyle qui est porté aux mammelles & à la matrice par des chemins qu'on n'a point encore connus. L'opinion qui paroît la plus probable, est que le chyle distribué par les arteres dans tout le corps avec le sang auquel il n'est point encore assimilé, s'en sépare en se filtrant par les colatoires appropriés, & étant retenu dans les mammelles, il y prend proprement le nom de Lait. Le second ou le troisiéme jour après l'accouchement, les mammelles commencent à se gonfler, & il s'y engendre un Lait aqueux & sereux, qu'on appelle *Colostrum*, jusqu'au quatriéme jour que la fievre de Lait survient, & que le Lait prend dans les mammelles une consistance plus épaisse & naturelle.

Lait virginal. Composition faite avec de l'esprit de vin où l'on fait infuser du corail, du benjoin, du borax, avec des cloux de girofle, de la cannelle, du musc & de l'ambre, ce qui la rend propre à blanchir l'eau. Elle est bonne à se laver le visage.

LAITANCE. s. f. *Cette partie des entrailles des poissons mâles, qui est de substance blanche & molle, & qui ressemble à du lait.* ACAD. FR. On appelle *Laitance de chaux*, la Liqueur claire & blanche que l'on tire de la chaux, quand on l'éteint. C'est une chaux qui étant détrempée fort clairement, ressemble à du lait. On s'en sert à blanchir des murailles, des platfonds & autres choses, surtout dans les lieux où il n'y a point de plâtre. On dit aussi *Lait de chaux*.

LAITERON. Espece d'Endive, dont il y a de trois

trois sortes, l'un rude & âpre au toucher ; l'autre, tendre, mol & bon à manger ; & le troisiéme, tendre, & fait comme un arbre, ayant ses feuilles larges qui compartissent la tige branchue. Matthiole ne connoît point ce dernier, mais il dit que des deux autres l'un est raboteux & l'autre lissé, & que leurs feuilles sont plissées comme celles de la chicorée ; que neanmoins le Laiteron raboteux les a frisées, âpres, piquantes, & qui tirent sur le rouge, & que le lissé ne les a point épineuses. Tous les Laiterons ont leur tige de la hauteur d'une coudée, creuse au dedans, molle, frêle, pleine d'un suc de couleur de lait, & c'est de-là qu'ils ont pris leur nom. Ils portent au bout de leur tige une fleur jaune, presque semblable à celle du Senecion, & qui s'évanouit en l'air en fort peu de tems. Le Laiteron que les Grecs nomment σόγχος, est hepathique, stomachique, & nephritique, & il attenue la bile crasse. Son suc a la faculté de faire venir le lait aux femmes avec abondance. On s'en sert dans les fievres bilieuses.

LAITEUX, EUSE. On appelle *Plantes laiteuses*, certaines plantes qui rendent un suc semblable à du lait.

Il y a dans les Antilles, en plusieurs endroits principalement sur les roches & dans les lieux secs & pierreux, un arbre que les habitans appellent *Arbre laiteux*, à cause que quand on l'incise il rend plus de lait que ne feroit une bonne vache. On tient que ce lait est caustique & dangereux. L'arbre est si tendre, qu'on casse ses branches en le branlant, ainsi elles sautent toutes en pieces si l'on y donne un coup de bâton. Il croît gros comme la jambe, fort égal depuis le bas jusqu'à sa cime, & haut de deux piques. L'extrémité de ses branches qui sont fort courtes, est plus grosse que le milieu. Il porte au bout de chaque branche une vingtaine de fleurs blanches d'assés bonne odeur, & qui ressemblent à celles du jasmin. Elles sont beaucoup plus grandes, & à leur chûte quinze ou vingt feuilles croissent au même endroit, longues de deux piés, & larges de quatre doigts, qui finissent en pointe, ensorte qu'on les prendroit pour des lames de poignard.

Les Lapidaires appellent *Turquoise laiteuse*, celle dont la couleur n'est pas belle.

LAITIER. s. m. Espece d'écume qui sort des fourneaux à faire le fer. Elle vient des terres & des craies qu'on met pour aider à la fonte de la mine.

LAITON. s. m. Métal factice qui se fait avec du cuivre rouge, qu'on appelle *Cuivre de rosette*, quand il est pur, & qui devient jaune, lorsqu'il a été fondu avec la calamine, laquelle est un mineral qui ne sert qu'à donner la teinture jaune au cuivre rouge, à en augmenter le poids, & à le rendre plus solide & plus compacte. On écrit aussi *Leton*. Les uns le font venir du Flamand *Latoën*, & les autres de l'Anglois *Latten*. Il y en a qui le dérivent du Latin *Electum*, comme étant un métal choisi & fait exprès.

LAITUE. s. f. Herbe qui est cultivée dans le jardins, & qui tient le premier rang entre les herbes potageres. On s'en sert aussi dans les salades. Ses feuilles rafraîchissent, humectent & empêchent les songes fâcheux. Sa semence est bonne pour remedier à l'ardeur d'urine, pour appaiser la soif & faire dormir. Il y a une autre Laitue appellée *Sauvage*, qui ressemble à la Laitue domestique, non seulement en fleurs & en feuilles, mais aussi en graine. Toute la difference qui s'y trouve, c'est qu'elle est amere au goût, & toute pleine de lait. On tient que ce lait est bon aux hydropiques, qu'il nettoie la maille de l'œil, & qu'il en chasse les brouillards & les éblouissemens lorsqu'il est mêlé avec du lait de femme. Il y a encore une espece de Laitue fort estimée, qu'on appelle *Laitue Romaine*. Elle est plus tendre & plus blanche que les autres, & même lorsqu'on l'envelope de terre jusques à la cime. Sa tige est pleine de lait, branchue, & munie de feuilles, qui vont en aiguisant, & qui étant vieilles deviennent ameres. Ses fleurs sont jaunes, & avec le tems s'évanouissent en l'air. Sa graine est longuette, pointue, blanche & quelquefois noire. Ces sortes de Laitues sortent quatre ou cinq jours après qu'elles ont été semées ; & quand elles sont sorties on peut les transporter d'un lieu à un autre.

LAM

LAMANAGE. s. f. Terme de Marine. Travail des Mariniers qui conduisent les Vaisseaux quand ils sortent d'un port, ou quand ils y entrent.

LAMANEUR. s. m. Pilote qui residant dans un port dont il connoît les entrées & les issues, conduit les Vaisseaux qui ont besoin d'y entrer ou d'en sortir, & leur fait éviter tous les dangers du parage. Il y a aussi des Lamaneurs pour les rivieres ; ils conduisent les Vaisseaux dans leurs embouchures ; & comme les bancs & les syrtes y changent de place presque tous les ans par la force de l'Ocean & des eaux d'amont, on a besoin d'y avoir de semblables guides. Ils ont un salaire reglé pour cela par l'Ordonnance qui les condamne au fouet si leur manque de sçavoir fait échoüer un Vaisseau ; & s'ils le font par malice, ils sont pendus à un mât. On les appelle aussi *Locmans* ou *Lomens*, du mot *Lomen*, Guide. Quelques-uns prétendent que l'on ait dit *Lamaneur*, comme *Laborans mann*, Travaillant de la main, à cause que ces sortes de Pilotes se servent souvent de crocs, de harpins, de cordes & d'avirons pour faire passer le Vaisseau par les endroits qui sont sans danger. D'autres le font venir de *Loman*, qui en bas Breton signifie Maître de Navire.

LAMANTIN. s. m. Poisson entierement inconnu en Europe, & dont il y a un grand nombre dans la riviere des Amazones, qui est à la partie meridionale de l'Amerique. Il vient avec l'âge à une telle grandeur, qu'on en a vû qui avoient jusqu'à dix-huit piés de long, & sept de grosseur au milieu du corps. Il a la tête comme celle d'une taupe, & son museau ne differe en rien de celui d'un bœuf. Ses yeux sont semblables à ceux d'un porc, & ses mâchoires à celles d'un cheval. Il n'a point de dents devant, mais seulement une callosité dure comme un os avec quoi il pince l'herbe. Il a trente deux dents molaires aux côtés des deux mâchoires, & est sans oreilles, mais en leur place, il a deux petits pertuis où à peine pourroit-on fourrer le doigt. Il entend si clair par ces pertuis que la subtilité de son ouïe supplée suffisamment au défaut de sa vûe qu'il a très-foible ; ses yeux ayant peu d'humeur & point d'iris, & ses nerfs optiques étant très-petits. Cet animal est sans langue. Il a sa trachée-artere, & son œsophage comme les a une vache, & le poumon, le cœur, le foye, la panse, les boyaux, la rate, le diaphragme, le mediastin, & le mesentere comme la tortue. Son sang n'est ni chaud ni froid, & ne se fige jamais. Au défaut de sa tête, il a sous le ventre deux petites pates en forme de mains, chacune ayant quatre doigts fort courts & onglés ; ce qui a fait qu' les Espagnols l'ont appellé *Manati*. Il appetisse tout d'un coup depuis le nombril, & ce qui reste de son corps, est ce qui forme sa queue, laquelle est faite en pelle de four. Elle est large d'un pié & demi, épaisse de cinq à six pouces, toute composée de graisse & de nerfs, & revêtue de la même peau de son corps, qui est de couleur brune, ridée en quelques endroits, & parsemée fort clairement d'un poil de couleur d'ardoise, & fort semblable à celui du loup marin. Cette peau qui est plus épaisse que celle d'un bœuf lui tient lieu d'écailles. Quand elle est seche, elle s'endurcit de telle sorte qu'elle peut servir de rondache impénetrable aux fleches des Indiens, ce qui fait que quelques Sauvages allant au combat s'en couvrent le corps pour parer les traits de leurs ennemis. La chair du Lamantin a le goût de celle du veau, mais elle est beaucoup plus ferme, & couverte en plusieurs endroits d'un lard qui a trois ou quatre doigts d'épais, & qui est fort bon à larder, & à faire tout ce que l'on fait de celui d'un porc. Sa tête renferme quatre pierres, deux grosses & deux petites, ausquelles on attribue la vertu de faire dissoudre la pierre dans la vessie, & jetter dehors le gravier des reins; mais comme ce remede fait de grandes violences à l'estomac par le vomissement excessif qu'il cause, l'usage en est dangereux. Ce poisson vit d'une petite herbe qui croît auprès des roches & sur les basses qui ne sont couvertes que d'une brasse d'eau de mer ou environ. Il paît cette herbe comme le bœuf fait celle des prés; & après qu'il s'est saoulé de cette pâture, il va chercher une riviere d'eau douce, où il boit & s'abreuve deux fois le jour. Lorsqu'il a bien bû & bien mangé, il s'endort le muffle à demi hors de l'eau, ce qui le fait connoître de loin par les Pêcheurs, qui se mettent trois ou quatre au plus dans un petit canot, que celui qui est sur l'arriere, fait avancer aussi vîte que s'il étoit poussé d'un petit vent & à demi-voile, en remuant la pelle de son aviron dans l'eau à droit & à gauche. Celui qui doit darder l'animal est tout droit au devant du canot sur une petite planche, tenant à la main une maniere de pique qu'ils appellent *Vare*, dont le bout est emboîté dans un javelot ou harpon de fer. Il y en a un autre dans le milieu du canot, dont le soin est de disposer la ligne qui est attachée au Harpon, & de la faire filer quand on a frappé le Lamantin. Lorsque le canot en est à trois ou quatre pas, sans que personne ait parlé de crainte de l'éveiller, parce qu'il a l'ouie très-subtile, le Vareur darde son coup de toute sa force, & lui enfonce le harpon le plus qu'il peut dans la chair. Le Lamantin qui se sent frappé bondit, & fait écumer la mer par tout où il passe, jusqu'à ce qu'ayant perdu la plus grande partie de son sang, il est obligé de s'arrêter. Alors le Vareur tirant sa ligne pour s'en approcher, lui darde un second coup de harpon qui le réduit à l'extrémité, de sorte que les pêcheurs l'entraînent facilement où ils veulent, s'il est trop grand pour le pouvoir embarquer dans leur canot. Si c'est une femelle qui ait des petits, on est assuré de les avoir, parce qu'ils sentent leur mere, & ne font que tournoyer autour du canot jusqu'à ce qu'on les ait pris. Quelques-uns disent qu'elles en ont deux tout à la fois, & d'autres qu'elle n'en ont qu'un. Après qu'elles l'ont produit, elles le portent toûjours avec elles, le tenant entre les deux pates qu'elles ont, & l'alaitent dans la mer, comme une vache allaite son veau sur terre. Elles ont deux mammelles entierement semblables en situation, en grandeur, grosseur, figure & substance, à celles des femmes noires. La chair de cet animal, qui est courte, vermeille, appetissante, & entremêlée de graisse, fait une bonne partie de la nourriture des Habitans de la Guadaloupe, de saint Christophe, de la Martinique, & des autres Isles voisines, où l'on en apporte tous les ans de la Terre-Ferme plusieurs Navires chargés. La livre s'y vend une livre & demie de petun.

LAMBDOIDE. adj. Terme d'Anatomie. On appelle *Lambdoide*, la troisiéme suture vraie du crane, & cette epithete lui est donnée à cause que cette suture represente la lettre nommée par les Grecs λάμβδα.

LAMBEAU. s. m. *Morceau, piece d'une étoffe déchirée.* ACAD. FR. M. Ménage fait venir ce mot de *Lamina*, dont on a fait *Lamba*, & *Lambellum*, ou de *Limbus*, qui veut dire la même chose. Borel croit qu'il vient de *Flambe*, comme Oriflamme Banniere de France.

Lambeau. Terme de Chasse. Peau velue du bois d'un Cerf, que cet animal dépouille en de certains tems.

Lambeau. Terme de Chapelier, Morceau de toile sur quoi on donne la forme au chapeau.

Lambeau ou *Lambel*. Termes de Blason. Sorte de brisure, la plus noble de toutes. Le Lambeau se forme par un filet qu'on met d'ordinaire au milieu & le long du chef de l'écu, & qui n'en touche point les extrémités. Sa largeur doit être de la neuviéme partie du chef. Il est garni de pendans qui ressemblent au fer d'une coignée. Quand il y en a plus de trois, on est obligé d'en specifier le nombre. On en met quelquefois jusques à six dans les écus des cadets. Le Pere Menestrier dit que *Lambel* & *Lambrequins*, sont des mots venus de *Labels* & de *Labeaux*, que l'on disoit autrefois au lieu de Lambeaux; que ces Labels étoient anciennement des rubans en forme d'Aiguillettes que les jeunes gens portoient au cou, comme aujourd'hui l'on y porte des cravates; que ces rubans s'attachoient au col du heaume, & que lorsqu'il étoit placé sur l'écu, il en couvroit la partie la plus haute, ce qui servoit à distinguer les enfans de leurs peres, à cause qu'il n'y avoit que les jeunes qui n'étoient pas encore mariés qui les portassent; que c'est de-là qu'est venu l'usage d'en faire les brisures & les marques de distinction, & que les Etrangers qui n'ont pas eu cet usage, lui ont donné divers noms, les Italiens l'ayant nommé *Rastello*, Rateau, quelque Allemans *Brucken*, Ponts, & quelques Auteurs l'ayant pris pour des gouttes d'Architecture, dont on lui donne aujourd'hui communément la figure. *Lambeau*, dit Nicod, *signifie une petite piece détaillée, soit de drap, velours ou autre étoffe, qui ne tient que de peu à autre chose. La descente de ce mot semble être de* Lamberare, *Mettre en pieces, mais en fait d'armoiries, Lambeau est une espece de brisure, laquelle, comme Toison d'or, Roi d'armes du Duc de Bourgogne, a laissé par écrit, ne peut estre portée en escu, que par les fils aisnez seulement; de sorte, comme il dit, que si à un pere survivent deux fils, le puisné ne peut prendre les Lambeaux, parce que son aisné se peut marier, & avoir un fils auquel les Lambeaux appartiennent. Quant au Lambel ou Lambau, il est toûjours mis au chef de l'escu, par travers d'icelui, à trois billettes pendans, comme il se voit en l'escu d'Orleans, & plusieurs autres. Aucuns tirent ce mot de* Lemnisci, *qui sont petites bandelettes de la naifve couleur de la laine dont elles sont faites, qui anciennement pendoient du cercle ou diademe des Couronnes, comme dit Festus.*

LAMBIQUER. v. a. Vieux mot. Distiller.

Toute l'humeur qu'un Amant martyré
Peut lambiquer sous l'ardeur d'une flame.

LAMBIS. s. m. Grand Limaçon qui se trouve dans les mers des Isles de l'Amerique. Sa coque est si prodigieusement grosse, qu'on en voit qui pesent plus de six livres. Il semble que ce soit une petite roche, tant elle est rude & relevée en plusieurs endroits par de petites bosses ou pointes, hautes d'un pouce, & de la grosseur du doigt. Elles sont ouvertes par dessous, & faites d'un côté comme un lambeau de bord de chapeau. Tout le dedans est poli & luisant, & d'une couleur de chair fort vive. Les Sauvages les rompent par morceaux, & a force de les aiguiser sur des roches, ils en font de petites lames plates, & longues comme le doigt, & après les avoir percées, ils les pendent à leur col, ce qui leur paroît un ornement precieux. Dans cette coque est renfermé un gros Limaçon, qui tire une langue pointue & longue d'un demi pié, dont il leche sa bave & le bord de cette coque. C'est apparemment du Latin *Lambere*, Lecher, qu'il a été appellé *Lambis*. Sa chair est si dure qu'on n'en peut manger à quelque sausse qu'on la puisse mettre. Les Sauvages qui la font cuire avec de l'eau de marine pour l'amollir, ne laissent pas d'en manger assés souvent. Sa coque étant calcinée & mêlée avec du sable de riviere, on en compose un ciment qui resiste à la pluye & à toutes les injures du tems. Ce Lambis s'entonne aussi comme un cor de chasse, & s'entend de loin, ce qui est cause que les Habitans s'en servent pour appeller leurs gens aux repas.

LAMBOURDE. s. f. Terme de Charpenterie. Piece de bois de sciage qui a trois pouces en quarré, que l'on met sur les planchers pour y attacher des ais, ou du parquet. On appelle aussi *Lambourdes* des Pieces de bois qui sont aux côtés des poutres, & où il y a des entailles pour poser des solives.

Il y a une pierre qu'on appelle *Pierre de Lambourde*. Cette pierre est tendre comme le saint Leu & se trouve près d'Arcueil. Elle porte depuis vingt pouces jusqu'à cinq piés; mais on la délite.

LAMBREQUIN. s. m. Terme de Blason. Les Lambrequins sont des volets d'étoffe découpés qui descendent du casque. Ils coëffent & embrassent l'écu pour lui servir d'ornement. Quelques-uns disent *Lamequin*, d'autres *Lambequin*, & il y en a qui croyent que le mot de *Lambrequins* est venu de ce qu'ils pendoient en lambeaux, & étoient tout hachés des coups qu'ils avoient reçûs dans les batailles. Ceux qui sont formés de feuillages, entremêlés les uns dans les autres, sont tenus plus nobles que ceux qui sont composés de plumes naturelles. Le fond & le gros du corps des Lambrequins doivent être de l'émail du fond & du champ de l'écu; mais c'est de ces autres émaux qu'on en doit faire les bords. Les Lambrequins étoient l'ancienne couverture des casques, comme la cotte d'armes étoit celle du reste de l'armure. Cette sorte de couverture preservoit les casques de la pluye & de la poudre, & c'étoit par là que les Chevaliers étoient reconnus dans la mêlée. On les faisoit d'étoffe, & ils servoient à soutenir & à lier les cimiers qu'on faisoit de plumes. Comme ils ressembloient en quelque façon à des feuilles d'Acanthe, quelques-uns les ont appellés *Feuillards*. On les a mis quelquefois sur le casque en forme de bonnet élevé comme celui du Doge de Venise, & leur origine vient des anciens chaperons qui servoient de coëffure aux hommes aussi bien qu'aux femmes.

LAMBRIS. s. m. Mot general qui signifie toutes sortes de Platfonds, & les Ouvrages de menuiserie dont on revêt les murailles. Ainsi quand on dit qu'une chambre est toute lambrissée, on veut dire, Qu'elle est toute revêtuë de bois par le haut & par les côtés. M. Felibien observe, que lorsqu'on attache des Lambris contre les poutres ou solives, il faut laisser de petits trous afin que le vent y passe & qu'il empêche que le bois ne s'échauffe étant l'un contre l'autre, ce qui se fait pour prevenir les accidens qui peuvent arriver par les Lambris attachés aux planchers contre les solives ou poutres, que la pesanteur du bois fait affaisser & arrener, & même se gâter & se corrompre sans que l'on s'en apperçoive. On appelle aussi *Lambris*, Un enduit de plâtre au sas sur des lattes jointives, clouées sur les bois des cloisons & des platfonds. Quelques-uns font venir ce mot du Latin *Ambrices*, Lattes. D'autres le derivent d'*Imbrex*, Tuille. L'assemblage par panneaux, montans ou pilastres de menuiserie, dont on couvre les murs d'une chambre ou d'une salle, en tout ou en partie seulement, est appellé *Lambris de menuiserie*. Celui qui n'a que deux ou trois piés de hauteur dans le pourtour d'une piece, & dans les embrasures des croisées, s'appelle *Lambris d'appui*, & on dit *Lambris de revêtement*, pour dire, Celui qui est depuis le bas jusqu'en haut. Quand il ne passe pas la hauteur de l'attique d'une cheminée en sorte qu'on met de la tapisserie au-dessus, il est appellé *Lambris de demi-revêtement*.

On appelle *Lambris de marbre*, Un revêtement par compartiment de diverses sortes de marbre, qui est ou arasé, ou avec des saillies; & *Lambris feint*, Celui qui est peint par compartimens de couleur de bois ou de marbre.

LAMBRUSQUE. s. f. Espece de vigne sauvage qui est toûjours verte. Il y en a de deux sortes, l'une qui ne rend jamais son fruit mûr & qui jette une fleur que l'on appelle *Oenanthé*; l'autre qui rend son fruit mûr. Ce fruit est fait de petits raisins noirs & astringens. Dioscoride qui en parle ainsi, ajoûte que ses feuilles, tendons & sarmens ont la même proprieté que ceux de la vigne cultivée.

LAME. s. f. Petite plaque de metal, deliée à peu près comme un jetton, ou une autre petite piece de monnoie. On appelle aussi *Lame*, la matiere d'or ou d'argent qui se jette dans des chassis qu'on dispose pour cela avec du sable préparé & bien battu. On fait venir le mot de *Lame* du Grec ἐλαμένη, participe de ἐλάω, qui veut dire en Latin, *Ductile opus facio*.

On appelle en Architecture *Lame de plomb*, Un morceau de plomb mince & battu qu'on met entre les tambours d'une colomne, sous les bases ou les chapiteaux de pierre ou de marbre posés à sec sans mortier, afin d'empêcher qu'ils ne s'éclatent.

Lame. Terme de Rubanier. Espece de petites lattes, qui en soutenant les marches, se baissent & se haussent comme elles à mesure qu'on remuë les piés.

Lame, signifie aussi la partie du métier de Tisserant qui sert à hausser & à baisser l'étain pour faire courir la navette à travers.

Lame. Terme de Marine. Vagues de la mer qu'elle pousse les unes contre les autres quand elle est bien agitée. On dit que *La lame vient de l'avant*, *de l'arriere*, que *La lame prend par le travers*, pour dire, que le vent pousse la mer de l'un de ces côtés.

LAMÉ, ÉE. adj. Terme de Manufacture. *Drap broché & lamé d'or & d'argent*.

LAMIE. s. f. Monstre marin qui est d'une si prodigieuse grandeur, qu'on a trouvé des hommes entiers dans son estomac. C'est le plus goulu de tous les poissons. Il lui faut peu de tems pour digerer. Il a les dents âpres, grosses & aigues, découpées comme une scie, & de figure triangulaire. Elles sont disposées par six rangs, dont le premier paroît hors la gueule. Celles du second sont droites & les autres courbées en dedans. Ce poisson est une masse si pesante, qu'une charette tirée par deux chevaux ne peut le traîner qu'à peine. Les Lamies sont nommées *Chiens de mer* par quelques-uns.

On a donné ce même nom de *Lamies* à une certaine espece de démons ou de Sorciers qu'on a prétendu qui devoroient les enfans. On le fait venir d'un mot Hebreu qui est interprété pour un Démon femme qui dévore les enfans, & de là on a appellé *Lamie* le Monstre marin qui porte ce nom, à cause qu'il dévore les petits des autres poissons. Il y en a qui veulent qu'une Lamie soit un animal ayant un visage de femme & toute la partie inferieure d'un cheval.

LAMINOIR. s. m. Terme de Monnoie. Machine composée de deux rouleaux d'acier en forme de cylindre, épais d'environ deux pouces, & en ayant quatre de diametre, entre lesquels on fait passer les lames d'or ou d'argent, & on leur donne l'épaisseur dans laquelle l'espece doit être fabriquée. Ces rouleaux sont fort serrez sur leur épaisseur, enclavés par le milieu dans des branches de fer quarré, & tournés par les roues d'un moulin que les chevaux font tourner.

LAMPAS. s. m. Terme de Manege. Enflure qui vient dans le haut de la bouche des chevaux, derriere les pinces de la machoire superieure. On appelle aussi cette tumeur *Feve*.

LAMPASSE', E'E. adj Terme de Blason. Il se dit de la langue des lions & autres animaux, lorsqu'elle paroît hors de leur gueule, & que l'émail en est different de celui du corps de l'animal. *De gueules au lion d'hermines, armé, lampassé & couronné d'or.*

LAMPE. s. f. *Vase où l'on met de l'huile avec de la meche pour éclairer.* ACAD. FR. Le Pere Kirker enseigne la maniere de preparer des lampes qui jettent une lumiere disposée de telle sorte, qu'elle fait paroître les visages de ceux qui sont presens, noirs, livides, rouges, ou de telle autre couleur que l'on veut. Dans les voutes de l'ancienne Memphis on trouve des *Lampes ardentes* faites de craye cuite en forme d'homme, de chien, de taureau, d'épervier, de serpent, ou d'autres sortes d'animaux. On en a vû qui avoient trois ou quatre lumignons, & d'autres qui en avoient dix ou douze. Ces Lampes brûloient toûjours, ainsi que témoignent les Arabes & les Naturalistes. En 1401. un Paysan déterra proche du Tibre à quelque distance de Rome, une Lampe de Pallas, qui avoit brûlé plus de deux mille ans, comme on le vit par l'inscription, sans que rien eût pû l'éteindre. La flâme s'en éteignit si-tôt qu'on eut fait un petit trou dans la terre. Du tems du Pape Paul III. on trouva hors de la ville de Rome sur la Voie Appie, une de ces Lampes ardentes. Elle étoit dans le tombeau de Tullia, fille de Ciceron, avec ces mots, *Tulliola filia mea.* Cette Lampe qui avoit brûlé pendant tant de siecles, s'éteignit si tôt qu'elle sentit l'air. Selon l'opinion de plusieurs Sçavans, il y a des choses qui entretiennent le feu, & qui ne se consument point étant allumées, comme la pierre d'Asbeste, d'Amiante; & ce doit être par ces sortes de matieres que ces Lampes n'ont point cessé de brûler. On convient que le lumignon d'Asbeste est incorruptible, & le Pere Kirker assure qu'il en a vû brûler un deux ans dans sa lampe sans aucun dechet. La seule difficulté est de pouvoir bien tirer une huile de l'Asbeste ou de l'Amiante. Il est certain, selon ce qu'en disent plusieurs Arabes & de très-celebres Ecrivains, que les Egyptiens ont eu dans leurs tombes des lampes inextinguibles, qui étoient sans huile d'Asbeste, & dont Schianga, fameux Arabe, rapporte que l'artifice étoit tel. Il y a plusieurs veines de bitume & d'huile de pierre dans l'Egypte. Les Habitans qui s'en apperçurent, firent des canaux souterrains depuis ces veines jusques à leurs tombes; & en mettant une lampe garnie d'un lumignon inextinguible, qui communiquoit à ce canal, il arrivoit que le lumignon ne se consumant point, & l'huile coulant sans cesse, la lampe une fois allumée ne s'éteignoit point. D'autres croyent que l'air enfermé contracte par succession de tems, & par le mêlange des corps grossiers qui s'évaporent, un certain degré d'épaisseur & de consistance, qui fait qu'aussi-tôt qu'un air frais entre, il prend facilement feu par une opposition des qualités contraires. On voit quelquefois briller ces sortes de flammes sur les cimetieres & sur les marais, d'où s'élevent quantité d'exhalaisons épaisses; & ceux qui travaillent aux montagnes, assurent qu'on n'ouvre presque jamais de nouvelles cavernes, qu'on n'en voye sortir de ces feux volages. On rapporte que dans la ville de Fez il y a une Mosquée où sont neuf cens lampes de bronze que l'on a soin d'allumer toutes les nuits. On en voit une à Mexique de huit cens mille écus. Elle est chés les Dominicains, & porte trois cens branches avec leurs bobeches, & cent petites lampes de divers desseins.

On appelle *Cul de lampe*, Un ornement qu'on voit d'ordinaire aux clefs des voutes. Il se fait pour finir & terminer le dessous de quelque ouvrage. On donne ce même nom de *Cul de lampe* à de certains ornemens que l'on grave pour mettre à la fin d'un cuivre quand les ornemens se terminent par en bas en diminuant.

Les Imprimeurs appellent aussi *Cul de lampe*, Une espece de vignette dont ils se servent pour remplir le blanc des pages qui sont la fin d'un chapitre ou d'un livre.

Feu de lampe. Terme de Chymie. Feu doux & lent d'une lampe qui est allumée sous quelque vaisseau.

LAMPETIENS. s. m. Heretiques qui enseignoient qu'il ne devoit point y avoir de difference d'habits entre les personnes Religieuses. Ils approuvoient quelques dogmes des Ariens, & en general ils rejettoient presque toutes sortes de creance. Lampetius leur auteur qui leur a donné son nom, semoit ses erreurs dans le septiéme siecle.

LAMPION. s. m. Sorte de cul de lampe de terre où l'on met de l'huile ou de la graisse pour brûler.

On appelle aussi *Lampion*, un Vase de cristal ou de verre, que l'on suspend au milieu des lampes d'Eglise entre le panache & le culot. C'est où l'on met l'huile avec la meche.

LAMPROYE. s. f. Poisson de mer cartilagineux qui ressemble à une anguille, & qui entre dans les rivieres lorsque le Printems commence. La Lamproye a le ventre blanc, la peau lisse, & le dos semé de taches blanches & bleues. Elle n'a point d'os, & sa chair est molle & gluante. On appelle *Lamproye cordée*, Celle qui a passé sa saison, & qui est devenue dure. Quelques-uns font venir le mot de Lamproye *à lambendis petris*, & d'autres de *Nampreda*, qui est le nom qu'a eu ce poisson chés les vieux Gaulois. M. Ménage le dérive du Latin *Lampetra*, qui a été dit pour *Murena*, qui signifie Lamproye.

Il y a aussi une Lamproye de riviere. C'est un petit poisson qui vit d'eau & de fange, & qui n'est que de la grandeur d'un doigt, ou d'un gros ver de terre.

LAMPSANA. s. m. Matthiole est du sentiment de Pline, qui tient que le Lampsana est une espece de chou sauvage, haut d'un pié ayant ses feuilles velues & semblables à celles des navets, si ce n'est qu'il jette ses fleurs blanches. M. Callard de la Duquerie dit que selon Dodonæus c'est une maniere de laiteron, en Grec λαμψάνη de λαμπάζειν Evacuer, à cause que cette herbe frottée avec de l'huile fait partir les taches.

LAN

LANCE. s. f. *Arme d'hast ou à long bois, qui a un fer pointu, & est fort grosse vers la poignée.* Acad. Fr. Borel derive ce mot de l'Hebreu *Lauth*, qui signifie la même chose, & dit que les Lances furent d'abord appellées simplement, *Bois par excellence*, & puis *Bourdons* & *Bourdonasses*; mais que celles-ci étoient grosses & creuses, d'où est venu le mot de *Bourde*, Bâton qui est gros au bout, dont se servent les infirmes.

On appelle, en termes de Manége, *Main de la lance*, La main droite du Cavalier, & *Pié de la lance*, Le pié du cheval hors du montoir de derriere, à cause que du tems qu'il y avoit des Compagnies de Lanciers, le tronçon de la lance répondoit à ce pié-là, lorsqu'elle étoit à l'arrêt. Aujourd'hui on ne se sert plus de Lances que pour les courses de bagues; mais autrefois il y avoit des combats de Lance à outrance, à fer émoulu, & d'autres par divertissement pour montrer sa force & son adresse; & l'on disoit, *Faire un coup de lance, briser la lance, faire voler la lance en éclats.* Quand une Lance avoit son fer émoussé, & non pointu, avec un anneau au bout, on l'appelloit *Lance courtoise, frettée & mornée.* Voici ce que dit Nicod sur le mot de Lance. *Piece des armes offensives que l'homme d'armes porte, laquelle est de bois en longueur de douze à quinze piés, peu plus, peu moins, grosse à l'empoigneure & au bas bout, & allant en amenuisant jusques au haut bout, qui est la pointe d'icelle revêtue d'un fer émolu. Elle est portée par l'homme d'armes, droite sur la cuisse, étant rangé en bataille, & couché sous l'aisselle en arrêt au combat, en Latin* Lancea, *duquel mot il vient, & tous deux du Grec* λόγχη. *Lance aussi se prend pour l'homme d'armes portant la Lance, comme*, Il a une Compagnie de cent Lances, *c'est-à-dire, de cent hommes d'armes: Et en cette signification, une Lance contient le nombre de cinq chevaux, dont les deux pour le moins doivent être chevaux d'armes & de service, le tiers est pour le costiller, & les deux autres pour deux archers, qui est ce qu'on appelloit anciennement* Lance fournie, *sans deux autres chevaux de moindre taille pour envoyer au fourrage, & servir de sommiers à porter le bagage. De cette signification aussi procede cette phrase irronique*, Ha la bonne Lance, ô la hardie Lance, *quand on reproche à quelqu'un sa couardise & sa poltronnie. En matiere de successions Lance en la loi des Anglois, Vverinois ou Thuringeois, au Chapitre des Alluds, est prins pour ligne masculine, tout ainsi que Fuseau, & envers nous Quenouille pour ligne feminine, disant icelle loi*, l'horie être passée de la Lance au Fuseau, *c'est-à-dire, être tombée en quenouille.*

On dit qu'*Un cheval a le coup de lance*, pour dire qu'il a une marque au col ou près de l'épaule, comme s'il avoit été percé d'un coup de lance. Cette marque, qui est toûjours le préjugé de l'excellence d'un cheval, est figurée par une espece de trou ou d'enfoncement, & se trouve à quelques chevaux d'Espagne & de Turquie.

On appelle *Lance d'étendard, lance de drapeau*, Le bâton où est attaché l'étendard.

On dit aussi *Lance d'eau*. C'est un jet d'eau d'un seul ajustage, & dont la grosseur n'est pas proportionnée à la hauteur.

Lance. Sorte d'outil dont se servent les Ouvriers qui travaillent au stuc. Ils l'appellent aussi *Espatule.*

LANCER. v. a. Terme de Chasse. Faire partir la bête du lieu où elle a coûtume de se retirer, comme le cerf de la reposée, le loup du liteau, le liévre du gîte, le sanglier de la bauge.

On dit, en termes de Marine, *Lancer une manœuvre*, pour dire, Amarrer une manœuvre en la tournant autour d'un bois, mis exprès pour cet usage. On dit aussi d'un Vaisseau à la voile, qu'*Il lance basbord* ou *stribord*, lorsque ne faisant pas sa route droite, il se jette d'un côté ou d'autre, soit que le Timonnier gouverne mal, soit par quelque autre raison.

LANCETTE. s. f. Instrument de Chirurgie propre à saigner. Il est composé d'une chasse & d'une lame d'acier fort pointue. On s'en sert aussi pour les scarifications & pour ouvrir un abscès.

LANCI. s. m. Terme de Maçonnerie. On appelle *Lancis*, dans le jambage d'une porte ou d'une croisée, les deux Pierres plus longues que le piédroit, qui est d'une piece. Le Lanci qui est au parement, est appellé *Lanci du tableau*, & celui qui est en-dedans du mur. *Lanci de l'écoinçon.*

LANCIER. s. m. On appelloit ainsi autrefois un Gendarme ou Cavalier qui se servoit d'une lance pour combattre.

LANÇOIR. s. m. Terme de Meûnier. C'est la pale qui arrête l'eau du moulin. On la leve quand on veut le faire moudre, ou faire écouler l'eau du biés.

LANDAN. s. m. Arbre qui se trouve dans les Isles appellées Moluques, & qui croît jusqu'à la hauteur de vingt piés. Ses feuilles ressemblent à celles du Coco, excepté qu'elles sont plus petites. Cet arbre est si gros qu'à peine un homme peut-il l'embrasser. On le coupe neanmoins fort aisément avec un couteau, à cause qu'il n'est composé que d'écorce & de moëlle. L'écorce a un pouce d'épaisseur ou environ, & pour la moëlle on en fait du pain. Elle est faite comme du bois vermoulu, & on la pourroit manger au sortir de l'arbre, en ôtant les veines de bois que l'on y trouve mêlées. Les Habitans après avoir coupé l'arbre, le fendent par le milieu en cylindre, & hachent la moëlle jusqu'à ce qu'elle soit réduite en poudre à peu près comme la farine. Ensuite ils la mettent dans un sas qu'ils font de l'écorce du même arbre, & ce sas est mis sur une cuvette faite de ses feuilles. A mesure qu'il est plein ils l'arrosent d'eau, & l'eau en dégageant la farine d'avec les veines du bois, tombe toute blanche & épaisse comme du lait, dans cette cuvette, au haut de laquelle est une rigole par où elle dégorge en laissant son marc au fond. Ce marc qu'ils nomment *Sagu*, leur sert de farine, & c'est en effet de la farine quand il est sec. Ils la cuisent dans des formes de terre qu'ils font rougir au feu, ensorte qu'en y mettant la farine elle devient pâte, & se cuit en un moment. Cela se fait avec tant de

KKkk iij

promptitude qu'un homme seul pourroit en trois ou quatre heures faire autant de pain qu'il en faut pour nourrir cent personnes pendant tout un jour. Ils tirent de ce même Arbre une liqueur aussi agreable à boire que le vin, & qu'ils appellent *Tuach*. Quand les feuilles sont encore jeunes, elles sont couvertes d'une espece de coton, dont ils font des étoffes, & lorsque ces feuilles sont plus grandes, ils en couvrent leurs maisons. Les grosses veines de ces mêmes feuilles leur servent de perches pour bâtir, & les plus petites sont une façon de chanvre avec quoi ils font de fort bonnes cordes.

LANDE. s. f. Terre sablonneuse & sterile qui n'est pas propre au labour. Ce mot vient de *Landt*, qui en Allemand signifie Terre ou Pays.

LANDGRAVE. s. m. Prince ou Seigneur Allemand qui possede une Seigneurie appellée *Landgraviat*. Ce mot vient de *Land*, Terre, & de *Graven*, qui signifioit Juge; ce que les Latins appelloient *Comes*, à cause que c'étoit autrefois ces Juges qui rendoient la justice à la Cour, & cela les obligeoit d'accompagner toûjours l'Empereur.

LANDI. s. m. Salaire ou present que les Ecoliers donnoient tous les ans à leur Maître en reconnoissance de la peine qu'il avoit prise à les enseigner. Ce present consistoit en quelques écus d'or qu'on fichoit dans un citron, & qu'on mettoit dans un verre de cristal. D'autres disent que cet argent se donnoit au Recteur de l'Université de Paris, & qu'on le mettoit dans une bourse commune pour fournir aux frais qu'il faisoit lorsqu'il alloit en cérémonie à S. Denys au tems de la Foire, qui a été appellée *La Foire du Landi*. Il y avoit toûjours un grand nombre d'Ecoliers qui l'accompagnoient. Ce droit de Landi a été aboli par un Reglement de la Cour. Ce mot vient de ces mots Latins *Annus dictus*, ou de *Indictum*, qui signifioit une Foire, *Feriæ indictæ*. Du Cange est pour *Indictum*. Quelques-uns écrivent *Landit*.

LANDIE. s. f. Terme de Medecine. C'est ce qu'on appelle autrement Nymphes ou Dames des eaux, qui sont de petits ailerons ou parties molles & spongieuses qui sortent & avancent hors les lévres de la matrice. Quelques-uns font venir ce mot de *Lendica*.

LANDON. s. m. Vieux mot. Petite lande ou pâturage.

Si comme bêtes sans landon,
Sans pastour & sans conduiseur.

LANERET. s. m. Sorte d'oiseau de proie qui est plus petit que le Faucon. C'est le mâle du lanier. On l'appelle en Latin, *Tertiarius*, *Asterias*.

LANGE. s. m. *Morceau d'étoffe, dont on envelope les enfans au maillot.* ACAD. FR.

Les Imprimeurs de Taille douce appellent *Lange* Un morceau de drap qui sert à presser la feuille qui est sur la planche gravée. Il se dit encore d'un morceau de drap fait en quarré que mettent les Cartonniers sur les formes à carton. Borel fait venir *Lange* de *Linge* ou *Lanage*. On disoit autrefois *En Langes*, pour dire, En chemise.

Dames faisant leurs peintures,
Alloient piés nuds & en langes.

LANGOUSTE. s. f. Petit Insecte ailé & fort en jambes, qui vole par la campagne & qui dépeuple les blés. On l'appelle autrement *Sauterelle*, & en Latin *Locusta*. Il y en a de plusieurs sortes dans les Antilles, dont les unes ne sont remarquables que parce qu'elles sont une fois plus grandes que celles qu'on voit ici dans les blés. Leur couleur est verte ou rousse. On les trouve ordinairement sur les arbres qui ont les feuilles un peu tendres, comme sur les Gommiers blancs. Parmi ces Langoustes il y en a une espece fort hideuse, & en même-tems fort dangereuse. Celle-là est grosse comme le tuyau d'une plume d'oye, longue de six à sept pouces, & divisée en neuf ou dix sections ou jointures, dont la premiere divise le corps d'avec la tête qui est presque ronde, & qui a deux petits yeux qui s'élancent au-dehors comme ceux des Crabes, avec deux longs poils qui lui tiennent lieu de cornes. Tout le corps, qui est parsemé de petites excrescences, grosses à peu prés comme des pointes d'épingles, va toûjours en amenuisant jusques à la queue, qui est encore divisée en trois nœuds. Au bout de ces nœuds est une maniere de fourreau, qui couvre un petit aiguillon, dont la piqueure, cause par tout le corps un fremissement ou tremblement, qui passe en fort peu de tems, & qui s'appaise sur l'heure lorsqu'on frotte l'endroit piqué avec de l'huile de palme. Cette bête a six grands piés, comme ceux des Sauterelles, deux à la premiere jointure, qui divise la tête d'avec le corps, deux autres à la seconde, & les deux dernieres à la quatriéme. Elle ne pique personne, si ce n'est qu'on la serre en la touchant. Il y en a une autre presque semblable, mais la moitié plus petite, & sans aiguillon.

Langouste. Poisson qui n'a point de sang, & qui est couvert d'un têt mou, ayant deux longues cornes garnies d'aiguillons devant les yeux, & deux autres au-dessus plus déliées & plus courtes. Il a le dos rude & plein d'aiguillons, deux piés de chaque côté, la queue comme les écrevices, & il se dépouille de sa couverture de même que le Serpent se dépouille de sa peau.

Il y a aussi une espece de *Langouste de mer*, que Dioscoride nomme *Hippocampus*, & ce nom lui est donné, selon quelques-uns du mot de Chenilles que les Grecs appellent *Campes*, & dont elle a presque la figure, comme voulant dire, grande Chenille, le mot de ἵππος, ne servant quelquefois qu'à augmenter dans la composition d'un mot, comme dans Hipposelinum, qui veut dire, *Apium majus*. D'autres disent que cette Langouste est ce petit poisson, ou plûtôt monstre de mer, appellé *Dragon*, ou *Cheval marin*, qui ne vaut rien à manger, & qu'on nomme *Hippocampus*, de ἵππος Cheval, & de καμπὴ, Pli, à cause qu'il a le col & la tête d'un Cheval. Voici la description qu'en fait Matthiole. Il est long de la largeur de six doigts. Il a le bec long & creux comme un flageolet, les yeux ronds, deux arêtes sur les cils qui se changent en cheveux lorsqu'il est en mer, & le front sans aucun poil. Le devant de la tête & le dessus du col sont velus, ce qui ne se voit qu'aux vifs, car dès qu'ils sont morts, tout ce poil tombe. Il porte au dos une espece d'aile, dont il se sert pour nager. Son ventre est blanchâtre, gros & enflé. La femelle est encore plus ventrue, & a sous le ventre une issue pour produire ses œufs, outre une fendasse qui lui est commune avec le mâle pour jetter ses excremens. Sa queue est quarrée & recourbée en maniere de crochet, & tout son corps comparti & formé de petits cercles cartilagineux & pointus. On lui voit depuis la tête jusques à la queue deux rangs d'arêtes mi-parties, ayant leurs lignes fort droites, & qui se répondent également, en sorte que le col même n'en est pas divisé, & que celles qui l'environnent se rapportent aux autres, & continuent dans leur proportion jusqu'au bout. Galien dit que la cendre de cette bête est bonne pour faire renaître le poil, si on la mêle, ou avec de la poix fondue, ou avec du sein de pourceau, ou avec de l'onguent de grosse marjolaine. C'est aussi le sentiment de Dioscoride.

LANGUE. s. f. *Cette partie charnue & mobile qui est dans la bouche de l'animal, & qui est le principal organe du goût, de la parole.* ACAD. FR. La Langue est soûtenue au fond de la bouche par un os que l'on appelle Hyoïde, & qui est composé de trois pieces aux hommes, & de neuf, dans les animaux qui ruminent. Il a quatre apophyses, deux inferieures & deux superieures, les premieres l'attachent aux ailes du cartilage Thyroïde, & les autres le tiennent attaché aux apophyses Styloïdes par le moyen des ligamens. Six muscles, dont il y en a trois de chaque côté, font faire tous les mouvemens de la Langue. Le premier, qui est le *Genioglosse*, s'attache à la partie inferieure & moyenne du menton, & va s'inserer à la racine de la Langue qu'il fait sortir de la bouche en agissant. Le second qu'on appelle *Basiglosse*, prend de la partie superieure de la base de l'os hyoïde, & s'insere à la racine de la Langue auprès du premier. C'est ce second muscle qui abaisse la Langue en agissant. Le troisiéme la tire à côté en s'attachant à sa partie laterale. Il prend de l'opophyse Styloïde, & se nomme *Styloglosse*. La Langue est couverte de trois membranes, de trois sortes de vaisseaux & de quantité de plants de fibres qui la traversent. La premiere de ces trois membranes est très-mince. C'est la plus exterieure, & on la peut regarder comme l'épiderme qui couvre tout le corps, & qui défend les papilles nerveuses qui sont dessous, des approches de l'air. La seconde, qui est bien plus dense, est percée comme un crible, ce qui la fait appeller *Raiseau*. La troisiéme est composée d'un grand nombre de papilles nerveuses qui passent à travers la membrane reticulaire, & qui viennent aboutir à la premiere qui reçoit toutes ces papilles dans des étuis. Ce sont ces petites papilles qui sont ébranlées à l'occasion des sels contenus dans les alimens & qui nous font la sensation du goût plus ou moins forte selon la qualité des sels. Le Lion, animal très-carnassier, a la Langue toute herissée de pointes qui regardent le fond de la gueule. Ainsi lorsqu'il l'applique sur quelque corps un peu tendre, il emporte le morceau. La Langue du Loup cervier est toute semblable, avec cette difference neanmoins, que les pointes depuis l'extrêmité jusqu'au milieu sont fort aigues & fort dures regardant le fond de la gueule, & que celles qui sont depuis la racine jusques au milieu, sont tournées à l'opposite, plus mousses & moins dures. Les pointes pyramidales, dont le Chat a la Langue toute herissée, en font la rudesse. Ces pointes & ces élevations qui sont sur la Langue de tous les animaux, servent à faire que l'aliment y séjourne quelque tems, & qu'il soit davantage pénétré par la lymphe qui se trouve dans la bouche. Elles servent aussi à faire la dissolution des sels que les alimens contiennent. D'ailleurs elles défendent ces petites papilles de l'approche des corps durs, sans quoi le frequent attouchement contre ces mêmes corps les auroit rendues calleuses, ce qui auroit privé l'animal de cette sensation. La Langue a trois genres de vaisseaux, sçavoir, des branches de la carotide externe qui lui porte le sang pour sa nourriture; des veines qui rapportent le residu du sang dans les jugulaires, & que l'on nomme *Ranules*, & pour troisiéme genre de vaisseaux, le nerf. Elle en reçoit un rameau très-considerable qui vient de la troisiéme branche de la cinquiéme paire, un de la huitiéme & un autre de la neuviéme. Ils vont se perdre tous trois dans sa substance, & forment les papilles nerveuses dont on a parlé. Il se trouve quantité de glandes & beaucoup de graisse à sa base, & c'est ce qui rend les Langues de bœuf si délicates. La substance de la Langue est composée de plusieurs plans de fibres qui se croisent presque en tout sens. Sous la Langue est une membrane fort fine appellée *Filet*. Elle est quelquefois attachée à la gencive interieurement, & c'est ce qui empêche les enfans de teter, à cause que la Langue est le principal instrument pour cette action, qui se fait en portant son extrêmité sous le mammelon, & la lévre superieure dessus, & pressant par secousses obliques la liqueur qu'il contient, de sortir & de rayonner dans la bouche. Tout ceci est de M. Drouin Maître Chirurgien de l'Hôpital General. Ceux qui voudront sçavoir pourquoi les saveurs sont differentes, en trouveront la raison en lisant la description qu'il fait de la structure de la Langue. Les Serpents ont la Langue mince & à trois fourchons branslans & fort longs. Les Lezards l'ont fourchue & velue; & les Veaux marins l'ont double. Le mot de *Langue*, a été fait du Latin *Lingua*, que Varron dérive de *Ligare*, à cause que la Langue est comme liée dans l'enclos des dents. Il y en a qui font venir *Langue* de *Lingere*, lescher.

On appelle *Langue*, les huit Nations dont l'Ordre des Chevaliers de Malte est composée. Il y en a trois pour le Royaume de France, *la Langue de Provence*, *la Langue d'Auvergne*, & *la Langue de France*; deux pour l'Espagne, *la Langue d'Arragon*, & *la Langue de Castille*. Les trois autres Langues sont pour l'Italie, pour l'Allemagne & pour l'Angleterre.

Langue de Bœuf. Plante dont les feuilles & les fleurs sont d'usage en Medecine, & la racine plus qu'aucune autre partie de la Plante. On l'appelle autrement Buglose. Voyez BUGLOSE.

Il y a aussi un outil de Maçon qu'on nomme *Langue de bœuf*. On appelloit autrefois *Langue de bœuf*, Une espece de halebarde, dont le fer étoit en forme de Langue de bœuf.

Langue de Cerf. Plante que l'on appelle en Latin *Lingua cervina*, & qui est selon quelques-uns le scolopendre commun. Elle croît ordinairement dans les forêts, & dans les lieux fort couverts & ne porte ni fleur ni semence. Ses feuilles sont plus longues & plus vertes que celles de l'oseille, & ne laissent pas de leur ressembler.

Langue de Bouc. Sorte de Buglose sauvage, dont les feuilles sont menues, rudes, grasses & rougeâtres. Elle a plusieurs tiges menues & de petites feuilles noires, sur-tout à la cime. Les fleurs sont rouges, & on y trouve des grains semblables à une tête de Vipere, ce qui l'a fait nommer par les Grecs ἔχιον, du mot ἔχις, qui veut dire Vipere mâle. La racine de cette plante est noirâtre.

Langue de Cheval. Plante dont les feuilles sont piquantes & semblables au mirte sauvage, & qui produit à sa cime certaines Langues qui sortent de ses feuilles. Voyez HIPPOGLOSSUM.

Langue de Chien. Plante qui est sans tige, & dont les feuilles sont couchées par terre & semblables à celles du grand Plantain. Voyez CYNOGLOSSUM.

Langue de Serpent. Herbe vulneraire, de la racine de laquelle sort une petite tige qui porte au bout une petite Langue pâle comme celle d'un serpent. On la met au rang des serpentines, & les Grecs la nomment *Ophioglossum*, de ὄφις Serpent & de γλῶσσα Langue.

Langue. Terme de Vitrier. Fente qui se fait sur le verre lorsqu'on le coupe. On se sert presentement d'un diamant fin pour couper le verre, mais autrefois on n'employoit pour cela que l'émeril, & comme il ne pouvoit pas couper les plats ou tables de verre épais, on se servoit d'une verge de fer rouge, ce qui se fait encore quelquefois. On la pose contre le verre que l'on veut couper, & en mouillant seulement le bout du doigt avec de la salive qu'on met sur l'endroit où la verge a touché; il s'y forme une Langue, c'est-à-dire, une fente que l'on conduit où l'on veut avec cette verge rouge.

LANGUE', E'E. adj. Terme de Blason. Il se dit de la langue des Aigles, quand elle est d'un autre émail que le corps de cet Oiseau. *D'or à l'aigle au vol abaissé, langué, & membré de gueules.*

LANGUETTE. s. f. Petite sous-pape à ressort qui sert à ouvrir & à fermer les trous de quelque instrument à vent. C'est aussi en termes d'Organiste la partie du tuyau qui est taillée en biseau, ou en talus, qui sert à couper, & à fendre le vent qui entre dedans. *Languette*, se dit encore d'une petite lame de laiton, plate, mobile & tremblante, qui couvre le concave du demi-cylindre des tuyaux à anche.

On appelle *Languette de balon*, Un petit morceau de bois rond percé des deux côtés, auquel on attache la vessie, & par lequel on soufle dans le balon.

Languette. Terme de Potier d'étaim. Morceau d'étaim gros comme le doigt, qui est au milieu du couvercle d'une pinte. Il est enchassé à l'anse, & on leve le couvercle en mettant le doigt dessus.

Languette. Terme d'Orfévre. Petit morceau d'argent laissé exprès en saillie, & hors d'œuvre aux ouvrages d'Orfévrerie, & que l'Affineur retranche & éprouve par le feu avant que de les contremarquer du poinçon de la Ville.

On appelle *Languettes de chausse d'aisance*, des dales de pierre dure qui séparent d'une chausse d'aisance à chaque étage jusques à hauteur de dévanture, ou plus bas. Il y a aussi *Une Languette de puits.* C'est une dale de pierre qui sous un mur mitoyen, descend plus bas que le rés de chaussée, & partage également un puits ovale entre deux proprietaires.

Languette. Terme de Medecine. Muscle du larynx, fait en forme de Languette du haut-bois, qui ouvre la luette.

LANGUEUR. s. f. *Abattement, état d'une personne qui languit.* ACAD. FR. La langueur que l'on remarque souvent dans les fonctions des parties & dans les forces, vient de la naissance, ou elle vient insensiblement depuis la naissance, ou elle demeure après quelque maladie. Elle est toûjours accompagnée d'un pouls tardif & petit, ou foible & languissant, rare quelquefois, intermittent & se cachant par des intervalles reglés ou non reglés. On appelle ordinairement *Lassitude contre nature*, L'abbatement des sens tant internes qu'externes, & même du mouvement du corps, qui accompagne souvent la langueur des forces. Il y a aussi un abbattement subit des forces, qui dure peu, mais qui revient par intervalles tantôt reguliers, & tantôt irreguliers. Il a trois degrés qui sont la Lipothymie ou défaillance, la Syncope, & l'Abolition entiere du pouls pour un tems.

LANIER. s. m. Oiseau de proie, qui est bon pour le liévre & la perdrix. Il est plus petit que le Faucon, & a le bec & les piés bleus. Ses plumes sont mêlées de blanc & de noir sur l'estomac, c'est la femelle du Laneret Quelques-uns dérivent ce mot *A laniandis avibus.*

LANQUERRE. s. f. Peau en forme de gros & large bourlet, qui se met au-dessous des reins en maniere de ceinture, & qui soûtient un homme sur l'eau.

LANTERNE. s. f. *Sorte d'ustencile de verre, de corne, de toile, ou d'une autre chose transparente, où l'on enferme la chandelle, de peur que le vent ou la pluie ne l'éteigne.* ACAD. FR. On appelle *Lanterne d'Eglise*, Une petite Tribune, qui sert d'Oratoire dans une Eglise, & où l'on est moins distrait dans ses prieres. Elle est vitrée ou fermée de jalousies, & faite en forme de cage de menuiserie.

Lanterne de moulin, est une petite machine presque en forme de moulin, garnie de ses fuseaux, & au travers de laquelle passe un fer qui fait tourner la meule.

Lanterne, est aussi une espece de petit Dome sur un grand ou sur un comble, afin de donner du jour & de servir d'amortissement. *Lanterne*, se dit encore d'une cage quarrée de charpente, garnie de vitres au-dessus du comble d'un corridor de Dortoir ou d'une galerie entre deux rangs de boutiques pour l'éclairer.

On appelle *Lanterne d'escalier*, Une tourelle élevée au-dessus d'une plate-forme pour couvrir la cage ronde de l'escalier par où l'on y monte.

Lanterne. Terme d'Orfévre. La partie d'une crosse d'Evêque, ou d'un bâton de Chantre, qui est grosse & à jour, & qui en quelque façon represente une Lanterne.

Lanterne. Instrument de Canonnier, fait en forme d'une longue cueillier ronde, qui est attaché au bout d'un bâton. On s'en sert à mettre la poudre & la bale dans l'ame d'un canon lorsqu'on le charge sur mer.

Lanterne. Instrument d'Essayeur d'or ou d'argent. C'est une petite construction de menuiserie en forme de petit cabinet, où sont suspendus deux trébuchets ou balances très-fines. Comme il ne faut point que le moindre vent agite ces trébuchets, le dessus & les côtés du petit cabinet ou tabernacle sont fermés avec du verre.

On appelle *Lanterne Magique*, Une petite machine d'Optique par le moyen de laquelle on fait voir sur une muraille, lorsqu'il fait obscur, plusieurs spectres & monstres affreux, ce que l'on prend pour un effet de Magie, quand on en ignore le secret. Cette machine est composée d'un miroir parabolique qui réfléchit la lumiere d'une bougie, & cette lumiere sort par le petit trou d'un tuyau, au bout duquel est un verre de lumiere. On coule entre deux successivement plusieurs petits verres peints de differentes figures qu'on choisit toujours les plus extraordinaires & les plus capables de donner de la frayeur. Toutes ces figures se representent en plus grand volume sur la muraille opposée.

LANUSURE. s. f. Terme d'Architecture. Piece de plomb qui est au droit des arrêtiers & sous les épis ou amortissemens. On l'appelle autrement *Basque*, à cause qu'elle est coupée en forme de basque.

LAP

LAPATHUM. s. m. Dioscoride dit qu'entre les especes de Lapathum, on appelle *Oxylapathum*, celle qui a les feuilles aigues & dures aux extrêmités, & qui croît dans les marais. On l'appelle autrement *Patience* ou *Parelle.* L'autre Laphatum se seme, quoiqu'il croisse souvent de soi-même dans les jardins, & même dans les champs cultivés. Il a la feuille un peu moindre que les betes noires, & presque semblable à celle du plantain, se panchant vers

vers la terre. Sa tige est d'une coudée de haut. Elle est ridée, & jette une fleur rouge, & une petite graine noirâtre & reluisante. Sa racine est de couleur safranée, amere, & entierement semblable à l'oseille. La troisiéme espece de Lapathum est sauvage, petite, molle, & ressemble au plantain. Il y en a une quatriéme espece appellée *Oxalis* ou *Anaxyris*, qui a ses feuilles comme l'oseille sauvage. Sa tige est petite & sa graine rouge, pointue & mordante. L'herbe & la tige de tous Lapathes cuits, lâchent le ventre, & si on les applique crus avec du saffran ou de l'huile rosat, ils resolvent les Meliceri-des, qui sont des ulceres qui jettent une boue semblable au miel. Leurs racines prises avec du vin, guerissent la jaunisse, provoquent les mois aux femmes, rompent & diminuent les pierres de la vessie, & servent aux piqueures des Scorpions. *Lapathum* vient du Grec λαπάσσειν Amollir, évacuer.

LAPIDIFICATION. s. f. Terme de Chymie. Action par laquelle une substance est convertie en pierre. On dissout pour cela quelque métal dans un esprit corrosif, & on fait cuire la dissolution en consistance de pierre. On fait la Lapidification des métaux, des sels fixes, & des sels des plantes.

LAPIDIFIER. v. a. Réduire les métaux en pierre par le moyen de la calcination.

LAPIDIFIQUE. adj. On appelle *Suc lapidifique*, Un certain suc de la terre par lequel tous les Mineraux s'engendrent.

LAPIN. s. m. Petit Animal sauvage, qui se retire dans les bois où il creuse des terriers, mais qui s'apprivoise assés aisément. Il est gris, couleur de cendre, blanc, noir & marqueté. Il y en a dont la couleur tire sur le roux. On ne le chasse point comme le liévre, & on le prend à l'affût. Il a les oreilles droites & une queue courte.

LAPINE. s. f. La femelle du Lapin. On l'appelle communément *Hase*. Les Lapins peuplent beaucoup, & on tient que les femelles portent tous les mois cinq ou six petits. M. Ménage fait venir ce mot de *Leporellus*, ou de *Lepinus*, diminutif de *Lepus*, Liévre.

LAPIS. s. m. Sorte de pierre précieuse, bleue, qui est opaque, & marquetée de petits points d'or. Dioscoride dit qu'elle croît en Chypre, aux mines de bronze, & qu'on en trouve pourtant en plus grande quantité parmi les sables de la mer en certaines cavernes creusées par les flots. Le meilleur Lapis est celui qui est le plus chargé en couleur. On le trouve en morceaux quarrés ou ovales qui ont quelquefois six à sept pouces de haut. Il est plus tendre que l'Agate, & sert à orner des cabinets & autres ouvrages. Les Arabes appellent cette pierre *Lapis azuli* ou *Lapis lazuli*, d'où vient le mot d'*Azur* qui est la même chose. Les Grecs le nomment κύανος, Pierre bleue. Aussi l'azur d'outremer est-il composé de celui qui ne peut être employé. On le brûle comme le Vitriol, & on le lave de même que la calamine. Matthiole dit qu'il a grand rapport avec la pierre Armenienne, non seulement en ce que ces deux pierres croissent dans les mêmes mines, & l'une avec l'autre, mais parce qu'elles ont presque les mêmes proprietés pour évacuer les humeurs mélancoliques, de sorte que quelques Arabes les ont confondues. Toute la difference qu'il y a, c'est que le Lapis lazuli est tout marqueté de filets d'or, & que la pierre Armenienne est parsemée de verd & de noir. Pour bien choisir la pierre d'azur appellée *Lapis stellatus*, par Mesué, il faut qu'elle soit d'une couleur azurée qui devienne plus bleue en la brûlant, pesante, polie, & qu'on y voye éclater quantité de petites paillettes d'or. Elle est bonne pour la vûe, & tient l'esprit gai si on la porte sur soi. Etant brûlée & lavée, elle recrée toutes les parties internes.

LAPPA. s. f. Sorte d'herbe dont il y a de deux sortes. La *Lappa major*, que Dioscoride appelle *Personata*, a les feuilles comme la courge, mais plus grandes, plus velues, plus noires & plus épaisses. Elle a sa tige blanchâtre, & n'en jette aucune quelquefois. Sa racine est blanche au-dedans, & noire au-dehors. Cette racine pilée & appliquée en façon de cataplasme, appaise les douleurs des détorses & des jointures, & ses feuilles enduites sur de vieux ulceres, y sont fort propres. La *Lappa minor* ou *Lappa Inversa*, qu'on appelle aussi *Petite Dardane*, ou *Petit Glouteron*, croît aux lieux gras & aux étangs desseches. Sa tige est haute d'une coudée, anguleuse, grasse, & toute garnie d'ailes & de concavités. Ses feuilles sont déchiquetées & ont l'odeur du cresson alenois. Son fruit est comme une grande olive, rond, épineux, houssu, & piquant ainsi que le fruit du plane, lorsqu'il est mûr; il s'attache aux vêtemens des passans. Sa graine est fort bonne, étant appliquée sur les tumeurs & enflûres.

LAQ

LAQUE. s. f. Espece de gomme un peu rougeâtre, dont on fait la cire d'Espagne, & qui entre dans la composition du Vernis, & sert à plusieurs autres usages. Elle se fait aux Indes par le concours d'une infinité de petits moucherons, qui s'amassent sur de petits bâtons gluans, disposés exprès pour les y faire venir, après quoi on ratisse ces bâtons. Il y en a qui croyent que la Laque se fait du suc d'un certain Arbre fort haut qui se trouve abondamment dans plusieurs endroits des Indes Orientales, comme au Pegu, à Bengala, & à Malavar, où de grandes fourmis qui sont ailées viennent tirer ce suc, qu'elles convertissent en Laque, comme les abeilles convertissent celui des plantes en miel. Cette Laque demeure congelée aux branches, en sorte qu'il s'y trouve assés souvent des ailes de fourmis. D'autres veulent que cette Laque sorte d'elle-même sans aucune incision de l'arbre, & qu'elle s'attache & s'endurcit autour des branches. Il y a aussi une gomme précieuse, appellée *Laque*, qu'on apporte de la Chine. Elle est de couleur rouge, & vient à une espece de Cerisier.

La Laque des Apothicaires, nommée par les Latins *Cancamum*, est une gomme rousse & claire, presque semblable à la myrrhe, & qui environne les rameaux d'un Arbre que nous ne connoissons pas. Matthiole dit qu'il y en a de deux especes, dont la seule difference est en la bonté, la meilleure appellée *Lacca Sumetri*, & la moindre, *Lacca Combreti*, qui peut-être, ajoûte-t'il, ont pris leurs noms des lieux d'où on les apporte, soit d'Arabie, soit d'ailleurs. On la cuit pour servir de teinture rouge aux draps, & cette teinture se nomme *Kermes*. On appelle aussi *Lacca*, ce qui reste au fond de la chaudiere où les Teinturiers teignent leurs draps. La Laque est chaude moderément selon les uns, & au second degré selon les autres. On s'en sert particulierement dans les obstructions de la rate, de la vesicule du fiel, du foye & des poumons, à cause qu'elle est incisive, attenuative, & détersive de toutes matieres crasses & visqueuses. Elle est bonne aussi dans l'hydropisie, dans la jaunisse, dans l'asthme, dans l'apostume des poumons, pour faire sortir la rougeole & la petite verole, & peut servir de remede à toutes les maladies malignes, sur-tout à la peste.

Outre la Laque naturelle, il y a plusieurs sortes de Laque artificielle, qui se font de la lie & fondrée de plusieurs teintures, & servent seulement aux Peintres. On en fait de grains de pimpernelle que l'on appelle *Chermes* ou *Chermesion*. On en fait aussi avec de la Cochenille ou de la bourre d'écarlatte, ou avec du bois de bresil ou d'autres differens bois. Cette couleur ne subsiste pas à l'air.

LAR

LARDER v. a. *Mettre des lardons à de la viande.* Acad. Fr. On dit en termes de Marine, *Larder la bonnette*, pour dire, Piquer une bonnette avec des bouts de fil de voile, & la larder d'étoupe, afin de s'en servir à découvrir par où un Vaisseau a été percé à l'eau par quelque coup de canon, quand on a peine à reconnoître où est la voie d'eau. Pour cela, après avoir mouillé la bonnette ainsi piquée, on jette de la cendre ou de la poussiere sur ces bouts de fil, afin que prenant un peu de poids, la bonnette enfonce dans l'eau. On la descend alors dans la mer, & on la promene à basbord ou à stribord de la quille, jusqu'à ce qu'elle se rencontre opposée à l'ouverture que le canon a faite dans le bordage. Sitôt que cela arrive, l'eau qui court pour y entrer, pousse la bonnette contre le trou, & la bonnette & la voie d'eau font une espece de gazouillement qui le fait connoître.

LARGE. s. m. Terme de Marine. On dit d'un Vaisseau, qu'*Il est*, qu'*il se met*, qu'*il court au large*, pour dire, qu'Il est, qu'Il se met, qu'il court à la haute mer, fort loin de la terre. On dit de même, *Engager l'Ennemi au large*, pour dire, L'attirer en pleine mer. *Au large*, est un mot que dit une sentinelle pour empêcher qu'une Chaloupe n'approche d'un Navire la nuit. On dit aussi, que *La mer vient du large*, pour dire, que C'est le vent de la mer qui pousse les lames, & non pas le vent de terre.

On dit en termes de Manege, *Aller large*, pour dire, Gagner le terrain & tracer un grand rond en s'éloignant du centre de la volte. On dit aussi d'un Cheval, qu'*Il va trop large*, pour dire, qu'Il ne demeure pas sujet, & qu'il s'étend sur un trop grand terrain. On conduit un cheval large lorsqu'on approche le talon de dedans.

LARGION. s. f. Vieux mot. Don, Liberalité. C'est un abregé de *Largition*, du Latin *Largitio*.

LARGUE. s. m. Terme de Marine. Haute mer. *Prendre le largue, tenir le largue.* On dit aussi adverbialement, qu'*Un Vaisseau s'est mis à la largue*, pour dire, qu'Il s'est mis en haute mer.

On dit d'un Vaisseau, *Aller vent largue*, pour dire, qu'Il a le vent par le travers, & qu'il cingle où il a dessein d'aller, sans que les boulines soient halées. *Vent largue*, se dit de tous les airs de vent qui sont compris entre le vent de bouline & le demi-rumb qui approche le plus du vent arriere. On l'appelle aussi *Vent de quartier*.

LARGUER. v. a. Terme de Marine. Lâcher de certains cordages lorsqu'ils sont halés, laisser aller les écoutes, les manœuvres. On dit aussi d'un Vaisseau, qu'*Il a largué*, pour dire, que Les membres se sont quittés les uns les autres, ou qu'il s'est ouvert par quelque endroit. La même chose se dit d'un Vaisseau, qui s'est servi d'un vent favorable pour se tirer d'une occasion, & qui s'est mis à la largue.

LARIGOT. s. m. Espece de flûte ou de petit flageolet, qui a donné lieu à un jeu entier de l'orgue. Ce jeu est composé de quarante-huit tuyaux ouverts, qui font un sifflement fort aigu, & dont le plus petit est d'un pié cinq pouces.

LARME. s. f. *Goute d'eau qui sort de l'œil, & dont la cause la plus commune est la douleur.* Acad. Fr.

On appelle *Larmes de Cerf*, Une eau qui coule des yeux du Cerf dans deux fentes que cet animal a au-dessous. Ces larmes s'y épaississent en forme d'onguent jaunâtre, & cet onguent est très-souverain pour les femmes qui ont le mal de mere. Il faut le délayer, & le prendre dans du vin blanc, ou dans de l'eau de chardon benit.

On appelle aussi *Larme de sapin*, Une liqueur qui est amassée entre le bois & l'écorce de cet arbre, & que l'on en fait sortir en fendant l'écorce. Elle est semblable à la Terebentine pour l'odeur & pour le goût, mais pourtant un peu plus aigre. C'est un remede excellent pour les playes fraîchement faites. Elle les soude & les mondifie, & prise en breuvage, elle purge la gravelle, appaise les goutes & les sciatiques & est singuliere pour les playes de la tête. On en met aux preservatifs au lieu de baume.

Larmes. Terme d'Architecture. Ornemens faits en forme de clochettes, que l'on appelle autrement *Campanes*. Ils pendent sous le platfond de la corniche Dorique ainsi que de petits cones, qui sont triangulaires au bas des triglyphes comme de petites pyramides.

LARMER. v. a Vieux mot. Pleurer. On a dit aussi *Larmoyer*, qu'on dit encore quelquefois, mais il n'a guere d'usage.

LARMIER. s. m. Terme d'Architecture. Membre plat & quarré qui est à la corniche ou dessous de la cymaise, & qui fait le plus d'avance. On lui a donné ce nom à cause que son usage est de faire écouler l'eau, & de la faire tomber loin du mur goutte à goutte, & comme par larmes.

Larmier, se dit aussi du chaperon ou sommet d'une muraille de clôture, fait en talus pour donner l'égoût aux eaux.

On appelle *Larmier de cheminée*, Le couronnement d'une souche de cheminée.

On dit *Larmier bombé & reglé*. C'est le linteau cintré par le devant & droit par son profil en dedans ou en dehors œuvre d'une porte ou d'une croisée. On a dit aussi *Larmier Gothique*, ou *à la moderne*. C'est une espece de plinthe dans les vieux murs le long d'un cours d'assise au droit d'un plancher, ou sous les appuis des croisées. Elle est en chamfrain refouillé par dessous en canal rond, & facilite l'écoulement des eaux au-delà du mur.

Larmier, se dit encore d'un cheval, & signifie les parties qui sont un peu au-dessus de ses yeux ou à côté.

LARMIERES. s. f. p. Terme de chasse. On appelle ainsi deux fentes qui sont au dessous des yeux du Cerf, & où coulent ses larmes, qui ensuite s'épaississent en onguent de couleur jaune,

LARRON. s. m. Qui prend furtivement quelquechose.

Larron, en termes d'Ecolier, se dit d'une petite pellicule seche & mince, qui est dans le tuyau d'une plume, & qui boit ou dérobe l'encre quand on ne prend pas le soin de l'ôter.

Les Relieurs appellent aussi *Larrons*, certains feuillets qu'ils laissent pliez par l'un des bouts sans y prendre garde, & qui ne se trouvent point rognés par cet endroit-là.

LARUE. s. f. Terme de Philosophie. Il se dit des demons de l'air, des esprits folets, ou de quelque espece de phantômes.

LARYNX. f. m. Terme de Medecine. Le nœu de la gorge qu'on appelle d'ordinaire le couvercle & la tête de la trachée artere. C'est un organe de la respiration dont le corps est presque tout cartilagineux. Il doit être toûjours ouvert, afin que l'air qui entre & qui sort ait la liberté de passer. Il y a quatre cartillages qui le composent & par le moyen de ces cartillages, il se peut aisément dilater & se restraindre, se fermer & s'ouvrir. Le Larynx qui est aussi l'organe de la voix a quatorze muscles, dans lesquels plusieurs rameaux du nerf recurrent se trouvent semés. Les canards, les Oyes & les Grues ont double Larynx. Il y en a un au bas de l'âpre artere, & il consiste en un os & deux membranes qui sont à l'endroit où elle se divise en deux, pour entrer dans le poumon. Ce mot est Grec λάρυγξ, qui est pris dans la même signification en cette langue.

LAS

LASCHANGE. f. f. Vieux mot. Intervalle.

Onze semaines sans laschange.

LASCHER. Terme d'Autourserie. Ouvrir la main pour laisser partir l'autour. On dit *Lâcher le rebat*, quand on lâche l'Autour après qu'on l'a retenu dans sa premiere secousse.

LASER. f. m. Suc qui sort de la tige & de la racine du Laserpitium scarifiées. Il est flateux, venteux, & a une vertu acre & piquante. Le bon Laser, selon Dioscoride, est celui qui est roux, transparent, tirant à la myrrhe, & qui n'est point vert comme le poreau, mais odorant, de bon goût & blanc, après qu'on l'a détrempé. Celui qui croît en Cyrene, fait suer tout le corps pour peu qu'on en goûte, & a une odeur si douce, que ceux qui l'ont dans la bouche, le sentent à peine. Celui de Surie & de Mede a une odeur plus fâcheuse. Matthiole a cru long-tems que ce jus ou cette gomme étoit le benjoin; mais il a été détrompé par une remarque de Strabon, qui dit que de son tems le Laserpitium étoit failli en Cyrene : outre que Pline rapporte que lorsqu'il vivoit il se vendoit au poids de l'argent, & que l'Empereur Neron l'estimoit si fort, qu'il le tenoit enfermé parmi les choses les plus singulieres & les plus rares. D'ailleurs Dioscoride rapporte que le Laser vient d'une plante dont la tige est semblable à la ferule, & qui ne convient pas au benjoin, parmi lequel on trouve de grosses écorces qui font connoître qu'il sort de quelque arbre. Le Laser a aussi une vertu forte & acre, & le benjoin n'a aucune acrimonie au goût. Matthiole conclut de tout cela qu'on ne peut plus recouvrir de vrai & legitime Laser.

LASERPITIUM. f. m. Plante qui produit plusieurs grosses racines, & dont la tige est aussi haute que celle de la ferule. Ses feuilles ressemblent à celles de l'Ache, & sa graine est large & feuillue. Le Laserpitium, à ce que dit Theophraste, jette sa feuille lorsque le Printems commence. C'est de quoi le menu bétail se purge & s'engraisse, & ce pâturage rend sa chair meilleure & de meilleur goût. Ensuite il produit sa tige qui ne dure qu'une saison, non plus que la tige de ferule, & qui est singuliere mangée bouillie ou rôtie sous la cendre ; elle purge universellement ceux qui continuent quarante jours à en manger. On tire deux sortes de jus de cette plante, l'un de sa tige & l'autre de sa racine, qui est couverte d'une écorce noire qu'on ôte ordinairement. Quelques-uns disent que cette racine est longue d'une coudée ; que sur le milieu elle produit une certaine grosseur faite en maniere de tête, de laquelle sort premierement ce qu'on appelle le lait, puis la tige qui produit le Magydaris, & ce que l'on nomme feuille. Cette feuille est la graine qui tombe au premier vent du Midi qui souffle après les jours caniculaires ; & voilà comme vient le Laserpitium, de sorte qu'il croît en un an, & en racine & en tige, ce qui arrive à bien d'autres plantes, si ce n'est qu'on veuille dire que sa graine tombée croît aussi tôt, & que cette plante auroit cela de particulier. Quant à ce qu'on appelle *Magydaris*, il est different du Laserpitium, étant moins vehement, plus tendre & ne jettant point de gomme. Galien parlant du Laserpitium dit que sa tige, ses feuilles & sa racine sont assés chaudes ; & que neanmoins elles sont venteuses, flateuses, & par consequent de difficile digestion, que leur vertu est plus grande étant appliquées par dehors, & sur-tout le jus à cause de sa grande attraction. Les Grecs appellent le Laserpitium σίλφιον.

LASSER. v. a. On dit en termes de Marine, *Lasser une voile*, pour dire, Saisir la voile à la vergue avec un quarantenier qui passe dans les yeux de pie, ce qui se fait lorsqu'on se trouve surpris d'un gros vent, & que les garcettes sont sans rides.

LASSIERES. f. f. Vieux mot. Laqs de Chasseur.

Comme toiles, filets, rets, pieges, laqs, boyaux, Huttes, cordes, coliers, lassieres & raiseaux.

LASTE. f. m. Terme de Marine. Nombre de deux tonneaux. Les Vaisseaux Hollandois se mesurent ordinairement par lastes, & on dit *Une flûte de deux cens lastes*, pour dire, qu'Elle est du port de quatre cens tonneaux.

LAT

LATAINE. f. f. Vieux mot. Colere.

De jalousie ne lataine.

LATANIER. f. m. Arbre des Antilles, qui sort d'une grosse mote de racines, & qui n'est jamais plus plus gros que la jambe. Il est presque par tout égal & se leve droit comme une fleche, quelquefois jusqu'à la hauteur de quarante ou cinquante piés. Il a tout autour un doigt d'épaisseur d'un bois dur comme le fer, & tout le reste est filasseux comme le cœur des palmistes. Il a environ deux piés de l'extrêmité de l'arbre en haut, envelopés de trois ou quatre doubles d'une espece de canevas naturel, qui semble avoir été filé & tissu de main d'homme. De cette envelope sortent quinze ou vingt queues longues de cinq à six piés, vertes & dures, & toutes semblables à des lames d'estocade. Chacune de ces queues porte une feuille qui dans son commencement est toute plissée. Elle s'ouvre avec le tems, & s'étend en rond, & à un demi-pié près de l'extrêmité tous les plis s'entre-separent, & font autant de pointes qu'il y a de plis dans la feuille qui a la figure d'un Soleil rayonnant. Ces feuilles étant liées par petits faisceaux servent à couvrir les cases & la peau ou écorce que l'on enleve de dessus les queues, est propre à faire des cribles, des paniers, & autres petits ouvrages. On fait aussi du bois de cet arbre, des arcs, des massues dont les Sauvages se servent au lieu d'épées. On en fait encore des zagayes, qui sont de petites lances aigues qu'ils dardent avec la main, & ils en munissent la pointe de leurs fleches, qui sont par ce moyen aussi penetrantes que si elles étoient d'acier. On vuide aussi le tronc de cet arbre, & on en fait des canaux pour conduire les eaux de fontaines.

LATEBRES. f. f. Vieux mot. Cachettes, lieux retirés & secrets, du Latin *Latebra*, qui veut dire la même chose.

En repentailles, en latebres
Trebucha ça jus en tenebres.

LATENT, ENTE. adj. Vieux mot. Caché, qui ne paroît point aux yeux, du Latin *Latere*, Etre caché. Quelques-uns s'en servent encore dans cette phrase, *Vices latents d'un cheval*, comme pousse, morve, courbature dont le vendeur est obligé de le garantir pendant neuf jours.

LATIN, INE. adj. On appelle en termes de Mer, *Voile Latine*. Une Voile faite en triangle ou à tiers point. On l'appelle autrement *Voile à oreille de lievre*. On se sert fort des Voiles Latines sur la Mediterranée & dans les Galeres.

LATINIER. s. m. Vieux mot. Truchement.

Alexandre l'entend sans autre Latinier,
Car de plusieurs langages s'étoit fait affaitier.

LATITER. v. a. Vieux mot. Etre caché, du Latin *Latitare*, qui veut dire la même chose.

Qui aux buissons secrets se latiterent.

Quelques-uns disent encore au Palais, *Cacher & Latiter les effets d'une succession.*

LATITUDE. s. f. Terme de Geographie. Distance comprise depuis un certain lieu jusques à la Ligne équinoctiale; cette distance est toûjours égale à la hauteur du Pole sur l'horison de ce même lieu. La Latitude est Septentrionale, lorsque le lieu est compris entre la ligne & le Pole Arctique, & elle est Meridionale quand le lieu est situé entre la Ligne & le Pole Antarctique. La Latitude se compte sur le Meridien de chaque lieu.

On appelle en termes d'Astronomie *Latitude d'une Etoile*, son éloignement de l'Ecliptique en tirant vers l'un ou l'autre Pole du Zodiaque. Cette Latitude se compte sur un cercle tiré par l'Etoile & par les poles du Zodiaque.

Le Soleil n'a jamais de Latitude, parce qu'il ne sort jamais de l'Ecliptique. Toutes les autres planetes dérivent des cercles qui coupent l'Ecliptique en deux points opposés, & qui s'en écartant de part & d'autre augmentent toûjours de latitude, depuis un point de la section jusqu'au 90me. degré où la Latitude est la plus grande qu'elle puisse être. La plus grande Latitude de la Lune n'est pas de plus de 5. degrés. Celle de Venus est de 3. degrés & demi, celle de Mercure de 6. degrés 26', de Mars, de 1. degré 50', de Jupiter, de 1. degré 20. minutes, de Saturne de 2. degrés 30'. Les plus grandes Latitudes des planetes varient.

Il est évident que la Latitude Astronomique aussi-bien que la Geographique est ou *Septentrionale*, ou *Meridionale*, selon qu'elle est du côté Septentrional ou Meridional de l'Ecliptique.

La Latitude tant Geographique qu'Astronomique s'oppose à la Longitude. Voyez LONGITUDE.

LATTE. s. m. Triangle de bois qui traverse les chevrons, & sur laquelle les Ouvriers clouent l'ardoise, ou accrochent la tuile. La Latte pour l'ardoise, est plus large, & de même longueur que celle qui est pour porter la tuile. On appelle *Lattes jointives*, les Lattes que l'on cloue si près les unes des autres qu'elles se touchent. Les Marchands de bois nomment aussi *Lattes*, de petits morceaux de latte, qu'ils mettent entre les ais pour leur donner de l'air, afin qu'ils se sechent & ne se pourrissent pas.

LATTES. Terme de Meunier. Maniere d'échelons qui sont aux volans des Moulins à vent, & sur lesquels les toiles sont tendues.

Lattes. Terme de Marine. Petites pieces de bois fort minces qu'on met entre les baux, les barros & barrotins d'un Vaisseau, & qui servent de garniture pour soûtenir le tillac. On appelle *Lattes de caillebotis*, de petites planches resciées, dont on se sert pour couvrir les barrotins des caillebotis, & qui en font le treillis.

LATTER. v. a. Attacher des Lattes sur un comble pour leur faire porter la tuile ou l'ardoise. On Latte à claire voie, ou à Lattes jointives. Ce dernier se dit quand les Lattes sont clouées de sorte qu'elles se touchent, & on dit *Latter à claire voie*, pour dire, Mettre des Lattes sur un pan de bois pour retenir les plâtras des panneaux, & le recouvrir de plâtre.

Les Marchands de bois disent aussi *Latter* quand ils mettent de petits morceaux de Latte entre leurs ais afin d'empêcher qu'ils ne se gâtent.

LATTIS. s. m. On dit en terme de Couvreur, faire un Lattis, pour dire, Faire une couverture de Lattes.

LAV

LAVANDE. s. f. Plante que Matthiole rapporte entre les especes d'Aspic, & que plusieurs appellent femelle, & l'Aspic mâle. Les feuilles du mâle qui est l'aspic, sont plus larges, plus longues, plus grosses, plus fermes, & plus blanches que celles de la femelle qui est la Lavande. Toutefois l'une & l'autre produit beaucoup de rejettons, & est aussi feuillue que le Rosmarin. Du milieu des feuilles sortent de petites tiges grêles, quarrées, & qui en longueur passent douze doigts. A leur sommet est une fleur épiée de couleur purpurine, quoique la Lavande ne produise pas les fleurs d'une si haute couleur, & qu'elles soient plus épanouies & odorantes que ne le sont celles de l'Aspic. On se sert de ces fleurs pour faire une huile, qu'on appelle *Huile d'aspic*, par corruption pour huile de spic, *Oleum de spica*, la Lavande s'appellant en Latin *Spica fœmina* ou *Spica communis*. Cette plante est de parties tenues, & d'un goût un peu acre & un peu amer. Elle est fort cephalique & nevritique, & bonne particulierement dans les caterres, dans la paralysie, le vertige, la lethargie, & le tremblement de membres. Elle est propre encore à faire uriner, & à faciliter l'accouchement. On l'emploie aussi exterieurement dans les lessives qu'on fait pour la tête & pour les membres, & en masticatoire pour dessecher les caterres, & attirer les humeurs par le trou du palais, afin de les empêcher de tomber sur les poumons.

LAVANGE. s. f. Amas de neiges, qui se détache tout à coup de quelque montagne ou d'un haut rocher, & qui grossit toûjours en roulant.

LAUDANUM. s. m. Sorte de composition que les Chymistes ont nommée ainsi de *Laudare*, Louer à cause de ses excellentes qualités. C'est proprement l'Opium, bien & dûement préparé, & corrigé avec une once de l'extrait de safran, demi-once du magistere de perles, & de coraux faits sans corrosion; un scrupule de chacun, de l'huile de girofle & de Karabé, demi scrupule de chacun; six grains de musc, autant d'ambre gris, & le tout mêlé ensemble en forme d'électuaire mol. Le Laudanum ne provoque pas seulement le sommeil, mais il appaise les douleurs, & arrête les évacuations immoderées. Il est merveilleux pour les manies, phrenesies, & pour toutes sortes de fluxions violentes, & sur-tout pour celles qui vont aux poumons ou à la poitrine. Il faut user de précautions en le donnant, c'est-à-dire, faire préceder les remedes generaux & les ordinaires. Sa dose doit être de trois grains jusqu'à six ou sept. On le fait prendre ordinairement en forme de petites pillules, ou bien dissous dans quelque liqueur rafraîchissante, ou un syrop convenable.

LAVEDAN. s. m. Sorte de cheval dont il est parlé dans Rabelais. On l'a appellé ainsi du Comté de Lavedan en Gascogne, où il se trouve de fort bons chevaux.

LAVER. v. a. *Nettoyer avec de l'eau ou quelqu'autre chose de liquide.* ACAD. FR.

Les Blanchisseuses disent *Laver la lessive*, lorsqu'après avoir essangé leur linge & fait couler la lessive, elles le mettent tremper dans l'eau la derniere fois afin d'en ôter les sels qui y sont demeurés pendant que la lessive a coulé.

Laver. Terme de Chymie. Se servir d'eau pour ôter les impuretés de quelque mixte.

Laver. Terme de Peinture. Coucher les couleurs à plat sans les pointiller, soit sur le papier, soit sur le velin. On dit *Laver un dessein*, pour dire, Coucher avec un pinceau une couleur d'encre de la Chine, ou de bistre à l'eau sur un dessein passé à l'encre, afin que les ombres des saillies & des baies, & l'imitation des matieres que doivent former l'ouvrage, le fassent paroître le plus naturel qu'il se peut. On dit aussi que *Des couleurs sont bien lavées*, pour dire, Que les nuances qui font les ombres sont douces, & qu'elles passent insensiblement d'une couleur à une autre. *Laver* se dit encore d'un tableau que l'on décrasse par un secret de certains artistes, afin de rendre ses couleurs aussi belles qu'elles étoient au commencement.

Laver. Terme de Charpenterie. On dit *Laver une poutre*, pour dire, En ôter une dosse avec la scie pour l'équarrir, au lieu d'en ôter avec la coignée.

LAVETON. s. f. Sorte de petite laine courte qu'on tire de dessus l'étoffe avec le chardon, & dont on se sert pour faire des matelats & autres choses. Le Laveton est toûjours de couleur grise, & fort d'une étoffe grossiere, comme le bureau & la bourrelanisse sortent d'une étoffe fine.

LAVEURE. s. f. Terme de Gantier. Composition qui se fait avec de l'eau, de l'huile, & des œufs battus ensemble, & dans laquelle on trempe la peau dont on veut faire des gands.

Laveure. Terme d'Orfévre. *Faire la Laveure*, parmi les Orfévres, c'est laver la cendre qui provient de la forge, & les ordures de la boutique où il se trouve de l'or & de l'argent, & repasser plusieurs fois ces cendres par les moulins, avec de l'eau & du vif argent pour en tirer la limaille.

LAVIS. s. m. Terme de Peinture. Toute couleur simple détrempée avec de l'eau. Pour faire un dessein avec du Lavis, les uns emploient avec les traits de la plume un peu de Lavis fait avec de l'encre de la Chine, où le bistre qui est de la suie bien détrempée. Les autres se servent de la pierre noire, & d'autres de la sanguine, ou de l'Inde, chacun selon son goût.

LAUREOLE. s. f. Plante dont il y a de deux sortes, la Laureole mâle, appellée *Chamædaphné*, & la Laureole femelle que l'on nomme *Daphnoïdes* ou bien simplement Laureole. Cette derniere croît de la hauteur d'une coudée, & a plusieurs rameaux plians, fort feuillus dès le milieu jusqu'en haut. Ses feuilles sont semblables à celles du Laurier, excepté qu'elles sont plus minces, plus molles, & difficiles à rompre. Elles brûlent incontinent la bouche & le gosier de ceux qui en goûtent. Ses fleurs sont blanches & ses grains noirs, lorsqu'ils ont atteint leur maturité. Sa racine n'a point du tout de vertu. Sa feuille machée comme un masticatoire, purge le cerveau, & fait éternuer, & quinze de ses grains pris en breuvage, lâchent le ventre.

La Laureole mâle, appellée *Chamædaphné*, jette certaines verges lissées, droites & minces, de la hauteur d'une coudée, & sans nulles branches. Ses feuilles ressemblent aussi à celles du Laurier, quoique plus lissées & plus vertes. Sa graine est ronde & rouge, & est attachée aux feuilles, lesquelles pilées & appliquées sur la tête en appaisent les douleurs, & moderent les ardeurs de l'estomac. Ceux qui les boivent en vin sont soulagés. Leur jus bû aussi en vin, provoque l'urine & les mois des femmes.

LAURIER. s. m. Arbre toûjours verd, qui non seulement est planté dans tous les jardins, mais qui vient de soi-même dans les forêts, principalement aux lieux maritimes, ou aux collines & montagnes exposées au soleil, & qui ont vue sur des lacs, ou sur la mer. Il a ses feuilles longuettes, larges en bas, & pointues au bout, grosses, solides, & de bonne odeur. Elles sont moins étroites dans le Laurier mâle, que dans le Laurier femelle. Cet arbre a sa fleur petite, pleine de mousse, presque semblable à celle d'olive, blanchâtre & tendant des perles, vertes d'abord, noires quand elles sont mûres, & garnies d'un gros noyau, comme le fruit de Bruscus. On les cueille quand l'hiver commence, de même que les olives, & l'on en fait de l'huile appellée *Laurin*. Pline rapporte que Livia Drusilla étant dans son jardin, un aigle lui jetta d'en haut une poulle blanche qui portoit en son bec une branche de Laurier chargée de fruit; que l'on planta cette branche en une Maison de plaisance de l'Empereur à neuf milles de Rome, proche le Tibre, & qu'encore qu'elle n'eût point de racines, elle multiplia tellement, qu'en peu d'années il y eut en ce lieu-là une forêt de Lauriers; que les Empereurs dans leurs triomphes se faisoient des couronnes de leurs rameaux, & qu'ensuite on les plantoit aux lieux les plus éminens des collines de Rome, de sorte qu'on y voyoit plusieurs touffes & bocages de Lauriers qu'on appelloit *Laureta*. On a tenu pour certain que jamais aucun Laurier n'avoit été frappé de la foudre, ce qui obligeoit l'Empereur Tibere de porter un chapeau de Laurier quand il tonnoit. Le Laurier a la vertu de faire du feu de soi-même, & ce feu en sortira, si on en frote ensemble deux branches seches sur du soufre pulverisé. Il a aussi une proprieté fort particuliere, qui est que si on plante de ses rameaux en un champ semé de blé, toute la nielle qui le gâte s'amassera sur ces branches, & le blé en demeurera exempt. On tient que quand le Corbeau a tué le Chameleon, Bête venimeuse, il a recours au Laurier, qui lui tient lieu de contrepoison, & que les Ramiers, les Merles, & autres oiseaux se purgent avec du Laurier. Theophraste dit qu'en la mer Rouge il se trouve des Lauriers convertis en pierres. Les baies du Laurier sont un peu plus chaudes & plus seches que ses feuilles. On s'en sert pour attenuer les humeurs grossieres, & pour discuter les vents. Elles sont aussi d'usage ainsi que les feuilles dans la colique, dans la paralysie, dans les douleurs qui suivent l'accouchement, & dans les crudités d'estomac. On emploie les feuilles exterieurement contre la piqure des Guêpes, pour amollir les tumeurs, & pour adoucir la douleur des dents par le gargarisme.

Laurier Alexandrin. Plante qui a ses feuilles semblables au Bruscus, excepté qu'elles sont plus grandes, plus blanches, & plus molles. Elle fleurit blanc, & jette une graine rouge qui est de la grosseur d'un poix chiche, & qui sort d'entre les feuilles. Ses branches sont longues d'un palme & quelquefois plus, & éparpillées sur terre. Sa racine est semblable à celle du Bruscus, mais plus grosse, plus tendre & odorante. Galien dit que l'herbe du Laurier que quelques-uns appellent *Alexandrin*, est d'une temperature, qui est manifestement chaude, mordicante, & un peu amere au goût, & qu'étant prise en breuvage elle provoque les mois & l'urine.

On appelle *Laurier rose* & *Laurier cerise*, de petits arbres qu'on éleve dans des caisses. Ces arbres ont des fleurs rouges ou blanches comme des roses & des cerises.

LAY

LAY. s. m. Sorte de petit ouvrage de poësie qui se faisoit autrefois sur quelque sujet d'amour ou sur une matiere triste. Il y a de grands Lays & de petits Lays. Le grand Lay est un petit poëme composé de douze couplets de vers de differentes mesures sur deux rimes, & l'on en trouve dans Alain Chartier. Le petit Lay n'est que de seize ou de vingt vers divisés en quatre ou en cinq couplets. Molinet en a composé plusieurs. C'étoit la poësie Lyrique de nos vieux Poëtes François, & l'on prétend que les Lays ont été faits sur le modelle des vers Trochaïques que les Grecs & les Latins ont employés dans leurs Tragedies. On a nommé Lays ces sortes d'ouvrages du vieux mot *Laye*, qui signifie, Complainte, doleance.

LAYE. s. f. La Femelle du Sanglier. Quelques-uns disent qu'on lui a donné ce nom à cause qu'on la laisse pour faire des petits, & d'autres parce qu'elle est souvent parmi des arbrisseaux qu'on appelle *Lais*.

LAYETTE. s. f. Petit coffre de bois où l'on a coûtume de serrer du linge & de menues hardes. C'est aussi le tiroir d'un buffet, d'un cabinet, d'une armoire.

On appelle encore *Layettes*, de petits morceaux de bois ou d'yvoire qui servent à boucher les trous de bourdon d'une Musette, & qui sont mobiles dans ses rainures.

LAYETTIER. s. m. Artisan qui fait des Layettes & autres menus ouvrages de bois, comme boëtes & caisses, sans que ces ouvrages soient couverts de peau ou de cuir.

LAZ

LAZARE. L'Ordre de saint Lazare fut établi vers l'an 1119. & étant presque réduit au neant, le Pape Pie IV. le renouvella. Ceux qui étoient de cet Ordre portoient un habit de couleur brune avec une croix rouge devant la poitrine. Il y a eu un autre Ordre Militaire de saint Lazare, separé de ceux des Templiers, des Chevaliers Teutons & des Chevaliers de saint Jean de Jerusalem, qui fut établi par les Chrétiens Occidentaux dans le tems qu'ils étoient Maîtres de la Terre-Sainte. Les Chevaliers de cet Ordre avoient des Maisons fondées exprès où ils recevoient les Pelerins qu'ils défendoient contre les Mahometans, en les faisant conduire jusqu'aux lieux où ils n'avoient rien à craindre. On leur donna de riches possessions avec de grands privileges. Le Roi Louis VII. dit le Jeune, voyant les Chrétiens chassés de la Terre-Sainte, donna aux Chevaliers de saint Lazare la Terre de Boigni, près Orleans, où ils garderent leurs titres & tinrent leurs assemblées. Le tems les ayant rendus fort inutiles, Innocent VIII. supprima cet Ordre, & l'unit à celui des Chevaliers de Malte. Ceux de France en ayant fait leurs plaintes au Parlement, il fut ordonné qu'il subsisteroit separé de tout autre. En 1565. le Pape Pie IV. en donna la Maîtrise à Jeannot de Castillon qui étoit son parent, & celui-ci étant mort seize ans après, le Pape Gregoire XIII. défera cet Ordre au Duc Emanuel Philibert de Savoye & à tous ses successeurs, l'unissant à celui de saint Maurice en Savoye. Tout cela n'eut aucun lieu à l'égard de la France, & Philibert de Nerestang, Capitaine des Gardes du Corps, fit si bien auprès du Roi Henri IV. qu'en 1608. il le fit Grand-Maître de l'Ordre de saint Lazare, pour lequel il obtint une Bulle fort avantageuse qui le rend pour les Chevaliers de France ce que l'Ordre de saint Maurice & de saint Lazare, est pour ceux de de-là les Monts. Ils ont pouvoir de se marier, & d'avoir des pensions sur des Benefices Consistoriaux. Cet Ordre a été encore rétabli sous le regne de Louis XIV. qui lui a donné un nouvel éclat. M. le Marquis de Dangeau en a été Grand-Maître: Monsieur le Duc d'Orleans l'est presentement.

LAZARET. s. m. Bâtiment public, fait en forme d'Hôpital, où se retirent ceux qui sont attaqués de la maladie contagieuse. Il y en a un fort beau à Milan. On appelle aussi *Lazaret*, dans quelques Villes Maritimes de la Mediterranée qui sont habitées par les Chrétiens, une grande Maison bâtie hors de la Ville, où les équipages qui viennent des lieux où l'on soupçonne que regne la peste, sont mis dans des logemens isolés, & separés les uns des autres pour y faire quarantaine.

LE

LE', LE'Z. adj. Vieux mot. Large.

Mes or lessons les voyes lées
Et allons les estroits sentiers.

Il s'est dit aussi substantivement pour largeur. *Quel lé a ce drap? Tant qu'il a de long & de lé.* On le trouve encore dans la signification de côté. *L'écu au col, l'épée au lé.* On disoit aussi *Lez*, *D'un & d'autre lez*. Borel croit que ce mot a été corrompu, que l'on a dit au commencement *Laits*, d'où est venu *Lai*, & ensuite *Lé*, du Latin *Latus*, qui signifie Large, étant adjectif, & Côté, étant substantif. On a dit *Lés li*, pour dire, Auprès de lui. *Et je m'allois lés li seoir*, & *de lez*, pour, A côté de. *Enterré fu de lez son Pere.*

LEA

LEANS. adverbe de lieu. Vieux mot. *Là dedans.* Les Sergens disent encore par raillerie quand ils ont mis quelqu'un en prison, qu'*Ils l'ont mis Leans.*

LEB

LEBESCHE. s. m. Terme de Marine. Nom qu'on donne sur la Mediterranée au vent qui souffle entre le couchant & le midi. On le nomme Sud-Ouest sur l'Ocean.

LEC

LECTH. s. f. Terme de Marine. Mesure qui est fort en usage sur la mer du Nord. Elle contient douze barils. *Lecth*, se prend aussi pour une maniere de compter reçûe dans l'Indostan, & qui veut dire centmille. Ainsi un Lecth de Roupies, sorte de monnoie, signifie cent mille roupies, & deux Lecths de pagodes, autre sorte de monnoie, ce sont deux cens mille pagodes.

LED

LEDENGER. v. a. Vieux mot. Injurier.

Et que trop durement se doute
D'estre ledengée & battue,
Quand arriere sera venue.

LEDUM. s. m. Arbrisseau semblable au Cistus, & qui a pourtant ses feuilles plus longues & plus noires. Elles sont astringentes, & font les mêmes effets que le Cistus. Il en découle une liqueur resineuse qu'on appelle *Ladanum*, & qui est d'un grand usage dans la Medecine. Voyez LADANUM.

LEE

LEECHE. s. f. Vieux mot. Joie.

LEG

LEGAT. s. m. Nom que l'on donne aux Ambassadeurs que le Pape envoie vers les Princes Souverains. Celui qu'on appelle *Legat à latere*, est un Cardinal considerable, qui a la préseance devant les Princes du Sang en France, quand le Roi tient son lit de Justice au Parlement. Il peut conferer des Benefices sans Mandat, & legitimer des bâtards pour en posseder, mais avant qu'il puisse faire aucune fonction Apostolique, il faut qu'il fasse verifier son pouvoir au Parlement, & quand cela n'est point fait, il ne peut faire porter sa croix devant lui dans le Royaume, ce qui lui est permis après la verification; à la reserve du lieu où le Roi est en personne. On l'appelle *Legat à latere*, à cause que le Pape ne choisit pour cet emploi que ceux qu'il estime davantage, & qui sont toûjours à ses côtés. Le Legat appellé de *Latere*, n'est point Cardinal, quoiqu'il soit pourtant de la Legation Apostolique. Il y a aussi des *Legats nés*. Ceux-là n'ont point de Legation, & prennent ce titre, non à cause de leur personne, mais seulement en vertu de leur dignité. L'Archevêque d'Arles, & celui de Reims sont Legats nés.

LEGATINE. s. f. Etoffe moitié fleuret & moitié soie, qui est de même nature que la papeline. Il y en a aussi de moitié laine.

LEGENDE. s. f. Terme de Monnoie. Lettres qui sont marquées sur l'espece, ou proche des bords, ou au milieu ou sur la tranche.

LEGER, Legere. adj. Qui ne pese guere. On appelle en termes de Manege, *Cheval leger*, Un cheval vîte & dispos, & quand il est déchargé de taille, encore qu'il n'ait ni disposition ni legereté, on ne laisse pas de dire, qu'*Il est de legere taille*. Lorsqu'il a la bouche bonne, & qu'il ne pese pas sur le mords, on dit qu'*Il est leger à la main*. On dit de même d'un cheval de carrosse qui craint le fouet, & qui trotte legerement, qu'*Il est leger*.

Leger, est aussi un terme d'Architecture, & il se dit d'un ouvrage beaucoup percé; comme les peristyles, les portiques des Colomnes, c'est-à-dire, des ouvrages dont la beauté de la forme consiste dans le peu de matiere. On se sert du même terme en sculpture, lorsqu'on veut marquer des ornemens délicats, fort recherchés, évidés & en l'air. *Leger*, se dit encore des parties fort saillantes des statues, & de leurs draperies volantes. Lorsqu'il se dit des ouvrages, où l'épaisseur n'est pas proportionnée à la charge ou à l'étendue, comme des solives & poteaux trop foibles & trop espacés; il est pris alors en mauvaise part.

LEGIERS. adj. Vieux mot. Prompt, facile.

Et moult sera legiere à faire.

LEGION, s. f. *Corps de gens de guerre dans la Milice Romaine, qui étoit composé ordinairement de cinq à six mille hommes d'Infanterie & de quatre à cinq cens Chevaux.* Acad. Fr. La Legion, dans le tems de Romulus, étoit de trois mille hommes, & on les divisoit en trois ordres de bataille. Elle étoit de quatre mille hommes sous les Consuls, & elle fut de cinq ou six mille hommes depuis Marius & divisée en Cohortes, chaque Cohorte de cinq ou six cens hommes, selon que la Legion étoit de cinq ou six mille; ce qui faisoit dix ou douze Cohortes dans une Legion. Outre les Legions composées des Citoyens Romains, qui faisoient comme un Corps séparé, il y en avoit une autre de Cavalerie & d'Infanterie qui étoit des Alliés, & qu'on appelloit *Extraordinaire*. Les gens de pié avoient divers noms dans les Legions Romaines. Ceux qu'on appelloit *Velites*, ce qui veut dire prompts & legers, avoient pour armes une longue épée, une lance de trois piés de long, & de petits boucliers ronds, qu'ils nommoient *Parma tripedalis*. Une espece de bonnet fait de cuir, ou de la peau de quelque animal leur couvroit la tête. Ils appelloient *Galea* cette sorte de bonnet, qui ne differoit que dans la matiere de ceux qu'on nommoit *Cassis*, & qui étoient de métal. Ces *Velites*, parmi lesquels on comprenoit ceux qui lançoient le dard, les Archers & les Frondeurs; étoient choisis ordinairement pour suivre la Cavalerie dans les plus promptes & les plus dangereuses entreprises, comme étant les Soldats les plus dispos de toutes les Troupes. Il y en avoit d'autres qu'on appelloit *Hastati*, *Principes* & *Triarii*. Ils portoient un bouclier long de quatre piés & large de deux, & avoient une longue épée à deux tranchans & ferme de pointe, avec un casque d'airain, & sa crête de même matiere, une espece de bottes dont le devant de la jambe étoit couvert, deux javelines, l'une plus grande qui étoit ronde ou quarrée, & l'autre plus petite. Leurs corselets étoient de fer ou d'airain & de diverses façons. Ceux qu'on appelloit *Lorica hamata*, étoient faits de petites mailles ou par petites écailles. Les armes de la Cavalerie étoient pour les offensives une javeline & une épée, & pour les défensives un casque, un écu & une cuirasse.

LEGUNS. s. m. Vieux mot. Legumes.

LEM

LEMBROISE. adj. Vieux mot. Lambrissé.

LEMME. s. m. Terme de Geometrie. Proposition préparatoire, qui n'est au lieu où elle est, que pour servir de preuve à d'autres qui suivent. Ce mot est Grec λῆμμα de λαμβάνω, je prens, proposition *qu'on prend* pour s'en servir dans la suite.

LEMMER. s. m. Sorte de petite bête, qui est en beaucoup de choses semblable à une souris, dont elle differe pour la couleur, étant rousse, marquetée de noir. Elle a aussi la queue fort courte & couverte de poils serrés. On trouve ces bêtes par troupes dans la Laponie, où on les appelle *Souris de montagnes* & *Lamblar*. Elles n'y paroissent pas regulierement tous les ans, mais tout d'un coup dans de certains tems, & en telle quantité, que se répandant par tout, elles couvrent toute la terre. On a observé que cela arrive quand il fait orage, & qu'il pleut abondamment ; ce qui a fait croire à quelques-uns qu'elles tombent avec la pluye, soit que le vent les enleve, & les apporte des Isles les plus éloignées, soit qu'elles se forment dans les nuées même. D'autres disent que l'on s'est persuadé que cet animal se formoit en l'air d'un tems pluvieux, à cause qu'il n'abandonne son trou qu'après les pluyes, n'ayant point paru auparavant, ou parce qu'il se remplit d'eau, comme croit Strabon, ou qu'il croît & grossit fort à la pluye. Ces petites bêtes sont hardies & courageuses, & loin que le bruit des passans les fasse fuir, elles vont au devant de ceux qui les viennent attaquer, crient & jappent comme de petites chiennes, & sans se soucier ni de bâtons ni de halebardes, sautent & s'élancent sur leurs ennemis en les mordant de colere. Elles se tiennent toûjours le long des côteaux & dans les broussailles, sans entrer jamais dans les maisons ni dans les cabannes. Ces animaux se font quelquefois la guerre les uns aux autres, & se partagent comme en deux armées rangées en bataille le long des lacs & des prés, ce que les Lapons prennent pour des presages des guerres qui doivent arriver en Suede. S'ils les voyent venir du côté de l'Orient, ils concluent qu'ils auront la guerre avec les Russiens, & s'ils remarquent qu'ils soient venus du côté de l'Occident, ils tiennent pour infaillible qu'ils seront attaqués par les Danois. Ces petites bêtes ont pour ennemis les hermines qui s'en engraissent, les renards qui les attaquent & les traînent dans leurs tanieres, où quelquefois ils en gardent des milliers dont ils se nourrissent, & enfin les Rennes, qui mangent aussi de cette espece de Souris de montagnes, & particulierement en Eté. Outre que le grand nombre en diminue fort par là, elles se font aussi mourir elles-mêmes, ou en mangeant l'herbe qui a repoussé depuis qu'elles l'ont mangée la premiere fois, ou en montant sur les arbres où elles se pendent à quelque branche fendue, ou en se jettant dans l'eau après s'être assemblées par troupes à la maniere des hirondelles quand elles veulent partir, ce qui fait qu'on les trouve souvent par milliers dans un même endroit mortes & entassées les unes sur les autres.

LEMNIENNE. adj. f. Epithete qui se donne à une terre que tous les Auteurs conviennent qui se trouve dans l'Isle de Lemnos auprès d'une Ville appellée Hephestias, au haut d'une colline rougeâtre qui ne porte aucune plante. La terre Lemnienne, pour être bonne, outre sa stipticité, doit être rousse comme toutes les terres medicinales, & en quelque façon aromatique, mais comme il est fort aisé de lui donner ces deux qualités, il est comme impossible de s'assurer d'en avoir de veritable. C'est ce qui est cause qu'on lui substitue ordinairement le bol d'Armenie dans la composition de la Theriaque.

LEMURIES. s. f. Fêtes que celebroient les Romains le 9. Mai à l'honneur des Dieux Lemures. Cette fête duroit trois nuits, & on en laissoit toûjours une de repos entre deux. La ceremonie consistoit à jetter des féves dans le feu qui brûloit sur l'autel, dans la pensée qu'on chassoit par là les Lemures des maisons, ou qu'on empêchoit qu'ils n'y entrassent. Ils donnoient ce nom aux ombres & aux fantômes des Morts, qui apparoissoient la nuit. Tant que duroit cette fête, les Temples étoient fermés, & on ne faisoit aucunes nôces, dans la superstition où l'on étoit que les mariages qui se feroient pendant ce tems-là, seroient malheureux.

LEN

LENIFIER. v. a. Adoucir. Ce mot n'est en usage que parmi les Medecins.

LENITIF. s. m. Electuaire mol, purgatif, où l'on fait entrer outre le sucre, le sené, le polypode, les raisins damas, l'orge mondé, la mercuriale, la semence des violettes, l'adianthe noir, les sebestes, les jujubes, les pommes, la reglisse, les tamarins, la conserve de viole, la poulpe de casse, & l'anis. On l'appelle *Lenitif*, à cause qu'il ouvre le ventre en adoucissant & lenifiant, & qu'il évacue fort doucement l'une & l'autre bile. Cet Electuaire est fort propre aux fiévres engendrées par les humeurs corrompues, ainsi qu'à la pleuresie.

LENTICULAIRE. adj. Terme d'Optique. Il se dit d'un verre de lunette convexe, qui est plat, rond, & plus épais au milieu qu'aux bords. On l'appelle ainsi à cause qu'il approche de la figure d'une lentille, & même on l'appelle aussi *Lentille*.

LENTILLE. s. f. Sorte de legume dont la plante a la feuille un peu moindre que celle de la vesce. Sa fleur est presque semblable. Elle jette de petites gousses serrées & un peu plattes, dans lesquelles sont les Lentilles, au nombre de trois ou quatre au plus dans chacune, rondes, pressées & couvertes d'une petite pellicule. Il y en a de deux sortes, de blanches & de cendrées. Les blanches sont les plus petites & les meilleures. La fleur des cendrées est blanche, purpurine, & celle des autres est seulement blanche. Elles meurent, si on laisse les gratterons quand il en vient auprès des Lentilles. Galien dit qu'elles sont fort astringentes, & que leur chair resserre & desseche le ventre, mais que leur décoction le lâche. Etant pelées, elles perdent toute leur astriction & nourrissent davantage, mais on ne les digere pas aisément, & elles engendrent un gros sang qui fait les humeurs melancoliques.

Il y a une *Lentille de marais*, que Dioscoride dit être une mousse qui ressemble à la Lentille. Sa feuille est ronde, petite, vient comme en grain, & a une forme de Lentille. Elle est attachée à de petits capillamens minces, & nage sur les eaux dormantes, principalement sur celles des fossés des Villes & des Châteaux. S'il arrive que quelque inondation la transporte dans des eaux courantes, elle n'approche pas si-tôt de la rive qu'elle y prend racine, & s'étend de la même sorte que fait le cresson. On estime fort la distillation de cette Lentille de marais pour les inflammations des parties nobles, & pour les fievres pestilentielles. L'herbe fraîchement tirée de l'eau, & appliquée sur le front, appaise les douleurs de tête qui proviennent de chaleur. Matthiole parle d'une autre Lentille de marais. Sa tige qui est anguleuse se traîne sur l'eau par intervalles, elle produit force feuilles, qui sont rondes à la cime, & attachées quatre à quatre & en croix & des queues minces & longues. Sa graine sort de la tige même & entre les queues des feuilles. Elle est amassée en façon de grappe, & a la forme d'une Lentille, quoique pourtant elle ne soit pas si platte. Elle est noirâtre, dure, épaisse & attachée à de longues queues.

LENTISQUE. s. m. Arbre fort commun en Italie, & dont on trouve beaucoup aux vieilles ruines & masures, & en la côte de la mer Tyrrhene, tirant vers Gayette & Naples. On en voit de la grandeur d'un demi-arbre, & d'autres qui sont petits, & qui sans avoir un tronc fort gros, poussent à force des rejettons comme les coudres. Plus le Lentisque

tisque est massif & a ses feuilles épaisses, plus ses branches s'abaissent contre terre. Les feuilles de l'un & de l'autre, ressemblent à celles des pistaches. Elles sont grasses, frêles, & d'un vert obscur, quoiqu'elles ayent le bout & certaines petites veines rouges. Cet arbre est toûjours verd, & a son écorce roussâtre, pliante & gluante. Outre ses fruits qui sont faits en grappe, il jette de petites bourses recourbées comme une gousse, & dans ces bourses il y a une liqueur claire, qui avec le tems se convertit en bêtes, semblables à celles qui sortent des vessies qui croissent sur les Terebinthes & les ormes. Le Lentisque a une odeur forte, qui oblige plusieurs à le fuir à cause qu'il appesantit la tête. Le mastic sort du Lentisque par le moyen des incisions que l'on fait à son écorce, & le meilleur qu'on recueille est à Chio, Isle de la mer Ægée où cet arbre croît en abondance plus qu'en aucun autre lieu. Matthiole dit que les Insulaires de Chio l'ont en telle estime que s'il arrive que quelqu'un arrache un Lentisque portant du mastic, soit sur sa terre, soit sur celle d'autrui, ils le condamnent à avoir la main coupée. On trouve aussi en Candie des Lentisques qui produisent le mastic, mais jaune, amer, & moindre en bonté. On se sert encore de la semence de Lentisque pour faire une excellente huile par expression; mais elle n'est pas beaucoup en usage en France. On fait de son bois des curedens merveilleux, non seulement pour se nettoyer les dents, mais encore pour se fortifier les gencives, & se rendre l'haleine agreable.

LEO

LEONIMETE'. s. f. Sorte de Poësie ancienne, dont les vers riment au milieu ainsi qu'à la fin.

> *Seigneurs, qui en vos Livres par maistrie mettez Equivocations & Leonimetez.*

On a dit aussi *Leonine*, & *Leonisme*. Pasquier croit qu'on a dit *Vers Leonins*, d'un Leoninus ou Leonius, Religieux de saint Victor, qui vivoit sous Louis VII. en 1154. & qui fit plusieurs Vers Latins rimez tant à l'hemistiche qu'à la fin, & même un Monorime qu'il dédia au Pape Alexandre III. l'Ecole de Salerne, Merlin, & autres, ont fait des vers en rime Leonine.

LEONTOPETALON. s. m. Plante, dont la tige est haute d'un bon palme & quelquefois plus, & qui a diverses concavitez, dont sortent plusieurs aîles. Elle porte à sa cime deux ou trois grains en certaines gousses, faites en maniere de chiches. Ses fleurs sont rouges & semblables à celles de l'anemone, & elle a ses feuilles comme le chou, mais déchiquerées comme celles du pavot. Sa racine est noire, & faite comme une rave, toute bossue & pleine de durillons. Le Leontopetalon croît parmi les blés, & on se sert principalement de sa racine. Elle est resolutive, & prise en breuvage avec du vin, c'est un remede singulier contre les piquûres des Serpens. Ce mot vient du Grec λέων, Lion, & de πέταλον, Feuille, chés les Apothicaires *Pata leonis*, en François *Pié de Lion*.

LEONTOPODIUM. s. m. Petite herbe de la hauteur de deux doigts, qui produit ses feuilles de la longueur de trois ou quatre. Elles sont étroites & velues, mais celles qui sont le plus près de sa racine, ont plus de cotton que les autres. Les têtes qui sortent du bout de ses tiges ont comme trouées. Elle a ses fleurs noires, & sa racine tellement couverte de bourre, qu'on a de la peine à la trouver. Sa racine est petite, & on s'en sert à résoudre les petites humeurs. Matthiole accuse d'erreur Brunfelsius qui prend l'Alchimillia pour le Leontopodium. Ce mot vient aussi de λέων, Lion, & de ποῦς, Pié, en Latin, *Pes Leonis*.

LEOPARD. s. m. Animal cruel & farouche, qui a la peau marquetée de diverses taches. Ses yeux sont petits & blancs, le devant de sa tête long, l'ouverture de sa gueule grande, & ses dents aigues. Il a les oreilles rondes, le cou long ainsi que le dos avec une grande queue & cinq griffes fort aigues aux piés de devant, & quatre à ceux de derriere. Les uns tiennent que cet animal est tellement ennemi de l'homme, que s'il en voit un en peinture, il se jette dessus avec fureur, & le met en pieces. D'autres disent qu'il ne fait jamais aucun mal aux hommes, si les hommes ne l'attaquent, mais qu'il devore les chiens. On veut que le Leopard soit engendré d'un Lion & d'une Panthere, & que sa femelle prenne le nom de Panthere.

Le Leopard a peine à souffrir le Tygre, quoique le Tygre soit moins fort que lui, & quand il se sent poursuivi, il efface ses traces avec sa queue afin que son Ennemi ne les puisse reconnoître. Comme ces animaux sont cruels & dangereux, on leur tend beaucoup de pieges au Royaume de Quojas, Pays des Noirs, & lorsqu'on en a pris quelqu'un dans un des Villages où le Roi ne demeure pas, on est obligé de le porter au lieu de sa residence. Ce qu'il y a de fort singulier, c'est que ces Negres appellant le Leopard le Roi des Forêts, ceux qui demeurent dans le Village royal vont au devant de ceux qui portent cet animal, persuadés qu'il leur seroit honteux de souffrir, qu'un autre Roi que le leur entrât dans la place, sans qu'ils y missent obstacle. Cela produit un combat, dans lequel si les porteurs du Leopard sont vaincus, il vient un homme de la part du Roi qui les introduit dans le village. Ils trouvent tout le peuple assemblé dans le marché où l'on écorche le Leopard. On donne la peau & les dents au Roi, & la chair que l'on fait cuire est distribuée au Peuple qui passe tout ce jour-là en réjouissance. Il n'y a que le Roi qui n'en mange point, à cause que nul animal ne doit manger son semblable, & que celui-ci est appellé Roi comme lui. Il ne veut pas même s'asseoir ni marcher sur sa peau, qu'il fait vendre incontinent. Pour les dents, il en fait present à ses femmes, qui en font des colliers mêlés de corail, ou les pendent à leurs habits.

LEOPARDE'. adj. Terme de Blason. Il se dit du Lion passant. *D'or à trois Lions Leopardez de sable l'un sur l'autre.*

LEP

LEP. s. m. Vieux mot. Lievre mâle. On a dit aussi *Liepe*, & *Liepvre*, de *Lepus*.

LEPIDIUM. s. m. Herbe qui croît ordinairement par tout, & même auprès des vieux sepulchres & vieilles masures, & proche les grands chemins; aux lieux qui ne sont point cultivés. Galien fait voir, suivant l'autorité d'Hygienus Hipparchus, que le Lepidium & l'herbe que l'on appelle *Iberis*, est la même chose. Matthiole est aussi de ce sentiment. Cette herbe est toûjours verte, & produit ses feuilles semblables au Nasitort, mais plus grandes. L'Eté elles pendent jusqu'à ce que la rigueur du froid l'ait réduite en sarment. Elle fleurit au Printems, & a sa tige haute d'une coudée, quelquefois plus & quelquefois moins. La fleur qu'elle jette est blanche, fort petite & de couleur chargeante. Pour sa graine, elle est si mince que l'on a peine à la voir. Sa racine a une odeur fort aigue, &

qui tire à celle du Nasitort. Le Lepidium est propre à guerir les sciatiques. On l'a appellé ainsi de λεπὶς, Ecorce, écaille, qui vient de λέπειν, Oter l'écorce, à cause que cette herbe a la vertu de faire partir les taches du visage.

LEQ

LEQUEAU. Pronom relatif masculin, qui s'est dit autrefois pour lequel.

Lequeau a perdu son procez,
Triulati de Grec en Francez.

LER

LERRE. s. m. Vieux mot. Larron. On a dit aussi *Lierre*, dans le même sens.

LERRER. v. a. Vieux mot. Laisser. On a dit longtems, *Je Lerrai*, pour, *Je laisserai*.

LES

LESCHE. s. f. Vieux mot. Petite rêne.

LESCHERIE. s. f. Vieux mot. Gourmandise, friandise. Il s'est pris aussi pour un lieu où l'on trouve des femmes débauchées, ce qui les a fait appeller *Leschierres*. On a dit aussi ce dernier mot pour Friand.

Ainsi com fait li bon leschierres,
Qui des morseauls est connoissierres.

Leschcur s'est dit dans le même sens.

LESSE. s. f. Espece de petit cordon de soye, de laine, de crin, d'or ou d'argent, dont on fait plusieurs tours, sur la forme d'un chapeau pour la tenir en état.

Lesse. Fiente ou excrement des Sangliers ou autres bêtes semblables. On appelle *Lesses* au pluriel Les lieux où les Loups aiguisent leurs ongles.

LESSIVE. s. f. *Nettoyement, blanchissage de linge que l'on fait dans le ménage avec l'eau chaude & la cendre.* ACAD. FR. On appelle *Lessive*, en termes de Pharmacie, Une sorte de medicament que l'on met au rang des fomentations. Il y a la simple & la composée. La simple se fait de cendres seules détrempées en eaux, & d'ordinaire on employe celles de serment de vigne, d'yeuse, de tiges de feves, de chêne, de chou, de lierre, de figuier & de tithymale. La composée se fait de la simple, dans laquelle on dissout ou l'on fait cuire divers simples, suivant l'usage à quoi elle est destinée. Toute Lessive a une faculté détersive. On en fait quelquefois une de tartre brûlé ou de chaux vive. Comme elle est caustique & très-forte, elle sert à faire tomber le poil & à faire des cauteres.

La *Lessive des scories du regule d'antimoine*, est tenue très-salutaire dans l'obstruction des mois. Il faut en recevoir la fumée dans les parties genitales. C'est un remede excellent pour les lotions des ulceres malins, dont elle mondifie & déterge toutes les ordures. On s'en sert même efficacement quand la gangrene commence. Si la partie est tout-à-fait gangrennée, on croit qu'en la mettant deux ou trois fois dans cette lessive, il sort de la partie une certaine matiere grossiere, après quoi la gangrene se dissipe. Elle est bonne aussi pour les clysteres, où elle sert à ramollir & à purger les excremens endurcis. On l'estime pareillement propre à guerir la galle qui dépend d'un acide, mais il faut bien prendre garde à n'y mêler rien d'acide, à cause qu'elle imprimeroit sur la peau des taches blanches, qui seroient long-tems à s'en aller.

Les Lessives fortes, comme celle de chaux vive & celle de sel de tartre, sont des menstrues salins, urineux, qui dissoudent tous les souphres, & tirent même ceux des métaux. La raison qu'Etmuller en donne dans sa Chymie nouvelle raisonnée, est que les lessives conviennent radicalement avec les corps sulphureux, à cause que les sels fixes dont les Lessives se font, se forment dans la calcination des corps du sel volatil, & de l'acide ou souphre qui se changent en un troisiéme sel salé, & c'est à raison de ce principe sulphureux, qu'elles agissent sur les corps d'une nature sulphureuse. Ainsi la Lessive de chaux vive, dissout l'antimoine en souphre antimonial, & la Lessive de sel de tartre dissout le souphre crud.

LEST. s. m. Terme de Marine. Ce qui sert à faire entrer un Vaisseau dans l'eau, & à le tenir en assiette contre les coups de vent qui pourroient le renverser. Quand on dit *Lest*, sans rien ajoûter, on entend seulement des pierres, du sable, ou quelque autre chose que l'on met à fond de cale. On appelle *Bon lest*, De petits cailloux que l'on arrange aisément, *Gros lest*, Des quartiers de canons crevés & de grosses pierres; *Mauvais lest*, Tout ce qui peut fondre à fond de cale, comme du sel, ou ce qui peut entrer dans les pompes & les engorger, comme du sable, du gravier; *Lest lavé*, Du lest qu'on a lavé après qu'il a déja servi, pour s'en servir de nouveau. Ordinairement on met du Lest neuf une fois en deux années. Il n'en faut pas également pour tous les Vaisseaux. Quelques-uns n'en prennent que la moitié de leur charge, d'autres le tiers, & d'autres le quart; cela dépend de la maniere dont ils sont construits. Il en faut davantage aux bâtimens que l'on fait plats de varangue, & ceux qui sont courts de varangue, & arrondis par la carene en demandent moins à cause qu'ils enfoncent plus avant dans l'eau qui les soutient mieux, parce qu'elle porte autour de cette rondeur. On fait le Lest des Vaisseaux de guerre, avec de petits cailloux sans terre ni sable, afin que le fond de cale soit plus propre. *Lest* vient de l'Allemand *Last*, qui signifie Charge. On l'appelle aussi *Balast* & *Quintellage*. *Balast* veut dire Premiere charge.

Lest. Poids de quatre mille livres ou de deux tonneaux dans les Vaisseaux Flamans & Anglois. On appelle *Grand lest*, en Suede & en Moscovie, Un poids de douze tonneaux; & *Petit lest*, Celui qui n'est que de six.

LESTAGE. s. m. Embarquement du lest dans le Navire.

LESTER. v. a. Mettre du caillou, du sable & autres choses pesantes au fond d'un Vaisseau, pour le faire tenir droit, lorsqu'il est sous les voiles.

LET

LET. s. m. Vieux mot. Mauvaise action.

Comment si m'a mon oncle fet
Si grande honte & si grand let.

LETH. s. m. Terme de Marine dont on se sert pour signifier une certaine quantité de harengs. L'Ordonnance regle combien il faut employer de sel pour la salaison de chaque leth de harengs. Le leth est de dix mille milliers. Chaque millier est de dix centaines, & chaque centaine est de six vingts. On dit aussi *Last* & *Lest de harengs*.

LETHARGIE. s. f. Terme de Medecine. Assoupissement profond avec une fievre lente, où les malades dorment, & si on les éveille, ils retombent aussitôt dans cet assoupissement, en sorte qu'ils sont sans memoire, & comme stupides. La cause de la Lethargie est le trop grand engourdissement des esprits animaux, qui fait qu'ils deviennent incapables des mouvemens & des expulsions requises pour exercer les fonctions du sentiment & du mouvement. La trop grande aquosité des esprits est la cause éloignée de cet engourdissement, c'est-à-dire, lorsqu'ils sont mêlés de trop de phlegmes, trop peu subtiles & trop peu volatiles, comme il arrive à l'esprit de vin mal dephlegmé. La Lethargie est une maladie aigue qui tue en sept jours, si la matiere morbifique ne s'évacue naturellement & par crise, ou artificiellement par les selles, ou que les parotides ne paroissent le jour de crise, ou que la même matiere ne sorte par le nez abondamment en mouchant. Quand les symptomes augmentent & que la sueur froide sort, sur-tout à la tête, le signe est mortel, aussi-bien que le tremblement qui survient à la Lethargie. Lorsque la fievre & les autres symptomes diminuent, il y a beaucoup à esperer. Ce mot est Grec & formé de λήθη, Oubli, & de ἀργία, Engourdissement, paresse.

LETTERIL. s. m. Vieux mot. Pupitre.

LETTRE. s. f. *Une des figures, un des caracteres de l'Alphabet*. Acad. Fr. On croit que Moïse a trouvé les Lettres Hebraïques, que les Lettres d'Attique ont été inventées par les Pheniciens, les Latines par Nicostrate, les Syriaques & les Chaldéennes par Abraham, les Egyptiennes par Isis, & les Gothiques par Gulfila Evêque des Goths.

Les Imprimeurs appellent *Lettres* les Caractères de métal qui representent les lettres de l'Alphabet, & dont ils se servent pour imprimer quelque ouvrage. Ils les distinguent en Capitales, Majuscules & Initiales pour servir aux titres & aux noms propres, & en Lettres communes de toutes sortes de grosseurs, dont le gros canon est le plus gros caractere, & la Nompareille le plus petit. Ils appellent *Lettres grises* ou *historiées*, Celles qui sont gravées sur du bois avec quelque ornement qu'ils employent au commencement des Livres ou des Chapitres, & qui tiennent la place des Lettres enluminées qu'on trouve dans les anciens Manuscrits.

Lettre, se dit aussi d'une Epître, d'une Missive, d'une Dépêche. Il y a des *Lettres d'Etat*, & des *Lettres de cachet*, Les premieres sont celles que le Roi accorde aux Ambassadeurs, aux Officiers d'armées, & à tous ceux que le service de l'Etat empêche de pouvoir donner ordre à leurs affaires. Elles portent surseance de toutes poursuites contre eux pendant six mois, & se renouvellent tant que le prétexte qui les fait donner subsiste. Les *Lettres de cachet* ne sont autre chose qu'un ordre du Roi, contenu dans une simple Lettre fermée de son cachet, & qui est souscrite par un Secretaire d'Etat. On appelle *Lettres patentes*, toutes sortes de Lettres ouvertes & étendues de toute la longueur du papier ou du parchemin, qui contiennent les dons & les privileges que le Roi accorde. Elles doivent être verifiées, & commencent par ces mots *A tous ceux qui ces presentes Lettres verront*, &c. On appelle *Lettres Royaux*, Toutes les Expeditions de la grande ou petite Chancellerie, comme les *Lettres de grace*, qui sont obtenues par des criminels qui avouent avoir tué, mais à leur corps défendant, les *Lettres de remission*, *pardon*, *abolition*, par lesquelles le Roi, de sa pleine autorité remet le crime au criminel qui l'avoue; les *Lettres de rescision* ou *de restitution*, qu'on obtient en la petite Chancellerie pour faire casser des Contrats faits en minorité, & ceux dans lesquels il y a lésion énorme ou dol personnel & apparent. Ces sortes de Lettres servent à remettre les parties au même état où elles étoient avant qu'elles eussent contracté.

On appelle *Lettres de Profession*, les Vœux d'un Religieux ou d'une Religieuse, signés par eux après qu'ils les ont prononcés solemnellement & dans toutes les formes requises.

Lettre de change, se dit d'une certaine somme d'argent que l'on donne à prendre par un billet sur quelque negociant ou autre particulier, soit à vûe, soit après un certain tems; ce qui s'appelle, *Tirer une Lettre de change*. On dit, *Accepter une Lettre de change*, quand celui sur qui la Lettre est tirée, met son nom au bas, pour marquer qu'il s'oblige de la payer dans son terme.

On appelle en Chronologie, *Lettres Dominicales* les 7. premieres Lettres de l'Alphabet, qui marquent les unes après les autres les Dimanches de chaque année. Le principal objet de tout le Comput Ecclesiastique, est de trouver à quel jour Pâque doit venir chaque année, car il a été reglé par le premier Concile de Nicée, que cette Fête se celebreroit le premier Dimanche après la pleine Lune de Mars. On trouve par le moyen du *Nombre d'Or* ou de l'*Epacte*, en quel jour tombe la pleine lune de Mars; mais il reste encore à sçavoir quand viendra le premier Dimanche d'après cette pleine lune. Pour trouver generalement quels jours sont les Dimanches dans toute une année, on a consideré que l'année *commune* de 365. jours, contient 52. semaines & un jour, que par consequent elle finit par le même jour par où elle a commencé par un Dimanche, si elle a commencé par un Dimanche, & que l'année suivante commence par un Lundi. Si l'on donne les 7. premieres Lettres de l'Alphabet aux 7. jours de la semaine, & que l'on établisse de plus, que *A* appartiendra toûjours au premier jour d'une année quel qu'il soit, il s'ensuivra que dans les deux années dont nous venons de parler, *A* marquera le premier jour & les Dimanches de la premiere, & par consequent aussi son dernier jour. Le même *A* doit marquer aussi le dernier jour de la seconde qui est un Lundi, donc *A* après avoir marqué le Dimanche de la premiere année, marque le Lundi de la deuxiéme, le Mardi de la troisiéme, &c. On n'a qu'à prendre ces 7. Lettres en cercle, c'est-à-dire, de sorte qu'après la derniere, la premiere revienne, & l'on trouvera qu'après la premiere année où *A* marquoit le Dimanche, & étoit la *Lettre Dominicale*, c'est *G* qui le marque dans la seconde, *F* dans la troisiéme, &c. De plus, en supposant qu'un mois a toûjours le même nombre de jours dans une année que dans une autre, & *A* marquant toûjours le premier jour de Janvier quel qu'il soit, comme nous avons dit, *D* marquera toûjours le premier jour de Février quel qu'il soit aussi, *D* le premier de Mars, *G* le premier d'Avril, &c. & la Lettre qui marque le premier jour d'un mois marque aussi le 8. le 15. le 22. & le 29. Toutes ces choses supposées, il est bien aisé de trouver le Dimanche de Pâque, quand on sçait d'ailleurs quel jour vient la pleine lune d'après le 21. de Mars. Par exemple, en l'année 1695. la pleine lune d'après le 21. de Mars étoit le 30. & l'on sçait par le moyen d'une petite table que la Lettre Dominicale étoit *B*, d'où l'on a conclu que *D* étant toûjours le 1. & par consequent le 29. de Mars *E*, jour de la pleine lune de Pâques devoit être le 30. *F* le 31. *G* le 1. d'Avril, *A* le 2. *B* le 3. & par consequent ce 3. d'Avril marqué de la Lettre Dominicale, étoit le jour de Pâque de 1695. voilà pour quel usage ont été inventées les Lettres Dominicales. Il ne faut donc qu'avoir une table qui serve à trouver la Lettre Dominicale de chaque année, & elle seroit bien aisée à trouver même sans table, si la même lettre revenoit au même jour de l'année au bout de 7. ans, comme il semble qu'elle devroit faire naturellement, mais ce qui l'en empêche, ce sont les années *Bissextiles*. On a pû remarquer dans ce que nous avons dit, que ce qui rend la Lettre Dominicale si utile, c'est que l'on sçait d'ailleurs, par quelle Lettre chaque mois commence toûjours, ainsi *B* étant la lettre Dominicale de cette année, & le 30. de Mars où tombe la pleine Lune étant toûjours *E*, parce que le premier est toûjours *D*, le premier *B*, qui vient après le 30. Mars est necessairement le 3. Avril. Mais il est évident que tout cela seroit dérangé, & la Lettre Dominicale absolument inutile, si les mêmes jours des mois n'avoient pas toûjours invariablement les mêmes Lettres, car pour sçavoir que *B* seroit la Lettre Dominicale de cette année, & que la pleine lune tomberoit au 30. Mars, je n'en pourrois rien conclurre, si je ne sçavois de quelle Lettre est marquée ce 30. Mars. Or les années Bissextiles qui donnent 29. jours à Février, au lieu que dans les années communes il n'en a que 28. causent ce dérangement, car *D* étant le premier jour de Février, il n'est aussi le premier jour de Mars que quand Février n'a que 28. jours, mais quand il en a 29. *E* deviendroit le premier jour de Mars, ce qui dérangeroit tout le reste, & empêcheroit les mêmes Lettres d'être toûjours invariablement fixées aux mêmes jours des mois. Pour prévenir ce desordre, on a arrêté que dans les années Bissextiles, l'intercalation étant faite le 25. jour de Février. (Voyez CALENDRIER,) on changera aussitôt la Lettre Dominicale, dont on s'étoit servi depuis le commencement de l'année, & l'on prendra celle qui n'auroit été que pour l'année suivante, d'où il arrive necessairement que le 29. de Février ne tombe plus au *D*, mais au *C*, & que le *D* est conservé au premier de Mars. De-là vient que les années Bissextiles ont deux Lettres Dominicales, l'une qui sert depuis le commencement de l'année jusqu'au 25. de Février, l'autre tout le reste de l'année. De plus il arrive delà que les Lettres Dominicales qui feroient leur cycle en 7. ans, s'il n'étoit interrompu par les années bissextiles, ne le font qu'en quatre fois 7. ans, c'est-à-dire, en 28. de sorte qu'une même Lettre ne revient à marquer les Dimanches qu'au bout de 28. ans, parce que pour les marquer au bout de 7. ans, il faudroit qu'elle se trouvât la huitiéme dans le Cycle, & elle ne se trouve que la septiéme, à cause des deux Lettres qui ont été employées dans l'année Bissextile, ce qui l'a avancée d'une place. On fait une petite table de l'Ordre des 7. Lettres dans le Cycle de 28. ans, & l'on y trouve quelle Lettre répond à chaque année du Cycle, & en est la Dominicale, de sorte qu'il n'est plus question que de sçavoir en quelle année du Cycle on est. Voyez CYCLE.

LETTRIER. s. m. Vieux mot. Inscription.

LEV

LEVAIN. s. m. *Petit morceau de pâte aigrie, qui étant mêlée avec la pâte dont on veut faire le pain, sert à la faire lever.* ACAD. FR. Les Medecins reconnoissent dans le ventricule un levain semblable à celui des Boulangers, qui faisant lever les alimens les change par le moyen de la fermentation. Ce levain est un suc acide, volatil & spiritueux, ou salin & armoniacal, qui lorsqu'il est dans l'état naturel, incise, penetre & dissout l'aliment après qu'il a été mâché, empreigné de la salive, & plus ou moins delayé par la boisson. Il y produit le mouvement intestin ou fermentatif, moyennant quoi l'aliment est volatilisé, & reçoit la tissure & la qualité propre & specifique à tel sujet, sans quoi le chile n'est propre ni à s'assimiler avec le sang, ni à faire une bonne nutrition, mais seulement à porter les semences de diverses maladies dans toutes les parties du corps. Ce levain se joint aux sels volatils, dont les alimens tirés tant des vegetaux que des animaux sont empreignés, avec lesquels il rend la fermentation plus parfaite, & la continue jusqu'à ce que ces mêmes alimens ayent été suffisamment brisés & changés en un suc, tantôt tirant sur l'acide, & tantôt sur le salé volatil à proportion du sujet. Ce levain acide volatil de l'estomac fait l'office de menstrue dans l'affaire de la digestion, en penetrant & dissolvant intimement les alimens, leur imprimant de l'acidité, détachant leurs particules les unes des autres, & mettant en liberté les sels qui étoient comme emprisonnés anparavant. Il commence aussi la fermentation par son acide volatil avec les sels alcalis des alimens; il les volatilise & leur donne une nature speciale. Il n'est pas dans l'estomac en consistance d'un corps fluide ou d'un menstrue abondant; il y est seulement inspiré, particulierement dans le tems de la digestion, & hors ce tems-là l'opinion de Vanhelmont est qu'il est caché & presque insensible à l'égard de son volume dans les rides des parois de l'estomac. Ces levains sont très-differens les uns des autres dans les animaux, dont chaque espece a le sien. Ils ne laissent pas de convenir tous plus ou moins en acide. C'est ce qui fait que ce qu'une espece ne peut digerer, est digeré par une autre. On peut dire même que les levains changent dans chaque individu, selon les circonstances, comme dans l'homme où le levain varie en acrimonie, en volatilité, & en ses autres proprietés, selon l'âge, le sexe, les alimens & l'état de santé ou de maladie. Quant à ce qui regarde son origine, les uns disent qu'il est naturellement implanté à la substance du ventricule où il se repare & se renouvelle toûjours; ce que l'on prétend ne pouvoir être à cause que la digestion & l'appetit s'en vont quelquefois & reviennent, comme dans les fievres. Ainsi le levain n'est point propre à l'estomac seul. Vanhelmont le fait venir de la rate; mais il se trompe, puisque les chiens dératés sont encore extrêmement voraces, & digerent très bien. C'est ce qui fait suivre aux plus sensés le sentiment de Jean Majovv, qui dans son Traité du Mouvement des Muscles, dit que ce levain vient d'une certaine lymphe qui exude au travers de la tunique glanduleuse du ventricule, qui sert de vehicule à l'esprit volatil animal, qu'un grand nombre de nerfs considerables y apporte. Voyez làdessus les raisonnemens d'Ettmuller, & ce qu'il dit contre ceux qui reconnoissent pour ce levain les restes des alimens demeurés dans les rides de l'estomac.

LEVANT. s. m. La partie du Monde qui est à l'Orient. Dans notre Marine il veut dire la mer Mediterranée. *Mer du Levant*, *Escadre du Levant*.

LEVANTIN. adj. Qui est des pays du Levant. On appelle dans notre Marine, *Equipage Levantin*, Celui qui est sur la mer Mediterranée, *Officier Levantin*, un Officier qui sert sur la même mer.

LEUCACANTHA. s. f. Herbe dont Dioscoride dit

que la racine est semblable à celle du souchet, solide, bien nourrie & amere. Elle appaise la douleur des dents quand on la mâche. Sa décoction faite en vin & prise en breuvage, est fort bonne aux douleurs interieures des flancs & aux sciatiques, & sert aux rompures & aux spasmes. Ce mot est composé de λευκὴ, Blanche, & de ἄκανθα, Epine, comme qui diroit Epine blanche. Cependant Matthiole blâme fort Ruellius, d'avoir confondu la Leucacantha & l'Epine blanche, comme si c'étoit la même plante. Il dit que Dioscoride ni Pline n'ayant fait aucune description des feuilles, de la tige, de la fleur ni de la racine de la Leucacantha, il seroit mal-aisé entre tant de plantes épineuses d'en choisir une qui representât veritablement la Leucacantha, quoiqu'il pense qu'il ne seroit pas hors de propos de prendre pour cette plante ce chardon piquant que l'on appelle en quelques endroits *Chardon de Notre-Dame*. Il en donne pour raison qu'on pourroit l'avoir appellé *Blanche épine*, à cause des taches blanches dont ses feuilles sont toutes semées, outre que l'amertume & la dureté de sa racine la rend en quelque façon conforme à celle du souchet, quoiqu'elle ne soit pas semblable. Il ne veut point pourtant assurer que le chardon Notre-Dame soit la vraie Leucacantha.

LEUCAS. s. f. Herbe dont il doit y avoir de deux sortes, puisqu'au rapport de Dioscoride, celle des montagnes produit ses feuilles plus larges que la Leucas des jardins. Elle a aussi sa graine plus forte, plus fâcheuse au goût & plus amere. Toutes ces deux sortes prises en breuvage avec du vin sont bonnes contre toutes bêtes venimeuses, & sur tout contre les venins des bêtes marines. Matthiole dit qu'il n'ose prendre pour Leucas une herbe qui croît parmi les vignes, faite presque comme la Mercuriale.

LEUCOION. s. m. A prendre ce mot à la lettre, il veut dire Violette blanche, de λευκὸς, Blanc, & de Ἴον, Violette. Il y en a pourtant de trois sortes, quant à la couleur, le Leucoïon blanc, le rouge & le jaune. Ils sont fort communs par tout, & leurs fleurs qui sont agréables à voir, rendent une bonne odeur. Ils viennent tous de la hauteur d'une coudée, jettent plusieurs branches & une tige moindre que celle du chou, mais ils sont differens en feuilles. Quoiqu'ils les ayent tous longuettes, le Leucoïon qui a des fleurs jaunes, produit ses feuilles encore plus longues, plus vertes, plus pointues au bout & en plus grande abondance, le blanc & le purpurin les ont plus courtes, plus larges, non pointues & blafardes dessus & dessous. Galien parlant de cette plante dit qu'elle est absterfive, de parties fort tenues, & que ses fleurs possedent encore plus ces proprietés, particulierement lorsqu'elles sont seches. Leur décoction émeut le flux menstrual, & fait sortir l'enfant & l'arriere-faix.

LEUCOMA. s. m. Terme de Medecine. Petite tache blanche dans l'œil appellée par les Latins *Albugo*. Quand il demeure une petite cicatrice dans la partie transparente de la cornée, comme dans la petite verole, & après les petits ulceres ou plaies de la partie, cette petite cicatrice étant plus épaisse que le reste de la cornée, represente cette blancheur que les Grecs nomment *Leucoma*, de λευκόω, Je blanchis. La cure demande qu'on déterge & efface la cicatrice.

On appelle *Leucoma*, dans le Perou, le fruit d'un arbre semblable à notre châtaigne en forme & & grosseur. Il est plat & blanc du même côté qu'est la châtaigne. L'arbre qui le porte est spacieux, d'un bois fort & ferme, & a ses feuilles semblables à celles du Framboisier. Ce fruit est d'un fort bon goût & temperé, & arrête le flux de ventre à cause de sa restriction.

LEUCOPHLEGMATIE. s. f. Sorte de mal qui vient de la pituite, & qui est le plus haut degré de la cachexie, laquelle s'augmentant de plus en plus, fait que l'habitude du corps est extrémement gonflée & mollasse par le relâchement des fibres nerveuses & musculeuses. On confond souvent la Leucophlegmatie & l'Anasarca, qui est une hydropisie de tout le corps, en ce que dans la Leucophlegmatie le corps est plus obscur & plus terne qu'il ne doit être, au lieu qu'il est plus resplendissant que le naturel dans l'Anasarca, & que l'enfonçure faite par le pressement du doigt, disparoît fort promptement, laquelle enfonçure demeure long-tems dans la Leucophlegmatie. Ce mot est Grec, λευκοφλεγματίας, & formé de λευκὸν φλέγμα, Pituite blanche.

LEUDE. s. m. Vieux mot. Vassal, sujet. Il a signifié aussi un petit Tribut.

LEVE', E'E. Terme de Blason. Il se dit des Ours en pié. *D'or à l'Ours levé en pié de sable.*

LEVE. s. f. Terme de jeu de mail. Instrument qui sert à lever la boule & à la faire passer dans la passe. Il est fait en forme de cueiller, & a un long manche.

LEVE'E s. f. Espece de quai de maçonnerie, ou de fils de pieux, qui retient les eaux d'une riviere & empêche qu'elle ne se déborde. Les Batteliers appellent *Levée*, trois ou quatre ais attachés au dessus du rez ou du cul du bachot ou d'un bateau sur lesquels on peut s'asseoir.

LEVER. v. a. *Hausser, faire qu'une chose soit plus haut qu'elle n'étoit.* Acad. Fr. On dit en termes de Manege, *Lever un cheval à caprioles, à pesades, à courbettes*, pour dire, Le faire manier de ces diverses façons.

On dit en termes de Marine, *Lever l'ancre*, pour dire, La tirer du fond de l'eau, pour la remettre en sa place quand on veut partir. *Lever l'ancre par les cheveux*, se dit quand on la tire du fond de l'eau avec l'orin qui est frappé à la tête de l'ancre, & on dit, *La lever avec la chaloupe*, quand on l'envoie prendre par la chaloupe qui la tire par son orin, & qui la rapporte à bord. On dit encore, *Lever l'ancre d'afourche avec le navire*, quand on file du gros cable & que l'on vire sur l'autre jusqu'à ce qu'il soit à bord.

On dit en termes de Geometrie, *Lever le plan d'une Ville, d'une Province, d'un bâtiment*, pour dire, En faire une representation exacte sur le papier avec toutes les mesures.

LEVESCHE. s. f. Plante qui croît aux lieux ombragés & marécageux, & qui a sa tige haute, creuse, tendre & toute semée de lignes en façon de veines. Ses feuilles sont larges & tirent sur le rouge. Son feuillage est tout entassé de fleurs & ressemble à celui du rosmarin. Sa cime, où plusieurs petits boutons paroissent avant sa fleur, est toute chargée d'une graine noire, longuette, forte, pleine & aromatique. Sa racine est blanche, menue, odorante, & rend l'haleine agreable quand elle est mâchée. Toute la plante a une qualité échauffante au troisiéme degré, & particulierement la semence & la racine : de sorte qu'elle fortifie l'estomac, aide à la digestion, dissipe les vents, & remedie à la suffocation de la matrice & à la morsure des serpens. Matthiole blâme fort ceux qui prennent la Levesche, dite en Latin, *Levisticum*, qui n'est autre chose que l'*Hipposelinum*, pour le Ligusticum de Dioscoride.

LEVIER. f. m. Terme de Mechanique. Une verge ou une barre que l'on suppose inflexible & sans pesanteur étant appuyée sur un point, de sorte qu'elle soit, si l'on veut horisontale; si d'un côté de ce point l'on applique le *Poids*, & de l'autre la *Puissance*, (Voyez POIDS & PUISSANCE.) il est clair que si le poids l'emporte sur la puissance ou la puissance sur le poids, ils feront mouvoir cette verge, & se mouveront eux-mêmes en décrivant des arcs de cercles dont le point où la verge est appuyée, sera le centre. Celui des deux, c'est-à-dire, du poids ou de la puissance, qui sera le plus éloigné du *point d'appui*, sera celui qui décrira le plus grand arc de cercle, parce que son éloignement du point d'appui que l'on suppose plus grand, est le rayon de son cercle, donc c'est celui qui aura le plus de vîtesse, puisqu'il décrit ce grand arc dans le même-tems que l'autre en décrit un plus petit. Or une force plus petite qu'un poids ne peut lui être rendu égale que par une augmentation de sa vitesse proportionnée à son plus de petitesse, (Voyez MACHINE & MOUVEMENT,) donc pour rendre une petite force égale à un grand poids, il ne faut que la mettre sur cette verge à une distance du point d'appui d'autant plus grande que la force est plus petite. Là elle est en équilibre avec le poids, au delà, elle l'emporte toûjours. Cette verge s'appelle *Levier*, & est la plus simple de toutes les machines.

LEVIGER. v. a. Terme de Chymie. Rendre un mixte en poudre impalpable sur le porphyre ou sur l'écaille de mer.

LEVITE. f. m. Prêtre ou Sacrificateur Hebreu, que l'on a nommé ainsi parce qu'il étoit de la Tribu de Levi. On appelle aussi *Levites*, dans l'ancienne Eglise, les Diacres & Ministres de l'Autel. Outre qu'ils aidoient les Prêtres à assembler les dixmes, il y en avoit quelques-uns d'entre eux qui portoient le bois & l'eau pour le Tabernacle. Ils étoient divisés selon les trois fils de Levi en Gersonites, Cohathites & Merarites. Les premiers portoient les gonds & les couvertures; les seconds, les principales choses du Sanctuaire, & les derniers avoient soin de l'ouvrage de bois.

LEVITIQUES. f. m. On a appellé ainsi certains Heretiques qui s'attachoient aux erreurs des Nicolaïtes & des Gnostiques. Saint Epiphane & saint Augustin en parlent.

LEVRAUT. f. m. Jeune & tendre Lievre qu'on mange rôti. On appelle aussi *Levraut*, le plus commun des chardons qui croît sur les bords des grands chemins. Les ânes en sont plus friands que de tous les autres, à cause qu'il leur pique le palais qu'ils ont rude, de même que le sel & le poivre le piquent aux hommes qui l'ont délicat.

LEVRE. f. f. *Le bord de la partie exterieure de la bouche.* ACAD. FR. Il se dit en termes de Manege, de la peau qui regne sur les bords de la bouche du cheval & qui environne ses machoires. On dit qu'*Un cheval s'arme de sa levre*, qu'*Il se défend de ses levres*, pour dire, qu'Il les a si grosses, qu'elles lui ôtent le sentiment des barres en les couvrant, de sorte que l'appui du mord en devient sourd & trop ferme.

On appelle *Levres*, en termes de Medecine, les deux bords d'une plaie.

LEVRETER. v. n. Vieux mot. Courir, galoper. Il a été pris de la chasse, où quelques-uns disent *Levreter*, pour dire, Chasser au lievre, & se servir de levriers pour le courre.

Levreter, se dit aussi de la femelle du lievre, quand elle fait ses petits.

LEVRETERIE. f. f. Methode d'élever des levriers.

LEVRETEUR. f. m. Celui qui a soin d'élever des levriers.

LEVRIER. f. m. *Sorte de Chien haut monté sur jambes, qui a la tête longue & menue, & le corps fort délié, & dont on se sert principalement à courre le lievre.* ACAD. FR. Il y a quatre sortes de Levriers. Les premiers dont les Ecossois, Irlandois, Scythes, Tartares, & autres gens du Nord sont fort curieux, s'emploient à courre le Loup, le Sanglier, & autres grandes bêtes, comme le Taureau sauvage & le Buffle, on les appelle *Levriers d'attache.* Il y en a d'assés furieux & assés hardis dans la Scythie pour attaquer les Tigres & les Lions, & ceux du pays s'en servent à garder le bétail qui n'est jamais enfermé. Les seconds Levriers servent à courre le Lievre, & passent pour les plus nobles de tous. Ce sont les plus vistes animaux du monde. Les meilleurs sont en Champagne & en Picardie, à cause des grandes plaines de ces deux Provinces, ce qui oblige à avoir des Levriers de plus grande race, de très-grande haleine & d'une extrême vîtesse. Les Turcs en ont aussi d'excellens dans leurs campagnes de Thrace, qui sont d'une fort grande étendue. Les Portugais en ont de deux sortes, les uns pour les plaines, qui sont aussi vistes qu'il y en ait en Europe, & les autres pour les côtaux & pour les montagnes. Ceux-ci sont courts rablés & gigottés & fort pleins-sautiers, & il faut qu'ils soient ainsi, à cause qu'ils ont peu d'espace à courre. Les troisiémes *Francs Levriers* ou *Mestifs*, se trouvent en Espagne & en Portugal. On les croit mêlés de quelque race de Chiens courans, ou au moins de chiens qui rident naturellement. Ces sortes de Levriers sont necessaires en ce pays-là, à cause qu'il est inculte & tout rempli de broussailles, ce qui fait qu'ils ne vont qu'en bondissant après le gibier qui s'y trouve en abondance. Ils l'enveloppent en se secourant les uns les autres à droit & à gauche, le prennent & le rapportent. On les appelle ordinairement *Charnaigres.* Ils sont d'une nature très-chaude, qui en leur donnant cette vivacité les empêche de devenir trop gras ni trop grossiers. Il y a une quatriéme sorte de Levriers qui sont de petits Levriers d'Angleterre, dont les plus hauts servent ordinairement pour courre les Lapins dans les garennes ou dans quelque lieu fermé. On les y tient en lesse proche des épinieres faites exprès, & qui sont éloignées des trous où les lapins se retirent étant hors de terre. Quand on veut faire courir les petits Levriers on bat les épinieres, il sort un Lapin qui veut regagner les trous, & dans cette petite étendue de plaine qu'il doit traverser, les Levriers le bourrent, & souvent le prennent. La femelle du Levrier s'appelle *Levrette*, & ses petits se nomment *Levrons.* Tandis qu'ils sont encore sous la mere, si on veut connoître ceux qui auront le plus de vigueur, il faut leur ouvrir la gueule, & observer s'ils ont le palais noir & de grandes ondes imprimées en leur palais. Quant au poil, les tisonnés à gueule noire, sont d'ordinaire les plus vigoureux aussi-bien que ceux qui ont le corps marqueté de plus grandes marques. Les Levriers à long poil sont moins frilleux, & soûtiennent la fatigue plus long-tems. Les meilleures marques pour ceux qui viennent d'une race courageuse, sont d'être tout d'une piece, d'avoir le pié sec, l'encolûre longue, la tête longue & petite, peu de chair devant, & beaucoup derriere.

LEURRE. f. m. Terme de Fauconnerie. *Morceau de cuir rouge façonné en forme d'Oiseau, dont les Fauconniers se servent pour rappeller les Oiseaux de Fauconnerie qui ne reviennent pas tout droit sur le poing*. Acad. Fr. On dit *Acharner le Leurre*, pour dire, Attacher un morceau de chair dessus, ce qu'on fait souvent, afin que l'oiseau que l'on reclame trouve de quoi paître. L'Autour & l'Esprevier ne sont pas oiseaux de Leurres, mais oiseaux de poing. Ceux qu'on appelle *De Leurres*, sont le Faucon gentil pelerin, le Gerfaut-lanier, le Sacre, l'Aigle, le Faucon bâtard & l'Emerillon. On dit *Leurrer bec au vent* ou *contre-vent*, pour tous ces oiseaux, & *Reclamer*, pour l'Esprevier & l'Autour. Quelques-uns font venir Leurre de *Lorum*, Courroie, à cause que le Leurre est fait de cuir. D'autres le dérivent du Grec ἀλωρὴ, qui veut dire, Finesse, tromperie. Nicod parle ainsi du Leurre. *C'est un instrument de Faulconnerie fait en façon de deux ailes d'Oiseau accouplées d'un cuir rouge, étant pendu à une lesse avec un esteuf ou crochet de corne au bout, servant pour affaiter & introduire l'Oiseau de Leurre qui est neuf, & lui apprendre à venir sur le Leurre, & de-là sur le poing quand il est reclamé. Oiseaux de Leurre sont ces sept manieres de Faulcons, Gentil-Pelerin, Tartare, Gerfault, Sacre, Lasnier, Tunicien*, dits Faulcons de Leurre, *parce que étant reclamés fondent premier sur le Leurre qui leur est jetté, & delà viennent sur le poing. En quoi ils different de l'Esprevier & de l'Autour, parce que ces deux, sans l'entre deux du leurre, se jettent droictement sur le poing, dont ils sont appellés* Oiseaux de poing, *& en ce aussi que les Oiseaux de Leurre airent aux rochers & sur la mote & là fondent, là où ceux du poing airent aux arbres & là fondent.* Acharner le Leurre, *C'est mettre de la chair dessus, pour mieux faire venir l'Oiseau au reclame.* Décharner le Leurre, *C'est ôter la chair de dessus le Leurre*, pour duire l'Oiseau à venir, & se paître sur le poing.

LEURRER. v. a. *Dresser un Oiseau au Leurre.* Acad. Fr. Nicod dit aussi sur ce mot. Leurrer, *est proprement introduire un Faulcon à venir sur le Leurre au reclame qui lui est fait, & le paitre seurement sans s'effrayer, soit devant les gens, soit devant les chevaux; & par metaphore, c'est déniaiser un homme neuf, & le faire devenir cault & habile. Selon ce, on dit, d'un homme grossier, qu'il n'a pas encore été Leurré.*

LEUS. s. m. Vieux mot. Lieu. On a dit aussi *Leuc* & *Leu*.

Estoit plus blanc que fleur de lis
Li Leus ou li autres estoit.

Leus, a aussi signifié un Loup.
Velus estoit comme Leus, ou ours enkaenez.

LEX

LEXIVIAL. adj. Terme de Chymie. On appelle *Sels Lexiviaux*, Les sels qui se tirent par le moyen de la lessive, ou par la frequente lotion des corps qui les contiennent. Ceux qu'on tire de la terre, des cendres, & des vegetaux sont de ce nombre.

LEZ

LEZARD. s. m. Espece de reptile à quatre pattes qui fait la guerre aux escargots. Strabon dit que dans la Morée les Lezards ont deux coudées de longueur. Pline ne donne qu'une coudée à ceux d'Arabie, mais il dit que dans la Montagne de Nisa qui est aux Indes, il s'en trouve qui sont longs de vingt-quatre piés, les uns jaunes, les autres rouges, & les autres pers. On en trouve de plusieurs sortes dans les Isles Antilles de l'Amerique, & il y en a un entr'autres dont on fait un mets delicieux quand on sçait l'assaisonner. Il a environ cinq piés de longueur & quinze pouces de circonference. Sa peau est grise, brune & cendrée par taches, toute couverte de petites écailles, comme celles des serpens, mais un peu plus forte & plus rude. Depuis la tête jusques au bout de sa queue il a sur le dos un rang de pointes, élevées d'un pouce sur le milieu, & qui diminuent toûjours vers la queue. Ses yeux sont longs & demi ouverts. Il a deux narines au bout de la tête, & de petites dents semblables à celles d'une faucille dans ses deux machoires. On voit sous la gorge du mâle une grande peau qui lui pend jusqu'à la poitrine. Il la roidit & l'étend en sorte qu'il semble que ce soit un arête. Le sommet de sa tête est livide, & par petites bosses à peu près comme la gorge des poules d'Inde. De ses quatre pattes celles de devant sont un tiers plus menues que les deux autres & à chacune sont cinq griffes munies d'ongles fort pointus. Cet animal a tout le corps assés maigre à l'exception de ses pattes & de sa queue qui sont fort charnues. Il a une grande capacité de ventre & toute la partie interieure comme un animal parfait, un cœur mediocre, un grand foye où est attaché un gros fiel verd, très-amer, & une ratte fort longue. Depuis les côtes, le dedans de son ventre est revêtu de deux pannes d'une graisse aussi jaune que de l'or, & qui sert aux débilités des nerfs. Les mâles ont une posture hardie, un regard affreux & épouvantable, & sont un tiers plus grands & plus forts que les femelles, qui sont toutes vertes, & d'un regard craintif & plus doux. Ils s'accouplent au mois de Mars, & alors il est dangereux de s'en approcher. Le mâle pour défendre sa femelle, s'élance sur ceux qu'il croit vouloir l'attaquer. Comme il n'a point de venin, sa morsure ne met dans aucun peril, mais il ne quitte jamais ce qu'il tient serré, à moins qu'on ne lui mette le couteau dans la gorge, ou qu'on ne le frappe très-rudement par le nés. C'est au commencement du Printems qu'on leur va donner la chasse. Après qu'ils se sont repus de fleurs de Mahot, & de feuilles de Mapou qui croissent le long des rivieres, ils vont se reposer sur des branches d'arbres qui avancent un peu sur l'eau, pour en goûter la fraîcheur, en même-tems qu'ils commencent à sentir la chaleur du soleil, & alors sa stupidité est telle, que quoiqu'il soit très-subtil, & viste à la course, il entend le bruit du canot qu'il voit approcher, sans quitter la brance où il s'est mis. Il fait plus, il se laisse mettre la verge sur le dos & le laqs coulant sans s'en ébranler, & s'il arrive qu'il ait la tête trop serrée contre la branche, on n'a qu'à lui donner trois ou quatre petits coups sur la tête, il la leve incontinent, & s'ajuste lui-même le laqs dans le col; mais lorsqu'il sent qu'on le tire à bas, & que la corde lui serre trop le gosier, il embrasse promptement la branche & la serre si bien de ses griffes, qu'on ne l'en peut arracher, qu'en le saisissant par le gros de la queue, le plus près des cuisses que l'on peut, parce qu'il a les côtes disposées de telle sorte qu'il ne se peut plier qu'à moitié. Cela est cause qu'il ne sçauroit mordre celui qui le tient par cet endroit. Vers le mois de Mai les femelles descendent de la montagne, & viennent pondre leurs œufs au bord de la mer, où la plûpart des mâles les accompagnent. Ces œufs sont toûjours de nombre impair, depuis treize jusqu'à vingt-cinq, & elles les pondent tous à la fois. Ils sont tous de la grosseur des œufs de pigeon, mais un peu plus longs. Leur écaille est blanche &

aussi souple que du parchemin mouillé. Tout le dedans de ces œufs est jaune, sans glaire ni blanc, & on a beau les faire bouillir, ils ne durcissent jamais, & sur-tout quand on y a mis du beurre. Ils sont bien meilleurs que ceux des poules, & donnent un très-bon gout à toutes sortes de sauces. Quand les femelles sont au tems de pondre, elles font un trou dans le sable, où elles se fourrent entierement, & après avoir pondu elles abandonnent ce trou qu'elles bouchent en sortant, & ces œufs se couvent d'eux-mêmes dans la terre. On appelle ces sortes de Lezards *Amphibies*, à cause qu'étant poursuivis des chiens, ils se jettent au fond des rivieres pour s'en sauver, & y demeurent long-tems. Ils sont extrêmement difficiles à tuer, & on leur donne jusqu'à trois coups de fusil sans les abattre. On les fait pourtant mourir sans aucune peine, en leur fourrant un petit bâton ou un poinçon dans les naseaux, ou bien leur fichant un clou sur le milieu de la tête. Ils expirent sur le champ sans se débattre, mais on les peut garder vivans pendant trois semaines sans leur donner ni à manger ni à boire. Il suffit d'un bon Lezard pour rassasier quatre hommes. Les femelles sont toûjours plus tendres, plus grasses, & de meilleur goût que les mâles. Il y en a qui assûrent que ces animaux ont dans leur tête de petites pierres, qui étant mises en poudre & prises dans quelque liqueur, dissolvent la pierre dans la vessie & font vuider le gravier des reins. L'Ethiopie produit des Lezards aquatiques qui sont aussi grands qu'un chat, mais un peu plus déliés. On les appelle *Angueb* en langage du pays, & en Italien *Caudiberbera*, parce que leur queue est si forte & aigue, qu'ils peuvent couper presque tout d'un coup la jambe à un homme.

LEZARDE. s. f. Crevasse qui se fait dans un mur de maçonnerie.

LIA

LIAIS. s. m. Sorte de pierre très-dure, blanche, & qui approche du marbre blanc. C'est pour cela qu'elle reçoit une espece de poli avec le grès, particulierement celui de Senlis, qui ne se gâte ni à la gelée ni aux autres injures du tems. Il y a de differentes sortes de Liais, sçavoir le *Franc Liais*, & le *Liais feraut*, ou *feraut*. Ce dernier ne brûle point au feu comme la plûpart des autres pierres, ce qui est cause qu'on en fait les atres & les jambages des cheminées. On s'en sert aussi pour les fours & les fourneaux. Il y a encore *le Liais rose*, qui est le plus doux & reçoit un beau poli au grés. Il se tire vers saint Cloud, & on tire les deux autres d'une même carriere hors la porte S. Jacques. Toutes ces especes de Liais portent depuis six pouces jusqu'à huit de hauteur.

LIAISON. s. f. *Union, jonction de deux corps ensemble.* ACAD. FR. C'est aussi un terme de Fauconnerie, & il se dit des ongles & des serres des oiseaux de proie, & de la maniere dont ils lient le gibier lorsqu'ils l'enlevent. Les oiseaux qui ont la liaison crochue posent rarement sur les rochers, à cause que leurs crocs n'y peuvent prendre.

On appelle *Maçonnerie en liaison*, Celle où les pierres sont posées les unes sur les autres, & où les joints sont de niveau, mais de telle sorte que le joint du second lit pose sur le milieu de la pierre du premier.

La liaison de joint, n'est autre chose que le mortier ou le plâtre détrempé qu'on emploie à ficher & à jointoyer les pierres. On dit, qu'*Une Liaison est à sec*, quand les pierres en sont posées sans mortier, leurs lits étant polis & frotés au grés, comme on le remarque dans la construction de plusieurs bâtimens antiques, qui ont été faits des plus grands quartiers de pierre.

Les Paveurs appellent aussi *Liaison de pavé*, Les pavés qui sont disposés d'un certain sens, qui les fait resister aux roues des chariots, des harnois & des carrosses.

LIAISONNER. v. a. Terme de Maçonnerie. Arranger les pierres de telle maniere que les joints des unes portent sur le milieu des autres. On dit aussi *Liaisonner*, pour dire, Remplir de mortier les joints des pierres pendant qu'elles sont sur les cales.

LIARD. s. m. Petite piece de monnoie blanche valant trois deniers, & qui avoit cours du tems de François I. Il y avoit d'un côté une croix entre deux lis & une couronne, & au revers un Dauphin avec ces mots pour legende. *Sit nomen Domini benedictum.* Par une Declaration du Roi, donnée en 1654. il fut ordonné qu'on fabriqueroit des liards de cuivre pur, & sans aucun mêlange de fin, & on leur donna le nom de *Liards de France*, mais ils furent réduits à deux deniers quatre années après. Ils en valent trois presentement. On fait venir le mot de Liard de ce que cette monnoie se fabriquoit en Guienne du tems de Philippe le Hardi, & par corruption on lui donna le nom de *Li hardis*, comme étant une monnoie ordonnée par Philippe le Hardi. On disoit *li* pour *le* en ce tems-là.

LIARDE. adj. Vieux mot, qui se trouve employé dans la signification d'une sorte de couleur.

> *Non pas morel contre morelle*
> *Seulement, mais contre fauvelle,*
> *Contre grise, ou contre liarde.*

LIB

LIBAGE. s. m. Gros moilon ou quartier de pierre mal fait dont il y a cinq ou six à la voye. Les Libages sont differens des carreaux en ce qu'ils se font du ciel des carrieres, & qu'une pierre qui est vraie pierre de taille, n'est jamais Libage que quand on n'en peut rien faire.

LIBELLATIQUES. s. m. On nomma ainsi dans la primitive Eglise, certains timides Chrétiens, qui pour mettre à couvert leurs vies & leurs biens pendant le tems de la persecution, alloient trouver en secret les Magistrats, en presence desquels ils protestoient qu'ils renonçoient à la foi. S'ils ne le faisoient pas par eux-mêmes, ils faisoient faire cette renonciation par quelque personne interposée, & les Magistrats gagnés par argent, les voulant bien favoriser, les dispensoient de la faire publiquement, comme le vouloit la Loi generale, & leur donnoient un billet qui attestoit que suivant les Edits des Empereurs, ils avoient sacrifié aux Idoles. L'Eglise d'Afrique ne recevoit à la communion des Fidelles ceux qui venoient confesser ce crime, qu'après leur avoir fait faire une longue penitence.

LIBERATION. s. f. Terme de Jurisprudence. Décharge. On dit, qu'*Un homme a obtenu la liberation d'une servitude qui étoit sur sa maison, la liberation d'une dette*, pour dire, qu'il a été déchargé de cette servitude, de cette dette.

LIBERATORES. s. m. Heretiques qui enseignoient que JESUS-CHRIST, en descendant aux Enfers, avoit délivré tous les impies qui avoient cru pour lors en lui. Ce mot est entierement Latin.

LIBERTE'. f. f. Terme de Peinture. Facilité. On dit, qu'*Un Tableau est peint avec une grande liberté de pinceau*, pour dire, Avec beaucoup de facilité. On dit aussi, qu'Il est dessiné librement, franchement. On dit dans le même sens, *Liberté, franchise de burin*.

Les Eperonniers appellent *Liberté de langue*, l'Ouverture qu'ils font au milieu de l'embouchure, & qui sert non seulement à la fortifier, mais à donner place à la langue du Cheval.

LIBERTINS. f. m. Secte d'Heretiques qui ont eu Quintin, Tailleur d'habits, pour auteur. Il étoit de Picardie, & débitoit ses erreurs vers l'an 1525. dans la Hollande & dans le Brabant. Elles étoient abominables, puisqu'il enseignoit que tout le mal ou le bien que nous faisons, nous ne le faisons pas, mais l'Esprit de Dieu qui est en nous; que le peché n'étoit qu'une opinion; qu'en punissant ou reprenant les Pecheurs, nous punissions ou reprenions Dieu même; que celui-là seul étoit regeneré qui n'avoit point de remords de conscience, & celui-là seul converti qui reconnoissoit qu'il n'avoit point fait de mal; que l'homme peut être parfait & innocent en cette vie; que la connoissance que nous avons de JESUS-CHRIST & de la resurrection, n'a rien de réel, & que la Religion permet de feindre. Ainsi ils vouloient que l'on se dît Catholique avec les Orthodoxes, & Lutherien avec les Lutheriens. Ils méprisoient l'Ecriture, & nommoient saint Jean un insensé, saint Matthieu un peager, saint Paul un vaisseau rompu, & saint Pierre un renieur de son maître. Il y a encore des Libertins en Hollande, qui ont chacun leur sentiment particulier. La plûpart croyent qu'il y a un seul Esprit de Dieu qui est répandu dans tous les vivans, & qui vit dans toutes les creatures, que la substance & l'immortalité de notre ame n'est que cet Esprit de Dieu; que Dieu lui-même n'est autre chose que cet Esprit; que les ames meurent avec les corps; que le peché n'est rien; que ce n'est qu'une vaine opinion qui s'évanouit pourvû qu'on n'en tienne point de compte; que le Paradis n'est qu'une chimere inventée par les Theologiens, pour porter les hommes à embrasser ce qu'on appelle vertu, & l'Enfer un pur fantôme pour les empêcher d'être heureux en faisant ce qui leur plaît; & qu'enfin les Politiques se servent de la Religion, pour obliger les peuples à se soûmettre aux Loix, & avoir par ce moyen une République bien policée, & un Etat bien reglé.

LIBOURET. f. m. Terme de Marine. Espece de ligne qui a deux ou trois petites cordes où s'attache l'hameçon. On s'en sert à pêcher des marquereaux.

LIBRATION. f. f. On appelle en Astronomie *mouvement de Libration*, un mouvement reciproque & de balancement, par lequel un Ciel va d'Orient en Occident, & ensuite d'Occident en Orient, ou du Midi au Septentrion, & du Septentrion au Midi. Ces deux sortes de *Librations* ont été attribuées aux deux Crystallins. Voyez CRYSTALLIN.

LIBRES. f. m. Heretiques qui se donnerent ce nom pour ne se pas soûmettre au gouvernement Ecclesiastique & Seculier. Ils embrasserent les erreurs des Anabaptistes, & parurent dans le dernier siecle. Ils prétendoient que l'homme fût hors d'état de pecher après qu'il avoit reçû le baptême, & croyoient qu'il n'y avoit que la chair qui pechât. Ils avoient communauté pour les femmes, & les mariages qui se contractoient entre un frere & une sœur, étoient appellés par eux mariages spirituels. Quand les maris n'étoient pas de leur secte, ils défendoient à leurs Femmes de leur obéir.

LIC

LICE. f. f. Terme de Cordier. Bâton qui est au haut du marchepied & qui sert lorsque le Cordier fait de la sangle. Les Rubaniers nomment *Lices* plusieurs fils soûtenus par un liceron.

LICERON. f. m. Terme de Rubanier. Petit morceau de bois plat qui soûtient les lices.

LICHARDER. v. n. Vieux mot. Prendre les meilleurs morceaux de la table.

LICITATION. f. f. Terme de Pratique. Enchere reçûe en Justice dans la vente d'un immeuble, qu'il est malaisé de partager, & dont les Coproprietaires ne veulent point jouir par indivis. Ce mot vient du Latin *Licitari*, qui veut dire, Augmenter le prix de quelque chose.

LICORNE. f. f. Sorte d'animal qui se trouve dans les montagnes de la haute Ethiopie, & qui est de couleur cendrée. La Licorne, comme elle est décrite dans Marmol, ressemble à un poulain de deux ans, excepté qu'elle a une barbe de bouc, & au milieu du front une corne de trois piés, polie, blanche & rayée de rayes jaunes. Ses piés ont de l'air de ceux de l'Elephant, & sa queue tient quelque chose de celle du sanglier. Cet animal est si fin, & court d'une si grande vîtesse qu'on ne le peut prendre. On prétend que sa corne sert de contrepoison. Il y a un animal que les Ethiopiens nomment *Arvvebaris*, que le Pere Jerôme Lupo Jesuite croit être la Licorne des anciens. Il est extrémement vîte, n'a qu'une corne, & ressemble à un Chevreuil. Force habiles gens ont cru qu'il n'y avoit point de Licorne, & que tout ce qu'on en disoit étoit une fable, fondés sur ce qu'on a dit qu'on ne la pouvoit prendre vivante, & qu'elle étoit composée de deux differentes natures, outre que plusieurs ne s'accordent point touchant la description de cet animal. Cependant Jean Gabriel Portugais assûre avoir vû dans le Royaume de Damot, une Licorne qui avoit une belle corne blanche au front, longue d'un pié & demi. Le poil de son col & de sa queue étoit noir & court, & cet animal étoit de la forme & de la grandeur d'un cheval bai. Les Habitans témoignoient qu'il sortoit très-rarement des forêts, où il vivoit dans les endroits les plus reculés & les plus épais. Les Portugais que l'Empereur Adamar Sagnet avoit relegués sur une roche du territoire de Nanin au Royaume de Goiam, ont aussi assûré avoir vû plusieurs Licornes qui paissoient dans les forêts situées au-dessous de cette roche. Vincent le Blanc rapporte qu'il a vû une Licorne dans le serrail du Roi de Pegu, dont la langue étoit toute differente de celle des autres bêtes, sçavoir fort longue & raboteuse. Sa tête ressembloit plûtôt à un Cerf qu'à un Cheval. Il ajoûte qu'un Bramin lui avoit juré qu'il s'étoit trouvé à la prise d'une Licorne avec le Roi de Casubi; qu'elle étoit toute blanche & fort vieille, en sorte que comme les machoires lui pendoient, elle montroit ses dents toutes décharnées, & qu'elle se défendit avec une si grande fureur, qu'elle rompit sa corne contre les branches d'un arbre. Elle fut prise, & on la lia pour la mener au Palais du Roi, mais elle ne voulut point manger, & ne vécut que cinq jours. Louis de Bartheme raconte dans ses Voyages qu'il a vû chés le Soldan de la Meque en Arabie deux Licornes qui lui avoient été envoyées par un Roi d'Ethiopie. Elles étoient grandes comme un poulain de trente mois, de couleur obscure, & elles avoient la tête presque comme un Cerf, une corne de trois brasses de long, quelque peu de crin, les jambes menues, le pié fendu, & les ongles d'une Chévre. Quelques-uns tiennent que la force de cet animal est dans sa corne, & qu'en tombant dessus lorsqu'il se précipite du haut des rochers pour éviter les poursuites des Chasseurs, cette corne soûtient si bien l'effort de sa chûte qu'il ne se fait point de mal.

Il y a aussi des *Licornes de mer*, & il s'en échoua une en 1644. au rivage de l'Isle de la Tortue, voisine de celle de saint Domingue, qui étoit prodigieuse. Elle poursuivoit un poisson mediocre avec une telle impetuosité, que ne s'appercevant pas qu'elle avoit besoin de plus grande eau pour nager, elle se trouva la moitié du corps à sec sur un grand banc de sable, d'où elle ne put regagner la haute mer, & où elle fut assommée par les habitans de l'Isle. Sa longueur étoit à peu près de dix-huit piés, & sa grosseur comme une barique. Elle avoit six grandes nageoires, d'un rouge vermeil, & faites comme le bout d'une rame de galere. Il y en avoit deux placées au défaut des ouyes, & les quatre autres étoient à côté du ventre dans une égale distance. Tout le dessus étoit couvert de grandes écailles de la largeur d'un écu, & d'un bleu qui sembloit tout parsemé de paillettes d'argent. Celles qu'on lui voyoit sous le ventre étoient jaunes, & elles étoient de couleur brune, & plus serrées auprès du col, ce qui lui faisoit une espece de collier. Sa peau étoit dure & brune, & comme les Licornes de terre portent une corne au front, cette Licorne de mer en avoit une parfaitement belle au-devant de la tête, longue de plus de neuf piés. Cette corne étoit entierement droite, & depuis le front où elle étoit attachée, elle alloit toûjours en diminuant jusqu'à l'autre bout, qui étoit tellement pointu, qu'étant poussée avec force, elle auroit percé les matieres les plus dures. Le gros bout qui tenoit avec sa tête avoit seize pouces de circonference, & delà jusques aux deux tiers, cette corne étoit façonnée en ondes comme une colomne torse, excepté que ses enfonçûres alloient toûjours en amoindrissant, jusqu'à ce qu'elles fussent remplies & terminées par un adoucissement qui finissoit deux pouces au-dessus du quatriéme pié. Toute cette partie basse étoit encroustée d'un cuir cendré, & couvert par tout d'un petit poil mollet de couleur de feuille morte, & court comme du velours, mais au-dessous elle étoit extrêmement blanche. L'autre partie qui paroissoit toute nue, étoit naturellement polie, d'un noir luisant, marqueté de quelques menus filets blancs & jaunes. Cette partie étoit tellement solide, qu'à peine la lime en pouvoit faire sortir quelque menue poudre. Ce monstrueux & rare poisson n'avoit point d'oreilles élevées, mais deux grandes ouies comme les autres poissons, avec des yeux aussi gros qu'un œuf de poule, & dont la prunelle étoit d'un bleu celeste émaillé de jaune, & entourée d'un cercle vermeil qui étoit suivi d'un autre cercle fort clair, & luisant comme cristal. Quantité de dents garnissoient sa gueule, qui étoit assés fendue. Celles de devant étoient pointuées & extrêmement tranchantes, & celles de derriere dans les deux machoires, larges & relevées par petites bosses. Il avoit une langue d'une épaisseur & d'une longueur proportionnée & couverte d'une peau rude & vermeille. Ce qu'il avoit encore de particulier sur sa tête, c'étoit une maniere de couronne faite en ovale, rehaussée de deux pouces par dessus le reste du cuir, & dont les extrémités aboutissoient en pointe. Plus de trois cens personnes de l'Isle, qui mangerent de sa chair en abondance, la trouverent d'un excellent goût & fort délicate. Elle étoit entrelardée d'une graisse blanche, & étant cuite, elle se levoit par écailles ainsi que la morue fraîche. Pour venir à bout de ce poisson, il fallut lui rompre l'échine à coups de levier. Il manioit & tournoit sa corne de toutes parts, avec une dexterité & une vîtesse inconcevable, faisant des efforts prodigieux pour en percer ceux qui en vouloient à sa vie, mais le manque d'eau ne le laissoit pas en pouvoir de s'avancer. Après qu'on l'eut éventré, on trouva dans ses boyaux quantité d'écailles de poissons, ce qui fit connoître qu'il se nourrissoit de proie.

On trouve en la mer du Nord une autre espece de Licornes, que les glaces poussent souvent aux côtes d'Islande. Leur prodigieuse longueur & grosseur est cause que la plûpart des Auteurs qui en ont écrit, les mettent au rang des baleines. Leur peau est noire & dure comme celle du Lamantin, sans aucune écaille, & elles ont seulement deux nageoires aux côtés avec une grande & large empennure sur le dos, qui étant plus étroites au milieu, fait comme une double crête, qui s'éleve en une forme très-propre pour fendre les eaux commodément. A la naissance de leur dos, il y a trois trous en forme de soupiraux, par où elles vomissent en haut les eaux superflues qu'elles ont avalées. Leur tête se termine en pointe, & au côté gauche de la machoire d'enhaut, elle est munie d'une corne blanche par tout comme la dent d'un jeune Elefant. Cette corne, qui est torse en quelques endroits, & rayée par tout de petites lignes de couleur de gris de perle, s'avance quelquefois de la longueur de quinze à seize piés hors de la tête. Les lignes qu'on y remarque ne sont pas seulement en la superficie, mais elles penetrent au-dedans de la masse qui est creuse jusqu'au tiers, & par tout aussi solide que l'os le plus dur. Quelques-uns prennent cette prominence pour une dent plûtôt que pour une corne, à cause qu'elle ne sort ni du front ni du dessus de la tête comme celle des Taureaux & des Beliers, mais de la machoire d'enhaut, dans laquelle le bout en est enchassé. Ce poisson s'en sert pour combattre contre les baleines, & pour briser les glaces du Nord, dans lesquelles bien souvent il se trouve envelopé.

LICTEUR. s. m. Sorte d'Executeur qui marchoit devant les Magistrats Romains, portant des haches envelopées dans des faisceaux de verges. Les Licteurs furent institués par Romulus, & ils étoient toûjours prêts à délier leurs faisceaux, soit pour foueter, soit pour trancher la tête à ceux que l'on avoit condamnés. Les Consuls ne marchoient jamais qu'ils n'en eussent douze. Les Proconsuls, & autres n'en avoient que six. Le nom de *Licteur* leur fut donné du mot *Ligare*, Lier, à cause qu'avant que d'executer les Criminels, ils leur lioient les mains & les piés.

LID

LIDE. s. m. Sorte d'ancienne machine de guerre. C'étoit une longue poutre retenue par un contrepoids, qui étant lâché, lui faisoit jetter un tas de pierres dans les Villes assiegées. On a dit aussi *Clidè*.

LIE

LIE. adj. Vieux mot. Joyeux. On a dit aussi *Lié* dans le même sens, de l'Italien *Lieto*, formé du Latin *Lætus*. C'est delà qu'est venu le mot de *Liesse*, qui veut dire, Joie.

Madame seroit moult liée
Si elle étoit bien employée.

On a dit aussi *Liement*, pour, Joyeusement. On s'est encore servi autrefois du mot de *Lie*, pour dire, Côté, & pour signifier le pronom Elle.

LIE', ÉE. adj. Terme de Blason. Il se dit non seulement des cercles des tonneaux quand l'osier qui les tient est d'un autre émail, mais aussi de toutes les choses attachées. *D'or à deux masses d'armes en sautoir de sable liées de gueules.*

LIEGE. s. m. Arbre semblable en fruit & en feuilles à l'Yeuse, mais qui est moins haut. Il est toûjours vert, quoique Theophraste dise le contraire, & a une écorce fort épaisse. On trouve quantité de ces arbres sur le grand chemin de Baccano à Rome, comme le témoigne Matthiole. Ils ne croissent pas neanmoins par toute l'Italie au rapport de Pline, & absolument il n'y en a point en France. Il s'en trouve de deux sortes, l'un à feuilles longues & pointues, l'autre à feuilles courtes, & faites plus en arrondissant. Celles-là sont aussi dentelées & épineuses en quelques endroits. On en voit beaucoup de l'un dans la Romagne, & de l'autre, dans le Territoire de Pise. Cet arbre étant dépouillé de son écorce, ne meurt pas comme font les autres arbres. Il a une seconde écorce qui est fort legere, & dont on se sert pour mettre sous des pantoufles & sous des patins. On s'en sert aussi pour soûtenir les filets des pêcheurs sur l'eau. Pline dit que le Liege produit un gland rare & spongieux qui ne vaut rien, & que son bois ne se corrompt que par un longtems. L'écorce de Liege pulverisée, & bûe en eau chaude, a la vertu d'étancher le sang de quelque part qu'il vienne, & la cendre de cet arbre prise en breuvage avec du vin chaud, est un remede excellent pour ceux qui crachent le sang. Quelques-uns font venir le mot de Liege du Latin, *Levis*, Leger, à cause que l'écorce de cet arbre est extrêmement leger.

LIEGER. v. a. Les Pêcheurs disent, *Lieger un filet*, pour dire, Le garnir de morceaux de liege qui le tiennent suspendu dans l'eau par le haut.

LIEN. s. m. *Ce qui sert à lier une ou plusieurs choses.* ACAD. FR. Les Charpentiers appellent *Liens*, des morceaux de bois qui ont un tenon à chaque bout, & qui étant chevillés dans les mortoises, entretiennent la charpenterie en tirant, de même que les Esseliers l'entretiennent en resistant. On appelle *Liens*, dans un Engin les bras qui sont posés par en bas aux deux extrêmités de la sole, & par en haut dans un bossage qui est un peu plus bas que la sellette. *Les liens* dans une Grue, sont aussi les bras qui appuyent l'arbre. Ils sont au nombre de huit, assemblés par le bas dans l'extrêmité des racineaux, & par le haut contre l'arbre avec tenons & mortoises avec abouts.

Lien de fer. Morceau de fer méplat qui est coudé ou cintré. Il sert à retenir une piece de bois dans un assemblage de Charpenterie, ou de Menuiserie.

Lien de verre. Terme de Vitrier. Paquet de six tables de verre blanc. Chaque table a deux piés & demi de verre en quarré ou environ. Il y a vingtcinq Liens à chaque balot de verre. Quand le verre est de couleur, le balot ne contient que douze Liens & demi, & il n'y a que trois tables à chaque lien. On appelle *Liens de plomb*. Le petit morceau de plomb dont est liée la verge de fer qui est le long du panneau, & qui pose de chaque côté sur le chassis.

Lien. Terme de Chapelier. Ce qui est au bas de la forme du chapeau, & où l'on met la ficelle lorsqu'il faut l'enficeler.

LIENES. s. f. On appelle ainsi dans les Isles de l'Amerique certaines especes de bois qui rampent par terre, & qui s'attachant aux arbres, empêchent souvent qu'on ne traverse facilement les forêts. Il y a de ces Lienes en forme de gros cables de navire; & d'autres qui portent des fleurs de differentes couleurs. On en voit même qui sont chargées de grosses siliques tannées, longues d'un pié, larges de quatre ou cinq pouces, & dures comme l'écorce du chêne. Ces siliques contiennent ces fruits curieux, appellés *Châtaignes de mer*, qui ont la figure d'un cœur, & dont on se sert souvent, après les avoir vuidés de leur poulpe, pour conserver du tabac pulverisé, ou quelque autre poudre de senteur. Les Habitans appellent *Pommes de Lienes*, Un fruit qui croît sur une sorte de Vime, qui s'attache aux gros arbres, comme fait le lierre. Ce fruit est de la grosseur d'une bale de jeu de Paume, & couvert d'une coque dure & d'une peau verte, contenant au-dedans une substance, laquelle étant mûre, a la figure & le goût de groseille. Le Pere du Tertre parlant des Antilles, dit qu'ayant vû un certain fruit dont le dedans étoit blanc, solide & de même goût que les avelines, gros comme une châtaigne, & qui lui étoit assés semblable, excepté que l'écorce en étoit noire, & avoit beaucoup de rapport à celle qui couvre le pignon d'Inde, il avoit long-tems cherché l'arbre qui portoit ce fruit, & avoit enfin trouvé une plante ligneuse & rampante par dessus les autres arbres, qui avoit quelques feuilles vertes & polies comme celles du Laurier, mais deux fois aussi longues, & que de cette plante pendoient des pommes jaunes, grosses comme celles de rambour. Dans le milieu de chacune de ces pommes, appellées dans les Isles *Pommes de Lienes* ou *de Lianes*, il y avoit quatre de ces fruits, enfermés chacun dans une cellule particuliere, faite de la substance de cette pomme, qui n'est autre chose qu'une chair spongieuse & insipide.

LIENTERIE. s. f. Terme de Medecine. Dévoyement dans lequel on rend les alimens comme on les a pris, ou à demi digerés. Il vient de ce que le levain de l'estomac manque entierement, ou est émoussé, ou parce que le pylore est tellement relâché, & les autres parties du ventricule en mêmetems si fort irritées, qu'il laisse sortir les alimens au lieu de les retenir. Cela arrive sur-tout quand l'irritation de l'estomac est jointe avec la relaxation du pylore. On a vû une Lienterie très-opiniâtre qui avoit été causée par un ulcere du ventricule. Non seulement cet ulcere avoit corrompu le levain de l'estomac & affoibli la digestion, mais il irritoit incessamment ce viscere & l'empêchoit de rien retenir. L'ulcere fut gueri, & par consequent la Lienterie. L'excès de la boisson peut causer ce mal en relâchant trop l'estomac, & particulierement le pylore, dont les fibres étant relâchées ne se peuvent resserrer suffisamment pour retenir les alimens, ce qui fait qu'ils sortent avant qu'ils ayent été digerés. La Lienterie accompagne d'ordinaire le Scorbut. Cela vient de ce que les scorbutiques ayant eurs gencives pleines d'ulceres, la salive de ces ulceres qui descend dans l'estomac lui doit causer de l'irritation, outre que les alimens dans la mastication ayant été empreints de cette même salive, ne peuvent pas ne lui en point causer de leur côté, de sorte que ces alimens passent outre au moindre relâchement du pylore. La Lienterie qui survient à de grandes maladies aigues ou chroniques, est difficile à guerir à cause de l'abbattement des forces qu'il faudroit reparer par des alimens. Ce mot est Grec λειεντερία, de λεῖος, Poli, & de ἔντερον, Intestin.

LIER. v. a. Mot du vieux langage. Perceval l'emploie dans la signification de Laisser.

LIERNE. s. f. Terme de Charpenterie. Piece de bois qui sert à faire les planchers en galetas. Ces sortes de pieces s'assemblent sous les faîtes d'un poinçon à l'autre. On appelle *Lierne ronde*, Une piece de de bois courbée selon le pourtour d'une coupole. Quand il y en a plusieurs assemblées de niveau, elles forment des cours de Liernes par étages, & reçoivent à tenons & à mortoises les chevrons courbes d'un Dôme. On dit aussi *Lierne de palée.* C'est une piece de bois, qui étant boulonnée avec les fils de pieux d'une palée, sert à les lier ensemble. On s'en sert pour le même usage lorsqu'on fait des bâtardeaux. Elle n'a point d'entaille pour accoler les pieux, & c'est en quoi elle est differente de la Moïse. On appelle encore *Liernes*, Certaines nervûres dans les voutes Gothiques qui font une maniere de croix, & qui se joignent à la clef par un bout, & par l'autre aux tiercerons.

LIERNER. v. n. Terme de Charpenterie. Attacher des Liernes.

LIERRE. s. m. *Sorte de plante, qui rampe ou à terre ou contre les murailles, ou autour des arbres.* ACAD. FR. Quoiqu'il y ait plusieurs especes de Lierre en particulier, dont Theophraste fait mention, Dioscoride parle seulement de trois. L'un est blanc, l'autre noir, & le troisiéme se tient agraffé aux arbres & aux murailles. Le blanc porte son fruit blanc, & le noir le porte noir ou jaune. Cette espece s'appelle communément *Dionysia.* Quant au Lierre des murailles, il ne produit point de fruit, & a de petits tendons ou filets fort déliés. Ses feuilles sont petites & anguleuses. Tout Lierre, dit le même Dioscoride, est acre & astringent, & affoiblit & blesse les nerfs. Sa fleur prise en breuvage avec du vin deux fois chaque jour, & autant que trois doigts en peuvent tenir, est un singulier remede pour ceux qui ont la dysenterie. Matthiole, sans s'arrêter aux differentes sortes de Lierres de Theophraste, n'en connoît que deux, le grand, & le petit. Le grand, qu'il appelle Arbre, ne vient pas seulement dans les forêts, où il embrasse si bien les grands arbres qu'il les fait mourir, mais aussi aux vieux édifices, murailles & sepulcres qu'il fait enfin tomber en ruine. D'abord il jette une feuille longuette & semblable à celle du poirier, laquelle par succession de tems devient de forme triangulaire. Du reste, elle est lissée, grosse, & attachée à une longue queue, ayant un goût entremêlé d'acuité, d'aigreur & d'amertume. Le grand Lierre fleurit sur la fin de l'Automne, & ses fleurs sont moussues & pâles. L'Hiver il en sort des raisins, un peu plus grands que ceux de Troësne, & verds au commencement, puis noirs vers le mois de Janvier, quand ils ont atteint leur maturité. Le petit qu'on appelle *Helix*, est sterile, & ne monte guere sur les arbres. Il se traîne ou par terre, ou sur les pierres, hayes, ramparts ou vieilles masures, ayant toûjours sa feuille triangulaire, & marquetée de petites taches. Les Serpents aiment fort le Lierre à cause qu'ils se cachent dedans en Hiver, & qu'ils s'entretiennent par sa chaleur. Le jus des feuilles pris en gros vin est bon aux enflures de la rate. Ceux qui ont des cauteres y mettent des feuilles de Lierre, à cause de leur proprieté particuliere à attirer l'humeur qui y distille, & que d'ailleurs elles sont fort bonnes à consolider la playe. Matthiole dit qu'en Italie les femmes en mettent de petits chapeaux sur la tête de leurs enfans, quand ils y ont des pustules, & qu'elles en ôtent par là toute l'inflammation. Ce mot vient du Latin *Hedera*, qui veut dire Lierre. On a dit d'abord *Hierre*, & en y joignant l'article *le*, on a dit *L'hierre*, dont insensiblement on a fait *Lierre*, à quoi on a ajoûté un nouvel article, en disant *le Lierre.*

Il y a aussi un Lierre qu'on nomme *Lierre terrestre.* C'est une herbe qui se traîne fort loin par terre, par petites cordes quarrées, d'où sortent des feuilles rondes, crêpues & dentelées. Elle fleurit au mois d'Avril. Sa fleur est petite. Elle tire sur le pourpre, & sort du lieu même d'où sortent ses feuilles. Ses racines sont fort minces, & se jettent des nœuds des tiges, qui par ce moyen demeurent jointes à terre. Cette herbe vient aux lieux ombragés auprès des murailles des Villes, & quelquefois elle croît dans les jardins. Elle a un goût fort amer; ce qui lui donne une vertu purgative. Son jus mêlé avec du verd de gris est bon aux ulceres caverneux. L'huile que l'on fait du Lierre terrestre, en y détrempant de ses feuilles fraîches, & le laissant long-tems secher au Soleil pendant l'Eté, est fort singuliere pour la colique; soit prise en breuvage, soit clisterisée.

LIEU. s. m. Terme d'Astronomie. Comme toutes les Planetes se meuvent sous le Zodiaque, on appelle *Lieu* d'une planete l'endroit du Zodiaque auquel nous la rapportons par une ligne tirée de notre œil par le centre de la planete, & prolongée jusqu'au Zodiaque. Il n'y a que les *Cometes* qui peuvent avoir leur lieu dans quelque autre endroit du Firmament, parce qu'elles se meuvent souvent ailleurs que sous le Zodiaque. Le *Lieu*, peut être consideré differemment. Nous ne pouvons voir les astres que de dessus la surface de la terre, & il faudroit être au centre pour les rapporter au vrai lieu qu'elles ont dans le Zodiaque. Ainsi le point du Zodiaque marqué par une ligne que l'on suppose tirée du centre de la terre à l'astre, s'appelle le *lieu veritable* de cet astre, & le point marqué par une ligne tiré de la surface de la terre, ou de notre œil à ce même astre, c'est son *lieu apparent.* Voyez PARALLAXE.

De plus, *le lieu apparent* est encore changé par les refractions, qui font paroître l'astre dans un autre endroit que celui où il paroîtroit, s'il n'y avoit pas de refraction. Ce lieu que la refraction donne, s'appelle le *lieu brisé* de l'astre. Voyez REFRACTION.

Enfin comme on a distingué le mouvement des astres en *veritable* & *moyen*, on appelle encore, *lieu veritable*, le lieu du Zodiaque où aboutit la ligne du mouvement *veritable*; & *lieu moyen*, celui où aboutit la ligne du mouvement *moyen.* Voyez MOYEN.

Lieu est aussi un terme de Geometrie. Après qu'en operant par les lettres on est parvenu à une équation qui laisse plusieurs inconnues, (Voyez EQUATION, & INCONNUE) c'est une marque certaine que le problême est indéterminé & peut recevoir plusieurs solutions differentes. Voyez PROBLEME. Si on le veut résoudre par lignes, il y aura donc quelque ligne dont plusieurs points ou une infinité de points seront également propres à résoudre la question. Cette ligne s'appelle *lieu Geometrique*, ou simplement *lieu*, parce que c'est comme un espace où la question est comprise. Ainsi pour tirer de la circonference d'un cercle sur son Diametre une perpendiculaire qui soit moyenne proportionnelle entre les deux parties du diametre qu'elle déterminera, toute la circonference du cercle est un *lieu*, parce que de quelque point qu'on tire cette perpendiculaire, elle sera la moyenne proportionnelle requise. Toute surface ou solide qui contient les differens points propres à résoudre la question indéterminée, est aussi un *Lieu*.

Le Problême s'appelle *lieu*, aussi bien que la ligne qui le resout, & l'on dit *lieu à la ligne droite, lieu au Cercle, à la Parabole, à l'Ellipse, à l'Hyperbole*, pour dire, un problême indéterminé qui se résout par une ligne droite, par un cercle, par une Parabole, &c.

Par les dégrés des inconnues qui restent dans l'Equation on reconnoît à quelles lignes le problême indéterminé se rapporte, & quelles lignes en sont le lieu. Si les inconnues ne passent point le premier dégré, le lieu sera à la ligne droite. Si elles montent jusqu'au second degré ensemble ou separément, le lieu sera à l'une des quatre Sections Coniques. Si elles vont à des degrés plus hauts, les Lieux sont des lignes courbes plus composées, telles que la *Cissoïde*, *la Conchoïde*, *la Cycloïde*, &c. Delà vient qu'on a établi des lignes de differens genres. Les courbes qui satisfont aux problêmes indéterminés où les inconnues montent à deux degrés, sont les *lignes du premier genre*, celles qui resolvent les problêmes où les inconnues montent à quatre degrés, sont du second genre, & ainsi de suite, deux degrés de plus dans l'inconnue, faisant un genre dans les lignes, mais cette division qui est de M. Descartes n'est plus guere en usage, & l'on appelle simplement, lignes du 1. du 2. du 3. degré, si c'est celles qui satisfont aux inconnues de ce même nombre de degrés.

Quand on sçait à quelles lignes la question se rapporte, l'operation par laquelle on dispose ces lignes de sorte qu'elles satisfassent à la question, s'appelle la *Construction* ou *Effection du lieu*.

LIEUE. s. f. *Espace de terre, consideré dans sa longueur, servant à mesurer le chemin & la distance d'un lieu à l'autre, & contenant plus ou moins de pas geometriques selon le different usage des Provinces & des Pays.* ACAD. FR. La Lieue commune de France est de deux mille quatre cens pas geometriques, la petite de deux mille, & la grande de trois mille, & en quelques endroits de trois mille cinq cens. La Lieue commune de Suede, de Danemarck & de Suisse, est de cinq mille, & la lieue commune d'Espagne d'environ trois mille quatre cens vingt-huit. M. Ménage, après Pasquier veut que *Lieue* vienne de *Leuca*, ou *leuga*, vieux mot Gaulois, & Nicod dit qu'il semble venir du Grec λευκὴ, Blanche, à cause que les intervalles des lieux étoient autrefois marqués par des pierres blanches; d'où vient que les Latins ont dit *Ad primum, secundum, tertium, &c. ab urbe lapidem, id est, milliare.*

LIEVE. s. f. Extrait d'un papier terrier d'une Seigneurie, qui contient le nom des terres, des tenanciers, & la qualité de la redevance. Cette Lieve sert de memoire au Receveur pour demander le payement des cens & rentes & autres droits Seigneuriaux. On fait quelquefois de nouveaux terriers sur les anciennes Lieves, quand les titres ont été perdus par le ravage des guerres, ou par le malheur de quelque incendie.

LIEURE. s. f. Les Voituriers par terre appellent *Lieure*, Le cable d'une charrette, qui sert à lier dessus, les balots & autres fardeaux dont on la charge. *Lieure*, se dit aussi en termes de Charpenterie. Ce sont des pieces de bois courbes par un bout qui servent à élever les bords d'un bateau foncet avec les clans. On appelle, en termes de mer, *Lieure de beaupré*, Plusieurs tours de cercle qui tiennent l'aiguille de l'éperon avec le mât du beaupré.

LIEVRE. s. f. Petit animal de la taille d'un lapin, mais plus gros, qu'on chasse avec des chiens dans les plaines. Il a le poil gris & les oreilles longues & droites. Cet animal est extrémement timide; ce qui fait qu'il dort les yeux ouverts, comme si la nature lui avoit appris à ne se fier qu'à la vitesse de ses piés. Aristote dit que de toutes les bêtes à quatre piés, il n'y a que le Lievre seul qui ait du poil dans la bouche & sous les piés, & qu'entre les animaux qui ont des dents dessus & dessous, & qui n'ont qu'un ventricule, il est le seul qui ait un caillé. Ce caillé, que l'on appelle *Coagulum leporis*, est un excellent remede contre les piqûres des bêtes venimeuses. Il sert aussi à faire dissoudre le sang caillé. Archelaüs & plusieurs autres disent que tous les Lievres sont hermaphrodites, & que les mâles peuvent engendrer aussi bien que les femelles. Matthiole rejette cette opinion, à laquelle l'abondance qu'on trouve de Lievres a pû donner quelque fondement. Il dit que cette abondance ne provient que de ce que les femelles cherchent les mâles si-tôt qu'elles ont fait leurs petits; ce qui les fait porter tous les mois; outre que, selon le sentiment d'Aristote, elles ne laissent pas de retenir quoiqu'elles soient déja pleines; de sorte qu'elles ne font pas leurs petits tout à la fois comme les autres animaux, mais à divers tems, selon les differens jours qu'elles ont été couvertes. Pline dit qu'aux environs de Briler, Therne & Cherronese près de la Propontide, les Lievres ont double foye, & que quand ils changent de pays, un de ces foyes est aussi-tôt consumé. Il dit aussi qu'il y a des Lievres blancs qui se tiennent dans les Alpes & dans les montagnes, & qu'en celles d'Ananie, on y en trouve un très-grand nombre, sur tout quand elles sont couvertes de neige, mais qu'ils ne sont ni si grands ni de si bonne venaison que les autres. Ils ne gardent cette couleur blanche qu'autant que la neige demeure sur les montagnes, & lorsqu'elle fond ils deviennent roussâtres; ce qui arrive de la même sorte dans tous les Lievres de la Laponie & autres pays Septentrionaux, qui tous les ans changent de couleur, commençant après l'équinoxe d'Automne à poser leur couleur grise & à blanchir quand les premieres neiges tombent. On en prend même quelques-uns vers ce tems-là qui sont moitié gris & moitié blancs, mais au milieu de l'hiver ils sont blancs entierement, comme si c'étoit un soin de la nature d'empêcher que ces foibles animaux ne soient apperçus facilement au milieu des neiges par la diversité de leur couleur; ce qui feroit peut-être que la race en seroit exterminée par les hommes & par les bêtes sauvages. On dit que si une femme porte sur soi les fumées d'un lievre, elle ne concevra point. La chair de cet animal est difficile à digerer, & engendre un sang grossier, épais & melancolique. Son foye étant sec & pris en breuvage est fort bon à ceux qui ont mal au foye. Le Lievre entier mis en un four dans un pot de terre bien bouché, jusqu'à ce qu'il soit tout-à-fait réduit en cendres, sert beaucoup aux difficultés d'urine, faisant sortir le gravier hors de la vessie comme hors des reins. La cervelle du Lievre, soit cuite ou brûlée, est aussi fort bonne pour fortifier les nerfs.

Lievre-marin. Poisson venimeux qui naît dans la mer & dans les étangs fangeux. On l'appelle ainsi à cause de quelque ressemblance qu'il a avec le Lievre terrestre. Pline dit que celui qui vient dans la mer des Indes, est venimeux seulement à le toucher, & qu'il cause aussi-tôt un vomissement & un dévoyement d'estomac; mais que celui qu'on prend dans nos mers est comme une piece de chair sans os, & qu'il est semblable au lievre seulement en la couleur. Celui des Indes est plus grand de corps que le nôtre. Il a aussi le peil plus rude, & on ne le prend jamais vif. Lorsqu'Elian décrit le Lievre marin, il le fait semblable à un escargot écorché & hors de sa coquille. Il est de couleur rousse noirâtre sur le dos. Sa tête est extremement difforme. Il y paroît d'un côté un trou par lequel il tire & retire si souvent une petite pellicule carneuse, qu'elle semble lui tenir lieu d'une langue. Au milieu est la fente de sa bouche qu'il a sur le dos, comme la Seche; mais plus petite & plus tortues. Il jette de sa tête deux petites cornes molles, ainsi que les escargots. Il les a pourtant plus courtes, & est fait entierement comme le petit Calemar, tant pour le dedans que pour le noir. Il y en a d'une autre espece plus grande, qui ont un peu plus bas que la bouche deux cornes plus courtes que l'autre, & toutefois plus aigues. Ceux-là n'ont aucun os sur le dos. Du reste ils sont comme la Seche, & quant au dedans comme le petit Calemar. Le Lievre marin est si dangereux, qu'il fait mourir la personne qui en mange. Sa simple vûe fait avorter les femmes enceintes. Il a une mauvaise & puante odeur, qui vient de ce qu'il aime à être toûjours dans la fange. Il y a, selon Albert le Grand, une troisiéme sorte de Lievre marin. Celui-là est de la commune grosseur des poissons, & bon à manger. Il ressemble assés au lievre par la tête, & a le dos roux. Quelques-uns reprouvent cette opinion, à cause que le Lievre marin est fort difficile à digerer & qu'il rend les personnes ladres. Dioscoride ne lui attribue aucune autre proprieté, que de faire tomber le poil si on s'en frotte; mais Pline assûre qu'outre cela il guerit des écrouelles, étant appliqué & ôté aussi-tôt après. Marcellus l'Empirique dit que son sang broyé avec de l'huile empêche le poil arraché de revenir, ou que s'il revient, il sera si mal que venant à tomber, on ne pourra plus le faire revenir.

LIEUTENANT. s. m. Ce mot dans sa signification generale signifie un Officier qui exerce en la place d'un autre. On appelle *Lieutenant Civil* à Paris, le Lieutenant du Prévôt qui est le Juge des Causes Civiles; *Lieutenant Criminel*, Celui à qui le jugement des Causes criminelles appartient; & *Lieutenant de Police*, Celui qui a soin de toutes les choses qui regardent la police. Dans les Provinces le Président est appellé *Lieutenant General Civil & Criminel*. Il y a des *Lieutenans Particuliers*, tant Civils que Criminels dans tous les Présidiaux, des Lieutenans de la Connétablie, & des Eaux & Forêts de l'Amirauté, & des Lieutenans dans presque toutes les Justices Royales & Subalternes. Autrefois les Baillis & Sénéchaux d'épée rendoient la justice eux-mêmes; mais ils ont insensiblement laissé usurper ce droit, par des Lieutenans qu'ils ont commis pour l'exercer en leur place. On appelle *Lieutenant Criminel de robe courte*, Un Lieutenant du Prévôt de Paris qui porte l'épée. Il connoît des cas royaux comme les Prévôts, & juge présidialement comme eux, & quelquefois aussi à la charge d'appel.

Lieutenant, se dit en termes de guerre, de plusieurs Officiers qui servent dans les armées du Roi en differentes qualités. On appelle *Lieutenant General*, Un Officier qui tient le second rang après le General de l'armée. Il commande une des ailes dans une bataille & un détachement ou un camp volant, quand les Troupes marchent. Il a le commandement d'un quartier dans un siege, & s'il est de jour, il a celui d'une des attaques. Le *Lieutenant des Armées Navales du Roi*, est un Officier qui commande sous l'Amiral. Il précede les Chefs d'Escadre, & leur donne l'ordre qu'ils distribuent ensuite aux Officiers inferieurs. Il y a aussi un *Lieutenant General de l'Artillerie*. C'est celui qui sous le Grand-Maître commande tout ce qui regarde les feux d'artifice & le canon, & qui a soin de choisir les postes, qui sont propres à dresser des batteries.

Lieutenant de Roi. Officier qui commande dans une Place en l'absence du Gouverneur.

Lieutenant Colonel. Premier Capitaine d'un Regiment tant de Cavalerie que d'Infanterie, qui le commande en l'absence du Colonel. Il n'y avoit des Lieutenans Colonels de Cavalerie que dans les Regimens de Cavalerie Etrangere, mais depuis quelques années, le Roi en a créé dans notre Cavalerie, où cette charge étoit suppléée auparavant par celle de Major. Il y a aussi un Lieutenant Colonel dans chaque Regiment de Dragons. On appelle *Lieutenant de Cavalerie* ou d'*Infanterie*, Un Officier créé par le Roi dans chaque Compagnie de Cavalerie ou d'Infanterie, pour la commander en l'absence du Capitaine. On appelle aussi *Lieutenant de la Colonelle*, le second Officier de la Compagnie Colonelle de chaque Regiment d'Infanterie. Le Lieutenant de la Colonelle du Regiment des Gardes Françoises, jouit de la Commission de Capitaine, & a rang du jour que sa Commission est datée. Tous les autres Lieutenans des Compagnies Colonelles des Regimens d'Infanterie, quand même ils n'auroient point de Commission, ont rang de derniers Capitaines, non seulement dans le corps où ils sont, mais aussi à l'égard des autres Regimens d'Infanterie. On appelle *Capitaines Lieutenans*, Les Capitaines des Compagnies d'Ordonnance ou des Mousquetaires, à cause que le Roi en est le vrai Capitaine.

Lieutenant reformé. Lieutenant dont la place a été supprimée, & qui ne laisse pas d'être entretenu à la suite d'une Compagnie maintenue sur pié, dans laquelle il demeure toûjours avec l'avantage d'être conservé dans son rang d'ancienneté, ce qui le met en état de monter aux charges selon la date de la Commission qu'il a obtenue. On appelle *Lieutenant en second*, Un Lieutenant dont la Compagnie a été licentiée, mais qui sert dans une autre que l'on a tirée d'une plus nombreuse, en sorte que d'une Compagnie on en a fait deux, en faveur de quelques Officiers reformés.

LIEX. s. m. Vieux mot. Lieu. *De liex en liex s'arrêtant.*

LIG

LIGAMENTEUX, EUSE. adj. Terme de Fleuriste. On appelle *Plantes Ligamenteuses*, Celles qui ont leurs racines comme de menus cordages ou ligamens, & beaucoup plus grosses que les fibreuses.

LIGATURE. s. f. Terme d'Imprimeur. Caractere de plomb, qui joint deux lettres ensemble, comme *st*, *ff*.

LIGE. adj. Terme de Coûtume. Il se dit du Vassal tenant une certaine sorte de fief, qui le lie envers son Seigneur dominant d'une obligation plus étroite que les autres. Quelques-uns font venir ce mot de *Ligare*, & disent qu'il vient de ce qu'on lioit le pouce au Vassal, ou de ce qu'on lui serroit les mains entre celles du Seigneur lorsqu'il lui rendoit la foi & hommage, pour lui faire entendre qu'il étoit lié par son serment. D'autres le tirent de la même source que *Leudis* ou *Leodis*, qui signifioient

Loyal, *fidelle*. Fauchet le fait venir de *Leodium* ou *Leude*, Ville de Liege, habitée par les Leudes, gens obligés à suivre & à soûtenir leur Seigneur par tout. Du Cange prétend qu'on disoit autrefois *Litgium servitium*, & qu'on écrivoit *Litge*, ce qui le fait être du sentiment de ceux qui croyent que *Lige* vient de *Litis*, espece de serfs attachés de telle sorte au service de leur Maître, à cause des heritages qu'ils tenoient de lui, qu'ils ne pouvoient se dispenser de lui rendre toutes sortes de services. L'*hommage lige*, mettoit le Vassal dans l'obligation de servir son Seigneur envers tous & contre tous, excepté contre son Pere. On appelle *Seigneur lige*, Le Seigneur immediat dont on releve nuement, ligement, & à ligence, ce qui veut dire, Sans moyen. On dit *Homme lige*, *hommage lige*, *fief lige*, *garde lige*, en parlant du serment qui oblige le Vassal à garder la personne ou le château du Seigneur. On a dit autrefois *Protection lige*, *puissance lige*, *& foi lige*, pour dire, Entiere, totale.

Lige, se dit aussi d'un droit de relief qui est dû au Seigneur dans une mutation de fief. Il y a des lieux où il est fixé à dix livres pour plein lige. En d'autres, ce n'est que la moitié ou le quart de cette somme, ce qui s'appelle *Demi-lige*, ou *Quart de lige*

Voici ce que Nicod dit sur *Lige*. Lige *ne se dit pas sans adjection de l'un de ces deux mots*, *à sçavoir* Hommage *ou* Homme. *Ainsi dit-on*, Tel Duc, Marquis ou Comte est homme lige du Roi, *c'est-à-dire*, *Vassal au debvoir & service d'homme lige*, *&* tel doit faire hommage Lige. *On dit aussi*, Il est homme lige de la terre du Roi. *Nicole Gilles en la vie du Roi Philippe Dieu-donné*, *dit*, les Vicomtes de Thouars & Limoges être hommes Liges de la terre d'Angleterre, c'est-à-dire de la Couronne d'Angleterre, *& ce est dit ainsi*, *parce que les Fiefs ne meuvent point de l'homme qui est Seigneur feodal, ains de la Seigneurie d'icelui*, *pour laquelle raison on dit le Vassal tenir à tel hommage d'aucun Seigneur*, *à cause de tel sien Chastel ou Seigneurie. On dit aussi*, Un Vassal se faire homme lige de tel Duché ou Comté à quelque Seigneur, *quand il fait hommage lige à icelui. Ledit Nicole Gilles en la même vie de Philippe.* Artus, Comte de Bretagne, au mois de Juillet mil deux cent & deux, se fit homme lige audit Roi Philippe, des Comtés de Bretaigne, d'Anjou & de Poictou, promettant le servir envers & contre tous qui peuvent vivre & mourir.

LIGNE. s. f. Terme de Geometrie. Longueur sans largeur. C'est ce que les Ouvriers appellent un trait qui va d'un point à un autre. Les lignes droites sont les plus courtes de celles qui ont les mêmes extrêmités, & les courbes, celles qui s'écartent de leurs extrêmités. Il y a une infinité de lignes tant droites que courbes, qui ont des dénominations differentes, ou selon la differente espece dont elles sont, ou selon leurs differens usages. *Ligne horisontale*, *Ligne verticale*, *Ligne des Aorides*, *Ligne de direction*, *Ligne parabolique*, &c. Nous n'expliquerons point ici tous ces termes, qui se trouvent chacun à leur lieu, nous ne parlerons que des Lignes en tant que Lignes, & n'étant appliquées à aucun usage, ni à aucun sujet particulier.

Les Lignes droites sont toutes d'une même espece, mais les courbes sont d'une infinité d'especes differentes. On en peut imaginer autant que l'on imaginera de *mouvemens composés*, (Voyez MOUVEMENT,) ou autant qu'il peut y avoir de rapports differens entre des *Ordonnées* & *Abscisses*. Voyez ces mots. On divise generalement les courbes en *Lignes Geometriques*, & *Lignes Méchaniques*. Les Geometriques sont celles que l'on trouve sûrement & précisement dans tous leurs points, les Mechaniques sont celles dont on ne trouve tous les points, ou seulement quelques points qu'en tâtonnant & à peu près. Selon cette idée, M. Descartes a appellé *Lignes Geometriques*, celles qui peuvent s'exprimer par une *Equation Algebrique* d'un degré déterminé. Cette équation s'appelle autrement *Lieu*, (Voyez LIEU,) & il a appellé *Lignes Mechaniques*, celles qui ne peuvent s'exprimer par une équation d'un dégré déterminé; mais d'autres Geometres ont fait reflexion que les Lignes que M. Descartes appelle Mechaniques, ne sont pas moins précises que les autres pour ne pas avoir un degré déterminé, ni par consequent moins geometriques; car c'est cette précision qui fait le *geometrique* de la Ligne, & par cette raison, ils ont mieux aimé appeller *Algebriques* les Lignes qui se rapportent à un degré déterminé, & *Transcendentales*, celles qui ne s'y rapportent pas.

M. Descartes a aussi divisé les Lignes en *Lignes du premier genre*, du second, du troisiéme, &c. selon le degré auquel elles se rapportent. Voyez LIEU.

On divise aussi les courbes en *regulieres* & *irregulieres*. Les regulieres sont celles dont la courbure se conduit toûjours d'un même sens, les irregulieres celles qui ont *un point d'inflexion*, ou elles se recourbent d'un sens contraire.

Dans la Geometrie pratique, on appelle *Ligne* la douziéme partie de la longueur d'un pouce.

Ligne, se dit en termes de guerre, de la disposition d'une armée rangée en bataille, qui fait la longueur d'une ligne droite, autant que le terrain le permet. Nos armées ont accoûtumé de se mettre sur trois Lignes. La premiere est l'avant-garde qui se divise en plusieurs Bataillons & Escadrons posés sur le devant. La seconde Ligne est ce qu'on appelle le Corps de Bataille, & il faut laisser entre l'une & l'autre cent cinquante pas de terrain pour se rallier. La troisiéme Ligne est le Corps de reserve ou l'arriere-garde, & on doit laisser environ trois cens pas de distance entre cette troisiéme Ligne & la seconde.

Ligne, en termes de Fortification, signifie un trait tiré d'un point à un autre quand on travaille à faire un plan sur le papier. Il est pris sur le terrain, quelquefois pour un fossé bordé de son parapet, & quelquefois pour un arrangement de gabions ou de sacs à terre, qui s'étendent en longueur sur le terrain, afin de s'épauler ou de se couvrir contre le feu des ennemis. On appelle *Ligne de defense*, Une Ligne qui represente le cours de la bale des armes à feu, sur-tout du mousquet, selon la situation où il doit être pour défendre la face du bastion. On la distingue en *Ligne de défense fichante*, qui est une Ligne tirée de l'angle de la courtine jusqu'à l'angle flanqué du bastion opposé sans toucher la face de ce même bastion, & en *Ligne de défense rasante* ou *flanquante*. Cette derniere est une Ligne, qui étant tirée d'un certain point de sa courtine, va raser la face du bastion opposé. On appelle *Ligne d'approche*, ou *Ligne d'attaque*, Le travail que font les assiegeans, pour gagner à couvert le fossé & le corps de la place. Ce travail est de differente nature, selon la qualité du terrain où l'on s'attache. On dit encore, *Ligne de circonvallation*, & *Ligne de contrevallation*. La premiere est une Ligne ou un fossé que les Assiegeans font à la portée du canon de la place, & qui regnant autour de leur

Camp, en assure les quartiers contre les secours des Assiegés. L'autre est un fossé bordé d'un parapet, dont les Assiegeans se couvrent du côté de la place, afin d'arrêter les sorties que pourroit faire la garnison. Le fossé qui est vers la Place pour empêcher ces mêmes sorties, est appellé *Lignes en dehors*, & celui qui est vers la campagne pour empêcher le secours, s'appelle *Lignes en dedans*. Il y a aussi des *Lignes de communication*. Ce sont celles qui vont d'un ouvrage à l'autre, & la *Ligne de communication*, est le fossé continuel dont une circonvallation ou une contrevallation est entourée, & qui communique par tous les forts, redoutes & tenailles de cette même circonvallation ou contrevallation. On appelle *Ligne de base*, la Ligne droite qui joint les pointes de deux bastions les plus proches.

Ligne. Terme de Marine. Disposition des postes d'une armée Navale, le jour d'un combat. L'Avant-garde, le Corps de Bataille, & l'Arriere-garde se mettent sur une même Ligne, quand les Escadres ou les Divisions sont unies. Cela se fait autant que l'on peut, non seulement pour conserver l'avantage du vent, & afin que tous les Vaisseaux courent un même bord; mais parce que s'ils étoient mis par files les uns derriere les autres, ceux qui ne seroient point au premier rang, ne pourroient tirer leurs bordées que sur les Vaisseaux de leur parti.

On appelle *Ligne du fort*, L'endroit du côté du Vaisseau où il est le plus gros, & *Ligne de l'eau*, Celui du bordage où l'eau se vient terminer quand le bâtiment a sa charge, & qu'il flotte.

Ligne de sonde. Cordeau non goudronné, & long de cent à six vingts brasses, auquel on attache une petite masse de plomb qui est ordinairement du poids de dix-huit livres, & qu'on fait descendre dans la mer pour en sonder le fond, lorsqu'on est près de la terre.

Lignes d'amarrage. Petites cordes de fil goudronnées, qui servent à amarrer d'autres cordes. Elles arrêtent le cable dans l'arganeau, & renforcent & assurent les hansieres & les manœuvres.

Ligne de foi. Petit fil d'argent le plus délié qu'on puisse trouver, & que l'on applique sur le verre d'une lunette, posée sur un niveau, pour faire de plus justes observations, soit au Ciel, soit sur la terre.

Ligne. Terme d'escrime. On dit, *Etre dans la Ligne*, *sortir de la Ligne*, & cette Ligne est celle qui est droitement opposée à l'Ennemi, dans laquelle doivent être les épaules, le bras droit & l'épée, & sur laquelle sont aussi posés les piés à la distance de dix-huit pouces l'un de l'autre.

Ligne. Terme de Chiromance. Il se dit des traits ou incisures marquées dans la main. On appelle *Ligne de vie*, ou *Ligne du cœur*, ou *Ligne de l'âge*, La Ligne qui est au dessous du pouce. Celle qui passe par le milieu de la paume de la main, & qui la coupant en travers va jusqu'au mont de la Lune, s'appelle *Ligne hépatique*, ou *Ligne du foye*, & on appelle *Ligne mensale ou thorale*, ou *Ligne de Venus*, Celle qui va dans le même sens, & qui lui est parallele. Elle prend depuis l'indice jusqu'à l'autre bout de la main.

On appelle en termes de Manege, *Ligne du banquet*, Une ligne imaginaire que les Eperonniers tirent le long du banquet en forgeant un mord. Ils prolongent cette ligne de part & d'autre de haut en bas, pour déterminer la force ou la foiblesse qu'ils veulent donner à la branche, afin de la rendre hardie ou foible.

Ligne blanche. Terme de Medecine. Terminaison des muscles de l'épigastre continuée depuis le cartilage scutiforme jusqu'à l'os pubis. Sa couleur lui a fait donner le nom de blanche, ce qui vient aussi de ce qu'il n'y a point de parties charneuses ni au dessus ni au dessous d'elle.

Ligne. Vieux mot. Cellier à tenir du bois. Il vient du Latin *Lignum*. On l'appelle encore un *Legué* en Languedoc, & l'on y dit *Un Legnas*, pour dire, Une buche.

LIGNER. v. n. Terme de Chasse. Il se dit d'un Loup qui couvre une Louve.

LIGNEUL. s. m. Espece de cordon dont les Cordonniers se servent à coudre la semelle des souliers. On a dit autrefois *Lignivol*, & on l'appelle encore aujourd'hui *Lignol* en Languedoc. Il est fait de plusieurs fils attachés ensemble par de la poix, & on fait venir ce mot de *Lin*, à cause qu'on employoit anciennement du lin ou du fil fort délié à cet ouvrage.

LIGNEUX, EUSE. adj. Epithete que l'on donne à la partie solide des plantes ou des arbres qui forme le bois. On a remarqué que la tissure du corps Ligneux est plus serrée que l'écorce.

LIGUE. s. f. *Union, confederation de plusieurs Princes ou Etats, pour se défendre ou pour attaquer.* ACAD. FR. On appelle *Ligue grise*, Une Ligue qui a donné le nom aux Grisons, Peuples d'Allemagne dans l'ancienne Rhetie, vers les sources du Rhin & de l'Inn, à cause que ceux qui l'habitoient avoient accoûtumé de porter des écharpes grises. Ils se liguerent entre eux en 1471. & vingt ans après avec les Suisses. Ils vivent en Republique, & sont divisés en six parties, qui sont la Ligue Grise, la Ligue de la Maison de Dieu, la Ligue des Droitures, la Valtoline, & les Comtés de Ghiovena & de Bormio. On a aussi appellé *Ligue Hereditaire*, Celle que firent les Suisses avec l'Archiduc Maximilien. On fait venir le mot de *Ligue* de *Liga*, qu'on a dit dans la basse Latinité, comme étant une confederation par laquelle un Etat est lié avec un autre.

LIGUSTICUM. s. m. Plante qui croît abondamment en Ligurie, d'où elle a tiré son nom, & sur-tout au mont Apennin, voisin des Alpes. Les gens du pays l'appellent *Panaces*, à cause que sa racine qui est blanche & odorante est semblable à celle du Panaces Heracleotique, & qu'elle a les mêmes proprietés. Le Ligusticum croît aux montagnes âpres & autres, aux lieux ombragés, & principalement auprès de quelque ruisseau. Il produit une petite tige nouée, mince & semblable à celle d'Aneth, & qui est environnée de feuilles faites à peu près comme celle du Melilot. Elles sont pourtant plus molles, & plus odorantes, & aussi plus grêles & plus déchiquetées vers la cime de la tige; au dessus de laquelle sont des manieres de bouquets qui portent une graine noire, ferme, longuette, odorante, & presque semblable à la graine du fenouil. Elle a un goût acre, mordant & aromatique. On se sert de la graine & de la racine de cette plante dans les medicamens maturatifs, & dans ceux qui penetrent legerement. Elle est de bon goût, & tient lieu de poivre aux gens du pays. Le Ligusticum n'est point la Levesche. Matthiole en fait voir la difference en ce que le Ligusticum a ses feuilles semblables au Melilot, & que le Levisticum, qui est la Levesche, les a comme l'Ache de marais, plus grandes pourtant & plus épaisses, outre qu'il jette une tige haute, grosse, creuse & nouée. Galien parlant du Ligusticum qu'il appelle *Libysticum*, dit que sa racine & sa graine sont chaudes,

chaudes, ce qui les rend propres à provoquer le flux menstrual, à faire uriner, & à resoudre toutes sortes de ventosités.

LIL

LILAS. s. m. Sorte d'arbre qui porte des fleurs odoriferantes en gros bouquets. Il y a des Lilas rouges, blancs & violets, appellés ainsi selon la diversité de la couleur de leurs fleurs. Celui qu'on appelle *Lilas de Perse*, est plus petit que les autres, & a ses feuilles coupées & dentelées.

LIM

LIMACE. s. f. Machine, par le moyen de laquelle on fait monter les liqueurs en descendant. Elle est composée d'un canal qui tourne en forme de vis autour d'un cylindre, appellé Noyau. On lui donne un peu de pente, & on place l'une de ses extrêmités dans l'eau qu'on veut élever. On peut en puiser beaucoup avec cette machine, qu'on appelle aussi *La vis d'Archimede*, mais on ne peut la faire monter bien haut, à cause de la pente que l'on donne à la machine. On en peut voir la construction dans le Vitruve de M. Perrault.

LIMAÇON. s. m. Petit insecte qui est enfermé dans une coquille & qui jette une humeur gluante & luisante. Il a quatre cornes, deux petites & deux autres plus grandes dont il se sert pour se conduire. Le Limaçon sort d'un œuf, & il y en a de blancs, de noirs, de grands, de petits, & de moyens. Ils ont tous même nature, & la difference qui s'y trouve ne vient que des lieux où ils vivent. Ceux qui sont nourris au Soleil & de bonnes herbes, ont le goût beaucoup meilleur que les Limaçons des marais ou qui viennent dans des lieux ombragés. Ces derniers ne sentent que la bourbe & le limon. Les Limaçons à coquille s'appellent aussi *Escargots*. Pline dit qu'anciennement on en étoit si friand qu'on les nourrissoit dans des garennes ou viviers propres à cela, & qu'on les separoit espece par espece pour en mieux sçavoir le goût. Ceux qu'on nommoit *Solitans*, étoient les plus estimés de tous; on faisoit aussi grand cas de ceux d'Afrique, à cause qu'ils faisoient beaucoup de petits. On leur donnoit à manger, & on les apâtoit de toute sorte de blé cuit avec du vin. Les Limaçons paroissent en quantité après la pluie. On tient que si on coupe la tête à un Limaçon, on y trouve une petite pierre qui étant liée au bras, sert de remede à la fievre tierce. Pline dit encore, que cette pierre liée au col ou au bras des petits enfans, fait que les dents leur viennent plûtôt & plus aisément. Ce que cet insecte a de singulier, c'est qu'il rejette son excrement par le col, & qu'il respire par-là. Toutes les parties propres à la generation y sont renfermées, & chaque Limaçon est mâle & femelle tout ensemble. Ceux qui sont sans coquille s'appellent proprement *Limas*, ou *Limasses*, du Latin *Limax*. Elles rafraîchissent & humectent, incrassent, consolident, & sont très-bonnes pour les nerfs & les poumons. Cela est cause qu'on s'en sert interieurement contre la toux, la phtisie, le crachement de sang, & pour guerir la colique & les incommodités du foye. Etant appliquées crues exterieurement, soit seules, soit avec du sang de Taureau, elles font suppurer, & ouvrent même l'Anthrax. Si on les broye avec leurs coquilles, & qu'on les applique sur quelque partie, elles ont la proprieté de tirer dehors ce qui peut être nuisible. La cendre de leur coquille, si on s'en frotte les dents,

est fort propre pour les nettoyer & pour les blanchir.

Limaçon ou *Limace*, se dit aussi de toute voute spherique, ronde ou ovale, surbaissée ou surmontée, dont les assises sont conduites en spirale, depuis les coussinets jusques à la fermeture. *Voute en Limaçon*. On appelle *Escalier en Limaçon*, Un escalier fait en forme de vis, dont les marches sont rangées autour d'un cylindre de pierre ou de bois.

LIMAIRE. s. m. Nom qu'on donne au Ton, lorsqu'il commence à grossir un peu, car on ne l'appelle *Ton*, que quand il passe un pié de grandeur.

LIMANDE. s. f. Sorte de poisson de mer. Il est plat, & a la chair molle & humide. Sa figure est à peu près celle du carrelet.

Limande. Terme de Charpenterie. Piece de bois de sciage, plate, & peu large, & qui n'est pas fort épaisse. On appelle *Limandes*, Les pieces qui servent à tenir & à lever les palles d'un moulin.

LIMBE. s. m. On appelle ainsi en termes d'Astronomie, le bord du Soleil, ou de la Lune. *Limbe superieur*, *Limbe inferieur*. Selon les Medecins botaniques, la bordure des plantes, & celle de leurs fleurs & de leurs feuilles s'appellent aussi *Limbe*.

LIMBES au pluriel se dit du *Lieu*, *où*, *selon la commune opinion de l'Église*, *étoient les ames de ceux qui étoient morts en la grace de Dieu avant la venue de Notre Seigneur*. Acad. Fr. Il signifie aussi le lieu destiné à recevoir les ames des Enfans morts sans baptême, qui n'ayant point merité l'enfer parce qu'ils n'ont point peché, ne peuvent aussi entrer en Paradis à cause du peché originel. Les saints Peres l'ont nommé *Limbes*, selon du Cange, *eo quod sit Limbus inferorum*.

LIME. s. f. *Outil*, *Instrument de fer ou d'acier*, *qui a par tout de petites pointes en forme de dents*, *& qui sert ordinairement à polir*, *ou à couper le fer*. Acad. Fr. Il y a des Limes de toutes sortes de grandeurs & de grosseurs, selon leur usage. Les Serruriers se servent de *Limes quarrées*, pour ouvrir des trous quarrés; de *Limes à dossier*, pour fendre; de *Limes rondes*, pour aggrandir des trous (on les appelle autrement, *Queues de rat*;) de *Limes demi-rondes*, pour limer les pieces en demi rond; de *Limes triangulaires* ou *en tiers point*, pour faire des vis, des tarots & autres pieces, de *Limes à bouter*, pour dresser les panetons des clefs & les scies à fendre en long.

Il y a aussi des *Limes carlettes*, *des limes coutelles*, *des limes à potence*, *en ovale*, *en cœur*, & autres figures. Ces petites Limes servent à vuider les anneaux des clefs, les écussons, les couronnemens &c. On se sert des Limes fendues par le milieu pour limer les embases, & pour épargner un filet sur les moulures, vases, balustres, & autres ouvrages. Il y a aussi des Limes qui ne sont fendues que d'un côté pour le même usage. Les *Limes faites en dos de carpe*, servent à fendre des compas; celles qui ne sont point taillées sur les côtés, à fendre & à dresser les rateaux des clefs, & les *Limes coudées*, sont propres à couper & à dresser les clouds à fiche.

On appelle *Lime douce*, Celle qui a la taille fort fine & le grain menu. Elle sert à polir & à adoucir les ouvrages. La *Lime à pignon*, est celle qui ronge les pignons. Elle est taillée comme un couteau. Celle qu'on appelle *Lime quarreau*, est quarrée & la plus grosse de toutes. La *Lime sourde*, autrement *Lime de refend*, fait l'effet d'une scie. On l'envelope tout à fait de plomb & le manche même, en sorte qu'on n'en laisse que la partie qui scie découverte. Elle sert à couper les plus gros barreaux de fer sans faire aucun bruit, mais il faut pour cela que ces barreaux soient aussi enveloppés de plomb, sans qu'on y laisse rien de découvert que ce qui est necessaire pour l'action de la lime.

On appelle *Limes* en terme de Chasse, les deux dents inferieures du Sanglier, que l'on appelle aussi *Dagues*, & plus communément *Défenses*.

Lime. Petit fruit rond qui est plein de jus comme un citron. Il est extrêmement doux.

Lime de la mer. Nom que donne quelques-uns à une certaine ligne qui paroît autour des côtes où la mer a laissé des herbes en se retirant.

LIMIER. f. m. Gros chien de chasse qui ne parle point, & qui sert à quêter le cerf, & autres grandes bêtes, & à les lancer hors de leur fort.

LIMON. f. m. Terme de Charpenterie. Piece de bois qui sert à porter les marches d'une montée ou d'un escalier.

Limon. Sorte de fruit semblable au citron. Il n'a pas l'écorce si grosse, & il est un peu plus long, & & plus plein de suc. Ce suc est aussi plus aigre que celui des citrons communs.

LIMONIUM. f. m. Plante qui croît aux marais & parmi les prés, & qui a ses feuilles semblables à la Bete, mais plus longues & plus menues. Elle jette ordinairement dix feuilles, & quelquefois plus. Sa tige est menue & droite, & de la hauteur du lis. Elle est chargée d'une graine rouge qui est astringente au goût. Dioscoride qui en a fait cette description, dit que sa graine pilée & prise en vin au poids d'un acetabule, est bonne aux dysenteries, & aux fluxions de l'estomac.

LIMOSINAGE. f. m. Terme de Maçon. Il se dit de toute maçonnerie qui est faite de moilon à bain de mortier, & que l'on dresse au cordeau avec des paremens brutes. On l'appelle ainsi à cause qu'on emploie ordinairement des Limosins à y travailler dans les fondations. On dit aussi *Limosinerie*.

LIMPIDE. adj. Terme dogmatique fait du Latin *Limpidus*, qui veut dire, Clair & net. Il ne se dit guere que de l'eau. Ce mot a fait celui de *Limpidité*, qui signifie la qualité de ce qui est Limpide. Il ne se dit guere aussi que de l'eau.

LIN

LIN. f. m. Vieux mot. Lignée, race.

Entrez, est el temple Apolin,
Paris, & plusieurs de son lin.

LIN. f. m. Sorte de plante qui jette de petites tiges rondes. Son écorce est pleine de filets dont on fait de la toile déliée. Elle a ses feuilles longues & aigues, & porte ses fleurs au haut de ses tiges. Après ses fleurs il se forme de petites têtes rondes & larges où sa graine est renfermée. Cette plante a peu de rameaux, & n'est guere haute. Il n'y a que sa graine qui soit en usage dans la Medecine. Dioscoride lui donne les proprietés du Senegré. Cuite en miel, huile, & un peu d'eau, elle mollifie & resout toutes inflammations du dedans & du dehors. Crue, elle ôte les taches & les rousseurs du visage, & enduite avec nitre & cendre de figuier, elle dissipe les duretés qui viennent derriere les oreilles. Sa decoction est fort utile pour lâcher le ventre. L'huile qui se fait de cette graine, est bonne aux spasmes, à mollifier les duretés des nerfs, & à rendre souples les jointures des os. C'est aussi un remede exquis dans toutes les maladies du fondement, hemorroïdes, fentes, apostumes, ou autres douleurs de cette partie. Lavée en eau de nenuphar, ou eau rose, elle est fort propre aux brûlures. Cette huile est aussi d'usage pour les Peintres, Maçons, Menuisiers, Graveurs & Serruriers. Comme elle resiste plus au feu que l'huile d'olive, on s'en sert encore pour s'éclairer.

Matthiole fait mention d'une autre plante qui a grand rapport au Lin, tant dans sa tige & ses feuilles, que dans la figure de ses fleurs, quoiqu'elle les ait de couleur d'or. Il la nomme *Lin sauvage*, tant pour ce rapport, que parce qu'on la reduit en filaces que l'on file. La décoction de cette plante avec ses fleurs resout toutes tumeurs, appaise les inflammations, adoucit les duretés des jointures, & sert à la guerison des phlegmons qui s'engendrent aux aines.

LINAIRE. f. f. Herbe qui produit plusieurs rejettons noirs, menus, pliables, & fort malaisés à rompre. Elle pousse ses feuilles quatre à quatre, cinq à cinq, & quelquefois six à six. Elles sont noires au commencement, rougeâtres ensuite, & semblables à celles du Lin, ce qui lui a fait donner le nom de *Linaire*. On l'appelle autrement *Osyris*. Elle jette quantité de fleurs dès le milieu de sa tige. Ces fleurs ressemblent à celle du Cumin sauvage de la seconde espece, excepté que les fleurs de la Linaire sont jaunâtres, & que les autres sont purpurines. La décoction de cette herbe prise en breuvage est bonne pour la jaunisse. Galien dit qu'elle a une qualité amere, & qu'elle est propre à désopiler le foye.

LINÇOIR. f. m. Terme de Charpenterie. Piece de bois qui soûtient les chevrons au droit des bées ou passages des cheminées & lucarnes.

LINEAIRE. adj. Terme de Mathematique. On appelle *Grandeurs Lineaires* celles qu'on ne suppose point être fermées par aucune multiplication, celles qui n'ont ainsi que *la ligne*, qu'une dimension, qu'un *degré*, (Voyez DEGRE'.) car les surfaces & les solides sont des grandeurs produites par des multiplications. En Algebre la même grandeur peut être lineaire, & ne l'être pas, selon qu'on la considere. Vingt-quatre est une grandeur lineaire, si on la regarde comme une somme de 24. unités, mais si on la regarde comme un produit de 3 par 8, c'est une grandeur de deux dimensions, & elle sera de 3. dimensions, si on la regarde comme le produit de ces 3. nombres, 3, 4, 2. En fait de nombres on va à l'infini au delà des trois dimensions, mais les lignes ne peuvent pas les passer réellement.

LINGE. adj. Vieux mot. Foible.

Car son sens est trop nud & linge,
Si me contrefait comme un singe.

LINGOTIERE. f. f. Terme de Potier d'étaim. Moule où l'on jette l'étaim, pour en faire des Lingots. Les Vitriers appellent aussi *Lingotiere*, Le Moule dont ils se servent pour fondre le plomb qu'ils employent aux vitres. Ils y versent du plomb fondu, & le retirent ensuite par petits Lingots qu'ils font passer dans le tireplomb où il s'allonge, & forme des verges, qui étant fendues des deux côtés, servent à enfermer & à recouvrir les pieces de verre. Il n'y a que le milieu de ces verges qui demeure solide.

LINGUET. f. m. Terme de Marine. Piece de bois qu'on attache sur le tillac, & qui sert à arrêter le cabestan, ensorte qu'il ne puisse détourner ni dévirer.

LINIERE. f. f. Terre semée de graine de Lin.

LINOTE. f. f. Petit Oiseau de couleur de terre, qu'on nourrit en cage, & dont le chant est fort agreable. On l'appelle en Latin *Ligurinus*. Il y a des Linotes qui vivent cinq ou six ans. M. Ménage fait venir ce mot de *Linaria*, à cause que les Linotes vivent de graine de Lin.

LINTEAU. f. m. Terme d'Architecture. Piece de bois qui sert à fermer le haut d'une croisée ou d'une porte sur ses piédroits. On appelle *Linteau de fer*, Une barre pour porter les claveaux d'une plate-bande. Sa grosseur doit être proportionnée à sa charge.

LIO

LION. f. m. Animal furieux, & dont la couleur tire sur le roux. Il a le devant de la tête quarré, le museau plat & gros, les yeux affreux, l'ouverture de la gueule grande, le cou gros, grand, couvert d'une criniere, & fort roide, quoiqu'il soit composé de plus d'un os. Sa langue, qu'il a semblable à celle d'un chat, aussi-bien que les pattes, les dents & les yeux, est herissée d'un fort grand nombre de pointes, dont la matiere est fort dure & pareille à celle des ongles. Ces pointes sont creuses à leur base, recourbées vers le gosier, & longues de deux lignes. Il a la poitrine large, le ventre grêle, les cuisses fortes & nerveuses, cinq ongles à chaque pié de devant, & quatre à ceux de derriere, avec une grosse & grande queue. Sa vessie est fort petite, à cause qu'il boit fort peu, & ses intestins ont près de vingt-cinq piés de long. Le Lion passe pour le plus fier, le plus cruel & le plus courageux des animaux, & on le fait combattre dans les spectacles contre les plus fortes bêtes. Il apprehende le feu, & comme il y en a de furieux qui se tiennent sur le sommet des Montagnes du Pays des Cafres, & qui vont chercher leur proie au clair de la Lune, le plus souvent autour du Fort du Cap, les Gardes y allument de grands feux pour les empêcher d'en approcher. On tient que cet animal en mene avec soi un autre, appellé *Lakhals* par les Hollandois, qui ressemble à un Renard & qui ayant l'odorat extrêmement fin, découvre de loin où est la proie, & y mene le Lion, qui lui en fait part après l'avoir prise. On dit aussi qu'il a peur du Coq & que son chant le fait fuir, mais on a vû le contraire par experience. Le Lion dort les yeux ouverts & remue la queue pendant qu'il dort. Il jette son urine en arriere, & s'accouple de même avec la Lionne, qui ne differe du mâle, qu'en ce qu'elle n'a point de longs poils autour du cou. Les Lions entrent en amour en hiver, & alors il est dangereux de les rencontrer. On appelle *Lionceaux* les petits de la Lionne.

Il y a aussi des *Lions marins*, & on en a vû un au Cap de bonne Esperance, auquel on donna la chasse, & que l'on tua. Il avoit dix piés de long, & quatre de large, de gros yeux affreux, des oreilles courtes, & une barbe herissée & fort épaisse. Sa tête étoit aussi grosse que celle d'un veau d'un an, & ses dents sortoient d'un demi pié hors de sa gueule. Son ventre touchoit presque à terre, ses jambes étoient courtes. Il se retiroit à la mer après qu'il s'étoit saoulé dans le bois.

Le Lion dans le Blason a differentes épithetes. Il est appellé pour l'ordinaire *Rampant* & *Ravissant*, & quand sa langue, ses ongles & une couronne qu'on lui met sur la tête, ne sont pas du même émail que le reste de son corps, on dit qu'*Il est armé, couronné* & *lampassé*. On dit aussi *Lion issant* & *Lion naissant*. Le premier est celui qui ne montre que la tête, le cou, les bouts des jambes & les extrêmités de la queue contre l'écu, & l'autre est celui qui ne faisant voir que le train de devant, la tête & les deux piés, semble sortir du champ entre la face & le chef. On appelle *Lion brochant sur le tout*, Celui qui étant posé sur le champ de l'écu, chargé déja d'un autre blason, en couvre une partie. Le *Lion mort-né*, est un Lion, qui est sans dents & sans langue, & le *Lion diffamé*, celui qui n'a point de queue. *Lion Dragonné*, se dit d'un animal qui a le derriere de serpent & le devant de lion, & *Lion Leopardé*, d'un Lion passant qui montre toute la tête comme fait le Léopard.

Lion. Espece de Monnoie d'or qui valoit cinquante-trois sous neuf deniers & avoit cours en France sous le regne de François I. Elle pesoit trois deniers cinq grains, & sa figure étoit un Lion. Il y avoit pour legende, *Sit nomen Domini benedictum*.

LIONNE', E'E. adj. Terme de Blason. Il se dit du Leopard rampant. *D'or au Leopard Lionné de gueules*.

LIOUBE. f. f. Terme de Marine dont se servent quelques Charpentiers, pour signifier, L'entaille qu'il faut faire, sur ce qui est resté debout d'un mât rompu par la violence de quelque tempête, afin d'y enter un autre bout de mât qui le remette en son entier.

LIP

LIPOTHYMIE. f. f. Terme de Medecine. Affection dans laquelle, outre le pouls petit & foible plus ou moins à proportion que la Lipothymie est plus ou moins dangereuse, les sens internes & externes, & le mouvement animal, tant volontaire que naturel, sont abolis en quelque façon. La respiration même est fort obscure ou imperceptible. Ce mot est Grec λιποθυμία, Défaillance des esprits. Il est fort important d'observer que les commencemens de la Lipothymie ressemblent à un assoupissement & à une envie de dormir. Ainsi les femmes hysteriques paroissent fort assoupies dans les grands accès quand elles vont tomber effectivement dans la Lipothymie. Celles que le travail de l'accouchement a assoupies semblent vouloir dormir, & cela vient de la Lipothymie qui les menace. Les grandes saignées & les autres évacuations excessives de sang, causent un certain assoupissement qui est le commencement de la Lipothymie.

LIPPITUDE. f. f. Maladie propre des yeux que l'on appelle autrement *Chassie*. Il y a deux especes de Lippitude, l'une sanguine, & l'autre sereuse. La premiere est l'inflammation de la conjointe, qui est la tunique exterieure de l'œil avec rougeur, ardeur, tumeur & écoulement de larmes. La seconde est une distillation continuelle & abondante de larmes, avec plus ou moins de douleur à l'œil, de picotement, d'ardeur, & de rougeur. Celle-là est appellée proprement *Epiphora*. Le mot de *Lippitude*, est Latin *Lippitudo*. Quelques-uns le font venir du Grec λίψ, Pierre d'où dégoutte l'eau, à cause que l'humeur dégoutte de même des yeux d'un chassieux.

LIQ

LIQUIDAMBAR. f. m. Huile, ou resine oleagineuse qui distille d'un arbre fort beau & fort haut que les Indiens nomment *Ocoscol*. Elle est composée de deux parties, l'une seche & l'autre liquide. La partie la plus liquide étant recueillie séparément ou tirée par expression, porte le nom de *Liquidambar*, qui veut dire, Ambre liquide, à cause de son odeur qui étant très-forte, est aussi très-agreable.

LIQUIDATION. f. f. Terme de Pratique. Action

par laquelle on regle à une certaine somme les dépens, les interêts, ou les dommages & interêts. On dit *Faire la liquidation des dépens*, pour dire, Arrêter au bas de la Declaration ou du Memoire la taxe des frais qu'on a été obligé de faire pendant la poursuite d'un procès.

LIS

LIS. s. m. Plante qui jette de longues feuilles toûjours verdoyantes, lissées, grasses, & semblables à celles du Pancratium. Sa tige est de la hauteur de deux coudées, ronde, droite, lissée, ferme, grasse & revêtue de feuilles depuis la racine jusques à la cime; il en sort trois ou quatre branches qui portent de petites têtes, longuettes, vertes, qui avec le tems deviennent d'une blancheur merveilleuse, & d'une excellente odeur, rendant la fleur de Lis en maniere de panier, ridée par dehors & ayant ses bords renversés. Du milieu de cette fleur s'élevent de petites languettes jaunes & poudreuses qui ont une autre odeur que la fleur, & du milieu de ces petites languettes sort un fêtu avec un bouton à sa cime de couleur verte. Sa racine est bulbeuse, blanchâtre, & toute écaillée comme la Joubarbe; ses écailles sont un peu grosses & pleines de jus. Pline qui parle amplement des Lis, dit qu'il y a une autre fleur qui lui est assés semblable que l'on appelle en Latin *Convolvulus*; qu'elle croît parmi les hayes sans aucune odeur, & sans aucuns filamens jaunes au-dedans, mais ayant seulement la blancheur du Lis, de sorte qu'il semble que ce soit le coup d'essai de la nature, lorsqu'elle a voulu former cette Fleur. Il ajoûte qu'on trouve aussi des Lis rouges que les Grecs appellent κρίνον, & dont quelques-uns nomment la fleur κυνόροδον, Rose de Chien; qu'il y a de ces Lis rouges qui produisent quelquefois deux tiges, quoiqu'ils n'ayent qu'un seul oignon, mais plus gros & plus charnu que les autres, & que pour en avoir de cette couleur, il faut au mois de Juillet, lorsque les tiges du Lis commencent à être seches, les couper avec la fleur & les mettre ensuite secher à la fumée. Vers le mois de Mars suivant, quand tous leurs nœuds & toutes leurs jointures sont dénuées, on met détremper ces tiges dans de la lie de gros vin pour leur donner la couleur, après quoi on les enterre & on les couvre de lie, ce qui les fait venir rouges. Pour faire fleurir les Lis en differentes saisons, il faut planter leurs oignons les uns plus avant en terre que les autres, & cela est cause qu'ils fleurissent en divers tems. On se sert de la racine de Lis dans les décoctions émollientes & dans les cataplasmes, soit pour amollir, soit pour faire venir quelques abscès à suppuration. Les fleurs échauffent, digerent & amolissent aussi-bien que les racines. On en fait aussi l'huile, appellée *Oleum Liliorum*, qui sert à adoucir & à digerer les humeurs qui causent de la douleur à la poitrine, à l'estomac, à la matrice, dans les reins, & dans la vessie.

Dioscoride fait aussi mention d'un Lis jaune, qui a sa tige & ses feuilles semblables au Lis & vertes comme un porreau. Ses fleurs qui sortent à trois ou quatre à la cime de la tige, sont divisées & comparties de même que celles du Lis. Quand elles commencent à s'ouvrir, elles sont fort pâles. Sa racine est grosse & bulbeuse, & a plusieurs côtes. Etant appliquée sur les brûlures, elle les soulage. Ses feuilles broyées appaisent les inflammations des mammelles des nouvelles accouchées, & servent pour toutes sortes d'apostumes d'yeux. Les Grecs l'appellent ἡμεροκαλλὶς, qui veut dire, Dont la beauté ne dure qu'un jour, & le peuple d'Italie lui donne le nom de *Lis sauvage*. Matthiole dit que cette sorte de Lis y croît en abondance dans les prés & parmi les blés, tant aux montagnes que dans les collines, & que ceux qui prennent le Muguet pour l'Hemerocallis se trompent fort.

On trouve dans les Isles de l'Amerique deux sortes de Lis, l'un blanc & l'autre orangé. Le blanc ressemble à nos Lis pour l'oignon & pour les feuilles, au milieu desquelles l'oignon pousse une tige verte, creuse & haute d'un pié & demi, chargée de cinq ou six petites fleurs blanches, longuettes, fort délicates, & qui jusqu'au haut sont assés semblables à celles de nos Narcisses, si ce n'est que le tuyau du milieu est environné de cinq petites feuilles, & qu'il se divise en un pareil nombre d'autres fort étroites, & longues comme le doigt. Du milieu de ces fleurs qui ont une odeur fort pénétrante, & aussi agreable que celle de la Tubereuse, sortent quelques petits filets blancs longs comme le doigt, & qui ont de petites languettes jaunes. L'autre sorte de Lis produit au haut de sa tige cinq ou six fleurs comme de petites Tulipes de couleur orangé pâle à fond blanc par dedans. Les feuilles de cette derniere espece de Lis, sont beaucoup plus minces & plus délicates que celles de nos Tulipes. Ces Lis ont cinq petits filets à languettes jaunes, mais ils n'ont point de bouton comme les tulipes. Cette fleur est fort belle, mais sans nulle odeur.

Lis. Sorte de Monnoie d'or & d'argent, dont la fabrication fut ordonnée sur la fin de l'année *1655*. Les Lis d'or valoient sept francs, & avoient d'un côté deux manieres d'Anges qui soûtenoient un Ecusson où étoient trois fleurs de lis, & pour legende du même côté, *Domine, elegisti Lilium tibi.* Ils avoient de l'autre côté une croix cantonnée de quatre fleurs de lis & pour legende *Ludovicus decimus quartus, Dei gratia Franciæ & Navarræ Rex.* Ils furent décriés par une Declaration du 28. Mars *1679*. Les Lis d'argent valoient vingt sols, & le Roi en défendit le cours dès l'année *1656*.

Lis. Ordre militaire de Navarre, nommé autrement *Notre-Dame du Lis.* Il fut établi par Garcias IV. Roi de Navarre en 1048. dans la Ville de Nagera, en reconnoissance de ce qu'étant très-malade, il fut gueri inopinément dans le tems que l'on trouva une Image de la Vierge sortant d'une fleur de Lis. Il fit bâtir exprès une Eglise pour y placer cette Image avec un Monastere où il mit des Religieux de Cluni, après quoi, il fonda l'Ordre des Chevaliers de Sainte Marie de la Fleur de Lis, dont il se fit le Grand-Maître. Leur nombre fut de trente-huit. Ils promettoient par serment qu'ils hazarderoient leurs biens & leurs vies pour la conservation du Royaume de Navarre, d'où ils chasseroient les Maures. Ils portoient une fleur de Lis d'argent en broderie sur la poitrine, & une double chaîne d'or jointe ensemble, avec la lettre M. pour signifier *Marie.* Au bout de la chaîne pendoit une fleur de lis d'or émaillée de blanc portant la même lettre couronnée.

LISOIR. s. m. Terme de Charron. Piece de bois qui est au-dessus des essieux du carrosse, & sur laquelle posent d'autres pieces, appellées *Moutons.* On appelle *Lisoir de chariot*, La piece de bois sur laquelle pose le brancard. Il y a le Lisoir de devant, & le Lisoir de derriere.

LISSE. s. f. Terme de Marine. Assemblage de longues & grosses pieces de bois qu'on met bout à bout l'une de l'autre dans le corps du bordage d'un Vaisseau. C'est une maniere de ceinture que l'on appelle autrement *Ceinte, Chaine, Carreau*, ou *Perceinte*, qui sert à lier les membres & les pieces de Charpenterie dont le corps du bâtiment est formé. On appelle *Lisse de Hourdi*, Une longue piece de bois, qui fait l'affermissement de la pouppe, & qui lie le haut du Vaisseau par son couronnement. On lui donne aussi le nom de *Barre d'arcasse*. Ce qu'on nomme *Lisses de porte hauban*, sont de longues pieces de bois plates que l'on fait regner le long des portes-haubans, & qui servent à tenir dans leurs places les chaines de hauban.

LISTEL. s. f. Petite bande ou espece de regle qui est dans les moulures de l'architecture, & que les Menuisiers appellent souvent *Mouchette*. *Listel*, se dit encore de l'espace plein qui est entre les cannelures des colonnes. Ce mot vient de l'Italien *Listello*, Ceinture. On dit aussi *Listeau*.

LIT

LIT. s. m. *Meuble dont on se sert pour y coucher, pour y reposer, pour y dormir.* ACAD. FR. Les Maçons se servent du mot de *Lit*, en parlant de la situation naturelle d'une pierre quand elle est dans la carriere. Les pierres y ont deux lits. Celui de dessus s'appelle *Lit tendre*, & celui de dessous *Lit dur*. C'est ce qui oblige à renverser les pierres, & à mettre le Lit le plus dur dessus, quand on les emploie à découvert, comme pour couvrir des terrasses, & pour faire des dales. On appelle aussi dans une muraille, *Lit de pierre*, Une assise, un étage de pierre. On appelle, *Lit de voussoir & de claveau*, Le côté qui en est caché dans les joints, & *Lit de pont de bois*, Le plancher du pont qui est composé de poutrelles & de travons avec son conchis.

On dit, *Lit de reservoir*, pour dire, Le fond d'un reservoir qui est fait de sable, de glaise, de pavé, ou de ciment & de cailloutis.

On appelle en termes de Marine, *Lit de marée*, Un courant qui se trouve en certains lieux de la mer. On dit, *Tenir le Lit du vent, être au Lit du vent*, pour dire, Cingler à six quarts de vent près du rumb d'où il vient.

LITEAU. s. m. Terme de Chasse. Lieu où le Loup se couche & se repose durant le jour.

LITHARGE. s. f. Plomb mêlé avec les vapeurs ou la crasse de l'argent. La Litharge se fait quand les Affineurs fondent l'argent avec le plomb pour l'épurer à force de soufflets. Le plomb se subtilise alors de telle sorte, qu'il surnage à l'argent & se mêle avec sa crasse; & en continuant le feu, cette crasse & le plomb se séparent à côté, & sortant par une ouverture faite exprès, ils dégenerent en Litharge étant refroidis. Les Anciens faisoient de trois sortes de Litharge, l'une appellée χρυσίτης, à cause de sa couleur d'or; l'autre ἀργυρίτης, à cause qu'elle paroissoit mêlée de paillettes d'argent; & la troisiéme μολυβδίτης, qui étoit faite de la veine du plomb cuite au feu. Aujourd'hui on n'en fait que de deux sortes; l'une appellée *Litharge d'or*, parce qu'elle paroît pleine de paillettes d'or, & l'autre, *Litharge d'argent*, à cause qu'elle semble être mêlée de petits brins d'argent. Les divers degrés de feu leur donnent cette diversité de couleur, de sorte que celle qui est plus cuite & plus digerée acquiert une couleur d'or. Elle est préferable à l'autre, & c'est de celle-là qu'on entend parler lorsqu'on dit simplement Litharge. Dioscoride dit qu'anciennement on la brûloit, après quoi on la lavoit comme on fait la calamine. Presentement, on ne fait que la broyer doucement dans un mortier, en versant de l'eau fort claire par dessus, & l'agitant ensuite. Cela fait, on la met dans un autre vaisseau, où l'on verse de l'eau nouvelle, & on la remue comme auparavant. Quand cette eau est trouble, on la mêle parmi la premiere, & cela se réitere jusqu'à ce que le plomb, & les ordures demeurent au fond, & que tout ce qu'il y a de meilleur ait été tiré avec l'eau. On laisse reposer cette eau, afin qu'après l'avoir jettée, la litharge pure qui se trouve au fond soit ramassée, & on la passe par dessus le marbre afin qu'elle ne soit plus âpre à la langue. La Litharge est astringente & dessiccative comme le sont toutes choses minerales, & tous medicamens de pierres & de terres. Elle rafraîchit, deterge, remplit les cavités des ulceres, & les cicatrise. Matthiole dit, après Dioscoride, que la Litharge prise par la bouche en quelque maniere que ce soit, est venimeuse & fort dommageable à la personne. Il parle amplement des accidens qu'elle cause & des remedes que l'on y peut apporter. On l'appelle en Grec λιθάργυρος, de λίθος, Pierre, & de ἄργυρος, Argent. Les Vitriers se servent de Litharge d'argent, quand ils peignent sur le verre.

LITHONTRIBON. s. m. Sorte de poudre propre à briser la pierre, dont l'Auteur est incertain, & que Salernitanus décrit en son Antidotaire. Elle est composée de quarante & un ingrediens, sans le miel & le sucre, & Nicolaus Præpositus y ajoûte encore la semence d'Ameos, d'Amomum, & de Levesche avec la racine d'Iris; mais comme la plûpart des quarante & un ingrediens que nomme Salernitatus sont astringents, que quelques-uns nuisent à faire jetter la pierre dehors, & qu'il y en a d'autres qui sont trop chers & trop rares, en sorte qu'on ne les peut avoir que falsifiés, du Revon, fameux Medecin de la Faculté de Paris, rejette cette poudre, & décrit un autre Diatribon qui casse la pierre, la fait sortir, & remedie aux autres incommodités des reins & de la vessie. Il y fait entrer le sang de Bouc préparé, le sang de Liévre brûlé, les semences de *Milium solis*, d'Alkenkenge, & de Saxifrage, les racines de Cyclamen, de Souchet, d'Ononis, d'Eryngium, d'Iris de Florence, & de *Rubia tinctorum*; les coques d'œuf, les pierres d'éponge, & la tunique interieure de l'estomac d'une poule; les bayes de Genevre, la Cannelle, le Cardamome, le Macis; les semences d'Asperges, de Carvi, de Persil, de Mauve sauvage, d'Ache, de Pepons, de Melons, de Seseli, de Citron, de Coriandre, de Daucus, de Pimprenelle, & de gomme de Cerisier. Cette poudre qui provoque puissamment les urines, se doit prendre pour la pierre & la gravelle des reins avec un peu de vin blanc, ou avec de l'eau de parietaire ou de rave. Banderon qui enseigne comment il faut faire le mêlange de tous ces ingrediens, dit que cette poudre appaise les douleurs des lombes, chasse le sable des reins & de la vessie, soulage la douleur nephretique, & la difficulté d'uriner, & diminue la pierre, mais qu'on ne s'en doit servir qu'après les purgations universelles, & seulement le matin, plus ou moins selon les pays, les saisons, l'âge & le sexe. Le mot de Lithontribon, vient de λίθος, Pierre, & de τρίβειν, Broyer.

LITHONTRIPTIQUES. s. m. Médicamens qui brisent la pierre & la convertissent en gravelle. Plusieurs Medecins d'un fort grand poids doutent qu'il y ait des remedes qui puissent dissoudre & comme broyer en petites particules la pierre qui est une fois coagulée & bien endurcie. La chose est très-difficile, à cause que la pierre ou le calcul est une concretion saline salée, composée de l'acide & de l'alcali, & qui étant rassasiée de l'un & de l'autre, ne sçauroit être dissoute ni par l'acide ni par l'alcali, de sorte que si l'on peut trouver un remede capable de briser le calcul, il faut necessairement qu'il soit d'une nature qui participe à l'acide & à l'alcali, afin de pénétrer dans les petits pores du calcul coagulé, où s'insinuant il dissolve les particules salines incorporées ensemble. Pour s'assûrer par l'experience, on jette un calcul dans de certaines liqueurs, afin de connoître quelle liqueur le brisera & plûtôt & mieux; & cette liqueur étant trouvée, on croit qu'on la peut donner pour resoudre le calcul dans les reins & la vessie; mais ce principe est faux, puisque l'esprit de nitre qui brise presque toûjours le calcul humain exterieurement, ne fait pas la même chose, lorsqu'il est pris interieurement. Cela vient de ce qu'il prend une nouvelle efficacité & une autre nature, en perdant toute sa force dans l'estomac, par l'alteration que le levain stomachal lui donne, par l'alteration du sel volatile de la bile & du suc pancreatique acide, ou tirant sur le salé; enfin dans les reins par l'alteration de l'urine. Ainsi les remedes pour briser la pierre, se doivent plûtôt faire dans le corps humain par le mêlange des sucs differens de notre corps, que de les prétendre tels hors de notre corps. Cela fait voir que ce n'est point la corrosiveté de ces remedes qui brise le calcul, puisqu'ils ne peuvent parvenir aux reins sans avoir été alterés, mais que cela arrive par la proportion qui est entre les parties du calcul, & les pores du corps à dissoudre. On doit conclure delà, qu'on peut briser le calcul dans le corps humain, sans qu'il soit besoin de corrosif, pourvû qu'on prenne le soin de préparer des liqueurs & des menstrues que l'on puisse prendre, & qui entrant sans violence dans les pores du calcul, en dissolvent le *coagulum*.

LITHOPHAGE. s. m. Petit ver qui se trouve dans l'ardoise, & que l'on appelle aussi du Grec λίθος, Pierre, & de φάγειν, Manger; parce qu'il mange de la pierre & qu'il s'en nourrit. Il est couvert d'une petite coquille fort tendre & fragile, qui est de couleur cendrée & verdâtre. Cette coquille est percée à ses deux bouts. Le ver rend ses excremens par l'un de ses trous, & il passe sa tête & ses piés par l'autre. Ce petit insecte est noirâtre, & il a son corps composé d'anneaux, avec six piés, trois de chaque côté, qui ont chacun deux jointures qui s'articulent ensemble par charniere. On apperçoit dans les couches de l'ardoise les traces de ce ver; ces traces sont les chemins qu'il se creuse lorsque la pierre est encore molle. C'est avec sa tête qu'il marche, car la tirant & la faisant sortir par le petit trou qui est au-devant de sa coquille, c'est un point fixe qui lui sert pour avancer, tandis que le reste de son corps s'appuie sur ces petits piés. Il a quatre machoires qui lui servent de dents. De sa gueule sort un filet dont il bâtit sa coquille. Il a dix petits yeux de couleur noire, cinq de chaque côté, qui sont rangés les uns contre les autres en forme de croissant. On ne sçait pas quelle nouvelle forme cet insecte prend dans la suite, mais il demeure constant qu'il se métamorphose, & que c'est dans sa coquille que se fait ce changement. Un curieux ayant rencontré la nymphe de ce petit ver, en vit sortir plus de quarante vers, tous vivans. Ils avoient la tête noire; leurs piés étoient fort visibles, & leur corps étoit jaune en quelques endroits, & rouge en d'autres.

LITISPENDANCE. s. f. Terme de Pratique. Engagement d'un procès dans une Cour ou Jurisdiction. Ainsi quand on est assigné par devant un Juge, pour une affaire qui a quelque connexité avec une autre qui est pendante ailleurs, on propose la Litispendance, comme une cause legitime d'évocation. Ce mot vient de *Lis*, Procès, & de *Pendere*, Pendre.

LIV

LIVRE. s. m. Terme de compte. Monnoie imaginaire qui se prend en France pour vingt sols. L'origine de ce mot vient de ce qu'anciennement chés les François, la Livre étoit un poids sur lequel la taille de leur monnoie se regloit, & on l'arrêta de vingt sols à la Livre. Elle devint dans la suite *Livre de compte*. Ainsi on appella Livre tout ce qui valoit vingt sols. Les marchés & les contrats ont été faits, dès le tems de Charlemagne, sur le pié de cette monnoie imaginaire, quoique les sols ayent changé de poids & d'aloi. Depuis on fabriqua des pieces d'or qui valoient vingt sols, & en 1575. sous Henri II. on en fabriqua d'argent de même valeur. On les nomma *Francs*, ce qui fit que cette monnoie imaginaire devint réelle. On dit en termes de Palais, que *les Creanciers seront payés au marc la Livre, au sou la Livre*, pour dire, qu'ils seront colloqués sur des effets mobiliaires à proportion de leur dû. On dit *Livre à livre*, en termes de Marine, pour dire, Au sou la Livre. Dans les vieux titres on appelle Soixante & douze témoins, *Une Livre de témoins*, & on a aussi appellé Soixante & douze ans, *Une Livre d'années*. La raison est que la Livre que l'on appelloit *Libra accidua*, étoit alors partagée en Soixante & douze sols, ou monnoie d'or.

Nicod s'est expliqué en ces termes sur le mot de *Livre*. *En fait de poids commun, duquel on use en toutes marchandises débitées au poids, fors que de l'or & de l'argent, la Livre vaut seize onces, & se partit en deux demi-Livres, puis en quatre quarterons, puis en huit demi-quarterons, puis en seize onces, puis en trente-deux demi-onces, puis en soixante-quatre seizains, puis en cent vingt-huit treseaux, puis en deux cens cinquante-six gros, qui s'appellent aussi demi-treseaux, puis en cinq cens douze demi-gros, qui est en telles marchandises la derniere espece de poids, mais en fait d'argenterie ou orfavrerie & de monnoies, la Livre, pesant neanmoins seize onces, se partit en deux marcs, puis en seize onces, puis en six-vingt-huit gros, puis en trois cens quatre-vingt-quartre deniers, puis en neuf mille deux cens seize grains, puis en cent dix mille cinq cens quatre-vingts & douze Karobbes, qui est la derniere espece de tel poids.*

Il y a de vieux titres où l'on trouve *Livre de terre*, C'est un arpent de terre, selon quelques-uns. D'autres veulent que ce soit autant de terre qu'il en falloit pour faire le revenu d'une Livre en argent, suivant la monnoie qui couroit alors dans le Pays.

Dans la Mechanique, l'estimation de toutes les forces mouvantes se réduit à la Livre, & on trouve que dans une certaine distance du centre, une Livre contrepese à cent autres. Il y a aussi des *Livres de legereté*. C'est quand on enferme de l'air dans des outres ou dans des vessies, autant qu'il en est besoin, pour contrepeser un corps qui enfonce dans l'eau, & pour le tenir en équilibre, ou plus élevé.

Livre, est aussi une mesure du poids des corps graves que l'on pese. Elle est differente selon les lieux. Celle d'Avignon, de Provence & de Languedoc est de treize onces. La Livre de Paris, est de seize onces; & parmi les Medecins, elle est seulement de douze. En Bretagne elle est de vingt-quatre onces.

L O B

LOBE. f. m. Terme de Medecine. *Piece molle & un peu plate de certaines parties des animaux, specialement du poumon & du foye.* ACAD. FR. La separation que les Lobes font d'une partie du poumon d'avec une autre, sert à le dilater, à lui faire recevoir plus d'air, & à empêcher que sa chair ne soit foulée quand on plie le dos.

Lobe, se dit aussi de la partie de l'oreille, appellée *Tendon de l'oreille*, qui est plus grasse & plus charnue, & qui pend au dessous de l'aileron.

On appelle *Lobes de feves*, Les deux parties dont le corps de la feve est composé, & au milieu desquelles est le germe. Toutes les autres graines jusqu'aux plus petites, se divisent aussi en deux Lobes ou parties égales.

Lobe. Vieux mot. Mépris, moquerie.

Un Auteur qui ot nom Macrobes,
Ne tenoit pas songes à lobes.

On a dit aussi *Lober*, pour, Se mocquer.

Les ames chuent & lobent
Par fausses adulations.

L O C

LOCHE. f. m. Petit poisson qu'on trouve dans les petites rivieres, & qui est long environ comme un Eperlan. Il est rond & charnu, & a le bec assés long, le corps jaunâtre, & marqué de petites taches noires. *Loche*, selon M. Menage, est aussi une sorte de Limaçon.

LOCHIES. f. f. p. Grand flux de sang qui arrive aux femmes après l'accouchement. Les Lochies sont appellées par quelques-uns *Le sang des couches* ou *les vuidanges de la matrice.* Ce sang n'est pas pur, & on voit sortir avec lui au bout de trois jours une gelée sereuse qui rend le sang aqueux, & semblable à des lavûres grasses de chair. Dans la suite il n'y a qu'une matiere visqueuse & une espece de mucilage qui sort avec peu ou point de sang. Les Lochies consistent en ces trois liqueurs, sçavoir en sang pur, qui coule ordinairement pendant trois jours avec abondance; en lavûres de chair, qui, selon les circonstances, coulent quatre jours ou environ, & le mucilage en dure cinq, six ou sept. La suppression des Lochies est fort dangereuse, & cause quelquefois l'apoplexie, & on a même l'éxemple d'une accouchée, que la purgation insuffisante de ses Lochies fit tomber en phrenesie; mais si cette suppression est à craindre, le flux immoderé des Lochies l'est encore plus. Il arrive souvent après les moles ou le fœtus mort, & particulierement dans les avortemens, & dans les accouchemens avant le terme, ou même dans le tems legitime, quand l'arriere-faix est trop fortement attaché à la matrice. Les causes de cet excès sont; tantôt le sang trop abondant, ramassé pendant la grossesse dans les jeunes femmes d'un grand embonpoint; tantôt le sang trop sereux, aqueux & fluide, & tantôt les remedes spiritueux & salins, donnés pour avancer l'accouchement un peu difficile. Ces remedes étant agités, & fermentant ensuite avec le sang, le font sortir avec plus d'impetuosité & d'abondance. Le mot de *Lochies* est Grec, τὰ λόχια.

L O F

LOF. Terme de Marine. Il se dit d'une moitié du Vaisseau, qu'une ligne tirée de proüe à pouppe, diviseroit en deux parties égales, dont l'une seroit à stribord du grand mât, & l'autre à basbord. On dit, *Aller au Lof*, pour dire, Aller au plus près du vent; *Tenir le Lof*, pour dire, Serrer le vent, prendre le vent de côté; & *Etre au Lof*, pour dire, Etre sur le vent pour se maintenir. *Au Lof* est un terme de commandement pour faire mettre le gouvernail de telle sorte, qu'il fasse venir le Vaisseau vers le Lof, c'est-à-dire, vers le vent. On dit aussi *Lof pour Lof*, pour dire, Virer vent arriere en mettant au vent un côté du Vaisseau pour l'autre.

L O G

LOGARITHME. f. m. Terme d'Arithmetique. Dans la proportion *Arithmetique* la *somme des extrêmes* est égale à celle des *moyens*, comme dans la proportion *Géometrique* le *produit* des extrêmes est égal à celui des moyens, & ce que font la multiplication & la division dans la proportion Géometrique, la simple addition & la simple soustraction le font dans l'Arithmetique. Or il est certain que l'addition & la soustraction sont des operations beaucoup plus aisées que la multiplication & la division, sur-tout dans les grands nombres; on a donc conçû que si l'on pouvoit reduire toutes les multiplications à de simples additions, & les divisions à des soustractions, on faciliteroit beaucoup les calculs. Pour cela on a imaginé de disposer deux progressions, l'une Arithmetique & l'autre Géometrique, l'une au dessus de l'autre, ensorte que tous leurs termes se répondissent dans le même ordre, chacun à chacun. Alors si on prend trois ou quatre termes tels que l'on voudra de la progression Arithmetique, les 3. ou 4. termes qui seront au dessous d'eux dans la progression Géometrique, auront les mêmes *affections*, c'est-à-dire, que si les premiers sont en proportion Arithmetique continue ou non continue, les autres seront en proportion Géometrique, continue ou non continue, &c. Ces deux progressions se répondant ainsi, les termes de la progression Arithmetique sont appellés *Exposant* ou *Logarithmes* de ceux de la progression Géometrique. Quand on veut trouver un quatriéme proportionnel compris dans cette progression Géometrique, au lieu de multiplier selon la regle de trois, les deux moyens qui sont donnés, & de diviser ce produit par le premier extrême donné aussi, on va chercher dans la progression Arithmetique les *Logarithmes* des deux moyens Géometriques, on les met ensemble, & de cette somme on ôte le Logarithme du premier extrême Géometrique, & ce qui reste est le Logarithme du quatriéme proportionnel qu'on cherche, & au dessous de ce Logarithme sera ce quatriéme proportionnel. Comme dès que l'on a à multiplier ou à diviser deux termes l'un par l'autre, ils entrent dans une proportion Géometrique dont l'unité est le premier terme, si l'on veut multiplier, & le troisiéme si l'on veut diviser: il s'ensuit que toute multiplication & toute division de deux termes compris dans une progression Géometrique qui commence par 1, se fera par la seule addition ou soustraction des Logarithmes de ces termes, ce qui est sans comparaison plus court & plus facile. De même pour avoir le quarré ou le cube, &c. d'un terme de la progression Géometrique, on double ou l'on triple, &c. son Logarithme, & pour une extraction de racine quarrée ou cubique, &c. on prend la moitié ou le tiers &c. du Logarithme.

Mais cette commodité ne peut s'étendre que sur les nombres compris dans la progression Géometrique, & il est évident qu'il y manque une infinité de nombres. Ce qui borneroit fort l'usage des Logarithmes. On a donc trouvé moyen de construire des tables de Logarithmes pour tous les nombres. On prend la progression Géometrique de 1, 10, 100, &c. & la progression Arithmetique de 0000000, ou de plus de zero encore si l'on veut, à 10000000, 20000000, &c. de sorte que zero est le Logarithme de l'unité, 10000000 celui de 10, &c. Ainsi l'on a d'abord les Logarithmes de tous les nombres de la progression Géometrique décuple; mais pour les Logarithmes des nombres interposés, par exemple pour celui de 2, voici ce qu'on fait. Puisqu'on a déja les Logarithmes de 1 & de 10, si 2 étoit moyen proportionnel entre 1 & 10, son Logarithme seroit bien aisé à trouver, car ce seroit la moitié de la somme des Logarithmes de 1 & de 10, mais comme ni 2 ni aucun autre nombre rationel entier n'est moyen proportionnel entre 1 & 10, on multiplie 1 & 10 par un aussi grand nombre de zero que l'on a donné au Logarithme de 10, & à ces deux nombres ainsi multipliés, on cherche un moyen proportionel. Si ce moyen proportionel que l'on trouve étoit 20000000, il est évident que son Logarithme seroit celui de 2, car 1, 2, & 10 ont toûjours la même proportion étant multipliés par un nombre égal de zero, mais le nombre qui vient est plus grand que 20000000. On cherche donc encore entre ce dernier nombre & 1, un moyen proportionel qui approche plus de 20000000 que le premier qu'on a trouvé, & comme 20000000 ne vient pas encore, mais que seulement on en approche toûjours davantage, on réitere cette operation un grand nombre de fois, jusqu'à ce qu'enfin 20000000. viennent moyen proportionel entre deux nombres, qui sont entre 1. & 10. multipliés par 7. zero. A chaque fois qu'on a eu un nouveau moyen proportionel, on a trouvé son Logarithme par la methode que nous avons dite, & les deux nombres entre lesquels 20000000 est moyen proportionel, ayant été moyen proportionel aussi dans d'autres operations, on a eu leurs Logarithmes, & ces Logarithmes donnent aussi-tôt celui de 20000000 qui est aussi le Logarithme de 2. On trouve par la même voie le Logarithme de 3, après quoi on en trouve beaucoup d'autres très-facilement, car le Logarithme de 4 n'est que celui de 2 doublé, celui de 5 n'est que le Logarithme de 10 dont on ôte celui de 2. Le Logarithme de 6 est formé de ceux de 2 & de 3 ajoûtés ensemble, celui de 8 est formé pareillement de ceux de 2 & de 4 ajoûtés l'un à l'autre, ou de celui de 2 triple, & celui de 9 est celui de 3 doublé. Il ne reste donc de tous les nombres interposés entre 1 & 10 que 7 dont il faut chercher le Logarithme par la voie longue & penible des moyens proportionels; & en general il n'y a que les nombres *premiers*, tels que 2, 3, 7, dont il faille chercher les Logarithmes par cette voie, car les Logarithmes de tous les nombres composés à l'infini se forment de la seule addition des Logarithmes des nombres dont ils sont le produit.

Ainsi l'on a des tables des Logarithmes de tous les nombres selon leur suite naturelle, 1, 2, 3, &c. & l'on pousse ces tables aussi loin que l'on veut, & par leur moyen on ne fait que des additions & des soustractions pour quelques nombres que ce soit, au lieu de multiplications ou de divisions, car on opere sur les Logarithmes au lieu d'operer sur les nombres mêmes, & les Logarithmes qui viennent donnent dans la table les nombres dont on a besoin.

On prend de fort grands nombres pour Logarithmes, tant pour pouvoir negliger sans une erreur sensible les fractions qui se presentent souvent quand on prend la moitié ou le tiers des Logarithmes, &c. que pour approcher de plus près par de grands nombres d'une infinité de racines sourdes que l'on trouve en construisant les tables, & que l'on a besoin qui soient rationelles. Jean Neper Ecossois, Baron de Marchiston, a fait cette ingenieuse & utile découverte des Logarithmes. Ce mot vient de λόγος, raisonnement, & ἀριθμὸς, nombre. *Maniere de conter raisonnée.*

On appelle *ligne Logarithmique*, une courbe dont les abscisses de l'Axe sont en proportion Arithmetique, & les ordonnées en proportion Géometrique. Il y a aussi une autre espece de *Courbe Logarithmique*, sur laquelle prenant des parties en proportion Arithmetique, les Ordonnées sont en proportion Géometrique.

LOGEMENT. s. m. *Les dedans d'un logis qu'on habite.* ACAD. FR. En termes de guerre *Logement* se dit d'un campement que fait une armée. Il se dit aussi d'un retranchement qu'on fait pour se mettre à couvert, quand on a gagné la contrescarpe ou quelque autre poste. *Logement* est encore la place qu'un homme de guerre occupe chés les Bourgeois ou dans des huttes, des baraques, des casernes & des tentes. Quand les troupes campent, on donne soixante & dix piés de front & deux cens piés de hauteur, au terrain où se fait le logement d'une Compagnie de cent Maîtres, & on en donne cinquante-cinq de front, & deux cens de profondeur pour le logement d'une Compagnie de cent Fantassins. On appelle *Logement d'une attaque*, Le travail qu'on fait pendant les approches d'une place, dans un poste dangereux, où l'on a besoin de se couvrir contre le feu des Assiegés, soit sur un chemin couvert, soit sur une breche ou dans le fond du fossé. Cela se fait par des bariques & des gabions de terre, par des palissades, des balots de laine, des mantelets, des fascines, & enfin par tout ce qui peut couvrir des soldats qui cherchent à conserver un terrain qu'ils ont gagné.

LOGISTIQUE. s. f. On appelle ainsi la partie des regles de l'Algebre, de l'addition, soustraction &c. Ce mot vient de λογισμὸς, Supputation.

LOGOGRIPHE. s. m. Petite Enigme que l'on donne à deviner aux Ecoliers, & qui consiste en quelque allusion équivoque ou mutilation de mots qui leur déguise la chose signifiée. Le Logogriphe tient le milieu entre le Rebus & l'Embleme. Ce mot est fait de λόγος, Mot, parole, & de γρῖφος, qui se prend pour une question enigmatique qu'on propose aux conviés dans un repas.

LOI

LOIDORER. v. a. Vieux mot. Injurier. Il vient du Grec λοιδορεῖν, qui signifie la même chose. On a dit aussi *Loedorer*.

LOIE', E'E. adj. Vieux mot. Lié.

J'ay a nom Pierre Gentien,
Qui sui loié de tel lien,
Dont nus ne me peut déloier.

LOIER. Vieux mot. Loger.

LOIMIER. s. m. Vieux mot. Limier, sorte de chien.

LOIR. s. m. Sorte de petit animal qui dort pendant tout l'hiver, & qui s'engraisse dans le creux d'un arbre. Le Loir est mis au rang des Souris. Il a le museau & les oreilles aigues, la queue grande, le ventre un peu gros, & les côtés d'une couleur qui tire sur la couleur de cendre, & qui quelquefois est rougeâtre.

rougeâtre. Il vit de glands & de noix, & nourrit son pere & sa mere, losqu'étant vieux ils ne peuvent plus chercher de quoi vivre. On tient que les Loirs nourris en une même forêt s'entreconnoissent si bien, que si quelques Loirs d'une autre forêt ou d'un lieu qui soit separé par une riviere, viennent se mêler dans leur troupe, ils ne cessent point de les combattre jusqu'à ce qu'ils les ayent chassés. Ils rajeunissent en dormant pendant tout l'hiver. On en trouve en abondance dans la Carniole, la Stirie, la Carinthie, & dans les Montagnes de Goritie, où l'on en prend un grand nombre quand la faine est mûre. La chasse s'en fait la nuit en parfumant les arbres où ils ont leur gîte, ce qui leur ôte le sentiment. On les écorche, & on les sale pour les garder dans des barils ainsi qu'on fait le poisson. Leur chair est bonne pour ceux qu'on ne peut saouler. Elle est si remplie de graisse qu'elle ôte tout appetit. Elle engendre des humeurs froides & visqueuses, & est de très-difficile digestion, ce qui fut cause au rapport de Pline, que les Censeurs défendirent à Rome que l'on en servît à table. La chair du Loir écorché, cuite avec du miel dans un pot de terre neuf, où l'on met un peu de lard, est bonne pour les fievres tierces. C'est aussi un remede singulier pour les douleurs des oreilles. On dit que les excremens du Loir guerissent de la gravelle si on les boit dans quelque liqueur, & que sa graisse fait dormir lorsqu'on s'en frotte la plante des piés.

LOIRRER. v. a. Vieux mot. Dérober.

Car amour loirre
Les cœurs, comme Faucon en loirre.

Ce dernier mot *Loirre*, veut dire, Leurre.

LOIST. Vieux mot. Il est loisible, permis. On a dit aussi *Loit*.

Qui prend à d'autre lieu provende
Loit il de luy en faire autant?

On a dit aussi, *Loisoit*, pour, Il étoit permis, & qu'*Il loise*, pour, qu'Il soit loisible.

Ja je ne cuid que mentir m'en loise.

LOISER. Ce mot se trouve en terme de Marine dans la signification d'Eclairer.

LOM

LOMBAIRE. adj. Terme de Medecine. On appelle *Veine lombaire*, Une veine qui sort du tronc descendant de la veine cave, & qui est un des cinq rameaux iliaques. Elle a plusieurs branches, & arrose les vertebres des lombes & de la moëlle de l'épine.

LOMBES. f. m. p. Les Anatomistes appellent ainsi les cinq vertebres de la partie inferieure de l'épine du dos, situées entre les autres vertebres de la même épine du dos, & l'os sacrum. Le corps de ces cinq vertebres est plus gros que celui des autres & a force trous.

LOMBIS. f. m. Terme de Rocailleur. Grosse coquille vermeille. On l'appelle aussi *Lambis*.

LON

LONCHITIS. f. f. Dioscoride dit que c'est une plante qui croît aux lieux secs & âpres, & dont les feuilles sont semblables aux porreaux. Elles sont neanmoins rouges & plus larges. Cette plante en jette plusieurs, mais il y en a peu autour de la tige, & celles qui sont près de sa racine sont comme rompues & recourbées contre terre. Les fleurs de ses tiges sont des manieres de petits chapeaux faits en façon de masques noirs, qui tirent une langue blanche contrebas. Sa graine est contenuë dans une espece de bourre, & est faite à triangle en forme de fer de lance, d'où elle a pris son nom, le mot Grec λόγχη, signifiant une lance. Sa racine ressemble au Daucus. Il y a une autre Lonchitis, appellée par quelques-uns *Lonchitis âpre*, qui a ses feuilles semblables au Cetrach, plus âpres, plus grandes, & plus déchiquetées. Matthiole ne connoît point la premiere sorte de Lonchitis, & dit que la Lonchitis âpre a sa feuille semblable à celle du Scolopendrion, mais plus longue & plus dentelée. Elle ne produit ni tiges, ni fleurs, ni graine, & vient en quelques lieux d'Italie, humides & marécageux. Galien dit que la Lonchitis qui a sa graine en façon d'un fer de lance, est propre à faire uriner, & que les feuilles vertes de celle qui les a semblables au Cetrach, sont bonnes à souder les plaies; il dit aussi que ces feuilles étant séches & bûes en vinaigre, elles guerissent la rate endurcie.

Il y a un Arbrisseau dans les Indes nommé *Lonchitis*, dont Dioscoride dit que l'on fait le Lycium d'Inde. Cette plante est épineuse, & a ses branches droites & grandes au moins de trois coudées. Elles sont plus grosses que celles de la ronce, & sortent en quantité de la racine. L'écorce est rousse quand on la rompt, & ses feuilles sont semblables à l'olivier. On dit qu'étant cuites en vinaigre, elles guerissent les inflammations de la rate & la jaunisse. Sa graine prise en breuvage au poids de dix drachmes, purge le phlegme, & sert de contrepoison.

LONDRE. f. m. Espece de Galiote, plus forte de bois, qui est sans rambade & couradoux, & qui au lieu de château de proue & de rambade, a un parapet pliant que l'on ôte quand on veut. Il y a des Londres à vingt-cinq bancs par bande. Ils sont mâtés comme les Galeres, & different des Marsilianes & des Saïques dont les voiles sont quarrées, en ce qu'ils ont des voiles latines. On ne s'en sert qu'à porter des marchandises. Ils ont pourtant une espece de parapet qui est percé en sabords, pour des pierriers ou de petites pieces de canon.

LONGE. f. f. Terme de Fauconnerie. Cordelette que l'on attache aux piés de l'oiseau, quand il n'est pas assuré.

LONGER. v. a. Terme de Chasse. On dit d'une bête, qu'*Elle longe le chemin*, pour dire, qu'Elle l'enfile. *Longer*, se dit aussi des bêtes qui menent la chasse loin.

LONGIMETRIE. f. f. Art de mesurer les longueurs, soit accessibles, comme une chaussée ou quelque chemin, soit inaccessibles, comme un bras de mer, une riviere. Ce mot est fait du Latin *Longus*, Long, & du Grec μέτρον, Mesure.

LONG-JOINTÉ'. adj. Terme de Manége. *Cheval long-jointé*, est un Cheval qui a le pâturon long, éfilé & pliant.

LONGITUDE. f. f. Terme de Géographie. Distance du Meridien d'un certain lieu, jusqu'au premier Meridien. Comme il n'y a point dans la nature de premier Meridien, on en fait un par une fixation arbitraire. Les François le placent à l'Isle de Fer l'une des Canaries, les Espagnols aux Açores. La distance des Meridiens à ce premier se compte sur l'Equateur ou sur les paralleles d'Occident en Orient. Les paralleles étant plus petits que l'Equateur, leurs degrés sont aussi plus petits, & si deux lieux éloignés d'un degré de longitude sous l'Equateur, sont éloignés de 60. milles, deux autres lieux distans aussi d'un degré de longitude, mais sous un parallele, sont éloignés de moins de 60. milles, & ils sont d'autant moins éloignés l'un de l'autre, que leur parallele est plus éloigné de l'Equateur ; puisqu'enfin la longitude s'évanouit sur le Pole. La valeur des degrés de Longitude sous les paralleles par rapport à ceux de l'Equateur diminue selon la proportion qui est entre le sinus total, & la secante de l'angle qui a autant de degrés que le parallele donne ou entre le sinus complement de cet angle, & le sinus total. Ainsi pour avoir la valeur des degrés de Longitude pris sous le 30eme. parallele, on dit, comme la secante de 30. degrés au sinus total, ou comme le sinus total au sinus complement de 30. degrés, ainsi sont 60. milles valeur d'un degré de l'Equateur au 4eme. terme, valeur d'un degré du 30eme. parallele.

Longitude, est aussi un terme d'Astronomie, & au lieu que la Longitude Géographique se prend sur l'Equateur ou sur des cercles paralleles à l'Equateur, la Longitude Astronomique se prend sur l'Ecliptique ou sur des cercles qui lui sont paralleles. Ainsi la Longitude d'un Astre est l'arc de l'Ecliptique depuis la section vernale, d'Occident en Orient, jusqu'à la section de l'Ecliptique, & d'un grand cercle tiré par les Poles du Zodiaque, & par l'astre. De-là vient que le mouvement *propre* des Astres, par lequel ils vont d'Occident en Orient, selon la suite des signes du Zodiaque est appellé *Mouvement en Longitude*. La Longitude tant Géographique qu'Astronomique s'oppose à la Latitude. Voyez LATITUDE.

Longitude a encore un autre sens en Astronomie. On tire dans l'*Excentrique* d'une planete, (voyez EXCENTRIQUE,) une ligne qui passant par le centre du monde & par celui de l'Excentrique, aboutit d'un côté à l'*Apogée*, de l'autre au *Perigée*. La partie de cette ligne qui va du centre du monde à l'Apogée, s'appelle la *plus grande Longitude* de cette Planete, l'autre partie qui va au Perigée s'appelle la *plus petite Longitude*. Cette ligne est la même que celle des Apsides. Voyez APSIDES. La ligne qui coupe perpendiculairement au centre du monde la ligne des Apsides, & se termine des deux côtés à la circonference de l'Excentrique, est la *ligne des moyennes Longitudes*, parce qu'elle represente l'éloignement moyen de la planette à la terre.

LONG-PAN. s. m. Le plus long côté d'un comble, qui a le double de sa largeur ou quelque chose de plus.

LONGUEUR. s. f. *Etendue de ce qui est long*. ACAD. FR. On dit en termes de Manege, *Passeger un Cheval de sa longueur*, pour dire, Le faire aller en rond, de deux pistes au pas ou au trop sur un terrain si étroit, qu'il manie toûjours entre deux talons, sans que la croupe échappe, en sorte que la Longueur du Cheval en soit à peu près le demi-diametre.

On dit en termes de mer, *Longueur d'un cable*, pour dire, Six vingts brasses de long. On appelle *Longueur de l'estrave à l'estambot*, La distanceen ligne droite qu'il peut y avoir de l'un à l'autre.

LOO

LOOCH. s. m. Terme de Pharmacie. C'est un Medicament qui se fait pour remedier aux incommodités du poumon & de la trachée-artere. Il est un peu plus épais que le miel, & on le prend en léchant. Les Apothicaires ont un *Looch pro clysteribus*, appellé *le Looch de casse*. C'est un Electuaire fort liquide, mais pourtant plus épais qu'aucun syrop, & qui prend son nom de ce qu'il emprunte la couleur & la vertu de la casse. Nicolaus Præpositus en est l'Auteur. On l'appelle aussi *Diacassia*. Il est composé d'une livre de décoction de violettes, de Mauve, de Mercuriale, de Parietaire, de Bete & d'Absynthe, avec autant pesant de poulpe de casse & de miel écumé. Ce Medicament qu'on fait pour mettre dans les lavemens, est fort benin. Il purge doucement, appaise l'ardeur du mesentere, lâche le ventre, & humecte sa secheresse. On le croit pourtant venteux. C'est ce qui fait que plusieurs tirent la poulpe de la casse à la vapeur d'une décoction d'anis ou de fenouil, & que d'autres y ajoûtent un peu de canelle. Le mot de Looch est Arabe. Les Latins le rendent par celui de *Linctus*, & les Grecs par ἔκλειγμα, qui vient du verbe ἐκλείχειν, Lescher.

LOOM. s. m. Oiseau de la Laponie où il s'en trouve en grand nombre de la même espece, qui sont un peu differens les uns des autres. Son bec qu'il a fort pointu & nullement long, empêche qu'on ne le mette au rang des canards. Il vole ou nage sur l'eau, & ne peut jamais marcher sur terre, à cause qu'il a les piés tellement courts à proportion du reste du corps, & si fort sur le derriere, qu'il ne se peut soûtenir dessus, ce qui lui a fait donner le nom de *Loom*, qui dans le langage du pays signifie, Boiteux, qui ne peut marcher.

LOQ

LOQUET. s. m. *Sorte de fermeture fort simple, & qui s'ouvre en haussant*. ACAD. FR. Il se dit en termes de Marine, Des barres qui servent à fermer les écoutilles, cabannes, & autres choses semblables. M. Menage fait venir *Loquet* de *Lukuettus*, diminutif de *Lucus*.

LOR

LOR. Vieux mot. Leur.

Lor biaumes ont en lor chief mis.

LOREINS. s. m. Vieux mot. Resnes.

Sor son Cheval donc li loreins
Valoit cent livres de Chartains.

LORES. Vieux mot. Alors.

LORIOT. s. m. Oiseau de la grandeur d'un Merle, & dont le plumage est de couleur jaune tirant sur le vert. Il vit dans les bois, & ne laisse pas de frequenter le bord des ruisseaux.

Loriot, se trouvent chés nos vieux Poëtes, dans la signification de quelque ornement de femme.

Femmes porteront des loriots
Et les hommes de grands poriaux.

LORMIER. s. m. Titre que prennent les Eperonniers & les Selliers dans leurs Lettres de Maîtrise. Il signifie, qui travaille en petites choses de fer. On disoit autrefois *Lorimier*.

LORRÉ, adj. Terme de Blason. Il se dit des nageoires des poissons. *D'azur au Dauphin couronné d'or, lorré de gueules.*

LOS

LOSANGE. s. f. *Figure à quatre côtés égaux, ayant deux angles aigus, & deux autres obtus*. ACAD. FR. On appelle *Losanges curvilignes*, Celles dont des lignes courbes forment les côtés, & *Losanges de couverture*, Des tables de plomb qui sont disposées d'une maniere diagonale, & jointes à couture pour couvrir la fleche d'un clocher. On dispose quelquefois en Losange le bois qui fait la charpente des maisons. Les Vitriers appellent *Losanges*, Les carreaux de verre, dont ils font les panneaux de vitres, & qui finissent en pointe par haut & par bas.

Quelques-uns font venir le mot de *Losange* du Grec λοξὸς, Oblique, & de γωνία, Angle. Scaliger, veut qu'il ait été dit au lieu de *Lauranges*, à cause que les Losanges semblent imiter la figure d'une feuille de Laurier.

Losange. Terme de Blason. Figure de quatre pointes, dont deux sont un peu plus étendues que les autres, & qui est assise sur une de ces pointes. Les Filles portent leur écu en Losange. Ce mot a fait *Losangé*, qui se dit de l'écu, & de toute figure couverte de Losanges. *Losangé d'or & de gueules*.

Losange. Vieux mot, Tromperie. On s'est servi aussi de *Losanger*, pour dire, Tromper. On prétend que ces mots ont été faits de l'Italien *Lusingare*, Flatter, & en ce sens il vient du vieux mot *Los*, parce que la flaterie est une fausse louange. On a dit aussi *Losangier* & *Losangeur*, pour dire, Flateur, Trompeur.

Amour est cruel losangier,
Tels losangeurs tout pleins d'envie.

LOT

LOTE. s. f. Poisson qui se pêche dans les lacs & les rivieres, sur-tout dans l'Isere & dans la Saone. Il a le corps rond, épais & glissant comme la lamproie, & couvert de petites écailles tirant sur le roux & sur le brun. Sa queue est faite en forme d'épée.

LOTION. s. f. Terme de Pharmacie. Préparation d'un Medicament dans quelque liqueur pour le purger ou de ses ordures ou de ses mauvaises qualités. Ainsi il y a deux sortes de Lotions ; l'une superficielle, qui ôte les saletés qui sont à la superficie du Medicament, & l'autre interieure. Cette derniere en lave le dedans & le dehors, & en penetre toute la substance. On fait cette lotion non seulement pour corriger & emporter une qualité nuisible, comme à la graine d'ortie, l'acrimonie, & à la pierre d'azur ainsi qu'à la pierre Armenienne leur faculté vomitive, mais aussi pour rendre une qualité plus vigoureuse, comme à l'aloës lavé dans la decoction des aromatiques ou dans celle du Turbith, ou pour affoiblir une vertu, comme encore à l'aloës, qui purge moins quand il est lavé dans l'eau de chicorée. Il y a plusieurs choses à considerer dans chaque Lotion particuliere ; si la chose qu'on veut laver doit être pilée auparavant, fondue, ou brûlée, s'il faut que la liqueur où on lave soit de l'eau simple ou composée, ou tirée des animaux ou des plantes, & si les vases doivent être de terre, de bois, ou de verre. Il faut encore examiner s'il faut laver une seule fois comme les racines & les fleurs, ou plusieurs fois, comme les herbes, la Terebenthine, la pierre d'azur & le Pompholis, & enfin s'il faut que ce soit au Soleil comme les Metalliques, ou à l'ombre.

On appelle aussi, *Lotion*, Un remede qui tient le milieu entre le bain & la fomentation. Il y a des Lotions rafraîchissantes & de somniferes pour les Febricitans. Elles se font de plusieurs feuilles, fleurs & racines bouillies, dont on lave les piés & les mains de ceux pour qui on les fait, les envelopant dans des linges trempés en la même decoction jusqu'à ce qu'ils se dessechent. On fait encore une Lotion avec de la cendre de sarment. Elle sert pour la tête & les cheveux. Il s'en fait d'autres pour les faire croître, & pour les maladies du cuir.

LOTUS. s. m. Dioscoride parle de deux sortes de Lotus, l'un domestique, & l'autre sauvage. Il dit que le jus du domestique que quelques-uns appellent *Trefle*, & qui croît dans les jardins, enduit avec du miel resout toutes sortes de tayes des yeux ; & que le Lotus sauvage que l'on nomme *Petit Trefle*, & qui croît dans la Lybie en grande abondance, produit ses tiges de deux coudées de haut, & quelquefois plus, ayant plusieurs ailes. Ses feuilles ressemblent à celles du trefle des prés, & ses fleurs sortent de certaines petites têtes. Elles sont de couleur celeste, & contiennent une graine semblable à celle du Senegré, excepté qu'elle est beaucoup moindre, & qu'elle a un goût aromatique. Galien parlant de l'un & de l'autre, dit que le Lotus domestique a une vertu moyenne pour digerer & pour dessecher, & que la graine du Lotus sauvage est chaude au second degré, & quelque peu absterſive.

Le même Dioscoride parle d'une autre espece de Lotus qui croît en Egypte dans les champs qu'arrose l'inondation du Nil. Il porte son fruit en une tête comme la féve, à laquelle il est assés semblable, quoiqu'il soit moindre & plus grêle. Ses fleurs qui sont en grand nombre, & entassées l'une près de l'autre, sont blanches, & ont leurs feuilles aussi étroites que celles du lis. Elles se ferrent, & plongent la tête en l'eau lorsque le soleil se couche, & quand il se leve elles commencent à s'épanouir, & à élever leur tête au dessus de l'eau. Cette tête est grosse comme celle du pavot, & déchiquetée de la même sorte. Sa graine ressemble à celle du Millet. On tient que dans le fleuve Euphrate, cette herbe plonge si profondement ses fleurs & ses têtes jusques à minuit, qu'il est impossible d'y toucher avec la main, & que le jour s'approchant elle se redresse peu à peu, sans se montrer neanmoins sur l'eau, qu'après que le Soleil est levé. Alors elle épanouit ses fleurs, qu'elle a tenues profondement abaissées dans l'eau pendant la nuit. Les Egyptiens font un grand amas de ces têtes dont ils font pourrir les gousses, après quoi ils les lavent dans le Nil, & en separent la graine qu'ils font secher pour faire du pain. La racine de cette plante est ronde & grosse comme une pomme de coing, & a une écorce noire comme la châtaigne. La chair du dedans est blanche, & bonne à manger cuite ou crue. Si on la fait cuire sous la cendre ou bouillir dans l'eau, il s'y forme une maniere de glaire qui a les qualités du moyeu d'un œuf.

Lotus. Arbre qui croît aussi en Egypte, & dont le fruit est si doux & d'un goût si agreable, qu'il fait perdre aux Etrangers qui en mangent l'envie de retourner en leur patrie, ce qui a donné lieu au proverbe Grec λωτὸν φαγεῖν, pour ceux qui se plaisant dans un pays Etranger, perdent la memoire de celui où ils sont nés. Le Lotus est de la grandeur du poirier, & a ses feuilles toutes découpées. Son fruit est de la grosseur d'une féve, & de couleur de safran. On tient que ceux qui mangent ce fruit guerissent du mal de ventre. On a appellé *Lotophages*, Les Habitans du lieu où cet arbre croît.

LOU

LOUCHET. s. m. Sorte de hoyau dont on se sert pour fouir la terre. Il ressemble à une pelle, & est plat & tiré en droite ligne avec son manche.

LOVER. v. a. Terme de Marine. On appelle *Lover un cable*, quand on met un cable en rond en maniere de cerceaux, afin de le tenir prêt à le filer pour le mouillage.

LOUIS. s. m. Piece de Monnoie d'or dont la fabrication fut ordonnée en 1640. par le Roi Louis XIII.

au titre des pistoles d'Espagne pour avoir cours sur le pié de dix livres, le double Louis, & le demi-Louis à proportion. On y éleva d'un côté la tête du Roi avec son nom, & de l'autre, une croix cantonnée de quatre couronnes & de quatre fleurs de lis, avec cette Legende, *Christus regnat, vincit, imperat.* On fabriqua aussi des Louis d'argent l'année suivante, les uns valant soixante sols, & les autres trente, quinze, & cinq sols. On y éleva de même la tête du Roi d'un côté, & de l'autre l'écusson des Armes de France, avec ces mots pour Legende, *Sit nomen Domini benedictum.* Les Louis d'or & d'argent ont été exposés pour differens prix en divers tems, & on en a plusieurs fois changé la marque, en sorte que les Louis d'or ont cours aujourd'hui pour quatorze francs, & ceux d'argent pour soixante & douze sols.

Il y a un Ordre Militaire, appellé *De saint Louis*, que le Roi Louis le Grand a établi en faveur de ses Officiers de terre & de mer, & dont il s'est declaré Chef Souverain, Grand Maître & Fondateur, par son Edit de Création du mois d'Avril 1693. en ayant uni & incorporé la Grande Maîtrise à la Couronne, sans qu'elle en puisse être jamais séparée par quelque occasion que ce soit. On n'y peut être reçû que l'on n'ait servi avec distinction pendant dix années. Cet Ordre de saint Louis est composé de huit grands Croix, de vingt-quatre Commandeurs, & d'un nombre indéterminé de Chevaliers selon qu'il plaît à Sa Majesté d'y en admettre. Dans le même tems de son Institution, Elle en nomma cent vingt-huit, outre les grands Croix, & les Commandeurs, ausquels est distribuée tous les ans par pensions inégales la somme de trois cens mille livres, dont l'Ordre a été dotté en biens & revenus purement temporels. Ils portent tous une croix d'or, sur laquelle l'Image de saint Louis est attachée, mais les grands Croix la portent attachée à un large ruban couleur de feu & en écharpe, & ont une croix en broderie d'or sur le Juste-au-corps & sur le manteau. Les Commandeurs portent aussi le ruban couleur de feu en écharpe, mais sans croix en broderie d'or sur le Juste-au-corps ni sur le manteau, & les simples Chevaliers ont seulement la croix d'or attachée sur l'estomac avec un petit ruban couleur de feu. Il y a presentement plus de quatre cens Chevaliers de saint Louis, le Roi en ayant encore nommé un fort grand nombre au mois de Février 1694. lesquels auront part aux pensions, à mesure que la mort des premiers en laissera quelqu'une vacante. En ce cas, les grands Croix ne pourront être tirés que du nombre des Commandeurs, ni les Commandeurs que du nombre des Chevaliers, le tout par choix, & comme Sa Majesté jugera à propos, sans qu'elle s'oblige d'observer l'ordre d'ancienneté.

LOUP. s. m. Animal farouche qui vit dans les bois & ressemble à un gros mâtin. Il a les yeux bleus & étincelans, les dents rondes, inégales, aigues & serrées, l'ouverture de la gueule grande, & le col si court qu'il ne le peut remuer, ce qui l'oblige à tourner tout son corps quand il veut regarder de côté. Il a l'odorat exquis, & on tient que sa cervelle croît & décroît selon le cours de la Lune. Quand le loup est dégoûté, il se purge avec de l'herbe ou du blé en vert. La terre glaise lui sert aussi de remede, comme quelquefois elle lui sert d'aliment. C'est le plus goulu & le plus carnassier des animaux. Ainsi les loups se mangent l'un l'autre quand la faim les presse. Ils vont à la chasse sur le soir durant les brouillards, & s'ils ont quelque riviere à passer, ils la traversent à la file se prenant par la queue avec les dents, de peur que la force du courant ne les entraîne. Lorsqu'ils ont reçû quelque blessure qui les fait saigner, ils se veautrent dans la boue, & par ce moyen arrêtent leur sang. Ils sont gris quand ils sont jeunes, & deviennent blancs dans leur vieillesse. Le nombre des ans les rend sujets à la goutte & à la rage. Il n'y a point de loups en Angleterre, mais les regions Septentrionales en sont pleines, & ils y sont beaucoup plus méchants que dans les autres pays. On leur donne le nom de *Loups blancs* dans la Laponie à cause que leur couleur tire davantage sur le blanc. Ils ont aussi le poil plus épais, plus gros & plus long. Les Rennes privés qu'ils vont attaquer, se défendent contre eux avec leurs cornes, & ce qu'il y a de fort singulier, c'est que le Loup qui est très-soupçonneux & très-défiant, & qui prend tout ce qu'il voit pour un piege, ayant remarqué que les Lapons ont accoûtumé d'attacher les Rennes à des pieux quand ils les veulent traire, n'approche point d'un Renne attaché ainsi avec une corde, dans l'apprehension où il est que quelqu'un ne se soit caché pour le tuer, mais si-tôt qu'il le trouve délié, il se jette dessus & le dévore. Les Loups recherchent sur tout les petits enfans & les femmes prêtes d'accoucher, qu'ils reconnoissent à l'odeur, & cela est cause que les Lapons font toûjours escorter les femmes par quelque homme armé. Les jeunes Loups se peuvent forcer, mais non pas les vieux, qui ont une vigueur merveilleuse, & qui peuvent courir trois jours & trois nuits pourvû que l'eau ne leur manque pas. Il y a des *Loups mâtins*, qui ne vivent que de charogne, & d'autres appellés *Loups levriers*, à cause de leur legereté. Ils sont tous deux fort grands & rablés, & ont une gueule épouvantable à double rang de crocs qui tranchent comme l'acier. Ils sont plus rusés qu'aucun animal, & vont d'ordinaire deux ensemble. Le plus fort frappe de sa queue les portes des paysans pour faire sortir les chiens, & prend la fuite aussi-tôt, pendant que le Loup levrier est au guet pour les attraper dans le tems qu'ils sortent.

Loup cervier. Animal sauvage qui a la vûe très-bonne, ce qui l'a fait prendre par quelques-uns pour le linx. Il ne vit que du gibier qu'il surprend. Il habite ordinairement dans les Montagnes, & est plus grand qu'un Renard. Borel donne au Loup cervier la figure d'un loup tacheté comme un Leopard, & dit qu'anciennement on l'appelloit *Raphius*, ce que Bochart fait venir de l'Hebreu *Rhaam*, qui signifie Affamé. Selon Nicod, c'est un Chat sauvage aussi grand qu'un Leopard. Il a les piés divisés comme les Lions, les Ours, les Tigres, & la langue couvertes de pointes comme celle des chats & des lions. Ses oreilles qui sont tout-à-fait semblables à celles d'un chat, ont au haut une houpe d'un poil fort noir. Il a le dos roux avec des taches noires, & le ventre & le dedans des jambes d'un gris cendré, marquetés des mêmes taches, mais plus séparées & plus grandes. On a remarqué que chaque poil est de trois couleurs dans sa longueur. Sa racine est d'un gris brun, sa partie du milieu presque rousse, & son extrémité blanche. Leurs especes sont differentes, ainsi que leur poil, selon les lieux d'où ils viennent.

Loup garou. Esprit dangereux que le Peuple croit courir la nuit dans les rues ou par les champs. Ce n'est en effet autre chose qu'un fou mélancolique, & quelquefois furieux qui court la nuit dans les routes, & bat tous ceux qu'il rencontre. Quelques-uns prétendent qu'il y ait de vrais Loups garous, sçavoir des Loups qui sont extrêmement furieux, & qui s'acharnant contre les hommes, ne se nourrissent plus que de chair humaine. Ils veulent aussi que le nom de *Loup garou* leur soit donné, à cause que c'est un Loup dont on a besoin de se garer.

Loup de mer. Poisson parsemé de taches, & qui est grand, gras, épais, & couvert de moyennes écailles. Il a le dos blanc & bleu, & une longue tête avec une grande ouverture de gueule. Il y a aussi un *Loup d'étang*. Sa grandeur est à peu près de trois coudées. C'est un poisson gras, & qui passe pour le meilleur de tous ceux qui entrent dans les étangs. Il y a des Voyageurs qui parlent de *Loups Marins*, les uns ayant quatre pattes & les autres deux. On en trouva un jour vingt ou vingt-cinq endormis sous des arbres assés proche de la mer, dans la petite terre de la Guadeloupe. Ils ronfloient si fort qu'on les entendoit de trente pas. Ils étoient velus, gros comme des veaux, ayant huit à dix piés de longueur, & seulement deux pattes avec lesquelles ils se traînerent vers la mer tout en grondant. On leur frappa sur le mufle avec des leviers & des pinces, & le moindre coup faisoit ruisseler le sang. Ils en mouroient aussi-tôt après. Leur chair n'étoit presque que du lard qui se fondoit tout en huile. La fressure de ces animaux n'étoit pas mauvaise.

Loup. Sorte de masque de velours noir, qui sert aux femmes à leur couvrir le visage. Elles ne l'attachent point, & le tiennent seulement avec un bouton dans la bouche. Ce masque differe des masques quarrés dont elles se servoient auparavant, & qui avoient une mentonniere, en ce qu'il prend depuis le front jusque sous le menton. Comme il a fait peur d'abord aux petits enfans, on l'a nommé *Loup.*

Les Libraires appellent *Loup*, Un instrument de bois fait en forme de triangle, dont ils se servent pour dresser les paquets de Livres quand ils sont cordés.

Loup, se dit aussi d'une espece de maladie qui vient aux jambes. C'est une tumeur, ou une maniere d'ulcere chancreux.

Les Enfans appellent *Loup*, Un petit morceau de latte, au bout duquel ils attachent une corde longue environ d'un demie aune. Ce petit morceau de latte qu'on fait tourner en l'air par le moyen de la corde, fait un certain bruit qui tient quelque chose de celui que fait un Loup en heurlant, & c'est delà qu'ils lui ont donné le nom de *Loup.*

LOUPE. s. f. *Excrescence de chair qui vient sous la peau, & qui s'éleve en rond, & s'augmente plus ou moins selon la disposition des parties où elle s'attache.* ACAD. FR. Cette excrescence se forme d'une matiere qu'envelope une petite bourse ou tunique, qui est tantôt comme du suif, tantôt comme de la bouillie ou du miel, & tantôt aussi dure qu'une pierre ou un petit os. Il croît quelquefois sur le pericrane une tumeur qui s'étend plus en large qu'en long à cause de l'épaisseur de la peau. On la nomme *Loupe taupiere* ou *Tortue.* Quand la matiere qui est contenue dans cette tumeur, est d'une nature fort acre, elle corrode le crane. Si la tumeur est située justement sur les sutures du cerveau, ensorte qu'elle paroisse tirer son origine des fibres de la dure mere qui passent par les sutures, les funestes accidens qui en sont à craindre doivent empêcher que l'on n'y touche. Si elle se trouve en un autre endroit, il faut resoudre la matiere ou la faire suppurer de quelque maniere, ouvrir la tumeur suivant la coûtume, & consumer la membrane.

Loupe. Terme d'optique. Verre convexe, c'est-à-dire plus épais vers le milieu que vers les bords, qui grossit les objets. Voyez LUNETTE. Il sert aux Graveurs & aux Ouvriers pour leur faire découvrir les moindres parties des choses sur lesquelles ils travaillent quand l'ouvrage est délicat. Les Jouailliers appellent *Loupes de saphir, de rubis, & d'émeraudes*, certaine masse mal cuite & indigeste qui se trouve quelquefois en ces sortes de pierres, comme si la nature n'avoit pû les achever. On dit aussi, *Loupes des perles.* Ce sont proprement des nacres de perles, où il y a quelque endroit relevé & à demi rond, que les Lapidaires ont l'adresse de scier.

Loupe de bois. Terme d'Eaux & Forêts. Bosse ou gros nœud qui s'éleve sur l'écorce des arbres.

LOURDOIS. adj. Vieux mot. Sot, désagreable.

Plus je connois que mon parler lourdois.

LOURE. s. f. Vieux mot, que Borel dit avoir signifié autrefois une grande Musette. On l'a appellée ainsi, non pas de *Lyra*, mais à cause du son que rendoit cet Instrument. On a aussi appellé *Lourour* ou *Loureur*, celui qui en jouoit, ce qui fait appeller les hautbois en Languedoc des *Toro loros.*

LOUTRE. s. m. & f. Animal amphibie à quatre piés, qui vit d'herbes, de fruits, & principalement de poissons, qu'il attrape & prend avec adresse. Son poil est court & épais; & tire sur la couleur de châtaigne. Il a la tête & les dents presque comme un chien de chasse, & la queue ronde, grosse & qui se termine en pointe. Ses oreilles sont petites comme celles du castor, avec lequel il est confondu par quelques-uns, mais son poil n'est pas la moitié si long. Le Canada produit des Loutres d'une grandeur extraordinaire. Leurs peaux servent aux Sauvages à faire des robes, qui étant portées & engraissées & de leur sueur & des graisses qu'ils manient, servent à faire de meilleurs chapeaux que ceux que l'on fait du seul poil de castor, qui étant trop sec est fort difficile à mettre en œuvre sans aucun mêlange. Quelques-uns font venir le mot de *Loutre* du Grec λουτρὸν, Bain, lavoir, à cause que cet animal ne se plonge jamais que dans de l'eau douce propre à faire un bain; ce que ne fait pas le castor, qui va dans la mer & dans les rivieres.

LOUVE. s. f. Femelle d'un loup. La Louve porte seulement deux mois, & fait cinq, six ou sept petits à la fois, que l'on appelle *Cheaux* aussi-bien que *Louveteaux.* Ils sont aveugles en venant au monde, & elle les aime si éperduement, qu'elle ne les quitte point qu'ils ne voyent clair. Le loup qui l'a couverte lui apporte à manger pendant ce tems-là.

Louve. Terme de Maçon. Piece de fer taillée quarrément, mais plus large en bas qu'en haut. On s'en sert à élever les pierres de taille, en l'attachant à la corde d'une grue.

Louve. Terme de mer. Baril défoncé qu'on met sur l'une des écoutilles dans les Navires de Terreneuve. C'est par ce Baril que passent & tombent les morues, lorsqu'elles sont habillées.

Louve. Terme de Pêcheur. Sorte de filet rond, qui est une maniere de petite rafle, avec quoi on prend force poissons.

LOUVER. v. a. Terme de Maçon. On dit, *Louver une pierre*, pour dire, Y faire un trou, afin que la louve y entre, & qu'elle puisse élever la pierre.

LOUVETEAU. s. m. Le petit d'un loup qui est encore sous sa mere.

Louveteau. Terme de Maçon. Espece de coin de fer qu'on met de chaque côté d'une louve. Ces coins servent à la resserrer, & empêchent qu'elle ne puisse sortir, lorsqu'on vient à la tirer avec le cable qui est attaché au bout.

LOUVETER. v. n. Il se dit de la louve quand elle fait ses petits.

LOUVETIER. s. m. Officier chés le Roi, qui a la Surintendance de la chasse du loup. Le Grand Louvetier de France a sous lui un Lieutenant & un Sous-Lieutenant de la Louveterie. Il y a aussi plusieurs Lieutenans particuliers de Louveterie dans les Provinces.

LOUVETTE. s. f. C'est, selon Nicod, *Une petite bestelette qui vit ayant la tête fichée dans le sang des bêtes, & n'ayant point de trou par où s'en aille la viande, elle se creve.*

LOUVEUR. s. m. Ouvrier qui fait les trous dans les pierres, & qui y place les louves.

LOUVIER. v. n. Terme de Marine. Courir au plus près du vent, tantôt à stribord, tantôt à basbord. Cela se fait pour ne pas s'éloigner de la route qu'on veut tenir, & pour maintenir un Vaisseau dans le parage où il est, quoiqu'on ait le vent contraire. Il faut pour cela porter quelque tems le cap d'un côté, & ensuite le porter de l'autre en revirant. Quand on conduit un navire sur un air de vent, éloigné du vent de la route par un intervalle d'onze traits ou pointes de compas, cela s'appelle, *Louvier sur onze pointes.* On dit aussi *Louvoyer.*

LOUVIERE. s. f. Vieux mot. Taniere ou contrée à loups. Il a aussi signifié une robe ou un manteau fait de peaux de loups.

LOX

LOXODROMIE. s. f. Terme de Navigation. L'Equateur qui passe par les Poles de tous les Meridiens, ou les paralleles à l'Equateur, coupent tous les Meridiens sous le même angle droit. Tout autre cercle ne passant point par les Poles des Meridiens, ne coupe qu'un Meridien à angles droits, & tous les autres sous differens angles aigus. Donc si un Vaisseau fait sa course au Nord ou au Sud, il ne fait point d'angle avec aucun Meridien; s'il fait sa course à l'Est ou à l'Ouest soit sous l'Equateur, soit sous un parallele, il fait un angle droit avec tous les Meridiens infinis qu'il rencontre; mais s'il court hors de ces lignes, & qu'il décrive un cercle, il fait un angle different avec chaque Meridien qu'il rencontre à chaque instant, & au contraire s'il fait le même angle avec tous les Meridiens qu'il rencontre, il ne peut plus décrire un cercle, mais une autre ligne courbe qui s'éloigne de ce cercle. Or tandis qu'un Vaisseau suit le même rumb de vent, il fait le même angle avec tous les Meridiens qu'il rencontre, & par consequent il se détourne à chaque moment de la ligne circulaire pour décrire cette courbe, que l'on appelle *Loxodromie*, ou *ligne Loxodromique*, de λοξὸς, *oblique*, & de δρόμος *course.* Cette ligne ressemble à une spirale, elle s'approche toûjours plus du Pole que n'auroit fait le cercle, & cependant elle n'y peut jamais arriver, puisqu'il faudroit pour cela qu'elle se confondît avec un Meridien, & qu'elle ne le peut, faisant toûjours un angle, & le même angle, avec tous les Meridiens. Dans le triangle rectangle où un des côtés de l'angle droit est la difference en latitude du lieu du départ à celui de l'arrivée; l'autre, la difference en longitude, (Voyez NAVIGATION,) l'hypotenuse est la ligne Loxodromique, & on la prend pour droite quoiqu'elle soit courbe, parce qu'on ne la prend alors que dans une très-petite étendue. Si le Vaisseau n'avoit couru qu'en latitude, ou qu'en longitude, il est clair qu'il n'y auroit point de Loxodromie, c'est elle qui est proprement le chemin du Vaisseau, quand il est composé de latitude & de longitude. *Le triangle Loxodromique* se resout ou par les sinus, ou par les tables Loxodromiques, ou par le quartier. (Voyez NAVIGATION.) L'angle droit est toûjours donné, & il ne faut plus qu'un angle & un côté, ou deux côtés, d'ordinaire on a l'angle du rumb, & la latitude, & ce qu'on cherche, c'est la longitude & la Loxodromie.

LOY

LOY. s. f. *Constitution, écrit qui ordonne ce qu'il faut faire, & qui défend ce qu'il ne faut pas faire.* ACAD. FR. Il y a une *Loi naturelle* que Dieu a inspirée aux hommes, & que la nature leur a enseignée par raison. Elle suffisoit dans les premiers tems pour leur servir de regle, parce que vivant dans une simplicité exempte de toutes les passions qui causent les differends, c'étoit assés qu'ils crûssent que ce qui venoit de leur travail leur appartenoit, & qu'ils devoient avoir soin d'élever leurs enfans. Si-tôt qu'ils commencerent à se rendre sociables, ils furent contraints pour le bien commun d'établir la *Loi civile* ou *politique*, qui est un droit publié & commandé aux Peuples par l'autorité des Puissances Souveraines. Les premieres *Loix Romaines* que Romulus établit lorsqu'il se fut apperçû que le nombre de ses Sujets augmentoit, furent appellées *Loix Royales* ou *Curiales*, parce qu'elles étoient émanées du Prince par le conseil des Sénateurs qu'il avoit choisis, & qu'elles eurent l'approbation du Peuple, qui étoit divisé en trente Curies. Servius Tullius fit assembler les Loix de Romulus & de Numa Pompilius par Papirien; & c'est ce qu'on appelle *Droit Papirien*, du nom qu'il portoit. Tarquin le Superbe, qui voulut avoir une puissance arbitraire, abrogea toutes les Loix sans consulter ni le Sénat ni le Peuple, & la puissance Royale ayant été abbatue par son exil, les Consuls par qui la République étoit gouvernée, firent observer les Loix Royales pendant dix-sept ans, & on ne cessa de s'y soumettre qu'après que Brutus, Tribun du Peuple, en eut fait publier une pour les supprimer. Alors le petit Peuple, persecuté par les Grands, se retira sur le Mont sacré, & n'en descendit que lorsqu'on lui eut permis de choisir tous les ans cinq Tribuns, ausquels cinq autres furent ajoûtés peu de tems après, avec pouvoir de le proteger contre les entreprises du Sénat. D'un autre côté les Sénateurs faisoient des Loix qu'on appelloit *Senatusconsultes*, & les Tribuns en faisoient de leur côté, que l'on nommoit *Plebiscites.* Pour remedier à ce desordre, les deux Partis convinrent que l'on iroit chés les Grecs chercher des Loix qui rendissent le Droit certain & universel. Il y eut dix Envoyés, qui à leur retour proposerent celles qu'ils avoient recueillies, & qui étoient composées en parties des Loix de Lacedemone & d'Athenes, & en partie de celles des Rois. L'approbation qu'elles reçûrent obligea de les graver sur des Tables d'airain, que l'on posa aux endroits les plus apparens de la Place publique. L'année suivante ces mêmes Envoyés firent assembler le Peuple, & on ajoûta deux Tables aux dix premieres. C'est ce qu'on a appellé *Loix des douze Tables.* L'obscurité qu'on trouva dans les termes de ces Loix ayant donné lieu à un fort grand nombre de questions que le stile serré des douze Tables ne décidoit point, porta le Sénat à faire des Loix qui furent approuvées par une Ordonnance que le Dictateur fit publier, que les Sénateurs recevroient aussi les Plebiscites. Le changement qui arriva dans la

République par l'ambition de Jule César qui rendit la Dictature perpetuelle & par celle d'Auguste qui prit le nom d'Empereur, fut cause que les Empereurs qui lui succederent, firent des Constitutions qu'ils voulurent que l'on observât dans toute l'étendue de leur Empire. On en composa trois Codes, appellés le Gregorien, l'Hermogenien & le Theodosien, & enfin l'an du salut 529. l'Empereur Justinien les fit réduire en un volume qui fut appellé *le Code Justinien*. Quatre années après les plus belles décisions qu'on trouva dans deux mille volumes des anciens Jurisconsultes en furent tirées, & on en composa les cinquante livres du Digeste. Le même Empereur composa ensuite les quatre livres des Instituts, & fit faire une seconde édition de son Code, où il apporta quantité de changemens. C'est le Code qui nous est resté. Comme les Empereurs contraignoient les Provinces tributaires à suivre les Loix Romaines, tant que les Gaulois ont été Sujets du Peuple Romain, les Constitutions des Empereurs leur furent des Loix inviolables; mais lorsque les Francs eurent passé dans les Gaules, les Rois de la premiere Race établirent un autre Droit. Pharamond y fit publier la *Loi Salique*, qui porte qu'il n'y a que les mâles qui ayent droit de succeder en la terre Salique, à l'exclusion des femmes. Ainsi l'ancien Droit de France étoit composé d'une infinité de Loix, de Capitulaires & d'un Usage appellé *Coûtume*, qui étoit particulier à chaque Province. L'étude des Loix Romaines demeurant permise, les Rois n'empêchoient point que les Juges n'y cherchassent des raisons pour décider en de certains cas ce qu'on n'avoit point encore prévû. Ces Loix Romaines ont été conservées en Languedoc, en Provence, en Dauphiné & dans le Lyonnois, où l'on suit le Droit écrit, à cause que ces Provinces ayant été les premieres conquises par les Romains, & les dernieres à obéir aux François, on n'a pas voulu troubler l'ordre gardé si long-tems dans les familles, de sorte qu'on s'est contenté d'assujettir ces Provinces aux Ordonnances sans changer leurs anciennes mœurs. On appelle *Loi Gombette*, une Loi de Gondebaud Roi des Bourguignons, qu'on a autrefois observée en France, où l'on n'en reçoit aucune qui ne soit émanée du Prince, & on appelle *Loix Ripuaires*, Un ancien Droit des François qui n'a plus d'usage. Ce qu'on appelle *Loix Ecclesiastiques*, n'est autre chose qu'une collection de préceptes tirés de la sainte Ecriture, des Conciles, des Decrets & Constitutions des Papes, des sentimens des Peres, & de l'usage reçû par tradition. Ces préceptes, dont on appelle la collection, *Droit Canonique*, établissent les regles de la Foi & de la Discipline Ecclesiastique.

Loi, en termes de Monnoie, est pris pour le titre ou le carat auquel les monnoies doivent être fabriquées. C'est ce qu'on appelle autrement, *Le fin & la bonté interieure de l'or & de l'argent*. On appelle *Remede de loi*, La permission que le Roi accorde aux Maîtres de ses Monnoies de tenir la bonté interieure des especes d'or & d'argent, moindre que le titre qui a été ordonné, par exemple, vingt-un Karats trois quarts pour les louis d'or, au lieu de vingt-deux Karats; c'est un quart de Karat de remede que l'Ordonnance permet.

LOYAL, ALE. adj. *Qui est de la condition requise par la Loi, par l'Ordonnance.* ACAD. FR. On appelle, en termes de Manége, *Cheval loyal*, Un cheval qui ne se défend point de faire les manéges qu'on lui demande, & qui emploie toute sa force pour obéir. On dit aussi d'un cheval, qu'*Il a la bouche loyale*, pour dire, qu'Il l'a excellente, & de la nature de celle que l'on nomme, *A pleine main*.

LU

LU. s. f. Vieux mot. Lumiere.

LUC

LUC. s. m. Vieux mot. Luth.

LUCARNE. s. f. Ouverture ou sorte de fenêtre que l'on pratique au-dessus de l'entablement des maisons pour donner du jour aux chambres en galetas ou aux greniers. Il y en a de diverses sortes, les unes rondes ou en ovale, appellées *en O*, les autres quarrées avec frontons au-dessus, d'autres cintrées par le haut, & d'autres couvertes quarrément. On appelle celles-là *Lucarnes Flamandes*, & celles qui portent sur les chevrons & qui sont couvertes en triangle ou en contrevent, ont le nom de *Lucarnes demoiselles*. Il y en a de couvertes en croupe de comble qu'on nomme *Lucarnes à la Capucine*. Celles qui sont fermées en portion de cercle, sont des *Lucarnes bombées*; & on appelle *Lucarne faitiere*, Celle qui est recouverte d'une tuile faîtiere.

LUCIFERIENS. s. m. Schismatiques qui suivoient les erreurs de Lucifer, Evêque de Caralivanum en Sardinie, qui vivoit au commencement du quatriéme siecle sous Julien l'Apostat. Ils enseignoient avec les Cerinthiens & Marcioniens que ce Monde avoit été fait par le diable, que les ames des hommes étoient corporelles, & qu'elles recevoient leur être par production. Ils refusoient toute sorte de reconciliation aux personnes Ecclesiastiques qui pechoient, & ne rétablissoient point les Evêques dans leur dignité, s'il arrivoit qu'ils tombassent dans quelque heresie, quoiqu'ensuite ils se fussent convertis. Ils s'accordoient en cela avec les anciens Novatiens & Meletiens. On les nomma aussi *Homonymiens*, à cause que dans leurs disputes ils se servoient du mot de chair en deux significations differentes. Ce schisme duroit encore sur la fin du regne de Theodose le Grand, & après cet Empereur on n'en trouve presque plus rien dans les Auteurs qui en ont écrit.

LUCULENTEMENT. adv. Vieux mot. Comme il faut.

LUE

LUENCH. adv. Vieux mot. Loin.

Ja d'autres amours non jausiray,
Sieu non jau dest amour de luench.

LUES. adv. Vieux mot. Aussi-tôt que, après que. Il peut venir de l'Espagnol *Luego*, Aussi-tôt, incontinent.

LUETTE. s. f. Petite glande suspendue au palais à l'entrée de la gorge. Il y a une membrane lâche qui l'envelope, & dans laquelle elle est pendante comme dans une bourse, non pas couverte: car outre cela elle a sa membrane propre. Il suinte de cette petite glande une humeur salivale propre dans la membrane percée, & delà dans le palais. Quand cette humeur est visqueuse, la membrane s'encroûte & le cours de la liqueur est arrêté; ce qui produit la relaxation & la distension de la membrane. Le levain détrempé avec l'esprit de vin, & appliqué au sommet de la tête, guerit l'allongement de la Luette. Dans le même-tems on fait un gargarisme avec la décoction de fleurs de troësne, le nitre & le sel de prunelle. Dans l'inflammation de la Luette, la décoction de l'herbe ou de la racine de dent de lion est excellente.

L U G

LUG. s. m. Vieux mot. Corbeau. Bochart le fait venir de l'Arabe *Lukcha*, qui veut dire la même chose.

L U I

LUISANT. s. m. Petite figure que les Rubaniers font sur un certain galon de livrée.

LUISSEL. s. m. Vieux mot. Peloton de fil. *C'est luissel de fil à coudre.* On a dit aussi *Luisseau* & *Luisselet.*

LUITES. s. f. p. Terme de Chasse. Il se dit des testicules d'un Sanglier.

L U M

LUMBRICAL, ALE. adj. Les Medecins appellent *Muscles lumbricaux*, quatre Muscles qui font mouvoir les doigts de la main. Ils leur ont donné ce nom à cause qu'ils ont la forme de vers, que les Latins nomment *Lumbrici.* Il y a un pareil nombre de muscles aux piés.

LUMIERE. s. f. *Clarté, Splendeur, ce qui éclaire, ce qui rend les objets visibles.* ACAD. FR. De ce que l'on voit de plus loin sans comparaison que l'on n'entend, de ce que l'on voit avant que d'entendre, ce qui rend de l'éclat & du son en même-tems, enfin de ce que dans la machine du vuide on cesse d'entendre le timbre d'une horloge dont on est fort près, & à qui il ne manque que de l'air qu'il puisse fraper, on juge que la lumiere est posée sur une matiere beaucoup plus subtile & plus agitée que le son, & le son étant porté par l'air, & n'étant que de l'air frapé, il faut que la lumiere consiste dans le mouvement d'une matiere plus déliée & propre à une plus grande vîtesse. *Descartes* prétend que cette matiere répandue dans l'air consiste en une infinité de petits globules, & que les parties du corps lumineux, ou n'étant que de la matiere qu'il appelle *subtile* mûe avec une très-grande vîtesse, ou du moins si elles sont terrestres, nageant entierement dans cette matiere subtile qui leur imprime un mouvement très-vif, elles poussent de tous côtés à la ronde ces globules & leur donnent ou l'*impulsion* ou la *pression*, qui est tout ce qu'on peut appeller *lumiere* du côté des *objets* & des *milieux.* On peut supposer que le Soleil n'est composé que de matiere subtile, & dont toutes les parties sont mûes avec une prodigieuse vîtesse, mais les étincelles qui sortent d'un caillou, la flâme d'une chandelle, l'éclat d'un ver luisant ou de certain bois pourri, &c. ne sont que des parties terrestres, qui par diverses circonstances particulieres ont acquis une telle vîtesse, qu'il n'y a que la matiere subtile qui puisse suivre leur mouvement, & que toute autre matiere incapable de cette extrême rapidité, est chassée du petit tourbillon qu'elles forment autour d'elles. D'un autre côté cette matiere subtile qui fait la lumiere du corps lumineux, ne peut à cause de son extrême subtilité s'appliquer qu'à une matiere qui soit aussi très-déliée, elle ne trouve dans l'air que les globules qui lui soient proportionnés, & qui puissent recevoir son impression, car l'air lui-même est trop grossier pour cela, & cette action de la matiere subtile du corps lumineux sur les globules répandus dans l'air, est *l'effusion de la lumiere dans l'air.* Un corps qui par son mouvement remueroit tout ensemble, & l'air & les globules ne feroit point lumineux, il faut qu'il agisse sur les globules sans agir sur l'air, comme on ne feroit point sentir de piqûre si on poussoit contre la main des épingles dont les pointes seroient engagées dans la surface d'un peloton, mais ce seroit autre chose si on faisoit mouvoir les épingles sans le peloton, c'est-à-dire, qu'on fît sortir leurs pointes hors de sa surface. Delà vient que le vent, ni tous les mouvemens de l'air n'interrompent ni ne traversent la lumiere. L'action de la lumiere est en ligne droite, & cette ligne s'appelle *rayon de lumiere.* C'est une suite de globules depuis le corps lumineux jusqu'à l'œil, mûs & poussés de la même façon. Quand un rayon rencontre en son chemin un corps qu'il ne traverse pas, il se réfléchit, comme font les autres corps, (Voyez REFLEXION.) s'il passe d'un milieu dans un autre, il *se rompt.* Voyez REFRACTION. La difference des milieux est dans leur ou plus ou moins d'épaisseur, & les plus denses comme le verre ou le cristal sont ceux qu'elle traverse le plus facilement, parce que son chemin y est comme marqué dans les tuyaux ou dès qu'elle n'a qu'à suivre, au lieu que dans les milieux fluides comme l'air, elle trouve à chaque moment des parties qui viennent s'opposer à son passage, & qu'il faut qu'elle écarte, ce qui l'affoiblit par la communication qu'elle fait de son mouvement. Toutes les couleurs ne sont que de la lumiere modifiée. (Voyez COULEUR.)

On appelle *Lumiere Originaire*, ou *Primitive*, ou *Premiere* & *Radicale*, Celle qui est dans les corps lumineux & qui éclairant d'elle-même, produit immediatement son effet. Telle est la Lumiere du Soleil & celle du feu. On appelle *Lumiere empruntée*, *Lumiere seconde*, ou *Lumiere derivée*, Celle des corps qui ne luisent pas immediatement par eux-mêmes, comme celle de la Lune & des autres Planettes qui reçoivent leur Lumiere du Soleil, ou celle des autres corps opaques qui la reçoivent du feu.

Lumiere. Dans un canon se dit du trou par où le feu se communique à la piece.

Lumiere. Terme de Faiseur d'Instrumens à vent. Trou qui est au dessus de l'embouchure de l'Instrument, comme dans les flageolets, les flûtes & les hautbois. On dit, *Lumiere d'un Tuyau d'Orgues*, pour dire, Le trou par où le vent entre.

Lumiere. Terme de Marine. Trou en chaque membre d'un Vaisseau audessus de la quille. On fait passer une corde à travers ces trous, afin d'empêcher qu'ils ne se bouchent, & pour entretenir la communication de l'eau qui est necessaire aux pompes. On appelle *Lumiere de pompe*, l'ouverture qui est au côté de la pompe, & par laquelle l'eau sort pour entrer dans la manche.

Lumiere. Terme d'Architecture. Trou dans lequel on met le mammelon d'un treuil.

Lumiere. Terme de Peinture. Il se dit des parties qui sont les plus éclairées dans un tableau. C'est une habileté dans la Peinture de sçavoir bien répandre la Lumiere sur tous les corps, & en éclairer toutes les parties selon les differens degrés de Lumiere.

L U N

LUNAISON. s. f. Periode d'environ vingt-neuf jours, douze heures & quarante-quatre minutes, qui est l'espace de tems que la Lune emploie depuis l'instant de sa conjonction avec le Soleil jusqu'à l'autre conjonction. Dans cet espace de tems la Lune se change en toutes ses faces, croissante, cornue, demi-pleine, bossue, pleine, & décroît pareillement jusqu'à ce qu'elle perde entierement sa Lumiere.

LUNARIA. f. f. Petite herbe qui est presque de la hauteur d'un palme, & quequelques-uns appellent *Lunaria grappue*, à cause de sa graine qui est disposée en grappe. Elle ne jette qu'une tige ronde, grêle & pliante du milieu, de laquelle sort d'un côté une branche seule faite en maniere de côte. Cette branche a sept feuilles de chaque côté, entassées l'une sur l'autre, & faites comme un croissant. Elles sont épaisses & fermes ainsi que celles du chou marin; ses fleurs sont à la cime de sa tige, & sa graine est rousse & grande. Toute la plante est singuliere à souder les playes. Elle sert à toutes rompures tant internes qu'externes, & remedie aux descentes de boyaux des petits enfans. Etant seche & réduite en poudre, elle est excellente pour les dysenteries, & pour restraindre les fleurs des femmes, tant rouges que blanches. Matthiole qui en parle ainsi l'appelle *Lunaria Minor*, & c'est sans doute à la difference d'une Plante que les Italiens appellent *Sferra cavallo*, soit parce qu'elle a la vertu de déferer les chevaux qui passent par dessus, ou à cause que sa graine est faite en façon de fer à cheval. Elle est mise par les Alchymistes entre les especes de Lunaria, & appellée *Lunaria major*, par quelques-uns. Cette Plante est rare, & vient aux montagnes, ayant ses feuilles petites, semblables à la petite securidaca. Elles sont cavées à la cime en façon de cœur, & mi-parties par une ligne courbe. Elle a des gousses longuettes, plates, divisées en la partie d'embas par des incisures courbes, comme si elles étoient pleines de trous. Leur circonference est élevée de tous côtés, en façon de fer à cheval. La graine qui en sort est faite en croissant. On trouve une autre herbe, aux bords des fossés & le long des grands chemins où il y a de l'eau, à laquelle on donne encore le nom de *Lunaria minor*. Elle se traîne par terre, & produit ses branches menues comme joncs & de la longueur d'une coudée de même que la Pervenche. D'espace en espace depuis sa racine jusques à la cime, elle jette des deux côtés, le long de ses branches, des feuilles grassettes & rondes comme la monnoie, ce qui fait que quelques-uns la prennent pour *Nummularia*, mais Matthiole n'est point de leur sentiment.

LUNATIQUE. adj. On appelle en termes de Manege, *Cheval Lunatique*, Un cheval qui selon le cours de la lune a la vûe plus ou moins foible. Quoique ses yeux, qui au declin de la lune sont chargés ou troublés, s'éclaircissent quand elle est nouvelle, il ne laisse pas d'être toûjours en danger de perdre la vûe.

LUNE. f. f. *Planete qui éclaire pendant la nuit, & qui est plus proche de la terre que toutes les autres.* ACAD. FR. Son corps est sphérique, dense & opaque, & n'a de lumiere que celle qu'il reçoit du Soleil. On appelle *Nouvelle Lune*, Quand la Lune étant en conjonction avec le Soleil, & se rencontrant au même degré du Zodiaque, ne nous fait voir aucune lumiere, à cause qu'elle n'est éclairée que du côté que nous ne voyons pas. Ensuite par son mouvement propre d'Occident en Orient, elle commence à se dégager de dessous le Soleil, & à nous montrer une petite partie de sa moitié éclairée, & c'est là le *Croissant*. Ce Croissant ou cette partie lumineuse augmente toûjours jusqu'à la *Pleine Lune*, qui est lorsque se trouvant opposée au Soleil dont elle est éloignée alors de cent quatre-vingts degrés, qui font la moitié du Zodiaque, elle nous montre toute sa partie éclairée, & nous paroît toute lumineuse.

Ensuite elle se rapproche du Soleil, & commence à nous montrer moins de sa moitié éclairée, ce qui s'appelle le *Décours*, jusqu'à ce qu'enfin elle n'en montre plus rien du tout, & retourne à la conjonction. Le milieu qui est entre une nouvelle & une pleine, ou bien entre une pleine Lune & une nouvelle, où la lune montre precisément la moitié de sa moitié éclairée, s'appelle *Quadrature* ou *Quartier*. Ainsi il y a *premier Quartier*, & *second Quartier*.

La Lune est quarante fois plus petite que la Terre, & sa plus grande distance est de soixante-un demi diametres de la Terre, la plus petite de cinquante-trois. Elle employe près de vingt-sept jours & demi à faire le tour entier du Zodiaque. Son cours est plus inegal & plus difficile à regler que celui des autres Planetes.

Avec la lunette on voit dans la Lune des montagnes & des vallées, des endroits plus brillans que l'on croit être des terres, & d'autres moins brillans qui peuvent être des mers. On a donné des noms à tous les endroits qu'on a pû distinguer les uns des autres, & on a fait des Cartes de la description de la Lune comme de celle de la Terre. Voyez SELENOGRAPHIE.

Lune. Terme de Bâtier. Plaque de métal ronde qu'on met au devant & aux côtés de la tête des Mulets des grands Seigneurs, & où sont gravées les armes de ceux à qui ils appartiennent.

Lune. En termes de Chymie, se prend pour l'argent dont on fait diverses preparations.

Lune. Ordre Militaire, dont les Chevaliers furent établis en 1464. par René Duc d'Anjou quand il eut le Royaume de Sicile. Ils portoient une Demi-Lune d'argent sur leur bras, & s'obligeoient de n'avoir jamais entre eux aucun differend, & de se défendre les uns les autres en toutes sortes d'occasions.

Lune. Sorte de Poisson qui se trouve dans les Antilles de l'Amerique, dont il y a de deux ou trois sortes. Les uns ont ce nom à cause de la rondeur de leurs corps, ou des petites écailles qui font autant de petites Lunes jaunes sur une couleur bleue, & les autres à cause de leur queue qui se termine en croissant. Ce Poisson est presque rond, & n'a guere plus d'un pié de large, & tout au plus deux ou trois pouces d'épais. Sa chair est blanche, ferme & a le même goût que la Perche.

LUNEL. f. m. Terme de Blason. On appelle ainsi quatre Croissans appointés en forme de rose à quatre feuilles. Ils ne sont en usage qu'en Espagne.

LUNETTE. f. f. Terme d'Optique. On appelle ainsi un ou plusieurs verres taillés de telle sorte qu'ils servent à perfectionner la vision suivant les differens besoins que l'on peut avoir. Voyez VISION & VERRE. Les Lunettes communes ne sont qu'un verre convexe ou concave qui approche ou écarte les rayons, selon que l'on a le Crystallin trop plat ou trop rond. Voyez CRYSTALLIN.

Les Lunettes de nouvelle invention, dont on tient que la premiere découverte est due à *Jacques Metius* Hollandois, & que *Galilée* a perfectionnée le premier, sont des tuyaux au bout desquels on enchasse deux ou plusieurs verres.

Les Lunettes servent à voir les objets plus grands & plus distincts, ce qui dépend uniquement de ce qu'elles renvoyent sous un plus grand angle les rayons partis des extrêmités de l'objet, & de ce qu'elles reunissent plus exactement sur la retine les rayons partis d'un seul point. Voyez VISION. Ces deux choses sont le seul objet de toutes les differentes constructions de lunettes, & de toutes les combinaisons qu'on peut faire de plusieurs verres, & par leur nombre plus grand ou plus petit, par leurs differentes figures, c'est-à-dire par leurs convexités ou concavités, par l'égalité ou l'inégalité de ces convexités & concavités& par les distances de leurs foyers.

Par le moyen de ces Lunettes, les objets trop éloignés comme les astres, ou ceux qui sont proches, mais trop petits, comme les cirons & une infinité d'autres, paroissent plus grands & plus distincts. Les Lunettes qui servent au premier usage, s'appellent *Lunettes d'approche* ou *de longue vûe*, ou simplement, *Lunettes* ou *Telescopes*. Celles qui servent au second usage s'appellent *Microscopes*. Voyez MICROSCOPE.

La construction la plus commune des Lunettes de longue vûe, est qu'il n'y ait que deux verres, & que l'objectif soit convexe, & l'oculaire concave. L'objectif est d'une telle convexité qu'il dispose les rayons partis d'un seul point de l'objet à se reunir sur un seul point de la retine, & l'oculaire est d'une telle concavité que les rayons partis d'un seul point, & qui lui sont envoyés convergens par l'objectif, il les rend divergens comme s'ils venoient d'un point qui fût en-deçà de l'objectif, & par même moyen il donne un plus grand angle aux rayons partis des extrémités de l'objet, ce qui approche & aggrandit beaucoup l'image.

Les Lunettes font paroître l'objet renversé quand il se fait entre les verres un *croisement* des rayons partis des extrémités de l'objet. Si ces rayons se croisent encore une fois entre les verres, l'image se redresse, s'ils se croisent une troisiéme fois, elle redevient renversée, & ainsi de suite, parce qu'un croisement de rayons détruit l'effet d'un autre.

On appelle *Champ de la Lunette*, l'espace plus ou moins grand qu'elle represente de son Objet. Cela dépend de la construction.

On appelle l'*Iris de la lunette* des couleurs semblables à celles de l'Arc-en-ciel que l'on apperçoit vers les bords des verres, & qui sont causées par les refractions, comme celles de l'Arc-en-ciel. Voyez IRIS.

Il y a aussi des *Lunettes de multiplication* ou *Lunettes polyedres*, qui sont des verres taillés à facettes. C'est la même chose que si on voyoit le même objet au travers de plusieurs vers, differemment inclinés, il est clair qu'on le verroit en plusieurs lieux, à cause des differentes refractions que souffriroient sur differens verres les rayons partis des mêmes points. Les faces de la Lunette de multiplication qui ne répondent pas directement à l'objet, le font voir sous des grandeurs differentes de celle du milieu, & avec des couleurs pareilles à celles que cause le Prisme. Voyez COULEUR.

Lunettes de cheval. Terme de Manege. On appelle ainsi deux petites pieces de feutre, arrondies & concaves qu'on met sur les yeux d'un cheval qui ne veut point se laisser monter. *Lunette*, se dit aussi d'un fer de cheval, dont on a retranché la partie qui est vers le quartier du pié. Cela s'appelle *Ferrer à Lunettes.* On donne cette sorte de fer aux chevaux qui ont des seimes.

Lunette. Terme d'Horloger. Partie d'une Montre dans laquelle on met le cristal.

Lunette. Terme de Menuiserie. Planche de bois percée en rond, dont on fait le siege d'un privé. On appelle aussi *Lunette*, l'ouverture qui est au derrier d'un soufflet, & qui se ferme en dedans par la soupape. C'est par cette ouverture qu'il reçoit le vent.

Lunette. Terme d'Architecture. Petite fenêtre que l'on fait dans les toits ou dans une fleche de clocher pour donner un peu d'air & de jour à la charpente. On dit, *Voutes à lunettes*, quand sur les côtés, ou dans les flancs du berceau d'une voute, on fait des ouvertures en arc, ou d'autres ouvertures qui ne vont pas jusques au haut de la voute pour y pratiquer des jours. On appelle cette sorte d'ouverture *Lunette biaise*, quand elle coupe obliquement un berceau, & on la nomme *Lunette rampante*, quand son centre est corrompu comme sous une rampe d'escalier.

Lunette. Terme de Tourneur. Pieces de bois ou de fer qui s'enclavent comme les poupées entre les deux membrures d'un Tour, mais qui sont moins épaisses, & qui au lieu de pointes, ont un trou fort rond, contre lequel on appuye le bout de l'ouvrage, si on ne le passe dedans. Il a de ces Lunettes de differentes grandeurs. Elles servent particulierement pour des vases que l'on veut creuser, ou pour d'autres sortes de pieces.

Lunette. Termes de Fortification. Envelopes qui se font au devant de la Courtine, de la largeur de cinq toises dont le parapet en a trois. On les construit d'ordinaire dans les fossés remplis d'eau, où elles font l'effet d'une fossé braye. Ces *Lunettes* ou enveloppes sont composées de deux faces qui forment un angle rentrant ; & leur terre-plein, large seulement de douze piés, est un peu élevé au dessus du niveau de l'eau.

LUP

LUPERCALES. s. f. p. Fêtes que les Romains avoient accoûtumé de celebrer tous les ans dans le mois de Fevrier à l'honneur de Pan dans un lieu qui lui étoit consacré au Mont Palatin, & qu'on appelloit *Lupercal.* On croit qu'elles ont été instituées par Evandre, & que ce mot *Lupercal* a été tiré de *Lycæus*, Montagne d'Arcadie appellée ainsi de λύκος, Loup, à cause que Pan, qu'on y reveroit, garantissoit les troupeaux des loups. Quelques-autres veulent que Romulus les ait établies, à cause qu'une louve l'avoit nourri en ce lieu-là. Pendant le jour que l'on celebroit ces fêtes, les Prêtres de Pan appellés *Luperques*, couroient tout nuds par la Ville, & frappoient avec une peau de chevre le ventre & le dedans de la main des femmes, qui s'imaginoient que cette ceremonie les rendoit fecondes, & les faisoit accoucher plus facilement. Servius voulant expliquer pourquoi les Luperques couroient ainsi nuds, dit que c'étoit pour imiter Romulus, qui pendant qu'il étoit attentif à cette fête avec tous ceux qui la celebroient, avoit appris que des voleurs s'étoient servi de l'occasion & avoient emmené tout leur bestal, & que pour courir plus vîte après eux, il s'étoit dépouillé de ses habits comme toute la jeunesse, ce qui lui avoir réussi si heureusement que pour en conserver la memoire, il avoit été resolu que les Prêtres de Pan seroient nuds à l'avenir dans la fête des Lupercales.

LUPIN. s. m. Sorte de legume dont la substance est dure & terrestre. Il est bon à manger cuit après qu'on l'a fait tremper quelque tems dans l'eau pour lui faire perdre son amertume. Il vient d'une plante qui n'a qu'une seule tige, & qui produit une feuille molle, velue, & quelque peu blanche, & divisée en sept portions. Elle a ses fleurs blanches,& des gousses resserrées, dentelées tout à l'entour, tirant sur le blanc, & longuettes comme les gousses des féves. Celle-ci enferme cinq ou six grains dans de petites pellicules. Ces grains sont ronds excepté vers le milieu, de couleur blanche, jaunâtre & d'une grande amertume. Sa racine tire quelque peu sur le jaune, & est fort écarquillée. Son fruit sort du milieu de sa tige. On seme les Lupins en Toscane, tant pour les manger que pour engraisser les terres. Outre ceux qu'on seme, on y en trouve beaucoup de sauvages, qui jettent au mois de Mai une fleur rouge incarnate. Le Lupin est aperitif, lithontriptique & emplastique. Il digere, déterge & desseche sans mordacité. Sa farine a aussi la vertu de dessecher.

LUS

LUSTRATIONS. s. f. Especes de Sacrifices qui étoient en usage chés les Anciens, quand ils vouloient purifier une Ville, une maison, un champ, ou une personne. Il y en avoit dont on ne pouvoit se dispenser, comme les lustrations des maisons où il étoit mort quelqu'un, ou qui avoient été infectées de peste. On faisoit tous les cinq ans, les Lustrations publiques. La victime étoit conduite trois fois autour du Temple de la Ville ou d'un autre lieu, & l'on y brûloit les meilleurs parfums. Les Lustrations d'un champ avant que de couper les blés, étoient appellées *Ambarnalia*, & celles d'une Armée, *Armelustria*. Il y avoit des soldats choisis & couronnés de laurier, qui conduisoient trois fois une Brebis, une Truye & un Taureau autour d'une armée rangée en bataille dans le champ de Mars, après quoi ils sacrifioient à ce Dieu les trois Victimes, ce qui étoit suivi de grandes imprecations contre leurs ennemis. Quand un Berger vouloit faire la Lustration de son troupeau, il l'arrosoit avec de l'eau pure, brûloit du laurier, du souphre & de la sabine, & après avoir fait trois fois le tour de sa Bergerie, il sacrifioit à la Déesse Palés, avec du lait & du vin cuit, du gâteau & du millet. On purifioit les Maisons particulieres avec de l'eau & des parfums de laurier, de sabine, d'olivier & de genievre, à quoi on a joûtoit quelquefois une victime, qui étoit presque toûjours un petit cochon. Les Lustrations pour les Personnes souillées, ou par quelque crime, ou par l'infection d'un cadavre, étoient proprement appellées *Expiations*, & on nommoit la victime *Piacularis*. Il y avoit aussi un jour de Lustration pour les enfans. C'étoit pour les Filles le huitiéme jour après leur naissance, & le neuviéme pour les Garçons. Cette ceremonie se faisoit avec de l'eau pure, ou avec de la salive.

LUSTRE. s. m. Composition dont les Pelletiers se servent pour rendre les manchons luisans. Ils y font entrer de l'alun de Rome, de la couperose, & autres drogues. Les Chapeliers rendent aussi les chapeaux luisans avec une eau qu'ils appellent *lustre*. Elle est preparée avec du bois d'Inde, du phyllon, de la graine de lin & du vert de gris.

LUT

LUT. s. m. Terme de Chymie. Pâte, ciment, ou enduit qui sert, tant à bâtir des fourneaux, qu'à mettre autour des vaisseaux de terre ou de verre qui ont à éprouver un feu violent. Cette sorte de ciment se fait de terre grasse, de sable de riviere, de fiente de cheval, de la poudre des pots à beurre cassés, de la tête morte du vitriol, du machefer, du verre pillé, de la bourre des Tondeurs, tout cela mêlée avec du sang de bœuf, ou de l'eau salée. On se sert d'un autre Lut pour reparer les fentes des vaisseaux, ou pour lutter les chapes avec les cucurbites ou recipiens. Celui-là se fait avec de l'amidon cuit, ou de la colle de poisson dissoute dans l'esprit de vin & des fleurs de souphre, du mastic, & de la chaux éteinte dans du petit lait. Ce que l'on appelle *Lut de sapience*, est le sceau hermetique. Il se fait en fondant le bout d'un matras de verre au feu de lampe, & en le tortillant avec la pincette.

LUTH. s. m. *Instrument de Musique du nombre de ceux dont on joue en pinsant les cordes*. ACAD. FR. Il est composé de la table, qui est de sapin ou de cedre; du corps, fait de neuf ou dix éclisses; du manche qui a neuf touches marquées par des cordes de boyaux qui les divisent, & de la tête où sont les chevilles, qui étant tournées font monter les cordes au ton qu'on veut leur donner. Elles sont attachées à un chevalet qui est au bas de la table & par l'autre extrémité, elles portent sur un morceau d'ivoire où il y a de petites entailles, & qui est au bout d'un manche. Le son sort par une rose qui est au milieu de la même table. On pinse les cordes de la main droite, & on se sert de la gauche pour appuyer sur les touches. Le Luth n'a eu au commencement que six rangs de corde, & presentement il en a onze.

LUTHE'E. adj. fem. Ce mot n'est en usage qu'en cette phrase. *Mandore Luthée*. C'est celle qui ayant plus de quatre rangs de cordes, approche le plus près du luth.

LUTHERIENS. s. m. Heretiques qui suivent les erreurs de Martin Luther, Moine Augustin, qui en a infecté toute l'Allemagne, & qui s'étant couché après s'être gorgé de vin & de viandes, fut trouvé mort dans son lit le lendemain 18. Fevrier 1546. De tous les Sacremens de l'Eglise, ils n'admettent comme lui que le Baptême & l'Eucharistie, disant même que le Baptême n'efface point le peché & que quant à l'Eucharistie, le pain & le vin demeurent après la consecration avec le Corps & le Sang de JESUS-CHRIST. Les Lutheriens de Hollande different de ceux qui sont en Allemagne, dans le Danemarck & dans la Suede, en ce qu'ils rejettent la Confession auriculaire, qu'ils n'ont ni Images ni Autels dans leurs Eglises; que leurs Ministres sont sans habits Sacerdotaux, & qu'ils n'ont point l'ordre de Prêtres, de Diacres, d'Archidiacres & de Super-Intendans ou Evêques, comme ils l'ont presque par tout ailleurs. Ils ont l'exercice de leur Religion libre par tout le païs, & la permission de bâtir des Temples entre les maisons pour se distinguer des Réformés. A l'égard de l'Allemagne, les Lutheriens y sont de deux sortes, sçavoir les Lutheriens Puritains, qui suivent la pure doctrine de Luther, telle qu'il l'a établie, & les Lutheriens de la Confession d'Ausbourg, qui ont été tolerés par l'Edit de l'*Interim* de l'Empereur Charles-Quint. Ceux-ci sont les plus puissans, cette reformation du Lutheranisme faite à Ausbourg, ayant attiré à leur secte plusieurs Princes & Etats de l'Empire. Ils ont leurs Eglises parées de même que les autres, & les mêmes marques du Christianisme, mais ils ne celebrent pas la Messe Lutherienne en la forme des Interimistes. A certaines heures, le Pfather ou quelque Helffer monte en chaire, revêtu de son surplis, & après avoir prêché, il s'approche de l'Autel, puis se tourne vers le peuple & prie tout haut en disant quelque forme de Messe. Il ne porte point de chappe, ne fait dire ni Epitre ni Evangile par les Diacres, mais il les dit lui même. Lorsqu'il a fini ses Oraisons, il recite l'Institution de la Cene en langue vulgaire, & consacre les

Hosties après quoi ceux qui ont envie de communier viennent à l'Autel, où le Sur-Intendant ou Pfarher, tenant une patene d'or sur laquelle sont les petites Hosties, fait le signe de la Croix, & met une Hostie dans la bouche du premier qui se presente, en disant: *Prens, mange, ceci est le vrai Corps de* Jesus-Christ, *qui a été offert pour toi.* Ensuite le Diacre donne le Calice, & dit: *Prens & boi; ceci est le vrai sang de* Jesus-Christ, *qui a été répandu pour toi.* Ceux qui reçoivent la Communion, prient devant & après comme font les Catholiques. Lorsque quelque Fête solemnelle approche, les Prêcheurs exhortent à se preparer à la Confession, & à recevoir le Corps du Seigneur. Les Eglises sont ouvertes pour cela le jour precedent, & on trouve auprès des Autels le Sur-Intendant & les Helffers prêts à entendre les Confessions. Ceux qui se confessent parlent à l'Helffer debout. Si c'est pour s'instruire, trois ou quatre autres s'approchent de lui dans le même tems, & si c'est pour déclarer ses pechés, il parle seul, demande pardon à Dieu, & reçoit l'absolution de l'Helffer. En quelques lieux, le Penitent se met à genoux, & personne ne se marie sans s'être confessé & avoir communié. Quand quelque Malade souhaite recevoir le Sacrement, le Pfarher le va trouver, & porte une Hostie non consacrée. On le laisse seul avec lui, & quand il a entendu sa confession, on dresse une table, couverte d'une nape, sur laquelle il pose le calice & la patene. Il recite les paroles de l'Institution de la Cene devant tout le monde, qui alors a la liberté d'entrer. Chacun se met à genoux, & le Pfarher ayant consacré le pain & le vin de la même sorte qu'il fait dans le Temple, il s'approche du lit du Malade auquel il donne l'Hostie & le vin, en prononçant les paroles ordinaires, & faisant le signe de la Croix. Ils ne reservent jamais d'Hosties consacrées, sur ce que Luther a dit que hors la communion, le corps ne peut subsister. Ils disent Vêpres en quelques lieux comme les Interimistes, & même dans le Duché de Wirtemberg, ils les chantent tous les Samedis. Ils ont aussi des orgues qui répondent alternativement au chant des Pseaumes, & des Enfans de chœur qui chantent des Motets comme dans l'Eglise Catholique. Les cloches sonnent par tout comme avant le Schisme, au point du jour, à midi, & au soir. Il y a des lieux où leur Messe se dit en Latin, & en d'autres c'est moitié Latin, & moitié langue vulgaire. Les uns élevent l'Hostie, ce que ne font pas les autres. Quelques-uns ont des Chantres au Chœur, & tout le monde chante en d'autres endroits. Les enfans, & même quelquefois des femmes, lisent l'Ecriture au pupitre. Tous les Lutheriens d'Allemagne chomment la plûpart des Fêtes désignées par leur souverain Pontife Luther; celles de la Vierge, des Apôtres & des Martyrs. Le Jeudi Saint en est une fort grande pour eux. Ils se confessent, & communient ce jour-là, & celebrent aussi le Vendredi Saint avec une très-grande devotion, mais ils ne les chomment que suivant l'ancien Calendrier, c'est-à-dire, dix jours après nous, rejettant la reformation du Calendrier Gregorien, par l'aversion qu'ils ont pour le Pape. Quant au Baptême, ils portent les Enfans aux Fonts Baptismaux, & après que le Ministre a recité l'Institution de ce Sacrement, il absout l'Enfant qu'on lui presente du peché originel, en faisant trois fois le signe de la croix sur lui. Ils observent les ceremonies Catholiques pour le mariage, & s'abstiennent de viande les Vendredis & les Samedis. Ils gardent aussi le Carême, & tiennent leurs Cimetieres comme lieux sacrés. Aux Obseques, on envoie des Chantres avec des Enfans de Chœur, qui marchent devant le corps, & chantent les Pseaumes en langue vulgaire. Plusieurs croyent le Purgatoire, & prient pour les Morts. Tous les Pfarhers & Helffers portent le surplis, & en quelques lieux des chapes dans le tems qu'ils officient, les Lutheriens ayant toûjours voulu conserver quelque ancienne coûtume de l'Eglise contre les Calvinistes qui n'ont aucune apparence ni aucune forme de Religion. Quand ces Ministres sont hors du Temple, les uns ont des habits conformes à la profession ecclesiastique; & les autres en portent de populaires.

On a appellé *Luthero-Zuingliens*, Une secte des Disciples de Martin Bucer, qui tenant de la doctrine de Luther & de celle de Zuingle, s'accorderent ensemble sous ce nom pour ne se pas détruire les uns les autres par la diversité de leurs sentimens.

LUTTER. v. a. Terme dont se servent les Bergers, pour dire, que le Belier a couvert une Brebis.

LUX

LUXATION. s. f. Terme de Chirurgie. *Deboitement des os hors de leur jointure, de leur assiette naturelle.* Acad. Fr. La Luxation se fait d'ordinaire par un effort violent & externe, comme chûte, estrapade, question. Elle a aussi quelquefois une cause interne, & cette Luxation est ordinaire à ceux qui sont sujets à la goutte, à cause de l'acide contre nature qui s'amasse dans le corps par la faute de l'estomac. Ceux qui ont la sciatique, ont souvent cette espece de Luxation au femur, & elle leur vient d'un souphre coagulé. La Luxation est dite parfaite, quand l'os est entierement déplacé & hors de sa boëte, & on l'appelle imparfaite, quand il n'est pas tout-à-fait hors de sa cavité. La Luxation du femur est la plus difficile à guerir de toutes, à cause qu'elle ne peut arriver que par une cause extrêmement violente, l'os femur étant attaché avec un fort ligament dans la cavité de l'os de la cuisse, qui empêche, ainsi que les muscles considerables d'alentour qui forment les fesses & les cuisses, que cet os ne puisse être déboité que par un effort très-violent. La Luxation de l'os du talon ou de la plante du pié, est très-dangereuse, à cause de sept os qui le composent & de l'abondance des tendons qui s'y rencontrent, & de l'articulation même qui s'y trouve construite de telle maniere, que si elle est une fois démise, il est malaisé de la remettre; mais cette sorte de Luxation est rare. Il arrive quelquefois que l'os est disloqué & fracturé par une même cause externe, ce qui est un mal très-fâcheux, & qui veut en même-tems une double cure, & pour la fracture, & pour la Luxation. Cette cure se doit faire avec l'extension & la remise de l'article dans le même moment, étant impossible d'étendre le membre que la partie disloquée & fracturée ne soit remise en même-tems. Quand la Luxation des mâchoires arrive, il est malaisé de les remettre, si toutes les deux sont disloquées. S'il n'y en a qu'une, il suffit pour tout remede d'un soufflet donné.

LUZ

LUZERNE. s. f. Sorte de foin qui fleurit violet, & qu'on fauche ordinairement trois fois l'année. On seme la Luzerne presque toûjours avec le trefle, & elle est excellente pour les chevaux. On appelle aussi *Luzerne*, ou *Luyzerne*, une espece de graine jaune, qui tire sur le millet.

LUZIN. s. m. Terme de Marine. Menu cordage à deux fils, plus gros que celui que l'on appelle Merlin. On s'en sert à faire des enflechûres.

LY

LY. s. s. m. Sorte de mesure itineraire de la Chine, qui n'a que deux cens quarante pas geometriques. Il faut dix Lys pour faire le Pu, qui en contient deux mille quatre cens.

LYC

LYCANTHROPE. s. m. C'est proprement ce que le peuple nomme *Loup Garou*, c'est-à-dire, Un fou melancolique & furieux, qui court la nuit dans les rues & dans les champs, & qui frappe tous ceux qu'il rencontre. Ce mot est composé de λύκος, Loup, & de ἄνθρωπος, Homme, comme qui diroit, Un homme loup. La maladie dont ces sortes de foux sont agités, & qui leur cause une espece de hurlement, s'appelle *Lycanthropie*.

LYCE. s. f. Chienne de chasse, qui dans l'ordinaire fait deux portées tous les ans, ce qui fait que l'on appelle *Lyces portieres*, Celles qu'on nourrit dans la basse-cour afin d'avoir de leur race, sans que l'on s'en serve pour chasser. Ce mot vient de *Lycisca*, qui veut dire, Une chienne engendrée par l'accouplement d'un loup & d'une chienne, du Grec λύκαινα, Petite louve.

Lyce, Terme dont on s'est servi autrefois, & dont quelques-uns se servent encore presentement pour signifier, Une femme débauchée.

Ribaude, ordevis, pute, lyce.

LYCE'E. s. m. Nom de la fameuse école où Aristote enseignoit la Philosophie à Athenes en se promenant, ce qui fut cause que ceux de sa secte s'appellerent *Peripateticiens*, du verbe Grec περιπατεῖν, Marcher tout autour. Cette maison, selon Pausanias, avoit été auparavant un temple consacré à Apollon, & bâti par Lycus fils de Pandion, d'où il avoit été appellé *Lycée*. Selon d'autres, c'étoit un College qui avoit été commencé par Pisistrate, & fini par Pericles. Ce Lycée étoit composé de portiques & d'arbres plantés en quinconces.

LYCHNIS. s. f. Sorte de Plante que Dioscoride dit avoir la fleur rouge & semblable à celle du violier blanc. Il parle ensuite d'une Lychnis sauvage faite entierement comme celle des jardins, & dit que la graine de l'une & de l'autre prise en breuvage avec du vin, est bonne contre les piquûres des scorpions. Matthiole dit que si Dioscoride n'a fait aucune description des tiges & des feuilles de la Lychnis, c'est apparemment parce que c'étoit une herbe fort connue en ce tems-là, non seulement à cause qu'on en faisoit des bouquets comme il le rapporte, mais encore parce qu'on avoit accoûtumé de s'en servir dans des lampes au lieu de mêche. Il ajoûte qu'il a vû en Goritie & auprès de Trente, une herbe qu'il tient pour la vraie Lychnis. Elle a ses fleurs rouges & semblables au Violier sans aucune odeur, & ses feuilles cotonnées, longues & blanches. Sa tige est velue, & haute de plus d'une coudée. Il ajoûte qu'au Val d'Ananie, il a trouvé l'autre plante, qui est la Lychnis sauvage, tout à fait semblable à l'autre, sans aucune difference entre l'une & l'autre que celle des lieux où elles croissent. Il croit que les Anciens n'ayant point l'usage du coton, usoient de certaines herbes velues comme celle-ci & le bouillon, au lieu de meche dans leurs lampes, ce qui l'a fait appeller *Lychnis*, du mot λύχνος, Lampe. Pline dit qu'il y a une espece de Rose, appellée communément *Rose de Grece*, & par les Grecs λυχνὶς, qui ne croît qu'aux lieux humides, grande comme la fleur du Violier, sans nulle odeur, & n'ayant jamais plus de cinq feuilles.

LYCIUM. s. m. Arbre épineux dont les branches ont au moins la longueur de trois coudées. Il a quantité de feuilles semblables à celles du bouis. Son fruit est lissé, noir, amer, massif, & semblable au poivre. Il jette beaucoup de racines qui sont courbes & d'une matiere dure, & croît en abondance en Lycie d'où il a tiré son nom. Le jus du Lycium se tire en pilant ensemble les branches & les petites racines, qu'on met ensuite pendant plusieurs jours infuser dans l'eau; après quoi on cuit le tout ensemble, puis on ôte le bois, & on fait recuire la decoction jusqu'à ce qu'elle soit épaisse comme miel. L'écume qu'on en ôte pendant qu'elle cuit, sert aux medicamens que l'on prépare pour le mal des yeux. On fait aussi le Lycium en épreignant son fruit, & faisant secher le jus au Soleil. Le meilleur est celui qui brûle, & qui étant éteint donne apparence d'une écume rouge. Il doit être roux au dehors, & noir au dedans quand on le rompt, n'avoir aucune mauvaise odeur, mais une astriction jointe à quelque amertume, & tirer à la couleur de saffran. Le Lycium des Indes est de cette sorte. Aussi est-il le plus estimé de tous. On tient qu'il se fait de l'Arbrisseau nommé *Lonchitis*. C'est en ces termes qu'en parle Dioscoride. Matthiole dit que le Lycium des Apothicaires est tout-à-fait different de celui qu'on apporte de Lycie; qu'il n'est ni roux dedans ni amer au goût, & ne brûle point quand on le présente au feu. Les uns disent que ce Lycium des boutiques est fait de grains de Troësne, les autres de grains de *Matrisylva*, & d'autres de ceux de *Virga sanguinea*. Il y en a qui croyent qu'il est fait du jus de toutes ces sortes de grains qu'on laisse secher au soleil. Galien parlant de l'Arbre appellé *Lycium*, ou *Pixacanthon*, dit qu'on en fait le Lycium, qui est un medicament liquide dont on se sert pour les meurtrissûres, pour les inflammations aigues du fondement & de la bouche, & qu'on l'applique aux oreilles fangeuses, aux ulceres pourris & malaisés à guerir, aux écorchûres de l'entre-deux des cuisses, & lorsque la peau tombe des doigts.

LYCOPSIS. s. f. Plante dont les feuilles sont semblables à la laitue, mais plus longues, plus larges, plus âpres & plus épaisses. Sa tige est longue, droite & âpre, & jette plusieurs branches âpres de la longueur d'une coudée, qui produisent de petites fleurs rouges. Elle croît parmi les champs, & est appellée *Anchusa* par quelques-uns. Sa racine qui est rouge & astringente, étant enduite avec de l'huile, est bonne à guerir les plaies; & avec de la farine d'orge, c'est un remede au feu S. Antoine. Si on s'en frotte avec de l'huile, elle provoque à suer. Galien met cette plante au nombre des Orchanettes, On l'appelle *Lycopsis*, de λύκος, Loup, & de ὄψις, Face, à cause que par l'âpreté de ses feuilles & de sa tige, elle semble avoir quelque rapport à la peau d'un loup.

LYM

LYMPHATIQUE. adj. Terme d'Anatomie. On appelle *Veines lymphatiques*, Certains Vaisseaux qui contiennent une espece de liqueur assez semblable à l'urine. C'est une humeur aqueuse qui s'engendre dans de petites glandes répandues dans tout le corps,

& que ces petits conduits font passer dans le cœur & dans les veines.

LYMPHE. s. f. Liqueur naturellement aqueuse, tenue spiritueuse & un peu acide, c'est-à-dire, empreinte d'une aigreur temperée. La matiere qui la compose n'est autre chose que le serum, empreigné du suc nourricier des parties spermatiques ou nerveuses, lequel se ramasse dans les glandes & est emporté de là dans le sang par les vaisseaux lymphatiques. Ce serum reçoit dans les veines conglobées une liqueur subtile, volatile & acide, ou acide salée que Sylvius croit que le sang arteriel y laisse. La Lymphe est portée à certaines cavités du corps pour quelques usages particuliers, ou à la masse du sang vers la veine axillaire gauche pour un usage universel. On ne sçait pas encore bien certainement quel est cet usage de la Lymphe qui se mêle au sang dans la veine axillaire. Comme elle se jette proche du cœur dans le sang qui y revient de tout le corps, & qu'elle entre d'abord dans le ventricule droit, puis dans les poumons & le ventricule gauche, Ettmuller présume de là qu'elle sert à reparer la vigueur vitale du sang dans la poitrine. Selon Charleton, c'est pour délayer le sang, pour le rendre plus fluide, plus propre à fermenter, & plus difficile à se coaguler, à cause que celui qui descend de la tête est dépouillé d'esprits, & que celui qui remonte des parties inferieures a perdu beaucoup de serum. La separation de la Lymphe, ou son infusion des glandules dans les parties, est viciée dans sa generation quand elle est trop copieuse, ou trop acide, ou trop salée; ce qui engendre aussi-tôt les caterres; ou bien elle est viciée dans son cours par les vaisseaux lymphatiques, soit que son état soit naturel, ou contre nature, & cette seconde dépravation de la Lymphe engendre les hydropisies. La Lymphe qui suinte continuellement de la trachée-arterre pour l'humecter & la rendre capable de former la voix, a sa source dans les glandes qui sont proche de la fente du Larinx; & si cette Lymphe est trop abondante ou trop épaisse, la voix devient âpre. Que si dans une affection caterreuse elle est trop acide, étant portée à la tunique interieure de la trachée-artere, il est impossible qu'elle n'en soit irritée & ne fasse une toux opiniâtre. On fait venir le mot de *Lymphe* du Grec νύμφη, Nymphe, en changeant le ν Grec en *l* Latine; de sorte que comme les Nymphes representent les fontaines, ainsi l'eau qui coule est appellée *Lymphe*.

LYN

LYNCURIUM. s. m. Espece d'ambre qui par une proprieté particuliere attire les plumes, comme l'ambre jaune attire la paille. Matthiole fait voir qu'il y a grande difference entre le *Lyncurium* qui a la vertu de briser la pierre, & ce que les Lapidaires appellent *Pierre de Lynx* ou d'*Once*, qui n'a aucune proprieté pour faire uriner & rompre ou diminuer la pierre des reins & de la vessie, & que quelques-uns prétendent faire passer pour le vrai Lyncurium, disant que c'est une pierre en laquelle se congele l'urine de l'Once après avoir uriné. Il refute Encelius, qui a dit que le Lyncurium jaune se faisoit de l'urine de l'Once mâle, & le Lyncurium blanc de celle de l'Once femelle. Dioscoride dit que le Lyncurium, sorte d'Ambre qui attire les plumes, & que pour cela les Grecs appellent πτερυγοφόρον, étant bû avec de l'eau, est bon aux fluxions du ventre & de l'estomac.

LYNX. s. m. Animal, qui, selon les Anciens, a la vûe tellement subtile, qu'il voit à travers les murailles. Elian lui donne une houpe sur le bout des oreilles, pareille à celle qu'a le loup cervier, que Scaliger dit être le Lynx mâle. Appian parle de deux Lynx, l'un grand qui chasse aux cerfs, & l'autre petit qui chasse aux lievres. La plûpart des Modernes estiment que cet animal est fabuleux. Cependant Jonston ne laisse pas d'en faire la description, & dit que le Lynx est une bête sauvage qui a la tête petite, les yeux fort étincelans, la vue admirable, l'air guai, les oreilles courtes, la barbe comme celle d'un chat, les piés fort velus, le fond du ventre blanc avec quelques taches noires, & les extrémités du poil de dessus le dos tirant sur le blanc, avec des mouchetures sur tout le corps. Il ne vit que de chair de bêtes & de chats sauvages, se cachant quelquefois sur des arbres, d'où il se jette sur des cerfs & autres gros animaux à quatre pies, dont il mange la cervelle & suce le sang. On tient que si-tôt qu'il a pissé, son urine se congele, & qu'il s'en forme une maniere de pierre luisante que l'on a appellée *Pierre de Lynx*. Les Grecs lui ont donné le même nom de λύγξ.

LYR

LYRE. s. f. Instrument de Musique qui se touche avec un archet, & qui n'est different de la viole que parce qu'il a son manche & ses touches beaucoup plus larges. Il est couvert de quinze cordes, dont les deux plus grosses sont hors du manche. Son chevalet est aussi plus long, plus bas & plus plat. On ne se sert guere de cet instrument en France, quoiqu'il soit fort propre pour accompagner la voix. Le son en est extrêmement languissant, & semble exciter la devotion. La Lyre ancienne étoit presque circulaire, & avoit un petit nombre de cordes au milieu tendues comme celles de la harpe, & que l'on pinsoit avec les doigts. Quelques-uns disent que la Lyre des Grecs a été notre guittare, & d'autres que c'étoit un instrument fait d'une coquille de Tortue qu'Hercule vuida & perça, après quoi il la monta de cordes de boyau. Cette sorte de Lyre fut nommée χέλυς, & en Latin, *Testudo*.

LYS

LYSIMACHIA. s. f. Herbe dont les tiges sont menues, branchues, hautes d'une coudée, & quelquefois plus. Elle produit ses feuilles nœud par nœud, & les a menues & semblables à celles du saule. Le goût en est astringent, & sa fleur est rouge ou jaune. Elle croît aux lieux aquatiques & marécageux. Le jus de ses feuilles arrête les crachemens du sang, & clisterisé ou pris en breuvage, il sert aux dysenteries. Si on bouche ses narines de cette herbe, elle étanche le sang du nez. Elle étanche aussi le sang des plaies, & comme son odeur est forte & puante, elle chasse les serpens & fait mourir les mouches. Pline dit qu'elle a pris son nom du Roi Lysimachus, qui fut le premier qui s'en servit, & que sa vertu est telle, qu'en la mettant sur le joug des bœufs, ou d'autres bêtes attelées qui ne s'accordent pas à tirer, elle les rend paisibles. Ruellius prend la Corneole, dont les Teinturiers font leur verd, pour la Lysimachie; Matthiole fait connoître qu'il se trompe.

FIN DU PREMIER TOME.

A
B

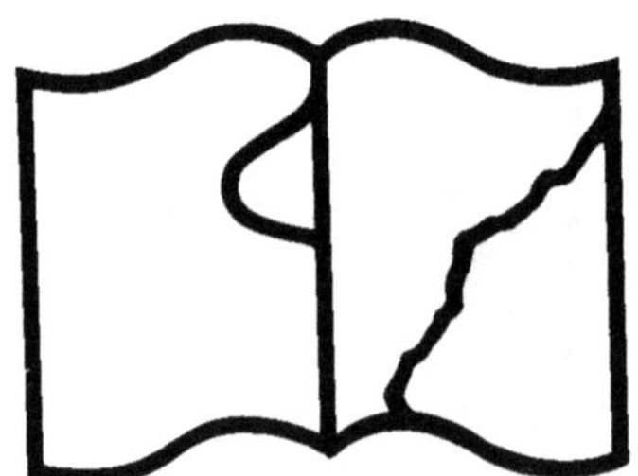

www.ingramcontent.com/pod-product-compliance
Lightning Source LLC
LaVergne TN
LVHW011239110826
845149LV00001B/4

9782019560669